VADEMÉCUM

PARA LA FORMACIÓN DE PROFESORES

Enseñar español como segunda lengua (L2)/lengua extranjera (LE)

Español Lengua Extranjera

SOCIEDAD GENERAL ESPAÑOLA DE LIBRERÍA, S. A.

SGEL

VADEMÉCUM

PARA LA FORMACIÓN DE PROFESORES

Enseñar español como segunda lengua (L2)/ lengua extranjera (LE)

DIRECTORES

Jesús Sánchez Lobato

Isabel Santos Gargallo

PRÓLOGO

Humberto López Morales

EPÍLOGO

Guillermo Rojo

Coordinadora

Virginia Lara Casado

ele

Español Lengua Extranjera

SOCIEDAD GENERAL ESPAÑOLA DE LIBRERÍA, S. A.

SGEL

Primera edición, 2004
Segunda edición, 2005

Produce: SGEL-Educación
Avda. Valdelaparra, 29
28108 ALCOBENDAS (Madrid)

ISBN: 84-9778-051-5
Depósito legal: M. 35.432-2005
Printed in Spain - Impreso en España

Cubierta: Carla Esteban
Maquetación: Equipo editorial de SGEL

Impresión: Edigrafos, S.A.
Encuadernación: Felipe Méndez

A Luis Alonso, por todo.

ÍNDICE

PRIMERA PARTE: EPISTEMOLOGÍA

SEGUNDA PARTE: EL PROCESO DE APRENDIZAJE

TERCERA PARTE: LA COMPETENCIA COMUNICATIVA

CUARTA PARTE: LOS OBJETIVOS Y EL PROCESO DE ENSEÑANZA

QUINTA PARTE: LOS CONTENIDOS

SEXTA PARTE: LAS HABILIDADES LINGÜÍSTICAS Y COMUNICATIVAS

Séptima parte: El proceso de evaluación

Octava parte: Aplicaciones de las nuevas tecnologías

Novena parte: La enseñanza del español con fines específicos

Presentación

El español como segunda lengua (L2)/lengua extranjera (LE) ocupa un lugar preeminente, tanto por su excepcional expresión cultural pasada y presente como por su vasta difusión actual, entre las lenguas de cultura más demandadas por el hombre para la comunicación intercultural, interétnica y, por supuesto, internacional. Su inequívoca presencia en procesos educativos de signo diverso, diseminados por los cinco continentes, conlleva, a la vez que una selecta preparación, un número cada vez mayor de profesionales habilitados para su enseñanza. Si bien la enseñanza e investigación de nuestra lengua es una actividad que ya ha recorrido un largo camino ("una cosa hallo y saco por conclusión muy cierta: que siempre la lengua fue compañera del Imperio", E.A. de Nebrija, *Gramática de la lengua castellana, Prólogo*), es cierto que ha sido en los últimos veinte años del siglo XX cuando ha concitado la atención prioritaria en congresos especializados y en los campus de las universidades punteras en investigación aplicada, hasta alcanzar en el momento actual un estatus de disciplina científica en plenitud en el campo de la enseñanza-aprendizaje de segundas lenguas.

Si la enseñanza-aprendizaje del español como segunda lengua/lengua extranjera es un fenómeno procesual, complejo y multidisciplinar, una aproximación rigurosa a la disciplina requiere el análisis pormenorizado de todos y cada uno de sus componentes y la elaboración de una síntesis de elementos pertinentes que permita orientar la actuación del profesional en relación con la idiosincrasia del contexto educativo, tal y como se explicita en el *Marco común europeo de referencia para las lenguas: aprendizaje, enseñanza, evaluación* (2002).

La profesión y el ámbito de investigación que hemos elegido es una actividad científica, no exenta de complejidad, humana, motivadora y exigente, que precisa, por nuestra parte, de un conocimiento exhaustivo de la lengua y de la cultura hispanas en todo su rico abanico de realizaciones y matices; al igual que del rigor y de la curiosidad necesarios para adentrarnos en la observación de los procesos y estrategias que interactúan en el logro de una competencia comunicativa por parte de hablantes no nativos; así mismo precisa de preparación suficiente para analizar con flexibilidad de criterios la multiplicidad de los factores que determinan el proceso de enseñanza-aprendizaje; y de una pequeña dosis de escepticismo para cuestionar nuestras decisiones y procedimientos, de manera que la duda nos provea de nuevos y enriquecedores planteamientos. Los profesores de español somos profesionales privilegiados porque nuestra actividad nos enriquece sobremanera y esta dedicación apasionada, sincera y responsable se ve recompensada por la satisfacción que proporciona saber que estamos contribuyendo a que la comunicación intercultural sea aceptada como un bien compartido en una sociedad multilingüe y pluricultural.

Como quiera que la lingüística aplicada a la enseñanza-aprendizaje de lenguas exige, además de la especialización adecuada, una positiva cualificación profesional, la enseñanza del español (L2/LE) -como de cualquier otra lengua- requiere un conjunto de conocimientos y de habilidades que, hoy en día, aparecen incardinados en los cursos de formación de postgrado de nuestras universidades; por ello, la presente obra de conjunto está dirigida, principalmente, a futuros profesionales de la enseñanza del español ya que en ella hallarán los fundamentos epistemológicos y ontológicos de su actividad; también, a los profesores y formadores de profesores, por la curiosidad intelectual que les impulsa a acercarse a áreas no exploradas o poco transitadas en su quehacer diario; por supuesto, al investigador que precisa de un riguroso y certero conocimiento del estado de la cuestión; y, en definitiva, a cualquier profesional del español cuyos intereses presenten algún punto de intersección con el proceso de enseñanza-aprendizaje.

Este *Vademécum para la formación de profesores* reúne los fundamentos de nuestra actividad y disciplina, de forma que se convertirá en una publicación de referencia obligada para todos los que nos dedicamos a la enseñanza del español. Nuestro deseo es que los distintos capítulos que configuran el volumen ofrezcan los fundamentos de cada uno de los temas que han sido seleccionados, de manera que el lector obtenga información pormenorizada de los antecedentes, el desarrollo, la situación actual de la cuestión y su proyección futura, en un tono académico, con referencia explícita a los conceptos y planteamientos fundamentales, y con la certeza crítica de una bibliografía selectiva y actualizada.

Las principales características de esta obra se concretan en su carácter colectivo y plural -por supuesto, alejada de planteamientos dogmáticos- y en el deseo de contribuir a un acercamiento entre los profesionales que desempeñan esta actividad docente e investigadora en diversas instituciones, dentro y fuera del mundo hispano; y, por supuesto, en su cohesión interna y en su empeño por ofrecer un panorama completo y próximo a nuestras indagaciones científicas, que sirva de impulso para iniciar nuevas investigaciones en el ámbito de la enseñanza-aprendizaje del español como segunda lengua (L2)/lengua extranjera (LE).

La obra se presenta estructurada en nueve partes: 1. Epistemología, 2. El proceso de aprendizaje, 3. La competencia comunicativa, 4. Los objetivos y el proceso de enseñanza, 5. Los contenidos, 6. Las habilidades lingüísticas y comunicativas, 7. El proceso de evaluación, 8. Aplicaciones de las nuevas tecnologías y 9. La enseñanza del español con fines específicos. La elección de las líneas de investigación y de los temas propuestos (y no otros) para la configuración del presente volumen, así como su ordenamiento, con sus divisiones y sus complejas subdivisiones, obedecen, como es lógico, al criterio científico y didáctico de los directores de la presente edición. No cabe duda de que en el diseño del *Vademécum para la formación de profesores* hemos tenido en cuenta no sólo nuestra visión del tema sino la de un sinnúmero de alumnos-profesores con los que hemos tenido la suerte de compartir experiencias metodológicas y didácticas en el aula. El planteamiento y desarrollo de cada uno de los temas ha seguido unas directrices generales impuestas por la condición del volumen, pero en su redacción se ha respetado en todo momento la libertad de los autores, de tal manera que cada capítulo se concibe de manera autónoma, lo que nos ha llevado a considerar el solapamiento de conceptos como una virtud, pues la obra está concebida como fuente de referencia y de consulta.

La bibliografía de cada capítulo tiene carácter selectivo y fundamental, y en ella se incluyen tanto las referencias citadas en el texto como aquellas otras que sin haber sido citadas constituyen referencia obligada, de tal manera que, en su conjunto, cada contribución bibliográfica se concibe como una selección de fuentes fundamentales a partir de las cuales se puede establecer el punto de partida de futuras investigaciones.

Los autores de los diferentes capítulos son expertos en ámbitos de la lingüística aplicada, que en el curso de su trayectoria profesional se han aproximado a la enseñanza-aprendizaje del español (L2/LE) desde el abanico de perspectivas que ofrecen la docencia, la formación de profesores, la investigación y, en numerosas ocasiones, también la organización y dirección de cursos y la elaboración de materiales didácticos, facetas que enriquecen y garantizan un acercamiento poliédrico a los temas seleccionados. El lector podrá echar en falta, sin embargo, a algunos especialistas que se han destacado por sus aportaciones rigurosas a los temas tratados, sepa el lector que, en dichos casos, la falta de disponibilidad temporal de algunos de ellos y la concurrencia de varios otros en torno a un mismo tema son causas que excusan su ausencia.

La dirección del proyecto ha sido para nosotros una experiencia gratificante que se inició en el preciso momento en que fuimos conscientes de la necesidad de reunir los fundamentos de nuestra disciplina y de aproximar los diversos puntos de vista de los expertos. El diseño del proyecto, la estructura de la obra, la selección de los autores, la revisión de los textos, la edición en sí misma, han sido una sucesión de momentos que hemos vivido con el agrado y la inquietud que proporciona ser los responsables de que el resultado final fuera satisfactorio para todos los involucrados.

Quisiéramos expresar nuestro más sincero agradecimiento y reconocimiento a las personas que con su vocación, disposición, generosidad y entusiasmo han hecho posible esta obra: en primer lugar, a Luis Alonso y Virginia Ron, directores de ediciones de Sociedad General Española de Librería (SGEL), sobre cuya mesa pusimos este proyecto con la inquietud que suscitan los grandes retos y de quienes hemos recibido a lo largo de este tiempo apoyo, ánimo y todos los medios humanos y físicos que han sido requeridos; a los académicos Humberto López Morales y Guillermo Rojo, que nos han honrado con su buen hacer y su buen conocer, y cuyas palabras, siempre llenas de afecto y extrema consideración, han servido para poner al alcance del lector la presente obra; a Virginia Lara Casado, coordinadora, cuya juventud no ha sido obstáculo para que realizara un impecable trabajo y nos descargara de un sinfín de pequeñas preocupaciones que ella fue resolviendo día a día, con total dedicación, y a David Franco, responsable de la edición por parte de la editorial. De manera especial, damos las gracias a los autores, verdaderos protagonistas de este proyecto; y al futuro lector, a quien nos atrevemos a pedir una actitud generosa pero crítica para reconocer los aciertos y disculpar los defectos u omisiones, siempre ajenos a nuestra voluntad.

Jesús Sánchez Lobato
Isabel Santos Gargallo
Directores

PRÓLOGO

Humberto López Morales
Academia Puertorriqueña de la Lengua Española
Secretario de la Comisión Permanente de la Asociación de Academias de la Lengua Española

Si algún hecho lingüístico no admite discusión es que el español se ha convertido en la actualidad en la segunda lengua de comunicación internacional. Esto es así debido a dos circunstancias importantes. La primera es la cantidad de hablantes que lo maneja como lengua materna en grandes extensiones de todo el mundo, ya sea en países que lo tienen como lengua oficial o co-oficial:

	TP	% h		TP	% h
México	101.879.170	98,2	R. Dominicana	8.581.477	98,0
Colombia	40.349.388	99,0	Bolivia	8.300.463	87,7
España	40.037.995	99,1	Honduras	6.406.052	98,2
Argentina	37.384.816	99,7	El Salvador	6.237.662	100,0
Perú	27.483.864	85,1	Paraguay	5.734.139	55,1
Venezuela	23.916.810	96,9	Nicaragua	4.918.393	87,4
Chile	15.328.467	90,0	Costa Rica	3.773.000	97,5
Ecuador	13.183.978	93,0	Puerto Rico	3.766.000	98,2
Guatemala	12.974.361	64,7	Uruguay	3.360.105	98,4
Cuba	11.184.023	98,0	Panamá	2.845.647	77,4
Guinea Ec.	406.000	100,0			

TP:Total de población; % h: porcentaje de hablantes de español [Microsoft, Enciclopedia Encarta, 2001].

o en otros en los que el español no disfruta de ese estatus:

Estados Unidos	35.300.000	Bélgica	50.000
Filipinas	1.816.389	Israel	50.000
Francia	220.000	Brasil	43.901
Islas ABC	194.548	Andorra	33.000
Canadá	177.425	Turquía	23.175
Alemania	140.000	Marruecos	20.000
Suiza	123.708	Islas Vírgenes	11.983
Australia	101.000	Gibraltar	10.061
Belice	69.000	Luxemburgo	3.000
Suecia	55.000	Guam	793

Instituto Cervantes, *El español en el mundo*, 1998.

Es cierto que la mayoría de ellos se encuentra en zonas americanas, pero no hay que olvidar que su cuna europea, España, es un país de gran liderazgo en el mundo de la cultura. Tampoco deben desestimarse los contingentes de hablantes europeos, africanos y orientales.

Todo ello ha dado como resultado que después del inglés, el español sea la lengua occidental con mayor cantidad de hablantes:

	I	II	III	IV	V
inglés	51	1.831.375.100	497.538.100	27,1	8,6
español	21	346.284.000	327.956.000	94,7	5,7
francés	28	284.591.000	101.167.000	35,5	1,8

I. Número de países en los que se habla la lengua.
II. Total de habitantes de esos países.
III. Total de hablantes de esas lenguas.
IV. Proporción de hablantes de esas lenguas.
V. Proporción de hablantes de esas lenguas en el mundo.

La segunda razón, tan importante como la primera, es que el español es una lengua relativamente homogénea, una lengua "blanda" (*soft language*) en terminología de la sociología del lenguaje, lo que significa que, salvo en contadas ocasiones -hablantes rurales o manejo de lenguaje jergal-, la comunicación entre hispanohablantes de distintas latitudes geográficas es fluida y sin graves rupturas comunicativas. Y esto, sin tener en cuenta el resultado final que puedan arrojar los crecientes procesos de globalización, sobre todo en el léxico, por los que está pasando nuestra lengua, entre otras como el inglés y el chino.

Ambas características garantizan, desde luego, que cuando se aprende español se pueda hablar en él con muchísimas personas en diferentes partes del mundo, con la seguridad de poder entendernos sin dificultad, no importa cuáles sean las variedades regionales que manejemos. A ello hay que añadir los nada minúsculos atractivos culturales y, sobre todo, económicos de nuestras tierras. No debe ocultársenos que a esas condiciones se debe el éxito avasallador de nuestra lengua entre extranjeros, palpable en la cantidad de hablantes que día a día la incorporan como L2 o LE.

Las estadísticas que se publican de continuo dan siempre curvas ascendentes del número de estos hablantes en los Estados Unidos, en Brasil, en toda Europa y en partes medulares de Asia. Sirva para demostrarlo el conjunto de datos recientísimos que acaba de publicar el Instituto Cervantes en su *Anuario* de 2002 con respecto a países de la Europa centro-oriental y del este (Albania, Bielorrusia, Bosnia, Bulgaria, Croacia, Eslovaquia, Eslovenia, Estonia, Federación Rusa, Hungría, Letonia, Lituania, Macedonia, Moldavia, Polonia, República Checa, Rumanía, Serbia y Montenegro, y Ucrania). La situación de todos ellos con respecto a la lengua española y a la cultura hispánica ha estado condicionada mayormente por relaciones diplomáticas, políticas y comerciales con España y con Hispanoamérica; de ahí que el panorama sea muy diverso. Pero en esos datos se observa con facilidad que, en la mayoría de ellos, la enseñanza del español era inexistente o anecdótica hace tan sólo unos pocos años, y que ahora, en cambio, se vislumbra un futuro muy halagüeño.

Eco de estas curvas ascendentes son la cantidad de publicaciones especializadas, la pluralidad de organizaciones profesionales y de entidades educativas, el auge de los congresos nacionales e internacionales, y la profusión y diversidad de métodos y de materiales de instrucción que pueden encontrase en el mercado.

Explicable. La enseñanza-aprendizaje de lenguas extranjeras ha experimentado un increíble avance científico en las últimas dos décadas. Ante las crecientes condiciones de bilingüismo y de multilingüismo de las sociedades actuales, la investigación sobre este tema se ha multiplicado con creces, hasta el punto de que casi ya no quedan aspectos de esta enseñanza que no hayan sido sometidos a consideración, a escrutinio y a análisis. La clásica disciplina "lingüística aplicada a la enseñanza de lenguas extranjeras", cuyo estatuto de independencia nace en la década de los cuarenta, ha dejado de ser una mera lingüística contrastiva encargada de señalar diferencias de repertorio entre una lengua, la materna, y otra, la enseñada, más unos toques de didáctica.

Hoy se entrecruzan en provechoso maridaje la psicolingüística, la sociolingüística, la pragmática, la semiótica, la etnografía de la comunicación, la lingüística textual y el discurso oral con su joven hija, la teoría de la conversación. Se estudia detenidamente el proceso de aprendizaje, se somete a diversos asedios el concepto de competencia comunicativa, se trabaja con detalle la multiplicidad de objetivos en relación con el tipo de enseñanza, se revisan y vuelven a revisarse los contenidos curriculares, se replantea lo relativo a las habilidades lingüísticas que interesan, se analizan nuevos procesos de evaluación y se incorpora a todas estas tareas el maravillosos mundo de la tecnología.

Y junto a ello, la compleja problemática que encierra la pregunta "Sí, pero ¿qué español enseñar?". Para darle respuesta adecuada en el mundo de hoy se han escrito ya centenares de páginas que conjugan diversos parámetros: intereses específicos de los alumnos, su edad, educación reglada insertada en la organización curricular o libre, y varios otros que determinan desde el principio la "clase" de español que ha de enseñarse. No hay respuestas fáciles como se ve, pero acertar en esto que reviste una importancia axial requiere de amplias y certeras lecturas.

De todo ello se infiere que el profesor de español como lengua extranjera, si quiere afrontar con éxito el reto que tiene ante sí, necesita hoy más que nunca estar formado de acuerdo a los tiempos que corren, de manera altamente especializada.

Con todo lo dicho como telón de fondo, llega a mis manos el texto de este *Vademécum*. La sola lectura del índice me hizo ver rápidamente que estaba ante una obra de singular aliento, ideada y realizada pensando en este profesor que, aunque lleno de ilusión y de entusiasmo, carece de la formación necesaria. La lectura atenta de estos materiales lo llevará, no importa cuán lejos de ello se encuentre, a la actualidad más sólida y solvente de estos estudios.

Para ello, los directores de este volumen, Jesús Sánchez Lobato e Isabel Santos Gargallo, investigadores muy reconocidos en todo el ámbito hispánico, con una amplia y ejemplar dedicación de muchos años a este tema, han seleccionado con un tino asombroso a los colaboradores de este compendio enciclopédico. Por estas páginas desfilan docenas de nombres muy frecuentados en la bibliografía especializada, que en ellas vuelcan sus muchos saberes y su apreciable experiencia.

Entre todos estos profesionales han conseguido ofrecer al lector interesado un apreciable abanico de aristas importantes: aspectos epistemológicos de la disciplina y otros elementos teóricos básicos ("La competencia comunicativa", "Las habilidades lingüísticas"), cuestiones curriculares ("Los contenidos"), procesos de enseñanza y evaluación ("Los objetivos y el proceso de enseñanza", "El proceso de evaluación"), aplicación de tecnologías punta, y una impresionante sección: "La enseñanza del español con fines específicos". Nunca antes se había dispuesto de todas estas enseñanzas en un volumen colectivo de tal calidad.

Ante lo dicho hasta aquí, no causa la menor sorpresa que haya sido la prestigiosa editorial SGEL, que tantos y tantos éxitos en esta especialidad tiene ya en su haber, la que ampare esta obra con su sello editorial. Auguro a los lectores de este volumen, que muy pronto será imprescindible, el mayor de los éxitos: aprenderán de auténticos maestros, se instalarán en la modernidad de estos estudios, encontrarán la señalización precisa para proseguir por caminos más específicos, y disfrutarán con la lectura amena de estos capítulos. ¿Se puede pedir más?

Relación de autores

Abello Contesse, Christian
Universidad de Sevilla

Acquaroni Muñoz, Rosana
Universidad Complutense de Madrid

Aguirre Beltrán, Blanca
Universidad Complutense de Madrid

Alonso Belmonte, Isabel
Universidad Autónoma de Madrid

Baralo Ottonello, Marta
Universidad Antonio de Nebrija

Bernárdez Sanchís, Enrique
Universidad Complutense de Madrid

Bordón Martínez, Teresa
Universidad Autónoma de Madrid

Briz Gómez, Antonio
Universidad de Valencia

Cassany i Comas, Daniel
Universidad Pompeu Fabra

Cenoz Iragui, Jasone
Universidad del País vasco

Cestero Mancera, Ana María
Universidad de Alcalá

Díaz-Corralejo Conde, Joaquín
Universidad Complutense de Madrid

Eguiluz Pacheco, Juan
International Studies Abroad

Eguiluz Pacheco, Ángel
International Studies Abroad

Escandell Vidal, M.ª Victoria
Universidad Nacional de Educación a Distancia

Fernández López, M.ª del Carmen
Universidad de Alcalá

Fernández López, Sonsoles
Escuela Oficial de Idiomas de Madrid

García Parejo, Isabel
Universidad Complutense de Madrid

Gil-Toresano Berges, Manuela
Instituto Cervantes

Gómez del Estal Villarino, Mario
Universidad Carlos III
Moreruela. Escuela de Español (Zamora)

Gómez Molina, José Ramón
Universidad de Valencia

González Landa, Carmen
Universidad Complutense de Madrid

Guillén Díaz, Carmen
Universidad de Valladolid

Gutiérrez Ordóñez, Salvador
Universidad de León

Gutiérrez Rivilla, Rebeca
Instituto Cervantes
Universidad de Purdue

Hernández García, M.ª Teresa
C. P. de E. P.A. "Agustina de Aragón" de Móstoles

Higueras García, Marta
Instituto Cervantes

Juan Lázaro, Olga
Instituto Cervantes

López García, Ángel
Universidad de Valencia

López Morales, Humberto
Academia Puertorriqueña de la Lengua Española. Comisión Permanente de Academias de la Lengua Española

Lorenzo, Francisco J.
Universidad Pablo de Olavide de Sevilla

Marcos Marín, Francisco Adolfo
Universidad Autónoma de Madrid
Universidad de Roma "La Sapienza"

Martín Martín, José Miguel
Universidad Pablo de Olavide de Sevilla

Martín Peris, Ernesto
Universidad Pompeu Fabra

Matte Bon, Francisco
Universidad de Salerno

Mayor Sánchez, Juan
Universidad Complutense de Madrid

Melero Abadía, Pilar
Tandem Escuela Internacional

Miquel López, Lourdes
Escuela Oficial de Idiomas de Barcelona

Morales Pastor, Jorge
Universidad Carlos III

Moreno Fernández, Francisco
Universidad de Alcalá
Instituto Cervantes

Moreno García, Concha
Autora de materiales didácticos

Muñoz López, Belén
Consejería de Educación de la Comunidad Autónoma de Madrid

Olmo Pintado del, Margarita
Consejo Superior de Investigaciones Científicas

Parrondo Rodríguez, José Ramón
Instituto Cervantes

Perales Ugarte, Josu
Instituto HABE (Instituto para la Enseñanza del Euskera a Adultos)

Pinilla Gómez, Raquel
Universidad Rey Juan Carlos

Pisonero del Amo, Isidoro
Colegio Europeo

Rojo, Guillermo
Universidad de Santiago de Compostela
Real Academia Española

Poch Olivé, Dolors
Universidad Autónoma de Barcelona

Ruipérez García, Germán
Universidad Nacional de Educación a Distancia

Sánchez Lobato, Jesús
Universidad Complutense de Madrid

Sánchez Pérez, Aquilino
Universidad de Murcia

Santos Gargallo, Isabel
Universidad Complutense de Madrid

Tomás Puch de, José María
Escuela Oficial de Idiomas de Madrid

Tuts, Martina
Autora de materiales didácticos

Vázquez, Graciela E.
Universidad Libre de Berlín

Vez Jeremías, José Manuel
Universidad de Santiago de Compostela

Villalba Martínez, Félix
C. P. de E. P. A. "Agustina de Aragón" de Móstoles

I PARTE
Epistemología

Aportaciones de la lingüística aplicada

Francisco Adolfo Marcos Marín
Universidad Autónoma de Madrid
Universidad de Roma "La Sapienza"

Introducción

La lingüística aplicada, de manera natural, hubo de estar en el inicio de las actividades lingüísticas del ser humano, y entre otras podemos señalar: la necesidad de traducir de una lengua a otra, el desarrollo de los sistemas de escritura, las listas de términos para ayuda de la traducción, el análisis de los textos y su fijación, el tratamiento de los sordomudos y los métodos para enseñarles a hablar, los modos de aprender otros idiomas. En todos estos aspectos hay una aplicación de los conocimientos sobre el lenguaje y las lenguas, y de todos ellos tenemos testimonios históricos muy antiguos y variados. Debe señalarse, por tanto, la necesidad de distinguir la *aplicación de la lingüística* de la *lingüística aplicada.* La primera es, sencillamente, la aplicación de las teorías y métodos de la lingüística teórica o general a problemas de la sociedad relacionados con la lengua o en la que ésta actúa como trasmisor (por su función comunicativa).

En sentido más restringido, el término técnico *lingüística aplicada* alude al amplio abanico de actividades cuyo objetivo es la solución de problemas relacionados con el lenguaje o que enfrentan alguna preocupación relacionada con el mismo, dentro de un marco académico, con una metodología basada primordialmente en la lingüística, como ciencia, más la inclusión de los aportes de otras disciplinas y con un desarrollo autónomo.

Como disciplina científica, su primer reconocimiento parece haber tenido lugar en 1946, año en el que la Universidad de Míchigan ofreció un curso con ese rótulo. Dos profesores de esta universidad, Charles Fries y Robert Lado (que pasó después a la Universidad de Georgetown, en la capital federal), fueron los impulsores de estos estudios. En 1948 se empezó a publicar la primera revista especializada, *Language Learning: A Quarterly Journal of Applied Linguistics.* El Consejo de Europa apoyó financieramente los trabajos preparatorios entre 1962 y 1964, que concluyeron ese último año con la fundación de la *Association Internationale de Linguistique Appliquée*, y con la celebración de su primer congreso en la ciudad francesa de Nancy. Por esta razón se conoce a esta sociedad por las siglas francesas, AILA, frente al hábito de citar las asociaciones internacionales por su nombre inglés (*International Association of Applied Linguistics*, en este caso).

La Universidad de Edimburgo había fundado la primera escuela de lingüística aplicada del Reino Unido en 1957, con la dirección de Ian Catford. Dos años después se fundó en Estados Unidos el *Center for Applied Linguistics* (CAL), cuyo primer director fue Charles Ferguson. En la definición de los objetivos del CAL figura ya una nueva visión de lo que es la lingüística aplicada: "promover el estudio del lenguaje y ayudar a la gente a alcanzar sus metas educativas, laborales y sociales por medio de una comunicación más eficaz". Para ello se desarrollan actividades de diseminación de información, de investigación en aspectos prácticos, de desarrollo de instrumentos concretos y de formación de especialistas en recursos humanos, lo que también incluye a los maestros y a los administradores escolares. Todo ello con el objetivo de reducir las barreras que se levantan por culpa de un dominio limitado de la lengua en personas que tienen orígenes, culturas y usos lingüísticos diversos. Forma parte, por tanto, del objetivo de llegar a la igualdad de oportunidades. En España la formalización de la lingüística aplicada como disciplina puede fecharse el 31 de mayo de 1982. Ese día se reunieron en la Universidad de Granada varios profesores universitarios que dieron los primeros pasos para la creación de AESLA, Asociación Española de Lingüística Aplicada. El hecho mismo de esta reunión ya indica que la actividad existía previamente; pero tras ella se le puede dar una fecha.

Los orígenes de AESLA son significativos porque indican qué se percibía en ese momento en España como lingüística aplicada. Se limitaba a recoger el testigo de lo que había sido también su punto de partida en el mundo anglosajón, la enseñanza de lenguas segundas (término que alterna con el de "lenguas extranjeras", que se procurará evitar, por las connotaciones discriminatorias del adjetivo), es decir, para hablantes no nativos, lo que permitía incluir el inglés, mediante métodos "científicos". La necesidad de este tipo de enseñanza de las lenguas se había puesto de manifiesto durante la Segunda Guerra Mundial, cuando el ejército de Estados Unidos tuvo que desarrollar un sistema acelerado de enseñanza de lenguas, que hubo de mantener después para cubrir las necesidades de la posguerra. Pero el hecho que realmente cambió el panorama de la disciplina fue el gran auge cobrado por el inglés, que, entre 1965 y 1975, desplazó al francés en las preferencias como segunda lengua incluso en países como España, donde se invirtió una tradición secular. Los trabajos sobre ESL (*English as Second Language*) siguen siendo los mayoritarios, en este sector de la especialidad. Muy pronto también, desde finales de los años 50 y primeros 60 del pasado siglo, la lingüística aplicada se amplió para abarcar también lo relacionado con un nuevo campo, derivado igualmente de las exigencias de una comunidad internacional cada vez mejor comunicada: la traducción por ordenador, más conocida por las siglas inglesas MT (*Machine Translation*). En el congreso de Nancy, aludido anteriormente, se pidió a los participantes que elaborasen comunicaciones sobre estos dos campos: enseñanza científica de las lenguas y traducción por ordenador.

1. Perspectiva ampliada

A esta doble perspectiva se unió muy pronto la más política de las aplicaciones de la sociolingüística, la planificación de las lenguas, consecuencia del desarrollo de lenguas en las naciones independientes y de la necesidad inicial de sustituir las lenguas de las naciones colonizadoras, en Asia, Oceanía y África, por lenguas vernáculas. Con ello se recuperó una de las primeras aplicaciones históricas de la lingüística, la del desarrollo de los sistemas de escritura, pues centenares de lenguas de las nuevas naciones no disponían de un sistema de representación escrita.

Fenómeno especialmente relevante desde el siglo XIX ha sido el de los grandes movimientos de población, las migraciones. Del mismo modo que la guerra obligó al desarrollo de métodos rápidos de enseñanza para poder comunicarse con aliados y enemigos, los movimientos migratorios han obligado a revisar las políticas lingüísticas y, en algunos casos, a implantarlas. La sociedad del futuro se presenta, idealmente, como una sociedad multirracial, multilingüística y multicultural, en el contexto de una economía universalizada. Es lo que se conoce como *globalización.* Se ha destacado, por ejemplo, cómo, en todo el mundo, los participantes en las manifestaciones anti-globalización visten de manera similar, siguiendo los patrones estilísticos marcados por el país que centra sus iras, Estados Unidos. El pantalón vaquero o *jeans,* la camiseta y la gorra, con el calzado deportivo, visten a millones de seres humanos. Ya Rubén Darío se preguntaba si *tantos millones de hombres hablaremos inglés.* La preocupación hoy puede ser más honda, porque además del instrumento lingüístico, los dirigentes sociales debieran preguntarse qué tipo de ciudadanos está formando la escuela, una poderosa máquina cultural.

Los estudiosos, pero también los ciudadanos, tienen ante sí una dimensión amplia, de necesaria estandarización: la del estudio de las lenguas para fines o propósitos específicos, como pueden ser el derecho, la terminología científica o técnica (manuales de aparatos más o menos complejos, instrucciones), incluso los usos literarios. Cuando se habla de cuestiones terminológicas, no hay que limitarse a la nomenclatura, sino que el campo se amplía a la comunicación como tal. El inglés es la lengua de trabajo empleada en la aviación civil, con la que se realizan todas las comunicaciones entre pilotos y torres de control de los aeropuertos, comunicaciones que son coordinadas por la *International Civil Aviation Organization* (ICAO). Numerosas personas sin preparación lingüística específica, con orígenes muy diversos, deben entenderse perfectamente, para proporcionar la máxima seguridad a los pasajeros mediante el mejor uso de los costosos medios técnicos. Se plantean problemas concretos, que los especialistas deben prever y, en la medida de lo posible, ayudar a evitar y resolver. Es claro que en esta aplicación concreta lo que prima es el conocimiento del inglés como lengua segunda, aplicada a esas finalidades concretas.

La combinación de la computadora y la ampliación lingüística rebasó pronto el campo de la traducción mecánica, y se orientó de manera creciente hacia el uso de los computadores para la enseñanza y aprendizaje de las lenguas, fenómeno conocido por las siglas inglesas CALL (*Computer Assisted Language Learning).* Posteriormente la disciplina pasó a incluir todo lo relacionado con las aplicaciones del procesamiento electrónico de la lengua natural, especialmente lo que tiene que ver con su corpus de referencia. A partir de ahí, su entrada en la lexicografía fue un hecho. Conviene aclarar que, mientras en el mundo anglosajón, el lexicógrafo es tradicionalmente un profesional que desarrolla su labor dentro de un campo de actuación propio, perfectamente diferenciado del de filólogos y lingüistas, en el mundo románico, por lo general, no existe tal separación "gremial". Por eso, al ser la lingüística aplicada un producto inicial y predominantemente anglosajón, permaneció apartada durante mucho tiempo de lo relacionado con los diccionarios. El uso necesario de los corpus en la compilación de éstos, así como el desarrollo de *diccionarios aplicados* diferenciados, como los elaborados para aprendices de lenguas, para usuarios de esa lengua como lengua segunda y así sucesivamente, ha traído como consecuencia que la lexicografía aparece cada vez más como una aplicación lingüística.

Un aspecto particular del desarrollo de la computación aplicada a las lenguas es lo que concierne a la presencia y uso de las lenguas en Internet. De hecho, la representación y el acceso lingüístico implica ya la existencia de dos Internet: la primera, general, es la que usa el abecedario latino; la segunda, particular, es la que emplea los sistemas de escritura de las distintas culturas. Mientras que Internet-1(empleamos los numerales con el único objetivo de diferenciar una de otra) está abierta a todos y es realmente intercultural e independiente, puesto que cualquier persona, independientemente de su cultura, puede conectarse a ella y buscar en sus contenidos, la segunda depende de la cultura: a una página con contenidos en chino o en japonés no accede, significativamente, nadie de fuera de la cultura china o japonesa; lo mismo puede decirse del árabe, del griego, de la escritura cirílica o devanagari.

Otra ampliación clásica es la que se ocupa de la llamada "lingüística clínica", es decir, el estudio lingüístico de los problemas del lenguaje. Tiene entre sus antecedentes alguna de las páginas más famosas de la historia de la disciplina, como son las que escribió Roman Jakobson sobre la afasia.

Puede decirse que en la actualidad no hay disciplina lingüística que no tenga una aplicación como contrapunto a la teoría. Incluso a la pura abstracción lingüística pueden contraponerse, en el terreno aplicado, las teorías sobre adquisición y aprendizaje de las lenguas, con sus consecuencias para la enseñanza.

2. Recursos técnicos y enseñanza de las lenguas

La aplicación de recursos técnicos a la enseñanza de las lenguas hace muchos años que no supone ninguna novedad. Si se repasa la bibliografía, como se hace, por ejemplo en el trabajo de Michael Levy (1997: 41-56), se aprecia que, en general, la función asignada a la computadora se reparte en dos grandes subconjuntos. En el primero de ellos se incluyen los trabajos que describen al computador como un tutor. En su condición de tal, es una fuente de información. Si se pone en relación con las funciones desempeñadas por los seres humanos, representaría el papel que corresponde al profesor-informador, es decir, el de la persona responsable de proporcionar conocimientos y la que, en todo caso, añade a esos conocimientos que se dan como información unos ejercicios o pruebas. Estos ejercicios permiten a quien adquiere esa información comprobar que lo hace adecuadamente y en qué grado o nivel de adquisición y maestría se va ubicando en cada momento. El aprendiz puede medir cómo aprende precisamente a partir del material utilizado para aprender. En realidad, el papel del ordenador o el profesor, en este modelo, puede hacerlo también cualquiera de los materiales editados conocidos, como libros o revistas, vídeos, cintas de audio, etcétera.

En el segundo modelo de enseñanza de lenguas con el auxilio de la computadora, ésta se emplea como un instrumento, una herramienta que facilita el éxito de un proceso, el logro de ese objetivo perseguido. Los ejemplos de la computadora como herramienta incluyen procesadores de textos, bases de datos, hojas de cálculo, así como los ambientes de comunicación por medio de la computadora (CMC, sigla que conviene, porque es idéntica a la equivalente inglesa, *Computer-Mediated Communication*).

El aprendizaje de una segunda lengua (L2) se convierte en una actividad a la vez intensiva y consumidora de tiempo. Un organismo especializado y con una experiencia de años en la preparación de agentes sobre el terreno, el *Foreign Service Institute* (FSI) de Estados Unidos de América, calcula que son necesarias entre 600 y 1.330 horas de enseñanza en tiempo completo para alcanzar el nivel de fluidez elevada, siempre dependiendo de las lenguas (Bialystok y Hakuta, 1994: 34). La mayoría de los estudiantes universitarios dedican al aprendizaje de una lengua segunda, en promedio, 150 horas por año académico (5 horas/semana durante las diez semanas de cada uno de los tres cuatrimestres = 150 horas totales). En consecuencia, los estudiantes que deban alcanzar, en unos estudios normales de cuatro años, las condiciones mínimas exigidas por el FSI lo tienen difícil.

Hawisher (1994) señala que la integración de la tecnología en el aula durante los últimos veinte años ha puesto de manifiesto dos cuestiones, de las que la menos importante, curiosamente, ha sido el desarrollo tecnológico, porque lo fundamental fueron, desde el principio, las teorías sobre la lengua y el aprendizaje que se desarrollaron en la bibliografía educativa. Con esa perspectiva no sorprende, por tanto, que la introducción de las tecnologías de la red en la educación haya coincidido con un cambio educativo, que se ha desplazado desde las teorías cognoscitivas y desarrollistas hacia una concepción del aprendizaje como un fenómeno social y de colaboración. Como señala Levy, se ha producido una transformación que ha ido de la mano del cambio en las teorías de adquisición de segundas lenguas, desde el conductismo a la enseñanza comunicativa. Mientras que en los días de la tecnología audiolingual el computador suministraba, sobre todo, ejercicios mecánicos, más tarde, siguiendo la metodología comunicativa, se recurrió a la computadora para dar a los estudiantes ocasiones y situaciones de interrelación.

A mediados de los años 90 del pasado siglo, la bibliografía sobre adquisición de segundas lenguas diferenciaba las teorías de la "mente" o cognoscitivas, cuyo contrapunto gramatical era la gramática generativa, de los modelos sociales. Las teorías cognoscitivas se enfocaban hacia los mecanismos internos psicolingüísticos del aprendiz (como el procesamiento de las entradas de información), mientras que los modelos sociales ponían el énfasis más en el papel del contexto social que en los aspectos mentales internos del desarrollo del lenguaje, con el objetivo de observar cómo el medio social conforma la mente. Mientras que los modelos cognoscitivos predominaron en las teorías sobre adquisición de segundas lenguas, el modelo cultural fue ganando terreno, como lo demuestra la creciente bibliografía publicada al respecto, y que permitió afirmar a finales de esa misma década: "Research energy is turning away from mental phenomenon towards social phenomenon models" (Hoven, 1999: 90). La penetración del modelo sociocultural en la investigación sobre la enseñanza de las lenguas con ayuda de la computadora fue más lenta, apoyada en el robustecimiento del marco teórico que sustentaba la explicación y descripción de la adquisición de segundas lenguas.

2.1. Los instrumentos, su selección y sus ventajas

No es posible referirse a la tecnología para el aprendizaje de las lenguas como si se tratara de un objeto homogéneo, simple, como si todas las técnicas y los instrumentos fueran iguales o estuvieran cortados por similares patrones. Cuando los instrumentos tienen distintas bases técnicas proporcionan ventajas distintas también en el aprendizaje de una lengua segunda. No puede decirse que haya una tecnología más apropiada para el estudio del lenguaje, sino más bien un abanico de herramientas tecnológicas de las que se puede disponer para ese fin, aunque las herramientas como tales sigan cambiando muy deprisa. De modo más concreto vale decir que hay tres soportes técnicos importantes para ayudar en los procesos de aprendizaje de lenguas, en orden de interactividad creciente: la red, las aplicaciones en CD-ROM y la comunicación basada en redes (tales como correos electrónicos, *listservs, user groups, chat rooms*, y *MOOs -multi-user domain, object-oriented-*).

Los instructores se acostumbran cada vez más fácilmente a usar páginas y portales de Internet como fuentes de materiales de primera mano para los estudiantes, sobre todo en cursos de lengua basados en contenidos. En este tipo de curso los alumnos van trabajando a partir de una serie de tareas y actividades que se les ofrecen y sólo van aprendiendo la gramática al hilo de estas actividades, gradualmente (cfr. Barson, 1991 y Debski, 1997 para una aproximación tecnológica, basada en contenidos). Las páginas web estimulan la interpretación de los contenidos y la interacción entre los mismos y se convierten en el medio para pesquisas posteriores. Por la riqueza de los materiales de la red que no están en inglés, la clase puede orientarse hacia nuevas direcciones y profundizar en el conocimiento de un tema concreto. Para el profesor experimentado que sabe cómo sacar partido de esas oportunidades comunicativas obvias, una aproximación dirigida a los contenidos y basada en la red es un sueño hecho realidad, al que los estudiantes responden adecuadamente. Aunque es cada vez más necesario tomar en consideración los problemas de derechos de autor y propiedad intelectual en la web, este tipo de cursos representaría el fin del libro de texto estático y el inicio de un nuevo tipo de textos, dinámicos y basados en los enlaces.

Los CD-Roms resultan muy adecuados para suministrar aplicaciones precisas que se aprovechan de las posibilidades ofrecidas por grandes archivos de audio, gráficos y vídeo. La industria editorial produce cada vez más CDs, porque el mercado los demanda (véase la atención que les prestan las revistas y boletines profesionales, por ejemplo, para programas de segundas lenguas el especial de *The CALICO Journal*, Fall, 1999, 17.1). Una de las ocupaciones de los profesores y personal de laboratorio de cualquier departamento o instituto de lenguas es informarse acerca de los nuevos CDs que se producen y juzgar su calidad, lo que ha dado lugar a la aparición del llamado Catch-22: los profesionales de las lenguas necesitan tener nociones de diseño de interfaces para ser capaces de reseñar *software*, de entrada. Se debe educar a los profesores para que reconozcan un sistema didácticamente bien fundamentado cuando lo leen, lo escuchan o lo visualizan en la pantalla. Muchos de los CDs actuales tienen complejas *interfaces* visuales, pero se debe tener cuidado si no se quiere que el medio difumine el mensaje, por tomar prestada la metáfora de Marshall McLuhan (1964).

En el caso de la CMC, la comunicación por medio de la computadora, ésta proporciona el medio para una comunicación completamente humana. Es importante destacar que se trata de un medio entre humanos. Quienes se sientan en cada uno de los extremos de la línea de comunicación a través de la computadora son humanos, en ellos está el origen y el desarrollo de la comunicación, todo lo producen ellos. La CMC es una herramienta que los hombres emplean para comunicarse unos con otros. La comunicación, también en el caso de la CMC, puede ser *síncrona* o *asíncrona.* La comunicación síncrona es la que se da en directo, en tiempo real, en vivo, como también se dice. En otras palabras, es una comunicación inmediata. Como ejemplo podemos poner las salas de conversación *(chats)*, en las cuales los individuos teclean sus mensajes y leen las respuestas en sus pantallas, o los ambientes en los cuales quienes intervienen pueden oírse y verse unos a otros, por ejemplo con tecnología de vídeo o videoconferencia.

La CMC asíncrona no se da en tiempo real, hay un hiato temporal de duración imprecisa, dependiente del objetivo de la comunicación. Como ejemplo podemos poner los boletines electrónicos, las listas de correo, en las que los individuos publican mensajes y responden a los mensajes publicados, o los mensajes de correo electrónico, llamados también *ismaeles*, *esmaltes* (a partir del juego de palabras del francés *émail)* o *emilios*.

La investigación acerca de la adquisición de L2 ha demostrado con claridad la importancia de aprender las lenguas mediante intercambios personales, que exigen del aprendiz que negocie el significado con otros estudiantes o con hablantes nativos (Long, 1981 y 1991; Gass & Varonis 1994; Pica, 1994; Gass, 1997; Doughty, 1998). Esta negociación del significado parece ser uno de los caminos regulados en cuyo discurrir los estudiantes se van liberando gradualmente de los estadios aparentemente interminables de interlengua, para llegar a adquirir el dominio de la lengua objeto.

Es indiscutible que los estudiantes pueden realizar su negociación de sentido uno a uno durante el tiempo normal de clase, pero esta negociación se amplía de manera beneficiosa cuando se puede realizar a través de una comunicación síncrona, basada en la red, simultáneamente (Blake *et al.*, 1999; Pellettieri, 2000). De este modo, el estudiante se involucra en una permanente negociación de los significados, bien sea en casa o en el laboratorio, según la conveniencia de las varias partes implicadas en esa negociación. Este uso de la tecnología abre la puerta a una gran riqueza de posibilidades para el aprendizaje de una segunda lengua. Vale la pena insistir en que todos los teóricos coinciden en que acrecentar la calidad y la cantidad de información recibida por los estudiantes de segundas lenguas es esencial para el éxito de la adquisición de L2. La CMC contribuirá enormemente al plan de aprendizaje de una L2, siempre que los profesores estén dispuestos a familiarizarse con la tecnología que habrán de incorporar a los deberes del estudiante después de clase.

Las ventajas de la discusión en línea sobre los intercambios cara a cara se han documentado bien en la bibliografía de esta investigación. Entre sus muchas virtudes, los investigadores citan con frecuencia la utilidad de la computadora como:

- Un medio basado en el texto que amplifica la atención del estudiante a la forma lingüística (Warschauer, 1997).
- Un estímulo para una creciente producción escrita en L2 (Kern, 1995).
- Un ambiente más relajado para la práctica de L2 (Chun, 1998).
- Un foro más justo y sin sombras de amenaza para las conversaciones en L2, sobre todo para mujeres, minorías y personalidades menos decididas.
- Un canal amplificado con posibilidades para la creación de redes de aprendizaje globales (Cummins, 1995).

Swaffar (1998: 1) ha resumido de modo sucinto los beneficios que se derivan de la comunicación por medio de la computadora (CMC), comparados con los intercambios orales en clase:

> *Networked exchanges seem to help all individuals in language classes engage more frequently, with greater confidence, and with greater enthusiasm in the communicative process than is characteristic for similar students in oral classrooms.*

Paradójicamente, informar a los estudiantes de que la computadora registrará y conservará sus respuestas para ser usadas como material de investigación no parece llevarlos a reducir su nivel de participación o su sensación de que la computadora les sigue proporcionando un ambiente de anonimato relativo o, al menos, protegido en el que desarrollar sus conversaciones (Pellettieri, 1999).

2.2. Ventajas e inconvenientes

Las tecnologías informativa y comunicativa, los equipos multimedia e Internet tienen un gran potencial para producir un impacto enorme en la enseñanza de las lenguas. Los sistemas multimedia permiten integrar vídeo y audio de la mayor calidad con textos y ejercicios lingüísticos para lograr un ambiente mucho más rico que cualquier tecnología previa y con absoluto control por parte de quien estudia. Además, toda esa riqueza informativa se potencia con la facultad de interacción que proporciona Internet, al derribar las paredes del aula y abrirse, más allá de la información, a la comunicación.

Los retos de la aplicación de las nuevas tecnologías a la enseñanza de segundas lenguas son tan grandes como las oportunidades que abren. Sin embargo, hay un cambio social que debe aprovecharse: la conciencia de que la financiación de estas técnicas en educación es una realidad. Un PC multimedia, una conexión a Internet y un pequeño conjunto de CDs está al alcance de todos los centros educativos. Pero si bien éstas son las ventajas, los inconvenientes no deben ignorarse:

1. Exigen una mayor dedicación de tiempo. A diferencia de un vídeo corriente o una cinta de audio, explorar un buen CD-ROM puede llevar horas. Y "sumar valor" a un CD-ROM por medio de materiales complementarios o recorridos de estudio es un proceso que consume ingentes cantidades de tiempo. Del mismo modo, la riqueza de Internet, con las crecientes posibilidades de la red tienta a los usuarios a navegar durante horas, sin preocuparse por resultados concretos.
2. Ambas tecnologías se dirigen al usuario individual más que a la clase. Usar cualquiera de estas técnicas en grupos de quince alumnos es, como poco, un reto en términos de gestión del aula.

En lo que se refiere al apartado tecnológico, la tentación siempre es la misma: esperar a la solución definitiva. Se impone una reflexión: ¿realmente, para el trabajo de enseñanza de las lenguas con nuevos materiales, necesitamos 516 Mb de memoria RAM, 50 Gb de disco duro, un procesador de más de 1 Gb y la más profesional de las tarjetas de edición de sonido y vídeo? En nuestra opinión es mucho más importante disponer de un sistema de control de cómo se usan las computadoras en un centro educativo y, sobre todo, desarrollar programas de formación de profesores en los aspectos más prácticos y cotidianos del uso de la máquina, aunque no fuera más que para reducir el número de veces que son los propios alumnos quienes explican cómo se hacen las cosas, en esa relación de proporcionalidad inversa que no contribuye mucho a la autoestima de los docentes.

No hace falta ser ningún gurú para predecir que las telecomunicaciones y los nuevos medios van a cambiar la enseñanza de las lenguas, puesto que se trata de una realidad presente. Lo relevante de este fenómeno es que no se trata de componentes extras de un curso convencional, sino que están en el centro de un cambio radical.

En lo que concierne a la adquisición, hemos asistido a un desarrollo de modelos: el enfoque conductista dejó su huella en el convencimiento de que era posible enseñar directamente las lenguas; el comunicativo nos mostró la importancia de las situaciones, de cómo hacer cosas con palabras, e introdujo la dimensión no lingüística de la pragmática; el sociocultural dio paso a los contenidos y a la necesidad de mecanismos que vinculen el conocimiento de la lengua propia y el aprendizaje de la lengua segunda, con sus ingredientes culturales, como propios.

3. La máquina cultural

La lingüística aplicada se mueve entre una compleja dimensión técnica y una no menos complicada dimensión social. Los movimientos migratorios constituirán, sin duda, el mayor reto al que se habían de enfrentar los seres humanos del siglo XXI, que además de las grandes dificultades de carácter social y político presenta enormes implicaciones lingüísticas y, por ende, culturales. Parece oportuno dejar ahora los aspectos más restrictivos de estos procesos, que son sobre todo lingüísticos y que también interesan como tales, profesionalmente, para pasar a situarlos en el universo general, en el que se enlazan con el también vago concepto de cultura, e ir configurando lo que llega a ser el mundo propio de diversos pueblos o comunidades, especialmente las que se constituyen como países. El título del presente epígrafe se toma prestado de Beatriz Sarlo (1998), hecho que supone aceptar que sus trabajos, con todas las diferencias ideológicas, constituyen una aportación especialmente enriquecedora al conocimiento de la situación de la comunidad hispánica, con cuya lengua se realiza esta publicación, y porque en ellos se recoge una clara alusión a los dos mecanismos culturales de mayor influencia: la escuela como conservación y la traducción como innovación.

Los planteamientos basados en la oposición de diglosia y bilingüismo, desde un punto de vista cultural, son insuficientes. Por un lado, la identidad lingüística no implica identidad cultural y las consecuencias de este simple aserto, incluso dentro de las grandes culturas occidentales, no pasan desapercibidas para quien observe la evolución de las zonas Oriental y Occidental de Alemania después de su reunificación, o la de Hong Kong y la República Popular de China, entre otras posibilidades. Por otro, las nociones de bilingüismo y diglosia no dan cuenta de lo que podemos llamar los *conflictos lingüísticos provocados,* aquéllos en los que se produce un enfrentamiento, por ejemplo, entre el aprendizaje como transmisión y la desviación de lo aprendido como innovación. El conflicto está latente por la contradicción que existe entre la esfera de actuación experimental y la esfera de actuación política. El campo cultural, incluyendo el ámbito científico, pertenece a la esfera de la experimentación, mientras que el político se apoya en lo seguro, no especula. Es preciso ser un gran político para apropiarse internamente de los fines de la especulación.

Esta realidad incide en la diferencia entre la sociolingüística y la lingüística, pues las teorías sociolingüísticas, que están al servicio de la política, en caso de incidir en la contradicción experimentalista, se subordinan a la política. Ésta cercena las preguntas sin respuesta, por eso el teórico que quiere medrar da al político las respuestas que éste espera y no las que obtiene de la aplicación del método científico.

El desarrollo de las comunicaciones actuales carece de paralelos históricos. Las culturas tienden a la homogeneización. En esta gravísima situación, el político no especula, si no que, como decimos, se apoya en aquello que conoce, en su lengua, en su pegujal; de ahí el auge de los nacionalismos, el temor al otro, a su monolingüismo, señalado por Derrida (1997). Sin embargo, la cultura, que es comunicación de culturas, sufre cuando se limita a una lengua específica y se vigoriza con la necesidad de la traducción y la interpretación. Si el político no lo sabe y nadie se lo dice, se reforzará en su esfuerzo monolingüe y se irá empobreciendo, ajeno a la experimentación.

Las culturas china y árabe, por ejemplo, sufren un proceso de fosilización, al menos hasta épocas muy recientes, porque se apoyan en una lengua específica para la transmisión de los conocimientos. La inexistencia de una lengua uniformadora de la cultura en el Occidente de finales de la Edad Media, producida por el desarrollo de las lenguas vernáculas a partir del latín, dio lugar a una nueva situación comunicativa, caracterizada por un aumento en extensión y un descenso en intensión. En el primer caso se produce un crecimiento de los elementos del conjunto que comprenden lo que se les dice en su lengua; en el segundo, la necesidad de adaptar lo que se dice a niveles culturales inferiores. Toda época de renovación sufre por ello, la queja es común en los ambientes educativos del mundo occidental de principios del siglo XXI: hay un acceso mucho mayor que antes a la cultura, con un inferior nivel de conocimientos y de asimilación. Al mismo tiempo, las posibilidades actuales de yuxtaposición, interpretación y traducción de culturas y entre ellas hacen posible que cualquier cultura sea revitalizada, vigorizada, en un período de tiempo relativamente muy breve (lo que, naturalmente, no la librará de nuevas contradicciones). Se suele proponer como paradigma el caso del hebreo y de Israel, pero aquí la situación es más compleja, puesto que una cosa es la cultura bíblica y otra la cultura de la sociedad judía, secularmente plurilingüe.

En el caso concreto de una cultura conformada por la suma de criollismo e inmigración, como es el caso de Argentina, la contradicción entre el mundo de la transmisión y el mundo de la innovación y la traducción se lleva a veces hasta un extremo evidente: sucede así cuando se manifiesta el prurito por presentar el mundo intelectual argentino como el de los Ocampo, Bullrich y otros ilustres nombres porteños, un mundo en el que la lengua no es el español, la cultura procede de aquello que se considera más refinado y que, en su primera época, era lo francés. Las contradicciones más perceptibles del estereotipo se recogen en el conocido chiste brasileño que, en una de sus variantes, con la mala intención de los vecinos, las resume: "los argentinos son italianos que hablan español, quisieran ser franceses y se creen ingleses". Italia y España quedan al margen, pese a ser los núcleos. Sin embargo, en esa misma época de entreguerras se formaron otros autores e intelectuales, muchos de ellos en el interior, como Martínez Zuviría, cuyos patrones culturales son otros y las raíces más profundas. La Historia acabará poniendo en su lugar la permanencia de las aportaciones culturales de dichos intelectuales, sin demérito de quienes conforman esa capa cosmopolita.

En el caso argentino, conocemos bastante bien las circunstancias que contribuyeron a la conformación cultural, desde el gigantesco proceso de integración de los emigrantes a partir del siglo XIX y, sobre todo, durante las tres primeras décadas del siglo XX. Aunque la situación española no sea la misma, porque España añade un problema de heterogeneidad lingüística con las lenguas regionales, la distancia puede ayudar a ver los elementos comunes.

Inicialmente la heterogeneidad lingüística del inmigrante es vista sin temor, como señaló Alberdi, porque no hay una necesidad de defensa de lo propio, que es algo implícito (ganado con la independencia) y no explícito (definido por la oposición frente a colonialismo y criollismo). Mas cuando los inmigrantes se apropian también de la modalidad lingüística rioplatense es cuando surge el rechazo. Esta nueva sociedad ya no puede asumir la heterogeneidad, mientras que su homogeneidad sólo se alcanzará tras un largo y lento proceso lingüístico, que todavía no está terminado. En este proceso se dan las diversas posibilidades: sentirse fuera y contra lo español, dentro de lo español, al margen e integrando lo otro en el español, e incluso podrá aparecer (aunque con menos fuerza que en otros países de América) un sentirse fuera y contra lo indígena.

Durante las tres primeras décadas del siglo XX el Estado argentino realiza una firme tarea de dirección de la ciudadanía a través de la escuela. El objetivo fundamental es homogeneizar el país, especialmente a la clase trabajadora, procedente de la heterogeneidad lingüística y cultural, también en parte religiosa, pero no racial. Quien mueve los hilos de esta maniobra cultural es una clase dirigente homogeneizada por criollismo frente a españolismo y, al mismo tiempo, por la unidad de la lengua española. Terminológicamente, la contradicción se resuelve llamando *castellano* o *idioma nacional* al *español*.

La clase dirigente se asienta en el poder sobre la base de una escuela para todos, que instruye a los estudiantes con un ideario con un fuerte componente nacional argentino, es decir, nacionalista, laico pero vagamente espiritualista, en el que prima la ética del trabajo y que se expresa en la lengua nacional. Es posible que este empeño tuviera éxito, porque nadie tenía capacidad para disputar al Estado su fuerza de presión cultural, ejercida sobre un vacío (aunque no hay que olvidar las fiestas y conmemoraciones italianistas de finales del XIX, que quizás alertaran a la clase dirigente). Hoy, en cambio, el estado es subsidiario de los medios de comunicación y son éstos los que tienen un poder de influjo y penetración cultural que marca la diferencia.

El ejemplo argentino puede ser extrapolado, en un arco más amplio que el de esta contribución, a los diversos modelos de traición, deslealtad e integración, según la perspectiva y el propósito, y según también las posibilidades reales de resistencia a las imposiciones oficiales.

4. Lengua, cultura e inmigración en España

Para considerar las culturas de los inmigrantes en España se aborda una variedad de situaciones que se resumen de manera imperfecta en cultura aparentemente igual a la española, es decir, la cultura hispanoamericana, homologable, frente a culturas distintas, no homologables. Pero no todas las culturas distintas se enfrentan a problemas similares. La cultura china y la cultura árabe, como ya señalamos, adolecen de fosilización lingüística, al menos hasta épocas muy recientes, porque se apoyan en una variedad alta o "A" de la lengua específica para la transmisión de los conocimientos, que no es la lengua hablada realmente por la población. Esta circunstancia, una típica diglosia, pesa a la hora de integrar a niños arabófonos y chinos en el sistema educativo español.

A diferencia de lo ocurrido durante las tres primeras décadas del siglo XX en la República Argentina, la sociedad no acepta hoy una acción coercitiva de la escuela en la dirección de la ciudadanía por su medio. El mundo carece actualmente de una clase dirigente homogeneizada similar a la de aquellas décadas. El mundo occidental puede parecernos hoy más homogéneo, y lo es como tal cultura occidental; pero no tiene el carácter monolítico y exclusivista que permitió la formación de regímenes criminales como el estalinista en la Unión Soviética y el nacionalsocialista en Alemania.

En España no existe una clara conciencia de que la escuela laica y estatal es la encargada natural de la conformación de las nuevas señas de identidad que harán que los futuros españoles sean tratados y reconocidos como ciudadanos iguales. Para ello es imprescindible lograr un consenso en torno a las ventajas que representa una lengua internacional como lo es el español. Desarrollar mecanismos que reduzcan la distancia que existe entre la ignorancia de la nueva lengua que manifieste recién llegado y su dominio necesario para aprovechar el esfuerzo escolar es una obligación del Estado, en coordinación con las Autonomías, pero fundada en el convencimiento de que quienes ahora integramos son futuros ciudadanos. Es cierto que un derecho fundamental del niño es el conocer y poder utilizar su lengua materna, pero no de manera que ese derecho se convierta en una privación de mecanismos superiores de igualdad y libertad, que se defienden universalmente en español.

Los movimientos migratorios de hoy, aunque no tengan el carácter de invasiones y conquistas que tuvieron en el pasado, son también el resultado del desplazamiento de hombres, sobre todo de hombres, que tuvieron que salir de un lugar para sobrevivir en otro. Decimos de un lugar, no de un país, porque todos sabemos que es posible tener que emigrar en la propia tierra de cada uno. Algunos salieron y volvieron; otros, como los obligados a emigrar por una parte de sus paisanos, no pueden volver. En un libro que merece profunda reflexión vemos reflejado un extremo de la realidad española ante los otros. Quien lo escribió no es un exiliado económico, sino político, exiliado por una mafia. Mikel Azurmendi no pertenece a los emigrados que saben que volver a su tierra natal es cuestión de dinero o de orgullo. Mikel sabe que recorrer las calles de su infancia, tomarse una cerveza en el bar de la adolescencia, estacionar en la esquina por la que el enamorado no se atrevía a pasar, es jugarse la vida. Por eso se aplica en su libro sobre El Ejido y sus gentes a entender a unos y otros, dejándolos hablar. Así los oímos directamente. Pero el autor es también un hombre que sabe que la mejor *areté* es la inteligencia, que ha leído sus Ulises, que ha buscado en el interior del hombre, donde (decía San Agustín) habita la verdad.

Y es que, aunque convenga a más o menos personas, la verdad existe, sólo que es difícil encontrarla. Es más sencillo, denunciar, contratar a unos moros, entrar en un bar, no querer entender que el hombre que fue acuchillado no quiera servirlos y escribir enormes titulares sobre un *apartheid* que, como toda palabra extranjera, suena mejor. Américo Castro ya había explicado las razones y motivos por los que una palabra tan portadora de imagen como 'español' es también una palabra extranjera. Una palabra procedente del otro lado de los Pirineos, como lo son también 'sastre', 'fraile' o 'jardín'. Claro que hoy nadie diría que sastre, fraile o jardín, o azotea o acequia, son palabras extranjeras. Es que eso, sencillamente, es la integración.

En ese mundo de hombres, el triunfo es cosa del macho, y el triunfo, que es dinero, es lo único que importa. Hay que hacerse la foto junto al mercedes, hay que mandar dinero a la familia, o todos habrán fracasado y el regreso se irá alejando. Maestros y profesores saben bien que a partir de una edad muy temprana el niño marroquí se pone por delante de su madre, la subordina e inicia su proceso de fracaso escolar, sin que la escuela tenga interlocutor posible: el padre es sólo devoto del triunfo, que no pasa por la educación. Si se quiere una sociedad coherente hay que luchar contra ello, y evitar la tentación fácil del cada uno por su lado, en el gueto. El modelo de la cohabitación no es digno de la condición humana. Que no nos engañe una idea tan difundida como falsa de la Edad Media: junto a momentos de tolerancia y convivencia, entre los señores, siempre, hubo una guerra de ocho siglos, durante la cual unos señores fueron sustituyendo a otros, obligándolos a retirarse cada vez más al sur de la Península Ibérica y que se saldó con la expulsión de los derrotados. Que no se confunda el mundo medieval de los señores de la guerra, su suerte y sus fortunas, con el nuestro, de hombres iguales, que no lo son tanto.

A diferencia del País Vasco, en las escuelas y en las casas de El Ejido no llegan los niños a casa desde la ikastola de aita y ama, católicos del PNV, preguntando dónde está el enemigo español, o, en su caso, guineano, senegalés o moro. Más importante es saber dónde está el musulmán o cristiano que puede apuñalarte por unas pesetas, el suizo que vive sin mirar el origen del dinero que paga su bienestar, pero se escandaliza hipócritamente cuando un pueblo del sur salta enrabietado, o el empresario que se guarda los pasaportes de los obreros, con promesa de hacerlos legales, hasta que acaba la recogida y no hay nada de lo dicho. En el otro lado, "el inmigrante jamás imaginó desde su país que en el nuestro iba a tener que trabajar en el campo".

La reiterada realidad señala que el musulmán no se integra, porque no quiere, con las mismas oportunidades que los demás: "una persona inmigrante no trata mal a otra persona que es inmigrante". Jóvenes que se jugaron la vida en el mar descubren que su sueño es el duro trabajo de los almerienses, y su escape, el alcohol, al alcance de la mano, lo que no ocurre en sus países. Su futuro, ahora, es convertirse en obreros de la industria agrícola, ya no tendrán las oportunidades de los alpujarreños que marcharon al Poniente y los precios de su producto siguen bajando. También pueden contentarse con conseguir los papeles y marcharse, o cobrar el paro. Carecen de todo incentivo cultural, tienen su horizonte en el regreso, están en la trampa de la sociedad mafioso-familiar. La violencia y el vandalismo son resultados esperables, el estallido del rechazo, incontrolable. Mas las consecuencias afectan a todos.

Lo que hay detrás de El Ejido, nos dice Azurmendi, no es un grupo de nuevos ricos fascistas españoles que se oponen a la dignidad de personas con distinto color de piel. Lo que hay es un grupo de hombres y mujeres que se han dejado años de rugosa existencia para establecerse y que se han encontrado con la falta de correspondencia entre su proyecto y la realidad, en sus vidas, sus matrimonios, sus hijos y parte de esos recién llegados, que la mayoría sabe diferenciar, que están en la raíz de que la vida se haya tornado desconocida e insidiosa. También están detrás las confusiones procedentes de la ignorancia de la realidad del mundo y de la autocomplacencia de la *gauche divine*. La integración intercultural debe arrancar de aceptar la cultura democrática y, tras su análisis, buscar en los valores de las culturas inmigrantes los compaginables y enriquecedores, desde la conciencia de que el encuentro es en la sociedad española y no en una especie de delirante caos de café para todos, donde todo vale, todo se respeta, sin pararse a pensar en cuánto vale algo y qué respeto merece. Se trata de un proceso de elección y establecimiento de una cultura básica, de lo que tradicionalmente se conoce como *educación.* Sólo en una cosa disiente quien esto escribe del sociólogo Azurmendi: salvo en Carnaval, un niño no puede ir a la escuela con un capirote de penitente, una túnica de cruzado o un cilicio. Tampoco puede ir desnudo, en ninguna ocasión. No se puede permitir el velo en la escuela pública. La escuela laica no debe admitir signos externos ostensibles de confesionalidad, es una conquista que ha costado a Occidente mucha sangre; es parte del precio de la libertad.

CONCLUSIÓN

La definición de la lingüística aplicada por parte de la Asociación Internacional, AILA, recoge el cambio de orientación que estas adiciones supusieron: "se concentra en las numerosas y complejas áreas de la sociedad en las que la lengua representa un papel, como medio de ayuda para resolver problemas específicos de la sociedad". Si la Asociación representa el consenso de sus miembros, está claro que hay dos aspectos: el investigador, por un lado, que abarca todo lo que de la lingüística puede conducir a programas o instrumentos concretos; y el de la aplicación de los resultados y técnicas concretos en la solución de problemas prácticos. Dada la complejidad de los instrumentos de análisis de la ciencia contemporánea, el único modo de lograrlo es haciendo de esta disciplina un campo de estudio interdisciplinar, en el que se combinen desde la sociología, hasta la historia, la geografía, la antropología, la física o la informática, entre otras.

Lo que se espera de la lingüística aplicada es que se defina mediante los ejemplos de su trabajo, es decir, que demuestre su existencia mediante su objeto mismo, la aplicación, desde su indiscutible propósito de contribuir a la mejora de los *problemas* del lenguaje (Davies, 1999: 1).

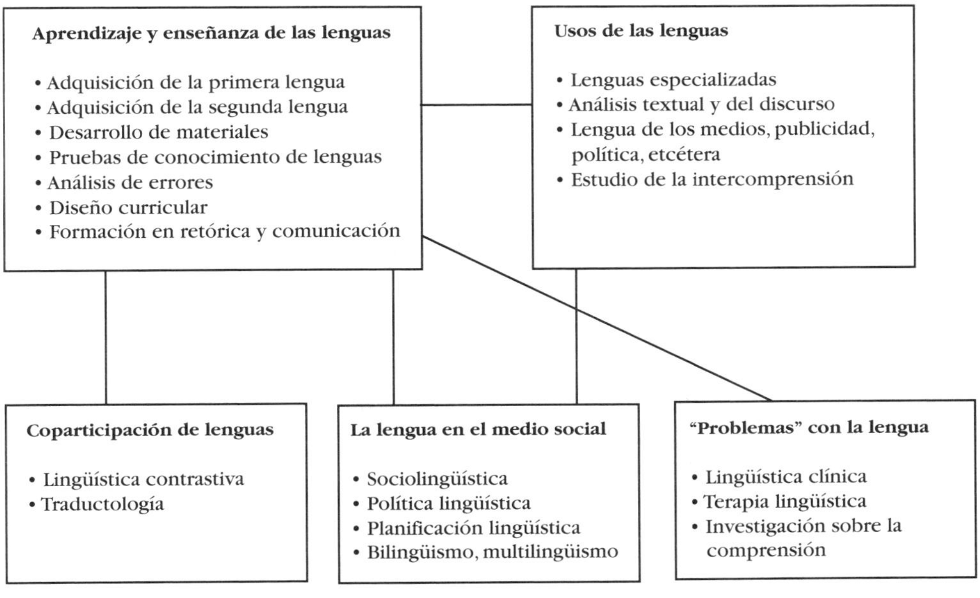

Cuadro 1: Ámbitos de la lingüística aplicada

BIBLIOGRAFÍA

ALBERDI, J. B. (1915), *Las bases,* Buenos Aires, La Facultad.

ALTAMIRANO, C.y SARLO, B. (1997), *Ensayos argentinos. De Sarmiento a la vanguardia,* Buenos Aires, Ariel.

ANDERSEN, R. (1978), "An Implicational Model for Second Language Research", *Language Learning*, 28, 2: 221-282.

ANDERSEN, R. W. (1991), "Developmental Sequences: the Emergence of Aspect Marking in Second Language Acquisition", en T. HUEBNER y Ch.A. FERGUSON, *Cross-currents in Second Language Acquisition and Linguistic Theories*: 305-324.

AZURMENDI, M. (2001), *Estampas de El Ejido,* Madrid, Taurus.

BARSON, J. (1991), "The Virtual Classroom is Born: What now?", en B. F. FREED (ed.), *Foreign Language Acquisition Research and the Classroom*, Lexington, D.C., Heath and Company.

BIALYSTOK, E. y HAKUTA, K. (1994), *In Other Words*, Nueva York, BasicBooks.

BLAKE, R., FAHY, D. y WALTERS, D. (1999), "Implementing Chat Software in the Foreign-Language Curriculum: The case of RTA", en D. BROWN (ed.), *Interactive Learning: Vignettes from America's Most Wired Campuses*, Bolton, MA, Anker Publishing Co.

BREEN, M. P. y CANDLIN, C. (1980), "The Essentials of a Communicative Curriculum in Language Teaching", *Applied Linguistics*, vol. 1, 1: 89-112.

BREEN, M. P. (1987), "Contemporary Paradigms in Syllabus Design, Part I", *Language Teaching*: 81-92; Part II, *Language Teaching*: 157-174.

BREEN, M. P. (1990), "Paradigmas actuales en el diseño de programas de lenguas", *Comunicación, Lenguaje y Educación*, 7-8: 7-32.

BUTT, J. y BENJAMIN, C. (1988), *A New Reference Grammar of Modern Spanish*, Londres, Edward Arnold.

CANALE, M. y SWAIN, M. (1980), "Theoretical Bases of Communicative Approaches to Second Language Teaching and Learning", *Applied Linguistics*, vol. 1, 1: 1-47.

CANDLIN, N. (1981), *The Communicative Teaching of English, Principles and Exercise Typology*, Burnt Mill, Harlow, Essex, Longman.

CANDLIN, N. (1990), "Hacia la enseñanza de lenguas basada en tareas", *Comunicación, Lenguaje y Educación*, 7-8: 33-53.

CHUN, D. (1998), "Using Computer-Assisted Class Discussion to Facilitate the Acquisition of Interactive Competence", en SWAFFAR *et al.* (eds.): 57-80.

CLAHSEN, H. (1985), "Profiling Second Language Development: A Procedure for Assessing L2 Proficiency", en HYLTENSTAM y PIENEMANN (eds.), *Modelling and Assessing Second Language Acquisition:* 283-331.

CLAHSEN, H. (1990), "The Comparative Study of First and Second Language Development", *Studies in Second Language Acquisition*, 12: 135-153.

CORDER, S. P. (1991), "The Significance of Learner's errors / La importancia de los errores del que aprende una segunda lengua", en J. M. LICERAS (ed.), *La adquisición de las lenguas extranjeras*, Madrid, Visor: 31-40.

CUMMINS, J. (1998), "e-Lective Language Learning: Design of a Computer-Assisted Text-Based ESL/EFL Learning System", *TESOL Journal*: 18-21.

DAVIES, A. (1999), *An Introduction to Applied Linguistics. From practice to Theory*, Edinburgo, Edinburgh University Press: 1-15.

DEBSKI, R. (1997), "Support of Creativity and Collaboration in the Language Classroom: A New Role for Technology", en R. DEBSKI, J. GASSIN y M. SMITH (eds.*), Language Learning Through Social Com-puting: ALAA's Occasional Papers,* 16, Melbourne, Applied Linguistics Association of Australia.

DERRIDA, J. (1997), *El monolingüismo del otro o la prótesis de origen,* Buenos Aires, Manantial.

DOUGHTY, C. (1998), "Acquiring Competence in a Second Language: Form and Function", en H. BYRNES (ed.), *Learning Foreign and Second Languages*, Nueva York, The Modern Language Association: 128-156.

ELLIS, R. (1988), "The Role of Practice in Classroom Learning", *AILA Review*, 5: 20-39.

ELLIS, R. (1990), *Instructed second language acquisition*, Oxford, Basil Blackwell.

ELLIS, R. (1991), "Grammaticality Judgments and Second Language Acquisition", *Studies in Second Language Acquisition*, 13: 161-186.

ELLIS, R. (1992), "Can Syntax be taught? A Study of the Effects of Formal Instruction on the Acquisition of WH Questions by Children", en R. ELLIS, *Second Language Acquisition and Language Pedagogy:* 53-74.

ELLIS, R. (1992), *Second Language Acquisition and Language Pedagogy*, Clevedon, Multilingual Matters.

GASS, S. (1997), *Input, Interaction, and the Second Language Learner*, Mahwah, Nueva Jersey, Lawrence Erlbaum Associates.

GASS, S. y VARONIS, E. (1994), "Input, Interaction and Second Language Production", *Studies in Second Language Acquisition,* 16: 283-302.

GRAAFF, R. de (1991), *Así Funciona. Confección de un programa de enseñanza de lengua asistida por ordenador con "Esto Funciona A"*, tesina de licenciatura, Departamento de Lenguas y Culturas Románicas, Universidad de Utrecht.

GRAAFF, R. de (1992a), "Así Funciona. Leren van je fouten in een COO-invulprogramma", Levende Talen, 472: 292-296.

GRAAFF, R. de (1992b), "Así Funciona. El uso de un programa de ordenador en la enseñanza comunicativa de lenguas", *Cable*, 10: 30-34.

HAWISHER, "Blinding Insights: Classification Schemes and Software for Literacy Instruction.", en C. L. SELFE y HILLIGOSS (eds.), *Literacy and computers: the complications of teaching and technology,* Nueva York, Modern Language Association: 37-55.

HUBBARD, P. (1999), "Teaching Agents in Tutorial CALL", charla en CALICO'99, Miami University, Oxford, Ohio.

HYLTENSTAM, K. y PIENEMANN, N. (eds.) (1985), *Modelling and Assessing Second Language Acquisition*, Clevedon, Multilingual Matters.

KERN, R. (1995), "Restructuring Classroom Interaction with Networked Computers: Effects on Quantity and Characteristics of Language Production", *Modern Language Journal*, 79: 457-476.

Laboratorio de Lingüística Informática de la Universidad Autónoma de Madrid: http://www.lllf.uam.es

LARSEN-FREEMAN, D. y LONG, M. (1991), *An Introduction to Second Language Acquisition Research*, Londres, Longman.

LEVY, M. (1997), *Computer Assisted Language Learning: Context and Conceptualization*, Oxford, Oxford University Press. (cfr. http:// polyglot.cal. msu.edu/llt/ vol2 num1/ review/ levy.html)38.

LONG, M. (1981), "Input, Interaction and Second Language Acquisition", en WINITZ (ed.), *Native Language and Foreign Language Acquisition, Annals of the New York Academy of Science,* Nueva York: 259-278.

LONG, M. (1991), "Focus on Form: A Design Feature in Language Teaching Methodology", en C. KRAMSCH y R. GINSBERG (eds.), *Foreign Language Research in Cross-Cultural Perspectives,* Amsterdam, John Benjamins: 39-52.

MCLUHAN, M. (1964), *Understanding Media: The Extension of Man*, Nueva York, Signet.

MARCOS MARÍN, F. (1979), *Reforma y modernización del español (Ensayo de sociolingüística histórica),* Madrid, Cátedra. http://www.lllf.uam.es/~fmarcos/obra/ReformayModernizacion/

MARCOS MARÍN, F. (1994a), *Informática y humanidades,* Grandes manuales, 44, Madrid, Gredos.

MARCOS MARÍN, F. (1994b), *Conceptos básicos de política lingüística para España,*

Madrid, Fundación para el análisis y los estudios sociales, Papeles de la Fundación, 1: 15.
MARCOS MARÍN, F. (2000a), "La lengua española en Internet", *El Español en el mundo, Anuario del Instituto Cervantes, 2000,* Barcelona, Plaza & Janés, Círculo de Lectores: 299-357.
http://cvc.cervantes.es/obref/anuario/anuario_00/marcos/
MARCOS MARÍN, F. (2000b), "Lenguas y cultura, acuerdos y conflictos", *Anaquel de estudios árabes,* 11, *Homenaje a la profesora Dña. Soledad Gibert Fenech, I,* [2002]: 393-406.
http://www.lllf.uam.es/~fmarcos/articulo/02AnaLenCult.pdf
MARCOS MARÍN, F. (2000c), "El *Cantar de Mio Cid* en edición hipertextual", en *La Corónica*, 31,1: 123-127.
http://www.lllf.uam.es/~fmarcos/articulo/02CoHCMC.pdf
MARCOS MARÍN, F. (2002a), "Documentos electrónicos y textos de las cámaras legislativas", *Revista General de Información y Documentación,* 12/1: 245-249.
http://www.lllf.uam.es/~fmarcos/articulo/02RGIDcamaras.pdf
MARCOS MARÍN, F. (2002b), "Contrastes en el léxico hispánico", *Revista de Libros,* 69: 35.
http://www.lllf.uam.es/~fmarcos/articulo/02RLibLexHA.pdf
MARCOS MARÍN, F. y SÁNCHEZ LOBATO, J. (1988), *Lingüística aplicada,* Madrid, Sín-tesis.
MARCOS MARÍN, F. y ESPAÑA RAMÍREZ, P. (2001), *Guía de gramática de la lengua española,* Madrid, Espasa.
MEISEL, J. M., CLAHSEN, H. y PIENEMANN, M. (1981), "On Determining Developmental Stages in Natural Second Language Acquisition", *Studies in Second Language Acquisition*, 3, 2: 109-135.
NAGATA, N. (1993), "Intelligent Computer Feedback for Second Language Instruction", *The Modern Language Journal*, vol. 77, 3: 330-339.
NUNAN, D. (1989), *Designing tasks for the communicative classroom*, Cambridge, CUP.
PELLETTIERI, J. (2000), "Negotiation in Cyberspace: The Role of Chatting in the Development of Grammatical Competence", en M. WARSCHAUER y R. KERN (eds.), *Network-Based Language Teaching: Con-cepts and Practice*, Nueva York, CUP.
http://english.ttu.edu/kairos/6.1/reviews/smith/, http://www2.iastate.edu/~nkerli/526/nbltreview.htm.
PICA, T. (1994), "Research on Negotiation: What Does it Reveal about Second-Language Learning Conditions, Processes and Outcomes?", *Language Learning*, 44: 493-527.
PIENEMANN, M. (1984), "Psychological Constraints on the Teachability of Languages", *Studies in Second Language Acquisition*, 6, 2: 186-214.
PIENEMANN, M. (1985), "Learnability and Syllabus Construction", en HYLTENSTAM y PIENEMANN (eds.) (1985), *Modelling and Assessing Second Language Acquisition:*. 23-75.
PIENEMANN, M. (1989), "Is Language Teachable? Psycholinguistic Experiments and Hypotheses", *Applied Linguistics*, vol. 10, 1: 52-79.
PIENEMANN, M. (1992), "COALA-A Computational System for Interlanguage Analysis", *Second Language Research*, 8, 1: 59-92.
QUINN, R. (1990), "Our Progress in Integrating Modern Methods and Computer-Controlled Learning for Successful Language Study", *Hispania*, 73: 297-311.
REEVES, B. y NASS, C. (1996), *The Media Equation: How People Treat Computers, Television, and New Media Like Real People and Places*, Stanford, CA, CSLI Publications and Cambridge University Press.
ROBLYER, M. D. (1988), "The Effectiveness of Microcomputers in Education: A Review of Research from 1980-87", *THE Journal,* 16, 2: 85-89.
SANTOS GARGALLO, I. (1993), *Análisis contrastivo, análisis de errores e interlengua en el marco de la lingüística contrastiva*, Madrid, Síntesis.

SANTOS GARGALLO, I. (1996), *Catálogo de materiales didácticos para la enseñanza del español (LE)*, Madrid, Instituto Cervantes.
SANTOS GARGALLO, I. (1998), *Bibliografía en enseñanza-aprendizaje del español (LE): publicaciones periódicas 1983-1997,* Ma-drid.
SANTOS GARGALLO, I. (1999), *Lingüística Aplicada a la enseñanza aprendizaje del español como lengua extranjera,* Madrid, Arco Libros.
SANTOS GARGALLO, I. (1997-1999), *Español sin fronteras 1, 2* y *3*, Madrid, SGEL.
SANTOS GARGALLO, I. (1998-2001), *Pasacalle 1, 2, 3, 4. Método de español para niños,* Madrid, SGEL.
SANTOS GARGALLO, I. (2001), *De cine. Fragmentos cinematográficos para la enseñanza del español,* Madrid, SGEL.
SARLO, B. (1998), *La máquina cultural,* Buenos Aires, Ariel.
SHARWOOD SMITH, M. (1988), "Consciousness Raising and the Second Language Learner", en W. RUTHERFORD y M. SHARWOOD SMITH (eds.), *Grammar and Second Language Teaching*, Nueva York, Newbury House: 51-60.
SHARWOOD SMITH, M. (1992), "Input Enhancement in Instructed SLA: Theoretical Bases", *Studies in Second Language Acquisition*, vol. 15, 2: 165-179.
SPILLNER, B. (1999), "Was ist und zu welchem Zweck betreibt man Angewandte Linguistik?", en A. RAASCH y P. BÜHLER (Hrsg.), *Angewandte Linguistik und Sprachlehrforschung: entdecken, erfahren, erleben* (SALUS Bd. 16), Saarbrücken, Universität Saarbrücken: 11-21.
SWAFFAR, J. (1998), "Networking language learning: Introduction", en SWAFFAR *et al.* (eds.): 1-15.
VANPATTEN, B. (1985), "The Acquisition of Ser and Estar by Adult Learners of Spanish: a Preliminary Investigation of Transitional Stages of Competence", *Hispania*, 68: 399-406.
VANPATTEN, B. (1989), "Can Learners Attend to Form and Content while Processing Input?", *Hispania*, vol. 72, 2: 409-417.
VANPATTEN, B. (1990), "Attending to Form and Content in the Input. An Experiment in Consciousness", *Studies in Second Language Acquisition*, 12: 287-301.
VANPATTEN, B. (1990), "The Acquisition of Clitic Pronouns in Spanish: two Case Studies", en B. VANPATTEN y J. F. LEE (eds), *Second Language Acquisition-Foreign Language Learning*, Clevedon, Multilingual Matters: 118-139.
VV.AA. (1999), *CALICO Journal,* 17/1. *Special Issue: Language Courseware Design*.
WARSCHAUER, M. (1995), "Comparing Face to Face and Electronic Discussion in the Second Language Classroom", *CALICO Journal,* 13 (2 y 3): 7-26.
WARSCHAUER, M. (1997), "Computer-Mediated Collaborative Learning", *Modern Language Journal*, 81 (4): 470-481.

Biblioteca virtual:

http://alt.venus.co.uk/VL/AppLingBBK/welcome.html

Aportaciones de la psicolingüística

Juan Mayor Sánchez
Universidad Complutense de Madrid

Introducción

El campo de investigación que tiene por objeto analizar el problema, descubrir los fundamentos -variables, procesos y estrategias- y establecer las bases para la puesta en práctica de la enseñanza-aprendizaje de una L2, se ha ido configurando desde una perspectiva interdisciplinar (Mayor, 1994), hasta el punto de que ya aparecen intentos sistemáticos de convertir dicho campo en una verdadera disciplina (Stern, 1991). Una de las aportaciones disciplinares a dicho campo es la de la psicolingüística (o psicología del lenguaje) que, a su vez, se ha desarrollado como resultado de la convergencia e intersección de numerosas disciplinas (lingüística, psicología, neuropsicología, psicología social, ciencias de la comunicación -información-, ciencias cognitivas, etc.), como puede verse en Mayor (1985 y 1991). En este trabajo abordaremos los antecedentes y el desarrollo de la psicolingüística en relación con la adquisición de una L2, pasando a exponer, a continuación, algunas de las aportaciones más significativas para delimitar el papel que en dicha adquisición representan las variables propias de los sujetos (que aprenden y enseñan la L2), del sistema lingüístico L2 (y su interdependencia con la L1), del contexto (especialmente psicosocial, sociocultural y educativo) y de los textos o discursos que se producen y comprenden.

1. Antecedentes

Las primeras aportaciones de la psicología del lenguaje (que más tarde recibiría también la denominación de psicolingüística) al aprendizaje de lenguas extranjeras se basaron en los principios, ampliamente compartidos entonces, del asociacionismo que subrayaban la importancia de la repetición y la memorización; el aprendizaje de una lengua, escribía Palmer (1922), es un proceso de formación de hábitos; el aprendizaje lingüístico, insistía Findlay (1932), es una tarea que se basa en la imitación, la práctica y la formación de multitud de nuevos hábitos distintos de sus propios hábitos vernaculares.

El propio Bloomfield, uno de los fundadores de la lingüística estructural, adoptó una concepción del aprendizaje lingüístico de corte asociacionista: *la enseñanza del lenguaje real consiste en ir construyendo en el alumno aquellos hábitos asociativos que constituyen el lenguaje que ha de ser aprendido* (Bloomfield, 1914: 294); el método audioverbal, que se inspira en estas ideas, concibe el aprendizaje lingüístico como un aprendizaje perceptivo-motor en conexión con el sistema de sonidos de la L2 (Carroll, 1986: 86). El conductismo y el neoconductismo, dominantes en los años 30 y 40 del siglo XX, acentuarán el papel que juegan los hábitos adquiridos a través del condicionamiento clásico y del condicionamiento operante (instrumental).

En los primeros años 50 se siente la necesidad de establecer un nuevo campo interdisciplinar (con aportaciones de las teorías del aprendizaje -psicológicas-, lingüísticas y de la información), al que Osgood y Sebeok (1954) denominan psicolingüística. En el marco de la psicolingüística diacrónica sitúan Ervin y Osgood el tema del aprendizaje de una segunda lengua y del bilingüismo; su aportación más interesante es la distinción entre sistema lingüístico compuesto (*bilingüismo compuesto*) y sistema lingüístico coordinado (*bilingüismo coordinado*); el primero es el que resulta del aprendizaje de una L2 en la situación escolar: dos signos lingüísticos, propios el uno de la lengua A y el otro de la lengua B, se asocian al mismo significado. El segundo resulta del aprendizaje de una L2 en el contexto social y cultural de esa L2: el signo lingüístico propio de la lengua A se asocia a un significado (S1) y otro signo lingüístico, propio de la lengua B, se asocia a un significado parecido al anterior, pero algo distinto (S2).

1.1. Desarrollo

En los años 50 comienzan a surgir críticas al enfoque asociacionista y neoconductista dominante y, aunque todavía se mantiene, se desplaza el interés hacia enfoques más flexibles y abiertos, como en el caso de Lambert y colaboradores, que incorporan una perspectiva más psicosocial, o en el de Carroll, que comienza a dar importancia a las diferencias individuales y a las variables más cognitivas. Pero ya en los 60 se hace una severa crítica del método audioverbal (Rivers, 1964) y a finales de los 50 y principios de los 60 se produce ya un cambio profundo de paradigma a partir de la revolución chomskiana.

1.1.1. Aportaciones basadas en el concepto de competencia lingüística

En su crítica a *Verbal Behavior* de Skinner, Chomsky (1959) sostiene que el enfoque conductista es totalmente inadecuado para dar cuenta del comportamiento verbal. En su lugar propone un nuevo enfoque que descansa, sobre todo, en la distinción entre *competencia* y *actuación lingüísticas*, en la existencia de un mecanismo innato de adquisición del lenguaje, que es sumamente específico, en la creatividad o productividad como rasgo distintivo del lenguaje y en las reglas generativas que permiten transformar las estructuras profundas en estructuras superficiales. La nueva psicolingüística se va a desarrollar en torno a dos grandes cuestiones: ¿Tienen las reglas transformacionales realidad psicológica? ¿Cómo se adquiere un tipo particular de gramática si existe un mecanismo innato de adquisición del lenguaje? A la primera trataría de responder la naciente psicolingüística experimental; la segunda, centrada sobre la lengua materna, dará origen a la psicolingüística evolutiva. La aplicación de este nuevo paradigma a la adquisición de una L2 recibió escasa atención, si exceptuamos las aportaciones de Jakobovits

(1970), entre las que destaca su insistencia en el papel creativo del niño, en que el lenguaje está gobernado por reglas y en que el mejor modelo de adquisición de una L2 es el de una L1. Para un resumen de las aportaciones de este enfoque a la adquisición de una L2, véase Flynn (1985, 1991). A diferencia de otros ámbitos, en los que la revolución chomskiana produjo grandes efectos, en el de la adquisición y enseñanza de una L2 fue relativamente inoperante, lo que no es de extrañar si tomamos en cuenta la defensa cerrada de un mecanismo innato de adquisición, que excluye cualquier intento de guiar el aprendizaje y que sólo exige un *input* lingüístico apropiado.

Por eso, no es de extrañar que autores prominentes en este campo, como Carroll (1971), la misma Rivers (1972), y más tarde McLaughlin (1978) y Stern (1983), adopten posiciones eclécticas o integradoras respecto de las posiciones reduccionistas anteriores, tanto de los empiristas (neoconductistas) como de los racionalistas (chomskianos).

No obstante, algunas importantes aportaciones se siguen haciendo en los años 70 dentro del marco de las teorías basadas sobre la competencia, que destacan el papel decisivo de las reglas (aunque no en el sentido restringido de Chomsky); entre ellas incluye Kilborn (1994) las que giran en torno a la hipótesis del *interlenguaje* (Selinker, 1972) y al modelo monitor de Krashen (Krashen y Seliger, 1975; Krashen, 1982) del que hablaremos más adelante.

1.1.2. Ampliación del concepto de competencia lingüística

Pero los nuevos enfoques o paradigmas, que aparecen en la psicolingüística a partir de los años 70 y que van a tener influencia en el ámbito de la adquisición y enseñanza de una L2, siguen dos direcciones. Por un lado, critican la especificidad de la competencia lingüística y proponen la ampliación de la competencia a la comunicación y/o a la cognición; por otro lado, tratan de sustituir la preeminencia de la competencia por la de la actuación (*performance*).

Podemos hablar de un verdadero *Zeitgeist* cuando constatamos que en torno a 1970 aparecen diferentes trabajos sobre la *competencia comunicativa* (Habermas, 1970; Hymes, 1971; Halliday, 1971) que se prolongan en los años siguientes (Wilkins, 1974; Widdowson, 1977; Munby, 1978). Algún autor concibe la competencia lingüística (gramatical) como separada, no relacionada con la competencia comunicativa, pero la mayoría de los autores entiende que ésta incluye a aquélla. En este nuevo enfoque, la unidad de análisis pasa a ser el texto o discurso, incluso los actos de habla, y, consecuentemente, adquiere gran importancia la función pragmática y el contexto, especialmente el sociocultural. Es fácil darse cuenta de la progresiva influencia de este enfoque en el ámbito de la adquisición y la enseñanza de una L2. Un ejemplo temprano de esta influencia lo tenemos en el diseño de un *syllabus* que delimita la competencia comunicativa para adquirir una L2, que propone Munby (1978) y que implica seleccionar unidades comunicativas como actos de habla o actos retóricos en el nivel del discurso, en lugar de reglas gramaticales, y dar importancia a las reglas retóricas y al significado contextual.

Algo parecido ocurre cuando se desplaza el foco desde la específica competencia lingüística a una más amplia *competencia cognitiva*, que engloba a aquélla y que subraya la necesidad de establecer estrechas relaciones entre el procesamiento cognitivo y el procesamiento lingüístico. Este desplazamiento se produce también en los años 70, a partir del trabajo de Bever (1970) y de la sustitución que proponen Clark y Haviland (1974) de un modelo gramático teórico estático por un modelo cognitivo teórico dinámico, y se desarrolla a través de numerosos micromodelos y diagramas de flujo que tratan de dar cuenta de cómo se procesa el lenguaje, tanto al producir como al comprender textos o discursos, ya sean éstos hablados o escritos. La influencia de este enfoque sobre la adquisición y enseñanza de una L2 ha ido creciendo a lo largo de los años 70 y 80, llegando hasta hoy mismo; un ejemplo lo tenemos en las aportaciones incluidas en Vaid (1986), en Carroll (1986), en Bialystok (1991), en Harris (1992), en Kilborn (1994), o en Danks *et al.* (1997).

1.1.3. Desplazamiento desde la competencia lingüística a la actuación (performance) lingüística

En otra dirección se ha ido sustituyendo el enfoque basado sobre la competencia lingüística; muchos de los autores que defienden los enfoques centrados sobre la competencia comunicativa y la competencia cognitiva van perdiendo, poco a poco, la referencia al concepto de competencia -ligado a teorías lingüísticas especulativas o formales- y van interesándose cada vez más por el uso del lenguaje en situaciones reales, verificables empíricamente, y, por lo tanto, se van centrando en la actuación (*performance*). Consideran que la noción de regla -vinculada al esquema de todo o nada- es demasiado rígida y que el concepto de un sistema lingüístico global y completo no se ajusta a la realidad en multitud de casos (en la adquisición de L1, en la afasia y en otros trastornos del lenguaje, y, sobre todo, en la adquisición de una L2) en los que existe, en un momento determinado y para una persona concreta, un sistema lingüístico parcial y aproximativo al sistema global y completo (Kilborn, 1994). Por eso, la mayoría de los modelos actuales tratan de dar cuenta de los fenómenos comprobables que caracterizan a la *performance* lingüística.

2. Situación actual

Los enfoques actuales sobre la adquisición y enseñanza de una L2 se caracterizan por rehuir los viejos reduccionismos, por su tendencia a construir teorías y modelos que sirvan tanto para la investigación empírica como para la práctica profesional y, consecuentemente, están abiertos a reconocer la existencia de numerosos factores, dimensiones y variables en dicho proceso de adquisición y enseñanza, al margen de que pongan más énfasis en unos que en otros.

2.1. Modelos globales de adquisición de una L2

Para ofrecer ejemplos de estos enfoques actuales vamos a mencionar aquí algunos modelos de adquisición de una L2 que sirven de base a los diferentes enfoques, métodos o procedimientos utilizados en la enseñanza de una L2. Estos modelos y la inmensa mayoría de la investigación empírica, que se inspira en éstos y otros modelos parecidos, son predominantemente de carácter descriptivo, con alguna que otra intención explicativa, y directamente no puede considerarse que tengan carácter prescriptivo, pero indudablemente sirven de base para cualquier aplicación práctica que quiera llevarse a cabo. Algunos de los modelos que mencionaremos adoptan básicamente un punto de vista psicolingüístico y otros son de carácter más o menos interdisciplinar; querríamos recordar, a propósito de esto, que la psicolingüística es hoy una ciencia interdisciplinar (o si se quiere, multidisciplinar), como puede verse en Mayor (1991), pero también hay que decir que la adquisición y enseñanza de una L2 constituye un campo, un tópico o, incluso, una disciplina de carácter interdisciplinar, como puede verse en Stern (1991) o en Mayor (1994).

Los principios básicos o hipótesis del *modelo monitor* (Krashen, 1982) se pueden reducir a los siguientes:

1. La adquisición del lenguaje (similar a la forma en que el niño desarrolla su primer lenguaje, es decir, natural, sin conciencia, sin referencia explícita a las reglas de la gramática) se distingue del aprendizaje lingüístico (con explícito conocimiento de las reglas gramaticales, consciente, lográndose normalmente en contextos institucionalizados);
2. el aprendizaje exige un control consciente (un monitor) sobre el recuerdo, la aplicación de reglas, la planificación de la producción y la comprensión, y la corrección de errores, dando lugar a una conducta lingüística vacilante y poco fluida; la adquisición, que se logra en contextos socioculturales a través de una actividad espontánea, automatizada y no consciente, es la responsable de la conducta fluida que implica el dominio de una L2;
3. en el proceso de adquisición de una L2 se ha de seguir un orden semejante a la adquisición de la L1, y se ha de poner énfasis en la comprensión más que en la producción, en el contenido del *input* más que en la forma, en el lenguaje hablado más que en el escrito, en la adaptación a las fases de desarrollo del aprendiz y en el uso óptimo del monitor para equilibrar el riesgo con la cautela.

El *modelo de competición*, propuesto por Bates y MacWhinney (1982), es un modelo de actuación que trata de describir la conducta lingüística que se lleva a cabo en el mundo real adoptando un punto de vista funcional. La clave está en descubrir cuál es la correspondencia correcta entre las diversas formas y funciones lingüísticas, dado que la relación forma-función no es unívoca; para ello se utilizan los principios de convergencia (si los indicios que proporcionan las formas convergen en una misma función, la interpretación es fácil) y de competición (si los indicios de las formas no convergen y compiten entre sí, se opta por el indicio con activación más elevada). Como los principios de competición de la L1 y de la L2 suelen diferir, interactuando e interfiriendo entre ambas lenguas, el modelo establece cuatro posibles relaciones entre las respectivas estrategias de procesamiento:

1. diferenciación: las estrategias de L2 se adquieren y aplican sólo en el contexto de dicha L2;
2. *Transfer* progresivo: las estrategias de L1 se aplican a L2 (a veces correctamente y a veces incorrectamente);
3. *Transfer* retroactivo: las estrategias de L2 terminan suplantando a las de L1;
4. amalgamación: al aprender una L2 se adoptan nuevas estrategias que se aplican a L1 y L2.

Un corolario de este modelo es que, mientras en la adquisición de la L1 rige el principio de nivel óptimo, a la hora de asignar una completa correspondencia forma-función con el mínimo coste, en la adquisición de una L2 impera, sobre todo, el principio de economía, al buscar el aprendiz una comunicación rápida y eficiente, aunque no logre el ajuste que suele lograr un nativo (Kilborn, 1994).

Estos modelos, aunque incorporan diferentes dimensiones, se centran en un foco relativamente restringido; por ej., el modelo de Krashen gira en torno al sistema de control que guía el aprendizaje de la L2, y el modelo de Bates y MacWinney, en torno a los principios que gobiernan la competición entre las diferentes estrategias de las dos lenguas, para lograr el ajuste entre las formas y las funciones lingüísticas. Otros modelos se pueden caracterizar de forma parecida. Así, por ej., Cummins (1987) trata de conceptualizar la maestría en el uso del lenguaje para definir el objetivo de la adquisición de una L2; tal maestría resulta de la combinación ortogonal de dos coordenadas que representan dos continuos:

1. en el eje de la actividad comunicativa se puede ir desde la comunicación inserta en un contexto a la comunicación que se produce en un contexto reducido (aquélla deriva de

la implicación interpersonal en una realidad social compartida en la que el significado se negocia activamente, y ésta descansa sobre mensajes lingüísticos elaborados explícitamente);
2. el eje de la actividad lingüística se extiende desde un polo, en el que el aprendiz tiene un alto grado de demandas cognitivas (lo que exige un consciente, deliberado e intenso procesamiento de la información), hasta otro polo en el que las demandas cognitivas son escasas o casi inexistentes (lo que se logra a través de un procesamiento automatizado).

Por otro lado, la maestría lingüística es una habilidad que presenta diversos grados o niveles, existiendo básicamente dos umbrales:
1. el inferior es el que define el paso de un *bilingüismo limitado* (bajo nivel en las dos lenguas, con efectos cognitivos negativos) al *bilingüismo parcial* (nivel apropiado a la edad en una lengua, con efectos cognitivos neutros),
2. el superior, que define el paso del bilingüismo parcial al *bilingüismo aventajado* (nivel apropiado a la edad en ambas lenguas, con efectos cognitivos positivos).

Algunos autores, en la línea de Stern (1991) o Carroll (1986), están interesados en ofrecer marcos generales o modelos integradores, que tienen en cuenta los diferentes factores, dimensiones, variables o niveles implicados en la adquisición y enseñanza de una L2.

Un ejemplo es el *modelo multidimensional y sistémico* de adquisición de una L2 que propusimos en 1994. Se trata de un modelo que, tal como se explicita en el diagrama de la Fig. 1, es de carácter descriptivo, pero que incluye la posibilidad de un análisis funcional, que sirve de base tanto para la investigación como para organizar la enseñanza; las modalidades y fases del procesamiento, tanto de la producción como de la comprensión de textos, discursos o locuciones, no están excluidas del modelo, pero no aparecen explícitamente en el diagrama del mismo. Precisamente por ser un modelo integrador, que se inspira en un modelo general de la actividad lingüística (Mayor, 1991), resulta de gran utilidad para sistematizar las aportaciones de la psicolingüística al tópico de la adquisición de una L2, y, por eso, lo utilizaremos como guía en los siguientes apartados.

Los componentes básicos que configuran e intervienen en el fenómeno de la adquisición de una L2 son:
1. los sujetos y su actividad, que, para simplificar, reduciremos a dos: el profesor o hablante de la L2 y el aprendiz u oyente de la L2;
2. el sistema lingüístico, tanto el propio de la L2 como su interrelación con el de la L1;
3. los diferentes tipos de contexto;
4. la locución, el texto o el discurso que se produce y/o comprende.

El profesor usa la L2, pero, además, tiene que llevar a cabo una actividad específica que consiste en enseñar la L2 (enseñar a producir y/o comprender textos, discursos o locuciones, tanto en la modalidad hablada como escrita); el aprendiz tiene que iniciarse tentativa y parcialmente en el uso de la L2 hasta dominarla por completo o suficientemente, para lo cual tiene que realizar una serie de actividades de las que resulta el aprendizaje de la L2 (tanto la producción, como la comprensión de textos, discursos o locuciones, tanto en el lenguaje hablado como en el escrito). La actividad de los sujetos, consistente en producir y/o comprender *textos, discursos o locuciones*, sólo puede llevarse a cabo si se utiliza adecuadamente el *sistema lingüístico* de la L2, teniendo en cuenta la facilitación y/o la interferencia que produce en el aprendiz la L1, y se incorporan las demandas, restricciones e influencias de los diversos *contextos* del proceso de adquisición. Esa actividad de los sujetos implica, no sólo los comportamientos externos y observables directamente, sino las diferentes modalidades de procesamiento lingüístico, los recursos cognitivos y las intenciones, expectativas, motivaciones y estados emocionales que la configuran.

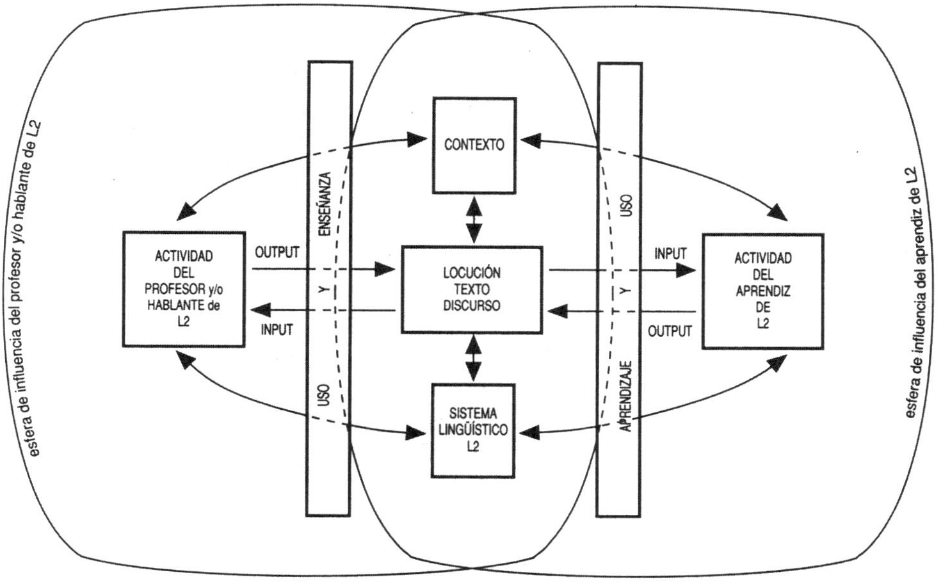

Figura 1: Modelo de enseñanza-aprendizaje de una L2 (Mayor, 1994).

En los siguientes apartados mencionaremos algunas contribuciones relevantes de la psicolingüística respecto de la adquisición de una L2, organizándolas en torno a las dimensiones básicas del modelo que hemos propuesto (Mayor, 1994).

2.2. Aportaciones de la psicolingüística respecto de las variables del sujeto en la adquisición de una L2

La psicolingüística apenas se ha interesado por las variables propias del sujeto profesor de una L2, dando por supuesto el relevante papel que tiene en dicha enseñanza su conocimiento y maestría en esa L2, así como su conocimiento y experiencia de los métodos de enseñanza adquiridos a través del entrenamiento profesional y de la práctica. La importancia de otras variables del profesor, como la edad, el sexo, la formación previa y otras características y habilidades (inteligencia, personalidad, motivación, comunicación fácil y eficaz, etc.), deberá ser contrastada empíricamente respecto de la variable dependiente, que es la eficacia de la enseñanza de un profesor de L2 y, correlativamente, la maestría de los aprendices en el uso de esa L2, investigación que sólo puede ser llevada a cabo con éxito desde un punto de vista interdisciplinar, el cual incluye la perspectiva psicolingüística.

Respecto al *sujeto aprendiz de una L2*, la psicolingüística -en colaboración también con otras disciplinas, como la neuropsicología, la psicología cognitiva, la psicología diferencial, etc.- ha realizado aportaciones de gran interés, poniendo de relieve que el éxito en la adquisición de una L2 depende en gran medida de variables propias del sujeto que aprende y de su actividad, tanto mental como conductual. Vamos a limitarnos a solo tres grupos de variables: las que están vinculadas a la edad, a los procesos cognitivos y a los procesos orécticos (motivacionales y emocionales).

2.2.1. La variable edad en la adquisición de una L2

Como dice Gleason (1993: 151), la investigación de los últimos 30 años nos ha proporcionado una amplia base de datos, así como evidencia de procesos universales, basados neuropsicológicamente en el desarrollo del lenguaje. La capacidad lingüística descansa, entre otras cosas, sobre estructuras neuroanatómicas que son exclusivas de nuestra especie. Una de las características neuropsicológicas de la adquisición y uso del lenguaje (L1) es la lateralización hemisférica (dominancia lateral): dominancia del hemisferio izquierdo en el 95% de los sujetos diestros y organización bilateral entre los zurdos; pero, en la adquisición y uso de una L2, numerosas investigaciones demuestran una mayor implicación del hemisferio derecho (Obler, 1993), aunque Vaid (1983) concluye de diferentes estudios que esto ocurre en las etapas tempranas de la adquisición de una L2, desplazándose hacia una dominancia del hemisferio izquierdo en etapas más tardías. No hay consenso respecto a esta cuestión, en gran medida por la utilización de técnicas de investigación diferentes, e incluso se ha llegado a proponer la existencia de dos lenguajes (L1 y L2) dentro del área lingüística del hemisferio izquierdo.

Este rasgo, junto con el desarrollo de la maduración y la plasticidad cerebral, explicaría la distinta facilidad que tienen los sujetos humanos para adquirir el lenguaje primario (L1) en función de la edad:

> *Así podemos hablar de un periodo crítico para la adquisición del lenguaje. El comienzo está limitado por la falta de maduración. Su fin parece estar relacionado con la pérdida de adaptabilidad y la incapacidad para la reorganización del cerebro, particularmente respecto a la extensión topográfica de los procesos neurofisiológicos* (Lenneberg, 1967, trad., 1975: 209).

Ahora bien, como apuntan Johnson y Newport (1989), existen dos versiones de la hipótesis de Lenneberg aplicada a una L2 (la adquisición automática, a partir de una mera exposición a una lengua dada, desaparece después de la pubertad):

1. *La hipótesis del ejercicio* defiende que la máxima capacidad para aprender un lenguaje (L1) se da en edades tempranas, pero el mantenimiento o no de esa capacidad en edades más tardías depende de si se ejercita o no: si se ejercita esa capacidad, puede mantenerse intacta más tarde para adquirir una L2; si no se ejercita, declina o desaparece con la edad.
2. *La hipótesis del estado maduracional* mantiene que la capacidad para aprender un lenguaje (L1) es superior en edades tempranas y posteriormente declina con la maduración, tanto si se ha ejercitado como si no se ha ejercitado para la adquisición de L1.

Los datos empíricos revisados por Krashen *et al.* (1982), por Scovel (1988) y por Long (1990 y 1993), parecen apoyar la hipótesis madurativa, puesto que:

1. la tasa inicial de aprendizaje y el nivel de logro posterior están parcialmente en función de la edad de adquisición de una L2;
2. el desarrollo de L2 con posterioridad al periodo crítico es irregular e incompleto (no limitándose a la fonología, como suele decirse);
3. la pérdida de capacidad se inicia a los 6 años y no en la pubertad. Sin embargo, algunos autores, como Flege *et al.* (1999), sostienen que la existencia de un periodo crítico se confirmará o no dependiendo de la técnica utilizada para analizar los datos.

Estas reservas y otras investigaciones cuestionan la hipótesis del periodo crítico (en sus dos versiones, aunque especialmente en la del estado maduracional); en efecto, Bialystok y Hakuta (1999) sostienen que la influencia de L1 sobre L2 es una variable más importante que la edad para dar cuenta de las diferencias que se encuentran en la actuación lingüística: por ej., si existen estructuras semejantes en L1 y L2, se pueden esperar superiores *performances* en L2 respecto de los casos en los que las estructuras de L1 y L2 difieren; McDonald (2000) confirma estos datos con los relativos a su investigación: los hablantes de español (L1) que aprenden inglés (L2) no difieren en tareas de juicios de gramaticalidad en inglés de los hablantes nativos de inglés (L1), mientras que los hablantes de la lengua vietnamita (L1) que aprenden inglés (L2) difieren en dichas tareas de juicios de gramaticalidad en inglés respecto de los hablantes nativos de inglés (L1); en lugar de la edad, McDonald propone un mecanismo diferente para dar cuenta de sus datos y de los de otras investigaciones: existe una capacidad limitada de memoria de trabajo que, al variar en diferentes sujetos, determina diferentes niveles de procesamiento lingüístico -por eso, por ej., se dan correlaciones significativas entre las medidas de la memoria de trabajo en L2 y las puntuaciones en tests gramaticales de esa L2, como ha demostrado Harrington (1992)-; por otro lado, Guion *et al.* (2000) tratan de explicar la relación lineal entre la edad de llegada a un país, después del periodo crítico, y la maestría en la producción de L2, no en función de la edad en sí misma, sino a través de las múltiples interacciones que se dan entre L1 y L2: cuanto más establecida está la L1 en el momento de adquirir la L2, más interferirá sobre la producción de L2 y, por tanto, requerirá más grandes recursos de procesamiento, lo que, a su vez, hará más difícil la tarea de dominar dicha L2.

La conclusión a que se puede llegar, por ahora, es que la polémica sobre el periodo crítico sigue abierta y que, basándonos en los datos disponibles, hay que reconocer algunas diferencias en la facilidad de adquisición y en el dominio de una L2 que correlacionan con la edad, y otras que pueden explicarse a través de la interacción entre L1 y L2 o en función de las diferentes capacidades cognitivas o de otros factores, sin excluir la posibilidad de que, en ciertos casos, la edad afecte de forma desigual a los diferentes componentes lingüísticos, o que la edad influya positiva y/o negativamente, o no influya, sobre la adquisición y maestría en el uso de L2.

2.2.2. Variables cognitivas y de procesamiento en la adquisición de una L2

A mediados del siglo XX, la investigación sobre estas variables se centró en determinar los factores generales y/o específicos que intervienen en la adquisición y dominio de una L2. Pero, poco a poco, sobre todo en los últimos veinticinco años, la investigación adoptó el punto de vista del procesamiento de la información y se centró en determinar qué sistemas y subsistemas de procesamiento intervienen en la adquisición y dominio de una L2, y en cómo se lleva a cabo ese procesamiento.

Relativas a esa primera época, las hipótesis básicas se pueden reducir a tres:

1. Existe un factor verbal específico responsable de adquisición de una L2; en esta línea, se buscó delimitar e incluso medir dicha habilidad, lo que se llegó a llamar el especial talento para las lenguas extranjeras (Neufeld, 1973; Wesche, 1981); los rasgos o subfactores de este factor verbal específico se identificaron con los componentes de las baterías de tests; las dos baterías quizá más importantes en esta época fueron el MLAT (*Modern Language Aptitude Test*), de Carroll y Sapon (1959), y el PLAB (*Pimsleur's Language Aptitude Battery*), de Pimsleur (1966); entre los componentes de las mismas destacan: la capacidad auditiva (para discriminar los sonidos de las lenguas y recordarlos), la capacidad para relacionar sonidos y símbolos escritos (grafemas), la capacidad gramatical (sensibilidad gramatical, inferir reglas gramaticales de los datos lingüísticos, aislar las formas gramaticales de sus contextos) y la memoria verbal (recordar el material verbal de una L2).
2. El factor verbal, lo que a veces se llama la inteligencia verbal, que generalmente se mide a través de la L1, correlaciona positivamente con la adquisición de una L2; esta capacidad específicamente lingüística daría cuenta de la adquisición y dominio en cualquier lengua (Oller, 1979). A veces no es fácil delimitar estas dos posiciones, pero, en cualquier caso, ambas han recibido críticas severas (Cummins, 1980; Neufeld, 1973); incluso Carroll (1975) ha manifestado su escepticismo.
3. Existe una habilidad cognitiva general que es la responsable de la adquisición de una L1 y de una L2.

Pero estas hipótesis, si no se llevan al extremo, no tienen por qué ser incompatibles; Stern (1991: 372) supone que el aprendizaje de una L2 implica habilidades cognitivas y de aprendizaje de carácter general y también habilidades especiales del tipo que identifican los tests de aptitud lingüística; cabría añadir que existen ciertas habilidades específicas de aprendizaje de una L2, toda vez que se dan diferencias individuales significativas en estas tareas. Si a esto se suma la consideración de que los tests usados en estas investigaciones miden el aprendizaje analítico, formal y académico, pero no los aspectos intuitivos, no formales, ni las destrezas interpersonales y comunicativas, fácilmente se llegará a la conclusión de que la habilidad para aprender y dominar una L2 es de carácter multifactorial, multidimensional y articulada sistémicamente, como venimos sosteniendo (Mayor, 1985, 1991, 1994), lo que no impide reconocer el papel decisivo que en esa habilidad tienen los factores cognitivos.

El enfoque dominante en los últimos años es el derivado de la hipótesis general según la cual el ser humano es un sistema de procesamiento de la información. Un esquema útil para entender cómo procede este sistema cuando adquiere una L2 lo encontramos en Carroll (1986) y vamos a resumirlo brevemente. En primer lugar, el sistema recibe diferentes tipos de información contenidos en textos, discursos o locuciones, en L2 (existen unidades de información que pertenecen a los diferentes componentes del sistema lingüístico 2 -fonológico, morfológico, sintáctico, semántico, pragmático-, que se organizan secuencial y jerárquicamente -fonemas, sílabas, palabras, enunciados, textos-); en segundo lugar, el sistema toma nota de las regularidades que encuentra en esa información recibida bajo ciertas condiciones, como que estén dentro de su propio marco de aprehensión, que ocurran en contextos particulares que sean semejantes en distintas ocasiones y que aparezcan en contraste con otras regularidades; en tercer lugar, descubre la correspondencia entre la secuencia de sonidos o grafemas y el significado de las diferentes unidades, para lo cual ha de servirse del contexto intralingüístico -frases preposicionales, cláusulas de relativo, orden de los constituyentes, etc.- y del contexto extralingüístico -significados referenciales de nombres, verbos y adjetivos, variantes morfológicas como el plural, etc.-; para Carroll (1986: 105) el significado implica *un proceso cognitivo que opera sobre las intenciones del individuo, sobre sus representaciones internas y sobre las respuestas cognitivas con respecto al entorno no lingüístico*; en cuarto lugar, procede a incorporar a la memoria de trabajo la información procesada, que, a su vez, se transfiere a la memoria a largo plazo en función de diversas condiciones, incrementándose ésta dependiendo de la formación de hábitos (procesos de automatización), que va transformando los iniciales procesos controlados -conscientes, lentos- en procesos automatizados -sin conciencia, rápidos-, sobre todo a través de la repetición, lo que conlleva tiempo; en quinto lugar, lleva a cabo procesos de inferencia que permiten reconocer información no familiar a partir de la información familiar disponible, procesos que pueden ser intralingüísticos -basados en el conocimiento intuitivo de L2-, interlingüísticos -basados sobre el conocimiento de otras lenguas, especialmente la L1- y extralingüísticos -basados sobre el contenido y el contexto de los mensajes- (Carton, 1971).

Las investigaciones sobre los mecanismos, tipos y niveles de procesamiento que tienen lugar en la adquisición de una L2 han sido muy numerosas, aunque a veces han proporcionado resultados difíciles de interpretar.

Sobre reconocimiento de palabras puede verse Caramazza y Brones (1979), y más recientemente Seidenberg (1992), Koda (1996) y Akamatsu (2002). En este campo se manejan dos hipótesis básicas:

1. La diferencia en los sistemas ortográficos de L1 no determina los procedimientos de reconocimiento de palabras en L2, es decir, las palabras son reconocidas fundamentalmente de la misma manera en diferentes lenguas, aunque tengan diferentes características ortográficas; esta hipótesis de acceso directo universal predice que, en los sistemas escritos, las palabras de alta frecuencia son reconocidas a través de una mediación visual, mientras que las de baja frecuencia se procesan sobre bases fonológicas (Seidenberg, 1985).
2. Las características ortográficas de una L1 -como las unidades representacionales o la profundidad ortográfica- determinan de forma diferencial el reconocimiento de palabras en una L2 (Koda, 1996); la diferencia entre unidades representacionales -logográficas, silábicas o alfabéticas- de una L1 y una L2 afectan a la eficiencia del procesamiento; igualmente, si las diferencias en L1 y L2 se dan entre ortografías transparentes y opacas (profundas), afectan también negativamente al proceso de reconocimiento de palabras en L2 (Chitiri, 1991).

Respecto al papel de la memoria en la adquisición de una L2, desde los años 70 se viene investigando sobre la existencia de uno o dos tipos de memoria (uno para L1 y otro para L2); la hipótesis de un único sistema de almacenamiento y recuperación coincide con la posición que defiende la interdependencia de la información correspondiente a las dos lenguas (dentro de un almacén), mientras que la hipótesis de dos sistemas de memoria coincide con la posición que defiende la independencia de la información de cada lengua (véase McCormack, 1977, o Hamers y Blanc, 1983); según la primera hipótesis, la actividad lingüística intra-lengua será la misma o del mismo tipo que la inter-lengua; según la segunda, las actividades lingüísticas en una lengua (L1) ni dependen ni influyen sobre las que se llevan a cabo en otra lengua (L2) y, por tanto, pueden adoptar patrones diferentes. Los resultados de los estudios empíricos no permiten decidir con claridad entre estas alternativas; por eso algunos autores, como Dörnic (1977), proponen modelos mixtos o combinados o todavía más complejos, como hacen Paivio y Begg (1981), al aplicar a la memoria bilingüe la teoría del código dual de Paivio -habría dos códigos verbales separados capaces de funcionar independientemente con poca interferencia y en los niveles semántico y conceptual los dos lenguajes compartirían un mismo sistema subyacente que sería de carácter icónico, sobre todo con materiales concretos-.

Entre las habilidades que más atención están recibiendo últimamente, aprovechando el impulso de la investigación sobre la metacognición (Mayor *et al.*, 1993), destacan las habilidades metalingüísticas que, de acuerdo con los datos disponibles, constituyen una variable importante en la adquisición de una L2. Consisten básicamente en actividades que toman al lenguaje como objeto, tratando con ello de conocer su estructura, su funcionamiento y su uso a través de la toma de conciencia y del control (véase Mayor *et al.*, 1993: 72-74 y 133-142). Las habilidades metalingüísticas incluyen las metafonológicas, metasintácticas, metaléxicas, metasemánticas, metapragmáticas y metatextuales (Gombert, 1990). A su vez, todas ellas poseen varios componentes; los dos más reconocidos son la conciencia y el control (Bialystok y Ryan, 1985): la *toma de conciencia* consiste en prestar atención al lenguaje y analizar el conocimiento que se posee de él; el *control* implica una atención selectiva y una guía y regulación del procesamiento; nosotros (Mayor *et al.*, 1993: 56-60) añadimos a estos dos componentes la *autopoiesis*, tanto para la metacognición en general, como para la metalingüística en particular, entendiendo por autopoiesis la capacidad autoconstructiva, la creación autoemergente. Las habilidades metalingüísticas interactúan con las lingüísticas, como ponen de relieve Dreher y Zenge (1990) refiriéndose a la habilidad lecto-escritora: la habilidad metalingüística es una precondición necesaria para aprender a leer; el saber leer y escribir favorece el desarrollo metalingüístico; esta relación es de facilitación mutua y causación recíproca; y ambas, habilidad metalingüística y habilidad para la lecto-escritura, son el resultado del desarrollo cognitivo. Por lo que se refiere a la adquisición de una L2, la conciencia metalingüística, entendida como una etapa final opcional en el desarrollo de L1, juega un papel esencial en el aprendizaje de una L2. Pero en realidad, el desarrollo metalingüístico se produce a la vez y depende del desarrollo lingüístico (Hakes, 1982), tanto como el desarrollo de L1 y L2 contribuye al desarrollo de las habilidades metalingüísticas (Carlisle *et al.*, 1999). Sobre este tópico, véanse, Galambos *et al.* (1990), Bialystok (1986, 1991), Ricciardelli (1993), Yelland *et al.* (1993), Cromdal (1999), Francis (1999) y Koda (2000).

2.2.3. Variables orécticas en la adquisición de una L2

El factor oréctico abarca los factores motivacionales y afectivos que determinan en gran medida el proceso de aprendizaje, en unos casos para facilitarlo y en otros para dificultarlo. Lo dicho vale para el aprendizaje en general (Oxford, 1996), pero se ha contrastado que vale también de forma específica en la adquisición y dominio de una L2 (Stern, 1991). Es de gran interés, pues, distinguir en qué casos lo facilitan y en qué otros lo dificultan, así como diferenciar entre factores orécticos que preceden a la adquisición, entre los que surgen de la propia experiencia de aprendizaje, y los que resultan del logro o fracaso alcanzado. Para conocer la influencia de la motivación en el contexto escolar pueden consultarse Blumenfeld (1992), Ames (1992) o Garrido (1996).

Respecto al papel de la motivación en la adquisición de una L2 pueden verse los trabajos de Lambert (1967, 1969 y 1987), de Gardner y Lambert (1972) y Gardner (1985), en los que distinguen dos tipos de motivación, la instrumental, que se manifiesta en el interés por aprender una lengua para obtener un trabajo o cierto reconocimiento social, y la integradora, que pretende, con el aprendizaje de una L2, conocer a otros grupos o identificarse con ellos. En diferentes modelos educativos orientados al aprendizaje de una L2 aparecen estos procesos orécticos; por ej., en el de Naiman et al. (1978) la motivación y la actitud son consideradas como variables ligadas al sujeto, mientras que las reacciones afectivas se ligan a los resultados del aprendizaje; en el de Skehan (1989) se repite el anterior esquema, vinculando además las variables afectivas al sujeto; en el de Gardner (1985) las creencias culturales se relacionan con la inteligencia, la actitud, la motivación y la ansiedad, que son las variables centrales, tanto del aprendizaje informal como del aprendizaje formal, y que dan como resultado el dominio en el ámbito lingüístico (L2) y no lingüístico. Véase, sobre la motivación en la adquisición de una L2, Martínez Agudo (2001).

De entre los factores afectivos y emocionales el más estudiado, en el ámbito de la adquisición de una L2, es la ansiedad. En general, a más ansiedad, menor rendimiento; pero esta correlación negativa sólo es consistente si se considera la ansiedad como una reacción específica a la situación de aprendizaje de una L2, y además el nivel de ansiedad es alto. Horwitz *et al.* (1986) distinguen entre la ansiedad producida por la comunicación en general, por la utilización de una L2 en particular, por el miedo a la evaluación social negativa o al fracaso en los exámenes.

Por último, ciertos rasgos de la personalidad correlacionan positivamente con el éxito en el aprendizaje de una L2; por ej., orientación positiva a la tarea, autoimplicación, alto nivel de aspiración, orientación hacia la meta, cierta desinhibición, empatía; pero otros ofrecen resultados confusos o contradictorios (Stern, 1991).

2.3. Aportaciones de la psicolingüística respecto de las variables de los sistemas lingüísticos L1-L2

En el bilingüismo inicial los sistemas lingüísticos de L1 y L2 se adquieren de forma igual o semejante, y los componentes de uno no constituyen variables respecto de los componentes de otro, salvo los efectos de facilitación y/o interferencia que dependen de la adquisición de dos sistemas lingüísticos en lugar de uno solo.

En la adquisición de una L2, con posterioridad a la adquisición de una L1, que es el caso en el que nos estamos centrando en este trabajo, se plantea la cuestión básica de si L1 es una variable que influye en la adquisición de L2. En los intentos por resolver esta cuestión se han adoptado dos hipótesis o marcos teóricos globales, que, a su vez, se presentan de formas diferentes. En uno de estos enfoques se parte del supuesto de que la estructura básica del sistema lingüístico es conocida por los hablantes de forma innata, sin que dependa ese conocimiento de la experiencia; la adquisición de una L2 es un proceso creativo regido por reglas (Dulay y Burt, 1974) de forma equivalente a la adquisición de una L1, o bien es un conjunto de principios y parámetros que constituyen la Gramática Universal, que es la base de la facultad lingüística, biológicamente determinada, que subyace, tanto a la adquisición de L2 como a la de L1 (Flynn, 1988, trad., 1991: 74-76); según este enfoque, la adquisición de L1 y L2 resulta de aplicar hipótesis dependientes de la estructura y, por tanto, tiende a moverse en el marco de teorías o modelos de la competencia lingüística que trabajan con un único y completo sistema lingüístico (Kilborn, 1994: 921).

El otro enfoque parte del supuesto de que los sistemas lingüísticos (que aquí llamamos L1 y L2) son distintos y se obtienen a partir de diferentes hábitos lingüísticos. Este sería el enfoque de la lingüística contrastiva que descansa, según Lado (1957) sobre la descripción en paralelo de dos o más sistemas lingüísticos para encontrar las semejanzas y diferencias entre ellos, enfoque que se apoya en la lingüística estructural y que hoy se considera superada; sin embargo, los recientes estudios sobre la influencia de la tipología lingüística en la adquisición de una L2 vuelven a incidir en parecidos análisis a los de este enfoque, como puede verse en Greenberg (1978) o Steel (1978) aunque su intención es poner de relieve la existencia de universales lingüísticos. Según este enfoque, los distintos sistemas L1 y L2 también se obtienen por inducción de los diferentes *inputs* y *outputs* que maneja la *performance* lingüística de los sujetos que adquieren una L1 y una L2 -éste sería el enfoque dominante en la psicolingüística actual, tal como lo reflejan diferentes modelos, entre ellos los de Bates y MacWhinney (1982) o de Mayor (1991)-.

La idea central de este enfoque es que los sistemas lingüísticos con los que operan los hablantes individuales son sistemas parciales (muy limitados en los aprendices, más desarrollados en los sujetos con un dominio fluido del sistema lingüístico completo), cuyos límites, por otra parte, tanto sincrónica como diacrónicamente, son difíciles de fijar. Estos sistemas parciales (L1 y L2), amplios en el caso de una L1, reducidos durante la adquisición de la L2, se obtienen por inducción, y se aplican, siguiendo determinados patrones y reglas, a la información lingüística que reciben los sujetos a través de las actividades (y procesos) de comprensión y de producción de textos o locuciones en L2. El *input* y el *output* de la actividad lingüística son los textos o locuciones, que son producidos y comprendidos seleccionando y combinando diversos elementos del sistema lingüístico que se utiliza.

Pero si se manejan dos sistemas lingüísticos, uno de ellos (L1) más completo y el otro (L2) más parcial -por lo menos inicialmente-, cabe preguntarse: ¿la cantidad, la frecuencia y los diferentes tipos de elementos que pertenecen a los componentes básicos -fonológico, léxico, morfológico, sintáctico, semántico, pragmático- del sistema lingüístico 1 constituyen variables significativas en la adquisición de los componentes básicos del sistema lingüístico 2? Las respuestas a esta cuestión pueden agruparse en torno a dos hipótesis básicas:

1. Ambos sistemas son independientes entre sí y, por tanto, las habilidades necesarias para manejar esos sistemas dependen de su propia estructura (por ej., la estructura ortográfica o la predictibilidad de las reglas de conversión fonema-grafema);
2. Ambos sistemas interactúan y son, por tanto, interdependientes (Cummins, 1979), o el uno influye sobre el otro (L1 sobre L2 o L2 sobre L1), como defienden Bates y MacWhinney (1982), o dan lugar a un sistema intermedio denominado interlenguaje (Selinker, 1972; Eubank *et al.*, 1995). Esta segunda hipótesis, en sus diferentes formas, es la que ha dado lugar a más investigación y a mayor apoyo empírico. Suele concretarse en términos de qué, cómo, cuándo y cuánto *transfer* se produce desde L1 sobre la adquisición de L2. Obviamente el *transfer* del sistema lingüístico 1 sobre el sistema lingüístico 2 sólo puede estudiarse a través del procesamiento de los diferentes componentes de ambos sistemas, a lo que sólo se puede llegar, a su vez, a través de la *performance* lingüística en cuanto implica el uso de esos componentes. Entre los muchos ejemplos de investigaciones que confirman esta hipótesis mencionaremos: el de Durgunoglu *et al.* (1993), según el cual el dominio en el reconocimiento de palabras y seudo palabras en inglés (L2) está relacionado con el nivel de conciencia fonológica y de reconocimiento de palabras en español (L1); el de Sparks y Ganschow (1993), que muestra que las dificultades en aprender una L2 están relacionadas con dificultades fonológicas y sintácticas en la L1; los de Flege *et al.* (1997) y Guion *et al.* (2000), que prueban que la cantidad de uso de L1 afecta a la maestría en la producción de L2; el de Koda (2000), que confirma que la experiencia en el procesamiento de L1 predice muchas de las diferencias de actuación que implican conciencia morfológica de L2; los de Cummins (1993) y Durgunoglu (1998), que sugieren que la habilidad para leer y escribir en L1 facilita el aprendizaje de habilidades académicas en L2 o, más en general, los trabajos recogidos y aludidos en Carrasquillo y Segan (1998), que documentan altas correlaciones entre la lectura y escritura en L1 y en L2, incluso con diferentes sistemas de escritura.

Otra cuestión relacionada con la adquisición de un sistema lingüístico 2 es la de si ésta es más eficaz cuando la enseñanza-aprendizaje se basa en el código -lo que se enseña directamente es el propio sistema lingüístico- o cuando se basa en la comunicación -se usa la L2 en diferentes contextos comunicativos, esperando que implícitamente se vaya adquiriendo el sistema lingüístico-. La maestría en el uso del lenguaje se lograría, en el primer caso, en un contexto reducido, y, en el segundo caso, en un contexto envolvente (Cummins, 1987). Véanse en Uilenburg *et al.* (2001) las ventajas e inconvenientes de dos métodos de enseñar una L2, el basado en el formato (en la comunicación) y el basado en el código.

Respecto de los diferentes componentes del sistema lingüístico 1 que inciden en la adquisición de una L2, los que han recibido más atención, desde el punto de vista de la psicolingüística, son el componente fonológico (Broselow, 1983; Flege, 1995; Koda, 1998; Munro, 1999; Yeni-Komshiam *et al.*, 2001), el morfológico (Adjémian, 1983; Hancin-Bhatt y Nagy, 1994; Koda, 2000), el léxico (Huckin *et al.*, 1993; Hancin-Bhatt y Nagy, 1994; Muljani *et al.*, 1998; Laufer, 1998; Vermeer, 1992, 2001) y el sintáctico (Patkowski, 1980; Liceras, 1983; Mazurkewich, 1984; White, 1985; Flynn, 1988; Guion *et al.*, 2000).

2.4. Aportaciones de la psicolingüística respecto de las variables contextuales en la adquisición de L2

Las aportaciones de la psicolingüística al estudio del contexto, como dimensión o variable esencial de la actividad lingüística, en general, y de la adquisición de una L2, en particular, se han incrementado progresivamente en los últimos tiempos, aunque con frecuencia se han producido en el ámbito de intersección de la psicolingüística y de la sociolingüística (y otras disciplinas, como la etnografía de la comunicación o la pragmática o, incluso, las ciencias de la educación). Cabe, sin embargo, recordar aquí que Slama-Cazacu (1974: 174) consideraba *al contexto social como condición necesaria, incluso esencial para la existencia de la psicolingüística* -la sociolingüística o la psicología social del lenguaje no son otra cosa que psicolingüística propiamente dicha- (*ibíd*: 175).

Desde perspectivas muy diversas -la importancia de los sistemas mediacionales que subraya Vigotsky; la clásica distinción entre contexto de situación y contexto de cultura de Malinowski; la concepción del contexto social como sistema semiótico de Halliday; el paradigma de la competencia comunicativa de Hymes; la teoría de los actos de habla de Searle; el énfasis sobre el principio de relevancia de Sperber y Wilson; la concepción de Haslett sobre la comunicación como una acción estratégica en un contexto; etc.- se ha confluido en la idea de que el contexto no es algo que se añade, antes o después, a la actividad lingüística, sino que es un constituyente esencial de la misma (Mayor, 1991). Otro tanto cabe decir de la adquisición y maestría en el uso de una L2: no se puede adquirir ni dominar una L2 sin que se lleve a cabo en un contexto y sin que las variables de ese contexto determinen el curso de la adquisición y el nivel de maestría que se logre.

En el debate entre los métodos de enseñanza de una L2 basados sobre el código o sobre la comunicación, los argumentos a favor de estos últimos descansan en el reconocimiento del papel relevante del contexto adecuado para adquirir una L2. Lo mismo ocurre en el debate entre la enseñanza-aprendizaje de una L2 que se produce en un contexto reducido y la que tiene lugar en un contexto natural, socioculturalmente envolvente: el argumento se basaría en la regla *a más contexto, más aprendizaje*. Las hipótesis que predicen una mayor eficacia (respectivamente para los dos conjuntos de alternativas citados) de los métodos basados en la comunicación y de la inmersión lingüística en el contexto sociocultural de una L2, se han visto confirmadas sistemáticamente utilizando diferentes procedimientos y técnicas de investigación.

Sin embargo, dada la imbricación de unos contextos en otros (inclusiones sucesivas -explícito < implícito < total-, como propone Slama Cazacu, 1974; inclusiones e intersecciones -habla < agenda < social < cultural x acción x afectivo x físico-, como propone Nelson, 1985) o las diferentes dimensiones del contexto -lingüístico (cadena sintagmática/articulación del significado léxico, proposicional y textual), cognitivo (conocimiento del lenguaje/conocimiento del mundo) y situacional (dimensiones ambientales físicas y socioculturales/dimensiones interpersonales e interactivas)-, con sus diferentes funciones (seleccionar y extrapolar el significado, posibilitar y limitar la comunicación y facilitar e interferir en la actividad lingüística) como hemos propuesto nosotros (Mayor, 1991: 156-60), las distinciones básicas citadas, entre contextos que giran en torno al código y a la comunicación o entre contextos reducidos y envolventes, están lejos de ser dicotómicas y absolutas; quizá sería mejor considerarlas como polos de un *continuum*, como propone Stern (1991, 393).

Por otra parte, se han descrito y clasificado los parámetros contextuales más significativos en la adquisición de una L2, como propone Munby (1978), entre los que se encuentran el ambiente físico (espacial y temporal), el ambiente psicosocial (con 25 parámetros), las necesidades comunicativas (interacción e instrumentalización), los eventos y las claves comunicativas, etcétera.

En un primer momento, por ej., en los trabajos de Lambert y colaboradores se insistía de una manera genérica en las implicaciones psicosociales para el aprendizaje de una L2 -véanse Pimsleur *et al.* (1962) o los trabajos de Lambert seleccionados por Dil (1972)- y se constataban los efectos de los programas de inmersión sobre las actitudes y los sentimientos (Lambert, 1987). Recientemente se ha incrementado el interés por conocer el proceso de adquisición y la maestría en una L2, especialmente la habilidad para leer y escribir, por parte de niños que pertenecen a grupos minoritarios (especialmente emigrantes en países desarrollados). El rápido paso del contexto familiar al contexto escolar lleva a un pobre rendimiento académico y a un inadecuado dominio en L1 y L2 (Cummins, 1991; Aarts y Verhoeven, 1999). El nivel de aprendizaje y de maestría en lectura y escritura, en un contexto de inmersión, depende de la autoestima y la orientación sociocultural del niño, pero también de su familia y de la atención institucional que encuentre. La interacción con sus iguales que usan L1 y L2 favorece su desarrollo en tareas de lectura y escritura (McLauglhin, 1985; Verhoeven, 1991; Leseman, 1994). Se ha demostrado de forma consistente que las habilidades metalingüísticas y el rendimiento en la lectura favorecen la adquisición de una L2, pero también se ha probado que esas habilidades y rendimiento se desarrollan en función del grado de escolarización llevada a cabo en el contexto de la lengua nativa (L1) (Collier, 1995; Carlisle *et al.*, 1999). Por estos y otros caminos concurrentes se ha llegado a proponer un modelo de aprendizaje de una L2 basado en el contexto social (Wong-Filmore, 1991).

2.5. Aportaciones de la psicolingüística respecto de las variables del texto, discurso o locución que se produce y/o comprende para la adquisición de una L2

Las variables del texto, discurso o locución en una L2 aparecen en todas las investigaciones empíricas sobre la adquisición y la enseñanza de dicha L2, por la sencilla razón de que no se pueden analizar si no es a través de la *performance* de los aprendices, bien produciendo y/o comprendiendo textos, discursos y locuciones.A partir de éstos se pueden inferir la competencia lingüística de los sujetos y el sistema lingüístico que parcialmente van aprendiendo o dominan, y tomadas como variables dependientes o independientes, permiten descubrir las relaciones funcionales con otras variables independientes o dependientes -respectivamente- de los sujetos, del propio sistema lingüístico y del contexto, así como los mecanismos, procesos o estrategias de aprendizaje y enseñanza. Los términos texto, discurso o locución se refieren fundamentalmente a la secuencia de elementos del sistema lingüístico virtual que se seleccionan y combinan formando un todo organizado real con intención comunicativa y/o representativa.

Constituyen el *output*, el resultado de la modalidad productiva de la actividad lingüística y, a la vez, constituyen el *input*, el patrón estimular o la información de entrada de la modalidad receptiva de la actividad lingüística; de tal forma que lo que se suele llamar convencionalmente en la literatura científica producción y comprensión del lenguaje, debe llamarse, en sentido estricto, producción y comprensión de textos (discursos o locuciones).

El papel de las variables textuales, discursivas o locucionales es absolutamente decisivo para entender la adquisición y dominio de una L2, pero su omnipresencia en todos los ámbitos de la investigación psicolingüística hace que su análisis aparezca disperso y sean pocos los trabajos que pongan su énfasis sobre las características propias y las modalidades de los textos, discursos o locuciones, salvo quizá los que distinguen, según el canal utilizado para producirlos y/o comprenderlos, entre textos, discursos y locuciones hablados y escritos. Los primeros se ponen de relieve, sobre todo, en las investigaciones sobre la conversación, aunque también son importantes en determinados contextos, como el educativo o en las formas unidireccionales de la comunicación (por ej. a través de la radio); los segundos se ponen de relieve cuando se analizan los procesos de escritura y de lectura o, en contextos educativos, de lecto-escritura.

Por otra parte, todos los métodos de enseñanza tienen como fin último lograr que los aprendices alcancen la maestría en una L2, que se define en función de un alto nivel de producción y de comprensión de textos, discursos o locuciones hablados y escritos. Una parte muy importante de la actividad de los profesores consiste en proporcionar a los aprendices muestras adecuadas de textos, discursos o locuciones hablados y escritos en L2 y otra parte reside en evaluar (y, eventualmente, corregir) las muestras de textos hablados y escritos en L2 por los aprendices, así como evaluar (y corregir) la comprensión de esos aprendices sobre textos hablados y escritos en L2. Por eso, todos los métodos de enseñanza de una L2 intentan combinar actividades conversacionales con actividades de lecto-escritura; la diferencia entre unos y otros está en el énfasis que se pone en producir o comprender textos, en hacerlo con textos hablados o escritos, en el orden en que utilizan unos y otros, en la gradación de mayor o menor dificultad de dichos textos, y en la forma de presentarlos. Sobre la conversación en el aula de L2 y sobre el habla de los profesores de L2, véase Larsen-Freeman (1980), Seliger y Long (1983) y Seliger y Shohamy (1989), sobre la comprensión lectora en L2, véase Hatch y Hawkins (1987), Carrell *et al.* (1988), Durgunoglu y Verhoeven (1998) y Francis (1999).

Conclusión

Hemos visto el progresivo desarrollo de la psicolingüísta hacia una situación en la que cada vez más se reconoce la necesidad, tanto de un pluralismo metodológico como de una orientación multidisciplinar en torno a modelos multidimensionales globales, que sean compatibles con micromodelos capaces de ser puestos en práctica y verificados empíricamente (Mayor, 1991).

Las aportaciones de la psicolingüística al campo de la adquisición de una L2 siguen, en cierta medida, la misma línea de desarrollo. Hemos presentado brevemente un modelo de adquisición de una L2 (Mayor, 1994), que se ajusta al modelo de actividad lingüística (Mayor, 1991), de tal forma que, si éste permite organizar el corpus de conocimientos de la psicolingüística, aquél ha de permitir organizar las aportaciones de esta disciplina a la adquisición de una L2. Hemos revisado algunas aportaciones significativas relativas a las dimensiones esenciales de la actividad lingüística -actividad de los sujetos, sistemas lingüísticos, contexto y textos- procurando que encajen dentro del esquema funcional de la ciencia (las variables dependientes están en función de las variables independientes), que en nuestro caso podría formularse así: la adquisición y/o dominio de una L2 está en función de las variables de los sujetos (biológicas, cognitivas, orécticas y psicosociales), del sistema lingüístico (L2) (y sus interrelaciones con el de la L1), del contexto y de los textos, discursos y locuciones que se producen y/o comprenden. Se han especificado las variables que, en las diferentes investigaciones, han resultado significativas, y se han tratado otras variables acerca de las cuales los datos obtenidos son confusos o contradictorios. De las aportaciones mencionadas se desprende que el esquema funcional arriba citado se ha verificado en gran medida. Por tanto, en esas aportaciones se pueden encontrar las bases para tomar decisiones en diferentes ámbitos de aplicación: políticas sociales, culturales y educativas; elaboración de instrumentos de evaluación y de estrategias y procedimientos de intervención, entre los que destacan los métodos de enseñanza más adecuados para lograr el aprendizaje más eficiente y la maestría en una L2.

Entre el nivel de concreción habitual de las investigaciones a que hemos aludido y el nivel global en el que están situados estos campos de aplicación, existe un nivel intermedio, que es el de las estrategias y procedimientos específicos para mejorar la adquisición de una L2 y alcanzar los más altos grados posibles de maestría en esa L2.

Una de las líneas de investigación más prometedoras en este campo es precisamente la de descubrir esas estrategias y verificar empíricamente su eficacia, continuando los intentos que se han venido haciendo, como los de Wong-Fillmore (1979), Wesphal (1984), Stern (1991: 405-412), Oxford-Carpenter (1986), Wenden y Rubin (1987), MacWhinney y Bates (1989), Bialystok (1991), Mayor *et al.* (1993), Mayor (1993) y Mayor (2000).

Otra línea de investigación que resulta necesario promover en este campo es la que utilice el español como L2, dado que la inmensa mayoría de los estudios se han organizado tomando el inglés como L2, aunque hay bastantes entre los mismos que han utilizado el español como L1. Algunas aproximaciones a la investigación psicolingüística en torno a la enseñanza-aprendizaje del español como L2 se pueden encontrar en Valencia (1972), Andersen (1986), Urrutia y Silva-Corvalán (1992), Silva-Corvalán (1994), Pérez-Leroux y Glass (1997), Durgunoglu (1998), Defior *et al.* (2002) o Jacobson y Schwartz (2002). Pero en esta línea de investigación queda mucho, casi todo, por hacer.

Bibliografía

AARTS, R. & VERHOEVEN, L. (1999), "Literacy attainment in a second language submersion context", *Applied Psycholinguistics*, 20: 377-393.

ADJÉMIAN, C. (1983), "Universal grammar, parsing and the structure of intake", en S. GASS y L. SELINKER (eds.), *Language Transfer in Language Learning*, Rowley, Newbury House.

AKAMATSU, N. (2002), "A similarity in word-recognition procedures among second language readers with different first language backgrounds", *Applied Psycholinguistics*, 23: 117-133.

AMES, C. (1992), "Classrooms: goals, structures, and student motivation", *Journal of Educational Psychology*, 84: 261-271.

ANDERSEN, R. W. (1986), "El desarrollo de la morfología en el español como segundo idioma", en J. M. MEISEL (ed.), *Adquisición de lenguaje/Adquisicao da linguagem*, Francfort, Vervuert.

BATES, E. (1989), "Funcionalism and the competition model", en B. MacWHINNEY y E. BATES: *The crosslinguistic study of sentence processing*, Cambridge, Cambridge University Press.

BATES, E. y MacWHINNEY, B. (1982), "Functionalist approaches to grammar", en E. WANNER y L. GLEITMAN: *Language Acquisition: The state of Art*, Cambridge, Cambridge University Press.

BEVER, T. G. (1970), "The cognitive basis for linguistic structures", en J. R. HAYES, *Cognition and the Development of Language,* Nueva York, Wiley.

BIALYSTOK, E. (1978), "A theoretical model of second language learning", *Language Learning*, 28: 69-83.

BIALYSTOK, E. (1986), "Factors in the growth of linguistic awareness", *Child Development*, 57: 498-510.

BIALYSTOK, E. (1991), "Metalinguistic dimensions of bilingual language proficiency", en E. BIALYSTOK, *Language Processing in Bilingual Children*, Cambridge, Cambridge University Press.

BIALYSTOK, E. y HAKUTA, K. (1990), "Confounded age: Linguistic and cognitive factors in age differences for second language acquisition", en D. BIRDSONG (ed.), *Second Language Acquisition and the Critical Period Hypothesis*, Mahwah, NJ, Erlbaum: 161-181.

BIALYSTOK, E. y RYAN, E. (1985), "A metacogntiive framework for the development of first and second language", en D. FORREST-PRESSLEY, G. McKINNON y T. WALLER, *Metacognition, Cognition and Human Perfomance*, Nueva York, Academic Press.

BIRDSONG, D. (1999), *Second Language Acquisition and the Critical Period Hypothesis*, Mahwah, L. Erlbaum.

BLOOMFIELD, L. (1914), *Introduction to the Study of Language*, Nueva York, Holt.

BLUMENFELD, P. C. (1992), "Classroom learning and motivation: Clarifying and expanding goal theory", *Journal of Educational Psychology*, 84: 272-281.

BROSELOW, E. (1983), "Nonobvious transfer: on predicting epenthesis errors", en S. GASS y L. SELINKER (eds.), *Language Transfer in Language Learning*, Rowley, Newbury House.

CAIN, J. *et al.* (1987), Acquisition strategies in a first and second language: Are they the same?, *Journal of Child Language*, 14 (2): 333-352.

CARROLL, J. B. (1971), "Current issues in psycholinguistics and second language teaching", *Tesol Quarterly*, 5: 101-114.

CARROLL, J . B. (1975), "Aptitude in second language learning", en G. TAGGART (ed.), *Attitude and Aptitude in Second Language Learning*, Proceedings of the 5th Symposium of the Canadian Association of Applied Linguistics, Toronto.

CARROLL, J. B. (1981), "Twenty-five years of research on foreign language aptitude", en K. C. DILLER, *Individual Differences and*

Universals in Language Learning Aptitude, Rowley, Mass., Newbury House.
CARROLL, J. B. (1986), "Second language", en R. F. DILLON y R. J. STERNBERG (eds.). *Cognition and Instruction*, Orlando, Academic Press.
CARROLL, J. B. y SAPON, S. M. (1959), *Modern Language Aptitude Test* (MLAT), Nueva York, Psychological Corporation.
CARAMAZZA, A. y BRONES, I. (1979), "Semantic classification of bilinguals", *Canadian Journal of Psychology*, 34, 1: 77-81.
CARLISLE, J. F., BEEMAN, M., DAVIS, L. H. y SPHARIM, A. G. (1999), "Relationship of metalinguistic capabilities and reading achievement for children who are becoming bilingual", *Applied Psycholinguistics*, 20: 459-478.
CARRASQUILLO, A. y SEGAN, PL. (1998), *The Teaching of Reading in Spanish to the Bilingual Students*, Mahwah, NJ, J. Erlbaum.
CARRELL, P., DEVINE, J. y ESKEY, D. (1988), *Interactive Approaches to Second Language Reading*, Cambridge, Cambridge University Press.
CARTON, A. S. (1971), "Inferencing: a process in using and learning language", en P. PIMSLEUR y T. QUINN (eds.), *The Psychology of Second Language Learning*, Cambridge, Cambridge University Press.
CLARK, H. H. y HAVILAND, S. E. (1974), "Psychological process as linguistic explanation", en D. COHEN (ed.), *Explaining Linguistic Phenomena*, Washington, D. C., Hemisphere.
COLLIER, V. P. (1995), "Acquiring a second language for school", *Directions in Language and Education*, 1: 1-11.
CROMDAL, J. (1999), "Childhood bilingualism and metalinguistic skills: Analysis and control in young Swedish-English bilinguals", *Applied Psycholinguistics*, 20: 1-20.
CUMMINS, J. (1979), "Cognitive/academic language proficiency, linguistic interdependence, the optimal age question and some other matters", *Working Papers on Bilingualism*, 19: 197-205.
CUMMINS, J. (1980), "The construct of language proficiency in bilingual education", en J. E. ALATIS (ed.), *Current Issues in Bilingual Education*, Washington DC, Georgetown University Press: 81-103.
CUMMINS, J. (1987), "Bilingualism, language proficiency and metalinguistic development", en P. HOMEL, M. PALIJ y D. AARONSON (eds.), *Childhood Bilingualism: Aspects of Linguistic Cognitive and Social Development*, Hillsdale, NJ, L. Erlbaum: 57-74.
CUMMINS, J. (1991), "Interdependence of first- and second-language proficiency in bilingual children", en E. BIALYSTOK (ed.), *Language Processing in Bilingual Children*, Cambridge, Cambridge University Press: 70-89.
CUMMINS, J. (1993), "Bilingualism and second language learning", *Annual Review of Applied Linguistics*, 13: 51-70.
CHITIRI, H. F. (1991), *The influence of Language and Writing System Characteristics on the Reading Process*, University of Toronto, Unpublished Doctoral Dissertation.
CHOMSKY, N. (1959), "Review of Skinner, B. F. Verbal Behavior", *Language*, 25: 26-58.
DANKS, J. H., SHERE, G. M., FOUNTAIN, S. B. y MCBEATH, M. K. (eds.) (1977), *Cognitive Processes in Translation and Interpreting*, Londres, Sage.
DEFIOR, S., MARTOS, F. y CARY, L. (2002), "Differences in reading acquisition development in two shallow orthographies: Portuguese and Spanish", *Applied Psycholinguistics*, 23: 135-148.
DIL, A. S. (1972), *Language, Psychology and Culture. Essays by Wallace E. Lambert*, Stanford, CA, Stanford University Press.
DÖRNIC, S. (1977), "Information processing and bilingualism", *Reports from the Department of Psychology*, 510.
DREHER, M. J. y ZENGE, S. (1990), "Using metalinguistic awareness in first grade for predict reading achievement in third and fifth grades", *Journal of Educational Research*, 84:13-21.
DULAY, H. C. y BURT, M. K. (1974), "You can't learn without goofing: An analysis of children's

second language learning strategies" , en J. C. RICHARDS (ed.), *Error Analysis: Perspec-tives on Second Language Acquisition*, Londres, Longman: 95-123.

DURGUNOGLU, A. Y. *et al.* (1993), "Cross-language transfer of phonological awareness", *Journal of Educational Psychology*, 85: 453-465.

DURGUNOGLU, A. Y. (1998), "Acquiring literacy in English and Spanish in the United States", en A. Y. DURGUNOGLU y L. VERHOEVEN (eds.), *Literacy Development in a Multilingual Context*, Mahwah, NJ, L. Erlbaum: 135-145.

DURGUNOGLU, A. y VERHOEVEN, L. (1988), *Literacy Development in a Multicultural Context: Cross-cultural perspectives*, Hillsdale, NJ, L. Erlbaum.

ECKMAN, F., BELL, L. y NELSON, D. (1984), *Universals of Second Language Acquisition*. Rowley, MA, Newbury House.

EUBANK, L., SELINKER, L. y SHARWOOD SMITH, M. (eds.) (1995), *The Current State of Interlenguage*, Amsterdam, J. Benjamins.

FINE, J. (1988), *Second Language Discourse: A Texbook of Current Research*, Norwood, NJ., Ablex.

FLEGE, J. E. (1995), "Second language speech learning:Theory, findings and problems", en S. STRANGE (ed.), *Speech Perception and Linguistic Experience: Theoretical and methodological issues*, Timonium, MD, York Press: 233-273.

FLEGE, J., FRIEDA, E. y NOZAWA, T. (1997), "Amount of native-language (L1) use affects the pronunciation of an L2", *Journal of Phonetics*, 25: 169-186.

FLEGE, J. E., YENI-KOMSHIAN, G. H. y LIU, S. (1999), "Age constraints on second language acquisition", *Journal of Memory and Language*, 41: 78-104.

FLYNN, S. (1985), "Principled theories of second language acquisition", *Studies in Second Language Acquisition*, 7: 99-107.

FLYNN, S. (1991), "La adquisición de una segunda lengua y la teoría gramatical", en F. J. NEWMEYER (ed.), *Panorama de la lingüística moderna de la Universidad de Cambridge. II Teoría Lingüística: Extensiones e implicaciones*, Madrid, Visor: 73-96.

FRANCIS, N. (1999), "Bilingualism, writing and metalinguistic awareness: Oral-literate interacting between first and second languages", *Applied Psycholinguistics*, 20: 533-561.

GALAMBOS, S. J. y GOLDIN-MEADOV, S. (1990), "The effects of learning two languages on levels of metalinguistic awareness", *Cognition*, 34: 1-56.

GARDNER, R. C. (1985), *Social Psychology and Second Language Learning*, Londres, Edward Arnold.

GARDNER, R. C. y LAMBERT, W. E. (1972), *Attitudes and Motivation in Second Language Learning*. Rowley, MA, Newbury House.

GARRIDO, I. (1996), *Psicología de la motivación*, Madrid, Síntesis.

GASS, S. y SELINKER, L. (1989), *Variation in Second Language Acquisition: Psycholinguistic Issues*. Clevedon, Multilingual Matters.

GLEASON, J. B. (1993), "Neurolinguistic aspects of first language acquisition and loss", en K. HYLTENSTAM y A. VIBERG (eds.), *Progression & Regression in Language: Sociocultural, Neuropsychological & Linguistic Perspectives*, Cambridge, CUP: 147-177.

GOMBERT, J. E. (1990), *Le development métalinguistique*, París, Presses Universitaires de France.

GREEENBERG, J. H. (1978), "Typology and cross-linguistic generalizations", en J. H. GREENBERG (ed.), *Universals of human language: Vol. 1, Method and Theory*, Stanford, CA, Stanford University Press: 33-60.

GUION, S. G. *et al.* (2000), "Age learning effects on the duration of sentences produced in a second language", *Applied Psycholinguistics*, 21: 205-228.

HABERMAS, J. (1970), *Toward a theory of communicative competence*, *Inquiry*: 360-375.

HAKES, D. T. (1982), *The Development of Metalinguistic Abilities in Children*, New York, Springer Verlag.

HALLIDAY, M.A. K. (1973), *Explorations in the Functions of Language*, Londres, E. Arnold.
HALLIDAY, M. A. K. (1975), *Learning how to mean: Explorations in the development of language*, Londres, Edward Arnold.
HAMMARBERG, B. (1993), "The course of development in second language phonology acquisition: a natural path or strategic choice?", en K. HYLTENSTAN y A. VIVERG, *Progression & Regression in Language*, Cambridge University Press: 439-462.
HAMMERS, J. F. y BLANC, M. (1983), *Bilingualité et bilinguisme*, Bruselas, Pierre Mardaga.
HANCIN-BHATT, B. y NAGY, W. E. (1994), "Lexical transfer and second language morphological development", *Applied Psycholinguistics*, 15: 289-310.
HARLEY, B. (1986), *Age in Second Language Acquisition*, Clevedon, Multilingual Matters.
HARLEY, B. *et al.* (1987), *The development of bilingual proficiency*, Toronto, The Ontario Institute for Studies in Education.
HARLEY, B. y WANG, W. (1997), "The critical period hypothesis: Where are we now?", en A. DE GROOT y J. KROLL, *Tutorials in bilingualism* (19-51), Mahwah, NJ, L. Erlbaum.
HARRINGTON, M. (1992), "Working memory capacity as a constraint on L2 development", en R. J. HARRIS (Ed.), *Cognitive Processing in Bilinguals*, Amsterdam, North-Holland: 123-135.
HARRIS, R. J. (1992), *Cognitive Processing in Bilinguals*, Amsterdam, North-Holland.
HASLETT, B. J. (1987), *Communication. Strategic Action in Context*, Hillsdale, L. Erlbaum.
HATCH, E. y HAWKINS, B. (1987), "Second-language acquisition: an experimental approach", en S. ROSENBERG (ed.), *Advances in Applied Psycholinguistics,* vol. 2, *Reading, Writing and Language Learning*, Cambridge, Cambridge University Press.
HOMEL, P., PALIJ, M. y AARONSON, D. (1987), *Childhood Bilingualism: Aspects of Linguistic Cognitive, and Social Development*, Hillsdale, NJ, L. Erlbaum.
HORNBY, P. A. (1977), *Bilingualism*, Nueva York, Academic Press.
HORWITZ, E. K., HORWITZ, M. B. y COPE, J.A. (1986), "Foreign Language Classroom Anxiety", *Modern Language Journal,* 70: 125-132.
HUCKIN, T., HAYNES, M. y COADY, J. (Eds.) (1993), *Second Language Reading and Vocabulary Learning*, Norwood, NJ, Ablex.
HYLTENSTAN, K. y PIENEMANN, M. (1985), *Modelling and Assessing Second Language Acquisition*, Clevedon, Multilingual Matters.
HYMES, D. (1971), *On communicative Competence*, Filadelfia, University of Pennsylvania Press.
JAKOBOVITS, L. A. (1970), *Foreign Language Learning: A psycholinguistic Analysis of Issues*, Rowley, MA, Newbury House.
JOHNSON, J. S. y NEWPORT, E. L. (1989), "Critical period effects in second language learning: the influence of maturational state on the acquisition of English as a second language", *Cognitive Psychology*, 21: 60-99.
KETTENANN, B. y WIEDEN, W. (1993), *Current Issues in European Second Language Acquisition Research*, Tubinga, Gunter Narr.
KILBORN, K. (1994), "Learning a language late: Second language acquisition in adults", en M. A. GERNSBACHER (ed.), *Handbook of Psycholinguistics*, San Diego, CA, Academic Press: 917-944.
KODA, K., (1996), "L2 word recognition research: A critical review", *The Modern Language Journal*, 80: 450-460.
KODA, K. (1998), "The role of phonemic awareness in L2 reading", *Second Language Research*, 14: 194-215.
KODA, K. (2000), "Cross-linguistic variations in L2 morphological awareness", *Applied Psycholinguistics*, 21: 297-320.
KRASHEN, S. D. (1981), *Second Language Acquisition and Second Language Learning*, Oxford, Pergamon.
KRASHEN, S. D. (1982), *Principles and Practice in Second Language Acquisition*, Oxford, Pergamon.

KRASHEN, S. D., SCARCELLA, R. C. y LONG, M. H. (1982), *Child-Adult Differences in Second Language Acquisition*, Rowley, Mass., Newbury House.

KRASHEN, S. D. y SELIGER, H. (1975), "The essential contribution of formal instruction in adult second language learning", *TESOL Quarterly*, 9: 173-183.

LADO, R. (1957), *Linguistics Across Cultures: Applied Linguistics for Language Teachers*, Ann Arbor, University of Michigan Press.

LADO, R. (1964), *Language teaching*, Nueva York, McGraw-Hill.

LAMBERT, W. E. (1967), "A social psychology of bilingualism", *The Journal of Social Issues*, 23, 2: 91-109.

LAMBERT, W. E. (1969), "Psychological aspects of motivation in language learning", *The Bulletin of the Illinois Foreign Language Teachers Association*: 5-11.

LAMBERT, W. E. (1987), "The effects of bilingual and bicultural experiences on children's attitudes and social perspectives", en P. HOMEL, M. PALIJ y D. AARONSON (eds.), *Childhood of Bilingualism: Aspects of Linguistic Cognitive, and Social Development*, Hillsdale, NJ, L. Erlbaum: 197-222.

LARSEN-FREEMAN, D. (ed.) (1980), *Discourse Analysis in Second Language Research*, Rowley, MA., Newbury House.

LAUFER, B. (1998), "The development of passive and active vocabulary in a second language: same or different?", *Applied Psycholinguistics*, 19: 255-271.

LENNEBERG, E. H. (1967), *Biological Foundations of Lenguage*, Nueva York, Wiley.

LESEMAN, P. P. M. (1994), "Sociocultural predictors of literacy development", en L. VERHOEVEN (ed.), *Functional Literacy: Theoretical Issues and Educational Implications*, Amsterdam, John Benjamins.

LICERAS, J. (1983), *Markedness, Contrastive Analysis and the Acquisition of Spanish Syntax by English speakers*, Universidad de Toronto, Tesis doctoral.

LONG, M. H. (1990), "Maturational constraints on language development", *Studies in Second Language Acquisition*, 12, 3: 251-285.

LONG, M. H. (1993), "Second language acquisition as a function of age: research findings and methodological issues", en K. HYLTENSTAN y A. VIVERG, *Progression & regressión in language*, Cambridge University Press: 196-221.

MacWHINNEY, B. B. y BATES, E. (1989), *The Cross-Linguistic Study of Sentence Processing*, Cambridge, Cambridge University Press.

MARTÍNEZ AGUDO, J. (2001), "La activación y mantenimiento de la motivación durante el proceso de enseñanza-aprendizaje de una lengua extranjera", *Didáctica (Lengua y Literatura)*, 13: 237-263.

MAYOR, J. (ed.) (1984-5), *Psicología del pensamiento y del lenguaje*, 3 Tomos. Madrid, UNED.

MAYOR, J. (1989). "Adquisición y desarrollo del lenguaje", en J. GARCÍA SICILIA *et al.*, *Psicología evolutiva y educación infantil*, Madrid, Santillana.

MAYOR, J. (1991), "La actividad lingüística entre la comunicación y la cognición", en J. MAYOR y J. L. PINILLOS (eds.), *Tratado de Psicología General. Vol. VI: Comunicación y Lenguaje*, Madrid, Alhambra: 3-238.

MAYOR, J. (1993), "Hacia una estrategia de búsqueda exhaustiva para comprensión profunda de textos escritos", en J. BELTRÁN *et al., Intervención psicopedagógica*, Madrid, Pirámide: 66-90.

MAYOR, J. (1994), "Adquisición de una segunda lengua", en J. SÁNCHEZ LOBATO e I. GARGALLO, *Problemas y métodos de la enseñanza del español como lengua extranjera*. Madrid, ASELE.

MAYOR, J., SUENGAS, A. y GONZÁLEZ MARQUÉS, J. (1993), *Estrategias metacognitivas. Aprender a aprender y aprender a pensar*, Madrid, Síntesis.

MAYOR, J. (2000), "Estrategias de comprensión lectora", *Carabela*, 48: 5-23.

MAZURKEWICH, I. (1984), "The acquisition of the dative alternation by second language learners and linguistic theory", *Language Learning*, 34: 91-110.

McCORMACK, P. D. (1977), "Bilingual linguistic memory: The independence-interdependence issue revisited", en P.A. HORNBY (ed.), *Bilingualism: Psychological, social and Educational Implications*, Nueva York, Academic Press: 57-66.

McDONALD, J. L. (2000), "Grammatically judgements in a second language: Influence of age of acquisition and native language", *Applied Psycholinguistics,* 21: 395-423.

McDONOUGH, S. H. (1981), *Psychology in Foreign Language Teaching*, Londres, Allen & Unwin.

McLAUGLHIN, B. (1987), *Theories of second-language learning*, Londres, E. Arnold.

MULJANI, M., KODA, K. y MOATES, D. (1998), "Development of L2 word recognition: A connectionist approach", *Applied Psycholinguistics*, 19: 99-114.

MUNBY, J. (1978), *Communicative Syllabus Design*, Cambridge, CUP.

MUNRO, M. (1999), "The role of speaking rate in the perception of L2 speech", *Journal of the Acoustical Society of America*, 105: 10-32.

NAIMAN, N. *et al.* (1978), *The good language learner*, Toronto, Ontario, Institute for Studies in Education.

NELSON, K. (1985), *Making Sense: The acquisition of shared meaning*, Nueva York, Academic Press.

NEUFELD, G. G. (1973), "Foreign language aptitude: an enduring problem", en G. RONDEAU (ed.), *Some Aspects of Canadian Applied Linguistics*, Montreal, Centre Educatif et Culturel: 146-162.

OBLER, L. K. (1993), "Neurolinguistic aspects of second language development and attrition", en K. HYLTENSTAN y A. VIBERG, *Progression & Regression in Language,* Cambridge University Press: 178-195

OLLER, J. W. (1979), *Language Tests at School: A Pragmatic Approach*, Londres, Longman.

O'MALLEY, J. M. y CHAMOT, A. U. (1990). *Learning strategies in second language acquisition*, Cambridge: Cambridge University Press.

OSGOOD, CH. E. y SEBEOK, T. A. (1954), *Psycholinguistics: A Survey of Theory and Research Problems*, Bloomington, Indiana University Press.

OXFORD, R. L. (1996), *Language Learning Motivation: Pathways to the New Century*, Honolulu: University of Hawaii Press.

OXFORD-CARPENTER, R. (1986), *A New Taxonomy of Second Language Learning Strategies*, Washington, Center for Applied Linguistics.

PAIVIO, A. y BEGG, I. (1981), *Psychology of language*, Englewood Cliffs, N.J., Prentice-Hall.

PALMER, H. E. (1922), *The principles of Language-Study*, Londres, Harrap.

PATKOSKI, M. (1980), "The sensitive period for the acquisition of syntax in the second language", *Language Learning*, 30: 449-472.

PIMSLEUR, P. *et al.* (1962), *Underachievement in Foreign Language Learning*, Nueva York, MLA Materials Center.

PIMSLEUR, P. (1966), *Pimsleur Language Aptitude Battery (PLAB),* Nueva York, Harper.

PIMSLEUR, P. & QUINN, T. (1971), *The psychology of second language learning*, Cambridge, Cambridge University Press.

PENFIELD, W. y ROBERTS, L. (1959), *Speech and Brain Mechanisms*, Princeton, Princeton University Press.

RICCIARDELLI, L. A. (1993), "Two components of metalinguistic awareness: Control of linguistic processing and analysis of linguistic knowledge", *Applied Psycholinguistics*, 14: 349-367.

RIVERS, W. M. (1964), *The psychologist and the foreign language teacher*, Chicago, University of Chicago Press.

RIVERS, W. M. (1972), *Speaking in Many Tongues: Essays in Foreign Language Teaching*, Rowley, Mas, Newbury House.

RIVERS, W. M. (1981), *Teaching foreign-language skills (2nd.)* Chicago, University of Chicago Press.

SÁNCHEZ LÓPEZ, P. y SÁNCHEZ-HERRERO, S. (1992), *Psicología diferencial del aprendizaje de una segunda lengua*, Valencia, Promolibro.

SCHERER, G. A. C. y WERTHEIMER, M. (1964), *Psycholinguistic experiment in foreign-language teaching*, Nueva York, McGraw-Hill.

SCOVEL, T. (1988), *A Time to Speak: A Psycholinguistic Inquiry into de Critical Period for Human Speech*, Nueva York, Newbury House.

SEIDENBERG, M. (1985), "The time course of phonological code activation in two writing systems", *Cognition*, 19: 1-30.

SEIDENBERG, M. (1992), "Beyond orthographic deph in reading: Equitable division of labor", en R. FROST y L. KATZ (eds.), *Ortography, phonology, morphonology and meaning*, Amsterdam, Elsevier: 85-118.

SELIGER, H. W. y LONG, M. H. (1983), *Classroom Oriented Research in Second Language Acquisition*, Rowley, MA, Newbury House.

SELIGER, L. y SHOHAMY, E. (1989), *Second Language Research Methods*, Nueva York, Oxford University Press.

SELINKER, L. (1972), "Interlenguage", *IRAL*, 10: 219-231.

SKEHAN, P. (1989), *Individual Differences in Second-Language Learning*, Londres, Edward Arnold.

SLAMA-CAZACU, T. (1974), "Aspectos convergentes (y divergencias fortuitas) de la sicolingüística y de la sociolingüística", en U. URIBE-VILLEGAS (ed.), *La sociolingüística actual*, México, Universidad Nacional Autónoma de México: 165-195.

SMITH, S. (1991), "Language modules and bilingual processing", en E. BIALYSTOK, *Language Processing in Bilingual Children*, Cambridge, Cambridge University Press.

SPARKS, R. y GANSCHOW, L. (1993), "The impact of native language learning problems on foreign language learning: case study illustrations of the linguistic coding deficit hypothesis", *Modern Language Journal*, 77: 58-74.

STEEL, S. (1978), "Word order variation: A typological study", en J. H. GREENBERG (ed.), *Universals of Human Language:* vol. 4, *Syntax*, Stanford, CA, Stanford University Press: 585-623.

STERN, H.H. (1991), *Fundamental Concepts of Language Teaching*, Oxford, OUP.

UILENBURG, N., PLOOIJ, F. X., GLOPPER, K. y DAMHUIS, R. (2001), "Effects of a format-based second language teaching method in Kindergarten", *Applied Psycholinguistics*, 22: 1-33.

VAID, J. (1983), "Bilingualism and brain lateralization", en S. SEGALOWITZ (ed.), *Language Functions and Brain Organization*, Nueva York, Academic Press: 315-339.

VAID, J. (1986), *Language Processing in Bilinguals: Psycholinguistic and Neuropsychological Perspectives,* Hillsdale, NJ., L. Erlbaum.

VALENCIA, A. A. (1972), *Bilingual-Bicultural Education for the Spanish Speaking*, NM, New México Highlands University Press.

VAN PATTEN, B. y LEE, J. F. (1990), *Second Language Acquisition-Foreign Language Learning*, Clevedon, Multilingual Matters.

VERHOEVEN, L. (1991), "Predicting minority children's bilingual proficiency: Child, family and institutional factors", *Language Learning*, 41: 205-233.

VERMEER, A. (1992), "Exploring the second learner lexicon", en L. VERHOEVEN y J. DE JONG (eds.), *The Construct of Language Proficiency: Applications of Psychological Models to Language Assessment*, Amsterdam, John Benjamins: 147-162.

WENDEN, A. y RUBIN, J. (1987), *Learner Strategies in Language Learning*, Londres, Prentice-Hall.

VERMEER, A. (2001), "Breadth and depth of vocabulary in relation to L1/L2 acquisition and frecuency of input", *Applied Psycholinguistics*, 22: 217-234.

WESTPHAL, P. B. (1984), *Strategies for Foreign Language Teaching*, Lincolnwood, 1, National Textbook Company.

WIDDOWSON, H. G. (1977), "The communicative approach and its applications", en H. L. B. MOODY y J. D. MORE (eds.), *English for Specific Purposes: an International Seminar*, Bogotá, The British Council.

WILKINS, D. A. (1974), *Second-Language Learning and Teaching*, Londres, Arnold.

WHITE, L. (1985), "Universal grammar as a source of explanation in second language acquisition", en B. WHEATLEY *et al.* (eds.), *Current Approaches to Second Language Acquisition*, Bloomington, Indiana University Linguistic Club.

WEBER-FOX, C. M. y NEVILLE, H. J. (1996), "Maturational constraints on functional specialization for language processing: ERP and behavior evidence in bilingual speakers", *Journal of Cognitive Neuroscience*, 8: 231-256.

WONG-FILLMORE, L. (1979), "Individual differences in second language acquisition", en Ch. J. FILLMORE *et al.*, *Individual differences in language ability and language behavior*, Nueva York, Academic Press.

WONG-FILLMORE, L. (1991), "Second-language learning in children: A model of language learning in social context", en BIALYSTOK, E., *Language Processing in Bilingual-Children*, Cambridge, Cambridge University Press.

YELLAND, G. W., POLLARD, J. y MERCURI, A. (1993), "The metalinguistic benefits of limited contact with a second language", *Applied Psycholinguistics*, 14: 423-444.

YENI-KOMSHIAM, G. H., ROBBINS, M. y FLEGE, J. E. (2001), "Effects of word class differences on L2 pronunciation accuracy", *Applied Psycholinguistics*, 22: 283-299.

Aportaciones de las ciencias cognitivas

Ángel López García
Universidad de Valencia

Introducción

El empleo del adjetivo *cognitivo* aplicado a los métodos de enseñanza de segundas lenguas encierra una ambigüedad constitutiva. En realidad, dicha dualidad polisémica se da también en teoría lingüística general: el hecho de que la lingüística sea concebida, desde la perspectiva generativista, como una ciencia cognitiva y de que, por otra parte, ciertas escisiones heterodoxas del generativismo también reclamen el nombre de gramática cognitiva, ha determinado que bajo la etiqueta "cognitivismo" pueda entenderse una cosa y la contraria, lo cual no deja de resultar irritante. Si llamamos *cognitivismo I* al de filiación generativista, derivado de las ideas del lingüista Noam Chomsky, y *cognitivismo II* al que tiene su origen en la semántica de prototipos, la cual se basa en las ideas desarrolladas por la psicóloga Eleanore Rosch, resulta que:

COGNITIVISMO I
- La facultad del lenguaje es innata.
- La estructura determina el sentido.
- El lenguaje condiciona la captación del mundo.
- Las formas gramaticales son discretas.
- El código consta de módulos autónomos.

COGNITIVISMO II
- La facultad del lenguaje es adquirida.
- El sentido determina las formas gramaticales.
- El lenguaje reproduce el mundo exterior.
- Las formas gramaticales son continuas.
- El código es global.

1. Los antecedentes históricos

Es notable que dos perspectivas tan contrapuestas hayan podido reclamar un mismo nombre, el de cognitivismo. Pero, para entenderlo, es preciso situarse en los orígenes. Inicialmente el cognitivismo fue una actitud epistemológica más que una teoría lingüística. De hecho, afectaba -y afecta- a otras disciplinas además de a la ciencia del lenguaje. El nombre de *ciencias cognitivas* surge cuando representantes de varias ramas del saber se reúnen en 1948 en el Instituto de Tecnología de

California para celebrar un simposio sobre los mecanismos cerebrales de la conducta, auspiciado por la Fundación Hixon (Gardner, H., 1987, cap. 2). Entre ellos había psicólogos (Karl Lashley), neurofisiólogos (Warren McCulloch) y matemáticos (John von Neumann). Tanto la materia tratada como las disciplinas científicas que convivieron por unos días resultaban francamente heterodoxas. Hasta entonces, se suponía, de un lado, que la mente era un tema tabú, una verdadera caja negra, de la que sólo podía inferirse algo partiendo de los datos de entrada y de los de salida. De otro, la distinción entre Ciencias y Letras era a la sazón abismal, por lo que la posibilidad de que un psicólogo (representante del método inductivo) pudiera tener algo que ver con un matemático (paradigma del método científico deductivo) y ambos, a su vez, con un neurólogo (típico representante de las ciencias naturales basadas en el método hipotético-deductivo) resultaba, sencillamente, revolucionaria.

El primer asalto no alcanzó al lenguaje sino al aprendizaje en general. Precisamente porque de la mente no se sabía nada, ni se quería saber, la única explicación posible del aprendizaje era el conductismo, la idea de una cadena de estímulos y respuestas vinculados por simple asociación, de los que quedaba excluido cualquier tipo de comportamiento que no pudiera deducirse de la observación directa, es decir, todo lo que connotase deseo, pensamiento, símbolo abstracto y cosas parecidas. También se excluía, lógicamente, la posible existencia de planes de largo alcance, pues si lo único que podía observarse cada vez era una causa (estímulo) y su consiguiente efecto (respuesta), carecía de sentido postular sistemas complejos que, necesariamente, remitían a una realidad mental de notable complejidad. Desde la perspectiva conductista, aprender es lo mismo que crear hábitos y éstos se crean por repetición a instancias del entorno exterior: aprendemos a resguardarnos de las inclemencias del tiempo porque el estímulo 'frío' provoca la reacción 'me pongo la chaqueta' y, de tanto repetirlo, al final, en cuanto vea un cielo inclemente, me la pondré antes de salir de casa; de manera similar, después de que los adultos induzcan repetidamente a los niños a contestar *muchas gracias* a la pregunta *¿te apetece otro trozo de pastel?*, llegará un momento en que lo digan por ellos mismos.

No se les puede criticar a los científicos del comportamiento humano que fueran conductistas en los años cuarenta del siglo XX. Al fin y al cabo, ello parecía responder a las exigencias del legado de Darwin. Y es que la teoría de la evolución, por más popular que fuese, había sufrido serios ataques durante el primer tercio del siglo XX, que parecían poner de manifiesto que la evolución no era un resultado del azar (es decir, no era imputable a la selección natural), sino que obedecía a un cierto plan articulado en forma de esquema tendencial, ya como una especie de fuerza vital interior (es lo que se llama ortogénesis), ya como la herencia de las acomodaciones al medio (conocida como teoría lamarckista). Pero precisamente en estos mismos años cuarenta del siglo XX se acababa de revitalizar el darwinismo a base de conciliar sus postulados con las leyes de Mendel: es lo que se conoce como el programa de la síntesis, vigente todavía hoy en día. En este contexto, es obvio que la idea de unas ciencias cognitivas empeñadas en ver el comportamiento mental no como reflejo aleatorio de la influencia del mundo exterior, sino como proyección de conceptos vagos del tipo 'propósito' o 'voluntad' parecía nadar contra corriente. Parecía, por decirlo de una vez, una recaída en las viejas y anticientíficas obsesiones de la filosofía.

Aunque algunos lingüistas ya habían advertido por entonces que, fuera de las fórmulas estereotipadas de la vida social, el lenguaje es creativo, lo cierto es que el peso del formalismo acalló sus protestas: al fin y al cabo, si el ser humano procedía de otros organismos y la conducta de éstos resultaba perfectamente explicable como creación de hábitos, no había razón para que la conducta humana más característica, el lenguaje, no pudiese explicarse de la misma manera. Sin embargo, cuando se siembra la semilla de la inquietud científica, es imposible evitar que fructifique. Y así, el mismo darwinismo, que en lingüística estaba propiciando el conductismo, acarreó su ruina en neurología, porque, una vez explicado el proceso evolutivo que lleva a la formación de los demás órganos corporales, había llegado el momento de enfrentarse al que de veras caracteriza a los humanos, el cerebro. McCulloch y Pitts desarrollaron un modelo de neurona que no se basaba en cadenas mecanicistas de estímulos y respuestas, sino que manejaba conceptos como 'planificación', 'intencionalidad' y 'retroalimentación'. Y Van Neuman suministró modelos matemáticos que, convertidos por Turing en programas de ordenador, en seguida harían posible simular mecánicamente el funcionamiento del cerebro. A fines de la década de los cuarenta del pasado siglo, se había abierto el portillo a la idea de la mente como ordenador, la cual es el fundamento de la inteligencia artificial.

Faltaba, no obstante, un paso decisivo, sin el cual ninguna ciencia es digna de tal nombre: la experimentación. Se tenían los modelos, pero, imposibilitados de acceder a los circuitos neuronales reales, los primeros postuladores de la ciencia cognitiva resultaban incapaces de efectuar predicciones susceptibles de ser falseadas, es decir, susceptibles de demostración. ¿Cómo registrar los comportamientos humanos aislándolos de las infinitas variables que inciden en ellos? O dicho más simplemente: aunque para aprender a conducir nuestra mente siga un programa parecido al de un ordenador, ¿cómo demostrarlo si, según sabemos, mi acto presente de conducción es una mezcla de automatismos -embrago sin pensarlo-, de intencionalidad -giro a la derecha porque me dirijo a casa-, de deseo -aprieto el acelerador porque me gusta la velocidad-, y así sucesivamente?

La solución se dio en un segundo simposio, ahora sobre Teoría de la Información, celebrado en el Instituto de Tecnología de Massachusetts (MIT) del 10 al 12 de septiembre de 1956. Al igual que ocho años atrás, reunió allí a matemáticos, neurofisiólogos y psicólogos, pero también asistió un lingüista: Noam Chomsky. Y es que el ser humano se distingue de todos los demás animales por su irrefrenable tendencia a verbalizar sus procesos mentales, a convertirlos en expresiones lingüísticas. Entre 1948 y 1956 el avance consistió en advertir que el lenguaje suministra justamente el sustento empírico que se estaba buscando. Con el lenguaje era posible "experimentar". Si el modelo formal "el sujeto concuerda con el verbo en número y persona" predice que tal secuencia lingüística -digamos *mis hermanos son muy amables*- es posible, y tal otra -por ejemplo **mis hermanos es muy amables*- no lo es, ahora podremos comprobar si estas predicciones resultan correctas preguntándoles a los hablantes por su grado de aceptación.

Así nació el *cognitivismo lingüístico*. Como es sabido y pese a los paralelismos establecidos originariamente entre psicología y computación, Chomsky elaboró una teoría en la que rechazaba la comparación directa del lenguaje con un ordenador y postulaba una realidad mental específica adecuada al comportamiento verbal, el LAD (*Language Acquisition Device*), concebido como innato y universal. Todos los seres humanos, por serlo, tendrían no sólo la capacidad de aprender lenguas, lo que es obvio, sino que, además, dicha capacidad estaría biológicamente prefigurada en alta medida. La prueba, continúa Chomsky, estriba en que el proceso de aprendizaje de la lengua materna se desarrolla a tal velocidad y con tal grado de perfección entre los dos años (cuando comienza) y los ocho años (cuando puede darse por concluido en lo fundamental), que resulta inexplicable a partir de los datos lingüísticos que rodean al aprendiz. Su famosa reseña a Skinner camina precisamente en esta dirección (Chomsky, 1959).

Como se puede ver, la hipótesis del cognitivismo I aparece ligada, ya en sus comienzos, al aprendizaje de L1. Si los datos lingüísticos que los adultos suministran al niño resultan insuficientes para explicar cómo aprende a hablar, es evidente que deberemos excluir cualquier explicación conductista a base de estímulos y respuestas, pues dichos datos son precisamente los pobres estímulos que generan unas riquísimas -e inexplicables- respuestas. Por eso nada tiene de extraño que, poco después, las argumentaciones cognitivistas se sintieran también con fuerza para cuestionar la explicación conductista del aprendizaje de L2: el método audiolingual. Ya en 1964, John Carroll había señalado, en la *International Conference on Modern Language Teaching* de Berlín, que la teoría audiolingual estaba madura para ser revisada (Lugton & Heinle, 1971). Al fin y al cabo dicho método, el de Lado, Brooks y Fries, había suministrado el fundamento de la formación acelerada de los soldados americanos que fueron enviados a Europa durante la Segunda Guerra Mundial y sus resultados no habían sido satisfactorios: así lo denunciaban centenares de informes de los *National Defense Institutes* de EE.UU., en los que se reclamaba un planteamiento diferente. Poco después fracasaba el *Pennsylvania Foreign Language Research Project* y se emprendía una revisión a fondo de los materiales de Brooks, consistente en pasar de las reglas inductivas, basadas en la repetición de esquemas, a las reglas deductivas, orientadas hacia la construcción de secuencias nuevas.

Con todo, en aquellos primeros años el lazo con la lingüística teórica aún no se había establecido. Fue K. Chastain (1969) el primero en darse cuenta de que los nuevos aires que soplaban en la enseñanza de L2 guardaban una obvia relación epistemológica con las ideas de Noam Chomsky (1959) y con las del psicólogo George Miller (1960), ambos destacados participantes de la reunión del MIT en 1956. Miller había señalado que, para aprender L1 a base tan sólo de cadenas de estímulo-respuesta, habría sido necesaria una niñez de cien años, sin comer ni dormir y suponiendo, además, la perfecta incorporación de todo lo que se oye. Lo cual le lleva a Chastain a rechazar los típicos *pattern-drills* y los *memorization-drills* conductistas del método audiolingual y a sumarse a la opinión de McNeill (1965), para quien el uso del lenguaje se parece más a escribir una obra de teatro que a representarla.

A estos textos teóricos, en los que se ponía en entredicho la base epistemológica del conductismo verbal, habría que añadir algunos estudios que cuestionaban los fundamentos de la práctica audiolingual. Por ejemplo, ya Rock (1957) había observado que la repetición no promovía la formación de asociaciones, sino que se limitaba a crear la ocasión de que se formen. Peor aún: Lambert y Jakobovits (1960) destacaron que la repetición llega a vaciar el significado de las palabras, pues bloquea su relación con el referente. Por su parte Scherer y Wertheimer (1964) notaron, a partir de las observaciones de Dunkel (1948), en las que se recomendaba conjugar la presentación visual de los materiales junto con la auditiva, que en el aprendizaje lingüístico influían muchos factores a la vez y que, por lo tanto, resultaba preferible adoptar un acercamiento deductivo en vez de los tradicionales planteamientos inductivos, altamente dependientes de la naturaleza del soporte.

2. Cognitivismo I: el aprendizaje de L2 como la adquisición de L1

Todo lo anterior pone de manifiesto que el surgimiento de la noción de *interlengua* a comienzos de los setenta puede considerarse cualquier cosa menos casual y que la afirmación, tan frecuente en algunos manuales, de que Corder (1978) y Selinker (1972) dieron un giro radical a la metodología de enseñanza de idiomas es algo exagerada. La idea de un sistema lingüístico intermedio o, mejor dicho, la de una sucesión de sistemas intermedios, entre el sistema LO (lengua origen) del que se parte y el sistema LM (lengua meta) al que se pretende llegar no es, naturalmente, nueva. Cualquier profesor de idiomas sabe que sus alumnos se van dotando de un elenco creciente de conocimientos conforme avanza la enseñanza. En realidad, esto lo sabe cualquier profesor de cualquier materia; por esto se compartimentan las materias en cursos y cada curso está construido sobre los conocimientos asimilados en el anterior. La programación de las materias y la organización de los currículos se basan en un planteamiento cíclico progresivo:

IIIIIIII	IIIIIIII	IIIIIIII	IIIIIIII
Curso 1º	Curso 2º	Curso 3º	Curso 4º

La aportación epistemológica de la interlengua no consiste en esto; por el contrario supone que el proceso de adquisición de L1 y el proceso de aprendizaje de L2 son procesos paralelos (Castañeda, 1997). Más aún: consiste en pretender modelar el segundo sobre el primero, suponiendo que el cerebro mantiene activas las conexiones neuronales que originaron las fases sucesivas de adquisición de la lengua materna y que ello le permite *transferirlas* al aprendizaje de segundas lenguas.

No es este el lugar para explicar con detalle cómo proceden el análisis de errores y la interlengua: para un resumen muy claro véase Baralo (1999) y, con mayor detalle, Liceras (1992); para aplicaciones al español, Vázquez (1991) y Fernández (1997), así como otras secciones de este libro. Si quisiéramos hacer, en cambio, algunas puntualizaciones gnoseológicas. La primera es que estos métodos se basan en la noción de "transferencia", pero dicho concepto aparece también en el análisis contrastivo anterior. Lado (1957) ya pretendía que los estudiantes tienden a transferir formas y significados desde su lengua hasta la lengua que aprenden, así como que lo que es similar en ambas lenguas les resulta fácil de asimilar y lo que es diferente, difícil; lo primero es cierto, lo segundo resulta muy discutible. En este sentido, Stockwell, Bowen y Martin (1965) establecían la siguiente jerarquía de dificultades para el estudiante de lengua materna inglesa que aprende español:

TIPOS	DIFICULTAD	FORMA (ing>esp)	EJEMPLO
Escindido	muy grande	x = x + z	*for* = *por* / *para*
Nuevo	grande	ø = x	marca de género
Ausente	media	x = ø	*do* como tense
Coalescencia	pequeña	x + y = z	*his* / *her* = *su*
Correspondencia	muy pequeña	x = y	*-ing* = *-ndo*

Fue esta pretensión predictiva del análisis contrastivo, manifiesta en los grados de dificultad de arriba, la que terminó acarreando la crisis del método. Y no es de extrañar, pues se trataba de un método inductivo, y la predicción, según dijimos, es una propiedad de los métodos deductivos. Como notaron Dulay y Bart (1974), a veces había sobrepredicción (se predice lo que no se da) y otras, infrapredicción (se deja de predecir lo que se da). Por eso, Wardhaugh (1970) distinguía entre la hipótesis fuerte del análisis contrastivo, la que predice errores nuevos a partir del análisis de errores viejos, y la hipótesis débil, consistente en inventariar los errores e intentar explicarlos, que es lo propio del método inductivo. Como se puede ver, constatamos que sin salir de la inducción, el análisis contrastivo nos lleva al análisis de errores de manera gradual (Bustos, 1998) y que, en cierto sentido, éste constituye la continuación natural de aquél.

¿En qué consistió, pues, la aportación del análisis de errores? Técnicamente en diferenciar entre *errores interlinguales*, inducidos desde L1, y *errores intralinguales*, independientes de L1 (Richards, 1971). Así se independizaba el error de la transferencia, puesto que no todos los errores (distintos de las equivocaciones debidas a la fatiga, etc.) tienen su origen en L1. La consecuencia lógica de esta distinción llevó a Corder a valorar los errores como tales y a proponer la idea de que responden a estrategias de aprendizaje, es decir, la hipótesis de que en cada etapa del mismo es necesario cometer determinados errores para que progrese la incorporación de conocimientos lingüísticos a la mente del aprendiz.

La fase siguiente era, naturalmente, la interlengua de Selinker. Si cada etapa del aprendizaje se caracteriza por la realización de determinados errores, primero de bulto y luego menos marcados, es de esperar que dichas producciones lingüísticas respondan en cada caso a un sistema específico, a un código particular, que se llamó *interlengua*. Hoy en día, curiosamente, se sigue aceptando la noción de interlengua y la idea de que el proceso de aprendizaje de una L2 o de una LE aparecen jalonados por una sucesión de interlenguas cada vez más próximas a LM que a LO (LO → L1 → L2 → L3 → ... → LM), pero se cuestiona el análisis de errores (Schachter y Celce-Murcia, 1977) porque se basa sólo en lo que se hizo mal y no en lo que se hizo bien (análisis de aciertos), aparte de que a menudo sus conclusiones resultan ambiguas (p. ej. *the doges ran home* puede atribuirse a una sobregeneralización del plural o a un error de desarrollo que también aparece en los niños ingleses).

Dicha independización epistemológica de la interlengua trajo como consecuencia el alejamiento de los estudiosos respecto de los materiales procedentes de la clase de idiomas y un acercamiento al proceso de adquisición de L1. Piénsese que si el acento deja de recaer en los errores para hacerlo en la sucesión de etapas, es lógico que prefiramos valorar cada etapa como un sistema autónomo, que es lo que sucede en los estudios de lenguaje infantil, donde nunca se ha hablado de 'error'. Pero, una vez adoptada dicha perspectiva, resulta inevitable que el análisis de la interlengua termine confluyendo con los planteamientos cognitivistas de la gramática universal que se suelen manejar en la teoría de principios y parámetros. Dado que para esta teoría la facultad del lenguaje o LAD está biológicamente motivada, es de esperar que la gramática universal innata, con la que todos los seres humanos nos enfrentamos a la exposición de L1, nos sirva igualmente para afrontar los datos de la L2 que intentamos aprender. Ello permitiría, en opinión de Clahsen (1990), focalizar la investigación del aprendizaje en principios estructurales y, además, explicar la adquisición simultánea de muchos fenómenos y no la de una sola construcción, puesto que los principios de la gramática universal (UG, *universal grammar*) afectan a todos los niveles del código lingüístico.

Claro que esto no supone necesariamente la existencia de un paralelismo estricto entre las gramáticas de L1 y las de L2. Ha habido, a este respecto, tres posiciones entre los estudiosos: White (1990) supone que la UG es plenamente accesible a los aprendices de L2; Schachter (1990) también se inclina por admitir dicha accesibilidad, pero mediada por la lengua materna (viene a ser una vuelta a la idea de transferencia del análisis contrastivo); Klein (1990), por fin, se muestra radical al afirmar que UG no es accesible a los aprendices de L2 cuyo cerebro ya haya madurado las zonas que les permitieron adquirir la L1.

La manera de salir de dudas ha sido la de inventariar las etapas de adquisición de una determinada estructura lingüística en L1 y en L2, comparando a continuación los resultados. Este tipo de investigación fue desarrollado tempranamente por Wode, Bahns, Bedey y Frank (1978), los cuales concluyeron que existe una semejanza fundamental entre las secuencias de desarrollo de L1 y de L2. Ello suponía un espaldarazo para la teoría chomskiana de principios y parámetros, que entonces todavía no se llamaba así, y para el análisis de la interlengua. Sin embargo, un cuarto de siglo después las cosas no están tan claras. Según advierten Mitchell y Myles (1998), aunque las etapas de desarrollo de L1 y de L2 sean las mismas, puede suceder que, al haber madurado el cerebro, no haya acceso del aprendiz de L2 a la UG; otra posibilidad es que la UG resulte accesible para él/ella tan sólo a través de los parámetros previamente fijados desde L1 –es, otra vez, el fantasma de la transferencia–; en tercer lugar, no se descarta que sólo se pueda acceder a algunas partes de la UG, pero no a todas.

Evidentemente, la manera de salir de dudas es acudir a los datos. Towell y Hawkins (1994) realizaron un estudio empírico de las etapas que siguen los estudiantes anglohablantes de francés como L2 para aprender la colocación de los clíticos y llegaron a la conclusión de que son muy parecidas a las de los propios niños franceses: *le chien a mangé les* > *le chien a mangé ø* > *le chien les a mangé*. Pero no todos los investigadores coinciden con este resultado: Meisel (1997) constata profundas divergencias entre el orden de adquisición del morfema negativo en francés y en alemán según se trate de L1 o de L2. Una conclusión intermedia es la de Schachter (1996) quien recoge la coincidencia del orden estructural seguido para la adquisición del morfema interrogativo inglés *wh-* por parte de nativos y de extranjeros, salvo cuando éstos experimentaron la interferencia de algún parámetro fijado previamente en su propio idioma. Como se puede ver, es difícil llegar a una conclusión definitiva en este punto.

3. Cognitivismo II: el aprendizaje de L2 inducido desde el mundo

A la hora de hacer un balance del cognitivismo I es de destacar, como nota Hatch (1978), que supuso un desvío del interés por la enseñanza de lenguas hacia el estudio del aprendizaje de las mismas. Pero en este cambio de orientación no todo fue positivo. Al fin y al cabo, la enseñanza es una profesión, y el aprendizaje, un proceso mental individual. Esto significa que el cognitivismo I sin duda representó -y representa aún- un procedimiento heurístico que ha suministrado una cantidad notable de pruebas indirectas que soportan la hipótesis chomskiana, pero es dudoso que del mismo se hayan derivado efectos prácticos relevantes. Ello es una consecuencia del énfasis que pone el generativismo en la competencia (en lo que sabemos cuando sabemos una lengua) en detrimento de la actuación. Bien está conocer lo que saben los estudiantes en una determinada fase de su proceso de aprendizaje. Sin embargo, lo verdaderamente importante es cómo lograr que sepan más y que pasen a la etapa siguiente. Si dicha transición se produjese, según quiere la teoría de la interlengua, guiada por la gramática universal y de manera automática siempre que exista exposición a los estímulos, ¿para qué necesitarímos apoyarla con un profesor, un método de enseñanza y unos materiales auxiliares? Evidentemente dicho automatismo es el que parece tener lugar en el caso de la adquisición de L1, pero, desde luego, no así en el caso del aprendizaje de L2/LE fuera de las situaciones de inmersión total. Que el aprendizaje de L2/LE progrese más o menos y de según qué maneras depende no sólo de un conocimiento innato, sino también de factores claramente externos a la mente del estudiante. Con lo cual, vuelve a plantearse la importancia del contexto y del mundo.

La reacción frente al generativismo chomskiano también se estaba gestando en la teoría lingüística contemporánea. Por ejemplo, Langacker (1987), uno de los más conspicuos fundadores de la llamada *gramática cognitiva*, parte de los siguientes supuestos:

1. El lenguaje es simbólico, consta de signos que asocian una representación semántica con una representación fonológica. Pero dicha asociación sólo es parcialmente arbitraria, pues está dominada por el significado, y ello tanto en la gramática como en el léxico.
2. El lenguaje es una parte integral de la cognición humana. Aunque no se descarta la posibilidad de que exista un módulo independiente para la facultad lingüística, lo más probable es que la misma remita a capacidades psicológicas generales.
3. La descripción del lenguaje debe ser natural, lo cual significa que debe hacerse teniendo en cuenta todos los factores contextuales en los que se produce la emisión de secuencias lingüísticas.
4. En el lenguaje, los fenómenos son graduales, de manera que las relaciones lingüísticas no se presentan casi nunca como una cuestión de todo o nada.

5. Hay aspectos no discretos, hay límites borrosos y, en general, la categorización procede más a base de prototipos (las unidades poseen algunos rasgos de entre un conjunto) que a base de criterios definitorios (las unidades se caracterizan por un inventario inamovible de rasgos).
6. Los rasgos que definen las unidades, semánticas o fonológicas, se mezclan generando compuestos que no equivalen a la simple suma de las partes.
7. El lenguaje es una estructura compleja, por lo que no se pueden distinguir en el mismo compartimentos estancos (como la gramática y el léxico), sino que todo está interrelacionado.

Estas o parecidas ideas condujeron a un rico movimiento intelectual, con numerosas variantes tanto en Europa como en América, el cual todavía se halla en la vanguardia de la lingüística (Cuenca y Hilferty, 1999).

4. Entorno didáctico del cognitivismo II

No obstante, como vimos que sucedió también en el caso del cognitivismo I, el cognitivismo II se hallaba implícito igualmente en ciertos planteamientos de la enseñanza de lenguas que eran independientes de las propuestas coetáneas de los lingüistas. Por ejemplo, Butterworth (1972) ya había advertido que las estrategias de aprendizaje de L2 eran completamente diferentes de las de adquisición de L1, señal evidente de que cognitivamente se trata de dos procesos distintos: imitación de fórmulas rituales, simplificación de la sintaxis, relexificación, rutinas y estructuras prefabricadas. Esta idea sería retomada mucho después por los cognitivistas cuando cosideren el aprendizaje de L2 como la incorporación mental de un sistema cognitivo específico y diferente del de L1 (Fernández, 1999).

En cualquier caso, lo que de veras caracteriza a la reacción de los pedagogos en esta primera etapa de los setenta es su alejamiento de la lingüística como tal. En vez de preocuparse por establecer modelos abstractos, los investigadores se atuvieron a los datos y se cuidaron de distinguir entre datos cualitativos y datos cuantitativos. Como resumiría años después Stern (1983), en adquisición de segundas lenguas caben dos métodos, el cualitativo, caracterizado por los estudios longitudinales (seguimiento del aprendizaje de una persona o de un grupo), y el cuantitativo, que se dedica a estudios relacionales cruzados (establecimiento de correlaciones entre grupos). Sus características más destacadas son las siguientes:

CUALITATIVO	CUANTITATIVO
- Fenomenológico: intenta comprender la conducta.	- Positivista: se basa en hechos de conducta.
- Observación incontrolada.	- Medición controlada.
- Subjetivo.	- Objetivo.
- Perspectiva desde dentro: próximo a los datos.	- Perspectiva desde fuera: alejado de los datos.
- Inductivo.	- Deductivo.
- No generalizable.	- Generalizable.
- Holístico.	- Particularista.
- Asume una realidad dinámica.	- Asume una realidad estática.

Desde luego, el método que pudiéramos llamar cognitivista II (y que presenta características muy similares a las propiedades especificadas por Langacker) es el cualitativo. Sin embargo, como se puede ver, no se opone a un método equiparable al cognitivismo I (cognitivismo chomskiano), sino al positivismo conductista. En cualquier caso, tampoco debe creerse que siempre se establecía un corte tan radical entre los métodos cualitativos y los cuantitativos. Dato (1970) se basó en tres grupos de niños, según llevaran expuestos al español uno, dos o tres meses, y tomó muestras cuatro veces en cada grupo: las muestras sucesivas dentro de un grupo son las longitudinales, las muestras simultáneas de los tres grupos a la vez son relacionales. Habría que hablar, según Dato, más bien de un continuo:

CUALITATIVO: introspección → observación como participante → observación como no participante → descripción focalizada (temas concretos: p. ej. el morfena Int) → Preexperimental (con asignación automática) → Experimental (con grupos): CUANTITATIVO

También representa una preocupación típicamente cognitivista el interés por los factores psicológicos que inciden en el aprendizaje. Según Cook (1978) serían fundamentalmente de tres tipos:

1. Variables cognitivas: inteligencia general, aptitudes lingüísticas, estrategias de aprendizaje, experiencia lingüística previa.
2. Variables afectivas: ansiedad lingüística, confianza en la lengua, atributos personales, estilos de aprendizaje.
3. Variables externas: edad, factores socioculturales.

El factor de aprendizaje que más preocupaba a los pedagogos era el de las variables cognitivas. Originariamente se enfatizaba la inteligencia, pero pronto se dieron cuenta de que, para aprender lenguas, importaba más la aptitud específica. Fruto de esta convicción fueron una serie de tests de aptitud como el *Iowa Foreign Language Aptitude Examination Test* o el *Todd Linguistic Aptitude Test*. Según Carroll (1990), la aptitud lingüística solía considerar cuatro aspectos: la habilidad de codificación fonética; la sensibilidad gramatical; la habilidad memorística; y la habilidad inductiva. Por ejemplo, el MLAT (*Modern Language Aptitude Test*) constaba de cinco subpruebas: aprendizaje de números, escritura fonética, claves de ortografía, palabras y oraciones, pares asociados. Luego se fueron desarrollando otros modelos de test como el DLAB (Petersen y Al-Haik, 1976) o el VORD (Parry y Child, 1990). El DLAB pide a los sujetos que deduzcan formas lingüísticas adecuadas a partir de material verbal acompañado de dibujos, que reconozcan sonidos de la LE, que formen asociaciones entre sonidos y símbolos en LE y que apliquen reglas nuevas en una tarea traductora. El VORD es parecido, pero combina las tareas de aprendizaje lingüístico con el análisis de la lengua, es decir, añade el factor metalingüístico. En su conjunto, estos tests, al relacionar el índice de aptitud lingüística con el índice de éxito en el aprendizaje de L2, consideraban la aptitud lingüística como una *esponja cognitiva* (es la expresión que se solía usar) que había absorbido y transformado habilidades viejas para lograr una habilidad emergente destinada al aprendizaje de lenguas.

Se dedicaron, asimismo, numerosos esfuerzos a valorar la incidencia del entorno exterior en el proceso de aprendizaje. Así Oxford y Crookall (1987) desarrollaron más de doscientas estrategias de aprendizaje caracterizadas por el empleo de imágenes para recordar el vocabulario, la libre expresión de suposiciones ante palabras desconocidas, y la repetición (técnica de raigambre conductista). Dichas estrategias se emplean en todos los niveles educativos y son diferentes en cada uno de ellos, combinándose con otras variables cognitivas (motivación, estilo) o sociales (sexo, etnia).

También representa una posición cognitiva en enseñanza de segundas lenguas el propósito de integrar un contenido particular en el aprendizaje, de manera que los materiales estén orientados por el contenido. Según Brinton, Snow y Wesche (1989) hay cuatro razones que justifican este planteamiento: el aprendizaje será fructífero si tiene en cuenta los usos que se harán de lo aprendido en la lengua meta (lenguaje para fines específicos); el estudiante se siente motivado cuando el contenido le interesa; se aplica el principio pedagógico de que la enseñanza debe adecuarse a la experiencia previa del que aprende; al actuar en un contexto global, el que aprende es consciente de todas las implicaciones al mismo tiempo. Estas ideas remontan históricamente a San Agustín, pero en época moderna han cuajado en una serie de proyectos que se desarrollaron entre la década de los sesenta y la de los ochenta del siglo XX: el movimiento *A language for life* de EE.UU. y Gran Bretaña, el proyecto LSP (*Language for Specific Purposes*) del Consejo de Europa, el proyecto *Educación de inmersión* de Canadá. En la actualidad los herederos de este criterio contextualista son: la *Theme-Based Language Instruction*, típica de la secundaria y consistente en preparar un tema por parte del profesor y desarrollarlo en todos los niveles de procesamiento (opinión, comprensión…) y formatos (oral, escrito…); la *Sheltered Content Instruction*, propia del nivel universitario y que se aplica a explicar una materia específica por un profesor de la misma en LE (p. ej., una clase de química dada a españoles en inglés); la *Adjunct Language Instruction*, en la que los alumnos se matriculan en dos cursos, uno de LE y otro de una materia específica, con el mismo profesor y con temarios coordinados.

5. Modelos teóricos del cognitivismo II

Los propios métodos de enseñanza de idiomas habían, pues, evolucionado y a comienzos de la década de los ochenta del pasado siglo resultaba evidente que el cognitivismo I no podía cimentar las reflexiones sobre el aprendizaje de L2/LE. Sin ser apenas conscientes de que estaban alterando seriamente los presupuestos de Chomsky, la labor de los pedagogos que acabamos de examinar había insistido en la importancia del contexto exterior (LSP), en el gradualismo, en la valoración de las actitudes manifestadas por los estudiantes, en la interrelación de las distintas capacidades cognitvas, etc. Se trata, precisamente, de los puntos de Langacker reproducidos arriba. Ahora interesa más el proceso de aprendizaje que el código lingüístico. Ni siquiera se acepta la modularidad, sino que se piensa que el lenguaje constituye una manifestación de la inteligencia general, tal vez con la excepción parcial de la sintaxis (Butterworth & Harris, 1994). Por eso, no es de extrañar que los modelos teóricos de aprendizaje de lenguas del cognitivismo II se basen en propuestas de psicólogos cognitivos antes que de lingüistas, aunque guarden una obvia similitud epistemológica con los planteamientos de estos últimos. Entre los modelos preferidos por los especialistas destaca el de la *saliencia perceptiva* de Slobin.

Dan Slobin (1985) sostiene que la similitud en las etapas de desarrollo lingüístico de los idiomas más variados se debe a que el ser humano está programado para percibir y organizar la información de determinadas maneras. Habría una serie de principios operativos -derivados del hecho de que ciertas formas lingüísticas son más accesibles y destacadas (*salient*) que otras-, a los que se atienen tanto el hablante como el oyente:

Principio A: atiende al final de las palabras.

Principio B: hay elementos que codifican relaciones entre elementos.

Principio C: evita excepciones.

Principio D: las relaciones semánticas latentes deben marcarse con claridad.

Principio E: el uso de marcadores gramaticales debe ser significativo.

Lo anterior lleva a Slobin a formular los siguientes universales de adquisición lingüística:
U1 (sobre A y B): las formas gramaticales pospuestas se adquieren antes que las antepuestas.
U2 (sobre C): la marcación de una noción se produce a través de una sucesión de etapas de la forma "no marcado → marcado en casos limitados → sobremarcación → sistema adulto".
U3 (sobre D): cuanto más cerca de la relación biunívoca forma-significado se encuentre un sistema gramatical más pronto será adquirido.
U4 (sobre E): cuando un alomorfo se elige por razones arbitrarias (como en el sistema del género románico, p.ej.), al principio el niño usa uno solo (o todas las palabras nuevas son masculinas o todas femeninas, etc.).
U5: las reglas semánticamente consistentes son las que antes se aprenden y, además, sin errores.

Como se puede ver, un planteamiento de este tipo supone una vuelta a algunas asunciones de la postura anterior, que se habían rechazado por definición. Es notable que, pese a las profundas diferencias epistemológicas que separan al cognitivismo I del cognitivismo II, también este último se apresurase a hacer extensivos los principios de la adquisición de L1 al aprendizaje de L2/LE. Andersen (1984, 1990) formula los siguientes principios de aprendizaje:

1. Principio uno a uno: se establece un sistema interlingüístico tendente a que cada significado subyacente se exprese por una sola invariante formal. Por ejemplo, los estudiantes de alemán LE tienden a adoptar un orden de palabras rígido SVO, aunque no siempre sea el típico del alemán.
2. Principio multifuncional: cuando se tiene constancia de que en la lengua meta un cierto sentido, que en la interlengua va asociado a una sola forma, se asocia realmente a varias formas, se hará el esfuerzo de encontrar su distribución y el revestimiento formal correspondiente. Por ejemplo, los estudiantes de inglés (LE) se sirven al principio de *no* como único morfema negativo, pero luego van añadiendo *don't, didn't, can't*, etcétera.
3. Principio de determinación formal: cuando la relación forma-significado está claramente codificada en la lengua origen, se aprende antes y se incorpora mejor a la interlengua. Por ejemplo, el paso recién explicado de *no* a una variedad de morfemas negativos se facilita porque éstos tienen una distribución clara e inequívoca en inglés (*don't* con verbos, *not* con adjetivos, etcétera.).
4. Principio de la tendencia (*bias*) distribucional: si los morfemas X e Y aparecen en los entornos A y B, pero existe la tendencia a que X aparezca en A e Y en B, entonces X se aprende ligado a A e Y a B. Por ejemplo, en español los verbos que expresan acciones puntuales aparecen preferentemente en pretérito indefinido (*rompí* mucho más que *rompía*), mientras que los verbos de estado prefieren el pretérito imperfecto (*sabía* más que *supe*) y por eso los estudiantes de español (LE) aprenden antes *rompí* y *sabía* que *rompía* y *supe*.
5. Principio de relevancia: si dos functores se aplican al mismo núcleo, está más cerca del núcleo aquel que sea más relevante. Por eso, en el estudio del español (LE), los estudiantes colocan junto al verbo los marcadores de aspecto antes que los de tiempo, pues éstos afectan al conjunto de la oración (*le contestó una y otra vez ayer* mejor que *le contestó ayer una y otra vez*, que es lo que dicen los nativos).
6. Principio de la transferencia: habrá transferencia de una forma gramatical o de una estructura si los principios de adquisición son consistentes con la estructura de L1 o si ya existe en L2 el potencial para una generalización equivocada. Por ejemplo, los estudiantes ingleses de francés (LE) siguen el orden de palabras inglés en la colocación de los clíticos franceses, pero no al contrario, pues dicho orden ya existe en las frases nominales del francés.

7. Principio de relexificación: cuando el estudiante no sea capaz de descubrir la estructura de L2, usará la de su lengua con las palabras de L2. Por ejemplo, los estudiantes japoneses de inglés LE se aferran al principio al orden SOV de su propia lengua (*John the book read*, etcétera).

Como advierten Andersen y Shirai (1994), en un estudio dedicado al aprendizaje de la morfología del español (LE), estos principios se pueden resumir en tres: relevancia, congruencia y uno a uno. Desde esta perspectiva, aprender ya no es sinónimo de construir reglas, sino más bien de asociar: asociamos un elemento a otro y preferimos hacerlo cuando son mutuamente congruentes y resultan cognitivamente destacados. Ello relaciona este modelo cognitivista con los modelos conexionistas de aprendizaje, basados en la simulación por ordenador. Dichos modelos fueron aplicados a la adquisición de L1 por Rumelhart y McClelland (1986) y al aprendizaje de L2 por Sokolik y Smith (1992) y por Ellis y Smidth (1997). Por ejemplo, se elaboró un programa para simular el aprendizaje del género en francés L2 a base de asociar el masculino con las terminaciones *-eur/-on* y el femenino con las terminaciones *-ette/-tion*.

También se basan en la simulación por ordenador los llamados modelos de procesamiento de la información. Difieren de los anteriores en que son modulares, pues descomponen cada habilidad en una serie de subhabilidades y, en la medida en que cada rutina requiere un tiempo de desarrollo, permiten efectuar predicciones experimentales computables. Así McLaughlin (1990) supone que primero hay una fase de procesamiento controlado, lo cual implica la activación y selección de nudos en memoria corta; luego las secuencias producidas bajo control se automatizan y se almacenan en memoria larga; concluido de esta forma el aprendizaje de una determinada habilidad (*skill*), se pasa a otro módulo de mayor complejidad; el resultado de todo ello es una reestructuración constante del proceso de aprendizaje de L2.

Conclusión

El recorrido por los dos planteamientos cognitivistas que han determinado otros tantos métodos de enseñanza de lenguas se salda con una cierta sensación de incertidumbre. Y es que, si resulta preciso reconocer que muchas de las críticas del cognitivismo II al cognitivismo I están bien fundamentadas, también es cierto que los desarrollos internos del cognitivismo II terminan cayendo a menudo en los errores que dicen remediar. Esto se advierte claramente en la solución modularista a que propende el modelo de procesamiento de la información: ¿acaso no es el modularismo una de las características esenciales del cognitivismo I? Pero es que dicha circularidad parece irremediable: si queremos simular con un ordenador el proceso de aprendizaje de L2, tendremos que adoptar una perspectiva modular, ya que los criterios asociativos de los distintos niveles (fónico, gramatical, léxico, pragmático) responden a subrutinas diferentes; sin embargo, dicha simulación resulta científicamente ineludible, no sólo como una exigencia típica de la ciencia actual, sino sobre todo porque las redes neuronales del cerebro tienen una estructura parecida a los circuitos informáticos; pero, una vez adoptada dicha decisión, resulta que los módulos implican el carácter discreto de los niveles y, por la misma razón, de las unidades. En resumen, que si partimos del cognitivismo I, llegaremos al cognitivismo II, y si comenzamos nuestras disquisiciones en el cognitivismo II, terminaremos en el cognitivismo I.

Una forma de intentar eludir dicha paradoja fue la teoría del monitor de Krashen (1985), consistente en diferenciar, dentro del proceso de aprendizaje, un elemento consciente (el monitor), identificado básicamente con las reglas gramaticales aprendidas, y un elemento espontáneo e inconsciente, más pragmático y semántico, tales que ambos se determinan mutuamente. Es claro que el cognitivismo I se ha interesado sobre todo por el monitor, es decir, por la gramática, y el cognitivismo II por la semántica, si bien la conclusión que de aquí se extraería en la línea de la argumentación de Krashen se revela otra vez paradójica: los principios y parámetros a que hace referencia el modelo cognitivo generativista son, por innatos, lógicamente inconscientes, mientras que la fuerte vinculación icónica de las estructuras lingüísticas, en el sentir del cognitivismo II, las hace transparentes y, por lo tanto, conscientes.

Hay un aserto compartido por los dos modelos cognitivistas examinados y es el de que la adquisición de L1 y el aprendizaje de L2 guardan un estrecho paralelismo: ésto se afirma explícitamente en el cognitivismo I y termina fundamentando el desarrollo de la investigación en muchos trabajos del cognitivismo II, aunque en teoría se niegue. La consecuencia que se suele extraer de esta evidencia es que la metodología de enseñanza de LE debe proyectar los conocimientos derivados del estudio de la adquisición de L1 hacia el estudio del aprendizaje de L2. Como hemos intentado mostrar en otro lugar (López García, 1997, 2002), ahí reside justamente el problema del cognitivismo. Al actuar así, se supone que el lenguaje es un *instrumento* expresivo, no que se trata de un *órgano* de expresión. Mas el que aprende una nueva lengua no está haciéndose con un instrumento ajeno para desarrollar habilidades lingüísticas parecidas a las nativas. Esto es lo que le sucede cuando se compra un procesador de textos, pero no cuando aprende idiomas. Aprender idiomas es activar una habilidad humana que ya poseíamos y que se parece a la habilidad de manejar la lengua materna, si bien no constituye una derivación de la misma. Una manera de resolver el enfrentamiento entre los dos cognitivismos examinados en este capítulo sería remitir el aprendizaje a las pautas del conocer en general. Los seres humanos aprendemos a movernos o a captar visualmente el mundo sobre la base de una tendencia instintiva, pero modulándola de acuerdo con estrictas pautas culturales. En las lenguas ocurre lo mismo: tanto en la adquisición de L1 como en el aprendizaje de L2 hay un factor de instinto y otro de imitación, aunque su proporción relativa es distinta en cada caso. Y nótese que lo es no sólo cuando se confronta la adquisición con el aprendizaje, sino también cuando se examinan procesos concretos de aprendizaje de L2. No todos aprendemos las lenguas de la misma manera, pues lo que a algunos les ha costado muchas sesiones de ejercicios en el aula de idiomas, otros lo alcanzaron por inmersión en una comunidad nativa. En el fondo, lo único que importa es darse cuenta de que aprender es sacar a la luz aspectos que emergen de un conjunto indiferenciado, siendo irrelevante cuál es la razón de que se hayan hecho visibles. Cuando este destacar ciertos elementos -figuras- sobre un fondo común se aplique a elementos lingüísticos, tendremos un proceso de aprendizaje verbal, el cual, si se produce en el ámbito de L1, será un proceso de adquisición, y cuando lo haga en el de L2, será un proceso de aprendizaje.

Decidir que la encarnadura verbal de dicho esquema gestáltico de largo alcance implica la existencia de un módulo específico en la conciencia de L1, en la de L2 o en la de ambos (Jurado, 1998), es una opción teórica que no afecta realmente a la metodología de enseñanza de segundas lenguas porque resulta irrelevante para su propósito. El cognitivismo del siglo XXI en enseñanza de segundas lenguas (¿cognitivismo III?) empieza a desligarse de compromisos teóricos fuertes y se caracteriza por su naturaleza ecléctica. Lo que le preocupa es maximizar los resultados de la labor docente y para ello se ha dado cuenta de que saber un idioma exige conocer las formas alternativas de percepción del referente evocado por cada expresión lingüística del mismo. De ahí la importancia que están cobrando los estudios culturales (Fernández Pérez, 1998), el acompañamiento de vídeo o de fotografías (Sanz Sánchez, 1998) y otras técnicas parecidas, conducentes todas ellas a facilitar el proceso cognitivo simulándolo en términos similares a los de los intercambios reales.

BIBLIOGRAFÍA

ANDERSEN, R. (1984), *Second Language: a Crosslinguistic Perspective*, Rowley, Newbury.

ANDERSEN, R. (1990), "Models, processes, principles, and strategies: second languag acquisition inside and outside of the classroom", en B. VAN PATTEN e I. LEE (eds.), *Second Language Acquisition-Foreign Language Learning*, Clarendale, Multilingual: 45-68.

ANDERSEN, R y SHIRAI, I. (1994), "Discourse motivations for some cognitive acquisition principles", *Studies in Second Language Acquisition*, 16: 136-153.

BARALO, M. (1999), *La adquisición del español como lengua extranjera*, Madrid, Arco.

BLOCK, D. (1990), "Seeking new bases for SLA research: looking to cognitive science", *System*, 18, 2: 245-285.

BLOOMFIELD, L. (1942), *Outline Guide for the Practical Study of Foreign Languages*, Baltimore.

BRINTON, D. SNOW, M. y WESCHE, M. (1989), *Content-Based Second Language Instruction*, Nueva York, Newbury House.

BUSTOS, J. M. (1998), "Análisis de errores: problemas de categorización", *Dicenda*, 16, 11-40.

BUTTERWORTH, G. (1972), *A Spanish-Speaking Adolescent's Acquisition of English Syntax*, UCLA.

BUTTERWORTH, B. y HARRIS, M. (1994), *Principles of Developmental Psychology*, Hove, Lawrence Erlbaum.

CARROLL, J. B. (1990), "Cognitive abilities in foreign language aptitude: then and now", en I. S. PAWY y C. W. STANSFIELD (eds.), *Language Aptitude Reconsidered*, Englewood Cliffs, Prentice Hall: 11-29.

CASTAÑEDA, A. (1997), *Aspectos cognitivos en el aprendizaje de una lengua extranjera*, Granada, Impredisur.

CHASTAIN, K. (1969), "The audio-lingual habit theory versus the cognitive code-learning theory: some theoretical considerations", *International Review of Applied Linguistics*, VII/2: 11-123.

CHOMSKY, N. (1959), "Review of *Verbal Behavior* by B. F. Skinner", *Language*, 35: 26-58.

CLAHSEN, H. (1990), "The comparative study of first and second language development", *Studies in Second Language Acquisition*, 12, 2: 135-155.

CORDER, P. (1978), *Error Analysis and Interlanguage*, Oxford, Oxford University Press.

COOK, V. I. (1978), "Second language learning: a psycholinguistic perspective", *Language Teaching*, 11: 73-89.

DULAY, A. y BART, M. (1974), "Natural sequences in child second language acquisition", *Language Learning*, 24: 37-53.

CUENCA, M. J. y HILFERTY, J. (1999), *Introducción a la lingüística cognitva*, Barcelona, Ariel.

DATO, D. (1970), *American Children's Acquisition of Spanish Syntax in the Madrid Environment: a Preliminary Edition*, UCLA.

DUNKEL, H. B. (1948), *Second Language Learning*, Boston.

ELLIS, N. y SCHMIDT, R. (1997), "Morphology and longer distance dependencies: laboratory research illuminating the A of SLA", *Studies in Second Language Acquisition*, 19: 145-171.

FERNÁNDEZ, S. (1997), *Interlengua y Análisis de errores en el aprendizaje del español como lengua extranjera*, Madrid, Edelsa.

FERNÁNDEZ, E. (1998), "El aprendizaje de una segunda lengua concebido como la adquisición de un nuevo sistema cognitivo', en J. L. CIFUENTES (ed.), *Estudios de lingüística cognitiva I*, Alicante, Universidad de Alicante: 197-207.

FERNÁNDEZ PÉREZ, M. *et al.* (1998), "Integración de la lengua y cultura en los niveles intermedios de la enseñanza del español como lengua extranjera", en A. CELIS y J. R. HEREDIA (eds.), *Lengua y cultura en la enseñanza de español a extranjeros,* Actas del VII Congreso de ASELE, Cuenca, 507-515.

GARCÍA AGUSTÍN, E. (1997), "La importancia de los errores en el aprendizaje de lenguas segundas", *Interlingüística*, 7, 81-84.

GARDNER, H. (1987), *La nueva ciencia de la mente. Historia de la revolución cognitiva*, Buenos Aires, Paidós.

GARDNER, R. C. (1985), *Social Psychology and Social Learning: the Role of Attitudes and Motivation*, Londres, Arnold.

GARDNER, R. C.y McINTYRE, P. D. (1992), "A student's contributions to second language learning. Part I: Cognitive variables", *Language Teaching*: 211-221.

HATCH, E. (1978), *Second Language Acquisition: a Book of Readings*, Newbury, Rowley.

JURADO, M. A. (1998), "Modularity and Second Language Acquisition", en I. VÁZQUEZ e I. GALVE (eds.), *Perspectivas Pragmáticas en Lingüística Aplicada*, Zaragoza, Anubar, 209-212.

KLEIN, W. (1990), "A theory of second language acquisition is not so easy", *Studies in Second Language Acquisition*, 12, 2: 219-231.

KRASHEN, S. (1985), *Input in second language acquisition*, Oxford, Pergamon.

LADO, R. (1957), *Linguistics Across Cultures*, Ann Arbor, Michigan University Press.

LAMBERT, W. E. & JAKOBOVITS, C. A. (1960), "Verbal Satiation and Changes in the Intensity of Meaning", *Journal of Experimental Psychology*, 60: 376-378.

LANGAKER, R. W. (1987), *Foundations of Cognitive Grammar. Volume I: Theoretical Prerequisites*, Stanford, Stanford University Press.

LARSEN-FREEMAN, D. y LONG, M. H. (1991), *An Introduction to Second Language Acquisition*, Londres, Longman.

LICERAS, J. M. (1992), *La adquisición de lenguas extranjeras: hacia un modelo de análisis de la interlengua*, Madrid, Visor.

LÓPEZ GARCÍA, Á. (1997), "La percepción del español como LE", *Español Actual*, 67, 7-15.

LÓPEZ GARCÍA, Á. (2002), *Comprensión oral del español*, Madrid, Arco.

LUGTON, R. C. y HEINLE, C. H. (1971), *Toward a Cognitive Approach to Second-Language Acquisition*, Filadelfia, Center for Curriculum Developent.

McLAUGHLIN, B. (1990), "Restructuring", *Applied Linguistics*, 11: 113-118.

McNEILL, D. (1965), *Some Thought on First and Second Language Acquisition*, Cambridge, Mimeo.

MEISEL, J. (1997), "The acquisition of the syntax of negation in French and German: contrasting first and second language development", *Second Language Research*, 13: 227-263.

MILLER, G. A. (1960), *Plans and the Structure of Behavior*, Nueva York.

MITCHELL, R. y MYLES, F. (1998), *Second Language Learning Theories*, Londres, Arnold.

OXFORD, R. y CROOKALL, D. (1989), "Research on language learning strategies: methods, findings, and instrumental issues", *Modern Language Journal*, 73: 404-419.

PARRY, T. S. y CHILD, J. (1990), "Preliminary investigation of the relationship between VORD, MLAT, and language proficiency", en T. PARMS y C. W. STORMSFIELD (eds.), *Language Aptitude Reconsidered*, Englewood Cliffs, Prentice Hall: 30-66.

PETERSEN, C. R. y Al-HAIK, A. R. (1976), "The development of the DLAB", *Educational and Psychological Measurement*, 36: 369-380.

RICHARDS, I. (1971), "Error analysis and second language strategies", *Language Sciences*, 17: 112-122.

ROCK, T. (1957), "The Role of Repetition in Associative Learning", *American Journal of Psychology*, 70: 3-45.

RUMELHART, D. y McCLELLAND, J. (1986), *Parallel Distributed Processing: explorations in the microstructure of cognition*, Cambridge, MIT.

SANTOS GARGALLO, I. (1993), *Análisis contrastivo, Análisis de errores e interlengua en el marco de la lingüística contrastiva*, Madrid, Síntesis.

SANZ SÁNCHEZ, B. (1998), "La importancia de lo visual (un ejemplo con fotografías)", en F. MORENO, M.ª GIL y K. ALONSO (eds.), *El español como lengua extranjera: del pasado al futuro*, Actas del VIII Congreso

Internacional de ASELE, Alcalá de Henares: 759-768.

SCHACHTER, J. y CELCE-MURCIA, M. (1977), "Some reservations concerning error analysis", *TESOL Quarterly*, 11: 441-451.

SCHACHTER, J. (1990), "On the issue of completeness in second language acquisition", *Second Language Research*, 6, 2: 93-124.

SCHACHTER, J. (1996), "Maturation and the Issue of Universal Grammar in second language acquisition", en W. RITCHIE y T. BHATIA (eds.) (1996), *Handbook of Second Language Acquisition*, San Diego, Academic Press: 159-193.

SCHERER, G. A. & WERTHEIMER, M. (1964), *A Psycholinguistic Experiment in Foreign-Language Teaching*, Nueva York.

SELINKER, L. (1972), "Interlanguage", *International Review of Applied Linguistics*, 3: 209-231.

SLOBIN, D. (1985), *The crosslinguistic study of language acquisition*, 2 vols., Hillsdale, Lawrence.

SOKOLIK, M. y SMITH, W. (1992), "Assignement of gender to French nouns in primary and secondary language: A connectionist model", *Second Language Research*, 8: 39-58.

STERN, H. (1983), *Fundamental concepts of language teaching*, Oxford, Oxford University Press.

STOCKWELL, R., BOWEN, J. y MARTIN, J. (1965), *The grammatical structures of English and Spanish*, Chicago, The University of Chicago Press.

TOWELL, R. y HAWKINS, R. (1994), *Approaches to Second Language Acquisition*, Clarendon, Multilingual.

VAZQUEZ, G. (1991), *Análisis de errores y aprendizaje de español / lengua extranjera*, Francfort, Peter Lang.

WARDHAUGH, R. (1970), "The contrastive analysis hypothesis", *TESOL Quarterly*, 4: 123-130.

WHITE, L. (1990), "Second Language Acquisition and Universal Grammar", *Studies in Second Language Acquisition*, 12, 2: 121-133.

WODE, H., BAHNS, J., BEDEY, J., FRANK, H. y FRANK, W. (1978), "Developmental sequence: an alternative approach to morpheme order", *Language Learning*, 28: 175-185.

Aportaciones de la sociolingüística[1]

Francisco Moreno Fernández
Instituto Cervantes
Universidad de Alcalá

Introducción

En un informe de John M. L. Trim de 1992, se decía que en el siglo XXI las personas que salgan de la escuela secundaria deberían ser capaces de entenderse en una lengua internacional con hablantes nativos o no nativos, así como solucionar los asuntos de la vida cotidiana y desarrollar una comprensión de otras formas de vida, *actitudes*, *valores* y *creencias*. También se apuntaba la necesidad de fomentar el cuidado de la lengua atendiendo a las *situaciones locales* y a la edad, las habilidades y los modos de aprendizaje de preferencia de los niños, procurando la *diferenciación de registros y variedades de la lengua materna y de la lengua nacional* y dejando lugar para la consideración de los *aspectos culturales y pragmáticos de la lengua*. Por otro lado, se hablaba de lograr en la Enseñanza Secundaria un conocimiento explícito y sistemático, no sólo de la estructura formal de la lengua y de sus *variedades regionales y sociales*, sino también de las *unidades básicas del discurso*, como los actos de habla, la organización funcional/nocional, las estrategias de interacción que siguen el Principio de Cooperación o la *adecuación del habla a las situaciones y los interlocutores*. Las nuevas metodologías deberían tener en cuenta la diversidad cultural de los alumnos, adaptando los materiales y los cursos a las *características lingüísticas y culturales de cada lugar* y valorando *factores interculturales*.

[1] En 1994 publiqué en la *Revista de Estudios de Adquisición de la Lengua Española* un artículo, con este mismo título, que se ha utilizado como texto de referencia en numerosos cursos de formación de profesores. Agradezco muy sinceramente la confianza depositada en esas páginas por los especialistas que han recomendado su consulta. Tras una nueva lectura, no he creído necesario modificar sustancialmente el contenido ni la disposición del trabajo y por ello presento ahora el mismo texto, pero incorporando algunos elementos desarrollados durante los últimos años, con la bibliografía correspondiente. Asimismo he retocado algunos aspectos de terminología y estilo y he coordinado los contenidos de algunos epígrafes con los del capítulo "La adquisición de lenguas y el contexto social" de este mismo volumen.

Si todo esto llega a ser así, no cabe duda de que, en el futuro, la sociolingüística tendrá muchas cosas que decir en relación con la enseñanza de lenguas. Hablar de *actitudes*, *registros*, *variedades sociales* y *caracteres culturales y pragmáticos de las lenguas* es hacer referencia a unos conceptos en los que la sociolingüística ha puesto su interés desde hace bastantes años.

1. Objetivos

Ante estas perspectivas de futuro, estamos en un buen momento para revisar las aportaciones que la sociolingüística ha hecho al complejo mundo de la enseñanza de lenguas. Este es el objetivo que nos hemos propuesto; objetivo ambicioso que plantea no pocos problemas y que, por ello mismo, está sujeto a diversas limitaciones.

Nuestra intención es señalar qué lugar ocupan las propuestas hechas desde la sociolingüística en la enseñanza de lenguas y en la lingüística aplicada a esta tarea. Aquí encontramos los primeros problemas: los universos bibliográficos de la investigación sobre primeras y segundas lenguas son muy amplios y están bien diferenciados, porque los rasgos que caracterizan a unas y otras son tan distintos como las perspectivas desde las que se analizan. Esto nos llevará, si marcamos las diferencias entre *adquirir* y *aprender*, a tratar aspectos relacionados con la adquisición lingüística.

Deseamos dejar claro que este trabajo está redactado desde *un punto de vista sociolingüístico*. Con ello disfrutamos del beneficio de rastrear más fácilmente los aspectos de esa disciplina que hayan podido calar en los estudios sobre la enseñanza de lenguas. Tradicionalmente, como ocurre en otros campos de la lingüística, los contactos entre la sociolingüística y la lingüística aplicada a la enseñanza de lenguas no han sido frecuentes ni profundos (Ager, 1976), aunque paulatinamente se van intensificando. Y a ello hemos de unir una dificultad más. Cuando hablamos de sociolingüística no estamos aludiendo necesariamente a una sola línea de investigación, sino a una importante variedad de corrientes, doctrinas y pareceres. Esta disciplina ha necesitado algunos años para ordenar sus parcelas internas, lo que probablemente ha retrasado, por ejemplo, el desarrollo completo de una línea aplicada a la enseñanza de lenguas y otros campos de interés manifiesto. Con el ánimo de satisfacer el mayor número de expectativas, partiremos de una concepción amplia de la sociolingüística, si bien reconocemos de antemano que no se alcanzará la exhaustividad ni por el lado de la sociolingüística ni por el lado de la lingüística aplicada.

Para la organización de este trabajo, hemos creído oportuno hacer un breve recorrido por las ramificaciones más destacadas de la sociolingüística: etnografía de la comunicación, sociología del lenguaje, variacionismo y lenguas en contacto. En cada uno de los epígrafes se presta atención a las aportaciones hechas a propósito de las primeras lenguas, de las segundas o de las lenguas extranjeras[2]. De esta manera reunimos en un mismo apartado lo que tiene un origen común, dando coherencia al conjunto. Al frente de ese recorrido, un epígrafe dedicado a los planteamientos generales de la sociolingüística que tienen una mayor relación con el campo de la enseñanza. Concluimos el estudio con unas breves notas en las que se apuntan cuestiones que pueden afectar al futuro de la enseñanza de lenguas desde la perspectiva de la sociolingüística.

[2] No nos interesan tanto la aproximaciones psico-sociológicas que dan prioridad a lo psíquico sobre lo social. En este sentido, véase Hernández Pina y Vez Jeremías.

2. Planteamientos generales

La aportación más interesante que la sociolingüística ha hecho, no sólo a la lingüística aplicada a la enseñanza, sino al conjunto de las disciplinas del lenguaje, es la concepción misma de la lengua. No se trata de nada nuevo o exclusivo de la sociolingüística (Moreno Fernández, 1998), pero es innegable que esta disciplina, con sus múltiples manifestaciones, ha contribuido a la difusión y a la valoración de una determinada forma de ver la lengua. Por otra parte, la sociolingüística ha venido a reforzar la prioridad que se concede a la lengua oral sobre la escrita en los métodos de enseñanza de lenguas más recientes y ha hecho ver la necesidad de incorporar variables sociales a las investigaciones aplicadas que manejan informantes como fuentes proveedoras de datos[3].

La concepción de la lengua a la que venimos aludiendo, desde el lado de la sociolingüística, ha sido forjada principalmente por William Labov, aunque, para ser justos, habría que hablar más bien de la escuela de Filadelfia y de la de Canadá, de las que Labov es un eximio representante, así como de su maestro Weinreich y de otros colaboradores. Podríamos añadir los nombres de investigadores tan notables como John J. Gumperz o Dell Hymes y a ellos se hará referencia en los epígrafes siguientes.

La sociolingüística ha contribuido a concebir la variación, los cambios, las alternancias de unidades en las lenguas como hechos sujetos a cierto orden, cuyo estudio debe ser reconocido entre las dimensiones de la lingüística teórica. A la vez, las condiciones sociales y contextuales en que se producen los hechos lingüísticos son vistas como elementos capaces de determinar la variación. Consecuentemente, los fenómenos variables, los cambios lingüísticos, las influencias de unas lenguas sobre otras no pueden ser algo científicamente despreciable, ante lo que hay que pasar de espaldas y a la mayor velocidad posible. Las lenguas *son variación* (aunque no sólo *variación*) y la lingüística, en cualquiera de sus manifestaciones, tiene el deber ineludible de dar cuenta de ella con todo el rigor y con los instrumentos más adecuados a cada caso.

Al estudiar la influencia de la sociolingüística sobre la lingüística aplicada, es imprescindible distinguir entre primeras y segundas lenguas (extranjeras o no), sin embargo, no es difícil encontrar puntos comunes. La enseñanza, en general, no puede prescindir de la variación intrínseca de las lenguas, de ahí la importancia que se está dando tanto a la contextualización socio-situacional como a las variedades mismas. S. Pit Corder dedica todo un capítulo de su *Introducing Applied Linguistics* al fenómeno de la variabilidad y otro a la comparación de variedades, e insiste en la idea de que los mejores resultados en la enseñanza de lenguas se obtienen cuando el contenido lingüístico de los cursos está cerca de las necesidades funcionales de los estudiantes. El cumplimiento de esa afirmación exige valorar las figuras teóricas de la variación, de la función comunicativa y del contexto socio-situacional, en otras palabras, requiere una atención a *la lengua en su contexto social*. La existencia de variedades (sociales, dialectales) no puede ser soslayada en la enseñanza de primeras lenguas, ni arrinconada a priori en la enseñanza de lenguas extranjeras (véase el capítulo "El modelo de la lengua y la variación lingüística"). A propósito de este último aspecto, la postura de Corder nos parece significativa.

Partiendo de que es imposible enseñarle a nadie *toda una lengua* y de que la enseñanza de lenguas viene limitada por los intereses, necesidades y actitudes de los estudiantes, Corder (1973: 64-67) se plantea el problema de la selección del modelo lingüístico que se ha de ense-

---

[3] Un ejemplo de ello lo tenemos en los estudios de disponibilidad léxica (López Morales, 1985).

ñar: habla de llevar a la enseñanza el ámbito compartido por la mayor parte de las variedades de una lengua y de complementarla con el conocimiento de las partes adecuadas a determinadas situaciones. En relación con esto, propone una interesante distinción entre *ámbito compartido*, *frecuencia de ocurrencias* y *lengua neutra*: al primero se llega a través del análisis de los sistemas y es consecuencia de un estudio comparativo; la frecuencia de las ocurrencias se consigue mediante el estudio sociolingüístico de los usos de la lengua; la lengua neutra es lo que encontramos cuando no se presta atención a las diferentes situaciones en las que se da la producción lingüística. No tiene que haber una coincidencia necesaria entre lo común y lo frecuente, pero sí suele haberla entre lo frecuente y lo neutro (Corder, 1973: 201-222). Como vemos, el pensamiento de Corder tiene muy presente la relevancia de los aspectos sociolingüísticos de las lenguas en el nivel teórico de la enseñanza.

Durante los últimos años, la sociolingüística propiamente dicha ha comenzado a demostrar y consolidar una inclinación seria y constante a incluir en su teoría asuntos relacionados con la adquisición de la lengua. Esto se ha apreciado con claridad en el terreno de las primeras lenguas: ha preocupado mucho la comunicación en contextos de enseñanza, la organización de los sistemas educativos y la relación entre adquisición individual y cambio lingüístico. La hipótesis de Halle, que sostenía que la simplificación de las gramáticas que hacen los niños es un mecanismo de cambio elemental, fue rechazada por Weinreich, Labov y Herzog argumentando que la lengua de los niños es adquirida en principio de los padres y posteriormente re-formada bajo la influencia de compañeros del mismo grupo. Más recientemente, la preocupación se ha extendido al campo de las segundas lenguas, afrontando el análisis del resbaladizo terreno de la interlengua. En general, las diversas corrientes sociolingüísticas (la etnografía de la comunicación, la semiótica social de Halliday, el modelo variacionista, etc.) coinciden en *anteponer la capacidad de determinación de los factores sociales a otras consideraciones de tipo cognoscitivo o biológico*.

3. Etnografía de la comunicación

Dell Hymes inició en 1962 una corriente de estudios que sigue siendo parte importante de la sociolingüística: la etnografía de la comunicación (Gumperz y Hymes, 1972; Saville-Troike,1982). Estos estudios tienen un carácter interdisciplinario y pretenden dar cuenta de la conducta comunicativa, explicando cómo forma parte de los sistemas culturales, cómo funciona dentro de cada contexto y cómo se relaciona con los demás tipos de conducta social. Su modo de trabajar se ha caracterizado por la observación directa de los acontecimientos comunicativos que se producen en grupos o comunidades de dimensiones reducidas. La observación continuada de las interacciones comunicativas permite descubrir la estructura de tales acontecimientos dentro de su contexto e identificar las unidades de análisis. Esencialmente, la etnografía de la comunicación intenta averiguar qué necesita saber un hablante para comunicarse de forma apropiada dentro de una comunidad y cómo lo aprende. Así pues, en los objetivos y el método de esta disciplina priman el análisis cualitativo sobre el cuantitativo. Las diferencias entre la etnografía de la comunicación y la sociolingüística más sociológica y cuantitativa son evidentes: ésta da prioridad al estudio de grandes núcleos urbanos, utiliza métodos sociológicos de muestreo, recoge sus materiales, principalmente, mediante cuestionarios y entrevistas y los somete a estudios cuantitativos muy rigurosos.

El interés por los grupos o comunidades reducidos hace de la etnografía de la comunicación un instrumento eficaz para el estudio de las interacciones que se producen en contextos de enseñanza (Green y Wallat, 1981). De hecho, los etnógrafos llevan bastantes años preocupándose por lo que ocurre en las aulas donde se enseñan lenguas primeras, segundas o extranjeras. Con esto queremos señalar que, a diferencia de otras ramas de la sociolingüística, la etnografía de la comunicación ha convertido la enseñanza de lenguas en uno de sus objetos de estudio, incluida la adquisición de cierta parte de la competencia. A su vez, muchos de los principios y conceptos básicos de estos etnógrafos son moneda corriente entre los especialistas en lingüística aplicada. Trataremos ambos aspectos por separado: los aportes que han asumido los especialistas en lingüística aplicada y las propuestas hechas desde la propia etnografía de la comunicación. Desde una perspectiva amplia, el pensamiento de los etnógrafos ha estado guiado por las situaciones de primeras lenguas, pero su aplicación a los ámbitos de las segundas lenguas y de las lenguas extranjeras salta a la vista.

Como ya se ha apuntado, es frecuente descubrir entre los estudios de lingüística aplicada algunos de los más elementales principios y conceptos de la etnografía de la comunicación. Tal vez los más destacados sean los siguientes: *comunidad de habla*, *competencia comunicativa*, *repertorio*, *situación comunicativa*, *acontecimiento y acto comunicativo* y *rutina*. Otros conceptos, como el de función comunicativa, son también habituales, tanto en la etnografía como en la lingüística aplicada, pero su origen primero no está en la propia etnografía sino en la lingüística general, la filosofía del lenguaje, la semiótica o la pragmática.

El concepto de *comunidad de habla* es de singular importancia para la etnografía de la comunicación, porque permite precisar los límites externos de las actividades que se desean estudiar. Existen varias definiciones de comunidad de habla y eso ha contribuido a que el concepto se maneje de forma poco precisa, tanto en la sociolingüística como en la lingüística aplicada. Las definiciones más aceptadas, en líneas generales, han sido las de Hymes: "conjunto de hablantes que comparten unas mismas reglas del habla y unas interpretaciones del uso lingüístico" (Gumper y Hymes, 1972: 53-55); y la de Labov: "conjunto de hablantes que comparten unas actitudes y unos valores en relación con las formas y el uso lingüísticos". A pesar de la claridad de estos enunciados, muy pocos especialistas en lingüística aplicada hablan de comunidad en estos sentidos: a menudo se confunde "comunidad de habla" con "comunidad idiomática" (Romaine 1980; Gimeno, 1987) y frecuentemente se asocia la idea de comunidad con la de un determinado núcleo urbano. El problema está en que no se utiliza la forma *comunidad* con su valor técnico, sino en una acepción más general. Siendo así, podría incluso dudarse de que el concepto que aparece en la lingüística aplicada tenga su origen en la sociolingüística, porque, además, también han hablado de "comunidad" algunos lingüistas generales de renombre (Bloomfield, por ejemplo), aunque sus definiciones sean bastante laxas. De todos modos, no parece descabellado pensar que la difusión que la sociolingüística ha dado a ese término haya alcanzado los dominios de la lingüística aplicada.

Mucho más complicado se presenta el uso de la noción de *competencia comunicativa*. Este concepto incluye el conocimiento, por parte de un hablante, no sólo de un código lingüístico, sino también de qué decir, a quién y cómo decirlo en una situación apropiada. En estas líneas puede quedar resumido el fin último de una parte amplia de la enseñanza de lenguas actual (Canale, 1983). Cualquier lector de lingüística aplicada puede comprobar la profusión de estos términos y encontrar que las fuentes bibliográficas de las que lo han tomado los autores son muy diversas. Existen incluso fuentes espurias que hacen que el concepto sea entendido de formas dispares y normalmente muy pobres y limitadas. Conviene dejar sentado que el estudio de la competencia comunicativa se inició en la etnografía de la comunicación con unas ideas muy claras, fundamentadas en los trabajos de Dell Hymes, sobre todo a partir de *On Communicative*

Competence. Hymes redactó este trabajo como una contribución al estudio de los problemas lingüísticos de los niños menos aventajados; en otras palabras, el desarrollo del concepto ha estado íntimamente ligado al campo de la adquisición y el desarrollo de las lenguas. Este autor sugiere, para la lengua y para otras formas de comunicación, el estudio de las siguientes cuestiones:

1. si algo es formalmente posible y en qué grado;
2. si algo es factible con los medios de implementación disponibles, y en qué grado;
3. si algo es apropiado en relación con el contexto en que es usado y evaluado, y en qué grado;
4. si algo es un hecho real, producto de una actuación, y en qué grado.

Estos cuatro puntos, aparte de indicar qué tipo de conocimientos deben encuadrarse en la competencia comunicativa, podrían servir perfectamente, por ejemplo, para determinar la calidad y la adecuación de unos materiales de enseñanza de lenguas a unos objetivos específicos o para valorar el nivel de dominio de una lengua. El desarrollo teórico y aplicado del concepto de competencia comunicativa se ha debido principalmente a autores como Bernard Spolsky, Michael Canale y H. G. Widdowson (Llobera, 1995).

El concepto de *repertorio comunicativo* también ha sido difundido desde la etnografía de la comunicación. Una de las definiciones más aceptadas y útiles ha sido la de John J. Gumperz: "conjunto de variedades, dialectos o estilos utilizados por una población socialmente definida y las normas que rigen su selección" (Gumperz, 1977, en Saville Troike, 1982: 51-52). Se habla pues de repertorio a propósito de una comunidad determinada. La lingüística aplicada ha tenido que acudir a este concepto en tanto en cuanto es una base para la selección de sus modelos de enseñanza, de sus normas de uso, de sus patrones de conducta comunicativa. La dificultad principal está en que aún no se conocen suficientemente los repertorios comunicativos reales de la mayoría de las lenguas y en que lo que se conoce es aprovechado de manera todavía deficiente por los especialistas en lingüística aplicada. Los repertorios deben construirse sobre variedades reales utilizadas en situaciones y en contextos reales. Cuanto más alejados estén de la realidad, menos probabilidades hay de que su aplicación en la enseñanza sea eficaz.

Aparte de los conceptos que hasta aquí hemos comentado, la etnografía de la comunicación maneja unas unidades básicas que ocasionalmente han sido de utilidad en la lingüística aplicada a la enseñanza y que sin duda podrían serlo aún más. Las unidades a las que nos referimos son la *situación comunicativa*, el *acontecimiento y el acto comunicativos* y la *rutina*. La mayor parte de ellos han sido propuestos y desarrollados por el mismo Hymes.

La *situación comunicativa* es el contexto y el conjunto de actividades dentro de los cuales se produce la comunicación: ceremonias religiosas, viajes en determinados medios de locomoción, consultas profesionales, reuniones familiares, actividades escolares (Saville-Troike, 1982: 28-29). El tiempo también forma parte de la situación, puesto que el tipo de comunicación que puede establecerse en un mismo lugar no tiene por qué ser el mismo a distintas horas del día. Los *acontecimientos comunicativos* se producen dentro de esas situaciones y están formados por una serie de elementos que, al modificarse, suponen el final del acontecimiento. Estos elementos son el *propósito* de la comunicación, el *tema* general, los *participantes*, la *variedad* lingüística utilizada, el *contexto* y las *reglas de interacción* (Hymes, 1974: 53; Moreno Fernández, 1992). Por último, el *acto comunicativo* es una unidad que se produce dentro de un acontecimiento y suele emplearse con una sola función comunicativa (Saville Troike, 1982: 29-32). En este punto, la etnografía de la comunicación coincide parcialmente con la pragmática y, específicamente, con la teoría de los actos de habla. Algo similar se da a propósito de la *rutina*. Las rutinas son unidades simples que se repiten como expresiones o secuencias de expresiones fijas, que no admiten un análisis particularizado de los elementos que las componen y que, por su naturaleza performativa, son capaces de cumplir por sí mismas una función comunicativa (Saville-Troike, 1982: 44-47; Coulmas, 1981; Gelabert, Martinell, Herrera, Martinell, 1996). La enseñanza de estas rutinas ocupa buena parte del tiempo dedicado a los niveles iniciales en la enseñanza de una lengua extranjera, ya que sirven, entre otras cosas, para empezar y terminar los acontecimientos comunicativos.

A propósito de todas estas nociones y a pesar de que en lingüística aplicada no suele acudirse directamente a la etnografía como punto de referencia, lo cierto es que todo el modelo llamado *comunicativo* para la enseñanza de lenguas extranjeras, de base nocional-funcional (Widdowson, 1978; Nauta, 1986), puede tener aquí un respaldo teórico y un abanico de estudios prácticos dignos de consideración. La forma de llevar este modelo a la práctica o la importancia que quiera dársele en el proceso educativo es asunto que compete a los responsables de "aplicar" los conocimientos lingüísticos. Por otro lado, la misma etnografía de la comunicación ha demostrado la eficacia de su epistemología mediante el estudio de la comunicación -de las interacciones de conversación- que se produce dentro de las aulas.

Hasta aquí, las ideas, principios básicos y conceptos elementales que han sido de alguna utilidad para la lingüística aplicada a la enseñanza de lenguas, aunque muchos especialistas no los hayan conocido o manejado desde la etnografía de la comunicación. Pero esta rama de la sociolingüística, como ya se ha advertido, ha hecho sus propias incursiones en el campo de la adquisición y especialmente en el de la adquisición de la primera competencia comunicativa (Saville-Troike, 1982: 204-248; Romaine, 1984). El punto de partida, por ser sociolingüístico, antepone los factores socio-contextuales a los criterios biológicos o innatistas. Importa conocer cómo se aprende la lengua en su contexto social y cultural inmediato, para qué se aprenden determinadas estrategias comunicativas, cómo reflejan estas estrategias las relaciones entre las funciones sociales de los individuos y en qué medida influyen, en el proceso de adquisición, la familia, los compañeros, la organización del sistema educativo y las creencias de la comunidad. La adquisición de la competencia comunicativa se realiza principalmente a través de la interacción comunicativa, que a su vez contribuye a la construcción progresiva de la identidad social de los hablantes y del significado social de los usos lingüísticos (Halliday, 1975).

4. Sociología del lenguaje

Una de las primeras tareas que emprendió la sociolingüística fue la delimitación de sus campos, sobre todo la distinción entre una sociolingüística propiamente dicha y una sociología del lenguaje. Ésta se ocupa de los aspectos sociales de la concordencia lengua, mientras la primera pone todo el empeño en el estudio de la lengua en su contexto social. Entre tales aspectos sociales está la enseñanza. La sociología del lenguaje, representada por la obra de Joshua Fishman, ha dedicado una parte considerable de su esfuerzo investigador a los problemas sociales relacionados con la enseñanza de primeras y segundas lenguas (Paulston, 1992), no tanto de las lenguas extranjeras. Como ocurre con la etnografía de la comunicación, la sociología del lenguaje ha creado y divulgado principios básicos que son manejados asiduamente por los estudiosos de la lingüística aplicada a la enseñanza. A la vez, algunas de sus ramas han tenido como objeto situaciones -por ejemplo, las multilingües- en las que la enseñanza de lenguas ocupa un lugar destacado. No encontramos, pues, un interés por la adquisición, sino por los usuarios y la enseñanza de las lenguas, primeras o segundas, en situaciones y comunidades concretas.

Probablemente, los conceptos sociológicos que más uso han tenido dentro de la lingüística aplicada han sido el de "*dominio*" y el de *diglosia*. Si no añadimos el de *bilingüismo* es porque su origen no está estrictamente en la sociolingüística (Grosjean, 1982), aunque haremos continuas referencias a él. Joshua Fishman propuso el concepto de *dominio* para explicar el fenómeno de la *elección de lenguas* en contextos bilingües, principalmente (Fishman, 1964: 32-70; Fishman, 1970). Los rasgos que caracterizan la idea de *dominio* han sido señalados e interpretados desde la sociología. Un dominio es aquél en que el uso de una variedad lingüística es más apropiado que el de otra variedad y está formado por un haz de factores, entre los que destacan el *lugar*, el *tema* y los *participantes*. Fácilmente podemos apreciar las coincidencias entre el concepto de *dominio* y el de *situación comunicativa*. Las diferencias son evidentes: en el primero todo está formulado en función de la sociología y de la psico-sociología; en el segundo, de la comunicación. Esta doble perspectiva no impide que en muchos casos, sobre todo cuando no se está trabajando desde la sociolingüística, ambos conceptos se puedan intercambiar. De todos modos, es aconsejable tanto no hablar de *dominio* cuando se pone el énfasis en la comunicación, como no hablar de *situación comunicativa* para hacer referencia a un entorno psico-social.

Estrechamente unido a la idea de *dominio* está el concepto de *diglosia*. La diglosia es una manifestación social del bilingüismo que supone la utilización de una variedad alta, prestigiosa, en dominios formales e institucionales y de una variedad baja en dominios menos formales (por ejemplo, la familia). Como se puede ver, la selección de variedades viene determinada por el dominio de que se trate en cada caso. El primer investigador que trató a fondo el concepto de "diglosia" fue Charles Ferguson en un conocido artículo. Allí, el referente de la diglosia está en situaciones en las que se utilizan dos variedades de una misma lengua, aunque con distinto grado de formalización y de prestigio. La existencia de la diglosia está supeditada al cumplimiento de nueve puntos: función, prestigio, tradición literaria, adquisición, estandarización, estabilidad, gramática, léxico y fonología. En lo que se refiere a la adquisición, Ferguson señala que la variedad baja es aprendida de forma inconsciente durante la infancia y es utilizada para hablar con los niños y entre ellos mismos; la variedad alta, en cambio, se aprende en la escuela, una vez que la baja ha sido adquirida sólidamente. Generalmente, los hablantes diglósicos conocen la gramática de la variedad alta, pero no la de la baja, si bien nunca adquieren para la primera un nivel de fluidez cercano al de la segunda.

La utilidad del concepto de diglosia, así definido, es evidente. Sin embargo, Fishman (1967) ha propuesto una interpretación de consecuencias nefastas -a nuestro juicio- para la lingüística. En primer lugar, aunque Fishman distingue claramente entre bilingüismo, como objeto de estudio de los psicólogos y los psicolingüistas, y diglosia, como objeto de estudio de sociólogos y sociolingüistas, no lleva a la práctica esa distinción de forma coherente. Pero además rompe las restricciones de Ferguson y avala el uso del término *diglosia* para todo tipo de situaciones en las que se dan dos o más variedades lingüísticas, ya sean variedades de una misma lengua o lenguas diferentes. El resultado actual de esta revisión ha sido que se distingue con dificultad entre bilingüismo y diglosia, porque, al no existir apenas situaciones en las que dos lenguas estén en idénticas condiciones sociales, casi todo es diglósico. Sea cual sea el valor que se dé al término, lo cierto es que el concepto de diglosia es central en cualquier estudio que se ocupe de la enseñanza de lenguas, muy particularmente si se trata de educación bilingüe.

Dentro de la sociología del lenguaje -entendida de modo amplio-, la teoría que más ha tenido que ver con el mundo de la adquisición y el desarrollo de las lenguas ha sido la denominada *Teoría del déficit*, propuesta por Basil Bernstein, a quien no se puede considerar realmente como sociolingüista, sino como sociólogo especializado en educación. Bernstein intenta dar cuenta de las diferencias entre clases sociales utilizando el concepto, muy difuso, de *código*, para referirse tanto a rasgos lingüísticos, como a hechos estilísticos de la semántica y de la pragmática. Según este autor, existe un *código restringido* y un *código elaborado*. Mientras el primero es adquirido por todos los niños, el segundo, de singular importancia para el éxito escolar, sólo es adquirido por los niños pertenecientes a las clases medias y altas. Esto se interpretó en su momento como una patente diferencia entre clases sociales, basada en principios cognoscitivos o de deficiencias lingüísticas, y acabó provocando una polémica que ha ido mucho más allá de la pura sociolingüística (Dittmar, 1976). Algo más tarde, Bernstein prefirió asociar la adquisición de ambos códigos al estilo de interacción de los núcleos familiares, fuera cual fuera su adscripción social: los niños pertenecientes a familias con un estilo de interacción llamado *posicional* muestran una tendencia a adquirir solamente el código restringido. Como no es este el lugar más adecuado para detallar el conjunto de las teorías de Bernstein, nos conformamos con llamar la atención sobre su interés para la enseñanza de la primera lengua y con remitir al análisis que Ralph Fasold (1990: 269-285) ha hecho a este respecto.

Más arriba hemos apuntado que la sociología del lenguaje ha estado siempre muy cerca de los problemas de la educación bilingüe, como lo prueba la atención prestada a los conceptos de *diglosia* y de *bilingüismo*. Pero, en relación con ello, hay dos campos en los que la sociología del lenguaje ha dado frutos muy significativos: el estudio de las actitudes y la planificación lingüística (Moreno Fernández, 1998).

Durante muchos años, el estudio de las *actitudes* ha sido patrimonio de las ciencias de la conducta. La psicología y la sociología han sido las disciplinas encargadas de aportar las principales bases teóricas y metodológicas. Paulatinamente, las investigaciones de la actitud se han ido abriendo camino en la sociolingüística y han encontrado en la enseñanza de lenguas segundas y extranjeras un objeto de estudio de singular provecho. Las actitudes lingüísticas han sido interpretadas desde dos posiciones básicamente: una socio-psicológica-mentalista y otra conductista. La primera considera la actitud como una categoría intermedia entre la creencia y el comportamiento individual. La perspectiva conductista trata cuantitativamente los materiales recogidos en situaciones reales, sin prestar atención a aspectos psico-sociológicos de naturaleza afectiva o cognoscitiva. Las técnicas para el análisis de la actitud pueden ser directas o indirectas. Los procedimientos directos miden la actitud sobre los materiales recogidos por medio de cuestionarios o entrevistas. Los métodos indirectos procuran que los sujetos proporcionen la información necesaria sin llegar a conocer que la está aportando.

Una de las técnicas indirectas más utilizada para la medición de actitudes en contextos de enseñanza ha sido la denominada *matched guise* o de *falsos emparejamientos*. Consiste en presentar a una serie de individuos (jueces) grabaciones de un mismo texto leído en variedades lingüísticas diferentes e incluso en lenguas diferentes. A los jueces se les hace creer, aunque no suele ser cierto, que los textos han sido recogidos de hablantes diferentes y se les pide que clasifiquen a cada hablante según su estatus social y sus rasgos psico-sociológicos más característicos. La *matched guise* ha sido utilizada en comunidades bilingües para analizar la actitud de los estudiantes hacia su lengua materna y hacia sus variedades socio-dialectales, hacia la lengua que están aprendiendo, hacia su cultura y la de la comunidad en la que viven, cuando no coinciden. También se utilizan con los profesores y con los padres de los alumnos. El éxito de este modo de trabajo está en los beneficios que se obtienen para valorar el funcionamiento de un modelo educativo y sus probabilidades de éxito. Las conclusiones que proporcionan los análisis permiten retocar los planes de estudio de los centros educativos, los contenidos de las asignaturas, el tiempo dedicado a la enseñanza de cada lengua o las técnicas pedagógicas empleadas en el aula.

La *planificación lingüística* es una especialidad de la sociología del lenguaje destinada al estudio de los planes o proyectos que los gobernantes disponen y ejecutan en relación con las variedades lingüísticas de una comunidad. Así pues, la planificación requiere el concurso de la política lingüística para ser llevada a la práctica. En realidad se hace planificación cuando se estudia qué lenguas o variedades han de usarse y enseñarse en una comunidad y en qué condiciones sociales. Aunque, de una forma u otra, se ha hecho planificación lingüística a lo largo de la historia de la mayoría de los países, sólo recientemente se ha llevado la planificación al ámbito del estudio. La persona que inició este tipo de investigaciones fue Einar Haugen, a propósito de la situación lingüística de Noruega.

La planificación tiene dos dimensiones básicas, marcadas por Ferguson (1968: 27-36). Una de ellas, *determinación lingüística*, está dedicada a la creación e implantación de variedades nuevas en comunidades que necesitan una lengua nacional; la otra, *desarrollo lingüístico*, se destina a la mejora y actualización de variedades lingüísticas en comunidades que ya cuentan con una lengua nacional. Cualesquiera planificación y política lingüísticas son sumamente importantes, porque pueden afectar a la vida cotidiana de todos los miembros de una comunidad. Y su incidencia es particularmente significativa en el ámbito de la enseñanza de lenguas, de la escuela (Siguán y Mackey, 1986). Los planificadores pueden decidir qué lengua o lenguas hay que enseñar en las escuelas y cuántas horas, en qué lengua, por medio de qué asignaturas; en otras palabras, tienen capacidad para decidir qué tipo de educación lingüística quieren para su comunidad (Milroy y Milroy, 1985).

Los programas bilingües encierran una especial complejidad y por eso se han ofrecido diversas tipificaciones atendiendo a sus objetivos, métodos y medios, etc. En un trabajo de perspectiva sociolingüística, nos conviene aludir a una clasificación de los programas bilingües de fundamento sociolingüístico, como la que propuso J. L. García (1982: 28), para quien los programas de educación lingüística no son más que instrumentos de la política lingüística de las naciones. García distingue cuatro tipos de programas:

a) Programas de protección de la lengua vernácula. Suelen ponerse en práctica para revitalizar lenguas indígenas o minoritarias e incluso para conferirles el estatus de lenguas nacionales (determinación lingüística).
b) Programas de internacionalización. Buscan la formación de sujetos bilingües que puedan desenvolverse en cualquier parte del mundo (enseñanza de lenguas internacionales como lenguas extranjeras).
c) Programas de asimilación. Pretenden la incorporación a la sociedad de grupos minoritarios (inmigrantes, grupos etnolingüísticos marginados).
d) Programas de pluralización. Persiguen la convivencia armoniosa de diferentes grupos culturales y lingüísticos dentro de una nación.

En la línea de lo aconsejado por la UNESCO hace pocas fechas, M. Saravia-Shore escribió ya en 1979 que la planificación de un programa bilingüe requiere prestar atención al contexto cultural en que se tiene que desarrollar, a la estructura social de la comunidad y, por último, a las teorías del aprendizaje en las que ha de basarse.

Todo lo que se ha comentado en este epígrafe, a propósito de la aplicación a la enseñanza de la sociología del lenguaje, puede ampliarse en el trabajo de A. G. H. Walker titulado *Applied Sociology of Language: Vernacular Languages and Education* (en Trudgill, 1984: 159-202). Por nuestra parte, queremos insistir en el hecho de que la sociología del lenguaje no se ha conformado con aportar principios básicos al campo de la lingüística aplicada, sino que muchos de sus especialistas han cumplido una función decisiva en el modo de organizar los programas de enseñanza de lenguas (primeras, segundas y extranjeras) en numerosas comunidades, aunque en esta práctica hay que lamentar dos hechos más frecuentes de lo aconsejable: en primer lugar, a menudo los gobernantes prefieren prescindir del asesoramiento de los expertos en lengua, anteponiendo criterios estrictamente políticos a los científicos; en segundo lugar, los expertos en sociología del lenguaje que asesoran a los gobernantes no pocas veces se dejan guiar por unos principios ideológicos o políticos que entran en contradicción con la objetividad que se desprende de las investigaciones lingüísticas.

5. Variacionismo

La teoría de la variación, o variacionismo, es la corriente más netamente lingüística de la sociolingüística actual. Se interesa por el estudio de la variación y el cambio lingüísticos tal y como se producen en su contexto social. Para ello ha tenido que desarrollar una metodología compleja y rigurosa que ha conseguido, si no crear un modelo lingüístico nuevo -nunca ha sido esta su intención principal-, sí aportar una dimensión que está dando frutos muy valiosos a la teoría lingüística (Moreno Fernández, 1998). Generalmente ha centrado su atención en el habla de los núcleos urbanos. Esta clase de investigación trabaja normalmente con muestras amplias de hablantes, seleccionados con procedimientos sociológicos. Los materiales lingüísticos, la mayor parte de las veces, se recogen mediante entrevistas y cuestionarios y luego son sometidos a un análisis estadístico muy preciso que da cuenta de la validez y aceptabilidad de los resultados para el conjunto de la población.

Los análisis sociolingüísticos intentan cuantificar en qué medida influyen factores lingüísticos (contexto, función) y extralingüísticos (edad, nivel de instrucción) sobre los fenómenos variables, determinando cuál es la *probabilidad* de que esos fenómenos tengan una manifestación concreta en unas condiciones lingüísticas y sociales concretas. Por otra parte, conociendo la distribución de un fenómeno entre los diversos grupos de edad analizados y entre los distintos niveles sociales, por ejemplo, es posible averiguar qué camino está tomando, en un momento dado, un cambio lingüístico en marcha. De esta forma, se supera una visión de la lingüística histórica según la cual los cambios son observados en etapas sincrónicas sucesivas (véase el capítulo "El contexto social y el aprendizaje de un L2/LE").

La primera consecuencia de las aportaciones hechas por la teoría de la variación está en el conocimiento, más preciso, que hoy puede alcanzarse de una lengua en cualquiera de sus niveles, particularmente de los niveles fonético-fonológico y morfo-sintáctico. Lógicamente, cuanto mejor se conozca el funcionamiento de una lengua y el uso de esa lengua en su contexto social, en mejores condiciones estaremos para afrontar su enseñanza. Los resultados de las investigaciones sociolingüísticas permitirán enseñar qué usos lingüísticos son más prestigiosos y cuáles están estigmatizados, cuáles se producen con más frecuencia entre determinados grupos sociales, qué rasgos responden a cambios consolidados; en pocas palabras, permitirán acercar los patrones de uso real en sociedad o los modelos lingüísticos que se manejan en la enseñanza. A ello podría añadirse que la sociolingüística y la dialectología son las disciplinas que están en mejores condiciones de descubrir y analizar la norma a las normas que funcionan en el dominio territorial de una lengua.

Esta misma información, como señala Ralph Fasold (1990: 286-294), puede ser de una enorme utilidad en el campo de los tests para medir las habilidades lingüísticas de las personas que están adquiriendo una lengua o que la están olvidando (*language attrition* y *language loss*). Si los especialistas saben cuáles son los fenómenos más probables de una lengua, en otras palabras, cómo es la conducta lingüística *normal* o *correcta* en una comunidad lingüística o en un grupo social, la elaboración y aplicación de los tests han de ganar forzosamente en realismo y, por tanto, en adecuación, porque en muchos casos se preparan cuestionarios que asumen pre-juicios infundados en cuanto al modelo socio-dialectal que buscan o reflejan. Esto tiene un valor singular cuando se trata de medir y aquilatar los conocimientos y los usos lingüísticos de las generaciones más jóvenes y de los grupos socio-culturales minoritarios. A esta dificultad, Fasold -siguiendo a Wolfram- añade otras dos: la lengua de los *tests* no suele ser la lengua de los niños o de los estudiantes; además, las situaciones comunicativas que aparecen en los tests no son interpretadas de la misma manera por la persona que ha preparado la prueba y por la que tiene que superarla, sobre todo si pertenecen a grupos sociales bien diferenciados.

De la misma sociolingüística han nacido algunos intentos de utilizar el concepto de variación para facilitar la enseñanza de las segundas lenguas y de las lenguas extranjeras. Gatbonton y Segalowitz (1978) piensan que el estudiante de una segunda lengua adquiere los rasgos lingüísticos de la misma manera en que se produce el cambio de ese mismo rasgo a lo largo del tiempo dentro de la lengua. Un fenómeno lingüístico, al ser adquirido, se incorpora, primero, a los contextos en los que encuentra unas condiciones más favorables y, posteriormente, a través de contextos intermedios, se va generalizando hasta que se adquiere en los contextos menos favorecedores.

Fasold cree ver en esta manera de trabajar la posibilidad de un mayor refinamiento en la enseñanza de la fonética de las lenguas segundas o extranjeras. Si, como es habitual, los sonidos difíciles de la segunda lengua son más fáciles de pronunciar en unos contextos fonéticos que en otros, es conveniente estructurar los programas de tal forma que los sonidos nuevos que presentan una dificultad mayor sean introducidos y practicados, en primer lugar, dentro de los contextos que facilitan la articulación de ese sonido. Una vez que los estudiantes dominan la realización del sonido en esos contextos, se pasa a los contextos que lo favorecen en menor medida (Fasold, 1984: 251). Esta perspectiva de la enseñanza de lenguas viene en apoyo del carácter continuo del aprendizaje: las pronunciaciones aceptables van aumentado su frecuencia y su calidad de forma continua a lo largo de los diferentes contextos y, con el tiempo, de los distintos estilos. En una dirección similar, Adamson ha demostrado que los principios utilizados para el nivel fonético también pueden ser aplicados a la sintaxis.

La teoría de la variación está sirviendo para que la enseñanza de lenguas y el estudio de la adquisición no encuentren en la variabilidad un obstáculo, sino una base firme sobre la que construir sus estrategias. De hecho, se están obteniendo conclusiones -o, al menos, planteando hipótesis valiosas- respecto a cuestiones tan interesantes como la incidencia de los dominios del habla, los estilos o la etnia del aprendiz sobre el proceso de aprendizaje, el mayor o menor peso de los factores lingüísticos y sociales sobre ese mismo proceso o el carácter consciente o no consciente del ciertos aspectos del aprendizaje. Por otro lado, los especialistas que trabajan la adquisición desde su perspectiva más social, se han preocupado durante los últimos años por la relación entre la variación lingüística y la comunicación cara a cara. Se están analizando, por ejemplo, los usos de los bilingües en diferentes contextos comunicativos, los problemas que surgen entre hablantes de distintas culturas o la influencia de la segunda lengua en la identidad social del aprendiz. Para todos estos aspectos y otros relativos a la variación de la interlengua, véase el capítulo "El contexto social y el aprendizaje de una L2/LE".

6. Lenguas en contacto

Cualquier situación de enseñanza de segundas lenguas o de lenguas extranjeras es, en realidad, una situación de lenguas en contacto. Esto contribuye a que los análisis sociolingüísticos sean potencialmente útiles en el campo de la adquisición y la enseñanza de lenguas. En este sentido, muchas de las anotaciones hechas en epígrafes anteriores bien podrían figurar en éste (como las que aparecen en bilingüismo y diglosia, por ejemplo).

Los estudios de lenguas en contacto tienen una larga tradición en lingüística y sociolingüística, pero en la segunda mitad del siglo XX han recibido un impulso de gran fuerza, sobre todo a partir de la publicación de la obra de Uriel Weinreich *Languages in Contact*. Weinreich desarrolló una serie de conceptos que han sido de gran utilidad para las investigaciones posteriores, tanto en fonología, como en gramática y léxico: *interferencia*, *préstamo*, *calco*. Más cerca de nuestros días, los trabajos de lenguas en contacto han revisado algunas de las premisas de Weinreich. Hoy no se habla de la interferencia como producto de una desviación, sino como algo que forma parte de la *normalidad* de la lengua. Los conceptos de *transferencia* y de *convergencia* han aportado matices tan interesantes como fructíferos: la transferencia se produce cuando determinados elementos de una lengua aparecen en la otra lengua que está en contacto, sin dar necesariamente un resultado agramatical; cuando el resultado de la transferencia no es gramatical en la lengua receptora, suele hablarse apropiadamente de interferencia. La convergencia, por su parte, es un fenómeno de asimilación entre lenguas, gracias a la existencia de determinados elementos comunes (Moreno Fernández, 1998).

Una de las investigadoras que más se ha detenido en los fenómenos que surgen en situaciones de lenguas en contacto ha sido Shana Poplack: ha propuesto una tipología del préstamo muy cuidadosa y ha puesto especial empeño en el análisis de los cambios de lengua dentro del discurso de un mismo hablante. La nota característica de la investigación de Poplack es su perspectiva variacionista: hay que dar cumplida cuenta de los fenómenos lingüísticos que se producen por contacto, pero a la vez hay que precisar en qué condiciones lingüísticas y extralingüísticas se dan, en qué contextos, estilos y situaciones aparecen y con qué frecuencia.

La alternancia de lenguas o cambio de código (*code switching*) ha sido objeto en los últimos años de una atención especial y su estudio puede ser muy provechoso para comprender mejor determinadas situaciones de enseñanza de lenguas. El cambio de código consiste en el uso alternativo de dos variedades por parte de un hablante durante su discurso. Un análisis adecuado debe determinar cuáles son las condiciones lingüísticas, las funciones comunicativas y los factores extralingüísticos (situación, interlocutores, tema, características sociológicas de los participantes) que lo favorecen. El uso habitual de la alternancia de lenguas con características diferentes y en diversas circunstancias toca de lleno el problema de la relación entre las gramáticas de dos lenguas en contacto[4]. Para Haugen (1972), se puede pensar tanto en la separación de la dos lenguas como en una coalescencia virtual: es posible que los hablantes en los que se da cambio de código posean una sola gramática con elementos de las dos lenguas (Fill y Mühlhäusler, 2001). Poplack (1980: 589-615) ha demostrado que el nivel de competencia de dominio de dos lenguas es el factor que tiene un mayor poder de determinación en la alternancia.

---

[4] Dentro de la lingüística aplicada, esto tendría que ver con los conceptos de *interlengua* (Selinker) o de *dialecto idiosincrásico* (Corder).

Es evidente que la colaboración entre los expertos en lenguas en contacto y en lingüística aplicada puede dar unos frutos beneficiosos para ambas especialidades. Entre los estudios sobre la adquisición de segundas lenguas, ocupan un lugar importante las llamadas *teorías contextualistas*, centradas en la idea de que en el desarrollo del aprendizaje tiene más importancia la experiencia que las cualidades innatas o naturales (Larsen-Freeman y Long, 1991). Aunque estas teorías no han nacido de la sociolingüística -en cierto modo son una proyección sociológica de los fundamentos de Skinner-, dentro de ellas existen propuestas que ponen su atención en las variables externas que concurren alrededor del estudiante, en detrimento del estudio de los procesos cognoscitivos. Insistimos en que estas últimas no han sido formuladas, en su mayor parte, por sociolingüistas o desde la sociolingüística estricta, sin embargo acusan notablemente la influencia del método etnográfico y están vinculadas de forma muy estrecha a las investigaciones sobre lenguas pidgin y criollas. En esta línea destaca la *Hipótesis de la pidginización* de J. Schumann, que presentamos en el capítulo *El contexto social y el aprendizaje de un L2/LE.*

Las investigaciones de lenguas en contacto también han incluido entre sus intereses los procesos de *deterioro* y *olvido* de las lenguas, tratados desde planteamientos sociolingüísticos. Carmen Silva-Corvalán ha señalado que existen algunos procesos lingüísticos, como la adquisición de primeras y segundas lenguas, la pidginización y la criollización, el habla de los extranjeros o la pérdida de la lengua, que dan lugar a variedades en las que se observan hechos reducidos o desarrollados de forma incompleta que responden a una *simplificación*. Andersen (1982) y Preston (1982) han propuesto interpretar el deterioro y el olvido de las lenguas como un tipo especial de adquisición.

Silva-Corvalán ha hecho una aportación al conocimiento de estas cuestiones mediante un estudio de la simplificación y la pérdida de la morfología del tiempo, el modo y el aspecto en el español hablado por adultos bilingües español-inglés. Silva-Corvalán ha observado, en relación con el deterioro lingüístico en situaciones de lenguas en contacto, el funcionamiento de tres principios: *generalidad*, *distancia* y *transparencia semántica*. El principio de generalidad predice que dadas dos formas que comparten al menos un contexto estructural y con significados estrechamente relacionados, la forma con una distribución estructural y pragmática más amplia, o para la que no existen otras alternativas en la lengua, se adquieren o se pierden más tarde (por ejemplo, el condicional compuesto se pierde antes que el pluscuamperfecto de subjuntivo). Según el principio de la distancia, si un sistema lingüístico tiene varias formas en la misma esfera sintáctico-semántica, la forma más alejada del mundo objetivo o subjetivo del hablante se adquiere más tarde y se pierde antes (por ejemplo, pérdida de formas hipotéticas). Finalmente, el principio de la transparencia semántica indica la tendencia a mantener una correspondencia exacta entre las estructuras semánticas subyacentes y las de superficie, con el fin de hacer fácilmente interpretables los mensajes por parte de los oyentes.

En términos generales, el deterioro lingüístico lleva a la simplificación y la pérdida de formas, haciendo que aquéllas que se mantienen adquieran una mayor complejidad semántica. Se ha demostrado que las situaciones de lenguas en contacto aceleran estos procesos y que hay una diferencia apreciable entre el deterioro provocado por el contacto de lenguas y los procesos que se dan en el lenguaje infantil, la criollización o los cambios en el tiempo. En estos casos, la lengua se ve inmersa en un ciclo de simplificación, de pérdida y de incremento de complejidad; en el deterioro lingüístico los cambios son lineales y conducen a una reducción extensiva [morfología ➛ léxico ➛ sintaxis (perífrasis)]. El trabajo de Silva-Corvalán aporta unas conclusiones que sin duda son valiosas desde un punto de vista cognoscitivo y, por lo tanto, para la lingüística aplicada.

Finalmente, la muerte de lenguas (*language death*) también es un terreno transitado por la sociolingüística. La desaparición de una lengua en una comunidad es consecuencia de la presión de otra lengua que ha sido adoptada en lugar de la primera. En tal proceso, el sistema educativo tiene una responsabilidad evidente. Como apunta David Crystal (2000: 37): "Ningún programa de enseñanza puede tener éxito sin buenos materiales y los materiales buenos no sirven de nada si no hay profesores formados para usarlos. La formación de profesores es, pues, una necesidad crítica en las situaciones de mayor riesgo de desaparición de una lengua".

La muerte de lenguas se define como un proceso que supone una simplificación de las formas lingüísticas paralela a una restricción de las funciones de la lengua. Una de las manifestaciones que ofrece, desde el punto de vista del individuo bilingüe, es el llamado *semi-lingüismo*, término utilizado para el dominio insuficiente de una de las lenguas. Aquí es obligado traer a colación el estudio de Dorian sobre la supervivencia del gaélico en pequeñas comunidades rurales. Dorian observa una rápida aceleración de ciertos cambios sintácticos incluso en los hablantes de mayor edad; sin embargo, entre los miembros más jóvenes anota la presencia de una competencia asimétrica, por la cual pueden comprender casi perfectamente de forma pasiva, aunque su capacidad de hablar sea muy limitada.

Conclusión

En este trabajo hemos prestado atención a los aportes más valiosos que la sociolingüística (etnografía de la comunicación, sociología del lenguaje, variacionismo, lenguas en contacto) ha hecho a la lingüística aplicada a la enseñanza de lenguas. Ahora bien, con esta revisión no están agotados los campos de corte sociolingüístico que han tenido algún interés o que han hecho alguna aportación. Los trabajos de los analistas del discurso y de los psicólogos sociales también tienen su vertiente aplicada, por no aludir a su preocupación por ese mismo asunto. Tenemos la fortuna de contar con artículos monográficos sobre estas especialidades que persiguen unos fines similares a los nuestros y que hacen innecesario reproducir aquí su contenido (Stubbs, 1984; Edwars y Giles, 1984).

En el desarrollo de la lingüística aplicada a la enseñanza, la sociolingüística (aplicada) ha ocupado y debe ocupar un lugar relevante. S. Pit Corder señala que las decisiones y planes que afectan a la enseñanza de lenguas están distribuidos en varios niveles (1973: 13-15). El primero es un nivel político, del que se ocupan los gobiernos y sus asesores, y tiene que ver con los planes sobre la conveniencia de enseñar determinadas lenguas, qué lenguas enseñar y a quién enseñárselas. El segundo nivel es lingüístico y sociolingüístico; de él se ocupan la lingüística y la sociolingüística aplicadas y tiene que ver con las decisiones sobre qué enseñar, cuánto y cuándo hacerlo. El tercero es el nivel de la psicolingüística y la pedagogía; afecta a la actividad del profesor en el aula y a cómo enseñar las lenguas. La sociolingüística, en el sentido más amplio, se preocupa por asuntos relacionados con los niveles más teóricos: la sociología del lenguaje del primero; la etnografía de la comunicación, el variacionismo, las investigaciones de lenguas en contacto y otras corrientes sociolingüísticas, del segundo.

La enseñanza de las lenguas no puede hacerse de espaldas a los usos lingüísticos que se producen en comunidades y entornos socio-culturales concretos. En la búsqueda de ese realismo, el punto de partida ha de estar necesariamente en una buena descripción, tanto lingüística como sociolingüística. Por esa razón no estaría de más que los especialistas en lingüística aplicada recurrieran a los expertos en lengua y sociedad para conseguir un asesoramiento adecuado. Sus opiniones pueden ser muy valiosas con fines teóricos y prácticos. En el nivel teórico, la interpretación de los fenómenos pidgin y criollo, la teoría de la variación, la consideración del lenguaje como proceso comunicativo en su entorno social ya han tenido su incidencia. En el nivel práctico, la voz de la sociolingüística sería de utilidad para innumerables tareas: descripción previa de los rasgos sociolingüísticos y socioculturales de las comunidades, auxilio en la preparación de tests, manuales, asesoramiento sobre normas y usos socio-dialectales. El acercamiento entre sociolingüistas y especialistas en enseñanza de lenguas no sólo es algo conveniente, sino imprescindible.

Bibliografía

ADAMSON, H. D. (1988), *Variation Theory and Second Language Acquisition*, Washington, D.C., Georgetown University Press.

AGER, D. E. (1976), "Language-learning and Sociolinguistics", *International Review of Applied Linguistics,* 14, 3: 285-297.

ANDERSEN, R. W. (1982), "Determining the Linguistic Attributes of Language Attrition", en R. D. LAMBERT y B. F. FREED (eds.), *The Loss of Language Skills*, Rowley, Mass., Newbury House: 83-118.

ANDERSEN, R.W. (ed.) (1983), *Pidginization and creolization as language acquisition*, Rowley, Mass., Newbury House.

BAILEY, Ch. (1973), *Variation and Linguistic Theory*, Arlington, Center for Applied Linguistics.

BERNSTEIN, B. (1971a), *Class, Codes and Control, I*, London, Routledge and Kegan Paul.

BERNSTEIN, B. (1971b), "A sociolinguistic approach to socialization; with some reference to educability", en J. J. GUMPERZ y D. HYMES (eds.), *Directions in Sociolinguistics*, Nueva York, Holt, Rinehart & Winston: 465-497.

BERNSTEIN, B. (1988), "Social Class, Codes and Communication", en U. AMMON, N. DITTMAR y K. J. MATTHEIER (eds.), *Sociolinguistics*, Berlín, Walter de Gruyter: 563-579.

BICKERTON, D. (1975), *The Dynamics of a creole system*, Cambridge, Cambridge University Press.

BICKERTON, D. (1981), *Roots of language*. Ann Arbor, Karoma.

BLOOMFIELD, L. (1933), *Language*, Nueva York, H. Holt & Co.

CANALE, M. (1983), "From communicative competence to communicative language pedagogy", en J. C. RICHARDS y R.W. SCHMIDT (eds.), *Language and Communication*, Londres, Longman: 2-27.

CORDER, S. P. (1973), *Introducing Applied Linguistics*, Harmondsworth, Penguin.

COULMAS, F. (ed.). (1981), *Conversational Routine. Explorations in Standardized, Communicative Situations, and Prepatterned Speech*, La Haya, Mouton.

CRYSTAL, D. (2000), *Language death*, Cambridge, CUP.

DICKERSON, L. J. (1975), "The learner's interlanguage as a system of variable rules", *TESOL Quarterly*, 9: 401-407.

DITTMAR, N. (1976), *Sociolinguistics: a Critical Survey of Theory and Application*, Londres, Edward Arnold.

DORIAN, N. C. (1977), "The problem of the semi-speaker in language death", *International Journal of the Sociology of Language*, 12: 23-32.

DORIAN, N. C. (1981), *Language death: the life cycle of a Scottish Gaelic dialect*, Filadelfia, University of Pennsylvania Press.

EDWARDS, J. y H. GILES (1984), "Applications of the Social Psychology of Language: Sociolinguistics and Education", en P. TRUDGILL (ed.), *Applied Sociolinguistics*, Londres, Academic Press: 119-158.

ELLIS, R. (1985), "Sources of variability in interlanguage", *Applied Linguistics*, 6: 118-131.

FASOLD, R. (1984), "Variation theory and language learning", en P. TRUDGILL, *Applied Sociolinguistics*, Londres, Academic Press: 245-261.

FASOLD, R. (1990), *The Sociolinguistics of Language*, Oxford, Blackwell.

FERGUSON, Ch. (1959), "Diglossia", *Word* 15: 247-265.

FERGUSON, Ch. (1968), "Language development", en J. FISHMAN, Ch. FERGUSON y J. DAS GUPTA (eds.), *Language Problems of Developing Nations*, Nueva York, John Wiley and Sons: 27-36.

FILL, A. y P. MUHLHÄUSLER (2001), *The Ecolinguistics reader*, Londres, Continuum.

FISHMAN, J. (1964), "Language maintenance and language shift as fields of inquiry", *Linguistics*, 9: 32-70.

FISHMAN, J. (1966), *Language Loyalty in the United States*, La Haya, Mouton.

FISHMAN, J. (1967), "Bilingualism with and without diglossia; diglossia with and without bilingualism", *Journal of Social Issues,* 32: 29-38.
FISHMAN, J. (1972), *The Sociology of Language*, Rowley, Mass., Newbury House.
GARCÍA, J. L. (1982), *Teaching in Pluralistic Society*, Nueva York, Harper and Row.
GATBONTON, E. y N. SEGALOWITZ (1978), "Patterned phonetic variability in second language speech: a gradual difusion model", *Canadian Modern Language Review/La Revue Cabadienne des Langues Vivantes*, 34: 335-347.
GELABERT, M. J., E, MARTINELL, M. HERRERA y F. MARTINELL (1996), *Repertorio de funciones comunicativas del español*, Madrid, SGEL.
GIMENO, F. (1987), "A propósito de comunidad de habla: 'The social dimension of dialectology' de J. P. Rona", en H. LÓPEZ MORALES y M. VAQUERO (eds.), *Actas del I Congreso Internacional sobre el español de América*, San Juan, Academia Puertorriqueña de la Lengua Española: 689-698.
GREEN, J. y C. WALLAT (eds.) (1981), *Ethnography and Language in Educational Settings*, Norwood, N.J., Ablex Publishing Corporation.
GROSJEAN, F. (1982), *Life with Two Languages. An Introduction to Bilingualism*, Cambridge, Mass., Harvard University Press.
GUMPERZ, J. J. (1977), "Sociocultural Knowledge in conversational inference", en M. SAVILLE-TROIKE (ed.), *Linguistics and Anthropology*, Washington, D.C., Georgetown University Press: 191-212.
GUMPERZ, J. J. y D. HYMES (eds.) (1972), *Directions in Sociolinguistics: The Ethnography of Communication*, Nueva York, Holt, Rinehart & Winston.
HALLE, M. (1962), "Phonology in generative grammar", *Word* 18: 67-72.
HALLIDAY, M. A. K. (1975), *Learning How to Mean: Explorations in the Development of Language*, Londres, Edward Arnold.
HAUGEN, E. (1972), *The Ecology of Language*, Stanford, Stanford University Press.
HAUGEN, E. (1959), "Planning for a standard language in modern Norway", *Anthropological Linguistics* 1,3: 8-21.
HERNÁNDEZ PINA, F. (1984), *Teorías psicosociolingüísticas y su aplicación a la adquisición del español como lengua materna*, Madrid, Siglo XXI.
HYMES, D. (1962), "The ethnography of speaking", en T. GLADWIN y W. C. STURTEVANT (eds.). *Anthropology and Education*, Washington, D.C., Anthropological Society of Washington: 13-53.
HYMES, D. (1971), *On Communicative Competence*, Filadelfia, University of Pennsylvania Press, 1971. También en J. B. PRIDE y J. HOLMES (eds.), *Sociolinguistics*, Harmondsworth, Penguin, 1972, pp. 269-293. La primera versión de este trabajo se presentó en la "Research Planning Conference on Language Development Among Disadvantaged Children", celebrada en la Universidad de Yeshiva en 1966.
HYMES, D. (1974), *Foundations in Sociolinguistics: An Ethnographic Approach*, Filadelfia, University of Pennsylvania Press.
KRASHEN, S. D. (1981), *Second Language Acquisition and Second Language Learning*, Oxford, Pergamon.
LABOV, W. (1965), "Stages in the acquisition of standard English", en R. SHUY (ed.), *Social dialects and language learning*, Champaign, Ill., National Council of Teachers of English: 77-103.
LARSEN-FREEMAN, D. y M. H. LONG (1991), *Theories in second language acquisition*, Londres y Nueva York, Longman.
LLOBERA, M. (1995), *Competencia Comunicativa. Documentos básicos en la enseñanza de lenguas extranjeras*, Madrid, Edelsa.
LÓPEZ MORALES, H. (1985), *Enseñanza de la lengua materna. Lingüística para maestros de español*, Madrid, Playor.
MILROY, J. y L. MILROY (1985), *Authority in Language. Investigating Language Prescription and Standardization*, Londres, Routledge & Kegan Paul.

MORENO FERNÁNDEZ, F. (1992), "Theoretical and methodological approach to stylistic variation", en F. MORENO FERNÁNDEZ (ed.), *Sociolinguistics and Stylistic Variation*. Minneapolis-Valencia, University of Minnesota-Universitat de València (*Lynx* 3): 55-90.

MORENO FERNÁNDEZ, F. (1998), *Principios de sociolingüística y sociología del lenguaje*, Barcelona, Ariel.

NAUTA, J. P. (1986), "Saber hablar. Reflexiones en torno a la enseñanza comunicativa del español", en F. FERNÁNDEZ (ed.), *Pasado, presente y futuro de la lingüística aplicada en España. Actas del III Congreso Nacional de Lingüística Aplicada*, Valencia, AESLA: 47-62.

PAULSTON, C. B. (1992), *Sociolinguistics Perspectives on Bilingual Education*, Clevedon, Multilingual Matters.

POPLACK, Sh. (1980), "Sometimes I'll start a sentence in Spanish y TERMINO EN ESPAÑOL: toward a typology of code-switching", *Linguistics*, 18: 581-618.

POPLACK, Sh. (1993), "Variation theory and language contact: concepts, methods and data", en D. PRESTON (ed.), *American dialect research: An anthology celebrating the 100th anniversary of the American Dialect Society*, Filadelfia, University of Pennsylvania Press.

POPLACK, Sh. y SANKOFF, D. (1987-1988), "Code-Switching", en U. AMMON, N. DITTMAR y K. J. MATTHEIER (eds.), *Ob.cit.*: 1.174-1.180.

PRESTON, D. (1982), "How to Lose a Language", *Interlanguage Studies Bulletin*, 6: 64-87.

PRESTON, D. (1989), *Sociolinguistics and Second Language Acquisition*, Oxford, Blackwell.

ROMAINE, S. (1980), "What is a speech community?", *Belfast Working Papers in Language and Linguistics*, 4, 3: 41-59;

ROMAINE, S. (1984), *The Language of Children and Adolescentes. The Acquisition of Communicative Competence*, Oxford, Blackwell.

ROMAINE, S. (1984b), *Pidgin and Creole Languages*, Londres, Longman; S. G. Thomason & T. Kaufman.

SARAVIA-SHORE, M. (1979), "An Ethnographic Evaluation/Research Model for Bilingual Programs", en R.V. PADILLA (ed.), *Bilingual Education and Public Policy in the United States*, Ypsilanti, M., Eastern Michigan University: 328-348.

SAVILLE-TROIKE, M. (1982), *The Ethnography of Communication. An Introduction*, Oxford, Blackwell.

SCHUMANN, J. (1978), "The acculturation model for second language acquisition", en R. GRINGAS (ed.), *Second-language acquisition and foreign language teaching*, Arlington, Va., Center for Applied Linguistics: 27-50.

SCHUMANN, J. (1978), *The pidginization process: a model for Second Language Acquisition*, Rowley, Mass., Newbury House.

SELINKER, L. (1972), "Interlanguage", *International Review of Applied Linguistics*, 10: 201-231.

SELINKER, L. (1992), *Reconsidering interlanguage*, Londres, Longman.

SELINKER, L. y D. DOUGLAS (1985), "Wrestling with 'context' in interlanguage theory", *Applied Linguistics*, 6: 190-204.

SIGUÁN, M. y W. F. MACKEY (1986), *Educación y bilingüismo*, Madrid, Santillana/UNESCO.

SILVA-CORVALÁN, C. (1991), "Cross-generational bilingualism: theoretical implications of language attrition", en T. HUEBNER & Ch. FERGUSON (eds.), *Crosscurrents in Second Language Acquisition and Linguistic Theories*, Amsterdam, John Benjamins: 325-345.

SPOLSKY, B. (1989), "Communicative competence, language proficiency, and beyond", *Applied Linguistics*, 10-2: 138-156.

STUBBS, M. (1984), "Applied Discourse Analysis and Educational Linguistics", en P. TRUDGILL (ed.), *Applied Sociolinguistics*, Londres, Academic Press: 203-244.

TARONE, E. (1983), "On the variability of interlanguage systems", *Applied Linguistics*, 4: 142-163.

TRIM, J. L. M. (1992), "Language Teaching in the Perspective of the Predictable Requirements of the Twenty-first Century", en J. F. MATTER, *Language Teaching in the Twenty-*

first Century. Problems and Prospects, AILA Review: 7-20.
TRUDGILL, P. (ed.) (1984), *Applied Sociolinguistics*, Londres, Academic Press.
TURELL, M.T. (1989), "El análisis multivariante aplicado al estudio de las estrategias de aprendizaje", en T. LABRADOR, R. M. SÁINZ DE LA MAZA y R. VIEJO (eds.), *Adquisición de lenguas: teorías y aplicaciones. Actas del VI Congreso Nacional de Lingüística Aplicada*, Santander, AESLA: 531-538.
VEZ JEREMÍAS, J. M. (1984), *Claves para la lingüística aplicada*, Málaga, Ágora.
WEINREICH, U. (1953), *Languages in Contact*, Nueva York, Publications of the Linguistic Circle of New York.
WEINREICH, U., W. LABOV, y M. HERZOG, (1968), "Empirical foundations for a theory of language change", en W. P. LEHMANN y Y. MALKIEL (eds.), *Directions for Historical Linguistics*, Austin, Texas University Press: 95-195.
WIDDOWSON, H. G. (1978), *Teaching Language as Communication*, Oxford, Oxford University Press.

Aportaciones de la semiótica

M.ª del Carmen González Landa
Universidad Complutense de Madrid

Introducción

En este capítulo voy a poner en relación ciertos aspectos y categorías del *Marco común europeo de referencia para las lenguas: aprendizaje, enseñanza, evaluación (2002)*, con algunas aportaciones epistemológicas y/o metodológicas de la semiótica que son acordes con ellos y pueden contribuir a su desarrollo.

Dicho *Marco europeo,* entre otras orientaciones, opta por una concepción del alumno o usuario de lenguas como ser humano con *competencias (conocimientos, destrezas y características que permiten a una persona realizar acciones) generales (saber, saber hacer, saber ser y saber aprender) y comunicativas (lingüísticas, sociolingüísticas y pragmáticas) que permiten a la persona actuar utilizando específicamente medios lingüísticos.*

Cada ser humano en desarrollo realiza una acomodación permanente en su interacción con la naturaleza y con los demás y, en esa interacción, desempeña *tareas* (acciones intencionadas que un individuo considera necesarias para conseguir un resultado concreto en cuanto a resolución de un problema, cumplimiento de una obligación o consecución de un objetivo) de muy diversa índole, en *ámbitos* específicos (privado, público, profesional *o* educativo*)* y con condiciones contextuales (situacionales, espaciales y proxémicas, temporales, físicas, socioeconómicas, culturales, internas y externas al individuo, etc.) dentro de las que se producen los actos de comunicación.

En consecuencia, las lenguas y los *textos* que ellas permiten comprender y producir son vistos como herramientas que los seres humanos adquirimos y podemos aprender, es decir, conocer y utilizar para optimizar las relaciones con nosotros mismos, con los demás, con los entornos culturales y sociales y con la naturaleza.

Respecto de la semiótica, puede considerarse como conceptualización de los fenómenos de significación y comunicación, irremediablemente sujetos a la mediación sígnica y elaboración de modelos que permiten el acceso a los contenidos y formas de los textos (enunciados o discursos) así como a los procesos de su constitución (enunciación), que se pueden considerar respecto a los sujetos empíricos o institucionales que los producen y trasmiten o analizando las marcas que, acerca de dicho proceso, quedan consignadas en el enunciado en cuestión y desde las que se pueden inferir los perfiles e intenciones de aquellos.

La atención preferente a estos complejos procesos de representación, comprensión y comunicación y a los enunciados *multimodales* que los reflejan y los posibilitan ha permitido a algunos estudiosos establecer y proponer una *semiótica discursiva*.

Por otra parte, para quien se interesa por la enseñanza-aprendizaje de lenguas, es imprescindible dar prioridad y extraer consecuencias del concepto de *enunciación,* pues, tanto en una semiótica de la percepción como en el uso de códigos lingüísticos, cada sujeto es, de algún modo, irrepetible como productor y receptor de mensajes, desde sus particulares características, lengua/as, cultura/as, es decir, condiciones y circunstancias múltiples y variables, en expansión permanente mientras trascurre su vida.

1. Un poco de historia: mención de algunos teóricos destacados y breve síntesis de algunas de sus aportaciones

Aunque en la actualidad la semiótica se encuentra en proceso de expansión (ya Sausssure, en nota manuscrita, expresó:"*La semiología tendrá mucho que hacer sólo para ver dónde acaba su dominio"*) y resulta, por tanto, difícil marcar sus contornos, para explicitar una primera aproximación a la misma es común aludir a la mención que Saussure, en el ámbito del estructuralismo europeo, hizo de la semiología como *una ciencia que estudie la vida de los signos en el seno de la vida social*... así como considerar al filósofo norteamericano Charles Sanders Peirce como creador de la misma en tanto que *ciencia general de los signos*.

En efecto, de la semiótica como la teoría general de los signos, que se interesa por la producción, comprensión y uso de los mismos así como por los diferentes sistemas o códigos de significación y comunicación constituidos por ellos (lenguas naturales, lenguajes gestuales y mímicos, proxémicos, iconográficos, musicales, formales, etc.), actualmente se reconocen dos grandes corrientes:

Por una parte, la *saussuro-hjelmsleviana*, de origen europeo y con aportaciones considerables por parte de A. J. Greimas y l'Ecole de Paris, entre otros, y la corriente *lógico-pragmática* que se origina en los trabajos de Ch. S. Peirce en el ámbito norteamericano.

Peirce, junto con Morris y Carnap, estableció una metodología que distingue tres dimensiones, perspectivas o campos de estudio (sintáctica, semántica, pragmática), en la consideración de los signos y que, entre otras aplicaciones, ha permitido orientar o poner el acento de maneras diversas en las prácticas educativas de enseñanza-aprendizaje de lenguas:

- Aquellas que priorizan el estudio de las relaciones de los signos entre sí, como constitutivas de la configuración formal de los enunciados o textos (sintaxis).
- Aquellas que se interesan predominantemente por las relaciones entre los signos y los objetos del mundo (referentes) designados o referidos por ellos (semántica).
- Aquellas que destacan las relaciones entre los signos y los usos que las personas y grupos que los producen y/o reconocen e interpretan hacen de ellos (pragmática).

En un sentido amplio, la pragmática es la consideración de la comunicación lingüística en contexto; dicha consideración subraya que, en la interpretación eficaz de mensajes, el conocimiento de las palabras y la gramática de una lengua no es suficiente, sino que intervienen otros factores, como la familiaridad con el contexto y los supuestos culturales, las actitudes, intenciones, posición social, grado y tipo de relación entre los participantes de la situación comunicativa, nivel de conocimientos, marcas de entonación y, gestuales, proxémicas, etc. En síntesis, la pragmática se ocupa del lenguaje en relación con sus usuarios, destaca la inserción de los procesos (enunciación) y productos (enunciado) de la comunicación en la cultura que reflejan y configuran y en la que se inscriben, y resalta las consecuencias sociales que provocan sus diversos usos, es decir, de las relaciones entre el uso del lenguaje y los contextos socioculturales.

En la didáctica de lenguas, al trabajar la construcción de sentido y la producción de textos lo deseable es hacerlo desde un paradigma integrador que reconozca el funcionamiento interactivo entre los componentes lingüísticos (formas de la expresión), sociolingüísticos (formas del contenido social, cultural, científico e ideológico) y pragmáticos (funciones).

Dicho paradigma puede tenerse en cuenta para clarificar la diversidad de objetivos, generales y específicos, que se deben determinar como orientadores de las prácticas de enseñanza-aprendizaje y del diseño de planes de aprendizaje y enseñanza en distintos niveles de concreción (centro, etapa, ciclo, curso, sesión, etc.); y también para especificar líneas de investigación, criterios de selección de textos apropiados según necesidades de los usuarios, etcétera.

En la actualidad, el interés por la semiosis se considera central en muchas disciplinas y tanto la semántica, en sus conexiones con las ciencias cognitivas, como la pragmática, que toma elementos de teorías y métodos de campos afines (la etnografía *de la* comunicación, por ejemplo) que investigan el lenguaje como fenómeno social, presentan una gran expansión.

La teoría semiótica, cognitiva y metafísica de Peirce se interroga también por el fundamento o causa que nos impulsa a generar semiosis, es decir, a construir sentido para comprender y compartir nuestra experiencia y referirnos a lo que es (*objeto dinámico*).

A partir de los planteamientos de Peirce, Eco reflexiona sobre la señal que origina, instituyéndolo, el proceso semiótico (Eco, 1999: 22 y 23), lo designa como *indicatividad* o *atencionalidad primaria* y la define como la capacidad y decisión aún ciega de prestar atención o dirigir la mente hacia algo o atraer la atención de alguien para que se dé cuenta de lo que yo he seleccionado antes de percibirlo en tanto que objeto; por ejemplo, tenemos indicatividad primaria cuando, del conjunto de sensaciones interoceptivas, luminosas, táctiles, térmicas, olfativas... que nos circundan, seleccionamos algo que atrae nuestra atención y decidimos que queremos expresarlo y, sólo después, lo manifestamos con la forma sígnica correspondiente, e, igualmente, cuando hacemos alguna señal (cogerle la mano, tirarle del abrigo...) a alguien para mostrarle algo que deberá convertirse en signo.

Este *fijar la atención* propia y/o ajena en algo, en un acontecimiento espacio-temporal, es condición previa de toda semiosis, precede a la decisión (ya semiósica o efecto del pensamiento) de considerar algo como curioso, pertinente o intrigante y que debe explicarse con una hipótesis.

El algo que despierta la atención nos empuja a producir semiosis, es decir, según la teoría del conocimiento de Peirce, a convertir ese algo en *objeto dinámico*, materia de una intuición todavía no iluminada por lo categorial que nos impele a nombrarlo mediante un *representamen* o signo que remite a un *objeto inmediato* traducible en una serie potencialmente infinita de interpretantes o significados (palabras, gestos, pictogramas, dibujos, etc., expuestos públicamente), es decir, materia de proceso incesante de interpretación y negociación.

El *objeto dinámico* es "como una *cosa en sí*, siempre presente y jamás aprensible, como no sea, precisamente, por la vía de la semiosis. El *objeto dinámico* es lo que nos empuja a producir semiosis. Producimos signos porque hay algo que exige ser dicho" (Eco, 1999: 22). En todo ello subyace la peirceana concepción *triádica* de su teoría del signo.

Otra aportación de Peirce, muy pertinente en los actuales planteamientos sobre el funcionamiento de la lengua, es su consideración de los *contextos de acción* como factor determinante para establecer el sentido de los signos lingüísticos. Dicha consideración estimula la reflexión sobre las prácticas sociales y las pedagógicas de enseñanza-aprendizaje de lenguas, sin obviar la necesidad de ejercerlas en condiciones idóneas para los participantes en las mismas en su condición de interlocutores activos y responsables, e, igualmente, haciendo explícita la imposibilidad de usos sígnicos no marcados ética y/o ideológicamente y culturalmente, según el anclaje social y personal en que se enuncien.

Si ejercer *semiosis* es construir sentido a partir de percepciones y de significantes que asociamos a contenidos, dicho proceso puede hacerse explícito mediante interpretantes que implican reducciones y segmentaciones del *continuum* del contenido, consensuadas por grupos que se interesan por cuestiones afines de tipo científico, ideológico o social y que dichos grupos consideran pertinentes.

En esta perspectiva, considero de potencialidad, cuando se trata de explicitar el proceso de construcción de sentido en la lectura de discursos públicos y de enseñar a ponerlo en práctica conscientemente (metacognición), la valiosa aportación de T. V. Dijk (2000), quien ha categorizado los contenidos de dichos discursos del siguiente modo:

- Contexto macro-micro, social-individual, global-local, ámbito (privado, público, profesional, educativo).
- Perfil y concepto de los componentes y, en su caso, oponentes, del grupo en cuestión (emisores/enunciadores o protagonistas/antagonistas, enunciatarios/receptores).
- Objetivos que persiguen, actividades que realizan (manifiestas o inferibles).
- Valores y normas (¿Qué es bueno o malo para cada cual?).
- Posición respecto a otros grupos ideológicos.
- Recursos con los que cuentan.

Del mismo modo, contar con modelos que categorizan de forma expresa contenidos cognitivos y procedimentales de las diversas materias disciplinares, así como con tipologías textuales que sostienen los acuerdos sobre estructuras y géneros habituales para codificar contenidos y funciones consensuadas en los diferentes contextos de prácticas sociales, posibilita su utilización para ejercicios de correlación entre esas *formas* que los sustentan y dichos *contenidos* con los que los miembros de los grupos alfabetizados para ello han acordado asociarlos. Poner de manifiesto este funcionamiento puede convertirse en materia de aprendizaje -*Racionalidad y teoría del conocimiento* (Morin, 2000)- y facilitar, por ejemplo, la interdisciplinariedad y la orientación educativa del *enseñar a pensar* así como la *construcción de modelos* como herramienta de trabajo en la construcción de conocimientos.

Por su parte, según la tradición saussuriana y hjelmsleviana, la semiosis se constituye por la correlación entre dos planos, expresión y contenido, componentes de los sistemas y procesos semióticos, dotados, a su vez, de un doble modo de existencia: paradigmático y sintagmático.

La teoría semiótica de Hjelmslev pone de manifiesto que usamos signos como expresiones para aludir a un contenido que, a su vez, es recortado, perfilado y seleccionado de la masa informe (*continuum* del contenido u horizonte infinito de todo lo que es, ha sido y será) de todo lo experimentable, decible o pensable (Eco, 1999: 63). Ese contenido, para poder ser aprehendido y comunicado, es recortado y organizado, convertido en forma, de maneras diferentes según culturas y lenguas distintas. Estas diferencias, sin embargo, están orientadas por líneas de tendencia que, aunque imprevistas o misteriosas, pueden explicar el hecho de que expresiones en diferentes lenguas puedan referirse al mismo fenómeno. Esa dirección o sentido del *continuum* ejerce de límite de la semiosis ilimitada. Esta perspectiva hjelmsleviana supera la consideración de la semiótica estructural que concibe las diversas lenguas sólo como sistemas ya constituidos y su uso por parte de los hablantes como producción de muestras de los mismos analizables sincrónicamente.

Actualmente, en los ámbitos de la enseñanza-aprendizaje de lenguas, se favorece la consideración del eje sintagmático y de los procesos semióticos, al estimular las prácticas semióticas de reconocimiento, identificación y expresión de mensajes, codificados con diversos soportes significantes y adecuados a diversas intenciones comunicativas y distintos contextos de uso, es decir, la comprensión, interpretación y evaluación de discursos así como su producción.

Aunque reconociendo que la frontera entre lo dado y lo construido es borrosa, Greimas no considera, como Saussure y Hjelsmlev, que las lenguas naturales son sistemas de signos comparables a otros, sino que entiende por semióticas naturales dos grandes conjuntos significantes y reserva de signos -las lenguas naturales y los contextos extralingüísticos o semióticas del mundo natural- que preceden al ser humano como lugares de manifestación de numerosas semióticas, en y con los que se proyectan hechos culturales de diferente índole: ciencia, tecnología, música, literatura, arte, moda, etc., que, para ser aprehendidos, requieren, a su vez, lenguajes de descripción de los mismos (metalenguajes) con procedimientos, modelos y sistemas de representación específicos para cada uno de ellos.

Estas afirmaciones suponen que es preciso considerar semiótica, como recogen Greimas y Courtés (1982), tanto los *conjuntos significantes* a los que se les supone una articulación interna autónoma como la *teoría* que permite describir sus propiedades y las leyes que los gobiernan así como explicitar las condiciones de aprehensión y producción de sentido.

Por tanto, la teoría semiótica incluye cuestiones relativas a los enunciados (su producción, su caracterización) y a la enunciación o proceso de puesta en discurso de la lengua. Según esta concepción, todo conjunto significante tratado por la teoría semiótica se vuelve semiótica.

Greimas designa como semióticas sincréticas a las que constituyen su plano de expresión con elementos provenientes de varias semióticas heterogéneas y que, por ello, vehiculan una comunicación y una representación de lo real también sincrética.

A este respecto es interesante la postura mediadora de U. Eco, quien propone una consideración simultánea del *sistema* y los *usos*, en la que el *significado* de las unidades léxicas del nivel semántico se concreta en *sentido* en los enunciados.

En efecto, Eco se inspira en las dos corrientes principales de la semiótica y ofrece su propia perspectiva respecto a cuestiones relacionadas con la significación y la comunicación, con intención sistematizadora en su ya clásico *Tratado de Semiótica General (*1976*)* y de forma declaradamente errabunda en su reciente complemento al mismo, *Kant y el ornitorrinco (*1999*),* donde intenta ofrecer unos prolegómenos de semántica cognitiva vinculada con la pragmática y reconoce cierto carácter contextual y contractual del sentido de los signos para quienes los usan según contextos, intenciones y funciones diversas.

En *Kant y el ornitorrinco*, Eco ofrece a nuestra consideración la convicción de que, para dar razón de nuestro conocer y expresar lo que conocemos, se requiere simultanear y entrecruzar diferentes procesos que, de haberse, anteriormente, considerado aislados e, incluso, a veces incompatibles, se entienden ahora como complementarios y se ejercen en la percepción, identificación, reconocimiento, nominación y atribución de contenido y que conducen al establecimiento de códigos compartidos y a experiencias de *referencia feliz*.

Según su postura (Eco, 1999), una perspectiva actualizada acerca de la semiótica supone integrar los aspectos más aprovechables del paradigma semio-estructuralista y del paradigma peirciano respectivamente. Esto implica estudiar el funcionamiento de los signos en la vida cultural y social, y que, al hacerlo, nos interesemos por lo que la interpretación pone y construye respecto a cualquier dato o estímulo natural, es decir, provocado por objetos verdaderos o situaciones inmediatas, o sucedáneo, es decir, de naturaleza ilusoria.

En efecto, el ejercicio de la función semiótica posibilita y permite convertir lo dado (estímulos naturales o sucedáneos, datos) en reflexión e interpretación. ¿Cómo se explica, desde la semiótica, esta transformación? Y, ¿no es éste, también, el proceso de asimilación de conceptos, procedimientos y actitudes en que consiste todo aprendizaje logrado e, igualmente, toda selección y denominación de categorías y relaciones en que consiste el conocer?

En esta orientación semiótica de aproximación a los fenómenos, también siguen teniendo vigencia, además, los escritos analíticos de R. Barthes, que testimonian la sistematicidad y conexión del significado en una multiplicidad de modos culturales como comidas, modas, fotografía, entretenimientos, arte, música, etc.; dichos escritos siguen tomándose en consideración en recientes trabajos sobre semiótica discursiva y social (Kress, G y otros, 2000: 373-415).

Por su vigencia puede también mencionarse la semiótica dinámica, animada por el círculo de Toronto, del cual T. Sebeok es uno de los principales representantes, fundamentada, en alguna medida, por las proposiciones de René Thom y con semejanzas respecto a la semiología de la comunicación de Georges Mounin.

En resumen, podemos afirmar que, sin desconsiderar aportaciones más recientes, las tesis de Saussure, Hjelmslev y Peirce, considerados como los fundadores de la semiótica (semiología) contemporánea, proporcionan los fundamentos con los que se relaciona cualquier otra concepción relevante.

Por su atención a los fenómenos de significación y comunicación, la semiótica se revela como un horizonte clarificador de las *acciones humanas y sociales* intencionales y planificadas (sometidas a *manipulación*) y que necesitan la mediación sígnica, es decir, la utilización de sistemas de signos y enunciados (no sólo verbales, orales y escritos, sino también cifrados en otros códigos y, frecuentemente, *multimodales*, es decir, codificados con varios modos de representación y comunicación -letras, diagramas, ilustraciones, números, mapas, e incluso sonidos, luz, vestimentas, gestos, palabras, entonaciones, etc.-. Igualmente, la semiótica se ocupa de las *acciones que consisten*, en primera instancia, *en elaborar enunciados, verbales y no verbales y/o multimodales*, de carácter más o menos especializado y complejo, así como de los proyectos y procesos relativos al aprendizaje sistemático de lenguas y al conocimiento y, en su caso, construcción de otros códigos (en según qué necesidades de uso de lenguaje verbal, oral o escrito -en ámbitos y contextos formales-, aprendizaje y enseñanza de terminología y conceptos especializados (consensuados en comunidades de expertos) y que, generalmente, requieren, además, el conocimiento y uso de estructuras sintácticas y textuales complejas.

Cada código (verbal, visual, icónico, gestual, etc.), en su constitución, aprendizaje y uso, puede considerarse en sus características comunes a los demás y en sus especificidades, así como en su uso exclusivo o interrelacionado con otros.

Como consenso general y dado que la semiótica es la ciencia de la constitución de los signos y se interesa por el funcionamiento de éstos en la sociedad, es pertinente reproducir aquí los criterios que enuncia Eco para definir un signo como tal:

- El signo es algo que está en lugar de otra cosa.
- El signo es materialmente distinto de la cosa de la que es signo.
- En el signo, el plano de la expresión se distingue por sustancia y forma, y la misma forma podría ser traspuesta en otra sustancia.

- Para que haya signo es preciso que se pueda constituir una *ocurrencia sígnica* con relación a un *tipo* en *ausencia.*
- El signo puede ser usado para mentir o afirmar erróneamente.

2. Semiótica y desarrollo de competencias generales

Como he anticipado en la introducción, las competencias generales que intervienen en la proyección del ser humano al desplegar su existencia han sido concretadas, en el *Marco común europeo de referencia para las lenguas,* en las cuatro categorías siguientes: saber, saber hacer, saber ser, saber aprender. Se trata de reconocer distintas dimensiones que entran en juego en el desarrollo dinámico de cada individuo, proceso nunca concluido y susceptible de variaciones importantes así como necesitado de nuevos aprendizajes acordes con nuevas necesidades, situaciones, deseos, responsabilidades, retos, metas, etc.: unos saberes de contenido más especulativo; otros de carácter procedimental; otros de carácter actitudinal, que se asientan en características particulares, biológicas, étnicas, temperamentales, circunstanciales, de sensibilidad, creencias, ideología, etc., y que proporcionan identidades múltiples que se ejercen en diferentes grados, según circunstancias, situaciones, valoraciones o decisiones.

La propuesta de insertar el aprendizaje de lenguas en este marco de desarrollo de capacidades y competencias generales de los usuarios como ciudadanos activos requiere, entre otras cosas, que los profesores reflexionemos sobre qué es el conocimiento y el papel de los signos y lenguajes en su construcción. La semiótica es una de las perspectivas que se interroga y proporciona algunas respuestas a este respecto.

Nuestro conocimiento del mundo natural y sociocultural deriva tanto de la experiencia como de diversas fuentes de información, de la educación, etc. Dicho conocimiento comprende, por tanto, estrategias cognitivas que permiten reconocer, localizar y orientarse en contextos geográficos y medioambientales; entidades concretas, animadas e inanimadas y sus propiedades y relaciones (espacio-temporales, asociativas, analíticas, lógicas, de causa y efecto, etc.), así como las características de la sociedad y la cultura de la comunidad o comunidades que usan los idiomas que se pretende aprender (condiciones de vida, aspectos relativos a la organización de las actividades y tareas de la vida diaria personal, familiar, profesional y social con sus convenciones, valores, creencias, actitudes, historia, arte, etc.); estos conocimientos pueden constituir contenidos explícitos en el aprendizaje y enseñanza de lenguas, particularmente en la medida en que no formen parte de los conocimientos previos de los alumnos ni de su experiencia o estén distorsionados por estereotipos ridiculizadores.

Ya en el contacto con el entorno natural y no sólo en el social y cultural, los seres humanos estamos sometidos a estímulos y sensaciones que para ser percibidos requieren la construcción de *tipos cognitivos* (Eco, 1999), que asocian estímulos perceptivos a elementos culturales y convencionales, por lo que podemos considerar que ya en la percepción se producen *procesos semiósicos de base* que nos conducen a percibir sustancias como formas de la expresión y a poder realizar *juicios perceptivos* de experiencia y reconocimiento de sensaciones.

En efecto, este conocimiento a través de los sentidos tampoco es inmediato, sino que implica una traducción de los estímulos que son captados por nuestros sentidos, o conjuntos de células, hasta convertirlos en percepciones, las cuales, para valorarse como tales, requieren ser confrontadas con lo percibido por los demás y ni siquiera con ello adquieren propiedad de certeza absoluta. La percepción siempre está mediada por los sujetos de la misma, la psicología, la memoria, el autoengaño, las ilusiones provocadas por nuestros deseos, por informaciones interesadas que se presentan como neutrales, etcétera. Para ayudar al desarrollo de la dimensión del *saber*, la teoría semiótica ofrece la perspectiva de considerar que nuestra competencia en dicha dimensión pone en juego, de forma complementaria y no yuxtapuesta, el *momento categorial* (que se inscribe en la utilización o creación de convenciones culturales) y el de la *observación* (Eco, 1999: 290-293), es decir, *que en el proceso del conocimiento el momento estructural y el momento interpretativo se alternan y se complementan, aunque en algunas circunstancias prevalezca el testimonio de los sentidos y en otras el conocimiento de las clasificaciones y el acuerdo sobre un determinado sistema* taxonómico. Este proceso de construcción de conocimiento implica necesariamente la realización de inferencias por deducción, inducción o abducción (Eco, 1995).

Por considerar que pueden clarificar y precisar aspectos relativos a la interpretación de signos así como a la producción de los mismos y que, por ello, están en la base del aprender y del saber, voy a sintetizar lo que Umberto Eco (1999) aporta respecto a lo que denomina *Modalidades Alfa y Beta* en la percepción de estímulos, fotos o imágenes fílmicas a partir de la percepción previa de la sustancia de la expresión hasta constituirla en forma.

Eco (1999) establece la modalidad alfa para los signos cuyo plano de la expresión, para ser constituido como tal, ha requerido de semiosis *de base*, es decir, ha sido percibido como plano de la expresión sin la decisión del sujeto de estar ante la expresión de una función sígnica; *se percibe una sustancia como forma antes de que esta forma sea reconocida como una expresión* (en terminología de Greimas, se reconoce *una figura del mundo*); previamente, por estímulos sucedáneos, percibimos objetos o escenas que posteriormente constituimos como plano de la expresión de una función sígnica, es decir, les vinculamos un contenido.

En la modalidad beta, sin embargo, para determinar una forma hay que interpretarla como una forma de la expresión, es decir, *para percibir una sustancia como forma se precisa presuponer que se trata de la expresión de una función sígnica,* producida con la intención de comunicar. En esta modalidad, para percibir el plano de la expresión de funciones sígnicas hay que conjeturar que se trata de expresiones porque la hipótesis de que son tales orienta su percepción.

En su orientación para el desarrollo de los saberes de los alumnos, la perspectiva semiótica puede aplicarse para posibilitar el aprendizaje sistemático de su uso para la comprensión y elaboración de enunciados especializados que vehiculan, por ejemplo, el saber científico-técnico o los contenidos de las áreas disciplinares específicas de los currículos académicos de los distintos niveles de los sistemas educativos e, incluso, considerar las lenguas naturales, en su constitución como tales (correlaciones, socialmente contratadas, de estructuras y formas de la expresión con formas del contenido), como contenido objeto de consideración y materia de aprendizaje. A este respecto es interesante la definición que de *comunicación intencional* ofrece H. P. Grice, para quien la comunicación lingüística intencional, en la que se transmite un significado cultural, es el proceso mediante el cual un hablante desea comunicar una intención comunicativa concreta y logra su objetivo cuando esa intención es reconocida por el oyente, transformándose así en conocimiento común.

Del mismo modo, sobre todo en las circunstancias en que los usuarios necesiten una segunda lengua para poder ejercer sus derechos y cumplir sus deberes (saber ser) como personas y ciudadanos y alcanzar el reconocimiento como seres sociales de pleno derecho, la semiótica de las lenguas naturales puede contribuir a distinguir registros de uso y a reconocer la carga ideológica que vehiculan para que, a partir de ello, los usuarios y alumnos puedan trabajar con los usos (comprensión/producción de textos) más frecuentes y rentables en la vida particular, social, educativa y profesional del país de acogida.

Respecto del saber ser, entiendo que un enfoque para el aprendizaje, enseñanza y evaluación de lenguas, que pone de relieve la *competencia plurilingüe y pluricultural* de cada ser humano y anima a un constante desarrollo de la misma mediante actividades comunicativas y reflexión sobre las mismas, entronca, en última instancia, con un postulado (¿filosófico, ético...?) que reconoce que el principio universal interno a todas las culturas es la vida (humana y de la naturaleza) misma y que, según proponen las llamadas éticas de la liberación, es este principio el que nos une a todas las personas y grupos que vivimos en el planeta y el que hay que respetar por encima de todo.

Esta perspectiva subraya que, aunque las personas vivimos implantadas en comunidades y tradiciones concretas, con lenguas y tradiciones culturales específicas en las que hemos nacido, nos criamos y aprendemos a ser personas y ciudadanos, con estas raíces y desde ellas podemos descubrirnos, también, como seres humanos en una gran comunidad humana y, con el desarrollo del pensamiento crítico, podemos ir buscando el propio camino, descubrir e incorporar otras tradiciones y culturas, aprender otras lenguas e, incluso, criticar y rebelarnos contra la propia tradición. Hoy, y cada vez más, es el mundo el auténtico contexto de todas las grandes cuestiones que nos afectan a todos, y vemos que lo local y lo global están interrelacionados y que, por tanto, el conocimiento, el saber, tiene que contemplar y recorrer complementariamente ambos polos.

No basta con tener información, no basta con conocer, hay que poder integrar el conocimiento en nuestra mente, en nuestra ideología, en nuestra vida y en nuestras opciones, acciones e interacciones con los demás. Se trata de integrar los planos del saber como *información, conocimiento, sabiduría.*

Desde esta amplitud de mirada, el "otro", cualquier otro, es otro yo y, por tanto, digno de ser tratado con consideración e, igualmente, las "otras" lenguas y las "otras" culturas, en una incesante complementariedad dialógica.

Estas opciones que he explicitado en los párrafos anteriores pueden inferirse, como he adelantado, al constatar que una de las dimensiones de uso y desarrollo de los individuos como agentes sociales, que realizan acciones intencionales, planificadas y responsables, es, en efecto y según declara el M. R. E., la de "saber ser", cuya formulación verbal recuerda a la de un conocido estudioso de la dimensión ética como constitutiva de lo humano, Häring, quien, usando la misma terminología, propone la necesidad de *aprender a ser competentes como seres humanos*, es decir, a conocer y ejercer nuestra verdadera y profunda libertad para el bien, la verdad y la belleza, pudiendo descubrir este objetivo, o construirlo, como pleno sentido de nuestra vida, nuestra convivencia y nuestra muerte.

Esta orientación y planteamientos implican una educación muy abierta, con gran base de conocimiento (filosófico, cultural, político, económico...) y, sobre todo, gran entrenamiento en el pensamiento crítico que algunos modelos, surgidos en la corriente conocida como análisis crítico del discurso, (Van Dijk, 2000), proponen y proporcionan para la práctica de la lectura o recepción de mensajes, especialmente los divulgados a través de los medios de comunicación de masas, creadores de opinión que pasa a ser pública casi por el mero hecho de ser publicada y que tanto condiciona la visión, opinión y, por tanto, las tomas de postura (de inhibición o compromiso) de muchos ciudadanos frente a problemas que no siempre son prioritarios o, incluso, han sido intencionalmente tergiversados con recursos semióticos o retóricos muy sofisticados. Esto suele conducir a la desconsideración de otras cuestiones o problemas cruciales para la pervivencia y desarrollo de todos los seres humanos y también de los animales y vegetales, es decir, del planeta en su totalidad.

Para nuestro desarrollo biológico, afectivo, mental, psicológico, ético, estético y relacional, desde el nacimiento, los seres humanos somos receptores y seleccionadores, mediante los canales sensoriales del tacto, el oído, la vista, el olfato y el gusto, de diferentes estímulos, unos de carácter preverbal (caricias, ritmos, rostros y gestos de quienes nos cuidan...) que, inicialmente de modo inconsciente, se graban en nuestra memoria y que progresivamente por la regularidad de su repetición nos posibilitan ejercer *procesos básicos de semiosis perceptiva* (Eco, 1999), es decir, de reconocimiento y establecimiento de correlaciones o asociaciones entre dichos estímulos y sus efectos agradables o desagradables, por ejemplo, y que condicionan nuestros comportamientos o respuestas de acogida, confianza y apertura o, por el contrario, de cerrazón, evitación, ambivalencia... Posteriormente, por simple efecto de la maduración de nuestro sistema nervioso, de la adquisición de la palabra y del contacto o inmersión en nuevos ámbitos y modos de interacción con los objetos e interlocutores, nuestro mundo se amplía y, aunque seguimos procesando informaciones de carácter sensorial, las informaciones verbales, sociales y culturales promueven la apertura de nuestra conciencia para nuestra plena expansión (Cyrulnik, 2002).

En las apreciaciones anteriores queda implícito que la actividad comunicativa, la visión sobre los asuntos, las decisiones y las acciones y comportamientos de los usuarios o alumnos no sólo se ven afectados por sus conocimientos y destrezas de tipo cognitivo, según el predominio de su estilo cognitivo más o menos convergente o divergente, holístico o analítico o sintético, y procedimental, sino también por factores relacionados con su personalidad, actitudes y motivaciones y por las condiciones naturales y sociales de su integración en el mundo.

La semiótica general permite reconocer y explicitar la necesaria mediación de los signos y su constitución como tales, más o menos permanente o cambiante, así como el uso de los sistemas de signos para la aprehensión *perceptiva y categorial* de lo que nos envuelve, ejerciendo la semiosis, es decir, estableciendo correlación entre formas de expresión con formas del contenido para poder, así mismo, realizar acciones eficaces, consensuadas y beneficiosas.

El análisis y descripción de los fenómenos de significación y comunicación desde dicha perspectiva permite ampliar la mirada y tener en cuenta que cada persona y los diversos grupos humanos están simultáneamente situados en un medio, una cultura, una lengua, unas condiciones, unas capacidades, intereses, motivaciones, etc., más o menos definidos y específicos y, a su vez, en constante dinamismo y expansión, por lo que pueden y tienen que ampliar y variar dichas condiciones, en el transcurso de su peripecia vital, con experiencias empíricas y lingüísticas tanto relativas a diferentes entornos de su cultura y lengua materna como a los de otros pueblos con otras culturas y lenguas diferentes.

El planteamiento explícito y el tratamiento didáctico, respetuoso e integrador, de reconocimiento de semejanzas y diferencias culturales y lingüísticas ayuda a que aflore y se desarrolle una conciencia y consciencia intercultural de enriquecimiento mutuo, por el intercambio de saberes y miradas diversas sobre el mundo y las maneras de ser y actuar en él, así como a superar los estereotipos degradadores respecto a lo diferente sólo por serlo.

Por su parte, el reconocer la existencia de una competencia lingüística general y, a su vez, relativa a alguna o algunas lenguas naturales, hace más accesible el cambio de horizonte y paradigma para la enseñanza, aprendizaje y evaluación de lenguas que propone el *Marco de referencia europeo*. Desarrollar en los usuarios la competencia plurilingüe y multicultural tiene mucho que ver con ese juego de respetar las diferencias entre lenguas y culturas y, simultáneamente, subrayar factores comunes, consiguiendo el enriquecimiento y las mejoras que dicha apertura y experiencias interculturales y plurilingües proporcionan para el desarrollo cognitivo (saberes y estructuras y esquemas mentales), procedimental (saber hacer) y actitudinal (apertura, respeto, igualdad de oportunidades, confianza mutua, sinceridad, colaboración...) de los individuos y de los grupos cuando optan por capacitarse y trabajar hacia la búsqueda del bien común y la solidaridad.

3. Semiótica y desarrollo de competencias comunicativas

En las circunstancias actuales, el español como segunda lengua, en los niveles de escolarización obligatoria y en centros públicos y concertados de España, merecen especial atención los recursos institucionales, personales, materiales y didácticos extraordinarios, pues es conocido el progresivo aumento de presencia en las aulas de niños cuya lengua materna no es el español o que, aunque lo sea, lo han adquirido y utilizado y, en su caso, aprendido en contextos geográficos, sociales y culturales diferentes a los de España.

La complejidad de esta situación encuentra, para su consideración y puesta en marcha de respuestas sociales, educativas y didácticas apropiadas, un horizonte idóneo en la orientación del aprendizaje, enseñanza y evaluación de lenguas que se propone, en última instancia, el desarrollo de las competencias plurilingüe y pluricultural, como sugiere el M. R. E., definiéndolas como: *la capacidad de utilizar las lenguas para fines comunicativos y de participar en una relación intercultural en que una persona, en cuanto agente social, domina -con distinto grado- varias lenguas y posee experiencia de varias culturas* (162) y animando a los agentes implicados en el aprendizaje, enseñanza y evaluación de lenguas a *superar el enfoque habitual* de considerar y proponer el aprendizaje de una lengua extranjera como la suma, y no la mezcla creativa, de la competencia de comunicarse en ella más la competencia de comunicarse en la lengua materna.

Como aportación específica, desde la semiótica puede ampliarse esta visión e incorporar, además, la consideración explícita de los otros códigos no verbales que intervienen (lenguaje corporal, gestual, mímico, proxémico, ritual, musical, formal, icónico...) en las interacciones humanas, y cuyo conocimiento y uso también puede y debe desarrollarse como soporte de significación, de intercambio de sentimientos y actitudes mutuas e, incluso, de conceptos o razonamientos, puesto que son facilitadores de comunicación, especialmente en las situaciones en que, aunque no se comparta un código verbal común, sin embargo, pueden tenerse experiencias comunes o puntos de vista o conocimientos generales, e incluso especializados, parecidos y que pueden expresarse y comprenderse, por ejemplo, mediante dibujos, diagramas, planos, fotografías, etcétera.

Debe tomarse en consideración la potencialidad y competencia, ya existente en el alumnado, de uso de uno o varios de estos lenguajes, no como un adorno o complemento periférico, sino, entre otras funciones, como posibilitadoras o facilitadoras de la comunicación e, incluso, de construcción de saberes compartidos, lo que, emulando la terminología propuesta por el M. R. E., podríamos denominar *competencia semiótica*, susceptible de obtener carta de naturaleza y rendimiento en las decisiones respecto a objetivos, contenidos, metodología, actividades y evaluación de las programaciones didácticas de sesiones de aprendizaje, enseñanza y evaluación de lengua.

La semiótica, como filosofía del lenguaje, se plantea y propone respuestas a ciertas preguntas, entre otras, como las siguientes: ¿Por qué producimos signos?, ¿cómo los producimos?; ¿a qué nos referimos cuando nos expresamos?, ¿con qué fiabilidad?; por tanto, como ya he indicado, se interesa por la constitución, evolución y transformación de los códigos, por los diferentes modos de producción de signos, por las funciones y los usos naturales o elaborados de los diferentes lenguajes (para mencionar y representar cosas y estados del mundo, para la invención científica o estética, para regular los comportamientos propios y ajenos, para argumentar, para hacer peticiones, para dialogar y establecer o estrechar relaciones, expresar sentimientos, etc.).

Para los seres humanos es incesante la necesidad de aprehender lo que nos rodea y de perfilar nuestra identidad, de construir sentido, así como de generar modos de acción y de producción de bienes e interacciones que nos posibiliten una existencia cada vez más armoniosa en el desarrollo y satisfacción de las necesidades de las diversas dimensiones que nos constituyen como humanos, así como de nuestro diverso modo de arraigo biológico, étnico, psicológico, social, etc.; para posibilitar lo anterior se perfilan las lenguas y las diferentes culturas, lo que conduce a la pluralidad de códigos y a los variados usos de los mismos para referirnos, indicar, proponer, afirmar, interrogar, responder, dar instrucciones, respuestas...

Este pluralismo y diversidad de lenguas y culturas deben reconocerse como riqueza y asumir y ejercer una actitud dialógica que construya consensos entre las mismas para beneficio común.

Para todo ello, entre los sistemas de signos, las lenguas naturales presentan un carácter privilegiado por su complejidad y sus posibilidades, ya que son un filtro organizador de la experiencia que, como he dicho, permite, efectivamente, a los grupos humanos orientarse en su entorno, hacerlo comunicable y comunicarse entre sí, construir su identidad como grupo, utilizarlo para regular acciones cooperativas para mejorar sus condiciones de vida, etcétera.

Con la lengua nativa, los seres humanos recibimos y adquirimos, también, un modelo articulado del mundo, un sistema organizado de formas y estructuras en el que inscribir y con el que expresar y comprende los acontecimientos, nombrar y describir los objetos, desarrollar los procesos mentales de inferencia, realizar intercambios verbales, proponer y alcanzar acuerdos, construir conocimientos científicos, obras estéticas, etcétera.

Para cada sujeto, además de los vínculos afectivos, en principio con sus progenitores o cuidadores, la lengua materna es el principal instrumento de desarrollo personal, socialización e integración en el grupo social del que es miembro y en el que participa como agente social.

3.1. Competencia lingüística

Aunque las lenguas naturales soportan y son manifestación y representación de visiones del mundo y culturas diversas, sin embargo, en la perspectiva semiótico-estructuralista, se han investigado como sistemas formales para la expresión de significados (competencia lingüística*)* y como constituidas por fonemas, sonoridades y marcas tipográficas, morfología, sintaxis y léxico diferenciados. Pero la gran complejidad de cada lengua (no todas tienen la misma organización) y la continua evolución a la que están sometidas por las exigencias de su uso en la comunicación, en distintas circunstancias y diversos contextos e interlocutores, y, por tanto, con distintos registros (competencia sociolingüística) y para distintas funciones (competencia pragmática), orientan a describirlas y estudiarlas tal como existen en el uso.

Aunque no parece posible alcanzar un modelo universal de descripción para todas las lenguas, tener conocimiento de los recursos formales que las constituyen y la capacidad para utilizarlos, reproduciéndolos o actualizándolos en actividades de interacción, comprensión, expresión o mediación, es de gran ayudada para el desarrollo de la competencia lingüística. De hecho, a pesar de las diferencias, mayores o menores, entre las lenguas, quienes han aprendido una lengua saben mucho sobre otras, aunque no siempre sean conscientes de ello.

En una sociedad heterogénea y diversa, como lo es actualmente la europea y específicamente la de España, en la que, como ciudadanos de pleno derecho, intervienen y acceden al sistema educativo personas cuya lengua y universo cultural son, en origen, diferentes, el poder conocer y saber usar y, además, contar con recursos de todo tipo para aprender códigos verbales y no verbales plurales, así como intercambiar visiones culturales y costumbres distintas, llegando a generar otras nuevas fruto de esa complementariedad, constituye un reto en el que se dirime nuestro enriquecimiento mutuo como personas y grupos.

Las lenguas, maternas y extranjeras, se adquieren mediante su uso espontáneo en las relaciones familiares y otros ámbitos privados o públicos, o bien se aprenden a través de procesos más sistemáticos de participación en cursos planificados en los ámbitos académicos de las instituciones educativas; ambas plataformas y maneras de asimilación del conocimiento y uso de lenguas no son incompatibles, sino que lo deseable es que sean complementarias.

Sólo podemos ser conscientes y dar cuenta de nuestra inserción en la realidad mediante semiosis, es decir, dejándonos afectar o seleccionando estímulos perceptivos determinados y constituyéndolos en soportes significantes de algún contenido, o utilizando los sistemas sígnicos de las diversas lenguas que podamos conocer y utilizar en cuanto ya nos ofrecen repertorios léxicos o diccionarios que asocian las palabras (forma) con las definiciones de su contenido (significado); esta relación varía de una lengua a otra, más en la esfera social que en el entorno físico; las diversas lenguas aluden y establecen diferencias entre los fenómenos naturales o los sociales dependiendo de la importancia que su comunidad de usuarios o las instancias de poder les otorga respecto a las necesidades, posibilidades, valoraciones para la vida y el desenvolvimiento del grupo de que se trate.

A su vez, somos capaces no solo de utilizar, signos sino también de producirlos mediante semiosis, es decir, estableciendo correlaciones entre expresiones y contenidos, según concreta Eco (1995: 319-366), por reconocimiento, ostensión, reproducción e invención.

Conocer y saber utilizar conscientemente estos modos de construcción del conocimiento o de ejercicio de la semiosis, respecto del mundo natural y de los constructos culturales, favorece tanto la autonomía como la responsabilidad de los sujetos en la constante y progresiva tarea humana de apropiación de lo real y de reconocimiento o establecimiento de sentido, así como de la mediación semiótica que ello implica.

El modo de producción de signos que más interviene en el uso funcional de las lenguas naturales es el de *reproducción* que consiste en *producir expresiones que manifiestan los rasgos del tipo expresivo puestos en correlación convencionalmente con un contenido determinado* (Eco, 1995).

Cuando se trata de usos estéticos, es decir, de producción de obras de arte con lenguaje verbal (*sistemas modalizantes secundarios,* según terminología de Lotmann) o con lenguaje musical o icónico, no estereotipadas, o de generar modelos científicos alternativos, el modo de producción sígnica predominante es de invención, *en el que el productor de la función semiótica escoge un nuevo continuum material todavía no segmentado para los fines que se propone, y sugiere una nueva manera de darle forma para transformar dentro de él los elementos pertinentes de un tipo de contenidos.* Esta invención sustenta las posibilidades de establecer y proponer nuevas formas de semiosis o de configuración sígnica de lo real que vayan más allá de lo establecido y que permitan su transformación cuando se plantean problemas o se necesiten nuevos paradigmas desde los que dimensionarlos, más satisfactorios o sinérgicos (Max Niif, 1994) para resolverlos de manera más adecuada y eficaz para el bien común e, igualmente, cuando se necesite y busque ahondar en la insondable dimensión espiritual de los seres humanos, por ejemplo mediante el arte (Mutis, 2002: 6-9).

3.2. Competencia sociolingüística

El desarrollo de la competencia sociolingüística implica, entre otras capacidades, la de saber poner en relación los usos lingüísticos y los enunciados que los expresan con las características del marco en que se producen, como el tiempo y el lugar (físico y, sobre todo, social e institucional), los participantes y sus funciones y objetivos, es decir, saber producir, comprender y analizar discursos en situaciones sociales determinadas.

Van Dijk (2000), aunque de forma provisional, define el *contexto como la estructura de aquellas propiedades de la situación social que son sistemáticamente relevantes para el discurso,* como características relevantes del contexto señala: los participantes (género, edad, clase social, filiación étnica, profesión…) y sus relaciones de amistad, subordinación, igualdad, competencia, colaboración, que adaptan, a los papeles e identidades que les corresponden en cada situación, lo que emiten, cómo lo emiten y cómo interpretan las emisiones de los otros; el marco con sus dimensiones de lugar y tiempo; los útiles (instrumentos, uniformes, banderas, carteles…); actos no verbales, como las gesticulaciones, expresiones faciales y movimientos del cuerpo, *conocimiento* del código lingüístico y de las convenciones culturales con definición *de nivel superior de la situación completa o suceso* (enunciado en clase, en conferencia de prensa, en asociación vecinal, en visita al médico, etc.), de tal manera que los enunciados siempre se inscriben en situaciones de diferente generalidad (así, por ejemplo, las siguientes gradaciones inclusoras, de menor a mayor generalidad, que pueden establecerse respecto a distintos ámbitos de la actividad social: sentencia, juicio, sistema judicial; exposición de clase, planificación didáctica, sistema educativo; debates parlamentarios, legislación, sistema político).

Es pertinente establecer y sacar partido, en la consideración didáctica de la comprensión y producción de discursos, a la distinción e integración entre contexto verbal, contexto situacional o local y contexto global o social, ya que todo discurso es indicio y condensa operaciones derivadas de tener en cuenta esos diferentes niveles de concreción, a los que representa y en los que se inscribe, y cuya presencia explícita o inferencial podemos hacer objeto de nuestros objetivos de interpretación o introducirlos o eludirlos al elaborar nuestros escritos.

Por las consecuencias para la mejora de los contextos educativos de aula, es interesante manifestar que *los contextos no son entidades ontológicas inamovibles* sino que se construyen de acuerdo con las concepciones y decisiones de todos, los participantes en las situaciones específicas, con sus características propias y diversas. En el aula de aprendizaje y enseñanza de lengua es importante no dar por supuesto el principio de cooperación (Grice), sino establecer y proclamar explícitamente las condiciones de su ejercicio, supeditando a ellas, por ejemplo, la disposición proxémica del mobiliario y los participantes, los turnos de intervención, los papeles o funciones, responsabilidades y derechos sobre detección de necesidades, sugerencias y decisiones sobre el diseño y aplicación del proyecto de aprendizaje: qué tratar, qué hacer, cómo hacerlo, con qué recursos, en qué tiempo, etcétera.

En esta concepción tan abierta, el talante y la formación cultural y profesional del docente, como líder, amalgamador y gestor de esa construcción común y apropiación del conocimiento y uso de lenguas y lenguajes por parte de los alumnos, son claves. Una educación para poder ser y actuar como ciudadano de pleno derecho, en los distintos ámbitos y, por tanto también en el educativo, implica representaciones mentales que evidencian la necesaria igualdad como seres humanos a vivir y realizarnos en una vida digna, que no cercena o desconsidera ninguna de sus dimensiones: biológica, psicológica, social, cultural científico-técnica, estética, ética y espiritual.

En este horizonte se revela la gran trascendencia que tiene para cada sujeto el poder tomar la palabra, la escritura, los lenguajes estéticos, formales y tecnológicos en el aprendizaje y uso de los mismos para la representación de lo real según cada cual se la apropia, la confronta con sus referencias personales, sociales y culturales y la manifiesta para poder generar nuevos consensos compartidos e inteligibles para todos los implicados en la situación de aprendizaje; igualmente, para la formulación y resolución de problemas, para regular la conducta propia y ajena, para el intercambio y la comunicación. Del mismo modo, queda patente la responsabilidad de las instituciones educativas y de los grupos y personas cuya profesión está relacionada con todo ello en contextos y niveles regulados o en situaciones espontáneas, caracterizados por la diversidad.

El desarrollo de la *competencia sociolingüística* debe aprovechar la consciencia de que los usos y los productos lingüísticos y semióticos derivados de ellos utilizan o reflejan no solo los sistemas bioneurológicos del cerebro y las funciones mentales del pensamiento sino también la diversidad de prácticas sociales y de interacciones humanas en las que aquellos se adquieren, utilizan y modifican. Esta apertura y dinamismo, así como la distribución solidaria de estas oportunidades de enriquecimiento mutuo entre personas, culturas y situaciones de socialización son la plataforma idónea para la configuración de representaciones culturales, estéticas, éticas, científico-técnicas, etc. más apropiadas a la *altermundialización* o mundialización alternativa que requieren los grandes retos de nuestro mundo en este momento de su evolución.

3.3. Competencia pragmática

La competencia pragmática conduce a los usuarios de lenguas a alcanzar, de manera efectiva y de forma adecuada, sus intenciones comunicativas. Según Grice, uno de los más importantes teóricos de esta dimensión de la *competencia comunicativa,* esto se alcanza poniendo en juego el *principio de cooperación* y las cuatro máximas que lo vehiculan: *calidad*, según la cual, no decimos lo que creemos que es falso o aquello para lo que no contamos con la evidencia adecuada; *cantidad,* al tratar de aplicar esta máxima buscamos la medida y el nivel de información que se ajuste a las expectativas y capacidades de los receptores, destinatarios o interlocutores; *modo,* se refiere a la necesidad de procurar la claridad y el orden suficientes para poder ser entendido; *relevancia,* se relaciona con el interés y la pertinencia de los contenidos o asuntos objeto de cada acto de comunicación, siguiendo el propósito o la dirección aceptada del intercambio conversacional.

Además, en gran medida, la eficacia comunicativa, con respuesta libre de adhesión, rechazo o colaboración crítica (valoro, critico, propongo), depende de que los receptores puedan inferir la intención comunicativa del emisor así como los propósitos o fines que persigue al ponerla en marcha y al elaborar sus enunciados; intenciones que no siempre se manifiestan explícitamente en las emisiones verbales ni en los signos materializados. Estas inferencias dependen del conocimiento que los receptores tienen del mundo y de supuestos compartidos, porque los enunciados permiten construir sentido más allá de lo que sus significantes expresan por diccionario y lo implicado sólo se alcanza extrapolando el enunciado y movilizando lo que es objeto de inferencia bien por conjetura, deducción, inducción o por experiencia vital.

Los usos de los lenguajes están cargados de valores y metas éticas. Toda actividad humana, también aquellas que consisten en producir y recibir, entender e interpretar discursos, es una actividad social, cooperativa, que trata de alcanzar sentido y la legitimidad social que la haga aceptable. Para alcanzar una meta, ejercer como profesor de lengua por ejemplo, hay que desarrollar, procurando la excelencia, determinadas habilidades y hábitos, tales como la búsqueda de la verdad, el rigor, la capacidad para la formulación, para intercambiar argumentos y dialogar, la disposición a dejarse refutar, etc. Dicha meta implica empeñarse constantemente en ampliar su saber sobre los lenguajes y los signos, sobre sus formas, funcionamiento y funciones, así como en buscar las aplicaciones de dicho saber para la mejora de las condiciones en que se posibilita y se logra que el alumnado consiga usarlos cada vez con más coherencia, adecuación y corrección y de forma más autónoma y consciente (metacognición).

El uso del lenguaje al servicio de una ética de la responsabilidad, transnacional y, por lo mismo, plurilingüe y multicultural, debe compartir con ella los siguientes rasgos: evitar la instrumentalización y la degradación de las personas, no consintiendo ni la maledicencia ni las imágenes negativas; desarrollar sus capacidades de acceso y apropiación adecuada de la información que les concierne para la mejora de sus condiciones de vida; capacitarlas para tomar la palabra y expresar públicamente sus ideas y para poder participar en la toma de decisiones en aquellas cuestiones que les afectan, etcétera.

El diálogo y el intercambio de razones son una herramienta clave para evitar y resolver conflictos -de hecho, no escuchar las razones de los otros tiene consecuencias desastrosas- así como para construir consensos y alcanzar acuerdos en los que se respeten los derechos y se evalúen las responsabilidades de todos; acuerdos que permitan el desarrollo de espacios para la convivencia y la vida satisfactoria, en los que las diferencias y las similitudes se explicitan y en los que resulte factible la elaboración de proyectos de mejora para que los bienes básicos (alimento, vivienda, sanidad y educación) alcancen a todos y el desarrollo sea sostenible respecto a las reservas naturales del planeta.

En efecto, la pragmática hace explícito que los actos de comunicación y los signos con los que se realizan, están cargados de valores. Los signos son *representación*, es decir, están en lugar de otra cosa, y, por ello, pueden estar al servicio de la búsqueda de la verdad o del engaño, de la valoración de cada ser humano como fin o de la dominación de unos sobre otros. La comunicación, tanto en los ámbitos privados como en los públicos, es relación humana que, por tanto, también depende del horizonte moral que configura y orienta a los interlocutores. Es importante no disociar comunicación y ética porque al hacerlo se producen consecuencias indeseables que, a veces pueden resultar desastrosas y fuente de mucho dolor e infelicidad.

La *competencia pragmática* implica esta vinculación entre comunicación y valores; la *cortesía* no es mera convención cuando supone tratar al otro como valor absoluto y no minusvalorarle, ni coaccionarle, ni instrumentalizarle, ni engañarle, sino, al contrario, tratar de beneficiarle en todas sus dimensiones.

Otra orientación de la pragmática (Austin; Searle) se ha ocupado de sistematizar los tipos de actos comunicativos (ilocutivos) -saludar, agradecer, preguntar, prometer, elogiar, ordenar, pedir, etc.- que incluyen las intenciones del emisor y de señalar las expresiones lingüísticas con los que se expresan (acto locutivo), así como la repercusión o respuesta de los destinatarios (acto perlocutivo). La clasificación de los tipos de actos de habla establecida por Searle distingue los cinco siguientes: *representativos, directivos, comisivos, expresivos y declarativos.* Estas aportaciones se han utilizado en los programas de enseñanza-aprendizaje de lenguas que optan por una orientación de carácter funcional y por una planificación de los mismos con los contenidos muy pormenorizados.

Conclusión

En un amplio horizonte de desarrollo personal y colaboración activa en la sociedad y, específicamente, en los diversos ámbitos en que se despliega la vida de los habitantes de la Europa contemporánea, se hace deseable, en primer lugar, el desarrollo de la *competencia plurilingüe, entendida como conocimiento, generalmente heterogéneo, variable y parcial, de los distintos dialectos o registros de la propia lengua materna como de otras lenguas*, aunque dicha competencia plurilingüe no suponga el mismo dominio de todas las destrezas (uso oral o uso escrito, comprensión o expresión, registro general o especializado, etc.) en todas las lenguas, ni permita usarlas en todos los ámbitos, pero sí en alguno -privado, público, profesional- (competencia parcial) y, en segundo lugar, el desarrollo de la *competencia pluricultural,* definida como cierto *conocimiento y capacidad de inserción y participación en la variedad cultural inherente a toda sociedad compleja*, como es la española.

Asumir este paradigma exige, entre otras cosas, superar una visión de competencia comunicativa *monolingüe* con conocimiento y uso sólo de la lengua materna como sistema ya constituido para la representación del mundo, la comunicación y la regulación de las acciones, y adoptar otra de carácter multimodal en la que se desarrollan, de forma espontánea o sistemática, las destrezas de producir, formular y expresar y reconocer, comprender e interpretar mensajes codificados en enunciados verbales (en distintos registros y lenguas naturales) y no verbales.

Dichos enunciados o textos son *mediación* tanto de nuestras acciones y sus consecuencias como de la organización pública y privada, social y personal, local, nacional, continental o mundial así como también de la expresión de nuestros sentimientos, conceptos, conocimientos, ideas, creencias, necesidades, decisiones y de nuestra construcción de nuevos conocimientos, de obras estéticas, etcétera.

La semiótica, como teoría de los diferentes sistemas de signos y de las prácticas significantes más variadas, permite constatar y aborda el carácter extremadamente complejo de las lenguas naturales, es decir, de las lenguas que nos permiten producir discursos diversificados según los contextos de uso y las diferentes necesidades de comunicación y representación de lo real; en efecto, la competencia semiótica posibilita poder conocer y usar la complejidad de los sistemas de signos, de los procesos y de los productos (textos) para la representación de lo real, para la comunicación y para la regulación de la conducta personal y social, que son resultado de la práctica de dichos procesos en actividades de *interacción, mediación, comprensión o expresión.*

Aunque pedagógicamente, en algunos casos y en niveles avanzados, se decida considerar de forma disociada los elementos formales que intervienen en la configuración de los enunciados verbales (*competencia lingüística)*, no conviene abusar de esta práctica cuando de lo que se trata es que los usuarios o alumnos los empleen adecuadamente y sean cada vez más conscientes de los aspectos culturales y de las relaciones que se formalizan (dominadoras o de sumisión, de igualdad o de colaboración), así como de los valores y creencias que se vehiculan en ellos y en los usos sociales de los mismos.

A su vez, la semiótica como teoría de la significación y, por ello, ocupada en explicitar las condiciones de la aprehensión y de la producción de sentido, ofrece fundamento tanto epistemológico como metodológico para orientar las prácticas de enseñanza-aprendizaje de lenguas, destacando que con el uso de éstas, los seres humanos obtenemos o construimos sentido, pues nos permiten representar nuestra visión, contacto y observación de la naturaleza, así como planificar y evaluar nuestras acciones, formalizar y explicitar las interacciones sociales e interpersonales y conformar las manifestaciones culturales.

Del mismo modo, la clarificación del proceso de conversión de la lengua (sistema) en discurso (enunciado) y de las condiciones que lo posibilitan (enunciación), por la que también se interesa la semiótica, es igualmente pertinente para la orientación de prácticas adecuadas de enseñanza-aprendizaje de lenguas.

Por otra parte, la vinculación entre los códigos lingüísticos y los universos culturales vehiculados por aquellos, pone de manifiesto la capacidad de las semióticas para producir contenidos ideológicos, éticos, estéticos y otros, así como su potencialidad para valorar, criticar o transformar los ya producidos, hecho este último que redunda, como es sabido, en opinión y, en consecuencia, en orientación para la acción y las prácticas sociales e individuales.

Consecuentemente, la semiótica puede ayudar a entender y explicar ciertos aspectos clave relativos a la enseñanza-aprendizaje tanto de las lenguas llamadas naturales como de los procesos de creación, transmisión y transformación de esquemas culturales, ideológicos, científicos, tecnológicos, axiológicos, estéticos, etc., de los que depende la orientación de las acciones y, por tanto, de sus consecuencias, beneficiosas o perversas.

Por otra parte, en relación con la integración de la *cultura* como contenido en el aprendizaje de lenguas, la perspectiva semiótica posibilita y permite la consideración de cualquier fenómeno cultural en su funcionamiento como artificio sígnico. Se trata de someter a consideración, después de consensuar cuáles deben tratarse, asuntos de interés para los participantes en cada situación de aprendizaje, desde su formulación en distintos códigos y desde el intercambio acerca de cómo el contenido del asunto seleccionado es comprendido en las diferentes culturas de los sujetos participantes, así como elaborar y proponer nuevas formulaciones que resulten más eficaces para mejorar el uso que cotidianamente pueden tener que hacer, poniendo en juego la representación elaborada de la cuestión, concepto o procedimiento que hayan abordado y transformado para dar cauce *sinérgico* (Max Neef, 1994) a su específica y particular necesidad en cada caso.

En efecto, se trata de establecer y explicitar puentes entre distintas lenguas y culturas, entre distintos códigos semióticos de representación y comunicación, entre saber académico y cotidiano, así como acotar las propuestas de aprendizaje de lenguas, culturas, conceptos o procedimientos, desde el contexto, la perspectiva acordada y las finalidades y tareas decididas por los implicados en la resolución de los problemas planteados, en las responsabilidades asumidas o en las metas perseguidas.

También es importante que en un contexto académico, el aprendizaje de lenguas se vincule también a contenidos disciplinares establecidos y que, a su vez, éstos se pongan en relación con las cuestiones que se encuentran, interesan, se tratan y preocupan en el entorno, progresivamente más amplio, de los usuarios o alumnos. Con ello se asume la exigencia de *contextualización* de los saberes y de los usos lingüísticos.

La toma de conciencia sobre la complejidad de los lenguajes y sus usos pone de manifiesto, entre otras cosas, la imposibilidad de usos lingüísticos asépticos o, lo que es lo mismo, carentes de marcas de identidad o sin intencionalidad; igualmente permite constatar las relaciones de poder que atraviesan toda construcción y transmisión de cultura y conocimiento.

Desde ciertas aportaciones de la semiótica, podemos obtener la suficiente perspectiva para orientar las respuestas a preguntas pertinentes respecto a la enseñanza-aprendizaje de segundas lenguas, así como, más específicamente, del español como segunda lengua y/o como lengua extranjera, dado que ello implica, como he indicado anteriormente, confluencia simultánea de varios códigos y de varios universos culturales que posibilitan a cada usuario utilizar sus conocimientos declarativos y procedimentales, tanto generales como lingüísticos, de diferentes maneras. Algunas de dichas preguntas pueden formularse así: ¿cómo hacer intervenir, para fecundar el proceso de aprendizaje, el conocimiento y uso de los códigos culturales y lingüísticos originales del alumnado que, además del desarrollo del conocimiento y uso de su lengua materna y de otras lenguas y códigos semióticos, necesita y desea, también, aprender español?; igualmente, ¿cómo aprovechar esos otros códigos -visuales o icónicos, gestuales, mímicos o proxémicos, formales, etc.- para optimizar también dicho proceso de aprendizaje?; ¿cómo conseguir que los alumnos expresen su identidad, también múltiple, así como sus propias, cambiantes y diversas intenciones o necesidades, en los nuevos códigos?; ¿qué procedimientos o estrategias saben utilizar o les podemos ofrecer para que aprendan a interpretar no sólo el contenido semántico, léxico o enciclopédico, sino también la intención o intenciones pragmáticas que dirigen la configuración de los enunciados que se pronuncian o se escuchan, se leen o se escriben en los diferentes escenarios en los que se insertan las acciones de su vivir privado o público?; ¿a qué acciones, asuntos, cuestiones o temas tienen que o desean prestar interés y, por lo tanto, deben emplear sus competencias generales (saber, saber hacer, saber ser y saber aprender) y las específicamente comunicativas de producción y comprensión de textos?; ¿qué visión/visiones del mundo y de los asuntos que tratan se deriva de dichos textos?; ¿a los intereses de qué grupos sociales e ideológicos dan voz?

Además de otras condiciones, la alfabetización en la lengua verbal nativa y en otras, así como en los restantes lenguajes (gestuales, icónicos, formales, estéticos, etc.) es un medio para posibilitar la participación plena en las diversas situaciones y circunstancias que nos exige y proporciona el despliegue responsable de todas nuestras dimensiones y capacidades, así como para poder ofrecerlas contribuyendo al bien común.

Como ser abierto a las experiencias y a las culturas, responsable y capaz, cada ser humano va desarrollando el conocimiento y uso de procesos de construcción de conocimientos (percepción, reconocimiento, identificación, comparación, deducción, inducción, abducción por inferencia o conjetura, etc.); de competencias procedimentales de creación, manipulación y uso de artefactos técnicos o heurísticos que orientan y se manifiestan en sus acciones; de competencias comunicativas de establecimiento y regulación de consensos mediante la constitución y uso, complementario o sustitutivo, de diversos sistemas de signos, como las lenguas naturales (propias y extranjeras) o los lenguajes icónicos, gestuales, musicales, formales, etc., para usos funcionales y sociales, para la invención estética y científica, así como para regular los comportamientos en orden al bien común (dimensión ética).

Desde esta perspectiva, cada ser humano es visto, simultáneamente, en su individualidad y en su apertura a la participación social, con sus características y actitudes, con sus valores y creencias, con sus conocimientos, con sus capacidades y acciones empíricas y lingüísticas de *comprensión, expresión, interacción o mediación,* en confluencia constante con otros para satisfacer y expandir necesidades y potencialidades.

Igualmente, los enunciados o discursos lingüísticos en los que se condensa todo ese fluir humano, social y cultural, deben ser abordados con una mirada caleidoscópica, integradora tanto de la perspectiva lingüística en el cuidado y rigor en la selección, combinación, articulación o escritura de los elementos lingüísticos, como de la sociolingüística de las variedades (diafásicas, diastráticas, diatópicas) que dan expresión y participación a los diferentes grupos sociales, en igualdad de condiciones, estima y consideración atenta; una mirada que ponga en juego, desde la honestidad y la búsqueda de la verdad, el principio de cooperación para lograr la eficacia comunicativa.

Aportaciones de la perspectiva semiótica y el *Marco común europeo de referencia para las lenguas* se han vinculado en este capítulo para estimular acciones educativas de aprendizaje y enseñanza de lenguas y de formación del profesorado, en la dirección indicada.

Bibliografía

A.A. V.V. (1986), "En torno a Peirce", *Estudios Semióticos,* Asociación de Estudios Semióticos, Barcelona: 6-7.

A.A. V.V. (1987), *Estética de la recepción*, Madrid, Arco Libros.

A.A. V.V. (1994), *Figuras y estrategias en torno a una semiótica de lo visual,* México-Madrid, Siglo XXI.

AUSTIN, J. L. (1971), *Palabras y acciones/ Cómo hacer cosas con las palabras,* Buenos Aires, Paidós.

BAJTÍN, M. (1982), "El Problema del texto en la lingüística, la filología y otras ciencias humanas: Ensayo de análisis filosófico": 294-323; "De los apuntes de 1970-1971": 354-380; "Hacia una metodología de las ciencias humanas": 381-396, *Estética de la creación verbal,* México D. F., España, Argentina, Colombia, Siglo XXI.

BAJTÍN, M. (1994), *El método formal en los estudios literarios,* Madrid, Alianza Universidad.

BLAKMORE, S. (2002), "El origen del lenguaje", en A.A.V.V. (2002), *Ciencia y sociedad. Diversidad humana*, Oviedo, Fundación Santander Central Hispano / ediciones Nobel: 95-107.

BARTHES, R. (1990), *La aventura semiológica*, Barcelona, Paidós.

BENVENISTE, E. (1971), "Semiología de la lengua": 47-69; "El aparato formal de la enunciación": 82-91, *Problemas de lingüística general,* México, Siglo XXI.

BERGER, P. y LUCKMAN, T. (1979), *La construcción social de la realidad,* Buenos Aires, Amorrortu.

BOON, J. A. (1990), *Otras tribus, otros escribas; antropología simbólica en el estudio comparativo de culturas, historias, religiones y textos,* México, Fondo de Cultura Económica.

BRUNER, J. (1989), *Acción, pensamiento y lenguaje,* Madrid, Alianza Editorial.

BRUNER, J. (1991), *Actos de significado,* Madrid, Alianza Editorial.

COURTÉS, J. (1997), *Análisis semiótico del discurso,* Madrid, Gredos.

CYRULNIK (2002), *El patito feo,* Barcelona, Gedisa.

DELEDALLE, G. (1986), "La semiótica de Peirce", *Estudios semióticos, Asociación de estudios semióticos de Barcelona*, 6-7: 7-17.

DELEUZE, G. (1989), *Lógica del sentido,* Barcelona, Paidós.

DERRIDA, J. (1989), *Márgenes de la filosofía,* Madrid, Cátedra.

DÍEZ-ITZA, E. (1993), *El Lenguaje: Estructuras, modelos, procesos y esquemas,* Oviedo, Servicio de Publicaciones de la Universidad.

DURAND, J. (1985), *Las Formas de la comunicación,* Barcelona, Mitre.

ECO, U. (1972), *La estructura ausente,* Barcelona, Lumen.

ECO, U. (1979), *Obra abierta,* Barcelona, Ariel.

ECO, U. (1981), "Peirce: Los fundamentos semiósicos de la cooperación textual" en U. Eco (1981), *Lector in fabula,* Barcelona, Lumen: 41-72.

ECO, U. (1992), *Los Límites de la interpretación,* Barcelona, Lumen.

ECO, U. (1995), *Tratado de semiótica general,* Barcelona, Lumen.

ECO, U. (1999), *Kant y el ornitorrinco,* Barcelona, Lumen.

ECO, U. (2000), "Sobre la prensa", "Cuando entra en escena el otro", "Las migraciones, la Tolerancia y lo intolerable": 59-138, *Cinco escritos morales*, Barcelona, Lumen, Nuevas Ediciones de Bolsillo.

ECO, U. y SEBEOK, T. A. (eds.) (1989), *El signo de los tres (Dupin, Holmes, Peirce)*, Barcelona, Lumen.

ECO, U. *et al.* (1995), *Interpretación y sobreinterpretación,* Cambridge, University Press.

FOUCAULT, M. (1968), *Las Palabras y las cosas,* Madrid, Siglo XXI.

FOUREZ, G. (1998), *La construcción del conocimiento científico,* Madrid, Narcea.
FREIRE, P. y MACEDO, D. (1989), *Alfabetización. Lectura de la palabra y lectura de la realidad,* Barcelona, Paidós/MEC.
GARTON, A. F. (1994), *Interacción social y desarrollo del lenguaje y la cognición,* Barcelona, Paidós.
GENETTE, G. (1989), *Palimpsestos,* Madrid, Taurus.
GENETTE, G. (1989), *Figuras III,* Barcelona, Lumen.
GENETTE, G. (1993), *Ficción y dicción,* Barcelona, Lumen.
GENETTE, G. (1998), *Nuevo discurso del relato,* Madrid, Cátedra.
GONZÁLEZ LANDA, C. (2001), "Aprendizaje de la lengua y ejercicio de la ciudadanía", *Lengua y Cultura,* Sedll y Universidad de Las Palmas de Gran Canaria: 319-327.
GONZÁLEZ LANDA, C. *et al.* (2000), "La plataforma común de los lenguajes y su didáctica", en *Didáctica da língua e da literatura,* Coimbra, Almedina: 335-351.
GONZÁLEZ LANDA, C. *et al.* (2001), *Pensar y actuar para crecer desarrollo de capacidades y contexto sociocultural*, Madrid, PPC.
GREIMAS, A. J. (1970), *Du Sens,* París, Seuil.
GREIMAS, A. J. (1976), *Sémiotique et sciences Sociales,* París, Seuil.
GREIMAS, A. J. (1970), *Semántica estructural,* Madrid, Gredos.
GREIMAS, A. J. y COURTÉS J. (1982), *Semiótica. Diccionario razonado de las ciencias del lenguaje,* Madrid, Gredos.
GRUPO M, (1987), *Retórica general*, Barcelona, Paidós.
GRUPO M, (1993), *Tratado del signo visual,* Madrid, Cátedra.
HALLYDAY, M. A. K. (1982), *Exploraciones sobre las funciones del lenguaje*, Barcelona, Médica y Técnica.
HALLYDAY, M. A. K. (1982), *El Lenguaje como semiótica social,* México, Fondo de Cultura Económica.
HJELMSLEV, L. (1972), *Prolegómenos de una teoría del lenguaje,* Madrid, Gredos.
JASPERS, K. (1985), *Filosofía de la existencia*, Barcelona, Planeta-De Agostini.
JAKOBSON, R. (1988), *Obras selectas,* Madrid, Gredos.
JONNAERT, Ph. y VANDER BORGHT, C. (1999), *Créer des conditions d apprentissage,* París, Bruselas, De Boeck/Larcier.
KREES, G., LEITE GARCÍA, R. y LEEUWEN, T. V. (2000), "Semiótica discursiva", en T. V. VAN DIJK, (comp.) (2000), *Estudios del discursos I*, Barcelona, Gedisa: 373-416.
LEONTIEV, A. (1983), *El Desarrollo del psiquismo,* Madrid, Akal.
LOCKE, J. (1999), *Ensayo sobre el entendimiento humano,* Barcelona, Folio.
LEVI, P. (2002), "La comunicación", en P. LEVI (2002), *Los hundidos y los salvados*, Barcelona, El Aleph Editores: 114-136.
LOTMAN, Y. (1978), *Estructura del texto artístico,* Madrid, Istmo.
LOTMAN, Y. (1993), "Sobre la dinámica de la cultura", *Discurso, Revista internacional de semiótica y teoría literaria,* Sevilla, 8: 103-122.
LOTMAN, Y. (1996), *La semiosfera I. Semiótica de la cultura y el texto*, Madrid, Cátedra.
LOTMAN, Y. (1998), *La semiosfera II. Semiótica de la cultura, del texto, de la conducta y del espacio,* Madrid, Cátedra.
LOTMAN, Y. (2000), *La semiosfera III. Semiótica de las artes y de la cultura*, Madrid, Cátedra.
LURIA, A. R. (1984), *Conciencia y lenguaje*, Madrid, Visor.
MARTÍN ROJO, L., y WHITTAKER, R. (eds.) (1998), *Poder decir o el poder de los discursos*, Madrid, Arrecife.
MARTY, R. (1986), "Saussure, Hjelmslev, Peirce: correspondencias conceptuales", *Estudios semióticos. Asociación de estudios semióticos de Barcelona*, 6-7: 19-30.
MAX NEEF, M. A. (1994), *El desarrollo a escala humana,* Barcelona, Icaria.
MINISTERIO DE EDUCACIÓN, CULTURA y DEPORTE (2002), *Marco común europeo de*

referencia para las lenguas; aprendizaje, enseñanza, evaluación, Madrid, Secretaría General Técnica del MECD y Grupo Anaya, traducido y adaptado por el Instituto Cervantes.

MERLEAU-PONTY, M. (1985), *Fenomenología de la percepción*, Barcelona, Planeta-De Agostini.

MORIN, E. (2000), *La mente bien ordenada*, Barcelona, Seix Barral.

MORRIS, Ch. (1985), *Fundamentos de la teoría de los signos*, Barcelona, Paidós.

MUTIS, A. y RUIZ, J. (2002), "Manifiesto contra la muerte del espíritu", *El Cultural/suplemento del Mundo:* 19-6; 6-7.

NIETO BLANCO, C. (1997), *La Conciencia lingüística de la filosofía,* Madrid, Trotta.

PEIRCE, Ch. (1988), *El Hombre, un signo,* Barcelona, Crítica.

PRIMO, L. (2002), "La Comunicación": *Los hundidos y los salvados*, Barcelona, El Aleph Editores: 114-136.

RASTIER, F. (1987), *Sémantique interpretative,* París, Presses Universitaires de France.

RASTIER, F. (1989), *Sens et Textualité,* París, Hachette.

RAMONEDA MOLINS, J. (2002), "Las sociedades multiculturales", en AA. VV. (2002), *Ciencia y sociedad diversidad humana,* Oviedo, Fundación Santander Central Hispano / ediciones Nobel: 157-167.

ROMERA, J., YLLERA, A., GARCÍA PAGE, M. (eds.) (1994), *Semiótica(s) / Homenaje a Greimas*, Madrid, Visor.

SAUSSURE, F. de (1945), *Curso de lingüística general,* Buenos Aires, Losada.

STEVENSON, CH., L. (1973), *Ética y lenguaje,* Buenos Aires, Paidós.

VAN DIJK, T. A. (comp.) (2000), *Estudios del discurso: Introducción multidisciplinaria/ El discurso como estructura y proceso (Volumen I)/ El Discurso como interacción social (Volumen II)*, Barcelona, Gedisa.

VYGOTSKY, L. S. (1973), *Pensamiento y lenguaje*, Buenos Aires, La Pléyade.

WARNING, R. (ed.), (1989), *Estética de la recepción*, Madrid, Visor.

WERTSCH, J. (1988), *Vygosky y la formación social de la mente,* Barcelona, Paidós.

Aportaciones de la lingüística

José Manuel Vez Jeremías
Universidad de Santiago de Compostela

Introducción

Pocos discrepan hoy acerca de que el pasado siglo, además de otras muchas y variadas manifestaciones culturales y científicas, sea considerado el siglo de la lingüística por excelencia. Un siglo en el que se producen tres grandes corrientes -sin apenas solución de continuidad- con ajustes y reinterpretaciones de unos y otros paradigmas, enriqueciéndose mutuamente desde sus respectivas aportaciones, sin los grandes cortes traumatizantes que han caracterizado a la evolución de algunos otros movimientos paradigmáticos en el ámbito de las ciencias sociales y humanas. Como sabemos, en la primera mitad del siglo XX domina el estructuralismo, y la lengua se concibe y se proyecta como una *estructura de estructuras*. En la segunda mitad los modelos generativos se proponen definir qué es la sorprendente lengua natural desde postulados más científicos (acorde con las modernas concepciones de la ciencia en aquellos años) acerca de su adquisición y su funcionamiento. Las dos últimas décadas del siglo XX evidencian la fuerza que cobran los disidentes del estructuralismo y del generativismo ante el creciente interés por los aspectos pragmáticos de la lengua (para qué sirve la lengua, qué hacemos cuando hablamos, cómo la usamos, etc.) y surge, sin ambigüedades, la reivindicación de un modelo de hacer lingüística menos modular y más global e interdisciplinar.

La enseñanza del español como segunda lengua, o como lengua extranjera -al igual que el tratamiento otorgado a casi la totalidad de estas lenguas- también pasa por tres momentos, tres impulsos diferentes, a lo largo del siglo pasado. Claro que estos momentos no coinciden plenamente con el desarrollo de la propia ciencia lingüística, en la medida en que la segunda revolución -la generativista- no tiene un impacto tan directo en los procesos de enseñanza y aprendizaje de lenguas como el que tienen el estructuralismo y la pragmática. Los impulsos en la enseñanza y aprendizaje del español como lengua extranjera (segunda lengua), para resultar más precisos, habría que describirlos bajo otro supuesto. Así, en un primer momento, que abarca la primera mitad del siglo y buena parte de los años sesenta, estas enseñanzas se centran en la lengua como *conocimiento*, como saber. El impulso de la segunda mitad de siglo, sobre todo a partir de los últimos años de la década de los ochenta, sitúa a la enseñanza y aprendizaje del español-lengua extranjera ante el desafío conceptual y metodológico de la lengua como *comunicación*, como saber hacer. Por último, los últimos años del siglo pasado y, sin duda, los años venideros en el presente, nos sitúan ante un reto de mucha más trascendencia: la lengua como *comportamiento intercultural*, como compromiso en la acción intercultural. Un reto que, en nuestra opinión, servirá para dotar a esta lengua y a su metodología didáctica de fuertes rasgos de singularidad y pertinencia.

Esta cronología, no cabe duda que inexacta e imprecisa en función de los propios avances en cada uno de los diversos contextos internacionales en los que se han desarrollado y se desarrollan las enseñanzas del español como lengua extranjera o segunda, pone de manifiesto -en simultáneo- la evolución de tres puntos de atención, tanto de las investigaciones en lingüística aplicada cuanto del interés de alumnos y profesores por esta actividad. Así, cuando pensábamos en la lengua como conocimiento, como conjunto de saberes -saber acerca de la lengua- nuestro interés fue *pedagógico*. Cuando, más tarde, desviamos nuestra atención hacia la lengua *como* comunicación y *para* la comunicación -hacer cosas en la lengua y no sólo saber acerca de ella-, nuestro interés fue *psicosocial*. Y cuando, finalmente, comprendimos la lengua como comportamiento intercultural -una herramienta para desarrollar nuestras interacciones interculturales en una cultura del mestizaje-, nuestro interés se volvió *sociológico*. Pero no debemos perder de vista el hecho de que detrás de cada uno de estos tres tipos de intereses hay siempre una *fundamentación lingüística*. Los apartados que siguen intentarán recorrer las diferentes aportaciones de la lingüística para cada uno de estos tres impulsos e intereses.

1. La lengua como conocimiento

Tras el interés *pedagógico* de la primera mitad de siglo, centrado en la búsqueda obsesiva del *método ideal* de enseñanza de una lengua, se esconde la preocupación por convertir una gramática científica en una gramática pedagógica. Disponíamos para ello, en el territorio lingüístico, del concepto de lengua como estructura y de la descripción oracional: la *modularidad en el estudio de la lengua*. Teniendo en cuenta la evolución de este concepto a lo largo de las tres primeras décadas del pasado siglo, podríamos establecer dos grandes grupos de tendencias que, de algún modo, dan cuenta de las aportaciones de la lingüística a la enseñanza del español como lengua segunda o extranjera.

1.1. Modelos iniciales centrados en la forma gramatical

Los modelos lingüísticos iniciales que ocupan la primera mitad (y algo más...) del siglo XX favorecen, como ya hemos indicado, la construcción de una cultura lingüística por parte del profesorado de lenguas extranjeras muy centrada en la atención al proceso de conversión de una gramática científica (prescriptiva o descriptiva) en una gramática pedagógica. Tanto la gramática tradicional cuanto el modelo de lingüística estructural (incluido el modelo generativista de 1957) dominantes en estas primeras décadas, conllevan la conocida separación entre la dimensión morfológica y sintáctica de las lenguas. Una delimitación que, sin duda, está en la raíz de la bien aceptada orientación estructuralconductista que marca la cultura lingüística del profesorado de lenguas extranjeras durante las décadas centrales del siglo. Una cultura que no sólo no es ajena, sino que se implica muy directamente en las tensiones que emanan de una percepción mecanicista y de una visión mentalista de la apropiación lingüística y que, respectivamente, orientan el material lingüístico hacia el nivel de los *objetivos* didácticos (en una progresión lineal de lo más simple a lo más complejo) o bien hacia el nivel de los *contenidos* didácticos, desde el postulado que comparte la creencia (mentalista) según la cual existe siempre algún tipo de transferencia entre el conocimiento consciente y la competencia lingüística. Globalmente consideradas, sus aportaciones se dirigen hacia dos frentes, como se recoge en el cuadro 1.

En cuanto a sus contenidos	- Fidelidad al buen uso de la lengua escrita. - Predominio de la morfología sobre la sintaxis y fonología, sin considerar los rasgos semánticos de la significación.
En cuanto a la presentación gramatical	- Fidelidad al modelo latino de gramática. - Predomino de los listados de formas y ejemplos sobre reglas concretas.

Cuadro 1:Aportaciones de los primeros modelos lingüísticos.

Cabe tener en cuenta que, tanto la aportación primordial de la gramática estructural al estudio de la morfología de la lengua oral cuanto la que se realiza desde el modelo de 1957 de gramática generativa-transformacional en el área de la sintaxis, contribuyen a un conocimiento mucho más completo y preciso del sistema del lenguaje por parte de los profesores que lo enseñan, lo que trae como consecuencia una ruptura en la práctica tradicional de la enseñanza que permitía a cualquier individuo, con un conocimiento *implícito* del español, acceder a su enseñanza como lengua extranjera o segunda.

Por otro lado, entender -como suele argumentarse tan a menudo- que estos modelos no han supuesto la *clave* de las soluciones prácticas a las que aspiran muchos profesionales de la enseñanza de lenguas extranjeras, significaría no tomar en consideración los logros que su repercusión *indirecta* ha significado para la metodología glosodidáctica y, lo que es peor, significaría, también, ignorar que la relación entre una determinada teoría lingüística y la enseñanza de una lengua no puede plantearse de una forma *unidireccional* del tipo:

Teoría — Descripción lingüística — Enseñanza de las lenguas extranjeras.

1.2. La perspectiva generativista y la orientación semántica

A medida que la lingüística teórica revela nuevos descubrimientos en la naturaleza del lenguaje, surgen también otros tipos de implicaciones que intentan poner de manifiesto un cambio de orientación, que va de la preocupación por la *forma* a la atención al *contenido*.

El hecho de que estas implicaciones no resulten tan directas y fáciles de aplicar no debe significar un rechazo ciego de los modelos ofrecidos por la lingüística contemporánea, aún a pesar del escepticismo de alguno de sus máximos representantes (Chomsky, 1966), ya que una actitud ecléctica no debe entenderse como una indiferencia hacia las perspectivas que ofrece la investigación teórica y sí, por el contrario, como científicamente válida cuando se entiende como una visión permanente y actualizada del conjunto (las generalizaciones sobre el lenguaje) sin una fijación sobre cualquiera de sus partes (la orientación teórico-práctica hacia un modelo lingüístico determinado).

Noam Chomsky, a partir de la revisión del primer modelo de su teoría con la publicación de *Aspects of the Theory of Syntax* en 1965, y la lingüística de raíz chomskiana en general, han contribuido a un cambio de acento que supuso también profundas variaciones en la investigación del análisis de las estrategias del aprendizaje lingüístico. Los años que transcurren de 1965 a 1970 sitúan a la cuestión semántica en una posición más central. La controversia suscitada por diferentes lingüistas tampoco es menos importante. La revisión que en este segundo periodo hace Chomsky de su modelo inicial, y que obedece en gran medida a la colaboración ofrecida por M. Halle en el campo de la morfo-fonología, por R. B. Lees en el de la sintaxis y, fundamentalmente, por J. J. Katz, J. A. Fodor y P. M. Postal en el de la semántica, presenta un componente base que consta de dos elementos: las *reglas reescriturales* (de base) y el *lexicón*.

A este último componente se le asignan todas las propiedades sintácticas, semánticas y fonológicas de los elementos lexicales, y las estructuras sintácticas subcategorizadas reciben, como sabemos, la denominación de *estructuras profundas*. El deseo de Chomsky de hacer explícito el conocimiento que un hablante posee de la estructura sintáctica corre paralelo a la intención de Fodor, Katz y Postal de explicitar lo que tal hablante conoce del significado *intrínseco* de palabras y oraciones. El fruto de ambos deseos es la integración del componente semántico a la gramática generativa al nivel de la estructura profunda, con lo cual es la estructura profunda la que recibe el significado. Pero esta unión exclusivista entre estructura profunda y semántica será rechazada en una nueva versión del modelo en el transcurso de los años setenta.

Enjuiciados desde la perspectiva actual, los planteamientos generativistas tienen gran valor por haber sido responsables de un cambio profundo en las *teorías del análisis y adquisición de una lengua* y por representar una *transición*, un punto de partida unas veces y un contraste otras, hacia los aspectos léxico-semánticos y lógico-semánticos del lenguaje. El modelo que surge en 1965 inaugura el periodo de la gramática generativo-transformacional, en que la cuestión semántica se convierte en el centro de atención, lo que, sin duda, sirvió para *estimular* aún más la controversia que se había ya suscitado con modelos chomskianos anteriores en cuanto a las implicaciones lingüísticas para el ámbito disciplinar de la enseñanza del español como lengua extranjera o segunda. Tres de las cuestiones planteadas en el modelo generativista de 1965 presentan una mayor relevancia y unas consecuencias más importantes para el ámbito que aquí nos ocupa:

1. la dicotomía *estructura superficial* y *estructura profunda*,
2. la dicotomía *competence* y *performance*,
3. el componente semántico en *Aspects*.

La conclusión que parece derivarse de la distinción promovida por la *dicotomía estructura superficial/profunda* es, por una parte, la hipótesis de que un alumno inmerso en una situación formal de aprendizaje generalmente entra en contacto con la lengua extranjera por medio de la estructura de superficie, tanto en el área de las destrezas receptivas como en el de las productivas. Por otra parte, tal evidencia ha hecho reflexionar a muchos profesores y diseñadores de materiales sobre la necesidad de variar la hipótesis anteriormente esquematizada, apoyándose en la observación de cómo las lenguas difieren menos en sus estructuras de profundidad que en las de superficie y en el hecho de que, cuanto más se identifiquen las primeras con la representación semántica, menores resultan las diferencias. Esto ha servido para aconsejar una orientación metodológica enfocada hacia la similitud entre la lengua madre y la lengua extranjera objeto de aprendizaje, en virtud de la posible existencia de representaciones semánticas de tipo universal.

La posición de Chomsky con respecto a la dicotomía entre *competence* y *performance* -tal como se propone en *Aspects*- parece llevarnos a la conclusión de que encuentra serios obstáculos no sólo desde posiciones más lejanas, como las que se plantean desde los ámbitos psico-socio-lingüístico y antropológico, sino también en el propio seno de la lingüística teórica. Lo que sí resulta evidente es que, independientemente de que su concepto dicotómico sea o no relevante, la posición de Chomsky -con una orientación básicamente lingüística- resulta *insuficiente* para aquellas implicaciones relacionadas con el estudio teórico y la aplicación práctica de los aspectos comunicativos del lenguaje, particularmente enfocados a una teoría del aprendizaje de una lengua extranjera.

La aportación de Chomsky, en este sentido, consiste en haber revitalizado la lingüística teórica en este punto crucial en el que, indudablemente, sin su particular contribución, sería difícil hoy apreciar el problema en toda su dimensión. Cabe pensar en un marco teórico más operativo, como *superación integradora* de la manifiesta restricción del modelo de *competence-performance* elaborado por Chomsky en su teoría estándar, que puede entenderse como la síntesis de un proceso de tipo social, pragmático y lingüístico operando al amparo de una perspectiva etnográfica. Este esbozo se relaciona con la aplicación práctica a una situación de enseñanza-aprendizaje de una lengua extranjera mediante la necesidad de *integrar* los constituyentes que intervienen en la especificación de la competencia comunicativa en la lengua objeto de aprendizaje. Estos constituyentes se ajustan a los parámetros que determinan una orientación sociocultural enfocada a la función social de la lengua y hacia el sujeto que la aprende, una base socio-semántica del conocimiento lingüístico que preconiza lo que Wilkins denominó una *aproximación comunicativa*, y el valor comunicativo que poseen las unidades a nivel del discurso (actos retóricos, actos de habla, funciones del habla) en el amplio sentido del término.

En otras palabras, las reglas de la gramática serían totalmente insuficientes para una situación práctica de enseñanza-aprendizaje de una lengua extranjera sin la complementación de unas reglas de uso que, en el marco teórico, sirven para ampliar la noción de *competence* establecida por Chomsky en la teoría estándar, hasta abarcar las necesidades de tipo contextual comunicativo. Sin duda, los planteamientos de Greenberg y del propio Chomsky sobre los universales lingüísticos, la gramática de producción de Van Buren, la gramática de casos de Fillmore y de Anderson, y el modelo funcional de Halliday (cf. Vez, 2000), sirven para acentuar:

- lo semántico frente a lo morfosintáctico,
- lo funcional y lo nocional frente a los inventarios gramaticales,
- lo comunicativo frente a lo no comunicativo.

En su conjunto, y salvando sus respectivos focos de atención, estas aportaciones iniciales han favorecido un cambio de énfasis que ha calado hondo, sobre todo en los años ochenta, en el terreno de las propuestas de diseño y contenido de los materiales curriculares para la enseñanza del español como lengua extranjera o segunda. En síntesis, se ha hecho evidente que resulta posible ordenar los elementos gramaticales de un curso de lengua extranjera a partir de una red de conexiones profundas, poniendo en relación la morfosintaxis y la semántica, y, de manera simultánea, teniendo en cuenta el punto de vista pragmático de quien aprende una nueva lengua *como* y *para* la comunicación social.

2. La lengua como comunicación

El segundo interés, y el segundo gran momento en los aprendizajes de lenguas -decíamos anteriormente- es de tipo *psicológico*. Nos interesa, a partir de los años setenta, *quiénes* son los que aprenden una lengua: el sujeto del aprendizaje, sus motivaciones, sus estrategias, sus estilos de aprender, sus usos, etc. Claro que bajo esta preocupación de los nuevos psicólogos cognitivos subyace una fundamentación lingüística que, en esa década de los setenta y, a partir de los *disidentes* tanto del estructuralismo como del generativismo, establece una nueva línea de acceso al estudio de la lengua. No interesa tanto el hecho de que *el hombre habla* como la realidad de que *los hombres hablan*, y lo que hacen y quieren decir cuando hablan. Más allá de la lengua en sí, el interés se orienta ahora hacia los usuarios de la lengua y sus usos sociales.

Entre las diferentes definiciones que distinguen al ser humano de los restantes seres vivos, está la concepción del primero como animal hablante. El hecho axiomático de que *el hombre habla*, y las implicaciones de esta capacidad humana, han merecido la atención de todos los estudiosos del fenómeno lingüístico desde muy diversas perspectivas, fundamentalmente las de naturaleza lingüística y psicológica. En el conjunto de estas perspectivas, nos encontramos ante una seria y rigurosa alternativa a la clásica *visión intraorgánica* de la actividad lingüística, que otorga un excesivo énfasis al estudio y descripción de lo que *el hablante sabe*, y que, como hemos visto en el apartado anterior, concentró su atención en la enseñanza y aprendizaje de las lenguas extranjeras como una *forma de conocimiento*. Ahora, desde una *visión interorgánica* de los fenómenos lingüísticos, el énfasis se proyecta en la dirección de lo que *el hablante hace* y atiende a una determinada lengua como el resultado de un determinado comportamiento individual y social en el conjunto de la actividad lingüística. Una proyección que no pasa desapercibida, desde finales de los años setenta y bien entrada la década de los ochenta, a los especialistas en la enseñanza del español como lengua extranjera o lengua segunda.

Cuando los lingüistas, los filólogos y el profesorado de lenguas, describen la estructura de una lengua, cuando trabajan sobre su vocabulario, su fonología o sobre, las relaciones morfosintácticas y todo el complejo aparato gramatical..., *no nos están llevando* al corazón del misterio de la comunicación humana. Por supuesto, sin léxico, sin gramática, sin fonética y sin formas estructurales no podríamos saber nada sobre el sistema de una lengua. Claro que esta forma de análisis no llega a rozar el punto en que el lenguaje, como instrumento de comunicación y representación de realidades individuales y sociales, se convierte en parte de ese incesante flujo de la vida y de la actividad humana. Como personas cultas y como individuos que participamos socialmente en la construcción de nuestra historia, es importante que sepamos todo aquello que interesa conocer sobre las reglas y normas que gobiernan la lengua que deseamos aprender. Pero no hay que olvidar que, como comunicadores sociales, tenemos también que aprender estrategias para construir mejor nuestros significados..., y los significados no están en las *formas* de la lengua, residen en las maneras de *utilizarla* en cada uno de los *contextos* en los que a diario nos implicamos de manera personal y colectiva.

En línea con lo que venimos señalando, para comprender este cambio en lo metodológico habremos de tener en cuenta el poder conceptual con el que se desarrolla, en la lingüística teórica, una nueva línea de acceso al estudio de la lengua, sobre todo (volvemos a remarcar) a partir de los *disidentes* tanto del estructuralismo como del generativismo. Mientras la semántica sigue siendo parte de la dimensión gramatical de la lengua (en realidad sigue sus reglas) y centra su atención en el significado lingüístico, se hace preciso diseñar un campo de estudio que complete el marco del análisis lingüístico con una penetración más eficaz en la *gramática a posteriori*, en la clarificación del significado no lingüístico que tiene que ver con algo más que las estructuras lógicas que necesariamente son previas al *acto de comunicación*. Al surgir la preocupación por la propia *situación comunicativa* y por aquellas funciones básicas del lenguaje en la acción de comunicar (*hacer patente el estado de ánimo del hablante, actuar de forma apelativa, identificar el núcleo del objeto de la transacción comunicativa,* etc.), se desarrolla el interés de la lingüística posmoderna por los principios y las reglas de uso de la lengua como *acción comunicativa*. De este modo, se abre progresivamente un camino para una nueva metodología lingüística que va a recibir las denominaciones, no siempre bien definidas, de *pragmática* y *análisis del discurso*.

Con la *orientación sociopragmática* nuestra atención se centra y se traslada más allá del objeto en el análisis formal de una lengua (digamos la base de datos lingüísticos que se extraen de un determinado corpus y se analizan desde la perspectiva de su función referencial) hasta penetrar en un tipo de universo lingüístico definido socialmente. Dicho de otra forma, se centra en el objeto de la *lengua en uso,* en la medida en que al hacerlo así, se ponen en juego normas de comportamiento más generales. Como ha planteado A. Garnica (1988: 50), cabe señalar respecto de la pragmática: *[...] su insistencia en que la lengua es un instrumento, es decir, algo que se usa, y se usa mucho, cotidianamente. Por tanto, sólo se puede estudiar adecuadamente una lengua si este estudio incluye también el uso. Un estudio exclusivamente lingüístico (interior) de la lengua natural es, por tanto, insuficiente.*

Sin duda, este principio se ha generalizado por doquier en la dimensión práctica de las actuales enseñanzas del español como lengua segunda o como lengua extranjera. De hecho su metodología actual ha sido radicalmente transformada en cuanto que las *estrategias de la comunicación* -los complejos procesos de *negociación del significado*- han adquirido una enorme relevancia sobre las *antiguas dimensiones estructurales de la oración* (*cfr.* Jiménez *et al.*, 1999).

Nos situamos en una concepción de la lingüística mucho más amplia y ambiciosa: la pragmática reclama, frente a la *modularidad* en el estudio de la lengua, típica de los modelos gramaticales basados en la oración, una *globalidad*. Globalidad que significa, de momento, complejidad o interdisciplinariedad teniendo en cuenta que se trata de una disciplina que vive aún su etapa de consolidación definitiva, y la vive no sólo dentro de la lingüística (con conflictos fronterizos muy propios de las confrontaciones académicas del territorio lingüístico), sino también en relación con otras disciplinas más periféricas.

Muy ligado al ámbito pragmático, surge también hoy con fuerza el término (y campo científico) *análisis del discurso*. Como sabemos, este nombre es heredero, conceptualmente hablando, de las antiguas *gramáticas del texto* de algunas escuelas del estructuralismo europeo que no se limitaban al estudio de la oración gramatical. Como ha señalado T. Álvarez (1998: 275): *Este nuevo planteamiento (lingüística interaccionista) es el resultado de la evolución de esta disciplina como consecuencia de su interés por unidades cada vez más amplias (análisis del discurso y gramática textual), integración progresiva de las teorías pragmáticas (lingüística de la enunciación) y teoría de los actos de habla.*

Este nuevo modo de comprender la actividad lingüística, primero desde la propia lingüística y los lingüistas, después desde la metodología didáctica aplicada a las lenguas extranjeras y desde las aportaciones de los didactas de las lenguas, ha supuesto una evolución tan profunda y veloz que aún hoy -tantos años después- resulta un motivo de progreso y posmodernidad en muchos ambientes de la enseñanza del español como lengua extranjera.

Pero el análisis del discurso añade factores nuevos y revolucionarios al estudio del texto, que se encuentran bien expresados en la frase de Levinson (1983: 284): *La conversación resulta el modelo prototípico del uso de la lengua*. El análisis del discurso enriquece, así, el punto de vista de la pragmática con una importantísima aportación metodológica: *la importancia de la conversación*, como manifestación prototípica, primera y fundamental de la lengua. Esta aportación, como sabemos, tampoco ha pasado desapercibida al mundo de la enseñanza de lenguas extranjeras -el español, por supuesto, incluido- en los últimos años.

Resulta útil establecer dos caminos generales para acercarnos a esta nueva orientación sociopragmática: *la macropragmática* y la *micropragmática*. El cuadro 2 recoge las características de ambas direcciones.

La micropragmática	Estudia las unidades básicas de la pragmática que se refieren a las intenciones propias de los hablantes: 1. la teoría de los actos de habla de Austin y Searle; 2. el principio de cooperación de Grice; 3. las implicaturas y la relevancia de Sperber and Wilson; 4. la teoría de la cortesía de Leech, Robin Lakoff y Brown y Levinson.
La macropragmática	Trata de dar un paso más avanzado en el ámbito de una realización más sociocomunicativa de las interacciones lingüísticas: a) Nivel de la *extensionalidad:* - cotexto, - contexto. b) Nivel de la *intensionalidad:* - restricciones sociales, - dimensión intercultural.

Cuadro 2: Centros de interés de las orientaciones sociopragmáticas.

El lenguaje se presenta como el rasgo más característicamente humano, en una relación, si no de identidad sí al menos de inseparabilidad, con nuestro pensamiento, con nuestra posibilidad de comprender las cosas, con nuestra capacidad de expresarlas y de crear y transmitir una cultura. Todos ellos aspectos que, al margen de su investigación específica en campos científicos afines, tienen un centro lingüístico de atención en la perspectiva social y pragmática de la ciencia lingüística contemporánea. Resulta un hecho innegable que los seres humanos disponemos de la capacidad de controlar a los demás, y éstos a nosotros, mediante el recurso a múltiples de las rutinas lingüísticas que compartimos socialmente. A través del acto de decir o escribir, quien o quienes participan con nosotros en un acto de comunicación lingüístico nos fuerzan a producir determinadas respuestas. Las preguntas demandan contestaciones, los cumplidos piden un agradecimiento, las dudas solicitan aclaraciones, etcétera.

Para comprender estas rutinas lingüísticas y, sobre todo, para comprender su esencia en una lengua que no es la propia, hace falta comprender la sociedad y las normas sociales en la que se producen y se insertan. Conocer la lengua no es suficiente, ya que el verdadero significado de muchos de nuestros actos de habla no reside en las palabras pronunciadas o escritas, sino que se inscribe en un complejo e intrincado mundo de conocimientos sociales. Examinar estas rutinas puede ayudarnos a comprender esa buena parte de supuestos implícitos, no verbalizados y no escritos, sobre los que se basa el *discurso social*.

La idea, introducida a mediados de este siglo por J. R. Firth, según la cual la clave para una mejor comprensión de *qué* es y *cómo* opera el lenguaje sólo es posible a partir de un estudio profundo del discurso, ha ido adquiriendo relevancia en el marco interdisciplinar de una serie de aproximaciones al tema que, desde distintas posiciones, han venido manifestando una preocupación general por un mayor acercamiento al nivel de *análisis del discurso* y por la interrelación entre las locuciones y sus intérpretes, en un común acuerdo hacia el interés por un *análisis supra-oracional*. Este interés común aglutina a una serie de investigadores que, desde perspectivas colindantes con la ciencia lingüística, han intentado dar forma a diversas teorías del lenguaje con una base funcional pragmática: la *atención al uso que los hablantes realizan de las fórmulas que emplean en su actuación lingüística*.

Pero la evidencia de esta perspectiva funcional no es patrimonio exclusivo de aquellas disciplinas que miran al lenguaje y a su estudio desde *fuera*, toda vez que surge, también, como hipótesis imperativa en el *interior* de la propia disciplina lingüística. Así, la adopción de *funciones del habla* obliga a una consideración del área pragmática donde los límites tradicionalmente impuestos entre las diferentes ciencias sociales dejan paso a una aproximación interdisciplinar que busca una salida al reduccionismo a que parecía conducir la lingüística moderna, ya sea desde posiciones básicamente estructuralistas o generativo-transformacionalistas. El marco de referencia para tal aproximación interdisciplinar se nutre de las investigaciones del círculo de Praga, M. A. K Halliday, W. Labov, H. P. Grice, J. L. Austin, J. R. Searle, E. Goffman, Dell Hymes, D. Wunderlich, y de las aportaciones, más aplicadas y específicas, de John Sinclair y Malcolm Coulthard. Un marco que de modo indirecto, y a veces algo más directo, ha afectado a la reciente historia de la enseñanza del español como lengua extranjera (Sánchez Pérez, 1992).

Conviene, no obstante, diferenciar los marcos de estudio. Por un lado existe una preocupación entre una serie de investigadores que, desde un planteamiento psico-socio-lingüístico, buscan lograr un acuerdo sobre tres de los problemas básicos planteados en el análisis del discurso:

1. El número de las unidades,
2. su respectivo tamaño,
3. las relaciones entre forma y función o gramaticalidad y significación.

Por otra parte, están quienes se preocupan por lograr un mejor establecimiento de las bases filosóficas para una teoría de *actos de habla* que, como es sabido, plantea un serio conflicto en la *aproximación comunicativa* hacia la que se han venido orientando los enfoques metodológicos en lenguas extranjeras. Conflicto que, en nuestra opinión, tiene que ver con un cierto desconcierto en el empleo de los términos y conceptos de *funciones*, *nociones*, etc., por parte de diferentes teóricos que, pensando en la práctica del aula, han inspirado la producción de materiales para el aprendizaje de una lengua extranjera con un diseño funcional-nocional de inspiración comunicativista.

En la orientación que toma la filosofía del lenguaje a comienzos del pasado siglo, surge -además de la escuela del positivismo lógico representada por Carnap- una tendencia denominada del *lenguaje ordinario* que representa una reacción contra aquélla y se inicia bajo la dirección filosófica de L. Wittgenstein inspirada en su *Tractatus Logico-Philosophicus*. El punto de partida para su orientación filosófica se sitúa en el ámbito anglosajón con Cambridge primero, y Oxford después, como centros en torno a los que se congregan una serie de filósofos preocupados por una mejor descripción del uso lingüístico como base de solución a los problemas planteados en la filosofía del lenguaje.

Mientras los lingüistas se preocupan más, en ese momento, por delimitar su campo de estudio a una concentración en la forma y por construir una determinada autonomía de la ciencia lingüística, el problema del *significado* y su estudio se vuelve un objeto de atención más particular por parte de estos filósofos, que se van a concentrar de manera preferente en el *sentido*, las implicaciones de las oraciones y las partes que la integran, y en desarrollar el *motto* de que el significado de las palabras está en su *uso* y no en la forma lingüística. Un lema que aparece de forma implícita en la posición conceptual de Wittgenstein cuando manifiesta que el significado de las palabras viene dado por su *contexto lingüístico*. Sin duda, esta introducción del *contexto situacional* supone un alejamiento del esquema diádico en el que el *significado* es una relación entre la palabra y la cosa sin que la situación desempeñe apenas ningún papel.

El concepto de *juego lingüístico* desarrollado por Wittgenstein cobra importancia en la tradición de los filósofos de la escuela de Oxford a la hora de distinguir entre *las cosas que se dicen* y *las cosas que se hacen* en el lenguaje. El lema *la significación está en el uso* ha supuesto el motor de arranque para la obra de los filósofos de la tradición de la *lengua ordinaria* que insistieron en una teoría de la significación bajo la premisa (Ryle, 1953: 171) de que: *Comprender una palabra o una frase es saber cómo usarla, o sea, hacerla desempeñar su rol en una gama de oraciones.*

Las ventajas iniciales de la consideración del significado como *uso* son, al menos, dos:

1. Una teoría del uso -en los términos expuestos por Wittgenstein y los filósofos de Oxford- presenta una seria alternativa a los problemas *no resueltos* por las teorías mentalista y conductista.
2. Esta teoría parece adecuarse bastante bien a la forma en cómo aprendemos los significados de las palabras.

La teoría, sin embargo, no pareció presentar en sus primeras formulaciones el rigor requerido para su adecuación al marco tradicional de análisis del problema, y no recibirá suficiente consideración hasta el momento en que se produzcan los primeros intentos por dar forma a esta idea a partir del trabajo inicial y sobresaliente de John Austin y la continuación del mismo por J. R. Searle. Uno y otro van a tener una influencia indirecta muy relevante en una aproximación comunicativa en el marco de actividad de las lenguas extranjeras y segundas.

La posición que Austin mantiene a lo largo de las escasas publicaciones aparecidas durante la corta vida, se resume en la idea de que todas las oraciones encierran un componente ilocucionario para su significado, y, en este sentido, creyó que la investigación de las funciones básicas que desempeña el lenguaje podría orientarse a partir de un análisis tipológico de verbos performativos o realizativos. Searle (1969, 1971, 1976), que en años posteriores continuó y sistematizó las ideas de Austin, ha sugerido para el mismo fin una simple tipología de posibles actos de habla basada en *condiciones de felicidad* en vez de en verbos performativos.

Sobre esta base de análisis, Searle trata de establecer cómo se relacionan las palabras con el mundo y cataloga cinco tipos de *cosas* que el lenguaje puede hacer, al mismo tiempo que propugna que la reducción del aspecto ilocucionario del significado a condiciones de uso se ve favorecida en el marco de una teoría general de semántica, aspecto que no encontramos en la proposición de Austin. A pesar de la similitud básica que existe entre el filósofo británico y el norteamericano, Searle no ha llegado a aceptar la noción de *acto locucionario* y en cuyo lugar propone la existencia de *actos proposicionales* (referir y predicar) que conllevan el contenido de una locución, y, además, desarrolla el concepto de *fuerza ilocucionaria* de una locución como el resultado de la interpretación que el oyente da a la misma, y no como la consecución favorable de la intención del hablante, en el sentido propuesto originariamente por Austin.

En los términos expresados por Alcaraz y Martínez (1997: 14), el conjunto de la teoría de los actos de habla: *[...] es, sin duda, una de las teorías sustantivas más completas y más sistemáticas del paradigma de la pragmática, ya que examina con claridad y precisión las relaciones existentes entre los signos y sus usuarios.*

En definitiva, la consideración del lenguaje como parte de una teoría más general de la acción permite establecer que su *uso* se entiende y se realiza mediante la participación en una forma de conducta gobernada por reglas, donde la unidad mínima de comunicación lingüística sería un *acto de habla*. Esta perspectiva complementa las deficiencias y parcialidad de una concepción del lenguaje netamente *comportamentalista* -en el sentido conductista- o de las *reglas innatas* que Chomsky intentó formalizar en un marco de estudio independiente.

Finalmente, cabe señalar que las dificultades internas que conlleva una teoría de *actos de habla* hacen suponer que ésta pueda ser subsumida en el marco de aproximaciones pragmáticas multidisciplinares más complejas. Si bien la configuración teórica del estudio de los actos lingüísticos evidencia un puente de unión entre los niveles de abstracción de la teoría lingüística y la investigación experimental de cómo se usa una lengua en su realización actual, no faltan autores (por ejemplo Brown y Levinson, 1987) que han sabido señalar las enormes dificultades a que se enfrenta una teoría de este tipo.

Aún así, las implicaciones didácticas derivadas de la teoría de actos de habla suponen una base más realista para una aproximación pedagógica a la enseñanza de las lenguas extranjeras: *una enseñanza comunicativa* y una *nueva organización curricular* en términos del propósito de comunicación más que de la forma. Se pretende que el alumno sea capaz de interrogar, negar, contradecir, suponer, pensar, manifestar actitudes, etc., en la nueva lengua sin recurrir, *explícitamente*, a categorías gramaticales formales (infinitivo, indicativo, etc.), sino efectuando todas esas operaciones en función de una serie de categorías nocionales preexistentes que constituyen la lógica del discurso.

A partir de una teoría de actos de habla se incluyen tareas prácticas de, al menos, cuatro tipos diferentes e integradores como se muestra en el cuadro 3.

Ejercicios cognitivos	Estudios de modelos y de documentos auténticos sonoros y escritos.
Ejercicios formales	Acerca de las regularidades lingüísticas, producción de enunciados, transformación de enunciados, micro-conversación y práctica de la entonación expresiva.
Ejercicios de creatividad	Producción de diálogos, juegos lingüísticos en torno a la argumentación, manifestación del acuerdo-desacuerdo sobre un tema cualquiera mediante tormenta de ideas, práctica de matrices discursivas, resolución de problemas con soluciones múltiples, etcétera.
Ejercicios de simulación	La práctica de la simulación y el juego de roles resulta una actividad propicia para el ejercicio de actos lingüísticos, inclusive las simulaciones escritas de las cuales las más productivas son las réplicas de documentos auténticos: anuncios, eslóganes, editoriales de opinión, cartas en prensa, etc., que -como sabemos- conllevan una serie de actos de habla de gran riqueza por su variedad y, por tanto, útiles y necesarios a estos efectos.

Cuadro 3: Aplicaciones concretas de la teoría de actos de habla.

La mayoría de los diseños curriculares de lenguas en el ámbito escolar (un contexto que sin duda afecta cada día más a la enseñanza del español como lengua extranjera) tienen hoy en día una característica común que afecta a sus bases epistémicas fundamentales (Instituto Cervantes, 1994). El lenguaje se contempla como instrumento de comunicación, tanto *interpersonal* como *intrapersonal*, y como sistema de representación, lo que lleva a la implicación curricular de que el lenguaje es el instrumento primordial de construcción del mundo y está muy estrechamente vinculado a los procesos del pensamiento. Una preocupación que centró el interés del Consejo de Europa y, más concretamente, del denominado Consejo para la Cooperación Cultural, que desarrolló a mediados de los años setenta del pasado siglo un sistema crediticio de aprendizaje de lenguas modernas, destinado a adultos con necesidades lingüísticas específicas en el marco de la recién estrenada concepción de la movilidad europea. Como sabemos, una iniciativa que alcanzó al diseño del nivel umbral del español pensando en su proyección como lengua de comunicación internacional (Slagter, 1979, 1993).

Como es conocido, la revelación más importante que, en aquel entonces, se produce con relación a un enfoque comunicativo de los contenidos es aquélla que manifiesta que no se trata sólo de aprender a construir las oraciones correctamente, sino que se necesita también aprender a realizar, de forma apropiada y coherente, los actos del lenguaje que intervienen en las situaciones de la comunicación. Como sabemos, el contenido del enunciado puede analizarse por medio de diferentes tipos de predicaciones engranadas entre sí. Bajo un enfoque comunicativo se insiste sobre los elementos del enunciado que poseen una función esencialmente *comunicativa*, en oposición al contenido proposicional de función *referencial* que había recibido un tratamiento sistemático por parte de las gramáticas y cursos de lenguas fieles a los métodos de influencia conductista o mentalista.

En este sentido, el contenido de un curso de lengua pasa a definirse y analizarse en términos de los diversos componentes de los actos de comunicación. A diferencia de la práctica habitual *pre-comunicativa* presente en la mayoría de los planteamientos metodológicos anteriores, la elección del vocabulario y las estructuras gramaticales se subordinan, bajo este enfoque, al *acto semiótico* y a los diferentes parámetros que intervienen en su realización. Entre estos parámetros cabe incluir el *medio* (comunicación por teléfono, personal, etc.), el *soporte* (oral/escrito), la *situación* (más o menos formal) y el *estado social y afectivo* de los locutores, etc., lo que indica que la *presencia del sujeto en el discurso* es más importante para la comunicación que *los objetos acerca de los que habla*. Un concepto que insiste, ya desde la lingüística funcional de Michael Halliday, en la necesidad de proporcionar al individuo que aprende y perfecciona una lengua *los medios para construir una personalidad como sujeto hablante en la lengua que aprende*.

Se trata, en definitiva, de una nueva estructura en la enseñanza de lenguas extranjeras que comienza tímidamente a combinar y conjugar los elementos lingüísticos y metodológicos de la lengua en cuestión con los planteamientos sociológicos y curriculares de quiénes son los que aprenden esa lengua, cuáles sus intereses, motivaciones y actitudes, qué tipo de finalidades presiden su proceso de apropiación de una forma de comunicar socialmente, cuáles son sus valoraciones interculturales respecto de las lenguas de comunicación social, etc. Una estructura que, a lo largo de sucesivas circunvoluciones, ha cristalizado en una serie de líneas maestras -trazadas desde un amplio consenso- contempladas en el documento europeo de referencia ineludible para la problemática que aquí nos ocupa: el *Marco común europeo de referencia para las lenguas: aprendizaje, enseñanza, evaluación* (Instituto Cervantes, 2002).

3. La lengua como comportamiento intercultural

El tercer tipo de interés -decíamos al principio de este trabajo- se centra en la lengua como comportamiento intercultural, como compromiso en la acción intercultural. Los últimos años del pasado siglo y los venideros del presente nos llevan, finalmente, a comprender la lengua como comportamiento intercultural -una herramienta para desarrollar nuestras interacciones interculturales en una cultura del mestizaje-. Y nuestra perspectiva se vuelve *sociológica*. Nuestra preocupación inicial por el *locutor nativo* (que, en realidad, no quiere decir mucho) se ha trasladado, de la mano de una sociedad global de la información, de la educación y del mestizaje, a un *locutor intercultural*.

A medida que la ciencia lingüística se vuelve más sociológica, sus aportaciones penetran más y mejor en un intento por afrontar ese *lugar de encuentro* que pasa por establecer y definir las relaciones entre lenguaje, cultura y sociedad. Las lenguas no se emplean en una cámara de vacío, sin contexto alguno, ni en contextos virtuales; más bien, su uso responde a la acogida de los contextos discursivos que, necesariamente, están siempre impregnados de la ideología de los sistemas e instituciones sociales. Con el desarrollo de la orientación comunicativa, se ha llegado a una forma tácita de consenso entre teóricos y prácticos sobre el hecho de que este componente sociológico complementa y modifica los nuevos enfoques de la enseñanza y aprendizaje de una lengua extranjera, si bien no parece existir la misma base de acuerdo en torno al problema de cómo combinar, de manera efectiva y práctica, un enfoque comunicativo y un enfoque sociológico.

El lenguaje nos hace libres a nivel individual y, al mismo tiempo, nos encadena socialmente. Desde los postulados de raíz chomskiana, se ha demostrado, de manera bastante rotunda, que los humanos no somos meras criaturas objeto de condicionamientos mecanicistas en lo que se refiere a nuestros usos lingüísticos, independientemente de nuestra actuación en una primera lengua o en otras lenguas añadidas con posterioridad. De hecho, sólo los humanos podemos decir cosas que nunca antes hemos oído y podemos comprender aquéllo que jamás hemos escuchado ni leído con anterioridad.

Sin embargo, cuando consideramos las reglas sociales del lenguaje surge ante nosotros una cierta paradoja. Estas reglas de uso social de una lengua nos fuerzan, con frecuencia, a determinadas formas de intervención lingüística. Y esta manera de requerirnos una determina conducta lingüística y comunicativa nos resta libertad en nuestro comportamiento social. No es sólo que, como sucede muy frecuentemente, debamos responder ante una demanda concreta; es, sobre todo, que debemos responder de un modo *determinado*. Esta paradoja describe, bastante claramente, rasgos importantes en la experiencia de enseñar y aprender una nueva lengua, un nuevo comportamiento lingüístico. En particular, nos advierte acerca de ese sentimiento de misterio, confusión, frustración e inutilidad que muchos profesores y alumnos de español como lengua segunda o extranjera han experimentado más de una vez.

En el marco del creciente movimiento mundial en torno a una mayor comunicación intercultural, el papel de las lenguas extranjeras ha venido a cobrar una identidad, todavía más remarcada, en cuanto a su dimensión de co-responsabilidad social en la construcción de esa perspectiva intercultural. Una perspectiva que, como sabemos, está ejerciendo un peso específico en la potenciación de la dimensión europea y a la que el español, como lengua abanderada de las culturas neolatinas, no puede renunciar.

Sin duda, estamos ante un hecho sociológico de una especial trascendencia, con ventajas y riesgos que debemos asumir como componente natural de nuestros conocimientos propios en el ámbito de la enseñanza del español como lengua extranjera. El proceso de vivir los usos lingüísticos, no sólo demandado desde la propia subsistencia de las lenguas minorizadas, sino también como ingrediente básico en el desarrollo social de la comunicación transnacional por medio de lenguas auxiliares, depende en gran medida de que la lengua en cuestión (propia o extranjera) exprese una *cultura viva* y *compartida*.

En consecuencia, si bien es posible argumentar que, en principio, la enseñanza de una lengua extranjera es la enseñanza de una *herramienta para ciertos usos instrumentales*, sin implicaciones sociales ni ideológicas, en la realidad sabemos que el éxito de estas enseñanzas -digamos, la efectiva apropiación de la lengua y del comportamiento social en esa lengua- depende mucho de que los aprendices sean capaces de integrar los elementos lingüísticos con sus propias necesidades ideológicas y sociales. Claro que la determinación *a priori* de tales necesidades, su desarrollo en el aula, su evaluación, etc., es todavía un terreno poco explorado.

Por otra parte, la naturaleza sociolingüística de nuestros conocimientos profesionales como profesores de una lengua extranjera tiene un ingrediente epistémico que es preciso poner de relieve. La interacción verbal, como nadie duda, es un proceso social en el que los actos de habla son seleccionados de acuerdo con normas y expectativas reconocidas socialmente. De ahí que los fenómenos lingüísticos, en cualquier lengua natural, se analicen no sólo desde el contexto sistémico de la propia lengua, sino también desde el amplio contexto del comportamiento social de los usuarios. Esto significa que, a la naturaleza de los conocimientos aportados por la lingüística moderna (el modo de analizar, sobre todo desde su función referencial, los datos lingüísticos con abstracción del contexto en que se ubican), debemos sumar la naturaleza de aquellos otros conocimientos que tienen que ver con un universo de uso socialmente definido, aunque tal universo resulte a veces -como en el caso del *español-castellano*- complejo de delimitar o abarque a todo un macrouniverso.

Los aprendizajes efectivos de las lenguas extranjeras se han venido orientando durante las pasadas décadas, en la dirección de esperar que *el encuentro social*, un duro crisol de competencia de la apropiación de la nueva lengua, se produzca un día (para muchos aprendices nunca) en alguna situación real muy alejada del contexto educativo del aula. Y ya nadie trata de motivar ficticiamente (si, en realidad, existió alguna vez tal motivación extrínseca) a sus alumnos a aprender una lengua extranjera para cuando vayan a un país donde esa lengua tenga una instalación social plena. En realidad, éstos deben estar preparados para el *encuentro social en el discurso* desde el primer momento de su proceso de contacto con la nueva experiencia lingüística en la lengua en cuestión, aunque esto suceda en un aula.

Naturalmente, esto requiere que el profesorado forme a sus alumnos, desde los primeros momentos del proceso, en la adquisición y el desarrollo de las destrezas básicas de la negociación. *Negociación* es el término empleado ya hace un tiempo por Candlin (1981) para describir el conjunto de complejos dominios (de tipo actitudinal, cognitivo, intelectual, pragmático, intercultural, lingüístico, etc.) que deben ser desarrollados y gestionados por un alumno de lengua extranjera durante el proceso de formación para prepararse para tal tipo de *encuentro con el discurso*. Un proceso formulado igualmente por Edelhoff (1980: 64) en los siguientes términos: *[...] aprender acerca de los demás, sus creencias, sus motivaciones, su pasado, su contexto histórico, su cultura y sus ideales. Es la experiencia de los demás con lo que el aprendiz tiene que aprender a enfrentarse, de manera que el proceso de percibir las experiencias de otras personas le proporcione un nuevo nivel para construir su propia experiencia.*

En este sentido, la dimensión intercultural integra y potencia la toma de conciencia sobre el papel de la lengua extranjera como un *instrumento social* que proporciona a los alumnos la oportunidad de desarrollar sus capacidades como experimentadores y negociadores más que como receptores pasivos de datos y tópicos netamente lingüísticos. Los objetivos de formación, a corto, medio y largo plazo, que competen al desarrollo de un potencial comunicativo por parte de los alumnos de una lengua extranjera -*no sólo como alumnos sino también como comunicadores sociales*- forman parte explícita, hoy en día, de la inmensa mayoría de los diseños curriculares de los diversos sistemas educativos occidentales que, de forma progresiva, se han venido aproximando, a lo largo de las última décadas, a la proyección de una educación lingüística vinculada, estrechamente, a la dimensión de un *yo socializado* en el aprendiz de lenguas extranjeras.

Como, en estos últimos años, tratan de poner de relieve las experiencias de aprendizaje de lenguas extranjeras siguiendo pautas *vivenciales*, el proceso de apropiación de una nueva lengua se inserta en la esfera social de las propias vivencias de los alumnos. Y si no es así, posiblemente no va mucho más allá de ser un tipo de conocimiento más. De ahí la importancia de cultivar, en el tránsito por este proceso, las capacidades de los alumnos para desarrollar estrategias discursivas, sobre la base de una comunicación adecuada, intercultural y efectiva. Algo que, no cabe duda, va a afectar a su *gramática social* ya adquirida, en la medida en que va a extender y modificar -en todo caso, integrar- sus percepciones iniciales de los códigos y subcódigos lingüísticos que ya forman parte de su competencia.

Sobre la base empírica, y no verificada, de la teoría de la relatividad lingüística, descansa el aserto común e implícito en el ámbito de los aprendizajes de lenguas de que no puede existir una competencia comunicativa en la lengua extranjera sin que tenga lugar, por parte del alumno, la interiorización de los patrones y valores culturales de los hablantes de esa lengua. Claro que el interrogante sobre tal implícito parece obvio: *¿Qué hablantes?, ¿qué patrones?* y *¿qué valores?* Parece evidente que los materiales didácticos y las metodologías del aula deberían reflejar, al menos, algunos de los siguientes rasgos concernientes al aprendizaje de una lengua añadida como forma de comunicación, si se pretende que los alumnos desarrollen sus capacidades para afrontar los problemas de la *dimensión social e intercultural* vinculada a tales aprendizajes lingüísticos. En síntesis, asumir el hecho de que:

- la mediación en la derivación del significado es un proceso *dinámico* de inferencia;
- (como consecuencia) los significados son plurales y variables en la medida en que se desarrollan las características concretas del proceso de comunicación;
- un proceso de negociación de significados está determinado por reglas discursivas de tipo social y específicas de una cultura (y por reglas de tipo pancultural) que constituyen una ayuda esencial en el aprendizaje y progreso lingüístico de apropiación de una nueva lengua;
- este tipo de reglas entran en juego a través de procesos de interacción y, como consecuencia, las estrategias de apropiación de la lengua extranjera deberían enmarcarse en la dinámica de un contexto transaccional;
- los alumnos de una lengua extranjera necesitan desarrollar una cierta sensibilidad hacia los prejuicios sociales y culturales que conllevan determinados actos de habla, y que una sensibilidad de este tipo -que se puede impulsar mediante el diseño de contenidos específicos de tipo actitudinal- resulta un prerrequisito básico para comprender la nueva lengua como un medio de traspasar el umbral de la comunicación intercultural.

Sin duda, el *contexto social* no nos conduce a una tierra prometida en el ámbito de los aprendizajes lingüísticos, pero, desde el punto de vista de las estrategias procedimentales de la enseñanza y aprendizaje de nuevas lenguas, pone de relieve algunos aspectos concretos que merecen su atención dentro del marco profesionalizador al que trata de orientarse el contenido de este libro. En particular:

- Los *contextos* (académicos o no académicos) en los que hoy se desarrollan los aprendizajes de las lenguas extranjeras son muy variados y diversos entre sí, lo mismo que lo son las necesidades lingüísticas y los propios propósitos de aprendizaje de una lengua añadida. Si se pretende buscar un denominador común a todos ellos, sin duda nos pondríamos fácilmente de acuerdo en formularlo en la dirección de un amplio movimiento social en favor de una comunicación transnacional e intercultural, asumiendo -desde luego- las ventajas y los riesgos de esta opción universal.

- Esta opción universal pone en tela de juicio el debate secular en torno a la relación entre lenguaje y sociedad. No se pone en duda que el lenguaje y las lenguas tienen su realización en un *contexto*. Pero no sólo en *el contexto del texto*, sino también en un *contexto enriquecido a nivel etnográfico* que, de algún modo, es preciso trasladar didácticamente al contexto del aula de lengua extranjera. De ahí la importancia que, recientemente, se viene observando en la creciente preocupación del profesorado de lenguas extranjeras (y de sus formadores) por desarrollar en los alumnos de estas lenguas un sentido, una conciencia, centrada en la competencia comunicativa, que les permita llegar a dominar *usos* en la nueva lengua que resulten *apropiados* y *pertinentes* dentro del amplio sistema universal de aquellos valores socioculturales en los que hoy se desarrolla la comunicación.
- Claro que el *discurso social* y *la cultura* son, a su vez, algo más que el telón de fondo y que el contexto de la significación en una lengua franca. Apropiarse de una lengua añadida es apropiarse de sus discursos sociales y de su cultura. Ello implica penetrar en la dimensión del lenguaje y las lenguas como un *instrumento social* bajo una perspectiva que sitúa los propios conceptos de *lengua*, *discurso social* y *cultura* en una dinámica de correlación interna que une estos tres conceptos a la hora de compartir la característica común de la *imprevisibilidad*.

Este rasgo de *situaciones imprevisibles* que comparten los conceptos de *lengua, discurso social* y *cultura* nos ponen en guardia, en el ámbito de los aprendizajes lingüísticos, frente a la necesidad de impulsar los procedimientos y las destrezas de la *negociación* como fuente de toda acción didáctica y metodológica enfocada hacia un proceso efectivo de apropiación de la lengua extranjera.

Conclusión

No hace mucho que hemos estrenado un nuevo siglo y no es precisamente el día de Pentecostés sino la hora de Babel lo que tenemos a la vista. Mil millones seremos los hablantes de lenguas neolatinas en pocos años más, una buena parte de ellos en Europa. Mil millones que podríamos entendernos con *la voz de la cultura* sin tener por qué doblegarnos a las conveniencias utilitarias. No nos interesa a los latinos la enseñanza de nuestra gran lengua común para la supervivencia en territorio foráneo. Los latinos debemos interesarnos más por una enseñanza de la lengua española con una visión cultural, no *de terraza de playa*. Claro que el hecho de no dejarnos cercar por otros intereses *no significa* rendir culto al mito del imparable crecimiento del español como lengua extranjera en el mundo y esperar, como algún político gusta de afirmar, que la lengua española se desarrolle más y mejor por sí misma. No lo hará... en la forma en que resulta deseable que suceda... sin procesos rigurosos de profesionalización de sus profesores y profesoras... procesos en los que las aportaciones lingüísticas juegan -como procesos intelectuales- un papel determinante para comprender mejor la compleja naturaleza del objeto de tal profesión: *la lengua y su dimensión cultural*.

Dejarnos cercar por intereses lingüísticos ajenos a nuestra historia y a nuestro destino, va lesionando nuestra fisonomía cultural..., una tendencia que se agrava todavía más en el momento en el que la política y la economía mundial apuestan por una sociedad de mercados. Y las lenguas extranjeras que, hasta ahora, han formado parte indisociable de la globalización mundial corren el peligro de convertirse en la vanalidad de un mercado de lenguas, jugando a invertir en aquellas que suponen un valor de cotización al alza y no hacerlo en aquellas otras que se suponen tendentes a cotizar a la baja. Las lenguas no pueden ser un mercado de valores. No lo son si sus orientaciones educativas trascienden más allá de sus valores meramente instrumentales y utilitaristas. Y el español, como lengua extranjera o segunda lengua, no puede deslizarse por la pendiente neoliberal de los mercados de lenguas. Se refería en una ocasión el profesor Marcos Marín al hecho de cómo un profesor de la Universidad de Columbia afirmaba que cabía reconsiderar el valor práctico del español como *instrumento de comercio*. En realidad, nunca sabremos si una buena parte del motivo de su adopción como lengua segunda en Brasil tiene que ver con este criterio respecto a los intereses establecidos en Mercosur.

Tal vez, como ingrediente de nuestra profesionalización como profesores y profesoras de esta lengua, nos convenga reflexionar sobre el hecho de que el español -como lengua extranjera o segunda- no tiene un reto lingüístico..., ni didáctico..., no más que otras lenguas extranjeras. Tiene un *reto cultural*. El español puede y debe abanderar el movimiento *propio* de este siglo, de nuestra sociedad global de mestizaje..., no del pensamiento único. Un movimiento que avanza en la dirección de alimentar y llenar de contenido la ecuación: *Lengua(s) = Cultura*. Un movimiento que aspira, desde la educación lingüística, a construir una sociedad de la cultura, del valor del mestizaje, del crecimiento en el encuentro intercultural. Un movimiento para el que las aportaciones lingüísticas -en continuo proceso de adaptación y desarrollo dinámico- nos sirven, al menos, como motivo de trabajo y discusión.

BIBLIOGRAFÍA

ALCARAZ, E. y MARTÍNEZ LINARES, Mª. A. (1997), *Diccionario de lingüística moderna*, Madrid, Ariel.

ÁLVAREZ ANGULO, T. (1998), "Unidades transfrásticas en la comunicación (Lingüística del habla)", en A. MENDOZA (coord.), *Conceptos clave en didáctica de la lengua y la literatura*, Barcelona, SEDLL / ICE / Horsori: 275-286.

BROWN, P. y LEVINSON, S. (1987), *Politeness. Some Universals in Language Use*, Cambridge, Cambridge University Press.

CANDLIN, C. (ed.) (1981), *The Communicative Teaching of English: Principles and an Exercise Typology*, Londres, Longman.

CHOMSKY, N. (1965), *Aspects of the Theory of Syntax,* Cambridge, Mass., The MIT Press.

CHOMSKY, N. (1966), *Cartesian Linguistics,* Nueva York, Harper and Row.

EDELHOFF, C. (1980), "Kommunikative Lernziele im Fremdsprachenunterricht: Vom Verstehen zum Aubern", *Sprache und Beruf,* 2: 61-74.

GARNICA, A. (1998), "Lo que queremos decir cuando hablamos o el aspecto pragmático de la lingüística", en J. M. ORO y J. VARELA (eds.), *Diálogo de culturas*, Santiago de Compostela, Servicio de Publicaciones de la Universidad de Santiago de Compostela: 45-55.

INSTITUTO CERVANTES (1994), *La enseñanza del español como lengua extranjera. Plan curricular del Instituto Cervantes*, Alcalá de Henares, Instituto Cervantes.

JIMÉNEZ JULIÁ, T. *et al.* (1999), *Español como lengua extranjera: Enfoque comunicativo y gramática,* Santiago de Compostela, Universidad de Santiago de Compostela-ASELE.

LEVINSON, S. C. (1983), *Pragmatics*, Cambridge, Cambridge University Press.

RYLE, O. (1953), "Ordinary Language", *Philosophical Review,* 62: 167-186.

SÁNCHEZ PÉREZ, A. (1992), *Historia de la enseñanza del español como lengua extranjera,* Madrid, SGEL.

SEARLE, J. R. (1969), *Speech Acts: An Essay in the Philosophy of Language*, Cambridge, Cambridge University Press.

SEARLE, J. R. (1976), "A classification of illocutionary acts", *Language in Society,* 5: 1-23.

SEARLE, J. R. (ed.) (1971), *The Philosophy of Language,* Oxford, Oxford University Press.

SLAGTER, J. P. (1979), *Un nivel umbral*, Estrasburgo, Publicaciones del Consejo de Europa.

SLAGTER, J. P. (1993), "Problemas actuales en la enseñanza de las segundas lenguas", *Actas del I Congreso sobre la Enseñanza del Español*, Madrid, Biblioteca Pedagógica, 135-179.

VEZ, J. M. (2000), *Fundamentos lingüísticos en la enseñanza de lenguas extranjeras,* Barcelona, Ariel.

VEZ, J. M. (2001), *Formación en didáctica de las lenguas extranjeras*, Rosario, Homo Sapiens.

Aportaciones de la lingüística contrastiva

José Manuel Vez Jeremías
Universidad de Santiago de Compostela

Introducción

Nadie pone hoy en duda que lenguaje y cultura forman parte de un mismo tejido social, que ambos afectan a la forma en que pensamos y nos comportamos, y que ambos se ven, a su vez, afectados por esta forma de pensar y de comportarse. Tratar de comprender y de determinar esta relación ha sido el objeto de preocupación de muchos investigadores a lo largo de la historia reciente. Algunos de ellos, llegando a veces a posiciones tan radicales como la que se desprende de la hipótesis vinculada a los nombres de Edward Sapir y Benjamin Lee Whorf. Según esta hipótesis, como es bien conocido, el lenguaje no es sencillamente un elemento cultural que interactúa junto a otros elementos; es, más bien, la propia fragua de la que emergen las culturas en sus respectivas manifestaciones.

La cultura -afirmó Sapir (1921: 233)- *puede definirse como lo que una sociedad hace y piensa*. Sin embargo, cuando un lingüista, un antropólogo o un filósofo estudian la relación entre lenguaje y cultura, difícilmente lo harán desde o para una perspectiva tan amplia. Sus preocupaciones tienen en común las ideas de los seres humanos, su forma de pensar y decir, sus creencias, etc., pero sin pretender alcanzar todo lo que el ser humano hace en la medida que no todo lo que hace guarda una relación significativa con la lengua o lenguas que posee y usa.

Cuando Sapir y Whorf hablaron de la conexión entre lenguaje y pensamiento, su interés no estaba en la relación de un determinado enunciado con una idea en particular, sino más bien en la conexión entre áreas globales del lenguaje y áreas globales de la actividad intelectual humana. Digamos, por ejemplo, en la conexión existente entre la forma en que pensamos acerca de la naturaleza del tiempo y los elementos lingüísticos que ponemos en juego para hablar sobre el tiempo. En este sentido, la hipótesis Sapir-Whorf representa un desafío a las demás hipótesis comúnmente aceptadas, en cuanto a la relación lengua-cultura. Por ejemplo, la hipótesis de que el lenguaje refleja una realidad preexistente de la que el ser humano es prelingüísticamente consciente. Y en esta dirección, las lenguas son instrumentos diseñados para describir esa realidad. Dicho de otro modo: primero nos comportamos y luego, mediante la lengua en cuestión, describimos ese comportamiento. Postulados, todos ellos, rechazables desde la hipótesis Sapir-Whorf.

Para ambos pensadores, el lenguaje no es un instrumento de registro pasivo de los acontecimientos que refleja una realidad preexistente de la que somos todos conscientes en nuestro medio cultural. Muy al contrario, nuestras lenguas forjan nuestra concepción de qué es la realidad y cómo la percibimos. Lo que esta realidad es para cualquiera de nosotros se convierte en una función de la lengua en que la expresamos. Claro que así, habrá tantas realidades posibles como distintas lenguas existentes. Y dado que no hay una superlengua, no existe tampoco forma posible de elegir entre distintas concepciones de la realidad, diferentes formas de analizarla y modos diversos de percibirla y representarla.

La lingüística del contraste, que se desarrolló con grandes expectativas para el mundo aplicado de la enseñanza de las lenguas extranjeras a mediados del siglo pasado, y que desembocó en una propuesta concreta -el análisis contrastivo- que llegó a poseer manifestaciones metodológicas muy compartidas en la educación lingüística, poco o nada tuvo que ver con estas ideas, que, sin embargo, estaban ya bien presentes en aquellos años.

Hoy sabemos y compartimos la opinión de que quienes pertenecen a diferentes sociedades tienen una percepción, un comportamiento y unas actitudes hacia el mundo, muy diferentes unos de otros, y que tales diferencias tienen que ver con el hecho de poseer lenguas distintas y, por tanto, competencias lingüístico-comunicativas diferentes. Pero, a diferencia de las primeras formulaciones de los contrastistas, el énfasis no lo situamos en los problemas de la adquisición o el aprendizaje de dos (o más) sistemas lingüísticos diferentes, sino en el hecho de que apropiarse de una o varias lenguas es apropiarse de la cultura que la(s) hace viva(s) y transmisible(s).

Y, sin duda, como se afirma desde la visión histórico cultural *vygotskyana* (Vygotsky, 1982), los signos lingüísticos (como los símbolos algebraicos o las notas musicales) son un producto cultural. Se accede a ellos al formar parte de un medio social y cultural. Y nos apropiamos de una nueva lengua, de una nueva forma de significar, en la medida en que nos apropiamos del medio sociocultural que nos invita (o nos fuerza) a negociar los nuevos significados lingüístico-culturales que nos resultan imprescindibles para comunicar en ella. Un planteamiento que, como analizaré en este trabajo, reaviva los postulados iniciales del análisis contrastivo en nuevas reformulaciones más críticas, que han empezado a ser bienvenidas en el mundo de la educación lingüística de la mano de las propuestas aplicadas de la retórica contrastiva.

1. Lingüística y aprendizajes de lenguas extranjeras en el siglo xx

El siglo xx, entre otras manifestaciones culturales y científicas, ha pasado ya a ser considerado como el siglo de la lingüística. A consecuencia de la intensificación de las relaciones internacionales, la lengua ha dejado de ser tenida en cuenta como una curiosidad filológica, para ser vista como una realidad viva, activa y, sobre todo, muy útil.

Tres grandes impulsos han resultado característicos y definitorios de los avances en el campo de la lingüística en el siglo pasado: a) En la primera mitad del siglo dominó el estructuralismo, según el cual la lengua es considerada como una estructura de estructuras; b) en la segunda mitad, los modelos generativos se propusieron computar su adquisición y su funcionamiento y, de esta manera, definir lo que es la sorprendente lengua natural; c) en la última parte del siglo irrumpía con fuerza en el campo de la lingüística el interés por los aspectos pragmáticos de la lengua: para qué sirve la lengua, qué hacemos cuando hablamos, cómo la usamos... (para un mayor detalle sobre esta cuestión, cfr. Vez, 2000).

Los aprendizajes de lenguas extranjeras también han pasado por tres momentos, tres impulsos diferentes, a lo largo del siglo que acabamos de dejar atrás. Claro que estos momentos no coinciden plenamente con el desarrollo de la propia lingüística, en la medida en que la segunda revolución -la generativista- no tiene un impacto tan directo en los procesos de enseñanza y aprendizaje de nuevas lenguas como el que tienen el estructuralismo y la pragmática.

Cabe describir los rasgos propios de estos tres grandes impulsos señalando que:

- En un primer momento nuestro interés se centró en la lengua como conocimiento, como saber. Es el momento de la primera mitad del siglo y buena parte de los años sesenta.
- En un segundo momento, dirigimos nuestra atención hacia la lengua como comunicación, como saber hacer. Es el impulso de la segunda mitad de siglo.
- El tercer momento, en el que ahora vivimos, mira hacia la lengua como comportamiento intercultural, como compromiso en la acción intercultural. Un momento que ocupa los últimos años del siglo y ocupará los años venideros.

Esta cronología, sin duda inexacta e imprecisa en función de los propios avances en cada uno de los diversos contextos internacionales, pone de manifiesto -en simultáneo- la evolución de tres puntos de atención, tanto de las investigaciones en lingüística aplicada, como del interés de alumnos y profesores de lenguas extranjeras.

Cuando pensábamos en la lengua como conocimiento, como conjunto de saberes -saber acerca de la lengua- nuestro interés fue *pedagógico*. Cuando, más tarde, desviamos nuestra atención hacia la lengua como comunicación y para la comunicación -hacer cosas en la lengua y no sólo saber acerca de ella- nuestro interés fue *psicosocial*. Cuando, finalmente, comprendimos la lengua como *comportamiento intercultural* -una herramienta para desarrollar nuestras interacciones interculturales en una cultura del mestizaje- nuestro interés se vuelve *sociológico*.

Aún así, cabe tener en cuenta que detrás de cada uno de estos tres tipos de intereses ha habido siempre una fundamentación lingüística:

Tras el interés pedagógico de la primera mitad de siglo, centrado en la búsqueda obsesiva del *método ideal* de enseñanza de una lengua extranjera, se esconde la preocupación por convertir una gramática científica en una gramática pedagógica. Disponíamos para ello, en el territorio lingüístico, del concepto de lengua como estructura y de la descripción oracional.

El segundo interés, y el segundo gran momento en los aprendizajes de lenguas extranjeras es, como he mencionado más arriba, de tipo psicológico. Nos interesa, a partir de los años setenta, quiénes son los que aprenden una nueva lengua: el sujeto de aprendizaje, sus motivaciones, sus estrategias, sus estilos de aprender, sus usos, etc. Claro que bajo esta preocupación de los nuevos psicólogos cognitivos subyace una fundamentación lingüística que, en esa década de los setenta, a partir de los disidentes tanto del estructuralismo como del generativismo, establece una nueva línea de acceso al estudio de la lengua. No interesa tanto el hecho de que el hombre habla como la realidad de que los hombres hablan y lo que hacen y quieren decir cuando hablan. Más allá de la lengua en sí, el interés se pone en los usuarios de la lengua y en sus usos sociales.

El tercer tipo de interés -mencionado anteriormente- es de tipo sociológico. Nuestra preocupación inicial por el locutor nativo (que no quiere decir mucho) se ha trasladado, de la mano de una sociedad global de la información, de la educación y del mestizaje, a un locutor intercultural. Para la comunidad de naciones que forman Europa, por ejemplo, unido no significa 'uniforme'. La Europa de la moneda única no debe ser la Europa de una lengua franca única: el inglés. La riqueza, la diversidad y la originalidad de sus culturas son su fuerza, así como las condiciones del respeto que ella pueda inspirar. Se sabe hoy que el principal vector de la vitalidad de una cultura es su lengua. Lo que implica, a escala de todo un continente, la existencia de un plurilingüismo real. Es decir, vivo y activo. Esto no puede ocurrir sin consecuencias.

2. El momento del análisis contrastivo

El comienzo del siglo xx seguía considerando el estudio de la lengua como una tarea esencialmente filológica; es decir, su objetivo general era la lectura e interpretación de textos escritos. La filología se había puesto al día, en tanto que se ponían en relación los textos antiguos con los modernos, fijándose en la evolución de los sonidos de las diversas lenguas. La consecuencia inmediata fue el interés por la fonética, en cuyo estudio se utilizan las innovaciones tecnológicas del momento.

La primera gran revolución lingüística del pasado siglo se va a producir en las décadas de los años veinte y treinta, a ambos lados del Atlántico, con la introducción del método estructural. Las respectivas aportaciones de Ferdinand de Saussure y Leonard Bloomfield coinciden, en lo básico, en subrayar tres características definitorias del estructuralismo:

- La primera es el rechazo frontal de la filología: la realidad de la lengua no se encuentra en los textos escritos, sino en la palabra hablada. La lengua hablada es más lengua que la lengua escrita. Por ello la filología se convierte en lingüística.
- En segundo lugar, el objetivo primario de la lingüística es establecer la distribución de sonidos para formar palabras y de las palabras para formar oraciones. Es decir, lo que hoy llamamos morfología y sintaxis. La lengua se concibe como una estructura de estructuras: de un nivel inferior se pasa a otro nivel superior.
- En tercer lugar, la lengua es, ante todo y sobre todo, una realidad social: el ser humano la recibe, la aprende de la sociedad y, a su vez, el ser humano crea la sociedad al utilizar la lengua.

Las ideas propuestas por la lingüística estructural tienen consecuencias muy importantes. Hasta entonces la gramática había tenido una finalidad prescriptivista: es decir, se consideraba como un instrumento para hablar y escribir correctamente la lengua. Estaba basada en una idea muy pesimista de la realidad cotidiana de la lengua: la gente habla mal y no sabe leer ni escribir de manera correcta. Sin negar la importancia de la alfabetización de los hablantes, el estructuralismo va a insistir en su finalidad descriptiva: descubrir cómo funciona ese maravilloso instrumento que permite la comunicación entre los seres humanos.

Y cuando ese instrumento de comunicación produce sonidos y ritmos diferentes a la hora de ser interpretado por distintas personas, surge el interés por el contraste: ¿Hasta qué punto las estructuras de una lengua coinciden con las de otra y, de alguna forma, se entremezclan cuando un mismo individuo las hace suyas?

Sin duda, cuando en los años sesenta y setenta del siglo xx se entendía el aprendizaje o la adquisición de una nueva lengua (o de varias) como una mera apropiación lingüística, era lógico suponer -justamente desde la lingüística del momento- que la distancia o acercamiento entre los elementos estructurales del sistema de una y otra(s) lengua(s) intervenían de manera decisiva en el éxito o en el fracaso de ese encuentro: un encuentro feliz si los sistemas de la lengua materna y la lengua extranjera no eran muy diferentes y facilitaban una transferencia positiva; un encuentro menos feliz cuando ambos sistemas resultaban muy diferentes y conllevaban una transferencia negativa que desembocaba en una interferencia. Una interferencia que, a la postre, era la causa de los errores producidos en el dominio de la nueva lengua o lenguas de aprendizaje o adquisición.

Simple -como ha sido en sus primeras versiones la fundamentación de la hipótesis contrastiva-, pero muy bien recibida en el ámbito de las aplicaciones lingüísticas de un marcado carácter pedagógico, la lingüística del contraste ha marcado en la historia de la enseñanza y el aprendizaje de las lenguas un hito sobresaliente.

Un hito sustentado por el peso indudable que representan casi treinta años continuados de investigación aplicada en el entorno de la consecución de una teoría plausible, capaz de dar cuenta de lo que en realidad ocurre en ese encuentro entre dos (o varios) sistemas lingüísticos diferentes en el interior de una única matriz cognitiva: la que posee el individuo que trata de apropiarse de más de una lengua. Una investigación aplicada que, desde los años cuarenta hasta finales de los setenta, descansa fuertemente sobre métodos cuantitativos que analizan el impacto de las aportaciones didácticas sobre el grado de logro efectivo de los estudiantes de lenguas extranjeras o segundas (cfr. la revisión que de estos métodos de investigación aplicada ha realizado Levin, 1972).

Tomando como referencia la vieja hipótesis de que dos lenguas cualesquiera tienen mucho en común desde los propios universales lingüísticos que las sustentan, y que, por tanto, la didáctica de las lenguas debería concentrar su atención en lo que realmente son sus respectivas áreas de diferencia, las denominadas *Contrastive Structure Series* (editadas por la Universidad de Chicago), que proporcionan muestras contrastivas de rasgos gramaticales y fonológicos de pares de diversas lenguas, captan, en la década de los años sesenta, el máximo interés por parte de la comunidad científica y docente, que determina, de manera contundente, la poderosa asociación entre el estructuralismo lingüístico del momento y las hipótesis conductistas sobre el comportamiento humano.

Un interés que, de manera progresiva y en virtud de las dificultades teóricas y prácticas encontradas, conduce a muchos de los fervorosos militantes del análisis contrastivo hacia las filas de los investigadores centrados en el análisis de errores y las de aquellos otros preocupados por la similitud que siguen en los procesos de adquisición de una nueva lengua los sujetos que tienen distintas lenguas de origen (*Developmental Hypothesis*). Los trabajos germinales de Corder (1967) y Selinker (1972) son, sin duda, los exponentes por excelencia de los primeros puntos críticos sobre la firmeza de los primeros modelos del análisis contrastivo.

3. Las debilidades del análisis contrastivo

A mi juicio, no hay que perder de vista el hecho de que el rechazo de las hipótesis iniciales del análisis contrastivo no viene tanto por su concepción mecanicista de la actividad lingüística como por el establecimiento de la progresión. Ésta se fundamenta sobre la frecuencia de los elementos enseñados y sobre su grado de dificultad y complejidad. Según los niveles, la dificultad y la complejidad están determinadas en función del único sistema de L2 o sobre la base de un análisis contrastivo de los sistemas de L1 y L2 (según criterios que no han podido definirse nunca con precisión). Vila (1997: 17) apunta muy claramente en la dirección de considerar el análisis contrastivo como el paraguas que engloba una serie de investigaciones de corte conductista y, al tiempo, señala que:

> *Así, se trataba de encontrar las estructuras lingüísticas que presentaban más dificultad de aprendizaje y simultáneamente las que resultaban más fáciles de aprender con las consiguientes consecuencias en el ámbito de la secuencia, de la programación, de la mayor o menor cantidad de práctica en relación a una u otra estructura, etcétera.*

Siguiendo esta línea de pensamiento, hoy sabemos, con bastante certeza, que la progresión en el aprendizaje de una nueva lengua está determinada por las características de los sistemas de las lenguas que entran en contacto, mucho más que por las características personales de los individuos a los que se dirige la enseñanza. Sólo las diferencias en el ritmo de trabajo de la disciplina son responsables de las diferencias de actitudes entre los alumnos.

Por otra parte, creo que es interesante considerar que las aplicaciones de las teorías sobre análisis contrastivo a la didáctica de las lenguas extranjeras han seguido un proceso paralelo a la evolución del interés dentro de la propia disciplina lingüística. Así, es bien conocido que las primeras manifestaciones sobre el particular se desarrollan en pleno auge de la lingüística estructural (Lado, 1957) y muestran un interés primordial por los niveles morfológico y sintáctico, donde tratan de establecerse los planos de interferencia en la aplicación de una metodología contrastiva a la enseñanza de lenguas extranjeras. Claro que, a medida que la ciencia lingüística se interesa más por los aspectos semánticos del lenguaje, la aplicación de los principios del análisis contrastivo se concentra cada vez más en los aspectos lexicales de la enseñanza de lenguas (Dagut, 1977).

La consideración de la lingüística contrastiva -en su aplicación al ámbito didáctico de las lenguas extranjeras- como un área de actividad interesada por los efectos que producen sobre el proceso de aprendizaje de una o varias L2 las diferencias existentes entre las estructuras de la lengua que el sujeto ya conoce y las de la(s) lengua(s) que trata de aprender, nos permite asegurar que nos encontramos, sin duda, una vez más, ante un caso claro de interdisciplinariedad lingüístico-psicológica. Así, no cabe duda de que la lingüística contrastiva, tan ampliamente desarrollada por la lingüística aplicada y una de las aportaciones más positivas del estructuralismo funcionalista de la escuela de Praga a la enseñanza de lenguas extranjeras, puede analizar las relaciones entre dos sistemas de lenguaje diferentes.

Pero el factor más importante es el encuentro de esos dos sistemas *dentro* del individuo que está aprendiendo una nueva lengua. Y aquí es donde -en mi opinión- la psicolingüística aplicada a la enseñanza de lenguas ha tenido un foco de atención poco definido, al margen de que dos de sus procedimientos metodológicos más desarrollados (el análisis contrastivo y el análisis de errores) hayan tomado como punto de referencia la *interferencia L1-L2*. Mientras el análisis contrastivo trata de predecir las posibles dificultades o facilidades que se presentarán, sobre la base de la comparación de la descripción de la lengua base (L1) y la lengua de referencia (L2), el procedimiento de analizar los errores sigue, por su parte, una metodología *a posteriori* con la que intenta descubrir la causa de tal o cual error, mediante el análisis de la fuente de la interferencia.

En cualquier caso, se parte aquí, también, de la hipótesis de que el proceso de adquisición de una segunda lengua es *cualitativamente diferente* al de la lengua materna. Las opiniones más extendidas se reducen o bien a una versión extremada, según la cual siempre que las estructuras de L2 sean iguales a las de L1, el proceso de adquisición no encontrará trabas (Lado, 1957), o bien a una versión moderada, que predice la interferencia sólo en el caso de las estructuras que resulten simples en L1 pero de naturaleza compleja en L2 (Stockwell et al., 1965).

Un aspecto central en esta hipótesis es, también, el sentimiento de que las lenguas que siguen a la adquisición de la primera no se pueden aprender directamente, sino sólo a través del sistema de aquélla. En general, en el marco de la hipótesis contrastiva, la interferencia adopta distintas formas que pueden agruparse en el área de la fonología, la gramática y el léxico (Weinrich, 1953/1963). Por otra parte, el nexo exclusivista, que durante tanto tiempo ha vinculado la orientación teórica de los estudios de lingüística contrastiva con los principios derivados de la psicología conductista y la lingüística estructural-taxonómica, ha sido objeto, como es bien sabido, de duros ataques desde posiciones teóricas más y mejor desarrolladas (Wardhaugh, 1970; Ellis, 1984, 1985, 1994).

Las tesis más prometedoras se orientan hoy hacia la consideración de que el procedimiento del contrastista, en su comparación de las estructuras de diversas lenguas (tal como preconizó la orientación comparatista funcional de la escuela de Praga), no puede ser análogo a las reacciones que se producen en el interior del individuo que aprende una lengua añadida ante las asociaciones entre ambos sistemas L1-L2, toda vez que la mera exposición de este último a la lengua es necesariamente *gradual*. En este sentido, la atención hacia una interferencia de origen interno (intralingüística) que no se derive de la presencia de L1 y su contacto con L2, ha conducido a una reflexión que, hace ya bastante tiempo, Renzo Titone (1976: 190) recogió en una tesis según la cual: *[...] El análisis de los contrastes estructurales entre L1 y L2 debería realizarse sobre una base no sólo lingüística sino también psicolingüística y experimental.*

Diversos estudios experimentales de tipo psicolingüístico, principalmente los que se han centrado en torno al aspecto fonológico (Titone, 1964), han tratado de corroborar esta tesis, insistiendo en el valor del análisis psicolingüístico frente a las especulaciones meramente lingüísticas de la metodología contrastiva tradicional. El valor de estos estudios reside, a mi juicio, en la elaboración de unas bases de trabajo para el desarrollo de un nuevo tipo de análisis contrastivo que recibió, por parte de algunos psicolingüistas europeos, la denominación de *análisis del contacto* (Nemser y Slama-Cazacu, 1970). Así, en el Cuarto Congreso Internacional de Lingüística Aplicada (Stuttgart, 1975), en cuyo marco se constituye la AILA, *Commission for Applied Psycholinguistics*, se presentan como novedad algunos ejemplos de resolución de problemas lingüísticos a través de una metodología psicolingüística, entre los que destaca el trabajo *A Target Language (Romanian) and 22 Basic Languages -a psycholinguistic approach in contrastive linguistics-*, de T. Slama-Cazacu y G. Doca (Slama-Cazacu, 1977). Y, sin duda, los postulados que desde aquel momento se han venido manteniendo por la escuela rumana de psicolingüística han supuesto la alternativa más importante a la metodología contrastiva de base puramente lingüística (Slama-Cazacu, 1971). Unos postulados que, en síntesis, asumen los siguientes ejes conceptuales:

a) Cada persona desarrolla su propio sistema lingüístico como consecuencia de los estímulos lingüísticos que le rodean, de forma que se produce una evolución continua dentro del sistema general de la respectiva *langue*.
b) Este sistema individual no se encuentra, ni directa ni íntegramente, en el acto comunicativo, sino que se manifiesta únicamente mediante actos de habla individuales, concretos y momentáneos.

Ambos sistemas -lengua madre y lengua término-, que son objeto de análisis como tales sistemas para el contrastista, no se encuentran fuera del individuo, sino que más bien entran en contacto dentro de él. Teniendo en cuenta lo dicho en a), el sistema término no es la lengua término (*langue*), sino sus realizaciones concretas (*parole*). En este sentido, el proceso de aprendizaje debe analizarse a la luz del contacto del sistema lingüístico individual del alumno con la *parole* de su L1, contacto que se produce *en el interior* del alumno.

Este proceso de aprendizaje es contextual-dinámico, por medio de aproximaciones sucesivas que determinan una serie de estadios de progreso del alumno en su tránsito hacia la apropiación de la L2. En el contacto L1-L2 en el individuo, las interferencias no sólo provienen del contacto de la *parole* con el sistema lingüístico individual del alumno, sino también de los estadios previos del *segundo sistema* lingüístico individual que desarrolla el alumno respecto a L2. Los efectos de esta *transferencia* son dinámicos, es decir, evolucionan en el tiempo.

La escuela rumana observa ciertos universales en el proceso de aprendizaje de L2, entre los que destaca su tendencia a regularizar aquello que, por su carácter irregular, presenta ciertas barreras psicolingüísticas al alumno. La observación del aprendizaje lingüístico natural del niño confirma esta tendencia a reemplazar las formas irregulares por formas que siguen el respectivo paradigma.

Desde el punto de vista metodológico, la escuela rumana no es partidaria de la formulación de conclusiones a partir del previo análisis comparativo de los sistemas L1-L2, sino de los datos concretos obtenidos en situaciones reales (Nemser y Slama-Cazacu, 1970; Slama-Cazacu, 1971).

Parece oportuno traer aquí a colación el comentario de I. Vila (1997: 19) a propósito de esta etapa de importantes movimientos en el marco de las perspectivas psicolingüísticas, con el que pone de manifiesto que:

> *La década de los setenta no es monolítica como lo había sido la de los años cincuenta y una parte importante de los sesenta. Ello se relaciona con la heterogeneidad existente en la psicología y la lingüística. Así, frente a las concepciones homogéneas basadas en el modelo estímulo-respuesta, la psicología de los años setenta se caracteriza por una variedad de postulados provenientes tanto desde la psicología básica como de la psicología evolutiva y educativa entre otras. Igualmente, la investigación en la lingüística realizada desde los postulados chomskianos posibilitó otros planteamientos que revalorizaron la semántica y la pragmática frente a las concepciones más formalistas inspiradas en la sintaxis.*

Cabe señalar, finalmente, que hasta hace muy poco, la concepción más compartida acerca del aprendizaje de lenguas añadidas era la que consideraba ese proceso como cualitativamente diferente al de adquisición de las primera/s lengua/s. En tal sentido R. Titone (1976: 116) advertía hace años que:

> *El aprendizaje de una nueva lengua está inevitablemente influido por el dominio operante de un aprendizaje lingüístico precedente, el de la lengua materna, pero no es fácil establecer hasta qué punto y en qué formas concretas.*

En este sentido, una buena parte de las investigaciones en el ámbito psicolingüístico han estado encaminadas a proporcionar datos acerca de cómo la flexibilidad (su plasticidad) del área de la corteza cerebral que interviene en el aprendizaje de L1 disminuye con la edad a partir de la pubertad, o que la presencia de un sistema de L1 interfiere en la adquisición de cualquier otro sistema, y que las actitudes, las motivaciones y las aptitudes no condicionantes en el éxito de la adquisición de L1 acaban diferenciando a unos individuos de otros a la hora de aprender una lengua añadida. Por otra parte, paralelamente a las investigaciones en el terreno científico, se ha extendido una creencia de base popular entre padres, educadores, etc., -fundamentada en la intuición- de que si bien está claro que la primera lengua se aprende, la segunda o tercera debe ser enseñada. Todo ello ha conducido a la hipótesis L2 ≠ L1. Los puntos de máxima coincidencia en torno a esta hipótesis son:

- El aprendizaje de L1 es espontáneo y no planificado. El de L2 es controlado y organizado.
- La retención memorística es más corta en el aprendizaje de L2.
- En L1 el refuerzo es de tipo primario (alimentos, juguetes, control del medio, etc.). En una lengua adicional es secundario (notas de clase, alta cultura, internacionalidad, etc.).
- El aprendizaje de L1 se caracteriza por una exposición de tiempo mucho mayor, a la vez que permite más dedicación a la discriminación de la entonación, ritmo y sonidos individuales. En L2 este periodo es más breve y los errores, más frecuentes.

- En L1 se adquiere primero la estructura profunda subyacente y luego se adoptan estructuras superficiales, lo que en L2 ocurre justamente al revés.
- Según la hipótesis conductista, el aprendizaje de L1 relaciona un estímulo con una sola respuesta, mientras que en L2, el aprendizaje de dos respuestas se asocia con el mismo estímulo, produciendo una interferencia y una transferencia negativas.

Una buena parte de las investigaciones de los años setenta, como ya he señalado en otro lugar (cfr. Vez, 2001b), han servido para poner seriamente en duda las posiciones anteriormente mencionadas y, así, la hipótesis según la cual el aprendizaje de una lengua añadida es básicamente similar a la adquisición de la lengua nativa ha ido ganando cada día mayor aceptación. Esta hipótesis, L2 = L1, atiende menos a las posibles diferencias en el nivel de contenidos específicos y orden de adquisición, y se concentra casi exclusivamente en la similitud en cuanto al *proceso* que se sigue en una y otra. Podemos encuadrar a los investigadores de esta hipótesis en dos grupos, según su mayor o menor moderación al respecto. Así:

- De un lado se encuentran Ervin-Tripp, Hatch y sus colaboradores, y el grupo de la Universidad Harvard, que representarían la versión moderada de la hipótesis L2 = L1 (Ervin-Tripp, 1974; Hatch, 1974; Slobin, 1973; Hakuta, 1974; Brown, 1973; Cancino et al., 1974).
- De otro lado están los que han sido menos moderados en sus conclusiones y, lejos de admitir ninguna evidencia interferencial de L1, sostienen la hipótesis L2 = L1 en toda su dimensión (Dulay y Burt, 1972, 1974a, b, c; Cook, 1973; Natalico y Natalico, 1971).

A ello cabe añadir el hecho de que la publicación, en 1978, de un breve artículo de Stephen Krashen (1978) acerca del *monitor model* para la adquisición de segundas lenguas sentó las bases no sólo para el desarrollo de una de las polémicas más interesantes en el ámbito de las investigaciones teóricas en la enseñanza de lenguas extranjeras en estas pasadas décadas, sino también para la revitalización del campo de los prácticos, toda vez que el profesorado de estas lenguas ha asumido mayoritariamente el interés de esta polémica, manifestándose a favor o en contra de unas y de otras hipótesis, y en definitiva, planteándose la actividad del aula de lengua extranjera como un terreno de desafíos crecientes a los que no resulta ya posible enfrentarse sin el adecuado bagaje formativo y conceptual.

Como ya es hoy bien conocido, el modelo del monitor plantea, a través del progresivo desarrollo de sus cinco hipótesis más cruciales, una dicotomía entre *adquisición* y *aprendizaje* de una nueva lengua añadida a la propia o propias. El mundo del aula de lenguas extranjeras, ya de por sí saturado de una cultura de conceptos expresados en forma dual (significante y significado; lengua y habla; sincronía y diacronía; paradigma y sintagma; lengua y medio; mentalismo y conductismo, enfoques proposicionales y procesuales, etc.), añade, así, uno más. En palabras de I. Vila (1997: 24):

> *Esta dicotomía, en manos de Krashen, implica, a la vez, que entre ambos procesos no existe relación o, en otras palabras, que el aprendizaje no deviene en adquisición y, por tanto, no es responsable del inicio de las producciones en segunda lengua, sino que ello depende exclusivamente de la adquisición. El aprendizaje, por tanto, serviría únicamente como conocimiento consciente que el aprendiz puede utilizar para monitorizar sus producciones en segunda lengua y mejorarlas sobre la base de aplicarles las reglas lingüísticas aprendidas. Evidentemente, desde su punto de vista, la enseñanza de segundas lenguas debería animar la adquisición y no el aprendizaje*

ya que, entre otras cosas, es imposible aprender todas las reglas de una lengua determinada, memorizarlas y utilizarlas conscientemente en una situación fluida de comunicación.

Reitero aquí lo que yo mismo (Vez, 1998b: 83) señalé con anterioridad y en otro lugar a este respecto:

La inocente noción de que cuando se está en disposición de aprender se deja de adquirir, pierde su fundamento con las controvertidas cinco hipótesis (Acquisition-Learning, Natural Order, Monitor, Input, Affective Filter) del denominado Modelo monitor.

4. Hacia una didáctica de la integración. Un punto de vista crítico

No cabe duda de que no sólo las maneras de dar cuenta de la realidad del lenguaje y sus lenguas son complejas, como ha puesto en evidencia la lingüística del siglo XX. Lo son también las formas por las que accedemos a explicaciones plausibles acerca de cómo nos apropiamos de una determinada forma de significar. Y lo son aún mucho más las hipótesis que desarrollamos para justificar estos modos de apropiación cuando se trata de una o de varias lenguas añadidas a la(s) que tenemos como propia(s).

A medida que las simplificadas iniciales del análisis contrastivo se han encontrado con centros de interés más desarrollados, sobre todo en lo que hace referencia al aprendizaje de lenguas extranjeras en el espacio del aula, se han olvidado (incluso depreciado) muchas o hasta todas sus valoraciones. Y, como a estas alturas ya deberíamos saber, no es el nuestro (el de los lingüistas y el de los didactas de las lenguas) precisamente un territorio en el que resulte apropiado prescindir de algo por su presunta inconsistencia o valor relativo en lo referido a su traslado de la teoría a la práctica o viceversa.

Como ya indiqué en la introducción a este artículo, los últimos años son testigo de una revalorización de la lingüística del contraste por vía de la denominada retórica contrastiva. Una dirección que, en el campo de la enseñanza y el aprendizaje de las lenguas -como muy bien ha sabido recoger Fernando Trujillo (2001) recientemente- está alimentando una expectativa de trabajo didáctico que reorienta el ámbito de la lectoescritura hacia una perspectiva sociocultural de la actividad lingüística, al tiempo que revitaliza postulados semiolvidados (o intencionadamente perdidos) desde recientes consideraciones que insisten en el valor de la lengua como apropiación cultural (Connor, 1996; Kaplan, 1988). Unas consideraciones que renuevan el vínculo perdido u olvidado con las tradiciones de Vygotsky, Sapir y Whorf, a las que he aludido al comienzo de este trabajo.

Si, como también analizaba al principio del artículo, los últimos años del siglo pasado se caracterizan por el impulso hacia una interpretación de la lengua como comportamiento intercultural, como compromiso en la acción intercultural, no cabe duda que las apreciaciones de la retórica contrastiva en relación con los planteamientos del *Language Awareness Movement* (Hawkins, 1984; Nicholas, 1992; Fairclough, 1992; Van Lier, 1995) y del *Whole Language Movement* (Corson, 1999), señalan un camino prometedor en el mismo sentido que ese tercer tipo de interés -el sociológico- que al principio de este trabajo mencionaba. Nuestra preocupación inicial en el mundo de las lenguas extranjeras por el *locutor nativo* se ha trasladado, de la mano de una sociedad global de la información, de la educación y del mestizaje, a un interés por el *locutor intercultural*. Un cambio así requiere, más que ninguna otra cosa, una didáctica de la integración (y no de la segregación) que comprenda y trabaje en el aula de lengua extranjera desde una visión más crítica y menos dogmática en relación con la naturaleza y procesos de la actividad lingüística en el medio educativo como espacio social.

Hoy, más que nunca antes, resulta primordial tener en cuenta el hecho de que el papel que se espera que represente la comunicación verbal varía en cada sociedad. Y, así, para comprender la forma en que funciona el lenguaje en las interacciones sociales, debemos tener claro cuál es su importancia en función de otras formas de comunicación. En realidad, no podemos deducir -a partir del que sí sabemos que representa en nuestra sociedad occidental- que es igual en todas las sociedades, incluso asumiendo las características de la globalización que ha diseñado la sociedad posmoderna. Se trata éste de un hecho que, a mi modo de ver, no puede pasar desapercibido en el ámbito del aula de lenguas extranjeras, en tanto en cuanto afecta a la formación del profesorado de estas lenguas. Si éste ha de ayudar a sus alumnos en el desarrollo de una competencia comunicativa en la nueva lengua, de forma que puedan usarla de manera apropiada como un medio de interacción social en un mundo global, ha de ser tan consciente de la importancia de las reglas de uso sociales como de las propias reglas internas del sistema de la lengua en cuestión.

En simultáneo, cabe considerar el hecho de que, entre las distintas definiciones que de nosotros mismos es posible dar, se encuentra la de que somos un *animal hablante*. El hecho irrefutable de que el ser humano habla, adquiere una dimensión social cuando lo elevamos a la categoría de que los seres humanos hablan. Una capacidad cuyas implicaciones han constituido el núcleo central de las investigaciones de las ciencias lingüísticas -nucleares y no nucleares, siguiendo la terminología de Guillermo Rojo (1986: 49-59)- en las pasadas décadas. Lingüistas como Noam Chomsky (1966a, 1966b) y psicólogos como G. A. Miller (1966) sacaron a la luz, prácticamente de manera simultánea, sendas preocupaciones sobre la capacidad innata (y, en cierto modo, infinita) en el uso del lenguaje por parte del ser humano. Esta perspectiva, que pone el énfasis en lo que un hablante ideal sabe, y se concentra, por tanto, en el lenguaje como *knowledge*, puede caracterizarse y definirse como un enfoque intraorgánico.

Claro que, desde un punto de vista diferente, no podemos olvidar que lo relevante en otros muchos aspectos de la cuestión relativa al ámbito didáctico de las lenguas extranjeras -tales como, por ejemplo, lo que un hablante ideal o no ideal hace y el lenguaje como *doing*- es la dimensión interorgánica que se desprende del hecho de que los hombres hablan, interaccionan y negocian los significados de la interacción comunicativa en que se desenvuelven socialmente. No empleamos las lenguas de manera aislada y desconectada del amplio marco de actividad humana en la que estamos instalados socialmente y, en tal sentido, lenguaje y sociedad mantienen una relación semiótico-social (Halliday, 1973, 1975, 1978).

La didáctica de las lenguas extranjeras tiene una deuda contraída con esta percepción del lenguaje que, a lo largo de mucho tiempo, ha sido poco, mal o nada considerada en la actividad de enseñar y aprender estas lenguas. Es, sin duda, una visión propia del campo de actividad de la educación lingüística en la medida en que concierne a la mirada hacia cómo las personas emplean realmente una lengua cuando hablan o escriben en diferentes momentos, en lugares distintos, para múltiples y variados propósitos, y en contextos sociales y personales muy diversos. En realidad, es la mirada que se preocupa por las relaciones mutuas que puedan establecerse entre diferentes situaciones sociales y distintas formas lingüísticas de comunicar.

De uno u otro modo, cualquier enfoque metodológico en el campo de acción de la didáctica de las lenguas que adopte una perspectiva descontextualizada de la actividad lingüística, no sólo está empobrecido sino que corre el riesgo de deslizarse por la pendiente del lenguaje como *knowledge* al que acabo de referirme. Pero, al mismo tiempo, no podemos olvidarnos de la existencia de fuertes argumentos en contra de una perspectiva de esta índole en el campo de la educación lingüística, bajo el razonamiento de que su impulso nos llevaría por otra pendiente aún más deslizante y peligrosa: la psicológica y sociológica.

Sin duda, desde la perspectiva pendular que caracteriza la historia de la enseñanza y el aprendizaje de lenguas extranjeras, hemos aprendido que cualquier exceso en un sentido determinado acaba por transformarse, al cabo de un tiempo, en un fuerte impulso en el sentido contrario. La didáctica de lenguas extranjeras es, quizá, más autónoma y capaz en sí misma cuanto más preserve su capacidad de integración y equilibrio entre las diferentes concepciones que, como no puede ser de otro modo, miran al lenguaje y las lenguas bajo prismas muy distintos.

De algún modo lo ha expresado muy recientemente Trujillo (2001: 86-87) cuando alude, en su manifiesto a favor de la retórica contrastiva, al hecho de que:

> *La retórica contrastiva es un área de estudio de la escritura, de su adquisición y de las diferencias que surgen entre textos de diferentes contextos culturales. Creemos que estas diferencias están provocadas por la existencia de diferentes modelos culturales de la escritura. La posible presencia de estos modelos culturales obliga a la retórica contrastiva a evolucionar desde la investigación lingüística hacia la cooperación con otras ciencias para cubrir las dimensiones psicológica, social y cultural del fenómeno. Además, la retórica contrastiva tiene algo que decir en la fase de diseño y desarrollo del currículum de enseñanza de la lengua, tanto para la primera como para la segunda lengua.*

Claro que un planteamiento así requiere, tal vez más que ninguna otra cosa, de una nueva cualificación y sensibilidad profesionalizadora en las estrategias y reinvindicaciones de las asociaciones de profesores de lenguas (iniciada, sobre todo, por parte de las asociaciones que se refieren en exclusiva a la lenguas extranjeras), que sitúe a los profesionales de la enseñanza de lenguas en una nueva dimensión cultural y socioeducativa: la de acariciar el reto de la no diferenciación curricular que supone ambicionar, críticamente, demandas de una cultura lingüística con respuestas integradoras aún a pesar de los diferentes roles profesionales a desempeñar.

Esto implica que el profesorado de lenguas nacionales (propias -oficiales o no- de una comunidad lingüística histórica o lenguas oficiales de Estado), de lenguas extranjeras y el especializado en el trabajo educativo con aprendices bilingües-plurilingües, debe incorporar a sus programas de formación (inicial o permanente) nuevos ingredientes de una cultura lingüística que van más allá de las preocupaciones de los propios lingüistas. Una cultura que favorezca una mayor toma de conciencia con la dimensión social del lenguaje. En tal sentido, las dos últimas décadas revelan una mayor preocupación en el territorio conceptual de la enseñanza de lenguas por la manera en que los episodios formales de una lengua -más allá del simple contraste- deberían ser tratados didácticamente en cuanto a su dimensión de interacción social.

Existe, aquí, sin duda, una deuda contraída con el trabajo de Dell Hymes y su esfuerzo en definir los componentes de la *speech performance* en relación con determinados *speech events* (Hymes, 1972a, 1972b, 1974). Y lo mismo podríamos decir respecto de los trabajos de investigación sobre sistemas de norma variable en el territorio de la sociolingüística (Labov, 1972; Trudgill, 1974), o sobre los intentos de convergencia y divergencia que pueden conducir a una variación inconsciente (Giles, Bourhis y Taylor, 1977) formulados desde una incipiente teoría del lenguaje en la vida social.

La heterogénea y compleja naturaleza de estas nuevas visiones del lenguaje no han pasado desapercibidas para las investigaciones sobre el desarrollo de las lenguas y su tratamiento en las aulas, donde cabe señalar la influencia que el concepto performativo de habla (Searle, 1969) ha ejercido sobre las alternativas a un diseño del *syllabus* de lenguas (Wilkins, 1976). Claro que bastantes de los ingredientes metodológicos de estas nuevas alternativas encierran, por su parte, una deuda con la filosofía del lenguaje, en particular por lo que concierne al principio de interacción colaborativa en el discurso conversacional (Grice, 1975).

Todo ello nos hace pensar en la existencia de una creciente preocupación, en el marco de la investigación fundamental en la didáctica de lenguas, acerca de cómo los signos de una lengua pasan a convertirse en mensajes y de cómo estos mensajes cobran significación. Independientemente de la preocupación por su forma, existe un creciente empeño por analizar y definir las interacciones -sobre todo por parte de los analistas del discurso- que está afectando de manera global a la enseñanza de las lenguas.

Esta preocupación sentida (de forma más o menos explícita) en las nuevas líneas de investigación relativas a la dimensión educativa de las lenguas en el aula desemboca, a mi juicio, en un consenso implícito (poco desvelado todavía, falto de contraste... y, sobre todo, carente de sistematización en su dimensión empírica) acerca de la consideración del profesorado de lenguas como un *lingüista educativo*. Cuestión que, es de sobra sabido, no resulta del agrado de los lingüistas ni de los especialistas en educación. Pero aún así, y a riesgo (al que siempre nos exponemos en toda hipótesis de trabajo) de no ser comprendido por unos y otros, me atrevo a sugerir -como ya he puesto de relieve en otro lugar (cfr. Vez, 2001a)- que la definición del perfil de este *lingüista educativo* podría pasar por la transformación -mediante tareas de formación siguiendo las pautas de la investigación-acción crítica- de las teorías implícitas del profesorado de lenguas en auténticas teorías explícitas desde una doble vertiente:

- En su dimensión más conceptual: sus conocimientos, creencias y actitudes sobre el lenguaje; las lenguas y su difusión; la adquisición y aprendizaje de lenguas; la vinculación de las lenguas a la sociedad posmoderna (del conocimiento y la cultura, de la información y la comunicación, de la globalización y de la atención a la diversidad lingüística y cultural, etc.) y a sus estructuras de poder.
- En su dimensión más empírica: sus prácticas en el aula y el análisis reflexivo de esa práctica; sus procesos de planificación con el aula vacía; sus tomas de decisiones con el aula llena; la evaluación de sus alumnos y su propia autoevaluación; la co-evaluación de la disciplina con los aprendices y con otros colegas u otros profesionales; las creencias de los alumnos, de la institución escolar, de la sociedad de los padres, etc., sobre las lenguas curriculares, sus semejanzas y diferencias de estatus, de estima y prestigio, etcétera.

En la medida en que todos ganemos en autonomía, protagonismo y responsabilidad en nuestras propias decisiones de mejora y crecimiento, cabe pronosticar el futuro desarrollo de la didáctica de integración con un buen estado de salud. Un futuro, en el que la didáctica de integración que, sin duda, irá ganando día a día más adeptos comprometidos allí donde la atención a las necesidades lingüísticas de los alumnos resulta más acuciante, donde es mayor la toma de conciencia al intentar dar respuestas a las demandas de una población escolar multicultural y a los desafíos derivados del establecimiento de un pacto curricular respecto, sobre todo, de las lenguas minoritarias o minorizadas. También de aquellas lenguas extranjeras menos demandadas.

Cabe sospechar, sin grandes temores a equivocarse, que la dirección a seguir tiene un norte de referencia en el desarrollo que viene experimentando en varios contextos internacionales el *Whole Language Movement*, al que ya anteriormente hice referencia, lo mismo que el crecimiento que se observa en torno a la retórica contrastiva, en particular, y a las derivaciones de la teoría crítica en el territorio de la lingüística educativa, en general. En concreto, el denominado *Critical Language Awareness Movement*, estrechamente vinculado a una preocupación por las relaciones entre lenguas y poder, lo mismo que al análisis de las consecuencias derivadas de usos de lenguas mayoritarias y minoritarias que producen situaciones conflictivas en torno a una diferenciación educativa nada deseable. También, y desde una perspectiva más amplia, las derivaciones que cabe esperar del movimiento de la *lingüística aplicada crítica* a la enseñanza y el aprendizaje de lenguas con su reconocimiento del papel central que representa en todo aprendizaje lingüístico (de todas y cada una de las lenguas) la dimensión intercultural y plural de la actividad del lenguaje.

BIBLIOGRAFÍA

BROWN, H. D. (1973), "Affective variables in second language acquisition", *Language Learning*, 23, (2): 231-244.

CANCINO, H. *et al.* (1974), "Testing hypotheses about second language acquisition: The copula and negative in three subjects", *Working Papers on Bilingualism*, 3: 80-96.

CONNOR, U. (1996), *Contrastive Rhetoric: Cross-cultural aspects of second language writing*, Nueva York, CUP.

COOK, V. (1973), "The comparison of language development in native children and foreign adults", *Iral* 11, (1): 13-28.

CORDER, S. (1967), "The significance of learners' errors", *Iral*, 5 (4): 161-170.

CORSON, D. (1999), *Language Policy in Schools*, Nueva York, Erlbaum.

CHOMSKY, N. (1966a), *Cartesian Linguistics*, Nueva York, Harper & Row, Publis.

CHOMSKY, N. (1966b), "Linguistic Theory", en R. G. MEAD (a cargo de), *Language Teaching: Broader Contexts. Report of Northeast Conference on the Teaching of Foreign Languages*, Menasha, Wis., Banta Co.: 43-49.

DAGUT, M. (1977), "Incongruencies in lexical 'gridding', an application of constrastive semantic analysis to language teaching", *Iral*, 15, 3: 221-229.

DULAY, H. y BURT, M. (1972), "Goofing: an indicator of children's second language learning strategies", *Language Learning*, 22, (2): 235-252.

DULAY, H. y BURT, M. (1974a), "Errors and strategies in child language acquisition", *TESOL Quarterly*, 8: 129-136.

DULAY, H. y BURT, M. (1974b), "Natural sequences in child second language acquisition", *Language Learning*, 24: 37-53.

DULAY, H. y BURT, M. (1974c), "You can't learn without goofing: an analysis of children's second language learning strategies", en RICHARDS (1974): 95-123.

ELLIS, R. (1984), *Classroom Second Language development*, Oxford, Pergamon.

ELLIS, R. (1985), *Understanding Second Language Acquisition*, Oxford, Oxford University Press.

ELLIS, R. (1994), *The Study of Second Language Acquisition*, Oxford, OUP.

ERVIN-TRIPP, S. (1974), "Is second language learning like the first?", *TESOL Quarterly*, 8, (22): 111-128.

FAIRCLOUGH, N. (ed.) (1992), *Critical Language Awareness*, Londres, Longman.

GILES, H., BOURHIS, R.Y. y TAYLOR, D.M. (eds.) (1977), *Language, Ethnicity and Intergroup Relations*, Londres, Academic Press.

GRICE, H. P. (1975), "Logic and Conversation", en P. COLEY y J. L. MORGAN (eds.), *Syntax and Semantics, v. 3: Speech Acts*, Nueva York, Academic Press: 41-58.

HAKUTA, K. (1974), "A Preliminary Report on the Development of Grammatical Morphemes in a Japanese Girl Learning English as a Second Language", *Working Papers on Bilingualism*, 3: 8-43.

HALLIDAY, M. A. K. (1973), *Explorations in the Functions of Language*, Londres, Edward Arnold.

HALLIDAY, M. A. K. (1975), *Learning How to Mean. Explorations in the Development of Language*, Londres, Edward Arnold.

HALLIDAY, M. A. K. (1978), *Language as Social Semiotic: The Social Interpretation of Language and Meaning*, Londres, Edward Arnold.

HATCH, E. (1974), "Second Language Learning Universals", *Working Papers on Bilingualism*, 3, Ontario Institute: 1-17.

HAWKINS, E. (1984), *Awareness of Language: An Introduction*, Cambridge, CUP.

HYMES, D. (1972a), "On communicative competence", en J. PRIDE y J. HOLMES (eds.), *Sociolinguistics*, Harmondsworth, Mddx., Penguin Books: 269-293.

HYMES, D. (1972b), "Models of the interaction of language and social life", en GUMPERZ y

HYMES (eds.), *Directions in Sociolinguistics. The Ethnography of Communication*, Oxford, Basil Blackwell: 35-71.

HYMES, D. (1974), *Foundations in Sociolinguistics: An Ethnographic Approach*, Filadelfia, Philadelphia University Press.

KAPLAN, R. B. (1988), "Contrastive Rhetoric and Sercond Language Learning: Notes toward a theory of Contrastive rhetoric", en A. C. PURVES (ed.), *Writing across languages and cultures: Issues in Contrastive Rhetoric*, Beverly Hills, C.A., Sage Publications.

KRASHEN, S. (1978), "The monitor model for second language acquisition", en GINGRAS (1978): 1-26.

LABOV, W. (1972), *Sociolinguistic Patterns*, Oxford, Blackwell.

LADO, R. (1957), *Linguistics Across Cultures: Applied Linguistics for Language Teachers*. Ann Arbor, University of Michigan Press.

LEVIN, L. (1972), *Comparative Studies in Foreign Language Teaching*, Estocolmo, Almqvist and Wiksell.

MILLER, G. A. (1966), *Language and communication*, Nueva York, McGraw-Hill.

NATALICO, D. S. y NATALICO, F. S. (1971), "A comparative study of English pluralisation by native and non-native English speakers", *Child Development*, 42: 1302-1306.

NEMSER, W. y SLAMA-CAZACU, T. (1970), "A contribution to contrastive linguistics (a psycholinguistic approach: contact analysis)", *Revue Roumaine de Linguistique (Bucharest)*, 15, (2): 101-128.

NICHOLAS, H. (1992), "Language Awareness and Second Language Development", en C. JAMES y P. GARRETT (eds.), *Language Awareness in the Classroom*, London: Longman: 78-95.

ROJO, G. (1986), "El lenguaje, las lenguas y la lingüística", *Lalia*, 1, Santiago de Compostela, Servicio de Publicaciones de la Universidad.

SAPIR, E. (1921), *Language*, Nueva York, Harcourt & Brace.

SEARLE, J. R. (1969), *Speech Acts: An Essay in the Philosophy of Language*, Cambridge, Cambridge University Press. [Hay traducción castellana de L. Valdés, en Madrid: Cátedra-Teorema (1980)].

SELINKER, L. (1972), "Interlanguage", *Iral*, 10, (3): 209-31.

SLAMA-CAZACU, T. (1971), *Psycholinguistics and Contrastive Studies*, Zagreb, Institute of Linguistics.

SLAMA-CAZACU, T. (1977), "Psycholinguistics and applied linguistics", *International Journal of Psycholinguistics*, 3 (2-6): 79-84.

SLOBIN, D. (1973), "Cognitive prerequisites for the development of grammar", en C. A. FERGUSON y D. I. SLOBIN (eds.), *Studies of Child Language Development*, Nueva York, Holt, Rinehart & Winston.

STOCKWELL, R. *et al.* (1965), *The grammatical structures of English and Spanish*, Chicago, University of Chicago Press.

TITONE, R. (1964), *Studies in the psychology of second language learning*, Roma, PAS.

TITONE, R. (1976), *Psicolingüística aplicada*, Buenos Aires, Kapelusz.

TRUDGILL, P. (1974), *Sociolinguistics: An Introduction*, Harmondsworth, Penguin Books.

TRUJILLO, F. (2001), "Implicaciones didácticas de la retórica contrastiva para la enseñanza de la lengua", *Lenguaje y Textos*, 17: 79-88.

VAN LIER, L. (1995), *Introducing Language Awareness*, Harmondsworth, Penguin Books.

VEZ, J. M. (1998a), *Didáctica del E./L.E. Teoría y práctica de su dimensión comunicativa*, Granada, G.E.U.

VEZ, J. M. (1998b), "Enseñanza y aprendizaje de las lenguas", en A. MENDOZA (coord.), *Conceptos Clave en didáctica de la lengua y la literatura*, Barcelona, SEDLL-ICE-Horsori: 75-86.

VEZ, J. M. (2000), *Fundamentos lingüísticos en la enseñanza de lenguas extranjeras*, Barcelona, Ariel.

VEZ, J. M. (2001a), "Argumentos favorables a un pacto curricular en las áreas lingüísticas", en X. A. GONZÁLEZ RIAÑO (coord.), *Enseñances llingüístiques y competencies educatives*, Uviéu, Academia de la Llingua Asturiana: 15-40.

VEZ, J. M. (2001b), *Formación en didáctica de las lenguas extranjeras*, Rosario, Homo Sapiens.

VILA, I. (1997), "Psicología y enseñanza y aprendizaje de una lengua extranjera", en L. PLA e I. VILA (coords.) (1997), *Enseñar y aprender inglés en la educación secundaria*, Barcelona, ICE-Horsori: 15-27.

VYGOTSKY, L. S. (1982), *Thought and Language*, Cambridge, Mass., MIT Press.

WARDHAUGH, R. (1970), "The contrastive analysis hypothesis", *TESOL Quarterly*, 4 (1): 123-130.

WEINRICH, U. (1953/1963), *Languages in Contact: Findings and Problems*, La Haya, Mouton.

WILKINS, D. (1976), *Notional Syllabuses*, Londres, Oxford University Press.

Aportaciones de la etnografía de la comunicación

Margarita del Olmo Pintado
Consejo Superior de Investigaciones Científicas

Introducción

Aunque el concepto de *etnografía de la comunicación* pueda hacer pensar al lector que se trata de aplicar la metodología típicamente etnográfica -concretamente la entrevista dirigida y la observación participante, que son sus dos pilares fundamentales- a los procesos de comunicación en general y a la problemática que se deriva de ellos, en realidad es algo mucho más concreto.

Se trata de una terminología introducida por Dell Hymes en la década de los sesenta del siglo XX con una intención muy particular: la de definir un campo de trabajo en el que se pudieran fundir los intereses de dos disciplinas distintas pero con perspectivas muy relacionadas. Me refiero, por un lado, a la sociolingüística, y por el otro, a la antropología lingüística. En este esfuerzo integrador, Hymes pretendía incluir además otros campos afines: la lingüística sociológica, el folclore, la sociolingüística internacional, la sociolingüística comparada, la antropología cognitiva (también conocida con el término de etnociencia), la lingüística histórica, la sociolingüística cuantitativa y la (micro)sociología internacional.

El presente artículo tiene la intención de introducir al lector en el recorrido marcado por la evolución de esta idea, desde sus orígenes y precursores, sus formulaciones y desarrollos, hasta su fracaso como modelo integrador. Sin embargo, y de acuerdo con el contexto de la obra en la que se inscribe, este artículo quiere prestar una atención especial a las aportaciones a las que ha dado lugar el camino iniciado por Hymes, a través de contribuciones concretas en trabajos posteriores, en formulaciones más generales o en enfoques y perspectivas útiles a la hora de plantear el estudio de la lengua, en general, y sus posibilidades prácticas para el tema de esta obra, en particular.

1. La idea principal de la etnografía de la comunicación

Tiene su origen en los trabajos de la escuela de Praga, especialmente en aquellos que estaban orientados al desarrollo de una metodología de estudio del lenguaje en la que se prestase idéntica atención tanto a la estructura de este último como a su función. Esta perspectiva, en definitiva, suponía relacionar el estudio de las formas lingüísticas con el de sus funciones sociales. A partir de estas formulaciones (y otras consecuentes), los investigadores comenzaron a reconocer que las características gramaticales de las variedades de la lengua no se derivaban automáticamente de sus funciones comunicativas, porque la misma lengua puede desempeñar funciones distintas en grupos sociales diferentes. Ello se hizo especialmente evidente a partir de los estudios realizados con hablantes bilingües, en los que se descubrió que éstos empleaban las variedades dialectales como el material que les permitía juzgar la extracción social, el prestigio y algunas características personales de sus interlocutores.

Estas premisas constituyeron el punto de partida de la formulación de la etnografía de la comunicación desarrollada, fundamentalmente, por Dell Hymes. El enfoque de Hymes, profundamente influido por los intereses y los métodos característicos de la disciplina antropológica, presenta un marco de análisis que tiene tres directrices fundamentales:

- objeto de estudio está formado por los *eventos de habla* que constituyen la vida social de una comunidad,
- la metodología propuesta consiste en la adopción del *método etnográfico,*
- el esquema de análisis se articula en un *modelo* que define y relaciona los diferentes componentes de los eventos.

En palabras del propio Hymes (1964: 13): la *etnografía de la comunicación* consiste en lo siguiente:

> *El punto de partida es el análisis etnográfico de los hábitos comunicativos de una comunidad en su totalidad, con el fin de determinar cuáles son los eventos comunicativos y cuáles los componentes de éstos, y no concebir conducta comunicativa alguna fuera o independiente del conjunto enmarcado dentro de un escenario o de una cuestión implícita. El evento comunicativo es, pues, central. (En términos del lenguaje adecuado, esta declaración significa que el foco de atención se desplaza del código lingüístico al acto del habla.)*

En una obra reciente, Duranti (2000: 385) afirma que la tarea que propuso Hymes, tanto para él como para sus colaboradores, *fue conectar las especificidades del uso del lenguaje con la comunidad dentro de la cual dichos usos tienen lugar, son interpretados y reproducidos*. Para ello Hymes tomó el modelo del evento de habla de Jakobson, constituido por seis elementos: destinador, destinatario, contexto, mensaje, contacto y código (Jakobson, 1960), y los amplió primero hasta siete (Hymes, 1964) y posteriormente a dieciséis (Hymes, 1972).

Por *eventos del habla* o eventos comunicativos, como los denominó al principio, Dell Hymes entendía aquellas *actividades o aspectos de las actividades que están directamente gobernados por las reglas o las normas del uso del lenguaje* (Hymes, 1972: 56). Las *situaciones de habla* son actividades en las que el habla desempeña un papel menor o subordinado, al contrario de lo que ocurre con los eventos del habla, en los cuales el habla representa el papel principal en la acción que está ocurriendo. Ejemplos de eventos de habla podrían ser una conversación telefónica, una entrevista, etc., mientras que un partido de fútbol o un viaje en un medio de transporte público constituirían ejemplos de situaciones de habla. Sin embargo, Duranti (2000: 386) y otros autores consideran esta distinción poco operativa, aunque sugerente, puesto que en la vida cotidiana se asiste a una mezcla continua de ambas.

La aportación fundamental del modelo propuesto en *Etnografía de la comunicación* consiste en el tipo de unidad de análisis que elige, ya que, mientras estudios anteriores centraban la unidad de análisis en la unidad lingüística, Dell Hymes y sus colaboradores proponen olvidar ésta y sustituirla por una *unidad social*. De esta forma los investigadores se preocuparían menos de las funciones del habla y centrarían su interés, en cambio, en *el modo en que los diferentes aspectos de la interacción contribuyen a definir lo que se dice y cómo se dice* (Duranti, 2000: 387).

2. Modelo de análisis de los eventos del habla propuesto en la etnografía de la comunicación

Dell Hymes agrupó en ocho los dieciséis factores que componen el modelo de análisis del evento del habla y compuso con sus iniciales una fórmula nemotécnica para que fueran fáciles de recordar: SPEAKING (Hymes, 1972: 59). Evidentemente la fórmula funciona para las iniciales de las palabras inglesas, y corresponden a los siguientes términos: *Situation* (situación), *Participants* (participantes), *Ends* (fines), *Act sequences* (secuencia de actos), *Key* (clave), *Instrumentalities* (instrumentos), *Norms* (normas) y *Genre* (género). Para explicar cada uno de ellos voy a seguir al propio Hymes (1972), a Amparo Tusón (1997), a Casamiglia y Tusón (1999) y a Duranti (2000).

La *situación* se entiende en un doble sentido, ya que, por un lado, se refiere a la localización espacial y temporal en la que se produce el encuentro comunicativo, teniendo en cuenta tanto las fronteras externas como las internas. Las fronteras espaciales externas están definidas por los límites del lugar en el que se desarrolla la acción, y las internas, por la distribución interior del espacio que afecta a la comunicación. Las fronteras temporales externas quedarían marcadas por el principio y el fin del hecho comunicativo, y las internas serían las que permitirían distinguir secuencias distintas en el propio acontecimiento. En definitiva, se trata del dónde y del cuándo. Pero, además, la situación tiene una segunda dimensión, porque se refiere también a la atmósfera psicosocial, esto es, las imágenes del evento que, de forma prototípica, son asociadas por los protagonistas del evento al lugar y tiempo determinado donde éste está teniendo lugar.

Los *participantes* son las personas que intervienen en la interacción: el emisor, el oyente (o receptor o audiencia) y el destinatario, y que constituyen los componentes del habla. Esta manera de agrupar en una misma categoría a los actores permite a Hymes trascender las distinciones habituales entre hablante y oyente, que únicamente tienen en cuenta dos participantes, y que resultan poco precisas, ya que un evento del habla puede estar protagonizado solamente por uno, por dos, por tres o, incluso, por más participantes. Esta dimensión incluye todas las características psicosociales de cada una de las personas que intervienen en el habla (sexo, edad, clase social, rol, bagaje de conocimientos, etc.), pero se trata de seleccionar cuáles de ellas resultan relevantes en la descripción del hecho comunicativo.

Por *fines* Hymes entiende los propósitos-resultados, es decir, los propósitos reconocidos por los estudios tradicionales, y los propósitos-objetivos, que serían los propósitos desde el punto de vista de la comunidad, esto es, los propósitos convencionales o adscritos que no tienen por qué coincidir exactamente con los de los propios participantes; además, llama la atención sobre la necesidad de determinar cuáles son latentes o inintencionados. En opinión de Hymes estas distinciones son necesarias porque, de no realizarse, resultaría muy fácil identificar peligrosamente los fines de un evento del habla con el comportamiento de sus participantes. Por otra parte, es necesario tener en cuenta que los fines de los diferentes protagonistas pueden o pueden no ser los mismos, y si son diferentes, ser complementarios o contradictorios. Por este motivo, todo evento del habla implica una negociación sobre los fines de cada una de las personas que participan en él, y el sentido final de esa negociación está en función de las posibilidades que tenga cada persona de imponer los propios fines a los de los demás, cuando unos y otros se contradicen entre sí.

La *secuencia de actos* está constituida por la estructura sintagmática y paradigmática de los eventos del habla o forma del mensaje y, al mismo tiempo, por el contenido del mensaje, que está relacionado con las normas sociales. Es decir, cómo se estructura y organiza lo que se va diciendo en la interacción.

La *clave* es un elemento que se emplea para introducir el tono, la manera o el espíritu en el que tiene lugar el evento del habla. Puede ser verbal y no verbal, como, por ejemplo, cuando se trata del gesto, la postura, el estilo de la ropa o el acompañamiento musical. Se refiere también al grado de formalidad o informalidad y, en general, a todo aquello que determina cómo debe establecerse el intercambio. El problema reside en que la clave está basada muchas veces en diferencias muy sutiles y, por lo tanto, difíciles de percibir.

Los *instrumentos* se refieren a tres tipos de componentes: el canal, las formas del habla y los elementos cinésicos y proxémicos. El canal es el medio de transmisión del lenguaje (oral, escrito, telegráfico, por medio de semáforos, banderas, etc.). Es muy importante establecer la relación de interdependencia que existe entre estos distintos medios y la relativa jerarquía con la que se emplean. Por otra parte, las formas del habla hacen referencia al hecho de que los individuos de una comunidad, aunque compartan la misma lengua, no hablan todos de la misma forma. Tres criterios son relevantes a la hora de analizar las formas del habla: el origen histórico de los distintos recursos lingüísticos que se emplean, el hecho de que sean o no inteligibles entre sí y su especialización de usos. Por último, los elementos cinésicos y proxémicos se refieren al lenguaje corporal, tanto a los gestos propiamente dichos, como a todo lo que interviene en el conjunto de la representación de la persona (vestido, etc.).

Hymes agrupó bajo el término *normas* dos conceptos diferentes: las normas de interacción y las normas de interpretación. Al hablar de normas de interacción se estaba refiriendo a los comportamientos y las propiedades que se asocian con el habla (por ejemplo que uno no debe interrumpir a su interlocutor, o que sí está autorizado para hacerlo, que en algunos contextos se debe susurrar en vez de emplear un tono normal de voz, etc.), esto es, las normas que regulan el proceso interactivo que está teniendo lugar en el acto del habla. El conocimiento de todas ellas implica, a su vez, un conocimiento de la estructura social y de las relaciones sociales concretas vigentes en el momento que se analiza. Las normas de interpretación se refieren a las variaciones en cómo cada uno de los participantes interpreta las normas de interacción; adquieren especial relevancia cuando los eventos del habla tienen lugar entre participantes que pertenecen a comunidades distintas, ya que se refieren a los marcos de referencia que los hablantes comparten y que permiten interpretar adecuadamente tanto lo dicho como lo no dicho. El estudio de este tipo de normas implica un análisis del sistema de valores de cada uno de los grupos a los que pertenecen los interlocutores. En este punto Hymes hace una referencia explícita a trabajos antropológicos clásicos, tales como los de Malinowski en las Islas Trobriand (Malinowski, 1935). Esta referencia es perfectamente trasladable a las situaciones en las que personas de grupos humanos distintos entran en contacto, por ejemplo los inmigrantes en España que aprenden español como segunda lengua. Adquirir la competencia en lengua española implica una serie de normas que van más allá del uso estricto del lenguaje y que tienen más que ver con la estructura social de relaciones. Un ejemplo muy concreto de ello lo encontramos en el uso adecuado, en función de cada contexto, de *tú* o de *usted.* Beyrich y Borowski (2000) hacen una comparación muy interesante de las diferencias en el uso de *tú* y *usted* entre el español y el alemán.

La palabra *géneros* alude a categorías tales como poema, mito, relato, oración, lectura, anuncio, carta, etc., e implica la identificación de las características formales que se reconocen en la literatura tradicional. Los géneros suelen coincidir con los eventos del habla, pero deben ser tratados de manera independiente, porque un mismo género puede aparecer de forma recurrente en distintos eventos. Parece ser que este punto en concreto ha creado una larga discusión posterior; sin embargo, los autores coinciden en que los géneros se caracterizan, desde un punto de vista sociocultural, porque se asocian a determinados usos lingüístico-comunicativos.

Todos estos elementos que componen el modelo SPEAKING fueron diseñados con una perspectiva heurística, es decir, estaban pensados para que funcionaran a modo de guía útil en el trabajo de campo y en el análisis intercultural, sobre todo a la hora de comparar los análisis hechos en distintas comunidades del mundo. Sin embargo, no se trata de realizar una serie de descripciones etnográficas de distintos eventos del habla para ilustrar con ejemplos cada uno de los componentes del modelo, sino de ofrecer una idea de los factores que deben intervenir en el estudio del lenguaje en cuanto parte integrante de la vida social. Por otro lado, es necesario destacar que todos los elementos mencionados se encuentran estrechamente relacionados entre sí en cualquier evento del habla, aunque es cierto que en determinadas ocasiones unos pueden ser más determinantes que otros. Tusón (1997: 79) pone un ejemplo concreto:

> *en una entrevista lo habitual es que los "participantes" sean el componente alrededor del cual se organizan todos los demás, porque son las características de las personas que intervienen en el encuentro y la especial relación que se establece entre ellas las que condicionan las normas de interacción, el registro que se elegirá, etc., y, por lo tanto, las que nos permiten decir que se trata de una entrevista (del tipo que sea) y no de otro tipo de hecho comunicativo. Esto ocurre así porque esos componentes son siempre interdependientes; así, una determinada relación entre los participantes requerirá unas normas de interacción, un género, una secuencia de actos, una localización espacio-temporal, un género prototípico, etcétera.*

3. El método etnográfico

Dell Hymes hace constantemente referencia a los métodos etnográficos y los contempla como las herramientas adecuadas para analizar los eventos del habla, tal y como se pone de manifiesto en sus propias palabras (Hymes, 1993: 181):

> *la misión general de la antropología es ayudar a vencer las limitaciones de las categorías y los modos de comprensión de la vida humana que forman parte de la visión particular de una sola civilización. Para nuestros etnógrafos, una característica esencial de la etnografía es su apertura, pues está sujeta a una autocorrección durante el proceso mismo de investigación.* Y en el mismo texto, un poco más adelante, añade: *La formación etnográfica implica un aprendizaje del conocimiento comparativo acumulado sobre una materia, y que la existencia de un conocimiento comprehensivo acerca de una comunidad posibilita un examen más preciso de las hipótesis.*

Para aclarar un poco las ideas contenidas en los párrafos citados, y dada la importancia central que el autor concede a los métodos etnográficos en su propuesta, creo que es conveniente aclarar en qué consisten.

Los métodos etnográficos se conocen en antropología más que en plural, que podría implicar la idea de una variedad de ellos, en singular, porque se hace referencia a una única forma de concebir el trabajo de campo, aunque luego se empleen distintas técnicas metodológicas para llevarlo a cabo. El método etnográfico se apoya en dos pilares fundamentales: la *observación participante* y la *entrevista dirigida*, ambos combinados y llevados a cabo sobre el terreno en el que se producen los acontecimientos que se desea estudiar (Hammersley y Atkinson, 1983). Es decir, el *trabajo de campo* consiste en compartir la vida de las personas que son objeto de análisis del estudio, en la medida de lo posible, y hasta adquirir una competencia social (al menos mínima) en ese contexto concreto. En palabras del antropólogo Pío Navarro (1983: 184):

> *La convivencia con los miembros de la comunidad estudiada es la base del trabajo de campo, cuya regla de oro es "llevarse lo mejor posible con la mayor cantidad de gente", para así ser aceptados como miembros de la comunidad y poder obtener más cantidad, variedad y calidad de informaciones [...]. Participar es compartir.*

Quizá, esta forma de concebir el trabajo de campo se refiere más bien a una antropología clásica en la que se presuponía el desplazamiento del investigador a otro lugar, sin embargo expresa con mucha claridad algo que hoy día no implica necesariamente un viaje.

Como he dicho anteriormente, los dos pilares fundamentales del trabajo de campo son la *observación participante* y la *entrevista dirigida*.

La *observación participante* consiste en una inmersión en la vida, la lengua y las costumbres del grupo que se pretende estudiar, con el objetivo de familiarizarse con la perspectiva de estas personas y con su interpretación del mundo, lo que implica un conocimiento de las normas, valores y pautas de comportamiento que explican el entorno de estas personas. Para ello, el investigador deberá trasladarse a vivir durante un tiempo determinado a la comunidad de estudio y compartir la vida cotidiana de las personas que viven en ella, observando sus comportamientos, escuchando sus relatos y participando, en la medida de lo posible, en los acontecimientos que se suceden durante la visita del investigador. Ello implica cometer muchos errores al principio y, paulatinamente, aprender a corregirlos de acuerdo con las normas y valores de esa comunidad. Por supuesto que es esperable una gran cantidad de variación individual, pero entre ella es necesario descubrir cuáles son las ideas fundamentales en torno a las que se organiza el pensamiento, independientemente de que éstas sean observadas o transgredidas por los miembros de la comunidad. Dicho de otra forma más sencilla, consiste en aprender a vivir en otro lugar con una cierta competencia. Esta perspectiva coincide, de nuevo, con una forma clásica de concebir la antropología; hoy en día, sin embargo, los antropólogos llevan ya largos años interesados en trabajar en las propias comunidades, en estos casos la observación participante se realiza *en casa*, y, por lo tanto, el aprendizaje y la adquisición de la competencia social por parte del investigador resultan una tarea más ambigua y peor delimitada. Por otro lado, algunos autores más allá del campo antropológico, como Elisabeth Suter, han propuesto emplear la técnica de *focus groups* (grupos de interés o grupos de discusión) como una alternativa a la observación participante cuando ésta no es posible (Suter, 2000).

El trabajo de observación participante incluye, además, la recolección de todo tipo de información disponible o accesible al investigador a través de documentos variados, contactos, acontecimientos puntuales, interacciones, etc. (o registros visuales en fotografía, vídeo, película, etc.), que deben ser reflejados por el antropólogo en lo que se conoce como *Diario de campo* (Velasco y Díaz de Rada, 1997). El registro de todo este tipo de acontecimientos que el investigador considere relevantes, así como las propias percepciones, emociones, estados de ánimo, personales, es de vital importancia para el estudio. Este tipo de registro tiene un doble interés para el trabajo, ya que, por un lado, se trata de los documentos que el propio investigador genera para analizar el contexto, y, por el otro, están reflejando el análisis permanente que el etnógrafo realiza en la comunidad de estudio.

La antropología tradicional incluía en la observación participante un capítulo muy importante y por otro lado singular: la construcción de genealogías, es decir, el registro de las relaciones de parentesco en las comunidades de estudio. Hoy en día, una vez que el trabajo antropológico se ha trasladado a comunidades más grandes, el método genealógico carece de la utilidad que tenía entonces, aunque, a pesar de ello, los antropólogos siguen muy interesados en todo tipo de relaciones sociales establecidas entre las personas que son objeto de estudio. La antropología contemporánea, además, ha enfatizado la importancia de analizar las propias relaciones que el investigador establece con la comunidad.

La *entrevista dirigida* es una metodología mucho más simple, aunque englobe una relativa variedad de formas concretas a la hora de realizarla (Briggs, 1986; Bernard, 1995). En general, se trata de una conversación a través de la que el investigador pregunta a las personas objeto de estudio acerca de los temas en los que está interesado. Algunas se realizan llevando un mínimo cuestionario como guía, otras, sobre todo al principio, suelen ser más libres y dirigidas, a menudo, más por el entrevistado que por el entrevistador. La peculiaridad más importante de una entrevista dirigida, tal y como yo misma la entiendo, es su objetivo, ya que lo que se busca, generalmente, no son respuestas por parte de los *informantes* (que son las personas entrevistadas), sino preguntas que resultan relevantes para ellos en el contexto en el que se está trabajando. Buscar preguntas es una forma de adquirir competencia social en un contexto determinado y, por lo tanto, una herramienta particularmente adecuada para tener en cuenta el contexto. Ello quiere decir que cuando el investigador comienza un trabajo puede llegar con unos intereses muy concretos, y que, inspirado en ellos, es posible que elabore un cuestionario-guión; sin embargo, aún trabajando en la propia comunidad, la manera de preguntar en un determinado ambiente puede no ser lo suficientemente competente. Adquirir esa competencia significa aprender a reconocer la manera en la que los individuos formulan concreta y correctamente las cuestiones que les resultan relevantes en su forma de vivir. Es posible que éstas no coincidan con los intereses del investigador, y por ello su tarea consiste, precisamente, en realizar este proceso de aprendizaje a través del cual adquiere una cierta competencia social para saber actuar y relacionarse en el ambiente en el que está trabajando. Algunas de sus preguntas pueden ser discriminatorias o ineficaces para entablar una conversación con los miembros del grupo y por este motivo tiene que buscar cuáles son esas preguntas correctas y relevantes para obtener los tipos de relatos que busca sobre los temas que le interesan. La única forma de aprender, al igual que en el caso de la observación participante, es a partir de los errores cometidos.

En última instancia, por lo tanto, una entrevista dirigida es una conversación dirigida. Para entender el significado social de una conversación resulta muy útil la definición de Tusón (1997: 35), para quien, como todo acto de comunicación, se trata de *un proceso de interpretación de intenciones*. Es decir, que una conversación implica mucho más que el uso de las palabras, ya que en ella intervienen las experiencias mutuas previas, los intereses de las partes que conversan, el contexto en el que están sucediendo, etcétera.

Los dos pilares fundamentales del método etnográfico pueden comprenderse mejor a partir de uno de los paradigmas centrales en antropología, me refiero a la perspectiva *holista*, que es aquella que nos permite conectar todas las facetas del ser humano (biología, lengua, sociedad y cultura), en todos los lugares, a lo largo de toda su historia. De esta manera, el *todo* no es la suma de las partes, sino que la interacción entre las partes es lo que conforma el todo y, por otro lado, ninguna de las partes puede ser comprendida si no es en relación con el *todo*.

Hacer etnografía, desde esta perspectiva, implica analizar el contexto. Dell Hymes consideró que este tipo de metodología era adecuado para llevar a cabo el análisis de los eventos del habla y empleó como guía de trabajo el modelo SPEAKING, ya que éste enfatiza la importancia de analizar los aspectos sociales del habla y, por lo tanto, el contexto en el que cada uno de ellos tiene lugar.

4. Desarrollo de los estudios de los eventos del habla inspirados en etnografía de la comunicación

El método elaborado por Dell Hymes junto con las contribuciones de John J. Gumperz, Ethel M. Albert, Charles O. Frake, Alan Dundes, Jerry W. Leach, Bora Özköz, Claudia Mitchel-Kernan, John M. Roberts, Michael Forman, Susan Ervin-Tripp, Stephen A. Tyler, Paul Friedich, Harold Garfinkel, Harvey Sacks, Emanuel A. Schegloff, Ray L. Birdwhistell, Jan-Peter Blom, Joshua Fishman, Fredrik Barth, Basil Bernstein, John L. Fisher, William Labov, Joel Sherzer, Regna Darnell (Gumperz y Hymes, 1972) y otros, no ha sido prácticamente utilizado. Tampoco tuvieron éxito en lograr lo que pretendían: establecer un campo unificado a partir de la sociolingüística y la antropología lingüística. Los sociolingüistas continúan su trabajo centrando su interés en la elección de la lengua y la variación, y emplean la definición de *comunidad lingüística* como el punto de referencia de la investigación de los límites de la variación individual en el uso de la lengua. Los antropólogos lingüísticos, por su parte, trabajan desde la perspectiva del concepto de cultura y siguen preocupados por tres áreas teóricas principales: la actuación, la deixis y la participación (Duranti, 2000: 35-36). Sin embargo, quienes formularon el modelo de la etnografía de la comunicación sí consiguieron establecer vínculos y colaboraciones continuas entre los investigadores de ambas disciplinas y han inspirado un número considerable de estudios etnográficos posteriores sobre comunidades lingüísticas desde el punto de vista de los eventos del habla. En opinión de Duranti, *la organización de estos estudios ocupa un lugar central en la relación entre los componentes de los eventos del habla, especialmente el escenario, los participantes y el género* (Duranti, 2000: 388).

Sherzer (1983) representa un buen ejemplo de este tipo de estudiosos. Realizó un análisis de los distintos géneros que intervienen en una ceremonia concreta celebrada entre los *cuna* de Panamá. A través del estudio concluyó que el éxito de un jefe residía en su habilidad para construir posiciones morales, favorecer comportamientos y sancionar determinados puntos de vista a través del uso de un lenguaje creativo, innovador al mismo tiempo que indirecto. Bloch (1975), por su parte, se ha dedicado al análisis de los rasgos lingüísticos de los géneros de habla que se utilizan, y elabora sus conclusiones en estrecha relación con el significado que el uso de determinado género tiene en relación con la estructura social de la comunidad. El propio Duranti (1994) ha argumentado a través de su trabajo en Samoa que existen muchas más posibilidades de encontrar mezclas de formas y contenidos de lo que otros autores han definido con el término *heteroglosia*, y que esta mezcla es consistente para analizar lo que él llama aspectos de creación del contexto en las actuaciones verbales.

Una de las ideas propuestas por el modelo de la *etnografía de la comunicación* que ha sido más ampliamente desarrollada, debatida y analizada, es la de la *participación*, que no ocupaba un lugar central en el modelo de Hymes, pero que, sin embargo, ha inspirado tres líneas distintas de análisis referidas a tres aspectos complementarios y a la vez ligeramente diferentes: la estructura de participación, el marco de participación y el marco participante. Estas tres dimensiones de estudio incorporan el contexto social en el que se produce cada acto del habla.

La noción de *estructura de participación* fue desarrollada por Philips (1983) a través de un estudio sobre la actuación en clase de los alumnos en la reserva india de Warm Springs. Esta autora argumentó que los profesores empleaban distintas estructuras de participación en el aula con la intención de captar la atención de los alumnos. Al realizar trabajos comparativos con otros niños americanos fuera de la reserva, descubrió que los alumnos en la reserva participaban de forma selectiva a través de las distintas estructuras (al igual que los demás niños) y que aquéllas que concentraban su mejor atención diferían de las que captaban más la atención de los otros niños. A partir de este estudio comparativo formuló la tesis de que estas diferencias tienen su origen en el modo de socialización de los niños y son, en parte, responsables de las inconsecuencias observables en los resultados de los alumnos, con índices de éxito menores en el caso de los alumnos de la reserva. Las aportaciones más importantes de este trabajo han sido desarrolladas teniendo en cuenta el contexto social como objeto de análisis. Camilleri (1985), por su parte, ilustra esta misma idea con una gran variedad de ejemplos.

El marco de participación ocupa un lugar central en los trabajos de Goffman (1981), quien recogió la distinción entre los tipos de participantes propuesta en *Etnografía de la comunicación* y elaboró la noción de *posicionamiento*, es decir, la toma de posición que adopta el hablante entre las múltiples posibilidades que tiene a su alcance. En opinión de Goffman (1974), los hablantes no participan en los eventos del habla para transmitir información, sino para representar dramas ante un auditorio. Del análisis de la obra de Goffman, Duranti concluye afirmando que, desde esta perspectiva, *los seres humanos existen en tanto seres sociales, precisamente porque son entidades que pueden asumir diferentes personajes sociales y representar diversos puntos de vista*. Esta idea coincide completamente con mi propio análisis sobre la identidad cultural (del Olmo, 1990), realizado entre los argentinos exiliados en España, que concluyó argumentando que llamamos identidad cultural a la estructura de relación entre los distintos papeles sociales o roles que representamos frente a otros en función de las intencionalidades de los actores, que, a su vez, se encuentran limitadas por las posibilidades que ofrece el contexto como marco de estructura. El *marco de participación* desarrollado por Goffman es un concepto articulador de la configuración total de los estatus de participación, esto es, la relación que una persona mantiene con lo que está diciendo, en un momento determinado.

El concepto de *marcos participantes* fue desarrollado por Goodwin (1990) por oposición al término de Goffman de marcos de participación, pero al mismo tiempo en estrecha relación con él. Empleando esta terminología, la autora pretende abarcar dos fenómenos distintos: por un lado, las actividades colocan a unos participantes frente a otros de una forma determinada, por el otro, además de encontrarse colocados cara a cara, en función de la actividad, los propios participantes se configuran como personajes animados o actores dentro de una conversación. Esta idea, experimentada a través de distintos análisis, le permite extraer la siguiente conclusión: el modo en que se estructura una conversación es, por sí mismo, un modo de organización social.

Mi propio trabajo de campo realizado entre los argentinos exiliados en España resulta muy ilustrativo para entender las ideas que estos conceptos evocan, porque se trata de una comunidad de exiliados (argentinos) cuya lengua es, al menos como punto de partida, la misma que se emplea en el contexto social en la que está inserta (la sociedad española); sin embargo, la competencia social de los miembros de esta comunidad tuvo que sufrir un proceso de aprendizaje de los códigos más allá de las palabras. En muchas ocasiones, el hecho de compartir las mismas palabras dificultaba el aprendizaje de los usos sociales de las mismas, puesto que se presupone erróneamente que, ante las mismas palabras, los marcos de referencia son los mismos. Uno de los ejemplos más significativos que recogí en aquella ocasión, y que ha quedado reflejado en una obra reciente (del Olmo, 2002) fue la experiencia de una persona con la palabra *vez* y su empleo en el sentido de turno organizado en la cola de espera de un mercado. El informante construye literalmente un cuento a partir de su aprendizaje en el uso social de *pedir la vez* y concluye su relato *robando una vez*, es decir pidiendo el turno a la persona que estaba delante de él y marchándose del mercado sin que llegara su turno y sin cederle la vez a otra persona. La clave literaria de su relato se basa en el traslado del significado de la palabra desde el contexto social en el que la ha aprendido para construir con él una metáfora ficticia que tiene un sentido completamente distinto y enteramente nuevo: una bola peluda y suave.

5. La etnografía de la comunicación en la actualidad

Actualmente, las ideas propuestas por el modelo, como aproximación teórica y metodológica, se encuentran presentes casi exclusivamente en el mundo anglosajón, principalmente en Estados Unidos, Gran Bretaña y Australia. También es posible rastrear la existencia de algunos trabajos recientes realizados a partir de este enfoque, tanto en idioma español (Tusón, 1997; Lomas, Osoro y Tusón, 1997; Calsamiglia y Tusón, 1999), como en francés; sin embargo, su incidencia y su alcance en estos ámbitos es considerablemente menor. En Estados Unidos, por el contrario, forma parte de la enseñanza universitaria relacionada tanto con los estudios lingüísticos como con los antropológicos, orales, folclorísticos, etc. Universidades tales como las de California, Indiana, Texas, Georgetown, Iowa, etc., imparten cursos monográficos sobre el tema con tres objetivos fundamentales: a) proporcionar al alumno un conocimiento teórico sólido sobre el campo; b) familiarizarle con los textos paradigmáticos de esta perspectiva; y c) enseñarle a realizar sus propias etnografías de la comunicación. Además, la etnografía de la comunicación sigue formando parte de los enfoques teóricos que inspiran algunos proyectos de investigación en la actualidad: por ejemplo, "Sense-Making. The Ethnography of Communication: Recovering Power in Communication Practices", dirigido por K. D. Hay en la Ohio State University, con el objetivo de estudiar la creación de identidades locales y transnacionales entre los árabes-americanos (http://communication.sbs.ohio-state.edu/sense-making/meet/m99hay.html), "Nexus Analysis", en la Universidad de Georgetown (http://www.georgetown.edu/faculty/scollonr/eoc03), o el estudio realizado por J. E. Juncosa en la comunidad *shuar* de Ecuador (Juncosa, 2000).

Sin embargo, el modelo se ha transformado en los últimos años, más que en un enfoque concreto derivado de las propuestas a las que aquí se ha hecho referencia, o incluso un modelo a seguir, en una perspectiva o enfoque más general que consiste, fundamentalmente, en una aproximación al estudio del lenguaje (y la comunicación entendida en un sentido más amplio) basado en los estudios de carácter etnográfico sobre el uso de la lengua, que reclama la importancia de prestar atención al contexto social en el que tienen lugar las manifestaciones del lenguaje. Metodológicamente se trata de identificar las prácticas clave, los actores sociales y sus acciones, así como los medios y las herramientas culturales que explican la puesta en práctica de esas acciones. Es decir, que lo que se pretende no es simplemente elaborar taxonomías sobre los participantes, las situaciones, las escenas y los géneros puestos en práctica por una determinada comunidad, sino adentrarse progresivamente en los universos y en las vidas de los grupos relevantes para el estudio y aprender de ellos, porque son éstos los que dan sentido al estudio de la lengua.

Lomas, Osoro y Tusón (1997: 40) señalan que:

> *el interés de la etnografía de la comunicación reside en que presenta un marco teórico que sitúa en su justo lugar las diferentes habilidades que un individuo necesita conocer y dominar para comportarse de manera 'competente', es decir, 'adecuada' en cualquier situación. El conocimiento del código -la competencia lingüística- queda integrado junto con la competencia pragmática y deja de ser una pura abstracción. Asimismo, el conocimiento de la normativa adquiere sentido ya que cualquier individuo ha de saber que, en determinadas situaciones y para conseguir ciertas finalidades, su utilización de la lengua, ya sea oral o escrita (especialmente si es escrita), deberá adaptarse a las normas académicas si quiere que su actuación comunicativa sea eficaz.*

En términos más simples, se trata, hoy día, de un campo de estudio amplio, cuyo objetivo fundamental es analizar cómo se produce la comunicación en determinados grupos humanos o comunidades, teniendo en cuenta que aunque la comunicación se realiza a través del lenguaje (oral, gestual, corporal, etc.), sus sentidos (y la manipulación de éstos que también constituyen una forma de comunicación) sólo pueden ser entendidos haciendo referencia al contexto sociocultural en el que se inscribe cada acto del habla, y que por ello, cualquier estudio sobre la lengua, o cualquier programa de aprendizaje de la misma, debe tener en cuenta esta dimensión tan importante.

Conclusión

Todas estas ideas tienen una consecuencia directa en el proceso de enseñanza de una determinada lengua, ya que los fines sociales de la enseñanza de una lengua, en opinión de Lomas, Osoro y Tusón (1997: 59) consisten en *desarrollar la competencia comunicativa de los aprendices, entendida como conocimiento del sistema lingüístico y de los códigos no verbales y de sus condiciones de uso, en función de los contextos y situaciones de comunicación y del diverso grado de planificación y formalización de esos usos concretos,* y en conseguir las siguientes metas: *centrar el interés en el desarrollo de la competencia comunicativa del aprendiz, poner el énfasis en los procedimientos más que en el producto, integrar el conocimiento formal del lenguaje y el instrumental y adopta[r] una perspectiva cognitiva*. Por lo tanto, queda clara la necesidad de explicitar los usos sociales determinados de las palabras en los diferentes contextos en los que éstas pueden ser empleadas. Reproducir ficticiamente en una clase situaciones en las que se emplean de manera diferente determinadas expresiones puede ser un recurso adecuado para conseguir este objetivo. Discutir sobre los usos que resultan chocantes para los alumnos en proceso de aprendizaje de la lengua es también un recurso conveniente, porque permite hacer explícitas una cantidad de normas que para los nacionales resultan implícitas y que siguen de manera inconsciente, como si fueran evidentes, naturales, etc., es decir, como si se tratara de la única posibilidad de interpretación. En este sentido también puede resultar muy interesante discutir con los alumnos la percepción que ellos tienen de los hablantes de la lengua que están aprendiendo. Por otra parte, emplear materiales audiovisuales que reflejen el contexto de uso es otra manera de relacionar el uso lingüístico con el uso social.

Por lo que se refiere a la enseñanza concreta del español como segunda lengua, la perspectiva que propone la etnografía de la comunicación implica necesariamente concebir el proceso de aprendizaje en un marco más general, esto es, la sociedad en la que ese español se desenvuelve. A lo largo del texto ya se han apuntado algunas ideas concretas al respecto. Sin embargo, en términos más generales, resulta ahora necesario distinguir dos situaciones diferentes en las que se puede plantear ese aprendizaje: la enseñanza del español en una sociedad que emplea esta lengua para comunicarse y la enseñanza del español fuera de los ámbitos en los que la lengua se habla.

El aprendizaje del español en la sociedad de habla hispana, como es el caso de la propia España donde su empleo es mayoritario (como sucede en algunas zonas) o alternativo (como ocurre en Cataluña, País Vasco, Galicia, etc.), tiene la ventaja de que el alumno está, de partida, inmerso, o expuesto a la inmersión, en el contexto de la lengua que aprende. De esta manera, el proceso de enseñanza debe incluir entre sus objetivos prioritarios el de orientar al alumno para que aprenda a observar por sí mismo, para que incorpore, en la medida de lo posible, los usos sociales de la lengua; la experiencia del propio alumno puede ser empleada por el profesor como materia de reflexión a través de discusiones, percepciones, etc. El alumno tiene que llegar a adquirir la necesidad de indagar cuáles son los usos sociales de la lengua que está aprendiendo en clase. Cualquier material audiovisual interactivo puede ser muy útil, pero es aún más importante despertar en el propio alumno la necesidad de indagar por sí mismo, y la de evitar traducir las palabras acompañadas de sus usos sociales.

Por otro lado, la enseñanza del español como segunda lengua fuera del ámbito del habla de la lengua (incluso en aquellas zonas de la propia España en las que, en la práctica, no se emplee) requiere un esfuerzo adicional por parte del profesor, puesto que será él mismo el responsable de reconstruir el contexto que explica cuáles son los usos de la lengua, bien a través de recursos que idee, bien mediante la utilización de los materiales audiovisuales de los que sea capaz de disponer al efecto. En este sentido, la responsabilidad recae también en el trabajo de todos aquellos profesionales dedicados a la didáctica de la lengua o a elaborar materiales para su enseñanza.

De lo que se trata, en este caso, desde la perspectiva de la etnografía de la comunicación, es de situar el aprendizaje de una lengua en un contexto más amplio que el del uso social del lenguaje, y, además, emplear como referencia el propio contexto social del que parte el alumno. Esto, trasladar de contexto a contexto y no sólo de lengua a lengua. En este sentido resulta muy ilustrativo el análisis de Göbels titulado "El aprendizaje de lenguas como cambio de perspectiva cultural" (Göbels, 2000), dedicado fundamentalmente al estudio de las tesis de Humboldt sobre el aprendizaje de las lenguas, cuyo espíritu está recogido en la siguiente cita del autor: *El estudio de una lengua extranjera [...] debería ser la obtención de un nuevo punto de vista en la visión del mundo que se tenía hasta entonces, ya que cada lengua contiene la totalidad del tejido de los conceptos y de las formas de la imaginación de una parte de la humanidad* (Göbels, 2000: 31).

Bibliografía

BERNARD, H.R. (1995), *Research Methods in Anthropology. Qualitative and Quantitave Approache*, Nueva York, Altamira Press.

BEYRICH, D. y BOROWSKI, C. (2000), "Malentendidos interculturales en la comunicación cotidiana", en VV. AA. (2000), *Propuestas interculturales*, Madrid, Edinumen.

BLOCH, M. (1975), *Political language and Oratory in Traditional Society*, Londres, Academic Press.

BRIGGS, C. (1986), *Learning How to Ask. Appraisa of the Rol of the Interview in Social Sciences Research*, Cambridge, Cambridge University Press.

CAMILLERI, C. (1985), *Antropología cultural y educación*, Lausana, UNESCO.

CASAMIGLIA BLANCAFORT, H. y TUSÓN VALLS, A. (1999), *Las cosas del decir. Manual de análisis del discurso*, Barcelona, Ariel.

DURANTI, A. (1994), *From Grammar to Politic: Linguistic Anthropology in a Western samoan Village*, Berkeley y Los Ángeles, University of California Press.

DURANTI, A. (2000), *Antropología lingüística*, Madrid, Cambridge University Press.

GÖBELS, A. (2000), "El aprendizaje de las lenguas como cambio de perspectiva cultural", en VV.AA. (2000), *Propuestas interculturales*, Madrid, Edinumen.

GOFFMAN, E. (1974), *Frame Analysis: An Essay on the Organization of Experience*, Nueva York, Harper and Row.

GOFFMAN, E. (1981), *Formas of Talk*, Filadelfia, Pennsylvania, University of Philadephia Press.

GOODWIN, M. H. (1990), *He-said-She-Said. Talk as Social Organization among Black Children*, Bloomington, Indiana University Press.

GUMPERZ, J. y HYMES, D. (1972), *Directions in Sociolinguistics: The Ethnography of Communication*, Nueva York, Holt, Rinehart and Winston.

HAMMERSLEY, M. y P. ATKINSON, (1983), *Ethnography. Principles in Practice*, Londres y Nueva York, Tavistock.

HYMES, D. (1964), "Introduction: Toward Ethnographies of Communication", en J. GUMPERZ y D. HYMES, (1964), *The Ethnography of Communication 'special issue' American Anthropologist*: 1-34.

HYMES, D. (1972), "Model of the Interaction of Language and Social Life", en J. GUMPERZ y D. HYMES (1972), *Directions in Sociolinguistics: The Ethnography of Communication*, Nueva York, Holt, Rinehart and Winston: 35-77.

HYMES, D. (1993), "¿Qué es la etnografía?", en H. M. VELASCO, F. J. GARCÍA CASTAÑO y A. DÍAZ DE RADA, (1993), *Lecturas de antropología para educadores*, Madrid, Trotta.

JAKOBSON, R. (1960), "Closing Statement, Linguistics and Poetics", en T. SEBEOK (1960), *Style in Language*, Cambridge, Mass., MIT Press: 398-429. (Traducción española: *Estilos del lenguaje*, Madrid, Cátedra, 1974)

JUNCOSA, J. E. (2000), *Etnografía de la comunicación verbal shuar*, San Francisco de Quito, Ecuador, Abya-Yala.

LOMAS, C., OSORO, A. y TUSÓN, A. (1997), *Ciencias del lenguaje, competencia comunicativa y enseñanza de la lengua*, Barcelona, Paidós.

MALINOWSKI, B. (1935), *Coral Gardens and their Heritage*, Londres, Allen and Unwin.

del OLMO, M. (1990), *La construcción cultural de la identidad: emigrantes argentinos a España*, Madrid, Universidad Complutense.

del OLMO, M. (2002), *La utopía en el exilio*, Madrid, CSIC.

NAVARRO, P. (1983), "Las herramientas 'familiares' del trabajo de campo: el censo y la genealogía", *Revista Española de Investigaciones Sociológicas (REIS)*: 21, 183-220.

PHILIPS, S. (1983), *The Invisible Culture: Communication in Classroom and Community on the Warm Springs Indian reservation*, Nueva York, Longman.

TUSÓN VALLS, A. (1997), *Análisis de la conversación*, Barcelona, Ariel.

SHERZER, J. (1973), "Verbal and Non-Verbal Deixis: The Pointed Lip Gesture among The san Blas Cuna", *Language and Society*, 2:117-131.

SUTER, E. A. (2000), "Focus Groups in Ethnography of Communication: Expanding Topics of Inquirí Beyond Participant Observation", *Qualitative Report*, 5, 1-2. (Disponible en Internet: <http://www.nova.edu/sss/QR/QR5-1/suter.html>)

VELASCO, H. y DÍAZ DE RADA, A. (1997), *La lógica de la investigación etnográfica. Un modelo de trabajo para etnógrafos de la escuela*, Madrid, Trotta.

Aportaciones de la pragmática

M.ª Victoria Escandell Vidal
Universidad Nacional de Educación a Distancia

Introducción

Pocas disciplinas han conocido en los últimos años un auge tan espectacular como el que ha experimentado la pragmática. Su nivel de desarrollo se deja ver en la abundante investigación, en la existencia de sociedades científicas, en la celebración de congresos internacionales y en las innumerables publicaciones a que ha dado lugar en forma de manuales (véase, entre otros, Leech, 1993; Levinson, 1983; Sperber y Wilson, 1986; Green, 1989; Mey, 1993; Escandell Vidal, 1996; Reyes, 1994; Thomas, 1995; Yule, 1996; Verschueren, 1999; Peccei, 1999), monografías, colecciones de estudios o revistas especializadas (entre otras, *Journal of Pragmatics*; *Pragmatics*; *Pragmatics and Cognition*; *Language and Communication*; *Lingua*, *Mind and Language*; *Spanish in Context; Discurso y Sociedad; Argumentation*; *Journal of Linguistics*; *Speech Communication*; *Language Learning*; *Pragmalingüística*). Este auge, desde luego, no se debe al mero azar: la adopción de una perspectiva pragmática ha permitido arrojar nueva luz sobre diversos fenómenos, y así se han propuesto enfoques esclarecedores en muchas áreas, como la referencia nominal y temporal, la deixis, el orden de palabras y la estructura informativa, o los marcadores discursivos. En estos ámbitos se ha puesto de relieve la necesidad de tomar en cuenta a los participantes en la comunicación y su entorno para poder ofrecer una caracterización completa de los fenómenos. Si el enfoque pragmático se revela necesario para explicar muchas cuestiones que parecían simplemente gramaticales, no resultará extraño que también sea imprescindible en todos los aspectos para los que es consustancial el apelar a aquellos elementos que, siendo externos al sistema de la lengua, condicionan el uso que hacemos de ella. La enseñanza de lenguas no podía -no debía- ser una excepción.

Por otro lado, en los últimos treinta años la *competencia comunicativa* (Hymes, 1971; Habermas, 1984) se ha convertido en el objetivo central al que debe aspirar la enseñanza de una segunda lengua o una lengua extranjera. Uno de los componentes básicos que se reconocen dentro de la competencia comunicativa es precisamente la *competencia pragmática*. Aunque se presenta bajo diferentes denominaciones -*competencia sociolingüística* en Canale y Swain (1980) y en Canale (1983); *competencia pragmática* en Bachman (1990) y en Bachman y Palmer

(1996); y en español, véanse los trabajos recogidos en Llobera (ed. 1995)-, lo que se quiere en todos los casos es recoger la intuición general de que, además de las reglas gramaticales, hay otras pautas que determinan la adecuación del uso lingüístico.

En consecuencia, la pragmática se ha convertido en una materia obligada en la formación del profesor de una segunda lengua o de una lengua extranjera. La pragmática le ofrece las herramientas teóricas y metodológicas necesarias para poder avanzar en la descripción de las reglas y los principios -la mayor parte de las veces, no conscientes- que están en vigor cuando nos comunicamos, y que permiten lograr una mejor comprensión de los mecanismos que subyacen al modo en que los hablantes usamos la lengua. En este capítulo se presentarán las nociones más importantes y se comentarán los enfoques y los fenómenos que puedan tener más incidencia en la enseñanza de lenguas.

1. La comunicación humana

Antes de introducir los conceptos básicos de la pragmática, y puesto que todas nuestras reflexiones girarán alrededor de la comunicación, parece conveniente precisar qué se entiende por *comunicación*. Es frecuente identificar *comunicación* con *transmisión de información por medio de un código*. Esta definición puede servir para otros fines, pero desde luego resulta claramente inadecuada como caracterización de la comunicación humana; y lo es, además, en varios sentidos. Por un lado, propone equivocadamente equiparar la comunicación con la transmisión de información. Sin embargo, todos sabemos que no siempre es ésta nuestra finalidad comunicativa; al contrario, lo más frecuente es que la mayor parte de nuestras interacciones no intercambien información, sino que hagan otras cosas: cosas como pedir, saludar, agradecer, insultar, etc. Si cuando salgo de la peluquería alguien me dice *¡Anda, te has cortado el pelo!*, difícilmente podría pensar que mi interlocutor trata de informarme de algo que desconozco (a saber, que me he cortado el pelo); su intervención tiene que ver, más bien, con otros aspectos del mantenimiento de las relaciones sociales. En consecuencia, la transmisión de información es simplemente una más de las finalidades de la comunicación humana, pero no la única y tampoco la más importante.

En segundo lugar, es fácil darse cuenta de que el uso de un código lingüístico compartido tampoco es un requisito necesario para que podamos comunicarnos con éxito; en realidad, para que haya comunicación no es preciso que haya un código de ninguna clase (ni lingüístico ni no lingüístico). No hay ninguna convención de ningún tipo por la que agitar a la vista de una persona un manojo de llaves signifique *¿Te has acordado de coger las llaves?*, o bien *¡Ya he encontrado las llaves!*, o bien *Me han dado las llaves*; pero todos estaremos de acuerdo en que, en la situación apropiada, éstos (entre otros) serían contenidos fácilmente inferibles a partir del gesto de mostrar las llaves. Los humanos, además de saber interpretar eficazmente los símbolos convencionales de un código aprendido (entre ellos, los signos lingüísticos), somos capaces de obtener información a partir de indicios (o síntomas) y de iconos; y no sólo eso, somos capaces de explotar con fines comunicativos la capacidad de nuestros congéneres de interpretar indicios: es decir, sabemos producir intencionalmente indicios para que los demás los interpreten. Ello indica, pues, que el proceso de *descodificación* no es la única fuente de la que obtenemos contenidos; también la *inferencia* (el razonamiento que nos permite deducir nuevas informaciones a partir de otras ya existentes) desempeña un papel decisivo en la comunicación. Este papel es todavía más importante de lo que pudiera parecer en un principio ya que, como veremos, también lo comunicado verbalmente recibe una interpretación inferencial. Lo que hace que el modo en que nos comunicamos sea creativo, y no puramente mecánico, es precisamente nuestra capacidad de superar el código y de transmitir contenidos por medios no convencionales.

A la caracterización de la comunicación hay que añadirle otro ingrediente básico: la *intencionalidad*. Para que podamos decir que hay comunicación en sentido estricto es necesario que haya *intención* de comunicar. Esta condición permite dejar fuera de los comportamientos comunicativos todos aquellos hechos casuales de los que podemos extraer información: se trata, por tanto, de excluir los indicios no producidos intencionalmente. Si noto que mi interlocutora está esperando un bebé, de esa observación obtengo una información que quizá antes no poseía; sin embargo, no puedo decir que mi interlocutora haya querido *comunicarme* que está embarazada. La razón de restringir la noción de comunicación a lo intencional es muy simple: si tiene interés estudiar la comunicación es porque es un tipo de *comportamiento*, una forma de *conducta*, y como tal se puede describir, enseñar y aprender. Tendría escaso sentido mezclar indiscriminadamente los gestos controlados (espontáneos o premeditados) y aquellos sobre los que no se tiene ningún control.

En resumen, cuando hablamos de *comunicación* tenemos que entender que nos estamos refiriendo a un tipo de comportamiento por el que un individuo intenta que se originen determinadas representaciones en la mente de otro individuo (nuevas informaciones, refuerzo de informaciones ya existentes, actuación sobre las relaciones sociales, etc.). Esta definición resulta, sin duda, poco usual, pero se ajusta más a la realidad de la comunicación humana: recoge su carácter intencional, sin imponer condiciones ni sobre el tipo de medios utilizados (lingüísticos o no), ni sobre la naturaleza de los contenidos (informativos o no). La comunicación verbal es, pues, sólo un caso particular de comunicación, aunque -eso sí- el más complejo y también el más interesante.

2. Los objetivos de la pragmática

Para centrarnos ya en la comunicación de base lingüística, comencemos examinando el siguiente fragmento, que corresponde a un intercambio real:

[En una hamburguesería. El empleado está colocando el pedido en la bandeja del cliente.]
Cliente: *¿Tienes mostaza?*
[El empleado deposita unas bolsitas de mostaza sobre la bandeja.]
Cliente: *Gracias*.

Si examinamos con detalle esta interacción, podríamos encontrar algunos aspectos sorprendentes. El más llamativo probablemente es éste: el cliente formula una pregunta (*¿Tienes mostaza?*), pero no recibe ninguna respuesta verbal; en su lugar, el empleado realiza una determinada acción (darle mostaza al cliente); y, sin embargo, el cliente se siente perfectamente satisfecho. ¿Cómo podemos explicar este comportamiento?

En realidad, como todos sabemos, el intercambio anterior no tiene nada de extraño: la pregunta se interpreta como una petición, y la acción del empleado cumple con lo solicitado, lo cual origina la expresión de gratitud del cliente. Todo ello no tiene, como decíamos, nada de sorprendente; es más, lo que resultaría auténticamente extraño es que el intercambio se desenvolviera de otra manera: por ejemplo, que el empleado respondiera *Sí* a la pregunta, sin hacer nada más; o que dijera: *Yo, no [tengo mostaza]. Aquí hay, pero no es mía, es del restaurante*. O que el cliente se sintiera sorprendido al recibir la mostaza; o que la rechazara exclamando: *¡Yo no te he pedido mostaza; sólo te he preguntado si tenías!*; o que interrogara con recelo: *¿Es tuya, o del restaurante?* Si el cliente o el empleado se comportaran así, empezaríamos a dudar de sus facultades mentales. Y, sin embargo, cualquiera de estas respuestas es perfectamente ajustada, verdadera e incluso comprensible. ¿Cómo puede ser?

La tarea de la pragmática consiste precisamente en proporcionar una respuesta adecuada a preguntas como ésta. En el ejemplo anterior, la pregunta se interpreta como una petición, y como tal es resuelta. Por tanto, es como si a lo largo del proceso de comunicación los enunciados fueran adquiriendo dimensiones nuevas que sobrepasan el significado estable que se les atribuye en virtud del código de la lengua. La naturalidad del intercambio muestra que nuestra actividad comunicativa está sometida a otras pautas que van más allá no sólo de las que regulan la buena formación de las estructuras gramaticales, sino también de las que gobiernan la pura y simple transmisión eficaz de información. Lo que parece evidente de entrada es que lo que se comunica, en cierto sentido, va más allá de lo que se dice literalmente.

El *objetivo* de la pragmática es, así pues, tratar de establecer con precisión qué factores determinan sistemáticamente el modo en que funcionan nuestros intercambios comunicativos. Veamos con algo más de detalle los dos supuestos básicos en los que se asienta este programa:

1. *En la puesta en uso de nuestra capacidad lingüística en la comunicación intervienen factores distintos a los que gobiernan el código de la lengua*. ¿De qué otro tipo de factores puede tratarse? A propósito del ejemplo que estamos comentando, hemos visto ya que en nuestra interacción entran en juego consideraciones como los roles de los interlocutores, o las expectativas que la situación extralingüística crea acerca de los comportamientos respectivos del empleado y el cliente. Pero, ¿hay otros factores?, ¿cuáles son?
2. *La intervención de tales factores, y el consiguiente comportamiento comunicativo a que éstos dan lugar, no es algo aleatorio o arbitrario, sino que responde a patrones sistemáticos*, como sugiere la unanimidad que hemos alcanzado sobre el ejemplo anterior. Establecer regularidades y generalizaciones es el objetivo central de la teoría. Se atenderá sólo, pues, a aquellos aspectos que resulten recurrentes y, por lo tanto, en cierto modo, previsibles. De no hacerlo así, cualquier observación no pasaría de ser una mera anécdota y carecería del más mínimo interés científico. Además de ser un requisito imprescindible para el desarrollo de la teoría, encontrar aspectos que suceden de forma sistemática es también una necesidad para la enseñanza: si podemos hablar de *competencia* (es decir, de un conocimiento interiorizado), y si la competencia puede enseñarse y adquirirse, es precisamente porque existen regularidades.

Con la meta de caracterizar la contribución de los elementos extralingüísticos a la comunicación, la pragmática toma como *objeto* de estudio el conjunto total de enunciados de una lengua. Éste no es un objeto exclusivo, sino que lo comparte con la gramática. Esta coincidencia de objeto no debe ocultar la diferencia que existe entre ambas, y que no atañe a los fenómenos analizados, sino a la *perspectiva* con que se aborda su estudio: la gramática debe atender sólo a los aspectos internos, constitutivos, que afectan a las relaciones formales entre elementos lingüísticos; a la pragmática le corresponde, en cambio, adoptar un enfoque más amplio, que tome también en consideración a los usuarios y su entorno.

Y si en gramática el *criterio básico* es el de buena formación estructural (gramaticalidad), cuando se adopta un enfoque pragmático la clave es la *adecuación*. La adecuación no es una exigencia nueva, sino la consecuencia necesaria de los planteamientos que hemos adoptado: si hay principios sistemáticos que regulan la comunicación, sólo los enunciados que se ajusten a ellos serán adecuados; los que no lo hagan (como las respuestas extravagantes que comentábamos a propósito de nuestro ejemplo), serán inadecuados. Mientras que *ser gramatical* es una propiedad esencial, permanente y definitoria de las expresiones -una secuencia o es gramatical o no lo es-, *ser adecuado* es una propiedad relativa, que tiene que ser evaluada en relación con un contexto de emisión. Si en nuestro ejemplo el empleado de la hamburguesería hubiera respondido *Aquí tienes* a la pregunta *¿Tienes mostaza?*, habríamos calificado su intervención de *adecuada*; pero si la pregunta hubiera sido *¿Tienes coche?* o *¿Tienes perro?*, una respuesta como *Aquí tienes* habría estado, seguramente, fuera de lugar.

3. Los factores pragmáticos: elementos y relaciones

Hechas estas precisiones, podemos ahora retomar la cuestión central que ocupa a la pragmática. Hemos dicho que esta disciplina trata de identificar aquellos otros factores que, siendo ajenos al código lingüístico, intervienen decisivamente en el uso que hacemos de la lengua. ¿Cuáles son estos factores?, ¿cuál es su naturaleza?

Si volvemos a la situación que nos sirve de ejemplo, podremos observar que en ella, como en cualquier otro intercambio comunicativo, intervienen como piezas clave cuatro *elementos básicos*:

- *Emisor* (E): Es un hablante que produce intencionalmente una expresión lingüística en un momento dado, ya sea oralmente o por escrito. La noción de *emisor* está construida sobre la de *hablante* (entendida en el sentido de *persona que posee el conocimiento de la lengua*), pero está sujeta a dos condiciones más: por un lado, se es emisor cuando se hace uso de la palabra; por otro, como acabamos de ver, se es emisor cuando se comunica intencionalmente.
- *Destinatario* (D): Es el hablante al que se dirige el emisor. La condición es de nuevo importante, porque excluye de la condición de *destinatario* a los oyentes ocasionales que captan por casualidad un mensaje. En las interacciones dialogales, emisor y destinatario van intercambiando sus papeles.
- *Situación* (S): Incluye todo aquello que, física o culturalmente, rodea al acto mismo de enunciación.
- *Enunciado* (e): Es la expresión lingüística que produce el emisor. Funciona como la unidad mínima de comunicación y está delimitada por el cambio de emisor, sin que se tomen en consideración otros factores estructurales como la complejidad sintáctica o la longitud.

Estos elementos son protagonistas necesarios, y representan las coordenadas esenciales, de todo acto comunicativo verbal. Si queremos entender bien una muestra de comunicación, tendremos que tener claros cuáles son los valores concretos de estos elementos: quién le dijo qué a quién en qué circunstancias. Pero, con ser importantes, no son los únicos factores que hay que tomar en consideración. Tan importantes como los elementos, son las *relaciones* que entre ellos se establecen:

- La *intención*. Es el propósito o la meta que el emisor quiere conseguir por medio de su enunciado. Puede concebirse como la relación dinámica entre el emisor y la situación (E Æ S), y en particular entre el emisor y aquel aspecto de la situación sobre el que éste quiere actuar, bien para introducir cambios, bien para evitar que éstos se produzcan. Volviendo a nuestro ejemplo inicial, la intención del cliente es obtener un poco de mostaza: si en la bandeja del pedido no hay mostaza, la intención del emisor al producir su enunciado es modificar esta situación y hacer aparecer la mostaza en la bandeja. La intención es importante, asimismo, porque funciona como un principio regulador de la conducta, en el sentido de que guía al emisor a utilizar los medios que considere más adecuados para alcanzar sus fines. Además, la intención no sólo es decisiva desde el punto de vista del emisor y de la producción del enunciado; también es central desde el punto de vista del destinatario y de la interpretación: efectivamente, el reconocimiento de la intención del emisor es un paso imprescindible para que no se produzcan malentendidos. Para reconocer y atribuir intenciones a su interlocutor, el destinatario se basa en su conocimiento del mundo, en el comportamiento observable (incluido el comportamiento verbal) y en las expectativas creadas por la situación.

- La *distancia social*. Es la relación entre los interlocutores (E → D, y en consecuencia, D ← E) tal y como la configuran los patrones sociales vigentes en cada cultura. En el ejemplo que estamos comentando es el tipo de relación que se establece entre empleado y cliente en virtud de diversos factores, tales como los roles que a cada uno corresponden, la edad o el grado de conocimiento previo.

4. El enfoque cognitivo

Estos elementos y estas relaciones son, como decíamos, constituyentes básicos de cualquier acto comunicativo. Comprender cómo funciona un intercambio concreto pasa por identificarlos y caracterizarlos, lo cual no es difícil ni complicado. Sin embargo, esto no es suficiente; hace falta ver cómo interactúan unos con otros, y esto ya presenta más dificultades. La más notable es la heterogeneidad de los factores que hemos señalado: individuos, situaciones, relaciones sociales, intenciones, etc. ¿Cómo se combinan?

Las dificultades desaparecen tan pronto como se adopta un enfoque cognitivo, es decir, cuando se contempla la contribución de estos factores tal y como la perciben y la manejan los individuos que participan en el intercambio. Los datos de la situación extralingüística, la relación con el interlocutor o las intenciones comunicativas, dejan de ser realidades heterogéneas, ya que tienen todos el mismo estatuto en nuestras mentes: son conjuntos de *representaciones internas*. Podemos concebir las representaciones internas como proposiciones en las que el individuo recoge su visión del mundo, de los demás individuos y de sus propias creencias.

De este modo, conseguimos reducir la heterogeneidad inicial a un formato común único, y lo que obtenemos, por tanto, son representaciones internas que contraen diversos tipos de relaciones con otras representaciones internas. Esta homogeneidad de formato es también la que facilita, como veremos, la relación entre los contenidos transmitidos lingüísticamente (que, en el fondo, no son más que representaciones externas) y todos los factores ajenos al sistema de la lengua.

Manejar las representaciones mentales de los diversos elementos en lugar de los elementos mismos permite explicar la subjetividad que inevitablemente tiñe todas nuestras acciones y los errores que cometemos en ocasiones. A efectos cognitivos, lo que cuenta no son los individuos, las relaciones o las intenciones como tales, sino las representaciones que nos hemos formado sobre ellos. La idea es la siguiente: nuestro comportamiento está condicionado no por la realidad tal como es, sino por la manera (correcta o no) en que la percibimos. Así, cada uno de los elementos que hemos identificado intervendrá en nuestra interacción sólo en la medida en que lo hayamos interiorizado, y sólo en el modo en que lo hayamos hecho. Claro está, nuestros sistemas cognitivos están diseñados para producir representaciones lo más ajustadas posible a la realidad, pero este hecho no evita que haya confusiones. Si confundo a la peluquera con una antigua colega de la universidad, toda mi interacción estará guiada no por la realidad, sino por la manera en que me la represento, y ajustaré mi discurso a las condiciones de la persona que creo tener delante: el malentendido está asegurado. Por supuesto, el conjunto de representaciones de que hablamos no es un conjunto estático y prefijado de antemano, sino que se irá modificando a lo largo del proceso comunicativo mismo, con la adición de nuevas representaciones, la actualización de algunas, la supresión de otras... En el momento en que advierta el error, modificaré las representaciones que estoy manejando.

Así pues, los factores que intervienen en la comunicación pueden reducirse al conjunto de representaciones internas con que cada individuo entra en el proceso comunicativo. La representación del entorno es decisiva para la comunicación. Muchas de las representaciones que tengamos serán de carácter puramente individual, y tendrán que ver con detalles específicos de la situación concreta o con las preferencias, los deseos y la manera de ser de cada uno; pero un gran número serán representaciones compartidas con otros miembros del mismo grupo social o de la misma cultura; representaciones que se van adquiriendo paulatinamente como parte del proceso de socialización del individuo: *[...] convertirse en un miembro normal de una cultura es sobre todo una cuestión de aprender a percibir, pensar y comportarse como lo hacen los demás miembros de esa cultura* (Janney y Arndt, 1992: 30).

O, en palabras de Jackendoff (1992: 74): *El modo en que los individuos son capaces de comportarse en la sociedad depende del modo en que son capaces de representarse internamente el entorno social.*

Desde pequeños nos vamos acostumbrando a determinados patrones de interacción asociados a determinadas situaciones, y son estos hábitos los que acaban generando una base de conocimiento interiorizado relativamente estable. Las representaciones que compartimos no son simplemente proposiciones aisladas; al contrario, forman estructuras de conocimiento más complejas, que comprenden *secuencias predeterminadas y estereotipadas de acciones que definen situaciones comunes.* (Schank y Abelson, 1977: 41). Estas estructuras han recibido diferentes nombres: *frames* -marcos- (Hymes, 1974); *scripts* -guiones- (Schank y Abelson, 1977). Estas representaciones nos proporcionan esquemas de referencia que facilitan la interacción y el procesamiento, ya que contienen información sobre la manera de tipificar las situaciones y las relaciones con los demás; son, además, la principal fuente de las expectativas con las que cada uno aborda el intercambio comunicativo. Por ejemplo, cuando entramos en un restaurante activamos automáticamente el marco correspondiente, que nos permite anticipar las líneas generales de la secuencia de acciones que van a tener lugar, los derechos y obligaciones de cada uno de los participantes, etcétera.

Este conjunto compartido de representaciones estructuradas es precisamente el que permite dar fundamento a nociones como las de *competencia pragmática* o *estilo de interacción*, que resultan centrales tanto para la pragmática en general como para la enseñanza de segundas lenguas o lenguas extranjeras. Podemos, por tanto, caracterizar el *contenido* de la competencia pragmática como el conjunto de representaciones interiorizadas relativas al uso de la lengua que comparten los miembros de una comunidad.

5. Las implicaturas

Una vez que podemos reducir el conocimiento interiorizado a conjuntos de representaciones internas, disponemos de un formato común (el proposicional) para los contenidos transmitidos lingüísticamente y los factores extralingüísticos. De este modo, la relación entre ellos resulta fácilmente explicable como resultado de la *inferencia*. Denominamos *inferencia* al proceso por el cual, de la combinación de dos o más proposiciones (premisas), se puede extraer una proposición nueva y distinta (conclusión). Por ejemplo, a partir de:

Hoy alguien de la oficina me ha cogido el bolígrafo;
Pedro no ha venido hoy a la oficina,

puedo inferir con garantías:
Pedro no me ha cogido el bolígrafo.

Como dijimos más arriba, la tarea central de la pragmática es explicar cómo es posible comunicar más de lo que se dice literalmente. Pues bien, la respuesta clave se halla en los procesos de inferencia. La idea es la siguiente: si lo que comunicamos parece ir más allá de lo que decimos literalmente es porque en la interpretación no intervienen sólo procesos de descodificación, sino también procesos de inferencia. Estos procesos toman como premisas tanto las representaciones de tipo lingüístico (representaciones externas) como las no lingüísticas (representaciones interiorizadas), y de la conjunción de ambas extraen nuevos contenidos. Estos contenidos reciben el nombre de *implicaturas* y son precisamente ese *plus* que descubrimos en la interpretación.

Las implicaturas explican, por ejemplo, que seamos capaces de interpretar el siguiente fragmento como un intercambio perfectamente coherente:

- *¿Una copita?*
- *Tengo que conducir.*

Primero, nuestro conocimiento del mundo (y, seguramente, los detalles de la situación) nos ayudarán a entender que en este caso *¿Una copita?* es un ofrecimiento, y no una petición. Sabemos también que a los ofrecimientos se da una respuesta positiva o negativa (es decir, se aceptan o se rechazan). ¿Cómo conseguimos que *Tengo que conducir* se interprete como una respuesta adecuada? Acudiendo, de nuevo, a nuestro conocimiento del mundo y poniendo en juego el siguiente subconjunto de representaciones:

Una copita *hace referencia a una bebida alcohólica.*
"Si bebes [alcohol], no conduzcas".
Tengo que conducir:

- *No puedo beber alcohol.*
- *No puedo aceptar la copita.*

La conclusión, por tanto, es el rechazo del ofrecimiento. ¿Por qué empleamos una manera tan indirecta de decir las cosas? ¿Por qué no expresamos el rechazo abiertamente, en vez de imponer al interlocutor el esfuerzo que supone el tener que derivar las implicaturas? La razón es la siguiente. Al comunicar la negativa de manera indirecta estamos haciendo mucho más que simplemente transmitir esa negativa: por un lado, no sólo estamos rechazando la oferta, sino que estamos dando también una razón de peso para hacerlo (una razón que se apoya en el conocimiento compartido del *eslogan*); además, estamos mostrando indirectamente prudencia y sensatez; por otro lado, estamos rechazando el ofrecimiento de una manera indirecta que, en nuestra cultura, se siente como una forma más cortés... Lo que se comunica, por tanto, supera ampliamente lo que se habría comunicado con un simple *No*. En consecuencia, no se trata de una manera más costosa, sino al contrario: es una manera más económica de comunicar más cosas.

En la situación que nos servía de ejemplo al principio, podemos rastrear el conjunto de supuestos a partir de los cuales se explica que la interrogativa *¿Tienes mostaza?* se interprete como una petición (y no como una pregunta). Los supuestos de base incluyen representaciones aproximadamente como éstas:

Cuando un cliente pregunta si hay un determinado producto, es porque desea pedirlo.
La mostaza es uno de los condimentos que puede esperarse en un restaurante de comida rápida.

• *Preguntar si hay mostaza equivale a pedirla.*

Los supuestos que funcionan como premisas forman parte del conocimiento general: son las expectativas que se crean cuando la situación se desenvuelve en el *marco* de un restaurante, y tienen que ver con el conjunto de derechos y obligaciones que contraen los participantes (en sus respectivos roles).

Con respecto a los procesos de inferencia y su funcionamiento cabe hacer dos observaciones. La primera es que ni el conocimiento interiorizado ni los procedimientos de inferencia tienen nada de (exclusivamente) lingüístico: todos se utilizan de igual modo en cualquier otra actividad humana. Sin embargo, determinan decisivamente, como hemos visto, la actividad verbal. La segunda tiene que ver con lo que se denomina *realidad psicológica*: cuando interpretamos un enunciado, ¿seguimos realmente todos los pasos que hemos descrito? Parece que en muchas ocasiones, como en el ejemplo del ofrecimiento, hacemos el recorrido que estamos comentando. Lo hacemos, claro está, de manera inconsciente; pero si nos piden que reflexionemos acerca de cómo hemos llegado a la interpretación que hemos obtenido, lo normal es que produzcamos un razonamiento semejante al que aquí se ha recogido. Sin embargo, no en todas las ocasiones ocurre así. En el ejemplo del restaurante que venimos comentando, somos capaces de imaginar el razonamiento, pero quizá es menos probable que tengamos que elaborarlo cada vez que interpretamos una interrogativa del tipo de *¿Tienes mostaza?* Lo que ocurre en estos casos es que el uso de la forma interrogativa para introducir peticiones se ha estandarizado en nuestra lengua, y también se han estandarizado las implicaturas que el enunciado solía desencadenar: los hispanohablantes sentimos que uno de los modos habituales o básicos de realizar una petición en una situación como la descrita es utilizando la forma interrogativa. Ello indica que la expresión está en vías de convencionalizarse por completo. Al profesor de español le corresponde, pues, identificar correctamente las formas estandarizadas y enseñarlas como tales.

6. Los actos de habla

En las secciones anteriores hemos presentado las herramientas básicas que utiliza la pragmática para describir y explicar el uso de la lengua en la comunicación. De los muchos aspectos de interés que pueden identificarse, hay dos que, además de ser importantes desde el punto de vista de la teoría, están especialmente relacionadas con las tareas de quien enseña una segunda lengua o una lengua extranjera: los *actos de habla* y la *cortesía*. Desde una perspectiva teórica, los actos de habla y la cortesía constituyen los ámbitos específicos y privilegiados de las dos relaciones básicas que hemos mencionado anteriormente: los *actos de habla* catalogan las *intenciones* y analizan los medios lingüísticos que se usan para expresarlas; la *cortesía* estudia los parámetros que determinan la *distancia social* y sus manifestaciones lingüísticas. Estos dos ámbitos son también del mayor interés para los profesores porque son los dos campos en los que se hacen más evidentes las diferencias culturales en lo que a normas de uso de la lengua se refieren y, por tanto, son los campos en los que se manifiestan de manera más clara los fenómenos de *interferencia pragmática* -véanse, entre otros, Thomas (1983); Blum-Kulka y otros (eds.) (1989); Oleksy (ed.) (1989); Wolfson (1989); Koike (1989); Odlin (1989); Scarcella y otros (eds.) (1990); Wierzbicka (1991); Kasper (1992); Placencia (1992); Sifianou (1992); Kasper y Blum-Kulka (eds.) (1993); Ellis (1994); Kerbrat-Orecchioni (1990-1994); Scollon y Scollon (1995); Trosborg (1995); Connor (1996); Jaszczolt y Turner (eds.) (1996); Gass y Neu (eds.) (1996); Gass (1999); Escandell Vidal (1996); le Pair (1996); Strauss y Quinn (1997); Márquez-Reiter (2000); Fukushima (2000); Placencia y Bravo (2001)-.

Los *actos de habla* -véase Austin (1962); Searle (1965, 1969, 1975a, 1975b); Tsohatzidis (ed.) (1994)- pueden verse como las unidades básicas de la comunicación. En este sentido, no difieren de los enunciados. Pero en la denominación de *actos de habla* se pone el énfasis en una propiedad esencial de la comunicación: comunicarse es una forma de actividad y, por lo tanto, cada enunciado realiza un tipo particular de acción. Esta idea representa una de las direcciones de estudio más importantes en el desarrollo histórico de la pragmática, especialmente a partir de los trabajos de Austin y Searle (citados en la bibliografía complementaria). Mientras que Austin pone el énfasis en la idea de acción, Searle se centra más en el carácter convencional de los actos de habla y en las relaciones entre forma lingüística y acto de habla. Dejaré de lado aquí muchos de estos aspectos, en particular porque no están libres de problemas desde el punto de vista teórico, y me concentraré en los aspectos de tipo descriptivo, que son los que pueden resultar más interesantes para el profesor.

Como señalábamos al principio, comunicar no es simplemente realizar el acto de informar; es también saludar, invitar, aconsejar, disculparse... A cada una de estas acciones subyace, como es obvio, una intención diferente. De acuerdo con Searle (1975), podemos agrupar y clasificar los diferentes tipos de acción en cinco categorías básicas:

- *Asertivos* (o *representativos*): El emisor pretende reflejar el estado de cosas del mundo. Comprende actos como *afirmar, referir, explicar, sugerir, presumir, quejarse*, etc. Estos actos se evalúan en términos de *verdadero/falso*.
- *Directivos*: El emisor pretende que el destinatario lleve a cabo una determinada acción. Son actos directivos *ordenar, pedir, rogar, aconsejar, recomendar*, etcétera.
- *Compromisivos*: El emisor manifiesta su compromiso de realizar una determinada acción: *prometer, asegurar, garantizar, ofrecer*, etcétera.
- *Expresivos*: El emisor manifiesta su estado de ánimo con respecto a algo: *felicitar, agradecer, complacerse, perdonar, insultar*, etcétera.
- *Declarativos*: El emisor produce cambios en el mundo en virtud de la autoridad que le ha sido otorgada. El acto de habla debe hacerse según unas fórmulas ritualizadas: *bautizar, casar, inaugurar, dictar sentencia, contratar*, etcétera.

Hemos dicho que los actos de habla son unidades básicas de comunicación y de acción. Ello no quiere decir que su estructura haya de ser necesariamente simple (o uniooracional); al contrario, la mayor parte de los actos de habla son lingüísticamente complejos, y podemos identificar en ellos partes diferenciadas, cada una con una función específica dentro del acto. Consideremos un ejemplo sencillo: *Oye, Juan, si vas a la cocina, ¿me traes una cervecita? Me muero de sed.*

Este enunciado se interpreta como una petición. Sin embargo, no todas sus partes son centrales para que lo entendamos así. Podemos identificar tres componente básicos:

- el *núcleo*, la secuencia mínima que puede expresar la petición (en este caso es *¿me traes una cervecita?)*;

- los *apelativos*, es decir, los elementos que sirven para llamar la atención del destinatario (*Oye, Juan*); pueden aparecer varios;
- los *apoyos*, es decir, las secuencias que modifican el impacto de la petición. En este caso, se trata de elementos que mitigan o hacen más suave la petición (un minimizador de imposición: *Si vas a la cocina...;* y una justificación: *Me muero de sed*). Los apoyos también pueden incrementar o agravar la fuerza del acto.

La siguiente tabla recoge una muestra de la variedad de elementos que pueden aparecer como componentes en una petición:

La estructura interna de una petición

- *Apelativos* (*Alerters*): Elemento de apertura que atrae la atención.
  - Título o función: *Profesor.*
  - Apellido, Nombre, Apodo: *González, Pepe.*
  - Término tierno, Término ofensivo: *Cariño, idiota.*
  - Pronombre: *Tú.*
  - Elemento para llamar la atención: *¡Oiga!, ¡Perdone!*

- *Núcleo*: Unidad mínima que puede realizar el tipo de acto deseado.
  - Perspectiva:
    - Hacia el oyente: *Puedes hacer...*
    - Hacia el hablante: *Puedo hacer...*
    - Impersonal: *Se puede hacer...*
  - Estrategia:
    - Modalidad imperativa: *Quítese.*
    - Realizativo explícito: *Le estoy pidiendo que se quite.*
    - Realizativo modificado: *Debo pedirle que se quite.*
    - Deseo: *Me gustaría que se quitara.*
    - Sugerencia: *¿Qué tal si se quitara?*
    - Condición preparatoria: *¿Está libre el sitio de su izquierda?*
    - Indirecta: *No veo.*
  - Modificadores: Modifican internamente al núcleo.
    - Mitigadores:
      - Interrogativo: *¿Me llevas?*
      - Negación: *No podrás llevarme...*
      - Aspecto: *Me estoy preguntando si podrías llevarme.*
      - Tiempo: *Quería saber si puedes llevarme.*
      - Marcas de cortesía: *Por favor, ¿puedes llevarme?*
      - Lítotes: *¿Tienes un sitito para mí?*
      - Atenuantes: *A lo mejor puedes acercarme un poco con el coche.*
      - Acuerdo: *Me llevas y otro día te acerco yo, ¿vale?*

Intensificadores:
Amplificadores: *Arregla ese maldito follón (ahora mismo).*
Repeticiones: *¡Vete! ¡Esfúmate! ¡Desaparece de mi vista!*
Énfasis prosódico: *Vete de mi casa.*
Indicadores de cierre: *¡Y punto! / ¡Y basta!*

- *Apoyos* (*Supportive moves*): Unidades externas que modifican el impacto del acto de habla.

Mitigadores:
Preparatorios: *Me gustaría pedirte una cosa.*
Búsqueda de compromiso previo: *¿Me puedes hacer un favor?*
Justificación: *Ayer no pude venir a clase.*
Desarme: *Ya sé que no te gusta prestar los apuntes, pero...*
Promesa de recompensa: *Si me llevas, yo te pago la gasolina.*
Minimizador de imposición: *Sólo si vas en la misma dirección.*
Intensificadores:
Insulto: *Limpia, cerdo asqueroso.*
Amenaza: *Si no quieres que...*

El ser consciente de la estructura interna de los diferentes tipos de actos de habla y de la diversidad de secuencias que pueden integrarlos es decisivo para el profesor de una segunda lengua o una lengua extranjera. Cada tipo de acto de habla es una pequeña institución social sometida a condiciones de adecuación diversas y a estándares comunicativos propios de cada cultura, relativos tanto al tipo de expresión preferida como al tipo de estructura interna predominante. En cuanto a las preferencias, algunos estudios (entre otros, Blum-Kulka y House, 1989: 134) muestran que las peticiones que usan el imperativo llegan al 40% en español, mientras que en inglés no superan el 10%; la formula preferida del inglés es *Can/could you...?*, con más del 80%, mientras que en español su uso no llega al 60%. Estas cifras dan una idea rápida de cuál es el problema para la enseñanza: no se trata de enseñar a los alumnos una forma que en su lengua no existe, sino de que aprendan a utilizar las formas disponibles en una proporción cercana a la que exhiben los hablantes nativos. (Pueden verse más datos comentados en Escandell Vidal, 1995 y 1996ª.)

También la estructura interna de los actos de habla puede ser diferente. Por ejemplo, en español tendemos a producir disculpas muy elaboradas, del tipo:

Oye, perdona. Lo siento muchísimo. Ya sé que es muy tarde, pero es que el despertador no ha sonado, y encima había un atasco tremendo. Luego me quedaré un rato más hasta terminar lo que tenía que hacer, te lo prometo.

En ella podemos reconocer apelativos (*Oye, perdona*), el núcleo (*Lo siento muchísimo*), y una enorme acumulación de apoyos (aceptación de la culpa: *Ya sé que es muy tarde*; justificación: *es que el despertador no ha sonado, y encima había un atasco tremendo*; ofrecimiento de compensación: *Luego me quedaré un rato más hasta terminar lo que tenía que hacer, te lo prometo*). No todas las culturas sienten la misma necesidad de justificarse tanto en las disculpas;

para muchas culturas orientales, basta con repetir varias veces algún equivalente a *Lo siento*, sin dar explicaciones y sin ofrecer nada a cambio. Los alumnos de estas culturas no sólo tendrán que aprender el componente nuclear; si quieren mostrar una buena competencia, seguramente tendrán que tomar conciencia de qué es lo que se espera de una disculpa en nuestra lengua.

7. La cortesía

La intención no es, como vimos, el único tipo de relación básica que se establece entre los elementos de la comunicación. Hay que tener en cuenta también la que une a emisor y destinatario, es decir, la *distancia social*. Los estudios sobre esta relación y sus repercusiones sobre el modo en que usamos la lengua se agrupan bajo la denominación genérica de estudios de *cortesía* -véanse, entre otros, Brown y Levinson (1987); Fraser (1990); Escandell Vidal (1995, 1996a, 1998); Haverkate (1994); Ide (ed.) (1988, 1989, 1993); Kasper (1990); Watts, Ide y Ehlich (eds.) (1992); Mao (1994); y la *Bibliography on Linguistic Politeness, Journal of Pragmatics*, 21 (1994: 527-578)-.

La distancia se mide con respecto a dos ejes fundamentales:

- *Jerarquía*. Está determinada por la relación *vertical* entre los interlocutores en función tanto de las características físicas inherentes de cada individuo (edad, sexo, parentesco, etc.) como de los roles sociales que tienen atribuidos y que resultan relevantes para el intercambio (jefe, secretario, botones, etc.). Tanto las características inherentes como los roles sociales pueden dar lugar a relaciones simétricas (coetáneos, compañeros de estudios, colegas de trabajo, etc.) o asimétricas (viejo/joven, cliente/empleado, médico/paciente, profesor/alumno, etcétera);
- *Familiaridad*. Es una relación simétrica determinada por la relación *horizontal* que establece el grado de conocimiento previo (desconocidos, conocidos, amigos íntimos, etcétera).

El tipo de relación determina la distancia lingüística que se establece entre los interlocutores, y que se manifiesta, entre otras cosas, en la elección de fórmulas de tratamiento. Como es bien sabido, hay muchas lenguas que, como el español, emplean dos formas de tratamiento diferentes: una informal y familiar (*tú*) y otra formal y de distancia (*usted*). Conocer las condiciones de uso de las diferentes formas es una necesidad fundamental para los alumnos que provienen de lenguas en las que tal distinción no existe. Pero dominar este aspecto es quizá más difícil para los alumnos en cuya lengua hay también dos formas parecidas a las nuestras, ya que las condiciones con arreglo a las cuales se distribuye el uso de una u otra forma varían extraordinariamente de una sociedad a otra. Por ejemplo, una buena parte de los profesores universitarios españoles (especialmente los más jóvenes, pero no sólo ellos) tutea a sus alumnos y acepta de buen grado que éstos les tuteen; este tipo de tratamiento sería totalmente impensable e inapropiado en una lengua y una cultura como la japonesa, ya que en esta sociedad los profesores universitarios ocupan una de las posiciones más altas en la escala social, de modo que el registro de lengua usado (que tiene repercusiones no sólo en las formas de tratamiento, sino también en el léxico y la morfología) tiene que reflejar la profunda asimetría existente entre profesor y alumno. Pero no hace falta irse tan lejos a buscar contrastes: en una lengua y una cultura como la italiana, tan cercana a la nuestra, también sería impensable el tuteo, independientemente de la edad del profesor. Los ejemplos de este tipo podrían multiplicarse. Lo que estos contrastes nos enseñan es que no basta con que los profesores de segundas lenguas o lenguas extranjeras enseñen las formas, sino que se hace necesario reajustar los parámetros con arreglo a los cuales se decide qué forma usar.

El interés de los estudios de cortesía no se limita a estos aspectos. Una de las líneas de investigación más desarrolladas y fructíferas es la que se ocupa de analizar la interacción entre las dos relaciones básicas, es decir, entre la distancia social y las intenciones comunicativas. Y es que la relación entre los interlocutores no se contabiliza simplemente en el vacío; se toma en consideración en intercambios comunicativos concretos, en los que operan e intervienen las intenciones y las acciones; y las acciones no tienen todas la misma repercusión sobre las relaciones entre los interlocutores: no es lo mismo *prometer* que *amenazar*; ambas acciones se refieren a un acto futuro del emisor con relación al destinatario, pero con la diferencia crucial y evidente de que en el caso de la promesa dicho acto es positivo o favorable para el destinatario, mientras que en el caso de la amenaza las consecuencias son negativas. De modo semejante, *pedir algo* supone, en mayor o menor medida, imponer una obligación al interlocutor, y esta imposición puede tener sus costes sociales. En función del impacto que sobre las relaciones sociales pueden tener, podemos clasificar los diferentes tipos de actos en cuatro categorías, inspiradas en las de Leech (1983):

- Acciones que *apoyan (o mejoran) la relación social* existente entre emisor y destinatario, es decir, que suponen un beneficio para el destinatario y un coste para el emisor: *agradecer, felicitar, saludar, ofrecer, invitar*, etcétera.
- Acciones *indiferentes*, es decir, aquellas en las que no hay un desequilibrio claro entre coste y beneficio para los interlocutores: *afirmar, informar, anunciar*, etcétera.
- Acciones que entran *en conflicto con la relación social*, esto es, que implican algún tipo de coste para el destinatario: *pedir, ordenar*, etcétera.
- Acciones *dirigidas frontalmente contra la relación* entre los interlocutores, es decir, acciones que pretenden acrecentar la distancia o destruir las relaciones existentes: *amenazar, acusar, maldecir*, etcétera.

El tratamiento lingüístico que se da a un determinado tipo de acto verbal estará, pues, en función de la relación previa existente entre los interlocutores y de los efectos (positivos o negativos) que pueda tener el acto sobre dicha relación. Se habla, en estos casos, de *usos estratégicos de la cortesía*, en el sentido de que la formulación lingüística empleada puede utilizarse para amortiguar o para potenciar los efectos no deseados de un determinado acto: cuando supone una cierta imposición sobre el interlocutor, al emisor le puede interesar valerse de los medios lingüísticos disponibles para compensarlo. En uno de los trabajos más influyentes entre los estudios realizados sobre cortesía (Brown y Levinson, 1987), se propone la siguiente clasificación de las diferentes estrategias de los emisores, en función del grado de imposición que suponga la acción que quiera realizar y del tipo de relación entre los interlocutores:

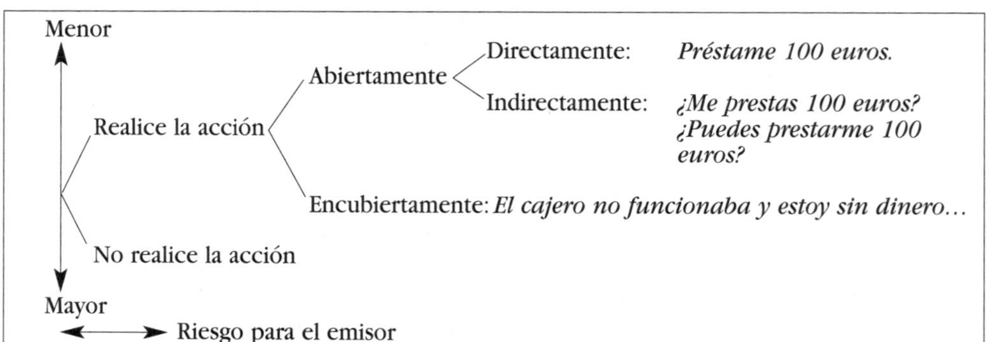

Los actos que favorecen la relación por su propio contenido intrínseco (los de la primera clase) son los que menos necesitan de las maniobras lingüísticas de compensación. Esto explica, por ejemplo, que los ofrecimientos se hagan típicamente en imperativo (*Coge otro bombón*), y no con las fórmulas habituales de las peticiones (*¿Te importaría coger otro bombón?*). Las cosas son muy diferentes, en cambio, en las acciones que pueden deteriorar la relación social; si el emisor quiere mantenerla, deberá compensar la *descortesía* intrínseca del acto por medio de otras fórmulas de cortesía relativa que la mitiguen. De no hacerlo así, hay cierto riesgo de que la relación se deteriore: no es difícil imaginar lo que ocurre cuando se pide algo de manera brusca. En la sección anterior vimos un cuadro sobre la estructura interna de un acto de habla. En él, para cada función se ofrecían diferentes posibilidades. Por ejemplo, había muchas maneras de expresar el núcleo, y había, asimismo, diferentes tipos de apelativos y de apoyos. A la vista del esquema anterior, queda claro ahora el porqué de tantas fórmulas equivalentes: la elección de una u otra está al servicio de un conjunto complejo de parámetros que incluyen las intenciones y las relaciones sociales, y que sirven al emisor para gestionarlas según sus intereses.

Las investigaciones realizadas en el ámbito de la cortesía han sacado a la luz las estrategias y los mecanismos lingüísticos de los que podemos valernos como hablantes. Pero, como ocurría en el caso de las formas de tratamiento -y aunque a primera vista pueda parecer sorprendente-, los parámetros con arreglo a los cuales se evalúa lo que es costoso o beneficioso para el destinatario varían considerablemente de cultura a cultura. Por ejemplo, en la cultura occidental *regalar algo* es una acción que, en principio y en condiciones normales, no tiene más que repercusiones positivas para quien da el regalo y para quien lo recibe; en las culturas orientales, en cambio, se tiende a ver la acción de *regalar* como una imposición sobre el otro, al que se le crea la necesidad de corresponder al regalo; por ello, no es de extrañar que en estas culturas las manifestaciones lingüísticas que rodean el acto de *regalar* suelan tener los ingredientes característicos de las disculpas y no los de los ofrecimientos.

Enseñar una lengua lleva asociado, por tanto, enseñar a percibir y a evaluar las situaciones y las relaciones sociales tal y como las perciben y las evalúan los nativos, para poder adaptar el comportamiento lingüístico propio a los mismos parámetros que ellos. Enseñar a interactuar de manera adecuada y fluida es tan importante como enseñar a producir enunciados gramaticalmente correctos, con la diferencia de que la incorrección gramatical se enmienda inconscientemente en la interpretación, mientras que la inadecuación pragmática no se detecta ni se corrige con la misma facilidad. Cuando hay fallos de esta clase, se originan malentendidos, y éstos crean estereotipos negativos sobre las personas de otra cultura (*son fríos*; *son bruscos*, etcétera). Para evitar que la lengua nos separe, es necesario tratar de desterrar estos malentendidos por medio de una adecuada instrucción.

Conclusión

En las secciones anteriores se han presentado, de manera necesariamente breve y simplificadora, las nociones básicas de la pragmática. Es seguro que muchos profesores experimentados habrán reflexionado sobre algunos fenómenos en términos que les recuerdan ahora a los análisis que los pragmatistas han propuesto. ¿Quiere eso decir que la pragmática no puede ofrecerles nada? ¿En qué sentido es importante para el profesor de segundas lenguas o lenguas extranjeras poseer conocimientos de pragmática?

En estas páginas he tratado de poner de relieve que la contribución de la pragmática en los entornos de enseñanza/aprendizaje de segundas lenguas o de lenguas extranjeras puede verse en dos vertientes diferentes: la que podríamos denominar *descriptiva,* y la que podríamos llamar *operacional*. En la vertiente *descriptiva* se incluyen los nuevos conocimientos que las investigaciones han aportado. Efectivamente, los estudios de pragmática han sacado a la luz datos, fenómenos y regularidades, que atañen directamente al uso de la lengua y que el profesor no puede ignorar.

Pero seguramente la contribución más importante es la que denomino *operacional*. La pragmática puede ofrecer al profesor un marco sistemático en el que reflexionar sobre la comunicación y un conjunto de herramientas de descripción y análisis. Gracias a esta vertiente operacional, el profesor dispondrá de un utillaje teórico con el que podrá enfrentarse a los datos y a los fenómenos que desbordan los límites del código lingüístico; y podrá hacerlo, además, no de un modo simplemente intuitivo, sino de una manera ordenada y sistemática, con el respaldo de la reflexión científica.

Los aspectos en los que los docentes pueden sacar provecho de los avances de la pragmática son muy variados y afectan a parcelas muy diversas de su función -véanse, por ejemplo, Bardovi-Harlig y Hartford (1997); Rose y Kasper (2001); Muñoz (ed.) (2000)-. El profesor tendrá a su alcance nuevos criterios que le ayudarán a tomar decisiones bien fundadas sobre la selección de contenidos (qué tipo de *input* debe ofrecerse para propiciar el desarrollo de los aspectos pragmáticos de la competencia), la manera de presentarlos (qué efectos e implicaciones tienen los diferentes modelos de enseñanza sobre la adquisición de las habilidades pragmáticas), el diagnóstico de errores (qué tipo de errores pueden deberse a una interferencia negativa de las normas vigentes en la primera lengua o en otra lengua que conoce el alumno) o la evaluación (cómo se puede medir adecuadamente la competencia adquirida); es decir, dispondrá de elementos de juicio que le podrán ayudar a encauzar mejor muchas de las tareas centrales de su quehacer diario.

Bibliografía

AUSTIN, J. L. (1962), *Palabras y acciones*, Buenos Aires, Paidós. También con el título (1982), *Cómo hacer cosas con palabras*, Barcelona, Paidós.

BACHMAN, L. (1990), *Fundamental Considerations in Language Testing*, Oxford, OUP.

BACHMAN, L. y PALMER, A. (1996), *Language Testing in Practice: Designing and Developing Useful Language Tests*, Oxford, OUP.

BARDOVI-HARLIG, K. y HARTFORD, B. (eds.) (1997), *Beyond Methods. Components of Second Language Teacher Education*, Boston, McGraw-Hill

BLUM-KULKA, S., JHOUSE, J. y KASPER, G. (eds.) (1989), *Cross-Cultural Pragmatics: Requests and Apologies*, Norwood (NJ), Ablex.

BOUTON, L. (1994), "Conversational implicature in the second language: Learned slowly when not deliberately taught", *Journal of Pragmatics*, 22: 157-167.

BROWN, P. y LEVINSON, S. (1987), *Politeness. Some Universals in Language Use*, Cambridge, Cambridge University Press.

CANALE, M. (1983), "From communicative competence to language pedagogy", en J. RICHARDS y SCHMIDT, R. (eds.): 2-27.

CANALE, M. y M. SWAIN (1980), "Theoretical bases of communicative approaches to second language teaching and testing", *Applied Linguistics* 1: 1-47.

CONNOR, U. (1996), *Contrastive Rhetoric: Cross-cultural Aspects of Second Language Writing*, Cambridge, CUP.

ELLIS, R. (1994), *The Study of Second Language Acquisition*, Oxford, Oxford University Press.

ESCANDELL VIDAL, M.V. (1995), "Cortesía, fórmulas convencionales y estrategias indirectas", *Revista Española de Lingüística*, 25,1: 31-66. (Disponible enhttp://www.uned.es/sel/pdf/ene-jun-95/25-1-31-66.pdf)

ESCANDELL VIDAL, M.ª V. (1996), *Introducción a la pragmática*, Barcelona, Ariel.

ESCANDELL VIDAL, M.ª V. (1996a), "Towards a Cognitive Approach to Politeness", en K. JASZCZOLT y K. TURNER (eds.): *Contrastive Semantics and Pragmatics* (vol. II, *Discourse Strategies*), Oxford, Pergamon Press: 629-650. (También en *Language Sciences*, 18: 629-650).

ESCANDELL VIDAL, M.ª V. (1996b), "Los fenómenos de interferencia pragmática", en *Didáctica del español como lengua extranjera*, Expolingua 3, Madrid: 95-109.

ESCANDELL VIDAL, M.V. (1998), "Politeness: A Relevant Issue for Relevance Theory", *Revista Alicantina de Estudios Ingleses*, 11: 45-57.

FRASER, B. (1990), "Perspectives on Politeness", *Journal of Pragmatics*, 14: 219-236.

FUKUSHIMA, S. (2000), *Requests and Culture: Politeness in British English and Japanese*, Berna, Peter Lang

GASS, S. y J. NEU (eds.)(1996), *Speech Acts across Cultures*, Berlín, Mouton De Gruyter.

GASS, S. (1999), Interlanguage *Refusals: A Cross-cultural Study of Japanese-English*. Berlín, Mouton-DeGruyter

GREEN, G. (1989), *Pragmatics and Natural Language Understanding*, Hillsdale, NJ, Lawrence Erlbaum.

GRUNDY, P. (1995), *Doing Pragmatics*, Londres, Edward Arnold.

HABERMAS, J. (1984), *Teoría de la acción comunicativa*, Madrid, Taurus (1988)

HAVERKATE, H. (1994), *La cortesía verbal. Estudio pragmalingüístico*, Madrid, Gredos.

HYMES. D. (1971), *On Communicative Competence*, Filadelfia, Universidad de Pensilvania.

IDE, S. (ed.), *Linguistic Politeness, I, II y III = Multilingua*, 7 (1988), 8 (1989) y 12 (1993).

JACKENDOFF, R. (1992), *Languages of the Mind*, Cambridge, Mass., MIT Press

JANNEY, R.W. y ARNDT, H. (1992), "Intracultural Tact *vs* Intercultural Tact" en R. J. WATTS, S. IDE, y K. EHLICH (eds.) (1992), *Politeness in Language. Studies in its History, Theory and Practice*, Berlín, Mouton De Gruyter: 21-41

JASZCZOLT K. y K. TURNER (eds.) (1996), *Contrastive Semantics and Pragmatics*, Oxford, Pergamon Press.

KASPER, G. (1990), "Linguistic Politeness: Current Research Issues", *Journal of Pragmatics*, 14: 193-218.

KASPER, G. (1992), "Pragmatic Transfer", *Second Language Research*, 8: 203-231.

KASPER, G. y BLUM-KULKA, S. (eds.)(1993), *Interlanguage Pragmatics*, Oxford, Oxford University Press.

KERBRAT-ORECCHIONI, C. (1990-1994), *Les interactions verbales*, 3 tomos, París, Armand Colin.

KOIKE, D. (1989), "Pragmatic Competence and Adult L2 Acquisition: Speech Acts in Interlanguage", *The Modern Language Journal*, 73.

LEECH, G. (1983), *Principles of Pragmatics*, Londres, Longman. (Trad. Esp. *Principios de Pragmática*, Logroño, Universidad de La Rioja).

LLOBERA, M. (ed.) (1995), *Competencia comunicativa. Documentos básicos en la enseñanza de lenguas extranjeras*, Madrid, Edelsa.

LEVINSON, S. (1983), *Pragmática*, Barcelona, Teide.

MAO, L. R. (1994), "Beyond Politeness Theory; "Face" Revisited and Renewed", *Journal of Pragmatics*, 21: 451-486.

MÁRQUEZ REITER, R. (2000), *Linguistic Politeness in Britain and Uruguay*, Amsterdam, John Benjamins.

MEY, J. (1993), *Pragmatics. An Introduction*, Oxford, Basil Blackwell.

MORENO CABRERA, J.C. (1994), *Curso universitario de lingüística general*, tomo II, Madrid, Síntesis.

MUÑOZ, C. (ed.) (2000), *Segundas lenguas. Adquisición en el aula*, Barcelona, Ariel

ODLIN, T. (1989), *Language Transfer: Cross-Linguistic Influence in Language Learning*, Cambridge, Cambridge University Press.

OLEKSY, W. (ed.) (1989), *Contrastive Pragmatics*, Amsterdam, John Benjamins.

le PAIR, R. (1996), "Spanish Request Strategies: a Cross-Cultural Analysis from an Intercultural Perspective", en K. JASZCZOLT y K. TURNER (eds.): *Contrastive Semantics and Pragmatics* (vol. II, *Discourse Strategies*), Oxford, Pergamon Press: 651-670 (también en *Language Sciences*, 18: 651-670).

PECCEI, J. S. (1999), *Pragmatics*, Londres, Routledge.

PLACENCIA, M.E. (1992), "Politeness in Ecuadorian Spanish and British English", *Language Learning Journal*, 6: 80-82.

PLACENCIA, M.E. y BRAVO, D. (2001), *Actos de habla y cortesía en español, Munich*, LINCOM Europa

REYES, G. (1994), *El Abecé de la pragmática*, Madrid, Arco.

RICHARDS, J. y SCHMIDT, R. (eds.) (1983), *Language and Communication*, Londres, Longman.

ROSE, K. R, y KASPER, G. (eds.) (2001), *Pragmatics in Language Teaching*; Cambridge, CUP.

SCARCELLA, R., ANDERSEN, E. y KRASHEN, S. (eds.) (1990), *Developing Communicative Competence in a Second Language*, Nueva York, Newbury House.

SCOLLON, R. y SCOLLON, S.W. (1995), *Intercultural Communication*, Oxford, Blackwell.

SEARLE, J. R. (1965), "Qué es un acto de habla?", en L. M. VALDÉS VILLANUEVA (ed.) (1991), *La búsqueda del significado*, Madrid, Tecnos: 431-448.

SEARLE, J. R. (1969), *Actos de habla*, Madrid, Cátedra, 1980.

SEARLE, J. R. (1975a), "Una taxonomía de los actos ilocucionarios", *Teorema*, VI/1: 43-77.

SEARLE, J. R. (1975b), "Actos de habla indirectos", *Teorema*, VII/1: 23-53.

SEARLE, J. R. (1975), "Una taxonomía de los actos ilocucionarios", *Teorema*, VI/1: 43-77.

SIFIANOU, M. (1992), *Politeness Phenomena in England and Greece. A Cross-Cultural Perspective*, Oxford, Clarendon Press.

SPERBER, D. y WILSON, D. (1986), *La relevancia*, Madrid, Visor.

STRAUSS, C. y QUINN, N. (1997), *A Cognitive Theory of Cultural Meaning*, Cambridge,

Cambridge University Press.
THOMAS, J. (1983), "Cross-Cultural Pragmatic Failure", *Applied Linguistics*, 4: 91-112.
THOMAS, J. (1995), *Meaning in Interaction. An Introduction to Pragmatics*, Londres, Longman.
TROSBORG, A. (1995), *Interlanguage Pragmatics: Requests, Complaints and Apologies*, Berlín, Mouton De Gruyter.
TSOHATZIDIS, S. L. (ed.) (1994), *Foundations of Speech Act Theory*, Londres, Routlegde.
VERSCHUEREN J. (1999), *Understanding Pragmatics*, Londres, Edward Arnold
WATTS, R., S. IDE y EHLICH, K. (eds.)(1992), *Politeness in Language. Studies in its History, Theory and Practice*, Berlín, Mouton De Gruyter.
WIERZBICKA, A. (1991), *Cross-Cultural Pragmatics*, Berlín, Mouton De Gruyter.
WOLFSON, N. (1989), *Perspectives. Sociolinguistics and TESOL*, Cambridge, Mass., Newbury House.
YULE, G. (1996), *Pragmatics*, Oxford, Oxford University Press.

Aportaciones de la lingüística textual

Enrique Bernárdez Sanchís
Universidad Complutense de Madrid

Introducción

La enseñanza de lenguas extranjeras ha estado directamente influida por el pensamiento lingüístico desde, al menos, mediados del siglo XX, como ha sucedido también, y en mayor grado aún porque la influencia es todavía más directa e inmediata, en la enseñanza de una primera lengua. Como consecuencia de la propia dinámica de las disciplinas lingüísticas, esa influencia o, mejor, ese reflejo del estudio científico del lenguaje sobre la enseñanza, era muy diferente al que encontramos en el campo de las ciencias físico-naturales, las matemáticas o incluso la historiografía; no se trataba tanto de enseñar *lo que se sabía a ciencia cierta*, como de instruir a los alumnos en una cierta manera de ver ciertos aspectos selectos del lenguaje (Bernárdez, 1994). De ahí el fracaso de los sucesivos modelos lingüísticos que se les fueron planteando a los niños en la escuela: desde la glosemática y el estructuralismo funcionalista hasta el (seudo-)generativismo y otras cosas por el estilo. Ya que la enseñanza de la segunda lengua es en parte deudora de la instrucción formal en la primera lengua o, más exactamente, del pensamiento que sirve de base a ésta, en este ámbito encontraremos huellas de lo mismo. Por ejemplo, durante mucho tiempo, y aún hoy para bastante gente, el terreno de la enseñanza del inglés lengua extranjera estaba dominado por una distinción sobre el aprendizaje de la lengua que procedía del generativismo chomskyano: la existente entre aprendizaje y adquisición. Además de ser un componente fundamental de los planteamientos de base más generales, esa distinción, junto con elementos más concretos tomados también de la gramática generativa, estaba en la base de los tipos de ejercicios que se elaboraban. Recordemos que lo mismo sucedía con el orden de presentación de la materia, de forma que los contenidos gramaticales -aunque no siempre explícitos- podían organizarse ofreciendo primero las estructuras consideradas *básicas* y dejando las más complejas para un momento posterior, cuando éstas ya estaban adecuadamente adquiridas (no *aprendidas*, porque se suponía que gracias a la gramática universal innata se trataba de descubrir esas estructuras revestidas ahora de una forma ligeramente distinta a la que presentaban en la lengua materna): se trataba de lo que por entonces se consideraban estructuras derivadas transformacionalmente. Este enfoque tenía que completarse con otro tipo de ejercicios más allá de lo gramatical, pero al respecto no existían condicionamientos tan precisos como para las estructuras.

Éstas, además, podían ser básicamente las mismas para distintas lenguas, ya que en el generativismo siempre se ha pensado que los idiomas, más allá de diferencias superficiales, poseen una lógica estructural común e incluso sería posible, en términos sólo teóricos, claro, como una especie de *desideratum,* hacer un método universal de enseñanza de L2 que luego podría irse rellenando con datos concretos de cada L2 específica[1].

Sabemos que los modelos comunicativos de enseñanza de una L2 cambiaron todo esto: al adoptarse una perspectiva totalmente pragmática, se plantea como elemento nuclear, esencial, el uso de la lengua, la comunicación mediante la L2, de manera que la enseñanza se centra en *cómo hacer cosas* con el nuevo idioma. Sabemos también que ahora la introducción de los contenidos gramaticales depende de los pragmáticos, de manera que, por ejemplo, el imperativo puede estar entre las primeras formas que se aprenden; o el condicional, que va a aparecer en las peticiones corteses (*Buenos días, querría un quilo de uvas*). Modelos más centrados en lo gramatical, en cambio, dejarían para más adelante esa forma verbal, pues se considera más compleja que, por ejemplo, el presente y el pasado simples. Ahora puede ser necesario introducir subordinadas de subjuntivo antes de haber completado el estudio de las oraciones simples y de las formas del indicativo, pues algo como *¿Quieres que te regale un libro?* puede estar en las etapas primeras del aprendizaje. El cambio es radical. No hace falta introducir todo el subjuntivo a la vez, basta con algunas formas en unas pocas construcciones muy específicas: la gramática es un elemento secundario frente a la comunicación. De ahí algunos de los problemas que han acompañado siempre a los modelos comunicativos: a veces se prestaba nula atención a lo gramatical, de manera que bastaba con que el estudiante supiera hacer ciertas cosas, aunque fuera con muchos errores gramaticales; otras veces, vista la conveniencia y la necesidad de los contenidos gramaticales, se buscaba una forma, sobre todo en la enseñanza de adultos, de presentar la gramática, aunque fuera a costa de aislarla, en un cierto momento, de las actividades lingüísticas en sí. Y es que, evidentemente, es difícil encontrar situaciones de uso lingüístico donde hallar toda la panoplia de contenidos gramaticales imprescindibles para el conocimiento y el uso adecuado de un idioma.

De modo que mientras ciertos modelos lingüísticos que se habían hecho un lugar en la enseñanza de L2 se las apañaban muy bien, aparentemente al menos, con la introducción, tratamiento y práctica de las estructuras gramaticales, aunque carecieran de un método apropiado y coherente para los elementos realmente de uso, en otros enfoques más recientes (y mucho más efectivos) se primaba totalmente la pragmática y entonces no quedaba mucho lugar para la gramática. Recordemos que lo mismo sucede con la enseñanza de una L1: ¿cómo casar ciertos contenidos gramaticales, por ejemplo el pretérito anterior del verbo *placer*, con un comentario de texto sobre *El Lazarillo*?

Como en tantos otros ámbitos, la influencia del inglés y de los planteamientos lingüísticos y metodológicos de la enseñanza del inglés L2, han ejercido una gran influencia, no siempre positiva. El inglés, como es perfectamente sabido, posee una morfología bastante simple y además sin apenas diferencias paradigmáticas para las escasas categorías que se expresan morfológicamente: hay plural, pero sólo una manera de formarlo, con algunas variantes fonológicas, y unas pocas

[1] En realidad, desde este punto de vista, la adquisición de una L2 supondría la adquisición de nuevos parámetros, pues son éstos los que diferencian unas lenguas de otros. Pero como no se ha podido saber ni en qué consisten realmente tales parámetros para la L1, ni menos aún cómo se produce su aprendizaje o adquisición, difícilmente seríamos capaces de aplicar esos (inexistentes) conocimientos al aprendizaje de L2. Cosa que suele pasarse por alto (interesadamente, me temo).

excepciones; hay comparación sintética de adjetivos de uso limitado y formación sencilla, pero por lo demás éstos son invariables; hay una especie de genitivo, el llamado *sajón*, formado siempre de la misma manera y con condiciones de empleo muy homogéneas. El verbo es muy simple, con una única desinencia para sólo una de las personas (extrañamente, la tercera del singular), y una forma regular del pretérito, determinada fonológicamente, así como una serie de irregulares. No se hace necesario un esfuerzo significativo para aprender la morfología del inglés, de manera que cualquier enfoque centrado en el léxico y la sintaxis es suficiente. Sea desde una perspectiva más gramatical o más pragmático-comunicativa, la graduación inicial de los contenidos se beneficia, en el caso del inglés, de la escasa necesidad de prestar atención a lo morfológico: el alumno puede dedicarse más tranquilamente a la comunicación, y los olvidos de la *-s* de 3.ª persona podrán subsanarse más adelante. Esto se trasplantó a la enseñanza de otras lenguas, a veces con resultados nada positivos (como sucedió en otros ámbitos; p.ej., sólo muy recientemente se ha podido comprobar que las afasias agramáticas no son siempre iguales a las descritas para el inglés, sino que dependen en buena medida de las peculiaridades morfológicas de cada lengua concreta, cfr. Nespoulous, 1997). Evidentemente, el estudiante de español L2 necesitará más información morfológica que el de inglés, pues los errores en este ámbito pueden afectar directamente a la comunicación, especialmente cuando el alumno intenta extender formas aprendidas en un contexto comunicativo muy específico a, por ejemplo, verbos nuevos. Esto es, los resultados de la metodología de enseñanza de inglés como L2 en su extensión al aprendizaje de cualquier L2 no siempre tienen que ser positivos ni vale la pena seguirlos.

Desde cualquiera de estos enfoques, existen otros aspectos que han de tenerse en cuenta, más allá de todos los principios generales antes mencionados. El lenguaje no es un bloque monolítico y hay que prestar atención diferenciada a sus componentes: fonología, léxico, morfología y sintaxis exigen tratamientos distintos, y lo que puede ser un buen procedimiento para enseñar el léxico, puede no valer para la sintaxis o la pronunciación. Por otra parte, no todas las lenguas se prestan de la misma forma a un determinado tratamiento de la totalidad o, sobre todo, de partes específicas de la gramática (en su sentido más amplio). Por todo ello, es perfectamente lícito preguntar: ¿en qué forma pueden ser de utilidad para la enseñanza de un idioma los resultados del estudio científico del léxico, la morfología, la fonología, la sintaxis, la semántica léxica, en definitiva, del texto? No se trata, entiéndase bien, de eclecticismo teórico, que nunca puede dar buenos resultados, pues los enfoques que se intenta coordinar son las más de las veces incompatibles entre sí, sino de eclecticismo práctico, es decir, de que el planteamiento de la forma concreta de enseñar ciertos contenidos debe estar diferenciado, por lo general, del de otros temas de la lengua; todo ello, conviene añadir, desde una perspectiva lingüística teórica unitaria.

También aquí, como en la enseñanza de la primera lengua, la postura que se adopte dependerá, consciente o inconscientemente, de los planteamientos lingüísticos generales. Con la diferencia, claro está, de que los objetivos están netamente diferenciados: en la enseñanza de L1 se trata de proporcionar información científica, bien organizada, sobre algo ya conocido por el alumno, aunque no sea consciente de ello, y que usa regularmente; en la de L2, en cambio, hay que proporcionar conocimientos que no se poseían con anterioridad y que habrán de permitir el uso de un idioma, no solamente el conocimiento acerca de éste.

En estas páginas voy a presentar una visión general y unas reflexiones sobre lo que significa realmente la lingüística textual, pues sólo si se tienen estas cosas muy claras y presentes será posible plantearse en qué puede consistir su aportación a la enseñanza de una L2, el español en este caso, y cuáles son sus límites y posibilidades. No entraré en la ejemplificación o aplicación directas para la enseñanza de L2, tema en el que no soy competente, pero espero que las reflexiones que siguen servirán a quienes se dedican directamente a la aplicación de los conocimientos lingüísticos a la enseñanza de las lenguas. Y espero que sea posible evitar, al mismo tiempo, los problemas apuntados en esta sección.

1. La razón de ser de la lingüística textual

Es preciso recordar que la lingüística del texto no es una escuela lingüística como otras, sino un planteamiento holístico, no meramente estructural, es decir, que no se preocupa solamente por las estructuras del lenguaje. Centrada en el uso del lenguaje y no sólo en la identificación de sus estructuras abstractas, la lingüística textual (LT) es el estudio del lenguaje a partir de su producto básico, el texto.

¿Para qué se empezó a estudiar el texto? Los orígenes de la lingüística textual se han estudiado con detenimiento (de Beaugrande y Dressler, 1981, capítulo II; Bernárdez, 1982) y sus primeros años estuvieron repletos de discusiones sobre por qué y para qué entrar en esa nueva vía de estudio del lenguaje que es la organización del texto. No hay que olvidar que desde cierto ámbito de la LT, el interés estuvo centrado, durante varios años, en ampliar al texto lo que se sabía, o creía saberse, acerca de la oración: si podemos enlazar sintagmas para construir una oración simple, y varias oraciones para formar una compleja, ¿qué impide seguir el procedimiento y entender el texto como una *hiperoración*, como una oración de extrema complejidad, construida por medio de múltiples subordinaciones y coordinaciones? ¿Qué diferencia hay realmente entre el texto (1) y la oración (2)?

(1) *El niño entró en el agua. Tenía mucho calor. Esperaba refrescarse con el baño. También quería jugar con las olas. El día era soleado.*

(2) *El niño entró en el agua porque tenía mucho calor y esperaba refrescarse con el baño y jugar con las olas, ya que el día era soleado.*

Las condiciones de correferencia son aparentemente las mismas en (1) y (2); se mantienen las mismas relaciones semánticas entre las oraciones del texto (1) y las proposiciones de la oración (2); las condiciones de verdad parecen también semejantes. Los cambios de orden son posibles tanto en el texto como en la oración. Además, entre ambas construcciones podemos encontrar una gran variedad de construcciones intermedias; por ejemplo (3), (4) y (5):

(3) *El niño entró en el agua porque tenía mucho calor y esperaba refrescarse con el baño. También quería jugar con las olas. El día era soleado.*

(4) *El niño entró en el agua. Tenía mucho calor y esperaba refrescarse con el baño y jugar con las olas. El día era soleado.*

(5) *Ya que el día era soleado y el niño tenía mucho calor, entró en el agua porque esperaba refrescarse con el baño. También quería jugar con las olas.*

En la enseñanza de una lengua (L1 y L2), este hecho se refleja en actividades como la construcción de variantes de un texto con este contenido, actividad susceptible de realización en grupo o de manera individual, escrita u oral. El caso es que (3), (4) y (5) son textos en el sentido habitual, porque están formados por oraciones que no constituyen una única oración, además de cumplir otros requisitos como unidad semántica, prosódica y comunicativa, etcétera.

Y, sin embargo, nuestras cinco construcciones tienen *algo* diferente. No ya en cuanto al estilo o, incluso, al registro o al nivel de lengua: parece que *dicen cosas un poco distintas*. Esto no tendría que representar un problema grave, porque también hay una diferencia semejante entre dos oraciones más simples, como (6) y (7):

(6) *En cuanto salió de casa empezó a llover.*

(7) *Empezó a llover en cuanto salió de casa.*

La diferencia es perceptible, pero la lingüística de índole formal no solía interesarse por estas cosas, ya que las condiciones de verdad, que son las que en último término constituirían elemento básico del significado, son idénticas en ambos casos: una primera acción (*salir de casa*) es seguida en un plazo de tiempo muy breve por un estado (*llover*).

Lo cierto es que resultó evidente bastante pronto que oración y texto eran dos entidades radicalmente diferentes. Se empezó a constatar la inutilidad de utilizar los métodos de la gramática para explicar la construcción de los textos. En realidad, es una cuestión de complejidad. Según subimos desde las palabras a los sintagmas, y de éstos a las oraciones, la cantidad de información necesaria para producir y comprender los elementos lingüísticos es cada vez mayor. Pero para el texto es imprescindible, además de toda la que se requiere para las oraciones, contar con cierta información adicional, abundantísima y de varias clases: lo que llamamos *conocimiento del mundo*, que no parece estrictamente necesario tener en cuenta en el nivel de la oración aislada; es decir, no incluida en un texto, o en otras palabras, una oración entendida como mera estructura abstracta y no como uso[2].

Veamos un par de casos bien conocidos:

(8) *La puerta está cerrada.*

Nos encontramos en el nivel de la oración; una gramática nos indicaría que el referente de *puerta* es definido (y singular, etc.); y ahí se acaban las cosas. Es posible una representación en términos de lógica formal sencilla mediante el operador iota, que define las condiciones necesarias para decidir la verdad o falsedad de la oración. Pero en (9) tenemos un texto:

(9) *Se aproximó a la casa. La puerta estaba cerrada.*

Aquí las cosas se complican. Incluso si establecemos que el artículo determinado se usa cuando el referente de un SN ha sido presentado previamente, lo que resulta secundario en (8), porque se presenta en ausencia de contexto, *puerta* no se ha introducido en el contexto del que ahora disponemos. No existe información *lingüística* que nos permita establecer unas condiciones para la presencia del artículo. La explicación está en el conocimiento del mundo: nuestro concepto *casa* incluye información sobre su estructura, disposición, etc., cosas que no pueden aparecer en una definición lingüística de la palabra *casa*. Ahora bien, ¿en qué consiste el conocimiento del mundo activado en el procesamiento (producción o interpretación) de (9)? No sólo que una casa tiene puertas, también que éstas pueden estar abiertas o cerradas, que si están cerradas no se puede entrar en la casa, etc., ¿(9) significa que sólo hay una puerta? Evidentemente, no; puede haber más de una;

---

[2] La bibliografía sobre este tema es muy extensa; mencionaré solamente algunos trabajos especial y directamente interesados por el texto: Belinchón, Rivière e Igoa (1992), capítulos 11 y 14; Bernárdez (1995), capítulo V; Bernárdez (2001a); Garrido Medina (1997), capítulos 5 y 6; Garrido Medina (2001).

lo que dice (9) es que está cerrada la puerta concreta por donde pretende entrar el sujeto. Más aún, interpretaremos en principio que se trata de la puerta principal, pues de otro modo habríamos elegido otra forma de expresión, como *la puerta de atrás*. Lo cierto es que a la hora de pensar en enseñanza de L2, éste es un factor que no suele tenerse en cuenta, porque parece tratarse de algo prácticamente universal. Lo que no es así, y basta recordar que las condiciones de uso del determinado son muy distintas en español, vasco, inglés u otras lenguas. De modo que si en la enseñanza de una L2, en nuestro caso el español, olvidamos que la utilización de elementos fundamentales como el artículo depende de tipos de condiciones muy variados, y que no es definible sólo mediante reglas o ejemplos, difícilmente podremos solucionar los problemas con los que se encuentra el alumno a la hora del uso.

2. El conocimiento necesario para el procesamiento del texto

De manera que para explicar el texto es imprescindible utilizar información aparentemente innecesaria para la oración, y que va mucho más allá de lo que podemos llamar *semántica*. En realidad, no podemos predecir qué información será necesaria en cada texto, lo que representa uno de los problemas más complejos, y al mismo tiempo más interesantes, relativos a éste. Se trata de cosas que no se nos plantean cuando nos enfrentamos al estudio gramatical, puramente estructural, de la oración aislada; ¿a qué se debe esa diferencia tan radical? Fundamentalmente, y en mi opinión, a que el texto es necesariamente individual. Todo texto está indisolublemente ligado a un contexto específico; los contextos, al estar configurados por una multitud de parámetros, son irrepetibles e impredecibles plenamente[3]. En consecuencia, no pueden existir dos textos iguales, mientras que una oración aislada puede aparecer en multitud de contextos diferentes, siempre con la misma estructura (gramatical). Ahora bien, la individualidad del texto se debe, sin duda, a que no podemos imaginar un texto que no sea texto en uso, mientras que es factible, en principio, pensar en una oración con total independencia del uso que se le pueda dar. Así que el texto es lenguaje en uso, mientras que la oración puede ser pura estructura. A esto mismo apuntan, por ejemplo, las siete normas de textualidad propuestas por de Beaugrande y Dressler (1981: capítulo I): cohesión, coherencia, intencionalidad, aceptabilidad, informatividad, situacionalidad, intertextualidad. Tampoco se trata, dicho sea de paso, de una simple cuestión de adición de un componente pragmático a la gramática, pues esas siete normas van más allá de la pragmática propiamente dicha (cfr., por ejemplo, Calvo Pérez, 1994; Escandell, 1993).

El caso es que cada texto es individual, cada contexto es único, y, en consecuencia, resulta imposible establecer unas reglas parecidas a las que utilizamos en la gramática, sea por interés teórico-descriptivo, o porque estamos preocupados por las aplicaciones didácticas: mientras se puede enseñar de modo explícito cómo construir oraciones, proporcionando implícita o explícitamente reglas para ello, en el caso del texto las cosas son muy distintas. Éste es un punto fundamental en las diferencias entre texto y oración, pues mientras ésta se puede construir quizá mediante la aplicación de reglas, la construcción y la comprensión del texto precisan de estrategias. Si para la gramática podemos enseñar reglas, y en los trabajos

[3] Hecho que representó desde el principio uno de los principales problemas epistemológicos de la lingüística textual, véase Ortega Calvo (1991).

de metodología de L2 solemos encontrar la discusión de en qué forma han de presentarse, practicarse y adquirirse las mismas, para el texto habremos de enseñar estrategias, que son algo radicalmente distinto. Cuando enseñamos el texto no podemos utilizar los mismos procedimientos que para la oración, sino que se hará imprescindible enfrentarse cara a cara a algo fluctuante, impreciso, carente de definición exacta, para lo que es indispensable tener en cuenta muchísimos factores que no son estrictamente lingüísticos ni gramaticales. En realidad, podemos pensar en la enseñanza del texto como un equivalente moderno, con unas bases lingüísticas nuevas, de la enseñanza tradicional de la retórica: aprender a usar el lenguaje para hacer algo.

3. Primera aproximación a la enseñanza de lenguas (L1 y L2)

De ahí también que la LT se sienta especialmente próxima a los métodos comunicativos de enseñanza, centrados en el uso, aunque se aleja de ellos en tanto en cuanto los intereses gramaticales, secundarios en la pragmática y sus derivaciones, ocupan un lugar central en el estudio del texto. Recordemos a este respecto dos conceptos fundamentales en el texto, como son los de *cohesión* y *coherencia*. Si ésta es esencialmente semántico-pragmática, aquella tiene fundamentalmente un carácter morfosintáctico (pero también semántico, pues no puede haber uso del lenguaje sin semántica).

Estas peculiaridades del texto apuntan cómo debe ser la enseñanza de la construcción textual, sea en L1 o en L2. Obviamente, si la LT es incapaz de explicar la organización del texto en los mismos términos en los que se explica la organización de la oración, no tiene sentido alguno intentar enseñar a los alumnos de forma más o menos explícita los principios de estructuración del texto como si se tratara simplemente de una nueva forma de gramática, sustituyendo sintagmas por procedimientos de cohesión. La LT descubrió que el texto, como lenguaje en uso, es radicalmente distinto de la oración: las estructuras son una cosa, el uso del lenguaje es otra muy distinta. La enseñanza debe partir también, necesariamente, de esa diferencia radical y centrarse en las condiciones y peculiaridades del uso, y no en las estructuras identificables en el texto, cuyo funcionamiento es, necesariamente, muy distinto al de las estructuras oracionales, por todo lo que ya hemos visto.

Si la gramática oracional puede plantearse en términos de un sistema de *reglas*, que son principios de aplicación fundamentalmente automática[4], en el texto, precisamente por su individualidad y su íntima relación con el contexto, habremos de utilizar otra herramienta: la *estrategia*.

---

[4] En realidad tampoco es necesariamente exacto que la oración se construya mediante reglas; de hecho, las tendencias más recientes de la lingüística, en especial las que configuran la llamada *lingüística (funcional-)cognitiva*, pero no sólo ellas, no aceptan el uso de reglas en ningún nivel; cfr. Cuenca y Hilferty (1999). Lakoff y Johnson (1999) dedican el capítulo 7 a un análisis de lo que denominan *la metáfora de Chomsky*, por la cual el lenguaje natural se ve *como si fuera* un lenguaje formal, de ahí la utilización de reglas formales; como esta metáfora no es aceptada en buena parte de la lingüística actual, las reglas dejan de ocupar un papel preponderante; cfr. también a este respecto Bernárdez, 2001b.

4. ESTRATEGIAS

Pero, ¿qué es una *estrategia*? ¿Cómo se configuran, aprenden y utilizan las estrategias? Una definición breve y atinada nos la proporciona Menéndez (2001: 928): *una instrucción global para cada una de las elecciones necesarias que deben efectuarse en el curso de una acción.* Se trata, pues, de procedimientos de decisión en contextos determinados: elegir la mejor vía entre las posibles para garantizar con mayor seguridad la obtención del efecto deseado, habida cuenta de las peculiaridades del contexto y el cotexto, es decir, de la situación comunicativa y del conjunto de expresiones lingüísticas que se han utilizado hasta ese momento.A diferencia de las reglas gramaticales, las estrategias tienen que ser necesariamente flexibles. Por otro lado, las estrategias textuales, discursivas o lingüísticas (como queramos llamarlas), guardan estrecha relación con las estrategias (procedimientos de decisión, etc.) que rigen nuestras actividades no lingüísticas, pues a fin de cuentas, como ya hemos visto, el lenguaje sirve *para hacer cosas* y el texto es un *producto* de la actividad lingüística, que actúa como una especie de intermediario para la consecución de otros objetivos. De ahí que las estrategias lingüísticas tengan un carácter relativamente universal, es decir, se puede contar con que hablantes de otras lenguas que aprenden el español dispondrán ya de una serie de estrategias para la construcción de textos. Sin embargo, y se trata de un punto de excepcional importancia, el uso del lenguaje es siempre, necesariamente, cultural, de modo que esas estrategias, que no son otra cosa sino principios para la realización de actividades complejas, poseerán asimismo un carácter cultural. En consecuencia, también lingüístico específico: cada lengua, en cuanto inserta en un marco cultural determinado, poseerá características específicas, preferencias para la construcción de tipos de texto, que rara vez son objeto de estudio en la metodología de enseñanza de L2 y que aún más infrecuentemente se incorporan en los métodos de enseñanza.

A lo largo de nuestro aprendizaje vamos asimilando estrategias para realizar actividades complejas o infrecuentes, y reglas para aquellas otras que podemos caracterizar como simples y de elevada frecuencia. En general, primero aprendemos las diversas estrategias posibles para realizar una cierta actividad, y cuando hemos realizado un cierto número de veces una estrategia específica, ésta se convierte (más o menos) en regla, es decir, adquiere un grado elevado de automatismo, por un principio bastante bien conocido ya incluso en el nivel de la organización neuronal (cfr. Edelman, 1992). Igualmente, en el lenguaje los niños durante algunos años construyen SN, SV y oraciones por medios que podríamos llamar estratégicos, pero que enseguida se vuelven más o menos automáticos, pues la práctica de las expresiones lingüísticas simples es constante y nuestras necesidades de procesamiento mental de información nos conducen a esa automatización que facilita considerablemente el procesamiento. Pero a lo largo de los primeros años, los niños experimentan diversas maneras de expresar las cosas: podemos caracterizar brevemente el proceso como la invención y prueba de diversas estrategias para hacer algo, seguidas en cada ocasión por una aproximación al automatismo; en cuanto los niños perciben que su expresión es considerablemente distinta a la que utilizan los adultos, sustituyen esa estrategia semi-automatizada por otra nueva, y este proceso, de prueba y error, acaba por conducir a las mismas estrategias-reglas de los adultos, y finalmente al pleno carácter de regla para las actividades más simples y habituales: desde construir una proposición o una oración hasta fabricar un coche con piezas de plástico, lavarse los dientes o cruzar las calles (cfr. Bernárdez, 1995, capítulo X).

Si todo aprendizaje fuera destinado a la obtención de reglas automáticas, nuestra actividad solamente sería posible cuando los contextos fueran básicamente iguales: cualquier alteración importante en el contexto nos impediría actuar; de ahí ese carácter dúctil, flexible de las estrategias. De alguna forma, poseemos un conocimiento que nos permite adoptar una estrategia diferente cuando el contexto lo exige, y podemos suponer que ese conocimiento debe transmitirse también al aprendiz en el transcurso del aprendizaje de la L2, pues se trata de uno más de los elementos que conoce el hablante de una lengua, pero no necesariamente, de forma plena y dependiendo de las diferencias culturales, quien está tratando de aprenderla. Esas estrategias, en consecuencia, forman parte de lo que debe enseñarse, igual que la morfología, la sintaxis o la fonología, aunque con la dificultad añadida de que al ser más flexibles, variables y vagas, más dependientes del contexto que las reglas gramaticales, su enseñanza/aprendizaje deberá organizarse de acuerdo con líneas nuevas. Frecuentemente, lo que se ha hecho ha consistido simplemente, en suponer que el aprendiz irá adquiriendo esas estrategias mediante el contacto con textos completos de la lengua, es decir, mediante el uso de la misma. Lo que es cierto en sentido semejante a decir que el aprendiz irá adquiriendo la sintaxis de la L2 mediante el contacto con ejemplos suficientes; o la morfología, etcétera.

Este conocimiento suele denominarse *competencia textual*, pero es muy semejante al conocimiento general que usamos para elegir y organizar nuestras actividades, no sólo las lingüísticas, pues la construcción e interpretación del texto pueden entenderse en términos de una teoría de la actividad humana (de Beaugrande y Dressler, 1981, capítulo III). De modo que es posible encontrar en ésta algunos rasgos de lo que ha de constituir nuestro conocimiento de estrategias textuales y de su utilización: todo proceso se realizará de la forma que permita alcanzar el resultado final con el menor consumo de energía posible.

Al aprender una lengua extranjera hemos de familiarizarnos no sólo con sus estructuras fónicas y morfosintácticas, también debemos aprender cómo utilizarla. De ahí que sea necesario saber cuándo hablar y cuándo callar, cuándo utilizar expresiones de agradecimiento y cuándo no, cuándo construir un texto de una u otra forma entre las posibles[5]. Esta parte imprescindible de la enseñanza suele quedar relegada al ámbito de lo implícito, como algo que el estudiante aprenderá mediante la lectura y audición de textos contextualizados. Sin embargo, no es infrecuente en los métodos de enseñanza de L2 que no se proporcionen ejemplos suficientes de aquellas formas de construcción de textos que son diferentes en ambas lenguas, precisamente porque se trata de un aspecto de la lengua al que se presta comparativamente menos atención y del que no siempre somos suficientemente conscientes.

Este hecho se refleja en la dificultad para construir *textos sin acento*, es decir, textos de un determinado tipo o una determinada clase, que estén elaborados de acuerdo con las normas propias de la cultura lingüística. Igual que el aprendizaje ha de incluir, si queremos que sea completo en el aspecto comunicativo, explicaciones sobre la manera en que se cuenta con los dedos, qué gestos se consideran obscenos, ofensivos o amables, de qué manera se debe sujetar la cuchara para comer la sopa, o cómo es posible mostrar agradecimiento y satisfacción al acabar una comida desperezándose, aunque a nosotros pueda resultarnos chocante. También hemos de conocer las peculiaridades de los tipos de texto en los que puedan existir mayores diferencias lingüísticas y culturales. Recordemos un famoso artículo (Frake, 1972) que explicaba el complejo procedimiento necesario en una cultura filipina para compartir la bebida: *How to ask for a drink in Subanun*[6].

[5] Estos temas entran plenamente en el ámbito de la pragmática y, con ella, en el del análisis del texto oral, denominado habitualmente *análisis del discurso*. Una espléndida introducción la encontramos en Calsamiglia y Tusón (1999).

[6] Este artículo de C. Frake suele considerarse el primero de los trabajos de los que luego serían característicos de diversas tendencias en el estudio social y cultural del lenguaje, desde la antropología lingüística a la etnometodología, etc. Sobre las diferencias en la forma de construir discursos y textos, puede consultarse Palmer (1996).

5. El conocimiento estratégico

El punto de partida principal señala que el uso de una lengua tiene lugar siempre en un contexto, en una situación. Ahora bien, como las situaciones o los contextos tienen siempre un carácter individual, el uso tendrá que variar de acuerdo con ellos. Es posible afirmar que las condiciones de uso no son siempre exactamente iguales; bien al contrario, participamos de una situación idéntica a otra que hemos experimentado, sentimos una sensación de enorme extrañeza, como si el tiempo volviera atrás. No nos bastará, pues, con unas reglas automatizadas, sino que se hará imprescindible contar con alguna clase de procedimiento que nos permita:

(a) evaluar las condiciones del contexto, comparándolas con otras que forman ya parte de nuestra experiencia;
(b) establecer la vía más adecuada para conseguir alcanzar nuestros objetivos a la vista de esas condiciones;
(c) apelar a nuestra experiencia (incluida la obtenida en el aprendizaje) para localizar las vías que hemos utilizado (o han utilizado otros) en el pasado en condiciones relativamente semejantes y con unos objetivos parecidos.

De forma más amplia, aunque sin utilizar el término *estrategia*, y en el marco más general del uso del lenguaje, Herbert Clark (1996) propone los siguientes factores:

1) El conocimiento de la herramienta, en este caso de las estructuras del lenguaje.
2) Las condiciones cotextuales en las que puede y no puede utilizarse cada estructura.
3) Los fines para los que puede utilizarse cada estructura.
4) Las condiciones socioculturales en las que resulta permisible una estructura.
5) Las condiciones socioculturales que regulan el conjunto de la actividad comunicativa en una situación concreta.
6) Las condiciones socioculturales que regulan el conjunto de la actividad comunicativa en general.

Como podemos comprobar, este conocimiento incluye lo que he denominado en el presente texto como *conocimiento estratégico*, aunque, evidentemente, va más allá.

Podemos imaginar el conocimiento estratégico como formado por una serie de manuales de instrucciones, que contendrían nuestra lista de estrategias, y otro manual central, que nos permitiría adaptar esas instrucciones a las situaciones cambiantes en que actuamos. En realidad, aunque esta forma de interpretar ese conocimiento puede resultar adecuada para fines concretos, como la preparación de materiales de enseñanza de L2 y su impartición, desde el punto de vista de la realidad psicolingüística, no podemos pensar en las estrategias como *paquetes* elaborados, sino que probablemente nuestro conocimiento consta de principios estratégicos mucho más generales, y las estrategias concretas son emergentes, en el sentido de que se construyen *ad hoc*. Sucede algo semejante, aunque no igual, con las tipologías textuales, en las que conviene que nos detengamos por un instante.

6. Tipologías textuales

En esas condiciones de variabilidad casi sin restricciones, donde cada texto es único e irrepetible, resulta imprescindible buscar formas de reducir esa complejidad y esa variación. Esto es posible conseguirlo, entre otras maneras, por medio de las tipologías textuales. Es decir, por medio de ellas conseguimos introducir un poco de orden en el aparente caos textual: como los textos son formas de hacer cosas en contextos concretos y con finalidades sociales, culturales y comunicativas concretas, es posible, en principio al menos, decidir y sistematizar qué tipos de cosas suelen realizarse en una lengua+cultura, y cuáles son los medios que se utilizan para ello. Las tipologías son fundamentales, imprescindibles, para explicar el procesamiento de los textos -de Beaugrande y Dressler (1981, capítulo IX); Heinemann y Viehweger (1991, capítulo 3), más aún para la enseñanza, cfr. Álvarez Angulo (2001); Costa y Malcuori (Eds.) (1997); Vilarnovo y Sánchez (1992)- y el estudio textual aplicado (Calsamiglia y Tusón, 1999, capítulo 9), pero al mismo tiempo plantean problemas científicos prácticamente irresolubles (Isenberg, 1983).

Todo intento de clasificar los textos en tipos, clases o géneros específicos, de forma indiscutible, ha resultado infructuoso y, en mi opinión, no puede ser de otro modo, habida cuenta de la naturaleza misma del proceso textual (Bernárdez, 1995, capítulo XI); ya lo vio con claridad Teun van Dijk (1978), quien tuvo que establecer toda clase de matices para poder mantener la viabilidad de su propuesta de las *superestructuras*, es decir, las estructuras generales características de los tipos de texto. De modo que es preciso utilizar tipologías textuales para multitud de fines académicos y didácticos, pero hemos de verlas solamente como herramientas heurísticas, prácticas, que no corresponden plenamente a la naturaleza del texto y del uso de la lengua. No podría ser de otro modo, pues, como hemos tenido ocasión de comprobar, la construcción textual posee un carácter variable e imposible de definir con precisión. No se trata de un error atribuible a nosotros, sino que se trata de una característica básica del lenguaje, que la lingüística *consiguió olvidar* mediante la reducción del lenguaje a sus estructuras abstractas mediante la eliminación de todo factor de uso. Proceso de reducción científica necesario y habitual en muchas disciplinas hasta hace unos años y que sólo ha podido ser superado gracias a la aparición de disciplinas que permiten la aproximación directa, matemáticamente justificada, a los llamados *sistemas dinámicos complejos*, entre los que se encuentra el lenguaje (Bernárdez, 1995; Kelso, 1995; Mandelblit y Zachar, 1998).

Los tipos de texto son, pues, meras aproximaciones, aunque de utilidad e interés indudables, puesto que representan propuestas directamente utilizables, y de hecho éstas suelen emplearse desde hace algunos años en la elaboración de materiales de enseñanza. No podemos olvidar, sin embargo, que se trata de un terreno bastante resbaladizo y en el que se producen constantemente avances de gran interés, que en ocasiones alteran la forma de plantear ciertos tipos de texto. Sucede con los desarrollos teóricos sobre la narración, por ejemplo, aunque sin cuestionar el valor básico de las aportaciones tradicionales (véanse, p.ej., Adam, 1992; Adam y Lorda, 1999; Herman, 2001; Talmy, 2000; Werth, 1999; Wildgen 1989; Wildgen 1994); personalmente propusimos una visión nueva de la descripción, que modifica muchos de los presupuestos tradicionales sobre este género de textos (Bernárdez, 2000).

7. Estructura y organización

Estamos acostumbrados a pensar en términos de *estructuras*, y esperamos poder identificarlas en el texto con tanta facilidad como en cualquier otro nivel de la lengua. Sin embargo, se olvida por lo general que el término *estructura* designa de manera muy precisa una categoría, tomada de las ciencias físicas y que difícilmente resulta aplicable sin más a fenómenos tan complejos como lo son todos aquéllos que constituyen el objeto de estudio de las ciencias humanas, incluido el lenguaje (Bechtel, 1998: 306; Bernárdez, 1995, capítulos I-IV). En otro lugar (Bernárdez, 2001a: 208) propuse, para designar al texto, el término *organización*, definido por Humberto Maturana y Francisco Varela (1990: 40):

Se entiende por organización a las relaciones que deben darse entre los componentes de algo para que se le reconozca como miembro de una clase específica. Se entiende por estructura de algo a los componentes y relaciones que concretamente constituyen una unidad particular realizando su organización.

Como vemos, se trata de una diferencia de nivel y de complejidad, de manera que una *estructura* previsiblemente sólo aparecerá en fenómenos simples e inferiores, como la oración mientras que los más complejos, como el texto, contarán con una cierta *organización*. Esto no es algo exclusivo del texto lingüístico, sino que lo mismo sucede con otros fenómenos muy complejos, incluidos los seres vivos. No podemos esperar en el nivel textual la precisión y el rigor que hallamos -o creemos hallar- en la oración y otros niveles inferiores; de ahí derivan buena parte de los problemas con los que se ha topado la introducción de la lingüística textual en la enseñanza secundaria, tanto en España como en otros países de lengua castellana: al intentar comprender y enseñar el texto con el rigor exigible a una estructura, lo único que se conseguía era un tesoro inagotable de excepciones o, lo que es aún más grave, la imposibilidad, por parte del alumno pero también del profesor, de comprender cómo son realmente la mayoría de los textos. Esto ocurre de manera especialmente llamativa cuando nos referimos al uso de marcadores textuales o, en términos más generales, con la coherencia y la cohesión del texto, que consideraremos ahora brevemente.

8. Marcadores textuales o del discurso

José Portolés (2001: 683-684) define los marcadores como unidades lingüísticas invariables, que no ejercen una función sintáctica en el marco de la predicación oracional [...] y que poseen un cometido coincidente en el discurso: el de guiar de acuerdo con sus distintas propiedades morfosintácticas, semánticas y pragmáticas las inferencias que se realizan en la comunicación (véase también: Portolés, 1998; Martín Zorraquino y Portolés, 1999: 4.057). No entraré a discutir la validez general de esta definición, que si bien parece adecuada para el español, carece de validez interlingüística; es decir, en otras lenguas,los marcadores textuales pueden ser elementos no invariables, afijos, formas verbales o nominales, etc. Sin embargo, como la definición presentada se formuló pensando en el español, no habría nada que objetar, aunque se corre el peligro, que como mencioné más arriba acecha a todos los estudios sobre el texto y el discurso, de considerar que el estado de cosas que caracteriza a los marcadores textuales españoles tiene un carácter más o menos universal, con el consiguiente olvido de sus posibles problemas en la enseñanza del español a hablantes de otras lenguas. Los marcadores son, por un lado, partículas marginales (como señala Portolés, loc. cit.) y, por otro (como se encargan de poner de relieve Calsamiglia y Tusón, 1999: 245): las funciones que realizan los marcadores pueden llevarse a cabo en ausencia de éstos:

La base de las relaciones semánticas se da fundamentalmente a través de la interrelación de elementos léxicos y prosódicos, los cuales proporcionan suficiente contenido y orientación conceptual para activar las inferencias en los hablantes.

Otros autores, como los mencionados José Portolés y María Antonia Martín Zorraquino, prefieren no poner de relieve esta dispensabilidad de los marcadores, incluso ni siquiera hacen referencia a ella[7]. Pero la posibilidad de su ausencia constituye un factor de enorme importancia para muchas cuestiones, pero de manera significativa cuando nos planteamos la enseñanza del español como L2. Y esto es así porque, aunque se produzca en contra de nuestras expectativas, resulta probable que nos encontremos con alumnos cuyo sistema de marcadores y conectores textuales sea completamente diferente al del español; por ejemplo, pueden existir condiciones más rigurosas que en nuestra lengua para el uso o no de los marcadores o sólo de algunos de ellos, o bien que estén especializados en la expresión de relaciones y en la activación de inferencias, es decir, que sus características sean muy distintas a las de los marcadores españoles. Esto sucede con algunas lenguas europeas, pero más aún en cuanto nos alejamos de nuestro ámbito cultural más cercano: para los hablantes de lenguas asiáticas, por ejemplo, aprender a usar los marcadores españoles entraña una enorme dificultad, pues sus inferencias se apoyan en principios que la mayoría de las veces son muy distintos. De forma que si enfocamos la enseñanza de conectores y marcadores (sobre todo de éstos últimos) de acuerdo con las descripciones disponibles para el español, es muy probable que debamos enfrentarnos con la dura realidad de la radical diferencia existente en el uso de unos y otros (y con la insuficiente, por no explicativa, descripción de los marcadores españoles).

Ocurre por tanto, que los marcadores, que en muchas ocasiones se consideran *la forma* de enfocar la construcción textual, resultan mucho más problemáticos de lo que parece, a pesar de lo cual, y desafortunadamente, aún no suelen figurar en los estudios contrastivos del español y otras lenguas, estudios que por regla general no van mucho más allá del nivel sintáctico. Algo semejante sucede con la coherencia textual que, al igual a como sucede con los marcadores, ocupa una posición intermedia entre lo pragmático y lo (morfo)sintáctico o, mejor dicho, participa de ambos extremos simultáneamente.

9. Coherencia

Pocos conceptos parecen -y son- tan fundamentales a la hora de estudiar el texto. La coherencia, sin embargo, posee todas las características que hemos visto para el texto y el proceso textual: prácticamente imposible de sistematizar (y seguramente por eso resulta tan apasionante su estudio). El término ha sido empleado con multitud de acepciones diferentes, a veces incompatibles entre sí, y con él se hace referencia a uno de los campos más activos desde siempre en el estudio del texto, de modo que no resulta extraño que la bibliografía relativa al mismo sea inmensa. Curiosamente, pese a su importancia, el término y el concepto *coherencia* sólo se mencionan en una página (la 3.509) de la *Gramática descriptiva de la lengua española*, y además como mera referencia general: *En la tradición gramatical española se suele diferenciar entre* cohesión y coherencia: *la primera denominación se aplica al aspecto formal del vínculo que ata las distintas unidades de un texto, la segunda, a su aspecto semántico* (López García, 1999: 3.509, nota 2). Este autor hace unas breves observaciones sobre la idea de coherencia en la nota 1 de la citada página, y, pese a su brevedad, la conclusión revierte especial interés: *Hoy*

[7] Entiendo que puede deberse a su perspectiva básicamente estructural de los fenómenos textuales y discursivos; desde ese punto de vista, sucedería aquí, como con otros fenómenos de la llamada elisión, entendida como falta de expresión, movida por las condiciones de la actuación lingüística, de elementos que estructuralmente están ahí.

en día la coherencia se considera como una propiedad global de los sistemas cognitivos[8]. De hecho, pese a lo afirmado en la nota 2, la coherencia no consiste en algo meramente semántico, sino que llega bastante más allá, aunque no exista un uso plenamente unitario del concepto. Rickheit (ed.) (1991) y Rickheit y Strohner (1992) analizan los sentidos fundamentales que se han dado al término, que es también objeto de análisis detallado en de Beaugrande y Dressler (1981, capítulo V); la definición que ofrecen estos autores (p. 135) es de especial interés:

> *la regulación de la posibilidad de que los conceptos y las relaciones que subyacen bajo la superficie textual sean accesibles entre sí e interactúen de un modo relevante*.Veamos también la definición que recoge el *Diccionario de lingüística moderna* de los dos términos que nos interesan: *Cohesión es la trabazón morfosintáctica del texto y se puede entender como una concordancia supraoracional*, mientras que *coherencia es su estabilidad conceptual, es decir, la 'coherencia' dirige su campo de acción hacia los conceptos y las relaciones, mientras que la 'cohesión' tiene que ver con los elementos lingüísticos que contribuyen a mantener la coherencia* (Alcaraz y Martínez Linares, 1997, s.v.).

La definición de cohesión me parece perfectamente aceptable, pero para entender bien qué es la coherencia debemos abordar un estudio más profundo. Como hemos visto, el uso de la lengua está caracterizado, entre otras cosas, por una fuerte dependencia del contexto, y no tiene sentido si no es en presencia de un productor y un intérprete (prefiero este término al de *receptor*, pues su papel no es pasivo, sino claramente activo). Ahora bien, tomemos un texto cualquiera. En la mayoría de los casos, el texto será cohesivo y coherente para sus lectores. Pero en numerosas ocasiones los textos pueden ser coherentes para unos intérpretes y no serlo para otros, o puede serlo en mayor o menor grado: no se trata de una simple oposición entre *coherente* e *incoherente*, sino que la coherencia puede (y debe) verse en un continuo, desde su falta absoluta hasta su comprensión idéntica por cualesquiera hablantes-intérpretes. En realidad, ambos extremos son improbables y limitados: la incoherencia total se produciría en la infructuosa tarea de interpretar un texto escrito en alguna lengua totalmente desconocida, mientras que la coherencia plena sería sólo posible, me temo, cuando intérprete y autor sean una misma persona (y aun entonces resulta improbable llegar al 100% de coherencia). Todos los casos, entonces, se situarían sobre un continuo. De manera que un texto, un mismo texto, puede ser coherente para unos intérpretes y no para otros, a unos les puede parecer totalmente coherente y a otros sólo parcialmente, o nada. Obsérvese que digo *puede parecer* porque, según esta propuesta –que en rasgos generales no es incompatible con la de Rickheit (Ed.) (1991) y Rickheit y Strohner (1992)–, la coherencia no reside tanto *en el texto* como *en la mente* de los hablantes (Bernárdez, 1995). Vale la pena observar que algo semejante sucede con otros fenómenos textuales, tal como se ven en estos momentos; por ejemplo, con el de *contexto*: lejos del vano intento de intentar hallar definiciones y especificaciones objetivas del contexto, es preciso verlo como un constructo mental, como ha puesto de

[8] Pero no acabo de entender la restricción que hace López García (loc. cit.) a la coherencia como característica del texto escrito y a su ausencia en *muchos idiomas, que sólo tienen un uso oral, carecen en apariencia de procedimientos gramaticales específicos para construir textos más extensos que la oración*. Desde luego no creo que en la forma en que el autor la expone, la idea de la carencia de procedimientos textuales en *muchos idiomas* pueda sostenerse en absoluto. No olvidemos que, aunque de manera distinta a la que rige la construcción textual escrita, la lengua oral posee también elementos especiales, al parecer en todas las lenguas conocidas (véase, por ejemplo, Palmer, 1996).

relieve muy recientemente Talmy Givón (2001: 175-176): context *cannot possibly be an objective entity, but rather a mental construct, assembled for the occasion, and thus in principle a matter of* framing, perspective, *or* relevance.

En realidad, las características del texto que pueden resultar (¡todavía!) chocantes o llamativas, porque entran en conflicto con nuestras expectativas acerca de *cómo tiene que ser* un fenómeno del lenguaje, se deben a que en el ámbito textual las cosas son necesariamente muy complejas, hecho que produce importantes consecuencias para las condiciones de su estudio (Bechtel, 1998; Bernárdez, 1995; Mandelblit y Zahar, 1998). De ahí que la preocupación por comprender cabalmente el funcionamiento del texto llevara a éste a convertirse en un claro antecedente inmediato de las actuales visiones cognitivistas del lenguaje (Bernárdez, 1999). Pero dejemos por el momento las consideraciones sobre estas cuestiones, aunque sin dejar de tener muy presente que en el texto hablamos de constructos mentales más que de realidades objetivas externas, y que hoy día se está generalizando la idea de que lo mismo sucede con las unidades inferiores al texto.

Hemos visto la relatividad de la coherencia, pero, ¿qué quiero decir con el término *coherente*? Obviamente, con él califico al texto que es comprensible y reconocible como adecuado a la lengua, el tipo de texto que mantiene un enlace entre todos sus elementos y con el contexto (constructo mental, recordemos), y que ese enlace es fundamentalmente semántico-pragmático. ¿Es justificable hablar de coherencia en estos términos? En principio, un texto tiene como finalidad que sea comprendido por ciertos intérpretes, a veces muy bien definidos, otras veces más generales. Si el texto es comprendido, podemos afirmar que es coherente, pues cualquier definición tradicional de coherencia incluye de manera implícita la comprensión adecuada del texto. La coherencia, por tanto, va a depender de quién sea el intérprete. Es decir, la coherencia no es una magnitud absoluta, sino relativa; en otros términos, la coherencia no reside tanto en el texto mismo como en la mente de los participantes o, de forma más general, en el conjunto del proceso textual que va desde la idea inicial del productor hasta la idea construida a partir del texto por el intérprete.

Estos conceptos nos pueden resultar relativamente familiares por la teoría literaria: la *Teoría de la Recepción* señala que la lectura y la interpretación son parte constitutiva de la obra literaria, de manera que ésta tendrá un *significado* relativo, no absoluto, que podrá variar en principio con cada lector -cfr. Mayoral (Ed. 1987)-. Tampoco puede extrañarnos esa concepción relativa de la coherencia y del significado del texto si pensamos en el lenguaje hablado, especialmente en la conversación familiar (la forma básica y primaria del lenguaje, de la que derivan todas las demás). En la conversación hay tantas elipsis, tantos sobreentendidos, que sólo ciertos interlocutores podrán comprender adecuadamente lo que se dice (cfr. Ferrer y Sánchez Lanza, 1996). Si una persona ajena al círculo al que va destinada una conversación escucha ésta, es probable que no encuentre ningún sentido, que sea incapaz de apreciar coherencia alguna en lo que oye. Este hecho ha sido utilizado con relativa frecuencia en el ámbito literario. En *La Náusea* de Jean-Paul Sartre, por ejemplo, el narrador escucha partes de las conversaciones mantenidas en un restaurante, que no resultan comprensibles aunque gramaticalmente no presentan ninguna dificultad y sean perfectamente cohesivas, pero que carecen de cualquier coherencia para el oyente, narrador o protagonista, al faltarle el conocimiento de base sobre el que se ha organizado la conversación; para los participantes en esos diálogos, en cambio, incluso esos fragmentos aislados tendrían perfecta coherencia, porque ellos sí poseen esos conocimientos.

La existencia de unos conocimientos determinados para comprender un texto, el conocimiento del mundo, que se articula en conocimiento sobre mundos parciales, forma parte del contexto general; pero es lo que permite establecer la relación conceptual entre los elementos del texto que configuran la coherencia. Pero, entonces, si la coherencia (en ese sentido habitual) es la estabilidad conceptual organizada a través del léxico, que da acceso a los conceptos que se integran a su vez en nuestro conocimiento general y particular del mundo, parece claro que las diferencias en el conocimiento general de diversas personas tendrán como consecuencia diferencias en esa estabilidad conceptual, que puede incluso no existir. Así que, también desde un punto de vista *tradicional* de la coherencia, en términos léxicos y conceptuales, la coherencia de un mismo texto será variable, no absoluta, y no puede ser de otro modo.

Para solucionar este problema, resultado directo de las condiciones de uso del lenguaje, podemos hablar de *coherencia del proceso textual*. Esto es, la coherencia no se considerará solamente como una característica interna, propia del texto, pues en ese caso no habría forma de explicar que un mismo texto sea coherente para algunas personas y no para otras, sino que será sobre todo algo que incluye el texto, el proceso de producción y el de interpretación. De este modo, podemos definir coherencia como *el equilibrio entre la imagen mental del productor, que se expresará lingüísticamente en un texto, y la obtenida por el intérprete a partir de su interpretación del texto*. Cuando *lo que quiere decir* el hablante es, equivalente a *lo que entiende* el oyente (para más detalles, véase Bernárdez, 1993; 1995).

Esta definición de coherencia puede resultarnos extraña, aunque corresponde al uso del mismo término en las ciencias físicas; por ejemplo: *Si dos ondas lumínicas se superponen de modo que producen efectos de interferencia y existe una relación constante de fase entre ellas, se dice que las ondas son coherentes*[9]. Esta definición puede parecer ajena a nuestros intereses lingüísticos, pero la analogía es válida. Obsérvese cómo se habla de haces lumínicos en su totalidad, no de sus componentes. La coherencia consiste en una equivalencia, un estado de equilibrio entre los dos haces lumínicos, de manera que la relación entre ellos es constante. En el texto lingüístico, la definición de coherencia que acabamos de ver incide en la misma idea: es el conjunto del texto, considerado en su totalidad y no en sus partes, entendido en términos de las imágenes mentales del productor y el intérprete, lo que es coherente o incoherente. Es imposible que el intérprete obtenga de un texto una imagen mental totalmente idéntica a la pretendida por el productor, de modo que tendremos que contentarnos con imágenes mentales equivalentes o, para utilizar un término técnico, estructuralmente estables (Bernárdez, 1995: 105-106).

Volviendo a la definición habitual de coherencia, parece claro en términos conceptuales y, en consecuencia, léxicos, que un texto se considera coherente cuando todos sus elementos están relacionados entre sí, es decir, cuando es posible construir un mundo conceptual en el que encajan todos los elementos del texto. El concepto de *macroestructura* propuesto por Teun van Dijk (1977) apuntaba en la misma dirección: la macroestructura es una proposición que recoge el sentido global del texto, y si un texto no permite identificarla, es que el texto es incoherente. De manera que, aunque nos resulte poco familiar, la definición como proceso textual en su integridad responde bastante bien a la forma habitual de comprender el término, con la ventaja de estar explicando al mismo tiempo por qué existe esa coherencia entendida como *estabilidad conceptual*; es decir, no tenemos que limitarnos a describirla, sino que somos capaces de establecer, en un marco más amplio (y, en consecuencia, científicamente explicativo), por qué la coherencia del proceso textual se va a reflejar directamente en esa estabilidad conceptual. En términos más generales, propongo considerar la coherencia como un fenómeno de *autorregulación*, hecho habitual en el estudio de los fenómenos dinámicos complejos (cfr. Kelso, 1995).

---

[9] Traduzco la parte relevante de la defición de *Chambers Science and Technology Dictionary*, Cambridge, Chambers, 1988.

¿Cómo podemos aplicar estas reflexiones sobre la coherencia al terreno de la enseñanza de L2? La idea principal, en mi opinión, es que resulta imprescindible tener en cuenta el papel de toda una serie de elementos no lingüísticos para poder comprender el funcionamiento de la coherencia: el conocimiento general, cómo se pueden enlazar conceptualmente los elementos semántico-conceptuales en una lengua+cultura determinada, etcétera. Es decir, no podemos presuponer que aquéllo que resulta coherente a un hispanohablante lo será también para el hablante de otro idioma: nuestros textos, por ejemplo, tienen que estar elaborados de acuerdo con las posibilidades interpretativas de los destinatarios, o bien el profesor tendrá que actuar en consecuencia.

Pero observemos que esto es algo que, en general, nos resultaría inesperado; si pensamos que la coherencia es una característica del texto, si creemos que el texto es o no es coherente de por sí, podemos encontrarnos nuevamente en una situación problemática: hemos olvidado uno de los elementos fundamentales de la coherencia, el intérprete y todo lo que éste aporta para construir el sentido del texto. Esta situación no se produce en el estudio, la enseñanza y el aprendizaje de otros niveles de la lengua, por todos los motivos que ya conocemos, de modo que no solemos estar alerta ante este hecho y buscamos otras explicaciones para la falta de comprensión de un texto *correctamente formado* por parte de los alumnos: en general, tendemos a atribuir la incomprensión a un conocimiento insuficiente de las estructuras gramaticales y/o de los conectores y marcadores textuales.

10. Cohesión

¿Y la cohesión? Puede ser útil conocer el significado que tiene este término en las ciencias: *en física, la fuerza atractiva intermolecular que actúa entre dos porciones adyacentes de una sustancia, especialmente de un sólido o un líquido. Es esta fuerza lo que mantiene unido un fragmento de materia.* (...) *La fuerza atractiva de cohesión... actúa a pequeña distancia y varía en magnitud, dependiendo de las sustancias en cuestión.* (*The New Encyclopaedia Britannica*, 1992). Como vemos, aquí se habla de los componentes de una entidad mayor; mientras la coherencia afectaba holísticamente a las ondas lumínicas o las imágenes mentales de productor e intérprete, es decir, mientras la coherencia es *global*, la cohesión es *local*. Ésta actúa entre los elementos que constituyen el texto, sean palabras, proposiciones u oraciones. Es decir, volvemos a la definición que vimos más arriba: *la trabazón morfosintáctica del texto, una concordancia supraoracional.*

Los procedimientos de cohesión, por tanto, unen las piezas en las que tiene que organizarse superficialmente el texto a causa de las condiciones peculiares de la comunicación mediante el lenguaje: no es posible utilizar elementos holísticos no articulados. Esas piezas en las que se organiza el texto son básicamente las oraciones (o si lo preferimos, los sintagmas o las proposiciones nucleares); pero con éstas sucede lo mismo: aunque una oración posee un significado global, como sucede en el texto (aunque, recordemos, la oración es más simple que el texto, pues representa una imagen mental más sencilla), tiene que estar integrada también por elementos menores; así, por lo menos, hasta el nivel de los lexemas y morfemas. Tendremos que esperar que existan enlaces, formas de cohesión, entre las oraciones, entre las proposiciones, entre los sintagmas, entre las palabras. Pero si empezamos a señalar los elementos de cohesión de cada nivel, nos encontraremos con que algunos encajan perfectamente en lo que se llama *gramática*, mientras que otros corresponden a conectores o marcadores textuales, y otros más a expresiones íntegras. Esto no tiene por qué plantear demasiados problemas de acuerdo con los principios teóricos ya expuestos: recordemos el continuo que va desde las estrategias textuales a las reglas gramaticales, motivado también, en último término, por las diferencias de complejidad y frecuencia y, en consecuencia, por la mayor o menor posibilidad de su automatización.

El estudio de la cohesión nos puede llevar hasta la morsofintaxis tradicional a partir del texto completo, como hace Joseba Ezeiza (1996): *el análisis de la globalidad textual nos llevará hasta el nivel de la rica morfología del euskera (aunque todo ello terminológicamente revestido de* estilística). Lo que no es anecdótico ni secundario, en absoluto, porque este hecho puede servir para cerrar el abismo que parece existir entre la gramática, tal como se explicaba habitualmente en las escuelas, y la organización textual. Quizá, a efectos de la docencia, podríamos decir que es posible y conveniente explicar una parte de los contenidos tradicionales de la gramática partiendo de su papel en el texto, como producto del lenguaje en uso. En la enseñanza de L2, con el énfasis en el uso y la identificación de los elementos gramaticales a partir de éste, la presente propuesta no tiene por qué despertar extrañeza. No es éste el lugar para abordar un estudio detallado de los procedimientos de cohesión, que son, precisamente, la parte de la lingüística textual más conocida, generalmente con el nombre de *gramática del texto*, y también la que se aproxima más a los planteamientos tradicionales de la gramática en su ampliación a los niveles supraoracionales. Para cerrar el círculo, recuérdese que al principio de este texto veíamos los intentos para explicar el texto aplicando los procedimientos entonces considerados adecuados para el estudio de la oración. En cierto modo llegamos al mismo sitio, pero a la inversa: es posible explicar los fenómenos oracionales, quizá, utilizando los procedimientos y conceptos usados en el texto.

Conclusión

En estas páginas he intentado poner de manifiesto las diferencias radicales entre los métodos y conceptos a los que estamos habituados al estudiar la oración, *la gramática*, las estructuras de la lengua, y lo que precisamos para poder enfrentarnos con seguridad científica a los fenómenos textuales que, no lo olvidemos, son (una parte de) los fenómenos del uso del lenguaje, pues definimos el texto como el producto unitario de un acto de uso de la lengua. La aplicación de los resultados de la lingüística textual al estudio del texto exige un cambio de planteamientos teóricos y metodológicos: no es posible ampliar nuestro interés hasta el texto manteniendo al mismo tiempo nuestra forma de pensar sobre el lenguaje en términos de estructuras fijas y aisladas. Por otro lado, y con la vista puesta en la enseñanza de una L2, es imprescindible no pasar por alto las sutiles diferencias interlingüísticas, algo que desafortunadamente sucede con mucha frecuencia, porque todo lo que se refiere al funcionamiento del texto nos suele parecer evidente y de sentido común, de modo que le otorgamos, sin planteárnoslo seria ni intencionalmente, una universalidad de la que carece. Ya que, como hemos visto, la coherencia textual es en realidad algo que afecta al conjunto del proceso de producción e interpretación del texto, no prestar suficiente atención a esas diferencias lingüístico-culturales, puede tener resultados muy nocivos en el aprendizaje.

BIBLIOGRAFÍA

ADAM, J. L. (1992), *Les textes. Types et prototypes*, París, Nathan Université.

ADAM, J. M y LORDA, C. L. (1999), *Lingüística de los textos narrativos*, Barcelona, Ariel Lingüística.

ALCARAZ VARÓ, E. y MARTÍNEZ LINARES, M. A. (1997), *Diccionario de lingüística moderna*, Barcelona, Ariel Lingüística.

ÁLVAREZ ANGULO, T. (2001), "Tipología de textos y discursos en la enseñanza de la lengua", en J.J. DE BUSTOS *et al.* (eds.) (2001): 973-986.

BEAUGRANDE, R. A. DE, y DRESSLER, W. U. (1981), *Introducción a la lingüística del texto* (traducción y estudio preliminar de S. Bonilla), Barcelona, Ariel.

BECHTEL, W. (1998), "Representations and cognitive explanations: Assessing the dynamicist's challenge in cognitive science", *Cognitive Science,* vol. 22 (3): 295-318.

BELINCHÓN, M., RIVIÈRE Á. e IGOA, J. M. (1992), *Psicología del lenguaje. Investigación y Teoría*, Valladolid, Trotta.

BERNÁRDEZ SANCHÍS, E. (1982), *Introducción a la lingüística del texto*, Madrid, Espasa-Calpe.

BERNÁRDEZ SANCHÍS, E. (1993), "La coherencia textual como autorregulación en el proceso comunicativo", *Boletín de Filología* (U. de Chile), Tomo XXXIV (1993-1994): 9-32.

BERNÁRDEZ SANCHÍS, E. (1994), "Nuevas perspectivas de la lingüística y la gramática para la enseñanza de la lengua", *TEXTOS de didáctica de la lengua y la literatura*, 2: 6-14.

BERNÁRDEZ SANCHÍS, E. (1995), *Teoría y epistemnología del texto*, Madrid, Cátedra.

BERNÁRDEZ, E. (1999), "Some reflections on the origins of cognitive linguistics", *Journal of English Studies,* 1: 9-27.

BERNÁRDEZ SANCHÍS, E. (2000), "Estrategias constructivas de la descripción oral", *RSEL* 30,2: 331-356.

BERNÁRDEZ SANCHÍS, E. (2001a), "Homeomorfismo de texto y oración", en J. J. DE BUSTOS *et al.* (Eds.) (2001), *Lengua, discurso, texto*, Madrid, Visor: 201-221.

BERNÁRDEZ SANCHÍS, E. (2001b), "De algunos dogmas y metáforas en el estudio del lenguaje", *EDUCAR* 8: 24-26.

BUSTOS TOVAR, J. J. DE, CHARAUDEAU, P., GIRÓN ALCONCHEL, J. L., IGLESIAS RECUERO, S. y LÓPEZ ALONSO, C. (eds.) (2001), *Lengua, discurso y texto (I Simposio Internacional de Análsis del Discurso)*, Madrid, Visor.

CALSAMIGLIA BLANCAFORT, H. y TUSÓN VALLS, A. (1999), *Las cosas del decir. Manual de análisis del discurso*, Barcelona, Ariel Lingüística.

CALVO PÉREZ, J. (1994), *Introducción a la pragmática del español*, Madrid, Cátedra.

CHAFE, W. (1994), *Discourse, consciousness, and time. The flow and displacement of conscious experience in speaking and writing*, Chicago y Londres, The University of Chicago Press.

CLARK, H. C. (1996), *Using language*, Cambridge, Cambridge University Press.

CORTÉS RODRÍGUEZ, L. (2001), "Conectores, marcadores y organizadores como elementos del discurso", en J. J. DE BUSTOS *et al.* (eds.) (2001): 539-550.

COSTA, S. y MALCUORI, M. (eds.) (1997), *Tipología Textual*, Montevideo, Sociedad de Profesores de Español del Uruguay y Universidad de la República.

CUENCA, M. J. y HILFERTY, J. (1999). *Introducción a la lingüística cognitiva*, Barcelona, Ariel.

DIJK, T. A. VAN (1978), *La ciencia del texto*, Barcelona, Paidós.

EDELMAN, G. M. (1992), *Bright air, brilliant fire. On the matter of the mind*, Nueva York, Basic Books.

ESCANDELL, V. (1993), *Introducción a la pragmática*, Barcelona, Anthropos.

EZEIZA, J. (1996), *Testuaren harian. Euskal esaldiaren estilistika*, Bilbao, Gaiak.

FERRER, M. C. y SÁNCHEZ LANZA, C. (1996), *La coherencia en el discurso coloquial*, Rosario, Editorial de la Universidad Nacional de Rosario.

FRAKE, C. (1972), "How to ask for a drink in Subanun", en P. GIGLIOLI (ed.) (1972), *Language and social context*, Harmondsworth, Penguin: 87-94; también en J. PRIDE y J. HOLMES (eds.) (1972), *Sociolinguistics, Selected Readings*, Harmondsworth, Penguin: 260-266.

GARRIDO MEDINA, J. (1997), *Estilo y texto en la lengua*, Madrid, Gredos.

GARRIDO MEDINA, J. (2001), "Oración, discurso y texto", en J. J. DE BUSTOS *et al.* (eds.) (2000): 297-307.

GIVÓN, T. (2001), "Toward a neuro-cognitive interpretation of 'context'", *Pragmatics & Cognition* 9:2: 175-201.

HEINEMANN, W. y VIEHWEGER, D. (1991), *Textlinguistik. Eine Einführung*, Tubinga, Niemeyer.

HERMAN, D. (2001). Spatial reference in narrative domains. *Text* 21(4) (2001), 515-541

ISENBERG, H. (1983), "Cuestiones fundamentales de tipología textual", en E. BERNÁRDEZ (ed.) (1987), *Lingüística del texto*, Madrid, Arco Libros: 95-129.

KELSO, J. A. S. (1995), *Dynamic patterns. The self-organization of brain and behavior*, Cambridge, Mass., The MIT Press.

LAKOFF, G. y JOHNSON, M. (1999), *Philosophy in the Flesh*, Nueva York, Basic Books.

LÓPEZ GARCÍA, A. (1999), "Relaciones paratácticas e hipotácticas", en I. BOSQUE y V. DEMONTE (eds.) (1999), *Gramática descriptiva de la lengua española*, Madrid, Espasa: 3507-3547.

MANDELBLIT, N. y ZACHAR, O. (1998), "The notion of Dynamic Unit: Conceptual developments in cognitive science", *Cognitive Science,* vol. 22 (2): 229-268.

MARTÍN ZORRAQUINO, M. A. y PORTOLÉS LÁZARO, J. (1999), "Los marcadores del discurso", en I. BOSQUE y V. DEMONTE (eds.) (1999), *Gramática descriptiva de la lengua española*, Madrid, Espasa: 4051-4213.

MATURANA, H. y VARELA, F. (1990), *El árbol del conocimiento*, Barcelona, Debate.

MAYORAL, J. A. (ed.) (1987), *Estética de la recepción*, Madrid, Arco.

MENÉNDEZ, S. M. (2001), "Estrategias discursivas: principio metodológico para el análisis pragmático del discurso", en J. J. DE BUSTOS *et al.* (eds.) (2001): 923-946.

NESPOULOUS, J. L (1997), "Invariance et variabilité dans la symptomatologie linguistique des aphasiques agrammatiques: le retour du comparatisme?", en C. FUCHS y S. ROBERT (eds.) (1997), *Diversité des langues et représentations cognitives*, París, OPHRYS: 227-239.

ORTEGA CALVO, A. (1991), "¿Es posible una ciencia del texto?", *Revista Canaria de Estudios Ingleses*, 22-23: 207-215.

MEYER-HERMANN, R. (2001), "Textlinguistik", en G. HOLTUS, M. METZELTIN y C. SCHMITT (eds.) (2001), *Lexikon der Romanistischen Linguistik*, Tubinga, Max Niemeyer: 1007-1032.

PALMER, G. B. (1996), *Lingüística cultural*, Madrid, Alianza (2000).

PORTOLÉS, J. (1998), *Marcadores del discurso*, Barcelona, Ariel.

PORTOLÉS, J. (2001), "El significado informativo de los marcadores del discurso", en J. J. DE BUSTOS *et al.* (eds.) (2001): 683- 692.

RICKHEIT, G. (ed.) (1991), *Kohärenzprozesse*, Opladen, Westdeutscher Verlag.

RICKHEIT, G. y STROHNER, H. (1992), "Towards a cognitive theory of linguistic coherence", *Theoretical Linguistics* 18, 2:3: 209-237.

TALMY, L. (2000), "A cognitive framework for narrative structure", en L. TALMY (2000), *Toward a cognitive semantics*, vol. 2, Cambridge, Mass., The MIT Press: 419-482.

WILDGEN, W. (1989), "La structure dynamique du récit", en *Documents de Recherche en Langue Allemande (DRLAV)*, 41: 53-81.

WILDGEN, W. (1994), *Process, Image and Meaning. A realistic model of the meaning of sentences and narrative texts*, Amsterdam, John Benjamins.

VILARNOVO, A. y SÁNCHEZ, J. F. (1992), *Discurso, tipos de texto y comunicación*, Pamplona, Eunsa.

Aportaciones del análisis del discurso oral

Antonio Briz Gómez
Universidad de Valencia

Introducción

El análisis del discurso oral ha puesto de relieve varios hechos:

1) que existe una *gramática* del uso oral, un conjunto de hechos verbales y no verbales que escapan a la descripción gramatical;
2) que hablar es decir (transmitir información) y hacer (mostrar una intención, lograr una meta); y, más aún, que lo dicho (dado) y lo hecho (lo que se quiere decir) a veces no coinciden, esto es, parte de lo que se comunica va más allá de las palabras que usamos, incluso del contexto lingüístico anterior;
3) que la interacción es hacer con otro, el cual ha de entender y saber interpretar correctamente de acuerdo con la situación en que se produce la comunicación;
4) que la gramaticalidad de una expresión no asegura su adecuación comunicativa; esa adecuación depende del contexto lingüístico (del conjunto de informaciones obtenidas de las expresiones verbales o no verbales que se intercambian en cualquier interacción) y del contexto situacional (o conjunto de informaciones relacionadas con el conocimiento del mundo -más o menos compartido- y sus características sociales, culturales, etc., con el marco o espacio de la interacción -más o menos cotidiano-, con los usuarios que participan en la misma -rasgos socioculturales-, las relaciones entre éstos -sus roles en la conversación-, con las percepciones que van surgiendo conforme ésta avanza, con la función prioritaria de la comunicación -interpersonal o transaccional-);
5) que todo en la interacción se negocia, con el fin de lograr las metas previstas y, en último extremo, obtener la aceptación, la colaboración y el acuerdo con el otro. Para lo cual el emisor recurre a una serie de estrategias verbales y no verbales, que constituyen la actividad argumentativa y conversacional;
6) que la eficacia pragmática depende a veces de la eficacia social, de cómo se negocian en la interacción las actividades de imagen, especialmente, la del tú.

7) y, en fin, que la conversación, como prototipo del discurso oral, se organiza en una serie de unidades; internamente, en actos, intervenciones, intercambios y secuencias; social y externamente, en turnos de habla.

Los hechos anteriores apuntan la necesidad de incorporar en el análisis del discurso oral la perspectiva pragmática, con un apellido, interaccional, la cual nos va a permitir reflexionar sobre los mecanismos estratégicos que se emplean al hablar (actuar) y sobre todo al interactuar con alguien en una situación determinada de comunicación.

Sobre tales hechos han insistido las varias teorías, no siempre de carácter lingüístico, que son el punto de partida o constituyen la pragmática moderna: sobre la adecuación de las acciones lingüísticas a la situación (Austin y Searle y la filosofía del lenguaje corriente), sobre los principios y máximas que regulan la interpretación de los enunciados, la efectividad de los mismos y, así pues, la interacción (Grice y el principio de cooperación) o la alternancia de turno en ésta (Sacks, Schegloff y Jefferson y el análisis de la conversación), sobre la construcción de inferencias, los procesos ostensivo-inferenciales de la comunicación y la relevancia de los enunciados que se comunican (Sperber y Wilson y la relevancia), sobre las razones o argumentos que da un emisor para llegar a una conclusión (Anscombre y Ducrot y la argumentación en la lengua), sobre las unidades del discurso (Roulet y la estructura del discurso), sobre las relaciones sociales entre emisor y destinatario y las actividades de imagen (Goffman, Brown-Levinson y la cortesía)[1].

1. Análisis del discurso, pragmática y enseñanza de lenguas

No hay análisis del discurso sin pragmática, ni pragmática que no esté basada en el estudio del discurso. Éste no es sino el objetivo de aquélla, que es la perspectiva para su estudio. Puede tener un apellido, pragmática social, pragmática filosófica, pragmática lingüística, como un modo de acotar el campo y el tipo de aproximación al uso del lenguaje. Pues bien, la pragmática (lingüística), entendida como perspectiva (y no como módulo integrado en la semántica, ni como otra disciplina junto a la sintaxis, semántica, etc.), nos invade y ha invadido, por supuesto, el modo de hacer gramática en los últimos años, incluso la manera de enseñarla a propios y extraños. La necesidad de incorporar y aplicar distintas teorías pragmáticas, de acuerdo con sus fines más concretos (argumentación, polifonía, relevancia, imagen, etc.), al estudio de los hechos del lenguaje y, en concreto, al uso oral, así como al proceso de enseñanza y aprendizaje de una lengua extranjera, es algo que ya pocos dejan de aceptar. Un análisis pragmalingüístico en este sentido es aquel que integra el esquema de la comunicación (Gutiérrez Ordóñez, 1997b) y, por tanto, tiene en cuenta, junto a lo dicho o contenido comunicado, que existe un hablante que comunica, que éste manifiesta una actitud ante lo comunicado, a la vez que un oyente recibe e interpreta lo codificado y mostrado por aquél en unas circunstancias comunicativas determinadas:

[1] Las propuestas teóricas concretas: Anscombre y Ducrot (1983); Austin (1962); Brown y Levinson (1978); Grice (1975 y 1978); Goffman (1967); Sacks, Schegloff y Jefferson (1974); Roulet (1985 y 1991); Searle (1969); Sperber y Wilson (1986). Una presentación de las mismas: Escandell (1993), Gallardo (1996), Levinson (1983) y Reyes (1990). Sobre cómo se manifiestan estos hechos lingüísticos y conductas en la conversación cotidiana: Briz (1998), Briz y grupo Val.Es.Co. (2000). El diccionario de Charaudeau y Maingueneau (2002) puede resolver algunas dudas conceptuales en este campo diverso y complejo, tanto desde el punto de vista teórico como metodológico, del análisis del discurso.

< *yo ahora, aquí y en estas circunstancias con la intención de...* >
< *digo, argumento y negocio contigo*>
< *y tú recibes, interpretas y negocias (aceptas o no), ahora, aquí y en estas circunstancias*> el enunciado (mi intervención).

De otro modo, se trata de un estudio que combina la reflexión sobre el producto, *el enunciado* (el discurso) y sobre el proceso mismo de producción y recepción del mismo, *la enunciación y la interacción*.

Como se indicaba antes, los planes curriculares de enseñanza de español como lengua extranjera proponen esta nueva ruta pragmática, a partir de la cual se intenta lograr, además de la competencia lingüística, la competencia y actuación comunicativas en dicha lengua. Así se expresa en el *Plan curricular* del Instituto Cervantes (1994: 95):

Aprender a expresar oralmente una lengua extranjera supone poder comunicar a un interlocutor concreto, en un momento determinado, aquello que piensa o que necesita de la forma más adecuada posible a las expectativas del interlocutor y a la situación comunicativa.

Además, son ya muchos los trabajos que han insistido en el estudio y desarrollo de esta destreza, tanto desde el punto de vista teórico como aplicado[2].

La adquisición de la habilidad para comunicarse -y en concreto para conversar con alguien- es el objetivo fundamental de todo estudiante de E/LE. Para lograr con éxito esa meta ha de desarrollar una serie de *habilidades cognitivas* con las que poder argumentar, describir, narrar o contribuir a que el interlocutor lo haga, *habilidades lingüísticas* con las que codificar y descodificar lo que se dice o escucha (pronunciación clara, búsqueda de palabras precisas, etc.), mostrar o hacer ver las intenciones al tiempo que facilitar la interpretación de los sentidos de los enunciados, y *habilidades sociales*, pues el éxito de la comunicación está frecuentemente relacionado con lo social.

Se trata, así pues, de adquirir lo que se ha venido llamando la competencia comunicativa, cuyas facetas son:

- la *competencia lingüística*: dominio del código lingüístico verbal y no verbal;
- la *competencia discursiva:* dominio de los recursos para conseguir la coherencia y cohesión de los textos (cohesión en la forma y coherencia en los contenidos);
- la *competencia pragmática*, que incluiría tanto la competencia sociolingüística -reglas socioculturales (los aportes de la pragmática social o cultural y de la sociolingüística son en este sentido fundamentales- y la competencia estratégica -estrategias de comunicación verbal y no verbal para actuar o interactuar de manera eficaz (la pragmática lingüística ha sido su sustento teórico)-.

2. La gramática del uso oral

No se trata de estudiar *otra* gramática, sino de tener presentes toda una serie de fenómenos verbales y no verbales propios de la comunicación oral. Es sabido que el modo de comunicación oral, frente al escrito, se caracteriza por una serie de rasgos como:

[2] Como botón de muestra, véase el número 47, año 2000, de la revista *Carabela*, dedicado íntegramente a esta cuestión y, especialmente, la selección de la bibliografía actual, recogida en las páginas 177 a 180.

- La inmediatez en el tiempo y en el espacio. Esa interacción presencial aporta una gran cantidad de información referencial al hablante y al oyente; se observan las reacciones de ambos, sus gestos, sus manifestaciones de acuerdo o desacuerdo con lo emitido; permite la colaboración inmediata en la interacción, la petición de aclaraciones, aparece el habla simultánea, sea o no de carácter interruptivo, etc.; en suma, los interlocutores negocian *cara a cara* sus papeles y sus relaciones interpersonales.
- El modo de manifestarse las relaciones sociales entre los interlocutores. Esa interacción aquí, ahora y ante ti, determina que las funciones del hablante y del oyente sean diferentes a las del autor y el lector. Aquellos, en el momento de la acción, inician y han de mantener las relaciones sociales, función básica que separa la oralidad de la escritura (Calsamiglia y Tusón, 1999: 29).
- El tiempo en el que transcurre el mensaje y los límites de memoria en la retención de éste. Éstos son factores que imponen diferencias claras entre la comunicación escrita y la oral, ya que el control de lo producido y de lo recibido es menor en ésta; además, el discurso oral suele discurrir de forma lenta, con autorreparaciones continuas, paréntesis explicativos, en busca de la mayor comprensión del oyente, a diferencia del modo rápido en que el mensaje se enuncia.
- La articulación del discurso. La expresión oral implica no solo la articulación sucesiva de los fonemas que constituyen el significante de los signos lingüísticos, sino que, simultáneamente a la expresión segmental o verbal, se añaden elementos prosódicos, paralingüísticos y del paralenguaje. La entonación, el acento, las pausas, etc., son fundamentales para el hablante en la comunicación (los signos de puntuación, correlato teórico de éstos en lo escrito, no llegan a expresar toda la información de los mecanismos prosódicos). Del mismo modo, otros elementos paralingüísticos como el tono de la voz, el ritmo, la claridad o nitidez de la voz, los suspiros, las risas, etc., proporcionan también una gran cantidad de información al interlocutor sobre los estados anímicos, procedencia, nivel sociocultural, sobre la intención de lo dicho, etc. La quinésica y la proxémica, sin duda, facilitan también la comunicación oral, incluso a veces la suplen; un movimiento de las manos, una mirada, un acercamiento o un alejamiento de mi interlocutor pueden ser informativamente relevantes.

Debido a todos estos factores y parámetros que distinguen la comunicación a través del canal fónico o gráfico, la expresión oral se diferencia lingüísticamente de la escrita no sólo en los aspectos articulatorios citados, sino en la estructuración sintáctica, en el modo de construir los enunciados, en la manera de progresar el mensaje (predominio de los enunciados concatenados -lo que en gramática llamaríamos coordinación aditiva o yuxtaposición- y menor uso de la subordinación sintáctica; en la frecuencia de uso de marcadores discursivos, conectores, ordenadores de la materia discursiva, reguladores fático-apelativos; en las frecuentes repeticiones y reelaboraciones -reinicios- cambios de plan sintáctico, reformulaciones; en la presencia de oraciones truncadas o suspendidas; en un orden de palabras pragmático, sometido, por ejemplo, a los conceptos de tema y rema, focalización), en el empleo del léxico y, muy especialmente, en su sometimiento al contexto previo y a la situación, de los que hay que extraer parte de la información de los signos verbales (elipsis extrema, presencia continua de procedimientos deícticos, endofóricos y exofóricos)[3].

A esos fenómenos lingüísticos propios de la interacción lingüística oral, en especial, de la coloquial, es a lo que se refiere el término *gramática,* señalado en cursiva, del título de este parágrafo. La conversación espontánea, como manifestación más auténtica de la oralidad, espacio en el que se manifiestan de modo más natural todas nuestras actividades cotidianas, es el marco ideal para el estudio y análisis de tales hechos y, en general, de la actividad discursiva. Más abajo (véase §5 y §6) notaremos de forma más concreta ciertos objetivos que han de tenerse en cuenta en la programación y estudio del español como lengua materna y extranjera.

3. Intención e interpretación. Más allá de la expresión lingüística

El significado se da, el sentido se interpreta. Analizar el discurso es estudiar de qué modo el sentido de un enunciado se construye o se infiere a partir de los datos que proporciona el contexto, en relación con la situación y con el entorno cognitivo compartido por los interlocutores. Es cierto que lo dicho y el decir pueden coincidir; así, por ejemplo, una expresión verbal como *¿tienes reloj?* puede ser un enunciado-pregunta que espera una respuesta afirmativa o negativa. Pero a menudo no hay tal coincidencia; así, en una situación dada, más que una pregunta puede llegar a ser una petición de información de la hora en ese momento, incluso, a veces, sea el caso de una reunión aburrida o de larga duración, puede manifestar un deseo de abandonarla o de poner fin a la misma. Con otro enunciado, *tus amigos han llegado*, el hablante hace referencia e informa al oyente de la llegada de ciertas amistades, sin embargo, puede estar solicitando que éste salga a saludarlos, incluso puede transmitir una queja (*todavía no estás preparado para recibirlos*).

Así pues, no basta sólo con enseñar a ejecutar las acciones (cómo dar órdenes, preguntar afirmar, exhortar...), sino también a mostrar e interpretar las intenciones, más aún cuando no hay expresiones lingüísticas que unívocamente las representen. Es cierto que una forma interrogativa se asocia prototípicamente a un acto ilocutivo de pregunta, pero no siempre presenta esa intención. Dicho de otro modo, una vez estudiados los actos directos, habrá que dar cuenta de las acciones indirectas de tales expresiones verbales. La interpretación de la fuerza ilocutiva de éstas sólo es posible desde el contexto.

La conversación, más aún la coloquial, es una muestra evidente de que la obtención del sentido es algo dinámico, que se obtiene contexto a contexto. Más que en otras manifestaciones discursivas, en ésta se evidencia la distancia que en ocasiones existe entre lo dado y lo interpretado. Las condiciones de comunicación, el saber compartidos entre los interlocutores, el tono informal, etc., hacen que se dé rienda suelta a la interpretación, luego tal manifestación ha de ser objetivo de cualquier programación y base imprescindible en la elaboración de materiales didácticos.

---

[3] Sobre las carácteristicas distintivas del español hablado, véase Briz (1996 y 1998); Briz, Goméz Molina, Martínez Alcalde y grupo Val.Es.Co. (eds.) (1997); Kotschi, W. Oesterreicher y Zimmermann, (eds.) (1996); Narbona (1989); Vigara (1980 y 1992). Especial atención merecen los cinco números publicados de la revista *Oralia*, íntegramente dedicada al estudio del discurso oral, así como el volumen dedicado a los estudios del discurso, editado por Bustos y otros (2001). Sobre las influencias de lo hablado en lo escrito, véase Oesterreicher (1996).

4. La adecuación pragmática de una expresión. Eficacia y eficiencia pragmáticas

El usuario de la lengua ha de elegir entre las distintas opciones lingüísticas que la lengua le ofrece para comunicar algo, para decir y mostrar esa intención, con el menor coste de procesamiento para el oyente e intentando lograr el máximo de efecto (lograr el fin). De una elección adecuada depende a menudo el éxito de dicha comunicación, la mayor o menor eficacia y efectividad del discurso. Dicha adecuación pasa, como ya señalábamos, por la elección de una modalidad lingüística acorde con la situación, con las características del destinatario y con el fin u objetivo que se persigue. Esto es, adecuación verbal (por ejemplo, la elección de un registro más coloquial o más formal, dado que no se habla del mismo modo a un amigo que a un desconocido), adecuación pragmática (una meta predetermina la elección de una estrategia concreta), pero también, por supuesto, adecuación social -por ejemplo, la relación de distancia social, de más o menos *poder*, de más o menos *solidaridad,* en términos de Brown y Gillman (1960) es un factor a la hora de elegir u optar por una u otra expresión, por una u otra estrategia-.

Aunque aceptemos que el discurso oral, como señala J. Bustos (1997: 39) *es, por definición, 'palabra dirigida a'; esto es, la primera función de la oralidad no es comunicar algo, sino ponerse en contacto con alguien y a partir de ahí construir un mundo en común*[4], debe tenerse muy presente que, como afirma A. Narbona (1997: 172), en la conversación, el proceso argumentativo está constantemente enfocado y dirigido a la eficacia o *eficiencia pragmática,* a la *aceptación* del otro, porque si no hay aceptación, no existe intercomunicación. Así pues, la búsqueda del acuerdo, se logre o no, es el fin último de toda interacción y la forma lingüística, entendida ahora como estrategia para lograr una meta, es una de las ideas básicas que preside el análisis pragmático y, en concreto, del discurso oral. No obstante, estas metas y estrategias se encuentran a veces condicionadas por convenciones sociales, incluso la eficacia lingüística depende en parte de la eficacia social. De otro modo, la situación y el contexto, incluido el social (véase Hymes, 1967; Brown y Levinson, 1978) determinan la selección lingüística más adecuada y efectiva en cada caso.

El hablante puede realizar una petición de manera directa (*Déjame los apuntes de la clase del viernes*) o puede realizarla de manera atenuada (*Podrías dejarme los apuntes del viernes, es que no pude ir a clase*). ¿Qué es lo que favorece la elección de una u otra? La respuesta, con otra pregunta: ¿Cuál sería más eficaz para conseguir la meta, para lograr el éxito de la petición? Sin duda, la segunda (aunque un tono bajo y un descenso de la frecuencia fundamental del propio hablante podría hacer también adecuada y eficaz la primera). Los grados de atenuación que pueden darse en una petición dependen estratégicamente del daño, presión o esfuerzo que pueda suponer dicha petición para el interlocutor, pero también de las relaciones sociales entre ambos. Tales procesos de negociación del significado son universales en el sentido que, por ejemplo, todas las lenguas comparten las estrategias directas e indirectas de petición, pero la manera de concretarlas es diferente. Así, pues, lo que el análisis empírico de corpus orales ha demostrado es que, junto al conocimiento pragmático general compartido, existe, no obstante, un conocimiento pragmático específico, las reglas o, quizá más exactamente, las convenciones sociales específicas de cada lengua y cultura (véase §6 sobre el *principio de situación*). Su enseñanza y apren-

---

[4] En ello ha venido insistiendo también P. Charaudeau, según el cual el sujeto de la interacción se va situando en espacios diferentes: en el *espacio de la locución*, *empezar a hablar*, en el *espacio de la relación*, el de la relación con el otro (alteridad), y en el *espacio de la tematización*, hablar de algo y organizarlo.

dizaje consigue evitar los errores pragmáticos (pragmalingüísticos o sociopragmáticos) que con frecuencia comete el hablante extranjero. De las varias opciones para pedir un café en un bar (*Un café/Quiero un café/Por favor, señor, un café*), un español elegirá una de las dos primeras; no extrañaría que un extranjero optara por la tercera, una elección que no provocaría desajuste informativo, pero sí pragmático, en concreto relacionado ahora con la situación, con el contexto comunicativo y, exactamente, con el modo de entender en España la relación interpersonal entre camarero y cliente. Si alguien eligiera esta otra opción para pedir el pan durante la cena en casa de un amigo íntimo, *¿serías tan amable, si no te molesta, de pasarme el pan, por favor?* provocaría hilaridad, incluso, quizá, un cierto rechazo.

En la enseñanza-aprendizaje de lo oral el objetivo fundamental es el de desarrollar la competencia comunicativa, y ello sólo puede lograrse si los estudiantes, al hablar, además de su conocimiento del código lingüístico, ponen en marcha sus conocimientos pragmáticos, pues la mayor adecuación y eficacia, el mayor o menor éxito conversacional (o el fracaso) dependen muchas veces de éstos. Muchos métodos de enseñanza de lengua (materna o extranjera) han incorporado o han quedado planteados a partir de este estudio táctico del lenguaje (recuérdese que este fue el camino que abrió, por ejemplo, la reforma de los planes de estudio en la educación secundaria).

5. Las estrategias verbales y extraverbales

El análisis del discurso oral, cuyo enfoque o perspectiva ha de ser necesariamente pragmático, ha favorecido la reflexión sobre los mecanismos estratégicos que se emplean al hablar (actuar) y sobre todo al interactuar con alguien[5].

5.1. En relación con el nivel fónico

Sin duda, una pronunciación adecuada, segmental y no segmental (acento, entonación, ritmo, pausas), asegura la eficacia comunicativa, luego éste ha de ser un objetivo fundamental en la programación.

Es cierto que, por un lado, deberemos intentar que el estudiante abandone poco a poco los hábitos fonológicos y fonéticos que no correspondan a los propios del español, pero sin olvidar ejercitar las estrategias prosódicas. Me gustaría destacar algunos aspectos en los que cabría insistir:

- Sobre los esquemas de entonación, en su valor distintivo, esto es, en su función comunicativa, así como en las modificaciones expresivas según la curva melódica (cambios según se afirme, se pregunte, se dude, se exprese un deseo, una orden, de acuerdo además con el valor expresivo que a veces acompaña a la expresión, tristeza, alegría, enfado, rabia, miedo, expectación, desdén, tolerancia e intolerancia, se emita con ironía, etc.). Compárese la función comunicativa de pregunta de la interrogativa parcial en *¿Qué me cuentas?,* que presenta un esquema de entonación con descenso paulatino del tono desde la primera sílaba tónica (frente a la inflexión ascendente característica de las interrogativas totales: *¿me*

[5] En Cortés (1996), puede consultarse una amplia bibliografía sobre los estudios de español hablado.

cuentas algo?), con el simple valor de sorpresa (con o sin desacuerdo añadido) ante lo dicho o hecho por alguien de un enunciado como *¿¡qué me cuentas!?*, ahora con anticadencia final (al modo de las interrogativas totales). La misma diferencia prosódica y comunicativa se da entre un enunciado como *¿viene?* y otros del tipo *¿¡viene!?, ¿¡que viene!? ¿¡VIEENEE!?* al añadir éstos una información de ratificación y desacuerdo, intensificado en el último mediante el tono alto, la pronunciación marcada y el alargamiento vocálico. O entre *¿qué dices?,* una pregunta, con tonema descendente final, y *¿¡QUÉ DIces!?,* manifestación de desacuerdo intensificada, ya con descenso o ascenso final. Un acto truncado, con tonema suspendido, *Irene viene...* ("muy enfadada, cansada", etc.) puede utilizarse, por ejemplo, como procedimiento de intensificación, de refuerzo de la argumentación[6].

- El silabeo demorado (representado ortográficamente con guiones) y la acentuación marcada (en letra mayúscula) son hechos prosódicos que modifican la fuerza ilocutiva o la función comunicativa básica de un expresión; así, al acto ilocutivo de petición de confirmación en enunciados como *¿de verdad?* y *¿seguro?*, se añaden valores de sorpresa e incredulidad en otros como *¿DE-VER-DAD?* y *¿SE-GU-RO?* (Compárese *Juan es un pesado* con *Juan es un PE-SA-DO)*
- La velocidad en la emisión. Junto al tono más o menos marcado, y como puede derivarse del fenómeno ya expuesto de la demora silábica, no hay duda de que la velocidad de habla es a menudo informativamente pertinente; así, una intervención reactiva como *(y) yo qué sé,* a una pregunta, *¿cuándo vas a acabar?,* de otro interlocutor, transmite información diferente según la mayor o menor velocidad en la emisión de sus formantes. Con pronunciación más lenta, indica ignorancia (el sentido coincide con el significado dado de las palabras enunciadas); con pronunciación rápida, en cambio, puede mostrar, por ejemplo, enfado. Lo mismo ocurre si comparamos *anda, anda* y *¡anda, anda!*; respectivamente, de forma lenta, lo dado y lo interpretado es una exhortación (el verbo mantiene su significado habitual de movimiento, o el sentido podemos derivarlo de éste, por ejemplo, cuando añade el valor de apresuramiento); de forma rápida, se trata no ya de un verbo, sino de una fórmula conversacional que manifiesta una cierto desacuerdo (el sentido ahora se aleja del original). Además, parece evidente que se trata de reacciones a intervenciones iniciativas distintas, la primera podría ser una respuesta a afirmaciones anteriores del tipo: *me duelen todos los huesos, voy a llegar tarde*; la segunda, a una como *no sé cuándo he quedado contigo de nuevo.* Nótese la diferencia que marca la mayor velocidad de habla de respuestas como *¡porque sí!* (refuerzo de la orden dada anteriormente), *¿¡cómo que no!?* (sorpresa y desacuerdo ante una negativa), *¿¡y tú no lo sabes!?* (recriminación), etcétera.
- Los alargamientos fónicos, como se ha notado en algunos ejemplos anteriores, son comunicativamente pertinentes en tanto refuerzos del punto de vista. No transmite la misma información el enunciado *la conferencia ha sido aburrida* que *la conferencia ha sido aburridísima*.

---

6 Para el estudio de las funciones básicas de la entonación, véase Quilis (1980-81); concretamente en el español coloquial, Hidalgo (1997a, 1997b y 2000); en especial para la función pragmático-expresiva, Hidalgo (1998a). Sobre grupos fónicos y grupos de entonación en español hablado, véase Quilis y otros (1993). Sobre la pronunciación y la entonación, véase también los trabajos coordinados por Alcoba (2000). Sobre los actos suspendidos, Herrero (1997).

5.2. El paralenguaje: el lenguaje gestual

Utilizando palabras de F. Poyatos (1994: 15), un análisis de lo oral no puede estar basado únicamente en qué decimos y cómo lo decimos, sino también en cómo lo movemos.

Según se ha mostrado con anterioridad, los recursos paralingüísticos son plurifuncionales: además de elementos *demarcativos* de las diferentes partes informativas del enunciado y *distintivos* de las funciones comunicativas básicas (preguntar, exhortar, dudar, etc.), tienen a menudo una *función expresiva*, matizan nuestra intención (añaden un valor de sorpresa, de acuerdo o desacuerdo, de tristeza, alegría, ironía...). También los gestos, los movimientos del cuerpo, ayudan a mostrar nuestra intención y a interpretarla. En efecto, los gestos comunican ya sea acompañando (nótese, por ejemplo, los que acompañan a ciertas proformas y que llenan de contenido las mismas; sea el caso de la gestualidad con *así*: *me comí un pedazo de pastel así de grande; mi hijo es así de alto.*), ya sea sustituyendo al lenguaje verbal (*Juan* + un movimiento de la mano: *aproxímate*); participan en la regulación de la interacción (por ejemplo, son marcas de cesión de turno y, como otros recursos paralingüísticos del tipo *mh, mm, aha*, *ah*, presentan a veces un valor fático de confirmación de lo dicho por el propio hablante o por el interlocutor, así como, en general, de colaboración con lo expresado por éste); pueden llegar a subsanar deficiencias o problemas en la comunicación, por ejemplo, sustituyendo en un momento dado aquella palabra que no se recuerda o no se conoce; etcétera (Cestero, 1999).

La enseñanza de esta gramática de lo oral ha de programar una serie de actividades encaminadas al aprendizaje de los gestos, teniendo en cuenta que su uso varía, sobre todo en frecuencia, de un registro a otro (por ejemplo, en el registro formal es más extraño que la expresión verbal sea sustituida por la no verbal), de una situación a otra y de una lengua a otra, y distinguiendo de partida entre gestos *simbólicos*, con significado convencional (pueden por ello actuar separados de la expresión verbal, incluso sustituirla: el movimiento de la mano cerrada con el pulgar hacia arriba significa éxito; el pulgar hacia abajo, fracaso; a la derecha, solicitud de parada a un vehículo; un movimiento de la cabeza hacia abajo, afirmación)[7], *icónicos*, con significado ocasional, derivado del contexto y de la expresión verbal a que acompañan (ese último gesto apuntado, en un contexto dado, superpuesto a la expresión verbal *ven conmigo*, adquiere ahora un significado de petición u orden de que alguien se acerque; un movimiento de la cabeza hacia arriba y hacia abajo, por ejemplo, puede acompañar a una expresión verbal como *Al bajar y al subir*. Algunos de estos gestos icónicos son de carácter deíctico, señalizadores personales, espaciales y temporales), y *rítmicos*, de marcación del ritmo de la elocución[8].

---

[7] Un estudio dialectológico de los gestos simbólicos nos permitiría notar las semejanzas y diferencias del modo gestual en las distintas culturas lingüísticas. En España, un movimiento hacia la boca de la mano cerrada con el pulgar erguido significa que alguien ha bebido demasiado; en Rusia, el movimiento es el del dedo índice (deslizándose por el pulgar) golpeando la garganta. Su análisis puede realizarse con una metodología estructural, a partir de *campos semánticos* (N. Inhoffen, 1996: 91). De gran utilidad en este sentido puede ser el diccionario de gestos de Coll, Gelabert y Martinell (1990).

[8] Para el estudio de los gestos en general, véase Poyatos, (1994a y 1994b); una tipología de los mismos, en Payrató (1985) y Castelló (1999); la comunicación no verbal en la clase de E/LE, Cestero (1999).

5.3. En relación con la construcción sintáctica

Gracias al análisis de lo oral se ha iniciado, impulsado o tratado de manera sistemática el estudio de las categorías pragmáticas[9], de algunas cuestiones que, fuera del discurso, pueden pasar inadvertidas: relaciones temporales y modales, marcadores del discurso (conectores, modalizadores), el orden pragmático de las palabras, intensificadores, atenuantes, etcétera.

- Muchos analistas del discurso oral se han volcado en los últimos años en el estudio de los conectores[10], en tanto piezas que unen o conectan unidades más allá de la oración (actos, intervenciones, intercambios y secuencias) y que intervienen decisivamente en la cohesión y coherencia del texto[11]. Esta función de conexión discursiva se concreta atendiendo a las dos actividades generales del hablar: la actividad argumentativa y la actividad formulativa, estructuradora. En relación con la primera, los conectores funcionan como marcas, refuerzos e instrucciones (para el oyente) de la actividad argumentativa, del proceso argumentativo que se sigue en el discurso, unas veces como introductores de argumentos, otras como introductores de conclusiones. Por relación a la segunda, actúan como elementos de estructuración del mensaje, ordenadores de éste, demarcativos de las unidades, reformuladores, reguladores del contacto; se trata de la denominada función *metadiscursiva* del conector (véase Briz, 1998, y Pons, 2000).

---

9 Las categorías pragmalingüísticas son formas asociadas a una actividad estratégica, que es su función; de otro modo, afectan a lo dicho y al decir, al valor intencional, a la fuerza ilocutiva, al tiempo que algunas son reguladoras a veces de la relación interpersonal y social entre los participantes de la enunciación. En general, tales estrategias se vinculan a las funciones generales del acto del hablar (Tannen, 1984 y 1992; Beaugrande y Dressler, 1972: 69 y ss): la *producción* (*codificar* y *mostrar*), la *recepción* (*descodificar* e *interpretar*), la *conexión* de lo que se produce con lo que se recibe (organizar, *cohesionar* el discurso de modo que se reduzca el gasto de energía para procesar e interpretar) y la *interacción*, todo ello en un marco situacional determinado (*situacionalidad*). Y quedan delimitadas inicialmente por el realce de alguno de los elementos que intervienen en dicho proceso de comunicación (hablante, oyente, mensaje, contexto…). La relación interlocutiva entre emisor y receptor recubriría la categoría de los *intensificadores*, cuando el miembro marcado es el emisor, y la de los *atenuantes*, cuando el miembro marcado es el receptor. Por otro, el predominio de la relación entre enunciados, de la conexión, marcaría la categoría de los *conectores*, etc. Ahora bien, una categoría o hecho de habla más concreto, aun con predominio de una u otra función, a veces sólo puede quedar explicado en su totalidad por referencia a todas estas funciones generales. Así, un conector como o sea se explica primordialmente a partir de la función conectiva, pero es evidente que, si no atendemos a esas otras funciones generales, dejamos de dar cuenta, en ocasiones, de parte de la información que dicho signo transmite. Este conector, en un enunciado como *estás un poco gordo o sea te sobra algún kilito*, en relación con la producción, es un modalizador que minimiza lo dicho, a la vez, que desde el punto de vista de la recepción, atenúa el acto de habla, y desde el punto de vista interactivo, regula la relación interpersonal en cuanto que protege la imagen social de los participantes y el desarrollo sin tensiones de la negociación (eficacia comunicativa).

10 Para el estudio de los conectores, marcadores del discurso, véase los estudios de Briz (1993a 1993b; reed. en 1998: caps. 7 y 8); Portolés (1998a); Martín Zorraquino y Montolío (eds.) (1998); Martín Zorraquino y Portolés (1999: vol. III, cap. 63); Casado (1993); Cortés (1991); Fuentes (1987, 1996a y 1996b); Mederos (1988); en el ámbito general, Schiffrin (1987); Anscombre y Ducrot (1994); Ducrot (1986); estos dos últimos para la Teoría de la Argumentación, y Blakemore (1987) para la Teoría de la Relevancia, etc. Una aplicación al español de la Teoría de la Argumentación, Portolés (1998b); de la Teoría de la Relevancia, Montolío (1998). Una extensa bibliografía sobre marcadores del discurso, en Cortés (1994) y (1995).

11 En varios lugares hemos insistido en que la perspectiva para el estudio de esta categoría pragmática ha de ser de carácter onomasiológico; es decir, intentar establecer una serie de funciones generales de los conectores y reconocer que existe una serie de formas prototípicas que las realizan. Las razones de esta elección son varias; por un lado, hay que tener en cuenta que una misma forma puede actuar con valores diferentes, según el contexto, el entorno sintagmático, la posición, el tono, etc., luego un análisis semasiológico acabaría por convertirse en una compleja casuística de valores asignados a una misma forma; por otro, hay que pensar que las funciones pueden tener un carácter universal y no así las

Si una de las metas en ese proceso de enseñanza-aprendizaje, como notábamos, es la de aprender a argumentar, a negociar el significado, una de las estrategias que soportan esa actividad es el empleo de estos conectores argumentativos (esas piezas que sirven de guías de los distintos movimientos argumentativos, que manifiestan las intenciones del hablante al tiempo que instruyen al oyente en la interpretación: conectores de adición (*y, además, encima, o, ni; es más, más aún, así mismo...*), de oposición (*pero, sin embargo, aunque, con todo, aun así, al contrario, en cualquier caso, en todo caso, de todas maneras...*), de causa y justificación (*porque, es que, ya que, al fin y al cabo...*), de consecuencia (*así, así que, así es que, con que, pues, entonces, por lo tanto, en consecuencia, por consiguiente*) de condicionalidad (*si, a no ser que...*), etc., algunos más propios del uso oral coloquial (compárese *con que* con *así pues* y *en consecuencia*)[12].

La meta y el conjunto de enunciados dirigidos eficazmente para alcanzarla constituyen la actividad argumentativa de un texto. Pero a dicho proceso se une otro que tiene que ver con la formulación e interpretación del discurso oral en general y del conversacional en particular, un discurso este último que se produce al instante, cara a cara, que se planifica sobre la marcha y, así pues, hay escaso control de lo producido. A dicha actividad formulativa se vincula la segunda de las funciones generales del conector pragmático, la función metadiscursiva, como elemento ahora de demarcación y de soporte de la progresión del discurso, del inicio, continuación o cierre de los turnos, intervenciones, intercambios y de las secuencias de una conversación. Entre estos típicos marcadores de progresión, que regulan el avance lento, pero seguro, del discurso, se encuentran los denominados *reformuladores* (*bueno, por cierto, en fin, quiero decir, más claro, en otras palabras, en dos palabras, para precisar, como habéis dicho, quiero decir una cosa, digo, esto es, o sea, es decir...*), a través de los cuales el hablante (oyente) puede cambiar, rectificar, recuperar, precisar, explicar a modo de paráfrasis, reorientar ya sea un tema, un acto o actos argumentativos, incluso una actitud, así pues, funciones más concretas de esa estrategia formulativa.

En suma, como tácticas para argumentar, entrar en una conversación, continuar e interrumpirla, reaccionar ante el interlocutor, cambiar el tópico, destacar algún aspecto de lo que se dice o se ha dicho -no se olvide además que algunos pueden ser apoyos retardatarios para pensar lo que se va a decir a continuación-, constituyen un aspecto fundamental de la competencia comunicativa, y es por ello que ya forman parte de los estudios dedicados al desarrollo de la expresión oral.

La modalidad o modalización ha sido otro de los focos de interés del análisis del discurso oral. Nos referimos, utilizando palabras de S. Pons (2000: 211), a la expresión de un conjunto de aspectos no condicional-veritativos del significado (cortesía, atención, énfasis...). En otras palabras, los modalizadores son elementos que modifican, en el ámbito monológico, en la intervención de un hablante, la fuerza ilocutiva de un enunciado o de parte de éste, ya restando fuerza, ya maximizando lo dicho o hecho, bien imprimiendo mayor objetividad, bien suspendiendo el juicio, y en el ámbito dialógico, atenuando o intensificando el acuerdo o el desacuerdo. Según lo anterior, en la

---

formas: en español existe un función modalizadora, pero no existe una categoría de partículas modales, sí reconocida, por ejemplo, en alemán. Y, en fin, como venimos señalando, en un análisis pragmalingüístico hay que antender a estrategias, y sólo a partir del reconocimiento de las funciones del conector ello es posible. Una vez reconocidas dichas funciones generales, el paso siguiente debería ser el estudio de la forma o formas prototípicas que las desarrollan, en las de empleo mayor (es evidente, si estudio el vuelo de las aves, empezaré por describir el vuelo de un prototipo como es el de pájaro, no creo que sea oportuno comenzar a describir el vuelo del águila).

12 Para el estudio de la argumentación en la lengua, Anscombre y Ducrot (1983); de la actividad argumentativa en la conversación, desde un punto de vista teórico, Moeschler (1985); de carácter más práctico, véase Briz (1994) y Fuentes (1998).

modalización intervienen dos tipos de actividades, la atenuadora y la intensificadora. Algunos conectores adquieren tales valores modales; es el caso de *desde luego que, pues, (*como refuerzos: *pues/desde luego que sí*), *bueno* (en su valor concesivo atenuador: *bueno,* tienes razón, pero...), *claro que, pero* (como indicador de desacuerdo: *¡pero si ya te lo he dicho!*), etcétera.[13].

En Briz (1995; reed. en 1998: cap. 6) afirmábamos que la atenuación, como categoría pragmalingüística, es una operación lingüística estratégica de minimización de lo dicho y del punto de vista, así pues, vinculada a la actividad argumentativa y de negociación del acuerdo. Quitar relieve, mitigar, suavizar, restar fuerza ilocutiva, reparar, esconder la verdadera intención para evitar posibles responsabilidades del hablante en relación con la verdad o la evidencia de lo dicho, son valores más concretos unidos al empleo del atenuante, el recurso lingüístico de expresión de dicha actividad, en ocasiones instrumento o manifestación de una función social, la de la imagen, y en concreto a veces de la imagen cortés. Todo ello para que, en fin, la interacción se desarrolle sin tensiones.

Ciertos verbos performativos como *pensar, creer, suponer, imaginar, parecer...,* disminuyen tácticamente, y más aún a partir de modificaciones, por ejemplo, temporales: el uso del imperfecto, del condicional, etc.; se usan también como atenuantes ciertas expresiones, fórmulas, locuciones, marcadores discursivos, etc., situados al margen de la proposición: a *lo mejor, no sé, yo qué sé, para mí, digo yo, que yo sepa, no sé cómo decirte, dentro de lo que cabe, como todo el mundo...* En concreto, algunos atenuantes minimizan el papel de los participantes de la enunciación (despersonalizadores del *yo* y/o del *tú*): la forma *se*, el indefinido *uno,* el *tú* impersonal, los plurales personales *nosotros y vosotros (Se dice* que se casaron de *penalty*; *nosotros* pensamos que hay que hacerlo así; *hay* que estudiar más; *se debe* prestar más atención). Tales recursos son además salvaguardas de la imagen del *Yo* y a veces también de la del *Tú*. Son también atenuantes morfológicos los diminutivos, algunos cuantificadores y partículas, *poco, más o menos, como,* etc. (Es un *poco* latoso; era *más o menos* como te estoy contando; está *como* muy dulce; es *como* muy sosa.)

Lo cortés no quita a veces lo valiente y es por ello que el hablante imprime otras veces mayor fuerza a sus acciones e intenciones, incluso manifiesta de forma vehemente su acuerdo o desacuerdo con el interlocutor. La intensificación se vincula así pues a la fuerza argumentativa. El *Yo* utiliza el intensificador para reforzar la verdad de lo expresado y, en ocasiones, para hacer valer su intención de habla. Es un modo de valorar, pero también de persuadir, de recriminar. Luego su empleo, como el de los atenuantes, forma parte de eso que se ha venido llamando la retórica conversacional. Recursos morfológicos (*So bestia*, me estás haciendo daño), sintácticos (*Lo bueno que* es; *la de veces que* se lo he dicho; *va de gente* a esa verbena; está *que se sube por las paredes, que muerde, que trina*), léxico-semánticos (*Es un burro, un pulpo, una gallina, un lince;* esto es *divertido divertido)*, fraseológicos (Me ha pegado un susto *de muerte*), fónicos (Es un *PE-SA-DO)*, etc., se emplean como tácticas de esta estrategia intensificadora (Briz, 1997, reed. en 1998: cap. 5; González Calvo, 1984; Herrero, 1991).

Entendidos los atenuantes e intensificadores como estrategias o tácticas, puede afirmarse que el uso de éstos se separa del concepto de regla, más aún cuando su empleo adecuado y su frecuencia depende en gran medida de la situación comunicativa (véase §6, sobre la conducta interaccional). El hecho de emplear un atenuante o un intensificador es una decisión consciente y libre del productor, el cual ha de ser instruido en su uso adecuado, en tanto herramientas fundamentales en la nego-

---

[13] Sobre partículas y modalidad, véase Martín Zorraquino (1992); sirva de botón de muestra para el análisis de estos modalizadores u operadores de modalidad, el trabajo sobre *claro*, de Martín Zorraquino (1991), o sobre *por supuesto*, de Ruiz Gurillo (1999).

ciación conversacional. Desde el punto de vista didáctico se entenderá la importancia que tiene dicho aprendizaje estratégico en la enseñanza del español como lengua materna y extranjera[14].

- El orden pragmático de las palabras es otro de los aspectos que se ha venido destacando tras el análisis del discurso oral (Silva-Corvalán, 1995; Padilla, 1997 y 2000), más aún cuando dicho orden no siempre coincide con el orden sintáctico (sujeto, verbo y objeto); en concreto, se ha dado respuesta a una serie de cuestiones básicas referidas, sobre todo, a la información que se transmite con determinadas ordenaciones, movimientos tópicos o de realce informativo a la izquierda, o de precisión, matización, reparación o explicación a la derecha (*el curso*, no quiero decir que el curso no me guste, pero me aburro en sus clases, *en algunas, a veces*)[15].

Con frecuencia se ha afirmado que los cambios de orden de los miembros en ciertas estructuras oracionales no alteran la construcción ni sintáctica ni semánticamente. Y, en efecto, así parece que sucede con las llamadas coordinaciones homogéneas o simétricas: *Juan toca el piano y María la flauta > María toca la flauta y Juan toca el piano.* Pero sólo es en apariencia, porque en el uso puede ser relevante una u otra sucesión temporal: en el primer caso se puede estar afirmando que primero toca Juan y después María. La inversión de los miembros en el segundo estaría ahora informando de lo contrario. Aunque gramaticalmente tampoco hay diferencia entre *Juan optó por la política y se enriqueció* y *Juan se enriqueció y optó por la política*, la inversión de los miembros coordinados modifica, desde un punto de vista semántico-pragmático, no sólo la sucesión temporal de los hechos, sino las presuposiciones e inferencias que se ponen en marcha en cada caso. Toda esta información sobre la intención, la interpretación, etc., se obtiene del orden entendido ahora pragmáticamente. Y, por supuesto, el cambio de orden de los miembros en estructuras coordinadas heterogéneas o asimétricas, *Juan estaba enfermo y fue al médico*, ni siquiera sería posible en el mismo contexto semántico-pragmático: **Juan fue al médico y estaba enfermo.*

- El estudio del discurso oral ha mostrado así mismo que muchas formas verbales, antes que tiempo, expresan valores modales o modalizadores (esto es, que el aspecto domina sobre el tiempo). El futuro deja en parte de ser una marca temporal para expresar esencialmente un valor de suposición en el presente (*Estarás pensando que soy tonto*), o de probabilidad de que sea así en este momento (*Ahora estarán bailando*).

Toda una serie de neutralizaciones o sincretismos temporales y modales en el plano formal y semántico (baste recordar la ampliación de valores y usos del imperfecto de indicativo en español hablado: *si tuviera tiempo, te ayudaba; quería pedirte un favor*) no se procesan ni se interpretan como tales en el plano pragmático (en el primer ejemplo, con el uso del imperfecto, el hecho se siente más real, realizable, probable; en el segundo, es una táctica cortés, de alejamiento temporal estratégico). Es decir, todos esos otros valores (*anormales*) están vinculados a ciertas estrategias, actitudes, presuposiciones, etc. Por tanto, la elección de un tiempo o de un modo entre varias opciones supone siempre un efecto de sentido, un efecto pragmático.

---

[14] En Briz (2002: cap. 5: 71-76; cap. 6: 81-82; cap. 7: 110-117) se plantean actividades para el estudio de estos fenómenos en la clase de E/LE.

[15] Para los conceptos de *tema, rema* y *tópico*, véase Gutiérrez Ordóñez (1997a). Sobre orden, estructura informativa y entonación, Fant (1984); un trabajo pionero en el estudio del orden de palabras en español, Contreras (1978); sobre la posición del sujeto, Delbecque (1991).

5.4. En relación con el léxico

El análisis del discurso oral ha favorecido también el estudio de la variación léxica de acuerdo con la situación de comunicación, el fin de la misma y las características de los usuarios que participan en la interacción. Más allá de ese léxico estándar aprendido, propio de registros más o menos elaborados, se plantea ahora el aprendizaje del léxico marcado con el rasgo informal, de las frecuencias léxicas coloquiales[16], el empleo de proformas que, por su gran extensión significativa, son capaces de expresarlo todo o casi todo (*verba omnibus*, en términos de Beinhauer), sin duda, mecanismos útiles para aquel que comienza a aprender una lengua extranjera; se ha impulsado así mismo el estudio de las metáforas cotidianas[17], unidades muchas de éstas de carácter idiomático[18].

A la marca coloquial de muchas palabras y expresiones se une a menudo la marca del sociolecto o del dialecto. No cabe duda de que ciertos empleos léxicos coloquiales presentan una marca relativa a la edad, nivel sociocultural y género de los interlocutores; así, las voces jergales y argóticas[19] transmiten características del individuo que las pronuncia, reflejan su mundo cultural, a la vez que son una especie de seña de identidad del grupo a que pertenece.

Y, en fin, lo que es más importante, la ruta pragmática emprendida ha favorecido que, junto al significado dado, se estudie, como ya se ha señalado, el significado inferido o interpretado, el sentido que la palabra adquiere en uso, como táctica de un usuario concreto (con unas características sociales, culturales, ideológicas, etc.), dentro de un plan o estrategia para lograr una meta a menudo no explícita. Nótense los fines distintos de estos dos titulares de prensa sobre la misma noticia; el de un periódico regional valenciano: *La Seguridad Social alcanzó un nuevo récord de afiliados en octubre*; el de un periódico de tirada nacional: *La economía sumergida aflora y hace subir el número de afiliados a la Seguridad Social.* Del primero se obtiene la conclusión *el paro está bajando* y se infiere que el gobierno del Partido Popular está trabajando bien, que *España va bien*. Del segundo cabe interpretar que la bajada del paro es ficticia y, por tanto, que los datos son engañosos (o que el gobierno nos engaña) y, así pues, España no va tan bien. La subjetividad de tales titulares es evidente; uno, por lo que parece dejar de decir; el otro, quizá, por querer decir demasiado.

---

[16] El impulso de los estudios de frecuencias léxicas, así como de disponibilidad pueden arrojar importantes datos para configurar los métodos y materiales para la enseñanza del léxico de una lengua y, sin duda, facilitarla. Véase Biber (1988); Ávila (1999); Terrádez (2000); Gómez Molina (1997), trabajo que presenta unas serie de pautas para la enseñanza del léxico (redes léxicas); y López Morales (coord.) (1986), impulsor del proyecto de disponibilidad. Para observar las tendencias del léxico actual, véase Casado (1985) y Guerrero (1995). En Carballo (1964) pueden encontrarse algunos ejercicios sobre el léxico conversacional. La creación léxica en la conversación coloquial, en Gómez Capuz (2000); algunas pautas para el análisis del léxico coloquial, en Briz (2000a).

[17] Sobre el hecho metafórico en general, véase Kerbrat-Orecchioni (1983) y Escandell (1993); sobre el fenómeno de la metáfora cotidiana en particular, véase la aproximación cognitiva de Lakoff y Johnson (1986), así como los trabajos en relación con el mundo hispánico de Salvador (1989 y 1994), Sanmartín y Gómez Capuz (1998), Sanmartín (2000a); su aplicación a la enseñanza del español como lengua extranjera, en Sanmartín (2000b).

[18] Gracias a la investigación sobre el discurso en general, los estudios de fraseología han gozado de un desarrollo creciente en los últimos años. Además del ya clásico trabajo de Casares (1950) y del trabajo pionero de Zuluaga (1980), caben citarse los estudios de Carneado y Tristá (1983), Corpas (1997), Martínez Marín (1996), Ruiz Gurillo (1997, 1998, 2000, 2001 y 2002), Mendivil (1999) y Wotjak (ed.) (1998).

[19] Para el estudio de las voces argóticas, véase Martín Rojo (1994) y Sanmartín (1998a y 1998b); en relación con el lenguaje juvenil, Briz (2001) y Zimmermann (1996 y 2002).

En suma, una serie de objetivos se añade ahora a la programación de la enseñanza de esta *gramática* de lo oral: el reconocimiento del léxico, de los recursos morfosintácticos, fónicos, etc., con impronta oral, los grados de coloquialidad y de formalidad en el empleo de las palabras y de los enunciados (ello relacionado con la capacitación del estudiante en el uso adecuado de las modalidades lingüísticas del español), los perfiles del registro (es decir, los reflejos en ese modo de habla de las características del hablante: variedad dialectal y sociolectal), así como el grado de adecuación y eficiencia pragmática en el empleo de una u otra expresión verbal según la situación, los participantes de la interacción y el propósito de la misma (la relación entre las formas lingüísticas y sus funciones comunicativas, la forma como táctica para conseguir ciertos fines)[20].

6. La regulación social de la conversación. Principios y máximas. La conducta interaccional española

El éxito (la felicidad o infelicidad de la que hablaba Austin), al que se aspira siempre en la comunicación, no depende sólo de las acciones e intenciones aisladas de uno, sino de una actividad conjunta de emisores y destinatarios. Así pues, la actividad lingüística, como se afirmaba más arriba, es también actividad social.

La interacción comunicativa significa intercambio de información, pero en cualquier interacción hay que ir negociando dicha transmisión de información, se ha de conseguir la colaboración del destinatario, el hablante, como señala Escandell (1993: 135), ha de actuar sobre el interlocutor o, de otro modo, ha de lograr su atención, que comparta su misma visión de mundo y que realice determinadas acciones (Gille, 2001: 33).

¿Cómo se produce ese *juego* interlocutivo? El análisis del discurso oral y, en concreto, la perspectiva pragmática, nos proporciona un marco teórico para dar respuesta a esta pregunta, así como al fenómeno de la negociación discursiva en general. Conversar es, metafóricamente hablando, negociar el acuerdo, dar argumentos para llegar a una conclusión. Y esa negociación queda regulada por una serie de principios o máximas:

- *Principio de cooperación*. Se trata de las llamadas por Grice (1975 y 1978) *reglas de cooperación,* plasmadas en una serie de *máximas conversacionales*: máxima de la *cantidad* (contribuya a la información sin pasarse por exceso o por defecto), máxima de la *cualidad* (no diga algo que crea falso, ni de lo que no tenga pruebas), de la *relación* (diga cosas pertinentes, que tengan relación con lo que se dice antes), de la modalidad o *manera* (sea claro).
- *Principio de cortesía*. El principio de cortesía (véase Lakoff, 1973; Brown y Levinson, 1978, 1987; Leech, 1983; Haverkate, 1994; Bravo, 1999 y 2001) se concreta en seis máximas: la del *tacto*, la de *generosidad,* la de *aprobación,* la de *modestia,* la de *unanimidad* y la de *simpatía*: "no se imponga al receptor, dé opciones y refuerce los lazos con él, minimice su

[20] Un estudio descriptivo de las constantes y frecuencias lingüísticas del español coloquial, en Briz (1996); su explicación funcional, estratégica, en Briz (1998); en relación con el español coloquial en la clase de E/LE, véase Briz (2002); para el comentario de conversaciones coloquiales, Briz y Grupo Val.Es.Co. (2000), Gallardo (1995 cap. 2 y 1998). Para el comentario de otros textos orales (tertulia, debate y entrevista), Cortés y Bañón (1997a) y (1997b), Gallardo (1998) y Haverkate (1998). El comentario sociolingüístico, en Gómez Molina (1997 y 2000).

contribución, realce la imagen del tú o la de sus allegados", "tenga tacto, sea amable, colaborativo", etc., en suma, *sea cortés* o estratégicamente cortés[21].

A tales principios, considerados universales, se añadiría un tercer principio más propio de cada lengua y cultura, así pues, particular, aunque jerárquicamente superior, al que podría denominarse *principio de situación* (contexto lingüístico y comunicativo, social y cultural, visión de mundo, convenciones y rituales, etc.). A éste quedaría sometida en última instancia la mayor o menor adecuación, relevancia y eficacia de los enunciados, a la vez que daría contenido concreto a los dos principios anteriores (*cfr.* con el principio de relevancia de Sperber y Wilson, 1986)[22].

Es cierto que, aunque universalmente se entiende como cooperativo que a una intervención iniciativa de pregunta siga otra de respuesta, que lo prioritario y preferido ante una invitación es una aceptación, que cooperativo y cortés es que alguien responda a los requerimientos del otro, que se favorezca la sucesión o alternancia de habla, esto es, que se dé o se ceda el turno, o se deje terminar lo que el otro está diciendo, que se respete el turno, etc., sin embargo, tales principios pueden verse aparentemente incumplidos en el transcurso de una conversación, dado que los intentos por lograr ciertos efectos comunicativos se enfrentan a veces, por exceso o por defecto, con las reglas o, más exactamente, las convenciones establecidas. Ahora bien, este aparente incumplimiento no siempre significa rechazo a cooperar, ya que con frecuencia ello quiere dar a entender algo no explícito -la *implicatura conversacional* de la que hablaba Grice (1975)-. Una aparente no cooperación puede explicarse por aplicación de otro principio, el de cortesía, y lo que parece una transgresión de una máxima de cortesía se explica por el principio de situación. Además, como indicábamos más arriba, los dos primeros principios presentan manifestaciones diferentes según las culturas, y lo que puede juzgarse desde una como transgresión no lo es desde la otra, lo que se entiende en éstas por cooperativo o cortés puede no coincidir. Incluso también dentro de la misma cultura y lengua; por ejemplo, en la conversación cotidiana española las muestras de desacuerdo animan con frecuencia dicha conversación, de tal manera que pueden llegar a ser entendidas como cooperativas, así como también muchos casos de habla simultánea. Dicho de otro modo, en algunas culturas hay predominio de la voluntad individual frente a otras, fuertemente sometidas a convenciones sociales. Basta observar las diferencias en el modo de negociar de españoles y mexicanos (Fant, 1996), o comparar el empleo de la cortesía en España, sin duda, de carácter más estratégico, y en Chile, más normativo (Puga, 1997), o con las rígidas fórmulas corteses en Japón (Hernández Sacristán, 1999).

En el intercambio, *A: ¿vienes a la fiesta? B: es que tengo prisa*, la intervención reactiva de B parece transgredir la máxima de relación, al no contestar explícitamente la pregunta de A, si bien, antes que una negativa para cooperar, A interpreta que hay un obstáculo que impide a B aceptar su invitación. Tal respuesta es más relevante en ese contexto lingüístico que otra como

---

[21] La descripción de estos principios puede verse, entre otros, en Payrató (1988), Escandell (1993), Casamiglia y Tusón (1999), Briz (1998), Placencia y Bravo (2002). Un estado de la cuestión sobre los estudios de cortesía en el mundo hispánico, en Iglesias (2001). Una bibliografía sobre cortesía en español, en Espejo (2001).

[22] Con el *principio de relevancia*, Sperber y Wilson plantean justamente lo contrario, esto es, que un determinado efecto contextual se logra gracias a que un enunciado es relevante. Parece cierto que todo acto es *ostensivo*, y se presume automáticamante como *relevante*, pero no todos son igualmente ostensivos ni relevantes, y esas diferencias vienen marcadas por la situación, su mayor o menor eficacia depende de ésta, así como de las relaciones sociales antes y durante el momento de la interacción.

no, dado que la justificación esconde estratégicamente el rechazo de A. Con menos se logra mucho más, ya que, por ejemplo, a la actividad argumentativa se une una actividad de protección de la imagen del hablante.

Ni es claro, ni breve, ni dice verdad C en esta intervención: *me han dicho que se van a separar; hombre, yo no lo sé seguro, pero cuando el río suena...* Ciertos recursos lingüísticos atenuadores (de impersonalización: *han dicho;* de duda fingida: *yo no lo sé seguro*) son estrategias para eludir responsabilidades sobre lo dicho: *Se van a separar*. La intervención de C incumple las máximas de cooperación, pues queda sometida a otro principio relacionado con las actividades de imagen y cortesía.

Con un acto de habla como *dame algo de dinero*, el hablante minimiza la cantidad de dinero solicitada y, lo que es más importante, resta fuerza a la acción de petición para obtener mayor beneficio, del mismo modo que, en *estás como muy despistadillo,* el diminutivo pretende hacer borroso, en cierto modo, el contenido negativo del lexema, con el fin de minimizar la recriminación al *Tú*; es, así pues, estratégicamente cortés.

En los intercambios siguientes, *A: yo soy un caballero guapo/ B: tú lo que eres es un caballo; A: estas papas están buenas ¿eh? /B: tú, pásame las papas de una vez que te las vas a acabar tú solo,* se atenta en apariencia contra las máximas de cortesía, al menos contra eso que fuera de contexto puede entenderse como *cortesía codificada* (en el primer ejemplo, A maximiza su imagen y, en los dos casos, B parece atentar contra la imagen de A). Así lo entendería, probablemente, un extranjero. El error se explica en este caso porque la *cortesía codificada* e *interpretada* no coinciden. Las intervenciones de B en los dos últimos ejemplos, fuera de contexto, se entenderían siempre como descorteses, pero la situación de cotidianidad, de familiaridad entre interlocutores españoles permite que tales enunciados no se interpreten como tales. Cabe insistir en que los principios de cooperación y de cortesía son universales, pero el modo de entender tales principios varía de una lengua o cultura a otra. En éstas no se coopera o se es cortés del mismo modo, y los recursos empleados son o pueden ser también diferentes. Incluso dentro de la misma lengua, como ya se indicaba anteriormente, los conceptos de cooperativo y cortés varían, por ejemplo, en la conversación informal y formal, de acuerdo con las características de la situación, de los participantes, del papel que desempeñen en la interacción, del tema de la misma, etc. Es en las interacciones de carácter transaccional (por ejemplo, entre profesor y estudiante, en situaciones de compra y venta, en la consulta médica, etc.) y en tipos de discurso como la entrevista, donde más aplicación real pueden tener las propuestas universalistas. En el resto, dicho carácter universal sólo puede ser un punto de partida, pero nunca de llegada.

El análisis de la conversación ha puesto de relieve la necesidad de incorporar en la enseñanza y aprendizaje de la competencia pragmática un nuevo objetivo: el estudio en clase de las reglas o convenciones que rigen la interacción como hecho social. En este sentido, es de gran importancia, como ya señalábamos con anterioridad, dar cuenta de la estrategia atenuadora, de los mecanismos que aumentan la intersubjetividad, la colaboración, que acercan las visiones del mundo, todo ello relacionado, como se ha indicado, con la cooperación y la cortesía, con la retórica de la conversación.

Otro aspecto fundamental de la conducta interaccional hace referencia a la progresión y reparto de papeles comunicativos, más concretamente, al proceso de *alternancia de turno*, un mecanismo de orden, de sucesión establecida o prevista para decir o recibir algo, así pues, de progresión social de la interacción, que puede variar de acuerdo con ciertas culturas. La conversación, manifestación prototípica de la interacción lingüística, queda regulada a partir de este orden social, con la característica añadida de que la toma y cesión de turnos, es decir, la alternancia de habla, no está prevista ni establecida previamente, sino que se produce sobre la marcha (frente al debate, la entrevista, etc.). No obstante lo anterior, existen distintos modos de distribución de los turnos, para tomar, ceder, robar, así como mecanismos para reparar toda una serie de problemas en esta permuta de papeles; es decir, a menudo dicha alternancia viene marcada por una serie de señales situadas en algún punto de la intervención del hablante (sobre todo, al final o hacia el final de ésta), que el oyente reconoce como *Lugar de Transición Pertinente* (LTP), esto es, como momento adecuado para que se produzca la sucesión de habla (Sacks *et al.,* 1974; Levinson, 1989: 283 y ss.; Gallardo, 1996: 60 y ss.). Particularmente, en la conversación coloquial, la alternancia de turno y, sobre todo las señales para que se produzca (silencios, gestos, miradas, inflexiones tonales finales, pausas, vacilaciones, suspensiones, recursos fático-apelativos, etc.), presentan cierta singularidad (Hidalgo, 1998a).

En suma, la adquisición de la competencia comunicativa oral se completa así con el acceso a todo este conjunto de informaciones relacionadas con la diversidad intercultural y con el estudio de los comportamientos o conductas sociales en el uso de una determinada lengua en una situación de comunicación: cómo cooperar con el otro, cómo dirigirse a éste, cómo velar por el equilibrio de las imágenes, cómo evitar ciertos conflictos, cómo solicitar el turno[23], etcétera.

Conclusión

Uno de los últimos retos de la lingüística ha sido enfrentarse al estudio de lo oral, de lo dialogal y, más en concreto, de la conversación cotidiana. Ello ha supuesto, por un lado, el reconocimiento de una serie de unidades más allá del acto de habla, de la intervención de un hablante, es decir, ha tenido que dar cuenta de unidades superiores como el intercambio y la sucesión de éstos, la secuencia, cuestión que sólo ha quedado apuntada; y, por otro lado, la aparición de nuevos objetivos, de carácter más lingüístico o más social. De otro modo, ha tenido que describir y explicar una serie de hechos lingüísticos (fónicos, sintácticos, léxicos, fraseológicos, etc.), del paralenguaje, esa otra *gramática* de lo oral, sin descuidar a su vez el estudio de la conducta interaccional, de los principios que controlan y explican el desarrollo de la conversación como conducta social, como negociación o argumentación, de las estrategias y tácticas empleadas para lograr los fines previstos (saber expresar los tipos de acciones, las intenciones o puntos de vista, dar argumentos, conectar esos argumentos, imprimir o restar fuerza argumentativa, mostrar acuerdo o desacuerdo, regular las relaciones con el otro), todo ello dentro de una situación de comunicación determinada y ante unos usuarios concretos (pues de la mayor o menor adecuación de una expresión a dicha situación depende en gran parte la eficacia y efectividad del discurso). El estudio en clase de las variedades diafásicas (diastráticas y diatópicas) del español ha de ser otro objetivo prioritario y, en concreto, la manifestación más prototípica de lo oral, la coloquial, por ser la menos estudiada hasta ahora.

---

[23] En Briz (2002, cap. 5: 67- 68; cap. 6: 89-91) pueden encontrarse algunas actividades para el estudio en la clase de E/LE de la conducta interaccional: alternancia de turno, cumplimiento o transgresión de principios en la conversación coloquial.

BIBLIOGRAFÍA

ALCOBA, S. (coord.) (1999), *La oralización,* Barcelona, Ariel.

ANSCOMBRE, J. C. y DUCROT, O. (1983, 1994), *La argumentación en la lengua*, Madrid, Gredos.

AUSTIN, J. L. (1962, 1981), *Cómo hacer cosas con palabras,* Barcelona, Paidós

ÁVILA, A. (1999), *Léxico de frecuencia del español hablado en la ciudad de Málaga*, Universidad de Málaga.

BEAUGRANDE, R.A. y DRESSLER, W. U. (1972, 1997), *Introducción a la lingüística del texto,* Barcelona, Ariel.

BEINHAUER, W. (1929, 1991), *El español coloquial,* Madrid, Gredos.

BIBER, D. (1988), *Variation across speech and writing,* Cambridge, Cambridge University Press.

BLAKEMORE, D. (1987), *Semantic Constraints on Relevance*, Londres, Basil-Blackwell.

BRAVO, D. (1999), "¿Imagen *positiva* vs. imagen negativa? Pragmática sociocultural y componentes de *face*", *Oralia,* 2: 155-184.

BRAVO, D. (2001), "Sobre la cortesía lingüística, estratégica y conversacional", *Oralia,* 4: 299-314.

BRIZ, A. (1993a), "Los conectores pragmáticos en español coloquial (I): su papel argumentativo", *Contextos*, XI, 21/22:145-188; ampliado en Briz (1998: cap. 7).

BRIZ, A. (1993b), "Los conectores pragmáticos en español coloquial (II): su papel metadiscursivo", *Español Actual*, 59: 39-56; ampliado en Briz (1998: cap. 8).

BRIZ, A. (1994), "Hacia un análisis argumentativo de un texto coloquial. La incidencia de los conectores pragmáticos, *Verba,* 21: 369-395.

BRIZ, A. (1995), La atenuación en la conversación coloquial. Una categoría pragmática", en L. CORTÉS (ed.) (1995): 103-122; ampliado en BRIZ (1998: caps. 4 y 6).

BRIZ, A. (1996), *El español coloquial: situación y uso,* Madrid, Arco Libros.

BRIZ, A. (1997), "Los intensificadores en la conversación coloquial", en A. BRIZ, J. R. GOMÉZ MOLINA, M.ª J. MARTÍNEZ ALCALDE y GRUPO VAL.ES.CO. (eds.) (1997): 13-36; ampliado en BRIZ (1998: caps. 4 y 5).

BRIZ, A. (1998), *El español coloquial en la conversación. Esbozo de pragmagramática*, Barcelona, Ariel.

BRIZ, A. (2000a), "La variedad coloquial en el aula de lengua extranjera. Pautas para el análisis léxico", *Carabela*, 47: 37-51.

BRIZ, A. (2000b), "Turno y alternancia de turno en la conversación", *Revista Argentina de Lingüística*, 16: 3-26.

BRIZ, A. (2001), "Español coloquial, argot y lenguaje juvenil", en *Una Lengua para un milenio*, Fundación Jorge Guillén, Diputación de Valladolid, Edición electrónica.

BRIZ, A. (2002), *El español coloquial en la clase de E/LE. Un recorrido a través de textos*, Madrid, SGEL.

BRIZ, A. y GRUPO VAL.ES.CO. (2000), *¿Cómo se comenta un texto coloquial?,* Barcelona, Ariel.

BRIZ, A. y grupo VAL.ES.CO. (2002), *Corpus de conversaciones coloquiales,* Anejo de la Revista *Oralia,* Madrid, Arco Libros.

BRIZ, A. y GRUPO VAL.ES.CO. (2003), "Un sistema de unidades para el estudio del lenguaje coloquial", *Oralia,* 7.

BRIZ, A., GÓMEZ MOLINA, J. R., MARTÍNEZ ALCALDE, M.ª J. y GRUPO VAL.ES.CO. (eds.) (1997), *Pragmática y gramática del español hablado. El español coloquial,* Zaragoza, Pórtico.

BROWN, R. y GILLMAN, A. (1960), "The pronouns of power and solidarity", en T. SEBEOK (ed.), *Style in Language,* Cambridge Mass: 253-276.

BROWN, P. y LEVINSON, A. G. (1978, 1987), *Politeness. Some Universals in Language Use,* Cambridge, Cambridge University Press.

BUSTOS, J. J. (1997), "Aspectos semánticos y pragmáticos de la comunicación oral", en A.

BRIZ, J. R. GÓMEZ MOLINA, M.ª J. MARTÍNEZ ALCALDE y GRUPO VAL.ES.CO. (eds.) (1997): 37-49.
BUSTOS, J. J., CHARAUDEAU, P., GIRÓN, J. L., IGLESIAS, S. y LÓPEZ, C. (eds.) (2001), *Lengua, discurso y texto (I Simposio Internacional de Análisis del Discurso),* Madrid, Visor.
CALSAMIGLIA, H. y TUSÓN, A. (1999), *Las cosas del decir. Manual de análisis del discurso,* Barcelona, Ariel.
CARBALLO, A., (1964) *Español conversacional. Ejercicios de Vocabulario*, Madrid, C.S.I.C.
CARNEADO, Z., TRISTÁ, A. M.ª (1983), *Estudios de fraseología*, Academia de Ciencias de Cuba, Instituto de Literatura y Lingüística.
CASADO, M. (1985), *Tendencias en el léxico español actual*, Madrid, Coloquio.
CASADO, M. (1993), *Introducción a la gramática del texto español,* Madrid, Arco Libros.
CASARES, J. (1950, 1969), *Introducción a la lexicografía moderna*, Anejo LII de la *Revista de Filología Española,* Madrid.
CASTELLÓ, A. (1999), "El gesto y la postura en la comunicación no verbal", en S. ALCOBA (coord.) (1999): 45-62.
CESTERO, A. M. (1999), *Comunicación no verbal y enseñanza de lenguas extranjeras,* Madrid, Arco Libros.
CHARAUDEAU, P. y MAINGUENEAU, D. (2002), *Dictionnaire D'Analyse du Discours,* París, Éditions du Seuil.
COLL, J., GELABERT, M. L. y MARTINELL, E. (1990), *Diccionario de gestos con sus giros más usuales,* Madrid, Edelsa.
CONTRERAS, H. (1978), *El orden de palabras en español,* Madrid, Cátedra.
CORPAS, G. (1997), *Manual de fraseología española*, Madrid, Gredos.
CORTÉS, L. (1986), *Sintaxis del coloquio. Aproximación sociolingüística*, Universidad de Salamanca.
CORTÉS, L. (1991), *Sobre conectores, expletivos y muletillas en el español hablado*, Málaga, Ágora.
CORTÉS, L. (1994), "Bibliografía: marcadores del discurso (I)", *Español Actual,* 63: 63-82.
CORTÉS, L. (1995), "Bibliografía: marcadores del discurso (II)", *Español Actual,* 64: 75-94.
CORTÉS, L. (1996), *Español hablado. Bibliografía sobre aspectos teóricos y empíricos (morfosintácticos y sintáctico-pragmáticos),* Cáceres, Universidad de Extremadura.
CORTÉS, L. (ed.) (1995), *El español coloquial. Actas del I Simposio sobre análisis del discurso oral,* Universidad de Almería.
CORTÉS, L. (2002), *Los estudios del español hablado entre 1950 y 1999*, Anejo de la revista *Oralia*, Madrid, Arco Libros.
CORTÉS, L. y BAÑÓN, A. (1997a), *Comentario lingüístico de textos orales I. Teoría y practica (La tertulia),* Madrid, Arco Libros.
CORTÉS, L. y BAÑÓN, A. (1997b), *Comentario lingüístico de textos orales II: el debate y la entrevista,* II, Madrid, Arco Libros.
CRIADO DE VAL, M. (1980), *Estructura general del coloquio,* Madrid, SGEL.
DELBECQUE, N. (1991), *El orden de los sintagmas (la posición del regente)*, Universidad de Salamanca.
DUCROT, O. (1986), *El decir y lo dicho*, Barcelona, Paidós.
ESCANDELL, M. V. (1993, 1996), *Introducción a la pragmática,* Barcelona, Ariel.
ESPEJO, M. M. (2001), "Bibliografía sobre la cortesía en español", *Oralia,* 4: 315-336.
FANT, L. (1996), "Regulación conversacional en la negociación: una comparación entre pautas mexicanas y peninsulares", en T. KOTSCHI, W. OESTERREICHER y K. ZIMMERMANN (eds.) (1996): 147-183.
FANT, L. (1984), *Estructura informativa en español. Estudio sintáctico y entonativo*, Uppsala, Acta Universitatis Upsaliensis.
FERRER, H. y PONS, S. (eds.) (2001), *La Pragmática de los conectores. Cuadernos de Filología. Estudios Lingüísticos*, VI, Universidad de Valencia.
FUENTES, C. (1987), *Enlaces extraoracionales*, Sevilla, Alfar.

FUENTES, C. (1996a), *La sintaxis de los relacionantes supraoracionales*, Madrid, Arco.
FUENTES, C. (1996b), *Ejercicios de sintaxis supraoracional*, Madrid, Arco.
FUENTES, C. (1998), "Acercamiento a ciertos procesos argumentativos del texto oral", *Oralia,* 1: 119-139.
GALLARDO, B. (1996), *Análisis conversacional y pragmática del receptor*, Valencia, Episteme.
GALLARDO, B. (1998), *Comentario de textos conversacionales II. Los textos,* Madrid, Arco Libros.
GILLE, J. (2001), *Pautas argumentativas en el diálogo espontáneo. Un estudio de conversaciones intra e interculturales,* Universidad de Estocolmo.
GOFFMAN, E. (1967), *Interactional ritual: Essays on face-to-face behavior,* Nueva York, Doubleday.
GÓMEZ CAPUZ, J. (2000), "La creación léxica (II). Neologismos formales y neologismos externos al sistema", en A. BRIZ y GRUPO VAL.ES.CO. (2000): 143- 167.
GÓMEZ MOLINA, J. R. (1997), " El léxico y su didáctica: una propuesta metodológica", *REALE*, 7: 69-93.
GÓMEZ MOLINA, J. R. (1997), "El comentario sociolingüístico de textos", en VV.AA., *El análisis textual. Comentario filológico, literario, lingüístico, sociolingüístico y crítico,* Salamanca, Ediciones Colegio de España.
GÓMEZ MOLINA, J. R. (2000), "Consecuencias del contacto de lenguas", en A. BRIZ y GRUPO VAL.ES.CO. (2000): 287-313.
GÓMEZ MOLINA, J. R. (coord.) (2001), *El español hablado de Valencia. Materiales para su estudio. I. Nivel sociocultural alto,* Anejo XLVI de la Revista *Cuadernos de Filología,* Universidad de Valencia.
GONZÁLEZ CALVO, J. M. (1984), "Sobre la expresión de lo «superlativo» en español", *Anuario de Estudios Filológicos,* VII, 1984: 172-205; VIII, 1985: 113-146; IX, 1986: 129-153; X, 1987: 101-132; XI, 1988: 159-174.
GREGORY, M. y CARROLL, S. (1978, 1986), *Lenguaje y Situación. Variedades del lenguaje y sus contextos sociales,* México, FCE.
GRICE, H. P. (1975), "Logic and conversation", en P. COLE y MORGAN (eds.), *Syntax and Semantics*, Nueva York, Academic Press: 41-58.
GRICE, H.P. (1978). "Further notes on logic and conversation", en *Syntax and Semantics, IX: Pragmatics*, Nueva York, Academic Press.
GUERRERO, G. (1995), *Neologismos en el español actual*, Madrid, Arco Libros.
GUMPERZ, J. (1982), *Discourse strategies*, Cambridge, Cambridge University Press.
GUTIÉRREZ ORDÓÑEZ, S. (1997a), *Temas, remas, focos, tópicos y comentarios*, Madrid, Arco Libros.
GUTIÉRREZ ORDÓÑEZ, S. (1997b), ¿Hacia dónde va el funcionalismo sintáctico?, *Principios de sintaxis funcional,* Madrid, Arco Libros: 548-585.
HALLIDAY, M. A. K., McINTOSH, A. y STREVENS, P. (1964), *The Linguistic Sciences and Language Teaching,* Londres, Longman
HAVERKATE, H. (1994), *La cortesía verbal. Estudio pragmalingüístico*, Madrid, Gredos.
HAVERKATE, H. (1998), "La entrevista periodística. Análisis discursivo e interaccional", *Oralia*, 1: 27-45.
HERNÁNDEZ SACRISTÁN, C. (1999), *Culturas y acción comunicativa. Introducción a la pragmática intercultural,* Barcelona, Octaedro.
HERRERO, G. (1991), "Procedimientos de intensificación-ponderación en el español coloquial", *Español Actual*, 56: 39-52.
HERRERO, G. (1997), "La importancia del concepto de *enunciado* en la investigación del español coloquial" a propósito de enunciados suspendidos", en A. BRIZ, J. R. GOMÉZ MOLINA, M.ª J. MARTÍNEZ ALCALDE y GRUPO VAL.ES.CO. (eds.) (1997): 109-126.
HIDALGO, A. (1997a), *La entonación coloquial. Función demarcativa y unidades de habla*, Anejo XXI de la Revista *Cuadernos de Filología,* Universidad de Valencia.
HIDALGO, A. (1997b), "La estructura del discurso oral. En torno a las funciones lingüísti-

cas de los suprasegmentos en la conversación coloquial", *Quaderns de Filologia. Estudis Lingüístics II*, Universidad de Valencia: 147-165.
HIDALGO, A. (1998a), "Expresividad y función pragmática de la entonación en la conversación coloquial. Algunos usos frecuentes", *Oralia,* 1: 69-92.
HIDALGO, A. (1998b), "Alternancia de turnos y conversación. Sobre el papel regulador de los suprasegmentos en el habla simultánea", *Lingüística Española Actual*, XX/2: 217-238.
HIDALGO, A. (2000), "Las funciones de la entonación", en A. BRIZ y GRUPO VAL.ES.CO. (2000): 265-284.
HIDALGO, A. (2002), *Comentario fónico de textos coloquiales*, Madrid, Arco Libros.
IGLESIAS, S. (2001), "Los estudios de la cortesía en el mundo hispánico. Estado de la cuestión", *Oralia,* 4: 245-298.
IGUALADA, D. (1999), "Formas de hablar: regates", *Lengua y discurso. Estudios dedicados al profesor Vidal Lamíquiz*, Madrid, Arco Libros: 521-537.
KERBRAT-ORECCHIONI, C. (1983), *La connotación*, Buenos Aires, Hachette.
KERBRAT-ORECCHIONI, C. (1990), *Les Interactions verbales*, París, Armand Colin.
KOTSCHI, T., OESTERREICHER, W. y ZIMMERMANN, K. (eds.) (1996), *El español hablado y la cultura oral en España e Hispanoamérica,* Franckfurt am Main, Vervuert Verlag, Bibliotheca Ibero-americana.
LAKOFF, G. y JOHNSON, M. (1986), *Metáforas de la vida cotidiana*, Madrid, Cátedra.
LAKOFF, R. T. (1973), "The logic of politeness; or, minding your p's and q's", en *Papers from the Regional Meeting*, Chicago Linguistic Society, IX: 292-305.
LEECH, G. (1983), *Principles of pragmatics,* Londres, Longman.
LEVINSON, S. C. (1983, 1989), *Pragmática,* Barcelona, Teide.
LÓPEZ GARCÍA, A. (1994), *Gramática española. La oración compuesta,* Madrid, Arco Libros.
LÓPEZ MORALES, H. (1989), *Sociolingüística*, Madrid, Gredos.
LÓPEZ MORALES, H. (coord.) (1986), *Léxico del habla culta de San Juan de Puerto Rico,* San Juan, Academia Puertorriqueña de la Lengua Española.
MARTÍN ROJO, L. (1994), "The jargon of delinquents and the study of conversational dynamics", *Journal of Pragmatics,* 21: 243-289.
MARTÍN ZORRAQUINO, M.ª A. (1991), "Algunas observaciones sobre *claro* como operador pragmático en español actual", en *XXe Congrès International de Linguistique et Philologie Romanes,* T. I, section I: 467-478
MARTÍN ZORRAQUINO, M.ª A. (1992), "Partículas y modalidad", *Lexikon der Romanistischen Linguistik,* Tubinga, Max Niemeyer Verlag, VI, 1: 110 y ss.
MARTÍN ZORRAQUINO, M.ª A., MONTOLÍO, E. (coords.) (1998), *Los marcadores del discurso. Teoría y análisis*, Madrid, Arco Libros.
MARTÍNEZ MARÍN, J. (1996), *Estudios de fraseología española*, Málaga, Ágora.
MEDEROS MARTÍN, H. (1988), *Procedimientos de cohesión en el español actual*, Santa Cruz de Tenerife, Publicaciones del Cabildo Insular de Tenerife.
MENDÍVIL, J. L.(1999), *Las palabras disgregadas. Sintaxis de las expresiones idiomáticas y los predicados complejos,* Zaragoza, Prensas Universitarias de Zaragoza.
MOESCHLER, J. (1985), *Argumentation et Conversation. Éléments pour une analyse pragmatique du discours,* París, Hatier.
MONTOLÍO, E. (1998), "La teoría de la relevancia y el estudio de los marcadores discursivos", en M.ª A. MARTÍN ZORRAQUINO y E. MONTOLÍO (coords.) (1998): 93-119.
MORALES, A. (1986), *Léxico básico del español de Puerto Rico,* San Juan, Academia Puertorriqueña de la Lengua Española.
MORENO, F. (1998), *Principios de sociolingüística y sociología del lenguaje*, Barcelona, Ariel.
NARBONA, A. (1989), *Sintaxis española: nuevos y viejos enfoques,* Barcelona, Ariel.

NARBONA, A. (1997), "Sintaxis del español coloquial: algunas cuestiones previas", en A. BRIZ, J. R. GÓMEZ MOLINA, M.ª J. MARTÍNEZ ALCALDE y GRUPO VAL.ES.CO. (eds.) (1997): 157-175.

OESTERREICHER, W. (1996), "Lo hablado en lo escrito. Reflexiones metodológicas y aproximación a una tipología", en T. KOTSCHI, W. OESTERREICHER y K. ZIMMERMANN (eds.) (1996): 317-340.

PADILLA, X. (1997), "Orden de palabras en español coloquial: Problemas previos a su estudio", en A. BRIZ, J. R. GOMÉZ MOLINA, M.ª J. MARTÍNEZ ALCALDE y GRUPO VAL.ES.CO. (eds.): 343-349.

PADILLA, X. (2000), "El orden de palabras", en A. BRIZ y GRUPO VAL.ES.CO. (2000): 221-242.

PAYRATÓ, Ll. (1985), "Comunicació no verbal, Tipologies del gest i gest autònom", *Anuario de Filología*, 11-12: 151-180.

PAYRATÓ, Ll. (1988, 1990), *Català Col.loquial. Aspectes de l'ús corrent de la llengua catalana,* Universitat de València, Biblioteca Lingüística Catalana.

PAYRATÓ, Ll. (1992), "Pragmática y lenguaje cotidiano. Apuntes sobre el catalán coloquial", *Revista de Filología Románica,* 9: 143-153.

PAYRATÓ, Ll. (1997), "Variación lingüística y modalidades de la lengua oral", en A. BRIZ, J. R. GOMÉZ MOLINA, Mª J. MARTÍNEZ ALCALDE y GRUPO VAL.ES.CO. (eds.), (1997): 177-192.

PLACENCIA, M.ª E. y BRAVO, D. (2002), *Actos de habla y cortesía en español,* Muenchen, Lincom Europa.

PONS, S. (1998), *Conexión y conectores. Estudio de su relación en el registro informal de la lengua,* Anejo XXVII de la Revista *Cuadernos de Filología*, Universidad de Valencia.

PONS, S. (2000), "Los conectores", A. BRIZ y GRUPO VAL.ES.CO. (2000): 193-220.

PORTOLÉS, J (1998a), *Marcadores del discurso,* Barcelona, Ariel.

PORTOLÉS, J. (1998b), "La teoría de la argumentación en la lengua y los marcadores del discurso", en M.ª A. MARTÍN ZORRAQUINO y E. MONTOLÍO (coords.) (1998): 71-91.

POYATOS, H. (1994a), *La comunicación no verbal. Cultura, lenguaje y conversación,* Madrid, Itsmo.

POYATOS, H. (1994b), *La comunicación no verbal. Paralenguaje, kinésica e interacción,* Madrid, Itsmo.

PUGA LARRAÍN, J., (1997), *La atenuación en el castellano de Chile: un estudio pragmalingüístico*, Valencia, Universitat de València.

QUILIS, A. (1980-81), "Funciones de la entonación", *Boletín de Filología de la Universidad de Chile*, XXXI: 443-460.

QUILIS, A. y otros (1993), "El grupo fónico y el grupo de entonación en español hablado", *Revista de Filología española,* 73: 55-64.

REYES, G. (1990), *La pragmática lingüística,* Barcelona, Montesinos.

ROULET, E. (1991), "Vers une approche modulaire de l'analyse du discours", *Cahier de Linguistique Française,* 12: 53-81.

ROULET, E. *et. al.* (1985), *L'articulation du discours en français contemporain*, Berna, Peter Lang.

RUIZ GURILLO, L. (1997), *Aspectos de fraseología teórica española*, Anejo XXIV de *Cuadernos de Filología*, Universidad de Valencia.

RUIZ GURILLO, L. (1998), *La fraseología del español coloquial*, Barcelona, Ariel.

RUIZ GURILLO, L. (1999), "*Por supuesto, estamos de acuerdo*: un análisis argumentativo de los operadores de refuerzo", *Oralia*, 2: 241-261.

RUIZ GURILLO, L. (2000), "La fraseología", en A. Briz y Grupo Val.Es.Co. (2000): 169-189.

RUIZ GURILLO, L. (2001), *Las locuciones en español actual,* Madrid, Arco-libros.

RUIZ GURILLO, L. (2002), *Ejercicios de fraseología,* Madrid, Arco/Libros.

SACKS, H., SCHEGLOFF, E. y JEFFERSON, G. (1974), "A simplest systematics for the organisation of turn-taking for conversation", *Language*, 50,4: 696-735.

SALVADOR, V. (1989), "La metàfora nostra de cada dia", *Limits,* 6: 23-41.

SALVADOR, V. (1994) "Noves perspectives sobre la metàfora", en L. MESEGUER (ed.) *Metàfora i creativitat*, Castellón, Universitat Jaume I: 25-33.

SANMARTÍN, J. (1998a), *Diccionario de argot*, Madrid, Espasa Calpe.

SANMARTÍN, J. (1998b), *Lenguaje y cultura marginal. El argot de la delincuencia*, Anejo XXV de la Revista *Cuadernos de Filología*, Universidad de Valencia.

SANMARTÍN, J. (2000a), "La creación léxica (I). Neologismos semánticos: las metáforas de cada día", en A. BRIZ y GRUPO VAL.ES.CO.: 125-142.

SANMARTÍN, J. (2000b), "Los usos figurados en la enseñanza del español como L2: Aspectos semánticos, pragmáticos y lexicográficos. El caso de las metáforas animales", *Quaderns de Filologia. Estudis lingüístics, Ensenyament i aprenentatge de segones llengües*, Universidad de Valencia: 277-294.

SANMARTÍN, J. y GÓMEZ CAPUZ, J. (1998), "Procesos léxico-semánticos en la conversación cotidiana", en J. J. BUSTOS, P. CHARAUDEAU, J. L. GIRÓN, S. IGLESIAS y C. LÓPEZ (eds.) (2001): 779-790.

SCHIFFRIN, D. (1987), *Discourse markers*, Cambridge University Press.

SEARLE, J. R. (1969, 1980). *Actos de habla*, Madrid, Cátedra.

SILVA-CORVALÁN, C. (1996), "Estrategias sintácticas del español hablado", en T. KOTSCHI, W. OESTERREICHER y K. ZIMMERMANN (eds.) (1996):261-277.

SPERBER, D. y WILSON, D. (1986, 1994), *La Relevancia. Comunicación y procesos cognitivos*, Madrid, Visor.

TANNEN, D. (1984), *Conversational style: Analyzing talk among friends*, Norwood, N.J., Ablex.

TANNEN, D. (1992), *Talking voices. Repetition, dialogue and imagery in conversational discourse*, Cambridge University Press.

TERRÁDEZ, M. (2000), "Frecuencias léxicas y análisis estadístico", en A. BRIZ y GRUPO VAL.ES.CO. (2000): 111-124.

TUSÓN, A. (1998), *El análisis de la conversación*, Barcelona, Ariel.

VIGARA, A. Mª (1980), *Aspectos del español hablado. Aportaciones al estudio del español coloquial*, Madrid, SGEL.

VIGARA, A. M.ª. (1992), *Morfosintaxis del español coloquial. Esbozo estilístico*, Madrid, Gredos.

WOTJAK, G. (ed.) (1998), *Fraseología y fraseografía del español actual*, Francfort, Vervuert.

ZIMMERMANN, K. (1996), "Lenguaje juvenil, comunicación entre jóvenes y oralidad", en T. KOTSCHI, W. OESTERREICHER y K. ZIMMERMANN (eds.) (1996): 475-514.

ZIMMERMANN, K. (2002), "La variedad juvenil y la interacción verbal entre jóvenes", en F. RODRÍGUEZ (ed.), *El lenguaje de los jóvenes*, Barcelona, Ariel.

ZULUAGA, A. (1980), *Introducción al estudio de las expresiones fijas*, Tubinga, Max Hueber, Verlag.

Aportaciones de la didáctica de las lenguas y las culturas

Joaquín Díaz-Corralejo Conde
Universidad Complutense de Madrid

Introducción

Para evitar planteamientos irreversibles y nefastos, los futuros profesores de lenguas extranjeras que formarán (*o deformarán*) a las generaciones de estudiantes del siglo XXI, deben saber aplicar las características del lenguaje -pragmáticas, funcionales y estructurales- desde un conocimiento del proceso de transposición didáctica en la enseñanza/aprendizaje de las lenguas, tanto maternas como extranjeras, y de su progresión integradora de conceptos, procedimientos, técnicas, actitudes, afectos y valores en el aula. Proceso y progresión que deben saber evaluar, explícita e implícitamente, conjugando los conocimientos adquiridos por los alumnos, sus necesidades, sus campos de interés y la validez de sus hipótesis de construcción de la enseñanza/aprendizaje y de sus procesos para la construcción armónica del conocimiento (y de su personalidad).

En este artículo se detallan los aspectos más relevantes de la compleja evolución de la didáctica de las lenguas y las culturas, para, desde esta perspectiva general, poder tomar decisiones de cara a la propia formación, y a la ajena, así como a la investigación e innovación educativas.

1. Historia de la didáctica de las lenguas y las culturas

La didáctica de las lenguas y las culturas, en su contacto constante con la realidad cotidiana del aula, desarrolla una visión epistemológica transversal, que le permite tener en cuenta las propuestas de otras disciplinas, por lejanas que sean aparentemente del hecho educativo, e incorporarlas como respuestas, siempre parciales y modificables, a los problemas que han ido surgiendo, y surgen, en la enseñanza/aprendizaje de las lenguas. Como dice Richterich (1994: 113):

> *Es sin duda una de las características de la didáctica de las lenguas apropiarse, primeramente, rápidamente, de ciertas nociones complejas (...) para reducirlas a aplicaciones prácticas inmediatas (...) [y después] retomarlas para hacer interpretaciones y utilizaciones didácticas más ricas.*

Detallamos a continuación, cuadros 1 y 2, los modelos pedagógicos y metodológicos que se han ido incorporando al acervo de la didáctica de las lenguas y las culturas.

Pedagogos	*Propuestas*
A. Ferrière	La autonomía del alumno.
O. Decroly	El análisis de las necesidades de los alumnos y el trabajo por centros de interés.
J. Dewey	La situación auténtica, el documento auténtico, hacer hipótesis y verificarlas.
M. Montessory	Aprender a aprender, el papel del profesor como guía.
C. Freinet	El aprendizaje natural, los prerrequisitos, las estrategias individuales, la autoevaluación.
H. Parkhurst	El contrato didáctico, la negociación.
C. Washburne	La dinámica de grupos, las tareas, el proyecto.
A. S. Neil	La autogestión, la autonomía, la desaparición de los métodos.
C. Rogers	Las actitudes, la solución de los conflictos, la formación y la información dual profesor - alumno.
J. L. Moreno	El sociograma, las interacciones.

Cuadro 1: Algunos modelos pedagógicos.

Metodología	*Características*
Tradicional	Transmisión vertical del saber. Se trabaja sobre todo la comprensión y expresión escritas. La progresión es fija. Tiene mucha importancia la gramática y la traducción.
Directa	Transmisión vertical, pero con interacción oral y gestual, además de la comprensión y expresión escritas. Progresión fija. Se tiene en cuenta el contexto de los textos utilizados. El aprendizaje es inductivo por observación. Hay análisis contrastivo entre lengua materna y extranjera. Evaluación sumativa.
Estructuro-global-audio-visual (SGAV)	Transmisión vertical. Interacción oral y gestual importante. Modelos contextualizados a través de la tecnología: vídeo, magnetófono. Se consideran las cuatro destrezas: escuchar, hablar, leer y escribir. El fin es saber comunicar en las situaciones cotidianas. Progresión graduada y modificable. Prioridad a la lengua hablada. La mejor corrección fonética existente. Evaluación sumativa.
Enfoques comunicativos (Niveau Seuil)	Transmisión horizontal. Interacción oral, escrita y gestual. Modelos contextualizados en situación de comunicación. Utilización de documentos auténticos y de la tecnología: vídeo, audio, Internet. Se tratan las cuatro destrezas, prioridad al oral, pero introducción rápida del escrito. Progresión adaptada y adaptable a las necesidades de los alumnos. La finalidad es la competencia-realización comunicativa y cultural.

	Conceptualización y sistematización de los conocimientos. Reutilización de lo aprendido en lengua materna y/u otras lenguas extranjeras. Evaluación formativa y sumativa.
Enfoques por tareas y por proyectos (*Marco europeo común de referencia para las lenguas: aprendizaje, enseñanza, evaluación*)	Transmisión horizontal. Interacción oral, gestual y escrita. Modelos contextualizados y utilización de todo tipo de técnicas y documentos. Es un instrumento de planificación que proporciona una base y un lenguaje comunes para describir objetivos, metodologías y evaluación. Se utiliza en toda Europa para elaborar currículos (en España, la nueva E.S.O., por ejemplo), exámenes, manuales y programas de formación del profesorado. Define igualmente las competencias para medir con unos niveles de evaluación comunes, a lo largo de la vida, la progresión de cada alumno y comparar las calificaciones, facilitando la movilidad a los europeos.
Enfoques alternativos: Sugestopedia	Enfoque psicológico de *marco agradable* y *de ausencia de fracaso* para evitar el estrés de todo aprendizaje. Utilización de identidades simuladas. La música clásica como fondo para activar los ritmos de las ondas cerebrales que facilitan la adquisición. Paneles para facilitar el aprendizaje de la gramática por impregnación. Textos, diálogos y material prefabricados. Evaluación formativa.
Método natural	Transmisión vertical. Prioridad a la comprensión oral y escrita; la expresión llegará de forma *natural* en su momento. Inmersión en lengua extranjera. Sin aprendizaje gramatical (en un primer momento). Utilización de documentos audiovisuales (televisión, radio, etc.) auténticos. Progresión adaptable, aprendizaje de la autonomía. El periodo del *silencio*: el alumno tiene que recibir suficiente información (*input*) antes de poder expresarse. Los *filtros afectivos*: la motivación, la relación personal con la lengua extranjera y el aprendizaje consciente. La hipótesis del *monitor*: los obstáculos a la comprensión y a la expresión cuando se da prioridad a la forma.

Cuadro 2: Algunos modelos metodológicos de la didáctica de las lenguas.

Si comparamos las definiciones recogidas en diccionarios de varias lenguas, nos damos cuenta de la ambigüedad que existía, y existe, en lo que se refiere al término *didáctica*:

a) Parte de la pedagogía que se ocupa de los métodos y técnicas de enseñanza (*Diccionario didáctico de español*, 1993, Madrid, SM: 410).
b) Que trata de instruir, que tiene una relación con la enseñanza (*Petit Robert*, 1981, París, Le Robert: 537).
c) Que trata de instruir, de enseñar (*Oxford Advanced Learner's Dictionnary of Current English*, 1974, Oxford, Oxford University Press: 239).

Sólo en diccionarios específicos es posible encontrar cierta precisión ya que en éstos, sí se contempla la diferencia entre una disciplina autónoma y una disciplina dependiente en un modelo jerárquico:

d) Término asimilable al de lingüística aplicada de primera generación (lingüística aplicada de segunda generación -que responde a una necesidad metodológica precisa- y metodología de la enseñanza de las lenguas -a partir de los principios de la psicología, de la sociología, de la pedagogía, utilizando procedimientos y técnicas adecuados y provocando la elaboración de métodos y de manuales utilizables en clase-). Es una disciplina que integra el conjunto de los enfoques científicos de la enseñanza de las lenguas y constituye un espacio de síntesis entre las aportaciones de la lingüística, de la psicología, de la sociología, de la pedagogía. Tiene la voluntad de no subordinarse a estas disciplinas, sino de constituirse articulada en ellas, diferente y definida por sus objetivos específicos (*Dictionnaire de Didactique des Langues*, 1976, París, Hachette: 150).

e) Conjunto de métodos, de técnicas y de procedimientos para la enseñanza. La didáctica general trataría de la dinámica de la clase, la didáctica específica se interesaría en la enseñanza de una disciplina. Es un concepto un poco más restringido que el de pedagogía general; la didáctica pone el acento en los medios de la enseñanza, en el *cómo hacer* (*Vocabulaire de l'éducation*, 1979, París, PUF: 159).

Sin embargo no será hasta los años ochenta del pasado siglo, cuando se especifique la evolución de la didáctica.

Evolución de la disciplina según Galisson (1986):

Disciplinas de referencia (o de apoyo)	Jerarquización de las relaciones (ley de la oferta) ↓	1 Lingüística ↓	2 Lingüística psicológica (Teoría del aprendizaje) ↓	3 Ciencias del lenguaje psicológicas, sociales, de la educación ↓ ↓ ↓ ↓
Nombres de la nueva disciplina		Lingüística aplicada (¿Qué? ¿Cómo?).	Lingüística aplicada (¿Qué?) Metodología (¿Cómo?).	Didáctica de las lenguas (¿Por qué? ¿Qué? ¿Quién? ¿Cómo? ¿Dónde? ¿Cuándo?).

Cuadro 3: Diversificación de las fuentes (disciplinas de referencia). →

Esta evolución, que continúa aún hoy en día, comienza en el año 1968, tal y como se puede apreciar en el cuadro 3; de 1968 a 1977, la presión ejercida por la metodología, primero -preguntándose sobre los métodos, los procedimientos y las técnicas que todo profesor debe elaborar y aplicar en clase-, y por las ciencias del lenguaje, de la comunicación, de la educación, la sociología y la psicología, más tarde, -poniendo sobre la mesa educativa la complejidad de la situación de enseñanza/aprendizaje de las lenguas y las culturas-, hace necesaria la aparición de una disciplina autónoma y capaz de abarcar dicha complejidad.

La importancia de la didáctica-didactología de las lenguas y las culturas, siempre según Galisson (1990: 108-110), residiría en:

- Su transversalidad.
- Su anclaje en el sistema educativo.
- Su coherencia interna.
- Su especificidad en el terreno de la enseñanza-aprendizaje de las lenguas y de las culturas.

Asimismo, sus funciones serían:

- Constituyente de las categorías educativas y de los modos operativos.

- Heurística, pues debe representar el papel de esquema mayéutico (representación simplificada y funcional de la disciplina en su conjunto).
- Evaluativa, inventario de parámetros a tener en cuenta en la gestación de los modelos y de los materiales que responderán a las necesidades de los *clientes* y mejorarán el acceso al conocimiento de las lenguas y las culturas.

Como se puede apreciar en este esquema y en su desarrollo hacia el futuro, la lengua y la cultura forman un binomio conceptual *fuerte*, aportado por una de las disciplinas *conexas*: la antropología cultural. Dicha disciplina engloba otras muy diversas para poder tratar la multidimensionalidad de la cultura: sociología, economía, historia del arte, historia, geografía, política, historia de las ideas, actualidad y medios de comunicación, etcétera.

Parece claro, por lo planteado hasta aquí, que la polémica entre lingüística aplicada y didáctica es algo a superar, sobre todo si consideramos que esta última es una disciplina relativamente joven, con vocación de autonomía y, que por tanto, en una visión epistemológica horizontal, se encontraría al mismo nivel de la lingüística, o de la didáctica general, sin ser anexionada ni jerarquizada a otras posiciones. Aunque hay que reconocer que el obstáculo léxico, a nivel internacional, reviste gran importancia, ya que el término inglés *didactics* no tiene el mismo sentido que en español, alemán o francés, y que *applied linguistics* se emplea corrientemente para la enseñanza-aprendizaje de las lenguas extranjeras. Es de esperar que estas diferencias terminológicas se diluyan poco a poco.

Desde el punto de vista de propuestas de definición de didáctica de las lenguas, Álvarez Méndez (1998), y Widdowson (1998) presentan una interpretación demasiado reduccionista; es por ello por lo que nos parece más acertada la postura que Camps (1998: 34) nos plantea con su definición de didáctica de la lengua y la literatura, aun a pesar de seguir siendo algo restrictiva: *Espacio de acción sobre los procedimientos de enseñanza y de formación (...) una disciplina de intervención en el campo social.*

También Mendoza (1998: Cap. IV) habla de *intervención/aplicación*, de *la evolución lingüística/cognitiva del aprendiz* y de *las características procesuales de los contenidos objeto de aprendizaje*, lo que implica una apertura a otras dimensiones del aprendizaje. El Consejo de Europa, en su *Marco común europeo de referencia para las lenguas: aprendizaje, enseñanza, evaluación*, propone integrar la multidimensionalidad de la enseñanza/aprendizaje de las lenguas, así como considerar la afectividad y los aspectos mentales y volitivos de hablantes, profesores y alumnos. Dentro de esta multidimensionalidad habría que considerar la pluriculturalidad (Marco, 1998: 255-264 y Postigo, 1988: 265-274) como uno de los conceptos importantes actualmente en la didáctica de la enseñanza/aprendizaje de las lenguas y las culturas.

Vez Jeremías (1998: 78) propone *un concepto de didáctica de las lenguas que tenga en cuenta que los significados no están en el discurso* y que *los procesos de interacción en el aula (...) generan oportunidades para negociar esos significados.*

Asimismo, Llobera (1998: 369-381), en un artículo basado en las propuestas constructivistas y en la pluriculturalidad, plantea una hipótesis, a nuestro entender también restrictiva:

> *El aprendizaje de las lenguas extranjeras en (...) una Europa plurilingüe tiene (...) como objetivo la adquisición de la competencia comunicativa y cultural que facilite la interacción mediante el uso de lenguas diferentes de [la] lengua 1.*
> *[...] El objetivo final de la enseñanza de todas las lenguas (...) presentes en el sistema educativo sería el de permitir el desarrollo de individuos con competencia plurilingüe y pluricultural (...), cuando hablamos [de dicha competencia] nos referimos a*

una dimensión humana y a una lingüística que afecta los conocimientos sobre la L1 y las otras lenguas que cada individuo conoce.

Para Puren (1999: 26-41), la didáctica de las lenguas y culturas extranjeras se construye sobre la base de su naturaleza *compleja*, pues sus constituyentes fundamentales (la enseñanza/aprendizaje de las lenguas-culturas; los profesores, los alumnos, los editores, los autores de manuales, los responsables políticos, administrativos y pedagógicos institucionales, los formadores, los inspectores, los didactas, las familias; la problemática -¿quién?, ¿a quién?, ¿por qué?, ¿qué?, ¿con qué?, ¿cómo?, ¿en qué condiciones?-; los conceptos teóricos específicos, etc.) están formados a partir de elementos numerosos, diferentes, heterogéneos, en parte opuestos, variables, no objetivables, interrelacionados, con una coherencia propia y con un enfoque sistémico. Esto implica que, a partir de los años setenta, se establezca un nivel metametodológico que considera la metodología como *un conjunto de dificultades complejas para cada una de las cuales (...) las respuestas no serán más que plurales, imperfectas, locales y provisionales.*

Siempre según Puren, esta realidad de la didáctica pone claramente de manifiesto su diferencia con las ciencias exactas, por la imposibilidad de satisfacer *las exigencias maximalistas de su epistemología dura*, y propone como ejemplo la distinción entre *modelo* y *teoría*. La teoría aspira a describir la realidad en sí misma; el modelo se corresponde con la representación que se tiene de la realidad para poder cambiarla: es a la vez una herramienta útil para aprehender la realidad y un esquema organizador de la acción.Todo profesor tiene en mente varios modelos y recurre a ellos de manera complementaria, según las necesidades que se planteen en la situación de enseñanza/aprendizaje. Puren se decanta por las concepciones epistemológicas de Rorty (1993), que concibe la teoría como *un auxiliar de la práctica, en lugar de concebir la práctica, como se hace desde un punto de vista aplicacionista, como una degradación de la teoría.*

Finalmente, propone una *estrategia de lo efímero*, ya que *cuanto más se profundiza en la formación didáctica, más se duda de la metodología*. Se trataría pues, en didáctica, de adoptar una lógica *recursiva*; para Morin (1994: 107) es la característica del pensamiento complejo que permita una reflexión y una crítica constantes y un ir y venir, desde dentro de la propia disciplina, de la metodología a la didáctica, de ésta a la didactología y vuelta a empezar, es decir, de los diferentes enfoques prácticos del ¿cómo? al conjunto de la complejidad metametodológica de la enseñanza-aprendizaje, y de éste a la reflexión de los expertos didactas en la investigación y la innovación, y de ésta a los enfoques prácticos, en un proceso sin solución de continuidad.

Se puede adivinar una toma paulatina de posición, cada vez más clara, que permite plantear un paradigma multidimensional de la didáctica de las lenguas y las culturas que contemple la complejidad citada. Dicho paradigma podría ser el proceso de enseñanza-aprendizaje que permite el acceso y la construcción del sentido a través de las lenguas y las culturas; su finalidad sería mejorar las condiciones educativas de la transmisión, de la transposición y de la adquisición de lenguas y culturas maternas, segundas y/o extranjeras. Como dicen C. Guillén y P. Prieto (1998: 29), *una disciplina de formación, información, descripción, observación, investigación, de innovación o mejor renovación, (...) de intervención, de práctica, para y en el aula.*

Por nuestra parte, consideramos que, como disciplina, además tiene en cuenta las orientaciones actuales de la investigación:

- epistemológica: orientada a los objetos a enseñar;
- psicológica: orientada a las condiciones del aprendizaje del saber;
- praxeológica: orientada a la intervención didáctica;
- axeológica: orientada a la transformación social.

2. La transposición didáctica

En primer lugar, todo profesor debe realizar el esfuerzo de ser consciente de la complejidad del acto didáctico y, en segundo lugar, de la influencia que tiene, tuvo y tendrá, en las elecciones metodológicas y didácticas, e incluso en el desarrollo de la propia personalidad y de la formación profesional; es decir, la influencia sobre lo que llamamos *la formación oculta* de cada individuo, esto es, las estrategias metodológicas y didácticas que se han ido sufriendo, experimentando y asimilando a lo largo de la propia biografía, a partir de la infancia, de los años de estudiante y que, cuando se es profesor, pueden aparecer de forma inconsciente. Por eso, la conciencia profesional es una exigencia epistemológica, psicológica y didáctica: *(...) se exige del acto de enseñanza una comprensión reflexiva de sus fines y la explicitación de su intención didáctica*[1].

Dicha exigencia responde a una necesidad de la propia deontología profesional y al deseo de sentirse libre frente a las sugerencias abrumadoras de las editoriales con sus manuales universalistas precocinados, que alienan y esclavizan a los profesores con las corrientes metodológicas de moda. Por otra parte, esa libertad tiene sus límites en el marco institucional, el currículo a desarrollar y los propios conocimientos profesionales, pues resulta necesario tener muy claro cuál va a ser el desarrollo didáctico adaptado de los distintos cursos y de los distintos niveles, que todo profesor debe asegurar durante un año académico con la *implicación* efectiva y afectiva de profesor y alumno.

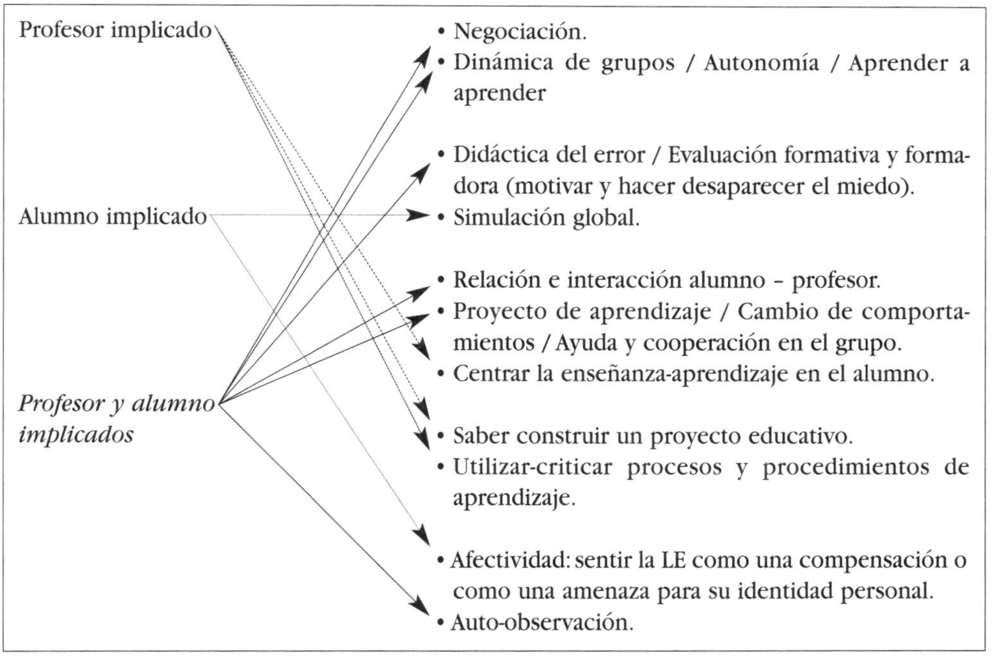

Cuadro 4: Implicación en la enseñanza-aprendizaje

[1] Traducción del autor de la siguiente cita: « *on exige de l'acte d'enseignement une saisie réflexive de ses fins et l'explicitation de son intention didactique* » (Chevalard, 1985: 58).

Hace falta, por tanto, un instrumento que nos permita observar, analizar, formular hipótesis, corregirlas, evaluar el camino recorrido entre la teoría y la práctica, es decir *una comprensión reflexiva*, *una explicitación* y *una comprensión de intenciones* del acto de enseñanza-aprendizaje.

Aunque veremos su definición más adelante, podemos decir aquí que este instrumento es *la transposición didáctica*:

Son muy escasos los conceptos que pueden enorgullecerse de tal carga afectiva, más escasos aún los que conocen un 'success story'. (...) El hecho de que ciertos problemas no puedan ser pensados más que a partir del concepto de transposición me lleva a concluir que éste es indispensable, también y sobre todo en didáctica del francés lengua materna.[2]

En didáctica de la lengua materna [o de las lenguas]:

Toda enseñanza pretende (...) y trata de construir en el alumno ciertas maneras de pensar, de hablar o de escribir, de comportarse en ciertos contextos, es decir, normas de comportamiento, 'formas ideales' (L.S. Vigotsky) y constituye profundamente, en este sentido, una iniciación a la cultura de una sociedad.[3]

Y esta construcción se hace *en* lengua, *con* la lengua, *por* la lengua y *para* la lengua.

Pero, ¿qué es la transposición didáctica (TD a partir de ahora)? Se podría decir que la TD es una vigilancia epistemológica, una vigilia conceptual y didáctica, que responde a las necesidades didácticas de la sociedad en el campo educativo. Es un proceso entre el entorno social, calificado por Chevalard como la *noosfera* (la esfera de reflexión sobre el hecho didáctico, lugar de encuentro de padres, alumnos, profesores, instituciones, expertos, teóricos, etc.), y el sistema educativo. Es una reflexión profunda entre el saber teórico y el saber enseñado influido por la noosfera.

La TD es una noción abstracta y un proceso que, la mayor parte de las veces, pasa desapercibido y, por eso, de alguna manera, resulta difícil de expresar, porque no puede concretarse, no hay un proceso determinado y ejemplos claros. Se podría decir que es casi obligatoriamente decepcionante, pues carece de soluciones dadas en cuanto que las respuestas deben adaptarse a cada contexto educativo y a cada situación de enseñanza-aprendizaje, característica, como veremos más adelante, del campo de la didáctica de las lenguas y las culturas.

Esto, que en otros campos puede ser un defecto, en el campo de la didáctica de las lenguas y de las culturas reprsenta una ventaja, pues permite ampliar la perspectiva al proporcionar una base teórica para entender la complejidad citada, para la investigación, para la enseñanza y para la comprensión de los procesos de enseñanza-aprendizaje.

---

[2] Traducción del autor de la siguiente cita: *Rares sont les concepts qui peuvent se targuer d'un tel investissement affectif, rares aussi ceux qui connaissent une telle 'success story'. (...) Le fait que certains problèmes ne peuvent être pensés qu'à travers le concept de transposition m'amène à conclure qu'il est indispensable, aussi et surtout en Didactique du Français Langue Maternelle.* (Schneuwly, 1995: 47-62).

[3] Traducción del autor de la siguiente cita: *Tout enseignement vise (...) et tente de construire chez l'élève certaines manières de penser, de parler ou d'écrire, de se comporter dans certains contextes, autrement dit des normes de comportement, des 'formes idéales' (L. S. Vigostky) et constitue profondément, dans ce sens une initiation à la culture d'une société.* (Chevalard, 1985: 52).

2.1. ¿Cómo surge la transposición didáctica?

En primer lugar, M. Verret, en 1974, publica *Le temps des études*. En su argumentación propone la noción de transposición didáctica para nombrar el proceso del paso de un concepto científico teórico al mismo concepto enseñado en el aula. Algunos años más tarde, en 1985, Y. Chevallard publica *La transposition didactique*, aplicando el concepto de la TD a la enseñanza de las matemáticas, y en el mismo libro M.A. Joshua propone un ejemplo en dicho campo. A partir de ese momento, el debate se abre y el resto de las materias no tardarán en tratar de aplicar la TD a sus propios campos. En Francia, el concepto aparecerá rápidamente incluso en los textos oficiales. En 1994, Lenoir introduce la expresión *mediación didáctica* para nombrar uno de los elementos del rol del profesor en la TD. En 1995, Schneuwly (1995) propone aplicar las nociones de la psicología vigostkyana al campo de la TD en didáctica de las lenguas. Finalmente, revistas como *Cahiers Pédagogiques* o *Pratiques* publican varios monográficos dedicados a la TD de 1995 a 2000.

Hoy, la noción de TD es un elemento de debate permanente en didáctica de las lenguas maternas y extranjeras en Francia y comienza a serlo en los demás países.

La definición más sintética sería: la TD es el paso del saber teórico al saber enseñado. Es decir, la TD es el conjunto de procesos de las transformaciones del saber científico teórico en avatares didácticos, y permite *la articulación del análisis epistemológico con el análisis didáctico*. Chevalard (1985: 9) precisa que el proceso del saber, considerado como una herramienta en uso, al saber como algo que hay que enseñar y que aprender, constituye la TD.

Petitjean propone (1998: 25) reemplazar la noción de TD por la de *elaboración didáctica*, pues, en el campo de la didáctica de las lenguas, se trata de reunir a una pluralidad de saberes de referencia que hay que seleccionar, integrar, hacer operativos, para desarrollar las competencias en lengua y lenguaje en prácticas sociales no escolares.

Estos autores proponen una serie de operaciones de la TD en el sistema escolar:

a) En el campo de los saberes:
   - Desincretización: las prácticas de aprendizaje deben ser especializadas, es decir, adaptadas al contexto escolar específico, o lo que es lo mismo, a profesores, a alumnos y a situaciones de enseñanza-aprendizaje concretos.
   - Despersonalización: en la práctica didáctica debe aspirarse a la separación del saber y de la persona (que lo produjo). El profesor debe saber la evolución del conocimiento a enseñar que procede de un espacio-tiempo y de un teórico de esa época.
   - Programación: orden-progresión-temporalización de la adquisición del saber.
   - Decontextualización y recontextualización, es decir, el saber propuesto como general o específico de una época o visión metodológica adaptado al contexto educativo concreto.
   - Exigencia del *sorpréndeme del alumno* a causa de la obsolescencia de los saberes. Evitar la rutina y potenciar la motivación.
   - Exigencia de renovación: todo cambio en los saberes científicos teóricos conlleva el cambio de los demás saberes. Estar al día en la evolución de la disciplina.

b) En el campo de la enseñanza de los saberes:
   - Publicación: textos oficiales, manuales, publicaciones, etc., definiciones explícitas (comprensión y desarrollo del conocimiento) de los saberes que permiten la renovación, el contacto con la evolución, la investigación y la innovación.
   - Control, evaluación, certificación de lo logrado: control social. La evaluación como proyecto implícito del ciudadano.

- Análisis de la legitimidad de los saberes a enseñar y de los que se enseñan: estatus de la disciplina en relación con las necesidades sociales.

c) Efectos *perversos* de la transposición:
- Sincretización: diferencia entre los contenidos del saber teórico y los contenidos didactizados por demasiado reduccionismo. Por ejemplo, reducir la competencia de comunicación y de cultura a sus componentes lingüístico y léxico.
- Desnaturalización: no aplicación de las teorías de referencia. Reducir el trabajo en el aula al bricolaje de actividades sin coherencia con el proyecto educativo.

d) También señalan los posibles obstáculos:
- Epistemológico: *conocemos contra un conocimiento anterior* (Bachelard, 1972: 56).
- Didáctico: los errores (aunque permiten percibir la manera de aprender -estilos de aprendizaje-).
- Ontogenético: se evoluciona con/contra sí mismo y los demás. Salvar estos obstáculos (y otros) supone la reestructuración de los modelos de acción, de lengua, de habla, de las estrategias, etc. El didacta puede favorecer las rupturas de contrato pedagógico (de conflicto cognitivo) mediante la multiplicación y la alternancia de enfoques y de modelos didácticos en relación dialéctica con los tres obstáculos.

La TD permite observar, analizar y evaluar los procesos epistemológico, metodológico y metadidáctico para poder diseñar las unidades didácticas -teniendo en cuenta el currículo normativo-, para elegir los materiales y los manuales, para resolver los problemas de la heterogeneidad de niveles y de la diversidad de perfiles de aprendizaje. El profesor debe ser consciente del proceso complejo que va de la teoría a la práctica en el aula y que implica una sucesiva transformación-transposición de saberes, desde el saber teórico al personal del alumno:

a) Primera transposición: los saberes escolarizables legitimados por la ciencia, los valores ideológicos, la sociedad, los grupos de presión profesionales y universitarios.
- Los saberes teóricos.
- Los saberes institucionalizados (textos oficiales, currículo base, etc.).

b) Segunda transposición.

b1) Segunda transposición, primera fase: los saberes profesionales y los saberes escolarizados.
- Los saberes didactizados recogidos en los libros de didáctica de cada materia.
- Los saberes mediatizados expuestos en los manuales y libros de clase; luego…
- …saberes del enseñante, es decir, los interpretados por el profesor; que a su vez son…
- …los saberes enseñados en el aula,

b2) Segunda transposición, segunda fase: los saberes de socialización.
- Los saberes enseñados, posteriormente saberes del alumno, en relación con sus…
- …saberes espontáneos, para ser…
- …saberes aprendidos y, finalmente, convertirse en…
- …saberes personales.

c) Sin olvidar los saberes generales (García-Debanc, 1990):
- Saberes experienciales: adquiridos fuera del sistema escolar.
- Saberes operativos: paralingüísticos, guían los actos discursivos, sin ser obligatoriamente objetivados.

- Saberes conceptuales: metalingüísticos, desarrollados según la formulación de los discursos/de los textos.
- Saberes declarativos/saberes procedimentales: su oposición es transversal a los otros saberes.

Considerando lo expuesto hasta aquí y las propuestas de Petitjean, sugerimos las siguientes fases de desarrollo de la TD en el aula:

a) Fase de reflexión y análisis.
   1. Aportaciones de otras ciencias (teorías de referencia para la didáctica de las lenguas y culturas): psicología (cognitivista, evolutiva, etc.), antropología, sociología, psicolingüística, lingüística, semiótica, didáctica, etcétera (proceso *top-down*).
   2. Reformulación de los saberes y práctica de enseñanza, currículo oficial y proyectos educativos, obsolescencia didáctica y ruptura de contrato didáctico (proceso *bottom-up*).
   3. Relación dialéctica entre representaciones y saberes espontáneos (relación entre organizadores previos y conceptos inclusores).

b) Fase de diseño.
   4. Análisis/selección/porcentaje decidido de objetivos y contenidos en competencia de comunicación y de cultura (proyecto educativo de aula).
   5. Secuencia y progresión (análisis y selección) de conocimientos.
   6. Organización de los núcleos fundamentales del aprendizaje.
   7. Progresión de módulos colectivos.
   8. Progresión de conocimientos individuales.
   9. Selección de enfoques y métodos.
   10. Selección y temporización de actividades:
       - Facilitadoras.
       - Lúdicas.
       - Personales.
       - Explicativas e interpretativas.

c) Fase de aplicación.
   11. Contrato pedagógico: negociación de objetivos, contenidos y criterios de evaluación.
   12. Desarrollo de la enseñanza/aprendizaje en módulos, unidades, tareas, proyectos, etcétera:
       - Prerrequisitos, motivación.
       - Sensibilización, recepción → fijación.
       - Conceptualización, asimilación → adquisición.
       - Producción, transferencia, variación.
   13. Evaluación formativa y formadora.
   14. Evaluación y reformulación del proceso de TD.

La necesidad del tratamiento de la complejidad y de la gestión de la diversidad viene dada por un cambio de paradigma epistemológico en el sistema educativo producido como consecuencia de haberse comprobado la existencia de dicha complejidad en diferentes situaciones escolares. Complejidad que puede ejemplificarse en cinco principios científicos que han evolucionado:

a) El principio de evidencia (que no acepta más que ideas claras) ha sido sustituido por el principio de incertidumbre (multiplicidad, variabilidad y simultaneidad de las ideas).

b) El principio de categorización (descomponer el complejo en partes para comprenderlo y reconstruir después todo) ha sido sustituido por el principio de emergencia (la síntesis de todos los elementos reconstruye el todo por la adición de sus componentes, pero ya no es el todo analizado).
c) El principio de causalidad (la situación es explicada por la intuición de causa y efecto) ha sido sustituido por el principio de carácter recursivo (no hay ningún determinismo causal).
d) El principio de exhaustividad (las situaciones se explican agotando el análisis todos sus factores) ha sido sustituido por el principio de parcialidad (el conocimiento situacional siempre es histórico, provisional y penúltimo).
e) El principio de replicabilidad (que consagraba el isomorfismo de las situaciones educativas) ha sido sustituido por el principio de especificidad (toda situación escolar es única y no repetitiva).

Este cambio de paradigma implica una representación de la ciencia como un conjunto de saberes (*saber, destreza-saber-hacer, saber-ser, saber-enterarse, saber-devenir*) provisionales, porque la creación científica ya no es entendida como un proceso lineal y necesita, por tanto, reconstruir el conocimiento a partir de hechos, procedimientos y valores, según el siguiente esquema:

1. Situación problema.
2. Observación.
3. Reflexión.
4. Análisis de los datos teóricos, empíricos y contextuales.
5. Elaboración de hipótesis y puesta en práctica de las soluciones.
6. Análisis crítico, evaluación, verificación y reelaboración de las hipótesis según los resultados.
7. Nueva situación problema.

CONCLUSIÓN

Para concluir se puede partir de un par de preguntas: ¿Cómo es posible vincular la teoría con lo que sucede en el aula de forma biunívoca? ¿Se podría pensar que ocurre como si se tratara de algo mágico, o como un acto de fe?

Existen varias respuestas:

a) Puede ser un reflejo de la creencia según la cual las reglas o las recetas constituyen una solución automática. Esto indica que se sigue aún un modelo conductista, probablemente porque no se han asimilado el estructuralismo, el generativismo funcionalista, ni, por supuesto, el ecologismo evolucionista.
b) Puede ser el resultado de una concepción estable, ordenada y cerrada del mundo y del conocimiento. Visión cartesiana y euclidiana, en la que no caben la dialéctica marxista ni la trilógica ichaziana (Ichazo, 1982 : 35).

Estos comportamientos tratan de evitar un supuesto peligro general y otro particular: una enseñanza sin control y sin planificación, el famoso *"horror al caos"*; un diseño demasiado abierto y, por tanto, lleno de incertidumbre.

Las consecuencias son:

a) La sumisión del enseñante a una/s metodología/s por falta de reflexión crítica.
b) No hay investigación por la ausencia de motivación y de iniciativa; se repiten los modelos existentes, no hay cambios ni mejoras, y se sigue la moda, la novedad, como sustituto de la investigación y de la innovación cuya puesta en práctica implicaría el análisis de la realidad para cambiarla, así como la reflexión y producción de hipótesis de solución de los problemas actuales.

Podríamos afirmar que los proyectos constituyen elementos globalizadores, siempre que no olvidemos que también pueden llegar a convertirse en elementos reductores si reflejan la influencia de la cultura dominante del saber de los expertos, lo que se podría llamar *el tecnicismo del currículo*.

No se trata de aislarse de la sociedad, algo, por otro lado, completamente imposible: *(...) decir que una teoría del desarrollo es independiente de la cultura no es una información incorrecta, sino absurda* (Bruner, 1988: 13). Se trataría de potenciar la reflexión entre profesores y teóricos, pues *necesitamos teorías que no opongan aprendizaje, cultura, enseñanza y desarrollo; que no ignoren sus vinculaciones, sino que las integren en una explicación articulada* (Coll y Solé, 1993: 11). Siempre teniendo en cuenta que, en dicha evolución, las nociones de equilibrio y de cambio son muy importantes: Según H. Gee (1993: 3), en 1972 Stephen Jay Gould (de la Universidad Harvard) y Niles Eldredge (del Museo Americano de Historia Natural de Nueva York) presentan el concepto de *equilibrio pautado*, para explicar que la evolución de las especies no es un proceso gradual, como sostenía Darwin, sino que se produce a través de explosiones repentinas, de cambios rápidos que salpican largos periodos de equilibrio estático. H. Gee dice más adelante: *el cambio (...) tiende a producirse con más eficacia en poblaciones pequeñas, periféricas, que en el núcleo grande en que tales mutaciones pueden ser ahogadas*. Estas ideas proceden de la genética y fueron adaptadas a la paleontología; nuestra propuesta consiste en realizar una adaptación similar en didáctica de las lenguas extranjeras.

La evolución en la didáctica de la enseñanza-aprendizaje de lenguas y culturas es también un proceso de cambios puntuales en los grupos periféricos, en los grupos *fronterizos*, es decir, entre aquellos profesores, expertos, alumnos y teóricos que se enfrentan a los retos cotidianos de trabajar con grupos heterogéneos, y que se sirven de las disciplinas que tengan algo nuevo que decir sobre los problemas puntuales que aparecen en un espacio tiempo concreto de la situación de enseñanza/aprendizaje. Dicha evolución no es sólo de ritmo lento y desarrollo ordenado, sino que también surge repentinamente a partir de las contingencias y de las características personales y locales. La evolución es por tanto la suma de dos factores: la tensión dialéctica entre la tendencia a mantener los conocimientos de base y la necesidad de enriquecerlos con conocimientos nuevos, y los saltos cualitativos repentinos de ruptura de dicha tensión.

Estamos, posiblemente, a las puertas de una época de grandes transformaciones de carácter cualitativo, no sólo por los cambios que se están produciendo a nivel institucional, sino por la convergencia de intereses educativos a nivel internacional, en principio europeo, a fin de homogeneizar, en la medida de lo posible, la enseñanza-aprendizaje y la evaluación de las lenguas y culturas. El *Marco común europeo de referencia para las lenguas: aprendizaje, enseñanza, evaluación*, presentado por el Consejo de Europa en el año 2001, Año de las Lenguas, marca un hito que modificará, de hecho ya está modificando, la redacción de los textos institucionales, las nuevas leyes, los manuales, la formación inicial y continua del profesorado, la investigación y, fundamentalmente, el trabajo en el aula. Estos planteamientos y propuestas serán, son, el marco, nunca mejor dicho, del futuro cambio, cuyas líneas generales hemos esbozado en ésta aproximación a la didáctica de las lenguas y las culturas.

Bibliografía

ÁLVAREZ MÉNDEZ, J. M. (1998), "Didáctica general y didáctica específica", *Conceptos clave en didáctica de la lengua y la literatura*, Barcelona, Horsori, I.C.E. U.B., SEDLL.

AUSUBEL, D. P. (1968), *Educational Psychology:A Cognitive View*, Nueva York, Holt (*Psicología educativa. Un punto de vista cognoscitivo*. México, Trillas).

BACHELARD, G. (1934), Le nouvel esprit scientifique, París, P. U. F.

BADDELEY et HICHT, (1994), citados por E. Grabot in *Images mentales et stratégies d'apprentissage*, París, ESF.

BRONCKART, J. P. (1997), "Le texte comme lieu d'articulation de la didactique de la langue et didactique de la littérature.", en *D.L.L. para una sociedad plurilingüe del siglo XXI*, actas IV Congreso SDLL, Barcelona: 13-23.

BRUNER, J.S. (1988), *Realidad mental y mundos posibles,* Barcelona, Gedisa.

BRUNER, J.S. (1990 y 1999), *Actos de significado. Más allá de la revolución cognitiva*, Madrid, Alianza.

BYRAM, M. y FLEMING, M. (1998, ed. en español 2001), *Perspectivas interculturales en el aprendizaje de idiomas*, Madrid, CUP.

CAMPS, A. (1998), "La especificidad del área de Didáctica de la lengua. Una visión sobre la delimitación de los contenidos de la enseñanza de la lengua y la literatura", *Conceptos clave en didáctica de la lengua y la literatura*, Barcelona, Horsori, I.C.E. U.B., SEDLL :33-48.

CHEVALLARD, Y. y JOSHUA, M.A. (1985, 3.e éd. 1991), *La transposition didactique*, París, La Pensée Sauvage.

COLL, C. y SOLÉ, F. (1993), "Los profesores y la concepción constructivista", en *El constructivismo en el aula*, Barcelona, Graó: 11.

DALGALIAN, G., LIEUTAUD, S. y WEISS, F. (1981), *Pour un nouvel enseignement des langues*, Paris, CLÉ.

D'HAINAUT, L. (1980), *Des fins aux objectifs de l'éducation*, París, Nathan; Bruselas, Lábor, 2.e éd.

D'HAINAUT, L. (1985) (1.a ed. 1985, Lábor, Bruselas), *Objetivos didácticos y programación*, Barcelona, Oikos-Tau.

GALISSON, R. (1986), "Éloge de la *Didactologie/didactique des langues et des cultures (maternelles et étrangères) - D/DLC -+", *E.L.A.*, 64, París, Didier Érudition.

GALISSON, R. (1990), "De la linguistique appliquée à la didactologie des langues-cultures", *E.L.A.*, 79, 1990, París, Didier Érudition.

GALISSON, R. (1991), *De la langue à la culture par les mots*, París, CLÉ int.

GARANDERIE, A. de la (1982), *Pédagogie des moyens d'apprendre*, París, Le Centurion.

GARCÍA, E. (1994), *Didáctica*, 4, Madrid, U.C.M.

GARCIA-DEBANC, C. (1990), "Didactique du français et didactique des disciplines", en METZ, BRASSART *et al.*, *Perspectives didactiques en français*, Actes du Colloque de Cérisy, CAS, Université de Metz.

GEE, H. (1983), "Explosiones repentinas de cambios", en *El País*, sección Futuro, 8-XII-93, Madrid, EDICUSA: 4.

GRAVES, L. (07/11/1999), "Conversaciones con Graves", *El País,* Madrid: 14.

GUILLÉN DÍAZ, C. y CASTRO PRIETO, P. (1998), *Manual de autoformación para una didáctica de la lengua-cultura extranjera*, Madrid, La Muralla.

ICHAZO, O. (1982), *De la Métaphysique à la Protoanalyse*, Recouvrance.

ICHAZO, O. (1983), *Trialectics, Toward a Practical Logic of Unity*, Lexington Institute.

LÓPEZ VALERO, A. (1997), "Didáctica de la lengua y la literatura: estado de la cuestión", en *Didáctica de la lengua y la literatura para una sociedad plurilingüe del siglo XXI*, actas del IV Congreso SDLL, Barcelona, UB.

MARCO, A. (1998), "Los aspectos de lo multicultural y su incidencia en el área de Lengua y Literatura", *Conceptos clave en didáctica de la lengua y la literatura*, Barcelona, Horsori, I.C.E. U.B., SEDLL: 255-264.

MARTOS, E. (1997), "Situación de la didáctica de la literatura", en *Didáctica de la lengua y la literatura para una sociedad plurilingüe del siglo XXI*, actas del IV Congreso SDLL, Barcelona, UB.

MENDOZA FILLOLA, A. (coord.) (1998), *Conceptos clave en didáctica de la lengua y la literatura*, Barcelona, Horsori, I.C.E. U.B., SEDLL.

MINISTERIO DE EDUCACIÓN, CULTURA Y DEPORTE (2002), *Marco común europeo para las lenguas: aprendizaje, enseñanza, evaluación*, Madrid, Secretaría General Técnica del MECD y Grupo Anaya, traducido y adaptado por el Instituto Cervantes.

MORIN, E. (1994), *Introducción al pensamiento complejo*, Barcelona, Gedisa.

MORRIS (1971), *Writing on the general theory of sign*, La Haya, Mouton.

LENOIR, Y. (1994), *Transposition didactique et médiation didactique: Quelle place accorder à ces deux concepts au niveau de l'intervention éducative?*, Laboratoire de recherche interdisciplinaire en didactique des disciplines, faculté d'éducation, Université de Sherbrooke.

LLOBERA, M. (1998), "Ideaciones sobre la didáctica de lenguas extranjeras y segundas: consideraciones sobre un cambio de paradigma", *Conceptos clave en didáctica de la lengua y la literatura*, Barcelona, Horsori, I.C.E. U.B., SEDLL: 369-382.

PETITJEAN, A. (1998), "Enseignement/apprentissage de la lecture et transposition didactique", *Pratiques*, 97-98, juin, Metz, CRESEF.

POSTIGO, R. M. (1998), "Modelos de educación lingüística en contextos de lenguas en contacto", *Conceptos clave en didáctica de la lengua y la literatura*, Barcelona, Horsori, I.C.E. U.B., SEDLL: 265-264.

PUREN, C. (1999), « La didactique des langues-cultures étrangères entre méthodologie et didactologie », *Études de Linguistique Appliquée*, 3, París, Didier Érudition: 26-41.

RICHARDS, J. C. y LOCKHART, C. (1994, ed. en español 1998), *Estrategias de reflexión sobre la enseñanza de idiomas*, Madrid, Cambridge University Press.

RICHTÉRICH, R. (1991), "La vida didáctica: libro de instrucciones", in *E.L.A.*, 94, París, Didier Érudition.

RORTY, R. (1993), *Conséquences du pragmatisme. Essais : 1972-1980*, Paris, Seuil.

SCHNEUWLY, B. (1995), « De l'utilité de la transposition didactique », *Didactique du français. État d'une discipline*, París, J. L. CHISS, J. DAVID y Y. REUTER (eds.), Nathan.

VERRET, M. (1974), *Le temps des études*, 2 vols., París, Honoré Champion.

VEZ JEREMÍAS, J. M. (1988), "El bilingüismo. Aprendizaje de una lengua añadida", *Didáctica de la lengua y la literatura*, en J. GARCÍA y A. MEDINA (dirs.), Madrid, Anaya: 187-210.

VEZ JEREMÍAS, J. M. (1998), "Enseñanza y aprendizaje de las lenguas", *Conceptos clave en didáctica de la lengua y la literatura*, Barcelona, Horsori, I.C.E. U.B., SEDLL: 75-86.

VEZ JEREMÍAS, J. M. (2001), *Formación en didáctica de las lenguas extranjeras*, Buenos Aires, Homo Sapiens.

YUS RAMOS, "Temas transversales y educación global. Una nueva escuela para un humanismo mundialista", en *Aula de innovación educativa,* n. 51, julio 1996, Barcelona, Graó.

WIDDOWSON, H. G. (1998), "Aspectos de la enseñanza del lenguaje", *Conceptos clave en didáctica de la lengua y la literatura*, Barcelona, Horsori, I.C.E. U.B., SEDLL: 1-22.

II PARTE
El proceso de aprendizaje

LA ADQUISICIÓN DE LA LENGUA MATERNA (L1) Y EL APRENDIZAJE DE UNA SEGUNDA LENGUA (L2)/LENGUA EXTRANJERA (LE): PROCESOS COGNITIVOS Y FACTORES CONDICIONANTES

José Miguel Martín Martín
Universidad Pablo de Olavide de Sevilla

INTRODUCCIÓN

Aunque frecuentemente utilizados de forma indistinta, los términos *aprendizaje* y *adquisición* tienen significados diferentes en su origen. El vocablo *adquisición* se reserva para la lengua materna (L1); todas las demás lenguas (L2) se aprenden, no se adquieren (Thatcher, 2000). Krashen (1981) estableció otra línea de demarcación, ampliando el significado de *adquisición* al aprendizaje de una L2 que se realiza de forma similar a como el niño aprende su L1: por simple contacto directo. El término *aprendizaje* suele implicar, por su parte, el estudio formal de la L2, generalmente en el aula, con profesor, explicaciones gramaticales, ejercicios de conocimiento explícito de la lengua, simulación de situaciones para fomentar el diálogo en L2, etc. En este capítulo se respetará la distinción originaria, tal como se apunta en el título del mismo, aunque es frecuente el uso indiscriminado de ambos términos.

Psicólogos y lingüistas, biólogos y neurofisiólogos, antropólogos y sociólogos, entre otros, han tratado de dar respuesta desde sus disciplinas a las grandes preguntas que se formulan en torno a la capacidad específicamente humana del lenguaje: ¿cómo y por qué empezó el ser humano a hablar?, ¿qué relación existe entre lenguaje y pensamiento?, ¿qué factores intervienen en su aprendizaje?, ¿cómo se almacena, se procesa y se recupera el lenguaje?, ¿qué tienen en común todas las lenguas naturales?, ¿se aprenden de igual manera la L1 y otras lenguas?, etc. No existen respuestas únicas a estas cuestiones que, en gran medida, permanecen aún abiertas, por lo que nos conformaremos con presentar, en primer lugar, una breve relación de las teorías más relevantes sobre la adquisición de la L1, que en gran parte también han servido de base para dar cuenta del aprendizaje de L2. A continuación se hará un análisis somero del proceso de adquisición de la L1. Se dedicará luego una breve sección a exponer las diferencias entre la adquisición de la L1 y el aprendizaje de L2 para, seguidamente, centrarnos en el proceso de aprendizaje y en los factores condicionantes más relevantes en el aprendizaje de una L2. Terminará el artículo con un apartado dedicado a conclusiones generales.

1. La adquisición de la lengua materna (L1)

1.1. Teorías sobre la adquisición de la L1

Las teorías sobre el lenguaje humano que se van a comentar a continuación tratan de responder, desde perspectivas distintas, a alguna(s) de las cuestiones mencionadas, por lo que pueden ser compatibles. Incluso en los casos en que se presentaron en sus orígenes como alternativas con posiciones irreconciliables (v.gr. conductismo e innatismo), cabe encontrar aportaciones valiosas y compatibles en unas y otras, si se parte de una postura abierta y no sectaria. El lenguaje humano es un fenómeno complejo y poliédrico que sólo puede ser entendido en su totalidad si es observado desde sus múltiples ángulos. Por otra parte, lo que nos indican los avances sobre el conocimiento del cerebro y del comportamiento humano, nos obliga a la prudencia a la hora de descartar hipótesis: constantemente se están recuperando y habilitando como válidos planteamientos que desde hacía tiempo se tenían por superados. Se pueden contar por decenas el número de teorías que surgieron a lo largo del siglo pasado sobre la adquisición de la lengua materna. Su definición y clasificación no resultan fáciles: a veces bajo una misma denominación genérica se encuadran teorías antagónicas y, con frecuencia, una misma teoría es etiquetada de forma muy distinta según los autores. Sirva, a modo de ejemplo, el *innatismo* o *teoría mentalista*: mientras para unos se trata de una teoría cognitivista, para otros el innatismo representa lo opuesto al cognitivismo. Ellis (1994: 348) dice acertadamente que las *posiciones a menudo se superponen, pero no siempre en formas que puedan ser especificadas con claridad*.

En una primera clasificación general podrían encuadrarse las teorías sobre la adquisición de la conducta verbal en dos grandes apartados: las *lingüísticas* y las de *base psicológica*[1]. López García (1988) engloba todas ellas en dos grandes bloques: las *conductistas* y las *cognitivistas* (1988: 43-56); Marcos Marín y Sánchez Lobato (1988: 25-30) analizan cinco: *el conductismo*, *las teorías cognitivas*, *la teoría mentalista*, *la teoría biológica del desarrollo del lenguaje* y *la teoría sociológica*. Aquí, en una selección necesariamente reducida, se va a hacer una rápida mención a las aportaciones más relevantes de cada una de estas cinco teorías, a las que se añadirá el *conexionismo*. Con esta relación, se da cuenta en buena medida de la contribución del siglo XX a la comprensión del lenguaje humano.

Las teorías *cognitivas* consideran que la adquisición del lenguaje no difiere de otro aprendizaje cualquiera, ya que se trata de un proceso mental que implica el desarrollo gradual del conocimiento de estructuras y de diferentes rasgos lingüísticos, a través de la aplicación de estrategias generales de percepción, almacenamiento y producción comunes a otro tipo de aprendizaje; es decir, el lenguaje es una capacidad más de las que se derivan de la capacidad humana del pensamiento. Para Piaget (1926) el pensamiento es anterior al lenguaje, ya que la fuente del conocimiento es la *acción*, que se sitúa en *estructuras sensomotoras* anteriores a las conductas lingüísticas. Las acciones físicas o mentales, por medio de la *coordinación*, forman *esquemas* que, de nuevo mediante la coordinación, constituyen *estructuras instintivas* y, luego, *sensomotoras* y *operacionales del pensamiento*. El lenguaje infantil se caracteriza por su *egocentrismo* (es incapaz de situarse en el punto de vista de otro), pero, a medida que va madurando, se convierte en

[1] López García (1988: 29) apunta: *En este campo, más que en ningún otro, uno nunca sabe dónde empieza la psicología y dónde termina la lingüística.* Por su parte, Chomsky considera la lingüística como una rama de la psicología.

lenguaje socializado, adquiriendo el *contexto* una relevancia de primer orden al pasar de lo individual a lo social.

Aunque Vygotsky y su escuela suelen encuadrarse dentro del cognitivismo, ellos más bien resaltan la *convergencia* de lenguaje y pensamiento: ninguno es previo al otro. Ni filogenéticamente (evolución de la especie), ni ontogenéticamente (evolución del individuo), cabe hablar de indisociabilidad entre uno y otro. Por ejemplo, el *balbuceo* del niño poco tiene que ver con una actividad racional. A diferencia de Piaget, esta escuela entiende el lenguaje como un proceso de *interiorización* desde un primer estadio de aprendizaje en sociedad y, por lo tanto, desde el exterior. Baste mencionar aquí de paso que las teorías cognitivas ocupan un lugar de primera fila entre las teorías de aprendizaje de L2.

El *conductismo* (Skinner, 1957) basa el aprendizaje en general -del cual el lingüístico forma parte- en la secuencia *estímulo-respuesta-refuerzo*. Ante un estímulo -sensación de hambre-, el niño hará gestos con la boca o emitirá algún sonido que sus padres conocerán o harán por interpretar. Recibir comida es un premio a su comportamiento -en este caso gestual o lingüístico- que reforzará la misma respuesta en otra ocasión, ya que ha sido altamente recompensada. Mediante la *repetición de la acción,* ésta pasará a constituir un *hábito.* El aprendizaje no es sino la *formación de hábitos* que se aprenden por imitación y siguiendo la secuencia señalada. El conductismo recibió un revés del que nunca se recuperó del todo cuando en una reseña al artículo de Skinner, Chomsky (1959) presentó su concepción de la adquisición de la L1: los niños no aprenden a hablar por imitación; el aprendizaje lingüístico se produce gracias a que los humanos nacen genéticamente dotados de un *dispositivo de adquisición del lenguaje* (DAL), que es distinto de la capacidad de procesar el pensamiento en general, y que hace, entre otras cosas, que todos los niños pasen por unas mismas etapas en el desarrollo de su capacidad lingüística. Tal mecanismo dispone de una *gramática universal* (GU) que se rige por unos *principios* que permiten el procesamiento de cualquier lengua natural mediante la fijación de *parámetros* concretos para cada lengua, que se establecen gracias a la exposición a la lengua -*input*-, que activa el dispositivo. El *input* por sí mismo sería insuficiente -problema de la *pobreza del estímulo*- para explicar la rápida y perfecta adquisición de la L1 por parte del niño. El hecho de que el niño venga dotado de esta GU resuelve lo que se ha dado en llamar el problema lógico en la adquisición de la L1: ¿cómo es que todos los niños son capaces de aprender su lengua materna -cualquiera que ella sea- hasta alcanzar el nivel de *hablante nativo* dadas las muy diversas circunstancias y el corto periodo de tiempo en que se produce la adquisición? (Bley-Vroman, 1989: 41).

Lenneberg (1975), que más bien se presenta como cognitivista, considera que el lenguaje es un producto de la maduración ontogenética de los procesos cognitivos. Dicho de otra manera, el hombre no nace dotado para aprender a hablar, pero la evolución de sus capacidades cognitivas, de las que nace genéticamente dotado, le permite la adquisición del lenguaje. Lo que, en todo caso, interesa destacar de él es su idea de que hay un *periodo crítico de aprendizaje*, que él establece entre los dos años y el comienzo de la pubertad. Tras este periodo, el aprendizaje de una lengua hasta alcanzar el nivel del hablante nativo es excepcional. De ello se hablará más adelante en la sección dedicada a la edad.

Halliday (1975), también cognitivista, destaca la importancia de los factores sociolingüísticos. El lenguaje tiene siete funciones: *instrumental* -para satisfacer necesidades-, *reguladora* -ejercer control sobre otros-, *interaccional* -establecer y mantener contacto-, *personal* -expresar su individualidad-, *heurística* -explorar su entorno-, *imaginativa* -crear un mundo propio- e *informativa* -dar información a los demás-. El niño va haciendo uso del lenguaje de manera paulatina. En una primera fase lo usará en las cinco o seis primeras funciones y de forma diferenciada; en la segunda fase las funciones ocurren de manera simultánea y nace la gramática. Las tres primeras funciones se funden en la *pragmática* -que exige interacción social-; mientras que la personal, heurística e imaginativa, forman la *mathética.* En la tercera fase, o fase adulta, el lenguaje tiene múltiples usos. Un mismo enunciado puede tener múltiples significados (o ninguno) según quién lo diga, quién lo escuche y en qué circunstancias se produzca, y tres funciones: la *ideacional* -experiencia del mundo-, la *interpersonal* -relación con los interlocutores- y la *textual* -cohesión discursiva- (López García, 1988: 39-40).

En oposición al innatismo, que tiene una concepción computacional del aprendizaje lingüístico, esto es, el cerebro es el *hardware* que necesita de un *software -input-* para funcionar lingüísticamente, el *conexionismo* (Rumelhart *et al.*, 1986) propone un modelo distinto, basado en el *procesamiento distribuido en paralelo*. Según este modelo, mediante el *input* el sujeto no *aprende reglas*, que almacena en algún lugar de su cerebro. El procesamiento de la información está, por el contrario, distribuido por todo el cerebro en *nódulos* interconectados mediante *redes*. Por ejemplo, nosotros no tenemos en algún lugar único y concreto del cerebro la imagen de un amigo, Pedro. Pedro está más bien distribuido por todo el cerebro según los atributos con los que le relacionamos: edad, profesión, color de pelo, relación con él, etc. Uno de estos atributos puede evocarnos a Pedro y sus otras características -mediante la conexión con los nódulos en los que los atributos de Pedro están ubicados-. El procesamiento se lleva a cabo, pues, de manera *paralela*, no en *serie.* El aprendizaje se contempla como un fortalecimiento de las redes neuronales y de los nódulos -a base de hacerlos más *pesados*- mediante los estímulos del *input.* El aprendizaje se produce por etapas graduales. Las redes no conocen reglas, pero actúan como si las conocieran, siendo capaces de elevar su capacidad más allá del *input* recibido gracias a la *generalización espontánea,* por la que pueden extraer *regularidades* en los modelos de interconexión.

1.2. El proceso de adquisición de la L1

Con la guía de Luque y Vila (1990: 176-182), se presenta a continuación una breve exposición del desarrollo del lenguaje[2] siguiendo las diferentes etapas por las que atraviesa, sobre las que, por cierto, la psicología evolutiva es aún, en buena medida, deudora de las aportaciones de Piaget. En condiciones normales, el *desarrollo de la capacidad lingüística* del niño va necesariamente ligado a su *relación con el medio* que le rodea y a la *capacidad intelectual* inherente a todo ser humano. Cabe así establecer una relación directa entre los tres elementos, de forma que un momento en la evolución de sus habilidades sociales y cognitivas se corresponde con un determinado estadio en su desarrollo lingüístico (Pérez Pereira, 1988).

Las etapas en que puede dividirse el aprendizaje lingüístico son cinco, si bien al final de la tercera puede decirse que el niño dispone de todo el sistema fonético y de la gramática, aunque le queda aún campo que recorrer en el terreno del léxico y de la pragmática: (a) dos primeros años; (b) 2-4 años; (c) 4-7 años; (d) 7-12 años; y (e) de la adolescencia a la edad adulta.

---

[2] Las referencias concretas del desarrollo lingüístico del niño se hacen con respecto al español. Para más detalle sobre el aprendizaje del español en los primeros años de vida véase Hernández Pina (1984).

En los dos primeros años hay una *relación diádica* adulto-bebé que construye los *formatos de atención* y *acción conjunta* en los que, poco a poco, cada elemento va asumiendo su papel. Se produce una colaboración compartida que introduce al bebé en lo *convencional*. La inteligencia se encuentra en el estadio *sensoriomotor*. El niño parte de los *reflejos innatos* para adaptarse al entorno a la vez que va desarrollando la capacidad de *representación simbólica*. El bebé utiliza la *sonrisa* y el *llanto* como elementos básicos de su *comunicación prelingüística*. Al cuarto mes aparecen el *balbuceo* y el *laleo*; al noveno, las primeras vocales; y en torno al año, algunas consonantes bilabiales y dentales. Se entra así en una subetapa en la que predomina el lenguaje *holofrásico*, es decir, de una sola palabra. Aunque el grado de variabilidad es grande de un niño a otro, en torno al año y medio es capaz de coordinar dos palabras, generaliza las reglas -*hacido, ponido*-, comienza a hacer uso de pronombres posesivos y personales -que tardará en distinguir debido a la identificación real del *yo* y el *tú* con dos personas distintas, según quién hable-, e irá introduciendo preposiciones y artículos.

A partir de los dos años el niño va disponiendo de un creciente número de modelos de imitación por entrar en contextos de relación más amplios: los hermanos y, en muchos casos, cuidadora y pequeños compañeros en el jardín de infancia, aunque sigue siendo la familia el entorno básico. El acceso a la función simbólica al final de la etapa anterior señala el inicio, a su vez, de la *inteligencia preoperatoria* en su subestadio *preconceptual*. Predomina el *aquí* y *ahora*, pero se va progresando en las relaciones *espacio-temporales*. En torno a los tres años el niño dispone del sistema vocálico y de diptongos, casi la totalidad del sistema consonántico que, a los cuatro años, ya estará prácticamente completo. El vocabulario se duplica cada año. En cuanto a la sintaxis, se pasa de las frases de dos o tres palabras a los dos años, a las oraciones compuestas más sencillas, a los cuatro.

Entre los cuatro y los siete años se produce la escolarización, gracias a la cual el niño puede multiplicar sus modelos y entrar en relación con un entorno mucho más amplio que la familia, lo que estimula sus posibilidades cognitivas y de relación social. Se desarrollan las *capacidades motrices finas* y se consolida la *lateralización*. La inteligencia sigue en el estadio preoperatorio, pero ahora en el subestadio intuitivo, desde el que se acercará a la *lógica preoperatoria*. En esta etapa se autorregula la actividad y se va saliendo del *egocentrismo cognitivo*, que impedía la adopción del punto de vista del otro. En cuanto a la lengua, el vocabulario se enriquece, se va comprendiendo la polisemia y el *valor denotativo* de las palabras; se distinguen el género y número; se conoce casi todo el sistema verbal, aunque se cometen errores, especialmente en el uso del subjuntivo y los condicionales y se construyen oraciones compuestas coordinadas y algunas subordinadas. En esta etapa el niño aprende a leer y a escribir, lo que le abre una fuente inagotable de información y de acceso a la cultura.

Entre los siete y los doce años se produce un gran paso en la *autonomía* del niño con respecto a la familia. En cuanto al desarrollo cognitivo, es el estadio de las *operaciones concretas*. Progresa el *pensamiento lógico-inductivo* y se inicia el *pensamiento realista*, aunque ligado a lo particular. Con el acceso a la lectoescritura, entran nuevos sistemas de símbolos (matemáticos). El vocabulario sigue su proceso ascendente; la sintaxis se completa con el dominio de las estructuras más complejas, como la colocación de los pronombres personales, la subordinación o las oraciones pasivas. Por otra parte, el niño aprende a variar de registro según el contexto.

En la última etapa, que comienza en torno a la pubertad, el adolescente diversifica sus entornos sociales: familia, escuela, amigos, otras actividades (deportivas, culturales, etcétera.). Comienza el estadio de las operaciones formales: el pensamiento pasa de lo concreto a lo abstracto, lo que le permite la deducción y manejo de las relaciones complejas. En cuanto al lenguaje, se alcanza la etapa adulta, en la que se completa la sintaxis, se dominan los registros y se percibe y se hace uso habitual de los valores pragmáticos de la lengua. El vocabulario, por su naturaleza casi ilimitada, será siempre susceptible de ampliación.

En resumen, Luque y Vila (1990: 181) contemplan el desarrollo lingüístico del niño como un proceso de *estructuración* y *convencionalidad*, fruto de la interacción de (a) la *capacidad previa* y (b) la *experiencia del niño en su entorno social*. En secciones posteriores estos autores destacan la importancia del (a) *input* lingüístico, caractererizado por ser un lenguaje adaptado que facilita la comprensión (*habla maternal*) y de la (b) *organización del conocimiento lingüístico* por parte del niño, que hace posible el *procesamiento del input* para integrarlo en la estructura de la *interacción forma-función*, proceso en el cual actúan los *principios operacionales,* de los que el niño está genéticamente dotado (*gramática básica infantil universal*, Slobin, 1985).

2. Diferencias entre adquisición de L1 y aprendizaje de L2

Seguramente debido a sus implicaciones metodológicas, la cuestión de la similitud o diferencia entre ambos aprendizajes ha originado innumerables polémicas, por sorprendente que pueda parecer, dadas las diferencias obvias de las circunstancias que en una y otro se producen (Bley-Vroman, 1989: 42).

A continuación se hace una relación no exhaustiva, y en buena medida derivada de lo que se ha dicho en la sección anterior, de los aspectos en los que adquisición y aprendizaje divergen:

a) En condiciones normales, la adquisisción del niño tiene un *éxito total en todos los casos*; el éxito -y no total- en el aprendizaje de una L2 por parte de un adulto se limita a una reducida minoría. En todo caso se produce una gran variedad en la velocidad de aprendizaje y en los resultados finales, con muchos ejemplos de *fosilización* prematura: el progreso se estanca lejos de la meta (Bley-Vroman, 1989: 43-49).

b) En sus primeros años, el niño circunscribe su mundo al *aquí y ahora*, parámetros limitados que satisfacen sus necesidades de comunicación. Es obvio que el adulto necesita comunicar ideas más complejas, incluso cuando sus recursos en la L2 no son los adecuados para tal tarea..

c) A diferencia del adulto, al niño ni le importa ni tiene miedo a cometer errores. Existe acuerdo general en admitir que *factores afectivos* como la *motivación* o la *inhibición, individuales* como la *aptitud* o la *personalidad*, y *sociales*, como la *conciencia de pertenencia* a una clase o etnia cultural, interactúan afectando de forma decisiva, pero en distinto grado, el aprendizaje del adulto, mientras que el éxito de la adquisición de la L1 está asegurado y es bastante independiente de los mismos.

d) El niño no necesita de *instrucción formal* para alcanzar el nivel de nativo en su lengua materna. Por otra parte, la corrección a la que a veces se le somete tiene poca relevancia (Lightbown y Spada, 1999: 162). El adulto, por el contrario, requiere de instrucción formal para percibir determinados rasgos que no es capaz de captar por el simple *input* (Ellis, 1994: 611-638; Hulstijn, 2002).

e) El *objetivo* de los niños está predeterminado por su facultad de aprender a hablar, que les impele a hacerlo. Los adultos, sin embargo, pueden centrar su atención en diferentes metas: aprender una L2 para leer textos escritos en ella, para atender a clientes en un hotel, para desenvolverse en un país que se va a visitar, etcétera.

Las razones de las diferencias entre adquisición y aprendizaje subyacen bajo las notas que caracterizan a una y a otro. Siendo éstas muy evidentes, hay, sin embargo, rasgos comunes a ambos, que han llevado a pensar que tales diferencias son sólo aparentes o no decisivas. Para esta corriente de pensamiento (*construcción creativa*), el aprendizaje de L2 es sólo realmente efectivo cuando se produce de la misma forma en que se adquiere la L1.

3. El aprendizaje de una L2

La mayor parte de los esfuerzos invertidos en el campo del *aprendizaje/adquisición de segundas lenguas* (ASL) han estado orientados a hallar respuestas a tres preguntas básicas que tienen una finalidad práctica (Ellis, 1994: 193): (a) ¿Cómo se aprende una L2?; (b) ¿Por qué hay tanta variación en cuanto a la rapidez y resultados con que los aprendices aprenden una L2?; y (c) ¿Por qué la mayoría de los aprendices no consiguen aprender bien una L2? Cabe resumir las tres en una sola cuestión, la que se ha dado en denominar la pregunta lógica en SLA (Bley-Vroman, 1989): *¿por qué bajo circunstancias similares se pueden producir tantas diferencias en el logro final entre quienes aprenden una L2?* Desde una perspectiva más teórica, pero con obvias implicaciones prácticas, la adquisición y uso de la lengua pueden analizarse en tres niveles distintos (Hulstijn, 2002: 195): (a) el del *comportamiento*, analizado por estudios empíricos sobre la producción y comprensión, los juicios de gramaticalidad, etc.; (b) el nivel *cognitivo*, que investiga cómo se *representa* el conocimiento lingüístico en el cerebro, cómo se *procesa* (cuando se lee, se oye o se habla) y cómo nace y se forma deviniendo en algo que antes no existía (*aprendizaje, adquisición, apropiación*); en este nivel también se incluyen aspectos como los sociales y motivacionales; y (c) el nivel *cerebral*, en el que se contempla el aprendizaje lingüístico desde la perspectiva neurofisiológica mediante técnicas como el PET (*tomografía por emisión de positrones*, Gazzaniga, 2000). Cada uno de estos tres niveles ha sido objeto de estudio de lingüistas, psicólogos y neurófisiólogos respectivamente. Se aboga cada vez más, sin embargo, por una colaboración estrecha entre psicólogos y linguistas, haciendo uso de las aportaciones de las neurociencias (Parkin, 1999; Segalowitz, 2001; Schumann, 2001), para poder responder a las muchas cuestiones en torno a la adquisición del lenguaje que aún hoy permanecen sin respuesta (Hulstijn, 2002).

3.1. Procesos cognitivos

Son bastantes los trabajos que en los últimos quince años han incluido entre sus páginas el análisis de las teorías más relevantes sobre el aprendizaje de L2 (por ejemplo, McLaughlin, 1987; Martín Morillas, 1992; Santos Gargallo, 1993; Ellis, 1994: 347-466 y *passim*; Larsen-Freeman y Long, 1994: 199-271; Mitchell y Miles, 1998; Lightbown y Spada, 1999: 31-46; Martín Martín, 2000: 43-60; Richards y Rogers, 2001). El lector interesado encontrará en ellos detallados análisis que, además, le remitirán a la bibliografía originaria de las teorías. Por otra parte, como se ha dicho con anterioridad, muchas de las ideas que se han expuesto sobre las teorías de adquisición de la L1 (*conductismo, innatismo, cognitivismo, conexionismo*, etc.) han servido de fundamento, *mutatis mutandis,* para formular teorías de aprendizaje de L2. Por ello no se entrará de nuevo ahora en la exposición de estas y otras teorías; más bien se presentará una descripción del *proceso de aprendizaje de una L2*, destacando los aspectos de más interés y señalando las discrepancias existentes entre los teóricos, si fuera el caso.

En el aprendizaje de una L2 intervienen múltiples factores que pueden agruparse en tres grandes grupos (Ellis, 1994: 193-195): (a) *Factores externos* al individuo -*input*, relación con el medio, *contexto* y *situación* de aprendizaje, etc-; estos factores son la primera causa de *variabilidad* en cuanto al ritmo de aprendizaje y al grado de acercamiento al habla del nativo que pueda alcanzarse; (b) *Factores internos:* lengua materna, conocimiento del mundo, conocimiento lingüístico; y (c) *Factores individuales*: edad, personalidad, inteligencia, etc. Parte de la complejidad de dar explicación a la cuestión lógica formulada más arriba consiste en saber en qué medida y en qué circunstancias influyen cada uno de estos factores, que por otra parte, mantienen entre sí relaciones de mutua interdependencia. Por ejemplo, los rasgos de la personalidad o los del conocimiento lingüístico pueden cambiar con la edad, al igual que la relación con la sociedad puede verse afectada por el sexo (especialmente en algunas culturas) o la edad; partir de una L1 cercana a la L2 (español para un italiano, por ejemplo) otorga más posibilidades de interacción desde el primer momento del aprendizaje, constituyendo una ventaja inicial nada despreciable, etcétera.

Existe un cierto *orden natural* y predecible en el aprendizaje de una L2 que, en su evolución, puede incluir *formas no nativas de desarrollo*. Hasta tal punto ello es así que una estructura nueva no podrá ser aprendida, por lo tanto es inútil el intento de su enseñanza, hasta que la *interlengua* -sistema de reglas variables de la L2 del aprendiz en proceso de aprendizaje- esté preparada para ello (*teoría de lo enseñable*, Pienemann, 1998).

Algunas teorías (v.gr. *construcción creativa,*) sostienen que el innatismo es aplicable al aprendizaje de una L2[3]: *el dispositivo de adquisición del lenguaje* (DAL) y con él la *gramática universal* (GU) siguen activos cuando un adolescente o adulto aprende una L2, al igual que sucedía con la adquisición de la L1. Liceras, autora en la línea de la tradición chomskiana (Liceras, 1996), afirma, sin embargo, *la gramática no nativa utiliza el inventario de categorías y está sometida a las restricciones que regulan los principios de la Gramática Universal,* pero *su adquisición, al menos en el caso de los adultos, no se produce por un proceso de selección de desencadenantes similar al que se propone para la lengua materna* (Liceras, 2000: 72). Los *cognitivistas* estiman que en el aprendizaje de una L2 por un adulto, la función de la GU la desempeña la L1 y que, en lugar del DAL, actúan *mecanismos generales de resolución de problemas*, no siendo el aprendizaje lingüístico distinto de cualquier otro[4]. En cambio, está generalmente admitido que, cuando se trata de niños aprendiendo una SL, es decir en contextos ricos en *input*, el aprendizaje de la L2 es similar al de la L1[5].

Existen dos tipos de conocimiento lingüístico: el *implícito* y el *explícito*, que han de ser entendidos como un continuo en cuyos extremos se encontrarían el *conocimiento más controlado* y el *conocimiento más analizado* respectivamente (Bialystock, 1994). Se distinguen por su *forma de adquisición, almacenamiento y procesamiento,* pero no por su objeto, que es el mismo, la L2. El aprendizaje del conocimiento implícito -el que todos tenemos respecto de nuestra

[3] Chomsky, sin embargo, nunca ha hecho explícita tal aseveración.

[4] Los límites entre ambas perspectivas son tan difusos que con frecuencia se catalogan como cognoscitivas teorías que se declaran herederas de los principios de Chomsky. R. Ellis (1994: 356) incluye la *Teoría del monitor* de Krashen entre las cognoscitivas, a pesar del propio Krashen, quien, como Larsen-Freeman y Long (1991), la considera nativista o innatista. Por otra parte, hay intentos de no entenderlas como mutuamente excluyentes (R. Ellis, 1994: 347; Martín Martín, 2000: 50; Hulstijn, 2002: 199).

[5] Del *input* se hablará en 3.2.1.

L1- no es consciente. Se adquiere cuando la información es procesada receptivamente -a través de la vista o el oído- de manera intencionada o no: una vez que decidimos oír, hablar, escribir o leer, no podemos elegir entre codificar y almacenar la información o no; en este sentido es *imparable*. Normalmente se almacena en diferentes áreas del hemisferio izquierdo, quizás por ello la *memoria implícita* es menos vulnerable a las lesiones neurocerebrales que la explícita. En términos de procesamiento, el conocimiento implícito se denomina también *conocimiento procedimental*. Desde una perspectiva *conexionista*, el aprendizaje implícito consiste en la *construcción de redes neuronales del tipo de distribución en paralelo* (Hulstijn, 2002).

Por su parte, el aprendizaje del conocimiento explícito es consciente. Es el conocimiento de *reglas* y *rasgos* de una L2 de los que el aprendiz puede dar cuenta (incluye el *metalenguaje*). Se le asignan tres funciones (Bialystock, 1978):

a) *Función absorbente*, por la que la información nueva conscientemente aprendida se representa en él.
b) *Almacén de la información explícita*: incluso los hablantes nativos necesitan de un lugar donde guardar conocimiento explícito sobre la L1; en español, por ejemplo, a veces, cuando hablamos o escribimos, hacemos una mínima pausa para pensar y recurrir al conocimiento explícito de nuestra lengua antes de utilizar un término parecido fonéticamente a otro(s), por ejemplo *relevar* (una guardia), *rebelar* (de rebelión) o *revelar* (un secreto), etcétera.
c) La tercera función es la de *hacer explícito un conocimiento implícito*, lo que puede llevar a la formulación de una regla.

El aprendizaje del conocimiento explícito es útil incluso si no se transforma en implícito (Hulstijn, 2002: 209). En la mayoría de las personas, el conocimiento explícito se almacena y controla en el lóbulo temporal medio y central, incluyendo el hipocampo. En oposición al *conocimiento procedimental*, el conocimiento explícito es *declarativo*.

La gran cuestión con implicaciones pedagógicas de primer orden es ¿puede convertirse el conocimiento explícito en implícito? Y, si la respuesta es afirmativa, ¿cómo se consigue esa transformación o trasvase? Algunos autores niegan la posibilidad del trasvase, es la posición de *ausencia de contacto* (Krashen, 1985; Paradis, 1994). Otros opinan, coincidiendo con la creencia popular, que la *automatización* del conocimiento mediante la *práctica* y el *ejercicio repetido* hace que tal transformación sea posible (el *conductismo*; McLaughlin, 1987; Andersen, 1990). No faltan quienes, a lo largo del tiempo, han cambiado de opinión (Hulstijn, 2002: 208), pasando de una posición de *contacto* a la de *no contacto*. Este último autor propone una hipótesis interesante partiendo de una posición de no contacto: el conocimiento explícito no se convierte en implícito, sino que *construye nuevas redes neuronales que sirven de soporte del conocimiento implícito* (Hulstjin, 2002). No hay transformación, puesto que el conocimiento explícito sigue existiendo, sino creación de algo nuevo a partir de algo existente que persiste. En torno a esta misma cuestión cabe añadir que el conocimiento explícito de una regla no implica su buen uso en tareas productivas: el aprendiz comete errores cuando habla en aspectos que conoce bien en la teoría. Por otra parte, el avance en su interlengua *no es lineal*, siendo frecuentes los retrocesos y la comisión de errores que se tenían por superados -avance en *forma de U*, se suele decir-.

Estamos aún lejos de una teoría general que explique todos los procesos que intervienen en el aprendizaje de una L2. Se duda incluso de la conveniencia del empeño en diseñar tal teoría general global, dada la envergadura de la tarea. Una postura más realista propone la elaboración de sub-teorías que traten cada proceso desde perspectivas multidisciplinares (lingüística, psicología, neurociencias, etc.), evitando siempre el abandono prematuro o la aceptación ciega de ideas cuya comprobación empírica solvente esté por realizarse.

3.2. Factores condicionantes en el aprendizaje de una L2

Se han buscado respuestas a las cuestiones formuladas en relación con los factores que intervienen en el proceso de aprendizaje. Su elevado número, la dificultad en su medición, por tratarse de procesos que se desarrollan en el cerebro, y por lo tanto, todavía opacos a la observación, su variabilidad entre los distintos sujetos, etc., impiden que hasta el momento se haya podido establecer un modelo de aprendizaje totalmente satisfactorio que dé cuenta de en qué grado interviene cada uno de ellos en el aprendizaje de una L2, donde, como ya se ha dicho, concurren tres grandes bloques de elementos (Ellis 1994: 193-195) que, aunque por razones metodológicas generalmente se estudian por separado, mantienen estrechas relaciones entre sí: (a) *factores externos* o *sociales*; (b) el *conocimiento previo* y (c) *factores individuales del aprendiz.*

3.2.1. Factores externos o sociales: el input

La importancia de los factores externos radica en que determinan la forma en que el aprendiz va a estar en contacto con la L2 y, en buena medida, la calidad y cantidad del *input.*

Los dos factores externos más importantes son el *contexto* y la *situación.* Dada la relevancia del *input* en el proceso de aprendizaje de una L2, no es de extrañar que contexto y situación sean considerados como la primera causa de *variabilidad* en cuanto al *ritmo* de aprendizaje y al *grado de perfección* que el aprendiz pueda lograr.

El aprendizaje de una L2 puede darse en varios contextos, no siempre fáciles de delimitar. Se habla de *contexto natural* cuando el aprendiz está en constante exposición y contacto con la lengua objeto de aprendizaje por ser la lengua habitual de la sociedad en la que vive. A efectos del aprendizaje de la lengua, cabría hacer muchas matizaciones, siendo quizás la más importante la distinción entre los casos en que tal contacto se produce de manera individual o familiar de los casos en que grandes grupos de inmigrantes procedentes de un mismo país se desplazan a otro constituyendo amplias colonias que mantienen sus lengua, cultura, costumbres, etc. En este contexto se trataría de una *segunda lengua* (SL), entendiendo *segunda* como sinónimo de *no materna*. Frente a este contexto está el más habitual de *lengua extranjera* (LE), cuyo aprendizaje normalmente se produce en *situación* de aula. Cuando no se quiere hacer mención explícita al contexto, se suele usar la sigla L2, que abarca ambos, SL y LE. Se entiende por *contexto mixto* (SL-M) aquél en que, por una parte, la vida laboral y social del aprendiz se desarrolla entre nativos del país (SL) y, por otra, se beneficia de la instrucción explícita que suele ser la forma típica de aprendizaje en contextos LE. Para un emigrante africano en nuestro país, el aprendizaje del español se producirá en contexto natural y, para él, el español será una SL. Si asiste a clases de español para extranjeros, el contexto será mixto (SL-M). Para los estudiantes españoles que estudian inglés en España, ésta es una lengua extranjera (LE) que aprenden en situación de aula. Si se desplazan al Reino Unido para perfeccionarlo, el inglés pasará a ser una SL, que se convertirá en SL en contexto mixto (SL-M) si asisten allí a clases de inglés. A pesar de que estas nociones y siglas no deberían presentar dificultad, se han extendido las siglas ELE -*español como lengua extranjera*- en contextos para los que es inapropiada: el español *no* es una *lengua extranjera* en España, por más que sean extranjeros quienes la aprenden. Los aprendices de español en España están en contexto ESL *-español como segunda lengua-* o si se prefiere EL2 *-español como L2-*. Además de estos dos contextos (SL y LE), existen otros en amplias zonas del planeta, como el *contexto de lengua oficial* (el inglés en India; el inglés y el francés en muchos países de África).

Si es importante tener presente el contexto en que se produce la adquisición de una L2, no lo es menos la *situación* de enseñanza. Cabe definir ésta como las circunstancias en que la enseñanza o instrucción se produce. Puede presentar variadísimas formas, que dependen de innumerables factores, en gran medida determinantes del éxtito final de la tarea; es decir, dentro de un mismo contexto LE, la forma en que un aprendiz puede tener contacto con la LE a través de la enseñanza puede ser de tantas modalidades que los resultados relativos a la *velocidad de aprendizaje* y *nivel final logrado* pueden difereir notablemente de unos a otros casos. Baste mencionar, en relación de oposiciones bimembres, algunas de las situaciones de enseñanza más comunes[6]: enseñanza reglada / enseñanza no reglada; edad infantil de los aprendices / edad adulta; enseñanza opcional / enseñanza obligatoria; aulas numerosas / aulas reducidas; LE como asignatura del currículo / currículo desarrollado en LE (*inmersión*); profesorado nativo / profesorado no nativo; enseñanza presencial / enseñanza a distancia; etc. La generalización sobre los procesos de aprendizaje, los juicios sobre la idoneidad de las técnicas y materiales que han de utilizarse o la defensa de determinadas concepciones teóricas, han de ser examinados a la luz de las circunstancias que rodean el aprendizaje. Cualquier proyecto de enseñanza de una L2 ha de partir de un análisis previo del *contexto* y la *situación* en que va a producirse el aprendizaje, como requisito esencial para alcanzar los objetivos deseados. En cuanto a la investigación sobre el *aprendizaje/adquisición de segundas lenguas* (ASL), resulta ya tópico señalar el error que supone la deducción de implicaciones pedagógicas con pretendido valor universal a partir de experimentos llevados a cabo en unos determinados contextos y situaciones. Los resultados obtenidos han de ser analizados a la luz de las circunstancias que han concurrido, que limitan o impiden su extrapolación.

En contexto SL, los factores sociales más relevantes, que con frecuencia interactúan con otros de naturaleza individual (como la edad y el sexo), mantienen una estrecha relación con la *actitud* del aprendiz, es decir, el aprecio e identificación del aprendiz con su comunidad de origen y con la comunidad de la lengua objeto de aprendizaje (por ejemplo, Cenoz y Valencia, 1993). Se señala en este sentido que, de forma general y en condiciones normales -como sucede, por ejemplo, en el caso de la inmigración que ha llegado y llega a EE.UU.-, la edad es un factor decisivo. Los inmigrantes menores de diez años no tienen apego a su cultura de origen y desean la integración completa en el país de acogida, pasando a ser la SL, en la práctica, su L1. Por el contrario, quienes llegan tras la adolescencia nunca olvidarán el componente de inmigrante que llevan dentro. Ellis señala, sin embargo y como muestra de la complejidad del fenómeno, que se dan también casos de aprendizaje con éxito entre aprendices que no muestran una actitud integradora en la sociedad de acogida (Ellis, 1994: 210).

El *input* -contacto auditivo o visual con la L2- es esencial en el proceso de aprendizaje de una L2 (Gass y Madden, 1985). Para que el *input* sea productivo debe ser *comprensible* y *comprendido* (*intake*). Cuando el hablante adapta su discurso para hacerlo comprensible *-habla al extranjero-* mediante la simplificación del mensaje, la selección del léxico o la articulación cla-

[6] Por falta de espacio no se puede entrar aquí en el análisis y relevancia de los muchos elementos que forman parte de la instrucción formal, algunos de importancia capital para la glotodidáctica: profesor, materiales y recursos disponibles, horas de clase a la semana, etcétera.

ra y lenta de los sonidos, no sólo está facilitando la comunicación momentánea entre él y su interlocutor, está también contribuyendo, posiblemente sin él ser consciente, al aprendizaje de la L2 por parte del aprendiz.

En situaciones de instrucción formal de L2, el *input* que recibe el aprendiz debe estar adaptado e ir en aumento progresivo. Krashen (1981) sintetizó esta idea con la fórmula *i*+1: para que se produzca progreso, el aprendiz debe estar en contacto y comprender un *input* que incluya rasgos que estén un *poco más allá* (+1) de su nivel de *interlengua* (*i*). Siendo el *input/intake* -es decir, la *evidencia positiva*- tan importante, no es suficiente, sin embargo, para un buen aprendizaje de L2 por parte de adultos. En varios trabajos realizados con estudiantes angloparlantes canadienses en programas escolares de inmersión para aprender francés, en los que el contacto con esta lengua era masivo y durante muchos años, se llegó a la conclusión de que los aprendices lograron un altísimo grado de comprensión de la L2 y un conocimiento general del francés cercano a la competencia del nativo en cuanto a habilidades discursivas. Sin embargo, presentaban problemas en lo relativo a la calidad de lo que eran capaces de producir, debido a la comisión de errores gramaticales (Hammerley, 1989). El *input* no era del todo suficiente. Como resultado de las anteriores conclusiones se planteó la hipótesis del *output comprensible* (Swain, 1985), según la cual el aprendiz necesita sentir la *presión de producir bien* para que se esfuerce en usar debidamente todos los recursos lingüísticos de que dispone. Es importante destacar los términos *presión* y *bien*, ya que la mera producción para alcanzar grados aceptables de comunicación puede no producir progreso: el *discurso en colaboración*, en el que el nativo ayuda al aprendiz y éste construye su discurso apoyándose en su interlocutor -*andamiaje*- y en su voluntad por comprenderle, puede tener efectos ambivalentes, ya que, si bien en unos primeros momentos es importante para la comunicación, su uso abusivo por parte del aprendiz le frenará en su progreso. El *output*, por otra parte, contribuye a la creación de *input* comprensible por parte del nativo (o del profesor), ya que éste, mediante la producción del aprendiz, recibe información sobre el nivel de su interlengua, lo que le permitirá adaptar su discurso.

También se ha alegado en contra de la *hipótesis del input* en su versión más fuerte (Krashen, 1985), que éste no siempre resulta suficiente para que el aprendiz sea capaz de *notar la diferencia* entre su producción y las formas aceptadas de L2 (Long, 1996). Si nadie le informa de lo contrario, el aprendiz dará por buenas formas que no lo son, hasta provocar una prematura *fosilización* de su *interlengua*, es decir, un estancamiento en su evolución. Se ha señalado el recurso a la *instrucción formal*[7], que incluye *corrección* o *evidencia negativa,* como eficaz medio de evitar o, al menos, posponer la fosilización de la interlengua a un estadio más avanzado.

Ellis (1994: 243-288), tras analizar innumerables estudios llevados acabo para investigar los múltiples aspectos del *input* -entre otros, por citar algunos, el *input* modificado, los efectos del *input* en la rapidez de aprendizaje o la relación entre *input* y *output*- comienza y termina sus conclusiones con dos citas que aquí asumimos. La primera, de Young (1988: 128), señala que *todavía queda mucho por descubrir en este campo*; la segunda, de Sharwood Smith (1985: 402), indica que no se puede enunciar una teoría de aprendizaje de L2 sin tener en cuenta este elemento, que debe ser visto como uno más en una *conspiración de factores*.

[7] Para una revisión actualizada y en español sobre las variables contextuales y los efectos de la instrucción formal, véase Cenoz y Perales (2000).

3.2.2. La transferencia

Si bien es cierto que la importancia concedida a la transferencia del conocimiento lingüístico (L1>L2) ha diferido mucho de unos autores a otros (Dulay *et al.*, 1982 y *cf.* Gass y Selinker, 1983, 1993) y que aún hoy quedan cuestiones por dilucidar sobre la misma y sobre su relación con otros factores, existe un alto grado de consenso en considerar la transferencia como un fenómeno común, que ocupa una posición central en el aprendizaje de una L2 (Ringbom, 1987; Odlin, 1989; Ellis, 1994: 336 y 341; Martín Martín, 2000; Manchón Ruiz, 2001). Odlin propone la siguiente definición de transferencia: *la influencia que resulta de las similitudes y diferencias entre la lengua meta y cualquier otra lengua previamente (y quizás imperfectamente) adquirida* (Odlin 1989: 27). Aunque, como ya se ha dicho, es difícil determinar en qué grado y circunstancias influye la transferencia en el aprendizaje de una L2, las investigaciones llevadas a cabo a partir de los años ochenta no dejan lugar a la duda respecto a la importancia de la influencia de la lengua materna tanto en lo que se refiere a (a) los diferentes niveles de la lengua como a (b) los efectos concretos que produce. Tales estudios refutaban anteriores investigaciones realizadas por Krashen y sus socios (*posición minimalista*, Dulay *et al.*, 1982) que, en parte, sirvieron de base empírica a la *Teoría del Monitor* (Krashen, 1981), en la que la transferencia no desempeñaba ningún papel.

a) Las investigaciones realizadas (Gass y Selinker, 1983, 1993; Kellerman y Sharwood Smith, 1986; Ringbom, 1987 y Odlin, 1989) pusieron de manifiesto que la transferencia deja huella en todos los niveles de la lengua, especialmente en la fonética, hasta el punto de poder afirmar que la L1 de los aprendices es suficiente para predecir la evaluación que los mismos van a recibir de los hablantes nativos. Cabe así asumir las palabras de Adjémian cuando dice: *Dado el presente estado de nuestro conocimiento sobre la adquisición de lenguas, la carga de la prueba recae en los proponentes de la teoría de la no-transferencia: han de demostrar que cada caso de lo que ellos llaman transferencia "aparente" puede ser explicada por otros medios* (1983: 251).

b) Existen unos *factores reguladores* o *restrictivos* de la transferencia que son decisivos en los efectos que produce. Pueden ser *internos,* como la *edad* del sujeto, su *nivel de interlengua* o *las percepciones del aprendiz sobre la distancia lingüística,* o *externos,* como el contexto o la presión en que se realiza el acto comunicativo (Manchón, 2001: 47). Pienemann (1998) propone, además, la *Teoría de la procesabilidad*, según la cual el aprendiz de una L2 no transfiere su conocimiento de L1 si no está preparado para procesarlo (Hakansson, Pienemann y Sayehli, 2002). Aunque la transferencia ocurre tanto en el *proceso del aprendizaje* como en el *producto* -entendido este término en sentido lato de *producción* y *recepción*-, es en este segundo ámbito donde se pueden encontrar con más facilidad pruebas empíricas de los efectos que la atestiguan, dado nuestro limitado acceso a los procesos cognoscitivos. Tales efectos son la *comisión de errores,* la *facilitación* -especialmente visible entre lenguas próximas; en estos casos la L1 otorga una ventaja inicial al aprendiz, pero tal proximidad puede volverse en su contra si se conforma con un nivel bajo de comunicación-, la *evitación* -el aprendiz evita usar las formas de las que carece en su L1- y el *abuso* -como efecto secundario de la evitación, tiende a abusar de aquellas formas en las que se siente más seguro (*cfr.* Ringbom, 1987; Odlin, 1989; Ellis, 1994). Por la importancia que tradicionalmente la glotodidáctica (hasta la aparición del enfoque comunicativo) le ha atribuido a la comisión de errores, recibirá aquí una mayor atención. Presenta ésta un primer problema: el de la identificación de la causa del error, que será distinta dependiendo de la posición teórica de la que se parta. Sharwood Smith (1994: 86-87) pone el siguiente ejemplo: el error cometido por un hispanohablante al decir en inglés *no is true*[8] es considerado por (a) el conductismo y el análisis contrastivo como un *error de transferencia* -esa frase en español presenta ese orden y no necesita sujeto explícito-; se ha producido una transferencia negativa -*interferencia*- por la influencia de un hábito desarrollado en la L1. (b) La teoría de la interlengua admite la interferencia pero no la atribuye a la repetición de un hábito, sino a que el aprendiz ha supuesto que las formas de L1 y L2 eran iguales. (c) La construcción creativa, por su parte, no cree necesario recurrir a la transferencia ya que durante el proceso de aprendizaje de una L2 se pasa por *secuencias de desarrollo* como la de ubicar la negación antes del verbo y omitir el sujeto, tal y como también ocurre en la adquisición del inglés por los niños. El segundo problema, origen del primero, es el de las estimaciones en el número de errores debidos a la transferencia, que oscila entre el 3% y el 51% (Ellis 1994: 302).

A modo de conclusión cabe decir sobre la transferencia que, aun existiendo incógnitas por despejar, las numerosas investigaciones empíricas realizadas en los últimos años parecen dejar fuera de toda duda que la L1 es un factor central en el aprendizaje de una L2 (Liceras, 1991: 25). Por lo tanto, no es posible entender el proceso de aprendizaje de una lengua no nativa sin tener presente el papel de la L1. Ahora bien, el fenómeno de la transferencia no es sencillo ni lineal. Afirmaciones simplistas del tipo, "más semejanza, más facilidad y por tanto más rápido aprendizaje y mayor precisión", han de ser observadas con reservas, dado que la transferencia actúa en conjunción con otros factores -de carácter intralingüístico, unos; de naturaleza sociocultural y psicológica, otros- que, a su vez, imponen restricciones en los efectos de la misma.

3.2.3. Factores individuales

Algunos autores (por ejemplo, Gass y Selinker, 2000: 329) cuestionan esta denominación pues, según sus argumentos, tales factores no son puramente individuales ya que con frecuencia están relacionados con aspectos socioculturales, por este motivo prefieren hablar de *influencias no lingüísticas.* La denominación está, sin embargo, ampliamente aceptada, y engloba, entre otros, factores como la *edad* -en general más valorado como factor decisivo por el lego que por el estudioso de ASL-, cuyos efectos pueden analizarse, por ejemplo, con relación a la *rapidez del aprendizaje* o al *logro final.* Junto a la edad se señalan también los *factores afectivos*[9], entre los que se incluyen la *motivación,* la *ansiedad* y la *inhibición* (Arnold y Brown, 2000). Son asimismo elementos individuales de primer orden la *aptitud* del aprendiz, que, a su vez, depende de otros elementos como la *inteligencia,* la *memoria*, el *sentido del oído*, etc.; la *personalidad*; las *creencias* sobre cómo se aprende una L2 y el *estilo de aprendizaje,* que es la forma en que el

[8] La forma correcta de la frase en inglés es: *It is not true.*

[9] No se tocarán aquí los factores afectivos ni las estrategias, por ser objeto de análisis en otros capítulos de esta obra.

aprendiz percibe, interactúa y responde al entorno de aprendizaje. Directamente relacionado con el estilo de aprendizaje, la personalidad y la aptitud, pero constituyendo un grupo de factores con entidad propia encontramos las *estrategias de aprendizaje,* que cabría definir como las técnicas y procedimientos que el aprendiz utiliza para aprender, memorizar y automatizar el conocimiento (implícito y explícito) de la L2. Vinculadas a los factores individuales, pero también en conexión con los otros elementos, se encuentran las *estrategias de comunicación*, que cabe definir como los recursos que el aprendiz emplea para explotar sus (limitados) conocimientos de L2 cuando se encuentra ante un obstáculo en su proceso de comunicación.

Si bien aquí, por razones metodológicas, los trataremos de forma individual, todos los autores coinciden en señalar el alto grado de superposición e interrelación existente entre ellos y la conveniencia de realizar estudios que integren a más de uno, aprovechando las técnicas estadísticas multivariables de que hoy se dispone.

Una última cuestión que merece ser destacada en esta introducción es la existencia de un cierto escepticismo generalizado -probablemente necesario en toda investigación científica- en cuanto a los resultados de los estudios y las conclusiones que se desprenden de ellos, dada la complejidad del análisis del aprendizaje de L2. Así Larsen-Freeman y Long (1994: 198) concluyen su capítulo dedicado a las diferencias individuales dando la razón a Seliger (1984: 37) cuando afirma: *Aunque se han correlacionado muchas características con la adquisición lingüística, no hay mecanismos para decidir cuáles de los fenómenos descritos, o de los que se dice que el aprendiz debe abordar, son los que realmente llevan a la adquisición de la lengua.*

La edad

Las conclusiones a las que llegaron Krashen, Long y Scarcella y Long (1979), tras analizar 23 trabajos de investigación sobre la edad como factor en el aprendizaje de una L2, siguen siendo en esencia válidas (Singleton, 2001)[10]. A partir del análisis comparativo de las investigaciones efectuadas entre 1962 y 1979, estos autores concluyen que *al diferenciar velocidad y resultado final, se resuelven las aparentes contradicciones que aparecen en los estudios.* Así, a tiempo constante de exposición a la L2, es posible establecer las siguientes generalizaciones[11]:

1. Los adultos avanzan más rápidamente que los niños al principio del aprendizaje de una L2.
2. Entre los niños, los mayores (8-12 años) progresan al principio más rápidamente que los menores (3-8).
3. Sin embargo, a largo plazo, los niños pequeños llegan a alcanzar un nivel superior al de los otros grupos.

Si estas conclusiones se consideran, por lo tanto, (provisionalmente) válidas, cabe plantearse dos cuestiones, que Singleton (2001: 84) expone en los siguientes términos: a) ¿se trata de una tendencia general o de una ley absolutamente inviolable?, y b) ¿cómo se pueden explicar los efectos del factor edad? Posiblemente, en la respuesta a la segunda cuestión se encuentre la clave para contestar a la primera, tal y como se verá a continuación.

---

10 Para una síntesis panorámica del tema, véase Singleton (2001).

11 Estas afirmaciones son de aplicación tanto en el aprendizaje en contextos naturales como en situaciones de aula.

El factor edad en el aprendizaje de una L2 se ha asociado a la idea de que a medida que un niño deja de serlo para convertirse en adolescente y más tarde en adulto, pierde capacidad para aprender una L2, debido a los cambios fisiológicos que se producen en su cerebro. Estos cambios incluyen procesos como el que, de manera algo imprecisa pero ilustrativa, se suele denominar *pérdida de plasticidad cerebral* (asociada al fenómeno de la *lateralización o* especialización de los hemisferios en las funciones cerebrales), la *mielinización* (recubrimiento de las fibras nerviosas), el crecimiento del cerebro o el aumento en la producción de neurotransmisores, entre otros (Scovel, 1988). Sobre estos procesos aún existen lagunas y opiniones contradictorias en cuanto a la edad, la forma en que se realizan (Larsen-Freeman y Long, 1994: 148-152) y los efectos que producen sobre el aprendizaje de una L2 (y de la L1), por lo que la existencia de limitaciones en el aprendizaje de una L2 debidas a la *maduración cerebral* sigue siendo una cuestión abierta al debate (Hyltenstam y Abrahamson, 2001: 153). Cabe mencionar, en todo caso, las tres posiciones prototípicas con respecto a la existencia de un *periodo crítico de aprendizaje* fundamentado sobre bases neurofisiológicas:

a) Existe un periodo crítico de aprendizaje para adquirir la lengua materna, que sería también aplicable a cualquier L2[12]. Lenneberg (1975) lo fijó entre los dos y los doce años: en este periodo de tiempo el aprendizaje de una lengua se hace de manera natural y sin esfuerzo; fuera de este plazo, no es posible llegar al éxito total ya que el *desarrollo de la capacidad lingüística tiende a congelarse*. Estudios como el de Patkowski (1980) señalan que sólo el aprendizaje de una L2 que comienza antes de la pubertad puede llegar a alcanzar el grado de perfección de un hablante nativo, no sólo en el ámbito de la pronunciación, cuya perfecta ejecución está generalmente considerada fuera del alcance de los adultos, sino también en el nivel morfosintáctico. En el estudio, llevado a cabo con bastantes garantías de fiabilidad, Patkowski hizo que expertos hablantes nativos de lengua inglesa juzgaran textos transcritos de conversaciones mantenidas con 67 inmigrantes con estudios universitarios llegados a EE.UU. a diferentes edades y que llevaban residiendo al menos cinco años en el país. El hecho de examinar textos y no las cintas aseguraba que la pronunciación no sería tenida en cuenta. Los evaluadores habían de calificar los textos entre 0 puntos -ningún conocimiento de la lengua- y 5 puntos -el nivel de una nativo con formación académica-. El resultado fue que 32 de los 33 individuos que habían entrado en EE.UU. con menos de 15 años obtuvieron calificaciones de 4+ ó 5 puntos. Los que entraron después de la pubertad presentaban mucha más variedad, con una mayoría que obtuvo 3+ puntos, resultados que, cabe decir, son los que se podrían haber esperado en el aprendizaje de cualquier otra actividad.

b) Más que de un periodo crítico de aprendizaje cabe hablar de un *periodo sensible de aprendizaje* que, además, no se puede considerar *un fenómeno de todo o nada* (Oyama, 1976: 33), ya que, por una parte, es evidente que se producen diferencias entre los individuos en cuanto a rapidez en el aprendizaje y nivel alcanzado y, por otra, los resultados no son homogéneos en todos los componentes o subsistemas de la lengua -fonología, morfosintaxis, léxico-. Para un adulto, por ejemplo, alcanzar una buena pronunciación en la L2 suele presentar más dificultad que

[12] Lenneberg, sin embargo, no aplicó este concepto al aprendizaje de L2.

adquirir un vocabulario rico. En otras palabras, el periodo sensible propugna que el aprendizaje es más fácil dentro de tal periodo pero no imposible fuera de él.

c) La tercera posición niega la existencia de periodos críticos o sensibles debidos a los procesos neurocerebrales. La prueba de que tales *restricciones debidas a la maduración* no existen, la aportan los numerosos ejemplos de personas que llegan a tener un conocimiento de una L2 tan bueno como el que alcanzan los niños (Bialystock, 1997: 118). Esta misma autora constata que el declive en la capacidad para alcanzar el dominio de una lengua sigue produciéndose bien entrada la madurez. Bialystock y Hakuta (1999) analizaron los niveles de lengua inglesa alcanzados por inmigrantes chinos e hispanos con más de diez años de estancia en EE.UU., y llegaron a la conclusión de que el nivel alcanzado descendía cuanto mayor era la edad a la que el inmigrante llegaba, pero no detectaron ninguna edad concreta entre la infancia y la senectud en la que el declive fuera abrupto[13].

El neurofisiológico, sin embargo, es sólo *uno* de los varios aspectos que se pueden asociar a la edad. Larsen-Freeman y Long (1994: 148 y ss.) señalan además otras tres explicaciones que dan cuenta de los efectos del factor edad. Según la *explicación socio-psicológica*, los adultos estarían más inhibidos a integrarse en la lengua y cultura de la L2 por tener una identificación con su L1 más sólida que la de los niños. En esta línea se sitúan los estudios de Jia y Aaronson (1999), quienes concluyen que los niños inmigrantes de menos de diez años se suelen integrar en la cultura y lengua que les acoge hasta el punto de considerarlas como propias, sustituyendo su L1 por la L2, la cual, en la práctica, acaba convirtiéndose en su nueva L1; los de mayores de diez años, por el contrario, tienden a considerar la L2 como una lengua de adopción y no propia. En segundo lugar, la *explicación cognitiva* establece que, para el inicio de la adolescencia, el *dispositivo de adquisición del lenguaje* (DAL), que permitió la perfecta adquisición de la L1 en la infancia, ha perdido gran parte de su fuerza, a la par que ha entrado en acción el *mecanismo de resolución de problemas* (el estadio de *operaciones formales* de Piaget), menos capacitado y especializado que el DAL para el aprendizaje lingüístico. Aunque Larsen-Freeman y Long desmarcan la explicación cognitiva de la neurofisiológica, tal como lo expresan, la primera no deja de ser una consecuencia de la segunda. La *explicación del input*, finalmente, afirma que la exposición a la L2 que recibe el niño es de mejor calidad que la del adulto, por tratarse de un *input* adaptado, menos complejo y de *aquí y ahora*. Además, a diferencia del adulto inmigrante, que puede limitarse a un contacto mínimo con la lengua del país de acogida y llegar a un estadio prematuro de fosilización una vez cubiertos los mínimos comunicativos existenciales, la socialización del niño y el fuerte contacto con la L2 están prácticamente asegurados por la escolarización.

Además de las explicaciones que señalan Larsen-Freeman y Long cabe añadir dos cuestiones más que van asociadas a la edad. La primera es el hecho de que los niños inmigrantes, cuando se escolarizan, no sólo disfrutan de los beneficios de la socialización, sino que también reciben instrucción sobre la lengua que están aprendiendo, lo que sólo en algunos casos ocurre con sus padres. La segunda es que las capacidades cognitivas del individuo no se agotan en el DAL. Existen otras de carácter más general, como la de recordar detalles, la de establecer códigos en

[13] Véase la interesante polémica entre Marinova-Todd, Marshall y Snow (2000; 2001) y Hyltenstam y Abrahamsson (2001).

la memoria a largo plazo, la de ejecutar tareas bajo presión, o la de tomar decisiones arriesgadas, que también están relacionadas con la edad. Aquí también cabe insistir, de nuevo, que estas distintas capacidades, la lingüística (DAL) y las demás, no pueden disociarse de la explicación neurofisiológica.

A modo de resumen puede decirse que la edad es un factor complejo y central en el aprendizaje de una L2, cuyos efectos hay que contemplarlos en dos parámetros distintos: *velocidad de aprendizaje* y *logro final*. Las conclusiones generales a las que se llegó hace tres décadas siguen siendo en esencia válidas (Ellis, 1994: 492): los adultos aprenden más rápido, especialmente la gramática, pero los niños pueden llegar a alcanzar unos niveles en la L2 similares a los de un nativo, algo que está vedado a los mayores, particularmente en el caso de la pronunciación. El periodo en el que se puede llegar a alcanzar la total competencia gramatical es más amplio (incluso casi ilimitado) que el de la adquisición de una pronunciación de nativo (hasta la pubertad). Por otra parte, el elemento neurofisiológico no da cuenta del fenómeno en su totalidad. Intervienen otros componentes asociados a la edad como la calidad del *input* o la capacidad de socialización, que interactúan entre sí (Ellis, 1994: 201) y con otros factores externos a la edad (motivación, aptitud, personalidad), lo que hace de la edad un factor sumamente complejo (Singleton, 1989).

Una cuestión final con implicaciones pedagógicas de alcance. El hecho de que sólo los preadolescentes puedan alcanzar un dominio de la lengua, en todos sus niveles, igual al de un nativo no debe ser *la razón* para introducir el aprendizaje formal de la L2 a edades muy tempranas, ya que es, cuando menos, dudosa la conveniencia de que se fije tal meta como uno de los objetivos en los planes de estudio de aprendizaje de una LE[14].

La aptitud

Con la introducción del enfoque comunicativo, la aptitud para el aprendizaje de L2 pasó a un segundo plano por considerarse irrelevante (Lightbown y Spada, 2001: 54). Se estimaba que, con métodos orientados a la transmisión de significado, todo el mundo sería capaz de aprender una L2, como lo es para adquirir la L1, o que, en todo caso, la aptitud sólo representaba un factor importante en el aprendizaje de L2 en situaciones formales de aprendizaje (Krashen, 1981). Hay, sin embargo, investigaciones sobre el aprendizaje de la L1 que señalan diferencias significativas en cuanto a la velocidad de adquisición de su L1 por parte de los niños. Tales diferencias se reflejan unos años más tarde, cuando los ya adolescentes se enfrentan al aprendizaje de una L2, al existir correlación entre la rapidez en el aprendizaje de la L1 y de la L2 (Skehan, 1998: 194-195). En cuanto a la aptitud en relación con el aprendizaje en situación formal, los estudios más bien destacan la *relevancia de la aptitud en situaciones informales y contextos naturales de aprendizaje*, en los que resulta de primera importancia deducir la sistematicidad de las reglas gramaticales, procesar *input* no adaptado y asimilar el flujo de información procedente de la interacción. Gass y Selinker comparan el aprendizaje de una L2 con el del uso de un ordenador: sólo los muy aptos son capaces de aprender a usarlo sin ayuda externa, es decir, la aptitud es más relevante en el aprendizaje en una situación natural que en una formal, en la que hay ayuda externa

[14] Para un análisis sobre la etapa educativa en que debe ser introducida la L2 en la escuela puede consultarse Sharpe y Driscoll (2000).

(Gass y Selinker, 2000: 348). Larsen-Freeman y Long, citando a Carroll (1965) afirman lo mismo, pero de otra manera y desde otro punto de vista: *La perspectiva de que una enseñanza adecuada de la lengua pueda eliminar las diferencias de aptitud es tranquilizadora* (Larsen-Freeman y Long, 1994: 191). El influyente trabajo de Ioup *et al.* sobre Julie, una aprendiz excepcional de lenguas, concluía considerando que el factor más importante en el éxito de su aprendizaje lo constituía su talento para aprender L2 (Ioup *et al,* 1994: 92). Para Skehan (1989: 38), la aptitud es *el mejor predictor del éxito en el aprendizaje de una L2* .

Carroll (1965), autor de referencia tradicional obligada en este campo y creador junto con Sapon del clásico *Test de aptitud de lenguas modernas* (*Modern Language Aptitude Test, MLAT*) (Carroll y Sapon, 1959), distingue cuatro componentes de la aptitud:

a) *Capacidad de codificación fonética*. Consiste en la habilidad para discriminar, codificar, recordar y reproducir sonidos de una L2.
b) *Sensibilidad gramatical*. Capacidad para reconocer y comprender las diferentes funciones de las palabras.
c) *Capacidad inductiva de análisis de L2*. Capacidad de inferir reglas (generalmente gramaticales) sobre la L2 a partir de las muestras a las que el aprendiz tiene acceso.
d) *Memoria asociativa* para retener y recuperar vocabulario.

Para Skehan (1998: 201) el segundo y el tercer elemento pueden fundirse en uno, quedando pues tres, que se corresponden en líneas generales con las definiciones de Carroll: *capacidad auditiva, capacidad lingüística* y *memoria*. Interesa destacar aquí, aunque sólo sea de paso, la importancia que se le viene concediendo recientemente al elemento fonético como factor de primer orden en el aprendizaje general de L2 e incluso en cuestiones aparentemente no relacionadas con él, como la lectura (descodificación y comprensión), aprendizaje de vocabulario y reconocimiento de palabras (Sparks y Ganschow, 2001: 99-100). En ambos análisis de la aptitud -el de Carroll y Skehan- se destaca su carácter *modular*, es decir la relativa independencia de sus componentes, pudiéndose dar en un mismo individuo distintos grados de aptitud en cada uno de sus elementos.

En cuanto al muy popular entre los investigadores *Test de aptitud de lenguas modernas,* Robinson (2001: 372) propone introducir ciertos cambios para actualizarlo, dado que fue diseñado en tiempos del superado método audiolingüe, si bien algunos de sus apartados siguen conservando su valor, como la medición de la *sensibilidad gramatical*. Sus sugerencias incluyen la medición de la capacidad para *centrarse en la forma* en una clase comunicativa o de la capacidad de hacer uso de *recursos cognitivos* como la *atención*, la *memoria a corto plazo* o la *velocidad básica de procesamiento*. Sparks y Ganschow (2001: 99), por el contrario, aunque estiman que el test puede mejorarse, lo consideran en esencia un valioso predictor de la aptitud para el aprendizaje de L2.

Quedan aún cuestiones por resolver con respecto a la aptitud. Una de ellas es su relación con la inteligencia o, para ser más precisos, con el coeficiente de inteligencia. Según Gass y Selinker (2001: 347), las investigaciones han demostrado que la aptitud para el aprendizaje lingüístico no es equivalente a la inteligencia, tal como ésta es comúnmente medida en los tests. Para Robinson (2001), *inteligencia*, *aptitud* y *capacidades cognitivas* están entrelazadas en lo que denomina *jerarquización de las capacidades cognitivas.* Existirían, por tanto, unas *capacidades de primer orden*, entre las que se incluyen el *razonamiento analógico* y la *memoria activa*. Las *capacidades del segundo orden* son el resultado de ciertas combinaciones de las del primero: *inteligencia fluida, inteligencia cristalizada* y *velocidad*, que, a su vez, contribuyen a conformar un *unitario tercer orden* o *inteligencia general.*

Otra cuestión es si la aptitud puede desarrollarse o, por el contrario, es innata. Por una parte está generalmente admitido que el conocimiento de otras lenguas facilita el aprendizaje de una nueva, por tener más desarrolladas las estrategias de aprendizaje y de comunicación, lo que se traduce en un mejor aprendizaje y en un uso más correcto de la L2. En este sentido, la aptitud puede adquirirse. Hay, sin embargo, estudios que niegan el progreso de la aptitud en función de la experiencia previa en aprendizaje de lenguas (Harley y Hart, 1997).

La inteligencia

La *inteligencia general* es un concepto que encierra una gran complejidad y para el que existen al menos tantas definiciones como escuelas de psicología. De hecho, no falta quien duda de la validez de tal constructo (Gass y Selinker, 2001: 347). Su medición, por otra parte, presenta muchas dificultades porque, entre otras cosas, no es fácil deslindarla de otros factores adyacentes como la memoria o la instrucción recibida. Con estas y otras cautelas cabe decir, sin embargo, que los tests de inteligencia pueden medir determinados aspectos de la capacidad humana que sirven de indicadores de lo que se entiende normalmente por inteligencia: capacidad de comprensión, de abstracción, de relación de conceptos, etc. Los tests que miden la inteligencia verbal suelen ser buenos predictores de la capacidad de aprendizaje de las reglas gramaticales o análisis lingüísticos (aspectos comparables al aprendizaje de otras materias), pero no de la capacidad de comunicación e interacción. No es infrecuente el estudiante que presenta un aprendizaje de L2 por encima de los resultados que obtiene en otras asignaturas. Así pues, la aptitud para el aprendizaje de L2 no se puede explicar simplemente sobre la base de la inteligencia tal como es medida por los tests (Spada y Lightbown, 1999: 53; Gass y Selinker, 2001: 347).

La personalidad

Los rasgos de la personalidad que suelen asociarse al aprendizaje de L2 son, entre otros, (a) la dicotomía *introversión* -repliegue en uno mismo- / *extroversión* -proyección al exterior-; (b) la *capacidad de correr riesgos,* que, al parecer, funciona de manera distinta según se trate de correr riesgos para *ganar* (más conservadora) o de correr riesgos para *no perder* (más aventurera), y (c) *estilo de aprendizaje dependiente de campo* -mente más influenciable por el contexto- o *independiente de campo* -mente más analítica y que puede abstraerse del contexto-. Distintos autores (Larsen-Freeman y Long, 1994: 198; Spada y Lightbown, 1999: 54; Skehan, 2000: 256; Gass y Selinker, 2001: 364) coinciden en afirmar que las pruebas que hasta la fecha aportan las investigaciones no sostienen una relación clara entre rasgos de personalidad y aprendizaje de L2, contrariamente a lo que admite la creencia popular (el extrovertido, por ejemplo, estaría mejor dotado para las lenguas que el introvertido, según tal creencia). Un primer problema reside en separar la *capacidad de aprender* de la *capacidad de comunicarse*: se puede ser muy bueno aprendiendo reglas y, sin embargo, tener dificultades para interactuar en L2, y viceversa. Así, en efecto, un extrovertido estaría mejor dotado para la comunicación que un introvertido, pero éste, a su vez, podría disponer de un mayor y mejor conocimiento explícito de la lengua, como consecuencia de su mayor aplicación al estudio de la L2 (Skehan, 1989), lo que podría compensar su desventaja debida a sus dificultades para interactuar. Otros problemas tienen que ver con la medición del rasgo y con la interpretación que se puede hacer de los resultados, que hasta ahora no han sido concluyentes.

Otros factores

Se han señalado otros factores individuales relevantes en la adquisición de L2, como el *sexo,* el *orden de nacimiento en la familia*, o las *creencias* del propio aprendiz sobre cómo se aprende una L2. Si ya es difícil señalar una relación directa entre factores que se tienen por más influyentes como la aptitud, la personalidad o la edad, cuando se trata del sexo o del orden de nacimiento, la relación resulta aún más elusiva.

Con respecto al orden de nacimiento se ha realizado algún estudio (Larsen-Freeman y Long, 1994: 189) que tiende a señalar que los niños mayores y los hijos únicos son mejores imitadores de la L1, pero no hay referencias con respecto a la L2.

El sexo obviamente va ligado a multitud de factores psicosociales. Resulta arriesgado señalar una sola causa que dé cuenta de las diferencias -obvias para algunos a favor de las mujeres (Field, 2000)-. Se trata seguramente de una confluencia de factores que, una vez más, se interrelacionan y retroalimentan. Entre ellos se puede mencionar, sin pretensión de exhaustividad: la más rápida maduración del cerebro femenino; su mayor motivación para aprender L2; el distinto papel que mujeres y hombres desempeñan todavía en la sociedad, incluso en las más igualitarias; sus mejores resultados académicos o sus mayores habilidades para relacionarse socialmente. No cabe excluir, por otra parte, cierta incapacidad masculina para algunas tareas relacionadas con el aprendizaje de una L2, especialmente en situación de aula. Al parecer, los varones presentan con frecuencia una *rigidez de pensamiento* que les lleva a rechazar frontalmente lo que no les gusta, sin esforzarse por adaptarse a las circunstancias (Grenfell y Harris, 1997). Las pocas investigaciones llevadas a cabo en este campo apuntan, en general, en la dirección señalada. Así, en tests de comprensión auditiva, las mujeres han superado claramente a los hombres y se han mostrado más capaces que ellos en un ejercicio de discriminación dialectal. Sin embargo, Ellis (1994: 202) apunta que las mujeres asiáticas en el Reino Unido poseen menor conocimiento de la lengua inglesa que los varones, ya que, por hacer un tipo de vida má aislada de la sociedad, disponen de menos ocasiones de emplearla. Este caso constituye un claro ejemplo de la vinculación entre dos factores: sexo y relaciones sociales. Algo exageradamente, Field (2000) hace un alegato para no dar por perdidos a los varones en la causa del aprendizaje de L2. Los resultados de los chicos suelen ser peores que los de sus compañeras, pero pueden mejorarse con medidas específicas dirigidas a ellos que eleven su motivación y modifiquen su actitud con respecto al aprendizaje de L2.

Conclusión

El aprendizaje de una L2 por parte de un adulto presenta rasgos que lo hacen muy distinto de la adquisición de la L1 del niño; sin embargo, paradójicamente, las teorías sobre la adquisición de la lengua materna se han utilizado en buena medida para comprender los procesos de aprendizaje de una L2. El conocimiento del adulto -lingüístico y de otro tipo- y su edad, con la consiguiente pérdida de plasticidad cerebral, son factores suficientes para explicar las diferencias entre ambos aprendizajes, si bien en contextos muy ricos en *input*, puede producirse aprendizaje de L2 que sigue pautas similares a las de la adquisición de L1.

Se han señalado tres grandes bloques de factores en el aprendizaje de L2: (a) los externos, con especial mención al *contexto* y *situación de aprendizaje* en que el sujeto recibe el *input*; (b) el *conocimiento* que el adulto aporta, especialmente el lingüístico por la importancia del fenómeno de la *transferencia* de L1 a L2; y (c) los factores individuales no lingüísticos, entre los que destacan por su importancia la *edad*, la *aptitud* para el aprendizaje de lenguas y los *factores afectivos*. Aunque por razones metodológicas estos factores se suelen presentar por separado, conviene insistir en que sólo desde una perspectiva global que los contemple interactuando entre sí y modificándose mutuamente, es posible obtener un cuadro completo del aprendizaje de una L2.

Si bien se ha alcanzado en el campo de la ASL un grado aceptable de consenso en cuanto a la identificación y definición de los factores, se está aún lejos de enunciar una teoría del aprendizaje de L2 que pueda responder a cuestiones como en qué medida cada uno de los factores es relevante, en qué forma interactúan o qué grados de variación de actuación entre los mismos pueden llegar a producirse en cada individuo.

La más elemental prudencia aconseja, por una parte, tomar con cautela teorías o hipótesis que no hayan sido suficientemente corroboradas y, por otra, no desdeñar planteamientos que pueden ser útiles, por el sólo hecho de no ser novedosos. Por desgracia, con frecuencia se ha pasado de una teoría o hipótesis a la contraria -muchas veces con notables efectos para la glotodidáctica- admitiendo de manera entusiasta como válidos y probados planteamientos que más tarde se revelan defectuosos, cuando no muy deficientes. Es necesario, por lo tanto, afrontar el estudio del aprendizaje de una L2 desde perspectivas amplias y no sectarias. En la medida de lo posible las hipótesis y elaboraciones teóricas han de estar refrendadas por estudios empíricos llevados a cabo por distintas ramas de la ciencia, incluyendo de manera especial las neurociencias, que están llamadas a aportar en el futuro inmediato contribuciones heurísticas de primer orden.

Bibliografía

ADJÉMIAN, C. (1983), "The transferability of learning properties", en S. GASS y L. SELINKER (Eds.) (1983), *Language Transfer in Language Learning*, Rowley, Mass., Newbury House: 250-268

ANDERSEN, R. (1990), "Models, processes, principles and strategies: Second language acquisition inside and outside of the classroom", en B. VAN PATTEN y J. LEE (eds.) (1990), *Second Language Acquisition -Foreign Language Learning*. Clevedon, Avon, Multilingual Matters: 45-68.

ARNOLD, J. y BROWN, D. (2000), "Mapa del terreno", en J. ARNOLD (ed.) (2000 [1999]), *La dimensión afectiva en el aprendizaje de idiomas*, Cambridge, Cambridge University Press.

ARNOLD, J. (ed.) (2000 [1999]), *La dimensión afectiva en el aprendizaje de idiomas*, Cambridge, Cambridge University Press.

BIALYSTOCK, E. (1978), "A theoretical model of second language learning", *Language Learning*, 28: 69-83.

BIALYSTOCK, E. (1994), "Representations and ways of knowing: Three issues in second language acquisition", en N. ELIS (ed.) (1994), *Implicit and Explicit Learning of Languages*, San Diego, Ca., Academic Press: 549-569.

BIALYSTOCK, E. (1997), "The structure of age: In search of barriers to second language acquisition", *Second Language Research*, 13: 116-137.

BIALYSTOCK, E. y HAKUTA, K. (1994), *In Other Words: The Science and Psychology of Second Language Acquisition*, Nueva York, Basic Books.

BLEY-VROMAN, R. (1989), "The logical problem in second language learning", en S. GASS y J. SCHACHTER (eds.) (1989), *Linguistic Perspectives on Second Language Acquisition*, Cambridge, Cambridge University Press: 41-68.

CARROLL, J. (1965), "The prediction of success in foreign language learning", en R. GLASER (ed.) (1965), *Training, Research, and Education*, Nueva York, Wiley and Sons.

CARROLL, J. y SAPON, S. (1959), *Modern Language Aptitude Test-Form A*, Nueva York, The Psychological Corporation.

CENOZ, J. y PERALES, J. (2000), "Las variables contextuales y el efecto de la instrucción en la adquisición de segundas lenguas", en C. MUÑOZ (ed.) (2000), *Segundas lenguas. Adquisición en el aula*, Barcelona, Ariel: 109-125.

CENOZ, J. y VALENCIA, J. F. (1993), "La influencia de los elementos psicosociales en la adquisición y uso de la segunda lengua", en A. BRUTON, T. SIBÓN y R. M. MANCHÓN (eds.) (1993), *Serie sobre estrategias de aprendizaje y uso del lenguaje*, Sevilla, Consejería de Educación y Ciencia de la Junta de Andalucía.

CHOMSKY, N. (1959), "Review of *Verbal Behaviour* by F. Skinner", *Language* 35: 26-58.

DOUGHTY, C. y LONG, M. (eds.) (2003), *Handbook of Second Language Acquisition*, Oxford, Blackwell.

ELLIS, N. (ed.) (1994), *Implicit and Explicit Learning of Languages*, San Diego, CA., Academic Press.

ELLIS, R. (1993), "The structural syllabus and second language acquisition", *TESOL Quarterly*, 27: 91-113.

ELLIS, R. (1994), *The Study of Second Language Acquisition*, Oxford, Oxford University Press.

DULAY, H., BURT, M. y KRASHEN, S. (1982), *Language Two*, Nueva York, Oxford University Press.

ECKMAN, F. (1977), "Markedness and the contrastive analysis hypothesis", *Language Learning*, 27: 315-330.

FIELD, K. (2000), "Why are girls better at modern foreign languages than boys?", en K. FIELD (ed.) (2000), *Issues in Foreign Languages Teaching*, Londres, Routledge: 130-141.

GASS, S. y MADDEN, C. (eds.) (1985), *Input in Second Language Acquisition*, Rowley, Mass., Newbury House.

GASS, S. y SELINKER, L. (eds.) (1983 y 1993 [Edición revisada]), *Language Transfer in Language Learning*, Rowley, Mass., Newbury House.

GASS, S. y SELINKER, L. (2001, 2.ª ed.), *Second Language Acquisition. An Introductory Course*, Londres, Lawrence Erlbawn Associates, Publishers.

GAZZANIGA, M. (ed.) (2000), *The New Cognitive Neurosciences*, Cambridge, Mass., MIT Press.

GRENFELL, M. y HARRIS, V. (1997), *Modern Languages and Learning Strategies in Theory and Practice.* Londres, Routledge.

HAKANSSON, G., PIENEMANN, M y SAYEHLI, S. (2002), Transfer and typological proximity in the context of second language processing, Second Language Research, 18/3: 250-273.

HALLIDAY, M. A. K. (1975), *Learning How to Mean: Explorations in the Development of Language*, Londres, Edward Arnold.

HAMMERLEY, H. (1989), *French Immersion: Myths and Reality*, Calgary, Alberta, Detselig Enterprises.

HARLEY, B y HART, D. (1997), "Language aptitude and second language proficiency in classroom learners of different starting ages", *Studies in Second Language Acquisition*, 19: 379-400.

HERNÁNDEZ PINA, F. (1984), *Teorías psicolingüísticas y su aplicación a la adquisición del español como lengua materna*, Madrid, Siglo XXI.

HULSTIJN, J. (2002), "Towards a unified account of the representation, processing and acquisition of second language knowledge", *Second Language Research*, 18/3: 193-223.

HYLTENSTAM, K. y ABRAHAMSON, N. (2001), "Age and L2 learning: The hazards of matching practical 'implications' with theoretical 'facts'", *TESOL Quarterly*, 35/1: 151-170.

IOUP, G., BOUSTAGUI, E., TIGI, M. y MOSELLE, M. (1994), "Reexamining the critical period hypothesis: A case of successful adult SLA in a naturalistic environment", *Studies in Second Language Acquisition*, 16: 73-98.

JIA, G. y AARONSON, D. (1999), "Age differences in second language acquisition: The dominant language switch and maintenance hypothesis", *Proceedings of the Boston University Conference on Language Development*, 23: 310-312.

KELLERMAN, E. (1987), *Aspects of Transferability in Second Language Acquisition*, Nimega, Universidad de Nimega.

KRASHEN, S. (1977), "The monitor model for adult second language performance", en M. BURT, H. DULAY y M. FINOCCHIARO (eds.) *Viewpoints of English as a Second Language*, Nueva York, Regents.

KRASHEN, S. (1981), *Second Language Acquisititon and Second Language Learning*, Oxford, Pergamon Press.

KRASHEN, S. (1985), *The Input Hypothesis: Issues and Implications*, Londres, Longman.

KRASHEN, S., LONG, M. y SCARCELLA R. (1979), "Age, rate and eventual attainment in second language acquisition", *TESOL Quarterly*, 13: 573-582.

LARSEN-FREEMAN, D. y LONG, M. (1994 [1991]), *Introducción al estudio de la adquisición de segundas lenguas*, Madrid, Gredos.

LENNEBERG, (1975 [1967]), *Fundamentos biológicos del lenguaje*, Madrid, Alianza.

LICERAS, J. M. (ed.) (1991), *La adquisición de las lenguas extranjeras*, Madrid, Visor.

LICERAS, J. M. (1996), *La adquisición de las lenguas segundas y la gramática universal*, Madrid, Síntesis.

LICERAS, J. M. y DÍAZ. L. (2000), "La teoría chomskiana y la adquisición de la gramática no nativa: a la búsqueda de desencadenantes", en C. MUÑOZ (ed.) (2000), *Segundas lenguas. Adquisición en el aula*, Barcelona, Ariel: 39-80.

LIGHBOWN, P. y SPADA, N. (1999), *How Languages are Learned*, Oxford, Oxford University Press.

LONG, M. (1996), "The role of the linguistic environment in second language acquisition", en W. RITCHIE y T. BHATIA (eds.) (1996), *Handbook of Second Language Acquisition*, Nueva York, Academic Press: 413-468.

LÓPEZ GARCÍA, A. (1988), *La psicolingüística*, Madrid, Síntesis.

LUQUE, A. y VILA, I. (1990), "Desarrollo del lenguaje", en J. PALACIOS, A. MARCHESI y C. COLL (eds.) (1990), *Desarrollo psicológico y educación, I,* Madrid, Alianza Editorial: 173-189.

MANCHÓN RUIZ, R. (2001), "Un acercamiento psicolingüístico al fenómeno de la transferencia en el aprendizaje y uso de L2", en S. PASTOR y V. SALAZAR (eds.) (2001), *Estudios de Lingüística. Tendencias y líneas de investigación en adquisición de segundas lenguas*, Alicante, Universidad de Alicante: 39-71.

MARCOS MARÍN, F. y SÁNCHEZ LOBATO, J. (1988), *Lingüística aplicada*, Madrid, Síntesis.

MARINOVA-TODD, S. H., MARSHELLA, D. B. y SNOW, C.E. (2000), "Three misconceptions about age and L2 learning", *TESOL Quarterly*, 34/1: 9-34.

MARINOVA-TODD, S.H., MARSHELLA, D.B. y SNOW, C. E. (2001), "Missing the point: A response to Hyltenstam and Abrahamson", *TESOL Qarterly* 35/1: 171-176.

MARTÍN MARTÍN, J. M. (2000), *La lengua materna en el aprendizaje de una segunda lengua*, Sevilla, Secretariado de Publicaciones de la Universidad de Sevilla.

MARTÍN MARTÍN, J. M. (2003), "Sobre lo contrastivo y el conocimiento lingüístico previo en la enseñanza del español", en S. RUHSTALLER y F. LORENZO (eds.) (2003), *La competencia lingüística en el aprendizaje del español como lengua extranjera*, Madrid, Edinumen.

MARTÍN MORILLAS, J. M. (1992), "2 theories: some neurolinguistic and psycholinguistic issues. Recent developments and the elusiveness of a big theory", *I Jornadas de estudios ingleses*, Jaén, Universidad de Jaén: 83-109.

MCLAUGHLIN, B. (1987), *Theories of Second Language Learning*, Londres, Edward Arnold.

MITCHELL, R. y MILES, F. (1998), *Second Language Learning Theories*, Londres, Arnold.

MUÑOZ, C. (ed.) (2000), *Segundas lenguas. Adquisición en el aula*, Barcelona, Ariel Lingüística.

ODLIN, T. (1989), *Language Transfer: Cross-linguistic Influence in Language Learning.* Cambridge, Cambridge University Press.

PARADIS, M. (1994), "Neurolinguistic aspects of implicit and explicit memory: Implications for bilingualism and SLA", en N. ELLIS (ed.) (1994), *Implicit and Explicit Learning of Languages*, San Diego, CA., Academic Press: 393-419.

PARKIN, A. J. (1999), *Exploraciones en neuropsicología cognitiva*, Madrid, Editorial Médica Panamericana.

PATKOWSKI, M. (1980), "The sensitive period for the acquisition of syntax in a second language", *Language Learning*, 30: 449-472.

PÉREZ PEREIRA, M. (1988), "La atención a los factores intralingüísticos en la adquisición del lenguaje", *Estudios de psicología*, 33-34: 211-228.

PIAGET, J. (1926), *El lenguaje y el pensamiento en el niño*, Guadalupe, Buenos Aires.

PIENEMANN, M. (1998), *Language Processing and Second Language Development: Processability Theory,* Amsterdam, John Benjamins.

RICHARDS, J. C. y ROGERS, T. S (2001), *Approaches and Methods in Language Teaching* (revised edition), Cambridge, Cambridge University Press.

RINGBOM, H. (1987), *The Role of the First Language in Foreign Language Learning,* Clevedon, Avon, Multilingual Matters.

ROBINSON, P. (2001a), "Individual differences, cognitive abilities, aptitude complexes and learning conditions in second language acquisition", *Second Language Research*, 17/4: 368-392.

ROBINSON, P. (2001b), *Cognition and Second Language Structure*, Cambridge, Cambridge University Press.

RUMELHART, D., MCCLELLAND, J. y PDP RESEARCH GROUP (eds.) (1986), *Parallel Distributed Processing: Explorations in the Microstructures of Cognition,* vol. 2., *Psychological and Biological Models*, Cambridge, Mass, MIT Press.

SANTOS GARGALLO, I. (1993), *Análisis contrastivo, análisis de errores e interlengua en el marco de la lingüística contrastiva*, Madrid, Síntesis.

SCOVEL, T. (1988), *A Time to Speak: A Psycholinguistic Enquiry into the Critical Period for Human Speech*, Rowley, Mass., Newbury House.

SELIGER, H. (1984), "Processing universals in second language acquisition", en F. ECKMAN, L. BELL y D. NELSON (eds.) (1984), *Universals of Second Language Acquisition*, Rowley, Mass., Newbury House: 36-47.

SEGALOWITZ, N. (2001), "On the evolving connections between psychology and linguistics", *Annual Review of Applied Linguistics*, 21: 3-22.

SHARPE, K. y DRISCOLL, P. (2000), "At what age should foreign language learning begin?", en K. FIELD (ed.) (2000), *Issues in Foreign Languages Teaching*, Londres, Routledge: 72-86.

SHARWOOD-SMITH, M. (1985), "From input to intake: on argumentation on second language acquisition", en S. GASS y C. MADDEN (Eds.) (1985), *Input in Second Language Acquisition*, Rowley, Mass., Newbury House.

SINGLETON, D. (1989), *Language Acquisition: The Age Factor*, Clevedon, Multilingual Matters.

SINGLETON, D. (2001), "Age and second language acquisition", *Annual Review of Applied Linguistics,* 21: 77-89.

SCHUMANN, J. H. (2001), "Appraisal psychology, neurobiology, and language", *Annual Review of Applied Linguistics*, 21: 23-42.

SKEHAN, P. (1998), *A Cognitive Approach to Language Learning*, Oxford, Oxford University Press.

SKINNER, F. (1957), *Verbal Behaviour*, Nueva York, Appleton-Century-Crofts.

SLOBIN, D. I. (1985), "Crosslinguistic evidence for the language-making capacity", en D. I. SLOBIN (ed.) (1985), *The Crosslinguistic Study of Language Acquisition,* vol. II, *Theoretical Issues*, Hillsdale, N. J., Erlbaum.

SPARKS, R. y GANSCHOW, L. (2001), "Aptitude for learning a foreign language", *Annual Review of Applied Linguistics*, 21: 90-111.

SWAIN, M. (1985), "Communicative competence: some roles of comprehensible input and comprehensible output in its development", en S. GASS y C. MADDEN (eds.) (1985), *Input in Second Language Acquisition*, Rowley, Mass., Newbury House: 235-253.

THATCHER, P. (2000), "Acquisition and learning theory matters", *International Review of Applied Linguistics* XXXVIII/1: 161-174.

YOUNG, R. (1988), "Input and interaction", *Annual Review of Applied Linguistics*, 9: 122-134.

El contexto social y el aprendizaje de una L2/LE

Francisco Moreno Fernández
Universidad de Alcalá
Instituto Cervantes

Introducción

La interpretación de los procesos de aprendizaje desde una perspectiva social y cultural viene de lejos. Uno de los más brillantes antecedentes es el de las teorías de Lev S.Vygotsky. Para este psicólogo, el conocimiento no es un objeto que se transmite de individuo a individuo, sino algo que se construye por medio de operaciones y habilidades cognoscitivas que se inducen en la interacción social. Para Vygotsky el desarrollo intelectual del individuo no puede ser independiente del medio social en el que está inmerso. El desarrollo de las funciones psicológicas superiores tiene lugar, primero, en el plano social y, posteriormente, en el plano individual. La transmisión y adquisición de conocimientos y patrones culturales se produce cuando por medio de la interacción se llega a la *interiorización*, entendida como proceso intra-psicológico.

Partiendo de esta perspectiva teórica, la adquisición de segundas lenguas no podría entenderse como independiente del medio social en que se produce y sería la interacción la que permitiría que el proceso se completara. De momento, no es nuestra intención llevar esta argumentación hasta sus últimas consecuencias, sino llamar la atención sobre el siguiente hecho: lo sociolingüístico está innegablemente implicado en los procesos de adquisición de segundas lenguas, en su enseñanza y aprendizaje. Es sabido que esta vinculación se produce en diferentes niveles: el *nivel social*, en el que se determina la política de enseñanza de lenguas dentro de una comunidad; el *nivel cultural*, en el que la lengua es instrumento de relación entre el individuo y el ambiente; el *nivel comunicativo*, en el que la lengua es un mecanismo básico de interacción; y el *nivel lingüístico*, en el que la lengua se ve afectada por variables de naturaleza extralingüística. Sucede, sin embargo, que, aunque nadie niega el peso de lo social en los niveles más externos o generales de la enseñanza y el aprendizaje de las lenguas (social, cultural), no siempre interesa o se acepta el peso de lo social en la adquisición de lenguas como elemento que afecta a los individuos como tales y a sus relaciones. La sociolingüística ha declarado su interés por la adquisición de segundas lenguas y el argumento que da base a esta declaración es evidente: si el contexto social -en sentido amplio- es uno de los factores fundamentales en el proceso de adquisición, es natural que deba oírse la voz de la disciplina lingüística que más experiencia tiene y mejor conoce el contexto social y sus proteicas manifestaciones. Tenemos, pues, dos afirmaciones generales:

a) en la adquisición de segundas lenguas intervienen factores sociales, de diversa índole, que han de tenerse en cuenta para comprender el proceso;
b) la sociolingüística se ha preocupado por los aspectos sociales de la adquisición de lenguas

Esta toma de posiciones en torno al fenómeno de la adquisición no adopta un criterio exclusivista, que niegue o rechace la naturaleza psicológica o cognoscitiva de muchos de los elementos implicados en la adquisición de lenguas. Es una obviedad que estos elementos existen; lo que no resulta tan obvio es que, en el momento de explicar la adquisición, se busquen formas de conjugar los factores sociales y los psicológicos. Desde la sociolingüística se intenta conseguir esto y, cuando se pone el acento en lo social, no se hace negando radicalmente otras perspectivas. La sociolingüística aporta, más que una teoría unitaria, un punto de vista, un enfoque, algo más holístico, si cabe, que el que suele adoptarse desde planteamientos más netamente psicolingüísticos. El plano en que nos situamos estaría, pues, más allá de la oposición entre lo innato (*nature*: Chomsky) y lo adquirido desde el entorno (*nurture*: Skinner), para situarse en una perspectiva más integradora, aunque con el acento sobre los aspectos sociales.

Los factores que operan en cualquier proceso de adquisición de lenguas son variados y la cantidad y complejidad de las dimensiones que cada uno de ellos encierra es bastante importante. Quizá por este motivo, los estudiosos de la adquisición han trabajado de forma parcelada, cosa bastante habitual, por cierto, en materia de lingüística. Diane Larsen-Freeman y Michael H. Long calculan que se han propuesto al menos cuarenta teorías de Adquisición de Segundas Lenguas (ASL), sin contar las que tratan otros desarrollos lingüísticos, como la adquisición de la primera lengua (L1), la pidginización y criollización o el cambio lingüístico (Andersen, 1983). Esas cuatro decenas largas de teorías pueden distribuirse a lo largo de un continuo que discurre desde las teorías nativistas, pasando por las interaccionistas, hasta las ambientalistas (Moreno Fernández, 2000).

Las *teorías nativistas o innatistas* entienden la adquisición como resultado de una capacidad biológica innata para el aprendizaje. Este innatismo puede afectar a la lengua -existen universales relacionados con categorías sintácticas o rasgos fonológicos, así como con principios abstractos- y puede afectar a algunos conceptos cognoscitivos esenciales o a algunos principios generales del aprendizaje. Los planteamientos más representativos de esta forma de entender la adquisición son los de N. Chomsky acerca de la *Gramática Universal* (GU) y los de la *teoría del monitor* de S. Krashen. Por monitorización se entiende la atención y corrección que el hablante aplica a sus propios usos lingüísticos, recurriendo, de forma consciente o inconsciente, a su conocimiento general sobre la lengua. Sea como fuere, las teorías nativistas o innatistas tienen como epicentro la figura del adquirente o aprendiz de la lengua.

Las *teorías interaccionistas* intentan explicar la adquisición de lenguas echando mano tanto de elementos innatos como de factores ambientales. Se trata de analizar la adquisición de diversos rasgos lingüísticos prestando atención al hecho de que no todos los aprendices son iguales, no todos están sometidos a las mismas condiciones contextuales ni reciben el influjo de un mismo tipo de profesor o de programación de enseñanza de la lengua; en definitiva, la interacción personal afecta a la percepción y la producción de la lengua adquirida y en su análisis deben manejarse principios psico-socio-lingüísticos y pragmáticos. Es la interacción comunicativa la que hace posible la comprensión de un *input* y, finalmente, su adquisición.

Una de las teorías interaccionistas más conocidas es la de T. Givon, desde la que se propone un análisis funcional y tipológico de la sintaxis. Debe tenerse en cuenta, sin embargo, que se han propuesto interpretaciones *interaccionistas* muy variadas, a las que prestaremos alguna atención más adelante, dado que la interacción en sí misma supone una socialización o presencia de factores externos.

Junto a estos dos grupos de teorías, hay otro más cercano a los planteamientos sociolingüísticos: el de las *teorías ambientalistas* o *contextualistas*. Aquí es donde la vinculación entre lo social y la adquisición de segundas lenguas se evidencia con más claridad. La colaboración entre los expertos de ambos campos puede dar unos frutos beneficiosos para todos. De un modo general, las teorías contextualistas se basan en la idea de que, en el desarrollo del aprendizaje, tiene más importancia la experiencia social o externa que las cualidades innatas o naturales (Larsen-Freeman, 1991). Aunque la mayoría de estas teorías no han nacido de la sociolingüística propiamente dicha -en cierto modo son una proyección sociológica de los fundamentos de Skinner-, dentro de ellas existen propuestas que atienden a las variables externas, frente al estudio prioritario de los procesos cognoscitivos. En ellas se aprecia notablemente la influencia del método etnográfico y la relación con las investigaciones sobre lenguas pidgin y criollas. La teoría ambientalista de mayor alcance es la *hipótesis de la pidginización*, de J. Schumann.

En un diferente nivel, cercano hasta cierto punto a las teorías ambientalistas, pero a la vez complementario de las explicaciones cognitivistas, figuran las teorías de la competencia variable. Entre ellas sobresale la sociolingüística de la ASL, y hablamos ahora de sociolingüística en la orientación más precisa y más netamente lingüística del término: la de la sociolingüística de la variación, de la escuela de Filadelfia. Dennis Preston está realizando análisis variacionistas de la adquisición que permiten comprobar que la metodología cuantitativa también puede ser útil y explicativa en el terreno de la adquisición (Preston y Young, 2000).

Como ha señalado Richard Young (1999: 17), autor al que recurriremos para muchos aspectos de este capítulo,

> *El estudio de la Adquisición de Segundas Lenguas (ASL) supone el conocimiento de qué saben los bilingües acerca de su segunda lengua y de cómo la adquieren y la usan. Dado que la adquisición y el uso se producen en un contexto social, para los estudiosos de la ASL es importante conocer las formas en que se relaciona el contexto social con la adquisición y el uso de la segunda lengua.*

Este capítulo está organizado en dos partes principales[1]. En la primera se presentarán los aspectos sociales más relevantes del proceso de adquisición de segundas lenguas; se tratarán los elementos fundamentales de la adquisición y se comentarán algunos de los ámbitos en los que este proceso se ve más afectado por el contexto social: la comunicación intercultural, la conversación o la identidad social; también se explicarán las dimensiones del fenómeno de la variación que se manifiesta en la interlengua. En la segunda parte se presentarán las teorías más destacadas que han pretendido dar cuenta de la adquisición desde una perspectiva social, como la teo-

[1] Los contenidos que aquí se presentan están dispuestos de modo que pueden ampliarse con la lectura de los trabajos que se recogen en el libro *Adquisición de segundas lenguas: variación y contexto social* (2000), de Dennis Preston y Richard Young, con traducción e introducción nuestra.

ría de la pidginización, algunas teorías de los dominios y la interacción comunicativa o la teoría variacionista de la adquisición. Utilizaremos prácticamente como sinónimos los términos *adquisición* y *aprendizaje*, aunque entenderemos esta última, sobre todo, como componente de un proceso de enseñanza.

1. ASPECTOS SOCIALES DE LA ADQUISICIÓN DE SEGUNDAS LENGUAS

En 1989, Bernard Spolsky proponía un modelo de aprendizaje de segundas lenguas en el que se recogían los factores principales que intervienen en el proceso y el modo en que se van articulando. Así, como refleja el esquema 1, en el proceso de aprendizaje, el contexto social lleva a la formación de unas actitudes, que pueden ser de varios tipos y que se manifiestan en el aprendiz en forma de motivación. Esta motivación se añade a otras características personales, como la edad, los rasgos de personalidad, las capacidades y habilidades del individuo o sus conocimientos previos. Todo ello determina y explica el uso que el aprendiz hace de sus oportunidades de aprendizaje, tanto si éste es formal como si es informal. A la vez, la interacción entre el aprendiz y la situación determina si se va a recurrir en cada caso a soluciones lingüísticas o no lingüísticas. Este hilo argumental se puede seguir perfectamente en el esquema, en el que nos permitimos destacar la presencia de conceptos como *contexto social*, *edad*, *oportunidades de aprendizaje* y *situación*. Todos ellos son fundamentales para entender el modelo de Spolsky y en todos ellos se hace referencia a realidades extralingüísticas y externas.

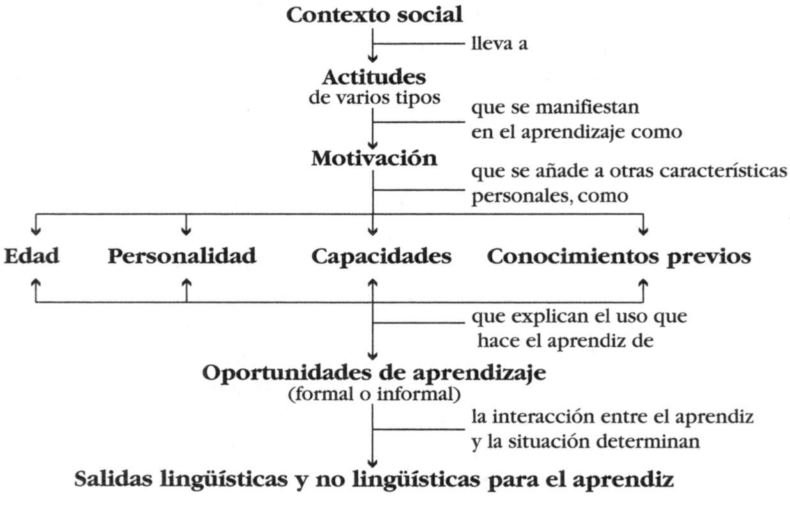

Esquema 1: Modelo general de aprendizaje de segundas lenguas (Spolsky 1989).

Como se deduce del modelo de aprendizaje de Spolsky, el proceso de adquisición de una lengua es un fenómeno complejo en el que intervienen de forma imprescindible varios elementos. Desde nuestro punto de vista los elementos fundamentales son tres (Moreno Fernández, 2000) y quedan recogidos en el esquema 2.

En primer lugar, ha de existir una *lengua* llamada *meta*, esto es, un objeto del aprendizaje lingüístico y, cuando es el caso, de su enseñanza. Habitualmente, este objeto de aprendizaje es una lengua natural, si bien no todas las lenguas ofrecen una misma configuración ni conocen unos mismos procesos de regulación, estandarización o tipificación, ni se manifiestan de la misma forma ni tienen el mismo grado de vitalidad. Con esto se quiere decir que, en razón de su diverso grado de complejidad en diferentes niveles lingüísticos, no es lo mismo aprender una lengua como el húngaro que aprender chino mandarín; que, en razón de su distinto nivel de estandarización, no es lo mismo aprender el yaravano de Nigeria que español; y que, en razón de su vitalidad, no es lo mismo aprender latín clásico que portugués de Brasil.

En segundo lugar, el proceso de adquisición requiere un adquirente o *aprendiz*, un sujeto del aprendizaje lingüístico (a menudo *estudiante*). El aprendiz es el elemento clave de todo el proceso y en él concurren diversas dimensiones o parámetros que tienen que ver, de un modo más o menos directo, con el aprendizaje mismo de la lengua. Habitualmente la dimensión más estudiada es la cognoscitiva, a la que se reconoce un mayor protagonismo, pero también están presentes una dimensión afectiva y una dimensión conativa o de conducta, que participan en la configuración de creencias (lingüísticas, sociales, etc., sobre el aprendizaje), identidades y actitudes lingüísticas. Con todo esto se quiere decir que, en razón de factores cognoscitivos, no es lo mismo aprender una primera que una segunda lengua (L2); que, en razón de factores afectivos, no es lo mismo aprender una lengua extranjera por obligación que por gusto; y que, desde el punto de vista de la identidad, la conducta y la actitud, no es igual aprender la lengua de un pueblo dominador que la de una comunidad amiga. Asimismo, a las dimensiones normalmente reconocidas en el aprendiz, habría que añadir otras de naturaleza social (por ejemplo, su edad, sexo, clase o etnia) o de naturaleza psico-social (por ejemplo, su personalidad): no es igual aprender una lengua con 6 años que con 66; no la aprenden de igual forma las personas extrovertidas que las que carecen de autoestima.

En tercer lugar, el proceso de adquisición de una lengua tiene lugar en un *contexto*, al que atribuiremos genéricamente la calificación de *social*: un medio o ambiente para el aprendizaje. El contexto social al que nos referimos incluye elementos personales y no personales. Habitualmente la adquisición de la primera lengua -lengua materna- se produce en contextos de familia, en contacto estrecho con la figura de unos padres, sobre todo de una madre, que transmiten su lengua a la vez que ofrecen cuidados fundamentales. En cuanto a la adquisición de una segunda lengua, muy a menudo se produce en un contexto social de enseñanza y de contacto con los estamentos y medios de una comunidad, en una situación de coexistencia con la lengua familiar (migraciones y traslados a comunidades diferentes). También es frecuente el aprendizaje de lenguas extranjeras en contextos de enseñanza complementaria sin que ello suponga un contacto frecuente con hablantes de la lengua adquirida ni un conocimiento de la comunidad que la habla (aprendizaje de lenguas en el propio país).

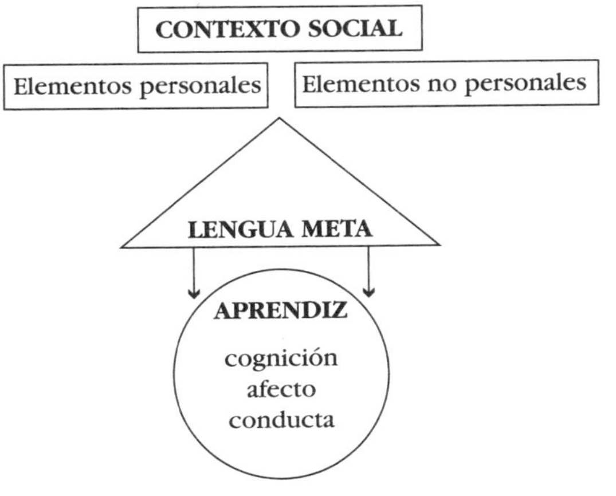

Esquema 2: Factores que intervienen en el proceso de adquisición.

Dentro del contexto social, en su más amplia interpretación, cabe identificar elementos personales y no personales. Entre los elementos personales, pueden destacarse las características sociales de los individuos que acompañan, de un modo u otro, el proceso de adquisición del aprendiz (padres y amigos, para la primera lengua; compañeros de aprendizaje para la segunda; el profesor en la adquisición de una lengua extranjera), así como los rasgos de los grupos sociales de la comunidad en la que el aprendiz está adquiriendo una lengua. Tales elementos personales hacen posibles *interacciones* de muy diferente tipo, que resultan decisivas para el aprendiz en su proceso de adquisición lingüística.

Entre los elementos no personales, deben distinguirse, al menos, dos grupos de factores: los lingüístico-discursivos y los situacionales. Los factores discursivos tienen que ver más con el uso de la lengua en contexto que con sus características intrínsecas: qué tipo de comunicación se quiere o se tiene que establecer con la lengua adquirida, qué clase de temas van a ser tratados y cuáles no van a ser tratados, en qué tipo de registros se utiliza esa lengua y con qué interlocutores. Entre los elementos situacionales, son significativos el lugar en que se usa la lengua y la actividad social para la que se precisa, así como la naturaleza pública o privada del contexto en que se ha de usar la lengua adquirida. Y en relación con todo ello, se revela como fundamental el concepto de frecuencia, puesto que las frecuencias de todos los elementos implicados, lingüísticos y no lingüísticos, también acaba influyendo sobre los procesos de adquisición y de aprendizaje, y así lo ha puesto de relieve Nick C. Ellis.

Los elementos que se acaban de comentar (lengua meta, aprendiz y contexto) pueden variar, como se ha visto, y combinarse de muchas maneras posibles, lo que los convierte en fuente inagotable de objetos de interés, tanto descriptivo, como comparado y explicativo. De las múltiples realidades de ASL a que dan lugar las casi infinitas manifestaciones y combinaciones de esos elementos, merece la pena prestar atención a los problemas que plantea la comunicación intercultural, al modo en que se producen las interacciones conversacionales en las que participan aprendices de una L2 y el lugar que puede ocupar la identidad social en un proceso de aprendizaje.

1.1. La comunicación intercultural

La comunicación intercultural, en relación con la ASL, se produce cuando el aprendiz está inserto en una cultura y un contexto lingüístico diferentes de los suyos o en contacto con hablantes o aprendices procedentes de otras culturas. Esta situación reúne una serie de características sociales y lingüísticas y da lugar a una serie de procesos que han merecido la atención de los estudiosos de la adquisición que trabajan desde un punto de vista social (Firth y Wagner, 1997). En general, han preocupado los problemas de interacción comunicativa a los que los aprendices de una L2 se tienen que enfrentar, entendiendo que la comunicación intercultural da lugar a un ajuste recíproco de los interlocutores que intervienen en una interacción y a una interpretación bidireccional de las dificultades comunicativas (Young, 1999).

La comunicación intercultural encuentra un caldo de cultivo idóneo en aquellas situaciones en las que se ha producido un movimiento de población: pensemos en la emigración de los países hispanohablantes hacia Estados Unidos o Canadá, la migración de población subsahariana a España o de magrebíes a Francia. Tales situaciones confieren a las comunidades receptoras un perfil comunicativo muy interesante (Goldstein, 1997). En ocasiones, las migraciones dan lugar a discriminación racial, a la que no es ajeno el modo en que se produce la comunicación intercultural y la aparición de errores en el discurso de los aprendices de la L2. De hecho, es posible encontrar casos de hostilidad y de valoración negativa del estilo comunicativo del otro (Bateson, 1972).

Los errores en la comunicación intercultural pueden tener consecuencias sociales negativas para el aprendiz en diversos ámbitos, por ejemplo en los encuentros de acceso controlado, en los que un hablante nativo controla el discurso del no nativo. Esto ocurre en las entrevistas de trabajo o en las pruebas orales de los exámenes de conocimientos de lenguas (*Language Proficiency Interview, LPI*), en las que un entrevistador nativo evalúa la capacidad para hablar una segunda lengua. En estos casos, se ha podido comprobar que los hablantes que adquieren una segunda lengua transfieren estilos conversacionales de la primera (L1) a esa segunda (L2), lo que no siempre es valorado positivamente por los entrevistadores hablantes nativos de la L2. Richard Young aporta a este respecto unos ejemplos muy interesantes: en EE.UU. se ha comprobado que los entrevistados japoneses a menudo responden de forma muy escueta a preguntas de un entrevistador hablante de inglés, a las que los mexicanos, sin embargo, suelen contestar de una forma más extensa; esta circunstancia suele conducir a una evaluación baja del entrevistado japonés; por contra, los norteamericanos que hablan coreano a veces no son capaces de apreciar adecuadamente el estatus más elevado del entrevistador y aportan *más* información de la requerida, haciendo uso de un estilo que acaba siendo mal calificado por parte de sus entrevistadores hablantes nativos de coreano.

Más allá de la comunicación intercultural en contextos de enseñanza o de *acceso controlado*, para los investigadores de la ASL de corte social son del máximo interés fenómenos, por un lado, como la forma en que los interlocutores interpretan ciertos rasgos sociales (edad, género) y, por otro lado, como las estrategias para negociar los significados referenciales cuando el aprendiz los desconoce (repetir la palabra que no se entiende, preguntar directamente por su significado, etc.) o el modo en que el aprendiz se presenta como yo en una interacción o las formas en que se construye la intersubjetividad en las interacciones. Según la ocasión, el peso de los contenidos referenciales o de los objetivos pragmáticos y comunicativos puede ser mayor o menor. Las deficiencias en el conocimiento de un significado referencial puede suplirse en ocasiones mediante recursos interactivos y conversacionales. En otras ocasiones, el proceso de aprendizaje puede llevar a situaciones de aparente comprensión de ciertos significados referenciales, cuando realmente no se ha producido. Liberman (1995) ha llegado a afirmar que los elementos propiamente interactivos pueden relegar a los elementos semánticos a un plano secundario en el proceso comunicativo.

1.2. La conversación

Las estructuras textuales más frecuentes e importantes en la lengua hablada, incluida la de los aprendices de una L2, son las conversaciones (Moreno Fernández, 1998). Una conversación es una modalidad de interacción comunicativa capaz de regular las relaciones interindividuales y que, a la vez, está condicionada socialmente puesto que depende de ciertas convenciones y patrones socioculturales. Por eso, una buena parte de los estudios sociales realizados sobre la ASL tiene que ver con la identificación de posibles fuentes de transferencia entre L1 y L2 y la mejor comprensión de los errores de comunicación que se producen en los encuentros interculturales. Es muy interesante, a propósito de las conversaciones, observar cómo se cumple el proceso de socialización a través del discurso y de las interacciones. La importancia de este proceso en la educación infantil en la L1 es evidente, pero también lo es en la ASL, sobre todo cuando se producen transferencias de modos de discurso y de recursos conversacionales de la L1 a la L2. A los especialistas en ASL les interesa conocer cómo se produce el aprendizaje y la transmisión de modelos de conversación.

Desde un punto de vista formal, una conversación es una sucesión de turnos implicados que constituyen una secuencia coherente de acciones, de acuerdo con unas estrategias en las que están implicados todos los niveles de la lengua. La secuencia de turnos constituye la microestructura de la conversación, formada por enunciados individuales; la macroestructua de la conversación es una estructura global en la que queda organizada como un todo. Un nivel y otro han sido objeto de numerosos estudios de la L1, pero también están dando lugar a observaciones interesantes en el ámbito de la ASL. Así, Gardner analizó en 1998 los turnos de apoyo del inglés del tipo *yeah/yes oh, mm hm/uh huh, mm, right* y *okay*. Para Gardner, entre esas formas del inglés se encuentran distinciones funcionales, sobre todo en el uso que de ellas hacen los monolingües y los bilingües: observa, por ejemplo, que los hablantes de inglés no nativos hacen un menor uso que los hablantes nativos de todos esos turnos, con la excepción de *yeah*. Unos años antes, Berry realizó un interesante estudio contrastivo del procedimiento de toma de turnos en español y en inglés, comparando dos conversaciones mantenidas, respectivamente, por un grupo de mujeres norteamericanas y un grupo de mujeres españolas. Berry concluye que el procedimiento de toma de turnos (existencia de solapamientos, longitud de esos solapamientos) puede llegar a determinar la percepción que se tiene de la personalidad de un individuo o un grupo e, incluso, del estado de ánimo de un grupo.

1.3. La identidad social

La identidad puede definirse como el conjunto de rasgos propios de un individuo o un grupo que los caracterizan frente a otros, y como la conciencia que un individuo o un grupo tienen de ser ellos mismos y diferenciarse de los demás. Afirma Richard Young (1999) que la mayoría de los investigadores de la ASL parecen usar el concepto de identidad social de una forma intuitiva y que no explican con claridad ni cómo se define ni cómo se consigue o se transforma. La excepción más destacada es McNamara (1997), quien propone una interpretación de la identidad social como algo que surge a partir de cuatro procesos principales: la categorización social, la formación de una conciencia de identidad social, la comparación social y la búsqueda de una distintividad psicológica (1997b: 562). Concluye Young que otros investigadores, en lugar de explicar qué es la identidad social, simplemente se han centrado en el hecho de que los bilingües disponen de múltiples y cambiantes identidades.

A los especialistas en ASL les interesa el hecho de que la L2 puede tener influencia sobre la identidad social del aprendiz. Tanto es así que los contextos de multiplicidad étnica o la convivencia de individuos procedentes de lenguas y culturas distintas dan lugar a muy diferentes procesos que merecen atención. Algunos de ellos son la función que cumple la lengua de origen en la creación de una identidad dentro de una comunidad de lengua diferente, la manera en que los hablantes con L1 diferente de la lengua de la comunidad contribuyen a conformar la identidad de esa comunidad o las consecuencias positivas o negativas que acarrea la afirmación de una identidad específica por medio de las lenguas. En líneas generales, puede afirmarse que para el aprendiz de una L2 que es lengua principal en un grupo o una comunidad, cada acto de habla o de silencio constituye un acto de identidad.

También resultan muy interesantes los casos en los que la construcción de la identidad convierte en relevante un rasgo que, en sí mismo, es un rasgo de identidad: el sexo o género. Pierce (1995) ha explicado casos de mujeres en los que una situación de necesidad pudo llevar a un mayor aprovechamiento de los recursos aprendidos en una L2 o en los que se ha pasado de una autoimagen de marginación por no dominar la L2 a otra de identidad multicultural con derecho a integrarse en una comunidad. Siempre, en todo caso, parece existir un concepto dinámico de la identidad. Ese dinamismo hace comprensible que la construcción del género femenino en una segunda lengua pueda ser un foco de conflicto, dado además que no coinciden los roles interactivos de la mujer en culturas y comunidades diferentes (Young, 1999).

2. Teorías sociolingüísticas y adquisición de segundas lenguas

Como se adelantó en la introducción, existe un grupo de teorías según las cuales la adquisición de segundas lenguas debe explicarse desde el principio de que el entorno, el contexto o el ambiente tienen protagonismo en el proceso. Las llamadas *teorías ambientalistas* conceden más importancia a la experiencia, la educación y otros factores *externos* que a los elementos innatos que participan en la adquisición. Estos elementos innatos se conciben como una base o configuración elemental interna sobre la cual actúan los factores externos o ambientales.

Estas teorías cuentan con un antecedente destacado y de gran peso histórico: el conductismo de Skinner. Sin embargo, en los últimos años ha descollado una propuesta en la que se establece un paralelo entre los mecanismos que intervienen en la adquisición de segundas lenguas y los que aparecen en los procesos de pidginización y criollización. La figura más representativa de esta línea es J. Schumann (1978 a y b; 1992; 1997) y su modelo ha recibido el nombre de *modelo de aculturación o hipótesis de la pidginización*.

2.1. Hipótesis de la pidginización

El modelo de Schumann sostiene que, en el proceso de adquisición de una L2 resulta de gran importancia la *distancia social* y la *distancia psicológica* del aprendiz. La distancia social se mide a través de ocho factores: dominio social (relación de dominio-subordinación entre el grupo social del estudiante y el grupo cuya lengua está siendo adquirida); modelo de integración (grado de asimilación del grupo al que pertenece el estudiante al grupo cuya lengua está siendo adquirida); autonomía del grupo del estudiante; cohesión del grupo; tamaño del grupo; afinidad cultural de ambos grupos; actitud hacia los miembros del otro grupo; duración e intensidad de la convivencia dentro del grupo de la lengua adquirida. Por su parte, la distancia psicológica viene fijada por factores afectivos, como la motivación. En definitiva, Schumann considera que la aculturación de un individuo en la comunidad de la lengua meta es tan decisiva en los procesos de adquisición de segundas lenguas como en los de pidginización.

Para llegar a la *hipótesis de la pidginización*, Schumann realizó un análisis longitudinal de la interlengua de un hombre adulto de Costa Rica, llamado Alberto, inmigrante en EE.UU. Pudo comprobar que las segundas lenguas, en sus primeras fases de adquisición, comparten algunas características con las lenguas pidgin, entendidas como modalidades de compromiso entre dos lenguas, surgidas a menudo en situaciones de comercio, en las que una de ellas aporta la base gramatical y fonológica y otra, el componente léxico[2]. Entre los elementos lingüísticos que comparten las segundas lenguas y las lenguas pidgin figurarían la falta de morfología flexiva o la tendencia a evitar la redundancia en el sistema. Teóricamente en las primeras fases de adquisición de una L2, se dan unas restricciones cognitivas que también aparecen en la adquisición de la L1, en la lengua afásica y en las lenguas pidgin. Por lo general tales restricciones cognitivas van desapareciendo conforme la adquisición se va completando y consolidando, a menos que -y aquí radica el nudo de la hipótesis de Schumann- lo impida la distancia social o la distancia lingüística. La adquisición de una segunda lengua se presenta como un modo de aculturación o de adaptación a una nueva cultura y, a la vez, el grado de aculturación es capaz de indicar el nivel de adquisición de la L2.

La analogía entre los procesos que subyacen a la pidginización y las primeras etapas de adquisición de una segunda lengua ha inspirado numerosos estudios y reflexiones. En algunos de ellos, el concepto clave es el de la simplificación o la reducción lingüísticas, que sería consecuencia de las restricciones funcionales. En el capítulo *sobre Aportaciones de la sociolingüística*, se comentan los estudios de Carmen Silva-Corvalán, en los que se señala que la adquisición de primeras y segundas lenguas, la pidginización y la criollización, el habla de los extranjeros o la pérdida de la lengua, dan lugar a variedades en las que se observan hechos que responden a una *simplificación*.

La *hipótesis de la pidginización* ha recibido numerosas críticas, procedentes, por un lado, de los modelos cognitivos e innatistas y, por otro, de criollistas tan notables como Derek Bickerton. No olvidemos que Bickerton es el creador de una teoría llamada del *bioprograma* que toca aspectos relacionados con nuestro actual interés: factores sociales y adquisición de segunas lenguas (Bickerton, 1975; 1990). La hipótesis de Bickerton sostiene que los niños están dotados de un bioprograma para la adquisición de las lenguas. Ese bioprograma dispone de una serie de rasgos predeterminados, como la presencia de sufijos de tiempo, modo y aspecto; la presencia de artículos; el uso de formas interrogativas y de otros operadores gramaticales. Según Bickerton, el habla de los niños intenta construir su lengua de acuerdo con los caracteres del bioprograma, lo que los obliga a desactivar ciertos elementos innatos cuando no funcionan en la lengua que se está adquiriendo. Esta hipótesis, con poca aceptación en la actualidad, se opone a algunos de los principios esenciales de la GU de Noam Chomsky, según la cual el niño va activando paulatinamente rasgos de las lenguas particulares que en la GU están sin especificar. En lo referente a las lenguas criollas, Bickerton habla también de una serie de rasgos predeterminados, comunes en la gestación de los criollos, de modo que lo que un niño aprende con más facilidad suele coincidir con las características principales de los criollos.

2.2. Hipótesis del contexto dinámico

Richard Young (1999) ha identificado dos orientaciones complementarias en el estudio del contexto social. El contexto puede entenderse, por un lado, como algo externo y ajeno a la lengua en sí, en gran medida impuesto y con capacidad para influir la lengua. Por otro lado, se pue-

[2] *La lengua criolla* es una variedad nacida a partir de una lengua pidgin, cuando el contacto se prolonga y estabiliza, dando lugar a una comunidad de habla.

de pensar en el contexto como un elemento dinámico, un ámbito en el que los hablantes, a través de la interacción, construyen sus características sociales. Desde este segundo planteamiento, las teorías que han experimentado una mayor proyección en el campo de la ASL han sido tres: la *teoría de los dominios del discurso*, la *teoría de la co-construcción* y la *teoría de la competencia interactiva*.

La *teoría de los dominios del discurso* supone una asociación entre el cuidado en la producción de una segunda lengua y el tema del discurso de la interacción. El sujeto central de este planteamiento es el individuo participante en la interacción (Douglas y Selinker, 1994). Un dominio del discurso es relevante cuando el aprendiz lo conoce o trata con mayor facilidad y cuando se implica en él emocionalmente. Según esta teoría, cuando el aprendiz habla sobre temas de ciertos dominios, produce un discurso más complejo, independiente y coherente en la L2 que cuando se tratan temas de dominios diferentes.

La teoría de la *co-construcción* ha sido formulada por Jacoby y Ochs (1995) y propone que la adquisición se produce por medio de una interacción cooperativa o de apoyo. Esto quiere decir que se rechaza de plano la imagen tradicional del aprendiz como objeto pasivo del aprendizaje. La ASL no es solamente un proceso cognoscitivo, sino una acción sensible a los elementos del entorno, como las interacciones propias y ajenas, los procesos de negociación observados o los discursos de los profesores, en contextos de enseñanza. Esta concepción encuentra el respaldo de algunas observaciones psicológicas, como la que apunta que la atención y la memoria a largo plazo dependen en parte de la valoración afectiva que se da a los estímulos externos. Una valoración afectiva positiva, que podría depender del contexto, favorece una mayor atención y, consecuentemente, determina el procesamiento de la adquisición (Schumann, 1997).

En cuanto a la *teoría de la competencia interactiva*, ha sido presentada por Richard Young del siguiente modo:

> *[Esta teoría] determina con algún detalle qué necesitan saber los aprendices para participar con otros hablantes en las prácticas interactivas que constituyen la vida en el mundo social. Por lo tanto, se trata de una teoría del conocimiento de la segunda lengua. La competencia interactiva también explica los procesos por los cuales los aprendices se convierten en participantes dentro de un mundo social, por lo que estamos ante una teoría de la adquisición. El dominio de la teoría es la interacción cara a cara y [...] es claramente la más adecuada a la hora de explicar la comunicación intercultural. Asimismo, sirve como marco apropiado para integrar los estudios de los fenómenos conversacionales dentro de un contexto de interacción más amplio. La identidad social, dado que se co-construye a través de la interacción, también caería dentro de la esfera de esta teoría.*

De este modo, nos encontraríamos ante la propuesta teórica más amplia y generalista de las tres que hemos presentando como dependientes del contexto social (Hall, 1995; Kramsch, 1986; Psathas, 1989). La idea principal es que el conocimiento de la L2 no se ha de entender como algo que se da en el cerebro del individuo, sino como algo que se construye en la interacción. Esa construcción exige el descubrimiento de unos modelos interactivos a partir de las prácticas de interacción, tanto propias como ajenas, de modo que no es posible adquirir una competencia interactiva fuera de las prácticas específicas.

2.3. La variación en la interlengua: la perspectiva variacionista

En una situación de aprendizaje de una segunda lengua se produce un contacto entre dos sistemas básicos (*lengua materna* o *nativa* y *lengua meta*), contacto que provoca la aparición de un tercer sistema, que recibe el nombre de *interlengua*. En la actualidad, los errores que cometen los aprendices de una L2 no se interpretan como desviaciones de una lengua nativa ni como falsas aproximaciones a una lengua meta o de aprendizaje. Las manifestaciones lingüísticas que solemos llamar *errores* forman parte de la *interlengua*, que puede definirse como el sistema lingüístico que construye un aprendiz partiendo del *input* lingüístico al que se le ha expuesto (por ejemplo, a través de la enseñanza en el aula). Se trata del continuo entre la L1 y la L2 que tienen que recorrer los aprendices. Las principales características de una interlengua son las siguientes:

a) es un sistema lingüístico que difiere tanto de la lengua de origen como de la lengua meta y que está internamente estructurado;
b) es variable y presenta tanto variaciones inestables como variaciones ordenadas o sistemáticas, de manera que la variación de la interlengua suele ser mayor que la de la L1;
c) en ella se producen *fosilizaciones*, que son unidades, reglas y subsistemas que los hablantes de una determinada L1 tienden a conservar, sin importar la edad, ni las explicaciones que se han recibido en la lengua meta.

En los años setenta, la interlengua era despreciada como un objeto de estudio idóneo para los análisis variacionistas practicados por la sociolingüística, puesto que precisamente se consideraba un problema su carácter inestable y su apariencia de variación errática, que da la impresión de escapar de cualquier tipo de regularidad, tanto lingüística como sociolingüística o estilística. Sin embargo, ha comenzado a ser habitual la aplicación del método y las técnicas del variacionismo sobre materiales procedentes de interlenguas, porque se ha constatado que es posible encontrar pautas de variación sistemática o regular, similares a las que se producen en una comunidad de habla (Labov, 1966; 1984), de gran importancia para comprender la ASL y la configuración de la propia interlengua. La interlengua es, pues, una realidad eminentemente variable, en la que sus componentes lingüísticos, de cualquier nivel, se pueden manifestar de un modo variable sin que cambie el significado ni la intención de lo que se quiere comunicar.

Éste, sin embargo, no es el único sentido en el que se ha hablado de variación para la interlengua y el proceso de ASL. En los trabajos de Tarone y de otros investigadores, se habla de variabilidad para hacer referencia a un *continuum* de estilos que va desde los más formales, cuidados y planificados, a los más informales y espontáneos. El contexto y la situación determinan en parte el modo en que esas posibilidades estilísticas se manifiestan: en los estilos menos cuidados se presentan formas simplificadas que coinciden con las de la lengua infantil y de las lenguas pidgin. Ahora bien, tanto si se habla de variación en el sentido de posibilidad de encontrar usos diferentes para decir lo mismo, como si se habla de variación en el sentido de posibilidad de cambiar de estilo, el concepto de competencia que se maneja tiene que ser el de una competencia heterogénea, frente al concepto chomskyano de competencia homogénea e idealizada (Baralo). La competencia del aprendiz ha de ser una competencia heterogénea porque recoge una serie de estilos y ofrece la posibilidad de decir unas mismas cosas de modo distinto. De hecho, la variación sistemática en la interlengua del individuo bilingüe simplemente es esencial para el desarrollo de la interlengua (Ellis, 1989).

Los estudios variacionistas de ASL intentan describir y explicar cómo se relacionan las formas lingüísticas variables de la interlengua y los elementos covariables del contexto social y lingüístico. Los análisis que se están realizando apuntan, por ejemplo, que el proceso de adquisición puede mostrar usos de variación libre que inicialmente son al azar y que paulatinamente se convierten en patrones sistemáticos. También se está demostrando que la pertenencia a redes sociales culturalmente uniformes o mixtas, el tiempo de permanencia en la comunidad de la lengua meta o el tipo de interacción en la que participan los aprendices, determinan el modo en que se manifiesta la variación de la interlengua. En definitiva, el variacionismo intenta comprobar cómo una serie de factores considerados como variables independientes afectan a la manifestación de las variantes de una variable dependiente. Los factores independientes pueden ser de naturaleza lingüística (función, clase de palabras, tipos de sujeto o de objeto, constitución fónica, contexto, L1) o de naturaleza extralingüística (edad del aprendiz, tiempo transcurrido en el proceso de aprendizaje, tipos de contextos y situaciones comunicativas, tipo de red social a la que pertenece el aprendiz, dominios del discurso, estilo).

Afirma Dennis Preston (1996) que el interés de la sociolingüística para la ASL es doble. Por un lado, se preocupa por la variación lingüística: el producto, el proceso, la adquisición y el entorno cognoscitivo de esa variación; por otro lado, tiene relación con los aspectos sociológicos y sociopsicológicos de la lengua. Los planteamientos de la sociolingüística variacionista en este campo comparten algunas bases con el modelo de la *competencia variable* de Tarone (*continuum* de estilos) y con la *teoría del monitor* de Krashen, pero las diferencias son notables en cuanto al alcance de los respectivos planteamientos y en cuanto a las técnicas de investigación utilizadas.

En esencia, un análisis variacionista consiste en la cuantificación de la co-ocurrencia de una serie de variables independientes y las manifestaciones de una variable dependiente, que suele ser de naturaleza lingüística: por ejemplo, la alternancia entre el futuro sintético o perifrástico en español, la presencia de los pronombres personales sujetos en español, el uso o no de la partícula negativa ne en francés, las alternativas para la expresión de la negación en inglés (*no/don´t*) o el uso o no de s como marca de tercera persona verbal en inglés (Adamson, 1981). Esta cuantificación suele practicarse por medio de una estadística de inferencias, generalmente un análisis de regresión múltiple, y con la ayuda de unos programas informáticos, desarrollados con este fin, que reciben el nombre genérico de *VARBRUL* (*Variable Rule*). En esencia, con todo ello se intenta demostrar qué peso tiene cada factor independiente (lingüístico o no lingüístico) sobre el factor lingüístico dependiente.

En lo que se refiere al análisis de los cambios lingüísticos (Weinreich, Labov, Herzog, 1968), la sociolingüística puede recurrir a dos procedimientos: el análisis longitudinal, en el que se van anotando los pasos que sigue el avance de la adquisición de unas condiciones determinadas, o el análisis en tiempo aparente, en el que las observaciones que se realizan en un momento determinado en aprendices que llevan más o menos tiempo adquiriendo la L2 se proyectan en el tiempo. Una alternativa a esta forma de analizar los procesos en el tiempo es la que procede del paradigma dinámico de los criollistas, como Bickerton, y que se conoce como *teoría de la onda* (Bailey, 1974). Desde este punto de vista, un cambio se va extendiendo de forma paulatina en sus modos intensivo (cada vez en más contextos) y extensivo (cada vez en más individuos), de forma que su desarrollo temporal puede representarse como una escala en la que un rasgo lingüístico variable se va extendiendo, y como una curva en forma de S, puesto que generalmente se inician lentamente (parte baja de la S), para después expandirse de forma más rápida (trazo central de la S, más vertical), hasta llegar a un punto (parte alta de la S) en que el avance se vuelve a hacer lento. A este modelo se suelen ajustar más fácilmente los procesos de variación y cambio semántico y morfosintáctico.

Los trabajos que poco a poco va aportando el variacionismo de la ASL, representado de modo principal por la investigación de Preston, nos llevan a algunas hipótesis y líneas muy prometedoras. Por ejemplo, hay indicios que permiten afirmar 1) que todos los aprendices de una misma procedencia lingüística componen una *comunidad de aprendices* (comparten rasgos); 2) que todos los aprendices de todas las procedencias lingüísticas pertenecen a una misma *comunidad de aprendices*; y 3) que los subgrupos de aprendices, incluso los de una misma procedencia lingüística, componen *comunidades* distintas, lo que supondría que los informantes con un dominio alto o bajo de la lengua no pertenecerían a una misma comunidad de aprendices, a pesar de compartir la L1. Se está observando también cómo el nivel de monitorización de los aprendices, el que determina la mayor o menor formalidad de los estilos, se refleja en la adquisición de la lengua; o que las formas más marcadas (por ejemplo, el uso de léxico arcaizante o de las formas de tratamiento) se desarrollan más rápidamente en las actuaciones de la interlengua que están monitorizadas (estilos cuidados), mientras que las no marcadas se adquieren antes en los estilos menos monitorizados (estilo espontáneo).

Dennis Preston (1996) ha puesto mucho interés en destacar que los planteamientos variacionistas nacidos en la sociolingüística no suponen necesariamente un desafío a los modelos de la GU sobre la competencia lingüística nativa o de una lengua segunda/extranjera. El variacionismo simplemente insiste en considerar la composición lingüística de los mecanismos que orientan la variación y su posible contribución a los cambios lingüísticos en el individuo, es decir, al aprendizaje. Incluso si la variación se interpreta, no como una manifestación variable de un factor, sino como un movimiento de salto de una gramática a otra, el interés por un programa que busque las causas y los mecanismos de ese movimiento sería esencial para cualquier teoría general de la ASL.

Otro aspecto sumamente interesante es el de la edad del aprendiz, decisivo en los estudios de ASL. A la hora de establecer la relación entre la GU y la edad del aprendiz, se puede hablar de tres posibles interpretaciones (Preston, 1996; Liceras, 1995: 24-25):

1. Que los adultos no tengan acceso a la GU, con lo que se podría sostener la hipótesis de la edad crítica marcada (periodo crítico de la pubertad para el aprendizaje de lenguas): los adultos aprenden lenguas a través de las llamadas habilidades cognoscitivas, no de las lingüísticas.
2. Que los adultos tengan acceso a la forma de la GU usando la L1 como intermediaria: en este caso el periodo crítico se produciría antes de la pubertad.
3. Que los adultos tengan un acceso pleno y directo a la GU (incluso un acceso manipulado a través de los contextos de la L1): la L2 se fija como la L1, sin recurrir a ella y no existe edad crítica.

Según Preston, si no se tiene en cuenta la variación a la hora de explicar la ASL, se llega a planteamientos insuficientes, como la forma en que se explica el acceso a la GU. En nuestra opinión, los trabajos de Preston constituyen una buena introducción al modo de trabajar de la sociolingüística, concretamente del variacionismo, para descubrir en qué medida es importante la variación en el proceso de la adquisición y hasta qué punto es necesaria la incorporación del concepto de variación en una teoría psicolingüística de la adquisición de segundas lenguas.

Conclusión

Del conjunto de planteamientos, teorías y objetos de estudio que se han presentando en este capítulo dedicado a los aspectos sociales de la adquisición de segundas lenguas, se pueden extraer las siguientes conclusiones en forma de decálogo final:

1. En la tradición de las investigaciones de Vygotsky, es posible interpretar la adquisición de segundas lenguas como un conjunto de operaciones y mecanismos psicológicos derivados de la interacción social. La adquisición de segundas lenguas no podría entenderse como independiente del medio social en que se produce; sería la interacción la que permitiría que el proceso se completara.
2. La sociolingüística ha declarado su interés por la adquisición de segundas lenguas basándose en el hecho de que el contexto social es uno de los factores fundamentales en el proceso de adquisición. En términos generales, la intención no es explicar la ASL desde una base exclusivamente social, sino que lo social sea entendido como parte esencial de la adquisición misma.
3. Entre las teorías sobre la ASL, presentan un punto de vista eminentemente social las que reciben el nombre de teorías ambientales o contextualistas. Algunas teorías interaccionistas entienden la interacción como la relación del individuo con otros individuos (dimensión social) y con el contexto.
4. Los estudios sobre la ASL se han realizado tanto en contextos de enseñanza y aprendizaje formal de lenguas, como en situaciones de aprendizaje en contextos naturales.
5. Los componentes fundamentales del proceso de adquisición son la lengua meta, el aprendiz y el contexto. El peso de lo social en esos componentes es manifiesto.
6. Tres de los temas que más se han estudiado recientemente en relación con la ASL han sido la comunicación intercultural (problemas y reacciones que originan los errores y la L2 de los aprendices), la conversación (transferencias de mecanismos de la L1 a la L2) y la identidad social (influencia de la L2 sobre la identidad del aprendiz).
7. La *hipótesis de la pidginización* de Schumann, tal vez la teoría ambientalista de mayor difusión, considera que la aculturación de un individuo en la comunidad de la lengua meta es tan decisiva en los procesos de adquisición de segundas lenguas como en los de pidginización.
8. Las teorías que parten de un concepto dinámico del contexto son: la teoría de los dominios del discurso, la teoría de la co-construcción y la teoría de la competencia interactiva. En todas ellas la interacción contribuye de modo decisivo e imprescindible en la ASL y relegan a un segundo plano los procesos puramente cognitivos.
9. La aplicación del método y las técnicas del variacionismo sobre materiales procedentes de interlenguas ha constatado que es posible encontrar en ellas pautas de variación sistemática o regular, similares a la que se producen en una comunidad de habla.
10. Los estudios variacionistas de ASL intentan describir y explicar cómo se relacionan las formas lingüísticas variables de la interlengua y los elementos covariables del contexto social y lingüístico.

Bibliografía

ADAMSON, H. D. y KOVAC, C. (1981), "Variation theory and second language acquisition data: An analysis of Schumann's data", en D. SANKOFF y H. CEDERGREN (eds.), *Variation omnibus*, Edmonton, Linguistic Research Inc.: 285-92.

ANDERSEN, R. W. (ed.) (1983), *Pidginization and Creolization as Language Acquisition*, Rowley, Mass., Newbury House.

BAILEY, Ch. J. N. (1974), *Variation and Linguistic Theory*, Arlington, VA., Center for Applied Linguistics.

BARALO OTUNELLO, M. (1999), *La adquisición del español como lengua extranjera*, Madrid, Arco Libros.

BICKERTON, D. (1975), *Dynamics of a Creole System*, Cambridge, CUP.

BICKERTON, D. (1990), *Language and Species*, Chicago, University of Chicago [Trad. al español (1994), *Lenguaje y especies*, Madrid, Alianza.

CHOMSKY, N. (1986), *Knowledge of Language*, Nueva York, Praeger.

CHOMSKY, N. (1988), *Language and Problems of Knowledge: the Managua Lectures*, Cambridge, Mass., MIT Press.

CHOMSKY, N (1995), *The Minimalist Program*, Cambridge, Mass., MIT.

DOUGLAS, D. y SELINKER, L (1994a), "Native and nonnative teaching assistants: A case study of discourse domains and genres", en C. G. MADDEN y C.L. MYERS (eds.), *Discourse and Performance of International Teaching Assistants*, Alexandria, VA, Teachers of English to Speakers of Other Languages: 221-230.

DOUGLAS, D. y SELINKER, L. (1994b), "Research methodology in context-based second language research", en E. E. TARONE, S. M. GASS y A. D. COHEN (eds.), *Research Methodology in Second-Language Acquisition*, Hillsdale, NJ, Erlbaum: 119-131.

ELLIS, N. C. (2002), "Frequency effects in Language Processing", *Studies in Second Language Acquisition*, 24-2: 143-188.

ELLIS, R. (1989), "Sources of intra-learner variability in language use and their relationship to second language acquisition", en S. GASS, C. MADDEN, D. R. PRESTON y L. SELINKER (eds.), *Variation in Second Language Acquisition*, vol. II, *Psycholinguistic Issues*, Clevedon, Avon, Multilingual Matters.

FIRTH, A. F. y WAGNER, J. (1997), "On discourse, communication, and (some) fundamental concepts in SLA", *Modern Language Journal*, 81: 285-300.

GARDNER, R., 1998, "Between speaking and listening: The vocalisation of understandings", *Applied Linguistics*. 19: 204-224.

GIVON, T. (1981), *On Understanding Grammar*, Nueva York, Academic Press.

GOLDSTEIN, T. (1997), *Two Languages at Work: Bilingual Life on the Production Floor*, Nueva York, Mouton de Gruyter.

HALL, J. K. (1993), "The role of oral practices in the accomplishment of our everyday lives: The sociocultural dimension of interaction with implications for the learning of another language", *Applied Linguistics*, 14: 145-166.

HALL, J. K. (1995), "(Re)creating our worlds with words: A sociohistorical perspective of face-to-face interaction", *Applied Linguistics*, 16: 206-232.

JACOBY, S. y OCHS, E. (1995), "Co-construction: An introduction", *Research on Language and Social Interaction*, 28: 171-183.

KRAMSCH, C. (1986), "From language proficiency to interactional competence", *Modern Language Journal*, 70: 366-372.

KRASHEN, S. (1992), "El modelo del monitor y la actuación de los adultos en las lenguas segundas", en J. MUÑOZ LICERAS (comp.), *La adquisición de las lenguas extranjeras*, Madrid, Visor: 143-152.

LABOV, W. (1966), *The Social Stratification of English in New York City*, Arlington, VA, Center for Applied Linguistics.

LABOV, W. (1984), "Field methods of the project on linguistic change and variation", en J.

BAUGH y J. SHERZER (eds.), *Language in Use: Readings in Sociolinguistics*, Englewood Cliffs, NJ, Prentice-Hall: 28-53.

LARSEN-FREEMAN, D. y LONG, M. H. (1991), *Theories in Second Language Acquisition*, Londres-Nueva York, Longman.

LIBERMAN, K. (1995), "The natural history of some intercultural communication", *Research on Language and Social Interaction*, 28: 117-146.

LONG, M. y PORTER, P. (1985), "Group work, interlanguage talk, and second language acquisition", *TESOL Quarterly*, 19: 207-228.

MCNAMARA, T. F. (1997), "What do we mean by social identity? Competing frame works, competing discourses", *TESOL Quarterly*, 31: 561-567.

MORENO-FERNÁNDEZ, F. (1998), *Principios de sociolingüística y sociología del lenguaje*, Barcelona, Ariel.

MORENO FERNÁNDEZ, F. (2000), "Aspectos sociales de la adquisición de lenguas", en D. PRESTON y R. YOUNG, *Adquisición de segundas lenguas: variación y contexto social*, Madrid, Arco Libros: 9-14.

MUÑOZ LICERAS, J. (1992), *La adquisición de las lenguas extranjeras*, Madrid, Visor.

PEIRCE, B. N. (1995), "Social identity, investment, and language learning", *TESOL Quarterly*, 29: 9-31.

PRESTON, D. (1989), *Sociolinguistics and Second Language Acquisition*, Oxford, Blackwell.

PRESTON, D. (1991), "Sorting out the variables in sociolinguistic theory", *American Speech*, 66,1: 33-56.

PRESTON, D. R. (1996), "Variationist Perspectives on Second Language Acquisition", en ROBERT BAYLEY y D. R. PRESTON (eds.), *Second Language Acquisition and Linguistic Variation*, Amsterdam, John Benjamins: 1-45. [Trad. en D. PRESTON y R. YOUNG (2000), *Adquisición de segundas lenguas: variación y contexto social*, Madrid, Arco Libros.

PSATHAS, G. (ed.) (1989), *Interaction Competence*, Lanham, MD, University Press of America.

ROMMETVEIT, R. (1985), "Language acquisition as increasing linguistic structuring of experience and symbolic behavior control". En J. V. Wetsch (ed.), *Culture, communication, and cognition*: Vygotskian perspectives, New York, Cambridge University Press.

ROMMETVEIT, R. (1987), "Meaning, context, and control", *Inquiry*, 30: 77-99.

SCHUMANN, J. (1978a), *The pidginization process*, Rowley MA, Newbury House.

SCHUMANN, J. (1978b), "The acculturation model for second language acquisition", en R. Gringas (ed.). *Second-language acquisition and foreign language teaching*. Arlington, Va., Center for Applied Linguistics: 27-50.

SCHUMANN, J. (1992), "La adquisición de lenguas segundas: la hipótesis de la pidginización", en J. Muñoz Liceras (comp.), *La adquisición de las lenguas extranjeras*, Madrid, Visor: 123-141.

SCHUMANN, J. (1997), *The neurobiology of affect in language*, Malden, MA, Blacwell.

SELINKER, L. (1972), "Interlanguage", *International Review of Applied Linguistics*, 10: 201-231.

SELINKER, L. (1992), *Reconsidering interlanguage*, London, Longman.

SELINKER, L. y D. DOUGLAS (1985), "Wrestling with 'context' in interlanguage theory." *Applied Linguistics* 6: 190-204.

SKINNER, B. F. (1957), *Verbal Learning*, New York, Appleton-Century-Crofts.

SILVA-CORVALÁN, C. (1991), "Cross-generational bilingualism: theoretical implications of language attrition." En T. Huebner & Ch. Ferguson (eds.), *Crosscurrents in Second Language Acquisition and Linguistic Theories*, Amsterdam, John Benjamins: 325-345.

SPOLSKY, B. (1989), "Communicative competence, language proficiency, and beyond", *Applied Linguistics*, 10-2: 138-156.

TARONE, E. y G. q. LIU (1995), "Situational context, variation, and second language acquisition theory", En G. Cook y B. Seidlhofer (eds.), *Principle and Practice in applied linguistics: Studies in honour H.G. Widdowson*, Oxford, OUP: 107-124.

TARONE, E. (1982), "Systematicity and attention in interlanguage", *Language Learning*, 32: 69-84.

VYGOTSKY, L. S. (1978), *Mind in society: The development of higher psychological processes*, Cambridge, MA, Harvard University Press.

WEINREICH, U., W. LABOV y M.I. HERZOG (1968), "Empirical foundations for a theory og language change,. en W.P. Lehmann y Y. Malkiel (eds.), *Directions for historical linguistics: A symposium*, Austin, TX, University of Texas Press: 97-315.

YOUNG, R. (1999), "Sociolinguistic Approaches to Second Language Acquisition", Annual Review of Applied Linguistics, 19: 105-132. Traducción en D. Preston y R. Young, *Adquisición de segundas lenguas: variación y contexto social*, Madrid, Arco/Libros, 2000: 17-38.

La motivación y el aprendizaje de una L2/LE

Francisco José Lorenzo Bergillos
Universidad Pablo de Olavide de Sevilla

Introducción

Un fenómeno distintivo de la adquisición de segundas lenguas en relación con la de la lengua materna es la disparidad en los niveles de aprendizaje conseguidos. Mientras que prácticamente ningún factor ambiental impide el aprendizaje de las primeras lenguas y que incluso rasgos constitutivos individuales en ocasiones adversos, como acusados déficits cognitivos, son compatibles con el desarrollo del lenguaje (Curtiss, 1982; Pinker, 1996), el aprendizaje de segundas lenguas, tanto en circunstancias naturalistas como formales, genera problemas propios en su adquisición.

Al caracterizar y justificar las causas últimas de los ritmos, niveles y déficits de aprendizaje de L2, las disciplinas que operan en el campo de la lingüística y la psicopedagogía han formulado el paradigma de análisis denominado *diferencias individuales* (Skehan, 1989). Desde esta formulación, se exponen rasgos de la persona -algunos mutables y otros no- que, bien de forma aislada o interaccionando, pueden explicar el conocimiento adquirido o prever el que se va a adquirir. Algunos de estos factores se enmarcan en la esfera neurológica: el grado de *especialización hemisférica* relacionado con la localización de las funciones lingüísticas en las distintas áreas cerebrales ha dado lugar a estudios sobre alumnos excepcionales, que tras la pubertad siguen manteniendo un alto nivel de permeabilidad a estímulos lingüísticos y, obteniendo grados imprevisibles de adquisición (Obler y Menn, 1982; Obler y Gjerlow, 1999). Otros factores resultan ser cognitivos, como la *aptitud* -habilidad para asimilar material lingüístico descontextualizado y procesar la lengua con eficacia, gracias fundamentalmente a niveles de gestión de la memoria o de la localización de la atención poco habituales, ya sean estructuras morfosintácticas o rasgos fonológicos distintivos de la L2- (Carroll, 1991). Dentro de la esfera cognitiva se incluyen los *estilos de aprendizaje,* que permiten distinguir entre otras categorías a los alumnos analíticos, aquellos que procesan la lengua atendiendo a sus rasgos discretos de los alumnos holísticos, más llevados por las propiedades significativas de los mensajes, a partir de los cuales inducen los mecanismos de funcionamiento de todos los niveles lingüísticos del nuevo código (Reid, 1987). A medio camino entre los factores cognitivos y afectivos se encuentran otros factores con una larga tradición en la investigación, como las *estrategias de aprendizaje*, mecanismos conscientes e inconscientes que los alumnos utilizan para dirigir el proceso de adquisición y de uso de la L2; *la edad*, relacionado con la existencia de un periodo crítico de adquisición que ha servido de pilar fundamental para el desarrollo de las teorías innatistas del aprendizaje; o los distintos *rasgos de la personalidad* (inhibición, empatía, etcétera).

La estrecha relación que la lingüística aplicada ha tenido con la tradición analítica de la psicología científica desde su instauración como disciplina propia, ha hecho que el paradigma de las diferencias individuales se centrase preferentemente en los factores de la cognición (Lantolf, 1999). Así, el estudio de los factores afectivos -motivación, actitudes, creencias- como elementos alternativos responsables del aprendizaje sólo ha sido objeto de especial atención en fechas muy recientes (Arnold, 1999). Varios factores han vertebrado este proceso, entre los que destacan la entrada en la madurez de la psicosociolingüística, en la que se analizaban los modos de pensamientos e interacción de las distintas comunidades lingüísticas en situaciones de lenguas en contacto (Weinreich, 1953; Appel y Muysken, 1996; Siguán, 2001), y la conversión en hipótesis de investigación de los ecos de los profesores de idiomas de que no todo el aprendizaje es modulado o justificado por rasgos innatos como la aptitud. Los factores afectivos, y más concretamente la motivación, han pasado de ser así un concepto conveniente y hasta cierto punto poco definido a convertirse en un constructo objetivable a través de técnicas empíricas que da lugar a conclusiones, generalizaciones e implicaciones metodológicas para la enseñanza.

A la vez, el de la motivación ha resultado un elemento atractivo para el estudio por un variado número de razones. Por un lado, rasgos como la aptitud o la especialización hemisférica se presentan como características inmutables y hasta cierto punto inmunes a cualquier tratamiento en el aula; pero, sin embargo, la motivación puede crecer, retraerse, sucumbir de por vida (fenómeno harto frecuente respecto al aprendizaje de una L2)[1] o instalarse en niveles altos estables, y, no en pocos casos, estas fluctuaciones son fruto de intervenciones pedagógicas concretas o planteamientos metodológicos consistentes. Al ser por tanto un rasgo mutable, resulta más que probable que el docente de segundas lenguas desarrolle mecanismos de evaluación de su quehacer profesional en función del grado de motivación percibido entre sus alumnos, a pesar de que, con cierta frecuencia, estas apreciaciones están sustentadas en visiones un tanto primitivas de la motivación, como la *hipótesis del palo y la zanahoria*, o en mistificaciones que terminan por desplazar al docente a roles no siempre deseados, resultado de igualar la motivación al grado de diversión o de incentivos fáciles.

[1] James y Garret (1991: 3) apuntan cómo en el sistema educativo británico, dos de cada tres alumnos que habían cursado asignaturas de idiomas extranjeros decidían abandonarlas a la primera oportunidad que se les presentaba dado su carácter optativo en el currículo establecido.

1. Aproximación conceptual y desarrollo histórico de la investigación en motivación hacia el aprendizaje de L2

Con carácter general, la motivación se concibe como un *constructo hipotético* que explica los procesos mentales que instigan y sostienen la actividad dirigida a un objetivo[2]. Cuando el objetivo es el aprendizaje de una L2, la motivación explica la acción, la intencionalidad y la toma de decisiones respecto a la adquisición y el uso de un nuevo código lingüístico. En consecuencia, el estudio de la motivación accede de forma directa al estudio del comportamiento, tanto si este es perceptible como si no lo es, y a aspectos tan definitorios del aprendizaje como la perseverancia, la intensidad, el esfuerzo o el curso de las acciones en el uso de la L2 (Pintrich y Schunk, 1996; Garrido, 1996)[3].

El interés en la motivación respecto a la adquisición de una L2 surgió a mediados de la década de los cincuenta del siglo pasado en Canadá (Lambert, 1955), como desarrollo de la intuición, hasta ese momento simplemente especulativa, de que un cierto grado de compromiso emocional en el aprendizaje de una segunda lengua afectaba de forma determinante el desarrollo del bilingüismo, hasta el punto de que con el tipo y grado apropiado de motivación se produciría un bilingüismo aditivo, mientras que de no ser así se obtendría un conocimiento desequilibrado de la L1 o la L2, esto es un bilingüismo substractivo. Desde entonces, las conclusiones de la investigación llevada a cabo en el contexto canadiense en relación con la lengua inglesa y francesa, han sido extrapoladas a todas aquellas situaciones de lenguas en contacto en comunidades lingüísticamente complejas, de modo que la motivación ha pasado a ser considerada como factor determinante y único del aprendizaje en circunstancias en las que existe acceso a un contacto abundante con el nuevo idioma (Gardner, 1993; Spolsky, 2000).

La entrada en la madurez en la investigación motivacional se produce con los estudios de Gardner y mediante la denominada *teoría de las orientaciones*[4]. Desde este planteamiento se afirma que las razones que impulsan al aprendiente a implicarse en el estudio de la lengua conformarán unas actitudes que, a su vez, determinarán el grado y el tipo de motivación, dando lugar a una distinción seminal entre *orientación instrumental* y *orientación integrativa*, coincidente con el par motivación extrínseca e intrínseca empleado en otras ramas de la psicología del aprendizaje. La primera tiene lugar cuando el sujeto se implica en el aprendizaje de la lengua como un medio para obtener otros objetivos que se desprenden de ella en su propia cultura y comunidad (por ejemplo, tener una mayor cualificación profesional o

---

[2] Se denomina *constructo hipotético* a todo elemento que aglutina una serie de características, observables o no observables, que pueden apuntarse como las causas de un fenómeno (Arnal *et al.*, 1992: 13). En este caso, la motivación como construcción hipotética, se apunta como la causa subyacente del aprendizaje o de la ausencia de éste.

[3] Algunos estudios emplean conceptos cercanos al de motivación, como el de *inversión* (Peirce, 1995), definido como la determinación de usar la L2 al margen de los prejuicios o juicios que una actuación errónea o marcas como el acento extranjero puedan generar en los interlocutores. McIntyre *et al.* (1998) aluden al concepto de *voluntariedad de comunicar* para explicar el grado de participación y la involucración en actividades del aula por parte de los alumnos. Noels *et al.* (2000) se decantan por conceptos como el de *autoconfianza*, con el que se refieren a un cierto grado de percepción positiva de capacidad que rebaja significativamente la ansiedad en el acto de la comunicación en L2. Todos estos conceptos caen en la esfera de un término de orden superior como el de la motivación.

[4] Tras la publicación de Gardner y Lambert (1972), en la que ya se formulaba su teoría sobre orientación hacia la lengua, el primer autor ha profundizado en su concepción de la motivación en estudios como: Gardner (1985), (1988); Gardner y MacIntyre (1993); Gardner y Tremblay (1994, a y b) y Gardner, Tremblay y Masgoret (1997).

hacer un uso de la L2 en función de objetivos académicos o laborales). La *orientación integrativa*, por su parte, se adopta en relación con la comunidad y cultura L2, cuando los objetivos son de inmersión en la comunidad L2, o cuando se intenta una aproximación, que puede llegar a la asimilación, a lo que en principio es una cultura ajena a través de la interacción social con los miembros del grupo L2 o a través de un acercamiento y consumo de sus productos culturales. El mantenimiento y consolidación de una orientación integrativa conlleva indefectiblemente un incremento motivacional que es posible medir en tres componentes esenciales: a) el deseo de aprender la lengua, b) la intensidad motivacional en términos de esfuerzo cognitivo y comportamental para realizar tal fin y c) el desarrollo de actitudes positivas hacia el aprendizaje de la lengua (Gardner, 1985: 9).

Aunque toda la elaboración teórica de Gardner parte de la distinción integrativa/instrumental, tal disyunción constituye únicamente el germen de la confección de modelos socioeducacionales, sucesivamente revisados por el propio autor, que ofrecen una visión del desarrollo de la competencia bilingüe (Gardner 1982, 1985; Gardner, Tremblay y Masgoret, 1997). De esta forma, la teoría de las orientaciones deja de ser una aproximación articulada en torno a una dicotomía expresada en términos maximalistas para dar lugar a implicaciones que pretenden ofrecer una visión global del aprendizaje. En su conjunto, la teoría gardneriana suele revisarse en la literatura en función de cinco principios (Au, 1988; Gardner, 1988):

1. *Principio de la orientación integrativa*: El motivo integrativo se asocia positivamente con los niveles de adquisición de la L 2. El motivo queda definido por las actitudes del individuo hacia el grupo de la lengua meta, el interés en las lenguas extranjeras y su disposición hacia la asimilación.
2. *Principio de la creencia cultural*: Las creencias culturales sobre la L2 influyen en el desarrollo del motivo integrativo. Bajo el concepto *creencia cultural* se recogen los juicios y prejuicios, comunes en el contexto en el que vive el sujeto, respecto al aprendizaje de la segunda lengua en cuestión. El concepto creencia cultural engloba factores psicosociales, como la percepción de la vitalidad etnolingüística de la lengua materna y la lengua meta, o el grado de etnocentrismo, conceptos que han sido mejor desarrollados en otros modelos de competencia a los que se aludirán más abajo.
3. *Principio del aprendizaje activo*: Los sujetos motivados integrativamente tienen éxito en el aprendizaje porque son activos; la motivación se refrenda en comportamientos que facilitan la adquisición, como por ejemplo en la búsqueda de contacto o en el uso abundante y adecuado de estrategias sociales y comunicativas.
4. *Principio de causalidad*: La motivación integrativa es la causa, no el efecto del aprendizaje. Este principio proponía una relación de causalidad excesivamente rígida al obviar que la percepción de aprendizaje es un factor determinante para que el futuro comportamiento sea motivado o desmotivado. En situaciones de aprendizaje de lengua extranjera la percepción de aprendizaje es un elemento claramente movilizador, a la vez que la percepción de carencia de aprendizaje significativo inhibe la motivación (Ushioda, 1996; Lorenzo, 2001).
5. *Principio del doble proceso*: Aptitud y motivación son factores independientes en el aprendizaje de la segunda lengua. Estudios como los realizados por Clement y Kruidener (1985: 33) indican que motivación y aptitud han demostrado ser rasgos personales independientes con distinto impacto en

diferentes niveles de la competencia en L2. Refieren que los efectos de la motivación son más sensibles a los aspectos propios de la competencia discursiva y sociolingüística de la lengua, mientras que los efectos de la aptitud son más visibles en tests estandardizados, utilizados con mayor frecuencia en entornos académicos y relacionados con aspectos de la competencia gramatical.

La visión que se sustenta desde estos principios ha sido hegemónica hasta el punto que *casi todos los estudios sobre motivación han resultado ser, de una u otra forma, un comentario en la agenda establecida por Gardne*r (Skehan 1989: 61). La razón de esta supremacía responde a la enorme capacidad de predicción respecto a los niveles de aprendizaje que han demostrado los modelos que parten de la distinción integrativa / instrumental. En efecto, los modelos estandarizados de medición de actitudes y motivación muestran un alto grado de correlación con el conocimiento adquirido, y esta correlación se confirma con otros indicadores, como los resultados académicos y el comportamiento en el aula en múltiples contextos y latitudes (Gardner, 1993, y Sison, 1991, para una aplicación concreta al aprendizaje de español en Estados Unidos)[5]. Esta conclusión coincide con los resultados de otros estudios sobre aptitud e inteligencia, que apuntan a la habilidad para el aprendizaje de lenguas como un rasgo significativo, pero que sólo logra explicar el 42% de la varianza del grado de aprendizaje (Sasaki, 1993; 1996). Una visión exclusivamente cognitiva ignora, por tanto, una proporción mayoritaria en los niveles adquiridos, hecho que sin lugar a dudas deja a todos los aspectos que caen en la esfera de las variables afectivas como un indicador con al menos un nivel de incidencia similar a los cognitivos, si no superior (Larsen-Freeman y Long, 1991: 172). Como conclusión a casi medio siglo de trabajos sobre la motivación desde una perspectiva psicosocial, la contundencia de los resultados estadísticos de los estudios en la órbita de la teoría de las orientaciones da lugar a una inequívoca direccionalidad de influencias por lo que respecta a la interacción de las diferencias individuales afectivas o dependientes de ellas, secuencia expresada en los términos: *las actitudes hacia la lengua son causantes de la motivación; la motivación causa la autoconfianza y el aprendizaje de estrategias; y la motivación, la aptitud y el uso de estrategias, causan el aprendizaje* (Gardner *et al.*, 1997: 353).

Aún así, esta visión de la motivación hacia el aprendizaje ha impuesto una perspectiva con un marcado carácter social, relativamente inaplicable al estudio de idiomas como lengua extranjera, con lo que se ha entendido que la discusión en los términos expresados no hacía justicia a la forma en que los profesores de segunda lengua han utilizado el término motivación (Crookes y Schmidt, 1991: 469). El desequilibrio en la formulación del concepto en cuestión, provocado por una excesiva carga de factores sociales, ha dado lugar a lo que se ha denominado el giro educacional en los estudios de motivación hacia L2, iniciado en los primeros noventa con el estudio seminal de Dörnyei (1990). Junto con

---

[5] En concreto, el procedimiento utilizado para la medición de actitudes y motivación es el *Attitude Motivation Test Battery* (AMTB), cuestionario que recoge las reacciones individuales a distintos medidores de la intensidad de la motivación, grado de integratividad, actitudes hacia la situación de aprendizaje, nivel de ansiedad en el uso y aprendizaje de una L2 y, por último, respecto a indicadores de motivación extrínseca (orientación instrumental, presión paterna, entre otros).

éste, Crookes y Schmidt (1991), Dörniey (1994), Oxford (1994) y Oxford y Shearin (1994), han debilitado la teoría gardneriana al hacer evidentes sus limitaciones, y al orientar el debate motivacional hacia el contexto aula como entorno con capacidad reparadora de la motivación. Dos son las críticas fundamentales.

Por un lado, se ha entendido que la teoría gardneriana nunca ha mostrado -quizás tampoco haya sido uno de sus propósitos- modelos que pudiesen reparar los déficits motivacionales, deviniendo una teoría fatalista y alejada de la problemática educativa, cuyo interés en la motivación parte de la constatación del fenómeno de desafección, muy generalizada entre los alumnos. Por otro lado, se ha señalado que las orientaciones de los alumnos respecto a la L2 no son categorías puras, sino que los aprendientes revelan perfiles mixtos, con lo que, de hecho, en el contexto aula las orientaciones que refieren los alumnos tienden a ser tendencias difusas antes que aspectos universales y constantes. A la vez, estudios como Julkunen (1989) o Ely (1989) ponían de manifiesto que distintos factores del aula se mostraban más predictores de la motivación que las propias orientaciones.

Estas dos críticas han abonado el terreno para la formulación de modelos alternativos que, partiendo de una teoría psicológica unificada de la motivación, han conseguido confeccionar marcos explicativos de las actitudes y conductas de los alumnos hacia el aprendizaje de la L2 y, por extensión, de los niveles de adquisición cualquiera que fuese el contexto de estudio. Los nuevos marcos conceptuales de la motivación de Crookes y Schmidt (1991), Williams y Burden (1997) y, especialmente, Dörnyei (1994), resultan intentos valiosos en este sentido.

Dörnyei (1994) distingue tres niveles claramente diferenciados que incorporan elementos con incidencia en el desarrollo motivacional: el nivel lingüístico, el nivel del alumno y el nivel de la situación de aprendizaje. El *nivel lingüístico* recoge de forma dialéctica la distinción integrativa/instrumental. El *nivel del alumno* engloba atributos del aprendiente respecto a su propio proceso de aprendizaje y su percepción de la necesidad de la lengua (ansiedad situacional y de uso de la lengua, autoconfianza, ideas preconcebidas sobre el aprendizaje de L2). Se refiere por último el *nivel de la situación de aprendizaje* que engloba a) los componentes motivacionales del curso (tipo de sílabo utilizado, los materiales de enseñanza, el método empleado, las actividades concretas de aprendizaje), b) los componentes motivacionales del profesor (estilo de enseñanza y roles que asume) y c) los componentes motivacionales grupales. Todos estos elementos, en una relación sinérgica, serán los que expliquen la resultante motivacional, de manera que el estudio de la motivación deja de ser un estudio diagnóstico para convertirse en un constructo modificable. Las alteraciones potenciales de la motivación estarán en parte en función de todos aquellos participantes en el proceso de enseñanza-aprendizaje, es decir, de los responsables de definir las políticas lingüísticas, de los creadores de los *currículos* oficiales, de los autores de materiales y, por supuesto, de los profesores, como elementos intervinientes en el proceso de modulación al margen de otros factores socioeducacionales que quedan más allá de la propia acción educativa.

2. Consecuencias cognitivas de la motivación. Implicaciones cognitivas y lingüísticas del comportamiento motivado

La motivación se presenta a través de comportamientos que resultan perceptibles (la posición del cuerpo, el enfoque de visión en el aula, la elección de actividades en el tiempo libre, entre otros). Sin embargo, las implicaciones del comportamiento motivado van más allá de lo que pueda captar una observación episódica en el aula por parte del profesor, o en circunstancias naturalistas por parte de los interlocutores. El impacto de la motivación en la activación de los procesos de adquisición desencadena una actuación del sujeto diferente tanto cuantitativa (en términos de intensidad) como cualitativamente en función de los tipos de mecanismos de procesamiento de la lengua meta. Con carácter general, los índices motivacionales altos traen consigo la *energización de la actividad* y la *autorregulación del comportamiento* (Corno y Rohrkemper, 1985), esto es, por un lado el sujeto incrementará la intensidad y la mantendrá durante más largo tiempo (factor fundamental para el aprendizaje de destrezas complejas como es el caso de un idioma que requiere un periodo prolongado), y por otro, gestionará mejor los mecanismos innatos de adquisición del lenguaje y las estrategias académicas que lo facilitan (Lorenzo, 2002).

Algunos estudios van más allá de las implicaciones cognitivas, vinculando la motivación con la base física del aprendizaje y apuntando a que existen áreas cerebrales que, al contacto con *input* lingüístico interesante o situaciones de aprendizaje satisfactorias, se movilizan en la adquisición de la segunda lengua (Jacobs y Schumann, 1992; Schumann, 1998). Desde este presupuesto de carácter neurolingüístico, se apuntan similitudes en el aprendizaje de una L2 y de la lengua materna cuando las áreas cerebrales se activan para la adquisición de una L2 como resultado de factores motivacionales. Al margen de esta visión, el valor de la motivación reside en su capacidad para potenciar los mecanismos mentales de adquisición, entre ellos la memoria, la atención o las estrategias. Cualquier aproximación psicolingüística al fenómeno de la adquisición de una L2 parte de la idea según la cual el repertorio de operaciones mentales responsables de la adquisición se alimenta de recursos cuya activación requiere esfuerzo (Clark, 1977: 24). En este sentido, los recursos memorísticos, la localización de la atención o el repertorio de estrategias, tanto lingüísticas como metalingüísticas, pueden ser alterados por el grado de motivación. Sirvan como ejemplo dos estrategias cognitivas fundamentales para realizar la transición de *input* percibido a *intake*, es decir, para convertir el flujo lingüístico percibido en la L2 a conocimiento instalado en la memoria a largo plazo. Este proceso es dependiente de dos estrategias fundamentales destacados como las que más inciden en el desarrollo del conocimiento implícito de la L2 (Thornbury, 1997; Gómez del Estal y Zanón, 1999). Por un lado, la capacidad para *notar el rasgo*, percibir las propiedades lingüísticas desconocidas en L2; por otro, la generación de *hipótesis lingüísticas*, esto es, la acción de generar estructuras a modo de ensayo, de forma que el código L2 se adecue a los propósitos discursivos del aprendiente. Ambas estrategias requieren de un aprendiz activo, que experimente con el nuevo código, con un cierto grado de desinhibición y de autoconfianza y esté dispuesto a desplegar los recursos atencionales necesarios, aspectos que sólo pueden partir de un comportamiento motivado.

Los efectos del comportamiento motivado se hacen sentir en todos los niveles lingüísticos. La motivación opera de forma manifiesta en el nivel fonológico, fruto de que el sujeto desarrolla procedimientos de localización de la atención especiales para asimilar el nuevo sistema fonético y los rasgos suprasegmentales de la L2. Purcell y Suter (1980) y Moyer (1990) apuntan como resultado de su análisis de multivariables desencadenantes del desarrollo de la competencia fonológica que el grado de motivación resulta uno de los factores con una mayor incidencia en los niveles de corrección del acento L2, por encima incluso de factores como la duración de la estancia en la comunidad de uso de la lengua meta. De hecho, el único factor que se sitúa por encima de los factores afectivos es el de la edad de contacto con la L2, aspecto, éste sí, prácticamente determinante en el desarrollo de un acento nativo si se produce dentro de los límites temporales del periodo sensible. En consonancia con estos resultados, estudios como Giles *et al.* (1995) sobre hablantes de inglés como L2 de ascendencia hispana en Estados Unidos, apuntan que el desarrollo de actitudes positivas a la asimilación a una nueva comunidad puede potenciar los niveles de corrección fonética, para evitar de este modo la generación de juicios y prejuicios por parte de los individuos del grupo L1.

En el nivel léxico-morfosintáctico, tienden a confirmarse las conclusiones del estudio seminal de Kleinmann (1977), según las cuales un alto grado de motivación propicia que el alumno manipule aquellas estructuras más complejas dado su alto grado de marcación respecto a sus equivalentes en la L1. Estructuras de difícil adquisición, como por ejemplo las formas subjuntivas españolas para los hablantes de inglés, la relativización inglesa o española para los hablantes de japonés, o la transposición de las preposiciones en determinadas oraciones interrogativas inglesas para hablantes de español (las denominadas *preposition stranding structures*), resultan más permeables para los sujetos con intensidad motivacional. En esencia, un comportamiento motivado suele traer como consecuencia el uso de un mayor repertorio de estructuras y formas lingüísticas y una mayor densidad léxica, lo que ha dado pie a sostener que esencialmente se está estableciendo una relación distinta con el sistema lingüístico de la L2 (Eisenstein y Starbuck, 1989; Clachar, 1999). Respecto a la emergencia del léxico, en los alumnos con un mayor grado de motivación se detecta un incremento de la atención prestada a los aspectos formales y semánticos de las palabras y la aparición en el *output* de un lenguaje más variado léxicamente, en el que existe una mayor proporción de palabras plenas respecto a palabras funcionales, *type-token ratio*, (Laufer y Hultsijn, 2001; Robinson, 2001). Los efectos son similares en cuanto a la competencia pragmática, siendo precisamente en este campo donde la voluntad de converger con los modos lingüísticos de la comunidad L1 les hará conocer y usar un mayor registro de funciones y nociones lingüísticas, de expresiones idiomáticas, o de incorporar los esquemas culturales del grupo L2, los denominados *culturemas* (Kasper y Schmidt, 1996: 161-162).

Al margen de los mecanismos mentales, existen rasgos más transparentes relacionados con el uso de la nueva lengua, como es la aparición de intervenciones más extensas (esto es, más generación de *input*), mayor niveles de participación y un comportamiento discursivo con similitudes, hasta donde lo permita el conocimiento de la L2, con el uso de la lengua uno: robo de turnos, solapamientos, lucha por el uso de la palabra, etc., aspectos que, en definitiva, denotan un alto grado de *normalidad sociolingüística* incluso en situaciones formales de aprendizaje (Llobera, 1991).

3. El aprendizaje de la L2 como objetivo global: lenguas de identificación y lenguas de comunicación

Tal como se deduce de lo hasta ahora expuesto, el desarrollo de la investigación en motivación hacia L2 no ha hecho más que refinarse, de forma que su conceptualización se pudiese acomodar a dos situaciones de aprendizaje distintas (de hecho, difieren en tal grado que han dado lugar a una de las dicotomías más conocidas en lingüística aplicada, la de aprendizaje de segunda lengua o lengua extranjera). Aunque desde un punto de vista estrictamente cognitivo tal distinción resulte innecesaria en tanto que no está demostrado que ambas situaciones impliquen rutas alternativas en el procesamiento de la L2 (Ellis, 1994: 12), no deja de ser cierto que en ambas situaciones el tipo de contacto con la lengua meta es diametralmente opuesto. Así, en el primero de los casos el aprendizaje se encuentra restringido a entornos educativos, mientras que en el segundo, la presencia de la L2 resulta ubicua y accesible en las diversas situaciones y contextos sociales por los que transita el individuo.

La generación tanto de motivos de aprendizaje, como de objetivos, necesidades y expectativas que giran en torno a las motivaciones lingüísticas son, en consecuencia, esencialmente distintos, hasta el punto de que en una situación de aprendizaje de segunda lengua, el nuevo código lingüístico puede alterar las bases identitarias del individuo, y convertirse en una *lengua de identificación*, mientras que en el caso de una lengua extranjera el uso del nuevo código responde a razones pragmáticas o de conveniencia coyuntural, por tanto, el nuevo código es una *lengua de comunicación*. En el primero de los casos, la relación que se establece entre la L1 y la L2 puede ser conflictiva, mientras que en el segundo, la relación entre ambas será complementaria y casi simbiótica. La distinción ente lengua de identificación/ y lengua de comunicación resulta de tal calado en lo que se refiere al despertar y sostenimiento del comportamiento motivado que requiere de una cierta profundización.

Las distintas comunidades lingüísticas pueden entender que el aprendizaje de una nueva lengua amenaza la identidad social del grupo, con posibilidades de erosionar o suplantar la materna, hecho, que de producirse, supondría la pérdida de uno de los rasgos más marcados de su esencia y señal inequívoca de pertenencia. De ser así, no tardarán en crearse mecanismos de disuasión del aprendizaje de la L2 impulsando esquemas de planificación formal, funcional y de adquisición de la lengua propia (Cooper, 1997), que generen distintas formas de resistencia y de competitividad entre ambas. En este sentido hay que interpretar, por ejemplo, todas las iniciativas llevadas a la práctica por el movimiento *English Only* en Estados Unidos (Roberts, 1993), contrarios a la expansión de las lenguas minoritarias, entre ellas el español, que incluyen medidas educativas, políticas y judiciales (Brisk, 1998; Faltis y Hudelson, 1998; Pedallino, 1998); el movimiento de disuasión de la utilización del ruso dirigido por los defensores de las lenguas propias de las Repúblicas Bálticas (Ozolins, 1999); o el frente de las lenguas autóctonas africanas al que relacionan con un pasado colonial contra la expansión del inglés (Wolff, 1999), por sólo mencionar algunos ejemplos objeto de un intenso debate en la actualidad. En estos casos la percepción que se tiene de la lengua dos es la de un modo de identificación, esto es, una forma alternativa de objetivación del individuo y del grupo. Esta visión, de enormes consecuencias motivacionales, entiende el bilingüismo como la máxima expresión de biculturalismo, y éste, como un replanteamiento del individuo o de la colectividad respecto a su sentido de pertenencia, uno de los motivos más poderosos en el comportamiento humano, no sólo exclusivos del aprendizaje de lenguas (Wittrcok, 1990: 621).

Cuando la lengua dos se entiende exclusivamente en función de sus usos comunicativos, su aprendizaje se contempla como una condición necesaria para el ascenso social o para ampliar los entornos de interacción, situaciones que suele dar lugar a actitudes positivas hacia la lengua y a motivaciones intensas, ya que el aprendizaje implica una exacerbación del autoconcepto. Este tipo de relación suele establecerse hacia lenguas mayoritarias, lenguas francas o las que se han denominado lenguas de instalación social, como el español, el francés y, fundamentalmente, el inglés. Las actitudes positivas hacia la lengua inglesa en países con L1 minoritarias, como Dinamarca o Finlandia, dan cuenta de este hecho (Preisler, 1999). En este último contexto, la L2 se concibe no sólo como una lengua complementaria, sino como una salvaguarda del propio finés, en tanto que permite el uso de esta lengua para la comunicación local e íntima mientras que la lengua inglesa los previene del aislamiento internacional. La asunción de la conveniencia de una L2 como lengua de comunicación de forma colectiva suele dar lugar a la creación de una sólida infraestructura educativa y a la cuidada presencia de la L2 en los medios de comunicación social, que asegura un contacto frecuente con la lengua meta y, a la postre, un conocimiento prácticamente generalizado de la L2.

En esta visión, el multilingüismo no se entiende como una amenaza a la identidad social, sino que, en todo caso, el objetivo que se pretende es posibilitar la interculturalidad relacionada con la conveniencia de asumir identidades múltiples en función de las lenguas que se conozcan (Bonel-Elliot, 2000). El razonamiento que sostiene esta visión considera que los que hablan más de una lengua y poseen más de una cultura adquieren un mayor grado de sensibilidad social, desarrollan una personalidad más rica y un mayor grado de comprensión de la realidad; no es de extrañar, por tanto, que sea precisamente esta perspectiva la que se asuma desde organismos supranacionales como la Unión Europea respecto al conocimiento de las lenguas oficiales (Coulmas, 1996). La distinción entre lengua de identificación y lengua de comunicación servirá para explorar la anatomía de la motivación en contextos distintos, siendo la primera concepción más habitual en circunstancias naturalistas y la segunda, en entornos formales de aprendizaje.

4. La motivación en los modelos sociales de competencia de segundas lenguas

La práctica totalidad de las teorías sobre motivación de segundas lenguas en entornos no formales enfatizan los motivos sociales en el desarrollo de una competencia bilingüe por encima de cualquier otro conjunto de factores, es decir, otorgan a aquellos más importancia que a las diferencias individuales que conforman la personalidad, o que a aspectos como la aptitud; así mismo, aportan claves que permiten predecir con eficacia el grado de conocimiento de una L2 en cada sujeto. Teóricos como Spolsky (1988, 2000) apuntan a la necesidad de entender el aprendizaje de la L2 en su contexto social, subrayando los efectos del contexto como los más importantes a la hora de definir las necesidades, los deseos y las actitudes, en definitiva, como los motivos últimos de los individuos. Desde esta perspectiva, el estudio de la motivación como constructo psicológico ha de percibirse como sujeto a las contingencias de los factores sociales donde el aprendizaje tiene lugar, factores entre los que se encuentran las peculiaridades glotopolíticas, demográficas y etnolingüísticas de cada situación. De esta forma, aspectos como quiénes utilizan las lenguas, qué grado de estandarización poseen y qué actitudes desarrollan sus hablantes, resultan determinantes para un análisis adecuado de la motivación hacia la L2 en cada contexto (Fisham, 1999).

En cualquier caso, el estudio de la motivación está sujeto a constantes que hacen posible un estudio racionalizado y sistematizado más allá de las diferencias contextuales; constantes que ayudan a explicar no sólo la adquisición de una segunda lengua, sino cualquier fenómeno lingüístico que se experimente colectivamente por una comunidad, ya sea sustitución lingüística, mantenimiento lingüístico, resurgimiento de lenguas o suicidio lingüístico.

Junto con la teoría de las orientaciones, se han desarrollado un número de modelos que han entendido la motivación como un componente psicosocial básico aglutinador de otras variables afectivas (ansiedad, el deseo de comunicar, la autoconfianza, etc...), que median en el desarrollo de la competencia bilingüe. Una revisión de los rasgos más prominentes de los mismos informará del rol de la motivación como desencadenante del contacto con la L2 en entornos multilingües (véase para profundizar en las peculiaridades de cada modelo Bourhis, 1990 y Ellis, 1994).

El *modelo de vitalidad etnolingüística* (Clement, 1986) identifica como elementos nucleares para explicar el grado de competencia en la L2, la motivación, las características del *milieu* cultural y la vitalidad relativa de las comunidades lingüísticas en contacto. El concepto vitalidad etnolingüística (Giles, Bourhis y Taylor, 1977) describe las posibilidades de que un grupo se comporte como una entidad colectiva diferenciada y activa en situaciones intergrupales. Cuanto mayor sea la vitalidad, mayores serán las posibilidades de que el grupo permanezca como una colectividad lingüística singular en entornos multilingües. Los índices que influirán en el grado de vitalidad se encuentran relacionados con tres variables: demográfica (fuerza numérica y distribución de la población), estatus (prestigio social del grupo y prestigio de la lengua) y apoyo institucional. A partir de estos factores cada individuo a nivel particular, o el grupo lingüístico colectivamente, experimentará en mayor o menor grado un deseo de integración o un miedo a la asimilación. Si predomina el primero de los polos, la motivación será alta, y si es el segundo, baja, lo que a la postre determinará el nivel de competencia bilingüe.

El *modelo intergrupal* (Giles y Byrne, 1972) se centra especialmente en la adquisición de la segunda lengua por parte de grupos lingüísticos minoritarios. Parte de la premisa de que cada individuo posee una identidad firmemente arraigada en su pertenencia étnica. La pertenencia étnica y la identidad social serán determinantes en los contextos multiculturales a la hora de conformar el tipo y el grado de motivación hacia la L2. El mayor constructo de este modelo es el autoconcepto y la motivación inicial de los individuos es la de desarrollar y mantener una identidad social positiva. En los casos de minorías lingüísticas, el individuo habrá de afrontar la presión del grupo lingüístico dominante, que forzará al individuo a adoptar los esquemas lingüísticos propios como requisito necesario para el avance social (Cacioppo y Petty, 1982). Una identidad social positiva se percibirá por el individuo en relación con la vitalidad lingüística de su comunidad o comunidades y el grado de estandarización de las lenguas que utiliza. Ambos conceptos, vitalidad y estandarización, pueden contemplarse como sujetos a medidas objetivas, con lo que resulta posible fijar precisamente el estado y la evolución de las distintas lenguas. Ejemplos de aumento en la vitalidad lo constituyen un grupo de lenguas suficientemente estandarizadas y que disfrutan de un apogeo apoyado en mayor o menor grado por factores sociales e institucionales, como el flamenco en Bélgica, el catalán en España o el español en Estados Unidos. Variedades como los *pidgins*, los dialectos regionales en la mayoría de los países o los dialectos urbanos de las clases humildes (*cockney* en el área londinense), tienden a presentar bajos niveles de estandarización y oscilan entre una vitalidad lingüística neutra o en decremento (Ryan, Giles y Sebastian, 1982). Estos grados de vitalidad pueden variar en función de las nuevas cotas potenciales de poder social, político y económico del grupo.

El modelo de *aculturación* desarrollado por Schumann (1978) supone la visión social de una teoría general del aprendizaje y que ideado para estudiar los niveles de adquisición de L2 en grupos de emigrantes por lo que su formulación excluía los entornos de aprendizaje formal y los de aprendizaje como lengua extranjera. Parte de la premisa de que el grado de integración en la cultura de L2 determinará el nivel de aprendizaje de L2. Éste podrá estancarse en un nivel de simplificación restrictiva, que supondrá un conocimiento imperfecto pero eficiente a efectos comunicativos, o un nivel de aprendizaje total, que supondrá la asimilación cultural. El grado de aculturación, cuya difícil medición ha sido el principal escollo para que el modelo se vea refrendado empíricamente, depende en última instancia de dos criterios con cierta implantación en la lingüística aplicada previa a la descripción del modelo: la *distancia social* y la *distancia psicológica*. Ambos constructos prevén, desde una perspectiva social e individual respectivamente, el grado de contacto con la L2 y, por consiguiente, el grado de adquisición (Svanes, 1989). La distancia social está determinada por elementos ya encontrados en modelos anteriores, como el grado de dominación social entre ambas comunidades (política, cultural, técnica y económica de la L1 sobre la L2), el grado de cohesión de la L2, el nivel de autosuficiencia para disponer de una infraestrucutra paralela de servicios (educativos, culturales, religiosos, etc.), el tamaño de la comunidad, la duración de la estancia, entre otros. Una serie de rasgos de carácter afectivo influyen en la determinación de la distancia psicológica, destacando entre ellos el choque cultural y lingüístico que experimenta el individuo así como su grado de inhibición. Las actitudes hacia el grupo L2 y la motivación son frutos de la interacción de los factores del modelo, siendo estos elementos los antencedentes inmediatos del desarrollo de variedades individuales, no normativas, que se fosilizan en el idiolecto de los sujetos, fenómeno éste denominado pidginización y que Schumann relaciona con la escasa motivación del sujeto para reestructurar su interlengua.

Una característica de los modelos presentados es la importancia nuclear que conceden a la motivación como elemento explicativo del grado de maestría en el uso de una L2. El elemento motivacional, usualmente obviado en las teorías de adquisición de L2 que parten de principios cognitivos, se convierte en esencial en el desarrollo de modelos sociales de competencia bilingüe. Estudios empíricos realizados en las más diversas latitudes se han servido de estos modelos para observar el grado de motivación y, en general, estudiar los factores psicosociales y su importancia para determinar la adquisición de la L2. Entre éstos cabe mencionar Cenoz y Valencia (1993), relativos al aprendizaje de español en el Reino Unido como lengua extranjera y al español y el vasco como segunda lengua en el País Vasco, el estudio sobre el español como segunda lengua entre los estudiantes estadounidenses en México (Yager, 1998) o el estudio sobre la enseñanza-aprendizaje del francés y el portugués por parte de emigrantes de segunda generación en Toronto (Cummins *et al.*, 1990).

5. La motivación hacia la lengua extranjera en entornos formales de aprendizaje

En el aprendizaje de lenguas en entornos formales, los motivos sociales revisados en el apartado anterior se ven influidos por una realidad concreta, la del aula, que en ocasiones supone el entorno único donde el alumno tiene contacto con la nueva lengua. En estas circunstancias, se diversifican los agentes que van a servir de telón de fondo o van a instigar el comportamiento individual. Como resultado, el componente social de la motivación sólo muestra un aspecto de la modulación motivacional, un aspecto que, además, suele perder peso frente a otros factores influyentes que se originan en otras esferas en el proceso de enseñanza-aprendizaje. Estos factores pueden definirse en función de sus focos de procedencia (Ashton, 1985):

factores propios del microsistema (el aula), el mesosistema (que reúne entornos anejos al aula: el hogar, la escuela), el exosistema, conformado por las estructuras sociales que influyen sobre el entorno inmediato (el nivel socioeconómico, el distrito escolar, entre otros) y, por último, el macrosistema (las instituciones políticas, educativas y económicas).

Una serie de estudios que abordan la motivación desde esta perspectiva amplia, muestran en sus conclusiones la necesidad del giro educacional arriba referido. Samimy y Tabuse (1992) observan un deterioro drástico en los índices motivacionales entre los estudiantes de japonés en Enseñanza Superior en Estados Unidos, debido esencialmente a factores circunscritos al aula. Sung y Padilla (1998), en su estudio sobre la oscilación motivacional por parte de individuos de distintas minorías étnicas asiáticas de segunda o tercera generación que desconocían la lengua de sus antepasados, concluyen, para el mismo contexto, que el motivo relativo a la herencia étnica no es suficiente para frenar el deterioro motivacional en situaciones de lengua extranjera. Castro (1990), respecto al aprendizaje de inglés en enseñanza secundaria en España, destaca los factores propios del aula como los nucleares en el desarrollo de la motivación, a la vez que reconoce la influencia paterna en la elección y mantenimiento de actitudes positivas hacia el aprendizaje de inglés. En el mismo contexto, Madrid *et al.* (1993) observan, sin embargo, que la influencia paterna decrece como instigador motivacional conforme los cursos avanzan, razón por la cual los factores del aula y la dinámica de la clase incrementan su importancia como factores definitorios. Por último, Lorenzo (1997) refiere en su estudio longitudinal que la motivación global como consecuencia de las orientaciones hacia la lengua es independiente de la motivación real en el aula, conclusión que, consecuentemente le permite afirmar que ambos índices discurren paralelamente y de forma independiente. Esto implica que una orientación teóricamente integrativa puede coexistir con casos de desafección en el aula, que impide niveles de aprendizaje significativos.

Los resultados de estos estudios, permiten concluir que la carencia de contacto con la comunidad o la cultura L2, propia de los contextos de aprendizaje con la L2 como lengua extranjera, apuntan a que las orientaciones hacia la lengua resultan indicadores deficientes de los niveles motivacionales. Si a este hecho se une una más que probable percepción por parte del alumno de falta de aprendizaje significativo en los niveles iniciales de estudio de la L2, consustancial a la propia naturaleza del fenómeno de adquisición de idiomas, el terreno está abonado para que la cuestión de la motivación se torne en la de la desmotivación.

5.1. Incidencias motivacionales en los métodos de enseñanza

Aunque la lingüística aplicada en fechas recientes ha recelado de considerar los métodos de enseñanza como variables para determinar cualquier efecto en el aula que presente cualquier relación con la adquisición de la L2 (Prabhu, 1990), no resulta un ejercicio vano establecer contrastes en lo relativo a la motivación entre distintas alternativas metodológicas, entendidas esencialmente como distintas concepciones de qué es la lengua y cómo se produce su aprendizaje.

No es difícil intuir que para el método audiolingual -basado en una secuenciación férrea de los rasgos formales de la lengua y, que al ser llevado al aula, suponía la presentación, práctica intensiva y producción controlada de las estructuras en aislamiento o contextos poco significativos-, la motivación del alumno era una cuestión al margen del propio aprendizaje. Los efectos de la implementación de un método como el audiolingual, antimentalista en su formulación, ha dado lugar a lo que se ha denominado acertadamente una *paradoja endémica*. Vez (2000: 194) acuña este concepto para referir el carácter contradictorio e irrazonable del hecho de que mientras los avances en adquisición ofrecen una descripción de cómo se aprende el nuevo código, apuntando, si no confirmando, que este responde a una construcción creativa del lenguaje, los procedimientos más frecuentes en el aula, por el contrario, responden al ejercicio de reproducción mimética de estructuras controladas. Esta aproximación hacia la enseñanza de lenguas hasta donde sea generalizable, y en este sentido es necesario recordar que el método audiolingual ha sido denominado el método por defecto, suele producir efectos devastadores para el mantenimiento de la motivación. Efectivamente, no ya sólo en sus bases epistemológicas como método cercano al behaviorismo y, por tanto, a la concepción del aprendizaje de L2 como creación de hábitos lingüísticos, sino también en su propia implementación en procedimientos didácticos, el audiolingüismo propone una dinámica mecanicista en el aula, que lleva indefectiblemente a lo que, desde distintas posiciones, se ha caracterizado como rutinización de la enseñanza, presentación de la lengua desprovista de significado o incluso situación de privación estimular.

Esto ha hecho que la investigación metodológica (en las contadas ocasiones que ha puesto en relación la elección de un método, como variable independiente, con el desarrollo de actitudes hacia el aprendizaje, la comunidad de L2, y el desarrollo motivacional) haya arrojado implicaciones concluyentes que apuntan a una erosión motivacional durante el proceso de aprendizaje, desencadenada por el empleo de un método audiolingual tomado como epítome de la enseñanza tradicional. Kuhlemeier *et al.* (1996), en un estudio, incluido en un análisis pormenorizado de la política lingüística holandesa en el marco educativo y en el que oficialmente se recomiendan los principios comunicativos como opción metodológica más apropiada, respalda la relación entre método comunicativo y altas cotas de motivación, frente a los bajos niveles alcanzados en los grupos de control sometidos a una enseñanza audiolingual. Los resultados señalan que la adopción de un enfoque comunicativo supuso una mejora de las actitudes hacia la lengua y la comunidad L2, a la vez que un incremento en los niveles de competencia de uso de la lengua escrita, gramática, conocimiento de vocabulario y comprensión oral. En definitiva, los resultados exponen como regla general que, al margen de las diferencias individuales de los alumnos, tan acusadas como éstas puedan ser, en sistemas educativos en los que socialmente son planteables alternativas metodológicas existe una preferencia por un enfoque comunicativo, que genera actitudes más positivas, niveles de motivación más elevados y garantiza niveles de aprendizaje adecuados.

Efectivamente, desde la revolución comunicativa en la metodología de enseñanza de lenguas, la relación entre método comunicativo y desarrollo de la motivación se convirtió en axiomática. Todos los principios que sustentaban este enfoque metodológico convergían en favorecer el incremento de la motivación, ya fuese bien mediante la descripción de nuevos niveles de competencias lingüísticas, como la competencia pragmática y la sociocultural, que superan la visión de la lengua como un mero código o bien por la nueva reestructuración de la lengua a través de nociones y funciones, por la incorporación de elementos discursivos, como la negociación del significado, por la contextualización de los mensajes en los episodios comunicativos, por la preocupación, por la relevancia temática de los contenidos no lingüísticos o por la tendencia a focalizar la atención en el contenido de la lengua en vez de o a la vez que en los aspectos formales. Todos estos rasgos se incorporaron en las sucesivas formas que los métodos comunicativos han tomado a lo largo de los últimos años, y con ellos ha sido posible fundamentar el principio de que todo acto de comunicación en el aula de L2 es un acto de aprendizaje. A partir de aquí, comunicación y motivación han sido sólo uno, con afirmaciones como que *la comunicación en el aula desarrolla la motivación como factor esencial que conduce al aprendizaje* (Littlewood, 1984: 31).

Desde una perspectiva más amplia, libre de etiquetas metodológicas, los resultados de la investigación empírica han apoyado la conexión comunicación-motivación y han argumentado consistentemente que los diseños curriculares de programas de enseñanza basados en sílabos analíticos, en los que no se sigue una secuenciación de estructuras que marque la dinámica del aula, resultan tener un mayor impacto motivacional. La aplicación de los cursos con sílabos analíticos para la enseñanza de español como L2 constatan a través de estudios descriptivos un incremento motivacional, ya sea bajo la modalidad del aprendizaje por tareas (Zanón, 1999), de la enseñanza de la lengua basada en el contenido (Klahn, 1997) o de distintas formas de programas de inmersión (Stryker, 1997; Klee y Tedick, 1997). Las razones han de hallarse en que tales modelos reproducen en mayor o menor grado las condiciones de aprendizaje en entornos naturalistas, o, en el caso de la enseñanza por contenidos, la total integración de contenidos lingüísticos y académicos de otras disciplinas científicas o humanísticas, lo que dota a la dinámica del aula de una autenticidad en el uso de la L2 que conlleva indefectiblemente *un enorme efecto motivacional* (Flowerdew, 1993: 124).

5.2. Macroestrategias motivacionales en el aula de L2

Hacer depender el incremento y el mantenimiento de la motivación de la elección de un determinado método resultaría, sin embargo, insuficiente. El desarrollo de la motivación tendrá como principales factores influyentes los propios del aula, y que un método sólo puede enunciar de forma teórica. De este modo pueden identificarse estrategias que el profesor tiene opción de incorporar en su labor docente de forma ordenada y sistemática. Estudios como Dörnyei y Csizer (1998), Arnold (1999), Lorenzo (2001) y, fundamentalmente, Dörnyei (2001), han intentado realizar un ejercicio de identificación y categorización de aquellos factores que con carácter general resultan elementos constantes del incremento motivacional. De entre la multitud de recursos y tácticas que incluyen los estudios arriba citados, sobresalen los siguientes, expresados en términos de macroestrategias:

- Transmitir un ejemplo de compromiso con la disciplina y asumir los objetivos de la enseñanza por parte del profesor: Si se entiende la lengua como una construcción social, superando una visión excesivamente rígida de la misma como un conjunto de esquemas estructurales, el profesor habrá de crear redes de interacción en el aula en las que el vehículo sea la L2. Dentro de esa estructura, la figura del profesor resulta predominante, en tanto que es la representación de la cultura L2 y, por definición, el hablante competente (McGroarty, 1998). No resulta extraño, por tanto, que las orientaciones y actitudes que asumen los alumnos se modelen, en gran medida, en función de las que el profesor asuma como suyas (interés en la cultura L2, dominio y uso de L2 con un alto grado de proficiencia, consumo de los productos culturales de la L2, entre otros). En este sentido, la imagen que el profesor proyecte de sí mismo como agente que permite, facilita y apoya el proceso de aprendizaje resulta un factor, si no suficiente, sí necesario para el mantenimiento de la motivación. A la vez, el profesor de idiomas ha de explicar la verdadera dimensión del aprendizaje de una L2 mediante la identificación de objetivos generales significativos cuyo motivo central es el de hacer ver y creer a los alumnos que están accediendo a través del aprendizaje del idioma a canales de organización social alternativos y a nuevas formas culturales de las que se apropian por el hecho de conocer la lengua.

- Crear una atmósfera relajada en el aula: Desde la enseñanza humanística se ha puesto de manifiesto la existencia de un filtro afectivo que puede impedir la adquisición de la L2. La propia naturaleza del aprendizaje lleva aparejada la comisión de errores y esta tendencia puede colisionar en entornos formales con el desarrollo de estructuras competitivas entre los participantes que conciban el error como prueba prístina de incompetencia, uno de los mitos lingüísticos más fuertemente arraigados en la profesión docente (Hammilton, 2001). A la vez, la enseñanza reglada puede imponer sistemas y procedimientos de evaluación que entren en conflicto con los ritmos naturales de aprendizaje, tanto más si cabe dado que los mecanismos de evaluación para una enseñanza comunicativa no están generalizados, si acaso enunciados consistentemente, extremo repetidamente cuestionado (Prodromou, 1995 y Alderson *et al.*, 1995: 226). Una atmósfera relajada que permita la tensión propia que genera la inducción de estructuras, la generación de hipótesis lingüísticas de la L2 y el uso de estrategias comunicativas cuando los recursos lingüísticos fallan, resulta esencial para el desarrollo de la motivación. La propia manipulación del sistema lingüístico genera suficiente tensión en la localización de la atención como para que resulte innecesario incrementarla con factores externos de naturaleza evaluatoria. En este sentido, los mecanismos de evaluación y de corrección deben ser consistentes, controlables por los propios alumnos y compatibles con los procesos de aprendizaje.
- Presentar las actividades de forma ordenada, con objetivos definidos y graduados a los niveles de los alumnos: Uno de los factores más lesivos de la motivación en el aula de idiomas es la percepción de dificultad extrema; por lo que una adecuada definición, graduación e implementación ordenada de las tareas resulta esencial. Cualquier actividad de clase en una L2 es potencialmente un ejercicio en el que puede tener lugar una ruptura comunicativa por falta de recursos expresivos de los alumnos en la L2 o porque el *input* no se encuentre suficientemente próximo a sus niveles de conocimiento. Las situaciones comunicativas han de ser convenientemente presentadas a través de tareas facilitadoras que proporcionen el suficiente material lingüístico en términos de recursos léxicos, funcionales y nocionales, necesarios para la realización de la tarea (Willis, 1996). La inclusión de tareas facilitadoras, que posibiliten incrementar el periodo de planificación del discurso y las intervenciones de los alumnos, resulta fundamental para potenciar sus recursos expresivos. En estas condiciones su producción ganará en complejidad sintáctica, en densidad léxica, en fluidez y en corrección lingüística (Skehan, 1996). De esta forma, actividades que en principio podían estar abocadas al fracaso resultan factibles al tiempo que potencian los recursos expresivos de los alumnos, su satisfacción y, por ende, su motivación.

- Hacer las clases interesantes: Por más que parezca un objetivo difuso, la pedagogía de idiomas ha identificado variables que pueden incrementar el grado de interés con cierta objetividad. Factores como la relevancia temática de los contenidos, o el conocimiento previo de los contenidos temáticos que vertebran los sílabos, han demostrado ser herramientas apropiadas para incrementar el interés. La teoría cognitiva de los esquemas (*schema theory*) ha sido reiteradamente utilizada para explicar que, de existir un conocimiento previo de las situaciones o de los contenidos, las estructuras lingüísticas resultan más permeables al servir de apoyo semántico y contextual para la reconstrucción de los mensajes (Johnson y Johnson, 1998: 282-284). El conocimiento previo en los componentes temáticos de los sílabos aportará claves para la interpretación o reconstrucción de los mensajes, hasta producirse una tensión entre lo que los alumnos conocen y no conocen que idealmente potenciará las operaciones cognitivas responsables de la adquisición y el uso de la L2. Efectivamente, tanto en las destrezas escritas como orales, se ha constatado que cuando las tareas de aprendizaje giran en torno a temas suficientemente conocidos por el alumno, se crea una nueva dimensión en el uso de la lengua caracterizada por el despliegue de los mecanismos cognitivos referidos anteriormente (epígrafe 3) (Carrell y Wise, 1998). Básicamente estas condiciones favorecen la activación de procesos de producción lingüística que generan o consolidan el conocimiento existente, la función fundamental del denominado *pushed output* (Swain, 1997: 126).
- Promover la autonomía en el aprendizaje: Los aprendices poseen un estilo de aprendizaje definido referido someramente en la introducción. A efectos de su incidencia motivacional, los estilos de aprendizaje harán que las distintas circunstancias del aula sean valoradas en mayor o menor medida por los alumnos en función de la adecuación de la enseñanza a sus modos de adquisición de la lengua, a sus destrezas preferidas o a que se aproximen a las actividades que más valoran. Los alumnos que desplieguen un aprendizaje holístico tenderán a rehuir las prácticas que lleven al aprendizaje memorístico y la aplicación consciente de reglas. Los alumnos con un estilo de aprendizaje analítico, al presentar poca tolerancia a la ambigüedad, adjudicarán un alto valor a la corrección lingüística y preferirán que la enseñanza se centre en patrones y rutinas fijas. Aunque la adopción de una metodología claramente definida por parte del profesor estará más próxima a ciertos estilos de aprendizaje, resulta conveniente presentar un cierto grado de flexibilidad a la hora de demandar de los alumnos roles que puedan entrar en conflicto con sus modos preferentes de aprendizaje, que puedan atentar contra su propia imagen o que entren en conflicto con ciertas tradiciones educativas.
- Familiarizar a los alumnos con la cultura de la lengua 2: La presentación de los elementos culturales proporciona un gran grado de autenticidad y presentan la verdadera dimensión del aprendizaje de la lengua. Cualquier vehículo de acercamiento a la realidad cultural de la L2, como por ejemplo el uso de materiales auténticos, suele tener un impacto motivacional significativo (Peacock, 1997). La inclusión de elementos culturales recurrentes que pueden servir como elemento ordenador del sílabo, como la propuesta del currículo multidimension-

al (Baker y Jones, 1998: 683), promueve la interculturalidad y competencias propias de la lengua como la sociocultural[6]. La labor del profesor en servir de puente y hacer accesible la cultura en entornos formales resulta esencial para aliviar futuros choques culturales cuando el proceso de aprendizaje continúe en entornos naturales. En este sentido, los alumnos pueden y suelen establecer comparaciones entre las lenguas en términos de prestigio o sofisticación de las comunidades que la utilizan por lo que insistir en el sustrato cultural rico de la lengua meta ayuda a elevar el concepto de la L2 en aquellos alumnos que inopinadamente pueden desarrollar prejuicios hacia la lengua L2 que lesionen sus actitudes y por ende su motivación (véase para el caso de estudiantes estadounidenses respecto al aprendizaje de español, Citron, 1995).

Conclusión

El estudio de la motivación suele resultar un concepto intangible por su indefinición. Lo es para todos aquellos que de una forma u otra participan en el proceso de enseñanza-aprendizaje. Para el profesor supone en ocasiones una coartada exculpatoria para explicar el bajo rendimiento de los alumnos que no se encuentran naturalmente motivados; por parte de éstos puede convertirse en una demanda abusiva al requerir estrategias motivadoras que puedan llegar a desnaturalizar la función docente. En contextos de aprendizaje de segundas lenguas respecto a las comunidades con L1 minoritaria, la motivación puede resultar una justificación tan aparentemente razonable como oportunista, que justifique la exclusión social de los grupos minoritarios y favorezca las visiones etnocéntricas de las comunidades con lenguas dominantes.

Este capítulo ha pretendido superar el concepto de motivación hacia la L2 como cliché para profundizar en sus componentes, proponiendo una interpretación de los síntomas de desafección en los distintos entornos de aprendizaje de la L2, observando las implicaciones cognitivas del comportamiento motivado para explicar así la conexión entre motivación y aprendizaje, haciéndose eco de los marcos teóricos a partir de los cuales se ha desarrollado la investigación empírica y proponiendo principios no dogmáticos de uso en el aula. El carácter reciente de la lingüística aplicada como disciplina ha hecho que todos los temas que aborda se encuentren en fase de profundización; sin embargo, el de la motivación, al relacionarse directamente con el rendimiento y éste con la eficacia de la enseñanza y los niveles de aprendizaje, está llamado a ocupar un puesto prioritario como perspectiva de investigación. La adopción del multilingüismo como un objetivo deseable en las sociedades, impulsado desde los terrenos políticos, económicos y educativos, ha supuesto exigencias de rentabilidad en el conocimiento de idiomas. La motivación como condición necesaria, y según algunas formulaciones suficiente, supone, en este sentido, una perspectiva de análisis imprescindible.

---

[6] El sílabo cultural y el currículo multidimensional en el estudio de la L2 constituyen una aproximación al aprendizaje de idiomas basada en una concepción de la cultura en términos amplios como medio de integración de los alumnos en la cultura meta. En contextos en los que se persigue un conocimiento de la lengua como un método utilitario de comunicación, los sílabos culturales han de presentar los rasgos culturales de una forma significativa.

Bibliografía

ALDERSON, J. C., CLAPHAM, C. y WALL, D. (1995), *Language Test Construction and Evaluation*, Cambridge, Cambridge University Press.

APPEL, R. y MUYSKEN, P. (1996), *Bilingüismo y Contacto de Lenguas*. Barcelona, Ariel Lingüística.

ARNAL, J., DEL RINCÓN, D. y LATORRE, A. (1992), *Investigación Educativa. Fundamentos y Metodología*, Madrid, Labor.

ARNOLD, J. (1999) (ed.), *Affect in Language Learning*, Cambridge, Cambridge University Press.

ASHTON, P. (1985), "Motivation and the teacher's sense of of efficacy", en C. AMES y R. AMES (eds.) (1985), *Motivation in Education. The Classroom Milieu*. Vol. 2, New York, Academic Press: 53-89.

AU, S. Y. (1988), "A Critical Appraisal of Gardner's Social Psychological Theory of Second Language (L2) Learning", *Language Learning* , 38: 75-100.

BAKER, C. y JONES, J. P. (1998), *Encyclopedia of Bilingualism and Bilingual Education*, Clevedon, Multilingual Matters.

BONEL-ELLIOT, I. (1996), "Teaching Intercultural Competence: Pedagogical Approaches and Practical Implications", *European Language Council. Bulletin 5*: 4-16.

BOURHIS, R. Y. (1990), "Social and individual factors in language acquisition: some models of bilingual proficiency", en B. HARLEY, P. ALLEN, J. CUMMINS y M. SWAIN (Eds.) *The Development of Second Language Proficiency*. Cambridge, Cambridge University Press: 134-145.

BRISK, M. E. (1998), *Bilingual Education. From Compensatory to Quality Schooling*, New Jersey, Lawrence Erlbaum Associates.

CACIOPPO, J. T. y PETTY, R. (1982), "Language variables, attitudes and persuasion", en E. B. RYAN y H. GILES (eds.), *Attitudes towards language variation*, London, Edward Arnold: 189-207.

CARRELL, P. y WISE, H. (1998), "The Relationship between Prior Knowledge and Topic Interest in Second Language Reading", *Studies in Second Language Acquisition*, 20: 285-309.

CARROLL, J. B. (1991), "Cognitive abilities in foreign language aptitude: then and now", en T. PARRY y C. STANSFIELD (eds.) (1991): *Language aptitude reconsidered*, Englewood Cliffs, N. J.: Prentice Hall.

CASTRO, J. (1991), *A Profile of the Motivation of Spanish Pre-university Students in the Learning of English*. Departamento de Filología Inglesa, Alicante, Universidad de Alicante.

CENOZ, J. y VALENCIA, J. (1993), "La influencia de los elementos psicosociales en la adquisición y uso de la segunda lengua", en A. BRUTON, T. SIBÓN y R. MANCHÓN (Eds.) (1993) *Serie sobre estrategias de aprendizaje y uso del lenguaje,* Sevilla, Consejería de Educación y Ciencia. Junta de Andalucía: 39-57.

CITRON, J. L. (1995), "Can Crosscultural Understanding Aid Second language Acquisition? Toward a Theory of Ethno-lingual Relativity", *Hispania*, 78, 1: 24-37.

CLACHAR, A. (1999), "It´s not Just Cognition: The Effect of Emotion on Multiple-level Discourse Processing in Second Language Writing", *Language Sciences* 21: 31-60.

CLARK, H. H. y CLARK, E. V. (1977), *Psychology and Language. An Introduction to Psycholinguistics*, London, H. B. Jokanovich Publishers.

CLEMENT, R. y KRUIDENIER, B. G. (1985), "Aptitude, Attitude and Motivation in Second Language Proficiency: A Test of Clement's Model", *Journal of Language and Social Psychology*, 4, 1:21-37.

CLEMENT, R. (1986), "Second Language Proficiency and Acculturation: An Investigation of the Effects of Language Status and Individual Characteristics" *Journal of Langua-*

ge and Social Psychology, 5, 4: 271-290.
COOPER, R. L.(1997), *La Planificación Lingüística y el Cambio Social*, Madrid, Cambridge University Press.
CORNO, L. y ROHRKEMPER, M. M. (1985), "The intrinsic motivation to learn in classrooms", en C. AMES, C. y R. AMES (eds.) (1985),*Motivation in Education.The Classroom Milieu.* Vol. 2, New York, Academic Press: 53-89.
COULMAS, F. (1996), *A Language Policy for the European Community. Prospects and Quandaries*, Berlin, Mouton de Gruyter.
CROOKES, G. y SCHMIDT, R.W. (1991),"Motivation: Reopening the Research Agenda.", *Language Learning,* 41: 469-512.
CUMMINS, J., HARLEY, B., SWAIN, M., ALLEN, P. (1990),"Social and individual factors in the development of bilingual proficiency", en B. HARLEY, P. ALLEN, J. CUMMINS y M. SWAIN (eds.) (1990), *The development of second language proficiency*, Cambridge, Cambridge University Press, 119-134.
CURTISS, S. (1982), "Developmental dissociations of language and cognition", en L. OBLER y L. MENN (eds.) (1982) *Exceptional Language and Linguistics*, New York, Academic Press: 285-311.
DÖRNYEI, Z. (1990), "Conceptualizing Motivation in Foreign-Language Learning", *Language Learning,* 40, 1: 45-78.
DÖRNYEI, Z. (1994),"Motivation and motivating in the foreign language classroom", *The Modern Language Journal*, 78: 273-284.
DÖRNYEI, Z. (2001), *Motivational Strategies in the Language Classroom*, Cambridge, Cambridge University Press.
DÖRNYEI, Z. y CSIZER, K. (1998), "Ten Commandments for Motivating Language Learners: Results of an Empirical Study", *Language Teaching Research*, 2, 203-229.
EISENSTEIN, M. y STARBUCK, R. (1989), "The effect of emotional investment on L2 production", en S. GASS, C. MADDEN, D. PRESTON y L. SELINKER (eds.) (1989) *Variation in second language acquisition. Volume II: Psycholinguistic issues*, Clevedon, Multilingual Matters: 125-141.
ELLIS, R. (1994). *The Study of Second Language Acquisition,* Oxford, Oxford University Press.
ELY, C. M. (1986), "Language Learning Motivation:A Descriptive and Causal Analysis", *The Modern Language Journal,* 70,1: 28-35.
FALTIS, C. H. y HUDELSON, S. J. (1998), *Bilingual Education in Elementary and Secondary School Communities,* Boston: Allyn y Bacon.
FISHAM, J. A. (ed.) (1999), *Language and Ethnic Identity*. New York. Oxford University Press.
FLOWERDEW, J. (1993), "Content-based Language Instruction in a Tertiary Setting", *English for Specific Purposes*, 12: 121-138.
GARDNER, R. C. (1985), "The Role of Attitudes and Motivation in Second Language Learning: Correlational and Experimental Considerations", *Language Learning*, 35: 207-227.
GARDNER, R. C. (1988), "The Socio-educational Model of Second Language Learning: Assumptions, Findings, and Issues", *Language Learning*, 38: 101-126.
GARDNER, R. C. y LAMBERT, W. E. (1972), *Attitudes and Motivation in Second language Learning*, Rowley. Mass, Newbury House.
GARDNER, R. C. y MACINTYRE, P. D. (1993), "On the Measurement of Affective Variables in Second Language Learning", *Language Learning*, 43, 2: 157-194.
GARDNER, R. C. y TREMBLAY, P. F. (1994), "On Motivation, Research Agendas and Theoretical Frameworks", *The Modern Language Journal*, 78: 359-368.
GARDNER, R. C. y TREMBLAY, P. F. (1994), "On motivation: Measurement and Conceptual Considerations", *The Modern Language Journal*, 78, 524-527.
GARDNER, R. C., P. TREMBLAY y MASGORET, A. (1997), "Towards a Full Model of

Second Language Learning: an Empirical Investigation", *Modern Language Journal*, 81: 344-362.

GARRIDO, I. y PÉREZ, M. (1996), *Psicología de la Motivación,* Madrid, Síntesis.

GILES, H.BOURHIS, R. y TAYLOR, D. (1977), "Towards a theory oflanguage in ethnic group relations", en H. GILES (ed.), *Language, ethnicity and intergroup relations*, New York, Academic Press.

GÓMEZ DEL ESTAL, M. y ZANÓN, J. (1999), "Tareas fromales para la enseñanza de la gramática en clase de español", en J. ZANÓN (ed.) (1999), *La Enseñanza del Español Mediante Tareas*, Madrid, Edinumen.

HAMMILTON, P. D. (2001), "The Insignificance of Learners' Errors. A Philosophical Investigation of the Interlanguage Hypothesis", *Language and Communication*, 21: 73-88.

JACOBS, B. y SCHUMANN, J.H. (1992), "Language Acquisition and the Neurosciences: Towards a More Integrative Perspective", *Applied Linguistics*, 13: 282-301.

JAMES, C. y GARRETT, P. (eds.) (1991), *Language Awareness in the Classroom*. London, Longman.

JOHNSON, K. y JOHNSON, H. (1998), *Encyclopedic Dictionary of Applied Linguistics*, Oxford, Blackwell Publishers.

JULKUNEN, K. (1989), *Situation and Task Specific Motivation in Foreign Language Learning and Teaching.* University of Joensuu. Publications in Educations. 6.

KASPER, G. y SCHMIDT, R. (1996), "Developmental Issues in Interlanguage Pragmatics", *Studies in Second Language Acquisition* 18: 149-169.

KLAHN, N. (1997), "Teaching for communicative and cultural competence: Spanish through contemporary Mexican topics", en S. B. STRYKER y B. L. LEAVER (eds.) (1997*), Content-based instruction in foreign language education: Models and methods*, Washington D. C., Georgetown University Press: 200-219.

KLEE, C. A. y TEDICK, D. J. (1997), "The undergraduate foreign language immersion program in Spanish at the University of Minnesota", en S. B. STRYKER y B. L. LEAVER (eds.) (1997*), Content-based instruction in foreign language education: Models and methods*, Washington D. C., Georgetown University Press: 140-174.

KLEINMANN, H. H. (1977), "Avoidance Behavior in Adult Second Language Acquisition", *Language Learning*, 27: 93-107.

KUHLEMEIER, H, VAN DER BERGH, H. y MELSE, L. (1996), "Attitudes and Achievements in the First Year of German Language Instruction in Dutch Secondary Education", *The Modern Language Journal*, 80,4: 494-508.

LAMBERT, W. E. (1955), "Measurement of the Linguistic Dominance of Bilinguals", *Journal of Abnormal and Social Psychology*, 50: 197-200.

LANTOLF, J. P. (1999), "Revisión de la aplicabilidad de la investigación experimental en las clases de segunda lengua", en S. SALABERRI (ed.) (1999), *Lingüística aplicada a la enseñanza de lenguas extranjeras*, Almería, Universidad de Almería: 14-47.

LARSEN-FREEMAN, D. y LONG, M. H. (1991), *An Introduction to Second Language Acquisition Research*, Harlow. Essex. Longman.

LAUFER, B. y HULSTIJN, J. (2001), "Incidental Vocabulary Acquisition in a Second Language: The Construct of Task-induced Involvement", *Applied Linguistics*, 22,1: 1-26.

LITTLEWOOD, W. (1984), *Foreign and Second Language Learning*, Cambridge, Cambridge University Press.

LORENZO, F. J. (1997), *Etiología y Tipología de la Motivación Hacia el Aprendizaje del Inglés como L2*, Tesis Doctoral inédita, Universidad de Sevilla.

LORENZO, F. J. (2001), "Déficit de Aprendizaje y Déficit Motivacional: Investigando la Hipótesis Resultativa en el Aula de Idiomas", *Cultura y Educación*, 13, 2: 179-194.

LORENZO, F. J. (2001), "La Variable Atención

a la Forma y Atención al Mensaje en las Actividades de Aprendizaje de Segundas Lenguas. Estudio Empírico sobre su Incidencia Motivacional", En J. MCRAE (ed.) *Reading Beyond Text: Processes and Skills. Cauce. Revista de Filología y su Didáctica*, 24: 207-224.

LORENZO, F. J. (2002), "Incidencia de los Factores Afectivos en la Elección de Estrategias de Aprendizaje y Uso de L2", *Estudios de Lingüística Inglesa Aplicada*, 3: 45-63.

LLOBERA, M. (1991), "Una Reconsideración del Discurso Interactivo en la Clase de LE", *Comunicación, Lenguaje y Educación,* 7: 26-45.

MACINTYRE, P. D., CLEMENT, R., DORNYEI, Z. Y NOELS, K. A. (1998), "Conceptualizing Willingness to Communicate in a L2: A Situational Model of L2 Confidence and Affiliation", *The Moderrn Language Journal*, 82: 545-562.

MCGROARTY, M. (1998), "Constructive and Constructivist Challenges for Applied Linguistics". *Language Learning*, 48, 4: 591-622.

MADRID, D. *et al.* (1993), "Motivación, Rendimiento y Personalidad en el Aula de Idiomas", en J. MARTÍNEZ LÓPEZ (ed.). *GRETA. Actas IX jornadas pedagógicas para la enseñanza del inglés*, Granada: 198-214.

MOYER, A. (1999), "Ultimate Attainment in L2 Phonology. The Critical Factors of Age, Motivation and Instruction", *Studies in Second Language Acquisition*, 21: 81-108.

NOELS, K. A., PELLETIER, L., CLEMENT, R. y VALLERAND, R. J. (2000) "Why Are You Learning a Second Language? Motivational Orientations and Self-Determination Theory" *Language Learning*, 50,1: 57-85.

OBLER, L. y MENN, L. (eds.) (1982), *Exceptional Language and Linguistics*, New York, Academic Press.

OBLER, L. K. y GJERLOW, A. K. (1999), *Language and the Brain*. Cambridge. Cambridge University Press.

OXFORD, R. L. (1994), "Where Are We Regarding Language Learning Motivation?" *The Modern Language Journal*, 78: 512-514.

OXFORD, R. y SHEARIN, J. (1994), "Language Learning Motivation: Expanding the Theoretical Framework", *The Modern Language Journal*, 78, 12-23.

OZOLINS, U. (1999), "Separating language from ethnicity. The paradoxes of strict language policies and increasing social harmony in the Baltic States", en M. KONTRA, R. PHILLIPSON, T. SKUTNABB-KANGAS y T. VARADY (eds.) (1999), *Language: A right and a resource. Approaching linguistic human rights*, Budapest, Central European University Press: 245-261.

PEDALINO, R. (1998), "The Case Against Bilingual Education", *The Atlantic Monthly,* 281, 5: 28-39.

PEACOCK, M. (1997), "The Effect of Authentic Materials on the Motivation of EFL Learners", *ELT Journal, 51*, 2: 147-154.

PEIRCE, B. N. (1995), "Social Identity, Investment and Language Learning", *TESOL Quarterly*, 29,1: 9-31.

PINKER, S. (1996), *The Language Instinct*. London, Penguin.

PINTRICH, P. R. y SCHUNK, D. L. (1996), *Motivation in Education. Theory, Research and Application*. Englewood Cliffs, New Jersey, Prentice Hall.

PRABHU, N. S. (1990), There is No Best Method - Why? *TESOL Quarterly*, 24, 2:180-202.

PREISLER, B. (1999), "Functions and forms of English in a European EFL Country", en T. BEX y R. WATTS (eds.) (1999), *Standard English: The widening debate*, Routledge, London: 239-267.

PRODROMOU, L. (1995), "The Backwash Effect: From Testing to Teaching", *English Language Teaching Journal,* 49, 1: 13-25.

PURCELL, E. y SUTER, R. (1980), "Predictors of Pronunciation Accuracy: A Reexamination". *Language Learning,* 30: 271-287.

ROBERTS AUERBACH, E. (1993), "Reexamining English Only in the ESL Classroom", *TESOLQuarterly*, 27, 1: 64-78.

REID, J. (1987), "Learning Style Preferences of ESL Students". *TESOL Quarterly* 21: 87-111.

ROBINSON, P. (2001). "Task Complexity, Task Difficulty and Task Production: Exploring Interactions in a Componential Framework", *Applied Linguistics, 22*, 27-57.

RYAN, E. B., GILES, H., SEBASTIAN, R. J. (1982), "An integrative perspective for the study of attitudes toward language variation", en, E. B. RYAN y H. GILES (eds.) (1982), *Attitudes towards language variation*, London, Edward Arnold: 1-19.

SAMIMY, K. K. y TABUSE, M. (1992), "Affective Variables and a Less Commonly Taught Language: A Study in Beginning Japanes Classes", *Language Learning*, 42, 3: 377-398.

SASAKI, M. (1993), "Relationships among Second Language Proficiency, Foreign Language Aptitude and Intelligence: A Structural Equation Modeling Approach", *Language Learning*, 43, 3: 313-344.

SASAKI, M. (1996), *Second Language Proficiency, Foreign Language Aptitude and Intelligence: Quantitative and Qualitative Analyses*, New York, Peter Lang.

SCHUMANN, J. (1978), *The Pidginization Process: a Model for Second Language Acquisition*. Rowley, Mass., Newbury House.

SCHUMANN, J. H. (1998), "*The Neurobiology of Affect in Language". Language Learning*. 48. Suppl 1.

SIGUÁN, M. (2001), *Bilingüismo y Lenguas en Contacto*. Madrid, Alianza Editorial.

SISON, M. (1991), *The Relationship of College Student Attitudes, Motivation, and Anxiety to Second Language Achievement: A Test of Gardner's Model*. Unpublished Doctoral Dissertation, University of Southern California.

SKEHAN, P. (1989), *Individual Differences in Second Language Learning*, London, Edward Arnold.

SKEHAN, P. (1996), "A Framework for the Implementation of Task-based Learning", *Applied Linguistics*, 17, 1: 38-62

SPOLSKY, B. (1989), *Conditions for Second Language Learning: Introduction to a General Theory*, Oxford, Oxford University Press.

SPOLSKY, B. (2000), "Anniversary Article. Language Motivation Revisited", *Applied Linguistics*, 21,2: 157-169.

STRYKER, S. B. (1997), "The Mexico experiment at the Foreign Service Institute", en S. B. STRYKER y B. L. LEAVER (eds.) (1997), *Content-based instruction in foreign language education: Models and methods*, Washington D. C., Georgetown University Press: 174-200.

SUNG, H. y PADILLA, A.M. (1998), "Student Motivation, Parental Attitudes, and Involvement in the Learning of Asian Languages in Elementary and Secondary Schools", *The Modern Language Journal*, 82, 2: 205-216.

SVANES, B. (1989), "Motivation and Cultural Distance in Second Language Acquisition", *Language Learning*, 37,3: 341-359.

SWAIN, M. (1997), "Three functions of output in second language learning", en G. COOK y B. SEIDLHOFER. *Principles and practice in Applied Linguistics. Studies in honour of H. G. Widdowson,* Oxford, Oxford University Press: 125-145.

THORNBURY, S. (1997), "Reformulation and Reconstruction: Tasks that Promote 'Noticing'", *English Language Teaching,* 52: 326-334.

USHIODA, E. (1996), *Learner Autonomy 5: The Role of Motivation*. Dublin, Authentik.

VEZ, J. M. (2000), *Fundamentos Lingüísticos en la Enseñanza de Lenguas Extranjeras*, Barcelona, Ariel.

WEINREICH, U. (1953), *Languages in Contact: Findings and Problems*. The Hague, Mouton.

WILLIAMS, M y BURDEN, R. L. (1997), *Psychology for Language Teachers*. Cambridge, Cambridge University Press.

WEINER, B. (1990), "History of Motivational Research in Education", *Journal of Educational Psychology*, 82, 4: 616-622.
WILLIS, J. (1996), *A Framework for Task-Based Learning*, Harlow. Essex, Longman.
WOLFF, H. E. (1999), "Multilingualism, modernisation and post-literacy: Some central issues concerning the promotion of indigenous african languages in a democratic society". En *Centre for Research in the Politics of Language*. University of Pretoria. En http://www.up.ac.za/academic/libarts/crpl/workshop1.html.
YAGER, K. (1998), "Learning Spanish in Mexico: The Effect of Informal Contact and Student Attitudes on Language Gain", *Hispania*, 81: 898-911.
ZANÓN, J. (ed.) (1999), *La Enseñanza del Español Mediante Tareas*, Madrid, Edinumen.

La conciencia metalingüística y el aprendizaje de una L2/LE

Josu Perales Ugarte
HABE (Instituto para la Enseñanza de Euskera a Adultos)

Introducción

Para los lingüistas el adjetivo *metalingüístico* hace alusión al *metalenguaje*, es decir, al lenguaje especializado que se utiliza para hablar sobre la propia lengua (Whorf, 1952; Jakobson, 1956). Para los psicolingüistas cognitivos, en cambio, la actividad metalingüística se sitúa dentro del concepto de la *metacognición* (Brown, 1978; Flavell, 1981). Sin embargo, dadas sus características propias, son cada vez más quienes aceptan considerar la actividad metalingüística como un fenómeno que se debe estudiar independientemente. Para desarrollar una actividad metalingüística se hace necesario poseer cierto nivel de conciencia metalingüística.

1. ¿Qué es la conciencia metalingüística?

Podemos afirmar que hay en la actualidad un acuerdo bastante generalizado al definir la conciencia metalingüística. Según afirmó Cazden (1976: 603):

> *Existe un importante aspecto de nuestras capacidades singulares como seres humanos. Y es que no sólo actuamos. También podemos reflexionar sobre nuestras actuaciones. No sólo podemos aprender y utilizar la lengua, también somos capaces de considerarla como objeto de nuestros análisis y observaciones. La conciencia metalingüística, la capacidad de hacer opacas las formas lingüísticas y considerarlas en sí mismas, es un caso especial del uso de la lengua, que requiere, a su vez, habilidades cognitivas especiales y que parece más difícil de adquirir y universalmente menos difundido que las destrezas de la comprensión auditiva o del habla.*

Y existen otros autores que se expresan en términos similares. Así, la conciencia metalingüística se utiliza cuando la lengua se convierte en objeto del pensamiento humano dejando a un lado su función habitual de comunicación (Van Kleeck, 1982: 239). La habilidad metalingüística es aquélla por medio de la cual somos capaces de manipular la lengua y reflexionar sobre ella, a diferencia de lo que hacemos en el uso habitual de la misma, al hablar o entender (Lombardi, 1986: 103). Según Malakoff (1992: 515), la conciencia metalingüística tiene como base la reflexión sobre la propia lengua siendo su foco de atención las formas y estructuras lingüísticas que sustentan el significado. Finalmente, para Baker (1993: 122), la conciencia metalingüística es la capacidad de reflexionar sobre la función y naturaleza de la lengua.

La conciencia metalingüística, por tanto, se pondrá de manifiesto no sólo cuando, por ejemplo, el experto lingüista analice la lengua e induzca una regla gramatical, sino también cuando el niño de cinco años advierta que él es capaz de decir *Shin Chan* correctamente mientras que su hermano pequeño apenas puede balbucear *Tin Tan,* o cuando juega al veo-veo, o cuando escuchamos algún chiste basado en juegos de palabras y dobles sentidos, chistes que pueden resultar ininteligibles si no estamos atentos a la forma lingüística.

Una de las interrogantes que se han planteado los investigadores es la de saber a qué edad surge la conciencia metalingüística (en adelante CM) en el ser humano. En una de las primeras investigaciones para responder a esa pregunta, De Villiers & De Villiers (1974) observaron que un grupo de niños de dos años era capaz de corregir varias frases que presentaban errores gramaticales aunque no pudieron explicar por qué hacían esas correcciones.

Con el objeto de establecer la edad en la que la CM aparece, Van Damme (1994) revisó varias investigaciones y distinguió dos grupos. Conforme al primero la conclusión que se desprendía era que la CM hace su aparición alrededor de los seis años, en la proximidad del lenguaje escrito (Foss y Hakes, 1978; Donaldson, 1978; Tunmer y Herriman, 1984). Las investigaciones del segundo grupo adelantaban la edad a los dos años (De Villiers y De Villiers, 1974; Clark, 1978; Smith y Tager-Flusber, 1982). Van Damme llevó a cabo su propia investigación y concluyó que no cabe atribuir la aparición de la CM solamente al proceso de maduración biológica o envejecimiento sin más. Además, hay autores que, en la misma línea, asocian la aparición y desarrollo de la CM al proceso de maduración cognitiva del niño (Van Kleeck, 1982; Birdsong, 1989; MacLaren, 1989; Gombert, 1990 y 1996).

2. La adquisición de la CM se produce de manera gradual

Por tanto, según Van Damme (1994) y los autores anteriormente citados, la adquisición de la CM se produce de manera paulatina. De esta manera, desde muy pequeño, el niño será capaz de tratar la lengua como un objeto, de repetir las palabras que le dicen los adultos, de captar pequeños juegos repetitivos y aliteraciones, de memorizar rimas, de recitar algún trabalenguas sencillo. Y para la edad de diez u once años, entenderá algunas metáforas, chistes basados en juegos de palabras, etcétera.

Gombert (1990, 1996), partiendo de la clasificación de Karmiloff-Smith (1994), distinguió cuatro etapas a través de las cuales el niño va avanzando en la consecución de las habilidades metalingüísticas:

1. primeras habilidades lingüísticas;
2. habilidades epilingüísticas;
3. habilidades metalingüísticas;
4. automatización de la conducta metalingüística.

En la primera etapa el niño comienza a utilizar la lengua con la ayuda de los modelos que los adultos de su entorno inmediato le ofrecen. Y relacionará las formas lingüísticas con los contextos más habituales en las que éstas se produzcan. En la segunda etapa los conocimientos implícitos comenzarán a almacenarse y estructurarse en su memoria. De esa manera se establecerán en su cerebro los sistemas lingüísticos. Gombert califica como epilingüísticas a aquellas habilidades metalingüísticas que aún no han alcanzado un nivel consciente de realización. En la tercera etapa se produce el paso -siempre gradual- al nivel consciente. Y por último llega la automatización. Utilizar la lengua de manera metalingüística, al aprender a leer por ejemplo, reclama del individuo un estado de alerta mental que con la frecuente repetición tenderá a automatizarse.

Coincidiendo con lo expresado por Van Damme (1994) son fundamentales en este proceso las experiencias lingüísticas que viva la persona. El propio Gombert se manifiesta reacio a establecer en qué edades se pasa de una etapa a otra. Existen diferencias metalingüísticas y lingüísticas entre niños de edades similares e incluso diferentes, pudiendo, en algunos casos, presentar una mayor CM los más jóvenes. Es ya un ejemplo recurrente en la literatura sobre el tema el caso de aquel niño al que le pidieron que eligiera una palabra larga y la elección fue: *¡tren!* La edad en la que comienza la escolarización y el tratamiento de la lectoescritura son determinantes.

La conciencia metalingüística aumentará en la medida en la que aumenten las actividades y ejercicios que la fomenten. Así, Camps *et al.* (1997) constataron la importancia de la actividad metalingüística en el proceso de redacción en grupo entre muestras de alumnos de 2º de ESO, 2º de BUP y 7º de EGB. Y una de las conclusiones a las que llegaron Bigas *et al.* (2001) en su investigación sobre Educación Infantil en aulas de tres y cinco años, en las que se estaba trabajando la lectoescritura, es que en los niños de esas edades ya aparecen indicios de reflexión metalingüística en las actividades de enseñanza-aprendizaje de la lengua escrita.

El hecho de tener un cierto nivel de conciencia metalingüística no implica necesariamente saber mucha *gramática* o conocer los términos gramaticales. Existen, por ejemplo, entre los payadores de la Pampa, trovadores de las Alpujarras y *bertsolaris* del País Vasco, personas con niveles de escolarización bajo que, aunque desconociendo términos como adverbio, sujeto, etc., son muy capaces de repentizar y construir rimas y pareados siguiendo unas pautas y reglas. Tienen una notable capacidad de considerar y tratar a la lengua como objeto. Hay que decir, sin embargo, que los máximos niveles de CM aparecen asociados siempre a altos niveles de alfabetización y formación lingüística.

3. Factores que influyen en la conciencia metalingüística y sus consecuencias

Según Birdsong (1989) existen factores externos e internos que afectan al desarrollo metalingüístico de las personas. Así, la exposición a otras lenguas, el fomento de las destrezas lingüísticas, actividades precoces de lectura, juegos y acertijos lingüísticos, son considerados por este autor como factores externos. Los factores internos serían: la edad en la que comenzamos a hablar, el nivel de inteligencia verbal y la creatividad. Unos y otros traen consecuencias metalingüísticas como la autocorrección, la disminución de la necesidad del contexto, la utilización figurativa de la lengua, etc. No existe una respuesta clara a la pregunta de qué conjunto de factores es más influyente que el otro. De manera similar a lo que muchos responden en el debate *herencia genética versus factores ambientales*, la tendencia es aquí también a optar por un equilibrio entre ambos grupos. Kemper y Vernooy (1993) afirmaron que, según su estudio en el que utilizaron entrevistas personales y triangulación de datos, la influencia de las interacciones sociales era, cuando menos, igual a la de los factores cognitivos internos. Confirmaron que el nivel de la CM puede ser aumentado por medio de la manipulación de los factores externos.

4. ¿Es la conciencia metalingüística un factor unidimensional?

Existen tareas netamente metalingüísticas cuya realización en la vida diaria puede ser relativamente frecuente, como las que hemos mencionado al comienzo de este capítulo (chistes basados en juegos de palabras, identificación del origen geográfico por el acento o la que realiza quien revisa un texto escrito anteriormente para su corrección formal). Y existen diversos tipos de tests y pruebas destinados a medir la capacidad metalingüística de las personas: pruebas de aceptabilidad gramatical o, más ampliamente, juicios metalingüísticos (véase el ejemplo 1); corrección de errores y explicaciones de la regla que violan; pruebas de sinonimia; sustituciones de frases y palabras; repeticiones; pruebas en las que hay que indicar qué parte de la segunda frase cumple la misma función que la parte subrayada en la primera (véase el ejemplo 2). Existen también baterías completas estandarizadas y niveladas para distintos grupos de edad (niños, adolescentes y adultos) como son los THAM-1, THAM-2 y THAM-3 -*Test de habilidades metalingüísticas*- que combinan distintas tareas (Pinto *et al.*, 2000).

- *Ejemplo 1:*

El conjunto de colores dan al cuadro un aire muy moderno.
¿Es correcta la frase anterior? Razona la respuesta.

- *Ejemplo 2:*

Rodea con un círculo la letra debajo de la palabra subrayada de la frase B que gramaticalmente funcione de manera similar a las palabras en mayúsculas de la frase A.
A. *Clavó la tabla FIRMEMENTE en la pared.*
B. *Normalmente hace bien su trabajo; es un buen profesional, de lo mejor que hay.*
a b c d

¿En qué te has basado para hacer esa elección?

[1] No existe un acuerdo unánime sobre qué representan los juicios metalingüísticos. Para algunos autores los juicios metalingüísticos en la L1 no son más que la competencia lingüística que tiene el individuo en esa L1 (Renou, 2000; Bialystok 2001a). Los juicios metalingüísticos en la L2 estarían sujetos, por otra parte, a la L1, reglas enseñadas en el aula de L2 y estrategias que el alumno sigue al contestar la prueba (Davies y Kaplan, 1998).

Aunque no exentos de cierta controversia[1] los juicios metalingüísticos constituyen probablemente el tipo de pruebas que más extensamente han sido utilizados y se utilizan en las investigaciones. Chaudron (1983), después de analizar treinta y nueve estudios en los que se hacía uso de los juicios metalingüísticos, llegó a la conclusión de que, aunque se podía afirmar que tanto entre los hablantes nativos como entre los no nativos las mediciones realizadas en los juicios metalingüísticos correlacionaban, en general, con otras medidas de la competencia lingüística, la variedad de tareas, contextos y metodologías empleados dificultaban ir más allá en las generalizaciones.

Todas esas diferentes tareas sugieren algunas preguntas: ¿reflejan un único constructo?, ¿miden esas pruebas una única habilidad? Yopp (1988) distinguió cuatro tipos de CM: fonológica, lexical, sintáctica y pragmática. Y para Bialystok (2001a) cualquier categoría en la que la lengua pueda ser clasificada es susceptible de tener su equivalente en el nivel metalingüístico. Podríamos hablar, por tanto, de una CM discursiva o, también, de una CM sociocultural. Para Bialystok y Ryan (1985) resulta totalmente estéril considerar la habilidad metalingüística como un factor unidimensional. Las correlaciones entre las puntuaciones que obtienen las personas al llevar a cabo distintas tareas metalingüísticas son bajas. El adjetivo metalingüístico no corresponde a un único tipo de operaciones mentales, sino a un conjunto de ellas, las cuales comparten algunas características.

Con el fin de identificar el conjunto mínimo de operaciones cognitivas que permiten la adquisición y el uso de la lengua, Bialystok y Ryan (1985) elaboraron un marco cognitivo (Véase figura 1) en el que consideraron dos componentes que, aunque diferentes, están relacionados entre sí: el *proceso del análisis* y el *proceso del control* (Bialystok y Ryan, 1985; Bialystok, 1994; Bialystok, 2001a, 2001b).

El *análisis* es el proceso a través del cual las representaciones mentales van estructurándose de manera cada vez más sólida en torno a los significados (conocimiento del mundo). Un nivel de análisis bajo en las representaciones que el individuo hace del lenguaje se basaría, fundamentalmente, en los significados y funciones del mismo, dejando de lado el cómo esos significados y funciones son vehiculizados. En cierto sentido, el análisis es el proceso que subyace en el tránsito del conocimiento implícito al explícito. La corrección gramatical de un texto requerirá un alto nivel de análisis. Nivel que no será necesario al conversar en un ambiente relajado entre amigos. Utilizamos el análisis cuando, por ejemplo, señalamos los errores gramaticales y explicamos qué regla lingüística violan.

El proceso de *control* es aquél donde el individuo debe mantenerse atento ante la información y procesarla de manera selectiva en condiciones de tiempo limitado. El *control* es utilizado cuando, por ejemplo, en determinadas situaciones sociales recurrimos a un registro lingüístico no habitual en nosotros y *medimos constantemente las palabras* o cuando en la infancia y/o adolescencia se practican juegos del tipo: *A cualquier pregunta que yo haga responde lo que quieras pero sin usar la palabra no.*

Este modelo podría explicar por qué los habitantes de la tribu Vai de la costa de Liberia, analfabetos y, según concluyeron Scribner y Cole (1981), con niveles bajos de conciencia metalingüística -no fueron capaces de señalar ni de corregir errores gramaticales básicos-, podían utilizar varias lenguas. O por qué, en el otro extremo (Birdsong, 1989), algunos estudiantes norteamericanos a duras penas pueden comunicarse en la L2, aunque su conocimiento de las reglas gramaticales y capacidad de explicarlas puedan superar al conocimiento y capacidad de los propios nativos de esa lengua.

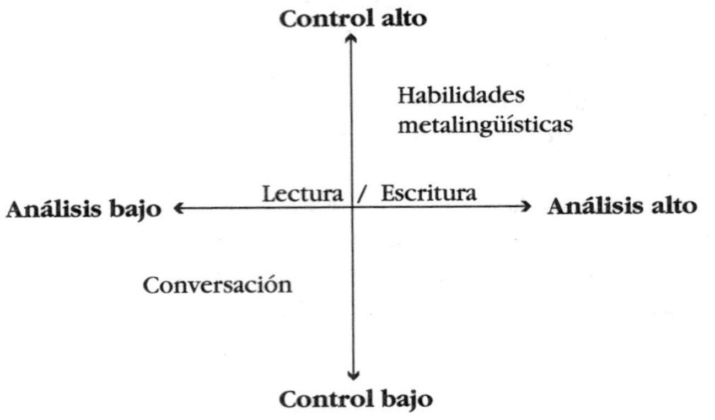

Figura 1: Marco cognitivo de la adquisición y uso de la lengua, según Byalistok y Ryan.

5. CM Y BILINGÜISMO

Existen muchas investigaciones que han puesto de manifiesto la superioridad metalingüística de los bilingües frente a los monolingües, y de los bilingües equilibrados sobre los no equilibrados. Herdina y Jessner (2002) consideran que la capacidad de monitorizar[2] la lengua es especialmente significativa en las personas multilingües, ya que deben realizar las funciones habituales de monitorización, establecer recursos comunes al utilizar más de una lengua y mantener aparte los sistemas lingüísticos, inspeccionándolos y eliminando las interferencias entre las lenguas.

Existen también algunas investigaciones en las que no aparecen diferencias significativas entre los bilingües y monolingües, e incluso algunas en favor de los monolingües (Bialystok, 2001a, 2001b). Esta autora, tras revisar numerosas investigaciones que comparaban a los monolingües y bilingües en aspectos metalingüísticos referentes al léxico, sintaxis y fonología, y a la luz de su modelo, llegó a la conclusión de que la superioridad de los bilingües sobre los monolingües se da sólo, de manera clara, en la dimensión de *control de la lengua*, es decir, en aquellas tareas en las que existiendo información no pertinente y/o fuente de distracción se hace necesario atender selectivamente a toda la información existente.

Ante la pregunta de por qué tienen los bilingües mayores niveles de control sobre la atención, Bialystok (2001b), recurriendo a la explicación dada por Galambos y Goldin-Meadow (1990), y de manera similar a lo afirmado posteriormente por Herdina y Jessner (2002) en el caso de los individuos multilingües, responde que la razón se debe a la necesidad que tienen los bilingües de atender a la forma lingüística a fin de separar los dos códigos de que disponen.

---

[2] *El monitor* es la parte del sistema del alumno por medio de la cual, conscientemente y de manera periódica, inspecciona y altera su producción lingüística (Dulay, Burt y Krashen, 1982: 279).

6. Aprendizaje de la L2

Para Bialystok (2001b) el conocimiento metalingüístico se construye a partir de la adquisición lingüística y, dado su carácter explícito y universal, es aplicable también a la adquisición de la segunda lengua. Los estudiantes de segundas lenguas no necesitan *reaprender* los principios básicos de las estructuras lingüísticas puesto que ya disponen de ellos gracias al conocimiento metalingüístico elaborado al adquirir la primera lengua. El conocimiento metalingüístico permitiría al estudiante de segunda lengua disponer de una *plantilla* lingüística sobre la que cimentar su aprendizaje (Bialgstok, 2001b: 127). Esta idea, similar en ciertos aspectos a la expresada por Lenneberg en 1967[3], pone de manifiesto junto a la Gramática Universal la importancia de la primera lengua en la adquisición de una segunda.

Es conocido el modelo de la interdependencia lingüística (Cummins, 1983) en el cual se reconoce una capacidad subyacente común entre las lenguas. Además, son varios los autores quienes, desde distintos ámbitos, coinciden en afirmar que una mayor capacitación lingüística en la primera lengua facilita el aprendizaje de la segunda (Schütt, 1974; Skehan, 1986, 1989; Sang *et al.*, 1986, Sparks *et al.*, 1998). Sparks y sus colaboradores llegaron a defender que, a diferencia de lo afirmado por otros autores, la variable ansiedad entre los alumnos de L2 no debía ser considerada como una de las causas del bajo rendimiento en la L2, sino como el efecto del mismo debido a una causa primera: las limitaciones en la L1.

Es interesante constatar aquí la relación y el solapamiento que algunos autores atribuyen a las pruebas de aptitud para el aprendizaje de lenguas con la conciencia metalingüística. Esos tests (Carroll & Sapon, 1955; Pimsleur, 1964) se utilizan en algunos contextos con el fin de predecir el éxito o fracaso de los aspirantes a alumnos en el aprendizaje de la L2 y, conforme a las puntuaciones obtenidas, permitirles o no tomar parte en determinado programa de formación lingüística. En otras ocasiones, sin embargo, esos tests han sido utilizados con una función netamente orientativa[4], a fin de formar grupos homogéneos de alumnos para, conforme a sus características cognitivas comunes, utilizar en el aula la metodología de enseñanza más adecuada (Wesche, 1981).

Para Schütt (1974), la versión alemana del MLAT -*Modern Language Aptitude Test*- sirve para pronosticar el rendimiento del alumno en la L2 tan bien, o tan mal, como en la L1.

---

[3] Para Lenneberg (1967), el hecho de que las personas puedan aprender una segunda lengua después de la pubertad no incomoda su hipótesis básica acerca de las limitaciones en la edad (se refiere a la *hipótesis del periodo crítico*). Según ese autor, aunque los acentos extranjeros no puedan superarse fácilmente después de la pubertad, una persona puede aprender a comunicarse en una lengua extranjera a la edad de cuarenta años, debido a que podemos asumir que la organización cerebral para el aprendizaje como tal ha tenido lugar durante la niñez, y dado que los lenguajes naturales tienden a parecerse unos a otros en muchos aspectos fundamentales (cita a la Gramática Universal y a Noam Chomsky), la matriz para las habilidades lingüísticas está presente (Lenneberg, 1967. Edición en castellano: 1981).

[4] Las pruebas de aptitud han sido utilizadas y se utilizan habitualmente con el objetivo de seleccionar a los alumnos capaces de seguir determinado programa lingüístico, muchas veces en organizaciones altamente jerarquizadas. CIA -*Central Intelligence Agency*-, FBI -*Federal Bureau of Investigation*-, DLI -*Defense Language Institute*- etc., y no están exentas de cierta controversia, ya que, aunque su grado de eficacia sea alto, siempre habrá alguien capaz de aprender la lengua en determinado programa lingüístico al que se le niegue esa posibilidad conforme al resultado de la prueba, y viceversa. Esa cuestión hizo que el tema de las pruebas de aptitud se discutiera en el parlamento israelí, ya que los estudiantes de origen árabe sospechaban que se utilizaban como excusa para discriminarlos y cerrarles las puertas de las aulas de lenguas. Posteriores estudios demostraron que no existía ese sesgo (Zeidner, 1986, 1987). En la actualidad es cada vez mayor el peso que se le confiere a la función orientativa (Grigorenko, Stenberg y Ehrman, 2000).

Skehan (1986, 1988), en el llamado *Proyecto de Bristol*, llegó a la conclusión de que la L1, la aptitud y la L2, están relacionadas. En ese estudio, los alumnos que dominaban con mayor facilidad la L1 (complejidad sintáctica, empleo de verbos auxiliares, etc.) obtenían también puntuaciones más altas en las pruebas de aptitud para el aprendizaje de lenguas y de proficiencia en la L2. Alderson, Clapham y Steel (1997), después de analizar la relación existente entre la CM y distintas baterías del MLAT, afirmaron que no existía evidencia alguna que demostrara que la CM y la aptitud fueran distintas una de la otra.

Al revisar las investigaciones y teorías que han relacionado la CM y el aprendizaje de la L2 distinguiremos dos corrientes diferenciadas. En la primera, la principal interrogante es saber si altos niveles de conciencia metalingüística correlacionan positivamente con altos niveles de proficiencia en la L2. Ésta es una corriente incipiente en la que, al margen de las correlaciones evidenciadas entre las pruebas de aptitud y el rendimiento en la L2 antes mencionadas, las investigaciones son escasas.

6.1. La CM y su influencia en la enseñanza-aprendizaje de la L2

Hsia (1993), en una investigación con alumnos adultos de inglés hablantes de distintas lenguas como L1, propuso a los alumnos que juzgaran la gramaticalidad de varias frases en la L2 y que resumieran las ideas expuestas en un texto. Según Hsia, el primer ejercicio correspondía a la dimensión del análisis de modelo de Bialystok y Ryan (1985), y el segundo, a la dimensión del control. Ambas dimensiones mostraron correlaciones positivas significativas con un ejercicio de lectura en L2. Gevan y Ryan (1993) observaron que aquellos alumnos que mostraban una elevada capacidad de análisis de la L1 sobresalían también en la destreza de la escritura en L2.

En nuestra propia investigación (Perales, 2001; Perales, Cenoz, 2002) se recogieron datos de una muestra de alumnos adultos estudiantes de euskera (N = 411). Los alumnos realizaron varias tareas metalingüísticas sintácticas y lexicales en su L1 (castellano). En el estudio fueron consideradas también otras variables independientes: edad, sexo, motivación, actitudes, ansia, estrategias de aprendizaje. Los análisis de regresión indicaron que la CM era la variable que mejor explicaba la variación de las puntuaciones de los profesores en sus evaluaciones de la L2 y las puntuaciones de los distintos apartados que integraban una prueba de lengua (L2): comprensión lectora, escritura, comunicación verbal y gramática.

En otra investigación (Renou, 2001) con alumnos adultos se comprobó que quienes obtenían mayores puntuaciones en una prueba de juicios metalingüísticos conseguían también mayores puntuaciones en la prueba de lengua (francés). Sin embargo, al separar en la muestra a quienes habían seguido en sus clases una orientación gramatical de quienes habían seguido una orientación comunicativa, las correlaciones significativas desaparecieron en este último caso. Hu (2002), por su parte, concluyó que existen evidencias que indican que el conocimiento metalingüístico puede ser movilizado en favor de la adquisición de la L2, aunque existen características psicológicas que pueden obstaculizar o fomentar el acceso a dicho conocimiento: nivel de atención que la tarea permite, la frecuencia relativa de uso que entre los hablantes nativos de la L2 los estudiantes atribuyen a cada tarea lingüística, y el nivel de automatización accesible al procesar el conocimiento pertinente. El estudio de Alderson, Clapham y Steel (1997) llevado a cabo con alumnos estudiantes de francés como L2 en varias universidades británicas, sin embargo, arrojó correlaciones débiles entre las puntuaciones de las pruebas metalingüísticas y las puntuaciones de la prueba de L2. Y lo mismo sucedió con una réplica parcial del mismo estudio realizado en Australia (Elder *et al.*, 1997).

Aunque la afirmación más plausible sea que niveles altos de CM son beneficiosos en la adquisición de la L2/LE, conviene mantener ciertas cautelas. De manera similar a lo observado por Chaudron (1983) en su revisión de las investigaciones que utilizaban juicios metalingüísticos, aquí también la diversidad de contextos, metodologías empleadas, tareas metalingüísticas, tanto en L1 como L2, y el limitado número de investigaciones, dificultan sobremanera las comparaciones y posteriores generalizaciones. En el estudio de Alderson, Clapham y Steel (1997) y su replica (Elder *et al.*, 1997), uno de los objetivos era la cuantificación del conocimiento que tenían los alumnos de la terminología gramatical (Clapham, 2001).

6.2. Actividades metalingüísticas en la L2: efectos

El objetivo principal de la segunda corriente sería responder a preguntas del tipo: ¿conviene entrenar al alumno en la observación y consideración de la L2 como un objeto desprovisto de sus funciones comunicativas?, ¿es beneficioso para la adquisición de la L2 el fomentar las actividades metalingüísticas en esa L2?

Evidentemente, quienes formulan esas cuestiones difieren de quienes desde otras posturas ya las dan por resueltas asumiendo, por ejemplo, que los ejercicios gramaticales no aportan nada o muy poco al alumno.

Según afirmó Schmidt (1995), muchos de los partidarios de la enseñanza comunicativa se consideran a sí mismos como progresistas o modernos, a pesar de que la tensión entre la corriente metodológica centrada en la forma lingüística y la centrada en el significado puede ser observada más como una serie de vaivenes pendulares que como una progresión constante. En palabras de Schmidt, los del lado *comunicativo* a menudo contemplan a sus colegas más tradicionales como Neandertalenses, y aquéllos que consideran el aprendizaje de la lengua como una tarea ardua que requiere dosis considerables de esfuerzo consciente pueden tender también a tildar de ingenuos a quienes creen que *charlar* es un medio efectivo para aprender una lengua extranjera.

Existen muchos métodos y libros en la enseñanza-aprendizaje de lenguas que siguen el criterio básico de que la lengua se aprende mejor utilizándola de manera natural en un contexto comunicativo. Es un criterio muy extendido que tiene además notables bases y justificaciones teóricas: Krashen (1982, 1985), Krashen y Terrel (1983) y Prabhu (1987), entre otros. Según Krashen el aprendizaje consciente es de muy poca utilidad. Algunas técnicas de enseñanza, como la corrección de errores o la explicación de reglas gramaticales, fomentan directamente el aprendizaje consciente y, en consecuencia, poco pueden aportar al alumno y al profesor.

Es ya ampliamente conocida la diferencia que hace Krashen entre *adquisición* y *aprendizaje*. Krashen, sin ningún género de dudas, es partidario de la adquisición. La lengua se *adquirirá* de manera implícita por medio del uso y gracias al *input* comprensible. Existe al adquirir la L2, un orden natural que, independientemente de cuál sea la L1, es seguido por todos los alumnos. Así, los errores que hacen éstos son más un producto del propio proceso de aprendizaje que de la interferencia de la L1.

Estos planteamientos pusieron en solfa muchas de las prácticas que los profesores de lenguas desarrollaban en el aula: las técnicas basadas en el análisis contrastivo[5], por ejemplo, chocaban frontalmente con los supuestos anteriores. Y otro tanto sucedía con el esquema ya clásico de tres etapas para la clase de lengua PPP (presentación - práctica guiada - práctica libre). Las ideas de Krashen fueron rápidamente difundidas y aceptadas por muchos profesores y editoriales, principalmente en la enseñanza del inglés. Y hubo en nuestra opinión otros factores ajenos que, aparte de las justificaciones teóricas, contribuyeron a ello. El análisis contrastivo, además de a quien diseña el método, exige del profesor también un conocimiento de las gramáticas de la L2 y L1 del alumno. De la misma manera, un planteamiento didáctico que justifique la supresión de ejercicios de traducción de la L1 del alumno a la L2 tendrá un valor añadido para algunos profesores, ya que solucionará bastantes problemas a aquéllos que no dominen suficientemente la L1 de ese alumno o a quien, aun conociéndola, tenga en su clase a alumnos de distintos países y con distintas L1.

Y en lo que se refiere a la labor editorial es bastante significativo el siguiente párrafo extraído de una entrevista mantenida con Siguán (1996: 56):

> *Así, quienes publican esos atractivos métodos comunicativos los venden en muchos países. Omiten cualquier referencia a la L1 del alumno y también prescinden de la edad del mismo. Todo ello con el fin de llegar al mayor número de clientes, en el mayor número de países. Pero quien prepara un método para los alumnos de una edad y L1 determinadas debe tener esos factores en cuenta.*

La controversia entre los *comunicativos* y los *gramaticales*, en realidad más teórica que práctica, ya que eran y son muchas las posturas intermedias que concilian ambos aspectos, contribuyó a vitalizar sin duda el campo de la enseñanza-aprendizaje de lenguas.

Prácticamente desde los mismos inicios del movimiento en favor del aprendizaje inconsciente surgieron las primeras dudas:

> *Por ejemplo, es claramente difícil negar a los alumnos adultos información explícita acerca de la lengua-meta, ya que su maduración intelectual y experiencias anteriores en la enseñanza-aprendizaje de otras materias les empuja inexorablemente a pedir explicaciones. Los profesores, es mi sospecha, a menudo recurren a las explicaciones y a la L1 del alumno. Si esas explicaciones se dan con menor frecuencia a los alumnos más jóvenes se debe probablemente más a su falta de madurez intelectual que a las pautas metodológicas del profesor. (...) Puede ser natural el aprender la lengua de una manera puramente intuitiva, pero ¿cuánto tiempo llevará el acumular la cantidad de conocimiento implícito y las destrezas necesarias para poder utilizarla?* (Sharwood Smith, 1981: 159-160).

---

[5] Según el análisis contrastivo: a) las dificultades más relevantes en el aprendizaje con la L2 provienen de las interferencias de la L1. Las lenguas afines serán más fáciles de estudiar que las lingüísticamente más distantes; b) esas dificultades son previsibles gracias al análisis contrastivo de la L1 y la L2; y c) la preparación del material de enseñanza teniendo en cuenta esas diferencias contribuirá a disminuir las dificultades (Richards, Platt & Platt, 1995).
Para una revisión del estado actual de la lingüística contrastiva aplicada a la enseñanza del español como lengua extranjera, véanse los números monográficos de la revista *Carabela*, 51 y 52 (2002).

Fue Sharwood Smith (1981) quien acuñó el término *Language conciousness-raising*. Para ese autor existen varias maneras de *alertar la conciencia lingüística del alumno*. La explicación metalingüística de las reglas gramaticales es una de ellas, pero no la única. Sharwood Smith diferenció cuatro tipos (veáse figura 2) dependiendo del grado en que la *enseñanza* sea explícita y esté elaborada. Así, en el tipo *D* se situaría el nivel más explícito: se utiliza el metalenguaje (adjetivo, verbo, artículo) y el nivel de elaboración no es muy elevado. En el tipo *C* la enseñanza de las formas lingüísticas sería más *sutil*, el alumno encontraría *pistas lingüísticas* que le ayudarían a descubrir las regularidades de la lengua. Ese tipo de actividades podría fácilmente enmascararse en otras de corte comunicativo. Los tipos *A* y *B* mantendrían esa progresión de menos a más explícito, pero con un nivel de elaboración más elevado, es decir, las secuencias de enseñanza estarían planificadas con mayor detalle, los pasos a dar claramente delimitados, la programación sería, en definitiva, más exhaustiva.

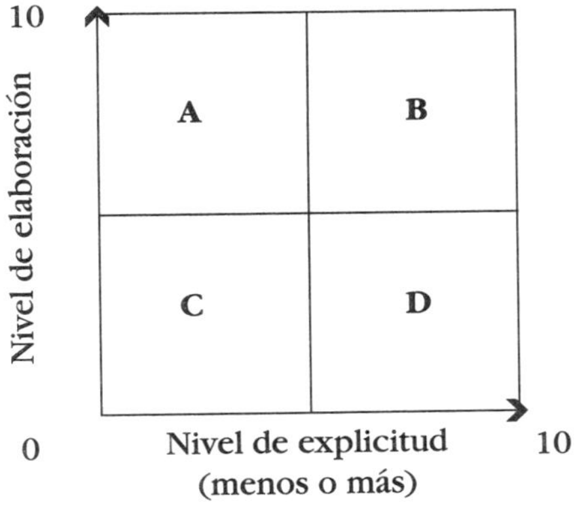

Figura 2: Tipos de enseñanza de una lengua en función del nivel de explicitud y de elaboración.

Ese mismo autor optó más tarde (1993) por otro término: *input enhancement*, ya que *conciousness-raising* no diferenciaba la dicotomía *input/intake* en toda su extensión. No todo el *input* al que el aprendiz es expuesto es interiorizado y procesado por éste. Sólo una parte lo es: el *intake*. Al realzar el *input* (*input enhancement*) lo que se está haciendo es poner de relieve determinados aspectos lingüísticos formales para así ayudar al alumno a tropezar con ellos, a fin de que les dirija su atención y acabe convirtiéndolos en intake.

Un ejercicio que busca dirigir la atención del alumno a la forma sería el siguiente:

- *Cuero sintético*

¡Oiga! Sí, sí. Ud. ¿Conoce nuestra oferta inigualable de cazadoras de cuero sintético? ¡Venga a nuestro establecimiento! ¡Pase a la sección de ropa y pruébese la que más le guste! ¡Anímese! Gracias al cuero sintético Ud. respetará el medio ambiente. ¡No lo dude! ¡Ni busque ni compare! No hace falta. La solución está en Paseo de Calatrava, 25. Ahí nos encontrará. ¡Venga y conózcanos!

Haz una lista con las palabras que en el anuncio te indican que hagas algo.

En el caso anterior se ha seguido la técnica de anegación del *input*. Es decir, se ha *inundado* el texto de formas imperativas de manera artificial, pero sin dañar la función comunicativa del mismo. Existen otros tipos de actividades que llevan a la concienciación gramatical del alumno. Pueden verse algunas de esas actividades en Cadierno (1995a); Coronado (1998) y Fernández (1998).

Otro autor que considera beneficioso para el aprendizaje de la lengua el tomar en cuenta su forma lingüística es Schmidt (1990, 1993, 1995), ya mencionado anteriormente. Según afirma, para aprender la lengua es imprescindible *fijarse* en su forma (*Noticing hypothesis*). Los alumnos adultos de lenguas deberán reparar conscientemente en las características redundantes de la lengua. El adulto difícilmente puede aprender algo de manera inconsciente. Ofrece numerosos argumentos[6] para justificar esa afirmación. En su opinión, reparar en la forma lingüística es condición necesaria y suficiente para que el *input* se transforme en *intake*.

De manera similar, las conclusiones de varios estudios (VanPatten y Cadierno, 1993a, 1993b; Cadierno, 1995a, 1995b) llevan a diferenciar entre la enseñanza tradicional de la gramática y la enseñanza gramatical del procesamiento. La enseñanza tradicional de la gramática se centra en el producto final, el alumno es enfrentado directamente a distintos tipos de ejercicios: completar o transformar frases, sustituciones, repeticiones, etc. No contempla, sin embargo, los procesos por medio los cuales el *input* pasa a ser *intake* y se integra en el sistema lingüístico. Según VanPatten (1992), aunque determinado *input* esté en posesión del alumno -sea *intake*-, no todo el *intake* pasa automáticamente a su sistema lingüístico. Es necesario un proceso de reestructuración y acomodación antes de que pueda ser producido, es decir, antes de llegar a convertirse en *output*. La enseñanza gramatical de procesamiento, a diferencia de la tradicional, sí toma en cuenta el *input* e intenta influir en el sistema lingüístico mediante la alteración de la manera en que el estudiante percibe y procesa ese *input*. Para VanPatten y Cadierno (1993b), la enseñanza gramatical de procesamiento no implica la desaparición de los ejercicios habituales en la producción, en la medida en que favorecen la automatización de las estructuras y ayudan a desarrollar una fluidez en la L2.

Varios son los tipos de actividades que pueden desarrollarse en el aula en favor del procesamiento del *input*: actividades de suplir información; actividades de opciones binarias en donde el alumno debe elegir entre dos respuestas posibles (estoy de acuerdo/en desacuerdo, sí/no, sí corresponde/no corresponde, etc.); actividades de selección de alternativas, tres o más, en las que el estímulo o bien las alternativas contienen la forma gramatical en cuestión; actividades de emparejamiento en donde los estudiantes deben hacer corresponder a cada *input* otra *cosa*: foto, palabra, dibujo, etc., con la que comparten algo en común (Cadierno, 1995a: 72).

Otro autor que ha considerado el tratamiento de la lengua como objeto es Long (1983, 1991, 1997). Después de revisar once investigaciones que relacionaban la instrucción gramatical y el rendimiento, Long (1983) concluyó que, tomado en cuenta el ritmo de apren-

---

[6] Según escribió, existe un mito extendido ya universalmente que afirma que en un cine de Estados Unidos intercalaron en la película varios fotogramas en los que se incitaba a los espectadores a comprar una determinada bebida de cola. Los espectadores recibieron el mensaje de forma subliminal, inconscientemente, y en el descanso acudieron a comprar el producto así anunciado en una mayor proporción que la habitual. Ese hecho, que podría tomarse como una prueba de que existe aprendizaje inconsciente, fue, sin embargo, una broma-mentira de Norman Cousins, editor de *Saturday Review*.

dizaje y el nivel de competencia lingüística adquirida, la instrucción gramatical es beneficiosa tanto para niños como adultos ya estén estudiando en un nivel inicial o avanzado. Posteriormente diferenció tres tipos de intervenciones pedagógicas que pueden desarrollarse en el aula de idiomas (1991, 1997): aquéllas cuyo objetivo es que el alumno procese el contenido del mensaje (*focus on meaning*), aquéllas que fijan la atención del alumno en las formas lingüísticas de manera aislada (*focus on forms*). Este tipo de actividades correspondería a los sílabos sintéticos[7] y ejercicios de corte clásico (repeticiones de modelos, ejercicios de transformación, correcciones de errores, etc.). Long distinguió un tercer tipo de actividades: aquéllas en las que, dentro de un contexto comunicativo, la atención del alumno se dirige de manera periódica a la forma lingüística (*focus on form*) sin que por ello se quiebre la función primordial de la lengua que es la comunicación. Y es a este tercer tipo de actividades al que Long atribuye una mayor efectividad en el aula.

Pero hay también quien, a diferencia de Long, aboga por una enseñanza claramente explícita de la gramática. Para Sheen (1994) las ventajas de los sílabos basados en tareas están todavía sin demostrar, y lamenta que los numerosos estudios que evidencian la efectividad de los sílabos sintéticos sean a menudo silenciados en la literatura. Y según Hulstijn (1995), son cada vez más los autores que ante la pregunta de si hay que enseñar de manera explícita la gramática, responden afirmativamente, aunque admitan matizaciones. En su opinión no se puede decir que todas las reglas gramaticales sean iguales. En consecuencia, deberán ser tratadas de distintas maneras.

Hulstijn diferenció entre las reglas gramaticales relativas al léxico y el resto de ellas: de sintaxis, concordancias, orden de la frase, etc. Unas y otras pueden incorporarse a la enseñanza-aprendizaje en el aula conforme a cinco criterios:

1. *extensión de la regla* (principalmente en las lexicales); algunas reglas podrán aplicarse a muchas palabras, otras, a unas pocas;
2. *fiabilidad*: existen reglas que tienen excepciones y determinadas condiciones de uso. En alemán, de las aproximadamente 15.000 palabras que presentan la terminación *-e*, el 90% corresponden al género femenino. Es decir, aplicada esa regla en todas las ocasiones erraríamos en el 10% de casos. De manera parecida, aunque en castellano digamos *la mesa*, *la silla*, *la casa* y la *montaña*, decimos *el día* y *el día claro* y *el agua* y *el agua clara*;
3. *frecuencia*. Una regla puede mantener una regularidad total, ser muy fiable, pero su frecuencia de aplicación no ser muy alta;
4. *modo de uso: productivo o receptivo*. Puede ser conveniente que determinada regla sea conocida, al menos en los inicios del aprendizaje, a un nivel en el que simplemente no impida la comprensión del mensaje. Así el alumno podrá entender el diminutivo *florecita* aunque tal vez diga *florita*;
5. *comprensibilidad de la regla*. Unas reglas pueden ser más fáciles de explicar que otras. El nivel de CM del alumno, capacidad de análisis, conocimiento del metalenguaje, etc., influyen aquí.

[7] Los sílabos sintéticos son aquéllos en los que la lengua es compartimentada atendiendo a criterios formales, por ejemplo, la gramática es enseñada de esta manera. La labor del alumno sería reagrupar, *sintetizar*, esos bloques. Los sílabos analíticos, por contra, parten del uso comunicativo de la lengua: describir algo, pedir, comprar, etcétera.

El número de investigaciones ha aumentado de manera espectacular en la última década. Spada (1997) revisó treinta estudios que analizaban los efectos de la instrucción basada en la forma y concluyó que dicha instrucción es beneficiosa en la adquisición de la L2. Los resultados sugerían además que la enseñanza explícita de la forma puede ser especialmente eficaz en aquellas aulas en las que se sigue una orientación metodológica comunicativa y (o bien) en aquéllas en las que la L2 es aprendida utilizándola como lengua vehicular para tratar determinados contenidos.

Norris y Ortega (2000), por su parte, analizaron cuarenta y nueve estudios realizados entre 1980 y 1998. Su conclusión fue que la instrucción focalizada en la forma lingüística contribuye ampliamente a la consecución de los objetivos lingüísticos, que la instrucción explícita es más eficaz que la implícita y que focalizar la enseñanza (en el sentido de Long) tanto en la forma, en un contexto de enseñanza comunicativa, como en las *formas*, es decir, de una manera aislada del contexto comunicativo, tienen consecuencias positivas similares. Señalaron además que los efectos de la instrucción formal tienden a permanecer en el tiempo. Admiten en su meta-análisis que la variedad de mediciones realizadas puede acarrear alteraciones en la percepción de la magnitud de los efectos que la instrucción formal produce. Y advierten de la necesidad de una metodología de investigación más rigurosa a fin de poder generalizar al máximo las conclusiones.

De manera similar, Rod Ellis (2002), tras analizar once estudios en los que se investigaba la relación de la enseñanza basada en la forma con la producción lingüística principalmente oral de los alumnos en la L2, afirmó que dicha enseñanza puede contribuir a la adquisición del conocimiento lingüístico implícito. Ese éxito se ve mediatizado por dos variables: el grado de intensidad de la instrucción lingüística y el grado de complejidad de las estructuras trabajadas. Cuanto más simples sean las estructuras y más intensa la instrucción, mayor serán las probabilidades de éxito. Las estructuras más complejas pueden ser también igualmente adquiridas siempre y cuando sean también accesibles al alumno en un *input natural*.

Así pues, podemos afirmar que cada vez son más los investigadores que coinciden en considerar beneficioso tomar en cuenta la forma lingüística. En un nivel práctico, Willis (1996), para quien reparar en la forma lingüística no es una condición esencial para el aprendizaje de la lengua -exposición a la lengua, uso y motivación sí los considera esenciales-, incluye como paso final el análisis y práctica de las estructuras lingüísticas surgida a lo largo de la tarea. Para Spada (1997), sin embargo, no sólo es conveniente sino que, en el caso de algunas formas lingüísticas, es totalmente necesario tomar en cuenta las formas lingüísticas.

No puede hablarse, por tanto, de una corriente homogénea en favor del tratamiento metalingüístico de la lengua. Algunos de los autores coinciden con la dimensión de control de la lengua propuesta por Bialystok y Ryan (1985). Otros llegan a la dimensión del análisis y proponen la reflexión metalingüística aislando la lengua de su función comunicativa. Ortega (2001) diferencia tres corrientes principales: aquéllos que como Long consideran que las intervenciones en el aula deben ser reactivas e implícitas. Es decir, en el primer caso, que la decisión de resaltar alguna forma lingüística surja de la necesidad de paliar deficiencias en la comunicación y que esa intervención tenga lugar *in situ*. Y en el segundo, que las intervenciones sean implícitas en el sentido de que no quiebren el flujo comunicativo. Otros autores, como Sharwood Smith (1993) y Spada (1997), no consideran que sea necesario que las intervenciones sean reactivas e implícitas. La atención puede ser dirigida explícitamente a la forma lingüística siguiendo un sílabo sintético estructural.

Ortega distingue un tercer grupo (Doughty y Williams, 1998) en donde, conciliando las dos corrientes anteriores, la atención hacia la forma se definiría como una cualidad psicolingüística de ciertas técnicas pedagógicas cuyo objetivo es llevar la atención del alumno hacia aspectos formales del *input*. Sin esas técnicas, en una situación comunicativa genuina y en tiempo real, los aspectos formales quedarían sin advertir por el alumno.

Muchas son, por tanto, el número de actividades que pueden desarrollarse en el aula, en el campo de quienes optan por tomar en consideración la forma lingüística. Ellis *et al.* (2002) distinguen dos grupos: las reactivas y las preventivas, como se refleja en el siguiente esquema:

Las actividades reactivas se refieren a aquéllas motivadas por la presencia de un error cometido por el alumno en el contexto de una actividad comunicativa. Las dividen en dos subgrupos: actividades reactivas de negociación y actividades reactivas de *feedback* o realimentación. Las de negociación, a su vez, pueden ser conversacionales (el significado se negocia -aclaraciones, repeticiones, etc.- hasta que el flujo comunicativo se restablece) y didácticas (la respuesta se da incluso cuando la comunicación no ha sido detenida). Las actividades reactivas de *feedback* o realimentación pueden ser implícitas (reformulando lo que el alumno había dicho) o explícitas (corrigiendo formalmente, utilizando incluso el metalenguaje).

Las actividades preventivas son aquéllas en las que la forma lingüística es el foco del discurso, aun en el caso de que no se haya producido ningún error y pueden ser iniciadas tanto por el alumno (una pregunta, por ejemplo) como por el profesor (da explicaciones o pregunta sobre alguna forma lingüística que considere pueda crear dificultades).

Es evidente que existe en el campo de la enseñanza-aprendizaje de la L2 un creciente interés por el tema en cuestión. Constantemente se publican trabajos que analizan la forma lingüística y su relación con distintos aspectos: dentro del enfoque basado en las tareas (Muranoi, 2000; Samuda, 2001), en relación al uso del metalenguaje (Basturkmen *et al.*, 2002); en relación a las creencias de los profesores (Burgess y Etherington, 2002), etc., pudiéndose generalizar la afirmación de que la consideración de la forma lingüística en el aula de L2 resulta beneficioso para la enseñanza-aprendizaje de la misma.

Conclusión

La CM, la capacidad de hacer opacas las formas lingüísticas y considerarlas en sí mismas, desprovistas de su función habitual de comunicación, es una característica que puede ser detectada en el ser humano desde su infancia. La CM, aunque en parte pueda ser atribuida a factores hereditarios, depende también de la educación formal y del tipo de *input* lingüístico que recibe el individuo a lo largo de su vida. El nivel de alfabetización, hábitos de lectura y escritura, exposición a otras lenguas, aprendizaje, juegos lingüísticos, etc., influyen en el nivel de CM. La CM aumentará en la medida en que se lleven a cabo actividades metalingüísticas.

Especial consideración merece el papel de la L1. La L1 es, en general, el principal vehículo a través del cual se adquiere y fomenta la CM, y hay estudios que indican que niveles altos de proficiencia en L1 coinciden con niveles altos de proficiencia en L2/LE. Al relacionar la CM con el rendimiento en L2, la afirmación más plausible es que niveles altos de CM aparecen relacionados con niveles altos de rendimiento en L2/LE. Y ante la pregunta de si es beneficioso para la enseñanza-aprendizaje de la L2 el uso de actividades metalingüísticas en el aula, la respuesta es afirmativa. Hay que matizar, no obstante, que existe un *continuum* donde uno de los polos estaría representado por la enseñanza basada en el contenido, método comunicativo, aprendizaje implícito, etc., y el otro, por la enseñanza basada en la forma, método tradicional, aprendizaje explícito, etc. Existen entre ambos polos diferentes combinaciones y propuestas y es ahí, en ese espacio intermedio, donde se centran gran parte de las investigaciones. Pero aunque ya van siendo disipadas algunas dudas, sigue siendo todavía mucho lo que queda por descubrir.

Hay muchas variables, algunas tratadas directamente en este libro, susceptibles de estar relacionadas con la CM y con el éxito en la enseñanza-aprendizaje de la L2/LE[8]: estrategias de aprendizaje, estilo cognitivo, inteligencia, experiencia previa en el aprendizaje de lenguas, edad, nivel de estudios, etc. Evidentemente, no es lo mismo enseñar español a un grupo de niños que a un grupo de estudiantes adultos posgraduados. No es igual enseñar a un grupo de italianos que a una clase formada por alumnos japoneses. Se habla de la autonomía del alumno; pero también puede hablarse de la autonomía del profesor. Autonomía para, visto el estado de la cuestión, no descartar *a priori* ningún tipo de enseñanza ni de técnica, porque en un contexto diferente se haya revelado de poca utilidad. Dada la complejidad del panorama actual en la enseñanza-aprendizaje de lenguas, puede ser un consejo aceptable para el profesor de español el que, en la medida en que resulte posible, sea él también un investigador en el aula y reivindique su derecho a probar técnicas diferentes y a equivocarse. En nuestra opinión, se aprende más de los propios errores que de los ajenos.

---

[8] En nuestro estudio (Perales, 2000), la CM apareció relacionada con el nivel de estudios de los alumnos (a mayor nivel de estudios, mayores niveles de CM y puntuaciones más altas en la L2), experiencia previa en el aprendizaje de otras lenguas (los que habían estudiado francés y/o inglés tenían también puntuaciones más altas y edad (los mayores de 40 años y menores de 20 obtenían menores puntuaciones de CM).

Bibliografía

ALDERSON, J., CLAPHAM, C. y STEEL, D. (1997), "Metalinguistic knowledge, language aptitude and language proficiency", *Language Teaching Research*, 1, 2: 93-121.

BAKER, C. (1993), *Foundations of bilingual education and bilingualism*. Clevedon, UK, Multilingual Matters.

BASTURKMEN, H., LOEWEN S. y ELLIS, R. (2002), "Metalanguage in focus on form in the comunicative classroom", *Language awareness*, 11, 1: 1-13.

BIALYSTOK, E. y RYAN, E. (1985), "A metacognitive framework for the development of first and second language skills", en D. L. FORREST-PRESLEY, G. E. MACKINNON y T. G. WALLER (eds.), *Metacognition, cognition and human performance,* Orlando, Academic Press: 207-252.

BIALYSTOK, E. (1994), "Analysis and control in the development of second language proficiency", *Studies in Second Language Acquisition*, 16: 157-168.

BIALYSTOK, E. (2001a), "Metalinguistics aspects of bilingual processing", *Annual Review of Applied Linguistics*, 21: 169-181.

BIALYSTOK, E. (2001b), *Bilingualism in Development. Language, literacy, & cognition,* Cambridge University Press.

BIGAS, M., CORREIG, M., FONS, M., CARCELLER, P, RIOS, I., SOLIVA, M. (2001), "La actividad metalingüística en la enseñanza de la lectura y la escritura.Análisis de situaciones en aulas de 3 y 5 años", en A. CAMPS, (coord.), *El aula como espacio de investigación y reflexión*, Investigaciones en didáctica de la lengua, Barcelona, Graó: 129-145.

BIRDSONG, D. (1989), *Metalinguistic performance and interlinguistic competence*, Berlin, Springer-Verlag.

BROWN, A. (1978), "Knowing when, where and how to remember: a problem of metacognition", en R. GLASER (ed.), *Advances in instructional psychology*, Hillsdale, NJ, Lawrence Erlbaum: 77-165.

BURGUESS, J. y ETHERINGTON, S. (2002), "Focus on grammatical form: explicit or implicit", *System*, 30: 433-458.

CADIERNO, T. (1995a), "El aprendizaje y la enseñanza de la gramática en el español como segunda lengua", *REALE* 4: 67-85.

CADIERNO, T. (1995b), "Formal instruction from a processing perspective: An investigation into the Spanish past tense", *The Modern Language Journal*, 79, 2: 179-193.

CAMPS, A., RIBAS, T., GUASCH, O., MILIAN, M. (1997), "Activitat metalingüística durant el procés de producció d'un text argumentatiu", *Articles de Didáctica de la Llengua i de la Literatura*, 11: 13-28.

CARROLL, J. y SAPON S. (1955), "*Modern language aptitude test*", New York, The Psychological Corporation.

CAZDEN, C. (1976), "Play with language and meta-linguistics awareness", en J. BRUNER, A. JOLLY y K SYLVA (eds.), *Play: its role in development and evolution*, New York, Basic books: 603-608.

CHAUDRON, G. (1983), "Research on metalinguistic judgements: a review of theroy, methods, and results", *Language Learning*, 33, 3: 343-377.

CLAPHAM, C. (2001), "The assessment of metalinguistic knowledge", en C. ELDER, A. BROWN, E. GROVE, K. HILL, N. IWASHITA, A. LUMLEY, T. MCNAMARA, K. O'LOUGHLIN (eds.), *Experimenting with uncertainty. Essays in honour of Alan Davies. Studies in Language Testing*, 11, Cambridge University Press: 33-43.

CLARK, E. (1978), "Awareness of language: some evidences from what children say and do", en R. SINCLAIR, JARVELLA & W. LEVELT (eds.), *The child's conception of language*. New York: Springer-Verlang: 17-43.

CORONADO, M. (1998), "Últimas aportaciones a la enseñanza de la gramática: aproximación inductiva, actividades de concienciación gramatical y tareas formales", *Carabela,* 43: 81-93.

CUMMINS, J. (1983), "Interdependencia lingüística y desarrollo educativo de los niños bilingües", *Infancia y Aprendizaje*, 21: 37-61.

DAVIES, W., KAPLAN, T. (1998), "Native speaker vs. L2 learner gramaticality judgements", *Applied Linguistics* 19, 2: 183-203.

DE VILLIERS, J. DE VILLIERS, P. (1974), "Competence and performance in child language: are children really competent to judge?", *Journal of Child Language*, 1: 11-22.

DONALDSON, M. (1978), *Children's minds,* Glasgow, Collin.

DOUGTHY, C. y WILLIAMS, J. (eds.) (1998), *Focus on form in classroom second language acquisition,* Cambridge, CUP.

DULAY, H., BURT, M., KRASHEN, S. (1982), *Language two,* Oxford, OUP.

ELDER, C., DAVIES, A., HAJEK, J., MANWARING, D. WARREN, J. (1997), "Is grammar good for you? The relationship betwen metalinguistic knowledge and success in studying a language at university", *Melbourne papers in language testing,* 5: 35-55.

ELLIS, R. (2002), "Does form-focused instruction affect the acquisition of implicit knowledge? A review of the research", *Studies in Second Language Acquisition*, 24, 2: 223-236.

ELLIS, R., BASTURKMEN, H. y LOEWEN, S. (2002), "Doing focus-on-form", *System*, 30: 419-432.

FERNÁNDEZ, C. (1998), "El tratamiento de la gramática en diferentes metodologías de enseñanza del español como lengua extranjera", *Carabela,* 43: 95-108.

FLAVELL, J. (1981), "Cognitive monitoring", en W. DICKSON (ed.), *Children's oral communications skills,* New York, Academic: 35-60.

FOSS, D. y, HAKES, D. (1978), *Psycholinguistics. An introduction to the psychology of language,* New Jersey, Prentice Hall.

GALAMBOS, S. y GOLDIN-MEADOW, S. (1990), "The effects of learning two languages on levels of metalinguistics awareness", *Cognition*, 34, 1-56.

GEVA, E. y RYAN, E. (1993), "Linguistics and cognitives correlates of academic skills in first and second languages", *Language Learning*, 43, 1: 5-42.

GOMBERT, J-L. (1990), *Le dévelopmnet métalinguistique,* Paris, Presses universitaires de France.

GOMBERT, J-L. (1996), "Activités métalinguistiques et acquisition d'une langue", *Aile*, 8: 41-55.

GRIGORENKO, E., STERNBERG, R., y EHRMAN, M. (2000), " Theory-Based Approach to the Measurement of Foreign Language Learning Ability: The CANAL-F Theory and Test", *The Modern Language Journal*, 84, 3: 390-405.

HERDINA, P. y JESSNER, U. (2002), *A dynamic model of multilingualism. Perspectives of change in psycholinguistics,* Clevedon, Multilingual Matters.

HIZPIDE. (1996), "Miquel Sigüánekin elkarrizketan", *Hizpide* 37: 53-61.

HU, G. (2002), "Psychological constraints on the utility of metalinguistics knowledge in second language production", *Studies in second language acquisition,* 24: 347-386.

HULSTIJN, J. (1995), "Not all grammar rules are equal: giving grammar instruction its proper place in foreign language teaching", en R. SCHMIDT (ed.), *Attention and awareness in foreign language learning (Technical Report 9 zenb.)* Honululu, Hawai'i: University of Hawai'i, Second Language Teaching and Curriculum Center: 359-386.

JAKOBSON, R. (1956), "El metalenguaje como problema lingüístico", en *Obras selectas (I),* 1988, Madrid, Gredos: 369-376.

KARMILOFF-SMITH, A. (1994), *Más allá de la modularidad*, Madrid, Alianza Editorial.

KEMPER, R. y VERNOOY, R. (1993), "Metalinguistic awareness in first graders: a qualitative perspective", *Journal of Psycholinguistic Research*, 22, 1: 41-57.

KRASHEN, S. y TERREL, T. (1983), *The natural approach: Language acquisition in the classroom*. New York, Pergamon.

KRASHEN, S. (1982), Principles and practice in secon language acquisition, New York, Pergamon.

KRASHEN, S. (1985), *The input hypothesis: issues and implications,* London, Longman.

LENNEBERG, E. (1967), *Biological foundations of language*. New York, Wiley, (Edición en castellano: 1981. *Fundamentos biológicos del lenguage*. Madrid, Alianza Universidad)

LOMBARDI, J. (1986), "Le abilitá metalinguistiche nei soggetti bilingui", *Rassegna Italiana di Linguistica Applicata*, 2: 103-114.

LONG, M. (1983), "Does second language instruction make a difference? A review of research", *TESOL Quarterly*, 17, 3: 359-382.

LONG, M. (1991), "Focus on form: a design feature in language teaching methodology", en K. DE BOT, R. GINSBERG, & C. KRAMSCH (eds.), *Foreign language research in cross-cultural perspective*, Amsterdam, John Benjamins: 39-52.

LONG, M. (1997), "Focus on form in Task-Based Language Teaching", *Fourth annual McGraw-Hill Satellite Teleconference*. http://www.mhhe.com/socsciencie/foreignlang/top.htm.

MACLAREN, R. (1989), "The distinction between linguistic awareness and metalinguistic consciouness: an applied perspective", *Rassegna Italiana di Linguistica Applicata*, 1-2: 5-18.

MALAKOFF, M. (1992), "Translation ability: a natural bilingual and metalinguistic skill", en R. J. HARRIS (ed.), *Cognitive processing in bilinguals,* Amsterdam, Elsevier: 515-530.

MURANOI, H. (2000), "Focus on form through interaction enhancement: integrating formal instruction into a comunnicative task in EFL classrooms", *Language Learning*, 50, 4: 617-673.

NORRIS, J .y, ORTEGA, L. (2000), "Effectiveness of L2 Instruction: a research synthesis and quantitative meta-analysis", *Language Learning*, 50, 3: 417-528.

ORTEGA, L. (2001), "Atención implícita hacia la forma: teoría e investigación", en S. PASTOR, y V. SALAZAR (eds.), *Tendencias y líneas de investigación en adquisición de segundas lenguas. Estudios de Lingüística,* Universidad de Alicante, Departamento de Filología Española, Lingüística General y teoría de la Literatura, Quinta Impresión S. L.: 5-80.

PERALES, J. y CENOZ, J. (2002), "The effect of individual and contextual factors in adult second-language acquisition in the Basque Country", *Language, culture and curriculum*, 15, 1: 1-15.

PERALES, J. (2001), "Kontzientzia metalinguistikoa euskara-ikasle helduen artean", *Tantak,* 25: 77-96.

PIMSLEUR, P. (1964), *The Pimsleur Aptitude Battery*, New York, Harcourt, Brace and World.

PINTO, M., TITONE, R., GONZALEZ GIL, L. (2000), *La consciencia metalingüística. Teoría, desarrollo e instrumentos de medición. Psicologia del bilinguismo 3*, Pisa - Roma: Istituti editoriali e poligrafici internazionali.

PRABHU, N. (1987), *Second language pedagogy*, Oxford, OUP.

RICHARDS, J., PLATT, J., y PLATT, J. (1995), *Dictionary of language teaching & Applied linguistics,* Malaysia, Longman.

SAMUDA, V. (2001), "Guiding relationships betwen form and meaning during task performance: the role of the teacher", en M. BYGATE, P. SKEHAN, y M. SWAIN (eds.), *Researching pedagogic tasks. Second language learning, teaching and testing*, England, Longman - Pearson Education Limited: 119-140.

SANG, F., SCHMITZ, H. VOLLMER, H., BAUMERT, J y ROEDER, P. (1986), "Models of second language competence: a structural

ecuation aproach", *Language Testing*, 3, 1: 55-71.
SCHMIDT, R. (1990), "The role of consciousness in second language learning", *Applied Linguistics*, 11: 129-158.
SCHMIDT, R. (1993), "Awareness and second language acquisition", *Annual review of Applied Linguistics*, 13: 206-226.
SCHMIDT, R. (1995), "Conciousness and foreign language learning: a tutorial on the role of attention and awareness in learning", en R. Schmidt (ed.), *Attention and awareness in foreign language learning (Technical Report 9)* Honolulu, HI, University of Hawaii. Second Language Teaching and Curriculum Center: 1-65.
SCHÜTT, H. (1974), *Fremdsprachenbegabung und Fremdsprachenleistung; ein Beitrag zum Problem der prognostischen Gültigkeit von Fremdsprachenbegabungstests*, Frankfurt, Berlin, München: Dieserweg.
SCRIBNER, S. y COLE, M. (1981), *The psychology of literacy,* Cambridge. MA.: Hardvard University Press.
SHARWOOD SMITH, M. (1981), "Consciousness-raising and the second language learner", *Applied Linguistics*, 11, 2: 159-168.
SHARWOOD SMITH, M. (1993), "Input enhancement in instructed SLA. Theoretical bases", *Studies in Second Language Acquisition*, 15: 165-179.
SHEEN, R. (1994), "A critical analysis of the advocacy of the task-based syllabus". *Tesol Quarterly*, 28, 1: 127-151.
SKEHAN, P. (1986), "The role of foreign language aptitude in a model of school learning", *Language Testing*, 3, 2: 188-221.
SKEHAN, P. (1988), *A comparison of first & foreign language learning ability,* Londres, Institute of Education University of London.
SMITH, C. y TAGER-FLUSBERG, H. (1982), "Metalinguistic awareness and language development", *Journal of Experiential Child Psychology*, 34: 449-468.
SPADA, N. (1997), "Form-Focused Instruction and Second Language Acquisition: A review of Classroom and Laboratory Research", *Language Teaching*, 30: 73-87.
SPARKS, R., ARTZER, M., GANSCHOW, L., SIEBENHAR, D., PLAGEMAN, M. y PATTON, J. (1998), "Differences in native-language skills, foreign-language aptitude, and foreign-language grades among high-, average, and low-proficiency foreign-language learners: two studies", *Language Testing*, 15, 2: 181-216.
TUNMER, W. y HERRIMAN, M. (1984), "The development of metalinguistic awareness: a conceptual overview", en W. Tunmer, C. Pratt y M. Herriman (eds.), *Metalinguistics awareness in children,* Berlin, Springer Verlag: 128-143.
VAN DAMME, L. (1994), "Emergent metalinguistic awareness", *Interface. Journal of Applied Linguistics,* 8: 97-112.
VAN KLEECK, A. (1982), "The emergence of linguistic awareness: A cognitive framework", *Merrill-Palmer Quarterly,* 28, 2: 237-265.
VANPATTEN, B. y CADIERNO, T. (1993a), "SLA as input processing: A role for instruction", *The Modern Language Journal*, 77, i: 45-57.
VANPATTEN, B. y CADIERNO, T. (1993b), "Explicit instruction and input proccessing", *Studies in Second Language Acquisition*, 15: 225-243.
VANPATTEN, B. (1992), "Second language acquisition research and foreign language teaching", ADFL Bulletin, 23, 3: 23-27.
WESCHE, M. (1981), "Language aptitudes measures in streaming, matching students with methods, and diagnosis of learning problems", en K. C. DILLER (ed.), *Individual Differences. Universals in language learning aptitude*, Rowley, Mass, Newbury House: 119-154.
WHORF, B. (1952), *Collected papers on metalinguistics*. Washington, D. C. Department of State. Foreign Service Institute.
WILLIS, J. (1996), *A Framework for Task-*

Based Learning, Addison Wesley Longman Limited.

YOPP, H. (1988), "Metalinguistic awareness and bilinguism", *Journal of Educational Issues of Language Minority Students*, 3: 49-56.

ZEIDNER, M. (1986), "Are English language aptitude tests biased towards culturally different minority groups? Some Israeli findings", *Language Testing*, 1, 1: 80-98.

ZEIDNER, M. (1987), "A comparison of ethnic, sex and age bias in the predictive validity of English language aptitude tests: some Israeli data", *Language Testing*, 4, 1: 55-71.

El aprendizaje de una L2/LE en contextos bilingües

Christian Abello Contesse
Universidad de Sevilla

Introducción

La tendencia a la globalización comercial en el mundo de hoy, al uso creciente de avanzadas tecnologías que facilitan la comunicación oral y escrita sin importar la distancia, y la creciente interdependencia mundial en los planos económico, político y cultural, entre otros, puede llevar a cualquiera a suponer que la *enseñanza bilingüe* (en adelante EB) es una manifestación contemporánea que extiende estas tendencias al campo de la educación institucional. Sin embargo, nada podría estar más lejos de la realidad; mucho antes de que las tendencias aludidas fueran una realidad del cambiante mundo actual, la EB ya lo era. De hecho, Mackey (1978) afirma que la EB ha existido de una u otra forma desde hace unos 5.000 años. Lewis (1977) señala que el uso de una lengua que no era la del hogar como medio principal o total de la instrucción recibida fue un fenómeno habitual durante la expansión de los imperios griego y romano. Siguán afirma que:

> *En la Edad Media toda la enseñanza escolar se hacía en latín, que no era la lengua materna de nadie. Y hasta bien entrada la Edad Moderna la adquisición precoz del latín formaba parte de los sistemas educativos de toda Europa, de manera que la enseñanza era en buena parte bilingüe* (2001: 110).

Desde la Antigüedad hasta el inicio del siglo XXI hay múltiples casos en diversas partes del mundo de lo que se puede denominar *bilingüismo a través de la educación*; Genesee (1987) manifiesta que esta práctica se adoptó en la Antigüedad puesto que había muy pocas lenguas que tuvieran un sistema de escritura, con lo cual la enseñanza que tenía lugar fuera del territorio de la lengua escrita tenía que ser a través de una lengua que no era la familiar.

Los movimientos masivos de población también han llevado a que grandes poblaciones estudiantiles hayan recibido una parte importante o la totalidad de su enseñanza formal en un idioma que no era su lengua materna o lengua dominante. Así, por ejemplo, a lo largo de la historia ha habido poblaciones de inmigrantes y refugiados en comunidades monolingües que por necesidad de su nueva realidad han debido educar a sus hijos en una lengua que no era la que éstos dominaban (situación conocida como *enseñanza por sumersión*). Además, resulta pertinente añadir el caso opuesto, si bien más reciente en el tiempo, de familias monolingües que residen en comunidades en las que hay bilingüismo *social* con reconocimiento oficial del Estado, y que deciden voluntariamente educar a sus hijos en el sistema de enseñanza que no les *corresponde* por lengua materna, en el entendido de que dicha opción -menos difundida e investigada que otras en la bibliografía actual- es preferible para el futuro laboral y social de sus hijos dentro de la comunidad en cuestión; tal es el caso, por ejemplo, de lo que a veces se denomina la enseñanza *bilingüe* incontrolada o *loca* de Bruselas.

1. La enseñanza bilingüe (EB) en la actualidad

Baker (1997) estima que la ausencia de una perspectiva histórica con respecto a la EB es doblemente peligrosa; por un lado, no se reconoce su evolución desde la antigüedad hasta el mundo contemporáneo, y por otro, su presencia actual deja de interpretarse dentro de las raíces que le son propias en comunidades concretas, es decir, dentro del amplio contexto social, cultural, político y económico en que surge la EB en un determinado país o región. Esta advertencia es pertinente, además, porque la mayor parte de la información bibliográfica sobre la EB que se ha difundido internacionalmente en los últimos veinticinco años proviene de Canadá y de EE.UU.; el hecho de que el marco geográfico, lingüístico y cultural de estos países sea similar -y suela interpretarse como homogéneo-, ha llevado en ocasiones recientes a políticos, investigadores y profesores interesados en este tema a conclusiones erróneas o contradictorias, precisamente por no haber considerado adecuadamente el contexto global concreto en que surgió y se desarrolló la EB en cada país. Cummins (1988) establece una clara distinción entre ellos. En Canadá la EB adoptó desde sus inicios la fórmula de los programas de *inmersión* y, por tanto, la preferencia por los modelos de *mantenimiento*; los alumnos que asisten a dichos programas pertenecen principalmente a grupos sociales *mayoritarios* cuya lengua materna es el *inglés*, la legua dominante del país; la lengua meta de los programas de inmersión es normalmente el francés, lengua co-oficial con el inglés en Canadá desde la llamada Ley de Lenguas Oficiales de 1969, aunque hablada por sólo un 25% de la población. En la realidad canadiense, ambas lenguas gozan de importancia y derechos equivalentes en las instituciones del parlamento y el gobierno federal; más aún, el gobierno federal de Ottawa mantiene desde 1971 una política oficial de multiculturalismo, otorgando amplio reconocimiento de esta forma al pluralismo cultural existente en el país dentro del marco de bilingüismo oficial en inglés y francés. En cambio, los programas estadounidenses de EB se han considerado tradicionalmente iniciativas educativas de *compensación* dirigidas a escolares de comunidades sociales subordinadas o minoritarias que provienen de familias en las cuales la lengua predominante del hogar no es el inglés, sino el español, coreano, cantonés, navajo u otra lengua, es decir, niños de minorías lingüísticas y/o étnicas que, en su mayoría, pertenecen a los estratos socioeconómicos inferiores de la sociedad. A pesar de que la situación de la EB en EE.UU. está cambiando en la actualidad, los programas de EB allí han sido típicamente de *transición* y han tenido normalmente el inglés como lengua meta, la lengua oficial o dominante del país. En el caso estadounidense, la EB recibió un respaldo fundamental tras la aprobación en 1968 de la ley federal correspondiente (*Title VII / Bilingual*

Education Act) durante el mandato del demócrata Lyndon B. Johnson, aunque sus efectos se vieron progresivamente disminuidos a raíz del surgimiento y los logros crecientes alcanzados durante la década de los noventa en muchos estados de la Unión por el movimiento denominado *Sólo inglés*, a través del cual se persigue que el inglés sea declarado la única lengua oficial del país. Como se puede apreciar con claridad a través de esta breve comparación, y al margen de ciertas similitudes que también puedan existir, la implantación de la EB *a gran escala* refleja efectivamente las circunstancias sociolingüísticas, socioculturales y sociopolíticas particulares de cada país.

Una primera definición básica del concepto de EB se puede referir a un *programa educativo que ofrece instrucción en dos lenguas*. Es apropiado tener presente que, si bien en principio el término parece transparente e incluso claro, en la práctica no suele ser así. En primer lugar, se debe especificar que la EB es un término que alude a un concepto múltiple; en él se aglutinan diversos enfoques pedagógicos y pautas educativas relativamente estables que emplean dos idiomas (ocasionalmente tres).

Un esquema sencillo que permite clasificar la diversidad que encierra la EB se logra a través de un marco tridimensional (Christian y Genesee 2001) que se compone de las siguientes partes: (a) los objetivos generales de tipo lingüístico que persigue el programa en cuestión; (b) el estatus sociolingüístico de las lenguas utilizadas para enseñar; y (c) el perfil de los alumnos participantes. En el caso de los *objetivos lingüísticos*, la diferencia fundamental se encuentra entre programas educativos que sólo proporcionan los medios para realizar una transición de una lengua A (familiar) a una B (comunitaria), para luego continuar con esta última y dejar de lado por completo la primera, y programas que buscan añadir una lengua B, sin dejar de lado la lengua A. De esta forma se distingue la denominada *EB de transición*, en la cual se usa la lengua del hogar o dominante del niño en forma parcial o exclusiva cuando éste entra en el colegio, pero posteriormente (es decir, después de los dos o tres primeros años) se cambia al uso exclusivo de la lengua del colegio, y la *EB de mantenimiento,* en la que se usa la lengua del hogar o dominante del niño cuando éste entra en el colegio y progresivamente se añade a la enseñanza la lengua del colegio, hasta alcanzar un cierto equilibrio que permite utilizar la lengua del hogar para algunas materias y la lengua del colegio para otras, al menos hasta concluir la etapa de enseñanza primaria o básica. Un objetivo adicional, menos común que los anteriores abarca el propósito de reactivar una lengua autóctona que puede encontrarse en peligro de extinción a menos que se implante un plan formal para restablecer su uso en ciertos ámbitos concretos. Con respecto al *estatus sociolingüístico de las dos lenguas* empleadas para enseñar, lo habitual es que una de ellas sea la lengua mayoritaria de la comunidad en la que se encuentra el colegio, mientras que la otra lengua puede ser una lengua minoritaria hablada por un segmento de la misma comunidad (por ejemplo, el español en algunos estados de EE.UU.), o una lengua minoritaria autóctona que tiene un nivel reducido de uso social en la comunidad (por ejemplo, el euskera en el País Vasco o el maorí en Nueva Zelanda). En ambas situaciones, las lenguas no reflejan un estatus sociolingüístico equivalente o equilibrado, sino, muy por el contrario, marcadas diferencias de prestigio y poder entre la lengua mayoritaria y la minoritaria. Una tercera situación combina la lengua mayoritaria de un país o región con una lengua mayoritaria que se usa principal o exclusivamente como lengua extranjera de comunicación internacional (tal es el caso del francés en España, del inglés en Argentina, etc.). En este caso, la diferencia de estatus sociolingüístico suele manifestarse entre una lengua de comunicación nacional -o internacional limitada- y otra de comunicación internacional más amplia y de prestigio mundial. Por último, respecto del *perfil de los alumnos* participantes, en algunos casos se trata de una población minoritaria relativamente homogénea y estable que habla una lengua minoritaria; en otros casos se integra a alumnos de la comunidad mayoritaria y alumnos pertenecientes a una o más minorías de la misma comunidad; mientras que otra opción abarca una población comparativamente homogénea de alumnos de la comunidad mayoritaria que hablan la lengua mayoritaria y aprenden una lengua de uso internacional extenso.

Es necesario tomar una serie de decisiones desde diversos ángulos antes de poner en marcha un programa de EB; el hecho de que muchas de esas decisiones sean diferentes en la práctica, también indica que, con el paso del tiempo, se llegarán a producir distintas variedades de EB y que las fronteras existentes entre ellas pueden no ser tan nítidas como se podría esperar. Desde una perspectiva administrativa, por ejemplo, hay que determinar no sólo las materias que se van a enseñar en la L1 y en la L2 de los alumnos, o el porcentaje de distribución global de cada lengua durante la semana escolar, sino que también el periodo total durante el cual las lenguas en cuestión se emplearán para la enseñanza (por ejemplo, programas educativos de mantenimiento *a largo plazo* en contraste con programas educativos de transición *a corto plazo*).

Desde el punto de vista sociolingüístico, el estatus relativo de la otra lengua que se selecciona para la enseñanza rara vez es igual de una sociedad a otra; además, su papel comunicativo y su potencial fuera del ámbito escolar pueden llegar a ser drásticamente diferentes (una *segunda* lengua en oposición a una lengua *extranjera,* o una lengua *universal* en oposición a una *internacional, nacional, regional* o *local*). Además, resulta inevitable que algunas decisiones reflejen las condiciones socioeconómicas existentes tanto en los propios centros como en sus entornos locales, regionales y nacionales. Es pertinente recordar que los centros escolares que albergan programas de EB son públicos y privados, antiguos, recientes y nuevos; están situados en sectores sociales que suelen oscilar entre la clase alta y la clase obrera, en entornos urbanos y rurales, en países desarrollados y en vías de desarrollo. Como se desprende de lo anterior, aspectos tan importantes como personal docente cualificado, materiales pedagógicos apropiados y recursos educativos disponibles, pueden abarcar realidades diferenciales, o incluso opuestas entre sí, cuando se comparan distintos centros de EB. En realidad, no debería resultar sorprendente que se haya descrito la EB como *una etiqueta sencilla para un fenómeno complejo* (Cazden y Snow, 1990).

En un nivel teórico, y como ocurre también con otras manifestaciones educativas, la EB se compone de filosofías o modelos subyacentes que son diferentes -y que a veces pueden incluso estar en conflicto- con respecto a los papeles que desempeñan la enseñanza formal y las lenguas dentro de una sociedad. En un nivel práctico, los programas de EB normalmente se establecen para servir a poblaciones escolares concretas que tienen necesidades educativas diferentes (estudiantes de lengua mayoritaria y de lengua minoritaria dentro de una comunidad). Es pertinente reiterar que, dado que hay una serie de asuntos culturales, sociales, económicos, históricos y políticos relacionados directa o indirectamente con lo que se suele describir -correctamente o no- como EB, es muy probable que las percepciones tanto personales como públicas de más o menos los mismos aspectos puedan variar considerablemente o, en ciertas ocasiones, puedan parecer contradictorias si se comparan dos contextos determinados. Un ejemplo notorio de lo anterior es si los programas de EB deben tener reconocimiento oficial y, por tanto, recibir ayuda económica específica del gobierno central o regional, o si, por el contrario, deben ser una opción abierta principalmente a iniciativas privadas. Mientras que en una gran parte de Europa y América Latina el término EB se asocia con el aprendizaje de una lengua internacional/mayoritaria (o con la reactivación de una lengua minoritaria autóctona), se considera una opción educativa de calidad y suele provocar un debate razonablemente fructífero orientado a los planos académico y lingüístico, por el contrario, en EE.UU. el mismo término, habitualmente relacionado con lenguas minoritarias y con estudiantes cuya lengua familiar no es el inglés, está vinculado a una educación de compensación y suele provocar un debate altamente polémico en el que se advierte un fuerte componente político, con connotaciones discriminatorias y xenófobas, que a menudo es avivado por adversarios y defensores que se han autodesignado como tales y cuya objetividad es cuestionable.

Algunos de los asuntos polémicos y problemas relacionados con la EB en diversas partes del mundo pueden originar ideas inexactas o erradas sobre la misma. Por un lado, como se ha afirmado previamente, se cree que la EB es un desarrollo educativo bastante reciente; como señala Baker (1997) se tiende a suponer que es un fenómeno propio del siglo XX. Por otro, hay padres y profesores que creen que el concepto de EB se refiere a un sistema educativo altamente elitista y selectivo, o que se creó y desarrolló en Canadá; la implicación de lo anterior para estas personas suele ser que la EB ofrece una opción educativa que puede resultar de interés para *ciertos grupos sociales* de otros países, regiones o ciudades en los que *también haya dos (o más) lenguas oficiales*, tales como Finlandia, Paraguay, Suiza, Filipinas, Malta, Cataluña o Bruselas, pero que tal opción no sería de utilidad en sociedades monolingües (en rigor, *teóricamente* monolingües por carecer de bilingüismo con carácter *oficial*).

Dejando a un lado las diferencias estructurales y las ideas erradas, la EB puede ser redefinida de forma más estricta como:

> *cualquier programa educativo -de los muchos que están surgiendo- que incluya el uso y el desarrollo sistemáticos de dos lenguas no sólo para propósitos de instrucción explícita y comunicación en el aula, sino también para la enseñanza de materias curriculares o de contenido específico en ambas lenguas, de acuerdo con el nivel de edad y escolaridad de los alumnos.*

En las últimas décadas se han propuesto varias tipologías y clasificaciones de la EB. Estas tipologías pueden abarcar distinciones y objetivos diferentes, tales como el *objetivo lingüístico a largo plazo* de cada tipo de programa (bilingüismo funcional frente a monolingüismo en la lengua mayoritaria), la *cantidad de enseñanza* que se ofrece en cada lengua al comienzo, la(s) lengua(s) empleada(s) inicialmente en el proceso de lecto-escritura, el *estudiantado* al que va dirigido, los *objetivos educativos globales* de los programas, etc. Por ejemplo, Mackey (1970) distingue noventa patrones de EB. Más recientemente, Baker (1997) propone diez tipos amplios y hace una distinción muy reveladora entre formas *fuertes* y *débiles* de EB; este autor resalta que mientras en las modalidades *fuertes* (enseñanza por inmersión) se promueve el bilingüismo como proceso activo y se busca como resultado lingüístico, en las modalidades *débiles* (enseñanza por sumersión) esto no ocurre. Debe destacarse que, teniendo en cuenta que la premisa básica de la EB es el uso y desarrollo sistemáticos de dos lenguas en la enseñanza (véase definición en párrafo anterior), los programas de centros escolares que trabajan con cantidades considerables de alumnos bilingües o plurilingües, como consecuencia de la inmigración, pero que emplean sólo una lengua para la enseñanza, por definición no deben denominarse EB.

Es probable que la contradicción más obvia en relación con la EB sea el hecho de que algunos programas educativos que son esencialmente monolingües se hayan presentado, descrito e incluso promovido como *bilingües*. La denominada enseñanza por *sumersión* puede definirse como un enfoque pedagógico en el que los alumnos *o nadan o se ahogan*. En él, los alumnos que tienen un nivel limitado o mínimo de conocimiento y uso de la lengua mayoritaria o dominante son asignados a aulas tradicionales de enseñanza primaria en las que compiten a diario con hablantes nativos de la lengua; de esta forma, no se presta atención a la lengua materna o familiar de dichos alumnos ni se les proporciona ayuda específica en la lengua del colegio (si bien a veces reciben clases para reforzar la lengua mayoritaria a modo de compensación). Huelga decir que el propósito de la enseñanza por sumersión es conseguir que los alumnos aprendan la lengua mayoritaria, su L2, con la mayor rapidez que sea posible (Richards *et al.*, 1997), aunque dicho aprendizaje sea a costa de su lengua materna y familiar. Los programas educativos de tipo sumersión –como el que se denomina *inmersión estructurada* (*structured immersion* en inglés) en EE.UU.– abarcan realidades escolares en las cuales la lengua materna de los alumnos no se usa ni se desarrolla en modo alguno en el aula (menos aún para enseñar contenidos curriculares concretos); en estas condiciones, dicha lengua empieza a ser reemplazada progresivamente por la lengua mayoritaria, lo que con el tiempo suele desembocar en un *monolingüismo en la segunda lengua*. Esta consecuencia lamentable se conoce como bilingüismo *sustractivo* y está reñida con cualquier interpretación de EB.

2. Los programas educativos de inmersión y doble vía en una lengua extranjera (LE)

Se puede definir un *programa de inmersión* (o la *enseñanza por inmersión*) como una modalidad educativa que efectivamente forma parte de la EB (al ser *aditiva*), en la que un grupo de alumnos, que sólo habla una lengua determinada en casa, empieza a asistir a un colegio local en el que se usa una lengua extranjera (LE) o una segunda lengua (L2), como medio principal o equilibrado de enseñanza para el conjunto de alumnos que forma la clase. De hecho, es probable que la inmersión sea la modalidad más conocida de EB en la actualidad. Krashen, experto estadounidense en el campo de la *Adquisición de segundas lenguas* (ASL), la describió como *el programa de enseñanza de lenguas más satisfactorio que se haya documentado en la bibliografía profesional sobre la enseñanza de idiomas* (1985: 57). Como se verá más adelante, esta variedad de EB nació en Canadá hace más de treinta y cinco años y ha sido ampliamente investigada en las últimas décadas; actualmente hay más de 300.000 alumnos canadienses de habla inglesa, tanto de nivel primario como secundario, que aprenden francés como segunda lengua en unos dos mil centros públicos de inmersión (Baker, 1997; Swain, 2000). En atención a la creciente influencia que ha tenido la inmersión en una buena parte del mundo, el resto de este artículo se centrará en las características específicas de esta modalidad en particular.

Con respecto a los varios formatos que ofrecen los programas de inmersión (Genesee, 1987; Swain & Johnson, 1997), la primera diferencia se refiere a los niveles educativos en los cuales se usa la lengua extranjera o segunda lengua como el principal medio de enseñanza: inmersión *temprana* (generalmente desde la enseñanza preescolar o infantil en adelante), inmersión *retardada* (cuarto o quinto año) e inmersión *tardía* (sexto o séptimo año). El nivel de entrada más popular en Canadá ha sido el de inmersión total temprana, seguido por inmersión tardía y, por último, inmersión retardada (Baker, 1997).

La segunda variación se refiere a la cantidad de tiempo y de enseñanza que se imparte en la L2: *Inmersión total o parcial*. Genesee afirma que *en general, para que un programa sea considerado como inmersión, al menos el 50% de la enseñanza durante un año académico debe ser impartida en la segunda lengua* (1987: 1). Asimismo, se ha establecido una diferencia significativa entre programas de inmersión y programas menos intensivos de L2; según Genesee (1987), los programas educativos en los cuales la L2 se usa también para enseñar una -o quizás más- materias curriculares de contenido *sin alcanzar al menos un 50%* del currículum, deben ser considerados, con propiedad, como *programas* reforzados *de idiomas* más que programas de inmersión.

La inmersión temprana puede dividirse en programas de *inmersión temprana total* y programas de *inmersión temprana parcial*. En los programas de *inmersión temprana total* aproximadamente el 100% de la enseñanza curricular tiene lugar en la L2 desde la enseñanza preescolar o infantil hasta primer o segundo año; el componente de L2 comienza a descender a partir del segundo o tercer año, alcanzando aproximadamente el 50% del currículum al final de la enseñanza primaria. Esta variación según la cual se puede argumentar que los niños están *inmersos* en la L2 durante los dos o tres primeros años escolares refleja en realidad el enfoque original -diseñado en la ciudad canadiense de Montreal en 1965- conocido como *enseñanza o educación por inmersión*. En los programas de *inmersión temprana parcial*, sin embargo, la distribución más extendida es en términos generales un 50% del currículum en L1 y un 50% en L2, una distribución que se mantiene constante a través de toda la educación primaria. Finalmente, hay también una variación menos extendida conocida como *programas de inmersión doble*, en los cuales los alumnos reciben enseñanza curricular en dos lenguas extranjeras o segundas lenguas (francés y hebreo, por ejemplo). Se ha sugerido que los *programas de inmersión doble* resultan modelos factibles de enseñanza plurilingüe/multicultural (Genesee, 1987).

Cuando los programas de inmersión se describen fuera de contexto y con un énfasis en la enseñanza de lenguas no maternas, puede dar la impresión de que éstos asumieron un reto educativo de carácter innovador, con implicaciones muy interesantes para el aprendizaje de segundas lenguas/lenguas extranjeras en particular. Sin embargo, una visión retrospectiva dentro de su contexto original, demuestra con claridad que había poderosos factores políticos, sociales y culturales, así como razones económicas que influyeron no sólo en su desarrollo y crecimiento, sino también en el amplio éxito conseguido. Se podría decir que el desarrollo y crecimiento de los programas de inmersión en Quebec y el resto de Canadá surgieron como respuesta a factores diferentes, aunque estrechamente interrelacionados, que desempeñaron un papel muy significativo en dicho país. Aún más, se puede afirmar que el éxito de los programas de inmersión estaba en gran parte asegurado por las condiciones favorables existentes para ello en el Canadá de los años sesenta del pasado siglo. Parece, pues, oportuno revisar brevemente algunos de estos factores para entender mejor las *razones originales* que había detrás de los programas de inmersión. Según Genesee (1987), las demandas públicas de los quebequeses francófonos durante la década clave de los años sesenta, pidiendo un cambio sociolingüístico, generaron una conciencia emergente de parte de los quebequeses anglohablantes sobre el hecho de que, entre otras cosas, el francés debía desempeñar un papel cada vez más relevante como lengua de comunicación en diversos ámbitos y que, como resultado de esto, el inglés ya no seguiría garantizando el éxito social y económico en Quebec, como había ocurrido en el pasado. Dentro de esta compleja realidad de cambios y presiones sociopolíticas entre las *dos soledades* se enmarca la reacción que empezó a mostrar la comunidad anglohablante de Quebec ante los logros del movimiento histórico denominado Revolución Tranquila.

En este contexto, un grupo de padres anglohablantes tomó la iniciativa de buscar una alternativa más eficaz a la enseñanza tradicional del francés para los niños de habla inglesa de Quebec. Los padres actuaron movidos por el deseo de que sus hijos pudieran lograr en la práctica un nivel de bilingüismo en inglés y francés que les permitiera participar ampliamente en una comunidad de mayoría francófona, en la cual el francés empezaba a cobrar una importancia cada vez mayor en los ámbitos comercial, laboral y político. En 1963 comenzó la gestación de un proyecto comunitario con la participación activa de padres, autoridades educativas e investigadores del Departamento de psicología de la Universidad McGill de Montreal, hasta que en 1965, se logró poner en marcha, en la localidad de St. Lambert, a las afueras de Montreal, el primer programa bilingüe de enseñanza por inmersión en un centro público, en el cual un grupo de alumnos de habla inglesa de sólo cinco años de edad empezó a recibir la casi totalidad de su enseñanza preescolar en lengua francesa.

Como puede observarse, los programas de inmersión en francés no se desarrollaron solamente como resultado de una innovación *educativa* para mejorar la calidad del aprendizaje y enseñanza de una L2. Más bien, la educación se contemplaba como una manera práctica de abordar e intentar solucionar las importantes dificultades sociales, políticas y económicas. Como ha reconocido recientemente Swain (2000: 200), *los programas de inmersión en francés han prosperado en Canadá durante más de tres décadas, impulsados por las razones de tipo educativo, político y económico de todos aquellos que han participado en los mismos.*

Desde un punto de vista educativo, podría también resultar pertinente tener en cuenta algunas de las *características originales* de la inmersión canadiense. En el contexto canadiense original, la composición socioeconómica de la mayoría de los programas de inmersión incluía estudiantes de clase media, cuya primera y única lengua era el inglés -la lengua mayoritaria en Norteamérica- y que tenían habilidades académicas de nivel medio a medio-alto, careciendo de dificultades de aprendizaje que fueran perceptibles. El objetivo pretendía que los estudiantes llegaran a ser bilingües en inglés y francés -la otra lengua oficial canadiense-, es decir, bilingüismo en dos lenguas *prestigiosas e internacionales*. El interés por determinar si los programas de inmersión eran apropiados para *todo tipo* de alumnos -con independencia de sus habilidades académicas o intelectuales- llegó después, es decir, una vez que los programas originales de los años sesenta ya habían sido reconocidos como todo un éxito. La demanda pública creciente se vio facilitada en gran parte por el hecho de que la inmersión no era obligatoria sino opcional para la comunidad anglohablante dominante y los programas de inmersión se ponían en práctica a través del sistema *público* de enseñanza. A esto hay que sumarle el factor relacionado con un *interés político nacional*; como afirma Swain (2000: 207), *el gobierno federal estaba interesado en apoyar su crecimiento y [...] proporcionó el apoyo financiero necesario para muchas evaluaciones de estos programas e investigaciones sobre los mismos*. Este hecho puede explicar el resultado sin precedente de que más de 1.000 estudios hayan tratado algún aspecto de la enseñanza por inmersión en Canadá durante los últimos treinta años. Este mismo hecho ha contribuido muy significativamente a que, en la actualidad, la EB se haya convertido en un campo de estudio interdisciplinar dentro de la lingüística aplicada y, más concretamente, de los estudios de bilingüismo.

Una innovación de interés dentro del esquema de los programas de inmersión es la variante denominada *de doble vía* (*two-way immersion* en inglés) que ha vuelto con renovado entusiasmo a muchos colegios de EE.UU. durante esta última década. A pesar de que los primeros programas de inmersión de doble vía comenzaron a operar allí en las décadas de los años sesenta y setenta (el primero fue establecido en Dade County, Florida, en 1963), la *enseñanza bilingüe de transición* fue el modelo que luego logró imponerse como opción dominante para la educación de escolares de minorías lingüísticas en ese país. Una característica fundamental de estos programas educativos consiste en la *integración lingüístico-cultural* de escolares de (al menos) un grupo minoritario y escolares del grupo mayoritario de la sociedad; de esta forma, se integra en el mismo colegio y en las mismas aulas a escolares de dos lenguas maternas diferentes, esto es, aquellos que tienen el inglés como lengua materna y los que tienen otra lengua -habitualmente el español- como lengua materna/dominante. Entre los otros rasgos importantes de esta variedad de inmersión se encuentran los siguientes: (a) la población estudiantil de estos colegios suele ser relativamente equilibrada desde una perspectiva lingüística, con un porcentaje de 50% o más de alumnos hispanohablantes y alrededor de un 50 % o menos de alumnos anglohablantes; (b) todos los alumnos tienen la ocasión de ser *profesores* o *modelos lingüísticos* de su lengua materna (para muchos de sus compañeros) y también *aprendices* de una lengua no materna (a partir de muchos de sus compañeros); (c) entre los alumnos hay presencia e integración de al menos dos *grupos socioculturales* diferentes -así por ejemplo, un colegio de inmersión de doble vía puede integrar a escolares de las comunidades anglo-estadounidense, hispano-estadounidense y afro-estadounidense en las mismas aulas-; (d) dado que se considera muy importante en estos programas que los alumnos valoren por igual no sólo ambas lenguas sino también sus respectivas culturas, el profesorado tiene la misión de enseñar a valorar la *comprensión intercultural* entre los alumnos participantes y de promover explícitamente un mayor conocimiento y entendimiento de carácter *multicultural*; (e) los profesores de estos programas suelen usar técnicas o estrategias propias del enfoque pedagógico conocido como aprendizaje cooperativo -así por ejemplo, los alumnos desarrollan durante determinados periodos actividades en conjunto en grupos pequeños que son deliberadamente *heterogéneos,* según sexo, grupo étnico, nivel de L1 y/o de L2, etc., de forma que todos aprendan a trabajar de manera eficaz con personas que son diferentes-; (f) debido a su exigencia básica de disponer de grupos de alumnos que posean dos lenguas maternas (y tradiciones culturales) diferentes en la misma comunidad, se trata de una variante que no es susceptible de ser aplicada con facilidad en países o regiones cuyas realidades internas no permiten dicho esquema.

3. Los rasgos que definen un programa de inmersión en L2

A medida que la inmersión se hace cada vez más popular en muchas partes del mundo, las descripciones de las *características específicas* que sirven para identificar los programas de enseñanza por inmersión de estilo canadiense en la actualidad (Baker, 1997; De Mejía, 2002; Siguán, 2001; Swain y Johnson, 1997, etc.) pueden resultar de utilidad tanto para profesores de lenguas, como para padres y personal administrativo de los centros. A continuación se ofrece un resumen de las características específicas de un programa de inmersión *prototípico,* adaptado de la descripción de Swain y Johnson. Aunque en teoría se podría esperar que todos los programas de inmersión ofrecieran las nueve características que aquí se describen, en la práctica se pueden observar diferentes niveles de cumplimiento. A fin de atender a propósitos prácticos, las características en cuestión han sido divididas en tres grupos interrelacionados: la primera lengua de los alumnos, su segunda lengua o lengua extranjera y su bilingüismo.

El primer grupo de características tiene que ver con aspectos de *la primera lengua o lengua materna (L1)* de los alumnos:

a) La L1 recibe apoyo explícito en los centros de inmersión. Incluso en la inmersión temprana total, los niños pueden usar su L1 durante al menos el primer año escolar para comunicarse en la clase. Además, si bien en un nivel inicial la L1 de los alumnos se enseña solamente como materia curricular, su presencia creciente en el currículum en niveles posteriores constituye un aspecto clave. La L1 de los alumnos no se va dejando de lado a medida que éstos progresan a etapas superiores; los profesores motivan a los alumnos -en vez de obligarles- a usar la L2, especialmente en los primeros años. En la inmersión parcial temprana, se usa la L1 de los alumnos como uno de los medios de enseñanza desde el principio. Aún más, no se espera que los alumnos usen la L2 fuera de clase (en los pasillos, el comedor, el patio, etc.), aunque sí se les puede motivar a que lo hagan.
b) El currículum que se enseña a través de la L2 es igual que el currículum local (regional o nacional) que se imparte en la L1. Esto indica que las asignaturas de contenido enseñadas a través de la L2, el número de horas por semana asignadas a ellas, así como sus objetivos generales, son iguales o equivalentes al currículum local que se enseña en centros tradicionales en la lengua materna.
c) La cultura del colegio y de la clase constituyen un reflejo directo de la cultura de la comunidad local (regional o nacional). En los programas de inmersión, la cultura escolar institucional no es una réplica de la cultura de la comunidad (o conjunto de comunidades) en la que se habla la lengua meta. Como en (b), la cultura de la clase es un microcosmos de la comunidad de L1 de la que provienen los alumnos y donde está ubicado el colegio.

El segundo grupo de características tiene relación con aspectos de la *segunda lengua o lengua extranjera (L2)* de los alumnos:

a) Los alumnos empiezan el programa de inmersión con niveles de conocimiento y uso de la L2 que pueden oscilar de limitados a prácticamente inexistentes. Una de las características que facilitan no sólo el aprendizaje de la L2, sino también su enseñanza en clases de inmersión, es el hecho de que los alumnos normalmente empiezan con un nivel homogéneo de habilidades lingüísticas, las cuales reflejan solamente un nivel inicial o limitado. De hecho, casi todos los alumnos que comienzan un programa de inmersión son monolingües (al mismo tiempo, en la inmersión temprana, la L1 de los niños también refleja niveles similares de competencia y actuación).
b) El contacto con la L2 normalmente se limita a la clase. Tanto el contacto con la lengua como la interacción en la L2 son fenómenos que se centran típicamente en el aula. Teniendo en cuenta que la mayor parte de los alumnos suele tener *poco o ningún contacto* con la L2 *fuera* del aula, las clases de inmersión

suelen ofrecer un medio controlado que resulta ideal para las investigaciones empíricas en los campos de la adquisición de segundas lenguas (ASL), metodología de la enseñanza de L2 y evaluación curricular (se podría decir lo contrario de las investigaciones sobre la enseñanza y aprendizaje del inglés como segunda lengua que se llevan a cabo principalmente en EE.UU. o Gran Bretaña, en las que el contacto que tienen los alumnos con la L2 fuera del aula fácilmente puede superar cuantitativa y cualitativamente los efectos del aula). Sin duda, se puede afirmar que los alumnos que asisten a un colegio bilingüe en una comunidad bilingüe en la que la lengua meta se emplea tanto dentro *como fuera* del aula, desarrollarán un conocimiento y uso de la L2 mucho más rápidamente que los que siguen un programa de inmersión prototípico que se centra fundamentalmente en la enseñanza de aula.

c) La L2 se convierte en un medio de enseñanza activa para toda la clase. En la mayoría de programas tradicionales de L2, su papel está limitado a una asignatura más del currículum en la que los alumnos a menudo aprenden *sobre* la L2, pero no necesariamente *en* la L2. Una de las características distintivas de los programas de inmersión, sin embargo, es que, aunque los alumnos no son hablantes nativos de la lengua meta, la L2 se usa activamente para enseñar asignaturas de contenido, como son las ciencias naturales, ciencias sociales, música o matemáticas -*además* de existir como asignatura autónoma. Ésta es, sin duda, una manera eficaz de sacar el máximo rendimiento a la cantidad y la calidad de L2 en un entorno institucional. En este sentido, hay una estrecha relación entre la inmersión y un enfoque pedagógico reciente conocido como *enseñanza por contenidos específicos*, en el que se integra el aprendizaje de una L2 y el aprendizaje de una asignatura de contenido académico.

El tercer grupo de características tiene que ver con aspectos de *bilingüismo de los programas de inmersión*:

a) La inmersión es una forma de educación bilingüe *aditiva*. Los programas de inmersión tienen como objetivo proporcionar a los niños una lengua *adicional* de comunicación en lugar de reemplazar su L1 con la L2 (es decir, enseñanza bilingüe sustractiva o reemplazante). El *objetivo lingüístico terminal* de un programa de inmersión consta de dos partes: en primer lugar, el conocimiento de la lengua materna que tienen los alumnos debería ser similar a la de sus pares que han asistido a un colegio monolingüe tradicional. En segundo lugar, los niños deberían haber desarrollado altos niveles de conocimiento y de actuación funcional en la L2. Por tanto, en estos programas se usa y se mantiene la primera lengua de los alumnos, al mismo tiempo que se fomenta en forma activa el desarrollo tanto de la L1 como de la L2.

b) Los profesores de los programas de inmersión son bilingües (y biculturales). Los profesores que enseñan a través de la L2 son habitualmente bilingües competentes (en la L1 y la L2 de los alumnos), para quienes la lengua meta es bien su lengua materna o bien una lengua no materna que manejan con precisión y fluidez. Teniendo en cuenta que el énfasis inicial de la inmersión recae en el desarrollo de la habilidad de comprensión auditiva en la L2, los profesores deben hacer uso de la lengua meta en el aula de la forma más activa que sea posible desde el principio; sin embargo, en todo momento los profesores deben poder *comprender* lo que *dicen* los alumnos en su L1 mientras ellos proporcionan el modelo lingüístico, *manteniéndose en el uso de la L2* para *incentivar* a los alumnos a usar dicha lengua apenas se sientan preparados para ello. Además, normalmente se espera que los profesores sean biculturales, al menos en el sentido de que posean un buen conocimiento de la *cultura local de la clase*, las normas de comportamiento apropiado en instituciones escolares, así como los aspectos más representativos de la vida cotidiana fuera del colegio.

c) El bilingüismo funcional es el resultado habitual. Hacia el final del programa de inmersión (tanto a los 12 como a los 17 años, dependiendo de cada programa), los alumnos han alcanzado altos niveles de conocimiento y uso de la L2 como *lengua no materna*, aunque dichos niveles no sean homogéneos. En concreto, los alumnos tienden a conseguir un uso de *nivel cuasi-nativo* en las destrezas lingüísticas *receptivas* (comprensión auditiva y lectora) mientras que su uso en las destrezas *productivas* (expresión oral y escrita) está claramente por debajo de dicho nivel. De esta forma, las investigaciones indican que la producción oral de los alumnos se caracteriza por una falta de *precisión* y de *idiomaticidad* en comparación con hablantes nativos cultos de la L2 de las mismas edades, especialmente en aquellas situaciones en las que, como es de esperar, las demandas comunicativas exceden la experiencia de la clase de inmersión. Un ejemplo de lo anterior podría ser sostener *conversaciones coloquiales* con *pares* que son *hablantes nativos* de la L2 sobre *temas informales* que tienen *poca o ninguna relación con lo académico*. En resumen, aunque los alumnos pueden comunicarse eficazmente en la L2 -y superan ampliamente los resultados que se suelen obtener en programas más convencionales de L2-, no alcanzan el nivel de *bilingües equilibrados* (un concepto de por sí polémico) y, por tanto, no pasarían por hablantes nativos de esa lengua (en realidad este nivel nunca se ha planteado como uno de los objetivos lingüísticos de los programas de inmersión). Este tipo de actuación en L2 recibe a veces el nombre de bilingüismo *funcional*.

4. Ventajas y limitaciones del aprendizaje y enseñanza en programas de inmersión

Una aproximación alternativa a los programas educativos de inmersión consiste en la identificación selectiva y breve descripción de los rasgos más fuertes y más débiles, tanto desde la perspectiva del aprendizaje como de la enseñanza de la L2. A continuación se describen algunos de los rasgos más destacados de la inmersión:

a) El resultado del proceso de aprendizaje desde el (pen)último año de enseñanza preescolar o infantil hasta el sexto año de enseñanza primaria (como mínimo) produce el objetivo planteado de conseguir un *bilingüismo funcional*, lo que permite que los alumnos se comuniquen con un alto nivel de *fluidez* en la L2 sobre una serie de temas, y empleen para ello una serie de funciones comunicativas, que reflejan sus niveles actuales de edad, madurez cognoscitiva y escolaridad.

b) Los alumnos ganan no sólo en fluidez en una L2 sino también, y de forma simultánea, en *conocimiento de contenidos curriculares concretos* a través de la L2 -de acuerdo con su edad, madurez cognoscitiva y escolaridad-, en niveles que son similares o superiores a los que han alcanzado sus compañeros de las mismas edades que han asistido a un centro monolingüe tradicional.
c) Después de haber superado los cursos iniciales de un programa de inmersión, los alumnos normalmente demuestran haber desarrollado las cuatro *destrezas lingüísticas* de comprensión auditiva, expresión oral, lectura y escritura en su *lengua materna* en niveles que son similares, o a veces incluso superiores, a los que han alcanzado sus compañeros de las mismas edades que son monolingües y que han acumulado mucho más tiempo de aula en clases de lengua materna.
d) El *tiempo disponible* para lograr los objetivos lingüísticos planteados es mucho más extenso y realista del que se cuenta en los programas educativos convencionales, tanto si el indicador por el que se mide es el número total de *horas a la semana* dictadas en L2 (al menos el 50% del horario escolar semanal) como si es la extensión total del programa en *años escolares* (normalmente de 6 a 13 años, según el centro).
e) En el caso mayoritario de la inmersión *temprana*, tanto la *comprensión* como *la producción orales de la L2* se ven *facilitadas* enormemente por características tales como las siguientes: 1) la comparativa sencillez de los contenidos y temas tratados (propios de los primeros años de escolaridad), 2) la sencillez y sistematicidad de las principales actividades realizadas en el aula que 3) no requieren un grado complejo en el uso de la L2, 4) la actitud de *normalidad* o *naturalidad* que suele despertar el uso de una L2, bien sea ajeno o propio, en niños de edades tempranas (hasta los 8 años aproximadamente) en oposición a las reacciones de tensión o nerviosismo que suele provocar entre adolescentes y adultos (especialmente si son monolingües), 5) el nivel global de *motivación por aprender* dentro de un *medio institucional* -en el sentido más amplio- que suele ser superior en niños que en adolescentes o adultos.
f) Un aspecto bastante estudiado es la influencia relativa que el bilingüismo puede tener en el *desarrollo cognoscitivo y el pensamiento* del estudiante bilingüe. La hipótesis básica consiste en que la posesión de dos -o más- lenguas puede aumentar el grado de *creatividad* en el pensamiento del niño, es decir, el bilingüismo puede promover el estilo llamado *pensamiento creativo o divergente* en oposición al estilo *convergente* (identificar la única respuesta correcta de entre cinco opciones). Los estudios empíricos demuestran que, en situaciones de bilingüismo aditivo y relativamente equilibrado, el niño prefiere el estilo divergente, demostrando ser *más creativo, flexible, imaginativo* y *original* en su forma de abordar y resolver los problemas planteados.
g) El hecho de que la participación en el programa sea voluntaria (por parte de los padres) en combinación con la situación de igualdad que experimentan los alumnos en su aprendizaje inicial de la L2 (en el que casi todos son principiantes) y la cantidad de contacto diario que tienen con la L2, hacen que la *presencia* de ésta en el aula sea *esperada* y, por consiguiente, que *disminuyan los niveles de ansiedad* que a menudo generan las clases de una lengua extranjera como asignatura separada en centros educativos monolingües.

h) El hecho de que la enseñanza por inmersión sea un programa educativo innovador hace que el grado relativo de *participación de los padres* sea superior a su nivel de participación en los programas convencionales de enseñanza, en especial cuando el programa de inmersión en cuestión no es sólo una línea de EB complementaria dentro de un colegio determinado, sino que se pone en práctica en todo el centro o en la mayor parte de él.

4.1. Principales problemas de la inmersión en L2

Como es de esperar, no todos los rasgos que propugnaron los primeros especialistas ni todos los supuestos que impulsaron las teorías en las que se basaron los programas bilingües por inmersión, han dado resultados igualmente satisfactorios; algunos de dichos rasgos han resultado ser insuficientes en la práctica, otros sencillamente equivocados en la *lógica* de su planteamiento. A continuación se describen algunos de los problemas más notorios que presenta la inmersión en L2:

a) Si bien no hay objetivos que formulen que la *producción de la L2* por parte de los alumnos deba ser *perfecta*, es decir, *bilingüismo equilibrado*, las investigaciones empíricas han demostrado en diversas ocasiones que dicha producción suele estar muy por debajo de los niveles esperados (en concreto con respecto a la competencia gramatical). Como se ha señalado, aunque los niveles de logro en las destrezas receptivas suelen ser muy altos, es notorio que no ocurre lo mismo con las destrezas productivas, lo que indica que el nivel de fluidez o soltura comunicativa suele ser muy superior al nivel de precisión o corrección lingüística de la forma. En parte esto se debe a que las diversas situaciones de aula -con todas sus características y peculiaridades- sólo constituyen *una parte* de la *realidad* total del mundo del alumno, mientras que las *otras* realidades no se oyen ni se expresan en la L2.

b) Es oportuno advertir que, a pesar del nombre por el que se conoce internacionalmente el enfoque, en rigor, durante la *mayor parte o incluso toda la experiencia* de inmersión (dependiendo de la modalidad empleada), el alumno no está *inmerso* en la L2, sino que tiene contacto cotidiano *con ambas lenguas, dentro de su medio cultural y casi siempre con hablantes bilingües*, la mayoría de los cuales es, además, *dominante en su L1*. Esta realidad, que puede describirse más fielmente como *semi-inmersión en L2 dentro de la cultura de L1*, tiene importantes implicaciones para el aprendizaje y uso de la L2, dado que los alumnos rara vez viven la experiencia de interactuar con hablantes que *no les comprendan* lo que dicen o a quienes les resulte *poco aceptable* o *inaceptable* su forma más bien peculiar de emplear la lengua (curiosa, ambigua o divertida) cuando los alumnos *no han tenido la intención expresa* de crear *efectos especiales* en su expresión.

c) La *falta sistemática de contacto con más hablantes* (nativos o no nativos) que tengan un alto grado de *precisión y fluidez* en la L2 tiene consecuencias a largo plazo. Los alumnos de inmersión suelen contar con *un solo modelo lingüístico* en los primeros años (posteriormente pueden ser dos, pero nunca más de tres) que siempre son sus profesores, a quienes nunca identifican como *pares* o *iguales.* Con la excepción de los programas más recientes de *doble vía* en EE.UU., en la gran mayoría de los casos los alumnos no cuentan con el obvio beneficio de tener *compañeros-modelos* que sean *usuarios más avanzados* de la L2. Además, los alumnos disponen de pocas ocasiones en las que puedan, o mejor aún, *deban producir* sus *propios mensajes* en la L2, en especial mensajes *sostenidos*, es decir, de cierta extensión; las asignaturas de contenido -con independencia de la lengua empleada- suelen ser altamente *asimétricas* en el sentido de que el profesor consume la mayor parte del tiempo disponible durante la clase mientras que la totalidad de los alumnos sólo dispone de un mínimo de él para su participación.

d) No siempre se presta la debida *atención a la L2* en forma relativamente *explícita y autónoma* ni a la *corrección de los errores de L2* que producen los alumnos. Un aspecto conocido de la filosofía original de la inmersión que ha resultado erróneo es que si los alumnos son suficientemente pequeños en edad y se resalta en el aula la realización de actividades comunicativas que tienen un propósito definido para ellos, no es necesario -e incluso podría resultar contraproducente- prestarle atención a *aspectos seleccionados de la lengua como sistema.* Además, en la práctica, los problemas lingüísticos en la producción de la L2 que tienen su *origen en la lengua materna* de los alumnos -influencia o interferencia de L1- suelen ser más numerosos de lo que predecía la teoría comunicativa en la que se basa el enfoque.

e) Por un lado, los alumnos tienen contacto cotidiano con *ambas lenguas* dentro del *contexto sociocultural de la lengua materna;* esto significa que las actividades de aula que se realizan a través de la L2 tienen lugar dentro del trasfondo cultural de la L1 y, en concreto, de la *comunidad local* que los niños conocen bien. Por otro lado, dado que el uso de la L2 se concentra principalmente en asignaturas de *contenido curricular*, el tiempo dedicado a la enseñanza de *aspectos pragmáticos y socioculturales* que resalten las *conductas sociolingüísticas más apropiadas* y las *tradiciones culturales más representativas de los países en los que se habla la lengua* a menudo resulta ser escaso. En conjunto, estas dos características facilitan la impresión errada entre los alumnos de que los comportamientos y tradiciones de la cultura local y de la(s) cultura(s) meta son más o menos *iguales* en sus respectivas formas de estructurar la realidad, empezando por la *realidad escolar*.

f) Si bien en muchos casos la *reproducción del currículum local en la L2* es una actividad necesaria para la docencia cotidiana, su puesta en práctica suele resultar difícil y exigir mucho tiempo de los profesores (que no están automáticamente preparados para traducir y adaptar los materiales pedagógicos publicados en L1 ni para diseñar los suyos propios en la L2) cuando se emplea esta modalidad como procedimiento habitual. Como resultado de lo anterior, la calidad de los materiales producidos en el centro suele ser inferior a la de los materiales comerciales publicados (en color, textura, durabilidad, etc.) y, lo que es más importante aún, las traducciones a L2 de las fuentes originales en la L1 pueden ser menos auténticas de lo deseable o, a veces incluso, demasiado literales.

g) Además de la dificultad de conseguir *profesores con titulación* y con *experiencia docente apropiada* que tengan un alto nivel de precisión y fluidez en la L2, en los cursos superiores surge el problema añadido de la carencia de profesores que puedan dictar contenido específico en L2 en ciertas especialidades, tales como educación física, musical y artística. En los últimos quince años, este hecho ha llevado a que tanto centros bilingües públicos como privados empezaran a establecer mecanismos que permitieran, o al menos facilitaran, la contratación de profesores nativos con titulación y experiencia idóneas desde sus países de origen, a veces a través de convenios entre los Ministerios de Educación de los respectivos países (entre los que destacan convenios para proveer de profesores españoles de Enseñanza infantil y primaria a centros públicos y privados de EE.UU.).
h) La falta de *instrumentos de evaluación* interna que permitan determinar los niveles apropiados de L2 que deberían lograr los alumnos en las cuatro destrezas lingüísticas según su nivel, y/o medir lo que éstos han logrado en la práctica durante las etapas clave del programa, de acuerdo con la realidad específica que plantea la inmersión en L2.

Conclusión

El tratamiento y estudio sistemático de la iniciativa educativa conocida internacionalmente como programas bilingües de inmersión presenta, desde hace décadas, aspectos de interés desde diversas perspectivas; entre éstas se destacan el desarrollo de la segunda lengua o lengua extranjera, la evolución de la lengua materna (L1), el desarrollo cognoscitivo y el estilo de pensamiento de los aprendices, el desarrollo de su conciencia metalingüística y sus respectivas habilidades, la enseñanza y aprendizaje de conocimientos curriculares específicos a través de ambas lenguas, y las actitudes que desarrollan los alumnos hacia la comunidad o comunidades en que se habla la lengua meta.

Este capítulo se ha concentrado en la descripción y el análisis del primero de dichos aspectos, esto es en el aprendizaje y la enseñanza de una *lengua no materna*. Desde esta perspectiva, hay al menos tres aspectos de sumo interés que pueden ayudar a resumir muchas de las ideas expuestas. Primeramente, se debe destacar que el lugar que pasa a ocupar la L2 en los programas bilingües *aditivos de mantenimiento* es un sitial de primerísima importancia, es decir, estos programas rompen con el esquema de la enseñanza tradicional en el cual la L2 suele constituir una de las varias *cenicientas* del sistema, desde la escuálida asignación horaria hasta el relativo estatus sociolingüístico que ésta pueda tener en el centro de estudios y en la comunidad en general, pasando por el escaso apoyo explícito recibido de los equipos directivos de los centros y de las autoridades educativas regionales o nacionales. En segundo lugar, dentro de los distintos programas que dan forma a la enseñanza bilingüe, la inmersión es una de las pocas iniciativas educativas que reconoce en la práctica, con mayor rigor que la mayoría, el *tiempo* y los *niveles de intensidad* que son necesarios para aprender a usar una lengua no materna para fines educativos y comunicativos, es decir, tanto como medio para obtener y emplear conocimientos académicos nuevos como para comunicar ideas, reacciones, necesidades y sentimientos. En tercer lugar, a pesar de las excelentes condiciones que ofrece la inmersión, y que pueden resumirse mediante la afirmación de que es el *enfoque más avanzado para aprender y ser capaz de usar una L2 sin tener que salir del ámbito local*, es importante tener presente que este enfoque también presenta ciertas limitaciones que deben ser abordadas e investigadas mediante estudios empíricos, como es la tendencia sostenida hasta ahora en el caso de la inmersión. Sin embargo, también es necesario tener en cuenta que muchos, o incluso la mayoría, de los *puntos débiles* que siguen presentando estos programas forman *parte inherente de cualquier sistema educativo* y, como tales, no son aspectos susceptibles de ser perfeccionados a través de soluciones rápidas ni fórmulas sencillas. En este sentido, se debe reconocer que la inmersión representa, en gran medida, el gran desafío o la *prueba de fuego* respecto de los niveles de competencia y actuación que se pueden lograr en una lengua no materna, en especial cuando se trata de una lengua *extranjera*, dentro de un *contexto formal o institucional* (en oposición al aprendizaje y uso de una L2 en un contexto naturalista o una combinación relativamente equilibrada de estos dos contextos). Las investigaciones sobre los programas de inmersión en L2 en el último cuarto del pasado siglo han venido a demostrar, entre otras cosas, que el proceso de aprendizaje de una L2 en un medio institucional es considerablemente más complejo de lo que se suponía, y que si bien dicho medio (aula) constituye un entorno idóneo para su aprendizaje y desarrollo, no es el único ni tampoco el *más eficaz* para lograr tales fines. Al igual que en otros ámbitos educativos, sólo una vez que se han identificado y reconocido las fuentes principales de los problemas, es posible dar comienzo a los procesos de modificación, transformación y perfeccionamiento; la diferencia cualitativa consiste en que en el caso de la inmersión estos procesos ya están en marcha.

Los desafíos del futuro cercano demandarán a segmentos cada vez más amplios de la población el uso de dos -o más- lenguas de forma eficaz para la comunicación social y profesional, lo que también implicará el desarrollo de una competencia comunicativa intercultural/multicultural en estrecha combinación con sus destrezas. Si bien no existe una única forma -sino varias opciones más o menos idóneas- de responder con éxito a estos importantes retos, es pertinente tener presente que, en la práctica, cada opción conlleva *inversiones considerablemente diferentes* de tiempo autónomo, esfuerzo mental y físico, así como medios materiales por parte de los interesados. Probablemente los programas bilingües de inmersión en L2 sean los mejor preparados en la actualidad para poder responder a un desafío tan grande con un grado tan pequeño de trastorno personal o familiar.

Bibliografía

ABELLO CONTESSE, C. (1999), "El futuro de la enseñanza de lenguas extranjeras internacionales y la inmersión en L2 en la educación pública", en J. M. BECERRA y OTROS (eds.) *La enseñanza de segundas lenguas*. Granada, Universidad de Granada.

ABELLO CONTESSE, C. (2001), "Bilingual Education: Immersion programs", *GRETA. Revista para profesores de Inglés*, 9/1:75-80.

ADA, A. F. y BAKER, C. (2001), *Guía para padres y maestros de niños bilingües*, Clevedon, Multilingual Matters.

BAETENS, H. (ed.) (1993), *European models of Bilingual Education*, Clevedon, Multilingual Matters.

BAKER, C. (1997), *Fundamentos de educación bilingüe y bilingüismo*, Madrid, Cátedra.

BRISK, M. E. (1998), *Bilingual Education: From Compensatory to Quality Schooling*, Mahwah, Lawrence Erlbaum Associates, Publishers.

CAZDEN, C.B. y SNOW C.E. (1990), "Preface" en C.B. CAZDEN Y C.E. SNOW (eds.) *English Plus: Issues in Bilingual Education*, London, Sage.

CHRISTIAN, D. y GENESEE, F. (2001), *Bilingual Education*, Alexandria (VA), TESOL.

CUMMINS, J. (1988), "Second Language Acquisition within Bilingual Education Programs" en L. M. BEEBE *Issues in Second Language Acquisition. Multiple Perspectives,* New York, Newbury House Publishers.

DE MEJÍA, A-M. (2002), *Power, Prestige and Bilingualism. International Perspectives on Elite Bilingual Education*, Clevedon, Multilingual Matters.

GENESEE, F. (1987), *Learning Through Two Languages: Studies of Immersion and Bilingual Education*, Cambridge, Newbury House Publishers.

JOHNSON, R.K y SWAIN M. (1997), *Immersion Education: International Perspectives*, Cambridge, Cambridge University Press.

HAMMERLY, H. (1989), *French Immersion. Myths and Reality*, Calgary, Detselig Enterprises Ltd.

KRASHEN, S. D. (1985), *Inquiries and Insights*, Hayward (CA), Alemany.

LEWIS, E. G. (1977), "Bilingualism and bilingual education: The ancient world of the Renaissance", en B. SPOLSKY y R. L. COOPER (eds.) *Frontiers of Bilingual Education.,* Rowley (MA), Newbury House.

MACKEY, W.F. (1970), "A typology of bilingual education", *Foreign Language Annals,* 3:596-608.

MACKEY, W.F. (1978), "The importation of bilingual education models", en J. ALATIS (ed.) *Georgetown University Roundtable: International Dimensions of Bilingual Education,* Washington DC, Georgetown University Press.

RICHARDS, J. C., PLATT, J. y PLATT, H. (1997), *Diccionario de lingüística aplicada y enseñanza de lenguas*, Barcelona, Editorial Ariel S.A.

SIGUÁN, M. (2001), *Bilingüismo y lenguas en contacto*, Madrid, Alianza Editorial S.A.

SIGUÁN, M. y MACKEY, W.F. (1986), *Educación y Bilingüismo*, Madrid, Santillana, S.A.

SWAIN, M. (2000), "French immersion research in Canada: Recent contributions to SLA and applied Linguistics", *Annual Review of Applied Linguistics,* 20: 199-212.

SWAIN, M. y JOHNSON, R.K. (1997), "Immersion education: A category within bilingual education", en R.K. JOHNSON y M. SWAIN (eds.) *Immersion Education: International Perspectives,* Cambridge, Cambridge University Press.

La interlengua del hablante no nativo

Marta Baralo Ottonello
Universidad Antonio de Nebrija

Introducción

El concepto de interlengua (IL) está directamente relacionado con los estudios de adquisición de lenguas extranjeras. Empieza a perfilarse a finales de los años sesenta del pasado siglo, al mismo tiempo que se desarrolla esta rama de la lingüística aplicada. El título del capítulo podría resultar redundante, ya que la interlengua es el sistema lingüístico cognitivo, específico, de una lengua no materna, es decir, el que posee un hablante no nativo (HNN). Puede tomarse la redundancia como un intento de claridad y precisión del concepto.

Selinker (1972) propuso este término, interlengua, para referirse al sistema lingüístico no nativo de forma específica, diferenciándolo del sistema de la lengua materna (LM) del aprendizaje y del sistema de la lengua objeto (LO)[1]:

> *El conjunto de oraciones que intenta producir un alumno que aprende una L2 no es idéntico al conjunto hipotetizado de las que produciría un hablante nativo de esa LO que intentara expresar los mismos significados que el alumno. Puesto que estos dos conjuntos de locuciones no son idénticos, cuando formulemos los principios relevantes para una teoría del aprendizaje de lenguas segundas estaremos completamente justificados, quizás hasta obligados, a presentar como hipótesis la existencia de un sistema lingüístico independiente: sobre la base de los datos observables que resultan de los intentos del alumno en la producción de una norma de la LO. Llamaremos 'interlengua' (IL) a este sistema lingüístico* (traducido en Liceras, 1992: 83).

[1] Usaremos indistintamente los términos L2 (lengua segunda), LE (lengua extranjera) y LO (lengua objeto) para referirnos a la lengua no nativa, según convenga al discurso, pero no tendremos en cuenta aquí los contextos de adquisición que determinarían las diferencias entre un concepto y otro.

La evolución de este constructo teórico llamado interlengua ha caminado de forma paralela a la evolución de la teoría lingüística y de las teorías de adquisición y de aprendizaje de lenguas. Al mismo tiempo, se ha ido alejando de la didáctica y las metodologías de la enseñanza hasta constituir un área de investigación autónoma con sus propias hipótesis y metodologías de investigación. Al comienzo, el foco de investigación se centraba en los aspectos más gramaticales de la lengua de los aprendientes. A medida que se fue ampliando el campo de la lingüística teórica hacia la pragmática, la sociolingüística y el análisis del discurso, se fue ensanchando también el foco de interés para analizar la adquisición de la competencia lingüística comunicativa.

Los estudios sobre la interlengua intentan descubrir qué ocurre en la mente del que aprende, qué contiene la llamada *caja negra* que procesa y usa los datos lingüísticos que percibe y que produce en sus respuestas. En la construcción del conocimiento interlingüístico intervienen tres procesos básicos: el del aducto[2] *(input)*, que selecciona, ordena y sistematiza los datos del exterior; el de la toma *(intake)*, que incorpora los nuevos datos al sistema; y el del educto (*output*), que permite comprender y expresarse en la lengua meta.

Los mecanismos internos de aprendizaje, responsables de la construcción de la interlengua, constituyen el objeto de estudio de diferentes teorías de la adquisición de lenguas extranjeras. Desde una perspectiva histórica, y teniendo en cuenta sus diferencias básicas, podríamos hablar de teorías conductistas, teorías mentalistas y teorías cognitivas. El conductismo entiende la adquisición como un proceso de formación de hábitos lingüísticos. El mentalismo, por el contrario, se basa en la distinción chomskiana entre *competencia* y *actuación* y en la especificidad del conocimiento lingüístico, frente a otros tipos de conocimientos. La teoría mentalista sostiene la existencia de una organización modular de la mente (Fodor, 1983), en la que la facultad del lenguaje es independiente de otros sistemas cognitivos implicados en el uso de ese conocimiento. Frente al modelo innatista, los modelos cognitivos consideran que el conocimiento lingüístico del hablante no se separa del modo como lo usa, ni del modo en que está representado en la mente. El cognitivismo concibe la adquisición de la lengua (LM y LE) como un proceso de aprendizaje basado en la percepción, la memoria, el procesamiento de la información y los mecanismos de resolución de problemas, es decir, basado en las mismas habilidades empleadas en la construcción de cualquier conocimiento o habilidad.

En Bialystok (1990: 637) se establece una distinción entre las teorías de procesamiento, que describen los métodos de almacenamiento y medios de acceso a las reglas, por un lado y, por otro, las teorías de la competencia, que describen las reglas de las estructuras lingüísticas.

En el llamado modelo de conocimiento y control, Bialystok y Sharwood Smith (1985: 106) distinguen los dos componentes; de un lado, el conocimiento se refiere al modo en que el sistema de la lengua está representado en la mente del aprendiente y, de otro, el control, al sistema de procesamiento para controlar el conocimiento durante la actuación real. Lo que Bialystok llama *conocimiento* incluye la competencia lingüística y la competencia pragmática, es decir, el conocimiento de cómo usar el conocimiento lingüístico para comunicarse.

Distintos enfoques de la lingüística teórica han ido aportando el soporte descriptivo y explicativo necesario para poder enmarcar los estudios científicos de la interlengua. La pri-

[2] Los términos *input, intake y output* están generalizados en el ámbito científico y resultan más precisos que *entrada, toma, salida*, que serían sus correspondientes en español, por lo que los utilizaremos en este texto en aras de la precisión conceptual.

mera teoría que sentó las bases de una relación bidireccional entre estas investigaciones y la lingüística teórica fue el modelo de Chomsky (1959, 1980 y 1986, entre varios otros), que en sus sucesivas reformulaciones fue permitiendo la realización de múltiples estudios, rigurosos en todos los sentidos, a partir del modelo generativo-transformacional, de la Gramática Universal, de Principios y Parámetros y del Minimalismo.

Con el desarrollo de la pragmática, varios investigadores pusieron el foco de su investigación en la pragmática de la IL, esto es, en el desarrollo y uso de las estrategias de la acción lingüística por los hablantes no nativos, según su relación con el interlocutor y la gravedad de la imposición. Los estudios se han encaminado más hacia la sociolingüística que hacia la psicolingüística pragmática. Kasper y Dufon (2000: 252) consideran que tanto la enseñanza dentro del aula como la interacción fuera de ella son imprescindibles para alcanzar un desarrollo pragmático satisfactorio de la IL. Proponen como líneas de investigación de la pragmática interlingüística las posibilidades del cambio en la aculturación y la desidentificación con el paso del tiempo, que pueden modificarse por la voluntad de los aprendientes para converger o divergir de las normas de los nativos, en qué tipos de encuentros se pueden dar, las variables que contribuyen a uno y otro fenómeno y cómo actúan ambos procesos en el desarrollo pragmático de la IL.

Todavía no existe ningún modelo teórico que pueda explicar todos los aspectos que se integran en el concepto de interlengua. Cada teoría se plantea un ámbito de investigación, con unas preguntas diferentes, con objetivos y metodologías de investigación diferentes y, por consiguiente, con respuestas diferentes, difícilmente comparables. Estos modelos tienen ventajas e inconvenientes según la perspectiva con la que se analicen, sea la del lingüista, la del psicólogo o la del profesor.

La ventaja de los modelos mentalistas es que permiten estudiar el conocimiento lingüístico (y el pragmático) independientemente de su uso en un contexto concreto de comunicación; esto es, del control. El desarrollo de la interlengua puede deberse entonces a cambios en el conocimiento, a cambios en el control o a ambos. Esta perspectiva es más ventajosa para la investigación lingüística, ya que permite aislar y controlar mejor las variables que pueden influir en el proceso de apropiación de la lengua meta, en el ámbito del conocimiento.

La ventaja de los modelos cognitivos, por el contrario, reside en que permiten estudiar y comprender mejor la complejidad de dicho proceso desde la perspectiva de un profesor de lenguas, que están más cercanos a la experiencia del aula y que permiten incorporar variables individuales no lingüísticas en el estudio de la construcción de la competencia interlingüística, entendida como conocimiento y uso de la lengua objeto.

En este capítulo vamos a explicar el concepto de interlengua y sus propiedades específicas, a partir de estudios realizados por investigadores desde diferentes perspectivas, con el objetivo de que el lector de este libro disponga de un panorama de lo que sabemos hasta ahora del conocimiento lingüístico que permite a un hablante no nativo comunicarse en una lengua meta.

1. Perspectiva histórica

El estudio del aprendizaje de las lenguas extranjeras estuvo, en un principio, íntimamente ligado a la problemática de la enseñanza, desde una perspectiva didáctica. Una vez que se llegó a reconocer que los sistemas no-nativos constituyen una lengua en sí mismos, el estudio de la adquisición de L2 alcanzó una dimensión empírica y teórica que se desarrolla de forma fecunda en las tres últimas décadas.

Corder (1971) es el primer investigador de L2 que sostiene, de forma explícita, que el aprendizaje de una lengua segunda no es un proceso de formación de hábitos y destrezas, tal como se concebía en el modelo conductista. El aprendizaje de L2 se entiende, entonces, como una actividad creativa, que lleva al aprendiente a formular hipótesis a partir de los datos de la L2, según un programa interno, un dispositivo de adquisición del lenguaje, como había propuesto Chomsky (1959 y siguientes). La presencia de errores sistemáticos en los hablantes de L2, algunos de los cuales no pertenecían a la estructura gramatical ni de la L1 ni de la lengua objeto, lleva a Corder a establecer la existencia de una competencia transitoria que refleja las distintas etapas de estructuración de la toma, *intake*, esto es, del conocimiento que el hablante no nativo tiene de la lengua meta que está aprendiendo. Esta competencia transitoria con sus errores sistemáticos permite acceder al programa de conocimiento interno, mental, del que aprende una L2.

La formulación explícita del reconocimiento del sistema no nativo queda perfectamente reflejada en trabajos anteriores en los que lo caracteriza como *sistema aproximado*, *sistema transitorio* o *dialecto idiosincrásico*. Selinker (1972), quien como hemos visto al comienzo es el primero que introduce el término *interlengua* para referirse al sistema lingüístico no nativo, propone, siguiendo las ideas de Lenneberg (1967)[3] y de Chomsky (1959), la existencia en la mente de una estructura latente del lenguaje que posibilita la adquisición de la lengua materna. Esta dotación constituye una ordenación ya formulada en el cerebro, fundamentación biológica de una gramática universal y que el niño la transforma en una estructura concreta de una gramática particular a través de una serie de etapas de maduración. Junto a esa estructura mental especificada para el lenguaje, propone la existencia de una estructura psicológica latente que se activa cuando el adulto trata de comprender y producir oraciones en una L2. La propuesta de Selinker es ambigua con respecto a la posible base biológica de esa estructura psicológica latente que permite la adquisición de la IL, el sistema no nativo. Para Selinker, esta estructura latente no contiene un programa genético y tampoco existen garantías de que se active, ni de que se realice en la estructura concreta de una lengua natural; pero sí parece probable que se superponga con otras estructuras de la mente. Según este autor, el análisis de la IL debe realizarse a partir de las locuciones que produce el adulto cuando intenta transmitir significados en la LO. Las identificaciones interlingüísticas que los aprendientes realizan constituyen, según Selinker, el enlace psicológico entre los tres sistemas lingüísticos (LM, LO, IL). En el planteamiento teórico de esta dicotomía se encuentra la base de los estudios posteriores que intentan explicar la noción intuitiva, constatada por la experiencia, de que existen dos tipos de conocimientos diferentes de la lengua no nativa. Son innumerables los estudios que se basan en este marco teórico de partida, desde la distinción de Krashen (1974) de *adquisición vs. aprendizaje* pasando por *conocimiento implícito versus. conocimiento explícito* de Bialystok (1978), que siguen en vigencia con nuevas matizaciones y variables.

[3] E. Lenneberg (1967) propone la existencia de una dotación biológica especificada para el lenguaje, que hace posible la adquisición del lenguaje en los niños, pero que se anula o deja de funcionar en el periodo crítico de la pubertad. Con esta propuesta, el aprendizaje de las lenguas extranjeras por parte de adultos sería un proceso cognitivo diferente al de los niños. Se pueden ver en L. Eubank *et al.* (1991) los trabajos de Flynn y Manuel y de Birdsong sobre los efectos dependientes de la edad en la adquisición de L2 y la falta de pruebas para pensar en la existencia de un periodo crítico.

En relación con los estudios de la IL se han desarrollado ámbitos específicos de su proceso, tales como el de las características del *input* para favorecer su adquisición, o las propiedades de la toma, *intake*, o el papel de la respuesta lingüística productiva o interpretativa, *output*, y su papel en la reestructuración de la IL.

Cuestiones tan interesantes para un profesor como la aprendibilidad de la IL están directamente relacionadas con la llamada pobreza de los estímulos y con la cuestión de qué elementos o procesos producen cambios en los sistemas interlingüísticos. En principio, podríamos distinguir tres tipos de datos que constituirían evidencia potencial para el proceso de construcción de la gramática. Los datos positivos son los enunciados contextualizados en la lengua del ambiente; los datos negativos son la información explícita (quizás también implícita) sobre la imposibilidad de una forma o estructura; y por último, otras informaciones explícitas de descripción de la lengua.

La teoría de la relevancia podría echar luz sobre el papel que las correcciones, o evidencias negativas, puede tener en la reestructuración de la IL, según sean implícitas o explícitas. Todo modelo de adquisición de L2 presupone que el aprendiente puede percibir e internalizar diferencias entre el *input* implícito y su propio *output*. Es decir, el aprendiente puede monitorizar su propia producción, compararla con alguna representación internalizada de *input* implícito y *oír* cuando hace un error. Esta percepción inicia el reanálisis y la restructuración de esa estructura de la gramática internalizada. Carrol (1995: 85) ha demostrado, a través de un análisis de un corpus de formas producidas espontáneamente por aprendientes adultos que recibían una retroalimentación, *feedback*, con algunas formas de evidencia negativa, que la interpretación del *input* lingüístico requiere interpretar el enunciado obedeciendo al principio de cooperación y no al principio de relevancia. Los oyentes, sin embargo, daban el paso sólo cuando no había otra interpretación posible, lo que significa que la interpretación metalingüística es un paso como *último* recurso y no como *primer* recurso.

Algunos investigadores han ahondado más en las clases de datos que pueden producir un cambio en la IL y desencadenar su restructuración, sean datos positivos, negativos o explícitos, y han visto la necesidad de distinguir entre *datos* y *evidencias*. Esta última se define como la información de la lengua del ambiente que puede efectuar cambios en la gramática de la IL, por lo que se trata sólo de datos positivos. Esto significa que la instrucción formal, entendida como la provisión de datos explícitos y negativos produciría un *conocimiento lingüístico aprendido* y no un verdadero conocimiento gramatical.

2. Procesos de construcción de la interlengua

Los rasgos fundamentales del concepto de IL están relacionados con su especificidad, su sistematicidad y su carácter transitorio. Podemos definirla como un sistema independiente de conocimiento del aprendiente de una L2 o una LE. Este sistema lingüístico interiorizado evoluciona tornándose cada vez más complejo. El aprendiente posee intuiciones propias de este sistema, que es diferente del de la LM (aunque se encuentren en él algunas huellas) y del de la LO; tampoco puede ser considerado como una mezcla de uno y otro, ya que contiene reglas que le son propias: cada aprendiente o grupo de aprendientes posee, en un estadio de su aprendizaje, un sistema específico.

Adjèmian (1982) defiende la necesidad de idealización en el estudio de la adquisición de las lenguas no maternas, desde una perspectiva metodológica y epistemológica.

Considera que el nivel de idealización que propone Chomsky para la L1 es válido para el análisis de la IL, si se tienen en cuenta los rasgos específicos de la misma y el hecho de que los adultos recurren a las capacidades metalingüísticas y a la lengua materna para construir la gramática de la IL. Sostiene la necesidad de diferenciar competencia de actuación, siguiendo el modelo de Chomsky, para construir un modelo de análisis de la gramática de la L2. Esta dicotomía es la base que le permite postular la especificidad de la IL frente a los otros sistemas lingüísticos, con propiedades específicas de la IL como la fosilización, la transferencia, la permeabilidad y la regresión involuntaria.

Otros autores, como Arditty y Perdue (1979), no reconocen que estas características señaladas por Adjèmian sean propias de la IL, pues se pueden dar también en dialectos de la LM. Sostienen que las diferencias entre la gramática de la IL y la de la lengua materna son de naturaleza cuantitativa más que cualitativa[4]. Las críticas a la especificidad de la IL señaladas se deben, según Adjèmian (1982), a que estos autores no reconocen la distinción fundamental entre competencia y actuación. Arditty y Perdue (1979) sostienen que las únicas diferencias entre las interlenguas y las lenguas maternas se derivarían de factores relacionados con el modo de adquisición de la L2, y de los diferentes contextos sociales en los que la IL y la LM van a desarrollarse. En el nivel de las propiedades de la gramática no habría, entonces, ninguna diferencia cualitativa.

Para Adjèmian (1982), la necesidad de idealización en el estudio de la adquisición de las lenguas extranjeras tiene que ver con la problemática de la investigación en este campo: el estudio de la gramática de la IL no tiene que dar cuenta de todo el comportamiento lingüístico, sino sólo de ese componente del sistema cognitivo, la gramática, que permite la realización del acto lingüístico.

En un nivel más general, en el marco de los modelos cognitivos, los procesos de la interlengua se han interpretado simplemente como procesos de aprendizaje mediante comprobación de hipótesis. El aprendiente se forma hipótesis sobre las propiedades estructurales de la lengua meta a partir de los datos del *input* al que está expuesto. Pueden construir una gramática hipotética que van probando mediante la comprensión y la producción, si estas respuestas interlingüísticas son plausibles y los interlocutores las aceptan sin comentarios ni malentendidos. En el caso en que fracasen en su intención comunicativa, que su comprensión sea defectuosa o que no les entiendan y reciban correcciones, los aprendientes procederían a reestructurar su hipótesis si están motivados para hacerlo.

Los procesos de construcción de la IL reconocidos por los especialistas se pueden resumir, fundamentalmente, en la transferencia, en las estrategias de aprendizaje, en la fosilización, en la permeabilidad y en la variabilidad.

2.1. El papel de la lengua materna y la transferencia

El papel que la lengua materna desempeña en la adquisición de una lengua segunda ha preocupado a los docentes e investigadores desde siempre. Se trata de dilucidar cómo influ-

[4] Según estos autores *ninguno de los rasgos propuestos puede ser considerado como distintivo de la IL sin una idealización inaceptable de la misma, a menos de incluir en la IL todas las situaciones de contacto entre sistemas y subsistemas lingüísticos, es decir, de despojarlos de toda especificidad* (Arditty y Perdue, 1979: 37).

ye en la interlengua el conocimiento lingüístico previo del aprendiente, conocimiento constituido por su LM y por las otras lenguas que haya ido adquiriendo. Actualmente se habla de una competencia plurilingüística que se va construyendo según la biografía lingüística del aprendiente, de manera que se van integrando en ella todos los conocimientos lingüísticos nuevos de cualquier lengua con la que entre en contacto a través de un *input* significativo[5]. Este concepto dinámico e integrador de interlengua tiene una base cognitiva compleja, estudiada de momento de forma muy general y ecléctica. El constructo *plurilingüística* frente a *interlingüística* puede resultar muy útil para el desarrollo de políticas lingüísticas y de diseños curriculares europeos, en el ámbito de la aplicación didáctica. Sin embargo, en el ámbito de la investigación psicolingüística no se han propuesto proyectos concretos para responder a las preguntas básicas del proceso de construcción de dicha competencia. Por ello, aquí haremos un repaso breve, pero sistemático, de la evolución del concepto de transferencia y del papel de la LM, sin el cual difícilmente se podrían entender las propiedades de la IL.

La interpretación del uso que hace el que aprende una nueva lengua (L2) de la información nativa (L1), que ya posee, ha variado de forma significativa en las últimas cuatro décadas.

La primera etapa corresponde al modelo conductista y a su aplicación en la enseñanza de lenguas extranjeras mediante el análisis contrastivo (AC). Los psicólogos conductistas consideraban que el aprendizaje de la lengua se producía de forma similar a cualquier otro tipo de aprendizaje, mediante la ejercitación, la repetición de respuestas ante un estímulo, el refuerzo positivo y el refuerzo negativo (corrección). El aprendizaje consiste entonces en la formación de hábitos lingüísticos, basados en la analogía, no en el análisis. A partir de esta concepción, el principal obstáculo para la adquisición de una lengua extranjera se encontraba en la interferencia de los hábitos de la lengua materna. Por ello, se medía el grado de dificultad por la cantidad de estructuras semejantes y de estructuras diferentes entre los dos sistemas lingüísticos. Aquellas que fueran iguales en la LM y en la LE se transferirían sin problemas; las que fueran diferentes ocasionarían los errores por interferencia o transferencia negativa. Se consideraba que los errores producían malos hábitos, por lo que había que corregirlos, y especialmente, evitarlos.

Para intentar comprender y predecir los problemas de los aprendientes, los investigadores hacían una comparación sistemática de la lengua materna (L1) con la LO (L2) y de la cultura de L1 con la cultura de L2, siguiendo la propuesta de Lado (1957), quien sostenía que se pueden predecir y describir las estructuras que causarán dificultad en el aprendizaje y las que no constituirán problemas ni motivarán errores.

A comienzos de los setenta se produjo una reacción contra el análisis contrastivo, por varias razones. La analogía no podía explicar las creaciones innovadoras de los aprendientes, que generan palabras y estructuras que nunca han oído. Se demostró que había errores, que cometían los aprendientes, que no se podían atribuir a la influencia de la lengua materna. Además, había muchas similitudes entre las gramáticas de los aprendientes (IL) pertenecientes a lenguas maternas diferentes. Por otro lado, se detectaron áreas de las gramáticas que el AC predecía como áreas de transferencia y en las que realmente no tenía lugar esa transfe-

[5] El Consejo de Europa ha asumido este concepto de competencia plurilingüística comunicativa en su último documento, el *Marco común europeode referencia para las lenguas: aprendizaje, enseñanza, evaluación* (2002).

rencia. Todas estas comprobaciones coincidieron con un abandono de las teorías lingüísticas y psicológicas de la época, basadas en el estructuralismo, las primeras, y en el conductismo, las segundas. En consecuencia, los investigadores de L2 volvieron su atención a las similitudes en el proceso de adquisición entre todos los aprendientes de L2 sin atender a las características de sus L1. En esta reacción al análisis contrastivo, que llevó a minimizar el papel de la L1 en el proceso de adquisición de L2, tuvo una importancia central el trabajo de Dulay y Burt[6], quienes propusieron la hipótesis de la construcción creativa, según la cual la adquisición de L2 está guiada por principios innatos y no por la lengua materna[7].

En las últimas décadas ha resurgido el interés por los fenómenos de transferencia, pero no como una transferencia mecánica de las estructuras de la L1, sino como un mecanismo cognitivo que subyace a la adquisición de L2. Dicho en otras palabras, no se trata simplemente de que el aprendiente preserva automáticamente las estructuras de la L1, sino que el sistema de la IL refleja una selección activa y atenta por parte del que aprende. Los estudios de la transferencia llevados a cabo dentro del marco teórico de la Gramática Universal (GU) han redefinido implícita y explícitamente el papel de la L1 en la adquisición de L2, en un concepto más amplio que contiene fenómenos como los que comentamos a continuación.

La reestructuración de reglas de la IL con cierta dilación en la secuencia del aprendizaje es un proceso de la toma, *intake,* que permite avanzar en el desarrollo de los estadios interlingüísticos. Los aprendientes de L2 no asumen que ésta sea igual a su LM. La transferencia de la LM no puede explicar ciertos conocimientos gramaticales abstractos que adquiere en la IL, por lo que parece claro, según los datos de las investigaciones presentadas en Eubank, Selinker y Sharwood Smith (1995) que las teorías de la transferencia pueden explicar mejor los fenómenos periféricos de la adquisición de L2 y que la teoría de adquisición de L2 necesita incorporar una teoría de la GU para explicar el conocimiento de los principios más profundos de la gramática de la IL así como sus errores sistemáticos.

La transferencia de la organización tipológica de la LM a la LO ha sido estudiada y demostrada en estudios como los de Rutherford y, en particular, en trabajos posteriores sobre sus investigaciones. En Eubank *et al.* (1995) se analiza la IL de hablantes nativos de mandarín y del chino que aprenden inglés/L2, con el objetivo de investigar los rasgos tipológicos de las propiedades semánticas de la IL y del camino que sigue el aprendiente, desde una LM con prominencia del tópico (mandarían y chino) hacia una lengua con prominencia del sujeto (inglés).

Otros fenómenos comprobados al estudiar el papel de la transferencia de la LM muestran que en la construcción de la IL se siguen diferentes caminos de adquisición, según sea la LM de partida; que las IL pueden presentar carencia de ciertas estructuras que no existían en la LM; o que, por el contrario, se nutren de una sobreproducción de ciertos elementos que no le corresponden.

---

[6] En su modelo teórico, es el sistema de L2 el que guía el proceso de adquisición y no el sistema de la lengua materna. Las pruebas están basadas en el orden de adquisición de un conjunto de morfemas gramaticales del inglés. Dos grupos de niños de diferentes lenguas maternas (español y chino) demostraron un orden de adquisición similar de tales morfemas. Sobre la base de estos datos, Dulay y Burt (1974 y 1975) supusieron que la L1 tiene muy poco efecto sobre el proceso de adquisición.

[7] Trabajos posteriores como el de Bailey, Madden y Krashen (1974), realizados con adultos de diferentes L1, también sugirieron un orden de adquisición de morfemas similar.

Numerosos estudiosos del tema han llegado a la conclusión de que la transferencia es una estrategia disponible para compensar la carencia de conocimiento de la lengua objeto. Sin embargo, su uso se ve constreñido por la percepción de la *distancia* entre la L1 y la L2, es decir, la manera cómo el aprendiente percibe las formas marcadas en su propia lengua, entendiendo como marcadas las formas menos frecuentes, menos productivas, menos semánticamente transparentes, más periféricas. Kellerman y Sharwood Smith (1986) y Liceras (1986), entre otros, consideran que las formas marcadas son potencialmente menos transferibles que las no marcadas. Gass (1995: 31) ha analizado los resultados contradictorios obtenidos en las investigaciones de los ochenta sobre el acceso o no acceso a la GU por parte de los aprendientes de L2 en la construcción de la IL, y los ha contrastado con las explicaciones que se podrían dar a los mismos datos de IL desde la tipología lingüística. Esta investigadora ha llegado a la conclusión de que los universales tipológicos tienen un impacto más fuerte sobre el que aprende que los principios abstractos de la GU, ya que aquéllos resultan más evidentes y tienen más posibilidades de que el sujeto se dé cuenta de ellos. Por ejemplo, los universales fonológicos, que tienen una base física importante, son más notorios que los principios abstractos de la sintaxis, y tendrán más influencia en la IL, ya que los aprendientes pueden percibir más notoriamente las relaciones entre esos rasgos en los dos sistemas (LM e IL).

Para las teorías cognitivistas, la transferencia lingüística, por el contrario, es un proceso cognitivo por el que los aprendientes de L2 hacen un uso estratégico de su L1, y de las otras L2 que conozcan, en el proceso de apropiación y de uso de la lengua meta para la comprensión y producción de mensajes. Dentro de este marco teórico, el conocimiento interlingüístico es un proceso mental que no se diferencia de otros tipos de aprendizaje y las estrategias de aprendizaje implicadas son comunes también a otros aprendizajes. Aunque esta postura es radicalmente diferente a la de los innatistas, según Ellis (1996: 348), no siempre es posible clasificar las teorías de adquisición como específicamente cognitivas o lingüísticas mentalistas, ni tampoco sería necesario hacerlo debido a que no son excluyentes, ya que una teoría comprensiva, general, de la adquisición de L2 necesitaría incorporar elementos de ambas[8].

Los estudios de la Interlengua, en realidad, tienen más que ver con el aprendizaje del conocimiento de la L2, con las teorías que explican cómo los aprendientes construyen su representación mental de la L2, cómo se desarrolla el conocimiento de las reglas y de los ítems de la lengua meta. Los estudios cognitivos tienen que ver más con el uso real que los hablantes hacen de ese conocimiento, es decir, con la explicación de cómo ejecutan y resuelven las tareas de comprensión y producción en la comunicación. En otras palabras, estamos ante la diferencia teórica entre adquisición y habilidad procedimental, esto es, casi medio siglo después, la diferencia entre competencia y actuación establecida por Chomsky como metodología de la investigación del conocimiento lingüístico. En síntesis, los estudios de interlengua tienen que ver más con lo que el aprendiente sabe, esto es con el sistema generativo abstracto, de unidades y reglas combinatorias, que subyace al uso real de ese conocimiento, que con lo que el usuario de L2 hace con ese conocimiento.

[8] Desde una perspectiva más pedagógica de las teorías de la interlengua, más allá del análisis de errores, se han realizado propuestas ingeniosas como la de Birdsong (1995: 44-46), quien relaciona la ayuda a la adquisición de la IL con las estrategias utilizadas en el juego del "Master Mind". La esencia de esta similitud está en el principio de que cuando se enseña conceptos abstractos el truco está en hacer concreto o evidente lo abstracto.

2.2. Fosilización

Otra característica peculiar de la gramática de la IL es la fosilización, un mecanismo por el que un hablante tiende a conservar en su IL ciertos ítems, reglas y subsistemas lingüísticos de su lengua materna en relación a una lengua objeto dada. En hablantes que utilizan la L2 con niveles aceptables o muy aceptables de competencia comunicativa es frecuente que aparezcan ciertos *errores* o expresiones diferentes a las del hablante nativo, que ya se consideraban erradicados de su IL. Lo que no se ha definido con toda nitidez en los trabajos sobre el tema es en qué circunstancias y situaciones aparecen estas estructuras fosilizadas, ni, más interesante aún, por qué se producen. Según Selinker (1972), las estructuras superficiales de la IL, con ciertos elementos fosilizados, se pueden explicar a partir de procesos de la estructura psicológica latente, tales como la transferencia y las estrategias.

La transferencia lingüística ocurre en especial cuando la L1 y la LO presentan oposiciones diferentes en alguna área de la gramática. En este caso, es probable que se produzca la transferencia cuando la lengua materna posee el valor no marcado de la diferencia paramétrica, y no a la inversa. Podemos esperar, por ejemplo, que un anglófono que aprende español no tendrá problemas de fosilización de estructuras con las preposiciones colgadas[9], que son muy marcadas (o prominentes) en su LM, pero que no existen en español, por lo que no parece probable que se produzca un proceso de transferencia negativa (interferencia).

En ese mismo artículo sobre la IL, Selinker alude a la transferencia de instrucción como proceso conducente a la fosilización de ciertas estructuras ajenas a la LO; ciertos vicios o errores en la presentación de datos en los manuales o en las clases pueden llevar a la construcción de hipótesis falsas, como cuando en español se enseña, de forma reiterada, que el verbo *estar* expresa lo transitorio y el verbo *ser*, lo permanente; debido a confusiones producidas por la utilización de metodologías o materiales inadecuados, los apredientes de español/LE construyen enunciados del tipo *es muerto*.

Las estrategias de aprendizaje y las estrategias de comunicación, variables en cada individuo, pueden producir también estructuras que llegan a fosilizarse; podría tratarse, por ejemplo, de la tendencia a la simplificación de las reglas de la LO, o de la tendencia a suprimir elementos gramaticales (artículos, elementos flexivos, etc.) de sus producciones, quizá con el propósito de centrar su esfuerzo en las palabras más significativas, así como la tendencia a la hipergeneralización de reglas de la LO. Estas estrategias llevan a emitir enunciados como **la problema, *yo gusto mucho el rock, *el hecho de que vivo en Madrid.*

Estas aproximaciones al problema de la fosilización, características de los setenta, no contaban con modelos teóricos explícitos que les permitieran una descripción adecuada de los datos de la IL y una explicación de los mismos[10]. La distinción propuesta por

---

[9] Se llaman *preposiciones colgadas* las estructuras del inglés (y de otras lenguas germánicas) que permiten la existencia de preposiciones sin un sintagma nominal, como en:
It is the man that Mary is living with. * *Este es el hombre que María estaba viviendo con.*

[10] Desde una perspectiva psicolingüística, posteriormente se ha tratado de delimitar la *conciencia* que puede estar ligada a la estrategia frente a la *inconsciencia* de los principios. Simplificar podría no ser una estrategia sino el resultado de un sistema distinto de representación o de un procesador *selectivo*.

Chomsky (1981) entre *lengua y gramática*[11] resultó muy fructífera para los trabajos de adquisición de L1 y también de L2.

En el contexto de este marco teórico, Liceras (1986) define el concepto de fosilización como el resultado de la existencia de permeabilidad permanente en la IL. Analiza los datos de hablantes anglófonos que aprenden español L2, con respecto a la regla de obligatoriedad del uso de *que* en las relativas especificativas no oblicuas y muestra que los estudiantes avanzados no sólo no cometen menos errores sino que, algunos, cometen más errores que los principiantes. Según esta autora, las reglas de este tipo van a ser candidatas a la fosilización, sea por su carácter marcado, sea por la conflictividad que presentan los datos del español para los hablantes no nativos.

Uno de los primeros estudios de fosilización en estadios tempranos de la interlengua fue el conocido trabajo de Schumann (1976) con el caso de Alberto, un hablante nativo de español que adquiere el inglés como L2 en contexto natural. El análisis de la IL de este informante, en los aspectos gramaticales específicos de la negación, las interrogativas parciales y los auxiliares en inglés/L2, demostró una fosilización muy temprana de estas estructuras. Tratándose de un hablante de 33 años, con inteligencia normal y sin ningún tipo de patologías lingüísticas, Schumann trató de demostrar que el hecho de que la IL de este informante se pareciera a un *pidgin* y no a una lengua que cumpliera todas sus funciones se debía a la distancia social y psicológica que este hablante percibía con sus interlocutores de la lengua meta. La hipótesis de la pidginización, basada en procesos de simplificación y reducción en las lenguas naturales, es un camino abierto para la investigación de las causas que pueden producir la fosilización de las estructuras interlingüísticas.

Además de este factor relacionado con la falta de interés en aculturizarse, existe otro factor interno del aprendiente directamente relacionado con la fosilización y ampliamente discutido por los investigadores a partir de Lenneberg (1966): la edad del aprendiente. Es evidente, aunque no podemos desarrollar el tema aquí con ciertos matices y extensión, que la edad no afecta por igual a todos los subsistemas interlingüísticos. Aquellos aspectos más relacionados con la categorización de fonemas, la plasticidad articulatoria y los parámetros fonológicos fijados mediante hábitos arraigados desde el primer año de vida en la LM, están muchos más sujetos al factor edad, de forma negativa, que los subsistemas léxico-semánticos a los que no parece que afecten demasiado la edad del aprendiente. Entre ambos extremos se encuentra el subsistema sintáctico, que ha sido el objeto de estudio más científico de los últimos veinte años en relación a la posibilidad o no de acceso a los principios y parámetros de la GU al adquirir una L2 y, más especialmente, a la posibilidades o no de refijar los valores paramétricos en casos de diferencias entre los sistemas lingüísticos de la L1 y de la L2. Algunos investigadores han puesto el foco de su atención en los factores externos que podrían producir una fosilización de la IL, tales como el exceso de presión comunicativa que requiere un uso de la IL que el aprendiente no posee, la carencia de oportunidades para el aprendizaje y las características de la retroalimentación, *feedback*, que recibe en el uso de la lengua meta[12].

---

[11] El concepto de *gramática* se considera ligado a los mecanismo neurolingüísticos que determinan la competencia del hablante. La *lengua* abarca además los factores pragmáticos y sociales del lenguaje.

[12] Se puede encontrar un buen panorama de los estudios sobre los factores que inciden en la construcción de la interlengua y en sus estadios de desarrollo en Ellis (1996).

2.3. Permeabilidad

La permeabilidad se puede definir como una propiedad específica de la IL que permite la entrada en ella de las reglas de la gramática de la L1 y la sobregeneralización de las de la L2 (Adjèmian, 1982). Esta característica de la IL se manifiesta en todos los casos en que analizamos datos de los que aprenden una L2, en relación a principios generales de la gramática, y nos encontramos con variaciones debidas a la falta de fijación de la regla o del valor del parámetro en cuestión. La especificidad del rasgo permeable de la IL ha sido criticado desde una perspectiva diacrónica y desde una perspectiva sincrónica por otros investigadores más eclécticos.

En respuesta a los trabajos de Adjèmian mencionados, Selinker y Lamendella (1978), por ejemplo, afirman que la permeabilidad no puede ser un rasgo específico de la IL, puesto que podemos encontrar un fenómeno parecido en la adquisición de la lengua materna. Según ellos, la adquisición se produce gracias a una evolución de gramática en gramática, cada una de las cuales se aproxima un poco más a la gramática adulta. La permeabilidad del sistema se perdería una vez que se llega a la gramática adulta y no sería, de hecho, más que una manifestación de un fenómeno más general atestiguado también en el funcionamiento de otras capacidades cognitivas[13]. Pero este concepto diacrónico de permeabilidad, como una transición de una etapa del desarrollo a otra, no tiene el sentido que le da Adjèmian, para quién sería, más bien, la variabilidad de esa gramática en un estado sincrónico.

Desde el plano sincrónico, Arditty y Perdue (1979) critican la idea de permeabilidad por el hecho de que podemos encontrar en la actuación lingüística de los hablantes nativos ejemplos de penetración de reglas o términos de alguna otra lengua en ciertas situaciones, como en los casos de contacto de lenguas. Una vez más, Adjèmian sostiene que esta confusión del término queda resuelta si nos atenemos al principio metodológico de distinguir entre competencia y actuación, entre conocimiento y uso del lenguaje.

El concepto de *permeabilidad* ha ido variando y precisándose, gracias a los análisis y discusiones que se fueron produciendo en los estudios de adquisición de L2, dentro del marco del modelo chomskiano.

Liceras (1996) discute el tema en varios trabajos y no considera que la permeabilidad como tal deba ser específica de las IL, sino que lo que las caracteriza son las formas específicas en que son permeables. Sostiene que la permeabilidad es una propiedad de la gramática, nativa y no-nativa, que viene determinada por la relación que existe entre la dotación biológica del hablante (GU) y la realidad lingüística externa con que se enfrenta[14]. Establece la diferencia entre permeabilidad y variabilidad: la primera pertenece a la gramática no-nativa, a la competencia y es el resultado de la fijación variable, o de la no fijación, de una regla

---

[13] Se refieren a otros dominios del procesamiento de la información representacional, tales como, un alto grado de dominio del juego del ajedrez, juegos de razonamiento matemático, o diferentes niveles en el dominio del piano (Selinker y Lamendella, 1978).

[14] Liceras (1986) parte del supuesto metodológico, basado en Chomsky (1981), que implica distinguir entre lengua no-nativa (interlengua) y gramática no-nativa, de la misma manera que se distingue entre *lengua y gramática*. La gramática no nativa, del mismo modo que la nativa, está ligada a los mecanismos neurológicos (GU) que determinan la competencia del hablante, mientras que la lengua (en este caso la IL) abarca, además, los factores pragmáticos y sociales y los mecanismos de producción del lenguaje.

de la gramática nuclear. La variabilidad se sitúa en el plano del uso de la IL, de la producción como tal, y es el reflejo de la aplicación de los mecanismos de producción en las distintas situaciones comunicativas.

En el caso de la gramática no nativa, los principios de la GU presentan niveles de densidad distintos dada la *mediación* de la gramática nativa. Si un aprendiente de L2 se encuentra con datos poco transparentes en la lengua objeto para una construcción que, además, es marcada, tendrá muchas dificultades para llegar a la fijación unívoca del parámetro correspondiente y, por tanto, no va a tener intuiciones fijas con respecto a ese proceso[15]. Este podría ser el caso, por ejemplo, de los hablantes anglófonos que aprenden español L2 con respecto a las relativas especificativas no oblicuas, en las que es obligatorio el uso del complementante *que* y no admiten el uso de los pronombres relativos, como se puede constatar en los casos siguientes:

1. *El hombre que / *quien / *el que / *el cual llegó ayer.*
2. *Ese es el hombre que / *quien / *el que / *el cual vimos ayer.*

En inglés, sin embargo, hay dos opciones posibles: el uso del complementante *that*, como en español, y el uso del pronombre *who* o *which* que no está permitido en español, como se indica en (3) y (4):

3. *The man that / who has arrived ...*
4. *That is the man that / who(m) we love.*

La fijación de una u otra forma del parámetro que guía o restringe el movimiento de sintagmas nominales en las oraciones relativas depende de la interacción de los principios de la GU, en este caso el principio que regula los procesos de movimiento, con los datos de la lengua con la que el niño tiene contacto. La dotación biológica de que dispone para la adquisición del lenguaje le lleva a captar los datos esenciales que le permitan fijar un valor u otro del parámetro.

Esta situación representará, muy probablemente, un caso de permeabilidad en la IL española debido a dos razones: por un lado, el valor del parámetro relacionado con el movimiento de sintagmas es diferente en la LM (inglés) de los aprendientes y la LO (español); por otro, los datos del español no son transparentes a nivel superficial. Aunque esta caracterización parezca una reformulación de los conceptos de transferencia y sobregeneralización, en realidad no lo es, debido al diferente planteamiento teórico de estos autores.

Con este modelo teórico más explícito y sutil, podemos plantearnos la vieja cuestión del papel que desempeña la lengua materna en el aprendizaje de otras lenguas. Dicho de otro modo, plantearnos cómo afecta la adquisición de la lengua materna (L1) a la GU, en el sentido de qué relaciones se establecen entre la GU, la construcción de la L1, y la posible disponibilidad de la GU para la fijación de la gramática de la L2. Pues, aunque la gramática de la IL difiere, en varios aspectos, de la gramática de los hablantes nativos, representa un conocimiento del lenguaje sistemático y basado en reglas, probablemente constreñidas por los principios de la Gramática Universal.

---

[15] En el campo de la teoría lingüística y de la adquisición se están investigando nuevas propuestas que sostienen que el valor de los parámetros no se *refija*, sino que, en determinadas condiciones, se transfiere la opción de L1 (Tsimpli y Roussou; en L. Eubank *et al.*, 1991). Lo que se llama *refijar* se llevaría a cabo por otros procedimientos distintos a los de la L1.

2.4. Variabilidad

Las teorías sobre la variabilidad interlingüística (Tarone, 1983,1988; Ellis, 1985, 1986) proporcionan una explicación del conocimiento de la lengua meta en relación con lo que se puede observar en las producciones y respuestas, *output,* en esa lengua. La variabilidad se puede entender como el producto del uso diferenciado del conocimiento explícito y del conocimiento implícito, que se caracteriza por no ser homogéneo sino más bien heterogéneo.

Tarone sostiene, y lo demuestra en su análisis de los datos de diferentes estudios, que la producción en la IL varía sistemáticamente en función de las pruebas o tareas que se realizan para obtener dichos datos. Por esta constatación, toda teoría de la adquisición de lenguas extranjeras debería dar cuenta de esa variabilidad sistemática de las locuciones de los que aprenden una LE cuando intentan comunicarse en esa lengua. La variabilidad de la IL en el nivel de la sintaxis, de la morfología y de la fonología de la IL está bien documentada. Puede deberse a factores muy variados, pero hay dos muy claros que influyen en esa variabilidad: el contexto de actuación lingüística y la técnica utilizada para la obtención de los datos. En sintaxis, por ejemplo, se ha documentado que los hablantes de diferentes lenguas maternas que aprenden inglés presentan variaciones en su tratamiento de la regla de elisión del segundo verbo en inglés, al producir estructuras del tipo de:

Mary is eating an apple and Sue 0 a pear.
Mary está comiendo una manzana y Sue 0 una pera

Un estudio experimental, hecho con nueve alumnos de inglés como LE, en cuatro tareas diferentes, dio como resultado que nunca producían una oración como ésta en su habla espontánea. Cuando se les pidió que repitieran una oración de este tipo, pocos segundos, después de que un hablante nativo del inglés la pronunciara -imitación-, el 11% pudo hacerlo. Cuando se les pidió que combinaran dos oraciones que poseían verbos idénticos, el 25% elidió el segundo verbo, y cuando se les preguntó si estas oraciones eran gramaticales en inglés, el 50% contestó que no lo eran. De este modo, estas cuatro formas diferentes de obtener datos, a saber, producción espontánea, imitación, combinación de estructuras y juicios de gramaticalidad, nos proporcionan cuatro esquemas diferentes de la situación de esta regla en las IL de estos sujetos.

Otros investigadores, como Krashen (1976) y Van Naerssen (1986), han mostrado que se obtienen órdenes de adquisición de morfemas diferentes según se dé al alumno más o menos tiempo para pensar en los datos y según el tipo de tarea que se lleve a cabo (hablar, escuchar, leer, escribir e imitar). Por ejemplo, en la IL inglesa se puede comprobar que cuando disponen de más tiempo, utilizando un estilo más cuidado y poniendo el foco más en la forma que en el contenido, usan más la *-s*, marca de la 3.ª persona singular del verbo en presente.

No se han llevado a cabo estudios de investigación de la variabilidad sistemática de la IL española, pero por los datos de nuestra experiencia podríamos partir de la hipótesis de que en estas mismas situaciones producirían diferencias significativas en el uso de las marcas de concordancia de género y de número entre adjetivo y sustantivo, por ejemplo, o en la pronunciación de la /r/ por hablantes japoneses. Sabemos que, en situación de realizar ejercicios estructurales, nuestros estudiantes conjugan los verbos de una determinada irregularidad de forma correcta, pero cuando tienen alguna posibilidad de uso espontáneo tienden a usar la forma regular. O repitiendo series de ejercicios de concordancia de género dentro del sintagma nominal flexionan el adjetivo, mientras que al hablar mantienen el adjetivo en masculino, que es la forma no marcada.

Los datos examinados por Tarone indican que la IL varía sistemáticamente según la tarea de obtención de datos que se haya utilizado, y que cuando una tarea se refiere a un estilo más cuidado, este estilo puede contener más formas de la LO o más variantes de prestigio de la LM que el estilo casual y espontáneo. Éste puede contener estructuras cuyo origen no sea ni la LM ni la LO, que parecen surgir espontáneamente y que se parecen a las que se dan en los *pidgin,* en la adquisición de la LM por los niños y en la adquisición de una LE en un contexto natural, sin profesores.

Este tipo de variabilidad presenta problemas a las teorías sobre la adquisición de LE porque plantea la cuestión de si la lengua del alumno es *sistemática* o no y, en el caso en que lo sea, cómo lo es.

Selinker (1972: 83) entendía que la IL es un *sistema lingüístico separado,* que subyace a las producciones que un alumno intenta producir en la LO. Rechazaba explícitamente ciertas técnicas de obtención de datos de la IL, como los juicios de gramaticalidad, que sólo aportarían información sobre el otro sistema cognitivo *con el que el alumno está luchando". Sostenía que "los únicos datos con los que se podrían hacer predicciones en una teoría del aprendizaje de LE son las locuciones que aparecen cuando el alumno intenta producir en la LO.*

Otros investigadores piensan que las intuiciones gramaticales son muy útiles para caracterizar la IL, pues están interesados en describir y explicar el *conocimiento* de la lengua que tiene el alumno, no simplemente su producción. Sabemos que la *competencia lingüística*, o la *competencia pragmática*, entendidas como conocimiento, no se manifiestan exactamente igual cada vez que usamos la lengua. Este *uso* o *actuación lingüística* puede estar condicionado por una variedad de factores internos o externos al hablante, desde el estado anímico, la fatiga, el entusiasmo, o el estrés, hasta los *ruidos* de todo tipo que puedan interferir el acto comunicativo. Si queremos dejar de lado estos factores en el estudio de la variabilidad del conocimiento de la IL, las pruebas de obtención de datos que usemos tendrán que controlar todas estas variables. Con este fin se han diseñado las pruebas que conocemos como *juicios de gramaticalidad* y *juicios de preferencia*, entre otras, como la traducción directa o inversa, la repetición, o cualquier otra forma de producción controlada.

Si la utilización de una u otra tarea puede llevarnos a planteamientos contradictorios acerca de la naturaleza de la IL, ¿cuáles son los mejores datos para caracterizar la IL? Dada la variabilidad de estos datos, ¿qué tipo de sistema puede suponerse que subyace a las locuciones del alumno?[16].

Para dar respuesta a estas cuestiones, contamos con tres modelos de adquisición de la IL en los que se está trabajando desde hace dos décadas. Estos modelos no han sido superados todavía, pero al mismo tiempo, no han sido capaces de dar una respuesta completa y definitiva. Cada uno aporta explicaciones a algunos aspectos de la IL y su variabilidad.

El modelo de la *competencia homogénea*, descrito por Adjèmian, aplica la teoría chomskyana al estudio de la IL. Plantea la necesidad de la idealización del que adquiere

---

[16] El análisis de las posibles respuestas de los distintos modelos de estudio de la IL que planteamos aquí está tomado de Tarone, traducido al español en Liceras (1992: 265-292).

una LE, es decir, de un hablante-oyente ideal, fuera de cualquier situación específica de comunicación (no afectado por *lapsus*, variación sociolingüística, ruidos, etc.), con el objeto de dar respuestas a los aspectos más universales de este proceso. Se supone que esa competencia es homogénea en la medida en que es idealmente invariable, y que es accesible a la introspección ya que el hablante-oyente ideal puede utilizarla para realizar juicios de gramaticalidad.

El modelo de la *competencia dual*, propuesto por Krashen, en varios trabajos y ejemplificado en la teoría del monitor, defiende la existencia de dos módulos de conocimiento diferentes, *adquisición y aprendizaje*, entre los que no hay ninguna posibilidad de interrelación o de trasvase. Según Krashen, sólo la *adquisición* hace posible el procesamiento y la producción en la IL; el *aprendizaje* funciona como base del monitor.

El modelo de *competencia continua*, formulado por Bialystok y por Tarone, entre otros, considera la IL como un *continuum* de estilos de aprendizaje, desde los más intuitivos e inconscientes a los más reflexivos y conscientes, o a la inversa, según el desarrollo individual de la IL. Este modelo de la capacidad continua se basa en tres axiomas básicos: por un lado, que no hay hablantes de estilo único, es decir, todos los hablantes utilizan variantes lingüísticas o fonéticas cuando la situación o el tema cambian; por otro, que es posible clasificar los estilos de un hablante a lo largo de una dimensión continua definida por la atención que se pone al hablar; y por último, que en el estilo *vernáculo*, donde se pone una atención mínima en el habla, se revelan los estilos fonológicos y gramaticales más regulares y sistemáticos. Los demás estilos tienden a mostrar mayor variabilidad.

La capacidad interlingüística -y es necesario recalcar *capacidad* frente a *competencia*- se compone de las regularidades que subyacen a las producciones y percepciones del alumno, así como a sus juicios de gramaticalidad resultantes de su introspección. Esto es, su capacidad interlingüística no es homogénea, sino heterogénea, compuesta por un *continuum* de estilos. El estilo más cuidado es el que el hablante utiliza cuando presta la máxima atención a la forma de la lengua; el estilo *vernáculo* es el que se manifiesta cuando el hablante presta el menor grado de atención a la forma de la lengua. La capacidad de la IL está constituida por estos dos estilos extremos y por todos los estilos intermedios que queramos describir, según las técnicas de obtención de datos: de habla espontánea, de habla cuidada, de intuiciones gramaticales, entre varios otros. Esta IL es sistemática en dos sentidos: por un lado, puede ser descrita y predicha mediante un conjunto de reglas variables y categoriales; por otro, tiene consistencia interna. La diferencia con el modelo de competencia homogéneo es que aquí se concibe la capacidad interlingüística como una capacidad heterogénea compuesta por diferentes estilos, utilizados por el hablante según razones de tipo social y psicológico.

Desde el punto de vista de la metodología de la investigación de la IL, las diferencias de estilo constituyen un desafío que todavía no se ha podido resolver con eficacia puesto que es difícil identificar un estilo de habla particular, tanto en el habla no nativa como en la nativa. Sólo ejemplificaremos esta dificultad y su solución metodológica con algunas investigaciones realizadas en la manifestación fonética de la oralidad. Labov (1972) propuso que los estilos podían ordenarse a lo largo de una única dimensión, medida mediante la cantidad de información puesta en el habla. Consideraba que el modo más fuerte de ejercer esa atención se manifiesta cuando uno controla y monitoriza auditivamente su propia habla; en el otro extremo del *continuum*, la forma más débil de control correspondería a lo que llama un estilo vernáculo, o mejor, espontáneo, en el que no se pone ninguna atención a la monitorización del habla. El mayor problema reside en la necesidad de encontrar unas variables lingüísticas objetivables que reflejen la formalidad de la expresión oral. Para Dewaele (1995: 238), el cambio de estilo en la IL de los hablantes refleja el grado en el que ellos anclan sus producciones en el contexto espacio-temporal (ordenándolas desde lo más determinantes hasta las emisiones independientes del contexto). Este mismo principio se aplica a los hablantes nativos y parece ser universal. La elección de un estilo de habla particular está motivado por un principio de economía, en el sentido de que un hablante invertirá más esfuerzo y energía en la producción cuando sienta la necesidad de que lo comprendan sin ambigüedades en una situación que percibe como formal. Por ello, un ejemplo típico de actuaciones formales serían los estilos usados en las ceremonias y las conferencias.

Conclusión

Después de tres décadas de estudio sobre la interlengua, no se puede negar en la actualidad una serie de asunciones teóricas con suficiente respaldo de estudios experimentales, que se aceptan de forma general; pero que, junto a ellas, se siguen planteando preguntas de investigación. Las resumimos aquí siguiendo a Eubank, Selinker y Sharwood Smith (1995: 8) con el propósito de ofrecer al lector una síntesis del estado de la cuestión en el conocimiento de la IL.

El campo de investigación de la IL es interdisciplinar, lo que significa que las teorías de diferentes áreas pueden tener una cierta relevancia, tales como la ciencias cognitivas, la psicología y la lingüística.

Los investigadores de la competencia interlingüística no pueden mantenerse al margen de la evolución de las teorías que pueden ayudar a analizarla y explicarla, pero no es posible dar una explicación global que exija conocer todas las teorías. Desde un enfoque modular, es posible seguir el desarrollo teórico específico de algunos de los ámbitos que se quieran enfocar en la investigación de la IL.

Los investigadores de la IL están de acuerdo en que no se puede llegar a una teoría de la adquisición de L2 si no se cuenta con una teoría de qué es lo que se adquiere, es decir, sin una teoría lingüística.

Para investigar si las IL son lenguas naturales sujetas a los constreñimientos de la GU se analizan y prueban con los datos interlingüísticos propuestas teóricas sobre la naturaleza de la gramática.

La GU y el proceso de transferencia de la LM están relacionados con la gramática de la IL. Lo que se sigue investigando es qué, dónde, cuándo, cómo y de qué manera varían en su influencia.

La adquisición de la L1 y la L2 no son procesos totalmente idénticos, pero necesitamos saber más exactamente cómo, cuándo y en qué son iguales y son diferentes.

La fosilización de la gramática de la IL es un proceso real que actúa de forma variable, por lo que necesitamos estudios empíricos de tipo longitudinal para saber más sobre qué, cómo, por qué, cuándo se fosiliza una estructura.

Algunas L2 son más difíciles que otras, y algunas estructuras de una determinada L2 son más difíciles que otras para los aprendientes, pero necesitamos saber en qué, cómo, por qué, cuándo se dan estas variaciones.

Las preguntas clave que se intentan contestar desde la teoría de la IL están relacionadas con los procesos responsables de la construcción de la competencia interlingüística, las características del *continuum* o sucesión de estadios interlingüísticos y las razones por las que los aprendientes no alcanzan una competencia completa en la lengua meta.

Cada una de estas conclusiones parciales requiere una línea de investigación específica, desde la psicología de la cognición, la lingüística o la sociolingüística. El profesor de E/LE, curioso e inquieto por entender el comportamiento interlingüístico de sus alumnos, encontrará en cada una de ellas una explicación interesante que lo llevará a reestructurar su concepto del aprendiente, de sus errores y de sus aciertos.

Bibliografía

ADJEMIAN, C. (1982),"La spècificité de l'interlangage et l'idéalisation des langues secondes", en J. GUÉRON y S.SOWLEY (eds.), *Grammaire transformationelle: théorie et méthodologies*. Vincennes, Université de Paris VIII. Traducido en Liceras (1992).

AITCHISON, J. (1987), *Words in the Mind: an Introduction to the Mental* Lexicon, Cambridge. Mass, Basil Blackwell.

BAILEY, N.; MADDEN, C, y KRASHEN, S. (1974), "Is there a 'natural secquence' in adult second language learning?", *Language Learning* 24: 235-243.

BARALO, M. (1997), "La organización del lexicón en lengua extranjera", *Revista de Filología Románica. Homenaje a Pedro Peira Soberón* ,14. Vol. 1: 59-73.

BARALO OTONELLO, M. (1999), *La adquisición del español como lengua extranjera*, Madrid, Arco libro.

BIALYSTOK, E. (1978),"A Theoretical Model of Second Language Learning", *Language Learning,* 28: 69-83.

BIALYSTOK, E. (1982)," On the Relatioship between Knowing and Using Linguistic Forms", *Applied Lin*guistics, 3: 181-206.

BIALYSTOK, E. (1990),"The competence of processing: classifying theories of second language acquisition", *TESOL Quarterly*, 24: 635-48.

BIALYSTOK, E. y SHARWOOD SMITH, M. (1985), "Interlanguage is not a state of mind: an evaluation of the construct for second language acquisition", *Applied Linguistics,* 6: 101: 17.

BIRDSONG, D. (1995), "Learnability, preemption, domain-specificity and de instructional value of Master Mind", en EUBANK, L.; SELINKER, L. y SHARWOOD SMITH, M. (eds.) (1995).

CARROLL, S. (1995), "The irrelevance of verbal feedback to language learning", en EUBANK, L., SELINKER, L. y SHARWOOD SMITH, M. (eds.) (1995).

CLASHEN, H. y MUYSKEN, P. (1986), "The Availability of Universal Grammar to Adult and Child Learners: a Study of the Acquisition of German Word Order", *Second Language Research, 2* (2): 93-119.

COPPIETERS, R. (1987),"Competence differences between Native and Fluent Non Native Speakers", *Language,* 63: 544-73.

CORDER, S. (1971), "Idiosincratic Dialects and Error Analysis", *International Review of Applied Linguistics,* 9: 147-160. Traducido en LICERAS (1992).

CORDER, S. (1978), *Error Analysis and Interlanguage,* Oxford, University Press.

CHOMSKY, N. (1959), "Review of 'Verbal behavior' by B.F.Skinner", *Language,* 35: 26-58.

CHOMSKY, N. (1980), *Rules and Representations,* New York, Columbia University Press.

CHOMSKY, N. (1981), *Lectures on government and binding,* Dordrech, Foris.

CHOMSKY, N. (1986), *Knowledge of Language. Its Nature, Origen and Use,* New York, Pantheon.

DEWAELE, J. M (1995),"Style-shifting in oral interlanguage", en EUBANK, L.; SELINKER, L. y SHARWOOD SMITH M. (eds.) (1995).

DULAY, H. y BURT, M. (1974), "Natural Sequences in Child Second Language Acquisition", *Language Learning,* 24:37-53. Traducido en LICERAS (1992).

DULAY, H. y BURT, M. (eds.) (1975), *New directions in second language learning, teaching and bilingual education,* Washington, TESOL.

ELLIS, R. (1985), *Understanding Second Language Acquisition,* Oxford, Oxford University Press.

ELLIS, R. (1996), *The Study in Second Language Acquisition,* Oxford, Oxford University Press.

EUBANK, L. (1991), *Point / Counter Point: Universal Grammar en the Second Language*, Cambridge, John Benjamin.

EUBANK, L., SELINKER, L. y SHARWOOD SMITH M. (eds.) (1995), *The current state of Interlanguage: Studies in Honor of William E. Rutherford*, Amsterdam, John Benjamins.

FERNÁNDEZ, S. (1997), *Interlengua y Análisis de Errores en el aprendizaje del español como lengua extranjera,* Madrid, EDELSA.

FLYNN, S. y O`NEIL, W. (eds.) (1988), *Linguistic Theory in Second Language Acquisition,* Dordrecht, Kluwer Academic Publishers.

FODOR, J. (1983), *The Modularity of Mind,* Cambridge, Mass, MIT Press.

FRAUENFELDER, V. *et al*. (1980), "Conaissance en Langue Etrangère", *Langage,* 57.

GASS, S. (1995), "Universals, SLA and language pedagogy, 1984 revisited", en L. EUBANK, L. SELINKER y M. SHARWOOD SMITH (eds.) (1995).

GASS, S. y SELINKER, L. (eds.) (1983), *Language Transfer in Language Learning,* Mass., Rowley, Newbury House.

GASS, S. y MADDEN, C. (eds.) (1985), *Input in Second Language Acquisition,* Nueva York, Cambridge University Press.

GASS, S. y SCHACHTER J. (1989), *Linguistic Perspectives on Language Acquisition,* Mass, Cambridge University Press. ,

GOODLUCK, H. (1991*), Language Acquisition,* Oxford, Blackwell.

GREENBERG, J. H.(ed.) (1963), *Universals of Language,* Cambridge, MIT Press.

JACKENDOFF, R. (1992), *Languages of the Mind,* Cambridge, Mass., MIT Press.

KASPER, G. y DUFON, M. (2000), "La pragmática de la interlengua desde una perspectiva evolutiva", en C. MUÑOZ, (ed.) (2000).

KELLERMAN, E. y SHARWOOD-SMITH, M. (eds.) (1986), *Cross-linguistic Influence in Second Language Acquisition,* Pergamon Press.

KLEIN, W. (1986), *Second Language Acquisition,* Mass., Cambridge, University Press.

KRASHEN, S. (1976), "Formal and informal linguistic enviroment en language acquisition and language learning", *TESOL Quaterly,* 10: 157-168.

KRASHEN, S. (1977), "The Monitor Model for Second Language Performance", en BURT, DULAY y FINOCCHIARO (eds.): *Viewponts on English as a Second Language,* Nueva York, Regents, Traducido en LICERAS (ed.) (1992).

KRASHEN, S. (1985), *The Input Hypothesis: Issues and Implications,* London, Longman.

KRASHEN, S. (1988), *Second Language Acquisition and Second Language Learning,* London, Prentice Hall.

LABOV, W. (1972), *Soliolinguistics Patterns,* Filadelfia, University of Pennsylvania Press.

LADO, R. (1957), *Linguistics cross cultures*, Ann Arbor, University of Michigan Press, Trad. española: *Lenguas y cultruas,* Madrid, Paraninfo.

LARSEN-FREEMAN, D. y LONG, M. (1991), *An Introduction to second languge research*, Londres, Longman. Versión española (1994), Madrid, Gredos.

LENNEBERG, E. (1967), *Biological Foundations of Language,* Nueva York, Wiley.

LICERAS, J. M. (1986), "Sobre la noción de permeabilidad", *Revista Española de Lingüística Aplicada*, 2: 49-61.

LICERAS, J. M. (ed.) (1992), *La adquisición de lenguas extranjeras: hacia un modelo de análisis de la interlengua,* Madrid, Visor.

LICERAS, J. M. (ed.) (1993), *La lingüística y el análisis de los sistemas no nativos, Ottawa Hispanic Studies,* 12, Dovehouse.

LICERAS, J. M. (1996), *La adquisición de las lenguas segundas y la gramática universal,* Madrid, Síntesis.

MAC WHINNEY, B. (ed.) (1987*), Mechanisms of Language Acquisition,* Hillsdale, NY, Erlbaum.

MCLAUGHLIN, B. (1987), *Theories of Second Language Learning,* Edward Arnold.

MEISEL, J. (ed.) (1986), *Adquisición de Lenguaje,* Francfort, Vervuert.

MUÑOZ, C. (ed.) (2000), *Segundas lenguas: adquisición en el aula,* Barcelona, Ariel Lingüística.
NEMSER, W. (1971), "Aproximative Systems of Foreing Language Learners", *IRAL* 9.2: 115-123.
PIATELLI-PALMARINI, M. (1980), *Language and Learning: the debate between Chomsky and Piaget,* Cambridge, Mass, Harvard University Press. (Versión española (1983), *Teorías del lenguaje - Teorías del aprendizaje,*Barcelona, Crítica).
PINKER, S. (1995), *El instinto del lenguaje*, Versión española, Madrid, Alianza.
PUYOL, M., NUSSBAUM, L. y LLOBERA, M. (1998), *Adquisición de lenguas extranjeras. Perspectivas actuales en Europa,* Madrid, Edelsa.
SCHUMANN, J. (1976), "Second Language Acquisition: the Pidginization Hypothesis", *Language Learning* 26, 2; 391-408. Traducido en LICERAS (1992).
SELINKER, L. (1972), "Interlanguage", *IRAL* 3:209-31. (Traducido en LICERAS, 1992).
SELINKER, L. y LAMENDELLA, J. (1978), "Two perspectives on fossilization in interlanguage learning", *Interlanguage Studies Bulletin,* 3: 143-91.
SERRA, M., SERRAT, E., SOLÉ, R., BEL, A. y APARICI, M. (2000), *La adquisición del lenguaje,* Barcelona, Ariel Psicología.
TARONE, E. (1983), "On the variability of interlanguage systems", en *Applied Linguistics,* 4: 143 - 63. Traducido en LICERAS (ed.) (1992).
TARONE, E. (1988), *Variation in Interlanguage,* London, Edward Arnold.
VAN NAERSSEN, M. (1986), "Hipótesis sobre la adquisición de una segunda lengua, consideraciones interlenguaje: comprobación en el español", en J. MEISEL (ed.) (1986).
VÁZQUEZ, G. (1991), *Análisis de errores y aprendizaje de español/ lengua extranjera*, Francfort, Peter Lang.
WHITE, L. (1989), *Universal Grammar and Second Language Acquisition*, Amsterdam, J. Benjamins.
ZOBL, H. (1989), "Modularity in Adult L2 Acquisition", *Language Learning,* 39: 49-79.

El análisis de errores en la interlengua del hablante no nativo

Isabel Santos Gargallo
Universidad Complutense de Madrid

Introducción

La observación empírica de la producción lingüística en hablantes no nativos (HNN), que se inicia a finales del decenio de los años sesenta del pasado siglo, viene motivada por el interés de los psicolingüistas en profundizar en el conocimiento del proceso de adquisición-aprendizaje de segundas lenguas (L2) y lenguas extranjeras (LE), una vez que fue puesta de manifiesto la insuficiencia del conductismo psicológico y del estructuralismo lingüístico y la parcialidad de los estudios contrastivos. El propósito de dicha observación fue contar con datos que pudieran aplicarse a la mejora de los métodos y procedimientos de enseñanza. La idiosincrasia del sistema lingüístico característico del HNN -*interlengua* (Selinker, 1972, 1992)- proporcionó un corpus de datos apto para el análisis y la descripción de algunos de los fenómenos que se ponen de manifiesto en el aprendizaje de lenguas; así, por ejemplo, el estudio de los *errores* (Corder, 1967, 1971, 1981) adquirió relevancia al ser considerados exponentes de procesos psicológicos subyacentes capaces de ilustrar, aunque fuera parcialmente, el proceso de aprendizaje en contextos de instrucción formal y/o contextos mixtos. De esta manera, el método de análisis de errores (AE) se constituye como un procedimiento científico orientado a determinar la incidencia, la naturaleza, las causas y las consecuencias de una actuación lingüística y cultural que, en alguna medida, se aleja del modelo del hablante nativo adulto.

A lo largo de tres décadas han sido varias las monografías (Richards, 1974; Corder, 1981; Norrish, 1983; Edge, 1989; Freudenstein, 1989; Spillner, 1991; Santos Gargallo, 1993; James, 1998) que se han propuesto establecer el estado de la cuestión, así como diversos han sido los temas específicos que en investigaciones concretas se han desarrollado; en la actualidad, el análisis de errores, como método de investigación introspectiva, se ha aplicado a otros ámbitos de las ciencias del lenguaje, como la enseñanza-aprendizaje de la lengua materna, el cambio lingüístico (Milroy, 1992)[1], las patologías en el desarollo y uso del lenguage (Crystal, 1982)[2] y, de forma más reciente, la lingüística forense (Kniffa, 1996, Hubbard, 1996)[3].

---

[1] J. MILROY (1992), *Linguistic Variation and Change*, Oxford, Blackwell.

La adopción del método de análisis de errores para el estudio de la interlengua del hablante no nativo de español se desarrolla a partir de la década de los noventa y florece en un elenco nada desdeñable de investigaciones[4] que, dentro del paradigma científico, constituyen una aportación al conocimiento del proceso de aprendizaje del español (L2/LE) y de los procesos psicolingüísticos subyacentes; dichos estudios han iniciado una línea de investigación que habrá de ser contrastada en el futuro para obtener conclusiones.

Al hilo de estas reflexiones y conscientes de los límites que impone esta publicación, nos proponemos, primeramente, delimitar el concepto de *error* en el proceso de aprendizaje y en el logro de la competencia comunicativa desde la perspectiva, ampliamente aceptada, de su carácter positivo y necesario en la conformación de la interlengua; a continuación, describiremos de forma explícita la metodología para abordar un análisis de errores dentro de los parámetros de la investigación científica.

1. Los errores en la interlengua del hablante no nativo (HNN)

Los errores del sujeto que aprende una segunda lengua (L2) o lengua extranjera (LE) pueden ser considerados como desviaciones de la norma de la lengua meta, y esa norma incluye

---

[2] D. CRYSTAL (1982) *Profiling Linguistic Disability*, Londres, Edward Arnold.

[3] H. KNIFFA (ed.) (1996) *Recent Developments in Forensic Linguistics*, Francfort, Peter Lang; y E. H. HUBBART (1996) "Errors in court: a forensic application of errore analysis", en H. KNIFFA (ed.) (1996).

[4] Las referencias bibliográficas de investigaciones en análisis de errores de la interlengua española que reseñamos a continuación han sido obtenidas tras la consulta de la base de datos TESEO (http://www.mcu.es/teseo) y para su ordenación hemos adoptado el criterio cronológico: S. FERNÁNDEZ LÓPEZ (1991), *Interlengua y análisis de errores en el aprendizaje del español como lengua extranjera [en HNN de origen francés, alemán, árabe y japonés]*, Madrid, Universidad Complutense, Tesis Doctoral; I. SANTOS GARGALLO (1991), *Análisis de errores en la expresión escrita de estudiantes de español cuya lengua nativa es el serbocroata*, Madrid, Universidad Complutense, Tesis Doctoral; G. VÁZQUEZ (1991) *Análisis de errores y aprendizaje del español como lengua extranjera. Análisis, explicación y terapia de errores transitorios y fosilizables en cursos universitarios para hablantes nativos de alemán*, Universidad Libre de Berlín, Tesis Doctoral; A. M. BENEDETTI (1992), *Interferencias morfosintácticas y semánticas del portugués en el aprendizaje del español*, Madrid, Universidad Complutense, Tesis Doctoral; H. WON DUG (1994), *Estudio teórico y empírico sobre la interlengua y el análisis de errores [en hablantes coreanos de español]*, Madrid, Universidad Complutense, Tesis Doctoral; A. CARCEDO GONZÁLEZ (1995), *La pronunciación del español por hablantes de finés. Particularidades de un acento extranjero*, Universidad Nacional de Educación a Distancia, Tesis Doctoral; B. BARBIERI DURAO ADJA (1997), *Caracterización de la competencia lingüística transicional de lusohablantes aprendices de español e hispanohablantes aprendices de portugués*, Universidad de Valladolid, Tesis Doctoral; R. PINILLA GÓMEZ (1997), *Estrategias de comunicación e interlengua en la enseñanza del español lengua extranjera (ELE)*, Madrid, Universidad Complutense, Tesis Doctoral; M.ª B. ARBULU BARTUREN, (1997), *Contribución al estudio del sistema vocálico de hablantes extranjeros que aprenden español*, Universidad del País Vasco, Tesis Doctoral; R. MARTÍN GONZÁLEZ (1999), *El análisis de errores en español como lengua extranjera: el caso del checo*, Universidad Autónoma de Madrid, Tesis Doctoral; A. MOHAMED ABD EL SALAM (2002), *Estudio seudo-longitudinal de errores léxicos y estrategias de comunicación en la interlengua oral y escrita de hablantes de español de origen egipcio*, Madrid, Universidad Complutense, Tesis Doctoral; A. MUÑOZ BENITO (2002), *Estrategias de comunicación en la interacción oral entre hablantes nativos y no nativos de español: implicaciones y propuestas didácticas*, Madrid, Universidad Autónoma, Tesis Doctoral; J. A. TORIJANO PÉREZ (2002), *Análisis teórico-práctico de los errores gramaticales en el aprendizaje del español L2: expresión escrita [en lusohablantes]*, Universidad de Salamanca, Tesis Doctoral; N. DEROUICHE (en curso), *Análisis de errores en el aprendizaje de los tiempos de pasado en la producción oral y escrita de hablantes tunecinos de español*, Madrid, Universidad Complutense, Tesis Doctoral. No damos cuenta de las memorias de máster derivadas de cursos de posgrado, ni de los trabajos de investigación desarrollados

tanto aspectos propiamente lingüísticos, como aquellos que afectan a la adecuación al contexto o a las normas socioculturales de la comunidad en que esa lengua es vehículo de comunicación[5].

Estas formas o comportamientos no deseables e involuntarios, aunque no siempre inconscientes, forman parte del sistema de lengua que el hablante no nativo es capaz de entender y utilizar en una etapa de su proceso de aprendizaje, es decir, de su competencia transitoria o dialecto idiosincrásico (Corder, 1967, 1971), sistema aproximativo (Nemser, 1971) o, en la terminología mayoritariamente aceptada, interlengua (Selinker, 1972). Corder (1971/1991: 64) expone su planteamiento en los siguientes términos:

> *(…) la lengua de un alumno, o quizá de un cierto grupo de alumnos, es una clase especial de dialecto. Esta decisión se apoya en las dos consideraciones siguientes: en primer lugar, el habla espontánea utilizada por los alumnos para comunicarse tiene auténtico sentido en cuanto que es sistemática, regular y, en consecuencia, se la puede describir, en principio, mediante un sistema de reglas, es decir, tiene una gramática. (…) En segundo lugar, puesto que cierto número de oraciones de esa lengua son isomorfas con algunas de las oraciones de la lengua objeto y tienen la misma interpretación, al menos algunas de las reglas necesarias para dar cuenta de la lengua del alumno serán las mismas que las que explican la lengua objeto.*

La interlengua (IL) es considerada como el sistema lingüístico del hablante no nativo en una determinada etapa del proceso de aprendizaje, el cual se construye de forma procesual y creativa y es observable en la actuación lingüística. Este sistema presenta elementos de la lengua materna, otros de la lengua meta y algunos exclusivamente idiosincrásicos, tal y como podemos observar en la siguiente interacción oral entre un HN y un HNN (Santos Gargallo, 1993: 126):

HNN: ¡Hola! ¡Buenos días!
HN: ¡Buenos días! ¿En qué puedo ayudarle?
HNN: Ummmm…, Well, compro sombrero.
HN: ¿Cómo lo quiere? ¿Es para usted?
HNN: ¿Cómo?
HN: El sombrero, ¿es para usted?
HNN: Sombrero… niña.
HN: ¡Oh! Es para su hija… ¿Le gusta éste?
HNN: Azul, por favor.

---

en el periodo de investigación de los programas de Tercer Ciclo, ya que el repertorio de referencias del que disponemos es asistemático, pero nos consta que el tema ha suscitado interés y un sugerente elenco de aportaciones.

[5] Los siguientes ejemplos pueden ayudar a clarificar lo dicho:

(1) HN: ¿Te ha gustado la película?
HNN: *Sí, muchísimo, me la he encantado.

(2) HNN: ¿Me pone otra, por favor?
HN: ¿Una más?
HNN: No, otra.

Observamos que en (1) se produce una anomalía gramatical en la intervención del HNN al pronominalizar de forma errónea el sujeto oracional *la película*, de manera que la producción lingüística se aleja de la norma de la lengua meta; sin embargo, también observamos que la comunicación no queda interrumpida. En (2) todas las producciones lingüísticas respetan la norma de la lengua meta, no obstante, se da un problema de comprensión por parte del HNN.

HN: ¿Qué le parece este otro?
HNN: Sííí..., muy bonito sombrero. ¿Sombrero, caja?
HN: ¿Caja?
HNN: Sí, caja, sombrero, diciembre, caja.
HN: ¡Oh, sí! En diciembre lo poníamos en una caja porque era Navidad, pero ahora no tenemos caja.
HNN: ¿Cómo?
HN: Era por la Navidad. ¡NA-VI-DAD!
HNN: ¡Oh! ¿Felicidades?
HN: Sí, pero ahora no tenemos cajas. ENERO, NO CAJA.
HNN: ¿No caja?
HN: No, lo siento.
HNN: O.K.

De todas las características de la interlengua, una de las más relevantes es el mecanismo de la *fosilización*, un fenómeno por el que el HNN tiende a conservar en su IL formas, reglas y subsistemas erróneos, de manera recurrente y en estadios del aprendizaje en que estos esquemas deberían estar superados. Las causas más frecuentes de la fosilización suelen ser la interferencia lingüística entre la L1 y la lengua meta, la interferencia con otras lenguas segundas o extranjeras en las que presenta un alto nivel de competencia comunicativa y las propias estrategias de aprendizaje que, a veces, llevan a realizar hipergeneralizaciones del funcionamiento de la lengua meta. Este fenómeno es más frecuente en hablantes no nativos cuyo objetivo es una competencia comunicativa funcional que les permita manejarse en las situaciones de la vida cotidiana, y en estudiantes que acceden al aprendizaje de una L2/LE en la edad adulta o sin experiencias previas en el aprendizaje de idiomas.

Así, los errores han de ser considerados como elementos característicos de la interlengua del que aprende una L2/LE; son inevitables, ya que el proceso de aprendizaje es activo y creativo, es decir, conlleva la formulación de hipótesis y la comprobación o refutación de las mismas; y son necesarios, puesto que denotan que el proceso se está llevando a efecto.

2. El análisis de los errores

El estudio de los errores en la producción lingüística de un hablante no nativo se incardina en los métodos de investigación de la lingüística aplicada y disciplinas afines, que presentan como denominador común el análisis de los problemas que plantea el uso del lenguaje en una comunidad lingüística, con el fin de que la consideración de los datos empíricos oriente la adopción de procedimientos de enseñanza que contribuyan a agilizar el proceso de aprendizaje y a sustentar el logro de una competencia comunicativa en la lengua meta.

Hasta finales de los años sesenta, hubo una aceptación unánime de la teoría psicolingüística de base conductista para explicar el proceso de aprendizaje, y del estructuralismo lingüístico como método para la descripción de las lenguas. Estos planteamientos condicionaron conceptualmente la propuesta del análisis contrastivo –cuyos presupuestos teóricos fueron establecidos por Fries (1945), Weinrich (1953) y Lado (1957)–, método que desarrolla la hipótesis de que el contraste sistemático entre la lengua materna (L1) y la lengua meta (L2) y la identificación de las similitudes y diferencias estructurales entre los dos sistemas, permitiría establecer una jerarquía de dificultades que, a su vez, posibilitaría la implementación de los materiales didácticos con procedimientos que pusieran el énfasis en aquellos aspectos en los que la distancia interlingüística fuera relevante. De todo ello es consecuencia que la *interferencia* con la lengua materna sea considerada principal causante de las dificultades en el aprendizaje y en la recurrencia de errores, entendido el concepto como un fenómeno negativo que refleja en la interlengua rasgos y estructuras de la lengua materna no coincidentes con los de la lengua meta. Los estudios contrastivos tuvieron un importante efecto en los procedimientos de enseñanza hasta que varias investigaciones (Buteau, 1970; Slama Cazacu, 1971; Svartvik, 1973; Hammarberg, 1973; Zydatiss, 1974; entre otras) empezaron a poner de manifiesto que, si bien la interferencia es causa de algunos errores -que oscila según los estudios entre el 30 y el 50%-, la complejidad del proceso de aprendizaje y la diversidad de rasgos de la interlengua hacen necesario un procedimiento que aborde el estudio desde la observación directa de la producción lingüística del hablante no nativo.

En esta línea, Wardhaugh (1970), convencido de la utilidad -aunque fuera parcial- de los planteamientos contrastivos, propuso una revisión del modelo y la distinción entre la versión *fuerte* y la versión *débil* del mismo. La versión fuerte concede al análisis contrastivo la capacidad de predicción, mientras que la versión débil limita su capacidad a la explicación de algunos de los errores detectados en la producción lingüística. De este planteamiento deriva la conceptualización de la *influencia croslingüística* (Kellerman y Sharwood Smith, 1986) y la *transferencia lingüística* (Gass y Selinker, 1983; Odlin, 1989), a partir de las cuales compararemos la interlengua con la lengua meta, y no la lengua materna con la lengua objeto de aprendizaje. En la actualidad, y en el caso concreto de la enseñanza-aprendizaje del español (L2/LE), parece haber una revalorización de las aplicaciones del análisis contrastivo, tal y como reflejan las recientes publicaciones de materiales didácticos que explicitan esta orientación.

Las investigaciones de Corder (1967, 1971, 1981) llevaron a un replanteamiento de la teoría del aprendizaje y a una revalorización del concepto de error. El cognitivismo psicológico se interesa por el conocimiento en tanto que constructo de la realidad que rodea al ser humano, como proceso que atraviesa etapas sucesivas y en el que cada una de ellas es el resultado de la interacción entre la madurez del organismo y su adaptación al medio. En estos términos, el aprendizaje de una lengua se conceptualiza como un proceso creativo, en el que subyacen estrategias mentales complejas.

El modelo de análisis de errores ha evolucionado y modificado sus objetivos a lo largo de las tres últimas décadas. De predecir y describir tipologías de formas desviadas basadas en taxonomías gramaticales, se pasó a estudiar los efectos de adecuación pragmalingüística en la comunicación. Esta evolución puede observarse en los planteamientos de Corder, quien aunque en sus primeros estudios afirmó que el objetivo fundamental de la investigación era la predicción de áreas de dificultad en el aprendizaje de una L2/LE mediante un inventario cuantitativo de los errores más frecuentes, en publicaciones posteriores, amplió los objetivos a otras subcompetencias, además de la gramatical, y subrayó el carácter aplicado de la investigación para la implementación de los materiales y los procedimientos de enseñanza. En la actualidad, este modelo de investigación continúa ofreciendo grandes posibilidades, no sólo en el ámbito de la investigación en adquisición de segundas lenguas (ASL)/aprendizaje de lenguas extranjeras (ALE), sino en otros como los ya citados al inicio de este estudio.

Las principales aportaciones de esta nueva consideración de los errores en el proceso de aprendizaje se pueden formular de acuerdo con Corder (1967) de la siguiente manera:

a) Podremos observar los paralelismos existentes entre el proceso de adquisición de la L1 y el proceso de aprendizaje de una L2, ya que ambos comparten algunos mecanismos, procedimientos y estrategias; y observaremos que el proceso de aprendizaje se ve facilitado por la experiencia previa de la adquisición de la lengua materna.

b) La observación y el análisis de los errores en la producción lingüística dará cuenta de lo que el hablante no nativo interioriza y podremos establecer una clara diferencia entre la información lingüística a la que está expuesto *(input)* y la que procesa *(intake)*.
c) La consideración de los errores es importante desde tres puntos de vista: primero, para el profesor, porque le orientará sobre lo que ha de enseñar; segundo, para el investigador, porque le aportará información sobre el proceso de aprendizaje y sobre los procesos psicológicos subyacentes al aprendizaje; y, tercero, para el que aprende, porque contrastará sus hipótesis sobre el funcionamiento de la lengua objeto de aprendizaje.

Como parte sustancial de la investigación científica aplicada, el tipo de análisis que nos ocupa tiene un carácter procesual, esto es, está constituido por una sucesión de etapas cuyo desarrollo viene determinado por la especificación de unos objetivos, un método, unas hipótesis, unos instrumentos para la compilación del corpus de datos observables y unos criterios de análisis y discusión, y por la explicitación del carácter aplicable de los resultados a la implementación de una parcela de la realidad -educativa, en este caso- que resulta problemática. Por ello, en lo que sigue, haremos referencia a todos estos aspectos, con el propósito de establecer los parámetros de descripción de este modelo de investigación.

2.1. Objetivos

La definición de los objetivos de la investigación ha de ser precisa y, por lo tanto, el propósito ha de ser valorado en términos de pertinencia, por un lado, y de viabilidad, por otro: la pertinencia del tema elegido vendrá determinada por el análisis de las investigaciones previas y por el análisis del contexto docente; la viabilidad del estudio es preciso analizarla respecto a la valoración de que disponemos de los conocimientos, las habilidades, los medios humanos y técnicos necesarios y del tiempo requerido.

El propósito general de un análisis de errores se concreta en la identificación, descripción y explicación de aquellos rasgos de la producción lingüística de un hablante no nativo que se alejan de la norma culta[6] de la lengua meta y que podrían obstaculizar una actuación lingüística adecuada y/o correcta en una determinada situación de comunicación intercultural; así, las conclusiones derivadas del análisis podrán y deberán servir para proponer procedimientos didácticos que permitan reducir la presencia cuantitativa y cualitativa de formas no deseadas en la interlengua.

---

[6] Optamos por el concepto de *norma culta* frente al de *norma estándar*, como punto de referencia para identificar, describir y evaluar los errores, y con este término nos referimos a aquélla que *está formada por el conjunto de rasgos lingüísticos que caracterizan el habla de las personas mejor instruidas y formadas o más prestigiosas de una comunidad (...). Generalmente a esa norma se accede por medio de la instrucción superior, en la que naturalmente, la lengua escrita disfruta un protagonismo singular (...), es una norma eminentemente urbana (...), muy presente en los medios de comunicación*, tal y como establece F. MORENO FERNÁNDEZ (1997) en "¿Qué español hay que enseñar? Modelos lingüísticos en la enseñanza del español/LE", *Cuadernos Cervantes de la Lengua Española* 14: 7-15, y que amplía en *Qué español enseñar* (2000), Madrid, Arco-Libros.

Ahora bien, el objetivo general del análisis ha de ser particularizado teniendo en cuenta los siguientes criterios: a) lengua materna y origen geográfico; b) muestra; c) habilidad lingüística; d) extensión del análisis, y e) periodicidad en la recogida de datos.

Criterios	
Lengua materna y origen geográfico	Grupo A: L1. Grupo A: L1a y Grupo B: L1b.
Muestra	Individual. Grupo representativo. Toda la población.
Habilidad lingüística	Expresión oral. Expresión escrita. Compresión oral. Comprensión lectora.
Extensión del análisis (Microsistema)	Fonético-fonológico-ortográfico. Gramatical. Léxico-semántico. Discursivo. Pragmático. Sociocultural. Estratégico.
Recogida de datos	Transversal. Longitudinal. Seudolongitudinal.

Figura. 1: Criterios para determinar los objetivos y el tipo de análisis.

En primer lugar, *la lengua materna de los hablantes no nativos* ha de ser la misma para todos los individuos cuya interlengua vaya a ser analizada, con la posibilidad, además, de que la lengua de origen se constituya en variable independiente (VI)[7] y se contrasten las interlenguas de varios grupos con diferente lengua materna, tal es el caso de la investigación de Fernández López (1991/1997) para el español, estudio en el que se analizan los errores y se contrasta su evolución cuantitativo-cualitativa en cuatro grupos de hablantes no nativos de origen alemán, francés, árabe y japonés, respectivamente. Asimismo, la variedad geográfica de origen podría constituir una variable importante dentro de un mismo grupo de análisis, como sería el caso de analizar los errores de hablantes anglófonos de origen británico, estadounidense, australiano y canadiense, por ejemplo.

[7] En la investigación científica experimental la *variable independiente* (VI) se constituye como aquella circunstancia de la investigación que puede provocar un efecto -tal sería el caso de la lengua materna o el origen geográfico de los informantes- frente a la *variable dependiente* (VD), que hace referencia a todo aquello que permanece constante (Meltzoff, 2000: 51 y ss.).

En segundo lugar, la *extensión de la muestra* afecta al poder de generalización de los resultados, ya sea ésta de un individuo, un grupo representativo o el total de la población. Los estudios de casos individuales (Huebner, 1983) son frecuentes cuando se quiere establecer hipótesis, cuando se pretende un estudio longitudinal pormenorizado y cuando el interés se centra en el total de la interlengua, pero su capacidad de generalización de los resultados es muy bajo; lo más habitual es la elección aleatoria de una muestra[8] representativa, ya que el análisis del total de la población es prácticamente inviable; no obstante, resulta imposible determinar, de manera general, el número de informantes que adquiere representatividad.

En tercer lugar, la investigación habrá de concretar el *tipo de habilidad lingüística* -expresión oral, comprensión oral, expresión escrita, comprensión lectora- cuya manifestación sea objeto de análisis. Bien es cierto que las destrezas de producción -expresión oral y expresión escrita- frente a las receptivas -comprensión oral y comprensión lectora-, han constituido el epicentro de la investigación. La elección de una habilidad lingüística no será excluyente, de tal manera que el análisis de la producción lingüística en varias destrezas permite ofrecer datos más completos y contrastados; así el estudio de Mohamed Abd el Salam (2002)[9] da cuenta de los errores léxicos producidos por hablantes no nativos de español de origen egipcio en la expresión oral y escrita y, al contrastar los resultados, se concluye que los datos observados son conincidentes en ambas destrezas lingüísticas tanto en la recurrencia de errores léxicos como en el de estrategias de comunicación, y se observa, además, una evolución de la interlengua bastante equiparable.

En cuarto lugar, el investigador puede plantear su tarea de dos maneras de acuerdo con la *extensión del análisis*: podrá hacer un estudio completo en diversos niveles y parámetros de la competencia comunicativa, del que se obtendrá un análisis extenso cuya principal virtud sea dar cuenta de la jerarquía de dificultades en el aprendizaje de la lengua meta; estos estudios son convenientes y útiles para identificar áreas de investigación que serán abordadas con mayor minuciosidad en otras investigaciones. O podrá limitar su extensión a un microsistema concreto de la interlengua -en el marco de las subcompetencias fonético-fonológica, gramatical, léxico-semántica, discursiva, pragmática, sociocultural o estratégica-, que le permitirá determinar de forma pormenorizada los contextos y usos más problemáticos.

Por último, la *periodicidad en la recogida de datos* establece la diferencia entre estudios *transversales*, sincrónicos o de tiempo real -aquéllos que analizan la producción en un determinado estadio de la interlengua-, tal es el caso del estudio de Benedetti (1993)[10] para el español; *longitudinales* -aquéllos que analizan la producción en intervalos periódicos o sucesivos y en diferentes estadios de la interlengua-, que aparece reflejado en Derouiche (en curso); y *seudolongitudinales* -que se aproximan al análisis de la interlengua en intervalos periódicos pero con sujetos diferentes en cada uno de los estadios objeto de observación-, que fue el tipo elegido por Mohamed Abd el Salam (2002)[11].

Una vez definidos estos cuatro parámetros, los objetivos de la investigación se habrán concretado y podremos establecer la hipótesis de trabajo.

---

[8] Todo lo relacionado con la elección de la muestra puede consultarse en Meltzoff (2000: 69 y ss.).

[9] Véase la referencia bibliográfica en nota 4.

[10] Véase la referencia bibliográfica en nota 4.

[11] Véase la referencia bibliográfica en nota 4.

2.2. Hipótesis

Si todo tema de investigación tiene en su origen una cuestión problemática que se plantea como pregunta para la que se espera encontrar una respuesta, la(s) hipótesis constituye una afirmación probable y/o hipotética que, tras el desarrollo de la investigación, espera ser confirmada o refutada mediante la adopción de algún método que garantice la comprobación empírica directa. Meltzoff (2000: 31-49) pone en relación el tipo de pregunta que planteamos con la formulación de la(s) hipótesis y establece que las preguntas orientadas a la descripción y la clasificación de un microsistema de la realidad, tal es el caso de la ocurrencia de errores en la interlengua, requieren respuestas que contengan, por un lado, enunciados en relación con la generalidad de la subpoblación que representa la muestra y, por otro, enunciados en torno al carácter singular de la descripción de esta subpoblación. Cuando la hipótesis, esto es, la respuesta hipotética, no contiene tales enunciados, es imposible saber si la descripción es realmente representativa del fenómeno estudiado y si podría resultar incompleta y engañosa.

A modo de ejemplo, un análisis de errores puede plantear su hipótesis en los siguientes términos: *La frecuencia de errores intralingüísticos será superior a la correspondiente de errores interlingüísticos tanto en la producción oral como en la producción escrita de hablantes no nativos de español de origen serbio.* Y esta hipótesis podrá desglosarse o completarse con otras, de acuerdo con los objetivos que hayamos establecido para nuestra investigación.

2.3. Metodología

El método o metodología adoptado para desarrollar una investigación constituye el instrumento abstracto que garantiza su cientificidad y la diferencia de una aportación intuitiva; el método, en su epistemología conceptual, es garante del carácter generalizable[12] y replicable[13] de la investigación.

Tras una revisión de la tradición metodológica en lingüística aplicada podemos afirmar que el método de análisis de errores presenta características de los paradigmas cuantitativo y cualitativo[14], ya que, por un lado, estudia la recurrencia numérica de errores y establece una jerarquía de dificultades y, por otro lado, describe, explica y evalúa la cualidad de los mismos para llegar a un conocimiento profundo de los procesos psicológicos subyacentes y para que estos procesos puedan ser contrastados con los procedimientos didácticos.

Así pues, habiendo cotejado las tipologías propuestas por algunos de los metodólogos de la investigación (Cohen y Manion, 1985; Brown 1988; Chaudron, 1988; Seliger y Shohamy, 1989; Nunan,

---

[12] El carácter *generalizable o validez externa* de una investigación hace referencia hecho de que el marco y el corpus de la investigación sean representativos del mundo real; aún así, el diseño de la investigación puede tener carácter científico y su grado de generalización ser bajo.

[13] El carácter *replicable o validez interna* de una investigación se concreta en el hecho de que un estudio pueda ser repetido lo más exactamente posible por otro investigador, aunque normalmente con distintos participantes.

[14] En la investigación científica son dos los paradigmas susceptibles de ser adoptados: por un lado, el paradigma cuantitativo, que, basado en el positivismo lógico, *busca los hechos o causas sociales sin apenas tener en cuenta los estados subjetivos de los individuos*, es objetivo, fiable, generalizable, analiza una realidad estable y está orientado a los resultados; y, por otro, el cualitativo que, inspirado en la fenomenología, *se interesa por comprender el comportamiento humano desde el propio marco de referencia del actuante*, es subjetivo, su fiabilidad y capacidad de generalización son bajas, analiza una realidad dinámica y está orientado hacia el proceso (Larsen Freeman y Long, 1991/1994: 21).

1992), en los que no deja de haber discrepancias terminológicas y conceptuales, creemos poder afirmar que el método de análisis de errores se sitúa en el ámbito de exploración del *estudio de casos* (Yin, 1984; Nunan, 1992), el cual describe el comportamiento y la actuación lingüística de un número de hablantes a fin de generalizar las conclusiones al total de la población, o, al menos, con el propósito de establecer hipótesis que podrán desarrollarse en investigaciones futuras.

Una investigación centrada en el análisis de los errores de la producción lingüística habrá de seguir una serie de etapas:

a) Compilación del corpus de datos.
b) Identificación de los errores.
c) Descripción de los errores.
d) Clasificación de acuerdo con una taxonomía.
e) Explicación de los errores.
f) Evaluación de los errores.
g) Discusión de los resultados.
h) Implicaciones didácticas para implementar el proceso de enseñanza-aprendizaje.

Con la consideración inicial del método de investigación como instrumento abstracto, pasamos ahora a concretar y describir los instrumentos, es decir, las técnicas que lo hacen operativo, esto es, las técnicas y procedimientos que permiten la observación y el análisis de los errores de la interlengua.

2.4. Técnicas e instrumentos

Las técnicas e instrumentos son procedimientos que utilizamos para obtener una visión comprobable de la realidad observada; y del amplio abanico de posibilidades que la metodología de la investigación ha adoptado en el análisis de los comportamientos -lingüístico y sociocultural, en nuestro caso-, el estudio habrá de adoptar aquéllos que mejor se adecuen a los objetivos específicos establecidos. Además, las técnicas adquieren relevancia en el proceso de investigación porque su principal propósito es la compilación del corpus objeto de estudio de manera fiable y comprobable.

La tipología de técnicas que se adopte viene determinada, como hemos señalado más arriba, por los objetivos establecidos en la investigación; así, las técnicas mayoritariamente empleadas para el análisis de los errores en la producción lingüística son las que figuran a continuación:

Expresión oral	Interacción: a) HN-HN. b) HN-HNN. Entrevista: a) Libre. b) Guiada. Simulación y *role-play*. Narración. Descripción de una imagen.

	Monólogo. Etcétera.
Expresión escrita	Redacción: a)Tema libre. b)Tema asignado. Traducción: a) Directa. b) Inversa. Elección múltiple. Dictado. Etcétera.
Comprensión oral	Discriminación de sonidos/fonemas. Relacionar texto e imagen. Transformar texto oral en imagen o texto. Identificar información general. Identificar datos. Contestar a preguntas: a) Abiertas. b) Cerradas: verdadero/falso. c) Elección múltiple. Etcétera.
Comprensión lectora	Identificar la idea general del texto. Identificar datos concretos. Reconocer la estructura del texto mediante esquema. Contestar a preguntas: a) Abiertas. b) Cerradas: verdadero/falso. Elección múltiple. Transformar texto en esquema. Transformar texto en imagen. Etcétera.

Figura 2: Tipología de técnicas fundamentales para la compilación de datos.

Además de estas técnicas, que denominamos *fundamentales,* podemos utilizar otras con carácter *complementario:*

Observación	Técnica orientada a obtener información sobre el proceso de enseñanza y/o aprendizaje mediante la observación -participativa o no del investigador- que es auxiliado por instrumentos como el casete y/o el vídeo.

Introspección	Técnica orientada a obtener información sobre las estrategias y los procesos cognitivos que tienen lugar en la mente del informante en el proceso de producción/comprensión lingüística, cuya utilidad se centra en contrastar la experiencia del informante con los datos y el análisis realizado por el investigador; tiene un carácter *simultáneo* a la tarea.
Retrospección	Técnica orientada a obtener información sobre las estrategias y los procesos cognitivos que tienen lugar en la mente del informante en el proceso de producción/comprensión lingüística, cuya utilidad se centra en contrastar la experiencia del informante con los datos y el análisis realizado por el investigador; tiene un carácter *posterior* a la tarea.
Diarios	Técnica orientada a obtener información sobre el proceso de aprendizaje mediante la anotación -guiada o libre- de aspectos relevantes del proceso de forma personal por parte del estudiante.
Cuestionario	Técnica orientada a obtener informaciones diversas -datos del perfil del informante y/o del interlocutor, estrategias de aprendizaje, estrategias de comunicación, experiencias previas, etc.- que pueden ser decisivas a la hora de interpretar y explicar los datos de la producción/comprensión lingüística objeto de análisis.
Informe	Técnica orientada a obtener información sobre el proceso de enseñanza y/o aprendizaje mediante la anotación de aspectos relevantes por parte del profesor, del investigador o de un sujeto ajeno a la investigación, pero con la formación y los conocimientos necesarios.

Figura 3: Tipología de técnicas complementarias para la compilación de datos.

En cuanto a los instrumentos susceptibles de ser utilizados en la compilación de los datos que serán analizados, podemos hablar del magnetófono, el vídeo y el ordenador preparado con un programa de reconocimiento de habla *ad hoc*. Cada uno de estos instrumentos auxiliares presenta consecuencias en relación con la naturalidad y espontaneidad de las producciones, así como con la ética de la investigación[15], que habrán de ser valoradas conjuntamente antes de tomar la decisión adecuada para el logro de los objetivos propuestos.

2.5. Corpus de datos

La definición del corpus de datos objeto de análisis viene determinada por varios aspectos: a) el tamaño de la muestra; b) el carácter aleatorio o no de la muestra; c) el perfil del informante; d) el perfil del interlocutor o interlocutores; e) las características del escenario en que tiene lugar la producción lingüística; y f) la idiosincrasia de la tarea que proveerá los datos en relación directa con la(s) habilidad(es) lingüísticas que vayan a ser analizadas.

Criterios	
Tamaño de la muestra	Un informante. Grupo *representativo*. Toda la población.
Elección de una muestra "representativa"[16]	Autoseleccionada. Incidental. Ocasional. Intencional, homogénea y restringida. Por redes. Sistemática no probabilística. Probabilística.
Perfil del informante	Edad. Sexo. Origen.

[15] Toda investigación en la que intervengan seres humanos como objeto de análisis, en algún aspecto constitutivo de su condición humana, como es el caso del comportamiento lingüístico e intercultural, el investigador y el informe de investigación consecuente han de ser garantes de salvaguardar la dignidad y los derechos de los sujetos participantes. En el ámbito de las ciencias humanas y sociales -en el que se incardina el área de investigación objeto de este estudio- la *Asociación Americana de Psicología* (APA) presenta un conjunto de *principios* y *estándares* (*Ethics Principles of Psychologists and Code of Conduct*: http://www.apa.org/ethics/code.html), ampliamente aceptados, que dan cuenta de los parámetros en que el investigador y la propia investigación preservan la integridad y los derechos de los participantes, y que habrán de ser tenidos en cuenta en la forma y procedimiento adoptados para la compilación y el análisis del corpus de datos.

[16] La clasificación procede de Meltzoff (2000: 69 y ss.) donde se describe la idiosincrasia de cada uno de los tipos especificados, y de la que no damos cuenta debido a los límites de extensión establecidos en la obra.

	Lengua materna (L1). Lengua segunda (L2). Lenguas extranjeras (LEs). Nivel de Competencia Comunicativa. Necesidades lingüísticas. Tipo de proceso (adquisición/ aprendizaje/ mixto). Estrategias de aprendizaje preferidas (EA). Etcétera.
Perfil del interlocutor	Edad. Sexo. Origen. Lengua materna (L1). Lengua segunda (L2). Lenguas extranjeras (LEs). Relación con el informante. Familiaridad con el habla de extranjero (HE). Etcétera.
Escenario	Natural. Laboratorio.
Tarea	Expresión oral. Expresión escrita. Comprensión oral. Comprensión lectora.

Figura 4: Criterios para la compilación del corpus de datos.

2.6. Identificación, descripción y clasificación de los errores

Los criterios adoptados para el análisis y la categorización de los errores de un hablante no nativo vienen determinados por el objetivo(s) de la investigación. De los distintos modelos de clasificación de los errores (Corder, 1973; Vázquez, 1986, 1991, 1999), adoptamos el de Vázquez y añadimos al mismo la distinción entre *globales/locales* de Corder, ya que se trata de una dicotomía fundamental dentro del criterio comunicativo.

Criterios	*Tipos de errores*
Criterio descriptivo/lingüístico	De adición. De omisión. De selección falsa. De colocación falsa. De yuxtaposición.

Criterio etiológico	Intralinguales. Interlinguales. De simplificación. Globales/locales.
Criterio comunicativo	De ambigüedad. Irritantes. Estigmatizantes.
Criterio pedagógico	Inducidos/creativos. Transitorios/permanentes. Fosilizados/fosilizables. Individuales/colectivos. De producción oral/escrita.
Criterio pragmático	De pertinencia/discursivos.
Criterio cultural	Culturales.

Figura 5: Criterios aplicados a la clasificación de los errores (G. Vázquez, 1986, 1991, 1999).

Además, una vez determinado el criterio, habremos de establecer una taxonomía interna lo más completa posible de acuerdo con el subsistema en el que se centre la investigación: fonético-fonológico-ortográfico, morfosintáctico o gramatical, léxico-semántico, pragmático o discursivo.

2.7. Explicación: causas de los errores

El análisis de los errores nos adentra en los procesos psicológicos subyacentes y nos lleva a un mejor conocimiento del proceso de aprendizaje mediante la determinación de la(s) causa(s), lo cual, desde el punto de vista de la enseñanza y del que enseña, será importante para acomodar las estrategias, procedimientos, actividades y materiales que guíen la instrucción formal. Así, el profesor podrá diseñar actividades destinadas a mejorar los procesos de producción/comprensión incidiendo en aquellos aspectos que el análisis de errores previo haya destacado como más relevantes por su recurrencia. La cuestión es determinar el motivo por el que el *input,* basado en modelos de lengua, se transforma en un *output* idiosincrásico en el que se observan rasgos que lo alejan de la variante del modelo.

Nos es fácil determinar la fuente del error, y resulta habitual que interactúen dos o más causas; además, el hecho de que la mayor parte de los estudios empíricos sean resultado de un investigador individual y no de un grupo de investigadores añade un sesgo[17] al proceso de la identificación de los errores, identificación que podría variar si fuera cotejada; por ello, en la identificación y explicación de los errores se hace conveniente incluir la introspección o retrospección con el HNN cuya producción se analiza, a fin de corroborar el análisis.

Entre las fuentes que se han destacado como principales causas de los errores de HNN podemos citar las siguientes:

Causas de los errores	
Distracción	Relacionada con el cansancio físico y mental, con el grado de motivación, el grado de confianza en uno mismo y el nivel de ansiedad.
Interferencia	Concretada en la adopción de formas o estructuras de la lengua materna (L1) o de otras lenguas segundas (L2) o extranjeras (LE) que el estudiante conoce. El resultado de este fenómeno son los *errores interlingüísticos*.
Traducción	Se trata de un caso específico de interferencia que afecta, sobre todo, a locuciones y frases hechas al trasladar literalmente una forma o estructura de la L1 en la producción lingüística de la lengua meta.
Hipergeneralización y aplicación incompleta de las reglas de la lengua meta	Se refiere a las hipótesis incorrectas o incompletas que el que aprende hace basándose en el conocimiento del funcionamento de la lengua meta. El resultado de este fenómeno son los *errores intralingüísticos.*
Inducidos por los materiales y los procedimientos didácticos	Referida a aquellos errores que vienen motivados por las muestras de lengua, las conceptualizaciones o los procedimientos empleados en el proceso de aprendizaje.
Estrategias de comunicación	Se refiere a todos aquellos errores cuyo origen está en el mecanismo que el estudiante pone en marcha cuando se le plantea un problema de comunicación.

Figura 6: Tipología de causas de los errores.

[17] Aunque el análisis de los errores no forma parte de la metodología de investigación experimental, en la que resulta habitual tener posibles sesgos y variables extrañas o no controladas por el investigador, en un estudio de casos -como es el nuestro- también se hace necesario hacer algunas consideraciones en este sentido, ya que, como hemos tenido ocasión de comprobar, hay algunas variables que pueden incidir en los resultados de la investigación; por *variable extraña* entendemos cualquier aspecto no controlable que incida en la investigación y varíe los resultados, de manera que si ese aspecto fuera diferente, los resultados también lo serían. Así, por ejemplo, muchas de las investigaciones que se han adentrado en el análisis de errores de hablantes no nativos de español han sido llevadas a efecto por un investigador, sin que fuera posible establecer el contraste del análisis de los datos con el criterio de otros investigadores, lo cual podría llevar a una variación en los resultados.

2.8. Implicaciones didácticas para implementar el proceso de enseñanza-aprendizaje

Los resultados de un análisis de errores tienen como propósito implementar y mejorar los procedimientos de enseñanza, de tal manera que éstos estén en consonancia con las estrategias de aprendizaje del estudiante y contribuyan a facilitar y agilizar el proceso.

Si el objetivo del que aprende se centra en el logro de una competencia comunicativa en una lengua diferente a la materna, habremos de tratar los errores a fin de que su capacidad de producción y de comprensión sea adecuada al contexto y correcta en relación con el sistema de normas de la lengua meta. No obstante, el grado y nivel de corrección que nos propongamos vendrá determinado por los objetivos y necesidades de los alumnos y por los requerimientos del contexto académico en que se lleve a cabo la instrucción; así, el futuro profesor, traductor o intérprete, a modo de ejemplo, deberá contar con un manejo de la lengua que incluya la corrección gramatical.

En este sentido, el tratamiento y la corrección de los errores deberán adoptar procedimientos que incidan en el proceso y habrán de tomar en consideración el tipo de habilidad lingüística: expresión oral (Fernández López, 2000) o expresión escrita (Cassany, 1993), así como las colaboraciones de Pinilla y Cassany en este mismo volumen.

Conclusión

Los errores del hablante no nativo forman parte de su interlengua, es decir, del sistema de lengua que emplea cuando interviene en una interacción comunicativa, y son inevitables y necesarios. El análisis sistemático y científico de los mismos presenta varias aportaciones: nos ayuda a profundizar en el conocimiento del proceso de aprendizaje y de los procesos psicológicos subyacientes; nos dice cuáles son los aspectos de mayor dificultad en el aprendizaje de una L2/LE; nos informa sobre el nivel de competencia comunicativa del sujeto que aprende; nos indica la manera de aproximar nuestros procedimientos didácticos a las estrategias del sujeto que aprende, a fin de facilitar y agilizar el proceso de enseñanza-aprendizaje; y, por último, nos permite diseñar actividades y materiales didácticos de acuerdo con las necesidades y estrategias del grupo meta.

Tras varias décadas, el procedimiento de análisis de errores continúa vigente en su aplicación al análisis de la producción lingüística de hablantes no nativos, ha ampliado su interés a nuevos problemas lingüísticos y resulta recomendable que los estudios se centren en aspectos todavía no explorados y los resultados se concreten en aportaciones didácticas específicas.

Bibliografía

BIALYSTOK, E. (1990), *Communication Strategies. A Psychologycal Analysis os Second Language Use,* Oxford, Blackwell.

BROWN, J.D. (1988), *Understanding Research in Second Language Learning*, Cambridge, Cambridge University Press.

BURT, M.K. y KIPARSKY, C. (1972), *The Gooficon - A Repair manual of English*, Mass., Newbury House.

BUTEAU, M. F. (1970), "Students errors and the learning of French as a second language. A Pilot study", *International Review of Applied Linguistics,* 8: 133-146.

CASSANY, D. (1993), *Reparar la escritura. Didáctica de la corrección de lo escrito*, Barcelona, Graó.

CHAUDRON, C. (1988), *Second Language Classrooms: Research on Teaching and Learning,* Nueva York, Cambridge University Press.

COHEN, A. y MANION, L. (1985), *Research Methods in Education*, Londres, Croom Helm.

CORDER, S.P. (1967), "The significance of learner´s errors", *International Review of Applied Linguistics, 5: 161-170.* (Traducción al español: "La importancia de los errores del que aprende una lengua segunda" en J. MUÑOZ LICERAS (Ed.) (1991), *La adquisición de las lenguas extranjeras,* Madrid, Visor: 31-40).

CORDER, S.P. (1971), "Idiosincratic Dialects and Error Analysis", *International Review of Applied Linguistics, 9:* 161-170. (Traducción al español: "Dialectos idiosincrásicos y análisis de errores" en J.MUÑOZ LICERAS (ed.) (1991), *La adquisición de las lenguas extranjeras,* Madrid, Visor: 63-77).

CORDER, S.P. (1981), *Error Analysis and Interlenguage*, Oxford, Oxford University Press.

DAVIES, A., CRIPER, C. y HOWAT, T. (eds.) (1984), Interlanguage, Edinburgo, Edinburgo University Press.

DULAY, H. y BURT, M. (1974), "You can´t learn without goofing" en J. RICHARDS (ed.) (1974), *Error Analysis: Perspectives on Second Language Adquisition,* Londres, Longman.

DUSKOVA, L. (1969), "On source of errors in Foreign Language Learning", International *Review of Applied Linguistics*, 7: 11-36.

EDGE (1989*), Mistakes and Correction*, Londres, Longman.

ELLIS, R. (1985), *Understanding Second Language Acquisition,* Oxford, Oxford University Press.

ENKVIST, N. (1973), "Should we count errors or measure success", en J. SVARTVIK (ed.) (1973), *Errata: Papers in Error Analysis*, Lund, Gleerup.

FERNÁNDEZ LÓPEZ, S. (1997), *Interlengua y análisis de errores*, Madrid, Edelsa.

FERNÁNDEZ LÓPEZ, S. (2000), "Corrección de errores en la expresión oral", *Carabela* 47: 133-150.

FREUDENSTEIN, R. (ed.) (1989), *Error in Foreign Languages. Analysis and Treatment,* Marburgo, Federation Internacional de Profesores de Lenguas Vivas.

FRIES, CH. (1945), *Teaching and Learning English as a Foreign Language,* Michigan, University of Michigan Press.

GASS, S. y SELINKER, L. (1983), *Language Transfer in Language Learning,* Mass., Rowley, Newbury House.

HAMMARBERG, B. (1973), "The Insufficiency of Error Análisis" en J. SVARTVIK (ed.) (1973), *Errata. Papers in Error Analysis,* Lund, Gleerup: 29-35.

HUEBNER, T. (1983), *A Longitudinal Análisis of the Acquisition of English,* Ann Arbor, Karoma Publishers.

KUMARAVADILELU, B. (1988), "Communication Strategies and psychological processes underlying lexical simplification", *International Review of Applied Linguistics*, 26/4: 309-319.

JAMES, C. (1998), *Errors in Language Learning and Use. Exploring Error Analysis,* Londres, Longman.

KELLERMAN, E. y SHARWOOD SMITH, M. (1986), *Crosslinguistic Influence in Second Language Acquisition,* Pergamon Press.

LADO, R. (1957), *Linguistics Across Cultures. Applied Linguistics for Language Teachears,* Ann Arbor, University of Michigan Press. (Traducción al español: *Lenguas y culturas,* Madrid, Paraninfo).

LARSEN FREEMAN, D. y LONG, M. (1991), *An Introduction to Second Language Acquisition Research,* Londres, Longman. (Traducción al español: (1994), *Introducción al estudio de la adquisición de segundas lenguas,* Madrid, Gredos).

MELTZOFF, J. (2000*), Crítica a la investigación*, Madrid, Alianza Editorial.

NEMSER, W. (1971), "Aproximative systems of foreign language learners", *International Review of Applied Linguistics, 9/2:*115-123. (Traducción al español: "Los sistemas aproximados de los que aprenden lenguas segundas" en J. MUÑOZ LICERAS (ed.) (1991), *La adquisición de las lenguas extranjeras,* Madrid, Visor: 51-61.

NORRISH, J. (1983), *Language Learner and their Errors*, Hong Kong, Macmillan Publishers.

NUNAN, D. (1992), *Research Methods in Language Learning,* Cambridge, Cambridge University Press.

ODLIN, T. (1989), *Language Transfer. Cross-linguistic Influence in Language Learning,* Cambridge, Cambridge University Press.

OLSSON, M. (1973), "The effects of different types of errors in the communication situation", en J. SVARTVIK (ed.) (1973, *Errata. Papers on Error Analysis*, Lund, Gleerup.

O´MALLEY, M. y CHAMOT, A. (1990), *Learning Strategies in Language Acquisition*, Cambridge, Cambridge University Press.

OXFORD, R. (1990), *Language Learning Strategies*, Rowley, Newbury House.

RICHARDS, J.C. (1974), *Error Analysis: Perspectives on Second Language Adquisition,* Londres, Longman.

RICHARDS, J.C. y LOCKHART, CH. (1994*), Reflective Teaching in Second Language Classrooms*, Cambridge, Cambridge University Press.

SANTOS GARGALLO, I. (1993), *Análisis contrastivo, análisis de errores e interlengua en el marco de la lingüística contrastiva*, Madrid, Síntesis.

SCHACHTER, J. y WALLACE ROBINET, B. (eds.) (1989), *Second Language Learning. Contrastive Analysis, Error Analysis and Related Aspects,* Michigan, University of Michigan Press.

SELIGER, H.W. y SHOHAMY, E. (1989), *Second Language Research Methods*, Oxford, Oxford University Press.

SELINKER, L. (1972), "Interlanguage", *International Review of Applied Linguistics, 10:* 209-231. (Traducción al español: "La interlengua" en J. MUÑOZ LICERAS (1991), *La adquisición de lenguas extranjeras,* Madrid, Visor: 79-101).

SELINKER, L. (1992), *Rediscovering Interlanguage,* Londres, Longman.

SLAMA CAZACU (1971), "The Romanian-English Language Proyect", YSCECP STUDIES, 4: 226-234.

SPILLNER, B. (1991*), Fehleranalyse. Error Analysis. Analyse de Fautes.: A Comprehensive Bibliography*, Amsterdam, Jon Benjamins.

SRIDHAR, S. (1980) "Contrastive Analysis, Error Analysis and Interlanguage: Three fases of the goal", en J. FISIAK (ed.) (1981), *Contrastive Linguistics and the Language Teacher*, Oxford, Pergamon.

SVARTVIK, J. (ed.) (1973), *Errata: Papers in Error Analysis*, Lund, Gleerup.

VÁZQUEZ, G. (1986), "Hacia una valoración del concepto de error", *Actas de las I Jornadas Internacionales de Didáctica del Español como Lengua Extranjera,* Ministerio de Cultura: 151-163.

VÁZQUEZ, G. (1991), *Análisis de errores y aprendizaje del español como lengua extranjera. Análisis, explicación y terapia de errores transitorios y fosilizables en cursos universitarios para hablantes nativos de alemán,* Berlín, Peter Lang.

VÁZQUEZ, G. (1999), *¿Errores? ¡Sin falta!,* Madrid, Edelsa.

WARDHAUGH, R. (1970), "The Contrative análysis hypothesis", *TESOL Quarterly, 4:* 123-130. (Traducción al español: "La hipótesis del análisis contrastivo" en J.MUÑOZ LICERAS (1991), *la adquisición de lenguas extranjeras,* Madrid, Visor: 41-49).

WEINRICH (1953), *Languages in Contact: Findings and Problems,* Nueva York, Círculo Lingüístico de Nueva York.

WENDEN, A. (1991), *Learning Strategies for Learner Autonomy*, Londres, Prentice hall.

YIN, R.K. (1984), *Case Study Research: Design and Method*, Londres, Sage Publications.

ZYDATISS, W. (1974), "A kiss of life for the notion of error", *International Review of Applied Linguistics, 12:* 231-237.

Las estrategias de aprendizaje

Sonsoles Fernández López
Escuela Oficial de Idiomas de Madrid

Introducción

Un ensayo:

Para entrar de forma activa en el tema, se propone una reflexión sobre varias situaciones. El lector puede detenerse en cada una de ellas e intentar dar una respuesta:

- *Con frecuencia en nuestra conversación no recordamos el nombre de una persona o de una cosa. ¿Cómo resuelve la situación? ¿Qué hace para recordarlo?*
- *Este año recorre el mundo de la canción ligera el estribillo de "Aserejé" con un juego de palabras inventadas, que muchos alumnos se empeñan en aprender. ¿Lo ha intentado? ¿Cómo lo haría?*
- *Si en una nueva lengua, conoce estas frases: "ip ringa teblo" (el teléfono suena) , "ip miko teblo" (es mi teléfono), "nip ringa nom teblo" (el teléfono no suena), "ip teblo" (es el teléfono), ¿cómo diría "no es el teléfono" y "mi teléfono no suena"? ¿Qué hipótesis puede formular sobre la estructura de la frase en esa lengua?*
- *Una aprendiz de español hablaba de los "hombres machosos" ¿Por qué cree que ha inventado esa palabra?*

En esas situaciones, como en casi todas las de nuestra vida, activamos, de forma más o menos consciente, mecanismos o estrategias para conseguir el fin que nos proponemos. En el mismo proceso intentamos rectificar, volver a probar, y cuando tenemos éxito tendemos a repetir la misma estrategia e incluso a tomar conciencia de lo que hemos hecho para que nos sea útil en la próxima ocasión.

Al aprender una lengua ocurre lo mismo, existe un elenco vasto de estrategias ya practicadas por el aprendiz de forma inconsciente o consciente y otras muchas que puede probar, porque la experiencia ha demostrado su rentabilidad. Así se va enriqueciendo la capacidad de aprender y de conseguirlo con mayor éxito.

Este trabajo es un acercamiento al tema de las estrategias de aprendizaje. Pretende ofrecer una visión sintética y una lectura organizada de los estudios clave sobre el tema, con la intención de llegar hasta la clase. Intenta facilitar al profesor la tarea de conocer cómo aprenden sus alumnos para ayudarles a tener confianza en su trabajo y éxito en su aprendizaje. A continuación, presentamos el esquema que seguimos:

1. Estrategias; delimitación del concepto.
2. ¿Por qué estrategias de aprendizaje?
3. Aportaciones teóricas.
4. Competencia estratégica
5. ¿Cómo acceder a las estrategias de aprendizaje de una lengua?
6. Estrategias de comunicación-estrategias de aprendizaje.
7. Tipologías de estrategias.
8. Proceso de aprendizaje y estrategias.
9. Entrenamiento estratégico.
10. Sugerencias para el aprendizaje estratégico.

1. Estrategias

En los estudios de psicología cognitiva y de didáctica hace ya casi tres décadas que se viene trabajando sobre estrategias y, sin embargo, esta palabra todavía activa casi siempre su significado griego originario aplicado a los planes de guerra. Por fortuna, el concepto se ha extendido para fines más pacíficos y constructivos: relacionamos *estrategias*, *mecanismos*, *trucos*, etc., con las actividades que ayudan a resolver un problema o conseguir un nuevo objetivo. Referidas al ámbito concreto del aprendizaje de la lengua, podemos definir las estrategias como *operaciones mentales, mecanismos, técnicas, procedimientos, planes, acciones concretas que se llevan a cabo de forma potencialmente consciente y que movilizan los recursos para maximizar la eficacia tanto en el aprendizaje como en la comunicación*

Aprender una lengua es aprender a comunicarse con ella, por lo que ese aprendizaje pasa por el empeño de entenderse con los hablantes de esa nueva lengua; las estrategias que se movilizan en ese proceso de llegar a interaccionar lingüísticamente son, unas veces, generales, comunes a otros aprendizajes, y otras, especificas de las capacidades de entender, interaccionar o expresarse, pero todas ellas conducentes al aprendizaje de la nueva lengua

2. ¿Por qué estrategias de aprendizaje?

En la didáctica en general y en la de las lenguas en particular, el estudio de las estrategias y el entrenamiento estratégico ocupan un papel cada vez más central. Esta preponderancia está íntimamente ligada a la inflexión que se ha producido del concepto de *enseñanza* al de *aprendizaje*, de la primacía de los objetivos a la primacía del proceso. No es que los conceptos de *enseñanza* y de *objetivos* hayan quedado vacíos de contenido, sino que se subordinan claramente a los de aprendizaje y proceso. Estamos cada vez más convencidos de que en todo el quehacer didáctico, lo importante es que se produzca el hecho de aprender, y que todo, incluida la enseñanza, debe tender a favorecer esa meta; por mucho que se empeñe un profesor, no puede aprender por sus alumnos, su papel facilitador de ese camino pasa por atender al proceso, por conocer cómo aprenden sus alumnos; qué estrategias utilizan, cuáles son las más rentables, qué pasos siguen, cuáles son las variables que entran en juego, y todo ello con el objetivo de favorecer el aprendizaje.

Hablar de aprendizaje significa hacer del *aprendiz* el eje de toda la tarea didáctica y concederle un papel activo y responsable en todo el proceso. El desarrollo de estrategias de aprendizaje, el aprender a aprender, pasa así a ocupar la primera posición entre las preocupaciones de la didáctica.

Nos situamos, pues, en una línea metodológica que pretende un aprendizaje más personalizado y eficaz, que cuenta con la participación protagonista y activa del aprendiz. El conocimiento de las estrategias de aprendizaje posibilita:

- Conocer mejor cómo aprende el alumno para facilitar ese proceso.
- Potenciar las estrategias más rentables para favorecer el aprendizaje.
- Desarrollar la responsabilidad y autonomía, el aprender a aprender, para lograr tomar conciencia de la importancia y trascendencia de todo ese trabajo y así hacer posible la libertad y el derecho de aprender durante toda la vida.

3. Aportaciones teóricas

La línea metodológica de desarrollo de las estrategias de aprendizaje o del aprender a aprender no es nueva y ya la sabiduría china la sintetizaba en el proverbio *si le das un pez a un hombre, le das de comer un día, si le enseñas a pescar, le das de comer toda su vida*. La preocupación relativamente reciente sobre el tema, que ha llegado a la didáctica de las lenguas y a la propia clase, recoge las aportaciones de la psicología humanista, de la psicología cognitiva y, ya en nuestro ámbito, de los estudios sobre adquisición de lenguas:

La psicología humanista, al centrarse en la persona, ha puesto de manifiesto la importancia de aspectos como el de las propias creencias sobre la capacidad para aprender, el papel de los factores afectivos y de motivación que rodean el aprendizaje, así como el de la propia realización como individuo y como persona en el acto de aprender. Las consecuencias de estos planteamientos alertan sobre cuál es el eje de toda la acción didáctica, que no son ya los programas, ni los profesores, ni la clase, sino el mismo aprendiz, con sus motivaciones, su cultura, sus capacidades y su forma de apropiarse de la realidad; no se trata de que el alumno se convierta en una página en blanco donde el profesor o el método irán escribiendo, ni de que el aprendiz adulto, al sentarse en las sillas de la clase, se infantilice, deje fuera su personalidad y todo su saber hacer y espere a que el profesor le vaya guiando paso a paso; se trata de ser uno mismo aprendiendo la nueva lengua, de integrar todos los nuevos conocimientos en los propios esquemas, de aprovechar todo lo que se es, se tiene, se quiere, para seguir aprendiendo; se trata, en definitiva, de tener libertad para aprender, en palabras de Rogers, y derecho a aprender equivocándose, que es como se aprende de verdad.

Relacionado con lo anterior, toda una línea de investigación (Skehan, 1989; Oxforf, 1989; Naiman y otros, 1978) se preocupa por estudiar las *diferencias individuales de los aprendices* -edad, necesidades, cultura, lengua materna, aptitud, inteligencia, actitud, personalidad- y las consecuencias de esas diferencias en los estilos de aprendizaje (Willing, 1988) y en los resultados obtenidos. La conclusión más clara de estos trabajos, no es que tengan más éxito los niños o los adultos, los hispanos o los chinos, los extrovertidos o los introvertidos, los auditivos o los visuales, etc., sino que las estrategias que se utilizan para aprender son muchas veces diferentes y que en todos los casos se aprende mejor cuando se aplican las estrategias apropiadas.

Por otro lado, *la psicología cognitiva*, al trabajar sobre los procesos que se verifican en aprendizaje y mostrar las actividades mentales que tienen lugar en ese proceso, ha revolucionado en gran medida la metodología, que estaba volcada en describir los objetivos finales, y ha hecho que se detuviera en los procesos, porque es precisamente sobre ellos donde la acción didáctica puede actuar para favorecerlos. En estos estudios se pone de relieve la importancia de la motivación de los esquemas de experiencia y de conocimiento que aporta el aprendiz, se investiga sobre las fases en la construcción del saber de asimilación y acomodación, y de cómo el aprendiz dota de significado a las nuevas informaciones, al acomodarlas a las preexistentes (Gardner 1985;Tardif, 1992; Piaget 1970).

Estos factores provocan la activación de estrategias de aprendizaje, que arrancan de la búsqueda y selección de elementos para dar respuesta a las necesidades, y pasan por el descubrimiento más o menos guiado, la puesta en relación con los conocimientos previos, la construcción del conocimiento remodelando los propios esquemas y verificando su funcionalidad, la interiorización, la retención en la memoria a largo plazo y la recuperación de la información almacenada cuando se necesita. En cada una de esas fases se activan una serie de estrategias que, cuando son las apropiadas, facilitan y hacen más efectivo todo el proceso. Incumbe a todos los relacionados con la docencia, ya sean profesores, orientadores, creadores de materiales así como a los mismos aprendices, estar atentos a las fases y operaciones que se verifican en el proceso el aprendizaje para salir al encuentro y favorecerlo; la psicología cognitiva pone de relieve las ventajas que se derivan para el mismo proceso el que los propios aprendices conozcan estas operaciones y puedan controlarlas con objeto de lograr el máximo partido de ellas. En definitiva, nos estamos refiriendo a ese conocimiento y control que define la metacognición y que posibilita el aprender a aprender y la autonomía en el aprendizaje.

La investigación sobre la adquisición de lenguas extranjeras ha aportado también muchos datos que inciden directa o indirectamente en el campo de las estrategias de aprendizaje. Sin entrar en el debate sobre si la adquisición de la lengua se lleva a cabo a partir de una capacidad unitaria, como postulan Piaget y la psicología cognitiva, si se genera a partir de un módulo lingüístico específico, en la línea de Chomsky y Fodor, o si es justamente el lenguaje el que articula todo el aprendizaje, según Halliday, todos los estudios sobre adquisición/aprendizaje de lenguas se esfuerzan por dar respuesta a la pregunta clave de cómo se aprende una lengua extranjera, es decir, intentan describir y explicar los procesos que tienen lugar, así como los factores que los condicionan y favorecen. Subrayamos[1] especialmente, las aportaciones derivadas de:

- Los ilustrativos debates relacionados con la superación del conductismo por una teoría generativa de aprendizaje (Chomsky) que postula la capacidad de crear lengua cuando los mecanismos innatos se activan al entrar en contacto con los datos a que se está expuesto.
- El modelo de Krashen y su discutida pero muy fructífera distinción entre adquisición y aprendizaje , es decir, entre el proceso que conduciría a un uso automatizado de la lengua -adquisición- el que permitiría *monitorizar* la producción -aprendizaje-, pero sin trasvase entre ellos.
- Las aportaciones del modelo de Byalystok, que prevé el paso del aprendizaje a la adquisición a través de la práctica funcional, y de la adquisición al aprendizaje a través de la práctica formal.
- Los análisis de errores y estudios de interlengua (en la secuencia de Corder), que evidencian los mecanismos que actúan en los errores, errores vistos como idisioncrásicos de cada fase del aprendizaje o interlengua.
- Las aportaciones de Vigotsky sobre la construcción de la lengua en un proceso de andamiaje de un estadio a otro -zona de desarrollo próximo- gracias a la interacción.

[1] Se pueden consultar las síntesis elaboradas por Ellis (1985) y Larsen-Freeman (1994).

- Además de todos los estudios concretos sobre estrategias de aprendizaje de la lengua a los que luego nos vamos a referir a continuación.

En la didáctica de las lenguas extranjeras, estas aportaciones han enriquecido los diferentes enfoques, principalmente el enfoque comunicativo y el trabajo por tareas, modelos que pretenden responder a las necesidades lingüísticas de los diferentes aprendices potenciando su motivación, adaptándose a los variados estilos cognitivos, culturales y de personalidad de un público tan variado, como tienen en cuenta estas metolodogías.

4. Competencia estratégica

La capacidad de aprender forma parte de las competencias generales de la persona. Esta capacidad moviliza las demás competencias y destrezas así como todo el bagaje que la persona aporta. Desde un punto de vista didáctico, el entrenamiento en la destreza de *saber aprender* constituye una tarea interdisciplinar que es el saber fomentar desde todas las áreas ya que, lograr su control beneficia a todos los aprendizajes, y es el saber de la persona lo que se enriquece. Al centrarnos en el aprendizaje de la lengua, acudimos a ese *saber aprender* general, y lo concretamos de acuerdo con las características y objetivos propios de este nuevo aprendizaje: el desarrollo de la competencia comunicativa lingüística, esto es, ser capaces de interaccionar, comprender y expresarse en la nueva lengua.

Aprender una lengua y aprender a comunicarse con ella requiere, por tanto, una capacidad general de aprender (*saber aprender*) y una capacidad de activar todos los recursos disponibles para expresarse y comunicarse. Se discute realmente se trata de una misma capacidad, o si el aprendizaje de la lengua se apoya en una capacidad específica; no creemos que sea éste el lugar para entrar en ese apasionante debate; sin embargo, y en lo que se refiere al tema que nos interesa, optamos por incluir dentro del concepto de competencia estratégica[2], entendido como componente de la competencia comunicativa, *la capacidad de movilizar los recursos necesarios para un aprendizaje y una comunicación eficaces.*

5. ¿Cómo acceder a las estrategias de aprendizaje de una lengua?

¿Cómo se reconocen las EA de una lengua extranjera? ¿Cuáles son las más rentables? ¿Cómo se desarrollan? ¿Cuáles son las que se ponen en marcha en la interacción comunicativa oral y escrita, en la apropiación del léxico…? ¿Cuáles son las que aporta el aprendiz? ¿Cuáles son las propias de cada cultura, de cada estadio de aprendizaje? Todas esas preguntas han abierto nuevos campos de estudio y estimulado la investigación en el aula, gracias a lo cual ya disponemos de numerosos trabajos que aportan respuestas parciales a esas preguntas (ver en las páginas siguientes). Los medios para llegar a esa *caja negra* donde se procesa la información recurren a algunos de los procedimientos siguientes: análisis de las producciones de los aprendices, búsqueda de la causa de los errores, introspección y verbalización de los procesos internos, observación

[2] Véase el capítulo "La subcompetencia estratégica" en este mismo volumen, donde desarrollamos el concepto.

(guiada) de las estrategias de otras personas, entrevistas retrospectivas, cuestionarios, diarios. Por razones de espacio no podemos ilustrar todos esos procedimientos[3] y apenas ofrecemos algunos ejemplos:

5.1. Análisis de las producciones y búsqueda de la causa de los errores

Observamos las siguientes frases idiosincrásicas:

- Estoy cansada y me levant*a* tarde.
- Vi *a* un barco *acostándose*.
- Pregunta ( ) el flor*ero* cuánto cuestan esas flores.
- Un cortado *sin leche*, por favor.
- Yo una cocac*ue*la.

Si analizamos los errores producidos en estas frases e intentamos explicar sus causas, podemos observar que los aprendices activan una serie de hipótesis, que sólo en algunos casos coinciden con la norma de la lengua meta, en las que se reflejan los mecanismos del aprendizaje: *formación de hipótesis*, a partir de los conocimientos que se poseen (tanto de la L1 como de la L2), *generalizando* reglas a casos no permitidos, *infiriendo* posibles reglas por *analogía* con otras, *simplificando* el sistema con la *omisión* de marcas morfológicas y con la *neutralización de oposiciones* que no afectan al mensaje, *creando palabras* según una lógica coherente con el sistema o con la propia observación, *hipercorrigiéndose* al aplicar un elemento marcado (la preposición *a* + SN en casos en que no se utiliza).

Todos esos mecanismos o estrategias actúan, normalmente de forma inconsciente, en el aprendizaje; el análisis de errores nos permite observarlos y nos ayuda a conocer cómo se aprende la lengua, dónde radican los problemas, en qué estadio se encuentran los aprendices, de forma que la acción didáctica pueda favorecer todo ese proceso.

5.2. Verbalización de estrategias

Esta forma de acceder a las estrategias del aprendiz requiere un cierto entrenamiento de introspección y de expresión de los propios pensamientos. Se trata de que en el momento de cumplir una tarea, (leer, escuchar algo grabado, escribir, preparar una intervención oral), el aprendiz vaya *radiando* todo lo que piensa. Se pueden grabar las consideraciones que el aprendiz expresa o toma notas.

5.3. Diario de clase

En el diario de clase o diario de aprendizaje, el alumno anota lo que ha hecho, los progresos que va realizando, las dificultades que encuentra, las formas que ensaya para resolverlas,

---

[3] Nos remitimos a las propuestas de Oxford (1990), O' Malley y Chamot (1990), Willing (1989), Wenden (1991) y a nuestro trabajo (1996), donde recogemos un taller con profesores en el que se proponen actividades que llevan al descubrimiento de estrategias. En el capítulo "Los contenidos estratégicos" se ofrece un breve ejemplo de un cuestionario sobre estilos de aprendizaje.

cómo ha trabajado en equipo, los aspectos más y menos positivos del trabajo de la clase, qué actividades le ayudan más para los diferentes aspectos de la lengua, etc. Se trata de una práctica sumamente útil, en primer lugar, para el propio aprendiz, que tiene así la oportunidad de reflexionar sobre su propio aprendizaje, de aprender a aprender y de asumir su responsabilidad en ese proceso, y, en segundo lugar, para el profesor o para el investigador que tiene acceso a esos diarios que contienen un material riquísimo para analizar y valorar las estrategias de aprendizaje y su rentabilidad. Como todo, para que estos diarios resulten de utilidad, al principio conviene orientar a los alumnos comentando las ventajas, proporcionando cuestiones pertinentes, leyendo y analizando modelos, y añadiendo anotaciones y opiniones en el mismo diario si los alumnos dan esa posibilidad.

6. Estrategias de comunicación – estrategias de aprendizaje

A lo largo de nuestra reflexión ha surgido esta dicotomía, clásica en la literatura sobre estrategias, y sin negarla, para los fines de nuestro trabajo, orientado a valorar las estrategias que favorecen el proceso de aprendizaje de la lengua, la hemos considerado superada, es decir, hemos asumido que las estrategias de comunicación son eficaces para el aprendizaje.

Si observamos una de las primeras síntesis sobre las estrategias de comunicación (Faerch y Kasper, 1980 y 1983), podemos comprobar que en ella ya figuran descritos los mecanismos que se encuentran después en otras tipologías posteriores de estrategias de aprendizaje. Estos mismos autores consideran que el aprendizaje de la lengua en situación natural se verifica a través de la comunicación, por lo que las estrategias que se activan para comunicarse cumplen la función de dinamizar el aprendizaje. En situación escolar, siempre que se creen situaciones de comunicación motivadoras y verosímiles, se verifica el mismo proceso, y la distinción entre estrategias de comunicación y de aprendizaje, sólo dependería de la intención del aprendiz: si se pide una aclaración o si se pregunta cómo se llama algo para resolver una situación de comunicación o si se pregunta para aprender ese elemento que falta. Por otro lado, es a través de la interacción comunicativa, en situaciones de comunicación significativas, donde el aprendiz activa los mecanismos de aprendizaje, formando y contrastando hipótesis, creando, generalizando, infiriendo, reduciendo, neutralizando, etc. Cabe añadir que las primeras definiciones de *estrategias de comunicación* limitaban su campo de acción a la resolución de dificultades comunicativas y que hoy, sin embargo, se extienden a todos los planes y acciones concretas que acontecen en la comunicación ya sea oral o escrita (mayor desarrollo de este punto en el capítulo "La subcompetencia estratégica").

Nosotros denominamos *estrategias comunicativas* a cualquiera que se active en la interacción, comprensión y expresión, tanto oral como escrita, independientemente de si se trata de una estrategia cognitiva, metacognitiva, afectiva o social, convencidos de que, aunque la intención del aprendiz sea sólo la de resolver una situación de comunicación, es rentable para el aprendizaje.

7. Tipologías de estrategias

El acercamiento al tema de las estrategias se ha llevado a cabo desde perspectivas diferentes y son numerosos los estudios e investigaciones que se han interesado sobre el mismo; cada trabajo añade un matiz diferente, explora un aspecto nuevo, lo que hace que las conclusiones resulten más sugestivas que definitivas. En unos casos las aportaciones se derivan de una experiencia directa con aprendices o son el resultado de una investigación, y en otros, se trata de modelos ligados a un planteamiento teórico que intentan organizar, desde diferentes perspectivas, este amplio y a veces inasible campo de trabajo. La misma variedad en la denominación de las estrategias nos alerta sobre la amplitud y diversidad del hecho que se trata de definir: operaciones mentales, procesos, principios, mecanismos, iniciativas, recursos, procedimientos, técnicas, acciones, trucos, etc. Al empezar a desbrozar toda esta variedad, vamos a encontrar estrategias directas, indirectas, cognitivas, metacognitivas, socioafectivas y un largo etcétera que repasaremos en las páginas siguientes. Todo ello muestra del interés que ha suscitado este tema, que intenta explicar cómo se aprende una lengua extranjera, por qué unos aprendices tienen más éxito que otros y cómo se puede favorecer todo ese proceso a través del control de las estrategias más apropiadas para cada momento.

Para una mejor comprensión, creemos que puede resultar esclarecedor trazar una primera línea con dos polos, de menor a mayor consciencia o intencionalidad, para diferenciar aquellos mecanismos u operaciones mentales que rigen los procesos del aprendizaje, y que habitualmente actúan de forma inconsciente, de los recursos, procedimientos, trucos, que si no son intencionados, sí podemos reconocer fácilmente en nuestra forma de aprender. Los primeros son universales, *principios heurísticos de adquisición* (McLaughlin, 1978), procesos inconscientes como la simplificación, la generalización, la inferencia, la interferencia, la analogía; los segundos son mecanismos conscientes o potencialmente conscientes, adicionales, que pueden variar entre los diferentes aprendices y en función de la tarea, la edad, la cultura (repetir, reutilizar, clasificar, atender, anticipar, deducir, etcétera).

7.1. Estrategias universales

Nos situamos, en primer lugar, en el polo de menor consciencia, esto es, en el de las estrategias universales propias de proceso de aprendizaje[4]. Entre las estrategias que se utilizan para aprender[5] se suelen distinguir dos fases diferenciadas:

1. La memorización de *fórmulas* o frases hechas.
2. Los mecanismos que conducen a un lenguaje creativo.

Las fórmulas se atestiguan especialmente en los primeros estadios de la adquisición, y se asimilan como un conjunto, sin analizar sus componentes; frases como *Hola, ¿qué tal?*, *¿cuánto es?*, o esquemas semiabiertos como *vamos a tomar un vino, una copa, un café...*, son especialmente útiles cuando el aprendiz todavía no ha llegado a generar sus propias frases y se ve obligado a interaccionar en la lengua meta; la memorización de este tipo de expresiones resulta posible por su alta frecuencia de uso y porque están unidas a una función comunicativa concreta. Se discute, desde un punto de vista neurológico y psicológico, si estas fórmulas sirven como base para el lenguaje creativo, y las respuestas difieren entre sí. Nosotros coincidimos con Fillmore (1976) en que las *frases hechas* son lentamente sometidas a un análisis en constituyentes y éstos

[4] El que se trate de estrategias que actúan con menor grado de intencionalidad, no implica la imposibilidad de llegar a ellas por introspección psicolingüística ni que no se puedan activar para el aprendizaje.
[5] Seguimos a Ellis (1985: 167).

se combinan, progresivamente, con otros para formar frases nuevas; este proceso es normalmente inconsciente, aunque también puede ser consciente en los adultos que tienen un cierto hábito de reflexión lingüística[6].

Los mecanismos que conducen a la construcción creativa del lenguaje se apoyan en las reglas y procesos del *organizador cognitivo* que regulan el aprendizaje de las segundas lenguas. Algunos autores reducen todas las estrategias a un mecanismo de facilitación o simplificación; por ejemplo, Widdowson (1975) sugiere que los cinco procesos señalados por Selinker (1972) son variaciones de la estrategia de simplificación; por el contrario, Corder (1981) discute dicho concepto, pues considera que el aprendiz no puede simplificar lo que no posee y que lo que realiza es un proceso de progresiva complicación o *complejificación*. Richards (1974), por otro lado, subdivide el mismo concepto en otros tres: supergeneralización, ignorancia de las restricciones de una regla y aplicación incompleta de una regla, lo que se puede agrupar bajo la denominación común de *falsa generalización*.

Según Faerch y Kasper (1983) y Ellis (1985), los mecanismos que conducen a un lenguaje creativo -no sólo repetición de rutinas- siguen los siguientes procesos:

a) Formación de hipótesis.
b) Verificación de esas hipótesis.
c) Automatización posterior a través de las prácticas funcional y formal, en los casos en que ésta se ejercite.

La formación de hipótesis en la IL se realiza:

- Utilizando conocimientos anteriores (de la lengua materna, de la misma lengua meta o de otras lenguas).
- Induciendo nuevas reglas, a partir de los datos disponibles.
- Combinando los dos caminos anteriores.

Estos procesos se desarrollan, según los mismos autores, a través de una serie de estrategias englobadas en las de simplificación e inferencia. A la de simplificación ya nos hemos referido; con la de inferencia, el aprendiz es capaz de formar hipótesis a partir de las analogías y regularidades de la nueva lengua, de las características más o menos comunes de las diversas lenguas y de la relación de estas nuevas estructuras con el contexto y la situación exterior, o sea, con la función comunicativa que cumplen.

La verificación de las hipótesis la realiza el aprendiz, según Faerch y Kasper, de las siguientes maneras:

- Receptivamente, comparando las propias hipótesis con los datos de la L2.
- Productivamente, arriesgándose en la producción y valorando su corrección de acuerdo con la reacción del interlocutor.
- Metalingüísticamente, consultando directamente a los nativos o en los materiales *ad hoc*.
- Interactivamente, negociando el significado con el interlocutor.

Ofrecemos a continuación las tipologías más significativas de los autores citados en este apartado:

[6] Este proceso se vería contrariado por un método que insistiese en la repetición descontextualizada de estructuras.

1. Selinker, L. (1972). Según este autor, el primero que divulga el término de estrategia en el ámbito de la adquisición-aprendizaje de lenguas, los procesos psicolingüísticos que subyacen en la IL son:
   - Transferencia lingüística.
   - Transferencia de instrucción.
   - Estrategias de aprendizaje (resolución consciente o inconsciente de problemas para - dominar algún aspecto que no se posee).
   - Estrategias de comunicación.
   - Hipergeneralización.

2. McLaughlin, B. (1978). En el modelo de este autor el aprendizaje sigue dos caminos:
   - De los procesos controlados a los procesos automáticos.
   - De la memoria a corto plazo a la memoria a largo plazo.

El aprendizaje implica el desarrollo de esquemas y la acción de los *principios operativos-generadores de adquisición y de actuación.* Los primeros son universales y actúan normalmente de forma inconsciente
   - Principios heurísticos de adquisición (universales):
     a) Simplificación.
     b) Generalización.
     c) Imitación.
     d) Inhibición.
     e) Tácticas.
   - Principios de actuación (variables): uso de reglas formales, tácticas conversacionales, memorización automática, hablar/escuchar, estrategias sociales y cognitivas

3. Bialystok, E. (1978). Este autor distingue:
   - Procesos: inconscientes y obligados para almacenar los datos en el conocimiento y para llegar a la producción que relacionan el aducto con el conocimiento (explícito, implícito u otro) y el conocimiento lingüístico implícito con la producción.
   - Estrategias: conscientes y opcionales (práctica formal y funcional, inferencia, uso del monitor).

4. Ellis, R. (1985). Después de distinguir entre estrategias sociales y estrategias cognitivas, sitúa entre éstas las de aprendizaje. En el proceso de aprendizaje plantea dos fases:
   - Repetición de fórmulas
   - Construcción creativa. Las estrategias que llevan a ella son:
     a) Formación de hipótesis: simplificación (hipergeneralización y transferencia).
     b) Inferencia.
     c) Verificación de hipótesis: receptiva, productiva, metalingüística, interactiva.
     d) Automatización: práctica formal y práctica funcional.

5. Faerch, C. y Kasper, G. (1983). Se centraron en el estudio de estrategias de comunicación, y hacen la siguiente distinción:
   - Estrategias de reducción:
     a) Formal (fonológica, morfológica y sintáctica).
     b) Funcional (de actos de habla, funciones discursivas, modalizaciones y temas).

- Estrategias de realización:
  a) Compensatorias:
     1. No cooperativas:
        1.1. Basadas en L1/L3: cambio de código, adaptaciones de términos de la L1/L3, traducciones literales.
        1.2. Basadas en la IL: generalizaciones, paráfrasis, creación de palabras, reestructuraciones.
        1.3. Extralingüísticas: gestos, dibujos...
     2. Cooperativas:
        2.1 petición directa.
        2.2. petición indirecta
  b) Estrategias de recuperación (esperar, utilizar campos semánticos, utilizar otros lenguajes).

Errores y estrategias

Los errores son marcas de los procesos que actúan de forma inconsciente y son

> *un procedimiento utilizado por quien aprende para aprender, una forma de verificar sus hipótesis sobre el funcionamiento de la lengua que aprende. Hacer errores es una estrategia que emplean los niños en la adquisición de su L1 y del mismo modo los aprendices de una lengua extranjera* (Corder, 1967).

Nuestro primer contacto con el tema de las estrategias, esto es, sobre cómo se aprende una lengua, se produjo a través del estudio de la interlengua de aprendices de español; los errores analizados nos permitieron observar las estrategias más rentables en el aprendizaje de la lengua, en las diferentes etapas del aprendizaje y para las diferentes tareas. Aunque aquí apenas señalamos cuáles son las estrategias de aprendizaje que evidencian los errores en los diferentes estadios si el lector desea una más amplia información sobre dicho estudio puede consultarlo en Fernández (1997).

En los primeros momentos abundan las estrategias interlinguales con recurso directo a la LM u a otra lengua extranjera; son frecuentes también diferentes tipos de *simplificación*: la neutralización de oposiciones (en el género, en los tiempos), la influencia de la forma fuerte, (1ª persona, infinitivo) y la reducción de los elementos menos significativos; se acude a las formas menos marcadas o más usuales, se imitan modelos, se repiten frases hechas y se procura sintetizar el mensaje. También se produce evasión o abandono, estrategia que evidentemente no favorece el aprendizaje.

A partir de los estadios intermedios avanzan las estrategias intralinguales y las más rentables son: las generalizaciones, que posibilitan adquirir los paradigmas y crear lengua; la analogía con formas próximas, que permite descubrir significados y funcionamientos; la atención a lo más marcado que puede producir las típicas hipercorrecciones. Se intentan caminos diferentes, paráfrasis explicativas para evitar una dificultad y aumenta el riesgo y la producción y con ellos, también, los errores sobre formas más complejas y más variadas.

En estadios más avanzados se consolidan cada vez más las hipótesis válidas, y las estrategias se acercan a las del nativo. En este momento, por otro lado, se perciben mejor los errores fosilizables, fruto sobre todo de interferencias persistentes.

7.2. Hacia la intencionalidad en el uso de las estrategias

Las estrategias presentadas en el punto anterior se verifican normalmente en el proceso de aprendizaje de la lengua y es importante que el profesor y los autores de materiales las conozcan para acompañar y favorecer ese proceso; en la medida en que el aprendiz las conozca podrá también incentivar su propio aprendizaje. Las tipologías a las que nos vamos a referir ahora se crearon con un objetivo didáctico y en todas ellas subyace el interés por mostrar a profesores y aprendices cuáles son y cómo poder llegar a utilizarlas de forma consciente en el aprendizaje de las lenguas.

7.2.1. El perfil del aprendiz de lenguas con éxito

Una de las preocupaciones que han motivado la observación y análisis de estas estrategias ha sido responder a la pregunta de por qué existe tanta diversidad de resultados en el aprendizaje de la lengua; para dar respuesta a esta cuestión nacieron los trabajos sobre el *buen aprendiz*. Así, Stern (1975), apoyándose en sus propias observaciones e intuiciones, elaboró una lista de los rasgos característicos de los aprendices buenos contrastándolos con los de los alumnos débiles. En el mismo año, Rubin, y a partir de la observación de clases, incide sobre los comportamientos de los *buenos aprendices* con una perspectiva didáctica orientada a entrenar en el uso de estos mecanismos a los aprendices más débiles. Este mismo autor amplía sus observaciones fuera del ámbito de la clase, utilizando un mayor número de fuentes para la recolección de datos y exponiendo sus conclusiones nuevamente en 1981 y posteriormente en 1982 (Rubin y Thomson), en lo que constituye un compendio de consejos muy útiles para el aprendiz de lenguas.

El trabajo que sintetiza los estudios realizados en los últimos años sobre el *buen aprendiz* es *The Good Language Learning*, de Naiman, Frölich, Tedesco y Stern (1978), elaborado a partir de los datos obtenidos principalmente de entrevistas retrospectivas en las que se pide a los aprendices que den cuenta de los *trucos* que han utilizado en su aprendizaje de la lengua.

De todos estos estudios se desprende una lista de las características del aprendiz con éxito que, en principio, serían las más rentables para aprender lenguas:

- Poseer una razón consistente para aprender la L2 (motivación instrumental o de integración) y desarrollar, además, una alta motivación para realizar las tareas de aprendizaje.
- Tener actitud positiva hacia la nueva lengua y cultura, y capacidad de adaptarse a nuevas situaciones.
- Creer que se es capaz de aprender la nueva lengua.
- Ser capaz de responder a las situaciones de aprendizaje sin ansiedad ni inhibición.
- Aprovechar todas las oportunidades para usar la lengua que se aprende.
- Comunicarse lo más posible en la L2, centrando la atención en el significado más que en la forma.
- Intentar transmitir el mensaje ensayando diferentes maneras (paráfrasis, sinónimos, palabras inventadas, etcétera)
- Estar dispuesto a arriesgarse, incluso si ello conlleva la posibilidad de hacer el ridículo.
- Realizar inferencias e intuir o adivinar lo que no se conoce.
- Completar el aprendizaje que se deriva del contacto directo con los hablantes de la L2, con el aprendizaje que se consigue mediante técnicas de estudio (por ejemplo, elaborar listas de vocabulario). Esto implica la atención a la forma.
- Poseer suficientes habilidades analíticas para percibir, categorizar y almacenar las características de la L2 y también para aprender de los propios errores.

7.2.2."Lo que todo profesor debería saber" (R. Oxford)

Ese es el subtítulo de la obra de Rebecca L. Oxford (1990) sobre estrategias de aprendizaje, dirigida a los profesores de lenguas para ayudarlos a conocer estos mecanismos y orientarlos para que entrenen a sus alumnos en su uso. La clasificación que hace esta autora de las estrategias es muy prolija y ha sido criticada por no priorizar algunas en relación con otras, cuando en algunos casos se trata de sencillas técnicas y en otros de mecanismos cognitivos complejos; con todo el objetivo divulgativo que anima a la obra y la orientación práctica de la misma, la convierten en uno de los trabajos indispensables sobre el tema.

R. Oxford divide las estrategias en dos grandes grupos: directas -cuando se manipula directamente la lengua y se activan procesos mentales- e indirectas -las que encuadran y sostienen el aprendizaje-. Las estrategias directas están formadas por tres grupos: mnemónicas, cognitivas y compensatorias, y las indirectas, por otros tres: metacognitivas, afectivas y sociales. Cada uno de esos grupos incluye estrategias específicas; por ejemplo, para las estrategias mnemónicas se citan: crear asociaciones mentales, asociar imágenes y sonidos, repasar, emplear acciones; para las cognitivas: practicar, recibir y enviar mensajes, analizar y razonar, crear estructuras. Estos ejemplos ponen de manifiesto una de las virtudes y al mismo tiempo también una de las debilidades de esta clasificación: si bien es digno de elogio el esfuerzo por concretar, ofreciendo un elenco amplio de estrategias y no lo es menos que tal grado de exhaustividad pone de manifiesto las carencias, pues se echan en falta muchas estrategias, al mismo tiempo que las que se plantean, si se generalizan, pueden ser acusadas de cierto etnocentrismo, ya que en el plano de la concreción la variedad de culturas ofrece otros tantos recursos aquí no numerados.

Con todo es indiscutible el papel de divulgación y de estímulo que ha tenido este trabajo entre los profesores; en el cuerpo del libro, Oxford va explicando y ejemplificando todas esas estrategias y dedica prácticamente la mitad de sus páginas a mostrar cómo aplicarlas en la enseñanza-aprendizaje de la lengua y concretamente, en el desarrollo de las cuatro destrezas (los apéndices del libro ofrecen síntesis muy valiosas sobre los tipos de estrategias que actúan en cada una de las destrezas). Ofrecemos el cuadro síntesis de la tipología de esta autora:

- Estrategias de aprendizaje directas:
  1) De memoria
     a) Crear asociaciones mentales (agrupar, relacionar con lo conocido, contextualizar).
     b) Asociar con imágenes y sonidos (dibujos, mapas semánticos, palabras claves, palabras fonéticamente próximas).
     c) Repaso.
     d) Actuar (respuesta física, seguir órdenes...).
  2) Cognitivas.
     a) Practicar (repetir, práctica formal, reconocer y usar estructuras y modelos, ensayar, práctica natural).
     b) Recibir y enviar mensajes (sacar la idea principal, utilizar recursos variados para comunicar).
     c) Analizar y razonar (aplicar reglas y conocimientos a nuevas situaciones, analizar expresiones sus elementos, contrastar lenguas, traducir, transferir).
     d) Inventar recursos para organizar la información recibida y poder utilizarla (tomar notas, resumir, subrayar, evidenciar)

3) Compensatorias:
   a) Adivinar el sentido (a partir de claves lingüísticas o extralingüísticas).
   b) Superar carencias (cambiar de lengua, pedir ayuda, utilizar gestos, abandonar la comunicación, seleccionar el tema, alterar el mensaje y ajustarlo a lo que se conoce, inventar palabras, utilizar sinónimos o perífrasis).

- Estrategias de aprendizaje indirectas:
  4) Metacognitivas:
     a) Enfocar y delimitar lo que se va a aprender (visión de conjunto, inserción en lo conocido, centrar la atención, dar prioridad a la comprensión).
     b) Ordenar y planear (explicitar cómo se aprende, organizar el estudio, formular los objetivos, identificar el para qué de cada tarea, planear lo necesario para ejecutar una tarea, buscar oportunidades para practicar).
     c) Evaluar el aprendizaje (controlar los propios problemas, buscar soluciones y evaluar el progreso).
  5) Afectivas:
     a) Reducir la ansiedad (técnicas de relajación).
     b) Animarse (pensar en los propios aspectos positivos, arriesgarse con prudencia, recompensarse).
     c) Controlar las emociones (escuchar al propio cuerpo, hacer tests para conocerse, escribir un diario sobre la propia motivación en el aprendizaje, hablar con otros sobre los sentimientos y actitudes en el aprendizaje).
  6) Sociales:
     a) Pedir aclaraciones, verificaciones o correcciones.
     b) Interactuar con los otros en clase o fuera de ella con hablantes nativos.
     c) Empatizar con los demás (intentar comprender la cultura, los pensamientos y sentimientos).

7.2.3. "Qué aportan las estrategias de aprendizaje a la enseñanza de la lengua", J. Rubin

El título del trabajo de Joan Rubin, de 1989, deja traslucir también una preocupación didáctica, y de hecho resulta muy útil porque la clasificación de estrategias que propone aquí la autora sigue el proceso de tratamiento de la información: obtención de datos y comprensión, almacenamiento y recuperación, proceso que la psicología cognitiva equipara al del aprendizaje. Dentro del proceso de obtención de datos encontramos las estrategias de clarificación y verificación, las de inferencia, las deductivas y las de recogida de información. El proceso de almacenamiento se resuelve con estrategias de memorización y en el proceso de recuperación y utilización se enumeran las de práctica, las de auto-regulación -las metacognitivas en otras clasificaciones- y las sociales. Veamos el siguiente esquema:

a) Obtención de información:
   - Estrategias de clarificación / verificación:
     - Pedir confirmación de una información.
     - Pedir confirmación de la producción propia.
     - Definir o expandir información.
     - Pedir repetición, paráfrasis, explicaciones, ejemplos.
     - Observar la boca del hablante fijándose en la pronunciación.

- Estrategias inductivas:
  - A partir de la L1/L3.
  - A partir del conocimiento del mundo o del proceso de comunicación.
  - Relacionar información nueva con acciones físicas.
  - Usar palabras claves.
  - Distinguir la información relevante.
- Estrategias deductivas:
  - Inferir, por analogía, las regularidades de la lengua.
  - Activar los *esquemas*.
- Estrategias de recogida de información.

b) Proceso de almacenamiento de información
- Estrategias de memorización:
  - Asociar, agrupar.
  - Usar palabras claves y mapa semánticos.
  - Utilizar medios mecánicos (papeles, listas).
  - Prestar atención a detalles específicos.
  - Contextualizar.
  - Utilizar imágenes.
  - Ensayar mentalmente.

c) Proceso de uso; recuperación y utilización:
- Estrategias de práctica:
  - Repetir, ensayar, experimentar, imitar, repetir frases.
  - Aplicar conscientemente reglas.
  - Responderse a preguntas inicialmente dirigidas a otros.
  - Usar el entorno para maximizar el contacto con la lengua.
  - Hablarse a uno mismo.
- Estrategias de auto regulación:
  - Definir el problema.
  - Determinar las soluciones.
  - Autocorregirse.

d) Estrategias sociales:
- Unirse a un grupo y fingir comprensión.
- Valerse de compañeros para conseguir ayuda.
- Crear oportunidades para practicar.
- Cooperar con compañeros para obtener información y reacción.

Como podemos comprobar, este listado de estrategias es amplio y sugerente; aunque también a esta clasificación se le puede criticar el poner en el mismo nivel de importancia estrategias como las de inferencia, o la de relacionar la nueva información con los conocimientos anteriores, que consideramos un estrategia central en el proceso, con estrategias, como ejemplo, de clarificación como la de "observar la boca del interlocutor para fijarse en la pronunciación, procedimiento que puede ser útil en un aspecto lingüístico concreto. Con todo, hemos recogido esta clasificación porque creemos que es una ayuda muy útil para el profesor en el momento de programar las estrategias que facilitaran el aprendizaje en cada una de sus fases, fases que deben verse reflejadas en la elaboración de unidades didácticas.

7.2.4. Una tipología síntesis, J. M. O'Malley y A. Chamot

Estos autores (1990) encuadran las estrategias en tres categorías de acuerdo con el tipo de operaciones que se activa en cada caso: metacognitivas, cognitivas y socioafectivas. En todo el trabajo, Malley y Chamot se refieren constantemente al aprendizaje de la lengua como a una habilidad cognitiva compleja y, apoyándose en la psicología cognitiva, especialmente en Anderson (1983, 1985), subrayan que en el proceso el aprendiz se empeña en una búsqueda de sentido en la nueva lengua y para conseguirlo *procesualiza* el conocimiento, esto es, pasa de un conocimiento declarativo -saber cosas- a un conocimiento procesual o procedimental -saber usarlas-. Este saber procedimental que posibilita el aprendizaje de la nueva lengua se traduce en una gama de estrategias que los autores sintetizan en las tres categorías mencionadas.

a) Metacognitivas:
   - Atención selectiva.
   - Planificación.
   - Monitorización.
   - Evaluación.

b) Cognitivas:
   - Repetición.
   - Organización.
   - Elaboración.
   - Transferencia.
   - Inferencia.
   - Deducción.
   - Visualización.
   - Sumario.

c) Socioafectivas:
   - Cooperación.
   - Preguntas de clarificación.
   - Hablarse a sí mismo.

Las estrategias metacognitivas implican una reflexión sobre el proceso de aprendizaje, lo que lleva a preparar y controlar las situaciones de aprendizaje y poder autoevaluarlas. Las estrategias cognitivas operan directamente sobre los datos recibidos y conllevan la puesta en práctica de una serie de mecanismos que facilitan la interiorización de esa información. Las estrategias sociales y afectivas implican la interacción y la cooperación para favorecer el aprendizaje y el control de la dimensión afectiva.

Cerramos este apartado de tipologías sin aludir a otros muchos estudios importantes en el campo de las estrategias que, como se puede deducir por la muestra, es muy vasto, heterogéneo y sugerente. En todas las tipologías se incluyen no sólo aspectos cognitivos o metacognitivos sino también aspectos afectivos y sociales; se puede apreciar también, como hemos visto, un conjunto de mecanismos generales, que se repiten en todas las tipologías, aunque en diferentes encuadramientos, y otros más concretos, que aparecen en tipologías más amplias.

8. Proceso de aprendizaje y estrategias

En el proceso de aprendizaje de la lengua, la persona con una competencia estratégica desarrollada puede activar, de forma contemporánea o sucesiva, diferentes tipos de estrategias, ya sean cognitivas, metacognitivas, sociales o afectivas. En la tipología de Rubin que veíamos más arriba, las estrategias se listan en torno a tres momentos del proceso de aprendizaje (obtención de información, almacenamiento, recuperación y uso) y para cada uno de esos momentos se prevén diferentes tipos de estrategias. Nosotros, con un objetivo didáctico, nos acercamos más a los pasos que se pueden dar en una clase, en una unidad didáctica (o en un proceso de autoaprendizaje) y prevemos las siguientes fases:

a) Toma de conciencia, reflexión, observación de cómo se aprende una lengua.
b) Motivación, actitud positiva.
c) Planificación del trabajo.
d) Hacia la captación de lo nuevo. Formación de hipótesis.
e) Búsqueda, atención selectiva, descubrimiento. Contraste de hipótesis.
f) Práctica, asimilación, retención y recuperación.
g) Evaluación/autoevaluación. Satisfacción de la motivación.

En cada una de esas fases se pueden activar diferentes tipos de estrategias (cognitivas, metacognitivas, sociales, afectivas), variando también conforme la tarea, el nivel, la edad, el estilo de aprendizaje y la cultura. Nos remitimos al capítulo de "Los contenidos estratégicos" de este mismo volumen, donde además de ofrecer un listado de estrategias para cada una de las fases citadas, nos referimos a los aspectos más concretos del desarrollo de la competencia comunicativa y recogemos los mecanismos que favorecen cada una de las destrezas (comprensión y expresión oral y escrita), así como los que potencian la apropiación de los recursos lingüísticos.

9. Entrenamiento estratégico

Desarrollar la capacidad de aprender la nueva lengua y hacerlo de la forma más rentable conlleva un intenso entrenamiento, sobre todo en los casos en que todavía el aprendiz es quien escucha, sigue instrucciones, repite y espera la nota. Este entrenamiento conlleva:

a) Un cambio de los papeles de alumno y profesor:
   El alumno pasa a asumir la responsabilidad de su aprendizaje, lo que significa que adopta un papel activo, sin esperar siempre las consignas de lo que hay que hacer, cómo y cuándo, sino tomando iniciativas, valorando las propias dificultades, solicitando ayuda, evaluando los diferentes recursos, desarrollando confianza en sí mismo y ensayando con la mejor forma de aprender.
   El profesor deja de ser quien decide siempre lo que se hace o cómo se hace y el que tiene todas las respuestas, para ser la persona atenta a las necesidades lingüísticas de sus alumnos, que motiva, suscita, confía en ellos, les da pistas para que induzcan las reglas y resuelvan las dudas, que se interesa por cómo lo han hecho y sugiere nuevas formas de realizarlo; es un atento observador de los procesos de aprendizaje y de la interacción comunicativa, sabe negociar y es capaz de adaptarse a nuevas soluciones.
b) Un entrenamiento en momentos específicos con actividades de:
   Reflexión sobre para qué se aprende la lengua y cómo se aprende mejor. Introspección y

reconocimiento de las propias estrategias en momentos concretos a través de realización de cuestionarios, con puestas en común para intercambiar y contrastar con toda la clase. Ensayo con estrategias propuestas por otros compañeros o insinuadas por el profesor. Control de la rentabilidad de las estrategias utilizadas. Desarrollo consciente de las más rentables.

c) La integración de las estrategias en los objetivos y contenidos del programa y de cada unidad:
La atención al proceso de aprendizaje concretada en cada unidad pide que se prevean las estrategias que se activarán para conseguir determinados objetivos (por ejemplo: actualizar los propios conocimientos para intuir de que trata un artículo o una conversación, lectura rápida para contrastar esa hipótesis, lectura detallada para tomar notas, buscar modelos para escribir un mensaje, adivinar el significado de las palabras por la forma, por el contexto, deducir cuándo se utiliza una forma verbal, grabarse para ensayar, tomar conciencia de los errores, buscar la causa y ensayar formas de superación, etc.). Esas estrategias pueden estar sugeridas en la unidad como actividades y el alumno progresivamente las va interiorizando; sin embargo, para que este entrenamiento del que venimos hablando resulte útil, también es conveniente que el alumno que sea consciente de su uso e incluso que se ensaye repetidas veces con una determinada estrategia para valorar la efectividad. Por ejemplo, ante un texto con palabras desconocidas, valorar la rentabilidad de ir buscándolas en el diccionario o de hacerles una señal para ver si en el contexto se adivina el significado; inventar un truco para superar un error, practicarlo con asiduidad y valorar si se va superando, etcétera.

d) Tener acceso a las fuentes de información:
Esta es una de las estrategias básicas para poder resolver situaciones, planificar y realizar actividades, aclarar dudas, etc. Tener acceso a la información implica saber manejarla, conocer cómo está organizada, dónde están los índices, cuáles son los buscadores de Internet más eficaces o las palabras clave que pueden agilizar la búsqueda, qué significan los signos convencionales y cómo extraer y guardar la información buscada.

e) Autoevaluación del proceso y de los resultados:
Potenciar la autoevaluación constituye una de las mejores formas de favorecer el desarrollo de estrategias. Para que sea posible esta autoevaluación o coevaluación es necesario que el alumno conozca los objetivos y pueda contar con instrumentos de autoevaluación. Cuando, al empezar una tarea se delimita consensuadamente -profesor y alumnos- lo que hace falta aprender para llevarla acabo así como la manera de hacerlo, se sientan las bases para que los alumnos puedan valorar su consecución, las limitaciones, las dificultades y las formas de progresar. Además es importante compartir con ellos o llegar a diseñar juntos los criterios de corrección y evaluación, con lo que no sólo se facilita el autocontrol, como se están dando también instrumentos de aprendizaje

Veamos un ejemplo:

Imaginemos que quieren grabar unas instrucciones para un juego que otros compañeros deben ejecutar.

Entre los objetivos que se desprenden se encuentran los de expresar claramente las instrucciones, utilizando referentes temporales y espaciales de forma correcta; a la hora de evaluar se va a tener en cuenta ese aspecto y se comprobará por la posibilidad de seguir las instrucciones sin dudas y por la forma cómo se han expresado (y cómo se entienden):

con claridad, buena entonación y sin titubeos. Si esto se ha acordado previamente, no sólo los alumnos pueden valorar el resultado, sino que en el mismo proceso saben cómo ensayar para conseguir el mejor producto o buscar las estrategias que les ayuden.

El Consejo de Europa fomenta especialmente la responsabilidad en el propio aprendizaje; entre los documentos elaborados por este organismo traemos aquí el *Portfolio europeo de lenguas* en el que, a través de los apartados "Pasaporte" y "Biografía lingüística y cultural", fomenta la propia valoración del nivel de dominio de la lengua y de las experiencias interculturales. El aprendiz que se habitúe a trabajar con los criterios de clasificación que se proponen en ese documento está interiorizando metas de aprendizaje que le facilitan buscar los medios para llegar a ellas.

10. Sugerencias para aprender lenguas

En la actualidad muchos libros de texto y materiales dedican una primera unidad a la reflexión de cómo se aprende; algunos siguen con esta preocupación a lo largo de todo el método y dedican un tiempo a favorecer esta reflexión. En la bibliografía de orientación didáctica sobre estrategias se puede encontrar una variedad grande de actividades orientadas a este entrenamiento. Ofrecemos para acabar este apartado, las sugerencias que solemos hacer a nuestros alumnos, entresacadas de sus mismas estrategias de aprendizaje:

La motivación es clave para aprender

No pierdas de vista para qué quieres aprender español.

Busca el interés de todo lo que aprendes.

Hazlo como más te gusta.

Si notas que tu motivación decae, valora por qué e inventa algo para seguir con mucho interés.

¿Cuál es tu estilo de aprendizaje?

Puedes hacer un pequeño test para conocerte mejor.

Ensaya con formas diferentes de aprender.

Valora qué es lo mejor para conseguir lo que quieres.

Reflexiona para qué te sirven las diferentes actividades.

Todo lo que sabes de tu lengua, de otras, de todo, todas tus experiencias son importantes para aprender la nueva lengua: activa siempre todo lo que conoces y a partir de ahí intenta pensar cómo es en la nueva lengua.

Toma la iniciativa y asume la responsabilidad de tu aprendizaje

Escribe tus objetivos.

Propón actividades y tareas en la clase.

Haz tu plan de trabajo (cada semana) con objetivos realistas y comprueba al final.

Corrige lo que no ha funcionado bien en la forma de trabajar.

Consigue materiales de autoevaluación.

Crea tus oportunidades de practicar y de comunicar

Lee mucho, desde anuncios y letreros a periódicos y temas que conozcas y te interesen. Procura imaginar primero de qué trata y luego intenta captar el sentido de lo que lees.

Escucha la TV, la radio, aprende canciones, lleva cintas grabadas para el camino.

Aprende frases sencillas para las situaciones de todos los días.

Aprende frases y formas de advertir que no entiendes.

Graba pequeños mensajes para que tú mismo con la ayuda de la profesora o de un nativo los puedes valorar y corregir.

Habla en la nueva lengua con nativos, con los compañeros, con tus animales de compañía, contigo mismo. No tengas vergüenza, todo el mundo sabe lo complicado que es aprender un idioma.

Ponte en la situación e intenta adivinar de qué se habla y cómo lo puedes decir.

Copia frases, letras de canciones que te gusten.

Intenta reescribir algo corto que acabas de leer.

Busca modelos de cartas y mensajes para empezar a escribir los tuyos.

Escribe tu diario en español.

Los errores son necesarios para aprender

No tengas miedo a hacer errores, pues si tienes miedo no practicas y no aprendes.

Con la práctica irás superándolos.

Haz un cuaderno con tus errores: buscando las causas y programando formas de superarlos.

Examina tu cuaderno para observar si vas superando los errores más repetidos.

Dedica tiempo a realizar las actividades que te propones para superar los errores.

Ten paciencia contigo mismo.

Herramientas gramaticales y léxico

Intenta adivinar siempre que puedas cómo funciona la lengua: orden, concordancias, uso de los tiempos, etc.

Busca formas de aprender las formas gramaticales.

Haz ejercicios con frases que te sirvan en la vida.

Para las estructuras más complicadas inventa algún truco, alguna frase, algo que se repita mucho.

El léxico es una red de asociaciones; cuantas más relaciones establezcas y más tengan que ver contigo mejor lo aprenderás.

Fíjate también en la forma de las palabras: hay muchas familias que facilitan el aprendizaje.

Revisa a menudo lo que has aprendido y valora tus progresos.

No te desanimes, después de un primer momento parece que se hacen más errores y que no se avanza; esos errores ocurren porque ya no se imitan tanto los modelos y se está construyendo la nueva lengua. Es el momento de conocer más la cultura, a la gente y comunicarte más.

Conclusión

Decíamos al principio que éste intentaba ser un trabajo síntesis sobre el tema, sin perder de vista nunca la clase. Hemos puesto de relieve la importancia del tema de las estrategias de aprendizaje dentro de una línea metodológica de "aprender a aprender", centrada en el aprendiz y en el proceso, una línea que reconoce la diversidad de los alumnos y que confía en ellos para gestionar su aprendizaje. Después de delimitar el concepto y orientarlo al desarrollo de la competencia comunicativa, hemos intentado una lectura organizada de los estudios sobre el tema trazando dos polos de mayor a menor consciencia e intencionalidad en su uso y hemos recogido una muestra representativa de las tipologías de estrategias, que creemos pueden ser instrumentos válidos para entrar en el tema, así como una fuente de sugerencias para la acción didáctica. Nos acercamos más a la clase al intentar una descripción de las fases del proceso de aprendizaje donde se irán describiendo las estrategias que tienen lugar en cada una y terminamos con sugerencias para favorecer el desarrollo de esa competencia estratégica.

El hilo conductor de nuestra reflexión, y pensamos que el de todos los estudios sobre estrategias, es, por un lado, el convencimiento de la rentabilidad para el éxito en el aprendizaje que se deriva de esta competencia estratégica y por otro, el reconocimiento de la capacidad e individualidad del aprendiz de lenguas. Si la inercia de una enseñanza normativa y de transmisión de saberes deja paso a la clase como taller donde se ensaya con diferentes estrategias para construir el aprendizaje de la lengua y de la comunicación, el proceso será siempre más motivador y personal y el resultado más estimulante; para ello es necesario confiar en la capacidad del aprendiz, delegar y darle su responsabilidad, llevar a cabo un entrenamiento específico siempre que haga falta y proporcionarle los instrumentos de aprender a aprender. Así podrá aprender siempre.

Bibliografía

ANDERSON, J. R. (1981), *Cognitive Skills and their Acquisition*. Hisllsdale, N. J., Lawrence Eribaum.

ANDERSON, J. R. (1983), *The Arquitecture of Cognition,* Cambridge, MA, Harvard University Press.

BACHMAN, L. (1990), "Habilidad lingüística comunicativa" en M. LLOBERA (Ed.) (1995): 105-129.

BIALYSTOK, E. (1978), "Un modelo teórico de la adquisición de lenguas segundas" en J. LICERAS (Ed.) (1991): 177-195.

BOGAARDS, P (1988), *Aptitude et affectivité dans l'apprentissage des langues étrangères*. Credif, Hatier.

BELTRAN, J. (1993), *Procesos estratégicos y técnicas de aprendizaje*, Madrid, Síntesis.

COHEN, A. D. (1996), "Second Langage and Use Strategies: Clariying the Issues" en *CARLA Working Paper Series*, 3 Nov.: 27.

CORDER, S. P.(1978), "Strategies of communication", en CORDER; S. P. (1981).

CORDER, S. P. (1981), *Error Analysis and Interlangage*, Oxford, OUP.

CIR, P. (1996), *Les stratégies d´apprentissage*, Paris, Clé International.

CHAMOT, A. U. BARNHARDT, S. B. EL-DINARY, P. B. ROBBINS, J. (1999), *The Learning Strategies Handbook*, White Plains, NY, Adison Wesley Longman Inc.

CHOMSKY, N. (1965), *Aspects of the Theory of Syntax*, Cambridge, Mass, M.I.T. Press.

DAVIS, A., C. CRIPER y A. P. R. HOWATT (eds) (1984), *Interlanguage* Edimburgo, Edinburgh University Press.

DICKINSON, L. (1987), *Self-Instruction in Langage Learning*, CUP.

DUDA, R. y RILEY, P.(1990), *Learning Styles*. Presses Universitaires de Nancy.

ELLIS, R. (1985), *Understanding Second Language Acquisition*, Oxford, OUP.

FAERCH,C. y KASPER, G. (1983), *Strategies in Interlanguage Communication*, Longman.

GARDNER, R. C. (1985), *Social Psycology and Second Language Learning: The Roles of Attitudes and Motivation.* Londres, Ontario, Edward Arnold.

HALLIDAY, M. A. K., (1978), *Language as Social Semiotic,* Londres, Edwuard Arnold.

HOLEC, H. (1979), *Autonomie et apprentissage des langues étrangères,* Strasbourg, Conseil de l'Europe, Hatier.

KRASHEN, S. (1977), "El modelo del monitor y la actuación de los adultos en las lenguas segundas" en J. LICERAS (ed.) (1992): 143-153.

LARSEN-FREEMAN, D. y LONG, M. (versión española 1994), *Introducción al estudio de la adquisición de segundas lenguas,* Madrid, Gredos.

LICERAS (ed.) (1992), *La adquisición de lenguas extranjeras,* Madrid, Visor.

MARIANI, L. (ed.) (1994), *L'Autonomía nell' apprendimento Linguistico*. Firenze, La nuova italia. Quaderni de LEND.

MINISTERIO DE EDUCACIÓN, CULTURA Y DEPORTE (2002), *Marco común europeo de referencia para las lenguas: aprendizaje, enseñanza, evaluación*, Madrid, Secretaría General Técnica del MECD y Grupo Anaya, traducido y adaptado por el Instituto Cervantes.

MCLAUGHLIN, B. (1978), "Algumas consideraciones metodológicas sobre el modelo del monitor", en LICERAS, J. (1992): 153-177.

NAIMAN, N.*et al.* (1978), *The Good Language Learner*, Institute for Studies in Education, Ontario.

NISBET, J. y SHUCKSMIT, J. (1986), *Estrategias de aprendizaje*, Madrid, Santillana, (Aula XXI)

O'MALEY, M. y CHAMOT A. U. (1990), *Learning Strategies in Language Acquisition*, Londres, CUP.

OXFORD, R. L. (1989), *Language Learning Strategies*, Nueva York, Newbury House Publishers.

PIAGET, J. (1970), *Seis estudios de psicología,* Barcelona, Barral.

RICHARDS, J. (ed) (1974), *Error Analysis: Perspectives on Second Language Acquisition,* Londres, Longman.

ROGERS, C. (1972), *Liberté pour apprendre?*, Paris, Dunod.
RUBIN, J. (1975), "What the Good Language Learner Can Teach Us", *TESOL Quartely*, 9.1: 41-51
SELINKER, L. (1972), "Interlanguage", *IRAL*, 10.3: 209-230.
SKEHAN, P. (1989), *Individual Differences in Second-Language Learning*, Londres, Edward Arnold.
STERN, H. (1975), "What can we team from the good language learner?", *Canadian Modern Language Review*, 31: 304-318.
STEVICK, E.W. (1981), *Teaching Languages: A Way and Ways*, New York Newbury House.
TARDIF, J (1992), *Pour un enseignement stratégique: l'apport de la psycologie cognitive,* Montreal, Les Éditions Logiques.
TARONE, E. (1981), "Some thoughts on the notion of communicative satrategy" ,*TESOL Quartely,* 15: 285-295.
VIGOTSKY, L. S. (1978), *Mind in Society: The development of higher psycological processes*, Cambridge, M. A.: Harward University Press.
WENDEN, A. y RUBIN, J. (eds) (1987), *Learner Strategies in Language Learning*, Londres, Prentice Hall.
WENDEN A.(1991), *Learner Strategies for Learner Autonomy*, Londres, Prentice Hall.
WIDDOWSON, L. (1975), "The signifiance of simplification" en *Studies Second Language Acquisition* 1/1.
WRIGHT, T. (1987), *Roles of Teachers and Learnes,* Oxford, OUP.

Materiales para los alumnos:

PAIGE, R. M, COHEN, A. D., KAPPLER, B., CHI, J. C. LASSEGARD, J. P. (1999), *Strategies for Language and Culture Learning Use,* Minnesota, University of Minnesota.
ELLIS, G. y SINCLAIR, B. (1983), *Learning to learn English,* Cambridge, CUP.
MARIANI L. (1996), *Strategie per imparare* 2ª ed, Bologna, Zanichelli.
SHEERIN. S. (1989), *Self-access,* Oxford, OUP.
RUBIN, J. y THOMPSON (1982), *How To Be a More Successful Language Learner*, Boston, M.A, Heinle y Heinle.
WILLING, K. (1989), *Teaching How to Learn: Learning Strategies* in ESL, Sydney, National Centre for English Language Teaching and R. Kelly search, Macquarie University.
MARTÍN PERIS, E. (1995), *A de aprender,* Col. Tareas, Barcelona, Difusión.
FERNÁNDEZ, S. (1995), *P de palabra,* Col. Tareas, Barcelona, Difusión.
FERNÁNDEZ, S. (1996), *Estrategias de aprendizaje,* Aula de Español, Madrid, Universidad A. Nebrija.
MONEREO, C. (Ed.) 2000, *Ser estratégico y autónomo aprendiendo. Unidades didácticas de enseñanza estratégica para las ESO,* Barcelona, Graó.

Las estrategias de comunicación

Raquel Pinilla Gómez
Universidad Rey Juan Carlos

Introducción

El enorme interés despertado por el concepto de competencia comunicativa entre los investigadores y profesores de español como lengua extranjera (E/LE), a lo largo de las dos últimas décadas del pasado siglo, ha propiciado el estudio riguroso y pormenorizado de todos los aspectos que forman parte directa del acto comunicativo: lingüísticos o gramaticales, discursivos, sociolingüísticos o pragmáticos y estratégicos. Entre los avances teóricos y prácticos más significativos e innovadores, destacan los relacionados con los comportamientos estratégicos de los estudiantes y sus resultados en la comprensión y producción de mensajes adecuados a las diferentes situaciones comunicativas. En concreto, en este artículo analizaremos las estrategias de comunicación ante carencias de tipo lingüístico -léxico- que se desarrollan durante los procesos de expresión oral.

1. Un marco teórico para el estudio de las estrategias de comunicación: la competencia comunicativa

El punto de partida de este interés por el análisis global del acto comunicativo radica en *la doble consideración de la lengua como sistema y como instrumento de comunicación social* (Instituto Cervantes 1994: 14). El concepto de competencia comunicativa acuñado por el prestigioso etnógrafo americano de la comunicación Dell Hymes (1972), constituye un referente fundamental en el área de la didáctica de lenguas, tanto maternas como extranjeras (L2).Traspasando los límites de la *competencia lingüística* chomskyana, la competencia comunicativa se refiere tanto a los conocimientos como a las habilidades para usar la lengua de una manera contextualmente apropiada. El dominio de una lengua no se consigue sólo con conocimientos formales del sistema, sino que también es necesario tener en cuenta las capacidades comunicativas (competencia) y los comportamientos lingüísticos (actuación), cuyo resultado conjunto constituye la correcta comprensión y expresión de mensajes.

La noción de uso lingüístico, reivindicada por etnógrafos de la comunicación y etnometodólogos -Gumperz y Hymes (1964), entre los más notables-, ha guiado los nuevos enfoques discursivos, pragmáticos y estratégicos sobre la lengua y la comunicación, y sus aplicaciones al campo de la glosodidáctica de L2 se han materializado en una mejora significativa del proceso de enseñanza-aprendizaje.

El marco teórico que proponemos concibe que el principal objetivo de la enseñanza de L2 es desarrollar la competencia comunicativa de los estudiantes en todas sus facetas; es decir, lingüística, discursiva, sociolingüística y estratégica:

- La competencia lingüística consiste en el dominio del código lingüístico verbal y no verbal. Se incluyen los conocimientos del sistema, en relación con las características y reglas formales del lenguaje, que afectan al vocabulario, la formación de palabras y frases, la pronunciación, etcétera.
- La competencia discursiva se centra en el dominio de los recursos para conseguir la cohesión y la coherencia de los textos, tanto escritos como orales, en los diferentes géneros. La unidad se consigue a través de la cohesión de la forma y la coherencia de los contenidos.
- La competencia sociolingüística es el dominio de las reglas socioculturales de uso y de las reglas del discurso. Por tanto, nos orienta en el uso apropiado del código en situaciones socioculturales determinadas.
- La competencia estratégica supone el dominio de las estrategias de aprendizaje y de las estrategias de comunicación, verbales y no verbales, empleadas para resolver problemas de tipo comunicativo. Gracias a la competencia estratégica somos capaces de reparar y compensar las posibles deficiencias comunicativas en cualquiera de las otras subcompetencias y de incrementar la eficacia de la interacción.

2. La competencia estratégica: las estrategias de aprendizaje y las estrategias de comunicación

La competencia estratégica constituye un componente fundamental en cualquier proceso de enseñanza-aprendizaje de L2 e incluye las estrategias de aprendizaje y de comunicación que el estudiante usa, respectivamente, para controlar dicho proceso y para compensar las posibles deficiencias que surjan en la comunicación. Ya en 1972, Larry Selinker hablaba de las estrategias de aprendizaje y de comunicación como dos de los cinco procesos fundamentales en la evolución de la interlengua de los estudiantes. En su opinión, las estrategias de aprendizaje son recursos que representan un acercamiento y un control, por parte del estudiante, del proceso que constituye su propio aprendizaje, mientras que las estrategias de comunicación, son aquellos recursos que propician el acercamiento al proceso de comunicación que tiene lugar en los diferentes tipos de interacción con hablantes nativos de la lengua meta. El foco de interés de las estrategias de aprendizaje se centra en el aprendizaje de la lengua, y el de las estrategias de comunicación, en su uso.

El motivo principal que condiciona el uso de una estrategia de aprendizaje no es el deseo inmediato de comprender o comunicar un mensaje, sino el de aprender la L2. Así, el uso de reglas nemotécnicas para aprender vocabulario o la memorización y repetición de algunas estructuras problemáticas de la L2 se consideran estrategias de aprendizaje y no estrategias de comunicación. Las estrategias de comunicación son mecanismos usados para resolver los problemas comunicativos, como son, por ejemplo, el desconocimiento de una palabra o de una expresión que se necesita en una situación concreta o la imposibilidad de seguir la línea argumental de un mensaje por el desconocimiento de los conectores discursivos que le dan forma. En este trabajo nos vamos a centrar en el estudio del segundo tipo de estrategias, las de comunicación[1] y, más concretamente, las que se usan en los procesos de expresión oral para compensar carencias léxicas.

La inclusión y estudio del componente estratégico, tanto en la programación de un curso como en los materiales didácticos que se usan en el aula, están plenamente justificados, ya que aportan al estudiante los elementos y mecanismos necesarios para cubrir el vacío que existe entre los insuficientes medios lingüísticos de que dispone y las situaciones comunicativas en cuya interacción toma o tomará parte. A lo largo del proceso de aprendizaje y, especialmente, durante las etapas iniciales, el estudiante hace frente a diferentes tipos de interacciones en las que se evidencian sus deficiencias comunicativas, ya sean de tipo lingüístico, discursivo o sociolingüístico. Es entonces, al resolver ese problema, cuando hace uso de su componente estratégico, es decir, cuando recurre a estrategias que le permiten salvar esas deficiencias (Véase tabla 1).

COMPETENCIA ESTRATÉGICA	
Por deficiencias lingüísticas	Utilización de fuentes de referencia (diccionarios, gramáticas, etcétera).
	Uso de paráfrasis (descripciones, comparaciones, etcétera).
	Petición de repetición, aclaración o discurso más lento para asegurar la comprensión.
	Utilización de comunicación no verbal (gestos, dibujos, etcétera).
Por deficiencias discursivas	Uso de acento o entonación enfáticos para indicar cohesión y coherencia.
	Utilización del conocimiento que se tiene de la lengua materna sobre modelos discursivos.
Por deficiencias sociolingüísticas	Uso de una misma forma gramatical para diferentes funciones comunicativas (una expresión declarativa usada como afirmación, pregunta, invitación, etc., en función del contexto sociolingüístico).
	Utilización de la forma gramatical sociolingüísticamente menos marcada cuando se duda de la adecuación de otras formas.
	Uso del conocimiento que se tiene de la lengua materna sobre la adecuación de las funciones comunicativas.

Tabla 1: Uso de la competencia estratégica por deficiencias en las otras subcompetencias (adaptado de CANALE, 1983 -traducción al español de J. Lahuerta-).

[1] Para una mayor información sobre las estrategias de aprendizaje, recomendamos el libro de R. OXFORD (1990), uno de los más didácticos y claros en este campo de investigación y aplicación en el aula. El análisis que propone de este tipo de estrategias es exhaustivo y completo.

Como podemos apreciar en la tabla, los estudiantes disponen de un potencial estratégico que pueden desarrollar siempre que se enfrenten a un problema en cualquiera de las otras áreas de la competencia comunicativa, esto es, no sólo a problemas formales o lingüísticos -aunque éstos suelen ser los más frecuentes o, al menos, los más llamativos, tal como veremos en el capítulo siguiente-, sino también a problemas de índole discursiva y sociolingüística, directamente relacionados con la consideración global del uso lingüístico y la dimensión comunicativa de la lengua.

Así, por ejemplo, en relación con problemas de tipo discursivo, podemos pensar en aquellos casos en los que el estudiante olvida la línea argumental de lo que está exponiendo o no sabe cómo conseguir la cohesión de un texto porque desconoce los conectores discursivos necesarios en la L2. ¿Qué hace entonces? Puede, efectivamente, realizar un resumen rápido para volver a ordenar las ideas, o bien recurrir a diferentes tipos de entonación o rasgos prosódicos, como silencios o pausas, para marcar las partes del discurso. Asimismo, también en el caso de problemas de tipo sociolingüístico encontramos ejemplos de aplicación de recursos estratégicos. El estudiante se enfrenta a un problema de esta clase cuando no sabe cómo formular correctamente sus intenciones comunicativas y advierte que éstas han sido malinterpretadas; en estas situaciones puede reformular su discurso e introducirlo con expresiones del tipo *bueno, es decir,* etc. A veces, el problema reside en no saber si adoptar un registro informal o formal (uso de *tú* o *usted*), por desconocimiento de las reglas de uso que afectan a la relación entre los interlocutores. En estos casos, por ejemplo en los saludos, puede optar por utilizar una forma neutra del tipo *¿Qué tal?*, en vez de *¿Qué tal estás/está?*, y evitar así el uso de la persona gramatical correspondiente, que explicitaría el tratamiento informal o formal, respectivamente, que ha sido elegido.

Hasta aquí hemos analizado que el principal motivo por el que se desencadena el uso de una estrategia de comunicación es el de compensar fallos en la comunicación, debidos, fundamentalmente, a deficiencias en la competencia comunicativa. A veces, estos fallos comunicativos se originan por otros motivos, como las variables que se producen en la producción lingüística, del tipo de lapsus, problemas de memoria, falta de concentración, etc. Así se pone de manifiesto en la definición que realizan Canale y Swain (1980) de las estrategias de comunicación: *La competencia estratégica estará compuesta de las estrategias de comunicación verbales y no verbales a las que se puede recurrir para compensar los fallos en la comunicación debidos a variables en la realización o a una competencia insuficiente*[2]. Que la compensación sea el principal criterio para caracterizar las estrategias de comunicación ha llevado a algunos autores a hablar de *estrategias de compensación*[3], aunque, básicamente, los conceptos de estrategias de comunicación y estrategias de compensación responden a las mismas realidades lingüísticas y a los mismos comportamientos estratégicos y, por eso, no existen diferencias conceptuales tan significativas como para considerar distintos ambos términos.

Para algunos investigadores, el hecho de que sea una causa diferente de la compensación de fallos en la comunicación la que provoque el uso de un comportamiento estratégico, lleva a establecer otro grupo de estrategias, las llamadas *estrategias de producción*. Tarone (1981) defiende

---

[2] En el artículo citado de CANALE (1983) se recoge esta doble consideración de los motivos para usar una estrategia de comunicación: *Competencia estratégica: dominio de las estrategias verbales y no verbales para (a) compensar los fallos en la comunicación debidos a una incompetencia insuficiente o a limitaciones en la realización y (b) aumentar o realzar el efecto retórico de los enunciados* (traducción al español de J. Lahuerta).

[3] Entre estos autores, podemos señalar a OXFORD (1990), cuyo libro ya hemos citado, y a HARDING (1983).

que estas estrategias se producen por *el intento de usar el propio sistema lingüístico de forma eficiente y clara con el mínimo esfuerzo*; por ejemplo, ensayar lo que va a decirse, planificar un discurso, preparar la forma en que se estructuran las oraciones, etc. En realidad, las estrategias de producción y las de compensación, en la tipología de Tarone, pertenecen a un mismo grupo, que corresponde a las estrategias de uso. Por tanto, aunque la clasificación difiera de las que se han propuesto más arriba, sigue respondiendo al mismo criterio: el de uso lingüístico.

3. El currículo de E/LE: la competencia estratégica y el desarrollo de las destrezas lingüísticas

La doble consideración de la lengua como sistema formal y como instrumento de comunicación social, propiciada por los más recientes cambios en la orientación de la enseñanza de L2, ha traído consigo un énfasis mayor en las necesidades e intereses de los alumnos, el cual se ha materializado en propuestas de actividades comunicativas para el aula. De esta manera, los fundamentos teóricos sobre la naturaleza de la lengua y la metodología del aprendizaje han condicionado decisivamente las prácticas que se llevan a cabo en el aula de español como lengua extranjera, llenando la clase de actividades y experiencias de aprendizaje que constituyen el eje para el desarrollo de las destrezas lingüísticas. Este interés por el desarrollo de las destrezas de nuestros estudiantes se pone de manifiesto en el currículo de E/LE, tal como refleja la siguiente cita (Instituto Cervantes 1994:90):

> *Si el objetivo principal en el proceso de enseñanza y aprendizaje de una lengua extranjera es conseguir que los alumnos aprendan a comunicarse en una lengua que no es la propia, se hace necesario desarrollar su competencia comunicativa de una manera total, de tal modo que trabajen por igual tanto en la expresión oral y escrita como en la comprensión auditiva y de lectura, es decir, las cuatro destrezas lingüísticas, en un determinado contexto social y cultural.*

Este acercamiento a la práctica comunicativa en el aula gira en torno a dos cuestiones principales: *a)* el modo en que pueden practicarse las destrezas -desarrollo de actividades, técnicas, propuestas lúdicas, etc.-[4], y *b)* los comportamientos estratégicos que se ponen en juego al desarrollar una determinada destreza: comprender, hablar, leer y escribir. La tabla 2 resume los comportamientos estratégicos más frecuentes entre los estudiantes al practicar las cuatro destrezas lingüísticas:

COMPORTAMIENTOS ESTRATÉGICOS EN LAS CUATRO DESTREZAS	
Estrategias de comprensión auditiva	Estrategias de expresión oral
- Audición selectiva de información. - Técnicas de comprensión global. - Identificación de los rasgos de entonación. - Atención al contexto situacional.	- Transferencia y aplicación de estrategias de la lengua materna. - Verificación de la comprensión correcta. - Suplencia de carencias de expresión. - Control de la comunicación.

[4] Como orientación general para la programación de actividades proponemos la lectura del capítulo III *Programar actividades, de Profesor en acción 1* (Giovannini, A. *et al.* 1996).

Estrategias de comprensión lectora	Estrategias de expresión escrita
- Predicciones e hipótesis sobre el contenido: deducción por el contexto. - Búsqueda selectiva de información. - Técnicas de comprensión global.	- Organización del texto. - Reconocimiento de los elementos discursivos. - Detección y corrección de errores. - Técnicas de expresión escrita.

Tabla 2:. Comportamientos estratégicos en las cuatro destrezas (tomado de GIOVANNINI, A. *et al.* 1996).

4. LAS ESTRATEGIAS DE COMUNICACIÓN EN LOS PROCESOS DE EXPRESIÓN ORAL EN E/LE: UNA SOLUCIÓN ANTE LAS CARENCIAS LÉXICAS

Aprender a expresarse oralmente en una lengua extranjera supone poder comunicar a un interlocutor concreto, en un momento determinado, aquello que se piensa o que se necesita de la forma más adecuada posible a las expectativas del interlocutor y a la situación comunicativa (Instituto Cervantes 1994: 95). Un análisis minucioso de esta definición de *expresión oral* evidencia la dificultad que supone expresarse en una lengua extranjera, ya que esta destreza desencadena toda una serie de actividades, recursos y procesos lingüísticos, discursivos, sociolingüísticos y estratégicos. ¿Cuáles son esos procesos estratégicos? En la tabla 2 se han señalado algunos de los comportamientos estratégicos más frecuentes que se llevan a cabo en la expresión oral durante las interacciones comunicativas, aunque no son los únicos.

Desde el punto de vista del aprendizaje de la lengua son muchas las estrategias a las que recurre el estudiante: intentar imitar la pronunciación de otras personas, pedir ser corregido en la conversación, repetir frases hasta que se memorizan y se producen sin dificultad, etc. Por su parte, las estrategias de comunicación que se usan durante las interacciones orales vienen a compensar las carencias lingüísticas, discursivas y sociolingüísticas de nuestros alumnos. Analicemos las estrategias de comunicación que se ponen en marcha ante una de las carencias lingüísticas más observadas entre los estudiantes: el desconocimiento de ciertas palabras o expresiones necesarias en un momento determinado de la comunicación.

Efectivamente, las limitaciones léxicas de nuestros estudiantes son patentes a lo largo del proceso de aprendizaje de E/LE, especialmente, durante las etapas iniciales. Todos ellos experimentan, en algún momento de sus interacciones comunicativas, el problema que supone para el desenvolvimiento de la comunicación el no conocer o no poder recordar una palabra o una expresión. Observemos, además, que se trata de un fenómeno universal, que se produce también durante los procesos de expresión oral en la lengua materna y que no resulta extraño para el estudiante. Por tanto, su introducción en el aula, a través de actividades que potencien su desarrollo, está plenamente justificada puesto que conseguimos dotar al estudiante de una serie de recursos prácticos y útiles que le ayudarán a desenvolverse con éxito en las conversaciones con otros estudiantes y con hablantes nativos de español.

Debemos señalar que numerosos tramos discursivos que se producen como resultado de la aplicación de una estrategia de comunicación resultan *incorrectos* desde el punto de vista de la lengua meta -en este caso, del español-, pero no en relación con la interlengua (Selinker 1972) de nuestros estudiantes, que es un sistema idiosincrásico propio cuyas características concretas reflejan la etapa del proceso de enseñanza-aprendizaje en que se encuentra el estudiante. Así, por ejemplo, el estudiante que dice *camarera aérea*, en lugar de *azafata*, palabra que desconoce, no usa un término exacto recogido en el diccionario, pero sí una expresión que refleja su nivel de lengua y su insuficiente competencia léxica[5].

En el recurso a una estrategia de comunicación siempre subyacen, por parte del hablante, dos tipos de procesos que, normalmente, tienen lugar de forma simultánea: un análisis del concepto y un control del código formal (Bou, 1992). El análisis del concepto supone un acercamiento reflexivo a los rasgos semánticos y significativos de una palabra, mientras que el control del código significa la elaboración lingüística del estudiante, que se sirve de sus conocimientos formales del sistema. Las estrategias de comunicación que subyacen a las producciones orales de nuestros estudiantes de E/LE se pueden clasificar de la siguiente manera: *a)* paráfrasis, *b)* acuñaciones léxicas, *c)* recursos a la lengua materna, *d)* peticiones de ayuda al interlocutor y *e)* recursos no verbales.

a) Paráfrasis. Es el resultado de una estrategia procesal de análisis del concepto. Bajo esta estrategia agrupamos los procesos de reestructuración lingüística llevados a cabo por el estudiante, que suponen la puesta en marcha de un plan alternativo para referirse a la palabra que se desconoce. La manera de poner en marcha ese plan da lugar a dos tipos de estrategia de paráfrasis: aproximaciones y descripciones. Un ejemplo de aproximación es el uso de *parte* por *sale de* en la frase *Cuando mi, yo e mi amigo hablamos alto, siempre, siempre después de comida, Franz* parte *habitación* ... Un caso de descripción es el mencionado de *camarera aérea* por *azafata*.

b) Acuñaciones léxicas. La estrategia de acuñación léxica consiste en la creación de una nueva palabra en la interlengua del estudiante, que puede existir o no en el español, pero que para el estudiante es una palabra nueva, cuyo significante desconocía. Esta estrategia supone un análisis del concepto, pero también una elaboración del código lingüístico, que supone la aplicación de características morfológicas de la lengua meta. Las estrategias de acuñación léxica se clasifican en función de la lengua sobre la que se elabora y acuña la forma léxica: *1)* basadas en la lengua materna, como *oñonas* por *cebollas* -del francés, *oignon*-, y *2)* basadas en la L2, como *gasolinista* por *empleado de gasolinera* o *palabrar* por *deletrear*.

c) Recursos a la lengua materna. Esta estrategia consiste en una transferencia no elaborada de la lengua materna del estudiante y responde a una estrategia de control del código. Agrupamos aquí todos aquellos enunciados en los que subyace el recurso directo, por parte del estudiante, a su lengua nativa -o incluso, a otra lengua añadida que conozca, total o parcialmente-. Se ha aplicado esta estrategia en el siguiente caso, en el que el estudiante desconoce la expresión española *tomar decisiones* y recurre, directamente, a su correspondiente en inglés: "*...es necesario al final a decidir a determinar el, el make decisions*".

d) Peticiones de ayuda al interlocutor. La estrategia de petición de ayuda es el resultado de una estrategia de control del código y supone una evidencia directa de que el estudiante necesita ayuda explícita para solucionar un problema que le ha surgido durante la comu-

[5] Todos los ejemplos de enunciados en los que subyace el uso de estrategias de comunicación están extraídos del corpus de datos analizados en nuestra tesis doctoral (1997), *Estrategias de comunicación e interlengua en la enseñanza del español lengua extranjera (ELE)*, tesis inédita, Universidad Complutense de Madrid.

nicación. La petición de ayuda puede responder a una necesidad del estudiante de suministro de información, o bien de confirmación de una información que él mismo proporciona. Un ejemplo del primer caso sería el siguiente: *Sí, pero es que, me perdone…, ¿cómo se dice "mess"?*, en el que el estudiante desconoce la palabra *desorden*, y la pregunta. Hay una petición de confirmación en el siguiente enunciado: *…en nuestro diploma es una exigen…, ¿obligación?…*[6].

e) Recursos no verbales. Esta estrategia consiste en el paso del código verbal al código no verbal -mímica, gestos-. Normalmente, suelen utilizarse de forma conjunta palabras y gestos para aludir a rasgos característicos del concepto que se pretende expresar. Así, recogemos un caso en el que nuestro estudiante indica la idea *cuando era niño* mediante un gesto con la mano indicando la altura de un niño.

5. Propuestas de actividades sobre estrategias de comunicación en la expresión oral

Las siguientes actividades ofrecen modelos y contextos adecuados para que el estudiante de E/LE pueda comprender el uso real y práctico de las estrategias de comunicación, en aquellas situaciones en las que su competencia léxica es limitada y, por tanto, sufre dificultades comunicativas. Nuestra propuesta supone otorgarles un lugar en el aula, de forma que los alumnos puedan practicarlas. El objetivo es demostrar que se puede mantener la comunicación, mediante un comportamiento estratégico positivo, aun cuando se experimenten problemas de tipo lingüístico. Poco a poco, y a medida que asimilen ese entrenamiento estratégico, los estudiantes estarán preparados para hacer un uso libre de las estrategias en futuras situaciones comunicativas.

En las actividades de práctica guiada que proponemos aquí, la instrucción general es del tipo:

CÓMO LOGRAR COMUNICARSE SIN CONOCER LAS PALABRAS

A continuación, se ofrece a los estudiantes un modelo de interacción comunicativa en la que se identifica un comportamiento estratégico por parte del hablante no nativo. Este modelo provoca la reflexión en el estudiante y le guía, a partir de ese momento, hacia una actividad en la que él se convierte en uno de los interlocutores de la interacción. Reproducimos un ejemplo de modelo de interacción comunicativa incluido en un material didáctico de ELE (Fernández López, 1995: 6).

[6] Como propuestas de actividades para la práctica de la petición de ayuda, tanto de información como de confirmación, sugerimos la lectura de los apartados 3, *¿Cómo dices?*, y 4, *¿Verdad?*, de M. Gil-Toresano, O. Berges, J. Lázaro y I. Soria Pastor, *D de Discurso*, col. Tareas, Barcelona, Difusión.

- ACTIVIDAD 1:

En la conversación siguiente, una extranjera que ya sabe bastante español entra en una cafetería y tiene ganas de comer una cosa, pero no sabe el nombre. Observa la conversación y anota qué hacen ella y el camarero para resolver el problema:

¿Lo has adivinado? Explica cómo.

En esta actividad, la señora extranjera desconoce la palabra *churro*, pero esto no representa un impedimento para conseguir su propósito comunicativo. A lo largo de la interacción recurre a diferentes estrategias de comunicación: pide ayuda, utiliza códigos no verbales y describe. Al final, resuelve su problema y consigue que el camarero le traiga los churros.
Con este tipo de modelos, los alumnos se sienten motivados a reproducir, ellos mismos, ese tipo de comportamiento estratégico, ya que las interacciones tienen lugar en situaciones reales, con las que se encuentran en su vida cotidiana. El término desconocido puede elegirse entre el vocabulario (léxico) propio de la profesión de una persona, designar un material escolar, corresponder al nombre de una comida (realidades culturales típicas de una sociedad determinada, como las *patatas bravas* o el *gazpacho* son muy fáciles de practicar en el aula), etcétera.

- ACTIVIDAD 2

Observa cómo podemos comunicarnos sin conocer las palabras:

¿QUÉ ES ESTO?

** Es una cosa que hay en las habitaciones para poner la ropa.*

** Es un mueble de madera, donde puedes colocar la chaqueta y los pantalones, no es un armario.*

** Es un tipo de percha muy grande pero en el suelo.*

** Yo lo uso para no tener ropa desordenada en mi habitación.*

Ahora intenta hacer tú lo mismo; aunque no sepas cómo se llama, anímate y describe el mueble que ves. Tu profesor puede ayudarte.

Ahora, proponemos otro ejemplo, con variantes respecto a la actividad anterior, para su presentación en clase. Así, en el caso del *galán de noche*, el ejercicio se basa en las descripciones realizadas por otros estudiantes, y el objetivo es que nuestro estudiante se decida a dar su propia versión. Este ejemplo proporciona una muestra real de que los propios hablantes nativos no siempre conocen o recuerdan las palabras y de cómo en estos casos también aplican un comportamiento estratégico[7].

- ACTIVIDAD 3

Paco y Raquel tienen que comprar algunos muebles para su casa. Fíjate en lo que hacen en la tienda para explicar al dependiente qué quieren. (¡No todos los muebles que quieren están expuestos en la tienda!)

---

[7] Los dibujos que ilustran las actividades 2 y 3 han sido realizados por Francisco Pinilla Gómez, al que quiero expresar mi más sincero agradecimiento.

¿QUÉ CREES QUE HACEN PACO Y RAQUEL?

Ahora haz tú lo mismo con los siguientes muebles. Después, pregunta sus nombres a tu profesor o busca su significado en el diccionario:

¿Has visto que las estrategias de comunicación te pueden ayudar mucho cuando te comunicas en español?

¡ANÍMATE A UTILIZARLAS!

En este ejercicio se contextualiza la necesidad de recurrir a una estrategia en una hipotética situación de compra de muebles (en este caso, una *camarera* -o carrito para las bebidas-). La primera parte de la actividad se puede realizar por parejas y pedir a los estudiantes que representen la situación, y digan lo que creen que hacen Paco y Raquel. Por último, son los propios estudiantes los que llevan a cabo este proceso, quienes se encarguen de aplicar la estrategia a los casos de la mecedora, la cama y la cómoda, correspondientes a los dibujos de la segunda parte de la actividad.

Conclusión

El objetivo principal de este artículo ha sido describir las estrategias de comunicación que se usan ante problemas de tipo lingüístico -léxico- y mostrar cómo se puede realizar un entrenamiento estratégico en el aula, que capacite al alumno para hacer uso de ese potencial comunicativo que supone su competencia estratégica. Estamos convencidos de la conveniencia y la necesidad de incluir la práctica de las estrategias de comunicación en las actividades que proponemos en el aula para desarrollar las destrezas lingüísticas y, por ello, nos gustaría terminar esta reflexión con dos citas que corroboran nuestra opinión: En 1990, R. Oxford afirmaba que *un entrenamiento en estrategias capacita al estudiante para usar nuevas estrategias, evaluar su efectividad y decidir cuándo es apropiado transferir una estrategia a una nueva situación*. Asimismo, el *Plan curricular* del Instituto Cervantes (1994: 90) señala que *las actividades, tanto las de aprendizaje como las de comunicación, son el medio más adecuado para que los alumnos activen sus recursos lingüísticos y no lingüísticos. Las actividades de aprendizaje preparan al estudiante para poder realizar las actividades de comunicación que, a su vez, deben responder a situaciones comunicativas reales, de modo que el empleo de una, dos o más destrezas responda a necesidades auténticas*.

BIBLIOGRAFÍA

BIALYSTOK, E. (1990), *Communication Strategies. A Psychological Analysis of Second-Language Use*, Basil Blackwell.

BOU, P. (1992), *Estrategias de comunicación y secuencias tópicas en el discurso conversacional de estudiantes españoles de inglés*, tesis doctoral inédita, Universidad de Valencia.

CANALE, M. (1983), "From Communicative Competence to Communicative Language Pedagogy", en J. RICHARDS y R. SMITH (eds.), *Language and Communication*, Longman. (Trad. esp. de J. Lahuerta, en VV.AA. (1995): 63-81.)

CANALE, M. y SWAIN, M. (1980), "Theoretical Bases of Communicative Approaches to Second Language Teaching and Testing", *Applied Linguistics* 1, 1: 1-47.

CESTERO MANCERA, A. Mª. (1999), *Comunicación no verbal y enseñanza de lenguas extranjeras*, Madrid, Arco/Libros.

FERNÁNDEZ LÓPEZ, S. (1995), *P de Palabra*, Colección *Tareas*, Barcelona, Difusión.

GIOVANNINI, A. y otros (1996), *Profesor en acción 1*, Madrid, Edelsa.

GUMPERZ, J. J. y HYMES, D. H. (1964), "The Etnography of Communication", *American Anthropologist*, vol. 66, n.6, parte 2.

HARDING, E. M. (1983), "Compensation Strategies", *CLCS Occasional Paper*, 9: 1-53.

HYMES, D. H. (1972), "On Communicative Competence", en J. B. PRIDE y J. HOLMES (eds.), *Sociolinguistics*, Harmondsworth, Penguin.

INSTITUTO CERVANTES (1994), *La enseñanza del español como lengua extranjera. Plan Curricular del Instituto Cervantes*, Alcalá de Henares, Instituto Cervantes.

LITTLEWOOD, W. (1992), *Teaching Oral Communication. A Methodological Framework*, Oxford (UK) & Cambridge (USA), Blackwell.

LLOBERA M. y otros (1995), *Competencia comunicativa. Documentos básicos en la enseñanza de lenguas extranjeras*, Madrid, Edelsa.

OXFORD, R. (1990), *Language Learning Strategies. What Every Teacher Should Know*, Massachusetts, Heinle & Heinle Publishers.

PINILLA GÓMEZ, R. (1994), "Recursos comunicativos en las conversaciones Hablante nativo (HN)/Hablante no nativo (HNN)", en J. SÁNCHEZ LOBATO e I. SANTOS GARGALLO (eds.), *Problemas y Métodos en la enseñanza del español como lengua extranjera, Actas del IV Congreso Internacional de ASELE*, Madrid, SGEL: 163-173.

SELINKER, L. (1972), "Interlanguage", *IRAL*, 10: 209-231.

TARONE, E. (1981), "Some Thoughts on the Notion of Communication Strategy", *TESOL Quartely*, 15: 285-95.

III PARTE
La competencia comunicativa

El concepto de competencia comunicativa

Jasone Cenoz Iragui
Universidad del País Vasco

Introducción

La competencia comunicativa es uno de los conceptos más importantes en lingüística aplicada, tanto en el estudio de la adquisición de segundas lenguas como, a un nivel más práctico, en la enseñanza de lenguas. En efecto, la competencia comunicativa es un concepto clave al tratar de responder a las siguientes preguntas:

- ¿En qué consiste adquirir una lengua?
- ¿Qué conocimientos, capacidades o destrezas se necesitan para hablar una lengua?
- ¿Cuál es el objetivo de la enseñanza de lenguas?

La lingüística aplicada muchas veces ha tomado como base teorías de la lingüística teórica o de otras áreas de conocimiento, como la psicología o la antropología, para desarrollar modelos teóricos y constructos que puedan resultar apropiados a sus propios fines. El concepto de competencia comunicativa tiene su origen en el concepto de competencia de la lingüística teórica en el marco de la gramática generativa, pero también ha recibido la influencia de teorías de la antropología y la sociolingüística. Por lo tanto, se trata de un concepto que, del mismo modo que los de adquisición de segundas lenguas o enseñanza de lenguas, tiene un carácter interdisciplinar (Cenoz, 1996).

1. La competencia lingüística

La importante difusión del concepto de competencia comunicativa en los estudios de adquisición y enseñanza de lenguas está relacionada directamente con la distinción realizada por Chomsky (1965) entre competencia y actuación:

> *La teoría lingüística se centra principalmente en el hablante-oyente ideal de una comunidad de habla completamente homogénea que conoce su lengua perfectamente y al que no le afectan condiciones irrelevantes a nivel gramatical como las limita-*

ciones de memoria, las distracciones, los cambios de atención y de interés y los errores al aplicar su conocimiento de la lengua a la actuación real (Chomsky, 1965: 3).

Por lo tanto, para Chomsky, la competencia es el conocimiento que el hablante-oyente tiene de la lengua, y la actuación es el uso real de la lengua en situaciones concretas. Chomsky está interesado en estudiar la competencia, no la actuación. Desde la perspectiva del estudio de la lengua como sistema no está interesado en el uso del lenguaje o en la adquisición y enseñanza de lenguas. Su interés se dirige al desarrollo en una teoría lingüística centrada principalmente en las reglas gramaticales.

Aunque, en un principio, Chomsky aceptó que todos los aspectos relacionados con el uso se incluían en la actuación, más tarde reconoció que algunos aspectos del uso son sistemáticos y están gobernados por reglas. Así, en 1980, reconoció, que además de la competencia gramatical, también existe la competencia pragmática; está referida al conocimiento de las condiciones y modo de uso apropiado conforme a varios fines, y aquélla, esto es, la competencia gramatical, referida al conocimiento de la forma (Chomsky, 1980: 224).

Además de centrarse en el conocimiento y no en la capacidad o habilidad para utilizar este último en la comunicación interpersonal, el concepto de competencia lingüística está unido al conocimiento de la lengua por parte de los hablantes monolingües nativos. El concepto de hablante nativo ideal es difícil de aceptar puesto que no todos los hablantes de una lengua son competentes y pueden distinguir oraciones gramaticales de no gramaticales. Además, hablantes no nativos pueden distinguir ciertos tipos de oraciones gramaticales y no gramaticales con más exactitud que algunos hablantes nativos.

El concepto de competencia de Chomsky provocó reacciones importantes entre los investigadores situados fuera del marco de la gramática generativa (Lyons, 1970; Campbell y Wales, 1970; Hymes, 1972). Se considera inadecuado porque se limita a la competencia lingüística del hablante-oyente ideal en una sociedad homogénea y no considera aspectos centrales del uso de la lengua. En efecto, el concepto de competencia propuesto por Chomsky supone una abstracción e idealización, que no tiene una relación directa con la capacidad y habilidad para utilizar una o varias lenguas en la comunicación interpersonal por parte de hablantes monolingües y plurilingües en sociedades multiculturales. Es un concepto útil dentro de la gramática generativa, pero que se torna demasiado reduccionista si se aplica a la adquisición y enseñanza de lenguas.

Sin embargo, es preciso reconocer como considera Llurdá (Llurda 2000: 86) que la definición de Chomsky representa el punto de partida de otros enfoques posteriores y que, además, la controversia sobre el concepto de competencia lingüística ha favorecido la aceptación del concepto de competencia comunicativa como concepto fundamental en la adquisición y enseñanza de lenguas.

2. Competencia lingüística y competencia comunicativa

La reacción al concepto de competencia de Chomsky se centró en resaltar el carácter social de la competencia y la importancia de que los enunciados sean apropiados al contexto en el que tiene lugar la comunicación. De este modo Lyons (1970: 287) considera que:

La habilidad de utilizar la lengua con corrección en una variedad de situaciones determinadas socialmente es una parte tan central de la competencia lingüística como la habilidad de producir oraciones gramaticalmente correctas.

Campbell y Wales también insisten en la idea de que la gramaticalidad de las oraciones no es suficiente: *la habilidad de producir o comprender enunciados que no son tanto gramaticales sino que algo más importante, apropiados al contexto en el que tienen lugar* (Campbell y Wales, 1970: 247).

Los investigadores que critican el concepto de competencia lingüística consideran que el concepto de competencia en la gramática generativa es reduccionista porque en él no se consideran elementos del contexto sociolingüístico. Sin duda alguna, la reacción contraria de mayor importancia ha sido la de Hymes (1972), quien considera que la competencia lingüística es insuficiente porque los enunciados deben ser también apropiados y aceptables en el contexto en el que se utilizan:

> *Hay reglas de uso sin las cuales las reglas gramaticales serían inútiles. Del mismo modo que las reglas sintácticas pueden controlar aspectos de la fonología, y las reglas semánticas quizá controlar aspectos de la sintaxis, las reglas de los actos de habla actúan como factores que controlan la forma lingüística en su totalidad* (Hymes, 1972: 278).

Hymes propuso el concepto de competencia comunicativa que incluye las reglas de uso a las que hace referencia. En él incluye el significado referencial y social del lenguaje, y no sólo se refiere a la gramaticalidad de las oraciones, sino también a si éstas son apropidadas o no en el contexto. Para Hymes la competencia comunicativa presenta cuatro dimensiones: el grado en que algo resulta formalmente posible (gramaticalidad), el grado en que algo resulta factible, el grado en que algo resulta apropiado y el grado en que algo se da en la realidad. Por lo tanto, podemos ver que conceptos como *ser apropiado* o *aceptable* forman parte, al igual que *ser gramaticalmente correcto*, de la competencia comunicativa. Hymes afirma que la competencia es el conocimiento subyacente general y la habilidad para el uso de la lengua que posee el hablante-oyente. Según este autor, los hablantes consideran factores que intervienen en la comunicación cuando usan la lengua. Estos factores incluyen las características de los interlocutores o las relaciones que nos unen al interlocutor. Dependiendo de las distintas situaciones, los hablantes pueden utilizar diferentes registros.

El concepto de competencia comunicativa propuesto por Hymes tiene gran fuerza como herramienta organizadora en las ciencias sociales y es utilizado con gran frecuencia en la lingüística y psicolingüística, especialmente en relación con la adquisición de la primera y la segunda lengua. Sin embargo, son muchos los investigadores que han complementado algunos aspectos de la definición de competencia comunicativa. Por ejemplo, Gumperz (1972) considera que ésta es lo que necesita el hablante para comunicar en contextos que son significativos culturalmente. Saville-Troike (1989: 21) opina que la competencia comunicativa incluye, además, aspectos de la comunicación, tales como hablar con personas de distintos estatus, conocer rutinas en la alternacia de turnos u otros relacionados con el uso de la lengua en contextos sociales específicos.

La competencia comunicativa no es solamente una extensión de la competencia lingüística a la que se le han añadido las reglas relacionadas con el uso, no se trata únicamente de una adición cuantitativa, es también y sobre todo, una ampliación cualitativa. El concepto de competencia lingüística se refiere al conocimiento de determinadas reglas mientras que la competencia comunicativa incluye además la habilidad o la destreza para utilizar ese conocimiento. Esta habilidad para usar el conocimiento puede distinguirse de la actuación, aunque solamente la actuación sea observable. La competencia es, en este sentido, conocimiento y habilidad, mientras que la actuación es lo que el hablante *hace* en el acto de comunicación.

Otra diferencia importante entre las competencias lingüística y comunicativa corresponde al carácter dinámico de la segunda frente al carácter estático de la primera. La competencia lingüística es innata, tiene base biológica, es estática, tiene un carácter absoluto y no implica comparación. La competencia comunicativa es un concepto dinámico que depende de la negociación del significado entre dos o más personas que comparten hasta cierto punto el mismo sistema simbólico. Como Savignon (1983) propone, tiene un carácter interpersonal y no intrapersonal. Además, la competencia comunicativa tiene un carácter relativo y no absoluto y los diferentes usuarios de la lengua pueden presentar distintos grados de competencia comunicativa. La competencia comunicativa, por lo tanto, tiene base social y es específica del contexto en el que tiene lugar la comunicación.

Las perspectivas desde las que se han propuesto los conceptos de competencia lingüística y comunicativa difieren porque las líneas de investigación para las que estos conceptos son necesarios son diferentes. La gramática generativa se centra principalmente en el estudio de los aspectos sintácticos de la lengua como sistema, mientras que otras perspectivas, relacionadas con la lingüística aplicada y la antropología, necesitan de este concepto porque refleja una perspectiva más amplia del estudio de la lengua e incluye otras áreas contextuales e interdisciplinares relacionadas con el uso de la lengua.

Taylor (1988) considera que cada gran confusión conceptual se debe a que Chomsky está interesado en la competencia como estado y no como proceso, y en el conocimiento y no en la habilidad. Widdowson (1995: 84) expresa las diferencias entre los dos conceptos:

> *Para Chomsky, entonces, la competencia es el conocimiento gramatical como un arraigado estado mental por debajo del nivel de lengua. No es una habilidad para hacer nada. Ni siquiera es la habilidad para formar o comprender oraciones, porque el conocimiento puede existir sin que sea accesible* (...). *Para Hymes, por otro lado, la competencia es la habilidad para hacer algo: para usar la lengua. Para él el conocimiento gramatical es un recurso, no una configuración cognitiva abstracta existente por propio derecho como una estructura mental. El modo en que este conocimiento se convierte en uso es, por tanto, una cuestión central, y es necesariamente un componente de la competencia comunica*tiva.

3. Modelos de competencia comunicativa

Como ya hemos señalado más arriba, el concepto de competencia comunicativa ha tenido un gran impacto en la lingüística aplicada. Se ha considerado importante definir las distintas dimensiones de la competencia comunicativa con el fin de concretar los aspectos específicos que un estudiante de lenguas debe conocer.

En esta sección presentamos tres modelos de competencia comunicativa, que reflejan el desarrollo de la lingüística aplicada y la importante influencia de la pragmática y el análisis del discurso.

3.1. El modelo de Canale y Swain (1980)

Al desarrollar un modelo que incluye los componentes de la competencia comunicativa, Canale y Swain tratan de ir más allá de la competencia gramatical como objetivo de enseñanza y como evaluación en adquisición de segundas lenguas. En el contexto de los modelos de inmersión de Canadá (Cummins y Swain, 1986; Genesee, 1987), en los que el francés se utiliza como lengua vehicular con alumnos que tienen el inglés como primera lengua, resultaba muy importante tratar de definir en qué consiste ser competente en una segunda lengua.

Canale y Swain distinguen tres componentes de la competencia comunicativa (véase figura 1):

Figura 1: El modelo de Canale y Swain.

- La competencia gramatical incluye *el conocimiento de los elementos léxicos y las reglas de morfología, sintaxis, semántica a nivel de gramática de la oración y fonología.* (Canale y Swain, 1980: 29). Este componente se centra directamente en el conocimiento y la habilidad requeridos para comprender y expresar con exactitud el significado literal de los enunciados. Gracias a la competencia gramatical sabemos que frases como *Yo soy muy contento en esta ciudad* o *No quiero que Pablo viene mañana a la fiesta*, son incorrectas.
- La competencia sociolingüística. Permite usar la lengua según las normas de uso y las normas de discurso que sirven para interpretar los enunciados en su significado social. Las reglas socioculturales de uso especifican el modo en el que se producen los enunciados y se comprenden de forma apropiada respecto a los componentes de las secuencias comunicativas. El conocimiento de las normas de uso de registro y estilo nos permiten, por ejemplo, dirigirnos de forma adecuada cuando existe distancia social al entablar una conversación con un desconocido o cuando hay diferencias de edad o de estatus. Una situación de falta de competencia sociolingüística se produce, por ejemplo, cuando un camarero se dirige a unos clientes con una frase del tipo: *Eh, tíos, ¿qué vais a comer?*, en vez de decir algo como: *Buenas noches. Aquí tienen la carta*. Otro ejemplo que muestra problemas con la competencia sociolingüística sería el de un estudiante universitario pidiendo a otro apuntes del día anterior de la siguiente forma: *Perdone usted, caballero, ¿sería tan amable de dejarme los apuntes de ayer?*, en vez de emplear una frase como *Perdona, ¿te importaría dejarme los apuntes de ayer?*
- La competencia estratégica. Este componente está *formado por las estrategias de comunicacion verbales y no verbales cuya accion se requiere para compensar las dificultades en la comunicación debidas a variables de actuación o a competencia insuficiente* (Canale y Swain, 1980: 30). Tanto los hablantes nativos como los estudiantes de lenguas utilizan estrategias para hacer frente a las limitaciones que impone su conocimiento o a los problemas para acceder a determinados elementos lingüísticos que pueden surgir en el mismo acto de la comunicación. En general, los hablantes no nativos tienen este tipo de problemas con más frecuencia que los hablantes nativos. Varios investigadores se han centrado en describir las estrategias más utilizadas por parte de hablantes de segundas lenguas (Kellerman, 1991; Kasper y Kellerman, 1997; Bialystok, 1990; Cohen, 1998). Algunas de las estrategias comunicativas más frecuentes incluyen (Manchón, 1993):

- Ajustar el mensaje utilizando un término en el lugar de otro. Por ejemplo, decir *clavo* en vez de *tornillo*.
- Utilizar mímica o gestos para hacerse entender.
- Describir un objeto cuando se ignora su nombre. Por ejemplo, *lo que usas para poner la ropa lisa* (en vez de decir *plancha*).
- Acuñaciones léxicas. Por ejemplo, *Estas cosas se utilizan para luz, para luzar* (Manchón, 1993: 162).

El modelo de competencia comunicativa de Canale y Swain fue revisado y modificado por el primero tres años más tarde (Canale, 1983). Canale elaboró el concepto de competencia sociolingüística y la diferenció de la competencia discursiva:

- La competencia sociolingüística incluye las reglas socioculturales y, por lo tanto, se trata de producir y comprender los enunciados de *forma apropiada en distintos contextos sociolingüísticos dependiendo de factores contextuales como el estatus de los participantes, el propósito de la interacción y las normas o convenciones de la interacción* (Canale, 1983: 7).

La competencia sociolingüística se refiere a la caracterización de las condiciones que determinan qué enunciados son apropiados en determinadas situaciones. Hemos señalado ya algunos ejemplos de problemas referentes a la competencia sociolingüística a los que cabe añadir la utilización de algunas distinciones en la lengua, como *Ud.* y *Tú* en español. En inglés existe una sola forma, *you*, pero la lengua ofrece otros recursos para marcar distancia entre los interlocutores, como el empleo de un título (*Mr.*, *Mrs.*, *Ms.*) o del nombre de pila (*John, Mary*) cuando nos dirigimos a alguien.

- La competencia discursiva se refiere al modo en el que se combinan formas gramaticales y significados para obtener un texto hablado o escrito unificado. La unidad del texto se consigue por medio de la cohesión en la forma y la coherencia en el significado. Tal y como señala Canale (1983), la cohesión se refiere al modo en que las oraciones se unen estructuralmente y facilita la interpretación de un texto. Veamos el siguiente ejemplo:

  Iba por la calle cuando de pronto oí un ruido y vi que un coche rojo se chocaba contra una moto que estaba aparcada. <u>Inmediatamente</u>, el conductor se bajó y vio que <u>la</u> había tirado.

  En este ejemplo podemos observar que se utiliza un deíctico temporal, *inmediatamente*, y la utilización anafórica de *la* para referirse a la moto. Estos mecanismos sirven para relacionar las oraciones del texto.

Según Canale, la coherencia también relaciona las distintas partes del texto, pero desde un punto de vista semántico, haciendo referencia a las relaciones entre los distintos significados. Canale toma un ejemplo de Widdowson (1978: 29) para explicar la coherencia:

A: El teléfono.
B: Estoy en el baño.
A: Vale.

La relación entre estos enunciados no se da por medio de mecanismos de cohesión, sino por la interpretación del significado de los enunciados como una petición, una disculpa y una aceptación de la disculpa, respectivamente.

Además de esta importante distinción entre competencia sociolingüística y competencia pragmática, Canale amplía el concepto de competencia estratégica para incluir las características compensatorias de las estrategias de comunicación debidas a la incompetencia insuficiente y las estrategias utilizadas para favorecer el efecto retórico de los enunciados (Canale, 1983: 339).

El modelo desarrollado por Canale y Swain (1980) y su revisión por Canale (1983) han tenido una importante influencia en la adquisición y enseñanza de lenguas. Define las dimensiones de la competencia comunicativa, aunque algunos investigadores han considerado que las definiciones no son suficientemente completas (Schachter, 1990). A pesar de esta crítica, el modelo ha contribuído significativamente al desarrollo de otros modelos, tanto en la adquisición de lenguas en general como en el área de evaluación.

3.2. El modelo de Bachman (1990)

El modelo de Bachman proviene del área de la evaluación de lenguas dentro de la adquisición de segundas lenguas y trata de establecer las distintas dimensiones de la competencia comunicativa. En este modelo se distingue competencia organizativa y competencia pragmática (veáse figura 2):

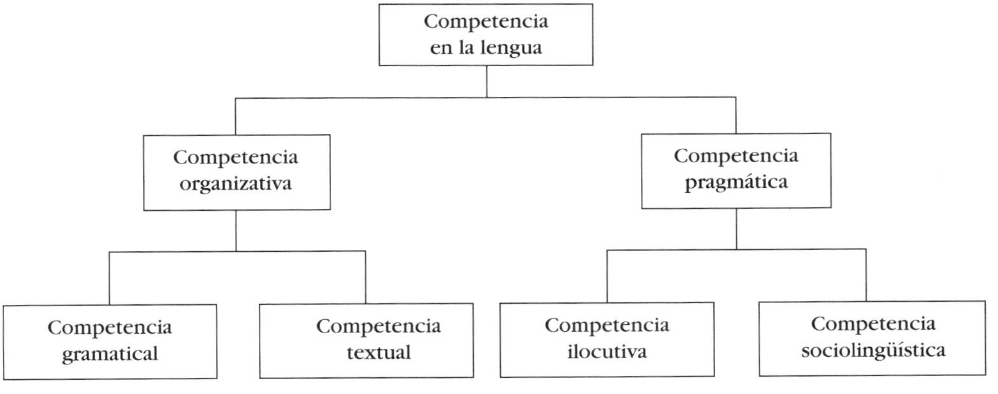

Figura 2: El modelo de Bachman.

- La competencia organizativa. Esta dimensión de la competencia incluye las *habilidades relacionadas con la estructura formal de la lengua para producir o reconocer frases gramaticales correctas, incluyendo su contenido proposicional y ordenándolas para formar textos* (Bachman, 1990: 87). Estas habilidades son de dos tipos:
    a) La competencia gramatical, que incluye la competencia de uso lingüístico y es similar a la competencia gramatical de Canale y Swain (1980).
    b) La competencia textual, que incluye el conocimiento de las convenciones para unir enunciados de manera que formen un texto. Este componente es similar al de competencia discursiva de Canale (1983), pero Bachman lo presenta de forma más elaborada. La competencia textual incluye la cohesión y la organización retórica. La cohesión se refiere a las formas de marcar explícitamente las relaciones semánticas, como la referencia, elipsis o cohesión léxica. La organización retórica se

refiere a la estructura conceptual general del texto y está relacionada con el efecto del texto en el usuario de la lengua (Van Dijk, 1977). Las convenciones de organización retórica incluyen métodos comunes de desarrollo, como la narración, descripción, comparación, clasificación y análisis del proceso.

Las habilidades relacionadas con la competencia organizativa se refieren a la organización de las señales lingüísticas que se utilizan en la comunicación y al modo en el que estas señales se usan para referirse a personas, objetos, ideas y sentimientos.

- La competencia pragmática se refiere a las relaciones entre signos y referentes y también a las relaciones entre usuarios de la lengua y contexto de comunicación. La competencia pragmática incluye dos dimensiones, la competencia ilocutiva y la competencia sociolingüística:
    a) La competencia ilocutiva implica el análisis de las condiciones pragmáticas que determinan si un enunciado es aceptable o no. Se refiere a la relación entre los enunciados y los actos o funciones que los hablantes intentan realizar por medio de los enunciados. Se distinguen funciones ideativas, manipulativas, heurísticas e imaginativas. Veamos el siguiente ejemplo:
    En una empresa:
    Secretaria: El despacho del Sr. López está al fondo del pasillo.
    Visitante: Gracias (pero no se mueve).
    Secretaria: Le está esperando el Sr. López.
    Visitante: Oh, perdón.
    En este ejemplo podemos observar que hay un problema de tipo pragmático en la comunicación porque la persona visitante no ha entendido que la intención de la secretaria era que se dirigiera inmediatamente al despacho del Sr. López al darle su localización. En este caso la secretaria ha formulado una petición indirecta que no ha sido interpretada como tal.
    b) La competencia sociolingüística se refiere a la caracterización de las condiciones que determinan qué enunciados son apropiados en determinadas situaciones y determinan el registro, variedad dialectal y referencias culturales. Este componente es similar al concepto de competencia sociolingüística de Canale y Swain (1980).

En una versión más reciente del modelo, Bachman y Palmer (1996) introducen algunos cambios en la competencia pragmática y consideran que tiene tres componentes: i) el conocimiento léxico, que anteriormente estaba incluido en la competencia gramatical; ii) el conocimiento funcional, que se refiere a las relaciones entre los enunciados y las intenciones comunicativas de los hablantes, y es similar, pero más amplio, que el concepto de competencia ilocutiva y iii) el conocimiento sociolingüístico que ya había sido considerado en la versión anterior del modelo.

Bachman también incluye la competencia estratégica y describe los mecanismos por los que esta competencia funciona. Para ello, aplica el modelo de producción del habla de Faerch y Kasper (1983) e incluye los siguientes componentes: valoración, planificación y ejecución. En una versión modificada del modelo (Bachman y Palmer, 1996) se refiere a la competencia estratégica como estrategia metacognitiva.

El modelo de Bachman (1990) y el de Bachman y Palmer (1996) tratan de distinguir entre conocimiento y habilidad de uso de la lengua, aunque resulte difícil distinguir algunos aspectos de la competencia estratégica y de la competencia funcional. El modelo es considerado como una aportación importante en el área de la evaluación.

3.3. El modelo de Celce-Murcia, Dörnyei y Thurrell (1995)

Este modelo incluye los siguientes componentes: a) competencia discursiva; b) competencia lingüística; c) competencia accional; d) competencia sociocultural e) competencia estratégica (véase figura 3):

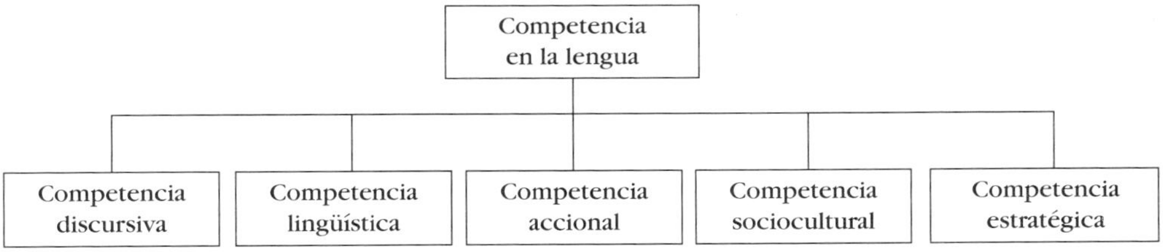

Figura 3: Modelo de Celce-Murcia, Dönyei y Thurrell.

- La competencia discursiva se refiere a la selección, secuenciación y organización de palabras, estructuras, frases y enunciados para obtener un texto oral o escrito unificado. Las subáreas que contribuyen a la competencia discursiva son: cohesión, deixis, coherencia, estructura genérica y estructura conversacional inherente a la alternacia de turnos.
- La competencia lingüística se corresponde, en términos generales, con el concepto de competencia gramatical de Canale y Swain (1980). El uso del término *competencia lingüística* en vez del de *competencia gramatical* se debe al deseo de indicar explícitamente la inclusión en este componente del léxico y la fonología además de la gramática. Asimismo, se otorga una gran importancia a las construcciones formulaicas como parte de la competencia lingüística.
- La competencia accional (también llamada pragmática e ilocutiva) ha sido definida como *la habilidad para transmitir y entender el intento comunicativo al realizar e interpretar actos de habla y funciones lingüísticas* (Celce-Murcia, Dörnyei y Thurrell, 1995: 17). La competencia accional incluye el conocimiento de funciones del habla y actos de habla y se aproxima al concepto de competencia ilocutiva de Bachman (1990) y de competencia funcional de Bachman y Palmer (1996).
- La competencia sociocultural se refiere al conocimiento que tiene el hablante para expresar mensajes de forma apropiada en el contexto sociocultural de la comunicación. Los componentes de la competencia sociocultural incluyen los factores del contexto social (variables de los participantes y variables situacionales, etc.), factores estilísticos (convenciones de cortesía, grados de formalidad, etc), factores culturales (conocimiento de la forma de vida en la comunidad, conocimiento de diferencias regionales, etc) y factores de comunicación no verbal (por ejemplo gestos, uso del espacio, etc). El concepto de competencia sociocultural se aproxima al concepto de competencia sociolingüística de los modelos anteriores, pero la descripción de sus componentes es más completa.
- La competencia estratégica se refiere al uso de las estrategias de comunicación. Además de la perspectiva psicolingüística, que incluye estrategias compensatorias a las que nos hemos referido anteriormente, Celce-Murcia, Dörnyei y Thurrell (1995) enfatizan las estrategias de interacción que incluyen estrategias para comprobar la comprensión o petición de ayuda al interlocutor.

El modelo sitúa a la competencia discursiva en una posición central que relaciona la competencia lingüística, accional y sociolingüística. Los hablantes también necesitan la competencia estratégica, un inventario de estrategias utilizadas para resolver problemas o para compensar las deficiencias en otras competencias.

El modelo de Celce-Murcia, Dörnyei y Thurrell (1995) tiene gran interés por el peso relativo de los componentes, la posición central de la competencia discursiva y por centrarse en la interacción entre los componentes. Además ofrece una descripción detallada de cada uno de los componentes de la competencia comunicativa.

3.4. Comparación de los tres modelos

Al comparar los tres modelos presentados podemos observar que el concepto de competencia sociolingüística originalmente propuesto por Canale y Swain (1980) es el que más se ha desarrollado, para dar lugar no solamente a la competencia sociolingüística o sociocultural, sino también a la competencia discursiva o textual y a la competencia pragmática o accional. Canale (1983) ya separó la competencia discursiva de la sociolingüística y en los otros dos modelos se incluye también la competencia accional o pragmática. De este modo, Canale (1983) considera que la competencia sociolingüística incluye a la pragmática, mientras que Bachman (1990) cree que la competencia pragmática incluye a la sociolingüística. Celce-Murcia, Dörnyei y Thurrell (1995) consideran las competencias sociolingüística y pragmática como independientes, pero relacionadas entre sí y con el resto de las competencias.

Tal y como señala Cenoz (2000), algunos investigadores han optado por distinguir entre dos dimensiones de la competencia pragmática: la pragmalingüística y la sociopragmática (Leech, 1983; Thomas, 1983) o el componente pragmalingüístico y el filtro cultural (Blum-Kulka, 1991). El componente pragmalingüístico se refiere a aquellas estructuras específicas y funciones que las distintas lenguas utilizan en la realización de los actos de habla. El componente sociopragmático o cultural se refiere al grado de correspondencia que los actos de habla tienen con las condiciones y situaciones específicas en las que se produce la comunicación.

Por lo tanto podemos ver que hay cierto solapamiento entre las dimensiones y esto explicaría las distintas clasificaciones. Otro aspecto importante en la comparación de los modelos es la interacción entre los distintos componentes. De este modo, podemos observar que para Celce-Murcia, Dörnyei y Thurrell (1995), la relación entre las dimensiones representa un aspecto importante del modelo y la competencia discursiva tiene un papel principal.

El desarrollo de las dimensiones discursiva y pragmática en estos modelos refleja la importancia que han adquirido el análisis del discurso y la pragmática en los últimos años, hasta ser considerados como áreas fundamentales de la lingüística teórica y aplicada. Estos componentes son también esenciales en la adquisición y enseñanza de lenguas.

4. La multicompetencia

Teniendo en cuenta los modelos de competencia comunicativa incluidos en la sección anterior, los estudiantes de una segunda lengua deben alcanzar no solamente un dominio de la fonética, vocabulario y gramática, sino también de otros aspectos de la competencia comunicativa. Deben ser capaces de emitir y comprender actos de habla apropiados al contexto, comunicar a un nivel textual que vaya más allá de la frase y debemos utilizar estrategias adecuadas para mantener la comunicación.

Además, aunque nos hemos referido hasta ahora a la segunda lengua como un término general, tenemos que tener en cuenta que el plurilingüismo y la adquisición de más de una lengua no nativa son hechos cada vez más frecuentes. Los estudios de adquisición de terceras lenguas y plurilingüismo han tenido un importante desarrollo en los últimos años y se han centrado en analizar las diferencias entre la adquisición de la segunda lengua y de otras lenguas adicionales o la relación entre la competencia en las distintas lenguas (Herdina y Jessner, 2000, 2002).

Centrándonos en el concepto de competencia comunicativa, si nos planteamos la adquisición de varias lenguas, parece demasiado idealista considerar que se puede alcanzar un nivel de competencia comunicativa similar en todos los componentes y que esta competencia sea similar a la de los hablantes nativos de cada una de las lenguas. Los modelos que hemos presentado describen los componentes de la competencia y, en algunos casos, la interacción entre los mismos, pero no se centran en el grado de competencia que un hablante no nativo puede alcanzar o en la posibilidad de adquirir varias lenguas no nativas.

La idea según la cual la competencia que los hablantes de segundas lenguas tienen que alcanzar debe ser la competencia nativa ideal ha sido cuestionada en los últimos años. Grosjean (1989, 1992) y Cook (1992, 1993, 1995) han criticado lo que llaman *la visión monolingüe del* bilingüismo, según la cual los aprendices de una segunda lengua deben conseguir alcanzar una competencia nativa en la lengua meta, es decir, una competencia similar a la de los hablantes monolingües. Se trata, sin embargo, de la visión más aceptada de la competencia, ya que en la enseñanza siempre evaluamos las lenguas en relación a la competencia monolingüe, es decir, el modelo de competencia suele ser el hablante ideal de la lingüística teórica. Como dice Edwards (1994), un bilingüe o plurilingüe que sea perfectamente equilibrado es excepcional. Por lo tanto, puesto que los hablantes de segundas lenguas normalmente no llegan a ser hablantes plurilingües equilibrados con competencia nativa en todas sus lenguas, tenemos una sensación de fracaso en la enseñanza de lenguas. Por eso, como dice Grosjean (1989), la enseñanza de lenguas se considera muchas veces deficitaria y no es juzgada por sí misma, es decir, en relación a las necesidades y uso real de los estudiantes de segundas lenguas.

A diferencia de esta visión fraccionada del bilingüismo ideal, Grosjean (1992) ha propuesto una visión holística. Según este autor los bilingües son hablantes competentes que presentan un tipo de competencia especial que refleja las interacciones existentes entre las lenguas que conocen. No es normal que los bilingües presenten una competencia totalmente equilibrada puesto que han desarrollado sus competencias comunicativas en dos lenguas según los contextos específicos en los que las han aprendido y utilizado. La lengua de competencia de los bilingües no debería ser considerada como la suma de dos competencias monolingües, sino que debería juzgarse en relación al repertorio lingüístico total de los usuarios.

De forma similar, Cook (1992) ha propuesto el término *multicompetencia* para referirse a una forma única de competencia que no es necesariamente comparable con la de los monolingües. Según Cook, los hablantes de L2 no deben ser considerados como imitadores de monolingües, sino como poseedores de formas únicas de competencia. Herdina y Jessner (2000, 2002) también recalcan el carácter dinámico de la competencia bilingüe, que cambia como resultado de la interacción de los subsistemas lingüísticos que reflejan las necesidades comunicativas de los usuarios.

Estas visiones alternativas del bilingüismo son todavía más interesantes si las aplicamos al plurilingüismo y a la adquisición de la tercera lengua. Si pensamos en hablantes plurilingües es todavía más difícil encontrar hablantes que sean perfectamente equilibrados en su dominio de tres, cuatro o cinco lenguas. Un hablante plurilingüe tiene un repertorio lingüístico mucho más amplio que un monolingüe, pero un abanico similar de situaciones en las que utilizar este repertorio. Los hablantes plurilingües emplean las distintas lenguas para diferentes funciones y usos y no sería justo que fueran evaluados con los mismos criterios utilizados para los hablantes monolingües que usan una sola lengua en todas las situaciones. Desde un punto de vista psicolingüístico, esta visión implica que los plurilingües poseen una configuración de competencias lingüísticas diferente de la de bilingües y monolingües. Esta perspectiva supone implicaciones importantes para la educación plurilingüe al cuestionar que la competencia nativa ideal sea el objetivo de la enseñanza de lenguas.

Por lo tanto, aunque todos los componentes que forman parte de la competencia comunicativa (lingüística, pragmática, sociolingüística, discursiva y estratégica) son necesarios para la comunicación efectiva en varias lenguas, la competencia plurilingüe también presenta algunas características especiales que la distinguen de la monolingüe. Aunque los hablantes plurilingües necesitan todos los componentes de la competencia comunicativa, normalmente no precisan desarrollar todos los componentes para todas las situaciones comunicativas en todas sus lenguas.

5. La adquisición y enseñanza de la competencia comunicativa

En el área de adquisición de primeras lenguas, durante las últimas décadas, se ha prestado gran atención a la adquisición de las distintas dimensiones de la competencia comunicativa y, principalmente, al componente discursivo y pragmático. Hickmann (1995) ha señalado que la adquisición de la competencia discursiva se inicia a edad muy temprana. Apunta además que los niños, incluso con menos de dos años, incluyen información de tipo temporal en sus producciones orales y que pueden seguir diferentes rutas en la adquisición de la competencia discursiva dependiendo de las características de la lengua que están aprendiendo.

En lo que se refiere a la competencia pragmática, la adquisición de algunos actos de habla ha recibido gran atención por parte de los investigadores (Gleason, 2001). Se ha observado que los bebés aprenden a expresar peticiones desde la etapa no verbal y cuando alcanzan los cuatro años pueden producir la mayor parte de las peticiones. Sin embargo, también existen problemas como podemos observar en el siguiente ejemplo:

Por teléfono:
Niño: Dígame.
Adulto: Hola, ¿está tu papá?
Niño: Sí, está (pausa).
Adulto: (pausa) ¿Está tu papá?
Niño: Sí, está (pausa).
Adulto: ¿Le puedes decir que se ponga?

En este diálogo podemos observar que el niño entiende la pregunta *¿Está tu papá?* como una solicitud de información y no como una petición; entiende el significado literal de la pregunta, pero no la intención del hablante.

Los padres ayudan a sus hijos a adquirir distintos aspectos de la competencia sociolingüística, pragmática y discursiva. Algunos ejemplos comunes incluyen el hecho de que los padres pidan a sus hijos que utilicen *por favor* o *gracias* o a contar algo que les ha ocurrido prestando atención a la localización temporal o espacial.

En los últimos años la adquisición de las distintas dimensiones de la competencia comunicativa ha atraído el interés de la investigación que se lleva a cabo sobre adquisición de segundas lenguas y sobre la enseñanza de lenguas. La pragmática del interlenguaje y el análisis del discurso han tenido un importante desarrollo en la investigación y analizan el modo en que los hablantes no nativos adquieren competencia sociolingüística, pragmática, discursiva y estratégica (Kasper y Blum-Kulka, 1993). En la enseñanza de segundas lenguas y lenguas extranjeras también están adquiriendo una mayor importancia estas dimensiones de la competencia situándose entre los principales objetivos de la enseñanza de lenguas y logrando que los libros de texto incluyan cada vez más actividades relacionadas con las distintas dimensiones.

El concepto de competencia comunicativa tiene implicaciones pedagógicas a distintos niveles: a) los objetivos de aprendizaje; b) las estrategias de enseñanza y la autonomía en el aprendizaje; y c) la evaluación.

a) Los objetivos de aprendizaje. La enseñanza de las distintas dimensiones de la competencia comunicativa debe ser un importante objetivo en la enseñanza de segundas lenguas y lenguas extranjeras, porque no es suficiente conocer los elementos del sistema lingüístico sino también es necesario utilizarlos de forma apropiada. Es importante incluir de forma específica distintos aspectos de la competencia comunicativa en los objetivos de cada curso y de cada unidad didáctica.

b) Las estrategias de enseñanza y la autonomía en el aprendizaje. Es importante que el profesorado enseñe aspectos específicos relacionadas con las distintas dimensiones de la competencia y además que dé la oportunidad de acceder a textos orales y escritos que se han producido en contextos naturales. Una de las estrategias importantes en el caso de las competencias sociolingüística, pragmática y discursiva puede ser la comparación con la primera lengua. Además, es importante que el alumnado pueda llegar a tener cada vez más autonomía en el aprendizaje y para ello el profesorado debe trabajar para que el alumnado sea cada vez más consciente y reflexione sobre la importancia de aprender estas dimensiones.

La mayoría de los libros de texto incluye actividades relacionadas con los distintos aspectos de la competencia comunicativa, pero algunos autores han observado que el tratamiento de estas dimensiones es en algunos casos muy superficial y no está suficientemente contextualizado (Bardovi-Harlig *et al.*, 1991; Boxer y Pickering, 1995; Meier, 1997). Por lo tanto, en muchos casos será necesario completar las actividades existentes o crear actividades complementarias. La enseñanza de los distintos aspectos de la competencia comunicativa puede llevarse a cabo tanto en clases en las que se utiliza un libro de texto como en otras clases en las que se emplean otros materiales.

c) La evaluación. El concepto de competencia comunicativa y sus dimensiones deben ser una parte integral de la evaluación, tanto de la evaluación continua realizada por el profesorado a lo largo del curso como de la evaluación final, en algunos casos externa. De hecho, uno de los modelos más importantes de competencia comunicativa se ha desarrollado desde el área de la evaluación de segundas lenguas.

El concepto de multicompetencia al que nos hemos referido anteriormente también tiene implicaciones en la enseñanza de lenguas; así, resulta oportuno plantearse las siguientes preguntas:

a) Respecto a los objetivos de aprendizaje: ¿Qué nivel de las distintas dimensiones de competencia puede alcanzar el alumnado, teniendo en cuenta la cantidad y tipo de instrucción que recibe y la exposición a la lengua objeto de aprendizaje? ¿Debe aspirar el alumno a lograr la competencia de un hablante nativo ideal? ¿Fracasan los profesores de lenguas cuando no consiguen que sus alumnos alcancen este nivel? Al plantearnos estas preguntas podemos observar que en muchos casos se han aplicado criterios de comparación con los hablantes nativos de la lengua objeto y no se han tenido en cuenta las circunstancias específicas del aprendizaje de lenguas en relación a la intensidad de la instrucción.
b) Respecto a la posibilidad de alcanzar un determinado nivel de competencia: ¿Es posible ser hablante nativo ideal de varias lenguas? ¿Tiene que ser un bilingüe la suma de un hablante nativo ideal de varias lenguas? Es evidente que cuanto mayor sea el número de lenguas que conformen el repertorio lingüístico del mismo hablante, disminuyen las posibilidades de que la competencia en cada una de ellas sea la de un hablante nativo ideal, que conoce a la perfección todas las dimensiones de la competencia comunicativa en cada una de las lenguas. Sin embargo, es importante destacar que, si consideramos el conjunto de las lenguas, un hablante plurilingüe cuenta con mayor competencia comunicativa que un hablante monolingüe.

Conclusión

El concepto de competencia comunicativa destaca los aspectos de la competencia relacionados con el contexto en el que se produce la comunicación y, además, considera que ésta tiene lugar a un nivel textual y no simplemente oracional. Su desarrollo en los últimos años ha tenido importantes implicaciones en los ámbitos de la adquisición y enseñanza de lenguas. Los distintos modelos de competencia comunicativa tratan de describir y relacionar las diferentes dimensiones de la competencia, es decir, tratan de contestar preguntas del tipo ¿qué es la competencia comunicativa? o ¿de qué elementos consta la competencia comunicativa?

El concepto de multicompetencia plantea un problema de índole diferente y de gran actualidad: ¿qué grado de competencia comunicativa podemos adquirir en varias lenguas no nativas? Este concepto presenta una perspectiva muy interesante, crítica con la visión más tradicional del aprendizaje de lenguas, en lo relativo a las posibilidades de alcanzar competencia nativa en la lengua objeto. Sin embargo, aunque el concepto resulta de gran interés, aún requiere un mayor desarrollo a nivel práctico, de manera que se consideren los aspectos metodológicos de la interacción entre las lenguas y se creen instrumentos de medición de la multicompetencia y no de las competencias de cada una de las lenguas.

En definitiva, hoy en día es evidente que los estudiantes de segundas lenguas y lenguas extranjeras deben aprender a utilizar la lengua en un contexto adecuado, transmitir y comprender intenciones comunicativas, elaborar y comprender textos orales y escritos y disponer de recursos para superar las dificultades de la comunicación. El reto actual consiste en que sean capaces de adquirir estas dimensiones de la competencia en varias lenguas y en relación a sus propias necesidades comunicativas.

Bibliografía

BACHMAN, L. F. (1990), *Fundamental Considerations in Language Testing,* Oxford, Oxford University Press.

BACHMAN, L. F. y PALMER, A. S. (1996), *Language Testing in Practice,* Oxford, Oxford University Press.

BARDOVI-HARLIG, K.; HARTFORD, B. A. S.; MAHAN-TAYLOR, R.; MORGAN, M. J. y D. W. REYNOLDS (1991), "Developing pragmatic awareness: closing the conversation", *ELT Journal,* 45: 4-15.

BIALYSTOK, E. (1990), *Communication Strategies: A Psychological Analysis of Second Language Use,* Oxford, Blackwell.

BLUM-KULKA, S. (1991), "Interlanguage pragmatics: the case of requests", en R. PHILLIPSON; E. KELLERMAN; L. SELINKER; M. SHARWOOD SMITH y M. SWAIN (eds.) *Foreign/ Second Language Pedagogy Research,* Clevedon, UK, Multilingual Matters: 255-272.

BOXER, D. Y PICKERING, L. (1995), "Problems in the presentation of speech acts in ELT materials", *ELT Journal,* 49: 44-58.

CAMPBELL, R. y WALES, R. (1970), "The study of language acquisition", en J. LYONS (ed.) *New Horizons in Linguistics,* Harmondsworth, Penguin: 242-260.

CANALE, M. y SWAIN, M. (1980), "Theoretical bases of communicative approaches to second language teaching and testing", *Applied Linguistics,* 1: 1-47.

CANALE, M. (1983), "From communicative competence to communicative language pedagogy", en J. C. RICHARDS Y R.W. SCHMIDT (eds.) *Language and Communication,* Londres, Longman: 2-27.

CELCE-MURCIA, M.; DÖRNYEI, Z. y TURRELL, S. (1995), "A pedagogically motivated model with content specifications", *Issues in Applied Linguistics,* 6: 5-35.

CENOZ, J. (1996), "La competencia comunicativa: su origen y componentes", en J. CENOZ. y J. VALENCIA (eds.) *La Competencia Pragmática: Elementos Lingüísticos y Psicosociales,* Leioa, Universidad del País Vasco: 95-114.

CENOZ, J. (2000), "La adquisición de la competencia pragmática: implicaciones para la enseñanza de lenguas extranjeras", en S. SALABERRI (ed.) *Lingüística Aplicada a la Enseñanza de Lenguas Extranjeras,* Almería: Universidad de Almeria: 379-405.

CENOZ, J. y JESSNER, U. (eds.) (2000), *English in Europe: The Acquisition of a Third Language,* Clevedon, Multilingual Matters.

CENOZ, J., HUFEISEN, B., JESSNER, U. (eds.) (2001a), "Third Language Acquisition in the School Context", *International Journal of Bilingualism and Bilingual Education,* 4 (special issue).

CENOZ, J., HUFEISEN, B., y JESSNER, U. (eds.) (2001b), *Beyond Second Language Acquisition: Studies in Tri- and Multilingualism.* Tübingen, Stauffenburg.

CENOZ, J., HUFEISEN, B. y JESSNER U. (eds.) (2001c), *Cross-linguistic Influence in Third Language Acquisition: Psycholinguistic Perspectives,* Clevedon: Multilinugal Matters,

CHOMSKY, N. (1965), *Aspects of the Theory of Syntax,* Cambridge, Mass, MIT Press.

CHOMSKY, N. (1980), *Rules and Representations,* Oxford, Blackwell.

COHEN, A.D. (1998), *Strategies in Learning and Using a Second Language,* Londres, Longman.

COOK, V. (1992), "Evidence for multi-competence", *Language Learning,* 42: 557-591.

COOK, V. (1993), *Linguistics and Second Language Acquisition,* Londres, MacMillan.

COOK, V. (1995), "Multi-competence and the learning of many languages", *Language, Culture and Curriculum,* 8: 93-98.

CUMMINS, J. y SWAIN, M. (1986), *Bilingualism and Education,* Londres, Longman.

EDWARDS, J. (1994), *Multilingualism,* Londres, Routledge.

FAERCH, C. y KASPER, G. (1983), "On identifying communication strategies in interlanguage production", en C. FAERCH. y G. KASPER (eds.), *Strategies in Interlanguage Communication,* Londres, Longman: 210-238.

GENESEE, F. (1987), *Learning through Two Languages,* Rowley, MA, Newbury House.

GLEASON, J.B. (ed.) (2001), *The Development of Language*, (5th Edition) Boston, Allyn y Bacon.

GROSJEAN, F. (1989), "Neurolinguists, beware! The bilingual is not two monolinguals in one person", *Brain and Language,* 36: 3-15.

GROSJEAN, F. (1992), "Another view of bilingualism", en R.J. HARRIS (ed.) *Cognitive Processing in Bilinguals,* Amsterdam, North Holland: 51-62.

GROSJEAN, F. (1997), "Processing mixed languages: Issues, findings, and models", en A.M.B. DE GROOT y J.F. KROLL (eds.), *Tutorials in Bilingualism: Psycholinguistic Perspectives*. Mahwah, N. J., Lawrence Erlbaum Associates: 225-254.

GROSJEAN, F. (1998), "Studying bilinguals: Methodological and conceptual issues", *Bilingualism: Language and Cognition,* 1: 131-149.

GUMPERZ, J. J. (1972), "Introduction", en J. J. GUMPERZ (ed.) *Directions in Sociolinguistics: The Ethnography of Communication,* New York, Blackwell: 1-25.

HERDINA, P. y JESSNER, U. (2000), "The dynamics of third language acquisition", en J. CENOZ y U. JESSNER (eds.) *English in Europe: The Acquisition of a Third Language,* Clevedon, Multilingual Matters: 84-98.

HERDINA, P. y JESSNER, U. (2002), *A Dynamic Model of Multilingualism,* Clevedon, Multilingual Matters.

HICKMANN, M. (1995), "Discourse organization and the development of reference to person, space, and time", en P. FLETCHER y B. MACWHINNEY (eds.) *The Handbook of Child Language,* Oxford, Blackwell: 194-218.

HYMES, D. (1971) *On Communicative Competence,* Philadelphia, University of Pennsylvania Press.

HYMES, D. (1972), "On communicative competence", en J.B. PRIDE y J. HOLMES (eds.), *Sociolinguistics*, Harmondsworth, Penguin: 269-285.

KASPER, G. y BLUM-KULKA, S. (eds.) (1993), *Interlanguage Pragmatics,* Oxford, Oxford University Press.

KASPER, G. Y KELLERMAN, E. (eds.) (1997), *Communication Strategies,* Londres, Longman.

KELLERMAN, E. (1991), "Compensatory strategies in second language research: A critique, a revision, and some (non-)implications for the classroom", en R. PHILLIPSON; E. KELLERMAN; L. SELINKER; M. SHARWOOD SMITH y M. SWAIN (eds.) *Foreign/second language Pedagogy Research*, Clevedon, Multilingual Matters: 142-161.

LEECH, G. N. (1983), *Principles of Pragmatics,* Londres, Longman.

LLURDA, E. (2000), "On competence, proficiency and communicative language ability", *International Journal of Applied Linguistics,* 10: 85-95.

LYONS, J. (ed) (1970), *New Horizons in Linguistics,* Harmondsworth, Penguin.

MANCHÓN, R. (1993), "La evaluación del componente estratégico del aprendizaje de lenguas" en L. MIQUEL y N. SANS (eds.) *Didáctica del español como lengua extranjera,* Madrid, Fudación Actilibre, 1993

MEIER, A. J. (1997), "Teaching the universals of politeness", *ELT Journal,* 51: 21-28.

SAVILLE-TROIKE, M. (1989) *The Ethnography of Communication: An Introduction*, Londres, Blackwell.

SAVIGNON, S. (1983), *Communicative Competence: Theory and Classroom Practice*, Reading, Mass: Addison-Wesley.

SCHACHTER, J. (1990), "Communicative competence revisited", en B. HARLEY; P. ALLEN; J. CUMMINS y M. SWAIN (eds.), *The Development of Second Language Proficiency,* Nueva York, Cambridge University Press: 39-54.

TAYLOR, D. S. (1988), "The meaning and use fo the term *competence* in linguistics and applied linguistics", *Applied Linguistics,* 9: 148-168.

THOMAS, J. (1983), "Cross cultural pragmatic failure", *Applied Linguistics,* 4: 91-112.

VAN DIJK, T. (1977), *Text and Context,* Londres, Longman.

WIDDOWSON, H. G. (1978), *Teaching Language as Communciation,* Oxford, Oxford University Press.

WIDDOWSON, H. G. (1995), "Conocimiento de la lengua y habilidad para usarla", en M. LLOBERA (ed.) *Competencia comunicativa*, Madrid, Edelsa: 83-90.

La subcompetencia lingüística o gramatical

Ernesto Martín Peris
Universidad Pompeu Fabra

En los últimos treinta años hemos presenciado un gran cambio en la forma de plantearnos la enseñanza de lenguas extranjeras. Si antes partíamos de la pregunta acerca de la naturaleza y las características propias de la lengua meta y acerca del modo de enseñarla, nuestro punto de partida actual consiste en preguntarnos por el modo en que se produce el aprendizaje de una segunda lengua y por aquello que debemos hacer para facilitarlo.

(Rod Ellis)[1]

Introducción

El lugar de la gramática en la enseñanza de lenguas modernas y su tratamiento didáctico han sido objeto de debate prácticamente desde los primeros momentos de la reflexión acerca de esta actividad. En su *Historia de la enseñanza del español como lengua extranjera,* A. Sánchez (Sánchez, 1992: 1-2) lo ve en términos casi antagónicos:

Han existido y siguen existiendo dos tendencias fundamentales, claras y contrapuestas (...). Esas dos tendencias pueden identificarse, precisamente, como gramatical, *la una, y como* conversacional, *la otra. La primera está basada en la preeminencia de la gramática; la segunda se fundamenta en la utilización prioritaria de materiales lingüísticos extractados de la realidad comunicativa.*

El marco y los términos del debate, sin embargo, van evolucionando a tenor de los cambios experimentados por la propia lingüística y, más recientemente, por otras disciplinas cuyas apor-

[1] ELLIS (1992: 37) utiliza aquí indistintamente los términos de *lengua extranjera* y *segunda lengua*. Lo mismo se hará en el texto de este artículo. En aras de una mayor fluidez se recurrirá también a las abreviaciones L2 y L1 para aludir a la lengua que se está aprendiendo y a la que se habla como nativo, respectivamente.

taciones se han revelado importantes para la didáctica. El momento actual parece especialmente propicio a la superación de todo antagonismo, debido a los avances realizados en el estudio científico de los fenómenos de la actuación lingüística -es decir, de los datos en que se apoya la tendencia *conversacional*- por un lado, y a las implicaciones derivadas de los progresos en el estudio y comprensión de la lengua que sigue la otra tendencia -la *gramatical*- por otro.

La importancia de la gramática y de la lingüística en general para la enseñanza de lenguas es hoy mayoritariamente aceptada. Lo que se plantean quienes están interesados en esta actividad son más bien preguntas de este orden: ¿existen una teoría lingüística y una descripción gramatical más apropiadas que las demás para los intereses de aquellos que se proponen enseñar o aprender una nueva lengua? ¿Cuál es la relación que se establece entre los postulados de una teoría lingüística y su aplicación a la enseñanza de lenguas? ¿Cuál es la que se establece entre los datos proporcionados por una determinada descripción gramatical y el programa de enseñanza a hablantes no nativos?

En el presente artículo se realiza una sucinta revisión del estado actual de la cuestión, cuyas coordenadas más destacables son éstas:

- Subordinación del concepto de gramática, y de su papel en la enseñanza de segundas lenguas, al concepto y papel más amplios de una teoría lingüística general.
- Aproximación interdisciplinar, merced a una considerable ampliación de la perspectiva, que desborda los límites de una discusión estrictamente lingüística para plantear la necesidad de una reflexión interdisciplinar que pueda suministrar las bases científicas para elaborar una teoría de la enseñanza[2].
- En el terreno de la lingüística en particular, el desarrollo de nuevas orientaciones tales como la sociolingüística, el análisis del discurso, la lingüística textual y la pragmática.
- El nacimiento y desarrollo de los estudios de adquisición de segundas lenguas (ASL) y el intento de elaborar una teoría del aprendizaje de segundas lenguas en contextos de escolarización[3].

En síntesis, podemos afirmar que el debate actual gira en torno al modo como se conciba el dominio de una lengua (y, por ende, de su gramática) y al modo como mejor se alcanza ese dominio por parte de hablantes no nativos.

1. El concepto de gramática en la didáctica de las lenguas

a) Históricamente, la gramática ha constituido uno de los niveles de descripción y explicación del sistema de las lenguas, responsable de sus componentes morfológicos y sintácticos; junto a ella existen otros dos niveles en la descripción del sistema: la semántica, que se ocupa del léxico y del significado, y la fonética, que se ocupa de los sonidos. Más recientemente ha venido a añadirse a estos niveles un nuevo campo de descripción y explicación, más allá del sistema: el uso de la lengua, del que es responsable la pragmática.

---

[2] En este sentido cabe referirse a los actuales planteamientos de las teorías sobre el currículo, que han ejercido una notable influencia en el sistema general de la enseñanza en España y más en concreto en la última reforma educativa. Véase García Santa-Cecilia, 1995.

[3] El aprendizaje de L2 en contexto de escolarización se entiende por oposición al llamado aprendizaje naturalista, es decir, al que de manera natural llevan a cabo las personas que, por su condición de emigrantes o por alguna otra circunstancia, aprenden una lengua extranjera sin asistir a clases ni recurrir a la ayuda de un profesor, sin *estudiarla*.

b) Con la aparición de la gramática generativo-transformacional de Noam Chomsky, el término pasa a designar el conjunto de reglas que rigen todo el sistema de la lengua, relacionando morfosintaxis con léxico y semántica, por un lado, y con la fonética y la fonología, por otro. Al propio tiempo, empieza a utilizarse para designar el conocimiento interiorizado que los hablantes nativos tienen de esas reglas; se acuña el término de *Gramática Universal* (GU) para definir la capacidad innata del ser humano para aprender el lenguaje.

c) En analogía con la anterior acepción, diversos autores se han referido al conocimiento interiorizado que de una determinada lengua poseen quienes la aprenden sin ser sus hablantes nativos. A esta *gramática del discente* se le han dado diversos nombres: *interlengua* (Selinker), *sistemas aproximados* (Nemser) o *competencia transitoria* (Corder).

d) Finalmente, el término puede designar el conjunto de herramientas pedagógicas cuyo propósito consiste en favorecer un mejor desarrollo (es decir, más fácil, rápido y eficaz) de esa interlengua. Dentro de este concepto pueden aún establecerse algunas subdivisiones: puede hablarse de una *gramática para extranjeros,* como de una publicación que ofrece una descripción de todo el sistema de la lengua en cuestión o, para ser más precisos, de aquellas parcelas que los autores del libro han considerado más relevantes para un determinado público discente; puede servir también para referirse a las secciones y actividades de un curso de lengua que dedican especial atención a las formas del sistema.

En general, por tanto, podemos afirmar que en el campo de la enseñanza y el aprendizaje de segundas lenguas, el término gramática se ha usado para aludir al tratamiento didáctico de cuestiones de morfología y de sintaxis, por oposición al tratamiento del vocabulario y de la pronunciación, y contraponiendo el tratamiento de todos estos aspectos al tratamiento didáctico del uso de la lengua, efectuado en actividades de conversación y de las distintas destrezas.

Actualmente se tiende a superar ambas oposiciones y a integrar las reglas del sistema y las de uso (Hymes: *Existen reglas de uso sin las cuales las reglas de gramática no son de utilidad),* así como a integrar el tratamiento de los fenómenos de los diversos niveles de la lengua (fonético-fonológicos, morfosintácticos y léxico-semánticos) en su descripción y en su tratamiento didáctico.

2. Lingüística y enseñanza de segundas lenguas

2.1. Desarrollo histórico

Las relaciones entre teorías lingüísticas y enseñanza de lenguas, no exentas de vacilaciones y dudas, han sido constantes a lo largo de la historia. Es ya un lugar común aludir al escepticismo manifestado por Chomsky en su alocución a los profesores de lenguas modernas de EE.UU., reunidos en su conferencia anual en Nueva York en 1976, acerca de la importancia que las ideas y los conceptos desarrollados por su teoría lingüística pudieran tener para la enseñanza de lenguas; opinión nunca modificada, antes bien reafirmada en cuanto ha habido ocasión[4]. David Nunan, por su parte, opina que *históricamente la lingüística teórica ha ejercido una influen-*

[4] A este respecto pueden consultarse sus intervenciones en los coloquios de sus Lecciones de Managua, traducidas al español en Chomsky, 1988.

cia desproporcionada en el campo de la enseñanza de lenguas y que esto ha producido *una fragmentación en ese campo, en el que han surgido diferentes grupos de intereses, cada uno de ellos preocupado por aspectos aislados del proceso de enseñanza-aprendizaje con exclusión del resto* (Nunan, 1988: 1-2).

Spolsky (1970) plantea la relación entre lingüística y enseñanza de lenguas en un doble plano: el de las *aplicaciones* que puedan realizarse de los datos lingüísticos facilitados por una determinada teoría, y el de las *implicaciones* derivadas de los conceptos propios de esa teoría. Stern (1983), por su parte, formula esta relación en los siguientes términos: una teoría de la enseñanza de lenguas incorpora *una teoría de la lengua,* al mismo tiempo que le pide a ésta *una descripción de las lenguas particulares* que se desea enseñar.

Tenemos, pues, por un lado, las distintas descripciones de la lengua a partir de las cuales se escribirán gramáticas de enseñanza, libros de texto y diccionarios; en este nivel, cabe esperar que las distintas escuelas de lingüística ofrezcan nuevas perspectivas de descripción y, a su vez, nuevos fenómenos que antes no habían sido identificados o bien habían sido insuficientemente descritos[5]. Por otro lado, tenemos la concepción de lo que sea una lengua y su capacidad de hablarla, nivel en el cual encontraremos también nuevos conocimientos que han sido cruciales en la evolución de la lingüística, tales como el concepto chomskyano de creatividad de la lenguas[6], o también, en contraste con la descontextualización en que el modelo de Chomsky analiza los datos lingüísticos y con la competencia lingüística de un hablante-oyente ideal, la tesis sociolingüística de lengua en situación y el modelo de la competencia comunicativa.

La mayor parte de las teorías lingüísticas ha visto intentos de efectuar aplicaciones de sus principios a la enseñanza de lenguas y los cambios de paradigma en la lingüística se han dejado notar con mayor o menor intensidad. Mencionaremos algunos hitos en la historia de estas aplicaciones, en la que puede apreciarse un progresivo peso del nivel de las implicaciones:

1) Los primeros intentos rigurosos de aplicación de una teoría lingüística a la enseñanza de lenguas se producen en Europa a finales del siglo XIX y principios del XX. La Asociación Fonética Internacional publica su revista *Le Maitre Phonétique,* en cuyo primer número (1886) se incluye un conjunto de principios sobre la enseñanza de lenguas modernas; en ellos se reivindicaban aspectos tan interesantes desde el punto de vista lingüístico como la primacía de la lengua oral y cotidiana sobre la escrita y culta, o, desde el punto de vista del aprendizaje, el carácter natural, interesante y fácil que deberían poseer los textos (diálogos, descripciones y narraciones) que habían de utilizarse en la enseñanza. Lingüistas tan notables como Jesersen y Palmer dedicaron su atención a la enseñanza de lenguas; el segundo de ellos propone un método oral de enseñanza con la publicación de *The Oral Method of Teaching Languages* (1917).

2) Otro de los hitos es el proyecto sobre el *Français fondamental,* llevado a cabo en Francia a mediados del siglo XX y concebido como un método para la enseñanza de francés a extranjeros en el nivel de principiantes. Sobre el supuesto de que las necesidades de aprendizaje se concentran en el dominio de la lengua oral en situaciones concretas de la vida diaria, el proyecto

[5] Como nuevos fenómenos que antes no habían sido considerados se pueden mencionar, a modo de ejemplo, las reglas de distribución de turnos en la conversación o las distintas manifestaciones lingüísticas que puede adoptar una misma intención comunicativa; como fenómenos insuficientemente descritos, las reglas que rigen la presencia y ausencia de los pronombres personales sujeto o el orden de los elementos en la frase, asociado a su valor temático o remático.

[6] Este concepto implica que las técnicas que llevan a los alumnos a dar respuestas automáticas o a hacer repeticiones mecánicas son menos efectivas que aquellas que conducen a un uso creativo de la lengua.

establece el vocabulario más frecuente a partir de los datos empíricos obtenidos en conversaciones con nativos, que se graban para su posterior análisis.

3) Por las mismas fechas se desarrollan los métodos audioorales y audiolinguales, máximo exponente de la aplicación de una teoría lingüística, en este caso en estrecha compenetración con una teoría psicológica (estructuralismo y conductismo respectivamente). Son métodos en los que se establece una secuenciación y una gradación del material de aprendizaje realizadas a partir de los datos facilitados por la descripción estructuralista de la lengua. Los lingüistas americanos Ch. Fries y R. Lado no sólo realizaron detalladas descripciones de las estructuras del inglés con vistas a su enseñanza, sino que reclamaron los correspondientes estudios descriptivos de las lenguas de los alumnos, con el fin de establecer las semejanzas y diferencias que se dieran entre ellas, en un intento de aplicar esos estudios contrastivos a la enseñanza[7]. La evolución natural de estos planteamientos desembocó en el análisis contrastivo, que finalmente provocó la crisis del método, al comprobarse que la elaboración de programas de enseñanza a partir de los datos suministrados por los estudios contrastivos no daba los resultados esperados.

4) Las tesis mentalistas de la lingüística desarrollada por N. Chomsky agravan la crisis de las metodologías de base conductista. Bien es cierto que la lingüística generativo-transformacional tuvo escasas repercusiones en el terreno de las aplicaciones, entre otras razones tal vez porque la transparencia y la simplicidad de los esquemas anteriores (por ejemplo, las tablas de sustituciones de Palmer) no hallaban su equivalente en los trabajos de Chomsky, llenos de conceptos más complejos. Pero en el nivel de las implicaciones los supuestos de la nueva teoría se dejaron sentir con fuerza; la visión de la riqueza y la complejidad del lenguaje humano, así como de su inherente creatividad, tuvieron consecuencias inmediatas en la concepción del aprendizaje: si el uso de la lengua consiste en la creación más que en la repetición, también su práctica discente deberá consistir más en aquélla que en ésta; y si el significado se encuentra en la misma estructura de las reglas que rigen el lenguaje, también deberá constituir el foco principal de atención del discente.

Uno de los conceptos que más interés ha suscitado entre los estudiosos de la lengua y su aprendizaje es el de la *Gramática Universal (GU),* que postula una dotación genética en los humanos para el dominio del lenguaje y de las reglas que rigen su estructura. El alcance de la GU y su posible disponibilidad para el uso y aprendizaje de segundas lenguas encuentran una nueva formulación en la última versión de la lingüística chomskyana, la *teoría de la reacción y el ligamiento;* esta teoría introduce los conceptos de *gramática nuclear, gramática periférica y parámetros.* La primera atañe al núcleo común y universal de reglas y principios lingüísticos que explican los fenómenos generales del lenguaje, fenómenos internos que se dan en todas las lenguas; la gramática periférica incluye las particularidades de cada lengua, dando cuenta con ello de la diversidad de las lenguas, es decir, de las manifestaciones externas del lenguaje; los parámetros, finalmente, explican las variaciones producidas entre lenguas dentro de unos límites fijos, situándose así entre lo universal *(gramática nuclear)* y lo particular *(gramática periférica).*

Aunque el proceso de aprendizaje de una L2 es manifiestamente diferente del que se da en una L1 (en cuanto a laboriosidad, duración y resultados obtenidos), la existencia de una gramáti-

[7] Es interesante observar que R. Lado entendía que los estudios comparativos debían extenderse no sólo a la fonología, la gramática y el vocabulario de las dos lenguas, sino también a sus aspectos culturales.

ca universal en la mente humana podría explicar importantes aspectos de aquel proceso. No todos están de acuerdo, sin embargo, en que esta teoría pueda aportar datos de interés para la organización de la enseñanza; en efecto, una dotación genética establecería el desarrollo natural de un proceso de aprendizaje, aquello que no es susceptible de enseñanza[8]; Van Lier (1994: 22) afirma a este respecto:

> *Aquello que es innato florecerá en el momento adecuado si se dan las condiciones necesarias de exposición al medio y los procesos naturales de maduración. Para el especialista en lingüística educativa tiene escasas consecuencias el hecho de que eso suceda sobre la base de una capacidad mental específica o únicamente sobre la base de procesos cognoscitivos generales o instrucciones genéticas amplias. La tarea de promover el uso crítico y expresivo de la lengua (en el pensamiento y en la acción) se mantiene esencialmente inalterada e independiente de la especificación genética que pueda ser descrita eventualmente en los estudios de GU. La maestra, el padre de familia y el alumno saben que la tarea es larga y ardua, sea la gramática innata o no.*

V. Cook (1994: 42) ha realizado recientemente una apreciación de la relevancia de la teoría chomskiana para la enseñanza y el aprendizaje de lenguas. Es preciso no olvidar, subraya Cook, cuál es el alcance de la GU:

> *La GU concierne al conocimiento de la lengua presente en la mente humana; no tiene nada que decir acerca del modo en que se usa la lengua, y es poco lo que puede decir acerca de cómo se procesa. Los profesores de lenguas deben buscar en otro lugar ideas acerca de la competencia comunicativa, de la competencia pragmática o de las "destrezas" de hablar o escuchar. La GU concierne a áreas fundamentales del conocimiento lingüístico expresadas en forma de principios y parámetros, y no a las numerosas áreas de la sintaxis con que han de enfrentarse diariamente los profesores. Aunque sólo fuera por esta razón, es muy improbable que una metodología de la enseñanza pudiera basarse en la GU.*

Ahora bien, la teoría de la GU sí tiene unas innegables implicaciones para la concepción de la enseñanza de lenguas: una de ellas es la renovada importancia que en esta teoría se concede al conocimiento del vocabulario frente al de la sintaxis, en la explicación de las reglas que rigen la gramática; de modo que una enseñanza será tanto más efectiva cuanto más contribuya a la construcción del lexicón mental del alumno; otra implicación consiste en la comprensión de la lengua como conocimiento mental: en la enseñanza de los años setenta y ochenta la lengua ha sido concebida básicamente como una forma de comportamiento social, y en esos términos se han establecido sus objetivos. Cook considera que, sean cuales sean estos objetivos, una de las metas de la enseñanza de lenguas ha de consistir en la creación del conocimiento mental que subyace a ese comportamiento[9].

---

[8] Sobre el desarrollo del proceso de aprendizaje de segundas lenguas y de la posible existencia de límites a los efectos de la intervención didáctica se han realizado numerosos estudios, a los que se hace referencia en el apartado siguiente de este artículo.

[9] Véanse también, más adelante, los párrafos dedicados a la teoría propuesta por Rod Ellis.

5) La gran difusión y el largo alcance de las teorías de Chosmky oscurecieron por unos años otras líneas de desarrollo de los estudios lingüísticos, que, sin embargo, siguieron progresando y ejerciendo una fuerte influencia en la reflexión sobre la enseñanza de lenguas.

Se trata inicialmente de las corrientes sociolingüísticas, desarrolladas a partir de los años sesenta como continuación de la línea iniciada dos décadas antes por el lingüista británico J. R. Firth. Influido por los estudios etnográficos de Malinowski, Firth había propuesto la elaboración de una teoría general del significado basada en el contexto de la situación. M. A. K. Halliday, P Strevens y J. Lyons en el Reino Unido, y W. Labov y D. Hymes en EE.UU., son los nombres más destacados entre los lingüistas que han contribuido a la elaboración de una teoría en la cual la atención a las variedades de la lengua y a su significación social adquieren preeminencia frente al modelo abstracto de lengua, difundido primero por el estructuralismo y luego por el generativismo. En ella se reclama una mayor atención a los diferentes niveles lingüísticos (fonético, morfológico, léxico, discursivo, etc.) para el establecimiento del significado social de las distintas expresiones lingüísticas. El estudio de la lengua, por tanto, se centra en la variación que se da en sus usos, ocasionada por las distintas variables de la situación de comunicación.

El ulterior desarrollo de esta orientación en el estudio de la lengua ha venido a coincidir con la eclosión de los estudios sobre el discurso, como una corriente interdisciplinar que investiga el uso comunicativo de la lengua por parte de hablantes situados en contexto. Las disciplinas implicadas en este estudio del discurso son muy diversas, desde la filosofía del lenguaje (Wittgenstein, Austin, Searle, Habermas) hasta la lingüística textual (De Beaugrande, Dressler, Van Dijk, Bernárdez, Lavandera, etc.); desde la etnografía de la comunicación (Hymes, Gumperz) hasta la pragmática (Levinson, Escandell, Reyes); desde el análisis de la conversación (Goffmann, Grice) hasta la psicología cognitiva (Anderson, Coll); desde la teoría de la enunciación (Benveniste, Ducrot, Kerbrat-Orecchioni) hasta una teoría de la lengua como sistema semiótico social (Halliday), por citar sólo algunas. Unos prestan mayor atención a la lengua escrita, otros a la oral; unos se hallan dentro de una tradición más orientada al estudio del lenguaje literario, otros al interaccional; pero en todos los casos el análisis se lleva a cabo dentro de unas coordenadas que incluyen siempre, como factores importantes que tener en cuenta, la lengua en su uso y no sólo en su sistema, y en consecuencia la contextualización de esos usos y la variación que en ellos se manifiesta; más allá de ello, la superación del marco oracional para dar cuenta de los distintos fenómenos de la lengua.

Podemos observar, por tanto, una evolución del binomio lingüística-enseñanza de lenguas, que sigue tres grandes líneas:

- en primer lugar, el paso de la mera atención a las manifestaciones externas del lenguaje, a la consideración de sus componentes cognitivos; la gramática como conocimiento subyacente al comportamiento;
- en segundo lugar, el movimiento desde una atención fragmentaria a distintos niveles de la lengua, hacia la integración de esos niveles; la gramática como descripción no sólo de la morfología y la sintaxis, sino también de sus relaciones con la fonética, el léxico y la semántica;
- en tercer lugar, la transición del estudio de la lengua como sistema abstracto de representación de significados a un estudio de sus usos reales y de las condiciones en que los hablantes codifican e interpretan los significados que desean transmitir; la gramática como explicación no sólo de reglas del sistema sino de las reglas de uso.

2.2. La situación actual

Pese a la gran diversidad de disciplinas que convergen en el análisis del discurso, no se ha hecho esperar una síntesis aplicable y aplicada a la enseñanza de lenguas. Los especialistas en didáctica de las lenguas han recurrido a muchas de sus aportaciones para la elaboración de sus propuestas de trabajo, tanto en el nivel de las aplicaciones como en el de las implicaciones:

a) En el plano de las implicaciones cabe resaltar la dimensión social de la lengua y su carácter de actividad significativa, que a su vez incluyen los siguientes aspectos:

- La concepción de la lengua como actuación, y la consiguiente vinculación de sus distintos usos con las intenciones de los participantes en la comunicación.
- La concepción del contexto como conocimiento compartido sobre el que los hablantes construyen cooperativamente el significado.
- El análisis del contexto en distintos círculos concéntricos: el estrictamente lingüístico o co-*texto;* el contexto interpersonal y espacio-temporal particular de la situación de comunicación; y el marco más amplio del contexto social y cultural.
- La relación entre contexto sociocultural y reglas de uso, así como la relevancia de los conocimientos de ese contexto para la realización de un uso efectivo y adecuado de la lengua.
- El reconocimiento de distintos niveles de significado en la expresión lingüística (proposicional, discursivo y pragmático) y la necesidad del control simultáneo de todos ellos para la eficacia en la comunicación. La competencia comunicativa como responsable del uso efectivo y adecuado de la lengua en las distintas situaciones de comunicación. Hymes (1972) la define como la capacidad que adquiere un niño y que le permite saber *cuándo hablar y cuándo callar, sobre qué hablar y con quién, dónde, cuándo y de qué modo hacerlo.* Canale y Swain (1980) desglosan esa competencia en varias subcompetencias: la lingüística, la sociolingüística y la estratégica; posteriormente, Canale (1983) distingue entre competencia sociolingüística y discursiva. La última versión es la de Bachman (1990) que distingue cuatro subcompetencias, agrupadas de dos en dos: la gramatical y la textual juntas conforman la competencia organizativa, y la ilocucionaria más la sociolingüística conforman la pragmática; Bachmann deja fuera del modelo la competencia estratégica, que reconoce como una competencia del hablante, pero que no considera propiamente lingüística (Bachmann, 1990).

El reconocimiento de la competencia comunicativa comporta la consideración de otros criterios, más allá del de la mera corrección formal, para la valoración de la suficiencia lingüística de los alumnos: el de la eficacia comunicativa y el de adecuación al contexto.

No obstante, la implicación de mayor profundidad para la didáctica de segundas lenguas consiste en el tratamiento que deba otorgarse a la práctica de la lengua en el aula: si la lengua objeto de aprendizaje es considerada como discurso, los procesos de su aprendizaje no pueden ir disociados del mundo vivencial del discente; necesariamente han de ir más allá de la observación y manipulación de estructuras correspondientes a los distintos niveles del sistema, y ejercitar la explotación del potencial significativo de la L2.

b) En cuanto a las aplicaciones, podemos resaltar las siguientes:

- La consideración, a los efectos de realizar una selección de los contenidos lingüísticos de un programa, de unidades diferentes a la palabra, la oración y las estructuras sintácticas: diferentes en su entidad (los enunciados), en su extensión (los textos) y en su producción (el discurso). En este aspecto, la aplicación más difundida ha consistido en la elaboración de programas nociofuncionales. Las tipologías textuales y los mecanismos de organización textual han suministrado también abundantes datos que han sido aplicados con provecho en la enseñanza.

- La inclusión, en la elaboración de planes curriculares, de las distintas subcompetencias que integran la comunicativa, tanto en la definición de objetivos como en la selección de contenidos y las opciones metodológicas.
- El tratamiento de los aspectos culturales como parte integrante del desarrollo de la capacidad de uso, tanto desde un punto de vista estrictamente informativo, como desde planteamientos formativos, encaminados a recoger en las aulas el reconocimiento de la relatividad de las distintas formas de categorizar la experiencia y de organizar las relaciones sociales.
- La variación lingüística y su significación social: atención a los diferentes usos y a sus propiedades lingüísticas (fonéticas, morfológicas, léxicas, etc.) acordes con las diferentes situaciones y roles sociales.
- Las estrategias de comunicación como un recurso del hablante, susceptible de tratamiento didáctico con miras no sólo a un mejor desarrollo del aprendizaje sino a una más plena capacidad comunicativa y una mayor autonomía del discente.
- También en muchos sistemas de evaluación y exámenes se han realizado aplicaciones, que afectan a la concepción general de las pruebas, a su estructura y componentes y a los criterios de calificación y puntuación.

Las consecuencias particulares que de los estudios del discurso se derivan para el tratamiento de la gramática en la enseñanza de lenguas extranjeras son las siguientes:

El reconocimiento y la descripción de nuevos fenómenos en las manifestaciones lingüísticas. Al primero de ellos ya se ha hecho alusión en las líneas precedentes, al mencionar las nuevas unidades obtenidas en el análisis de la lengua. Los programas nociofuncionales han sustituido en muchos lugares a los estructuralistas en la enseñanza de diversas lenguas, entre ellas el español. Pero, pese a haber surgido en el seno de una corriente marcadamente orientada a la lengua oral, la descripción de esas unidades ha estado restringida, por el momento, al nivel del léxico y la sintaxis; queda por hacer una descripción, aplicable a la enseñanza y útil a sus objetivos, de los componentes fonéticos (especialmente los prosódicos y suprasegmentales) de los enunciados y su valor comunicativo. Asimismo, los análisis nociofuncionales efectuados hasta el momento no consideran suficientemente la dimensión textual de los enunciados; puede afirmarse que si la gramática estructuralista no superaba los límites de la oración, las primeras aplicaciones del análisis del discurso en su descripción de los actos de habla no superan el nivel del enunciado o, en todo caso, de los pares adyacentes[10].

Algo semejante cabe decir en relación con el contraste de los modos oral y escrito en la comunicación. Si bien es cierto que la mayor parte de los programas de enseñanza tiene entre

---

[10] Existen restricciones a la forma de codificar lingüísticamente determinadas secuencias de actos de habla. Tómese, a modo de ejemplo ilustrativo, la manifestación de intenciones mediante la perífrasis ir+a+infinitivo, cuando alguien dice: "Vamos a celebrar una gran fiesta, una fiesta sonada"; si este enunciado se enmarca en una producción más extensa, los siguientes enunciados relativos a las intenciones abandonarán la citada estructura para sustituirla por el futuro imperfecto: "traeremos una orquesta, invitaremos a todos los vecinos, habrá cava y pasteles, etc.". Existe la opción de encadenar

sus objetivos el desarrollo de competencias orales antes que las de la escritura, no lo es menos que, en una sociedad alfabetizada como las actuales, los actos de habla tienen sus equivalentes *actos de escritura* cuya descripción puede ser de gran utilidad, especialmente en determinados programas para fines específicos.

Otros fenómenos de la dimensión textual de la lengua que tienen especial relevancia para la gramática son los conectores textuales -*encima, además, sin embargo, no obstante, en cambio,* etc.- y los marcadores del discurso -*pero, bueno, pues, entonces, ahora (bien), ya, total (que),* etc.-. Estas unidades están pidiendo urgentemente no sólo una descripción y explicación de sus diferentes valores semántico/pragmáticos (en algunos casos ya las han recibido, realizadas con todo el rigor necesario), sino sobre todo una aplicación a la didáctica que sea a la vez clara y efectiva, tanto para profesores como para alumnos.

Todo el ámbito de la referencia y la deíxis ofrece también perspectivas de gran utilidad para la enseñanza. Algunos paradigmas (como el de los pronombres demostrativos, o los casos del género neutro) reciben una nueva luz contemplados a través del prisma de la referencia y la deíxis, que facilita enormemente su comprensión por parte de los alumnos.

Los procesos y mecanismos de tematización contienen también grandes posibilidades explicativas para fenómenos a los que en ocasiones se habían dado explicaciones curiosas y de utilidad más bien escasa, cuando no contraproducente[11].

3. Los estudios sobre el aprendizaje de segundas lenguas (ASL)

Los estudios contrastivos impulsados por la metodología audiooral convertían el error en el objeto central de su interés. A sus promotores les preocupaba atacarlo en su origen (que atribuían a la interferencia de la lengua del alumno) y se proponían realizar una planificación de la docencia que contribuyese a su prevención (para lo cual elaboraban las listas de posibles dificultades derivadas del contraste de las lenguas), así como dar pautas para su tratamiento pedagógico (la primera de las cuales consistía en evitarlo para no interferir en la formación de buenos hábitos, de base conductista). Como ya se ha señalado, este interés condujo a una nueva comprensión del fenómeno del error, con diversas aportaciones explicativas entre las que sobresale un artículo de P. Corder (1967), que se reveló fundamental, acerca de la importancia y el significado de los errores de los alumnos.

varios enunciados con la misma perífrasis, pero en ese caso la interpretación será diferente, en el sentido de que el hablante está formulando alternativamente la misma intención, para darle mayor fuerza de convicción: "Vamos a hacer una gran fiesta, vamos a celebrarlo a lo grande". Cabe la explicación de que el hablante ha manifestado una intención, y a continuación ha pasado a describir el evento; pero esta interpretación -si es que es correcta- no es de mucha ayuda para el alumno extranjero; lo que éste necesita es cuándo y por qué el hablante toma una u otra opción. Se necesitan reglas, por tanto, que describan no sólo cómo combinan sus intervenciones los distintos interlocutores, sino también cómo un mismo hablante ensambla textualmente un conjunto de enunciados. Es cierto que al respecto se ha publicado mucho sobre algunos temas, por ejemplo el relato del pasado (tal vez porque ya tradicionalmente los usos alternativos de los tiempos constituían un problema gramatical), pero en general se carece de explicaciones sobre esa dimensión textual.

[11] El poder explicativo e ilustrativo de estos mecanismos permite tratar desde una misma perspectiva fenómenos que, en el mejor de los casos, se trataban como casos particulares. Por ejemplo, la posición temática del complemento directo, que en el estilo coloquial y en los usos orales mantiene la voz activa, con inclusión del pronombre átono ("El coche lo encontraron abandonado en una carretera secundaria"), mientras que en el estilo cuidado y en usos escritos lleva a optar por la pasiva ("El coche fue hallado...").

El artículo representa todo un vuelco en la concepción de la enseñanza de la lengua, al descubrir el origen del error como resultado de procesos mentales independientes de la interferencia de la L1, y en consecuencia reconocerlo como un indicio de progreso en el aprendizaje en lugar de como un fracaso. Así los procesos de aprendizaje desplazan a las prácticas de enseñanza del centro de atención de los estudiosos, como algo que es previo a ellas y que condiciona su definición.

Desde la publicación del artículo de Corder se ha generado una abundante producción de estudios sobre los procesos de aprendizaje, que abarcan áreas muy diversas, entre las cuales adquiere prominencia el desarrollo de la competencia gramatical en el progresivo dominio de una L2. Los conceptos más importantes elaborados en estas dos últimas décadas son los siguientes:

3.1. La interlengua

Selinker utiliza en 1972 este término por vez primera para describir la gramática interiorizada de una L2 que en cada momento tiene el hablante extranjero que la aprende. Corder habla de *competencia transitoria* y Nemser, de *sistema aproximado.* Estas denominaciones se refieren a unas gramáticas que tienen sus propias reglas (provisionales y en evolución), reglas que no coinciden plenamente con las de la L2. De acuerdo con los postulados de estas teorías, el alumno atraviesa distintos estadios entre el nivel cero de competencia en la L2 y el que desea alcanzar. Lo interesante de la interlengua (cada uno de estos estadios) es lo siguiente:

- Es sistemática: forma un sistema de reglas cuyas manifestaciones pueden no ser coincidentes con las aceptadas como correctas en la gramática de la lengua que poseen sus hablantes nativos. Esas manifestaciones constituyen los denominados *errores,* que a la luz de estos postulados se interpretan como la correcta aplicación de aquellas reglas, erróneas, sí, pero necesarias como fases del desarrollo del aprendizaje. Nemser utiliza el concepto en analogía con los *sistemas aproximados* de las lenguas *sabires o pidgins,* caracterizadas como es sabido por poseer una gramática distinta de la de aquellas otras lenguas naturales sobre cuya base se han formado, pero que siguen su propia evolución y que los niños interiorizan del mismo modo que cualesquiera otros niños interiorizan las suyas. Para explicar este fenómeno en los discentes se postula la existencia de una estructura latente en su mente (Corder la llama *built in syllabus,* programa interno) que, a diferencia de la que se activa en el aprendizaje del lenguaje, no consiste en un programa genético ni se realiza en una lengua concreta, sino que consiste en un sistema independiente que es precisamente la interlengua.
- Es variable y permeable a los rasgos del caudal lingüístico de la L2 con la que el alumno está en contacto. Estas dos características (variabilidad y permeabilidad) posibilitan una tercera, su mutabilidad, que la lleva a desarrollarse y aproximarse a la gramática de la L2. Selinker (1993) ha observado que la interlengua de los discentes se organiza alrededor de distintos ámbitos discursivos (en los que intervienen diversas variables, tales como los interlocutores, el contexto y el tipo de actividad, entre otras) y que un rasgo determinado de la gramática de la L2 entra y se asienta primero en uno de estos ámbitos, para pasar luego a otros[12].

---

[12] Aparte otras consideraciones acerca de las formas de intervención didáctica ante la presencia de los errores, es patente la relevancia de estos postulados para una contextualización de las actividades de aprendizaje.

- Se halla en permanente desarrollo. Se trata de un desarrollo que sigue una ruta previsible, que no coincide con la secuencia de contenidos elegida para un determinado programa de enseñanza. Más bien se caracteriza por ser una secuencia evolutiva que atraviesa una serie de estadios sucesivos; estos estadios han sido estudiados en diversas lenguas, entre las que se encuentra el español como L2. Tales estudios comenzaron con la observación de la aparición de determinados morfemas de la gramática inglesa en la interlengua de los alumnos (Dulay y Burt; Dulay, Burt y Krashen), en los que se comprobó que todos ellos, independientemente de cuál fuera su L1 y del programa de enseñanza seguido, incorporaban a su interlengua una serie de morfemas en el mismo orden. Posteriormente, Pienemann comprobó que la estructura de la interlengua se organizaba de forma mucho más compleja en sucesivos estadios, sin que sea posible de ningún modo que un discente se salte uno de ellos ni que altere su orden; de ahí nace su hipótesis de la posibilidad de aprendizaje *(learnability:* determinados rasgos de la gramática de la L2 sólo se pueden aprender cuando la interlengua haya alcanzado el estadio de madurez correspondiente) y su correlativa, la de la posibilidad de enseñanza *(teachability:* no es posible enseñar -es decir, facilitar la incorporación a la interlengua- determinados rasgos, si no se ha alcanzado el estadio correspondiente).
- Otro rasgo del carácter evolutivo y mutable de las interlenguas es la posibilidad de fosilización, consistente en el estancamiento del desarrollo de la interlengua de un discente en un determinado estadio, o en el bloqueo de un rasgo de un determinado estadio, que dejaría fijada para siempre una producción defectuosa. Aunque los estudios sobre fosilización no son concluyentes, todo parece indicar que, a priori, no se da la posibilidad de una fosilización insuperable; las fosilizaciones existentes parecen estar relacionadas con factores personales dependientes de la actitud del alumno individual, generalmente con una satisfacción con el nivel alcanzado.
- Su progreso hacia la competencia gramatical en L2 no es lineal. Se producen aparentes recaídas en fases anteriores, que en realidad no son otra cosa que la evolución del propio sistema de la interlengua. La aparente recaída tiene su explicación en el fenómeno de la *reestructuración,* que ha sido descrito por McLaughlin: cada vez que un rasgo nuevo entra en el sistema, su acomodo tiene como efecto la reestructuración de todo el sistema. Pongamos el caso del alumno de español, que ha estado utilizando correctamente las formas *he estado y estaba,* sin haber descubierto la existencia de un tercer tiempo *(estuve)*[13]: en el momento de descubrir el funcionamiento del sistema tripartito, probablemente aflorarán confusiones que anteriormente no se daban. Ello quiere decir dos cosas: primero, que no se puede confundir la producción de una forma correcta como señal inequívoca de su aprendizaje; segundo, que los nuevos errores no son recaídas, sino procesos de reestructuración y por ende, de progreso en el aprendizaje.

[13] El hecho de que las tres formas distintas puedan haber sido presentadas como correspondientes a tres valores diferentes no conduce necesariamente ni a la comprensión inmediata de estos tres valores, ni menos al uso de las formas.

3.2. La interpretación del conocimiento gramatical

Los autores distinguen entre varios tipos de conocimiento, al referirse al que los discentes poseen sobre la gramática de una L2.

Una primera distinción, que en etapas anteriores no se consideraba, es la que se da entre *conocimiento y control,* es decir, entre la comprensión e interpretación de un determinado fenómeno y la capacidad de utilizarlo. Los hablantes nativos tienen *conocimiento y control* simultáneos de la gramática de su lengua; los alumnos extranjeros han de poder comprender determinados fenómenos de la L2 antes de controlarlos[14].

En cuanto al conocimiento propiamente dicho, los expertos establecen varias distinciones, la más interesante de las cuales es la que se da entre el conocimiento *declarativo* y el *procedimental.* Son éstos unos conceptos originados en el ámbito de la psicología cognitiva, que concibe el lenguaje humano como una habilidad mental superior, en la que intervienen ambos tipos de conocimiento: el *declarativo* consiste en saber algo, el *procedimental,* en saber hacer algo. En el caso de la gramática, las explicaciones de los profesores o de los libros pueden suministrar a los alumnos datos que contribuyen a incrementar su conocimiento *declarativo.* El conocimiento *procedimental* se desarrolla mediante la práctica; ahora bien, esta práctica ha de cumplir con algunos requisitos, el más importante de los cuales consiste en practicar aquello que se desea aprender; dicho en otras palabras, la mera práctica de formas lingüísticas, desprovista de contextualización y de vinculación a una intencionalidad significativa conduce al dominio de esas formas en esas mismas condiciones, a saber, fuera de contexto y al margen de cualquier intención de transmitir un mensaje; no en otra cosa consiste la experiencia tantas veces repetida de profesores que comprueban cómo algunos de sus alumnos son capaces de realizar correctamente baterías de ejercicios gramaticales, pero luego no pueden utilizar esas mismas formas de manera adecuada en su comunicación espontánea. Se trata de alumnos que han adquirido un conocimiento *declarativo* (saben cosas sobre la lengua), que no han desarrollado como *procedimental* (no saben hacer cosas con ella). La solución didáctica pasa por realizar prácticas comunicativas, en las cuales los alumnos tengan ocasión de utilizar las formas gramaticales que conocen.

3.3. Adquisición y aprendizaje

El fenómeno que acabamos de describir ha sido explicado por algunos autores como si en la mente de los hablantes existiesen dos compartimentos, uno responsable del conocimiento *declarativo,* otro, del *procedimental,* a cada uno de los cuales corresponderían dos modos de desarrollo. Stephen Krashen es el más conocido de los defensores de esta teoría, que él ha formulado en

[14] En algunas de las recientes propuestas de interpretación del desarrollo de las interlenguas vuelve a borrarse esta distinción, asimilando la primera fase -la de la comprensión- al aprendizaje en su totalidad. Véanse, más adelante, los párrafos en que se comentan las tesis de Stephen Krashen. En este contexto es interesante resaltar que la comprensión del fenómeno está condicionada por la madurez del discente para detectarlo; Pienemann habla de la posibilidad de aprendizaje, relacionada con los estadios evolutivos, como ya se ha comentado anteriormente; Giacobbe ha observado cómo la percepción de un fenómeno en el caudal suministrado al discente está sujeta a las hipótesis (no necesariamente conscientes) que el discente haya realizado al respecto.

la dicotomía *aprendizaje/adquisición*[15]; según él, el *aprendizaje* conduce al desarrollo del almacén de conocimientos declarativos, y la *adquisición,* al de los procedimentales, y sostiene que entre ambos almacenes no existe circulación de información, son compartimentos estancos; por lo tanto, considera inútil todo esfuerzo por desarrollar el *aprendizaje* y propugna una metodología de enseñanza, basada en sus famosas hipótesis[16] para favorecer el desarrollo de la *adquisición.*

Pese a haber disfrutado de gran difusión, e incluso popularidad, entre el profesorado de segundas lenguas de todo el mundo, las hipótesis de Krashen han recibido severas críticas por parte de otros investigadores, entre ellos McLaughlin, Sharwood-Smith y Ellis. El punto más conflictivo es el de la suficiencia del caudal comprensible como motor de la adquisición (frente a la cual, las hipótesis que consideran que el verdadero motor es la interacción parecen dotadas de mayor capacidad explicativa) y el de la inexistencia de conexiones entre los procesos de *adquisición* y de *aprendizaje.* La hipótesis del filtro afectivo, sin embargo, goza de mayor reconocimiento.

Uno de los citados críticos, Rod Ellis, ha investigado las condiciones de aprendizaje de L2 en el aula y los efectos que el desarrollo del conocimiento declarativo pueda tener sobre el procedimental (o las conexiones entre *adquisición y aprendizaje).* Sobre ello versa el siguiente apartado; en él se resume la postura de uno de los estudiosos que más atención ha dedicado al aprendizaje de segundas lenguas en contextos de escolarización, postura que en nuestra opinión recoge el consenso actualmente existente en torno a este tema.

3.4. Los efectos de la intervención didáctica

Basándose en modelos anteriores de teorías de aprendizaje, e incorporando aspectos de la teorías de la GU y de las hipótesis de Pienemann, Rod Ellis propone una teoría del aprendizaje de L2 en el aula, entre cuyas hipótesis figuran las siguientes:

- El conocimiento explícito y el implícito constituyen dos tipos distintos de conocimiento lingüístico, que se almacenan por separado.
- El conocimiento implícito es el resultado, en gran medida, de unas actividades de enseñanza centradas en el significado. Para que se produzca *adquisición,* el alumno debe prestar atención a rasgos lingüísticos concretos del caudal suministrado y además estar listo para incorporarlos a su interlengua.
- El conocimiento explícito es el resultado, en gran medida, de unas actividades de enseñanza centradas en la forma.

---

[15] En adelante, estos dos términos se presentan en cursiva cuando se utilizan en el sentido que les da Krashen; en los otros casos se escriben en redonda, y hay que entenderlos como sinónimos para referirse al proceso de desarrollo de la capacidad de uso de una L2.

[16] Además de las dos hipótesis ya comentadas sobre la distinción entre adquisición y aprendizaje y sobre el orden natural de adquisición de los morfemas, las otras tres son éstas: a) La hipótesis del input comprensible ("i+1": facilitar al alumno un *input* o caudal lingüístico un poco por encima de su capacidad de comprenderlo, de modo que pueda interiorizar nuevos rasgos de la gramática, que en el estadio actual no domina); b) La hipótesis del filtro afectivo: los factores emotivos y actitudinales (en especial, la ansiedad y la tensión) suponen un filtro que obstaculiza la entrada de datos presentes en el caudal comprensible; c) La hipótesis del monitor: el conocimiento *aprendido*" puede utilizarse para corregir las locuciones generadas mediante el conocimiento *adquirido*, siempre que el alumno tenga tiempo suficiente, esté atento a la forma y conozca la regla.

- El conocimiento explícito desempeña un papel importante en el desarrollo de una L2: sirve para sensibilizar al alumno ante la presencia en su interlengua de formas no correctas, facilitando de ese modo la *adquisición*.
- El control sobre el conocimiento lingüístico se consigue mediante una actuación llevada a cabo en condiciones reales en actividades lingüísticas centradas en el significado.

Su conclusión con miras a la enseñanza consiste en proponer dos vías simultáneas de intervención: directa e indirecta. Basa esta propuesta en el hecho de que los pocos *estudios realizados acerca de los efectos de la enseñanza sobre la ruta de desarrollo indican que esta ruta natural no puede ser alterada* (Ellis, 1985: 15). Considera, no obstante, que los resultados de estos estudios no son definitivos y que es probable que no se hayan estudiado los efectos de todas las posibles formas de intervención en el desarrollo de la interlengua; considera posible, asimismo, que la "ruta natural" afecte a un determinado modo de uso de la lengua (en concreto, la conversación espontánea), pero que otros usos, como los que van asociados a un discurso más planificado o al discurso escrito, puedan seguir un desarrollo ligado a otras rutas, como parecen indicar los estudios sobre variabilidad contextual y desarrollo de interlenguas.

Lo más importante es que, si bien hay que contar con la posibilidad de que la enseñanza sea incapaz de alterar el curso del desarrollo de la interlengua, parece probado que es capaz de acelerar el proceso general y de mejorar la calidad del nivel finalmente alcanzado: *Aun en el caso de que el conocimiento de L2 derivado de la enseñanza no se halle inmediatamente disponible para su uso en la conversación espontánea (...) pronto se adquiere sea condición cuando el discente tiene la ocasión de utilizar la L2 en ese tipo de comunicación* (Ellis, 1985: 16). De este modo, la enseñanza puede tener un potente efecto retardado.

3.4.1. La intervención indirecta

Consiste en la realización de prácticas centradas en el significado, es decir, de prácticas comunicativas en el aula concebidas en estos términos:

- Los alumnos se ven implicados e interesados en aquello de lo que se está hablando.
- Tienen ocasión de controlar el tema de la conversación y de tomar la iniciativa en su desarrollo y gestión.
- Profesor y alumnos se esfuerzan por hacerse entender, recurriendo a las necesarias estrategias de interacción, mediante la reformulación de los propios enunciados cuando surjan problemas de comprensión y efectuando las necesarias solicitudes de clarificación.
- Los alumnos se ven estimulados a producir enunciados que pongan a prueba sus recursos lingüísticos, yendo más allá de la formulación de aquéllos que dominan con seguridad.
- Se alternan convenientemente los tipos de discurso planificado y espontáneo.
- En los estadios iniciales, los profesores proporcionan a los alumnos un andamiaje didáctico que les permita producir estructuras que resultan demasiado complejas para su producción autónoma.
- En los estadios avanzados, los alumnos tienen acceso adecuado a un tipo de discurso planificado, rico en rasgos lingüísticos marcados. Los alumnos no se ven forzados a producir, sino que se sienten libres para elegir cuándo quieren hacerlo.

Conviene resaltar dos aspectos en relación con el aprendizaje de la gramática -entendida en su sentido amplio de dominio de la forma lingüística- y las actividades comunicativas (tan frecuentemente malinterpretadas como si su propuesta fuera en detrimento de la corrección gramatical):

a) Las actividades comunicativas se conciben como medios al servicio del desarrollo de la interlengua, es decir, del perfeccionamiento gramatical en su más amplio sentido.

b) La propuesta describe un conjunto de requisitos para que esos medios sean efectivos, proponiendo mecanismos particulares para los niveles iniciales y los avanzados.

3.4.2. La intervención directa

Consiste en realizar actividades en las que la atención de los alumnos está centrada en la forma lingüística. Es el tipo de intervención que ha constituido el grueso de la enseñanza programada y planificada hasta fechas recientes. Ahora bien, en relación con la concepción del trabajo gramatical en el aula ha sido propuesta una nueva forma de abordarlo, que tiende a alejarse de la práctica repetitiva (concebida generalmente como una automatización de las unidades que se desea aprender) y se orienta a la sensibilización lingüística (cuya finalidad consiste en despertar la conciencia de los alumnos sobre la existencia de determinadas formas lingüísticas). Se trata de una conciencia que puede no ser inmediatamente convertible en conocimiento implícito, pero que es capaz de facilitar la adquisición a largo plazo.

La idea se basa en los estudios de Rutherford y Sharwood-Smith (1988), que han investigado el papel que la sensibilización lingüística puede desempeñar en el desarrollo del aprendizaje. En el contraste entre los dos tipos de trabajo posibles en la intervención directa -sensibilización sobre la forma y práctica repetitiva-, Ellis encuentra las siguientes similitudes y diferencias: en ambos procedimientos se intenta aislar un determinado rasgo gramatical, que se constituye en el centro de atención de los alumnos.

a) *Actividades de práctica*

- Los alumnos deben producir frases que contengan el rasgo lingüístico en cuestión.
- Los alumnos realizan un ejercicio de utilización del rasgo.
- Las actividades están *orientadas al éxito,* es decir, a la producción correcta.
- Se proporciona a los alumnos retroalimentación -inmediata o retardada- acerca de la corrección de sus enunciados.

b) *Actividades de sensibilización*

- Se les suministran datos que ilustran el rasgo, al tiempo que también se les puede facilitar una regla explícita que los describa o explique.
- Realizan un esfuerzo intelectual para entenderlo.
- Las actividades están *orientadas al conocimiento,* es decir, a la comprensión de un rasgo y a la clarificación de posibles malentendidos.
- Se les puede pedir, aunque no necesariamente, que formulen una regla para describir el rasgo en cuestión.

Conclusión

Los estudios sobre la lengua entendida como discurso y los de adquisición de segundas lenguas, de los que en las páginas precedentes se ha realizado una somera revisión, han arrojado una serie de datos que han obligado a un replanteamiento general de la enseñanza de lenguas. Sin renunciar a prácticas y procedimientos heredados de la tradición anterior, que siguen teniendo vigencia en los programas de muchas instituciones, actualmente existen numerosas áreas de interés en la renovación de la didáctica de las segundas lenguas.

En relación con el tema de la gramática son dos las áreas que quisiéramos destacar en este artículo: una es la de la elaboración de programas, otra, la de la concepción de la gramática pedagógica.

La elaboración de programas

Como se ha señalado anteriormente, los métodos audioorales y audiolinguales realizaban una programación del material de aprendizaje a partir de las unidades lingüísticas suministradas por la descripción estructuralista de la lengua. Se suponía que el alumno las aprendía a medida que las trabajaba en el programa previsto. Se partía del supuesto de que enseñanza y aprendizaje seguían la misma ruta. Los estudios de ASL, como hemos visto, revelaron que esto no es así. ¿Tiene sentido entonces seguir elaborando unos programas que no están organizados secuencialmente de la misma forma que los estadios evolutivos de la interlengua de los alumnos? El mismo Pienemann afirma que no tendría mucho sentido elaborar unos programas basados en esas secuencias, entre otras razones, porque habría que incluir formas erróneas desde el punto de vista de la gramática de la L2, aparte de otras dificultades derivadas de la insuficiencia de datos en la descripción de las interlenguas.

D. Wilkins efectúa una interesante aportación al analizar la cuestión desde un punto de vista distinto: qué es lo que se le pide al alumno, como esfuerzo de adquisición, mediante las programaciones que se le ofrecen. Desde este supuesto, Wilkins divide los programas de contenidos (*syllabus* es el término difundido en la didáctica del inglés) en dos grupos: analíticos y sintéticos. Entiende por programas analíticos aquellos en los cuales el alumno recibe el caudal lingüístico de forma integral, y su mente realiza procesos de análisis, mediante los cuales llega a establecer e interiorizar las distintas formas lingüísticas. Por contra, en los programas sintéticos la lengua ha sido previamente analizada por los expertos y desglosada en unidades que se le presentan por separado al alumno, para que luego sea él quien realice la síntesis. En principio, parece que los programas analíticos pueden ser más compatibles con el desarrollo de la interlengua, ya que dejan que ésta realice los sucesivos análisis que su maduración le permita; los sintéticos suministran datos para el conocimiento declarativo, pero probablemente entrarán en colisión en muchas ocasiones con el desarrollo de la interlengua.

La propuesta de Wilkins se plasma en unos nuevos programas, cuyas unidades no se derivan del análisis del sistema de la lengua, sino del análisis de su uso por parte de los hablantes. Son los programas nociofuncionales. Paradójicamente, sin embargo, y como ponen de relieve Long y Crookes (1992), Wilkins no rebasa la línea divisoria que él mismo ha establecido, y sigue proponiendo un nuevo *syllabus* sintético. En efecto, los alumnos deben realizar nuevamente una síntesis a partir de unidades discretas de la lengua, por más que éstas sean unidades de un nuevo orden (nociones y funciones, en lugar de oraciones y estructuras).

White hace una nueva propuesta, con dos nuevos tipos a los que llama tipo A y tipo B. Los programas de tipo A se centran en el contenido de lo que se desea aprender, es decir, los rasgos propios de una L2; los de tipo B, en la forma de aprenderlo, es decir, actividades de uso de la lengua. Se dan así dos posibles vías de operación en el establecimiento de los contenidos de un programa: la vía que va de la lengua a las actividades (primero se fijan las unidades lingüísticas que se desea trabajar, y luego se decide qué actividades se pueden realizar con ellas), y de las actividades a la lengua (primero se deciden actividades comunicativas, y éstas piden en su ejecución unas determinadas formas lingüísticas).

En el desarrollo de la enseñanza comunicativa encontramos, por tanto, una primera etapa en la cual se propone un trabajo a partir de un programa de tipo sintético, de *tipo A*, y una segunda etapa en la que se plantea el trabajo con programas analíticos, de *tipo B*, de los que existen diversas versiones: de procedimientos (Prabhu), de procesos (Breen), y de tareas (Long; Candlin y Murphy; Nunan; Estaire y Zanón).

Parece existir unanimidad en que los programas de tareas, adecuadamente combinados con actividades de atención a la forma (lo que Ellis llama intervención directa), responden mejor que otros a lo que nos dicen las teorías de ASL.

Recientemente diversos autores se han manifestado sobre la función de las descripciones nociofuncionales de la lengua (e incluso de las descripciones estructuralistas) como listas de cotejo para los programas basados en tareas (Nunan, 1989; Ellis, 1993).

Otra de las funciones que pueden seguir teniendo estos datos proporcionados por los estudios lingüísticos es la de formar parte de las gramáticas pedagógicas.

Las gramáticas pedagógicas

El concepto de gramática pedagógica no sólo mantiene su vigencia, sino que goza en la actualidad de una difusión y una aceptación generalizadas entre los estudiosos de la enseñanza de lenguas modernas. Corder, Roulet, Besse y Porquier, entre otros autores, han contribuido a configurarlo. Dirven (1990) efectúa una revisión de su evolución en la tradición de la enseñanza de segundas lenguas en Alemania, Francia e Inglaterra. Según Candlin, si *aceptamos que existe la necesidad de un filtro entre las gramáticas formales y la clase, entonces la función de la gramática pedagógica es la de actuar de intérprete entre un número de gramáticas formales y el público y los materiales de enseñanza de lenguas, que son distintos en cada situación.*

A la luz de los datos aportados por los estudios revisados en este artículo y de la propia tradición de la gramática pedagógica, podemos esbozar una caracterización de la misma, que responda a las necesidades actuales de la enseñanza del español como lengua extranjera en estos términos:

1) Su propósito consiste en facilitar la comprensión tanto del sistema de la lengua como de sus distintos usos por parte de hablantes no nativos.
2) Para ello efectúa una selección de contenidos que se guía por estos criterios:
    - *actualidad:* el estado actual de la lengua y sus usos,
    - *descripción:* el modo en que efectivamente usan la lengua sus hablantes nativos,
    - *frecuencia:* fenómenos más frecuentes en los usos lingüísticos,
    - *relevancia comunicativa:* valores comunicativos más frecuentemente asociados a determinadas formas de expresión;
    - *información para el destinatario:* otros fenómenos que los que contiene una gramática descriptiva o normativa para hablantes nativos.

3) Atiende a los fenómenos de variación lingüística, recogiendo usos tanto orales como escritos e informando sobre registros sociales y su adecuación al contexto.
4) Trata fenómenos de los distintos niveles de descripción de la lengua (fonético-fonológico, morfológico, sintáctico, semántico, pragmático), estableciendo las necesarias relaciones entre ellos.
5) Adopta e integra las aportaciones más útiles de los distintos modelos teóricos: estructuralismo, generativismo, lingüística del texto, etcétera.
6) Utiliza un metalenguaje y una terminología adecuadas a las posibilidades de comprensión del destinatario. Los criterios de claridad y efectividad prevalecen sobre el de rigor científico[17].
7) En algunos casos se ve en la necesidad de simplificar algunas explicaciones.
8) Toma en consideración el conocimiento implícito de la gramática de su L1 que tiene el lector.

[17] Con demasiada frecuencia se da por supuesto que los alumnos poseen la misma terminología que los autores de la gramática; esto afecta también a las representaciones gráficas que suelen utilizar los autores, sin darse cuenta de que también ellas responden a un metalenguaje marcado culturalmente: en la cultura occidental el decurso del tiempo se concibe de forma lineal, mientras que en otras culturas es de carácter cíclico, lo cual influirá sin duda en la interpretación de los esquemas ilustrativos que se ofrezcan.

Bibliografía

BACHMAN, L. F. (1990), *Fundamental Considerations in Language Testing,* Oxford, Oxford University Press.

BERNÁRDEZ, E. (1982), *Introducción a la lingüística del texto,* Madrid, Espasa-Calpe.

BERNÁRDEZ, E. (ed.) (1987), *Lingüística del texto,* Madrid, Arco-Libros.

BESSE, H., y PORQUIER, R. (1984), *Grammaires et didactique des langues,* París, Hatiei Crédif.

BREEN, M. (1984), "Process Syllabuses for the Language Classroom", en BRUMFIT, C. (ed.), *General English Syllabus Design,* ELT Documents, *118,* The British Council/Pergamo Press.

BREEN, M. (1987), "Contemporary paradigms in syllabus design", *Language Teaching*, XX/3.

BROWN, G. y YULE, G. (1983), *Discourse Analysis*, Cambridge, Cambridge University Press.

BRUMFIT, C. (1984), *Communicative Methodology in Language Teaching*, Cambridge, Cambridge University Press.

CANALE, M. (1983), "From Communicative Competence to Communicative Language Pedagogy", en J. C. RICHARDS y R. SMITH (eds.), *Language and Communication,* Londres, Longman.

CANDLIN, C. (1990), "Hacia la enseñanza de lenguas basada en tareas", *Comunicación, lenguaje y educación*, 7-8: 33-53.

CHAUDRON, C. (1988), *Second Language Classrooms*, Cambridge, Cambridge University Press.

CHOMSKY, N. (1965), *Aspects of the theory of syntax*, Cambridge, Mass., MIT Press.

CHOMSKY, N. (1986), *El lenguaje y los problemas del conocimiento*, Madrid, Visor.

CHOMSKY, N. (1988), *La nueva sintaxis: teoría de la rección y el ligamiento*, Barcelona, Paidós.

CHRISTIE, F. (1994), "Developing an educational linguistics for English language teaching. A systemic functional perspective", *Functions of Language*, 1/1: 95-127.

CLARKE, D. F. (1989), "Communicative theory and its influence on materials production", *Language Teaching,* 73-86.

COLL, C. (1987), *Psicología y Currículum*, Barcelona, Paidós.

COOK, V. (1994), "Universal Grammar an the learning and teaching of second languages", en ODLIN (ed.).

CORDER, S. P. (1967), "The significance of learners errors", *IRAL*, 4: 161-170 (traducido al español en J. M. LICERAS, 1991: 31-41).

CORDER, S. P. (1973), *Introducing Applied Linguistics*, (versión en español: Introducción a la lingüística aplicada, Limusa, Grupo Noriega Editores, México, 1992)

CUENCA, M. J. (1992), *Teories gramaticals i ensenyament de llengües*, Valencia, Tándem.

DE BEAUGRANDE, R., y DRESSLER, W. (1981), *Introduction to Text Linguistics*, Londres, Longman.

DÍAZ, L., y HERNÁNDEZ, M. J. (1993), "Gramática y comunicación en la clase de español como lengua extranjera", en L. MIQUEL, y N. SANS (eds.).

DIRVEN, R. (1990), "Pedagogical grammar", *Language Teaching*, January 1990: 1-18. DIRVEN, R. (1993), "The Structural Syllabus and Second Language Acquisition", *TESOL Quarterly*, 27/1: 91-115.

DIRVEN, R. (1995), *The Study of Second Language Acquisiton*, Londres, Longman.

ELLIS, R. (1991), *Second Language Acquisition and Language Pedagogy*, Clevendon, Multilingual Matters.

ESCANDELL VIDAL, M. V. (1993), *Introducción a la Pragmática*, Barcelona/Madrid, Anthropos/U. N. E. D.

FLOWERDEW, J. (1988), "Speech acts and language teaching", *Language Teaching*, 21: 69-82.

FOTOS, S. (1993), "Consciousness and Noticing through Focus on Form: Grammar Task Performance versus Formal Instruction", *Applied Linguistics*, 14: 385-407.

GARCÍA SANTA-CECILIA, A. (1995), *El currículo de español como lengua extranjera*, Madrid, Edelsa.

GIACOBBE, J. (1992), *Acquisition d'une langue étrangére: Cognition et interaction (Études sur le développement du langage chez l'adulte)*, París, Centre National de la Recherche Scientifique.

GUMPERZ, J. (1982), *Discourse Strategies*, Cambridge, Cambridge University Press.

HALLIDAY, M. A. K. y HASAN, R. (1976), *Cohesion in English*, Londres, Longman. HALLIDAY, M. A. K. (1993), "Towards a Language-Based Theory of Learning", *Linguistics and Education*, 5: 93-116.

HERNÁNDEZ, M. J., y ZANÓN, J. (1990), "La enseñanza de la comunicación en la clase de español", *Cable*, 5:12-19.

HYMES, D. (1971), *On communicative competence*, Filadelfia, University of Pennsylvania Press.

INSTITUTO CERVANTES (1994), *La enseñanza del español como lengua extranjera. Plan curricular del Instituto Cervantes*, Alcalá de Henares.

JOHNSON, R. K., (ed.) (1989), *The Second Language Curriculum*, Cambridge, Cambridge University Press.

LADO, R. (1957), *Linguistics acrosa cultures*, Ann Arbor, University of Michigan Press (traducción española: *Lenguas y culturas*, Madrid: Paraninfo).

LARSEN FREEMAN, D. (1980), *Discourse Analysis in Second Language Research*, Newbury House.

LARSEN-FREEMAN, D. y LONG, M. (1991*), An introduction to second language acquisition research*, Londres, Longman.

LEGUTKE, M. y THOMAS, H. (1991), *Process and Experience in the Language Classroom*, Londres, Longman.

LEVINSON, S. (1983), *Pragmatics*, Cambridge, Cambridge University Press.

LICERAS, J. M. (1991), *La adquisición de lenguas extranjeras*, Madrid, Visor.

LONG, M. H. y CROOKES, G. (1992), "Three Approaches to Task-Based Syllabus Design", *TESOL Quarterly*, 26/1: 27-57.

LOZANO, J. (1989), *Análisis del discurso. Hacia una semiótica de la interacción textual*, Madrid, Cátedra.

LLOBERA, M. (1995a), *Competencia comunicativa. Documentos básicos en la enseñanza de lenguas extranjeras*, Madrid, edelsa.

LLOBERA, M. (1995b), "Discurso generado y aportado en la enseñanza de lenguas extranjeras", en M. SIGUÁN (Coord.), *La enseñanza de la lengua por tareas*, XVIII Seminario sobre "Lenguas y educación", Barcelona, Horsori.

MARTÍN PERIS, E. (1988), "La enseñanza de idiomas modernos: de los contenidos a los procesos", *Cable*, 1: 16-21.

MARTíNEZ, R. (1997), *Conectando texto. Guía para el uso efectivo de elementos conectores en castellano,* Barcelona, Octaedro.

MATTE BON, F. (1992), *Gramática comunicativa del español*, Madrid, Difusión. MCCARTHY, . MATTE BON, F. (1991), *Discourse Analysis for Language Teachers*, Cambridge, Cambridge University Press.

MCLAUGHLIN, B. (1990), "Restructuring", *Applied Linguistics*, 11/2: 113-128.

MUNBY, J. (1978), *Communicative Syllabus Design*, Cambridge, Cambridge University Press.

NEMSER, W. (1971), "Approximative Systems of Foreign Language Learners", *IRAL,* IX/2: 115-123. Traducido al español en LICERAS, J. M. (1991).

NUNAN, D. (1988), *The Learner-Centred Curriculum,* Cambridge. Cambridge University Press.

NUNAN, D. (1989), *Designing Tasks for the Communicative Classroom*, Cambridge, Cambridge University Press (versión española: El diseño de tareas para el aula comunicativa, Cambridge University Press, 1997).

ODLIN, T. (ed.) (1994), *Perspectives on Pedagogical Grammar*, Cambridge, Cambridge University Press.

ORTEGA OLIVARES, J. (1990), "Gramática, Pragmática y enseñanza de la lengua*", Actas del I Congreso Nacional de ASELE*, Granada.

ORTEGA OLIVARES, J. (1994), "Conversación y enseñanza de lenguas extranjeras", en L. MIQUEL y N. SANS (eds.) (1994): 83-104.

PERDUE, C. (ed.) (1993), *Adult language acquisition: cross-linguistic perspectives*, Cambridge, European Science Foundation-Cambridge University Press.

PIENEMANN, M. (1984), "Psychological Constraints on the Teachability of Languages", *Studies in Second Language Acquisition*, 6/2: 186-212. Reimpreso en: RUTHERFORD y SMITH (Comps.) (1988).

PIENEMANN, M. (1985), "Learnability and syllabus construction", en K. HYLTENSTAM y M. PIENEMANN (eds.), *Modelling and assessing second language development*, San Diego, College-Hill Press: 23-75.

REYES, G. (1990), *La pragmática lingüística*, Barcelona, Montesmos Editor.

RIGAU I OLIVER, G. (1981), *Gramática del discurs*, Barcelona, Universitad Autónoma de Barcelona.

RUTHERFORD, W. (1987), *Second Language Grammar: Learning and Teaching*, Londres, Longman.

RUTHERFORD, W. y SHARWOOD-SMITH, M. (comps.) (1988), *Grammar and Second Language Teaching. A Book of Readings*, Mass., Newbury House.

SANTOS GARGALLO, I. (1993), *Análisis contrastivo, análisis de errores e interlengua en el marco de la lingüística contrastiva*, Madrid, Síntesis.

SANCHEZ PÉREZ, A. (1992), *Historia de la enseñanza del español como lengua extranjera*, Madrid, SGEL.

SCHMIDT, R. W. (1990), "The Role of Consciousness in Second Language Learning", *Applied Linguistics*, 11/2: 130-158.

SELINKER, L. (1972), "Interlanguage", *International Review of Applied Linguistics*, 10: 209-231. (Traducido en J. M. LICERAS, 1991: 79-105).

SKEHAN, P. (1989), *Individual Differences in Second Language Learning*, Londres, Edward Arnold.

SLAGTER, P. (1979), *Un nivel umbral*, Estrasburgo, Consejo de Europa.

SLAGTER, P. (Dir.) (1994), *Aproximaciones a cuestiones de adquisición y aprendizaje del español como lengua extranjera o lengua segunda*. Número especial de Foro Hispánico.

STERN, H. H. (1983), *Fundamental Concepts of Language Teaching*, Oxford, Oxford University Press.

STUBBS, M. (1983), *Discourse Analysis. The Sociolinguistic Analysis of natural Language*, Oxford, Blakwell.

TRÉVISE, A. (1993), "Acquisition/apprenstissage/enseignement d'une langue 2: modes d'observation, modes d'intervention", *Études de linguistique appliqués*, 92: 38-50.

VAN DIYK, T. A. (1980), *Texto y contexto. (Semántica y pragmática del discurso)*, Madrid, Cátedra.

VAN EK, J. A. (1975), *The threshold level in a European unit1credit system for modern language learning by adults*, Estrasburgo, Consejo de Europa.

VAN LIER, L. (1991), "Inside the Classroom: Learning Processes and Teaching Procedures", *Applied Language Learning*, 2/1: 29-68.

VAN LIER, L. (1994), "Language awareness, contingency, and interaction", *AILA Review*, 11: 69-92.

VÁZQUEZ, G. (1991), *Análisis de errores y aprendizaje de español/lengua extranjera*, Francfort am Main, Peter Lang.

VVAA (1991) *Com ensenyar catalá a adults. Suplement mim. 8: A l'entorn de la gramática textual*, Barcelona, octubre de 1991.

WARDHAUGH, R. (1970), "The contrastive analysis hypothesis", *TESOL Quarterly*, 4: 123-130. (Traducido al español en: J. MUÑOZ LICERAS, 1991).

WELLS, G. (1994), *Linguistics and Education*, 6: 41-90.

WHITE, R. W. (1988), *The ELT curriculum. Design, innovation and management*, Oxford, Basil Blackwell.

WHITE, L. (1991), "Input Enhancement and L2 Question Formation", *Applied Linguistics*, 12: 416-432.

WIDDOWSON, H. G. (1984), *Explorations in Applied Linguistics*, 2, Oxford, Oxford University Press.

WILKINS, D. (1976), *Notional Syllabuses*, Oxford, Oxford University Press.

ZANÓN, J. (1988), "Psicolingüística y didáctica de las lenguas", *Cable*, 2: 47-53 y 3: 22-33.

ZANÓN, J. (1990), "Los enfoques por tareas para la enseñanza de lenguas extranjeras", *Cable*, 5: 19-28.

La subcompetencia léxico-semántica

José Ramón Gómez Molina
Universidad de Valencia

Introducción

El Marco común europeo de referencia (Consejo de Europa, 2001: caps. 4, 5 y 6), al establecer qué tienen que aprender o adquirir los alumnos de lenguas, indica de forma explícita que el objetivo de enseñanza-aprendizaje, además de atender a las competencias generales de los usuarios ejercitadas en el curso de su experiencia previa, ha de lograr el desarrollo de la competencia lingüística comunicativa, la cual comprende las competencias lingüísticas, las sociolingüísticas y las pragmáticas, y cada una de estas competencias integra, a su vez, conocimientos para satisfacer las necesidades comunicativas (*knowledges about*), destrezas y habilidades para conseguirlo (*knowledges how to*), así como las estrategias necesarias para poner en práctica todo lo anterior (*strategies*).

En el caso de la competencia léxico-semántica, aunque clasificada en las competencias lingüísticas, también es parte integrante de las otras dos, tal como apuntan Canale (1983), Bachman (1990) y Gómez Molina (1997), puesto que la actividad que realiza el alumno en la clase de ELE no debe limitarse a acumular unidades léxicas, sino a señalar las variantes significativas de cada una de ellas, a usarlas en diferentes registros, a establecer relaciones asociativas entre ellas, a emplearlas en las combinaciones frecuentes, etc., es decir, a comprender y generar mensajes en todas las situaciones comunicativas en las que, como usuarios, se ven envueltos. En síntesis, dicha competencia no sólo se refiere a los conocimientos y destrezas (formación de palabras, relaciones semánticas, valores, etc.), sino también a la organización cognitiva y la forma en que se almacenan estos conocimientos en el lexicón (redes asociativas) y a su accesibilidad (activación, evocación y disponibilidad).

En los últimos años es palmaria la reivindicación de la importancia del vocabulario en la enseñanza-aprendizaje de cualquier lengua, consecuencia de una mayor comprensión de la naturaleza del léxico, motivada tanto por el análisis de su uso real como por su potencial contribución a la pedagogía de las lenguas. Así, entre otros autores, Krashen (1983) destaca la importancia del vocabulario tanto para la comunicación efectiva como para el propio proceso de adquisición; Willis (1990) elabora un *syllabus* cuyo eje de programación es el léxico; Nattinger y

DeCarrico (1992) sugieren que la lengua se retiene en segmentos (*chunks*) y que es nuestra capacidad de usar frases léxicas la que nos ayuda a hablar con fluidez; Lewis (1993, 1997) argumenta que la gramática como estructura está subordinada al léxico y que el lenguaje consiste en un léxico gramaticalizado, no en una gramática lexicalizada; y Coady (1997: 287) señala que palabras y frases son esenciales en la enseñanza de lenguas. Junto a estas opiniones, cabe recordar, como un argumento más, que cualquier protolengua o lengua básica implica, esencialmente, nominalización y, por ello, es mucho más léxica que gramatical.

Pero como apunta Zimmerman (1997: 17), a pesar de este énfasis destacado en la adquisición del vocabulario y del papel central que desempeña el lexicón en la adquisición y uso de las lenguas, la aplicación en el aula de las orientaciones metodológicas y la investigación no han sido prioritarias para muchos profesores ni para los programas de enseñanza de lenguas. Por ello, el objetivo final de este capítulo es sensibilizar y motivar a nuestros colegas docentes mediante la información sobre ciertos fundamentos teóricos y conceptuales, así como la exposición de algunos planteamientos metodológicos que permiten desarrollar estrategias de aprendizaje y enriquecimiento del vocabulario, con objeto de que introduzcan los cambios necesarios en su intervención pedagógica.

Por lo general, dos son las cuestiones básicas que preocupan a los profesores de ELE relacionadas con la subcompetencia léxico-semántica: qué vocabulario es objeto de enseñanza-aprendizaje (contenido) y cómo trabajarlo en el aula (conocer diferentes aspectos del significado, aplicar técnicas y estrategias para aprender, organizar y almacenar vocabulario, tipos de actividades, etc.). Vamos a tratar en este capítulo de la fundamentación epistemológica y metodológica de dicha competencia, y queda para un capítulo posterior el contenido de la misma: qué elementos la integran y a través de qué actividades podemos desarrollarla.

1. Fundamentos teóricos y conceptuales

Es obvio que los aspectos que influyen en la enseñanza y aprendizaje del vocabulario son múltiples y de diversa índole; resultaría pretencioso intentar abarcarlos todos en este espacio. Por ello hemos decidido ofrecer una información básica sobre determinadas cuestiones que, a nuestro entender, inciden de forma especial en el desarrollo de la competencia léxico-semántica.

Diversos tratados sobre enseñanza de lenguas indican que la primera cuestión que ha de resolver el profesor es determinar el enfoque didáctico, como conjunto integrado de creencias teóricas y prácticas. El enfoque responde a la pregunta: ¿por qué actuamos así? Entre sus principios teóricos destacan la concepción del lenguaje y las bases psicológicas sobre la naturaleza del aprendizaje lingüístico; y entre los aspectos prácticos se encuentran el programa o contenido (¿qué vamos a enseñar?) y el método, relacionado con las estrategias y procedimientos (¿cómo vamos a actuar?).

En primer lugar, ¿cuál es nuestra concepción del lenguaje? Sintetizando, vemos que los principios filosóficos sobre la naturaleza del lenguaje señalan dos formas principales de entenderlo[1]: una, denominada cartesiana, que defiende que la contribución específica del lenguaje es la de exteriorizar el pensamiento, la de ser el medio a través del cual hacemos pública la realidad sub-

[1] Para mayor información sobre las concepciones del lenguaje, véase Acero (1993).

yacente de nuestro pensamiento. En esta línea, aunque no de forma totalmente ortodoxa, se encuentra Chomsky (1989), para quien la mente es un procesador semántico en la medida en que, primero, es una máquina sintáctica. Esta perspectiva se corresponde con aquellos modelos lingüísticos que destacan el aspecto formal del lenguaje, como el estructuralismo. Otra, la concepción antropológica, que subraya el papel de las costumbres, las formas de vida y la cultura como algo inseparable del lenguaje; Wittgenstein (1988) observa cómo nuestro lenguaje es algo inseparable de nuestras pautas de conducta y viene a recordarnos que los servicios que hacen las palabras no han de separarse de los intereses y necesidades de sus usuarios. Esta perspectiva está relacionada con los modelos que toman como objeto de estudio el uso lingüístico, tales como la pragmática, la sociolingüística, la lingüística textual, el análisis del discurso, etcétera.

No obstante, ambas concepciones filosóficas pueden ser compatibles. Comprender una palabra no es sólo un proceso mental consistente en la captación de su significado o conocer su estructura; consiste, también, en saber cómo usarla. Podríamos concluir que el significado consta de dos ingredientes: uno, interno (mente), y otro, externo (lo que aporta el entorno, la historia, la sociedad). Siguiendo este razonamiento, es obvio que ninguna lengua puede eludir ser la expresión del modo de vida de la comunidad que la utiliza, y de ahí la importancia contrastiva entre las características culturales de la comunidad o comunidades donde se ha socializado el aprendiz y se ha producido su aprendizaje, y las de la lengua meta.

Por su parte, la lingüística cognitiva[2], una disciplina muy reciente, asume como premisa fundamental la interconexión entre las tres partes de la experiencia humana: lenguaje, mente y mundo; y entre sus postulados básicos destacan: el estudio del lenguaje no puede separarse de su función cognitiva y comunicativa, lo cual impone un enfoque basado en el uso; la categorización es un proceso mental de organización del pensamiento; la función primera del lenguaje es significar, y de ello se deduce que no es correcto separar el componente gramatical del semántico; y, por último, se impone una caracterización dinámica del lenguaje que difumina las fronteras entre diferentes niveles lingüísticos (semántica/pragmática, semántica/gramática, gramática/léxico) y muestra las dificultades e inadecuaciones que resultan de la aplicación rígida de ciertas dicotomías (competencia/actuación, denotación/connotación, etcétera).

A partir de estos principios se concluye que la lingüística cognitiva es un modelo funcional, basado en el uso. Asimismo, como señala Langacker (1987, 1991), el léxico, la morfología y la sintaxis se conciben como un continuo de aspectos interrelacionados y no como componentes separados, o lo que es igual, la forma nunca se entiende como totalmente independiente del significado y de la función. De ahí que la enseñanza-aprendizaje del vocabulario ha de integrar actividades relacionadas con la estructura de las palabras (lexicogénesis), con las relaciones paradigmáticas (jerarquización, sinonimia, etc.), con las relaciones sintagmáticas (colocaciones, expresiones, frases léxicas, -*chunks*-) y con el valor discursivo que implica el contenido que se comunica.

En segundo lugar, comentamos algunos principios psicológicos sobre la naturaleza del aprendizaje lingüístico. Si nos preguntamos qué se entiende por competencia léxica[3] y cómo está

---

[2] Una información básica sobre los principios y postulados fundamentales de esta disciplia, las líneas de investigación, así como el presente y el futuro de la misma, se encuentra en Cuenca y Hilferty (2000).

[3] *El Marco común europeo de referencia* (Consejo de Europa, 2001: 126) define la competencia léxica como el conocimiento del vocabulario de una lengua y la capacidad para utilizarlo. Más adelante (2001: 131) señala que la competencia semántica comprende la conciencia y el control de la organización del significado que posee el alumno.

organizada, encontramos varias respuestas; para Lahuerta y Pujol (1996: 121) *la capacidad para relacionar formas con significados y utilizarlas adecuadamente se denomina competencia léxica, y al lugar donde reside el conocimiento de esa competencia se le denomina lexicón mental*[4], y para Luque Durán (1998: 124-125), el lexicón es una realidad mental paralela a otra realidad física que conocemos como mundo, y distingue en el lexicón dos componentes: unidades (elementos que han cristalizado como realidades peculiares, únicas y discretas) y redes (todas las relaciones que mantienen entre sí las unidades: sustitución, oposición, parecido, redes semánticas, semiotización, etc.). Estas definiciones nos permiten retomar el concepto de *categorización*; recordemos que se trata de un mecanismo de organización de la información obtenida a partir de la aprehensión de la realidad; es decir, es un proceso mental de clasificación cuyo producto son las categorías cognitivas, conceptos mentales almacenados en nuestro cerebro, que constituyen lo que se denomina lexicón mental. Los estudios psicolingüísticos han demostrado que los conceptos prototípicos captados a distancia media son captaciones universales congruentes con nuestra psicología y biología. Rosch y sus colaboradores (1978) propusieron tres niveles de categorización: el nivel superordinado (animal), el básico (perro) y el subordinado (galgo). Pero de acuerdo con su teoría, los tres niveles no son equiparables, puesto que el básico es el más importante cognitivamente, el más rico y eficiente de los tres[5]; además:

- perceptivamente, los elementos del nivel básico son los que se identifican de manera más rápida ya que están asociados a una imagen mental simple y global;
- comunicativamente, suelen corresponder a palabras más cortas, son los más frecuentes en el uso, constituyen el punto de referencia en contextos neutros y, además, se identifican con las primeras palabras que entienden y utilizan los niños; y
- desde el punto de vista de la organización del conocimiento, es el nivel más informativo, por cuanto a un esfuerzo cognitivo mínimo se corresponde una cantidad de información muy elevada, ya que la mayor parte de atributos de la categoría se memorizan en ese nivel.

Todo signo se configura a una determinada *altura* o *distancia* sobre los dominios ontológicos, es decir, sobre los conjuntos de realidades, hecho que determina su mayor o menor extensión o intensión semántica. Resulta interesante comprobar que la mayoría de las lenguas conceptualizan la realidad en categorías organizadas jerárquicamente en diferentes niveles de abstracción, de tal forma que una subcategoría de un nivel determinado siempre pertenece a la categoría del siguiente nivel superior (hipónimo) y todas las categorías de un mismo nivel son

[4] Otros autores definen el lexicón mental como el conjunto de unidades léxicas que un hablante es capaz de conocer y/o de utilizar en mensajes orales y escritos; así, Katamba (1994) lo define como el diccionario que posee el hablante en su mente.

[5] También Luque Durán (1998: 127), desde la tipología léxica, señala que el eje de categorización son las palabras lexicalizadas a una distancia media y argumenta que este nivel básico de categorización se caracteriza por una serie de hechos, tales como:

- es el nivel más alto en el que una simple imagen mental puede reflejar la categoría entera;
- es el nivel más inclusivo en el cual las categorías pueden ser espejo de la estructura de los atributos percibidos en el mundo;
- es el nivel al que en el curso de la historia de la lengua entran por primera vez las palabras;
- es el nivel en el que se organiza la mayor parte de nuestro conocimiento;
- es el nivel que tiene los lexemas primarios más cortos; y
- es el nivel en el que los términos se usan en contextos neutros.

excluyentes (cohipónimos). Esta jerarquización es de trascendental importancia para la captación taxonómica y ordenada del mundo. Así pues, el lexicón se estructura como un mapa que sirve a los hablantes para ordenar e integrar clasificatoriamente el universo. El estudio interlingüístico de los lexicones permite apreciar que en la lexicalización de los eventos intervienen decisivamente, ya sea por inclusión o por su exclusión, elementos directamente ligados a los eventos, como son los participantes -agentes, pacientes, etc.- y los circunstantes -instrumentos, modos, etcétera-.

Varias investigaciones demuestran que el lexicón mental está altamente organizado, pero descubrir el mapa detallado de dicho almacenamiento es tarea compleja. La teoría de la red (Aitchison, 1987: 72-85) supone que el lexicón mental es como un complejo gráfico cuyos nódulos son unidades léxicas conectadas las unas con las otras. Los trabajos iniciales sugerían que las conexiones de la red se establecían a base de hábitos (*pluma/lápiz*; *sobre/sello*; *luna/estrellas*), pero los experimentos asociativos hechos con posterioridad nos han mostrado interesantes conclusiones, entre ellas, los tipos de relaciones básicas que la gente suele aplicar entre las palabras: coordinación (*cuchara-cuchillo-tenedor*), combinaciones sintagmáticas (*pez gordo*; *azul turquesa/marino/eléctrico*; *carta personal/ certificada/urgente/de negocios*), relaciones jerárquicas (*infusión-té*) y que casi siempre selecciona la pareja si la palabra estímulo es elemento de un par o tiene opuestos evidentes (sinónimos, antónimos, complementarios). De ahí que Gairns y Redman (1986: 87) señalen, a partir de los resultados de varias investigaciones, que no organizamos las palabras en la memoria como hace un diccionario -orden alfabético- sino en redes asociativas; nuestro diccionario mental organiza las palabras según nociones y subnociones.

Esta imagen del lexicón mental como una red es la más aceptada y las características más importantes son:

- la red se basa en un sistema asociativo, aunque las asociaciones que se establecen son diferentes según autores: fonéticas, gráficas, semánticas, enciclopédicas, categoriales, situacionales, etcétera;
- la red es un sistema fluido y dinámico; está en constante modificación, motivada por las nuevas informaciones que entran y que pueden modificar la información existente o establecer relaciones distintas;
- la cantidad de asociaciones de cada palabra es variable; no todas las palabras ofrecen las mismas posibilidades;
- unas asociaciones están fijadas por convenciones lingüísticas (campos semánticos, morfosemánticos, temáticos, léxicos), y otras son personales.

Por otra parte, para el modelo teórico generativista (Chomsky, 1995), el lexicón mental aparece dotado de una estructura interna compleja, capaz de regir una amplia variedad de fenómenos[6]. El lexicón es un conjunto de elementos léxicos que constituyen las unidades atómicas de la sintaxis; es decir, el lexicón está constituido por elementos sustantivos o formantes, que metafóricamente podríamos denominar el almacén o diccionario del léxico; por elementos relacionales o reglas que, probablemente, actúan de manera semejante al sistema computacional de la sintaxis; y, posiblemente, por principios abstractos que rigen la forma y funcionamiento de esas reglas; así:

---

[6] En Baralo (1997) puede ampliarse la información sobre la estructura del componente léxico en el marco generativista.

[[in [[explica]verb ble]adj]adj mente]adv
* [[in [explica]verb mente]adv

Es decir, para producir un adverbio en -mente, la forma anterior ha de ser un adjetivo; en otras palabras, el código de acceso es el lexema o morfo irreductible y el papel del procesador en el lexicón es mediar entre dos dominios distintos, el representacional y el computacional. Y uno de sus postulados asume que la formación de palabras tiene lugar enteramente en el lexicón.

Este modelo concluye, después de varios trabajos experimentales, que entre la similitud semántica y fonética entre pares de palabras seleccionadas, la conexión semántica es la más importante (más de un 50% en los adultos), mientras que la asociación fonética o analogía (más frecuente en los niños) sólo obtuvo el 30%. Además de la similitud semántica y fonética intervienen otras variables: mayor transparencia en la relación morfológica, similitud ortográfica, conocimiento de la etimología, productividad del afijo o prefijo añadidos, etc. Por otra parte, puede suponerse que el almacenamiento y la organización del lexicón está sujeta a principios universales que garantizan una serie de habilidades comunes a todos los hablantes, nativos y no nativos; y si bien los niños en su lengua materna y los que aprenden L2 realizan asociaciones sonoras, función que se da en niveles de poco dominio de una lengua, el procesamiento del léxico de L2 y LE y la recuperación de unidades léxicas depende más de señales y conexiones semánticamente motivadas, esto es, apropiadas al contexto y bien formadas en la mayoría de los casos.

Otra aportación más a la fundamentación teórica que estamos presentando es la de Marconi (2000: 79-99), quien, al estudiar la estructura de la competencia léxica, muestra que existen dos aspectos básicos, relacionados con la división del trabajo lingüístico:

- el referencial, pertinente para la aplicación de las palabras al mundo real: nombrar, designar, contestar preguntas, reconocer objetos y acciones; por ejemplo: cuchara -describirla, explicar su uso, reconocer dibujos, dónde se compra, de qué material está hecha, etc.-. Esta información básica está relacionada con el significado prototípico, compartido en varias lenguas, pero que también puede presentar ciertas dificultades porque no todas las lenguas perciben el mundo de la misma forma; y
- el inferencial, que es la capacidad de habérselas con una red de conexiones entre palabras, inferencias semánticas, paráfrasis, definiciones, sinónimos, etc. Consiste en el conocimiento de proposiciones verdaderas en las que se usa una determinada palabra. La capacidad de extraer inferencias semánticas es esencial para la competencia léxica. Y podemos enriquecer nuestra competencia inferencial reflexionando sobre cómo aprendemos una palabra.

Algunos opinan que las funciones referenciales (aplicar, nombrar, etc.) pueden no ser destrezas lingüísticas y están disociadas de las inferenciales (definir, parafrasear, etc.). Por otra parte, es obvio que la distinción entre los dos aspectos de la competencia léxico-semántica, inferencial y referencial, no es pertinente para todas las palabras del léxico de una lengua natural (*cuchara versus improbable*, *delicadeza*). Sin embargo, es evidente que las dos caras de la competencia léxica, la inferencial y la referencial, se apoyan principalmente en diferentes tipos de información, y que algunos segmentos del sistema semántico desempeñan papeles diferentes en diferentes procesos cognitivos.

Por último, consideramos conveniente presentar unas aclaraciones conceptuales, puesto que el auge espectacular que han experimentado los estudios de lingüística aplicada sobre enseñanza-aprendizaje del léxico (L1, L2, LE) en las dos últimas décadas, si bien es fruto del incremento de la atención al léxico en la enseñanza de lenguas, también ha supuesto cierta confusión terminológica.

Sin ánimo de iniciar polémicas, asumimos que léxico y vocabulario son dos términos estrechamente relacionados entre sí, pero diferentes. Entendemos por léxico del español el conjunto de unidades léxicas simples y complejas, idiosincrásicas, que suponen la entrada (*input*) de toda ampliación de la competencia comunicativa. (*cfr.* S. Pinker, 1984)[7]. Utilizamos vocabulario como el conjunto de unidades léxicas que el hablante actualiza en el discurso -producción y comprensión-[8]; y consideramos la unidad léxica (*lexical item*)[9] como la unidad de significado en el lexicón mental, que sirve como elemento vehiculador de la cultura del español y puede estar formada por una o más palabras (*cabeza, paraguas, dinero negro, a la chita callando, tomar el pelo, no hay más cera que la que arde*, etc.). Como puede observarse, se mantiene una relación de inclusión entre estos conceptos: unidad léxica → vocabulario → léxico.

Empleamos el término *unidad léxica* porque, de acuerdo con varios autores (Lewis, 1993: 90; Bogaards, 2001: 326-327), aceptamos que la dicotomía gramática-vocabulario no es válida y, además, las unidades léxicas son unidades mínimas para ciertos propósitos sintácticos, combinatorios, semánticos y pragmáticos; por ello se convierten en uno de los aspectos más complejos y relevantes del análisis lingüístico. Como el lenguaje es un fenómeno social, definido de forma más social que individual, los ítems léxicos son unidades independientes sancionadas socialmente. Gracias al papel economizador en la producción del habla, se reconoce de forma creciente la importancia del repertorio de unidades léxicas.

2. Planteamiento metodológico

A lo largo del siglo XX diferentes métodos han ido desarrollando nuevas técnicas para conseguir un mejor aprendizaje del léxico[10], y ahora se acepta, con cierta unanimidad, que las actividades dirigidas al aprendizaje y uso apropiado del vocabulario han de ocupar un papel central en cualquier plan de estudios o programa de lenguas (*cfr.* Carter y McCarthy, 1988; Lewis, 1993, 1997; Coady y Huckin, 1997).

Nuestro objetivo es conseguir el tratamiento sistemático del léxico en el aula de español como L2-LE, lo cual implica ciertos cambios en la intervención pedagógica que afectan tanto al contenido como a la metodología. En nuestra opinión, el profesor no ha de preocuparse porque aparezca el mayor número de unidades léxicas posibles y que el alumno reciba información sobre todas ellas, sino:

---

[7] Para Justicia (1995: 16), *el léxico hace referencia al sistema de palabras que componen una lengua, mientras que cuando esas unidades virtuales de la lengua se actualizan en el discurso del hablante reciben el nombre de vocablos y el conjunto de los mismos lo llamamos vocabulario.*

[8] Algunos autores distinguen: vocabulario (equivalente al vocabulario activo o productivo, conjunto de términos que un individuo emplea como hablante), léxico individual (vocabulario activo + vocabulario receptivo, es decir, el vocabulario conocido pero no utilizado), y léxico de la lengua (formado por el léxico total de dicha lengua).

[9] Para Bogaards (2001: 323-328) la unidad léxica *(lexical unit)* es la unión de una forma léxica -una palabra como mínimo- y un solo sentido.

[10] Galisson (1991: 6-12), a través del símil idiomático *periodo de vacas gordas (les vaches grasses)* y *periodo de vacas flacas (les vaches maigres)* ofrece una visión interesante sobre el tratamiento del léxico del francés desde los métodos tradicionales hasta el establecimiento del nivel umbral.

Para obtener más información sobre el tratamiento del léxico en los diferentes métodos, puede consultarse Zimmerman (1997: 5-16) y referida a los manuales de ELE, Cervero y Pichardo (2000: 12-21).

- que el aprendizaje siga las pautas y modelos adecuados a los procesos asociados con el uso del lenguaje -comprensión, uso y retención-;
- que la enseñanza esté centrada en el alumno, respete sus modos de aprendizaje y atienda a sus necesidades;
- que el aprendizaje sea significativo -procesamiento del *input*, relación con el vocabulario conocido-, y
- que el alumno aprenda a enfrentarse al vocabulario de forma autónoma gracias a las estrategias desarrolladas en el aula sobre un número limitado de unidades.

Asumiendo que aprender léxico es una actividad que no acaba nunca, que no se puede enseñar en su totalidad y que no existe método alguno que sirva para todas las situaciones de enseñanza-aprendizaje de la segunda lengua o lengua extranjera, así como que varias técnicas para lograr un mismo objetivo pueden ser igualmente válidas, lo que ofrecemos a continuación son una serie de principios y orientaciones focalizados sobre ese tratamiento especial que propugnamos para el desarrollo de la competencia léxico-semántica.

Veamos, en primer lugar, qué supone conocer una unidad léxica. Varios autores (Gairns y Redman, 1986; Carter, 1988; McCarthy, 1990; Nation, 1990; e Higueras, 1996, entre otros) señalan que conocer una palabra implica poseer una gran cantidad de información sobre ella: saber su denotación, tener suficiente información gramatical y funcional (estructura, categoría, propiedades, frecuencia de uso), reconocerla en su forma oral (pronunciación) y escrita (ortografía), conocer cómo se relaciona con otras que podrían haber aparecido en su lugar (relaciones paradigmáticas), cómo se combina con otras (relaciones sintagmáticas), conocer sus registros y utilizarla de forma apropiada según la situación comunicativa, saber la información cultural que transmite y sus usos metafóricos, también si pertenece a alguna unidad fraseológica, recordarla y recurrir a ella cuando se necesite, etcétera.

Es obvio que el dominio de una unidad léxica será mayor cuantos más aspectos se conozcan sobre ella, pero no podemos proporcionar toda esa información cada vez que aparece una palabra; lo que pretendemos es ofrecer progresivamente todo ese contenido conceptual de manera que el alumno vaya almacenando el vocabulario a través de significados y relaciones. Así pues, el aprendizaje de una unidad léxica pasa por diferentes estadios: comprensión o interpretación (por cualquiera de los procedimientos *top-down* o *bottom-up*), utilización, retención (memoria a corto plazo) y fijación (memoria a largo plazo, reutilización).

En segundo lugar, nos interesa conocer algunos principios que potencien la introducción sistemática del léxico nuevo y que faciliten el procesamiento verbal que aplican los aprendices. La adquisición del significado de las palabras de la LE es un proceso constructivo que se consolida con el tiempo, la experiencia y la ayuda del contexto, sin olvidar que respecto a los tipos de codificación, la organización semántica es más eficaz que la fundada sobre categorías gramaticales o alfabéticamente.

Ante una unidad léxica nueva se puede ir del significado a la forma o de la forma al significado. En esta última dirección existen varios medios de transmisión del significado: por mostración o dibujos[11] (objetos, gestos, fotografías, acciones, etc.) y por mostración verbal (definición o paráfrasis, contextualizar la palabra por medio de frases o por medio de situaciones, traducción a otro lenguaje, etc.). Nation (1990) presenta diferentes tipos de definición:

---

[11] Los estímulos visuales, junto a la gestualidad, son los más adecuados en niveles iniciales.

- definición por el método directo o mostración (dibujos, acciones, objetos);
- definición analítica o por abstracción: se analizan los rasgos básicos, ideas principales que contiene la palabra, ideas que residen en la mente de los hablantes nativos (palabras contextualizadas, mostrando la posición típica de la palabra en la frase);
- definición contextual: se requiere un esfuerzo del alumno para hallar el significado. Éste se extrae a partir de ejemplos o a partir de situaciones comunicativas (orales o escritas); así: *Las ciudades tienen calles / Cada calle tiene un nombre / En la calle encontramos tiendas, bares, bancos, etc./ Yo vivo en la calle de Colón / Las personas pueden pasearse por la calle,* / etcétera.
- definición por traducción: sólo si los conceptos en la lengua materna y la LE son los mismos; se gana tiempo; no es un método eficaz para potenciar la retención de la palabra. Algunos autores, como Gairns y Redman, lo desaconsejan. Puede resultar válida para las palabras de baja frecuencia.

Nation señala que es conveniente dar definiciones verbales y no verbales, así como variar las situaciones con el fin de asegurarnos de que el concepto está comprendido, y recomienda la combinación de la analítica con la contextual, la contextual seguida de la analítica; la mostración seguida de la contextual o analítica; la contextual seguida de la traducción.

Por otra parte, es evidente que el vocabulario de la lengua materna puede influir en los significados de la lengua extranjera; el alumno clasifica los significados primeramente según su lengua materna y se opera un movimiento de significados que puede dar lugar a las interferencias[12]. Desde la óptica del desarrollo de la interlengua, es muy útil que los alumnos de los niveles inicial e intermedio elaboren su propio diccionario de vocabulario, cuya organización pueden decidir ellos mismos[13]; esta técnica facilita la evocación de las unidades léxicas aprendidas y almacenadas en el lexicón mental. El propósito del cuaderno de vocabulario es facilitar el aprendizaje personalizado puesto que las estrategias de memorización y de organización pueden ser distintas.

Considerando que el aprendizaje del vocabulario es acumulativo y dinámico, el número limitado de unidades léxicas que se van trabajando en clase permitirá al aprendiz un mejor dominio léxico (comprensión, uso y retención)[14]. Pero otra cuestión importante, aunque con resultados diferentes según investigaciones, es el número de exposiciones necesarias para que la nueva unidad léxica se incorpore a la competencia comunicativa del aprendiz, es decir, la repetición.

---

[12] Los vocablos se pueden fosilizar si el alumno no avanza y no realiza ese movimiento progresivo y enriquecedor de los rasgos del significado. El profesor ha de tener en cuenta las dos dificultades más frecuentes:
- los falsos amigos; para muchos aprendices constituyen una de las fuentes de dificultad. Por ejemplo, alumnos franceses: entender *(comprendre)* / oír *(entendre)*; restar *(soustraire)* / quedarse (rester); *poser une question* (poner una pregunta / hacer una pregunta); alumnos portugueses: *taller / talher* (español: lugar de trabajo manual; portugués: conjunto de tenedor, cuchillo y cuchara);
- los cognados son palabras de una lengua que tienen relación etimológica con la de otra, siendo que ambas están relacionadas históricamente en cuanto a origen y significado; así, *fenum* (latín) → *heno* (español), *feno* (portugués).

[13] Existen diferentes modos de organización del cuaderno de vocabulario: mapas mentales, palabras estímulo, cajas, etc. Lewis (1993: 124-127; 1997: 75-85) muestra algunas de estas posibilidades.

[14] Según Gairns y Redman (1986) hemos de procurar no trabajar demasiadas unidades léxicas en la misma clase, entre ocho y doce. Pero es necesario tener presente, como señala Nation (1990), que el esfuerzo requerido para el aprendizaje de una nueva unidad léxica depende de varios factores, entre ellos, la lengua materna del estudiante y su experiencia previa en la LE, las estrategias de aprendizaje que permita dicha palabra así como la dificultad intrínseca de la unidad léxica.

Evidentemente, esta cifra variará en función de la capacidad memorística del alumno, de su motivación, del grado de dificultad, de la contextualización, etc., pero el profesor ha de tener previstas las repeticiones de las unidades léxicas planificadas. Si bien no todas las categorías gramaticales requieren el mismo número de exposiciones (los nombres y adjetivos requieren menos que los verbos y adverbios), diversos trabajos muestran que entre seis y diez exposiciones son suficientes, así como que las repeticiones distribuidas en el tiempo (reutilización) favorecen la consolidación frente a las realizadas en una sola clase, lección, unidad didáctica o tarea[15].

En tercer lugar, y dado que nuestro propósito es informar para que el lector pueda adoptar en el aula de ELE las técnicas de aprendizaje más idóneas, presentamos cinco planteamientos metodológicos que, desde diferentes perspectivas, permitirán utilizar diversas estrategias de enseñanza-aprendizaje del vocabulario[16].

Desde la psicología del aprendizaje, Buzan (1974) desarrolla un mapa mental (*mindmapping*) como una forma diferente de pensar y de registrar la información en asociogramas. Este mapa está fundamentado en el aprendizaje significativo[17]; el asociograma permite registrar y organizar mayor cantidad de información al utilizar los dos hemisferios cerebrales, pues el hemisferio izquierdo facilita la codificación y descodificación del habla y el hemisferio derecho procesa la información, establece asociaciones y desarrolla la creatividad.

El profesor puede utilizar este mapa conceptual como presentación de la información léxica que va a trabajar en las primeras unidades didácticas, presentación que posibilita a los alumnos una memorización visual y les ofrece una visión de conjunto, y al profesor le permite la planificación y secuenciación de las unidades léxicas. Una vez conocida la técnica, debe ya realizarlo el alumno de forma individual o en grupo, puesto que supone un proceso de elaboración, clasificación y organización de la información léxica que va recibiendo. Entre otros aspectos, la elaboración de asociogramas exige un esfuerzo intelectual, promueve la responsabilidad y estimula la creatividad. También puede utilizarse en la evaluación para comprobar la conceptualización, así como la valoración del conocimiento adquirido.

Como registrar en mapas conceptuales entrena la memoria, pues la visualización ayuda a retener mejor la información léxica, y el mapa muestra el funcionamiento del aprendizaje significativo, consideramos que se trata de una técnica muy útil en los niveles inicial e intermedio y que, además, facilita el aprendizaje autónomo, necesario para el enriquecimiento léxico posterior.

Otro planteamiento que concede una atención prioritaria al componente léxico es el enfoque natural de Krashen y Terrell (1983). En este enfoque destaca la hipótesis del *input* o caudal

[15] En cuanto a la frecuencia e intervalos de las revisiones se aconseja un aprendizaje distribuido en el tiempo, ya que es más eficaz que un aprendizaje concentrado, es decir, varias repeticiones realizadas en una sola unidad didáctica o tarea. Así, podemos:

- hacer revisiones sobre unidades léxicas ya conocidas a partir de una palabra estímulo o nuclear, en relación a un tópico, a una subárea temática, a una situación comunicativa, etcétera;
- practicar de forma regular actividades de precalentamiento al principio de una unidad para recordar el vocabulario de la anterior y revisiones rápidas del vocabulario uno o dos días después de haber presentado el *input*. Esto ayuda a reforzar la memoria;
- usar tests semanales y/o mensuales.

[16] Oxford (1990) presenta una clasificación muy interesante de las diferentes estrategias que facilitan el aprendizaje del vocabulario.

[17] En el capítulo "Los contenidos léxicos" presentaremos, como ejemplos, los mapas mentales de 'Comidas y bebidas' y 'Tiempo libre'.

lingüístico, según la cual hay adquisición cuando lo que se oye resulta comprensible; así: *cuanto más vocabulario, habrá mejor comprensión, y con mejor comprensión, habrá más adquisición* (1983: 55). La meta es adquirir la habilidad de comunicarse; por ello hay que proporcionar bastante vocabulario al estudiante. Sin embargo, no podemos olvidar dos premisas básicas: de un lado, el *input*, aunque necesario no es suficiente[18] y, de otro, que el aprendizaje sigue un determinado ritmo y demasiado *input* puede confundir.

Los elementos clave del enfoque natural son el énfasis en la comprensión auditiva, la importancia del vocabulario en todos los niveles, particularmente principiantes, disminuir el énfasis en la corrección estructural, y todo ello centrado en el significado del lenguaje. Considerando que las primeras etapas de la adquisición de una LE están basadas en el reconocimiento del vocabulario, Krashen y Terrell hacen una relación de tópicos y situaciones que serían los más útiles, especificando para cada tópico y situación las funciones que los estudiantes deben adquirir.

La tercera aportación procede de la lexicometría, y es de gran trascendencia, pues corrobora la idea de incorporar el léxico como un componente esencial en los programas de aprendizaje de lenguas extranjeras. Galisson (1991) señala que el aprendiz debe poseer tres tipos de conocimiento sobre el léxico de una lengua extranjera: coocurrentes (*coocurrents*), que muestran las relaciones sintagmáticas[19]; correlatos (*corrélés*), palabras de la misma categoría gramatical y que podrían intercambiarse con ésta, es decir, establecen sus relaciones en el eje paradigmático[20]; y colaterales (*collatéraux*), términos de la misma familia que la palabra en cuestión, graduando todos estos conocimientos según niveles de aprendizaje. Además, todas las palabras tienen una carga cultural[21], aunque unas más que otras, y el profesor ha de procurar hacer explícitos los implícitos culturales. Asimismo, dado que el aprendizaje del vocabulario es fruto del trabajo del alumno, aconseja la elaboración de diccionarios personalizados.

Otro planteamiento que ha supuesto cierto revulsivo para muchos profesores es el enfoque léxico, desarrollado por Lewis (1993, 1997). Este enfoque se basa en que el lenguaje consiste en segmentos prefabricados de multipalabras, que combinadas producen textos continuos y coherentes. Entre sus orientaciones metodológicas destacan: un énfasis temprano en las destrezas receptivas, especialmente la comprensión auditiva; la reformulación debe ser la respuesta natural al error; la presentación de ciertos tipos de contraste es esencial para el establecimiento de ciertos tipos de significado, mutuamente inteligibles (ropa seca / ropa húmeda; vino seco / vino dulce; carne seca / carne jugosa); y la segmentación (*pedagogical chunking*) será una actividad frecuente en clase, pues, entre otras ventajas, promueve la organización sintagmática u horizontal y ayuda a lograr fluidez verbal mediante la combinación de segmentos.

---

18 Para que el *input* llegue a ser procesado, la comprensión es necesaria, pero no suficiente; se requieren, al menos, otros tres factores: la actitud, la motivación y la autenticidad del material.

19 Pueden ser inmediatos cuando son palabras contiguas (billete de primera clase / billete de ida y vuelta / comprar el billete) y mediatos cuando aparecen en el entorno de esa palabra (revisor / barato / ventanilla). Ejemplos: el billete de ida y vuelta es más barato // mi amigo entregó el billete al revisor.

20 A partir del definidor genérico se trata de descubrir los definidores específicos (medio de transporte: terrestre/aéreo/acuático, autobús/autocar, tren/metro, tren de cercanías/tren de largo recorrido, etcétera).

21 Para Galisson todas las palabras tienen una carga cultural, aunque unas más que otras; por ello, el papel del profesor de ELE es hacer visibles los implícitos culturales. Ha acuñado el término *carga cultural compartida*, que prefiere a *connotación* para designar los valores añadidos a los significados ordinarios; esto es, valores complementarios al primer significado de la palabra; así: paella - Valencia; gazpacho - Andalucía; cocido - Madrid; etc.; fechas importantes y costumbres que evocan: Navidad -belén, árbol, turrón, polvorones, etc.-; cumpleaños -tarta, velas, regalos, felicitar, etcétera-.

Asimismo, propone una actitud fundamentalmente diferente hacia el tratamiento del texto: primero, reconocer la importancia del co-texto; segundo, dedicar la atención a los segmentos -*chunks*- de que el texto está compuesto; los estudiantes pueden extraer los ítems léxicos[22] para su estudio, expansión, modificación y recordar los formatos apropiados. Defiende:

- que a todos los estudiantes de niveles bajos se les dé un amplio vocabulario, incluso si inicialmente son incapaces de gramaticalizarlo;
- que como los ítems léxicos son útiles pragmáticamente, las expresiones institucionalizadas serán un componente significativo de todos los cursos;
- que se mantenga un equilibrio entre palabras que conllevan considerable significado y otros modelos con bajo significado de contenido,
- una metodología basada en tareas y destrezas más que en criterios lingüísticos.

Uno de los ítems léxicos que potencia Lewis (1993: 25) son las colocaciones, las cuales, aunque tienen un importante papel en la creación de significado, son lingüísticas, no temáticas, puesto que tratan de las palabras que co-ocurren, no de las ideas o conceptos. Las colocaciones proveen de un principio organizativo muy poderoso para la enseñanza de lenguas y para favorecer el recuerdo eficiente de nuevos ítems; por ello, debemos animar a los estudiantes a recordar frases enteras en su diccionario.

La última y quinta aportación metodológica es la elaborada por el autor que suscribe. El planteamiento inicial (Gómez Molina, 1997) ha sido actualizado y queda justificado desde una doble perspectiva. Epistemológicamente, está relacionado con la lingüística, pues hace referencia a la estructura del sistema léxico, a la formación de palabras, a las tipologías léxicas, etc.; con la lexicología, dado que su objeto de estudio son las unidades léxicas y utiliza procedimientos léxico-estadísticos; con la etnolingüística, pues no olvida la dimensión cultural que encierra nuestro léxico, en especial, las unidades fraseológicas; con la sociolingüística como reflejo de las variables sociales, estudios de disponibilidad léxica, adecuación a la situación comunicativa, etc.; con la psicolingüística, ya que toma en consideración el desarrollo de la interlengua; con la lingüística cognitiva, pues trabaja las categorizaciones, resalta la importancia de los procesos cognitivos así como las estrategias de almacenamiento y recuperación del vocabulario, etc.; y con la lingüística aplicada, pues se trata de la enseñanza-aprendizaje del componente léxico del ELE. Es decir, no existe dicotomía gramática-léxico y contempla los aspectos formales, funcionales y semántico-discursivos del léxico español.

Y metodológicamente integra dos planos: uno, referido a los destinatarios, y otro, relacionado con la actuación del profesor en el aula. En cuanto al aprendizaje de los discentes:

- la estructuración del léxico como sistema lingüístico ha de trabajarse en todos los niveles, pero en los iniciales interesa más el desarrollo de la semántica cognitiva (categorización, relaciones asociativas, etc.) y el uso;

[22] Los ítems léxicos son tanto palabras como multipalabras. Los segmentos son de diferentes clases y se han clasificado diferentes tipos (1997: 7): palabras (aula, pimienta); multipalabras (de un lado/de otro; por una parte/por otra; antes de ayer, pasado mañana, de alguna forma, etc.); colocaciones (cometer una falta, llover torrencialmente, oportunidad de oro, etc.); expresiones fijas, que las hay de diversos tipos: fórmulas sociales o rutinas (buenos días, felicidades, etc.), frases de cortesía (por favor, muchas gracias, etc.), frases hechas (le importaría…; puede decirmé cómo ir a…; …), *idioms* (estás haciendo una montaña de un grano de arena), etcétera.

- es importante tener en cuenta para qué están aprendiendo español, pero asumimos que hay un vocabulario básico que todos los estudiantes han de aprender, similar al del hablante medio nativo;
- es necesario el desarrollo de diversas estrategias de aprendizaje pues, aunque en varios momentos aplique las estrategias utilizadas en su lengua materna, pronto irá descubriendo otras nuevas que le posibilitan, incluso, el aprendizaje autónomo; y
- el alumno ha de elaborar su propio diccionario[23], cuyo propósito es un aprendizaje personalizado que ayude a la retención y evocación.

En cuanto a la actuación del docente en el aula, ponemos especial énfasis en el tratamiento del léxico como objetivo específico del programa de ELE, pues estamos convencidos de la utilidad (y necesidad) que representa trabajar de forma sistemática la enseñanza-aprendizaje del vocabulario. Junto a la planificación léxica -selección y gradación-, hay que diseñar actividades exclusivas que faciliten tanto la comprensión, retención y utilización de las unidades léxicas como desarrollar estrategias -de aprendizaje y de comunicación- que permitan al alumno incrementar su vocabulario. En síntesis, este planteamiento puede aplicarse con cualquiera de los enfoques comunicativos, actuando como complemento del manual utilizado, y favorece la iniciativa del alumno ante cualquier texto al fomentar el aprendizaje autónomo y ampliar su propio diccionario.

El modelo didáctico diseñado se focaliza sobre la palabra nucelar del texto y queda desarrollado en la siguiente figura:

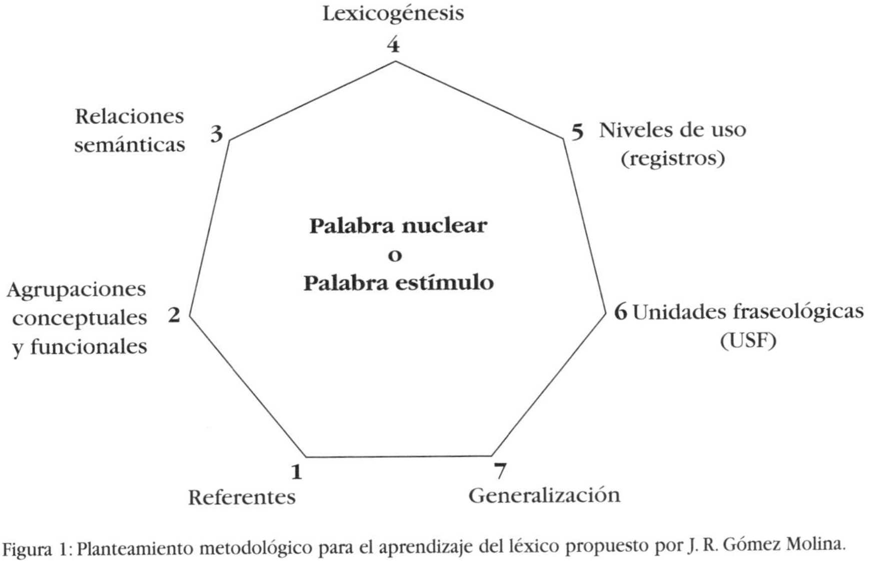

Figura 1: Planteamiento metodológico para el aprendizaje del léxico propuesto por J. R. Gómez Molina.

23 Es necesario enfatizar la importancia del cuaderno de vocabulario en el que pueden anotar múltiples ejemplos de uso. Una buena estrategia es que no hagan columnas o listas de vocabulario, sino mapas mentales, redes léxico-semánticas a partir de una unidad léxica, cajas de combinaciones incorporando colocaciones, etcétera.

Entre los *realia* de diferente tipología (anuncios, noticias, cartas, relatos, fragmentos literarios, entrevistas, diálogos, etc.) que se manipulan en el aula, una vez reconocida la palabra nuclear (o palabras nucleares) del texto, la(s) aprovechamos para considerarla(s) palabra(s) estímulo y desarrollar el aprendizaje. Si bien no todas las palabras clave permiten el desarrollo completo del heptágono, lo importante es procurar el diseño de las tareas más idóneas según las posibilidades que ofrezca la unidad léxica objeto de estudio y aprovechar otras unidades léxicas que hayan aparecido en el texto, y cuyo uso sea frecuente o eficaz, para cerrar la figura[24], con objeto de desarrollar las diferentes destrezas lingüísticas de forma integrada y practicar las operaciones de descubrimiento, categorización, sistematización y conceptualización.

El buen aprendizaje exige que el alumno, junto a la información que va obteniendo sobre las unidades léxicas, se entrene progresivamente en el manejo de diferentes tipos de diccionarios (bilingües, monolingües, sinónimos/antónimos, fraseológicos, etc.). Por su parte, el profesor de ELE, dada la complejidad que ofrece el léxico en su interacción y conociendo las estrategias individuales que el alumno ejercita para el aprendizaje del vocabulario, no ha de olvidar que un objetivo esencial es el adiestramiento en el uso; por ello, debe preparar tareas orientadas al conocimiento -ejercicios controlados, explicación de reglas, procesamiento lingüístico, etc.- y tareas orientadas a la habilidad -práctica interactiva de los aprendices y producción de textos escritos-.

A continuación ofrecemos una justificación metodológica[25] sobre cada uno de los vértices del esquema:

1) Referentes. Se trata de recordar, a partir del significado contextual de la(s) palabra(s) nuclear(es) del texto, todas las unidades léxicas posibles relacionadas con ella(s) mediante una lluvia de ideas y comprobar la comprensión de las unidades generadas, utilizándolas en frases e indicando situaciones comunicativas en que las usarían. También puede hacerse hincapié en la observación de aquellas combinaciones sintagmáticas y expresiones de uso frecuente que han aparecido en el texto. El profesor, mediante preguntas relacionadas con las unidades léxicas estímulo, puede hacer surgir muchas otras. El objetivo es activar el mapa conceptual y actualizar los conocimientos previos: esquemático, contextual y pragmático. Esta primera tarea facilita una relación asociativa ontológica y ejerce una función de diagnóstico.

2) Agrupaciones conceptuales y funcionales. A partir de la información obtenida en el vértice anterior tratamos de establecer dos tipos de relaciones: de un lado, la categorización de las unidades léxicas conocidas y de las que se vayan aportando al establecer las relaciones nocionales (paradigmáticas) entre aquellas que tienen en común referirse a un mismo aspecto, área o noción de la realidad mediante la elaboración de asociogramas; ejemplo: en un texto cuya palabra nuclear sea deporte, el alumno puede clasificar en diferentes columnas los tipos de deporte, lugares, objetos, acciones, etc. o agrupar por sustantivos, verbos, adjetivos, expresiones, etc.; asimismo, puede ampliarse el significado de algunas unidades léxicas presentando otras acepciones usuales. De otro, se pretende que el alumno, tras observar diferentes relaciones sintagmáticas en el texto (colocaciones, régimen preposicional de los verbos, los co-ocurrentes de Galisson, etc.), descubra otras combinaciones y las utilice de forma correcta.

---

[24] Es evidente que la tarea del profesor consiste en que los alumnos vayan apropiándose de la L2 o LE, atendiendo de forma conjunta a la frecuencia y a la productividad de las unidades léxicas.

[25] El lector puede ampliar esta justificación con la información ofrecida en Gómez Molina (1997).

La elaboración de campos léxico-semánticos puede ser un modo fecundo de descubrir la realidad y su nominalización. Es esencial que el progresivo descubrimiento de la realidad vaya acompañado de la comprensión y uso del vocabulario adquirido. Este tipo de tareas potencia la disponibilidad léxica, pero al presentar las nuevas unidades léxicas de cada área temática (*topic*, centro de interés) no hemos de intentar agotar el tema. Además de inventariar sustantivos, adjetivos, verbos, etc., se puede tratar en este epígrafe la enseñanza-aprendizaje del régimen preposicional de verbos (brindar → a su salud / por la victoria), así como las combinaciones más frecuentes (billete de ida y vuelta, tren de cercanías, oportunidad de oro, recién pintado, números rojos, etc.). Otros ejemplos de actividades son: descubrir el intruso en una serie de vocablos; asociar acciones verbales con sujetos agentes, objetos pacientes e instrumentos; etcétera.

3) Relaciones semánticas. En este bloque se desarrollan las relaciones asociativas por el significado[26]. Si el profesor no lo ha hecho antes, es el momento de explicar la denotación, significado objetivo que poseen las palabras fuera de cualquier contexto, y la connotación, que hace referencia a las notas significativas o matices que el hablante asocia a las unidades léxicas por razones personales o culturales. Conviene resaltar que frente a las denotaciones, que son comunes a todos los usuarios de una lengua y son la base de la mutua comprensión, el significado connotativo es más complejo, pues hace referencia a lo que suscita el uso de una palabra que no pertenece a la experiencia propia de todos los usuarios de una lengua o que pertenece a los factores emocionales y personales de la comprensión. Es el momento de realizar ejercicios de búsqueda en el diccionario.

Los trabajos de la semántica estructural y léxica para sistematizar las relaciones sémicas junto con las aportaciones de la semántica cognitiva (prototipos, categorizaciones), nos son muy útiles en la didáctica aplicada. Realizaremos ejercicios y actividades sobre sinonimia, sinonimia contextual, polisemia, relaciones mediante la oposición de significados -complementariedad, antonimia y reciprocidad-, hiponimia (clasificación y jerarquización de significados), etc. Ejemplos:

- madre: madre de familia / casa madre / madre superiora / la madre del cordero (polisemia)
- verbos de movimiento: andar, marchar, caminar, pasear, correr, arrastrarse, (disposición isonímica) golpear: abofetear, apalear, patear, cocear, etc. (hiperónimo-cohipónimos).

4) Lexicogénesis. Es de capital importancia conocer los mecanismos de creación léxica a partir de las posibilidades internas de la lengua[27], pero sin olvidar que tan importante como aumentar el vocabulario del alumno, es conseguir que comprenda los valores que encierran los diferentes componentes morfológicos; es decir, no separar lo gramatical de lo significativo. Esta actividad desarrolla tanto la relación asociativa por el significante como la asociación significante-significado. A partir de las unidades léxicas presentes en el texto y de las aportadas por los alumnos, el profesor posibilitará un mejor conocimiento del mecanismo lingüístico, puesto que la formación de palabras constituye uno de los recursos básicos de cualquier idioma. Al estudiar las relaciones asociativas entre palabras que tienen lexemas o morfemas comunes, podemos hacerlo desde un punto de vista estático o receptivo con técnicas, si es posible, que faciliten la visualización:

---

[26] Puede ampliarse la información en Baylon y Fabre (1994).

[27] Varela (1993) ofrece una excelente información sobre los procesos de formación de palabras en español.

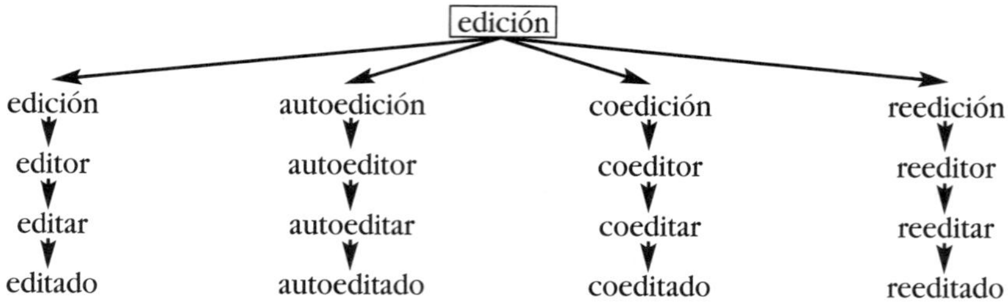

y donde los afijos dan lugar a relaciones de adición (utilizar → reutilizar; establecer → establecimiento; actuar → actuación; blando → blandura; papel → empapelar; casa → casita / casucha; entrenar → entrenador / entrenamiento; eterno → eterna → eternamente) y relaciones de sustitución (nacional → nacionalismo -sust.-) / nacionalista -adj.-) [28], y desde un punto de vista productivo o dinámico, al invitar a los alumnos a generar nuevas unidades léxicas con objeto de comprobar el valor de los elementos afijales en la derivación -vinculación a categorías y funciones gramaticales diferentes, cambios de significado o matización expresiva- y el diferente grado de fusión léxica en las palabras compuestas, etc.; es ahí donde tiene lugar la creatividad léxica como manifestación externa de la estructura interna del lexicón de los alumnos y donde aparecen los errores léxicos de interlengua. La capacidad hipergeneralizadora de los aprendices, motivada por los paradigmas que funcionan en el sistema de la lengua, da lugar a la producción de unidades léxicas no normalizadas, pero esas manifestaciones, simplemente, nos indican el proceso creativo que se está desarrollando.

5) Niveles de uso (registros). Este vértice del esquema y el siguiente atienden a la variación diatópica y diafásica. En la variación diatópica conviene presentar las variantes de las unidades léxicas más relevantes del español de América (España: el autobús, la nevera; México: el camión, el refrigerador; Argentina: el colectivo, la heladera); en la variación diafásica se trabajarán las variantes más adecuadas a cada situación comunicativa (léxico culto -tecnolectos-, léxico estándar, léxico popular, jergas), así como el valor semántico-pragmático de determinadas unidades léxicas (ironía, atenuación, intensificación). Con estas actividades se pretende desarrollar la sensibilidad hacia las diferencias de registro y a hablar de un modo parecido al del nativo. En este bloque se desarrollan tareas relacionadas con los eufemismos o disfemismos (morir, fallecer, fenecer, expirar, descansar, palmarla), con los distintos significantes que la situación comunicativa requiere (can, canódromo, *perródromo; perro, vida aperreada, *vida acaneada; chucho, vida achuchada) y también se explicará cómo, en ocasiones, en una misma familia léxica, los diferentes étimos dan lugar a voces que se especializan en niveles de empleo distintos (niño, niñez, niñería, niñera / pueril, puericultor, pediatra).

6) Unidades fraseológicas. Conviene señalar, en primer lugar, que nuestra concepción teórica sobre las unidades fraseológicas -colocaciones, locuciones y paremias- sigue las directrices de Corpas (1996), y las distinguimos de otras unidades léxicas pluriverbales, tales como los compuestos léxicos (palabras compuestas que se han trabajado en el punto 4.° del esquema). Junto

[28] No es conveniente explicar más de dos o tres reglas de formación en cada unidad didáctica, graduando la lexicogénesis según la productividad de los afijos españoles y la dificultad o complejidad de las reglas de formación, y atendiendo al grado de dominio de ELE que posean los alumnos. En nuestra opinión, las asociaciones propiciadas por la pertenencia de ciertas unidades a un campo semántico o a una familia léxica pueden (y deben) aplicarse desde el comienzo del aprendizaje lingüístico mediante ejercicios basados en la estructuración del léxico y actividades interactivas.

al tratamiento de las expresiones fijas, se amplía el uso de otras combinaciones sintagmáticas, unidades pluriverbales que ya se han tratado en el vértice 2.º de la propuesta[29]. Interpretar el lenguaje figurado supone algo más que el simple conocimiento del significado referencial; además, en el lenguaje figurado hay bastantes conceptualizaciones que son completamente convencionales. Al igual que se dan transferencias negativas y positivas de la lengua materna en el aprendizaje de la LE, también esas transferencias se dan a nivel cultural; por ello, es importante trabajar en el aula el aspecto semántico-pragmático de las unidades fraseológicas cuyo significado, por lo general, es opaco[30].

Si bien la metáfora se ha convertido en el principio explicativo de ciertos enfoques lingüísticos actuales ya que la vida cotidiana es un proceso de metaforización continuo, no se trata tanto de explicar los procesos metafóricos que han dado lugar a la extensión del significado, cuanto de presentar aquellas expresiones, frecuentes en la comunicación oral, relacionadas con la forma de vida y la cultura de los españoles. El profesor, como intérprete translingüístico, ha de convertir ciertos aspectos de nuestra cultura en conceptos significativos para la experiencia de los aprendices.

Puede trabajarse la fraseología relativa a la palabra nuclear objeto de estudio (mano: UFS que contegan dicha palabra) o al área temática a la que pertenece (cuerpo humano: UFS relacionadas con la cabeza -juicio o entendimiento-, relacionadas con el corazón -sentimientos-, con los sentidos -percepciones sensoriales-, etc.) y también atendiendo a las funciones comunicativas: felicitaciones, alegría/tristeza, etcétera.[31].

7) Generalización. Junto a los ejercicios de sustitución, de correspondencia, de complementación, de usos, etc. realizados en las fases anteriores, debemos diseñar otras actividades que suplementen la aplicación y repetición de las unidades léxicas planificadas. Pueden prepararse tareas basadas en diferentes contextualizaciones de uso o bien mediante procedimientos lúdicos: crucigramas, sopa de letras, etc., o que exijan cierto procesamiento lingüístico (lexicogénesis, relaciones semánticas, etc.), pero, sobre todo, la producción de textos orales interactivos y escritos individuales. El objetivo es conseguir la conceptualización plena de las unidades léxicas planificadas, facilitando las exposiciones reiteradas necesarias para la retención y para que lleguen a consolidarse en el lexicón mental. La estrategia metodológica en que se basa nuestra propuesta didáctica intenta que el alumno descubra (observación, análisis e inducción), que practique (hipótesis, producción y experimentación), y que generalice (sistematización) y conceptualice (deducción y recapitulación mediante nuevas aplicaciones); es decir, el esquema procedimental metodológico gravita sobre los polos operativo e interpretativo, con objeto de que el alumno desarrolle diferentes tipos de conocimiento: esquemático o enciclopédico, contextual (semántico) y pragmático (significado intencional).

---

[29] Existe cierta confusión terminológica. Para clarificar conceptos, pueden consultarse: Corpas (1996), Higueras (1997) y Koike (2001).

[30] Aunque no siempre. En muchas ocasiones, hemos de tener en cuenta el conocimiento enciclopédico a la hora de interpretar los modismos; así, las manos se asocian con la capacidad de obrar, como en *echar una mano*; por ello, en *tener las manos atadas* no las tenemos *motu proprio*, sino en contra de nuestra voluntad.

[31] Puede ampliarse la información sobre el tratamiento de las unidades fraseológicas del español en García Page (1993), Beltrán y Yáñez (1996) y Gómez Molina (2000a) entre otros.

Conclusión

A lo largo del capítulo hemos destacado la utilidad (y necesidad) de desarrollar la competencia léxico-semántica de forma sistemática en el aula de ELE, justificada por la influencia que el dominio léxico ejerce en el conjunto de la competencia lingüística comunicativa.

Se ha argumentado que si presentamos las unidades léxicas de forma organizada (formal, funcional y/o conceptual) y contextualizadas, y facilitamos que el alumno pueda relacionarlas con el léxico de las redes asociativas correspondientes tanto de la L1 como de la L2-LE, favorecemos una mejor fijación y recuperación del vocabulario por parte del aprendiz, siempre que éste posea una capacidad memorística normal. La psicología cognitiva parte de la hipótesis de que, al menos inicialmente, el aprendizaje de una lengua extranjera está asociado a las redes ya existentes en la L1, y que según va progresando el aprendiz en el dominio de la LE, también empiezan a constituirse redes autónomas.

Asimismo, y gracias a las aportaciones de diferentes fundamentaciones teóricas y experimentales, se comprueba que no es fácil encontrar un solo principio de organización del lexicón. Por ello, dada la relevancia que adquiere la elaboración personal del diccionario mental, recordemos que existen diferentes posibilidades, relacionadas cada una de ellas con las características del estudiante (madurez, nivel y estrategias de aprendizaje); las más frecuentes son:

- *topics* o áreas temáticas; suele ser la principal manera de organizar el contenido léxico y se usa en el diseño de muchos manuales. Lo esencial es que el profesor procure el tratamiento de diferentes categorías: sustantivos, adjetivos, verbos, expresiones, fórmulas rutinarias, coocurrencias (combinaciones sintagmáticas, colocaciones,...), etcétera;
- unidades léxicas implicadas en tareas, actividades o procesos: realizar un viaje, preparar la mesa, descubrir el deporte favorito de la clase, etcétera;
- la(s) palabra(s) clave del texto; se basa en observar y conocer la red léxico-semántica que enmarca el texto a través de diferentes asociaciones;
- colocaciones, es una actividad pedagógica central. Para Lewis (1993: 119), las colocaciones proveen de un principio organizativo muy poderoso para la enseñanza de lenguas y para favorecer el recuerdo eficiente de nuevos ítems;

Finalmente, y como síntesis de los planteamientos arriba desarrollados, podemos afirmar, según nuestra experiencia, que el dominio léxico, o calidad del vocabulario de ELE, depende de las relaciones -de cualquier tipo- que el aprendiz es capaz de establecer entre una unidad léxica nueva y otras ya conocidas, señalando las variedades significativas de cada una de ellas y usándolas en los registros apropiados. También conviene recordar que estudios varios han concluido que un factor de éxito en la adquisición del vocabulario de una LE es el uso de diversas estrategias, más que el empleo de un grupo particularmente fijo de estrategias o de ninguna.

Bibliografía

ACERO, J. J. (1993), *Lenguaje y filosofía*, Barcelona, Octaedro.

AITCHISON, J. (1987), *Words in the Mind: An Introduction to the Mental Lexicon,* Oxford, Basil Blackwell, 1995.

BACHMAN, L. (1990), "Communicative Language Ability". Trad. esp.: "Habilidad lingüística comunicativa", en M. LLOBERA (coord.) (1995), *Competencia comunicativa,* Madrid, Edelsa: 105-127.

BAYLON, Ch. y P. FABRE (1994), *La semántica*, Barcelona, Paidós.

BARALO, M. (1997), "La organización del lexicón en la lengua extranjera", *Revista de Filología Románica*, 14, 1: 59-71.

BELTRÁN, M.ª J. y E. YÁÑEZ (1996), *Modismos en su salsa*, Madrid, Arco Libros.

BOGAARDS, P. (2001), "Lexical units and the learning of foreign language vocabulary", *Studies on Second Language Acquisition*, 23: 321-343.

BUZAN, T. (1974), *The Mind Map Book*, Londres, BBC Books.

CANALE, M. (1983), "From communicative competence to communicative language pedagogy". Trad. esp.: "De la competencia comunicativa a la pedagogía comunicativa del leguaje", en M. LLOBERA (coord.) (1995), *Competencia comunicativa*, Madrid, Edelsa: 63-81.

CARTER, R. y M. J. MCCARTHY (eds.) (1988), *Vocabulary and Language Teaching*, Londres, Longman.

CERVERO, M.ª J. y F. PICHARDO (2000), *Aprender y enseñar vocabulario*, Madrid, Edelsa.

CHOMSKY, N. (1989), *El conocimiento del lenguaje*, Madrid, Alianza Universidad.

CHOMSKY, N. (1995), "Some Notes on Economy of Derivation and Representation", en *The Minimalist Program*, Mass., The MIP Press: 129-160.

COADY, J. (1997), "L2 Vocabulary acquisition: A synthesis of the research", en J. COADY y T. HUCKIN (eds.), (1997), *Second Language Vocabulary Acquisition*, Cambridge, Cambridge University Press: 273-290.

COADY, J. y T. HUCKIN (eds.) (1997), *Second Language Vocabulary Acquisition*, Cambridge, Cambridge University Press.

CORPAS, G. (1996), *Manual de fraseología española*, Madrid, Gredos.

COUNCIL OF EUROPE (1996), *Modern Languages: Learning, Teaching, Assessment. A Common European Framework of reference*. Council for Cultural Co-operation. Education committee, Strasbourg.

COUNCIL OF EUROPE (2001), *Marco de referencia europeo para el aprendizaje, la enseñanza y la evaluación de lenguas (Borrador 3)*, Strasbourg, Trad. Instituto Cervantes.

CUENCA, M.ª J. y J. HILFERTY (2000), *Introducción a la lingüística cognitiva*, Barcelona, Ariel.

GAIRNS, R. y REDMAN S. (1986), *Working with words. A guide to teaching and learning vocabulary*, Cambridge, Cambridge University Press.

GALISSON, R. (1991), *De la langue à la culture par les mots,* París, Clé International.

GARCÍA PAGE, M. (1993), "El 'modismo' en la enseñanza del español", *Analecta Malacitana*, 16, 2: 348-363.

GÓMEZ MOLINA, J. R. (1997), "El léxico y su didáctica: una propuesta metodológica", *REALE, Revista de Estudios de Adquisición de la Lengua Española*, 7: 69-93. Universidad de Alcalá de Henares.

GÓMEZ MOLINA, J. R. (2000a), "Las unidades fraseológicas del español: una propuesta metodológica para la enseñanza de las locuciones en la clase de ELE", *Quaderns de Filologia. Estudis Lingüistics*, V: 111-134. Universitat de Valencia.

GÓMEZ MOLINA, J. R. (2000b), "La competencia léxica en la enseñanza-aprendizaje de español como L2 y LE", *Mosaico*, 5: 23-29, Revista de la Consejería de Educación y Ciencia en Bélgica, Países Bajos y Dinamarca.

HIGUERAS, M. (1996), "Aprender y enseñar léxico", en L. MIQUEL y N. SANS (Coords.), *Didáctica del español como lengua extranjera*, 3: 111-126. Madrid, Colección Expolingua, Fundación Actilibre.

HIGUERAS, M. (1997), "Las unidades léxicas y la enseñanza del léxico a extranjeros", *REALE*, 8: 35-49.

JUSTICIA, F. (1995), *El desarrollo del vocabulario. Diccionario de frecuencias*, Universidad de Granada.

KATAMBA, F. (1994), *English Words*, Londres-Nueva York, Routledge.

KOIKE, K. (2001), *Colocaciones léxicas en el español actual: estudio formal y léxico-semántico*, Universidad de Alcalá y Takushoku University.

KRASHEN, S. D. y TERRELL, T. D. (1983), *The Natural Approach to Language Learning*, Oxford, Pergamon Press.

LAHUERTA, J. y PUJOL, M. (1996), "El lexicón mental y la enseñanza del vocabulario", en C. SEGOVIANO (ed.) (1996), *La enseñanza del léxico español como lengua extranjera*. Madrid, Iberoamericana: 117-129.

LANGACKER, R. (1987), *Foundations of Cognitive Grammar. Vol. I. Theoretical Prerequisites*, Stanford, Stanford University Press.

LANGACKER, R. (1991), *Foundations of Cognitive Grammar. Vol. II. Descriptive Application*, Stanford, Stanford University Press.

LEWIS, M. (1993), *The Lexical Approach*. Londres, Language Teaching Publications.

LEWIS, M. (1997), *Implementing the Lexical Approach*, Londres, Language Teaching Publications.

LUQUE DURÁN, J. de D. (1998), "Introducción a la tipología léxica", en B. GALLARDO (ed.): *Temas de lingüística y gramática*, Universitad de Valencia: 122-145.

MARCONI, D. (2000), *La competencia léxica*, Madrid, Antonio Machado Libros.

MCCARTHY, M. (1990), *Vocabulary*, Oxford, Oxford University Press.

NATION, I. S. P. (1990), *Teaching and learning vocabulary*, Rowley, MA, Newbury House.

NATTINGER, J. R. y DECARRICO, J. (1992), *Lexical phrases and language teaching*, Oxford, Oxford University Press.

OXFORD, R. (1990), *Language Learning Strategies*, Nueva York, Newburg House.

PINKER, S. (1984), *Language Learnability and Language Development*, Cambridge, Cambridge University Press.

ROSCH, E. y LLOYD, B. (eds.) (1978), *Cognition and Categorization*, Hillsdale, Erlbaum.

VARELA, S. (ed.) (1993), *La formación de palabras*, Madrid, Taurus Ediciones.

WILLIS, D. (1990), *The Lexical Syllabus*, Collins Cobuild.

WITTGENSTEIN, L. (1988), *Investigaciones filosóficas*, Barcelona, Editorial Crítica.

ZIMMERMAN, Ch. B. (1997), "Historical trends in second language vocabulary instruction", en J. COADY y T. HUCKIN (eds.) (1997), *Second Language Vocabulary Acquisition*, Cambridge, Cambridge University Press: 5-19.

La subcompetencia sociocultural

Lourdes Miquel López
Escuela Oficial de Idiomas de Barcelona

I speak to you in your tongue,
but it is in my language that I understand you
(C. Kramsch)

Introducción

En este artículo nos proponemos dar una visión de lo que entendemos, dentro de la perspectiva del análisis comunicativo, por componente sociocultural y de la conexión de la lengua con la cultura.

En los primeros apartados repasaremos la evolución del papel de la cultura en los dos enfoques que más han influido en la enseñanza de idiomas: el enfoque estructural y el enfoque comunicativo, y estableceremos las diferencias en su tratamiento didáctico. En el apartado 3, revisaremos el concepto de cultura y estableceremos una división metodológica que puede sernos útil en clase. En el apartado 4 reflexionaremos sobre el grado de conocimiento de nuestro propio componente sociocultural y en el 5 analizaremos los elementos del componente sociocultural que influyen en las interacciones comunicativas. En el apartado 6 intentaremos desvelar cómo el contexto está culturalmente determinado para pasar, en el último apartado, a proponer algunos mecanismos para detectar el componente sociocultural en las clases de español como lengua extranjera.

1. La cultura en los enfoques tradicionales y estructurales: al margen de la lengua

Al repasar a la historia de la didáctica de lenguas extranjeras podemos observar cómo el enfoque comunicativo conlleva un cambio sustancial también en el concepto de *cultura*.

En los enfoques tradicionales y estructurales, la cultura se concebía como algo accesorio, que debía tener una presencia obligada en los materiales, pero cuya función era la de mero adorno o ilustración. Si revisamos los manuales de cualquier lengua de aquel periodo, podremos observar que los contenidos culturales que se insertaban en los manuales eran una sucesión de estereotipos de la cultura legitimada de cada país, así como un pequeño abanico de elementos diferenciales de esa cultura en relación a otras, en suma: una colección de arquetipos y de hechos diferenciales que sólo contribuía a reforzar las visiones previas y superficiales que se tenían sobre la cultura de la lengua meta.

Esa visión de lo cultural -que ni tan sólo es aquélla que en el metalenguaje de ELE ya se conoce como *Cultura con mayúscula* (Miquel y Sans, 1992: 16)- en realidad partía de una idea muy decimonónica de lo que era *ser culto* que se equiparaba -como aún sucede en muchos ámbitos- a ser miembro de la llamada *Cultura del Olimpo*. Como sabemos, cada cultura define en cada momento histórico qué acopio de conocimientos se requiere para obtener ese calificativo. Lo que se pretendía en aquel momento de la enseñanza de lenguas era mostrar al estudiante de la lengua meta una parte de esos contenidos, los más arquetípicos y estereotipados, creyendo que, así, contribuían a cultivarlo, además de enseñarle lengua. Los métodos audiolinguales del francés, por ejemplo, centraban sus imágenes en París, lo que servía de pretexto para enseñar la Torre Eiffel o Nôtre Dame o incluían textos de Verlaine, Diderot y Balzac, sin que hubiera justificación alguna más que la de que ambos elementos debían conocerse para poder entrar en el club de los cultos y sin que ninguno de los datos tuviera ninguna relación con los contenidos de lengua que se trataran en aquel momento.

En el mundo del español como lengua extranjera los manuales publicados en el periodo del enfoque estructural, que fundamentalmente se diseñaron en el extranjero, suministraban, de modo acorde con la época, una imagen tópica, plana y lineal de esa España de posguerra, llena de cántaros y mujeres de luto, eso sí, con La Giralda y La Alhambra de trasfondo y con la paella y la sangría como únicos elementos de nuestra gastronomía. Los hombres no paraban de piropear a las suecas y García Lorca emergía, sin ningún pretexto, en algún momento del manual junto a algún fragmento de cualquiera de las *Novelas ejemplares* de Cervantes.

Se trataba, por tanto, de un imaginario cultural, definido a priori como obligado para acceder a la cultura, sin considerar su conexión con el perfil de los estudiantes, con sus necesidades, con sus intereses, ni, por descontado, con los objetivos de lengua.

Coetáneamente, y dentro aún del enfoque estructural, se produjeron manuales de distintas lenguas -entre ellas de español- que prácticamente carecían de información cultural alguna. Eran manuales cuyos contenidos se desarrollaban en una especie de limbo, sin ninguna relación con el trasfondo social ni cultural y carentes de todo contexto. La descontextualización afectaba a todo, empezando por los diálogos que, mirados con perspectiva, podrían engrosar el teatro del absurdo. Y si los diálogos, que eran el motor de arranque de la unidad y el único lugar donde se planteaba un mínimo resquicio de discurso, carecían totalmente de contextualización, todos los otros elementos adolecían de lo mismo, incluido, claro está, de cualquier elemento cultural.

En definitiva, el tratamiento del concepto de *cultura*, cuando la había, en los enfoques tradicionales y estructurales se puede resumir en tres puntos:

- visión estereotipada de la cultura, entendida como datos invertebrados que los estudiantes deberán simplemente acopiar;
- total descontextualización de todos los elementos que integraban los materiales y, por ende, la práctica docente;
- absoluta desconexión entre los objetivos de lengua y los elementos culturales.

Lengua y cultura aparecen, pues, como dos elementos claramente disociados, sin ningún tipo de interrelación.

2. La cultura en los enfoques comunicativos: unión entre cultura y lengua

El enfoque comunicativo nace como resultado del trabajo de muchas disciplinas -de la lingüística del texto a la pragmática pasando por la etnografía y la sociolingüística, entre otras-, que han ido concibiendo la lengua como una herramienta de comunicación dotada, también, de unas reglas supraoracionales que permiten a los hablantes actuar con ella. Esa actuación tiene que ver con el conocimiento tanto de las convenciones lingüísticas como de las convenciones comunicativas que los hablantes poseen para crear y mantener la cooperación (Gumperz, 1982a). En esta concepción prima, pues, el criterio de *actuación*: el análisis de los comportamientos, de las rutinas, de los roles, es decir, *todo aquello que implica el uso lingüístico en un contexto social determinado* (Saville-Troike, 1989: 23).

Directa e íntimamente relacionado con el concepto del *uso*, se plantea (desde las aportaciones de Grice, 1975: 511-529) el concepto de *adecuación*. El hablante, más allá del uso formalmente correcto de la lengua, sabe cómo utilizar los recursos y convenciones que esa misma lengua le proporciona para manejarse adecuadamente en todas las situaciones de uso que se le presenten. Un hablante no conoce sólo, en abstracto, las reglas del código, sino que también conoce los principios que le permiten usarlo de modo adecuado -o voluntariamente inadecuado- en cualquier situación de comunicación. Esos principios son saberes, creencias e ideas acerca de la realidad y de la lengua misma que han sido interiorizados por los hablantes, a la vez que adquirían su lengua materna y a lo largo de su proceso de socialización, y que rigen el uso efectivo de la comunicación. Son como una brújula que indica el rumbo que debe o puede llevar cualquier acto de habla. Dicho en otras palabras: una actuación comunicativa es adecuada cuando no sólo es correcta desde el punto de vista lingüístico, sino también desde el punto de vista sociocultural y contextual.

Las ideas de *actuación* y de *adecuación* son absolutamente relevantes para la enseñanza de la lengua extranjera y revolucionan tanto la visión de la lengua como el modo en que se debe enseñar, puesto que, en otras palabras, se pasa del concepto de competencia lingüística, entendida como un conocimiento formal de las reglas, en el que predominaba la idea de corrección lingüística basada en la unidad *frase*, al de competencia comunicativa, basada en la unidad *discurso*, que incluye la competencia lingüística, pero la amplía al considerar la competencia discursiva, estratégica y sociocultural (Canale y Swain, 1983)[1].

El componente sociocultural -haciendo una síntesis personal de las muchas definiciones que se manejan- es donde se concentran todos los elementos que rigen la adecuación: es el conjunto de informaciones, creencias y saberes, objetos y posiciones de esos objetos, modos de clasificación, presuposiciones, conocimientos y actuaciones (rituales, rutinas, etc.), socialmente pautados que confluirán en cualquier actuación comunicativa y que harán que ésta sea adecuada o premeditadamente inadecuada.

Cuando un hablante competente es inadecuado lo suele ser de un modo consciente, a diferencia de los extranjeros que hablan una segunda lengua, que pueden cometer errores de inadecuación simplemente porque no se les ha informado de algún aspecto de la competencia cultural de esa lengua. En las situaciones en que los nativos producimos voluntariamente mensajes

[1] Para nuestro trabajo como enseñantes de lengua, la definición de *competencia comunicativa* de Canale y Swain sigue siendo muy clarificadora y operativa. Para desarrollar más el tema, véase M. Llobera (ed.), 1995.

inadecuados, lo hacemos para no decir directamente, para crear implicaturas, para que los interlocutores infieran que estamos *diciendo más*, mucho más, de lo que diríamos si hubiéramos seguido los dictados del componente sociocultural que, obviamente está interrelacionado estrechamente con los demás.

Pongamos un ejemplo. Imaginemos que nos encontramos a un amigo que ha pasado un problema de salud y le preguntamos:

> *Hombre, Pepe, ¿ya estás mejor?*
< *Sí.*

Convendremos que, en este caso, nos parece que Pepe ha sido demasiado parco, no ha usado la cantidad adecuada de información, pero, desde luego, la parquedad de Pepe nos está haciendo reflexionar mucho más que si hubiera contestado con la cantidad adecuada. Ese *sí* nos obliga a pensar qué le pasa a Pepe, qué me pasa a mí, qué está pasando en este acto de comunicación: ¿he sido inoportuno?, ¿estará molesto por algo ajeno a mí?, ¿estará de mal humor?, ¿me estará mintiendo?... Implicaturas que no se darían ante una respuesta con la cantidad de información que el español considera adecuada para una situación de este tipo:

- *Sí, mucho/bastante/un poco/... mejor, gracias.*

Respuesta que, por haber cumplido con las reglas socioculturales (en este caso: borrar una parte pero no todo y agradecer), nos permite concentrarnos exclusivamente en el contenido del mensaje.

Otro ejemplo, basado en la actuación y no en la cantidad de información, podría ser el siguiente: Estamos en un restaurante, escogiendo los platos que vamos a tomar de un menú, y pedimos pollo o pescado de primer plato y sopa de segundo sin justificar el hecho de alterar el orden de los platos. Seguramente el camarero necesitará asegurar que ha entendido bien la petición, provocará una interacción más larga y problemática que la que se hubiera producido si el cliente hubiera justificado la alteración del orden de los platos en el mismo momento de pedirlos. Nos encontramos ante una rutina de nuestro componente sociocultural por la que hay un orden preestablecido que debe respetarse o que, desde luego, puede alterarse sólo si media algún tipo de justificación. El hecho de que ninguna de las expectativas se produzcan (seguir el orden o justificarse) creará una serie de implicaturas y juicios (no necesariamente explícitos) que provocarán un malestar en la comunicación.

Tener como objetivo la competencia comunicativa nos plantea la necesidad de un análisis de la lengua centrado en las condiciones de uso de cada elemento lingüístico lo que, a su vez, nos lleva inmediatamente a dos conceptos fundamentales en el enfoque comunicativo, y, en consecuencia, para el componente sociocultural: la intención del hablante y el contexto. Sabemos que comunicar es producir mensajes intencionados en distintos contextos, de ahí que una enseñanza basada en el análisis comunicativo de la lengua deberá hacerlo, necesariamente, en forma contextualizada.

En conclusión, el análisis comunicativo de la lengua arroja nueva luz a la idea de cultura que ahora se presenta:

- como una cultura de lo cotidiano, desbancando aquella idea de la cultura legitimada, y a favor de todos los elementos que influyen en el hacer cultural de los hablantes;
- como parte de la competencia comunicativa, es decir, necesaria para la actuación y adecuación lingüística y, por tanto, para el éxito comunicativo;
- y, desde luego, estrechamente vinculada a la lengua.

3. Visión de la cultura

Tener en cuenta el componente sociocultural conlleva un cambio en la visión de la cultura. La cultura, como hemos visto, no se entiende sólo como una serie de productos que en un momento determinado la sociedad legitima, sanciona, refrenda y honra -a la que hemos llamado *Cultura del Olimpo* o *Cultura con mayúscula*- sino, y sobre todo, como una visión del mundo, adquirida en parte junto con la lengua, que determina las creencias, presuposiciones y comportamientos lingüísticos y no lingüísticos de los hablantes.

Si revisamos las muchas definiciones de cultura, especialmente las que están más próximas a una visión antropológica o etnográfica -que son las más operativas y provechosas para nuestra tarea docente- podemos observar que coinciden en los siguientes puntos:

1. La cultura es un sistema (Miquel, 1999: 39- 42) integrado en el que cada elemento está relacionado con los demás, creando un todo.
2. La cultura es un código simbólico, que acorta las distancias entre los miembros del grupo y facilita la comunicación.
3. La cultura es arbitraria (Miquel, 1997: 3), igual que la lengua, resultado de una convención.
4. La cultura es compartida por los miembros de su comunidad. No hay cultura si sus miembros no comparten los mismos patrones de comportamiento.
5. La cultura se aprende -o, mejor, se adquiere- con el aprendizaje de la lengua y más allá del mismo, hasta que termina el proceso de socialización[2]. La cultura se reproduce entre sus propios miembros.
6. La cultura es taxonómica y todos sus miembros comparten las mismas categorías, que les sirven como guía de funcionamiento dentro de su grupo.
7. La cultura se manifiesta en distintos niveles de conocimiento, explícitos e implícitos, y por esa razón resulta tan difícilmente detectable en muchas ocasiones.
8. La cultura tiene una gran capacidad de adaptabilidad -igual que la lengua-. Recordemos que toda cultura es, originariamente, una estrategia de adaptación y, como tal, tiene una parte cambiante para poder seguir siendo adaptable. Pero sus cambios afectan a niveles muy epidérmicos y, difícilmente, llegan al componente más esencial, aquél que verdaderamente la caracteriza. La evolución de los patrones culturales es tan lenta como la de la lengua.

Teniendo en cuenta todos estos factores, podríamos tratar de dar una definición de cultura que resultara útil para detectarla y poderla hacer explícita en las clases de lengua.

En un artículo publicado en la revista *Cable* (Miguel y Sans, 1992) establecíamos la distinción entre *Cultura con mayúscula*, *cultura con minúscula* (*cultura a secas*) y *cultura con K*. La primera se refería a los productos sancionados por la sociedad; la segunda; a la cultura de lo cotidiano, y la tercera; a aquella cultura más marginal, más ceñida a la moda y a las minorías. Esa distinción sigue siendo válida, a nuestro juicio, pero nuestra propia investigación posterior y los años transcurridos nos dan mayor luz para ampliar y matizar los conceptos. El hecho de que se habla-

[2] Es importante que, cuando tomemos muestras del comportamiento cultural, lo hagamos con adultos. Los jóvenes tienen la cultura adquirida, pero, por razones de edad y de pertenencia a su grupo, tratan de practicar modelos distintos, modelos que, sin embargo, abandonan al integrarse en el mundo laboral o en la vida adulta. Es en esa integración cuando aplican los patrones adquiridos previamente.

ra de cultura *con mayúscula* y *con minúscula* podía llevar a confusiones ya que podría inducirse a pensar que la más necesaria era la cultura *con mayúscula* y relegar a un segundo plano la cultura *con minúsculas*. Cuando es al revés.

Para poder ilustrar esta idea podríamos jugar con un símil. Toda la cultura sería como una sección de un tronco de un árbol. La parte central, la que conforma y constituye el árbol, por donde transcurre la savia que lo nutre, sería la cultura directamente relacionada con la lengua (antes llamada *con minúscula*), la que conformaría el componente sociocultural, la parte compartida por todos, mucho más estable en el tiempo, y que debe ser objeto prioritario del proceso de enseñanza-aprendizaje de una lengua extranjera. En esa cultura *esencial* se encuentra todo el conocimiento que permite hacer un uso efectivo y adecuado del lenguaje. Ahí están las creencias y presuposiciones, los modos pautados de actuación, los juicios, los saberes que comparte la sociedad, las reglas sobre qué se puede decir y no decir y cómo decir las cosas. Y es fundamental tener en cuenta que todos los elementos que acabamos de citar son compartidos por todos los hablantes, sean de la extracción social que sean. Ahí residen los elementos que hacen que actuemos como españoles, como franceses o como irlandeses, los que nos constituyen como miembros de una determinada cultura.

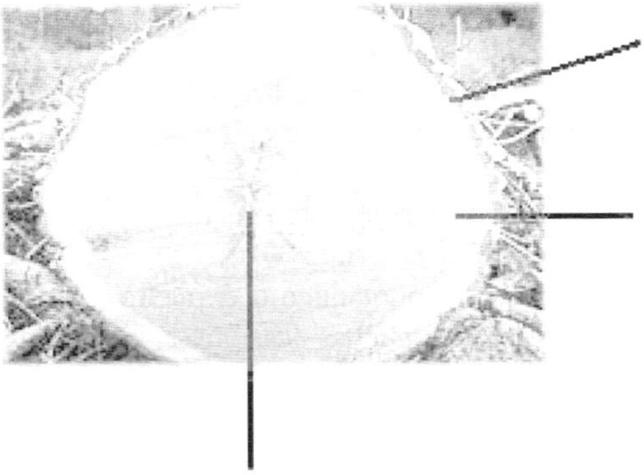

Figura 1: Tronco de un árbol.

Mucho más alejada de este anillo constituyente, está la cultura legitimada –antes la *Cultura con mayúscula*–. Esa cultura ya no es esencial, corresponde a un anillo más lejano, y está sujeta a un mayor número de modificaciones. Antes hablábamos de que la sociedad sanciona, en un determinado momento, qué producto es cultura y cuál no lo es. El factor tiempo resulta aquí muy importante: debemos ser conscientes de que buena parte de los elementos sancionados dejan de serlo en un momento posterior. Pensemos en la relevancia que, en una determinada época pudieron tener Campoamor o Pemán, y en la poca que tienen ahora; pensemos en cuántos escritores o pintores de nuestra época, honrados en este momento, superarán la prueba del tiempo. Además, esa cultura con mayúsculas no es patrimonio de todos los hablantes, sino de las minorías que, por razones varias, han tenido y tienen acceso a ella. El tratamiento que de ella hagamos en clase, no puede ser el mismo que el que hagamos con la *cultura esencial*. O, dicho de otro modo, así como la *cultura esencial* tiene que ser un objetivo ineludible del proceso de enseñanza-aprendizaje cualquiera sea el nivel en el que se trabaje, la *cultura legitimada* dependerá exclusivamente del tipo de estudiantes que tengamos, de sus necesidades y de su nivel de formación. Pero, además, tenemos que tener en cuenta un factor muy relevante para la orientación que pudiéramos dar en clase a este tipo de cultura. A saber: que, en muchísimas ocasiones, los estudiantes a los que se les podría plantear un trabajo con la *cultura legitimada*, la conocen ya, en mayor o menor medida, aunque no conozcan la lengua.

Sin embargo, sí es importante reflexionar sobre los productos de esta *cultura legitimada* que han traspasado la línea de división entre las dos y pertenecen al acervo de la cultura esencial. No es Cervantes, ni su biografía, ni su maravillosa producción literaria, lo que está en la cultura esencial, sino algunos datos relacionados con él: su nombre, su apelativo, el primer párrafo y el nombre de los personajes principales de *El Quijote*; no es la historia de la Giralda, sino su representación y el conocimiento del lugar donde está ubicada; no es Velázquez y su época, sino la imagen de *Las Meninas*, no es la obra *casa de dos puertas, mala de guardar*, sino su fosilización como refrán, etc. Son productos que se han convertido en emblemas, en partes de la simbología cultural, del imaginario del pueblo que, lógicamente, tendrán que transmitirse también en nuestras clases, pero no más allá de su valor simbólico[3].

Y, por último, está la cultura que hemos dado en llamar *epidérmica*, y que se refiere a usos y costumbres que difieren del estándar cultural, de la cultura *esencial*, que no son compartidos por todos los hablantes y que sólo deberán formar parte de la programación en casos muy específicos. Por ejemplo, si nuestros alumnos estudian en Barcelona, habrá que incluir en la programación una serie de objetivos e informaciones culturales muy distinta a la que se trabaje en Sevilla, ya que las referencias, tradiciones, hábitos, etc., son notoriamente distintos. O, también, por poner otro ejemplo, usaremos elementos de la cultura adolescente si tenemos un público de esa edad, pero a sabiendas de que, en poquísimo tiempo, esa cultura ya no será válida por lo que, junto a ella, le seguiremos proporcionando contenidos de la cultura esencial, que son los que le permitirán a la larga actuar de modo adecuado.

Cuando hablamos de *cultura esencial* somos conscientes de que hay una parte compartida por todos los hablantes -el estándar cultural- y otras, que no lo son. En artículos anteriores hablábamos de un *estándar* y, con una licencia, de una *dialectología* cultural (Miquel, 1999: 35-36). Al igual que la lengua de cada hablante representa el estándar y la suma de una serie de variantes, cada miembro de una cultura representa esas esencias que la conforman, pero también una serie de variables en función de su procedencia, de su profesión, de su edad, de su clase social, etc. Muchos elementos de la cultura pertenecen a una clase, un periodo, una comunidad, una familia, un territorio, pero otros son sustrato común de todos. Ese sustrato es el objetivo de todo proceso de enseñanza de una lengua extranjera[4].

En lengua partimos de una definición de lengua estándar descrita y aceptada por todos. En cultura, sin embargo, esa descripción global todavía no existe: tenemos análisis de algunas rutinas, de algunas presuposiciones, de algunas costumbres, pero todavía son fragmentarios y no dan cuenta del todo. No obstante, esa falta de *corpus* no debe desalentarnos ya que las clases con extranjeros, en las que, necesariamente, se produce un encuentro de diversos componentes culturales, son un lugar privilegiado para poder ir descubriendo y describiendo diversos elementos del componente

---

[3] Estos elementos deben tratarse en clase del mismo modo que los conocen la mayoría de los hablantes: enseñarles la primera frase de El Quijote (pero no toda la trama y el devenir de sus personajes), mostrarles fotos de los lugares más emblemáticos de España y ubicarlos (pero no explicarles la historia de cada uno de ellos, etc, salvo si los estudiantes manifiestan un notorio interés y un estudio más profundo responde a sus necesidades de aprendizaje.

[4] La lengua no es, por sí sola, el elemento unificador; el territorio juega un papel muy importante y eso explica que, por ejemplo, el español sea la lengua de veintiún países y tenga otros tantos componentes sociolingüísticos.

y, también, con las técnicas adecuadas, la gran oportunidad para dotar a los estudiantes de una sensibilidad sociocultural que los haga autónomos en posteriores descubrimientos.

4. ¿Qué sabemos de nuestro propio componente cultural?

¿Qué saben de Inglaterra los que sólo conocen Inglaterra?, se preguntaba Kipling. Y, realmente, es una buena y sabia pregunta porque, si hay una clave para el trabajo sociocultural, es la necesidad de tomar distancia. Los miembros de una cultura no son conscientes de su relatividad; bien al contrario, cada individuo por el hecho de estar inmerso en una cultura y no en otra, tiende a postular la universalidad de sus comportamientos, la lógica y la normalidad de los mismos, tendiendo a juzgar como anómalos aquéllos que no le pertenecen. El reconocimiento, la identificación de lo que es propio se debe a que el componente sociocultural está totalmente pautado, al igual que lo está la lengua, y a que está absolutamente interiorizado. Los miembros de una cultura conocen y reconocen esas pautas y, en virtud de ellas, identifican, también, todo aquello que no les es propio.

Como hemos apuntado anteriormente, igual que cada hablante no posee toda la lengua, tampoco poseemos toda la cultura: sólo la representamos. Somos representantes de una cultura, pero no podemos decir que todo lo cultural se encierra en nosotros. Y en muchas ocasiones, incluso, es difícil ver en cada individuo la réplica de esa cultura esencial porque está amalgamada con su versión particular de la cultura. Por esa razón se produce también el *choque intracultural*, es decir, la capacidad de asombro, de sorpresa o de desconcierto que puede producirnos una manifestación de individuos de nuestra propia cultura que, por representar una *dialectología* distinta a la nuestra, nos es ajena y nos produce un auténtico descalabro interior y una gran incredulidad. Además, sería falaz creer que la cultura es fácilmente visible. La cultura esencial es muy opaca, aunque tiene algunas manifestaciones más visibles que otras (los símbolos más que las presuposiciones, por ejemplo).

La clave del análisis del componente sociocultural reside en la capacidad de distanciamiento del mismo y en la posibilidad de relacionarlo con otros componentes socioculturales. En ese sentido, el aula de E/LE es un lugar privilegiado para este proceso de descubrimiento, aunque muchas veces se caiga en la tentación de comparar componentes socioculturales muy alejados del nuestro, sin llegar a ver cómo, incluso en lenguas muy próximas, como el italiano, por ejemplo, o el portugués, se observan diferencias muy importantes que pueden ocasionar significativos episodios de inadecuación comunicativa.

5. ¿Cuáles son los ingredientes de este componente?

Ante todo debemos decir que es fundamental no ver los elementos culturales como elementos aislados, sin relación entre ellos, sino que hay que tratar de encontrar los sistemas y microsistemas en los que se insertan para poder detectar el tejido de relaciones que tendrán como expresión última la comunicación verbal.

Basándonos en varias definiciones de cultura[5] y haciendo una síntesis, observamos que hay una serie de elementos que, tanto antropólogos como sociolingüistas o etnógrafos, consideran

[5] Véase C. Abastado (1986), L. Porcher (1988) y J. Valdés (1986).

como unidades de análisis de las diferentes culturas: los símbolos, las creencias, los modos de clasificación, las presuposiciones y las actuaciones y, todos ellos se expresarán con mayor o menor intensidad, en las interacciones comunicativas.

5.1. Símbolos

Abordaremos, primero, el tema de los símbolos. Los símbolos desempeñan un papel muy importante, porque están en el contexto y dan información previa a la actuación lingüística, determinándola en muchos de los casos. Sin embargo, para los miembros de otras culturas, la mayor parte de los símbolos de las demás, son opacos, y, por tanto, no interpretados en su valor de representación de algo más allá de sí mismos.

Si hacemos un pequeño inventario de símbolos propiamente españoles, podemos pensar en el color negro asociado al luto (aunque el luto no se practique más que en zonas rurales, nadie va de rojo a un funeral), un aro de oro en el anular de la mano (si es en la derecha o en la izquierda es ya una cuestión *dialectológica*), los crisantemos como flores exclusivamente destinadas a los muertos, llevar una cruz o una medalla como adorno, el significado social de los nombres y de los apellidos, la iconografía de las ciudades, de la Navidad, el valor de un jamón, etc. Estos símbolos dan información a los miembros de la cultura quienes, al conocerlos, son capaces, por tanto, de interpretarlos: desisto de abordar a aquel chico tan guapo porque lleva un aro de oro en el anular, presupongo que una amiga mía va al cementerio porque lleva un ramo de crisantemos, deduzco que un colega es católico practicante porque lleva una cruz, etc. Y todas esas decodificaciones se nos imponen en el acto mismo de la comunicación, determinando o influyendo en la interrelación.

Pero, tal como hemos dicho anteriormente, esto no sucede cuando nos hallamos ante símbolos de otras culturas, ya que, como no tenemos la capacidad de interpretarlos, hacemos caso omiso de su presencia (sin considerar su valor simbólico, los vemos como un elemento más de la interacción comunicativa), omisión que puede conducirnos a inadecuaciones de todo tipo. Supongo que bastantes profesoras habrán recibido, con una incómoda sensación, un ramo de crisantemos de manos de un estudiante procedente de algún país del Este de Europa como agradecimiento a la labor docente, igual que los estudiantes del Este habrán recibido, no con menor aprensión, una docena de flores de manos de los españoles[6].

5.2. Creencias

Las creencias se imponen con fuerza de verdad a los miembros de una cultura. Un terreno fácil para estudiar las creencias es el de las supersticiones, pero también el de los remedios, el de las ideas que se difunden, y, también, determinadas concepciones que afectarán decididamente a los actos de habla, al discurso. Algunos ejemplos de creencias son: para los españoles, la manzanilla cura los problemas digestivos (en Japón se curan con sake, en Ucrania, con vodka, etc.) y cómo, efectivamente, nos cura (al igual que el sake cura a los japoneses o el vodka a los ucranianos), a la vez que sospechamos que los otros remedios no sean realmente curativos; el martes es un día nefasto (martes y tre-

---

[6] En Rusia y Ucrania sólo se regala un número par de flores a los muertos.

ce, ni te cases ni te embarques, y nos parece sorprendente que, para otras culturas sea el viernes[7]); el corte de digestión (creencia absolutamente inexistente en la mayor parte de los países europeos cuyos miembros no sólo no creen en ello, sino que ni tienen el término ni tampoco, por mucho que nos sorprenda, tienen el problema); la Nochebuena sin un ser querido es muy triste (hay que volver a casa por Navidad... Sin embargo, en Cataluña la Navidad es más importante que la Nochebuena); en Nochevieja, comerse las doce uvas con las campanadas trae buena suerte; los Reyes Magos son los portadores de los regalos a los niños; la pasta engorda (idea que, decididamente, no comparten los italianos), la siesta es reparadora, etcétera.

Todas estas creencias influyen, también, en la interacción. Ante cualquier persona que se queja de un desarreglo digestivo, le aconsejamos que tome una manzanilla o si está nerviosa, que se tome una tila; comentaremos a nuestros amigos la tristeza que sentimos porque nuestro hermano no puede acudir a casa en Nochebuena; hablaremos de los Reyes Magos a los niños, los utilizaremos para que se comporten correctamente días antes, les diremos a los niños que no se levanten la noche del cinco de enero porque no pueden ver a los Reyes, les preguntaremos qué les han traído en los días posteriores al seis de enero, etcétera.

Hay, también, creencias más interiorizadas, menos visibles, como, por ejemplo, que la familiaridad es cómoda, por lo que en muchos de nuestros intercambios con desconocidos promoveremos una rápida confianza (no siempre cómoda para los miembros de otras culturas); que la despedida es dolorosa, por lo que prolongaremos el contacto con nuestros interlocutores más que otras culturas, que no actúan movidas por esa creencia; que negarse a aceptar propuestas o invitaciones es difícil, por lo que las negaciones en español se acompañarán siempre de justificaciones; que, cuando se adjetiva o valora algo o a alguien, debe hacerse con intensidad; que la insistencia no es pesada sino un modo de manifestar interés por el interlocutor (de ahí que nos permitamos insistir ante primeras negativas en los ofrecimientos, insistamos en la concesión de permiso o al elogiar a alguien); que el dolor se comparte por lo que explicaremos nuestros problemas de salud ya pasados a quien nos acaba de contar un problema presente[8], etcétera.

5.3. Modos de clasificación

Uno de los elementos del sustrato cultural fácil de detectar es el análisis de las categorías y taxonomías que, sobre la realidad, ha establecido cada cultura, lo que aquí llamamos *modos de clasificación*. Cada cultura fragmenta y organiza la realidad a su manera y descubrir ese modo resulta muy ilustrativo.

[7] Sorpresa simétrica a la de los estudiantes cuando se enteran de que nosotros no consideramos el viernes un día nefasto. Si interrogáramos a españoles medios sobre el porqué de esta fobia al martes, muy pocos serían capaces de argumentar que es el día de Marte, dios de la guerra. Sin embargo, todos ellos participarían de la misma actitud de incomprensión inicial frente a aquellas culturas que rechazan el viernes.

[8] Para un análisis más detallado de las despedidas en español véase L. Miquel, 1999: 42-44.

Muchos extranjeros experimentan una gran incomodidad cuando ven que los españoles, ante una persona enferma, relatamos experiencias parecidas que conocemos. Ellos lo viven como un modo de quitar protagonismo a la persona enferma y una falta de compasión. Sin embargo, el mecanismo cultural que nos anima a actuar así es el de la comprensión: *entiendo tu estado, tu dolor, porque me es conocido.*

Los modos de clasificación afectan a una gran variedad de elementos culturales. Muchos fenómenos están sujetos a una clasificación, es decir, a una división en partes o categorías: los apellidos (el primero del padre, el segundo, el primero de la madre en nuestro caso[9]), las relaciones familiares (que, en nuestro caso, llega hasta tíos y primos segundos), las cantidades que nuestra cultura considera normales (los huevos en docenas, no menos de cien gramos de queso o de chorizo, no menos de un kilo de naranjas o de patatas, etc.), dónde se venden los productos y cómo se organizan en las tiendas (el vinagre junto al aceite es, por muy normal que nos parezca, una asociación cultural y, por tanto, arbitraria), la ciudad (y sus diferencias entre avenidas, paseos, calles y callejones), las calles (con el número detrás), los pisos (numerados con ordinales, en muchos casos), los alimentos (cuáles son típicamente primeros platos, cuáles son segundos, cuándo se comen determinados productos y cuándo no, etc.), las partes del día y los modos de saludar en cada una de ellas, los momentos importantes del año, las edades más importantes de la vida, el orden en el que se escribe una fecha, cómo debemos dirigirnos a los destinatarios en el encabezamiento y despedida de las cartas, etcétera.

Conocer los modos de clasificación nos permite orientarnos rápidamente en el contexto: sabemos que, antes de presentarse en casa de alguien, conviene saber el piso en el que vive, porque, en el portero automático, no tendremos la información de los nombres; sabemos que un simple doble espacio en el menú indica que se trata de los segundos platos; sabemos qué vamos a encontrar en un supermercado al lado del arroz; sabemos cómo y cuándo tenemos que hacer un regalo importante o en qué momentos del año o de la vida debemos felicitar a los demás, etcétera.

La cultura es una organización del caos, del marasmo, del *continuum* que es la realidad: la manera que hemos encontrado los humanos para hacer frente al caos es ordenarlo. Por esa razón, una buena parte de la cultura es la clasificación del mundo, organizándolo en categorías implícitas que, en la mayor parte de los casos, no son visibles, pero que permiten una organización más eficaz. El descubrimiento de los modos de clasificación será, pues, un objetivo muy relevante al trabajar el componente sociocultural en las clases de lengua extranjera.

5.4. Actuaciones

También están pautadas las actuaciones y éstas, a su vez, también tienen que ver con las interacciones comunicativas: conocemos los gestos asociados a los saludos; sabemos que el día del cumpleaños invita quien los cumple; abrimos los regalos inmediatamente y en presencia de la persona que nos lo ha ofrecido; sabemos que, en un reunión social, nos presentarán a los desconocidos y que, difícilmente, tendremos que autopresentarnos; sabemos que a los conocidos no hay que dejarlos en el descansillo y que hay que invitarlos a entrar en casa; sabemos que,

[9] Esa información nos sirve para muchas operaciones: podemos remontarnos a los abuelos y bisabuelos, por ejemplo, además de la información social que conllevan los apellidos. El hecho de que, hasta ahora, esta clasificación se haya respetado escrupulosamente y el que la mujer no pierda sus apellidos, nos sirve como guía en muchos de nuestros intercambios. Sin embargo, en otras culturas los hablantes no pueden basarse en esa información: en Brasil, por ejemplo, el orden de los apellidos es aleatorio (antes había una tendencia a poner el de la madre en primer lugar, pero, en la actualidad, pueden emplearse en cualquier orden o usar sólo los de la madre o los del padre o aquellos que los padres elijan); en sociedades sajonas, el apellido de los hombres es informativo, pero no el de las mujeres, ya que puede ser el apellido de origen o el adquirido por matrimonio.

cuando estamos invitados a una casa, la persona que ha cocinado servirá la comida salvo que explícitamente dé permiso para que nos sirvamos nosotros mismos; sabemos mantener la distancia comunicativa pautada por nuestra cultura; sabemos qué llevar a una cena a la que hemos sido invitados o a una persona ingresada en un hospital; sabemos cuándo tenemos que felicitar cara a cara o por escrito; cuándo se debe hablar y cuándo callar, etc. Y ninguna de estas actuaciones es universal.

Cuando se actúa de acuerdo con los códigos culturales, se produce una cierta invisibilidad de la actuación misma: todo ha sucedido como se esperaba, no hay nada que señalar. Sin embargo, cuando la actuación difiere de la esperada, se produce un desajuste que la hace visible: Esa persona que me da la mano cuando lo normal sería que me besara, ¿por qué lo ha hecho?; ¿por qué han traído un primer plato unos invitados a una cena formal?; ¿por qué no ha abierto el regalo ese colega mío que hoy cumple años y que ni siquiera me ha invitado a un café?, etc. El paso siguiente es juzgar, generalmente sin benevolencia, al incumplidor.

5.5. Presuposiciones

Pero mucho más opacas son, aún, las presuposiciones que actúan en la mente de los hablantes que comparten un mismo componente sociocultural. Sin embargo, están ahí, en la mente y en el sentir de todos, previas a la comunicación.

Las presuposiciones dominan los actos de habla: son pautas inconscientes, creadas y compartidas por los miembros de una determinada cultura, cuyo cumplimiento es esperado por todos. Las tenemos tan interiorizadas que apenas somos capaces de sacarlas a la luz. Sin embargo, si el intercambio comunicativo no las tiene en cuenta, inmediatamente echamos en falta su cumplimiento.

Como ejemplo de algunas de ellas podemos citar que los hablantes de español peninsular presuponemos que el elogiado quitará importancia al elogio o cambiará inmediatamente de tema; presuponemos que se rechazará una invitación mediante una justificación; presuponemos que si rechazamos un ofrecimiento, insistirán en él; presuponemos que nunca nos dirán, antes de abrirlo, el contenido de un regalo; presuponemos que se hablará del parecido de un bebé con algún miembro de su familia; presuponemos que si hablamos de nuestros problemas de salud, los demás se interesarán por ellos; presumimos que la despedida se demorará un poco y estará asociada a consejos y deseos; presuponemos que la concesión de permiso será reiterada y que, mientras relatamos algo, nuestro interlocutor irá haciendo comentarios, lejos de permanecer en silencio[10], etcétera.

Estas presuposiciones, como es lógico, están directamente relacionadas con creencias: no se deben aceptar los propios logros; despedirse es triste y doloroso; asegúrate de que te ofrecen algo más allá de la obligación de ofrecerlo; asegúrate de que te han concedido permiso; el interés se demuestra hablando y no permaneciendo en silencio; se afirmarán las cosas con cierta intensidad, etcétera.

---

[10] Los extranjeros creen que nuestros continuos comentarios como oyentes manifiestan un desinterés por lo relatado. Sin embargo, si un español relata algo y sus interlocutores permanecen en silencio, el relator lo vivirá como una total falta de interés, incluso, como un conflicto comunicativo. Este ejemplo prueba que el hecho de hacer comentarios constituye una prueba de interés por lo que nos están diciendo.

Todas y cada una de estas presuposiciones se proyectan directamente cada vez que iniciamos una interacción comunicativa. De hecho, las rigen y las gobiernan.

Hemos dicho anteriormente que los elementos del componente sociocultural están interrelacionados entre ellos, creando microsistemas que, a su vez, conforman el sistema cultural. Si tomamos, como un ejemplo posible, el tema *alimentos*, podemos observar, entre otras muchas cosas, las siguientes:

	Símbolos	*Creencias y saberes*	*Modos de clasificación*	*Presuposiciones*	*Actuación*	*Interacción comunicativa*
alimentos	Uvas = abundancia, prosperidad, dinero...	Uva con campanadas en Año Nuevo = buena suerte.	Sólo en Nochevieja (a nadie se le ocurriría tomarlas así en otro momento del año).	Que los interlocutores conocen y comparten el ritual.	Tomarlas *en silencio*, pendientes de las campanadas.	Temas de conversación: *Habrás comprado las uvas, ¿no?* *¿Te comiste todas las uvas...?* *¡Qué rápidas las campanadas este año!* *No me las pude terminar todas.*
			Determinamos cuáles son los adecuados para el desayuno/comida/cena ...; los que corresponden al primer plato, al segundo... A los diversos momentos del día.	En restaurantes se respeta el ritual. Si no se respeta, se dan explicaciones al camarero.	Lectura de cartas y menús.	Petición en restaurantes: *De primero...,* *y de segundo...* *No voy a tomar primero...* *Voy a tomar dos primeros...*
		Aceptar un ofrecimiento a la primera es de mala educación.	Qué podemos ofrecer en los distintos momentos del día (comida y bebida).	Al entrar en el salón de una casa, se te ofrecerá algo. Habrá una negativa después del primer ofrecimiento. Habrá otro ofrecimiento tras la primera negativa.	A los amigos y conocidos se les hace entrar en casa, no se les deja en la puerta.	Ofrecimientos: *¿Quiere/s tomar algo?* *No, gracias.* *¿Seguro que no quieres tomar nada: un café, un zumo?* *¿Tú qué vas a tomar?*

5.6. La interacción comunicativa

La máxima expresión de estas interrelaciones es la interacción comunicativa, el acto concreto y efectivo de habla. En otras publicaciones hemos dado cuenta de algunos de ellos como presentarse y autopresentarse, despedirse, ofrecer, regalar algo (Miquel y Sans 1993; Miquel, 1997, 1999), etc. Y ahora nos gustaría analizar un acto de habla, del que hace muchos años empezamos a comentar los aspectos que influían en él y que se ha convertido ya en un ejemplo recurrente, para que podamos observar todos los elementos que entran en juego en él: *conceder permiso.*

Cuando, en español, una persona pide permiso, en contextos que no son familiares[11], siente que se lo han *concedido* cuando, por diversos mecanismos, le *repiten la aceptación.*

Esos mecanismos pueden ser:

1. Repetir elementos de afirmación (*sí, claro, por supuesto, cómo no*, etcétera.)
2. Repetir imperativos (*llame, llame; pasa, pasa,* etcétera.)
3. Combinar los primeros y los segundos (*Claro, faltaría más, llame.*)
4. Con la entonación[12].

En otras palabras, *en español se equipara repetición e insistencia* a *concesión de permiso.*

Pero si no se produce esa reiteración:

+ *¿Puedo llamar por teléfono? Es sólo un momento*
- *Llame.*

interpretamos que se trata de una demostración del interlocutor de que tiene algún problema para la concesión.

En ese caso, la persona que lo ha pedido no se siente, por tanto, autorizada y tenderá a verificar si el permiso le ha sido efectivamente concedido reformulando una nueva petición. Como, por ejemplo:

+ *¿Seguro que no le importa? Es una llamada urbana. No he traído el móvil y...*

Evidentemente, la persona que ha pedido permiso puede optar por hacer aquello que ha solicitado, aunque se lo hayan concedido sin repeticiones; pero si es miembro de nuestra cultura, sentirá que lo hace contrariando a la persona que debía concederle el permiso.

6. El contexto está culturalmente determinado

El componente sociocultural sólo es observable en el discurso, en la comunicación, por tanto, en manifestaciones, enunciados o actos de habla contextualizados.

[11] En contextos muy informales y/o familiares las reglas pueden incumplirse o manifestarse de modos indirectos: *Bajo la tele* es, en registro familiar, un modo de pedir permiso, aunque manifestado como la decisión total del hablante de llevar a cabo su intención.

[12] Cuando una determinada regla, se incumple, alterar la entonación funciona como mecanismo compensatorio. En definitiva, de un modo oblicuo e indirecto, la regla se cumple.

Pero, a estas alturas, ya se nos presenta como evidente que el contexto está culturalmente determinado y que la total significación del contexto la provee la cultura. En el siguiente dibujo podemos ver los conceptos que entran en juego en el contexto:

Figura 2: Contexto.

Para iniciar cualquier acto de habla, actualizamos todos los elementos que están en el contexto y, como podremos ver, todos ellos están determinados socioculturalmente:

- Lo *consabido* es prácticamente todo lo que hemos definido como *cultura esencial*. Los hablantes vamos apoyándonos en ello en todos los contextos, y eso nos permite acortar distancias y poder tener una comunicación efectiva. Por *acortar distancias* entendemos que, cuando se comparte la misma cultura, dos interlocutores desconocidos tienen una base de datos común en la que apoyarse para ir estableciendo la comunicación y que ésta sea fluida y adecuada. Por ejemplo, si nos presentan a un desconocido que se llama José el día 19 de marzo seguro que lo felicitaremos porque ambos sabemos la relevancia y el significado de esa fecha, y apoyarnos en eso tenderá puentes entre nosotros. O, en esa misma situación, al sernos presentado alguien, inmediatamente nos ponemos a hacer una serie de deducciones a partir de los datos que nos han dado, deducciones que muy difícilmente podremos hacer si estamos ante un extranjero.
  De hecho, gracias a lo consabido, los hablantes nativos de una lengua, no tenemos casi nunca un contexto cero, pues partimos de una serie de creencias y saberes que se proyectan en el contexto y que nos permiten abordar las situaciones con elementos comunes y de forma más rápida y directa que si careciéramos de ellos.
- Ya hemos visto con anterioridad cómo lo *presupuesto* está determinado culturalmente. Pertenecer a la misma cultura significa compartir toda una serie de presuposiciones que rigen los actos de habla. Nadie se extrañará si rechazamos un ofrecimiento la primera vez que nos lo dicen y tampoco si, inmediatamente, insisten en ofrecernos lo mismo. No nos extrañaremos porque los interlocutores, miembros de la misma cultura, partimos de y jugamos con esas presuposiciones: en los ofrecimientos se insiste, el primer ofrecimiento se rechaza si no se está en un contexto en el que se ha aceptado previamente la invitación.
- Lo *compartido* se refiere a una etapa a la que ya hemos llegado con nuestro interlocutor: todo aquello de lo que hemos hablado, las experiencias en común, las informacio-

nes que tenemos de esa persona aunque aún no hayamos hablado con ella, etc. Allí también, en las etapas anteriores de la comunicación, se han proyectado elementos culturales, pero, en el momento mismo del intercambio comunicativo, disponemos también de unas reglas socioculturales para tratar esas informaciones previas. Por ejemplo, si sabemos que una persona está atravesando una crisis personal, nuestro componente nos dice que podemos aludir a ella si tenemos una relación de amistad, pero debemos esperar a que sea esa persona la que lo comente o nos dé algún indicio si tenemos una relación muy formal. En otras culturas tienen pautas distintas a la nuestra para la gestión de lo compartido.

- Una gran parte de los temas que afectan a nuestras conversaciones también tienen que ver con lo sociocultural. Todos habremos experimentado que, cuando estamos en un país extranjero, por muy bien que hablemos la lengua y conozcamos el país, no podemos participar activamente en un determinado número de conversaciones porque no conocemos o dominamos el tema del que se trata. Los hablantes que comparten el mismo componente disponen de una información más matizada, más rica, más elaborada de los temas que les afectan que quienes participan de otro componente cultural.
- Y el *aquí y ahora* de la comunicación también está marcado culturalmente. Con la información de la que nos provee nuestra cultura podemos decodificar muchos de los elementos del contexto espacio-temporal. Podemos deducir la clase social de un desconocido interlocutor por cómo va vestido, por cómo habla, por cómo se mueve; podemos deducir su ideología, incluso, su procedencia; decidiremos el modo de tratamiento que debemos establecer y, en definitiva, desarrollaremos una serie de hipótesis que se verán reflejadas en la interacción, etcétera.

Todos esos factores que se ponen en marcha cada vez que mantenemos -e, incluso, cuando inauguramos una relación con alguien[13] - no los tenemos cuando usamos una lengua extranjera si, junto al aprendizaje de esa lengua, no se ha hecho un trabajo sociocultural serio. Eso revela, pues, una vez más, la gran importancia de dotar a la lengua de sentido, sentido que sólo se obtiene trabajando con la cultura. La ausencia de cultura banaliza la lengua. Como dice Kramsch (1993):

los nativos de una lengua, no sólo hablan con su propia voz, sino a través de lo colectivo: del conocimiento compartido por su comunidad, del stock de metáforas de esa comunidad, de las categorías con las que representan su experiencia.

Y en consecuencia:

Ese conocimiento compartido da un grado de previsibilidad de las cosas entre los nativos de una lengua, pero es una dificultad para los no-nativos, que no comparten ni la memoria ni los conocimientos de esa comunidad.

---

[13] En ese caso puede faltar algún elemento de lo *compartido*: no ha habido palabras previas, aunque, a lo mejor, sí informaciones.

7. Mecanismos para detectar elementos culturales

El gran asunto que tenemos entre manos es que nuestros estudiantes manejan una lengua y un componente sociocultural distintos. Por lo tanto, no sólo no conocen la lengua meta sino que tampoco conocen ni comparten nuestro componente sociocultural. Enseñarles la lengua sin insistir en todo lo cultural que actúa en ella no es, en realidad, enseñar lengua sino, simplemente, hacer un simulacro, dotarles de una lengua vacía de sentido o, al menos, carente de muchos de los sentidos que la informan.

En consecuencia, y dada la falta de un *corpus* cultural exhaustivo, los profesores de E/LE deberemos dotarnos de unos mecanismos que nos permitan ir descubriendo los elementos que conforman el componente sociocultural del español[14] y, sobre todo, aquellos que están íntimamente ligados a la lengua, por ser a su vez los que determinarán el éxito comunicativo de los estudiantes.

Además de la introspección, de la observación distante de nuestro propio componente, y de contrastar los datos resultantes de aquélla con el de otros integrantes del mismo, los profesores tenemos varios instrumentos especialmente valiosos para detectar qué campo hay que explorar: el error comunicativo/pragmático de nuestros estudiantes y un análisis lingüístico riguroso, que puede hacerse a partir de unidades como los actos de habla, y a partir de actividades contextualizadas.

7.1. El análisis de los errores pragmáticos

Perseguir la adecuación comunicativa, en clase, cambia, también la visión del error: al morfológico, sintáctico, fonético, léxico, etc. deberíamos añadir, para ser contemplado, analizado y corregido, el sociocultural o pragmático.

El error sociocultural es aquél no atribuible a ninguna otra subcompetencia comunicativa, es aquél que produce -o puede producir- un malentendido, una fractura en la relación entre los hablantes. Los hablantes nativos de una lengua pueden ser benevolentes con un error lingüístico, subsanándolo, sin embargo, esa benevolencia es muy difícil con un error sociocultural ya que se tiende a juzgar, en muchas ocasiones, con mucha severidad, a la persona que ha sido inadecuada e, incluso, a todos sus compatriotas: de un error pasamos a juzgar a todo un país[15].

Como con todos los errores, analizarlo nos dará las pistas necesarias para resolver el problema. A partir de un error pragmático habrá que investigar qué ha sucedido para detectar el problema y tratarlo en clase. En un curso intermedio de español, haciendo actividades para que aprendieran a reaccionar ante un relato, un estudiante japonés reaccionó de este modo ante el enunciado:

+ *¿Sabes? Me he encontrado 50 euros por la calle*
- *¿Y a dónde los has llevado?*

---

[14] Debemos señalar que todos los ejemplos que hemos aportado en este artículo se refieren al español peninsular. La lengua que hablamos casi cuatrocientos millones de personas tiene distintos componentes socioculturales, tantos como países, además de las variedades que hay en cada uno de éstos.

[15] Conocemos a un islandés parco en palabras y afirmamos que todos los islandeses lo son. Este tipo de generalizaciones las realizamos también intraculturalmente: los catalanes son..., los andaluces son..., los vascos son...

No había ningún error gramatical, el estudiante había comprendido bien el mensaje, sólo que su producción era inadecuada.
Las expectativas que tiene un español ante una información de ese tipo son éstas:

+ *¿Sabes? Me he encontrado 50 euros por la calle*
- *¡Qué bien! ¡qué suerte! /¿Y a qué invitas?/ Dime en qué calle, que voy corriendo....*

Podemos analizar que en los hablantes intervienen las siguientes presuposiciones:

- el dinero perdido no es de nadie (si no hay una documentación junto a él),
- si lo encuentras puedes quedártelo impunemente,
- ha intervenido el azar favorablemente para quien lo ha encontrado y ni se considera a quien lo ha perdido,
- se puede explicar y
- causará envidia o regocijo entre los interlocutores.

Sin embargo, estas presuposiciones escandalizarían sobremanera a un hablante japonés porque las suyas son completamente distintas:

- el dinero es de alguien
- el azar ha intervenido desfavorablemente para la persona que ha perdido el dinero
- el que lo encuentra tiene que cumplir con su obligación ciudadana de devolverlo
- quiero saber a cuál de los lugares oficiales para depositar el dinero perdido has ido (organización del mundo que tampoco corresponde con la nuestra).

Podríamos plantearnos qué sucede cuando se trata del encuentro de componentes socioculturales de lenguas muy próximas, como el italiano, por ejemplo. Hay que decir que, en estos casos, sucede algo muy peligroso: la presuposición de igualdad, de gran similitud. Espejismo donde los haya. Porque, si bien es verdad que habrá una zona importante en común (procedemos del mismo tronco lingüístico, nos baña el mismo mar, las organizaciones sociales se parecen, tenemos la misma religión, etc.) hay aspectos que decisivamente nos diferencian, y, al presuponer la igualdad, el choque es, aunque leve, mucho más inesperado. Por tanto, no hay excusa para no trabajar con el componente sociocultural también en estos casos: sin duda habrá menos errores de adecuación, pero debemos estar preparados para detectar los que haya[16].

7.2. Buscar informaciones en los actos de habla

Tomar como unidad de análisis los actos de habla nos ilumina sobre una serie de aspectos socioculturales, absolutamente relevantes para el éxito comunicativo. Sólo así, conseguiremos analizar el formato estándar -el modo de hacer- de cada acto y todos los elementos que en él actúan.

---

[16] Para poner algunos ejemplos: las despedidas en Italia son muy distintas a las españolas. Para nosotros son "abruptas", para los italianos las nuestras son "pesadas". La reacción ante los cumplidos también es muy distinta. Los italianos tienden a aceptarlos más fácilmente.

En un curso intermedio, una estudiante china tiene que resolver la siguiente situación: "Estás en un hotel, tienes la habitación 1678 pero el ascensor no funciona desde hace horas. Protesta ante el recepcionista":

+ *Perdone, el ascensor no funciona. Todas las cosas que necesito en la vida no funcionan.*

Paralelamente, un alemán tiene que resolver ésta: "Has comprado una batidora hace un mes pero no funciona. Ve a la tienda y protesta":

+ *Esto es una porquería. No quiero excusas. Devuélvame el dinero. Nunca más compro esta marca. Me ha dicho que me duraría toda la vida y la vida es menos de un mes.*

Para analizar, por ejemplo, cómo protestamos en español, buscamos varios problemas cotidianos e imaginamos cómo podrían resolverlos hablantes medios. Es decir, buscamos un estándar. Y el modelo que podemos aportar en clase, podría ser éste:

1. Explicación del problema y petición de información. Es una manera de dar una opción al interlocutor. Por ejemplo:

+ *Perdone, pero el ascensor lleva varias horas estropeado y estoy en el piso 16, ¿saben ya cuándo van a arreglarlo?*

2. Si la respuesta es convincente, se manifiesta suavemente nuestro enojo, se da una posible solución, pero, al final, se acepta lo que nos han dicho. Se juega mucho con fórmulas impersonales, no se personaliza. Una muestra de lengua para ilustrar esto podría ser:

+ *Bueno, es que no puede ser. Tendrían que tener esto previsto o un sistema para resolverlo rápidamente... Bueno, en fin, esperaremos.*

3. Sólo cuando hay un fehaciente incumplimiento, hay contundencia. Por ejemplo:

+ *Perdone pero hace una hora me han dicho....No puede ser. Esto es intolerable....*

Si analizamos la lengua funcionalmente, podremos comprobar, también, cuántos pasos hay que dar para considerar que un acto de habla está terminado y, de nuevo, nos encontraremos con presuposiciones de los hablantes: por ejemplo, si se llama por teléfono, en español la identificación no sucede al principio:

\+ *Diga.*
\- *¿Está X?*
\+ *Sí, soy yo.*
\- *Ah, hola, soy XX.*

Mientras que en otras culturas, la identificación es obligatoria para la persona que coge el teléfono. En Holanda, por ejemplo. En otras, como en Gran Bretaña, se retrasa respecto a Holanda, pero se da más pronto que en España.

7.3. Detectar el componente a través de actividades contextualizadas

Como podemos deducir por lo que hemos ido analizando a lo largo de este artículo, si trabajamos descontextualizadamente, nunca percibiremos la adecuación o inadecuación de las producciones de nuestros alumnos. Si observamos estas dos frases:

(1) + *Es simpático.*

(2) + *Me gusta.*

concluimos que son frases perfectamente correctas.

Pero si las insertamos en un contexto (y nos las imaginamos con una entonación neutra - si no incorrecta como la que suelen producir los extranjeros) las cosas se complican:

(1) + *¿Qué tal Juan?*
- *Es simpático.*

(2) + *¿Te gusta el cine?*
- *Me gusta*

Seguramente convendríamos que los hablantes no consideran a Juan *muy* simpático ni les gusta *mucho* el cine porque, como hemos comentado en apartados anteriores, los segundos interlocutores no han intensificado (con *muy/mucho* y las respectivas series) ninguna de las dos afirmaciones. En español peninsular cada vez que se utiliza un adjetivo, se considera realmente postulado si se intensifica, afirmativa o negativamente.

La afirmación:

+ *Juan es muy simpático*.

No significa que sea extremadamente *simpático*, sino, tan sólo, que se puede predicar de él la simpatía. Lo mismo sucede con los verbos que sintácticamente funcionan como *gustar*. No intensificarlos equivale, casi, a negarlos. Sin intensificación el receptor del mensaje sabe que debe interpretar lo oído de un modo no literal o, si no tiene suficientes claves contextuales, no sabrá como interpretarlo.

Este análisis que acabamos de realizar compete al discurso, desde luego, pero también a la adecuación y, en definitiva, al componente sociocultural.

En definitiva, la mayor fuente de información de cuál es el elemento sociocultural que debemos tratar de la que disponemos los profesores son los estudiantes: observar sus comentarios, las generalizaciones, las valoraciones, los choques, las críticas a la sociedad meta, los elogios a la cultura meta..., para ver si responden a la realidad o a una visión deformada de ella (por idealizada o denostada). Observarlos a ellos nos ayudará a detectar tanto nuestro propio componente sociocultural como las diferencias y similitudes con los de ellos y, así, como trabajo secundario, pero no menor, contribuir al encuentro multicultural que nos hace crecer como personas y nos permite entender la diversidad y disfrutarla en lugar de juzgarla.

Bibliografía

ABASTADO, C. (1982),"Culture et médias", *Le Français dans le monde*,173.

BACHMAN, S., GERHOLD, S., MULLER B-D y G.WESSLING, (1995), *Sichtwechsel 1, 2, 3*,Allgemeine Einführung, München, Klett edition.

BOYD, J. y S. FERRARA (eds.) (1979), *Speech Acts ten years later*, Milán,Versus.

BYRAM, M. y FLEMING, M. (eds.) (1998), *Language Learning in Intercultural Perspective. Approaches through drama and ethnography*, Cambridge, Cambridge University Press.

CANALE, M. y SWAIN, M. (1989), "Theoretical basis of Communicative Approaches to Second Languages Teaching and Testing", *Applied Linguistics*, 1: 1-47.

CANALE, M. (1983), "From Communicative Competence to Communicative Language Pedagogy", en T. RICHARDS & R.W. SCHMIDT (eds.) *Language and Communication*, Londres, Longman.

CERROLAZA, O. (1994),"La confluencia de diferentes culturas: cómo conocerlas e integrarlas en la clase", en MIQUEL, L. y N. SANS (eds.) (1994) *Actas de Didáctica del Español como lengua extranjera*, Madrid, Expolingua, vol. 3.

ESCANDELL, Mª V. (1995), *Introducción a la pragmática*, Madrid,Taurus.

GEERTZ, C. (2000), *La interpretación de las culturas*, Barcelona, Editorial Gedisa.

GONZÁLEZ BLASCO, M. (1999), "Aprendizaje intercultural: desarrollo de estrategias en el aula", en MIQUEL, L. y N. SANS (eds.), *Actas de Didáctica del Español como lengua extranjera*, Madrid, Expolingua, vol. 4

GRICE, H. P. (1975), "Lógica y conversación", en L. M.Valdés Villanueva (ed.) (1991), *La búsqueda del significado*, Madrid,Tecnos.

GUMPERZ, J. J. (1982a), *Discourse strategies*, Cambridge, Cambridge University Press.

GUMPERZ, J. J. (1982b), *Language and social identity*, Cambridge, Cambridge University Press.

HARRIS, M. (1990), *Antropología cultural*, Madrid,Alianza editorial.

KRAMSCH, C. (1993), *Context and culture in Language Teaching*, Oxford, Oxford University Press

LLOBERA, M. (ed.) (1995), *Competencia comunicativa. Documentos básicos en la enseñanza de lenguas extranjeras,* Madrid, Edelsa.

MIQUEL. L. (2001),"La formazione del docente di lingua nella società delle molte lingue e delle molte culture", *Actas del Congreso LEND*, Roma (en prensa).

MIQUEL, L. (1999), "El choque intercultural: reflexiones y recursos para el trabajo en el aula", *Carabela*, 45, Madrid, SGEL: 27-46.

MIQUEL, L. (1997),"Lengua y cultura desde una perspectiva pragmática: algunos ejemplos aplicados al español", *Frecuencia-L* , 5: 3-14.

MIQUEL, L y N. SANS (1993), "Estrategias de explotación de elementos culturales en materiales de enseñanza de lenguas extranjeras" en MANCHÓN, R.M. y A. BURTON (eds.), *Serie sobre estrategias de aprendizaje y uso del lenguaje*, Universidad de Sevilla.

MIQUEL, L. y N. SANS (1992), "El componente cultural: un ingrediente más de las clases de lengua", *Cable*, 9, Madrid, Difusión.

PORCHER, L et al .(1988), *La civilisation*, Paris, Clé International.

SAVILLE - TROIKE, M. (1989), *The Ethnography of Communication*, New York, Basil Blackwell.

VALDÉS, J. (ed.) (1986), *Culture Bound. Brinding the Cultural Gap in Language Teaching*, Cambridge, Cambridge University Press.

WESSLING, G. (1994), "Aprendizaje intercultural", MIQUEL, L. y N. SANS (eds.) *Actas de Didáctica del Español como lengua extranjera*, Madrid: Expolingua, vol. 3.

La subcompetencia pragmática

Salvador Gutiérrez Ordóñez
Universidad de León

Introducción

Toda disciplina tiene por misión esencial ofrecer una descripción y una explicación exhaustivas, coherentes y simples de su objeto. Aunque las clasificaciones binarias limitan con el riesgo de la simplificación, se admite que todas las ciencias empíricas conocen una dimensión teórica (*ciencia básica*) y una vertiente práctica (*ciencia aplicada*). Se trata de dos visiones complementarias e interdependientes que mutuamente se apoyan y necesitan.

La enseñanza de lenguas no maternas constituye una de las aplicaciones prácticas más comunes de la lingüística. En consonancia, la *metodología de la enseñanza de segundas lenguas* se ha erigido históricamente en la rama más fértil de esa nueva disciplina que denominamos lingüística aplicada.

Entre la visión teórica de nuestra materia y su corriente aplicada ha existido ósmosis constante y continua. Toda renovación o revolución teórica ha afectado de forma estrecha a los planteamientos y enfoques de su aplicación. El paradigma de la lingüística tradicional, basado en la estructura de las gramáticas de las lenguas clásicas, tiene como correspondencia metodológica el modelo *Gramática y traducción*. De igual forma, los modelos conductistas, de análisis de errores o las propuestas cognitivas en la enseñanza de lenguas se apoyan en visiones paralelas dentro del paradigma estructural-generativista en la teoría del lenguaje.

En el último tercio del siglo XX, cuando ya las visiones estructuralista y generativista alcanzaban su madurez, la lingüística asiste a una profunda transformación, marcada por la ampliación de su objeto teórico. Se generan nuevas disciplinas (pragmática, sociolingüística, análisis del discurso, análisis conversacional, etc.) y otras experimentan una profunda renovación psicolingüística, etnolingüística, semiótica, etc.). Como consecuencia, el antiguo ámbito de las ciencias del lenguaje, que podíamos resumir en nociones como *lengua*, *sistema*, *código* o *competencia lingüística*, siente ampliadas sus fronteras. Ahora, la teoría del lenguaje ya se ve capacitada para describir y explicar un objeto mucho más amplio y complejo: la *competencia comunicativa*.

Estos cambios profundos en el objeto y la renovación metodológica que aportó el nacimiento de nuevas disciplinas afectaron al planteamiento, al desarrollo y a los objetivos de la metodología de la enseñanza de lenguas no maternas. Ya no estaba en juego solamente la gramaticalidad de los mensajes. El profesor de lenguas extranjeras, que nunca había sido ajeno a la enseñanza de otros valores (de uso, de cultura, de niveles lingüísticos, etc.), encuentra en el nacimiento de las nuevas disciplinas un apoyo teórico a aspectos que de forma intuitiva y práctica ya enseñaba. Con la pragmática, la sociolingüística, la etnolingüística, la semiótica, etc., nace la conciencia de que hablar no consiste solamente en articular enunciados gramaticales y de que el proceso de aprendizaje de una lengua no se limita al estudio de las reglas fonológicas, morfológicas, sintácticas, a la adquisición del léxico (como enseñaban los métodos tradicionales), ni la automatización de estructuras que otorgaban mayor fluidez en la expresión y en la comprensión de nuestras comunicaciones (tal y como aconsejaban los métodos estructuralistas). El descubrimiento de los nuevos territorios generó la conciencia de que enseñar una lengua era una tarea compleja que trascendía las fronteras de la gramática y de la competencia lingüística. El nuevo dominio, la *competencia comunicativa*, imponía una nueva *deontología comunicativa* que sumaba a las conocidas reglas de la gramática nuevos principios que nos obligaban a saber construir y comprender:

- *mensajes con sentido*, es decir, enunciados cuyo contenido sobrepasa la literalidad lingüística.
- *mensajes coherentes* con el resto de las partes de un mismo texto, así como con el género de discurso que se adopte.
- *mensajes adecuados* a los interlocutores, al nivel de lengua, al género, al ámbito cultural, a los caracteres particulares de nuestro interlocutor. Este mandamiento de adecuación incorpora principios sociolingüísticos (niveles de lengua), socioculturales (cortesía, etc.), pragmáticos (cooperación, etc.), discursivos, etcétera.
- *mensajes efectivos o eficaces.*

Al lado del desarrollo de estas nuevas disciplinas, junto a la aparición de este nuevo objeto (que genera nuevos objetivos en la enseñanza de las lenguas) y en relación con esta nueva deontología comunicativa y docente, asistimos a finales del siglo pasado a una profunda renovación metodológica. El nacimiento de la lingüística aplicada está especialmente ligado desde el principio a la enseñanza de segundas lenguas. Si bien es cierto que, con posterioridad, ha experimentado un ejemplar desarrollo en otros ámbitos (lexicografía, terminología, traducción, patologías del lenguaje, enseñanza de la lengua materna, etc.), en un principio inicia su andadura en el ámbito de las lenguas no maternas.

El objeto de una disciplina se suele concentrar en algunas cuestiones básicas. El primer interrogante (*¿Qué enseñar?*) parece a primera vista quedar resuelto por el desarrollo mismo de la teoría del lenguaje (la ciencia lingüística irrumpe en nuevos territorios, aparecen nuevas disciplinas, etc.). Sin embargo, es en el ámbito de la *lingüística aplicada* (LA), y no en el de la lingüística propiamente dicha, donde se toma conciencia, se valora su relevancia y se difunde la noción de *competencia comunicativa.* Por lo demás, es también en el seno de la lingüística aplicada donde se plantean nuevos interrogantes que abrirán amplios horizontes y establecerán vectores de relación con disciplinas del nuevo paradigma. Se puede afirmar, sin acudir a la hipérbole, que la LA constituye el más concurrido punto de encuentro y el espacio en el que las nuevas ciencias pretenden mostrar su validez.

La lingüística aplicada a la enseñanza de segundas lenguas inicia una investigación fecunda sobre *cómo* asimilamos una lengua. De la psicolingüística asume conceptos básicos:

- la diferencia entre *adquisición* y *aprendizaje*,
- la diferencia entre las nociones y las características de los dos tipos de almacenamiento de información y de procesos: *memoria a corto plazo* y *memoria a largo plazo.*

- la concepción de la lengua como una *actividad cognitiva compleja*, constituida por patrones de comportamiento asentados en la memoria a largo plazo y realizados de forma automática, inconsciente y segura.

La lingüística aplicada se apoyará asimismo en la sociolingüística. Enseñar un idioma consiste también en proporcionar conocimientos y destrezas que permitan al alumno expresarse de forma adecuada en un elevado número de registros. Si las primeras fases de la enseñanza de una lengua persiguen el dominio de un nivel estándar, el logro de mayores cotas de competencia comunicativa exige soltura y corrección en varios niveles.

La lingüística aplicada se ve en la constante necesidad de explicar la importancia de los diferentes valores culturales asociados a las expresiones lingüísticas. De igual forma, se interesa por las diferencias semióticas (paralingüísticas, cinésicas y proxémicas) que acompañan a nuestras emisiones. Un error gramatical encuentra la benevolencia y la comprensión que difícilmente alcanzan las infracciones ligadas a la cultura o a los gestos.

1. Lingüística aplicada a la enseñanza y pragmática

1.1. Introducción

La pragmática es tal vez la disciplina de la nueva lingüística que ha intervenido de una forma más decisiva en la evolución de las bases teóricas y metodológicas de la LA. Su aparición en la escena de los años sesenta del pasado siglo coincide con el inicio de las crisis de los métodos estructurales. Los teóricos de la metodología buscan nuevos caminos, nuevas orientaciones, nuevas vías que ofrezcan una mayor eficacia en la enseñanza de lenguas.

Desde la formulación de Ch. Morris en un breve pero conocido artículo de 1938, la naciente disciplina pretende introducir una nueva dimensión: la relación de los signos con los usuarios o intérpretes.

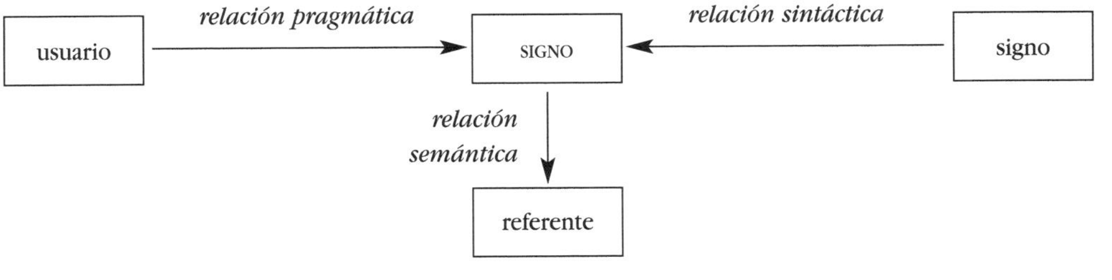

Poco tiempo después, el propio Morris (1938: 76) matizaría su definición de la nueva disciplina: *La pragmática es el aspecto de la semiótica que se interesa por el origen, usos y efectos de los signos*. Es claro que en cualquiera de las definiciones, el nuevo campo de estudio presentaba indudable interés para dos tipos de investigadores:

- Para quienes buscaban superar el binomio saussureano de *lengua/habla*.
- Para quienes investigaban patrones teóricos para una metodología de enseñanza de lenguas, cuyo éxito o fracaso se mide precisamente por su relación con el uso de los signos y su relación con los usuarios. La caracterización de la nueva disciplina (estudio de *uso y*

efectos de los signos, así como su relación con los usuarios de la lengua) provocó desde el principio un singular interés por la pragmática entre los teóricos de la LA. Quienes se enfrentaban a la práctica docente de segundas lenguas padecían diariamente las limitaciones de una teoría que se mantenía en un estrato de valores abstractos en cualquiera de los ámbitos de la lengua (fonológico, gramatical, sintáctico), y, en consecuencia, hacían patente la necesidad de una teoría que descendiese a comportamientos regidos por el uso, la cultura, el contexto situacional, a realizaciones de norma, etcétera.

1.2. Significado-sentido

Definida la disciplina, una de las tareas prioritarias de la pragmática reside en delimitar su objeto básico. En los años cincuenta, desde la filosofía del lenguaje se reflexiona sobre las dimensiones del contenido. P. F. Strawson distingue tres tipos de significación: lingüística (Sdo-A), referencial (Sdo-B) e ilocutiva o intencional (Sdo-C). El estudio de la primera (el *significado*) corresponde a la lingüística, mientras que las dos últimas (el *sentido*) son objeto de análisis por parte de la pragmática.

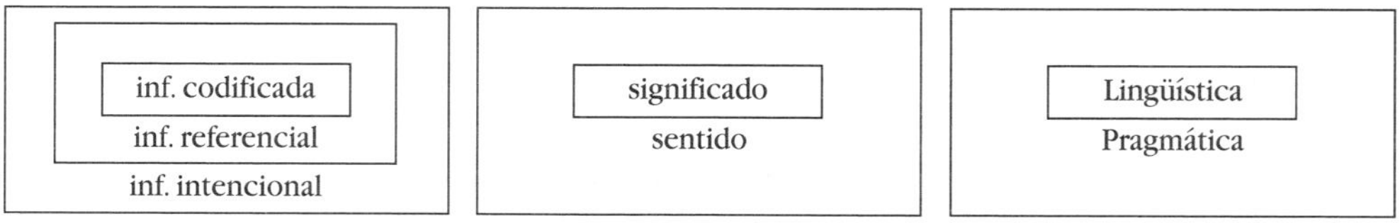

El *sentido de un mensaje* es *la totalidad de contenidos que se transmiten en una comunicación concreta*. El *sentido* es la conjunción y el resultado de diferentes dimensiones significativas. *No es una unidad de significación lingüística, sino un elemento de carácter pragmático*.

	Lingüística	*Pragmática*
Tipo de información	Información codificada	Información no codificada
Contenido	Significado	Sentido
Carácter	Formalizado (objetivo)	Intencional (subjetivo)

La delimitación del objeto y del ámbito de la pragmática abría nuevas perspectivas a los teóricos de la LA. Se reconoce un hecho fundamental: para que un acto de comunicación no resulte fallido el receptor ha de captar y descifrar no sólo el significado, sino también el sentido. Enseñar una lengua no puede reducirse, por consiguiente, a la enseñanza pura del código. De hecho, nunca lo había sido en la práctica; pero se necesitaba un marco teórico más amplio para englobar y explicar esta necesidad nacida en el aula.

2. Teoría de la enunciación

Durante los años cincuenta se asiste a un nuevo replanteamiento del problema de la dimensión factual del lenguaje, tanto desde la filosofía analítica como desde algunas corrientes de la lingüística (especialmente, E. Benveniste). De tales reflexiones surge un nuevo binomio con misión clasificadora: el puro acto verbal (*enunciación*) frente a su resultado o producto (*enunciado*).

- *Enunciación*: es la puesta en funcionamiento de la lengua por un acto individual de utilización.
- *Enunciado*: es el texto realizado, la estructura significante acabada y percibida por aquel que descodifica la lengua.

La insistencia en el concepto de *enunciación* respondían a una acción evidente: conquistar nuevos territorios para el objeto de la lingüística, ampliar los dominios de la *langue* a expensas de la *parole*. En la enunciación también existirían aspectos y dimensiones sistemáticos.

La teoría de la enunciación desencadenó abundantes reflexiones teóricas en Francia. Estaba ligada al movimiento que buscaba nuevas fronteras para nuestra disciplina. Sin embargo, no tuvo una repercusión notable en los estudios de la LA a la enseñanza de lenguas. Las investigaciones se circunscribieron generalmente a las llamadas categorías de la enunciación (modalidad, deixis, referencia, etcétera).

3. Los actos de habla

3.1. Evolución de la teoría

El nacimiento de la pragmática tiene lugar de forma definitiva con la formulación de la teoría de los actos de habla que ve la luz por vez primera en el libro de J. Austin *How to do things with words?* (1962), obra de importancia capital y que presenta algunas semejanzas externas con el curso de Saussure. Fue publicado después de su muerte y constituyó una verdadera revolución en las ciencias del lenguaje.

La obra se inicia con el planteamiento y descripción de un tipo de enunciados que, aunque presentados en forma asertiva, carecen de valor veritativo. Su finalidad no es describir o constatar, sino ejecutar el acto que enuncian. Son los enunciados *performativos* o *realizativos*: cuando alguien dice *yo juro, yo prometo, yo garantizo,* no está describiendo acciones, sino realizando el acto de jurar, de prometer y de garantizar, hechos que socialmente le comprometen; algo que no ocurre cuando esa misma persona dice *él jura*, *tú prometes*, *ellos garantizan*, enunciados que no son más que meras descripciones de hechos.

Austin acierta con la explicación. La particularidad de estos enunciados no reside en el valor lingüístico de la primera persona, como creía Benveniste, sino en un acuerdo social. La sociedad ha convenido en realizar determinados actos individuales de repercusión comunitaria pronunciando una fórmula de compromiso. Normalmente dicha fórmula se expresa en primera persona (*juro*, *prometo*, *yo te bautizo*, *sí quiero*, etc.), porque es el individuo quien se responsabiliza. Sin embargo, existen otros hechos necesarios para su validez: personas autorizadas, contexto adecuado, respeto al ritual[1], etcétera.

Con ser un capítulo curioso e impactante, la teoría de los enunciados performativos carecía de un grado de generalidad suficiente como para remover los cimientos de los estudios del lenguaje. A

[1] A-1: Debe existir un procedimiento, reconocido por convención, dotado por convención de un cierto efecto y que abarque el enunciado de ciertas palabras, por ciertas personas en algunas circunstancias (Austin: 58).
A-2: Hace falta que, en cada caso, las personas y circunstancias particulares sean aquellas que convienen para que se pueda invocar el procedimiento en cuestión (Austin: 64).
B-1: El procedimiento ha de ser ejecutado por todos los participantes y correctamente (Austin: 65); B-2: El procedimiento debe ser ejecutado íntegramente por todos los participantes (Austin: 65).

fin de cuentas, su aplicación queda restringida a escasas circunstancias vitales. Abundan especialmente en el juego: *arrastro*, *¡las cuarenta!*, *paso*, *envido*, *órdago*, etcétera. Sin embargo, Austin, hacia la mitad de su obra, cambia de orientación: la visión factual del lenguaje no sólo afecta a los enunciados performativos, sino a todas nuestras emisiones. Al hablar, realizamos tres tipos de actos de habla:

a) *Locutivos.* El puro hecho de hablar conlleva la ejecución de actividades de diferente tipo: fonéticas, sintácticas y semánticas (réticas, en la terminología del autor).

b) *Ilocutivos.* Mas allá de la ejecución lingüística, nuestros enunciados alcanzan un valor discursivo. Al hablar realizamos actos como saludar, presentarnos, felicitar, insultar, agradecer, reconocer, justificar, pedir disculpas, etc. Son actos intencionales que superan la pura literalidad y que constituyen efectos de sentido de nuestros mensajes.

c) *Perlocutivos.* Muchas veces, cuando hablamos, emitimos mensajes que están destinados a modificar los conocimientos, las actitudes o a influir en nuestros destinatarios para orientar su conducta en determinada dirección. Hablamos para informar, para convencer, para alegrar, para humillar, para ensalzar, para mentir, para ilusionar, para seducir, para enamorar, etcétera.

Las dimensiones ilocutiva y perlocutiva reflejan un aspecto esencial de la naturaleza del lenguaje: el hecho de ser instrumento de *acción* y de *interacción*. La *ilocutividad* nos permite realizar actos con palabras. Por medio de la dimensión *perlocutiva* intentamos conseguir efectos de todo tipo en los demás. Veamos algunos ejemplos:

Expresión lingüística (significa)	Valor ilocutivo (cuenta como)	Valor perlocutivo (intento de)
¡Buenas tardes!	Saludo.	Agradar.
¡Cabrón!	Insulto.	Enojar.
¡Te quiero!	Declaración de amor.	Enamorar.
Padre nuestro, que estás...	Oración.	Conseguir gracias.
¿Tiene usted hora?	Petición.	Enterarse de la hora.
Lo siento.	Petición de disculpa.	Conseguir perdón.
No tiene importancia.	Disculpa.	Tranquilizar.

El valor ilocutivo o intencional de los mensajes presentaba un problema metodológico: su extrema variabilidad contextual. La secuencia *Está frío* puede adquirir distintos valores: información, orden de cerrar la ventana, prohibición, advertencia, aprobación, queja, etc. La lingüística se proponía explicar la organización codificada, los valores constantes en todos sus usos de la expresión *Está frío*. De los valores contextuales se encargaría la pragmática.

Sabemos desde Aristóteles que la ciencia se resuelve en juicios universales. ¿Pero cómo ofrecer una descripción científica de lo que es puramente particular, ocasional y caduco? Esta cuestión metodológica nos conduce a otro interrogante previo: ¿cómo es posible que los hablantes utilicen una misma secuencia para transmitir diferentes sentidos? Su fiel captación por parte del receptor es esencial para la consumación del acto comunicativo. ¿Pero cómo es posible para los destinatarios descifrar valores tan ocasionales?

J. R. Searle (1969) ofrece pocos años más tarde una respuesta sorprendente: *realizar un acto ilocutivo es comprometerse en una forma de conducta gobernada por reglas*. Diferencia cuatro tipos de *reglas constitutivas*:

a) *Reglas de contenido proposicional*: expresan las restricciones semánticas a las que ha de someterse el enunciado que sirve de base a un acto de habla. Las *peticiones* han de referirse a un acto futuro del oyente, las *promesas* a un acto futuro del hablante, etcétera.
b) *Reglas preparatorias*: se presentan como condiciones contextuales del acto de habla. No se pide algo a quien no lo tiene, ni se pide si se tiene la certeza de que nuestro interlocutor nos lo va a proporcionar de forma natural.
c) *Regla de sinceridad*: necesaria en determinados actos como afirmaciones, promesas, etc. Nula, por ejemplo, en los saludos. La emisión *Buenos días, señor director* no deja de ser un saludo, por mucho que el untuoso acólito le desee sinceramente una apoplejía.
d) *Regla esencial*: da validez social al acto. La sociedad lingüística lo reconoce como una petición, un saludo, una promesa, etcétera.

En el siguiente gráfico ofrecemos varios ejemplos. Dos son una adaptación de los propuestos por el mismo Searle:

TIPOS DE ACTO ILOCUTIVO			
Reglas	*pedir*	*prometer*	*saludar*
Contenido proposicional	Acto futuro del O(yente).	Acto futuro del H(ablante).	Ninguno.
Preparatoria	- El O es capaz de realizar ese acto A. - No es obvio que el O lo vaya a realizar en el curso normal de los acontecimientos.	- El H es capaz de realizar ese acto A. - No es obvio que el H lo vaya a realizar en el curso normal de los acontecimientos.	El H acaba de encontrar al O.
Sinceridad	El H desea que el O realice tal acción.	El H desea realizar esa acción.	Ninguna.
Esencial	Cuenta como un intento de que el O realice A.	Cuenta como un ofrecimiento de realizar A.	

Obsérvese que entre el contenido proposicional de una petición y el de una promesa sólo existe un cambio de segunda a primera persona: *¿Me dejas seis euros?/¿Te dejo seis euros?* Variaciones de este tipo son responsables de diferencias pragmáticas entre expresiones aparentemente idénticas en lexemas y estructura sintáctica. Son matices de enorme importancia en el dominio de los valores de sentido sobre los que se ha de reflexionar en la enseñanza de segundas lenguas:

- *¡A ver si llego a tiempo! (expresión de deseo).*
- *¡A ver si llegas a tiempo! (recomendación).*

- *No soy digno de que entres en mi casa (expresión de humildad).*
- *No eres digno de entrar en mi casa (menosprecio).*

- *¿Puedes cerrar la ventana? (petición).*
- *¿Pudiste cerrar la ventana? (pregunta).*

3.2. Importancia de la teoría de los actos de habla

Estas reflexiones sobre los actos de habla constituyeron una auténtica revolución dentro de la teoría del lenguaje:

1) Se descubre que *hablar* no consiste sólo en la transmisión de contenidos codificados desde un hablante a un oyente a través de un canal o hilo conductor. Hablar es también realizar actos. Esto se puede observar en el siguiente diálogo tomado de *El cartero de Neruda*, de Antonio Skármeta:

[1] —Don Pablo, estoy enamorado....
[2] —Eso ya lo dijiste. ¿Y en qué puedo servirte?
[3] —Tiene que ayudarme.
[4] —¡A mis años!
[5] —Tiene que ayudarme, porque no sé qué decirle.

Cualquier usuario de la lengua sabría descifrar el valor pragmático de cada uno de los actos enumerados. Aunque la situación comunicativa es más compleja y en cada acto pueden coexistir varias dimensiones, podríamos identificar cada uno de los actos ejecutados en cada enunciado.

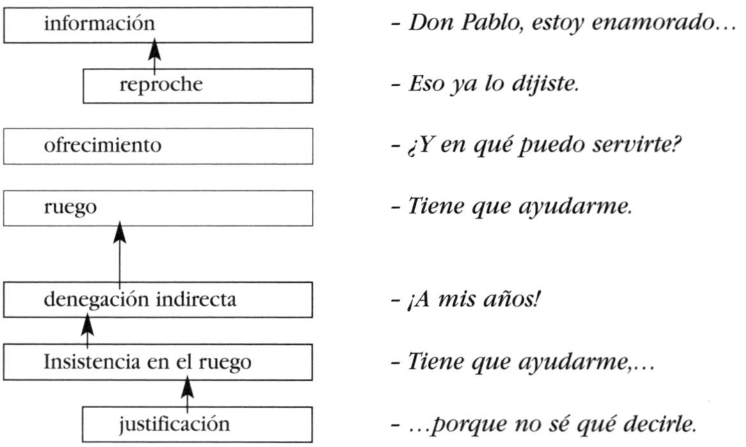

2) El descubrimiento de los valores convencionales que regulan tanto la producción como la interpretación de los actos de habla representa la primera incursión científica fuera de los dominios del código. Significó una auténtica revolución en la concepción del lenguaje, tan crucial como la que media entre las concepciones racionalistas (la lengua como expresión del pensamiento) y estructural (la lengua como instrumento de comunicación, de intercambio de mensajes). La nueva lingüística, la pragmática, concibe prioritariamente la lengua como un instrumento de acción y de interacción social.

3.3. Actos de habla y enseñanza de lenguas

La teoría de los actos de habla constituyó uno de los principales cimientos sobre los que se ha apoyado la gran revolución metodológica de la enseñanza de las lenguas no maternas. El *método comunicativo* no toma como objetivo inicial la enseñanza de estructuras gramaticales, sino que pretende enseñar a resolver situaciones, a realizar actos (*funciones comunicativas*) a través de palabras. Después de todo, ésta es la forma en la que aprendemos una lengua materna: primero es la realización de actos comunicativos en los que el niño utiliza gritos, lloriqueos, gestos, etc.; luego viene el aprendizaje lento y progresivo de la lengua para resolver éstas y otras muchas necesidades. *En el principio era la acción.*

Nociones como *competencia comunicativa* (D. Hymes) o la propuesta del *método comunicativo* en la enseñanza de las lenguas (D.Wilkins) surgen a principios de los años setenta como fruto natural del nacimiento de las nuevas disciplinas que permitieron el asentamiento de la lingüística de la comunicación: sociolingüística, psicolingüística, etnolingüística y, especialmente, la pragmática . El objetivo prioritario no consiste en aprender la estructura gramatical del las palabras (género, número, conjugaciones, etc., como preconizaba el método tradicional), ni siquiera las estructuras sintácticas que poblaban los manuales de corte estructuralista. Aprender una lengua consiste, ante todo, en adquirir la capacidad de resolver situaciones y necesidades comunicativas. El concepto de *función comunicativa* está íntimamente relacionado con el de *acto de habla.*

La organización de los materiales didácticos ha sufrido un cambio profundo que va desde los objetivos mismos de las unidades hasta su organización y jerarquización internas. En los métodos tradicionales se seguía el orden clásico: accidentes nominales y verbales, clases de palabras. En el primer capítulo se estudiaba, por ejemplo, el género o el artículo de forma exhaustiva, incluidas las excepciones. Los ejercicios estaban supeditados a la gramática. En los métodos conductistas se hacía hincapié en la adquisición de estructuras, comenzando por las más sencillas (*María es hermosa, Luis tiene un lápiz, Se vende un barco*). La gramática, en sentido estricto, se supeditaba a la automatización de secuencias. Los manuales comunicativos organizan sus unidades didácticas tratando de resolver las situaciones comunicativas por orden de aparición. Los primeros problemas con que se encuentran los alumnos que, por ejemplo, se trasladan a nuestro país para aprender español, son saludar, presentarse, despedirse, preguntar por el nombre, por la procedencia... Éste es precisamente uno de los primeros temas que aparecen en los manuales del primer nivel.

Por otra parte, la preocupación comunicativa conduce a seleccionar los ejemplos de acuerdo con el carácter real. En situaciones normales de intercambio lingüístico, expresiones gramaticales como las que se recogían más arriba (*María es hermosa, Luis tiene un lápiz, Se vende un barco*) no se dicen. Por consiguiente, deben ser eliminadas de los manuales y sustituidas por expresiones investidas de cotidianeidad, de realismo y verosimilitud. ¿Cuántas veces en nuestra vida nos hemos visto en la necesidad de decir *Se vende un barco*?

4. Lo implícito

4.1. Una nueva dimensión pragmática

Uno de los grandes descubrimientos de la pragmática ha consistido en desvelar la parte oculta de los mensajes. En alguna ocasión hemos comparado al enunciado con un iceberg. En él existe una parte sumergida y otra parte que es visible. El mensaje, al igual que el iceberg, no está formado solamente por lo que se ve. Debajo de lo patente, del *significado*, de lo literal, a lo que llegamos de forma casi automática aplicando esas reglas adiestradas que constituyen el código, subyace el *sentido*. Para que un acto de comunicación no sea fallido resulta absolutamente indispensable que el receptor capte la totalidad de ese iceberg que es el mensaje: significado y sentido. Dentro de los límites a los que se ve sometida toda disciplina, la lingüística daba respuesta al *qué* y, en menor medida, al *cómo* de los procesos de codificación y descodificación lingüísticos. Pero el sentido quedaba, por principio, fuera de sus posibilidades.

Parece indudable que la capacidad de cifrar y descifrar mensajes cuya información transciende la literalidad pertenece a la *competencia comunicativa*. Un lingüista atento quedará admirado de la prontitud con que un niño aprende a emitir y a comprender actos de habla indirectos, es decir, mensajes con información implícita. Si desea conseguir algo de su interés se acercará a decirle a su madre que la quiere mucho. De forma inversa, interpretará adecuadamente que cuando alguien le pregunta *¿Quién me quiere a mí?* le está solicitando un beso o un abrazo.

Si esta capacidad la adquirimos de forma natural en el proceso de incorporación de la lengua materna, parece evidente que cobra una importancia central en el aprendizaje de una segunda lengua. ¿Cómo aprendemos a transmitir información implícita en una segunda lengua? Se podría pensar que en la forma de actualizar implicaturas en una segunda lengua algo tienen que ver las técnicas de procesar información en la lengua materna. La respuesta es sólo parcialmente verdadera; pero no adelantemos acontecimientos. En este punto del trabajo, hemos de permitir que nazca la pragmática de lo implícito.

4.2. Presuposiciones e implicaturas

De las dos dimensiones de lo implícito (presupuestos e implicaturas o sobrentendidos), una es de carácter lingüístico (las presuposiciones), mientras que la otra es de naturaleza pragmática (las implicaturas o sobrentendidos). En este cuadro se observan las características que la diferencian:

Presupuestos	*Sobrentendidos o implicaturas*
Perviven en la negación y en la interrogación.	No perviven en dichos contextos.
Pertenecen al componente lingüístico.	Pertenecen al componente pragmático.
El hablante es responsable.	El hablante no es responsable.
El presupuesto es un implícito inmediato.	El sobrentendido es un implícito mediato.
Son presentados como algo compartido.	No se presentan como algo compartido.
Se interpretan por descodificación lingüística.	Se obtienen por inferencia (pragmática).

A la pragmática le interesa comprender y explicar las implicaturas: su naturaleza y su forma de articularse en los procesos de expresión y de recepción. ¿Cómo llega el oyente a captar la existencia de implicaturas? ¿Cómo advierte si el mensaje transciende los límites de la literalidad y aporta contenidos implícitos?

4.3. Principio de cooperación

Esta fue precisamente la cuestión esencial que se planteaban de forma indirecta J. R. Searle y P. Grice en dos trabajos de amplia repercusión publicados ambos en 1975. J. R.Searle buscaba los mecanismos que gobiernan su interpretación de los *actos de habla indirectos*. Un diálogo tan cotidiano como:

A: ¿Por qué no vamos al cine esta noche?
B: Mañana tengo un examen.

presentaba numerosos problemas: ¿Cómo es posible que si A desea realizar una invitación o una propuesta a B lo haga a través de una interrogación? ¿Y cómo es posible que B, a partir de un enunciado interrogativo, pueda llegar a la interpretación de que A le propone ir al cine? ¿Por qué vías llega el hablante A a la interpretación de que *Mañana tengo un examen* es un rechazo de su propuesta? Searle adelantaba la presencia de varios factores:

a) Principios generales de conversación cooperativa.
b) Sustrato de información mutuamente compartida.
c) Capacidad de raciocinio e inferencia.
d) Concurso de ciertas expresiones idiomáticas.

P. Grice sostiene que nuestros intercambios comunicativos están gobernados por principios de buena conducta comunicativa. El más importante, y el único que estudia, es el *principio de cooperación*. Cuando dos usuarios de la lengua se enrolan en un intercambio de mensajes, un principio deontológico gobierna su conducta: *Coopera*[2]. Este mandamiento se desglosa en cuatro máximas:

a) *Máxima de cantidad*: di lo justo.
b) *Máxima de cualidad*: sé sincero.
c) *Máxima de relación*: sé relevante.
d) *Máxima de modo o manera*: sé claro.

El *principio de cooperación*, al igual que cualquier disposición imperativa, está abierta a dos posibilidades: el *cumplimiento* o la *violación*. Diferencia cuatro tipos de violaciones[3]. Grice descarga sobre las *violaciones abiertas* la responsabilidad de captar la existencia de implicaturas. Si oímos a alguien la expresión *Un hijo es un hijo*, advertimos que es un enunciado que viola la *máxima de cantidad* (es tautológico, no informa de nada, dice menos de lo que tiene que decir). En ese momento razona: si mi interlocutor es cooperante y, a pesar de todo, me remite un mensaje que en su literalidad no me informa de nada, entonces, tal vez quiera decir más de lo que dice. A partir de ese momento, el oyente pone en funcionamiento su procesador de inferencias hasta llegar al sentido.

La teoría de Grice se queda a las puertas de la explicación de cómo procesamos las implicaturas. Sin embargo, ha tenido enorme importancia por dos motivos:

a) Es el primer intento de explicar la interpretación de las implicaturas.
b) Desvela un principio importantísimo en el análisis de la conversación.

---

[2] Grice lo presenta de forma imperativa: haga usted su contribución a la conversación tal y como lo exige, en el estadio en que tenga lugar, el propósito o la dirección del intercambio que usted sostenga (1975/199: 516).

[3] a) *Violación oculta*. La más prototípica es la *mentira* (contra la *máxima de cualidad*).
b) *Negación a cooperar.*
c) *Colisión entre dos máximas.*
d) *Violación abierta.*

4.4. Teoría de la relevancia

Existen diferentes manifestaciones de lo implícito:

a) Sobrentendidos: *Son las doce. Es la hora de salir.*

b) Figuras de contenido (metáforas, metonimias, sinécdoques, prosopopeyas, antífrasis o ironías): Metáforas: *Esto es el cielo* (metáfora); *¡Qué listo soy!* (ironía).

c) Actos de habla indirectos:
- *Tengo sed.*
- *En la nevera hay cerveza.*

d) Tautologías, paradojas, evidencias: *Un hijo es un hijo, No saber sabiendo...*

Dan Sperber y Deirdre Wilson publicaron en 1986 un libro (*Relevance*) que constituyó una nueva revolución no sólo de la pragmática, sino de la semiología y de toda teoría del lenguaje. Se proponen ofrecer explicación a estos interrogantes:
- ¿Cómo captamos la existencia de implicaturas?
- ¿Cómo interpretamos el sentido implícito?
- ¿Por qué hablamos de forma tan inconclusa?

Sperber-Wilson construyen una sólida teoría apoyada en supuestos cognitivos, culturales y semiológicos, que resumimos esquemáticamente:

a) *Relevancia*. Un mensaje es relevante cuando aporta más información de la que codifica. Esta información oculta, no codificada, son los *efectos contextuales*.

b) *Presunción de relevancia*. Siempre que recibimos un mensaje le otorgamos presunción de relevancia, es decir, lo convertimos en sospechoso de decir más de lo que dice. En principio, operamos como si todos los enunciados fueran relevantes.

c) *Modelo del código/Modelo inferencial*. El hombre es un ser dotado de una capacidad inferencial que le permite procesar información implícita, no codificada. El descubrimiento de esta vía comunicativa supone una revolución en la teoría del lenguaje. Desde siempre se había trabajado con la hipótesis de que toda comunicación se apoyaba exclusivamente en un código. El modelo inferencial coexiste con el modelo del código y es exclusivamente humano.

d) *Propiedad gradual*. La relevancia es también una *propiedad gradual*, no absoluta. Un mensaje es tanto más pertinente cuanto mayor sea el número de efectos contextuales o cognitivos que produce, es decir, el número de conocimientos nuevos que genera, y cuanto menor sea el esfuerzo necesario para su procesamiento.

e) *El proceso inferencial* es una actividad deductiva. Pero, a diferencia del silogismo, donde todas las premisas están presentes, en la comunicación pragmática el razonamiento se apoya en un solo enunciado explícito. ¿Cómo se realiza, pues, el razonamiento si carecemos de una premisa para comparar? Obteniéndola del contexto. Acudimos al baúl de los recuerdos, a nuestra memoria, a lo que en pragmática y en teoría cognitiva se denomina *el conocimiento enciclopédico*, para rescatar un enunciado que actúe de segunda premisa en el proceso inferencial y que me permita llegar a una conclusión coherente con la situación.

Imaginemos la siguiente situación. Si un alumno levanta la mano en clase y me dice *Ya son las doce*, yo, tras descodificar el mensaje lingüístico (lo que dice), le otorgo presunción de relevancia y me pregunto *¿Qué querrá decir?* He de inferirlo. Para ello acudo a mis conocimientos relativos en torno a lo que ocurre o ha de ocurrir a las doce. Algunas de esas informaciones pueden ser *A las doce se reza el Angelus, A las doce suenan las campanas de la catedral*, etc. Ninguna de ellas me aporta ninguna información coherente con la situación en la que estoy inmerso. Pero encuentro otro enunciado que sí lo es: *A las doce termina la clase*. Esto sí me permite llegar a una conclusión coherente con la situación: *Ya es la hora de terminar la clase.*

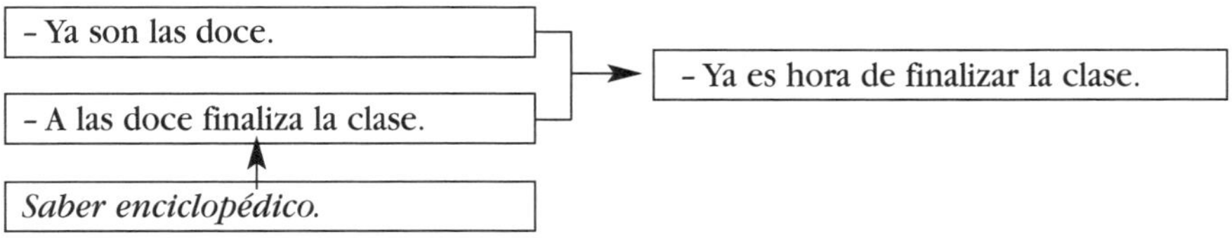

4.5. Relevancia y teoría del lenguaje

La teoría de la relevancia ha transformado nuestra concepción misma de la lengua. Como he mostrado en otras ocasiones, no sólo explica cómo se llega al sentido implícito en los ámbitos tradicionalmente asignados a la pragmática, sino que se aventura como una teoría indispensable para ofrecer una explicación adecuada de la comprensión fonológica, gramatical, sintáctica y léxica. Ya no es posible dividir el objeto de la lingüística y de la pragmática por ámbitos, ahora es necesario hacerlo por procedimientos. La lingüística explica los hechos codificados de la lengua, tanto los que pertenecen a sus tradicionales disciplinas como los que afectan a territorios que habitualmente se asignaban a la pragmática (actos de habla, referencia, funciones informativas, argumentación, cortesía, polifonía, conversación, etcétera).

Por el contrario, la pragmática ha de explicar la captación de lo implícito, tanto en sus tradicionales dominios como en los territorios que se asignaban a la competencia lingüística. Si esta tesis es aceptada, la perspectiva o competencia pragmática se convierte en una orientación absolutamente necesaria para poder ofrecer una explicación exhaustiva de cómo desciframos las secuencias fónicas, de cómo captamos el sentido concreto de los morfemas gramaticales, de cómo se articulan los enunciados en la sintaxis y, por último, de cómo llegamos hasta el sentido último en la comprensión del léxico.

En todos los ámbitos de la competencia lingüística existe un salto entre lo que se codifica y lo que se comunica. Cuando escuchamos un mensaje no se perciben todos los rasgos distintivos, ni todos los fonemas, ni siquiera todas las sílabas o palabras. ¿Cómo salvamos esa distancia entre la pobreza de lo dado y lo necesario para comprender el sentido? Por inferencia.

Cuando nos llega un enunciado no todos los morfemas gramaticales, preposiciones, conjunciones poseen la precisión necesaria para captar su sentido final. ¿Cómo resolvemos este problema? Aplicando el procedimiento inferencial.

Entender muchas oraciones subordinadas de argumentación (causales, condicionales, concesivas, adversativas y consecutivas) implica acudir a suspuestos pragmáticos que expliquen el paso de la razón o causa a la consecuencia. ¿Cómo rescatar tales informaciones? Por vía pragmática.

Identificar el sentido de una palabra (¡de todas las palabras!) nos exige dar un salto de lo general, que tenemos almacenado en nuestro propio diccionario en la cabeza, hasta lo particular y concreto de la interpretación contextual. ¿Cómo recorrer este camino? Por vía inferencial.

4.6. Relevancia y enseñanza de segundas lenguas

Las aportaciones de la pragmática a la metodología de la enseñanza de segundas lenguas se venía realizando por ámbitos. Si esta disciplina descubre que nuestra conducta comunicativa se resuelve en actos de habla, inmediatamente la teoría de los actos de habla se incorpora a la enseñanza de las lenguas. Si se estudia la cortesía o las funciones informativas, los marcadores de discurso o la conversación, etc., pronto estos temas son asimilados como focos que catalizan y mejoran la enseñanza.

La teoría de la relevancia trabaja esencialmente sobre el ámbito de lo implícito. Presentada así, no parece fácil tender un puente entre su visión teórica y la forma de llevarla al aula o a los libros. Sin embargo, existen numerosas actividades en la enseñanza de lenguas extranjeras que fundamentan su existencia continuada y su éxito en la teoría de la relevancia.

a) *Las audiciones* (*listening*) son una práctica basada en textos orales. En ellas el alumno ha de escuchar la grabación de un texto oral que presenta ciertas dificultades (ruidos, interferencias, etc.). Se pretende enfrentar al estudiante a situaciones próximas a la realidad. En un principio, el alumno apenas puede captar de qué se habla. En sucesivas audiciones irá realizando inferencias que, equivocadas unas y acertadas otras, lo irán conduciendo a recomponer ese rompecabezas que es el mensaje.

b) *La lectura y las audiciones sin diccionario*. En el aprendizaje de la lengua materna el niño no consulta el diccionario. Escucha palabras que no entiende. En muchas ocasiones consultará a los mayores (diccionarios ambulantes), pero en la mayoría de los casos realizará inferencias sobre el sentido de un término o de una expresión. Es previsible que las primeras veces dichas inferencias lo lleven a una idea imperfecta, si no equivocada. Sin embargo, la práctica continuada le hará construir un significado de perfiles cada vez mejor delimitados. Al final, siempre existe la posibilidad, y a veces la necesidad, de consultar algún repertorio de léxico. El consejo de leer sin la ayuda del diccionario no goza de las bendiciones de la ortodoxia. Sin embargo, no hemos de olvidar nunca que el gran peligro en la enseñanza de idiomas es el abandono. Una lectura constantemente salpicada de consultas enojosas termina por agostar el placer de leer en otra lengua. Es importante que el alumno lea y escuche textos de *input* comprensible que incorporen términos desconocidos sobre los que pueda realizar hipótesis e inferencias léxicas. Aquí, como en otros muchos aspectos, lo que importa es el procedimiento. Es absolutamente necesario, indispensable, ejercitar el mecanismo inferencial en la lengua que se aprende. El establecimiento de este tipo de hipótesis le ayudará al alumno a comprender mejor no sólo el léxico, sino también su pronunciación, sus posibilidades derivativas, sus aplicaciones a situaciones concretas, etc. La asimilación inferencial del vocabulario favorece una de las estrategias fundamentales en el aprendizaje de una lengua. Más importante que conocer el sentido concreto de una palabra, por importante que ésta sea, se encuentra la necesidad de practicar esta destreza tan fundamental.

5. La cortesía

Uno de los aspectos más relevantes que se presentan en el acto de comunicación es la diferencia social que puede existir entre emisor y receptor. Dicho desequilibrio se refleja en el empleo de fórmulas y expresiones de tratamiento que marcan tal distancia en el discurso (es lo que se ha denominado la *deixis social*). Son aspectos de lo que se ha denomninado *sociopragmática*, esenciales no sólo para el mantenimiento de las buenas relaciones sino también para conseguir adecuación y eficacia en los mensajes.

En la enseñanza de lenguas extranjeras constituye un capítulo de indudable importancia el dominio de las expresiones de deixis social, las condiciones de uso de las fórmulas, contextos, valores, etc. Al tratarse de un hecho de esencia cultural, suele presentar numerosos matices de contraste. Existen en las lenguas:

- Honoríficos de referente: *Ha dicho Su Santidad* (para referirse al Papa).
- Honoríficos de destinatario: *Usted lo sabe mejor que yo.*
- Honoríficos de testigos. Algunas lenguas exóticas poseen tratamientos especiales para referirse a la audiencia no participante.
- Honoríficos de formalidad. En ciertos registros de discurso se utilizan tratamientos que, en otros niveles de habla no nos vemos precisados a utilizar para referirnos a las mismas personas.

Existe un segundo aspecto de la cortesía que fue estudiado por G. Leech (1983). Nuestros actos de habla se clasifican en *corteses/descorteses* según impliquen un beneficio o un coste para el interlocutor. Para mitigar los actos de habla descorteses nos vemos empujados a utilizar expresiones de cortesía, de amabilidad, de agradecimiento, de justificación, fórmulas indirectas, etc. Dichas expresiones resultarían chocantes en un acto intrínsecamente cortés, como una invitación:

- *Por favor*, ¿me permite Vd. el periódico?
- **Por favor*, le invito a un café.

Aparte de la cortesía/descortesía intrínseca de los actos, existe una nueva dimensión: el derecho a defender la propia *imagen.* Al igual que los políticos, vendemos nuestra mejor cara y exigimos que se nos respete socialmente. Como esta aspiración individual es deseo de todos, la sociedad impone como principio tanto el derecho a defender la propia imagen como la obligación ajena de respetarla. Cuantos actos de habla concuerdan con la imagen del interlocutor, son corteses. Por el contrario, serán descorteses los actos de habla que la ponen en peligro. La cortesía se presenta como un recurso mitigador de las acciones que amenazan ese vaso quebradizo y frágil que es la imagen pública.

6. La conversación

Uno de los campos en que la pragmática colabora con en el análisis del discurso es el estudio de la *conversación*. Bajo este concepto agrupamos un *conjunto de actos comunicativos en los que dos o más sujetos hablantes intercambian mensajes alternando sus funciones de emisor y receptor de forma libre y espontánea en unas coordenadas de simultaneidad (al menos temporal).*

Al realizarse en coordenadas de simultaneidad existen factores comunicativos que cobran una importancia en la conversación. La interacción es constante, con lo que significa de flexibilidad, de cambios temáticos, así como de influencia de factores paralingüísticos, cinésicos y proxémicos.

La conversación posee sus propias unidades y formas de construcción interna. Desde el análisis del discurso se han señalado las siguientes ordenadas de menor a mayor: *acto<movimiento<intercambio<secuencia<transacción<lección*. Desde el análisis de la conversación se hace hincapié en dos unidades: los *turnos* y las *secuencias*.

El *turno* es la unidad básica de la conversación. Se rige por el principio de *alternancia*, aspecto que se halla más organizado y regido por convenciones de lo que parece, pero que puede presentar diferencias de lengua a lengua.

El *par adyacente* es otra unidad esencial de la conversación. Es un conjunto de dos intervenciones o turnos que satisfacen los siguientes rasgos:

- ser sucesivos;
- ser producidos por distintos hablantes;
- estar ordenados en primera y segunda parte;
- ser específicos: a una primera parte determinada le corresponde(n) una(s) segunda(s) parte(s) también determinada(s), como se muestra en el siguiente cuadro de B. Gallardo Paúls (1990: 286):

PRIMERA PARTE	PARTE PREFERIDA	PARTE NO PREFERIDA
Petición.	Aceptación.	Rechazo.
Ofrecimiento.	Aceptación.	Rechazo.
Invitación.	Aceptación.	Rechazo.
Propuesta.	Aceptación.	Rechazo.
Juicio.	Conformidad.	Disconformidad.
Pregunta.	Respuesta esperada.	Respuesta no esperada.
Reproche.	Negación.	Admisión.
Orden.	Aceptación.	Rechazo.

La articulación lingüística de primeras y segundas (especialmente estas últimas) partes está regida por fuertes convenciones culturales, relacionadas no pocas veces con la cortesía. La primera parte de una petición suele constar de dos actos de habla: uno, la petición misma; otro, la jusitificación:

petición - *¿Me prestas un euro?*

justificación - *Es para comprar un bocata.*

Las segundas partes (especialmente las no preferidas) también están sujetas a convenciones. Tras una denegación (acto negativo para el oyente) se ha de adjuntar una justificación:

denegación - *No puedo.*

justificación - *Hoy no tengo suelto. Lo siento.*

El análisis conversacional ha tenido una importancia indudable en la enseñanza de las lenguas. Junto al carácter empírico y real que preconiza para los ejemplos de la enseñanza, nos ha mostrado que nuestras comunicaciones no son actos de habla independientes, sino que se concatenan en microestructuras regidas por fuertes convenciones. No aprendemos las preguntas de forma independiente de las respuestas y de las justificaciones que conllevan. La *Gramática comunicativa* de F. Matte Bon, así como algunos métodos modernos de enseñanza, se preocupan de incluir en sus ejemplos las dos partes de lo que constituyen los pares adyacentes.

- O sea que a ti también te parece bonita...
- No me parece, lo es (MATTE BON, tomo II: 115).

- Qué raro que no haya nadie (no haya venido...).
- Sí, es bastante/un poco /muy raro (*Intercambio* 2: 139).

CONCLUSIÓN

Lingüística teórica y lingüística aplicada son dos caras de un mismo rostro. Se hallan estrechamente relacionadas. Todo cambio, todo progreso que experimente la teoría lingüística encuentra inmediata repercusión en la LA. Y viceversa, toda aplicación que se acompaña de éxito práctico deberá encontrar fundamento en la dimensión teórica.

A finales del siglo XX ha tenido lugar una auténtica revolución en el ámbito de la Lingüística. Nace un nuevo paradigma (la lingüística de la comuniación), caracterizado por el espectacular desarrollo o la aparición de nuevas disciplinas (pragmática, sociolingüística, pisicolingüística, etnolingüística, análisis del discurso, análisis de la conversación, semiótica, lingüística aplicada...), así como por la aparición de un nuevo objeto teórico (la *competencia comunicativa*).

Tal vez sea la pragmática la disciplina más integradora y explicativa. No solamente irrumpe en nuevos territorios (enunciación, funciones informativas, actos de habla, lo implícito, cortesía, polifonía, argumentación, etc.), sino que descubre una nueva dimensión comunicativa (el *proceso inferencial*), exclusivamente humano y que penetra en todos los ámbitos de la comunicación. La pragmática proporciona una base explicativa al resto de las nuevas disciplinas y, asimismo, se constituye en perspectiva indispensable para explicar hasta la misma competencia lingüística (fonología, morfología, sintaxis, lexicología).

En relación con la LA a la enseñanza de segundas lenguas, la pragmática se halla en la base de profundas transformaciones: nacimiento del concepto *función comunicativa*, nuevo ordenamiento de contenidos didácticos (el nuevo método se orienta desde el principio a resolver problemas concretos de comunicación), explicación de muchos tipos de ejercicios (teoría de la relevancia), descripción y explicación de nuevos territorios (cortesía, actos de habla, etc.), verosimilitud en los ejemplos, enseñanza más ligada a los diálogos reales de la comunicación, etcétera.

BIBLIOGRAFÍA

AUSTIN, J. R. (1962), *Palabras y acciones*, Buenos Aires, Paidós, 1971.

BLAKEMORE, D. (1992), *Understanding Utterances. An Introduction to Pragmatics*, Oxford, Blackwell.

BROWN, P-LEVINSON, S. (1987), *Politeness. Some Universals in Language Use*, Cambridge University Press.

CENOZ, J., VALENCIA, J. F. (1996), *La competencia pragmática: elementos lingüísticos y psicosociales*, Bilbao, Universidad del País Vasco.

ESCANDELL, M.ª V. (1993), *Introducción a la Pragmática*, Barcelona, Anthropos-UNED.

ESCANDELL, M.ª V. (1995), "Cortesía, fórmulas convencionales y estrategias indirectas", *Revista Española de Lingüística*, 25,1: 31-66.

FERNÁNDEZ, C. (1998), *Aportaciones de la pragmática a la enseñanza del español/LE*, Madrid, Fundación Antonio de Nebrija.

GALLARDO, B. (1996), *Análisis conversacional y pragmática del receptor*, Col. Sinapsis, Valencia, Ed. Episteme.

GREEN, G. (1989), *Pragmatics and Natural Language Understanding*, Hillsdale, Lawrence Erlbaum.

GRICE, P. (1975), "Lógica y conversación", en VALDÉS VILLANUEVA (1991): 511-530.

GUTIÉRREZ ORDÓÑEZ, S. (1996), *Presentación de la pragmática*, León, Universidad de León

GUTIÉRREZ ORDÓÑEZ, S. (1997), *Temas, remas, focos, tópicos y comentarios*, Madrid, Arco Libros.

GUTIÉRREZ ORDÓÑEZ, S. (1997), *Comentario pragmático de textos publicitarios*, Madrid, Arco Libros.

GUTIÉRREZ ORDÓÑEZ, S. (1997), *Comentario pragmático de textos polifónicos*, Madrid, Arco Libros.

GUTIÉRREZ ORDÓÑEZ, S. (1997), *Comentario pragmático de textos literarios*, Madrid, Arco Libros.

GUTIÉRREZ ORDÓÑEZ, S. (2000), *Comentario pragmático de textos de desecho*, Madrid, Arco Libros.

GUTIÉRREZ ORDÓÑEZ, S. (2002), *De pragmática y semántica*, Madrid, Arco Libros.

KERBRAT-ORECCHIONI, C. (1996), *La conversation*, París, Seuil.

HAVERKATE, H. (1994), *La cortesía verbal*, Madrid, Ed. Gredos.

HERNÁNDEZ SACRISTÁN, C. (1990), "Pragmática", en A. LÓPEZ *et al.*, *Lingüística general y aplicada*, Valencia, Universidad de Valencia: 243-272.

LEECH, G. (1983), *Principles of Pragmatics*, Londres, Longman.

LEVINSON, S. (1989), *La Pragmática*, Barcelona, Teide.

LLOBERA, M. (ed.) (1995), *Competencia comunicativa*, Madrid, Edelsa.

MATTE BON, F. (1992), *Gramática comunicativa del español*, vols. I y II, Difusión, Madrid.

MIQUEL, L.-SANS, N. (1990), *Intercambio* 2, Madrid, Difusión.

MIQUEL, L.-SANS, N. (coord.) (1999), *Didáctica del español como lengua extranjera (E/LE) 4*, Col. Expolingua, Madrid.

MORRIS, C. (1938), "Fondements de la théorie des signes", *Langages*, 35, 1974: 15-21.

REYES, G. (1990), *La pragmática lingüística*, Barcelona, Montesinos.

REYES, G. (1995), *El abecé de la pragmática*, Madrid, Arco Libros.

REYES, G., BAENA, E. y URIOS, E. (2000), *Ejercicios de Pragmática (I)*, Madrid, Arco Libros.

REYES, G., BAENA, E. y URIOS, E. (2000), *Ejercicios de Pragmática (II)*, Madrid, Arco Libros.

SALABERRI RAMIRO, M.ª S. (1999), *Lingüística aplicada a la enseñanza de lenguas extranjeras*, Almería, Universidad de Almería, Manuales.

SEARLE, J. R. (1980), *Actos de habla*, Madrid, Cátedra.

SPERBER, D., WILSON, D. (1994), *La relevancia. Comunicación y cognición*, Madrid, Visor.

THOMAS, J. (1995), *Meaning in interaction . An Introduction to Pragmatics*, Londres y Nueva York, Longman.

VEZ, J. M. (2000), *Fundamentos lingüísticos en la enseñanza de lenguas extranjeras,* Barcelona, Ariel Lenguas Modernas.

VALDÉS VILLANUEVA, L. M. (ed.) (1991): *La búsqueda del significado,* Madrid, Tecnos.

WILSON, D. SMITH, N. (1992), Relevance Theory, *Lingua,* 87 (número especial): 1-2.

YULE, G. (1996), *Pragmatics*, Oxford y Nueva York, Oxford University Press.

La subcompetencia discursiva

Isabel Alonso Belmonte
Universidad Autónoma de Madrid

> *In our opinion, the core or central competency in the Canale and Swain framework is discourse competence since this is where everything else comes together*; It is in discourse and through discourse that all of the other competencies are realized. *And it is in discourse and through discourse that the manifestation of the other competencies can best be observed, researched and assessed.*
>
> (Celce-Murcia y Olshtain, 2001a: 16. Énfasis mío)

Introducción

La enseñanza de lenguas ha sido una disciplina estrechamente ligada a los avatares de los estudios lingüísticos, de tal manera que los cambios en la concepción del lenguaje han tenido un rápido efecto en el aula de lenguas segundas y extranjeras. De hecho, buena parte de los estudios analíticos sobre las características de la comunicación o del proceso comunicativo provienen de lingüistas, y de ellos derivan la mayoría de las aplicaciones prácticas transferidas a la docencia (Candlin, 1981; Halliday, 1978; Hymes, 1971; Canale, 1983; Widdowson, 1978; etc.). Pues bien, una de las consecuencias más notables de la influencia en la enseñanza de lenguas de disciplinas como el análisis del discurso (Beaugrande y Dressler, 1981; Brown y Yule, 1983; Georgakopoulou y Goutsos, 1997; Casamiglia y Tusón, 1999), entre otras, ha sido la adopción del texto, frente a la oración, como unidad natural de realización de los usos lingüísticos. Los textos -orales, escritos o iconoverbales- se han convertido en núcleos de atención para la enseñanza y el aprendizaje de lenguas extranjeras, superando así el marco oracional, difundido primero por el estructuralismo y luego por el generativismo. El progresivo interés de los lingüistas por las características del discurso, su uso contextualizado y su significación social ha influido de forma determinante en el desarrollo del concepto de *competencia discursiva,* entendido éste como la capacidad del alumno de interaccionar lingüísticamente en un acto de comunicación, captando o produciendo textos con sentido, adecuados a la situación y al tema y que se perciban como un todo coherente. La progresiva importancia que este componente de la competencia comunicativa ha cobrado en los últimos años en el ámbito de la enseñanza-aprendizaje de L2 es la razón de ser del presente artículo.

En las próximas páginas estudiaremos el tratamiento que ha recibido la competencia discursiva o textual en los diferentes modelos de análisis de la competencia comunicativa (Canale y Swain, 1980; Canale, 1983; Bachman, 1990; Bachman y Palmer, 1996; Celce-Murcia, Dörnei y Thurrell, 1995; Alcón, 2000). Seguidamente, analizaremos los conceptos clave en torno a los cuales se articula el desarrollo de la competencia discursiva. Creemos que una visión de conjunto sobre todos ellos puede constituir, para aquellos profesores que no están familiarizados con estos conceptos, el primer paso para su incorporación al proceso de enseñanza-aprendizaje de una lengua extranjera en un contexto discursivo que supere el tradicional marco oracional y de aislamiento de estructuras y vocablos. Después, intentaremos dar respuesta a las siguientes preguntas: ¿cómo se desarrolla la competencia discursiva en el aula? y ¿ofrecen los libros de texto una visión discursiva de la enseñanza-aprendizaje de una L2? A lo largo del presente trabajo haremos constantes referencias al *Marco común europeo de referencia para las lenguas: aprendizaje, enseñanza, evaluación* (2002). Finalmente, presentaremos una amplia bibliografía sobre la competencia discursiva, en la que se facilitan no sólo las referencias utilizadas para la elaboración de este trabajo, sino también otras que pueden ser de interés para aquellos interesados en la materia.

1. La evolución del concepto de competencia discursiva en el tiempo

El término *competencia comunicativa,* acuñado por Hymes en 1971, ha sido definido como la capacidad de usar la lengua con éxito y propiedad, es decir, llevando a buen término las intenciones del hablante que subyacen al acto de comunicación, al tiempo que los requerimientos del contexto son reflejados en la verbalización del mensaje. La competencia comunicativa es, por un lado, el conocimiento abstracto de reglas y regularidades formales, funcionales y discursivas (de ahí el término competencia, que retiene el sentido chomskiano), y por otro, la destreza o conocimiento procedimental que subyace a tal conocimiento y que puede ser accesible y movilizada durante situaciones de uso. Hymes desarrolló el concepto de *competencia comunicativa* en el ámbito de la adquisición del lenguaje infantil y de la etnografía del habla. Posteriormente, las enseñanzas de Hymes fueron desarrolladas, en Norteamérica, por Canale y Swain (1980) y Canale (1983), y en Europa, por Van Ek (1986).

En esta sección estudiaremos la evolución del concepto de competencia discursiva en los principales modelos de análisis de la competencia comunicativa (Canale y Swain, 1980; Canale, 1983; Bachman, 1990; Bachman y Palmer, 1996; Celce-Murcia, Dörnyei y Thurrell, 1995; Alcón, 2000; entre otros)[1], pasando de ser una subcompetencia más, a convertirse en el eje vertebrador de todas ellas, gracias a la progresiva influencia de estudios descriptivos del discurso oral y escrito en el aula de L2.

El primer intento de dar valor al conocimiento de las reglas que rigen el discurso en el aula de segundas lenguas/lenguas extranjeras lo encontramos en el modelo de Canale y Swain (1980) y Canale (1983), que es el que más aplicaciones pedagógicas ha tenido. La noción de subcompetencia discursiva aparece en escena por primera vez en Canale (1983), definida

[1] Para un tratamiento más exhaustivo de estos modelos, recomendamos la lectura en este mismo libro del artículo de Jasone Cenoz sobre la competencia comunicativa.

como uno de los conocimientos abstractos que todo usuario de la lengua debe desarrollar en el marco del enfoque comunicativo[2]:

¿Qué es ser competente en una lengua?

↓

Competencia gramatical

Dominio del código en todos los planos de la descripción lingüística.

Competencia sociolingüística

Dominio de las reglas socioculturales de uso en una comunidad de habla; éstas incluyen normas de cortesía, relevancia y propiedad en distintos repertorios y contextos.

Competencia discursiva o textual

Dominio de la combinación e interpretación de significados y formas para conseguir un texto unificado de maneras, usando elementos de cohesión para relacionar las formas y reglas de coherencia para organizar los significados.

Competencia estratégica

Dominio de estrategias verbales y no verbales para compensar fallos en la comunicación debidos a una competencia insuficiente o limitaciones de actuación.

En esta definición de competencia discursiva aparecen ya dos conceptos fundamentales como *coherencia* y *cohesión*, propiedades básicas de cualquier texto, que ya se habían analizado extensamente en trabajos clásicos como los de Halliday y Hasan (1976, 1989).

Posteriormente, otros modelos, como el de Bachman (1990) y Bachman y Palmer (1996), influenciados también por trabajos en el ámbito de la tipología textual (Kinneavy, 1971, 1980; Longacre, 1976, 1982, 1983; Werlich, 1976; entre otros), por el desarrollo de la teoría del género (Swales, 1990; Bhatia, 1993) y por los trabajos publicados en el ámbito de la organización retórica o textual (los predicados retóricos de Grimes, 1975; las macroestructuras y superestructuras de Van Dijk, 1980; los modelos de organización textual de Hoey, 1983, 1991; entre otros), desarrollan más extensamente el concepto de competencia discursiva o textual. Éste aparece expresamente vinculado al de competencia gramatical bajo el paraguas de la competencia organizativa, definida como el conocimiento que (...) *incluye aquellas habilidades implicadas en el control de la estructura formal del lenguaje para producir o reconocer frases gramaticalmente correctas, para entender su contenido proposicional y "ordenarlo para formar textos"* (Bachman, 1990: 87; énfasis mío). En nuestra opinión, Bachman da un paso adelante con respecto a la clasificación de Canale, no sólo al ampliar el concepto de competencia discursiva tomando como base los estudios sobre género y tipología textual -ya no sólo hablamos de las características de cualquier texto, sino que ahora se tienen en cuenta los diferentes tipos de textos existentes-, sino al constatar a través de su clasificación el estrecho vínculo existente entre la competencia gramatical y la competencia discursiva o textual.

[2] De forma muy parecida, Van Ek también describe la subcompetencia discursiva como *la habilidad de usar estrategias apropiadas en la construcción e interpretación de textos* (1986: 47).

De hecho, todos los fenómenos que han sido y son objeto de descripción lingüística de la orientación más gramatical (los tradicionales niveles o módulos fonético-fonológico, morfosintáctico y léxico-semántico) adquieren un nuevo sentido para los hablantes al ser tratados respecto de una unidad que va más allá de la oración[3]. Este cambio de perspectiva afecta de forma determinante a la enseñanza de lenguas -materna y extranjera- (McCarthy, 1991; McCarthy y Carter, 1994).

Pero volviendo a los modelos de Bachman (1990) y Bachman y Palmer (1996), una de las principales críticas que han recibido dichos trabajos se concentra en la presentación de las diferentes subcompetencias como entidades discretas, lo que hace que la relación entre las mismas quede sin explicitar. Algunos autores piensan que esto se debe a razones operativas, puesto que tanto Bachman (1990) como Bachman y Palmer (1996) proponen modelos teóricos de evaluación del uso de segundas lenguas, basados en la actuación del usuario como indicación de su competencia comunicativa (Celce-Murcia y Olshtain, 2001a). En cualquier caso, esta práctica es muy común, incluso en trabajos que tienen una clara orientación pedagógica. Por ejemplo, en el *Marco común europeo de referencia para las lenguas: aprendizaje, enseñanza, evaluación* (2002: 138-139), la competencia comunicativa se presenta subdividida en varios *componentes* -el lingüístico, el sociolingüístico y el pragmático-, pero no se detalla la relación entre ellos. El *componente* pragmático, a su vez, se articula en torno a tres tipos de conocimientos según los cuales los mensajes:

- se organizan, se estructuran y se ordenan (*competencia del discurso*);
- se utilizan para realizar funciones comunicativas (*competencia funcional*);
- se secuencian según esquemas de interacción y de transacción (*competencia organizativa*).

Tampoco aquí se explicita la relación entre estos tres tipos de conocimientos.

Como reacción a este conjunto de modelos de análisis de la competencia comunicativa, surgen otros en los que sí se destaca la relación entre componentes. El modelo de Celce-Murcia, Dörnyei y Thurrell (1995), por ejemplo, logra relacionar los distintos componentes de la competencia comunicativa (su modelo incluye la competencia lingüística, sociolingüística, accional, discursiva y estratégica), de manera que todos ellos contribuyen por igual a la creación del discurso. En otras palabras, Celce-Murcia y otros entienden que la competencia discursiva es el componente vertebrador del concepto de competencia comunicativa, puesto que todas las subcompetencias convergen en la producción de textos. Pongamos un ejemplo que ilustre esta afirmación. Para que un estudiante de español como lengua extranjera formule, por ejemplo, una petición a su interlocutor en nuestra lengua, éste tendrá que confiar, en primer lugar, en su competencia sociolingüística, es decir, en su capacidad de valorar correctamente la distancia social existente entre él y su interlocutor, el poder relativo del que dispone y el grado de imposición que desea ejercer; en segundo lugar, en su competencia lingüística, es decir, en los conocimientos lingüísticos que le permitirán encontrar la formulación más adecuada de dicho acto de habla en español, en función de las variables que acabamos de mencionar:

[3] Ilustremos este punto con un fenómeno gramatical en español que toma una dimensión nueva al intepretarlo desde una perspectiva discursiva: la elipsis del sujeto oracional. Este fenómeno es muy frecuente en español, puesto que, tal como señala Alarcos Llorach (1994: 257), *(...) el signo gramatical o morfológico (del verbo) funciona como el auténtico sujeto (esto es, la persona designada por la terminación verbal)*. Sin embargo, en algunas ocasiones, el hablante hace explícito el sujeto por razones que superan el ámbito oracional: en casos de ambigüedad -*Él* (y no ella) *se va a Tánger*- o por énfasis contrastivo -*Lo haré yo* (y no tú)-.

(1) *Dame tu bufanda;*
¿Me dejas tu bufanda?;
¿Puedes prestarme tu bufanda, por favor?;

El estudiante también recurrirá a sus conocimientos sobre cuáles son las estrategias de cortesía culturalmente más adecuadas para transmitir dicho mensaje. Hay estudios que demuestran que los hablantes españoles muestran una clara preferencia por atenuar la fuerza ilocutiva de sus ruegos y mandatos con estrategias de cortesía positiva (Ballesteros, 2001)[4], como, por ejemplo, prometer o exagerar el interés, la aprobación o la simpatía que siente hacia el receptor. La interacción de todos estos conocimientos se plasmará en la producción final de un único texto que será el que traslade a su interlocutor. Éste podría ser, por ejemplo:

(2) - *¡Qué bonita es la bufanda que llevas!, ¿me la dejas? Te la devuelvo enseguida.*

Esta visión vertebradora de la competencia discursiva ha sido desarrollada en trabajos posteriores de Celce-Murcia y Olshain sobre análisis del discurso y la enseñanza de lenguas (2000, 2001a y b) y en España, por Alcón, en su excelente trabajo sobre la competencia discursiva oral en el aula de lenguas extranjeras (2000). El modelo de competencia comunicativa que propone Alcón incluye tres subcompetencias que se relacionan entre sí por la inclusión de rangos: competencia discursiva, competencias y habilidades psicomotoras y competencia estratégica. La competencia discursiva incluye tanto la competencia lingüística -el conocimiento de los diferentes niveles del sistema lingüístico, no únicamente el gramatical- como la competencia textual y la competencia pragmática -equivalente a la competencia pragmática del modelo de Bachman (1990), que incluye la competencia sociolingüística y la ilocutiva-, ya que tal como acabamos de demostrar con el ejemplo de la bufanda, un análisis de la lengua en uso demuestra que dichos componentes se interrelacionan en la construcción e interpretación del discurso. En relación a las competencias y habilidades psicomotoras, Alcón entiende que la competencia discursiva (competencia lingüística, textual y pragmática) está al servicio de determinadas habilidades lingüísticas (hablar, escribir, leer y escuchar) que se interrelacionan entre sí, a fin de utilizar la lengua con función comunicativa. Finalmente se encuentra la competencia estratégica, observable en las competencias y habilidades psicomotoras, y que incluye tanto las estrategias de comunicación como las de aprendizaje. Todo queda resumido en el siguiente cuadro (Alcón, 2000: 262).

En definitiva, el modelo de Alcón recoge el resultado de la evolución de la subcompetencia discursiva a lo largo de los últimos veinte años, gracias a la progresiva influencia de estudios descriptivos del discurso oral y escrito en el aula de L2. Así, esta subcompetencia ha pasado de ser un componente más, a convertirse en el eje vertebrador de todas las demás subcompetencias.

---

[4] Al igual que sucede entre los hablantes polacos (Wierzbicka, 1985), israelíes (Blum-Kulka, 1987), marroquíes (Bentahila y Davies, 1989) y griegos (Sifianou, 1992). Sin embargo, los ingleses y, en general, las sociedades anglosajonas utilizan más estrategias de cortesía negativa, tales como, por ejemplo, insinuar (no decir las cosas claramente) o dar pistas por asociación:
- *¡Qué frío hace!, ¿no?*
- *Si tuviera dinero, me compraría una bonita bufanda roja...*

competencia discursiva	- competencia lingüística - competencia textual - competencia pragmática
competencias y habilidades psicomotoras	- escuchar - hablar - leer - escribir
competencia estratégica	- estrategias de comunicación - estrategias de aprendizaje

2. Conceptos fundamentales de la competencia discursiva

Antes de seguir, creemos fundamental establecer una clara distinción entre los términos *discurso* y *texto*. Algunos autores los utilizan de forma indistinta, como Van Dijk (1980: 5). Otros autores, sin embargo, asocian el análisis del discurso con la oralidad, y la conversación y la lingüística del texto, con los textos escritos (Georgakopoulou y Goutsos, 1997: 3). En otras ocasiones, cuando se habla del lenguaje desde una perspectiva social, es decir, cuando se habla de función, contenido y significado social del lenguaje, se utiliza el término *discurso*, mientras que si se hace desde una perspectiva lingüística, es decir, si se habla de forma o estructura del lenguaje, se utiliza el término *texto*. Bernárdez, por su parte, entiende que el *texto* es un concepto estático, mientras que *discurso* es un concepto más dinámico, que hace referencia a la interacción que lo origina (1995: 137). En este artículo entendemos que el discurso es (...) *un enunciado de lengua hablada o escrita que exhibe relaciones internas de forma y significado que se relacionan con un objetivo comunicativo externo y un interlocutor concreto* (Celce-Murcia y Olshtain, 2001a: 4). El texto, por su parte, es el medio a través del cual el discurso se realiza lingüísticamente (Georgakopoulou y Goutsos, 1997). Al igual que Bernárdez (1995: 137-139) creemos que el texto es un sistema:

Complejo: porque está formado por la interacción de numerosos subsistemas (morfología, sintaxis, etcétera).

Dinámico: porque todo texto se desarrolla en el tiempo, tanto en su recepción como en su producción. Por tanto, el texto no es sólo un producto final, sino también los procesos que lo han producido.

Abierto: porque su estructura depende de factores externos como las características del receptor, del medio, la situación comunicativa.

En consonancia con lo dicho en la sección anterior, entendemos que la competencia discursiva es la capacidad que posee el usuario de crear textos orales o escritos en función de una serie de variables de tipo lingüístico, pragmático y sociolingüístico. Según el *Marco común europeo de referencia para las lenguas: aprendizaje, enseñanza, evaluación* (2002: 139), las variables que es necesario controlar para ser competente discursivamente en una lengua son:

1. Tópico/Foco.
2. Información nueva/Información conocida.
3. La secuenciación natural (por ejemplo, temporal).
4. Relaciones de causa y efecto.
5. La capacidad de estructurar y controlar el discurso en función de:

5.1. La organización temática.

5.2. La coherencia y la cohesión.

5.3. La ordenación lógica.
5.4. El estilo y el registro.
5.5. La eficacia retórica.
5.6. El principio de cooperación de Grice (calidad, cantidad, relevancia y manera).
6. La organización del texto (conocimiento de las normas de organización de la información de la comunidad de hablantes).

Es posible que muchos profesores de segundas lenguas/lenguas extranjeras no estén familiarizados con algunos de estos conceptos, que contribuyen, sin duda alguna, a dotar el texto de coherencia en el plano micro y macrotextual. Por otro lado, como con tantas otras cuestiones en lingüística, no existe una distinción relativamente consensuada ni en la terminología utilizada, ni en el significado de conceptos como coherencia y cohesión, tema y rema, tópico y foco, información nueva e información conocida, registro y género, etc. Por tanto, nuestro objetivo en esta sección será explicar y relacionar los términos y nociones que aparecen en la definición de competencia discursiva dada más arriba, dentro de una perspectiva funcional del estudio del lenguaje, y siempre haciendo referencia a la utilidad de estas categorías para el profesor de L2.

Comencemos con los términos coherencia y cohesión. La coherencia textual es una propiedad abstracta e interna que tiene que ver con la lógica relación temática de las diferentes partes del texto. La coherencia, como propiedad intrínseca de cualquier texto, se refleja en una serie de fenómenos a los que nos referimos con la denominación general de cohesión (Bernárdez, 1995: 129). La cohesión es, por tanto, el modo en que las frases y oraciones se unen y establecen relaciones lógicas entre ellas. Estas relaciones se pueden establecer explícitamente a través del uso de conjunciones, de conectores que expresen causa, efecto, condición, etc., de fenómenos como la elipsis, la sustitución, la deixis, etc., o mediante la ordenación secuencial y lógica de los acontecimientos: no es lo mismo decir *Se casó y tuvo un hijo* que *Tuvo un hijo y se casó*. Estas relaciones de cohesión también se pueden establecer implícitamente, mediante inferencias contextuales. Por ejemplo, en el discurso oral, las implicaturas conversacionales -basadas en el principio de cooperación de Grice (1975, 1989)[5]- nos ayudan a entender intercambios como el siguiente y, por tanto, a considerarlos como textos dotados de coherencia:

(3) Tere vuelve de la peluquería y su madre le dice:
- ¿Qué pasa? ¿Que al final no has ido?

Finalmente, también se dota de cohesión al texto apelando al conocimiento del mundo del hablante, que puede estar determinado culturalmente. Para ilustrar este punto, véase el siguiente intercambio:

(4) [En Nochevieja]
A: *Son casi las doce.*
B: *Es verdad. Voy pelando las uvas.*

[5] Sobre presuposiciones e implicaturas, recomendamos en este mismo libro la lectura del cuarto epígrafe del artículo de Salvador Gutiérrez sobre la subcompetencia pragmática.

El alumno extranjero difícilmente entenderá el verdadero sentido del intercambio anterior si aún no conoce las tradiciones españolas en Navidad[6].

Para familiarizar a los alumnos con todas estas formas de cohesión, la práctica discursiva que proponen la mayoría de los métodos de enseñanza de idiomas descansa en actividades sobre los elementos lingüísticos que vinculan una o más oraciones, como conectores discursivos, conjunciones, etc., y en menor medida, en actividades de pre-lectura o pre-audición que permiten activar y/o generar el conocimiento previo del alumno sobre un tema concreto para después abordar la comprensión de textos completos. Sin embargo, un texto se cohesiona también mediante la acción conjunta en el plano discursivo de otras categorías que conforman la estructura informativa de cualquier oración (Dane, 1974; Halliday, 1985/1994; Jiménez Juliá, 1986; Gutiérrez Ordóñez, 1997). Es de todos sabido que en las lenguas naturales la información objetiva no se transmite de manera uniforme, sino que algunas unidades oracionales presentan información más antigua que otras. A este fenómeno se refiere Prince (1981: 224) con el nombre de *asimetría oracional*. Esta asimetría refleja las hipótesis lingüísticas que el emisor hace sobre las expectativas del receptor: *De todo lo que yo sé, ¿qué es lo que el receptor de este mensaje ya sabe?* y, *¿qué es lo que le interesa saber?* Pues bien, para transmitir de forma efectiva una determinada información, el hablante maneja de forma entrelazada una serie de categorías -información nueva e información conocida, tema y rema, tópico y foco- que, aunque son menos conocidas por el profesor de segundas lenguas/lenguas extranjeras, reprsentan un papel importante no sólo en el plano microtextual (en la organización y estructuración de la oración) sino también en el macrotextual (organización de enunciados y párrafos).

Cualquier oración puede dividirse en dos unidades de información: aquella que contiene información conocida y aquella que contiene información nueva. La información conocida es la que se puede predecir o que forma parte del conocimiento compartido por el emisor y el receptor, mientras que la información nueva es aquella contextualmente irrecuperable que dice algo acerca de la información conocida (Prince, 1981). En español, la información nueva generalmente se sitúa en posición posverbal, mientras la información conocida aparece en posición preverbal:

(5) ¿Cuándo viene María?
María viene mañana.
IC IN

¿Quién viene mañana?
Mañana viene María.
IC IN

La posición posverbal o final de la oración es, además, una posición comunicativamente muy importante, porque la información allí ubicada recibe el máximo foco. El foco resalta la importancia de una determinada información en el proceso informativo en que se hallan inmersos el emisor y su interlocutor. Cada lengua utiliza sus propios mecanismos lingüísticos para ubicar en posición final una información que se quiera enfatizar. En español, los hablantes se sirven de la inversión V (O) S u OVS (Bolinguer, 1954-55; Hatcher, 1956a y 1956b; Contreras, 1976; entre otros) o de estructuras como las ecuacionales:

---

[6] Sobre las teorías del conocimiento previo y su importancia en el proceso de aprendizaje de una segunda lengua, véanse Carrel (1983a, 1983b, 1984ª, 1984b, 1985 y 1987) entre otros.

(6) *Las manzanas las trae Marina,* frente a *Marina trae las manzanas.*
Marina es quien trae las manzanas hoy.

En cualquier caso, es importante que los alumnos de idiomas se familiaricen con los recursos de focalización propios de la lengua que estudian.

Otras dos categorías importantes en la estructura informativa de la oración son tema y rema[7], que han sido caracterizadas como importantes elementos de cohesión textual en múltiples trabajos (Combettes, 1983, 1991 y 1992; Castellà, 1992; Hickey, 1993; Reyes, 1999; entre otros)[8]. El tema es una categoría estructural que constituye el punto de partida del mensaje y se realiza en el primer constituyente de la oración (Halliday, 1985-1994; Downing 1991). Al resto de la oración se le llama rema. El tema no sólo sirve como punto de partida del mensaje, sino que, además, conecta con lo que previamente se ha dicho, de forma que la información discurre a lo largo del discurso recogida en los temas y los remas de cada una de las oraciones que forman un texto:

(7) Para pedir una beca Erasmus tienes que rellenar *un impreso de solicitud.*
Tema 1 — Rema 1
Los impresos los puedes recoger en la Oficina de Relaciones Internacionales de tu facultad...
Tema 2 (= Rema 1) — Rema 2

El lingüista Frantisek Dane (1974), del Círculo de Praga, caracterizó las cadenas léxicas y referenciales que enlazan temas con otros temas o temas con remas en tres diferentes modelos de progresión temática (PT)[9]. El potencial didáctico de las nociones de tema y rema ha sido reconocido por casi todos los analistas que lo han estudiado y sus aplicaciones en la lingüística aplicada son múltiples, fundamentalmente en el campo de la traducción (Hickey, 1997 y Varela Pérez, 1999) y, por supuesto, en el de la enseñanza de idiomas. En este ámbito, la progresión temática de Dane (1974) se ha aplicado en varios estudios descriptivos de diferentes idiomas, pues puede servir para evidenciar problemas de cohesión textual en composiciones escritas de alumnos de L2[10]. Otro concepto desconocido para muchos profesores de idiomas es el tópico. El tópico es una categoría oracional y discursiva no estructural -es decir, no se realiza lingüísticamente en un constituyente oracional concreto- que nos indica de qué trata un texto (Brown y Yule, 1983). La topicalización (Hickey, 1989, 1993) es el proceso por el cual el hablante coloca en posición inicial de la oración aquel constituyente -normalmente un objeto o un atributo- que recoge la información de la que se va a hablar a continuación, es decir, el tópico

---

[7] También llamadas soporte/aporte (Gutierrez Ordóñez, 1997: 21).

[8] Más concretamente, coincidimos con la explicación que Castellà (1992: 184) da en su libro: (...) *La progresión temática es, por tanto, un fenómeno puente entre la coherencia y la cohesión del texto. La hemos colocado en este capítulo sobre cohesión porque, en definitiva, sostiene la estructura secuencial de la linealidad lingüística. Y porque tema y rema son relaciones semánticas que se pueden manifestar en unidades concretas, de la misma manera que la conexión se puede manifestar en unos conectores concretos. De cualquier manera, es necesario reconocer que se trata de un caso de clasificación discutible, ya que es precisamente la llave entre la estructura global (macro) y la materialización lineal (micro).*

[9] Para un estudio más detallado de los modelos de progresión temática lineal, constante y derivada de Dane? y su utilidad en la clase de lenguas extranjeras, véanse Alonso (1997 y 2002).

[10] En inglés, Dubois (1987); Giora (1983); Maynard (1986); Curzon (1984); Weissberg (1984); Alonso y McCabe (1998a y 1998b); entre otros. En francés, fundamentalmente Combettes (1983, 1991 y 1992).

de la oración. Cuando el hablante topicaliza, hace que el receptor del mensaje desarrolle un marco cognitivo apropiado para la comprensión de dicho mensaje, manteniendo así la eficacia comunicativa:

(8) - *Esta comida hay que comerla antes de que se estropee;*
- *A Santander no voy hasta dentro de tres semanas.*
- *Pepe, ¿cuándo llega?*

Como se puede observar en los ejemplos anteriores, la topicalización en español fuerza a la inversión OVS en la gran mayoría de las ocasiones y, cuando el elemento topicalizado va precedido por un artículo o adjetivo demostrativo, se reproduce delante del verbo mediante un pronombre proclítico. La topicalización es, por tanto, un fenómeno discursivo que determina la distribución de los constituyentes en la oración y que permite: a) introducir nuevos tópicos y b) reintroducir en la escena del discurso viejos tópicos que habían caído.

Hasta aquí hemos intentado explicar de forma breve y concisa el valor discursivo de algunas de las principales categorías informativas existentes, proporcionando ejemplos que ilustran cómo contribuyen a dotar de cohesión al texto. Entendemos, por tanto, que es fundamental que los alumnos de una L2 se familiaricen con estos conceptos y con los mecanismos lingüísticos de los que se sirve cada lengua para hacerlos realidad, si desean desarrollar correctamente su competencia discursiva.

Ya en el plano macrotextual, hay varios conceptos básicos en torno a los cuales se articula la estructura global de un texto y su organización interna. Y aquí establecemos una distinción entre el discurso oral y el discurso escrito. Todo texto oral surge de la interacción explícita entre dos o más interlocutores, por lo que se estructura en torno a pares adyacentes, unidad básica de comunicación oral. La participación de los interlocutores se regula mediante turnos de habla, que a su vez se rigen por normas pragmáticas y socioculturales que conviene tener presente en el aula de L2[11]. El discurso escrito, sin embargo, tiene forma de monólogo y aunque a simple vista es una actividad solitaria, entendemos que también surge de la interacción entre individuos. La diferencia más evidente entre la interacción en el discurso escrito y la del discurso oral reside en que las exigencias del medio obligan a uno de los participantes a no estar presente físicamente en el momento en que se escribe, complicando así el proceso de comunicación para ambas partes. En estos casos, la única estrategia posible para los escritores en general es imaginarse al lector *tipo* que les va a leer y anticipar sus posibles reacciones ante el mensaje que quiere transmitir, con el fin de seleccionar, ordenar y presentar la información en el texto de forma estratégica. Dicha ordenación de la información, basada en el establecimiento de las relaciones semánticas entre las diferentes partes de un texto, ha sido caracterizada por un buen número de investigadores, con resultados y caracterizaciones, a veces, muy distintos: los predicados retóricos de Grimes (1975); las macroestructuras y superestructuras de Van Dijk (1980); los modelos de organización textual de Hoey (1983, 1991, 2001); la teoría de la estructura retórica (RST) de Mann y Thompson (1988, 1992), etc. Todos ellos, en cualquier caso, han sido de gran utilidad para desentrañar la constelación de relaciones retóricas sobre las que se construye un texto. Entre todos los trabajos mencio-

---

[11] Para más información sobre estas categorías, véase en este mismo libro la sección seis del artículo de Salvador Gutiérrez sobre la subcompetencia pragmática.

nados, queremos destacar aquí los modelos de organización textual caracterizados por Hoey, entre los que sobresalen sus estudios sobre las secuencias *general-particular, pregunta-respuesta,* y, sobre todo, *situación-problema-solución-evaluación* (Hoey, 1983, 1991, 2001)[12]. La secuencia *problema-solución* (PS) fue identificada por primera vez en Beardsley (1950) y analizada en mayor profundidad por Hutchins (1977), Jordan (1980, 1984), y, especialmente, por Hoey en todo tipo de textos cortos o extractos de textos completos de distinta naturaleza: artículos científicos, narraciones, etc. La secuencia PS está formada por las siguientes categorías:

- *Situación,* que describe hechos y circunstancias objetivas: *Pedro estaba en la oficina desde muy temprano. Tenía una reunión de trabajo muy importante y estaba algo nervioso.*
- *Problema,* que describe algún aspecto problemático de la situación anterior que necesita una solución: *Se dirigía ya hacia la sala de reuniones con sus papeles y el ordenador portátil cuando se topó con Rodríguez, el nuevo. Iba despistado, como siempre, y se le echó encima sin darse cuenta. ¡Qué desastre! Le había tirado el café por encima. La corbata estaba llena de manchas. ¿Qué podría hacer? No tenía tiempo para volver a casa y cambiarse.*
- *Respuesta* o *solución,* que describe las medidas tomadas para resolver el problema anterior: *Había que tomar medidas drásticas: Rodríguez era de su misma talla, más o menos: ¡Rodríguez! ¡No te escapes!*
- *Evaluación/resultado,* que evalúa positivamente la resolución del problema. *La corbata no pegaba mucho, pero por lo menos estaba, ¡¡¡limpia!!!*

La secuencia *problema-solución* se ha utilizado mucho en las clases de escritura académica (Jordan, 1980, 1984), no sólo porque ayuda a desentrañar las diferentes partes de un texto, sino porque puede servir de guía para alumnos en el desarrollo de la expresión escrita. Tiene, por tanto, una gran potencialidad didáctica.

Por último, expliquemos brevemente dos nociones que están interrelacionadas y que contribuyen a clasificar los textos con los que trabajamos en clase. Estos términos son: género y registro. Todo texto pertenece a un género concreto. En la actualidad, la mayoría de los estudios lingüísticos dentro de una perspectiva funcional del estudio del lenguaje presentan la noción de género ligada ineludiblemente a las ideas de cultura y comunidad sociolingüística, comunidad que construye los géneros como modelos comunicativos para dar respuesta a los problemas de comunicación verbal que se le plantean (Swales, 1990; Bhatia, 1993; Eggins, 1994; Eggins y Martin, 1997; entre otros). Géneros son el periodismo o la correspondencia escrita, por ejemplo. Algunos investigadores defienden la base cognitiva del concepto de género, puesto que al igual que ocurre con los esquemas de conocimiento previo, al activar un género activamos también la información previa que tenemos en relación a dicho género, vocabulario específico e incluso estructuras gramaticales (Bhatia, 1993; Paltridge, 1997). Esta constatación tiene evidentes consecuencias en la enseñanza de lenguas y de ahí la nutrida representación de diferentes géneros en los libros de textos de lenguas extranjeras.

---

[12] Inspirado en los trabajos de E. O. Winter sobre las relaciones entre las cláusulas en el discurso (1982), Hoey basa su análisis de esta estructura en un parafraseo estrictamente controlado, en el estudio de las señales léxicas y en la aplicación del procedimiento de preguntas, por el que cada una de las partes que componen un texto se convierten en la respuesta del escritor a una serie de preguntas imaginarias que le hace el lector del mismo y que, la mayoría de las veces, permanecen implícitas en el texto.

También hay cierta confusión entre los conceptos de género y registro. Por registro entendemos las variaciones que se producen en el uso del lenguaje en función de la situación en que éste se utiliza. Los registros son, por tanto, realizaciones lingüísticas de los posibles contextos de situación que se dan en el seno de un marco cultural (Vázquez, 1995). Estamos ante un concepto más sociolingüístico que discursivo y que, en cualquier caso, se haya subordinado al de género. La noción de registro fue caracterizada por Halliday en los años sesenta, estableciendo las tres variables contextuales que, desde esa década, conforman el registro: campo, tenor, y modo (Halliday y Hasan, 1976: 22; Halliday, 1994: 390). El campo describe la naturaleza de la acción social que produce el texto, el objetivo del hablante o el escritor al producir el texto y el tema del que se habla. El tenor se refiere al estatus de los participantes en la acción social y las relaciones entre ellos. Finalmente, el modo se refiere a la función del texto y al modo retórico.

Tal como afirma Swales (1990), el uso adecuado de los diferentes tipos de textos en situaciones comunicativas determinadas requerirá una apropiada interrelación de los sistemas de género y registro. Por lo tanto, el género, como estructura culturalmente aceptada, impone sus límites a los registros, y éstos, a su vez, actualizan y singularizan el género al materializarlo en un contexto situacional concreto con unas características lingüísticas específicas. Fruto de esta interacción, nos encontramos con que dentro de un mismo género -por ejemplo, correspondencia- puede haber textos distintos -por ejemplo, cartas comerciales, correspondencia personal, etc.-, con realizaciones lingüísticas diferentes en función del registro -por ejemplo, con un mayor grado de formalidad o informalidad, por ejemplo- y con objetivos comunicativos distintos: narrar, persuadir, etcétera.

3. Desarrollo de la competencia discursiva en el aula de lenguas extranjeras

En líneas generales, una detallada revisión de los libros de texto de segundas lenguas en el marco del enfoque comunicativo permite constatar que la perspectiva discursiva se abre paso: se presentan muestras de lengua reales y realistas, tanto orales y escritas, junto con una nutrida representación de diferentes géneros, registros y tipos de textos, llevando a cabo diferentes macrofunciones u objetivos comunicativos. En el caso concreto de la competencia discursiva escrita, la mayoría de los libros de texto analizados abordan el aprendizaje de aspectos relacionados con la estructura global (marcadores discursivos) y la organización semántica interna (expresión de causa, efecto, condición, ejemplificación, etc.) de diferentes tipos de textos, con sus principales características lingüísticas y sus posibles variaciones en función del registro y del estilo. En cuanto a la competencia discursiva oral, tradicionalmente menos atendida en el aula, esta se desarrolla mediante la enseñanza de las características estilísticas de la lengua oral (uso de vacilaciones, reformulaciones, evaluaciones y comprobación de discurso, uso frecuente de la elipsis, presencia de oraciones simples, etc.), características textuales propias del discurso oral (elementos de cohesión, estructura de pares adyacentes, aperturas y cierres conversacionales, etc.) o pragmáticas (énfasis, funciones de los marcadores discursivos, marcas pragmáticas de cortesía, etc.). Para adquirir una mejor competencia discursiva oral, Alcón (2000) propone una secuenciación de actividades en las que, tras seleccionar el objetivo discursivo, se analicen, primero, ejemplos conversacionales, de manera que el estudiante tome conciencia del funcionamiento de la conversación. Después, propone hacer ejercicios en los que haya que detectar fallos pragmático-discursivos en intercambios orales y posteriormente haya que reconstruir la conversación.

Finalmente, el docente, en caso necesario, reformularía la versión ofrecida por los estudiantes y daría la retroalimentación explícita necesaria para complementar el conocimiento. Entendemos que la misma dinámica podría servir para el desarrollo de la competencia discursiva escrita. Sin embargo, tras la exposición y análisis en clase de muestras de textos reales, orales o escritos, es fundamental centrarse en la práctica comunicativa en el aula, recreando situaciones reales y produciendo discursos adecuados a dichas situaciones. Para lograr el desarrollo de la competencia discursiva en los diferentes niveles de competencia, el *Marco común europeo de referencia para las lenguas: aprendizaje, enseñanza, evaluación* (2002: 140-141) proporciona escalas ilustrativas para el desarrollo de cuatro aspectos de la competencia discursiva a los que otorga especial importancia: la flexibilidad, el turno de palabra; el desarrollo temático; y la coherencia y la cohesión. La flexibilidad tiene que ver con el dominio del estilo, de los diferentes registros y de categorías como tópico y foco (para lograr efectos como el énfasis, etc.). El turno de palabra es específico de la interacción oral; el desarrollo temático tiene que ver con la progresión de la información en el texto, la estructura global del mismo y su organización interna; y, por último, la coherencia y la cohesión, que abarcan todos los conceptos anteriores:

	FLEXIBILIDAD
C2	Manifiesta gran flexibilidad reformulando ideas en distintas formas lingüísticas para dar énfasis, diferenciar según situación, el interlocutor, etc., y eliminar la ambigüedad.
C1	Adapta lo que dice y los medios de expresarlo a la situación y al receptor, y adopta un nivel de formalidad adecuado a las circunstancias.
B2	Se acomoda a los cambios de dirección, estilo y énfasis que existen normalmente en la conversación. Varía la formulación de lo que quiere decir.
B1	Adapta su expresión para abordar situaciones menos corrientes e incluso difíciles. Utiliza una amplia gama de elementos lingüísticos sencillos con flexibilidad para expresar gran parte de lo que quiere.
A2	Adapta frases sencillas, bien ensayadas y memorizadas a circunstancias particulares mediante una sustitución léxica limitada. Amplía frases aprendidas volviendo a combinar elementos con sencillez.
A1	No hay descriptor disponible.

	TURNO DE PALABRA
C2	Como C1.
C1	Selecciona una frase apropiada de una serie fácilmente disponible de funciones del discurso para iniciar sus comentarios apropiadamente, con el fin de tomar la palabra o de ganar tiempo mientras mantiene el turno de palabra y piensa.
B2	Interviene adecuadamente en debates utilizando el lenguaje apropiado para ello. Inicia, mantiene y termina el discurso adecuadamente con un turno de palabra eficaz. Inicia el discurso, toma el turno de palabra cuando es preciso y termina la conversación cuando debe, aunque puede que no lo haga siempre con elegancia. Utiliza frases hechas (por ejemplo, *Es una pregunta de difícil respuesta*) para ganar tiempo y mantener su turno mientras elabora lo que va a decir.

B1	Interviene en debates sobre temas corrientes utilizando una frase apropiada para tomar palabra. Inicia, mantiene y termina conversaciones sencillas cara a cara sobre temas corrientes o de interés personal.
A2	Utiliza técnicas sencillas para iniciar, mantener o terminar una conversación breve. Inicia, mantiene y termina conversaciones sencillas cara a cara. Demanda atención.
A1	No hay descriptor disponible.

	DESARROLLO TEMÁTICO
C2	Como en C1.
C1	Realiza descripciones y narraciones detalladas integrando varios temas, desarrollando aspectos concretos y terminando con una conclusión apropiada.
B2	Desarrolla descripciones o narraciones claras ampliando y apoyando sus aspectos principales con detalles y ejemplos adecuados.
B1	Realiza con razonable fluidez narraciones o descripciones sencillas en forma de secuencia lineal de elementos.
A2	Cuenta historias o describe algo con la ayuda de una lista sencilla de elementos.
A1	No hay descriptor disponible.

	COHERENCIA Y COHESIÓN
C2	Crea textos coherentes y cohesionados haciendo un uso completo y apropiado de una variedad de estructuras organizativas de una amplia gama de mecanismos de cohesión.
C1	Produce un discurso claro, fluido y bien estructurado manifestando un uso controlado de estructuras organizativas, conectores y mecanismos de cohesión.
B2	Utiliza con eficacia una variedad de palabras de enlace para señalar con claridad las relaciones que existen entre las ideas. Utiliza un número limitado de mecanismos de cohesión para enlazar frases y crear un discurso claro y coherente, aunque puede mostrar cierto *nerviosismo* en una intervención larga.
B1	Enlaza una serie de elementos breves, discretos y sencillos para crear una secuencia de elementos cohesionada y lineal.
A2	Utiliza los conectores más corrientes para enlazar frases sencillas con el fin de contar una historia o de describir algo en forma de lista sencilla de elementos. Enlaza grupos de palabras con conectores sencillos como, por ejemplo, *y, pero* y *porque.*
A1	Enlaza palabras o grupos de palabras con conectores lineales muy básicos como son *y* o *entonces.*

Queda, sin embargo, mucho que hacer todavía, a la luz de la realidad de las producciones diarias de nuestros alumnos, que incluso en niveles avanzados, siguen mostrando algunos problemas de cohesión macro y microtextual, ya sea por lafalta de adiestramiento en su lengua materna o por las dificultades que se generan en la nueva lengua. Friedlander (1990) cita algunos estudios que prueban que cualquier estudiante de L2 aplica los conocimientos y estrategias de redacción de su L1 a la segunda lengua que está estudiando. En algunos casos, estos conocimientos constituyen un excelente punto de partida, especialmente en lenguas afines; en otros, sin embargo, estos conocimientos resultan escasos y no ayudan al desarrollo de la competencia discursiva en la L2[13]. En cualquier caso, a mejorar esta situación tampoco contribuye el hecho de que no todos los avances en materia discursiva se hayan incorporado a la práctica docente. Por ejemplo, en los libros de texto de lenguas extranjeras apenas se presta atención a la estructura informativa de la oración, que tiene claras repercusiones en la organización discursiva del texto, tanto oral como escrito. Más concretamente, nociones como tema y rema, estrechamente relacionadas con la progresión de la información en el texto y caracterizadas como importantes elementos de cohesión textual no encuentran su camino en el aula. Tampoco es frecuente encontrar mucha práctica sobre los mecanismos y estructuras lingüísticas mediante las cuales se topicaliza o focaliza en el idioma de estudio. En nuestra opinión, dichas nociones deberían tener más presencia en el proceso de enseñanza-aprendizaje de lenguas extranjeras, no sólo por su valor como elementos de cohesión textual, sino porque la estructura informativa puede experimentar variaciones en su realización de una lengua a otra, y esta realidad puede suponer un obstáculo para el alumno de idiomas. En cualquier caso, creemos que el correcto desarrollo de la competencia discursiva en una L2 puede ayudar, en último término, a mejorar la competencia discursiva en L1, por afinidad entre lenguas, o por la interiorización de las diferencias entre ambas.

Conclusión

En este artículo hemos analizado la evolución del concepto de competencia discursiva en los principales modelos de competencia comunicativa, hemos explicado someramente los conceptos básicos en torno a los cuales se articula y hemos descrito las condiciones en las que se desarrolla en la actualidad la competencia discursiva en el aula de idiomas. Para aquellos profesores que quieran profundizar en los contenidos descritos en el presente artículo, recomendamos la lectura de algunos de los libros publicados en los últimos años, destinados a acercar los últimos avances en el análisis del discurso a los profesores de idiomas (Cook, 1989; McCarthy, 1991; Peytard y Moirand, 1992; Hatch, 1992; Nunan, 1993; McCarthy y Carter, 1994; Riggenbach, 1999; Paltridge, 2000; Carter *et al.* 2000, Celce-Murcia y Olshtain, 2001a y 2001b; entre otros). En estos libros se alterna la exposición teórica de diferentes líneas de investigación en el campo del análisis del discurso con ejercicios de reflexión para el profesor de lenguas y alguna receta para la clase de L2. Espero que sean de su interés.

[13] Hay estudios que prueban la falta de competencia discursiva que tienen los estudiantes de L1 en diferentes niveles de formación lingüística (Tusón, Casamiglia, Ramspott y Usandizaga, 1989).

BIBLIOGRAFÍA

ALARCOS LLORACH, E. (1994), *Gramática de la lengua española*, Madrid, Espasa-Calpe.

ÁLVAREZ, G. (1991), "Coherencia textual y enseñanza de lenguas", *RLA (Revista de lingüística teórica y aplicada)*, 29: 85-96.

ÁLVAREZ, G. (1995), "Competencia discursiva y textual del hablante nativo", *RLA (Revista de lingüística teórica y aplicada)*, 33: 5-14.

ALCÓN, E. (1997), "Desarrollo de la competencia discursiva oral desde una perspectiva metodologica de autoaprendizaje", en J. CANTERO, A. MENDOZA y C. ROMEA (eds.) *Didáctica de la lengua y la literatura para una sociedad plurilingüe del siglo XXI*, Barcelona, Universitadad de Barcelona: 963-966.

ALCÓN, E. (2000), "Desarrollo de la competencia discursiva oral en el aula de lenguas extranjeras: perspectivas metodológicas y de investigación", en C. MUÑOZ (ed.) *Segundas lenguas. Adquisición en el aula*, Barcelona, Ariel: 259-276.

ALONSO, I. (1997), "La progresión de la información en el discurso y su relevancia en la enseñanza-aprendizaje de ELE", en F. MORENO, M. GIL y K. ALONSO (eds.), *La enseñanza del español como lengua extranjera: del pasado al futuro. Actas del VIII Congreso Internacional de ASELE*, Universidad de Alcalá de Henares: 105-114.

ALONSO, I. (2002), "El análisis del discurso en acción: el papel de las nociones de tema y rema en la enseñanza de lenguas extranjeras", en L. MIQUEL y N. SANS (eds.) *Didáctica del Español como Lengua Extranjera,* Col. Expolingua, Madrid, Fundación Actilibre, 5: 9-23.

ALONSO, I. y McCABE A. (1998a), "Theme-Rheme patterns in L2 writing", *Didáctica (Lengua y Literatura),* 10: 13-31.

ALONSO, I. y McCABE, A. (1998b), "Looking for tools to assess ESL student compositions at the discourse level: the Theme/Rheme notion", *Greta, Revista para profesores de inglés*, vol. 6/2: 52-57.

BACHMAN, L. (1990), *Fundamental considerations in language testing*, Oxford, Oxford University Press.

BACHMAN, L. y PALMER, A. (1996), *Language Testing in Practice,* Oxford, Oxford University Press.

BALLESTEROS, F. J. (2001), "La cortesía española frente a la cortesía inglesa. Estudio pragmalingüístico de las exhortaciones impositivas", *Estudios Ingleses de la Universidad Complutense*, 9: 171-208.

BARROS, P. (1990), "La clase de conversación y el empleo de los elementos conexivos", en R. FENTE, A. MARTÍNEZ y J. A. DE MOLINA (eds.), *Actas del I Congreso Nacional de Asele,* Granada: 53-60.

BEARDSLEY, M. C. (1950), *Practical Logic*, Nueva York, Prentice-Hall.

BEAUGRANDE, R. y DRESSLER, W. (1981), *Introduction to Text Linguistics,* Londres, Longman.

BENTAHILA, A. y DAVIES, E. (1989), "Culture and Language Use: A Problem for Foreing Language Teaching", *IRAL*, 27/2: 99-112.

BERNÁNDEZ, E. (1995), *Teoría y epistemología del texto,* Madrid, Cátedra.

BHATIA, V. K. (1993), *Analysing Genre: Language Use in Professional Settings*, Londres, Longman.

BLUM-KULKA, S. (1987), "Indirectness and Politeness in Requests: Same or Different?" *Journal of Pragmatics*, 11:145-160.

BOLINGER, D. (1954-55), "Meaninful Word Order in Spanish", *Boletín de Filología VII*, Universidad de Chile: 45-46.

BROWN, G. y YULE, G. (1983), *Discourse analysis,* Cambridge, Cambridge University Press. Traducción española: *Análisis del Discurso,* Madrid, Visor, 1993.

CANDLIN, C. N. (1981), *The Communicative Teaching in English*, Londres, Longman.

CASAMIGLIA, H. y TUSÓN, A. (1999), *Las cosas del decir. Manual de análisis del discurso,* Barcelona, Ariel Lingüística.

CANALE, M. y SWAIN, M. (1980), "Theoretical bases of communicative approaches to second language teaching and testing", *Applied Linguistics*, 1: 1-47. Traducción española: (1996) "Fundamentos teóricos de los enfoques comunicativos. La enseñanza y la evaluación de una segunda lengua", *Signos. Teoría y Práctica de la educación*, 17: 54-62 y 18: 78-79.

CANALE, M. (1983), "From communicative competence to communicative language pedagogy", en C. RICHARDS y R. W. SCHMIDT (eds.), *Language and communication*, Londres, Longman. Traducción española: "De la competencia comunicativa a la pedagogía comunicativa del lenguaje", en VV. AA. (1995) *Competencia comunicativa. Documentos básicos en la enseñanza de lenguas extranjeras*, Madrid: 63-82.

CARREL, P. L. (1983a), "Some issues in Studying Language Comprehension", *Reading in a Foreing Language* 1: 81-92.

CARREL, P. L. (1983b), "Three Components of Background Knowledge in Second Language Comprehension", *Language Learning*, 33: 183-207.

CARREL, P. L. (1984a), "Evidence of a Formal Schema in Second Language Comprehension", *Language Learning*, 34: 87-112.

CARREL, P. L. (1984b), "The effects of rhetorical organization on ESL readers", *TESOL Quarterly*, 18: 441-469.

CARREL, P. L. (1985), "Facilitating ESL reading by teaching text structure", *TESOL Quarterly*, 19: 727-752.

CARREL, P. L. (1987), "Content and formal schemata in ESL reading", *TESOL Quarterly*, 21: 461-481.

CARTER, R. *et al.* (2000), *Working with Texts*, Londres, Routledge & Kegan Paul.

CASTELLÀ, J. M. (1992), *De la frase al text. Teories de l'ús linguistic*, Barcelona, Editorial Empúries.

CELCE-MURCIA, M. y OLSHTAIN, E. (2001a), *Discourse and Context in Language Teaching*, Cambridge, Cambridge University Press.

CELCE-MURCIA, M. y OLSHTAIN, E. (2001b), "Discourse Analysis and Language Teaching", en D. SCHIFFRIN, D. TANNEN y H. E. HAMILTON (eds.), *The Handbook of Discourse Analysis*, Blackwell Publishers: 707-724.

CELCE-MURCIA, M., DÖRNYEI, Z. y THURRELL, S. (1995), "Communicative Competence: A Pedagogically Motivated Model with Content Specifications", *Issues in Applied Linguistics*, 6: 5-35.

COMBETTES, B. (1983), *Pour une grammaire textuelle. La progression thématique*, Bruselas-París, De Boeck-Duculot.

COMBETTES, B. (1991), "Hiérarchie et dépendance au niveau fonctionnel", *L'Information grammaticale*, 59: 48-51.

COMBETTES, B. (1992), *L'organisation du texte*, Universidad de Metz.

CONTRERAS, H. (1978), *El orden de palabras en español*, Madrid, Cátedra.

COOK, G. (1989), *Discourse*, Oxford, Oxford University Press.

CURZON, D. (1984), "Themes, Hyperthemes and the Discourse Structure of British Legal Texts", *Text*, 4 (1/3): 31-56.

DANE, F. (1974), "Functional Sentence Perspective and the Organization of the Text", En F. DANE (ed.), *Papers in Functional Sentence Perspective*, Praga, Academia: 106-128.

DOWNING, A. (1991), "An alternative approach to Theme: a systemic-functional perspective", *Word*, 42, 2: 119-143.

DUBOIS, B. L. (1987), "A Reformulation of the Thematic Progression Typology", *Text*, 7(2): 89-116.

EGGINS, S. y MARTIN, J. R. (1997), "Genres and registers of discourse", en TEUN A. VAN DIJK (ed.) *Discourse as structure and process. A multidisciplinary introduction*, Vol. 1, Londres, Sage Publications: 230-256.

EGGINS, S. (1994), *An Introduction to Systemic Functional Linguistics*, Londres y Nueva York, Pinter.

FERNÁNDEZ, S. (1991), "La competencia discursiva", en R. ALBURQUERQUE (ed.), *III Jornadas Internacionales del Español como*

Lengua Extranjera, Dirección General de Cooperación Cultural, Ministerio de Cultura, Madrid: 43-72.

FERNÁNDEZ, S. (1994), "Problemas discursivos en la interlengua de aprendices de español como lengua extranjera", en S. MONTESA PEYDRÓ y A. GARRIDO MORAGA (eds.), *Actas del II Congreso Nacional de ASELE,* Málaga: 267-278.

FRANCIS, N. (2001), "Géneros orales y estilos de narrativa: el desarrollo de la competencia discursiva", *Estudios de Lingüística Aplicada*, 33: 71-92.

FRIEDLANDER, A. (1990), "Composing in English: effects of a first language on writing in English as a second language", en B. KROLL (ed.), *Second Language Writing: Research Insights for the Classroom,* Cambridge, Cambridge University Press: 109-125.

GARRIDO RODRÍGUEZ, M.ª C. (1999), "Gramática y conversación: mecanismos de coherencia", en T. JIMÉNEZ JULIÀ y M.ª CARMEN LOSADA ALDREY (eds.), *Español como lengua extranjera: enfoque comunicativo y gramática: actas del IX Congreso Internacional de ASELE,* Santiago de Compostela, Universidad de Santiago de Compostela: 617-624.

GEORGAKOPOULOU, A. y GOUTSOS, D. (1997), *Discourse analysis: An Introduction,* Edimburgo, Edinburgh University Press.

GIORA, R. (1983), "Segmentation and Segment Cohesion: On the Thematic Organization of the Text", *Text,* 3 (2): 155-181.

GRICE, H. P. (1975), "Logic and Conversation", P. COLE y J. L. MORGAN (eds.), *Syntax and Semantics,* vol. 3, *Speech Acts,* Nueva York, Academic Press: 41-58.

GRICE, H. P. (1989), *Studies in the Way of Words*, Cambridge (MA), Harvard University Press.

GRIMES, J. E. (1975), *The thread of discourse*, La Haya, Mouton.

GUTIÉRREZ, S. (1997), *Temas, Remas, focos, tópicos y comentarios*, Madrid, Arco/Libros, S.L.

HALLIDAY, M. A. K. (1978), *Language as Social Semiotic: The Social Interpretation of Language and Meaning*, Londres, Edward Arnold.

HALLIDAY, M. A. K. (1985/1994), *Introduction to Functional Grammar*, Londres, Edward Arnold (2ª edición).

HALLIDAY, M. A. K. y HASAN, R. (1976), *Cohesion in English*, Londres, Longman.

HALLIDAY, M. A. K. y HASAN, R. (1989), *Language, context, and Text: aspects of language in a social semiotic perspective*, Oxford, Oxford University Press.

HATCH, E. (1992), *Discourse and Language Education*, Cambridge, CUP.

HATCHER, A. G. (1956a), "Syntax and The Sentence", *Word* 12, 2: 235-250.

HATCHER, A. G. (1956b), "Theme and Underlying Question. Two Studies of Spanish Word Order", Suplemento de *Word* 12.

HERRERO CECILIA, J. (1994), "Introducción general a los problemas y aspectos de la comunicación discursiva y textual", *Encuentro*, 7: 12 y ss.

HICKEY, L. (1989), *Curso de Pragmaestilística*, Madrid, Coloquio.

HICKEY, L. (1993), "Pragmatics to the aid of grammar", *Donaire*, 1: 14-18.

HICKEY, L. (1997), "Keeping words in order: a pragmatylistic problem in traslation", *Donaire*, 8: 30-36.

HOEY, M. P. (1983), *On the Surface of Discourse*, Londres, Allen & Unwin.

HOEY, M. P. (1991), *Patterns of Lexis in Text*, Oxford, Oxford University Press.

HOEY, M. P. (2001), *Textual Interaction*, Londres, Routledge.

HUTCHINS, W. J. (1977), "On the structure of scientific texts", *UEA Papers in Linguistics*, 5: 18-39.

HYMES, D. (1971), *On Communicative Competence,* Filadelfia, University of Pennsylvania Press.

JIMÉNEZ JULIÁ, T. (1986), *Aproximación al estudio de las funciones informativas*, Málaga Ágora.

JORDAN, M. P. (1980), "Short Text to explain Problem-Solution structures and viceversa", *Instructional Science*, 9: 221-1252.

JORDAN, M. P. (1984), *Rhetoric of Everyday English Texts*, Londres y Nueva York, George Allen & Unwin.
KINNEAVY, J. L. (1971), *A Theory of Discourse*, Englewood Cliffs, N.J., Prentice Hall.
KINNEAVY, J. L. (1980), "A pluralistic synthesis of four contemporary models for teaching composition", en I. PRINGLE y A. FREEDMAN (eds.), *Reinventing the Rhetorical Tradition,* Ohio, Akron: 37-52.
LONGACRE, R. E. (1976), *An Anatomy of Speech Notions*, Lisse, Peter de Ridder.
LONGACRE, R. E. (1982), "Discourse typology in relation to language typology", en S. ALLÉN (ed.), *Text Processsing: Text analysis and Generation, Text typology and Attribution: Proceedings of Nobel Symposium* 51: 457-486.
LONGACRE, R.E. (1983), *The Grammar of Discourse,* Nueva York y Londres, Plenum Press.
MANN, W. C. y THOMPSON, S. A. (1988), "Rhetorical Structure Theory: Toward a functional theory of text organization", *Text*, 8 (3): 243-281.
MANN, W. C. y THOMPSON, S. A. (1992), (eds.), *Discourse Description: Diverse linguistic analyses of a fund-raising text,* Amsterdam y Filadelfia, John Benjamins.
MINISTERIO DE EDUCACIÓN, CULTURA Y DEPORTE (2002), *Marco común europeo de referencia para las lenguas: aprendizaje, enseñanza, evaluación*, Madrid, Secretaría General Técnica del MECD y Grupo Anaya, traducido y adaptado por el Instituto Cervantes.
MAYNARD, S. K. (1986), "Interactional Aspects of Thematic Progression in English Casual Conversation", *Text*, 6 (1): 73-105.
McCARTHY, M. (1991), *Discourse analysis for language teachers,* Cambridge, University Press.
McCARTHY, M. y CARTER, R. (1994), *Language as discourse: perspectives for language teaching,* Londres, Longman.
NUNAN, D. (1993), *Introducing discourse analysis,* Londres, Penguin Books.
PALTRIDGE, B. (1997), *Genre, Frames and Writing in Research Settings*, Amsterdam y Filadelfia, John Benjamins.
PALTRIDGE, B. (2000), *Making sense of discourse analysis,* Queensland Antipodean Educational Enterprises.
PASTOR, S. (1996), "El desarrollo de la competencia discursiva escrita del alumno del español", en S. MONTESA PEYDRÒ y P. GOMIS BLANCO (eds.), *Tendencias actuales en la enseñanza del español como lengua extranjera. Actas del V Congreso Nacional de ASELE*, Málaga, ASELE: 247-252.
PEYTARD, J. y MOIRAND, S. (1992), *Discours et enseignement du français. Les lieux d'une rencontre*, París, Hachette.
PRINCE, E. F. (1981), "Toward a taxonomy of Given-New information", en PETER COLE, (ed.), *Radical Pragmatics,* Nueva York, Academic Press: 223-256.
REYES, G. (1999), *Cómo escribir bien en español. Manual de Redacción,* Madrid, Arco Libros, S. L.
RIGGENBACH, H. (1999), *Discourse Analysis in the Language Classroom,* Ann Arbor, the University of Michigan Press.
SIFIANOU, M. (1992), *Politeness Phenomena in England and Greece: A Cross cultural Perspective*, Oxford, Clarendon Press.
SWALES, J.M. (1990), *Genre analysis*, Cambridge, Cambridge University Press.
TUSÓN, A., CALSAMIGLIA, H., RAMSPOTT, A. y USANDIZAGA, H. (1989), "El desarrollo de la competencia discursiva", *Revista Interuniversitaria de Formación del Profesorado,* 6: 63-65.
VAN DIJK, T. A. (1980), *Macrostructures*, Hillsdale, N.J., Erlbaum.
VAN EK, J. A. (1986), *Objetives for Foreing Language Learning*, Vol. 1, Scope, Estrasburgo, Consejo de Europa.
VARELA PÉREZ, J. R. (1999), "Theme, cohesion devices and translation", *Estudios Ingleses de la Universidad Complutense*, 7: 163-176.
VÁZQUEZ, I. (1995), "Register, genre and lin-

guistic choice", en I. VÁZQUEZ y A. HORNERO (eds.), *Current Issues in Genre Theory*, Zaragoza, Mira: 29-50.

WEISSBERG, R. C. (1984) "Given and New: Paragraph Development Models from Scientific English", *TESOL Quarterly* 18/2: 485-499.

WERLICH, E. (1976), *A Text grammar of English*, Heidelberg, Quelle & Meyer.

WIDDOWSON, H. G. (1978), *Teaching language as communication*, Oxford, Oxford University Press.

WIERZBICKA, A. (1985), "Different Cultures, Different Languages, Different Speech Acts", *Journal of Pragmatics*, 9: 555-564.

WINTER, E O.(1982), *Towards a Contextual Grammar of English: The Clause and its Place in the Definition of Sentence,* Londres, Allen & Unwin.

La subcompetencia estratégica

Sonsoles Fernández López
Escuela Oficial de Idiomas de Madrid

Introducción

Al plantear el tema de la competencia estratégica, nuestra perspectiva es didáctica y se integra en un contexto de aprendizaje de lenguas extranjeras, por lo que no sólo nos interesa la descripción de esta capacidad en el uso de la lengua, sino también y sobre todo en el aprendizaje de este uso.

Proponemos a continuación un ejemplo que evidencia el funcionamiento en la práctica de la competencia estratégica en aprendices de español; nuestra intención es, además, traer hasta estas páginas la realidad que tenemos en la clase a diario y que constituye la fuente de todas nuestras reflexiones teóricas.

[Conversación de una persona que está aprendiendo la lengua, con el médico]
- Dígame, ¿qué le ocurre?
- *Me ocurre el cudo* [señalando]
- ¡Ah!, le duele el codo, ¿mucho?
- *Sí, me duelo mucho y...*

Llamamos la atención sobre las estrategias que emplea el aprendiz en la interacción con el médico: dado que el enfermo lo que espera en esta situación es una pregunta por su dolencia, cuando escucha una palabra nueva, la asocia a aquélla (es decir, equipara su dolencia al nuevo concepto), seguramente piensa que es más formal o técnica y, como estrategia, la utiliza inmediatamente para comprobar su adecuación: *me ocurre*. Además, no muy seguro de si lo está diciendo bien se ayuda con el gesto, señalando el *cudo*. En el siguiente intercambio, ayudado por la interjección *¡ah!* y, tal vez también, por el gesto del interlocutor, unido a la nueva construcción que se le propone, rectifica y vuelve a imitar la última construcción que ha oído, elaborando una estructura paralela y aplicando el sujeto lógico (yo siento el dolor -*me duelo mucho*-).

En tan breve diálogo podemos observar la capacidad de esta persona para contextualizar, formar hipótesis, inferir estructuras, ensayar y contrastar las hipótesis, rectificar y, por supuesto, para hacer pasar el mensaje. Podemos decir que este aprendiz está activando su competencia estratégica o *la capacidad de movilizar los recursos necesarios para un aprendizaje y una comunicación eficaz.*

En el ámbito del aprendizaje de las lenguas la formulación de *subcompetencia estratégica* hace referencia a la de *competencia comunicativa* y es deudora de uno de los primeros intentos de aplicar este concepto a la pedagogía de las lenguas (Canale y Swain, 1980 y Canale, 1983). Para señalar los límites del tema que nos ocupa, repasaremos brevemente el concepto de competencia comunicativa, y revisaremos, después, la inclusión en él de la competencia estratégica y el alcance que le han otorgado los diferentes autores. Valoraremos, a continuación, la aportación que los trabajos sobre estrategias han realizado al enriquecimiento del concepto de *competencia comunicativa* para integrar el componente estratégico y traeremos a colación la presentación del tema por el *Marco común europeo de referencia para las lenguas (MCER).* Finalmente, después de analizar la controversia que suscitan algunos de los planteamientos clave sobre el tema, ofreceremos una propuesta de lectura y una síntesis didáctica de lo que entendemos por competencia estratégica en el aprendizaje de una lengua así como de los componentes que la integran.

1. Competencias

1.1. Competencia lingüística

Desde la perspectiva del aprendizaje de las lenguas, la noción de *competencia* que aporta Chomsky -aliada a la de *actuación-* (1965) supera la dicotomía saussureana de *lengua* -y su correspondiente *habla-*, pues se pasa de enfocar la lengua como inventario de estructuras, para centrarse en el hablante y en el *conocimiento* que éste posee de las estructuras y procesos subyacentes en la adquisición de la lengua. El cambio nos lleva del sistema a la persona, aunque esa persona todavía sea un hablante *ideal.*

Este cambio va unido a una revolución en los planteamientos que explican la adquisición de la lengua, que ahora se postula no como una conducta aprendida por la imitación y la repetición, sino como un proceso creativo, que se activa a partir de un dispositivo humano innato, cuando el individuo entra en contacto con una comunidad de hablantes. Desde esa perspectiva, fomentar la creatividad lingüística, a través de una entrada de datos rica, constituiría la forma idónea de enseñar una nueva lengua; algo que nos conduciría inevitablemente a construir la *competencia lingüística* o conocimiento de la gramaticalidad y aceptabilidad de las producciones en la nueva lengua.

1.2. Competencia comunicativa

Los estudios realizados en los ámbitos de la sociolingüística, la etnolingüística y la pragmática entre comunidades concretas de hablantes ponen de manifiesto que la *variabilidad* es la norma propia -*variabilidad sistemática* en palabras de Labov, 1966- de las producciones llevadas a cabo en diferentes situaciones, canales y registros. Desde esa perspectiva, la competencia del hablante debe reconocer no sólo la gramaticalidad de las frases sino, sobre todo, la adecuación de esas producciones a las diversas situaciones de comunicación. La competencia o conocimiento lingüístico que atribuía Chomsky al hablante se amplía a la competencia comunicativa (Hymes, 1967 y 1971; Savignon, 1971) que integra no sólo el conocimiento sino también el uso; por su lado, el hablante *ideal* es ahora el usuario que posee la capacidad de reconocer además de si algo es gramatical y aceptable -como en la teoría anterior- si también es *posible* (gramatical, cultural y comunicativamente), *factible* de acuerdo con los medios gramaticales y culturales disponibles, *adecuado* en relación con el contexto concreto, y *real*, no abstracciones ni constructos paradigmáticos o metodológicos (Hymes, 1971: 37).

Pronto este concepto de *competencia comunicativa* adquiere una posición relevante en la enseñanza-aprendizaje de las lenguas, que se orienta ahora a facilitar el intercambio en una sociedad cada vez más globalizada. En este sentido, el Consejo de Europa proporciona un fuerte impulso con la publicación de un texto en el que se hace referencia expresa a los niveles umbrales (Van Ek, 1975; y para el español, Slatgter, 1982) y donde se propone ya una metodología orientada a favorecer el desarrollo de la competencia comunicativa, atendiendo a las diversas situaciones de comunicación y al lenguaje necesario para responder adecuadamente a cada una de ellas.

1.3. Competencia estratégica

El sugerente concepto de competencia comunicativa dinamiza trabajos tanto teóricos como prácticos relacionados con la enseñanza de las lenguas y, a su vez, se ve enriquecido por las aportaciones que las diferentes ciencias relacionadas llevan a cabo durante estos años, especialmente desde la pragmática, el análisis del discurso, la psicología cognitiva, los estudios de adquisición, los modelos pedagógicos y de evaluación y la relación entre culturas.

Entre los primeros trabajos que desarrollan el concepto de competencia comunicativa y que ya recogen esas aportaciones son los de Canale y Swain (1980) y Canale (1983). Tanto estos estudios, como el posterior de Bachman (1990), se convierten en referencias obligadas en la aplicación del concepto de competencia comunicativa a la didáctica de las lenguas.

Canale y Swain proponen un marco teórico para explicar la competencia comunicativa (conocimiento y habilidad) incluyendo en ella cuatro áreas de subcompetencias: a) gramatical; b) sociolingüística; c) discursiva; y d) estratégica.

Bachman (1990) varía el nombre de competencia comunicativa para evidenciar el aspecto de habilidad, no sólo de conocimiento, que atribuye a esta capacidad y pasa a denominarla como *habilidad lingüística comunicativa*. Así mismo, propone una nueva organización de sus componentes en tres apartados: a) competencia lingüística; b) competencia estratégica; y c) mecanismos psicofisiológicos. En la primera incluye las competencias organizativa -gramatical y textual- y pragmática -ilocutiva y sociolingüística-. La competencia estratégica se lleva a cabo a través de los procesos de evaluación, planificación y ejecución. Por último, los mecanismos psicofisiológicos se refieren a los procesos neurólogicos y psicológicos implicados en la ejecución real del lenguaje.

Analizaremos más adelante la contribución de estos dos trabajos al perfilar la dimensión de la competencia estratégica, pero lo que nos importa subrayar ahora es la integración de este aspecto como elemento esencial de la competencia comunicativa o capacidad comunicativa lingüística, al que otorga una función esencial en la activación del uso de la lengua.

Este papel del componente estratégico, que se integra en las definiciones citadas de competencia comunicativa, viene siendo objeto de investigación desde los años setenta del siglo pasado, tanto desde la psicología cognitiva como desde los estudios de adquisición, con aplicaciones referidas al aprendizaje en general y al desarrollo de la competencia comunicativa en particular. Vamos a referirnos a ellos a continuación en los siguientes apartados.

2. Estrategias

Estrategias, mecanismos psicolingüísticos, procesos[1], operaciones mentales, planes, procedimientos, líneas de acción, medios, trucos, etc., son algunas de las denominaciones utilizadas y que evidencian tanto la diversidad de acercamientos como la falta de consenso. En el ámbito del aprendizaje de lenguas para la comunicación, se pueden definir como acciones concretas -mecanismos, operaciones, planes, procedimientos, etc.- *que se llevan a cabo de forma potencialmente consciente, para activar los recursos de aprendizaje y poner en funcionamiento las habilidades lingüísticas en el cumplimiento de tareas de comunicación.* Se integran en esa definición tanto las estrategias de aprendizaje como las de comunicación, pues aunque metodológicamente se puedan separar, en el aprendizaje de la lengua para el uso, se funden normalmente unas en otras, de forma que las estrategias para el aprendizaje se activan en la comunicación y las estrategias de comunicación dinamizan el aprendizaje.

3. Claves teóricas

Las décadas de los setenta y ochenta fueron muy fructíferas en lo que respecta a las aportaciones procedentes de diferentes áreas que inciden en el desarrollo de estrategias y en su aplicación al aprendizaje-enseñanza de lenguas[2]. Las cuestiones que dinamizan estas aportaciones giran en torno a los planteamientos motrices de la psicología cognitiva, de la psicología humanista, de la investigación en adquisición de lenguas, de las ciencias de la educación y, en concreto, de la didáctica de las lenguas extranjeras. Algunas de esas cuestiones son las siguientes:

- ¿Cómo se aprende una lengua? ¿Qué procesos tienen lugar? ¿Se aprende de la misma manera una nueva lengua que la lengua materna? ¿Se activan mecanismos comunes a otros aprendizajes o se requieren dispositivos específicos?
- ¿Por qué existe tanta diversidad de resultados en el aprendizaje de las lenguas? ¿A qué se deben? ¿Son responsables de ello los datos biológicos, los culturales, los contextuales, los escolares? ¿Aprendemos de formas diferentes? ¿Cuáles son los estilos de aprendizaje? ¿Cómo aprenden los aprendices con éxito? ¿Qué papel tiene la práctica, la instrucción, la motivación, el conocimiento de otras lenguas? Etcétera.

Cada estudio intenta responder a algunas de esas cuestiones y abre otras nuevas perspectivas siempre estimulantes, por lo que la lista de preguntas vinculadas a este tema se torna cada vez más rica en matices.

---

[1] El proceso constaría de una secuencia de operaciones y la estrategia, de una sola operación. Faerch y Kasper (1983: 30) hacen un repaso de las variantes en el significado de estos términos.

[2] Nos remitimos al capítulo sobre *Estrategias de aprendizaje*.

En las líneas que siguen intentamos repasar las respuestas a estas cuestiones, tan solo pretendemos recoger una somera síntesis de las aportaciones claves que sustentan la relevancia del desarrollo de la competencia estratégica en el aprendizaje de las lenguas extranjeras:

- *Saber procedimental*
  Para llevar a cabo el aprendizaje de la lengua, el aprendiz cuenta con un *saber procedimental* (Anderson, 1983; OMaley y Chamot, 1990) que es el encargado de activar el *saber declarativo* (conocimiento del mundo y conocimiento lingüístico) y las destrezas. Ese saber y esa habilidad procedimental conforman lo que denominamos competencia estratégica.
- *Atención al proceso*
  La psicología cognitiva, al trabajar sobre los procesos que se verifican en el aprendizaje ha puesto de manifiesto la importancia de atender este aspecto, pues de ello dependen no sólo los resultados inmediatos, sino también el éxito de las sucesivas tareas. En el aprendizaje de una lengua esa atención al proceso resulta todavía más necesaria, ya que se trata de desarrollar una habilidad y no sólo de apropiarse de unos conocimientos. Además, la intervención didáctica es más eficaz cuando se realiza durante el proceso que al final de la tarea; asimismo, es importante que esa intervención conozca bien los procesos para sugerir los pasos adecuados, esto es, lo que favorezcan y no perjudiquen su desarrollo.
- *Procesos de comunicación lingüística*
  La comunicación se lleva a cabo en situaciones concretas y con fines determinados y su realización implica procesos de toma de decisiones sucesivas, tanto en la forma como en el contenido. Esos procesos sólo tienen lugar si la situación de comunicación es auténtica, único caso en e que se pueden practicar y aprender.
- *Sujeto: el aprendiz*
  Dirigir nuestra atención al proceso implica centrarse en el sujeto de ese proceso y reconocer que él es el único que puede activar su aprendizaje. El conocimiento declarativo se puede suministrar desde fuera, pero la activación de los procesos sólo es posible que se lleve a cabo desde dentro y como resultado de una decisión o un impulso personal.
- *Diferencias individuales y estilos de aprendizaje*
  Los aprendices de una lengua poseen características individuales y aportan estilos de aprendizaje determinados, con un conjunto de estrategias desarrolladas que les han servido para procesar el conocimiento de su lengua (y de otras), así como del resto de experiencias y conocimientos acumulados (Skehan, 1989; Naiman, 1978; Willing, 1989). Atender al componente estratégico es también contar con estos diferentes estilos de aprendizaje, tanto para adaptarse a ellos como para desarrollarlos.
- *Construir desde lo que se posee*
  El aprendizaje significativo -nos recuerda la psicología constructivista- requiere que el aprendiz se involucre de forma activa en el propio aprendizaje y lo construya a partir de sus experiencias, conocimientos, esquemas y estrategias, que irá remodelando progresivamente.
- *Estrategias de la comunicación*
  El análisis de la comunicación -comprensión, expresión e interacción- en diferentes situaciones permite observar cuáles son los procesos que subyacen y cuáles son las estrategias que tornan más eficaces esos procesos. Al aprender a utilizar una lengua, el aprendiz puede ensayar con nuevas estrategias y mejorar así su rendimiento.

4. Papel de la competencia estratégica

Más arriba proponíamos una definición sintética de la competencia estratégica como la capacidad de movilizar los recursos necesarios para un aprendizaje y una comunicación eficaz. Vamos ahora a enriquecer esta definición repasando, primero, las contribuciones de Canale y Swain y de Bachman, los dos trabajos de referencia sobre la competencia estratégica como componente de la competencia comunicativa. Repasaremos, después, los trabajos sobre estrategias, que son los que realmente desarrollan el papel que éstas cumplen; y recogeremos, por fin, la síntesis que sobre el tema ofrece el *Marco común europeo de referencia para las lenguas*, señalando las semejanzas, y diferencias y analizando los matices que se plantean en cada caso.

4.1. Componente de la competencia comunicativa

Para Canale (1983), el papel de la competencia estratégica es, por un lado, *compensar los fallos en la comunicación, debidos a limitaciones momentáneas o a una competencia insuficiente*, y por otro, *favorecer la efectividad de la comunicación* (Llobera, 1995: 69)[3] Esa acción estratégica se extiende tanto a la gramática, como a los aspectos sociolingüísticos, discursivos y contextuales.

Bachman, siete años después (1990), desarrolla la dimensión de esta competencia y le otorga la capacidad de movilizar la competencia lingüística en el uso contextualizado de la lengua. Las estrategias, por tanto, relacionan el conocimiento de la lengua y el conocimiento del mundo con la situación de comunicación e, incluso, con los mecanismos psicofisiológicos. Queremos subrayar el papel imprescindible que se le atribuye al componente estratégico en estas palabras: *el conocimiento lingüístico y otros conocimientos -conocimiento declarativo- para activarse necesitan de la competencia estratégica -o saber procedimental-*. Dicho llanamente, el qué necesita un cómo para activarse y, en el aprendizaje de la lengua, ese cómo pasa por las estrategias que se ponen en práctica en el uso de la lengua en situaciones de comunicación.

Esta autora, después de recoger el planteamiento interactivo de Tarone (1981), en el que las estrategias servirían -sólo- para negociar el significado en la interacción y en la producción, y de referirse al modelo psicolingüístico de Faersch y Kasper (1983), que distingue en el proceso de producción dos fases -de planificación y de ejecución-, propone su modelo de competencia estratégica, a partir del anterior, pero extendiéndolo a todo el uso comunicativo de la lengua y no sólo a los casos en que es necesario compensar deficiencias, como en la interlengua de los aprendices. Bachman añade un nuevo elemento al modelo de Faerch y Kasper, con lo que los componentes que ahora integran la competencia estratégica son los de evaluación, además de los de planificación y ejecución. La evaluación se entiende como el reconocimiento de la situación de comunicación y la valoración de los recursos que se poseen para conseguir la meta; la planificación es el momento de recuperar los ítems y organizarlos; y, finalmente, en la ejecución se recurre a los mecanismos psicofisiológicos para llevar a acabo el plan en el modo y canal apropiados.

---

[3] En un trabajo anterior (Canale y Swain, 1980), la acción de la competencia estratégica se limitaba al primer punto, es decir, a la función compensatoria.

4.2 Estudios sobre estrategias

La referencia al subcomponente estratégico en estos modelos resulta demasiado general para una aplicación concreta en el aprendizaje y uso de la lengua. Los estudios sobre estrategias proporcionan un marco más vasto para entender el papel de éstas y aunque la heterogeneidad es enorme, el conjunto genera una reflexión fecunda sobre el tema. No vamos abordar aquí esos estudios[4]; tan sólo hemos seleccionado tres ejemplos, que nos parecen representativos y al mismo tiempo ilustran sobre la potencialidad de aplicación en la didáctica de las lenguas.

4.2.1. Estrategias de comunicación

Bajo el título de *estrategias de comunicación*, Corder (1981: 104) aborda estos mecanismos y señala que ante un problema comunicativo, el aprendiz opta, de entrada, por dos soluciones: 1) evitar el riesgo, o 2) enfrentarlo y arriesgarse (estrategias de adaptación y estrategias de expansión); las últimas, obviamente son las que pueden activar el proceso de aprendizaje. Esta distinción es la misma que plantean Faerch y Kasper (1983: 53) con una terminología próxima: -estrategias de reducción y estrategias de consecución- y con el desarrollo que presentamos a continuación:

a) Estrategias de reducción:
   - Formal (fonológica, morfológica y sintáctica).
   - Funcional (de actos de habla, funciones discursivas, modalizaciones y temas).

b) Estrategias de realización:
   I. Compensatorias:
      1. No cooperativas:
         1.1. Basadas en L1/L3:
            - cambio de código;
            - adaptaciones de términos de la L1/L3;
            - traducciones literales.
         1.2. Basadas en la IL (interlengua):
            - generalizaciones;
            - paráfrasis;
            - creación de palabras;
            - reestructuraciones.
         1.3. Extralingüísticas: gestos, dibujos, etcétera.
      2. Cooperativas:
            - petición directa;
            - petición indirecta.
   II. Estrategias de recuperación:
      1. Esperar, utilizar campos semánticos, utilizar otros lenguajes.

[4] El lector puede encontrar un análisis más pormenorizado de los mismos en los artículos dedicados a las estrategias que se recogen en este mismo volumen.

De estas estrategias, Faerch y Kasper consideran que las que poseen un mayor potencial en la construcción de la interlengua son aquellas que intentan cumplir el mensaje, no reducirlo. Esa construcción se lleva a cabo través de los siguientes procesos:
- formación de hipótesis;
- verificación de esas hipótesis;
- automatización posterior a través de la práctica funcional y de la formal.

Las estrategias que desarrollan esos procesos son:
- En la formación de hipótesis, generalización, inferencia y transferencia.
- En la verificación, práctica receptiva, productiva, metalingüística e interactiva.
- En la automatización, práctica funcional y formal.

Esas estrategias se traducen en la comunicación en la creación de palabras, reconocimiento de paradigmas y de reglas, comprensión de elementos nuevos, préstamos de otras lenguas, sustituciones, paráfrasis explicativas, reestructuraciones etc., además de en las peticiones de ayuda directas al interlocutor o al diccionario, todo ello con los errores propios de la interlengua.

4.2.2. Estrategias de aprendizaje

Desde una perspectiva diferente -bibliografía sobre *estrategias de aprendizaje*-, O'Maley y Chamot (1990) organizan las estrategias en torno a las operaciones propias del saber procedimental que posibilita el aprendizaje de la nueva lengua: operaciones metacognitivas, cognitivas y socioafectivas. En cada una de esas operaciones se engloban una serie de estrategias que los autores presentan con diferente grado de profundiadad en varios de sus trabajos:
- Metacognitivas:
  - Planificación: anticipación, atención dirigida y atención selectiva, gestión.
  - Identificación del problema y evaluación.
- Cognitivas:
  - Repetición, organización, elaboración, transferencia, inferencia, deducción, visualización y sumario.
- Socioafectivas:
  - Cooperación, preguntas de clarificación, hablarse a sí mismo.

En el mismo ámbito de *estrategias de aprendizaje*, Joan Rubin (1989) ofrece una clasificación de estrategias muy útil para la aplicación didáctica, que se inspira en el proceso de tratamiento de la información (obtención de datos y comprensión, almacenamiento y recuperación), proceso que la psicología cognitiva equipara al del aprendizaje. Dentro del proceso de obtención de datos encontramos las estrategias de clarificación y verificación, las de inferencia, las deductivas y las de recogida de información; el proceso de almacenamiento se resuelve con estrategias de memorización; en los procesos de recuperación y utilización se enumeran las estrategias de práctica, las de autorregulación -las metacognitivas de otras clasificaciones- y las sociales.

Podríamos seguir observando otros estudios sobre estrategias, para llegar a la conclusión de que la lista de estrategias es muy amplia y las clasificaciones muy diversas, pero que todas inciden en organizar el vasto campo de posibilidades que poseemos y podemos activar para poder aprender a utilizar la lengua, capacidad que hemos llamado competencia estratégica.

5. Dicotomías en relación con las estrategias

En todas las definiciones de estrategias, y en la misma descripción de competencia estratégica, están latentes los siguientes aspectos, que influyen de alguna manera en la orientación de los estudios y que son, en general, objeto de discusión:

1. Estrategias de comunicación y estrategias de aprendizaje.
2. Estrategias conscientes-inconscientes.
3. Orientación sólo a la compensación de deficiencias o a toda la realización de la comunicación.

Ahora repasamos estos puntos para ayudar a clarificar la lectura de la bibliografía sobre el tema y, a continuación, ofrecemos nuestras conclusiones.

5.1. Estrategias de comunicación y estrategias de aprendizaje

Los trabajos más tempranos sobre estrategias se centraron en las *estrategias de comunicación*. Faerch y Kasper, en 1983, recogen una panorámica de los estudios más representativos que se habían llevado a cabo hasta esa fecha en el volumen *Strategies in Interlaguage Communication*; estas estrategias de comunicación representarían los planes o líneas de acción que se movilizan al utilizar la lengua para cumplir metas comunicativas.

Los estudios sobre *estrategias de aprendizaje*, en su mayoría, aparecen con posteridad y asumen que el objetivo del aprendizaje de la lengua es el de su uso en la comunicación; se definen como operaciones o mecanismos que agilizan y rentabilizan la consecución de la meta prevista; en sus clasificaciones, además de las estrategias cognitivas y metacognitivas, se suelen incluir apartados de estrategias *sociales* y *cooperativas*, que serían las más orientadas a facilitar la interacción.

A pesar de esta división teórica, los listados de estrategias de comunicación y de aprendizaje coinciden en gran parte, y en la práctica[5] es difícil decidir si las estrategias concretas que utiliza un aprendiz están orientadas a la comunicación o al aprendizaje: si se pregunta cómo se dice algo o si se hace una paráfrasis para resolver una situación comunicativa, se trataría de una estrategia de comunicación; si la intención del hablante es aprender, se trataría de una estrategia de aprendizaje (Corder, 1978 y Tarone, 1981). Algunas estrategias parecen colocarse claramente en uno de los dos lados; por ejemplo memorizar los verbos, obviamente tiene una intención de aprender, y de pedir ayuda, de comunicar, pero la mayoría de ellas (inferir, planificar, inventar palabras, etc.) son estrategias que se activan en la comunicación y que al mismo tiempo sirven para aprender, y más allá, son la forma de aprender. Creemos que, incluso, cuando la intención del hablante es sólo comunicar se puede producir aprendizaje. Los saberes procedimentales

[5] Si observamos, por ejemplo, una de las taxonomías de estrategias de aprendizaje más conocida, la de R. Oxford (1990), encontramos entre las que la autora denomina *estrategias directas*, junto a las de memoria y las cognitivas, las estrategias compensatorias, que son las que se repiten en todas las clasificaciones de estrategias de comunicación. Del mismo modo, entre las estrategias indirectas, al lado de las metacognitivas y las afectivas, encontramos las sociales; éstas últimas, claramente comunicativas en la dicotomía que analizamos (pedir aclaraciones, verificaciones o correcciones; interactuar con los otros en clase, o fuera de ella con hablantes nativos; empatizar con los demás).

-como utilizar la lengua- se aprenden por la práctica y en nuestro caso por la práctica comunicativa, atendiendo a las características de la comunicación (interacción social en situaciones a las que es necesario adaptarse, con un grado alto de impredictibilidad y creatividad tanto de contenido como de forma). Aprender una lengua es aprender a utilizarla -a comunicarse con ella- y, por tanto, todas las estrategias que faciliten el aprendizaje comunicativo serán estrategias de aprendizaje y estrategias de comunicación. Si hacemos una comparación con lo que ocurre en el aprendizaje de la lengua materna, podemos afirmar que la mayor parte de las estrategias que utilizan los niños tiene como objetivo cumplir una función comunicativa, pero es gracias a esas tareas comunicativas como va adquiriendo la lengua.

En nuestra descripción de la competencia estratégica integramos los dos aspectos: la capacidad de activar mecanismos para aprender y la de movilizar recursos para comunicarse.

5.2. Estrategias conscientes o inconscientes

Tanto en la definición de las estrategias de comunicación como en las de aprendizaje suele aparecer este aspecto, que caracteriza las estrategias como planes conscientes, como más o menos conscientes (dependiendo de las situaciones y de los aprendices) o como potencialmente conscientes, particularidad ésta que las torna enseñables (véase un repaso de estas posiciones en Faerch y Kasper, (1983: 35 y Cohen, 1996). Nosotros, al organizar este vasto campo, trazamos una primera línea cuyos dos extremos representan los grados máximo y mínimo de consciencia o intencionalidad. La diferente ubicación sobre este eje permite diferenciar aquellos mecanismos u operaciones mentales que rigen los procesos del aprendizaje y de la comunicación -que habitualmente actúan de forma inconsciente-, de los recursos, procedimientos y trucos, que si no son intencionados, sí podemos reconocer fácilmente. Aunque las generalizaciones o inferencias que, por ejemplo, nos llevan a reconocer los paradigmas de los verbos -con los errores normales en los aprendices- o a adivinar de qué trata un programa de TV, actúan normalmente de forma inconsciente, son, sin embargo, susceptibles de tornarse conscientes y, desde ese momento de ser utilizadas para un aprendizaje más efectivo. La práctica con nuevas estrategias puede llevar a la automatización, que posibilitaría liberar la conciencia para nuevos pasos o para estrategias que requieren un mayor esfuerzo; el aprendiz, por ejemplo, que ha automatizado la estrategia de inferir el significado de palabras nuevas por el contexto o por la forma, sin necesidad de buscar en el diccionario, libera tiempo y energías para otras tareas, como captar la comprensión global del texto o formular nuevas hipótesis de contenido.

Nosotros optamos por caracterizar a las estrategias como potencialmente conscientes, ya sea porque el aprendiz las ha tornado así en algún momento de su experiencia general de aprendizaje o comunicación, o porque la introspección y el análisis pueden conseguirlo y ayudar a practicar con ellas para facilitar las tareas.

5.3. Compensación de deficiencias

En las primeras definiciones de estrategias de comunicación se planteaba que éstas se activaban sólo en los casos en que surgía algún tipo de insuficiencia o problema comunicativo y su función se limitaba a resolver dicho problema mediante la simplificación del mensaje o la compensación de la insuficiencia de alguna forma. (Corder, 1978; Faerch y Kasper, 1983).

En la última década se tiende, por el contrario, a ensanchar el campo de acción de las estrategias a todo el aprendizaje y uso de la lengua. Cualquier tarea, objetivo, problema -en sentido amplio- que se plantee en el uso de la lengua, tanto por aprendices como por usuarios, requiere del uso de estrategias que ayuden a movilizar todos los recursos disponibles (lingüísticos, contextuales, de conocimientos del mundo, de la propia experiencia, de la propia personalidad) para cumplir la meta comunicativa, y esto en toda comunicación y en las diferentes fases de su aprendizaje.

6. La competencia estratégica en el *Marco común europeo de referencia para las lenguas*

Nos parece oportuno traer a colación las *referencias* que el *Marco común europeo de referencia* (MCER) recoge sobre este tema ya que este documento tiene vocación de convertirse en un libro de consulta generalizada y en punto de partida y de contraste para todos los que se dedican al aprendizaje y enseñanza de las lenguas en Europa.

Para situar el tema, adelantamos que en el *Marco* se habla de *capacidad para aprender* al presentar las competencias generales de la persona, y de *estrategias* cuando se presenta el aprendizaje de las actividades comunicativas: actividades y estrategias de expresión, comprensión e interacción.

Después de plantear un enfoque decididamente orientado a la acción y afirmar *que el uso de la lengua incluye el aprendizaje*, integra en ese planteamiento todos los conceptos clave, y entre ellos los de competencias, competencia comunicativa y estrategias:

> *El uso de la lengua -que incluye el aprendizaje- comprende las acciones que realizan las personas que, como individuos y como agentes sociales, desarrollan una serie de competencias, tanto generales como competencias comunicativas, en particular. Las personas utilizan las competencias que se encuentran a su disposición en distintos contextos y bajo distintas condiciones y restricciones, con el fin de realizar actividades de la lengua que conllevan procesos para producir y recibir textos relacionados con temas en ámbitos específicos, poniendo en juego las estrategias que parecen más apropiadas para llevar a cabo las tareas que han de realizar. El control que de estas acciones tienen los participantes produce el refuerzo o la modificación de sus competencias (MCER, 2002: 9).*

6.1. Capacidad para aprender

En el término de competencia, el *Marco* incluye conocimientos, habilidades y características individuales de la persona. Entre las competencias generales (conocimiento declarativo -saber-, habilidades -saber hacer-, competencia existencial -saber ser-) se sitúa la capacidad de aprender -saber aprender-, que es la capacidad de observar y participar en nuevas experiencias y de incorporar conocimientos nuevos a los existentes, modificando éstos cuando sea necesario (MCER, 2002: 104). Esta capacidad, sigue diciendo el *Marco*, moviliza todas las demás y, aunque se trate de una competencia general -independiente de la competencia comunicativa-, resulta especialmente indicada para el aprendizaje de idiomas. A continuación, cuando se describen los componentes de esta competencia estratégica, el *Marco*, como en muchas ocasiones, presenta, a modo de ejemplo[6], los siguientes apartados: reflexión sobre el sistema de la lengua y la comunicación, sobre el sistema fonético y sobre las destrezas correspondientes, destrezas de estudio y destrezas heurísticas.

6.2. Estrategias

Como decíamos más arriba, el término estrategias en el *Marco* va unido al aprendizaje de las actividades comunicativas[7] (y teóricamente deslindado de los conceptos de competencia estratégica y competencia comunicativa). La comunicación y el aprendizaje, reitera el *Marco*, suponen la realización de tareas que conllevan actividades de lengua; en la medida en que estas tareas no sean ni rutinarias ni automáticas, requieren del uso *de estrategias en la comunicación y en el aprendizaje*.

La definición que propone de *estrategias* nos parece muy completa; recoge el papel movilizador de recursos y proyecta su acción para conseguir llevar a cabo las actividades comunicativas necesarias en la tarea. Así, las estrategias:

> *Son un medio que utiliza el usuario de la lengua para movilizar y equilibrar sus recursos, poner en funcionamiento destrezas y procedimientos con el fin de satisfacer las demandas de comunicación que hay en el contexto y completar con éxito la tarea en cuestión de la forma más completa o más económica posible, dependiendo de su finalidad concreta. Por tanto,* no *habría que ver las estrategias de comunicación simplemente desde una perspectiva de incapacidad, como una forma de compensar una carencia o una mala comunicación. Los hablantes nativos emplean habitualmente todo tipo de estrategias de comunicación, en respuesta a las demandas comunicativas que se les presentan* (MCER, 2002: 60).

6.3. Estrategias y actividades comunicativas

La realización de las actividades comunicativas -comprensión, expresión, interacción y mediación- conlleva el uso de determinadas estrategias, y esto es así en los diferentes momentos de *planificación, ejecución, control y reparación*. El *Marco*, después de ofrecer una descripción detallada por niveles de las actividades comunicativas, propone una relación de las estrategias que estarían implicadas en cada caso y, a continuación, ofrece ejemplos de escalas para algunas de las estrategias. Recogemos el esquema de estas estrategias:

- Estrategias de expresión:
    - Planificación: Preparación, localización de recursos, atención al destinatario, reajuste de la tarea, reajuste del mensaje
    - Ejecución: Compensación. Apoyo en los conocimientos previos. Intento.

[6] Es una constante explícita en todo el *Marco* la de proporcionar ejemplos desarrollados de aquello que plantea, pero, según nuestra experiencia, los lectores de este documento, en general, toman esos ejemplos como paradigmas y no como unas posibilidades entre otras.

[7] Resulta oportuno destacar que el término *estrategias* no aparece ni una sola vez en la presentación de la *capacidad para aprender*.

  - Evaluación: Control del éxito.
  - Corrección: Autocorrección.
- Estrategias de comprensión:
  - Planificación: Estructuración (conformar la disposición mental, poner en funcionamiento los *esquemas*, establecer las expectativas).
  - Ejecución: Identificación de las claves e inferencia a partir de ellas.
  - Evaluación: Comprobación de la hipótesis: ajuste de las claves con los esquemas.
  - Corrección: Revisión de la hipótesis.
- Estrategias de interacción
  - Planificación: Encuadre (selección del *praxeograma*) Identificación de vacío de información y de opinión *(condiciones de idoneidad)*. Valoración de lo que se puede dar por supuesto. Planificación de los intercambios.
  - Ejecución: Tomar la palabra. Cooperación interpersonal. Cooperación de pensamiento. Enfrentarse a lo inesperado. Petición de ayuda.
  - Evaluación: Control de los esquemas y del *praxeograma*. Control del efecto y del éxito.
- Estrategias de mediación:
  - Planificación: Desarrollo de los conocimientos previos. Búsqueda de apoyos. Preparación de un glosario. Consideración de las necesidades del interlocutor. Selección de la unidad de interpretación.
  - Ejecución: Previsión, esto es, procesamiento de la información de entrada y formulación del último fragmento simultáneamente en tiempo real. Anotación de posibilidades y equivalencias. Salvar obstáculos.
  - Evaluación: Comprobación de la coherencia de dos versiones. Comprobación de la consistencia de uso.
  - Corrección: Precisión mediante la consulta de diccionarios. Consulta de expertos y de fuentes.

Para cerrar este apartado dedicado al *MCER*, queremos subrayar una de las ideas matrices de este documento y que se relaciona íntimamente con el tema que abordamos de competencia estratégica. Tanto en el *Marco* como en el *Portfolio europeo de lenguas* se promueven el aprender a aprender y la autonomía en el aprendizaje como medios para tornar más activo y personalizado el aprendizaje y, al mismo tiempo, posibilitar que éste se pueda llevar a cabo a lo largo de todo la vida. Los descriptores de actividades y estrategias comunicativas que ofrece el *Marco*, tornan más accesible la formulación de objetivos de aprendizaje y la posibilidad de autoevaluarlos. Concretamente el *Portfolio* sugiere a los aprendices que valoren su nivel de competencia en las diferentes destrezas a partir de estos descriptores. Sin embargo, no es posible llevar a cabo este trabajo sin poseer un amplio abanico de estrategias, que van desde la planificación a la ejecución y a la evaluación y en el que entran aspectos cognitivos, metacognitivos y también socioafectivos.

7. Propuesta

Dada la variedad de planteamientos y el elevado número de puntos no consensuados, creemos de gran utilidad ofrecer una síntesis de orientación didáctica sobre el concepto de competencia estratégica, que nuestra experiencia docente nos ha resultado coherente a nivel teórico y eficaz en la práctica.

- La competencia estratégica es la capacidad de movilizar todos los recursos disponibles para utilizar la lengua y cumplir tareas comunicativas.
  En la interlengua, o sea en el proceso de aprender una lengua, el aprendiz va desarrollando esa capacidad a través del entrenamiento en actividades comunicativas, por lo que en ese proceso se ensamblan aprendizaje y uso.
- Esta capacidad estratégica no es específica del uso y aprendizaje de la lengua, sino que se trata de una capacidad general de la persona que se aplica a cada ámbito o área de experiencia; en la utilización de la lengua se da también esta aplicación, para lo que se sirve de la competencia lingüística y de todos los procesos de la comprensión, expresión e interacción. De esta forma, la capacidad estratégica se convierte en componente esencial de la competencia comunicativa y del desarrollo de ésta en el aprendizaje de una nueva lengua, ya que es la encargada de movilizar el resto de los saberes para utilizar la lengua en situaciones de comunicación.

Las estrategias[8] que definen esta capacidad (cognitivas, metacognitivas, sociales, culturales y afectivas) son las encargadas, por tanto, de movilizar y rentabilizar:

1. El aprendizaje. Para el aprendizaje de la lengua se activan una serie de estrategias englobadas en los pasos siguientes:
   a) Toma de conciencia de cómo se aprende la lengua para favorecer el proceso.
   b) Motivación, actitud positiva, control de los elementos afectivos.
   c) Planificación del trabajo. Identificación de las técnicas y procedimientos más efectivos para conseguir los objetivos.
   d) Captación de lo nuevo: comprensión de los elementos lingüísticos a través de un proceso de formulación hipótesis.
   e) Búsqueda, atención selectiva, descubrimiento y contraste de hipótesis.
   f) Práctica funcional y formal: asimilación, retención y recuperación.
   g) Conceptualización.
   h) Evaluación, autoevaluación, superación.

2. El uso de la lengua. En el uso de la lengua se ponen en marcha las estrategias englobadas en los procesos de planificación, ejecución y evaluación, concretadas en cada una de las siguientes actividades comunicativas:
   a) Comprensión oral y escrita: planificación, realización, evaluación y corrección.
   b) Expresión oral y escrita: planificación, realización, evaluación y corrección.
   c) Interacción oral y escrita: planificación, realización, evaluación y corrección.

Como nuestra perspectiva es didáctica, enfocada al aprendizaje y desarrollo de la competencia comunicativa, hemos situado en primer lugar el componente estratégico que se orienta al aprendizaje, pero que en realidad no es más que una explanación de los procesos de planificación, ejecución, evaluación y corrección propios de las actividades comunicativas, vistas desde la perspectiva de su aprendizaje. Para el aprendiz de lenguas, cada uno de esos procesos conlleva el desarrollo de los pasos que hemos descrito en primer lugar:

---

[8] Véase el apartado 3, "Programar", del artículo de "Los contenidos estratégicos" en este mismo volumen.

- Previa a la planificación, o como primera parte de ella, el aprendizaje se verá facilitado si:
  - se toma conciencia de cómo se aprende la lengua para favorecer el proceso;
  - se desarrolla la motivación;
  - se fomenta una actitud positiva;
  - y se controlan los elementos afectivos.
- Para la ejecución, el aprendiz necesita contar con una serie de recursos y entrenarse gradualmente a través de los pasos de:
  - formulación de hipótesis;
  - búsqueda;
  - atención selectiva;
  - descubrimiento;
  - contraste de hipótesis;
  - práctica funcional y formal;
  - asimilación;
  - retención;
  - recuperación y conceptualización[9].

7.1. Un ejemplo

Nos proponemos a continuación ejemplificar cómo se puede concretar el desarrollo de la competencia estratégica en el aprendizaje de la de la comunicación, integrando las estrategias orientadas al aprendizaje y las orientadas al uso. Supongamos la necesidad de un aprendiz de lengua de realizar una tarea, por ejemplo, elegir el destino para un viaje entre varios posibles y contárselo a los amigos para realizar juntos el viaje.

Para ello cuenta con informaciones variadas en folletos de turismo, en guías, en Internet, conoce a gente que ha visitado esos destinos y le pueden contar sus experiencias; finalmente deberá contar a sus amigos -vía correo, teléfono o directamente- las ventajas de unos y otros destinos. Para llevar a cabo la tarea debe poner en práctica actividades comunicativas de comprensión y expresión, y para ello recurrir a estrategias en un proceso que puede ser como lo describimos a continuación:

- *Estrategias de comprensión* de los textos seleccionados o de los mensajes orales
  - Motivación: Si la tarea responde a los intereses está asegurada la motivación y la actitud positiva, claves en todo el proceso. Del mismo modo, se tiene claro el para qué se lee o se escucha y se puede valorar la relevancia del texto para responder a ese para qué.
  - Planificación: Se activan los propios conocimientos para prever lo que se va a oír o leer, a partir del contexto, de los títulos, de las ilustraciones, del mapa formal o de la situación de comunicación. Se valora la dificultad del texto o mensaje para abordarlo o no y poder prepararse.

[9] En la propuesta que se ofrece en el artículo "Los contenidos estratégicos" en este volumen, al listar detalladamente las estrategias de estos procesos del uso de la lengua -planificación ejecución evaluación y corrección- se han integrado esas estrategias del proceso de aprendizaje y la lista de estrategias de éste último se ha llevado a cabo de forma aplicada al uso de la lengua.

- Realización: Se intenta captar, primero, el sentido general, para detenerse después en puntos concretos; o se rastrea el texto para buscar sólo los datos concretos, si ese es el objetivo. Se requiere una atención especial a los datos concretos que se van a comparar con la ayuda de los diferentes elementos paralingüísticos y extralingüísticos (imágenes, mapa formal de un texto, entonación, gestos, tono, etc.). Sobre temas conocidos, se utiliza el sentido general del texto o del enunciado para deducir el significado probable de palabras desconocidas. Se puede deducir el asunto de un discurso o de un texto y el significado de palabras desconocidas a partir de la situación y del contexto. Se toman notas, se retienen los recursos nuevos y se practica con ellos. Es necesario controlar la propia compresión con vueltas atrás o con petición de clarificación e inferir la relevancia de cada una de las partes del discurso.
- Evaluación y corrección: Se contrastan las hipótesis previas y se corrigen o se confirman. Se indica lo que no se entiende y se solicita o se intenta, de diferentes formas, la clarificación de que se ha escuchado o leído. Finalmente se valora si el texto o mensaje satisface el objetivo previsto para buscar o no buscar nuevas pistas.

Para terminar se valoran los propios progresos en la comprensión de textos.

- *Estrategias de producción e interacción oral y escrita*:
  En la tarea prevista, el aprendiz, una vez que ha obtenido la información que necesita, debe transmitir a sus amigos los resultados, y poner de relieve las ventajas e inconvenientes de los diferentes destinos. Para ello debe organizar la información que posee de acuerdo con los criterios que decida y con lo que sus interlocutores saben y necesitan. Deberá, además, valorar si posee los recursos lingüísticos necesarios para cumplir esa actividad y de acuerdo con ello planear el aprendizaje y la tarea.

En síntesis, se podrían enumerar las siguientes estrategias, de las cuales, cada aprendiz utilizaría unas u otras, en función de su competencia comunicativa, de su personalidad y de su propio estilo de aprendizaje:

- Motivación:
  - Tener claro el objetivo de lo que quiere transmitir. Controlar los elementos afectivos (inhibición, miedo a los errores, ansiedad, etcétera.
- Planificación:
  - Prever y ensayar la forma de comunicar los puntos importantes.
  - Tener en cuenta el locutor tanto para preparar el contenido como la forma.
  - Valorar los recursos que se poseen y se necesitan.
  - Reajustar la tarea.
  - Localizar modelos y prepararse para adquirir recursos lingüísticos.
  - Preparar los intercambios.
- Realización:
  - Activar todos los conocimientos previos para expresarse.
  - Estar atento a la adecuación de la producción a la situación concreta.
  - Seguir modelos.
  - Buscar palabras de significado próximo para suplir alguna carencia. Crear palabras por analogía, parafrasear, definir, hacer dibujos, señalar cuando una palabra no está disponible, etcétera.

  - Hacerse con los recursos lingüísticos nuevos necesarios: formulación de hipótesis, búsqueda, atención selectiva, descubrimiento, contraste de hipótesis, práctica funcional y formal, asimilación, retención, recuperación y conceptualización.
  - Sortear las dificultades con diferentes recursos. Elaborar diferentes tentativas y valorar el progreso. Utilizar gestos interrogativos cuando no se está seguro de la corrección o adecuación de la palabra.
  - Cooperar. Resumir una conversación y facilitar así la focalización del tema.
  - Reaccionar de forma adecuada con gestos, con las expresiones habituales en la lengua meta.
  - Solicitar ayuda.
- Evaluación y corrección:
  - Confirmar la comprensión mutua. Corregir los malentendidos.
  - Facilitar el desarrollo de las ideas, reformulando algunas partes del enunciado.
  - Releer (en la expresión escrita) para valorar la consecución del objetivo, la adecuación, la organización y la corrección.

En una clase, al programar un trabajo de este tipo, se seleccionarían las estrategias apropiadas, de acuerdo con el nivel de los alumnos, de sus conocimientos declarativos y de su desarrollo procedimental.

8. Evolución de la competencia estratégica

La práctica y el adiestramiento en las actividades comunicativas conllevan una progresión -consciente o inconsciente- en la competencia estratégica. Las investigaciones suelen coincidir (Ellis, 1985: 183) en que en los primeros estadios predominan las estrategias de reducción tanto formal como de contenido, y que, progresivamente, tienen a adquirir mayor importancia las estrategias de realización. Entre las estrategias compensatorias la más productiva -o la más estudiada- es la paráfrasis; otra conclusión indica que las estrategias de cambio de lengua (L1 o L3), o de adaptaciones y calco de la L1 o de otras lenguas es más frecuente en los primeros estadios, lo cual se explica fácilmente. Variables como el tipo de enseñanza al que se está habituado, las idiosincrasias culturales o los diferentes estilos de aprendizaje inciden también en esa evolución: la capacidad de asumir riesgos, la preferencia por la corrección o la fluidez, la preferencia por trabajo individual o de grupo, etcétera.

Nosotros, a través del análisis de la interlengua de aprendices de diferentes lenguas maternas y en sucesivos estadios (Fernández, 1997), hemos podido observar que estrategias como la generalización de una regla de la lengua meta, o el acudir a la LM u otra LE, funcionan siempre en el proceso de aprendizaje. Aparte de eso, en los estadios iniciales predominan las estrategias interliguales (recurso directo a la LM u otra LE), la neutralización de oposiciones, la imitación de frases hechas, la reducción de las marcas con menor carga semántica, el uso de las formas menos marcadas o más usuales, la síntesis de lo que se pretende comunicar, las repeticiones que pretenden ser aclaratorias y la evasión e incluso el abandono. En los estadios intermedios predominan las estrategias intralinguales: generalizaciones de paradigmas, inferencias, analogía con formas próximas, hipercorrecciones, paráfrasis; persisten estrategias de la etapa anterior y aumenta el riesgo y la producción, con lo que parece que aumenten los errores, aunque en relación con la producción realmente disminuyen. Finalmente, en los estadios avanzados, se consolidan la hipótesis válidas y las estrategias se acercan a las que utiliza el hablante nativo; por otro lado, se verifica la autocorrección ante los errores fosilizables.

La acción didáctica puede favorecer el desarrollo de la competencia estratégica y con ella de la competencia comunicativa. Ese desarrollo pasa por observar, primero, las estrategias que aporta el aprendiz, valorar cuáles son las más eficaces y en qué casos es rentable ensayar con otras nuevas. Antes de abordar el entrenamiento, casi siempre resulta necesaria casi siempre una preparación previa de la que destacamos la importancia de que el aprendiz adopte una postura activa y responsable y de que el profesor deje de ser el transmisor del saber para ser el guía que incita al descubrimiento. El entrenamiento puede requerir un momento especifico, que siempre será más efectivo si se realiza de forma contextualizada e integrada en todas las actividades del aprendizaje de la nueva lengua.

Se trata no tanto de desarrollar estrategias de aprendizaje y de comunicación, como de conseguir que todo el aprendizaje y la comunicación sean estratégicos. Este es el punto clave para evaluar si tanto los profesores como los métodos y demás materiales dedicados al aprendizaje de las lenguas son didácticos o no, si además de proponer objetivos de aprendizaje se plasma el proceso a través de estrategias apropiadas y variadas y si se tienen en cuenta los procesos de la comunicación. La investigación y la experiencia han demostrado que este entrenamiento contextualizado es el que realmente desarrolla la competencia estratégica, más que el entrenamiento aislado que no siempre transfiere sus efectos a las actividades reales.

Conclusiones

El hilo conductor de nuestra reflexión, después de centrar el tema de la competencia estratégica como componente de la competencia comunicativa, nos ha llevado a englobar en ella tanto el aprendizaje como el uso de la lengua, y más aún, a integrar ambos aspectos, dado que de lo que se trata es del aprendizaje del uso, aprendizaje que se lleva a cabo en situaciones de comunicación lo más autenticas posibles.

La necesidad de atender especialmente a este componente estratégico o *saber procedimental* se deriva de su función, que es justamente la de posibilitar y facilitar ese aprendizaje y ese uso, para lo que moviliza el resto de los saberes y destrezas. Esta atención nos lleva a observar los procesos y las estrategias que se activan en ellos, a valorar cuáles son las más rentables y que mejor se adaptan a cada aprendiz y, en función de todo ello, a favorecer el desarrollo de esos procesos.

Los estudios sobre estrategias, dada la amplitud del tema, incluso cuando se ciñe al ámbito del aprendizaje de la lengua, aportan enfoques diferentes y de acuerdo con ellos clasificaciones diversas y matices nuevos. La lectura que aquí hemos presentado se ha enriquecido con todas esas aportaciones y ha intentado ofrecer una síntesis coherente y aplicable desde un punto de vista didáctico.

Cada aprendiz aporta un hacer estratégico ya experimentado de forma más o menos consciente; la acción didáctica debe construir sobre ese hacer, motivar para que se active en clase y, a partir de ahí, desarrollarlo. Se trata de que cada aprendiz reconozca que posee los instrumentos para aprender a comunicarse en la nueva lengua y que pueda mejorarlos, así se favorece la competencia comunicativa, o sea, la posibilidad de ser uno mismo en la interacción con los demás.

BIBLIOGRAFÍA

ANDERSON, J. R. (1981), *Cognitive Skills and their Acquisition*, Hisllsdale, N. J., Lawrence Eribaum.

ANDERSON, J. R. (1983), *The Arquitecture of Cognition*, Cambridge, Mass., Harvard University Press.

BACHMAN, L. (1990), "Habilidad lingüística comunicativa" en M. LLOBERA (ed.) (1995): 105-129.

BIALYSTOK, E. (1978), "Un modelo teórico de la adquisición de lenguas segundas" en J. LICERAS (ed.) (1991): 177-195.

BOGAARDS, P. (1988), *Aptitude et affectivité dans l'apprentissage des langues étrangères*, Credif, Hatier.

BELTRAN, J. (1993), *Procesos estratégicos y técnicas de aprendizaje*, Madrid, Síntesis.

CANALE, M. (1983), "De la competencia comunicativa a la pedagogía comunicativa del lenguaje", en M. LLOBERA (ed.) (1995): 63-83.

CANALE, M. y SWAIN, M. (1980), "Theoretical Bases of Communicative Approaches to Second Language Teaching and Testing", *Applied Linguistics*, vol. I, I: 1-47.

CONSEJO DE EUROPA (2002), *Marco común europeo de referencia para las lenguas: enseñanza, aprendizaje y evaluación*, Versión en español, Madrid, Ministerio de Educación, Anaya.

COHEN, A. D. (1996), "Second Language and Use Strategies: Clariying the Issues" en *CARLA Working Paper Series*, 3: 27.

CORDER, S. P.(1978), "Strategies of communication", en S. P. CORDER, (1981), *Error Analysis and Interlangage*, Oxford, Oxford University Press y en FAERCH y KASPER (1983).

CIR, P. (1996), *Les stratégies d'apprentissage*, París, Clé International.

CHAMOT, A. U. BARNHARDT, S. B., EL-DINARY, P. B., ROBBINS, J. (1999), *The Learning Strategies Handbook*, White Plains, NY, Adison Wesley Longman Inc.

CHOMSKY, N. (1965), *Aspects of the Theory of Syntax* , Cambridge, Mass., M.I.T. Press.

DAVIS, A., CRIPER C. y HOWATT A. P. R. (eds.) (1984), *Interlanguage* Edimburgo, Edinburgh University Press.

DICKINSON, L. (1987), *Self-Instruction in Langage Learning*, Cambridge University Press.

DUDA, R. y P. RILEY, (1990), *Learning Styles,* Presses Universitaires de Nancy.

ELLIS, R. (1985), *Understanding Second Language Acquisition*, Oxford, Oxford University Press.

FAERCH, C . y KASPER, G. (1983), *Strategies in Interlanguage Communication*, Longman.

GARDNER, R. C. (1985), *Social Psycology and Second Language Learning: The Roles of Attitudes and Motivation* ,Londres, Ontario, Edward Arnold.

HALLIDAY, M. A. K. (1978), *Language as Social Semiotic,* Londres, Edwuard Arnold.

HYMES, D.H. (1972), "Acerca de la competencia comunicaitiva" en M. LLOBERA (ed.), (1995): 27-47.

HOLEC, H. (1979), *Autonomie et apprentissage des langues étrangères,* Estrasburgo, Consejo de Europa, Hatier.

KRASHEN. S. (1977), "El modelo del monitor y la actuación de los adultos en las lenguas segundas" en J. LICERAS (ed.) (1992): 143-153.

LABOV, W. (1970), "The Study of Language in its Social Context" en *Studium Generale*, 23: 30-87.

LARSEN-FREEMAN, D. y LONG, M. (versión española, 1994), *Introducción al estudio de la adquisición de segundas lenguas,* Madrid, Gredos.

LICERAS (ed.) (1992), *La adquisición de lenguas extranjeras,* Madrid, Visor.

LOMAS, C. OSORO, A. TUSÓN, A. (1993), *Ciencias del lenguaje, competencia comunicativa y enseñanza de lenguas,* Paidós, Barcelona.

LLOBERA, M, (ed.) (1995), *Competencia comunicativa,* Edelsa, Madrid.

MARIANI, L (ed.) (1994), *L'Autonomía nell' apprendimento Linguistico*, Florencia, La nuova Italia, Quaderni de LEND.

NAIMAN, N, *et al.* (1978), *The Good Language Learner*, Institute for Studies in Education, Ontario.

NISBET, J. y SHUCKSMIT, J. (1986), *Estrategias de aprendizaje*, Madrid, Santillana, (Aula XXI).

O'MALEY, M. y CHAMOT A. U. (1990), *Learning Strategies in Language Acquisition*, Londres, Cambridge University Press.

OXFORD, R. L. (1989), *Language Learning Strategies*, Nueva York, Newbury House Publishers.

PIAGET, J. (1970), *Seisi estudios de psicología,* Barcelona, Barral.

ROGERS, C. (1972), *Liberté pour apprendre?*, París, Dunod.

RUBIN, J. (1975), "What the Good Language Learner Can Teach Us", *TESOL Quartely*, 9, 1: 41-51.

SAVIGNON, S. J. (1971), *Communicative Competence: An Experiment in Foreign Language Teaching*, Filadelfia, The Center for Curriculum Development Inc.

SELINKER, L. (1972), "Interlanguage", *IRAL*, 10, 3: 209-230.

SKEHAN, P. (1989), *Individual Differences in Second-Language Learning*, Londres, Edward Arnold.

STERN, H. (1975), "What can we team from the good language learner?", *Canadian Moderm Language Review*, 31: 304-318.

STEVICK, E. W. (1981), *Teaching Languages: A Way and Ways*, Nueva York, Newbury House.

TARONE, E. (1981), "Some thoughts on the notion of communicative satrategy", *TESOL Quartely,* 15: 285-295.

WENDEN, A. y RUBIN, J. (eds.) (1987), *Learner Strategies in Language Learning*, Londres, Prentice Hall.

WENDEN A. (1991), *Learner Strategies for Learner Autonomy*, Londres, Prentice Hall.

WRIGHT, T. (1987), *Roles of Teachers and Learnes*, Oxford, Oxford University Press.

La comunicación no verbal

Ana María Cestero Mancera
Universidad de Alcalá

Introducción

La enseñanza y el aprendizaje de lenguas extranjeras tiene como objetivo general, desde hace ya bastantes años, conseguir que un aprendiz pueda comunicar y comunicarse en una lengua meta. Este propósito obliga a prestar atención tanto a la lengua como a la comunicación, un proceso complejo que supone mucho más que conocer y utilizar un sistema lingüístico, pues, para que pueda producirse de forma eficaz y apropiada, hemos de ser competentes comunicativamente, con todo lo que ello implica: no sólo la adquisición de una competencia lingüística determinada, sino, también, el conocimiento y la utilización de información pragmática, social, situacional y geográfica y de signos y sistemas de comunicación no verbal. A estos últimos dedicaremos las páginas que siguen con el fin de ofrecer una base teórica y metodológica sencilla, que permita la incorporación de la comunicación no verbal en la didáctica de lenguas extranjeras. La razón que nos mueve a ello es el convencimiento de que los signos no verbales constituyen una parte sustancial y primordial de la comunicación y de los medios de comunicación humanos, si bien se trata, probablemente, de los elementos comunicativos a los que menos atención se ha prestado en los diseños curriculares de enseñanzas de lenguas extranjeras, debido, en parte, a la primacía que durante mucho tiempo, y aún en la actualidad, se ha dado a la enseñanza del sistema verbal y su manejo y, en parte, también, a que el conocimiento que tenemos de la comunicación no verbal es todavía escaso y fragmentario[1].

[1] Este capítulo supone una actualización de los trabajos presentados en Cestero (1998, 1999a, 1999b y 2000a), y ha sido realizado, fundamentalmente, a partir de los estudios de F. Poyatos (1972, 1975, 1976, 1983, 1993, 1994a, 1994b, 1996 y 2000) y de nuestra propia experiencia investigadora como analista de la conversación. Para una mayor profundización en el tema pueden consultarse las obras colectivas editadas por Auer y Di Luzio (1992), Kendon (1981), Key (1980 y 1982), Poyatos (1988 y 1992) y Wolfgang (1984), así como la revisión bibliográfica de Hore y Paget (1975) y la publicación periódica *Journal of Nonverbal Behavior* (Claremont, California).

1. La comunicación no verbal

Con la expresión *comunicación no verbal* se alude, generalmente, a la forma de comunicación humana producida mediante la utilización de signos no lingüísticos. Se incluyen en ella, por lo tanto, todos los signos y sistemas de signos no lingüísticos que comunican o se utilizan para comunicar, esto es, los hábitos y las costumbres culturales en sentido amplio y los denominados sistemas de comunicación no verbal: paralenguaje, quinésica, proxémica y cronémica. Se trata, pues, de un tema de gran amplitud y complejidad, lo que explica que se haya abordado su estudio desde distintas disciplinas, corrientes y perspectivas, tradicionales y actuales, y que hoy en día se caracterice por la interdisciplinariedad (Fogen, 2001; Poyatos, 1994a; Serrano, 1981; Wolfgang y Bhardwaj, 1984).

1.1. El estudio de la comunicación no verbal

Los primeros comentarios sobre signos no verbales se encuentran dispersos por las obras de clásicos latinos y griegos o en tratados filosóficos y estudios de medicina, antropológicos, sociales, históricos e, incluso, lingüísticos de siglos pasados, en los que se ofrecen, además, interesantes descripciones. No obstante, se considera que la primera obra que versa en exclusividad sobre comunicación no verbal es *The Expression of the Emotions in Man and Animals*, de Ch. Darwing, que se ha convertido en un trabajo de referencia obligada por constituir la base de la investigación posterior, y que la comunicación no verbal como disciplina nace en la segunda mitad del siglo XX, aunque en la primera mitad podamos encontrar algunas alusiones a ella o a los signos que la integran en obras como la de Bloomfield (1914) o la de Sapir (1949).

El ámbito de estudio que hoy se conoce como comunicación no verbal surge a finales de los años cincuenta de los trabajos de antropólogos como R. Birdwhistell y E. T. Hall sobre quinésica y proxémica y cronémica, respectivamente, y de psicólogos y psiquiatras acerca del comportamiento no verbal de pacientes. En las décadas siguientes se produce su consolidación, nuevamente de manos de especialistas procedentes de distintas ciencias (antropología, psicología, lingüística y sociología fundamentalmente) y de desarrollos desde la teoría de la comunicación o semiótica.

Sin embargo, el estudio de la comunicación no verbal no se lleva a cabo, exclusivamente, desde la disciplina que lleva su nombre, y que tiene como objeto de investigación principal los actos de comunicación producidos a partir de signos que pertenecen a los denominados sistemas de comunicación no verbal, sino que se hace también, y de forma muy precisa, desde la corriente de base sociológica denominada análisis de la conversación que, desde 1975, ha extendido su campo de estudio, incluyendo, junto con la microestructura y macroestructura conversacional, temas nuevos, entre los que destacan las *verbalizaciones* y las *actividades no verbales*, es decir, elementos paralingüísticos y quinésicos relacionados con los mecanismos conversacionales o la estructuración interna de la interacción comunicativa (Cestero, 2000b).

Por otro lado, una parte de lo que se considera comunicación no verbal, la correspondiente a determinados hábitos y costumbres culturales de una comunidad, es estudiada por historiadores o especialistas en folclore, que nada o poco tienen que ver con la comunicación y su estudio.

Por último, hemos de destacar el trabajo de un especialista que en sus investigaciones une los objetos de estudio específicos y la teoría y la metodología de las distintas disciplinas mencionadas. Nos referimos a F. Poyatos, cuya obra es una de las más influyentes en la actualidad en lo que respecta al estudio de la comunicación no verbal, en general, y a la aplicación de los conocimientos que sobre ella tenemos en la enseñanza de lenguas extranjeras, en particular.

La dificultad metodológica que entraña la investigación sobre comunicación no verbal y la heterogénea tradición que tiene su estudio, como acabamos de repasar, son las principales causantes de que hoy en día no contemos con una base teórica sólida que nos permita saber, con propiedad, qué es la comunicación no verbal, qué sistemas la integran, cuáles son sus signos y cómo funcionan, pero gracias a los estudios realizados tenemos la certeza de que los signos no verbales constituyen una parte sustancial de la comunicación humana. Es cierto que la investigación sobre comunicación no verbal se encuentra aún en la fase de identificación, descripción y clasificación de signos y sistemas; sin embargo, estamos convencidos de que los conocimientos que sobre ella tenemos son suficientes para empezar a incluirla en la enseñanza y el aprendizaje de lenguas extranjeras. Para comunicar y comunicarnos utilizamos simultánea o alternativamente elementos verbales y no verbales, por ello, para enseñar a comunicar o comunicarse, objetivo general de la enseñanza de lenguas, se ha de prestar atención, conjuntamente, a los signos y sistemas verbales y a los signos y sistemas no verbales. Los pasos que deben seguirse han de ir de la investigación empírica a la aplicación didáctica; así, en primer lugar, es necesario elaborar inventarios de signos culturales o de signos que componen los sistemas de comunicación no verbales, partiendo siempre de los conocimientos que sobre ellos ya tenemos y de las taxonomías previamente elaboradas, y, en segundo lugar, se han de realizar comparaciones interculturales que nos permitan discriminar entre signos universales y signos peculiares de distintas culturas o comunidades. Su enseñanza será posterior y se efectuará de forma progresiva, integrando los elementos de los inventarios en los distintos diseños curriculares, de la misma manera que se hace con los del sistema lingüístico. Sobre este tema volveremos en la última parte del capítulo, después de que hayamos revisado los constituyentes de la comunicación no verbal y sus características y funciones más básicas.

1.2. Elementos constitutivos de la comunicación no verbal

La comunicación no verbal comprende los hábitos y las costumbres culturales, en sentido amplio, y los denominados sistemas de comunicación no verbal[2]. Esta consideración nos permite distinguir, por razones fundamentalmente prácticas, dos tipos diferentes de elementos constitutivos de la comunicación no verbal, aunque no podemos olvidar que están estrechamente interrelacionados, a saber:

1. Los signos y sistemas de signos culturales, es decir, el conjunto de hábitos de comportamiento y ambientales y las creencias de una comunidad que comunican.
2. Los sistemas de comunicación no verbal, esto es, el conjunto de signos que constituyen los sistemas de comunicación no verbal paralingüístico, quinésico, proxémico y cronémico.

Dentro de los signos y sistemas culturales están incluidos tanto los correspondientes a los grandes temas tópicos (la sociedad, el folclore, la religión, la política, la historia, la geografía, el

[2] Véase Cestero (1999ª); Davis (1976); Muñoz y Avello (1991) y Poyatos (1994a y 1994b).

arte, etc.), como los llamados *hábitos culturales menores*, que tienen que ver, por ejemplo, con el comportamiento en establecimientos públicos y privados, el ambiente que crea y las creencias que lo motiva, con el uso de utensilios u objetos o con la decoración de lugares o del propio cuerpo, y que son, a nuestro entender, los que constituyen la verdadera esencia cotidiana de una comunidad y, por lo tanto, los más importantes en la enseñanza de la lengua y la cultura (Cestero, 1999a).

Los sistemas de comunicación no verbal, por su parte, incluyen también distintas categorías:

- El sistema paralingüístico está formado por cualidades fónicas, signos sonoros fisiológicos o emocionales, elementos cuasi-léxicos y pausas y silencios, que comunican o matizan el sentido de los enunciados verbales a partir de su significado o de alguno de sus componentes inferenciales.
- El sistema quinésico viene dado por los movimientos y las posturas corporales que comunican o matizan el sentido de los enunciados verbales[3].
- La proxémica trabaja la concepción del espacio que tiene el ser humano y la estructuración y uso que de él hace.
- La cronémica estudia la concepción que se tiene del tiempo en una cultura determinada y la estructuración y el uso que se hace de él[4].

Con respecto a los sistemas de comunicación no verbal cabe distinguir, a su vez, entre sistemas básicos o primarios (el paralingüístico y el quinésico) y sistemas culturales o secundarios (el proxémico y el cronémico). Los primeros, uno fónico y otro corporal, están implicados de forma directa en la comunicación humana, ya que se ponen en funcionamiento a la vez que el sistema verbal para producir cualquier acto de comunicación[5]; mientras que los segundos actúan, generalmente, modificando o reforzando el significado de los elementos de los sistemas básicos[6] o independientemente, dando información social y cultural.

Tanto los sistemas culturales como los sistemas de comunicación no verbal contienen elementos universales y elementos particulares de cada cultura y, por lo tanto, requieren estudio y enseñanza específicos[7]. No obstante, en esta ocasión, por razones de espacio, prestamos atención exclusivamente a los llamados sistemas de comunicación no verbal, remitiendo al lector a los trabajos generales sobre cultura y a los apuntes sobre su estudio y enseñanza que se ofrecen en Cestero (1998 y 1999a: 21-27) y en Poyatos (1994a: 37-42).

---

[3] Dentro de él incluimos la mirada y el contacto corporal, aunque se trate de aspectos no verbales que suelen recibir atención específica y que son considerados por algunos investigadores como sistemas diferentes.

[4] También son signos no verbales los pertenecientes a los sistemas físicos: el químico (las lágrimas, el humedecimiento de ojos, el humedecimiento de labios o el sudor corporal), el dérmico (el sonrojo, la palidez, la sequedad cutánea y la irritación cutánea) y el térmico (los cambios de temperatura corporal), pero sobre estos elementos no se suele realizar un control con fines comunicativos, por ello no se estudian dentro de la comunicación no verbal como disciplina.

[5] Es imposible realizar un acto de comunicación únicamente con signos verbales: al emitir cualquier enunciado producimos, a la vez, signos no verbales paralingüísticos y quinésicos. Véase a este respecto la concepción y explicación *de la triple estructura básica de la comunicación humana*, de Poyatos (1994a: capítulo 4).

[6] Lenguaje, paralenguaje y quinésica.

[7] Más adelante ofrecemos algunas muestras de ello, pero pueden extraerse interesantes ejemplos de Benítez y Lavin (1992), Poyatos (1994a y 1994b) y Soler-Espiauba (1989 y 2000). Véase también el hilo sobre comunicación no verbal del Foro didáctico del Instituto Cervantes.

1.3. Características y funciones de la comunicación no verbal

La característica básica y primordial de los signos no verbales es que pueden emplearse para comunicar en combinación con los signos verbales o de forma aislada, bien utilizando signos de un solo sistema no verbal o combinando signos de varios. Ha sido muy comentada la relación de dependencia que existe entre el sistema verbal y los sistemas no verbales. Dicha relación queda patente en lo que F. Poyatos (1994a: 129-134) denomina *la triple estructura básica de la comunicación humana*, que hace alusión a la coestructuración que se produce entre el sistema verbal y los sistemas no verbales primarios para realizar cualquier acto de comunicación. Tanto es así, que es imposible comunicar verbalmente sin emitir, a la vez, signos no verbales paralingüísticos y quinésicos, consciente o inconscientemente. No ocurre lo mismo con la comunicación exclusivamente no verbal, que puede alternar en algunos casos con la verbal o utilizarse en lugar de ella, siendo en muchas ocasiones más significativa[8].

Con respecto al funcionamiento general de la comunicación no verbal, hemos de destacar que los signos no verbales pueden comunicar activa o pasivamente, es decir, podemos utilizarlos para comunicar, pero también pueden comunicar por sí solos, sin que nosotros hagamos nada para ello. La mayoría de los signos culturales comunican pasivamente y la mayoría de los signos de los sistemas no verbales comunican activamente. Relacionada con esta característica está la utilización consciente e inconsciente de los signos no verbales, de manera que es posible y frecuente que utilicemos de forma inconsciente signos no verbales que realicen actos de comunicación imperceptibles para el emisor, pero no para el receptor, que les dará más crédito por tratarse, precisamente, de actos involuntarios. Son ejemplo de ello los clics (*ts, tz*), las aspiraciones (*hh*), los sonidos alargados (*Ee, Mm, Aa*), la fijación de la mirada en otra persona o los cambios posturales que realizamos cuando deseamos hablar y no nos ceden la palabra y que suelen ser tan espontáneos que ni el mismo emisor se da cuenta de su producción, pero sí el interlocutor, para el que constituyen una señal inequívoca de petición de turno de habla; ocurre lo mismo con algunas de las posturas que adoptamos cuando estamos nerviosos, relajados o aburridos, con la desviación de la mirada cuando no estamos interesados en un tema, con la separación corporal de la persona que nos desagrada o con el aumento de velocidad de emisión cuando queremos terminar una interacción.

Por otro lado, hemos de mencionar que la comunicación que se produce a través de los signos paralingüísticos, quinésicos, proxémicos y cronémicos es básicamente funcional, y no expresiva como ocurre con los signos verbales. Los utilizamos, así, para realizar actos de comunicación: bien relacionados con la interacción social (saludar, despedirse, presentar y reaccionar al ser presentado, pedir perdón, pedir permiso y concederlo, felicitar, agradecer, ofrecer o invitar y reaccionar a ello, prometer, etc.), bien relacionados con la estructuración y el control de la comu-

---

[8] Para comprobar este hecho sólo ha de observarse que para realizar una función social del tipo de saludar, por ejemplo, en España es posible utilizar una expresión lingüística como *¡hola* o *¡Buenos días!* (siempre acompañada de determinados gestos faciales y un paralenguaje específico), un gesto (levantamiento de mano, dos besos...) o un signo paralingüístico (*¡Hey!*); para indicar al interlocutor que se desea seguir hablando, función de organización discursiva, se puede utilizar una expresión lingüística como *espera un momento, que no he terminado* (con determinado comportamiento facial y paralingüístico), un gesto facial o manual o signos paralingüísticos (*Mm, Ts, Ee, Aa*), y, de la misma manera, para realizar una función comunicativa, como expresar que algo no nos gusta, podemos utilizar las expresiones lingüísticas *es horrible*, *es muy feo*, *no me gusta* (acompañadas de signos quinésicos y paralingüísticos), un gesto facial o manual o un signo paralingüístico (*¡uAH!*, *¡BuAh!*).

nicación misma (dirigirse a alguien; iniciar un turno de habla o terminarlo; pedir la palabra; relacionar partes y elementos del discurso; pedir que se repita algo; pedir que se hable más alto, más bajo o más despacio; subsanar deficiencias de fluidez discursiva, o mostrar seguimiento de la comunicación) o bien relacionados con prácticas habituales en la comunicación interactiva humana (identificar personas y objetos; describir personas, lugares, objetos y cosas; sugerir o aconsejar; exteriorizar vivencias, sensaciones, sentimientos y deseos; ubicar objetos, sucesos, lugares o personas; dar instrucciones, o pedir a otros que hagan algo).

Por último, no podemos olvidar que los signos de los sistemas de comunicación no verbal son plurifuncionales, esto es, en cualquier momento de la interacción, pueden cumplir una o más de las siguientes funciones fundamentales:

1) Añadir información al contenido o sentido de un enunciado verbal o matizarlo[9]. Cuando se utilizan elementos no verbales para cumplir esta función, pueden hacerlo:
   1.1. Especificando el contenido o sentido de un enunciado verbal. Por ejemplo, el tono con el que emitamos una interjección como *¡hala!* hará que indique asombro, sorpresa, incredulidad, etcétera.
   1.2. Confirmando el contenido o sentido de un enunciado verbal, como es el caso de una amplia sonrisa que acompaña a un *me alegro de que sigas tan bien* o un asentimiento con la cabeza, combinado con un *sí*, en respuestas a preguntas del tipo de *¿te gusta?, ¿te parece bien?...*
   1.3. Reforzando el contenido o sentido de un enunciado verbal, como lo hace el tono elevado o la voz gritona con los que se emite *eso no me parece bien* o un acercamiento máximo al interlocutor que acompaña a un *me alegro de verte*.
   1.4. Debilitando el contenido o sentido de un enunciado verbal, por ejemplo, al expresar sonriente o con tono bajo un enunciado del tipo *este ejercicio podría estar mejor* o al aumentar la velocidad de emisión al decir *se hace así...* cuando se corrige.
   1.5. Contradiciendo el contenido o sentido de un enunciado verbal. Eso es lo que hacemos al decir en tono alto, casi gritando, y con el ceño fruncido *muy bien, ¡eh!, me parece muy bien*, para comunicar que, en realidad, no nos parece bien algo.
   1.6. Camuflando el verdadero sentido de un enunciado verbal, como ocurre al emitir en tono bajo, con velocidad lenta de emisión y con cierta tensión articulatoria en la cara un enunciado como *¡es una casa preciosa!*
2) Comunicar, sustituyendo al lenguaje verbal. Los elementos del sistema verbal van siempre acompañados de elementos de los sistemas paralingüístico y quinésico para que se produzca comunicación; sin embargo, algunos signos de los sistemas no verbales pueden producirse en solitario, combinados entre ellos o en alternancia con signos verbales y realizar actos comunicativos completos. Ejemplo de ello es la utilización de gestos manuales específicos para saludar, presentar o hacer referencia a localizaciones temporales o espaciales; el uso de elementos cuasi-léxicos como *¡Aj!* o *¡Puaj!* para indicar que algo huele mal y de *¡mMHm!* para mostrar que algo huele bien, o la aproximación a una persona para dar a entender que nos gusta o que vamos a algún lugar con ella.

[9] Esta función es la que refleja más claramente la triple estructura básica de la comunicación humana a la que antes aludíamos y la que, por su alcance, nos lleva a dudar de la eficacia que tiene el desarrollo únicamente de la compentencia lingüística en los planes curriculares actuales de enseñanza de lenguas extranjeras.

3) Regular la interacción. Muchos de los elementos de los sistemas no verbales se usan para regular o estructurar la conversación o la interacción, hecho que les confiere una importancia grande si tenemos en cuenta que es a través de la actualización natural y espontánea de la lengua como se desarrolla completamente y se adquiere la competencia comunicativa. Sirvan de ejemplo de signos reguladores: el descenso tonal, la pausa, el alargamiento de sonidos finales... para distribuir el turno de palabra; la sonrisa, los elementos cuasi-léxicos del tipo de *hm, aha* o *ah* para apoyar; los clics (*ts, tz, tch*) y las aspiraciones para tomar la palabra; los retardatarios como *Mmm* o *Eee* para indicar que el turno continúa, y la reorganización postural, algunos gestos manuales o la fijación de la mirada para mantener o ceder la palabra.
4) Subsanar las deficiencias verbales. También utilizamos los signos de los sistemas de comunicación no verbal para evitar los vacíos conversacionales o discursivos producidos por deficiencias verbales momentáneas o por desconocimiento de los elementos correspondientes del sistema lingüístico. Elementos paralingüísticos como *Ee, Mm* o *hh* llenan los vacíos provocados por titubeo o duda y un gesto manual ilustrativo puede sustituir al elemento léxico que no conocemos o no recordamos en un momento dado de la comunicación. Esta función es especialmente productiva en las primeras fases del aprendizaje de lenguas extranjeras, pues permite hacer uso de signos no verbales para resolver problemas comunicativos o solventar deficiencias lingüísticas, impidiendo, así, el bloqueo o la interrupción de un acto comunicativo, y, además, se trata de una función clave para adquirir fluidez interactiva, y, con ella, fluidez lingüística, en los estadios más avanzados del aprendizaje de lenguas.
5) Favorecer las conversaciones simultáneas. Los sistemas de comunicación no verbal permiten, por último, mantener más de una conversación a la vez y realizar dos o más actos de comunicación de forma simultánea. Ejemplo claro de ello son las conversaciones que mantenemos con los que están en nuestro mismo espacio físico a la vez que hablamos por teléfono con otras personas o la realización de dos conversaciones a la vez: una escuchando al que habla e interactuando con él y otra comentando lo que el hablante dice con el resto de interlocutores mediante señales hechas con los pies, las manos o la mirada.

Las características y funciones de los signos no verbales que acabamos de mencionar nos permiten afirmar que, si nuestro objetivo como profesionales en la enseñanza de una lengua extranjera es conseguir que un estudiante pueda comunicar y comunicarse en otra lengua y cultura, lo más apropiado es que desde el comienzo del aprendizaje le proporcionemos tantas herramientas de comunicación como nos sea posible. En este sentido, es preciso atender no sólo al sistema verbal, sino también, y conjuntamente, a los sistemas no verbales, pues, de la misma manera que los signos del sistema de comunicación verbal son peculiares de cada lengua, gran parte de los signos de los sistemas de comunicación no verbal son diferentes en cada cultura. Este hecho constatado obliga al estudio y a la enseñanza de los elementos que aquí nos ocupan, especialmente si tenemos en cuenta, como se desprende de lo anteriormente dicho, que el desconocimiento de los signos de los sistemas de comunicación no verbal por parte del aprendiz no sólo incide en su fluidez comunicativa[10], y con ello en el desarrollo y la adquisición de las competencias lingüística y comunicativa, sino que, además, suele ser el causante de frecuentes errores

[10] Véase, a este respecto, Poyatos (1994a: capítulo 4).

comunicativos[11], de malas interpretaciones[12] e incluso de rupturas o bloqueos interactivos[13], producidos, generalmente, por interferencias de los signos no verbales de su propia cultura[14].

Tras esta breve caracterización de la comunicación no verbal, pasamos a tratar, con un poco más de detalle, los sistemas de comunicación no verbal y las categorías que los integran.

2. Paralenguaje

El paralenguaje es el sistema no verbal de carácter fónico. Está formado por las cualidades y los modificadores fónicos, los indicadores sonoros de reacciones fisiológicas y emocionales, los elementos cuasi-léxicos y las pausas y silencios que a partir de su significado o de alguno de sus componentes inferenciales comunican o matizan el sentido de los enunciados verbales o de otros signos paralingüísticos[15].

Algunas cualidades físicas del sonido, tales como el tono, el timbre, la cantidad o la intensidad, y los tipos de voz (susurrante, chillona, entrecortada, etc.), suelen aportar a las expresiones verbales y a determinados elementos paralingüísticos componentes inferenciales que, de forma convencional, determinan la información que se desea dar o matizan el contenido del enunciado o del acto de comunicación que se produce. De este modo, una expresión como *me gusta mucho*, producida tras la recepción de un regalo, puede comunicar agrado, desilusión, alegría o desprecio, dependiendo del tono o de la voz con los que se emita, y a ello puede deberse también el sentido de agrado o desagrado, acuerdo o desacuerdo, desilusión…, con el que utilizamos un signo cuasi-léxico como *¡hHMm!*

---

[11] Piénsese, por ejemplo, en el movimiento lateral de cabeza que utilizan turcos o indios para afirmar y que en España se usa para expresar duda, o en el movimiento ascendente y descendente de cabeza que realizan los búlgaros para negar y que para un español significa afirmación. Son muestra de ello, también, los dos gestos que se usan para indicar que alguien está loco en Alemania, uno de los cuales no existe en España (se pasa la mano abierta varias veces por delante de la cara) y el otro (se toca con el dedo índice la sien derecha), usado con la misma función en Taiwán, coincide con el que los españoles y brasileños utilizan para /pensar/ o /persona inteligente/. Finalmente, pueden compararse los signos con los que se comunica /hablar/ o /hablar mucho/: en España, se coloca la mano semicerrada, con los dedos muy juntos (apiñados) cerca de la boca (hacia el interlocutor) y se hace un movimiento continuo juntando y separando los dedos; en Costa de Marfil, el movimiento, simple o repetido, es de la boca del emisor a la boca del interlocutor; en Brasil, el movimiento que se hace es similar, pero la mano se coloca en la parte lateral derecha de la cabeza, a la altura de la oreja y dirigida hacia ella, y en Taiwán no existe ningún gesto que realice esta función, ya que se considera crítica.

[12] Los dos besos que utilizan los españoles para saludar pueden ser interpretados por un americano, erróneamente, como indicadores de atracción o, incluso, como una invitación a mantener relaciones íntimas. El gesto que en muchas culturas occidentales significa *muy bien*, *vale*, etc. (el famoso gesto del O.K.) es un insulto bastante fuerte en Brasil, similar al estiramiento del dedo corazón hacia arriba de los españoles, y, en Taiwán y otras culturas orientales, significa /dinero/. Los clics linguales (*ts*, *tz*) que en España significan *no*, en Taiwán se utilizan para comunicar que algo se considera increíble y los gestos manuales que utilizamos en España para aludir a anterioridad o posterioridad en el tiempo presentan la dirección contraria en Taiwán.

[13] El toque y contacto corporal frecuentes o la fijación de la mirada reguladora son elementos quinésicos de uso habitual y necesarios en la interacción entre españoles, pues forman parte de las culturas de contacto; sin embargo, tales signos resultan muy problemáticos al conversar con personas pertenecientes a culturas de no contacto, por ejemplo nórdicas u orientales, ya que en éstas se consideran indicios de invasión de intimidad, y, por lo tanto, crean una incomodidad y un desagrado que suele producir la ruptura de la interacción.

[14] Véase Poyatos (1994a: 55-60).

[15] Para una mayor profundización sobre el tema véase Poyatos (1993 y 1994b).

La segunda de las categorías que conforman el sistema paralingüístico comprende los sonidos que producen ciertas reacciones fisiológicas o emocionales como el llanto, el sollozo, la risa, el suspiro, el grito, la tos, el carraspeo, el bostezo, el jadeo, el escupir, el eructo, el hipo, el estornudo, las flatulencias o el castañeteo de dientes, que contienen ciertos componentes inferenciales comunicativos que pueden variar de cultura a cultura (Poyatos, 1994b: 87-141). Se trata de signos sonoros, emitidos consciente o inconscientemente, que suelen tener un gran rendimiento funcional, como puede comprobarse con la risa: es una reacción emocional que manifiesta fundamentalmente alegría, pero que también puede expresar tristeza y miedo; además, la utilizamos como calificadora de enunciados, bien ajenos, indicando con ella acuerdo, desacuerdo, entendimiento, reconocimiento o seguimiento, o bien propios, marcando anécdotas y sucesos graciosos y suavizando errores, impropiedades conversacionales o enunciados comprometidos, y, por último, puede funcionar como reguladora conversacional, señalando el comienzo y el final de los turnos o mostrando seguimiento y participación activa en una interacción (Cestero, 1996; Poyatos, 1994b: 91-105).

Gran parte de las interjecciones (*¡Ah!, ¡Ay!, ¡Aja!, ¡Hala!, ¡Eh!, ¡Ooo!*), las onomatopeyas (*Glu-Glu, Mua-Mua, Pii-pii, Ring-ring, Guau, Oing, Hfsss-Hfsss*), emisiones sonoras que cuentan con nombre propio (chistar, silbar, lamer, roncar, resoplar, gemir...) y otros muchos sonidos (*Uff, Hm, Iaj, Ps, Ouu, Ts, Oj...*) se conocen como elementos cuasi-léxicos y constituyen la tercera categoría del sistema paralingüístico. Se trata de vocalizaciones y consonantizaciones de escaso contenido léxico, pero con gran valor funcional, que se utilizan convencionalmente con un valor comunicativo similar al de determinados signos lingüísticos o quinésicos[16] y son muy productivos en la comunicación humana cotidiana. No obstante, debido a la dificultad que entraña su identificación y su transcripción, no contamos aún con inventarios completos y detallados que permitan su inclusión en los programas de didáctica de lenguas[17], y que deberían hacerse atendiendo, por un lado, a la forma de los signos y, por otro, a su significado. La forma de los elementos cuasi-léxicos depende de su modo de producción; a este respecto podemos distinguir: signos vocálicos o vocalizaciones, como *UAau* para indicar que algo es bonito o que alguien es muy guapo, *AAaaa* para expresar aburrimiento o *Ay* de dolor; signos consonánticos o consonantizaciones, tales como *ts* o *tz* de negación o contrariedad, o *Brr* de impaciencia o para indicar que se tiene frío, y signos combinados (vocalizaciones con consonantizaciones o consonantizaciones con vocalizaciones), como *Bla-bla* para hablar o *Puaj* de desagrado. El significado de los alternantes depende de su aporte comunicativo; en este sentido cabe clasificarlos como: reguladores interactivos (*Hm* o *Aha* de acuerdo o entendimiento, *Ts* o *Hh* de toma de palabra o *Chss* y *¡Eh!* o *¡Ey!* de llamada de atención), referenciales (bien descriptivos, como *UuFf* para indicar mucha cantidad y *OOoJ* para aludir a un tamaño grande, o bien imitativos, como *Ñam-ñam* para comer o *Cua-cua* para el sonido característico del pato) y expresivos (*mKMm* para mostrar tristeza, *Iiaj* o *Uuaj* para indicar desagrado y *Brr* para expresar impaciencia) (Cestero, 1999a y 1999b y Poyatos, 1994b).

No podemos olvidar, por último, que la ausencia de sonido también comunica[18], por lo que las pausas y los silencios han de tener un lugar determinado en el estudio y la enseñanza de la comunicación no verbal. Las pausas, o ausencia de sonido durante un periodo de tiempo comprendido entre 0 y 1 segundo aproximadamente, tienen como función primordial regular el cambio de tur-

[16] De ahí que se conozcan como alternantes paralingüísticos (Poyatos, 1994b: capítulo 4).

[17] Puede consultarse, no obstante, uno de los estudios más completos sobre el tema en Poyatos (1993).

[18] Para una mayor profundización sobre el tema véase Kurzon (1997) y Poyatos (1994b: 165-169 y 1998).

no, indicando el final de uno y el posible comienzo de otro, pero pueden funcionar también como presentadoras de distintas clases de actos comunicativos verbales, tales como preguntas, narraciones o peticiones de apoyos, y, además, pueden ser reflexivas o fisiológicas, con las connotaciones que ello conlleva. Los silencios, ausencia de sonido durante más de un segundo, pueden ser confirmadores de enunciados previos o venir motivados por un fallo en mecanismos interactivos como el de cambio de hablante, el de corrección y el de respuesta a pregunta, o por un fallo comunicativo como en los casos de titubeos, dudas, reflexiones, etc.; además, pueden ser utilizados como presentadores de actos comunicativos (preguntas o narraciones) o como enfatizadores del contenido de los enunciados emitidos o que se van a emitir, si bien es cierto que son muy poco frecuentes en algunas culturas como, por ejemplo, la española.

3. Quinésica

El sistema quinésico de comunicación no verbal está formado por los movimientos y las posturas corporales que comunican o matizan el significado de los enunciados verbales[19], incluyéndose dentro de él, también, signos tan funcionales como la mirada o el contacto corporal. Por lo tanto, podemos distinguir, de forma general, tres categorías básicas de signos quinésicos: los gestos o movimientos faciales y corporales, las maneras o formas convencionales de realizar las acciones o los movimientos y las posturas o posiciones estáticas comunicativas, resultantes o no de la realización de ciertos movimientos. De ellas, la primera ha sido la única tratada con cierta profundidad, a pesar de que existe una relación de interdependencia entre las tres, ya que para describir un gesto es necesario mencionar la manera de realizarlo y la posición que adoptan los órganos del cuerpo[20].

Lo que comúnmente se denomina *gestos* hace referencia a los movimientos psicomusculares con valor comunicativo que realiza el ser humano. A pesar de que las posibilidades de movimiento que ofrece el cuerpo son muchísimas, podemos simplificarlas y distinguir dos tipos de gestos básicos que, generalmente, están interrelacionados, aunque pueden especializarse funcionalmente: gestos faciales (realizados con los ojos, las cejas, el entrecejo y el ceño, la frente, los pómulos, la nariz, los labios, la boca y la barbilla) y gestos corporales (realizados, fundamentalmente, con la cabeza, los hombros, los brazos, las manos, los dedos, las caderas, las piernas y los pies). No obstante, es difícil encontrar gestos simples producidos con un solo órgano, lo usual es poner en funcionamiento, en combinación y coestructuración, varios órganos a la vez; así, por ejemplo, en España, cuando hacemos un saludo manual, a la vez que levantamos el brazo y agitamos la mano, elevamos, aunque sea ligeramente, las cejas, arrugamos la frente y esbozamos una sonrisa, o para indicar que no hemos oído o entendido bien lo que ha dicho nuestro interlocutor, nos llevamos el dedo índice a la oreja y a la vez arrugamos la frente o fruncimos el ceño y estiramos los labios.

Las maneras, por su parte, son, como su propio nombre indica, las formas de hacer movimientos, tomar posturas y, en general, realizar actos no verbales comunicativos. Con ellas se hace referencia, por un lado, a las formas en que, convencionalmente, producimos gestos y posturas y,

---

19 Para una mayor profundización en el tema véase Poyatos, 1994b: capítulos 5 y 6.

20 Véanse Calbris y Porcher (1989); Cestero (1999a: 35-39 y 1999b); Hoffer y St. Clair (1981) y Poyatos (1994b: capítulo 5).

por otro, a determinados hábitos de comportamiento culturales. Así, la definición misma nos permite distinguir dos tipos de maneras básicas que han de estudiarse y enseñarse de forma diferente: en primer lugar, las maneras gestuales y posturales, que han de identificarse y describirse junto con el gesto o la postura mismos, ya que forman parte de su producción (muchos de los gestos que utilizan los españoles para saludar o despedirse, autopresentarse o presentar o indicar localización espacial, por ejemplo, pueden realizarse levantando el brazo más o menos, flexionando o semiflexionando el brazo, con los dedos juntos o separados, etc.), y, en segundo lugar, las maneras de realizar hábitos de comportamiento culturales (la forma de ir sentado o de pie en un medio de transporte público, la de comer en un bar popular, la de caminar con otra persona por la calle -de la mano, del brazo, cogidos por la cintura, con las manos sobre los hombros-, etcétera).

La tercera y última de las categorías quinésicas son las posturas o posiciones estáticas que adopta o puede adoptar el cuerpo humano y que comunican, activa o pasivamente. Como en el caso de las maneras, son signos no verbales que, por un lado, forman parte de los gestos mismos, pues su significado puede variar dependiendo de la postura final que adoptan los órganos implicados, y, por otro, funcionan como signos comunicativos independientes, como es el caso de estar sentado, por ejemplo, con las piernas cruzadas, con las piernas ligeramente dobladas y las manos unidas en el regazo, con el tronco recto y echado hacia adelante, con los brazos cruzados a la altura del pecho o con las manos entrelazadas en la nuca.

4. Proxémica

El sistema proxémico de comunicación no verbal viene dado por los hábitos relativos al comportamiento y ambientales y las creencias de una comunidad que tienen que ver con la concepción, el uso y la distribución del espacio y con las distancias culturales que mantienen los individuos en interacción[21]. De la misma manera que el sistema cronémico, del que hablaremos más adelante, ha sido estudiado sobre todo por antropólogos, se trata de un sistema de comunicación no verbal cultural o secundario[22] y carece de unas líneas metodológicas claras que permitan avanzar rápidamente en su investigación. No obstante, podemos enfocar su estudio, con vistas a su aplicación en la enseñanza de lenguas extranjeras, distinguiendo tres categorías generales[23]: proxémica conceptual, proxémica social y proxémica interaccional.

La proxémica conceptual comprende temas de estudio y tratamiento didáctico tales como los hábitos de comportamiento y ambientales y las creencias relacionados con el concepto que tiene del espacio una comunidad o cultura (si se considera algo concreto o abstracto, material y tangible o intangible y por qué), con la distribución que hace del espacio (configuración de ciudades, pueblos, calles, casas y mobiliario, parques, establecimientos de distinto tipo, etc.) y con la incidencia que todo ello tiene en la acción humana (orden y desorden en la colocación de

21 Para una mayor profundización en el tema véase Hall (1963 y 1966), Knapp (1980) Poyatos (1975 y 1976) y Watson (1970).

22 Denominados así, como mencionamos al comienzo de este capítulo, porque sus signos pueden actuar modificando o reforzando el significado de los signos de los sistemas básicos o primarios (lenguaje, paralenguaje y quinésica) o de forma independiente, comunicando y aportando información social o cultural.

23 Para ello hacemos extensible a la proxémica la distinción entre tiempo conceptual, tiempo social y tiempo interactivo que apunta F. Poyatos con respecto a la cronémica (Poyatos, 1995: 15).

objetos, mantenimiento de filas, respeto de espacios prohibidos o privados, etc.). Además, dentro del espacio conceptual se trabaja el valor cultural de conceptos como *cerca/lejos*, *acercarse/alejarse*, *llegar/marcharse*, *aquí/ahí/allí* o *ir/venir*.

Dentro de la proxémica social se incluyen los signos culturales que muestran el uso del espacio en las relaciones sociales (utilización de los espacios exteriores e interiores, públicos o privados, para la interacción social), así como el comportamiento de las personas ante la violación de la territorialidad.

Por último, la proxémica interaccional tiene que ver con el establecimiento cultural de las distancias a las que las personas realizan las distintas actividades comunicativas interactivas[24] y con las funciones que cumplen una serie de signos no verbales en coestructuración con signos de otros sistemas de comunicación o en alternancia con ellos (el aumento o la disminución de distancia con nuestro interlocutor podrá modificar, reforzar o confirmar el sentido de expresiones lingüísticas como *¡me encanta estar contigo!* o podrá comunicar que vamos a algún lugar con él o no, que estamos de acuerdo con lo que dice o no, etcétera).

5. Cronémica

El sistema cronémico se define como la concepción del tiempo que se tiene en una cultura y la estructuración y el uso que hace el ser humano de él y que comunica, bien pasivamente, ofreciendo información cultural, bien activamente, modificando o reforzando el significado de los elementos del resto de sistemas de comunicación humana[25]. Siguiendo a F. Poyatos (1995: 15), podemos hablar de tres tipos de categorías cronémicas básicas que permiten abordar su estudio empírico de forma sistemática y su aplicación didáctica: la cronémica conceptual, la cronémica social y la cronémica interactiva[26].

En la cronémica conceptual, se incluyen los hábitos de comportamiento y las creencias relacionados con el concepto que tienen del tiempo las distintas culturas, por ejemplo, si lo valoran o no o si lo consideran como algo concreto o abstracto, material y tangible o intangible, y por qué; también los relacionados con la distribución del tiempo que hacen las distintas comunidades y con la incidencia del tiempo en la acción humana, tales como la planificación del tiempo o la realización usual de una o varias actividades a la vez. Se atiende en esta categoría, asimismo,

---

[24] E. T. Hall distinguió cuatro distancias básicas a las que se realizan las actividades comunicativas interactivas: la distancia íntima, de 0 a 50 centímetros aproximadamente, es a la que se realizan los actos más personales y expresivos; la distancia personal, de 50 a 120 centímetros aproximadamente, es la distancia básica de comunicación conversacional; la distancia social, de 120 a 270 centímetros aproximadamente, es la distancia que se mantiene en distintos actos sociales, y la distancia pública, más de 270 centímetros, es la propia de actos formales y protocolarios. No obstante, las culturas parecen estar agrupadas en dos grandes bloques: culturas de contacto y culturas de no contacto, que muestran una gran variación en lo que a las distancias interactivas se refiere y a la importancia que se le confiere a su violación; de hecho, en una cultura de contacto, como es la española, una conversación entre amigos se suele realizar a distancia íntima, lo que un sueco o un inglés (culturas de no contacto) considerarían, sin duda, una distancia muy reducida y, como consecuencia de ello, una invasión de su espacio que, probablemente, dificultaría o haría imposible la continuación de la conversación.

[25] Para una mayor profundización en el tema véase Bruneau (1980), Hall (1959) y Poyatos (1972, 1975 y 1976).

[26] Véase Poyatos (1975). Para una revisión de las diferencias de signos cronémicos en España e India pueden consultarse Cestero y Gil (1995a y 1995b).

al valor cultural que tienen distintos conceptos, como *puntualidad/impuntualidad*, *prontitud/tardanza*, *un momento/un rato/mucho tiempo/una eternidad* o *actividad/inactividad*, y los tiempos verbales.

La cronémica social depende de forma directa del tiempo conceptual y está constituida por los signos culturales que muestran el manejo del tiempo en las relaciones sociales. Así, se trabaja dentro de ella, por ejemplo, la duración de determinados encuentros sociales (reuniones, entrevistas de trabajo o visitas), la estructuración de las actividades diarias (desayunar, comer, merendar y cenar) o los momentos del día apropiados para determinadas actividades sociales (ir de visita, pasear, estar en un parque o una plaza, llamar por teléfono, etcétera).

Finalmente, la cronémica interactiva o interaccional tiene que ver con la duración de signos de otros sistemas de comunicación que tiene valor informativo, bien porque refuerza el significado de sus elementos o bien porque especifica o cambia su sentido. Son signos cronémicos, por ejemplo, la mayor o menor duración de los sonidos finales de algunas palabras que señalan que hemos concluido un mensaje y nuestro turno o la de gestos como el abrazo o estrechamiento de mano con las connotaciones de agrado/desagrado, alegría/indiferencia o cariño/falta de expresividad que conlleva.

6. El estudio de los signos no verbales para su aplicación a la enseñanza de lenguas extranjeras

Como hemos apuntado al comienzo de estas páginas, los estudios sobre comunicación no verbal se encuentran aún en la fase de identificación, descripción y clasificación de signos y sistemas, pero los conocimientos que sobre ella tenemos en la actualidad revelan la necesidad de empezar a incluirla en la enseñanza y el aprendizaje de lenguas extranjeras. Para poder trabajarla en el aula, es necesario elaborar previamente inventarios de signos no verbales y realizar estudios comparativos interculturales o inter-comunitarios que nos permitan seleccionar los elementos peculiares de cada cultura (Cestero, 1999a y 1999b, y Poyatos, 1994b: 227-233). Cumplidas estas fases se puede comenzar, de forma progresiva, a integrar los elementos de los distintos inventarios en los diseños curriculares[27].

6.1. Elaboración de inventarios de signos no verbales

La incorporación de los elementos de los sistemas paralingüístico y quinésico (así como parte de los de los sistemas proxémico y cronémico) en los diseños curriculares de español como lengua extranjera puede ser inmediata, aunque no de forma completa, pues contamos con algunos inventarios de signos paralingüísticos (Poyatos, 1993 y 1994b), con varios de elementos quinésicos españoles o hispanoamericanos (Coll, Gelabert y Martinell, 1990; Green, 1968; Meo-Zilio y Mejía, 1980-1983; Saitz y Cervenka, 1962 y 1972, y Takagaki *et al.*, Gelabert, 1998)[28]

[27] Véanse Cestero (1999a y 2000), Hurley (1992) Melrose (1992) y Poyatos (1992 y 1994b).

[28] Véanse también, aunque son muy difíciles de conseguir, los que aparecen en Canfield (1968), Kany (1960), Kaulfers (1931 y 1932) y Saitz (1966).

y con al menos uno que recoge, de forma integrada, signos de los cuatro sistemas de comunicación no verbal (Cestero, 1999b), si bien ninguno de ellos ni en su conjunto abarcan toda la realidad que puede comunicarse no verbalmente, y, por lo tanto, no contienen todos los signos no verbales que han de formar parte de los contenidos de los programas de enseñanza de lenguas extranjeras[29]. En un afán de subsanar lo antes posible estos inconvenientes, proponemos a continuación un método de trabajo para la realización de inventarios de signos no verbales homogéneos, completos y detallados, siguiendo las cuatro fases propias de la investigación empírica:

1) Selección y constatación del objeto de estudio.

Lo primero que debemos establecer, y muy claramente, es nuestro objeto de estudio, que, en el caso de la comunicación no verbal, tendrá que ver con el sistema sobre el que pretendemos trabajar y con las categorías que vamos a investigar. Una vez seleccionado el objeto de estudio, se ha de realizar una clasificación provisional de los signos pertenecientes a la categoría y al sistema elegidos, recurriendo a la bibliografía existente y a nuestros propios conocimientos sobre el tema. No obstante, dado que los inventarios que aquí nos ocupan son específicos para la enseñanza de lenguas extranjeras, lo más conveniente es trabajar con los distintos sistemas no verbales, de forma que la inclusión de los signos no verbales en los programas de enseñanza pueda ser integrada. La clasificación más apropiada, atendiendo a los diseños curriculares más actuales, es la nocio-funcional y se realizará a partir de las funciones básicas de los signos, que aparecerán, así, distribuidos, por un lado, según sus usos principales[30] y, por otro, según su valor funcional o el significado de su alternante o correspondiente lingüístico[31].

---

[29] Como inventarios de signos no verbales de culturas diferentes de la española o hispanoamericana son destacables los que aparecen en Alsop (1960), Amades (1957), Barakat (1973), Brault (1963), Brosnahan y Markovina (1998), Creider (1977), Diadori (1990), Efron (1941 y 1972), Johnson (1972), Kim (1975), Morris, Collett, Marsh y O'Shaughnessy (1979), Nostrand (1967), Raffler-Engel (1972), Rector y Trinta (1985), Sparhawk (1978), Taylor (1974), Tsoutsos (1970) y Wylie (1977).

[30] Signos no verbales con usos sociales, signos no verbales con usos estructuradores del discurso y signos no verbales con usos comunicativos.

[31] Reelaborando los contenidos funcionales recogidos por el Instituto Cervantes (1994), puede servir de ejemplo la siguiente clasificación básica:

- Signos no verbales con usos sociales: saludar; despedirse; presentar y reaccionar al ser presentado; pedir perdón; dar las gracias; felicitar; pedir y conceder permiso, y ofrecer o invitar y reaccionar a ello.
- Signos no verbales con usos estructuradores del discurso: dirigirse a alguien; iniciar o finalizar el discurso; indicar que se toma, se mantiene o se cede el turno de palabra, o instar al interlocutor a que lo haga; conectar elementos o partes del discurso; señalar que no se ha entendido algo de lo emitido y pedir su repetición; pedir que se hable más alto, más bajo o más despacio; comprobar e indicar que se está siguiendo la comunicación; señalar correcciones, clarificaciones o reformulaciones del discurso propio o del ajeno; marcar la caracterización de una interrupción, y señalar la producción, la necesidad o el deseo de cambio temático.
- Signos no verbales con usos comunicativos: identificar objetos y personas; ubicar objetos, personas, sucesos y lugares; describir estados, personas, animales, lugares, objetos y cosas; referirse a acciones presentes o habituales, pasadas y futuras; opinar; expresar conocimiento, grado de certeza, sentimientos, sensaciones y deseos; sugerir, recomendar o aconsejar y reaccionar a ello; mandar o pedir a otros que hagan algo; dar instrucciones, y prevenir, advertir o animar.

2) Recogida del material.

La clasificación provisional de los elementos del sistema de comunicación no verbal con el que deseamos trabajar, o, en nuestro caso, de los usos funcionales básicos que deseamos inventariar, nos sirve de guía para realizar la recogida de materiales con el fin de obtener un corpus amplio para analizar. Dado que la percepción y recolección de los signos no verbales entraña gran dificultad, recomendamos cuatro procedimientos diferentes de recogida que deben realizarse de forma sucesiva:

Introspección. El investigador, a través de su propia instrospección, realizará el primer inventario de signos no verbales y la descripción detallada de cada uno de ellos.

Observación. Posteriormente, el investigador observará, participativamente, la forma en que otros miembros de la comunidad utilizan los signos recogidos previamente en el inventario. Esta labor servirá para constatar que los elementos inventariados son generales y que su descripción es la correcta.

Realización de encuestas. Los elementos de los sistemas de comunicación no verbal, igual que ocurre con los del sistema verbal, varían dependiendo de la caracterización social de la persona que los utiliza, de su origen geográfico o de la situación en que son usados. Por ello, es recomendable la realización de encuestas sociolingüísticas o dialectales, en las que se controlen factores como el sexo, la edad, el nivel sociocultural, el origen de las personas o el contexto de uso, con objeto de constatar la variación de los signos no verbales. Dichas encuestas deben ser grabadas íntegramente, tanto si son orales como si son escritas (cuestionarios), y, en este último caso, debe ser el propio investigador el que tome los datos, nunca el informante, pues la descripción de los signos no verbales es una tarea difícil, que debe hacerse de forma sistemática, y que resultaría tediosa, si no imposible, para cualquier persona que no conozca o tenga cierta técnica y experiencia.

Revisión de la comunicación no verbal en programas de televisión, en prensa, en literatura... Como última fase de recogida de material es conveniente la revisión de la utilización de los signos estudiados en programas de televisión de corte costumbrista, en las ilustraciones o entrevistas periodísticas, en cómics, en acotaciones o comentarios de autor en obras literarias[32], etc., ya que se trata de diferentes medios de comunicación en los que podemos encontrar una gran cantidad de usos y personas diferentes que nos servirán para constatar, una vez más, los datos obtenidos previamente.

3) Análisis del material.

En el tipo de investigación que aquí tratamos, el análisis cualitativo del material recogido se va realizando de forma progresiva a la vez que se efectúan las distintas fases de recolección de datos. Por ello, esta tercera fase tiene como objetivo establecer la clasificación definitiva de los elementos estudiados y su forma habitual de uso y producción, así como las variantes sociales, geográficas o situacionales que aparecen de forma sistemática, a partir de la realización de análisis cuantitativos.

---

[32] Sobre comunicación no verbal en la literatura véanse, a modo de ejemplo, los trabajos de Korte (1997), Poyatos (1994c, 1997, 1998b y 1999) y Romera (1994).

4) Presentación de los resultados.

Los resultados del estudio realizado deben presentarse en forma de inventarios en los que se recojan, clara y sistemáticamente, todos los elementos trabajados y se establezcan las relaciones pertinentes entre ellos. En los inventarios dirigidos de forma especial a la enseñanza de lenguas extranjeras, los signos no verbales paralingüísticos, quinésicos, proxémicos y cronémicos deben aparecer juntos, pues juntos han de enseñarse, clasificados, como antes hemos dicho, por funciones comunicativas básicas y, además, han de combinarse con los signos o el conjunto de signos verbales que se utilizan para realizar la misma función. Sirvan de ejemplo las siguientes entradas del *Repertorio básico de signos no verbales del español*:

1) Signos no verbales con usos sociales: saludar de paso (Cestero, 1999b: 15-16).
¡Hola!
¿Qué tal?

- Gestos:
  1. Alzamiento de mano: se levanta el brazo derecho, semiflexionado o estirado, desde la posición de reposo, hasta realizar un ángulo de unos 170°, con la mano abierta y los dedos separados o juntos a excepción del pulgar. Se permanece en esta posición unos segundos o se vuelve rápidamente a la posición de reposo.
  2. Alzamiento de barbilla: se inclina la cabeza hacia atrás, alzando la barbilla unos 45°, apuntando hacia el destinatario. Es frecuente, además, levantar las cejas abriendo los ojos considerablemente. Se permanece en esta posición unos segundos o se vuelve rápidamente a la posición de reposo.
- Signos paralingüísticos:
  ¡Ee!, *¡Hey!*: Vocalizaciones (con o sin consonantización oral gutural), generalmente con entonación admirativa.
  ¡Hm!: Consonantización oral gutural y nasal bilabial, generalmente con entonación admirativa.
  Ss: Consonantización oral alveolar con alargamiento (siseo).
  Ch: Consonantización oral palatal (chisteo).
- Información proxémica:
  La distancia entre las personas que se saludan aumentará a medida que crezca el grado de formalidad o de desconocimiento entre ellos y disminuirá a medida que aumente el grado de informalidad o de conocimiento entre ellos.
- Información cronémica:
  La duración de los gestos de saludo será mayor a medida que disminuya el grado de formalidad o de desconocimiento entre las personas que se saludan.

2) Signos no verbales con usos estructuradores del discurso: dirigirse a alguien (Cestero, 1999b: 43-44).
¡Oiga!
¡Perdone!
¡Perdona!

- Gestos:

  Es frecuente que al dirigirnos a otra persona, ya sea para preguntar o para entablar conversación, realicemos algún gesto manual y/o corporal. El gesto suele ser suficiente, pero en ocasiones se acompaña de alguna expresión como *¡Oiga!* o *¡Perdone!*

  1. Se levanta el brazo derecho desde la posición de reposo, ligeramente flexionado, hasta que el envés de la mano, en vertical y con los dedos juntos a excepción del pulgar, llegue a la altura de nuestra cabeza o, incluso, la sobrepase. Se mantiene en esta posición la mano durante unos segundos.
  2. Se levanta el brazo derecho desde la posición de reposo, ligeramente flexionado, con la mano cerrada, en vertical, a excepción del índice que permanece estirado hacia la persona a quien nos dirigimos. Se permanece en esta posición unos segundos.

- Signos paralingüísticos:

  E, Ey: Vocalizaciones. En situaciones informales podemos usar estos signos paralingüísticos para dirigirnos a alguien, siendo conscientes de que funcionan como llamada de atención y preapertura discursiva. No se utilizan nunca en situaciones formales.

- Información proxémica:

  La distancia que se mantiene es la personal o la social, pudiéndose reducir cuando nos dirigimos a conocidos.

- Información cronémica:

  Todo el gesto suele ser bastante rápido, aunque la fase final es la de más duración.

3) Signos no verbales con usos comunicativos: expresar sensación de calor (Cestero, 1999b: 128-129).

   ¡Qué calor!
   Tengo mucho calor.
   ¡Estoy asado!
   Estoy...

- Gestos:

  Se cierran ligeramente los ojos. Los labios permanecen separados y la boca ligeramente abierta o en la posición de reposo. Generalmente se acompaña de uno o más movimientos manuales:

  1. Se levanta el brazo derecho desde la posición de reposo, semiflexionándose lateralmente hasta la altura de la cara. La mano permanece abierta, en vertical o semilateral, con la palma hacia el cuerpo y los dedos separados o juntos a excepción del pulgar. Se realiza con la mano y con el brazo un movimiento continuo hacia arriba y hacia abajo.
  2. Se levanta el brazo derecho desde la posición de reposo, semiflexionándose lateralmente hasta la altura de la frente. La mano permanece abierta, en horizontal o lateral, con la palma hacia el cuerpo y los dedos juntos a excepción del pulgar. Se realiza con la mano y con el brazo un movimiento continuo lateral de izquierda a derecha.

- Signos paralingüísticos:

  Uff, Ffu: Vocalizaciones con consonantización oral labiodental.

6.2. La comunicación no verbal en las clases de lenguas extranjeras

Los inventarios de signos no verbales con los que ya contamos, y los que esperamos que se realicen en un plazo breve de tiempo, nos servirán de base para la inclusión de la comunicación no verbal en los diseños curriculares de enseñanza de lenguas extranjeras. Ahora bien, si no viene dada desde los propios inventarios, como paso previo a la enseñanza en el aula, ha de realizarse una graduación de los elementos no verbales por niveles, en consonancia siempre con el plan curricular con el que estemos trabajando, ordenándose los signos de acuerdo, en primer lugar, a su mayor o menor funcionalidad, en segundo lugar, a su mayor o menor frecuencia de uso y, por último, a la mayor o menor dificultad que entraña su realización. En los niveles elementales se debe trabajar sólo con signos paralingüísticos, quinésicos, proxémicos y cronémicos que pueden utilizarse en lugar de signos léxicos o de determinadas construcciones lingüísticas sencillas de uso frecuente, así como con los correspondientes no verbales de algunos deícticos y conectores y con determinados sonidos fisiológicos o emocionales tales como la risa, el llanto, la tos y el carraspeo. En los niveles intermedios, se ampliará el repertorio de signos no verbales básicos, se trabajará con los correspondientes de algunas expresiones fijas de uso común y con los marcadores de las preposiciones y conjunciones que se utilizan más frecuentemente y se introducirán, además, las cualidades y los modificadores fónicos y más sonidos fisiológicos y emocionales. Por último, en los niveles superiores, se terminará de ampliar el repertorio de signos no verbales básicos y se completará el de expresiones fijas, marcadores, cualidades y modificadores fónicos y sonidos fisiológicos y emocionales[33].

Una vez integrados los signos no verbales en los planes curriculares específicos, su presentación en el aula no debe crear problemas, ya que puede y debe hacerse conjuntamente con sus correspondientes o alternantes lingüísticos, de manera que favorezcamos el desarrollo conjunto de la expresión verbal y no verbal y, con ello, el desarrollo del aprendizaje y la adquisición de la competencia comunicativa. Cuando enseñemos, por ejemplo, las formas verbales que se utilizan para pedir perdón en español, podemos atender, también, a los gestos faciales y manuales que pueden cumplir la misma función, a los signos paralingüísticos que frecuentemente las acompañan (llanto, risa, carraspeo, *Mmm…*) y a la información proxémica y cronémica pertinente; al enseñar expresiones para indicar que deseamos mantener el turno de palabra (*¡espere/a!*, *¡un momento!*, *¡para, para!*), podemos atender a los gestos manuales que hacemos los españoles para realizar la misma función estructuradora, así como a los signos paralingüísticos que existen para cumplir tal función (*Ee, Aa, Mm, Hh, Ts*) y a la información proxémica y cronémica que creamos oportuna, y al ejercitar las formas verbales con las que expresamos, en España, que tenemos hambre, sed, dolor, frío, calor, etc., podemos trabajar conjuntamente la expresión paralingüística (*¡uAh!*, *hSss; ¡Ay!*, *¡Aaay!*, *¡AaYy!*, *¡Uy!*, *¡AH!*, *¡Aaha!*, *BuuUhh*, *Brr; Uff*, *Ffu*) y quinésica (gestos faciales y manuales de uso general) y tratar la información proxémica y cronémica correspondiente.

Por último, debemos hacer alusión a la didáctica de la comunicación no verbal. La experiencia que tenemos actualmente en enseñanza de comunicación no verbal en la clase de lenguas extranjeras es escasa, pero resulta suficiente para considerar que la metodología más adecuada es la comunicativa, siguiendo los cuatro pasos que en ella se han establecido:

---

[33] Véase, también, la propuesta de ordenación que se ofrece en Forment (1997: 29).

1. Presentación, explícita o implícita, de los signos no verbales. En primer lugar, se debe mostrar a los estudiantes los elementos no verbales con los que se desea trabajar de forma clara y precisa, prestando especial atención a su forma de producción y a su función comunicativa; para ello puede hacerse uso de actividades de representación o producción por parte del profesor y de materiales audiovisuales (películas de corte realista o cómics, en los que los elementos aparecen contextualizados; fotografías espontáneas; dibujos o ilustraciones publicitarias; etc.). Esta fase no se puede concluir hasta que no se esté completamente seguro de que los aprendices comprenden la utilidad de los signos y son capaces de producirlos.
2. Realización de actividades encaminadas al aprendizaje de signos no verbales. En segundo lugar, se han de proponer actividades en las que se ejercite el uso de los signos no verbales de forma individual o en grupos reducidos. Debe tratarse siempre de actividades dirigidas totalmente por el profesor y cerradas, que pueden confeccionarse tomando como base la interpretación, la producción de conversaciones y discursos no verbales, la creación de textos o relatos para ilustraciones o secuencias de ilustraciones y la observación participativa, y haciendo uso de materiales de apoyo como vídeos, fotografías, tarjetas con dibujos o transcripciones de elementos cuasi-léxicos o viñetas con o sin representación de sonidos[34].
3. Realización de actividades diseñadas para reforzar el aprendizaje de los signos no verbales. En tercer lugar, han de diseñarse y realizarse actividades dirigidas por el profesor y semicerradas con las que se ejercite el uso de los signos que nos ocupan en la interacción diádica o de grupos reducidos.
4. Realización de actividades para conseguir la adquisición de los signos no verbales. En cuarto y último lugar, se han de proponer actividades semidirigidas por el profesor y abiertas, con las que los aprendices puedan utilizar los signos aprendidos en interacciones más o menos naturales y de forma espontánea.

Los dos primeros pasos pueden realizarse de forma independiente (mediante actividades ideadas para mostrar y aprender únicamente signos no verbales) o de forma integrada (procurando que los ejercicios que realicen los estudiantes favorezcan el aprendizaje de los medios de expresión verbal y no verbal). Sin embargo, el tercer y el cuarto paso deben llevarse a la práctica siempre de forma integrada, creando y proponiendo actividades en las que el aprendiz tenga que poner en funcionamiento, a la vez, los signos verbales y no verbales con los que se trabaje.

[34] Puede tratarse de ejercicios más o menos estructurales (completar o terminar enunciados con signos no verbales, reaccionar a estímulos no verbalmente o comunicar sin hacer uso de signos verbales o combinando elementos de distintos sistemas) o de manipulaciones y creaciones de juegos para practicar determinados signos no verbales de forma aislada o en combinación con sus correspondientes verbales. Véanse, por ejemplo, las propuestas que se ofrecen en diferentes artículos del libro coordinado por Cestero (1998).

Conclusión

El objetivo que hemos perseguido en este capítulo no ha sido otro que el de proporcionar una sencilla base teórica y metodológica que facilite el estudio de la comunicación no verbal y permita su integración en los programas actuales de enseñanza de segundas lenguas o lenguas extranjeras. A ello nos ha movido el convencimiento de que la comunicación no verbal, y más concretamente los signos y sistemas paralingüísticos, quinésicos, proxémicos y cronémicos, tiene una importancia destacada en el aprendizaje y la adquisición de lenguas extranjeras. Así lo demuestra el hecho de que, en todo acto de comunicación humana, los signos lingüísticos se coestructuran con signos paralingüísticos y quinésicos, y pueden ser todos ellos matizados, además, mediante el uso de signos proxémicos y cronémicos; el papel que representan los signos no verbales en la adquisición de fluidez comunicativa y todo lo que de ella se deriva, especialmente si tenemos en cuenta que la regulación de la interacción se realiza muy frecuentemente mediante signos no verbales, y la implicación que tiene la comunicación no verbal en la comunicación intercultural, posibilitando la resolución de deficiencias verbales y de errores comunicativos y, con ello, frenando los retrocesos en el aprendizaje e impidiendo determinadas rupturas de comunicación. Nos sentiremos totalmente satisfechos si estas páginas despiertan curiosidades y provocan reflexiones sobre la comunicación humana en los lectores o animan a los especialistas en enseñanzas de lenguas a estudiar la comunicación no verbal y a trabajarla en el aula.

BIBLIOGRAFÍA

ALSOP, S. (1960), "How to speak French without saying a word", *Saturday Evening Post*, 233: 26-29.

AMADES, J. (1957), "El gest a Catalunya", *Anales del Instituto de Lingüística*, 6: 88-117.

AUER, P. y DI LUZIO, A. (eds.) (1992), *The Contextualization of Language*, Amsterdam/Filadelfia, John Benjamins.

BARAKAT, R. A. (1973), "Arabic Gestures", *Journal of Popular Culture*, 6: 749-893.

BENÍTEZ, P. y LAVIN, A. A. P. (1992), "La comunicación no verbal y la enseñanza del español para extranjeros", *Cable*, 9: 9-14.

BIRDWHISTELL, R. L. (1952), *Introduction to Kinesics: An Annotated System for Analysis of Body Motion and Gesture*, Washington D. C., Foreign Service Institute.

BIRDWHISTELL, R. L. (1970), *Kinesics and Context: Essays on Body Motion Communication*, Filadelfia, University of Pennsylvania Press.

BLOOMFIELD, L. (1914), *An Introduction to the Study of Language*, Nueva York, Henry Holt and Company.

BRAULT, G. J. (1963), "Kinesics in the classroom: Some typical French gestures", *The French Review*, 36, 4: 374-382.

BROSNAHAN, L. y MARKOVINA, I. (eds.) (1998), *Russian and English Nonverbal Communication*, Moscow, Bilingua.

BRUNEAU, T. J. (1980), "Cronemics and the verbal-nonverbal interface", en M. KEY (ed.) (1980), *The Relationship of Verbal and Nonverbal Communication*, La Haya, Mouton.

CALBRIS, G. y PORCHER, L. (1989), *Geste et communication*, Paris, Hatier-Credif.

CANFIELD, D. L. (1968), *Spanish with a Flourish!*, AATSP Cultural, Unit 1.

CESTERO, A. M. (1996), "Funciones de la risa en la conversación en lengua española", *Lingüística Española Actual*, XVIII, 2: 279-289.

CESTERO, A. M. (coord.) (1998), *Estudios de comunicación no verbal*, Madrid, Edinumen.

CESTERO, A. M. (1999a), *Comunicación no verbal y enseñanza de lenguas extranjeras*, Madrid, Arco/Libros.

CESTERO, A. M. (1999b), *Repertorio básico de signos no verbales del español*, Madrid, Arco Libros.

CESTERO, A. M. (2000a), "Comunicación no verbal y desarrollo de la expresión oral en la enseñanza y el aprendizaje de lenguas extranjeras", *Carabela*, 47: 69-86.

CESTERO, A. M. (2000b), *El intercambio de turnos de habla en la conversación*, Alcalá de Henares, Servicio de Publicaciones de la Universidad de Alcalá.

CESTERO, A. M. y GIL, M. (1995a), "Comunicación no verbal: algunas diferencias culturales en la concepción, la estructuración y el uso del tiempo en India y en España, I", *Cuadernos Cervantes*, 4: 49-53.

CESTERO, A. M. y GIL, M. (1995b), "Comunicación no verbal: algunas diferencias culturales en la concepción, la estructuración y el uso del tiempo en India y en España, II", *Cuadernos Cervantes*, 5: 62-66.

COLL, J., GELABERT, M. J. y MARTINELL, E. (1990), *Diccionario de gestos con sus giros más usuales*, Madrid, Edelsa.

CREIDER, C. A. (1977), "Toward a description of East African gestures", *Sign Language Studies*, 14: 1-20.

DARWIN, C. (1872), *The Expression of the Emotions in Man and Animals*, Londres, Murray.

DAVIS, F. (1976), *La comunicación no verbal*, Madrid, Alianza.

DIADORI, P. (1990), *Senza parole: 100 gesti degli italiani*, Roma, Bonacci Editore.

EFRON, D. (1941), *Gesture and Environment*, Nueva York, King's Crown Press.

EFRON, D. (1972), *Gesture, Race and Culture*, La Haya, Mouton.

FOGEN, T. (2001), "Ancient theorizing on nonverbal communication", *LACUS-Forum*, 27: 203-216.

FORMENT, M. M. (1997), "La verbalización de la gestualidad en el aprendizaje de E/LE", *Frecuencia-L*, 4: 27-31.

GREEN, J. R. (1968), *A gesture inventory for the teaching of Spanish*, Filadelfia, Chilton Books Educational Division.

HALL, E. T. (1959), *The Silent Language*, Garden City, Doubleday and Company.

HALL, E. T. (1963), "A system for the notation of proxemic behavior", *American Anthropologist*, 65, 5: 1003-1026.

HALL, E.T. (1966), *The Hidden Dimension*, Garden City, Doubleday and Company.

HAYES, A. S. (1964), "Paralinguistics and kinesics: Pedagogical perspectives", en T. A. SEBEOK, A. HAYES y M. C. BATERSON (eds.) (1964), *Approaches to Semiotics: Cultural Anthropology, Education, Linguistics, Psychiatry, Psychology*, La Haya, Mouton: 145-172.

HOFFER, B. L. y St. CLAIR, R. N. (eds.) (1981), *Developmental Kinesics: The Emerging Paradigm*, Baltimore, University Park Press.

HORE, T. y PAGET, N. S. (1975), *Nonverbal Behavior: A Select Annotated Bibliography*, Hawthorn, Australian Council for Educational Research.

HURLEY, D. S. (1992), "Issues in teaching Pragmatics, Prosody, and Non-Verbal Communication", *Applied Linguistics*, 13, 3: 259-281.

INSTITUTO CERVANTES (1994), *Plan curricular del Instituto Cervantes para la enseñanza del español como lengua extranjera*, Alcalá de Henares, Instituto Cervantes.

JOHNSON, D. R. (1972), "Black kinesics: Some nonverbal communication patterns in the black culture", en L. A. SOMOVAR y R. E. PORTER (eds.) (1972), *Intercultural Communication: A Reader*, Belmont, Wadsworth Publishers.

KANY, C. E. (1960), *American-Spanish Euphemisms*, Berkeley, University of California Press.

KAULFERS, W. V. (1931), "Curiosities of coloquial gesture", *Hispania*, 14: 249-264.

KAULFERS, W. V. (1932), "A handful of Spanish", *Education*, 52: 423-428.

KENDON, A. (ed.) (1981), *Nonverbal Communication, Interaction, and Gesture*, La Haya, Mouton.

KEY, M. R. (ed.) (1980), *The Relationship of Verbal and Nonverbal Communication*, La Haya, Mouton.

KEY, M. R. (ed.) (1982), *Nonverbal Communication Today: Current Research*, Berlín, Mouton.

KIM, K. (1975), "Cross-cultural differences between Americans and Koreans in nonverbal vehavior", en H-M. SOHN (1975), *The Korean Language: Its Structure and Social Projection*, Honolulu, University of Hawaii: 5-18.

KNAPP, M. L. (1980), *Essentials of Nonverbal Communication*, Nueva York, Rinehart and Wilson.

KORTE, B. (1997), *Body Language in Literature*, Toronto, University of Toronto Press.

KURZON, D. (1997), *Discourse of Silence*, Amsterdam/Filadelfia, John Benjamins.

MELROSE, R. (1992), "Dialogue as process: Making communication 'real' in the second language classroom", *International Review of Applied Linguistics in Language Teaching*, 30, 3: 177-190.

MEO-ZILIO, G. y MEJÍA, S. (1980-1983), *Diccionario de gestos: España e Hispanoamérica*, Bogotá, Instituto Caro y Cuervo.

MORRIS, D., COLLETT, P., MARSH, P. y O'SHAUGHNESSY, M. (1979), *Gestures: Their Origins and Distribution*, Londres, Jonathan Cape.

MUÑOZ, A. P. y AVELLO, J. (1991), "La comunicación no verbal", en J. MAYOR y J. L. PINILLOS (eds.) (1991), *Tratado de Psicología General. Comunicación y lenguaje*, Madrid, Alhambra Universidad: 321-347.

NOSTRAND, H. L. (1967), *Background Data for the Teaching of French. Part A: La culture et la société française au* XX *siècle*, Seattle, University of Washington.

POYATOS, F. (1972), "The communication system of the speaker-actor and his culture: A preliminary investigation", *Linguistics*, 83: 64-86.

POYATOS, F. (1975), "Cultura, comunicación e interacción: hacia el contexto total del lenguaje y el hombre hispánicos, III", *Yelmo*, 22: 14-16.

POYATOS, F. (1976), *Man Beyond Words: Theory and Methodology of Nonverbal Communication*, Nueva York, New York State English Council (NYSEC Monographs, 15).

POYATOS, F. (1983), "Language and nonverbal systems in the structure of face-to-face interaction", *Language and Communication*, 3, 2: 129-140.

POYATOS, F. (ed.) (1988), *Cross-Cultural Perspectives in Nonverbal Communication*, Lewiston, N.Y., Hogrefe.

POYATOS, F. (1992), "Nonverbal communication in foreign-language teaching: Theoretical and methodological perspectives", en A. HELBO (ed.) (1992), *Evaluation and Language Teaching: Essays in Honor of Frans van Passel*, Nueva York, Peter Lang: 115-143.

POYATOS, F. (ed.) (1992), *Advances in Nonverbal Communication: Sociocultural, Clinical, Esthetic and Literary Perspectives*, Amsterdam/Filadelfia, John Benjamins.

POYATOS, F. (1993), *Paralanguage: A Linguistic and Interdisciplinary Approach to Interactive Speech and Sounds*, Amsterdam/Filadelfia, John Benjamins.

POYATOS, F. (1994a), *La comunicación no verbal. Cultura, lenguaje y conversación,* Madrid, Istmo.

POYATOS, F. (1994b), *La comunicación no verbal. Paralenguaje, kinésica e interacción*, Madrid, Istmo.

POYATOS, F. (1994c), "Paralenguaje y sonidos extrasomáticos en la novela: perspectivas semiótico-comunicativas a través de los estudios de comunicación no verbal", en J. ROMERA, A. YLLERA y M. GARCÍA (eds.) (1994), *Semiótica(s): Homenaje a Greimas*, Madrid, Visor: 141-155.

POYATOS, F. (1996), "La comunicación no verbal en el discurso y en el texto", *Analecta Malacitana*, XIX, 1: 67-85.

POYATOS, F. (1997), "El acto de lectura: su realidad verbal-no verbal", *Iria Flavia,* XI.

POYATOS, F. (1998a), "Los silencios en el discurso vivo y en la literatura: para el estudio realista del lenguaje y su entorno", *Oralia*, 1: 47-70.

POYATOS, F. (1998b), "El paralenguaje en el *Quijote*: inventario completo y bases para su estudio", *Signa*, 7: 293-318.

POYATOS, F. (1999), "Inventario kinésico del *Quijote*: corpus completo y bases para su estudio", *Signa*, 8: 281-326.

POYATOS, F. (2000), "New perspectives on intercultural interaction through nonverbal communication studies", *Intercultural Communication Studies*, 12: 1-41.

RAFFLER-ENGEL, W. von (1980), "Kinesics and Paralinguistics: A neglected factor in second-language research and teaching", *The Canadian Modern Language Review*, 36, 2: 225-237.

RECTOR, M. y TRINTA, A. R. (1985), *Communicaçao No-Verbal: A Gestualidade Brasileira*, Petropolis, Río de Janeiro, Editora Bozes.

ROMERA, J. (1994), "Repertorios extraverbales en la comunicación literaria", *Signa*, 3: 175-208.

SAITZ, R. L. (1966), "Gestures in the classroom", *English Language Teaching*, 21: 33-37.

SAITZ, R. L. y CERVENKA, E. J. (1962), *Colombian and North American Gestures: A Contrastive Inventory*, Bogotá, Centro Colombo-Americano.

SAITZ, R. L. y CERVENKA, E. J. (1972), *Handbook of gestures: Columbia and the United States*, La Haya, Mouton.

SAPIR, E. A. (1949), "The unconscious patterning of behavior in society", en D. G. MANDELBAUM (ed.) (1949), *Selected Writings of Edward Sapir in Language, Culture and Personality*, Berkeley, University of California Press: 533-553.

SERRANO, S. (1981), *La semiótica. Una introducción a la teoría de los signos,* Barcelona, Montesinos.

SOLER-ESPIAUBA, D. (1989), "La comunicación no verbal", *Cable*, 3: 33-38.

SOLER-ESPIAUBA, D. (2000), "Lo no verbal

como un componente más de la lengua", *Espéculo*, http://www.ucm.es/info/especulo/ele/com_nove.html.

SPARHAWK, C. M. (1978), "Contrastive-identificational features of Persian gesture", *Semiótica*, 24: 49-86.

TAKAGAKI, T., UEDA, H., MARTINELL, E. y GELABERT, M. J. (1998), *Pequeño diccionario de gestos hispánicos*, Tokyo, Hakusuisya.

TAYLOR, A. R. (1974), "Japanese kinesics", *Journal of the Association of Teachers of Japanese*, 9: 65-72.

TSOUTSOS, T. M. (1970), *A Tentative Gesture Inventory for the Teaching of French*, Tesis de Máster Inédita, Queens Coll.

WATSON, O. M. (1970), *Proxemic Behavior: A Cross Cultural Study*, La Haya, Mouton.

WILIE, L. (1977), *Beaux Gestes: A Guide to French Body Talk*, Cambridge, The Undergraduate Press.

WOLFGANG, A. (ed.) (1984), *Nonverbal Behavior: Perspectives, Applications, Intercultural Insights*, Lewinston, N.Y., Hogrefe: 461-469.

WOLFGANG, A. y BHARDWAJ, A. (1984), "100 years of nonverbal study", en A. WOLFGANG (ed.) (1984), *Nonverbal Behavior: Perspectives, Applications, Intercultural Insights*, Lewinston, N.Y., Hogrefe: 461-469.

IV PARTE
Los objetivos y el proceso de enseñanza

DIRECTRICES DEL CONSEJO DE EUROPA: *EL MARCO COMÚN EUROPEO DE REFERENCIA PARA LAS LENGUAS: APRENDIZAJE, ENSEÑANZA, EVALUACIÓN* (2002)

Rebeca Gutiérrez Rivilla
Instituto Cervantes
Universidad de Purdue

INTRODUCCIÓN

El *Marco común europeo de referencia para las lenguas: aprendizaje, enseñanza, evaluación (MCER)*[1] (en lo sucesivo, también, *Marco de referencia*) es un documento ideado por el Consejo de Europa y elaborado por expertos en enseñanza de lenguas extranjeras que pretende, por una parte, proporcionar un modelo común para la preparación de programas de enseñanza de lenguas, orientaciones curriculares, exámenes y criterios de evaluación, materiales didácticos y manuales, etc., en toda Europa. Asimismo, el *Marco de referencia* quiere servir también de cauce de diálogo para que los profesionales del ámbito de la enseñanza de lenguas compartan opiniones e intercambien información acerca de sus propios sistemas de acreditación, métodos didácticos, planes curriculares, diseño de materiales y pruebas, etc. Esta iniciativa europea surge

[1] La Secretaría General Técnica del MECD, Subdirección General de Información y Publicaciones, y Grupo Anaya, S.A. coeditan en España el documento del Consejo de Europa, *Marco común europeo de referencia para las lenguas: aprendizaje, enseñanza, evaluación*, en junio de 2002. El Consejo de Europa publicó a su vez en 2001 las versiones en inglés y en francés. Si bien, la referencia y el título original de la obra es: *Common European Framework of Reference for Languages: Learning, Teaching, Assessment*, Cambridge, Cambridge University Press & Council of Europe, 2001. El Instituto Cervantes ha llevado a cabo la traducción y adaptación al español del original y el texto íntegro se haya publicado en la página web http://cvc.cervantes.es/obref/marco/ desde marzo de 2002. Los trabajos de traducción y adaptación del documento al español los realizó el equipo que se detalla a continuación: coordinación a cargo de Jesús Antonio Cid, director académico del Instituto Cervantes y traducción y adaptación a cargo de Álvaro García Santa-Cecilia, Rosario Guijarro Huerta, Rebeca Gutiérrez Rivilla, Cristina del Moral Ituarte, Jaime Olmedo Ramos, Alejandro Valero Fernández y Elena Verdía Lleó. Asimismo, el *Marco común europeo de referencia* se ha traducido y adaptado al catalán, al gallego y al vasco. Estos trabajos de traducción y adaptación del documento los han realizado la Generalitat de Catalunya, la Xunta de Galicia y HABE (Helduen Alfabetatze eta Berreuskalduntzerako Errakundea), respectivamente.

con el propósito de disipar las barreras que separan los diferentes sistemas educativos existentes para la enseñanza de lenguas extranjeras en los distintos países que integran la Europa del siglo XXI.

El *Marco de referencia* se enmarca en el conjunto de una serie de acciones divulgativas llevadas a cabo por el Consejo de Europa desde su creación en 1949. Este organismo internacional ha venido desarrollando una activa política en el campo de la enseñanza y aprendizaje de las lenguas vivas en Europa. El Consejo de Europa promueve el concepto del plurilingüismo como garantía de integración y libertad, con el deseo de que los países que lo componen disfruten de la herencia plurilingüe y pluricultural de la que Europa es partícipe. Para alcanzar sus objetivos, el Consejo de Europa ha impulsado diversas iniciativas, que se exponen de una manera más detallada más adelante.

La movilidad cada vez mayor de la población en términos generales, junto con la facilidad para comunicarse que las nuevas tecnologías han impulsado y el creciente deseo por intercambiar todo tipo de información, son algunos de los factores que han fomentado el interés cada vez más generalizado por aprender otras lenguas y conocer otras culturas que caracteriza a la sociedad europea actual. Inspirado por esta notable disposición, el Consejo de Europa consigue, con la publicación del *Marco común europeo de referencia para las lenguas: aprendizaje, enseñanza, evaluación*, impulsar la unificación de unas directrices comunes para el aprendizaje y la enseñanza de lenguas dentro del contexto europeo. Además, la fecha de la presentación y publicación del documento original se encuadra dentro de la celebración del Año Europeo de las Lenguas en 2001. Los esfuerzos y los compromisos asumidos por los estados miembros del Consejo de Europa se tradujeron en la organización, durante el año 2001, de más de 25.000 actos conmemorativos de la diversidad lingüística europea.

El *Marco común europeo de referencia para las lenguas: aprendizaje, enseñanza, evaluación* constituye la fase más reciente de un proceso de investigación que se inició en 1971. En la elaboración de la versión original del documento han intervenido muchos miembros de la profesión docente de dentro y fuera de Europa. El grupo de autores del documento está constituido por el Dr. J. L. M. Trim (Director del proyecto), el catedrático D. Coste (École Normale Supérieure de Fontenay/Saint Cloud, CREDIF, Francia), el Dr. B. North (Eurocentres Foundation, Suiza) y el Sr. J. Sheils (Secretaría). En el proceso colaboraron también:

- El grupo del proyecto *Aprendizaje de idiomas para la ciudadanía europea*, que representa a todos los países miembros del Consejo para la Cooperación Cultural, con Canadá como socio observador, con la supervisión general del desarrollo del documento.
- El grupo de trabajo establecido por el grupo de proyecto, con veinte representantes de los países miembros que defendieron los distintos intereses profesionales implicados, así como representantes de la Comisión Europea y su programa LINGUA, con el asesoramiento y la supervisión del proyecto.
- La *Fundación Nacional Suiza de Ciencias*, con su apoyo al trabajo realizado por el Dr. B. North y el catedrático G. Schneider (Universidad de Friburgo) respecto al desarrollo y al escalonamiento de los descriptores de dominio de la lengua de los niveles comunes de referencia.
- La *Fundación Eurocentres*, que ofreció su experiencia en la definición y en la clasificación por escalas del dominio de la lengua.
- El *Centro Nacional de Lenguas Extranjeras* de Estados Unidos, con sendas becas de investigación Mellon al Dr. Trim y al Dr. North, lo que facilitó la contribución de ambos.
- Y gran cantidad de colegas y de instituciones procedentes de Europa que respondieron, a menudo de forma cuidadosa y detallada, a la petición de observaciones y comentarios sobre las versiones anteriores.

La revisión final del documento la llevaron a cabo el Dr. J. L. M. Trim y el Dr. B. North.

En el *Marco común europeo de referencia para las lenguas: aprendizaje, enseñanza, evaluación* se establecen las bases comunes para la descripción de objetivos y contenidos en la elaboración de programas de enseñanza de lenguas, así como los aspectos metodológicos que subyacen necesariamente tras estos parámetros. Mediante el establecimiento de unos criterios objetivos desde los que describir los diferentes niveles de dominio de la lengua, se persigue en último término que se equiparen y, por extensión, se reconozcan las diferentes titulaciones que pueda obtener cualquier estudiante de lenguas en Europa.

Con la publicación de la versión del documento en español, las líneas generales para la enseñanza y aprendizaje de lenguas en Europa y, por extensión, los planteamientos de la política lingüística del Consejo de Europa quedan a disposición de los profesionales españoles e hispanoamericanos del campo de la didáctica de lenguas, para que les sirva de consulta e inspiración, y para que abra, quizá, las puertas a futuros y fructíferos diálogos.

De este modo, el *Marco de referencia* se perfila como un instrumento de gran utilidad y de no menos trascendencia en los ámbitos profesionales y educativos pertenecientes al campo de la enseñanza de lenguas, tanto dentro como fuera de Europa.

1. Génesis del proyecto

El origen de la idea de elaborar un documento modelo en el que se establecieran una serie de parámetros comunes para describir los niveles de dominio de una lengua extranjera se remonta al compromiso asumido por distintos representantes de los estados miembros del Consejo de Europa en el marco de un simposio intergubernamental, celebrado en Rüschlikon (Suiza) en noviembre de 1991, bajo el título de *Transparencia y coherencia en la enseñanza de idiomas en Europa: objetivos, evaluación, certificación*. En él se articularon tres conclusiones intrínsecamente relacionadas, tal y como puede verse en el capítulo 1 del *Marco de referencia*. En primer lugar, la necesidad de una intensificación del aprendizaje y la enseñanza de idiomas en los países miembros, en aras de una mayor movilidad, una comunicación internacional más eficaz combinada con el respeto por la identidad y la diversidad cultural, un mejor acceso a la información, una interacción personal más intensa, una mejora de las relaciones de trabajo y un entendimiento mutuo más profundo. En segundo lugar, cómo, para conseguir estos fines, es preciso que se fomente el aprendizaje de idiomas como una tarea a lo largo de toda la vida y que se facilite durante toda la escolaridad, desde la enseñanza preescolar hasta la educación de adultos. Y por último, el deseo explícito de contar con un documento que recogiera una descripción lo más exhaustiva posible del aprendizaje de lenguas en todos los niveles y cuyos efectos repercutieran en una mayor cooperación entre las instituciones educativas de distintos países, en un reconocimiento mutuo de las titulaciones o certificados acreditativos del conocimiento de lenguas y en un diálogo más continuado entre los alumnos, profesores, responsables del diseño de cursos y materiales, y todos aquellos profesionales implicados en el ámbito de las lenguas modernas.

El grupo de autores del documento, al que se ha hecho referencia en la introducción, declara, en la *Nota preliminar* al *Marco de referencia*, que la edición final reestructurada recoge el esfuerzo y la investigación desarrollados a lo largo de treinta años de colaboración activa por parte de autoridades y profesionales tanto europeos como de otras partes del mundo. De este modo, el *Marco de referencia* puede considerarse el resultado final de la evolución de un continuo proceso de investigación que comenzara en 1971, en el que diferentes expertos y especialistas del campo de la lingüística aplicada, así como responsables de programas de enseñanza e incluso profesores, han ido aunando esfuerzos y conocimientos en pos del establecimiento de las bases de una política lingüística concebida en un contexto europeo plural e integrador.

Con la publicación de *Threshold Level* en 1975, el Consejo de Europa da el primer paso para la constitución de un sistema de enseñanza de lenguas extranjeras que se perfilaba de acuerdo al análisis de las necesidades de los alumnos en determinadas situaciones de comunicación. La descripción de un determinado nivel de dominio de la lengua se hacía, por primera vez, siguiendo las descripciones nocio-funcionales aplicadas a la didáctica de lenguas. En *Threshold Level* (1975) se identifican y describen las funciones lingüísticas y se enseñan, partiendo de esas funciones, el léxico y la estructura gramatical. Este modelo nocio-funcional de descripción lingüística refleja la firme intención por parte del Consejo de Europa de incorporar un enfoque sociolingüístico a la teoría y la práctica docente de lenguas extranjeras. El planteamiento del Consejo de Europa descrito en *Threshold Level* (1975) suponía desarrollar los cursos de idiomas divididos en actividades de aprendizaje organizadas, a su vez, en unidades. En cada unidad, se abordaría un determinado componente de las necesidades del alumno. Este enfoque estaba basado en la definición de las funciones lingüísticas de D. A. Wilkins y su análisis de los sistemas de significados que subyacen en los usos comunicativos de la lengua (García Santa-Cecilia, 2002: 39). Es, precisamente, la publicación de *Threshold Level* en 1975 la primera pieza de un engranaje metodológico que comenzaría a encajar perfectamente y, como consecuencia, a dar sus frutos paulatinamente. La difusión que el Consejo de Europa hizo de ese documento encontró una gran acogida en los sectores de la enseñanza de lenguas. En poco tiempo, comenzaron a desarrollarse las correspondientes versiones en otras lenguas[2]. Aunque la primera versión de *Threshold Level* en inglés presentaba tan sólo especificaciones de carácter exclusivamente lingüístico, poco a poco se fueron incorporando reflexiones metodológicas sobre el proceso de aprendizaje y se fue ampliando el enfoque nocio-funcional, tal y como se deduce de la versión en francés *Un niveau seuil* de 1979.

El Consejo de Europa consiguió, de esta manera, dar comienzo a nuevos planteamientos metodológicos en el campo de la enseñanza de lenguas extranjeras que acabarían por desembocar en el desarrollo del enfoque pedagógico que se conoce como enfoque comunicativo y que ha venido describiendo los programas de enseñanza de lenguas sobre la base de las competencias comunicativas.

Tras un periodo de aproximadamente quince años de revisiones y reediciones de aquella primera publicación de 1975, y como resultado de un proceso de continua investigación en el campo del aprendizaje y la enseñanza de lenguas, el Consejo de Europa publica en 1991 su nueva descripción actualizada del nivel *Umbral*, esto es, *Threshold Level 1990* y, por primera vez, la descripción del nivel superior a éste, es decir, *Waystage 1990*. Años después, el Consejo de Europa publica en 1997 *Vantage Level*, en el que se describe el nivel avanzado del dominio de la lengua.

Este sistema de niveles de competencia lingüística que el Consejo de Europa ha venido desarrollando quiere servir de base para que las autoridades educativas y el resto de los profesionales del campo de la enseñanza de lenguas vayan elaborado sus programas, materiales didácticos, exámenes y criterios de evaluación y sus respectivos sistemas de acreditación y certificados del conocimiento de lenguas con respecto a estos niveles concretos, es decir, a un nivel básico, un nivel intermedio y un nivel avanzado.

---

[2] Peter J. Slagter se encargó de llevar a cabo la versión en español en 1979: *Un nivel umbral*, Estrasburgo, Consejo de Europa.

Con la elaboración del *Marco de referencia*, el Consejo de Europa consigue no sólo integrar las descripciones de estos tres niveles de dominio lingüístico, sino también ampliar y completar la definición de las diferentes fases que componen el proceso de aprendizaje de una lengua hasta llegar a una especificación de seis niveles de dominio: Acceso (*Breakthrough*), Plataforma (*Waystage*), Umbral (*Threshold*), Avanzado (*Vantage*), Dominio operativo eficaz (*Effective Operational Proficency*) y Maestría (*Mastery*). En el *Marco de referencia* quedan descritos estos seis niveles de dominio de una lengua y el carácter especial de la progresión en el aprendizaje, que no puede ser concebido como un simple ascenso vertical[3].

El *Marco de referencia*, no obstante, no constituye la única iniciativa desarrollada por el Consejo de Europa con el propósito de difundir y promover su política lingüística. El Consejo está desarrollando en la actualidad, en estrecha relación con los objetivos abordados con la elaboración del *Marco de referencia*, un proyecto innovador y entusiasta: el *Portfolio europeo de las lenguas* o *European Language Portfolio*, un documento personal e identificativo, similar a un carné individual e intransferible, que portará información relativa a los conocimientos lingüísticos y a otros aspectos relacionados con las experiencias interculturales y de aprendizaje de lenguas de la persona en cuestión[4].

Asimismo, el Consejo de Europa desarrolla por su parte proyectos de carácter lingüístico y educativo, y conferencias intergubernamentales en las que se analizan los resultados obtenidos hasta el momento y el progreso de cada uno de los proyectos que están en marcha. Los proyectos de contenido lingüístico y educativo más recientes son *Language Learning for a European Citizenship* (1990-1996) y *Language Policies for a Multilingual and Multicultural Europe* (1997-2000) y, en noviembre de 2002 se celebra la conferencia *Languages, Diversity, Citizenship: Policies for Plurilinguism in Europe*[5].

El *Marco de referencia* ha supuesto la consecución de parte de los objetivos que inspiran la política lingüística del Consejo de Europa, tal y como se verá en el apartado dedicado en este trabajo a explorar el modo en que se perfilan en el documento las directrices de esta política educativa.

2. El enfoque del *Marco común europeo de referencia para las lenguas:* reflexiones

Los autores del *Marco de referencia* aseveran de modo explícito en las *Notas para el usuario* que la intención de la obra no es en absoluto preceptiva (*MCER*: 9):

> *Hay que dejar claro desde el principio que no nos proponemos decir a los profesionales lo que tienen que hacer o de qué forma hacerlo. Nosotros planteamos preguntas, no las contestamos. El* Marco de referencia europeo *no tiene el cometido de establecer los objetivos que deberían proponerse los usuarios ni los métodos que tendrían que emplear.*

---

[3] En el apartado 3 de este trabajo, denominado "El modelo descriptivo del *Marco común europeo de referencia para las lenguas: aprendizaje, enseñanza, evaluación*", se aclara todo lo concerniente a los niveles comunes de referencia.

[4] Más adelante se detallan las características de este proyecto, sus funciones y las distintas secciones de las que se compone el *Portfolio europeo de las lenguas*.

[5] La información actualizada y completa sobre los objetivos y los temas que se tratan en esta conferencia, así como la información sobre otros proyectos institucionales del Consejo de Europa referentes a la enseñanza de lenguas puede consultarse a través de la dirección de correo electrónico www.coe.int.

De este modo tan concreto el propio documento se declara carente de dogma metodológico y abierto a la interpretación y al empleo de sus descripciones para el desarrollo de principios prácticos para la enseñanza, el aprendizaje y la evaluación de lenguas. Consecuentemente, el *Marco de referencia* no propone una metodología, sino que lo que pretende es suscitar la reflexión metodológica. De este modo, a cada usuario del documento, en función de su papel dentro del proceso de aprendizaje, enseñanza y evaluación de la lengua, se le plantean diferentes propuestas con el fin de provocar el interés y la preocupación particulares en cada caso por definir la opción metodológica que más se adecue a su circunstancia. El *Marco de referencia* ofrece, eso sí, una serie de opciones, en relación con distintos aspectos metodológicos sobre el papel que desempeñan en el aprendizaje y la enseñanza de lenguas los profesores, los alumnos, el uso de los medios audiovisuales y de textos, tareas y actividades, el desarrollo de estrategias y de competencias, y el modo de aproximación y corrección de los errores y las faltas[6].

El enfoque adoptado en el documento se centra, en sentido general, en la acción. Un enfoque orientado a la acción implica directamente la consideración de los usuarios de la lengua y, por ende, de los alumnos como agentes sociales; miembros integrantes de una sociedad que se ven envueltos en una serie de *tareas*[7] de todo tipo, no exclusivamente lingüísticas, que se sitúan en entornos específicos y en contextos concretos, y que se hallan determinados por circunstancias particulares. Si bien, los actos de comunicación tienen un componente lingüístico en muchas ocasiones, estos actos y actividades se enmarcan siempre en un contexto social mucho más amplio que les confiere sentido. Por consiguiente, el enfoque centrado en la acción propuesto en el *Marco de referencia* tiene muy en cuenta los recursos cognitivos, emocionales y volitivos, y las múltiples competencias (lingüísticas, sociolingüísticas y pragmáticas) que un individuo utiliza como ser social. Desde esta perspectiva, el *Marco de referencia* manifiesta que cualquier forma de uso y de aprendizaje de lenguas podría describirse de este modo (*MCER*: 9):

> *El uso de la lengua -que incluye el aprendizaje- comprende las acciones que realizan las personas que, como individuos y como agentes sociales, desarrollan una serie de* competencias, *tanto* generales *como* competencias comunicativas, *en particular. Las personas utilizan las competencias que se encuentran a su disposición en distintos* contextos *y bajo distintas* condiciones y restricciones, *con el fin de realizar* actividades de la lengua *que conllevan* procesos *para producir y recibir* textos *relacionados con* temas *en* ámbitos *específicos, poniendo en juego las* estrategias *que parecen más apropiadas para llevar a cabo las* tareas *que han de realizar. El control que de estas acciones tienen los participantes produce el refuerzo o la modificación de sus competencias* [*sic*].

Esta descripción del uso que cualquier hablante, usuario o alumno, puede hacer de la lengua se realiza desde la perspectiva del uso social de la lengua. Considerar el aprendizaje y la enseñanza de lenguas desde esta visión sociolingüística conlleva ciertas implicaciones. Si se observa al alumno o estudiante de una lengua extranjera como un agente social que necesitará aprender y mejorar sus conocimientos de esa lengua para llegar a comunicarse eficazmente con el resto de

---

[6] El capítulo 6 del *Marco de referencia* ahonda en cada caso en particular.

[7] La acepción de la palabra *tareas* trasciende aquí su significado más literal. Como *tareas* han de entenderse en este contexto las acciones que el individuo realiza intencionadamente aplicando estratégicamente sus competencias, esto es, sus conocimientos, capacidades y destrezas, para lograr los resultados que se ha propuesto.

los miembros de una determinada sociedad, los contenidos de su clase de lengua y el modo de exposición de estos contenidos habrán de estar diseñados y concebidos de tal modo que tengan muy en cuenta las necesidades del alumno, por una parte, y, por otra, los rasgos sociolingüísticos de la comunicación. Los factores que tienen que ver con la competencia pragmática y la competencia sociolingüística deben tener un papel tan relevante como el desarrollo de la competencia lingüística propiamente dicha (léxico, gramática, pronunciación, ortografía).

El carácter evidentemente social de todo acto de comunicación, lingüística o no, debe hacerse patente en un enfoque acertado de la enseñanza de lenguas (Stern, 1983). El alumno que se enfrenta al estudio de una lengua ha de saberse partícipe de un entorno social. Debe ser consciente, también, de las relaciones entre la lengua y el contexto social, y de la existencia de variedades de la lengua, dialectos y sociolectos utilizados por determinadas comunidades de hablantes. Asimismo, el alumno ha de conocer también las distintas variaciones en el uso de la lengua relacionadas con diferentes papeles sociales o con aspectos relacionados con la edad, la familiaridad con el resto de los hablantes, etc., y otras cuestiones de carácter pragmático y sociolingüístico que pueden ir marcadas por determinados elementos gramaticales, léxicos, de pronunciación o entonación, etcétera.

El enfoque centrado en la acción del *Marco de referencia* supone una ampliación y una aproximación a los estudios sobre el aprendizaje y la enseñanza de lenguas que abarca el uso social de la lengua e incluye la consideración de los factores lingüísticos y extralingüísticos que intervienen en la comunicación y que la determinan. Si bien el enfoque del uso de la lengua queda definido de una manera clara y patente en diversas secciones del documento, el *Marco de referencia* no toma partido en lo referente a qué metodología concreta utilizar a la hora de ejercer la práctica docente. El documento presenta, no obstante, distintas opciones y propone que los profesionales del campo de la enseñanza de lenguas seleccionen la metodología que consideren más eficaz de acuerdo con las necesidades de los alumnos y de los objetivos que hayan establecido en sus programas y currículos. Estos *llamamientos* a la reflexión metodológica se estructuran en forma de *Cuadros de preguntas*. El cuadro que se presenta a continuación es uno de los cuadros de preguntas incluidos en el capítulo 4:

> *Los usuarios del* Marco de referencia *pueden tener presente y, en su caso, determinar:*
>
> - *En qué temas tendrá que desenvolverse el alumno, cómo se le capacitará para ello o qué se le exigirá al respecto.*
> - *En qué subtemas se desenvolverá con respecto a cada tema.*
> - *Qué nociones específicas relativas a lugares, instituciones u organizaciones, personas, objetos, acontecimientos e intervenciones, tendrá que utilizar el alumno, cómo se le capacitará para ello o qué se le exigirá al respecto.*

Como puede verse en el ejemplo, en estos cuadros se invita al usuario del *Marco de referencia* a *tener presente y, en su caso, determinar* las respuestas a las preguntas que se plantean. La alusión a *qué tendrá el alumno, cómo se le capacitará para ello, qué se le exigirá al respecto* hace referencia directa a los posibles métodos susceptibles de aplicarse con relación al aprendizaje, la enseñanza y la evaluación respectivamente. El contenido de estos cuadros se enuncia como una invitación más que como un precepto que ha de cumplirse, guardando, así, especial cuidado de preservar en todo momento el carácter *no* dogmático del documento.

3. El modelo descriptivo del *Marco común europeo de referencia para las lenguas: aprendizaje, enseñanza, evaluación*

3.1. Criterios

El *Marco de referencia* se propone cumplir con una serie de criterios con el fin de llegar a la consecución de sus objetivos de un modo eficaz. Estos criterios quedan definidos como atributos esenciales del documento y deben ser entendidos en su definición si se pretende comprender el modelo descriptivo del *Marco de referencia*. Los autores del documento lo perfilan como un modelo de referencia *integrador*, *transparente* y *coherente*. El término *integrador* alude a que el *Marco de referencia* intenta especificar una serie de conocimientos, destrezas y una descripción del uso de la lengua de un modo tan amplio como sea posible, sin la pretensión de abarcarlo todo ya que eso sería una tarea imposible. El *Marco de referencia* es integrador también en el sentido de que quiere que todos aquellos que lo utilicen describan sus propios objetivos tomando el documento únicamente como una guía o referente. Así, el *Marco de referencia* diferencia las dimensiones en las que se describen los niveles de dominio de la lengua y proporciona una serie de parámetros referenciales con los que medir el progreso del aprendizaje, esto es, los niveles comunes de referencia. Además, el desarrollo de la competencia comunicativa comprende otras dimensiones extralingüísticas, como son la consciencia intercultural, la capacidad imaginativa, la capacidad de aprender a aprender, los factores afectivos que intervienen en cualquier proceso de aprendizaje, etcétera.

El *Marco de referencia* se propone ser *transparente*. Es decir, que la información se formule con claridad y de modo explícito, y así ser accesible y fácil de entender.

El tercero de los criterios que el *Marco de referencia* ha querido cumplir es el de ser *coherente*; esto es, que la descripción esté libre de contradicciones internas. Con respecto a los sistemas educativos, la coherencia implica que haya una relación armónica entre la identificación de las necesidades, la definición de los objetivos y los contenidos, la selección o creación de los materiales didácticos, el desarrollo de programas curriculares, la metodología empleada, la evaluación, los exámenes y las calificaciones. No obstante, nada de esto significa la imposición de un sistema unívoco. Al contrario, los autores del documento declaran que las propuestas son abiertas, flexibles, dinámicas, de finalidad múltiple y, ante todo, sin pretensiones dogmáticas o preceptivas.

3.2. La descripción del uso de la lengua: dimensiones

El modelo descriptivo del *Marco de referencia* puede concebirse, en términos generales, en dos grandes dimensiones, vertical y horizontal, que consiguen proyectar, al integrarse una en otra, una visión completa del uso de la lengua y de la progresión del proceso de aprendizaje.

3.2.1. Dimensión vertical: los niveles comunes de referencia

Los niveles comunes que establece el *Marco de referencia* parten de una división inicial en tres niveles: A, B y C. El nivel A del *Marco de referencia* podría corresponderse con el nivel inicial de los sistemas tradicionales, y los niveles B y C, con los niveles intermedio y avanzado respectivamente. La novedad radica, no obstante, en la subdivisión de cada uno de estos tres amplios niveles en dos, hasta configurar el sistema completo de seis niveles que constituye la dimensión vertical del enfoque adoptado.

Sin rechazar el amplio consenso, de consideración ciertamente internacional, respecto al número y la naturaleza de los niveles que resultan apropiados para la organización del aprendizaje de lenguas extranjeras, el *Marco de referencia* opta por la subdivisión en dos de cada uno de los clásicos niveles básico, intermedio y avanzado. Para el *Marco de referencia*, queda dividida en seis fases la franja espacio-temporal que ocupa el proceso de aprendizaje de una lengua extranjera (*MCER*: 25):

- Acceso (*Breakthrough*), que se corresponde con lo que Wilkins denominó en su propuesta de 1978 *Dominio formulario,* y Trim, en la misma publicación[8], *Introductorio*.
- Plataforma (*Waystage*), que refleja la especificación de contenidos del Consejo de Europa.
- Umbral (*Threshold*), que refleja la especificación de contenidos del Consejo de Europa.
- Avanzado (*Vantage*), que refleja la tercera especificación de contenidos del Consejo de Europa, nivel que Wilkins ha descrito como *Dominio operativo limitado* y Trim como *la respuesta adecuada a las situaciones normales*.
- Dominio operativo eficaz (*Effective Operational Proficiency*), que Trim denominó *Dominio efectivo* y Wilkins *Dominio operativo adecuado*, y que representa un nivel avanzado de competencia apropiado para tareas más complejas de trabajo y de estudio.
- Maestría (*Mastery*) (Trim: *dominio extenso*; Wilkins: *Dominio extenso operativo*), que se corresponde con el objetivo más alto de los exámenes en el esquema adoptado por ALTE (*Association of Language Testers in Europe*). Se podría ampliar para que incluyera la competencia intercultural más desarrollada que se encuentra por encima de ese nivel y que consiguen muchos profesionales de la lengua.

La dimensión espacial, sin embargo, del progreso en el proceso de aprendizaje simula una ascensión vertical, tal y como puede verse representado en el gráfico 1[9]:

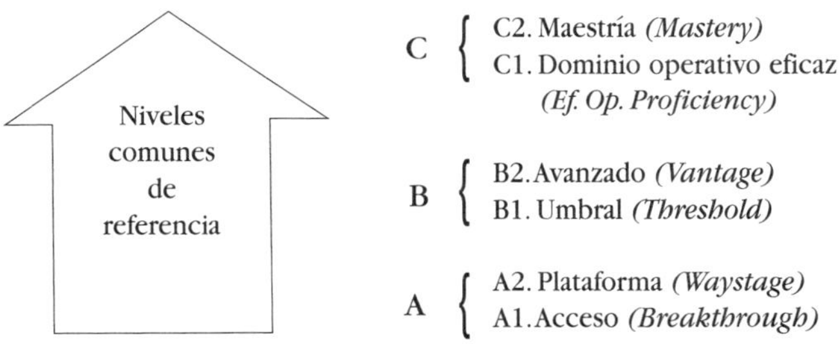

Figura 1: Niveles comunes de referencia.

La progresión en el proceso de aprendizaje de cualquier alumno en esta dimensión vertical resulta, sin embargo, algo más complejo que un simple ascenso escalonado de nivel a nivel. Se debe tener en cuenta que el progreso en el aprendizaje de la lengua no supone simplemen-

---

[8] J. L. M. Trim (1978), *Some Possible Lines of Development of an Overall Structure for a European Unit Credit Scheme for Foreign Language Learning by Adults*, Estrasburgo, Consejo de Europa.

[9] Los gráficos 1, 3 y 5 que ilustran este trabajo fueron realizados por Elena Verdía Lleó para las presentaciones de la adaptación al español del *Marco de referencia* y aparecen también en el estudio de Álvaro García Santa-Cecilia (2002). Los reproduzco en este trabajo con el permiso de ambos. Deseo, asimismo, expresar mi más sincero agradecimiento a Elena y a Álvaro por la ayuda que me han prestado para la elaboración de esta colaboración.

te ascender en una escala vertical, ya que el alumno, a medida que avanza en su aprendizaje, puede ampliar sus capacidades hacia otras categorías del uso de la lengua, en vez de incrementar su nivel de competencia en una misma categoría, lo que se reflejará en el comportamiento de su progresión en el gradual dominio de la lengua. Otra de las precisiones más importantes que incluye el *Marco de referencia* es la advertencia en cuanto al tiempo de progresión en cada uno de los niveles de la escala vertical. Ha de tenerse en cuenta a este respecto que, aunque los niveles aparecen como equidistantes en la escala, la experiencia demuestra que muchos alumnos tardarán más del doble de tiempo en alcanzar el nivel B1 desde el A2 que el que necesitaron para alcanzar el A2 desde A1, lo que hace probable que lleguen a necesitar más del doble de tiempo para alcanzar el B2 desde el B1 que el que necesitaron para alcanzar el B1 desde el A2.

Otro aspecto importante en cuanto a los niveles de referencia es cómo marcar la división entre los mismos. El *Marco de referencia* ofrece, a este respecto, la posibilidad de cortar la escala de niveles según las necesidades individuales de cada usuario, de cada centro docente y de las instituciones educativas, y de dividirla en muchos más subniveles sin que se pierda por ello la relación con el sistema común.

En términos generales, la descripción de cada uno de los niveles comunes de referencia puede hacerse de manera específica y pormenorizada, o de un modo global, dependiendo siempre de los fines que se persigan. El *Marco de referencia* aporta una descripción global orientativa que resultará muy útil a aquellos usuarios que no son especialistas del ámbito de la enseñanza de lenguas, incluidos los propios alumnos, que podrán hacerse una idea general de qué se aprende en cada uno de los niveles. La figura 2, a continuación, ilustra la descripción global de los niveles comunes propuestos por el *Marco de referencia* para caracterizar el progreso en el dominio de la lengua.

Usuario competente	C2	Es capaz de comprender con facilidad prácticamente todo lo que oye o lee. Sabe reconstruir la información y los argumentos procedentes de diversas fuentes, ya sean en lengua hablada o escrita, y presentarlos de manera coherente y resumida. Puede expresarse espontáneamente, con gran fluidez y con un grado de precisión que le permite diferenciar pequeños matices de significado incluso en situaciones de mayor complejidad.
	C1	Es capaz de comprender una amplia variedad de textos extensos y con cierto nivel de exigencia, así como reconocer en ellos sentidos implícitos. Sabe expresarse de forma fluida y espontánea sin muestras muy evidentes de esfuerzo para encontrar la expresión adecuada. Puede hacer un uso flexible y efectivo del idioma para fines sociales, académicos y profesionales. Puede producir textos claros, bien estructurados y detallados sobre temas de cierta complejidad, mostrando un uso correcto de los mecanismos de organización, articulación y cohesión del texto.

Usuario independiente	B2	Es capaz de entender las ideas principales de textos complejos que traten de temas tanto concretos como abstractos, incluso si son de carácter técnico siempre que estén dentro de su campo de especialización. Puede relacionarse con hablantes nativos con un grado suficiente de fluidez y naturalidad de modo que la comunicación se realice sin esfuerzo por parte de ninguno de los interlocutores. Puede producir textos claros y detallados sobre temas diversos así como defender un punto de vista sobre temas generales indicando los pros y los contras de las distintas opciones.
	B1	Es capaz de comprender los puntos principales de textos claros y en lengua estándar si tratan sobre cuestiones que le son conocidas, ya sea en situaciones de trabajo, de estudio o de ocio. Sabe desenvolverse en la mayor parte de las situaciones que pueden surgir durante un viaje por zonas donde se utiliza la lengua. Es capaz de producir textos sencillos y coherentes sobre temas que le son familiares o en los que tiene un interés personal. Puede describir experiencias, acontecimientos, deseos y aspiraciones, así como justificar brevemente sus opiniones o explicar sus planes.
Usuario básico	A2	Es capaz de comprender frases y expresiones de uso frecuente relacionadas con áreas de experiencia que le son especialmente relevantes (información básica sobre sí mismo y su familia, compras, lugares de interés, ocupaciones, etc.) Sabe comunicarse a la hora de llevar a cabo tareas simples y cotidianas que no requieran más que intercambios sencillos y directos de información sobre cuestiones que le son conocidas o habituales. Sabe describir en términos sencillos aspectos de su pasado y su entorno así como cuestiones relacionadas con sus necesidades inmediatas.
	A1	Es capaz de comprender y utilizar expresiones cotidianas de uso muy frecuente así como frases sencillas destinadas a satisfacer necesidades de tipo inmediato. Puede presentarse a sí mismo y a otros, pedir y dar información personal básica sobre su domicilio, sus pertenencias y las personas que conoce. Puede relacionarse de forma elemental siempre que su interlocutor hable despacio y con claridad y esté dispuesto a cooperar.

Figura 2: Niveles comunes de referencia, escala global.

3.2.2. Dimensión horizontal: parámetros y categorías del uso de la lengua

La dimensión horizontal en la que se ensamblan los niveles comunes de referencia incluidos en la escala vertical la constituyen las categorías generales que describen el uso de la lengua y la habilidad del alumno para utilizarla, es decir, las competencias que el alumno pone en funcionamiento para emplear eficazmente la lengua que está aprendiendo y para conseguir comunicarse en esa lengua extranjera. En la clasificación de los parámetros o categorías desde las que se puede describir el uso de la lengua y la habilidad del alumno para utilizarla destacan:

- El *contexto de uso de la lengua*: el conjunto de acontecimientos y de factores situacionales que rodean a una persona, al alumno en este caso, y en el que se dan los actos de comunicación de los que es protagonista. A su vez, dentro de este contexto de uso, hay que tener en cuenta los *ámbitos* en los que puede actuar el alumno como agente social (el ámbito educativo, el profesional, el público y el personal), las *situaciones externas* que surgen en el momento de la comunicación, las *condiciones y restricciones* que influyen en la comunicación (condiciones físicas para el habla y para la escritura, condiciones sociales, presiones en cuanto al tiempo, etc.), así como el propio contexto mental del alumno (sus condicionantes físicos y psíquicos, tales como su capacidad de prestar atención, su intención comunicativa, su propio estado de ánimo, etc.) y el contexto mental del interlocutor.

- Las *actividades comunicativas de la lengua*: el conjunto de actividades de lengua de carácter comunicativo que pueden llegar a darse, es decir, actividades comunicativas de expresión oral y escrita, de comprensión oral, escrita y audiovisual, de interacción oral y escrita y de mediación en la comunicación.
- Las *estrategias* que se utilizan en las actividades comunicativas de la lengua: las líneas concretas de acción que el alumno emplea intencionadamente al abordar la actividad comunicativa en cuestión con el fin de obtener los mejores resultados en la comunicación. Las estrategias resultan de aplicar los cuatro principios metacognitivos de planificación, ejecución, control y reparación en cada una de las actividades comunicativas mencionadas anteriormente.
- Las *competencias* del alumno: el compendio de conocimientos, destrezas y características particulares de un determinado alumno que hacen posible que pueda llevar a cabo una serie de acciones, comunicativas y no comunicativas. Las *competencias generales* quedan estructuradas, en el *Marco de referencia*, en el conocimiento declarativo (el conocimiento del mundo, el conocimiento sociocultural y la consciencia intercultural), las destrezas y habilidades (prácticas e interculturales), la competencia existencial (actitudes, motivaciones, valores, creencia, estilos cognitivos, factores de personalidad), la capacidad de aprender (la habilidad para reflexionar sobre la lengua como sistema, sobre el sistema fonético y sobre la comunicación, las destrezas de estudio y de análisis y descubrimiento). Las *competencias comunicativas* se dividen, a su vez, en *competencias comunicativas lingüísticas* (competencia léxica, gramatical, semántica, fonológica, ortográfica y ortoépica), *competencias comunicativas sociolingüísticas* (las normas de cortesía, las diferencias de registro, el dialecto y el acento, etc.) y *competencias comunicativas pragmáticas* (la competencia discursiva y la competencia funcional).
- Los *procesos comunicativos de la lengua*: la secuencia de acciones que el alumno tiene que realizar con destreza para llevar a cabo la comunicación oral y escrita. Se incluyen la planificación, los procesos de comprensión, expresión e interacción, y el seguimiento y control.
- Los *tipos de texto* entendidos como cualquier secuencia de discurso, tanto hablado como escrito, que interviene en la realización de una actividad comunicativa.
- Las *tareas y propósitos comunicativos*: las acciones intencionadas que el alumno pone en funcionamiento con el fin de lograr un objetivo concreto de comunicación (para la comunicación efectiva en el ámbito laboral, para la identificación personal, usos lúdicos y usos estéticos de la lengua).

Todas estas categorías están estrechamente relacionadas; con esto el *Marco de referencia* intenta incluir en su descripción cualquier elemento que tenga que ver con el aprendizaje de lenguas. Al mismo tiempo, no obstante, el usuario del *Marco de referencia* puede, en función de su papel en el proceso de aprendizaje y enseñanza de lenguas extranjeras, fijarse en un objetivo en particular y desarrollar una de estas categorías para moldearla y adecuarla a los fines concretos que persiga, incorporando o pasando por alto la interrelación con el resto de los parámetros según convenga.

Con estos parámetros se elaboran las escalas de los descriptores ilustrativos de la lengua. Las actividades comunicativas, las estrategias y las competencias sirven de base para establecer el sistema de decriptores ilustrativos. Esta nueva perspectiva amplía enormemente el tradicional modelo descriptivo que consideraba la comprensión y, la expresión oral y escrita como las cuatro destrezas lingüísticas por excelencia. La figura 3 que se expone a continuación ilustra las categorías y subcategorías en las que se dividen las actividades comunicativas y las estrategias.

• Expresión o producción	Oral Escrita
• Comprensión o recepción	Oral Escrita Audiovisual
• Interacción	Oral Escrita
• Mediación	

Figura 3: Actividades comunicativas y estrategias.

Como puede observarse, junto con las tradicionales destrezas de comprensión y expresión, el *Marco de referencia* incluye dos nuevas actividades y estrategias: las de interacción y las de mediación. La otra novedad la constituye la incorporación de la comprensión o recepción audiovisual que especifica el tipo de actividad a la que el alumno se enfrenta cuando se le presenta información que oye y ve al mismo tiempo, como es el caso de la información procedente de vídeo, televisión, Internet, cederrón, etcétera.

La descripción de las competencias comunicativas de la lengua y de las competencias generales completa la dimensión horizontal que establece los parámetros del uso de la lengua.

Las competencias del alumno son el compendio de conocimientos, destrezas y características particulares de un determinado alumno que hacen posible que pueda llevar a cabo una serie de acciones, comunicativas y no comunicativas. La definición de unas competencias generales constituye la mayor novedad que aporta el *Marco de referencia*. El documento identifica, de este modo, una serie de competencias que, aunque no se relacionan directamente con la lengua, son imprescindibles a la hora de realizar cualquier acción, incluidas todas aquellas que precisen del uso de la lengua. Las competencias generales de cualquier individuo quedan estructuradas en el *Marco de referencia* en cuatro categorías: el conocimiento declarativo (el conocimiento del mundo, el conocimiento sociocultural y la consciencia intercultural), las destrezas y habilidades (prácticas e interculturales), la competencia existencial (actitudes, motivaciones, valores, creencia, estilos cognitivos, factores de personalidad), la capacidad de aprender (la habilidad para reflexionar sobre la lengua como sistema, sobre el sistema fonético y sobre la comunicación, las destrezas de estudio y de análisis y descubrimiento). Por su parte, las competencias comunicativas se dividen, a su vez, en *competencias comunicativas lingüísticas*, que incluyen las tradicionalmente descritas (competencia léxica, gramatical, semántica, fonológica, ortográfica y ortoépica), y en *competencias comunicativas sociolingüísticas* y *competencias comunicativas pragmáticas*. La competencia sociolingüística comprende, por su parte, el conocimiento y las destrezas necesarias para que el alumno sepa abordar con éxito la dimensión social del uso de la lengua. Al considerar la lengua un fenómeno sociocultural, no pueden faltar en la descripción de su uso cuestiones relativas a las normas de cortesía, las diferencias de registro, el dialecto y el acento, los marcadores lingüísticos de relaciones sociales, las expresiones de sabiduría popular, etc. Por otra parte, la competencia pragmática tiene que ver con el uso funcional de los recursos lingüísticos e incluye una competencia discursiva, referida a la habilidad de organizar secuencialmente las oraciones de tal modo que se produzcan fragmentos textuales dotados de significado, y una competencia funcional, referida al conocimiento de las formas y las funciones lingüísticas.

3.2.3. Los descriptores ilustrativos de las actividades y estrategias comunicativas

Para cada uno de los niveles de dominio de la lengua, denominados niveles comunes de referencia, el *Marco de referencia* ofrece una descripción exhaustiva de las capacidades de los alumnos; es decir, de sus competencias generales y de sus competencias comunicativas, y de cómo llevan a cabo las diferentes actividades comunicativas de expresión, comprensión, interacción y mediación mediante determinadas estrategias. Esta categorización múltiple escalonada en los seis niveles comunes de referencia da como resultado la definición de los descriptores ilustrativos de cada una de esas actividades y estrategias.

Los descriptores ilustrativos han sido confeccionados con la ayuda de la experiencia de muchas instituciones del campo de la enseñanza de lenguas que trabajan en la definición de niveles de dominio lingüístico. Están formulados en términos positivos, esto es, afirmativamente, y de un modo claro y conciso, como puede verse en la figura 4 que se incorpora a continuación y que muestra uno de los descriptores ilustrativos propuestos por el *Marco de referencia*, concretamente el que describe una de las actividades de expresión escrita, la de *escritura creativa*.

	ESCRITURA CREATIVA
C2	Escribe historias atractivas y descripciones de experiencias con claridad y fluidez y con un estilo adecuado al género literario elegido.
C1	Escribe descripciones y textos imaginarios de forma clara, detallada y bien estructurada, con un estilo convincente, personal y natural, apropiado para los lectores a los que van dirigidos.
B2	Escribe descripciones claras y detalladas de hechos y experiencias reales o imaginarias en textos claros y estructurados, marcando la relación existente entre las ideas y siguiendo las normas establecidas del género literario elegido.
	Escribe descripciones claras y detalladas sobre una variedad de temas relacionados con su especialidad. Sabe escribir una reseña de una película, un libro o una obra de teatro.
B1	Escribe descripciones sencillas y detalladas sobre una serie de temas cotidianos dentro de su especialidad. Escribe relaciones de experiencias describiendo sentimientos y reacciones en textos sencillos y estructurados. Es capaz de escribir una descripción de un hecho determinado, un viaje reciente, real o imaginado. Puede narrar una historia.

A2	Escribe sobre aspectos cotidianos de su entorno, en oraciones enlazadas; por ejemplo, personas, lugares, una experiencia de estudio o de trabajo. Escribe descripciones muy breves y básicas de hechos, actividades pasadas y experiencias personales.
	Es capaz de escribir una serie de frases y oraciones sencillas sobre su familia, sus condiciones de vida, sus estudios, su trabajo presente o el último que tuvo. Es capaz de escribir breves y sencillas biografías imaginarias y poemas sencillos sobre personas.
A1	Es capaz de escribir frases y oraciones sencillas sobre sí mismo y sobre personas imaginarias, sobre dónde vive y a qué se dedica.

Figura 4: Descriptor ilustrativo de una actividad de expresión escrita.

Estas escalas pueden servir para la elaboración de planes curriculares completos o que versen sobre objetivos concretos. También, pueden tenerse en cuenta a la hora de preparar los exámenes y establecer los criterios de evaluación en cuanto a un fin concreto, por ejemplo, evaluar la expresión escrita de los alumnos de nivel B. Al poder contar con estos descriptores comunes, se facilitará considerablemente la puesta en común, por parte de diferentes centros docentes o instituciones educativas, de pruebas y exámenes, y, por extensión, de sistemas de certificados y acreditaciones del conocimiento de lenguas extranjeras. Por último, con estas escalas los alumnos también podrán comprender de un modo fácil y claro la gradación en diferentes fases de su propio proceso de aprendizaje para cada una de las actividades comunicativas y estrategias, y sabrán exactamente a qué *altura* de ese proceso se encuentran.

El capítulo final del *Marco de referencia* está centrado en la evaluación. Este capítulo ofrece un amplio abanico de posibilidades para la evaluación, de tal modo que sean los propios usuarios del documento los que elijan libremente qué opción les parece más adecuada a su caso en particular. Las alternativas que se proponen se presentan en pares divergentes: evaluación del aprovechamiento o del dominio, con referencia a la norma o con referencia a un criterio, maestría RC o *continuum* RC, continua o de un momento concreto, formativa o sumativa, directa o indirecta, de la actuación o de los conocimientos, subjetiva o objetiva, mediante lista de control o mediante escala, impresión o valoración guiada, global o analítica, en serie o por categorías y evaluación realizada por otras personas o autoevaluación. Además, las escalas de los niveles comunes de referencia pretenden facilitar la descripción del nivel de dominio lingüístico alcanzado en los diplomas y certificados existentes y de esa forma permitir la comparación entre diferentes sistemas[10].

4. El *Marco común europeo de referencia:* reflejo de la política lingüística del Consejo de Europa

El Consejo de Europa, a través de su Consejo para la Cooperación Cultural, ha desarrollado una política lingüística concreta cuyos objetivos son:

[10] Véase el capítulo 9 del *Marco de referencia*, que se dedica íntegramente a la evaluación y en el que se detallan todas las propuestas.

- Proteger y desarrollar la rica herencia lingüística y la diversidad cultural de Europa como fuente de enriquecimiento mutuo.
- Facilitar la movilidad personal y el intercambio de ideas entre los ciudadanos europeos, promoviendo el desarrollo de habilidades comunicativas en una variedad de idiomas y, de este modo, haciendo posible el trabajo en común.
- Desarrollar un enfoque para la enseñanza de lenguas extranjeras coherente, basado en principios comunes y que cuente con las opiniones y experiencias de los expertos del campo de la enseñanza de lenguas de los distintos estados miembros.
- Promocionar el plurilingüismo a gran escala.

La labor del Consejo para la Cooperación Cultural respecto a las lenguas modernas, organizada desde su fundación en una serie de proyectos a medio plazo, ha obtenido coherencia y continuidad mediante la adhesión a tres principios básicos establecidos en el preámbulo de la *Recomendación R (82) 18* del Comité de Ministros del Consejo de Europa:

- Que el rico patrimonio de las distintas lenguas y culturas de Europa constituye un recurso común muy valioso que hay que proteger y desarrollar, y que se hace necesario un importante esfuerzo educativo con el fin de que esa diversidad deje de ser un obstáculo para la comunicación y se convierta en una fuente de enriquecimiento y comprensión mutuos.
- Que sólo por medio de un mejor conocimiento de las lenguas europeas modernas será posible facilitar la comunicación y la interacción entre europeos que tienen distintas lenguas maternas, con el fin de fomentar la movilidad en Europa, la comprensión mutua y la colaboración, y vencer los prejuicios y la discriminación.
- Que los estados miembros, al adoptar o elaborar políticas nacionales en el campo del aprendizaje y la enseñanza de lenguas, pueden conseguir una mayor convergencia en el ámbito europeo por medio de acuerdos adecuados para una continuada cooperación y coordinación de sus políticas.

El Consejo de Europa consigue reafirmar sus objetivos en política lingüística en el ámbito concreto de la enseñanza de lenguas extranjeras con la publicación de la *Recomendación R (98) 6* del Comité de Ministros, según la cual se debe:

- Preparar a todos los europeos para los desafíos de una movilidad internacional y una cooperación más intensas, no sólo en la educación, la cultura y la ciencia, sino también en el mercado y en la industria.
- Propiciar el entendimiento, la tolerancia y el respeto mutuos respecto a las identidades y a la diversidad cultural por medio de una comunicación internacional más eficaz.
- Mantener y desarrollar la riqueza y la diversidad de la vida cultural europea mediante un mejor conocimiento mutuo de las lenguas nacionales y regionales, incluidas las menos estudiadas.
- Satisfacer las necesidades de una Europa multilingüe y multicultural, desarrollando considerablemente la habilidad de los europeos para comunicarse entre sí para superar las barreras lingüísticas y culturales. Para ello se requiere que se fomente el esfuerzo constante a lo largo de toda la vida, que este esfuerzo tenga una base organizada y que las entidades competentes financien con los recursos adecuados todos los medios necesarios en todos los niveles educativos.
- Evitar los peligros que pudiera ocasionar la marginación de aquellos que carezcan de las destrezas necesarias para comunicarse en una Europa interactiva.

El *Marco de referencia* cumple con los fines y objetivos principales de la política lingüística del Consejo de Europa según lo expresado en estas dos recomendaciones *R (82) 18* y *R (98) 6*, ya que proporciona las directrices comunes que pueden seguir los estados miembros del Consejo en todo lo referente al aprendizaje, enseñanza y evaluación de lenguas extranjeras. La intención del documento es vencer las barreras impuestas por los diferentes sistemas educativos europeos, que han dificultado desde siempre la comunicación entre los profesionales del campo de las lenguas modernas. Las bases comunes para la descripción del uso de la lengua que proporciona el *Marco de referencia* abrirán las puertas a diálogos y puestas en común por parte de las instituciones educativas, los responsables del diseño curricular, los creadores de materiales, los propios profesores, los formadores de profesores, los responsables de elaborar los exámenes y los criterios de evaluación, los responsables de emitir los certificados, etcétera.

4.1. Plurilingüismo y pluriculturalismo

Uno de los objetivos clave de la política lingüística del Consejo de Europa es fomentar el plurilingüismo. Frente a la consideración tradicional que reconocía el mérito del conocimiento de varias lenguas o la coexistencia de distintas lenguas en una sociedad determinada y lo denominaba multilingüismo, el *Marco de referencia* postula un nuevo concepto o modo de concebir el aprendizaje de lenguas que ha ido adquiriendo de forma progresiva mayor importancia: el plurilingüismo. *Multilingüismo* y *plurilingüismo* quedan caracterizados como dos conceptos muy diferentes. El multilingüismo describe, por ejemplo, el caso de un individuo que aprende varias lenguas extranjeras a lo largo de su vida, de tal forma que los conocimientos de cada una de estas lenguas van adquiriéndose de forma separada, en compartimentos independientes entre unas y otras lenguas y de tal modo que los conocimientos previos que el individuo ha adquirido sobre la primera lengua extranjera que estudió no influyen ni determinan el proceso de adquisición de las siguientes lenguas extranjeras que ha ido aprendiendo.

El *Marco de referencia* apuesta por cambiar esta concepción de los procesos de aprendizaje de lenguas incorporando una nueva perspectiva integradora. El concepto de plurilingüismo se diferencia radicalmente del de multilingüismo, ya que, desde esta nueva perspectiva, el individuo que aprende una tercera lengua extranjera activa en su proceso de aprendizaje los mecanismos, conocimientos y experiencias previas que fue adquiriendo en sus procesos anteriores de aprendizaje de otras lenguas. El enfoque plurilingüe enfatiza el hecho de que conforme se expande la experiencia lingüística de un individuo en los entornos culturales de una lengua, desde el lenguaje familiar hasta el de la sociedad en general, y después hasta las lenguas de otros pueblos (ya sean aprendidas en la escuela o en la universidad, o por experiencia directa), el individuo no guarda estas lenguas y culturas en compartimentos mentales estrictamente separados, sino que desarrolla una competencia comunicativa a la que contribuyen todos los conocimientos y las experiencias lingüísticas y en la que las lenguas se relacionan entre sí e interactúan. En situaciones distintas, una persona puede recurrir con flexibilidad a partes diferentes de esta competencia para conseguir una comunicación eficaz con un interlocutor concreto. Por ejemplo, los interlocutores pueden cambiar de una lengua o un dialecto a otro, explotando así la habilidad que tiene cada uno para expresarse en una lengua y para comprender otra. Una persona puede recurrir al conocimiento de varias lenguas para dar sentido a un texto, escrito e incluso hablado, en una lengua previamente *desconocida*, reconociendo palabras de un fondo común internacional que aparecen con una forma nueva. Los que tengan algunos conocimientos, por muy escasos que sean, pueden utilizar esta competencia para ayudar, sirviendo de mediadores entre individuos que no tengan una lengua común y carezcan, por tanto, de la capacidad para comunicarse. En ausencia de mediador, estos individuos pueden conseguir algún grado de comunicación si ponen en juego la totalidad de su bagaje lingüístico, la experimentación con formas alternativas de expresión en lenguas y dialectos diferentes, la utilización de recursos paralingüísticos (mímica, gestos, expresiones faciales, etc.) y la simplificación radical del uso de la lengua. El plurilingüismo se puede lograr simplemente diversificando las lenguas que se ofrecen en un centro escolar o en un sistema educativo concretos, procurando que los alumnos aprendan más de un idioma extranjero, o reduciendo la posición dominante del inglés en la comunicación internacional.

Desde esta perspectiva, la finalidad de la educación en una lengua queda profundamente modificada. Ya no se contempla como el simple logro del *dominio* de una o dos -o incluso tres lenguas- cada una considerada de forma aislada, con el *hablante nativo ideal* como modelo fundamental. Por el contrario, el objetivo es el desarrollo de un repertorio lingüístico en el que tengan lugar todas las capacidades lingüísticas. Esto supone, naturalmente, que las lenguas ofrecidas en las instituciones educativas tienen que diversificarse y que a los alumnos debe dárseles la posibilidad de desarrollar una competencia plurilingüe. Además, una vez reconocido el aprendizaje de idiomas como una tarea que dura toda la vida, adquiere una especial importancia el desarrollo de la motivación, la destreza y la confianza de un joven a la hora de enfrentarse a una nueva experiencia lingüística fuera del centro escolar. Las responsabilidades de las autoridades educativas, de las instituciones examinadoras y de los profesores no se pueden limitar al logro de un nivel concreto de dominio de una lengua determinada en un momento determinado, por muy importante que -indudablemente- eso sea (*MCER*: 4-5).

El *Marco de referencia* sitúa el concepto de plurilingüismo dentro de otro más amplio, denominado *pluriculturalismo*. De la misma manera que un individuo que haya estudiado varias lenguas puede mejorar el proceso de aprendizaje de cada una de estas lenguas poniendo en relación los conocimientos y experiencias que ha ido adquiriendo en cada una de ellas, convirtiéndose así en plurilingüe, este mismo individuo adquirirá, a la vez, una competencia pluricultural al comenzar a establecer relaciones significativas entre las distintas culturas (nacionales, regionales, sociales, etc.) que va conociendo como resultado de su acercamiento a diferentes lenguas. En la figura 5, a continuación, se puede ver la diferencia entre estas dos maneras de concebir los procesos de aprendizaje de lenguas.

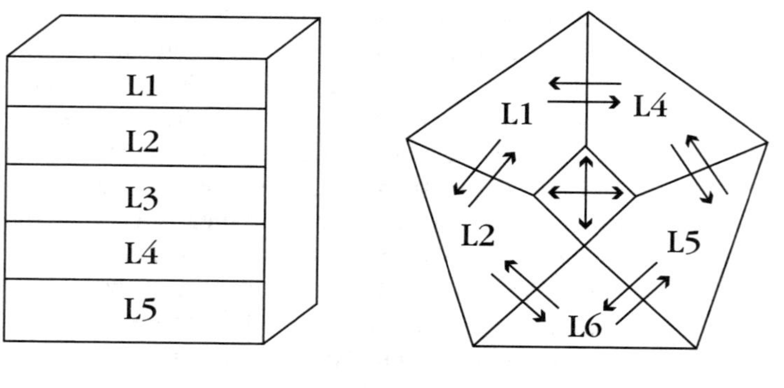

Figura 5: Multilingüismo frente a plurilingüismo.

La interconexión necesaria entre los conocimientos de unas y otras lenguas, de unas y otras culturas, queda de este modo postulada por el *Marco de referencia* como el nuevo enfoque que pretende impulsar el aprendizaje de cuantas más lenguas mejor por parte de los ciudadanos europeos, como garantía de enriquecimiento personal y de apertura al diálogo y al intercambio de ideas. Así, se incorporan los objetivos de movilidad y cooperación que integran también la política lingüística del Consejo de Europa.

El *aprendizaje a lo largo de toda la vida* constituye otro de los objetivos principales de la política lingüística del Consejo de Europa. Fomentar la autonomía de los aprendices, de tal modo que el alumno sea consciente y, por consiguiente, se haga responsable de su propio proceso de aprendizaje, requiere, por parte de los profesores y de los responsables educativos, una visión de lo que significa enseñar y aprender. Esta visión trasciende el ámbito propiamente educativo para abarcar una perspectiva del proceso de aprendizaje como una trayectoria que se extiende en el tiempo, compuesta por las múltiples experiencias lingüísticas y culturales vividas por el alumno tanto dentro como fuera del centro docente. Es ciertamente probable que un alumno consciente de sus propias experiencias de aprendizaje de lenguas quiera continuar su proceso de aprendizaje a lo largo de su vida.

Sin embargo, relativamente pocos alumnos aprenden de manera activa tomando la iniciativa a la hora de planear, estructurar y ejecutar sus propios procesos de aprendizaje. La mayoría aprende reaccionando, siguiendo las instrucciones y realizando las actividades prescritas para ellos por los profesores y los manuales. Sin embargo, cuando la enseñanza dirigida termina, el aprendizaje posterior tiene que ser autónomo. El aprendizaje autónomo se puede fomentar si *aprender a aprender* se considera un aspecto principal del aprendizaje de idiomas, dirigido a que los alumnos se hagan cada vez más conscientes de la forma en que aprenden, de las opciones de que disponen y de las que más les convienen, de tal modo que puedan continuar en el tiempo sus experiencias plurilingües y pluriculturales.

Conclusión

El *Marco de referencia* aporta una serie de elementos que pueden considerarse esenciales para mejorar el enfoque del aprendizaje, la evaluación y la enseñanza de lenguas extranjeras. El documento incluye las aportaciones teóricas procedentes de distintos campos de investigación, ampliando significativamente el enfoque de los estudios sobre lenguas extranjeras con el objetivo de incorporar la dimensión social del uso de la lengua y los elementos extralingüísticos que concurren en la comunicación. Concebir el aprendizaje de lenguas como un enriquecimiento personal que trasciende los conocimientos puramente lingüísticos supone para el *Marco de referencia* una aproximación acertada que repercutirá positivamente en la mejora de las relaciones entre los europeos. Además, los participantes de los procesos de aprendizaje y enseñanza de lenguas invierten sus papeles. El *Marco de referencia* incide en la idea del papel protagonista del alumno en su propio proceso de aprendizaje y en el aprendizaje autónomo y a lo largo de toda la vida como fuentes de aprovechamiento personal. Los intereses particulares de cada alumno pasan a un primer plano, así como las condiciones peculiares que caracterizan sus conocimientos generales y su percepción del mundo, y, por extensión, su modo de aprender una lengua. El papel del profesor se diversifica y se adapta a las necesidades de los alumnos y del contexto de enseñanza, convirtiéndose prácticamente en un mediador entre el alumno y la lengua que éste quiere aprender.

En cuanto al establecimiento de los seis niveles comunes de referencia y a la correspondiente especificación de cada actividad, el *Marco de referencia* se perfila como un documento de gran utilidad. La definición de los niveles comunes de referencia permitirá describir los niveles de dominio lingüístico que se exigirán en los exámenes de nivel en cada institución educativa. Al contar con unos parámetros comunes, las instituciones educativas podrán, si así lo desean, comparar sus propios sistemas con los de los demás. Además, si se equiparan las titulaciones basándose en unos mismos niveles, las autoridades educativas europeas acabarán por reconocer los certificados de nivel de dominio lingüístico independientemente del lugar o el país en el que se hayan obtenido. De este modo, tal y como explica E. Verdía (en prensa), gracias a este sistema se sabrá a qué equivale exactamente el nivel intermedio de español como lengua extranjera del Instituto Cervantes, un apto en el Certificado Inicial de Español del MECD (DELE Inicial), o un aprobado en tercero de la Escuela Oficial de Idiomas. Por consiguiente, las repercusiones de este documento no son sólo de carácter internacional, sino que se beneficiarán de él las instituciones educativas de cada país, logrando unificar su respectivo sistema de acreditación para lenguas extranjeras. Las equivalencias entre las acreditaciones que emitan los diferentes países europeos facilitarán la cooperación internacional y la movilidad de los ciudadanos. Además, la descripción del sistema de la lengua y del uso de este sistema que provee el *Marco de referencia* permite observar cualquier elemento, fase, actividad o estrategia determinada relacionada con el uso de la lengua desde la perspectiva que se desee. Los niveles comunes de referencia, las categorías del uso de la lengua y los descriptores ilustrativos están diseñados de tal modo que cada usuario pueda adecuarlos a sus fines y elaborar programas, crear materiales didácticos, preparar exámenes, evaluar y autoevaluar el progreso de aprendizaje, etcétera.

En concordancia con esta idea de unificar los certificados acreditativos de lenguas en el ámbito europeo, surge el proyecto denominado el *Portfolio europeo de las lenguas* o *European Language Portfolio* que se encuentra en plena fase de desarrollo. El *Portfolio* será un documento personal e identificativo, similar a un carné individual e intransferible, que contendrá información relativa a los conocimientos lingüísticos y a otros aspectos relacionados con las experiencias interculturales y de aprendizaje de lenguas de la persona en cuestión. El proyecto consta, por ahora, de tres secciones:

- El *pasaporte de lengua*, que proporcionará una información general sobre la competencia de un individuo en diferentes lenguas en un momento determinado. La información tomará como base los niveles comunes del *Marco de referencia* y recogerá tanto los certificados obtenidos como la descripción de las competencias y de las experiencias de aprendizaje interculturales. Incluirá también información sobre competencias parciales y específicas.
- La *biografía de lengua*, que tiene como objetivo involucrar al alumno en la planificación, registro y evaluación de su proceso de aprendizaje y del progreso que va logrando en el desarrollo de las distintas lenguas. El alumno reflejará lo que puede hacer mediante el uso de cada lengua e incluirá información sobre sus experiencias lingüísticas y culturales dentro y fuera del sistema educativo.
- El *dossier*, que permitirá al alumno seleccionar materiales para documentar e ilustrar las experiencias y logros recogidos en el pasaporte o en la biografía.

El *Portfolio europeo de las lenguas* será la constatación, en forma de documento oficial, de las equivalencias entre los sistemas educativos europeos en lo que se refiere al aprendizaje de lenguas. La existencia de esta documentación oficial se convertirá en un estímulo para seguir aprendiendo otras lenguas y acumulando experiencias culturales para cualquier persona que lo posea.

Por último, la intención del *Marco de referencia* es ser, ante todo, una herramienta útil. El documento ha querido describir con claridad y concisión lo que los usuarios de las lenguas o los alumnos que las aprenden son capaces de hacer como agentes sociales que llevan a cabo determinadas tareas para alcanzar sus propósitos comunicativos. Esta descripción global del uso de la lengua se construye poniendo en relación una dimensión vertical, constituida por los niveles comunes de referencia, con una dimensión horizontal, que incluye los parámetros o categorías en las que puede estructurarse el uso de la lengua. Al ensamblar y conjugar estas dos dimensiones surgen las escalas de descriptores ilustrativos, que definen lo que un individuo es capaz de hacer mediante el uso de la lengua en toda una serie de categorías distintivas en los diferentes niveles de dominio. Este modo de articular el sistema de la lengua y su aprendizaje constituye un instrumento de enorme interés para todos los profesionales del campo de la enseñanza de lenguas y también para los propios alumnos. Los profesionales encontrarán en el *Marco de referencia* una base común para comparar sistemas y planes de enseñanza (currículos, programas, certificados, materiales, exámenes, etc.), poner en común distintas propuestas e intercambiar conclusiones. Los alumnos podrán acceder fácilmente a la información acerca de su propio proceso de aprendizaje, de tal modo que podrán saber en qué fase del proceso se encuentran, así como lo que necesitan para continuar formándose de modo independiente y de forma autónoma. Por último, el *Marco de referencia* será increíblemente útil a la hora de comprobar y certificar de forma homogénea los conocimientos de lenguas de los ciudadanos europeos y unificar así los sistemas de acreditación del conocimiento de lenguas extranjeras.

Bibliografía

BYRAM, M. (1989), *Cultural Studies and Foreign Language Education,* Clevedon, Multilingual Matters.

BYRAM, M. (1997), *Teaching and Assessing Intercultural Communicative Competence,* Clevedon, Multilingual Matters.

BYRAM, M., ZARATE, G. y NEUNER, G. (1997), *Sociocultural Competences in Foreign Language Teaching and Learning,* Estrasburgo, Consejo de Europa.

CONSEJO DE EUROPA (1982), *Recommendation n.º* R (82) 18 *of the Committee of Ministers to member States concerning modern languages*, en Anejo A de D. GIRARD y J. L. M. TRIM, (eds.) (1988).

CONSEJO DE EUROPA (1992), *Transparency and Coherence in Language Learning in Europe: Objectives, Evaluation, Certification,* (informe editado por B. North basado en el simposio celebrado en Rüschlikon en 1991), Estrasburgo, Consejo de Europa.

CONSEJO DE EUROPA (1997), *European Language Portfolio: Proposals for Development*, Estrasburgo, Consejo de Europa.

CONSEJO DE EUROPA (1997), *Language Learning for European Citizenship: final report of the Project,* Estrasburgo, Consejo de Europa.

CONSEJO DE EUROPA (1998), *Recommendation n.º R (98) 6 of the Committee of Ministers to Member States Concerning Modern Languages*, Estrasburgo, Consejo de Europa.

CONSEJO DE EUROPA (2001), *Common European Framework of Reference for Languages: Learning, Teaching, Assessment*, Cambridge, Cambridge University Press.

COSTE, D. (ed.) (1983), *Contributions à une rénovation de l'apprentissage et de l'enseignement des languages. Quelques expériences en cours en Europe,* París, Hatier.

COSTE, D. y LEHMAN, D. (1995), "Langues et curriculum. Contenus, programmes et parcours", *Etudes de linguistique appliquée,* 98.

COSTE, D., COURTILION, J., FERENCZI, V., MARTINS-BALTAR M. y PAPO, E. (1976), *Un niveau-seuil,* París, Hatier.

COSTE, D., MOORE, D. y ZARATE, G. (1997), *Plurilingual and Pluricultural Competence,* Estrasburgo, Consejo de Europa.

EK, J. A. VAN (1977), *The Threshold Level for Modern Language Learning in schools,* Londres, Longman.

EK, J.A. VAN (1985-86), *Objectives for Foreign Language Learning,* vol. I: *Scope.* vol. II: *Levels*, Estrasburgo, Consejo de Europa.

EK, J. A. VAN y TRIM, J. L. M. (1991), *Threshold Level 1990,* Cambridge, Cambridge University Press.

EK, J. A. VAN y TRIM, J. L. M. (1991), *Waystage 1990*, Cambridge, Cambridge University Press.

EK, J. A. VAN y TRIM, J. L. M. (1997), *Vantage Level,* Estrasburgo, Consejo de Europa (también en Cambridge University Press, 2000).

GARCÍA SANTA-CECILIA, A. (2002). "Bases comunes para una Europa plurilingüe: *Marco común europeo de referencia para las lenguas: aprendizaje, enseñanza, evaluación*" en *El español en el Mundo. Anuario del Instituto Cervantes 2002*, Barcelona, Plaza & Janés: 13-34.

GIRARD, D. (ed.) (1988), *Selection and Distribution of Contents in Language Syllabuses,* Estrasburgo, Consejo de Europa.

GIRARD, D. y TRIM, J. L. M. (eds.) (1998), *Project n.º 12. Learning and Teaching Modern Languages for Communication: Final Report of the Project Group (activities 1982-87),* Estrasburgo, Consejo de Europa.

HYMES, D. (1974), *Foundations in Sociolinguistics: an Ethnographic Approach,* Filadelfia, University of Pennsylvania Press,

HYMES, D. H. (1972), "On communicative competence", en J. B. PRIDE, y J. HOLMES, (eds.) (1972), *Sociolinguistics* Harmondsworth, Penguin.

MINISTERIO DE EDUCACIÓN, CULTURA Y DEPORTE (2002), *Marco común europeo de referencia para las lenguas: aprendizaje, enseñanza, evaluación*, Madrid, Secretaría General Técnica del MECD y Grupo Anaya, traducido y adaptado por el Instituto Cervantes.

NORTH, B. (1994), *Perspectives on Language Proficiency and Aspects of Competence: a Reference Paper Discussing Issues in Defining Categories and Levels,* Estrasburgo, Consejo de Europa.

NORTH, B. (2000), *The Development of a Common Reference Scale of Language Proficiency*, Nueva York, Peter Lang.

NORTH, B. y SCHNEIDER, G. (1998), "Scaling Descriptors for Language Proficiency Scales", *Language Testing,* 15/2: 217-262.

PRIDE, J. B. y HOLMES, J. (eds.) (1972), *Sociolinguistics,* Harmondsworth, Penguin.

SLAGTER, P. J. (1979), *Un nivel umbral,* Estrasburgo, Consejo de Europa.

STERN, H. H. (1983), *Fundamental Concepts of Language Teaching*, Oxford, Oxford University Press.

STERN, H. H. y WEINRIB, A. (1977), "Foreign languages for younger children: trends and assessment", *Language Teaching and Linguistics: Abstracts:* 10, 5-25.

TRIM, J. L. M. (1978), *Some Possible Lines of Development of an Overall Structure for a European Unit Credit Scheme for Foreign Language Learning by Adults,* Estrasburgo, Consejo de Europa.

TRIM, J. L. M. (1980), *Developing a Unit/Credit Scheme of Adult Language Learning*, Oxford, Pergamon.

TRIM, J. L. M. (1991), "Criteria for the evaluation of classroom-based materials for the learning and teaching of languages for communication", en R. GREBING, *Grenzenloses Sprachenlernen. Festschrift für Reinhold Freudenstein*, Berlín, Comelsen.

TRIM, J. L. M., HOLEC, H., COSTE, D. y PORCHER, L. (eds.) (1984), *Towards a More Comprehensive Framework for the Definition of Language Learning Objectives*, vol. I: *Analytical Summaries of the Preliminary Studies* vol. II: *Preliminary Studies* (contribuciones en inglés y francés), Estrasburgo, Consejo de Europa.

TRIM, J. L. M., RICHTERICH, R., VAN EK, J. A. y WILKINS, D. A. (1980), *Systems Development in Adult Language Learning*, Oxford, Pergamon.

VERDÍA LLEÓ, E. (2002), "El *Marco de referencia europeo* y la enseñanza de adultos", Seminario regional de Castilla-La Mancha.

WILKINS, D. (1987), *The Educational Value of Foreign Language Learning*. Doc. CC-GP (87) 10, Estrasburgo, Consejo de Europa.

WILKINS, D. A. (1972), *Linguistics in Language Teaching*, Londres, Edward Arnold.

WILKINS, D. A. (1976), *Notional syllabuses,* Oxford, Oxford University Press.

ANÁLISIS DE NECESIDADES Y DISEÑO CURRICULAR

Blanca Aguirre Beltrán
Universidad Complutense de Madrid

INTRODUCCIÓN

En el transcurso de la historia, el interés por el hecho lingüístico y el estudio de las lenguas extranjeras ha sido una constante. Incluso se puede afirmar que, en Europa, ha existido una preocupación por mejorar la enseñanza de las lenguas desde el siglo XIII (Sánchez Pérez, 1992: 1).

Ahora bien, el campo de especialidad científica de enseñanza de lenguas, con objetivos, métodos e instrumentos propios, se constituyó a partir de la Segunda Guerra Mundial. A lo largo de estas casi seis décadas, se han producido movimientos y aportaciones muy interesantes, en el plano teórico y práctico, que trataban de dar respuesta a los problemas que plantea la complejidad del proceso de enseñanza y aprendizaje de lenguas. De todas las aportaciones debemos destacar dos conceptos que, junto con el de competencia comunicativa, han incidido de manera fundamental en las actuales concepciones y aplicaciones prácticas en el marco del enfoque comunicativo de la enseñanza de lenguas, y que constituyen el objeto de esta exposición: el *análisis de necesidades* y el *currículo*.

A partir de los años sesenta del pasado siglo se producen una serie de profundos cambios políticos, económicos y sociales, así como notables avances de las ciencias del lenguaje y otras disciplinas científicas que estudian el complejo fenómeno del lenguaje (lingüística aplicada, psicolingüística, sociolingüística, teorías del aprendizaje y adquisición de lenguas, etc.). Estos cambios originan, a su vez, una nueva actitud hacia la lengua y su aprendizaje, como reflejo de la concepción de la naturaleza de la lengua, de los modelos lingüísticos y de las tendencias pedagógicas.

Uno de los factores más importantes que impulsaron la revisión de los fundamentos de la enseñanza de lenguas fue la constatación de que existía un interés especial en que la formación en lenguas extranjeras -o segundas lenguas- favoreciera el desarrollo personal y que proporcionara, en determinados sectores de la sociedad, la capacidad para comunicarse efectiva y eficazmente en ámbitos académicos, científicos, técnicos y profesionales.

Esta demanda concreta de los años sesenta dio origen, en los países anglosajones, a una orientación especializada de la enseñanza del inglés, que se denominó *English for Specific Purposes* (ESP)[1].

Las primeras aproximaciones de la escuela lingüística británica se centraron en el estudio de la situación, en las diferencias entre la lengua oral y la escrita, en las relaciones de la lengua con el contexto y en la preocupación por el análisis de necesidades de los hablantes en situaciones reales de comunicación. Esta última preocupación tuvo como resultado la determinación de que el planteamiento de la enseñanza de lenguas a adultos debería partir de un análisis de necesidades previo para que la programación del curso pudiera adecuarse a esas necesidades.

Así pues, el concepto de análisis de necesidades, entendido como el proceso de recogida de información que permite detectar las necesidades lingüísticas y de aprendizaje de un grupo concreto de alumnos, surgió estrechamente relacionado con la vertiente comunicativa de la lengua y con el movimiento de enseñanza de lenguas con fines específicos, llegando a convertirse en uno de los fundamentos de la programación de este tipo de cursos[2].

Los estudios y documentos publicados por el Consejo de Europa a lo largo de los años setenta y, fundamentalmente, *The Threshold Level* (Van Ek, 1975) y *Waystage* (Van Ek y Alexander, 1977), constituyeron un hito en la dirección que debería tomar la enseñanza de las lenguas europeas. Estos documentos representaron un intento de definición de los fundamentos de los principios del enfoque comunicativo a la enseñanza de lenguas extranjeras, tomando como punto de partida el análisis de necesidades individuales en situaciones reales de comunicación.

El proyecto de Cooperación Cultural del Consejo de Europa, dirigido por J. L. M. Trim, tenía por objeto el desarrollo de *un sistema de unidades acumulables para el aprendizaje de lenguas por parte de personas adultas*. El objetivo fundamental de este proyecto era proporcionar a todos los que se ocupan de la planificación de la enseñanza de lenguas a adultos un instrumento, basado en un estudio de las necesidades de los alumnos, que presentase los contenidos del dominio mínimo necesario que permitiese participar en la vida diaria de una comunidad lingüística. Lo que se denominó el *Nivel umbral.*

Este concepto de *Nivel umbral* fue aplicado por primera vez al inglés por J. A. van Ek en el documento de *The Threshold Level* (1975), mencionado anteriormente[3]. La adaptación al español, *Un nivel umbral* (Slagter,1979), constituyó un importante documento de trabajo que presentaba un modelo de descripción de objetivos de aprendizaje y analizaba y describía las situaciones de comunicación, las actividades lingüísticas en las que el hablante tomaría parte, las funciones lingüísticas, las nociones generales que el alumno sería capaz de manejar, las nociones específicas relacionadas con los temas, las formas lingüísticas que podría utilizar, así como el grado de dominio.

Para la descripción de objetivos, en el *Nivel umbral*, se adoptó el enfoque nocional-funcional, basado en las funciones lingüísticas definidas y propuestas por D. Wilkins (*Notional*

---

[1]En el capítulo "La enseñanza del español con fines específicos" se expondrán los orígenes, desarrollo y estado actual de esta orientación especializada que, en los últimos años, ha tomado mucho auge en diversos países, en particular en la Unión Europea, por su importancia en la emergencia del ciudadano europeo con un perfil plurilingüe.

[2] La obra de John Munby (1978), *Communicative Syllabus Design*, fue determinante en cuanto a los parámetros propuestos para la recopilación de información para hacer un análisis de necesidades.

[3] Tanto *The Threshold Level* como *Waystage* fueron modificados posteriormente y se publicaron versiones actualizadas por los mismos autores en 1990.

Syllabuses, 1975), a partir del análisis del sistema de significados relacionados con el uso comunicativo de la lengua, y en las nociones generales y específicas, esto es, de los conceptos expresados en la comunicación verbal.

El enfoque nocional-funcional supuso un avance importante ya que, si bien los criterios de análisis y de organización de los contenidos eran todavía lingüísticos, se tenían en cuenta las necesidades de los usuarios de la lengua y el uso social de ésta. De hecho, constituyó un primer paso hacia lo que, posteriormente, se denominó el enfoque comunicativo de la enseñanza de lenguas extranjeras. Este enfoque, vigente en la actualidad, representa el interés por el uso de la lengua y por los factores extralingüísticos que intervienen en la comunicación y se caracteriza fundamentalmente por: hacer hincapié en el desarrollo de la competencia comunicativa, teniendo en cuenta las necesidades y expectativas de los alumnos con respecto al aprendizaje; conceder importancia al desarrollo de la autonomía del alumno; promover el desarrollo de las capacidades de los alumnos; considerar la negociación de significados en el uso de la lengua y por incorporar la dimensión sociocultural de la lengua.

Las primeras propuestas basadas en el enfoque comunicativo describían los contenidos de los programas de lenguas extranjeras a partir de las necesidades comunicativas, con un claro predominio del paradigma lingüístico, sin tener en cuenta otros factores de carácter educativo que intervienen en todo proceso de enseñanza y aprendizaje. Es decir, se aplicaban los presupuestos de la lingüística aplicada, ignorando los principios de la teoría de la educación.

En la década de los años ochenta comienza a percibirse, en Estados Unidos fundamentalmente, una preocupación por la metodología del enfoque comunicativo, por el *cómo enseñar* y por la integración de los distintos elementos de la planificación de la enseñanza: objetivos, contenidos, metodología y evaluación, y su adecuación al concepto de competencia comunicativa. Este interés por relacionar la teoría con la práctica condujo al *concepto de currículo*, y dio lugar a una gran cantidad de estudios sobre el enfoque integrador de los planteamientos curriculares en el campo de la enseñanza de lenguas extranjeras. Podemos mencionar los trabajos de Yalden (1983), Stern (1983), Dubin y Olstain (1986), Nunan (1988), Johnson (1989), Rodgers (1989), entre otros.

El currículo, entendido como un nexo de unión entre la teoría y la práctica, representa una visión más amplia del proceso de enseñanza y aprendizaje de lenguas. Frente al planteamiento tradicional del método, en el que las decisiones estaban adoptadas de antemano y sin contar con los protagonistas del proceso de enseñanza y aprendizaje -los alumnos-, el enfoque curricular exige la negociación, el compromiso y la colaboración de todos los que intervienen en este proceso.

El nuevo Sistema Educativo Español (LOGSE, 1990) adoptó el enfoque del currículo para la educación primaria y secundaria en su Diseño Curricular, que establece los criterios de actuación y las prescripciones que regulan las enseñanzas regladas y, entre ellas, las lenguas extranjeras[4].

Igualmente, el *Plan curricular* del Instituto Cervantes (1994) para la enseñanza del español como lengua extranjera se fundamenta en el concepto de currículo, entendido como el marco de decisión y de actuación.

---

[4] La Ley Orgánica de Calidad de la Enseñanza 10/2002, de 23 de diciembre (B.O.E. de 24 de diciembre de 2002), consolida y actualiza los currículos de las áreas y materias de la Educación Secundaria.

Recientemente, el Consejo de Europa ha publicado un documento global de referencia de notable importancia que va a incidir en la elaboración de los programas de lenguas y va a permitir a los profesionales de las lenguas extranjeras utilizar un metalenguaje común: *Un cadre européen commun de référénce pour les langues: apprendre, enseigner, évaluer*. Se trata de un documento descriptivo que ha sido traducido a dieciséis lenguas y está siendo utilizado en la Unión Europea para la reforma curricular, la formación de los docentes, la elaboración de manuales y la evaluación de la competencia comunicativa. La edición en español, *Marco común europeo de referencia para las lenguas: aprendizaje, enseñanza y evaluación (MCER),* ha sido traducido y adaptado por el Instituto Cervantes[5]. Además, este documento constituye la base del *Portfolio europeo de lenguas* (PEL), cuyo primer objetivo es la promoción del plurilingüismo.

A continuación, expondremos los aspectos fundamentales que hay que considerar en relación con el análisis de necesidades y nos centraremos en el concepto de currículo y su aplicación en el diseño curricular, en consonancia con el enfoque actual de la enseñanza de lenguas extranjeras, cuyas propuestas educativas parten de las necesidades de los alumnos y se sitúan en el marco del currículo, fundamento de la dimensión humanista que reconoce al alumno como el centro de las decisiones en el proceso de enseñanza y aprendizaje.

1. Análisis de necesidades

De acuerdo con el planteamiento actual del proceso de enseñanza y aprendizaje de lenguas extranjeras, centrado en el alumno, el primer paso para la elaboración de un programa de lenguas extranjeras consiste en la definición de los objetivos de ese proceso. En consonancia con este planteamiento, la práctica coherente consiste en la adaptación del enfoque, contenidos y actividades que se van a aplicar a lo largo de todo el proceso a los intereses, necesidades y expectativas de los alumnos que conforman un grupo determinado, con el fin de que la organización de los contenidos y la intervención docente sea motivadora y eficaz.

Por tanto, el análisis de necesidades se perfila como el punto inicial para la organización del proceso de enseñanza y aprendizaje. Los resultados de este análisis permitirán determinar los objetivos y definir las características del programa, así como la revisión y evaluación continua, contrastando los objetivos con el grado de capacidad alcanzado en cualquier punto del proceso. Es decir, una vez que se ha definido -mediante un conjunto de procedimientos utilizados para hacer el análisis- para qué se necesita aprender la lengua (el conocimiento de la situación meta, como necesidad definible de comunicación), se pueden tomar las decisiones relativas a la programación de los contenidos, establecer los métodos y actividades apropiados, su temporalización y secuenciación, y decidir los criterios e instrumentos de evaluación. Estas decisiones facilitarán la consecución de las metas de aprendizaje y la verificación de la eficacia del curso.

En el caso de la enseñanza de lenguas con fines específicos, el análisis de necesidades es absolutamente imprescindible. Precisamente, uno de los rasgos que distingue un curso general de un curso específico es la constatación de una necesidad, entendiendo por *necesidad* la diferencia -susceptible de ser medida- que existe entre el estado de conocimiento actual y el estado que se desea alcanzar en el futuro.

---

[5] Se puede consultar en la siguiente dirección electrónica: http:// www.cvc.cervantes.es/obref/marco

Ahora bien, el término necesidad puede dar lugar a diversas interpretaciones, por lo cual es preciso establecer la distinción entre estas interpretaciones y definir el concepto de análisis de necesidades, así como sus procedimientos.

1.1. Concepto de necesidad

Empezaremos exponiendo las distinciones e interpretaciones fundamentales que se han establecido en relación con el concepto de necesidad, en el campo de la enseñanza y aprendizaje de lenguas, en función de los diferentes factores y perspectivas que se han aplicado en la construcción de este concepto de naturaleza ambigua.

Según Widdowson (1981: 2), por necesidad podemos entender los requisitos que plantea una situación de comunicación, esto es, los conocimientos lingüísticos y extralingüísticos que se requieren para desenvolverse efectiva y eficazmente en una situación concreta (definición orientada a la meta, al producto) y, también, se puede considerar como lo que tienen que hacer los alumnos para aprender una lengua (definición orientada al proceso). Por su parte, Mountford (1981: 27), indica que puede corresponder al contenido de la programación de una institución académica. Hutchinson y Waters (1987: 54-64) establecen la distinción entre necesidades (*necessities*), carencias o lagunas (*needs*) y deseos (*wants*) en relación con la situación meta y los requisitos que exige esta situación (*target needs*), así como las necesidades de aprendizaje (*learning needs*). Por *necesidades* se entiende el tipo de requisito determinado por las demandas de la situación meta, lo que el alumno tiene que saber para comunicarse eficazmente en una situación. Ahora bien, identificar estos requisitos no es suficiente, sino que hay que tener en cuenta las necesidades particulares de los alumnos, así como lo que ya saben. La diferencia entre lo que ya saben y lo que tienen que saber se denomina carencia o laguna. Estos dos aspectos son de carácter objetivo. Sin embargo, hay que considerar también el punto de vista de los alumnos, es decir, sus deseos. Por otra parte, es posible que el análisis de los requisitos de la situación meta no sea un indicador fiable, ya que sólo señala el destino. Por lo que, además, hay que tener en cuenta las necesidades de aprendizaje, esto es, las habilidades y estrategias de los alumnos.

Otras distinciones importantes son las señaladas por Brindley (1989: 103-112) en relación con las necesidades *objetivas* (lo que el alumno necesita saber para poder desenvolverse efectiva y eficazmente en una situación de comunicación) y *subjetivas o deseos* (lo que el alumno quiere o siente que necesita). Berwick (1989: 55) por su parte, establece el contraste entre necesidades *percibidas* (proceden de hechos y representan la perspectiva externa que puede ser verificada) y *sentidas* (relativas a factores afectivos y cognitivos y representan el punto de vista de la persona implicada en el análisis), que corresponden a las necesidades objetivas y subjetivas, respectivamente. Robinson (1991: 8) recoge estas distinciones y añade los conceptos de *necesidades meta* (derivadas de la situación meta y orientadas al producto) y *necesidades de aprendizaje* (derivadas de la situación de aprendizaje y orientadas al proceso).

Para su aplicación en la práctica, el enfoque del análisis de necesidades depende en gran medida de la situación, por lo que hay que hacer una distinción entre análisis de la situación meta (*Target Situation Análysis/TSA*) y análisis de la situación actual (*Present Situation Analysis/PSA).* El análisis de la situación meta fue introducido por Chambers (1980) y se centra en lo que los alumnos tendrán que saber hacer al final del curso. El análisis de la situación actual se considera complementario del anterior y establece el nivel de los alumnos en el momento presente. Por tanto, podemos identificar distintos tipos de análisis según se aplique una u otra interpretación.

1.2. Análisis de necesidades: concepto y aplicación

Por análisis de necesidades entendemos, en el campo de la enseñanza de lenguas extranjeras, el conjunto de procedimientos que permite obtener información sobre lo que un alumno o un grupo determinado de alumnos necesita aprender, o bien sobre sus expectativas o preferencias con respecto a un programa previsto.

Un factor importante, señala Robinson (1991: 7), es el hecho de que las necesidades que se establezcan para un determinado grupo de alumnos sean el producto de un análisis de necesidades *contaminado*, es decir, que pueda estar supeditado a las preconcepciones ideológicas de los que realizan el análisis. Pudiera darse, perfectamente, el caso de que diferentes analistas que trabajasen con un mismo grupo, pero asumiendo diferentes puntos de vista sobre la naturaleza de la lengua, de la enseñanza y del aprendizaje, obtuviesen unas conclusiones diferentes en cuanto a las necesidades, debido a una perspectiva diferente en el planteamiento del análisis y, después, en la interpretación de los resultados.

Otros aspectos fundamentales que hay que tener en cuenta en relación con la aplicación del análisis de necesidades, son de orden metodológico. A este respecto Mountford (1981: 28) plantea tres categorías de problemas:

- Problema de percepción: ¿Quién hace el análisis de necesidades?
- Problema de principios: ¿Cuál es el contenido relevante que se debería incluir o excluir?
- Problema de práctica: ¿Cómo se debería llevar a cabo el análisis de necesidades?

De acuerdo con Richards, Platt y Platt (1997: 242), la valoración de las necesidades debe basarse tanto en la información objetiva como en la subjetiva (cuestionarios, pruebas, entrevistas, observación, etc.) y debe recoger información sobre[6]:

a) La situación en la cual se usará la lengua (incluyendo con quién será usada).
b) Los objetivos y propósitos para los que se necesitará la lengua.
c) Los tipos de comunicación que se utilizarán (escrita, hablada, formal, informal).
d) El nivel de competencia que se requerirá.

En el campo de la enseñanza de lenguas con fines específicos, Dudley-Evans y St. John (1998: 125)[7] consideran que el concepto actual de análisis de necesidades abarca la determinación de los aspectos siguientes:

a) Información profesional sobre los alumnos: las tareas y actividades que deberán desarrollar en la lengua, es decir, el análisis de la situación meta o necesidades objetivas.
b) Información personal sobre los estudiantes: factores que puedan incidir en su aprendizaje, tales como la experiencia de aprendizaje previa, información cultural, razones para seguir el curso y expectativas, es decir, deseos y necesidades subjetivas.
c) Información sobre el nivel de conocimientos lingüísticos de los alumnos, es decir, el análisis de la situación actual que nos permitirá evaluar el siguiente aspecto (d).
d) Las carencias de los alumnos, es decir, la diferencia entre c) y d).
e) Información sobre el aprendizaje de lenguas: formas eficaces de aprender las destrezas y la lengua, es decir, las necesidades de aprendizaje.

---

[6] La traducción es nuestra.
[7] La traducción es nuestra.

f) Información acerca de la comunicación profesional: el conocimiento de cómo se utiliza la lengua y las destrezas en la situación meta, es decir, análisis lingüístico, análisis del discurso y del género.
g) Información sobre qué es lo que se espera del curso.
h) Información acerca del entorno en el cual tendrá lugar el curso, es decir, análisis de los recursos disponibles.

La finalidad de este completo análisis de necesidades es conocer a los alumnos desde el punto de vista humano y desde el punto de vista de usuarios y aprendices de la lengua, conocer cómo se puede conseguir el máximo resultado del aprendizaje de una lengua y de las destrezas y, finalmente, conocer la situación meta y el entorno donde se va a producir el proceso de enseñanza-aprendizaje.

Por tanto, en la práctica, la aplicación del análisis de necesidades depende en gran medida de la distinción entre el análisis de la situación meta (que incluye las necesidades objetivas, las percibidas y las orientadas al producto) y el análisis de la situación de aprendizaje (que incluye las necesidades subjetivas, las sentidas y las orientadas al proceso). Finalmente, el análisis de la situación actual permite establecer el nivel de los alumnos en el momento de iniciar el curso y proporciona información sobre sus conocimientos lingüísticos, destrezas y experiencias de aprendizaje.

En relación con los problemas planteados por Mountford, la elección del responsable del análisis dependerá de las circunstancias de la situación de enseñanza-aprendizaje. Generalmente, debe administrarlo el profesor que corresponde a cada grupo de alumnos. De esta manera se favorece el intercambio de información entre los que participan en el proceso de enseñanza y aprendizaje. Además, el profesor adquiere una visión bastante concreta sobre las necesidades del grupo y de los alumnos como individuos, esto es, sus conocimientos y estilos de aprendizaje. En otros casos, fundamentalmente, en una situación de enseñanza-aprendizaje de lenguas con fines específicos, es la propia institución académica o la empresa la que administra el análisis de necesidades. Incluso, se puede optar por la externalización, contratando los servicios de un experto. Todas las opciones adolecen del problema común que hemos señalado anteriormente, es decir, las concepciones previas de los responsables del análisis relativas a la naturaleza de la lengua y del aprendizaje.

Por lo que respecta al problema de los principios aplicados en la confección y selección de datos, existe la posibilidad de que este tipo de información esté supeditada desde el principio a la concepción del responsable del análisis en torno a la programación, teoría del aprendizaje y de la enseñanza. En este caso, la información pertinente para el diseño de la programación podría resultar sesgada, favoreciendo un enfoque pedagógico predeterminado (centrado en la lengua, en las destrezas, etcétera).

Las posibles soluciones que se proponen para estos problemas se basan en la obtención de información a partir de diversas fuentes y en el equilibrio de los puntos de vista de todos los implicados en el proceso de análisis de necesidades.

El tercer problema está representado por los aspectos prácticos, es decir, las técnicas e instrumentos que se pueden utilizar para llevar a cabo un análisis de necesidades. Estos instrumentos son de muy variada naturaleza y se pueden aplicar en el transcurso del proceso de enseñanza y aprendizaje, dependiendo del propósito que deban cumplir, es decir, antes de empezar el curso, al principio del curso y en cualquier momento que se considere oportuno. De acuerdo con Yalden (1987) y Nunan (1988) y West (1994) podemos enumerar los siguientes:

- Pruebas de nivel o clasificación: se realizan al principio de un curso y tienen por objetivo clasificar a los alumnos de acuerdo con los conocimientos que tienen.
- Pruebas de diagnóstico: permiten detectar las lagunas o carencias, después de comenzar el curso.
- Autoevaluación: con este procedimiento, los alumnos comprueban su grado de competencia en relación con los objetivos propuestos.
- Cuestionarios: se pueden administrar al comienzo del curso, para delimitar los contenidos o la metodología del mismo, o en cualquier punto del mismo. Pueden tener como propósito analizar las necesidades objetivas o las subjetivas.
- Entrevistas: es uno de los procedimientos más eficaces, ya que permite un contacto directo para determinar la información.
- Observación en clase: el profesor, o los propios alumnos, anotan las deficiencias o avances de los alumnos, a partir de unos criterios previos.

En relación con la administración del análisis de necesidades, en una situación de enseñanza- aprendizaje de lenguas con fines específicos, Schroder (1981: 45) menciona cuatro técnicas fundamentales: cuestionarios, entrevistas, observación de los participantes y anuncios de prensa.

Robinson (1991: 12) añade a esta lista el análisis de los materiales y de los documentos auténticos en distintos soportes, así como el estudio de casos.

- Los cuestionarios se utilizan para la obtención de información cuantitativa y son un método eficaz, como hemos señalado anteriormente. La ventaja de los cuestionarios es que se pueden utilizar con un gran número de personas y se pueden tabular por ordenador. Presentan el inconveniente de que hay que estructurarlos muy cuidadosamente para evitar ambigüedades en el enunciado de las preguntas y someterlos a prueba para comprobar su eficacia.
- Las entrevistas estructuradas presentan la ventaja de suministrar información directa que se puede matizar y clarificar en el acto. Un posible inconveniente es el tiempo que requiere su aplicación, además de la posible interpretación subjetiva de los datos.

Estas dos técnicas se utilizan para el análisis de las necesidades de la situación meta.

- La observación directa es un método complementario de los cuestionarios y de las entrevistas estructuradas. No depende de las respuestas de los participantes sino de la observación de su actuación. Se puede aplicar para el análisis de la situación meta y para el análisis de la situación actual.
- El análisis de los anuncios de prensa se basa en la posible indicación de necesidades a partir de los requisitos que incluyen las ofertas de trabajo en un determinado campo profesional.
- Las pruebas de evaluación, formal e informal, presentan información sobre la valoración de la actuación de los alumnos que puede ser útil para el análisis de necesidades orientado al proceso, siempre y cuando estas pruebas cumplan los requisitos de validez y fiabilidad.
- El análisis de materiales y documentos auténticos es un instrumento muy eficaz para el análisis orientado al producto, ya que permite determinar las características lingüísticas de la comunicación. También puede aplicarse, a lo largo del proceso, para el análisis de la situación actual.
- El estudio de casos representa una técnica de observación muy interesante, basada en el seguimiento del proceso de un alumno en particular, ya que ofrece la posibilidad de un estudio más profundo a lo largo de un periodo de tiempo y la posibilidad de analizar con detalle las dificultades y las necesidades del estudiante de una lengua. Los inconvenientes de este método son el tiempo que requiere y la incertidumbre sobre la generalización de los resultados.

A la vista de las posibles variables y de la complejidad de algunos instrumentos, es aconsejable la utilización de más de uno de ellos. Ahora bien, la elección depende obviamente del tiempo y de los recursos de que se disponga. En todo caso, requieren planificación y un estudio detallado de los resultados para poder diseñar la programación de un curso.

En general, es aconsejable que la fase del análisis de necesidades se complete al comienzo del curso, de forma que los resultados de este análisis puedan facilitar una mejor adecuación del programa y de los demás elementos del diseño del curso. Richterich y Chancerel (1980), entre otros expertos, sugieren la necesidad de repetir el análisis de necesidades a lo largo del curso, como instrumento de evaluación formativa de los alumnos y de evaluación del curso, para comprobar el avance o detectar los defectos, a medida que la situación actual se vaya modificando y vaya requiriendo adaptaciones de la programación.

Una vez finalizada la fase de análisis de necesidades, se procede a la siguiente fase de diseño del curso específico, en el caso de una situación de enseñanza-aprendizaje de lenguas con fines específicos, o a la determinación de la programación para un grupo de alumnos, dentro de un plan o diseño curricular.

Para completar la exposición sobre el análisis de necesidades, presentamos dos modelos de cuestionarios utilizados, en la enseñanza de lenguas con fines específicos, para el análisis de necesidades objetivas y subjetivas, orientadas al producto y al proceso[8]:

A

NOMBRE: EMPRESA/CENTRO:

APELLIDO(S):	CARGO:
Nivel de español:	Actividad de la empresa:

A) ¿Para qué estudia usted español?
   1. Como lengua de trabajo:
   2. Me gusta aprender idiomas:
   3. Necesito redactar textos en español:
   4. Voy a vivir/trabajar en un país hispanohablante:
   5. Es una asignatura obligatoria.
   6. Me gusta Hispanoamérica.

B) Para sus estudios/trabajo necesita (indique temas e interlocutores):
   1. Comprender:
      a) Entrevistas:
      b) Conferencias/presentaciones:
      c) Reuniones/negociaciones:
      d) Conversaciones telefónicas:
      e) Medios de comunicación:
   2. Hablar en:
      a) Reuniones formales/informales:
      b) Congresos/seminarios/ferias/presentaciones:

[8] Se trata de dos modelo básicos, susceptibles de ser ampliados y personalizados en función de la situación de enseñanza-aprendizaje concreta. El modelo A presenta un enfoque mixto (información objetiva sobre la situación de comunicación y subjetiva). El modelo B está orientado al proceso.

c) Conversaciones telefónicas:
d) Atención a clientes/colegas:
3. Leer:
a) Prensa general/especializada:
b) Para traducir:
c) Para redactar resúmenes:
d) Documentos oficiales (especificar):
e) Manuales:
f) Consultar Internet:
4. Escribir:
a) Correspondencia comercial:
b) Tomar apuntes:
c) Mensajes breves:
d) Textos académicos
e) Documentos oficiales:
C) Señale los aspectos en los que necesita mejorar:
1. Comprensión oral:
2. Expresión oral:
3. Expresión escrita:
4. Comprensión lectora:
5. Gramática:
6. Vocabulario:
7. Terminología específica:
8. Conocimientos culturales:
9. Comunicación no verbal:
10. Cultura empresarial:

Modelo A

B *Marque las estrategias y técnicas de aprendizaje que utiliza para aprender español:*
1) Pronunciación y entonación:
- Imitar el habla de los nativos:
- Memorizar textos y repetirlos en voz alta:
- Grabar frases y diálogos:
2) Vocabulario:
- Elaborar listas de palabras alfabéticamente:
- Elaborar listas de palabras por categoría gramatical:
- Clasificar el vocabulario por temas:
- Diseñar fichas personalizadas (dibujo, traducción, sinónimo, definición):
- Crear asociaciones mentales:
- Crear asociaciones visuales o sonoras:
3) Gramática:
- Observar ejemplos de las reglas:
- Generalizar las reglas observadas:
- Contrastar las reglas con las de mi lengua:
- Diseñar esquemas de reglas gramaticales con ejemplos:

4)	Interacción oral:
	- Pedir ayuda al interlocutor:
	- Utilizar la comunicación no verbal:
	- Dar ejemplos, sinónimos, definiciones:
	- Verificar la comprensión:
5)	Comprensión:
	- Recurrir a conocimientos previos:
	- Extraer ideas generales:
	- Buscar datos concretos:
	- Deducir por contexto y verificar:
	- Localizar claves lingüísticas y extralingüísticas:
	- Anotar palabras clave:
6)	Expresión escrita:
	- Usar un diccionario monolingüe:
	- Anotar ideas y escribir un primer borrador:
	- Corregir el borrador (gramática, estructura del texto, vocabulario, puntuación, etcétera):
	- Hacer la redacción final:

Modelo B

2. Diseño curricular

Como hemos señalado anteriormente, hasta los años ochenta, todo planteamiento de enseñanza de lenguas extranjeras se había basado en el paradigma lingüístico. Sin embargo, a lo largo de esa década comenzó a percibirse un interés en la aplicación de los principios de la teoría del currículum -procedente del campo de la Educación- a la enseñanza de lenguas, como respuesta a la necesidad de relacionar los fundamentos teóricos sobre la concepción comunicativa de la naturaleza de la lengua y su aprendizaje y su aplicación en la práctica de la enseñanza. Este interés supuso la aparición de diversos modelos curriculares provenientes de las ciencias del lenguaje, de la teoría del aprendizaje y de la teoría general de la enseñanza. Todas estas aportaciones representan una visión integradora y realista de los problemas que plantea la enseñanza de lenguas extranjeras.

La teoría del currículum es relativamente reciente, aunque se pueden encontrar antecedentes desde el siglo XVII[9]. De hecho, se considera que la publicación de *Basic Principles of Curriculum and Instruction* (Tyler, 1949) marcó el punto de inflexión a partir del cual comenzó a desarrollarse un nuevo campo interdisciplinar en torno al currículo que, actualmente, constituye un campo específico de conocimiento dentro de la teoría de la educación (Sancho, 1990).

La actual acepción del término currículum[10] es de reciente introducción en el ámbito educativo español, como reconoce Gimeno (1988: 13): *El currículum es un concepto de uso relati-*

---

[9] El origen del término se remonta al siglo XVII, en la Universidad de Glasgow. Según Hamilton (1991), se trataba de *la búsqueda del método más eficaz de enseñar todo a todos, unido a la necesidad de organizar un plan de estudios, que conformase un todo unitario en una integridad secuencial.* Sin embargo, los primeros estudios sólidos en el campo del currículo se deben a J. Dewey (1916), *Democracy and Education*, Nueva York, Macmillan.

[10] Utilizaremos *currículum* para referirnos a la teoría y al concepto educativo y *currículo* para hacer referencia al plan o documento pedagógico.

vamente reciente entre nosotros con la acepción que tiene en otros contextos culturales y pedagógicos en los que cuenta con mayor tradición.

En España se menciona ya el término currículum a principios de los años setenta, en la Ley General de Educación. Sin embargo, el enfoque curricular no se aplica hasta veinte años más tarde, con la implantación de la Reforma de la Enseñanza del Ministerio de Educación y Ciencia (LOGSE, 1990), que establece el *Diseño Curricular Base.* Posteriormente, el *Plan Curricular* (1994) del Instituto Cervantes fundamenta el proceso de renovación pedagógica de la enseñanza del español como lengua extranjera en el concepto de currículo, entendido como marco general de decisión y de actuación.

En la terminología educativa actual, de acuerdo con Martín Peris (1998: 99), *se entiende por currículo el conjunto de decisiones y actuaciones relacionadas con la planificación y desarrollo de la enseñanza en el marco de una determinada institución, fundamentadas en un enfoque sobre la lengua y el aprendizaje. En este sentido, es frecuente la utilización de los términos diseño curricular, diseño curricular base o plan curricular.*

Desde el punto de vista pedagógico, todo planteamiento curricular debe tener en cuenta tres aspectos: definición de los objetivos que se desean alcanzar, determinación de las formas de alcanzar esos objetivos y evaluación de los resultados alcanzados. Las decisiones que se toman en este planteamiento están determinadas por un contexto docente concreto y relacionadas a través de los objetivos, contenidos, materiales didácticos, procedimientos metodológicos e instrumentos de evaluación. A su vez, se establecen las pautas relativas a la competencia de cada uno de los agentes que intervienen en ese proceso de enseñanza y aprendizaje, es decir, se delimita lo que corresponde hacer a cada uno. Esta planificación o plan de acción debe enmarcarse en una teoría curricular y estar fundamentada en una teoría sobre la naturaleza de la lengua, de la enseñanza y del aprendizaje. Asimismo, debe tener en cuenta los resultados del análisis de necesidades.

Así pues, el diseño curricular tiene como finalidad la explicitación de las intenciones y orientaciones del proceso de enseñanza y aprendizaje. Es un documento de trabajo que proporciona la información básica y las orientaciones generales y practicas sobre los distintos componentes curriculares que constituyen el plan de acción: fines, objetivos, contenidos, metodología y evaluación. Se trata, por tanto, de la fundamentación que conforma un primer nivel de decisión. Ahora bien, este plan de acción deberá concretarse en un programa, que conforma el segundo nivel de decisión. El tercer nivel de decisión corresponde a la aplicación práctica en el aula, por parte del profesor, frente a un grupo determinado de alumnos, teniendo en cuenta las características, intereses y necesidades de éstos.

Cuando se habla de currículo, está implícito hablar de la finalidad o metas de la oferta educativa, de las fuentes que inspiran el currículo y de los elementos que lo conforman. Por tanto, a continuación, después de establecer el marco conceptual a partir de la teoría del currículum, haremos una breve exposición de los distintos modelos curriculares y señalaremos las funciones, las fuentes y los elementos del currículo y estableceremos los principios básicos que sustancian toda propuesta curricular.

Finalmente, presentaremos los rasgos característicos del *Plan Curricular* (1994) del Instituto Cervantes, así como algunos aspectos del *Marco común europeo de referencia para las lenguas: aprendizaje, enseñanza, evaluación* (2002) relativos al diseño curricular.

2.1. Conceptos de *currículo, diseño* y *desarrollo curricular*

La teoría del currículum comprende la teorización que permite la comprensión y explicación de la realidad, mediante un conjunto coherente de enunciados que facilitan el conocimiento, es decir, el conjunto de proposiciones que dan sentido a los fenómenos relacionados con su concepto, desarrollo y elaboración (Beauchamp, 1992).

Como señala Ruiz (2000: 19), la teoría del currículum debe responder a tres problemas básicos: explicar la práctica, mejorar la práctica educativa y conceptualizar el contenido. En esta línea, Coll (1987) afirma que la teoría del currículum debe responder a qué, cómo y cuándo enseñar y a qué, cómo y cuándo evaluar. La respuesta correcta conforma el diseño curricular.

En relación con las fuentes de la teoría curricular, Pérez Gómez (1988) señala las siguientes: sociología de la educación (el currículo debe reconstruir el patrimonio cultural a la luz de los problemas y condiciones actuales); psicología de la educación (informa sobre el aprendizaje y desarrollo social y personal del alumno); filosofía de la educación (refiere la ideología que subyace en relación con el modelo de ser humano, la dimensión axiológica del programa y los objetivos curriculares); las disciplinas científicas (proporcionan los contenidos y su adecuada selección, así como las experiencias de aprendizaje) y la teoría de la comunicación (justifica su naturaleza y estrategias en el aula).

Por lo que respecta al término *currículo*, que etimológicamente hace referencia a curso o carrera, ha tenido diversas acepciones a lo largo de la historia[11]. Beauchamp (1975) establece tres posibilidades: como campo de estudio, como sistema curricular o ámbito en el que se toman las decisiones de planificación escolar y se establece la práctica en un contexto determinado y como el documento que recoge un plan educativo. Teniendo en cuenta la estrecha relación que existe entre algunos conceptos, pasaremos a definir algunos de los términos que se presentan como intercambiables en algunas ocasiones.

En la concepción del Diseño Curricular Base del sistema educativo español, *currículo*, *programa* y *programación* son los términos clave. El currículo es el conjunto de supuestos de partida, las metas que se desea alcanzar y los pasos que se deben dar para alcanzarlas. El programa es el documento oficial, de carácter nacional o autonómico, en el que se indica el conjunto de contenidos y objetivos que se han de desarrollar en un determinado nivel. Constituye un punto de referencia inicial para el profesor. La programación es la adecuación del programa que cada profesor elabora, de acuerdo con las características de sus alumnos. García Santa-Cecilia (1995: 222) define el currículo como *conjunto de fundamentos teóricos, decisiones y actuaciones relacionados con la planificación, el desarrollo y la evaluación de un proyecto educativo*. Mientras que considera el programa (1995: 224) como *el conjunto de decisiones que adoptan los profesores a la hora de aplicar las especificaciones de un plan curricular. Estas decisiones no se limitan a la selección y gradación de los objetivos y de los contenidos, sino que tienen que ver también con los procedimientos metodológicos y la evaluación.*

---

[11] El *Diccionario de la lengua española* de la Real Academia recoge tres acepciones: 1. Plan de estudios; 2. Conjunto de estudios y prácticas destinados a que un alumno desarrolle plenamente sus posibilidades; 3. Currículum vítae. El *Diccionario de lingüística aplicada y enseñanza de lenguas* (Richards *et al.*, 1997) lo define como el programa educativo que incluye el propósito educativo (fines); el contenido; los procedimientos didácticos y las experiencias de aprendizaje necesarias para conseguir sus propósitos (los medios) y el sistema para valorar la consecución de los fines. También indica que es una forma alternativa de programa, entendido como la descripción del contenido de un curso y el orden en el que tiene que ser impartido.

Esta acepción de currículo, concepto eminentemente organizativo, procede del campo de la educación en lengua inglesa y está relacionada con otros conceptos básicos que se solapan con cierta frecuencia: *course, syllabus y curriculum*. Alcaraz (2000: 190) establece la siguiente distinción:

- *Course*: puede ser plan de estudios, en cuyo caso es equivalente al currículum inglés y puede ser también una asignatura, esto es una unidad del currículum. Por tanto, *course design* puede aludir al diseño general de un plan de estudios, o a la programación concreta y detallada de una asignatura de dicho plan.
- *Currículum,* o plan de estudios de una carrera: es un documento que contiene las líneas maestras referidas a las actividades de trabajo y los deberes obligatorios o curriculares. El diseño curricular es el trazado de las grandes líneas y su primera implementación. No obstante, cada vez se utiliza más en el mundo de habla inglesa el término norteamericano *program*, en el sentido de currículum o plan de estudios.
- *Syllabus:* es el documento básico en el que se relacionan los contenidos de un curso, entendiendo curso como asignatura.

El currículo lo confeccionan generalmente las autoridades institucionales, académicas y no académicas, de acuerdo con las creencias ideológicas y las necesidades institucionales[12]. Incluye los fines, objetivos, contenidos, procedimientos, materiales y medios de evaluación de las experiencias de aprendizaje de los alumnos. El término diseño curricular es el trazado de las grandes líneas del currículo y su primera implementación que incluye la selección y secuenciación gradual del contenido. El concepto de desarrollo curricular, considerado hasta hace algunos años como algo estático y prefijado, ha evolucionado hasta su consideración actual como un proceso dinámico y flexible, estrechamente relacionado con el de diseño curricular, que se puede definir como *el proceso o conjunto de procesos que propician la toma de decisiones sobre la planificación o diseño del currículo, así como su aplicación, valoración y mejora* (Salinas, 1994, en Ruiz, 2000: 172).

Finalmente, el concepto de proyecto curricular es mucho más amplio que el de programa, ya que se puede aplicar a distintos niveles de concreción. El primer nivel, correspondiente a la planificación, indica el modelo que se ha de seguir en cuanto a las diversas aplicaciones que se hagan. Su elaboración corresponde a las autoridades educativas. El segundo nivel corresponde al centro donde se va a llevar a cabo la aplicación y tiene en cuenta las características del mismo. El tercer nivel corresponde al desarrollo curricular por parte de los equipos docentes.

---

12 Los enfoques curriculares responden a filosofías o sistemas de valores de cada época. Las líneas de pensamiento que han orientado fundamentalmente la elaboración del currículo de lenguas extranjeras son tres: el humanismo, que corresponde a la concepción de la transmisión de la cultura de una a otra generación y en el que los modelos curriculares se fundamentaban en el llamado método tradicional o gramatical; el reconstructivismo, que pretende el cambio social por medio de la educación, mediante el planteamiento de objetivos y una rigurosa planificación para alcanzarlos, y los modelos curriculares se basan en el conductismo y el estructuralismo; el progresismo, que considera la educación como el motor del cambio social y se centra en el desarrollo del individuo, fomentando el proceso de aprendizaje natural a través de distintas fases de desarrollo y la capacidad de aprender. Corresponde al modelo curricular actual y al enfoque comunicativo por tareas.

2.2. Modelos curriculares

En relación con las aproximaciones al concepto de currículo, a lo largo de los años, se han perfilado dos planteamientos claramente diferenciados que se encuadran bajo las denominaciones de currículo por objetivos (Inlow, Ettinger, Tyler, Johnson y Rodríguez Diéguez) y currículo como proyecto o proceso (Stenhouse, Elliot, Gimeno y Coll) y que, evidentemente, parten de teorías, modelos curriculares y postulados didácticos diferentes para el desarrollo del proceso de enseñanza-aprendizaje. Tyler (1949) es uno de los investigadores más representativos del currículo por objetivos. Su propuesta se fundamenta en cuatro aspectos que hay que tener en cuenta: los fines y objetivos que se pretende alcanzar; los principios en los que se basan las experiencias educativas; las experiencias educativas que se van a aplicar para alcanzar esos objetivos; los medios que permitirán verificar la consecución de los fines y objetivos previstos. Stenhouse (1975), por su parte, considera que un currículo no debe centrarse en el rendimiento y propone un modelo basado en el proceso de enseñanza como se desarrolla en clase. Este modelo parte del reconocimiento de la realidad en clase y resalta el papel del profesor en el proceso curricular.

Actualmente, los modelos curriculares se clasifican fundamentalmente en dos grandes grupos: cerrados y abiertos o flexibles. Las características generales del modelo curricular cerrado responden a una concepción rígida de la aplicación del currículo base, diseñado por las autoridades educativas y aplicado por los profesores. Corresponden a la concepción curricular por objetivos y se basan en el paradigma conductual, orientado al resultado, por lo cual la evaluación final es fundamental.

El modelo curricular abierto postula una aplicación flexible del currículo base y permite la acción del profesor en función del entorno social y cultural de educación. Está centrado en el proceso, con objetivos didácticos. Se basa en el paradigma cognitivo y ecológico-contextual y fomenta el aprendizaje significativo. La evaluación se entiende en su dimensión formativa y sumativa.

Existe una tercera concepción más reciente denominada modelo de currículo básico, que combina las características de los dos anteriores, es decir, se prescriben los elementos que se consideran básicos y se permite la adaptación de los mismos, por parte de los centros o de los profesores, en función de un entorno concreto.

Entre otras propuestas, hay que destacar los modelos curriculares planteados por Munby (1978), Dubin y Olstain (1986), y Nunan (1988).

El punto de partida de Dubin y Olstain es el análisis previo de los factores que constituyen el currículo (quiénes son los alumnos, quiénes son los profesores, por qué es necesario el currículo, dónde y cómo se pondrá en práctica el currículo). Los resultados de esta investigación previa permitirán establecer los fines generales del currículo. Se trata de la consideración del currículo como el marco para la toma de decisiones y contiene la descripción de los objetivos en relación con la concepción de la naturaleza de la lengua, la naturaleza del aprendizaje y de la enseñanza. Por otra parte, establecen la distinción entre *curriculum,* entendido como exposición de principios en los que se fundamenta, y *syllabus* o especificación del programa del curso.

Uno de los modelos de currículo que más influencia ha tenido en estos años es el denominado currículo centrado en el aprendiz (*the learner-centred curriculum*), que surge del deseo de encontrar un medio para conseguir que la enseñanza de lenguas extranjeras se interesase por las necesidades de los que las aprenden. Nunan, al exponer su modelo, señala la importancia de centrarse en el aprendiz de la lengua porque la realidad educativa no depende de lo que los planificadores de esa enseñanza dicen que deberá ocurrir, sino de lo que realmente ocurre en el aula, de lo que los profesores y los alumnos hacen. Es decir, destaca que los alumnos y los profesores están implicados en el proceso. Su modelo tiene cuatro elementos clave: procedimientos de la planificación inicial (información y agrupación de alumnos, de acuerdo con las necesidades objetivas); selección y gradación de contenidos; metodología (selección de actividades); evaluación continua y final. Esta concepción plantea un cambio de orientación, ya que existe una interacción entre todos los elementos de manera que influyen unos en otros.

El modelo de Munby, concebido para cursos de enseñanza y aprendizaje de lenguas con fines específicos, con un enfoque comunicativo, parte de la recogida de todo tipo de información relevante acerca de la identidad y la lengua de los participantes (*participants*). Esta información se traslada al procesador de necesidades de comunicación (*communication needs processo*r). En esta fase se tienen en cuenta las variables que pueden incidir en las necesidades de comunicación (finalidad, situación, interacción, etc.), organizándolas en parámetros. Una vez que se han procesado estas necesidades, se elabora un perfil de necesidades (*profile of needs*) que proporciona información al selector de destrezas (*language skills selector)* y al procesador de significado (*meaning processor*). A continuación, se interpreta el perfil de necesidades en términos de habilidades específicas que habían sido identificadas por el procesador de necesidades de comunicación. Nunan (1988: 4) señala que el modelo de Munby es interesante para la especificación del contenido, pero fundamenta sus críticas en el hecho de que se especifica el qué y no el cómo y, al estar basado en los datos sobre el aprendiz, en vez de incorporar datos provenientes directamente de éste, resulta un enfoque muy superficial. Nunan señala la importancia de la información subjetiva en un currículo centrado en el aprendiz

2.3. Funciones, elementos y fuentes del currículo

El currículo cumple fundamentalmente dos funciones:
- Hacer explícita la intención educativa.
- Servir de guía para la práctica docente.

Por tanto, de acuerdo con la definición de currículo, los elementos que tenemos que tener en cuenta para llevar a cabo dichas funciones se fundamentan en cuatro preguntas relacionadas entre sí, que se condicionan mutuamente:

a) ¿Qué enseñar?: se refiere al establecimiento de la intención y proporciona información sobre los objetivos y los contenidos.
b) ¿Cuándo enseñar?: establece la ordenación y secuencia de los objetivos y de los contenidos.
c) ¿Cómo enseñar?: se refiere a las decisiones en cuanto a la manera de estructurar las actividades de enseñanza y aprendizaje para alcanzar los objetivos propuestos, en relación con los contenidos seleccionados.
d) ¿Qué, cómo y cuándo evaluar?: corresponde al elemento indispensable que asegura que la acción pedagógica responde a las intenciones del proyecto y permite la introducción de las correcciones oportunas, en el caso contrario.

La respuesta a estas preguntas fundamentales que plantea el currículo se concreta a partir de fuentes de origen y naturaleza distintos, cada una de las cuales aporta una información específica. Destacaremos cuatro tipos de fuentes:

- Sociocultural: refiere las demandas sociales y culturales, así como los contenidos de conocimientos, procedimientos y actitudes. Recoge la finalidad y función de la educación, en conexión con los avances tecnológicos del momento social e histórico.
- Psicológica: está relacionada con el proceso de desarrollo y aprendizaje y con las características de los alumnos. Permite conocer el desarrollo evolutivo de las distintas edades y leyes que rigen el aprendizaje y los procesos cognitivos de los seres humanos. Partiendo del nivel de desarrollo de los alumnos, facilita el marco para saber cuándo hay que aprender qué, qué es posible aprender en cada momento y cómo aprenderlo.
- Pedagógica: recoge la fundamentación teórica existente y la experiencia educativa acumulada en la práctica docente.
- Epistemológica: aporta los conocimientos científicos que integran el área correspondiente, su evolución y estado actual, así como la metodología, estructura interna y relaciones interdisciplinares.

La reflexión sobre los elementos y las fuentes del currículo influirá en el modelo final de currículo que se vaya a adoptar. Cada modelo de currículo responde, evidentemente, a las teorías y conceptos vigentes en el momento de su elaboración, como es el caso del *Plan Curricular* de Instituto Cervantes para la enseñanza del español como lengua extranjera.

2.4. El *Plan curricular* del Instituto Cervantes para la enseñanza del español como lengua extranjera

El Instituto Cervantes, organismo público creado el 21 de marzo de 1991 que, por ley fundacional tiene encomendada la difusión de la lengua y la cultura españolas en el mundo, presentó en el año 1994 el *Plan curricular para la enseñanza del español como lengua extranjera*. Este documento establece por primera vez una planificación y unas orientaciones para la organización del proceso de enseñanza y aprendizaje del español como lengua extranjera.

El Plan curricular es un documento fruto de la necesidad de establecer una enseñanza eficaz del español en todos los centros del Instituto Cervantes en el exterior. En su elaboración han participado responsables técnicos y académicos del Instituto Cervantes, profesores especializados en la enseñanza de la lengua española y expertos del campo de la pedagogía y de la formación. Anteriormente, se había hecho público el Real decreto 826/1988, de 20 de julio de 1988, por el que se establecían los diplomas acreditativos del conocimiento del español como lengua extranjera:

> *El documento comprende el conjunto de informaciones y de orientaciones que presidirá la actividad de los centros del Instituto Cervantes en el ámbito académico. Por su carácter abierto y generalizador, el* Plan curricular *del Instituto Cervantes constituye sólo el punto de partida de un proceso que habrá de desarrollarse en los centros mediante el diálogo entre los equipos docentes y los alumnos. En este sentido, la experiencia docente adquirida por los centros antes de su adscripción al Instituto permite al nuevo plan asentarse sobre una base firme, al tiempo que obliga a considerar cualquier actuación en el ámbito académico desde la perspectiva de la renovación curricular* (Instituto Cervantes, 1994: Introducción).

Se trata de una declaración de intenciones, enmarcadas en la perspectiva de la renovación curricular que, además, tiene en cuenta el equilibrio entre la dimensión lingüística y la pedagógica en el proceso de enseñanza y aprendizaje, por lo que postula una vinculación entre las teorías de los últimos años sobre la enseñanza de la lengua con la teoría de la educación.

Por lo que respecta a los fundamentos del *Plan curricular*, el eje fundamental es la doble consideración de la lengua como sistema y como instrumento de comunicación social. Esto supone el conocimiento riguroso de los elementos descriptivos de la lengua y el aprendizaje de su uso en situaciones concretas. En consonancia con esta concepción, se propone la orientación del proceso de enseñanza-aprendizaje hacia la consecución de la competencia comunicativa, reconociendo la existencia de dos dominios científicos complementarios: gramática y pragmática. La fundamentación lingüística se complementa con la reflexión sobre la naturaleza del aprendizaje de la lengua, sugiriendo un modelo de aprendizaje basado en el desarrollo de las destrezas lingüísticas, a partir de un aspecto cognitivo y otro de actuación. Otro factor que hay que tener en cuenta es el relativo a las características propias y específicas de la lengua que es objeto de aprendizaje, en tanto que sistema y en cuanto a los elementos socioculturales que se superponen a las reglas formales.

El Plan curricular presenta las siguientes características: es un plan renovador, abierto y centrado en el alumno, es decir, las propuestas de carácter general deberán concretarse en los centros, de acuerdo con las necesidades. Es un plan integrado y ecléctico, en el sentido de que todos los componentes curriculares (objetivos, contenidos, metodología y evaluación) actúan de forma simultánea y no sucesiva. Su eclecticismo se manifiesta en la selección de las informaciones que ofrece y en el planteamiento de las propuestas de actuación. Finalmente, es un plan flexible y homogéneo, es decir, a partir de las líneas generales de actuación que establece el currículo, deja libertad a los centros y a los equipos docentes para que organicen los aspectos de la oferta de enseñanza en la forma que responda mejor a los intereses y estilos de aprendizaje de cada grupo de alumnos. La homogeneidad queda garantizada por los niveles mínimos de exigencia definidos en los objetivos específicos y en los bloques de contenidos seleccionados para cada nivel.

Como acabamos de mencionar, los elementos del *Plan curricular* son cuatro: objetivos, contenidos, metodología y evaluación. Los fines generales de la enseñanza del español en los centros del Instituto Cervantes quedan expresados de la siguiente manera:

1. Capacitar a los alumnos para un uso efectivo del español como vehículo de comunicación.
2. Conseguir que los alumnos alcancen un mayor control de su propio proceso de aprendizaje y que sean capaces de continuar dicho proceso de forma autónoma una vez finalizado el currículo.
3. Mediante la enseñanza del idioma, promover el acercamiento entre la cultura hispánica y la del país de origen, así como transmitir una imagen auténtica de aquélla y colaborar en la destrucción de tópicos y prejuicios.
4. Colaborar en el desarrollo de actitudes y valores con respecto a la sociedad internacional, como el pluralismo cultural y lingüístico, la aceptación y valoración positiva de la diversidad y de la diferencia, el reconocimiento y el respeto mutuos.

El cumplimiento de estos cuatro fines se canaliza mediante la consecución de los objetivos generales que se explicitan, en relación con cada uno de los fines[13]. Por lo que respecta a los

---

[13] Por razones de espacio no se enumeran los objetivos generales y los objetivos específicos. Puede consultarse el *Plan curricular* (1994: 26-39).

objetivos específicos, se formulan en términos de capacidades que los alumnos deberán haber alcanzado al final de cada uno de los cuatro niveles del currículo, y que se enumeran clasificadas a partir de las cuatro destrezas lingüísticas y para cada uno de los niveles.

En coherencia con los objetivos específicos de los distintos niveles, el *Plan curricular* ha optado por la especificación de los contenidos en cuatro bloques bien definidos:

1. Lengua y comunicación: contenido funcional.
2. Lengua y sistema: contenido gramatical.
3. Lengua, cultura y sociedad: contenido temático.
4. Lengua y aprendizaje: contenido pedagógico.

Los dos primeros bloques de contenidos, correspondientes a los contenidos funcionales y gramaticales, están distribuidos y secuenciados por niveles.

El tercer elemento del *Plan curricular* (1994: 77), la metodología, *se fundamenta en la convicción de que la articulación coherente de los bloques de contenidos y de las orientaciones metodológicas constituye el procedimiento más adecuado para posibilitar que el proceso de enseñanza y aprendizaje conduzca al desarrollo de la competencia comunicativa de los alumnos.*

Para ello, se presenta un conjunto de orientaciones generales para el profesorado relativas a la responsabilidad del alumno en su propio proceso de aprendizaje, el papel activo del alumno en clase, la práctica de procesos de comunicación en el aula, la valoración de los procesos psicológicos, el replanteamiento del error y el enfoque de la función del profesor. Además, se incluye una serie de orientaciones prácticas relacionadas con la integración de destrezas, procedimientos y recursos didácticos y se propone el enfoque por tareas como el instrumento para la organización de las actividades.

El cuarto elemento del currículo lo constituye la evaluación (1994: 129), entendida como un *proceso continuo de análisis dirigido hacia la progresiva adecuación del plan inicial a las necesidades reales del alumnado*. Para ello, se establecen unos criterios generales de evaluación, para cada uno de los niveles y para cada una de las destrezas, que deberán ser tenidos en cuenta antes, durante y al final del proceso.

2.5. *Marco común europeo de referencia para las lenguas: aprendizaje, enseñanza, evaluación*

Hay que señalar la trascendencia que tiene el *Marco común europeo de referencia* (MCER) (2002) para el futuro desarrollo curricular de la enseñanza de lenguas extranjeras a adultos y con una orientación profesional. Quisiera destacar fundamentalmente dos de sus objetivos: facilitar la movilidad de los ciudadanos, así como el intercambio de ideas, y promover el plurilingüismo. Por una parte, suscita la reflexión sobre los objetivos y la metodología de la enseñanza y aprendizaje de lenguas y ofrece una base común para el desarrollo curricular y la elaboración de programas, exámenes, materiales didácticos y criterios de evaluación. Por otra parte, presenta las bases para establecer un sistema de reconocimiento mutuo de titulaciones en los diferentes países, mediante el establecimiento de los seis niveles comunes de referencia (A1, Acceso; A2, Plataforma; B1, Umbral; B2, Avanzado; C1, Dominio operativo eficaz y C2, Maestría).

Finalmente, hay que destacar el capítulo 8, *La diversificación lingüística y el currículo*, dedicado a analizar los principios del diseño curricular en relación con los objetivos del aprendizaje de idiomas, en cuanto a la competencia plurilingüe y pluricultural del individuo que vive y trabaja en una Europa donde conviven muchas lenguas y culturas. Este capítulo merece especial atención por parte de quien tenga la responsabilidad de elaborar currículos que comprendan varias lenguas extranjeras, así como por los profesores y especialistas en materiales didácticos.

Conclusión

La búsqueda de soluciones adecuadas para mejorar la enseñanza de lenguas extranjeras y facilitar el grado de competencia comunicativa que demandaba la sociedad, después de la Segunda Guerra Mundial, ha dado como resultado interesantes aportaciones y desarrollos eficaces procedentes de los campos de la lingüística y de la teoría de la educación, así como de otras ciencias que tienen por objeto el complejo fenómeno del lenguaje, en consonancia con los sistemas de valores vigentes en cada época.

Entre estas aportaciones y desarrollos, tenemos que destacar los conceptos fundamentales que han propiciado los avances en el campo de la enseñanza de lenguas extranjeras y han conformado la concepción actual de la práctica en este campo.

Se trata de los conceptos de análisis de necesidades, competencia comunicativa y currículum, como marco de organización del proceso de enseñanza y aprendizaje.

En primer lugar, la preocupación por detectar las necesidades de los hablantes en situaciones de comunicación reales originó el desarrollo y adopción de un conjunto de instrumentos que permitieran efectuar un análisis de necesidades (lingüísticas, de aprendizaje y deseos) razonable, en el que fundamentar la programación eficaz que proporcionase la competencia comunicativa adecuada a los requisitos de una determinada situación.

En el planteamiento actual del proceso de enseñanza y aprendizaje, centrado en el alumno, el análisis de necesidades es el punto inicial para la organización de ese proceso.

En segundo lugar, el cambio de actitud hacia la naturaleza de la lengua y la doble consideración de ésta, como sistema y como instrumento de comunicación social, impulsó la investigación sobre los elementos, lingüísticos y extralingüísticos, de una situación de comunicación. A este respecto fue crucial la investigación llevada a cabo en el seno del Consejo de Europa que produjo la definición de los fundamentos del enfoque nocional-funcional -precursor del enfoque comunicativo-, tomando como punto de partida el análisis de necesidades de adultos en situaciones de comunicación reales.

El tercer paso significativo fue la adopción, a partir de los años ochenta, del enfoque curricular -procedente del campo de la teoría de la educación-, como marco de decisión y actuación, que representa el nexo entre la teoría y la práctica, entre la lingüística y la pedagogía.

Las decisiones que se toman en el marco del currículo vienen determinadas por un contexto docente concreto y por los resultados del análisis de necesidades; conforman un plan curricular, enmarcado en una teoría curricular, fundamentado en una concepción sobre la naturaleza de la lengua, del aprendizaje y de la enseñanza, que explicita las intenciones y orientaciones del proceso de enseñanza y aprendizaje (fines, objetivos, contenidos, metodología y evaluación) de manera integrada.

La experiencia de la aplicación del Diseño Curricular en el sistema educativo español, que se llevó a cabo en 1990, para la educación reglada de Primaria y Secundaria, y en 1994 para la enseñanza del español como lengua extranjera (*Plan curricular* del Instituto Cervantes), significó un cambio de orientación de la enseñanza de lenguas extranjeras en España.

Finalmente, hay que señalar la posible repercusión del *Marco común europeo de referencia para las lenguas* en el diseño curricular de las lenguas extranjeras en la Unión Europea.

BIBLIOGRAFÍA

ALCARAZ VARÓ, E. (2000), *El inglés profesional y académico*, Madrid, Alianza.

BERWICK, C. (1989), "Needs Assessment in Language Programming: from Theory to Practice", en R.K. JOHNSON (ed.) (1989), *The Second Language Currículum*, Cambridge, Cambridge University Press.

BRINDLEY, G. P. (1989), "The Role of Needs Analysis in Adult ESL Programme Design", en R. K. JOHNSON (ed.) (1989), *The Second Language Curriculum,* Cambridge, Cambridge University Press.

CHAMBERS, F. (1980), "A Re-evalation of Needs Analysis", *ESP Journal, 1, 1: 25-33.*

CONSEIL DE L' EUROPE (2001), *Un cadre européen commun de référence pour les langues: apprendre, enseigner, evaluer*, París, Didier.

CLARK, J. L. (1987), *Curriculum Renewal in School Foreign Language Learning*, Oxford, Oxford University Press.

COLL, C. (1987), *Psicología y currículum*, Barcelona, Laia.

DUBIN, F. y OLSTAIN, E. (1986), *Course Design. Developing Programs and Materials for Language Learning*, Cambridge, Cambridge University Press.

DUDLEY-EVANS, T. y ST. JOHN, M. J. (1998), *Developments in English for Specific Purposes*, Cambridge, Cambridge University Press.

EK, J. A. VAN (1975), *The Threshold Level*, Estrasburgo, Consejo de Europa.

EK, J. A. VAN y ALEXANDER, L. (1977), *Waystage*, Estrasburgo, Consejo de Europa.

GARCÍA SANTA-CECILIA, A. (1995), *El currículo de español como lengua extranjera*, Madrid, Edelsa.

GIMENO SACRISTÁN, J. (1981), *Teoría de la Educación y desarrollo del Currículum*, Madrid, Anaya.

GIMENO SACRISTÁN, J. (1988), *El currículum: una reflexión sobre la práctica*, Madrid, Morata.

HUTCHINSON, T. y WATERS, A. (1987), *English for Specific Purposes: a Learning Centred Approach,* Cambridge, Cambridge University Press.

INSTITUTO CERVANTES (1994), *La enseñanza del español como lengua extranjera.Plan curricular del Instituto Cervantes*, Alcalá de Henares, Publicaciones del Instituto Cervantes.

JOHNSON, R. K. (1989), *The Second Language Currículum*, Cambridge, Cambridge University Press.

MARTÍN PERIS, E. (1998), "El profesor de lenguas: papel y funciones" en A. MENDOZA (coord.), *Conceptos clave en didáctica de la lengua y la literatura*, Barcelona, SEDLL, ICE y Horsori.

MINISTERIO DE EDUCACIÓN Y CIENCIA (1989), *Diseño Curricular Base*, Madrid.

MINISTERIO DE EDUCACIÓN, CULTURA Y DEPORTE (2002), *Marco común europeo de referencia para las lenguas: aprendizaje, enseñanza, evaluación*, Madrid, Secretaría General Técnica del MECD y Grupo Anaya, traducido y adaptado por el Instituto Cervantes.

MOUNTFORD, A. (1981), *The What, the Why and the Way,* en Goethe Institut/British council, 1:19-34.

MUNBY, J. (1978), *Communicative Syllabus Design*, Cambridge, Cambridge University Press.

NUNAN, D. (1988), *The Learner-centred Currículum*, Cambridge, Cambridge University Press.

PÉREZ GÓMEZ, A. (1988), *Currículum y enseñanza: análisis de componentes*, Málaga, Publicaciones de la Universidad de Málaga.

RICHARDS, J. C., PLATT, J. y PLATT, H. (1992), *Dictionary of Language Teaching and Applied Linguistics,* Essex, Longman.

RICHARDS, J. C., PLATT, J. y PLATT, H. (1997), *Diccionario de lingüística aplicada y enseñanza de Lenguas*, Madrid, Ariel.

RICHTERICH, J. y CHANCEREL, L. (1977), *Identifying the Needs of Adults Learning a Foreign Language,* Oxford, Pergamon Press.

ROBINSON, P. C. (1991), *ESP Today: a Practitioner's guide*, Reino Unido, Prentice Hall.

RODGERS. T. S. (1989), "Syllabus design, curriculum development and policy determination", en R. K. JOHNSON (ed.) (1989), *The Second Language Curriculum*, Cambridge, Cambridge University Press.

RUIZ RUIZ, J. M. (1996), *Teoría del currículum: diseño y desarrollo curricular*, Madrid, Editorial Universitas.

SÁNCHEZ PÉREZ, A. (1992), *Historia de la enseñanza del español como lengua extranjera,* Madrid, SGEL.

SANCHO, J. M. (1990), *Los profesores y el currículum*, Barcelona, ICE y Horsori.

SCHRODER, K. (1981), "Methods of exploring language needs in industry", en P. C. ROBINSON, (1991), *ESP Today: a Practitioner's Guide*, Reino Unido, Prentice Hall.

SLAGTER, P. (1979), *Un nivel umbral*, Estrasburgo, Consejo de Europa.

STENHOUSE, L. (1984), *Investigación y desarrollo del curriculum*, Madrid, Morata.

STERN, H. H. (1983), *Fundamental Concepts of Language Teaching,* Oxford, Oxford University Press.

TABA, H. (1962), *Curriculum Development: Theory and Practice*, Nueva York, Harcourt Brace and World.

TANNER, D. (1980), *Curriculum Development: Theory into Practice*, Nueva York, Mcmillan.

TRIM, J. L. (1971), *The Analysis of Language Content by a European Unit/Credit System in Modern Languages within the Framework of Continuing Post-Secondary Adult Education*, Estrasburgo, Consejo de Europa.

TRIM, J. L., RICHTERICH, R., EK, J.A. VAN y WILKINS, D. A. (1980), *Development in Adults Language Learning*, Oxford, Pergamon Press.

TYLER, R. (1949), *Basic Principles of Curriculum and Instruction*, Chicago, University of Chicago Press.

TYLER, R. (1977), *Principios básicos del curriculum*, Buenos Aires, Troquel.

WEST, R. (1994) "Needs analysis in language teaching", Language Teaching, 27: 1.

WIDDOWSON, H. G. (1978), *Teaching Language as Communication,* Oxford, Oxford University Press.

WIDDOWSON, H. G. (1981), "English for Specific Purposes: criteria for course design", en L. SELINKER *et al.* (1981), *English for Academic and Technical Purposes: Studies in honour of Louis Trimble*, Rowley, Mass., Neley House.

WIDDOWSON, H. G. (1983), *Learning Purpose and Language Use*, Oxford, Oxford University Press.

WILKINS, D. A. (1976), *Notional Syllabuses*, Oxford, Oxford University Press.

YALDEN, J. (1987), *Principles of Course Design for Language Teaching*, Cambridge, Cambridge University Press.

METODOLOGÍA: CONCEPTOS Y FUNDAMENTOS

Aquilino Sánchez Pérez
Universidad de Murcia

INTRODUCCIÓN

El método en la enseñanza de lenguas ha constituido desde siempre un tema central. Ha sido y sigue siendo habitual, en los testimonios sobre el aprendizaje de lenguas, hacer referencia a uno u otro método como el mejor o peor camino para lograr los objetivos docentes o discentes. El hecho podría ser, aparentemente, suficiente para certificar la importancia que se ha otorgado a la metodología, como elemento decisivo a la hora de aprender lenguas. Otra cuestión es, sin embargo, si esa unanimidad en torno a la prioridad del método como herramienta didáctica se corresponde también con una similar unanimidad sobre lo que se entiende por método. En otras palabras, cuando hablamos de *método*, ¿nos referimos todos a lo mismo?

La definición del término *método* se formula así en el *Gran diccionario de uso del español actual (2001)*: *Manera sistemática y ordenada de hacer o llevar a cabo algo.*

Este enunciado se alinea razonablemente bien con la etimología del término *método*, tomado del griego (*meta-hodos*), con el significado de *seguir una vía o camino*. El mismo diccionario antes mencionado ofrece también otra acepción de la voz en los siguientes términos: *Conjunto de ejercicios, técnicas, reglas y procedimientos usados para la enseñanza o el aprendizaje de algo.*

Es decir, por *método* se entiende tanto *el camino sistemático y ordenado de hacer algo* como *el conjunto de técnicas o ejercicios que definen ese camino o manera de actuar*. En consecuencia, la referencia a *método* conlleva tanto el énfasis en el camino seguido para hacer algo como en la manera de hacerlo o en los procedimientos a través de los cuales se concreta la acción. En ambos casos parece como si se pusiera especialmente de relieve los aspectos procedimentales o formales de la actuación.

Este hecho puede quizás inducir a una excesiva simplificación del concepto de método o a un sesgo limitador en el análisis de los elementos que lo integran. Mackey (1965: 156) apunta que, al analizar los métodos o la metodología, los tratadistas *se limitan a* un solo aspecto *de lo que constituye un tema complejo, implicando que* este aspecto *es lo que importa realmente*.

Para continuar luego especificando que *un método debe incluir lo que incluye todo tipo de enseñanza, sea de aritmética, de astronomía, de música o de matemáticas*.

En efecto, la actuación en que algo se concreta está inmersa en un aglomerado de circunstancias, entre las cuales se incluyen necesariamente las que dan origen a esa misma actuación. Es más, dicha actuación no sería plenamente comprensible ni explicable si no se accediera a las causas, motivos y razones que la sustentan. Quien decide seguir un método concreto para lograr determinados objetivos debe conocer con exactitud los pasos y procedimientos que definen tal método. Es un requisito primero e indispensable para aplicarlo. Pero al mismo tiempo, quien se limita a aplicar un procedimiento sin ser plenamente consciente de la herramienta que utiliza, tampoco logrará los resultados óptimos esperados. Existe, además, otra cuestión digna de ser tenida en cuenta: quien pone en marcha un método sin haber captado plenamente las razones que lo sustentan correrá el peligro de usarlo de manera superficial, quizás reduciéndolo a una simple *etiqueta*, de contenido cambiante o sin contenido realmente válido y coherente. Si admitimos que un método es un todo complejo, como afirma Mackey, es preciso analizar el tema y descubrir los componentes de tal complejidad.

1. Elementos que integran un método

Frente a la complejidad que el concepto de método encierra, Anthony (1963) ofreció una inteligente contribución en la que trató de establecer una clara jerarquización entre los elementos que configuran una metodología. El autor diferencia entre *approach, method and procedure* (*enfoque, método* o *estructuración* y *actividad* o *técnica)*. El enfoque contiene o implica la estructuración, y ésta, a su vez, contiene las actividades. La relación de dependencia entre los tres componentes queda así diáfanamente establecida, de modo que el método será necesariamente el resultado de una adecuada interacción entre los tres elementos.

Cada componente definido por Anthony viene a ser como un estrato escalonado del conjunto. El *enfoque* se mantiene en el nivel de los principios y de la conceptualización: en este estrato se especifica la naturaleza de lo que es la enseñanza y el aprendizaje, así como todos los presupuestos a los que se atienen o deben atenerse. El *método* baja un estadio más en la jerarquización y comprende, ordenadamente, los materiales lingüísticos, procedimientos y maneras a través de los cuales se pueden aplicar los principios expuestos en el *enfoque*. Este componente debe concretarse de manera que no entre en conflicto con el anterior, sino más bien derivando armónicamente de él. Según el autor, el *método* no es unívoco, puede concretarse de varias maneras, lo cual implica necesariamente que un mismo *enfoque* es susceptible de aflorar a la realidad en *métodos* diversos, si bien teniendo en cuenta que nunca habrá contradicción entre ellos; en todo caso, complementariedad. El tercer componente es lo que Anthony denomina *técnica*, que comprende el conjunto de actividades a través de las cuales el método se concreta en el aula. El *método*, para Anthony, es, pues, uno de los tres estratos en que está inserta una metodología, estrato sustentado en un determinado conglomerado de principios, y acompañado de un conjunto de técnicas o actividades. La jerarquización así delineada es lógica y está bien trabada, el conjunto ofrece una base teórica válida, pero la relación entre las partes no se clarifica suficientemente ni se pone de relieve -siendo como es esencial-, ni se menciona el cometido de profesores y alumnos en cada uno de los estadios, o cómo los materiales textuales se deben engranar con las técnicas aplicadas, elementos todos ellos necesarios en el proceso docente en el que cualquier métodología se debe aplicar.

La propuesta analítica de *método* hecha por Mackey (1965) fue más conocida, difundida e influyente entre los profesionales de la didáctica. *Un método incluye lo que toda enseñanza incluye, sea de aritmética, astronomía o música...* (Mackey 1965: 156). Su análisis se centra también en tres ejes: materiales, profesor y alumno, dando preferencia al análisis de los textos utilizados en la docencia. Este hecho limita notablemente los resultados a que puede llegarse. En realidad, los conceptos en que se fundamente el modelo de método propuesto por Mackey giran en torno a la *selección, gradación, presentación y repetición* de materiales. A través de ellos se debe llegar a la propuesta docente que implica un método. Y durante el proceso también es preciso aplicar determinados criterios. Por ejemplo: para elegir unos materiales docentes y no otros, para enseñar primero ciertos elementos lingüísticos y no otros, para aplicar la técnica de la repetición y no otra, etc. Mackey parece que se inclina a definir el concepto de método a partir de los materiales docentes ya existentes. En este procedimiento subyace una contradicción: los materiales existentes, ya en cuanto tales, resultan de la aplicación de criterios metodológicos previos y dependientes de una metodología determinada. Fundamentar en ellos una conceptualización que pretende ser general o universal no parece procedente.

Bosco y Di Pietro (1970), como más tarde hicieron también Krashen y Seliger (1975), propusieron un modelo para analizar sistemáticamente los métodos aplicados en la enseñanza de lenguas. Bosco y Di Pietro se valieron de un conjunto de *rasgos distintivos* (funcional/no funcional, afectivo/no afectivo, etc.), a partir de cuya presencia o no en un determinado método se llegaba a un esquema razonablemente contrastivo entre todos ellos. El modelo está inspirado en el análisis de rasgos binarios aplicado en ciertas escuelas de lingüística y queda sometido, por tanto, a las limitaciones de este tipo de análisis. Tiene, no obstante, claras ventajas a la hora de identificar y objetivar elementos distintivos y diferenciadores. Krashen y Seliger, por su parte, se basan también en la identificación de ciertos rasgos diferenciales, más concretos y cercanos a la enseñanza de lenguas, aunque más dependientes de lo que en este campo era usual en la década de los setenta. El potencial universalizador queda cercenado por el sesgo de la teoría de aprendizaje en el que se fundamenta el modelo.

Richards y Rodgers (1986: 15) hablan de *enfoque, diseño y procedimiento* (*approach, design and procedure*), diferenciando -como lo hacía Anthony- tres fases en la configuración de un método. Las diferencias estriban en los cometidos y funciones que cada fase implica. Es especialmente relevante lo que Richards y Rodgers asignan a la fase de *diseño*. En ella incluyen:

a) Objetivos.
b) Selección y organización de los materiales docentes.
c) Actividades requeridas por el método.
d) Cometidos y responsabilidades de los alumnos.
e) Cometidos y responsabilidades de los profesores.
f) Cometido y función de los materiales docentes.

El concepto resultante de esta propuesta es bastante más aquilatado que el ofrecido por Anthony, y los autores demuestran su validez en la aplicación sistemática de su modelo a numerosas opciones metodológicas.

La metodología comunicativa ha tendido a desdibujar la propuesta de Richards y Rodgers, insistiendo en la permeabilidad de todos los componentes del método y en la necesidad de adaptaciones y cambios dependientes del contexto docente/discente. En cierta medida, la insistencia y énfasis en los procesos docentes, propia de esta metodología, conlleva la renuncia a esquemas rígidos, los cuales no permitirían adaptaciones requeridas por -supuestas o no- realidades diferenciadas. En esa línea parece situarse también Nunan (1985: 2-3 y 1988: 77).

Sería ilusorio centrar la solución en uno solo de los muchos componentes que participan en el proceso docente y discente. Ése sería, por ejemplo, el caso si ligáramos unívocamente el concepto de *método* a la calidad de los materiales docentes, o al profesor o al alumno individualizadamente, o incluso sólo a las actividades desarrolladas en la docencia. De otra parte, también es preciso tener en cuenta que no todos los componentes tienen igual importancia en el proceso. Cabe incluso pensar que la importancia de cada componente varía de acuerdo con las circunstancias del entorno en que nos encontramos o según el tipo de discentes a que se atienda. Probablemente, lo que más se acerca a la realidad es considerar el tema desde una perspectiva *multidisciplinar*, como respuesta a las preguntas:

I. *¿cuándo* se enseña o aprende una lengua extrajera?,
II. *¿dónde* se aprende o se enseña una lengua extranjera?,
III. *¿cómo* se aprende o se enseña una lengua extranjera?,
IV. *qué* se desea aprender o enseñar de esa lengua extranjera?,
V. *¿para qué* se desea aprender o enseñar la lengua extranjera?,
VI. *¿por qué* se quiere aprender o enseñar esa lengua extranjera?

La respuesta a todas esas preguntas nos llevará a una variada gama de disciplinas y subdisciplinas:

a. Lingüística y todos sus componentes (gramática, léxico, contexto, pronunciación...);
b. Pedagogía (diseño curricular, estrategias metodológicas, diseño de actividades...);
c. Psicología (características del discente, motivación, resortes que favorecen el aprendizaje...);
d. Sociología y sociolingüística (contexto social en que se desarrolla la enseñanza, características de la interacción comunicativa...);
e. Organización y gestión (del tiempo, de las intervenciones de quienes participan en el proceso, de los materiales, de las actividades, de los elementos auxiliares...).

Tal complejidad de elementos necesita de estructuración, teniendo siempre en cuenta que la clase es un todo que debe gozar de unidad, coherencia y consistencia. No sería quizás posible, pero tampoco aconsejable ni eficaz, que aspectos tan dispares como los pedagógicos, los psicológicos o los lingüísticos no se integrasen adecuadamente en el aula. Probablemente esto equivale a decir que no es conveniente que nuestro análisis acabe en la descripción de un modelo centrado en los componentes teóricos, sino que es preciso que éstos se extiendan y engarcen adecuadamente con los estadios que median hasta su aplicación real en el aula. Nuestra atención no debería ser desviada por la elección del término mediante el cual convenga denominar la totalidad del proceso. Es verdad que la palabra *método* ha sido entendida o interpretada de manera dispar y no siempre unívoca, como lo atestigua la literatura sobre el tema (Sánchez, 1992; 1993: 6 y ss.). En tal sentido, la propuesta de Anthony (1963), que reserva este término para referirse a uno de los tres componentes de la metodología, puede inducir a crear o mantener la confusión terminológica. Parece más conveniente seguir utilizando la denominación *método* para referirnos a la complejidad de la actuación docente, lo cual no implica ninguna ruptura con lo que ha sido habitual en la tradición de la enseñanza de idiomas.

La clara definición de *método* es necesaria para todos aquellos que se dedican a la enseñanza de idiomas, ya sea como investigadores o como docentes. Es la única manera de evitar ambigüedades, malentendidos o desenfoques del mismo problema. Una posible vía de análisis para detectar los elementos que integran un método es el estudio de las implicaciones que acarrea su puesta en marcha en el aula. A modo de ejemplo, cabe hacerse la siguiente pregunta: Cuando un profesor sigue o aplica una determinada metodología, ¿qué elementos le llevan a esa conclusión y qué consecuencias acarrea para el aula la aplicación coherente y fiel del modelo metodológico adoptado? Atendiendo a dicho análisis, se detectan tres grandes ejes en torno a los cuales giran todas las actuaciones metodológicas. Bien es cierto, y esto debe mencionarse expresamente, que la presencia de tales ejes no es siempre un hecho plenamente consciente, dado que algunos elementos pertenecen al cúmulo de creencias, vivencias y prácticas que todo ser humano acarrea consigo desde su niñez y que con frecuencia nunca alcanzan el nivel de lo racional.

Atendiendo al análisis mencionado, un *método* puede entenderse como un todo coherente en el cual quedan implicados los siguientes componentes y elementos, que giran en torno a tres grandes ejes:

Eje 1.º: Componente de los principios y creencias subyacentes.	- Teoría lingüística (naturaleza de la lengua). - Teoría psicológica (principios del aprendizaje). - Teoría pedagógica (principios de la enseñanza). - Teoría sociológica (condicionantes contextuales, educativos, geográficos...). - Principios *económicos* aplicados a la gestión y planificación de la enseñanza.

Eje 2.º: Componente del contenido (objetivos), que fluye de las creencias y principios anteriores y que se asienta en ellos.	- Elementos que constituyen el objeto de la enseñanza y del aprendizaje (objetivos): a) selección y estructuración de elementos del código lingüístico (morfología, sintaxis, vocabulario, sistema gráfico, sistema de sonidos). b) selección y estructuración de elementos pragmáticos (sociolingüísticos, psicolingüísticos, contextuales...).

Eje 3.º: Componente de las actividades mediante las cuales el contenido seleccionado se lleva a la práctica.	- Procedimientos (modos y maneras): a) relativos a la pedagogía: tipología, diseño y secuenciación de actividades; roles de profesor y alumnos. b) relativos a la psicología: adaptación a edad, reto, interacción, elementos motivadores generales y específicos. c) relativos al contexto pragmático y sociológico. d) relativos a la planificación y gestión de las actividades en el aula (distribución, duración, cantidad, etcétera).

Eje 1:

Como norma, la elección de un determinado camino se lleva a cabo por un conjunto de razones que, consciente o inconscientemente, están presentes en el sujeto actuante. Este conjunto de razones o motivos es complejo. Pero dentro de esa complejidad sobresalen principios o creencias en torno a la naturaleza y características de la lengua objeto de la enseñanza (en consecuencia, principios y creencias sobre qué conviene o debe ser aprendido o enseñado), principios o creencias en torno a cómo se aprende una lengua y a cómo debe enseñarse, principios y creencias en torno a la influencia del contexto sobre el aprendizaje y principios sobre la mejor manera de gestionar la enseñanza y el aprendizaje. En este componente no se incluyen, pues, actuaciones operativas; solamente se asientan las bases para tomar, más tarde, las decisiones oportunas. Por tal razón este eje puede recibir el nombre de *Componente teórico, o de los principios y creencias subyacentes.*

Eje 2:

A partir de las creencias y principios que se tienen sobre la lengua y su enseñanza y aprendizaje se seleccionan y estructuran los materiales que van a constituir el objeto de tal enseñanza o aprendizaje. También este componente es complejo, ya que la selección de materiales discentes implica la toma de decisiones varias, destacando entre ellas la definición de lo que se va a enseñar (concreción de objetivos, en todas sus variantes: lingüísticos y no lingüísticos) y el orden o secuenciación en que tales objetivos se presentarán a lo largo del proceso. Por tal motivo este eje recibe el nombre de *Componente del contenido (objetivos), que fluye de las creencias y principios y se asienta en ellos.*

Eje 3:

Una vez que se ha seleccionado y ordenado el contenido, éste debe ser llevado a la práctica (a los libros de texto y al aula). La puesta en marcha de los objetivos requiere necesariamente de técnicas, procedimientos o, genéricamente, de actividades o ejercicios que deben ser perfilados y diseñados. En su diseño y elaboración inciden también aspectos pedagógicos, psicológicos, contextuales y de gestión. De la importancia de las actividades habla el hecho de que sólo a través de ellas la docencia y la discencia se hacen realidad. El tercer eje lo denomino, por tanto, *Componente de las actividades mediante las cuales el contenido seleccionado se lleva a la práctica.*

Cada uno de los tres *ejes* tiene un cierto grado de autonomía, si bien es cierto que mantienen también (y deben mantener) un alto grado de interrelación o interdependencia. A su vez, se dan en cada uno de ellos elementos varios, destacando, en consecuencia, la multiplicidad de factores que los integran y la consiguiente complejidad que los caracteriza. Desde luego, la cuestión del *método* está lejos de poder ser reducida a formulaciones simplistas, como serían *la utilización de unas u otras técnicas, la utilización de materiales auténticos o no, la aplicación de una u otra teoría lingüística*, etc. Pero veamos con mayor detalle lo que encierra cada uno de los componentes.

2. Explicitación del modelo

2.1. Componente teórico

El estudio de la historia de la enseñanza de idiomas (Sánchez, 1992 y 1997) demuestra que el nacimiento de los distintos métodos ha tenido, entre otras fuentes, una de especial importancia: la teoría lingüística vigente en cada época e imperante en los centros académicos, teoría que desde allí ha sido transmitida al colectivo de enseñantes de lengua. Las convicciones y creencias que suelen dar origen al *componente teórico* pueden tener diversos principios y fuentes. La historia confirma, sin embargo, que éstos han sido menos de los que cabe suponer. La primera fuente en torno a la cual se han aglutinado es *el concepto sobre la naturaleza de la lengua*.Y a partir de tal concepto se inicia una cadena de conclusiones que han dado origen a métodos y procedimientos. Cabe destacar que, por lo general, tales reflexiones han desembocado mayoritariamente en la preeminencia dada a la *gramática*.

Los profesores de una determinada lengua precisan, en primer lugar, dominar esa lengua. El proceso de aprendizaje y formación se lleva a cabo en facultades o departamentos de filología. Si los futuros profesores de idiomas han bebido en las fuentes de la filología, de la gramática, de la lingüística y de la literatura, serán precisamente estas disciplinas las que inspirarán su actuación práctica. Cuando el profesor habla sobre la enseñanza que lleva a cabo, sobre la mejor manera de enfocarla o sobre si uno u otro método son mejores o más adecuados, incluso cuando se refiere a la eficacia de una técnica concreta, es normal que tenga como punto de referencia un marco (teórico) o un conjunto de principios que le guían en los enjuiciamientos que adelanta.

Durante muchos siglos -e incluso en la actualidad- el concepto de *lengua* ha estado estrechamente ligado a la gramática, no solamente en los ámbitos académicos, sino también entre la gente en general. La creencia consolidada ha sido -y sigue siendo- que *un idioma se sabe si se domina su gramática*. La aplicación de tal creencia se hacía partiendo de las dos lenguas clásicas por excelencia en nuestra cultura occidental europea: el latín y el griego. De aquí se hacía una transferencia a lo que debía ocurrir en el aprendizaje de cualquier otra lengua *vulgar*. Lo habitual era cifrar la enseñanza en el aprendizaje de un conjunto de reglas gramaticales que luego debían regir la producción lingüística.

Es probable que algunos (o muchos) de los profesores que han enseñado o enseñan mediante un método *gramatical* no se hayan planteado ningún problema metodológico, ni hayan analizado su elección metodológica (*¿por qué no otro método*...?), marginando de su dimensión consciente las implicaciones anejas a tal elección. Pero el hecho no impide que esas *implicaciones* estén *necesariamente* presentes: la enseñanza mediante un método gramatical favorece primordialmente el aprendizaje de la gramática; y esto, a su vez, supone que la lengua se considera *como un sistema cuyo componente prioritario es la gramática*, pasando todos los demás elementos a ser considerados como secundarios.

La historia de la enseñanza de idiomas nos ofrece abundantes ejemplos de la interdependencia entre la teoría dominante sobre la naturaleza del lenguaje y la metodología aplicada en el aprendizaje de lenguas. Quizás el más notorio en el siglo XX sea el relacionado con la metodología audio-oral (*audiolingual method*). Es muy ilustrativo constatar cómo un cambio en la teoría lingüística origina también otro cambio paralelo en la metodología para la enseñanza de lenguas. No es menos digna de notar la reacción de los lingüistas de la época: casi todos abogan por un método que tenga en cuenta su particular concepción sobre el lenguaje. Los nombres de Bloomfield, Fries, Trager-Smith, Lado, entre otros, no pueden ser dejados de lado al hablar del método audio-oral. Los materiales docentes para la clase deben ser el fruto *de una correcta comprensión de los principios de la ciencia lingüística moderna* y han de aplicar *los resultados de la investigación científica sobre el lenguaje* (Fries, 1945: Introducción). Se asume que deben ser los lingüistas, y no los profesores, quienes han de elaborar los materiales para la clase. Aquéllos, como especialistas en la ciencia del lenguaje, están preparados para seleccionar las estructuras y el léxico adecuado, básico y representativo. La palabra inglesa *instructor* define bien lo que se espera del profesor: su tarea consistirá en ofrecer al alumno un conjunto de materiales lingüísticos organizados por especialistas, mediante actividades basadas también en estudios científicos provenientes de otra ciencia, la *psicología*. Son, pues, *intermediarios para la práctica*, que no tienen por qué plantearse cuestiones teóricas. Ya hay otros que las han planteado y resuelto.

Una mirada retrospectiva sobre lo que se ha hecho, dicho y formulado en torno a la enseñanza de idiomas nos lleva a la siguiente conclusión: el tema del aprendizaje de lenguas ha padecido de manera permanente un mal que podría denominarse *crónico*; el mal de la excesiva *simplificación*. La simplificación más común ha sido la de establecer una relación de total dependencia entre lingüística o gramática y aprendizaje-enseñanza de lenguas. Las mayores controversias sobre cómo enseñar idiomas se han centrado en torno a si la gramática debe tener mayor o menor protagonismo. Además, tanto la discusión como las soluciones aportadas y adoptadas han estado siempre estrechamente ligadas a una determinada y subyacente teoría sobre el lenguaje. Tres de las grandes corrientes metodológicas, metodología audio-oral, gramatical y comunicativa, no podrían entenderse bien sin tener en cuenta el peso decisivo que ha desempeñado el componente lingüístico en la metodología definida.

Relacionar la enseñanza de idiomas con la lingüística no debe tomarse como un camino necesariamente equivocado, ya que la segunda tiene como función precisamente estudiar la naturaleza de la lengua, que, a su vez, constituye el objeto de la docencia. El sesgo se ha dado en la simplificación de los hechos, que ha llevado a reducirlo todo o casi todo al componente lingüístico. Probablemente, a este hecho contribuía la situación de los profesores de lenguas (con formación específica en general muy deficiente), la opinión generalizada de los hablantes (que tienden a equiparar lengua con gramática) y la escasa reflexión sobre la dimensión pedagógica de la enseñanza y del aprendizaje de lenguas. La tradición no gramatical que se detecta en la historia de la enseñanza de idiomas es una reacción clara contra el predominio de los criterios gramaticales y lingüísticos en la docencia. Pero el recurso a la naturaleza y al aprendizaje natural resulta también excesivamente sesgado e incompleto. Con excesiva frecuencia, los supuestos ligados al aprendizaje *natural* conllevan la creencia de que éste es *fácil, rápido y eficaz*. La aparente *facilidad y eficacia* de los recién nacidos en la adquisición del lenguaje como medio de comunicación con sus iguales ha constituido un atractivo y tentador señuelo, especialmente útil como medio propagandístico. Si hacemos, no obstante, un breve cómputo del tiempo que un niño tarda en adquirir las destrezas comunicativas básicas y el vocabulario necesario para ello, pronto comprobaremos el espejismo de tales ilusiones: un niño tarda bastantes años en adquirir el vocabulario que en la docencia se considera fundamental (de 3.000 a 4.000 palabras). En términos de *eficiencia* los logros son bastante menos espectaculares de lo que habitualmente se tiende a suponer.

El profesor de idiomas no es un lingüista, pero ésta es la profesión que le es más afín desde el punto de vista de la naturaleza del objeto de su enseñanza: la lengua. Su objetivo no es enseñar *algo sobre la lengua, sino la lengua en cuanto tal*. Pero no debe perderse de vista que el profesor tenderá a enseñar una lengua *según el concepto que tenga de ella*. Si su visión del sistema lingüístico está centrada en el logro de la corrección gramatical, tal cual se describe en la tradición prescriptivista, no cabe duda de que ello influirá de manera decisiva sobre lo que enseñará a sus alumnos. Si, por el contrario, su visión o percepción del sistema lingüístico pone el énfasis en la capacidad comunicativa de aquél, el componente formal y gramatical pasará a un segundo plano, recibiendo la importancia que merece como *mediador* en el proceso comunicativo, sin que en ningún momento constituya por sí mismo el objetivo terminal de la docencia.

La psicología y la pedagogía son disciplinas relativamente recientes en el ámbito universitario. Este hecho disculpa en parte la escasa atención que se ha prestado a la dimensión discente y docente en la enseñanza de idiomas. Pero claro está que tal realidad no anula ni deja sin efecto la gran importancia de ambas ciencias en la docencia. La marginación del alumno como sujeto que aprende ha sido habitual a lo largo de muchos siglos de enseñanza. La atención se centraba en el profesor y quizás también en el libro de texto. Sin embargo, el profesor es sólo uno de los elementos del proceso que tiene lugar en el aula; el otro gran protagonista es el alumno. Incluso más: toda la razón de ser de tal proceso reside en el alumno, no en el profesor. De acuerdo con este enfoque, quien debe recibir atención prioritaria ha de ser el discente. Porque, en definitiva, el objetivo último es lograr que el alumno aprenda. La clarificación de la función del alumno conlleva respuestas a preguntas como: ¿cuál es la naturaleza del aprendizaje?, ¿qué condiciones se precisan para optimizarlo?, ¿qué teoría del aprendizaje es más adecuada, si son varias las que se proponen? Tales respuestas necesitan de disciplinas como la psicología y la psicolingüística.

El profesor nace, no se hace: éste ha sido uno de los dichos más populares en relación con la figura del docente. En él se contiene una gran verdad: que el profesor debe tener cualidades innatas para ser un buen profesional. Pero también es preciso reconocer que se trata de una verdad a medias: un profesor con cualidades innatas para esta función *todavía puede mejorar notablemente* su trabajo si encauza esas cualidades de manera ordenada, coherente y sistemática. Y esto se logra mediante un entrenamiento y formación específicos para la profesión. No es menos importante recordar que la persona que ejerza de profesor y no tenga excesivas cualidades innatas para esa función sólo cuenta con la formación externa para desarrollar su tarea con mayor eficacia. Cuando hablamos de las cualidades innatas de un profesor nos referimos, consciente o inconscientemente, a su capacidad para ser aceptado por los alumnos, para que éstos entiendan con claridad su mensaje, se motiven y adquieran nuevos conocimientos. El docente ha de saber ordenar adecuadamente los materiales que ofrece a la clase, tras haberlos seleccionado de manera tal que incluyan lo relevante y dejen de lado lo que es de menor o ninguna importancia para el logro de determinados objetivos. Pues bien, estas cualidades del *profesor que nace* son algunos de los elementos que se analizan y pueden aprender y adquirir en un periodo de formación. Ésa es la finalidad de la pedagogía.

Tanto la enseñanza como el aprendizaje, en cuanto se refieren a profesores y alumnos, personas concretas condicionadas por un medio, no pueden eludir la influencia del *contexto* en el cual se desarrollan. El término *contexto* se entiende aquí en sentido amplio, entendiendo por tal:

- que el aprendizaje tiene lugar en un medio geográfico determinado: en la ciudad cosmopolita o en un entorno aislado y encerrado en sí mismo; cerca o lejos del país donde se habla la lengua que se aprende; en una sociedad afín a ese mismo país o tradicional enemigo de aquél; en un aula cómoda y confortable o en un aula menos atractiva o nada acogedora. Todos esos factores derivados del entorno físico inciden positiva o negativamente en el aprendizaje, en general, fuera del alcance de la consciencia del educando.
- que el aprendizaje tiene lugar dentro de un contexto social y cultural determinados. También estos factores externos ejercen su influencia sobre el proceso discente y docente.

El pedagogo debe ser consciente de ellos y conocer su naturaleza, así como los mecanismos de acción sobre los individuos para controlar mejor tales variables. Ciencias como la sociología, la sociolingüística y la antropología cultural constituyen el mejor bagaje para el profesor a la hora de enfrentarse al reto que plantea el entorno socio-cultural en la educación.

- que la enseñanza y el aprendizaje se desarrollan dentro de un contexto histórico no sólo en lo referido a los hechos del ser humano en general, sino también en lo referido a las modas y principios sobre la enseñanza y el aprendizaje que están en vigor o en boga en cada momento de nuestro devenir. La ciencia pedagógica no ha constituido ni constituye un todo monolítico; más bien al contrario: a lo largo de los siglos se han sucedido distintas visiones y enfoques pedagógicos, dependiendo éstos de la escala de valores dominante en cada época. El estudio de este conjunto de enfoques no es sólo aconsejable sino necesario para llevar a cabo un análisis de los factores, causas y efectos que subyacen en el proceso docente. La adecuada valoración de teorías y principios constituye un bagaje imprescindible para acertar con la formulación de una teoría más equilibrada y pertinente en cada momento histórico.

Uno de los ámbitos más *abandonados* en los tratados sobre la enseñanza en general y sobre la enseñanza de idiomas en particular es el que podríamos denominar *gestión de la clase*. Debido a tal vacío, el sentido común ha sido el recurso más frecuente sobre el cual ha descansado la práctica. Pero el ideal no es éste. La docencia tiene su razón de ser en la medida en que propicia un aprendizaje más eficaz en términos de cantidad, calidad y tiempo. Si no fuera así, bastaría con atenernos al dicho de que *se aprende a pesar del profesor o sin profesor*. Pues bien, la eficacia precisa de planificación adecuada y de una buena gestión de la clase. Quizás el tema de la planificación ya empieza a estar más presente en el ámbito educativo. A ello ha contribuido la obligatoriedad de elaborar programas y la política educativa que se ha ido instaurando en todos los países desarrollados en la segunda mitad del siglo XX. La planificación, sin embargo, no basta. Una vez planificado el trabajo y organizados los contenidos, es preciso administrarlos a los discentes y gestionar la marcha de la clase, en la cual participan muchos y variados ingredientes. La complejidad de lo que ocurre en la clase exige ciertos conocimientos sobre cómo gestionarla. Estamos habituados a relacionar el término *gestión* con la economía y las finanzas, o con actividades de claro contenido económico o empresarial. Sin embargo, en una clase también deben gestionarse bien los *tiempos* (quién habla cuándo, cuánto y cómo), la interacción de los alumnos con el profesor o entre sí, el trabajo en grupos, las prácticas, la relación entre explicaciones teóricas y capacidad de asimilación por parte de los alumnos, la conveniencia o no de que las clases sean de una extensión determinada, la administración de los gestos, la introducción de momentos que puedan relajar a los discentes, la administración de actividades motivadoras frente a las más estrictamente fundamentadas en el contenido que se enseña, etc. Realmente la clase dista mucho de constituir algo sencillo o simple. De ahí la necesidad de saber gestionarla.

2.2. Componente de los contenidos

El grado de conciencia lingüística de la mayoría de los hablantes es muy bajo, si tomamos como parámetro de medida el nivel de *autoconsciencia* y capacidad analítica que aquéllos suelen tener en torno al lenguaje. A pesar de que el sistema escolar insiste hasta la saciedad en el uso y abuso de terminología lingüística para explicar la realidad de la lengua, especialmente en lo que a su gramática se refiere, no parece que los hablantes lleguen a asimilar realmente el tema. Si algo queda en la mente de quienes han completado el sistema escolar, este *algo* es que *la lengua es la gramática*. Pero de ahí en adelante, abunda más la confusión y vaguedad que la claridad.

Además, los hablantes (que previamente han sido alumnos) llegan fácilmente a asumir las mismas convicciones que los profesores: se acaba perfilando una equiparación e incluso identidad entre gramática y lengua. Los libros o manuales utilizados en la metodología *tradicional* (de gramática y traducción) son un buen ejemplo de ello. Puesto que la lengua se explica y entiende en términos de gramática, el contenido se elabora a partir de criterios de organización gramatical. Ese es el enfoque obligado y coherente con el punto de partida, del cual surge la necesidad de que el alumno aprenda *el artículo, el nombre y sus formas, el adjetivo y sus formas, el verbo y sus flexiones*, etc. Se dejan de lado factores como la frecuencia de uso del léxico; factores derivados de un estudio de las necesidades especiales de los estudiantes; o factores extralingüísticos que favorecen el aprendizaje. Los programas que se elaboran o sirven de base para el aprendizaje parten siempre del mismo supuesto: la gramática como punto de referencia. Al uso de la lengua se llega a través del aprendizaje de los elementos formales que definen el sistema. Las convicciones teóricas que sustentan la metodología *tradicional* condicionan también los objetivos presentados al alumno y las características que los distinguen frente a otros posibles fines.

En una metodología de base estructural (*audio-oral,* por ejemplo) los programas docentes cambian de naturaleza: los manuales no recogen reglas que deben aplicarse a listados de palabras para formar frases: más bien constan de conjuntos de *estructuras lingüísticas* que el alumno ha de consolidar mediante la repetición continuada. Precisamente por ello, los libros ni siquiera mencionan las reglas. Y puesto que las palabras no se dan aisladamente, sino dentro de estructuras lingüísticas, tampoco se obliga al alumno a aprender listas de palabras: éstas deben aprenderse dentro *del contexto de las estructuras en que se dan*. La elaboración de los programas de que constan los manuales, así como la fijación de objetivos discentes, se fundamentan en el principio teórico relativo a la naturaleza de la lengua, principio que podría formularse a grandes rasgos de la manera siguiente: *la lengua es un conjunto de estructuras jerárquicamente organizadas*. La conclusión que deriva de tales principios se hace pronto evidente: *una lengua se aprende adquiriendo y consolidando las estructuras que la constituyen*. Estas serán el objetivo en torno al cual se describirán y definirán los objetivos docentes.

Si la teoría de la cual parte la programación está bien definida y es sólida, homogénea, etc., los objetivos aparecerán también con claridad y coherencia en los programas docentes. Si la teoría o principios de los cuales se arranca se caracterizan por una definición ambigua, heterogénea o ajena al lenguaje propiamente dicho, en tal caso los objetivos docentes aparecerán con similares vicios o virtudes. El *método directo* asume el principio de que las lenguas segundas deben enseñarse de la misma manera que se aprende la primera lengua (lengua materna). No entra explícitamente en consideraciones sobre la naturaleza del lenguaje, ni trata de presentar una teoría consistente que la explique. En razón de tal planteamiento, los objetivos docentes se agrupan en torno al uso que se hace de la lengua, especialmente en la vida diaria y cotidiana. El uso se centra, además, en el lenguaje oral. Analizando manuales representativos de la metodología directa, se observa, no obstante, que son muchos los que reflejan una notable influencia de la gramática. En efecto, incluso desde las primeras lecciones, las lecturas supuestamente ofrecidas *para hablar* están *mediatizadas* por la introducción de cuestiones como *la negación, el verbo en presente de indicativo,* etc. El hecho refleja cómo quienes aplican el *método directo* se valen también de una determinada concepción lingüística, que añaden a su principio de enseñar *según el método de la naturaleza*. La lógica derivada de los principios inherentes a una metodología directa habría exigido una investigación descriptiva del lenguaje de que se valen los niños en la adquisición de su lengua materna, además de observar *cómo* aprenden. Los resultados de tal investigación podrían haber constituido el elenco de objetivos más adecuados para la puesta en marcha del método. Al carecer de esta investigación (probablemente ni siquiera se planteó en aquel entonces), tanto profesores como manualistas se valieron de la teoría lingüística más extendida en los ámbitos escolares y académicos: el estudio de la lengua mediante la gramática. Se produce así una evidente contradicción entre los principios extralingüísticos de que se parte y los objetivos lingüísticos que se proponen como fines. Los niños, en su entorno natural, no aprenden valiéndose de ejercicios mediatizados por la gramática, como hacían algunos profesores del *método directo*. En el momento y en la medida en que la gramática interfiere en la elaboración de los materiales presentados al alumno, se está desvirtuando el principio de un *aprendizaje natural*. La aplicación de los principios de la psicología conductista al aprendizaje de idiomas se libera de estos inconvenientes porque la transferencia se hace a través de una teoría lingüística bien delineada, cual era el estructuralismo. Se evitan así las contradicciones propias del método directo.

El hecho lingüístico es muy complejo. Desde que la ciencia del lenguaje ha empezado a ser autónoma y se ha ido autodepurando de ingredientes ajenos a esa misma ciencia, la afirmación anterior resulta más evidente. No es razonable, por tanto, pensar que una teoría que se limite a la explicación del sistema lingüístico desde el ámbito de lo formal o lógico, pueda ser tomada como punto exclusivo de referencia para la formulación de un método. Pero también es cierto que no debería caerse en restricciones opuestas: es difícil concebir una metodología sin que ésta tenga en cuenta la naturaleza del objeto que se pretende enseñar (la lengua). La consideración de lo que es la lengua constituye un elemento esencial en la formulación metodológica. La interrelación entre teoría tomada como punto de partida y conjunto de objetivos que se proponen para la docencia constituyen dos ejes estrechamente relacionados y sustancialmente interdependientes.

Los contenidos seleccionados en la enseñanza de lenguas no forman parte de la teoría pedagógica ni de la teoría del aprendizaje. Pero la definición del contenido es una consecuencia directa de la teoría y del enfoque sobre los cuales se fundamenta dicho modelo educativo. En realidad es tal la relación entre teoría de la enseñanza-aprendizaje y contenido que difícilmente podría considerarse cada uno por separado sin desfigurar el conjunto ni deshacer la armonía que debe presidir la actividad docente. La selección de los objetivos dependerá en buena medida de lo que entendamos por lenguaje, del contexto en el cual se desarrolle la docencia, de los fines que persigan los discentes y de lo que aconsejen los principios pedagógicos y teoría del aprendizaje (especialmente respecto a la selección, ordenación y gradación de los elementos lingüísticos).

2.3. Componente de las actividades

Un método debe, por necesidad, concretarse en la práctica a través de *operaciones, acciones o actividades*. La metodología *se objetiva cuando opera sobre la realidad*. A través de estas *operaciones* podemos deducir cuáles son los principios de los que se parte y cuáles los objetivos propuestos. De la observación y análisis podremos también concluir el grado de coherencia y homogeneidad de principios, fines y medios utilizados. También cabe la posibilidad de contrastar las técnicas puestas en práctica con la teoría que sustenta al método, los objetivos con esa misma teoría o los objetivos con las técnicas. El análisis puede llevarse a cabo, pues, en conjunto o por partes.

Un método no es susceptible de ser reducido a algo exclusivamente abstracto: en cuanto que el método define un camino para lograr unos fines determinados, debe *materializarse* de una u otra manera en actividades concretas que alguien debe llevar a cabo para alcanzar esos fines. Curiosamente, sin embargo, el componente que aquí denomino *Eje 3* no ha recibido, a lo largo de la historia de la enseñanza de lenguas, tanta atención como el *Eje 2* y, sobre todo, está muy lejos del énfasis dado en todo momento al *Eje 1* (teoría o principios). A pesar de que el hecho sea fácilmente explicable, no por ello está justificada esta injusta repartición de atenciones y reflexión. Es verdad que los métodos son puestos en práctica, las más de las veces, no por quienes conciben la teoría, sino por profesores que actúan como *mediadores* frente a los alumnos. Además, la historia demuestra que los componentes teóricos son más valorados que sus posibles aplicaciones prácticas. Tampoco esta diferencia de valores (que no está exenta de subjetivismo) es razón suficiente para postergar un componente en favor de los demás. Desde cualquier punto de vista que se analice el tema, no se encuentra justificación para restar importancia al componente de las técnicas mediante las cuales se pretende alcanzar los fines propuestos.

La gramática de una lengua se aprende mejor estudiando explícita y analíticamente esa gramática. Repitiendo estructuras lingüísticas o determinados sonidos, es posible alcanzar una más adecuada pronunciación de la lengua objeto del aprendizaje. Se traducirá mejor y con más perfección si la docencia abunda en ejercicios de traducción, etc. En líneas generales, todos los métodos se valen de técnicas especialmente adecuadas para lograr los objetivos propuestos. Ahora bien, no todas las técnicas son igualmente útiles y eficaces para todas las metodologías. Es uno de los motivos que hacen que determinados métodos nunca lleguen a concretarse y, en consecuencia, no se consoliden. Podríamos citar algunos, bien conocidos en la historia, como el de Gouin (1892), o los métodos de traducción *interlineal*, o, parcialmente, lo ocurrido con los niveles umbral o programas nocional-funcionales. El caso de Gouin quizás se debió a la ambigüedad del autor en relación con la puesta en práctica de sus ideas. En lo que concierne al nivel umbral, nos encontramos con un excelente ejemplo de cómo la elaboración de los objetivos (programas) no basta por sí sola para configurar un método, incluso si está sustentada en principios sólidos.

Se hace necesario afirmar una vez más que, al igual que el contenido, las actividades no pertenecen a la teoría del aprendizaje pero están íntimamente relacionadas con ella. Uno de los males más frecuentes y una de las causas de los fracasos o falta de eficacia docente es la disfunción entre teoría, contenido y actividades. Por esa razón no es acertado disociar las actividades o ejercicios del conjunto que denominamos *modelo docente*. Las actividades son, por así decirlo, el último eslabón de la cadena en el proceso de enseñanza-aprendizaje; constituyen el medio a través del cual el modelo docente se hace real. A través de las actividades el profesor hace llegar al alumno el contenido, en el orden que considera más oportuno; a través de las actividades percibe el alumno los objetivos en los que debe cifrar su esfuerzo; a través de las actividades el alumno se siente más o menos motivado para aprender; a través de las actividades *se encuentran* los dos actores del proceso educativo, profesor y alumno; en definitiva, a través de las actividades se pone en práctica el modelo docente.

El componente de las actividades es tan complejo como el teórico o el de los contenidos. En primer lugar, cabe destacar la enorme variedad de actividades que pueden desarrollarse en el aula. Si en la metodología tradicional los tipos de ejercicios eran pocos y repetitivos, en la metodología audio-oral se incrementa la notablemente la tipología, y en la metodología comunicativa esta variedad alcanza cotas ciertamente altas. Abundan actualmente los manuales en que los tipos de ejercicios diferentes sobrepasan ampliamente el centenar.

Y en verdad que este componente había estado excesivamente preterido hasta la segunda mitad del siglo XX. A ello contribuía el hecho de que los métodos ponían el énfasis en los aspectos teóricos que los sustentaban, sin ocuparse adecuadamente de elaborar y presentar un rico abanico de estrategias para ponerlas en práctica. Así se explica que ejercicios como la memorización de reglas y vocabulario, acompañados de prácticas de traducción, hayan constituido durante siglos el porcentaje mayoritario de las actividades escolares para aprender lenguas extranjeras. Una tipología paupérrima si consideramos la multitud de variantes, entre ellas también las lúdicas, mediante las cuales puede ser enseñada la gramática o incitar a los alumnos a su aprendizaje.

En este apartado se ha argumentado en favor de una clara definición de los elementos que componen o integran un método. Y se ha concluido que un método queda mejor delineado si se toman en consideración tres componentes:

a) el componente teórico;
b) el componente de los contenidos y
c) el componente de las actividades.

También se ha puesto de relieve el hecho de que los tres componentes están íntimamente relacionados entre sí, de manera jerárquica y condicionando parcialmente cada uno de ellos al que le sigue. Vale la pena encarecer las ventajas que un modelo de esta índole ofrece. Con él es posible 1) identificar y describir cualquier método y 2) contrastar un método con otro o con otros. En el apartado siguiente se evidenciarán estas ventajas al analizar tres métodos sobresalientes y anteriores a la metodología comunicativa.

Si bien el trabajo analítico en cuanto tal no reviste especiales dificultades, el profesor de idiomas se enfrenta a creencias bien asentadas en la sociedad que le rodea. A la formación y consolidación de tales creencias contribuyen sustancialmente los anuncios y propaganda desmedidos, la búsqueda del *negocio fácil* por parte de muchos y el subconsciente de los discentes, quienes se dejan inducir por quienes les adulan esgrimiendo eslóganes como *Aprenda usted inglés en 60 días* o *Hable usted como un nativo con el método X*. Los hablantes, en su gran mayoría, no suelen reflexionar sobre la lengua que utilizan, ni sobre los mecanismos de aprendizaje lingüístico, ni sobre la naturaleza del aprendizaje de una segunda lengua. No es difícil, por tanto, *engañarles* prometiendo facilidad en lo que no es fácil y rapidez en lo que es más bien lento por su propia naturaleza. Resulta bastante sencillo -como demuestra la experiencia- hacer creer a un estudiante que puede aprender un segundo idioma *sin esfuerzo*, hablando, practicando *como hacen los niños al adquirir su primera lengua*. La única manera para que el profesor no caiga en semejantes simplificaciones y no genere ni contribuya a generar falsas expectativas en los discentes es una adecuada reflexión sobre los procesos de enseñanza y aprendizaje. El mejor bagaje de un profesor que inicia su camino o quiere consolidar su futuro profesional es una sólida formación sobre todos los componentes que participan en la configuración de un método. Desde esta perspectiva es inútil y sobre todo estéril cualquier minusvaloración de la teoría en contraposición a la práctica. La teoría y la práctica son dos caras de la misma moneda. Como afirma Wardhaugh (1969): *No hay nada tan práctico como una buena teoría*.

3. El concepto de método en tres casos: método tradicional, método directo y método audio-oral

Como ya he afirmado anteriormente, la claridad en el concepto de método es fundamental para evitar ambigüedades. Las bondades del modelo propuesto se deben hacer evidentes a la hora de su aplicación analítica. Y esto es lo que me propongo en las siguientes páginas. He elegido para ello tres métodos bien conocidos -quizás los más conocidos- hasta el último tercio del siglo XX. El método *tradicional,* porque ha sido el más ampliamente utilizado en el sistema escolar reglado; el método *directo*, porque constituyó el mayor reto frente al método tradicional, a finales del siglo XIX y principios del XX; y el método *audio-oral*, porque irrumpió en las escuelas de manera sistemática y casi universal, de la mano de los lingüistas, a mediados del siglo XX, tras la Segunda Guerra Mundial.

El análisis de cada uno de ellos en los tres componentes aquí propuestos permite no solamente proceder a una descripción clara y precisa, sino también a una comparación que pone de manifiesto, con claridad y precisión, sus semejanzas y diferencias.

Respecto al *componente teórico*, se perfilan tanto las bases teóricas que subyacen en cada método, como las diferencias que los distinguen o los puntos en que coinciden:

Componentes	**Método tradicional**	**Método directo**	**Método audio-oral**
	Principios sobre la lengua	**Principios sobre la lengua**	**Principios sobre la lengua**
	1. La lengua es un conjunto de reglas (con sus correspondientes excepciones).	1. No parece existir una teoría lingüística expresa sobre lo que se entiende por lengua. Se da por supuesto que la lengua es un instrumento de comunicación prioritariamente oral y secundariamente escrita.	1. La lengua es un conjunto de estructuras jerárquicamente organizadas que tiene como finalidad la transmisión de significado. La estructuración de la lengua se da en tres niveles: fonológico, morfológico y sintáctico (el nivel semántico es menos relevante).
Componente 1	2. La lengua escrita constituye el punto de partida único.	2. La lengua oral precede a la escrita. Este es el orden natural de aprendizaje.	2. Le lengua es primero oral, luego escrita.
	3. El modelo de lengua reside en los textos literarios y de personas cultas.	3. No se parte de modelos de lengua centrados en textos literarios. La lengua cotidiana y de cada día, tal cual aparece en situaciones de comunicación, parece ser el modelo, al menos en clase.	3. El modelo de lengua es el que resulta de la observación y análisis científico de la producción lingüística por parte de los hablantes.

	4. Las reglas de la gramática constituyen un todo formalizado, presidido por la lógica y observable de manera especialmente perfecta en los textos literarios o en los escritos y habla de las personas cultas.	4. Las reglas de la gramática se aprenden por inducción, mediante el uso.	4. Las reglas de la gramática tienen como finalidad ordenar los diversos elementos con el fin de producir palabras o frases.
		5. Las palabras se asocian directamente a los objetos que las representan, especialmente en su forma fónica.	5. (En modelos posteriores) El significado de las palabras cobra pleno significado en la situación o contexto en el que se usan.
		6. Las palabras y su significado están siempre asociadas a un contexto o situación.	
Componente 1	**Principios sobre la enseñanza y el aprendidaje**	**Principios sobre la enseñanza y el aprendidaje**	**Principios sobre la enseñanza y el aprendidaje**
	1. El aprendizaje de las reglas gramaticales se logra mejor a través de un proceso deductivo.	1. El aprendizaje de las lenguas se logra de igual manera que aprendemos el idioma materno: inductivamente, mediante la práctica.	1. El aprendizaje consiste en la formación de hábitos, los cuales resultan de la repetición continuada e insistente. El aprendizaje es inductivo.
	2. El aprendizaje de la gramática (aspecto formal de la lengua) ayuda a desarrollar la capacidad mental e intelectual del ser humano.	2. El aprendizaje explícito de la gramática se excluye. Debe ser inductivo, a través de la práctica.	2. El aprendizaje explícito de la gramática no se contempla: se adquiere inductivamente a través de la práctica.
	3. El aprendizaje ha de ser siempre consciente.	3. El aprendizaje no tiene por qué ser una tarea consciente, obtenida mediante abstracción.	3. El aprendizaje lingüístico no suele ser el fruto de un proceso consciente, sino lo que resulta de actos repetitivos.
	4. El modelo de aprendizaje se fundamenta más en las características de los adultos que en las de los niños.	4. El aprendizaje se fundamenta en procesos copiados de la etapa infantil del ser humano.	4. El modelo de aprendizaje se fundamenta en *principios científicos experimentales*, tomados del aprendizaje experimental con animales.

	5. El profesor es el protagonista y la autoridad en la clase. Como tal, constituye el modelo para el alumno.	5. El profesor es el modelo de la clase, pero en interacción con los alumnos.	5. El profesor es el protagonista y el modelo en la clase, como mediador de lo que previamente han elaborado los lingüistas.
	6. El alumno es un agente mayormente *pasivo* que debe asimilar lo que el profesor le transmite.	6. El alumno participa en la clase respondiendo al estímulo y a la interacción del profesor.	6. El alumno es un agente *pasivo* y *activo*, en cuanto que debe participar continuamente en las actividades de la clase.
	7. La práctica del idioma sigue al aprendizaje de la teoría.	7. La práctica con el idioma constituye la base y esencia del método.	7. La práctica continuada y repetitiva es la base del método y tiende a la consolidación de *hábitos lingüísticos*.
	Teoría sociolingüística	**Teoría sociolingüística**	**Teoría sociolingüística**
	1. El contexto no se toma en consideración.	1. El contexto situacional de la comunicación es el medio en que se desarrolla la enseñanza.	1. La enseñanza de lenguas se extiende a grupos sociales diversos; no se limita a grupos selectos.
Componente 1	2. La enseñanza se orienta a grupos selectos que cultivan los valores intelectuales.	2. El objeto de la enseñanza es el lenguaje cotidiano.	2. El modelo de lengua debe ser una muestra representativa del uso real que de ella hacen los hablantes. Se rechazan los modelos fundamentados en actitudes normativas.
	Principios de gestión de la enseñanza	**Principios de gestión de la enseñanza**	**Principios de gestión de la enseñanza**
	1. La gestión de la clase es unilateralmente definida y dirigida por el profesor o por la autoridad escolar.	1. La gestión de la clase es unilateral, definida y dirigida por el profesor, quien siempre debe mostrarse activo y en movimiento.	1. La gestión de la clase es unilateral, definida y dirigida por el profesor o por la autoridad escolar.
	2. La participación de los alumnos es circunstancial (en las prácticas).	2. La participación de los alumnos está promovida y guiada en todo momento por el profesor.	2. Los alumnos participan activamente en la repetición de estructuras, guiados por el profesor.
	3. Los errores no se toleran. Principios sobre la lengua:	3. Los errores están subordinados a la eficacia comunicativa.	3. Los errores se corrigen de inmediato para no consolidar malos hábitos.

En lo que respecta al segundo eje o componente, se ponen de manifiesto las diferencias que resultan de los principios en que cada método se apoya:

Componentes	Método tradicional	Método directo	Método audio-oral
	Objetivos del aprendizaje **a) Objetivos lingüísticos generales**	**Objetivos del aprendizaje** **a) Objetivos lingüísticos generales**	**Objetivos del aprendizaje** **a) Objetivos lingüísticos generales**
	1. Ser capaz de leer textos literarios en la lengua aprendida.	1. Ser capaz de usar el idioma en situaciones habituales de la vida cotidiana.	1. Ser capaz de comunicarse oralmente en la lengua aprendida.
	2. Ser capaz de traducir de la lengua aprendida a la materna y viceversa.	2. Dar prioridad a la lengua oral (escuchar y hablar).	2. Prioridad a las destrezas de escuchar y hablar.
	3. Usar la lengua aprendida como instrumento de comunicación, primordialmente en las destrezas de leer y escribir.	3. Propiciar que el alumno piense en la lengua que aprende mediante el uso exclusivo de este idioma en clase.	
Componente 2	**b) Objetivos lingüísticos específicos**	**b) Objetivos lingüísticos específicos**	**b) Objetivos lingüísticos específicos**
	1. Memorizar reglas y normas de la lengua estudiada.	1. Adquirir una buena pronunciación, a la cual se da importancia prioritaria.	1. Aprender mediante repetición las estructuras y patrones básicos de la lengua estudiada, en el nivel fonológico, morfológico y sintáctico.
	2. Aprender listas de vocabulario que permitan formar frases mediante la aplicación de las reglas aprendidas.	2. Aprender el vocabulario básico necesario para comunicarse en las situaciones cotidianas. Por lo general, vocabulario en contexto.	2. Aprender el léxico necesario para poder utilizar las estructuras correspondientes.
	3. Aprender las reglas y excepciones de ortografía, morfología y sintaxis	3. Aprender frases usuales y útiles usadas en la comunicación.	3. Aprender frases mediante la memorización de diálogos expresamente elaborados.

Componentes	Método tradicional	Método directo	Método audio-oral
Componente 2	**c) Objetivos pragmáticos** 1. Centrar el aprendizaje lingüístico en textos literarios y del lenguaje culto. 2. Presentar textos que se ajusten a las reglas dictadas por la gramática. 3. Equiparar los valores culturales a los representados y aportados por la literatura y las artes liberales.	**c) Objetivos pragmáticos** 1. Circunscribir el aprendizaje a situaciones habituales de la vida diaria. 2. Enseñar un tipo de lenguaje familiar y coloquial, más que culto o literario. 3. Los valores culturales derivan de las situaciones cotidianas representadas.	**c) Objetivos pragmáticos** 1. Aprender la lengua representativa del uso real. 2. Aprender las estructuras y patrones básicos de la lengua. 3. Los valores culturales son los representativos del uso lingüístico general.
	d) Objetivos de gestión de la enseñanza 1. La gestión de la enseñanza está subordinada al criterio de la autoridad educativa o al del profesor. 2. El profesor imparte saber y el alumno se convierte en receptor pasivo de aquél.	**d) Objetivos de gestión de la enseñanza** 1. Gestión de la enseñanza dependiente del criterio del profesor que actúa en la clase. 2. Se parte de objetivos no necesariamente definidos con precisión. El profesor goza de gran libertad para reorientar y organizar la clase.	**d) Objetivos de gestión de la enseñanza** 1. Gestión de la enseñanza atendiendo a criterios científicos relativos tanto a la naturaleza de la lengua como a la naturaleza del aprendizaje del ser humano en general. 2. Los objetivos vienen definidos por los lingüistas y el profesor actúa como agente mediador, sin que deba cambiar ni objetivos ni actividades prescritas. El alumno actúa según pautas similares.

Se podrá observar también que el componente 3, relativo a las actividades desarrolladas en clase, ofrece una notoria carencia de variedad. De otra parte, se evidencia la relación que existe entre las actividades aquí propuestas, los objetivos seleccionados anteriormente y los principios de que cada método parte:

Componentes	Método tradicional	Método directo	Método audio-oral
Componente 3	**Tipología de las actividades** 1. Memorización de vocabulario. 2. Memorización de reglas. 3. Explicación razonada de la gramática y sus reglas. 4. Ejercicios de formación de frases de acuerdo con las reglas aprendidas. 5. Ejercicios de traducción directa e inversa.	**Tipología de las actividades** 1. Uso de objetos, dibujos o gestos para transmitir el significado de palabras o frases. 2. Utilización de técnicas de demostración y no de explicación para hacer comprender algo a los alumnos. 3. No se utiliza nunca la traducción a la lengua materna del alumno. 4. Utilización de la técnica de pregunta-respuesta como base fundamental de la docencia. 5. Recurso esporádico al dictado y a la lectura de textos que luego servirán de base para conversar y clarificar el contenido.	**Tipología de las actividades** 1. Memorización de diálogos estructuralmente condicionados y pedagógicamente adaptados. 2. Repetición de estructuras mediante técnicas o procedimientos variados: - mediante repetición de patrones, - mediante repetición de patrones en los que se sustituye uno o más elementos estructuralmente equivalentes, - mediante transformación de frases estructuralmente idénticas, - mediante la reformulación de frases, - mediante la reducción de dos frases en una, - mediante la expansión de una frase en dos, - mediante el recurso a la técnica de pregunta-respuesta sobre modelos equivalentes, - mediante la transferencia de los patrones aprendidos a contextos semejantes.
	Elementos pedagógicos en el diseño de actividades 1. El aprendizaje es deductivo: se fundamenta en el razonamiento y la memorización.	**Elementos pedagógicos en el diseño de actividades** 1. El aprendizaje es inductivo, es decir, debe estar enraizado en la práctica. 2. Las actividades deben implicar siempre la práctica interactiva, especialmente oral.	**Elementos pedagógicos en el diseño de actividades** 1. El aprendizaje es inductivo.Todo debe surgir de la práctica. 2. Las actividades deben ser repetitivas, para propiciar la formación de hábitos lingüísticos.

Componentes	Método tradicional	Método directo	Método audio-oral
Componente 3	**Elementos psicológicos para determinar procedimientos** 1. La posible competitividad entre los alumnos.	**Elementos psicológicos para determinar procedimientos** 1. Implicar a los alumnos en el aprendizaje mediante la interacción promovida por el profesor.	**Elementos psicológicos para determinar procedimientos** 1. Puesto que la docencia ya está avalada por un procedimiento científico, los factores de orden psicológico no suelen tenerse en cuenta.
	Elementos motivadores 1. La posible competitividad entre los alumnos y el reto intelectual que puede plantear el aprendizaje.	**Elementos motivadores** 1. Uso, desde el principio, de la lengua que se aprende. Los alumnos sienten de inmediato la utilidad de lo que aprenden. 2. Interacción comunicativa y personal como elemento motivador. 3. Recurso a los objetos reales o dibujos para suscitar interés, al mismo tiempo que se facilita la comprensión.	**Elementos motivadores** 1. No se consideran explícitamente.
	Elementos procedimentales relacionados con el contexto pragmático y sociolingüístico 1. Uso de la lengua materna del alumno como regla general. 2. Las prácticas derivan de los requerimientos de la gramática aprendida.	**Elementos procedimentales relacionados con el contexto pragmático y sociolingüístico** 1. Uso de la lengua que se aprende. 2. La interacción se desarrolla siempre en torno a situaciones o hechos de la vida cotidiana.	**Elementos procedimentales relacionados con el contexto pragmático y sociolingüístico** 1. Uso exclusivo de la lengua que se aprende. 2. Las prácticas no necesariamente derivan del uso real o situacional.

Componente 3	**Elementos de planificación y gestión de las actividades en el aula**	**Elementos de planificación y gestión de las actividades en el aula**	**Elementos de planificación y gestión de las actividades en el aula**
	1. Secuenciación de las actividades según el esquema: explicación -comprensión- prácticas.	1. Las actividades deben seguirse unas a otras atendiendo al orden natural de la comunicación entablada.	1. La planificación del contenido la suministran los lingüistas, siguiendo el esquema: exposición-repetición / práctica-consolidación- transferencia.
	2. La práctica siempre sigue a la exposición teórica.	2. La teoría sobre la lengua no se explicita.	2. La teoría lingüística nunca se explicita.
	3. Los errores no se toleran: se corrigen de inmediato.	3. La actitud ante los errores no es drástica.	3. Los errores se corrigen de inmediato (para evitar su consolidación).
	4. El profesor mantiene protagonismo normativo, no interactivo.	4. El protagonismo del profesor se concreta en actividades interactivas.	4. El protagonismo del profesor es normativo e interactivo (sobre todo en ejercicios de repetición).

CONCLUSIÓN

La enseñanza de idiomas ha cobrado una gran importancia en los últimos cincuenta años, especialmente porque el sistema educativo la incluye obligatoriamente en el currículo desde temprana edad. Como consecuencia de ello, son muchos los miles de profesores que se dedican profesionalmente a esta labor. Las universidades, por su parte, tampoco han quedado marginadas y la docencia especializada de las disciplinas didácticas está presente por doquier, siendo también muchos los que investigan experimentalmente sobre el tema. La expansión y universalización de la enseñanza de lenguas ha mejorado la calidad docente y ha concienciando también a profesores y alumnos sobre los problemas y dificultades del aprendizaje. Este panorama no debe ocultar lo que aún queda por hacer, por investigar y por solucionar. La *cuestión del método* sigue siendo un problema que se resiste a la solución. Las propuestas metodológicas siguen floreciendo por doquier y de ellas también se aprovechan, a veces engañosamente, quienes basan su actividad en el negocio de la enseñanza de lenguas.

Pues bien, la situación no quita, sino que añade urgencia a la necesidad de clarificar lo que es un método, o qué se entiende por tal cuando se usa el término. Sólo así será más fácil discriminar lo nuevo de lo viejo, lo realista de lo utópico. La propuesta y modelo descritos en estas páginas espero que sirvan de ayuda en la dirección correcta.

Bibliografía

ANTHONY, E. M. (1963), "Approach, Method and Technique", *English Language Teaching,* 17: 63-67. Reproducido en H. ALLEN y R. N. CAMPBELL (1972), *Teaching English as a Second Language*, Nueva York, McGraw Hill.

BERLITZ, M. D. (1890), *Método Berlitz, para la enseñanza de idiomas modernos. Parte española. Por M. Berlitz. Con la colaboración del Señor D. M. Florentino Martínez,* Nueva York, Berlitz.

BESSE, H. (1985), *Méthodes et pratiques des manuels des langues*, París, Credif-Didier.

BOSCO, F. J. y DI PIETRO, R. J. (1970), "Instructional strategies: their psychological and linguistic bases", *IRAL,* 8: 1-19.

BREEN, M. P. (1984), "How would we recognise a communicative classroom?", en B. COFFEY (ed), *Teacher Training and the Curriculum: the Dunford House Seminar* (1982), Londres, The British Council.

BREEN, M. P. (1987), "Contemporary paradigms in syllabus design", *Language Teaching*, 20 (3): 157-174.

BROWN R. W. (1986), *Social Psychology: the Second Edition*, Nueva York, The Free Press.

CANALE. M. y SWAIN, M. (1980), "Theoretical bases of communicative approaches to second language teaching and testing", *Applied Linguistics*, 1/1: 1-47.

CLARK, J. L. D. (1969), "The Pensylvannia project and the 'Audiolingual vs Traditional' question", *Modern Language Journal,* 53: 388-396.

CLARKE, M. A. (1983), "The scope of Approach, the importance of Method and the nature of Techniques", en *Georgetown University Round Table on Language and Linguistics*, (eds.) ALATIS / STERN / STREVENS: 106-115, Washington D.C., Georgetown University Press.

CONSEJO DE EUROPA (1978), *A European Unit/Credit System for Modern Language Learning by Adults*, Estrasburgo, Consejo de Europa.

DI PIETRO, R. (1987), *Strategic Interaction. Learning Languages through Scenarios,* Cambridge, Cambridge University Press.

DUBIN, S. y OLSHTAIN, E. (1986), *Course Design. Developing Programs and Materials for Language Learning*, Cambridge, Cambridge University Press.

FRIES, C. C. (1945), *Teaching and Learning English as a Foreign Language*, Ann Arbor, University of Michigan Press.

GALISSON R. (1982), *D'hier à aujourd'hui. La didactique générale des langues étrangères*, París, CLE International.

GARCÍA SANTA-CECILIA, A. (1995), *El currículo de español como lengua extranjera*, Madrid, Edelsa.

GOUIN, F. (1892), *The Art of Teaching and Studying Languages,* Londres, George Philip & Son, (traducción al inglés de H. Swan y V. Bétis).

HESSE, M. G. (1975), *Approaches to Language Teaching*, Amsterdam, North Holland.

JOHNSON, K. y MORROW, (1979), *Approaches*, Cambridge, Cambridge University Press.

JOHNSON, K. (1982), *Communicative Syllabus Design and Methodology*, Oxford, Pergamon.

KELLY, L. G. (1969), *25 Centuries of Language Teaching*, Nueva York, Newbury House Publishers.

KRASHEN, S. (1982), *Principles and Practice in Second Language Learning*, Londres, Pergamon.

KRASHEN, S. (1981), *Second Language Acquisition and Second Language Learning*, Londres, Pergamon.

KRASHEN, S. y SELIGER, H. (1975), *The Essential Contribution of Formal Instruction in Adult Second Language Learning*, *TESOL Quarterly*, 13: 378-382.

KRASHEN, S. y TERREL, T. D. (1983), *The Natural Approach. Language Acquisition in the Classroom*, Londres, Pergamon.

LADO, R. (1964), *Language Teaching. A Scientific Approach*, Nueva York, McGraw Hill.

LEONTIEV, A. A. (1981), *Psychology and the Language Learning Process*, Oxford, Pergamon.

MACKEY, W. F. (1965), *Language Teaching Analysis*, Londres, Longman.

MARTON, W. (1988), *Methods in English Language Teaching*, Nueva York, Prentice Hall.

MOIRAND, S. (1982), *Enseigner à communiquer en langue étrangère*, París, Hachette.

MUMBY, J. (1978), *Coomunicative Syllabus Design*, Cambridge, Cambridge University Press.

NUNAN, D. (1985), *Language Teaching Course Design: Trends and Issues*, Adelaida, National Curriculum Resource Center.

NUNAN, D. (1987), *The Teacher as Curriculum Developer*, Adelaide, National Curriculum Resource Centre.

NUNAN, D. (1988), *The Learner-Centred Curriculum*, Cambridge, Cambridge University Press.

NUNAN, D. (1988a), *Syllabus Design*, Oxford, Oxford University Press.

NUNAN, D. (1989), *Designing Tasks for the Communicative Classroom*, Cambridge, Cambridge University Press.

RICHARDS, J. C. (1985), *The Context of Language Teaching*, Cambridge, Cambridge University Press.

RICHARDS J. y RODGERS, T. (1986; 2001), *Approaches and Methods in Language Teaching*, Cambridge, Cambridge University Press.

RIVERS, W. (1964), *The Psychologist and the Foreign Language Teacher*, Chicago, University of Chicago Press.

SÁNCHEZ, A. (1981), *La enseñanza de idiomas. Principios, problemas y métodos*, Barcelona, HORA.

SÁNCHEZ, A. (1987), *El método comunicativo y su aplicación a la clase de idiomas*, Madrid, SGEL.

SÁNCHEZ, A. (1992), *Historia de la enseñanza del español como lengua extranjera*, Madrid, SGEL.

SÁNCHEZ, A. (1993), *Hacia un método integral en la enseñanza de idiomas*, Madrid, SGEL.

SÁNCHEZ, A. (ed.) (2001), G*ran diccionario de uso del español actual*, Madrid, SGEL.

SKINNER, B. F. (1957), *Verbal Behavior*, Nueva York, Apple-Century-Crofts.

STENHOUSE, L. (1975), *An Introduction to Curriculum Research and Development*, Londres, Heineman.

STERN, H. H. (1983), *Fundamental Concepts of Language Teaching*, Oxford, Oxford University Press.

TYLER, R. (1949), *Basic Principles of Curriculum and Instruction*, Nueva York, Harcourt.

VAN EK, J. A. (1975), *The Threshold Level*, Estrasburgo, Consejo de Europa.

VAN EK, J. A. y ALEXANDER, L. G. (1977), *Waystage English*, Oxford, Pergamon Press.

WARDHAUGH, R. (1969), "Current Problems and Classroom Practices", *TESOL Quarterly*, 3: 105-6.

WILKINS, D. A. (1976), *Notional Syllabuses*, Londres, Oxford University Press.

YALDEN J. (1983) , *The Communicative Syllabus: Evolution, Design and Implementation*, Oxford, Pergamon Press.

De los programas nocional-funcionales a la enseñanza comunicativa

Pilar Melero Abadía
Tandem Escuela Internacional

Introducción

En la década de los años sesenta, en Estados Unidos y Gran Bretaña, surgieron las primeras críticas hacia la metodología audiolingual/audiovisual. Muchos profesionales de la enseñanza de idiomas empezaron a rechazar las teorías sobre las que se apoyaba esta corriente metodológica: la lingüística estructural (Bloomfield, 1933), y la teoría conductista (Skinner, 1957) procedente de la psicología del aprendizaje. En parte, estas reacciones brotaron de la crítica teórica que el lingüista norteamericano N. Chomsky, en sus dos obras, *Syntactic Structures* (1957) y *Aspects of the Theory of Syntax* (1965), había hecho contra la teoría lingüística estructural. Para Chomsky, las teorías lingüísticas basadas en un análisis estructural no podían explicar las características fundamentales de la lengua, la creatividad y la capacidad productiva e innovadora de la persona que la articula. El hablante no es un simple autómata que responde a estímulos externos, no aprende como resultado de la adquisición de hábitos lingüísticos a través de la repetición, sino que parte de elementos lingüísticos finitos para poder expresar y comprender un número ilimitado de frases. La capacidad intelectual del ser humano se pone de manifiesto en el aspecto creador del uso del lenguaje. Se empieza, pues, a rechazar el aprendizaje memorístico de listas de palabras descontextualizadas y el aprendizaje que se lleva a cabo a través de ejercicios de repetición mecánica.

En la década de los años setenta, en Estados Unidos, la renovación didáctica puso en práctica metodologías que reivindicaban las estrategias cognitivas de la persona que estudia una lengua extranjera y así van apareciendo el enfoque natural (*Natural Approach*, T. Terrell), el aprendizaje comunitario (*CLL*, C. A. Curran), el método silencioso (*Silent Way*, C. Gattegno), la sugestopedia (*Suggestopedia*, G. Lozanov) o el método de respuesta física total (*TPR*, J. Asher), mientras que en Europa se irá forjando el *enfoque comunicativo*. Como veremos en los siguientes apartados, el enfoque comunicativo da un giro muy importante a la enseñanza y aprendizaje de lenguas extranjeras. Han pasado ya más de tres décadas desde sus inicios y en este tiempo se han ido produciendo profundos cambios en el diseño de programas, en el procedimiento metodológico y en el nivel de conceptualización y organización de la *enseñanza comunicativa*, cambios que han supuesto un gran enriquecimiento para esta corriente metodológica. La *enseñanza comunicativa* de la lengua sigue y seguirá buscando nuevos caminos que nos lleven a aprender a usar la lengua para comunicarnos.

Muchas veces se usan como sinónimos los siguientes términos: *enseñanza comunicativa*, *método comunicativo*, *enfoque comunicativo*, *enfoque nocional-funcional* o *programa nocional-funcional*. Antes de introducirnos en el desarrollo de la enseñanza comunicativa vamos a definir la terminología referida al tema de este artículo.

El principal objetivo de la *enseñanza comunicativa* es que el alumno adquiera la capacidad de usar la lengua para comunicarse de forma efectiva. Tiene diferentes versiones o interpretaciones y también diferentes formas de trabajar en el aula (programas funcionales, temáticos, nocional-funcionales, de procesos, mediante tareas, procedimetales, por destrezas, etc.), aunque todas poseen en común un enfoque, unos principios, una base teórica: el *enfoque comunicativo*. Acostumbrados, quizás, a hablar del método gramatical, método directo o método audiolingual, cuando nace esta nueva concepción metodológica se denomina *método comunicativo* a lo que realmente *sólo* es un *enfoque* que toma como base una reflexión teórica sobre la lengua y sobre el aprendizaje[1], sobre qué lengua enseñar/aprender y cómo enseñarla/aprenderla.

En el *enfoque comunicativo*, la teoría sobre la lengua que subyace resulta del concepto de *competencia comunicativa*, complementado por la teoría de las funciones de Halliday (1973), las aportaciones de la filosofía del lenguaje sobre los actos de habla (Austin y Searle) y del análisis del discurso. En cuanto a la teoría del aprendizaje, no podemos hablar de una teoría concreta (como en el caso del método audiolingual cuya teoría del aprendizaje es el conductismo), pero sí de tres principios básicos[2]: aprendemos si las actividades implican comunicación real, si usamos la lengua para realizar tareas significativas y si la lengua es significativa. El *enfoque comunicativo* no determina ni el diseño (objetivos generales y específicos, modelo de programa, tipos de actividades, etc.) ni el procedimiento (prácticas de clase, recursos, modelos de interacción, etc.) de un curso o de un manual. El profesor que sigue este enfoque tiene autonomía para desarrollarlo, interpretarlo y variarlo teniendo en cuenta la realidad concreta de *su aula* y las expectativas y necesidades específicas de *sus alumnos*.

Dentro de la *enseñanza comunicativa*, la primera forma de describir y organizar los contenidos que se aplicó fue la de un programa *nocional-funcional* que se asienta sobre categorías nocionales y categorías funcionales. Los *programas nocional-funcionales*, en principio, siguen el *enfoque comunicativo*. Se puede considerar, como lo hace Johnson (1981):

> *la relación entre conceptos como nocional o funcional, por una parte, y comunicativo, por otra, como la relación de los medios con respecto a un fin: el objetivo es enseñar la capacidad de comunicarse y para ello especificamos y organizamos el contenido de la enseñanza mediante un programa nociofuncional; pero este programa es sólo el vehículo para llegar a un destino, y un curso se considerará comunicativo no sólo por cómo estén organizados sus contenidos sino también por cómo sea su metodología. Así, es posible imaginar un curso nociofuncional que debido a su metodología, no podamos denominar comunicativo* (citado en García Santa-Cecilia, 1995: 41).

[1] Véase J. C. Richards y T. Rodgers.

[2] Véase J. C. Richards y T. Rodgers.

1. Primeros pasos de la enseñanza comunicativa

En los años setenta empezaba a hacerse evidente la necesidad de darle una nueva dirección a la enseñanza de lenguas extranjeras. El denominado *enfoque comunicativo* que defiende la concepción comunicativa de la lengua, traería la nueva perspectiva que estaba necesitando el proceso de enseñanza-aprendizaje. Más adelante veremos cómo este enfoque se irá modificando y enriqueciendo a través de nuevas propuestas ideológicas y sigue haciéndolo en nuestros días.

1.1. Competencia comunicativa[3]

El modelo de gramática generativa-transformacional de Chomsky defendía una división entre *competence* (*competencia*), conocimiento lingüístico interiorizado y *performance* (*actuación*), entendida ésta como el uso individual de la lengua en una situación concreta, es decir, la evidencia externa de la competencia lingüística. Esta distinción enlaza con la histórica dicotomía que hizo F. de Saussure (1916) entre *langue* y *parole*. Para estos dos lingüistas, la *langue* o *competence* es algo sistemático y objeto de estudio de la lingüística, la *parole* o *performance* carece de sistema y no posee rasgos propios, por ello, no puede ser objeto de estudio de la lingüística teórica.

El lingüista y antropólogo Hymes (1967: 8-28; 1972: 269-293) rechazó el concepto chomskyano de *competencia*, defendiendo que ésta tiene que incluir los conceptos de *adecuación* y *aceptación*, y fue el primero que describió la *competencia comunicativa* como aquélla que implicaba saber qué decir a quién y cómo decirlo de forma apropiada en una situación determinada. A partir de entonces, el concepto de *competencia comunicativa* se ha ido modificando y enriqueciendo hasta llegar a la complejidad del que manejamos en la actualidad. Canale y Swain (1980) reformularon la definición de Hymes y propusieron un marco teórico con el que describir la competencia comunicativa. Tres años después, Canale presentó el modelo de *competencia comunicativa* más utilizado durante estas dos últimas décadas y que comprende las siguientes cuatro competencias relacionadas entre sí: la lingüística o gramatical (dominio de la gramática y el léxico), la sociolingüística (uso apropiado de la lengua en el contexto social en el que tiene lugar la comunicación), la discursiva (relación entre los elementos del mensaje y éste con el resto del discurso) y la estratégica (dominio de estrategias de comunicación que suplen carencias en las otras competencias). A estas cuatro competencias se le sumaron después la sociocultural y la social. Ya en los años noventa, Bachman (1990), desde la perspectiva de la evaluación de lenguas, reordenó el modelo de competencia comunicativa reivindicando la importancia de la competencia estratégica. En la actualidad, partiendo del *Marco común europeo de referencia para las lenguas: aprendizaje, enseñanza, evaluación*, publicado en español en el año 2002 (las ediciones inglesa y francesa corresponden al año 2001):

---

[3] Para un desarrollo más completo del concepto de *competencia comunicativa*, véanse los artículos dedicados a este tema en la presente obra.

> *Se puede considerar que la competencia comunicativa comprende varios componentes:* el lingüístico, el sociolingüístico *y* el pragmático. *Se asume que cada uno de estos componentes comprende, en concreto, conocimientos, destrezas y habilidades. Las* competencias lingüísticas *incluyen los conocimientos y las destrezas léxicas, fonológicas y sintácticas, y otras dimensiones de la lengua como sistema, independientemente del valor sociolingüístico de sus variantes y de las funciones pragmáticas de sus realizaciones. [...] Las* competencias sociolingüísticas *se refieren a las condiciones socioculturales del uso de la lengua. [...] Las* competencias pragmáticas *tienen que ver con el uso funcional de los recursos lingüísticos (producción de funciones de lengua, de actos de habla) sobre la base de guiones o escenarios de intercambios comunicativos. También tienen que ver con el dominio del discurso, la cohesión y la coherencia, la identificación de tipos y formas de texto, la ironía y la parodia* (*MCER*, 2002: 24-25).

1.2. Los programas nocional-funcionales: *Nivel umbral*

A principios de los años setenta, el concepto de *competencia comunicativa* de Hymes y la percepción de la lengua como instrumento de comunicación y no como un fin en sí misma fueron la base de una nueva forma de ver la enseñanza. El nacimiento de la Comunidad Económica Europea supuso un estímulo importante a la hora de buscar nuevos enfoques metodológicos para la enseñanza de lenguas extranjeras, ya que la movilidad de los ciudadanos entre los países miembros hacía necesario el aprendizaje de sus lenguas a fin de que la comunicación pudiera tener lugar. En 1971, el Consejo de Europa[4] encargó a una comisión de expertos formada por D.A. Wilkins, J.A. van Ek, J. L. Trim y R. Richterich el desarrollo de un sistema único de enseñanza de lenguas (*unit/credit system*) basado en principios comunes que unificara la enseñanza de lenguas en Europa y supusiera una alternativa al método audiolingual/audiovisual. Wilkins (1972), partiendo del análisis de las intenciones comunicativas que debía poder expresar y comprender la persona que aprendía una lengua, propuso las siguientes dos categorías:

- Categorías nocionales: de carácter semántico-gramatical. Conceptos que expresamos a través de la lengua como, por ejemplo, tiempo, cantidad, secuencia, ubicación o frecuencia.
- Categorías funcionales: de naturaleza pragmática. Se relacionan con las intenciones del hablante al usar la lengua. Son funciones comunicativas, por ejemplo, presentarse, pedir algo, informar o quejarse.

> En un curso que sigue una programación nocional-funcional, *cada una de las extensas unidades* nocionales *está dividida en realidad en unidades más breves basadas en temas diferentes (por ejemplo,* salud*). Dentro de cada unidad más breve, las actividades de práctica se centran en funciones comunicativas concretas (por ejemplo,* preguntar sobre la obligación*). La combinación de la noción* cantidad *con el tema* salud *y la función* preguntar sobre la obligación *produce resultados prácticos como* ¿Tengo que tomar media o una cucharada entera? (Littlewood, 1996: 78).

---

[4] Véase la web del Consejo de Europa. Language Policy Division (Strasbourg): http://www.coe.int/T/E/Cultural_Co-operation /education/Languages/Language_Policy/default.asp

En 1975, el Consejo de Europa adoptó el modelo teórico de programación nocional-funcional propuesto por Wilkins como base para la elaboración de *The Threshold Level* (*T-Level*). Este documento parte del análisis de las necesidades comunicativas de una persona en situaciones diarias y prevé los espacios en los que tendrán lugar los intercambios lingüísticos (en la calle, en casa, en el trabajo, etc.) y los temas de comunicación (el tiempo libre, las relaciones familiares, etc.). Elabora un inventario práctico de funciones de la lengua y de contenidos gramaticales necesarios. Esta publicación tuvo gran influencia en el diseño de programas comunicativos y de manuales en Europa. Existen traducciones y adaptaciones de este documento a un gran número de lenguas europeas. En 1979, antes de que Van Ek y Alexander lo adaptaran al inglés como *Threshold Level English* (1980), Slagter públicó en español *Un nivel umbral*, trabajo al que se le criticó la ausencia de un desarrollo lingüístico específico de la lengua española[5] como se había hecho en las adaptaciones al francés o al alemán. En 1988 se publica la obra de Gelabert, Herrera, Martinell y Martinell *Nivel Umbral, Intermedio y Avanzado. Repertorio de funciones comunicativas del español*, en la que encontramos 181 unidades referentes a actos comunicativos que se agrupan en cuatro apartados: *Relación social*, *Información y comunicación*, *Acciones comunicativas* y *Sentimientos. Gustos. Opiniones*. En 1990, Van Ek y Trim publican una nueva versión de *Threshold Level* que recoge las nuevas perspectivas que se habían ido produciendo en el ámbito de la enseñanza de lenguas extranjeras en los quince años que habían transcurrido desde su primera publicación en 1975. En la actualización de la obra incluyen, entre otros nuevos aspectos, las estrategias de compensación y discursivas, modelos de entonación y dos nuevas categorías funcionales: la organización del discurso y el control de la comunicación.

El primer intento de aplicación de un análisis nocional-funcional a la producción de un manual de español como lengua extranjera lo hallamos en la publicación, en 1982, de *Entre nosotros* de Sánchez, Ríos y Matilla. No obstante, como admite uno de sus autores, A. Sánchez, en su obra *Historia de la enseñanza del español como lengua extranjera*, el manual no llega a despegarse de los métodos estructurales ni a esbozar un nuevo planteamiento metodológico. El manual que verdaderamente se elabora en torno a una programación nocional-funcional y que toma el nivel umbral como referencia es *Para empezar. Curso comunicativo de español para extranjeros* del Equipo Pragma (1984), al que seguirán *Esto funciona*, del mismo equipo (1986) y *Antena*, del Equipo Avance (1986). A continuación vemos una parte del índice de *Para empezar*, en el que se refleja con claridad la estructura de un manual que sigue una programación nocional-funcional: siete grandes áreas temáticas repartidas cada una de ellas en dos ciclos[6] (el libro *Para empezar A* contiene las unidades 1 a 7 y *Para empezar B*, las unidades 8 a 14) para, como dicen sus autores en el prólogo, *realizar una progresiva ampliación de contenidos al mismo tiempo que se reutilizan y consolidan los ya adquiridos*. Las catorce unidades que componen el libro se enmarcan en diferentes situaciones, y en cada una de ellas se trabajan funciones comunicativas y contenidos gramaticales. Veamos a continuación los contenidos de la unidades 1 y 2 del primer ciclo y 8 y 9 del segundo ciclo:

---

[5] El Equipo Pragma, en el prólogo a su manual *Para empezar* (1984), hace mención a *la especial complejidad de la morfosintaxis española, que hace poco viable la traslación inmediata de las experiencias nocional-funcionales realizadas en otros idiomas*.

[6] Criterio de progresión cíclica del aprendizaje en contraposición a la progresión lineal de otras metodologías.

ÁREA TEMÁTICA	TÍTULO DE LA UNIDAD	SITUACIONES	SE DICE ASÍ.	¡OJO!
Datos personales y control de la comunicación.	**1. Hola, ¿qué tal?**	–Encuentros y primeros contactos. 1.1. y 1.3. –En un hotel. 1.2	–Saludos (formales e informales) (2.1.) –Información personal: origen/ nacionalidad, nombre, profesión y domicilio. (2.2.) –Fórmulas sociales: llamar la atención y disculparse (2.3.)	–1ª, 2ª y 3ª p. del s. del pres. indic. de los verbos: ser, vivir, hablar, estudiar y llamarse. –Ser + nacionalidad, profesión y nombre propio. –Ser + de + origen. –Vivir + en + lugar. (4.1.) –¿Dónde?, ¿de dónde? y ¿cómo? (4.2.) –Abecedario. (4.3.) –Presencia/ausencia del pronombre sujeto. (4.4.)
Referencias espaciales.	**2. ¿Dónde están las llaves?**	–En la calle. 1.1. y 1.5. –En el interior de una vivienda. 1.2. y 1.4. –En un bar. 1.3. –En unas oficinas. 1.6.	–Existencia de objetos. (2.1.) –Ubicación de objetos. (2.2.) –Existencia de lugares. (2.3.) –Ubicación de un piso. (2.4.) –Ubicación de lugares. (2.5.) –Secuencia. (2.6.) –Ignorancia. (2.7.) –Información sobre sí mismo. (2.8.) –Acuerdo. (2.9.) –Agradecimiento. (2.10.)	–Contraste tú/usted en los pres. indic. regulares e irregulares más frecuentes. Paradigma del pres. indic. de estar, tener, ir y venir. (4.1.) –Contraste tú/usted en el imperativo de perdonar, oír y mirar. (4.2.) –Hay: sintaxis. (4.3.) –Oposición está/hay. (4.4.) –Maneras de ordenar la frase con hay y está. (4.5.) –Un/uno/una: formas y sintaxis. (4.6.) –Ordinales: formas y sintaxis. (4.7.) –Contracción: al, del. (4.8.)

TÍTULO DE LA UNIDAD	SITUACIONES	SE DICE ASÍ.	¡OJO!
8. ¿De parte de quién?	–En un bar. 1.1. –Al teléfono. 1.2. –Con unos amigos. 1.3.	–Información personal: edad, domicilio, teléfono y estado civil. (2.1.) –Saludos, despedidas, identificación del que llama, identificándose y control de la comunicación al teléfono. (2.2.) –Saludos, despedidas y convenciones por correo. (2.3.) –Pedir información sobre un texto escrito o para escribirlo. (2.4.)	–Paradigma de pres. indic. reg. e irreg. más frecuentes. (4.1.) –La gente: semántica, sintaxis y usos. (4.2.) –Estar + de / estar + en. (4.3.) –Adj. y sust.: -ista, -or/a: formación de fem. y pl. (4.4.) –Partículas interrogativas con prep. (4.5.) –Lectura del n.º de tel. (4.6.) –Pero/y. (4.7.) –Lectura de números romanos (4.8.)
9. Allí verá una plaza.	–En la ciudad: a pie, en coche y en autobús. 1.1. –En una oficina de información de trenes. 1.2.	–Hablando de las distancias. (2.1.) –Expresando posición relativa. (2.2.) –Dando puntos de referencia. (2.3.) –Informando de los distintos medios de transporte. (2.4.) –Hablando de horarios. (2.5.) –Confirmando la dirección. (2.6.) –Servicios complementarios. (2.7.)	–Paradigma de los imp. afirm. reg. e irreg. más frecuentes. (4.1.) –Paradigma del fut. reg. e irreg. más frecuentes. (4.2.) –La determinación del nombre: el, este / un, otro... (4.3.) –Ninguno/a: formas, usos y sintaxis. (4.4.) –Valores y usos de otro/a. (4.5.) –Interrogativa indirecta: sabe, puede decirme... (4.6.) –Prep. con verbos de movimiento y otros usos. (4.7.) –Ortog. de g/j, c/z. (4.8.)

Los programas nocional-funcionales representan el primer desarrollo del enfoque comunicativo que *responde al objetivo principal de desarrollar procedimientos de enseñanza que reconozcan la interdependencia de la lengua y la comunicación, lo que sitúa el concepto de competencia comunicativa en el eje de las decisiones que han de adoptarse al elaborar programas y meteriales de enseñanza* (García Santa-Cecilia, 2000: 50).

A continuación vemos un ejemplo extraído del manual *Para empezar A*; se trata de la unidad 5, dentro del área temática *Referencias temporales*. Los alumnos van a aprender, entre otras cosas, a hablar en español de acciones del pasado, de proyectos, decisiones y acciones futuras. En las muestras de lengua que componen los pequeños diálogos contextualizados al principio de la unidad, podemos observar que el aprendizaje con este manual tiene que ver con el uso de la lengua y no con el conocimiento de reglas gramaticales.

Así presentan algunos exponentes funcionales que utilizamos para hablar de acciones del pasado:

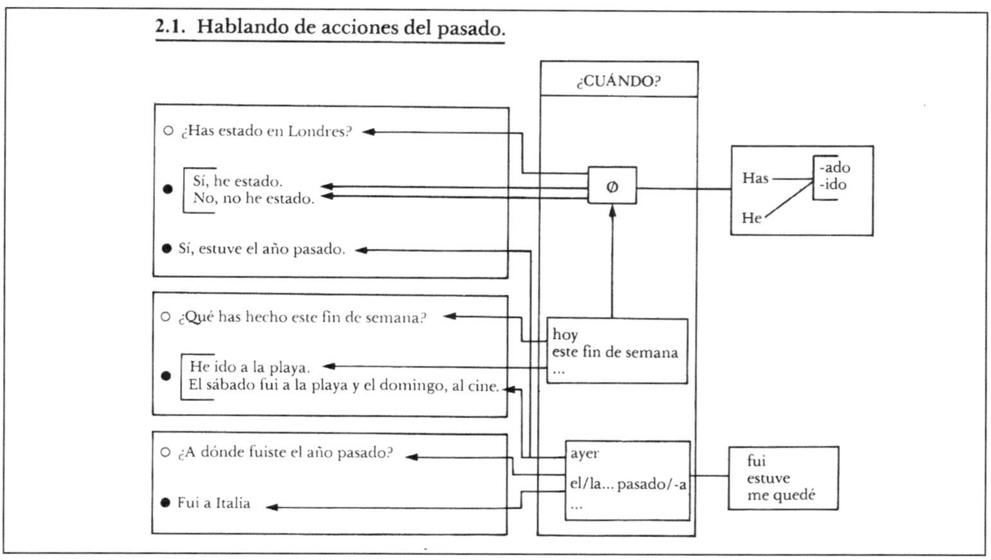

Las actividades de aprendizaje se plantean para ser realizadas en parejas:

3.4.

Habla con tu compañero de lo que ha hecho hoy Juanjo:

○ tú
● tu compañero

○ ¿Ha ido al trabajo en metro?
● No, ha ido en autobús.

1. levantarse a las 9 h.
2. quedarse en casa por la mañana
3. ir de compras
4. escuchar la radio al mediodía
5. comer con unos amigos
6. volver a casa a las 5 h.
7. ir a la playa
8. ver un rato la tele
9. hacer la cena
10. acostarse pronto

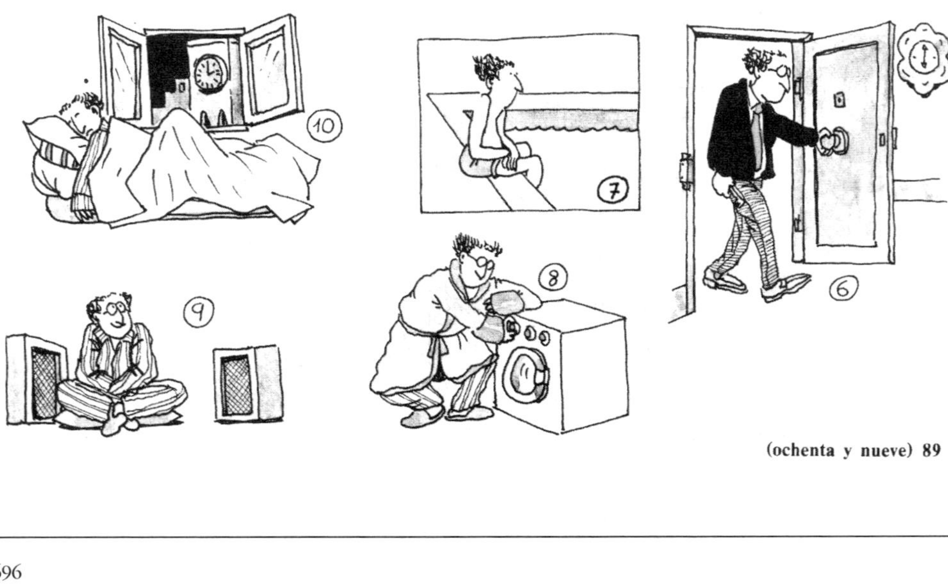

(ochenta y nueve) **89**

Los contenidos gramaticales se presentan en esquemas, con ayudas visuales y sin explicaciones:

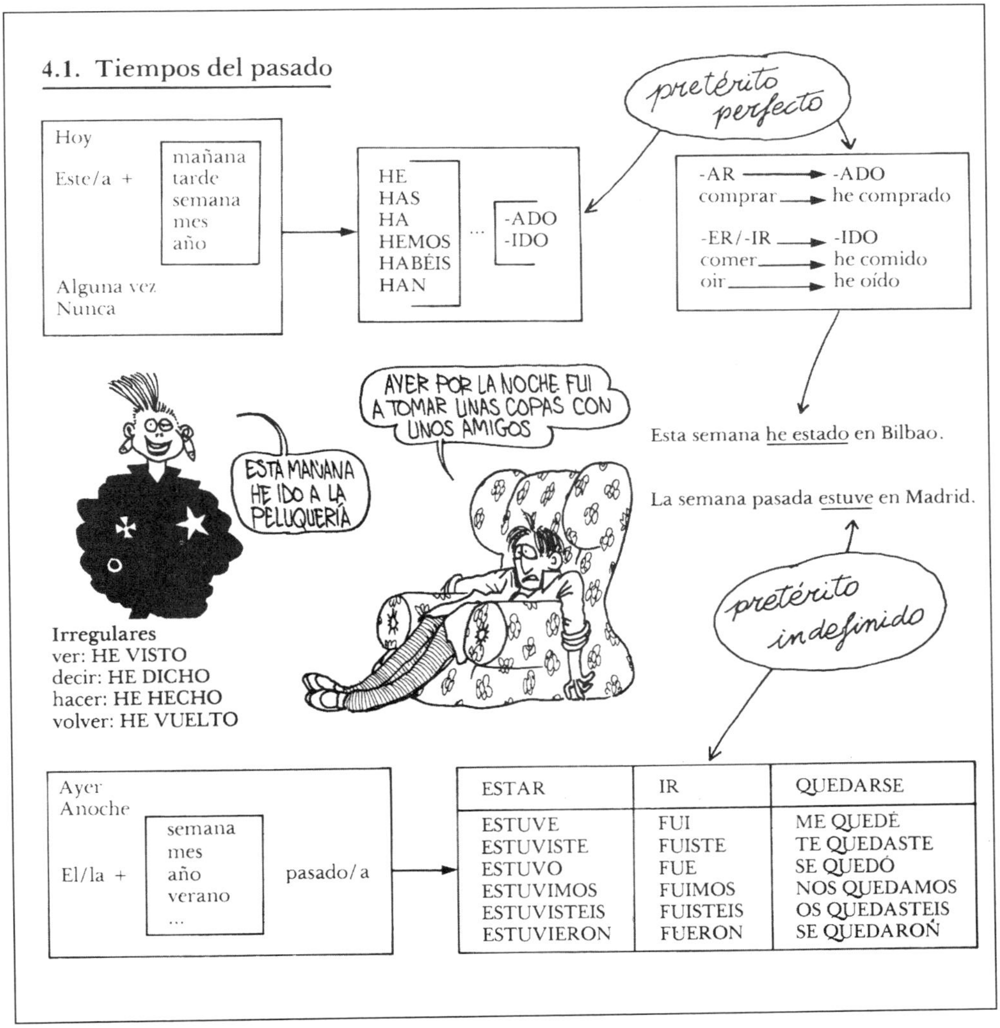

4.1. Tiempos del pasado

Hoy
Este/a + mañana / tarde / semana / mes / año
Alguna vez
Nunca
→ HE / HAS / HA / HEMOS / HABÉIS / HAN ... -ADO / -IDO

pretérito perfecto

-AR → -ADO
comprar → he comprado
-ER/-IR → -IDO
comer → he comido
oír → he oído

Esta semana he estado en Bilbao.

La semana pasada estuve en Madrid.

pretérito indefinido

Irregulares
ver: HE VISTO
decir: HE DICHO
hacer: HE HECHO
volver: HE VUELTO

Ayer
Anoche
El/la + semana / mes / año / verano / ... pasado/a →

ESTAR	IR	QUEDARSE
ESTUVE	FUI	ME QUEDÉ
ESTUVISTE	FUISTE	TE QUEDASTE
ESTUVO	FUE	SE QUEDÓ
ESTUVIMOS	FUIMOS	NOS QUEDAMOS
ESTUVISTEIS	FUISTEIS	OS QUEDASTEIS
ESTUVIERON	FUERON	SE QUEDARON

La unidad continúa con ejercicios escritos de refuerzo, actividades de comprensión auditiva y tareas globalizadoras de toda la unidad, en las que aparece material auténtico con contenido cultural.

2. Tipos de programas y características de la enseñanza comunicativa

Markee (1997), en su obra *Managing Curricular Innovation*, hace un buen análisis de los tipos de programas que han innovado la enseñanza-aprendizaje de segundas lenguas y lenguas extranjeras desde los años setenta. Los cinco ejemplos que analiza son:

- el programa nocional-funcional (*notional-functional syllabus*), que acabamos de ver en el apartado anterior;
- el programa de procesos (*process syllabus)*, desarrollado en la Universidad de Lancaster por Candlin y Breen entre 1980 y 1987;
- el enfoque natural (*natural approach*), desarrollado en Estados Unidos por Krashen y Terrell entre 1980 y 1985 basándose en la denominada Teoría del Monitor de Krashen;
- el programa procedimental (*procedural syllabus*), que surge del proyecto experimental Bangalore desarrollado por Prabhu entre 1979 y 1984 en el sur de la India;
- la enseñanza mediante tareas (*task-based language teaching*), que para Markee es un término que incluye el programa de procesos, el programa procedimental y aplicaciones pedagógicas de trabajos teóricos y empíricos recientes en el campo de la adquisición de segundas lenguas.

No han sido los únicos programas que se han desarrollado, pero sí quizás los que más han trascendido. Aunque en apariencia sean diferentes unos de otros, en un análisis profundo, todos tienen principios comunes y a todos se les puede aplicar el término de *enseñanza comunicativa* de la lengua. La base, es decir, el enfoque comunicativo lo comparten, en mayor o menor medida, todos estos modelos innovadores. El apartado 3 se dedicará a la enseñanza mediante tareas.

Los programas nocional-funcionales se criticaron tanto desde posiciones metodológicamente conservadoras como desde posiciones metodológicamente innovadoras. Para los primeros, la crítica se centraba en la forma de elegir el léxico y los exponentes funcionales que trabajaban o en la falta de gradación lineal de los contenidos estructurales. Los segundos veían en los programas nocional-funcionales simples listados de exponentes funcionales que nada tenían que ver con el desarrollo de la capacidad de comunicación. En muchos casos, no lograron mantener como objetivo de aprendizaje el desarrollo de la competencia comunicativa. Intentaron organizar los contenidos sobre un eje que no fuera el gramatical, pero no siempre consiguieron apartarse de una práctica de estructuras lingüísticas. Los ejercicios eran bastante dirigidos y pensados para la fijación de dichas estructuras convirtiéndose, en algunos casos, en ejercicios gramaticales con la etiqueta de funcionales. Según García Santa-Cecilia, *en el programa nocional-funcional, al igual que ocurría en el programa gramatical, el conocimiento y las capacidades establecidos como objetivos y contenidos siguieron siendo organizados y presentados de forma sistemática, es decir, a partir de fórmulas, estructuras, relaciones o esquemas relativos a la descripción del sistema de la lengua* (García Santa-Cecilia, 2000: 50). Claramente, las nociones y funciones siguen siendo unidades de análisis de carácter lingüístico y, por lo tanto, a pesar de la opinión de Wilkins (1976), el nociofuncionalismo está más próximo a un enfoque sintético, por la división que hace de la lengua en elementos que el alumno deberá reconstruir de forma sintética, que a lo que sería un programa analítico[7]. No hay que olvidar, no obstante, que los programas nocional-funcionales fueron el primer intento de centrar la enseñanza en el alumno, partiendo de una base orientada hacia la comunicación y, el primer paso, pues, dentro de la enseñanza comunicativa en la que todavía hoy seguimos avanzando.

Uno de los cambios más importantes que trae la *enseñanza comunicativa* es la distinción metodológica entre actividades de aprendizaje *pre-comunicativas* y *comunicativas*. El objetivo de las primeras es *proporcionar a los estudiantes un dominio fluido del sistema lingüístico, sin exi-*

---

[7] Véase Long y Crookes (1992), Markee (1997) y Wilkins (1976).

girles realmente que lo usen con fines comunicativos (Littlewood, 1996: 82). En las actividades denominadas comunicativas, *el estudiante ha de activar e integrar su conocimiento pre-comunicativo y sus destrezas a fin de utilizarlos para la comunicación de significados* (Littlewood, 1996: 83). Para que un ejercicio, tarea o actividad[8] sea comunicativa debe reunir, por lo menos, las siguientes cuatro características: **Interacción**, *como mínimo deben participar dos personas;* **explicitación**, *debe quedar claro quién habla con quién y para qué;* **vacío de información** *(o de opinión), la respuesta que se desea obtener no debe ser conocida, sino inesperada, y contener un mínimo de novedad para la/el interlocutora/interlocutor;* **predicción nula**, *no hay una sola respuesta* (Vázquez, 2000: 54). A continuación vemos dos ejemplos de ejercicios comunicativos, el primero extraído del *Curso de español para extranjeros* (Borobio, 2001) y el segundo, del manual *Intercambio* (Miquel y Sans, 1989). En estas dos prácticas orales, que se realizan en parejas, se desconoce lo que los interlocutores van a contestar, como en una conversación real:

9 En parejas.

ALUMNO A

¡NO MIRES EL PLANO DE B!

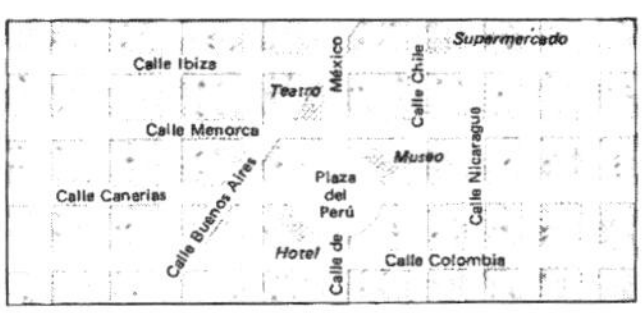

1. Marca en el plano:
   - — una parada de autobús
   - — el Café de la Ópera
   - — un estanco
   - — el Cine Céntrico
2. Estás en la plaza del Perú. Pregunta a tu compañero por:
   - — una farmacia
   - — el Restaurante El Siglo
   - — una estación de Metro
   - — una cabina de teléfono

   y márcalos en el plano.
3. Da instrucciones a tu compañero para ir a los sitios por los que te pregunte.
4. Enseña el plano a tu compañero. ¿Coincide todo con el suyo?

ALUMNO B

¡NO MIRES EL PLANO DE A!

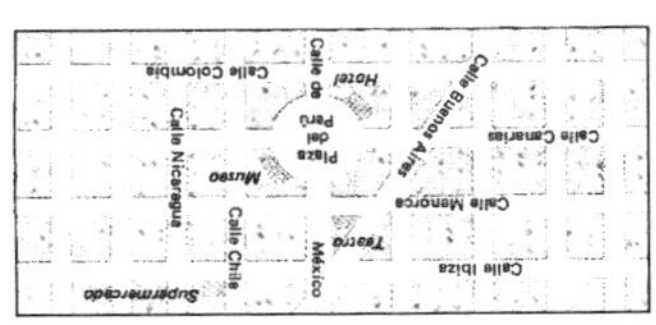

1. Marca en el plano:
   - — una farmacia
   - — el Restaurante El Siglo
   - — una estación de Metro
   - — una cabina de teléfono
2. Estás en la plaza del Perú. Pregunta a tu compañero por:
   - — una parada de autobús
   - — el Café de la Ópera
   - — un estanco
   - — el Cine Céntrico

   y márcalos en el plano.
3. Da instrucciones a tu compañero para ir a los sitios por los que te pregunte.
4. Enseña el plano a tu compañero. ¿Coincide todo con el suyo?

---

[8] *A lo largo de la historia de la didáctica [los ejercicios] fueron rebautizados como* actividades *y finalmente llamados* tareas. Actividades *se relaciona más con el enfoque comunicativo y* tareas, *lógicamente, con el enfoque por tareas. La tarea tiene una connotación más real; las actividades suelen ser simulaciones* (Vázquez, 2000: 54).

3 Habla con un compañero sobre los viajes que habéis hecho. ¿Habéis estado en estos lugares? ¿Cuándo?

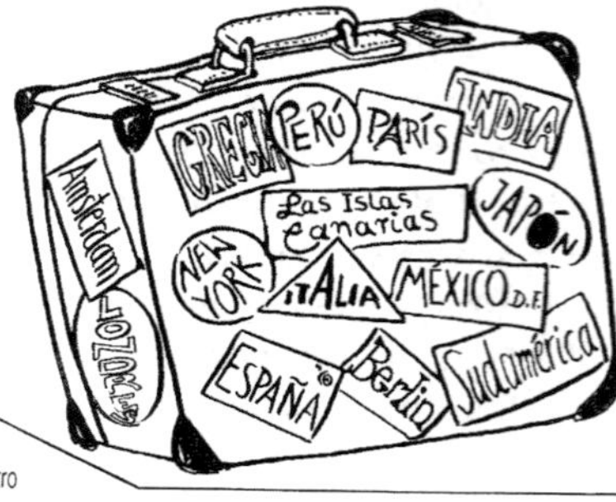

- ● ¿Has estado alguna vez en París?
- ○ No, no he estado nunca.

- ● ¿Has estado alguna vez en París?
- ○ Sí.
- ● Ah, ¿sí? ¿Cuándo?
- ○ Estuve en el 81.

144
ciento cuarenta y cuatro

Otra aportación importante de la enseñanza comunicativa de los últimos años es el desarrollo de la competencia intercultural, que pasa a ser un objetivo fundamental en el aprendizaje de una lengua. El concepto de competencia comunicativa incluye la subcompetencia sociocultural relacionada, en los inicios de la *enseñanza comunicativa*, con los conocimientos culturales que tiene que adquirir el alumno para poder comportarse de forma apropiada, es decir, de acuerdo con las reglas sociales y costumbres del país donde se habla la lengua (a veces se ha traducido en que el alumno tiene que aprender a *comportarse igual que los españoles*). La competencia intercultural representa un paso más allá de la competencia sociocultural. No se trata de contar cosas relacionadas con la cultura española (¿sólo una?), sino implicarnos todos, alumnos y profesores, en una apertura hacia todas las culturas, desarrollando en el aula el interés por ellas, la capacidad de aceptar la diferencia e intentando modificar nuestras actitudes hacia otras de mayor respeto y tolerancia.

La dimensión afectiva (Arnold, 2000) en el proceso de aprendizaje y los factores emocionales también van adquiriendo mayor relevancia en la *enseñanza comunicativa*. Todavía sabemos poco acerca de los elementos que entran en juego en el proceso de enseñanza-aprendizaje y qué influencia tienen, pero sí que sabemos que en el aprendizaje repercuten tanto factores relacionados con la parte cognitiva como con la afectiva (hemisferios izquierdo y derecho del cerebro). Si en la experiencia que conlleva el aprendizaje de una lengua no sólo se tiene en cuenta el conocimiento sino también las emociones, el aprendizaje resultará más efectivo. *Planet@* (Cerrolaza, Cerrolaza y Llovet, 1998), curso comunicativo en cuatro niveles basado en la enseñanza mediante tareas, es el manual que más presente tiene el aprendizaje afectivo o emocional en la enseñanza del español como lengua extranjera. Cada unidad temática termina con un *Recuerda (con el corazón y con la cabeza) en el que se tienen en cuenta los modos fundamentales de procesamiento de nuestro cerebro*. En el tema 2, *La calidad de vida: por un hábitat mejor*, encontramos las siguientes actividades que se realizan con la parte afectiva del cerebro para recordar lo aprendido en la unidad:

@

Con el

- Piensan de forma lógica.
- Aman el orden.
- Todo lo calculan matemáticamente.
- Siempre llevan reloj.
- Son fríos y serios.
- Les encanta analizar las cosas parte por parte.
- Tienen una visión racional de la vida.
- Están todo el día hablando y escribiendo.
- Sus ciudades están muy bien estructuradas.

HABITANTE
ISLA RAZÓN

HABITANTE
ISLA EMOCIÓN

Están siempre contando cuentos y parábolas.
Les encanta la poesía y la metáfora.
Siempre están escuchando música y cantando.
Todos los días van a bailar.
Les es fácil sintetizar y ver las cosas globalmente.
Se orientan muy bien en el espacio.
Son afectivos y cariñosos.
Sus ciudades están llenas de imágenes y colores.

audio Lee y escucha

¿Has oído hablar del continente Dosmundos? Hace muchos años, un viajero intrépido descubrió un 6º continente. Estaba formado por dos islas enormes, casi iguales, la Isla Razón y la Isla Emoción, separadas por un estrecho brazo de mar: el Mar de la Ignorancia. Las islas tenían la misma forma, el mismo número de habitantes y una composición geográfica similar; pero sus ciudades, sus formas de vida y sus habitantes eran completamente diferentes.

Arriba están escritas las características más importantes de sus habitantes. Imagínate las calles, sus casas y edificios, sus formas de trabajo, sus relaciones, etc. Escribe el relato del viajero en su visita a las dos islas. ¿Cómo eran estas dos islas?

90 planet@ 2

Viajero : "Hace dos años descubrí el continente Dosmundos. Primero visité la Isla Razón. Allí .....

....

....

Después visité la Isla Emoción. Allí ....

....

....

audio

Después de algunos años los habitantes de las dos islas decidieron construir un puente inmenso para comunicarse. El puente Nexus. Gracias al puente comenzaron a intercambiar productos y valores y también comenzaron a sentirse más felices y completos.

Formad dos grupos e imaginad el diálogo entre la asamblea de la Isla Razón y la asamblea de la Isla Emoción para intercambiar valores.

Las características de la enseñanza comunicativa se pueden resumir en los siguientes puntos:
- Énfasis en el uso de la lengua como instrumento de comunicación.
- Enseñanza centrada en el alumno.
- Desarrollo de la competencia comunicativa del alumno.
- Simulación de situaciones comunicativas de la vida real que se intentan reproducir a través de juegos de rol[9].

---

[9] Ejemplo del manual *Intercambio 1*, Ámbito 4: ***Ahora, en grupos de tres estudiantes, buscáis varios objetos que estén en clase (una silla, varios relojes, un bolso, etc.). Dos de vosotros simulareís querer comprarlo/s. Uno de vosotros simulará ser el vendedor.*** (Miquel y Sans, 1989: 69).

- Desarrollo e integración de las cuatro destrezas: la expresión oral, la comprensión auditiva, la expresión escrita y la comprensión lectora.
- Desarrollo de la autonomía de aprendizaje: desarrollo de estrategias tanto de comunicación como de aprendizaje.
- La gramática se ocupa del análisis del funcionamiento de la lengua desde una perspectiva comunicativa (Matte Bon: 1992) y se enseña inductivamente. Selección adecuada a la necesidad del momento. Progresión gramatical de las estructuras simples a las complejas.
- Selección del vocabulario más frecuente y productivo. Aprendizaje contextualizado de vocabulario y no mediante listados de palabras.
- Secuenciación de las actividades desde las muy controladas a las más libres.
- Introducción de textos y documentos auténticos.
- Diferentes formas de trabajo en el aula teniendo en cuenta la actividad y el objetivo: trabajo individual, por parejas, en grupos, plenaria.
- Reconocimiento de la dimensión afectiva del aprendizaje.
- Importancia creciente del aprendizaje intercultural.

3. Un paso más en la enseñanza comunicativa: la enseñanza mediante tareas

La *enseñanza comunicatica mediante tareas*[10] no es ni un enfoque ni un método, es una propuesta de diseño dentro de la *enseñanza comunicativa* de lenguas extranjeras. Este nuevo procedimiento pedagógico nace buscando procesos de comunicación reales en el aula y se centra en la forma de organizar, secuenciar y llevar a cabo las actividades de aprendizaje en el aula. Significa un paso más en la evolución de la *enseñanza comunicativa*. El uso generalizado del término *enfoque por tareas* se debe, seguramente, a que no podemos comprender esta propuesta innovadora *sin una reflexión sobre las aportaciones teóricas que se han producido en los últimos años en todo lo relacionado con los factores psicolingüísticos implicados en el aprendizaje, esto es, sin tener en cuenta una teoría sobre el aprendizaje que pertenece, propiamente, al enfoque* (García Santa-Cecilia, 1995: 25).

Los dos cambios más importantes que trae este nuevo desarrollo de la *enseñanza comunicativa* son: la incorporación en su concepción de los procesos de comunicación y el aprendizaje a partir de la realidad del aula. El uso de la lengua en clase se convierte así en objetivo del curso. Nos hemos ido convenciendo de que la comunicación no puede tener lugar si no existe la necesidad real de comunicar algo a alguien. Si además no hay motivación, porque sólo estamos simulando, representando situaciones ficticias que se pueden dar fuera del aula, el motor del proceso de aprendizaje falla. Ni los *programas nocional-funcionales* ni la *enseñanza comunicativa* previa al desarrollo de la *enseñanza mediante tareas* van más allá de la simulación de la comunicación, dificultando, de algún modo, el desarrollo de procesos comunicativos en la clase. A partir de esta breve descripción, podemos pensar que este procedimiento pedagógico tiene mucho que ver con el programa de procesos (*process syllabus)* y el programa procedimental (*procedural syllabus*) que Markee incluye en la enseñanza basada en tareas.

[10] Además de la bibliografía básica sobre la enseñanza mediante tareas (Candlin y Murphy, 1987; Revista *Cable*, 1990; Estaire y Zanón, 1994; Nunan, 1996; Zanón, 1999 o Fernández, 2001), véase el *Breve seminario práctico sobre tareas* que tuvo lugar en el Centro Virtual del Instituto Cervantes: http://cvc.cervantes.es/foros/leer_asunto1.asp?vCodigo=5252.

La definición de *tarea* puede ser muy simple, todo lo que hacemos habitualmente en nuestra vida cotidiana son tareas: rellenar un impreso, quedar con alguien, planificar y realizar un viaje, etc. En su obra, *El diseño de tareas para la clase comunicativa*, Nunan (1996: 10) define la tarea comunicativa como *una parte del trabajo en clase que hace que los alumnos comprendan, manipulen, produzcan y se comuniquen en la lengua meta centrando su atención más en el significado que en la forma*. Podemos añadir que toda *tarea* debe ser significativa, motivadora y cercana a la realidad de los estudiantes. Tiene que ser negociada y fomentar el aprendizaje autónomo y las estrategias de aprendizaje. Debe implicar el trabajo cooperativo e integrar tareas con diferentes grados de realización para poder tener en cuenta la diversidad de niveles de competencia en el aula. Además, debe incluir el desarrollo de las cuatro destrezas (hablar, leer, escribir y escuchar) de forma integrada. Internet será una valiosa herramienta como fuente de información auténtica y actualizada:

> [En esta evolución de la enseñanza comunicativa] *de alguna manera, pasamos de la teoría a la acción, de los contenidos a los procesos: no se quiere saber, sólo, cómo se pide una información y hacer ejercicios en clase de entrenamiento, para ponerlo en práctica cuando se necesite; se trata ahora de hacerlo de verdad, y esto desde la misma clase. Ese es el cambio que propugna el trabajo con tareas o proyectos, dentro del mismo enfoque comunicativo: el pasar a la acción, cumpliendo, en clase, tareas interesantes que incitan, en el proceso, a aprender todo lo necesario para poder llevarlas a cabo* (Fernández López, 2001: 14).

3.1. Tareas, proyectos y simulación global

Las dos modalidades más extendidas de la *enseñanza comunicativa mediante tareas*, teniendo en cuenta su duración, implicación de los alumnos y dinámica de clase, son las *tareas* y los *proyectos*. Menos utilizada es la variante denominada *simulación global*.

La enseñanza mediante *Tareas* es la más practicada. La unidad se planifica en torno a una tarea final (por ejemplo, escribir la biografía de una persona famosa, hacer una comida intercultural o elaborar un cartel sobre un tema o noticia reciente) que realizarán los alumnos. Hay manuales publicados que siguen esta forma de trabajar en el aula: *Gente* (1997), de Martín Peris y Sans Baulenas; *Planet@* (1998), de Cerrolaza, Cerrolaza y Llovet; *Contrastes*[11] (1998), del Equipo Contrastes (FAEA); *Una Rayuela*[12] (1997), de Candela y Benegas o *Aula* (2003), de Corpas, García y Garmendia. Son materiales que pueden ser modificados teniendo en cuenta las necesidades, interés y motivación de los alumnos.

El *Proyecto*[13] tiene mayor extensión (su preparación y realización puede llevarnos todo un curso), mayor participación y mayor implicación de los alumnos. Ejemplos de proyectos son: la elaboración de una revista, la preparación de un viaje o la creación de un guión y representación

---

[11] Método de alfabetización en español como lengua extranjera para inmigrantes.

[12] Manual para la enseñanza de español a niños de ocho a doce años en situación escolar.

[13] Para una mayor información resulta muy interesante la lectura de Rilbé y Vidal (1993). En la web de la Consejería de Educación de EE.UU. y Canadá (http://www.sgci.mec.es/usa/) encontramos la revista *Materiales y el Dossier de apoyo para la enseñanza en EE.UU.*, con interesantes ejemplos de proyectos para la clase de español.

de una obra de teatro.Todas las actividades están encaminadas a la preparación, desarrollo y elaboración del proyecto. Hacer un viaje (virtual o real) a Sevilla, por ejemplo, es un proyecto que engloba tareas como: buscar y reservar alojamiento, consultar tarifas de tren, avión o autobús, informarse sobre todo aquello que se quiere ver y organizar las visitas, etcétera.

La *Simulación global*[14] podría definirse como un proyecto amplio que intenta de forma simulada reconstruir en el aula, a partir de un centro de interés, todos los elementos que configuran un determinado marco de realidad (la vida en una casa de vecinos, por ejemplo) o de ficción (en otro planeta, por ejemplo). Una vez establecido el decorado y repartidos los distintos papeles, los participantes adoptan un personaje durante toda la duración de la simulación. Para ello, se van realizando las acciones que se haya decidido representar.

3.2. Diseño de unidades didácticas

Hay diferentes formas de diseñar una unidad didáctica mediante tareas. Estaire y Zanón (1994) propusieron un proceso de planificación que se ha ido modificando en los años posteriores. El que vemos a la derecha es uno de los marcos (adaptado del anterior) más utilizados a la hora de diseñar unidades mediante tareas (Alba y Zanón, 1999: 155).

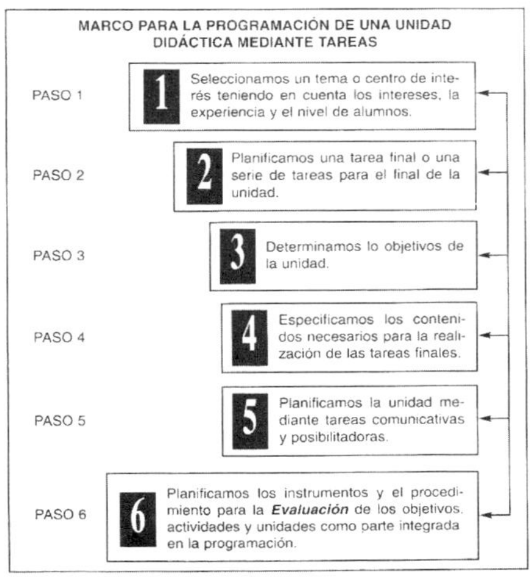

Si seguimos este modelo para el diseño de una unidad didáctica mediante tareas, primero elegiremos el tema, ámbito o centro de interés que dará coherencia a la unidad y cuya elección debe ser negociada con los alumnos teniendo en cuenta sus intereses. A continuación el profesor y los alumnos establecerán la tarea final[15] que habrán de realizar estos últimos al final de la unidad (esta tarea puede ser sugerida por el profesor o los alumnos pero acordada por todos). Después se especificarán y delimitarán los objetivos de aprendizaje, objetivos que serán descritos a través de lo que los alumnos van a hacer, a través de las habilidades que desarrollarán y de los conocimientos que adquirirán. El paso siguiente será especificar y delimitar los contenidos necesarios para poder realizar la tarea final: funcionales, gramaticales, temáticos, léxicos, discursivos, socioculturales y estratégicos. Será entonces el momento de programar y secuenciar las tareas intermedias (denominadas formales, de contenido gramatical o posibilitadoras) y las tareas comunicativas, que posibilitarán y facilitarán a los alumnos la realización de la tarea final, es decir, programamos el proceso de aprendizaje que conducirá a la tarea final. La evaluación y autoevaluación se incorporarán al principio, durante y al final de la unidad.

[14] Podemos encontrar más información e interesantes ejemplos en Roldán (1990 y 1997) y en García Carbonell y Watts (1997).

[15] Si se sigue como libro de texto un manual basado en la enseñanza mediante tareas, se pueden proponer alternativas a la tarea final, adaptándola a los intereses de los participantes.

Fernández López (2001) introduce un paso más, el de la *Previsión de los materiales necesarios imprescindibles*, intentando así evitar el problema que supone la búsqueda de documentación cuando ya se ha empezado la unidad y no hay suficiente tiempo para ello. Aquí se incluiría una lista de fuentes que pueden ser de ayuda para los alumnos. La obra que Fernández (2001) coordina, *Tareas y proyectos en clase*, recoge un amplio repertorio de trabajos elaborados para el aula organizados por niveles.

Desde las primeras publicaciones teóricas sobre la enseñanza mediante tareas (en español, el *mítico* dossier de la revista *Cable*) hasta que vieron la luz en el mercado *Gente* (1997) y Planet@ (1998), los primeros manuales que presentaban esta nueva propuesta de diseño de unidades, tuvieron que pasar unos cuantos años. Actualmente no se publican muchos manuales que sigan de forma estructurada y consecuente el denominado *enfoque por tareas*. Quizás, la dificultad estribe en la propia flexibilidad que la enseñanza mediante tareas trae consigo y en la ardua tarea de plasmar en un libro la *imprescindible* implicación de los alumnos.

Los temas y tareas finales que aparecen en el manual *Gente* son, por ejemplo, *Gente que viaja (planificar un viaje de negocios decidiendo vuelos y alojamiento)*, *Gente de compras (ponerse de acuerdo para adquirir lo necesario para una fiesta)* o *Gente de cine (escribir el guión de una escena cinematográfica)*. La estructura del manual es la siguiente:

La estructura de GENTE: cuatro tipos de lecciones

El ***Libro del alumno*** comprende once secuencias de cuatro lecciones, lo que da un total de cuarenta y cuatro lecciones. Cada secuencia tiene como eje la realización de una tarea globalizadora, en torno a la cual se organizan lecciones de cuatro tipos diferentes, precedidas de una introducción a la secuencia.

ENTRAR EN MATERIA: Introducción a la secuencia. Son páginas que incluyen los objetivos de la secuencia y contienen actividades de "precalentamiento".

EN CONTEXTO: primera lección de la secuencia. Contiene una variada tipología de textos, que presentan contextualizados los recursos lingüísticos que los alumnos necesitarán para realizar la tarea. Son lecciones con predominio de la comprensión.

FORMAS Y RECURSOS: segunda lección. Se hace hincapie en la observación y práctica de aspectos formales (morfosintácticos, nocio-funcionales, etc.) que preparan a los alumnos para la realización de las tareas de la lección siguiente.

TAREAS: tercera lección. Es el núcleo de la secuencia. Potencia al máximo la ejercitación de la competencia comunicativa, movilizando y afianzando los recursos vistos hasta el momento e integrando las distintas destrezas.

MUNDOS EN CONTACTO: cuarta lección. Propone a los alumnos textos y actividades destinadas principalmente a propiciar en el aula el desarrollo de la conciencia intercultural.

Cada lección se presenta en una doble página, que abarca entre una y dos horas de trabajo en el aula.

3.3. Tareas formales

La *enseñanza comunicativa mediante tareas* no rechaza el estudio de la gramática, la diferencia estriba en que estos contenidos se trabajan porque son necesarios para poder llevar a cabo la actividad comunicativa de la unidad. El eje central es la tarea final (no la gramática) y alrededor de ella gira todo. La tarea final nos indica lo que los alumnos deben saber para poder llevarla a cabo (componentes nocional-funcionales, fonéticos, morfosintácticos, léxicos o pragmáticos, por ejemplo). No obstante, la pregunta *¿cómo enseñar gramática?* sigue siendo, como indican Gómez del Estal y Zanón (1999: 76), *la asignatura pendiente de la enseñanza del lenguaje mediante tareas.* En cualquier desarrollo de la *enseñanza comunicativa* (no solamente en la enseñanza mediante tareas) se tiende a separar, por una parte, las actividades comunicativas y, por otra, el trabajo gramatical. De hecho, en muchos casos, cuando se *trabaja gramática* no hay comunicación, sigue siendo el profesor el que explica un contenido gramatical, lo que de alguna forma choca con el enfoque de toda la *enseñanza comunicativa*. Las tareas denominadas posibilitadoras o de contenido gramatical[16] que incluimos en el desarrollo de una unidad mediante tareas deberían poseer muchos de los rasgos que hemos descrito para la *tarea comunicativa* en el apartado 3: deberían ser motivadoras, ayudar a desarrollar estrategias de aprendizaje, implicar el trabajo cooperativo, etc. Además, puede resultarnos de ayuda saber que no podemos trabajar *toda la gramática* que los alumnos podrían necesitar para llevar a cabo la tarea final (tampoco podrán realizar una tarea final si lingüísticamente no está a su alcance, si no son capaces de comunicar).

Autores como Sharwood-Smith (1981), Fotos y Ellis (1991) o Loschky y Bley-Vroman (1993) han investigado la relación entre la gramática y la metodología comunicativa basada en tareas. La idea central de sus trabajos es el concepto del aumento de la *concienciación gramatical* (*grammar conciousness-raising*). Los alumnos, a través de las llamadas *tareas formales*, van siendo conscientes de la gramática, reflexionan y aprenden de forma autónoma a encontar respuestas a las cuestiones gramaticales. Gómez del Estal y Zanón, apoyándose en estas investigaciones, proponen seis criterios que pueden definir las características de las tareas gramaticales o *tareas formales* en el marco de una enseñanza mediante tareas (Gómez del Estal y Zanón, 1999: 83-84):

1. *El objetivo de las actividades de concienciación gramatical es hacer reflexionar a los alumnos sobre determinados fenómenos gramaticales.*
2. *Éstas se dirigen a provocar el análisis y la comprensión de las propiedades formales y funcionales de estos fenómenos.*
3. *Las actividades de concienciación gramatical presentan los fenómenos gramaticales de manera que permitan a los alumnos construir, a través de un proceso de descubrimiento progresivo, una representación mental o regla* x *de los mismos.*
4. *La utilización precisa de la estructura en comprensión y producción debe ser* esencial *para la resolución de la actividad.*
5. *La actividad debe incorporar posibilidades de* uso comunicativo *de la lengua.*
6. *La tarea debe incorporar una fase de "feedback" al alumno sobre su utilización de la estructura a lo largo de la actividad.*

---

[16] En la enseñanza comunicativa se denominan *actividades pre-comunicativas*.

A continuación vemos una propuesta de Gómez del Estal Villarino[17] que nos puede ayudar a entender lo que significa la concienciación gramatical. Se trata de un ejemplo de tarea capacitadora de una tarea comunicativa posterior (realizar unas figuras en papel con recortables) realizada en el Instituto Cervantes de Rabat. La tarea se centra en el aprendizaje del uso general y la morfología del imperativo. Este ejemplo ilustra una posibilidad de trabajar componentes gramaticales *mediante tareas* y puede ser una ayuda a la hora de diseñar tareas formales comunicativas:

¡BEBE Y DEJA BEBER!

Tarea 1

En este texto aparecen las instrucciones para construir una de las casas. Léelo atentamente:

> Aquí tienes el recortable de la casa: ábrelo. Marca las líneas punteadas y dobla las pestañas. Pídele a tu compañero las tijeras (¡Oye, dame las tijeras!). Corta el tejado. Después, coge la figura 1 y pégala sobre la figura 2, como se indica en el dibujo. Añade el tejado a la figura 2.

En este texto aparecen una serie de formas verbales: ¿para qué sirven?

> Sirven para...

Tarea 2

Aquí tienes dos casillas: una para los verbos terminados en *-ar*, y otra para los terminados en *-er* e *-ir*. Trabaja con tus compañeros y coloca las formas del texto de la Tarea 1 en la casilla correspondiente.

verbos terminados en *-ar*	verbos terminados en *-er/-ir*

En el texto aparece una pista para contestar a esta pregunta: ¿a qué persona se refieren estas formas verbales? Rodea con un círculo la opción correcta.

YO -TÚ - USTED - ÉL/ELLA - NOSOTROS/-AS - VOSOTROS/-AS - USTEDES - ELLOS/ELLAS

Esta forma es igual que otra que ya conoces: ¿cuál es?

---

[17] La tarea completa se puede ver en: http://cvc.cervantes.es/aula/didactired/anteriores/junio_01/11062001.htm

Tarea 3

En este texto aparecen las instrucciones para construir una de las casas. Léelo atentamente:

> Aquí tiene usted el recortable de la casa: ábralo. Marque las líneas punteadas y doble las pestañas. Pídale a su compañero las tijeras (¡Oiga, deme las tijeras!). Corte el tejado. Después, coja la figura 1 y péguela sobre la figura 2, como se indica en el dibujo. Añada el tejado a la figura 2.

Tarea 4

Ahora, trabaja con tus compañeros y coloca las formas verbales de este texto, como has hecho en la Tarea 2.

verbos terminados en *-ar*	verbos terminados en *-er/-ir*

En el texto aparece una pista para contestar a esta pregunta: ¿a qué persona se refieren estas formas verbales? Rodea con un círculo la opción correcta.

YO - TÚ - USTED - ÉL/ELLA - NOSOTROS/-AS - VOSOTROS/-AS - USTEDES - ELLOS/ELLAS

Tarea 5

Ahora vamos a intentar sacar una regla. Trabaja con tus compañeros y escribe en este cuadro todas las formas, incluidos los infinitivos de los verbos, como en el ejemplo:

-ar	Tú	Usted	*-er/-ir*	Tú	Usted
marcar	marca	marque	abrir	abre	abra

Intenta dar un nombre a esta nueva forma del verbo:

____

Formula la regla:
Para los verbos en *-ar*, la forma *tú* lleva ____, pero la forma *usted* lleva ____.
Para los verbos en *-er/-ir*, la forma *tú* lleva ____, pero la forma *usted* lleva ____.

Este ejemplo ilustra una posibilidad de trabajar componentes gramaticales mediante tareas que puede ayudarnos a transformar tareas formales no comunicativas en otras que sí lo sean.

4. Manuales concebidos según un enfoque comunicativo y gramatical

Como escribe García Santa-Cecilia (1995: 57) en su obra *El currículo de español como lengua extranjera*, "encontrar una fórmula que permita establecer planes pedagógicos en los que las dimensiones «comunicativa» y «formal» puedan desarrollarse de forma coherente constituye, todavía hoy, un reto difícil de afrontar tanto en el plano teórico como en el práctico". Entre los manuales que se elaboraron en los años noventa para la enseñanza del español como lengua extranjera y también en los de reciente publicación encontramos una representación de «métodos» que han intentado aunar los principios de la enseñanza comunicativa (la lengua como instrumento de comunicación) con el aprendizaje de estructuras gramaticales y léxicas (la lengua como sistema) a través de ejercicios de fijación de corte estructural. Manuales que se incluyen dentro de lo que se denomina "enfoque comunicativo y gramatical", "metodología gramatical y funcional" o "enfoque comunicativo e integral" son: *Ven*[18], *Cumbre*[19], *Método de español para extranjeros*[20], *Sueña*[21] o *Español sin fronteras*[22]. El autor y las autoras de este último, en la presentación del libro del alumno, hacen referencia a cómo ha sido concebido: "la doble consideración de la lengua como sistema y como instrumento de comunicación nos ha llevado a dar prioridad compartida a los *contenidos gramaticales y funcionales*" y lo definen como "*método a la vez comunicativo y gramatical*". Los contenidos se organizan en torno a 14 unidades temáticas; en cada una de ellas encontramos funciones comunicativas, gramática, vocabulario y una sección cultural. El objetivo es que los alumnos aprendan a usar los elementos gramaticales y léxicos en situaciones comunicativas concretas. Veamos, por ejemplo, los contenidos de las dos primeras unidades del manual *Español sin fronteras* (2003: 4):

UNIDAD ÁREA TEMÁTICA	FUNCIONES	GRAMÁTICA	VOCABULARIO	SECCIÓN CULTURAL
UNIDAD 1				
CONOCIENDO GENTE	Saludos y despedidas formales e informales. Presentarte y presentar a otros. Preguntar y contestar sobre nombre, nacionalidad, profesión.	Verbo SER Verbos en -AR Verbos LLAMARSE y DEDICARSE A. El género y el número.	En el aeropuerto. Profesiones. Variedades hispanoamericanas.	El español y las lenguas de España.
UNIDAD 2				
¿DÓNDE ESTÁ?	Situar lugares y objetos en el espacio. Preguntar y contestar sobre direcciones y teléfonos. Preguntar y contestar sobre la existencia de lugares y objetos.	Presente de los verbos ESTAR y TENER. Verbos acabados en -ER, -IR. Construcciones con HAY y ESTAR. Artículos en relación con ESTAR y HAY. Interrogativos ¿CUÁL? ¿DÓNDE?	La casa y los objetos de un despacho. Números del 0 al 100. Expresiones de lugar. Variedades hispanoamericanas.	Dos ciudades: Madrid y Barcelona.

En las actividades de aprendizaje están presentes tanto ejercicios clásicos de consolidación gramatical como ejercicios comunicativos que desarrollan las diferentes destrezas comunicativas y reúnen las cuatro características que veíamos en el apartado 2: *Interacción*, *explicación*, *vacío de información (o de opinión)* y *predicción nula*:

---

[18] F. Castro *et al.* (1990), *Ven*, Madrid, Edelsa.

[19] A. Sánchez, M.T. Espinet y P. Cantos (1995), *Cumbre*, Madrid, SGEL.

[20] A. Centellas (1996), *Método de español para extranjeros*, Madrid, Edinumen.

[21] M.ª Á. Álvarez (coord.) (2000), *Sueña*, Madrid, Anaya.

[22] J. Sánchez, C. Moreno e I. Santos (1997, 2003 7.ª ed.), *Español sin fronteras*, Madrid, SGEL.

Completa con *ESTÁ / ESTÁN / HAY.*

1 – ¿Dónde .... los alumnos? – En la cafetería.
2 – ¿ .... aquí mi cartera? – Sí, debajo de la silla.
3 – ¿ .... aquí algún teatro? – No, no hay.
4 – ¿El museo del Prado, por favor? – .... en la calle paralela.
5 – ¿Dónde tienes las cerillas? – .... en mi mesa de trabajo.

Tú y tu compañero(a).
ALUMNO A: Esta información te será útil.

ANDALUCÍA 5 días

VIAJE EN AUTOBÚS CON AIRE ACONDICIONADO

DÍA 1: Madrid. Salida a las 9.00 h. con dirección a Córdoba. Comida y visita a la ciudad (Mezquita y Barrio Judío). A las 18.00 h. salida para Sevilla. Cena y alojamiento en el Hotel Giralda.

DÍA 2: Estancia en Sevilla. Por la mañana, visita guiada de la ciudad (Catedral, Barrio de Santa Cruz, Parque de María Luisa). Tarde libre.

DÍA 3: Desayuno en Sevilla. A las 12.00 h. salida para Torremolinos y Benalmádena (Málaga). Cena y alojamiento en el Hotel Real.

DÍA 4: Día libre para disfrutar de las famosas playas de la Costa del Sol. Por la tarde, salida hacia Granada. Visita de la ciudad (Alhambra y Jardines del Generalife). Cena y alojamiento.

DÍA 5: Granada. Desayuno y tiempo libre. Salida para Madrid a las 14.00 h. Llegada aproximada a las 21.00 h.

ALUMNO B: Pregunta a tu compañero(a):

- Duración del viaje.
- Hora de salida.
- Ciudades visitadas.
- Medio de transporte.
- Ciudad que más le gustó.
- Monumentos visitados en Sevilla.

Cabe preguntarnos si en el trabajo práctico con estos manuales y materiales se llegan a desarrollar de forma coherente las dimensiones *comunicativa* y *formal*. Si las unidades se estructuran realmente en torno a las funciones comunicativas o, por el contrario, son los temas gramaticales los que van marcando la progresión en el proceso de aprendizaje. Si los elementos gramaticales se van integrando para ser usados en situaciones comunicativas, es decir, si la gramática está al servicio de la comunicación o no. La respuesta podemos encontrarla en el análisis individual de cada uno de los manuales a los que hacemos referencia en este apartado, pues, aunque se incluyan dentro de la misma denominación metodológica, presentan grandes diferencias en su puesta en práctica.

Conclusión

La enseñanza de lenguas extranjeras está inmersa en un profundo cambio. Los programas nocional-funcionales, las posteriores aplicaciones del enfoque comunicativo a la enseñanza de lenguas y la enseñanza mediante tareas son diferentes fases de un proceso evolutivo en el que se han ido desarrollando y concretando principios teóricos y prácticos. En pocas palabras, se puede decir que en un primer momento se prestó atención al *qué* enseñar (nociones y funciones), para pasar después al *cómo* enseñar (metodología comunicativa) y centrarnos, más tarde, en cómo desarrollar procesos de comunicación en el aula.

Desde que el Consejo de Europa publicara los primeros trabajos de Wilkins (1972) hasta poder tener en nuestras manos el *Marco común europeo de referencia para las lenguas: aprendizaje, enseñanza, evaluación* (2002) han pasado tres décadas, periodo de tiempo en el que ha tenido lugar el nacimiento, desarrollo y evolución de la *enseñanza comunicativa* de lenguas extranjeras. El camino continúa, seguro que en los próximos años nacerán proyectos innovadores y se abordarán nuevas perspectivas que nos ayudarán a saber más sobre cómo se aprende una lengua.

BIBLIOGRAFÍA

ALBA, J. M. y ZANÓN, J. (1999), "Unidades didácticas para la enseñanza del español/LE en los Institutos Cervantes", en J. ZANÓN (coord.) (1999), *La enseñanza del español mediante tareas*, Madrid, Edinumen: 149-171.

ARNOLD, J. (2000), *La dimensión afectiva en el aprendizaje de idiomas*, Cambridge, Cambridge University Press.

BACHMAN, L. F. (1990), *Fundamental Considerations in Language Testing*, Oxford, Pergamon Press.

BLOOMFIELD, L. (1933), *Language* , Nueva York, Holt.

BREEN, M. P. (1987), "Contemporary Paradigms in Syllabus Design", en *Language Teaching*, 20: 81-92; 157-174.

BREEN, M.P. (1990), "Paradigmas actuales en el diseño de programas", en *Comunicación, Lenguaje y Educación*, 7-8: 7-32.

CANDLIN, C. N. (1991), "Hacia la enseñanza del lenguaje mediante tareas", en *Comunicación, Lenguaje y Educación*, 7-8: 33-53.

CANDLIN, C. N. y MURPHY, D. (eds.) (1987), *Language Learning Tasks*, Nueva York, Prentice Hall.

CANALE, M. (1983), "From communicative competence to communicative language pedagogy", en J. RICHARDS y R. W. SCHMIDT (eds.) (1983), *Language and Communicaton*, Londres, Longman: 2-27.

CANALE, M. (1995), "De la competencia comunicativa a la pedagogía comunicativa del lenguaje", en M. LLOBERA *et al.* (1995), *Competencia comunicativa: documentos básicos en la enseñanza de lenguas extranjeras*, Madrid, Edelsa: 63-81.

CANALE, M. y SWAIN, M. (1980), "Theoretical bases of communicative approaches to second language teaching and testing", en *Applied Linguistics* 1, 1: 1-47.

CERROLAZA, M. y CERROLAZA, Ó. (1999), *Cómo trabajar con libros de texto*, Madrid, Edelsa.

CHOMSKY, N. (1957), *Syntactic structures*, La Haya, Mouton.

CHOMSKY, N. (1965), *Aspects of the Theory of Syntax*, Boston, Mass., MIT Press.

CHOMSKY, N. (1975), *Aspectos de la teoría de la sintaxis*, Madrid, Aguilar.

ELLIS, R. (1986), *Understanding Second Language Acquisition*, Oxford, OUP.

ESTAIRE, S. (1999), "Tareas para el desarrollo de un aprendizaje autónomo y participativo", en J. ZANÓN (coord.) (1999), *La enseñanza del español mediante tareas*, Madrid, Edinumen: 53-72.

ESTAIRE, S. y ZANÓN, J. (1990), "El diseño de unidades didácticas mediante tareas: principios y desarrollo", en *Comunicación, Lenguaje y Educación*, 7-8: 54-90.

ESTAIRE, S. y ZANÓN, J. (1994), *Planning Classwork: a Task-Based Approach*, Oxford, Heinemann.

FERNÁNDEZ LÓPEZ, S. (coord.) (2001), *Tareas y proyectos en clase*, Madrid, Edinumen.

FOTOS, S. S. y ELLIS, R. (1991), "Communicating about Grammar: A Task-Based Approach", en *TESOL Quarterly*, 25, 4: 605-628.

GARCÍA CARBONELL, G. y WATTS, F. (eds.) (1997), *Simulación ahora-Simulation now*, Valencia, Diputació de València.

GARCÍA SANTA-CECILIA, A. (1995), *El currículo de español como lengua extranjera*, Madrid, Edelsa Grupo Didascalia.

GARCÍA SANTA-CECILIA, A. (2000), *Cómo se diseña un curso de lengua extranjera*, Madrid, Arco Libros.

GELABERT, M. J. *et al.* (1988), *Niveles umbral, intermedio y avanzado*, Madrid, SGEL.

GÓMEZ DEL ESTAL, M. y ZANÓN, J. (1999), "Tareas formales para la enseñanza de la gramática en la clase de español", en J. ZANÓN (coord.) (1999), *La enseñanza del español mediante tareas*, Madrid, Edinumen: 73-99.

HALLIDAY, M. A. K. (1973), *Explorations in the Functions of Language*, Londres, Edward Arnold.

HYMES, D. (1967), "Models of the interaction of language and social settings", en *Journal of Social Issues*, 23 (2):8-28 y D. HYMES, (1972), "On communicative competence", en J. B. PRIDE y J. HOLMES (eds.), *Sociolinguistics*, Hardmondsworth, Penguin: 269-293.

HYMES, D. (1968), "The ethnography of speaking", en J. A. FISHMAN (ed.) (1968), *Readings in the sociology of language*, La Haya, Mouton: 99-138.

INSTITUTO CERVANTES (1994), *La enseñanza del español como lengua extranjera. Plan Curricular del Instituto Cervantes*.

JOHNSON, K. (1981), "Some background, some key terms and some definitions", en K. JOHNSON y K. MORROW (eds.) (1981), *Communication in the Classroom*, Londres, Longman: 1-12.

JOHNSON, K. (1982), *Communicative Syllabus Design and Methodology*, Oxford, Oxford Pergamon Press.

LOSCHKY, L. y BLEY-VROMAN R. (1993), "Grammar and Task-Based Methodology", en G. CROOKES y S. GASS (eds.) (1993), *Tasks and Language Learning: Integrating theory and practice*, Clevedon, Avon, Multilingual Matters: 123-167.

LITTLEWOOD, W. (1981), *Communicative Language Teaching,* Cambridge, Cambridge University Press.

LITTLEWOOD, W. (1996), *La enseñanza comunicativa de idiomas,* Madrid, Cambridge University Press.

LONG, M. H. y CROOKES, G. (1992), "Three approaches to task-based syllabus design", en *TESOL Quarterly* 26, 1: 27-56.

MARKEE, N. (1997), *Managing curricular innovation,* Cambridge, Cambridge University Press.

MATTE BON, F. (1992), *Gramática Comunicativa del Español*, Madrid, Edelsa.

MELERO ABADÍA, P. (1998), "Corrientes metodológicas en la enseñanza/aprendizaje de E/LE: Exposición sumaria", en B. VOIGT (ed.), *Spanischunterricht Heute*, Bonn, Romanistischer Verlag: 53-66.

MELERO ABADÍA, P. (2000), *Métodos y enfoques en la enseñanza/aprendizaje del español como lengua* extranjera, Madrid, Edelsa.

MINISTERIO DE EDUCACIÓN, CULTURA Y DEPORTE (2002), *Marco común europeo de referencia para las lenguas: aprendizaje, enseñanza, evaluación*, Madrid, Secretaría General Técnica del MECD y Grupo Anaya, traducido y adaptado por el Instituto Cervantes.

MORALES, C. *et al.* (2000), *La enseñanza de las lenguas extranjeras en España*, Madrid, CIDE-MEC.

NEUNER, G. y HUNFELD, H. (1993), *Methoden des fremdsprachlichen Deutschunterrichts*, Berlín, Langenscheidt.

NUNAN, D. (1989), *Designing Tasks for the Communicative Classroom*, Cambridge, Cambridge University Press.

NUNAN, D. (1996), *El diseño de tareas para la clase comunicativa*, Madrid, Cambridge University Press.

RiIBÉ, R. y VIDAL, N. (1993), *Project Work Step by Step*, Oxford, Heinemann.

RICHARDS, J. C. y RODGERS, T. S. (1986, 2.ª ed. 2001), *Approaches and Methods in Language Teaching,* Cambridge, Cambridge University Press.

RICHARDS, J. C. y RODGERS, T. S. (1998, 2.ª ed. 2003), *Enfoques y métodos en la enseñanza de idiomas*, Madrid, Cambridge University Press.

ROLDÁN, M. (1990), "Plaza de la Luna Llena, 13. Una experiencia de simulación global en español lengua extranjera", en: *Cable* 5: 46-49.

ROLDÁN, M. (1997), *S de simulación*, Col. Tareas, Barcelona, Difusión.

SÁNCHEZ, A. (1992), *Historia de la enseñanza del español como lengua extranjera*, Madrid, SGEL.

SÁNCHEZ, A. (1997), *Los métodos en la enseñanza de idiomas. Evolución histórica y análisis didáctico*. Madrid, SGEL.

SAUSSURE, F. de (1916), *Cours de linguistique générale*, París, Editions Payot.

SAUSSURE, F. de (1945) *Curso de lingüística general*, Buenos Aires, Losada.

SHARWOOD-SMITH, M. (1981), "Conciousness-raising and the second language learner", en *Applied Linguistics,* 2: 159-168.
SKEHAN, P. (1998), *A Cognitive Approach to Language Learning*, Oxford, Oxford University Press.
SKINNER, B. F. (1957), *Verbal Behavior*, Nueva York, Appleton-Century-Crofts.
SLAGTER, P. J. (1979), *Un nivel umbral*, Estrasburgo, Consejo de Europa.
TRIM, J. L. M. (1978), *A European Unit/Credit Scheme for Foreign Language Learning by Adults,* Estrasburgo, Consejo de Europa.
WIDDOWSON, H. G. (1978), *Teaching Language as Communication*, Oxford, Oxford University Press.
WILKINS, D. A. (1972), *The Linguistic and Situational Content of the Common Core in a Unit/Credit system*, Estrasburgo, Consejo de Europa.
WILKINS, D. A. (1976), *Notional syllabuses*, Oxford, Oxford University Press.
VAN EK, J. A. (1975), *The Threshold Level in a European Unit/Credit System for Modern Language Teaching by Adults*, Estrasburgo, Consejo de Europa.
VAN EK, J. A. y ALEXANDER L. G. (1980), *Threshold Level English*, Oxford, Pergamon Press.
VAN EK, J. A. y TRIM, J. L. M. (1990), *Threshold Level 1990*, Estrasburgo, Consejo de Europa.
VÁZQUEZ, G. (2000), *La destreza oral*, Madrid, Edelsa.
ZANÓN, J. (1988-89), "Psicolingüística y didáctica de las lenguas: una aproximación histórica y conceptual (I) y (II)", *Cable*, 2: 47-52 y *Cable,* 3: 22-32.
ZANÓN, J. (1990), "Los enfoques por tareas para la enseñanza de las lenguas extranjeras", en *Cable*, 5: 19-27.
ZANÓN, J. (coord.) (1999), *La enseñanza del español mediante tareas*, Madrid, Edinumen.

MATERIALES DIDÁCTICOS CITADOS

BOROBIO, V. (2001), *Curso de español para extranjeros. Nuevo ele*, Madrid, SM.
CERROLAZA, M., CERROLAZA, Ó. y LLOVET, B. (1998), *Planet@ E/LE 2*, Madrid, Edelsa.
EQUIPO AVANCE (1986), *Antena*, Madrid, SGEL.
EQUIPO PRAGMA (1984), *Para empezar A* y *B*, Madrid, Edelsa.
EQUIPO PRAGMA (1986), *Esto funciona A* y *B*, Madrid, Edelsa.
MIQUEL, L. y SANS, N. (1989), *Intercambio*, Difusión, Barcelona.

Principios y criterios para el análisis de materiales didácticos

M.ª del Carmen Fernández López
Universidad de Alcalá

Introducción

La enseñanza del español como lengua extranjera se encuentra en uno de sus mejores momentos, pues existe una gran preocupación por la buena formación del profesorado y por la calidad (y no sólo cantidad) de manuales y materiales que continuamente aparecen en el mercado editorial con el fin de ayudar al buen desarrollo del proceso de enseñanza-aprendizaje. La proliferación de publicaciones específicas para la enseñanza de ELE ha conducido a que desde los años setenta se pueda observar una creciente preocupación por la necesidad de llevar a cabo análisis detenidos de los instrumentos que el docente lleva a las aulas. Son muchos los motivos por los que un especialista puede abordar un análisis:

- Conocer y dar a conocer el manual o material seleccionado a todo aquel que pueda estar interesado en él. Este tipo de estudio debe centrarse en una descripción lo más objetiva posible de las características del instrumento analizado, de modo que otras personas puedan tener un primer acercamiento al material. Este es el tipo de análisis que se realiza, por ejemplo, en las reseñas que se publican en revistas especializadas, en las que también tiene cabida una revisión crítica por parte del experto que analiza el material.
- Comparar manuales o materiales semejantes en cuanto a objetivos, contenidos y nivel de lengua requerido para su aprovechamiento, teniendo en cuenta variables como la edad, lengua materna del alumno, motivación e intereses de los destinatarios, metodología empleada y necesaria para su utilización, tipo de institución en la que se imparten las clases, etc., para facilitar la selección[1]. De esta manera y con una descripción basada en la información que acabamos de comentar, un profesor que debe plantearse la docencia en un nuevo grupo de estudiantes

[1] Adquirir conocimientos y habilidades para saber valorar los libros de texto es un objetivo dentro de la formación de cualquier maestro o profesor. En la enseñanza del español como lengua materna, sobre todo, en lo referente a la Educación Primaria, se prepara al futuro maestro en las técnicas necesarias para la correcta evaluación del libro de texto, atendiendo

podrá rápidamente decantarse por uno u otro manual según las características de sus alumnos, pues no con todos los manuales se consiguen los mismos resultados en todos los grupos.

- Organizar los diferentes materiales didácticos con los que se cuenta en un determinado centro de enseñanza. Actualmente son muchos los manuales que se están comercializando y muchos de ellos de gran calidad, pero cada uno presenta unas características y una metodología concreta que debe conocer el docente. Más aún se puede apreciar esta disparidad en la ingente cantidad de materiales complementarios que se editan, pues cada material puede trabajar una sola destreza o habilidad lingüística (hablar, escuchar, leer o escribir) o combinarlas todas, suelen ir destinados a unos niveles determinados, a un tipo de alumno muy concreto y sus objetivos pueden llegar a ser muy específicos, como los que trabajan sólo juegos en el aula o la estructura de las conversaciones telefónicas. Una buena organización de los materiales con los que cuenta un centro permitiría agilizar la selección de los mismos a la hora de programar un curso o incluso de resolver las necesidades puntuales de una determinada clase.
- Por último, hemos de tener presente el análisis exhaustivo que algunos especialistas llevan a cabo con el fin de comprobar los resultados que las diferentes metodologías didácticas ofrecen al aplicarlas al aula, o cómo afectan en los procesos de adquisición de una lengua las diferentes técnicas didácticas que se pueden experimentar en los nuevos manuales[2]. Por ejemplo, las actividades basadas en el vacío de información, una técnica de trabajo en el aula que comenzó a desarrollarse con los métodos comunicativos, han supuesto un gran avance dentro del proceso de enseñanza-aprendizaje y, como consecuencia de ello, ahora las encontramos en manuales de muy diferente tipo. Este tipo de análisis suele darse en trabajos de investigación a medio o largo plazo, como los que se llevan a cabo en las memorias de los másters de enseñanza de español como lengua extranjera[3] o en algunas de las primeras tesis doctorales que se van realizando en este campo (Areizaga Orube, 1997).

---

principalmente a los recursos que presenta, activación del aprendizaje (actividades individuales y colectivas), adaptación del manual al destinatario en cuanto al contenido, a la expresión verbal (morfología, sintaxis y vocabulario), a las características formales (expresión gráfica, tipografía, papel, encuadernación, índices, instrucciones, tablas, etc.), a las ilustraciones, etc. Frente a lo que ocurre en la enseñanza del español para extranjeros, son bastantes las publicaciones con las que contamos en la enseñanza de la lengua materna, algunas de ellas: Bernanrd, J.A. (1976), *Guía para valoración de textos escolares*, Barcelona, ICE, Universidad de Zaragoza / Teide; López Rodríguez, N. (1982), *Cómo valorar textos escolares*, Madrid, Cincel-Kapelusz; y Velasco, E. (1977), *Evaluación y elaboración de textos escolares*, Madrid, Narcea.

2 Un interés por este tipo de análisis ya lo observamos en publicaciones tempranas como la de Ezquerra, R. (1974), "Notas para un análisis formal de los ejercicios estructurales", *Español Actual*, 26: 26-32.

3 Estudios puntuales de este tipo encontramos diseminados por las revistas especializadas. Por citar algunos: Sánchez, A. (1984), *La aplicación de los métodos nocio-funcionales en contraste con estructurales en la enseñanza del español lengua extranjera*, Madrid, SGEL; Vila, R. (1988), "Las variantes lingüísticas en la enseñanza del español como lengua extranjera", Cable, 2, nov.: 53-57; Español, T. y Montolío, E. (1990), "El español en los libros de español", *Cable*, 6, nov.: 19-23. Incluso este interés por el análisis de los libros de texto ha llevado a publicaciones como la de Puche, J. (1991), "Un acercamiento a la opinión de nuestros alumnos sobre los libros de textos", *Lenguas modernas*, 3: 109-130. Entre las memorias de máster realizadas sobre este tema podemos destacar la de J. Lewis titulada *Análisis de manuales y materiales utilizados para la enseñanza del español como lengua extranjera en Jamaica*, Universidad de Alcalá, 1997. Algunas más puntuales Pérez de la Cruz, N. (1997), *Análisis léxico de manuales de español para extranjeros*, Universidad de Alcalá; Fekkaï, F. (1998), *La enseñanza de español en Argelia: análisis de un manual argelino*; A. M. Montejo Gadea (2000), *Análisis de los métodos de la enseñanza de lenguas. Enfoque por tareas. Proyecto del español del turismo*; o la tesis doctoral de Martín Peris, E. (1996), *Las actividades de aprendizaje en los manuales de español como lengua extranjera*, Universidad de Barcelona.

Todo este tipo de estudios favorecen la elaboración de materiales didácticos cada vez más perfeccionados y más acordes con las necesidades del mercado.

El objetivo final de los diferentes tipos de análisis nunca es criticar el trabajo de los autores de manuales o materiales, sino intentar describir en qué momento o en qué grupos resulta mejor la aplicación de un manual frente a otros. Siempre se ha de partir de la dificultad y complejidad del proceso de elaboración de un buen método de enseñanza y también de la idea de que todos los métodos pueden llegar a ser satisfactorios en un momento y con un grupo determinado de alumnos.

1. Breve repaso histórico al análisis de manuales y materiales

El interés por el análisis de los manuales utilizados en la enseñanza del español como lengua extranjera no es algo nuevo. Debemos recordar el trabajo que Ezquerra comenzó ya en 1973, cuando la Junta Directiva de la Asociación Europea de Profesores de Español (AEPE) le encomendó encargarse de un proyecto en el que se recopilara información sobre los métodos[4] de español que estaban siendo utilizados en Europa, con el fin de conocer no sólo el autor y el nombre del método, sino la metodología y las teorías del aprendizaje lingüístico sobre las que se basa dicho método. El primer resultado de dicho proyecto lo encontramos en la publicación un año más tarde de las pautas necesarias para el análisis de métodos para la enseñanza del español como lengua extranjera (Ezquerra, 1974). En este artículo se realiza una revisión de los diferentes componentes que conformaban los manuales de enseñanza del español, que deberían ser descritos y valorados desde una perspectiva crítica. Su meta era obtener herramientas metodológicas que permitieran llevar a cabo dos tipos de estudio que reproducimos textualmente por coincidir completamente con sus pretensiones (Ezquerra, 1974: 46):

- *Poner el contenido de un método de forma explícita y lo más objetiva posible, y que permita compararlo con el de otros métodos, incluso si éstos corresponden a concepciones teóricas y prácticas muy diferentes de las del primero.*
- *Comprobar si un método está bien elaborado con relación a sus propias leyes y conceptos. Para esto último, una comparación de los resultados del análisis con las intenciones y posiciones teóricas de los autores, expresadas generalmente en el prólogo o apéndices diversos, es de la máxima utilidad.*

Con tal fin Ezquerra elaboró un *esqueleto* común para el análisis de los manuales, que decidió enviar a especialistas de diferentes países europeos para que los resultados obtenidos pudieran ser comparables entre sí; dicho *esqueleto* o esquema debería ser lo suficientemente profundo como para guiar el trabajo, pero a la vez lo bastante general como para que permitiera servir de herramienta de análisis de manuales basados en principios muy dispares. El esquema que envió a todos los especialistas y que reproducimos a partir del publicado en Ezquerra (1975: 4-5) es el siguiente:

[4] Por *métodos* entiende Ezquerra manuales de enseñanza. En este artículo optamos por el término *manual*, pues preferimos utilizar *método* para hacer referencia a las diferentes propuestas metodológicas que se han ido desarrollando a lo largo de la historia de la enseñanza del español como lengua extranjera.

1. Descripción del método:
   1.1. Ficha bibliográfica.
   1.2. Material impreso.
   1.3. Material sonoro.
   1.4. Material visual.
   1.5. Organización de una lección.

2. Principios metodológicos:
   2.1. Lengua escrita y lengua hablada.
   2.2. Nivel de la lengua que se ha de enseñar.
   2.3. Constitución del léxico del método.
   2.4. Progresión gramatical.
   2.5. Utilización de la lengua 1 para el aprendizaje de la lengua 2.
   2.6. Público a quien se dirige el método.
   2.7. Papel de la imagen.
   2.8. Presentación de la lengua, de tipo más bien global, o más bien analítica.

3. Ensayo de evaluación del método:
   3.1. El léxico.
   3.2. La gramática.
   3.3. Los ejercicios.
   3.4. Los diálogos.
   3.5. Las imágenes.
   3.6. Comentarios generales.

El esquema de Raimundo Ezquerra está planteado para el análisis de manuales de corte estructural y por ello, desde un punto de vista más actual, se puede echar en falta el examen de ciertos contenidos que han aportado las nuevas perspectivas metodológicas planteadas por la lingüística de la comunicación, tales como la importancia de la situación comunicativa, de las funciones comunicativas, de la perspectiva cultural, etcétera.

El interés por la incorporación del análisis de los aspectos culturales incluidos en los manuales de enseñanza se ha podido observar en diversos estudios publicados en Estados Unidos. Uno de los trabajos pioneros fue el de Arizpe y Aguirre (1987), en el que revisan el tipo de referencia que se realiza con respecto a ciertos grupos hispanos, concretamente cubanos, puertorriqueños y mexicanos, en libros de enseñanza de español[5]. Más completo es el estudio de Ramírez y Hall (1990), pues se plantean la revisión de los libros de enseñanza del español publi-

---

[5] Otros estudios puntuales que deben mencionarse son los de Azevedo, M. M. (1978), "Trends in Elementary Spanish Texts", *Modern Language* Journal, 62: 399-407 y (1979), "Trends in Intermediate Spanish Texts", Modern Language Journal, 63: 3-8; Willis, L. G. (1988), *The Cultural Content in Spanish One Textbooks Used in Texas Community an Junior Colleges*, Univ. of Texas, Austin, Dissertation Abstracts Intern; Terrell, T. D. (1990), "Trends in the teaching of grammar in Spanish language textbooks", *Hispania*, 73, 1-marzo: 201-211; Moore, J. M. (1991), *An Analysis of the cultural content of post-secondary textbooks for Spanish: evidence of information processing and types of learning in reading selections and post-reading adjunct questions*, Ph. D. Of Minnessota Univ.; D. Alley (1994), "Trends in the use of illustrations in university Spanish textbooks", *Hispania*, 77, 3, sept.: 489-495.

cados en América para su utilización como libros de textos en la Escuela Secundaria de Nueva York. En su análisis hacen un especial hincapié a la referencia que en dichos manuales se realiza de los diferentes países de habla hispana. Para ello utilizan como fuente el programa publicado en 1987 para la Educación Primaria y Secundaria por el Departamento de Educación del Estado de Nueva York, el *Modern Languages for Communication (MLFC),* basado en las teorías de la metodología comunicativa dictadas por el Consejo de Europa. Este programa, centrado en los aspectos funcionales de la lengua, esto es, en la necesidad de que los alumnos logren comunicarse y satisfacer sus necesidades básicas, se articula en cuatro grandes apartados, todos ellos necesarios para la elaboración de *syllabus* y para la programación de actividades y materiales para el aula:

1. Los temas de la comunicación, que el *MLFC* establece en quince grupos, aunque con un carácter abierto puesto que el profesor puede adaptarlas a las necesidades e intereses de sus alumnos: Identificación personal, casa y hogar, servicios, vida familiar, comunidad/vecindario, entorno físico, consumo/comidas/bebidas, salud y bienestar, educación, ganarse la vida, ocio, servicios públicos y privados, compras, viajes y acontecimientos actuales[6].
2. Las situaciones en las que se lleva a cabo la comunicación para lo que se han tenido en cuenta las cuatro habilidades o destrezas lingüísticas: audición, audición/expresión oral, lectura y escritura[7].
3. Las funciones lingüísticas, esto es, las finalidades o intenciones con las que se transmite un mensaje o se lleva a cabo un acto comunicativo. La agrupación de las funciones se hace en

---

[6] Alguno de los quince grupos cuenta a su vez con varios subapartados que especificamos a continuación: *Identificación personal*: información biográfica, rasgos físicos y rasgos psicológicos; *casa y hogar*: tipos de alojamiento, habitaciones y otras partes del alojamiento; *servicios; vida familiar; comunidad/vecindario; entorno físico*: características físicas, clima y tiempo, calidad del entorno; *consumo/comidas/bebidas*: tipos de comida y bebida, interacción a la hora de la comida; *salud y bienestar*: partes del cuerpo, enfermedades y accidentes; *educación*: organización de la Educación Secundaria, vida escolar, sistema educativo; *ganarse la vida*: tipos de empleo, condiciones de trabajo, principales salidas; *ocio*: tiempo disponible para el ocio, actividades, ocasiones especiales; *servicios públicos y privados*: comunicaciones, oficinas públicas, finanzas; *compras*: productos y organización comercial, características de las compras, información de vendedores; *viajes*: transporte, alojamiento, características de los viajes de vacaciones; y *acontecimientos actuales*: aspectos políticos, sociales y económicos, aspectos culturales, relaciones entre Estados Unidos y los países de la lengua objeto.

[7] Se encuentran especificadas de la siguiente manera en el *MLCF: audición*: información y anuncios de quienes suministran servicios públicos habituales en los actos de comunicación cara a cara, información suministrada por altavoces, radio y televisión, presentaciones cortas de interés al público general dadas en persona, en radio o televisión, canciones en vivo o grabadas, programas característicos de televisión, en películas o en la radio; *audición/expresión oral*: interacción con quienes suministran servicios públicos habituales en los actos de comunicación cara a cara, conversaciones informales cotidianas con compañeros y adultos, conversaciones informales con compañeros y adultos de confianza, interacción con quienes suministran servicios públicos habituales por teléfono, conversaciones de grupo entre compañeros y adultos de confianza, discusiones de grupo con compañeros, presentaciones informales a grupos de compañeros y adultos de confianza; *lectura:* información suministrada al público general en formularios, letreros, carteleras y carteles, rótulos, programas, horarios, mapas, planos, menús, etc., anuncios y noticias cortas de interés general en periódicos, revistas y otras publicaciones, notas cortas e informales, correspondencia sencilla y folletos, hechos, opiniones, sentimientos y actitudes en la correspondencia de personas conocidas y amigos (compañeros y adultos), cartas al editor y artículos característicos de publicaciones de interés general, pasajes de poesía y prosa para una apreciación cultural; y *escritura*: formularios que completar para el uso de servicios públicos ordinarios, notas informales para actos comunicativos en situaciones de la vida diaria, breves informaciones que describen situaciones sencillas y secuencias de acontecimientos, cartas personales a conocidos y amigos (compañeros y adultos), cartas formales a agencias e instituciones sobre necesidades personales, muestras cortas de escritos expositivos o creativos.

cuatro bloques: socialización, proporcionar y obtener información, expresar sentimientos personales y hacer que otros actúen de cierto modo[8].

4. El último apartado está dedicado a las habilidades que desarrolla el alumno en la comunicación y el grado de dominio de los recursos lingüísticos necesarios. Ésta es la sección de más difícil comprobación en la revisión de manuales y materiales puesto que son pocos los que hacen una alusión clara a las estrategias de aprendizaje que debe desarrollar el estudiante. El análisis de estos aspectos debería llevarse a cabo en un grupo concreto de alumnos y durante un determinado periodo de enseñanza-aprendizaje con el manual que se está evaluando.

El análisis que Ramírez y Hall llevaron a cabo en manuales estadounidenses, tomando como base las propuestas del *MLFC*, incorporaba a la descripción del diseño curricular una perspectiva sociocultural y otra sociolingüística de la siguiente manera:

- Perspectiva sociocultural:
  1. Qué grupos y naciones de hispanohablantes están representados en el manual.
  2. Cómo está representada la información cultural (métodos visuales -fotos, mapas, dibujos- o escritos).
  3. Qué aspectos de la sociedad son tratados (qué temas culturales).
- Análisis sociolingüístico:
  1. Temas comunicativos (identificación personal, casa, familia, descripciones físicas, etc.).
  2. Situaciones en las que puede producirse la comunicación (comprensión y expresión oral, lectura y escritura).
  3. Análisis del contenido lingüístico de acuerdo a las funciones comunicativas del lenguaje.
- Perspectiva curricular:

Se analiza una lección de cada libro, teniendo en cuenta no el libro del profesor como hasta ahora, sino el libro del alumno, y se detiene en: componentes de cada unidad, tema, situación, participantes y actividades de aprendizaje.

Pronto este tipo de análisis tuvo su repercusión en la Península, pues en 1994 Rueda Bernao publicó los resultados del primer intento de aplicación de los mismos criterios para la evaluación de libros de texto realizados y utilizados en España para la enseñanza del español como lengua extranjera. Rueda Bernao analizó un total de doce libros de texto, todos ellos de metodología nocional-funcional o comunicativa publicados entre 1984 y 1992[9]. Con este estu-

---

[8] Cada una de las funciones se desglosa de la siguiente manera: *socialización*: saludos, despedidas, presentaciones, dar las gracias, disculparse, presentar excusas; *proporcionar y obtener información*: hechos cotidianos, acontecimientos especiales, necesidades, opiniones, actitudes, sentimientos; *expresar sentimientos personales*: sobre hechos cotidianos, acontecimientos especiales, opiniones, actitudes; y *hacer que otros actúen de cierto modo*: sugerencias, peticiones, mandatos, consejos, advertencias, convencimiento, elogios.

[9] Concretamente los manuales que analiza son las series completas de *Intercambio* (L. Miquel, y N. Sans, 1989 y 1990, *Intercambio*. Nivel 1 y 2, Madrid, Difusión), *Para empezar* (Equipo Pragma, 1984, *Para empezar. Curso comunicativo de español para extranjeros*, A y B, Madrid, Edelsa/Edi-6), *Esto funciona* (Equipo Pragma, 1988 y 1989, *Esto funciona. Curso comunicativo de español para extranjeros* A y B, Madrid, Edelsa/Edi-6), *Antena* (Equipo Avance, 1986, 1988 y 1989, *Antena 1, 2 y 3. Curso de español para extranjeros*, Madrid, SGEL) y *Ven* (F. Castro, F. Marín, R. Morales y S. Rosa, 1990, *Ven* 1, Madrid, Edelsa/Edi-6; F. Castro, F. Marín, R. Morales y S. Rosa, 1991, *Ven* 2, Madrid, Edelsa/Edi-6; F. Castro y S. Rosa, 1992, *Ven* 3, Madrid, Edelsa/Edi-6).

dio se ofrece una sistemática descripción de los temas, situaciones y funciones que aparecen en los manuales con el fin de que el profesor de español, conociéndolos de esta manera en profundidad, pueda seleccionar el que esté más acorde con sus intereses y sus objetivos.

El interés por establecer unos criterios de análisis de manuales de enseñanza de español seguía creciendo en nuestro país y fue precisamente ese interés el que llevó a Areizaga Orube a elaborar su tesis doctoral, que publicaría en 1997 bajo el título de *Dos décadas de enseñanza del español como lengua extranjera a adultos en sus materiales*[10]. En su investigación, la autora se plantea como objetivo principal conocer cómo la evolución que la enseñanza de lenguas ha sufrido durante los años setenta y ochenta se ha reflejado en una serie de manuales para la enseñanza del español como lengua extranjera durante este periodo. Areizaga parte de la hipótesis de que la forma en que las diferentes visiones del lenguaje y de su aprendizaje y enseñanza se proyecta en los manuales *está condicionada, no sólo por las discusiones teóricas que dentro de la disciplina se han desarrollado, sino también por factores contextuales del medio en el que se producen y se usan dichos manuales* (1997: 9), de ahí que para su estudio seleccione manuales de dos ámbitos geográficos diferentes: diez manuales publicados en España y once, en Estados Unidos. Para la observación y análisis de dichos manuales Areizaga establece las siguientes variables:

a) Factores contextuales:
- presencia / ausencia de la lengua meta en el medio, fuera de la clase;
- características de los alumnos;
- características de la profesión;
- relaciones con el mercado editorial;
- marco de instrucción;
- tendencias metodológicas que han tenido más influencia en cada medio.

b) Características metodológicas en relación con los factores contextuales:
- papel de la L1 en el manual:
    - presencia / ausencia de L1 en el manual;
    - usos y funciones.
- orientación contrastiva (L1-L2) o no contrastiva:
    - explicaciones;
    - orientación de los contenidos;
    - orientación inductiva / deductiva.
- orientación de la lengua meta y del componente cultural (hacia España / hacia América):
    - aspectos dialectales del modelo de la lengua meta;
    - representación del mundo de habla hispana: fotos y dibujos, referencias a nombres propios y representación de personas y lugares en diálogos, lecturas y notas culturales;
    - funciones de los tipos de representación en el manual.

[10] Pese al título utilizado y a las continuas referencias a los materiales se centra sólo en el análisis y estudio de manuales publicados en España y en Estados Unidos.

- tratamiento del componente cultural:
  - tipos de referencias a la cultura meta (mediante fotos, dibujos, nombres y textos): elementos de cultura formal / cultura no formal;
  - tratamiento como información cerrada o como proceso: descripción subjetivista / fundamentación en datos, referencias al cambio, variación y diversidad cultural y enfoque contrastivo C1 / C2 (relativismo cultural vs. etnocentrismo);
  - grado de integración entre lengua y cultura: información en español, referencias en diálogos y textos, trabajo lingüístico relacionado con información cultural, uso de material auténtico o simuladamente auténtico.
- formato, organización y tipo de manual:
  - aspectos formales: número de páginas, elementos auxiliares, organización en niveles;
  - programación: número de horas, programación de objetivos y contenidos;
  - organización de la lección;
  - manual marcadamente universitario / no marcado: cantidad de metalenguaje, forma de presentar las explicaciones y la práctica y contenidos conceptuales / procedimentales;
  - declaraciones explícitas sobre las tendencias metodológicas que el manual suscribe.

La segunda parte del estudio está centrada en la observación y comentario de las características metodológicas de los manuales en relación con la evolución de la enseñanza de lenguas a lo largo de los años setenta y ochenta. Parte para ello de una primera observación de los *syllabus* explícitos que presenta cada manual (índices y programaciones) y de otros aspectos relacionados con la presentación de la lengua meta en contextos de comunicación (si hay referencias explícitas a aspectos sociolingüísticos, discursivos o estratégicos, el trabajo con textos o el grado de contextualización de la lengua meta); a continuación analiza el procedimiento con que cada manual presenta el tipo de práctica (ejercicios y actividades basados en prácticas manipulativas o de control de formas lingüísticas, o basados en prácticas mediante tareas de simulación, de transferencia, de vacío de información, interactivas, etc.) y el tratamiento de las cuatro destrezas lingüísticas.

Gracias a este tipo de análisis tan detallado se consigue llegar a unas conclusiones realmente interesantes, en las que se trata gran parte de los aspectos implicados en el proceso de enseñanza-aprendizaje de una lengua y, sobre todo, se puede observar un exhaustivo método de análisis de manuales.

Una perspectiva algo diferente es la que plantea Salaberri Ramiro (1990) al establecer unos criterios mínimos, no para el análisis y valoración de los libros de texto, sino para que el profesor pueda seleccionar el manual que se acerque más a sus necesidades y a las de sus alumnos. Parte de la base de que muchos profesores consideran que ninguno de los libros de texto publicados se adapta totalmente a una situación de aprendizaje concreta puesto que van dirigidos a un mercado más o menos amplio; sin embargo, el profesor no tiene por qué ser un experto diseñador de materiales para el aula, motivo por el cual se le debe proporcionar unos criterios que le permitan seleccionar aquellos libros de texto u otros materiales con los que se sienta más satisfecho, y, al mismo tiempo, se le debe facilitar la tarea de adaptar el material, organizándolo, suprimiendo determinados aspectos y complementándolo, es decir, se le debe facilitar la labor de *transformar el material que proporcionan los libros de texto en material curricular adaptado* (1990: 109).

Este es el objetivo que lleva a Salaberri Ramiro a elaborar un modelo de guía centrado en los siguientes apartados[11]:

1. Necesidades de los alumnos.
2. Objetivos.
3. *Syllabus*.
4. Metodología.
5. Contenido lingüístico.
6. Gradación del lenguaje.
7. Repaso.
8. Fases dentro de una unidad y destrezas.
9. Material de apoyo.
10. Otros.

---

[11] Reproducimos en nota los contenidos de los diez apartados pues consideramos de gran utilidad los criterios establecidos por el autor al tener en cuenta el contenido lingüístico, la gradación del lenguaje, las fases dentro de una unidad y destrezas básicas entrenadas, la consolidación del conocimiento adquirido en unidades de repaso y el material de apoyo (libro del profesor, material visual y grabado, material para la evaluación y apéndices). Los diez principios se desglosarían de la siguiente manera (1990: 116-117):

1. *Necesidades de los alumnos*: ¿Se han sondeado previamente, mediante encuesta, entrevista u observación, las necesidades de los alumnos?

2. *Objetivos:* ¿Se han contrastado los objetivos que se proponen en el libro (leyendo la introducción o tabla de objetivos) con los que nosotros nos hemos planteado?; ¿cuáles coinciden?; ¿cuáles tenemos que complementar?

3. *Syllabus*: ¿Existe equilibrio entre formas y funciones?; ¿cuántas se adecuan a nuestra situación real en el aula y a los intereses de los alumnos?

4. *Metodología*: ¿Se corresponden las orientaciones metodológicas (del libro del profesor) con el material del libro del alumno para explotarlo adecuadamente?; ¿se desarrollan estrategias cognitivas?

5. *Contenido lingüístico*: ¿Son los centros de interés relevantes para nuestros alumnos?; ¿qué proceso de enseñanza se sigue?; ¿es el lenguaje apropiado?; ¿hay suficiente léxico?; ¿se presenta el léxico en un contexto?; ¿se consideran todos los aspectos fonéticos: discriminación de sonidos, acento, ritmo, entonación?; ¿se tratan elementos de análisis del discurso?

6. *Gradación del lenguaje*: ¿Se expone al alumno a suficiente *input* comprensible?; ¿se introduce mucho material nuevo de una vez?; ¿se pide al alumno que produzca la mayor parte de lo que recibe?

7. *Repaso*: ¿Existe una progresión lineal o cíclica?; ¿hay unidades de repaso?; ¿ofrecen estas unidades la posibilidad de seleccionar lo que nos interesa?

8. *Fases dentro de una unidad y destrezas*: ¿Se hacen las presentaciones en un contexto interesante para el alumno?; ¿hay actividades de práctica variadas entre las que se pueda seleccionar?; ¿hay progresión desde la práctica controlada a la práctica libre?; ¿hay integración de destrezas?; ¿ofrece posibilidades al profesor para seleccionar las partes que le interesan?

9. *Material de apoyo*: ¿Se dan en el libro del profesor ideas para explotar el material de forma variada?; ¿tiene el material visual finalidad pedagógica o es un simple adorno?; ¿existe equilibrio entre el material visual y el texto escrito de forma que una sirva de apoyo al otro?; ¿son las grabaciones auténticas y de utilidad?; ¿existen apéndices que ayuden verdaderamente para el repaso o búsqueda de material complementario?; ¿es realmente útil el cuaderno de trabajo?; ¿se incluyen materiales para la evaluación?; ¿se corresponden éstos con la idea que tenemos de evaluación?; ¿existen hojas de autoevaluación para el alumno?

10. *Otros*: ¿Es fácil de usar este material para un profesor no nativo?; ¿pertenece el libro a una serie y coinciden las mismas características en los otros libros de la serie?; ¿hay en cada libro una tabla con la programación de los restantes libros de la serie?; ¿se ha experimentado previamente el libro o parte del mismo en situaciones reales?; ¿es de fácil manejo por su aspecto, diseño y tamaño?; ¿se observa un lenguaje y actitudes sexistas?; ¿resulta fácil de conseguir en el mercado?

Se plantea también el análisis del material de apoyo que acompaña a los libros de texto, esto es, el libro del profesor, el material visual y grabado, el material para la evaluación y los apéndices, todos ellos pertenecientes al mismo manual. Sin embargo, como venimos observando a lo largo de este breve repaso, hasta ahora tan sólo se han tratado los manuales o libros de texto. Y con el término genérico de material didáctico se engloban tanto los manuales como los materiales y resulta imprescindible diferenciar ambos conceptos.

Por *manuales* entenderemos los instrumentos de trabajo (en el aula o fuera de ella para el caso de los autodidactas) que se detienen en la presentación de todos los aspectos relacionados con la adquisición de una lengua: aspectos fonéticos y fonológicos, gramaticales, léxicos, las distintas situaciones comunicativas en las que puede producirse el intercambio comunicativo y sus peculiaridades, y por tanto las diferentes destrezas o habilidades lingüísticas; y todo ello atendiendo a los diferentes niveles del proceso de aprendizaje de una lengua.

Por *materiales* entendemos los instrumentos complementarios que se elaboran con el fin de proporcionar al alumno y al profesor un mayor apoyo teórico o práctico relacionado con un aspecto puntual y específico del aprendizaje de la lengua. En un principio los materiales estaban encaminados a proporcionar más ejercicios o más prácticas relacionadas con alguna destreza concreta que no estaba suficientemente desarrollada en las horas de trabajo propuestas por el manual. Así, el manual comunicativo *Intercambio* de L. Miquel y N. Sans (1989 y 1990) puede ampliar el apartado de comprensión auditiva con las propuestas y las audiciones que aparecen en el material complementario *Como suena* [12], pero se trata de dos publicaciones completamente independientes que pueden utilizarse de forma aislada. Poco a poco la proliferación de materiales complementarios ha hecho que podamos hablar de una gran variedad y ello ha llevado a la necesidad de clasificarlos según su campo o área de aplicación. En varias ocasiones hemos propuesto la siguiente clasificación de los materiales complementarios con los que contamos actualmente en el mercado (Fernández López, 2000):

I. Materiales de apoyo gramatical:
   1. Gramáticas.
   2. Materiales centrados en problemas gramaticales.
   3. Libros de ejercicios.
II. Materiales para la comprensión y expresión escrita:
   1. Comprensión lectora y expresión escrita.
   2. Materiales de lectura.
III. Materiales para la ampliación de vocabulario.
IV. Materiales para la práctica de la fonética.
V. Materiales para la comprensión y expresión oral:
   1. Sin apoyo auditivo.
   2. Con apoyo auditivo.
   3. Materiales de base lúdica.
   4. Destrezas integradas.
VI. Materiales para fines específicos.
VII. Materiales con apoyo de vídeo.
VIII. Materiales con apoyo informático.

[12] L. Miquel y N. Sans (1991), *Como Suena. Materiales para la comprensión auditiva*, 1 y 2, Madrid, Difusión.

IX. Otros:
   1. Publicación de actividades y tareas aisladas.
   2. Materiales para la preparación del DELE.
   3. Metodología.
X. Materiales centrados en la enseñanza de la literatura y la cultura.

Por su parte, la clasificación de los manuales suele hacerse teniendo en cuenta la metodología de base, la especificidad del destinatario o la de sus objetivos, y así podría hablarse de manuales de metodología tradicional, audiolingual o situacional, nociofuncional, comunicativa, con un enfoque por tareas o de posición ecléctica, manuales centrados en la preparación del DELE, manuales para niños, manuales multimedia o manuales para fines específicos.

La distinción que acabamos de establecer entre manuales y materiales complementarios nos ha llevado a plantearnos la necesidad de describir unos criterios de análisis y evaluación diferentes y por ello pasamos a continuación a presentar dos modelos de ficha de análisis, que si bien coinciden en la estructura básica difieren en cuanto a la especificidad de los contenidos que deben ser revisados.

2. Propuesta de ficha de análisis de manuales

Descripción externa del manual		
Título		
Autor/es		
Datos bibliográficos		
Material	Impreso	
	Sonoro	
	Visual	
	Multimedia	

Descripción interna del manual	
Objetivos generales	
Metodología	
Organización en niveles	
Destinatario	
Programación de objetivos y contenidos	
Organización de cada lección	

<table>
<tr><th colspan="4">ANÁLISIS DEL MANUAL</th></tr>
<tr><td>Papel de la L1</td><td colspan="3"></td></tr>
<tr><td rowspan="5">Presentación de la L2</td><td>Contextualización de la lengua</td><td colspan="2"></td></tr>
<tr><td>Orientación deductiva / inductiva</td><td colspan="2"></td></tr>
<tr><td>Lengua oral / lengua escrita</td><td colspan="2"></td></tr>
<tr><td>Estrategias de aprendizaje</td><td colspan="2"></td></tr>
<tr><td>Progresión de contenidos</td><td colspan="2"></td></tr>
<tr><td rowspan="9">Contenidos comunicativos</td><td rowspan="5">Programación</td><td>Temas de comunicación</td><td></td></tr>
<tr><td>Situaciones de comunicación</td><td></td></tr>
<tr><td>Funciones lingüísticas</td><td></td></tr>
<tr><td>Elementos pragmáticos</td><td></td></tr>
<tr><td>Comunicación no verbal</td><td></td></tr>
<tr><td rowspan="3">Presentación</td><td>Diálogos</td><td></td></tr>
<tr><td>Imágenes</td><td></td></tr>
<tr><td>Otros</td><td></td></tr>
<tr><td>Ejercitación</td><td colspan="2"></td></tr>
<tr><td rowspan="11">Contenidos lingüísticos</td><td rowspan="3">Contenidos fonéticos y ortológicos</td><td>Metodología</td><td></td></tr>
<tr><td>Variedades de lengua</td><td></td></tr>
<tr><td>Ejercitación</td><td></td></tr>
<tr><td rowspan="5">Contenidos gramaticales</td><td>Progresión</td><td></td></tr>
<tr><td>Metodología</td><td></td></tr>
<tr><td rowspan="2">Presentación</td><td>Contextualización</td></tr>
<tr><td>Explicaciones</td></tr>
<tr><td>Ejercitación</td><td></td></tr>
<tr><td rowspan="3">Contenidos léxicos</td><td>Selección</td><td></td></tr>
<tr><td>Presentación</td><td></td></tr>
<tr><td>Ejercitación</td><td></td></tr>
</table>

<table>
<tr><td rowspan="6">Contenidos culturales</td><td rowspan="3">Programación</td><td>Cultura formal / no formal</td><td></td></tr>
<tr><td>Diversidad cultural</td><td></td></tr>
<tr><td>Orientación contrastiva</td><td></td></tr>
<tr><td rowspan="2">Presentación</td><td>Integración lengua / cultura</td><td></td></tr>
<tr><td>Representación</td><td></td></tr>
<tr><td>Ejercitación</td><td colspan="2"></td></tr>
<tr><td>Materiales de evaluación</td><td colspan="3"></td></tr>
<tr><td colspan="4">Observaciones</td></tr>
</table>

Todo material didáctico responde a una descripción gramatical, léxica y fonética determinada, y resulta imprescindible que el docente, al seleccionar los instrumentos de trabajo en el aula, conozca y comparta estos componentes de base. Todos los manuales presentan una rama común a todas las lenguas maternas sobre las que se vaya a enseñar el español. Y, por otro lado, una rama que puede ser específica para cada lengua materna. Esto se observará sobre todo en las guías del profesor, de manera general, y en la presentación de la información en el libro del alumno (enunciados de ejercicios, explicaciones, etc.). Ezquerra (1974: 33), desde la perspectiva de una metodología de base estructural, se plantea la existencia de un contenido genérico en los métodos modernos del español clasificado en dos bloques:

- los componentes profundos, que corresponderían al contenido fonológico-fonético del manual, el léxico y la gramática, y
- los componentes superficiales, que son los que nos permiten llegar a conocer los componentes profundos y que serían los diálogos, los ejercicios y los apéndices fonéticos, léxicos y gramaticales.

Aparte de estos componentes meramente lingüísticos se encuentran, en conexión con ellos, el material visual y las grabaciones, con implicaciones extralingüísticas evidentes. Por otro lado, la lengua no se puede enseñar ajena a lo que ella es, un instrumento de comunicación, y por tanto debe estar inmersa en una cultura, en un tiempo y en un espacio determinado, y en función de estos elementos debemos analizar los materiales didácticos que vamos a emplear en el aula.

El análisis y estudio propuesto se presenta en formato de ficha, y no a modo de reseña o noticia, redactada con el objeto de mantener una misma estructura esquematizada que sirva de base a cualquiera que se acerque a ella; y, de la misma manera, para que todos los analistas utilicen idénticas pautas con el fin de poder comparar el trabajo realizado por diferentes personas, sin que estilos personales influyan en su elaboración[13].

---

[13] Resulta muy útil realizar la ficha en un cuerpo de letra menor que permita recortarla y archivarla en pequeños álbumes de fácil manejo y consulta.

Como se puede observar, la ficha consta de cuatro grandes apartados: la descripción externa del manual, la descripción interna, el análisis detenido del mismo y un último bloque dedicado a las observaciones que se considere oportuno anotar.

En el primer apartado del modelo de ficha que planteamos se debe registrar una descripción externa del manual que permita su clasificación y localización: *título*, *autor* o autores de la obra, los *datos bibliográficos* (lugar de edición, editorial, año de publicación, ediciones o reimpresiones, etc.), así como una descripción detenida de los *materiales* de que consta. Si se trata de material impreso sería necesario especificar aspectos formales como el formato del libro, el número de páginas, aspectos tipográficos (tamaño y tipo de letra), empleo del color en las páginas, presencia en ellas de fotografías o ilustraciones, etc. Si consta de materiales auditivos debemos atender al número de minutos grabados, calidad de la grabación, dicción de los locutores, utilización de material real, etc., así como al soporte en que aparecen (casete, CD-Rom, etc.). Estos mismos aspectos deben ser analizados para el material visual, teniendo en cuenta además la selección de escenarios, actores, fragmentos de materiales auténticos, etc. La evolución de las nuevas tecnologías ha hecho necesario incorporar la utilización de otros elementos multimedia como el ordenador en el aula.

El segundo apartado del análisis que proponemos sería la descripción interna del manual basándonos en las presentaciones que los propios autores adjuntan en las introducciones de sus obras. Por ello, en este bloque anotamos aquellos aspectos que se suelen presentar como información genérica de un manual: en primer lugar, los *objetivos generales* planteados por los autores y la *metodología* de base; obviamente el análisis pormenorizado del contenido podrá corroborar todos estos datos. También se debe atender a la *organización en niveles* del manual, aunque hemos de tener presente que en muchos casos, y por motivos muy dispares, contamos con materiales didácticos que pueden definirse como manuales o libros de texto y que sólo constan de un nivel. Es importante también la descripción que los autores hacen de los *destinatarios* o público para el que se ha elaborado el manual y que puede ser desde un público infantil, adolescente o adulto hasta otro con necesidades e intereses específicos (español de determinadas profesiones o áreas, español para inmigrantes, para analfabetos), autodidactas, etc. A continuación se debe anotar en la ficha *la programación de objetivos y contenidos* que se propone en el manual basándonos en los *syllabus* e índices, por lo que prestaremos atención a la organización completa del libro; también haremos alusión a las especificaciones que aporten los autores sobre la secuenciación o el número de horas recomendable, etc. Por último, en este bloque adjuntaremos también la *organización de una lección* con el fin de completar la descripción formal de la obra.

En la tercera parte de la ficha comienza el análisis de los principios metodológicos, y para ello se propone que en primer lugar se lleve a cabo una descripción objetiva de cada uno de los puntos marcados, seguida de la valoración o comentario crítico por parte del especialista.

El primer punto que proponemos para el análisis es *el papel de la L1*, esto es, la presencia de la lengua materna del estudiante; en caso de que aparezca la lengua materna deberíamos especificar cuál es su función, si existe o no una orientación contrastiva de la L1 y la L2, si la L1 sólo se emplea en las explicaciones, en los enunciados de los ejercicios, si hay un uso constante de la traducción, etcétera.

En segundo lugar nos centraremos en la *presentación de la L2*: si aparece en contextos de comunicación, si se emplean los textos y diálogos para introducir las estructuras lingüísticas, si los elementos de contextualización son elaborados por los autores o son materiales auténticos, etc. A la hora de presentar la lengua meta los autores pueden optar por una orientación inductiva o deductiva según la metodología empleada. En este punto nos detendremos también en la importancia que se da a la lengua oral y a la escrita, si hay preferencia por alguna de ellas, y en los problemas de la introducción simultánea de ambos códigos. Analizaremos si en el manual se trabajan habilidades, estrategias cognitivas y recursos lingüísticos de aprendizaje y cómo se enseña a los alumnos a manejarlos; generalmente este tipo de información suele aparecer en las primeras lecciones introductorias de los manuales, sobre todo en las de corte comunicativo. Por último, en cuanto a la presentación de la lengua meta, veremos si existe una progresión lineal o cíclica de los contenidos y, por tanto, si existe la posibilidad de revisión continua de lo aprendido.

A continuación iremos revisando la programación, presentación y ejercitación de los contenidos que aparecen en el manual. Partimos del análisis de los *contenidos comunicativos*, destacando en primer lugar la *programación* que han realizado los autores: temas de comunicación seleccionados, situaciones lingüísticas en las que se desarrollan esos temas o asuntos comunicativos y las funciones lingüísticas necesarias para desenvolverse en esas situaciones comunicativas. Las nuevas tendencias metodológicas incorporan en las programaciones diversos elementos pragmáticos tales como la cortesía, el lenguaje implícito, el tratamiento de los elementos del discurso, etc., y en los nuevos manuales es necesario revisar cómo se incorporan estos elementos, su importancia y su ejercitación. De la misma manera tienen que tener cabida los aspectos relacionados con la comunicación no verbal, de gran importancia en cualquier situación comunicativa. El segundo bloque lo dedicaremos a la *presentación* de los contenidos comunicativos; si bien todo esto ya ha sido revisado a la hora de plantearnos la presentación de la lengua meta, en este momento nos detendremos en cómo se contextualizan dichos contenidos: en diálogos con o sin apoyo auditivo, grabaciones auténticas o elaboradas, con apoyo de imágenes grabadas de la vida real, dibujos, fotografías, textos elaborados o extraídos de publicaciones periódicas, integración de todos estos materiales audiovisuales y el textos correspondiente, etc. Por último, nos detendremos en la ejercitación de todos estos contenidos; por su carácter comunicativo, la variedad de actividades que pueden ser planteadas exige por parte del analista una clasificación en actividades de simulación, de vacío de información, interactivas, personalizadas, de práctica libre, de respuesta abierta o cerrada, de transferencia de información, de resolución de problemas, etc. Resulta imprescindible mencionar en este apartado el tratamiento de las destrezas o habilidades lingüísticas (comprensión oral, expresión oral, comprensión lectora y expresión escrita): si existe un predominio de unas sobre otras y si se trabajan de manera individual o se da una integración entre ellas.

En cuanto a los *contenidos lingüísticos* debemos hacer tres grandes apartados, para los contenidos fonéticos y ortológicos, los gramaticales y los léxicos. Es necesario revisar si se tienen en cuenta todos los *contenidos fonéticos y ortológicos*: discriminación de sonidos, acento, entonación, ritmo, etc. y ver cómo es la introducción, programación y progresión de dichos contenidos a lo largo del manual; también en este caso la aplicación de las nuevas tecnologías en el aula ha permitido la utilización de nuevas formas de tratamiento de los aspectos fonéticos, tanto en la metodología de base como en la ejercitación y puesta en práctica. En relación con este punto debemos estudiar cuál es la variedad de español que se presenta y si se hace alusión a otras variedades existentes (variedades diatópicas y variedades diafásicas, sobre todo). Por su parte, en el análisis de los *contenidos gramaticales* debemos hacer hincapié de manera específica, además de en la metodología de incorporación de los mismos, en si la progresión es adecuada en cuanto al grado de dificultad de adquisición de los diferentes aspectos estudiados, o en qué criterios se han basado los autores para llevar a cabo la progresión (pueden, por ejemplo, utilizar textos de base y a partir de ellos explicar los aspectos gramaticales en ellos presentes). Como en los otros casos también aquí haremos referencia a la presentación de los contenidos gramaticales y a su ejercitación (prácticas manipulativas, tareas formales, etc.). En este apartado conviene revisar la importancia que tienen los aspectos gramaticales dentro del proceso de enseñanza-aprendizaje planteado en el manual y cómo se presentan; el estudio de la contextualización de las explicaciones y actividades gramaticales, así como la utilización o no de metalenguaje en las mismas, nos permitirá discernir a qué destinatarios está dirigido el manual. Por último, los *contenidos léxicos* se deben analizar atendiendo a la selección y al número de vocablos presentados, si son usuales y simples o no, a los mecanismos y criterios empleados para la selección, a la utilización de listados de frecuencias, etc.; el tratamiento regular o no de los diferentes términos, el número de veces que se trabaja cada uno para su posible memorización y comprensión morfosintáctica, la presentación y ejercitación planteada y su contextualización permitirá que el vocabulario seleccionado sea adquirido correcta y completamente o, por el contrario, permanezca en el estudiante como vocabulario complementario.

Los *contenidos culturales* han cobrado especial importancia en los manuales basados en las nuevas metodologías de enseñanza y por ello requieren un apartado específico para su estudio. Al igual que hacíamos con los contenidos comunicativos y lingüísticos, también en este caso se debe analizar la programación, progresión e incorporación de los contenidos culturales, evaluando la importancia de la cultura formal y no formal, de la diversidad cultural presentada, esto es, la representación de la variedad del mundo de habla hispana (España e Hispanoamérica) en cuanto a escenas de la vida cotidiana, personas y tipos humanos, folclore, tradición, etc., y si todo ello se presenta con una orientación contrastiva entre la cultura meta y las culturas de las que proceden los alumnos. Respecto a la presentación de los aspectos culturales, uno de los puntos más importantes es el grado de integración entre la lengua y la cultura, en el que poco a poco las nuevas metodologías van consiguiendo una mayor armonía en su presentación y ejercitación; y muy relacionado con esto se encuentra la representación de los aspectos culturales en fotos, imágenes, dibujos, referencias a personajes conocidos, a tópicos y lugares comunes españoles e hispanoamericanos, etc., aspectos todos ellos que conforman una visión del mundo que es la que el manual quiere reflejar.

El último apartado de este análisis del manual lo hemos dedicado a los *materiales de evaluación* puesto que muchos libros de texto incluyen materiales específicos para la evaluación de los contenidos adquiridos, ya sea al final de cada unidad o al final de un bloque de unidades interrelacionadas; otros los incluyen en el libro del profesor para que sea este quien los vaya presentando al alumno cuando crea conveniente; también contamos con manuales que presentan hojas de autoevaluación, incluso tests de valoración del proceso de enseñanza-aprendizaje que se ha llevado a cabo.

Como se puede apreciar en la descripción de los diferentes campos que presenta la ficha, son muchos los aspectos que deben ser analizados en un manual y, sin embargo, somos conscientes de que una vez iniciada la revisión habrá aspectos que al estudioso le gustaría añadir, razón por la cual hemos incluido en la ficha un apartado de *Observaciones*. Por ejemplo, en este apartado es conveniente anotar la calidad y estructura del libro del profesor, pues aunque el análisis se hace teniendo en cuenta de manera conjunta todos los complementos del manual en cuestión (libros del alumno, cuadernos de ejercicios, apéndices, material audiovisual, etc.), siempre la guía del profesor necesita una especial revisión.

3. Propuesta de ficha de análisis de materiales

Descripción externa del material	
Título	
Autor/es	
Datos bibliográficos	
Material (impreso / sonoro / visual / multimedia)	
Descripción interna del material	
Objetivos	
Destreza	
Nivel	
Destinatario	
Organización del material	
Organización de cada unidad	
Análisis del material	
Contenidos comunicativos	
Contenidos lingüísticos	
Contenidos culturales	
Observaciones	

De nuevo la ficha presenta cuatro partes bien diferenciadas[14]. La primera de ellas recoge la *descripción externa del material*, en la que se hace constar el título de la obra, el autor, los datos bibliográficos completos y el material impreso -libro del profesor, libro del alumno, cuaderno de ejercicios, solucionario, etc.-, sonoro -cintas de audio-, visual -cintas de vídeo, fotografías, etc.- y multimedia -disquetes de ordenador, CD-Rom, etc.- de que consta. En la segunda parte de la ficha tiene cabida la *descripción interna del material*; para cumplimentar sus diferentes secciones, resulta necesario consultar los comentarios expresados por los autores y las presentaciones de las obras en las que suelen aparecer reflejados de forma más o menos explícita los siguientes puntos:

- Los *objetivos* que se han planteado los autores al elaborar la obra.

[14] La ficha de análisis de materiales que presentamos a continuación fue publicada en Fernández López (1995).

- La *destreza* o destrezas que se trabajan en ella, a saber, comprensión auditiva, expresión oral, comprensión lectora y expresión escrita. Podemos encontrarnos con materiales que se detienen en una destreza de forma aislada, aunque la mayoría de los autores tienden a presentarlas de forma integrada.
- El *nivel* a que va destinada la obra; habría que anotar el nivel que presuponen los autores.
- El tipo de *alumno* al que va destinado el material. Puede ir enfocado a un alumno infantil, adulto, joven, profesional de un determinado campo, autodidacta, etcétera.
- La *organización del material* en general, esto es, si está distribuido en unidades, en campos conceptuales, en situaciones comunicativas, etc. Si tiene claves o solucionarios de los ejercicios, glosarios, apéndices, etcétera.
- La *organización de cada unidad* en particular. En este punto habría que desglosar el contenido y la organización de una unidad del material, si es que todas las unidades se estructuran de la misma manera, o especificarlo en caso contrario.

Hasta el momento lo que se ha realizado es una descripción pormenorizada del material didáctico de la forma más objetiva posible, sin que las opiniones personales ni los comentarios propios del estudioso hayan intervenido; la información recogida hasta ahora permitirá a cualquiera que acceda a esta ficha clasificar el tipo de material que tiene en sus manos y conocer detalladamente qué ofrece. A continuación, el estudioso debe analizar la obra desde su particular punto de vista y a partir de sus conocimientos, ya sea desde la perspectiva de autor de materiales, ya sea como profesor que hace uso de esos materiales en el aula, o incluso como estudiante que ha trabajado con ellos. En este apartado hemos de atender a tres puntos principales:

- Los *contenidos comunicativos* que se tratan en la obra; el investigador debe analizar qué funciones comunicativas aparecen (identificación personal, identificación de las cosas, vida familiar, etc.), cómo se introducen, si su aparición se realiza de una forma progresiva y ordenada o de forma caótica, etc. Puede darse el caso de materiales que no trabajen ninguna función comunicativa de forma directa como, por ejemplo, gramáticas; en estos casos el crítico debe anotar si se pueden intuir determinados contenidos que deberían ser desarrollados por el profesor, o si en realidad la obra carece completamente de funciones comunicativas.
- Los *contenidos lingüísticos* del material. En este punto convendría analizar qué aspectos lingüísticos son tratados en la obra, cuál es el eje organizador de los mismos, la adecuación en la progresión de los contenidos gramaticales, qué importancia adquieren en él los diferentes temas, en cuáles se profundiza más, etc. Algunas obras no introducen de forma explícita ningún aspecto gramatical ni léxico y, por tanto, el profesor, y de la misma manera quien lleva a cabo el análisis del libro, debe intuir qué aspectos lingüísticos se harán practicar a los alumnos en cada situación planteada.
- Los *contenidos culturales*. Es importante analizar cómo se incorporan los temas culturales en las clases de español como lengua extranjera y si éstos aparecen de forma integrada en actividades en las que se manejan determinadas estructuras lingüísticas o, por el contrario, estas últimas se plantean como prácticas aisladas de la información cultural; es interesante estudiar qué temas aparecen, si son de actualidad y puntuales o de validez universal, así como cuál es el medio mediante el que se introducen los conocimientos culturales (fotografías, métodos auditivos, textos escritos, etc.). En este apartado se debe atender tanto a la cultura popular (costumbres, formas de vida, ocios y diversiones, etc.) como a la literatura, arte, historia, etc., que rodea la vida de los hombres y mujeres de habla hispana.

Por último, la ficha concluiría con un apartado de *observaciones* en el que el crítico puede hacer notar todos aquellos aspectos que no tienen cabida en las secciones anteriores. En este cuadro se pueden apuntar sugerencias acerca del nivel más adecuado que debería tener quien maneje el material, el tipo de alumno que previsiblemente podría conseguir mejores resultados con esta obra, comentarios sobre si los objetivos planteados por los autores han sido realmente puestos en práctica a lo largo del material, consejos y observaciones para la mejor utilización del material en el aula, etcétera.

Conclusión

El análisis de manuales y materiales es una tarea compleja que puede llevarse a cabo con objetivos muy diferentes, como ya hemos comentado; es por ello por lo que elaborar unos principios o criterios adecuados que puedan resultar útiles en todos los casos es difícil y siempre se corre el riesgo de olvidar algún aspecto básico. Por otro lado, el cambio de las orientaciones metodológicas en la enseñanza de segundas lenguas obliga a que los criterios establecidos deban ser continuamente revisados, pues los instrumentos que se llevan al aula cada vez son más completos y cuentan con un mayor número de materiales; sólo debemos recordar que en los primeros análisis se evaluaba la calidad de las diapositivas que acompañaban a los manuales y ahora la utilización en las aulas de las nuevas tecnologías nos exige conocer y revisar incluso aplicaciones informáticas de gran complejidad.

Hemos de tener en cuenta, no obstante, que la formación, preparación y experiencia del estudioso tanto en el campo de elaboración de materiales didácticos como en la actividad docente permitirá que los análisis realizados a partir de las guías que hemos presentado (tanto para manuales como para materiales) puedan mucho más pormenorizados y ricos en detalles. Esperamos no obstante que estos modelos también sirvan de guía y ayuda para aquellos que se inician en la ardua tarea de la revisión y el análisis de instrumentos para la enseñanza del español como lengua extranjera.

BIBLIOGRAFÍA

AREIZAGA ORUBE, E. (1997), *Dos décadas de enseñanza del español como lengua extranjera a adultos en sus materiales*, Bilbao, Servicio Editorial de la Universidad del País Vasco.

ARIZPE, V. y AGUIRRE, B. E. (1987), "Mexican, Puerto Rican, and Cuban Ethnic Groups in First-Year College-Level Spanish Textbooks", *The Modern Language Journal*, 71, 2: 125-137.

EZQUERRA, R. (1974a), "Notas para un análisis formal de los ejercicios estructurales", *Español Actual*, 26: 26-32.

EZQUERRA, R. (1974b), "Análisis de métodos para la enseñanza del español", *Asociación Europea de Profesores de Español (AEPE)*, 11: 31-46.

EZQUERRA, R. (1975), "Métodos de español utilizados en Europa, I", *Asociación Europea de Profesores de Español (AEPE)*, 12: 3-65.

FERNÁNDEZ LÓPEZ, M. C. (1995), "Materiales didácticos de E/LE: una propuesta de análisis", *Cuadernos Cervantes de la lengua española*, 5: 54-57.

FERNÁNDEZ LÓPEZ, M. C. (2000), "Selección de manuales y materiales didácticos", *Cuadernos Cervantes de la lengua española*, 27: 17-43.

RAMÍREZ, A. G. y HALL, J. K. (1990), "Language and Culture in Secondary Level Spanish Textbooks", *The Modern Language Journal*, 74, I: 48-65.

RUEDA BERNAO, M. J. (1994), "Análisis de cuatro manuales para la enseñanza del español/lengua extranjera", *Revista de Estudios de Adquisición de la Lengua Española (REALE)*, 2: 74-114.

SALABERRI RAMIRO, S. (1990), "El libro de texto: selección y explotación", en P. BELLO *et al.* (1990) (eds.), *Didáctica de segundas lenguas. Estrategias y recursos básicos*, Madrid, Santillana: 109-123.

SÁNCHEZ PÉREZ, A. (1993), *Hacia un método integral en la enseñanza de idiomas. Estudio analítico*, Madrid, SGEL.

STATE EDUCATION DEPARTMENT (1987), *Modern Languages for Communication*, Albany, Nueva York, The University of the State of New York.

V PARTE
Los contenidos

El modelo de la lengua y la variación lingüística

Francisco Moreno Fernández
Universidad de Alcalá
Instituto Cervantes

Introducción

Las lenguas naturales poseen una característica esencial para su correcto entendimiento: son realidades que se actualizan y manifiestan de un modo heterogéneo. Esto es así porque no hay más forma de percibir y manejar la lengua que la materialidad de su uso y éste está sujeto a condiciones variables -internas y externas- que impiden su homogeneidad absoluta, a la vez que explican el dinamismo y el cambio de las lenguas a lo largo del tiempo. Esta dimensión heterogénea y variable de la lengua se manifiesta en todos sus niveles y resulta más rica cuanto mayor es el territorio en que se habla, más larga es su historia, más compleja su sociología y más diversas sus funciones sociales y comunicativas.

La anterior característica se complementa con otra, no menos importante: las lenguas como tales no se hablan; sólo se hablan modalidades concretas de las lenguas. Tomando esta afirmación al pie de la letra, podría decirse que nadie habla *español* si no es a través de alguna de sus diversas modalidades, ligadas a una geografía, una historia y una comunidad concretas: se habla español de Andalucía o español rioplatense o español yucateco, etc. Podría decirse, con razón, que ni siquiera esta última afirmación es cierta, puesto que el único nivel de concreción real, no es el de la región, la ciudad o el barrio, sino el del hablante como individuo en cada uno de sus actos de expresión. Ahora bien, por muy cierto que esto sea, si queremos hablar de modelos de lenguas, no podemos movernos en este nivel, sino en uno algo más general y más abstracto porque nos interesa hablar de modalidades geográficas, sociales y estilísticas; nos interesa hablar de normas generales y normas regionales.

En este capítulo, se trata una cuestión fácil de proponer y difícil de resolver. Si el español no es uniforme, si existen diversas modalidades extendidas por un territorio vasto y rico, ¿qué tipo de español es el que hay que manejar en la enseñanza de esta lengua?; dicho de otro modo, partiendo de la variación lingüística como una realidad, ¿qué modelo conviene tener como referencia para la enseñanza y el aprendizaje de la lengua española? Vamos a tener oportunidad de proponer algunas respuestas a cuestiones tan complicadas, pero para ello es aconsejable pasar previa revista a conceptos básicos como los de *lengua*, *dialecto* o *habla*, y comentar algunos aspectos generales relativos a la disposición geográfica y social del español en el mundo. Todo ello en relación con las necesidades y dudas que suelen plantearse los profesores de español. Conviene no perder de vista que la cuestión del modelo de lengua afecta prácticamente a todo el proceso de enseñanza y aprendizaje y a sus múltiples derivaciones.

La organización del capítulo será como sigue: primero trataremos de delimitar mínimamente algunos conceptos teóricos fundamentales, para después comentar algunos de los rasgos que permiten trazar el perfil del español general, el de España y el de América principalmente[1]; hecha esa caracterización, se propondrán algunas formas de afrontar la cuestión del modelo de español en la enseñanza de la lengua. Estos aspectos podrán ampliarse en la bibliografía básica que se aporta al final. Por otro lado, las directrices de nuestra forma de ver la relación entre los modelos y las variedades del español se presentan también en el libro *Qué español enseñar* (Moreno Fernández, 2000), al que remitimos para cuestiones de mayor detalle y ejemplificación.

1. La lengua, los dialectos, las hablas y otros conceptos

El territorio hispanohablante es tan extenso que no es del todo extraño que, a finales del siglo XIX, Juan Valera y Rufino José Cuervo polemizaran sobre la posible fragmentación de la unidad del español en América, como ocurriera con el latín en su momento. Aquellos tiempos quedan ya lejos, por cuanto el desarrollo humano ha evolucionado claramente a favor de la unidad, facilitando la intercomunicación entre los hablantes de español de todas las latitudes. No ha cambiado, sin embargo, la extensión del territorio ni la diversidad de la lengua en forma de modalidades que se ordenan mediante los criterios de dialecto o geolecto y habla.

El español es una lengua en tanto que constituye un código y un sistema unitario, bajo el cual se disponen varios subsistemas con un conjunto importante de rasgos comunes –que son los que permiten hablar de unidad– y con elementos diferenciadores. Para una caracterización más completa de lo que es una *lengua* se necesita recurrir a otros elementos ajenos a la lengua misma, como el cultivo escrito, principalmente el literario, el reconocimiento oficial, su normalización por medio de un diccionario, una gramática y una ortografía, el prestigio y el reconocimiento social. Cuando hablamos de una lengua, pensamos en la lengua española, la lengua inglesa o la lengua francesa, por ejemplo.

Se atribuye a Max Weinreich, padre del más conocido Uriel Weinreich, la frase de que una lengua es un dialecto con ejército y armada. Lingüísticamente no hay argumento que trace una línea nítida entre lengua y dialecto: si acaso, la mayor homogeneidad en el uso de la primera. Ello no impide que se ensaye una definición de *dialecto* como subsistema de una lengua utilizado por un grupo de población asentado en un espacio determinado y que contrasta con otros subsistemas localizados en grupos y espacios diferentes. A este perfil se pueden añadir otros rasgos externos: sin cultivo escrito, especialmente literario, sin reconocimiento oficial, sin normalización, con menor prestigio o reconocimiento social y, también, con menor homogeneidad de uso que la lengua. Como se desprende de lo dicho, no creemos que haya que tenerle miedo al

[1] Aunque la enseñanza de la lengua española plantea interesantísimos problemas en otros territorios de tradición hispanohablante, como Guinea o Filipinas, no se van a tratar con detenimiento en esta ocasión, por las peculiaridades de su perfil sociolingüístico.

empleo *técnico* de la palabra *dialecto*: las confusiones vienen de la vulgarización del término, que ha provocado que la propia lingüística salvaguarde la especificidad del contenido utilizando una denominación diferente: *geolecto*. Cuando hablamos de dialecto o geolecto, pensamos en el español de las islas Canarias, en el inglés del sur de Estados Unidos o en el francés de Québec, por ejemplo.

El concepto de *habla* nos lleva a pensar, por una lado, en la expresión particular e individual de la lengua (la *parole* de Saussure) y, por otro, en una manifestación lingüística característica de un grupo o de un lugar muy restringidos. En este caso, además de no contar con un número de usuarios amplio, tampoco se dan las condiciones de escritura, normalización, prestigio y homogeneidad que caracterizan a una lengua. Cuando nos referimos a las hablas, pensamos en los bables de Asturias o en el mirandés de Miranda do Douro, en Portugal, por ejemplo.

La cuestión del modelo de lengua, aplicada a la lengua española, se plantea sobre todo en el nivel del dialecto o geolecto. Pero los anteriores conceptos, a pesar de su importancia, no son suficientes para comprender cómo se organizan las variedades principales del español ni sus implicaciones en la adopción de modelos: se hace necesario presentar otros conceptos, como los de *lengua culta* y *lengua popular*, *sociolecto*, *tecnolecto* y *estilo*, para que con ellos queden bien trazados nuestros límites conceptuales.

Se entiende por *lengua culta* un conjunto de rasgos lingüísticos que caracteriza el habla de las personas mejor instruidas y formadas, así como más prestigiosas, de una comunidad: dirigentes, empresarios, médicos, abogados, profesores. Por lo general, a esta lengua se accede por medio de la instrucción superior, en la que la lengua escrita tiene un protagonismo singular. La lengua culta, sobre todo en la sociedad occidental, es una variedad eminentemente urbana que se irradia desde las grandes ciudades a las más pequeñas y a las comunidades rurales. La forma de hablar de las personas cultas de las ciudades, muy presente en los medios de comunicación social, es, por lo tanto, punto obligado de referencia a la hora de establecer un modelo lingüístico de prestigio con visos de ser llevado a la enseñanza de la lengua. Al conjunto de las principales características de esa variedad de lengua, se le da el nombre de *norma culta* (Moreno Fernández, 2000).

La *lengua popular* constituye un nivel complementario del nivel culto, que se manifiesta principal, aunque no exclusivamente, en los hablantes de estratos socioculturales medios y bajos. En la lengua popular se encuentran numerosos rasgos dialectales, arcaizantes, coloquiales y vulgares que afectan a todos los niveles lingüísticos. La caracterización de la lengua popular presenta dificultades sociolingüísticas importantes, dado que los límites entre el habla de los estratos altos y bajos son borrosos y que son muchos los elementos compartidos entre lo culto y lo popular. Aunque la lengua popular no se utiliza como modelo de referencia general para la enseñanza de la lengua, es frecuente que algunos de sus elementos se incorporen a los contenidos ofrecidos en los cursos de los niveles más avanzados.

Por otro lado, cuando se habla de *sociolecto* se piensa en los rasgos lingüísticos que caracterizan a un grupo social determinado: en Estados Unidos funciona como sociolecto el inglés típico de la población de raza negra; también se entiende como sociolecto, por ejemplo, el habla de los jóvenes, especialmente de los estudiantes (Moreno Fernández, 1998; Lastra, 1992). Generalmente, los sociolectos surgen dentro de los geolectos, concepto más extenso, y contribuyen a una mayor riqueza y complejidad de las modalidades urbanas. Como lo hacen también los *tecnolectos* o *lenguas de especialidad*, formados por rasgos lingüísticos -en su mayoría léxicos- que se utilizan en ámbitos de actividad profesional, como la economía y el comercio, la sanidad o la administración. Estas variedades también están inscritas en geolectos concretos, de modo que no puede hablarse de un español universal de la banca, sino del español de la banca utilizado en los geolectos de España o de México y Centroamérica, por ejemplo, lo que no impide que las diversas regiones compartan elementos: esto significa simplemente que no es posible hablar de un tecnolecto que no forme parte de un geolecto determinado, sea el que sea. Por lo tanto, en el caso de las lenguas de especialidad, la cuestión del modelo se plantea tanto a propósito de los rasgos del propio tecnolecto como a propósito del geolecto que lo sustenta.

En cuanto al concepto de *estilo*, solapado en la bibliografía especializada con el de *registro*, se puede decir que estamos ante modos diferentes de ajustar el uso de un geolecto y un sociolecto a una circunstancia comunicativa determinada, de manera que puede hablarse de una mayor o menor formalidad, de un mayor o menor cuidado, en el uso de la lengua, que deriva en estilos diferentes. Este concepto también salta a escena en el momento de hablar de modelo de lengua para su enseñanza, porque los métodos, los diccionarios, los libros de lecturas graduadas trabajan necesariamente, no con un(os) geolecto(s) en abstracto, sino como unas modalidades de ese nivel expresadas a través de estilos determinados.

A modo de conclusión parcial, podemos decir que la elección de un modelo para la enseñanza de la lengua, a partir de la importante variación lingüística que plantea un idioma como el español, no puede resolverse sin perfilar con claridad qué se entiende por lengua, dialecto o geolecto, habla, sociolecto, tecnolecto o estilo. Todo ello está implicado en el proceso de elección, dado que los objetivos de la enseñanza y los motivos del aprendizaje son enormemente variados: el modelo puede variar o adquirir matices diferentes si lo que se quiere es enseñar o aprender español de los negocios para trabajar en la zona del Mercosur, practicar conversación en español para satisfacer las necesidades comunicativas que pueda tener una desplazamiento vacacional a la Costa del Sol o aprender español para acceder a la bibliografía especializada en literatura hispanoamericana. Al mismo tiempo, la elección del modelo de lengua ha de hacerse a partir de una idea clara de cómo son, cómo se han constituido y qué relación establecen las principales variedades del español. Por eso es importante que el profesor trabaje con una información lo más completa y fiable posible y, desde luego, eliminando falsas imágenes, como las que se van a comentar a continuación.

2. La falsa imagen del español americano

En 1992, Juan Lope Blanch publicó un estudio más que interesante titulado *La falsa imagen del español americano*. Merece la pena tenerlo en consideración porque muchos de los argumentos que allí se dan como falsos vienen circulando desde hace décadas, por vía escrita y oral, dificultando una correcta apreciación de la realidad del español en el continente americano. Es grave que el español de América siga siendo *un ilustre desconocido*, como decía el propio Lope, para los profesores de español y no sólo los formados en España, porque ocurre que muchos de origen hispanoamericano conocen aspectos de su propia variedad, claro, pero no tanto lo que caracteriza al español de otras áreas americanas.

Las rasgos que a menudo se han utilizado para definir el español de América son *su sorprendente uniformidad, su firme conservadurismo, su básica rusticidad o vulgarismo, su colorido amerindio, su originario arcaísmo y su parcial andalucismo* (Lope Blanch, 1992: 313). No se puede decir que la verdad esté ausente de un modo absoluto de algunas de estas definiciones, pero no pueden ser entendidas tal cual ni de un modo genérico. Vayamos paso a paso.

a) *Uniformidad.* A los oídos de un hablante de España, es posible identificar un *aire de familia* entre modalidades americanas de distinta procedencia, lo que no quiere decir que los españoles sean capaces de distinguir siempre entre lo americano y lo español, entre otras razones porque no son pocas las ocasiones en que se creen reconocer como americanas las hablas de canarios o, incluso, de andaluces. Sin embargo, a pesar de compartir ciertos rasgos generales (seseo mayoritario, pronunciación dentalizada de la *s*, yeísmo mayoritario), las hablas americanas muestran diferencias internas que las alejan de la uniformidad. Pensemos simplemente en la sucinta comparación entre un mexicano, un cubano y un argentino. Las diferencias fonéticas que existen entre ellos son perfectamente reconocibles para cualquier hispanohablante (mantenimiento o debilitamiento de las consonantes en posición final de sílaba; pronunciación africada o rehilada de la palatal *y*), por no hablar de las diferencias gramaticales (voseo de prestigio en el Río de la Plata, orden de los pronombres en el Caribe - *¿qué tú dices?*-, uso enclítico del pronombre *le* en México: *ándele, sígale*) o léxicas. El español de América no es uniforme.

b) *Conservadurismo* y *arcaísmo*. Es cierto que existen elementos arcaizantes en el español de América, como existen en el de España, porque toda variedad está sometida a un proceso evolutivo donde unos nuevos elementos van reemplazando a otros, que a menudo quedan arrinconados antes de desaparecer. El argumento de que tal o cual palabra usada en América era la utilizada por Cervantes o Lope de Vega en su literatura no es argumento para calificar los usos lingüísticos de todo un continente como conservadores o arcaizantes. No se puede hacer porque el concepto de arcaísmo es relativo: el arcaísmo siempre lo es en una zona y no tiene por qué serlo en todas las áreas a la vez; si una palabra es utilizada en América y no en España, o viceversa, no quiere decir que sea en sí misma arcaica, sino que lo es en un territorio determinado. Pero, además, no se puede dar la calificación genérica de *conservadoras* o *arcaicas* a unas modalidades que ofrecen numerosas innovaciones dentro del sistema común español: el fonetismo caribeño, por ejemplo, presenta un estado de innovación evidente.

c) Vulgarismo. Pocas cosas están más sujetas al albur de los tiempos que la consideración social que se da a ciertos componentes de la lengua. Lo que hoy es cultismo, mañana es forma común; lo que hoy es tecnicismo mañana está en boca de los profanos; lo que hoy es vulgar, mañana puede transformarse en rasgo formal. Al margen de esto, parece demostrado que el supuesto vulgarismo americano no puede seguir basándose en el argumento del bajo perfil sociocultural de los inmigrantes españoles porque los colonos que allí llegaron con el paso de los años no fueron mayoritariamente ni delincuentes ni rústicos ni totalmente incultos.

d) Amerindismo. La relativa importancia de este rasgo queda bien clara en la afirmación del propio Lope Blanch: la influencia de las lenguas indígenas *es pequeña o superficial por cuanto que no ha alterado prácticamente en nada el sistema gramatical -la estructura fonomorfosintáctica- de la lengua española* (Lope Blanch, 1991: 328). Algo parecido podría decirse del léxico, a pesar de lo llamativo de la presencia de indigenismos, muchos de los cuales han pasado incluso a la lengua general. El léxico indígena se hace notar sobre todo en las hablas locales y en el dominio del léxico nomenclador (topónimos, nombres de plantas, de especies animales).

e) Andalucismo. Los testimonios documentales muestran con gran claridad que el castellano llevado a América en el siglo XVI ya presentaba unas características definitorias de lo que es una parte significativa del español de América. Desde este punto de vista, el andalucismo del español de América es innegable. Cosa diferente es pretender explicar todo el español de América desde la Andalucía del siglo XV. La población hispanoamericana se fue fraguando poco a poco, con impulsos históricos de distinto signo y con población de orígenes diversos. Por eso, como hicieron Lope Blanch y Henríquez Ureña, no está de más prevenir contra los peligros de la generalización simplificadora.

3. La falsa imagen del español de España

En un ejercicio de paralelismo, es posible elaborar una relación de características que se han ido atribuyendo al español de España de una forma espuria. Ello ha dado -está dando- una imagen falsa que merma las posibilidades de entender cabalmente cómo es este español y su relación con las demás variedades. Del español europeo se ha resaltado su gran diversificación interna, su carácter de lengua estándar, su autenticidad histórica y su incuestionable nivel de corrección. También se dice, por otro lado, que en España se hace un uso poco cuidado de la lengua, comparado con la pulcritud y el esmero de las variantes americanas. De nuevo, vayamos paso a paso.

a) Diversificación. El argumento se ha repetido en mil ocasiones: existe mayor distancia entre el habla de un valle del Pirineo aragonés y el habla de la vega de Granada que entre el habla de México y de la Patagonia. Estamos ante el rasgo complementario de la uniformidad atribuida al español de América. No vamos a negar que dentro de España existe una diversificación lingüística apreciable, al margen del uso de lenguas diferentes, hechos ambos, por cierto, que no siempre son conocidos por los hispanohablantes de América o por los profesores de español de rincones alejados del mundo. Sin embargo, llevar la diversificación mucho más allá de las divergencias existentes entre las modalidades americanas no siempre resulta correcto. ¿Por qué? Porque cuando se piensa en tamaña diversificación a menudo se comparan variedades de origen distinto: pongamos por caso los bables asturianos -herederos de las hablas asturleonesas medievales- y las hablas de Cádiz, emparentadas históricamente con el castellano. Si, como ha sugerido el propio Lope Blanch, se comparan variedades geolectales de la Península Ibérica surgidas históricamente desde el castellano antiguo, las diferencias no tienen que ser mucho mayores que las que se encuentran entre territorios americanos diferentes. La distancia entre el español más conservador de México y el español de las costas del oriente de Venezuela no tiene por qué ser mayor que la distancia que existe entre el castellano de Burgos y el de las costas de Huelva. También es verdad que diferencias semejantes a las que se encuentran en España a una distancia de quinientos kilómetros pueden hallarse en América a una distancia de cinco mil.

b) Lengua estándar. Procedente del inglés, el concepto de *lengua estándar* inunda la bibliografía especializada en español. Y, por más que se use, sigue siendo difícil saber a qué se hace referencia en cada caso. Hay, no obstante, una realidad evidente: muchos de los usuarios de tal término atribuyen el título de lengua estándar al español de España. Normalmente quien esto hace tampoco se para a aclarar que en realidad se refiere solamente al español de Castilla o de los dos tercios septentrionales de la Península, lo que da una idea del relajo con que se maneja el concepto. Somos declarados detractores del concepto de *lengua estándar*, muy especialmente aplicado al español. Las razones fundamentales de tal oposición son dos: 1. si el español estándar es el que está desprovisto de cualquier tipo de marca, es decir, el español más neutro, semejante cosa no existe porque, como se dijo desde el principio, no hay forma de actualizar la lengua si no es a través de una de sus manifestaciones geolectales, sociolectales o estilísticas, lo que significa *marcas* (geográficas, sociales, situacionales); 2. no hay razón lingüística objetiva que justifique que el español de España represente las virtudes de la *lengua estándar* porque las mismas credenciales podría presentar el de México, el de Argentina o el de otro lugar. Sí pueden darse razones extralingüísticas para ello, como veremos en los siguientes puntos, pero eso ya no es un mérito de la lengua en sí, sino de sus condiciones históricas.

Cuando se tenga necesidad de hacer referencia a los usos más comunes, más frecuentes o menos marcados de nuestra lengua -obsérvese que se habla de usos concretos no de variedades o modalidades- bastaría con decir que tales o cuales usos o rasgos se dan en el español general.

Así, al hablar de *lengua general* o *español general* no se haría referencia a una modalidad hablada por nadie, sino a un conjunto de elementos de la lengua común que son compartidos por (casi) todos los hablantes de español en el mundo, sean de donde sean. En la bibliografía puede encontrarse también la denominación de *lengua estándar* para hablar de la modalidad de más prestigio en un territorio (por ejemplo, el estándar mexicano), pero en estos casos es habitual hablar de la norma culta de un territorio determinado, como veremos más adelante.

c) Autenticidad. A España se le atribuye la imagen de la autenticidad lingüística, de la legitimidad de la *madre patria*, la referencia histórica por antonomasia. Por supuesto, el español de España, en cualquiera de sus modalidades, es auténtico y legítimo históricamente, pero ello no significa que España disfrute de la autenticidad de forma exclusiva. ¿Por qué no va a ser auténtico o *igual de auténtico* el español de San Juan de Puerto Rico? La cuestión simplemente no se plantea entre lingüistas. En caso de duda, hay muchos argumentos que manejar, pero el más sólido no es precisamente que el español de España es *el español auténtico*.

d) Corrección. Dice Leonor Acuña, a partir de los resultados de unos estudios realizados en la Universidad de Buenos Aires: *Los hablantes de Buenos Aires depositan la norma o consideran dueña de la misma a España, ya sea a través de la Real Academia Española o de sus diccionarios y gramáticas. Es interesante observar que esta tendencia aparece también en los especialistas: los diccionarios, gramáticas o simplemente trabajos de dialectología no definen la totalidad de la lengua sino sólo aquello que la aparta de la norma peninsular* (Acuña, 1997). Por mucho que sea así la opinión de muchos hispanohablantes, los profesionales de la lengua deben saber que ningún país hispano monopoliza la corrección: la corrección consiste simplemente en ajustarse a unos criterios marcados por las directrices académicas, cada vez más hispánicas, por los hablantes de mayor prestigio, incluidos los medios de comunicación. Por lo demás, el uso del español en España ofrece correcciones e incorrecciones, pero ni más ni menos que en otras áreas hispánicas.

e) Descuido. Como punto disidente, traemos el de la desidia que algunos hispanohablantes americanos atribuyen a los de España en el uso de la lengua. Me decía un amigo argentino: ¿cómo me voy a preocupar por mi voseo si en Castilla dicen cosas como *la dije que...*, *verdaz* o *el banco ya le cerraron*? No ignoramos que la *fama* de los españoles está vinculada para muchos hispanoamericanos a la figura del inmigrante inculto, muy trabajador, eso sí, aunque algo lelo, que en algunos lugares recibe el apelativo de *gallego* y en otros de *cachupín*, con tono entre jocoso y despectivo; si a ello se le añade el empleo frecuente de expresiones que no se consideran correctas, el juicio negativo está servido. Tampoco puede negarse la real desidia que muchos españoles demuestran hacia el uso de su lengua, denunciada mil veces por profesores y especialistas. Sin embargo, no es justo afirmar sin más que los españoles son despreocupados en cuestiones lingüísticas o que el leísmo es una incorrección de calibre similar al de otras muchas incorrecciones que se dan en América, entre otros motivos porque el leísmo también se da en América y porque muchos usos leístas están justificados etimológicamente (verbos que en latín regían dativo).

4. Prototipo y variedades del español

La lengua española puede presumir de ofrecer una homogeneidad que, aunque relativa, garantiza su unidad. Esta garantía no se obtiene sólo del hecho interno de contar con un núcleo común amplio y sólido de elementos y mecanismos de lengua, sino también de la concurrencia de algunos factores extralingüísticos favorables y decisivos, factores como la facilidad de contacto entre geolectos a través de los medios de comunicación social y de los movimientos de población o como la fuerte percepción de similitud y afinidad que existe entre las diversas áreas del mundo hispánico. Efectivamente, tan importante como la existencia de una base común amplia es la percepción de que tal base existe. Por este motivo, resulta especialmente clarificadora la interpretación del español y sus variantes desde la teoría de prototipos.

Desde ese punto de vista, la lengua española es una categoría mental prototípica a la que se adscriben todas sus variantes (López García, 1998). En ella sobresalen tres aspectos esenciales para la enseñanza y el aprendizaje de la lengua. Uno de ellos tiene que ver con la apreciación cognitiva de la lengua; el segundo, con la causa de que ciertas lenguas mantengan una unanimidad de actitudes en relación con el prototipo que simbolizan, mientras que otras no la mantienen; el tercero, con los rasgos que hacen que una variedad sea considerada como nuclear o periférica dentro del prototipo (Moreno Fernández, 2000: 64-65).

En lo relativo al primer aspecto, por muy cierto que sea que la catalogación de un hablante como bueno o malo se hace en su conjunto, también es verdad que en los juicios sobre la lengua de un extranjero a menudo se distinguen niveles lingüísticos, como señala el propio López García: de un extranjero puede decirse que tiene mala sintaxis, pero buena fonética, lo que indica la posibilidad de aplicar la teoría de prototipos a los distintos componentes de la lengua, esto es, de una forma modular. Es conveniente saber que los prototipos pueden aplicarse a componentes diferentes y que los componentes fonético y *conversacional* tienen un peso notable a la hora de fijar la relación con un prototipo. El profesor ha de ser consciente de que la similitud con un prototipo modular determinado (la fonética, por ejemplo) puede dar una falsa impresión de dominio de la lengua.

En cuanto al segundo aspecto, en el caso del español, el binomio lengua-estado se muestra insuficiente para explicar el porqué de una conciencia de unidad, dado que son más de veinte estados los que lo han declarado lengua oficial. Puede decirse que, dentro del mundo hispánico, como respuesta a una necesidad cognitiva, existe unanimidad de actitudes en cuanto al prototipo del español porque se contrapone con claridad a los prototipos de otras lenguas. Esto quiere decir que los hablantes, en su conciencia lingüística, dan más importancia a la distancia que existe entre el español y el inglés o el portugués, que a la distancia que se reconoce entre el español de América y el de la Península Ibérica.

El tercer aspecto tiene que ver con los rasgos que hacen que una variedad sea considerada como nuclear o periférica dentro del prototipo. Para Ángel López, la cuestión está relacionada con el prestigio, normalmente asociado a un predominio cultural, político y económico, no tanto histórico. Desde este punto de vista, hay variedades más prestigiosas y variedades menos prestigiosas. Como ya se ha comentado, en el mundo hispánico el prototipo *castellano* (de Castilla) tiene una gran significación: dentro de España se considera popularmente que el mejor español es el de Castilla la Vieja; en otros países, es frecuente pensar que el mejor español es el que más se aproxima a ese prototipo castellano.

La existencia de variedades percibidas como más cercanas o alejadas del prototipo responde a una necesidad cognitiva que se manifiesta en una conciencia dialectal por la que, para la gente de la calle, el andaluz, el canario o el español de las sierras andinas son dialectos (variedades populares o vulgares), mientras que el castellano de Madrid y el de Buenos Aires no lo son, en contra de las afirmaciones de los lingüistas, que insisten en que tan *dialecto* (geolecto) es la variedad de Sevilla o Las Palmas, como la de Madrid, la de Lima o la de Santiago de Chile.

En líneas generales, siempre desde una perspectiva amplia, las áreas principales percibidas por los hablantes coinciden con las zonificaciones de los especialistas. Dentro del continente americano, las áreas con más personalidad son cinco: 1. un área mexicana y centroamericana (representada, por ejemplo, por los usos de la ciudad de México y de otras ciudades y territorios significativos); 2. un área caribeña (representada, por ejemplo, por los usos de San Juan de Puerto Rico, La Habana o Santo Domingo); 3. un área andina (representada, por ejemplo, por los usos de Bogotá, Quito, Lima o La Paz); 4. un área chilena (representada por los usos de Santiago); y 5. un área rioplatense y del Chaco (representada por los usos de Buenos Aires, de Montevideo o de Asunción) (Alvar, 1996; Fontanella, 1992; Hernández, 1992; Moreno de Alba, 1993; Moreno Fernández, 2000; Vaquero, 1998).

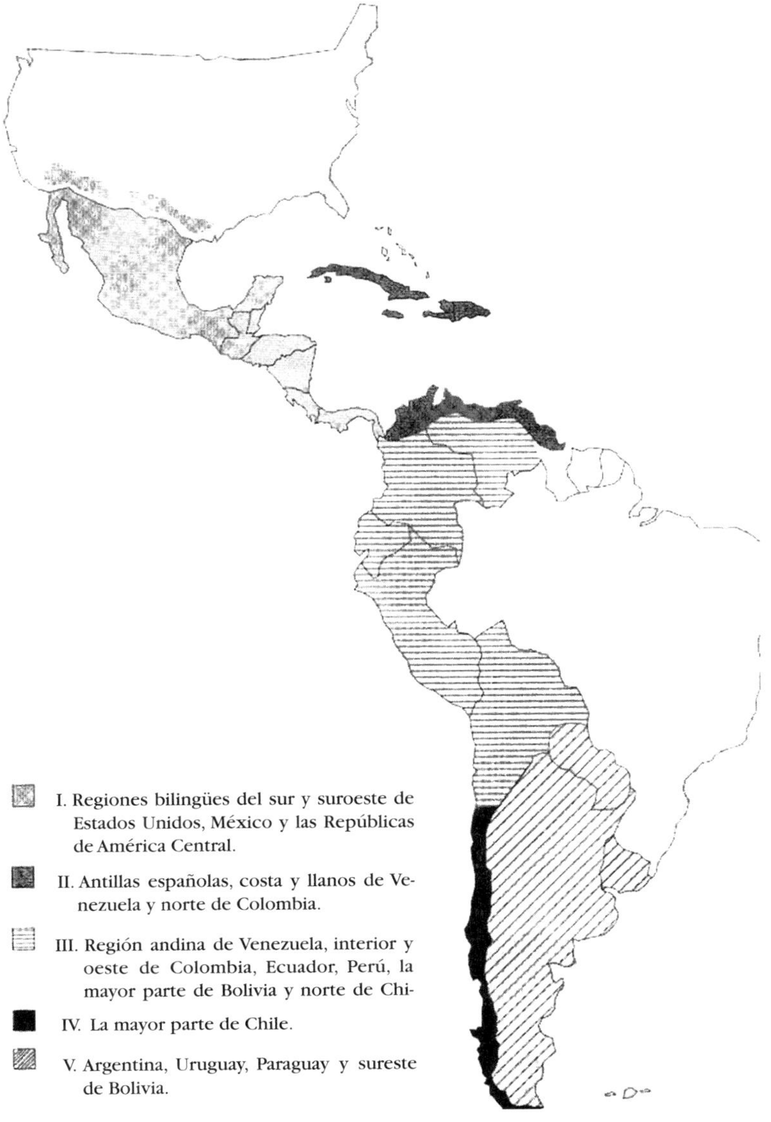

Mapa. Zonas del español de América, basadas en la propuesta de Henríquez Ureña (Moreno, 1993).

Por otro lado, para el español de España se distinguen tres áreas generales: 1. una andaluza (que estaría representada por los usos de Sevilla, Málaga o Granada); 2. una canaria (Las Palmas o Santa Cruz de Tenerife); y 3. una castellana (representada por los usos de ciudades como Madrid o Burgos, por ejemplo) (Casado, 1989; García Mouton, 1994; Lapesa, 1980). Estas ocho áreas, a pesar de sus diferencias, cuentan con una amplia base común, que se manifiesta sobre todo a través de los usos más cultos de la lengua.

5. El modelo de la lengua

La información básica está presentada. Hasta ahora hemos matizado algunas ideas muy difundidas sobre la realidad del español en el Viejo y en el Nuevo Continente, se ha pasado revista a algunos conceptos fundamentales, hemos hablado de cómo es la fisonomía general del español en España y en América y hemos hecho una propuesta de zonificación general. Presentadas las dimensiones esenciales de la variación del español, disponemos, pues, de los fundamentos para afrontar dos cuestiones claves: ¿cuál es o cuáles son los modelos de lengua para la enseñanza de español? y ¿a través de qué medios puede acceder el profesor de español a ese o esos modelos?

Un modelo es una abstracción y simplificación de una lengua que se realiza con el fin de convertirla en ejemplar. Eso es lo que se necesita en la enseñanza de español: no se trata de aprender cómo funcionan los mecanismos lingüísticos, ni sus principios ni sus parámetros ni sus reglas, se trata de adquirirlos; no se trata de aprender lingüística, sino de contar con un modelo de la lengua. Buscamos un modelo construido como lengua ejemplar, elaborado a partir del uso o inducido desde él.

La respuesta a cualquier cuestión relacionada con lo que hay que enseñar o lo que no hay que enseñar pasa por tener en cuenta los usos lingüísticos que configuran la norma culta de una variedad lingüística, los usos de los hablantes cultos, instruidos y prestigiosos de la comunidad cuya lengua se enseña y aprende. Pero, ¿cuál puede ser la norma de referencia de una lengua extendida como lengua materna por cuatro continentes, oficial en una veintena de países y con modalidades sociales y dialectales muy diversas?, ¿cuál puede ser el modelo de una lengua que tiene manifestaciones cultas en todos sus territorios principales?

Cuando una comunidad idiomática constituida por varios países -como es el caso del español- decide dotar a su lengua de una *estandarización*, es decir, decide codificar y aceptar un conjunto de normas que definan los usos correctos, por medio, básicamente, de una ortografía, una gramática y un diccionario, puede hacerlo de dos maneras: mediante una *estandarización monocéntrica*, que supone la aceptación universal de unas mismas normas, o por medio de una *estandarización policéntrica*, que admitiría la convivencia simultánea de varios patrones de normas. Si nos atenemos a esta distinción, la *estandarización* del español sería monocéntrica: el mundo hispanohablante, en términos generales, acepta de forma universal unas mismas normas, unas mismas reglas. Para los profesores de español es importante saber que, más allá de su origen o de su circunstancia geolingüística, cuentan con un solo modelo ortográfico y con un modelo gramatical y léxico compartido en su esencia por millones de hablantes. Es la norma de las academias de la lengua española.

Por otra parte, una estandarización puede ser de dos tipos: *endonormativa*, si las reglas o normas están basadas en un modelo lingüístico del propio país, o *exonormativa*, si las normas están basadas en modelos de uso de otro u otros países. Durante mucho tiempo, la estandarización del español realizada por la Real Academia Española ha sido exonormativa, desde la perspectiva de los países hispanohablantes americanos, puesto que ha estado basada en el modelo lingüístico del español de España, y más concretamente de la España septentrional. No hay que ignorar, sin embargo, que desde que se creó la Asociación de Academias de la Lengua Española, en la segunda mitad del siglo XX, las decisiones que afectan a las normas generales de aceptación y corrección se han tomado contando con la opinión de las academias de la lengua española. La *estandarización* del español ya no es tarea exclusiva de la española, sino misión de todas las academias de la lengua, por más que la tradición, el prestigio y la capacidad de la Real Academia sean bien reconocidos y respetados por las academias hermanas. Una prueba de ello es la publicación en 1999 de la *Ortografía de la lengua española*, en *edición revisada por las Academias de la Lengua Española*.

Las peculiares características del mundo hispánico hacen que adquiera una especial relevancia la colaboración entre las academias de la lengua española porque la *norma culta* del español, la que ha de servir de modelo para la *estandarización monocéntrica* y para la enseñanza, no es única sino múltiple. No existe una comunidad de habla cuyos hablantes más prestigiosos sirvan de referencia lingüística exclusiva para el resto del mundo hispánico. Estamos, pues, ante un caso de *estandarización monocéntrica* (norma académica única) construida sobre una realidad multinormativa (norma culta policéntrica) (Moreno, 2000: 76-77).

A la hora de buscar un prototipo de lengua para la enseñanza de español, es imprescindible recurrir a dos parámetros: el geográfico y el social. El primero nos lleva a mirar a un lugar o unos lugares determinados; el segundo nos conduce a un grupo o unos grupos sociolingüísticos concretos. Combinando ambos parámetros, aunque simplificando la realidad, podemos decir que para la enseñanza y el aprendizaje de español en el mundo se ofrecen tres posibilidades *prototípicas*: el modelo del español de Castilla, el modelo del español de cada zona principal y el modelo de una modalidad panhispánica.

a) El *modelo castellano* -la norma culta castellana- goza de ascendiente dentro de España y en muchos lugares fuera de España: los filipinos, por ejemplo, no dudan a la hora de inclinarse por aprender un español de España; muchos profesores piensan que el castellano representa un modelo centrípeto, que cuenta con un importante prestigio social y lingüístico y que está por encima de los desacuerdos y rivalidades que se puedan producir entre otros países hispanohablantes. Este modelo ofrece la ventaja de que ha concordado tradicionalmente con la norma académica y con los usos de buena parte de los mejores escritores hispánicos.

b) El *modelo más cercano*. En muchos lugares alejados de España, se prefiere decididamente un modelo más cercano, capaz de satisfacer mejor los intereses y expectativas de quienes aprenden la lengua. Desde esta perspectiva, existe la posibilidad de tomar como modelo el español de la región hispánica propia, de la más próxima o con la que se tiene una mayor relación y afinidad. Por eso muchos estadounidenses prefieren aprender un español de México o centroamericano; por eso en el sur de Brasil se prefiere manejar un español de La Plata. Esto no impide que el profesor ejerza su capacidad de decisión eligiendo, cuando el geolecto lo permite, las variantes de uso más común o general frente a las más locales o restringidas. Por otro lado, este modelo puede contar con un apoyo claro: la procedencia del propio profesor. El modelo de lengua por antonomasia en la enseñanza de la lengua es el propio profesorado, que transmite, como es lógico, su variedad, sea la que sea y esté donde esté. Si en el sudoeste de Estados Unidos hay un mayor número de profesores de origen mexicano y las necesidades comunicativas se satisfacen mejor con el español mexicano, ése será el modelo de mayor utilidad. Y ello no debe impedir que profesores de otros orígenes hagan uso de su modalidad ni que se enseñen los rasgos más característicos de otros geolectos.

c) El *modelo general*. Existe la posibilidad también de buscar un modelo de español lo más general posible. Haciendo un ejercicio de abstracción, diríamos que ese modelo presentaría un sistema fonológico de 5 elementos vocálicos y 17 consonantes (con seseo y yeísmo), con una fonética y una gramática poco marcada regionalmente y un léxico constituido por los vocablos cultos de mayor difusión panhispánica. Este criterio se ve claramente favorecido por el alto grado de homogeneidad, en todos los niveles lingüísticos, de que disfruta el español. El problema es llevarlo a la práctica porque, como ya se ha dicho, el *español general* no lo habla nadie. Para conseguirlo, existen dos posibilidades: crear artificialmente un español general o manejar de forma conjunta y alterna modalidades de distinta procedencia. La primera posibilidad tiene un riesgo para la enseñanza: la incoherencia, la inconsistencia, la artificialidad. Habría que dominar muy bien, no sólo conocer, todas las variedades del español para crear una *fusión* aceptable. La otra posibilidad es más factible; es la que siguen empresas multinacionales como la CNN o la productora de Disney: yuxtaponer hablantes (variedades de español) de distinto origen, atenuando, en cada una de ellos, los elementos de mayor sabor local. El profesor de español también puede recurrir a una estrategia semejante, sobre todo en los niveles avanzados, utilizando en sus clases materiales de diversas procedencias hispánicas.

Si descendemos a terrenos algo más concretos y hablamos de rasgos lingüísticos, de su carácter culto o no culto, general o regional, prestigioso o poco prestigioso, es interesante recordar sucintamente lo que ocurre con algunos fenómenos y con el modo de afrontar su enseñanza. En las múltiples variedades de la lengua española, pueden identificarse sin dificultad: a) rasgos lingüísticos que se consideran cultos y generales; b) rasgos cultos y regionales, esto es, de difusión limitada; y c) rasgos que no gozan de prestigio, aunque puedan encontrarse en grandes extensiones geográficas.

Los rasgos cultos y generales pueden llevarse sin problemas a la enseñanza de español, aunque no sea preceptiva su divulgación si no se dan las condiciones apropiadas: hablamos de fenómenos como el yeísmo -muy extendido por todo el mundo hispánico- el seseo o la realización dental de *s*. No parece tener mucho sentido obligar a distinguir *y* y *ll* a un estudiante que encuentra en ello grandes dificultades, que va a desarrollar sus actividades laborales en una comunidad hispánica yeísta o cuando el profesor es yeísta; por otra parte, si el alumno extranjero distingue con naturalidad *s* y *z*, se va a desenvolver en una comunidad que habitualmente distingue estos fonemas y el profesor los distingue en su fonética, tampoco tiene sentido hacer todo lo posible para convertir al aprendiz en seseante. Seseo y yeísmo son rasgos de la norma culta de una amplísima parte del mundo hispánico. Existen, sin embargo, otros rasgos, muy extendidos, que deben tratarse con cuidado en la enseñanza, en beneficio de los propios estudiantes: piénsese, por ejemplo, en la importancia gramatical que puede tener una *-s* en posición final de palabra (número, persona): por muy extendido que esté el debilitamiento y la pérdida de *-s* en grandes zonas del mundo hispánico, no parece razonable *privar* a un extranjero de su uso, dado que ello podría suponerle dificultades incluso de comprensión.

Los rasgos cultos que no son generales o que no están muy extendidos deben manejarse con sumo cuidado. Se acaba de mencionar la distinción de *s* y *z*, característica del habla culta de menos de un 10% de los hispanohablantes; pues bien, si los estudiantes se van a mover por zonas o entre hablantes seseantes, aunque aprendan de un profesor distinguidor, no pueden ignorar que el seseo es una variante mayoritaria en el mundo hispánico. Pero pensemos en otros rasgos, característicos de diversas normas cultas, de geografía restringida y de valoración desigual en el mundo hispánico, rasgos como el rehilamiento de *y*, el voseo: si el estudiante de español va a moverse en zonas y entre hablantes no voseantes, si va a leer español con asiduidad, no puede ignorar el uso de *tú* y de las correspondientes formas verbales, aunque el voseo tenga prestigio en la zona rioplatense y el profesor sea voseante por su origen.

Como conclusión parcial, podemos destacar que las razones que llevan a elegir un modelo de lengua u otro suelen ser heterogéneas y complejas. Dada la diversidad de opciones, cualquiera que sea la decisión que se tome ha de valorar, como señala Corder, que los contenidos de la enseñanza deben estar cerca de las necesidades funcionales de los estudiantes y que la enseñanza de lenguas viene limitada por sus propios intereses y actitudes. En cualquier caso, el estudiante espera adquirir un instrumento de comunicación culto y por ello el modelo lingüístico en la enseñanza de español ha de reflejar una norma culta: puede tratarse de la norma culta de un país u otro, de una región o de otra, puede tratarse de una norma culta general, pero siempre norma culta, lo más prestigiosa y general posible. Corder propone llevar a la enseñanza de lenguas extranjeras un modelo constituido por lo común, más el ámbito específico que satisfaga los intereses, las expectativas y las necesidades de los estudiantes. Pero, aún queda otra pregunta en el aire: ¿a través de qué medios puede el profesor de español acceder al modelo?

6. El acceso al modelo de lengua

La búsqueda de un modelo de lengua es un paso inexcusable en la enseñanza de la lengua, pero no siempre resulta fácil. Existen factores capaces de predeterminar con bastante fuerza ese modelo: el origen geolectal de los profesores, la comunidad hispánica en la que se vaya a mover el aprendiz de español o, desde luego, sus intereses específicos. La predeterminación del modelo es más nítida cuando se enseña y se aprende la lengua dentro de la comunidad que la habla, dado que las fuentes de información lingüística van mucho más allá del aula. Ahora bien, si nos situamos en un contexto de aprendizaje de una lengua extranjera fuera de su comunidad, los instrumentos que van a permitir llevar un modelo al proceso de enseñanza son, principalmente, los materiales didácticos; de hecho, la capacidad de elegir un modelo de lengua para su enseñanza se pone de manifiesto en la selección de los materiales por parte del profesorado: métodos, libros de prácticas, obras de consulta, materiales audiovisuales, diccionarios, obras literarias, documentos reales. El buen resultado de la enseñanza reside, en gran medida, en cómo se hace esa selección. No basta con que los materiales sean buenos, sino que han ser coherentes con los planteamientos del profesor en cuanto al modelo que va a servirle de referencia.

La elaboración o producción de materiales -sea por parte de autores especializados, sea por parte del propio profesor- exige enfrentarse a dificultades de diversa naturaleza. Una de ellas es la contextualización, especialmente cuando se trata de materiales comunicativos. Dada la relativa escasez de información fidedigna sobre todo lo referido a las variedades estilísticas de las distintas regiones del mundo hispánico, los autores de materiales suelen trabajar exclusivamente a partir de los contextos y situaciones que les resultan más familiares, haciendo un ejercicio de supuesta abstracción y generalización que no siempre es satisfactorio. Por eso, los manuales unas veces suenan a lengua falsa, otras veces chocan con los contextos en los que la enseñanza se produce, otras veces son simplemente insuficientes para las necesidades comunicativas de los aprendices. En la enseñanza del español se usan muchos materiales creados desde España, que no siempre resultan satisfactorios para muchos aprendices extranjeros, simplemente por la disparidad de contextos comunicativos en los que se mueven autores y usuarios. Lo mismo ocurre con muchos materiales hechos desde México o desde Estados Unidos, que de ningún modo son apropiados para enseñar español a extranjeros en España, al margen de la metodología desde la que se trabaje. Además está el factor de la procedencia lingüística de los aprendices.

La adecuación de los elementos lingüísticos al contexto es un factor muy importante en la enseñanza de la lengua, aunque no siempre fácil de conseguir, puesto que requiere manejar una información estilística y comunicativa apropiada respecto de cada geolecto. El éxito de unos materiales de español depende de su calidad didáctica, claro está, pero también de la adecuación de sus contenidos, esto es, de la forma en que se plasme la información lingüística (geolingüística, sociolingüística), la pragmática (quién dice qué, a quién y para qué) y la situacional (dónde, cuándo, con quién).

Junto a los materiales, ya se ha dicho, el profesor dispone de otro instrumento decisivo: su propia modalidad de español, que en el aula se eleva a la categoría de modelo. El habla del profesor es un modelo lingüístico vivo y directo, imitado consciente o inconscientemente por los aprendices. Tanta importancia tiene, que se debe resolver de antemano el modo de encontrar la coherencia entre el español del profesor y el que se recoge en sus materiales didácticos. No es imprescindible que ambos se ajusten exactamente al mismo modelo, pero hay que manejarlos y presentarlos con coherencia. Podría darse el caso de que el profesor, según su origen, sintiera la tentación de sustituir algunos de sus usos lingüísticos por otros considerados más prestigiosos, pero hay que saber que no es tan fácil modificar el propio geolecto y que a veces basta con atenuar la intensidad de los rasgos propios que puedan resultar más marcados. Pero volvamos a los materiales.

Los materiales didácticos pueden ser y reflejar tanto lengua escrita como lengua hablada. El peso que una u otra tengan, así como sus caracteres, dependerá también de la posición metodológica desde la que se organice la enseñanza, según el tipo de curso que se ofrezca y los intereses de los alumnos: si se trabaja desde un enfoque comunicativo, se da más importancia a todo lo que es producción real y comunicación cotidiana; si se ofrece un curso de español avanzado basado en textos literarios, es obvio el peso de la lengua escrita; si se enseña español de los negocios, es imprescindible manejar materiales profesionales reales, tanto escritos como orales.

Tradicionalmente, la enseñanza de lenguas se ha construido a partir de un modelo emanado de la lengua escrita. La idea que subyace a este punto de vista es que el mejor modelo lingüístico ha de encontrarse, sin duda, en los mejores usos de los mejores hablantes. La Real Academia Española ha sido fiel a este criterio desde 1713 y ha cuidado y propagado el culto a la autoridad en todas sus ortografías, gramáticas y diccionarios. La utilidad de la lengua escrita como modelo para la enseñanza es evidente porque allí van a encontrarse unos usos premeditadamente cuidadosos, una sintaxis rica y plena de matices, un léxico preciso y abundante, una gramática que aprovecha todos los recursos que la lengua pone a disposición de sus hablantes. Sin embargo, cuando los caracteres de la lengua escrita se trasladan a la lengua hablada sin más, cabe la posibilidad de que lo rico se convierta en afectado y lo cuidado en artificial.

Hoy día el lenguaje de la literatura no es la base fundamental de información para la enseñanza de lenguas, aunque hay propuestas didácticas muy interesantes, como la de Josse De Kock, que opta por manejar como referencia, sobre todo para cuestiones gramaticales, la lengua de los ensayos y de los escritos de divulgación de autores contemporáneos de primera fila, como Vargas Llosa, Delibes o Fuentes. Actualmente, en la enseñanza se le da mucha importancia a la lengua escrita en los medios de comunicación social: los periódicos de mayor tirada, accesibles a través de Internet, son una fuente casi inagotable de muestras de lengua para la enseñanza y presentan un modelo de lengua con unos usos actuales, vivos y prestigiosos.

Ante el posible dilema de trabajar con lengua hablada o con lengua escrita, habría que pensar que el modelo adecuado puede hallarse en el terreno de la lengua escrita menos artificiosa y de la lengua hablada menos descuidada, si hablamos de usos generales de la lengua, no de tecnolectos. Entonces surge la necesidad de conocer y acceder a materiales hablados cultos y prestigiosos. ¿Dónde se encuentran? Si se considera necesario que la variedad de lengua enseñada sea prestigiosa, los usos que están en mejores condiciones de elevarse a la categoría de modelo son los usos hablados de las personas de mayor prestigio, las variedades mejor consideradas en las comunidades hispanohablantes. En general, los profesores y los autores de materiales didácticos tienen esto en cuenta, pero no está de más recordar que hay muestras de lengua hablada culta, de las principales áreas del mundo hispánico, fielmente transcritas y listas para su consulta. Se ha editado en CD-ROM, por ejemplo, el llamado *Macrocorpus de la norma lingüística culta* que ofrece la transliteración de ochenta y cuatro horas de grabación, procedentes de muestras paralelas de doce ciudades hispánicas: México, Caracas, Santiago de Chile, Santafé de Bogotá, Buenos Aires, Lima, San Juan de Puerto Rico, La Paz, San José de Costa Rica, Madrid, Sevilla y Las Palmas de Gran Canaria (Samper, Hernández y Troya, 1998). También se encuentran muestras de lengua hablada culta, incluidas las que se acaban de citar, en el *Corpus de Referencia del Español Actual* (CREA) de la Real Academia Española (http://www.rae.es).

Conclusión

El español es una lengua con un nivel de homogeneidad alto, si se tiene en cuenta su extensión geográfica y la complejidad social y cultural de su amplia comunidad idiomática. Por ello precisamente y por ser característica esencial de las lenguas naturales, presenta una diversidad geolingüística, sociolingüística y estilística que hay que conocer y tener presente en la enseñanza de la lengua. Puede decirse que el español está articulado en subsistemas que se manifiestan en forma de variedades adscritas a áreas geográficas diferentes. La unidad y la diversidad se conjugan mediante una norma académica única (estandarización monocéntrica) elaborada a partir de una norma culta policéntrica.

La existencia de varias modalidades de prestigio hace que la elección de un modelo de lengua para la enseñanza sea un cuestión mayor. Hay acuerdo en que el modelo de español ha de ser culto y ha de recoger elementos comunes y frecuentes, para que los usos aprendidos resulten adecuados a una mayoría de situaciones comunicativas. Sin embargo, la elección del modelo adecuado puede resolverse de distintos modos. Aquí hemos presentado tres posibles modelos: el español de Castilla, el español culto de cada área y un español de corte general. Las opciones son distintas, por un lado, por la propia configuración de la lengua española, pero, por otro, porque las necesidades que se pueden cubrir y los lugares desde los que se puede hacer son también diversos: los profesores hispanohablantes pueden tener orígenes geolingüísticos y sociolingüísticos muy diversos, los alumnos pueden necesitar aprender español para fines muy diferentes y, además, pueden necesitar hacer uso del español que han aprendido en países distintos y en situaciones sociales muy variadas.

Si hubiera que dar una respuesta general a la cuestión de qué modelo de lengua elegir o qué español enseñar, dada la diversidad de opciones, sería importante recordar el criterio de Corder: los contenidos de la enseñanza deben estar cerca de las necesidades funcionales de los estudiantes. Puesto que la enseñanza de la lengua viene limitada por los intereses y actitudes de los aprendices, el modelo más adecuado es aquel que responda mejor a esos intereses y actitudes. El trabajo del profesor es moldear ese criterio y presentar una imagen coherente de la lengua, donde todos los elementos del proceso de enseñanza giren en torno a unos contenidos lingüísticos que permitan apreciar que la diversidad de la lengua española es tan importante como su unidad.

Bibliografía

ACUÑA, L. (1997), "El español de Argentina o los argentinos y el español", *Textos de Didáctica de la lengua y de la Literatura*, 12: 39-46.

ALVAR, M. (dir.) (1996a), *Manual de dialectología hispánica. El español de España*, Barcelona, Ariel.

ALVAR, M. (dir.) (1996b), *Manual de dialectología hispánica. El español de América*, Barcelona, Ariel.

CASADO VELARDE, M. (1989), *Usos y normas del castellano actual*, Pamplona, Eunsa.

CORDER, S. (1973), *Introducing Applied Linguistic,* Harmondsworth, Penguin.

FONTANELLA DE WEINBERG, B. (1992), *El español de América*, Madrid, Mapfre.

GARCÍA MOUTON, P. (1994), *Lenguas y dialectos de España*, Madrid, Arco/Libros.

HERNÁNDEZ, C. (1992), *Historia y presente del español de América*, Valladolid, Junta de Castila y León.

LAPESA, R. (1980), *Historia de la lengua española*, 8.ª ed., Madrid, Gredos.

LASTRA, Y. (1992), *Sociolingüística para hispanoamericanos*, México, FCE.

LOPE BLANCH, J. M. (1986), *El estudio del español hablado culto. Historia de un proyecto*, México, UNAM.

LOPE BLANCH, J. M. (1992), "La falsa imagen del español americano", *Revista de Filología Española*, LXXII: 313-336.

LÓPEZ GARCÍA, Á. (1998), "Los conceptos de lengua y dialecto a la luz de la teoría de prototipos", *La Torre. Revista de la Universidad de Puerto Rico*, III, 7-8: 7-19.

MORENO DE ALBA, J. G. (1993), *El español en América*, 2.ª ed., México, FCE.

MORENO FERNÁNDEZ, F. (1992), "Norma y prestigio en el español de América. Apuntes para una planificación de la lengua española", *Revista de Filología Española*, LXXII: 345-359.

MORENO FERNÁNDEZ, F. (1993), *La división dialectal del español de América*, Alcalá de Henares, Universidad de Alcalá.

MORENO FERNÁNDEZ, F. (1998), *Principios de sociolingüística y sociología del lenguaje*, Barcelona, Ariel.

MORENO FERNÁNDEZ, F. (2000), *Qué español enseñar*, Madrid, Arco/Libros.

SAMPER, J. A., HERNÁNDEZ CABRERA, C.E. y TROYA DÉNIZ, M. (eds.) (1998), *Macrocoprpus de la norma lingüística culta de las principales ciudades del mundo hispánico*, Las Palmas, Universidad de Las Palmas de Gran Canaria-ALFAL.

VAQUERO, M. (1998a), *El español de América I. Pronunciación*, Madrid, Arco/Libros.

VAQUERO, M. (1998b), *El español de América II. Morfosintaxis y Léxico*, Madrid, Arco/Libros.

Los contenidos fonético-fonológicos

Dolors Poch Olivé
Universidad Autónoma de Barcelona

Introducción

La enseñanza de la pronunciación ocupa un lugar bastante especial en el marco de la enseñanza del español como lengua extranjera. Si se pregunta a los profesores, a los estudiantes y a los hablantes en general si consideran que es importante que los extranjeros pronuncien de forma adecuada los sonidos de la lengua que aprenden la respuesta es, unánimemente, positiva. Si, paralelamente, se examinan los manuales de español lengua extranjera más utilizados hoy en día con el objetivo de analizar de qué forma enseñan la pronunciación, se pone rápidamente de manifiesto el hecho de que la mayoría de ellos no trata esta cuestión y, aquellos que sí lo hacen, le dispensan una atención claramente secundaria.

Las razones de esta contradicción parecen ser múltiples y tener un origen diverso. Por una parte, el enfoque comunicativo, la orientación metodológica que prima hoy en el campo de la enseñanza del español como lengua extranjera, llevado a sus consecuencias extremas no parece, a primera vista, favorecer la enseñanza de la pronunciación. Si bien autores como Canale (1995) consideran que la competencia fonético-fonológica constituye uno de los aspectos de la competencia comunicativa global y que, por tanto, durante el proceso de aprendizaje de la lengua extranjera hay que adquirir también dicha competencia parcial, lo cierto es que, en muchos casos, la atención prestada a la pronunciación se detiene en el momento en que el alumno es capaz de comunicarse. Es decir, en cuanto la forma de pronunciar deja de perturbar la comprensión de los enunciados que produce el alumno, cesa el interés por acercar su pronunciación a la de los nativos. No obstante, con respecto a esta cuestión es muy interesante el trabajo de Elliott (1997) en el que justamente plantea el problema de la enseñanza de la pronunciación del español en el marco del enfoque comunicativo. Mediante un experimento realizado con 66 estudiantes de español divididos en dos grupos, uno experimental (alumnos con quienes se ha tratado específicamente la pronunciación) y otro de control (alumnos que no han tenido, en su aprendizaje, ninguna formación específica sobre la pronunciación), el autor demuestra que su enseñanza es beneficiosa en la adquisición de la lengua porque favorece la comprensión de los enunciados emitidos por los nativos e incide sobre el filtro afectivo del alumno, haciendo disminuir su sensación de ansiedad con respecto a la comunicación oral.

Por otra parte, durante su etapa de formación como tales, los profesores de español como lengua extranjera, por lo general, no han recibido enseñanzas relacionadas con el aprendizaje de la pronunciación como las han recibido en lo tocante a cuestiones gramaticales, léxicas o socio-culturales. Si a esto se añade la extendida creencia de que la imitación es suficiente para aprender los aspectos fonéticos de una lengua porque los bebés imitan la pronunciación de sus padres de forma impecable, se explica perfectamente la situación esbozada en el párrafo anterior.

Así, para abordar adecuadamente la cuestión de los contenidos fonético-fonológicos en la enseñanza del español como lengua extranjera parece necesario plantearse varias cuestiones básicas a las que intentaremos dar respuesta a lo largo de este trabajo, con el fin de proporcionar a los profesores una serie de puntos de referencia (conceptuales y bibliográficos) que les puedan servir de apoyo para abordar el problema de la pronunciación. Dichas cuestiones son: ¿cuáles son las nociones fundamentales de fonética y fonología que debe conocer un profesor de español como lengua extranjera?, ¿cómo abordar el problema de la norma de pronunciación que se debe enseñar tanto en lo que respecta a los sonidos como en lo referente a la entonación?, ¿cómo modificar la pronunciación de los alumnos?

1. Las nociones fundamentales

Como es sabido, la fonética se ocupa, entre otras cosas, de la descripción de los diversos elementos que, en el plano oral, sirven para la transmisión de significados en todo acto de comunicación. Un enunciado cualquiera, de una lengua cualquiera, está integrado por elementos de varias clases que, combinados, constituyen los vehículos que transmiten nuestros mensajes. Así, por ejemplo, el simple enunciado *Buenos días*, que todos producimos con frecuencia, está compuesto por una serie de sonidos, pero posee, además, una determinada distribución acentual y, sobre todo, una entonación específica cada vez que es emitido. La mayor o menor precisión en la realización de los sonidos y, sobre todo, la entonación utilizada en cada caso, matizan el mensaje transmitido.

Los estudiantes de lengua extranjera, en las situaciones de comunicación en las que se ven inmersos en su vida cotidiana, al igual que los nativos, manejan de manera inconsciente los distintos elementos que constituyen el nivel fónico de las lenguas. Dichos elementos se pueden clasificar en dos grandes grupos: los sonidos propiamente dichos y los elementos suprasegmentales (acento y entonación básicamente).

La fonética dispone de una serie de instrumentos que permiten realizar la descripción de las características fónicas de las lenguas: de los sonidos y también de los elementos suprasegmentales. Es importante señalar que, para dar cuenta de las características de una lengua, la mera descripción de los sonidos y de sus combinaciones posibles resulta insuficiente, pues no se puede olvidar que el funcionamiento del sistema acentual y la utilización que se haga de la entonación, confieren a cada lengua una serie de rasgos que le son propios y específicos, y que contribuyen a distinguirla de las demás. Si bien, en el dominio de la descripción, es importante tener en cuenta esta concepción amplia de lo que son las características fonéticas de una lengua, es mucho más importante no perderla de vista desde una perspectiva didáctica, pues el alumno extranjero debe aprender no sólo el sistema de sonidos del idioma que estudia, sino que el profesor debe conseguir de él que el uso que haga de la entonación se acerque el máximo posible al de los hablantes nativos.

Más arriba indicábamos que, para corregir la pronunciación de los estudiantes, el profesor de español lengua extranjera no necesita ser especialista en fonética, sino que basta, tan sólo, con que posea unos conocimientos básicos de dicha disciplina, igual que los posee de lexicografía, de gramática, etc. Pues bien, forman parte de estos conocimientos básicos la descripción de los sonidos y de los elementos suprasegmentales de la lengua que enseña. Ello no significa, ni mucho menos, que durante el tiempo que el profesor dedica en clase a la corrección fonética, deba transmitir dichos conocimientos de la forma en que se exponen en la bibliografía. Más bien desaconsejaríamos que lo hiciera así. Ahora bien, para poder preparar ejercicios que incidan en la pronunciación de los alumnos, el profesor debe tener un punto de referencia, y dicho punto lo constituye el conocimiento de las características del español. Esta información puede encontrarse en los manuales clásicos de descripción de la lengua de entre los que hay que destacar el trabajo clásico de Tomás Navarro Tomás (1918), *Manual de pronunciación española*, el libro de Juana Gil (1990), *Los sonidos del lenguaje*, y el de Dolors Poch (1999), *Fonética para aprender español: pronunciación*. El *Manual* de Tomás Navarro Tomás contiene la descripción clásica de los sonidos del español desde el punto de vista articulatorio. A pesar de haber sido escrito en 1918 sigue siendo de gran interés y vigencia debido a las atinadas observaciones del autor sobre la pronunciación de los sonidos. La obra de Juana Gil describe los sonidos del español desde el punto de vista articulatorio y acústico. Las descripciones en él contenidas son muy claras, muy sencillas y muy precisas. El trabajo de Dolors Poch contiene igualmente una descripción del sistema fonológico del español, especialmente orientada a profesores de lengua extranjera. Finalmente, hay que señalar también que en el libro de M. J. Canellada y M. Kuhlmann (1987), *Pronunciación del español,* aparece una descripción del sistema fonológico de esta lengua y una amplia caracterización de la entonación de la misma ilustrada con numerosos ejemplos de curvas entonativas.

Conocer las características de los sonidos del español es importante no sólo en la medida en que le permite al profesor de lengua extranjera conocer mejor el objeto que enseña sino también porque le proporciona el punto de referencia a partir del cual *diagnosticar* las pronunciaciones anómalas de los alumnos. Frente a una pronunciación que precisa corrección, el profesor, conociendo las características del sonido que debe, en realidad, enseñar, puede determinar en qué se diferencia de ellas la realización del estudiante al tiempo que le resulta, además, más fácil la tarea de preparar ejercicios que permitan incidir, en el sentido adecuado, sobre dicha pronunciación anómala.

Si consideramos tan sólo el sistema vocálico del español, conocer sus características permite poner de manifiesto que es uno de los más simples que existen por lo que respecta al número de unidades. Este hecho ha conducido en numerosas ocasiones a afirmar que su aprendizaje es muy sencillo y que las vocales de esta lengua no plantean problemas a los alumnos extranjeros. Pero este es un planteamiento erróneo: el estudiante que habla lenguas cuyo sistema vocálico utiliza rasgos que no son propios del español tiene una marcada tendencia a conservarlos y trasladarlos de su lengua materna a la lengua que aprende. Así, el profesor de español como lengua extranjera que conozca bien las características del sistema vocálico del español será capaz de diagnosticar rápidamente los siguientes problemas que aparecen en la pronunciación de sus alumnos:

a) Un estudiante francófono habla una lengua en la que son habituales las vocales nasales. Este rasgo no es propio del español y las fosas nasales no intervienen en la producción de las vocales de esta lengua. El alumno francófono deberá aprender a no nasalizar.
b) Un estudiante portugués tendrá el mismo problema que el francófono con las vocales nasales.

c) Un alumno anglófono está acostumbrado a que, en su lengua, algunas vocales sean más largas que otras y, por tanto, durante el proceso de aprendizaje del español tenderá también a alargar determinados sonidos vocálicos. Este estudiante, por tanto, deberá aprender a no alargar innecesariamente las vocales cuando hable español.
d) Un problema similar lo tendrán los alumnos que posean el alemán como lengua materna -en la que el alargamiento juega también un papel importante- o aquellos cuya lengua materna sea el italiano -pues en dicha lengua, las vocales acentuadas se marcan mediante el alargamiento-.
e) Un estudiante que posea el francés como lengua materna tendrá, además de la nasalización, otro problema cuando estudie español. En dicha lengua existen vocales *redondeadas*, por ejemplo las que aparecen en las palabras *tu* o *bleu*. Una vocal redondeada se pronuncia mediante un gesto de redondeamiento de los labios -de ahí su nombre- que no se da en español y, por tanto, este tipo de estudiante deberá aprender que la realización de la vocal de la palabra española *tu* es muy diferente a la realización de la vocal de la palabra francesa *tu*.
f) Finalmente, señalemos que el inglés es una lengua que presenta una fuerte tendencia a convertir las vocales, en particular las finales, en diptongos, tendencia que no se da en español. Así, por ejemplo, un estudiante anglófono pronunciará la palabra española *no* como *nou*. La ausencia de diptongación en español le planteará problemas al estudiante anglófono.

Igual ocurre en el caso de las consonantes. Conocer las características de las consonantes del español permitirá al profesor de lengua extranjera determinar, frente a una pronunciación errónea, si la causa de la misma se encuentra en el hecho de que el sonido que se debe producir no forma parte del sistema de las lenguas que conoce el alumno y, por tanto, al ser desconocido le plantea graves problemas, si la causa está en que aún existiendo el sonido en cuestión en la(s) lengua(s) del alumno dicho sonido aparece, en español, en una distribución distinta o bien si simplemente, aún tratándose de un *mismo* sonido en varias lenguas, su realización presenta rasgos diferentes en cada una de ellas.

Como ya hemos mencionado antes, además de los sonidos, la entonación contribuye de manera fundamental a establecer el significado de los enunciados. En muchos casos la variación de la entonación es de tal naturaleza que afecta, incluso, a la estructura de la oración: en unos casos se trata del paso de una oración afirmativa a una interrogativa y, en otros, según la entonación utilizada, podemos encontramos frente a una relativa explicativa o frente a una relativa especificativa variando tan sólo el perfil melódico del enunciado realizado.

Los fenómenos que acabamos de mencionar son archiconocidos y la importancia de la entonación desde el punto de vista gramatical es señalada en todos los manuales de fonética. Existe, no obstante, otro aspecto de la entonación que no ha sido tan estudiado y que, en cambio, es fundamental desde la perspectiva del dominio de una lengua. Un enunciado tan frecuente en español como *¡Estupendo!* puede tener significados distintos en función de la curva melódica con la que haya sido pronunciado, aún conservando siempre los mismos sonidos. No se trata aquí, como en el ejemplo anterior, de cambios gramaticales, sino de matices relacionados con el estado de ánimo del hablante y cuya transmisión depende de la entonación. De todo ello se deduce que la entonación es imprescindible para transmitir los mensajes de manera adecuada, que la entonación puede tener valor estrictamente gramatical o valor expresivo y que un enunciado realizado por un hablante extranjero, además de presentar una realización adecuada de los sonidos debe presentar, también, una realización adecuada de la curva entonativa correspondiente.

Además de la entonación, existe otro aspecto de las lenguas, en general olvidado, pero que si no se realiza de la manera adecuada, aparte de provocar posibles problemas de incomprensión, constituye una de las fuentes de identificación de lo que normalmente se denomina *acento extranjero*. La realización de la palabra *Roma* (en un enunciado como *Este fin de semana me voy a Roma*) presenta características distintas según haya sido emitido por un hispanohablante nativo o por un italiano que aprende español. La sílaba marcada es la misma: *Ro*. Ahora bien, cuando nos fijamos en cómo se realiza dicha marca, nos damos cuenta de que, mientras en la realización del hablante español la sílaba acentuada es más intensa, en la del hablante italiano la vocal de dicha sílaba es mucho más larga. Ello significa que el español y el italiano son lenguas que indican el acento mediante procedimientos distintos y que los extranjeros, si no se presta la debida atención a sus realizaciones, trasponen los procedimientos propios de su lengua a la que están aprendiendo. Consideremos ahora la realización de otra palabra española muy frecuente: *domingo*. Un hispanohablante marcará la sílaba *min*, como corresponde en esta lengua, pero un hablante francófono que emita la misma palabra marcará la sílaba *go*, es decir, la final (como es normal en francés). En ambos ejemplos la actuación del alumno extranjero consiste en utilizar el sistema acentual de la lengua materna cuando habla la lengua que está aprendiendo, de manera que dichas marcas contribuyen a configurar el *acento extranjero*.

Así pues, el profesor de español lengua extranjera, en el caso de los elementos suprasegmentales, debiera proceder como en el caso de los sonidos: es imprescindible el conocimiento de dichas características de la lengua española con el fin de poder, posteriormente, incidir y modificar la realización de las mismas en los alumnos extranjeros.

2. La cuestión de la norma

Tal como corresponde a una lengua hablada en una importante extensión de territorio, el número de hablantes de español también es muy grande y el español es lengua oficial en un elevado número de países. No es extraño pues que, al igual que ocurre en las demás lenguas, el español presente diferencias importantes en función del territorio, es decir, no es extraño que exista una gran variabilidad geográfica en su pronunciación. Casi se puede afirmar que una lengua hablada por un número tan elevado de individuos no puede ser uniforme, pues lo raro sería que más de trescientos millones de personas hablaran una lengua de la misma forma. Estas diferencias afectan a los diversos aspectos de la lengua: el léxico, la morfología y la sintaxis, la pronunciación de los sonidos y la entonación varían considerablemente de un país a otro lo que permite afirmar que el español, como cualquier otra lengua tan extendida, no es unitaria sino que es, en realidad, un mosaico de variedades (Lara, 1976; Rosenblat, 1984; Demonte, 2001).

Los factores que determinan las variaciones en la realización de cualquier sistema fonológico y, por tanto, también del español son de tres tipos: geográfico, social y situacional.

La variación geográfica es la relacionada con el territorio, y es un fenómeno de sobra conocido el hecho de que una lengua se habla de forma distinta en función de las zonas geográficas. La disciplina que se ocupa del estudio de este tipo de variación es la dialectología, que surgió en el siglo XIX, y que ha dado lugar a la elaboración de atlas lingüísticos que permiten estudiar la repartición de los diversos fenómenos siguiendo criterios territoriales. Las diferencias entre las formas de hablar afectan a todos los aspectos de las lenguas, la pronunciación entre ellos. Los mencionados atlas lingüísticos suelen reservar un espacio importante al estudio de la repartición de las variantes de tipo fonético que presentan las lenguas estudiadas.

En el caso del español, que es una lengua de implantación internacional, las variaciones debidas a la geografía son muy importantes. En primer lugar, en la propia España, es fácil constatar que no se habla igual en Castilla-La Mancha que en Andalucía o que en Cantabria, por no mencionar aquellas zonas que son bilingües (Cataluña, Galicia y País Vasco) en las cuales la influencia de la otra lengua determina, en buena parte, las características del español de dichos territorios. Las diferencias fonéticas son de carácter diverso. En unos casos afectan especialmente a los sonidos, como por ejemplo en Andalucía, donde se dan fenómenos como el seseo, la abertura de vocales finales para marcar el plural, el yeísmo, la aspiración, etc. En otros casos, son las marcas prosódicas las que acusan, de manera especial, las variaciones territoriales: un caso paradigmático de este fenómeno se da en la forma de hablar propia de Aragón, zona en la que los sonidos del sistema fonológico no presentan diferencias con respecto a los de las otras zonas, pero en la que, en cambio, la entonación sirve muchas veces como marca para identificar el origen del hablante.

Por lo que respecta a los otros países hispanohablantes, en especial los situados en América del Sur, hay que decir que durante muchos años se ha hecho referencia a sus formas de hablar bajo la engañosa denominación de *el español de América*. Dicha denominación se puede tachar de engañosa porque, bajo esa etiqueta, parece incluirse un modo de hablar homogéneo y propio de todos los países americanos de habla hispana. Lo cierto es que la situación real dista mucho de ser ésta. Las diferencias entre los distintos países son considerables e, incluso en el interior de cada país, se dan también variaciones en las formas de utilizar la lengua. Lo extraño sería lo contrario: si en un territorio como el de España se dan tantas diferencias, ¿cómo sería posible que el habla de América fuera homogénea? Actualmente, pues, se ha reconsiderado la noción de *español de América* y ya nadie sostiene la idea de que existe homogeneidad lingüística en dicho territorio. No obstante, es importante recalcar que la geografía es tan sólo uno de los factores responsables de la diversidad lingüística y que dicha diversidad, obviamente, afecta por igual a todos los países de uno y otro lado del Atlántico, contribuyendo a crear la idea de la lengua como mosaico de variedades.

Además de la geografía, otro factor causante de variedades en las características de una lengua es la diversidad social. Los recientes desarrollos de la sociolingüística han puesto de manifiesto que, además de la variación territorial, la clase social a la que pertenecen los hablantes condiciona sus formas de hablar. Los factores de tipo social actúan en todos los territorios de habla hispana, como lo hacen en el caso de cualquier lengua, y dan lugar a formas de hablar distintas pues, en cada caso, hay que contar, además con la influencia combinada de los otros factores de variación.

Los factores situacionales, como su propio nombre indica, son los relacionados con la situación de comunicación, con aspectos de tipo pragmático. Esto significa que, en función del grado de formalidad de las diversas situaciones de comunicación, los hablantes prestan mayor o menor atención a su forma de hablar y, por tanto, realizan los sonidos de la lengua y utilizan su prosodia de forma diferente, y ello en todos los territorios y por parte de todas las clases sociales. Este tipo de variación no ha comenzado a ser estudiado por la fonética hasta hace pocos años. Debido, en parte, a dificultades de tipo técnico tales como la imposibilidad de obtener grabaciones de calidad en situaciones informales, el material lingüístico estudiado por los fonetistas se ha limitado, durante mucho tiempo, a listas de palabras o pequeñas frases obtenidas en una habitación insonorizada. No obstante, en la actualidad, es posible superar dichas dificultades técnicas y disponer de grabaciones de calidad realizadas fuera del laboratorio de fonética. Ello ha permitido estudiar, desde el punto de vista fonético, enunciados extraídos de situaciones de comunicación reales e informales, con lo cual se han comenzado a poner de manifiesto una serie de fenómenos fonéticos que modifican las características de las diversas realizaciones y que son producto del cambio de la situación de comunicación. Así, en el habla informal muy especialmente, aparecen numerosas simplificaciones de grupos consonánticos, pérdidas de sonidos debidas a una relajación de la pronunciación que hace que se articule efectuando menos esfuerzo que en otras situaciones y también modificaciones en la realización de determinados sonidos.

El conjunto de fenómenos que acabamos de describir resulta especialmente importante en el proceso de aprendizaje de una lengua extranjera debido, en parte, al hecho de que, por regla general (salvo casos excepcionales), el material oral que aparece en las grabaciones que forman parte de los métodos utilizados en clase presenta una pronunciación y una prosodia que tienen la voluntad de ser *neutras* (o no marcadas dialectológicamente), pero que no corresponden a ninguna de las formas en que se utiliza realmente la lengua. Así, entre lo que los alumnos oyen en clase y lo que oyen en la vida cotidiana, se da una importante serie de diferencias que, en muchos casos, son chocantes para los estudiantes. Actualmente, y mientras los materiales que están al alcance de profesores y alumnos no incorporen información referente a estas cuestiones, está en la mano de los profesores de lengua extranjera llenar las lagunas existentes entre lo que se podría denominar *la forma de hablar de los métodos* y la forma de hablar de la gente en la calle.

Ante esta situación surge inmediatamente la cuestión de cuál es la *buena* pronunciación del español. Lo cierto es que no hay ninguna razón de carácter lingüístico que justifique que se considere mejor una manera u otra de hablar la lengua. Los argumentos que defienden una variedad frente a otra no suelen ser de carácter lingüístico. Así, existe consenso en afirmar que la variante de pronunciación prestigiosa, en la Península Ibérica, por razones de tipo histórico, económico y social, coincide con el español hablado en el centro del país; pero estas valoraciones cambian con el tiempo y los acontecimientos. Los mismos fenómenos se dan, obviamente, en el español hablado en los distintos países americanos. Ya se ha mencionado que la diversidad es muy grande en ellos y en todos existen variantes consideradas prestigiosas y otras consideradas vulgares.

Es fundamental, pues, tener presente que no es la lingüística la que determina si una forma de hablar es mejor o peor. Para esta ciencia, todas las formas de hablar una lengua tienen la misma categoría o la misma importancia, y lo que hace el lingüista es estudiarlas, describirlas o establecer su historia, pero no decidir cuál es mejor o peor.

De lo expuesto hasta ahora se deduce que, por lo que respecta a la enseñanza de la pronunciación, el profesor de lengua extranjera debe plantearse dos cuestiones: una relacionada con la pronunciación que hay que enseñar y otra relacionada con la enseñanza de las variantes. Su visión de estas cuestiones determinará qué pronunciación enseñará a sus alumnos. Es importante reflexionar sobre el tema pues no son raros los casos de profesores que, en su vida cotidiana, utilizan determinada variedad de español y que, cuando dan clase, pronuncian dicha lengua según lo que se considera norma de prestigio. De forma implícita, se transmite así a los alumnos una idea determinada de cuál es el buen español. Si, por un lado, se acepta la idea de que hay que enseñar a los alumnos cómo es la lengua, en su unidad y en su diversidad, la respuesta a las cuestiones anteriores sólo puede ser la siguiente: el profesor de español lengua extranjera debe enseñar a sus alumnos que la lengua no es uniforme y que no existe una única forma de hablar español que pueda ser considerada *correcta*.

Asumir este punto de vista significa que el profesor debe ser capaz de mostrar a sus alumnos las diversas variantes (no de enseñarles a hablar como se hace en el seno de cada una de ellas, sino de mostrar que existen) y, a la vez, de situar su propia forma de hablar en el amplio mosaico de variedades que constituye la lengua española. De esta forma, el estudiante no sentirá la existencia de una enorme distancia entre lo que se le enseña en clase y lo que oye, todos los días, en la calle o en los medios de comunicación. Hacer hincapié, a la vez, en la unidad y la diversidad de la lengua española, constituye la mejor forma de proporcionar al estudiante una perspectiva realista de las características del sistema lingüístico que está aprendiendo.

La otra idea crucial que nunca debe perder de vista el profesor de español como lengua extranjera, como ya se ha dicho, es que en el seno de cada variante, existe una norma culta, de prestigio, y otras formas de hablar la lengua que son consideradas más vulgares. Parece lógico pues, afirmar que el profesor de español debe enseñar a sus alumnos una norma de hablar culta, sea cual sea la variedad que utilice como punto de referencia. Dicha norma culta permitirá al alumno actuar con soltura en las diversas situaciones de comunicación formales, en las que deberán desarrollarse, sin duda, buena parte de las conversaciones que mantenga en la lengua que está estudiando.

3. La corrección de la pronunciación

La audición es crucial en la comunicación humana, no sólo en la medida en que permite escuchar y comprender los enunciados emitidos por los demás participantes en las conversaciones, sino porque, además, regula la propia producción oral. Prueba de ello son una serie de situaciones de la vida cotidiana en las que se manifiesta claramente la función que cumple la audición en el proceso de comunicación, como por ejemplo el hecho de que cuando estamos escuchando música mediante auriculares o simplemente la radio o la televisión -también mediante auriculares- y pretendemos hablar al mismo tiempo, nuestras producciones se ven alteradas, muy especialmente en lo que respecta al volumen con el que emitimos los enunciados. Esta anomalía desaparece en cuanto nos quitamos los auriculares que impiden que nuestra audición funcione normalmente y podamos controlar, así, el volumen de nuestra voz al hablar.

El sistema auditivo humano se compone de una serie de órganos que van desde el oído externo (pabellón auditivo u oreja) hasta el oído interno, cuya función es la de actuar como transmisores de los estímulos: el oído externo recoge la onda sonora. Dicha onda se convierte en estímulos mecánicos en el oído medio, en estímulos eléctricos en el oído interno y en estímulos nerviosos en el nervio auditivo. El funcionamiento interno de cada una de estas partes del sistema auditivo es complejo y no vamos a entrar aquí en detalles sobre ello. Lo que más interesa destacar es que la decodificación o comprensión de los enunciados se realiza en el cerebro y que los errores de pronunciación durante el proceso de aprendizaje de una lengua extranjera se explican por problemas relacionados con dicha decodificación de los enunciados y, por tanto, de los sonidos. El hecho de que la percepción es la causa primera de los errores de pronunciación ya fue señalado por N. Troubetzkoy en sus *Principios de fonología* (1939: 138):

> *El sistema fonológico de una lengua es semejante a una criba a través de la cual pasa todo lo que se dice. Sólo quedan en la criba las marcas fónicas pertinentes para individualizar los fonemas. Cada hombre se habitúa desde la infancia a analizar así lo que se dice y este análisis se hace de una forma automática e inconsciente. Pero, por otra parte, el sistema de cribas, que hace posible este análisis, se construye de diferente forma en cada lengua. El hombre se adapta al sistema de su lengua materna.*

Pero si quiere hablar otra lengua, emplea involuntariamente para analizar lo que oye la criba fonológica *de su lengua materna, que le es familiar. Y como esta criba no conviene para la lengua extranjera oída, se producen numerosos errores e incomprensiones. Los sonidos de la lengua extranjera reciben una interpretación fonológica inexacta, puesto que se les hace pasar por la criba fonológica de la propia lengua.*

Esto significa que cuando se inicia el aprendizaje de una lengua extranjera se tiende a *oír* los sonidos en función de los propios de la lengua materna, pero realizando los ejercicios adecuados es posible comenzar a abordar los sonidos de la nueva lengua y darse cuenta de las semejanzas y diferencias que presentan entre sí y en relación con los de la lengua materna. Lo importante es aprender a percibir, auditivamente, las diferencias existentes y ello sólo puede realizarse mediante ejercicios sistemáticos. Parece así evidente que no es posible lanzarse a realizar los sonidos de la lengua extranjera si no se sabe, en primer lugar, distinguirlos auditivamente. El funcionamiento del sistema perceptivo explica, además, por qué hablantes de diversas lenguas maternas cometen errores distintos cuando aprenden español.

La influencia de los sonidos de la lengua materna sobre la realización de los sonidos de la lengua extranjera recibe el nombre de interferencia fonética. La interferencia se produce, como hemos indicado, porque el hablante realiza una interpretación fonológica inexacta de los sonidos de la lengua extranjera, es decir, el sistema perceptivo interpreta de forma errónea los sonidos de la otra lengua asimilándolos a sonidos de la lengua materna. Es fundamental insistir en el hecho de que la interferencia está íntimamente relacionada con la percepción de los sonidos de la lengua extranjera, porque uno de los prejuicios más extendidos en este dominio es el que consiste en afirmar que no se realizan adecuadamente los sonidos de la lengua extranjera debido a un problema de hábitos articulatorios. Según esta hipótesis, el individuo se habría acostumbrado a realizar, desde el momento en que empezó a hablar, los gestos articulatorios propios de los sonidos de su lengua materna, de tal forma que se habría producido una especie de *atrofia* en los órganos de la producción que impediria la modificación de dichos hábitos articulatorios. Es verdad que estos hábitos existen, pero no es verdad que supongan una *atrofia*. La explicación del problema hay que buscarla en términos de *dónde reside el control de la producción*, y este control se realiza a través del sistema perceptivo. Es necesario señalar que los mismos fenómenos, y el mismo funcionamiento del sistema perceptivo, son aplicables a los problemas relacionados con la realización del acento y de las curvas de entonación: a todo lo referente a los elementos suprasegmentales. En este dominio de la lengua aparecen gran cantidad de fenómenos de interferencia. Es importante conocer bien el origen de estos problemas pues, de esta forma, será posible incidir en ellos para reconducir las realizaciones de los estudiantes hacia los objetivos que se quieren alcanzar.

El marco teórico en el que hemos centrado nuestras reflexiones sobre el aprendizaje de la pronunciación del sistema fonológico de una lengua extranjera concibe –como hemos visto hasta ahora– la adquisición de una lengua nueva como la adquisición, por parte del alumno, de una capacidad de establecer nuevas estructuraciones de las sustancias del mensaje, como la adquisición de nuevas potencialidades de acción en el marco de un nuevo sistema.

Concebir el aprendizaje de una nueva lengua como la simple adquisición de un sistema nuevo sería, no obstante, un enfoque reductor. Como ya han señalado algunos autores, la propia lengua es un sistema de sistemas, del cual el hablante se sirve, igual que el organista, utilizando los diversos registros disponibles. El léxico, la morfosintaxis, etc., son subsistemas que el estudiante debe asimilar, pero que, sobre todo, debe aprender a utilizar de forma integrada. El sistema fonológico es uno más de los subsistemas de la lengua que el alumno debe aprender.

Aunque, lamentablemente, la importancia de la oralidad ha sido infravalorada durante mucho tiempo por los profesores de lengua, hoy en día ya no se discute la necesidad de concederle enorme relevancia en el proceso de aprendizaje. La actuación pedagógica que consiste en *actuar sobre la pronunciación* constituye, en efecto, uno de los puntos clave de la enseñanza de la lengua. Pero, si bien su importancia ha sido ya proclamada claramente, no por ello la corrección ha suscitado, como hubiera sido deseable, el florecimiento masivo de prácticas de clase.

Así, de lo dicho hasta ahora se desprenden una serie de consideraciones que deben guiar, a nuestro juicio, la corrección fonética. Como marco general en el que insertar los procedimientos de corrección fonética, destacaremos que el hecho de que la audición controle la producción implica, para la corrección fonética, que el primer paso para modificar la pronunciación de los estrudiantes debe consistir en una tarea de tipo perceptivo, que permita a los alumnos identificar claramente el sonido o el perfil entonativo que se espera que realicen. Por otra parte, los errores e imprecisiones de los estudiantes en la pronunciación de los sonidos y en la realización de los elementos suprasegmentales de la lengua extranjera vienen determinados por su(s) lengua(s) materna(s), lo cual implica que no todos los alumnos cometen los mismos errores y, por tanto, las técnicas de corrección fonética deben estar al servicio de dichos errores.

Desde el punto de vista del funcionamiento de la clase hay que considerar dos aspectos importantes de orden práctico, referentes a cómo y cuándo realizar la corrección fonética, pues lo ideal es que el tiempo dedicado a la corrección no sea mucho, pero sí que sea diario, puesto que la intensidad del esfuerzo de atención que requiere la corrección fonética no permite que la concentración de los alumnos en estos aspectos sea muy larga. Por otra parte, dado que mediante la corrección fonética se pretende que los estudiantes lleven a cabo un proceso de reestructuración de su percepción y, después, de sus producciones, lo usual suele ser que, una vez realizado el sonido deseado, vuelva a aparecer el error hasta que quede instalada la reestructuración. Se trata de un hecho normal y, sobre todo, el profesor no debe pensar nunca que si el alumno ya ha realizado una vez el sonido deseado, dicho sonido ya no volverá a plantearle problemas.

Tal vez la última cuestión importante, de tipo global, referente a la corrección fonética se relaciona con la progresión que debiera seguirse en el proceso de corrección. Dicho en otros términos: ¿por dónde empezar?, ¿qué corregir primero? Es prácticamente imposible proponer una progresión fonética rigurosa de carácter general pues debe ser cada profesor quien la establezca en función del sistema de faltas de sus alumnos, que es variable. No obstante, es también cierto que algunos errores son *más graves* que otros: algunos dificultan la comunicación o, lo que es lo mismo, perturban la comprensión de los enunciados, mientras que otros, en cambio, constituyen una marca de *acento extranjero*, pero no impiden que el alumno sea comprendido ni que se comunique. Esta distinción puede constituir una indicación acerca del problema *por dónde empezar* o *qué corregir primero*. En cualquier caso, es fundamental que el profesor corrija siempre y en primer lugar, todos los errores que afectan a los elementos suprasegmentales pues, al tratarse de errores que conciernen al enunciado completo, su incidencia en la comprensión / producción del mensaje y en la percepción del *acento extranjero* es muy grande.

Establecido el marco general en el que debiera desarrollarse la corrección fonética, la siguiente cuestión que debe abordarse es la concerniente a qué técnicas y qué medios utilizar para realizarla. Tal como señala Verdía (2000), en el proceso de corrección fonética es importante incidir sobre las variables de carácter afectivo que actúan sobre el proceso de aprendizaje de la pronunciación, pues dichas variables tienen importantes repercusiones sobre la actitud de los alumnos frente a la corrección fonética y, por tanto, frente al proceso mismo de aprendizaje de la lengua extranjera. Obviamente, cuanto mayor sea la receptividad de los alumnos frente a la cuestión de la pronunciación, mayores serán los logros alcanzados.

Desde el punto de vista de las técnicas concretas de corrección, los planteamientos realizados en el marco del método verbo-tonal para modificar la pronunciación de los alumnos extranjeros se han revelado de una gran eficacia. El método verbo-tonal parte del principio según el cual para que los alumnos de lengua extranjera consigan una pronunciación adecuada es necesario incidir sobre su percepción de los sonidos del nuevo sistema fonológico, para pasar, en una segunda etapa, a todas las cuestiones relacionadas con la producción. Subraya muy especialmente sobre el método verbo-tonal la necesidad de actuar de manera específica sobre los elementos suprasegmentales, muy especialmente sobre la entonación, en tanto que elemento estructurador de los enunciados. Por otra parte, con respecto a la corrección de los sonidos, dicho método propone utilizar, en beneficio de la corrección fonética, fenómenos que se producen normalmente en la realización del sistema fonológico, muy especialmente, los fenómenos de coarticulación que modifican las características de un sonido determinado en función de las características de los sonidos vecinos. La utilización de dicho recurso de forma consciente por parte del profesor puede ser muy eficaz en la creación de automatismos (insconscientes) en los procesos de percepción y producción del sistema fonológico de la nueva lengua por parte de los alumnos. Dicho recurso puede ser explotado en otro sentido mediante la técnica de la denominada *pronunciación matizada*, que exagera aún más los efectos coarticulatorios. Creemos que no es este el lugar apropiado para desarrollar detalladamente todos los procedimientos propuestos por el método verbo-tonal para corregir la pronunciación de los sonidos de una lengua extranjera, sino que debemos limitarnos a exponer los principios generales. Las técnicas de corrección desarrolladas en el seno de esta metodología pueden encontrarse detallados en el manual de R. Renard, *La méthode verbo-tonale de correction phonétique* (1979), y puede hallarse una adaptación al español de este mismo texto en el manual de Poch Olivé (1999).

Conclusión

No podemos acabar este trabajo sin tomar en consideración la cuestión de la posibilidad de realizar corrección fonética mediante sistemas informáticos, ya que esta reflexión se sitúa en el centro de los problemas relacionados con las ventajas y desventajas de la enseñanza de lenguas asistida por ordenador (Poch-Harmegnies, 1999). En el caso de la corrección de la pronunciación, los sistemas informáticos concebidos para realizarla presentan el mismo esquema de funcionamiento sean cuales sean sus características particulares: el sistema proporciona un modelo determinado al alumno, sea un modelo de pronunciación de los sonidos, sea un modelo de perfiles entonativos, y espera del alumno la imitación, cuanto más exacta mejor, de dicho modelo. No cabe duda de que supone una gran ventaja poder disponer de una imagen de lo que el alumno ha dicho así como poder comparar dicha imagen con el modelo almacenado por el sistema; pero los problemas comienzan a aparecer en el momento en que hay que tomar una decisión en el sentido de aceptar o no determinada realización del alumno. El sistema informático sólo dará por bueno lo que sea igual al modelo que toma como punto de referencia, pues lo que el sistema hace es una comparación entre la información que recibe y la que tiene almacenada como *plantilla*. Ahora bien, la *realidad fonética* de las lenguas nos muestra todos los días que existen numerosas formas aceptables de realizar un sonido y no existe todavía ningún sistema informático que disponga de la versatilidad y la finura del oído humano para evaluar una determinada pronunciación, o para decidir sobre la aceptabilidad de una curva entonativa, dado además que la variabilidad es mucho mayor en el caso de la entonación que en el caso de la pronunciación de los sonidos. Surgen a continuación otros problemas relacionados con la forma en que el alumno modificará su pronunciación si ésta no es la adecuada. El sistema informático no hace otra cosa que decidir sobre la aceptabilidad, por tanto, si el alumno quiere acercarse al modelo, dejando aparte la imitación, no dispone de ninguna otra clase de ayuda para alcanzar el objetivo. Tal vez constituyan una excepción a ello los perfiles entonativos, pues la imitación es más fácil cuando se trata de conseguir que una curva entonativa ascienda o descienda que cuando el objetivo perseguido es sonorizar un sonido realizado erróneamente como sordo o pronunciar como fricativo un sonido realizado como oclusivo de forma inadecuada.

Con respecto a las características de los programas informáticos concebidos con la finalidad de realizar corrección fonética, los trabajos de Eskenazi (2000) y Germain y Martin (2000) ofrecen una perspectiva general de las ideas que guían la concepción de dichos instrumentos de trabajo. Como complemento es muy interesante el artículo de Cazade (1999), que analiza desde una perspectiva crítica los pros y los contras de realizar corrección fonética mediante sistemas asistidos por ordenador. La conclusión de Cazade, que suscribimos completamente, es que por el momento la corrección fonética mediante medios informáticos no es todavía posible debido a las limitaciones de los propios sistemas, sobre todo si se piensa en una situación de autoaprendizaje. No obstante, es probable que se produzca un cambio en dicha situación originado por la propia evolución de la tecnología. Hoy por hoy, y mientras estamos esperando dicho cambio, este tipo de sistemas pueden ser útiles si el profesor los utiliza como apoyo en el seno de un itinerario didáctico determinado y con unos objetivos muy claros referentes a la corrección fonética.

Bibliografía

CANALE, M. (1995), "De la competencia comunicativa a la pedagogía comunicativa del lenguaje", en M. LLOBERA (coord.), *Competencia comunicativa. Documentos básicos en la enseñanza de lenguas extranjeras*, Madrid, Edelsa: 63-82.

CANELLADA, M. J. y KUHLMANN, M. (1987), *Pronunciación del español, lengua hablada y literaria*, Madrid, Castalia.

CAZADE, A. (1999), "De l'usage des courbes sonores et autres supports graphiques pour aider l'apprenant en langues", *Apprentissage des Langues et Systèmes d'Information et de Communication*, 2, 2: 3-32.

DEMONTE, V. (2002), "El español estándar (ab)suelto. Algunos ejemplos del léxico y la gramática", *II Congreso Internacional de la Lengua Española,* celebrado en la Universidad de Valladolid (http://cvc.cervantes.es).

ELLIOTT, R. (1997), "On the Teaching and Acquisition of Pronunciation within a Communicative Approach", *Hispania*, 80,1: 95-108.

ESKENAZI, M. (1999), "Using automatic speech processing for foreign language pronunciation tutoring: some issues and a prototype", *Language Learning & Technology*, 2, 2: 62-76.

GERMAIN, A. y MARTIN, Ph. (2000), "Présentation d'un logiciel de visualisation pour l'apprentissage de l'oral en langue seconde", *Apprentissage des Langues et Systèmes d'Information et de Communication*, 3,1: 61-76.

GIL, J. (1990), *Los sonidos del español*, Madrid, Síntesis.

LARA, L. F. (1976), *El concepto de norma en Lingüística*, México, El Colegio de México.

NAVARRO TOMÁS, T. (1918), *Manual de pronunciación española*, Madrid, Espasa-Calpe.

POCH OLIVÉ, D. (1999), *Fonética para aprender español: pronunciación*, Madrid, Edinumen.

POCH OLIVÉ, D. y HARMEGNIES, B. (1999), "Informática y enseñanza de lenguas a las puertas del tercer milenio", en J. M. BLECUA, G. CLAVERÍA, C. SÁNCHEZ y J. TORRUELLA, (coords.), *Filología e informática. Nuevas tecnologías en los estudios filológicos*, Barcelona, Universidad Autónoma: 481-493.

QUILIS, A. (1981), *Tratado de fonética y fonología españolas*, Madrid, Gredos.

RENARD, R. (1979), *La méthode verbo-tonale de correction phonétique*, Bruselas, Didier.

ROSENBLAT, A. (1984), "El castellano de España y el castellano de América: unidad y diferenciación", en A. ROSENBLAT, *Estudios sobre el español de América*, Caracas, Monte Ávila Editores: 213-238.

VERDÍA, E. (2000), "Variables afectivas que condicionan el aprendizaje de la pronunciación: reflexiones y propuestas", en *Actas de Expolingua* (en prensa) (queremos agradecer a su autora que nos haya permitido consultar el manuscrito, que será publicado próximamente).

Los contenidos lingüísticos o gramaticales. La reflexión sobre la lengua[1] en el aula de E/LE: criterios pedagógicos, lingüísticos y psicolingüísticos

Mario Gómez del Estal Villarino
Escuela Oficial de Idiomas de Madrid
Moreruela. Escuela de Español (Zamora)

Introducción

Aun a riesgo de simplificar en exceso las cosas, comenzaremos por distinguir dos niveles en el uso de la lengua: el *nivel lingüístico*, en el que la lengua sirve para hablar de otras cosas, es decir, de aquello que está fuera del lenguaje; y el nivel *metalingüístico*, en el que la lengua sirve para hablar de ella misma, es decir, el tema del que se habla es el propio lenguaje. En el primer caso, las palabras señalan a algo que está fuera o más allá de ellas. En el segundo, las palabras se refieren a sí mismas en tanto que elementos lingüísticos. Aplicando estos dos niveles al terreno de la pedagogía, podemos también distinguir entre las dos grandes corrientes de enseñanza-aprendizaje de la lengua: *centrada en el significado* (nivel lingüístico) y *centrada en la forma* (nivel metalingüístico). Si añadimos las diferentes visiones que estas corrientes mantienen tanto de la lengua como del aprendiz, podemos observar sus diferencias a través de pares de conceptos opuestos (Ellis, 2001; Krashen y Terrell, 1983; Long, 1988 y 1991; Long y Robinson, 1998):

Nivel	*Papel de la lengua*	*Papel del aprendiz*	*Enseñanza*
Metalingüístico	Objeto	Estudiante	Centrada en la forma
Lingüístico	Instrumento	Usuario	Centrada en el significado

[1] Hemos preferido la expresión *reflexión sobre la lengua* antes que *instrucción formal*, mucho más común en la bibliografía, por dos razones principales. La primera atañe a los principios, puesto que decididamente preferimos acostumbrar al aprendiz a *reflexionar sobre la lengua* antes que *instruirle formalmente*. La segunda es de carácter metodológico y

La primera corriente, basada en el nivel metalingüístico, engloba tanto la enseñanza tradicional de la lengua como el enfoque comunicativo. En ambos, el objetivo es el *aprendizaje* de la lengua mediante el *estudio* de las *formas lingüísticas*[2]. La segunda corriente, basada en el nivel lingüístico, integra las diferentes propuestas de las dos últimas décadas. En ellas, el objetivo es la *adquisición* de la lengua mediante el *uso* de la misma en actividades de intercambio y negociación de *significado*.

A pesar de que se trata de una distinción diacrónica dentro de la enseñanza de lenguas extranjeras, se puede reconocer la misma división en el nivel sincrónico, es decir, entre (y dentro de) los distintos enfoques de enseñanza actuales o, incluso, cada una de las clases o lecciones. Es imposible encontrar ejemplares puros de cada una de las dos corrientes, pues incluso en la clase más anclada en el estudio de las formas gramaticales resulta posible aislar momentos de utilización de la lengua en el nivel lingüístico[3]; y, al revés, incluso en la clase más radicalmente implicada con una enseñanza centrada en el significado (por ejemplo, el enfoque natural de Krashen y Terrell), es posible distinguir momentos en los que la lengua sirve para hablar de la lengua, es decir, de aparición del nivel metalingüístico[4].

La razón de esta *falta de pureza* estriba en que se trata de una división que arranca de la especulación teórica y no de la práctica pedagógica. En ésta las variables que entran en juego son múltiples y difícilmente evaluables, ya que los profesores saben que no hay ningún método completamente eficaz para enseñar lengua a extranjeros, y hacen uso, por ello, de diferentes aportaciones de los distintos enfoques. Al lado de esta decisión de sentido común que suelen tomar los profesores, sigue existiendo, no obstante, la observación de que hay clases, libros o profesores más *comunicativos* (es decir, que pretenden trabajar más en el nivel lingüístico) y clases, libros o profesores más *gramaticales* (es decir, que pretenden trabajar más en el nivel metalingüístico).

Dentro de la enseñanza mediante tareas (Estaire, 1990; Zanón, 1990 y 1999; entre otros), se suele distinguir entre *tareas de comunicación* y *tareas de aprendizaje* (o posibilitadoras). A grandes rasgos, la distinción entre ambas viene a ser la misma que estamos analizando aquí: las primeras se centran en el significado y las segundas, en las formas. En la propuesta de estos autores, el eje central del trabajo en el aula son las tareas comunicativas (se trata, por tanto, de un enfoque básicamente *lingüístico* en el sentido definido más arriba). Las tareas de aprendizaje, por su parte, sirven de apoyo o preparación para la realización de las comunicativas. De esta manera, para estos autores, el nivel metalingüístico está subordinado al nivel lingüístico, que es el que debe dar sentido a todo el proceso.

A pesar de que las tareas comunicativas han conocido un desarrollo espectacular dentro de la enseñanza de E/LE, las tareas de aprendizaje no han recibido una atención pareja, aunque algu-

---

estriba en la impropiedad, en nuestra opinión, de catalogar como instrucción formal fenómenos como las peticiones de aclaración o la traducción. Sin embargo, empleamos también la expresión *instrucción formal*.

2 No queremos obviar aquí las diferencias, radicales, entre ambos enfoques. Sin embargo, los dos se basan en el trabajo con las formas lingüísticas, aunque en el caso de la enseñanza tradicional sean las propias de la tradición gramatical, y en el segundo, las nociones y funciones, obtenidas a partir de un análisis de la lengua atento a las intenciones comunicativas de los hablantes.

3 Siempre que se trate de cursos cuyo objetivo sea que los estudiantes usen la lengua. No es, sin embargo, el caso en los cursos donde el objetivo persigue que los estudiantes aprendan gramática formal (como pueden ser las diferentes asignaturas de lengua española dentro de una carrera de filología).

4 Los tipos de reflexión metalingüística o instrucción formal que suelen aparecer en este tipo de enfoques son algunos de los descritos más abajo en los apartados 3. 2. y 3. 3.

nos autores, sobre todo recientemente (Cerrolaza *et al.*, 1998-2001[5]; Ellis y Gaies, 1998; Gómez del Estal, 1994 y 2002; Gómez del Estal y Zanón, 1996; Martín Peris *et al.*, 1993; Martín Peris *et al.*, 1998-2001[6]; Miquel y Sans, 1994[7]; Thornbury, 2001), ya han elaborado materiales para un desarrollo de las tareas de aprendizaje dentro de una enseñanza centrada en el significado.

A partir del análisis de estos materiales y de las investigaciones en adquisición de lenguas, podemos establecer ciertos criterios para, por un lado, seleccionar los contenidos de las tareas de aprendizaje (*los qués*) y, por otro, decidir de qué forma podemos diseñarlas (*los cómos*), con dos objetivos fundamentales en mente: facilitar la realización de la(s) tarea(s) comunicativa(s) y facilitar la adquisición de lenguaje.

1. Criterios para la selección de contenidos

Tres variables nos aportan los criterios esenciales para la selección de los contenidos lingüísticos que debemos trabajar: la *tarea comunicativa* que vamos a realizar, el *tipo de estudiantes* para el que está diseñada y el *programa* de la institución. Comenzaremos por analizar la información que nos suministra la tarea comunicativa.

1.1. La tarea comunicativa

Una vez que hemos establecido la(s) tarea(s) de comunicación que se van a realizar en clase (negociadas con los propios estudiantes o decididas por el profesor, pero siempre en función de las necesidades de comunicación de los aprendices), tenemos que determinar los contenidos lingüísticos que deben manejar nuestros estudiantes para llevarla(s) a cabo. La manera más directa de hacerlo es imaginar cómo solemos realizar esa tarea los hablantes nativos de la lengua, es decir, recrear las respuestas lingüísticas que solemos emplear los hablantes para resolver el problema que nos plantea la tarea. Explicar cómo se prepara un determinado plato de comida, por ejemplo, podemos hacerlo de muy diferentes maneras:

1. Un amigo le explica a otro cómo preparar una tortilla de patatas:

> *Mira, coges las patatas, las pelas y las partes en rodajas, ni muy finas ni muy gordas. ¿Lo ves?*
< *Ya, ni finas ni gordas.*
> *Eso. Luego las fríes en mucho aceite.*
< *¿Con mucho fuego?*
> *No, normal. Después...*

---

5 M. Cerrolaza *et al.* (1998-2001), *Planet@ 1, 2, 3* y *4*, Madrid, Edelsa.
6 E. Martín Peris *et al.* (1998-2001), *Gente 1, 2* y *3*, Barcelona, Difusión.
7 L. Miquel y N. Sans (1994), *Rápido*, Barcelona, Difusión.

2. Receta de la tortilla en un libro de cocina:

Para preparar una tortilla de patatas, comenzamos por pelar las patatas. Después, las partimos en rodajas de unos 3 milímetros de grosor. Echamos aceite abundante en una sartén y la ponemos al fuego, máximo al principio y cuando se caliente, medio. A continuación...

3. Receta de la tortilla que ha anotado el amigo del diálogo de 1:

Tortilla de patatas.
Pelar y cortar las patatas.
Freírlas en aceite.
Batir los huevos.
...

Aunque el contenido proposicional de estos tres textos es el mismo, la conducta lingüística que presenta cada uno de ellos es muy distinta. En el primer caso, se trata de instrucciones orales, por lo que hay recursos propios de la conversación (confirmación de la comprensión, negociación, etc.). El segundo caso es una receta incluida en un libro, por lo que el registro lingüístico que se emplea es el propio de un texto escrito, aunque no académico, evidentemente. El tercer caso son unas notas tomadas al hilo de una conversación, por lo que el hablante opta por una forma esquemática de registrarlas.

La primera conclusión que se obtiene del análisis de estos textos es que el profesor debe ser muy consciente de la tarea comunicativa que está demandando a sus estudiantes. No es lo mismo preparar un pequeño libro con recetas de los países de origen de los miembros de la clase, que explicar de manera oral cómo se prepara un plato típico de mi país. El profesor debe tener muy presente el contexto comunicativo, la situación social en la que se produce la tarea comunicativa, ya que de esta manera obtendrá datos muy precisos sobre el tipo de texto que está pidiendo a sus estudiantes.

Teniendo claro el contexto y la tarea comunicativa que se va a llevar a cabo, y una vez que se ha imaginado el tipo de texto más frecuente que solemos producir los hablantes en ese caso, el profesor debe concentrarse en los elementos lingüísticos que presenta dicho texto, obteniendo de esta manera un listado de contenidos que pertenecen a todos los niveles de análisis lingüístico: fonológico-fonéticos, morfológicos, léxicos, sintácticos, funcionales y pragmáticos. El criterio fundamental que nos aporta la tarea comunicativa para hacer una selección de ese listado, es decir, para decidir qué contenidos deben ser objeto de trabajo específico, es el de *esencialidad para la resolución de la tarea*[8]. Esto quiere decir que el profesor debe ordenar los contenidos en función de su necesidad para la realización de la tarea, desde aquellos que son esenciales a aquellos que parecen superfluos. Podrán pertenecer a cualquiera de los niveles lingüísticos: fonológi-

[8] Loschky y Bley-Vroman (1993) distinguen tres tipos de contenidos lingüísticos según su dependencia de la actividad comunicativa: *naturales* (se producen de manera espontánea durante su realización, aunque no son imprescindibles), *útiles* (con ellos la actividad se resuelve más fácilmente, aunque tampoco son imprescindibles) y *esenciales* (sin ellos no se puede realizar).

co-fonéticos, si algún rasgo propio de la pronunciación es esencial para la resolución de la tarea, como pueden ser las oposiciones fonológicas o las entonaciones de frases; morfológicos, si la tarea comunicativa exige diferenciar, por ejemplo, desinencias personales de los verbos; léxicos, si el dominio de cierto vocabulario es imprescindible; etc. Con este proceso, habremos obtenido una lista de contenidos más o menos esenciales que deberemos seguir afinando en función de la segunda variable: el tipo de estudiantes que va a realizar la tarea comunicativa.

1.2. El tipo de estudiantes

La primera cuestión que nos proponemos analizar es la del nivel de lengua de los estudiantes, y más en concreto, de su interlengua (véase Martín Peris en este volumen). Nos resultará muy útil distinguir entre *desconocimiento*, *reconocimiento* y *utilización* del contenido. Por desconocimiento entendemos la fase de interlengua en la que el estudiante ni conoce ni utiliza el contenido lingüístico en cuestión. El reconocimiento, por su parte, es la fase en la que el estudiante reconoce o puede reconocer el contenido lingüístico en las muestras (*input*), pero no lo utiliza en su producción (*output*). La utilización, por último, es la fase en la que aparece el contenido lingüístico en la producción del alumno.

Formulada por Schmidt (1990, 1994 y 1995), la hipótesis del reconocimiento (*noticing*) condiciona la adquisición al reconocimiento previo de los fenómenos lingüísticos en las muestras por parte de los estudiantes. Sin embargo, el reconocimiento por sí solo no garantiza la adquisición, sino que se trata de una condición *sine qua non*[9]. Por otro lado, debemos tener en cuenta aquí dos hipótesis complementarias: la de la posibilidad del aprendizaje (*learnability hypohesis*) y la de la posibilidad de la enseñanza (*teachability hypothesis*). Según Pienemann (1984, 1985 y 1989), un estudiante sólo puede adquirir un determinado fenómeno lingüístico que se le está enseñando si su interlengua se acerca al punto en el que la forma enseñada es adquirida es un contexto natural. Diversos investigadores (Turner 1979; Pica, 1983; Ellis, 1984; Pienemann, 1984; Long, 1988 y 1991; Spada y Lightbown, 1999) han analizado la diferencia en cuanto a la secuencia de adquisición de formas lingüísticas entre estudiantes que habían recibido instrucción gramatical y aprendices en un contexto natural. Los resultados de estos estudios arrojan luces contradictorias sobre la cuestión. Por un lado, algunos sugieren un aprendizaje más rápido y mejores resultados en corrección por parte de los alumnos que han recibido instrucción gramatical. Sin embargo, otros indican que tanto los alumnos instruidos como los que no recibían instrucción gramatical seguían el mismo orden de adquisición. Ellis (2001: 4) señala que esta contradicción actualmente parece superada, concluyendo que la instrucción formal *sólo funciona favoreciendo los procesos propios de la adquisición natural del lenguaje, no cambiándolos*. Ellis (2002b) añade, además, que la hipótesis de la posibilidad de la enseñanza no funciona en el caso de reflexión explícita sobre la lengua (sólo en el caso de reflexión implícita -véase 3-). Por su parte, Nunan (1994), con la intención de vincular la investigación en adquisi-

[9] Van Patten (1990 y 1996) restringe esta hipótesis indicando que los estudiantes sólo pueden centrarse en las formas cuando las muestras (*input*) son fáciles de entender, ya que tienen dificultades a la hora de atender al mismo tiempo a la forma y al significado. Y, además, cuando se fijan en el significado aplican una serie de estrategias por defecto (por ejemplo, *el primer nombre es el sujeto*), que les impiden reconocer formas que no siguen esas estrategias (*A María la vimos ayer; A mí me gusta el fútbol*).

ción con la práctica pedagógica, se declara convencido por esta hipótesis, pero presenta observaciones de aula que la contradicen. Esto le lleva a concluir que no puede condicionar la metodología de lenguas extranjeras.

Extrayendo conclusiones rentables de estos contradictorios datos gracias al sentido común, podemos establecer ciertos criterios para la selección de contenidos a partir de un análisis de los estudiantes. El primero de ellos es que *los contenidos deben ser, primero, reconocidos, y después, trabajados*. No podemos esperar que los estudiantes *empleen* un elemento lingüístico si previamente no lo han *reconocido* en las muestras. Si nuestros estudiantes se muestran incapaces de reconocer[10] la oposición fonológica entre las consonantes /R/ y /L/ o entre las vocales /E/ e /I/, no podemos pedirles que las empleen en una tarea comunicativa. El profesor debe, en primer lugar, facilitar el reconocimiento de los elementos para, en un segundo momento, facilitar su aprendizaje. En conclusión, y combinándolo con el anterior criterio, podemos afirmar que no debemos trabajar contenidos esenciales para la resolución de una tarea si antes no han sido *reconocidos* por los estudiantes[11].

Asimismo, hemos de ser conscientes de otras variables. La edad y el nivel de los aprendices determinan tanto los contenidos que debemos trabajar como la manera de hacerlo (Ellis, 2002b, apunta que los adolescentes y adultos pueden manejar información metalingüística compleja, pero no así los niños; añade, además, que el trabajo gramatical no es muy eficaz con principiantes, pero sí en niveles avanzados). Hay que tener en cuenta, además, los objetivos y el grado de instrucción de los aprendices. No se puede reflexionar sobre la lengua de la misma manera (o incluso habrá que evitarla) en contextos de inmersión[12] o con aprendices poco letrados.

En cuanto a la hipótesis de la posibilidad de la enseñanza, y en función tanto de la ausencia de datos precisos sobre la secuencia de adquisición para el español como de las conclusiones y condiciones de Nunan (1994) y Ellis (2002b), podemos concluir que la información más pertinente sobre el orden de aprendizaje de los contenidos lingüísticos nos la van a proporcionar los estudiantes (en la línea apuntada en los párrafos precedentes) y el currículum de la institución.

1.3. El programa de la institución

Aunque existen diversos tipos de currícula o programaciones[13], desde los formulados exclusivamente mediante estructuras o patrones sintácticos hasta los organizados mediante procesos

---

[10] *Reconocer* no quiere decir *saber* o *dominar*, y menos aún, *utilizar*. El reconocimiento es un proceso de identificación de ciertos fenómenos lingüísticos en las muestras (que favorece el llamado *intake*: Chaudron, 1985), no su uso en producción.

[11] En un interesante artículo, Basturkmen, Loewen y Ellis (2002) argumentan que el empleo de metalenguaje (aunque no en términos técnicos) aumenta el *reconocimiento* de los elementos lingüísticos.

[12] Se suele argumentar que en contextos de inmersión es más adecuado hacer hincapié sobre las formas antes que sobre el contenido. Aun estando de acuerdo con esta afirmación, hay que sopesar en detalle las condiciones de la inmersión, pues en muchos casos suelen ser lo contrario de lo que nos dicen los datos en un primer acercamiento (aprendices inmigrantes en España que pasan la mayor parte del tiempo en contextos donde se usa exclusivamente su lengua materna o aprendices en el extranjero que trabajan y viven en un medio hispanohablante).

[13] Más adelante se analizarán en detalle diversos tipos de descripción lingüística. De ahí se podrán obtener criterios para la elección del mejor programa.

de comunicación, el listado de contenidos dividido en niveles nos puede aportar información esencial sobre los contenidos que debemos trabajar. Echar un vistazo al programa (o, mejor aun, tenerlo en mente) nos puede servir para completar nuestra lista de contenidos, bien porque no los habíamos incluido en la lista previa y efectivamente son imprescindibles para la realización de la tarea, bien porque nuestra selección de tareas comunicativas no cubre todos los contenidos del programa para nuestro nivel. Además, el currículum nos puede suministrar información para la formulación o el diseño de tareas comunicativas, especialmente en el caso de que incluya una descripción funcional, temática o procedimental.

Una vez revisados ciertos criterios útiles a la hora de seleccionar contenidos lingüísticos, vamos ahora a analizar las descripciones[14] lingüísticas que más eficacia presentan en la clase de lenguas extranjeras.

2. Las diversas descripciones de la lengua

Como cualquier profesor de E/LE sabe, la gran carencia de nuestra disciplina (prácticamente inexistente para la universidad, dicho sea de paso) son *un análisis y una descripción del uso de la lengua* concienzudos, pedagógicamente rentables y atentos a las diferentes variables que entran en juego en el aula de lenguas extranjeras. La causa de esta ausencia hay que ir a buscarla en la creencia, tan extendida como pocas veces formulada, de que el aula de E/LE puede y debe utilizar las descripciones o gramáticas formales que han realizado numerosos lingüistas desde perspectivas muy diversas. Nada más lejos de la práctica pedagógica. No pretendo con esto afirmar que dichas descripciones no puedan aportar buenas explicaciones para las clases de español. De hecho, como muchos antes, pienso que el profesor de E/LE debe conocer y hasta dominar los grandes temas de la gramática formal del español, al menos en su formulación tradicional. Contribuciones como la *Gramática descriptiva del español*, de Bosque y Demonte (1999), son una fuente inagotable de información metalingüística para cualquiera que se dedique a la enseñanza de nuestra lengua en sus más diversos contextos. Sin embargo, y como reconocen los propios lingüistas, el análisis formal de la lengua no es en absoluto el adecuado para el aula de lenguas extranjeras. La diferencia primordial estriba en el objeto del análisis. Para las gramáticas formales ese objeto es la oración y no suele sobrepasar sus límites, mientras que para la gramática pedagógica de L2 el objeto de estudio es el uso de los enunciados lingüísticos dentro de contextos concretos de comunicación. En este sentido, como señalan numerosos autores, los análisis lingüísticos que deben vertebrar una descripción eficaz para el aula de L2, es decir, una auténtica gramática pedagógica, son los que aportan la pragmática, la descripción nociofuncional y la gramática comunicativa[15], a los que añadimos un enfoque léxico atento a las necesidades de los estudiantes de L2.

[14] No hay que confundir los dos usos de la palabra *descripción* en lo que sigue. Por un lado, la función de la gramática es la de *describir* (y no *prescribir*) la lengua. Por otro, se suele entender por gramática descriptiva el análisis de la lengua que la divide en fonología-fonética, morfología y sintaxis. La gramática de E/LE debe ser *descriptiva* en el primer sentido (aunque hay cierta polémica sobre esto). Y debe ir más allá de lo *descriptivo* en el segundo sentido.

[15] Esto no quiere decir en absoluto que la descripción de las gramáticas formales no sea de utilidad para la gramática pedagógica de L2. Sin embargo, sus aportaciones deben servir de complemento al *análisis del uso de la lengua*, que debe predominar en todo momento.

2.1. La pragmática

La pragmática o el estudio de la comunicación lingüística proviene, esencialmente, de los estudios de Austin (1962), Searle (1969) y Grice (1975)[16]. Los trabajos de Ortega (1988, 1990, 1994) y Zanón y Hernández (1990) son un intento muy fructífero de aplicación de las conclusiones de esos autores al terreno de la enseñanza del español. Conceptos como la negociación de significado o sentido, o el análisis de cómo la marcha del diálogo determina la aparición de ciertos elementos lingüísticos, son el objeto de esos estudios. Así pues, en las clases de L2 es necesario, a la hora de trabajar contenidos lingüísticos, ser muy conscientes de variables como la cortesía, el significado literal y el contextual, el conocimiento del mundo, el conocimiento situacional, la distancia social, la fuerza locutiva de los enunciados, el principio de cooperación, etc. Estos conceptos nos suministran información esencial para explicar en detalle elementos lingüísticos de altísima frecuencia en el discurso y que, de otra manera, pasarían desapercibidos para el análisis. Incluso para la enseñanza del inglés se sigue reclamando actualmente su esencial importancia (Celce-Murcia, 2002).

2.2. La descripción nociofuncional

La descripción nociofuncional del lenguaje en español arranca con Slagter (1979), siguiendo las indicaciones del Consejo de Europa. *El supuesto básico en el que se funda es que existen maneras* codificadas *de hacer cada cosa en una lengua. Aprender una lengua es aprender a hacer todo lo que uno pueda necesitar hacer en esa lengua de manera natural, tal como lo hacen los hablantes nativos* (Matte Bon, 1998: 73. El subrayado es mío). Las funciones lingüísticas se hallan definidas según las intenciones comunicativas que los hablantes otorgan a sus enunciados lingüísticos (expresar gustos, opiniones, necesidad, obligación, etc.). Las nociones, por su parte, vienen a corresponder, *grosso modo*, con la semántica, y suelen dividirse en nociones generales (aquéllas que nos permiten organizar una estructura conceptual básica sin la cual no es posible construir significado: tiempo, lugar, número, esencia, existencia, etc.) y nociones específicas (aquéllas que nos permiten referirnos con precisión a las diversas entidades: identidad personal, comida y bebida, viajes, compras, etc.). En español contamos con diversos materiales que incluyen descripciones nociofuncionales detalladas, como algunos libros de texto (Equipo Pragma, 1984-1985; Martín Peris *et al.*, 1998-2001; Miquel y Sans, 1989[17]) y los repertorios o listados de funciones con su explicitación concreta (Gelabert *et al.*, 1988; Fernández, 1991; Matte Bon, 1992b). Esta última obra, además, incluye una excelente descripción de las nociones generales. Para el aula de L2 la descripción nociofuncional es una herramienta básica de trabajo porque promueve interacciones comunicativas naturales y facilita la distinción de registros lingüísticos.

---

[16] Para una introducción a la pragmática (aunque no desde la óptica de L2), puede consultarse Escandell (1993) y el artículo de la autora en este mismo volumen.

[17] Equipo Pragma (1984), *Para empezar* y *Esto funciona*, Madrid, Edelsa; E. Martín Peris *et al.* (1998-2001), *Gente 1, 2* y *3*, Barcelona, Difusión; L. Miquel y N. Sans (1989), *Intercambio 1/2*, Barcelona, Difusión.

2.3. La gramática comunicativa

Por gramática comunicativa entendemos en este artículo la descripción de las unidades tradicionales de análisis lingüístico (artículos, modos y tiempos verbales, preposiciones, pronombres, etc.) bajo la perspectiva de la comunicación. En este sentido, se tienen muy en cuenta variables como el estatus de la información, el papel de los hablantes, etc. En español este análisis arranca con los trabajos de Matte Bon (1987, 1988a y b, 1994 y, en especial, 1992a). Esta última publicación, *Gramática comunicativa del español*, presenta una descripción muy completa de las unidades básicas y, probablemente, es el manual de gramática más consultado por los profesores de E/LE. Ha venido a paliar en cierta medida la ausencia de descripciones útiles para el aula, y su manejo proporciona al profesor una adecuada estructura conceptual con la que abarcar fenómenos muy dispares.

Recientemente (Matte Bon, 1998 y 1999) este autor ha presentado el conjunto de criterios que, en su opinión, son la base del análisis gramatical comunicativo. Se trata del entrecruzamiento (y consecuentes influencias mutuas) de tres grandes ejes y dos fases (en sus propias palabras). Los tres ejes son el de las informaciones, el del enunciador y el de la referencia a lo extralingüístico. Las dos fases, básicamente, son la de información nueva e información adquirida. Gracias a estos conceptos el autor consigue dar razón *comunicativa*, a nuestro entender de manera convincente, de muy diferentes fenómenos de la lengua española.

Las aplicaciones didácticas basadas en una concepción de la gramática atenta a los condicionantes de la comunicación, si no numerosas, son al menos notables. Algunos manuales incluyen sus descripciones en las lecciones de gramática (Martín Peris *et al.*, 1998-2001; Miquel y Sans, 1994; Cerrolaza *et al.*, 1998-2001). Es de esperar que en los próximos años se publiquen más libros de texto que sigan esta óptica de exploración a la vista de su eficacia, rentabilidad y relativa simplicidad.

No quisiéramos finalizar este apartado sin comentar una observación que compartimos con otros autores (Moreno, 1999; Matte Bon, 1999). En muchos casos, el principal enemigo de la descripción lingüística que se ofrece en las clases de E/LE son los propios profesores, puesto que su conocimiento gramatical (heredado de la tradición gramatical, en la mayoría de los casos, cuando no falseado por sus propias concepciones, en el peor pero no tan infrecuente) provoca en muchas ocasiones no sólo que se ofrezcan descripciones inadecuadas, sino que se llegue a prescindir[18] de los datos que no encajan en la *regla* de la que dispone el profesor, lo cual es un completo absurdo científico. Se suele decir que no hay nada más práctico que una buena teoría, pero esta afirmación debe completarse: no hay nada mejor para la teoría que una buena práctica, o lo que es lo mismo, una observación honrada de los datos[19]. Es necesario realizar el esfuerzo de comprender la lengua. Si nos sentimos incapaces, es mejor ofrecer oportunidades de comunicación para el uso de los elementos lingüísticos sin que medie ninguna reflexión metalingüística por nuestra parte, que proporcionar reglas inexactas o directamente falsas, pues los alumnos,

---

[18] Hemos de decir, en beneficio de los profesores de este tipo que nos hemos encontrado, que ese olvido es, hasta cierto punto, subconsciente. Pero ello no resta un ápice a nuestra observación: hay que estar prevenidos contra nosotros mismos, contra nuestras concepciones sobre la lengua. Hay que tener mucho cuidado para que lo que nos han contado (o hemos estudiado) en nuestras clases de lengua española no nos impida nunca escuchar lo que la lengua (en minúscula) dice a cada paso.

[19] La lengua es la que manda sobre las reglas que pretenden explicarla, y nunca al revés. Si los ejemplos no encajan en una explicación gramatical, hay que rechazarla (o revisarla para que los acoja). No hay otra opción.

abandonados a la escasa productividad de las reglas que se les suministran, pueden llegar a rechazar cualquier explicación gramatical, es decir, a *coger manía* a la gramática.

Siguiendo a Matte Bon (1999), podemos ofrecer una serie de criterios fiables para un buen análisis de la lengua en la clase de L2:

1. Distinguir claramente el elemento analizado de lo que aparece a su alrededor en los ejemplos propuestos.
2. No limitarse a analizar los usos más comunes en oraciones sin contexto.
3. No perderse en clasificaciones que no ayudan a entender el funcionamiento de la lengua desde la perspectiva de un extranjero.
4. No quedarse en descripciones demasiado vagas. Dar cuenta del funcionamiento real de la lengua.
5. Analizar la lengua desde una doble perspectiva: buscar el valor esencial de cada elemento y estudiar los diferentes elementos contrastándolos entre sí.
6. Tener claras las fronteras entre la lengua y el mundo extralingüístico.

2.4. Un enfoque léxico atento a las necesidades de los alumnos de L2

¿Qué tipo de información metalingüística suelen demandar los estudiantes? ¿Qué cosas de la lengua acostumbran preguntar? En los estudios sobre instrucción gramatical llama la atención la escasa presencia de investigaciones que indaguen en el tipo de información metalingüística que suelen requerir los aprendices (véase 3.2.). Sin embargo, recientemente algunos autores (Williams, 2001; Ellis, Basturkmen y Loewen, 2001a) han efectuado observaciones de aula que indican que la mayoría de las reflexiones metalingüísticas iniciadas por los estudiantes tenían que ver con el léxico, con el vocabulario. Las preguntas del tipo *¿qué es* quedar*?* o *¿qué diferencia hay entre* quedar *y* quedarse*?* son, según estos autores, las más frecuentes entre los estudiantes.

El aprendizaje del léxico en la enseñanza de E/LE, junto con los rasgos fonológico-fonéticos, no ha recibido el mismo tratamiento y atención que otros niveles de análisis lingüístico, como el morfosintáctico o el funcional (véase Cervero y Pichardo, 2000, para una visión de conjunto del tratamiento del léxico en el aula de E/LE). Hudson (1989) y Little (1994) reclaman una aplicación especial del tratamiento del vocabulario en la enseñanza de L2. Sus argumentos apuntan hacia un trabajo léxico que recoja, en el nivel semántico, las oposiciones entre palabras en función de su empleo en el discurso (oposiciones de significado o de sentido, etc.); las oposiciones según los registros, en el nivel sociolingüístico; y por último, la estructura temática de las palabras, es decir, sus contextos formales de aparición, en el nivel sintáctico. Y todo ello estableciendo las relaciones forma-significado dentro de un análisis comunicativo.

Un análisis eficaz de las palabras, por tanto, debe suministrar información sobre las oposiciones semánticas entre las palabras (el significado de *quedar* frente al de *quedarse*), las diferencias en cuanto al registro lingüístico (oral / escrito; formal / informal; objetivo / subjetivo; etc.) y las diferencias en función del régimen sintáctico (las diferentes construcciones que rigen las palabras: *¿Quedamos mañana a las tres? / Me voy a quedar en casa toda la tarde*).

Pasaremos a analizar ahora los tipos de reflexión sobre la lengua que ha identificado la investigación en adquisición de lenguas y sus repercusiones para el aula de L2.

3. Tipología de reflexiones metalingüísticas en el aula de L2

Para adentrarnos en el análisis de los tipos de instrucción formal reconocidos por la investigación en adquisición de lenguas, comenzaremos con unos ejemplos.

1. [*El profesor comienza su lección sobre los tiempos del pasado*].

Profesor: Hoy vamos a ver la diferencia entre el imperfecto y el indefinido. El imperfecto sirve para hablar de acciones habituales en el pasado. El indefinido, sin embargo, sirve para hablar de acciones puntuales, que sólo duran un momento. Por ejemplo: *Yo entonces me levantaba a las ocho todos los días*. Pero *Un día fui a ver el Museo del Prado*. ¿Comprendido? [*Silencio*]. Bueno, vamos ahora a ver si lo habéis comprendido haciendo unos ejercicios.

2. [*Dos estudiantes realizando una tarea comunicativa de compra de un viaje*].

[...]
Aprendiz: Sí, ¿y cuánto cuesta? ... Espera. [*Al profesor*]. Perdón, ¿cómo se dice *full board*?
Profesor: Pensión completa.
A: Gracias. [*Al otro estudiante*]. ¿Cuánto cuesta pensión completa?
P: Cuánto cuesta LA[20] pensión completa.
A: [*Breve pausa*]. ¿Cuánto cuesta la pensión completa? [...].

3. [*Actividad para el aula*].

Aquí tienes el comienzo de una novela. Léelo y continúa después la historia:
La casa *parecía* habitada. Las luces *estaban* encendidas y una gran columna de humo *salía* de la chimenea. *Hacía* un frío infernal. Steve *llevaba* más de dos horas caminando bajo la nevada y *necesitaba* una sopa caliente y una buena cama. Pero no *sabía* si le *iban* a recibir como amigo o como enemigo. <u>Se acercó</u> a la puerta y <u>llamó</u>. Al poco <u>se oyeron</u> unos pasos cansados. <u>Se encendió</u> la luz del porche y <u>abrieron</u> la puerta. *Era* una anciana de pelo blanco y cara de pocos amigos...

Todos estos fenómenos de reflexión metalingüística son, sin duda, reconocibles por cualquier profesor como frecuentes en las clases de español como lengua extranjera, aunque con características muy diferentes según los casos. En primer lugar, en el texto de 1 nos encon-

[20] Las mayúsculas indican realce entonativo.

tramos con el caso más estudiado, el de las llamadas explicaciones gramaticales del profesor o del libro de texto, seguidas de los consabidos ejercicios de huecos, en contextos pedagógicos donde la enseñanza está centrada en la forma. En el diálogo de 2 aparecen dos casos de reflexión metalingüística, acaeciendo ambos al hilo de un intercambio centrado en el significado[21]. El primero es una petición de ayuda lingüística (y su correspondiente respuesta). El segundo es una corrección del enunciado del aprendiz. El texto de 3, por último, es una muestra lingüística destinada a los estudiantes, en la que aparecen destacados gráficamente abundantes ejemplos de los dos tiempos verbales que interesa trabajar. La reflexión metalingüística, en este caso, viene promovida por la alta frecuencia de los ejemplos y por el realce gráfico que presentan. Al igual que en el diálogo de 2, se trata de una actividad centrada en el significado.

Con los tres ejemplos anteriores hemos querido presentar los tres grandes tipos de reflexión sobre la lengua que se reconocen como prototípicos en los estudios sobre adquisición de lenguas y que han sido objeto de investigaciones específicas, empíricas o teóricas, en las dos últimas décadas (Ellis, 2001). Son independientes de la perspectiva lingüística que se adopte a la hora de describir la gramática (pragmática, nociofuncional, tradicional, etc.). Se trata de una división que sigue el esquema presentado en la Tabla 1. La distinción básica proviene de Long (1988, 1991): *reflexión sobre las formas* (dentro de una enseñanza centrada en la forma) y *reflexión sobre la forma* (dentro de una enseñanza centrada en el significado).

3.1. Reflexión sobre las formas *(Focus-on-forms)*

Se trata de la reflexión metalingüística dentro de un enfoque pedagógico centrado en la forma. El tratamiento que reciben los elementos lingüísticos, sean del tipo que sean, es intensivo[22]. Es el enfoque tradicional de enseñanza de la lengua basado en el esquema PPP (presentación, práctica, producción: Skehan, 1998). Hay varios tipos: instrucción explícita / implícita (DeKeyser, 1995); muestra *(input)* estructurada / práctica en producción (VanPatten, 1996); y práctica funcional del lenguaje[23] (Day y Shapson, 2001).

La cuestión más relevante en este tipo de reflexión metalingüística (DeKeyser, 1998; Gómez del Estal y Zanón, 1999; Norris y Ortega, 2000 y 2001; Ellis, 2002a) ha sido la polémica entre instrucción explícita e implícita a la hora de promover la adquisición. Aunque dista mucho de estar zanjada (para ello harían falta investigaciones empíricas incontrovertibles, de lo cual estamos bastante alejados), sí que se puede concluir que la instrucción explícita puede impulsar la adquisición, si bien con ciertas restricciones. Un gran número de investigadores (Doughty y Williams, 1998) indican que es útil en el caso de realizarse dentro de una enseñanza centrada en el significado, es decir, una enseñanza basada en actividades de comunicación.

---

[21] Evidentemente, no todo el texto de 2 se encuentra en el nivel metalingüístico o de reflexión sobre la lengua. Dejo a la curiosidad del lector la fácil decisión de determinar en qué nivel se halla cada una de sus frases.

[22] Siguiendo a Ellis (2001: 16), el tratamiento será *intensivo en el sentido de que los aprendices tendrán la oportunidad de atender en muchas ocasiones a una sola forma preseleccionada* [T. del A.].

[23] *Para empezar* (1984) es un manual de enseñanza de español que incluye abundantes ejemplos de este tipo de actividades.

3.2. Reflexión casual sobre la forma *(Incidental focus-on-form)*

Se trata de la reflexión metalingüística dentro de un enfoque centrado en el significado. Su aparición es casual, ya que depende de la presencia en las muestras (*input*) de formas conflictivas. El tratamiento que reciben los elementos lingüísticos es extensivo[24].

Hay dos grandes tipos: preventiva y reactiva. La reflexión *preventiva* es iniciada por el profesor o el aprendiz interrumpiendo una actividad de comunicación (nivel lingüístico) para centrarse sobre una forma (nivel metalingüístico) que se considera problemática por alguna razón (formal o significativa). Williams (2001) y Ellis *et al.* (2001a) indican que la mayoría de las reflexiones preventivas fueron iniciadas por los estudiantes. Curiosamente, ha sido poco estudiado.

Por su parte, la reflexión *reactiva* es el tipo más estudiado y uno de los temas de investigación más fecundos en la bibliografía reciente. Se trata de la tan vieja por siempre nueva corrección de errores. Se subdivide en dos tipos a su vez: corrección implícita y explícita.

3.2.1. La corrección implícita

En la clase de L2 se han estudiado diversos tipos de corrección implícita: peticiones de aclaración, repeticiones (destacando el error del estudiante mediante la entonación) y las reformulaciones, que han recibido más atención. Panova y Lyster (2002) añaden un cuarto tipo: la traducción. Respecto a las peticiones de aclaración, Lyster (1998 y 2001) y Lyster y Ranta (1997) sugieren que los aprendices corrigen más y mejor sus propios enunciados después de peticiones de aclaración que de reformulaciones. Ellis y Takashima (1999) y Nobuyoshi y Ellis (1993), además, proporcionan datos empíricos que evidencian efectos de adquisición a largo plazo con este tipo de corrección implícita.

Las reformulaciones[25]

Según Seedhouse (1997) y Lyster y Ranta (1997) es la corrección implícita preferida por los profesores a través de *reformulaciones* correctas de todo (o sólo una parte de) el enunciado incorrecto del aprendiz. Según algunos autores (Doughty y Varela, 1998; Long, Inagaki y Ortega, 1998; Mackey y Philp, 1998; Oliver, 1995), este tipo de corrección tiene efectos muy positivos en la adquisición, pues consiguen incrementçar el reconocimiento de las formas (Leeman, 2003; Philp, 2003), haciendo visibles a los ojos de los estudiantes las diferencias entre su interlengua y la lengua meta. Investigaciones anteriores (Chaudron, 1988; Fanselow, 1977; Lightbown y Spada, 1990; Tomasello y Herrom, 1988 y 1989), junto con la más reciente de Seedhouse (1997), indican que las reformulaciones son más eficaces cuando van acompañadas de pistas metalingüísticas, como en el ejemplo siguiente:

A: Ayer fui en la universidad.
P: No, ayer fui A la universidad. IR A, pero ESTAR EN[26].
A: Ya, y después...

---

[24] Siguiendo a Ellis (2001: 16), el tratamiento será *extensivo porque puede dirigirse la atención hacia una gran variedad de formas lingüísticas (sintácticas, léxicas, fonológico-fonéticas, pragmáticas).* [T. del A.].

[25] *Recasts* en la bibliografía de habla inglesa.

[26] Las mayúsculas indican realce entonativo.

El principal argumento contra las reformulaciones ha sido apuntado por Mackey, Gass y McDonough (2000): los estudiantes suelen percibirlas como diferentes maneras de decir lo mismo, es decir, como una confirmación del significado. De ahí que muy recientemente se hayan comenzado a estudiar los contextos en los que las reformulaciones demuestran ser más provechosas. En primer lugar, Howard *et al.* (2001) indican que son más útiles cuando los aprendices tienen claro que constituyen reacciones a la corrección o propiedad de la forma (no del contenido). Han (2002), por su parte, señala que algunos aprendices parecen mostrarse más receptivos que otros a las reformulaciones. En esta línea, otros autores explican que se trata de estudiantes de niveles superiores (Mackey y Philp, 1998) y, en especial, con un desarrollo de su interlengua acorde con la forma trabajada (Philp, 2003). Han (2002) añade que algunas estructuras parecen ser más productivas ante las reformulaciones que otras (algo que también argumenta Iwashita, 2003). A partir de su estudio, Han establece cuatro condiciones para la efectividad de las reformulaciones, aunque él mismo apunta que dificultan enormemente una aplicación eficaz: atención individualizada a cada estudiante, tratamiento de un contenido gramatical concreto en las reformulaciones, coincidencia de ese contenido con la interlengua del estudiante e intensidad del tratamiento.

Por su parte, los autores que justifican la eficacia pedagógica de las reformulaciones se basan en cuatro argumentos de peso: 1) No bloquean la comunicación, lo que permite su empleo casi sistemático; 2) son inmediatas (Ohta, 2001); 3) son buenas herramientas para que los aprendices contrasten su interlengua con la lengua meta (lo que se consigue gracias a su inmediatez tras el error) (Long y Robinson, 1998); y 4) son eficaces cuando se dan pistas metalingüísticas, pues el aprendiz tiene claro entonces que se trata de una corrección a la forma de su enunciado.

3.2.2. La corrección explícita

No suele emplearse con tanta frecuencia porque puede bloquear a los estudiantes (Seedhouse, 1997). Lyster y Ranta (1997) identifican varios tipos: *corrección explícita propia* (el profesor señala que se ha cometido un error y proporciona la versión correcta), *pistas metalingüísticas* (comentarios, información o preguntas del profesor en relación con la buena formación del enunciado del aprendiz: *Eso no se dice en español* o *¿Es femenina esa palabra?*), y *obtención* (el profesor obtiene directamente una reformulación de los aprendices mediante intervenciones como *Eso no se dice así. Cambia la frase* o *¿Cómo se llama?* y dándoles, además, tiempo para reconstruir su enunciado).

Lyster (2001) aporta una visión interesante al etiquetar como *negociación de la forma* diferentes tipos de corrección o reflexión reactiva. El denominador común de estos cuatro tipos (peticiones de aclaración, repetición, pistas metalingüísticas y obtención) es que el profesor da a los aprendices la oportunidad de corregir por sí mismos sus enunciados incorrectos. Argumenta que la negociación de la forma permite establecer importantes relaciones forma-función sin interrumpir el flujo de la comunicación y manteniendo la reciprocidad inherente a toda negociación. Numerosas investigaciones (Clark, 1995; De Bot, 1996; Ellis *et al.*, 2001b; Grosofsky, 1994; Pica, 1988; Swain, 1985) apuntan hacia la mayor efectividad de la negociación de la forma frente a la corrección explícita propia y las reformulaciones (contradiciendo la práctica habitual de muchos profesores de L2).

Varias investigaciones sobre las características de las correcciones de los profesores (Allwright, 1975; Chaudron, 1977; Long, 1977; Zamel, 1985), realizadas en torno a 1980, indicaban que en bastantes ocasiones son inconsistentes porque, por una parte, unas veces aceptan enunciados incorrectos para no interrumpir la comunicación y otras, los corrigen; y por otro, porque a menudo suministran comentarios contradictorios y realizan correcciones arbitrarias. Los criterios que hay que tener en cuenta para realizar buenas correcciones son los siguientes (El-Tatawy, 2001): 1) Hay que ser sistemático; 2) la corrección debe ser percibida como tal; 3) se debe dar tiempo y oportunidad al estudiante para la autocorrección; 4) deben centrarse en el error durante un tiempo; 5) hay que tener en cuenta el estadio de interlengua del estudiante.

3.3. Reflexión planificada sobre la forma *(Planned focus-on-form)*

Se trata de la reflexión metalingüística dentro de un enfoque centrado en el significado. Su aparición está planificada por el profesor en función de las necesidades comunicativas de los estudiantes. El tratamiento que reciben los elementos lingüísticos es intensivo. Ellis (2001) identifica dos tipos principales: *muestras enriquecidas*, en las que el objetivo es inducir el reconocimiento del elemento lingüístico dentro de una actividad centrada en el significado (*cfr.* 3.1. *muestra estructurada*) y *tareas comunicativas centradas* (tareas centradas en el significado pero diseñadas de tal suerte que provocan la producción del elemento lingüístico -véase nota 5-). Las muestras enriquecidas se dividen a su vez en *exceso de muestra* o *input flood* (se presupone que la adquisición ocurre como resultado de la exposición frecuente al elemento lingüístico) y *realce de la muestra* o *input enhancement* (se destaca el elemento mediante algún procedimiento con el fin de dirigir la atención del estudiante hacia él). Sharwood-Smith (1993), Alanen (1995) y Jourdenais *et al.* (1995) indican que destacar de alguna manera los elementos lingüísticos incrementa la posibilidad de que sean reconocidos y consecuentemente adquiridos.

Conclusión

A la hora de reflexionar sobre la lengua en el aula de E/LE, el profesor debe tener en cuenta las variables pedagógicas (el contexto en el que desarrolla su labor profesional, en especial el tipo de alumnado), lingüísticas (mediante un análisis de la lengua atento a las repercusiones comunicativas de la elección entre un elemento lingüístico y otro, que va mucho más allá del nivel oracional) y psicolingüísticas (los diferentes tipos de reflexión sobre la lengua y el grado de adquisición que fomentan).

Respecto a la organización de las lecciones, tanto los profesores como los autores de materiales de E/LE deben aprovechar los tipos de reflexión sobre la lengua o instrucción formal que se muestran más eficaces (Ellis, 2002b). La corriente metodológica basada en el *descubrimiento de la gramática* por los alumnos (Gómez del Estal, 1994; Coronado, 1998; Gómez del Estal y Zanón, 1999; Ortega, 1999; Ellis, 2003) se muestra como la más efectiva. Básicamente, en los mejores casos (Gómez del Estal y Zanón, 1996), sigue el siguiente esquema:

1. Presentación de *muestras enriquecidas* y / o *realzadas.*
2. *Reconocimiento* y análisis guiado del elemento lingüístico.
3. Descubrimiento y formulación de una *regla explícita.*
4. *Tareas comunicativas centradas.*

Esta es la línea más fructífera de instrucción formal en el aula de L2. Si a esto le añadimos un tratamiento posterior de la producción de los alumnos mediante *negociación de la forma* y/o *reformulaciones* (con las restricciones expuestas más arriba), todo ello bajo una *descripción del uso de la lengua en comunicación*, dispondremos de una poderosísima herramienta para la reflexión sobre la lengua, que permitirá a nuestros estudiantes no sólo realizar las tareas comunicativas que les encarguemos, sino mejorar sensiblemente su adquisición presente y futura de nuestra lengua.

En el presente artículo se han presentado pistas de búsqueda y criterios precisos y eficaces para la práctica docente, a tenor de los descubrimientos realizados y de la experiencia. Aunque el campo de la enseñanza del español a extranjeros ha experimentado una revolución muy positiva en los últimos veinte años, sólo se ha llevado a cabo en una pequeña parte de nuestra disciplina, por lo que es de esperar que los profesores, formadores y autores de materiales de E/LE (especialmente los últimos) realicen en el futuro próximo contribuciones de mayor calado y amplitud. Estamos seguros de que muchas de ellas continuarán los rumbos, ya iniciados, apuntados en este trabajo.

Bibliografía

ALANEN, R. (1995), "Input enhancement and rule presentation in second language acquisition", en R. SCHMIDT (ed.), (1995), *Attention and awareness in foreign language learning*, Honolulu, University of Hawaii Press: 259-302.

ALLWRIGHT, R. L. (1975), "Problems in the study of the language teacher's treatment of error", en M. K. BURT y H. D. DULAY (eds.) (1975), *New Directions in Second Language Learning, Teaching and Bilingual Education,* Washington, D. C., TESOL: 96-109.

AUSTIN, J. L. (1962), Traducción al español: (1982), *Cómo hacer cosas con las palabras*, Barcelona, Paidós.

BASTURKMEN, H., LOEWEN, S. y ELLIS, R. (2002), "Metalanguage in Focus on Form in the Communicative Classroom", *Language Awareness*, 11: 1-13.

BOSQUE, I. y DEMONTE, V. (eds.) (1999), *Gramática descriptiva de la lengua española*, Madrid, Espasa-Calpe.

CELCE-MURCIA, M. (2002), "Why it makes sense to teach grammar in context and through discourse", en E. HINKEL y S. FOTOS (eds.) (2002), *New Perspectives on Grammar Teaching in Second Language Classrooms*, Mahwah, Nueva Jersey, Lawrence Erlbaum Associates, Publishers: 119-134.

CERVERO, M. J. y PICHARDO, F. (2000), *Aprender y enseñar vocabulario*, Madrid, Edelsa.

CORONADO, M.ª L. (1998), "Últimas aportaciones a la enseñanza de la gramática: aproximación inductiva, actividades de concienciación gramatical y tareas formales", *Carabela*, 43: 81-94.

CHAUDRON, C. (1977), "A descriptive model of discourse in the corrective treatment of learners' errors", *Language Learning, 27*: 29-46.

CHAUDRON, C. (1985), "Intake: On models and methods for discovering learners' processing of input", *Studies in Second Language Acquisition*, 7: 1-14.

CHAUDRON, C. (1988), *Second Language Classrooms: Research on Teaching and Learning.* Cambridge, Cambridge University Press.

CLARK, S. (1995), "The generation effect and the modelling of associations in memory", *Memory & Cognition*, 23: 442-455.

DAY, E. M. y SHAPSON, S. (2001), "Integrating formal and functional approaches to language teaching in French immersion: an experimental study", en R. ELLIS (ed.) (2001), *Form-Focused Instruction and Second Language Learning. Language Learning,* 51, Supplement 1: 47-80.

DE BOT, K. (1996), "The psycholinguistics of the output hypothesis", *Language Learning*, 46: 529-555.

DEKEYSER, R. (1995), "Learning second language grammar rules: An experiment with a miniature linguistic system", *Studies in Second Language Acquisition*, 17: 379-410.

DEKEYSER, R. (1998), "Beyond explicit rule learning: Automatizing second language morphosyntax", *Studies in Second Language Acquisition*, 19: 115-221.

DOUGHTY, C. y VARELA, E. (1998), "Communicative focus on form", en C. DOUGHTY y J. WILLIAMS (eds.), *Focus on Form in Classroom Second Language Acquisition*, Cambridge, Cambridge University Press: 114-138.

DOUGHTY, C. y WILLIAMS, J. (eds.) (1998), *Focus on Form in Classroom Second Language Acquisition*, Cambridge, Cambridge University Press.

ELLIS, R. (1984), "Can syntax be taught? A study of the effects of formal instruction on the acquisition of WH questions by children", *Applied Linguistics*, 5: 138-155.

ELLIS, R. (2001), "Investigating Form-Focused Instruction", en R. ELLIS (ed.) (2001), *Form-Focused Instruction and Second Language Learning. Language Learning,* 51, Supplement 1: 1-46.

ELLIS, R. (2002a), "Does form-focused instruction affect the acquisition of implicit knowledge? A review of the research", *Studies in Second Language Acquisition*, 24, 223-236.
ELLIS, R. (2002b), "Methodological options in grammar teaching materials", en E. HINKEL y S. FOTOS (eds.) (2002), *New Perspectives on Grammar Teaching in Second Language Classrooms*, Mahwah, Nueva Jersey, Lawrence Erlbaum Associates Publishers: 155-179.
ELLIS, R. (2003), "Grammar teaching-practice or consciousness raising?", en J. RICHARDS y W. RENANDYA, *Methodology in Language Teaching: An Anthology of Current Practice*, Nueva York, Cambridge University Press.
ELLIS, R. y TAKASHIMA, H. (1999), "Output enhancement and the acquisition of the past tense", en R. ELLIS (1999), *Learning a Second Language through Interaction*, Amsterdam, John Benjamins: 173-188.
ELLIS, R., BASTURKMEN, H. y LOEWEN, S. (2001a), "Preemptive Focus on Form in the ESL Classroom", *TESOL Quarterly*, 35, 3: 407-432.
ELLIS, R., BASTURKMEN, H. y LOEWEN, S. (2001b), "Learner uptake in communicative ESL lessons", *Language Learning*, 51, 2: 281-318.
ELLIS, R. y GAIES, S. (1998), *Impact grammar*, Hong Kong, Longman Addison Wesley.
EL-TATAWY, M. (2001), "Corrective Feedback in Second Language Acquisition", *Working Papers in TESOL & Applied Linguistics, Teachers College, Columbia University, 1/1*, de http://www.tc.columbia.edu/tesolalwebjournal
ESCANDELL, M.ª V. (1993), *Introducción a la pragmática*, Barcelona, Anthropos.
ESTAIRE, S. (1990), "La programación de unidades didácticas a través de tareas", *Cable*, 5.
FANSELOW, J. F. (1977), "The treatment of error in oral work", *Foreign Language Annals,* 10, 583-593.
FERNÁNDEZ, J. (1991), *Actos de habla de la lengua española. Repertorio*, Madrid, Edelsa.
GELABERT, M. J., HERRERA, M., MARTINELL, E. y MARTINELL, F. (1988), *Niveles umbral, intermedio y avanzado. Repertorio de funciones comunicativas del español*, Madrid, SGEL.
GÓMEZ DEL ESTAL, M. (1994), "Una propuesta de didáctica de la gramática", *Boletín de ASELE*, 10: 21-29.
GÓMEZ DEL ESTAL, M. (2002), "Tareas gramaticales sobre los pasados I-VI", *Didactired*, Centro Virtual Cervantes.
GÓMEZ DEL ESTAL, M. y ZANÓN, J. (1996), *G de Gramática*, Barcelona, Difusión.
GÓMEZ DEL ESTAL, M. y ZANÓN, J. (1999), "Tareas formales para la enseñanza de la gramática en la clase de español", en J. ZANÓN (ed.) (1999), *La enseñanza del español mediante tareas*, Madrid, Edinumen: 73-99.
GRICE, H. P. (1975), "Logic and conversation", en P. COLE y J. L. MORGAN (eds.) (1975), *Syntax and Semantics*, vol. 3: *Speech Acts*, Nueva York, Academic Press: 41-58
GROSOFSKY, A., PAYNE, D. y CAMPBELL, K. (1994), "Does the generation effect depend upon selective displaces rehearsal?", *American Journal of Psychology*, 107: 53-68.
HAN, Z-H. (2002), "A study of the impact of Recasts on Tense Consistency in L2 output", *TESOL Quarterly*, 36, 4: 543-572.
HOWARD, N., LIGHTBOWN, P. y SPADA, N. (2001), "Recasts as feedback to language learners", *Language Learning*, 51, 4: 719-758.
HUDSON, W. (1989), "Semantic theory and L2 lexical development", en S. M. GASS y J. SCHACHTER (eds.) (1989), *Linguistic Perspectives on Second Language Acquisition*, Nueva York, Cambridge University Press: 222-238.
IWASHITA, N. (2003), "Negative feedback and positive evidence in task-based interaction. Differential Effects on L2 Development", *Studies in Second Language Acquisition*, 25, 1: 1-36.
JOURDENAIS, R., OTA, M., STAUFFER, S., BOYSON, B. y DOUGHTY, C. (1995), "Does textual enhancement promote noticing? A think-aloud protocol analysis", en R. SCHMIDT (ed.) (1995), *Attention and Awareness in Foreign*

Language Learning, Honolulu, University of Hawaii Press: 183-216.

KRASHEN, S. y TERREL, T. (1983), *The Natural Approach: Language Acquisition in the Classroom*, Oxford, Pergamon.

LEEMAN, J. (2003), "Recasts and Second Language Development. Beyond negative evidence", *Studies in Second Language Acquisition*, 25, 1: 37-63.

LIGHTBOWN, P. M., y SPADA, N. (1990), "Focus-on-form and corrective feedback in Communicative Language Teaching: Effects on second language acquisition", *Studies in Second Language Acquisition,* 12: 429-448.

LITTLE, D. (1994), "Words and their properties: Arguments for a lexical approach to pedagogical grammar", en T. ODLIN (ed.) (1994), *Perspectives on Pedagogical Grammar*, Nueva York, Cambridge University Press: 99-122.

LONG, M. (1977), "Teacher feedback on learner error: Mapping cognitions", en H. D. BROWN, C. YORIO y R. CRYMES (eds.) (1977), *Teaching and Learning English,* Washington, D.C., TESOL: 278-294.

LONG, M. (1988), "Instructed interlanguage development", en L. BEEBE (ed.), *Issues in Second Language Acquisition: Multiple Perspective*, Rowley, Mass., Newbury House: 115-141.

LONG, M. (1991), "Focus on Form: A design feature in language teaching methodology", en K. DE BOT, R. GINSBERG y C. KRAMSCH (eds.) (1991), *Foreign Language Research in Cross-Cultural perspective*, Amsterdam, John Benjamin: 39-52.

LONG, M., INAGAKI, S. y ORTEGA, L (1998). "The role of implicit negative feedback in SLA: Models and recasts in Japanese and Spanish", *The Modern Language Journal*, 82: 357-371.

LONG, M., y ROBINSON, P. (1998), "Focus on form: theory, research and practice", en C. DOUGHTY y J. WILLIAMS (eds.), *Focus on Form in Classroom Second Language Acquisition,* Nueva York, Cambridge University Press: 15-41.

LOSCHKY, L. y BLEY-VROMAN, R. (1993), "Grammar and task based methodology", en G. CROOKES y S. GASS (eds.) (1993), *Task and Language Learning*, 1, Clevedon, Multilingual Matters: 123-167.

LYSTER, R. (1998), "Recasts, repetition, and ambiguity in L2 classroom discourse", *Studies in Second Language Acquisition*, 20: 51-81.

LYSTER, R. (2001), "Negotiation of form, recasts and explicit correction in relation to error types and learner repair in immersion classrooms", en R. ELLIS (ed.) (2001), *Form-Focused Instruction and Second Language Learning, Language Learning,* 51, Supplement 1: 265-301.

LYSTER, R. y RANTA, L. (1997), "Corrective feedback and learner uptake: Negotiation of form in communicative classrooms", *Studies in Second Language Acquisition*, 19: 37-66.

MACKEY, A., GASS, S. y McDONOUGH, K. (2000), "How do learners perceive interactional feedback?", *Studies in Second Language Acquisition, 22*: 471-497.

MACKEY, A. y PHILP, J. (1998), "Conversational interaction and second language development: Recasts, responses, and red herrings?", *Modern Language Journal, 82:* 338-356.

MARTÍN PERIS, E., SIMÓN, E. y TOPOLEVSKY, M. (1993), *Eurolingua Español*, Zúrich, Federación de las Cooperativas Migros. Oficina de Coordinación de las Escuelas-Club.

MATTE BON, F. (1987), "La gramática en un enfoque comunicativo", *Actas de las 1.as jornadas internacionales de didáctica del español*, Madrid, Ministerio de Cultura.

MATTE BON, F. (1988a), "De nuevo la gramática", *Actas de las 2.as jornadas internacionales de didáctica del español*, Madrid, Ministerio de Cultura.

MATTE BON, F. (1988b), "En busca de una gramática para comunicar", *Cable*, 1: 36-39

MATTE BON, F. (1992a), *Gramática comunicativa del español. De la lengua la idea*, I, Barcelona, Difusión.

MATTE BON, F. (1992b), *Gramática comuni-*

cativa del español. De la idea a la lengua, II, Barcelona, Difusión.

MATTE BON, F. (1994), "Hacia una gramática de los porqués y de los cómos", *Didáctica del español como lengua extranjera*, 2, Madrid, Colección Expolingua.

MATTE BON, F. (1998), "Gramática, pragmática y enseñanza comunicativa del español como lengua extranjera", *Carabela*, 43: 53-79.

MATTE BON, F. (1999), "¿Cómo debe ser una gramática que aspire a generar autonomía y adquisición?", *Actas del IX Congreso Internacional de ASELE*, Málaga, ASELE: 57-79.

MORENO, C. (1999), "Gramática para hablar", *Actas del IX Congreso Internacional de ASELE*, Málaga, ASELE: 117-132.

NOBUYOSHI, J. y ELLIS, R. (1993), "Focused communication tasks and second language acquisition", *ELT Journal*, 47: 203-218.

NORRIS, J. M. y ORTEGA, L. (2000), "Effectiveness of L2 instruction: A research synthesis and quantitative meta-analysis, *Language Learning*, 50: 417-528.

NORRIS, J. M. y ORTEGA, L. (2001), "Does type of instruction make a difference? Substantive findings from a meta-analytic review", en R. Ellis (ed.) (2001), *Form-Focused Instruction and Second Language Learning. Language Learning,* 51, Supplement 1: 1-46.

NUNAN, D. (1994), "Linguistic theory and pedagogic practice", en T. Odlin (ed.) (1994), *Perspectives on Pedagogical Grammar*, Cambridge, Cambridge University Press: 253-270.

OHTA, A. S. (2001). *Second Language Acquisition Processes in the Classroom: Learning Japanese.* Mahwah, NJ, Lawrence Erlbaum.

OLIVER, R. (1995), "Negative feedback in child NS-NNS conversation", *Studies in Second Language Acquisition*, 17: 459-481.

ORTEGA, J. (1988), "Aproximación a la pragmática", *Cable*, 2: 39-46.

ORTEGA, J. (1990), "Gramática, pragmática y enseñanza de lenguas extranjeras", *Actas del I Congreso Nacional de ASELE*, Granada, Universidad de Granada: 9-20.

ORTEGA, J. (1994), "Conversación y enseñanza de lenguas extranjeras", *Didáctica del español como lengua extranjera*, 2, Madrid, Expolingua: 83-101.

ORTEGA, J. (1999), "La instrucción gramatical en el enfoque comunicativo", *Actas del IX Congreso Internacional de ASELE*, Málaga, ASELE: 133-140.

PANOVA, I. y LYSTER, R. (2002), "Patterns of Corrective Feedback and Uptake in an Adult ESL Classroom", *TESOL Quarterly*, 36, 4: 573-595.

PHILP, J. (2003), "Constraints on 'Noticing the gap'", *Studies ins Second Language Acquisition*, 25, 1: 99-126.

PICA, T. (1983), "Adult acquisition of English as a second language under different conditions of exposure", *Studies in Second Language Acquisition*, 8: 38-55.

PICA, T. (1988), "Interlanguage adjustments as an outcome of NS-NNS negotiated interaction", *Language Learning,* 38: 45-73.

PIENEMANN, M. (1984), "Psychological constraints on the teachability of languages", *Studies in Second Language Acquisition*, 6: 186-214.

PIENEMANN, M. (1985), "Learnability and syllabus construction", en K. HYLTENSTAM y M. PIENEMANN (eds.) (1985), *Modelling and Assessing Second Language Acquisition*, Clevedon, Avon, Multilingual Matters: 23-112.

PIENEMANN, M. (1989), "Is language teachable? Psycholinguistic experiments and hypothesis", *Applied Linguistics*, 10: 52-79.

SCHMIDT, R. (1990), "The role of consciousness in second language learning", *Applied Linguistic*, 11: 129-158.

SCHMIDT, R. (1994), "Deconstructing consciousness in search of useful definitions for applied linguistic", *AILA Review*, 11: 11-26.

SCHMIDT, R. (1995), "Consciousness and foreign language learning: A tutorial on the role of attention and awareness in learning", en R. SCHMIDT (ed.) (1995), *Attention and Awareness in Foreign Language Learning*, Honolulu, University of Hawaii Press: 1-63.

SEARLE, J. (1969), Traducción al español: (1980), *Actos de habla*, Madrid, Cátedra.

SEEDHOUSE, P. (1997), "The case of the missing "no": The relationship between pedagogy and interaction", *Language Learning*, 47: 547-583.

SHARWOOD SMITH, M. (1993), "Input enhancement in instructed SLA", *Studies in Second Language Acquisition*, 15: 165-179.

SKEHAN, P. (1998), *A cognitive Approach to Language Learning*, Oxford, Oxford University Press.

SLAGTER, J. P. (1979), *Un nivel umbral*, Estrasburgo, Publicaciones del Consejo de Europa.

SPADA, N. y LIGHTBOWN, P. (1999), "First language influence and developmental readiness in second language acquisition", *The Modern Language Journal*, 83: 1-21.

SWAIN, M. (1985), "Communicative competence: Some roles of comprehensible input and comprehensible output in its development", en S. M. GASS y C. G. MADDEN (eds.), *Input in Second Language Acquisition,* Rowley, Mass., Newbury House: 235-253.

THORNBURY, S. (2001), *Uncovering Grammar*, Oxford, MacMillan.

TOMASELLO, M. y HERRON, C. (1988), "Down the garden path: Inducing and correcting overgeneralization errors in the foreign language classroom", *Applied Psycholinguistics,* 9: 237-246.

TOMASELLO, M. y HERRON, C. (1989), "Feedback for language transfer errors: The Garden Path Technique", *Studies in Second Language Acquisition,* 11: 385-395.

TURNER, D. (1979), "The effect of instruction on second language learning and second language acquisition", en R. ANDERSON (ed.), *The Acquisition and Use of Spanish and English as First and Second Languages*, Washington, D.C., TESOL: 107-116.

VANPATTEN, B. (1990), "Attending to content and form in the input: An experiment in consciousness", *Studies in Second Language Acquisition*, 12: 287-301.

VANPATTEN, B. (1996), *Input Processing and Grammar Instruction in Second Language Acquisition,* Norwood, NJ, Ablex.

WILLIAMS, J. (2001), "Learner-generated attention to form", en R. Ellis (ed.) (2001), *Form-Focused Instruction and Second Language Learning, Language Learning,* 51, Supplement 1: 303-346.

ZAMEL, V. (1985), "Responding to student writing", *TESOL Quarterly,* 19: 79-101.

ZANÓN, J. (1990), "Los enfoques por tareas para la enseñanza de las lenguas extranjeras", *Cable*, 5: 19-27.

ZANÓN, J. (ed.) (1999), *La enseñanza del español mediante tareas*, Madrid, Edinumen.

ZANÓN, J. y HERNÁNDEZ, M. J. (1990), "La enseñanza de la comunicación en la clase de español", *Cable*, 5: 12-18.

Los contenidos léxico-semánticos

José Ramón Gómez Molina
Universidad de Valencia

Introducción

Como ya se ha señalado al tratar la subcompetencia léxico-semántica (véase el artículo de igual nombre en esta misma obra), una de las cuestiones básicas que preocupa a los profesores de ELE es determinar el vocabulario que ha de ser objeto de enseñanza-aprendizaje (contenido) y a través de qué actividades pueden llegar a dominarlo los estudiantes. Por ello, el objetivo de este capítulo es mostrar algunos planteamientos que, tomando como punto de partida la planificación, explicitan la selección y gradación de unidades léxicas en una programación de español como L2 y LE, y presentar una tipología de ejercicios y actividades que ayudan a su dominio (comprensión, uso y retención)[1].

Así pues, dos son los aspectos que vamos a comentar desde una perspectiva metodológica: la necesidad de realizar una selección léxica con fines didácticos y cómo trabajar ese léxico planificado de forma sistemática en el aula. Las propuestas que aquí presentamos pueden aplicarse con cualquiera de los enfoques comunicativos, actuando como complemento del manual utilizado y, además, favorecen la iniciativa del alumno ante cualquier texto, dado que orientan el aprendizaje autónomo.

Es evidente que ni el léxico del español se puede enseñar en su totalidad ni hay hablantes nativos que dominen todo el léxico del idioma, pero como señala Benítez (1994), existe una discrepancia entre la selección léxica que presenta una mayoría de manuales de ELE y el léxico real de los hispanohablantes, ya que hasta el presente dicha limitación se ha establecido, casi en su totalidad, de forma subjetiva. También McCarthy (1999) apunta que, hasta hace poco, las listas de palabras se elaboraban por intuición o eran extraídas de fuentes escritas, cuando hoy podemos

[1] Nos referimos a una programación de naturaleza general, que intenta mostrar la realidad sociocultural de los hispanohablantes, no a un contenido léxico acorde con determinadas necesidades profesionales de los estudiantes -español con fines específicos-.

realizar esa selección a partir de textos orales más efectivos y auténticos y que potencian considerablemente la enseñanza del vocabulario.

Además, al establecer el contenido de la subcompetencia léxica, no sólo ha de preocuparnos la cantidad de unidades léxicas que deberá comprender y, en su caso, utilizar el estudiante, sino también el alcance funcional de las mismas, referido a diferentes ámbitos, temas y situaciones comunicativas, así como el control o grado de dominio que se exigirá al aprendiz[2].

Por otra parte, al igual que en la programación de ELE secuenciamos actividades comunicativas, gramaticales, culturales, etc., es necesario que aparezcan actividades en las que se trabaje de forma sistemática la enseñanza-aprendizaje del vocabulario, integradas en la unidad, lección o tarea final, y que respondan a un objetivo específico de la programación, que abarca el estudio particular de verbos, sustantivos, adjetivos y adverbios desde el punto de vista gramatical (irregularidades, concordancias, régimen preposicional de verbos y adjetivos, posición y grados del adjetivo, combinaciones sintagmáticas, etc.), las relaciones asociativas que se establecen entre dichas unidades léxicas y los tipos de unidades fraseológicas. Como señalan Coady y Huckin (1997), los profesores deben pasar más tiempo en el aula ejercitando las distinas estrategias del alumno para que avance en su nivel de vocabulario.

1. Elementos que integran la competencia léxico-semántica

Al tratar de delimitar el contenido léxico que es objeto de enseñanza-aprendizaje, una cuestión primordial consiste en establecer el tipo de unidades léxicas fundamentales para la comunicación efectiva y que servirán de base para el enriquecimiento posterior, según las necesidades e intereses de los alumnos como usuarios. De acuerdo con las orientaciones del Consejo de Europa (1996: 47-48; 2001: 126-128), la competencia léxica se compone de elementos léxicos y elementos gramaticales, y la competencia semántica se ocupa de asuntos relativos al significado de las unidades léxicas, tanto en relación con el contexto general (referencia, connotación, nociones específicas) como las relaciones semánticas entre ellas.

Cuando delimita los elementos gramaticales, se observa que éstos pertenencen a lo que se denomina *vocabulario cerrado* o *clases cerradas de palabras*; es decir, suponen un léxico limitado; son los artículos, cuantificadores, demostrativos, posesivos, pronombres personales, pronombres relativos, adverbios interrogativos, preposiciones, verbos auxiliares y conjunciones. También McCarthy (1999: 237), tras analizar el vocabulario de corpus orales, considera que hay una serie de palabras que desarrollan mucho más funciones gramaticales que léxicas (artículos, pronombres, demostrativos, verbos auxiliares, conjunciones, etc.) y que deben estudiarse dentro de la gramática en los niveles principiante y elemental. Se trata de elementos que desempeñan una función relacional, no semántica, y que deben ser enseñados como sistemas cerrados dentro de la gramática. En nuestra opinión, el tratamiento de esta clase de palabras puede desarrollarse tanto en actividades léxicas como gramaticales. Y cuando especifica los elementos léxicos, señala dos bloques:

a) vocabulario abierto o *clases abiertas de palabras* (sustantivos, verbos, adjetivos y adverbios) y conjuntos léxicos cerrados (días de la semana, meses del año, pesos y medidas, etc.); y

[2] Actualmente, algunos autores prefieren utilizar *aprendiente* para destacar la concepción del alumno como una persona activa, constructiva y planificadora en su propio proceso de aprendizaje.

b) expresiones hechas, compuestas por varias palabras, que se aprenden y se utilizan como un todo[3]. Este grupo incluye:
  b1) fórmulas de interacción social y de cortesía[4] (apertura y cierre de la conversación, fórmulas expresivas -disculpa, agradecimiento, etc.-, fórmulas rituales -saludos, presentaciones, despedidas-, interjecciones, marcadores de relaciones sociales, etc.);
  b2) unidades fraseológicas: colocaciones[5] (*oportunidad de oro*, *contraer matrimonio*); locuciones idiomáticas[6] en sus diferentes tipos: nominales (*mosquita muerta*), adjetivas (*de pelo en pecho*), verbales (*lavarse las manos*), adverbiales (*sin ton ni son*), prepositivas (*por medio de*), conjuntivas (*aun cuando*) y clausales (*salirle -a alguien- el tiro por la culata*); así como las paremias[7];
  b3) otras expresiones idiomáticas: clichés (metáforas lexicalizadas *el astro de la noche*), comparaciones fijadas (*ciego como un topo*, *blanco como la nieve* -limpio- / *blanco como la pared* -pálido-), muletillas (*de eso nada, monada*);
  b4) estructuras fijas iniciadoras de frase (*por favor, ¿sería tan amable de...?*; *oiga, ¿podría...?*);
  b5) otras combinaciones formadas por palabras que se utilizan juntas frecuentemente: verbos con régimen preposicional (*avergonzarse de*, *atreverse a*, etc.), complejos sintagmáticos con huecos (*a ... tiro / tortazo / puñetazo limpio*), etcétera.

Por su parte, Lewis (1993: 91-103; 1997: 8-11), al tratar la naturaleza del léxico y delimitar qué clase de palabras debe comprender el *vocabulario mínimo adecuado*, propone diferentes clases de ítems léxicos, considerados unidades mínimas para ciertos propósitos sintácticos; son:

a) Palabras. Para este autor, los diferentes grados de información que contienen las palabras requieren diferentes procedimientos pedagógicos.
b) Polipalabras. Hay un grupo de ítems léxicos que son varias palabras unidas y que, al igual que las palabras simples, los podemos encontrar en los diccionarios. Se trata de la combinación de dos o tres palabras, que pueden pertenencer a una clase gramatical, y el significado del conjunto es la suma de sus componentes; así: *fin de semana, estación de autobuses, parada de taxis, de una parte, ... / de otra, ...*
c) Colocaciones. La combinación de las (dos) palabras varía desde la institucionalización rígida hasta la novedad inesperada (*nonce-form*). La variación es posible tanto en el eje sintagmático como en el paradigmático (*craso error / error garrafal*; *subir / bajar / mantener*

---

3 Si bien es cierto que existe cierta controversia conceptual en la clasificación de las unidades pluriverbales, lo importante desde el punto de vista didáctico es que se trata de combinaciones que contribuyen a formar redes asociativas de significado. Son varios los autores que estudian la taxonomía de estas unidades pluriverbales, entre ellos: Corpas (1996), Higueras (1997), Lewis (1997: 7-11) y Koike (2001: 25-39).

4 En estas fórmulas rutinarias el significado es, fundamentalmente, de tipo social, expresivo o discursivo. En Corpas (1996: 170-213) puede ampliarse la información sobre este tipo de unidades léxicas o enunciados.

5 Koike (2001) muestra un excelente análisis de las colocaciones léxicas en el español actual, basado en las características formales y semánticas.

6 Para un estudio detallado de la forma, la función y el valor pragmático de estas expresiones, véase Ruiz (1998).

7 Las expresiones de sabiduría popular (*folk-wisdom*) son enunciados que se caracterizan por constituir actos de habla y presentan fijación interna y externa; incluyen refranes (*A Dios rogando y con el mazo dando*), creencias (*en abril, aguas mil*), estereotipos (*no hay mal que por bien no venga*), valores (*eso no es juego limpio*) y lemas, eslóganes o *graffiti* (*haz el amor, no la guerra*).

los precios). Un elemento del par requiere de forma fuerte, a veces casi única, la presencia del otro (*recién nacido*, *recién casados*); pueden ser: nombre + nombre, nombre + adjetivo, nombre + verbo, etc. Las colocaciones no tienen base pragmática ni son identificables pragmáticamente; eso es lo que las diferencia de las expresiones fijas. Las palabras y las colocaciones están íntimamente asociadas con el contenido que el usuario expresa más que lo que el usuario está haciendo con la lengua: explicar, contradecir, complementar, etc. Aquí integra los verbos con preposición (*phrasal verbs*): *quejarse de, brindar por*, etcétera.

d) Expresiones fijas. Tienen base pragmática. Su uso informa al receptor y le permite identificar qué está haciendo el hablante. Pueden clasificarse en varios grupos: fórmulas sociales y de cortesía, que son expresiones fuertemente gramaticalizadas (*un momento, por favor*; *¡Feliz Año Nuevo!*); frases completas, con significado pragmático y fácilmente reconocibles (*hacer una montaña de un grano de arena*), etcétera.

e) Expresiones semi-fijas, que sirven también para un próposito pragmático y aglutinan expresiones orales con huecos (*¿podría pasarme..., por favor?*); modelos o frases de entrada, muy típicas, (*siento interrumpir, pero...*; *¿le importaría...?*; *¿puede usted decirme...?*); y muchos otros modelos usados en expresiones orales y escritas.

Este autor destaca que todas estas expresiones institucionalizadas suponen una ayuda para el aprendiz no nativo y resulta evidente que un repertorio de tal clase es una parte importante para la fluidez de un estudiante de nivel intermedio y avanzado, idea compartida por Koike (2001: 208), quien coincide al señalar que las colocaciones que pertenecen al plano léxico tienen una enorme importancia para los alumnos de dichos niveles.

También McCarthy (1999: 238-247), una vez filtrados diversos corpus orales, al considerar que el criterio de frecuencia es insuficiente y excluir aquellas palabras de función gramatical o pragmática, concluye que el vocabulario esencial (*core vocabulary*) está formado por diez tipos de unidades léxicas, todas ellas igualmente importantes como componentes básicos de la comunicación; éstas son:

a) Modalizadores (*modal items*), referidos al grado de certeza, probabilidad y necesidad: verbos de modalidad epistémica y deóntica, elementos léxicos que indiquen parecer, certeza, obligación, posibilidad, etcétera.

b) Verbos de régimen (*delexical verbs*); incluye tanto los verbos de régimen preposicional como las colocaciones del verbo con sustantivos (*alcanzar un acuerdo*, *acordar una cita*, *abrir el apetito / *cerrar el apetito*). Pedagógicamente, estos verbos no pueden enseñarse aislados, sin referencia a sus colocaciones, sino en cotextos auténticos.

c) Palabras interactivas (*interactive words*), que muestran las actitudes del hablante y que crean y mantienen relaciones sociales apropiadas (*muchas gracias*; *¡ahora mismo!*).

d) Marcadores del discurso (*discourse markers*). La importancia de estas palabras radica en que proveen al emisor de recursos para ejercer el control de la conversación (*bien, así pues, de cualquier forma, quiero decir, como tú sabes,* etcétera).

e) Sustantivos básicos (*basic nouns*); son sustantivos de significado concreto y genérico. Estudio de sinónimos, hiperónimos, listas cerradas, etc. Aquí servirán los tests de disponibilidad para indicar cuáles son los más disponibles en las áreas temáticas y para sugerir prioridades en los sinónimos y relaciones asociativas.

f) Deícticos (*general deictics*); se trata de términos relativos a la deíxis personal, espacial y temporal: adverbios de lugar, de tiempo, locuciones adverbiales, verbos *ir / venir*, *llevar / traer*, etcétera.

g) Adjetivos básicos (*basic adjectives*); son los utilizados para las evaluaciones positivas y negativas en la comunicación diaria; estudiar los valores según la posición y gradación; combinaciones léxicas (*altas / *bajas horas de la noche*; *una enfermedad leve / *ligera*), etcétera.
h) Adverbios básicos (*basic adverbs*); adverbios de modo, tiempo, locuciones adverbiales, etc. Podemos basarnos en el criterio de frecuencia para las combinaciones sintagmáticas (*llover torrencialmente*, *llorar amargamente*).
i) Verbos básicos de acción y sucesos (*basic verbs for actions and events*); son los que indican actividades diarias. Recuerda el autor las orientaciones pedagógicas referidas a los tiempos verbales y su introducción según modelos y necesidades.
j) Y por último, indica que la lista debe completarse con ítems léxicos (*collocations and phrasal items*).

Tras la exposición anterior es evidente que el contenido léxico abarca un amplio elenco de unidades: palabras, combinaciones sintagmáticas, locuciones, enunciados fraseológicos, etc., y parece plausible que una importante parcela de la adquisición del lenguaje sea la capacidad de comprensión y producción de ítems léxicos que, además del valor semántico y pragmático, el estudiante pueda analizar como segmentos y que los perciba como esquemas morfosintácticos. El profesor procurará presentar todo el contenido léxico objeto de estudio en contextos identificables para que el significado de la expresión completa sea claro en relación con el discurso en el que ocurre (situación + cotexto).

A continuación presentamos una serie de conceptos íntimamente relacionados con el contenido léxico, considerados útiles para la planificación léxica y que facilitarán la interpretación del siguiente apartado. Son:

a) Vocabulario receptivo *versus* productivo. Dada la estrecha conexión con las fases de aprendizaje lingüístico, se establece la oposición entre conocimientos activos -vocablos utilizados espontáneamente a través de una expresión lingüística- y conocimientos pasivos, aquéllos que somos capaces de interpretar cuando son presentados. Aunque para Galisson (1979: 17) -la distinción entre conocimientos activos y pasivos, por cómoda que parezca, no es tan clara ni rigurosa- las instituciones examinadoras suelen diferenciar entre los elementos léxicos que debe comprender, ya sea por inferencia contextual o cotextual, y los que debe utilizar el aprendiz.
b) El léxico frecuente se basa en el número de veces que se repiten los vocablos en la medición o cuantificación de un corpus. Este léxico es el más estable en la lengua y dichas palabras ocupan los lugares más altos en los diccionarios de frecuencias (Alameda y Cuetos, 1995; Justicia, 1995; Ávila, 1999; Terrádez, 2001). Aunque la noción de frecuencia está directamente unida a las nociones de utilidad, rentabilidad, e incluso a la de disponibilidad (una palabra es frecuente en cuanto que es rápidamente activada y espontáneamente movilizada), el criterio de frecuencia es insuficiente en la elaboración de un léxico fundamental del español como LE, ya que la probabilidad de realización aumenta a medida que el lexema es menos concreto, es decir, está menos condicionado por el tema del discurso.

Una aplicación útil en el aula consiste en averiguar la *densidad léxica* de los textos que producen nuestros aprendices; es decir, descubrir la variedad de palabras que los componen. El vocablo (*type*) designa cada una de las palabras diferentes que encierra el texto y *token* significa el número total de palabras, tanto las repetidas como las que sólo aparecen una vez. La relación *type/token* (desde cero hasta uno) es la relación entre palabras diferentes y palabras totales, e indica si existe un bajo o alto grado de repetición en los textos que analizamos.

c) El léxico básico es el conjunto de vocablos habitualmente utilizados en las situaciones de comunicación, orales y escritas, de la vida cotidiana. Abarca los vocablos más usuales de una comunidad y se caracteriza por un alto grado de estabilidad, hecho que les permite aparecer con mucha frecuencia y en todo tipo de discursos, independientemente de la temática de que se trate: prensa, literatura, ensayo, manuales, conversación, etc.[8]. El uso aumenta, lógicamente, cuando la frecuencia es alta, pero también cuando lo es la dispersión o *rango*, referido a las diferentes áreas o temas en que aparece ese vocablo.

d) Léxico específico. Designa las voces utilizadas en situaciones de comunicación, orales y escritas, que implican la transmisión relevante de un campo de experiencia particular. Corresponde al español con fines específicos: jurídico, comercial, administrativo, turismo, etc. Este vocabulario va acompañado siempre de una exigencia de exactitud y precisión (tecnolectos), características de los campos científicos, técnicos y profesionales a los que el léxico específico hace referencia y de los que se nutre.

e) El vocabulario disponible es el que un hablante puede utilizar inmediatamente según las necesidades derivadas de la producción lingüística. Como señala López Morales (1999: 11), *es el caudal léxico utilizable en una situación comunicativa dada*; es decir, el conjunto de unidades léxicas de contenido semántico concreto que sólo se actualiza si lo permite el tema del discurso. Las palabras disponibles son aquellas que acuden en primer lugar a la memoria; son las más frecuentes e inmediatas al hablar de un tema determinado. Se trataría de un vocabulario de carácter nocional[9]. Sólo las palabras altamente disponibles pertenecerán al vocabulario activo de la población española, mientras que las de escaso grado de disponibilidad pertenecerán al vocabulario activo de algunos hablantes y al pasivo del resto. Esta variación hace que el léxico disponible esté compuesto por palabras con distinto grado de estabilidad: las más estables son los verbos; luego, los adjetivos, y las menos estables son los nombres.

f) Léxico fundamental. Es ya una tradición hablar en lingüística hispánica del léxico fundamental de una lengua como de aquel que está formado por el léxico básico y el léxico disponible. De todas las observaciones anteriores se deduce que mientras los léxicos básicos ofrecen una proporción real del uso de las diferentes clases de palabras, la disponibilidad léxica señala el vocabulario concreto que el hablante podría utilizar en un contexto comunicativo dado. Es decir, los léxicos básicos recogen las clases de palabras más estables en la lengua mientras que los disponibles muestran las palabras más inestables; son, por tanto, criterios complementarios.

---

[8] El *Frequency Dictionary of Spanish Words* (1964) de Juilland, dividía el universo léxico en cinco áreas temáticas (literatura dramática, narrativa, ensayística, literatura técnica y científica y periodismo) y debía extraerse de cada mundo léxico un número fijo de palabras, en su caso, cien mil. También *El léxico básico del español de Puerto Rico* (Morales, 1986) se ha basado en la misma selección de mundos léxicos y de limitación de palabras.

[9] En la última década se han publicado varios estudios sobre disponibilidad léxica en español; entre otros: Benítez (1992), Mateo (1998), Valencia y Echevarría (1999), Carcedo (2000) y Galloso (2001).

2. Planificación del contenido léxico en la programación de ELE: selección y gradación

Establecidos ya los diferentes tipos de unidades léxicas, trataremos en este apartado de señalar la cantidad que necesita aprender un estudiante de ELE en los diferentes niveles, siendo conscientes de que se trata de un aspecto discutible o, cuanto menos, opinable[10]. Sin embargo, atendiendo a una finalidad didáctica, es necesario delimitar el vocabulario intencionado[11] mediante la aplicación de algún criterio de planificación léxica. Por ello, vamos a mostrar cómo realizar la selección según ámbitos, temas y situaciones comunicativas, y ofrecer ciertas orientaciones para una gradación adecuada por niveles; asimismo, se indicará cómo comprobar el grado de dominio del vocabulario adquirido.

Pero antes de exponer los criterios de planificación, es conveniente conocer que no todos los estudios relacionados con el léxico han establecido las mismas áreas significativas o categorías temáticas. La mayoría de ellos trata de recoger el léxico utilizado comúnmente, es decir, no especializado, si bien lo presentan con diferentes clasificaciones[12]. Por su parte, el Consejo de Europa[13] realizó para el Nivel umbral una clasificación basada en temas, subtemas y nociones espcíficas, agrupados en catorce áreas. Y el Ministerio de Educación y Ciencia español, de acuerdo con las orientaciones del Consejo de Europa (1996, 2001), ha establecido las siguientes áreas y subáreas temáticas para la obtención de los Diplomas de Español como Lengua Extranjera (DELE). Estos tópicos son el foco de atención para diversas situaciones comunicativas en diferentes escenarios:

a) Identificación personal: nombre y apellidos; dirección; número de teléfono; sexo; estado civil; fecha y lugar de nacimiento; documentación legal; idioma; nacionalidad; profesión u ocupación; aspecto físico, carácter y estado de ánimo.
b) Casa y alojamiento: tipo, situación y dimensión de la vivienda; tipo de habitaciones; muebles y ropa de casa; instalaciones y útiles de hogar; reparaciones; alquiler; alojamiento en hotel, camping, etcétera.
c) Trabajo, estudios y ocupación: características, horario, actividad diaria y vacaciones; salario; cualificación profesional; perspectivas de futuro; tipos de enseñanza.
d) Tiempo libre: aficiones; intereses personales; deporte; prensa; radio; televisión; actividades intelectuales y artísticas (cine, teatro, conciertos, museos y exposiciones).

---

[10] Nation (1990, 1997) apunta dos vías para averiguar dicha cifra aproximada: el número de palabras que conoce el hablante nativo sobre su propia lengua así como la evolución de ese vocabulario, y la observación de los trabajos de frecuencias. Por su parte, los resultados de varias investigaciones en inglés, italiano y español sobre frecuencias señalan que el vocabulario que utilizan los adultos en la vida diaria no suele exceder de las dos mil palabras. En la misma línea, Justicia (1995) indica que el vocabulario que utilizan los adultos en la vida cotidiana no excede de las dos mil palabras; y el hablante culto dispone entre cuatro y cinco mil palabras más el vocabulario de su oficio.

[11] Por vocabulario directo o intencionado se entiende aquel que se ha planificado para trabajar en el aula. Hay otro vocabulario ocasional, no intencionado, indirecto, y es el que puede aprender el alumno por su cuenta.

[12] Así, el trabajo pionero de G. Gougenheim, G. Michéa, R. Rivenes y A. Sauvageot (1965), *L'élaboration du Francais fondamental (I degré)*, París, Didier, estableció dieciséis centros de interés; en español, el trabajo de J. Sánchez y B. Aguirre (1992), *Léxico fundamental del español (situaciones, temas y nociones)*, Madrid, SGEL, organiza el léxico en quince bloques; y en inglés, la organización establecida por M. McCarthy y F. O'Dell (1994), *English Vocabulary in Use*, Cambridge University Press, consta de veinticino *topics*.

[13] Puede consultarse la obra de J. Van Ek y J. L. Trim (1990), *Threshold Level*, Consejo de Europa, 1991.

e) Viajes y transporte: transporte público y privado (garaje, estaciones de servicio, talleres); billetes y precios; vacaciones; aduanas; documentos de viaje; equipaje.
f) Relaciones sociales: parentesco; amistad; presentaciones; fórmulas sociales (invitaciones, citas, saludos, despedidas, etc.); correspondencia.
g) Salud y estado físico: partes del cuerpo; higiene; percepciones sensoriales; estados de salud; enfermedades; accidentes; medicinas; servicios médicos.
h) Compras: tiendas; grandes almacenes; precios; moneda; pesos y medidas; alimentación; ropa; artículos del hogar.
i) Comidas y bebidas: gastronomía; locales de comidas y bebidas.
j) Edificios de servicios públicos: correos; teléfonos; bancos; policía; oficinas de información turística.
k) Tiempo y clima: medida del tiempo; el clima; meteorología; fenómenos atmosféricos; la flora.
l) Problemas de comunicación: comprensión; corrección; aclaración; negociación; repetición; rectificaciones.

Como puede comprobarse, una de las principales formas de organizar el contenido léxico es a través de áreas temáticas o campos semánticos, pero no hay que olvidar que estos temas de discurso, materia de conversación, reflexión y composición, se inscriben en el contexto de una situación comunicativa específica dentro de los diferentes ámbitos en que se organiza la vida social[14] y, a su vez, las situaciones comunicativas que surgen en cada uno de ellos puede referirse a lugares y momentos, instituciones, personas implicadas, objetos del entorno, acontecimientos que suceden, intervenciones realizadas por las personas implicadas y los textos (géneros discursivos) empleados en dicha situación.

En síntesis, el profesor procurará una planificación léxica que comprenda diferentes subáreas temáticas, teniendo en cuenta varios contextos de uso (ámbitos y referentes), y procurará la inclusión de diversos tipos de unidades léxicas: nombres, adjetivos, verbos, adverbios, combinaciones sintagmáticas, expresiones idiomáticas, fórmulas rutinarias, etc., relacionadas con el área temática de referencia a la que pueda adscribirse la tarea comunicativa final, la unidad didáctica o el texto.

2.1. Criterios de selección léxica

En nuestra opinión, si el profesor de ELE distingue entre léxico planificado y léxico ocasional, no debe preocuparle que aparezca un elevado número de unidades léxicas en algunas clases y que el alumno no reciba información sobre todas ellas; lo que ha de favorecer es el aprendizaje significativo y funcional, es decir, que tome en consideración las necesidades comunicativas de los alumnos, que desarrolle estrategias de aprendizaje, que sepa que los materiales y procedimientos para los estudiantes de niveles iniciales son diferentes de los empleados

---

[14] Aunque existen distintas clasificaciones de los posibles ámbitos de uso, desde la perspectiva del aprendizaje y enseñanza de lenguas resultan muy útiles estos cuatro: la esfera personal (vida privada, familia, amistades, aficiones, etc.), la esfera pública (agentes sociales, transacciones, organizaciones e instituciones, etc.), la esfera profesional y la esfera educativa (instituciones educativas, aprendizaje, etcétera).

para estudiantes de nivel avanzado, y que estimule el aprendizaje autónomo. Ello requiere trabajar en profundidad un número limitado de unidades léxicas por clase, lección, unidad didáctica o tarea; esos vocablos que los aprendices manipularán de forma más exhaustiva a lo largo de la unidad didáctica o en un texto, corresponden al léxico planificado por el profesor[15].

En la medida en que, como profesores de español, trabajamos de forma sistemática el léxico de nuestra lengua, se corrobora la utilidad que representa elaborar una planificación léxica con cierto grado de flexibilidad en la selección y gradación. Para decidir el criterio de selección, aunque existen diferentes alternativas, vamos a comentar, brevemente, las opciones propuestas por el Consejo de Europa (1996: 48; 2001: 168):

a) Seleccionar las unidades léxicas clave (palabras y frases) en las áreas temáticas requeridas para la realización y perfeccionamiento de tareas comunicativas adecuadas a las necesidades de los aprendices en diferentes escenarios, así como aquellas que encarnan las diferencias culturales. Esta opción tiene en cuenta la frecuencia de uso junto con la eficacia de la unidad léxica (*coverage*); es decir, combina la frecuencia real con la productividad y las necesidades de los alumnos[16].

b) Aplicar principios léxico-estadísticos que muestran las palabras de mayor frecuencia en discursos orales y/o escritos (español general) o aquellas referidas a ciertas áreas temáticas delimitadas (español con fines específicos). Pero la utilidad pedagógica de las listas de frecuencia ha sido cuestionada por varios autores porque la frecuencia de una palabra nos dice poco en sí misma. Si bien es cierto que la noción de frecuencia se relaciona directamente con la idea de utilidad, una gran parte del léxico frecuente está formado por una serie de palabras que tienen carácter funcional (artículos, preposiciones, demostrativos, verbos auxiliares, etc.) y poco contenido semántico[17].

c) Elegir textos auténticos, hablados y escritos, y practicar la enseñanza-aprendizaje de cuantas palabras contengan. Esta opción se basa en la selección de textos y, considerando que el aprendiz ya posee en su lengua materna un cierto dominio textual (marcas formales, estructura, intencionalidad comunicativa), permite graduarlos según las prácticas discursivas orales y escritas: géneros (noticias, anuncios, debate, crónica, conferencia, his-

---

[15] Según Gairns y Redman (1986) hemos de procurar no trabajar demasiadas unidades léxicas en la misma clase; estos autores apuntan entre ocho y doce. Pero es necesario tener presente que ciertas unidades léxicas se aprenden con mayor facilidad ya sea por similitud formal o de significado -música, hospital-, ya sea porque se producen en contextos identificables y relacionados con vivencias personales, etc., mientras que otras resultan más difíciles bien por sus características sintácticas -*recordar / acordarse de*-, bien por su escasa relación con la cultura del alumno, etc. Por ello, ya Nation (1990) señaló que el esfuerzo requerido para el aprendizaje de una nueva unidad léxica depende de tres factores: la lengua materna del estudiante y su experiencia previa en la LE, las estrategias de aprendizaje que permita dicha palabra y la dificultad intrínseca que encierra.

[16] Según Carter y McCarthy (1988), *coverage* es la valencia o capacidad de la palabra para sustituir a otras en la denominación de conceptos; así, es de menor valencia una palabra que no tiene antónimos o sinónimos; las palabras esenciales poseen rasgos genéricos antes que específicos (*herida* antes que *corte*, *rozadura*, etc.); se avanza de los términos abarcadores a los específicos (*tren* antes que *Talgo*, *habitación* antes que *salita* o *dormitorio*).

[17] Como todos los criterios son opinables, encontramos tanto valoraciones negativas como positivas; así, Carter y McCarthy (1988) se plantean la utilidad pedagógica de las listas de frecuencia, dadas las limitaciones de este criterio, pues las primeras palabras de estos estudios son semánticamente vacías y en la enseñanza de lenguas no sólo hay que enseñar las palabras gramaticales más frecuentes sino las más disponibles de los vocablos semánticamente llenos. Por su parte, Justicia (1995) señala que las palabras más frecuentes son las que se aprenden más temprano, están más disponibles y son más fácilmente movilizables.

toria clínica, etc.), secuencias textuales (descriptivas, narrativas, expositivas, argumentativas, conversacionales) y ámbitos (periodístico, académico, laboral, cotidiano, etc.). En nuestra opinión, esta opción es más idónea para aprendices que ya poseen un cierto conocimiento de español. Por otra parte, consideramos que practicar la enseñanza-aprendizaje de cuantas palabras contenga el texto no es útil pedagógicamente salvo en los niveles superiores.

d) No planificar previamente el desarrollo del vocabulario, pero posibilitar el conocimiento de todo lo que el alumno necesite cuando intervenga en tareas comunicativas. Ello supone tratar en el aula un vocabulario muy amplio atendiendo a las demandas de los aprendices, lo que puede potenciar un desarrollo mucho mayor del vocabulario receptivo que del productivo y, en ocasiones, requiere presentar cierto número de palabras relativamente descontextualizadas[18] o con una reiteración escasa, con lo cual se dificulta la consolidación. En el caso de seguir un enfoque por tareas, aunque no haya una planificación previa graduada *a priori*, será igualmente necesario determinar qué vocabulario (tarea posibilitadora) necesita el alumno -comprensión y producción- para cada tarea comunicativa.

Fruto de nuestra experiencia, consideramos que una buena presentación didáctica y secuenciada que favorece el desarrollo de la competencia léxica en el aula de ELE se consigue planificando el léxico de los niveles inicial e intermedio según el criterio A, y para los niveles avanzado y superior es múy útil el criterio C. Mediante el tratamiento textual el aprendiz, además de consolidar las unidades léxicas de alta frecuencia y productividad, procura su enriquecimiento y dominio léxicos con palabras de baja frecuencia, con términos más cultos o específicos y practicando el análisis formal, funcional, semántico y pragmático de las unidades léxicas planificadas.

Una vez presentados los criterios, quedan pendientes dos cuestiones estrechamente relacionadas con la selección léxica: ¿cuántas unidades léxicas comprende (o debe comprender) ese vocabulario mínimo adecuado desde el punto de vista productivo? y ¿qué clase de unidades léxicas han de seleccionarse? Si bien las respuestas ya se han insinuado en el apartado anterior, las concretamos ahora. A la primera pregunta, una respuesta aproximativa sería que entre 600 y 800 en el nivel inicial[19], entre 800 y 1.000 en el nivel intermedio, entre 1.000 y 1.500 en el nivel avanzado y entre 1.500 y 2.000 en el nivel superior; el conjunto supone unas cuatro-cinco mil unidades léxicas que son las habituales de un hablante nativo culto. A la segunda cuestión respondemos que ha de seleccionarse un número efectivo y equilibrado[20]

---

[18] Aunque Lewis (1993: 35), en las orientaciones metodológicas del enfoque léxico, señala que el aprendizaje del vocabulario descontextualizado es una estrategia completamente legítima, opinión que nos merece ciertas reservas, posteriormente, el mismo autor (1997: 48) ya indica que la enseñanza del vocabulario descontextualizado es mejor restringirla a las palabras con un alto contenido informativo.

[19] Aunque existen diversos condicionantes, el alumno puede aprender, cuantitativa y cualitativamente, entre 600 y 800 unidades léxicas por año, correspondiendo a unas cien horas de clase.

[20] Un número equilibrado no quiere decir idéntico, sino proporcional o estimativo de los diferentes tipos de unidades léxicas de que consta nuestra lengua; así, desde una perspectiva exhaustiva se sugiere un orden decreciente de mayor a menor: sustantivos, verbos, adjetivos, expresiones hechas y adverbios. Pero tanto la proporción como los tipos de unidades léxicas quedan condicionados por las posibilidades de situaciones comunicativas que ofrezca la tarea final, la unidad didáctica o el texto.

de sustantivos, adjetivos, verbos, adverbios y expresiones hechas que faciliten no sólo el uso puntual -comprensión y producción-, sino también la retención -almacenamiento y disponibilidad-; de ahí que deban favorecerse aquellas unidades léxicas que facilitan mejor las relaciones asociativas.

Pero seleccionar de forma taxativa las unidades léxicas fundamentales es arriesgado y, cuanto menos, opinable; además, los intereses y necesidades de los alumnos pueden no coincidir plenamente con la planificación prevista. Una sugerencia para la selección en los niveles iniciales es que el profesor elabore el mapa conceptual del área temática delimitada y así la visualización de los componentes del asociograma le permitirá tener presentes los subtemas, las nociones específicas, las asociaciones conceptuales con otras áreas y subáreas temáticas y, también, las posibles situaciones comunicativas.

Aunque podemos fiarnos de nuestra competencia, es mejor consultar diccionarios ideológicos (Casares, 1992), temáticos (del Moral, 1998), de frecuencias (Ávila, 1999) y fraseológicos (Varela y Kubart, 1996) del español actual para conocer el caudal léxico organizado a partir del hombre y su entorno, del individuo y de la organización sociocultural. Dicha consulta nos ayuda a seleccionar y, posteriormente, a graduar la presentación de las unidades léxicas nuevas. Como ejemplo, presentamos los mapas mentales de las áreas temáticas *Comidas y bebidas* y *Tiempo libre*. Estos mapas conceptuales pueden ayudar al alumno a elaborar su propio diccionario personal, si bien la asociación cognitiva inicialmente establecida coincidirá, probablemente, con la que tiene en su lengua materna.

Tomando como centro el área temática, se establecen diferentes conjuntos o bloques que representan a las subáreas y se indican todas las posibles interrelaciones asociativas tanto con áreas principales (rectángulos) como con otras subáreas o subtemas (círculos). Así, en *Comidas y bebidas*, al presentar los lugares de comida se trabajarán los *establecimientos* (restaurante, casa de comidas, mesón, bar, pizzería, etc.) y *comer en casa*, lo cual permite establecer relaciones con partes de la *vivienda*; también, al trabajar con los *alimentos*, los alumnos asociarán algunas unidades léxicas con *salud y estado físico* y muchas otras con *compras*. Además, otra ventaja relevante que ofrece el mapa mental para el profesor es la secuenciación de contenidos, ya que puede establecer el orden de presentación de los subtemas de acuerdo con la organización del manual de ELE y puede temporalizar y graduar la profundidad de desarrollo de los diferentes bloques, según niveles, a lo largo de la unidad didáctica o lección; asimismo, puede eliminar o ampliar algunas de estas subáreas.

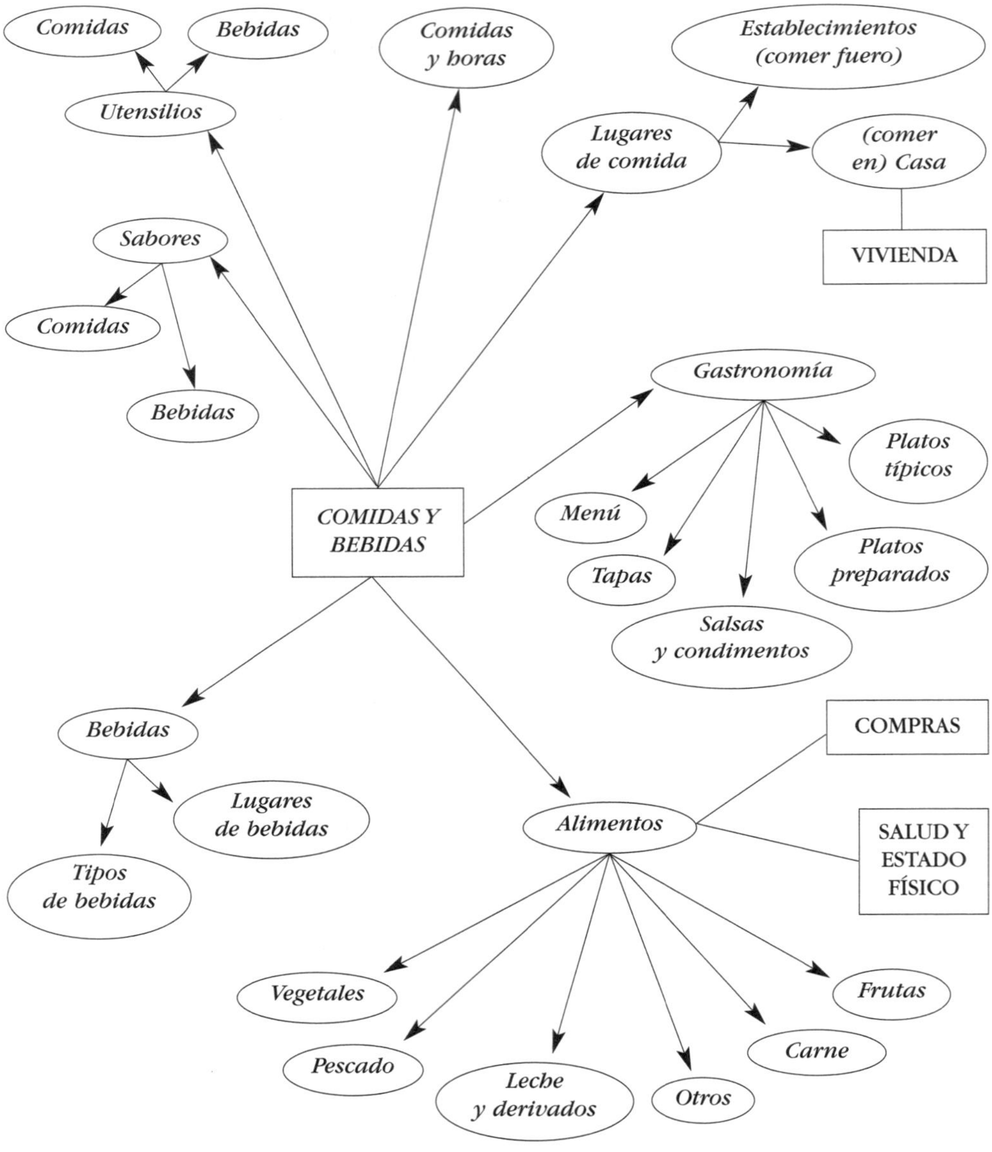

Figura 1: Posibles interrelaciones asociativas con el área principal *Comidas y bebidas.*

Otro ejemplo es el área temática de *Tiempo libre*; algunos alumnos, al realizar el precalentamiento o establecer los conocimientos previos de dicha área, la relacionan con la de *viajes*, especialmente con *vacaciones*; asimismo, al trabajar el subtema de *personas*, asocian a los deportistas con el área de *salud y estado físico* (gente sana, buenos hábitos de vida), y al trabajar las unidades léxicas del bloque *características y condiciones físicas*, pueden asociar algunas con el *aspecto físico* del área de *identificación personal*.

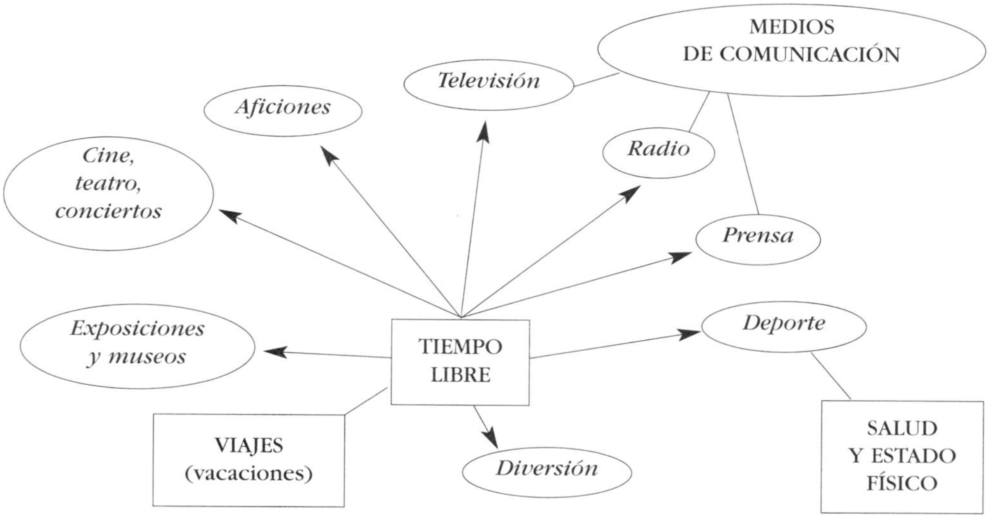

Figura 2: Relaciones más comunes que establecen los alumnos con el área *Tiempo libre*.

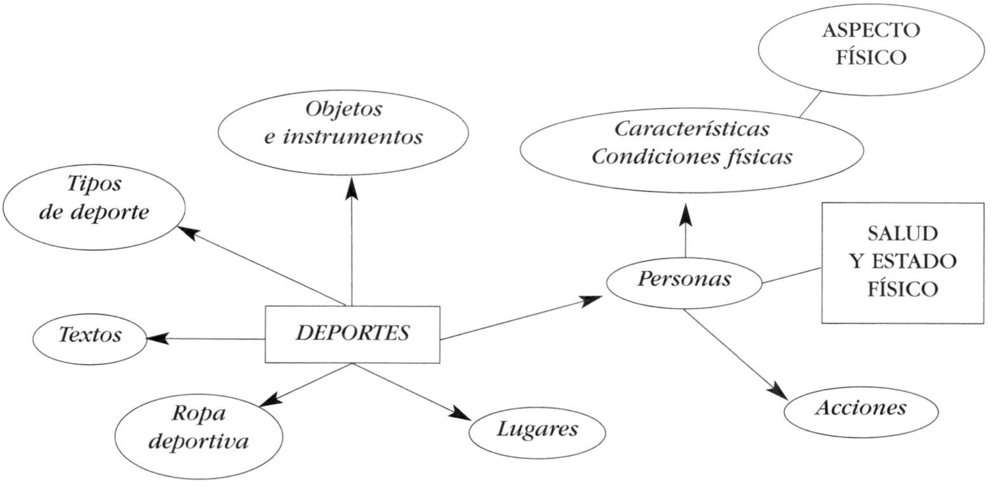

Figura 3: Selección parcial de unidades léxicas relacionadas con la subárea *Deportes*.

Tras la consulta de diccionarios temáticos, ideológicos, de frecuencias, etc., se determina la selección léxica, que debe incluir los diferentes tipos de unidades léxicas arriba señalados. Valga como ejemplo esta selección parcial de la subárea *deportes*, conjunto que el profesor puede ampliar, modificar y reducir, según los intereses de los alumnos, y que deberá graduar posteriormente[21]:

[21] Se planifican unidades léxicas en cada uno de los bloques y se presentan elementos de diferentes categorías para utilizarlos de forma aislada o combinada en las situaciones comunicativas.

a) lugares: *al aire libre, el campo, la pista, el estadio, el hipódromo, el gimnasio, la meta, el pabellón (de deportes), la piscina, el podio, el polideportivo, la taquilla, el terreno de juego, el vestuario, la villa olímpica*, etc.; adjetivos: *amplio, cómodo, espacioso, iluminado, lleno, olímpico, sucio*, etcétera.
b) instituciones: *el club, el equipo, la federación, la sede (del club)*, etc.; adjetivos: *deportivo, nacional, victorioso*, etcétera.
c) personas: *el árbitro, el atleta, el campeón, el capitán, el ciclista, el deportista, el entrenador, el futbolista, el grupo, el juez (de línea), el jugador, el pelotón, el portero, el público, el socio, el tenista*, etc.; adjetivos: *aficionado, ágil, atlético, cansado, emocionado, entrenado, ganador, imparcial, perdedor, veloz, vencedor*, etcétera.
d) objetos: *el balón, la bicicleta, la canasta, las cartas, el casco, el césped, la copa, el cronómetro, las fichas, el marcador, la medalla (de oro, de plata, de bronce), la pelota, la portería, la raqueta, la red, la rodillera, el silbato*, etc.; adjetivos: *ligero, pesado, redondo*, etc.
e) acontecimientos: *el campeonato, la carrera, la competición, el concurso, los cuartos de final, el entrenamiento, el éxito, el fracaso, el juego, la liga, las olimpiadas, el partido, (batir) el récord, la semifinal, el torneo, el triunfo*, etc.; adjetivos: *aburrido, amistoso, disputado, entretenido, espectacular, multitudinario, oficial*, etcétera.
f) acciones: *acertar, correr, empatar, entrenar, ganar, marcar (un gol), mirar, montar (a caballo), nadar, navegar, perder, silbar*, etc. (*boxeo → boxear, esquí → esquiar, patinar → patinaje, nadar → natación, entrenar → entrenamiento*, etc.); *el alpinismo, el baloncesto, el ciclismo, la natación, el piragüismo, jugar al ajedrez, al dominó, al fútbol, al golf, al parchís, al tenis, practicar un deporte, practicar/hacer atletismo, gimnasia, submarinismo, vela*, etc.; adjetivos: *acuático, arriesgado, peligroso, sano, violento*, etc.; adverbios y locuciones adverbiales: pueden planificarse los de probabilidad (*a lo mejor, quizás, tal vez*, etc.), los de certeza, algunos de modo, pero, especialmente de tiempo (*a veces, habitualmente, por las mañanas, siempre*, etc.), dada la práctica o hábito que supone el deporte.
g) textos: *la entrada (para el partido), una noticia deportiva, (hacer una) quiniela, el comentario deportivo, un reportaje en la prensa deportiva*, etcétera.

Como expresiones hechas y combinaciones hay algunas que presentan mejor asociación referencial: *echar a cara o cruz, estar hecho polvo, hacer trampa, jugar limpio, línea de llegada, marchar en cabeza, meta volante, rueda de prensa, tomar carrerilla, tomar la salida, tirar la toalla*, etc. Y otras muestran una relación polisémica o metafórica: *chupar rueda, casarse de penalti, dar un patinazo, echar balones fuera, hacer la pelota, no dar pie con bola, poner las cartas boca arriba*, etcétera.

2.2. Orientaciones para la gradación léxica

Una vez realizada la selección léxica, es necesario establecer la gradación del vocabulario que vamos a trabajar en el aula de forma más intensa, al menos en los niveles inicial e intermedio. A continuación se enumeran una serie de orientaciones o sugerencias con objeto de que sean útiles y provechosas.

Considerando que las primeras etapas de la adquisición de una LE están basadas en el reconocimiento del vocabulario, Krashen y Terrell (1983) elaboran una relación de tópicos y situaciones que podrían servirnos para los distintos niveles. Establecen tres etapas:

a) la etapa de identificación personal; el estudiante aprende a describirse a sí mismo, a su familia, habla de sus amigos, de su casa, etcétera;
b) la etapa de las experiencias; puede hablar de sus vacaciones, de sus viajes y de una amplia variedad de experiencias: estudios, trabajo, planes, su vida diaria, etcétera;
c) la etapa de las opiniones; ya es capaz de hablar de temas sociales, políticos, culturales, de actualidad, etc., en los que da su punto de vista. Dentro de esas etapas, las situaciones comunicativas pueden ser muy variadas.

Por su parte, Nation (1990), al tratar la secuenciación más eficaz y la mejor presentación didáctica, indica que se debe enseñar el vocabulario según el orden descendente de importancia, con las palabras generales de alta frecuencia al principio, luego los términos técnicos y por fin, las palabras de baja frecuencia. Para Galisson (1991), un enfoque global por vía de la imagen más los coocurrentes serían los elementos básicos para el aprendizaje del vocabulario de la LE en el nivel inicial. En los niveles medio y avanzado se aplica un procedimiento analítico del vocabulario en el estudio de los correlatos (rasgos semánticos pertinentes), de los colaterales (familias léxicas) y de las combinaciones sintagmáticas; por último, un aprendizaje más profundo de los colaterales y cohipónimos, así como de las unidades fraseológicas, quedaría para los niveles avanzado y superior. También pueden sernos de gran ayuda los datos de los diccionarios de frecuencias, las investigaciones sobre disponibilidad léxica, etc., así como los glosarios de aquellas instituciones encargadas de establecer grados de dominio léxico (NEAB, 1994; DIE, 1999).

En síntesis, los parámetros que pueden utilizarse para la gradación son tres: el de frecuencia, el de productividad[22], referido tanto a las unidades léxicas más genéricas (*refresco* frente a *naranjada*, *limonada*, *tónica*; *pastilla* antes que *píldora*, *tableta*, *comprimido*, *gragea*, *cápsula*) como a las que posibilitan mayor número de relaciones asociativas (lexicogenésis: *cronómetro*, *termómetro*, *audímetro*; *entrenar*, *entrenador*, *entrenamiento*; agrupaciones conceptuales: *campo de fútbol*, *final*, *equipo vencedor*, *ganar el partido*, *copa*, *público emocionado*, *éxito*, etc.; relaciones semánticas: polisemia, sinonimia, antonimia, etc.); y los intereses de los alumnos, puesto que la selección de los ambientes temáticos debe hacerse en función de sus necesidades como usuarios.

Seleccionado y graduado el vocabulario directo que el alumno ha de adquirir y consolidar en su lexicón, tanto en lo referente a la cantidad -número aproximado de unidades léxicas- como a la amplitud -ámbitos, temas, referentes-, es el momento de comentar brevemente cómo evaluar la competencia léxico-semántica. Para ello necesitamos determinar tanto el control que necesitará ejercer el propio alumno como el dominio que se le exigirá al final de cada nivel. En nuestra opinión, las tres fases por las que pasa el aprendizaje léxico han de tener cabida en la evaluación: comprensión (reconocimiento), uso expresivo y retención (disponibilidad). Dado que somos partidarios de la evaluación formativa, no es necesario preparar pruebas específicas de vocabulario al final de cada unidad, bloque, etc., sino que las actividades sistemáticas irán informando del dominio léxico adquirido por el alumno y de si éste es suficiente o no para progresar con éxito en la interacción comunicativa. En cuanto al control necesario al acabar un nivel o periodo, puede servirnos de orientación las escalas ilustrativas

[22] Este criterio agrupa, por lo general, la valencia (*coverage*) de Nation, la esencialidad de Carter y el rango (diferentes tipos de texto en que aparece la unidad léxica, aunque su frecuencia no sea alta).

del Consejo de Europa (2001: 128), referidas a la gradación del conocimiento del vocabulario y a la capacidad de controlarlo[23].

3. Tipología de actividades

Aunque algunos autores distinguen entre ejercicios, si son realizados por el alumno de forma individual, y actividades, resueltas con la cooperación de otros -parejas y grupos-, nosotros utilizamos ambos términos indistintamente, ya que se trata de tareas que capacitan al alumno para lograr un vocabulario efectivo y suficiente según sus necesidades comunicativas. Por otra parte, opinamos que los conocimientos, destrezas y estrategias referidos a la competencia léxico-semántica de ELE han de desarrollarse combinando, de forma complementaria, las actividades y ejercicios diseñados en el manual de clase y los elaborados por el profesor con objeto de atraer y enfocar la atención del estudiante; asimismo, teniendo en cuenta que un factor determinante en el éxito de la adquisición del léxico es el uso de diversas estrategias de aprendizaje, lo idóneo será una variedad de actividades que faciliten el desarrollo de dichas estrategias.

Al afirmar que el aprendizaje del vocabulario es polisensorial: visualización, comprensión auditiva, comprensión lectora, producción oral y escrita, etc., asumimos, de un lado, que es conveniente presentar las unidades léxicas y sus significados combinando técnicas que impliquen ambos hemisferios cerebrales, y de otro, que, de acuerdo con Krashen y Lewis, las destrezas receptivas son prioritarias en los primeros niveles sin que ello suponga ignorar la atención a las destrezas productivas desde el inicio del aprendizaje.

Para presentar los significados de los nuevos vocablos, el profesor dispone de diferentes procedimientos: técnicas visuales (fotografías, dibujos, carteles, mímica, objetos, asociogramas, etc.), técnicas verbales (lluvia de ideas, paráfrasis, definiciones, contextualización en textos, sinónimos, etc.) e incluso, de forma moderada, la traducción si es preciso. Y el alumno también dispone (o debe disponer) de estrategias para la interpretación de unidades léxicas nuevas, tales como inferir el significado por el contexto, utilización del diccionario, pedir ayuda al compañero o al profesor, etcétera.

En la actualidad se aplican diferentes tipos de ejercicios: unos de carácter más lúdico (sopas de letras, crucigramas, letras desordenadas de una palabra, describir imágenes, etc.); otros requieren un procesamiento más lingüístico (inferir el signficado por el contexto, inferir el significado por claves gramaticales -combinación de elementos-, definiciones, etc.); y otros se basan, fundamentalmente, en asociaciones de distinto tipo (pares asociados imagen-palabra, tarjetas, asociaciones por el significante o por el significado, etc.). Como planteamiento general, puede indicarse que el incremento del lexicón se favorece más en los primeros niveles con procedimientos lúdicos y técnicas asociativas (mapas mentales -agrupaciones conceptuales-, pares asociados imagen-palabra, asociaciones contextuales, tarjetas, parrillas, etc.), mientras que en los niveles avanzado y superior, parece que el procesamiento verbal (asociaciones lingüísticas, buscar la

---

[23] En la actualidad, el establecimiento de los niveles apropiados para la organización del aprendizaje de lenguas cuenta con un amplio consenso. Los tres niveles clásicos -básico, intermedio y avanzado- han dado lugar a un marco general de seis niveles: A1, principiantes; A2, supervivencia; B1, nivel umbral; B2, aventajado; C1, avanzado; C2, superior. La correspondencia con los Diplomas de Español es: Certificado Inicial de Español, B1; Diploma Básico de Español, B2; y Diploma Superior de Español, C2. Y la correspondencia de varios manuales de ELE que presentan cuatro niveles, relacionados con los del Instituto Cervantes, es: Nivel elemental, A2; Nivel intermedio, B1; Nivel avanzado, B2; y Nivel superior, C1-C2.

inferencia y los significados en claves lingüísticas, no sólo contextuales, etc.) es la técnica que mejor facilita la incorporación al lexicón mental.

Pero existen otras alternativas. Una de ellas, siguiendo a Oxford (1990), muestra la correspondencia entre tipos de estrategias directas y las actividades que las potencian; así, las técnicas memorísticas se favorecen con tareas como establecer relaciones mentales (agrupar palabras según criterios enciclopédicos, semánticos, lingüísticos, etc.), crear asociaciones entre la palabra nueva y los conocimientos previos, realización de mapas mentales, etc. Las estrategias cognitivas afectan directamente al proceso, a la manipulación de la LE; por ello, entre las actividades que las desarrollan están: descubrir la palabra nuclear o el concepto clave de un texto, la observación y deducción de reglas en la formación de palabras, el estudio de las combinaciones sintagmáticas, la clasificación en diversos grupos, el uso de diccionarios, etc. Finalmente, las estrategias compensatorias, relacionadas con el intercambio comunicativo, están orientadas tanto a la recepción (inferir el signficado por el contexto, utilizar conocimientos lingüísticos previos de L1, L2 o LE, transferencias, etc.) como a la producción (parafrasear, sustitución de términos, palabras genéricas, mímica, pedir ayuda al interlocutor, etc.). También Cerveró y Pichardo (2000: 131-168) ofrecen una clasificación de estrategias y tipología de actividades interrelacionadas.

Otra alternativa es realizar las actividades según las fases por las que evoluciona el aprendizaje del vocabulario: primero, la comprensión o reconocimiento; después, el uso a través de la práctica y la experimentación; y, por último, la retención. Si bien todas las que presentamos pueden realizarse en cualquier estadio de aprendizaje, lo idóneo es adaptarlas a la madurez de los estudiantes y al contenido léxico propio de cada nivel, sin olvidar estas tres premisas básicas:

a) predominio de tareas que necesiten comunicación (parejas, equipos), porque nada hay más motivador que la comunicación real;
b) las actividades enfocadas hacia el desarrollo del contenido nocional -mapas mentales- deben complementarse, pedagógicamente, con otras focalizadas sobre procesos funcionales y textuales -combinaciones sintagmáticas-; y
c) en los primeros niveles, mayor énfasis en el significado contextualizado y en la adecuación funcional que en la corrección lingüística y en el significado codificado tal como aparece en el diccionario.

He aquí una serie de actividades, donde se indica las fases en que pueden aplicarse y el tipo de agrupamiento de los alumnos:

a) realizar una lluvia de ideas (*brainstorming*) sobre la palabra estímulo de un texto o sobre diferentes unidades léxicas del mismo, con objeto de actualizar los conocimientos previos sobre dicho tema; se realiza en grupo; facilita el significado de elementos nuevos (asociación ontológica), sirve de precalentamiento ante una unidad didáctica o para romper el hielo en el aula[24];
b) establecer correspondencias imagen-palabra (en grupo) (reconocimiento);
c) los ejercicios de transferencia facilitan la comprensión (individual). Ejemplo para el área temática *salud y estado físico*: Subraya las palabras que te recuerden a otras de tu idioma: salud, enfermedad, catarro, gripe, resfriado, accidente, fiebre, farmacia, médico, operación, medicina, clínica, hospital, termómetro, dieta, inyección, jarabe, alergia. ¿Qué significan?;

[24] Esta actividad se corresponde con el vértice 1 del heptágono desarrollado en el capítulo "La subcompetencia léxico-semántica".

d) actividades para categorizar o clasificar en diferentes conjuntos las unidades léxicas según su asociación conceptual (por ejemplo, en *Salud y estado físico*, agrupar en síntomas, enfermedades, medicamentos, etc., o en *Deportes*, agrupar en lugares, objetos, acciones, etc.) o funcional (agrupar según categorías gramaticales, según el sentido o valor pragmático-discursivo, etc.). Entre estos ejercicios los más frecuentes son: realizar mapas mentales o asociogramas, descubrir el intruso en una serie cerrada de elementos y completar parrillas, que consisten en una especie de tablas o columnas clasificadas por profesión / lugar de trabajo / objetos que usan, o bien por profesiones / acciones / objetos, etc. Pueden utilizarse para presentar vocabulario (comprensión), para practicar (uso) y para revisarlo (retención), y pueden realizarse individualmente o en parejas[25];

e) ejercicios con tarjetas o cartones. Se usan tanto para introducir nuevo vocabulario como para la práctica y revisión del ya conocido (parejas). Las tarjetas pueden elaborarse por tópicos, situaciones, categorías, etcétera[26]:

Tarjeta A

1. raqueta - pelota - red	a) fútbol
2. traje de baño - gorro - piscina	b) baloncesto
3. bicicleta - pedales - rodilleras	c) pimpón

Tarjeta B

1. cesta - balón - pista	a) natación
2. balón - portería - campo	b) ciclismo
3. mesa - red - raqueta - pelota	c) tenis

f) la relación asociativa por el significante[27] se desarrolla mediante ejercicios de composición (lexemas), derivación (afijos, sust. → verbos, sust. → adjetivos, adj. → adverbios, etc.), flexión regular e irregular de sustantivos, adjetivos y verbos[28]. Se realizan, mayoritariamente, de forma individual y en la fase de experimentación;

g) las relaciones asociativas por el significado y el sentido se ejercitan en la fase de experimentación (individual, parejas y equipo) mediante actividades que implican establecer correspondencias (pares asociados), clasificar series de adjetivos o expresiones culturales según connotaciones positivas y negativas, establecer la clasificación denotativa en el mapa mental, ejercicios de sinónimos, antónimos, polisemia, hipónimos, etcétera[29];

h) las actividades de combinaciones sintagmáticas (tarea individual, fases de observación, uso y conceptualización) promueven el énfasis sobre la organización horizontal e implican insertar palabras en el cotexto. Lewis (1993: 124-132) muestra algunas actividades, tales como cajas –combinaciones de verbos, adjetivos y sustantivos–, donde recomienda que no

---

[25] Esta actividad se corresponde con el vértice 2 del heptágono desarrollado en el capítulo "La subcompetencia léxico-semántica".

[26] Un alumno posee las tarjetas A y otro alumno posee las tarjetas B. Uno realiza preguntas (números) y el otro da respuestas (letras).

[27] Esta actividad se corresponde con el vértice 4 del heptágono desarrollado en el capítulo "La subcompetencia léxico-semántica".

[28] Martín (1999: 33-59) propone una amplia gama de actividades relacionadas con la estructura y formación de las palabras, así como con su uso (sintaxis y semántica) y con el significado (sinónimos y antónimos).

[29] Estas actividades se corresponden con el vértice 3 del heptágono desarrollado en el capítulo "La subcompetencia léxico-semántica".

haya más de cinco entradas en cada columna; verbos de régimen; verbos transitivos con sus agentes, objetos directos e intrumentos; rellenar con los marcadores discursivos apropiados un texto o conversación, etcétera[30];

i) la técnica *cloze* permite comprobar cómo el alumno procesa el discurso -codificación y descodificación- y cómo cohesiona el texto. Los ejercicios consisten en completar un texto con preposiciones, con adjetivos, con verbos en diferentes tiempos, con sustantivos, adverbios o locuciones incompletas, etc. Se emplea en las fases de uso y retención;

j) las actividades sobre producción de historias breves en las que no se puede repetir una palabra simple más de una vez (realización individual y parejas) favorecen la práctica y evalúan la retención;

k) la búsqueda en el diccionario es una actividad individual que se realiza, principalmente, en la fase de experimentación y favorece el aprendizaje autónomo. El diseño de actividades para aprender a usar un diccionario es imprescindible; comprende tareas relacionadas con el conocimiento de la estructura del diccionario (ordenar alfabéticamente palabras, búsqueda del lema de ciertas palabras o unidades léxicas), de cómo los diccionarios codifican de distinto modo los tipos de información (diversas acepciones en un diccionario monolingüe, expresiones idiomáticas en un diccionario fraseológico), etcétera;

l) las actividades sobre colocaciones y expresiones institucionalizadas permiten un mejor aprovechamiento didáctico de los textos en el aula -comprensión- y facilitan el incremento del poder comunicativo de los alumnos -práctica y retención-. Estas actividades[31], realizadas en parejas o grupos, son de diversa índole: identificar colocaciones en un texto; seleccionar y/o completar elementos que se usan frecuentemente, distribuidos en diferentes columnas; descubrir colocaciones erróneas; completar con fórmulas sociales algunos fragmentos; reconocer expresiones idiomáticas idénticas o equivalentes en su L1; establecer correspondencias entre expresiones idiomáticas y sus significados, etcétera[32];

m) finalmente, hay un grupo de actividades que se practican en la fase de experimentación pero, sobre todo, sirven para conocer el grado de retención del vocabulario aprendido; por ello, son, esencialmente, individuales. Comprenden: procedimientos lúdicos (sopas de letras, crucigramas, rompecabezas); ejercicios de opción múltiple: elección de la unidad léxica correcta o adecuada (sustantivos, adjetivos, verbos, adverbios, expresiones) para completar frases; explicar las diferencias significativas de acuerdo con el contexto (*merece la pena visitar el casco antiguo de la ciudad / ese barco puede naufragar porque tiene el casco muy antiguo*); eliminar el intruso en diferentes asociaciones; realizar definiciones de términos isonímicos o cohipónimos (*casa de socorro*, *ambulatorio*, *consulta del médico*, *hospital*); y producir textos (inventar historias -un accidente, un viaje-, escribir microdiálogos -alquilar un piso en una agencia inmobiliaria-, juego de roles -diferentes alumnos defienden su deporte favorito-).

---

[30] Estas actividades se corresponden parcialmente con el vértice 4 del heptágono desarrollado en el capítulo "La subcompetencia léxico-semántica".

[31] Lewis (1997: 108-139) ofrece un amplio abanico de actividades relacionadas con ítems léxicos. También pueden consultarse otras obras de referencia como Domínguez *et al.* (1988), Beltrán y Yáñez (1996).

[32] Estas actividades se corresponden con el vértice 6 del heptágono desarrollado en el capítulo "La subcompetencia léxico-semántica".

CONCLUSIÓN

La utilidad didáctica que representa planificar el léxico de las diferentes áreas temáticas, con carácter cíclico para los diferentes niveles, queda refrendada a lo largo de la exposición anterior. Entre las cuestiones relevantes, se ha señalado cómo los diferentes criterios de selección se corresponden con procedimientos metodológicos distintos; se ha resaltado la importancia (y necesidad) de que el desarrollo de la competencia léxica sea un objetivo específico más en la programación y se han sugerido diferentes tipos de actividades que, además de potenciar el desarrollo de estrategias de aprendizaje en los alumnos, muestran los diferentes aspectos del significado como una parte natural del lenguaje en el aula.

Siguiendo las directrices cognitivistas, hemos distinguido entre proceso y producto. Todo el planteamiento desarrollado ha incidido más en la perspectiva del aprendizaje del vocabulario como proceso, considerando que éste es acumulativo, dinámico y que abarca toda la realidad psicosocial. Como señala Lewis (1993: 88), el significado se construye por tres caminos: un implícito sistema de contrastes, un proceso sintético de adición (*bottom-up*) y un proceso de interpretación (*top-down*), basado en el conocimiento del mundo real.

Es evidente que el contenido léxico de ELE debe ofrecer un vocabulario vivo, de utilidad inmediata y mediata, destinado a la práctica de la comunicación cotidiana. Pero no por ello propugnamos un programa basado en el léxico, sino que, respetando el método o manual utilizados en el aula, el profesor diseñará una planificación léxica adecuada para cada nivel, unidad didáctica o tarea, que facilitará la enseñanza-aprendizaje del vocabulario como un objetivo específico más de la programación; y ello supone una sistematicidad teórico-práctica de actividades, que posibilitarán un desarrollo de estrategias en el aprendiz y lo capacitarán para enfrentarse de forma autónoma al léxico del español.

BIBLIOGRAFÍA

ALAMEDA, J. R. y CUETOS, F. (1995), *Diccionario de frecuencias de las unidades lingüísticas del castellano*, Universidad de Oviedo.

ÁVILA, A. (1999), *Léxico de frecuencia del español hablado en la ciudad de Málaga*, Universidad de Málaga.

BELTRÁN, M.ª J. y YÁNEZ, E. (1996), *Modismos en su salsa*, Madrid, Arco Libros.

BENÍTEZ, P. (1992), "Disponibilidad léxica en la zona metropolitana de Madrid", *Boletín de la Academia Puertorriqueña de la Lengua Española*, 1: 71-102.

BENÍTEZ, P. (1994), "Léxico real / léxico irreal en los manuales de español para extranjeros", *Actas del II Congreso Nacional de la Asociación para la Enseñanza del Español como Lengua Extranjera, ASELE*, Málaga: 325-333.

CARCEDO, A. (2000), *Disponibilidad léxica en español como lengua extranjera: el caso finlandés*, Turku, Turun Yliopisto.

CARTER, R. y McCARTHY, M. J. (eds.) (1988), *Vocabulary and Language Teaching*, Londres, Longman.

CASARES, J. (1992), *Diccionario ideológico de la lengua española*, Barcelona, Gustavo Gili (2.ª edición).

CERVERO, M.ª J. y PICHARDO, F. (2000), *Aprender y enseñar vocabulario*, Madrid, Edelsa.

COADY, J. y HUCKIN, T. (eds.) (1997), *Second Language Vocabulary Acquisition*, Cambridge, Cambridge University Press.

CONSEJO DE EUROPA (1996), *Modern Languages: Learning, Teaching, Assessment. A Common European Framework of reference*. Consejo para la Cooperación Cultural, Comité de Educación, Estrasburgo.

CORPAS, G. (1996), *Manual de fraseología española*, Madrid, Gredos.

DEL MORAL, R. (1998), *Diccionario temático del español*, Madrid, Verbum.

DIE, INSTITUTO ALEMÁN PARA LA EDUCACIÓN DE ADULTOS (1999), *Los Certificados Europeos de Idiomas. Certificado de Español*, Francfort, WBT.

DOMÍNGUEZ, P., MORERA, M. y ORTEGA, G. (1988), *El español idiomático*, Barcelona, Ariel.

GAIRNS, R. y REDMAN, S. (1986), *Working with words. A guide to teaching and learning vocabulary*, Cambridge, Cambridge University Press.

GALISSON, R. (1979), *Lexicologie et enseignement des langues,* París, Hachette.

GALISSON, R. (1991), *De la langue à la culture par les mots,* París, Clé International.

GALLOSO, V. (2001), *El léxico de los estudiantes preuniversitarios en el Distrito Universitario de Salamanca*, Tesis doctoral (inédita), Universidad de Salamanca.

HIGUERAS, M. (1997), "Las unidades léxicas y la enseñanza del léxico a extranjeros", *Revista de Adquisición de la Lengua Española*, 8: 35-49.

JUSTICIA, F. (1995), *El desarrollo del vocabulario. Diccionario de frecuencias*, Universidad de Granada.

KOIKE, K. (2001), *Colocaciones léxicas en el español actual: estudio formal y léxico-semántico*, Universidad de Alcalá y Takushoku University.

KRASHEN, S. D. y TERRELL, T. D. (1983), *The Natural Approach to Language Learning*, Oxford, Pergamon Press.

LEWIS, M. (1993), *The Lexical Approach*, Londres, Language Teaching Publications.

LEWIS, M. (1997): *Implementing the Lexical Approach*, Londres, Language Teaching Publications.

LÓPEZ MORALES, H. (1999), *Léxico disponible de Puerto Rico*, Madrid, Arco Libros.

MARTÍN, J. (1999), *El diccionario en la enseñanza del español*, Madrid, Arco Libros.

MATEO, M.ª V. (1998), *Disponibilidad léxica en el COU almeriense. Estudio de estratificación social*, Almería, Universidad de Almería.

McCARTHY, M. (1999), "What constitutes a basic vocabulary for spoken communication?", *Studies in English Language and Linguistics*, I: Universidad de Valencia: 233-249. Universidad de Valencia.

MINISTERIO DE EDUCACIÓN, CULTURA Y DEPORTE (2002), *Marco común europeo de referencia para las lenguas: aprendizaje, enseñanza, evaluación*, Madrid, Secretaría General Técnica del MECD y Grupo Anaya, traducido y adaptado por el Instituto Cervantes.

MORALES, A. (1986), *Léxico básico del español de Puerto Rico,* Madrid, La Muralla.

NATION, I. S. P. (1990), *Teaching and learning vocabulary*, Rowley, Mass., Newbury House.

NATION, P. y WARING, R. (1997), "Vocabulary size, text coverage and word lists", en N. SMITT y M. J. McCARTHY (eds.) (1997), *Vocabulary Description, Acquisition and Pedagogy*, Cambridge, Cambridge University Press: 6-19.

NEAB, (Northern Examinations and Assessment Board) (1994), *Spanish. Syllabus for the GCSE Examination*, Manchester, Advertiser Printing Works.

OXFORD, R. (1990), *Language Learning Strategies*, Nueva York, Newbury House.

RUIZ, L. (1998), *La fraseología del español coloquial*, Barcelona, Ariel.

TERRÁDEZ, M. (2001), *Frecuencias léxicas del español coloquial: análisis cuantitativo y cualitativo*, Anejo XLI de *Cuadernos de Filología*, Universidad de Valencia.

VALENCIA, A. y ECHEVARRÍA, M. S. (1999), *Disponibilidad léxica en estudiantes chilenos*, Santiago de Chile, Universidad de Concepción.

VARELA, F. y KUBARTH, H. (1996), *Diccionario fraseológico del español moderno*, Madrid, Gredos.

Los contenidos funcionales y comunicativos

Francisco Matte Bon
Universidad de Salerno

Introducción

Los contenidos funcionales son tal vez los que mejor plasman en la mente de numerosos profesores la esencia de los llamados *enfoques comunicativos.* Tras un breve espacio dedicado a aclarar a qué nos referimos con la expresión *contenidos funcionales y comunicativos,* en el que intentaremos dirimir algunas ambigüedades frecuentes, recordaremos cómo y cuándo empieza a aparecer esta nueva perspectiva de análisis en la enseñanza de idiomas y, especialmente, en la del español. En un segundo momento detendremos nuestra atención sobre las ventajas que conlleva el adoptar esta perspectiva de análisis, la única que nos permite entender numerosos efectos expresivos de la interacción verbal, para la determinación de los objetivos y los contenidos de los cursos; subrayaremos el gran salto cualitativo que representó para la enseñanza de idiomas, y nos preguntaremos cómo se insertan los llamados contenidos funcionales dentro de un curso de lengua y cuáles son las mejores maneras de trabajarlos[1].

1. A qué nos referimos con la expresión contenidos funcionales y comunicativos

Generalmente la expresión *contenidos funcionales* se usa en la enseñanza de idiomas para referirse a los diferentes actos sociales que un enunciador puede llevar a cabo en la lengua extranjera (también llamados *funciones*): presentarse, preguntar la hora, pedir permiso, ofrecer, aceptar, rechazar, etc. Con frecuencia el término *funcional* va asociado con *nocional.* Este último adjetivo

---

[1] Dados los inevitables límites de este trabajo, hemos optado por apuntar a algunas cuestiones que puedan alimentar la reflexión, reduciendo el número de ejemplos y sobrevolando o no tocando algunos aspectos que el lector podrá encontrar con facilidad en otros lugares. Como buen complemento a la lectura de este artículo, y para poder sacar de él el mayor provecho posible, se recomienda la consulta de los diferentes listados de contenidos nocionales y funcionales mencionados más adelante, así como la atenta observación de los manuales para la enseñanza del español publicados en los últimos veinte años.

suele referirse a todo lo que tiene que ver con las diferentes *nociones generales y específicas* que tendrá que manejar el discente en la lengua extranjera: tiempo, espacio, etc.

Antes de desarrollar nuestra reflexión, se impone una aclaración acerca del término *funcional*.

Este término en lingüística y en didáctica de idiomas modernos se ha utilizado con múltiples sentidos[2]. No siempre, cuando nos referimos a un *enfoque funcional* se entiende lo mismo, ni siquiera dentro del ámbito más restringido de la enseñanza de idiomas[3]. Aun limitándonos a recordar sólo algunos de los usos frecuentes del término *funcional*, es preciso señalar que algunos autores lo utilizan para referirse a las funciones del lenguaje tal como las describía Roman Jakobson[4]. Otros lo hacen pensando más bien en el funcionalismo de André Martinet[5], en la escuela de Praga[6], en el de Louis Hjelmslev, o, en gramática española, en los trabajos de Emilio Alarcos Llorach[7]. Desde esta perspectiva, el funcionalismo es una escuela que analiza la lengua como sistema coherente de elementos que viven en oposición unos con otros, y estudia el papel discriminante que desempeña cada elemento y lo caracteriza -es decir, su *función*- en relación con los demás elementos o con las oraciones y los enunciados en los que aparece, en el marco del complejo sistema de equilibrios que es la lengua. Otros autores utilizan los términos *función* y *funcional* pensando más bien en la perspectiva propuesta por Michael Halliday, y se refieren a las funciones del lenguaje concebido como instrumento de comunicación en sociedad, a las elecciones que van haciendo los hablantes en la interacción, y al estudio de las funciones que desempeña cada elemento en el sistema y cómo se relacionan entre sí los elementos[8].

---

[2] La variedad de usos de este término salta a la vista cuando se consultan los diferentes diccionarios de lingüística y enseñanza de idiomas disponibles en el mercado. Véanse J. C. Richards, J. Platt y H. Platt (1992), *Diccionario de lingüística aplicada y enseñanza de lenguas*, versión española y adaptación de C. Muñoz Lahoz y C. Pérez Vidal (1997) Barcelona, Ariel: 178-181; E. Alcaraz Varó y M.ª A. Martínez Linares (1997), *Diccionario de lingüística moderna*, Barcelona, Ariel: 257-262; O. Ducrot y J. M. Schaeffer (1995), *Nuevo diccionario enciclopédico de las ciencias del lenguaje*, versión española de M.ª del C. Girón, T. M.ª Rodríguez y M. Tordesillas, (1998) Madrid, Arrecife: 45-53; D. Crystal (1992), *An Encyclopedic Dictionary of Language and Languages*, Oxford, Blackwell: 147-148; G. L. Beccaria (dir.) (1994), *Dizionario di Linguistica*, Turín, Einaudi: 328-331.

[3] Al no haber en estas palabras ninguna intención polémica o crítica, sino una mera constatación de hechos, me limito a señalar algunos usos que el lector atento podrá encontrar en diferentes publicaciones que se refieren a la enseñanza del español como lengua extranjera, para ayudarle en la reflexión, sin mencionar ninguna de ellas en concreto.

[4] Véase R. Jakobson (1963), "Linguistique et poétique", en *Essais de linguistique générale. 1. Les fondations du langage*, París, Les éditions de Minuit, capítulo 11: 209-248.

[5] Véase A. Martinet (1970), *Éléments de linguistique générale*, París, Armand Colin.

[6] Y, especialmente, de los estudios de fonología.

[7] Véase E. Alarcos Llorach (1970), *Estudios de gramática funcional del español*, Madrid, Gredos y E. Alarcos Llorach, *Gramática de la lengua española* (1994), Madrid, Espasa Calpe. No discutiremos aquí lo que tienen en común y las diferencias que existen entre las diferentes escuelas funcionalistas, ya que esto nos alejaría demasiado del tema de este artículo, el concepto de *función* en la enseñanza de idiomas. Sin embargo, para que el lector menos avezado a los análisis gramaticales de corte funcionalista pueda formarse una idea, reproducimos aquí dos citas de la *Gramática de la lengua española* de Emilio Alarcos Llorach, que reflejan perfectamente las perspectivas de análisis adoptadas:

> *Se llama verbo a una clase de palabras que funcionan como núcleo de la oración (∫311), y que, en consecuencia, son susceptibles de aparecer representándola sin necesidad de otras unidades...* (1994: 137).
>
> *Se designa como interjección una clase de palabras autónomas que, a diferencia de los sustantivos, los adjetivos y los adverbios, no se insertan funcionalmente dentro de la oración y constituyen por sí solas enunciados independientes. Por ello, algunos piensan que la interjección es una unidad fuera de la sintaxis. No obstante, la interjección puede establecer relaciones con otras unidades y formar con ellas enunciados complejos* (1994: 240).

[8] Véanse G. Kress (ed.) (1976), *Halliday: System and Function in Language, Selected papers*, Oxford, Oxford University Press y M. A. K. Halliday (1985), *An Introduction to Functional Grammar*, Londres, Arnold.

Sin embargo, no son ésos los usos más característicos que se dan de estos términos en la enseñanza de idiomas. Con frecuencia se asocia el término *función* con el adjetivo *comunicativa*:

> *En el aprendizaje de lenguas extranjeras el término* función comunicativa *se emplea para aludir a los usos y fines del lenguaje dentro de la comunicación humana, recogidos en forma de repertorios, con el fin de construir sílabos o programas didácticos comunicativos, esto es no formales (cf. método*[9] *comunicativo). En este sentido,* función *se opone a* forma. *Son* funciones comunicativas, *por ejemplo, la expresión del agrado o del desagrado, la petición de información, la expresión de la indiferencia, etcétera* (Alcaraz Varó y Martínez Linares, 1997: 259).

Esta acepción del término *funcional* se da especialmente en relación con los enfoques *nociofuncionales*[10] que se desarrollaron a partir de los años setenta, sobre todo en el ámbito de los proyectos de difusión de las lenguas extranjeras promovidos por el Consejo de Europa[11].

Aun dentro de esta última perspectiva, que será la nuestra en este artículo, debemos señalar que no todos los autores y profesores tienen ideas análogas cuando utilizan el término *función*: un rápido vistazo a los índices de los materiales publicados en los últimos veinte años demuestra que algunos se refieren con él a macro-ámbitos como *expresar opiniones, pedir y dar informaciones, expresar sentimientos, reaccionar*, etc. Otros se refieren a actos más puntuales, análogos a los mencionados en el fragmento citado arriba: *preguntar el nombre, preguntar cómo se llega a un lugar, explicar cómo se llega a un lugar, preguntar cuándo sucede alguna cosa, preguntar cuánto dura algo, expresar sorpresa, expresar alegría frente a una noticia recibida, expresar contrariedad por un dato*, etc. Esta distinción es fundamental si queremos explorar las posibilidades que nos ofrece este tipo de análisis. A cada una de las funciones del segundo grupo se asocian una serie de formas lingüísticas (expresiones, elementos morfosintácticos) características, que se utilizan a la hora de expresar esa función. Dichas formas suelen llamarse *exponentes* (o *realizaciones*) de la función. Así, por ejemplo, las formas *¿te apetece...?, ¿y si...* (+ imperfecto de subjuntivo)?, *¿qué te parece si...* (+ presente de indicativo)? son todas exponentes de la función *proponer una actividad*. La posibilidad de identificar unos exponentes característicos de la expresión de cada función nos permite entender las ventajas de una definición restrictiva de las funciones con respecto a las interpretaciones demasiado amplias y vagas que, en cierto sentido, conllevan los mismos problemas que planteaban las definiciones *situacionales* de los contenidos

---

[8] Véanse G. Kress (ed.) (1976), *Halliday: System and Function in Language, Selected papers*, Oxford, Oxford University Press y M. A. K. Halliday (1985), *An Introduction to Functional Grammar*, Londres, Arnold.

[9] Si bien no podemos desarrollar este punto, porque ello nos alejaría del tema de nuestro artículo, no podemos dejar de señalar que la expresión *método comunicativo* representa una de las numerosas aproximaciones conceptuales y metodológicas que, lamentablemente, aquejan a la enseñanza de idiomas, ya que no existe un *método comunicativo* propiamente dicho y sería más correcto hablar de *enfoques comunicativos*. Sobre la distinción entre *método* y *enfoque* véase J. C. Richards y T. S. Rodgers (1986), *Approaches and Methods in Language Teaching*, Cambridge, Cambridge University Press, especialmente el capítulo 2: 14-30.

[10] Véanse: D. A. Wilkins (1972), "Grammatical, situational and notional syllabuses", en C. J. Brumfit y K. Johnson (1979), *The Communicative Approach to Language Teaching*, Oxford, Oxford University Press: 82-90; D. A. Wilkins (1974), "Notional Syllabusses and the Concept of a Minimum Adequate Grammar", en C. J. Brumfit y K. Johnson (1979), *The Communicative Approach to Language Teaching*, Oxford, Oxford University Press: 91-98; D. A. Wilkins (1976), *Notional Syllabusses*, Oxford, Oxford University Press.

[11] Véase Consejo de Europa (1981), *Modern Languages* (1971-1981), Estrasburgo, Consejo de Europa.

de los cursos, a los que alude Wilkins (1972)[12]. En relación con esto, debemos señalar otra de las confusiones frecuentes en la enseñanza de idiomas, especialmente entre los profesores de español como lengua extranjera: a menudo se utiliza la palabra *función* para referirse a los exponentes de una función. Así, por ejemplo, oímos hablar de la *función*[13] *¿te apetece...?*

Cuando se habla de *funciones* o de *contenidos funcionales* en el sentido que acabamos de ver, es preciso señalar, además, que no siempre se está pensando en el mismo tipo de actos.

Normalmente los enunciadores utilizan la lengua para actuar con ella en el mundo extralingüístico o para hablar del mundo extralingüístico. Pero también, y a la vez, en cada enunciado hay elementos con los que hablamos de la lengua misma, o el enunciado mismo puede constituir un acto que tiene que ver con el funcionamiento del código que es la lengua o con la gestión de la interacción. La primera de estas dos dimensiones suele llamarse, según los enfoques de análisis, *contenido proposicional* del enunciado, o bien *nivel de la referencia al mundo extralinguístico*. La segunda, constituye el nivel de los contenidos *procedimentales*, o el nivel *metalingüístico*[14].

Estas dos dimensiones no siempre quedan claramente separadas en las listas de contenidos nociofuncionales. En un alto número de casos, los elementos de la lista se refieren a actos en los que el enunciador utiliza la lengua para transmitir información o llevar a cabo actos sociales, cuya trascendencia es, ante todo, extralingüística: *invitar, aceptar o rechazar una invitación, pedir / ofrecer algo en un bar, saludar y despedirse, presentar una persona a otra*. Cuando invitamos a alguien, cuando aceptamos una invitación o la rechazamos, cuando pedimos un café en un bar o bien se lo ofrecemos a alguien, cuando saludamos al llegar o nos despedimos al separarnos de alguien, cuando le presentamos una persona a otra, etc., llevamos a cabo actos que tienen consecuencias más o menos inmediatas en el mundo extralingüístico, que provocan actos concretos, que modifican el mundo extralingüístico y las relaciones que existen entre las personas, o que inciden en ellas de alguna manera, etc. Así, por ejemplo, cuando pedimos un café en un bar, un camarero cogerá una taza, dejará caer en ella cierto líquido oscuro producido por una máquina previamente cargada con un polvo marrón oscuro, luego colocará esa taza encima de un plato y la dejará delante de la persona que ha pedido el café, etc. En otros casos, sin embargo, los elementos de los listados se refieren a actos o funciones que no inciden automáticamente en el mundo extralingüístico, no se traducen en gestos de manera inmediata, no siempre *transforman* el mundo. A veces esos actos tienen que ver, más que nada, con la gestión de la interacción. Sus consecuencias en lo que respecta al mundo extralingüístico son, con frecuencia, muy indirectas o, incluso, inexistentes. Así, por ejemplo, es muy posible que por el simple hecho de *dirigirse a alguien, iniciar el discurso, relacionar ele-*

---

[12] *¿Es realmente posible proponer un sílabus completo concebido con criterios situacionales? En la práctica, esto plantea numerosas dificultades. En primer lugar, resulta extremadamente difícil definir el concepto de situación. En algunos casos resulta evidente que el tipo de lengua que se utiliza está estrechamente relacionada con el contexto físico en el que se utiliza. Sin embargo, esos casos son, cuando menos, atípicos...* D. A. Wilkins (1972), "Grammatical, situational and notional syllabuses", en C. J. Brumfit y K. Johnson (1979), *The Communicative Approach to Language Teaching*, Oxford, Oxford University Press: 82- 90. Volveremos a este punto en al apartado siguiente.

[13] Otro de los términos que se utilizan de manera inexacta para referirse a los *exponentes* de una *función* es el término *registro*. Así, por ejemplo, leemos en algunos materiales concebidos para la enseñanza del español como lengua extranjera expresiones como *el registro 'apetecer'*. Por otra parte, es importante entender que los *exponentes* son *realizaciones características* de una función, pero pueden intervenir en la expresión de otros actos, por la vía de la implicatura. Así, por ejemplo, el enunciado *¿Te apetece que te dé una torta?* se interpretará como amenaza y no como ofrecimiento.

[14] Mucho habría que matizar sobre el uso de estas etiquetas. Sin embargo, al no ser éste el tema central del presente artículo, no abordaremos la cuestión en detalle.

mentos y partes del discurso y finalizar un discurso[15] nada cambie en el mundo extralingüístico ni en la relación que existe entre los interlocutores, a diferencia de lo que ocurre cuando se *sugieren actividades y se reacciona ante sugerencias*[16]. Naturalmente, aun entre los actos que tienen una relación más directa con el mundo extralingüístico, en los que el peso de los *contenidos proposicionales* es mayor, hay algunos que conciernen más directamente al mundo extralingüístico que otros. Sin embargo, todos ellos lo afectan en alguna medida y, sobre todo, se refieren a él, se manifiestan en él. No sucede lo mismo con los actos que se refieren a la gestión de la interacción, que tienen un valor más *metalingüístico*[17]. Para aquéllos resulta bastante fácil identificar diferentes exponentes posibles. Estos últimos, por el contrario, no siempre pueden traducirse en *exponentes funcionales*, ya que, a menudo, se expresan con recursos o comportamientos menos fáciles de identificar. Así, por ejemplo, una manera de no dejarse interrumpir consiste en acelerar ligeramente la velocidad de elocución y subir un poco el tono de la voz, y esto no puede asociarse con ningún exponente concreto. Si por una parte no resulta difícil identificar y enumerar los operadores gramaticales utilizados para *relacionar elementos y partes de un discurso*[18], por otra, debemos reconocer que resulta más difícil hacer lo mismo si pensamos en *hacer un inciso* o *cambiar de tema*[19].

No podemos cerrar esta primera parte sin señalar, por último, que en los listados de *funciones* o *contenidos funcionales*, al lado de expresiones que se refieren a actos más o menos concretos (en los que, como acabamos de ver, pesa más o menos la referencia al mundo extralingüístico o la dimensión metalingüística de la lengua) se encuentran otras expresiones que se refieren más bien a capacidades o destrezas como *parafrasear*[20], que también resultan muy difíciles de traducir en exponentes.

2. Cómo surgió la definición nociofuncional de los objetivos y contenidos

Antes de discutir las ventajas y los límites de una definición nociofuncional de los contenidos de un curso de lengua, veamos brevemente cómo apareció en la enseñanza de idiomas esta nueva dimensión. Tradicionalmente la enseñanza de idiomas se preocupaba, de diferentes maneras, por el vocabulario y la morfosintaxis. Durante siglos se consideró que aprender una lengua era, esencialmente aprender *palabras* en esa lengua, y aprender *reglas formales* que permitieran crear oraciones con las palabras aprendidas. Según las etapas por las que pasó la enseñanza de idiomas fueron cambiando las maneras de perseguir esos objetivos; sin embargo, los objetivos siempre han sido muy parecidos en lo que respecta a la concepción de lo que es la lengua. En algunos casos, como en los métodos de gramática y traducción, la gramática se presentaba explícitamente; en otros,

---

[15] Ejemplos sacados de Instituto Cervantes (1994), *La enseñanza del español como lengua extranjera. Plan curricular del Instituto Cervantes*, Madrid, Instituto Cervantes: 50.

[16] *Íbidem.*

[17] Entre los actos que tienen valor más metalingüístico hay que distinguir dos tipos: actos metalingüísticos explícitos, como *preguntar por una palabra o expresión que no se conoce o se ha olvidado, o pedir a alguien que hable más despacio o más alto, y actos implícitos*, como *dirigirse a alguien* o *iniciar el discurso* (ejemplos sacados de Instituto Cervantes (1994), *La enseñanza del español como lengua extranjera. Plan curricular del Instituto Cervantes*, Madrid, Instituto Cervantes: 50).

[18] Ejemplos sacados de Instituto Cervantes (1994), *La enseñanza del español como lengua extranjera. Plan curricular del Instituto Cervantes*, Madrid, Instituto Cervantes: 50.

[19] *Íbidem*: 54.

[20] *Íbidem*: 52.

como en el método directo o en algunos de los métodos basados en el estructuralismo (situacional, audio-oral, audiovisual) podía ser explícita o implícita. Durante siglos se insistió sobre todo en la lengua escrita[21]. A lo largo de los últimos ciento cincuenta años la lengua hablada ha ido cobrando una importancia cada vez mayor en la enseñanza de idiomas modernos. Sin embargo, a pesar de las diferencias en los enfoques y en las metodologías adoptadas, la concepción de los contenidos, aun habiéndose producido cambios de perspectiva[22], varió relativamente poco hasta principios de los años setenta del pasado siglo. Así resume todo esto D.A. Wilkins (1972: 82):

> *Se ha señalado en repetidas ocasiones que si bien muchos de los cambios que se han producido en la enseñanza de idiomas se han debido a una evolución en los estudios lingüísticos, paradójicamente los cambios han afectado más a los métodos que a los contenidos enseñados. Un vistazo a la historia de la enseñanza de idiomas revela que a lo largo de los años ha habido una gran variedad de enfoques metodológicos y una sorprendente estabilidad en los principios que gobiernan la elección de los elementos lingüísticos que debían enseñarse y su organización. Fuera cual fuera el método, se partía del supuesto de que las unidades de aprendizaje se definían con criterios gramaticales, si bien en la determinación de la secuencia exacta en que iban apareciendo intervenían consideraciones pedagógicas. Este enfoque se basa en un punto de vista teórico, que puede ser explícito o no, según el que la segmentación de la lengua en unidades determinadas por las categorías gramaticales tendría validez psicolingüística. En otras palabras, el proceso de aprendizaje de una lengua resultaría más fácil si quien aprende se va enfrentando con un elemento del sistema gramatical a la vez. Así, por ejemplo, el método de gramática y traducción, el método audiolingual y los métodos estructurales son todos,* mutatis mutandis, *aplicaciones de este principio. Las diferencias en la determinación de los contenidos, cuando existen, son, con frecuencia, muy superficiales. Durante una época para referirse a los contenidos se prefirió el término 'estructuras' frente al término 'gramática'. Sin embargo, los contenidos cambiaban poco, si dejamos de lado una mayor preocupación por limitar la cantidad de material presentado en cada unidad. Los rótulos utilizados para referirse a los diferentes elementos enseñados demuestran claramente que aún se conciben los contenidos en términos gramaticales: el artículo determinado, la posición del adjetivo, los tiempos del pasado, el condicional, el comparativo y el superlativo, etc. Independientemente de que se note más o menos, puede afirmarse, por tanto, que la mayor parte de los manuales están basados en un* sílabus gramatical.[23].

---

[21] Sin embargo, sería un error pensar que el interés por la lengua hablada nace sólo en nuestra época. Si bien de una manera distinta, y sin concebir aún un análisis que se aproxime al análisis nociofuncional, el *Diálogo de la lengua*, de Juan de Valdés, contiene numerosísimas referencias a la lengua hablada y demuestra una clara preocupación por describir una lengua que refleje la real.

[22] Especialmente en lo que respecta a la perspectiva adoptada en el análisis de la lengua y en lo que se suponía que debía adquirir el alumno de los cursos de lenguas. Así, por ejemplo, se pasó de un enfoque que privilegiaba las reglas de gramática concebidas desde una perspectiva contrastiva a planteamientos que consideraban que el estudiante necesitaba hacerse con una serie de moldes estructurales en los que se iría insertando el vocabulario (en algunos países se elaboraron catálogos detallados de estructuras). Posteriormente se intentó recuperar la dimensión dinámico-creativa de la competencia lingüística.

[23] *It has been pointed out a number of times that although many of the changes that have taken place in language teaching have been motivated by developments in linguistics, the changes have paradoxically taken place in the*

A principios de los años setenta se dieron diferentes circunstancias que llevaron al surgimiento de un nuevo tipo de enfoque en la definición de los contenidos: la definición *nociofuncional.*

Por un lado existía un percepción cada día más clara de que los llamados métodos situacionales[24] se habían revelado insuficientes como criterio de descripción de la lengua[25]. Además, los resultados alcanzados en la enseñanza de idiomas eran insuficientes. Se imponía, pues, la necesidad de encontrar nuevos criterios.

Por otro lado, una rama de la lingüística estaba atravesando una etapa iniciada a finales de los años cincuenta y principios de los sesenta, que la llevaba a analizar las producciones lingüísticas en términos de actos, siguiendo a los precursores Austin y Searle[26].

Pero la circunstancia que tal vez más influyó en el desarrollo de lo que se dio en llamar enfoques nociofuncionales, fue el desarrollo del proyecto *Modern Languages* del Consejo de Europa, que a partir de los primeros años setenta empezaba a buscar la manera de establecer criterios de definición de los objetivos y contenidos de los cursos de lengua en términos de comportamientos observables que permitieran llegar a un sistema de unidades *capitalizables* o *acumulables*[27]. Se llegó así a la definición de un nivel mínimo de conocimientos generales de una lengua que debía alcanzar un extranjero que quisiera estar en condiciones de sobrevivir en una lengua extranjera y establecer relaciones con hablantes de esa lengua para empezar a integrarse en una comunidad que hablara esa lengua. Dicho nivel de conocimientos quedó descrito de manera detallada en diferentes documentos específicos para cada idioma publicados en los años setenta y los años ochenta, elaborados principalmente a partir de los modelos desarrollados para el inglés y el fran-

---

methods rather than the content of teaching. A glance at the history of language teaching reveals enormous diversity of methodology over the years but a remarkable stability in the principles underlying the choice of language to be taught and its arrangement. Whatever the method, it has been assumed that units of learning should be defined in grammatical terms, although the precise sequence in which they occurred would be influenced by pedagogic considerations. The theory that such an approach is based on, whether it is explicit or not, holds that splitting the language into parts determined by the grammatical categories of the language has psycholinguistic validity. That is, the task of learning a language is made easier if one is exposed to one part of the grammatical system at a time. Mutatis mutandis *traditional grammar/translation, audio-lingual and structural methods, for example, are all applications of this principle. Changes in content, where they occur, are sometimes extremely superficial. For a while it was fashionable to label the content structures rather than grammar, but the content changed little, apart from a greater concern with reducing the learning load in each unit. That the content of learning is still thought of in grammatical terms is indicated by the labels used to indicate the items to be learned: the definite article, the position of adjectives, the past tense, conditionals, comparative and superlative, and so on. It is fair to say, therefore, that, whether or not it is apparent, most textbooks have as their basis a* grammatical syllabus. (D. A. Wilkins 1972: 82, traducción mía).

24 Con esta etiqueta se alude a diferentes tipos de enfoques. La atención se fue desplazando cada vez más desde los contenidos gramaticales hacia el estudio de lo que sucedía en diferentes situaciones. Los métodos situacionales se fueron preocupando cada vez más por presentar la lengua tal como se utiliza en diferentes situaciones de la vida cotidiana: el hotel, el restaurante, las tiendas, por la calle, etc.

25 Véase D. A. Wilkins (1972), "Grammatical, situational and notional syllabuses", en C. J. Brumfit y K. Johnson (1979), *The Communicative Approach to Language Teaching*, Oxford, Oxford University Press: 82-90.

En su última etapa los llamados *métodos situacionales* describían la lengua característica de cada situación, y los cursos de lengua intentaban enseñar a moverse en las diferentes situaciones. Estos enfoques constituyeron una primera ruptura con los criterios que se habían venido utilizando desde hacía siglos en la determinación de los contenidos y los objetivos de los cursos de lengua y representaron un paso considerable hacia la autenticidad de la lengua enseñada. Sin embargo, además de las dificultades a las que alude Wilkins, cabe señalar que este enfoque puede resultar poco económico, ya que muchos actos se producen de la misma manera en diferentes situaciones.

26 *How to do Things with Words* fue publicado en 1962 y *Speech Acts*, en 1969.

27 Véase P. J. Slagter (1979), *Un nivel umbral*, Estrasburgo, Consejo de Europa: 1-2.

cés: *Threshold Level* y *Un niveau seuil*. El documento correspondiente para el español, *Un nivel umbral*, fue elaborado por Peter Jan Slagter y publicado en 1979. Esta obra constituía el primer listado detallado de *nociones y funciones* que un estudiante de español debería estar en condiciones de expresar en español. Posteriormente otras instituciones elaboraron listados de objetivos y contenidos siguiendo la misma idea, con criterios que integraban las nociones y las funciones: las Universidades Populares alemanas[28] publicaron un documento detallado en el que se especificaban los contenidos que debía dominar un candidato que deseara aprobar su *Certificado de Español*[29] -un diploma que alcanzó una indudable difusión y se consolidó como punto de referencia para muchos estudiantes y profesores, y no sólo en Alemania- y años más tarde publicaron un documento análogo referido al *Certificado de Español para las relaciones profesionales*[30]. También el Instituto Cervantes integró la dimensión *funcional* en su *Plan curricular*[31].

3. Los criterios de determinación de los objetivos de los cursos de lengua sugeridos por el análisis nociofuncional se han recogido a lo largo de la historia de diferentes maneras[32]

Cuando empezaron a aparecer los listados de contenidos definidos con criterios nociofuncionales, este enfoque comenzó a integrarse en la enseñanza de idiomas, y en la del español, de manera progresiva. En un primer momento se dieron, en la enseñanza de diferentes idiomas, y no sólo del español, cursos de lengua concebidos con otros objetivos, con una organización de los contenidos (sílabus) que giraban en torno a otros criterios, morfosintácticos o temático-situacionales, en los que las referencias al análisis funcional-comunicativo se añadían a lo demás, como un nivel más de análisis, con pequeños intercambios y/o con algún ejercicio de alcance limitado. Con frecuencia, las observaciones nociofuncionales que se presentaban en esa primera etapa eran muy superficiales y no reflejaban en absoluto la realidad de las diferentes lenguas. En algunos casos incluso podían resultar perjudiciales porque presentaban muestras de lengua que, de repetirse en la realidad, hubieran provocado la condena de quien las profiriera. Así, por ejemplo, en un material para la enseñanza del italiano, se enseñaba a *ofrecer*, *aceptar* y *rechazar* con intercambios cuyo equivalente en castellano sería:

◦ ¿Quieres un cigarrillo?	◦ ¿Quieres un cigarrillo?
• Sí, lo quiero.	• No, no lo quiero.

No es difícil imaginar las reacciones que producirían estas respuestas en la realidad.

---

28 Deutscher Volkshochschul-Verband.

29 *International Certificate Conference* (1985), *Certificado de español*, edición corregida Bonn-Francfort, Deutscher Volkshochschul-Verband, 1986.

30 *International Certificate Conference* (1994), *Certificado de español para las relaciones profesionales*, Francfort, Examination Office of the ICC.

31 Instituto Cervantes (1994), *La enseñanza del español como lengua extranjera. Plan curricular del Instituto Cervantes*, Madrid, Instituto Cervantes.

32 Las observaciones presentadas en este apartado tienen como único objetivo ayudar al lector, al mirar los materiales, a reflexionar sobre el papel que tienen en ellos los criterios nociofuncionales. Para que nadie las malinterprete o vea polémicas donde no quiere haberlas, no mencionaré ningún libro de texto, sino que me limitaré a describir en líneas generales la evolución de la acogida que recibieron estos criterios.

En un segundo momento, los materiales empezaron a organizar todo su sílabus con criterios nociofuncionales. En esta segunda etapa se dieron diferentes situaciones. Algunos materiales organizaron las unidades con criterios nociofuncionales, pero no consiguieron adoptar esta concepción con todas sus consecuencias, por lo que presentaban ejercicios y muestras de lengua que no lograban reflejar la realidad de la lengua. Otros adoptaron los criterios nociofuncionales en todos sus aspectos, y los aplicaron rígidamente aun en la presentación de las cuestiones morfosintácticas. Si bien posteriormente esta actitud pudo parecer demasiado rígida, en el caso de la enseñanza del español como lengua extranjera resultó ser muy provechosa, porque los autores emprendieron un encomiable trabajo de observación *ex novo* de la lengua. Ese trabajo no se hizo de igual manera en la enseñanza de otras lenguas. Los resultados fueron desiguales, pero a partir de ese momento, que coincidió con los primeros años ochenta, se inició una profunda reflexión que pocos años después desembocaría en un auténtico renacimiento de la enseñanza del español como lengua extranjera.

En un tercer momento, los materiales intentaron integrar los diferentes aspectos (gramática, vocabulario, análisis nociofuncional, cultura). Se fueron experimentando diferentes vías, en un proceso que fue arrastrando a un número cada vez mayor de profesores, instituciones, y autores de materiales, obligándolos a repensar los diferentes ingredientes de los que se compone la enseñanza de una lengua extranjera y las relaciones que deben existir entre ellos. Como consecuencia de todo ello se produjo un verdadero *boom* editorial y se multiplicaron las iniciativas de formación de profesores, los congresos y los foros de discusión. Durante un largo periodo, en la enseñanza del español como lengua extranjera los enfoques nociofuncionales predominaron como eje organizador de los contenidos de los cursos de lengua. Sólo recientemente, con los enfoques que hacen más hincapié en los contenidos extralingüísticos y en los procesos (enfoque por tareas), empiezan a perder algo de su protagonismo. Sin embargo, parecen haberse impuesto de manera ya definitiva como uno de los parámetros que deben tenerse en cuenta en la programación de los cursos de lengua. Es significativo, a este respecto, el hecho de que los contenidos nociofuncionales hayan perdido el protagonismo que tenían en el *Nivel umbral*[33], pero sigan siendo uno de los parámetros a los que se refiere el *Marco común europeo de referencia*[34].

4. Ventajas e inconvenientes de la definición funcional de los objetivos y contenidos

Indudablemente son numerosas las ventajas del enfoque nociofuncional para el análisis de la lengua y la determinación de los objetivos y de los contenidos de los cursos.

4.1. El enfoque nociofuncional refleja mucho mejor diferentes aspectos de la lengua hablada

La primera ventaja que salta a la vista es que este tipo de enfoque nos ha llevado a observar con atención la lengua hablada de manera natural en diferentes contextos y registros, para conceptualizar lo que se dice realmente al llevar a cabo cada acto. Sólo si se entra en un bar con la

[33] Véase P. J. Slagter (1979), *Un nivel umbral*, Estrasburgo, Consejo de Europa.
[34] MECD (2002), *Marco común europeo de referencia para las lenguas: aprendizaje, enseñanza, evaluación*, Madrid, Secretaría General Técnica del MECD y Grupo Anaya, traducido y adaptado por el Instituto Cervantes.

intención de observar qué se dice realmente al *pedir algo en un bar*, se descubre que las formas *quiero un café* o *póngame un café*, teórica y supuestamente aceptables desde la perspectiva de un análisis que sólo se fija en la corrección formal y en una coherencia que es tan sólo aparente, no se dan normalmente como primera petición. Dirigirse a un camarero con uno de estos dos enunciados nos haría parecer autoritarios o groseros. Sin embargo, no debe cometerse el error de pensar que en un bar *nunca* se pide un café con *póngame un café*. Sacar esta conclusión sería tremendamente superficial. De hecho, la forma *póngame X* es perfectamente posible cuando *ya se ha abierto la dinámica de la petición*, cuando ya se ha establecido en el contexto que vamos a pedir algo, o cuando se espera que pidamos algo. Esto es lo que sucede en los dos intercambios siguientes:

◦ ¿Qué van a tomar?
• Para mí una cerveza.
+ Y a mí, *póngame un café*.

◦ Sí, dígame…
+ Un café.
◦ De acuerdo, pero va a tener que esperar un poquitín, que han cortado la luz y la máquina no funciona.
+ Bueno, pues, entonces *póngame una cerveza*.

Este tipo de enfoque nos ha llevado a analizar un alto número de fenómenos que en una perspectiva más *gramaticalista* pasaban desapercibidos: uso de algunos elementos tradicionalmente considerados expletivos, repeticiones, elipsis de elementos, aparentes incoherencias, etc. Descubrimos así que al conceder el permiso se suele repetir un elemento o dos[35], independientemente de las palabras utilizadas, y que dicha repetición parece imponerse sobre los demás elementos como señal de la concesión del permiso: a la pregunta *¿No te importa que fume?* puede responderse tanto con un *sí* como con un *no*: *Sí, sí, fuma, fuma / No, no, fuma, fuma*. Cuando la respuesta contiene una o dos repeticiones de elementos, ningún hablante del español parece dudar en la interpretación: el permiso está concedido. En este sentido es interesante notar que en contextos naturales[36] los hablantes no perciben ninguna contradicción en estas dos respuestas. Incluso la respuesta decididamente menos habitual, y tal vez algo forzada, *Sí, sí, claro, claro* parece interpretarse como concesión de permiso a pesar de que la pregunta fuera *no te importa que…* Esto confirma la hipótesis expresada arriba de que en la concesión del permiso la repetición de elementos parece imponerse sobre el resto y nos lleva a interpretar las intenciones comunicativas más allá de las palabras utilizadas. Ahora bien, no sucede lo mismo cuando no se da la repetición. Los intercambios siguientes parecen ambiguos y generan dudas en la interpretación:

◦ ¿No te importa que fume?
• Sí, fuma.

◦ ¿No te importa que fume?
• No, fuma.

---

[35] Lourdes Miquel y Neus Sans fueron de los primeros especialistas que empezaron a llamar la atención sobre este hecho a medidados de los años ochenta. Las numerosas observaciones sobre la lengua hablada que formulaban estas dos autoras representaron un estímulo valiosísimo para muchos profesores e investigadores.

[36] Para analizar correctamente estos fenómenos es fundamental observar los comportamientos espontáneos de los hablantes en contextos naturales, ya que no siempre los hablantes son conscientes de cómo usan la lengua. De hecho, si se les pide que reaccionen conscientemente, o si se les pregunta cómo reaccionarían ante un determinado enunciado, con frecuencia responden de una forma que no refleja su verdadero comportamiento espontáneo en esas situaciones, influidos por lo que creen que debería ser la forma más correcta, por una visión artificial de la gramática, etc.

Por un lado las palabras pronunciadas parecen decir que se puede fumar. Por otro, la ausencia de la repetición esperada cuando se concede el permiso puede incomodar a quien oye estas respuestas, al plantearle un dilema: *¿tengo que fiarme de las palabras o de cómo están dichas las cosas y de la poca convicción que parece haber en estas respuestas?* Naturalmente, en la interpretación influyen en medida considerable el conocimiento que tenemos de nuestro interlocutor y de su personalidad, así como del contexto. Si las respuestas que acabamos de ver (*Sí, fuma* y *No, fuma*) las profiere una persona a la que habitualmente consideramos *seca y poco expresiva*, es probable que tengamos menos dudas en la interpretación y que pensemos que se trata de una manera *seca y poco expresiva* de conceder el permiso. Si por el contrario pensamos que nuestro interlocutor habitualmente es muy expresivo, ante esas respuestas tenderemos a pensar que no quiere que fumemos pero no se atreve a decírnoslo, o que está intentando decirnos otra cosa, por ejemplo que está molesto por algún motivo. Ahora bien, si la respuesta a la misma pregunta se limita a un simple *sí* o un simple *no*, parece interpretarse como respuesta a las palabras contenidas en la pregunta y no a la intención comunicativa *pedir permiso*: *sí* se interpreta como *sí me importa* y *no* como *no me importa*. Sin embargo, en estos casos *siempre* tendemos a pensar que pasa algo, que nuestro interlocutor está enfadado, molesto o muy ocupado y no puede o no quiere hacernos caso y contestar de una manera *normal*. Vemos, pues, que este tipo de análisis de los intercambios nos proporciona las herramientas que nos permiten expresar y entender una amplia gama de matices que de otra forma resultarían incomprensibles. Volveremos a este punto más adelante.

Por la misma línea, sólo si nos preguntamos cómo se responde afirmativamente a una pregunta negativa, descubrimos que la lengua española suple con una repetición, o, incluso, con una doble repetición, la carencia de un operador específico análogo al *doch* del alemán o al *si* del francés:

- ◦ ¿Y no fuiste?
- • Sí, sí, (fui, fui).

- ◦ O sea que al final no fuiste. ¡Que lástima!
- • Sí, sí, sí, fui, fui.

En estos casos, el número de repeticiones parece depender del grado de convencimiento que vemos en el interlocutor que profiere el enunciado al que estamos respondiendo. Cuando la presuposición que queremos contrastar con nuestra respuesta parece ser débil, por lo general se repite una sola vez el *sí* (o el *no*, ya que en español esto funciona todas las veces que queremos contrastar una presuposición de nuestro interlocutor, ya sea afirmativa o negativa). Cuando percibimos la presuposición que queremos contrastar como más fuerte, tendemos a repetir dos veces el *sí* o el *no* y, además, a añadir algún elemento más que nos ayude a aclarar el malentendido o el error:

- ◦ O sea que tú también fuiste. ¡Qué maravilla!, ¿no?
- • No, no, no, yo no fui, yo me quedé en casa.

Si se analiza detenidamente desde una perspectiva nociofuncional el uso de la lengua como herramienta de comunicación en diferentes contextos, se descubre que todo es descriptible en términos de actos. En algunos casos, ya lo hemos señalado, se trata de actos sociales más relacionados con el mundo extralingüístico. En otros, de actos puramente metalingüísticos. Además, este tipo de enfoque nos ayuda a observar que no sólo están codificadas las formas y las estructuras más o menos puntuales relacionadas con cada acto, sino también las maneras más amplias de organizar el discurso. Así, por ejemplo, si enseñamos a concretar una cita, debemos señalar a nuestros estudiantes que, normalmente, cuando uno de los interlocutores no acepta la cita propuesta (por ejemplo, porque la hora o el lugar no le convienen), no suele cerrarse así la negociación, sino que suele haber otros intentos. Con frecuencia, cuando se quiere proponer una actividad (no prevista), solemos informarnos sobre la disponibilidad de nuestro interlocutor con preguntas del tipo *¿Tienes tiempo?* o *¿Qué haces esta tarde / noche /...?* Cuando le dirigen una de estas preguntas, un hispanohablante entiende que probablemente su interlocutor le va a proponer alguna actividad y se prepara para aceptar o busca una excusa para rechazar. Vemos, pues, que en los contextos naturales los interlocutores reciben una serie de *señales* o *indicios* que les permiten prever o imaginar los derroteros por los que podría desarrollarse la interacción. El enfoque funcional es el que mejor permite preparar a nuestros estudiantes desde este punto de vista.

4.2. El enfoque nociofuncional ayuda a aprender a hablar con fluidez y prepara para la comprensión

La historia de la enseñanza de idiomas demuestra claramente que un perfecto dominio de la morfosintaxis no redunda necesariamente en una buena capacidad de utilizar la lengua extranjera de manera natural, ni siquiera en los casos en los que se acompaña de una buena competencia léxica. Para intentar solucionar este problema, muchos cursos de lengua preveían algunas horas dedicadas a la conversación. Sin embargo, a pesar de ello, con frecuencia la gente sólo aprendía a describir, a relatar y a argumentar, pero no era capaz de interactuar en situaciones de la vida cotidiana. En las entrevistas de trabajo se constataba a veces que, tras años de estudio, los licenciados en lenguas extranjeras eran torpes al hablar por teléfono o concretar una cita porque nunca habían aprendido a hacerlo. No obstante, muchos de ellos eran perfectamente capaces de hablar de literatura, resumir obras, analizarlas y opinar[37]. Algunos materiales concebidos para los cursos de conversación intentaban resolver estos problemas, proponiendo un alto número de diálogos, o ejercicios para practicar estructuras coloquiales siguiendo modelos predeterminados. Sin embargo, no siempre lo conseguían porque no se había hecho un estudio lo suficientemente sistemático que permitiera tener en cuenta la amplia gama de actos que llevamos a cabo cotidianamente con la lengua.

El método situacional tampoco fue capaz de resolver este problema, si bien dio un primer paso hacia la lengua oral y espontánea y la observación de lo que sucede en las diferentes situaciones de la vida cotidiana[38]. Sin embargo, no se alcanzó un nivel de análisis que fuera lo sufi-

[37] Algo análogo ocurre, si bien en medida menor, con los alumnos de los institutos extranjeros de bachillerato. Es frecuente que estos alumnos usen en su vida cotidiana una lengua diferente de la que utilizan en sus estudios, que, para muchos de ellos, es una lengua extranjera en la que se expresan esencialmente en las clases, con sus profesores, para hablar de historia, geografía, matemáticas, literatura, etc., y en la que tienen pocas ocasiones de resolver problemas de la vida cotidiana.

[38] Otros métodos habían intentado acercar los cursos de lengua a la lengua oral. Los métodos audiovisuales y audioorales no lo consiguieron porque el modelo de lengua en torno al que se movían se fijaba casi exclusivamente en las estructuras morfosintácticas. El método directo tampoco lo conseguía porque también se basaba en una concepción *gramaticalista* de la lengua y, como señalaron algunos lingüistas, parecía más preocupado por el cómo se presentaba la lengua (siempre en lengua extranjera, nunca en la lengua materna de los alumnos, e intentando ilustrar y mostrar o demostrar todo lo que se enseñara) que por otros aspectos, como los criterios con los que se establecían los objetivos y los contenidos –véase J. C Richards y T. S. Rodgers (1986), *Approaches and Methods in Language Teaching*, Cambridge, Cambridge University Press: 9-12.

cientemente detallado, y no se llegó a proporcionar instrumentos para resolver actos puntuales en diferentes situaciones. Además, en muchos casos, los diálogos propuestos no reflejaban en absoluto lo que sucedía realmente en las diferentes situaciones.

El enfoque nociofuncional, con la descripción detallada que se empezó a llevar a cabo, permitió dar un salto considerable hacia la fluidez y la naturalidad en el uso de la lengua. Además, al hacer hincapié en el desarrollo natural de la interacción, presentaba las respuestas más previsibles, por lo que no sólo preparaba un uso más natural y espontáneo de la lengua, sino que también ayudaba a aprender a entender la lengua hablada y escrita en sus diferentes manifestaciones. A este respecto, no debe olvidarse que la comprensión siempre conlleva una participación activa de quien comprende, que se espera y prevé unos elementos y descarta otros de antemano. Esto requiere una actitud bien predispuesta. En este sentido, estar preparado para oír lo que es probable que nos digan en un determinado contexto constituye una ayuda considerable.

4.3. El enfoque funcional permite integrar mejor la cultura que va asociada con los diferentes comportamientos

Cuando se habla de lengua, suele decirse que la lengua es el reflejo de una cultura. Sin embargo, no siempre se aclaran los términos de la cuestión. La lengua es el reflejo de una cultura y va asociada a una cultura de diferentes maneras. Como señalan Lourdes Miquel y Neus Sans[39], puede pensarse en la cultura entendida como literatura, arte, cine, música, televisión, etc., en el sentido tradicional, pero además debemos acordarnos de que existen otros niveles, el de la cultura que nos ayuda a entender los comportamientos de los demás y las situaciones en las que nos encontramos, y el de la cultura que nos proporciona claves para saber actuar en las diferentes situaciones en las que nos movamos. Con los enfoques que organizan los contenidos de los cursos de lengua en torno a la morfosintaxis no siempre queda del todo clara la relación que existe entre la lengua y la cultura, y la cultura se va presentando de manera algo arbitraria. Los enfoques que organizan los contenidos con criterios nociofuncionales nos dan la posibilidad de ir analizando cada comportamiento cultural a medida que vamos afrontando las manifestaciones lingüísticas de los diferentes actos, junto con los actos a los que se refieren. Así, por ejemplo, al enseñar a proponer actividades y aceptar o rechazar las propuestas, veremos, junto con los exponentes lingüísticos de estas funciones, cómo se esperan los demás que nos portemos. Esto no sólo ayudará a nuestros alumnos, cuando utilicen la lengua en contextos naturales, a tomar en cada momento las decisiones más adecuadas, conscientes de lo que se espera de ellos, sino que además los dota de claves para la interpretación de las reacciones de los demás y para la reflexión sobre las posibles incomprensiones que puedan surgir.

---

[39] Véanse L. Miquel y N. Sans (1992), "El componente cultural: un ingrediente más de las clases de lengua", en *Cable. Revista de didáctica del español como lengua extranjera*, 9, abril, Dossier Cultura; y L. Miquel (1997), "Lengua y cultura desde una perspectiva pragmática: algunos ejemplos aplicados al español", en *Frecuencia L.*, 5, julio, Madrid, Edinumen.

4.4. La atención hacia los usos habituales de la lengua nos dota de herramientas para entender el sentido añadido de los enunciados

Cuando dos personas se hablan con frecuencia se interpreta más de lo que realmente dicen las palabras que profieren. Así, cuando alguien nos dice *¡El niño!* aparentemente no nos transmite un mensaje claro. Sin embargo, no pensamos que está loco. Por lo general no tenemos ninguna dificultad en interpretar el mensaje, según las situaciones, y basándonos en los datos que nos proporciona el contexto, como *¡cuidado con el niño, se va a caer!*, o *¡cuidado con el niño que se está alejando demasiado!*, o *¡cuidado con el niño, que va a cruzar la calle!*, o *¡cuidado con esa olla, se le puede caer encima al niño!*, o *¡nos hemos olvidado de ir a recoger al niño!*, o *¡acuérdate de que antes de volver a casa tenemos que ir a recoger al niño!*, etc. Existen diferentes marcos teóricos que pueden permitirnos entender cómo y por qué descodificamos más de lo que se dice. Los más interesantes desde nuestra perspectiva de profesores de español como lengua extranjera son el *principio de cooperación* descrito por el lingüista P. Grice en los años setenta, y la *teoría de la relevancia* de D. Sperber y D. Wilson[40]. Según la primera de estas dos teorías, se supone que cada vez que dos personas se hablan cooperan, es decir que intentan moverse en la misma dirección. Más concretamente, cooperar significa decir cosas relacionadas con aquello de lo que se está hablando, dar la cantidad de información necesaria, ni más ni menos, decir cosas de las que estamos convencidos y decir las cosas de una forma comprensible y respetando el código que es la lengua, utilizándolo tal como se usa habitualmente para que nuestros interlocutores puedan entendernos. Grice expresa estos cuatro niveles por los que se mueve la cooperación bajo la forma de máximas de comportamiento adecuado y correcto para poderse entender con facilidad. Las máximas son en cierto sentido inviolables, porque se supone que cada vez que una persona abre la boca para comunicarse con sus interlocutores con la ayuda de la lengua, las respeta. Y de hecho, siempre buscamos la manera de interpretar aquello que se nos dice suponiendo que nuestros interlocutores están respetando el principio de cooperación. Si alguien nos dice que se llama Luis, en principio pensamos en buena fe que se llama así y no tenemos por qué dudar de este dato. De hecho, las mentiras son posibles precisamente porque suponemos siempre que la gente nos dice la verdad, o por lo menos aquello de lo que está convencida. Si de repente un hablante decide referirse a las mesas utilizando el término *silla*, es probable que en numerosas ocasiones sus interlocutores no le entiendan. Un hablante no tiene el poder de cambiar a su antojo el uso de la lengua ni el sentido de las palabras porque generaría graves incomprensiones. Cuando nos hallamos ante un enunciado que por algún motivo podría parecer una violación del principio de cooperación y de alguno o de varios de los niveles por los que se mueve la cooperación (*máximas*), antes de sacar la conclusión de que se ha producido una violación, buscamos una manera de interpretar lo que se ha dicho suponiendo que se han respetado las máximas. Así por ejemplo, cuando alguien contesta a la pregunta *¿Qué hacemos esta noche?* con *Estoy un poco cansado*, no pensamos que está cambiando de tema, sino todo lo contrario, damos por descontado que su respuesta tiene que ver con la pregunta, y buscamos la manera de interpretarla para que sea compatible con la pregunta. Llegamos así a la conclusión de que tal vez nuestro interlocutor haya querido decirnos que preferiría no

---

[40] Sobre estas cuestiones se recomienda la lectura de M.ª V. Escandell Vidal (1993), *Introducción a la pragmática*, nueva edición actualizada, Barcelona, Ariel, 1996, especialmente de los capítulos 5 y 7.

salir, o que no quiere acostarse tarde, etc. Ese sentido añadido que interpretamos, llamado implicatura, es un puente entre lo que nos dicen y el principio de cooperación, y una manera de salvar el principio de cooperación, cuando parecía que se había violado.

La *teoría de la relevancia* busca la manera de simplificar el *principio de cooperación* reduciendo el número de máximas a una: se supone que todo lo que decimos está relacionado con el contexto en el que lo decimos. Todo acto lingüístico es un *acto ostensivo*, es decir, que cada vez que proferimos un enunciado estamos señalando algo que tiene algún tipo de relación con el contexto. En la interpretación se pone en marcha un proceso de inferencia que busca la correcta interpretación del acto ostensivo en relación con el contexto.

Sea cual sea el modelo que adoptemos, es fundamental tener en cuenta que, para el correcto funcionamiento de los mecanismos de interpretación de los enunciados, los hablantes presuponen siempre que sus interlocutores saben hablar y conocen los usos habituales de la lengua. Siempre se supone, pues, que lo dicho es intencional. Vimos que en el intercambio analizado arriba:

◦ ¿No te importa que fume?
• No.

es probable que el interlocutor que ha formulado la pregunta con la intención de pedir permiso entienda que su interlocutor está enfadado, o que tiene prisa o que está muy ocupado o concentrado y no puede hacerle caso. Dicha interpretación (que es una *implicatura*) se debe precisamente a que se supone que todos dominan el código y sus usos, y saben por tanto cómo se concede normalmente el permiso en español. Se supone, pues, que la formulación no habitual escogida debe ser una manera de expresar algo, y se busca entonces una interpretación posible. Naturalmente, en la interpretación de cualquier enunciado, y por tanto en las implicaturas que de él se derivan, desempeña un papel fundamental el contexto. Así, por ejemplo, si el intercambio se produce entre dos interlocutores que están trabajando juntos, y quien formula la pregunta ha interrumpido ya varias veces el trabajo, esa respuesta *no* se interpretará como una recriminación por las interrupciones y no como señal de un enfado genérico.

Para valorar adecuadamente la importancia de la dimensión funcional en los cursos de lengua, resulta interesante notar que ante una respuesta como ese *no* tan seco es improbable que pensemos que nuestro interlocutor no sabe hablar español. De hecho, los hablantes pueden ser muy benévolos con los extranjeros que no hablan bien su lengua cuando se encuentran ante errores evidentes de morfosintaxis o de léxico. Lo son mucho menos, en cambio, cuando los errores se refieren a la *manera natural de expresar algo*. En estos casos tienden más bien a sacar conclusiones que condenan al extranjero: *es un grosero, qué antipático,* etc. El análisis nociofuncional es el único que nos proporciona elementos que nos permiten evitar esos malentendidos y, lejos de reducir la lengua a una serie de modismos, como se ha sugerido en alguna ocasión, un trabajo serio en esta dirección nos permite aprovechar plenamente todas las posibilidades expresivas de las que disponen los hablantes. Considérese un intercambio como el siguiente:

◦ ¿Te apetece una cerveza?
• No.
◦ Perdone usted, caballero.
• No, no, perdóname tú, es que estoy preocupado porque no consigo acabar este trabajo.

Gran parte de lo que sucede entre estos dos interlocutores no está expresado explícitamente. Si se mira ingenuamente este intercambio, se puede llegar a parafrasearlo de la siguiente manera: *A le ofrece una cerveza a B, y B rechaza. Entonces A le pide perdón y B a su vez le pide también perdón y le explica que está preocupado porque no consigue acabar un trabajo que está haciendo.* Es evidente que de esta forma se pierde todo lo principal, que tiene que ver con la interacción: *A le ofrece a B una cerveza, y B le contesta de una manera brusca. Entonces A le señala que su respuesta no ha sido educada dirigéndose a B con una expresión formal e inadecuada para el contexto, y B le pide perdón por haberle contestado de manera brusca y le explica que con su respuesta no quiso ser descortés y que se debió a que estaba concentrado, pensando en otra cosa.* Esta segunda paráfrasis se acerca bastante a lo que sucede en el intercambio, que tiene que ver, en gran medida, con las maneras de decir las cosas. Si sólo nos fijamos en la gramática, no disponemos de elementos para poder comprender lo que sucede. Si analizamos las maneras habituales de expresar los diferentes actos que expresamos con la lengua, estamos en condiciones de inferir lo que realmente significa nuestro intercambio.

Muchas implicaturas tienen que ver a la vez con las maneras de decir las cosas y con los comportamientos culturales asociados a cada acto. La única perspectiva que nos permite afrontar todos estos aspectos de forma simultánea es la nociofuncional.

4.5. La determinación nociofuncional de los objetivos y contenidos de los cursos les da una mayor flexibilidad

La determinación de los objetivos y contenidos de los cursos con criterios nociofuncionales tiene tres ventajas en lo que atañe a la flexibilidad que confiere a los cursos.

En primer lugar, con este tipo de organización de los cursos, los estudiantes tienen la sensación de que todo lo que van abordando se va convirtiendo de manera inmediata en capacidad de usar la lengua para hacer diferentes cosas: después de aprender a pedir y dar información personal sobre sí mismo y sobre los demás, el discente ya está en condiciones de empezar a hacerlo nada más salir de la clase. Después de enseñar a concretar citas, el alumno puede salir a la calle y concretar una cita en la lengua estudiada. En los cursos organizados en torno a la morfosintaxis, esa sensación era menor, porque hay que llegar al final del proceso para alcanzar un dominio de todo el sistema. Al concentrar la atención en diferentes ámbitos nociofuncionales, y al preocuparse por enseñar a actuar en lengua extranjera, se consigue que después de cada clase los estudiantes estén en condiciones de ir haciendo cosas en la lengua estudiada.

Una segunda gran ventaja de este tipo de programación radica en la mayor flexibilidad que confiere a la organización de los cursos, al adaptarse muy bien a sistemas modulares, con módulos que pueden durar un número limitado de horas. En las programaciones que giraban en torno a la gramática tenía poco sentido organizar mini-cursos de quince o veinte horas, porque es difícil diseñar un programa de contenidos que pueda tener alguna utilidad y que se pueda cubrir en cursos tan breves. En una programación funcional se pueden concebir módulos muy pequeños, incluso de seis u ocho horas, al final de los cuales los estudiantes se queden con la sensación de saber algo más. Asimismo, este tipo de programación permite tener en cuenta las necesidades de los destinatarios de los cursos de manera mucho más detallada.

Por último, y consecuencia de lo que acabamos de ver, el diseño nociofuncional de los programas de contenidos permite concebir cursos de lengua con objetivos muy específicos, lo que no era posible con las programaciones gramaticales. Así, por ejemplo, es perfectamente posible programar un curso que tenga como objetivo el poner a un grupo de secretarias en condiciones de utilizar el español sólo en su trabajo[41]. Estas personas necesitarán saber preguntar el nombre, pero menos probablemente la procedencia o la edad de la gente; necesitarán tener un buen dominio de la comunicación telefónica, saber concretar citas, ofrecer algunas cosas, hacer pasar a alguien, pedirle a alguien que espere, etc. Es menos probable que necesiten relatar en pasado o comprar objetos en una tienda o pedir algo en un bar.

4.6. El análisis nociofuncional abre nuevas perspectivas para la gramática

Una vez que se adopta la perspectiva del análisis nociofuncional, la gramática también puede afrontarse de otra manera, e integrarse mejor en muchos de sus aspectos, de una forma más natural y dinámica.

Por un lado, este enfoque nos ayuda a despegarnos del *enfoque semasiológico* al que estamos más acostumbrados y abre las puertas a un *enfoque onomasiológico*. Los manuales de gramática nos hablan del presente de indicativo, del futuro, de la perífrasis *ir a* + infinitivo (enfoque semasiológico). Para cada uno de estos operadores nos dicen que puede servir para hablar del futuro, que puede referirse al futuro. Sin embargo, este dato es del todo insuficiente desde la perspectiva del extranjero que quiere aprender a moverse en español, ya que las maneras de hablar del futuro están perfectamente codificadas, y en un amplio número de contextos las diferentes posibilidades de las que disponemos no son intercambiables. El estudiante extranjero necesita, pues, enfrentar la cuestión desde otra perspectiva y reflexionar sobre cómo se habla del futuro (enfoque onomasiológico). Naturalmente, para entender qué posibilidad se escoge en cada caso y por qué, necesitará reflexionar sobre la esencia de cada una de las posibilidades que el sistema pone a su disposición. Sin embargo, además, será útil que estudie las diferentes posibilidades contrastándolas entre sí y analizando los diferentes contextos para entender por qué se elige cada una de ellas.

En otros ámbitos, desde la perspectiva del estudiante extranjero, puede resultar más provechoso preguntarse cómo se expresan condiciones o cómo se expresa la causa[42] en lugar de acercarse a los operadores utilizados a través de las diferentes categorías morfosintácticas. Hay categorías morfosintácticas como los adverbios o las conjunciones que parecen ser muy poco operativas para el estudiante extranjero. En lugar de afrontar conjuntamente la heterogénea categoría de los marcadores del discurso[43], para un estudiante extranjero puede resultar más productivo estudiarlos por ámbitos semántico funcionales.

---

41 Véase F. Matte Bon (2000), "Español para la empresa y lenguajes específicos: enfoques lingüístico-metodológicos y definición de objetivos y contenidos", en G. Garzone (ed.) (2000), *Quale curriculum linguistico per l'azienda*, Bolonia, Clueb: 315-341.

42 Para una aproximación general a estos problemas, véase F. Matte Bon (1992), *Gramática comunicativa del español*, Madrid, Edelsa, 1995.

43 Mucho se ha escrito en los últimos años sobre los marcadores del discurso. Véanse, J. Portolés (1998), *Los marcadores del discurso*, Barcelona, Ariel y M.ª A. Martín Zorraquino y E. Montolío (coords.) (1998), *Los marcadores del discurso*, Madrid, Arco Libros.

Se ha dicho, a veces, que las conceptualizaciones que se alcanzan en una perspectiva funcional que se interrogue sobre cómo nos movemos en cada ámbito no pertenecen al dominio de la gramática, porque están demasiado asociadas a los contextos específicos, que son objeto de estudio de la pragmática. Coincidimos plenamente en que no deben confundirse los efectos expresivos contextuales con la gramática. La gramática debe describir la esencia de cada operador, el sistema, y no debe perderse en enumeraciones de efectos expresivos, que pueden ser infinitos. Cuando la gramática se limita a los posibles efectos expresivos que puede generar el uso de un tiempo verbal como el imperfecto de indicativo (matiz durativo, matiz reiterativo, imperfecto puntual, imperfecto irreal, etc.), está renunciando a su primer cometido y limitándose a constatar lo más superficialmente observable, igual que si en las facultades de ingeniería en lugar de enseñar las leyes de la física que permiten que un puente se sostenga y de presentar las propiedades de los diferentes materiales utilizados en la construcción y las técnicas para la correcta construcción de puentes, se limitaran a mostrar un alto número de diapositivas de puentes y a comentar los efectos estéticos de cada uno de ellos. Si dijéramos que responder con un simple *no* o con un simple *sí* a una petición de permiso es descortés, estaríamos confundiendo los efectos expresivos de un determinado contexto con el sistema. Ahora bien, no ocurre lo mismo cuando dedicamos nuestra atención y nuestros esfuerzos a la descripción de los aspectos realmente codificados por el sistema. Así, por ejemplo, si decimos que *normalmente en la concesión del permiso en español se repite un elemento o dos* estamos describiendo algo que se produce de manera sistemática, algo cuya violación genera implicaturas, precisamente porque forma parte de lo codificado. Análogamente, si decimos que no se repite un elemento cuando ya está claro en el contexto de qué elemento se trata, estamos enunciando una regla de la gramática española cuya violación puede acarrear efectos expresivos (implicaturas) de todo tipo. Si nos dedicáramos a enumerar los efectos expresivos de las violaciones de esta regla (polémica, cambio de tema, introducción indirecta de otro elemento en el contexto, juego-broma, rivalidad con el interlocutor, etc.), ya no estaríamos en el ámbito de la gramática sino en el de la pragmática. Decir que *pues* expresa contraste o continuidad equivale a demostrarse incapaz de abstraer y a concebir la gramática de manera anecdótica. La función metalingüística de *pues* es otra, y éstos no son más que efectos expresivos. Cuando se dice que el *futuro* presenta los hechos enunciados como más dudosos e inciertos que la perífrasis *ir a* + infinitivo nos hallamos nuevamente ante la enumeración de efectos expresivos contextuales, ya que se dan casos en los que esto no es así. El objetivo que debe perseguir el gramático en todo momento es identificar los elementos invariables del futuro y de la perífrasis que les permiten funcionar como funcionan en los diferentes contextos y transmitir los efectos que transmiten según los casos. En este sentido, la nueva perspectiva de análisis que se deriva del enfoque funcional representa una valiosa ayuda.

El estudio de cómo se expresan diferentes actos o conceptos en español nos ha proporcionado en años recientes interesantes aportaciones, de las que una buena parte puede integrarse más fácilmente en un análisis que se acerque a la lengua desde la perspectiva funcional y la explore en sus diferentes niveles. Uno de los más interesantes es el intento de Antonio Briz[44] y el grupo Val.Es.Co. Estos trabajos arrojan una nueva luz sobre las sistematicidades de los comportamientos de los hispanohablantes en contextos naturales, y su estudio puede ser de gran uti-

---

[44] Véase especialmente A. Briz (1998), *El español coloquial en la conversación. Esbozo de pragmagramática*, Barcelona, Ariel.

lidad para los profesores de español como lengua extranjera, si bien el tipo de conceptualización alcanzado aún puede resultar difícilmente transferible a las clases de español como lengua extranjera.

Si de verdad se quiere conseguir que los cursos de lengua produzcan adquisición y favorezcan el uso creativo de la lengua y la autonomía del discente, sin contentarse con provocar aprendizaje, es fundamental que la gramática no se limite a trabajar la morfosintaxis y los aspectos más evidentes de la lengua, sino que intente poner en marcha un proceso más profundo. Como ya lo he señalado en otros lugares[45], para ello será útil explorar los grandes ejes organizadores de la gramática de la lengua: información, actitud del enunciador, grado de referencia al mundo extralingüístico. Esto permitiría un trabajo más profundo sobre el sistema gramatical de la lengua, poniendo de manifiesto sus sistematicidades, las operaciones que se repiten y se manifiestan de diferentes maneras en diferentes ámbitos, etc. El curso de lengua podría perseguir así un doble objetivo: enseñar a actuar con la lengua en el mundo extralingüístico y enseñar a aprender, a descubrir y a acercarse a la lengua.

4.7. Algunos problemas

Además de las ventajas a las que nos hemos referido arriba, la perspectiva nociofuncional también conlleva algunos inconvenientes y algunos problemas. Esta perspectiva de análisis permite encarar mejor numerosos aspectos y favorece una descripción más rica y matizada de la lengua, que, sin lugar a dudas, prepara mejor al discente para los usos reales en contextos naturales. Antes, los cursos de lengua tenían que prever en algún momento del proceso cursos de lengua coloquial en los que se presentaban modismos y frases hechas de una forma no siempre coherente y organizada. Con los enfoques nociofuncionales esto ya no es necesario, porque se va aprendiendo a decir las cosas de una manera natural desde el principio, y los modismos y las frases hechas realmente útiles y productivas se van integrando naturalmente en los contextos en los que suelen aparecer. Ahora bien, aun siendo muy bueno, este enfoque no permite afrontar todos los aspectos de la lengua hablada a los que se refieren Brown y Yule (1983).

Por otra parte, existe cierto riesgo de presentar una lengua demasiado tópica y precodificada. La lengua puede quedar reducida a una serie de fórmulas y frases hechas que no favorecerían los usos creativos por parte del discente. Algunos llegan a preguntarse incluso si los cursos de lengua tienen que ser cursos en los que se estudian manuales de conversación.

A esta crítica debe responderse señalando que si bien es cierto que en los cursos de lengua se trabajan las maneras más habituales y frecuentes de llevar a cabo los diferentes actos que realizamos en una lengua, éstas se presentan poniendo de manifiesto los elementos variables y proponiendo actividades que permitan adaptarlas a diferentes situaciones. Asimismo, se intenta mostrar otras maneras de hacer lo mismo, además de las conceptualizadas y practicadas, y en esto debemos reconocer que con el pasar del tiempo los manuales han ido presentando conceptua-

---

[45] Véanse F. Matte Bon (1998), "Gramática, pragmática y enseñanza del español como lengua extranjera", en *Carabela*, 43, Madrid, SGEL: 53-79 y F. Matte Bon (1999), "¿Cómo debe ser una gramática que aspire a generar autonomía y adquisición?", en T. Jiménez Juliá, M.ª C. Losada Aldrey y J. F. Márquez Caneda (eds.) (1999), *Español como lengua extranjera: enfoque comunicativo y gramática. Actas del IX Congreso Internacional de ASELE*, Universidad de Santiago de Compostela: 57-79.

lizaciones cada vez más acertadas, que han intentado reflejar cada vez mejor la complejidad del sistema, con una variedad cada vez más amplia de muestras de lengua; si bien en esto es difícil observar un progreso generalizado, ya que los resultados alcanzados dependen de los autores y no dejan de ser aislados, con aciertos mayores o menores que sólo en parte pueden adscribirse a una tendencia general[46]. Los manuales de conversación, por el contrario, presentan una lengua semi-muerta, que ha quedado plasmada en algunas frases hechas.

Por último, este tipo de acercamiento a los objetivos plantea cierta dificultad de salirse de los usos más concretos y acotados, que son también los más fácilmente conceptualizables desde esta perspectiva. Se trabajan fácilmente los actos que solemos llevar a cabo en tiendas, bares, restaurantes, oficinas de información, medios de transporte, etc., así como ciertos actos sociales como invitar, ofrecer, proponer actividades, dar instrucciones, etc., además de los ya clásicos pedir y dar información sobre sí mismo y sobre otras personas. Por el contrario, resulta más difícil conceptualizar de manera satisfactoria la lengua de la argumentación o de los debates. Esto explica por qué es mucho más difícil utilizar criterios nociofuncionales a la hora de programar cursos de niveles avanzados. Es bastante fácil diseñar un programa de contenidos de un curso para principiantes o para alumnos de un nivel intermedio bajo criterios nociofuncionales. No lo es tanto cuando se llega a los niveles avanzados

Esto ha llevado a algunos autores a hablar de lengua comunicativa con un matiz despectivo-restrictivo. Dicha *lengua comunicativa* contrastaría con una lengua vehículo de ideas y cultura, supuestamente más noble. Personalmente considero que esa visión de las cosas es limitada y aproximada. Por un lado, es difícil imaginar la lengua de la cultura como algo distinto de la comunicación. Suponer que el término *comunicación* sólo se refiere a algunas negociaciones con carácter muy concreto y práctico equivale a cometer un grave error de perspectiva que no es muy distinto del disparate que tan a menudo nos obligan a soportar quienes identifican erróneamente *comunicativo* con *aproximativo* o con *simpático*. ¡¡Como si las peleas no fueran comunicación!!

4.8. Problemas didácticos

El enfoque nociofuncional también plantea algunos problemas más propiamente didácticos.

En primer lugar, existe una dificultad en la búsqueda de ejercicios que sean adecuados y variados. En numerosos ámbitos es muy difícil inventar actividades para que el estudiante utilice la lengua de manera natural y sin tener que fingir ser otra persona en otro lugar. Se recurre pues, con cierta frecuencia a las actividades de *role-play*[47].

Existe también una dificultad real al trabajar los contenidos nociofuncionales en clase,

---

[46] Incluso se han dado casos de autores que han publicado nuevos manuales en los que en cierto sentido dan un paso atrás en lo que respecta al análisis de la lengua en comparación con sus publicaciones anteriores. Las razones pueden ser múltiples. A veces se trata de cambios o evoluciones en la perspectiva metodológica que les han llevado a preocuparse menos por el análisis de la lengua.

[47] Actividades de juego de roles en las que cada participante desempeña un determinado papel como si se encontrara en una determinada situación diferente de la situación de clase. Estas actividades pueden resultar muy provechosas con algunos grupos, pero en ciertos casos pueden llevar a algunas personas (menos capaces o menos dispuestas a aceptar la ficción) a sentirse incómodas.

por lo que nos vemos sometidos a dos necesidades encontradas. Por un lado, para evitar el riesgo de reducir la lengua a una serie de fórmulas y frases hechas, es importante proporcionar una buena variedad de maneras de expresar cada noción y cada función. En esto una buena vía intermedia puede ser conceptualizar pocas, tal vez las más comunes y las más productivas, y luego presentar otras *pasivamente*, en materiales de lectura o de comprensión auditiva. A este respecto cabe señalar, además, que las conceptualizaciones que se requieren en la enseñanza de idiomas tienen que poner de manifiesto las tendencias generales del sistema, señalando, sobre todo, sus regularidades. Sólo una vez que se dispone de ese modelo en cierta medida *simplificado* se pueden encarar de manera productiva y útil los casos específicos, para demostrar con ellos la coherencia del sistema, y cómo la lengua aprovecha sus mecanismos.

Por otra parte, para que los alumnos saquen provecho del trabajo realizado y aprendan a hablar de manera auténticamente natural, es fundamental que se atengan a algunos recursos y aprendan a manejarlos bien antes de ampliar el abanico de las posibilidades que controlan. De lo contrario, se corre el riesgo de que por querer abarcar demasiado no lleguen a dominar ninguno de los recursos que se les presentan. Cuando se trabaja con lenguas próximas como el italiano, el portugués o el francés, además, al hacerse en este tipo de enfoque más hincapié en los contenidos expresados en relación con el mundo extralingüístico y al no concentrarse la atención exclusivamente en las formas lingüísticas, algunos alumnos intentan *inventar* formas originales de expresar algunos matices y, en lugar de aprender a controlar algunos recursos habituales, utilizan palabras o expresiones inexistentes, con el resultado de que desaprovechan ocasiones y aprenden mucho menos que sus compañeros. Para evitar este problema es fundamental acostumbrar a los alumnos a concentrarse en los primeros recursos limitados antes de querer *ir más allá*. En muchos casos les convendrá más disponer de pocos medios seguros que imaginar que pueden hablar de cualquier cosa y no saber hacerlo sino en una lengua más o menos inventada. Una buena parte del éxito depende, de hecho, de la capacidad del profesor de convencer a los alumnos para que asuman un papel de protagonistas en las actividades realizadas en clase, incluso a la hora de conceptualizar y escoger los exponentes en los que concentrarse. De esta forma, los mismos alumnos se darán mejor cuenta de la utilidad de dedicar sus atenciones a algunos elementos, limitados en una primera etapa, antes de querer abarcar demasiado.

5. Aspectos didácticos

No entraremos aquí en un comentario detallado de diferentes actividades organizadas con criterios nociofuncionales, ni en las características que tiene que tener una actividad para poder funcionar de manera operativa. Sólo nos limitaremos a algunas consideraciones de carácter general sobre los criterios con los que se organiza un programa de contenidos.

La primera operación que debe llevarse a cabo es una descripción detallada del tipo de usuario al que nos dirigimos: en qué contextos utilizará el español, por qué y para qué, qué deberá saber hacer en español. Una vez definido el perfil del destinatario, y por tanto el listado de contenidos nociofuncionales que deberemos afrontar en nuestro curso, debemos preguntarnos qué contenidos gramaticales van inevitablemente asociados con esos contenidos nociofuncionales. En una etapa subsiguiente, es importante reflexionar sobre la dinámica misma del curso y del aula, teniendo en cuenta que se trata de una realidad diferente de la realidad en la que supuestamente utilizarán nuestros alumnos la lengua. Esta reflexión es la única que puede ayudarnos a construir un recorrido que tenga sentido dentro de la dinámica de grupo que se creará en el aula, que nos permita facilitar las relaciones e ir aprovechando en todo momento lo que se haya afrontado anteriormente, de forma que los estudiantes se vean continuamente implicados en un proceso de ampliación y reutilización de sus conocimientos en lengua extranjera. Por último, una vez definido ese recorrido ideal, es inevitable una readaptación pensando en la gramática y en las formas lingüísticas. Así, por ejemplo, si sólo pensamos en la realidad de la vida, constatamos que la gente no habla de sus hábitos cotidianos sino cuando ya se conoce y tiene cierto dominio de la lengua. En las etapas anteriores esa posibilidad de intercambiar experiencias y de socializar se da poco, salvo en circunstancias muy especiales. Ahora bien, si pensamos en la dinámica que estamos creando dentro del grupo, ese tipo de actividad puede resultar muy útil ya en los primeros momentos, porque favorece el conocimiento mutuo de los diferentes miembros del grupo. Además, lingüísticamente también puede resultar útil, porque permite presentar una serie de verbos y expresiones que se refieren a las actividades, que luego podremos aprovechar en otro tipo de ámbitos, como el proponer actividades, o el hablar del pasado. Por último, conversar sobre hábitos cotidianos permite presentar una serie de nociones relacionadas con el tiempo, y sistematizar el presente de indicativo, lo que pondrá a nuestros alumnos en condiciones de llevar a cabo una serie de otros actos en español. Vemos pues que un ámbito, que desde una perspectiva que tenga rígidamente en cuenta la realidad extralingüística no tendría sentido, sí lo tiene desde la perspectiva puramente didáctica.

Conclusión

Hemos visto a lo largo de este artículo que la perspectiva nociofuncional tiene múltiples ventajas porque favorece el uso inmediato de lo afrontado en los cursos de lengua, y enriquece considerablemente el análisis, abriendo nuevas perspectivas para la gramática. Sin embargo, para que esta dimensión se revele realmente útil y no se convierta en un obstáculo o una grotesca simplificación, debe enfocarse con el rigor con el que se afronta una nueva perspectiva de análisis, que no sustituye a todas las consideraciones derivadas de las anteriores, sino que las enriquece y las matiza, y arroja sobre ellas una nueva luz. No debemos cometer el error de pensar que la perspectiva nociofuncional sea una panacea que resuelve todos los problemas, ni un nefasto encorsetamiento de la lengua. Al revés, si nos acercamos a esta perspectiva con la actitud adecuada, descubrimos que puede ayudarnos a dar cuenta de manera mucho más rica de la amplia gama de posibilidades expresivas que la lengua pone a nuestra disposición.

Bibliografía

ALARCOS LLORACH, E. (1970), *Estudios de gramática funcional del español*, Madrid, Gredos.

ALARCOS LLORACH, E. (1994), *Gramática de la lengua española*, Madrid, Espasa Calpe.

ALCARAZ VARÓ, E. y MARTÍNEZ LINARES, Mª. A. (1997), *Diccionario de lingüística moderna*, Barcelona, Ariel.

AUSTIN, J. L. (1962), *How to do Things with Words*, Oxford, Oxford University Press.

BECCARIA, G. L. (dir.) (1994), *Dizionario di Linguistica*, Turín, Einaudi.

BRIZ, A. (1998), *El español coloquial en la conversación. Esbozo de pragmagramática*, Barcelona, Ariel.

BROWN, G. y YULE, G. (1983), *Teaching the Spoken Language*, Cambridge, CUP.

CONSEJO DE EUROPA (1981), *Modern Languages (1971-1981)*, Estrasburgo, Consejo de Europa.

CRYSTAL, D. (1992), *An Encyclopedic Dictionary of Language and Languages*, Oxford, Blackwell.

DUCROT, O. y SCHAEFFER, J. M. (1995), *Nuevo diccionario enciclopédico de las ciencias del lenguaje*, versión española de M.ª del C. GIRÓN, T. Mª. RODRÍGUEZ y M. TORDESILLAS (1998), Madrid, Arrecife.

ESCANDELL VIDAL, M.ª V. (1993), *Introducción a la pragmática*, Nueva edición actualizada, Barcelona, Ariel, 1996.

GALLI DE PARATESI, N. (1981), *Livello soglia per l'insegnamento dell'italiano come lingua straniera*, Estrasburgo, Consejo de Europa.

HALLIDAY, M. A. K. (1985), *An Introduction to Functional Grammar*, Londres, Arnold.

INSTITUTO CERVANTES (1994), *La enseñanza del español como lengua extranjera. Plan curricular del Instituto Cervantes*, Madrid, Instituto Cervantes.

INTERNATIONAL CERTIFICATE CONFERENCE (1985), *Certificado de español*, edición corregida Bonn-Francfort, Deutscher Volkshochschul-Verband, 1986.

INTERNATIONAL CERTIFICATE CONFERENCE (1994), *Certificado de español para las relaciones profesionales*, Francfort, Examination Office of the ICC.

JAKOBSON, R. (1963), *Linguistique et poétique*, *Essais de linguistique générale. 1. Les fondations du langage*, París, Les éditions de Minuit: 209-248.

KRESS, G. (ed.) (1976), *Halliday: System and Function in Language. Selected papers*, Oxford, Oxford University Press.

LLOBERA, M. (ed.) (1995), *Competencia comunicativa. Documentos básicos en la enseñanza de lenguas extranjeras*, Madrid, Edelsa.

MARTÍN ZORRAQUINO, Mª. A. y MONTOLÍO, E. (coords.) (1998), *Los marcadores del discurso*, Madrid, Arco Libros.

MARTINET, A. (1970), *Élements de linguistique générale*, París, Armand Colin.

MATTE BON, F. (1992), *Gramática comunicativa del español*, Madrid, Edelsa.

MATTE BON, F. (1998), "Gramática, pragmática y enseñanza del español como lengua extranjera", *Carabela*, 43, Madrid, SGEL: 53-79.

MATTE BON, F. (1999), "¿Cómo debe ser una gramática que aspire a generar autonomía y adquisición?", en T. JIMÉNEZ JULIÁ, M.ª C. LOSADA ALDREY y J. F. MÁRQUEZ CANEDA (eds.) (1999), *Español como lengua extranjera: enfoque comunicativo y gramática. Actas del IX Congreso Internacional de Asele*, Universidad de Santiago de Compostela: 57-79.

MATTE BON, F. (2000), "Español para la empresa y lenguajes específicos: enfoques lingüístico-metodológicos y definición de objetivos y contenidos", en G. GARZONE (ed.) (2000), *Quale curriculum linguistico per l'azienda*, Bolonia, Clueb: 315-341.

MINISTERIO DE EDUCACIÓN, CULTURA Y DEPORTE (2002), *Marco común europeo de referencia para las lenguas: aprendizaje, enseñanza, evaluación,* Madrid, Secretaría

General Técnica del MECD y Grupo Anaya, traducido y adaptado por el Instituto Cervantes.

MIQUEL, L. (1997), "Lengua y cultura desde una perspectiva pragmática: algunos ejemplos aplicados al español", *Frecuencia L*, 5, Madrid, Edinumen.

MIQUEL, L. y SANS, N. (1992), "El componente cultural: un ingrediente más de las clases de lengua", *Cable*, 9, Dossier *Cultura*.

PORTOLÉS, J. (1998), *Los marcadores del discurso*, Barcelona, Ariel.

RICHARDS, J. C., PLATT, J. y PLATT, H. (1992), *Diccionario de lingüística aplicada y enseñanza de lenguas*, versión española y adaptación de C. MUÑOZ LAHOZ y C. PÉREZ VIDAL, Barcelona, Ariel, 1997.

RICHARDS, J. C. y RODGERS, T. S. (1986), *Approaches and Methods in Language Teaching*, Cambridge, Cambridge University Press.

SEARLE, J. (1969), *Speech Acts*. Trad. española *Actos de habla*, Madrid, Cátedra, 1980.

SLAGTER, P. J. (1979), *Un nivel umbral*, Estrasburgo, Consejo de Europa.

STERN, H. H. (1983), *Fundamental Concepts of Language Teaching*, Oxford, Oxford University Press.

WILKINS, D. A. (1972), "Grammatical, situational and notional syllabuses", en C. J. BRUMFIT, K. JOHNSON (1979), *The Communicative Approach to Language Teaching*, Oxford, Oxford University Press: 82-90.

WILKINS, D. A. (1974), "Notional Syllabusses and the Concept of a Minimum Adequate Grammar", en C. J. BRUMFIT y K. JOHNSON (1979), *The Communicative Approach to Language Teaching*, Oxford, Oxford University Press: 91-98.

WILKINS, D. A. (1976), *Notional Syllabusses*, Oxford, Oxford University Press.

Los contenidos culturales

Carmen Guillén Díaz
Universidad de Valladolid

Introducción

Abordar los contenidos culturales en la enseñanza de lenguas requiere la consideración de aquellas competencias generales individuales que sustentan la competencia para comunicar y que se movilizan de forma integrada al lado de aquellas otras de orden propiamente lingüístico (competencia lingüística, sociolingüística y pragmática) en el uso y aprendizaje de la lengua española[1].

Dichas competencias generales individuales se establecen en el documento *Marco común europeo de referencia para las lenguas*[2] como un conjunto de conocimientos y habilidades configurado por:

- hechos, nociones, principios e informaciones que resultan en el alumno de la experiencia social y de un aprendizaje formal. Se trata de un conjunto de *saberes* de *cultura general* (*conocimiento del mundo*), de un *saber sociocultural* (*conocimiento sociocultural* de la sociedad y de la cultura de las comunidades en las que se habla español) y de una *consciencia intercultural* (conocimiento, percepción y comprensión de las relaciones existentes entre la sociedad y la cultura de origen y las de la lengua estudiada);
- capacidades, operaciones intelectuales, afectivas y motrices, como un *saber hacer* en los comportamientos prácticos y en las relaciones con los otros, es decir, con individuos de la otra lengua y cultura;

---

[1] Lengua que, como plantea A. Sabugo Abril: *debería llamarse con mayor propiedad, realismo y generosidad*, la Lengua hispánica, habida cuenta de que: *...no sólo es la lengua de todos los españoles (...), sino también de las naciones hispanoamericanas* (*El Norte de Castilla*, 6 de febrero de 2001: 27).

[2] Documento que ha sido elaborado por el Comité de Educación del Consejo de Europa para la enseñanza, el aprendizaje de lenguas extranjeras, sometido a consultas sucesivas (1995-2001) y publicado definitivamente en el año 2001, declarado Año Europeo de las lenguas. Disponemos de una versión adaptada en español –*Marco común europeo de referencia para las lenguas: aprendizaje, enseñanza, evaluación* (2002)– en http://cvc.cervantes.es/obref/marco.

• disposiciones, actitudes, procedimientos, ideas, convicciones, etc., como factores de identidad personal, de un *saber ser / saber estar con los otros* en los intercambios comunicativos.

Son éstos los elementos fundamentales que el profesorado tiene la responsabilidad de situar en un equilibrio dinámico con los objetivos específicos y las actividades, para la consecución del objetivo global y prioritario: el desarrollo de una competencia para comunicar, entendida como la capacidad de usar el sistema lingüístico tanto en la modalidad oral como escrita, de forma adecuada a la situación concreta de comunicación en la que tienen lugar actividades de producción, recepción, mediación e interacción.

La concepción de la naturaleza de los contenidos culturales como objetos de enseñanza y aprendizaje aparece determinada en el marco de la didáctica específica[3] y en cada situación pedagógica:

a) en el marco de la didáctica específica, respecto de aquellas disciplinas que:
- por una parte, contribuyen a que se conciba toda lengua no sólo como un mero sistema de signos, sino, además, como un instrumento de interacción social, de estructuración del pensamiento y de la identidad de las personas y los grupos en sus interacciones y relaciones con el entorno;
- y por otra parte, proporcionan información sobre qué enseñar, orientando el enunciado puntual de los objetivos y la toma de decisiones sobre qué contenidos culturales son relevantes;

b) en cada situación pedagógica:
- respecto de los individuos que aprenden y que acceden al aula con unas expectativas, necesidades y características circunstanciales propias, pues, no sólo entran en contacto las lenguas (la de los alumnos y la que deben aprender) sino los propios alumnos en interacción quienes, como tales individuos, poseen una identidad y cultura propias; y
- respecto de los fines generales de la enseñanza y aprendizaje del *español como L2/LE* los cuales -por las exigencias de la sociedad actual que *requiere individuos plurilingües que desarrollen una interculturalidad*- están orientados para permitirles la movilidad y desenvolverse de forma adecuada en el medio social y cultural en el que se habla la lengua que aprenden, lo cual refleja el *Plan curricular* del Instituto Cervantes para todos sus centros (1994: 25) al formular los fines generales 3.º y 4.º en los términos siguientes:

  3.º: Mediante la enseñanza del idioma, promover el acercamiento entre la cultura hispánica y la del país de origen, así como transmitir una imagen auténtica de aquella y colaborar en la destrucción de tópicos y prejuicios.
  4.º: Colaborar en el desarrollo de actitudes y valores respecto a la sociedad internacional, como el pluralismo cultural y lingüístico, la aceptación y la valoración positiva de la diversidad y de la diferencia, el reconocimiento y el respeto mutuo.

[3] La didáctica de la lengua y la literatura como área de conocimiento en la universidad española, a la que corresponde la docencia y la investigación en su objeto de estudio constituido por la articulación, de forma complementaria, de la enseñanza, el aprendizaje y los contenidos de una lengua en particular.

- y, por último, respecto de los recursos disponibles por parte del agente de enseñanza que engloba tanto al contexto institucional y al profesor (recurso humano por excelencia) como a los materiales, siendo el manual soporte primero de los contenidos que deben ser enseñados, un instrumento pedagógico con una larga tradición en las instituciones de enseñanza (Choppin, 1992) y un reflejo -revelador por otra parte- del estado de los conocimientos, de las condiciones de enseñanza de una época y de las expectativas oficiales.

Articularemos por tanto los siguientes apartados en torno a la concepción de los contenidos culturales y en torno a aquellas preguntas que el profesorado debe plantearse para la intervención en el aula: ¿De qué contenidos culturales se trata? ¿Qué contenidos culturales retienen los documentos oficiales? ¿Qué contenidos culturales se deben tratar en el aula? ¿Cómo tratar los contenidos culturales en el aula?

1. La concepción de los contenidos culturales

Los distintos ámbitos disciplinares: la lingüística, la pragmática, la psicolingüística, la etnografía de la comunicación, la sociolingüística, etc., que se han ocupado del estudio de la lengua, han enriquecido los puntos de vista al dar cuenta de ella como un instrumento de comunicación y de interacción y como la marca de identidad más enérgica para cada grupo y cada individuo, quien, a su vez, concebido como un *actor social* construye -a través de la lengua- las percepciones, las representaciones, los comportamientos, las relaciones de las imágenes y los objetos, las relaciones sociales, es decir, su *identidad sociocultural*[4]. Dichos factores -en aquellos rasgos comunes y compartidos por los miembros y los grupos de un contexto social dado y al perdurar en el tiempo- configuran las orientaciones culturales[5], una *cultura* cuyos componentes condicionan la comunicación efectiva y el adecuado entendimiento entre los interlocutores.

Gracias fundamentalmente a las aportaciones de la antropología, la sociología y la etnología -a las que podemos acceder en los textos de autores como Sapir (1967), Mead (1972), Cazeneuve (1967) y Bourdieu (1968, 1976)- se concede importancia al contexto social[6], cuyas primeras referencias para el ámbito de la enseñanza de lenguas extranjeras las encontramos en los años setenta en Savignon (1972), de forma que el uso de la lengua se aborda como un todo integrado por las destrezas lingüísticas y la dimensión social que subyace a dicho uso.

---

[4] El término *sociocultural* se lo debemos a H. Laborit y se aplica a una comunidad humana que se define por sus características ecológicas, étnicas, lingüísticas y culturales, de forma que el hecho de la *identidad sociocultural* se examina desde tres puntos de vista: el estado de consciencia o pensamiento, la *lengua* y la *cultura* -véase (1973), *Les comportements*, París, Masson; (1991), *Les bases biologiques des comportements sociaux*, Québec, Musée de la Civilisation-.

[5] La referencia a orientaciones culturales *-cultura-* se encuentra en el marco de un sistema de valores, productos y comportamientos sociales, englobando: productos, perspectivas (actitudes e ideas) y prácticas (patrones sociales de interacción).

[6] La sociología, que analiza los condicionamientos de la acción social, entiende por *contexto* el conjunto de personas, condiciones materiales y espacio temporales, cosas, etc., que constituyen el marco vital en el que los individuos se encuentran en relaciones de interdependencia.

El término *lengua* no se va a referir sólo a los elementos de orden lingüístico, sino también a todo un sistema de acción social que conlleva significados culturales: un código cultural, un modo de interpretar la realidad, un nivel de cultura subyacente (Hall, 1984) que, a modo de reglas de comportamiento y de pensamientos, determinan la forma en que los individuos definen sus valores, establecen sus cadencias y ritmos de vida fundamentales; se trata de una *gramática cultural* oculta que, si no se domina, da lugar en la comunicación a casos de incomprensión, conflicto, choques culturales y malentendidos. Se pone en evidencia que la simple adquisición del sistema lingüístico no asegura la comprensión, por lo que no es posible disociar en el plano de la comunicación la lengua de la realidad que subyace, es decir, del bagaje cultural: la *cultura*.

Lengua y cultura se nos presentan como un todo indisociable, porque a todo hecho de lengua subyace un hecho de cultura y porque todo hecho de lengua se estructura en función de una dimensión social y cultural. Es así como lo plantea Porcher (1988), quien precisa que todo hecho de cultura está atravesado por marcadores lingüísticos de carácter verbal y no verbal, como se puede observar en las formas de saludo y tratamiento (*Hola, buenos días...; Encantado, ¿cómo estás?...; Señor, doctor, profesor + apellido*), en las convenciones de los turnos de habla, en las normas de cortesía (*Creo que...; por favor, gracias,...*), etcétera.

A este respecto, es la perspectiva antropológica de Lévi-Strauss (1958: 78-79) la que nos permite acceder a las relaciones entre lengua, pensamiento y cultura, al manifestar que:

- la *lengua es producto de la cultura,* según podemos verificar ante la creación continua de neologismos (hacer clic, los emilios, etc.). Su uso refleja las características y rasgos generales de cada sociedad, se adapta y evoluciona con ella;
- la *lengua forma parte de la cultura* al lado de otros elementos como las instituciones, las creencias, las costumbres, etcétera;
- la *lengua es condición de la cultura*, ya que por medio de las palabras podemos manifestar todo lo que concierne a las artes, la literatura, los comportamientos, las normas, convenciones, etcétera.

De forma que, es desde esas relaciones de reciprocidad como se configura *lo cultural* que da cuenta de la especificidad de un grupo humano, y a cuya caracterización nos aproxima Charaudeau (1987: 25) cuando expresa:

> *Lo cultural no es simplemente un conjunto de conocimientos sobre la historia, la geografía, las instituciones de un país; menos aún sobre las características turísticas de un país (...).*
> *Todo ello no son más que datos en estado bruto. Tampoco se confundirá lo cultural con un simple conocimiento referencial necesario para comprender un texto (...). Lo cultural no es una realidad global, es una realidad fragmentada, múltiple, plural, que depende de numerosos factores tales como el lugar geográfico, el estrato social, la edad, el sexo, las categorías socioprofesionales, etc. Hay que hablar, pues, de las características culturales de un grupo social dado, de una época dada, y ver las cosas bajo el ángulo de la pluralidad.*

Hay por tanto que contemplar como parte de la lengua su dimensión social y cultural, pero no como algo yuxtapuesto, sino complementario en la comunicación, al ser un factor esencial de aproximación a la realidad de la lengua que se aprende.

De manera consecuente, en el *Plan curricular* del español como L2/LE podemos percibir un doble planteamiento:

- *funcional instrumental*, por cuanto que la lengua sirve a dos grandes funciones: la comunicación y la representación, lo cual a su vez implica el dominio de una serie de subcompetencias: léxica, gramatical, semántica, ortográfica, ortoépica, discursiva, funcional, etc., que permiten expresar la realidad;
- e *integrativo*, por cuanto que refleja el interés por la cultura de las comunidades en las que se habla la lengua para poder relacionarse (Gardner y Lambert, 1972), incidiendo en el desarrollo cognitivo, afectivo y social de los interlocutores, ya que comunicar en una lengua extranjera y el conocimiento de la misma va a favorecer la comprensión y el dominio de la propia. Al mismo tiempo, el contacto con otras culturas contribuirá a la mejora de la comprensión y el respeto de otras formas de vida y pensamiento y permitirá que se obtenga una visión más amplia y completa de la realidad.

2. ¿De qué contenidos culturales se trata?

Para dar respuesta a este interrogante, nos acercaremos a la palabra *cultura* a partir de su sentido figurado[7], que es el que de manera habitual se emplea según varias perspectivas y órdenes: *objetivo* como la creación y realización de valores, normas, bienes materiales, etc.; *histórico* referido a una época: Renacimiento, barroco, etc.; *subjetivo o personal* referido al cultivo del ser humano, de sus facultades, cultura de la inteligencia, de los sentimientos, cultura física; *de masas,* ligada a los medios de comunicación; *de elites;* etcétera.

Hoy tiene un significado claramente inflacionario si pensamos en el amplio uso de esta palabra en diversos vocablos compuestos, como ocurre en: *subcultura*, *cultura del tiempo libre*, *cultura de la queja*, *cultura del botellón*, *shock cultural*, *industria cultural*, etc., frente a cuya creación y circulación parecen no existir límites.

Bien es cierto que el concepto de cultura ha sido objeto de estudio por parte de diversos especialistas y podemos acceder a las definiciones que del mismo se nos ofrecen desde las concepciones antropológica y etnológica o desde aquéllas que lo interpretan como comportamiento, significados, conocimiento, etc. A saber:

> *La cultura (...) es ese conjunto complejo que incluye conocimientos, creencias, el arte, la moral, el derecho, las costumbres y todas las otras capacidades (y) hábitos adquiridos por el hombre como miembro de la sociedad* (Tylor, 1871 / 1977: 11).
>
> *La cultura es la suma de ideas, las respuestas emotivas condicionadas y las estructuras comportamentales habituales, que los miembros de una sociedad han adquirido gracias a la instrucción o a la imitación y que comparten en mayor o menor grado* (Linton, 1937 / 1968: 288).
>
> *La cultura puede ser considerada como la totalidad de los rasgos materiales y no materiales, junto a las estructuras comportamentales que se le asocian y los usos lingüísticos que una sociedad posee* (Winston, 1933: 25).

---

[7] La palabra *cultura* procede del latín *colere*, cuyo sentido directo es *cultivar*, *cultivo* como en los compuestos viticultura, agricultura, etcétera.

(...) un conjunto de sistemas simbólicos, situando en primer lugar al lenguaje, las reglas matrimoniales, las relaciones económicas, el arte, las ciencias, la religión (...) (Lévi-Strauss, 1958: 52).
La cultura de una sociedad consiste en todo lo que hay que saber o creer para actuar de una forma aceptable entre los miembros de esa sociedad (Goodenough, 1957: 36).

Desde las ciencias humanas se nos ofrece una perspectiva esencial, intelectual, al insistir en la idea de cultura como *representación*:

(...) la representación que un grupo social da de sí mismo y de los otros a través de sus producciones materiales, obras de arte, literatura, instituciones sociales y aún los objetos de la vida cotidiana y los mecanismos que aseguran su perennidad y su transmisión (Jodelet, 1994).

Representaciones que Jodelet considera elementos cognitivos iniciadores de conductas, es decir, son conocimientos y reglas de acción que cada uno elabora desde lo vivido propio en su entorno cultural y dan lugar a actitudes positivas y negativas, correctas y erróneas. Pueden ser comunes a un grupo, es decir, que conciernen a la identidad sociocultural colectiva con un alto contenido emocional, lo que lleva a veces a negar lo ajeno y a reforzar las diferencias.

Desde las ciencias sociales se insiste en la idea de cultura como lo que Nostrand (1989: 51) denomina *la base de toda significación*, por cuanto que la cultura es una mediadora entre el medio y el grupo social. Por otro lado, Brislin (1990: 11) nos propone una definición que da cuenta de una perspectiva más bien existencial:

(...) el conjunto de actitudes, creencias, maneras de ver, comportamientos, recuerdos comunes a los miembros de esa comunidad.
La cultura da cuenta de los ideales, valores, formación, categorías prácticas, hipótesis de vida ampliamente compartidas, actividades para fines precisos, un conjunto de cosas que, conscientemente o no, son reconocidas como buenas o convenientes *por gentes que se identifican como individuos que forman parte de esa sociedad.*

En realidad, el concepto moderno de cultura se confunde con la vida de los hombres[8], responde a la unión de la cultura en el sentido objetivo y subjetivo y cuya forma exterior es la sociedad. Pero en la enseñanza de lenguas existen ciertas incertidumbres reflejadas en los materiales de enseñanza en los que se utilizan las expresiones *civilización, cultura* y *aspectos socioculturales*.

El término *civilización* corresponde a un concepto ideológico (de la Europa del siglo XVIII), basado en la idea de progreso, de forma que aparece en los medios institucionales como una exigencia teórica que se subordina a la tradición intelectual a través de las bellas artes, la literatura,

[8] Los estudiosos del tema atribuyen la paternidad de dicho concepto al jurista alemán Samuel von Pufendorf (1632-1694), quien en su obra *Del derecho natural y de las gentes*, usó la palabra *cultura* aún con un atributo genitivo *cultura animae, cultura vitae*.

y lleva a considerar como contenidos culturales aquellos que podríamos insertar en un polo estético y ético: los monumentos representativos de cada país, los grandes autores clásicos de la literatura, etc., y los denominados temas de civilización, objeto de *lecciones a parte* una vez que el alumno tiene un cierto nivel de lengua, como por ejemplo: el paro, la mujer, la política, etc., tratados en una vertiente más sociológica.

En el mismo orden de cosas, a estos contenidos culturales se les dota de fuertes vínculos nacionales y regionales, evocando un alma colectiva, un genio nacional e incluso particularismos que han sido convertidos en *estereotipos*, los cuales, a fin de cuentas, no son más que visiones reductoras de la realidad, hechas de simplificaciones, deformaciones u omisiones. Es frecuente encontrar en los manuales la imagen de la Puerta de Alcalá para mostrar Madrid en España, o la de un toro para caracterizar a España, o *clichés* tales como: *los españoles duermen la siesta, son muy ruidosos, siempre están alegres*, etcétera.

Será en la definición de cultura, emitida en la 43 *Conferencia Internacional de Educación* (Ginebra, 14-19 de septiembre de 1992), en donde se precise que:

> *(...) Engloba los modos de vida, las tradiciones, las creencias, las artes y las letras, integrando a su sistema de valores los derechos fundamentales del ser humano. La cultura de un país no se refiere a la* cultura culta, *comprende igualmente una* cultura popular. *No se resume a la herencia, sino que se enriquece y se desarrolla tanto por la creatividad como por la memoria (...).*

Es decir, que se hace referencia a los dos tipos de cultura que Galisson (1999: 104-105) reivindica y considera legítimamente movilizables en los lugares de enseñanza de lenguas: *la cultura culta* y la *cultura popular (corriente):*

- *La cultura culta* entendida como un saber visión que se sitúa en el ámbito del pensamiento, de la vida del *espíritu*. Es la cultura *cultivada* institucional, literaria y artística, científica y técnica, con carácter enciclopédico, aprendida y, por tanto, dominada por pocos en cada unos de sus componentes.
- *La cultura popular (corriente)* referida a un saber acción, a un saber hacer y saber ser / estar con los otros, que se sitúa en el ámbito del comportamiento, de la vida cotidiana, de lo *corporal*; es la cultura que da cuenta de *lo cultural* experiencial, es adquirida y compartida por muchos en su dimensión comportamental.

Los contenidos culturales así considerados responden a una estructura orgánica que comprende el lenguaje, las artes, las letras, las ciencias, las costumbres, los ritos, fiestas, etc., una estructura que -en la perspectiva de la filosofía de la cultura- muestra la proyección social del hombre en el tiempo. Cassirer (1951: 68-69) piensa en un sistema o conjunto de *bienes u objetos culturales*:

> *(...) como cualquier otro objeto, ocupan también su lugar en el espacio y en el tiempo, se sitúan aquí y ahora, nacen y mueren como la manifestación de un sentido que no puede ser separado del elemento físico al cual se adhieren y en los cuales están encarnados.*

Tienen un soporte y un significado[9] y se nos muestran en dos planos en interacción:

- el plano de lo no observable, nivel de las representaciones que reside en las actitudes, en las relaciones;
- y el plano de lo observable, el nivel de los objetos propiamente dichos (*artefactos y creaciones*, para Schein, 1988) que generan comportamientos (esquemas de conducta visible y audibles), siendo el comportamiento por excelencia el lingüístico verbal y no verbal.

Se observa una enorme riqueza, una acumulación de elementos: tradiciones, instituciones, costumbres, usos, modos de vida, vacaciones, fiestas, horarios, comidas, gestos, mímica, comportamientos, formas de vestirse, objetos, productos de todo tipo, modos de pensamiento, etc., tal y como se describe en Aguirre (1997: 17) y Guillén Díaz (2002: 215).

3. ¿Qué contenidos culturales retienen los documentos oficiales?

Si nos remitimos al *Plan curricular* del Instituto Cervantes (1994: 70-71), encontramos que se alude a los contenidos culturales bajo la denominación de *contenidos socioculturales*, formando el contenido temático del bloque "Lengua, cultura y sociedad" vertebrado en secciones de temas, a saber: *La vida cotidiana*, *La España actual y el mundo hispánico* y *Temas del mundo de hoy*; secciones que, a su vez, aparecen desglosadas en epígrafes:

Para *La vida cotidiana*:

- Usos sociales: relaciones familiares, vecinales, profesionales, etcétera.
- El hábitat: vivienda, barrio, etcétera.
- Servicios de transporte, medios de locomoción, etcétera.

Para *La España actual y el mundo hispánico:*

- Organización territorial, política y administrativa de España y otros países del mundo hispánico.
- Partidos políticos, organizaciones sociales, etcétera.
- Servicios públicos: sanidad, enseñanza, etcétera.

Para *Temas del mundo de hoy*:

- Cambio y evolución social: progreso y desarrollo.
- Respeto al medio ambiente, etcétera.

Si además nos remitimos al *Marco común europeo de referencia* encontramos que para el desarrollo de toda actividad de comunicación, al lado de las dimensiones propiamente de orden lingüístico discursivo, se contempla la sensibilización a un *saber sociocultural* que da cuenta de la realidad social y cultural de la lengua estudiada y que configura lo que en dicho documento se denomina *conocimiento sociocultural,* es decir, un aspecto del conocimiento del mundo al referirse al conocimiento de las características distintivas de una sociedad concreta, de la cultura de la comunidad o comunidades que hablan español, en el caso que nos ocupa.

---

[9] Lo cual puede ser ilustrado con algunos titulares aparecidos en la prensa periódica: La Tizona del Cid, a la espera de ser *bien de interés cultural*, o *La cultura se nos muere* (a propósito del fallecimiento del actor Francisco Rabal).

Aparece descrito en siete epígrafes de la forma siguiente:

1. *La vida diaria*, por ejemplo:
   - comida y bebidas, horas de comidas, modales en la mesa;
   - días festivos;
   - horas y prácticas de trabajo;
   - actividades de ocio (aficiones, deportes, hábitos de lectura, medios de comunicación).
2. *Las condiciones de vida,* por ejemplo:
   - niveles de vida (con sus variaciones regionales, sociales y culturales);
   - condiciones de la vivienda;
   - medidas y acuerdos de asistencia social.
3. *Las relaciones personales* (incluyendo relaciones de poder y solidaridad), por ejemplo:
   - estructura social y las relaciones entre sus miembros;
   - relaciones entre sexos;
   - estructuras y relaciones familiares;
   - relaciones entre generaciones;
   - relaciones en situaciones de trabajo;
   - relaciones con la autoridad, con la Administración, etcétera;
   - relaciones de raza y comunidad;
   - relaciones entre grupos políticos y religiosos.
4. *Los valores, las creencias y las actitudes* respecto a factores como los siguientes:
   - clase social;
   - los grupos profesionales (académicos, empresariales, de servicios públicos, de trabajadores cualificados y manuales);
   - riqueza (ingresos y herencia);
   - culturas regionales;
   - seguridad;
   - instituciones;
   - tradición y cambio social;
   - historia: sobre todo personajes y acontecimientos representativos; minorías (étnicas y religiosas);
   - identidad nacional;
   - países;
   - política;
   - artes (música, literatura, teatro, canciones y música populares);
   - religión;
   - humor.
5. *El lenguaje corporal*, convenciones que rigen comportamientos como:
   - gestos y acciones que acompañan a las actividades de la lengua: señalar con el dedo, con la mirada, etc.;
   - acciones paralingüísticas: lenguaje corporal (gestos, expresiones faciales, posturas, contacto visual, contacto corporal, proxémica); uso de sonidos extralingüísticos en el habla (*chsss* para pedir silencio, *agh* expresa asco, etc.; cualidades prosódicas (cualidad de la voz, tono, volumen, duración);
   - características paratextuales: ilustraciones; gráficos, tablas, diagramas, figuras, etc.;
   - características tipográficas: tipos de letras, intensidad, espaciado, etcétera.

6. *Las convenciones sociales* (por ejemplo, respecto a ofrecer y recibir hospitalidad), entre las que destacan las siguientes:
   - puntualidad;
   - regalos;
   - vestidos; aperitivos, bebidas, comidas;
   - convenciones y tabúes relativos al comportamiento y a las conversaciones;
   - duración de la estancia;
   - despedida.
7. *El comportamiento ritual* en áreas como las siguientes:
   - ceremonias y prácticas religiosas;
   - nacimiento, matrimonio y muerte;
   - comportamiento del público en representaciones y ceremonias públicas;
   - celebraciones, festividades, bailes, discotecas, etcétera.

Si nos situamos en la perspectiva antropológica y sociológica de la cultura, debemos esperar que tanto en el *Plan curricular* del Instituto Cervantes como en el *Marco común europeo*, a través de esos repertorios, accedamos a una *identidad sociocultural* con unos rasgos distintivos característicos, materiales y no materiales, que respondan a todo lo que un individuo de un grupo social determinado hace como *actor social* y que, como tales rasgos, sean ampliamente compartidos por los individuos que pertenezcan a ese grupo social.

Si procedemos al análisis y a una interpretación profunda de los repertorios que se han descrito, a nadie se le escapa que nos encontramos -sobre todo en el caso del *Marco común europeo de referencia*- ante un conjunto de contenidos declarativos y procedimentales que aspiran a ser para el alumno de español como L2/LE una trama de saberes prácticos que, en una perspectiva accional, le permitan desenvolverse en las interacciones comunicativas y de uso social a las que pertenecen, porque funcionen a modo de formas de adaptación al contexto en el que se habla español.

En este marco sucede que, cuando el profesorado se plantea la selección de los contenidos culturales para su tratamiento implícito o explícito en el aula, siente ante esos repertorios descritos más arriba una gran incertidumbre, porque: ¿cuáles son, realmente, los rasgos distintivos de la realidad social y cultural del país de la lengua que se aprende?, ¿qué indicadores o informaciones realmente dan cuenta del saber sociocultural de la lengua que se aprende?, ¿en qué lugares se puede recoger información para ese saber sociocultural?

3.1. Los *mass media* como lugares de referencia para los contenidos culturales

Con la finalidad de apoyar al profesorado en su toma de decisiones sobre los contenidos culturales y su tratamiento en el aula de español como L2/LE, parece pertinente sugerir el recurso a los *mass media* caracterizados por diversos especialistas (M. MacLuhan, E. Morin, C. Abastado, entre otros) como un hecho de sociedad[10].

---

[10] Todos estos aspectos constituyen el Proyecto de Investigación I+D (Referencia BSO2001-1567) que, con una duración de tres años, está desarrollando el equipo de trabajo que dirige la autora de la presente colaboración.

Acercarse a los *mass media* es aproximarse también a la sociedad, por cuanto que los discursos que allí aparecen dan cuenta de las prácticas sociales, de los intereses dominantes (Barthes, 1973). Por ellos transita la cultura, al ser productores y difusores de mensajes para un amplio público, mensajes que la sociedad produce a su vez y cuya circulación condiciona y modela la identidad colectiva por cuanto que su presencia es habitual en un amplio espectro de lugares sociales y presentan altos niveles de penetración en la audiencia. Los *mass media*, por otra parte, se revelan didácticamente como materiales con un alto grado de disponibilidad y de estimulación de destrezas heurísticas (descubrimiento y análisis), al tiempo que resulta muy fácil el acceso a ellos así como su tratamiento.

Concretamente, hablamos de centrar la atención en la publicidad de los *mass media* tanto audiovisuales como escritos, ya que -en el marco del *manifiesto publicitario de base* (Joannis, 1982: 7)- ésta constituye un elemento de gran riqueza. En cada creación publicitaria se nos presenta de forma implícita y explícita un universo sociocultural, se nos informa de la identidad, cualidades y resultados de las instituciones, organismos públicos y otras entidades oficiales (por ejemplo, Direcciones Generales de Tráfico y de Medio Ambiente, Ministerios, Ayuntamientos, partidos políticos, bancos y entidades financieras, fundaciones, ONG's, etc.), de los productos y objetos, de las firmas o marcas y de las necesidades, expectativas, satisfacciones, actitudes, etc., que transitan por la sociedad, es decir, de todo un conjunto de factores y rasgos de un universo social y cultural determinado que, desde una mirada global, constituye *lo cultural* propio de los eventuales consumidores.

Más allá de lo formal y lo funcional se nos perfila lo que es realmente significativo: la dimensión existencial, comportamental. En realidad, responden a demandas particulares, ofrecen modelos y condiciones de vida, crean un entorno marcado por su estructura familiar, generacional, profesional, etc.; nos ilustran sobre conductas, objetos de deseo o aversión, valores reconocidos, opiniones, maneras de pensar y de sentir, etc. Es por ello que son, en gran medida, una radiografía de la sociedad (Abastado, 1980).

3.2. Zonas productivas para los contenidos culturales

Ante la evidencia de que los productos u objetos de publicidad tienen un valor denotativo a la vez que connotativo, la observación de cada creación publicitaria en sus aspectos constitutivos esenciales (la marca o firma, el producto u objeto de publicidad, el contenido como eje psicológico, el soporte como eje comunicativo, las palabras que presenta el eslogan, y el texto que le acompaña, si es el caso), nos permite acceder a un conjunto de productos y objetos de publicidad que, apoyados por palabras, sirven a la expresión / manifestación de: concepciones, categorizaciones, modelos de vida, necesidades físicas, necesidades psicológicas y expectativas propias de la sociedad en la que se habla la lengua que aprenden nuestros alumnos.

Por ejemplo, la presencia masiva de anuncios de productos de belleza o de coches nos revela el poder de compra de los destinatarios, al mismo tiempo que nos habla de los deseos, comportamientos, prácticas y valores más habituales dentro del grupo social: la belleza, la juventud, el cuidado del cuerpo, la proyección del estatus social, etc. O, en otro orden, el hecho de anunciar, por ejemplo, agencias de viaje da cuenta de las condiciones de vida, gustos, etc.: salir en el tiempo libre, ir de vacaciones, los lugares de destino, etcétera.

Estos datos nos permiten acceder a un conjunto de espacios ideales de conocimiento sociocultural con un relativo grado de abstracción, pero, en todo caso, son zonas productivas[11] a la hora de determinar contenidos representativos y reveladores para construir un saber sociocultural, en torno a:

- el individuo en relación con su propia naturaleza, para lo que necesita satisfacer necesidades básicas como son la alimentación, el vestido, el alojamiento, etc., y
- el individuo en relación con el mundo, con los otros para lo que necesita comunicarse, informarse, conocer, viajar, etcétera.

Estos dos grandes ejes revelan las dos dimensiones del individuo:

- la dimensión física, conformada por todo lo que se refiere a lo *corporal*, con o por la belleza y la moda, y por todo lo que se refiere al *alojamiento*, con y por la vivienda, el equipamiento del hogar y otras cosas de orden material;
- y la dimensión psíquica como intelecto o pensamiento, para la que observamos que debe satisfacer las necesidades del *yo,* del *espíritu*, en el marco del bienestar de esa vida orientada a la búsqueda de la calidad y de las expectativas de futuro, por la seguridad que da el ahorro, la inversión, la preparación profesional, etcétera.

3.3. Indicadores de los contenidos culturales

La indagación en la publicidad nos permite acceder al conocimiento de funcionamiento de la sociedad española actual mediante un aprendizaje pragmático de la cultura, ya que se trata de que nuestro alumnado acceda a ella a través de lo comportamental, de las vivencias propias de los nativos comenzando por lo más relevante y lo más productivo.

Así pues, si adoptamos los instrumentos metodológicos de Bourdieu (1979) para la interpretación del mundo social y utilizamos aquella o aquellas *palabras-núcleo* que se constituyen en los elementos en torno a los cuales *se organiza una sintaxis, se coagula una coherencia*, como cita Zarate (1986: 72), proponemos como indicadores para la determinación de contenidos culturales para el aula los siguientes:

- *Estilo de vida.*	- *Usos habituales.*
- *Compras personales.*	- *Profesional.*
- *Economía.*	- *Institucional.*

Estas *palabras-núcleo* nos han llevado a describir los contenidos culturales que genera la propia publicidad agrupados como sigue[12]:

1. Estilos de vida: equipamiento hogar, inmobiliaria, hoteles restaurantes, programas y espectáculos, residencias para la tercera edad, seguros de salud, telecomunicación, viajes.

---

[11] Lo que se expone en los siguientes apartados forma parte de la comunicación presentada en el XIII Congreso ASELE celebrado en Murcia entre los días 2 y 5 de octubre de 2002. En prensa, apareció con el título "Los contenidos de cultura en la enseñanza del español como lengua extranjera: exploración de la publicidad en la prensa escrita" y cuyos autores eran C. Guillén Díaz, I. Calleja Largo, M.ª L. Garrán Antolínez y W. Szymaniak.

[12] Tal y como revelan los resultados parciales del citado Proyecto de Investigación en curso.

2. *Compras personales*: alimentación, coches, grandes superficies, libros y revistas, medicamentos, moda, relojes.
3. *Economía*: servicios financieros.
4. *Usos habituales*: bebidas, cosméticos, tabaco, tratamientos de belleza.
5. *Profesional*: formación, tecnología.
6. *Institucional*: entidades e instituciones políticas y administrativas.

Esta descripción y esta organización de los indicadores o informaciones de la realidad social y cultural, por una parte, responden en una persepctiva programática a las determinaciones curriculares (véase el apartado 3 del presente artículo) y, por otra parte, establecen para la intervención en el aula la plataforma cognitiva sobre la que intentar configurar el saber sociocultural como estructura orgánica. Así, por ejemplo, ante un anuncio publicitario de residencias para la tercera edad, que se constituye en el pretexto para acceder a este contenido cultural, podremos determinar el hilo conductor que nos lleve a descubrir y analizar -entre otros aspectos- la edad de jubilación, los condicionamientos en la estructura generacional, la estructura y vida familiar para que este objeto cultural exista, etcétera.

4. ¿Cómo tratar los contenidos culturales en el aula? El desarrollo de la interculturalidad

Por todo lo expuesto hasta aquí, el *saber sociocultural* que nos ocupa se inserta en una concepción psicosocial de las prácticas comunicativas cotidianas (Bélisle y Schiele, 1984). Un saber que efectivamente está determinado por las relaciones entre las palabras, los conceptos, las categorizaciones, los modelos y los objetos o situaciones a los que se refieren en su contexto social, de forma que no se trata de generar conocimientos como una producción en términos de *temas de cultura* que el alumno almacena al lado de otros conocimientos, sino como proceso de construcción sobre la base de un *yo* en las relaciones con los *otros,* interlocutores nativos de español como L2/LE.

Un proceso en el que se encuentra directamente implicado el alumno, pues, al entrar en contacto con otra lengua y otra cultura, intervienen también los referentes propios y los modos de aprehensión respecto de la propia cultura (no se abandonan las referencias culturales propias) ya que existe *lo intercultural*, que Charaudeau (1987: 25-33) define como:

> *(…) el conjunto de representaciones que una sociedad tiene de otra. Son percepciones basadas en la acumulación de diferencias, un fenómeno de representaciones en contraste que da lugar a estereotipos, es decir, a un juicio global (…).*

Ese hecho intercultural estará siempre presente cuando el alumno realice las actividades de producción, recepción y mediación e interacción.

La *interculturalidad* -que nace en los años setenta aplicada a lo que recibió el nombre de pedagogía intercultural- se centró en la situación de contacto entre las culturas del nacional y del inmigrante para plantear que debe conservarse la cultura de origen y para defender que el hecho de compartir e intercambiar culturas conduce a un enriquecimiento mutuo. En lo relativo a la enseñanza de lenguas, se ha hecho evidente que, aun cuando la cultura de la lengua estudiada no esté presente en la sociedad o no sea tangible en el aula, se observa una problemática que puede ser abordada en términos parecidos.

En este sentido, Byram (1995) y Jensen (1995) nos hablan de una *competencia comunicativa intercultural* genérica, de perfil conceptual, que requiere desarrollar la capacidad de relación entre referentes, comportamientos y creencias internos y externos; es decir, la capacidad para construir interrelaciones a partir de la afirmación de los referentes propios como condición para construir sentido en la comunicación, la cual -para ser efectiva- necesita de la apertura a la comprensión de los *otros*, tal y como subyace a los fines generales 3.º y 4.º del *Plan curricular* del Instituto Cervantes (1994: 25). Se trata de la capacidad cognitiva y afectiva de establecer y mantener relaciones interculturales y de estabilizar la propia identidad personal mientras se media entre culturas[13].

Todo apunta a que debemos proceder en el aula siguiendo una *interrogación intercultural* orientada a desarrollar en el alumno:

- la sensibilización y consciencia de las diferencias culturales para la *identificación*, lo cual supone una sensibilización a la propia cultura y al funcionamiento de la sociedad en general;
- la interpretación y conocimiento de los elementos culturales para la *apropiación*, lo cual supone comparar, analizar y reflexionar sobre la propia cultura, al mismo tiempo que clasificar, categorizar, opinar y explicar las percepciones sobre los objetos culturales para elaborar y estructurar los significados;
- la comprensión, aceptación, respeto y valoración positiva de esas diferencias para la *empatía.*

El desarrollo de la interculturalidad, en el tratamiento de los contenidos culturales, requerirá que:

- el alumno acceda a esos contenidos culturales mediante un corpus de materiales y documentos sociales del mundo hispánico suficientemente rico;
- el profesor plantee actividades enraizadas en la cultura de referencia del alumno, en las que éste pueda observar por sí mismo los contenidos culturales y le permitan comportarse como un actor social en interacción, para lo cual deberá movilizar las operaciones mentales de:

  - *búsqueda,*
  - *descubrimiento,*
  - *análisis,*
  - *comparación,*
  - *reflexión,*
  - *interpretación,*
  - *y descripción.*

  en correspondencia con las consignas pertinentes.
- Para las operaciones mentales de *búsqueda / descubrimiento*
  las consignas pueden ser: recoger información, aportar datos, señalar, recordar, distinguir, reconocer, etcétera.

13 En el marco de los proyectos del Consejo de Europa, M. Byram ha desarrollado los métodos en la enseñanza de lenguas extranjeras que incorporan la identidad social y las interacciones interculturales. Véase M. BYRAM y M. TOST PLANET (eds.) (coords.) (2001), *Social Identity and European Dimension*, Estrasburgo, Consejo de Europa.

- Para las operaciones mentales de *análisis / comparación / reflexión* las consignas pueden ser: contrastar, opinar, relacionar, clasificar, categorizar, argumentar, deducir, etcétera.
- Para las operaciones mentales de *interpretación / descripción* las consignas pueden ser: contar, documentar, presentar, construir, apreciar, diseñar, etcétera.

Conclusión

De todo este itinerario conceptual, programológico y metodológico podemos extraer una consecuencia central: la enseñanza y aprendizaje de los contenidos culturales en el aula no estará orientada a que los alumnos lleguen a comportarse de igual manera que lo harían los nativos, reproduciendo sus comportamientos de forma mimética, sino a que sepan descodificarlos y comprenderlos a través del recurso a los referentes propios, los conocimientos anteriores, las vivencias y experiencias propias en la perspectiva de los contactos interculturales.

Lo importante no será cuántos contenidos culturales se proporcionan a los alumnos en el aula de *Español como L2/LE*, sino la forma en cómo éstos acceden a ellos, cómo los adquieren y cómo pueden aplicarlos.

BIBLIOGRAFÍA

ABASTADO, C. (1980), *Messages des médias,* París, CEDIC.

AGUIRRE, A. (ed.) (1997), *Cultura e identidad cultural,* Barcelona, Ediciones Bárdenas.

BARTHES, R. *et al.* (1973), *Estructuralismo y sociología,* Buenos Aires, Nueva Visión.

BÉLISLE, C. y SCHIELE, B. (dirs.) (1984), *Les savoirs dans les pratiques quotidiennes,* París, CNRS.

BYRAM, M. (1995), "Acquiring Intercultural Competence. A Review of Learning Theories", en L. SERCU (ed.) (1995), *Intercultural Competence*, vol. I, Aalborg, Centre for Languages and Intercultural Studies, Aalborg University: 53-70.

BOURDIEU, P. (1976), *El oficio de sociólogo. Presupuestos epistemológicos,* Madrid, Siglo XXI. Traducción de (1968), *Le métier du sociologue,* París, Mouton.

BOURDIEU, P. (1979), *La distinction. Critique sociale du jugement,* París, Minuit.

BRISLIN, R. W. (dir.) (1990), *Applied Cross-Cultural Psychology,* Londres, Sage.

CASSIRER, E. (1951), *Las ciencias de la cultura,* México, Fondo de Cultura Económica.

CAZENEUVE, J. (1967), *L'ethnologie,* París, Larousse.

CHARAUDEAU, P. (1987), "L'interculturel: nouvelle mode ou pratique nouvelle ?", *Le Français dans le monde,* número special de julio-agosto: 25-33.

CHOPPIN, A. (1992), *Les Manuels scolaires: histoire et actualité*, París, Hachette.

GALISSON, R. (1999), "Quel statut revindiquer pour les cultures en milieu institutionnel ?" en R. GALISSON y C. PUREN (1999), *La Formation en questions,* París, Clé International: 95-115.

GARDNER, R. D. y LAMBERT, W. (1972), *Attitudes and Motivation in Second Language Learning,* Rowley, Mass., Newbury House.

GOODENOUGH, W. (1957), "Cultural Anthropology and Lingusitics", en P. GARVIN (ed.) (1957), *Report of the Seventh Annual Round Table Meeting on Linguistics and Language Study,* Washington D. C., Georgetown University Press: 167-173.

GUILLÉN DÍAZ, C. (2002), "La dimensión cultural en la enseñanza/aprendizaje de lenguas extranjeras", en C. GUILLÉN DÍAZ (dir.) (2002), *Lenguas para abrir camino,* Madrid, MECD / Instituto Superior de Formación del Profesorado: 193-226.

INSTITUTO CERVANTES (1994), *Plan curricular. La enseñanza del español como lengua extranjera,* Madrid, Instituto Cervantes.

JENSEN, A. A. (1995), "Defining Intercultural Competence. A discussion of its essential components and prerequisites", en L. SERCU (eds.) (1995), *Intercultural Competence*, vol. I, Aalborg, Centre for Languages and Intercultural Studies, Aalborg University: 41-52.

JODELET, D. (ed.) (1994), *Les représentations sociales,* París, PUF.

JOANNIS, H. (1982), *Le processus de création publicitaire. Stratégie, conception et réalisation des messages,* París, Dunod.

LÉVI-STRAUUS, Cl. (1958), *Anthropologie structurale,* París, Plon.

LINTON, R. (1968), *De l'homme,* París, Minuit. Traducción de (1937), *The Study of Man,* Nueva York, Appleton-Century.

MEAD, G. H. (1972), *Espíritu, persona y sociedad,* Buenos Aires, Paidós.

MINISTERIO DE EDUCACIÓN, CULTURA Y DEPORTE (2002), *Marco común europeo de referencia para las lenguas: aprendizaje, enseñanza, evaluación,* Madrid, Secretaría General Técnica del MECD y Grupo Anaya, traducido y adaptado por el Instituto Cervantes.

MOIRAND, S. (1982), *Enseigner à communiquer en langue étrangère,* París, Hachette.

NOSTRAND, H. (1989), "Authentic Texts and Cultural Authenticity: an Editorial", *Modern Language Journal,* vol. I, 73: 49-52.

PORCHER, L. (1988), "Programme, progrès, progression, projets dans l'enseignement d'une

langue étrangère", *Études de Linguistique Appliquée,* 69: 91-100.
SAPIR, E. (1967), *Anthropologie,* I-II, París, Minuit.
SAVIGNON, S. J. (1972), *Communicative competence. An experiment in Foreign Language.* Filadelfia, Center for Curriculum Development.
SCHEIN, E. (1988), *La cultura organizacional y el liderazgo,* Barcelona, Plaza y Janés.
TYLOR, E. B. (1977), *La cultura primitiva,* Madrid, Ayuso. Traducción de (1871), *Primitive Culture: Researches into the Development of Mythology, Philosophy, Religion, Language, Art and Custom,* Londres, J. Murray.
ZARATE, G. (1986), *Enseigner une culture étrangère,* París, Hachette.

Los contenidos estratégicos

Sonsoles Fernández López
Escuela Oficial de Idiomas de Madrid

Introducción

Iniciamos este capítulo con el conocido proverbio chino que, como una pincelada, sintetiza las razones que explican el porqué de los contenidos estratégicos: *Si le das a un hombre un pez, le das de comer un día; si le enseñas a pescar, le das de comer siempre.*

En los capítulos sobre "Subcompetencia estratégica" y sobre "Estrategias de aprendizaje" realizamos un acercamiento al tema, delimitamos el mismo concepto de *estrategia*, fundamentamos el interés que este tema suscita hoy y ofrecemos una lectura organizada de las tipologías sobre estrategias. Este capítulo, orientado a los *contenidos estratégicos,* pretende ser una continuación de aquéllos, puesto que se apoya en la justificación y fundamentación teóricas que en ellos se ofrece e intenta concretar el entrenamiento estratégico que ya parece esbozado en "Estrategias de aprendizaje". Después de aludir al marco metodológico en el que se encuadra el planteamiento de los contenidos estratégicos y de justificar la necesidad de tenerlos en cuenta en un currículo de aprendizaje de lenguas, nos centramos en la programación y ofrecemos una organización de estos contenidos en dos apartados, que giran, el primero, en torno al proceso de aprendizaje y el segundo, en torno al desarrollo de las habilidades comunicativas lingüísticas. Un último apartado se refiere a la activación y concreción de estos contenidos en tres momentos: preparación, entrenamiento y trabajo contextualizado en cada unidad.

Antes de empezar, y para agilizar la lectura, retomamos la definición de *estrategias* que hemos manejado en los otros capítulos. Recordamos que se trata de un concepto todavía abierto, pero que en el ámbito del aprendizaje de la lengua, las estrategias se pueden definir como *operaciones mentales, mecanismos, técnicas, procedimientos, planes, acciones concretas que se llevan a cabo de forma potencialmente consciente y que movilizan los recursos para maximizar la eficacia tanto en el aprendizaje como en la comunicación.*

1. Enfoque metodológico y contenidos estratégicos. Las estrategias también son contenidos programáticos

Al iniciar este capítulo conviene hacer una reflexión sobre el mismo título: "Los *contenidos estratégicos*". En el ámbito de la enseñanza-aprendizaje de lenguas extranjeras ya nos hemos habituado a hablar de objetivos y contenidos estratégicos y no siempre somos conscientes de la subversión metodológica que subyace en ese mismo enunciado, con lo que existe el peligro de repetirlo, de escribirlo sin llenarlo de todo el significado que aporta.

Hasta no hace mucho, y todavía hoy, los índices de los manuales y los apartados de las unidades didácticas, después de enumerar los objetivos -incluso nociofuncionales-, se centraban, frecuentemente, en los contenidos y éstos eran básicamente lingüísticos y, en algunos casos, también socioculturales. El resto se podía incluir en un apartado de metodología, donde se consignaban las pautas para conseguir los objetivos señalados y se presentaban diferentes actividades de comprensión y expresión, así como ejercicios sobre el sistema de la lengua. Lo que llamamos contenidos estratégicos no se planteaba, se suponía ciencia infusa, o en el mejor de los casos, cuando se deparaba con un buen profesor, éste iba transmitiendo a sus alumnos las habilidades de estudio.

En el contexto educativo español esta situación empezó a cambiar cuando los contenidos de los programas incluyeron los tres apartados de *conceptos, procedimientos* y *actitudes*, y aunque probablemente no hubo tiempo para que este nuevo planteamiento modificara la inercia anterior de considerar como contenidos sólo los conceptos, los docentes ya hemos asimilado que, en la tarea de aprender, los procesos son tanto o más importantes que los resultados: el léxico aprendido o el dato concreto se pueden olvidar, pero si el alumno es consciente de la forma de obtener los datos, podrá volver a recorrer ese camino siempre que lo necesite.

El enunciado mismo, por tanto, de *contenidos estratégicos* nos sitúa en una línea metodológica que prioriza el proceso, orienta su quehacer desde la perspectiva del aprendizaje y gira en torno al aprendiz; la enseñanza y todo el quehacer didáctico se subordinan a este último, creando las condiciones y proporcionando los medios que posibiliten y rentabilicen el hecho de aprender. Centrarse en el aprendizaje, implica necesariamente detenerse en el proceso y en los mecanismos o estrategias que tienen lugar en ese proceso, valorar los más rentables y estimular su puesta en marcha y desarrollo.

Los fundamentos[1] de la psicología cognitiva, de la psicología humanista y de los mismos estudios de adquisición de lenguas que apoyan esta orientación ponen de relieve que la implicación activa del aprendiz, desde su particular estilo de aprendizaje, desde su mundo de experiencias y con sus propias formas de hacer, es lo que le conduce a un aprendizaje verdaderamente significativo. Aunque se puedan trazar marcos amplios y categorías de estilos de aprendizaje, la diversidad de situaciones, de contextos sociales, de experiencias de aprendizaje y también de genes, provocan que en una sola clase se puedan dar cita una amplia diversidad de formas de aprender, que no necesariamente coinciden con las del profesor o con las de los autores de manuales. Conocer esas variadas formas de aprender, valorar cuáles son las que favorecen más el desarrollo de la comunicación y diseñar la manera de potenciarlas son los pasos obligados para trazar los contenidos estratégicos de nuestros programas.

---

[1] Véase el capítulo de "Estrategias de aprendizaje".

2. Razones que justifican esta opción

Los contenidos estratégicos pretenden favorecer el aprendizaje, poner en manos del aprendiz las herramientas para aprender y ayudarle a utilizarlas de la forma más rentable posible; preparan, por tanto, para un aprendizaje más activo, más personalizado, más responsable y más efectivo, no sólo en clase, sino siempre, y no sólo en el aprendizaje de la lengua, sino en cualquier aprendizaje. Sintetizamos en los siguientes puntos las razones que justifican este enfoque:

a) Ningún profesor aprende por sus alumnos

Por mucho que un profesor se empeñe, el hecho de aprender es personal y ello implica querer hacerlo y activar los propios mecanismos de aprendizaje. Nadie aprende por los demás ni siquiera una nueva palabra; se aprende cuando se necesita y si se está preparado para ello se puede gestionar la mejor forma de hacerlo. Asumir, por tanto, la propia responsabilidad en el hecho de aprender y creer que se es capaz de hacerlo es el primer paso de ese proceso.

b) Aprendizaje activo de descubrimiento

Asumir esa responsabilidad implica tomar una postura activa para aprender; no se trata ya de esperar pasivamente a que el profesor o el libro propongan las cuestiones, la forma de resolverlas y las respuestas; el *buen aprendiz* se arriesga a realizar propuestas, a indagar, a formular hipótesis, a contrastar los hallazgos, a descubrir el funcionamiento y a evaluar los resultados. Esta postura crea una motivación en espiral, dinamiza los mecanismos de aprendizaje y lleva al aprendiz a apropiarse de la lengua de un modo más eficaz y duradero.

c) Diversidad

La clase es un microcosmos y no hay un rostro igual al otro; de la misma manera se dan cita en ella una riqueza de variables que van desde el diverso ritmo en el aprendizaje, a las diferentes formas de percibir la realidad, pasando por los diferentes estilos cognitivos, las variadas experiencias culturales, sociales, educativas y escolares. Esto significa que no aprendemos todos de la misma manera y que es importante que cada uno tome conciencia de cuál es la forma más rentable para él y la ponga en práctica.

d) No partimos de cero

Al aprender una L2 no se parte de cero, se poseen muchos conocimientos del mundo, muchas experiencias y se han formado ya unos esquemas determinados de conocimiento. Todo aprendizaje debe tener en cuenta ese bagaje, activarlo y construir sobre él; es necesario aportar lo que se es y lo que se tiene y nadie como el propio interesado puede hacerlo. Por otro lado, las lenguas son un medio de expresión y de comunicación y sólo expresamos y comunicamos lo que tenemos en nuestro haber; si no se cuenta con ello, difícilmente se conseguirán activar los mecanismos de aprendizaje de la lengua.

e) Aprendizaje con éxito

Una de las características del aprendiz con éxito es justamente ésta: la capacidad de definir sus necesidades, tener claros sus objetivos, planear su trabajo y arriesgarse a ensayar y a comunicar. Todo ello se incluye en lo que llamamos estrategias y es el objetivo de una programación de contenidos estratégicos.

f) Ampliar el ámbito del aprendizaje

Desarrollar estrategias es también rentabilizar el aprendizaje; el tiempo y el ámbito de la clase se amplían a todas las experiencias nuevas fuera y dentro de clase, ya que el alumno es capaz de aprovechar todas las ocasiones para aprender la lengua, de replantearse lo aprendido y de adaptarse a los cambios propios de la sociedad actual.

3. Programar

A partir de nuestra propia investigación en la clase, de la observación cotidiana de nuestros alumnos, del análisis de sus producciones y de sus errores, de los ensayos de verbalización de estrategias, de las anotaciones en los diarios de clase, del análisis de los cuestionarios y a partir de los numerosos estudios realizados sobre el tema, podemos contar con un amplio elenco de estrategias que nos facilitan su inclusión en nuestros programas dentro del apartado de *Contenidos estratégicos.*

La organización que ofrecemos de estos contenidos se presenta en dos apartados: en el primero seguimos los pasos del proceso de aprendizaje y en el segundo, los del aprendizaje de la comunicación lingüística. Intentamos superar la clásica división entre estrategias de aprendizaje y estrategias de comunicación, que en el aprendizaje de la lengua son, en nuestra opinión, inseparables, ya que la interacción comunicativa es imprescindible y necesaria en el proceso de aprendizaje, por lo que cada vez que se ponen en marcha estrategias para comunicarse se están activando los mecanismos de aprendizaje. Algunos autores consideran que se trata de estrategias de comunicación o de aprendizaje dependiendo de la intencionalidad del que las usa[2]; sin embargo, nosotros creemos que aún en el caso de que éstas se utilicen para resolver un problema de comunicación puntual, pueden favorecer el aprendizaje.

Las estrategias que acompañan el proceso de aprendizaje, y que ofrecemos en primer lugar, pertenecen a la capacidad general de *saber aprender*, aplicadas al aprendizaje de la lengua; las que incluimos como estrategias comunicativas, en el segundo apartado, son concreciones específicas de las estrategias generales para los procesos de comprender expresarse e interaccionar lingüísticamente.

[2] Véase un repaso de estas distinciones en Faerch y Kasper (1983:1-3).

3.1. Estrategias del proceso de aprendizaje

En esta primera organización de los contenidos estratégicos seguimos los pasos del proceso de aprendizaje de la lengua e incluimos en cada punto un elenco de estrategias cognitivas, metacognitivas, sociales o afectivas que se pueden activar en ese paso. Los puntos que se contemplan y desarrollan a continuación son:

a) Toma de conciencia de cómo se aprende la lengua para favorecer el proceso.
b) Motivación, actitud positiva, control de los elementos afectivos.
c) Planificación del trabajo. Identificación de las técnicas y procedimientos más efectivos para conseguir los objetivos.
d) Captación de lo nuevo: comprensión de los elementos lingüísticos a través de un proceso de formulación hipótesis.
e) Búsqueda, atención selectiva, descubrimiento y contraste de hipótesis.
f) Práctica funcional y formal: asimilación, retención y recuperación.
g) Conceptualización.
h) Evaluación, autoevaluación, superación.

Las estrategias que enumeramos a continuación, o algunas de ellas, pueden formar parte ya de la manera consciente o inconsciente de aprender la lengua de muchos aprendices. En todos los casos, son susceptibles de practicarse, de tornarlas conscientes para poderlas utilizar de forma intencionada y al mismo tiempo de llegar a automatizarlas para agilizar el aprendizaje

3.1.1. Toma de conciencia del proceso de aprendizaje de una lengua

Se listan en este punto una serie de estrategias que preparan para un aprendizaje activo, personalizado y responsable. La activación de estas estrategias (cognitivas, metacognitivas, sociales y afectivas) es rentable siempre, pero se torna más necesaria en los casos en que los alumnos están habituados a esperar consignas del profesor y a no poner en marcha sus propios recursos ni a arriesgarse en asumir el propio aprendizaje:

- Tener presente las finalidades y los intereses generales y personales para los que se aprende la nueva lengua.
- Definir las propias necesidades e intereses.
- Asumir el protagonismo en el propio aprendizaje.
- Comprender cómo se aprenden las lenguas y para qué sirve cada una de las actividades.
- Experimentar la rentabilidad de cada una.
- Conocer la estructura de los libros de texto y de otros materiales didácticos.
- Reconocer el propio estilo de aprendizaje.
- Ensayar diferentes técnicas.
- Buscar ocasiones para practicar el idioma.
- Crear sintonía con los compañeros y favorecer la cooperación para trabajar y practicar en grupo.
- Partir de los conocimientos y experiencias previos.
- Utilizar de forma selectiva y efectiva los recursos disponibles: programas de TV, medios de comunicación, nuevas tecnologías, contactos, libros de texto, gramáticas e Internet.

Se sugiere dedicar un tiempo al principio del curso para ejercitarse y asimilar esta forma de hacer, estimulando los debates que ayuden a crear las actitudes positivas. Después, se puede volver a incidir en cada unidad o cuando surja la necesidad.

3.1.2. Motivación. Actitud positiva. Control de los elementos afectivos

Está demostrado que los factores relacionados con la motivación son los que más inciden en el éxito del aprendizaje. Para conseguir esa motivación es clave la actitud del profesor y el ambiente que se cree en la clase. Listamos una serie de estrategias actitudinales y afectivas que propician la confianza y el ambiente óptimo para conseguir el aumento de la motivación:

- Estimular la confianza en la propia capacidad para aprender la lengua.
- Tener una actitud positiva ante el aprendizaje.
- Motivarse para comunicar de forma auténtica en la nueva lengua.
- Tener una actitud positiva ante la lengua y cultura nuevas.
- Apreciar la diferencia como riqueza.
- Aceptar y promover la lengua extranjera como instrumento de comunicación en clase.
- Arriesgar en la comunicación e intentar activar los recursos que se poseen.
- Perder el miedo a los errores y reconocerlos como necesarios para aprender.
- Controlar la ansiedad.
- Interesarse por mejorar.
- Superar las fases de aparente estancamiento y no desanimar.
- Seleccionar las propias preferencias a lo largo del año, tanto en la forma de trabajar como en los aspectos y en los temas en los que necesitan refuerzo.
- Profundizar de forma personal en los aspectos socioculturales y lingüísticos que más le interesan.
- Reconocer la utilidad de aportar los propios esquemas de conocimiento y las propias experiencias al aprendizaje de la nueva lengua.
- Mostrar interés en superar las dificultades propias de la falta de recursos lingüísticos, explotando al máximo los conocimientos y las estrategias comunicativas disponibles.
- Tener afán de superación y poner los medios para ello.
- Desarrollar el gusto por el trabajo bien hecho.

3.1.3. Planificación del trabajo. Identificación de las técnicas y procedimientos más efectivos para conseguir los objetivos

Este aspecto, como todos los que se incluyen en cada paso del proceso de aprendizaje, pueden fomentarse desde cualquier área, pero tienen una vertiente especial cuando se trata del aprendizaje de una lengua, donde la participación en la elección de los objetivos de aprendizaje y el particular acercamiento a la comunicación de cada individuo son elementos decisivos en la apropiación de la nueva lengua; desde esta perspectiva se deben tener en cuenta las siguientes estrategias:

- Tomar iniciativas en la fijación y negociación de los objetivos.
- Reconocer los objetivos de las diferentes actividades.
- Seleccionar temas y contenidos.
- Expresar los propios intereses y necesidades de aprendizaje.
- Identificar las técnicas y procedimientos más efectivos para conseguir los diferentes objetivos.

- Gestionar el tiempo de que se dispone de acuerdo con las necesidades de aprendizaje.
- Seleccionar los materiales necesarios.

3.1.4. Hacia la captación de lo nuevo: comprensión de los elementos lingüísticos a través de un proceso de formulación de hipótesis

Empieza aquí el acto de aprender y es importante saber que no se parte de cero, sino que se poseen ya muchos conocimientos y experiencias que posibilitan la mente interrogante y la formación de hipótesis. Insistimos en prestar atención a esta fase de búsqueda personal para activar los mecanismos de aprendizaje, antes de presentar modelos e informaciones ya elaboradas. Para ello proponemos:

- Activar los conocimientos y experiencias anteriores para construir sobre ellos.
- Contextualizar y cuestionarse sobre el significado de los mensajes, sobre las posibles reacciones lingüísticas de un interlocutor y sobre la forma de transmitir algo.
- Formular hipótesis sobre la estructura que se va a necesitar o que se va a estudiar.
- Relacionar, comparar, adivinar, deducir a partir de lo que se conoce.

3.1.5. Búsqueda y atención selectiva

Este es el momento del contraste de las hipótesis, comparándolas con las de los modelos, valorando el efecto de la producción o consultando en la clase. De ese contraste surge la necesidad de rectificaciones y aclaraciones:

- Observar modelos orales y escritos.
- Seleccionar los datos que se necesitan.
- Descubrir y deducir el funcionamiento de la lengua en el punto concreto.
- Contrastar, corregir o verificar las hipótesis que se habían planteado.
- Manejar selectivamente materiales de consulta.
- Pedir explicaciones y aclaraciones.
- Comparar con la lengua materna y con otras lenguas que se conozcan.
- Controlar la propia comprensión.

3.1.6. Práctica. Asimilación, retención y recuperación

Se presentan aquí estrategias, tanto de práctica funcional como de práctica formal, y se deja abierta la lista ya que la variedad de alumnos, de situaciones y de tareas aporta, sin duda, nuevas estrategias o matiza las que aquí se ofrecen:

- Probar y seleccionar las actividades, técnicas y procedimientos más efectivos de práctica y de interiorización.
- Establecer relaciones.
- Llevar un cuaderno personal de notas.
- Elaborar esquemas, listas, resúmenes.
- Practicar con los compañeros o individualmente.
- Respetar y valorar el esfuerzo de los compañeros.
- Crear situaciones para utilizar con frecuencia lo aprendido.
- Realizar actividades de autocontrol.

- Practicar cada una de las destrezas.
- Copiar, repetir, memorizar, hacer dibujos, inventar juegos, subrayar, colorear.
- Ensayar.
- Crear asociaciones sonoras, visuales, cinéticas, textuales, formales, semánticas.
- Memorizar canciones, textos, poemas, frases.
- Controlar los propios errores: hacer un *cuaderno de superación de errores*, anotando la causa y la forma de superación.
- Repasar.
- Llevar un diario de clase.

3.1.7. Conceptualización

Nos referimos en este paso del proceso a las estrategias que facilitan el cifrado de lo descubierto, reestructurando los esquemas anteriores y facilitando así su asimilación y posterior recuperación:
- Llevar un diario de clase.
- Remodelar los propios esquemas de conocimiento con las nuevas aportaciones.
- Valorar la posibilidad de generalizar a otros casos lo que se ha aprendido.
- Comparar con otros conocimientos de la misma lengua, de la lengua materna o de otras lenguas.
- Reconocer y expresar las nuevas adquisiciones en síntesis, reglas, avisos, notas, etcétera.

3.1.8. Evaluación, autoevaluación y superación

La capacidad de controlar el trabajo y el resultado propios requiere haber fijado objetivos, haber elegido los medios, poseer criterios de valoración y prever formas de superación. Se sintetizan, pues, en este punto estrategias que se han enumerado anteriormente, y que, a su vez, en esta actividad autoevaluadora ejercen un papel retroactivo que dinamiza los pasos previos. Estrategias que favorecen esta capacidad son:
- Aplicar parrillas de autoevaluación señalando el grado de consecución, de interés, de participación y de satisfacción.
- Redactar en la clase con los compañeros, criterios de evaluación para cada tarea o actividad.
- Evaluar las propias producciones y las de los compañeros, a partir de esos criterios.
- Señalar las dificultades y las formas de superarlas.
- Controlar los propios errores y fijarse metas y procedimientos de superación.
- Comprobar los propios conocimientos y capacidades.
- Autocorregirse (con la ayuda del profesor, de los compañeros o utilizando materiales didácticos).

3.2. Estrategias de la comunicación lingüística

Se presentan, a continuación, una lista de las estrategias que se activan para movilizar recursos y poner en funcionamiento las destrezas de recepción y producción en las actividades comunicativas; desarrollar estas estrategias facilita la comunicación y con ello se favorece el aprendizaje.

En este apartado, las estrategias se organizan en torno a las diferentes destrezas de: a) comprensión; b) interacción; y c) expresión, tanto orales como escritas; y se encuadran en los tres procesos de planificación, realización y evaluación. En cada uno de esos puntos se pueden encontrar estrategias cognitivas, metacognitivas, sociales o afectivas.

3.2.1. Estrategias de comprensión oral y escrita

Planificar:

- Activar los propios conocimientos para prever lo que se va a oír o leer.
- Formar hipótesis en cuanto al contenido.
- Formar hipótesis en cuanto a la organización.
- Formar hipótesis a partir del contexto.
- Formar hipótesis a partir de la forma.
- Tener una actitud positiva de éxito para la comprensión de mensajes.
- Reconocer la utilidad de la transferencia entre lenguas, de conceptos y procedimientos propios de la comprensión.
- Reconocer la capacidad para comprender globalmente textos escritos, sin necesidad de comprender cada uno de los elementos del mismo.

Realizar:

- Intentar captar, primero, el sentido general y detenerse después en puntos concretos. Buscar sólo los datos concretos, si ese es el objetivo.
- Prestar atención a los diferentes elementos paralingüísticos y extralingüísticos (imágenes, mapa formal de un texto, entonación, gestos, tono, etcétera).
- Sobre temas conocidos, utilizar el sentido general de un texto o de un enunciado para deducir el significado probable de palabras desconocidas.
- Deducir el asunto de un discurso o de un texto y el significado de palabras desconocidas a partir de la situación y del contexto.
- Inferir la relevancia de cada una de las partes del discurso.

Evaluar:

- Contrastar las hipótesis y corregirlas.
- Indicar lo que no se entiende.
- Solicitar o intentar, de diferentes formas, la clarificación del mensaje.
- Valorar la satisfacción de necesidades que aporta la lectura.
- Valorar los propios progresos en la comprensión de textos.

3.2.2. Estrategias de interacción oral y escrita

Planificar:

- Reconocer la importancia de ser capaz de expresarse en español como medio para satisfacer las necesidades de comunicación y como forma de entendimiento entre las personas.
- Mostrar interés en comunicarse oralmente o por escrito con hablantes nativos.
- Encuadrar la situación comunicativa (locutores, tipos de intercambios).
- Valorar lo que los interlocutores conocen o no desconocen.
- Preparar los intercambios.
- Memorizar frases corrientes.

Realizar:

- Utilizar procedimientos simples para comenzar, seguir y terminar una conversación.
- Intervenir en una discusión y tomar la palabra con una expresión adecuada.
- Cooperar.
- Resumir una conversación y facilitar así la focalización del tema.
- Convidar a otra persona a participar.
- Reaccionar de forma adecuada con gestos y con las expresiones habituales.
- Solicitar ayuda.

Evaluar y corregir:

- Confirmar la compresión mutua.
- Facilitar el desarrollo de las ideas, reformulando algunas partes del enunciado.

3.2.3. Estrategias de expresión oral y escrita

Planificar:

- Prever y ensayar la forma de comunicar los puntos importantes.
- Tener en cuenta a los interlocutores para preparar tanto el contenido como la forma.
- Localizar recursos.
- Reajustar la tarea.

Realizar:

- Aprovechar todos los conocimientos previos.
- Intentar expresarse con otras palabras.
- Estar atento a la adecuación de la producción a la situación concreta.
- Organizar el contenido; realizar esquemas.
- Reconocer la estructura de los diferentes discursos.
- Observar modelos.
- Localizar y adquirir los recursos lingüísticos necesarios.
- Buscar palabras de significado próximo para suplir alguna carencia.
- Crear palabras por analogía.
- Parafrasear, definir, hacer dibujos, señalar cuando una palabra no está disponible.
- Recomenzar de una forma diferente si hay ruptura en la comunicación.
- Pedir la confirmación en caso de duda.
- Sortear las dificultades con diferentes recursos.
- Elaborar diferentes tentativas y valorar el progreso.
- Utilizar gestos interrogativos cuando no se está seguro de la corrección o adecuación.

Evaluar y corregir:

- Comprobar o valorar si hay comprensión.
- Corregir los malentendidos.
- Releer para valorar la consecución de los objetivos, la organización, la corrección, etcétera.
- Llegar a encontrar placer en la expresión escrita en la nueva lengua.
- Intentar llegar a expresarse en la lengua extranjera de una forma personal.

3. 3. Progresión

La capacidad de aprender, con todos los procesos y mecanismos que conlleva, es universal y, por tanto, el aprendiz de una lengua extranjera posee muchas estrategias personales ya desarrolladas en su vida cotidiana, que debe aplicar al nuevo aprendizaje; además, tendrá que iniciarse en la utilización de otras e ir enriqueciendo así su competencia estratégica. En todos los casos se deben aprovechar las estrategias que se aportan y probar con otras nuevas. Los alumnos más jóvenes deberán entrenarse en mayor medida, así como todos aquellos que en su trayectoria de aprendizaje hayan dependido excesivamente de las consignas externas.

La progresión, por tanto, en el desarrollo de las estrategias se deberá personalizar para adaptarse a las diferentes realidades; como norma general, proponemos la siguiente progresión:

1. Introducción y práctica motivada por el profesor.
2. Uso más personal de las estrategias.
3. Uso autónomo.

El *Marco común europeo de referencia para las lenguas* (*MCER*) ofrece algunos ejemplos de progresión por niveles para las estrategias comunicativas; en algunos casos, esa progresión acompaña el desarrollo de la competencia lingüística y varía en función de si el aprendiz se sitúa en un primer nivel, cuando apenas posee recursos lingüísticos y tiene que limitarse a gestos, dibujos, etc., para compensar una carencia, o de si ya, en un nivel más alto, puede realizar una paráfrasis o ejemplificar para superar la dificultad; en otros casos, como por ejemplo en las estrategias de planificación, creemos que la capacidad de prepararse para la comunicación, de organizar un plan, de activar los conocimientos, etc., no depende de los recursos lingüísticos que se hayan adquirido, sino del grado de entrenamiento estratégico que se posea. Se puede empezar a estudiar una lengua aportando un alto grado de desarrollo estratégico y, por el contrario, se puede alcanzar un nivel relativamente aceptable de competencia lingüística sin haber desarrollado conscientemente el componente estratégico. Por tanto, los ejemplos de progresión que ofrece el *Marco,* y que copiamos a continuación, los consideramos como tales, como ejemplos de lo que se puede hacer, y no como paradigmas de progresión estratégica.

3.3.1. Ejemplificación de progresión por niveles en el MCER

a) Estrategias de expresión

- Planificación:
  - C2 Como B2.
  - C1 Como B2.
  - B2 Planifica lo que hay que decir y los medios para decirlo considerando el efecto que puede producir en el oyente.
  - B1 Ensaya e intenta nuevas combinaciones y expresiones, y pide retroalimentación.
    Calcula cómo comunicar las ideas principales que quiere transmitir, utilizando cualquier recurso disponible y limitando el mensaje a lo que recuerde o a los medios que encuentre para expresarse.
  - A2 Es capaz de recordar y ensayar un conjunto apropiado de frases de su repertorio.
  - A1 No hay descriptor disponible.

- Compensación:
  - C2 Sustituye una palabra que no recuerda por un término equivalente de una forma tan sutil que apenas se nota.
  - C1 Como B2.
  - B2 Utiliza circunloquios y paráfrasis para suplir carencias de vocabulario y de estructura.
  - B1 Define las características de algo concreto cuando no recuerda la palabra exacta que lo designa.
    Es capaz de transmitir significado modificando una palabra que significa algo parecido, (por ejemplo, un camión para personas = autobús).
    Utiliza una palabra sencilla que significa algo parecido al concepto que quiere transmitir y pide a su interlocutor que le corrija.
    Adapta una palabra de su lengua materna y pide confirmación.
  - A2 Sabe cómo aclarar lo que quiere decir mediante gestos si sólo dispone en su repertorio de palabras inadecuadas.
    Puede hacer ver o identificar aquello a lo que quiere referirse señalándolo o apuntando con el dedo
  - A1 No hay descriptor disponible.

- Control y corrección:
  - C2 Sortea las dificultades con tanta discreción que el interlocutor apenas se da cuenta de ello.
  - C1 Es capaz de sortear una dificultad cuando se topa con ella y vuelve a formular lo que quiere decir sin interrumpir totalmente la fluidez del discurso.
  - B2 Corrige deslices y errores si se da cuenta de ellos o si dan lugar a malentendidos.
    Toma nota de los errores más frecuentes y controla conscientemente el discurso en esas ocasiones.
  - B1 Puede corregir confusiones de tiempos verbales o de expresiones que pueden dar lugar a malentendidos siempre que el interlocutor indique que hay un problema.
    Pide confirmación de que la forma utilizada es la correcta.
    Vuelve a comenzar utilizando una táctica diferente cuando se interrumpe la comunicación.
  - A2 No hay descriptor disponible.
  - A1 No hay descriptor disponible.

b) *Estrategias de comprensión*

- Identificación de las claves e inferencia (oral y escrita):
  - C2 Como C1.
  - C1 Es lo bastante hábil como para utilizar las claves contextuales, gramaticales y léxicas con el fin de inferir la actitud, la predisposición mental y las intenciones, y prever lo que va a ocurrir.
  - B2 Utiliza una variedad de estrategias para comprender, incluidas: escuchar atentamente para intentar captar las ideas principales; comprobar la comprensión utilizando claves contextuales.
  - B1 Identifica por el contexto palabras desconocidas en temas relacionados con sus intereses y su especialidad.
    Extrapola del contexto el significado de palabras desconocidas y deduce el significado de las oraciones, siempre que el tema tratado le resulte familiar.
  - A2 Sabe cómo utilizar una idea del significado general de textos y enunciados cortos que tratan temas cotidianos concretos para inferir del contexto el significado probable de las palabras que desconoce.
  - A1 No hay descriptor disponible.

c) *Estrategias de interacción*

- Tomar la palabra (turnos de palabra):
  - C2 Como C1.
  - C1 Elige una frase apropiada de una serie de posibles enunciados del discurso para introducir sus comentarios adecuadamente con el fin de tomar la palabra o ganar tiempo para mantener el uso de la palabra mientras piensa.
  - B2 Interviene adecuadamente en la discusión utilizando el repertorio lingüístico apropiado.
    Inicia, mantiene y termina el discurso adecuadamente haciendo un uso eficaz de los turnos de palabra. Inicia el discurso, toma la palabra adecuadamente y termina la conversación cuando es necesario, aunque puede que no lo haga siempre con elegancia.
    Utiliza frases típicas (por ejemplo, «Es una pregunta de difícil respuesta») para ganar tiempo y mantener su turno mientras formula lo que va a decir.
  - B1 Interviene en discusiones sobre temas cotidianos utilizando una expresión adecuada para tomar la palabra.
    Inicia, mantiene y termina conversaciones sencillas cara a cara sobre temas que son cotidianos o de interés personal.
  - A2 Utiliza técnicas sencillas para comenzar, mantener o terminar una conversación breve.
    Inicia, mantiene y termina conversaciones sencillas cara a cara.
    Sabe cómo pedir que le presten atención.
  - A1 No hay descriptor disponible.

- Cooperar:
  - C2 Como C1.
  - C1 Relaciona con destreza su contribución con la de otros hablantes
  - B2 Puede reaccionar adecuadamente y seguir las aportaciones e inferencias de manera que contribuya al desarrollo de la discusión.
    Contribuye a la marcha de la discusión sobre temas cotidianos, confirmando la comprensión, invitando a otras personas a que intervengan, etcétera.
  - B1 Utiliza un repertorio básico de lengua y de estrategias para contribuir a mantener una conversación o una discusión.
    Resume lo dicho y contribuye de esta forma a centrar la discusión.
    Repite parte de lo que alguien ha dicho para confirmar la comprensión mutua y contribuir al desarrollo de las ideas en curso. Invita a otras personas a participar en la discusión.
  - A2 Sabe indicar que comprende lo que se dice.
  - A1 No hay descriptor disponible.

- Pedir aclaraciones:
  - C2 Como B2.
  - C1 Como B2.
  - B2 Es capaz de plantear preguntas para comprobar que ha comprendido lo que el interlocutor ha querido decir y consigue aclaración de los aspectos ambiguos.
  - B1 Pide a alguien que aclare o elabore lo que acaba de decir.
  - A2 Pide con sencillez que le repitan lo dicho cuando no ha comprendido algo.
    Pide aclaración sobre palabras clave o enunciados que no ha comprendido utilizando frases hechas.
    Sabe cómo expresar que no comprende algo.
  - A1 No hay descriptor disponible.

4. Activación y desarrollo de los contenidos estratégicos

Para que la amplia lista de contenidos estratégicos que hemos ofrecido llegue a la clase y se torne en práctica habitual, se recomiendan los siguientes pasos:
- Preparación.
- Entrenamiento.
- Inclusión en cada unidad de los contenidos estratégicos adecuados a las tareas que se programen.

4.1. Preparación

La tradición escolar nos ha legado un sistema en el que prevalece el concepto de enseñanza sobre el de aprendizaje y una enseñanza centrada en la transmisión de saberes; pasar de ese sistema al que subyace en estos planteamientos, donde se espera que el alumno sea el artífice principal de su aprendizaje y descubra la forma de aprender no se hace sin una preparación previa y sin un cambio en las creencias y actitudes en torno a todo este movimiento. Los autores que trabajan sobre el tema (Holec, Dickinson, Wenden, Smyth) apuntan hacia una preparación psicológica y metodológica. En esa preparación son importantes los siguientes puntos:
- Debate sobre las creencias acerca del hecho de aprender la lengua.
- Debate sobre los papeles que se atribuyen a profesores y alumnos.
- Cambio de actitudes: confianza, responsabilidad.
- Reflexión sobre cómo aprendemos cada uno y reconocimiento de los estilos de aprendizaje.

4.1.1. Creencias sobre el hecho de aprender la lengua

Se trata de cuestionarse sobre el hecho de aprender. Si no se hace, se da por sentado que el método o el profesor fijan las formas y se anula desde el principio la posibilidad de ensayar otras formas y de asumir responsabilidades. Como medio es útil la realización de debates y puestas en común sobre los siguientes aspectos:

¿Qué es aprender una lengua?, ¿qué significa comunicarse?, ¿cómo aprendemos a entender y a expresarnos?; experiencias positivas y negativas de aprendizaje, motivaciones para aprender la lengua, situaciones en las que se va a utilizar la lengua extranjera y necesidades lingüísticas que de ahí se derivan.

En esa reflexión salen a la luz tópicos que conviene debatir como:
- No somos pizarras en blanco y todo lo que sabemos (la LM, otras lenguas, conocimientos del mundo) es la base de nuestro aprendizaje.
- Todos somos capaces de aprender un LE; el factor más decisivo no es ni la inteligencia, ni el buen oído, es la motivación, ¿cuál es?, ¿cómo generarla?, ¿cómo mantenerla?
- Terminar un libro o un programa no significa apropiarse de la lengua.
- Los errores son necesarios para aprender.
- Las explicaciones del profesor no son suficientes, es necesario practicar en situaciones de comunicación. Es necesario ensayar con los compañeros y buscar situaciones de comunicación verdaderas (orales y escritas), aunque se hagan y escuchen errores.
- Lo importante es preguntarse qué significa, cómo se dice algo para a partir de ahí, poder llegar a descubrirlo.

4.1.2. Cambio en los papeles del profesor y de los alumnos

Este punto es central para el desarrollo de estrategias. La tradición nos ha legado el convencimiento de que el papel del profesor consiste en transmitir el saber, organizar, y preparar todo y preguntar, responder, dictaminar lo que hay que hacer, corregir, evaluar, saber lo que hay que aprender y cómo hay que aprenderlo. El alumno, desde esta perspectiva, es la persona que se matricula, paga una cuota, compra el método y tiene que hacer lo que el profesor pide. El responsable de que se cumplan los objetivos es, por tanto, el profesor. Esta concepción respecto al papel que deben desempeñar tanto el profesor como el alumno está asumida de tal forma que cuando se pretende cambiar provoca incluso desconcierto; el alumno, ante el intento de negociación que plantea el profesor, reacciona negativamente y desconfía de la competencia de aquel. Por otro lado, se trata de una postura más cómoda que su contraria: el profesor se siente más seguro desde esa situación de autoridad incontestable y al alumno le resulta más fácil ser llevado y delegar la responsabilidad.

El desarrollo de estrategias requiere un cambio fundamental de actitudes tanto por parte del profesor como del aprendiz; el profesor pasa a ser la persona que está atenta a las necesidades lingüísticas de sus alumnos, quien les motiva y suscita su curiosidad, quien abiertamente confía en su capacidad, da pistas y sugiere nuevas formas de hacer; es un atento observador de los procesos de aprendizaje y de la interacción comunicativa, sabe negociar y es capaz de adaptarse a nuevas soluciones, despegándose del libro de texto y de sus prácticas habituales, lo que supone, eso sí, una mayor preparación profesional y una puesta al día en la previsión de materiales que respondan adecuadamente a las necesidades de sus alumnos.

El aprendiz no espera a que le den consignas sobre qué hacer o cómo y cuándo hacerlo, sino que se esfuerza, valora sus propias dificultades, solicita ayuda, evalúa los diferentes recursos, asume la responsabilidad de su propio aprendizaje, desarrolla confianza en sí mismo y ensaya con la mejor forma de aprender.

Estos nuevos papeles se traducen en acciones concretas que van desde la participación de todos en la delimitación de los objetivos, contenidos y pasos a seguir, hasta en la forma de colocar la clase, el tipo de interacción que se establece, el tiempo que dispone cada uno para tomar la palabra, el uso de los métodos (como recursos y no como camisas de fuerza), la búsqueda de material y la realización de las pequeñas tareas de funcionamiento (manejo de los aparatos, colocación de murales, etcétera).

4.1.3. Actitudes: confianza y responsabilidad

Hemos resumido en estas dos actitudes todo un conjunto de ellas que abarcan el respeto, la seguridad, el talante democrático, la iniciativa, el dinamismo, la creatividad, la cooperación, el análisis, la crítica y la apertura a lo nuevo.

Como profesores debemos convencernos que nuestros alumnos son personas inteligentes y ricas en experiencias y saberes, todo lo cual, si no se anula en clase, sino que, por el contrario, se activa, genera un dinamismo de aprendizaje sumamente estimulante. Los aprendices, ante ese talante del profesor, tras la reflexión de cómo se aprende la lengua y entrenados progresivamente con tareas exitosas, refuerzan la autoconfianza y retoman la capacidad para asumir responsabilidades.

4.1.4. Reflexión sobre cómo aprendemos cada uno. Conocer los estilos de aprendizaje

Es ésta una tarea que, además de introducir a los alumnos en la diversidad de estrategias e incitarles a ensayar con diferentes formas de hacer, resulta atractiva y gratificante; si se puede realizar en la lengua que se aprende, es además un excelente trabajo de comprensión y expresión. Existen diferentes modelos de cuestionarios sobre estilos de aprendizaje[3]. A continuación presentamos uno, muy sencillo y breve por razones de espacio, que de forma sintética sugiere la reflexión sobre el tema.

¿QUÉ TIPO DE APRENDIZ ERES?[4] Puedes comprobarlo haciendo este cuestionario	Casi siempre	Algunas veces	Casi nunca	No sé
1. ¿Consigues buenos resultados en las pruebas de gramática?				
2. ¿Recuerdas bien las palabras nuevas?				
3. ¿Odias equivocarte?				
4. En clase, ¿te molesta si no se corrigen los errores?				
5. ¿Tu pronunciación es mejor cuando lees en voz alta que cuando hablas?				
6. ¿Te gustaría tener más tiempo para pensar antes de hablar?				
7. ¿Te gusta estar en clase?				
8. ¿Te resulta difícil entender o decir más de dos o tres palabras de un nuevo idioma cuando estás en una fiesta?				
9. ¿Te gusta aprender nuevas reglas gramaticales, palabras, etc.?				

- Puntuación:
Suma 3 puntos por cada señal en la 1.ª columna (Casi siempre).
Suma 2 puntos por cada señal en la 2.ª columna (Algunas veces).
Suma 1 punto por cada señal en la 3.ª columna (Casi nunca).
Suma 0 puntos por cada señal en la 4.ª columna (No sé).
TOTAL : ....

[3] Véase , por ejemplo, los Apéndices sobre estilos de aprendizaje que ofrece el *World Language Curriculum Framework* (1999), en el que detallan las estrategias y tipos de tareas más aptas para cada uno de los siguientes: verbal, lógico, espacial, corporal, musical, intrapersonal, interpersonal y naturalista.

[4] Fuente: G. Ellis y B. Sinclair (1989).

- Análisis de los resultados:

a) De 9 a 13 puntos: Relajado.	b) De 14 a 22: Mezcla.	c) De 23 a 27: Analítico.	d) De 0 a 8: No estás seguro.
Parece que puedes aprender idiomas sin hacer demasiados esfuerzos y que te gusta comunicarte con la gente. Sin embargo, deberías estudiar más gramática, aunque seguramente no te gusta y enseguida te aburre.	No perteneces exactamente a la categoría de los *analíticos* ni a la de los *relajados*. Muchas personas son una mezcla de las dos categorías ya que aprenden de forma diferente dependiendo de la tarea y de la situación.	Para ti es muy importante la corrección. Posiblemente prefieres hacer ejercicios donde puedas reflexionar con cuidado: ejercicios de gramática, de léxico, de pronunciación. Lee las siguiente sugerencias que te pueden ayudar a mejorar.	Tu puntuación no significa que no seas un buen aprendiz de idiomas. Seguramente es la primera vez que reflexionas sobre tu forma de aprender. Saber más cosas sobre cómo aprender puede ayudarte a hacerlo mejor.
- Sugerencias: *Intenta sacar más tiempo para estudiar.* Te vendrá bien dedicar más tiempo a reflexionar y a practicar gramática, pronunciación, etcétera. Procura encontrar regularmente tiempo para estudiar. *Intenta ser más crítico contigo mismo.* Seguramente necesitas autocorregirte más. No sueles atender a las correcciones de los demás, pero puedes intentar ser más consciente de tus fallos habituales para intentar superarlos.	- Sugerencias:. Lee las descripciones de las otras dos categorías y valora en cual de ellas te encuadras mejor para probar con las sugerencias de mejora de uno u otro grupo. Si no sabes decidir ahora, intenta hacerlo más adelante.	- Sugerencias: Debes mejorar la fluidez tratando de hablar más, intentando comunicarte en la nueva lengua con tus amigos, con los turistas, etc., siempre que tengas oportunidad. No te preocupes tanto de los errores. Tratar de ser correcto todo el tiempo es muy pesado y puede interrumpir tu comunicación. Aunque la superación de los errores es muy importante, no estés pendiente todo el tiempo de la corrección, ya que la gente con la que hablas no está pendiente de tus errores, sino de lo que tienes que decirles. Cuando hayas terminado, puedes reflexionar sobre tus equivocaciones y valorar la manera de trabajar para superarlas. Fuera de clase no vas a tener siempre un diccionario o un profesor y te tienes que defender tú solo; ya verás como sabes más de lo que crees.	- Sugerencias: Lee las características de los dos grupos que se presentan aquí y durante el curso intenta tomar conciencia de tu forma de aprender. Eso te ayudará a saber cómo mejorar.

4.2. Entrenamiento

Además de todas las sugerencias que hemos presentado en el punto anterior, cuando se trata de alumnos habituados a seguir fielmente las consignas del profesor o del libro, es conveniente llevar a cabo unas sesiones de entrenamiento específico. En cada curso resulta oportuno dedicar una de las primeras unidades del programa a este trabajo e insistir en ello siempre que se considere necesario. Esta primera unidad debe estar orientada a fomentar la motivación, a concretar intereses o necesidades de aprendizaje de la lengua, a negociar sobre lo que se va a hacer en el curso y sobre las formas de hacerlo, a descubrir los propios estilos de aprendizaje, a redefinir las funciones del profesor y de los alumnos (en el sentido que hemos expuesto anteriormente), a fomentar su confianza y su responsabilidad, a incitarles a descubrir formas rentables de aprender y a hacer los primeros ensayos con nuevas estrategias. La bibliografía sobre el tema recoge programas específicos para el entrenamiento estratégico[5], entrenamiento que se puede llevar a cabo:

- De una forma explícita, dedicando un tiempo a esta tarea, ya sea en la lengua materna o en la lengua extranjera o de forma contextualizada e integrada en las actividades del aprendizaje de la nueva lengua.
- Centrándose por un tiempo en el desarrollo de una determinada estrategia o dando pequeños pasos paralelamente en diferentes estrategias para un mismo objetivo.
- De forma interdisciplinar, desarrollando la misma estrategia desde diferentes áreas, o si no fuera posible, sólo desde el aprendizaje de la nueva lengua.

Ofrecemos a continuación un ejemplo de desarrollo de actividades centradas, de forma específica, en el entrenamiento de estrategias de aprendizaje de léxico[6]:

MIS TRUCOS

✎ Todos tenemos nuestros trucos para resolver un problema o para aprender algo que nos interesa. Tú también. Imagina una situación: por ejemplo, quieres que no se te olvide un mensaje, un número de teléfono... ¿Qué haces? Coméntalo con tus compañeros.

✎ Para aprender también utilizamos trucos o estrategias. **Vamos a observar cómo aprendemos palabras** en español y cuáles son las estrategias que más nos ayudan. Haremos una sección en nuestro cuaderno de trabajo con todos nuestros trucos, para consultarlo de vez en cuando.

2. DESCUBRIR EL SIGNIFICADO DE LAS PALABRAS

2.1. Jugamos a "pitufar"

➢ Se sustituyen algunas palabras por *pitufo*, *pitufa* o *pitufar* y los demás tienen que adivinar de qué palabras se trata. Por parejas podéis jugar a *pitufar*.

¿A qué palabras sustituyen *pitufo*, *pitufa* y *pitufar*? ¿Cómo lo has adivinado?

[5] Nos remitimos a los excelentes trabajos de G. Ellis y B Sinclair (1989), que incluyen propuestas concretas y flexibles; A. Wenden (1991) y R. Oxford, que recogen una serie de programas de diferentes países y están centrados en el desarrollo de estrategias; y O'Malley y Chamot (1990), especialmente los capítulos 6 y 7. Un documento que impulsa y favorece también este entrenamiento estratégico es el *Portfolio para las lenguas* preparado por el Consejo de Europa.

[6] De nuestro trabajo *P de palabra* (1995).

2.2. Adivinar por el tema

Si sabes de qué tema se habla, seguro que puedes adivinar el significado de las palabras que no conoces bien. Por ejemplo:

- Si se va a hablar, o si vas a leer un texto sobre las vacaciones, ¿qué palabras esperas oír o leer? (Puedes pensarlas en tu lengua).
- Si en una conversación, o al leer, solamente entiendes las palabras: **gol**, **árbitro**, **pitar falta**, **defensa**, **portero**, **ha ganado**. ¿De qué se está hablando? (...)

➢ Juega con un compañero y haz la prueba con otro grupo de palabras.

2.3. Adivinar por la situación

- Si en la televisión ves el mapa del tiempo y a una señorita explicando, ¿qué palabras esperas oír? Elige: **vientos**, **música**, **nieve**, **calor**, **pasteles**, **temperaturas máximas**...
- En la calle, no sabes ir a un sitio y preguntas. ¿Qué palabras esperas escuchar? (...)

2.4. Adivinar por la forma de las palabras

➢ La forma de las palabras también te puede ayudar, por ejemplo:
Si **panadero** es el que vende el pan, el **laguero** del cuento, ¿quién será?
Si conoces la palabra **comer**, ¿qué significan las palabras en negrita?
"Ese perro es un **comilón**, está siempre comiendo".
La palabra **píopi** del cuento, ¿qué te recuerda?

➢ Atrévete a inventar palabras.
Si un chico tiene celos, es ...oso. Si estudia bastante, es ... Si hace deporte, es ...ista.

Mis trucos

➢ En tu lista de trucos, puedes hacer otro apartado:
2. Cómo descubro el significado de las palabras.
Debajo escribe los trucos o estrategias que más te ayudan. Puedes consultar las pistas de todo este apartado y las que tienes a continuación.

❑ Cuando conozco el tema, intento imaginar lo que se dice.
❑ Intento adivinar el significado por el contexto.
❑ A veces, no me parece importante y sigo porque entiendo el resto.
❑ Miro en el diccionario.
❑ Pregunto al profesor o a un compañero.
❑ Escribo la palabra para ver, después, qué significa.
❑ Intento ver a qué otras palabras se parece, tanto del español como en otras lenguas.
❑ Intento recordar dónde la he visto antes.

4. **CÓMO ESTUDIAS PARA NO OLVIDAR LAS PALABRAS**

➢ Estudia bien durante tres minutos las palabras que acompañan al dibujo. Luego, sin mirarlas, escribe las que recuerdes.
Oreja - pendiente - cigarrillo - mochila - hombro - muñeca - codo - guitarra - patinar - gorra - flequillo - ceja - nariz - rodilla - calcetines - tobillo - patinete

➢ Da la vuelta a la hoja y escribe las que recuerdes. Si queréis, podéis hacerlo por parejas para que el compañero vea si las habéis escrito bien.

➢ Pensad entre todos: ¿qué hacéis para recordar las palabras? Escribidlo en la pizarra.

➢ A continuación, tenéis la lista de estrategias de un compañero; en grupos pequeños, podéis comentarlas. Luego marcáis las que creáis que pueden funcionar mejor.

❑ las agrupo por temas,
❑ me fijo más en las que voy a necesitar,
❑ sigo un orden, de arriba a abajo, del principio al final, etc.,
❑ si son difíciles, las repito y las escribo varias veces,
❑ hago un diccionario personal, con dibujos, frases y la traducción,
❑ invento una historia con varias palabras,
❑ en casa o en clase, pongo letreros con los nombres en español,
❑ comparo con mi lengua,
❑ recuerdo o busco dónde las he visto antes y compruebo si coincide el significado,
❑ si veo que la palabra tiene más de un significado, invento una frase para cada uno,
❑ recuerdo a qué otras palabras se parece y me fijo en la diferencia.

Después...
❑ procuro utilizarlas pronto, con los compañeros, en casa...
❑ las repaso los primeros días varias veces y luego de vez en cuando,
❑ invento crucigramas.

➢ Ahora tú. Escribe tus trucos:
Para que no se me olviden las palabras...

4.3. Inclusión en cada unidad de los contenidos estratégicos

Realizados el entrenamiento y la preparación -tanto para alumnos como para profesores-, los listados de estrategias que se recogían en páginas anteriores se concretan de forma contextualizada en cada unidad y en cada actividad, de forma que el uso de las estrategias sea una práctica habitual y que todos los aprendices consigan desarrollar la capacidad de *saber aprender*. Cada unidad puede fijarse unos objetivos y contenidos estratégicos específicos, íntimamente relacionados con el resto de los objetivos y tareas de la unidad y acordes con el desarrollo estratégico de los alumnos. A partir de ese nivel, se pueden ir dando de manera progresiva diferentes pasos, tanto para favorecer el desarrollo de las habilidades comunicativas como para la apropiación de los recursos lingüísticos necesarios. En la comprensión auditiva o lectora se pueden ir poniendo en práctica de forma sucesiva las siguientes estrategias: formar hipótesis a partir de fotografías o de la situación de comunicación; captar de qué trata el texto; centrarse en un punto concreto e intentar comprenderlo utilizando una serie de pistas; relacionar con lo que se conoce; tomar notas; comparar; utilizar esos datos como modelos; evaluar lo realizado, etc. Cada uno de esos pasos estratégicos se desarrolla a través de actividades específicas y se orienta a los aprendices a que reflexionen y evalúen la rentabilidad de la estrategia practicada.

Proponemos algunos ejemplos de programación de contenidos estratégicos, en la línea que hemos apuntado:

Tarea: Felicitar el Año Nuevo[7]
Los objetivos de esa unidad pueden ser: felicitar y expresar deseos (plasmado en las diferentes habilidades comunicativas).

Desarrollo de estrategias:
- Encontrar el interés de felicitar a alguien en español.
- Motivarse para hacer una felicitación estupenda en la forma y en el contenido.
- Recordar felicitaciones bonitas.
- Imaginar qué se puede decir en general.
- Pensar lo que se quiere decir a una persona concreta.

- Hacer hipótesis de qué significa o cómo se puede decir en español.
- Buscar felicitaciones en español (orales y escritas).
- Observar los modelos y seleccionar los recursos que se necesitan.
- Contrastar en la clase y en los materiales de consulta (adecuación y corrección).

- Analizar cómo funciona la nueva lengua en ese aspecto.
- Observar las formas utilizadas.
- Practicar con ellas: ensayar de diferentes maneras.
- Planificar una práctica personal para hacerlo bien.
- Buscar formas personales para aprender el léxico elegido y las formas verbales necesarias.
- Expresar, explicar lo que se ha aprendido.
- Realizar las tareas finales previstas.
- Valorar cómo se ha hecho y cómo se puede mejorar.
- Valorar los resultados.
- Fijarse en los errores (relacionados con la unidad), anotarlos, explicarlos y prever formas de superación.

La práctica continuada, unida a una actitud del profesor que invita a la búsqueda, fomenta en los aprendices al desarrollo de una mente interrogativa y una mayor confianza en su trabajo, lo que lleva a un aprendizaje activo, personalizado y de descubrimiento, es decir, a un aprendizaje estratégico.

5. Evaluación, autoevaluación

La preparación, el entrenamiento y la práctica habitual que hemos descrito deben llevar al desarrollo de la competencia estratégica de los aprendices competencia que puede y debe ser evaluada, como el resto de los objetivos y contenidos. Cada estrategia tiene escalas diferentes de valoración: el progreso en las afectivas y sociales se traduce en comportamientos (participar con más interés, aportar datos, tomar iniciativas, asumir riesgos, perder el miedo, etc.); las

[7] Véase el desarrollo de una unidad con esta tarea, en S. Fernández (2001).

cognitivas y metacognitivas agilizan el proceso de aprendizaje y son evaluables proponiendo situaciones semejantes a las trabajadas (hacer hipótesis sobre el significado de palabras, señalar las palabras clave de un texto, buscar una información en una sección de un periódico o de una página de Internet, elaborar esquemas, asociar ideas, palabras, etcétera).

Con todo, creemos que en este campo, incluso más que en otros, la autoevaluación es la mejor forma de valorar el progreso y la utilidad del desarrollo de una determinada estrategia o de un conjunto de ellas. El aprendiz, si la situación no le cohíbe, puede valorar mejor que nadie su grado de motivación, interés, participación y la rentabilidad de esta forma de trabajar. Para facilitar esta valoración se pueden proponer en las fichas guías de autoevaluación de la unidad o en las del *diario* de clase, cuestiones y sugerencias que inviten a la reflexión tanto de lo conseguido como de las posibles mejoras.

Conclusión

Decíamos al principio que el mismo título de *Contenidos estratégicos* como parte de un currículum de lengua extranjera es revolucionario todavía hoy, ya que subvierte los centros de poder, que dejan de estar sólo en manos de profesores, libros de texto y demás instancias escolares para abrir la puerta al aprendiz: éste, si *sabe aprender*, tiene muchas y muy importantes cosas que decir en relación con su aprendizaje.

Para acercar a la clase los contenidos estratégicos, no basta con decir al principio *En esta unidad vas a aprender a (preguntar dónde está un sitio, a dar direcciones, los presentes de... y el léxico de...)*, y al final afirmar *En esta unidad has aprendido a...* Lo importante es detenerse en los procesos que tienen lugar en la comunicación lingüística y en la apropiación de los recursos para diseñar desde ahí las actividades didácticas que activen los mecanismos o estrategias de comunicación y de aprendizaje. Desde estas páginas hemos intentado desmenuzar esos procesos y ofrecer un amplio repertorio de estrategias para cada paso; hemos propuesto también, en la medida en que el limitado espacio disponible nos lo ha permitido, un posible camino de activación en la clase de esos mecanismos y hemos ofrecido algunos ejemplos accesibles. Creemos que el lector que nos acompaña lo hace porque es también *estratégico* y estamos seguros de que aportará su grano de arena para plasmar en su clase o en sus materiales las actividades que ayuden a sus alumnos a aprender mejor, a aprender de forma más autónoma y a aprender de forma más rentable.

Bibliografía

ANDERSON, J. R. (1981), *Cognitive Skills and their Acquisition*, Hisllsdale, N.J., Lawrence Eribaum.

ANDERSON, J. R. (1983), *The Arquitecture of Cognition*, Cambridge, Mass., Harvard University Press.

BOGAARDS, P. (1988), *Aptitude et affectivite dans l'apprentissage des langues étrangères*, Credif, Hatier.

BELTRAN, J. (1993), *Procesos estratégicos y técnicas de aprendizaje*, Madrid, Síntesis.

COHEN, A. D. (1996), "Second Langage and Use Strategies: Clarifying the Issues", *CARLA Working Paper Series*, 3: 27.

CIR, P. (1996), *Les stratégies d'apprentissage*, París, Clé International.

CHAMOT, A. U. BARNHARDT, S. B., EL-DINARY, P. B. y ROBBINS, J. (1999), *The learning Strategies Handbook*, White Plains, NY, Adison Wesley Longman Inc.

DEPARTMENT OF EDUCATION (1999), *World Language Curriculum Framework*, NJ.

DICKINSON, L. (1987), *Self-Instruction in Language Learning*, Cambridge, Cambridge University Press.

DUDA, R. y RILEY, P. (1990), *Learning Styles,* París, Presses Universitaires de Nancy.

ELLIS, R. (1985), *Understanding Second Language Acquisition*, Oxford, OUP.

FERNÁNDEZ, S. (1991), *Proyectos y tareas en clase*, Madrid, Edinumen.

FAERCH, C. y KASPER, G. (1983), *Strategies in Interlanguage Communication*, Londres, Longman.

GARDNER, R. C. (1985), *Social Psychology and Second Language Learning: The roles of attitudes and motivation,* Londres, Ontario, Edward Arnold.

HOLEC, H. (1979), *Autonomie et apprentissage des langues étrangères,* Estrasburgo, Consejo de Europa, Hatier.

MARIANI, L. (ed.) (1994), *L'Autonomía nell'-apprendimento Lingüístico*, Florencia, La nuova italia, Quaderni de LEND.

MINISTERIO DE EDUCACIÓN, CULTURA Y DEPORTE (2002), *Marco común europeo de referencia para las lenguas: aprendizaje, enseñanza, evaluación,* Madrid, Secretaría General Técnica del MECD y Grupo Anaya, traducido y adaptado por el Instituto Cervantes.

NAIMAN, N. *et al.* (1978), *The Good Language Learner*, Ontario, Institute for Studies in Education.

NISBET, J. y SHUCKSMIT, J. (1986), *Estrategias de aprendizaje*, Madrid, Santillana.

O'MALEY, M. y CHAMOT A. U. (1990), *Learning Strategies in Language Acquisition*, Londres, Cambridge University Press.

OXFORD, R. L. (1989), *Language Learning Strategies*, Nueva York, Newbury House Publishers.

PIAGET, J. (1970), *Seis estudios de psicología,* Barcelona, Barral.

ROGERS, C. (1972), *Liberté pour apprendre?,* París, Dunod.

RUBIN, J. (1975), "What the Good Language Learner Can Teach Us",*TESOL Quartely*, 9:1: 41-51.

SKEHAN, P. (1989), *Individual Differences in Second-Language Learning*, Londres, Edward Arnold.

STERN, H.(1975): "What can we team from the good language learner?", *Canadian Moderm Language Review*, 31: 304-318.

STEVICK, E. W. (1981), *Teaching Languages: A Way and Ways*, Nueva York, Newbury House.

TARDIF, J. (1992), *Pour un enseignement stratégique: l'apport de la psycologie cognitive,* Montreal, Les Éditions Logiques.

WENDEN, A. y RUBIN, J. (eds) (1987), *Learner Strategies in Language Learning*, Londres, Prentice Hall.

WENDEN, A. (1991), *Learner Strategies for Learner Autonomy*, Londres, Prentice Hall.

WRIGHT, T. (1987), *Roles of Teachers and Learners,* Oxford, Oxford University Press.

MATERIALES PARA LOS ALUMNOS:

PAIGE, R. M, COHEN, A. D., KAPPLER, B., CHI, J. C. y LASSEGARD, J. P. (1999), *Strategies for Language and Culture Learning Use,* Minnesota, University of Minnesota.

ELLIS, G. y SINCLAIR, B. (1983), *Learning to Learn English,* Cambridge, Cambridge University Press.

MARIANI, l. (1996), *Strategie per imparare* 2.ª ed, Bolonia, Zanichelli.

SHEERIN, S. (1989), *Self-access,* Oxford, Oxford University Press.

RUBIN, J. y THOMPSON (1982), *How To Be a More Successful Language Learner*, Boston, Mass., Heinle y Heinle.

WILLING, K. (1989), *Teaching How to Learn: Learning Strategies in ESL*, Sydney, National Centre for English Language Teaching and R. Kelly Search, Macquarie University.

MARTÍN PERIS, E. (1995), *A de aprender*, Barcelona, Difusión.

FERNÁNDEZ LÓPEZ, S. (1995), *P de palabra,* Barcelona, Difusión.

FERNÁNDEZ LÓPEZ, S. (1996), *Estrategias de aprendizaje,* Aula de Español, Madrid, Universidad Antonio de Nebrija.

MONEREO, C. (ed.) (2000), *Ser estratégico y autónomo aprendiendo. Unidades didácticas de enseñanza estratégica para la ESO,* Barcelona, Graó.

VI PARTE
Las habilidades lingüísticas y comunicativas

La expresión oral

Raquel Pinilla Gómez
Universidad Rey Juan Carlos

Introducción

La expresión oral es una de las actividades de comunicación que se pueden desarrollar durante un acto comunicativo y mediante la misma procesamos, transmitimos, intercambiamos y negociamos información con uno o varios interlocutores. La expresión oral está íntimamente unida a la comprensión auditiva -la otra destreza oral-, y con las destrezas escritas -expresión escrita y comprensión lectora- constituyen las cuatro destrezas lingüísticas básicas: hablar, escuchar, escribir y leer.

En la expresión oral, el objetivo del proceso de aprendizaje es el uso de la lengua para la comunicación, por parte de los alumnos. El *Plan curricular* del Instituto Cervantes[1] (1994: 95) define ese objetivo del proceso de aprendizaje de la expresión oral de la siguiente manera:

> *Aprender a expresarse oralmente en una lengua extranjera supone poder comunicar a un interlocutor concreto, en un momento determinado, aquello que se piensa, se necesita, etc., de la forma más adecuada posible a las expectativas del interlocutor y de la situación comunicativa.*

Por su parte, el *Marco común europeo de referencia para las lenguas: aprendizaje, enseñanza, evaluación* (Consejo de Europa, 2002) traza un matiz más sutil en la identificación de las actividades comunicativas y, además de estas cuatro clásicas destrezas orales y escritas -comprensión y expresión-, en las que *en la mayoría de los casos, el usuario como hablante o*

---

[1] En el año 1994, el Instituto Cervantes publicó el *Plan curricular para la enseñanza del español como lengua extranjera*. Este texto ha constituido desde entonces el documento básico de trabajo para todos los profesionales relacionados con esta materia. En la actualidad, contamos con la versión española (2002) del *Marco común europeo de referencia* del Consejo de Europa (2001), traducido y adaptado por el Instituto Cervantes, y cuya versión electrónica puede consultarse en la dirección: cvc.cervantes.es/obref/marco.

autor de un texto escrito está produciendo su propio texto para expresar sus propios significados (*íbidem*: 59), no olvida otras dos destrezas no menos importantes, que corresponden a las de *mediación* -cuando el usuario actúa como canal de comunicación entre interlocutores que no pueden comunicarse directamente, por ejemplo, en una traducción- e *interacción*, que en el caso concreto de la comunicación oral supone que *el usuario de la lengua actúa de forma alterna como hablante y oyente con uno o más interlocutores para construir conjuntamente una conversación mediante la negociación de significados siguiendo el principio de cooperación*[2] (*íbidem*: 72).

En líneas generales, y a pesar de la importancia metodológica y didáctica que supone la inclusión de la *interacción* como destreza al mismo nivel que la *expresión*, podemos afirmar que cuando se habla de expresión oral, se tienen en cuenta tanto aquellas situaciones comunicativas en las que el hablante actúa sólo como tal, produciendo un discurso -por ejemplo, al pronunciar una conferencia, cantar o dejar un mensaje en un contestador automático-, como aquellas en las que alternativamente actúa como hablante y oyente, situaciones en las que no se puede negar que la interacción es más acusada como sucede, por ejemplo, en una conversación, un debate o una entrevista de trabajo.

Una vez que hemos caracterizado la expresión oral en el conjunto de las actividades comunicativas de la lengua, estamos en disposición de presentar los principios básicos de *situación comunicativa* e *integración de destrezas*, bases fundamentales sobre las que, después, se articula todo el trabajo en el aula. Veremos, a continuación, las *características de la comunicación oral* frente a la escrita, así como las *estrategias de comunicación* que se ponen en funcionamiento en situaciones en las que se experimentan problemas de tipo comunicativo. Después, analizaremos las *actividades de expresión oral* y sus implicaciones metodológicas y didácticas. Por último, esbozaremos el proceso de *evaluación* de la expresión oral.

1. Los conceptos de situación comunicativa e integración de destrezas

El desarrollo de las habilidades de expresión oral, así como de las otras destrezas, supone la puesta en práctica de tareas comunicativas que se llevan a cabo en el aula, de forma planificada y controlada por el profesor, y que suponen el desenvolvimiento paulatino en las mismas por parte de los alumnos. Estas tareas y actividades tratan de reflejar, en la mayor medida posible, las condiciones que tienen lugar en las situaciones comunicativas reales, cuando los interlocutores transmiten e intercambian información con necesidades y objetivos auténticos.

La consideración de hablar, como un acto comunicativo complejo, implica tener en cuenta todos aquellos factores que forman parte del mismo y que condicionarán su desarrollo, es decir, los *participantes* -emisor/es y receptor/es- y la *situación comunicativa*. El concepto de *situación comunicativa* adquiere una importancia fundamental en las actuales tendencias metodológicas así como en lo que se refiere a sus implicaciones didácticas en el aula de lenguas extran-

[2] Uno de los criterios más productivos que rige la interacción comunicativa es el llamado *principio de cooperación*, de P. Grice (1989), que establece que los interlocutores de cualquier situación comunicativa aceptan unas normas mínimas para garantizar y facilitar el desarrollo de la comunicación, con el fin de lograr los objetivos comunicativos buscados. Para ampliar este concepto y el de las *máximas* o *implicaturas* en una conversación, véase la síntesis que realiza G. Reyes (1995: 38).

jeras, ya que configura los ejes básicos de la comunicación: el contexto, el mensaje, el canal y el código[3]. *La relación entre estos elementos es tan estrecha que todos tienen capacidad de incidir sobre los demás. De este modo, el proceso de producción y el producto mismo adquieren una forma determinada dependiendo de los participantes y de la situación, como las características de la situación se modifican cuando lo hacen los participantes y sus productos lingüísticos* (Moreno, 2002: 48).

El *contexto* de una situación comunicativa está integrado por las circunstancias espacio-temporales y por otros factores como son el entorno social o cultural y la relación que se establece entre los participantes -cuestiones de edad, sexo, grado de conocimiento mutuo, interpretación de intenciones, etc.-. Para que los interlocutores tengan éxito en sus intercambios comunicativos, y sean capaces de codificar y descodificar correctamente los mensajes y sus significados, es necesario considerar todas esas características contextuales. Por tanto, en el aula, habrá que hacer reflexionar al alumno y concienciarle sobre la importancia de esos factores como parte fundamental de la comunicación[4].

Presentamos, a continuación, una de las caracterizaciones más conocidas y completas de todos esos elementos que integran y condicionan las situaciones comunicativas; corresponde a la famosa fórmula mnemotécnica del etnógrafo de la comunicación Dell Hymes[5]:

S: *Setting*: ambiente, escena.
P: Participantes.
E: *Ends*: fines (intenciones como objetivos e intenciones como resultados).
A: *Art characteristics*: forma del mensaje y contenido.
K: *Key*: clave (fuerza ilocutiva) del mensaje y del tema.
I: *Instrumentalities*: canal y código.
N: Normas de interpretación.
G: Género: tipo de acto de habla.

El otro principio básico del que debemos partir para situar la dimensión práctica del desarrollo de la expresión oral en el aula es el de *integración de destrezas*. De forma práctica, la integración de destrezas en una misma actividad de lengua, de las que se llevan a cabo en clase, constituye un acercamiento más a las características de esa situación *artificial* que supone la clase a las situaciones comunicativas reales, ya que en la comunicación tanto las destrezas productivas -hablar y escribir- como las receptivas -escuchar y leer- suelen aparecer de esta manera, integradas. *Las actuales tendencias en la metodología de la enseñanza de idiomas fomentan la realización de tareas comunicativas, en las cuales los*

---

[3] El esquema más extendido de los factores y funciones de la comunicación en lingüística corresponde a R. Jakobson (1981): *emisor* (función expresiva o emotiva), *receptor* (función conativa), *contexto* (función referencial), *mensaje* (función poética), *canal* (función fática) y *código* (función metalingüística).

[4] Un buen ejemplo de actividad en la que se pretende concienciar al alumno de la importancia del *contexto* lo encontramos en el Libro del Alumno del método de nivel avanzado *Abanico* (M.ª D. Chamorro *et al.*, 1995), en el ejercicio 1 de la unidad 6. En este ejercicio, se pide a los alumnos que lean un diálogo y se fijen en su contexto y que luego vuelvan a leer otros dos diálogos, pero identificando por sí mismos estos factores contextuales: quiénes hablan, de qué hablan y qué actitud tienen, con el fin de identificar las expresiones lingüísticas y las marcas de entonación que aparecen en esas situaciones comunicativas.

[5] La fórmula de D. Hymes es el acrónimo en inglés *SPEAKING* (Hymes, 1974). La traducción que ofrecemos está tomada de F. Moreno (2002: 49).

alumnos aprenden una nueva lengua mediante un uso auténtico y efectivo de la misma, integrando de forma simultánea o sucesiva diversas destrezas en una misma actividad (Martín Peris, 1993: 181-184).

Por tanto, vemos que las destrezas no suelen aparecer de forma aislada en las actividades, sino que casi siempre responden a ese principio de integración en una misma actividad. En la mayoría de los casos aparecen de forma simultánea[6], así por ejemplo, podemos responder a una actividad de comprensión auditiva con otra de expresión escrita, como cuando escuchamos un mensaje de contestador automático y, a continuación, tomamos nota; o también podemos leer un informe escrito y acto seguido realizar un resumen oral ante un auditorio. Es decir, no necesariamente a una destreza de comprensión auditiva sigue una de expresión oral, o a una actividad de comprensión lectora sigue una de expresión escrita, sino que existe una amplia gama de posibles combinaciones entre las cuatro destrezas, sin que tampoco sea posible establecer un orden definido, ya que cada destreza puede ser propulsora o consecuencia de cualquiera de las otras tres, tal como se refleja en la siguiente figura 1:

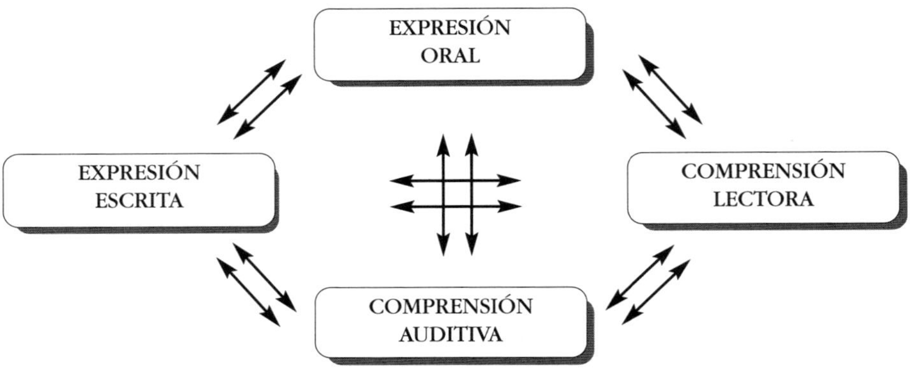

Figura 1: Las cuatro destrezas.

2. Características de la comunicación oral

No sería posible llevar a cabo una caracterización rigurosa de la destreza de expresión oral sin considerar las relaciones y *características de la comunicación oral* frente a la escrita. Debemos tener presentes las diferencias existentes entre las dos actividades que constituyen las

[6] En otras ocasiones, las destrezas aparecen integradas de forma sucesiva; es decir, dentro de una misma actividad o tarea se desarrollan una a continuación de otra las destrezas de comprensión auditiva, expresión oral, comprensión lectora y expresión escrita -no necesariamente en este orden-. Un buen ejemplo de este tipo de actividades lo encontramos en el material complementario sobre destrezas de N. Sánchez y D. Clark (1995), *Destrezas integradas*.

destrezas productivas de hablar y escribir[7], y debemos hacerlo ya que *hablar y escribir suponen dos actividades diferentes y autónomas. Son dos modos de comunicación distintos, cada uno con sus entornos propios, sus características y sus funciones sociales y comunicativas diferenciadas, aunque, por supuesto, tanto la expresión oral como la escrita hacen uso del mismo sistema lingüístico* (Baralo, 2000: 10).

Es, precisamente, en la realización de ese sistema lingüístico donde se materializan las diferencias y características idiosincrásicas de lo oral y lo escrito. Martín Peris (1993: 182) realiza un acertado y preciso resumen de esa relación entre la comunicación oral y la escrita por los siguientes rasgos:

a) *Se trata de actividades lingüísticas diferentes y complementarias.* Esto supone que es posible transmitir los contenidos de cada actividad de comunicación por cualquiera de los dos canales, así podemos dejar una nota a un amigo comunicándole un mensaje -comunicación escrita- o bien hacer una llamada telefónica con el mismo propósito -comunicación oral-.

b) *Ambas actividades se realizan mediante procesos de expresión, de comprensión y de interacción diferentes e independientes.* En este sentido, en la comunicación oral predominan los rasgos de inmediatez y espontaneidad, puesto que las intervenciones orales se caracterizan por el poco tiempo del que se dispone para pensar lo que se va a decir y por la presión psicológica de los interlocutores debida a esa premura de tiempo y a la imposibilidad de anular lo ya dicho, con las consecuencias que ello puede conllevar. Por otro lado, en los intercambios orales predomina la retroalimentación (*feedback*) inmediata, esto significa que el discurso se va elaborando y modificando en cooperación, de acuerdo con las reacciones de cada uno de los que intervienen ante lo que dicen los demás.

c) *Tienen códigos independientes que participan de características estructurales comunes.* Si tenemos en cuenta el soporte físico de los dos tipos de comunicación, observaremos que en la oralidad están presentes rasgos como la entonación, la pronunciación -hay que contar con la dificultad de aprender un nuevo sistema fonético-, las pausas o silencios; mientras que en la escritura hay que considerar elementos como la puntuación, la ortografía o los caracteres tipográficos -negritas, cursivas, mayúsculas o minúsculas, etc.-. Por otra parte, *en el discurso oral se da una conjunción de elementos lingüísticos, paralingüísticos y extralingüísticos que facilitan y agilizan la transmisión de mensajes* (*íbidem*: 184).

Los elementos lingüísticos hacen referencia al propio código verbal, como sistema estructurado de signos, con sus niveles de análisis correspondientes -fonético-fonológico, morfológico, sintáctico, etc.-. En el caso de la lengua oral, podemos señalar, entre otras, las siguientes características: presencia de frases incompletas o interrumpidas por las intervenciones y comentarios de otros interlocutores, escasez de esquemas de subordinación y mayor presencia de esquemas de coordinación o yuxtaposición, escaso uso de la voz pasiva, reformulación o repetición de expresiones para facilitar su comprensión o bien a petición del interlocutor, uso de un vocabu-

[7] El estudiante extranjero, una vez que ha alcanzado un cierto nivel de competencia comunicativa, debe ser consciente de esas diferencias entre lo oral y lo escrito, para así llegar a un mejor y más correcto dominio de ambos códigos. Una vez más, el método *Abanico* (Chamorro *et al.*, 1995) nos proporciona un buen ejemplo de actividad para los estudiantes de nivel avanzado, en la que éstos deben reflexionar y trabajar sobre esas diferencias en el marco de una crítica cinematográfica, oral y escrita. Corresponde a la actividad 6 -llamada "En su salsa"- de la unidad 11.

lario más reducido -las palabras comodín como *tema, cosa*, etc.-, empleo de pausas y expresiones que sirven de conectores discursivos, utilización de patrones, esquemas discursivos y rutinas conversacionales; abundancia de coloquialismos y vulgarismos, mayor facilidad para pasar de un asunto a otro, apoyo constante de elementos lingüísticos acústicos (ritmo, acento) y recurso frecuente a las expresiones idiomáticas y frases hechas[8].

Los elementos paralingüísticos tienen que ver con esa dimensión tan importante y significativa de la comunicación oral que constituye la comunicación no verbal -no presente en la comunicación escrita-: gestos[9], movimientos corporales o faciales, situación espacial y distancia entre los interlocutores, etc. Por último, los elementos extralingüísticos se refieren a todo lo relacionado con el tema sobre el que se habla y la situación comunicativa, es decir, quiénes son los participantes, qué relación hay entre ellos, etcétera.

En cambio, en la comunicación escrita, hay una mayor concentración en los elementos propiamente lingüísticos, al estar ausentes los paralingüísticos y existir algunas restricciones para los extralingüísticos. En este sentido de restricciones, en relación con el contexto o situación comunicativa, pensemos, por ejemplo, en las posibilidades de empleo que tenemos con las formas deícticas -marcadores espacio-temporales- (este/ese/aquel, aquí/ahí/allí, etc.) en la comunicación oral, mediante la señalización explícita del objeto al que nos referimos (por ejemplo, *ese coche de ahí*); mientras que en la comunicación escrita la caracterización y alusión a esa misma realidad incluye otro tipo de información, materializada en la producción lingüística, ante la ausencia de la visualización directa, en expresiones como *ese coche rojo que está aparcado junto a la entrada del garaje* o *el coche que está detrás del tuyo*.

Martín Peris (*íbidem*: 184) resume esas características del discurso escrito de la siguiente manera: *un mayor respeto a las convenciones gramaticales y morfosintácticas, un mayor recurso a la subordinación y al uso de conectores, una menor presencia, o incluso la ausencia total, de coloquialismos y vulgarismos, un mayor grado de formalidad en el registro y un especial cuidado en la lógica y organización del discurso.*

Las diferencias y características particulares entre los dos códigos deben ser siempre tenidas en cuenta por el profesor, ya que condicionan y están presentes en las actividades que se diseñan para el aula, las cuales, al fin y al cabo, son las que proporcionan al estudiante la posibilidad de desarrollar adecuadamente su competencia comunicativa. En el caso concreto de la destreza de expresión oral, podemos resumir esas características en agilidad, rapidez y espontaneidad, como objetivos a alcanzar en el grado de competencia que debe desarrollar el estudiante. Sin embargo, como analizaremos en el siguiente apartado, la competencia comunicativa de los estudiantes muchas veces es insuficiente para desenvolverse adecuadamente en la lengua meta -especialmente, en las primeras fases del proceso de aprendizaje-, es por ello por lo que debe-

---

[8] El uso de expresiones idiomáticas y frases hechas por parte de los estudiantes extranjeros son síntoma inequívoco del desarrollo avanzado de su competencia léxica y, por ende, comunicativa. Una recopilación de ejercicios sobre frases y modismos del español podemos encontrarlo en P. Domínguez González, M. Morera Pérez y G. Ortega Ojeda (1988). Asimismo, en R. Pinilla Gómez (1998), encontramos sugerencias de explotación didáctica del sentido literal de los modismos y expresiones hechas, en el marco de la publicidad.

[9] En relación con un repertorio de gestos propios de la cultura española, destacamos un material que resulta muy útil para el profesor de E/LE, el *Diccionario de gestos con sus giros más usuales* (1990). En este diccionario podemos encontrar ilustraciones y explicaciones claras de los gestos más utilizados y que tanto suelen llamar la atención al estudiante extranjero, ya que uno de sus comentarios más repetidos hace referencia, precisamente, a la profusión de gestos y movimientos en la comunicación oral de los hablantes nativos de español.

mos dotarles de mecanismos compensatorios que les permitan expresarse, a pesar de experimentar diferentes tipos de problemas comunicativos. En este sentido vamos a ver, a continuación, en qué consisten las estrategias de comunicación y por qué y cuándo las utilizan los estudiantes extranjeros.

3. Las estrategias de comunicación en la destreza de expresión oral

En el proceso de aprendizaje de la lengua extranjera, con el profesor y sus compañeros de clase, y en situaciones reales de comunicación con hablantes nativos, el estudiante experimenta, a menudo, una serie de problemas comunicativos de diversa índole, debidos a que los medios de los que dispone son aún insuficientes para realizar adecuadamente la comprensión y la producción de mensajes, tanto en las destrezas orales como en las escritas. Efectivamente, el estudiante, cuando habla, no siempre es capaz de expresar lo que quiere o de entender lo que escucha -destrezas orales-, así como tampoco lo es de escribir lo que le gustaría comunicar o de comprender lo que lee -destrezas escritas-, y esto sucede porque existe alguna carencia, algún fallo, en sus subcompetencias comunicativas[10] y, por tanto, experimenta un problema de tipo comunicativo. En esos momentos, en la mente del estudiante se activan una serie de mecanismos conocidos como *estrategias de comunicación*, las cuales van encaminadas a intentar resolver de forma satisfactoria esos problemas.

Las estrategias de comunicación forman parte de la competencia estratégica[11] del hablante. El estudiante extranjero -así como el hablante nativo- hace uso de una estrategia de comunicación debido, principalmente, a dos factores: a) los cortes o rupturas que tienen lugar en el intercambio comunicativo como consecuencia de condiciones diversas que limitan la actuación lingüística -fallos de memoria, *lapsus linguae*, ruidos ambientales, etc.-; b) las deficiencias experimentadas en cualquiera de las otras subcompetencias comunicativas -gramatical, sociolingüística y discursiva-.

El objetivo general del uso de una estrategia de comunicación es, por tanto, incrementar la eficacia de la interacción y reparar y compensar las posibles deficiencias comunicativas. Así, cuando una persona habla deliberadamente de forma pausada, con una clara intención retórica, está intentando mejorar la eficacia de su intervención, por ejemplo, para conseguir una mayor atención por parte del receptor. Por otro lado, cuando un hablante desconoce o no recuerda una palabra y la necesita para expresarse en ese momento concreto, puede recurrir a una descripción de la misma, al uso de una comparación, a la utilización de gestos, etc.; entonces está compensando una deficiencia comunicativa de tipo léxico mediante el uso de una estrategia de comunicación.

---

[10] Partimos de una definición general de competencia comunicativa como *el conjunto de conocimientos y capacidades que permite emitir y entender los mensajes de manera contextualmente apropiada* (Instituto Cervantes, 1994: 15). Asimismo, al referirnos a las subcompetencias comunicativas, asumimos la tipología más extendida en la investigación, correspondiente a Canale (1983), quien afirma que la competencia comunicativa consta de cuatro componentes: competencia gramatical, competencia sociolingüística, competencia discursiva y competencia estratégica.

[11] La competencia estratégica supone el dominio de las estrategias de aprendizaje y de las estrategias de comunicación, verbales y no verbales, empleadas para resolver problemas de tipo comunicativo. Según Tarone y Yule (1989), las primeras estrategias inciden más directamente en la habilidad global de recibir, retener y asimilar información, es decir, en el propio proceso de aprendizaje; mientras que las segundas, las de comunicación, se refieren a los problemas concretos que surgen en el momento de la planificación y la transmisión de información.

Aunque las estrategias de comunicación son utilizadas por los hablantes en sus lenguas maternas, es fundamental desarrollar explícitamente su uso en la lengua meta del estudiante, por dos razones: a) porque, en muchas ocasiones, el estudiante no es consciente de que en su lengua materna ya dispone de ese potencial comportamiento estratégico y, por tanto, se enfrenta al aprendizaje de la lengua meta sin saber cómo solucionar los problemas comunicativos, surgidos por las deficiencias de su estadio de interlengua; y b) porque *el componente estratégico en toda su complejidad contribuye de manera fundamental al logro de la competencia comunicativa, es decir, a que el hablante no nativo sea capaz de interactuar en la lengua meta de forma próxima a como lo haría un hablante nativo* (Santos Gargallo, 1999: 44).

Por eso, es necesario introducir en los programas curriculares y en los métodos de enseñanza-aprendizaje de E/LE diferentes actividades que potencien el comportamiento estratégico de nuestros estudiantes y que les ayuden a resolver, por sí solos, esos inevitables problemas que van surgiendo en sus interacciones.

En el plano oral, estas estrategias de comunicación se utilizan tanto en los procesos de recepción -destreza de comprensión auditiva- como en los procesos de producción -destreza de expresión oral-. Si bien nosotros estamos analizando con detalle la destreza de expresión oral, proponemos, en la siguiente tabla, una tipología de las estrategias de comunicación más utilizadas, de forma general, en las dos destrezas orales[12].

COMPRENSIÓN AUDITIVA	**EXPRESIÓN ORAL**
- *Ignorar palabras no relevantes* para la comprensión global del texto, aunque se desconozca su significado. - *Buscar información concreta*, prescindiendo del resto. - Hacer uso de los *conocimientos culturales previos*, así como los relacionados con el *tema* y el *tipo de discurso.* - Reconocer la relación entre los interlocutores, según el *registro* que usen y la *situación comunicativa.* - *Deducir el significado de una palabra* por: • *el contexto lingüístico* (léxico, sintáctico y semántico). • *la forma de las palabras* (similitud con la lengua materna o con otras palabras conocidas en la segunda lengua). - *Utilizar el contexto visual y verbal* (gestos, entonación, silencios, pausas) como claves para averiguar la intención y la actitud del hablante.	- *Peticiones de ayuda al interlocutor*: • información / confirmación. - *Recursos no verbales* (gestos, mímica, movimientos corporales y faciales). - *Acuñaciones léxicas*: • basadas en la lengua materna: traducciones literales y extranjerismos. • basadas en la lengua meta: creaciones originales propias. - *Recursos a la lengua materna* (préstamos y cambios de código). - *Paráfrasis*: • aproximaciones (sinónimos / hipónimos / hiperónimos). • descripciones (verbales y no verbales).

Tabla 1: Estrategias de comunicación en las destrezas orales.

[12] Fernández López (1991) propone buenos ejemplos de actividades de aula para desarrollar las estrategias de comunicación en la comprensión auditiva, especialmente la de deducción, en todas sus dimensiones: por el tema, por la situación comunicativa, por el contexto visual y verbal, etcétera.

La estrategia de petición de ayuda al interlocutor supone una evidencia directa de que el estudiante necesita ayuda explícita para solucionar sus problemas y es una de las estrategias más utilizadas por los estudiantes. La petición puede ser de tipo verbal y no verbal.

La petición de ayuda verbal, a su vez, puede responder a una necesidad del estudiante de información (*¿Cómo se dice* seven hundred*?*)[13], o bien de confirmación de una información que él mismo proporciona y de la que no está seguro (*¿Se dice* sietecientos *o setecientos?*). La estrategia de petición de ayuda no verbal más frecuente es la de consulta de diccionarios y otras fuentes de referencia.

La estrategia de recursos no verbales supone el cambio de un código verbal por otro no verbal; hace referencia al mecanismo deíctico de señalar con el dedo aquellas realidades cuyo nombre se desconoce, por tanto, su uso suele estar relacionado con significantes que corresponden a objetos materiales, tangibles, fáciles de localizar por el estudiante en el entorno espacial que le rodea.

La estrategia de acuñación léxica consiste en la creación de un ítem nuevo en la interlengua del estudiante. Esta palabra puede o no existir en la lengua meta, pero para el estudiante supone, en cualquier caso, una palabra nueva, y evidencia el uso de un comportamiento estratégico. En función de la lengua sobre la que el estudiante elabora y acuña la forma léxica, hay dos tipos de estrategias: a) las basadas en su lengua materna; y b) las que lo hacen sobre la lengua meta[14]. Las más interesantes y numerosas en la producción oral de los estudiantes son las primeras. En relación con ellas, distinguimos traducciones literales -traducción palabra por palabra de un ítem o estructura de la lengua nativa del estudiante, por ejemplo *yo vengo de* en lugar de *yo soy de*, al traducir la expresión francesa *je suis de*- y extranjerismos -consistentes en la elaboración de un ítem nuevo en la interlengua del estudiante, mediante un proceso de creatividad morfológica que parte de un ítem de la lengua materna y que se elabora con morfemas de la lengua meta, por ejemplo, la palabra *glacieros* por *glaciares*, partiendo del francés *glaciers*.

El recurso a la lengua materna agrupa el uso de una estrategia de comunicación en la producción de todos aquellos enunciados a los que subyace el recurso directo, por parte del estudiante, a su lengua materna o a cualquier otra lengua añadida que conozca total o parcialmente. Se trata, por tanto, de préstamos de palabras concretas o bien de cambios de código, cuando se toma una estructura sintáctica más compleja.

Bajo la denominación de paráfrasis agrupamos los procesos de reestructuración lingüística llevados a cabo por el estudiante, y que suponen la puesta en marcha de un plan alternativo de producción para el mensaje que se pretende comunicar. Probablemente ésta es la estrategia de comunicación más empleada por los estudiantes -y también por los hablantes nativos- y la que más se desarrolla en el aula mediante actividades diseñadas para tal fin. Cuando el estudiante desconoce un término o expresión de la lengua meta, puede optar por analizar sus rasgos semánticos constitutivos y tratar de expresarlos a través de un medio lingüístico alternativo. La manera de poner en marcha ese plan da lugar a dos tipos de estrategia de paráfrasis: la aproximación y la descripción -también existen casos intermedios entre ambos tipos-.

---

[13] Todos los ejemplos que ofrecemos de las diferentes estrategias de comunicación están extraídos del corpus de datos que aparece en el estudio empírico de Pinilla Gómez (1997).

[14] Para una sistematización y ejemplificación pormenorizadas de las estrategias de comunicación basadas en la interlengua y en la lengua meta, véanse las creaciones originales conceptuales y formales presentadas en R. Pinilla Gómez (1997: 266-271).

a) La aproximación consiste en el uso de una palabra o expresión de la lengua meta, sintáctica y semánticamente no del todo exacta en el contexto lingüístico en el que se produce, pero que comparte ciertos rasgos semánticos con el ítem que pretende comunicar el estudiante. La aproximación se puede realizar mediante sinónimos, hipónimos e hiperónimos, y puede ser de tipo léxico o sintáctico. Un ejemplo de este recurso sería el uso de los términos *peculiar* y *particular* por el adjetivo *concreto*[15], en un contexto en el que dos estudiantes están hablando sobre el vocabulario que utilizan.

b) Por su parte, la descripción es una estrategia de paráfrasis que puede realizarse a través de recursos verbales y no verbales (mímica). La descripción verbal consiste en la definición del ítem que se pretende comunicar mediante la presentación de características y elementos constituyentes del concepto que representa ese ítem. Así, por ejemplo, el uso de *el papel para darme una beca* por *cheque*, o de *cama sin patas* por *colchón*. En la descripción no verbal, la presentación de las características y los elementos constituyentes del concepto se realiza por medio de recursos no verbales, especialmente movimientos del cuerpo, gestos u otro tipo de representaciones gráficas (dibujos, esquemas, etc.), como por ejemplo imitar el acto de escritura para comunicar *tomar notas o apuntes*.

En líneas generales, la descripción supone una de las estrategias más socorridas para el estudiante, que ve en ella la manera de comunicarse a través de los recursos lingüísticos que posee, aunque éstos sean todavía escasos e insuficientes. La posibilidad de describir, en diferentes situaciones comunicativas, dota al estudiante de una seguridad y una confianza muy importantes para poder superar los problemas, prioritariamente léxicos, que surgen a lo largo de la conversación. En el siguiente ejemplo (*fig.* 2), se propone una actividad para el aula en la que se descubren al estudiante ejemplos concretos de descripción de un tipo de mueble -galán de noche-[16], realizados por otros estudiantes; y se le anima a dar su propia versión.

Observa cómo podemos comunicarnos sin conocer las palabras:

Ahora intenta hacer tú lo mismo; aunque no sepas cómo se llama, anímate y describe el mueble que ves. Tu profesor puede ayudarte.

Figura 2: Actividad 1. Uso de la estrategia de comunicación de descripción.

---

[15] Independientemente de que el diccionario no recoja estos términos *peculiar* y *particular* como sinónimos, los estudiantes que han producido este ejemplo los consideran como tales y, por tanto, a efectos de su interlengua suponen el uso de una estrategia de comunicación.

[16] El ejemplo de un mueble, como es el galán de noche, proporciona una muestra real de que los hablantes nativos no siempre conocen o recuerdan determinadas palabras y, en esos casos, también aplican comportamientos estratégicos. Esta actividad se ha extraído de R. Pinilla Gómez. (1997: 353).

4. Características de las actividades de expresión oral

En la expresión oral, el objetivo del proceso de aprendizaje es el uso de la lengua por parte de los alumnos, en actos de comunicación con uno o más interlocutores, a fin de satisfacer sus necesidades comunicativas concretas en esos contextos. La comunicación, por tanto, es básicamente un proceso activo, es acción, que se realiza a través de diferentes intercambios comunicativos que son llevados al aula mediante actividades, las cuales intentan reflejar, en la mayor medida posible, las condiciones en que tienen lugar fuera del contexto educativo, es decir, en las situaciones reales de comunicación. En el aula, esas actividades están *diseñadas para que el aprendiente use la lengua comunicativamente con algún propósito concreto, o de forma reflexiva, para resolver algún problema, conseguir alguna información y transmitirla, y tomar decisiones según diferentes argumentos* (Baralo, 2000: 18).

Una actividad de expresión oral es, pues, un recurso didáctico para desarrollar esa destreza. En ese afán por reproducir las condiciones en que la comunicación oral tiene lugar en situaciones reales, las actividades se enmarcan en esos mismos contextos en los que normalmente nos expresamos de manera oral, por ejemplo, al preguntar precios o pedir una información en una tienda, al preguntar una dirección a un policia municipal, al concertar una cita por teléfono, al dejar un mensaje en un contestador automático, etc. De todos estos contextos, como veremos después, la interacción oral -es decir, la conversación, la práctica comunicativa en parejas o grupos- parece la manera más eficaz de aprender a desarrollar la expresión oral.

En relación con los contenidos de dichas actividades, hemos de tener en cuenta que *deben adecuarse en función de los niveles de aprendizaje de los estudiantes, pues con niveles bajos comenzamos generalmente con temas muy concretos que se refieren a la clase, a la familia, a los amigos, a la ciudad, y en niveles más altos se trabaja con temas que se refieren a sus intereses personales o a temas de actualidad* (Gelabert, Bueso y Benítez, 2002: 37).

De manera general, en la enseñanza de la destreza de expresión oral se distinguen dos fases: una de asimilación y otra de creación.

a) La fase de asimilación está más directamente relacionada con la etapa de comprensión auditiva, y consta de dos momentos sucesivos: la presentación del lenguaje y la práctica controlada de la producción oral. En esta primera etapa se presta más atención a los aspectos formales y menos, al contenido; esto se comprueba en el tipo de actividades realizadas, como ejercicios de memorización de diálogos cortos y actividades de repetición para ir fijando determinadas estructuras -por ejemplo, todo lo relacionado con la función comunicativa de saludar, presentarse y despedirse-; son las llamadas actividades de producción formal: *aquellas que están destinadas a una práctica, mecánica o no, de formas y estructuras de la lengua. Estas actividades están destinadas a pulir y mejorar la forma.* (VV. AA., 1990: 22).

b) En la fase de creación hay también dos etapas: una producción más dirigida, por parte del profesor, y una producción libre, en la que el estudiante se va convirtiendo en el verdadero protagonista de las actividades. Es necesario, lógicamente, ese inicio en el que el profesor controla en cierta medida la actividad, dando pautas y guiando al estudiante en su realización; en un momento posterior, los estudiantes ya han alcanzado un nivel de competencia comunicativa más alto y esto les permite llevar a cabo actividades encaminadas a conseguir una producción lo más natural posible. Estas actividades *respetan el desarrollo interlingual natural, que inciden en la expresión espontánea y significativa, es decir, las que dan importancia al significado, a los contenidos* (*íbidem*, 22). Algunas de las actividades que se realizan en esta etapa son las entrevistas y encuestas, las simulaciones, los juegos de rol, etcétera.

La práctica de la destreza de expresión oral no es una tarea sencilla, ya que para muchos estudiantes la consecución de esta destreza es la que más dificultad ofrece de las cuatro, teniendo en cuenta factores personales como la timidez o el sentido del ridículo, que pueden entorpecer y retrasar en gran medida su desarrollo. Por eso, *para realizar cualquier actividad de expresión oral es muy importante que los alumnos tengan claro el objetivo de la tarea, lo que tienen que conseguir y cómo está organizada la actividad para saber qué pasos deben dar para realizarla* (Gelabert, Bueso y Benítez, 2002: 39). De acuerdo con estos autores, las fases de cualquier actividad de expresión oral -así como de las otras tres destrezas- son las siguientes[17]:

1) Preactividad/es (actividades de motivación; de conocimiento del tema, trabajo gramatical y de léxico previo a la actividad, actividades de avance de hipótesis sobre el contenido).
2) Exposición clara del objetivo de la actividad y de los pasos que deben seguirse para realizarla[18].
3) Desarrollo propiamente dicho de la actividad.
4) Evaluación de la actividad.
5) Postactividad/es (deducción de reglas gramaticales, práctica de contenidos gramaticales, trabajo léxico, trabajo de otras destrezas, juegos, etcétera).

Según Ravera Carreño (en VV. AA., 2002: 23-25), todas las actividades de expresión oral que se realizan en el aula deben atenerse a los siguientes principios: a) ser significativas, es decir, que los alumnos hablen de cosas que tengan sentido para ellos -la utilización de preguntas y respuestas reales implica que en los intercambios comunicativos haya verdaderos vacíos de información que justifiquen la interacción entre los alumnos y no meros ejercicios de práctica formal-; b) tratar temas y realidades lo más cercanos posibles al alumno -de esta forma se consigue que el estudiante esté más motivado y, por tanto, se involucre más y mejor en la actividad-; c) ser abiertas, de forma que el alumno pueda decir lo que él piensa y, en la medida de lo posible, introducir temas nuevos en la conversación; d) incluir una retroalimentación (*feedback*) significativa -el profesor debe tender a corregir errores de contenido, especialmente-; e) dosificar la dificultad progresivamente; y f) tener en cuenta el desfase entre los medios de los que dispone el alumno para expresarse -a menudo, insuficientes- y lo que quiere realmente expresar; en este sentido, es muy importante fomentar el uso de estrategias de comunicación.

---

[17] De manera más simplificada, también se suele hablar de tres fases: antes, durante y después de la actividad -preactividad, actividad y postactividad (Giovannini *et al.*, 1996: 63). A nuestro juicio, lo más positivo de la estructuración propuesta por Gelabert, Bueso y Benítez (2002) es la inclusión de la evaluación como un componente más de la actividad y no como un elemento complementario y ajeno a la misma.

[18] Uno de los aspectos más importantes para que una actividad funcione en el aula es que los alumnos tengan muy claro qué van a hacer y con qué objetivos. *Este tipo de concienciación hace que los alumnos vean más de cerca la actividad y que no sientan que es una actividad más* (Giovannini, A. *et al.*, 1996: 62). A veces, el planteamiento de las actividades resulta demasiado complicado, se le piden al mismo tiempo muchas microactividades al estudiante, y así se desvirtúa el objetivo final de la actividad. Por eso, resulta tan importante la correcta estructuración y planificación de la actividad por parte del profesor.

5. Tipos de actividades de expresión oral

De la misma manera que en la comunicación escrita existen diferentes tipos de texto[19] -cartas formales e informales, anuncios publicitarios, artículos periodísticos, agendas, diarios, etc.-, cuyas características es necesario tener en cuenta para interpretarlos y producirlos correctamente, en la comunicación oral hay también una amplia tipología de discursos hablados.

> *Un discurso está formado por una sucesión de elementos y además está dotado, en su conjunto, de una intención y una función comunicativas. Para que ese conjunto exista como tal, esto es, para que los elementos formen parte de una misma unidad superior, es preciso que en el interior de esa unidad se dé coherencia (...). En otro orden de cosas, la producción del discurso depende siempre de la finalidad que el propio discurso tenga. Por eso se presta gran atención a los posibles tipos de discurso* (Moreno Fernández, 2002: 41).

A la hora de desarrollar en la clase la destreza de expresión oral contamos con una amplia variedad de actividades para cada momento del programa de enseñanza y para cada objetivo. En función del nivel de conocimientos de los estudiantes, el grado de formalidad de la lengua hablada y el canal comunicativo utilizado, podemos distinguir las siguientes: a) diálogos o conversaciones; b) encuestas y entrevistas; c) técnicas dramáticas -dramatizaciones, juegos de rol y simulaciones-; d) exposiciones de temas; e) debates; f) conversaciones telefónicas y mensajes de contestador automático; y g) actividades de carácter lúdico.

a) Los diálogos son actividades que suelen practicarse en los niveles iniciales. En estas primeras etapas, se trata, generalmente, de microdiálogos que los estudiantes practican de una manera más formal, repitiendo estructuras básicas y sencillas que suelen proporcionarles los libros de texto que utilizan -fase de asimilación-. A medida que va aumentando el nivel de competencia comunicativa de los estudiantes, los diálogos son más abiertos, se convierten en verdaderas prácticas comunicativas, en las que se introduce la necesidad real de intercambiar información. En este sentido, la interacción es más auténtica -fase de creación-[20].

En cualquier caso, la actividad de práctica de diálogo o conversación parece la más extendida y eficaz para desarrollar la expresión oral, especialmente cuando se trata de conversaciones informales, en las que, claramente, el discurso se va construyendo en interacción continua.

---

[19] La caracterización y el análisis de los diferentes tipos de texto -escritos y orales- se encuadran dentro de la subcompetencia discursiva, la cual se centra en el dominio de la pragmática y *se refiere a la habilidad para llevar a efecto diferentes tipos de comunicaciones o discursos (...); para lograr esta habilidad es fundamental que el discurso esté cohesionado en la forma y sea coherente con el significado* (Santos Gargallo, 1999: 37).

[20] Cuando a un estudiante se le pregunta *¿Qué es esto?*, señalando un libro que está en la mesa, la respuesta ya es conocida de antemano; se trata, por tanto, de una práctica comunicativa formal. Sin embargo, cuando dos estudiantes, que no han estado juntos dialogan sobre el último fin de semana (*¿Qué has hecho este fin de semana?*), las respuestas son verdaderamente significativas, ya que son desconocidas para el otro; en este caso, al añadir la búsqueda real de información, el diálogo constituye una práctica comunicativa más auténtica.

b) Las encuestas y entrevistas son actividades susceptibles de realizarse en cualquier nivel de aprendizaje, ya que el formato se puede adaptar a la competencia de los estudiantes, y lo que varía es el grado de dificultad de los contenidos y los temas. *En niveles inicial y elemental es interesante realizar pequeñas encuestas con los alumnos sobre sus edades, número de hermanos, colores en la clase, etc., que luego el profesor resume, interpretando los datos escritos en la pizarra* (VV. AA., 1990: 27).

Las entrevistas se pueden realizar dentro de la clase o a otros estudiantes, o bien a personas ajenas al contexto educativo. En la actividad de entrevista se ejemplifica muy bien la secuenciación de una actividad de expresión oral, ya que requiere una preparación -preactividad- en la que se selecciona el tema, se elaboran las preguntas, se adelanta el vocabulario y las formas gramaticales que pueden aparecer, etc.; a continuación, la realización de la entrevista en sí misma; y, por último, una explotación posterior o ejercicio de consolidación -postactividad- en la que se puede hacer un resumen de los datos, lo cual propicia una mejor comprensión por parte de los estudiantes.

c) Las técnicas dramáticas son actividades abiertas y flexible, basadas en el concepto de dinámica de grupos y muy practicadas en el aula. *El concepto de dinámica de grupos tiene un papel relevante a la hora de sentar las bases para establecer una enseñanza de idiomas comunicativa. Si conseguimos que mediante los juegos dramáticos desaparezcan, en la medida de lo posible, las inhibiciones y primeros rechazos y logramos involucrar al estudiante en la construcción del grupo, estamos estableciendo las bases de la óptima comunicación en el aula* (Dorrego, 1997: 8). El objetivo fundamental de estas actividades es crear contextos en los que los procesos de recepción y producción de mensajes tengan lugar de manera natural, acercando al aula las situaciones comunicativas del exterior[21].

Entre las actividades dramáticas más practicadas se encuentran las dramatizaciones, los juegos de rol y las simulaciones. En las dramatizaciones -o representaciones- se interpreta un diálogo frente a la clase, que puede estar tomado del libro de texto o de otra fuente. La lectura previa del mismo sirve de guía para que el alumno sea capaz de reaccionar e improvisar. *Si no introducimos la práctica creativa e inventiva, es decir, si los alumnos se limitan a memorizar un diálogo, es un ejercicio de producción formal y no de expresión natural* (VV. AA., 1990: 31). Con la técnica del juego de rol dotamos a los alumnos de una personalidad diferente a la suya y con ese rol asignado interactúan con los demás. El contexto en el que lo hacen puede ser ficticio (por ejemplo, una fiesta en casa de Antonio Banderas, en la que cada estudiante adopta el papel de un/a actor/actriz o cantante famoso/a), o bien la vida cotidiana (son las típicas situaciones en un aeropuerto, en la secretaría de la universidad, en un banco, en una cafetería, etc.). En función del grado de creatividad y de producción natural que se quiera conseguir, se le darán más o menos instrucciones al alumno para representar su personaje. En las simulaciones, los alumnos se desenvuelven *en un contexto imaginario definido por el profesor. Son similares a los juegos de rol pero la ficción se introduce en la situación y no tanto en la creación de per-*

[21] En el libro de Dorrego y Ortega (1997) encontramos interesantes ejemplos de actividades lúdicas basadas en técnicas dramáticas, con títulos tan sugerentes como *Apretón de manos*, *Tacto, sabor y olor* o *Ronda de palabras*. En todas ellas, el juego proporciona el contexto perfecto para crear en el aula un ambiente divertido y relajado que invite al estudiante a la comunicación auténtica.

sonajes. Se presenta un problema a los alumnos y entre todos deben encontrar soluciones (*íbidem:* 31). Ejemplos de simulaciones son las típicas cuestiones de *¿Qué tres cosas te llevarías a una isla desierta?* o *¿Qué harías si...?*[22].

d) Las exposiciones o presentaciones de temas son actividades que se realizan en todos los niveles de competencia lingüística de los estudiantes, si bien tienen más alcance en los niveles superiores, ya que el alumno posee un conocimiento más alto de la lengua meta y sus subcompetncias están más desarrolladas. La exposición debe ser un ejercicio bien preparado, no se puede dejar a la improvisación en el aula, bajo fórmulas del tipo *Hoy vamos a hablar de...* o *¿Tú qué piensas de...?*, sino que la planificación debe tener un papel tan relevante casi como la presentación en sí misma -así es muy conveniente que los alumnos aporten documentos, fotos, vídeos, que apoyen y hagan más atractiva la presentación-. El tipo de temas que se suelen tratar tiene que ver con la realidad cercana a los alumnos o bien con temas de actualidad que susciten el interés de los estudiantes. Una exposición nunca debe convertirse en un mero ejercicio de lectura de un texto escrito ya que, en este caso, perdería el carácter de comunicación oral.

e) En los debates, mejor que en cualquier otra actividad de expresión oral, reside el espíritu de la comunicación como argumentación, como exposición y defensa de ideas frente o en apoyo de las ideas de los otros interlocutores. El debate es una técnica que precisa una fluidez y un conocimiento de las reglas de la comunicación por parte de los estudiantes y, por eso, suele realizarse a partir de niveles intermedios y avanzados. Cualquier tema puede ser susceptible de debate, aunque los estudiantes suelen decantarse por cuestiones de actualidad y por temas de carácter social o que tienen que ver con la cultura de la sociedad que habla la lengua meta[23].

f) Un tipo especial de comunicación oral es el que se produce a través del canal telefónico. Las conversaciones telefónicas tienen una serie de características particulares que las diferencian de aquéllas que se producen cara a cara: la ausencia de la información proporcionada por la comunicación no verbal o la dificultad que supone para la correcta comprensión la aparición frecuente de interferencias y ruidos debidos a causas técnicas.
Por estas razones, en el mercado editorial hay materiales complementarios específicos para el desarrollo de este tipo de comunicación -entre ellos, el de Bordón (1995)-, y en los libros de texto que se utilizan en el aula, siempre aparecen actividades para la práctica de la conversación telefónica o para dejar mensajes de contestador automático.

g) El último tipo de actividades que hemos caracterizado corresponde a las lúdicas. En realidad, se trata de un epígrafe muy general, ya que el carácter lúdico puede estar presente en cualquiera de las actividades que hemos señalado antes. Sin embargo, normalmente nos referimos a actividades lúdicas cuando hablamos de juegos de tableros, de descubrimien-

---

[22] En M.ª R. López (1999: 12) se encuentran diferentes propuestas de situaciones curiosas o divertidas para plantear este tipo de simulaciones en el aula, como por ejemplo: *Eres el dueño de una frutería. Hace pocos días has contratado a un nuevo empleado. Es una persona trabajadora, puntual..., pero se pasa el día picando: una cereza, una albaricoque, una manzana... Al día se come unos dos quilos de fruta. ¿Lo despides?*

[23] En R. Pinilla y R. Acquaroni (2000) se ofrece una serie de actividades de debate bajo el título genérico de la sección *Queremos discutir*. En ellas se da al estudiante los exponentes lingüísticos correspondientes a funciones comunicativas necesarias para este tipo de interacción, como el estar o no de acuerdo, la expresión de la opinión o el convencimiento y el tomar o ceder el turno de palabra.

to -adivinar, por ejemplo, cuál es el personaje oculto-, juegos basados en el principio del vacío de información -así, encontrar las diferencias entre dibujos- o *juegos existentes en el mercado, como por ejemplo,* Tabú, Scattergories, *etc., que, previamente adaptados, pueden ayudarnos en el trabajo del léxico* (Gelabert, Bueso y Benítez, 2002: 38)[24].

6. El proceso de evaluación de la destreza de expresión oral

La evaluación no debe considerarse como un elemento ajeno o como un complemento externo de un programa de enseñanza-aprendizaje de una lengua extranjera, sino que debe formar parte de él y ser un elemento más. La evaluación no es sólo el final de un proceso, el sistema para *medir* y cuantificar el nivel de conocimientos y habilidades alcanzados, sino que constituye otra herramienta más, otro medio al servicio de la formación del alumno, y que nos aporta datos de carácter cualitativo en relación con su proceso de aprendizaje y la adecuación a los objetivos previstos para cada nivel.

Sin embargo, evaluar no es una tarea sencilla y *cuando se trata de diseñar exámenes o pruebas con las que examinar la lengua hablada, el asunto parece todavía más complicado y esto se debe a que el alcance de la propia destreza no está bien definido*, es decir, que no hay unanimidad a la hora de seleccionar qué criterios se deben considerar para ser evaluados (Bordón, 2000: 153). De lo que no hay duda es de que cualquier prueba de evaluación debe ser válida y fiable. Válida en tanto que *pueda demostrarse que lo que se evalúa realmente es lo que, en el contexto en cuestión, se debería evaluar y que la información obtenida es una representación exacta del dominio lingüístico que poseen los alumnos* (Consejo de Europa, 2001); fiable, ya que los resultados han de ser consistentes, independientemente de las condiciones de administración de la prueba -por ejemplo, las condiciones espacio-temporales o la subjetividad del examinador-.

La propia naturaleza de la expresión oral, como destreza productiva que es, hace que sólo pueda ser evaluada mediante pruebas subjetivas, por lo que, a veces, surgen problemas de fiabilidad[25]. Es por ello por lo que, para compensar esa posible falta de fiabilidad, resulta necesario definir unos criterios de evaluación y darles un valor -un porcentaje de la nota total-, y que esos criterios sean los mismos para todos los estudiantes que realizan una misma prueba. El *Marco común europeo de referencia* (2002: 189) establece, respecto a la evaluación oral, catorce categorías cualitativas -que corresponden a los criterios que hemos señalado-, aunque reconoce que el límite máximo debería situarse en siete, ya que por encima de dicho número resulta muy difícil de controlar por parte del examinador. Esas catorce categorías son: estrategias de turnos de palabra, estrategias de colaboración, petición de aclaración, fluidez, flexibilidad, coherencia, desarrollo temático, precisión, competencia sociolingüística, alcance general, riqueza de vocabulario, corrección gramatical, control del vocabulario y control fonológico.

---

[24] Entre los materiales de actividades lúdicas, destacamos el de González Sáinz (1994) y el de Prange y Pichardo Castro (1997). En ellos no sólo se encuentran actividades de carácter lúdico para el desarrollo de la destreza de expresión oral, sino que también se trabaja con las otras destrezas.

[25] En este sentido, las destrezas receptivas -comprensión auditiva y comprensión lectora- presentan una mayor fiabilidad, ya que los resultados de pruebas de evaluación, como la selección múltiple o el elegir entre *verdadero o falso* son objetivos, esto es, serán siempre los mismos.

La siguiente tabla muestra un ejemplo de una hoja de calificación para una prueba de evaluación de expresión oral -los porcentajes pueden variar en función de la importancia que se otorgue a cada criterio, pero serán los mismos para todos los estudiantes; en eso reside su fiabilidad-[26]:

CRITERIOS DE EVALUACIÓN	PORCENTAJE SOBRE LA NOTA TOTAL
Fluidez	30%
Pronunciación entonación	15%
Competencia discursiva	25%
Corrección gramatical	15%
Riqueza de vocabulario	15%

Tabla 2: Hoja de calificación de una prueba de evaluación.

CONCLUSIÓN

La expresión oral es una destreza productiva y, a menudo, se la considera como la más difícil de alcanzar. Para desarrollarla adecuadamente en el aula es necesario diseñar actividades comunicativas, bien planificadas y secuenciadas, que tengan en cuenta las características propias de la comunicación oral. Asimismo, es fundamental concienciar y entrenar a los estudiantes en el uso de estrategias de comunicación en la producción oral, porque éstas compensan sus carencias gramaticales, sociolingüísticas y discursivas, e incrementan la eficacia de su comunicación.

Los procesos de evaluación también deben ser tenidos en cuenta en el momento de diseñar un currículo de español como lengua extranjera en el apartado de la expresión oral, puesto que la evaluación constituye un medio más para alcanzar el objetivo final del proceso global de enseñanza-aprendizaje el cual, en última instancia, no es otro que el desarrollo de la competencia comunicativa de nuestros estudiantes.

[26] Se pueden encontrar diferentes ejemplos de elección de criterios y elaboración de hojas de evaluación en T. Bordón (2000), G. Vázquez (2000) y en el *Marco de referencia* (2002).

Bibliografía

ALCOBA, S. (coord.) (1999), *La oralización*, Barcelona, Ariel.

ALONSO, E. (1994), *¿Cómo ser profesor/a y querer seguir siéndolo?*, Madrid, Edelsa.

BARALO, M. (2000), "El desarrollo de la expresión oral en el aula de E/LE", *Carabela*, 47: 5-36.

BIALYSTOK, E. (1990), *Communication Strategies. A Psychological Analysis of Second-Language Use*, Blackwell.

BORDÓN, T. (1995), *Al teléfono. Comprensión y expresión oral*, Madrid, S.M.

BORDÓN, T. (2000), "La evaluación de la expresión oral en el aula de E/LE", *Carabela*, 47:151-175.

CANALE, M. (1983), "From Communicative Competence to Communicative Language Pedagogy", *Language and Communication*, Londres, Longman.

CESTERO, A. M.ª (1999), *Comunicación no verbal y enseñanza de lenguas extranjeras*, Madrid, Arco Libros.

CHAMORRO, M.ª D. *et al.*, (1995), *Abanico. Curso avanzado de español lengua extranjera. Libro del alumno,* Barcelona, Difusión.

COLL, J., GELABERT, M.ª J. y MARTINELL, E. (1990), *Diccionario de gestos con sus giros más usuales*, Madrid, Edelsa.

COOK, G. (1989), *Discourse*, Oxford, Oxford University Press.

DOMÍNGUEZ GONZÁLEZ, P., MORERA PÉREZ, M. y ORTEGA OJEDA, G. (1988), *El español idiomático. Frases y modismos del español*, Barcelona, Ariel.

DOMÍNGUEZ, P., BAZO, P. y HERRERA, J. (1991), *Actividades comunicativas. Entre bromas y veras...*, Madrid, Edelsa.

DORREGO, L. y ORTEGA, M. (1997), *Técnicas dramáticas para la enseñanza del español*, Universidad de Alcalá, Servicio de Publicaciones.

FAERCH, C. y KASPER, G. (eds.) (1983), *Strategies in Interlanguage Communication*, Londres, Longman.

FERNÁNDEZ CINTO, J. (1991), *Actos de habla de la lengua española. Repertorio*, Madrid, Edelsa.

FERNÁNDEZ LÓPEZ, S. (1991), "Para la clase. Palabras que saltan a los oídos", *Cable*, 8: 36-37.

FERNÁNDEZ LÓPEZ, S. (1995), *P de palabra. Unidades didácticas de español lengua extranjera*, col. Tareas, Barcelona, Difusión.

GARCÉS, Ch. y NAUTA, J. P. (1995), *Con voz y voto. Tareas de conversación. Nivel avanzado*, Universidad de Salamanca, Santillana.

GARCÍA SANTA-CECILIA, A. (1995), *El currículo de español como lengua extranjera. Fundamentación metodológica. Planificación y aplicación*, Madrid, Edelsa.

GELABERT, M.ª J. *et al.* (1998), *Repertorio de funciones comunicativas del español. Niveles umbral, intermedio y avanzado*, Madrid, SGEL.

GELABERT, M.ª J., BUESO, I. y BENÍTEZ, P. (2002), *Producción de materiales para la enseñanza de español*, Madrid, Arco Libros.

GIOVANNINI, A. *et al.*, (1996), "La interacción oral", en A. GIOVANNINI *et al.*, (1996), *Profesor en acción 3*, Madrid, Edelsa: 47-72.

GONZÁLEZ SÁINZ, T. (1994), *Juegos comunicativos. Español lengua extranjera*, Madrid, S.M.

GRICE, P. (1989), *Studies in the Way of Words*, Cambridge, Harvard University Press.

INSTITUTO CERVANTES, (1994), *Plan curricular del Instituto Cervantes*, Alcalá de Henares, Publicaciones del Instituto Cervantes.

JAKOBSON, R., (1981), *Ensayos de Lingüística general*, Barcelona, Seix Barral.

LITTLEWOOD, W. (1992), *Teaching Oral Communication. A Methodological Framework,* Londres, Blackwell.

LÓPEZ, M.ª R. (1999), *Hablemos en clase*, Madrid, Edinumen.

LLOBERA, M. (ed.) (1995), *Competencia comunicativa. Documentos básicos en la enseñanza de lenguas extranjeras*, Madrid, Edelsa.

MARTÍN PERIS, E. (1993), "Propuestas de trabajo de la expresión escrita", *Didáctica del español como lengua extranjera I, Cuadernos Expolingua*: 181-192.

MINISTERIO DE EDUCACIÓN, CULTURA Y DEPORTE (2002), *Marco común europeo de referencia para las lenguas: aprendizaje, enseñanza, evaluación*, Madrid, Secretaría General Técnica del MECD y Grupo Anaya, traducido y adaptado por el Instituto Cervantes.

MIQUEL, L. y SANS, N. (1992), *De dos en dos. Ejercicios interactivos de producción oral. Nivel básico e intermedio*, Barcelona, Difusión.

MONTANER, P. y MOYANO, R. (1995), *¿Cómo nos comunicamos? Del gesto a la telemática*, Madrid, Alhambra-Longman.

MORENO FERNÁNDEZ, F. (2002), *Producción, expresión e interacción oral*, Madrid, Arco Libros.

NOLASCO, R. y ARTHUR, L. (1987), *Conversation*, Oxford, Oxford University Press.

OXFORD, R. L. (1990), *Language Learning Strategies. What Every Teacher Should Know*, Mass., Heinle and Heinle Publishers.

PALOMINO, M.ª A. (1998), *Dual. Pretextos para hablar*, Madrid, Edelsa.

PINILLA GÓMEZ, R. (1998), "El sentido literal de los modismos en la publicidad y su explotación en la clase del español como lengua extranjera (E/LE)", *Actas del VII Congreso Internacional de ASELE*: 349-355, Ediciones de la Universidad de Castilla-La Mancha.

PINILLA GÓMEZ, R. (1997), *Estrategias de comunicación e interlengua en la enseñanza del español lengua extranjera (E/LE)*, Universidad Complutense de Madrid, tesis doctoral inédita.

PINILLA GÓMEZ, R. (2000), "El desarrollo de las estrategias de comunicación en los procesos de expresión oral: un recurso para los estudiantes de E/LE", *Carabela*, 47: 53-67.

PINILLA GÓMEZ, R. y ACQUARONI, R. (2000), *Bien dicho. Ejercicios de expresión oral*, Madrid, SGEL.

PRANGE, L. y PICHARDO CASTRO, F. (1997), *Por turnos. Actividades para aprender español jugando,* Madrid, Santillana.

PUJOL BERCHÉ, M. (2002), "La enseñanza de la expresión oral en el ámbito universitario. Necesidades orales de los estudiantes y propuestas de actividades", *Frecuencia L*, 21: 11-19.

REYES, G. (1995), *El abecé de la pragmática*, Madrid, Arco Libros.

SÁNCHEZ LOBATO, J., SANTOS GARGALLO, I. y PINILLA GÓMEZ, R. (2002), *Asedio a la enseñanza del español como segunda lengua (L2) / lengua extranjera (LE)*, Madrid, SGEL.

SANTOS GARGALLO, I. (1999), *Lingüística aplicada a la enseñanza-aprendizaje del español como lengua extranjera*, Madrid, Arco Libros.

TARONE, E. y YULE, G. (1989), *Focus on the Language Learner*, Oxford University Press.

VÁZQUEZ, G. (2000), *La destreza oral*, Madrid, Edelsa.

VV.AA. (1990), *Didáctica de las segundas lenguas. Estrategias y recursos básicos*, Madrid, Santillana.

VV. AA. (1994), *Al habla. Tácticas de conversación*, Madrid, S.M.

VV.AA. (1998), *Hablamos* (vídeo y guía didáctica), Madrid, SGEL.

La comprensión auditiva

Manuela Gil-Toresano Berges
Instituto Cervantes

Introducción

El papel que desempeña la comprensión de la lengua hablada en el proceso de adquisición-aprendizaje de una segunda lengua ha sido objeto de extensa investigación y debate entre metodólogos y docentes y ha generado diversas teorías de adquisición y métodos de enseñanza. Hay, pues, toda una línea de estudio abierta en torno al concepto *aprender una segunda lengua (L2) a través de la comprensión*. Los resultados no son concluyentes, pero unos y otros coinciden en que, para desarrollar su conocimiento y dominio de la lengua, el aprendiente debe tener constante acceso a un *input* de lengua hablada que pueda comprender.

Menos atención ha recibido la perspectiva de *aprender a escuchar en L2*, es decir, la didáctica de la comprensión auditiva como una habilidad de uso de la lengua vital para que el aprendiente de L2 logre un completo y adecuado dominio de las situaciones comunicativas a las que se enfrenta.

Sin dejar de reconocer la importancia de la *comprensión para el aprendizaje* de L2, en el presente trabajo nos centraremos en la otra perspectiva: la comprensión auditiva en su calidad de competencia comunicativa, es decir, la *comprensión para la comunicación*.

Entre las aportaciones más notables del *Marco común europeo de referencia para las lenguas* se encuentra la redefinición del mapa de las destrezas lingüísticas. Este documento clave enriquece la concepción de las cuatro destrezas clásicas y considera seis tipos de actividades comunicativas: las actividades primarias de comprensión (*comprensión auditiva* y *comprensión escrita*) y de expresión (*expresión escrita* y *expresión oral*), y, por otro lado, la *interacción* y la *mediación*, ambas actividades complejas en cuanto que se componen de las otras dos. Según este planteamiento, se clasifican dentro del apartado de comprensión auditiva las siguientes actividades:

- *escuchar declaraciones públicas (información, instrucciones, avisos,* etcétera*),*
- *escuchar medios de comunicación (radio, televisión, grabaciones, cine,* etcétera*),*
- *escuchar conferencias y presentaciones en público (teatro, reuniones públicas, conferencias, espectáculos,* etcétera*),*

- *escuchar conversaciones por casualidad,* etcétera.
(*MCER*, 2002: 68).

No obstante, el usuario de la lengua también desempeña el papel de oyente, tanto en el contexto de la interacción como en alguna de las modalidades de la mediación. Lógicamente la actividad de comprensión auditiva en estas situaciones debe ser incluida en el estudio y tratamiento didáctico de esta destreza.

Adoptamos, pues, un planteamiento más global, uno que mira al oyente (y más concretamente el oyente de L2), es decir, al individuo que realiza la actividad. Consideramos que ese debe ser el foco de atención esencial en toda enseñanza comunicativa de la lengua. Y desde esa perspectiva didáctica, el presente trabajo se propone fundamentalmente ofrecer algunas claves para un adecuado tratamiento de esta destreza comunicativa vital.

Teniendo en mente las necesidades de un profesor de L2 que se enfrenta a la tarea de formar oyentes competentes, nos planteamos la pregunta ¿qué tipo de conocimiento declarativo y procedimental le puede facilitar la tarea pedagógica? En nuestra opinión, el profesor necesitará entender en qué consiste la destreza de escuchar, qué es la comprensión auditiva, de qué manera se parece y se diferencia de las otras destrezas lingüísticas, qué caracteriza al proceso de comprensión de un oyente de L2 y cómo se puede definir al oyente competente. En cuanto a su actuación docente, el buen profesor de comprensión auditiva necesitará tener un conocimiento claro de hacia dónde se dirige, cuál es su objetivo y de cómo alcanzar esa meta. Necesitará dominar los procedimientos y técnicas de actuación en el aula. Tratamos todas estas cuestiones en los diferentes apartados de este trabajo.

1. ¿Qué se entiende por *comprender mensajes orales*?

1.1. A buen entendedor con pocas palabras basta

El proceso de comunicación oral incluye, por un lado, un acto de ostensión (el hablante produce señales lingüísticas físicamente perceptibles por el oyente) y, por otro lado, un acto de inferencia (el oyente contextualiza las señales). La ostensión proporciona dos capas de información: la primera es la *locución*, las palabras enunciadas (significado literal) y la segunda, la *ilocución*, es decir, la intención que tiene el hablante al emitir las palabras (significado intencional). Podemos decir que el oyente entiende el acto ostensivo (la lengua emitida por el hablante) cuando encuentra una relación relevante entre la locución y la ilocución. Un ejemplo que puede ayudarnos a aclarar estos conceptos es el dicho popular *A buen entendedor con pocas palabras basta,* que apunta claramente al papel esencialmente activo del oyente, a la actividad mental que ha de llevar a cabo para ir desde las palabras que oye hasta el significado intencional del hablante. Esta labor es especialmente notable cuando se trata de mensajes *indirectos*.

El oyente, guiado únicamente por la presunción de que el hablante va a ser relevante y basándose en el contexto, consigue interpretar el enunciado gracias a un proceso de inferencia. Entender un enunciado tiene dos aspectos: por un lado, se descodifican los signos lingüísticos, y por otro, se salva la distancia que va entre lo dicho y lo implicado, y esto se hace mediante inferencias. Para llevar a cabo esa labor inferencial el oyente tiene en cuenta el contexto concreto de cada enunciado.

> *Las creencias operativas que forman el contexto de cada interacción pueden derivar de la percepción inmediata de la situación, de lo que se ha dicho antes o provenir de la memoria. Lo importante es que los interlocutores comparten o creen compartir una versión parecida del contexto. La comunicación exitosa depende de cierto conocimiento mutuo: de lo que cada interlocutor sabe y sabe que el otro sabe* (Reyes, 1995: 57).

El valor comunicativo de un mensaje depende no tanto de las palabras pronunciadas como de los intereses, deseos, metas, actitudes, valores, historias y conocimientos de las personas implicadas, tanto el hablante como el oyente. El oyente recurrirá a toda esta información para realizar su propia construcción del sentido de las palabras del hablante; el oyente se implica como interlocutor asumiendo un papel más activo que el de mero receptor. Como afirman Brown y Yule (1983: 57), *es absurdo pensar que los hablantes presentarán en palabras todo lo que pretenden comunicar. Los hablantes podrán esperar que sus oyentes tengan algún conocimiento de cómo es el mundo y serán capaces de hacer inferencias razonables basadas en este conocimiento*. Es decir, el oyente competente será capaz de llenar los huecos que encuentre en el mensaje literal y construirá una interpretación coherente con el contexto concreto de la situación. Un aspecto vital de ser un oyente eficaz, es decir, *buen entendedor*, implica ir más allá del texto, usar los indicios y pistas a su alcance para recuperar el significado intencional del hablante.

1.2. Posición y propósito del oyente

En la introducción enumerábamos diversas situaciones de comunicación cotidiana en las que intervenimos como oyentes. Basta una pequeña introspección para advertir que la comprensión de la lengua hablada varía mucho entre unos actos de comunicación y otros; no es lo mismo la actuación del oyente telespectador, que la de un oyente en el proceso de negociar una transacción comercial, o, sencillamente, la de un oyente al otro lado de la línea telefónica. Una variación clave que condiciona y determina la actuación del oyente y su proceso de comprensión auditiva es la posición que mantiene el oyente respecto al hablante y al discurso dentro de la situación de comunicación. Es posible establecer cuatro posiciones típicas:

- *(a) Interlocutor*: el oyente comparte el discurso a partes iguales con el hablante; como en el caso de una conversación.
- *(b) Destinatario*: oyente determinado al que se dirige el hablante, como en el caso de escuchar en una clase o un seminario.
- *(c) Miembro del público*: oyente indeterminado dentro de una audiencia; como en el caso de escuchar un aviso público o un informativo por televisión.
- *(d) Oyente accidental o no intencional*: el mensaje no se dirige a él, el oyente está fuera del discurso; como en el caso de escuchar las conversaciones ajenas.

Notemos cómo desde *(a)* hasta *(d)* va decreciendo la posibilidad y derecho que tiene el oyente a participar en el discurso. En función de esta variación, distinguimos entre discursos más o menos *colaborativos*. En los ejemplos mencionados se observará que a medida que el oyente se distancia del hablante y se integra en un grupo de oyentes, sus posibilidades y derechos de participación disminuyen. Estas limitaciones del oyente en cada situación dependen, por una parte, de las expectativas sociales, y por otra, del grado de conocimiento y experiencias compartidas con el hablante. Podemos decir, por tanto, que cuanto más cerca esté el oyente del hablante en términos de espacio físico y psicológico, mayor será la implicación y la participación. La posición del oyente en un discurso más o menos colaborativo o participativo tiene una repercusión obvia en el proceso de comprensión y afecta fundamentalmente a tres variables: al grado de atención y concentración que manifiesta el oyente, a la facilidad de creación y aplicación de un contexto adecuado, y al control que puede ejercer el oyente sobre su propia comprensión.

Un condicionante no menos importante de la actuación del oyente es el propósito con el que escucha. Toda actividad de escucha está motivada y guiada por un propósito o interés concreto. Se pueden distinguir cuatro tipos de escucha en función de la meta principal que se persigue: (i) *apreciativa*: escuchar por placer, por entretenimiento; (ii) *informativa*: escuchar para ganar algún tipo de conocimiento, se enfoca a la información pero no la juzga ni evalúa; (iii) *crítica o deliberativa*: escuchar para evaluar la validez de un mensaje, conduce a la toma de una decisión -aceptar o rechazar el valor de lo propuesto-; (iv) *empática*: escuchar para entender el punto de vista o los sentimientos de otra persona. Obviamente, en una misma situación comunicativa el oyente puede mostrar más de un propósito y modalidad de escucha.

1. 3. Los procesos de comprensión auditiva

Hemos hecho un primer acercamiento a la destreza de comprensión como un proceso mental complejo en el que el oyente pone en acción tres dominios diferentes de conocimientos y habilidades: el de la lengua, el de las ideas y el de la interacción social. Pero, ¿cómo usamos realmente esos conocimientos y habilidades, esa competencia lingüística y sociopragmática, cuando escuchamos?, ¿es posible establecer un modelo del proceso de comprensión auditiva?

La complejidad del proceso que hemos apuntado contrasta con la asombrosa rapidez y aparente facilidad con la que un oyente competente lo lleva a cabo: es capaz de percibir, procesar e interpretar la lengua hablada (producida a una velocidad determinada por el hablante) en tiempo real, es decir, a medida que la escucha (sólo dispone de una oportunidad, no puede volver atrás para reexaminar el texto oral). La habilidad de comprender una lengua hablada marcada por restricciones físicas y temporales tan estrictas, nos hace suponer la existencia de procesos mentales automáticos y económicos. Rost (2002: 30) destaca este aspecto:

> *Con el fin de manejar la lengua hablada en tiempo real, es esencial que el oyente separe con rapidez la cadena hablada en un pequeño número de constituyentes con los que se pueda trabajar en la memoria a corto plazo*[1]. *Aparentemente, la lengua hablada ha evolucionado de manera que permite al oyente analizar el habla en tiempo real, de la manera más económica posible dados los recursos específicos de nuestra memoria a corto plazo.*

[1] Podemos hablar de dos tipos de memoria: *memoria a corto plazo* (asociada fundamentalmente a la habilidad de retener) y *memoria a largo plazo* (asociada al recordar). El rasgo fundamental de la memoria a corto plazo es su limitación temporal y de capacidad. Su función es integrar la información nueva en lo que ya sabemos. Si nos enfrentamos a demasiada información nueva se produce una sobrecarga y no la podemos integrar. Se ha estimado que la información que se puede manejar en la memoria a corto plazo es de dos a cuatro proposiciones o ideas (Rost, 1994).

El buen oyente ha de tener desarrollados diversos mecanismos y estrategias adecuadas para optimizar sus recursos, para acceder al máximo de información en el menor tiempo posible y agilizar así el proceso, tanto en lo que se refiere a la percepción y procesamiento de la lengua y representación formal de la señal lingüística, como en lo relativo al contenido y a la interpretación.

Para la comprensión auditiva, el oyente hace uso de tres fuentes de información:

(1) En el nivel superior se encuentra el *conocimiento del mundo*, es decir, toda una gama de informaciones y experiencias guardadas en la memoria[2] relativas a hechos y acontecimientos del mundo, o creencias y convenciones culturales, conocimiento de nuestro entorno, de nuestra propia vida, etc.

A este respecto, la investigación en el área de la cognición ha creado el concepto de *esquema* para dar cuenta de la organización (y uso) del conocimiento en la mente humana. Desde que nacemos, y a través de nuestras experiencias, vamos desarrollando sistemas o nudos de conocimiento estereotípico sobre los conceptos y situaciones que encontramos; de esta manera, nuestro conocimiento queda organizado en *esquemas*. Tenemos incontables esquemas accesibles en nuestra memoria. Algunos son concretos y se organizan en torno a constructos como, por ejemplo, *la paella* o *la costa gallega*. Otros, sin embargo, son abstractos, como el esquema que se puede crear en torno a la idea de *responsabilidad*. Algunas veces los esquemas están creados en relación con situaciones, como *saludar* o *comprar un billete de tren*. A estos esquemas se les llama *guiones* porque con ellos se determinan los márgenes posibles y esperables de actuación dentro de una situación. Los guiones más evidentes son las llamadas situaciones sociales ritualizadas. Es importante destacar que buena parte de estos conocimientos tiene un marcado carácter cultural.

(2) En el nivel inferior está el *conocimiento sobre la lengua*, tanto como sistema formal como funcional. En relación con la percepción de la lengua y su procesamiento auditivo, debemos partir de una visión de la lengua hablada desde la perspectiva del oyente y describirla en términos y unidades significativas para él; esto nos permitirá entender qué tipo de conocimiento lingüístico se aplica normalmente en la actividad de escuchar:

- El reconocimiento de palabras es el proceso central en la comprensión auditiva. Para este reconocimiento el oyente debe no sólo conocer los sonidos prototípicos de la lengua, sino también ser sensible a las variaciones de esos modelos que se producen a consecuencia de la coarticulación (asimilación, reducción o elisión).
- El oyente se guía fundamentalmente por la melodía y el ritmo de la lengua hablada. La cadena hablada no se produce en un caudal continuo ininterrumpido, sino en unidades marcadas por una entonación concreta, de unos dos o tres segundos de duración, limitados por pausas y coincidentes, por lo general, con sintagmas o cláusulas. Esta unidad ha recibido diferentes nombres: *unidad tonal* o *unidad de idea* o *unidad de pausa*. En este sentido, el oyente se apoya en el valor informativo de los rasgos suprasegmentales como la entonación.
- En condiciones normales, al oyente le basta con extraer algunos indicios gramaticales (con un peso mayor de la tarea semántica) para darle forma lingüística a lo que oye. Así lo destacan diferentes autores; por un lado, Rost (2002: 29):

[2] En este caso se refiere al segundo tipo de memoria mencionada arriba, la *memoria a largo plazo*.

El análisis gramatical contribuye a la comprensión en cuanto que asigna los roles semánticos a las palabras. Este análisis es esencialmente un proceso basado en los temas (en los verbos) y ocurre prospectivamente y retrospectivamente.

Y por otro, Rivers (1986: 4):

El oyente necesita reconocer piezas léxicas de las que extraer elementos semánticos que son interrelacionados por inferencia, guiada ésta por el conocimiento de lo posible y lo probable. Lo que se extrae al escuchar es el significado, no se registra en su forma sintáctica original. [...] El hablante necesita la gramática, el oyente puede evitársela en gran medida recurriendo a estrategias semánticas[3].

(3) Como vínculo entre las dos anteriores fuentes de información está *el contexto* del discurso, es decir, nuestro conocimiento sobre los aspectos concretos como el hablante, el oyente, el lugar, el tiempo, el género y el tema. El contexto es un poderoso recurso de información ya que prepara al oyente para lo que va a escuchar; le permite generar una serie de expectativas que van a servir para dar sentido a lo que escucha (ya que integraremos lo nuevo en lo que ya sabemos) y poner en funcionamiento un mecanismo de anticipación o predicción contribuye a agilizar el proceso mental para comprender la lengua y reducir el esfuerzo y recursos necesarios para hacerlo.

Vistos los recursos a disposición del oyente, nos podemos preguntar si éste los utiliza de una manera determinada, si existe un modelo típico de proceso en la comprensión auditiva: ¿en qué dirección va la mente del oyente: empieza por el nivel inferior, por la percepción de las unidades lingüísticas, o por el contrario se dirige por las expectativas creadas a partir de su conocimiento del mundo y del contexto? El primer tipo de proceso, llamado *bottom-up*, de abajo arriba, es decir, desde los sonidos a las palabras, de ahí a las oraciones y después interpretar el significado es, cuanto menos, muy infrecuente; aunque se pueden dar situaciones en las que hay que prestar mucha más atención a la información del nivel inferior, por ejemplo, como cuando el oyente se encuentra en un ambiente muy ruidoso. Tampoco es fácil defender como modelo el caso contrario, lo que se llama *top-down*, proceso de arriba abajo, es decir, dirigirse primariamente por el conocimiento relevante y acudir después a la forma de la lengua. La posibilidad que resulta más plausible sería una combinación de las dos, es decir, que los procesos de percepción e interpretación implicados en la actividad de comprender se produzcan de forma interactiva y simultánea (no secuencial) y sean *continuos, superpuestos y mutuamente informativos* (Rost, 1990). Lynch (1996: 21) lo resume de forma clara:

Hay una tercera ruta para la comprensión, o mejor dicho, una combinación de las otras dos. Comprendemos integrando información del nivel superior con la del inferior, moviéndonos entre las diferentes fuentes de conocimiento a medida que recogemos pistas en el texto, y gradualmente, aclarando nuestro entendimiento del mensa-

[3] En este trabajo, Rivers argumenta la diferencias psicolingüísticas entre las actividades de hablar y escuchar y basándose en ellas cuestiona la validez de la teoría del *input* comprensible de Krashen.

je. Un término para este uso de diferentes fuentes de información en paralelo es procesamiento interactivo. *Cuando tratamos con mensajes en nuestra propia lengua, ésta es la forma de comprensión que usamos más a menudo.*

PROCESOS DE LA COMPRENSIÓN AUDITIVA

PERCEPCIÓN ⇄ INTERPRETACIÓN

Procesos continuos, superpuestos y mutuamente informativos

1.4. Soy todo oídos

El proceso de comprensión auditiva es fundamentalmente un proceso mental invisible, y como tal no, lo podemos observar y analizar con la misma facilidad con la que tratamos, por ejemplo, la expresión lingüística. Intentaremos, no obstante, definir la actividad comunicativa de escuchar, hacer un retrato de la destreza a base de pinceladas, de analogías o de metáforas.

Es interesante detenerse a observar los matices de sentido que puede presentar la palabra *escuchar* cuando la usamos en nuestra comunicación cotidiana. Consideremos, por ejemplo, las siguientes frases:

- Me gusta *escuchar* la radio mientras desayuno.
- *Escúchame* bien, o te comes todo el pescado o no hay postre.
- Ayer se me olvidó *escuchar* los mensajes del contestador.
- Midland Bank, el banco que *escucha* (eslogan publicitario).
- No me duermo tranquila si el niño no ha vuelto a casa, y me quedo *escuchando (con la oreja puesta)* hasta que le oigo llegar.
- Mantén la boca cerrada, estate alerta; los oídos del enemigo *te escuchan* (cartel de la I Guerra Mundial).
- Se lo he dicho un montón de veces, pero como si nada, *no me escucha*.

Si intentamos parafrasear el verbo *escuchar*, posiblemente lo haríamos con verbos o expresiones del tipo: *seguir*, *repasar*, *creer*, *poner atención*, *entretenerse con*, *preocuparse por* o *hacer caso*. Se trata de actos e intenciones bastante diversas con las que, una vez más, se pone de manifiesto la naturaleza compleja de la actividad comunicativa de escuchar. Rost (2002: 3) establece una distinción muy clara entre cuatro orientaciones o perspectivas a partir de las cuales se podría definir el acto de escuchar:

	Escuchar = recibir lo que el hablante realmente dice
Orientación 1: *receptiva*	- *Escuchar significa captar lo que el hablante ha dicho.* - *Escuchar significa* coger *la idea del hablante.* - *Escuchar significa descodificar el mensaje del hablante.* - *Escuchar es recibir la transmisión de imágenes, impresiones, pensamientos, creencias, actitudes y emociones del hablante.*

	Escuchar = construir e interpretar el significado
Orientación 2: *constructiva*	- *Escuchar significa imaginar, representar lo que está en la mente del hablante.* - *Escuchar significa encontrar algo interesante en lo que el hablante dice.* - *Escuchar significa enmarcar el mensaje del hablante de una manera que sea relevante para el oyente.* - *Escuchar significa entender por qué el hablante le habla al oyente.* - *Escuchar significa notar lo que no se ha dicho.*

	Escuchar = negociar significados con el hablante y responder
Orientación 3: *colaborativa*	- *Escuchar es coordinarse con el hablante en la elección de un código y un contexto.* - *Escuchar significa responder a lo que el hablante ha dicho.* - *Escuchar es el proceso de negociar información o valores compartidos con el hablante.* - *Escuchar significa actuar con interés mientras el hablante habla.* - *Escuchar es señalar al hablante qué ideas están claras y son aceptables para el oyente.*

	Escuchar = crear significados a través de la implicación, la imaginación y la empatía
Orientación 4: *transformativa*	- *Escuchar es implicación con el hablante, sin juicios.* - *Escuchar es crear una conexión entre el hablante y el oyente.* - *Escuchar es empatizar con la motivación para hablar del hablante.* - *Escuchar es imaginar un mundo posible para el significado del hablante.* - *Escuchar es la culminación de la comunicación.*

Este retrato destaca fundamentalmente la naturaleza multidimensional del acto comunicativo de escuchar: el oyente implica sus dimensiones cognitiva, afectiva y social. Algo de lo que, al menos intuitivamente, somos conscientes cuando, con la intención de presentarnos ante nuestro interlocutor como el oyente entregado y perfecto, usamos la expresión idiomática que da título a este apartado, *soy todo oídos*.

Apesar de las ventajas que esta visión desmenuzada presenta para el estudio y el entendimiento de la comprensión auditiva, un enfoque y tratamiento didáctico de la misma debe siempre integrar las cuatro facetas: la receptiva, la constructiva, la colaborativa y la transformativa.

2. La comprensión auditiva en L2

Si tenemos en cuenta las circunstancias que posibilitan el desarrollo de la comprensión auditiva en L1, y comparamos con la situación típica de aprendizaje de L2, podremos observar varios cambios en aspectos básicos, como la motivación para aprender o la cantidad y calidad del *input* disponible, que afectan en mayor o menor medida al desarrollo de las competencias comunicativas. A pesar de que estas limitaciones se encuentran en la base de la complejidad de adquirir la habilidad de comprensión auditiva en una segunda lengua, las dificultades concretas que experimentamos como oyentes de L2 las percibimos en términos de problemas con el reconocimiento de las palabras, con el acento del hablante, con el vocabulario o estilo (más o menos coloquial o formal), con el tema, con la memoria, etc. En general, podemos hablar de diferentes causas para un mismo efecto: como oyentes de L2 nos encontramos frecuentemente ante *huecos*, es decir, ante palabras o referencias perdidas. En nuestra lengua nos encontramos también este tipo de problemas de comprensión, pero como oyentes de L2 no los podemos superar con la misma facilidad.

En el caso del oyente de L2, es evidente que el sistema funciona más lentamente, se sobrecarga con más facilidad y es más propenso a encontrarse con huecos, debido tanto a la limitación de conocimientos (lingüísticos y socioculturales) como a la dificultad para aplicar las estrategias asociadas a ellos. Un estudio realizado con el método de la *escucha con pausas* (Lynch, 1996: 89) sugiere que cuando intentamos entender algo en una L2, tratamos los problemas de una manera menos flexible a como lo haríamos en nuestra lengua: los oyentes no nativos tienden a formar una interpretación o marco inicial del tema y mantenerlo. Los nativos son mejores a la hora de reconocer que se han equivocado sobre el tema y están más dispuestos a construir una nueva interpretación.

Recordemos, por otra parte, que la comprensión auditiva la hemos descrito como un proceso interactivo de percepción e interpretación, en el que intervienen diferentes componentes y variables y que tiene una capacidad limitada. De esta visión se derivan dos consecuencias esenciales para entender la dificultad en la comprensión:

- El proceso es interactivo, por lo tanto, la dificultad en un aspecto afecta a todos los demás.
- La capacidad es limitada, por eso, cuanta mayor capacidad se dedique a tratar una dificultad en una dimensión, menos tendremos disponible para otras.

Las dificultades derivadas de la naturaleza misma del proceso de comprensión auditiva se ven aumentadas por un fenómeno psicológico común en los aprendientes de L2. Como explica Penny Ur (1984:14), *incluso cuando el número de huecos no es mucho mayor de lo que encontrarían en su propia lengua, los aprendientes de lenguas extranjeras se enfrentan a un problema psicológico: tiene una especie de compulsión a entenderlo todo, incluso cosas sin ninguna importancia, y se sienten trastornados, desanimados y hasta desconcertados si se encuentran con una palabra incomprensible*. Es decir, el éxito se equipara a la percepción y comprensión del cien por cien de lo que se escucha. Con esta idea en mente, el oyente de L2 inhibe la aplicación de las estrategias cognitivas y sociales que, como en su lengua, le facilitarían la comprensión. No intentaremos explicar aquí hasta qué punto esta reacción es natural o no en aprendientes de L2, pero sí enfatizar que la metodología de la enseñanza de L2 tiene un papel importantísimo que representar en este terreno.

3. El tratamiento didáctico de la destreza de comprensión auditiva

Si nos aproximamos a la comprensión como un proceso cognitivo automático y complejo, íntimamente ligado a la experiencia previa, resulta evidente que no es algo *enseñable*. Sin embargo, si defendemos una interpretación de *enseñar* como *facilitar el aprendizaje* y vemos al profesor como guía y apoyo al aprendiente, entonces cobra sentido hablar de didáctica de la comprensión auditiva o de tratamiento pedagógico de la destreza de escuchar en el aula de L2.

El enfoque didáctico que proponemos para un adecuado desarrollo de la destreza de comprensión auditiva en L2 se puede resumir en dos ideas esenciales: *orientado al proceso de comprensión auditiva* y *orientado a la acción del oyente*. Desde el punto de vista de la actuación del profesor esto de traduce en lo siguiente:

- Orientado al proceso: el profesor de L2, consciente de las destrezas y estrategias que condicionan la actividad de comprender la lengua hablada, puede crear las condiciones idóneas para que se desarrollen y desbloqueen los recursos propios de los estudiantes; puede guiar al oyente en la toma de conciencia de su propia actuación; puede desarrollar la competencia lingüística relevante para el oyente.
- Orientado a la acción: El profesor de L2, consciente de las dinámicas de la comunicación y del aprendizaje generado por la negociación auténtica de significados, puede proporcionar la oportunidad de una práctica de comprensión significativa; puede ofrecer un amplio repertorio de experiencias a los estudiantes-oyentes; puede proporcionar *feedback* y ayudar a que los aprendientes *noten* sus progresos y carencias.

3.1. Objetivo general: el oyente competente en la comunicación oral

Una de las primeras tareas a las que se enfrenta un profesor es la de determinar cuáles son los objetivos específicos que quiere alcanzar en relación con su objeto de estudio concreto.

De manera simple podemos decir que el objetivo de la *enseñanza* de la comprensión auditiva es formar oyentes competentes. Adoptamos la descripción de oyente competente de Rost (1990), según la cual el oyente de L2 será progresivamente más competente en la medida que *aumente*:

- la cantidad de lengua que puede comprender de una vez;
- la gama de acontecimientos que puede interpretar razonablemente;
- su conciencia de las dificultades de comprensión;
- su intento y habilidad de convertir los casos de comprensión errónea o deficiente en comprensión aceptable.

Ya apuntábamos arriba el enfoque metodológico que consideramos que mejor se adapta a la consecución del objetivo: dirigirse hacia el proceso de comprensión y hacia la acción del oyente. En el siguiente apartado se recogen pautas de actuación docente más concretas. En cualquier caso, no hay que olvidar la importancia de la tarea del docente de reflexión y observación de lo que ocurre en el aula.

3.2. Planificación del trabajo de comprensión auditiva para el aula de L2

Los objetivos, los contenidos y los procedimientos concretos de un programa didáctico de actividades de comprensión auditiva se pueden establecer en función de los distintos aspectos a los que se refiere la competencia según la acabamos de definir.

a) En función de la lengua, es decir, de los textos orales, del input *que tiene que comprender el oyente*. En principio, el criterio a seguir consiste en programar actividades de comprensión con textos orales tan variados como las necesidades e intereses del grupo de estudiantes lo permita. A la hora de tomar decisiones con respecto al *input* oral, el profesor debe considerar cuidadosamente toda una serie de variables que determinarán la adecuación y dificultad de la actividad didáctica. Nos referimos a criterios como la autenticidad, el género textual, la carga cognitiva, la dificultad lingüística, la presencia de rasgos extralingüísticos o la simplificación. No es posible detallar cada uno de ellos en este trabajo por lo que remitimos al lector a la bibliografía específica[4].

b) *En función de los acontecimientos, es decir, de las situaciones de comunicación que puede manejar el oyente.* Al igual que con la lengua, también en este caso lo esencial es que un programa de instrucción de comprensión auditiva ofrezca la mayor variedad en cuanto a las situaciones de comunicación se refiere.

c) *En función de las habilidades y estrategias cognitivas y comunicativas que el oyente debe desarrollar.* Como punto de partida para planificar las actividades resultan muy útiles las taxonomías de habilidades de escucha y estrategias ya descritas por varios autores. La que sigue es una versión bastante completa:

Las habilidades y estrategias de la escucha

- Percibir y discriminar sonidos y palabras aisladas en la cadena hablada.
- Discriminar variaciones fonémicas (asimilaciones, reducciones, elisiones) e identificar el valor de los rasgos suprasegmentales (acento, entonación, ritmo) como marcadores de la unidad de idea, de contraste o de énfasis en la información.
- Adaptarse a la variación de hablante.
- Deducir el significado de piezas léxicas desconocidas.
- Inferir información no explícita: rellenar información omitida y establecer las relaciones referenciales.
- Reconocer indicadores del discurso que señalan una nueva idea, cambio de tema, énfasis, aclaración, expansión, etcétera.
- Construir la idea principal del discurso: distinguir puntos principales de detalles secundarios.
- Predecir partes subsiguientes del discurso en el nivel conceptual.
- Identificar elementos del discurso que ayudan a formar una organización esquemática.
- Mantener la continuidad del texto para ayudar a la predicción y verificación de las proposiciones del discurso.
- Interpretar una intención plausible del hablante.
- Identificar el marco interpersonal.
- Reconocer cambios en los gestos paralingüísticos y extralingüísticos.
- Identificar casos de contradicción, información inadecuada o ambigua.
- Diferenciar entre hechos y opiniones; identificar el uso de la metáfora, la ironía, etcétera.
- Identificar puntos de transición en el discurso, organizar el turno de palabra, cambiar al papel de hablante y dar respuestas socialmente adecuadas.
- Proporcionar retroalimentación adecuada al hablante.
- Seleccionar los puntos pertinentes de la información para usarlos en la tarea.
- Identificar la necesidad de aclaración y actuar en consecuencia.
- Integrar la información del texto con la de otras fuentes.

[4] Rost (1990 y 2002), Brown (1995), Lynch (1996), Underwood (1989) o Rubin (1994) tratan esta cuestión con más detalle.

d) En función de la tarea concreta (y, por lo tanto, del propósito) que tenga que llevar a cabo el oyente. Mencionábamos más arriba dos líneas de actuación docente e instrucción básicas; el planteamiento de las tareas concretas que propongamos a los estudiantes se dirige en esas dos direcciones, como queda reflejado en el siguiente esquema:

(1) Tareas *para* la comprensión o *precomunicativas*[5]: tienen la finalidad de servir como guía para notar unidades, procedimientos y estrategias. Por otro lado, ofrecen la posibilidad de activar y enriquecer conocimientos declarativos y procedimentales relevantes para la comprensión.

(2) Tareas *de* comprensión o *comunicativas:* Se realizan con el fin de proporcionar a los estudiantes experiencias comunicativamente auténticas como oyentes de la lengua que aprenden. Los estudiantes necesitan también alguna forma de *feedback* para valorar sus progresos y su actuación; el *feedback* más valioso es el que se recibe después de una experiencia real de comprensión.

3.3. Diseño de las actividades de comprensión auditiva para el aula

Partiendo de la distinción previa entre actividades *para* la comprensión y actividades *de* comprensión, proponemos y ejemplificamos a continuación varios tipos de actividades.

3.3.1. Actividades para la comprensión o precomunicativas

Estamos de acuerdo con Mendelson (1995: 134) en que en un curso realmente destinado a que los estudiantes desarrollen la destreza de comprensión auditiva, deben incluirse dos componentes esenciales:

> *Primero, ayudar a los estudiantes a desarrollar estrategias para reconocer y usar las señales que les proporciona la cadena hablada. Por ejemplo, señales lingüísticas, como reconocer algunas piezas léxicas que probablemente harán posible que el oyente averigüe cuál es el tema, o estrategias para reconocer la entonación y saber qué significado transmite, o señales paralingüísticas que dan otras pistas para la comprensión. El segundo componente de un buen curso es enseñar a los estudiantes a usar esas señales para predecir, adivinar e inferir.*

Escucha estratégica: Este último autor hace interesantes propuestas concretas, en las que destaca el potencial de la utilización del vídeo sin sonido y de *juegos* de adivinar; técnicas, en definitiva, con la que estimular la aplicación de estrategias para determinar la situación, las relaciones interpersonales, el estado de ánimo o el tema de la situación.

Mencionábamos más arriba la actividad de *escucha con pausas*; ésta consiste en que el texto del hablante (producido en vivo o en grabación) se detiene brevemente a intervalos regulares.

---

[5] El término *precomunicativo* no se emplea para indicar una secuencia didáctica, es decir, no sugiere qué se ha de hacer antes o después en el aula. Hay que entenderlo como una experiencia preparatoria para el logro de la competencia comunicativa. Es más, en muchos casos, es muy recomendable realizar estas tareas a continuación de las comunicativas, como un trabajo-reflexión sobre la experiencia o sobre el texto usado previamente.

Con esa técnica le damos al estudiante una de las cosas más escasa para él como oyente: tiempo; tiempo para asimilar y relacionar lo que oye y formar una representación; tiempo para que el estudiante sea consciente de las hipótesis que va formando y de las que va preparando.

Debemos incluir también en esta categoría actividades de escucha orientadas a ayudar a los estudiantes a concienciarse del aspecto social (colaborar con el hablante o tomar un papel activo) y el psicológico (motivación y concentración) de la habilidad de escuchar. En este sentido se pueden realizar tareas de observación de la actuación de oyentes reales (también el vídeo representa una herramienta muy atractiva en este caso) o actividades en las que se asignan papeles diferentes a los oyentes del mismo texto; o demostrar el efecto de las habilidades interpersonales del oyente provocando la ausencia de las mismas con un *rol play*.

Escucha intensiva: Son actividades orientadas a entrenar al estudiante en las habilidades de percepción de la forma y el uso de lengua hablada natural, es decir, a ayudar a notar y manejar los rasgos significativos y pertinentes desde la perspectiva del oyente.

Dentro de ese tipo se encuentran actividades como contrastar diferentes patrones entonativos, o detectar las pausas de un texto oral, o reconocer, identificar o contrastar piezas léxicas dentro del texto oral, etc. En todo caso, tareas que no ignoren la naturaleza sonora y auditiva de la lengua hablada y que se dirijan a facilitar el proceso de percepción.

3.3.2. Actividades de comprensión o comunicativas

Como ocurre con cualquier aprendizaje de procedimientos, *a comprender se aprende comprendiendo*, igual que a nadar, nadando, o a cocinar, cocinando. Pero se aprende mucho mejor cuando se está motivado:

> *A escuchar y comprender se aprende a través de la escucha atenta, que es no es otra cosa que escucha motivada; en otras palabras, queremos comprender porque el contenido es importante para nosotros o porque se ha despertado nuestra curiosidad* (Rivers, 1986: 3).

Por eso, destacamos como primera característica de las actividades de comprensión que sean motivadoras y que refuercen la confianza de los estudiantes en su propia habilidad. El éxito lleva al éxito, y los estudiantes que sienten que están teniendo éxito estarán motivados para seguir intentando (Underwood, 1989). El papel del profesor es proporcionar experiencias y actividades en las que el éxito sea alcanzable. Actividades que *enganchen*, que apetezca hacer. Ni tan fáciles que aburran, ni tan difíciles que frustren; con un elemento de reto, pero realistas.

G. White (1998) muestra en sus propuestas didácticas mucha sensibilidad hacia este factor y sugiere actividades en las que los estudiantes crean sus propios materiales *para hacer que la experiencia de escuchar de los estudiantes, independientemente de su nivel, les dé seguridad, motivación, les entretenga y en general que la actividad de escuchar sea menos estresante. Ellos hacen sus grabaciones; se trata de textos cortos y tareas fáciles, pero que estimulan al estudiante a que interaccione y se haga dueño de la experiencia*.

La dificultad y la autenticidad de una actividad comunicativa deriva fundamentalmente de la combinación de tres parámetros: *la situación, el texto* y *la tarea*.

El criterio esencial para seleccionar *la situación* de comunicación en la que se desarrollará la comprensión es que sean realistas, para que los estudiantes puedan relacionar lo que ocurre en el aula con la vida real fuera de clase.

Entre los diversos rasgos que puede presentar *el texto oral o input*, desatacamos la autenticidad y la naturalidad, para no privar a los estudiantes del contacto con los rasgos característicos de la lengua hablada a la que se tendrán que enfrentar fuera de clase.

En cuanto a *la tarea*, debe perseguirse que resulten significativas, que les den a los estudiantes razones reales para querer comprender. Son experiencias de ese tipo las que estimulan y hacen posible que el oyente movilice sus destrezas lingüísticas y no lingüísticas para comprender.

El siguiente esquema representa la relación entre los tres parámetros y los criterios clave para cada uno:

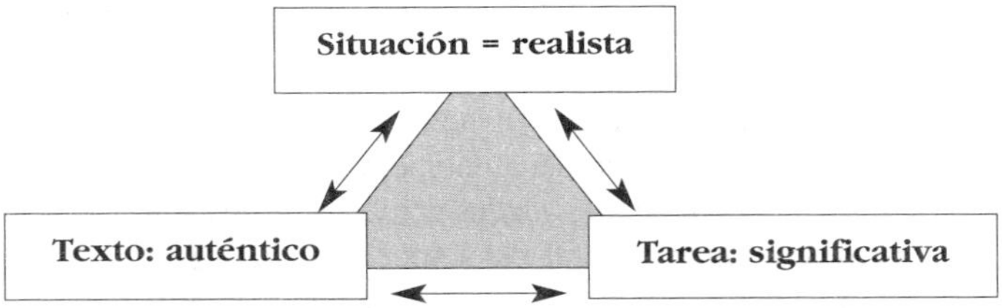

Una última, pero primordial, consideración general para que el programa de actividades de comprensión proporcione una experiencia de oyente completa y auténtica tiene que ver con la posición que mantendrá el oyente dentro del discurso. El terreno de trabajo debe incluir actividades en las que se creen *discursos colaborativos y no colaborativos*, que varíen en cuanto al grado de participación del oyente. La interacción se puede producir entre dos o más alumnos o con el profesor.

Hemos agrupado las actividades comunicativas en tres tipos: *escucha atenta*, *escucha selectiva* y *escucha global*.

Escucha atenta: Son actividades orientadas fundamentalmente al desarrollo de la atención, al procesamiento rápido y a la reacción inmediata.

Nos referimos a tareas de vacío de información, de seguir instrucciones o de resolución de problemas sencillos en las que el *input* se produce en cantidades pequeñas y el estudiante tiene que dar una respuesta inmediata. Planteadas en el contexto de la interacción o de un discurso unidireccional, puede tratarse de actividades lúdicas como dictados de imágenes o gráficos, o tareas con textos grabados como avisos de megafonía o servicios de información telefónica.

Escucha selectiva: Este tipo de escucha se desarrolla con la práctica de actividades orientadas a la obtención de información concreta. Se trata, indudablemente, de la tarea más típica de comprensión auditiva (y en ocasiones, lamentablemente, la única). Debemos eliminar la sensación de examen que suele caracterizar la práctica de la comprensión auditiva en el aula. Son válidas, desde luego, las tareas de preguntas de comprensión, pero sin dejar de considerar, por un lado, para qué texto son las preguntas y, por otro, quién decide las preguntas y las respuestas. Con respecto a esto último, es una buena idea dejar que sean los mismos estudiantes quienes se las planteen, antes de escuchar el texto (tras una presentación del tema del texto, a partir del título, de una foto ilustrativa, etc.). Un planteamiento similar, pero para la escucha en interacción, lo creamos en la tarea de encontrar las diferencias entre dos versiones de una noticia o historia.

Claramente se encuentran en este apartado las actividades de obtención de datos relacionadas con el uso de servicios públicos o medios de comunicación: datos sobre una vivienda, sobre el tiempo atmosférico, sobre espectáculos, etcétera.

Escucha global: Actividades en las que no se persigue la obtención de una pieza de información en concreto, sino estimular la representación global del sentido. Por ejemplo, si planteamos una tarea en la que los estudiantes escuchan una historia y tienen que decidir la secuencia de varias viñetas que la representan o la imagen que mejor la ilustra, cada oyente irá construyendo una interpretación según sus conocimientos y según lo que entienda. De esta manera permitimos que el oyente actúe con naturalidad usando sus propios recursos y teniendo una experiencia de comprensión auténtica.

Conclusión

Hoy en día, en algunos ámbitos de nuestra sociedad más que en otros, se oyen con frecuencia términos como *interpersonal*, *intercultural*, *interactivo*, *user friendly*; todas son expresiones que, de alguna manera, reflejan una conciencia (quizá en aumento) y una sensibilidad hacia *el que está en el otro lado*. Gracias a esos avances en el área de la psicología, la pedagogía, la ciencia de la comunicación, y, desde luego, en la parte lingüística de todas ellas, se ha ido forjando la visión de la comprensión como *interpretación*; y del oyente, como individuo cuyas creencias, conocimientos y emociones tienen el poder de dirigir el acto de comunicación.

La didáctica de segundas lengua se ha hecho eco de esas tendencias y, afortunadamente, todos esos términos que mencionamos son valores defendidos e integrados, en teoría al menos, por las propuestas metodológicas actuales.

Con esa orientación se ha planteado, en este trabajo, el tratamiento didáctico de la destreza de comprensión auditiva y las pautas de actuación sugeridas para el profesor de L2: con el foco de atención en *el que está en el otro lado*, en el oyente. Dada la naturaleza mental, y por tanto prácticamente inobservable, de la actividad de comprensión, el profesor interesado en ser un buen instructor de oyentes, deberá aprovechar dos tipos de recursos. Por un lado, acudir a lo que los estudios, de carácter más o menos científico, han ido averiguando al respecto; en la primera parte de este trabajo hemos querido aportar algunas de las ideas más relevantes para el profesor. Y, por otro lado, el profesor deberá recurrir a su propia reflexión y sensibilidad respecto a lo que ocurre en el aula con sus estudiantes-oyentes. En el apartado 3, hemos presentado una serie de parámetros para analizar y planificar la experiencia didáctica, que pueden servir no sólo para estimular la faceta de investigador del profesor, sino también para que éste diseñe actividades *listener-friendly*, es decir, realistas, auténticas, significativas.

Bibliografía

ALONSO, I. (1997), "Cómo mejorar la comprensión lectora/auditiva en el aprendizaje de una L2: las teorías del conocimiento previo", *Frecuencia L*, 4: 13-16.

ANDERSON, A. y LYNCH, T. (1988), *Listening*, Oxford, Oxford University Press.

BUCK, G. (1995), "How to become a good listening teacher", en D. J. MENDELSON, y J. RUBIN (eds.) (1995), *A Guide for the Teaching of Second Language Listening,* San Diego, Dominie Press: 113-131.

BEHIELS, L. (1988), "Estrategias para la comprensión auditiva", *Actas de las II Jornadas de didáctica de E/LE*, Madrid, Ministerio de Cultura: 5-17.

BROWN, G. y YULE, G. (1983), *Teaching the Spoken Language*, Cambridge, CUP.

BROWN, G. (1995), "Dimensions of difficulty in listening comprehension" en D. J. MENDELSON y J. RUBIN (eds.) (1995), *A Guide for the Teaching of Second Language Listening,* San Diego, Dominie Press: 59-73.

CABELLO, M. (1998), *La comprensión auditiva en E/LE*, Madrid, Universidad Antonio de Nebrija, col. Aula de español.

CANALE, M. (1983), "De la competencia comunicativa a la pedagogía comunicativa del lenguaje", en M. LLOBERA *et al.* (1995), *Competencia comunicativa. Documentos básicos en la enseñanza de lenguas extranjeras,* Madrid, Edelsa.

CAULDWELL, R., "Grasping the nettle: the importance of perception work in listening comprehension", [en Internet http://www.developingteachers.com/articles tchtrainingperception1 richard.htm]

DUNKEL, P. (1991), "Listening in the Native and Second/Foreign Language: Toward an Integration of Research and Practice", *TESOL Quarterly*, 25, 3: 241-257.

FERNÁNDEZ, S., "Palabras que *saltan a los oídos*", *Cable*, 8: 36-39.

GIL-TORESANO, M. (2000), *La didáctica de la comprensión auditiva en L2*, Memoria de máster, Universidad Antonio de Nebrija.

GIOVANNINI, A. *et al.* (1996), *Profesor en acción 1, 2* y *3*, Madrid, Edelsa.

GOZALO GÓMEZ, P. (2000), "El papel de la comprensión auditiva en la enseñanza-aprendizaje de E/LE", *Frecuencia L*, 15: 9-11

LYNCH, T. (1996), *Communication in the Language Classroom*, Oxford, Oxford University Press.

MACKAY, I. (1995- 2.ª ed. revisada), *Listening Skills*, Londres, CIPD.

MARTÍN PERIS, E. "La didáctica de la comprensión auditiva" *Cable*, 8: 16-26.

MARTÍN PERIS, E., (2000), "La enseñanza centrada en el alumno. Algo más que una propuesta políticamente correcta", *Frecuencia L*, 13: 3-29

MENDELSON, D. J. y RUBIN, J. (eds.) (1995), *A Guide for the Teaching of Second Language Listening,* San Diego, Dominie Press.

MENDELSON, D. J. (1995), "Applying learning strategies in the second/foreign language listening comprehension lesson" en D. J. MENDELSON y J. RUBIN (eds.) (1995), *A Guide for the Teaching of Second Language Listening,* San Diego, Dominie Press: 132-150.

MINISTERIO DE EDUCACIÓN, CULTURA Y DEPORTE (2002) *Marco común europeo de referencia para las lenguas: aprendizaje, enseñanza, evaluación*, Madrid, Secretaría General Técnica del MECD y Grupo Anaya, traducido y adaptado por el Instituto Cervantes.

NAUTA, J. P. (1987), "Elementos del ejercicio de comprensión auditiva", *Actas de las I Jornadas de didáctica de E/LE*, Madrid, Ministerio de Cultura: 83-89.

RANDIN, J. y OPRANDY, R. (1985), "Listening Skills through an Understanding relationship", *TESOL Newsletter,* XIX, 6: 19-21.

REYES, G. (1995), *El abecé de la pragmática,* Madrid, Arco Libros.

RIVERS, W. (1986), "Comprehension and production in interactive language teaching", *The modern Language Journal*, 70, 1: 1-7.

ROST, M. (1990), *Listening in Language Learning*, Londres, Longman.
ROST, M. (1991), *Listening in Action*, Prentice Hall International.
ROST, M. (1994), *Introducing Listening,* Londres, Penguin.
ROST, M. (2002), *Teaching and Researching listening*, Harlow, Longman.
RUBIN, J. (1994), "A Review of Second Language Listening Comprehension Research", *The Modern Language Journal*, 78: 199-221.
UNDERWOOD, M. (1989), *Teaching Listening,* Nueva York, Longman.
UR, P. (1984), *Teaching Listening Comprehension*, Cambridge, Cambridge University Press.
VV. AA. (2001), *El desarrollo de la comprensión auditiva en el aula de E/LE*, *Carabela*, 49, Madrid, SGEL.
WHITE, G. (1998), *Listening*, Oxford, Oxford University Press.
WILLIAMS, M. y BURDEN, R. L. (1997), *Psichology for Language Teachers*, Cambridge, Cambridge University Press.

La expresión escrita

Daniel Cassany i Comas
Universitat Pompeu Fabra

Introducción

La expresión escrita es la destreza o habilidad lingüística supuestamente más compleja, la que porcentual y comparativamente aprenden menos personas en el mundo, la que se utiliza menos a lo largo del día y de la vida y la que, en apariencia, tiene menos presencia en la enseñanza de español L2/LE. Pero en un mundo letrado como el actual, en el que muchos aprendices ya han adquirido la lectoescritura en su lengua materna y han *domesticado* alfabéticamente su mente salvaje -tomando las palabras de Jack Goody (1985)-, escribir constituye una potente herramienta de mediación en la apropiación de cualquier contenido y habilidad, mucho más allá de una destreza comunicativa que es objeto de aprendizaje. Si no es posible sobrevivir dignamente en el mundo actual sin saber escribir, cabe preguntarse si se puede aprender una L2/LE sin escribir.

Para responder a esta pregunta, presentamos: 1) lo que significa aprender a participar en las prácticas de comunicación escrita de una comunidad, en lengua materna y en L2, desde una óptica socio-psico-lingüística; 2) los enfoques metodológicos básicos y sus cuestiones principales para plantear la enseñanza de la escritura, y 3) orientaciones concretas y ejemplos para planificar un curso y una lección de expresión escrita y evaluarlas.

1. Escribir en L1 y en L2

Analizamos aquí los conocimientos y las habilidades que se requieren para escribir y, en concreto, cómo se desarrolla la práctica y el aprendizaje de la escritura en L2. Después de analizar los rasgos lingüísticos del escrito, su variación social y los procesos cognitivos que desarrolla un redactor, reflexionamos sobre el significado actual de la alfabetización y las funciones que ejerce la expresión escrita en el aula de español L2/LE.

1.1. Los textos escritos en relación con el habla

Aprender a escribir significa aprender a utilizar el lenguaje de manera notablemente diferente al modo como se usa en las experiencias previas de conversación que ya posee el aprendiz. Los estudios sobre la variación en el habla y la escritura muestran que, aunque no puedan establecerse distinciones absolutas, una buena parte de los discursos orales utiliza los recursos lingüísticos del idioma de modo diferente a como se usan en muchos escritos. Además, los contextos orales y escritos de comunicación imponen restricciones diversas a los interlocutores y, en otro orden, oralidad y escritura han tenido desarrollos socio-históricos diferentes en las comunidades humanas.

1.1.1. Algunas caracteristicas del habla y de la escrita

HABLA	ESCRITURA
Socioculturales:	
- Tiene primacía *filogenética*: se desarrolló hace como mínimo unos 30.000 años y todas las civilizaciones humanas hablan. También tiene primacía *ontogenética*: cualquier bebé sano criado en sociedad adquiere el habla de modo natural y rápido. - Es el eje principal de la actividad familiar, social y laboral en las comunidades. - Se relaciona con la subjetividad, las connotaciones, el pensamiento concreto y la capacidad mnemotécnica (Ong, 1982).	- Se desarrolló alrededor del 3500 a. C. No todas las civilizaciones escriben y no todas las personas aprenden a leer y escribir, puesto que requiere instrucción formal durante largo tiempo (Tusón, 1996). - Está vinculada con el desarrollo de la economía, la implantación de la democracia o el surgimiento y la diseminación del pensamiento científico. - Se relaciona con la objetividad y lo explícito, con el pensamiento abstracto, la capacidad metalingüística y la distinción entre opinión y datos.
Pragmáticos y discursivos:	
- El canal auditivo linealiza las unidades en el tiempo de modo que el oído las percibe sucesivamente. La comunicación suele ser inmediata y efímera -si no se graba-, integra códigos no verbales, permite la interacción simultánea y la plurigestión (varios interlocutores participan en el discurso), queda enraizada en un contexto espacio temporal y suele ser espontánea. - Marca los orígenes dialectales del locutor y suele preferir los registros coloquiales, subjetivos y generales. Suele incluir muchos implícitos, puede relajar o variar las rutinas y las estructuras discursivas e integrar distintas modalidades enunciativas (preguntas, negaciones, órdenes).	- El canal visual linealiza las unidades en el espacio y permite que el ojo las perciba simultáneamente. La comunicación suele ser diferida y duradera, estar gestionada por un único locutor, tener interacción no simultánea, mayor grado de planificación y ser más independiente de los contextos espacio temporales de producción y recepción. - Se asocia con la modalidad estándar y los registros formales, objetivos y específicos. Enuncia datos de modo más explícito, con modalidad afirmativa, en estructuras más restrictivas, con contenido monotemático y organización preestablecida.

Gramaticales y léxicos:	
- Tolera la relajación articulatoria (contracciones, elisiones, fonética sintáctica) y la variación en los rasgos suprasegmentales. - Tolera oraciones inacabadas e incluso anacolutos o solecismos; acepta gran cantidad de elipsis y mucha flexibilidad en el orden de las palabras según el embalaje informativo (tema/rema, foco, etcétera.) - *Imbricación sintáctica*, causada por la presencia de una proporción más elevada de palabras gramaticales (Halliday, 1989); prefiere el estilo verbal. - Presencia de más repeticiones léxicas; uso de muletillas (*o sea, pues, entonces*) y comodines; sufijación subjetiva y enfatizadora.	- Exige corrección ortográfica completa y es menos flexible en los usos ortotipográficos; la ortografía y la caligrafía tienen mucho valor social. - Prefiere las oraciones completas y bien construidas gramaticalmente; controla más las elipsis y el orden de las palabras es más rígido. - *Densidad léxica*, causada por una proporción más alta de palabras lexicales; prefiere el estilo nominal, con grupos nominales desarrollados e impersonalidad. - Mayor variedad y riqueza léxicas (búsqueda de sinónimos, grado alto de diversidad o *type token ratio*) y mayor grado de densidad terminológica; uso de sufijación culta y especializada.

Figura 1: Habla y escritura.

Si bien esta doble columna establece claras distinciones, los manuales recientes (Grabe y Kaplan, 1996: 16; Hyland, 2002: 50) critican esta visión dicotómica de la variación habla-escritura. La investigación empírica (Biber, 1988: 36-37; Biber *et al.*, 1999) demuestra que ni la oralidad ni la escritura constituyen modos homogéneos y que no existe rasgo lingüístico o contextual que pueda abarcar todas las formas de habla o de escritura. Por ejemplo, algunos géneros orales, como la conferencia o la clase magistral, no son tan distantes de un artículo periodístico o de un libro de texto, pero difieren notablemente de una conversación de bar o de un mensaje en un contestador automático.

Por otro lado, habla y escritura interactúan de múltiples maneras formando discursos mixtos: escritos para ser dichos y escuchados como si no hubieran sido escritos (como el teatro), dichos para ser grabados, transcritos, impresos y leídos (como una entrevista de periódico), escritos para ser leídos como si fuera pensamientos (como el monólogo interior en una novela). En algunos casos resulta útil distinguir el medio *acústico* (noticias en TV) o *gráfico* (entrevista en el periódico) de transmisión del discurso de su constitución original hablada (entrevista) o escrita (noticias en TV). Además, habla y escritura suelen apoyarse mutuamente en muchas actividades familiares, laborales, sociales y académicas: leemos y comentamos en familia una noticia del periódico, discutimos en la oficina un informe escrito, escuchamos al docente en clase mientras leemos el libro de texto y tomamos apuntes, etc. Lo habitual en estas situaciones es que tanto la información como las formas lingüísticas pasen de la oralidad a la escritura y viceversa sin ninguna dificultad.

Una última variable que está modificando de manera relevante y acelerada el binomio oralidad/escritura es la expansión creciente de la comunicación electrónica. Hoy muchas personas leemos y escribimos mucho más en las pantallas que en folios, libros o cuadernos. Estamos viviendo una auténtica migración del escrito analógico (papel, bolígrafo) al electrónico o digital (ordenador, Internet), que está imponiendo nuevos géneros, registros y procesos de comunicación. La investigación sobre los *géneros electrónicos* distingue los *sincrónicos* (*chat*, simulaciones) de los *asincrónicos* (correo electrónico, web, foro de discusión), según si los interlocutores interactúan simultáneamente o no. En algunos casos se desvanecen las distinciones tradicionales entre lo oral y lo escrito; por ejemplo, en el *chat* asistimos a una conversación escrita casi simultánea, que incluye emoticones y juegos tipográficos cercanos al cómic; en los correos electrónicos, tendemos a bajar el nivel de formalidad, nos despreocupamos de la ortografía o prescindimos de algunas convenciones escritas (puntuación, mayúsculas, párrafo, etc.; véase Herring (coord., 1996) y Yus (2001).

Prescindiendo de la comparación con la oralidad, los rasgos gramaticales y discursivos de los escritos más habituales (cartas, informes, exámenes, etc.) se suelen agrupar bajo los conceptos de *adecuación, coherencia, corrección, variación* o similares. Las ciencias del lenguaje han analizado estos conceptos y describen detalladamente los diferentes elementos gramaticales y discursivos que debe dominar un redactor para poder producir textos. Se trata también de los contenidos que son objeto de enseñanza en clase y de los criterios con que se evalúa la producción del alumnado. Este cuadro ejemplifica estos elementos en forma de criterios de corrección:

CRITERIOS DE CORRECCIÓN DEL TEXTO ESCRITO

Adecuación pragmática al contexto:
- Se cumple el propósito comunicativo (informar, pedir datos, presentar una queja, etcétera).
- Se respetan las convenciones sociales y discursivas del género (carta, instancia, noticia, cuento, etcétera).
- Se usa la modalidad estándar o el dialecto apropiado.
- Se usa el registro apropiado: nivel de formalidad (*tú / vos / usted*), grado de especificidad, modalidad objetiva o subjetiva, no hay marcas de oralidad.

Coherencia semántica entre todas las partes del texto y coherencia pragmática con el contexto:
- Se incluyen todas las informaciones necesarias. Se recuperan sin dificultad los implícitos.
- Se identifican todas las partes y elementos que componen el tipo de texto.
- Las informaciones están secuenciadas de modo paulatino y comprensible.
- Hay varios párrafos monotemáticos, organizados de manera lógica.

Cohesión semántica y gramatical:
- Se usan variados procedimientos gramaticales (conjunciones, yuxtaposiciones, marcadores) para enlazar oraciones y secuencias discursivas.
- Los pronombres anafóricos y deícticos muestran variación léxica y sintáctica y se interpretan sin ambigüedad.
- Los signos de puntuación son variados, no presentan errores claros y facilitan la lectura y la comprensión.

Corrección normativa:
- Se respetan las normas genuinas de ortografía, morfología, sintaxis y léxico, según el contexto.

Variación expresiva:
- El léxico usado es variado y preciso; no hay excesivas repeticiones.
- La sintaxis muestra madurez y variedad de estructuras.
- Se muestran buenos recursos estilísticos (fraseología, expresiones, figuras retóricas, etcétera).
- El aprendiz asume riesgos al escribir con un notable grado de dificultad.

Figura 2: Criterios de corrección del texto escrito.

En resumen, el aprendiz que aspira a producir escritos con eficacia en la comunidad hispana debe aprender a utilizar el lenguaje de modo diferente a como lo utiliza en el habla, en su lengua materna o en la L2 que está aprendiendo. En concreto, el aprendiz debe poder resolver el listado de puntos del cuadro anterior.

1.2. Los géneros escritos

Desde una perspectiva sociolingüística, cabe destacar que los textos están vinculados a unas determinadas prácticas de comunicación, que se desarrollan en el seno de comunidades humanas organizadas socialmente por tradiciones, rutinas y reglas que se han ido configurando a lo largo de su historia. Cualquier texto refleja en su estilo y estructura este vínculo con los contextos sociohistóricos en los que surgió. Y puesto que las comunidades son diferentes y dinámicas, los escritos también son heterogéneos y cambiantes.

Dicho de modo metafórico, *escribir es un verbo transitivo* o una acción que recae sobre un objeto: un texto particular. Carece de sentido plantearse aprender o enseñar a escribir de manera intransitiva, de modo general, independientemente de lo que se escribe, del tema, del tipo de comunicación o del ámbito social. Escribir un poema, una carta comercial, un examen o un informe económico son tareas radicalmente diferentes que sólo comparten el aprovechamiento de la tecnología de la escritura.

El concepto fundamental para estudiar esta diversidad y para organizar su enseñanza es el de *género*. Siguiendo la tradición retórica clásica, recuperada entre otros por Bajtin, Swales (1990), Berkenkotter y Huckin (1995), Johns (1997) o Candlin y Hyland (1999), denominamos género al grupo de textos que comparten unos mismos parámetros contextuales (propósito comunicativo, rol y estatus del emisor y del receptor, tipo de interacción, ámbito social, etc.) reconocidos socialmente y unos mismos recursos y estructuras lingüísticas. En una comunidad, cada esfera o ámbito de actividad (sector laboral, disciplina científica, grupo social) construye sus propios géneros. Algunas investigaciones diacrónicas (véase Bazerman, 1988; Gunnarsson, 1997) exploran el nacimiento y consolidación de algunos géneros actuales (véase Grabe y Kaplan, 1996: 176-201; Goddard y Wierzbicka, 1997, para un tratamiento más general de la denominada retórica contrastiva). Algunos ejemplos de géneros conocidos en las comunidades hispanas -y occidentales- que despiertan el interés de muchos aprendices son:

- *Géneros académicos*, del ámbito de los estudios secundarios o disciplinarios: apuntes, reseña, trabajo o monografía, examen de tema extenso y de pregunta breve, test de elección múltiple, comentario de texto, etcétera.
- *Géneros de negocios*: carta, factura, albarán, pedido, informe, memoria, contrato, etcétera.
- *Géneros administrativos*: oficio, instancia, carta, convocatoria, acta de reunión, memoria, etcétera.
- *Géneros científicos*: artículo científico, protocolo de laboratorio, proyecto de investigación, etcétera.
- *Géneros jurídicos*: ley, denuncia, sentencia, apelación, declaración, demanda, recurso, querella, prueba, etc.

Figura 3: Géneros discursivos.

Cada uno de estos géneros y grupos de géneros varía sin uniformidad según las comunidades en que se generan, al margen de la actividad, el idioma o los temas. Así, una carta comercial usa convenciones diferentes en España, Francia o Gran Bretaña, pero también en Argentina y México -si bien es cierto que las cartas hispanas tienen más elementos comunes-. Uno de los géneros más formalizados por las exigencias metodológicas que impone la ciencia, el artículo de investigación empírica, sigue la conocida estructura IMRD (Introducción-Metodología-Resultados-Discusión), pero varía inevitablemente según las disciplinas, los idiomas e incluso los boletines en que se publica.

Esta diversidad de géneros y prácticas discursivas presenta dificultades al aprendiz. Los universitarios que completan sus estudios en el extranjero suelen padecer un choque cultural al descubrir que ignoran las tradiciones y géneros académicos de las instituciones extranjeras. El proyecto ADIEU (Discurso Académico en la Unión Europea) es un buen ejemplo de investigación y docencia en español académico L2, que se propone conocer, respetar e integrar la diversidad académica europea; en el prólogo a la guía del discurso escrito (Vázquez, coord., 2001: 13-14), la coordinadora del proyecto aporta ejemplos de diferencias retóricas entre artículos científicos españoles e ingleses: en los primeros abundan las citas de autoridad para justificar afirmaciones y mostrar la erudición del autor (mientras que en inglés se da prioridad a la concisión y se usan sólo las más imprescindibles); los ejemplos no tienen una función tan importante (como en los ingleses, que actúan de motor del texto); hay más referencias despersonalizadas (que plantean problemas a los lectores no hispanos); escasean los desacuerdos (lo que sugiere la existencia de una norma de cortesía implícita respecto a las citas negativas), etc. En la misma línea, Grabe y Kaplan (1996: 194) citan varios estudios que concluyen que la prosa académica española usa oraciones más largas y sofisticadas que la inglesa.

1.3. Los procesos cognitivos

En los últimos treinta años, una prolífica investigación influenciada por la psicología cognitiva (Cassany, 1987; Camps, 1994) ha explorado etnográficamente la actividad mental superior que despliegan redactores expertos y aprendices, jóvenes y adultos, mientras escriben en lengua materna y en L2. Estos estudios analizan borradores, verbalizaciones del pensamiento interior de redactores o transcripciones de conversaciones entre coautores. Esto ha permitido identificar y describir las diferentes tareas intelectuales o *procesos cognitivos* que desarrollan los sujetos durante la composición, además de formular varias teorías al respecto (Hayes, 1996).

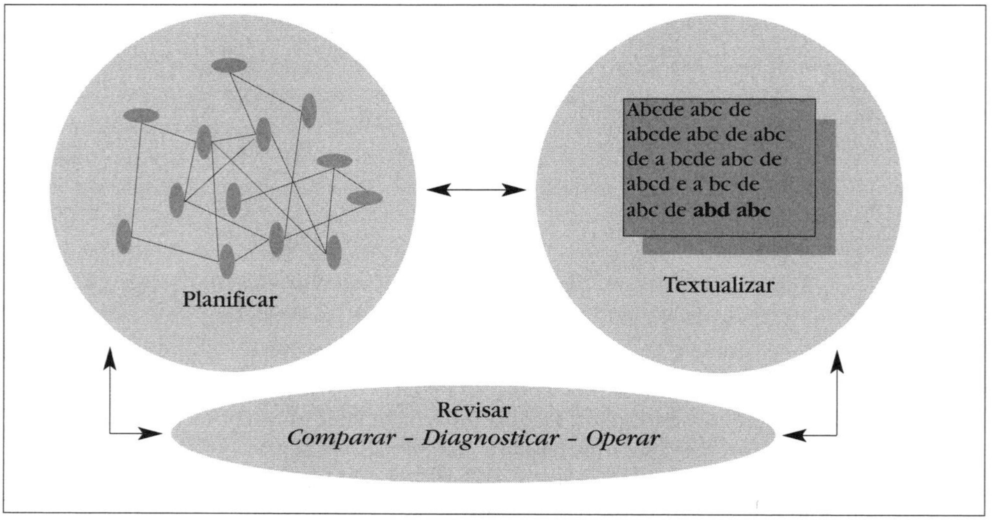

Figura 4: Procesos de composición.

En conjunto, los estudios muestran que escribir es una tarea cognitivamente compleja que va mucho más allá de la resolución de dudas ortográficas o de la redacción de la prosa. Los escritores expertos toman conciencia del contexto en el que se inserta su discurso (comunidad discursiva, tema, género, etc.), analizan el perfil y los intereses de sus lectores, recuperan datos pertinentes de su memoria, construyen propósitos comunicativos para su texto, hacen planes sobre su forma de trabajar y tienen control sobre su proceso de trabajo; releen varias veces sus borradores y los revisan extensamente en el fondo y la forma, usan técnicas variadas para escribir, etc. Aunque se han propuesto varias denominaciones y clasificaciones de estas tareas, existe un cierto acuerdo para delimitar tres grandes procesos cognitivos, en los que se pueden encontrar algunos subprocesos:

- *Planificación*. Incluye toda la actividad destinada a elaborar configuraciones mentales del escrito pretendido, que pueden o no tener correlato gráfico pre-lineal (esquema, lista, dibujo), representadas en la figura 1 por el entramado de nudos y conexiones. Estas configuraciones tienen grados variados de desarrollo y contienen datos diversos sobre el mensaje que se quiere transmitir, el lector que lo va a leer, planes para organizar el trabajo del autor, experiencias previas de escritura en situaciones parecidas, etc. Algunos de los subprocesos más conocidos que incluye la planificación son: *representarse la situación* o tomar conciencia de los parámetros circunstanciales del contexto de escritura; *formular propósitos* o definir los objetivos (finalidades, fuerza ilocutiva y perlocutiva, etc.) que se pretende conseguir; *generar y organizar ideas* o recuperar de la memoria a largo plazo los datos que puedan ser útiles para la situación actual de composición, y organizarlos en una estructura retórica.
- *Textualización*. Incluye toda la actividad lingüística destinada a elaborar el producto escrito, a partir de los datos elaborados en la planificación. Entre otros subprocesos, destacamos los de *referenciar* o elegir la forma lingüística más acertada para denominar los conceptos y las ideas que se van a transmitir según el contexto; *secuenciar* u ordenar las diferentes ideas en un discurso lineal y gramatical, y *transcribir* o ejecutar físicamente la producción manual o mecánica de la prosa. Cada uno de estos subprocesos se puede descomponer a su vez en tareas más específicas vinculadas con elementos lingüísticos del discurso: por ejemplo, sin pretender ser exhaustivos, en la secuenciación, se puede identificar la *cohesión* o la tarea de armar la textura gramatical y semántica con anáforas, puntuación, elipsis, etc.; la *conexión* o la tarea de enlazar con conjunciones y conectores las distintas proposiciones, y la *progresión temática* o la elección del orden apropiado de los elementos en la oración según el valor de la información que transmiten (tema o rema, foco, marco, etcétera).
- *Revisión*. Incluye la evaluación del material planificado y redactado para determinar si cumple las funciones previstas y para reformularlo y mejorarlo, en caso necesario. El autor examina sus ideas sobre el texto y lee sus producciones intermedias (esquemas, borradores, fragmentos) para buscar posibles errores o mejoras potenciales y reformularlas. Uno de los modelos de revisión más conocidos (Bereiter y Scardamalia, 1987: 265-269) sugiere que la revisión se realiza a partir de la secuencia operativa *Comparar - Diagnosticar - Operar*, en la que el autor compara el material que ha elaborado con sus intenciones y expectativas, busca diferencias o desajustes entre estos dos planes (diagnóstico) y, si encuentra desajustes, decide estratégicamente cómo puede mejorar el material (elige una táctica) y ejecuta el cambio (opera). Esta secuencia se desarrolla en cualquier momento entre otros procesos cognitivos.

Otro elemento fundamental de la actividad escritora es lo que algunos estudios (Flower y Hayes, 1981) denominan el *monitor* o *control*, un mecanismo metacognitivo que organiza la sucesión e interacción de estos procesos durante la composición. El autor experto regula su propio proceso de composición con este monitor, que le permite dirigir los procesos mentales a su conveniencia: iniciar, interrumpir o reiniciar cada proceso en el momento oportuno según su plan de trabajo o según se vaya desarrollando el mismo. De este modo, como sugiere el cuadro, los procesos cognitivos no siguen ninguna ordenación unidireccional, al estilo de la concepción tradicional de distinguir la *pre-escritura,* la *escritura* y la *re-escritura*, sino que desarrollan una dinámica cíclica de interacción constante en distintos planos de la producción (objetivos pragmáticos, contenido semántico, formas gramaticales, etcétera).

Efecto del menor conocimiento de L2:
- No automatización del uso.
- Conocimientos lingüísticos reducidos.

Planificación:
- Menor atención a los objetivos globales.
- Menor planificación global del texto.

Textualización:
- Más pausas que en la composición en L1.
- Más consulta de materiales auxiliares.
- Atención prioritaria a dar forma lingüística a las ideas.
- Poca atención a la corrección formal.

Revisión:
- Menor tendencia a producir nuevos borradores.
- Mayor dificultad en la atención simultánea a los aspectos locales y generales.

Globalidad del proceso de composición:
- Más implicación en las tareas de composición.
- Necesidad de más tiempo para la producción de textos.
- Uso de la L1 en los procesos de composición.
- Descubrimiento simultáneo de las ideas y del material lingüístico para formularlas.
- Composiciones más breves.

Figura 5: Especificidad de las estrategias de escritura en L2 (Guasch, 2000: 47).

Por supuesto, lo que acabamos de exponer se refiere a la conducta experta, a los redactores profesionales o no que consiguen producir escritos gramatical y comunicativamente acertados, en parte porque han desarrollado estos procesos cognitivos. La investigación también demuestra que los aprendices (las personas con dificultades para escribir, que obtienen malas valoraciones en tests estándar) se caracterizan precisamente por lo contrario: entre otros puntos, tienen poca idea de la audiencia y menos conciencia del contexto, hacen menos relecturas de sus borradores y desarrollan una revisión muy pobre, centrada en la superficie textual (errores gramaticales, ortotipográficos) y en áreas locales (palabras, frases), y tienen escaso control sobre su forma de escribir. Además, suelen tener actitudes y concepciones simples o sencillamente erróneas sobre la comunicación escrita: asocian escribir con *encontrar palabras para retener el habla*, conciben la situación retórica de escritura en términos ingenuos de *ejercicio de expresión*, se preocupan por *llenar la página* y por *expresarse* sin prestar atención a las necesidades del lector, etc. Para ayudar a aprender a escribir a estas personas, existen propuestas didácticas que ponen el énfasis en el desarrollo de los procesos cognitivos a partir de la adquisición de técnicas o recursos muy concretos para resolver cada una de las tareas que plantea la composición (véase 2. 2.).

Adoptando este marco conceptual, la investigación sobre la escritura en L2 (McKay, coord., 1984; Reid, 1993; Kroll, coord., 1990; Guasch, 2000 y 2001) ha buscado respuestas a las siguientes preguntas básicas: 1) ¿nos comportamos de igual modo al escribir en L2?; 2) ¿la experiencia escritora en L1 y, en concreto, los procesos cognitivos adquiridos, se transfieren a la L2?, y 3) ¿qué implicaciones tienen los puntos anteriores en la enseñanza de la L2?

Respecto a la primera pregunta, en líneas generales, la composición experta en L2 es similar a la de L1, y los redactores inexpertos en L2 presentan procesos parecidos a los inexpertos en L1, con las diferencias que resume la figura anterior. El menor conocimiento de la L2 impide la automatización de la producción lingüística y exige al redactor que preste más atención y tiempo a la elaboración lingüística local, con lo que el plano conceptual del discurso (objetivos globales, planes de composición, elaboración de ideas) queda más desatendido. El autor requiere más tiempo y esfuerzo para producir textos más breves.

Respecto a la segunda pregunta, se considera que el redactor experto aprovecha la experiencia escritora en lengua materna para escribir en L2. Algunos investigadores aceptan la hipótesis de una *competencia subyacente común* en bilingües, que incluiría los procesos de composición, pero otros, quizás más prudentes, postulan una *transferencia* no automática de procesos compositivos de L1 a L2 bajo determinadas condiciones. Estas condiciones son, siguiendo a Guasch (1991: 29), que el sujeto tenga un mínimo nivel de dominio de la L2 y un grado de conciencia suficiente sobre las diferencias lingüísticas entre L1 y L2 y sobre la naturaleza de la composición. Sólo en estas circunstancias el redactor en L2 podría aprovechar su experiencia en L1.

Respecto a la tercera pregunta, los estudios sobre la composición en L1 y en L2 coinciden en destacar la importancia de incorporar esta dimensión cognitiva o procesual en la enseñanza de la producción escrita. Aprender a escribir géneros escritos implica aprender a planificarlos, textualizarlos y revisarlos, de modo que las tareas de expresión escrita en el aula deben facilitar la realización de estos procesos cognitivos. Más adelante (véase 2.2.) comentamos algunas orientaciones específicas para ayudar a escribir en L2.

Finalmente, resulta importante conocer las destrezas y los conocimientos previos que aporta el alumnado. Es posible que algunos alumnos hayan desarrollado procesos de composición en L1 y que estén en condiciones de transferirlos *de modo natural* al escribir en L2, pero sería excesivo presuponer que todo supuesto alfabetizado ya posee dichas habilidades. La enseñanza de la lengua materna ha sido muy gramatical en algunos idiomas y comunidades, de modo que el alumno no siempre ha alcanzado un grado de desarrollo suficiente de la composición al iniciar el aprendizaje de una L2 (a título de ejemplo: algunos españoles que estudiaron inglés con métodos comunicativos podían manifestar: *las clases de inglés me sirvieron también para aprender pautas para escribir con más claridad*). Del mismo modo, tampoco han desarrollado la composición los llamados *analfabetos funcionales* o personas que, pese a haber sido escolarizadas de modo regular, no pueden utilizar la escritura de manera efectiva en sus vidas. En definitiva, la enseñanza del español L2/LE debe tener siempre en cuenta esta perspectiva psicolingüística.

1.4. Alfabetización y funciones de la escritura

PLANOS DE ALFABETIZACIÓN

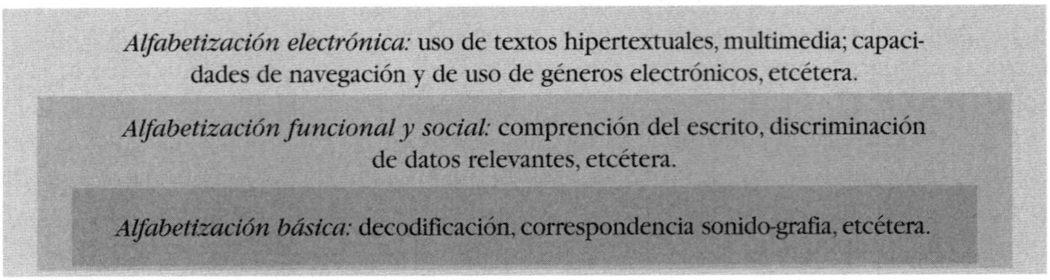

Figura 6: Planos de alfabetización.

Vistos los apartados anteriores, el concepto de *alfabetización* adquiere significados más amplios, además de implicaciones diversas en la clase de español L2/LE. Cuando hoy hablamos de una persona alfabetizada, nos referimos a mucho más que la tradicional expresión de *saber de letra*. Como muestra la figura 6, la capacidad de decodificar grafías y relacionarlas con fonemas es sólo un primer peldaño de la alfabetización. Leer y escribir exige hoy también poder construir significados y atribuirles relevancia en cada circunstancia (*alfabetización funcional*), además de tener conciencia de que los textos varían en cada ámbito social (*alfabetización social*). Pero en los albores del siglo XXI los nuevos géneros electrónicos están añadiendo otra dimensión a este concepto: la capacidad de gestionar documentos electrónicos y de navegar a través de la red. Ya empezamos a hablar de *analfabetos electrónicos o digitales* para referirnos a las personas que sólo leen y escriben con libros.

Al respecto, algunos autores (Warschauer, 1999 y 2002) consideran que el impacto que está teniendo en nuestras comunidades la comunicación electrónica es tan importante que resulta necesario incorporarlo de manera decisiva a la enseñanza de idiomas. Proponen que Internet tenga más presencia en las clases, que los aprendices cuelguen sus trabajos en la red, que compongan páginas en el idioma meta, que participen en *chats* con hablantes nativos, que naveguen y lean en Internet, etc. También plantean incorporar a la enseñanza de composición el conjunto de programas lingüísticos disponibles en la red (verificadores ortográficos, bases de datos, diccionarios en línea, programas de concordancias, etc.). Es lo que se ha llegado a denominar *enfoque de alfabetización electrónica*' (Shetzer y Warschauer, 2000).

FUNCIONES DE LA ESCRITURA

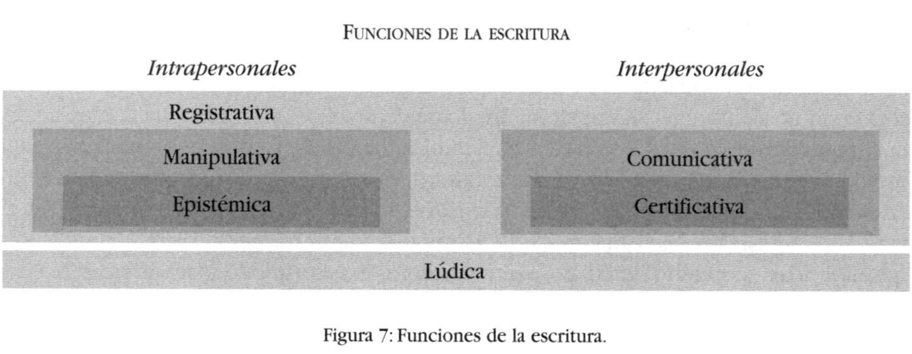

Figura 7: Funciones de la escritura.

Respecto a las implicaciones para la clase de español L2/LE, debe tenerse en cuenta que la alfabetización permite al sujeto utilizar la escritura para funciones muy diversas, más allá de la comunicación. Como muestra la figura 7, la escritura ejerce funciones *intrapersonales* (escribir para uno mismo) e *interpersonales* (escribir para los otros). En las intrapersonales, distinguimos la función *registrativa*, en la que copiamos literalmente datos diversos (números de teléfono, direcciones); la *manipulativa*, en la que anotamos datos realizando algunas transformaciones (apuntes de clase, notas de una lectura), y la *epistémica*, en la que construimos datos nuevos a partir de otros conocidos (ensayo, carta personal con ocurrencias). En las interpersonales distinguimos la función *comunicativa*, en la que transmitimos datos a otros (aviso, nota, correo electrónico, web), y la *certificativa*, en la que demostramos algo o dejamos constancia de ello para otros (examen, certificado). Finalmente, también escribimos chismes, poemas, cuentos con finalidad lúdica para divertirnos, para nosotros mismos y para otros. Cabe destacar que estas funciones se superponen unas a otras como muestra la figura 7 y que no siempre resulta claro o útil distinguirlas.

Al aprender español, los alfabetizados usan la escritura con todas estas finalidades: anotan palabras y reglas gramaticales para poder recordarlas (f. registrativa), toman apuntes en clase para estudiar (f. manipulativa), hacen esquemas y escriben para aprender (f. epistémica), escriben notas y correos electrónicos para comunicarse y redacciones y exámenes para demostrar su aprendizaje (f. certificativa). En definitiva, la práctica de la escritura en L2/LE no sólo es un objetivo comunicativo meta (aprender a escribir en un nuevo idioma), sino también una herramienta para aprender otros contenidos (reglas gramaticales, léxico, aspectos socioculturales, etc.). Los alumnos que han tenido una sólida alfabetización en L1 han desarrollado estilos de pensamiento, aprendizaje y estudio en los que la escritura representa un papel esencial. Estos sujetos requieren poder escribir para aprender una L2: necesitan ver escrita una palabra para recordarla; quieren escribir una frase para comprender la regla gramatical subyacente, etc. A estos sujetos les resultaría muy difícil lograr aprender una L2 sin poder utilizar la lectura y la escritura.

Algunas investigaciones sobre el papel que juega la oralidad y la escritura en la adquisición lingüística (Weissberg, 2000) confirman esta hipótesis, al mostrar que los alumnos más alfabetizados tienden a usar estrategias escritas para aprender determinados aspectos lingüísticos (tomar notas, hacer esquemas), donde otros usan estrategias orales (dialogar con compañeros, recursos mnemotécnicos). La práctica de la enseñanza del español L2/LE en el mundo también confirma esta idea. El alumnado con alfabetización limitada y con intereses comunicativos orales suele mostrar mucha pereza y desinterés hacia las prácticas escritas, pero el alumnado con perfil universitario e intereses académicos tiende a usar la escritura como instrumento de aprendizaje con cualquier objetivo. Del mismo modo, el alumnado que tuvo un aprendizaje de la escritura en L1 vinculado con la reflexión gramatical y la teoría (por ejemplo, la tradición alemana) exige más información gramatical en L2 que el alumnado que tuvo un aprendizaje escrito más comunicativo y práctico (por ejemplo, la tradición inglesa); respecto a este último ejemplo, cabe destacar que tanto el acceso a la información gramatical como la reflexión lingüística utilizan la escritura como herramienta básica de mediación.

Debemos tener presente que el alumnado de español L2/LE procede de todas las culturas, lenguas y razas del planeta, sean más o menos próximas al mundo hispano, por lo que las dificultades que puede presentar el acceso a la escritura en español son muy diversas. Por ejemplo, es posible que algún alumno tenga dificultades grafomotoras para escribir el alfabeto romano. Si bien la mayoría de alumnado árabe, japonés, chino o hindú -por poner sólo algunos ejemplos- estudia español como segunda o tercera LE, después del francés o el inglés, teóricamente podemos encontrar alumnos para los que el español sea su primera lengua con alfabeto romano y con los que sea necesario realizar algunas prácticas caligráficas.

Por todas estas razones, al diseñar cualquier curso de español L2/LE resulta crucial diagnosticar al inicio el punto de partida del alumnado con relación a sus conocimientos y habilidades previas de escritura (grado de alfabetización, posibilidades de transferencia de la experiencia escritora en L1, etc.) y a sus necesidades comunicativas escritas (géneros que quiere aprender a escribir, estrategias escritas de aprendizaje que va a utilizar, etc.). El siguiente cuestionario permite explorar estos puntos:

ANÁLISIS DE CONOCIMIENTOS PREVIOS Y NECESIDADES

Lo que aporta el aprendiz:

¿Qué experiencia de composición en L1 posee?	
1. ¿Tuvo instrucción continuada y satisfactoria? ¿Ha desarrollado una práctica continuada?	
2. ¿Conoce el alfabeto romano? ¿Conoce las convenciones escritas del texto (márgenes, puntuación, etcétera)?	
3. ¿Qué géneros y tipos textuales domina?	
4. ¿Ha desarrollado procesos cognitivos? ¿Qué técnicas de escritura conoce?	
5. ¿Qué actitudes, valores, emociones tiene respecto a la escritura?	
6. ¿Domina la tecnología informática? ¿Conoce géneros electrónicos?	

¿Qué experiencia académica escrita aporta?	
7. ¿Usa la escritura como recurso mnemotécnico?, ¿toma apuntes?, ¿hace resúmenes, listas de vocabulario?	
8. ¿Usa la escritura para aprender, realizar trabajos, estudiar? ¿Cómo es la tradición pedagógica en la L1 (gramatical, comunicativa, memorística, etcétera)?	
3. ¿Qué géneros y tipos textuales domina?	
4. ¿Ha desarrollado procesos cognitivos? ¿Qué técnicas de escritura conoce?	
5. ¿Qué actitudes, valores, emociones tiene respecto a la escritura?	
6. ¿Domina la tecnología informática? ¿Conoce géneros electrónicos?	
9. ¿Usa la escritura para reflexionar sobre el mundo (buscar ideas, reflexionar, etcétera)?	
¿La tradición compositiva en L1 es igual en español?	
10. ¿Qué tradición retórica tiene la L1?	
11. ¿Qué diferencias discursivas, estructurales, etc., presentan los géneros escritos en L1 y en L2?	
12. ¿Qué representaciones sobre la escritura tiene la cultura de la L1?	

Lo que espera el aprendiz:

¿Qué necesita escribir en español?	
13. ¿Qué géneros, tipos y escritos?	
14. ¿Qué recursos lingüísticos requiere?	
15. ¿Sobre qué temas y en qué ámbitos va a escribir?	
¿Quiere usar la escritura como herramienta de apoyo?	
16. En la comprensión: ¿anota palabras, subraya, toma notas, resume?	
17. En la expresión: ¿hace esquemas, prepara exposiciones, intervenciones, etc.?	
¿Quiere usar la escritura como herramienta de aprendizaje?	
18. En el aprendizaje gramatical: ¿anota ejemplos, explicaciones, etc.?	
19. En el aprendizaje léxico: ¿anota palabras, estructuras?, ¿busca en el diccionario?	
20. ¿ ....?	

Los resultados de este cuestionario ofrecen un perfil más claro de la utilización de la escritura que van a hacer los aprendices -o la que esperan poder hacer-, y permite tomar decisiones didácticas sobre la mejor forma de plantear en clase las tareas que requieran escribir, para aprender a escribir o para aprender español escribiendo.

2. Enseñar a escribir en L2

Presentamos aquí, en primer lugar, una breve relación de los principales enfoques metodológicos con que se puede diseñar la enseñanza de la producción escrita, para pasar después a responder a algunas de las principales cuestiones didácticas que se plantean en todo curso.

2.1. Enfoques didácticos

Siguiendo a Cassany (1990) y Archibald y Jeffery (2000), podemos distinguir cuatro grandes enfoques para la enseñanza de la expresión escrita L2/LE, según pongan el énfasis en algunos de los siguientes aspectos: 1) la gramática; 2) la comunicación; 3) el proceso de composición, y 4) el contenido.

En el *enfoque gramatical*, se asocia el aprendizaje de la producción escrita con la adquisición de la gramática la lengua (reglas morfosintácticas, normas ortográficas, etc.). La concepción lingüística que subyace es la de la gramática prescriptiva asociada con la modalidad estándar de la lengua (dialectos y registros coloquiales tienen escasa presencia). Existen propuestas fundamentadas en una gramática de la oración que pone énfasis en la construcción de la frase escrita, pero también en gramáticas textuales más amplias y modernas, que incluyen aspectos de cohesión (anáforas, conectores, progresión temática) y de coherencia (estructura del texto).

Los contenidos objeto de enseñanza son estas reglas de gramática y unidades léxicas -iguales para todos los aprendices-, y las actividades que se desarrollan en clase son dictados, redacciones, ejercicios de transformación de frases o de manipulación sintáctica, *clozes* o ejercicios de rellenar vacíos, etc. El modelo de clase más conocido es la secuencia deductiva: a) explicación de una regla gramatical; b) ejemplos comentados; c) prácticas mecánicas controladas; d) redacción, y c) corrección del texto, poniendo énfasis en los aspectos gramaticales enseñados. Un ejemplo de tarea es: *Escribe una redacción explicando las ventajas y los inconvenientes de vivir en un pueblo o en una gran ciudad.*

En el *enfoque comunicativo*, el aprendizaje de la producción escrita se vincula con la participación en prácticas reales o verosímiles de comunicación escrita. La concepción lingüística subyacente es la de una gramática descriptiva y funcional, que adopta el texto como unidad primera y que reconoce la existencia de variedades dialectales y registros lingüísticos diversos; se fundamenta en las recientes ciencias del lenguaje (pragmática, análisis del discurso, lingüística del texto, sociolingüística, etcétera).

Los contenidos que son objeto de enseñanza son los tipos o géneros textuales que el alumno necesita aprender (de manera que son diferentes para cada grupo de individuos), con sus características particulares (estructura, fraseología, estilo, etc.). El modelo de clase más corriente parte de la lectura y comprensión de modelos de estos tipos textuales, para analizarlos lingüísticamente y pasar después a desarrollar prácticas productivas, primero controladas, e íntegramente comunicativas después; en éstas últimas el aprendiz produce un escrito real dirigido a un destinatario en un contexto concreto. La corrección pone énfasis en los errores que tienen trascendencia comunicativa. Otras actividades habituales de clase son modificar el registro de un texto, reescribir o completar otro texto, reordenar fragmentos de texto mezclados, etc. Una adaptación comunicativa del ejemplo anterior sería: *Tu prima va a cambiar de residencia, pero no está segura de si quiere quedarse en el pueblo en el que vive o prefiere instalarse en una gran ciudad. Escríbele una carta exponiendo tu opinión* (véase Johnson, 1981).

En el *enfoque procesual*, el objeto principal de aprendizaje son los procesos compositivos de composición, de modo que se presta más importancia al proceso (la composición) que al producto (el texto), y más atención a las destrezas del sujeto (el aprendiz) que a las propiedades del producto (la escritura). La fundamentación teórica de este enfoque se basa en las investigaciones citadas (véase 1. 3.) y en estudios paralelos sobre creatividad y expresión personal.

Planificación:

- *Representarse la situación*: responder preguntas (*¿a quién?, ¿qué?, ¿cómo?...*), analizar al lector (*¿qué sé de él?, ¿qué busca?...*), elaborar un proyecto de texto, formular en 10 palabras el propósito, establecer un plan de trabajo.
- *Generar ideas*: torbellino de ideas, Philips 66 (torbellino en pequeño grupo), hacer analogías (*si fuera un animal sería...*), escritura automática, explorar un problema, expandir palabras clave.
- *Organizar ideas*: esquema decimal, mapas conceptuales, árbol jerárquico.

Textualización:

- *Organizar el texto*: escribir párrafos monotemáticos, revelar el propósito y la estructura al inicio.
- *Ayudar al lector*: marcar visualmente el texto, usar marcadores discursivos.

Revisión: - *Mejorar el estilo*: aplicar reglas de economía y claridad (frases cortas, estilo verbal y directo...), usar guiones de corrección para géneros. - *Autorrevisión*: verbalizar el texto, comparar el texto con los planes iniciales, simular la reacción del lector. - *Colaborar con colegas*: escuchar sus opiniones, preguntarles su punto de vista.

Figura 8: Técnicas para desarrollar los procesos (Cassany, 1993).

Los contenidos objeto de enseñanza son los procesos y los subprocesos cognitivos reseñados, a través de la práctica de las técnicas o recursos de redacción que muestra la figura 8. Una clase modelo se organiza a partir del desarrollo de las distintas fases o tareas de composición: analizar la situación, buscar ideas, organizarlas, redactar borradores, revisar los borradores, etc. La corrección se concibe como una tutoría o una asesoría y pone énfasis en la calidad de expresión del texto, pero también en el proceso de trabajo seguido por el autor. La adaptación a este enfoque del ejemplo de actividad sería: *Haz una lista de ventajas e inconvenientes de vivir en un pueblo o en una gran ciudad. Clasifica las ideas en grupos. Desarrolla dos ideas con ejemplos y comentarios personales. Redacta un primer borrador del texto. Vuelve a leerlo y comprueba que contenga todas las ideas importantes...* (véase Flower, 1985).

El *enfoque sobre el contenido* se ha desarrollado con estudiantes que cursan estudios superiores en L2 y que, en consecuencia, utilizan la escritura como instrumento epistémico para el aprendizaje de contenidos disciplinarios. Su fundamento básico es que atendiendo a la comprensión y al desarrollo del fondo (tema, datos, razonamiento) del escrito que está elaborando, el sujeto también pone en práctica sus procesos de escritura y adquiere la forma lingüística con que se vehicula el contenido. Cabe destacar que los estudios sobre el proceso de composición muestran que los escritores expertos se concentran tanto en el contenido como en la forma del texto que están escribiendo.

En una clase que sigue este enfoque, los aprendices exploran un tema de la disciplina objeto de estudio con técnicas de trabajo académico (búsqueda de información, procesamiento, elaboración de esquemas, redacción de monografías, etc.), que incluyen los procesos cognitivos. El ejemplo de tarea sería: *Busca información sobre el tema de vivir en un pueblo: transportes, sanidad, etc. Haz una encuesta entre tus compañeros. Entrevista a algunas personas: médicos, policías, ecologistas, etc. Sintetiza los datos en un esquema. Escribe un borrador explicando los resultados de tu investigación...* (véase Brinton, Snow y Bingham Wesche, 1989).

Aparte de esta clasificación, en los últimos años está adquiriendo reconocimiento otra propuesta que adopta el concepto de *género* como eje central de la enseñanza de L2 con finalidades específicas y académicas (Johns, 1997; Hyland, 2002). Esta propuesta entiende el género discursivo con el significado lingüístico y sociocultural expuesto (véase 1. 2.), de modo que abarca los enfoques gramatical y comunicativo. La organización de la enseñanza en el aula sigue propuestas parecidas a las expuestas, poniendo énfasis en los rasgos gramaticales, textuales y pragmáticos particulares de cada género.

Por supuesto, todos estos enfoques corresponden a cuatro tendencias u opciones, que resultan hasta cierto punto complementarios. Es imposible aprender a escribir en L2 sin tener en cuenta de algún modo la gramática, la comunicación, el proceso compositivo o el contenido que se transmite. Que se ponga más énfasis en un elemento o en otro ya depende de las necesidades del alumnado, de los intereses del docente y del paradigma didáctico imperante.

2.2. Cuestiones básicas

Comentamos a continuación cinco cuestiones básicas de la didáctica de la expresión escrita en L2/LE.

2.2.1. Practica colectiva y cooperativa

Se suele presuponer erróneamente que la producción escrita es una práctica individual que puede realizarse provechosamente fuera del aula, por lo que existe una fuerte tradición de vincularla con los 'deberes'. Docente y aprendiz tienen la sensación de aprovechar mejor el tiempo limitado de clase si estudian gramática o practican la conversación, mientras que la lectura y, sobre todo, la escritura pueden realizarse fuera de clase. No existe fundamento para sostener esta idea. En la vida real escribimos cooperativamente: planificamos nuestros textos al conversar con colegas, tomamos sus ideas sin pedir permiso, pedimos sus consejos para la revisión, etc. Escribir es mucho más que textualizar, como vimos, y es corriente que planifiquemos y revisemos nuestra composición con la ayuda de coautores y co-lectores anónimos. La investigación didáctica muestra que las tareas más efectivas para aprender a componer textos son las que involucran a dos o más alumnos escribiendo un mismo escrito o compartiendo sus ideas sobre el texto de cada uno.

2.2.2. Escritura y destrezas lingüísticas

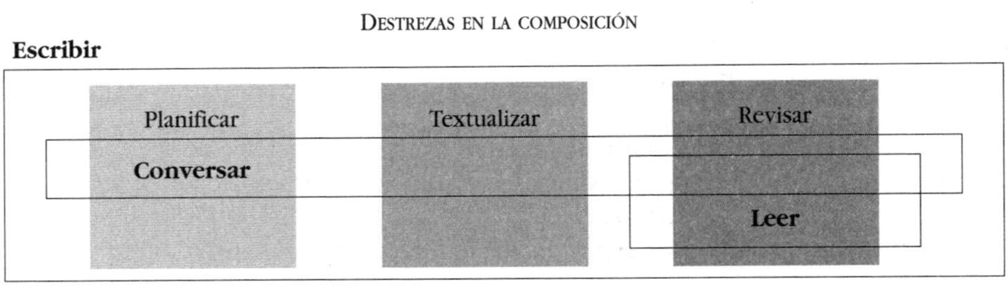

Figura 9: Destrezas en la composición.

Se cree que la práctica de la escritura es silenciosa y aislada del resto de destrezas; incluso se piensa que es malo *hablar* mientras se escribe, puesto que se puede *contaminar* el escrito con el habla. Estos prejuicios son falsos. Como muestra la figura 9, la composición incluye otras destrezas: la lectura resulta fundamental para revisar; es imposible confeccionar un buen escrito si no se leen comprensiva y analíticamente los esquemas y los borradores que se van produciendo. Cabe destacar que la lectura de borradores presenta más dificultad que otras formas corrientes de lectura (véase Hayes, 1996): se lee para encontrar errores, buscar mejoras, calcular lo que va a entender del lector, estudiar la *imagen* de nosotros que ofrece el escrito, etc.

Si se escribe cooperativamente, la práctica de la conversación entre coautores y entre autor y lector constituye una tarea continuada a lo largo de la composición. La investigación didáctica considera muy positivo el efecto que tiene este tipo de interacciones en el incremento del aprendizaje. Siguiendo tesis vigotskyanas, la oralidad constituye un instrumento de mediación de los procesos de composición: aprendices y docentes pueden dialogar en voz alta en L2 durante la planificación, para explorar la tarea de composición y desarrollar las representaciones, los aprendices pueden entrenarse o preparar la escritura *redactando en voz alta en español* y *escuchando el tono* o el sonido de la prosa. Estas prácticas orales en contextos de escritura favorecen el desarrollo de la composición de cada sujeto, incrementan el *input* lingüístico y la interacción entre los aprendices e incitan a la reflexión lingüística sobre los textos.

En resumen, la práctica de la composición en clase ofrece oportunidades interesantes para ejercitar la conversación entre aprendices y para fomentar tipos específicos de lectura en la lengua meta.

2.2.3. Usar lengua materna al escribir en L2

Es una práctica habitual en la vida real al escribir en L2 utilizar la L1 para conversar con coautores y co-lectores, en situaciones de escritura cooperativa. Las funciones que ejerce la L1 son, siguiendo a Guasch (2001: 49-58):

a) facilitar un acceso más directo a la memoria del aprendiz;
b) favorecer el control del texto escrito en L2 y de la composición;
c) distinguir los procesos de construcción del significado (que pueden realizarse parcialmente en L1, de ser necesario) de la redacción y revisión que requieren la L2, y
d) facilitar la interacción con el compañero (coautor, colector, etcétera).

En general, el uso de la lengua materna al escribir en L2 facilita que la composición no se interrumpa ante dificultades idiomáticas y permite solventar problemas de generación de ideas, de búsqueda de vocabulario o de reorganización de las ideas. El uso de la L1 durante la composición es más frecuente con aprendices principiantes o con escaso dominio de L2, con temas relacionados con la cultura de origen del aprendiz, o con temas desconocidos por el aprendiz, que exijan buscar y organizar información (parece que el acceso a la información enciclopédica que tiene el aprendiz se realiza en la lengua en que fue almacenada). Por estos motivos, se considera negativo prohibir el uso de la L1 durante las tareas de composición.

2.2.4. Ayudar a escribir en L2

En líneas generales, es recomendable ofrecer al aprendiz el *input* o *caudal lingüístico* necesario que permita evitar que las lagunas en el conocimiento de la L2 bloqueen la composición, además de organizar las tareas de escritura de forma que faciliten el desarrollo de los procesos cognitivos. En concreto, resulta útil:

a) proponer actividades específicas para desarrollar el dominio de la L2 en el ámbito temático y discursivo en que se va a escribir, antes de la composición o durante la planificación (leer modelos de textos, trabajar el léxico y la fraseología específicos del tema, etcétera);
b) suministrar al aprendiz la información lingüística (vocabulario, regla gramatical, etc.) que necesite en el momento que lo necesite durante la composición;
c) facilitar el acceso a material auxiliar de apoyo (gramática, diccionarios, manuales de consulta, etcétera);
d) organizar la tarea de componer escritos en fases o pasos sucesivos, que permitan trabajar paulatinamente los diferentes procesos de composición, con los apoyos y ayudas que requiera el aprendiz;

e) organizar la interacción en el aula del modo más eficaz para potenciar la interacción entre aprendices; por ejemplo, la búsqueda de ideas puede realizarse en pequeños grupos de 5 o 6 aprendices, pero la redacción o la revisión puede plantearse por parejas para dar más posibilidades de intervenir a cada sujeto.

Así el trabajo de escritura en el aula puede reunir las condiciones necesarias para fomentar la transferencia de procesos de L1 a L2 o para facilitar el desarrollo de la composición directamente en L2.

2.2.5. Escribir y aprender gramática

No debe olvidarse tampoco que las tareas de escritura ofrecen contextos de aprendizaje de cuestiones gramaticales. Cuando un alumno lee y analiza un modelo de discurso para luego pasar a producirlo, cuando pone por escrito sus borradores o cuando los revisa, se crean situaciones reales de uso reflexivo de la lengua, que exigen conocimientos lingüísticos de la L2/LE (léxico, estructuras gramaticales, etc.). Por ejemplo, al escribir una carta se pueden plantear dudas sobre el uso de los pronombres de tratamiento en español (*¿tú, usted, vos?*) y sobre la morfología verbal correspondiente, o sobre el grado de formalidad y las fórmulas de cortesía de diferentes expresiones (*le pido que me informe, le agradecería que me informara*, etc.). Estas situaciones son beneficiosas para incrementar el aprendizaje gramatical de los aprendices, puesto que crean contextos de uso real de la lengua en los que los datos lingüísticos adquieren sentido y utilidad a los ojos de los aprendices. Se pueden promover y desarrollar este tipo de situaciones en clase, mediante la búsqueda de ejercicios de escritura que requieran reflexión lingüística (véase 3.1.), la articulación de tareas didácticas que favorezcan la lectura analítica y la revisión de los escritos y la oferta de *input* gramatical en los momentos que sea necesario.

3. Planificar la enseñanza

Para diseñar la enseñanza de la expresión escrita debemos plantearnos la selección general de objetivos, contenidos y actividades a lo largo del curso; la forma de planificar las tareas de escritura en clase y la organización de la corrección de los escritos.

3.1. Selección de objetivos, contenidos y actividades

Objetivo: Adquirir léxico y algunas recomendaciones sobre la colocación del adjetivo en español (posición, orden, contenido semántico).
Tarea: Escribir una microrredacción de una sola oración muy pautada. Se trata de añadir 10 adjetivos a la frase: *Entró en la casa, al atardecer de un día*. Sólo se pueden añadir adjetivos, signos de puntuación y alguna conjunción; se debe mantener la estructura básica de la oración.
Instrucciones: El docente dicta la frase inicial al grupo.
1. ¿Cómo te imaginas la situación que describe la frase? Explícalo a un compañero.
2. Haced una lista de 20 adjetivos de *casa*, *atardecer* y *día*.
3. Elegid 10 adjetivos, añadidlos y escribid el borrador de la microrredacción.
4. Con otro compañero (un co-lector) revisa el borrador para mejorarlo. Tened en cuenta las orientaciones de las gramáticas del español.

5. Individualmente escribe la versión final de la microrredacción.
6. Intercambia tu texto con un tercer compañero. Busca 2 adjetivos que te gusten y 2 que no te gusten de su texto.
7. Explícale al autor tus opiniones y reformula tu texto por última vez.

Figura 10: Microrredacción (Cassany, 1999: 338).

A partir del diagnóstico de las necesidades del alumnado, así como de los conocimientos y de las destrezas previas que aporta (véase 1.4.), el docente debe tomar decisiones sobre el uso que se va a dar a la expresión escrita a lo largo del curso, en clase y fuera de ella. Aparte de que tenga más o menos presencia según el perfil del alumnado, distinguimos tres formas complementarias de tratar la escritura: 1) como objetivo de aprendizaje; 2) como instrumento de aprendizaje del idioma, y 3) como instrumento de aprendizaje de otros contenidos:

1. *Aprender a escribir géneros textuales de la comunidad meta*. Es la forma más corriente de utilizar la expresión escrita en clase. A partir del diagnóstico inicial de necesidades del alumnado, se elige el conjunto de los géneros textuales comunicativos (carta, nota, coreo electrónico, instancia, etc.), que se trabajarán a lo largo del curso, paralelamente al aprendizaje de las destrezas orales y de la gramática. Los libros de texto suelen relacionar los géneros más comunes con diferentes funciones comunicativas, de modo que cada unidad didáctica o lección, organizada alrededor de una función comunicativa o acto de habla, incluye la práctica de algún género textual. Las actividades para aprender cada género incluyen la lectura, el análisis y la producción y corrección escritas. En cursos específicos (español de negocios, comercial, turismo), la selección de géneros de la disciplina es más específica y cobra más relevancia, puesto que el uso lingüístico (terminología, fraseología, etc.) depende estrechamente del discurso. Más adelante (véase 3.2.) presentamos un modelo detallado de tarea de lectura y producción de un género.
2. *Escribir para incrementar el conocimiento del español*. Con alumnado alfabetizado y usuario de la escritura como instrumento de reflexión, resulta interesante incorporar a la clase tareas de escritura que faciliten el aprendizaje de la gramática (ejercicios de manipulación y transformación oracional, reformulación de fragmentos, etc.) y el léxico (ejercicios de sinonimia, rellenar vacíos, emparejar elementos de dos columnas, etc.), en la línea de este ejemplo de la microrredacción (véase figura 10). También son interesantes las tareas de *escritura extensiva*, dentro o fuera de la clase, en las que el alumnado escribe de manera continuada y dilatada en el tiempo para incrementar el contacto con el idioma meta, para automatizar los procesos de producción y para consolidar usos lingüísticos; nos referimos a los *diarios de clase* (diarios de aprendizaje), comentarios de lecturas, etc. Estas tareas requieren un cierto nivel de dominio del idioma y motivación inicial del alumnado, aunque también se pueden animar y dinamizar en clase con tareas de apoyo de lectura y comentario entre aprendices.
3. *Escribir para aprender otros contenidos* (culturales, disciplinarios, etc.). En estudios universitarios, cursos de cultura española, cursos específicos (negocios, turismo, etc.) y formación disciplinaria, es posible incluir tareas de escritura cuyo objetivo fundamental sea el aprendizaje de contenidos específicos del programa: redacción de argumentaciones, noticias de divulgación, comentarios de estadísticas, etc.; (véase Griffin, C.W., coord., 1982). En estas tareas, el aprendizaje del español L2/LE y de la destreza de escribir constituyen un objetivo secundario aunque también relevante.

Estos tres tipos de tareas se complementan a lo largo del curso según el perfil del alumnado y el currículum del curso.

3.2. Planificar tareas de escritura

Presentamos a continuación un modelo de tarea de producción escrita para aprender un determinado género discursivo (adaptado de Cassany, 1999). Aparte del planteamiento inicial de la tarea y de su evaluación final, el modelo consta de dos partes, una de lectura y análisis de modelos (actividades 1-3) y otra de composición (4-8):

Objetivo		Actividades posibles	Comentarios	Ejemplo
Lectura de modelos	**Planteamiento**	El docente presenta el objetivo de la tarea y sus dos partes de lectura y composición.	El género forma parte del programa y es una necesidad del aprendiz.	**Tarea**: Escribir correos electrónicos a agencias latinoamericanas para pedir datos.
Lectura de modelos	**1. Pre-lectura**	Adivinar el tema a partir del título, predecir las palabras que aparecerán, elegir entre varios dibujos o fotos las que pertenecen al texto, etc..	Son tareas muy breves para activar conocimientos previos y construir motivos para leer.	Leer 5 correos electrónicos de personas que quieren ir a América: *¿Adónde irán?, ¿qué buscan?, ¿qué piden en sus cartas?*
Lectura de modelos	**2. Lectura comprensiva**	Identificar el propósito del texto, buscar las ideas principales, identificar el tema de cada párrafo.	Se pone énfasis en el contenido y la comunicación; se hacen relecturas varias.	Leer los correos electrónicos: *¿Qué sabes de estas personas?, ¿cómo te las imaginas?*
Lectura de modelos	**3. Lectura analítica**	Determinar las partes del texto, comparar textos con registros diferentes, identificar las formas verbales, una estructura sintáctica, el léxico de un campo, etcétera.	Énfasis en la forma; permite comprender la estructura del modelo y aprender los recursos lingüísticos utilizados.	Subrayar los verbos usados para pedir datos (*me gustaría, le agradezco, espero que me pueda...*), identificar tiempos verbales y la fraseología.
Composición del escrito	**4. Planificación**	Analizar al lector, torbellino de ideas sobre el tema, hacer un esquema, hablar con un colector.	Número variable de tareas de análisis del contexto, formulación de propósito, generación de ideas, etc.	Elegir un lugar de América para visitar y elaborar una lista de todo lo que necesitas saber. Buscar agencias en Internet.
Composición del escrito	**5. Textualización**	Escribir un primer borrador, completar un texto fragmentado, escribir a partir de un guión.	Grado variable de apertura de la tarea, con apoyos (modelo, pautas, extensión variable).	Escribir el correo electrónico, a partir de tus ideas y utilizando expresiones de los modelos.

Composición del escrito	**6. Revisión**	Autoevaluar el borrador con una guía; coevaluarlo con un compañero, usar reglas de gramática, señalar 3 puntos mejorables y 3 puntos positivos del texto, consultar el diccionario.	Énfasis en la adquisición de recursos (criterios, gramática) para mejorar el borrador y en la lectura de los escritos de los compañeros.	Responder al cuestionario de autoevaluación; intercambiar texto y cuestionario con un compañero; leer su texto y verificar sus respuestas.
	7. Retextualización	Escribir un segundo borrador: corregir errores, mejorar el texto.	Énfasis en la mejora del texto y en la evaluación formativa.	Mejorar tu texto con las ideas de tus compañeros. Pasarlo en limpio.
	8. Evaluación final	Revisión a cargo del docente o de otro aprendiz, inclusión del texto en el portafolio, etcétera.	Énfasis en la evaluación sumativa.	Enviar tu texto a la agencia y esperar respuesta. Incluir una copia en tu portafolio.
	Evaluación	Cuestionarios para determinar lo aprendido, las dudas, las mejores tareas, etcétera.	Énfasis en la formación del aprendiz: incremento del autoconocimiento, responsabilidad, autonomía, etcétera.	Responder: *¿Qué aprendiste en este proyecto?, ¿qué te falta aprender?, ¿qué tarea te gustó más?* Compara tu respuesta con la de otros compañeros.

Figura 11: Esquema general del proyecto de escritura de un género.

El tiempo de las distintas actividades, los materiales usados y las interacciones entre aprendices y aprendiz y docente varían según las circunstancias, si bien la mayor parte de las tareas son cooperativas, para realizar con uno o varios compañeros (excepto la quinta y la séptima). Aunque se trabaje por parejas o grupos, cada aprendiz debe tener copia del texto que se elabora o de los resultados del trabajo. En los apartados de planificación y revisión, se pueden variar las técnicas empleadas en cada secuencia (véase la figura 8, en 2.1.). Puesto que la tarea se realiza en clase, el docente tutoriza los grupos y las parejas mientras trabajan. En caso de falta de tiempo, los pasos 5 y/o 7 pueden ser terminados por los autores de forma individual fuera del aula, pero es relevante retomar la tarea en la clase siguiente. Las producciones del alumnado pueden recibir una corrección final del docente o pueden archivarse en el portafolio de cada aprendiz lo cual nos aboca al apartado siguiente y último de corrección.

3.3. Corregir los escritos

Nos referimos sólo a algunos criterios didácticos para gestionar el día a día de esta tarea que muchos docentes encuentran ingrata y no siempre efectiva. En el apartado 1.1. se exponen los principales criterios estándar para evaluar y corregir escritos y en la figura 12 se resumen 10 consejos básicos:

1. Corrige sólo los errores que el alumno pueda aprender.
2. Corrige mientras el alumno escribe o mientras tenga fresco lo que ha escrito. Tutoriza en clase los grupos y las parejas que están escribiendo.
3. Corrige las versiones previas al texto (borradores, esquemas).
4. Habla con los autores, si es posible, antes de marcar gráficamente el texto.
5. Indica los errores y pide a los alumnos que busquen soluciones y mejoras.
6. Da instrucciones para mejorar el escrito: *reescribe el texto, amplía el párrafo 3.º, añade más puntos o comas al 2.º párrafo,* etcétera.
7. Deja tiempo en clase para leer y comentar las correcciones.
8. Enseña al alumnado a autocorregirse con guiones, pautas, diccionarios, gramáticas.
9. Utiliza la corrección como un recurso didáctico y no como una obligación. Varía las técnicas.
10. Adapta la corrección de cada texto a las necesidades y los intereses de su autor.

Figura 12: Consejos para mejorar la corrección (a partir de Cassany, 1993b).

La tradición más extendida -aceptada tácitamente por docente y aprendices- es que el primero corrija personalmente todos los escritos del segundo y todos los errores cometidos en cada texto, que marque los errores y dé su solución y que ponga una calificación final. Detrás de esta práctica se esconden varios prejuicios psicolingüísticos (conductistas) y pedagógicos (modelos magistrales de enseñanza): que el error es malo y debe ser erradicado para no crear hábito, que sólo el docente tiene capacidad para corregir, que carece de sentido que el alumno escriba si el docente no puede corregirle, que marcar gráficamente los errores y anotar comentarios es siempre eficaz, etcétera.

La investigación (Cassany, 1993b y 1999) muestra que no existe fundamento empírico para mantener esta concepción y que los métodos más eficaces para corregir escritos en contextos de enseñanza distan mucho de esta forma de actuar. En primer lugar, cabe preguntarse cuál es el objetivo básico de la corrección. En la mayoría de casos (exámenes aparte) no se trata de evaluar el nivel del alumno ni de preparar los escritos para publicar, sino de conseguir que el aprendiz incremente sus conocimientos y habilidades de escritura. En otras palabras, es una *evaluación formativa* que aspira a que el alumno cometa cada vez menos errores, que tome conciencia de sus limitaciones y encuentre los procedimientos necesarios para superarlas, que poco a poco vaya *autorregulando* su proceso de escritura y sus conocimientos del idioma. De hecho, *corregir* forma parte del proceso de composición y enseñar a corregir debe ser uno de los objetivos de aprendizaje de la escritura.

En segundo lugar, el procedimiento más eficaz para desarrollar esta *autorregulación* es el diálogo entre aprendices (entre coautores, co-lectores y autor y lector) en situaciones de escritura cooperativa (denominado *conferencing* en inglés). Esta actividad utiliza distintos tipos de instrumentos (cuestionarios, guiones de auto y heteroevaluación, pautas de trabajo) para fomentar que el alumnado analice y comente sus propias producciones, en pareja o en pequeños grupos, antes de pasar a reformularlas (véase ejemplos en la tarea anterior; apartado 3. 2.). También son útiles las tutorías entre docente y aprendiz, en las que se leen los escritos y ambos dialogan sobre lo que entendieron y sobre los posibles procedimientos para mejorar el escrito, aunque no siempre se dispone del tiempo necesario para realizarlas. En general, el diálogo permite comentar con detalle el error (tipo, causas, posibles reformulaciones); permite referirse a cuestiones más generales (lo que se entiende, la sensación que provoca el texto, etc.); permite comprobar que el interlocutor comprende las sugerencias e incluso negociar los procedimientos de mejora; se puede realizar en clase, mientras se escribe (lo cual permite al alumno incorporar lo aprendido en su composición).

Pero no resulta fácil animar al alumnado a corregirse en parejas y a hablar, porque muchos aprendices asumen como ciertos los prejuicios mencionados anteriormente. Por este motivo, resulta interesante compartir con el alumnado la toma de decisiones sobre la corrección. Los aprendices pueden manifestar sus opiniones, alcanzar acuerdos que se revisan periódicamente; el grupo puede establecer un sistema de signos para marcar los errores, etc. Implicar al alumnado -especialmente cuando es adulto- en la organización de los sistemas de corrección es una manera de incrementar su motivación y responsabilizarles más de su aprendizaje.

Otro procedimiento de evaluación muy utilizado hoy en día, y no sólo en la escritura, es el *portafolio* o la carpeta de clase (que no debe confundirse con el PEL o *Portfolio europeo de las lenguas,* propuesto por el Consejo de Europa). Siguiendo el modelo de la carpeta (*book*, dossier) del diseñador, arquitecto o pintor profesionales en la que guardan sus mejores producciones, el portafolio aspira a ser otro procedimiento válido y global de evaluación del aprendizaje (véase Murphy y Smith, 1992). A lo largo del curso, el aprendiz guarda en su portafolio las producciones lingüísticas realizadas (escritos, borradores, ejercicios, lecturas, casetes con grabaciones, etc.); en clase se proponen regularmente actividades que animan a revisar el portafolio, compararlo con el de los compañeros, valorarlo, etc.; al término de un periodo, el aprendiz debe elegir un número y tipo predeterminado de producciones (las que considere mejores y más representativas de su trabajo) para someterlas a evaluación. Este procedimiento favorece la evaluación formativa, es más coherente con las teorías psicolingüísticas y pedagógicas sobre la enseñanza-aprendizaje de la escritura y ha demostrado ser de gran valía.

Conclusión

Como hemos visto, la escritura se diferencia notablemente del habla, si bien los géneros escritos varían y evolucionan sin uniformidad, según los ámbitos, los interlocutores y las comunidades en las que surgen. Además, la expansión acelerada de la comunicación electrónica está introduciendo nuevas variables. Por otra parte, el proceso de elaboración de un escrito incluye la planificación, la redacción y la revisión de planes y productos finales. Este conjunto de géneros, rasgos lingüísticos, características sociales y procesos cognitivos constituyen los objetivos y los contenidos de la expresión escrita en el aula.

El docente de español L2/LE debe tener en cuenta los conocimientos previos y las habilidades que aporta el alumnado de su lengua materna. Según el perfil del aprendiz, la presencia de la escritura en el aula será mayor o menor y se orientará hacia el aprendizaje de géneros concretos o hacia la utilización de la escritura como instrumento de mediación para anotar, recordar, reflexionar y estudiar todo tipo de contenidos. La práctica de la escritura exige que los alumnos dediquen tiempo a escribir cooperativamente en clase, a que lean y comenten sus textos en parejas y en pequeños grupos y a que el docente organice sistemas de evaluación formativa. De esta forma, la expresión escrita podrá contribuir de manera decisiva al aprendizaje del español L2/LE.

Bibliografía

ARCHIBALD, A. y JEFFERY, G. C. (2000), "Second language acquisition and writing: a multidisciplinary approach", *Learning and Instruction*, 10, febrero 1: 1-11.

BAZERMAN, Ch. (1988), *Shaping Written Knowledge: The Genre and Activity of the Experimental Article in Science*, Madison, University of Wisconsin Press.

BEREITER, C. y SCARDAMALIA, M. (1987), *The Psychology of Written Composition*, Hillsdale, Erlbaum. Versión castellana de un fragmento: (1992); "Dos modelos explicativos de los procesos de composición escrita", *Infancia y Aprendizaje*, 58: 43-64.

BERKENKOTTER, C. y HUCKIN, T. (1995), *Genre Knowledge in Disciplinary Communication*, Hillsdale, Erlbaum.

BIBER, D. (1988), *Variation Across Speech and Writing*, Cambridge, Cambridge University Press.

BIBER, D. *et al.* (1999), *Longman Grammar of Spoken and Written English*, Harlow, Longman.

BRINTON, D., SNOW, M. A. y BINGHAM WESCHE, M. (1989), *Content-Based Second Language Instruction*, Nueva York, Newbury House.

CANDLIN, Ch. N. y HYLAND, K. (1999), *Writing: Texts, Processes and Practices*, Londres, Longman.

CAMPS, A. (1994), *L'ensenyament de la composició escrita*, Barcelona, Barcanova. Breve resumen de una parte: CAMPS, A. (1990), "Modelos del proceso de redacción: algunas implicaciones para la enseñanza", *Infancia y aprendizaje*, 49: 3-19.

CASSANY, D. (1987), *Descriure escriure. Com s'aprèn a escriure*, Barcelona, Empúries. Versión castellana: *Describir el escribir. Cómo se aprende a escribir*, Barcelona, Paidós.

CASSANY, D. (1990), "Enfoques didácticos para la enseñanza de la expresión escrita", *Comunicación, Lenguaje y Educación*, 6: 63-80. En la red: http://www.upf.es/dtf/personal/danielcass/enfoques.htm

CASSANY, D. (1993), *La cuina de l'escriptura*, Barcelona, Empúries. Versión castellana (1995), *La cocina de la escritura*, Barcelona, Anagrama.

CASSANY, D. (1993b), *Reparar l'escriptura*, Barcelona, Graó, Versión castellana (1993) *Reparar la escritura*, Barcelona, Graó.

CASSANY, D. (1999), *Construir l'escriptura*, Barcelona, Empúries, Versión castellana: *Construir la escritura*, Barcelona, Paidós.

FLOWER, L. (1985), *Problem-Solving Strategies for Writing*, Orlando, Harcourt Brace Jovanovich.

FLOWER, L. y HAYES, J. R. (1981), "A Cognitive Process Theory of Writing", *CCC*, 32: 365-387.

GODDARD, C. y WIERZBICKA, A. (1997), "Discurso y cultura", en T. A. VAN DIJK (coord.) (1997), *Discourse Studies: A Multidisciplinary Introduction.* Vol. 2: *Discourse as Social Interaction*, Londres, Sage. Versión castellana (2000), *Estudios sobre el discurso Una introducción multidisciplinaria*. Vol. 2: *El discurso como interacción social*, Barcelona, Gedisa: 331-365.

GOODY, J. (1977), *La domesticación del pensamiento salvaje*, Madrid, Akal.

GRABE, W. y KAPLAN, R. (1996), *Theory and Practice of Writing. An Applied Linguistic Perspective*, Londres, Longman.

GRIFFIN, C. W. (coord.) (1982), *Teaching Writing in All Disciplines*, San Francisco, Jossey-Bass Inc.

GUASCH, O. (2000), "La expresión escrita" y "La enseñanza de la composición escrita", en U. RUIZ BIKANDI, (coord.) *Didáctica de la segunda lengua en educación infantil y primaria*, Madrid, Síntesis.

GUASCH, O. (2001), *L'escriptura en llengües estrangeres*, Barcelona, Graó.

GUNNARSSON, B. L. (1997), "On the socio-historical construction of scientific discourse", en B. L. GUNNARSSON, P. LINELL y B. NORDBERG (coords.), *The Construction of Professional Discourse*, Londres, Longman: 99-126.

HALLIDAY, M. A. K. (1989), *Spoken and Written Language*, Oxford, Oxford University Press.

HAYES, J. R. (1996), "A New Framework for Understanding Cognition and Affect in Writing", en M. LEVY y S. RANSDELL (coords.) (1996), *The Science of Writing. Theories, Methods, Individual Differences, and Applications*, Mahwah, NJ, Erbaum: 1-28. Versión castellana en la red: http://www.indexnet.santillana.es/rcs/ archivos/Documentos/lenguadoc/marcoescritura.pdf.

HERRING, S. (coord.) (1996), *Computer-Mediated Communication: Linguistic, Social, and Cross-Cultural Perspectives*, Amsterdam, John Benjamins.

HYLAND, K. (2002), *Teaching and Researching Writing*, Londres, Longman.

HYLAND, K. (2003) "Genre-Based Pedagogies: A Social Response to Process", *Journal of Second Language Writing*, 12: 17-29.

JOHNS, A. M. (1997), *Text, Role, and Context. Developing Academic Literacies*, Cambridge, Cambridge University Press.

JOHNSON, K. (1981), *Communicate in Writing. A Functional Approach to Writing Through Reading Comprehension*, Londres, Longman.

Journal of Second Language Writing, Norwood, Ablex, desde 1992, cuatrimestral. http://icdweb.cc.purdue.edu/~silvat.jslw/index.html

KROLL, B. (coord.) (1990), *Second Language Writing*, Cambridge, Cambridge University Press.

MATSUDA, P. K., CANAGARAJAH, A. S., HARKLAU, L., HYLAND, K. y WARSCHAUER, M. (2003), "Changing currents in second language writing research: A colloquium", *Journal of Second Language Writing*, 12: 151-179.

MCKAY, S. (coord.) (1984), *Composing in a Second Language*, Nueva York, Newbury House.

MURPHY, S. y SMITH, M. A. (1992), *Writing Portfolios. A Bridge from Teaching to Assessment,* Markham (Ontario), Pippin Publishing Ltd.

ONG. W. (1982), *Orality and Literacy. The Thechnologizing of the Word*, Londres, Methuen & Co. Versión castellana: *Oralidad y escritura. Tecnologías de la palabra*, México, FCE.

REID, J. M. (1993), *Teaching ESL Writing*, Englewood Cliffs, NJ, Regents/Prentice Hall.

"Second Language Acquisition and Writing: A Multidisciplinary Perspective." (2000), *Learning and Instruction. The Journal of the European Association for Research on Learning and Instruction*, 10, 1, febrero.

SHETZER, H. y WARSCHAUER, M. (2000), "An electronic literacy approach to network-based language teaching", en M. WARSCHAUER y R. KERN (coords.), *Network-based language teaching: Concepts and practice*, Nueva York, Cambridge University Press. En la red: http://www.gse.uci.edu/markw/papers.html

SILVA, T. y MATSUDA, P. K. (coords.) (2001), *On Second Language Writing*, Mahwah, Erlbaum.

SWALES, J. M. (1990), *Genre Analysis. English in Academic and Research Settings*, Cambridge, Cambridge University Press.

TUSÓN, J. (1996), *L'escriptura. Una Introducció a la cultura alfabètica*, Barcelona, Empúries. Versión castellana (1997), *La escritura. Una introducción a la cultura alfabética,* Barcelona, Octaedro.

VV. AA., "La expresión escrita en el aula E/LE" (1999), *Carabela*, 46, monográfico, septiembre.

VÁZQUEZ, G. (coord.) (2001), *ADIEU. Discurso Académico en la Unión Europea*. Tres volúmenes y un CD: *Guía didáctica del discurso académico escrito, El discurso académico oral* y *Actividades para la escritura académica*, Madrid, Edilumen. En la red: http://www.sprachlabor.fu-berlin.de/adieu/.

WEISSBERG, B. (2000), "Developmental relationships in the adquisition of English syntax: writing *vs.* speech", *Learning and Instruction*, 10, 1 febrero: 37-53.

WARSCHAUER, M. (1999), *Electronic Literacies: Language, Culture, and Power in Online Education*, Mahwah, Erlbaum.

WARSCHAUER, M. (2002), "A developmental perspective on technology in language education", *TESOL Quarterly, 36*, 3: 453-475.

YUS, F. (2001), *Ciberpragmática. El uso del lenguaje en Internet*, Barcelona, Ariel.

La comprensión lectora

Rosana Acquaroni Muñoz
Universidad Complutense de Madrid

La lectura es el arte de construir una memoria personal, a partir de experiencias y recuerdos ajenos (Piglia, 2000: 53).

La lectura es una disponibilidad abierta a lo múltiple (Bratosevich, 1992).

Introducción

Determinar cuál es el verdadero alcance del concepto de comprensión lectora en el ámbito de la enseñanza y el aprendizaje de segundas lenguas (L2) y de lenguas extranjeras (LE)[1] no es tarea fácil: en primer lugar, porque la lectura constituye una de las modalidades más complejas y esenciales de la actividad lingüística, en la que participan variables de muy diversa índole -cognitivas, lingüísticas, textuales, socioculturales, biológicas, etc.- que, como veremos después, interactúan de forma dinámica (Mayor, 2000). A esta condición *multidimensional* del proceso lector se suma el hecho clave de la posibilidad de establecer distintos niveles de aproximación a un texto escrito (comprensión superficial, comprensión profunda, relectura, etc.), gracias, entre otros factores, a su naturaleza indeleble en contraposición con la volatilidad inherente del texto hablado. Al mismo tiempo, la lectura constituye una herramienta imprescindible para el desarrollo de la vida académica, también en el ámbito de la enseñanza de L2, y no sólo tomada como destreza específica, sino como arranque de numerosas actividades que requieren para su ejecución la comprensión previa de un texto (instrucciones de ejercicios, consulta de esquemas gramaticales, preparación de tareas orales a partir de la lectura de artículos, etc.). Sin embargo, se peca en numerosas ocasiones de reduccionismo al identificar con

[1] Una segunda lengua (L2) se distingue de una lengua extranjera (LE) por desempeñar además una función social o institucional dentro de la comunidad lingüística en que se aprende. Aunque asumimos plenamente esta dicotomía conceptual existente entre ambos términos, con el afán de simplificar, utilizaremos a partir de ahora la abreviatura L2 para referirnos a ambas.

demasiada frecuencia la ejercitación de la comprensión lectora en el aula de L2 con la práctica aislada de la *descodificación*, es decir, con uno de los componentes primarios del proceso, que consiste en el mero reconocimiento visual de las palabras y su correspondiente asignación de significado.

Frente a esta perspectiva sesgada y mecánica de la comprensión lectora, que gira exclusivamente en torno al par *descodificación-significado,* nos decantamos por una perspectiva constructivista de mayor calado, propia de un enfoque comunicativo y procesual, en la que los conceptos de *interpretación* y *sentido* se incorporen definitivamente a las tareas lectoras en L2 como parte integrante del proceso. Hay que tener en cuenta, además, que no sólo es posible establecer distintos niveles de apropiación del texto, sino también aplicar distintas técnicas de aproximación (lectura global, rápida, atenta, extensiva, intensiva, etc.), adecuándolas a la tipología textual y al objetivo de la tarea propuesta por el profesor.

En segundo lugar, como planteábamos al principio, determinar el alcance de la comprensión lectora en la L2 no es tarea fácil porque todavía contamos con escasos estudios empíricos del todo válidos y fiables sobre comprensión lectora. No conviene olvidar que el interés por la comprensión de textos surge originariamente en el ámbito de la investigación en lengua materna (L1), y, en consecuencia, muchas de sus teorías y conclusiones, así como gran parte de los procedimientos metodológicos empleados para sus diseños experimentales han sido aplicados directamente a la L2, a pesar de existir diferencias que hay sopesar.

En este artículo hemos querido ceñirnos todo lo posible al problema específico que plantea la comprensión lectora en el ámbito de la enseñanza-aprendizaje de una L2, para poder ofrecer al lector un ajustado recorrido por aquellos conceptos y planteamientos teóricos que, a nuestro juicio, conforman el marco preliminar necesario donde poder acudir para fundamentar con mayor rigor nuestra actividad docente, en lo que al desarrollo práctico de la destreza lectora se refiere.

1. Modelos explicativos del proceso lector

Hoy en día parece innegable la evidencia de que la lectura es un proceso complejo en el que intervienen múltiples niveles de procesamiento: desde los denominados *inferiores* de tipo perceptivo, hasta los *superiores* de extracción de significado. A pesar de ese consenso, existen divergencias a la hora de decantarse por cuál de esos procesos se considera dominante, sobre todo cuando se trata de determinar la relación funcional que se establece entre dichos niveles:

> *(...) las discusiones más encarnizadas se centran en la naturaleza de los procesos implicados en la lectura: si son seriales (modulares) o simultáneos (interactivos), si proceden de abajo-arriba* (bottom-up) *o de arriba-abajo* (top-down)*, si son automáticos o controlados, si están dirigidos por el texto o por el lector,* o *si se sigue una ruta directa o una ruta mediada fonológicamente* (Mayor, 2000: 7-8).

Por eso, antes que nada, queremos explicar en qué consisten los principales modelos teóricos que han querido dar cuenta de cómo se produce el proceso de comprensión lectora.

Según el *modelo ascendente* o de *abajo-arriba (bottom-up*) (Gough, 1972), fundamentado en propuestas psicológicas conductistas y que ha sido el dominante hasta aproximadamente los años setenta del siglo XX, la lectura se concibe como un proceso secuencial y organizado jerárquicamente en el que el lector aplica sus habilidades para la descodificación e inicia una *trayectoria lineal ascendente* y *unidireccional* de discriminación visual, que va desde la percepción e identificación de grafemas y la asociación con su fonema correspondiente, al reconocimiento primero de sílabas, después de palabras y así, sucesivamente, ensamblando las distintas piezas léxicas hasta extraer el significado textual completo. El texto se convierte así en única fuente de conocimiento, en absoluto suministrador de información; en auténtico contenedor de significados, hasta tal punto que si el lector es capaz de leer las palabras del texto, se considera que la comprensión se producirá posteriormente de forma automática.

La comprensión lectora se entiende como un proceso guiado exclusivamente por el contenido explícito y los aspectos formales presentes en el texto; como si se tratara de una torre de naipes capaz de desmoronarse si le falta una sola pieza, y el texto sólo fuera un juego de muñecas rusas que se van encastrando unas en otras. Sin embargo, ocurre con demasiada frecuencia, que sabemos *descifrar* cada una de las palabras que integran un texto y, sin embargo, no somos capaces de comprender su sentido. Veamos un ejemplo[2]:

Combina alternativamente los fragmentos contenidos en las casillas, empezando por la primera de la columna I (por ejemplo, A-I, C-II, B-III, D-IV y B-I, etcétera).

	I	II	III	IV
A	Queridos colegas:	la realización de los deberes del programa	nos obliga al análisis	de las condiciones financieras y administrativas existentes
B	por otra parte	la complejidad de los estudios de los dirigentes	cumple un rol esencial en la formación	de las directivas de desarrollo para el futuro
C	el afán de organización, pero sobre todo	la consulta con los numerosos militantes	ofrece un ensayo interesante de verificación	del modelo de desarrollo
D	los principios superiores ideológicos así como	el inicio de la acción general de formación de las actitudes	Implica el proceso de reestructuración y de modernización	de las formas de acción.

Si tuviéramos que explicar a otra persona de qué habla este texto, tendríamos serias dificultades. Trataríamos de reproducir literalmente fragmentos recordados, o engarzaríamos algunas palabras sueltas, con la esperanza de que nuestro interlocutor pudiera entendernos.

Queda claro, tras este ejercicio, que apoyar todo el peso de la actividad de comprensión lectora en la *descodificación* del material escrito, sin hacer intervenir otros componentes fuera del texto, como son, entre otros, los conocimientos previos del sujeto que lee, o los distintos contextos en los que se inserta dicho texto para transformarse en discurso, no nos conduce auto-

[2] Versión resumida del *Código universal del discurso político-burocrático*, publicado en el diario polaco *Zycie Warszawy*; el texto íntegro se puede consultar en: http://hps.infolink.com.br/peco/comun56.htm.

máticamente a la construcción del sentido, ni siquiera del significado[3]. Proponemos ahora la lectura de dos fragmentos escritos por Julio Cortázar, en los que un lector nativo podrá acceder en gran medida a su significado, a pesar de tropezar con palabras que desconoce, pues forman parte de la pura invención literaria del autor.

La inmiscusión terrupta

Como no le melga nada que la contradigan, la señora Fifa se acerca a la tota y ahí nomás le flamenca la cara de un rotundo mofo. Pero la tota no es inane y de vuelta le arremulga tal acario en pleno tripolio que se lo ladea hasta el copo.

-¡Asquerosa! Brama la señora Fifa, tratando de sonsonarse el ayelmado tripolio que ademenos es de satén rosa. Revoleando una mazoca más bien prolapsa, contracarga a la crimea y consigue marivolarle un suño a la Tota que se desporrona en diagonía y por un momento horadra el raire con sus abroncojantes bocinomias (...).

Julio Cortázar, *Último Round.*

Por escrito gallina una

Con lo que pasa es nosotras exaltante. Rápidamente del posesionadas mundo estamos hurra. Era un inofensivo aparentemente cohete lanzado Cañaveral americanos Cabo por los desde. Razones se desconocidas por órbita de la desvió, y probablemente algo al rozar invisible la tierra devolvió a Creta nos cayó en la paf, y mutación golpe entramos de (...).

Julio Cortázar, *La vuelta al día en ochenta mundos.*

Si le preguntáramos a ese lector nativo imaginario si ha sido capaz de comprender en líneas generales el primer texto, seguramente podría referir mucha más información que con el ejercicio de la página anterior; incluso podría llegar a aventurar detalles tan concretos como el significado de algunas de las palabras inventadas y decir que *melga* significa *gustar,* o que *mofo* equivale a *bofetada*, que *tripolio* puede ser *un sombrero,* mientras que *copo y bocinomias* corresponden seguramente a dos partes del cuerpo. Si ese mismo lector nativo lee el segundo texto donde Cortázar vulnera sistemáticamente la cohesión textual, a base de trastocar el orden sintáctico, comprobaría que, a pesar de ello, es capaz de alcanzar cierto nivel de comprensión y referir, por ejemplo, que se trata de una historia contada por una gallina en la que explica cómo fueron víctimas de una mutación tras sufrir la caída de un cohete aparentemente inofensivo lanzado desde Cabo Cañaveral por los americanos.

El proceso llevado a cabo por parte de ese lector imaginario no se entendería si no hubieran intervenido otros niveles de procesamiento que operan también de manera jerárquica y secuencial, pero a la inversa, y que conforman el denominado modelo *descendente* o de *arriba-abajo (top-down)* (Goodman, 1968; Smith, 1973). El lector, verdadero protagonista del proceso, inicia una *trayectoria lineal descendente* en la que va sobrevolando la superficie del texto en busca de indicios que va seleccionando del *continuum* lingüístico, de acuerdo con sus propias expectativas, para aplicarles todas sus habilidades interpretativas. El grado de comprensión lectora ya no dependerá del reconocimiento mecánico y exhaustivo de cada palabra contenida en el tex-

[3] Entendemos *significado* como la capacidad que tienen las expresiones lingüísticas para representar y transmitir conocimientos virtuales, y *sentido* como el conocimiento efectivo que realmente transmiten las expresiones contenidas en un texto. Generalmente, las expresiones lingüísticas transportan varios significados virtuales o potenciales que sólo se concretan en un sentido dentro del texto en el que se usan, ya que éste se construye en la interacción que se establece entre el conocimiento presentado por el texto y el conocimiento del mundo almacenado en la memoria del lector.

to, sino de la mayor o menor capacidad del lector para *actualizar* los esquemas mentales más adecuados a la hora de *inferir* información significativa del texto e ir anticipando, a medida que avanza la lectura, su posible contenido a través de la *generación de hipótesis* (Hernández Martín y Quintero Gallego, 2001: 14). El lector apunta así hacia el texto y activa todo un *arsenal cognitivo* de conocimientos previos y de expectativas propias, que, a modo de lente telescópica, lo va barriendo en busca de pistas textuales mínimas que orienten el proceso de comprensión. La lectura se transforma en lo que el propio Goodman (1976) calificó de *juego de adivinación,* en el que el lector va haciendo predicciones (*predicting*), confirmándolas (*confirming*) y corrigiéndolas (*correcting*) a medida que lee. Tal como hemos podido observar, los dos modelos unidireccionales, el *ascendente (bottom-up)* y el *descendente (top-down)*, tan sólo difieren en el mayor o menor protagonismo que conceden, por un lado, a los distintos niveles de procesamiento (*descodificación,* el ascendente; *interpretación,* el descendente) y por otro, a los componentes que intervienen en dicho proceso: mientras el *modelo ascendente* desestima la contribución del lector y sacraliza el texto, el *modelo descendente* confía casi exclusivamente en la aportación del sujeto lector.

Tal y como hemos podido comprobar a partir de las lecturas anteriormente propuestas, ambos modelos de procesamiento, tomados por separado, resultan insuficientes para dar cuenta de la complejidad del proceso de comprensión lectora.

Será a partir de la década de los setenta cuando, un clima propicio de interdisciplinariedad unido a la creciente evidencia empírica de la confluencia de distintos niveles de procesamiento lector, fuerza la aparición de un nuevo enfoque explicativo claramente conciliador: el *modelo interactivo*. Los fundamentos teóricos que posibilitaron la consolidación de esta nueva perspectiva fueron esencialmente tres: la atribución de un carácter *constructivo* a la memoria, la adopción del modelo cognitivo denominado *teoría de los esquemas* (Rumelhart, 1977) y el desarrollo de la lingüística del texto como disciplina capaz de generar herramientas para profundizar en el análisis textual (Hernández Martín y Quintero Gallego 2001: 15). Desde una perspectiva cognitivista, la información se almacena en la memoria a largo plazo (MLP)[4] en forma de *representaciones proposicionales* (Anderson, 1983; Kintsch, 1974) que se organizan en *redes* y, a su vez, éstas forman unidades superiores de significado que precisan, en ese recorrido hacia la construcción del conocimiento, de un *esquema* o estructura cognitiva estable, formada por una configuración de rasgos interrelacionados que constituyen la base cognitiva en la que se integran los nuevos conocimientos. De esta manera, el sistema cognitivo humano estaría organizado basándose en *esquemas*[5] simultáneamente interconectados e integrados, cada uno de ellos, por otros subesquemas cada vez más elementales, en una disposición claramente jerárquica.

---

[4] La memoria a largo plazo (MLP) posee una capacidad ilimitada; la información se activa parcialmente en función de las demandas de una tarea o situación específicas y es transferida nuevamente a la memoria a corto plazo (MCP) o memoria activa para ponerse en conexión con la nueva información. La MCP tiene una capacidad restringida y una función instrumental operativa, ya que es la que permite la codificación y almacenamiento temporal imprescindible para ejecutar los procesos de codificación de la información nueva y de conexión con el conocimiento ya almacenado.

[5] El hecho de que los *esquemas* se configuren a partir de nuestras propias vivencias y experiencias personales recurrentes y que el ser humano esté capacitado desde una edad muy temprana para la construcción de dichos *esquemas*, determina que éstos estén originariamente vinculados a la lengua materna (L1).

> *La utilidad teórica de la idea de esquema es muy amplia en cuanto a la explicación que ofrece de la interacción conocimiento-texto para producir significado. Así, los esquemas guían la comprensión; es decir, que la comprensión resulta de un proceso constructivo en el que se combina la información del* input *(procesos de abajo-arriba) con la de los esquemas activados (proceso de arriba-abajo)* (Peña Calvo, 1993: 11-12).

Bajo este nuevo prisma, la comprensión lectora empieza a considerarse como el resultado de una *interacción dinámica entre texto y lector*, que se desenvuelve en varios niveles cognitivos y cuyos procesamientos no se suceden en una progresión lineal y secuencial (Samuels y Kamil, 1984), sino que se van orientando simultáneamente tanto por los datos proporcionados por el texto, como por los esquemas de conocimiento previo -*esquemas formales y esquemas de contenido* (Carrell, Devine *et al.*, 1988)- aportados por el lector. Existen trabajos empíricos (Carrell, 1983) en torno a los esquemas de contenido que muestran que los lectores en una segunda lengua no utilizan exactamente las mismas claves contextuales que utilizan en la lectura en lengua materna (L1).

2. Dimensiones básicas de la comprensión lectora

Al aceptar los planteamientos del modelo *interactivo*, nos comprometemos a contemplar el proceso de comprensión lectora en L2 desde una perspectiva *multidimensional* que nos obliga a diversificar nuestra atención hacia aquellos componentes que intervienen de forma decisiva en tal proceso. Este análisis nos ayudará a poder determinar posteriormente cuáles son las *estrategias* que se usan o se pueden usar para facilitar la lectura. Si entendemos que el resultado de la comprensión lectora es una *representación mental compleja* que el lector elabora a partir de la interacción entre la base textual y los esquemas de conocimiento activados por el lector (Van Dijk y Kintsch, 1983), coincidiremos en reconocer la necesidad de tener en cuenta las características (estructurales, funcionales y textuales) que conforman el texto. ¿Cuáles serían entonces los criterios generales que tendríamos que aplicar a la hora de seleccionar materiales didácticos para ejercitar la lectura en la clase de L2? La disyuntiva se plantea inicialmente entre *textos auténticos* o didácticamente *preparados*. Para poder escoger entre estas dos alternativas tenemos primero que determinar cuál va a ser el principal objetivo de la lectura. Si el nuestro es un propósito claramente lingüístico, donde el texto sirve fundamentalmente de soporte para ejercitar la gramática o aprender vocabulario, podemos utilizar textos *preparados* para ese fin. Sin embargo, cuando de lo que se trata es de exponer al alumno verdaderamente a la complejidad que entraña *comprender*, de proponer la lectura de un texto en clase con el fin de desarrollar sus habilidades interpretativas, deberíamos contar, siempre que sea posible, con material textual *auténtico*.

En muchas ocasiones se cae en el error de identificar mayor grado de *preparación del texto* con mayor grado de *facilidad* de comprensión. Sin embargo, no tiene por qué ser así; de hecho, la mayor o menor dificultad de comprensión lectora está determinada, en muchos casos, por la tarea que se propone al aprendiz y no por la complejidad que entrañe el propio texto. Muchas veces manipulamos los textos con el afán de reducir su dificultad, de descargarlos de todo aquello que, desde un punto de vista estrictamente informativo, nos resulta innecesario, repetitivo o irrelevante. No nos damos cuenta de que al eliminar precisamente esas palabras, o esas frases, incluso esos párrafos, estamos restando oportunidades al alumno para que pueda acceder a la comprensión del texto. La *redundancia* contribuye a facilitarnos la posibilidad de desplegar recursos estratégicos que nos ayuden a comprender aquello que, tomado aisladamente, no entenderíamos.

Otro aspecto esencial que debemos plantearnos desde la *dimensión del texto* es la importancia de exponer a los alumnos a una tipología textual lo más variada posible, en la que aparezcan distintos modelos textuales (expositivos, argumentativos, narrativos, etc.), ya que éstos *nos pueden ayudar en la lectura porque cuanto más familiarizados estemos con las características particulares y la organización del tipo de texto en cuestión, mejor podremos leerlo* (Trujillo Sáez, 1999: 397). Existen, de hecho, estudios (Donin y Silva, 1993) que demuestran empíricamente la influencia, entre otros factores, del reconocimiento de la tipología del texto en el proceso de comprensión lectora. Al mismo tiempo que entendemos el texto como complejo sistema de relaciones organizadas en diferentes niveles lingüísticos (morfosintácticos, léxico-semánticos, textuales, pragmáticos) que conforman el *contexto local*[6] sobre el que el lector se apoyará y desplegará gran parte de su actividad estratégica, no podemos dejar de reconocer que el entramado discursivo del texto es capaz de reflejar además las diferencias idiosincrásicas y culturales de una comunidad lingüística determinada, a través de sus propias convenciones retóricas. Elementos de cohesión textual, fórmulas de organización y distribución de las ideas a lo largo del texto, son naturales en una lengua determinada y, sin embargo, pueden resultar forzadas e imprevistas para un lector no nativo acostumbrado a otro tipo de disposición. Este hecho supone la existencia de similitudes y diferencias entre los textos escritos por miembros de diferentes comunidades lingüísticas y culturales; diferencias que se verán reflejadas en los patrones discursivos utilizados en cada caso[7]. Existen de hecho cada vez más evidencias empíricas (Trujillo Sáez, 1999) de que las convenciones retóricas de la L1 interfieren tanto en la producción como en la recepción de textos en la L2, y por lo tanto, muchas de las dificultades que pueden aparecer y obstaculizar la comprensión de determinada estructura discursiva, pueden tener más que ver con esa falta de familiaridad con dichas convenciones textuales que con el nivel de competencia lingüística que posea el aprendiz.

El otro gran polo de interacción es, sin duda, el propio *lector*, procesador activo de la información, capaz de construir o ampliar significados, de actualizar en definitiva sus esquemas de conocimiento ya adquiridos a través de su experiencia vital, guiado por la *información que le ofrece el texto* y desplegando a un tiempo su arsenal de *conocimientos previos* y un amplio repertorio de *estrategias lectoras:*

> *(...) Es como si el lector comparase mentalmente dos fotografías de un mismo paisaje, la del texto y la mental que ya conoce, y que a partir de las diferencias que encuentra elaborase una nueva fotografía, más precisa y detallada, que sustituiría a la que tenía anteriormente en la mente* (Cassany, 1994: 204).

---

[6] Los *contextos* que participan activamente en el proceso de comprensión lectora, engarzándose unos con otros hasta formar el entramado textual dotado de sentido para el lector, los constituyen, por un lado, los de carácter general conformados por los conocimientos previos acerca del tema y, por otro, el *contexto local* formado por la información léxica, sintáctica, semántica y estilística que se puede extraer del propio texto (Esch, 1988: 197).

[7] La retórica contrastiva (*Contrastive Rhetorics*) estudia experimentalmente estas diferencias en cuanto a los patrones discursivos propios de cada lengua. Esta disciplina, que se engloba dentro de la macrolingüística, surge a partir de la publicación de un artículo de Kaplan (1966). Un estudio donde aparecen desarrollados los enunciados básicos de la actual versión ampliada y moderna de la retórica contrastiva es el de Connor (1996: 5).

De esta manera, se integran los conocimientos nuevos con los ya existentes. Esa *fotografía mental*, de la que nos habla Cassany, está estructurada basándose en esquemas de conocimiento ya almacenados en la memoria a largo plazo (MLP) y que, a medida que avanza en la lectura, permiten al lector no sólo *enmarcar significativamente* la información que desprende del texto, basándose en la formulación y la confirmación de hipótesis, sino también anticipar el tema, prever la manera en que se organizarán los contenidos, reconocer un determinado tipo de texto, etc. Es innegable la importancia de enseñar al alumno a activar estratégicamente sus conocimientos previos tanto en el ámbito de L1 como en el de L2 y, en el caso de L2, con mayor motivo, para poder compensar sus limitaciones lingüísticas (Hudson, 1982). Poco a poco se va incrementando el número de estudios (Johnson, 1981; Floyd y Carrell, 1987; Lee, 1986; Long, 1990) que respaldan empíricamente la conveniencia didáctica de incorporar el uso de esquemas de contenido en las tareas de lectura en L2. La cuestión crucial sería poder determinar de forma precisa cómo funcionan y en qué condiciones se activan dichos esquemas de contenido o conocimientos previos en la lectura de una L2. No sólo parece existir una estrecha vinculación entre el nivel de interlengua (IL) con la mayor o menor posibilidad de activar dichos conocimientos previos por parte de los aprendices (Carrell 1983; Koda, 1987; Carrell y Wise, 1998), sino que, según estudios todavía más recientes, a esta interdependencia entre conocimiento previo y nivel interlingüístico se suman elementos como, por ejemplo, el de la tipología textual (Codina Espurz y Usó Juan, 2000). En este sentido, podemos entender que le pueda resultar más sencillo a un ingeniero leer un texto en L2 pero de su especialidad, que comprender un artículo de economía en su L1. Esta circunstancia se explica, entre otras razones, porque sus esquemas de conocimiento previo en relación con su profesión contribuirán a localizar y aprehender los elementos significativos para la comprensión del texto.

Queremos destacar, aunque sea muy brevemente, la importancia de otros componentes que trae el sujeto que lee al proceso: nos referimos, por un lado, a los condicionamientos de carácter sociocultural y personal (grado de escolarización, estilo cognitivo, etc.), y, por otro, a los propósitos y expectativas que trae con respecto a la lectura, que no siempre son tenidos en cuenta cuando llega el momento de plantear actividades de comprensión lectora en L2. Los lectores que han vivido en contextos socioculturales similares comparten significados específicos y esto se verá reflejado en los textos que construyen cuando leen (Cairney, 1992). La influencia del contexto sociocultural en el que se inscribe todo texto constituye un elemento clave en la construcción del sentido para los lectores de L2. Ser capaz de insertar cada texto dentro de su marco contextual adecuado puede ser determinante para poder acceder a su verdadera comprensión. Recuerdo el caso de un alumno de E/LE que quería saber por qué todos los pisos de Madrid se vendían a causa de los porteros, y se preguntaba si realmente éstos eran siempre tan antipáticos en España. Cuando le preguntamos que qué le hacía creer algo así, contestó que había visto en muchos portales de Madrid el siguiente cartel: *Se vende piso. Razón portería.* Era evidente que la competencia sociolingüística aplicada a la lectura del cartel no había funcionado. El alumno, ante la falta de conocimientos sociolingüísticos y culturales previos pertinentes sobre las normas del discurso, no puede interpretar el enunciado en su significado social y realiza una lectura literal aparentemente *correcta* del texto. No podemos olvidar que las unidades lingüísticas en el discurso son vías de acceso al sentido que sólo se dicen parcialmente y cuya intencionalidad comunicativa queda muchas veces implícita.

Aunque estemos analizando de forma aislada cada componente que interviene en el proceso de comprensión lectora, hay que tener siempre presente la profunda interconexión que existe entre los distintos componentes ya que no conviene olvidar que operan interactivamente.

3. Dificultades específicas de la comprensión lectora en la L2

Aunque, como hemos podido comprobar, el dominio del léxico y de la gramática no garantizan por sí solos la comprensión lectora de L2, el problema más evidente, incluso cuando existe gran similitud entre L1 y L2, es de carácter lingüístico y se da en distintos niveles: obstáculos provocados por la diferencia de sistema de escritura (logográfico como por ejemplo el chino, frente al alfabético romano del español) y que supone el primer escollo para iniciar la *navegación* a través del texto; deficiencias o falta de vocabulario, dificultad para el reconocimiento sintáctico, imposibilidad para establecer relaciones semánticas, hasta desembocar en cuestiones de orden pragmático y connotativo. En este último nivel, existen también problemas derivados de posibles interferencias con la L1, que obstaculizan la comprensión de L2. Como suelen declarar los propios estudiantes de L2, el problema, quizá, más llamativo y que más les preocupa a la hora de enfrentarse con un texto, es el desconocimiento del léxico. A pesar de que, como ya hemos experimentado con las propuestas de lectura hechas en el apartado 1, el lector siempre puede aventurar alguna hipótesis sobre el significado de una palabra desconocida utilizando estrategias de inferencia, el lector no nativo, cuando se encuentra con una palabra cuyo significado desconoce, tiende, sobre todo si se trata de un principiante[8], a leer palabra por palabra y perder así el hilo de lo que está leyendo. La atención del lector no nativo se concentrará sobre todo en los procesos inferiores, como es el reconocimiento de palabras, en detrimento de los procesos superiores interpretativos. La memoria a corto plazo (MCP), que es la encargada de retener durante unos segundos frases o ideas del texto para poder ponerlas en relación con otras ideas e integrarlas en un esquema más general, se satura al tener que ocuparse con palabras y frases de la L2 que son nuevas para el lector. Estas *demandas adicionales* exigen una sobrecarga en la capacidad de asimilación e impiden, muchas veces, la transferencia de estrategias adecuadas y eficaces en su lengua materna a la lectura de L2 (Clark, 1972).

Una consecuencia directa para la práctica docente, que se desprende de lo dicho hasta ahora, es que cuando lo que queremos practicar es la comprensión lectora no parece muy aconsejable iniciar la actividad pidiendo a los alumnos que lean el texto en voz alta, porque les estamos exigiendo que hagan dos cosas a la vez: que sean capaces de captar la información del texto y, al mismo tiempo, que atiendan a su pronunciación y entonación correctas. El resultado es una clara disminución de la comprensión, a medida que sigue entrando nueva información, porque el alumno continúa leyendo en voz alta sin poder detenerse (Esch, 1988: 200).

Para poder dar cuenta teóricamente de esa posible dependencia entre el desarrollo de la destreza lectora y el nivel de competencia lingüística, a finales de los setenta se formula la inicialmente conocida como *Hipótesis del cortocircuito (Short-circuit Hypothesis),* posteriormente denominada *Hipótesis del umbral lingüístico (HUL) (Linguistic Threshold Hypothesis)* (Clarke, 1979; Carrell, 1991), que sostiene que para poder leer eficazmente en una L2 es necesario, antes que nada, alcanzar un determinado nivel de competencia en dicha lengua, ya que un bajo dominio lingüístico provoca un *cortocircuito* en el proceso de comprensión, que obliga al sujeto a abandonar sus estrategias y hábitos de buen lector en la L1, para tener que recurrir a otras estra-

[8] Estos aprendices dependen más de un procesamiento *ascendente (bottom-up)*, en el que van siendo guiados por las sucesivas señales lingüísticas que aparecen en el texto tomadas aisladamente, sin contrastar, la mayoría de las veces, sus propias hipótesis con el contexto local. Por otro lado, son los que más se apoyan en la información gráfica que acompaña al texto (Laufer y Sim, 1982).

tegias más propias de uno inexperto. Si, al mismo tiempo, pensáramos que, dentro del orden jerárquico de adquisición de L2, las destrezas escritas ocupan un tercer y cuarto puesto (escucha>habla>lectura>escritura), ya que requieren un nivel superior de procesamiento, podríamos justificar la postura que adoptaron, por ejemplo, los enfoques de base estructural para dar prioridad a las destrezas orales y no plantear un aprendizaje sistemático de la comprensión lectora hasta niveles avanzados. Sin embargo, *este esquema lineal sólo puede considerarse como orientativo, ya que cada destreza se adquiere normalmente en interacción recíproca con las demás* (Mayor 2000: 20). No olvidemos que la comprensión lectora constituye ya en sí misma una auténtica estrategia de aprendizaje que hay que empezar a ejercitar desde el principio. Un sujeto adquiere, en los primeros años de su infancia, las destrezas lingüísticas orales de forma inconsciente y espontánea, junto con la lengua materna (L1). Sin embargo, las destrezas escritas exigen para su adquisición, tanto en L1 como en L2, un proceso consciente y guiado de instrucción formal en un ámbito educativo institucional. Esto significa que las estrategias lectoras habrán sido ya adquiridas y ejercitadas con la lengua materna. La cuestión que se plantea es si esas mismas estrategias sirven también para ser aplicadas en el proceso lector de las L2 y cómo son compartidas.

A raíz de estas preguntas, se plantea en la década de los ochenta la *Hipótesis de la interdependencia lingüística* (HIL) (Goodman, 1973; Coady, 1979), conocida inicialmente bajo el nombre de *Hipótesis de la habilidad subyacente común (Common Underlying Proficiency)*, según la cual las habilidades lectoras adquiridas con la L1 están disponibles en L2 y, por lo tanto, no habría que adquirirlas sino simplemente activarlas. Esta afirmación implica que fundamentalmente la cuestión de la comprensión lectora en L2 es un problema de lectura, y no tanto de nivel de competencia lingüística, ya que la mayor o menor facilidad para abordar la comprensión de un texto en L2 será proporcional al grado de habilidad lectora que el lector haya desarrollado en su lengua materna. Por otro lado, algunas investigaciones apuntan a que no todas las lenguas requieren las mismas estrategias (Tzeng y Hung, 1981; Taylor y Taylor, 1983) y que, de hecho, existirían, por ejemplo, ciertas diferencias en el procesamiento de palabras de acuerdo con las distintas lenguas (Meara, 1984). Un estudio reciente (Salazar García, 2001) muestra cómo un grupo de hispanohablantes nativos objeto de estudio y otro de anglófonos estudiantes de español como L2 usan de manera diferente, en sus respectivas lenguas maternas, algunas estrategias de lectura. Estos resultados podrían acarrear la creencia de que el proceso lector no es idéntico en las dos lenguas.

A pesar de existir estas evidencias empíricas de la existencia de cierta especificidad estratégica según la lengua de la que se trate, existen otros muchos estudios que se decantan por defender la universalidad esencial del proceso lector (Goodman, 1970; Genessee, 1979; Cummins, 1977; Cziko, 1978, entre otros), y por tanto, la posibilidad de transferir gran parte de las estrategias adquiridas con la primera lengua (Meara, 1984: 21). Si bien es cierto que el repertorio estratégico del lector no nativo es más reducido por el hecho de estar condicionado a su nivel de competencia en la L2, como advierte Salazar García (2001: 300), estas dos hipótesis no son excluyentes sino complementarias, ya que tanto la habilidad lectora del aprendiz como su nivel de competencia en la L2 inciden en la eficacia lectora. De lo que se trataría es de orientar la investigación para poder determinar en qué medida condiciona cada uno de estos dos factores las tareas de lectura y, por otro lado, valorar la incidencia de otras variables (características personales del aprendiz, entorno de aprendizaje, metodología aplicada, etcétera).

Para terminar este apartado incorporamos un resumen esquemático que recoge comparativamente las principales características específicas del procesamiento lector en L2 y en L1, así como otro esquema que representa gráficamente cómo se desarrollaría el proceso de comprensión lectora en L2 según el modelo *interactivo*.

Lectores nativos (LN)	Lectores no nativos (LNN)
Alto nivel de automatización en la descodificación e integración simultánea del significado.	Menor nivel de automatización de la descodificación, que impide la integración simultánea del significado.
Centran su atención en el significado del texto.	Atención centrada en la descodificación de estructura y significado (sobrecarga de la MCP).
Predominio del proceso *interactivo* con preferencia por el *descendente (top-down)*.	Dependen más del proceso *ascendente (bottom-up)*.
Disponen de un amplio repertorio de estrategias lectoras.	Necesitan transferir estrategias lectoras adquiridas en L1.
Adecuan las estrategias lectoras a las exigencias de la tarea.	Mayor dificultad para adecuar las estrategias lectoras.
Facilidad para inferir e interpretar la información implícita en el texto.	Dificultad para inferir e interpretar la información implícita en el texto.
Familiaridad con el contexto sociocultural en que se inserta su L1.	Interpretación idiosincrásica del texto errónea, por adaptar determinados aspectos a su propia cultura.

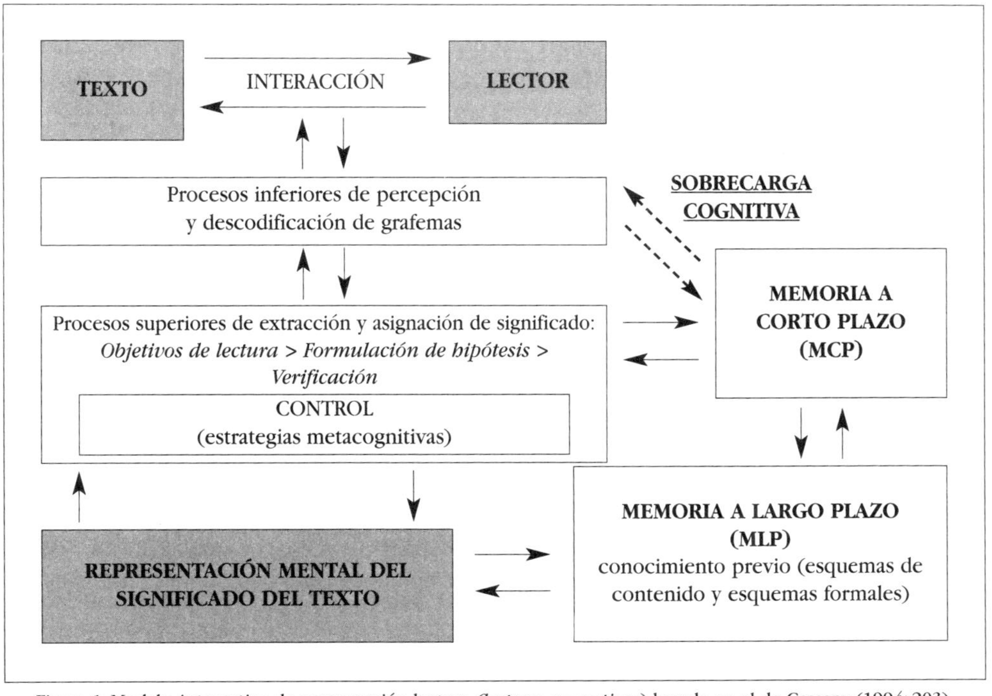

Figura 1: Modelo *interactivo* de comprensión lectora *(lectores no nativos)* basado en el de Cassany (1994: 203).

4. Estrategias de comprensión lectora

Reconocer la importancia que cobra el desarrollo activo de la *competencia estratégica* en el proceso de enseñanza-aprendizaje de una L2 se justifica simplemente si pensamos que es imposible predecir todas y cada una de las situaciones comunicativas concretas en las que los estudiantes tendrán que tomar parte haciendo uso de la L2. Este desequilibrio inevitable entre lo que se enseña a los aprendices y lo que ellos van a necesitar para desenvolverse comunicativamente fuera del aula, persiste igualmente cuando nos referimos al *acto de comunicación lectora* que se establece entre texto y lector.

A partir de la década de los ochenta crece el interés por identificar, analizar y clasificar las estrategias que utilizan en cada caso los lectores competentes, con la pretensión de poder aplicar luego muchos de esos hallazgos a la práctica docente. Sin embargo, los criterios para definir estas estrategias han sido casi siempre genéricos e imprecisos y han dado lugar a amplísimos repertorios no organizados sistemáticamente en los que conviven estrategias de muy distinta naturaleza (Mayor 2000: 12). Ya en el ámbito de la L2, son muchos los investigadores que, embarcados en el estudio del comportamiento estratégico, sugieren la conveniencia didáctica de incorporar la enseñanza directa de estrategias de lectura si se quiere mejorar ostensiblemente la comprensión lectora[9]. Si bien es cierto que las estrategias de aprendizaje se aplican al desarrollo de las cuatro destrezas lingüísticas, algunas tendrán mayor incidencia que otras sobre una destreza en concreto. En el caso de la comprensión lectora, las estrategias que parecen estar más directamente vinculadas se sitúan básicamente entre las *cognitivas* y, en menor medida, las *metacognitivas* (Miñano López, 2000: 28). Distinguimos, por tanto, las *estrategias lectoras* como aquellos procedimientos que se llevan a cabo con el propósito de comprender lo que se lee, ya sean técnicas conscientes controladas por el lector, o bien, operaciones mentales inconscientes que se ponen en marcha automáticamente cuando se inicia la lectura. Presentar una taxonomía definitiva de las estrategias lectoras es del todo imposible. A pesar de que existen muchas propuestas de clasificación nosotros adoptamos la ofrecida en Miñano López (2000), por considerarla clara y rigurosa.

La utilización del diccionario, como *estrategia cognitiva de clarificación y verificación*, aplicada a la lectura de L2, no debería constituir el recurso estratégico primordial. Abusar del diccionario interrumpe y bloquea en numerosas ocasiones el proceso de comprensión; si además se trata de un diccionario bilingüe, transporta bruscamente al aprendiz al universo lingüístico de su L1 y lo saca del texto. Por ese motivo, y desde un punto de vista estrictamente didáctico, es más aconsejable utilizar en la práctica docente diccionarios monolingües que proporcionan otra oportunidad para entrar en contacto con la lengua meta y poder establecer nuevas conexiones léxicas. En cualquier caso, la dependencia del diccionario conduce al lector a callejones sin salida, al reducir el texto a una superficie fragmentaria y desarticulada, construida a base de entradas de diccionario.

En cuanto a la clasificación de las *estrategias cognitivas de inferencia*, hemos adoptado la propuesta por Wenden y Rubin (1987: 19-20) y recogida igualmente en Miñano López (2000), que distingue tres tipos según el nivel de representación en el que operan los conocimientos

---

[9] Véase al respecto la amplísima bibliografía aportada por Peña Calvo (1993: XII), así como la recogida en O'Malley y Chamot (1990).

previos: las *estrategias de inferencia interlingual* se basan en los conocimientos lingüísticos que el aprendiz posee de su propia lengua. Pueden resultar especialmente rentables cuando existe cierto grado de similitud lingüística entre la L1 y la L2. Sin embargo, muchas veces el alumno confía exageradamente en esa semejanza, sin hacer intervenir otras estrategias que operen en contextos textuales más amplios. Lo que sucede entonces es que el aprendiz se deja llevar por una estrategia inapropiada que lo conduce a una interpretación errónea. Es el caso, por ejemplo, de los cognados equívocos o *falsos amigos.* Clarke y Nation (1980-1981) establecen una estrategia de inferencia léxica en cuatro fases que, al combinar distintos niveles estratégicos de intervención, bien puede servir para paliar esta tendencia: el lector deberá interpretar las pistas léxicas disponibles determinando, en primer lugar, la clase de palabra de la que se trata. Para ello se puede tener en cuenta la información morfológica que se desprende de los prefijos, sufijos, etc. En segundo lugar, tratará de delimitar las relaciones semánticas y sintácticas que existen entre la palabra desconocida y el resto de la frase, para ampliar, seguidamente, su campo contextual local de observación hacia palabras y oraciones que estén más alejadas, y establecer con ellas relaciones de causa-efecto, contraste, ejemplificación, etc. Esta fase inferencial juega un papel destacadísimo en la consecución de la coherencia local del texto al ir integrando y concatenando la información recién leída con la leída anteriormente. El lector ya estará en condiciones de arriesgar una hipótesis sobre el significado de la palabra desconocida del texto y verificar si ambas poseen la misma categoría gramatical. Finalmente, se sustituye la palabra en el texto para ver si tiene sentido. Las *estrategias cognitivas de inferencia extralingual* se establecen a partir de la activación durante la lectura de los esquemas de contenido que ya posee el lector en relación con el tema, derivados de su conocimiento del mundo, sus experiencias vitales, su bagaje cultural. Las *estrategias de inferencia intralingual* se asientan sobre el propio conocimiento que posee el aprendiz de la lengua meta (LM).

Volvamos por un momento al texto primero de Cortázar que proponíamos en el apartado 1: podríamos inferir el significado de *tripolio* a partir de la convergencia de varias de estas estrategias mencionadas. De *inferencia intralingual* al tener en cuenta las relaciones sintácticas que se establecen no sólo entre dicha palabra y el resto de la frase ("le arremulga tal acario en pleno *tripolio* que se lo ladea hasta el copo"), sino poniéndola también en relación con otra oración en la que aparece de nuevo la palabra *tripolio*, acompañada esta vez del adjetivo *ayelmado,* cuya estructura morfológica nos trae resonancias léxicas a *yelmo*, el casco o parte de la armadura que cubría antiguamente la cabeza y el rostro, que nos son familiares y nos hacen poner en juego estrategias de *inferencia extralingual* para apoyar así la hipótesis de que *tripolio* es un sombrero o, por lo menos, una prenda de *satén rosa* para cubrir la cabeza. Un aprendiz francófono podría reforzar dicha hipótesis estableciendo, además, una *inferencia interlingual* para deducir el significado de *satén* comparándolo con *satin*. Las *inferencias extralinguales* se pueden extender a procesos posteriores (postlectura) de recuperación de la información con el fin de enriquecer la representación del texto. Asimismo, integran este tipo de *inferencias extralinguales* cualquier procedimiento para obtener la información que se desprende de los elementos no estrictamente lingüísticos que pueden acompañar a un texto, tales como: elementos tipográficos, ilustraciones, diagramas, fotos, etcétera.

Por último, las *estrategias metacognitivas de atención focalizada* se activan, como veremos más adelante, durante la prelectura, y están encaminadas a despertar la motivación en el lector para que se involucre activamente en el proceso de comprensión textual y promover así un mejor desarrollo de las tareas de aprendizaje. Es innegable que todas las estrategias presentan ventajas e inconvenientes, por eso, lo recomendable sería poder combinar simultáneamente más de una.

Si convenimos que muchas de las estrategias lectoras adquiridas con la L1 están disponibles y son transferibles a la L2, la labor del profesor se centrará en entrenar al aprendiz en la habilidad para elegir las estrategias más adecuadas y eficaces según el tipo de texto y los objetivos que se persiguen con cada tarea[10]. El papel del profesor en una primera fase consistirá en plantear actividades que estimulen el uso de estrategias y en ayudar a los alumnos a aplicarlas de forma adecuada para alcanzar los objetivos de lectura fijados claramente de antemano. Pero poco a poco su intervención debe ir disminuyendo hasta convertirse en un mero *facilitador* de las tareas lectoras y no en *monitor* de las sucesivas intervenciones del alumno (Swaffar, Arens *et al.* 1991: 70), procurando desarrollar en el aprendiz su conciencia metacognitiva[11].

5. La comprensión lectora según las principales orientaciones metodológicas

El componente teórico que fundamenta todo enfoque metodológico determina la forma en que éste se concreta en la práctica: la fijación de los objetivos de aprendizaje que se persiguen, los procedimientos para alcanzarlos y, cómo no, el tratamiento que reciban cada una de las cuatro destrezas (Acquaroni, 2000). Por este motivo dedicamos el siguiente apartado a hacer un brevísimo repaso de los principales enfoques metodológicos que se han ido sucediendo a lo largo de la historia de la enseñanza de las L2, pero poniendo todo nuestro interés en destacar cómo ha sido entendida y desarrollada en cada caso la comprensión lectora; qué aspectos han sido destacados y cuáles han sido inevitablemente descuidados.

A pesar de que *el método tradicional* o *de gramática y traducción* da prioridad a la lengua escrita, no podemos decir que trabaje exactamente la comprensión lectora, ya que esta destreza se considera como *pasiva* y fundamentalmente *receptiva,* que se ampara en una concepción sacralizada del texto como modelo de lengua y que adopta procedimientos didácticos basados esencialmente en la práctica de la traducción (directa e inversa) y en el uso del diccionario como herramienta básica de acceso a la comprensión. Conviene recordar que esta orientación de la lectura no ha sido totalmente desterrada, sino que convive en numerosas ocasiones y pasa sorprendentemente inadvertida, solapándose con actitudes metodológicas abiertamente comunicativas[12].

En cuanto al tratamiento dispensado a la habilidad de comprensión lectora por parte de las *corrientes metodológicas de base estructural* (método audio-oral, método estructuro-global-audiovisual y método situacional), podemos decir que, en líneas generales, ha venido condicio-

[10] Vann y Abraham (1990) estudiaron las estrategias usadas por aprendices de L2 en distintos tipos de tareas y descubrieron que lo que los caracterizaba no era la ausencia de estrategias apropiadas, sino la incapacidad de discriminar cuál era la adecuada para cada tarea específica.

[11] Desarrollar la *conciencia metacognitiva* en el aula supone ayudar a los estudiantes a incrementar su capacidad de reflexión sobre los mecanismos y procesos que ponen en marcha cuando aprenden una L2, es decir, prepararlos para ser capaces de contestar a la pregunta: *¿cómo aprendo?* Mediante el entrenamiento estratégico, los alumnos de L2 pueden aprender a recurrir a las estrategias de lectura adecuadas en cada caso según el objetivo y el tipo de texto. La importancia de articular este conocimiento estratégico, de tal manera que los estudiantes *aprendan a aprender*, tal y como preconizaban Ellis y Sinclair (1989), garantiza además una mayor autonomía del estudiante.

[12] Una forma eficaz de estar atentos y reflexionar en torno a nuestra práctica docente es sometérnos a cuestionarios sobre los materiales y procedimientos que usamos cotidianamente para trabajar la comprensión lectora en clase. Un excelente ejemplo es el que aparece en Giovanni, Martín Peris *et al.* (1996: 44).

nado por la necesidad de enfatizar ante todo el aprendizaje de las destrezas orales. En oposición a la metodología gramatical, estos enfoques centraban gran parte de su actividad en la elaboración de materiales textuales que sirvieran de base para presentar las estructuras oracionales objeto de aprendizaje gramatical y para *empaquetar* el vocabulario. Generalmente se trata de diálogos con predominio de rasgos propios de la interacción oral (fórmulas interrogativas, exclamativas, etc.). Además, la traducción queda totalmente prohibida y la ejercitación de las destrezas escritas fuera de los primeros niveles de aprendizaje. El tipo de actividades para ejercitar la comprensión lectora son muy escasas, ya que ésta no gozaba todavía de autonomía ni de justificación didácticas para su desarrollo como destreza y era incluida dentro de las baterías de ejercicios de sustitución y de patrones de repetición y automatización de estructuras. Uno de los ejercicios más frecuentes son las preguntas cuyos enunciados reproducen gran parte de la estructura de la secuencia que contiene la información que hay que utilizar para producir la respuesta, de tal forma que, dichas preguntas pueden ser contestadas no tanto por haber *comprendido el sentido del texto*, sino por haber *comprendido su estructura*.

Contrariamente a lo que se pueda pensar, es dentro del marco teórico del *enfoque comunicativo* donde la comprensión lectora adquiere su verdadera razón de ser, a pesar de que se siga dando gran importancia a las destrezas orales. La comprensión lectora empieza a ser un fin en sí mismo, y se incorpora a la secuencia didáctica, desde el primer día de clase, como un recurso imprescindible para alcanzar un buen grado de competencia comunicativa. Se aboga por la incorporación definitiva de materiales auténticos que respondan a las necesidades e intereses reales del aprendiz. Al mismo tiempo, se empiezan a publicar materiales complementarios agrupados por destrezas lingüísticas, así como distintas colecciones de lecturas graduadas que albergan tanto adaptaciones de textos literarios como textos originales especialmente creados con fines didácticos. Los repertorios de actividades para la comprensión lectora crecen y van siendo cada vez más variados y específicos a un tiempo.

El *enfoque por tareas*, propuesta metodológica que parte de los principios fundamentales del *enfoque comunicativo,* está enraizado en el modelo cognitivo de la *teoría de los esquemas* (Estaire y Zanón, 1994), por lo tanto, el modelo de comprensión lectora que adopta es claramente *interactivo*: trabajar por *tareas* supone generar auténticos *procesos de comunicación* y no simplemente ejecutar actividades de uso de la lengua; se trata, por tanto, de posibilitar activamente la construcción y reestructuración continua de nuevos esquemas de conocimiento formal (temático, léxico, funcional, gramatical) e instrumental (esquemas de procedimiento de comprensión y producción), donde la activación del conocimiento previo y el desarrollo de la competencia estratégica en todas sus vertientes cumple un papel primordial.

Una unidad didáctica se compone así de una serie de *tareas intermedias* o *facilitadoras* que se consideran necesarias para *capacitar* al aprendiz en la obtención del objetivo último o *tarea final* definida de antemano y, al mismo tiempo, para desarrollar la competencia comunicativa en toda su complejidad. Las actividades de lectura propiamente dichas aflorarán si, en esa situación real de uso creada, se hace imprescindible para posibilitar la continuidad de la secuencia de aprendizaje hacia la consecución de la *tarea final.* El texto constituye así un material *fuente* y su selección dependerá directamente de cuáles sean los objetivos de enseñanza y las características del grupo de alumnos. Las técnicas de lectura o de aproximación al texto también pueden ser muy variadas. Incluso se puede establecer un trabajo grupal complementario en el que no todos los aprendices que integran la clase lleven a cabo el mismo tipo de lectura, o lean los mismos textos. Pongamos un ejemplo: queremos elaborar un periódico mensual en el que aparezcan diversos tipos de materiales en distintas secciones tanto recopilados como producidos por los estudiantes. Buscar modelos textuales en las distintas publicaciones periódicas (revistas, diarios, suplementos dominicales, etc.) podría constituir un buen punto de partida en el que se ve claramente implicada la lectura. Otro grupo se podría encargar de adaptar determinados textos seleccionados de esas publicaciones para incluirlos en nuestro periódico mensual. Asimismo hay que poner título a las distintas secciones, y para ello otro grupo se puede encargar de localizar palabras e ideas en esos materiales. El objetivo de cada una de estas tareas intermedias de lectura impondrá el nivel de aproximación al texto, así como la técnica de lectura más adecuada en cada caso.

6. Secuencia general de una actividad de comprensión lectora

Hemos dedicado gran parte del capítulo a enfrentar algunas de las incertidumbres teóricas que plantea la propia interacción de los múltiples factores y procesos que se desencadenan en la lectura de L2. Nuestra intención no era otra que despejar el camino que nos conduce a saber mejor cómo diseñar actividades eficaces para mejorar la destreza lectora de nuestros aprendices. ¿Cómo tendría que articularse entonces una secuencia general de actividad lectora? El primer paso es establecer claramente cuáles son nuestros objetivos generales respecto a lo que a la comprensión lectora se refiere. Asimismo es importante valorar y evaluar al principio del curso la situación de partida de los alumnos en relación con la comprensión lectora: la actitud que tienen hacia la lectura, qué temas son los que más les interesan, si sienten confianza en sí mismos a la hora de leer textos en español, qué clase de textos han leído hasta ahora, etc. Toda esta información puede recabarse a partir de la elaboración de breves cuestionarios. Tanto el *Plan Curricular* (1994) como el *Marco común europeo de referencia* (2002) distribuyen los objetivos de comprensión lectora de acuerdo con los distintos niveles de competencia comunicativa que en cada caso establecen:

En el *nivel inicial* el objetivo más urgente será capacitar al aprendiz para acceder a textos auténticos pero cortos (cartas, notas personales, anuncios, etc.), relacionados con necesidades básicas de la vida diaria y cuya temática sea lo más familiar posible para el estudiante. Las actividades que se propongan se vincularán fundamentalmente a la información explícita. En este primer estadio el trabajo de comprensión lectora guarda una estrecha relación con el propio desarrollo de la competencia lingüística, ya que el texto escrito es un soporte cómodo para recibir el *input* lingüístico, para ampliar vocabulario, o servir de muestra y ejemplificación contextualizada de determinadas estructuras morfosintácticas y funciones comunicativas. Sin embargo, no hay que renunciar a actividades que fomenten también el desarrollo de la competencia estratégica y favorezcan la interacción entre texto y aprendiz, de tal forma que éste sea capaz de resolver los problemas gramaticales o léxicos que se le planteen durante una *lectura global*[13] del texto a base de extraer información básica a partir del contexto.

En un *nivel intermedio* los objetivos de lectura se ensanchan y el interés se orienta a posibilitar una *lectura atenta* que le permita entender con más detalle, y poder discriminar, por ejemplo, las ideas principales de las secundarias. Se amplían también los modelos textuales, que

[13] La *lectura global (skimming)* es la que nos permite hacernos una idea general del contenido textual para poder más tarde desarrollar una *lectura atenta (scanning)*, que orientará nuestra atención hacia detalles concretos e irá en busca de información clave para cumplir nuestros objetivos.

abarcan desde textos de prensa de carácter informativo, descriptivo o narrativo, hasta textos literarios[14] breves y sencillos cuya comprensión únicamente requiera de conocimientos generales sobre la realidad sociocultural.

En un *nivel avanzado* lo que se pretende ante todo es capacitar al estudiante para reconocer elementos implícitos del mensaje (alusiones, ironía, humor, lenguaje metafórico[15]) y no sólo informaciones, opiniones y valoraciones subjetivas formuladas explícitamente.

En el *nivel superior* se tenderá a propiciar en el aprendiz un comportamiento estratégico quizá más sofisticado, al servicio de una lectura profunda que reconozca las referencias y alusiones no explícitas en el texto, a través de la activación de sus propios esquemas de conocimiento previo (Instituto Cervantes, 1994: 103).

Otra cuestión que no hay que descuidar es la de aproximarnos al texto utilizando en cada caso las técnicas o estilos de lectura adecuados al objetivo y al tipo de texto seleccionado. La principal utilidad que comporta la incorporación de actividades de *prelectura* es la de dar la oportunidad al estudiante de desplegar o adquirir con antelación todos aquellos conocimientos y estrategias que le preparen para la tarea de comprender un texto. Los objetivos son, por un lado, despertar el interés, favorecer la motivación y reducir en lo posible la aparición de reacciones negativas hacia la actividad lectora, tales como miedo, angustia o bloqueo (Sellers, 2000). Por otro lado, se trata de proporcionar los recursos necesarios para abordar las actividades posteriores que conforman la secuencia didáctica. Como ya hemos venido insistiendo, la activación de los conocimientos previos sobre el tema constituye una herramienta imprescindible para la construcción del texto. Se puede, por ejemplo, presentar a grandes rasgos el tema del texto y pedir a los alumnos que formulen preguntas abiertas sobre lo que les gustaría o esperan encontrar en él. No olvidemos que la *anticipación* constituye una de las habilidades esenciales para la comprensión. Otros procedimientos para estimular la anticipación pueden consistir en: pedir a los alumnos que predigan el tema o las ideas principales del texto a partir del título, de la última frase, de un determinado fragmento o incluso de una ilustración. Trabajar a partir de las palabras clave que aparecerán luego en el texto; imaginar cuál es su contenido global; apuntar toda la información conocida sobre el tema que vaya surgiendo a partir de la confección de listas, mapas de ideas, esquemas, etcétera.

La siguiente secuencia es la de *lectura* propiamente dicha. Este momento puede ser a su vez secuenciado en varias fases: una primera aproximación al texto llevada a cabo de forma individual y silenciosa, que puede terminar con la verificación, por parte del profesor, de la comprensión global del texto a partir de una o dos preguntas sobre el tema. El profesor puede también limitar el tiempo dedicado a esta lectura, y terminar con una tarea precisa como poner título al texto. En una segunda lectura se puede plantear el trabajo cooperativo, en grupos reducidos, que constituyen la organización idónea para trabajar las estrategias de lectura, ya que ayuda a compartir con otros las reflexiones individuales sobre los procesos de interpretación, y

---

[14] Para tener una idea general de cómo han sido integrados dentro de los materiales de E/LE los textos literarios, consúltese Martín Peris (1991).

[15] A partir de la publicación de Lakoff y Johnson (1980), la metáfora es considerada no sólo como mero instrumento de ornamentación retórica, sino como uno de los recursos cognitivos y lingüísticos más importantes, que impregna nuestra vida cotidiana y en el que se asienta, además, el sistema conceptual humano. La importancia de desarrollar la *competencia metafórica* (Danesi, 1988) en los aprendices de L2, es decir, la habilidad tanto para producir como para comprender lenguaje metafórico, es cada vez más patente.

pueden además observar mejor las estrategias que usan los demás miembros del grupo (Ruan y Llobera Canaves, 1997: 399). Esta segunda aproximación irá más encaminada a descubrir los puntos clave del texto.

En un tercer abordaje se realizará la tarea propuesta, que puede ser muy variada: desde ordenar dibujos de acuerdo con el texto, completar con las palabras que faltan (*cloze*) los espacios en blanco de un texto, comparar lo que se va confirmando a través del texto con las predicciones formuladas en la prelectura, tomar notas, subrayar el texto, comparar varios textos que se refieren al mismo tema, etc. En este momento también se aprovechará la lectura para despejar dudas de vocabulario y, si es absolutamente necesario, se usará el diccionario. Para terminar se podrían ejercitar estrategias metacognitivas en una puesta en común donde los alumnos reflexionen sobre su propio proceso de comprensión y lo evalúen.

Las actividades de *poslectura* pretenden *que los alumnos reflexionen sobre la lengua, mediten sobre lo que han leído y relacionen el texto con sus conocimientos, intereses y puntos de vista* (Instituto Cervantes, 1994: 115); en definitiva, plantean la integración con las otras destrezas, al abandonar o, por lo menos, alejarse materialmente del texto y utilizarlo ya como motor o trampolín para desplegar otras actividades: plantear un debate en clase a partir de lo leído, hacer simulaciones, rescatar el argumento del texto y construir una representación teatral, elaborar una encuesta a partir de los planteamientos aprendidos con el texto, escribir otro texto utilizando el vocabulario aprendido en textos anteriores, etcétera.

Conclusión

Desde una perspectiva *interactiva* como la que hemos venido sosteniendo a lo largo de este capítulo, la incorporación de la comprensión lectora como práctica habitual dentro de los planes de enseñanza de una L2, supone desplegar actividades dentro del aula orientadas a activar, seleccionar y aplicar adecuadamente el caudal de recursos ya adquiridos que posee el lector, y vincularlos con la información que proporciona el texto. Es tarea del profesor favorecer la autonomía del estudiante de una L2; hacer que sea consciente en todo momento de que forma parte *activa* del proceso lector. Para ello deberá incluir dentro del diseño curricular actividades que sirvan para potenciar el *trabajo metacognitivo* de los estudiantes, de tal forma que aprendan a reflexionar sobre los procesos y mecanismos que ponen en marcha cuando pretenden comprender un texto.

Otro aspecto esencial que hay que destacar es la importancia de proporcionar a los alumnos un abanico amplio y variado de material textual, para que aprendan a identificar cuáles son los rasgos específicos de cada tipología y utilizar dicho conocimiento estratégicamente, al servicio de una mejor comprensión. Al mismo tiempo debemos integrar la lectura a la enseñanza de las demás destrezas y, especialmente, estrechar sus vínculos con la escritura. El *lector estratégico* no es otro que, aquél que además de conocer estrategias de lectura, sabe *cómo, dónde* y *cuándo* usarlas apropiadamente (Paris, Lipson y Wixon, 1983: 293).

En lo que al campo de la investigación se refiere, es fundamental que no se abandonen las líneas experimentales ya emprendidas y que se vaya profundizando cada vez más en ellas, porque cuanto mejor seamos capaces de comprender la verdadera naturaleza del proceso lector en el ámbito de una L2, podremos conocer con mayor precisión el verdadero peso específico de cada uno de los componentes que intervienen en él y dicho conocimiento nos permitirá afinar más en el diseño de las actividades para favorecer la comprensión de textos en L2.

BIBLIOGRAFÍA

ACQUARONI, R. (1996), "Lecturas graduadas: algunas consideraciones para su incorporación a las actividades de clase", *Frecuencia L,* 1: 18-20.

ACQUARONI, R. (2000), "Del texto *apropiado* a la *apropiación* del texto. El tratamiento de la comprensión lectora en la enseñanza-aprendizaje de E/LE según las principales orientaciones metodológicas", *Carabela,* 48: 45-63.

ALONSO, I. (1997), "Cómo mejorar la comprensión lectora/auditiva en el aprendizaje de una L2", *Frecuencia L,* 4: 13-16.

ALDERSON, J. C. (1984), "Reading in a foreign language: A reading problem or a language problem", en J. C. ALDERSON y P. URQUHART (eds.) (1984), *Reading in a Foreign Language,* Londres, Longman.

ANDERSON, J. R. (1983), *The Architecture of Cognition,* Cambridge, Mass., Harvard University Press.

BEAUDOIN, E. M. *et al.* (1988), *Reader's choice,* Ann Arbor, MI, University of Michigan Press.

BEAUGRANDE, R. y DRESSLER, W. (1997), *Introducción a la lingüística del texto,* Barcelona, Ariel.

BLOCK, E. (1986), "The comprehension strategies of second language readers", *TESOL Quarterly,* 20, 3: 463-494.

BRATOSEVICH, N. (1992), *Taller literario. Metodología. Dinámica grupal. Bases teóricas,* Edicial.

BROSNAN, D. *et al.* (1984), *Reading in Context,* Adelaida, National Curriculum Resource Centre.

CAIRNEY, T. (1992), *Enseñanza de la comprensión lectora,* Madrid, Morata.

CARRELL, P. (1983), "Three components of background knowledge in reading comprehension", *Language Learning,* 33, 2: 183-207.

CARRELL, P. (1984b), "Schema theory and ESL reading: Classroom implications and applications", *Modern Language Journal,* 68, 4: 332-343.

CARRELL, P. L. (1985), "Facilitating reading comprehension by teaching text structure", *TESOL Quarterly,* 19, 4: 727-752.

CARRELL, P. *et al.* (1988), *Interactive Approaches to Second Language Reading,* Cambridge, Cambridge University Press.

CARRELL, P. L. (1991), "Second language reading: Reading ability or language proficiency?", *Applied Linguistics,* 12, 2: 159-179.

CARRELL, P. L. y WISE, T. E. (1998), "The relationship between prior knowledge and topic interest in second language reading", *Studies in Second Language Acquisition,* 20: 285-309.

CASSANY, D. (1994), *Enseñar lengua,* Barcelona, Graó.

CLARK, M. L. (1972), "Hierarchical Structure of Comprehension Skills", *Australian Council for Educational Research. ACER Research Series,* 1, 19.

CLARKE, M.A. (1979), "Reading in Spanish and English: Evidence from adult ESL students", *Language Learning,* 29: 121-150.

CLARKE, D. F. y NATION I S P. (1980-1981), "Guessing the meanings of words from context: Strategies and techniques", *System,* 8: 211-220.

COADY, J. (1979), "A psycholinguistic model of the ESL reader", en R. MACKAY *et al.* (eds.), (1979), *Reading in a Second Language: Hypotheses, Organization and Practice,* Rowley, Mass., Newsbury House.

CODINA ESPURZ, V. y USÓ JUAN, E. (2000), "Influencia del conocimiento previo y del nivel de una segunda lengua en la comprensión escrita de textos académicos", en C. MUÑOZ (ed.) (2000), *Segundas lenguas. Adquisición en el aula,* Barcelona, Ariel: 299-315.

CONNOR, U. (1996), *Contrastive Rhetoric: Cross-Cultural Aspects of Second Language Writing,* Nueva York, Cambridge University Press.

CUMMINS, J. (1977), "Delaying native language reading instruction in immersion programs: A

cautionary note", *The Canadian Modern Language Review,* 34, 1: 46-49.
CZIKO, G. A. (1978), "Differences in first-and second-language reading: The use of syntactic, semantic and discourse constraints", *Canadian Modern Language Review,* 34, 3: 473-489.
DANESI, M. (1988), "The Development of Metaphorical Competence: A Neglected Dimension in Second Language Pedagogy", A. N. MANCINI *et al.* (eds.), *Italiana. Selected Papers from the Proceedings of the Third Annual Conference of the American Association of Teachers of Italian,* vol. 3, River Forest, IL, Rosary College : 1-10.
DONIN, J. y SILVA, M. (1993), "The relationship between first-and second-language reading comprehension of occupation-specific texts", *Language Learning,* 32: 1-30.
ELLIS, R. y SINCLAIR, B. (1989), *Learning to Learn English. A Course in Learner Training,* Cambridge, Cambridge University Press.
ESCH, K. V. (1988), "La comprensión lectora del español como lengua extranjera: necesidades comunicativas, objetivos y métodos de enseñanza-aprendizaje", *Actas de las II Jornadas de Didáctica del español como Lengua Extranjera*, Madrid, Ministerio de Cultura: 195-222.
ESTAIRE, S. y ZANÓN, J. (1994), "Section 4. A Rationale For Task-based Language Teaching Units", *Lecturas de Adquisición de Lenguas Extranjeras (E/LE)*, (1994), Barcelona, Universidad de Barcelona: 30-42.
FLOYD, P. y CARRELL, P. (1987), "Effects on ESL reading of teaching cultural content schemata", *Language Learning,* 37, 1: 90-108.
GARCÍA MADRUGA, J. A. *et al.* (1999), *Comprensión lectora y memoria operativa. Aspectos evolutivos e instruccionales,* Barcelona, Paidós.
GENESSEE, F. (1979), "Acquisition of reading skills in immersion programs", *Foreign Language Annals,* 12, 1: 71-77.
GIOVANNI, A. *et al.* (1996), *Profesor en Acción, 3. Destrezas,* Madrid, Edelsa.
GOODMAN, K. (1968), *The Psycholinguistic Nature of the Reading Process,* Detroit, Wayne State University Press.
GOODMAN, K. S. (1970), "Psycholinguistic universals in the reading process", *Journal of Typographic Research,* 4: 103-110.
GOODMAN, K. S. (1973), "Psycholinguistic universals in the reading process", en F. SMITH (ed.) (1973), *Psycholinguistics and Reading,* Nueva York, Holt, Rinehart and Winston.
GOODMAN, K. (1976), "Reading: A psycholinguistic guessing game", en H. SINGER y R. B. RUDDELL (eds.), (1976), *Theoretical Models and Processes of Reading,* Newark, DE, International Reading Association.
GOUGH, P. B. (1972), "One second of reading", en J. F. KAVANAGH y J. G. MARTTINGLEY (eds.) (1972), *Language by Ear and by Eye,* Mass., Cambridge, The MIT Press.
HERNÁNDEZ MARTÍN, A. y QUINTERO GALLEGO, A. (2001), *Comprensión y composición escrita. Estrategias de aprendizaje,* Madrid, Síntesis.
HUDSON, T. (1982), "The effect of induced schemata on the "Short Circuit" in L2 reading: Non-decoding factors in L2 reading performance", *Language Learning,* 32: 1-31.
INSTITUTO CERVANTES (1994), *La enseñanza del español como lengua extranjera. Plan Curricular del Instituto Cervantes,* Alcalá de Henares, Instituto Cervantes.
JOHNSON, P. (1981), "Effects on reading comprehension of language complexity and cultural background of a test", *TESOL Quarterly*, 15, 2: 169-181.
KAPLAN, R. B. (1966), "Cultural thought patterns in intercultural education", *Language Learning,* 16: 1-20.
KINTSCH, W. (1974), *The Representation of Meaning in Memory,* Hillsdale, N.J., Erlbaum.
KODA, K. (1987), "Cognitive strategy transfer in second language reading", en J. DEVINE *et al.* (eds.) (1987), *Research in Reading English as a Second Language,* Washington DC, Teachers of English to speakers of other languages.

LAKOFF, G. y JOHNSON, M. (2001/1980), *Metáforas de la vida cotidiana,* Madrid, Cátedra.
LAUFER y SIM (1982), "Does the EFL reader need reading strategies more than language? Some experimental evidence", *Annual Meeting of the American Council in the Teaching of Foreign Languages,* Nueva York, Alexandria V. A.
LEE, J. F. (1986), "Background knowledge and L2 reading", *Modern Language Journal,* 70: 350-354.
LERNER, I. (2000), El placer de leer. Lecturas graduadas en el curso de E/LE, *Actas del X Congreso Internacional de ASELE. Nuevas perspectivas en la enseñanza del español como lengua extranjera,* vol. I, Universidad de Cádiz: 401-408.
LOEW, H. Z. (1984), "Developing strategic reading skills", *Foreign Language Annals,* 17: 401-303.
LONG, D. R. (1990), "What you don't know can't help you. An exploratory study of background knowledge and second language listening comprehension", *Studies in Second Language Acquisition,* 12, 1: 65-80.
MARTÍN PERIS, E. (1991), "Textos literarios y manuales de enseñanza de español como lengua extranjera", *Lenguaje y textos,* 16: 101-131.
MAYOR, J. (2000), "Estrategias de comprensión lectora", *Carabela,* 48, 5-24.
MEARA (1984), "Word recognition in foreign languages", en A. K. PUGH y J. M. ULIJN (eds.) (1984), *Reading for Professional Purposes: Studies in Native and Foreign Languages,* Londres, Heinemann: 97-105.
MINISTERIO DE EDUCACIÓN, CULTURA Y DEPORTE (2002), *Marco común europeo de referencia para las lenguas: aprendizaje, enseñanza, evaluación,* Madrid, Secretaría General Técnica del MECD y Grupo Anaya, traducido y adaptado por el Instituto Cervantes.
MIÑANO LÓPEZ, J. (2000), "Estrategias de lectura: propuestas prácticas para el aula de E/LE", *Carabela,* 48: 25-43.
MUNBY, J. (1986), *Read and Think,* Londres, Longman.
NUTTAL, C. (1982), *Teaching Reading Skills in a Foreign Language,* Heinemann.
O'MALLEY, J. M. y CHAMOT, A. U. (1990), *Learning Strategies in Second Language Acquisition,* Cambridge, Cambridge University Press.
PARIS, S. G. *et al.* (1983), "Becoming an strategic reader", *Contemporary Educational Psychology,* 8: 293-316.
PEÑA CALVO, A. (1993), *Las estrategias de lectura en el proceso de aprendizaje de una lengua extranjera: acercamiento consciente al discurso escrito,* Tesis doctoral inédita, Universidad Complutense de Madrid.
PIGLIA, R. (2000), *Formas breves,* Barcelona, Anagrama: 53.
RUAN, H. W. y LLOBERA CANAVES, M. (1997), "Reflexiones sobre las estrategias didácticas en las tareas de lectura en la enseñanza de español como L2: ¿Fomentan la competencia lectora de los estudiantes?", *Estudios de lingüística aplicada,* Castellón de la Plana, Universitat Jaume I.
RUMELHART, D. E. (1977), "Towards and interactive model of reading", en S. DORNIC (ed.) (1977), *Attention and performance IV,* Hilladale, Lawrence Erlbaum: 573-603.
RUMELHART, D. E. (1981), "Schemata: the building blocks of cognition", en J. T. GUTHRIE (ed.) (1981), *Comprehension and Teaching,* Newark, Deleware, International Reading Association.
SALAZAR GARCÍA, V. (2001), "Habilidad lectora y reconocimiento de unidades insertadas en español como L1 y L2", en S. PASTOR CESTEROS y V. SALAZAR GARCÍA (eds.) (2001), *Tendencias y líneas de investigación en adquisición de segundas lenguas,* Alicante, Universidad de Alicante: 153-176.
SAMUELS, S. J. y KAMIL, M. L. (1984), "Models of the reading process", en P. D. PEARSON *et al.* (eds.) (1984), *Handbook of Reading Research,* Londres, Longman: 185-224.
SAN MATEO VALDEHÍTA, A. (2000), *Una lectura graduada narrativa para estudiantes*

de E/LE de nivel avanzado, Memoria del Máster en formación de profesores especialistas en la enseñanza de E/LE, Madrid, Universidad Complutense.

SELLERS, V. D. (2000), "Anxiety and Reading Comprehension in Spanish as a Foreign Language", *Foreign Language Annals,* 33, 5: 512-521.

SINGHAL, M. (2001), "Reading Profiency, Reading Strategies, Metacognitive Awareness and L2 Readers", *Reading Matrix: An International Online Journal,* 1, 1: http://www.readingmatrix.com

SMITH, F. (1973), "Psycholinguistics and reading", en F. SMITH (ed.) (1973), *Pchycolinguistics and Reading,* Nueva York, Holt, Rinehart & Winston: 1-10.

STANOVICH, K. (1980), "Toward an interactive conpensatory model of individual differences in the development of reading fluency", *Reading Research Quarterly,* 16: 37-2.

SWAFFAR, J. *et al.* (1991), *Reading for Meaning. An Integrated Approach to Language Learning,* Prentice-Hall, Inc.

TAYLOR, I. y TAYLOR, M. (1983), *The Psychology of Reading,* Nueva York, Academic Press.

TRUJILLO SÁEZ, F. (1999), *Retórica contrastiva y expresión escrita: evaluación y estudio de textos en inglés y español,* Tesis doctoral inédita, Universidad de Granada.

TZENG, O. y HUNG, D. (1981), "Linguistic determinism: A written language perspective", en O. TZENG y H. SINGER (eds.) (1981), *Perception of Print,* Hillsdale, N.J., Lawrence Erlbaum Assoc.

VAN DIJK, T.A. (1977/1980), *Texto y contexto,* Madrid, Cátedra.

VAN DIJK, T. A. (1980/1987), *La ciencia del texto,* Barcelona, Paidós.

VAN DIJK, T. A. y KINTSCH, W. (1983), *Strategies of Discourse Comprehension,* Nueva York, Academic Press.

VANN y ABRAHAM (1990), "Strategies of unsuccessful language learners", *TESOL Quarterly,* 24, 2: 177-198.

WENDEN, A. y RUBIN, J. (1987), *Learner Strategies in Language Learning,* Londres, Prentice, Hall International.

VII PARTE
El proceso de evaluación

Modelos, tipos y escalas de evaluación

José Ramón Parrondo Rodríguez
Instituto Cervantes

Introducción

Al abordar aspectos de la evaluación que suponen la certificación oficial de la competencia idiomática en español, conviene quizá adoptar un enfoque eminentemente diacrónico, consistente en la enumeración de hitos históricos relacionados con la creación de los Diplomas de Español como Lengua Extranjera (DELE) y en su descripción y desarrollo al amparo de las diversas instituciones involucradas. No obstante, al explicar las escalas de medición de la competencia en las que se circunscriben estas certificaciones y su dimensión internacional, es obligado relacionarlas con el *Marco común europeo de referencia (MCER)* (2002), documento que dejará en años venideros una impronta en los sistemas educativos europeos que, tal vez, pueda compararse al impacto producido por la adopción generalizada de enfoques comunicativos en los años ochenta. Además de dar cuenta de los planteamientos políticos en los que se sustentan estas iniciativas, será necesario exponer las bases teóricas y los fundamentos académicos que las sostienen.

La sección primera de este artículo trata precisamente los principios metodológicos utilizados para la confección de escalas válidas y fiables. A continuación, la sección segunda analiza, desde una perspectiva política, la dimensión europea del aprendizaje, la enseñanza y la evaluación de segundas lenguas y su impacto en la práctica docente. En la tercera parte se explican los planteamientos iniciales, el desarrollo y la evolución de los Diplomas de Español como Lengua Extranjera, poniendo especial énfasis en su relación con las escalas de medición de la competencia lingüística descritas en el *Marco común europeo de referencia*.

1. Escalas de evaluación

1.1. Antecedentes

Hasta hace bien poco, la mayor parte de las escalas de evaluación de la competencia lingüística se habían diseñado basándose en análisis intuitivos o en otras escalas existentes, sin que hubiera ningún fundamento teórico de la descripción de la lengua ni de la medición de la competencia. En los últimos diez años dos factores han influido enormemente en un mayor uso de las escalas de evaluación de la competencia. Por un lado, se aprecia una tendencia generalizada hacia sistemas educativos más transparentes y abiertos. Por otro lado, se tiende asimismo hacia una mayor integración internacional, especialmente en Europa, que valora aún más la capacidad de poder explicar el significado del aprovechamiento en un objetivo lingüístico concreto. Como resultado, y a diferencia de lo que sucedía hace diez o quince años -cuando la mayoría de las escalas al uso estaba directa o indirectamente relacionada con el Instituto de Servicios Exteriores norteamericano (FSI, en sus siglas inglesas), creado en los años cincuenta-, en los últimos tiempos hemos asistido a la proliferación de escalas europeas que no toman como punto de referencia el patrón americano. Como ejemplos pueden citarse las siguientes: *British National Language Standards* (*Languages Lead Body*, 1992); la escala de niveles de competencia lingüística de Eurocentres (Eurocentres, 1983-93); la escala finlandesa de competencia lingüística (Luoma, 1993); el Marco de ALTE (*Association of Language Testers in Europe*, 1994); y DIALANG (1997-2003).

Muchos de los planteamientos metodológicos adoptados para el desarrollo de estas escalas representan lo que Bachman (1990: 325-330) denomina enfoque conductista o *auténtico* de la evaluación: se pretende retratar lo que un usuario es capaz de hacer en el mundo real a un nivel determinado. Bachman se refiere a otros enfoques con la denominación de *habilidad interactiva*, por los que se intentan describir aquellos aspectos de la capacidad lingüística de un usuario que son objeto de muestreo. Alderson (1991: 71-76) utiliza una triple clasificación basándose en la finalidad de uso de las escalas. Así redenomina la *habilidad interactiva* de Bachman como enfoque *orientado hacia el evaluador*, dado que las escalas se utilizan realmente para dar consistencia al proceso de calificación. Alderson identifica una función más *orientada hacia el usuario* que consistiría en revestir de significación las calificaciones otorgadas una vez que se hacen constar en documento público. La tercera función estaría *orientada hacia el constructor* y su finalidad consistiría en servir como directriz en la confección de pruebas de examen o en el diseño curricular. Puede pensarse además que estos complejos cuadros analíticos de descriptores de *habilidad interactiva* diseñados para definir perfiles pueden estar más bien orientados hacia el diagnóstico. En todo caso, los problemas que pueden derivarse del uso de determinadas escalas no reside sólo en la metodología y el procedimiento para su confección, sino en la finalidad para la que se usan.

El desarrollo de escalas de nivel y de los descriptores asociados a las mismas se ha popularizado en la última década por una serie de razones. En primer término, los descriptores de nivel proporcionan modelos o *estereotipos* con los que los usuarios pueden compararse con la finalidad de evaluar su propia posición en la escala (autoevaluación). Las escalas son extremadamente útiles para incrementar la fiabilidad de las calificaciones otorgadas de manera no objetiva, dado que constituyen un estándar común y dan sentido a este tipo de juicios de valor. Desde el punto de vista de las entidades certificadoras de la competencia lingüística, estas escalas son en realidad directrices para la confección de pruebas de examen. Desde el punto de vista de los usuarios de los exámenes, las escalas son útiles para informar adecuadamente sobre los resultados obtenidos en todo tipo de procedimientos de evaluación. Para las entidades proveedoras de servicios de enseñanza, las escalas pueden aportar coherencia interna entre las diversas actividades académicas de la institución (pruebas de clasificación y diagnóstico, diseño curricular, organización y desarrollo de materiales, evaluación continua y certificación). Finalmente, estas escalas permiten la comparación entre diferentes sistemas o poblaciones estudiantiles mediante la utilización de un patrón común.

Mientras que la mayoría de las escalas de la competencia lingüística parecen haber sido producidas de forma pragmática e intuitiva, o están basadas en la cultura pedagógica de un entorno determinado, algunos proyectos europeos recientes han tenido en cuenta los siguientes factores:

- La utilización de un modelo de competencia comunicativa o de uso del idioma.
- La comprobación exhaustiva de las categorías y de las formulaciones de los descriptores, de modo que sean relevantes y que tengan sentido para los usuarios.
- La utilización de un modelo de medición.
- El esmero en evitar los riesgos de aplicar contenidos de escalas ordenados para un contexto determinado a otros contextos incompatibles.
- El uso de una metodología basada en trabajos de campo de naturaleza empírica.

De entre los proyectos de desarrollo de escalas de carácter pan-europeo más prominentes, es necesario destacar tres: el proyecto del Consejo Superior de Investigación Científica de Suiza, el proyecto DIALANG y el proyecto *CAN-DO* de ALTE.

1.2. El proyecto suizo

A mediados de los años noventa, un proyecto financiado por el Consejo Superior de Investigación Científica suizo (Schneider y North, 2000) diseñó un modelo de escala de la competencia lingüística basado en un *banco de descriptores*. El proyecto se desarrolló en dos fases: la versión inglesa se culminó en 1994 y las versiones alemana y francesa, en 1995. El objetivo principal del proyecto residía en la utilización de una metodología de trabajo basada en bancos de ítems para desarrollar un banco de descriptores claros de la competencia comunicativa, en el que cada uno de dichos ítems tuviera asociado un coeficiente de dificultad conocido. Este banco de descriptores se utilizó después para elaborar la primera edición de los niveles comunes de referencia en el *Marco común europeo de referencia* (2002) y crear los instrumentos de autoevaluación necesarios para la creación de un prototipo de *Pasaporte lingüístico europeo* o *Portfolio europeo de las lenguas*, documento ideado para recoger los logros, etapa por etapa, de los usuarios en el aprendizaje de otras lenguas.

El punto de partida del proyecto lo constituía un conjunto de descriptores en bruto, creados a partir de otras escalas de medición de la competencia ya existentes; mediante talleres de trabajo con profesores y educadores se refinaron los descriptores hasta conseguir reducirlos a declaraciones independientes, claras, sencillas, útiles y relevantes para los usuarios. Los educadores participantes presentaron después a sus alumnos un cuestionario de autoevaluación confeccionado a partir de una selección de estos descriptores. Los datos recogidos en la muestra fueron más tarde utilizados para clasificar los descriptores por medio del modelo estadístico de Rasch. Las estimaciones de dificultad de los descriptores que se desarrollaron en inglés en 1994 resultaron mantenerse de forma muy estable en las versiones alemana y francesa de 1995.

1.3. El proyecto DIALANG

Este proyecto, financiado con cargo a los presupuestos de la Comisión Europea, Dirección General de Educación y Cultura (a través de sus programas Sócrates, Lingua y Acción D), desarrolla escalas de evaluación con fines diagnósticos en 14 idiomas, basadas en el *Marco de referen-*

cia. El sistema, asistido en su totalidad por ordenador y administrado a través de Internet, consta de varios componentes: autoevaluación, pruebas de competencia lingüística y retroalimentación. Va dirigido a estudiantes adultos, con independencia del entorno de estudio en el que se encuentren y no tiene valor certificador. Sin embargo, los principales impulsores del proyecto y creadores del sistema (la Universidad Libre de Berlín, la Universidad de Jyväskylä, la Universidad de Lancaster y el Grupo holandés CITO) consideran que esta iniciativa tiene un impacto positivo en la enseñanza-aprendizaje de segundas lenguas porque fomenta el aprendizaje autónomo y confiere al alumno un mayor control sobre su proceso de aprendizaje.

El sistema pide primeramente al usuario que evalúe su propio nivel de competencia antes de ofrecerle las pruebas en línea; la autoevaluación es tratada como parte integral del conjunto de destrezas lingüísticas. Las pruebas evalúan lectura, escritura, comprensión auditiva, estructuras gramaticales y vocabulario a lo largo de la totalidad de la escala del *Marco de referencia*, desde el nivel de principiante al avanzado. Finalmente, el sistema retorna al usuario información sobre su rendimiento en la prueba y ofrece consejos sobre el aprendizaje futuro y sobre posibles opciones de examen que conlleven certificación.

La primera versión de esta aplicación, que contiene cuatro lenguas, apareció en mayo de 2002; los coordinadores del proyecto esperan ver terminada la versión operativa en catorce idiomas en el espacio de otro año más[1].

1.4. El proyecto Can-do

La asociación ALTE, que aparece tratada en el epígrafe 2. 3., ha desarrollado un proyecto de investigación a largo plazo orientado a la validación de descriptores de capacidad lingüística con relación al *Marco de referencia*. Cada uno de los niveles del marco de ALTE (Acceso, 1, 2, 3, 4 y 5) se describen por medio de una serie de declaraciones de habilidad, que corresponden con las tareas concretas que un hablante es capaz de llevar a cabo en situaciones comunicativas con relación a la escala de niveles. El objetivo final es facilitar a los usuarios la comprensión de la escala de niveles en relación con las habilidades reales de que se hace uso. El sistema de descriptores consta de unas 400 declaraciones de habilidad, subdivididas a su vez en 40 categorías, que describen lo que un hablante típico de L2 es capaz de hacer en un idioma determinado, a un determinado nivel y en cada una de las destrezas (comprensión y expresión oral / escritura y lectura). Este sistema se encuentra traducido a trece idiomas europeos y fue inicialmente desarrollado a través de un riguroso proceso de selección sistemática de descriptores, en el que participaron expertos en evaluación y en lingüística aplicada así como más de 10.000 estudiantes de idiomas en toda Europa.

El proceso de validación de descriptores, todavía en curso, tiene por objetivo sincronizar el marco de ALTE con el *Marco de referencia*; con este fin, se han elaborado cuestionarios extensos que son administrados a candidatos a las pruebas de examen de los entes certificadores miembros de la asociación. Los datos estadísticos que arroja esta operación son posteriormente sometidos a un análisis de Rasch utilizando matrices de datos e ítems de anclaje, que permiten establecer la dificultad relativa en puntos concretos de la escala. Finalmente, los datos son cruzados con los obtenidos por los

[1] Para más información sobre el proyecto, puede visitarse el sitio web desde donde se administran las pruebas (http://www.dialang.org). Páginas en inglés, francés y alemán.

encuestados en exámenes oficiales, procedimiento por el cual se valida la correlación entre dichas certificaciones y el *Marco de referencia*. Hasta ahora, las correlaciones obtenidas entre el cuestionario de autoevaluación y los exámenes oficiales son extremadamente estables.

2. El contexto europeo

2.1. El Consejo de Europa

El embrión ideológico de la creación de una suerte de Estados Unidos de Europa se remonta a las postrimerías de los años cuarenta, en plena reconstrucción física y política europea, y se atribuye al primer ministro británico Sir Winston Churchill la acuñación de este término, en 1946, que constituye toda una declaración de principios e intenciones[2]. El punto de partida de la creación del Consejo de Europa se sitúa en 1948, con la celebración, el 7 de mayo, del congreso de La Haya, conocido después como *El Congreso de Europa*. Un año más tarde, diez países firman en Londres su adhesión a un tratado que contiene esencialmente los Estatutos del Consejo de Europa. Los objetivos de esta organización quedan expresados en el primer artículo: *El objetivo del Consejo de Europa es lograr una mayor unidad entre sus miembros con el fin de salvaguardar y realizar los ideales y principios que constituyen su patrimonio común, así como facilitar su progreso económico y social*. Las principales instituciones de la organización se fueron desarrollando entre 1949 y 1970, y una buena parte de su actividad se dedicó a cuestiones de derechos sociales y humanos, lo que le valió una reputación como antecámara para la negociación de la transición entre dictadura y democracia para muchos países. El Consejo de Cooperación Cultural fue creado en 1961 y tenía una peculiaridad: podían participar todos los países europeos, fuesen o no miembros del Consejo. España pasa a convertirse en miembro del Consejo de Europa el 24 de noviembre de 1977.

En este papel facilitador de la cohesión social, política y económica tiene especial relevancia la actividad del Consejo de Europa en materia de política lingüística, con la que se pretende promover el plurilingüismo y la pluriculturalidad entre la ciudadanía europea, con el objeto de combatir la intolerancia y la xenofobia a través de la comunicación y el entendimiento mutuo. Europa es y seguirá siendo un espacio político y geográfico multilingüe. Son objetivos del Consejo la protección del patrimonio lingüístico y cultural europeo, el fomento de la movilidad personal y del intercambio de ideas en diversas lenguas, así como el desarrollo de un enfoque metodológico armónico, basado en principios comunes, para la enseñanza de las lenguas. Con este fin, se pretende promover una pedagogía coherente, centrada en el alumno e integradora de los objetivos, de las experiencias de aprendizaje y de la evaluación del conocimiento. Los principales instrumentos a través de los que se articula esta política los constituyen el *Marco común europeo de referencia* (*MCER*) y el *Portfolio europeo de las lenguas*.

---

[2] Información histórica institucional proporcionada por el Consejo de Europa a través de sus páginas web (http://www.coe.int). Páginas en inglés y en francés.

2.2. La descripción de niveles de competencia lingüística: más allá del nivel umbral

Existe ya toda una relación de documentos publicados por el Consejo de Europa que han representando un papel significativo en la renovación metodológica de la enseñanza de lenguas extranjeras, especialmente en el paso de un enfoque primordialmente formalista a otro que supone una concepción más comunicativa de los procesos de enseñanza-aprendizaje, en línea con la ambición de facilitar una mayor movilidad de las personas y de las ideas. De toda esta documentación es necesario destacar sin duda la publicación, mediados los años setenta, de una serie de especificaciones que los expertos consultados por el Consejo de Europa desarrollaron para explicar, en términos eminentemente operativos, lo que los usuarios deberían ser capaces de *hacer* cuando utilizan la lengua de forma independiente para comunicarse en aquellos países donde es el medio de comunicación habitual, así como de los conocimientos y destrezas necesarias para realizar eficazmente las transacciones comunicativas.

Estas especificaciones iniciales desarrolladas en primer término para el inglés fueron denominadas nivel umbral (EK, 1977), y junto con la versión francesa (*un niveau-seuil*), constituyeron los modelos básicos para la adaptación a otras lenguas europeas según su situación lingüística específica y según su experiencia académica. La versión española del nivel umbral fue desarrollada por Peter Slagter en 1979 y no ha sido objeto de revisiones hasta la fecha. Las especificaciones de nivel umbral han tenido una enorme influencia en la planificación de programas de enseñanza de lenguas, sirviendo en muchos casos como base para nuevos desarrollos curriculares, para la producción de libros de texto más interesantes y atractivos, para la aparición de cursos multimedia de gran popularidad y para la aplicación de formas de evaluación más realistas y relevantes.

El modelo original del nivel umbral se ha visto enriquecido y ampliado con el desarrollo de nuevas ideas en este ámbito: en 1990 se publicó una nueva versión inglesa del nivel umbral (*Threshold level*, 1990). Cobran mayor relevancia los componentes culturales y se presta mayor atención a la filosofía pedagógica de *aprender a aprender*. Inicialmente para el inglés, se ha desarrollado asimismo un nivel inferior (*Waystage*, que en español ha dado en llamarse *Plataforma*) y uno superior (*Vantage Level* o *Nivel Avanzado*), del que se llevan elaborando varias versiones aplicadas a diversas lenguas.

Estas tres descripciones corresponden a los niveles A2 (*Waystage*), B1 (*Threshold*) y B2 (*Vantage*) del *Marco de referencia*, descrito más adelante.

Algunas de las versiones están siendo elaboradas por equipos de trabajo internacionales: la versión francesa del nivel B2 (Avanzado) y del nivel A2 (Acceso), así como una revisión de *un niveau seuil* (nivel B1 o Umbral); en alemán, *Profile deutsch*, que se ocupa de los primeros cuatro niveles del *Marco común europeo de referencia* (A1, A2, B1 y B2) ha sido desarrollado por colaboradores de tres países. Se encuentra en fase de desarrollo un nivel de competencia por debajo del nivel denominado Plataforma (A2). El nivel A1, denominado en español *Acceso*, está pensado para constituir un objetivo alcanzable para quienes se inician en el estudio de una segunda lengua; por muy elemental que pueda parecer, es un nivel susceptible de ser medido y de merecer el reconocimiento documental correspondiente, que debería a su vez tener un marcado carácter motivador para el estudiante.

En la tabla que se acompaña, se ilustra el cuadro de niveles:

ADVANCED / AVANZADO	**C2**	*Mastery*	Maestría
	C1	*Effective Operational Proficiency*	Dominio operativo eficaz
INTERMEDIATE / INTERMEDIO	**B2**	*Vantage*	Avanzado
	B1	*Threshold*	Umbral
BEGINNER / PRINCIPIANTE	**A2**	*Waystage*	Plataforma
	A1	*Breakthrough*	Acceso

El punto de partida es la graduación de la escala global de la competencia en tres grandes bloques (Principiante, Intermedio y Avanzado: A, B y C), que a su vez se subdividen en dos niveles cada uno. Los seis niveles resultantes son también susceptibles de segmentación en bloques menores, siguiendo un desarrollo arbóreo, que tiene la propiedad de adaptarse a las necesidades específicas de secuenciación por ciclos, cursos o niveles en los diversos entornos educativos. Este modelo de escala constituye la base para el desarrollo del *Marco de referencia*.

2.3. ALTE

La Asociación de Entes Certificadores de la Competencia Lingüística (*Association of Language Testers in Europe*)[3] fue creada en 1990 y contaba en sus inicios con ocho miembros fundadores, todos ellos proveedores de servicios de evaluación en sus respectivos países y lenguas maternas. En la actualidad, la asociación reúne a 27 miembros que representan a 24 lenguas europeas. Desde el punto de vista jurídico, la asociación está constituida como Grupo Europeo de Interés Económico, por lo que la participación en la misma de representantes de países que aún no pertenecen a la Unión Europea debe articularse por medio de la figura de *miembro asociado*.

La supresión de barreras fronterizas entre estados europeos, especialmente en el ámbito laboral, constituye un elemento facilitador de enorme importancia para la movilidad geográfica de los trabajadores, por lo que el reconocimiento transnacional de las certificaciones de la competencia lingüística se plantea como una necesidad inmediata. Tanto los trabajadores como sus empleadores necesitan saber el significado de las diversas titulaciones lingüísticas expedidas por los diferentes estados de la Unión Europea y su equivalencia interna. Una de las principales tareas de la asociación ha sido el trabajo conjunto para describir y comparar los diferentes exámenes y llegar a confeccionar un marco común de carácter referencial que permita la visualización de las mencionadas equivalencias. Los principales objetivos de la asociación son, además del establecimiento de escalas y niveles comunes de competencia, la constitución e implantación de procedimientos homologados para el desarrollo, confección y administración de pruebas de exa-

[3] Puede ampliarse información sobre la asociación en su sitio web (http://www.alte.org). Páginas en inglés.

men, de sistemas de calificación y de comunicación de resultados, así como de análisis e investigación de los resultados. Con estos fines, los miembros de la asociación han colaborado en una serie de proyectos que sirven como base para el intercambio de ideas y experiencias.

El objetivo de establecer una escala común de niveles de competencia lingüística constituyó el primer proyecto a largo plazo de la asociación. La primera fase del proyecto se completó en 1991, con la publicación de una primera versión del manual descriptivo de ALTE en inglés; los miembros de la asociación describían en este documento sus exámenes según un patrón común y se llegaba así a un primer acercamiento a un marco de referencias cruzadas entre niveles y certificaciones. Estas descripciones contienen también explicaciones detalladas sobre los procedimientos empleados en todas las fases del proceso evaluador, con especial énfasis en los sistemas del control de la calidad que se emplean. En 1998 se acometió el proyecto CAN-DO, descrito anteriormente, que supone la validación de las escalas y certificaciones de ALTE con el *Marco de referencia*.

Con el fin de acometer estos proyectos iniciales, se constató la necesidad de acordar una terminología técnica específica de contenido inequívoco que sirviera para facilitar los trabajos conjuntos entre los miembros. Como resultado, en 1998 se publicó un glosario multilingüe de términos relacionados con la evaluación de la competencia lingüística que ha servido como instrumento posibilitador de la cooperación.

En 1994 la asociación decidió adoptar formalmente un Código de Buena Práctica como medio para definir los niveles mínimos de calidad, que tanto los miembros existentes como los futuros se comprometerían a adoptar para garantizar a los usuarios de sus certificaciones transparencia y calidad en la prestación de los servicios de evaluación. El objetivo último de esta iniciativa es transmitir al usuario la seguridad de que las pruebas conducentes a la obtención de titulaciones de competencia lingüística no sólo son comparables en términos de niveles, sino también en calidad, por lo que es necesaria la adopción de medidas y métodos de trabajo comunes tanto en los procesos de elaboración y producción como de administración de los exámenes. Este código deontológico especifica los niveles de calidad del servicio y las obligaciones contraídas por los diversos colectivos participantes en este tipo de actividades. Estos colectivos los integran los proveedores del servicio de evaluación y certificación y los usuarios de dicho servicio, que podemos clasificar a su vez en dos grupos: candidatos, o usuarios primarios, y usuarios secundarios, entre los que se encuentran autoridades educativas, empresarios y consumidores en general. La toma de decisiones por parte de los usuarios secundarios tiene un efecto directo sobre los primarios, por lo que su responsabilidad debe quedar también claramente establecida. Los aspectos principales sobre los que incide el código y para los que los entes evaluadores respectivos se comprometen a salvaguardar los derechos de los usuarios son cuatro:

- Desarrollo y confección de pruebas de examen.
- Interpretación de los resultados de las pruebas.
- Compromiso de equidad y justicia.
- Información para los usuarios.

En la primera parte, el código deontológico de la asociación trata las obligaciones de los entes certificadores; la segunda parte comprende los compromisos adquiridos por los usuarios. La importancia que los miembros de la asociación dan a los principios éticos de conducta se traduce en la práctica en una mayor convergencia de los sistemas de control de la calidad de las pruebas y en una mayor transparencia en el desarrollo de todos los procesos, desde la confección de los exámenes hasta la comunicación oficial de resultados, pasando por los sistemas de administración.

Más recientemente, en 2000, la asociación, en colaboración con EAQUALS[4] (*European Association of Quality Language Services*), desarrolló un modelo de *Portfolio europeo de las lenguas*, descrito más adelante, que fue validado por el Consejo de Europa al año siguiente.

Además de las citadas líneas troncales de investigación y cooperación, la asociación cuenta en la actualidad con varios proyectos, que desarrollan grupos de trabajo reducidos, entre los que deben citarse la certificación y acreditación de profesores, la certificación de la competencia lingüística con fines específicos y la colaboración con el Consejo de Europa en el desarrollo de descriptores del nivel A1 (Acceso).

2.4. El *Marco común europeo de referencia (MCER)* (2002)

El *MCER* fue desarrollado por el Consejo de Europa a través de un proceso de investigación científica y de amplias consultas entre instituciones y expertos. Este documento constituye una herramienta práctica para establecer claramente objetivos por niveles en las sucesivas fases del aprendizaje de la lengua y posibilita asimismo la evaluación de los resultados de modo que puedan compararse en el contexto internacional. El *MCER* constituye una base para el reconocimiento mutuo de las certificaciones de competencia lingüística, con lo que se pretende que facilite la movilidad educativa y laboral de los ciudadanos. Su uso se está extendiendo cada vez más en sistemas de enseñanza reglada y en asociaciones internacionales con el objeto de comparar certificaciones. Una reciente Resolución del Consejo de la Unión Europea (de noviembre de 2001) recomienda el uso de este instrumento elaborado por el Consejo de Europa para la implantación de sistemas de validación de la competencia lingüística.

El *MCER* es un documento que pretende describir de forma extensiva las competencias necesarias para la comunicación, los conocimientos y destrezas relacionados con dichas competencias y las situaciones y dominios en los que tiene lugar la comunicación. Es de especial interés para los diseñadores de cursos de idiomas, los escritores y editores de libros de texto, los evaluadores, los profesores y los formadores de profesores: todos los que de forma directa se relacionan con la enseñanza y la evaluación de la competencia lingüística. Pretende facilitar definiciones claras sobre objetivos y métodos de aprendizaje y de enseñanza y proporcionar las herramientas necesarias para la evaluación de la competencia.

El *MCER* constituye uno de los principales componentes de la segunda fase de un proyecto del Consejo de Europa de mayor extensión, titulado *Language Learning for European Citizenship* (1989-1996).

La asociación ALTE, fue la encargada de confeccionar un documento suplementario, titulado *Users Guide for Examiners* y destinado a los colectivos involucrados en el desarrollo y administración de pruebas de evaluación.

Algunos de los contenidos del *MCER* han tenido ya una influencia apreciable en la manera en que los entes certificadores describen sus exámenes, especialmente en aspectos relacionados con la especificación de dominios y de actividades comunicativas. La competencia comunicativa de los usuarios del idioma es activada por medio de actividades lingüísticas que se encuentran contextualizadas en dominios determinados. Estos dominios son básicamente cuatro: personal, público, laboral y educativo; las actividades comunicativas se subdividen a su vez en varios tipos: productivas, receptivas, interactivas y mediadoras.

4 Para información complementaria sobre esta asociación europea, véase su sitio web (http://www.eaquals.org).

Entre las actividades productivas de carácter oral se encuentran tareas tan diversas como dirigirse a una audiencia o cantar en público, mientras que otros ejemplos de actividades de producción escrita los constituyen la escritura creativa o la cumplimentación de formularios.

Las actividades receptivas (escuchar y leer) contienen fines específicos propios de estas destrezas: lectura o escucha para la compresión global, para buscar información específica o para la comprensión detallada. Las actividades de naturaleza interactiva pueden ser escritas o habladas. En el caso de estas últimas, y por citar algunos ejemplos diversos, puede darse la discusión y el debate formal o los intercambios verbales y las conversaciones informales. En el caso de las actividades escritas, la gama de posibilidades va desde el intercambio de correspondencia de carácter oficial hasta la interacción por medios electrónicos. Las tareas de mediación consisten fundamentalmente en la traducción, la interpretación, la síntesis y la perífrasis, y son exponentes de la capacidad para facilitar la comunicación entre otras personas.

2.5. El *Portfolio europeo de las lenguas*

Este proyecto está íntimamente ligado al *Marco de referencia*: utiliza el sistema de seis niveles propuesto y contiene las tablas de descriptores por niveles y destrezas de este documento. En este hecho reside el atractivo principal del *Portfolio*: a medida que el *Marco de referencia* se va convirtiendo en el patrón con el que se miden cursos, materiales pedagógicos y exámenes, tanto en la enseñanza reglada obligatoria como en el sector educativo terciario en Europa, este proyecto irá cobrando mayor relevancia.

El *Portfolio europeo de las lenguas* (*PEL*) fue desarrollado y pilotado por el Departamento de Política Lingüística del Consejo de Europa entre 1998 y 2000. Fue presentado formalmente en toda Europa, durante el Año Europeo de las Lenguas (2001), como herramienta facilitadora del desarrollo del plurilingüismo y de la pluriculturalidad.

El *Portfolio europeo de las lenguas* tiene un formato de expediente o de carpeta portadocumentos. Los titulares, personas que están aprendiendo o que han aprendido un idioma, bien en entornos formales o no formales, pueden hacer constar y reflejar sus experiencias de aprendizaje lingüístico y cultural en este soporte. El expediente contiene un pasaporte lingüístico que el propio titular actualiza periódicamente. Se facilita, además, un cuadro sinóptico en el que se describen las diversas competencias lingüísticas de acuerdo con criterios europeos comunes, que puede servir como complemento a los certificados oficiales al uso. El expediente también contiene una pormenorizada biografía lingüística en la que los titulares podrán describir sus experiencias en el aprendizaje de cada lengua, pensada para servir como guía al usuario para la planificación y la evaluación de su progreso. Finalmente, se incluye un dossier donde pueden reunirse muestras de trabajos personales que ilustren la competencia lingüística del titular.

Este documento está diseñado para amoldarse a los sistemas educativos oficiales o a las características especiales del aprendizaje independiente, y su versatilidad reside precisamente en su capacidad para aglutinar documentación diversa en un formato homologado.

La función documentadora e informadora del *PEL* se articula por medio de la exhaustiva recogida de datos sobre la competencia lingüística y sobre las experiencias de aprendizaje de segundas lenguas de su titular de modo global, transparente y fiable. Los instrumentos de recogida de datos que contiene el *PEL* están diseñados para facilitar a los usuarios la comprensión de los niveles de competencia que han adquirido en su proceso de aprendizaje de una o más lenguas extranjeras, de modo que puedan informar a terceras partes de una manera detallada e internacionalmente homologada. Existen numerosos contextos en los que podemos apreciar el valor de este documento, debidamente cumplimentado y actualizado, para sus titulares y usuarios: traslados a otras escuelas o colegios, acceso a otro sector educativo superior, inicio de un curso de idiomas, reunión con un orientador profesional o solicitud de un puesto de trabajo. En estos contextos, el *PEL* está dirigido a aquellas personas que tienen capacidad de decisión en momentos trascendentales para el titular del documento. Aparte de este sentido utilitarista del documento, cualquier persona puede estar simplemente interesada en contar con él para su propio beneficio.

En estos momentos es pronto aún para evaluar el impacto que el *PEL* está teniendo en la enseñanza-aprendizaje de idiomas en Europa. Sin embargo, el concepto de *pasaporte* de la destreza lingüística tiene un innegable atractivo entre una ciudadanía cada vez más numerosa conforme se amplían los confines geopolíticos de la UE y se incrementa el número de lenguas de interacción.

3. Los Diplomas de Español como Lengua Extranjera (DELE)

3.1. Antecedentes

Los Diplomas de Español como Lengua Extranjera (DELE), acreditativos del conocimiento del idioma español, fueron creados por el Ministerio de Educación de España en 1989, por el Real Decreto 826/1988, de 20 de julio, siendo titular de la cartera de Educación D. Javier Solana Madariaga, en el marco de las diversas acciones promovidas con las finalidades de difundir el español e incrementar la presencia de la cultura en español en el mundo. La creación de una titulación de estas características, que suponía el desarrollo por vez primera de un sistema de exámenes internacionales, respondía a la necesidad de hacer más visible uno de los activos culturales españoles más apreciados fuera de nuestras fronteras y menos valorados dentro de ellas: la lengua. En la última década hemos asistido a la creación de numerosos exámenes internacionales de competencia en lenguas europeas minoritarias. Estas iniciativas no tienen por lo general como principal objetivo la generación de beneficios o el desarrollo de una industria lucrativa, sino que es más relevante para sus promotores y patrocinadores la proyección y la presencia en foros internacionales que ayudan a legitimar y a fomentar el estudio de la lengua y su certificación oficial.

Los exámenes para la obtención de los diplomas de español fueron, durante los dos primeros años, enteramente confeccionados en el Ministerio de Educación en Madrid y administrados exclusivamente en el extranjero a través de la red de embajadas y consulados de España. El modelo de examen del Diploma Básico de Español, nivel único, que se administró en otoño de 1989, no era únicamente un instrumento evaluador de destrezas lingüísticas; una de las tareas propuestas en la prueba de expresión escrita consistía en un comentario de texto sobre una obra literaria que el candidato debía haber leído (Carlos Fuentes, Camilo José Cela, Eduardo Mendoza y Miguel Delibes figuraban en la bibliografía de preparación de la prueba). Con la creación en 1990 de un nuevo nivel, certificado por el Diploma Superior de Español, las pruebas adoptan el formato actual y la focalización exclusivamente lingüística de la materia objeto de evaluación.

3.2. La Universidad de Salamanca y el Instituto Cervantes

En 1991 el Ministerio de Educación suscribió un convenio de colaboración con la Universidad de Salamanca por el que esta institución pasaba a encargarse de la confección y calificación de las pruebas de examen conducentes a la obtención de los DELE. Año y medio antes, en el otoño de 1989, la Universidad había establecido contacto con UCLES (*University of Cambridge Local Examinations Syndicate*) con el fin de recabar colaboración en aspectos técnicos del desarrollo y confección de pruebas de examen. ALTE nació prácticamente a raíz de esta iniciativa.

La creación del Instituto Cervantes[5] en marzo de 1991, constituido como ente público para la promoción de la lengua española y la cultura en español en el mundo, y dotado con una red de centros culturales y de enseñanza en diversos países, se perfilaba como la institución idónea para desarrollar la infraestructura administrativa de los diplomas de español. Esta incorporación llevó a la modificación de la legislación: el Real Decreto 1/1992, de 10 de enero, modifica y sustituye la legislación original para dar acomodo al Instituto Cervantes, que a partir de entonces se encargaría de organizar las convocatorias de examen. El Instituto Cervantes pasa a formar parte de ALTE ese mismo año.

En 1993, la Universidad de Salamanca propone la creación del Certificado Inicial de Español, con arreglo a las especificaciones del nivel umbral propuestas por Slagter (1979) y a la escala de Wilkins (1979), situando ostensiblemente el nivel de exigencia entre el nivel 3 *(competencia básica)* y el 4 *(competencia limitada)* de dicha escala, y en el nivel B1 del *Marco de referencia*.

Entre 1994 y 2003 el formato y los contenidos de las pruebas de los diplomas de español como lengua extranjera, en sus tres niveles, no sufren modificación alguna. En noviembre de 2002, y en virtud del Real Decreto 1137/2002, el Instituto Cervantes pasa a asumir las competencias relativas a la dirección académica, administrativa y económica de los diplomas. Éstos pasarán a ser expedidos, en nombre del Ministro de Educación, Cultura y Deporte, por el Director del citado organismo público. Los diplomas de español cambian asimismo de denominación, con arreglo a las equivalencias que se reseñan:

- El Certificado Inicial de Español pasa a denominarse Diploma de Español (Nivel inicial).
- El Diploma Básico de Español pasa a denominarse Diploma de Español (Nivel intermedio).
- El Diploma Superior de Español pasa a denominarse Diploma de Español (Nivel superior).

Con la nueva legislación, el ámbito de aplicación de las pruebas se amplía. Hasta entonces sólo podían optar a ellas aquellos ciudadanos que fueran nacionales de Estados donde el español no fuera lengua oficial. A partir de ahora, un amplio sector de los hablantes de español como segunda lengua, nacionales de Estados donde es lengua oficial pero residentes en países donde no lo es, podrán inscribirse para las pruebas de examen.

De este modo, el Instituto Cervantes pasa a convertirse en ente certificador con plena capacidad para tomar decisiones de política académica, administrativa y financiera. En estos dos últimos ámbitos, se espera dotar al sistema de exámenes de mayor flexibilidad para adaptarse a demandas específicas y para desarrollar acciones de promoción en zonas geográficas o en sectores académicos concretos. En el ámbito estrictamente académico se espera una revisión pormenorizada de las actuales pruebas de examen y el desarrollo de nuevos productos de evaluación: nuevos certificados de nivel dentro de la escala y nuevas titulaciones, tales como fines específicos.

---

[5] La información institucional sobre el Instituto Cervantes se encuentra en la dirección URL http://www.cervantes.es. Las páginas relativas a los Diplomas de Español se encuentran alojadas en http://diplomas.cervantes.es.

3.3. Correspondencia de los diplomas de español con otras escalas de evaluación

Un primer acercamiento al nivel de competencia lingüística que acredita cada uno de los diplomas, que en su día se tomó como base para referenciarlos, es la caracterización de niveles en el dominio de las lenguas propuesta por D. Wilkins (1979), en la que describe una escala de siete niveles según el grado de dominio que el hablante tenga de las cuatro destrezas lingüísticas: la expresión oral, la comprensión auditiva, la expresión escrita y la comprensión de lectura. Ésta es esquemáticamente su caracterización:

Nivel 1: Aptitud para formular enunciados.
Nivel 2: Competencia de supervivencia.
Nivel 3: Competencia básica (nivel umbral).
Nivel 4: Competencia limitada.
Nivel 5: Competencia media.
Nivel 6: Competencia amplia.
Nivel 7: Bilingüismo.

Desde este punto de vista, puede entenderse que el Certificado Inicial de Español se encuentra en el nivel 3; el Diploma Básico de Español, en el nivel 4; y el nivel del Diploma Superior de Español, en los niveles 6 y 7.

Los niveles de los diplomas de español y su equivalencia con el *Marco de referencia* están siendo objeto de revisión mediante procedimientos de verificación y validación de contenidos. Su posicionamiento en el contexto del *Marco de referencia* se ilustra del siguiente modo:

C2	Maestría	Diploma de Español (Nivel superior)
C1	Dominio operativo eficaz	
B2	Avanzado	Diploma de Español (Nivel intermedio)
B1	Umbral	Diploma de Español (Nivel inicial)
A2	Plataforma	
A1	Acceso	

3.4. Impacto de los diplomas de español

El concepto de *impacto*, también denominado *repercusión* o *efecto de rebote*, traducciones del inglés *backwash* o *washback*, se refiere al efecto o influencia de un examen, tanto sobre los procesos educativos generales como sobre las personas directa o indirectamente afectadas por los resultados de dicho examen. Dicho de otro modo, en aquellos países en los que estos exámenes son populares, su influencia en la planificación e impartición de cursos, en la práctica docente, en la edición de materiales didácticos, o en ámbitos extra-académicos, como el político o el económico, no es solamente susceptible de medición y análisis, sino que constituye una fuente importante de información para los entes certificadores sobre su poder real de convocatoria. En este sentido, dichos entes tienen una responsabilidad insospechada que afecta directamente a amplios sectores de la población involucrados en la enseñanza-aprendizaje de idiomas, de ahí que cobre relevancia el concepto de *buena práctica* aludido más arriba en relación con ALTE.

Es de esperar que un buen examen, que cumpla con las condiciones básicas de validez, fiabilidad y factibilidad, tenga asimismo un impacto positivo en los aspectos antes reseñados. Así, por ejemplo, si las especificaciones de las pruebas de examen están basadas en una concepción comunicativa de la competencia lingüística, será más probable que la práctica docente relacionada con la actividad preparadora para las pruebas se oriente hacia este tipo de constructos. Dicho de otro modo, si se pretendiera fomentar la implantación de metodologías procedimentales basadas en el enfoque por tareas, lo lógico y lo coherente sería que las pruebas de nivel correspondientes estuvieran diseñadas con arreglo a estos planteamientos.

Hasta la fecha, no ha habido estudios de impacto sobre los diplomas de español que hayan tenido una repercusión destacada en la evolución de las pruebas. En agosto de 2002, la Dirección Académica del Instituto Cervantes recabó la opinión de varios centenares de profesores y expertos en la enseñanza de E/LE sobre toda una serie de aspectos relacionados con las pruebas (formato, contenidos, validez, etc.). Preguntados por el impacto de las mismas, apenas el 30% reconocía haberlas usado concurrentemente para corroborar decisiones académicas ligadas a la evaluación o como referencia externa del rendimiento de sus alumnos. Sin embargo, del 48% de encuestados que no veían ninguna relación entre las pruebas y su propia práctica docente, más de la mitad respondía en otro punto del cuestionario que el diseño de pruebas de clasificación en sus propios centros respondía a patrones y formatos similares a los utilizados en los DELE. El impacto puede ser difícil de medir, pero a la vista de los resultados, es seguramente más difícil de identificar.

El reto más importante que se plantea en relación con los diplomas de español es que su impacto académico y político sea positivo; que los anclajes con las escalas de niveles europeas sean válidos y fiables; que su formato y sus contenidos sean coherentes con una concepción fundamental del lenguaje como instrumento para la comunicación. Sólo de este modo podrían convertirse en referencia obligada para todos los sectores involucrados en la enseñanza-aprendizaje de la lengua.

Conclusión

No se le habrá escapado al lector que al tratar el tema de las escalas de evaluación en relación con la medición de la competencia lingüística, toda propuesta no deja de ser arbitraria. El *Marco de referencia* establece seis marcas en una escala virtual que se extendería desde un supuesto 0% de competencia hasta un 100% hipotético. Es extremadamente inusual encontrarse con usuarios que se encuentren en los extremos de esta escala; lo más habitual a la hora, por ejemplo, de clasificar alumnos según su nivel para integrarlos en cursos de idiomas, es establecer tres grandes grupos: los principiantes, que normalmente son falsos principiantes, los de nivel intermedio, que suelen ser mayoría, y los de nivel avanzado, que rara vez alcanzan el nivel de competencia de un hablante nativo únicamente en entornos formales. Sin embargo, una de las principales ventajas que aporta a los educadores y diseñadores de cursos el *Marco de referencia* es su enorme versatilidad para adaptarse a una gran diversidad de situaciones de enseñanza-aprendizaje. Ningún método de enseñanza ni plan curricular es intrínsecamente mejor o peor que otro porque establezcan más o menos marcas en la escala, sino por su adecuación a las condiciones del entorno educativo y a las necesidades del alumnado y por su capacidad de explicar de forma clara y precisa objetivos de aprendizaje coherentemente secuenciados.

La sofisticación y el nivel de detalle al que han llegado los conjuntos de descriptores de destrezas y habilidades permiten a educadores y alumnos situarse en todo momento en el punto preciso del proceso de enseñanza-aprendizaje y fijarse objetivos realistas y alcanzables. La explicitación pormenorizada de los descriptores llevará también a una mayor transparencia de todos los procesos educativos. Por lo que respecta a las pruebas de evaluación que conllevan la certificación oficial de los conocimientos, el *Marco de referencia* se ha convertido en el patrón a tener en cuenta a la hora de desarrollar instrumentos de medición de la competencia lingüística y en una matriz integradora de dichos instrumentos para facilitar su interpretación transversal. Iniciativas como la emprendida con el *Portfolio europeo de las lenguas* intentan dar concreción a la faceta más importante del *Marco*: el fomento del aprendizaje de idiomas a lo largo de toda la vida como medio facilitador de la integración, de la promoción profesional, de la movilidad geográfica y, sobre todo, del acercamiento entre los pueblos de Europa.

Los diplomas de español forman parte históricamente de estas iniciativas europeas. En su concepción y posterior desarrollo no se han perdido de vista las referencias de otros entes certificadores y de los principales foros de debate europeos. Es ahora tarea del Instituto Cervantes acrecentar su prestigio e implantación garantizando la calidad técnica de las pruebas y de los procedimientos de administración, calificación y certificación, y orientando los mecanismos de información hacia los usuarios. Los diplomas de español constituyen un valioso instrumento de difusión de la lengua y el Instituto no puede desatender su principal razón de ser.

BIBLIOGRAFÍA

ALDERSON, J. C. y NORTH, B. (eds.) (1991), *Language Testing in the 1990s*, Londres, Macmillan.

ALDERSON, J. C., CLAPHAM, C. y WALL, D. (1995), *Language Test Construction and Evaluation*, Cambridge, Cambridge University Press.

ASSOCIATION OF LANGUAGE TESTERS IN EUROPE (1994), *The ALTE Code of Practice*, Cambridge: ALTE.

ASSOCIATION OF LANGUAGE TESTERS IN EUROPE (1994), *The ALTE Handbook*, Cambridge, ALTE.

ASSOCIATION OF LANGUAGE TESTERS IN EUROPE (1996), *Multilingual Glossary of Language Testing Terms*, Cambridge, Cambridge University Press.

BACHMAN, L. F. (1990), *Fundamental Considerations in Language Testing*, Oxford, Oxford University Press.

CANALE, M. (1983), "From communicative competence to communicative language pedagogy", en J. C. RICHARDS y R. W. SCHMIDT (eds.) (1983), *Language and Communication,* Nueva York, Longman.

CANALE, M. y SWAIN, M. (1981) "A theoretical framework of communicative competence", en A. S. PALMER, P. G. GROOT y S. A. TROSPER, (eds.), *The Construct Validation of Tests of Communicative Competence*, Washington DC, TESOL.

CONSEJO DE EUROPA (2001), *Common European Framework for Languages: Learning, Teaching, Assessment*, Estrasburgo, Consejo de Europa.

EK, J. A. van (1977), *The Threshold Level for Modern Language Learning in Schools*, Londres, Longman.

EK, J. A. van y TRIM, J. L. M. (1991), *Threshold Level 1990*, Cambridge, Cambridge University Press.

EK, J. A. van y TRIM, J. L. M. (1991), *Waystage 1990*, Cambridge, Cambridge University Press.

EK, J. A. van y TRIM, J. L. M. (1997), *Vantage Level*, Estrasburgo, Consejo de Europa. (También en Cambridge University Press, 2000).

LANGUAGES LEAD BODY (1992), *National Standards for Languages: Units of Competence and Assessment Guidance*, UK Languages Lead Body.

LUOMA, S. (1993), Validating the (Finnish) certificates of foreign language proficiency. Ponencia presentada en el 15.º Coloquio de investigación sobre la evaluación de lenguas (*Language Testing Research Colloquium*), Cambridge, Arnhem, 2-4 agosto, 1993.

MINISTERIO DE EDUCACIÓN Y CIENCIA (1990), *Modelos de examen del Diploma Básico de Español como Lengua Extranjera*, Madrid, Centro de Publicaciones del MEC.

MINISTERIO DE EDUCACIÓN Y CIENCIA (1991), *Diplomas de Español como Lengua Extranjera, Modelos de examen*, Madrid, Centro de Publicaciones del MEC.

MINISTERIO DE EDUCACIÓN Y CIENCIA (1991), *Guía para la obtención de los Diplomas de Español como Lengua Extranjera,* Madrid, Centro de Publicaciones del MEC. Reeditada por el Instituto Cervantes (2002).

MINISTERIO DE EDUCACIÓN, CULTURA Y DEPORTE (2002), *Marco común europeo de referencia para las lenguas: aprendizaje, enseñanza, evaluación*, Madrid, Secretaría Gral. Técnica del MECD y Grupo Anaya, traducido y adaptado por el Instituto Cervantes).

SCHNEIDER, G. y NORTH, B. (2000), *Fremdsprachen können-was heisst das?*, Chur / Zúrich, Rüegger y Éditions scolaires du canton de Berne, Berne Lehrmittel und Medienverlag (2001).

SLAGTER, P. J. (1979), *Un nivel umbral*, Estrasburgo, Consejo de Europa.

WILKINS, D. (1979), *Annexe C. Proposition de définition de niveaux*, Consejo de Cooperación Cultural del Consejo de Europa, Estrasburgo, Consejo de Europa.

La evaluación de la expresión oral y de la comprensión auditiva

Teresa Bordón Martínez
Universidad Autónoma de Madrid

Introducción

La evaluación[1] en el ámbito de la enseñanza de segundas lenguas es necesaria por muchas y variadas razones. En primer lugar, por razones didácticas, ya que proporciona información acerca del proceso de enseñanza-aprendizaje y ayuda a clarificar los objetivos del mismo a alumnos y profesores. También es útil para la lingüística aplicada en la medida en que los datos que se obtienen a través de ella constituyen una base para el análisis de la interlengua y los errores que cometen los aprendices de segundas lenguas. Y por último, aunque no por ello menos importante, la evaluación es necesaria por cuestiones operativas: es la única manera rentable y práctica de averiguar la competencia que para el uso de la lengua poseen los aprendices involucrados en su adquisición.

Hoy día nadie pone en duda que la evaluación constituye una parte fundamental del currículo de enseñanza-aprendizaje. Y, que cualquier programa de enseñanza, en este caso de E/L2 o E/LE, debe incluir un protocolo acerca de cómo se va a llevar a cabo la evaluación de la competencia lingüística[2] del aprendiz.

En el ámbito de la enseñanza formal de E/L2 o E/LE se evalúa a los alumnos, fundamentalmente, porque es necesario saber lo que *saben*. Esa información permitirá tomar decisiones, cómo seguir adelante en el proceso de enseñanza-aprendizaje, asignar una calificación a los estudiantes que sirva para justificar su acceso a un nivel determinado, o su paso a un curso superior, o la obtención de un diploma.

---

[1] Para aspectos relativos a la evaluación educativa, así como a la evaluación en su sentido más amplio, se recomienda consultar P. Rea-Dickins y K. Germaine (1992), *Evaluation*, Oxford, Oxford University Press. También es muy útil para enseñantes de E/L2 el capítulo 9 "La evaluación" (171-207) del *Marco común europeo de referencia para las lenguas: aprendizaje, enseñanza, evaluación*.

[2] Competencia lingüística entendida según el modelo de varios componentes que proponen Bachman (1990: 87-98) y Bachman y Palmer (1996: 68-70) en el cual no está incluida la competencia estratégica. Sin embargo, tanto en Bachman (1990: 98-107) como en Bachman y Palmer (1996: 70-75), se trata aparte la competencia estratégica, ya que no se conside-

En primer lugar, conviene aclarar la extensión del concepto de evaluación. Una cosa es evaluar al alumno a través de su actuación en el aula, utilizando procedimientos como diarios, grabaciones, informes: todos ellos, enfocados, fundamentalmente, a obtener información acerca del progreso del estudiante durante su proceso de adquisición de la lengua meta, así como de sus dificultades a lo largo del mismo y de las estrategias de aprendizaje adoptadas. Y otra es evaluar la actuación del aprendiz mediante pruebas cuyos resultados permitan proporcionar una calificación que se interprete como el grado de aprovechamiento de la enseñanza recibida, o el nivel que posee en ese momento.

En el primer presupuesto estamos hablando de lo que se conoce como evaluación cualitativa, alternativa, o formativa. En el segundo, hablamos de exámenes[3].

El profesor de EL/2 o E/LE puede optar por uno u otro procedimiento o compatibilizar ambos. La elección no siempre depende de la voluntad del docente, sino que es frecuente que el contexto en que se desarrolle la enseñanza: país, sistema educativo vigente, características de las instituciones o centros de enseñanza, incluso los propios alumnos, determinen (o incluso impongan) una técnica específica para evaluar.

1. La evaluación de las destrezas orales de la lengua. Garantizar el instrumento de evaluación

Para que el instrumento de evaluación resulte efectivo y posibilite inferir la información correcta es necesario que cuente con ciertas garantías. Los requisitos que determinan la efectividad de la herramienta los podemos resumir en: validez, fiabilidad[4] y viabilidad. Los dos primeros afectan al instrumento en sí mismo, la viabilidad depende de factores contextuales o formales.

La validez de las pruebas de un examen, y por consiguiente de su totalidad, se refiere a que éstas midan lo que se supone que deben medir. Es decir, que si el objetivo es determinar el nivel de comprensión auditiva de un candidato, o -si se trata de aprendices que ya están encuadrados en un determinado nivel- el de obtener información acerca de alguna o varias subdestrezas implicadas en la comprensión de textos orales, una prueba válida estará orientada a extraer esa información y no se verá sesgada porque factores ajenos, como los conocimientos del mundo o la memoria, tengan mayor peso específico para llevar a cabo con éxito la tarea de examen que la propia habilidad de interpretar mensajes orales. Y, en el caso de la expresión oral, para que una prueba se considere válida, deberá proporcionar muestras de lengua hablada que reflejen la capacidad del aprendiz para producir lengua propia, correcta y adecuada a su nivel. Es decir, no se trata únicamente de que el candidato hable, sino de que hable con un objetivo comunicativo, realizando un acto de habla significativo, que suponga la utilización de lengua en un tarea de examen que responda a una tarea de uso efectivo de la lengua.

---

ra meramente un aspecto de la competencia lingüística, sino más bien una habilidad general, que permite al individuo hacer el uso más efectivo posible de las habilidades disponibles para llevar a cabo una tarea determinada, tanto si ésta está relacionada con el uso comunicativo de la lengua como si se trata de realizar tareas no verbales. De este modo, la competencia estratégica se concibe como una serie de componentes o estrategias metacognitivos, que no se pueden especificar ni identificar de la misma manera que los otros componentes (conocimiento gramatical, conocimiento textual, conocimiento funcional y conocimiento sociolingüístico) y que, por lo tanto, tampoco se pueden medir igual que ellos.

[3] La diferencia entre *evaluar* y *examinar* se trata en T. Bordón (2000), *Carabela*, 47: 151-152.

[4] Para profundizar en los asuntos de la fiabilidad y la validez son especialmente recomendables los capítulos 4 y 8 del libro de Ch. Alderson *et al.* (1995), *Exámenes de Idiomas*, reseñado en la bibliografía.

La fiabilidad de un examen se basa en la consistencia de los resultados de sus pruebas. Las pruebas que se resuelven con respuestas cerradas (selección múltiple, por ejemplo), si están correctamente elaboradas, proporcionarán respuestas estables que, además, se pueden calificar de manera objetiva (plantillas, lectura óptica, etc.), ofreciendo, así, resultados consistentes, esto es, fiables. Sin embargo, las pruebas que se resuelven con respuestas abiertas (como es el caso de la expresión oral), ofrecen una variedad de resultados que no se pueden valorar de manera objetiva: requieren un evaluador (o más de uno) que asigne una calificación. Este último presupuesto implica siempre el riesgo de subjetividad en la evaluación con el consiguiente daño para la fiabilidad. Con objeto de evitar este peligro, se utilizarán criterios que proporcionen a distintos evaluadores pautas para calificar de la manera más *objetiva* posible[5].

La viabilidad de un examen supone, por una parte, que éste en su totalidad resulte aceptable para la persona que va a realizarlo. Es decir, que, al candidato, el formato no le cause extrañeza, las pruebas no le parezcan desconcertantes, las instrucciones para las tareas de examen le sean comprensibles, el tiempo asignado le resulte suficiente para lo que se le pide, etc. Por otra parte, la viabilidad también incluye cuestiones de tipo logístico, como por ejemplo, que el lugar del examen disponga de las condiciones acústicas idóneas para que todos los candidatos puedan escuchar en igualdad de condiciones los materiales audio necesarios para la realización de las tareas de examen.

Si se quiere producir pruebas de exámenes que hagan de éstos herramientas válidas, fiables y viables para la medición de la lengua, se deberá ser cuidadoso en la fase de elaboración de las mismas[6]. Se tendrá en cuenta el tipo de examen para el que están destinadas las pruebas, así como las características del candidato a quien van dedicadas. De acuerdo con ello, se seleccionará el número y el formato de las pruebas, y, si se han incluido pruebas con respuestas abiertas, se definirán criterios para la evaluación o la calificación. Asimismo, si se trata de exámenes con alto impacto[7], se procederá a una experimentación de las pruebas con un grupo de control de características similares al del grupo meta antes de su administración definitiva.

Los requisitos de validez, fiabilidad y viabilidad tampoco se deben dejar de lado cuando se adopten procedimientos evaluadores de tipo cualitativo, como la elaboración de informes, diarios, etc.

La autenticidad del examen (de su totalidad y de cada una las pruebas que lo integran), aunque no se incluye como uno de los requisitos que garantizan la idoneidad del mismo, constituye una de las máximas preocupaciones de los expertos[8] en la evaluación comunicativa de la lengua. Es cierto que, si el evaluador se plantea pruebas de tipo comunicativo, su validez estará en gran medida relacionada con su autenticidad, rasgo que se suele equiparar con la vida real. Y en esta equiparación reside el conflicto.

Una tarea de examen -de autenticidad cuestionable, por no ser un reflejo directo de una tarea de uso real de la lengua- será, sin embargo, recomendable para un determinado tipo de evaluación

---

[5] Los capítulos 5 y 6 del libro citado en la nota anterior tratan acerca de la formación de evaluadores, el diseño de criterios de corrección y otras cuestiones afines.

[6] Un resumen de las consideraciones necesarias para elaborar un examen comunicativo de E/L2 o de E/LE con garantías de calidad se encuentra en Bordón (2000: 155) (está basado en Carroll, 1980: 19-25).

[7] Se llama exámenes de alto impacto a los que se usan para tomar decisiones que influyen notablemente en la vida del candidato o en la sociedad. Por ejemplo, un examen para la obtención de un diploma DELE es de alto impacto ya que garantiza un nivel de competencia al candidato, lo cual le puede suponer el acceso a un puesto de trabajo, a unos determinados estudios, etc. Consúltese T. McNamara (2000: 74-75).

[8] En Bachman (1990: 12-13, 301-303 y 317-318) y Bachman y Palmer (1996: 23-25, 27-27, 136, 142, 177) se trata el asunto con claridad y rigor.

en función de su viabilidad (¡no olvidemos este requisito!). Y, por otra parte, puede resultar auténtica en la medida en que reproduzca procesos que intervienen en la interpretación de mensajes orales. Por ejemplo, en un examen de clasificación en el que haya que colocar a un número amplio de estudiantes en diferentes niveles, lo más rentable, para determinar su comprensión auditiva, es utilizar pruebas de respuesta cerrada, cuyos resultados se pueden corregir de manera objetiva y, consecuentemente, más rápida y con menos inversión de tiempo y dinero. Un formato idóneo puede ser el de selección múltiple con cuatro opciones. La objeción de que responder con A, B, C, o D no es una tarea de uso real de la lengua, se puede refutar aduciendo que sí lo es el proceso de interpretar información que realiza el candidato (siempre y cuando el ítem esté bien realizado). Extraer los datos pertinentes para la comprensión, implicará que el oyente tendrá que utilizar una serie de destrezas y subdestrezas similares a las que tendría que emplear si escuchara un texto de características similares en una situación de uso real de la lengua. La diferencia estriba en que en este último presupuesto no comprobaría si ha entendido ofreciéndole cuatro opciones.

1.1. Las destrezas orales. Su tratamiento en el aula de E/L2 o E/LE y en pruebas de exámenes

Una vez establecida la naturaleza del instrumento de evaluación, conviene una breve reflexión acerca de las características de las destrezas orales (comprensión y expresión) y cómo se presentan habitualmente en el aula de E/L2 o E/LE. Estas destrezas, que se aprenden de forma natural en la adquisición de la lengua materna, suelen resultar, sin embargo, las más difíciles de controlar para un aprendiz de segunda lengua.

La mayoría de quienes hemos aprendido, e incluso a veces creemos ser hábiles en el dominio de una segunda lengua, podemos entender un texto escrito, que consideraríamos complicado o de nivel superior, en esa segunda lengua y, sin embargo, seguir teniendo dificultades para comprender un texto oral simple como los avisos a través de megafonía en un aeropuerto o una estación de metro. Y, sin embargo, esa información, leída, no nos supondría la menor dificultad de comprensión. Igualmente, si tenemos que escribir una nota para dejar un recado a alguien tendríamos menos problemas para hacerlo que si se trata de dejar el mismo recado en un contestador telefónico.

Las destrezas orales, a causa de los rasgos propios de su *oralidad* (las variedades dialectales, sociales e individuales en el acento, la entonación o la pronunciación), y por el hecho de que, en situaciones de uso real de la lengua, requieren la intervención inmediata del hablante-oyente, presentan unas dificultades propias. Dificultades que se tienen en cuenta para su aprendizaje en el aula y que no se pueden obviar cuando se pretende evaluarlas por medio de exámenes.

Por otra parte, en la enseñanza reglada de una segunda lengua, no se puede evitar que cualquiera de las destrezas orales aparezca ligada a algún tipo de texto escrito. Si tomamos cualquier manual de los que se vienen usando en las aulas de E/LE, observaremos que las instrucciones para el aprendiz siempre (o casi siempre) se dan por escrito, lo cual no excluye su verbalización. Esto es así (siempre hablando en general) para todas las destrezas. Podemos ver que los ejercicios en los que se aísla la comprensión auditiva suelen requerir una respuesta escrita, del tipo *señala la respuesta correcta* (aunque en este formato a veces se usan imágenes), *completa el hueco con...*, etc. Igualmente, la práctica oral precisa de instrucciones escritas que incluyen fichas con vacíos de información, tarjetas con pautas para simulaciones o para el desarrollo de un tema, etcétera.

Es, asimismo, frecuente (y parece que didácticamente recomendable) que, en la mayoría de textos actuales para la enseñanza de E/L2 o E/LE, la comprensión auditiva, en un primer estadio, se vea acompañada del texto escrito para facilitar esa *comprensión*. O, es común (y también didácticamente recomendable), que se incluyan ejercicios de preaudición que utilicen recursos escritos. De la misma manera, las tareas que requieren la intervención de la expresión oral suelen aparecer en último lugar de la lección o unidad, una vez que el aprendiz ha recibido suficiente *input* como para ser capaz de producir lengua.

Como se ha mencionado anteriormente, los exámenes (o las pruebas que los conforman) son procedimientos de evaluación que como tales tienen por objeto proporcionar la información suficiente y relevante -en el caso que nos ocupa, de lo que un aprendiz de E/LE es capaz de entender y producir oralmente-, que de otra manera resultaría difícil de obtener, ya que requeriría una inversión poco rentable de tiempo y energía. Resumiendo: unas buenas pruebas de examen tienen que servir para extraer los datos pertinentes para tomar decisiones acerca de lo que un aprendiz sabe o puede hacer en términos de uso de la lengua.

En principio, las pruebas dirigidas a evaluar la lengua oral no tienen por qué ser *diferentes* formalmente de las pruebas destinadas a enseñarla. La diferencia fundamental está en el objetivo y el tratamiento que se les dé a unas o a otras. De esta manera, para diseñar pruebas de examen que sean verdaderamente capaces de reflejar con efectividad la competencia de un estudiante de una segunda lengua, habrá que tener muy en cuenta los objetivos del aprendizaje y los contenidos del curso. Esto si se trata de exámenes integrados en un currículo de enseñanza de L2. En el caso de exámenes destinados a establecer un nivel (acceso, clasificación, DELE), las pruebas que los constituyan deberán reflejar la esencia de los objetivos y contenidos especificados en la definición del nivel que establezca el propio examen.

1.2. Relación entre el tipo de prueba y el tipo de examen

El tipo de prueba de evaluación se seleccionará de acuerdo con la destreza que se pretende evaluar y según el tipo de examen en el que estará insertada. No se pueden utilizar los mismos procedimientos para todas las destrezas. Las destrezas de interpretación, como la comprensión auditiva, permiten la utilización de pruebas que proporcionen respuestas cerradas, sin excluir que se utilicen de respuesta abierta. Sin embargo, las destrezas de expresión, si con ello entendemos la emisión de lengua original, siempre requerirán pruebas que lleven a la producción de lengua propia por parte del candidato.

Igualmente, el tipo de examen determina la elección del formato de la prueba. Un examen diseñado para determinar el progreso de un número pequeño de alumnos puede incluir pruebas de respuesta abierta para cualquier destreza, ya que el evaluador y calificador de las pruebas, primero: dispone de tiempo para leer todas las respuestas; segundo: en general es una sola persona, con lo cual la subjetividad es la misma para todos los candidatos. Si, por el contrario, el examen es para determinar el nivel de dominio de un grupo numeroso de candidatos, la utilización de pruebas de respuesta cerrada para las destrezas que lo permitan, garantizará su fiabilidad y viabilidad.

Otro factor decisivo en el tipo de prueba que se adoptará en un examen es el nivel de lengua para el que éste se proyecta. Hay pruebas que resultan más apropiadas para niveles iniciales e intermedios bajos y otras, para los intermedios altos, avanzados y superiores. Otro asunto es cómo se determina el nivel de las pruebas y del propio examen. La definición de nivel no resultará difícil para las pruebas destinadas a exámenes incluidos dentro del proceso de enseñanza-aprendizaje en un determinado estadio de instrucción, ya que dicho nivel está especificado de antemano: sólo hay que atenerse a los objetivos y contenidos del curso y ser coherente con ellos. Las dificultades para definir niveles surgen cuando se trata de confeccionar exámenes de acceso, de clasificación o de dominio (o habilidad), en los que el propio examen es el que establece un determinado nivel. De manera que superar tal examen garantiza que quien lo haya *aprobado* posee (por lo menos) ese nivel de habilidad *establecido* en la lengua meta. No obstante, en este último presupuesto también existen fuentes[9] que proporcionan definiciones de niveles para las distintas destrezas de la lengua y los diversos componentes de la competencia comunicativa.

1.3. El diseño de pruebas de examen

Diseñar pruebas de examen es una tarea que requiere tiempo y atención: tanto más cuanto de mayor impacto sea el examen. Es recomendable que, para garantizar la idoneidad de dichas pruebas y que así cumplan los requisitos indispensables de validez, fiabilidad y viabilidad, la persona -o grupo de expertos- que lleve a cabo su diseño sea cuidadosa en la elección del tipo de pruebas y tareas de examen, en la identificación de subdestrezas implicadas en la resolución de la tarea, en la redacción de las instrucciones, en el tipo de evaluación (objetiva o subjetiva) que se adoptará, etc.[10].

La tabla 1 recoge las consideraciones necesarias para la elaboración de pruebas de exámenes:

Preparación de pruebas para un examen de E/L2 o E/LE

1. Seleccionar el tipo de examen ↓	Prueba de clase / Final } Aprovechamiento de ciclo Clasificación / Acceso } Resultados	garantiza la validez.
2. Determinar el procedimiento ↓	Presentación de las destrezas: integradas o aisladas. Número de pruebas. Secuencia de las pruebas.	garantiza la validez y la viabilidad.
3. Diseñar las pruebas ↓	Seleccionar el formato: respuesta abierta o respuesta cerrada. Identificar macrodestrezas y microdestrezas orales. Incorporar el apoyo necesario: imágenes, grabaciones, vídeo, etc. Redactar las instrucciones. Prever el tiempo necesario para su realización.	
4. Definir el tipo de calificación ↓	Objetiva: plantillas de corrección, aparatos mecánicos. Subjetiva: establecer y diseñar criterios para la calificación.	garantiza la validez y la fiabilidad.
5. Experimentar ↓	Algunas pruebas. Todas las pruebas por separado. El examen en su totalidad. Los criterios de evaluación.	
6. Recuperar información para	Mejorar las pruebas o descartar algunas. Pulir los criterios de calificación.	garantiza la validez, la fiabilidad y la viabilidad.

Tabla 1: Consideraciones para la elaboración de pruebas de examen (Bordón, 2002).

[9] *El Plan curricular del Instituto Cervantes* (1994) contiene información acerca de lo que debe caracterizar a los niveles inicial, intermedio, avanzado y superior. El *Marco común europeo de referencia* (2002) también trata el asunto de la caracterización de niveles.

[10] Para más detalle acerca de las fases en la elaboración de un examen comunicativo de segunda lengua, véase nota 6 y Bachman y Palmer (1996: 96-132).

2. Evaluación de la comprensión auditiva

2.1. Consideraciones para la elaboración de pruebas destinadas a medir la comprensión auditiva de aprendices de E/L2 o E/LE

Si bien es cierto, como afirma Hughes (1989: 134), que puede parecer bastante extraño examinar la comprensión auditiva independientemente de la expresión oral, también lo es que, a efectos de garantizar la fiabilidad de los resultados y facilitar la viabilidad de la prueba (sobre todo cuando se tiene que examinar a grupos muy numerosos), resultará práctico y rentable aislar la comprensión auditiva de la expresión oral.Y, además, es posible hacerlo sin que se resienta la validez.

Son frecuentes las situaciones de la vida real en las que la tarea de escuchar se presenta separada de la de producir lengua, como oír la radio, ver (y oír) la televisión, una película o una representación teatral, escuchar el mensaje de un contestador telefónico o las instrucciones transmitidas por un aparato de megafonía, asistir a una conferencia o escuchar la lección de un profesor[11].

No obstante, no debemos olvidar que en la conversación, la comprensión auditiva y la expresión oral no se pueden desligar la una de la otra. De esta manera, la dificultad de aislar la destreza en una tarea real, parece que va afectar más a la elaboración de pruebas para valorar la expresión oral que a las relativas para determinar la capacidad de comprensión auditiva.

La comprensión auditiva se puede aislar -y a efectos prácticos conviene hacerlo- en exámenes orientados a grupos numerosos de candidatos, como pueden ser los de clasificación o de nivel de dominio (piénsese en los exámenes para la obtención de DELE).

A propósito del tratamiento de la destreza de comprensión auditiva para su enseñanza en el aula, se ha mencionado que ésta suele presentarse (sea para dar instrucciones, proporcionar *input* o seleccionar una respuesta) combinada con algún tipo de texto escrito. De la misma manera, para la realización de tareas de examen será necesario que el alumno lea epígrafes con instrucciones para su cumplimiento, o que interprete *input* proporcionado por escrito para llevarla a cabo.

En cualquier caso, la utilización de recursos escritos no tiene por qué invalidar una prueba de comprensión auditiva, en la medida en que no ocurre así en situaciones de uso real de la lengua. No olvidemos que uno de los requisitos que garantiza la idoneidad de una prueba de examen (o de todo un examen) es la viabilidad.Y en los exámenes, la única forma posible para dar instrucciones de una manera rentable es por escrito. Y además, para garantizar totalmente su comprensión y evitar cualquier interpretación errónea que pudiera invalidar la prueba, cuando los candidatos de un examen comparten la misma lengua materna, las instrucciones pueden aparecer en la L1, o duplicadas -en L2 y en L1-: de esta manera se asegura que no hay interferencia entre destrezas.

Al plantearse la elaboración de pruebas para la evaluación de la comprensión auditiva, habrá que considerar cuál es el tipo de destreza o destrezas que intervendrán en la interpretación del texto oral. Hughes (1989: 134-135) señala que las operaciones que se realicen en pruebas de comprensión auditiva, precisarán la intervención de macrodestrezas relacionadas con las necesi-

[11] Para más detalles acerca de situaciones en las que interviene la comprensión auditiva, consúltese Bordón (2001: 82) y Rixon (1986: 4).

dades comunicativas del candidato o con los objetivos especificados en el nivel de instrucción del aprendiz que toma el examen, como son escuchar para obtener información específica, extraer una idea general de lo que se ha oído o comprender instrucciones. Y, paralelamente, se requerirán microdestrezas que permitan, por ejemplo, interpretar tipos de entonación, reconocer la función de determinadas estructuras, distinguir el valor de ciertos fonemas, etcétera[12]. Éste es un aspecto fundamental para garantizar la validez (e incluso la autenticidad) de la prueba, ya que se refiere a los procesos que conducen a la interpretación adecuada de los distintos niveles presentes en un texto oral.

2.2. Resumen de tipos y características de posibles pruebas para medir la comprensión auditiva

La tabla 2 ilustra de manera resumida una caracterización de tipos de pruebas posibles para diversos exámenes de E/L2 y E/LE en la que se recogen, asimismo, las ventajas e inconvenientes de las mismas. Obsérvese que el hecho de que la comprensión auditiva se integre con otra destreza para resultar en una tarea más real, es una ventaja en cuanto al rasgo de autenticidad (o, si se prefiere, de verosimilitud). Sin embargo, puede constituir una desventaja para la evaluación y la calificación, ya que, si la forma de que el aprendiz muestre su comprensión es a través de una respuesta oral o escrita, ésta será abierta y ya no cabrán procedimientos objetivos para la corrección de los resultados: algo que complica la evaluación de grupos numerosos de candidatos. Por otra parte, integrar destrezas puede afectar a la validez de la prueba, en la medida en que puede ocurrir que el candidato entienda lo que oye, pero que sea incapaz de expresarse de forma correcta y adecuada, de manera que su actuación no refleje su competencia como oyente.

PRUEBA	RESPUESTA	VENTAJAS	DESVENTAJAS	TIPO DE EXAMEN	CORRECCIÓN
Selección múltiple con 3 ó 4 opciones.	Cerrada.	Permite aislar la destreza.	Tarea no auténtica.	Todos, pero idónea en exámenes sumativos (resultados).	Objetiva y rápida. Pueden emplearse medios mecánicos.
Verdadero o falso.	Cerrada.	Permite aislar la destreza.	Peso en el azar. Tarea no auténtica.	Todos, pero si se pide justificación de la respuesta, no sirve para exámenes sumativos.	Objetiva y rápida. Pueden emplearse medios mecánicos.

12 Para una descripción detallada de la taxonomía de destrezas lingüísticas, consúltese Munby (1978: 123-131).

Relacionar.	Cerrada.	Tarea auténtica. Permite aislar la destreza.	Sólo para situaciones muy limitadas.	Todos, pero suele adoptarse en niveles elementales o intermedios.	Objetiva.
Identificar.	Cerrada.	Tarea auténtica. Permite aislar la destreza.	Sólo para situaciones muy limitadas.	Todos, pero suele adoptarse en niveles elementales o intermedios.	Objetiva.
Ordenar un texto fragmentado.	Cerrada.	Puede reproducir procesos.	Provoca rechazo. Poco útil para esta destreza.	Todos, pero suele adoptarse en niveles avanzados o superiores.	Objetiva.
Diversas versiones del *Cloze* (texto con huecos).	Cerrada (V/F o selección múltiple) o semicontrolada.	Puede ser una tarea auténtica. Integra destrezas.	Si la respuesta no es cerrada, se dificulta la corrección.	Todos, pero si no se hace de respuesta totalmente cerrada, no resulta recomendable para exámenes sumativos.	Objetiva y subjetiva. Depende del formato que se adopte.
Dictado.	Semicontrolada. Depende del formato que se adopte.	Informa de los procesos. Integra destrezas. Puede ser una tarea auténtica.	Sólo es una tarea auténtica en situaciones muy limitadas y con ciertas variantes de formato.	Aula, aprovechamiento (destinados tanto a calificar como a informar).	Subjetiva (requiere definir algún criterio). Lenta: necesita evaluadores.
Tomar apuntes y notas.	Semicontrolada, abierta.	Informa de procesos. Integra destrezas. Tarea auténtica.	Puede resultar demasiado larga.	Aula, aprovechamiento (destinados tanto a calificar como a informar).	Subjetiva (requiere definir algún criterio). Lenta: necesita evaluadores.
Elaborar resúmenes.	Abierta.	Informa de los procesos.	Puede resultar demasiado larga.	Aula, aprovechamiento (destinados tanto a calificar como a informar).	Subjetiva (requiere definir algún criterio).

		Tarea auténtica.	Auténtica en contextos académicos y entre algunos profesionales.		Lenta: necesita evaluadores.
Entender un texto oral para elaborar una exposición oral o una redacción.	Abierta.	Informa de los procesos. Integra destrezas. Tarea auténtica.	Puede resultar demasiado larga. Sólo es auténtica en contextos muy específicos.	Aula, aprovechamiento (destinados tanto a calificar como a informar).	Subjetiva (requiere definir algún criterio). Lenta: necesita evaluadores.

Tabla 2: Esquema de los tipos de pruebas para medir la comprensión auditiva y sus características.

Se puede observar que los tipos de pruebas para determinar la competencia en la comprensión auditiva -y lo mismo se podría decir para cualquier otra destreza- en aprendices de E/L2 o E/LE guardan relación con el tipo de examen en el que se incluyan. Igualmente, el número de pruebas a realizar, su tamaño y su duración se establecerán de acuerdo con el tipo de examen al que vayan destinadas.

3. Evaluación de la expresión oral

3.1. Complejidades de la destreza

La evaluación de la expresión oral, si entendemos ésta como la producción de lengua original y propia por parte de un candidato y orientada a llevar a cabo un acto de habla significativo, suele resultar la más complicada a todos los efectos.

En primer lugar, hay que diseñar pruebas que sean válidas: que realmente correspondan a tareas de uso de la lengua. Porque, una prueba oral puede ser directa, en el sentido de que el alumno hable, sin que ello garantice que esté produciendo una muestra de lengua que nos permita inferir que sabe utilizar la lengua hablada para comunicarse de manera efectiva.

En segundo lugar, si se han diseñado pruebas válidas, éstas producirán muestras de lengua que variarán de un candidato a otro, de manera que no se podrán calificar por medio de procedimientos objetivos. Será necesario recurrir a un evaluador. El hecho de que sea una persona quien tenga que asignar una calificación convierte la evaluación en subjetiva, con el consiguiente peligro para la consistencia de los resultados de la prueba. Una manera de paliar las desviaciones debidas al factor humano consiste en definir unos criterios de evaluación que garanticen la fiabilidad de los valores asignados a la actuación de los distintos alumnos.

Por último, en lo que a los requisitos del examen se refiere, las pruebas deberán ser viables. Es decir, se deberán resolver en una cantidad de tiempo que, por una parte, permita obtener una muestra suficiente de la competencia del aprendiz en lengua hablada, y que, por otra, no exceda unos límites prudenciales.

No olvidemos, tampoco, que las pruebas de expresión oral reflejan como ninguna otra rasgos de tipo afectivo[13] que pueden sesgar el valor de los resultados obtenidos. La personalidad del aprendiz, su edad, su sexo, su nacionalidad, su cultura, son factores que pueden incidir en gran manera en su actuación lingüística, y que afecten la valoración que de ella lleve a cabo el evaluador.

Y además, la utilización de pruebas de expresión oral en exámenes supone un alto costo. Una prueba oral requiere la presencia de un examinador para cada candidato -o en el mejor de los casos, para cada dos, tres o cuatro- y la existencia de uno o más evaluadores para la calificación de los resultados. Esto implica tiempo y dinero, factores determinantes para la viabilidad de un examen.

3.2. Tratamiento de la destreza en pruebas de exámenes de segunda lengua

La expresión oral resulta muy difícil de aislar de cualquier otra destreza, especialmente de la comprensión auditiva. De esta última, resultará prácticamente imposible si se trata de intercambios orales entre un examinador y un candidato (o entre varios candidatos) que se pretendan equiparables a situaciones de uso real de la lengua. Sin embargo, también existen pruebas de expresión oral, como exposiciones acerca de un tema, que, en principio, no precisarían tal intercambio oral, pero sí cierta cantidad de *input* escrito.

Y es que, la expresión oral, en cualquier tipo de examen -al igual que para su ejercitación en el aula- requiere de la mayor o menor interpretación de textos escritos. Ya sea porque se trata de dar información, como en el caso antes mencionado, o de proporcionar los puntos para el desarrollo de uno o varios temas que el candidato debe exponer oralmente; o, bien porque sirve para dar instrucciones sobre lo que el aprendiz debe hacer, como en una ficha para una simulación, o la parte correspondiente a una tarea -con dos o más interlocutores- en la que cada aprendiz sólo tiene una parte de información.

Respecto de las instrucciones, es cierto que algunas se pueden proporcionar oralmente por parte del evaluador. Pero incluso en este presupuesto, excepto que se trate de instrucciones muy breves y que impliquen una reacción inmediata del candidato, puede ser que éste necesite escribirlas para recordar lo que debe hacer. No olvidemos que los exámenes, especialmente las pruebas orales, producen frecuentemente un alto grado de ansiedad en los aprendices que se están sometiendo a la prueba.

3.3. Tipos de pruebas para la evaluación de la expresión oral en aprendices de E/L2 o ELE

Existe una variedad de pruebas para la evaluación de la expresión oral. El profesor o equipo de evaluadores que diseñe el examen escogerá una o varias, como es de rigor en la selección de pruebas para la evaluación de cualquier otra destreza, en función de las características del candidato, del tipo de examen en el que se vayan a insertar, así como del resto de puntos especificados en la tabla 1.

En el caso de que se vaya a utilizar una determinada variedad de pruebas, no conviene abusar de ellas: dos o tres tipos como máximo es lo recomendable. Al principio se planteará la tarea

---

[13] Para profundizar en este respecto se recomienda el artículo de Porter (1991: 34-40).

más sencilla y que supuestamente provocará menor ansiedad al candidato. En este sentido, y siempre en términos generales, es aconsejable empezar un examen oral con una prueba basada en apoyo gráfico, ya que, por una parte, proporciona un punto de partida que puede contribuir a rebajar el nerviosismo que suele provocar la prueba hablada y, por la otra, proporciona una base común para la actuación de los candidatos.

El apoyo gráfico puede consistir en una fotografía, una o varias viñetas secuenciadas, un fragmento de una grabación de vídeo, etc. Dependerá del peso específico que se le dé a la prueba, en función del nivel al que vaya dirigida, de la dificultad para su resolución y de la cantidad de tiempo que se requiera para llevarla a cabo. No es lo mismo usar una sola foto de una persona para pedir una descripción de la misma (función propia de nivel inicial), que utilizar una secuencia de viñetas en las que hay acción y pedir que el candidato elabore una narración en pasado (función de nivel intermedio), o que proyectar una secuencia de vídeo y pedirle al candidato que resuma lo que ha visto y exprese una opinión justificada sobre tal o cual personaje (funciones propias de niveles avanzados o superiores).

Una segunda prueba de examen, si se busca evaluar la expresión oral de aprendices de E/L2 o E/LE en el marco de una enseñanza reglada, puede consistir en la realización de tareas con unas características similares a las de clase. Esto implica, por ejemplo, que la resolución de las que exijan intercambios orales a partir de vacíos de información o simulaciones, puedan resolverse con la intervención de dos participantes (o más) a la vez, ya que presumiblemente, los aprendices, durante su instrucción en el aula, habrán tenido que realizar prácticas de expresión oral consistentes en interaccionar con uno o más compañeros. Esta fórmula, cuando se puede adoptar supone un ahorro considerable de tiempo.

Sin embargo, en pruebas destinadas a exámenes de alto impacto, hacer intervenir a varios interlocutores que no se conocen previamente, que pueden no estar acostumbrados a desempeñar ese tipo de actividad, o a quienes el examinador ve por primera vez, puede afectar a la validez de la prueba. Y es así porque intervendrán, aparte de la familiaridad o desconocimiento con el tipo de actividad, factores afectivos como la personalidad de los actuantes, su edad, su nacionalidad, etc. Piénsese, por ejemplo, en una situación en la que candidatos jóvenes, que tengan que interactuar con otros de más edad, dejen intervenir más a su (o sus) compañero(s) porque en su cultura es una descortesía tomar la palabra si está hablando alguien mayor. Esto puede sesgar el resultado de la tarea de examen al no recoger una actuación lingüística adecuada, reflejo de la competencia comunicativa del candidato, en su utilización de la lengua hablada. Y así se pone en entredicho la validez de la prueba.

Es por ello por lo que, en exámenes de alto impacto en los que se quiera utilizar fichas con vacíos de información o con instrucciones para simulaciones, conviene que la interacción se lleve a cabo con un examinador.

En los exámenes en contextos académicos, la última prueba oral suele consistir en la exposición de un tema, planteada a un nivel más o menos complejo. Al candidato se le proporciona por escrito una serie de temas (suelen ser tres) para que seleccione uno, reflexione sobre el mismo durante un breve intervalo de tiempo y realice una exposición durante un número de minutos determinados (unos cinco). Esta prueba es bastante difícil: inténtese lo mismo con cualquier hablante nativo competente. No es nada fácil hablar durante cinco minutos acerca de algo, excepto que se esté entrenado para hacerlo. Y, además, uno siempre elige para disertar un tema que conoce o en el que está más preparado. A veces se escoge lo que parece más atractivo o interesante, sin pensar que se carece de conocimientos sólidos sobre el tema o que se desconoce el vocabulario apropiado para expresarse con claridad.

Otro tipo de técnica, y que se suele adoptar como medida única en un examen oral, es la llamada *entrevista*: una especie de conversación, más o menos guiada por el examinador, en la que éste *habla* cara a cara con el candidato. En principio parece que esta prueba es la que reviste más visos de autenticidad en lo que respecta a la expresión oral (si estamos de acuerdo en que la forma más representativa de la expresión oral la constituye la conversación). Se puede objetar que la interacción entre el examinador y el candidato no obedece a una necesidad de comunicación *natural* por parte de los interlocutores, sino que está determinada por el imperativo de satisfacer un examen. Objeción rebatible con el argumento que el contexto de un examen proporciona una situación real de uso de la lengua (el candidato tiene que demostrar lo que *sabe hacer* hablando), aunque la conversación no sea auténtica. Es cierto que uno de los interlocutores (el examinador) es el que controla (o incluso, a veces, manipula) la interacción, sea haciendo preguntas -preguntas que, por otra parte, en su vida real en la mayoría de casos no se atrevería a (o no le interesaría) formular a un desconocido-, o llevando la conversación hacia temas o situaciones que requerirán, en principio, el uso de exponentes (funcionales, léxicos o gramaticales) representativos del nivel del que se examina al candidato. Esta prueba será un instrumento válido y fiable para la evaluación de la expresión oral si los entrevistadores-examinadores están entrenados en su técnica y si la propia entrevista está muy bien estructurada y experimentada[14].

La tabla 3 ilustra un resumen de tipos de pruebas para evaluar la expresión oral:

	RESPUESTA	VENTAJAS	DESVENTAJAS	TIPO DE EXAMEN	CORRECCIÓN
El candidato produce lengua con la ayuda de *apoyo gráfico.*	Semicontrolada o libre. Depende del material.	No da *input* lingüístico. Proporciona una base común para la actuación.	Puede ser artificial. Da muestras de actuación muy limitadas. Sin interacción.	Todos los tipos. Todos los niveles. Depende de las características del material.	Subjetiva. Se necesitarán criterios cuando intervengan varios evaluadores.
Los candidatos reciben *fichas o tarjetas con vacíos de información.*	Semicontrolada.	Proporciona una base común para la actuación. Hay interacción. Se puede evaluar a varios candidatos a la vez.	Puede ofrecer demasiado *input.* Puede requerir instrucciones demasiado complicadas para candidatos no acostumbrados a esta tarea.	Recomendable para aprovechamiento (con candidatos acostumbrados a esta tarea). Niveles intermedios y avanzados.	Subjetiva.

[14] Una de las entrevistas más efectivas para la asignación de niveles de competencia en aprendices de E/L2 es la OPI (*Oral Proficiency Interview*), que sólo pueden administrar entrevistadores-evaluadores certificados por ACTFL (American Council on the Teaching of Foreign Languages) tras un largo y concienzudo entrenamiento.

El candidato recibe *fichas o tarjetas con simulaciones.*	Semicontrolada. Semilibre.	Proporciona una base común para la actuación. Puede responder a tareas de uso real de la lengua.	Peligro de proporcionar excesivo *input* en forma de vocabulario. Artificialidad de la tarea en sí: no hay interacción.	Todos los tipos. Todos los niveles.	Subjetiva.
El candidato recibe escritos *fragmentos de conversación* correspondientes a un interlocutor A, y él debe completar (oralmente) las partes correspondientes al interlocutor B.	Controlada.	Proporciona una base común para la actuación. Permite aislar funciones. Rebaja ansiedad: el candidato tiene tiempo para interpretar el *input* y para pensar su respuesta.	La forma puede desconcertar al candidato si no la ha visto antes. Artificial: se pierde el sentido de la conversación.	Todos los tipos. Todos los niveles. En mi opinión, poco recomendable. Más apropiada. como ejercicio de clase preparatorio para la expresión oral.	Subjetiva.
Conversación guiada. Un evaluador entrenado *conversa* con un candidato.	Semilibre.	Permite predecir funciones, vocabulario, estructuras gramaticales.	Su éxito depende mucho de la habilidad y el entrenamiento del evaluador.	Todos los tipos y todos los niveles con un evaluador hábil.	Subjetiva.
Conversación *espontánea* entre el candidato y el evaluador.	Libre.	Puede resultar una conversación auténtica. Hay interacción y espontaneidad.	Puede resultar una muestra de lengua no evaluable.	Con candidatos conocidos. Todos los niveles.	Subjetiva.
Exposición de un tema.	Libre.	Proporciona información acerca de los conocimientos gramaticales, léxicos y pragmáticos del candidato.	Puede resultar un poco artificial, excepto si se trata de temas de tipo académico o empresarial que requerirían la tarea en un contexto real.	Todos los tipos. Para niveles: intermedio-alto, avanzado, superior.	Subjetiva.

Tabla 3: Tipos de pruebas para la evaluación de la expresión oral (Bordón, 2002).

Al proceder a determinar el tipo y cantidad de pruebas que se van a utilizar para llevar a cabo exámenes de expresión oral, hay que tener en cuenta -mucho más que en el tratamiento de cualquier otra destreza- el factor tiempo. Este debe ser suficiente como para obtener una muestra representativa de lengua (el mínimo se considera unos diez minutos), pero sin caer en excesos (el máximo se sitúa en torno a los treinta minutos) que hagan la prueba inviable[15]. Y una vez que se hayan establecido los minutos que durará la prueba oral, serán los mismos para todos los candidatos.

La duración de una prueba de expresión oral la decidirán, fundamentalmente, el tipo y el nivel del examen al que vaya destinada. No requiere el mismo tiempo evaluar a un alumno al que se conoce porque se le ha tenido en clase durante un periodo de tiempo y del que se tienen referencias (o incluso más muestras y evaluaciones) de su expresión oral, que un perfecto desconocido en un examen de acceso o clasificación (¡y no digamos en los DELE!). Igualmente, en un nivel inferior se requiere una menor inversión de tiempo (el mínimo es suficiente), ya que es más fácil asegurar lo que el candidato es capaz hacer en términos de expresión oral, que en un nivel superior. En este último será necesario comprobar muchos más niveles de actuación para establecer la competencia del candidato, lo cual exigirá más tiempo.

3.4. Calificación de las pruebas orales

Es evidente, y así se puede observar en la casilla correspondiente de la tabla 3, que la expresión oral siempre requiere una calificación subjetiva: un evaluador asigna un valor a la actuación del candidato. Este procedimiento, de entrada, puede tener repercusiones negativas en la fiabilidad de la valoración o puntuación resultante.

Con el objeto de limar los posibles (y más que posibles) desajustes entre calificaciones otorgadas por distintos evaluadores basándose en su propio criterio, se utilizan criterios de evaluación en forma de bandas o escalas que describen distintos niveles de actuación. Y que, en principio, cumplirán la función de proporcionar una base objetiva para interpretar resultados de pruebas de respuesta abierta, como la expresión oral.

Los niveles de actuación se definen especificando lo que el aprendiz debe poder hacer, y ello responderá a (o coincidirá con) lo que se haya incluido como objetivos y contenido del nivel, curso o periodo de instrucción para el que se haya diseñado el examen y los criterios de evaluación correspondientes.

A la hora de diseñar criterios de evaluación (y calificación) habrá que establecer si tienen carácter general o son de tipo analítico. En el primer presupuesto, los niveles de actuación recogen todos los rasgos (o componentes) de la habilidad lingüística comunicativa. En el segundo, se asignan niveles a cada componente de la competencia o, incluso, a los diversos planos de la lengua[16].

---

[15] Hughes (1989: 105) considera que en menos de quince minutos no es posible extraer una muestra relevante de la actuación lingüística de un candidato. Sin embargo, añade que, en un examen de clasificación en el que se hayan incluido pruebas para todas las destrezas, una parte oral de cinco o diez minutos será suficiente para evitar grandes equivocaciones al asignar a los alumnos a diferentes niveles.

[16] En la bibliografía del capítulo 9 del *Marco común europeo de referencia para las lenguas: aprendizaje, enseñanza, evaluación*, se reseñan artículos que tratan sobre la elaboración de criterios de evaluación en forma de escalas con niveles para medir la actuación oral.

Si se desea contar con criterios de evaluación verdaderamente efectivos y fiables, habrá que diseñar escalas específicas para medir cada prueba. No hay criterios universales que sirvan para cualquier prueba de cualquier examen. Bien es cierto, que esta recomendación está dirigida especialmente a exámenes de alto impacto, aunque conviene tenerla en cuenta en cualquier situación de examen.

A continuación se incluye como ejemplo la primera parte de unos criterios de evaluación analíticos, dispuestos en forma de escalas que asignan puntuaciones a cada nivel de actuación para facilitar la calificación, y que fueron diseñados para un examen específico[17]:

ADECUACIÓN A LA SITUACIÓN COMUNICATIVA

(3) El candidato resuelve con pleno éxito la tarea que se le plantea. Sabe reconocer las funciones comunicativas presentes en la situación descrita y adoptar los exponentes idóneos que responden a las necesidades planteadas en la misma.
(2) El candidato resuelve la situación en términos generales, puede reconocer las funciones comunicativas presentes en ella, aunque no es capaz de encontrar siempre el exponente adecuado para resolver la situación planteada.
(1) El candidato sólo logra comunicar los aspectos más rudimentarios de la tarea planteada y con dificultad. En realidad, deja la situación sin solución satisfactoria.
(0) Capacidad comunicativa prácticamente nula. Sólo puede comunicarse con palabras sueltas.

Los otros descriptores incluidos en estas escalas se referían a: *dominio del discurso*, *propiedad léxica*, *corrección gramatical* y *pronunciación y entonación*[18].

3.5. Necesidad de documentar las pruebas orales

Las pruebas orales para exámenes con alto nivel de impacto (como son los de clasificación, acceso y nivel de dominio para la obtención de diplomas), deben quedar recogidas en algún tipo de soporte por varias razones.

En primer lugar, es fundamental contar con un documento que recoge la actuación del candidato y que es la base de su calificación. Éste se podría adjuntar en caso de reclamaciones, de la misma manera que se hace con los cuadernillos u hojas de examen en los que se anotan las respuestas de las otras destrezas de la lengua.

Por otra parte, las grabaciones de pruebas orales tienen un enorme interés en el campo de la adquisición de segunda lengua y en el análisis de niveles de interlengua, ya que proporcionan una gran cantidad de valiosos datos, que permiten estudiar diversos niveles de la actuación lingüística de aprendices de L2.

Igualmente, las muestras de lengua obtenidas en las grabaciones de pruebas de examen orales se pueden (y deben) utilizar para la práctica de criterios de evaluación. La única manera de asignar

[17] La escala completa, así como la totalidad del examen oral para el que fue diseñada, están publicados en *Carabela*, 47, Madrid, SGEL: 166-174.
[18] Consúltese el apartado "La formulación de descriptores", en *Marco común europeo de referencia* (2002: 193-195).

resultados fiables a pruebas abiertas que precisan calificación subjetiva, es que los evaluadores tengan claro el alcance de cada uno de los parámetros de actuación establecidos en las escalas que se adopten. Un estándar uniforme garantiza la objetividad de la calificación y, consecuentemente, la fiabilidad de la misma. No se contará con una herramienta fiable si no se forma a evaluadores que sepan utilizarla, y eso sólo se consigue con la práctica que lleve a la homogeneización de criterios.

4. Evaluación continua y autoevaluación de las destrezas orales

En una evaluación continua, no es ni tan siquiera necesario elaborar pruebas específicas para la evaluación de los aprendices. La actuación del aprendiz en las tareas y los ejercicios que se lleven a cabo en el aula y en los que intervengan las destrezas orales -sea de forma aislada o integrada con otras destrezas-, constituirá una muestra suficientemente relevante de su competencia en ellas como para que el profesor (también, generalmente, el evaluador) sea capaz de emitir un dictamen (y, en consecuencia, pueda tomar las decisiones pertinentes) acerca de la capacidad del aprendiz en lo que respecta a su habilidad oral.

Una evaluación de este tipo, que se supone incluirá una variedad de tareas y ejercicios, algunos de los cuales serán de formato de respuesta cerrada y otros, de respuesta abierta (siempre así en la expresión oral), permitirá que el profesor, así como el alumno, obtengan información no sólo acerca de lo que el aprendiz entiende cuando recibe un mensaje oral, o lo que puede hacer hablando, sino también en relación con los datos del proceso de enseñanza-aprendizaje. Lo que es necesario en este caso, para potenciar realmente el valor formativo de la evaluación e identificar los procesos involucrados en el propio proceso de enseñanza-aprendizaje y las estrategias adoptadas por el aprendiz, es contar con instrumentos evaluadores que sean capaces de recogerlos.

Las tareas y ejercicios de clase -al igual que las tareas de examen-, por variadas que sean, conducen a un resultado. Y esa es la información que se obtiene: el aprendiz ha tenido éxito o no lo ha tenido y, en función del resultado, se evalúa. Pero, si se diseña algún tipo de cuestionario para el aprendiz, que se administre de forma periódica y en el que éste pueda proporcionar información acerca de cómo ha llegado hasta el resultado, el evaluador tiene mucha más información, de manera que podrá entender por qué el aprendiz ha alcanzado el resultado correcto o ha cometido un error. Igualmente, el alumno tendrá conciencia de lo que puede y no puede hacer, y, en este último caso, ver claramente en qué parte del proceso se encuentra el fallo.

Asimismo, si el profesor dispone de una pauta para escribir informes personalizados de los aprendices, en la que se incluyan y analicen tanto los logros como el tipo de errores que comete cada uno, se podrá tener una idea de cómo se lleva a cabo el proceso de enseñanza-aprendizaje.

Este tipo de procedimiento, que fomenta la introspección y la reflexión y que se aleja en su formato del examen tradicional, ha recibido el nombre de evaluación alternativa[19] por unos, y educativa o auténtica[20], por otros.

---

[19] Brown y Hudson (1998: 653) prefieren hablar de alternativas en la evaluación de la lengua, más que de evaluación alternativa. Es muy útil su artículo homónimo, reseñado en la bibliografía.

[20] Para ampliar el asunto de la evaluación auténtica se recomienda la lectura de V. Kohonen, "La evaluación auténtica en la educación afectiva de lenguas extranjeras", en J. Arnold, *La dimensión afectiva en el aprendizaje de idiomas*, Madrid, Cambridge University Press, cap. 19: 295-309.

A continuación, se reproducen unas plantillas que podrían constituir un posible modelo de autoevaluación para registrar el desarrollo del proceso de enseñanza-aprendizaje de las destrezas orales en una evaluación continua con fines educativos. Son sólo un ejemplo. Cada profesor deberá diseñar hojas específicas para sus necesidades y distribuirlas con la frecuencia que crea conveniente (semanal, quincenal, etc.). En la hoja 2 (en la que aparecen puntos relativos a los planos de la lengua), se recogerán los aspectos tratados en la semana y que pueden ser los especificados en el modelo u otros.

Este procedimiento permitirá, por una parte, que el alumno reflexione sobre su proceso de aprendizaje y desarrolle su conciencia metalingüísitica a través de la identificación y análisis de los diversos componentes que intervienen en la lengua. A su vez, el profesor que reciba esta información de sus alumnos semanalmente (o con la frecuencia que se crea más conveniente para cada grupo en particular), no sólo sabrá cuáles son las dificultades de los alumnos y en qué puntos específicos, sino que también podrá evaluar otros asuntos como la consecución de objetivos de enseñanza-aprendizaje en el periodo de tiempo fijado, su propia labor docente, etcétera.

Autoevaluación para las destrezas orales (Hoja 1).

Nombre:
Curso:
Semana:

¿Cuánto tiempo has dedicado a practicar…?
1. la comprensión auditiva.
2. la expresión oral.

¿Cómo?
1.- Respondiendo a ejercicios de una grabación.
- Escuchando canciones.
- Viendo películas, programas de T.V.
- Participando en conversaciones.
- Otros.

2.- Hablando a partir de fotos o imágenes.
- Adoptando un papel.
- Exponiendo un tema.
- Participando en una conversación.
- Otros.

¿Dónde?
- En clase.
- Fuera de clase.
- Otros.

¿En clase, ha sido…?
- suficiente el tiempo.
- adecuada la práctica.

Autoevaluación de las destrezas orales (Hoja 2).

Nombre:
Curso:
Semana:

Señala tus dificultades y especifícalas.

	Entender	Hablar
Pronunciación		
Sonidos		
Entonación		
Velocidad		
Vocabulario		
Palabras aisladas		
Expresiones idiomáticas		
Gramática		
Formas verbales		
Tiempos verbales		
Preposiciones		
Concordancia		
Otros		
El tema		

Como todo procedimiento de evaluación, será necesario garantizar la efectividad de la herramienta, de manera que el profesor explicará a los alumnos cómo completar la información para que los datos sean relevantes y útiles. La adopción de este tipo de fórmulas (hojas de autoevaluación, informes detallados del profesor, carpetas, diarios, etc.) para evaluar a un alumno supone un cambio de mentalidad respecto de los *tradicionales* exámenes y, hoy por hoy, no puede cumplir la misma función.

Conclusión

Evaluar las destrezas orales de la lengua no es una tarea fácil, pero es posible hacerlo de forma efectiva si se diseñan procedimientos válidos y fiables.

El diseño de procedimientos efectivos -válidos, fiables y viables- requiere tanto tener nociones claras acerca de lo que es evaluar, como de las características de las destrezas sujetas a evaluación.

El tipo de evaluación que se suele adoptar en la enseñanza de E/L2 o E/LE es la realización de exámenes.

Una buena manera de garantizar la calidad de un examen orientado a la evaluación de la competencia de un aprendiz de segunda lengua consiste en tener en cuenta una serie de consideraciones para su elaboración (que resumíamos en la tabla 1).

No todos los procedimientos de evaluación son idóneos para todas las destrezas. La comprensión auditiva acepta la utilización de pruebas de respuesta cerrada; la expresión oral no lo permite.

El tipo de prueba (o pruebas) se seleccionará en relación con el tipo de examen para el que se destinen (que resumíamos en la tabla 2).

La expresión oral es la destreza que presenta más complejidades para su evaluación, al proporcionar necesariamente respuestas abiertas que precisan de un examinador y de un evaluador (puede ser la misma persona o no).

Las evaluaciones proporcionadas por personas pueden adolecer de subjetividad y así verse afectada la fiabilidad de los resultados de la prueba. La forma de evitar este peligro es diseñar criterios de evaluación para cada prueba específica de expresión oral y entrenar en su uso a los evaluadores que tengan que adoptarlos.

Existe otro tipo de evaluación alternativo a los exámenes, que adopta procedimientos cualitativos como hojas de autoevaluación, informes, diarios, carpetas, etc. Puede proporcionar información muy valiosa acerca del proceso de enseñanza-aprendizaje.

Bibliografía

ALDERSON, Ch., CLAPHAM, C., WALL, D. (1995), *Exámenes de idiomas*, Madrid, CUP.

BACHMAN, L. F. (1990), *Fundamental Considerations in Language Testing,* Oxford, Oxford University Press.

BACHMAN, L. F. y PALMER, S. (1996), *Language Testing in Practice*, Oxford, Oxford University Press.

BACHMAN, L. F. y COHEN, A. D. (1998), "Language testing-SLA interfaces: An update", en L. F. BACHMAN y A. D. COHEN (eds.), *Interfaces Between Second Language Acquisition and Language Testing Research*, Cambridge, Cambridge University Press.

BAKER, D. (1989), *Language Testing*, Londres, Edward Arnold.

BORDÓN, T. (1991), "Evaluación de la lengua hablada", *Actas de las Jornadas Internacionales de Enseñanza del Español Lengua Extranjera*, Madrid, Ministerio de Cultura: 7-18.

BORDÓN, T. (1993), "Evaluación y niveles de competencia comunicativa", *Didáctica del español como lengua extranjera. Cuadernos del Tiempo Libre*: 37-60.

BORDÓN, T. (2000), "La evaluación de la expresión oral en el aula de E/LE", *Carabela*, 47: 151-175.

BORDÓN, T. (2001), "La evaluación de la comprensión auditiva en aprendices de E/LE", *Carabela,* 49: 77-101.

BROWN, J. D. y HUDSON, T. (1998), "The alternatives in Language Assessment", *TESOL QUARTERLY*, 32, 4: 653-675.

CARROLL, B. J. (1980), *Testing Communicative Performance*, Oxford, Pergamon.

CARROLL, B. J. y HALL, P. J. (1985), *Make Your Own Language Tests*. Oxford, Pergamon.

DAVIES, A. (1990), *Principles of Language Testing*, Oxford, Basil Blackwell.

HARRISON, A. (1983), *A Language Testing Handbook,* Londres, Macmillan.

HATCH, E. y FARHADY, H. (1982), *Research Design and Statistics for Applied Linguistics*, Rowley, Mass., Newbury House.

HENNING, G. (1987), *A Guide to Language Testing*, Cambridge, Mass., Newbury House.

HUGHES, A. (1989), *Testing for Language Teachers*, Cambridge, Cambridge University Press.

INSTITUTO CERVANTES (1994), *La enseñanza de español como lengua extranjera. Plan Curricular del Instituto Cervantes*, Instituto Cervantes, Alcalá de Henares.

KOHONEN, V. (2000), "La evaluación auténtica en la educación afectiva de lenguas extranjeras", en J. ARNOLD (ed.), *La dimensión afectiva en el aprendizaje de idiomas*, Madrid, Cambridge University Press.

LEE, Y. P. *et al.* (eds.) (1985), *New Directions in Language Testing,* Oxford, Pergamon.

McNAMARA, T. (2000), *Language Testing*, Oxford, Oxford University Press.

MADSEN, H. S. (1983), *Techniques in Testing*, Nueva York, Oxford University Press.

MAY, P. (1996), *Exam Classes*, Oxford, Oxford University Press.

MINISTERIO DE EDUCACIÓN, CULTURA Y DEPORTE (2002), *Marco común europeo de referencia para las lenguas: aprendizaje, enseñanza, evaluación*, Madrid, Secretaría General Técnica del MECD y Grupo Anaya (Traducido y adaptado por el Instituto Cervantes).

MUNBY, J. (1981), *Communicative Syllabus Design*, Cambridge, Cambridge University Press.

OLLER, J. W. (1979), *Language Tests at School,* Harlow, Longman.

OLLER, J. W. (1983), *Issues in Language Testing Research*, Rowley, Mass., Newbury House.

OMAGGIO, A. (1993), *Teaching Language in Context,* Boston, Heinle & Heinle.

PORTER, D. (1991), "Affective Factors in Language Testing", en Ch. ALDERSON y B. NORTH (eds.), *Language Testing in the 1990s*, Hertfordshire, Modern Language Publications and The British Council.

REA-DICKINS, P. y GERMAINE, K. (1992), *Evaluation,* Oxford, Oxford University Press.
UNDERHILL, N. (1987), *Testing Spoken Language*, Cambridge, Cambridge University Press.
UR, P. (1996), *A Course in Language Teaching*, Cambridge, Cambridge University Press.
WEIR, C. (1988), *Communicative Language Testing*, Exeter, University of Exeter.
WOOD, R. (1993), *Assessment and Testing*, Cambridge, Cambridge University Press.

Direcciones de Internet

ACTFL (*American Council on the Teaching of Foreign Languages*): www.ACTFL.org
ALTE (*Association of Language Testers in Europe*): www.ALTE.org

La evaluación de la expresión escrita

Juan Eguiluz Pacheco
Ángel Eguiluz Pacheco
International Studies Abroad

Introducción

Recientemente, una formadora de profesores, colega en la enseñanza de español como lengua extranjera, hablaba de la dificultad añadida que le suponía impartir su disciplina. Frente a otros temas y materias que eran rápidamente aceptados y seguidos por los participantes de un curso o de un seminario, en su caso, antes de proceder a desarrollar sus aportaciones, se veía en la necesidad de defender las ventajas de su disciplina y de justificar sus evidentes posibilidades en la clase de español como lengua extranjera[1]. En definitiva, a esta profesora le parecía realmente injusto tener que enfrentarse a este obstáculo extra que no existía con las materias que impartían otros colegas.

Es evidente que no es lo mismo hablar de la enseñanza de la gramática o del vocabulario, que de fonética, como era el caso de esta buena amiga, o de evaluación de lenguas.

Un curso para la formación de profesores sobre evaluación presenta esta peculiaridad con respecto a otros temas más habituales o familiares, y reúne unas características algo especiales que es oportuno comentar[2].

En primer lugar, hay que mencionar la actitud de los participantes ante el tema. Resulta prácticamente imposible recordar un seminario o un taller en el que no haya habido que tratar de remediar su recelo ante la evaluación. En segundo lugar, hay que matizar el concepto de *evaluación* y aportar la perspectiva apropiada ante un tema tan amplio y denso. Por último, se hace necesario reflexionar sobre la evaluación de lenguas como instrumento para satisfacer objetivos y atender necesidades.

Se va a desarrollar la presente introducción sobre estos tres aspectos.

[1] De ahora en adelante, aparecerá E/LE siempre que se haga referencia al español lengua extranjera.

[2] El presente artículo pretende trasladar esta experiencia tanto desde la perspectiva del ponente como desde la de los participantes.

Por lo que se refiere a la actitud de los participantes, la experiencia vivida en muchos cursos lleva a considerar una serie de variables. Entre éstas destaca la propia experiencia personal de los participantes en su relación previa con la evaluación. Para unos, se representan modelos de exámenes padecidos. Para otros, modelos didácticos amparados en la evaluación que son o han sido de obligada imposición institucional. El resultado es una nebulosa evaluadora, marcadamente negativa, que les parece recomendable mantener a prudente distancia. En paralelo, su percepción del escaso éxito obtenido por estos modelos, del enorme esfuerzo desarrollado, de la ausencia de líneas orientadoras adecuadas y, sobre todo, tangibles, provoca, como efecto inmediato, su feroz actitud crítica ante el tema.

En muchos casos, es complicado proponer una actividad de evaluación que les permita una reflexión sobre la raíz del problema y obtener respuestas claras y directas (además de liberarse un poco de todos sus demonios evaluadores).

Superadas, evitadas por el momento, estas dificultades previas, se les invita a evaluar una carta elaborada por un estudiante de E/LE[3]. Como es lógico, esta actividad también provoca reticencias (en el fondo subyace el miedo a que la actividad de evaluación que se proyecta sobre el estudiante, se convierta en una evaluación de su propia capacidad docente) y la necesidad de las oportunas aclaraciones: nivel del estudiante que va a ser valorado, escala numérica con la que se va a trabajar, supuesto sobre el que se le ha pedido la elaboración del texto escrito, si se evalúa en un país hispano o fuera de este ámbito, etcétera.

A continuación los participantes realizan la actividad individualmente. Una vez finalizada, se les pide que faciliten los resultados numéricos obtenidos[4]. Con posterioridad, todos juntos comentan los diferentes apartados que han considerado a la hora de realizar la valoración. En todas las ocasiones experimentadas, son exhaustivos los aspectos señalados, pero se percibe cierta gradación en su consideración. Casi instantáneamente son recogidos los relacionados con la comunicación (objetivo comunicativo, eficacia comunicativa del mensaje, cumplimiento de los puntos de orientación, etc.), más tarde aparecen o se mencionan los que se podrían denominar más específicamente lingüísticos (gramática, ortografía, signos de puntuación, etc.)[5]. La pregunta final que se les formula y que queda un poco en el aire, pendiente de una posterior respuesta, es: ¿hasta qué punto se han considerado todos los aspectos, señalados como necesarios por parte de los participantes, en la valoración de la actividad requerida?[6].

Al final de este intercambio de opiniones, se plantea otra cuestión para la reflexión y el análisis: la coincidencia o disparidad respecto al nivel de exigencia por parte de los participantes-evaluadores, es decir, la consideración del parámetro de referencia sobre el que se ha establecido la valoración. Son muchos y diferentes los puntos de referencia aducidos, pero básicamente se pueden clasificar en tres grupos: marcos teóricos de referencia establecidos (documentos

---

[3] La muestra de expresión escrita propuesta aparece transcrita, junto con otros ejemplos, en la parte final de este artículo. Se presentan tal y como fueron elaborados por los diferentes candidatos, la única variación es su transcripción para la presentación en este artículo.

[4] La variación numérica de las valoraciones oscila entre 4/4,5 y 8/8,5 (sobre una escala de 0 a 10 puntos), y recorre casi todas las puntuaciones intermedias.

[5] Es curioso, como se observará más adelante, cómo cambia este planteamiento en el momento de aplicar los criterios y evaluar. En este caso, los aspectos lingüísticos van a ser el principal centro de atención, probablemente porque, en apariencia, les resultan más fáciles de cuantificar al poder establecer lo correcto y lo incorrecto.

[6] El sentir general es que todos los aspectos que se han mencionado y recogido en la pizarra no han sido tenidos en cuenta. Además, reconocen que ni habían pensado en muchos de ellos, pero que ahora les parecen muy necesarios.

y trabajos del Consejo de Europa, documentos vinculados a modelos de evaluación de lenguas, planes curriculares con su correspondiente descripción de niveles, etc.)[7], modelos de enseñanza-aprendizaje de la institución en la que los participantes desarrollan su labor profesional y, por último, la propia percepción del concepto de nivel por parte de los participantes, tomando como referencia su propia experiencia personal como aprendices de lenguas[8].

Llegados a este punto, se indica a los participantes que la propia actividad compartida pone de manifiesto la existencia de dificultades y problemas para los que hay que recurrir a la evaluación.

Son problemas de evaluación los siguientes: la disparidad en cuanto a la valoración numérica; la consideración de unos aspectos, la desconsideración de otros o la imposibilidad de considerar todos los necesarios; por último, la necesidad de establecer un parámetro de referencia adecuado sobre el que proyectar la evaluación pretendida y así evitar posibles desviaciones.

El objetivo de la evaluación es conseguir una valoración válida y fiable. Para ello, la evaluación ofrece modelos y técnicas (pruebas objetivas y subjetivas) que pretenden lograr la máxima fiabilidad posible. Además, requiere unos criterios que permitan al evaluador considerar los aspectos sobre los que establecer su valoración (escalas, bandas, etc.). Y también establece unos requisitos normativos para poder lograrlo (parámetro de referencia o *constructo*, alto número de ítems, predeterminación de resultados, etcétera)[9].

Trasladar esto al mundo propio de E/LE, obliga a recurrir al ámbito de la evaluación para lograr su aplicación. La búsqueda de una respuesta ajustada y rigurosa a estos interrogantes son objetivos necesarios para la evaluación en E/LE.

La actitud de los participantes empieza a cambiar. Perciben una cierta operatividad que, ni por asomo, formaba parte de sus expectativas al inicio del seminario o taller.

Se precisa entonces una aproximación al concepto de evaluación para considerar las posibles respuestas y el fundamento teórico sobre el que se sustentan. Se hacen necesarios los instrumentos que aporta la evaluación para que las percepciones o intuiciones puestas de manifiesto por los participantes puedan convertirse en datos rigurosos: válidos, fiables, viables y útiles que permiten la orientación, el control, el diagnóstico y la oportuna toma de decisiones. En estas tres últimas líneas se recoge de forma esquemática todo el devenir de este concepto procedente de la didáctica general[10].

Como todos los conceptos teóricos, la evaluación tiene su historia, sus reformulaciones y su configuración como disciplina en la didáctica. Algunas veces es conveniente sistematizar y seleccionar determinados aspectos de máximo interés, aunque sea esquemáticamente, porque ayudan a la comprensión y asunción de los objetivos pretendidos.

Identificar evaluación y examen es una perspectiva antigua y simplista, pero coherente en su momento si se atiende al interés final: medir, obtener un resultado numérico y, en consecuencia,

[7] Principalmente se mencionan: *Nivel umbral* (1979), *Plan Curricular* del Instituto Cervantes (1994), *Diplomas de Español como Lengua Extranjera*. En los seminarios más recientes: *Marco común europeo de referencia para las lenguas: aprendizaje, enseñanza, evaluación* (2002).

[8] En estos dos casos, la referencia se establece más en torno a los manuales utilizados en su labor docente que a programas específicos que, mayoritariamente, manifiestan que no existen. O a su experiencia como aprendices de otras lenguas, considerando sus niveles de aprendizaje o las pruebas de nivel superadas.

[9] Para una visión exhaustiva de todo esto se puede consultar: J. L. Rodríguez (1980), "La evaluación en el aula", *Didáctica general*, Madrid, Cincel: 263-404.

[10] Puede consultarse también: J. M. García Ramos (1989), *Bases pedagógicas de la evaluación*, Madrid, Síntesis.

verificar un determinado grado de conocimiento en la asimilación de los contenidos. Los problemas surgen cuando se analizan más detalladamente los diferentes elementos que constituyen este supuesto. Por ejemplo, cuáles son los criterios sobre los que se elabora la prueba o cuáles son los instrumentos empleados en la medición y qué garantías ofrecen.

La consecuencia de todo esto es tratar de dotar a la evaluación de instrumentos lo más científicos y objetivos posibles (psicometría). Desde la perspectiva de la evaluación, este tipo de reflexiones genera cambios que enriquecen el concepto. La constitución de una preceptiva para la creación de modelos de evaluación en forma de pruebas o exámenes pretende establecer requisitos que aporten el deseado rigor científico (perspectiva normativa, pruebas objetivas, criterios de validez y fiabilidad), frente a los modelos anteriores (perspectiva descriptiva, exámenes convencionales, criterios aleatorios).

Con posterioridad, una vez conseguida la validación de pruebas e instrumentos, hay una reorientación en la perspectiva evaluadora. Si se han conseguido las garantías pretendidas en cuanto al procedimiento y obtención de los resultados, el objetivo de la evaluación se centra en el producto final y en su correcta cuantificación. Pero si se atiende al camino o al procedimiento que lleva a esa valoración final, se pueden obtener informaciones, datos y orientaciones que permitan mejorar el resultado educativo. Esta reorientación origina una ampliación del campo de trabajo y la búsqueda de nuevos modelos centrados en los procedimientos, una fuente de información que se añade a los modelos existentes, para corregir, enmendar y mejorar la labor educativa (escalas de actitudes, técnicas de observación, técnicas sociométricas, etc.), como paso previo y fundamental para la mejora de la educación, así como para la obtención de datos complementarios y anteriores de la medición final del rendimiento.

Sobre estos planteamientos, hay una reivindicación del papel positivo de la evaluación en el desarrollo educativo, que trata de desterrar su tradicional percepción negativa o sancionadora. Esta reconsideración coincide con el desarrollo de criterios didáctico-pedagógicos que buscan superar las programaciones centradas en contenidos y que propician el diseño de nuevos planes educativos. La nueva dimensión curricular va a tener en la evaluación uno de sus ejes fundamentales, como elemento articulador y organizador de sus diferentes componentes (Wheeler, 1982).

Hasta ahora se han planteado las necesidades evaluadoras surgidas de la experiencia personal de los participantes en un curso y las posibilidades de respuesta desde la perspectiva teórica de la evaluación.

En los cursos de formación resulta habitual que, tras una esquemática referencia a la parte teórica de la evaluación, alguno de los participantes insinúe ligeramente una vuelta a sus dudas previas respecto al tema. Resulta suficiente y tranquilizador indicar que lo pretendido es delimitar claramente las cuestiones que se tratan de resolver y situarlas en el correspondiente marco teórico, porque el objetivo inmediato del taller va a ser considerarlo en el ámbito de E/LE y buscar las posibles soluciones.

La evaluación de lenguas es un excelente campo para la experimentación de los modelos teóricos. En el caso de E/LE, la evaluación ha sido uno de los temas más tratados en los últimos años y uno de los ámbitos de trabajo de mayor desarrollo.

El papel de la evaluación, hasta hace pocos años, estaba muy vinculado al aula y a la verificación del rendimiento de los estudiantes en función de los contenidos del programa. Los modelos tenían una perspectiva descriptiva, inspirada en el buen criterio e intuición del docente respecto al programa de estudios y a los contenidos impartidos. La incorporación de modelos metodológicos desarrollados para la enseñanza de lenguas retoma la consideración de la evaluación.

En un primer momento, los programas sustentados en criterios lingüísticos formales tratan de superar la perspectiva descriptiva en la medición y ajustarse a las normas y parámetros de la evaluación como instrumento válido y fiable. Es la irrupción de las pruebas objetivas. La elaboración de modelos que tratan de verificar y cuantificar asépticamente la asunción de los contenidos programáticos. La elaboración de pruebas de este tipo y su experimentación pretenden incorporar a la enseñanza de lenguas las técnicas y los modos propios de la evaluación (Sánchez, 1982: 175-191).

Posteriormente, otros enfoques y modelos de enseñanza de lenguas van a considerar otras necesidades de evaluación. Los nuevos programas responden a una perspectiva lingüística basada en criterios funcionales. Por lo tanto, asumen las técnicas de evaluación como instrumento eficaz, pero que debe adaptarse a las nuevas necesidades de sus programas. También se manifiesta una preocupación por otros aspectos de la evaluación que van más allá de la cuantificación objetiva. Es la reconsideración vigente de la evaluación como instrumento de orientación y control que permite la mejora del modelo educativo. Esta preocupación plantea nuevos caminos respecto al papel de la evaluación, al tiempo que reivindica la perspectiva cualitativa y no sólo la cuantitativa (Palencia, 1990: 220-244).

Actualmente, propuestas metodológicas más recientes tratan de dar nuevas respuestas. Se pretende definir un marco de actuación que trascienda las programaciones fundadas en las perspectivas lingüísticas y los contenidos, que en forma de unidades generan estas visiones. Este nuevo ámbito de reflexión y de actuación es el *currículo*. La adaptación de los nuevos modelos curriculares a la enseñanza-aprendizaje de lenguas trata de responder adecuadamente no sólo a los resultados del proceso de enseñanza-aprendizaje, sino también a los procedimientos necesarios para el logro de esos resultados. Estos nuevos modelos didácticos que se están aplicando a la enseñanza de lenguas, otorgan a la evaluación un papel fundamental como motor regulador de todo el proceso curricular, tanto en el plano teórico como en el de decisión y, sobre todo, en el de la actuación. Desde la evaluación se generan los modelos de respuesta adecuados para el desarrollo de este nuevo marco (García Santa-Cecilia, 1995).

Sobre estas consideraciones, un acercamiento simple al mundo de la evaluación de lenguas permite establecer una doble distinción: la evaluación del proceso de enseñanza-aprendizaje (clasificación, progresión, diagnóstico, aptitud, rendimiento, método, materiales, objetivos, autoevaluación, etc.) y la evaluación del grado de dominio (pruebas de nivel). En el primero de los apartados se puede incluir todo lo que tenga relación con el proceso educativo o con el desarrollo de todos los elementos del currículo. Corresponde a la evaluación generar modelos para obtener informaciones o tomar las decisiones oportunas, de acuerdo con las necesidades del propio proceso de enseñanza y sus fines (parámetro interno), o de los objetivos que se pretenden alcanzar y que vienen determinados por marcos de referencia ajenos a la situación de enseñanza (parámetro externo). Éste último se correspondería con la segunda distinción establecida.

Tradicionalmente, lo que en este caso se ha presentado de manera genérica como parámetro interno / parámetro externo, explica la presentación en torno a dualidades de la evaluación: aprovechamiento / dominio, formativa / sumativa, normativa / criterial, etcétera.

La preocupación por los procedimientos, además de los resultados, y el esfuerzo de la evaluación por aportar modelos de orientación y reflexión, justifican la aparición de estas dicotomías[11]. Es decir,

[11] Se puede apreciar esto en trabajos muy recientes. Véase: Ministerio de Educación, Cultura y Deporte (2002), *Marco común europeo de referencia para las lenguas: aprendizaje, enseñanza, evaluación*, Madrid, Secretaría General Técnica del MECD y Grupo Anaya: 177-196.

en unos casos la búsqueda de la mejora en el proceso de enseñanza-aprendizaje determina procedimientos de evaluación que permitan la comparación, la información, la corrección o el control de la situación educativa, tomando como referencia cualquiera de los elementos del propio proceso educativo. En otros casos, la referencia viene determinada por otros criterios (grado de dominio o marcos de referencia), que pretenden la verificación de lo evaluado, con independencia del proceso de enseñanza-aprendizaje seguido.

En un primer momento, el interés por lograr la verificación del grado de dominio de E/LE, al igual que lo que se hacía en otras lenguas europeas, determinó la aparición de diferentes modelos de evaluación[12].

Se recurre a la evaluación para elaborar, de una manera válida y fiable, este tipo de pruebas. La falta de tradición y la escasa atención previa sobre el tema, provocan un gran interés en este campo. Por un lado, se buscan modelos equiparables a los existentes en otras lenguas. Por otro, se pretende una mayor especialización y desarrollo de las aplicaciones de la evaluación al ámbito de E/LE.

Este primer acercamiento a la evaluación pone de manifiesto las necesidades existentes en este campo y, en cierta manera, obliga a recorrer un camino algo descuidado. El desarrollo es importante y el esfuerzo empleado, en poco tiempo, obtiene su reconocimiento[13].

Se elaboran pruebas globales para verificar el grado de dominio de E/LE. El marco de creación respeta los principios de la evaluación desde un parámetro normativo. Es decir: elaboración de un marco de referencia; un alto número de ítems o cuestiones de evaluación que cumplan los requisitos de validez y fiabilidad; y la determinación previa de la puntuación asignada a las diferentes partes[14]. Esta evaluación no atiende al proceso de enseñanza- aprendizaje, sino a la capacidad resultante de la aplicación de cualquiera de los diferentes procesos y perspectivas metodológicas en la enseñanza de E/LE.

El grado de dominio se establece en función de la capacidad del candidato en el uso y conocimiento de la lengua: su competencia para hablar y escribir, escuchar y leer, en la lengua meta, en este caso, el español.

El formato recoge pruebas objetivas[15] que permiten predeterminar y, en consecuencia, cuantificar mecánicamente la respuesta del candidato. También recoge pruebas subjetivas, que, por sus características, no permiten anticipar cuál va a ser la posible respuesta del candidato, pero que, con los criterios y el entrenamiento apropiados, posibilitan una cuantificación acorde a las

[12] Es el caso del *nivel elemental* y del *nivel certificado* de la *International Certificate Conference* (1985), el *Diploma de Español de la Universidad de Salamanca* (DEUS, 1987) y el Certificado de Español de la Universidad de Salamanca (CEUS, 1990), o la aparición de las disposiciones oficiales para la creación de los Diplomas de Español como Lengua Extranjera (BOE, julio de 1988).

[13] No se debe olvidar que la Asociación Europea de Evaluadores de Lenguas (ALTE) tiene su origen, tutelada por la Universidad de Cambridge, en Barcelona en 1991 y con una doble representación española.

[14] Este es el modelo desarrollado para los Diplomas de Español Lengua Extranjera (DELE), Diploma Básico (DBE) y Diploma Superior (DSE), a partir de 1991. Su validez oficial es competencia del Ministerio de Educación, Cultura y Deporte. La responsabilidad científica (creación, experimentación y nuevas propuestas) corresponde a la Universidad de Salamanca a través del servicio de Cursos Internacionales. En años posteriores, se elabora el Certificado Inicial de Español (CIE) y, con la creación del Instituto Cervantes, esta institución, encargada de la difusión del español en el mundo, empieza a asumir las diferentes áreas de responsabilidad de los DELE.

[15] Aportaciones recientes de la evaluación de lenguas proponen sustituir esta denominación clásica por la de Pruebas puntuadas objetivamente (*Marco común europeo*, 2002: 188).

necesidades de la evaluación. Son ejemplo de pruebas objetivas en este modelo la comprensión lectora, la comprensión auditiva y la gramática[16]. En el otro apartado entran la expresión oral y la expresión escrita[17].

El objetivo más inmediato de este interés por la evaluación es lograr unos modelos de medición y cuantificación adecuados y rigurosos que permitan validar, de manera fiable, una determinada capacidad respecto al uso y conocimiento de E/LE.

Posteriormente, elaborados los instrumentos de evaluación, su uso puede orientarse tanto al proceso, señalando virtudes y deficiencias que hay que corregir y mejorar, como al resultado: una cuantificación que en todo momento puede, y debe, ser posible de justificar[18].

La evaluación de E/LE inicia una andadura llena de retos y de posibilidades, pero parece necesario retomar el carácter práctico prometido a los participantes del seminario y demostrar la realidad, la operatividad y las ventajas de todo esto.

1. Un problema de evaluación

La experiencia práctica con la que se inició el taller de formación era la evaluación del texto escrito por Astrid. Parece el momento oportuno para reconsiderar esta experiencia y concentrar la atención sobre la evaluación de la expresión escrita.

En ese primer momento, ya se han señalado los problemas percibidos en la experiencia de evaluación: disparidad en la valoración entre los participantes, falta de homogeneidad en los aspectos considerados y la variabilidad existente respecto a la determinación del parámetro de referencia.

Desde una perspectiva evaluadora, la expresión escrita se define como una prueba subjetiva ya que no se puede prever o predeterminar la posible respuesta del candidato. En estos casos, la evaluación propone la elaboración de unos criterios y la formación de evaluadores en el uso de los mismos para obtener valoraciones unívocas y coincidentes. Así se garantiza la fiabilidad de la corrección y se trata de preservar la validez de la evaluación. También, de acuerdo con el parámetro normativo, se requiere un marco de referencia, un formato de prueba, unos ítems que permitan la evaluación y la determinación previa de la puntuación asignada.

Parece el momento de dar respuesta a los interrogantes planteados. Para ello, se recurrirá a un modelo de evaluación de E/LE ya establecido.

---

[16] Dos precisiones respecto a las pruebas objetivas. La corrección se realiza normalmente mediante lectura óptica y es una corrección simple, automática y sin interferencias. Por otra parte, la consideración de la gramática en esta categoría no está exenta de polémica o discusión. Sí, es oportuno señalar que ésta se presenta en situaciones de uso como capacidad y no, como reflexión de la regla o manifestación del conocimiento del sistema.

[17] En este caso, también parece conveniente señalar la dificultad que presentan este tipo de pruebas. Primeramente, por lo que se refiere a la elaboración de los criterios de evaluación apropiados. La segunda dificultad consiste en formar a los evaluadores eficazmente en el uso y aplicación de estos criterios. Debe tenerse en cuenta el alto número de candidatos que se presentan a estas pruebas y la inmediatez de la evaluación, que, frente a la expresión escrita, exige, por ejemplo, la prueba de expresión oral.

[18] Hay una tendencia muy acusada a fijarse en el resultado, en este caso numérico. Aparentemente, parece que lo importante de este tipo de evaluación es coincidir con el resto de evaluadores. Una parte de esta idea es verdad y fundamental en el caso de los DELE, pero no lo es toda la idea. La reconstrucción del camino, a partir de los criterios de evaluación, que lleva a la cuantificación final, es un instrumento muy válido y de una gran operatividad para la observación, solución y autoevaluación de la labor, no sólo de los estudiantes, sino también de los profesores. Puede convertirse en un completo instrumento de evaluación con todas las posibilidades que ofrece este concepto.

La carta de Astrid corresponde al Diploma Básico de Español como Lengua Extranjera (DBE). El parámetro de referencia o nivel requerido que se va a utilizar es el que corresponde a este modelo de prueba[19]. La expresión escrita consta de dos partes: en la primera, se debe redactar una carta personal; en la segunda, redactar una composición. En ambos casos hay unas indicaciones temáticas a las que debe ajustarse el candidato. La puntuación asignada a esta prueba es de 15 puntos[20].

Establecidas estas básicas premisas de evaluación, sobre las que habrá que volver, especialmente con el perfil del candidato derivado del parámetro de referencia, procede reflexionar sobre los criterios que se deben utilizar.

2. ¿QUÉ ASPECTOS DEBEMOS CONSIDERAR?

Si se atiende a lo expresado por los participantes de los talleres y que se recoge durante el intercambio de opiniones, se debería distinguir entre un mínimo de ocho y un máximo de catorce aspectos que deben ser considerados a la hora de evaluar la expresión escrita. Y esto después de haber comentado, matizado y unificado las diferentes aportaciones: comunicación, mensaje entendible, tipo de texto, cumplimiento de lo que se le pide al candidato en la pregunta, consideración del destinatario, estilo, organización de las ideas, la relación entre las partes, riqueza de léxico, morfología, sintaxis, puntuación, ortografía, extensión, riesgo asumido... Es curioso el silencio inicial de los participantes y la posterior riqueza participativa. Por otra parte, se mueven entre dos extremos claramente definidos. En un lado, los que consideran que el candidato comunica, que se entiende lo que quiere decir y que, por lo tanto, cumple el objetivo planteado. Al otro lado están los que consideran los errores cometidos, principalmente en aquellas categorías susceptibles de tal apreciación, y que tratan de sopesar la mayor o menor gravedad de estos fallos.

Se plantea un nuevo problema relacionado con la eficacia de la evaluación. Es necesario reducir el número de categorías para que los criterios sean viables. Se justifica y se ejemplifica en el taller con el alto número de candidatos que se presentan a estas pruebas y con la necesidad de unos criterios rápidos y eficaces que puedan dar respuesta a estas demandas. Sirve también como ejemplo la necesidad de resultados inmediatos que plantea una prueba de clasificación (dar una respuesta casi inmediata, de un día para otro o en cuestión de horas).

Se comenta también que éstas eran las mismas condiciones de exigencia que existían en el año 1991 con la reforma de los diplomas de español y la búsqueda de los criterios de evaluación apropiados.

---

[19] La elaboración de un parámetro de referencia o la definición del concepto de nivel son temas que presentan una gran complejidad y que generan encendidas polémicas en la enseñanza de lenguas. Esta afirmación resulta sorprendente, si se considera que son conceptos muy próximos y familiares a los profesores de lenguas, pero la dificultad va más allá de los contenidos nivelados de los manuales. En esta línea, considérese un trabajo tan reciente como el *Marco común europeo de referencia para las lenguas* y las diferentes posibilidades que, en forma de anejo, completan el apartado de la evaluación. Por lo que se refiere al Diploma Básico, se siguió el modelo teórico de Wilkins (*Annexe C. Proposition de définition de niveaux*, Consejo de Cooperación Cultural del Consejo de Europa, Estrasburgo), que establece siete niveles según el grado de dominio. Sobre este modelo, se realizó la ejemplificación práctica para el español mediante la descripción del comportamiento lingüístico exigido de forma general y luego en cada una de las diferentes destrezas. El DBE se correspondía con el nivel 4 de Wilkins.

[20] Para una mayor información, puede consultarse: VV.AA., (1991), *Guía para la obtención de los Diplomas de Español como Lengua Extranjera (DELE)*, Salamanca, Ministerio de Educación y Ciencia: 7-16.

Los modelos existentes en otras lenguas y en otras pruebas también se movían en una doble línea. Por un lado, modelos como los de la ICC que utilizaban dos criterios: aceptabilidad comunicativa (9 puntos) y corrección lingüística (6 puntos)[21]. Se establecían unas escalas para cada criterio y el resultado final era la suma de las dos puntuaciones. Otros modelos se basaban en escalas con 8/9/10 bandas de puntuación y una descripción minuciosa y detallada del candidato en cada una de éstas[22].

El primer modelo es simple y aparentemente fácil de entender, pero presenta algunos problemas a la hora de su aplicación, creando dudas o dificultades respecto a qué corresponde a cada categoría, lo que en algunos casos perjudica al candidato o lo penaliza doblemente. Los otros modelos resultan difíciles para su aplicación sistemática. Como se recoge en el *Marco común europeo* (2002: 193):

> *(...) cualquier sistema práctico de evaluación tiene que reducir el número de categorías posibles a un número viable. La experiencia demuestra que más de cuatro o cinco categorías comienzan a provocar una sobrecarga cognitiva, y que siete categorías es psicológicamente un límite máximo.*

Tras reflexionar sobre todo esto, una vez consideradas las diferentes posibilidades, la propuesta para la evaluación de la expresión escrita en el DBE se articuló en torno a cuatro apartados: *adecuación*, *estructura*, *corrección gramatical* y *vocabulario*.

La organización de estos cuatro apartados va a permitir que pocos o ninguno de los aspectos señalados por los participantes sean marginados.

En el apartado de la *adecuación* se va a considerar si el texto escrito respeta las características propias de este tipo de documentos. También se tendrá en cuenta si la carta se ajusta a la relación con su interlocutor o con las personas destinatarias. Finalmente, se verificará el cumplimiento de los puntos de orientación y, en consecuencia, el logro del objetivo comunicativo planteado.

Por lo que se refiere a la *estructura*, también son tres los niveles de reflexión. Por un lado, la organización y exposición de las ideas. Por otro, la relación e interrelación entre las partes del texto. También forman parte de este apartado los signos de puntuación como elementos de distribución y de articulación del texto escrito.

Respecto a la *corrección gramatical*, en este nivel de exigencia se deben distinguir las limitaciones del candidato y considerar su influencia. Hay deficiencias que se originan porque el candidato no cumple los requisitos del nivel. También hay otro tipo de problemas que afectan a la comunicación o pueden entorpecerla. Y, por último, hay errores motivados por necesidades que superan el parámetro de referencia establecido o que corresponden a conocimientos que están por encima del nivel marco.

En el *vocabulario* se tienen en cuenta la corrección y cierta variedad. En este nivel es impensable un concepto como el de riqueza léxica. Se debe distinguir entre incorrección en el uso del vocabulario e imprecisión, es decir, vocabulario correcto, pero usado impropiamente.

Sobre estos apartados, se entendía que era posible abordar adecuadamente la evaluación de la expresión escrita.

---

[21] Pueden consultarse las referencias a este modelo que aparecen en la bibliografía.

[22] Son modelos americanos como el del *American Council Teaching Foreign Languages*, diseñado a principios de los noventa. O los criterios desarrollados por la Universidad de Cambridge (véase la bibliografía).

3. La elaboración de los criterios de valoración

Establecidos y definidos los aspectos que se deben considerar en la evaluación de la expresión escrita, es necesario precisar la organización de los criterios y las bandas de puntuación que los conviertan en operativos a la hora de cuantificar.

Para lograr esta organización, se debe tener en cuenta la puntuación asignada y el perfil lingüístico que se exige al candidato[23]. La primera de estas condiciones determina las diferentes bandas de valoración que corresponden a cada uno de los aspectos. La segunda, si se proyecta adecuadamente sobre los criterios de evaluación, permite al evaluador tener de manera permanente la referencia al nivel de exigencia requerido, sin continuas recurrencias a otros documentos ajenos a los criterios[24].

Respecto al perfil del candidato, los participantes han analizado los correspondientes documentos teóricos: nivel general de exigencia, nivel de exigencia de la expresión escrita. Reconocen su utilidad y opinan que tienen una idea bastante precisa, aunque les gustaría poder matizar un poco más ese grado de dominio requerido.

Nuevamente se les indica su coincidencia en la petición con la de los primeros evaluadores formados con estos criterios. Se les señala que ésta es la razón por la que se incorporó dicho perfil a los criterios. Para ello, se glosó el nivel de exigencia de un modo parecido al que se expone a continuación.

El candidato es capaz de elaborar textos escritos no extensos ni complejos, con informaciones de la vida cotidiana y aspectos simples del ámbito público. Se expresa con claridad, pero comete faltas gramaticales o tiene problemas con la selección léxica, aunque éstas no afectan a la comprensión del escrito por parte de un nativo. Los textos tienen una adecuada ordenación, tanto de aspecto gráfico como de contenido, pero pueden aparecer algunas inexactitudes en la ordenación o algún uso incorrecto de los signos de puntuación. Es un discurso escrito con enunciados breves, bien articulados, pero con un número reducido de conectores. Hay imprecisiones o incorrecciones de vocabulario que no afectan a la comprensión. Se respeta el registro y el tipo de documento, también se ajusta a la situación comunicativa planteada. El mensaje que elabore será comprensible.

Sobre este esquemático retrato de las capacidades del candidato, se organizaron los criterios para la evaluación de la expresión escrita.

Los 15 puntos se distribuyen de la siguiente forma entre los apartados considerados: 3 puntos para la *adecuación* y 4 puntos para cada uno de los tres apartados restantes[25].

Las bandas de puntuación asignadas a cada apartado son las siguientes:

- *Adecuación:*

  3 puntos. El texto cumple los requisitos de la adecuación: respeta el tipo de documento, se ajusta al destinatario y a la situación comunicativa planteada. Puede presentar alguna carencia, pero solamente respecto a uno de los tres aspectos que configuran la adecuación.

---

[23] Puede consultarse, además del nivel de exigencia para la expresión escrita, el nivel general de exigencia del DBE y su justificación teórica en la *Guía para la obtención de los Diplomas de Español como Lengua Extranjera (DELE)*, 1991: 1-7, 10.

[24] El símil es tan simple como un mueble (grado de dominio exigido) con diferentes cajones (criterios) que permite ir colocando en cada uno de ellos los elementos apropiados (manifestaciones del candidato).

[25] Estos criterios expuestos de forma esquemática, con algún cambio o modificación y ligeramente renovados, se corresponden con los elaborados por Eguiluz y Vega para la evaluación de la expresión escrita del DBE (véase la bibliografía para un desarrollo más exhaustivo de estos criterios).

2 puntos. El texto cumple de manera general los requisitos de la adecuación, presenta algunas carencias leves que afectan a más de uno de los subapartados considerados.
1 punto. El texto presenta fallos graves respecto al tipo de documento (ausencia de elementos necesarios), al destinatario (vacilaciones en el registro que afectan al tono de la carta) y a la situación (no cumple los puntos de orientación ni la extensión, desviaciones respecto al objeto de la carta, material irrelevante).
0 puntos. El texto no cumple los requisitos de la adecuación.

- *Estructura:*

4 puntos. El texto expresa con claridad lo que se pide en su organización, en la interrelación entre las partes y en el uso de los signos de puntuación. Puede presentar alguna carencia que se podría considerar leve en uno de los tres aspectos indicados.
3 puntos. El texto presenta ligeros problemas en su estructura que afectan a más de uno de los subapartados considerados.
2 puntos. El texto presenta una estructura un tanto confusa que obliga a la revisión o reinterpretación de varias partes del documento[26].
1 punto. El texto presenta graves problemas en su estructura que dificultan la interpretación del texto y obligan a una continua revisión para lograrlo.
0 puntos. El texto no tiene estructura y ni siquiera con la revisión o reinterpretación es posible comprenderlo.

- *Corrección gramatical:*

4 puntos. El texto no presenta errores morfológicos, sintácticos u ortográficos. En caso de detectarse la presencia de errores mínimos, debe considerarse si corresponden a manifestaciones que están por encima del nivel exigido.
3 puntos. El texto puede presentar errores morfológicos, sintácticos u ortográficos, pero son de escasa entidad y no entorpecen la comunicación.
2 puntos. El texto presenta algunos errores que afectan a la comprensión y exigen una revisión o reinterpretación de partes concretas del texto.
1 punto. El texto presenta errores gramaticales graves que dificultan la comprensión y exigen una continua revisión.
0 puntos. El texto presenta numerosos errores y resulta imposible la comprensión del texto.

- *Vocabulario:*

4 puntos. El texto presenta un vocabulario correcto y preciso, con cierta variedad.
3 puntos. El texto presenta algunas imprecisiones o leves incorrecciones en el uso del vocabulario que no afectan a la comprensión del escrito.
2 puntos. El texto presenta incorrecciones en el uso del vocabulario que afectan a la comprensión y exigen una revisión de partes concretas del texto.

[26] El concepto que aquí aparece bajo la denominación de revisión o reinterpretación, se denominó originariamente relectura. Se ha cambiado la designación porque en algunos momentos inducía a error su interpretación. La idea era que el evaluador (habitualmente profesor) tuviera un indicador que le advirtiera de que algo no iba bien porque tenía que volver sobre lo leído: releer, remirar, revisar, reinterpretar. Al mismo tiempo, se pretendía la reflexión porque, cuando este fenómeno se producía, el evaluador debía considerar o categorizar a cuál de los criterios afectaba. Obsérvese que esta revisión aparece en tres de los cuatro apartados. Esta reflexión trataba de impedir una posible doble y hasta triple penalización del candidato.

1 punto. El texto presenta incorrecciones e imprecisiones en el uso del vocabulario que dificultan la comprensión y exigen una continua relectura; además, el vocabulario es pobre.
0 puntos. El texto presenta numerosos errores en el uso del vocabulario que impiden la comprensión.

Antes de proceder a la experimentación de los criterios, es conveniente hacer algunas aclaraciones a los participantes profesores. La experiencia aconseja no reservar las calificaciones más altas ni hacer comparaciones entre candidatos. No se debe reservar la mejor calificación para los escogidos: 4 puntos le corresponden a todo candidato que cumpla con el nivel de exigencia requerido, candidatos que superan ese nivel de exigencia también van a obtener esa puntuación (tal vez deberían presentarse a una prueba de nivel superior). No existen los medios puntos. Si se tienen dudas entre una banda y otra, optar de acuerdo con los criterios.

En un primer momento, se debe leer con calma los criterios y reflexionar en el momento de su aplicación. Una vez tomada la decisión, justificada de acuerdo con los criterios, valorar en consecuencia.

Es un elemento de indudable validez el concepto de *revisión/reinterpretación*. Ayuda mucho en la aplicación de los criterios y en la reflexión del evaluador.

Finalmente, tener en cuenta el parámetro de referencia que reflejan los criterios y afrontar la evaluación desde una perspectiva positiva: considerar todo lo que se hace bien más que buscar lo que está mal. El nivel exigido contempla las deficiencias lingüísticas del candidato y hay que ser consciente de ello.

4. Las dificultades de aplicación

Se inicia la parte final de la actividad de evaluación. Se propone una lectura detenida de los criterios antes de proceder a valorar la carta de una estudiante japonesa. La valoración se realiza primero de forma individual y, posteriormente, se justifican los resultados obtenidos en pequeños grupos, recurriendo a los criterios para justificar las apreciaciones de cada uno.

Una vez realizada esta actividad, se recogen los resultados de la evaluación en la pizarra para iniciar la revisión y la consideración de las puntuaciones de los diferentes apartados que componen los criterios.

En el caso de Yumiko, y en el de otros candidatos sobre los que se ha realizado esta experiencia de evaluación, antes de pedir las puntuaciones, se solicita una apreciación general del tipo: *pasa / no pasa*. La respuesta unánime y general, respecto a este texto, siempre es: *pasa*[27].

Habrá ahora que comprobar si esta apreciación previa, tiene su correspondencia con las puntuaciones dadas.

Hay una nueva disparidad numérica que oscila entre los 11 y los 15 puntos[28] (quizá el ponente deba pensar en abandonar el oficio), pero hay que hacer una serie de matizaciones. Los parti-

[27] Como sugerencia al futuro lector, sería oportuno que antes de leer los comentarios que se recogen a continuación, realizara esta experiencia del mismo modo que los participantes, para extraer sus propias conclusiones.

[28] Las puntuaciones asignadas avalan el pasa, pero recuérdese que el sistema de calificación del DBE exige el 70% del máximo posible de puntos que pueden obtenerse en cada parte. En este caso concreto, son necesarios 10,5 puntos (70% de 15 puntos). Con 11 puntos, esta candidata japonesa se encuentra justo en el límite entre el aprobado y el suspenso.

cipantes coinciden mayoritariamente en la valoración entre 13 y 14 puntos. A continuación hay un pequeño grupo que se sitúa en torno a los 12 puntos. Los dos extremos, 11 y 15 puntos, representan casos aislados o minoritarios.

Ante estos resultados, se deben revisar los diferentes apartados y reconsiderar las decisiones adoptadas.

En el apartado de la *adecuación*, los participantes reconocen estar entre 2 y 3 puntos.

Respecto a la *estructura*, están entre 3 y 4 puntos.

La mayor variación se produce en la *corrección gramatical* porque las valoraciones están entre 2, 3 y 4 puntos.

En el *vocabulario*, la puntuación está, de nuevo, entre 3 y 4.

Por lo que se refiere al primer apartado, los que han valorado con 2 puntos explican que no aparece la fecha en el documento y que han percibido una cierta oscilación entre *tú* y *usted* respecto al destinatario. El ejemplo aducido es: *un trabajo duro por tener que viajar con frecuencia pero está muy bien pagado y* tiene *posibilidad de ascender*.

Otros participantes comentan que lo de la fecha es un fallo leve o un simple descuido, pero que no hay oscilación en el registro porque lo señalado se refiere al *trabajo*, no a la persona y que esa interpretación de los criterios es excesivamente rigurosa.

En lo que atañe a la *estructura*, se justifican los 3 puntos porque hay algunos errores en los signos de puntuación. La respuesta del resto de evaluadores es que esto está contemplado en el nivel de exigencia, establecido como parámetro de referencia, y en los propios criterios, por lo que nuevamente se penaliza a Yumiko. Mayoritariamente se opta por otorgarla 4 puntos en este apartado.

El debate más intenso se produce en la *corrección gramatical*. Revisado el apartado de 2 puntos en los criterios, el sentir general es que el texto escrito evaluado no responde a lo allí expresado y que hay un excesivo rigor. Esta consideración es reconocida unánimemente. A continuación se comentan las otras valoraciones. Los errores gramaticales del texto son cuidadosamente analizados y se establece el siguiente inventario: el uso de *dentro de este año*, la repetición de *ti*, la construcción que aparece entre paréntesis *(Espero que no te haya molestado hablarle de ti)*, y *un trabajo que puedas*. El parecer general es que el uso de *dentro de* y la oración del paréntesis son errores relativos, porque corresponden a contenidos que están por encima del nivel de exigencia. Algunos consideran de la misma forma la construcción de relativo. Otros piensan que es una simple omisión de preposición y una pequeña parte opina que, además de esta omisión, no les *suena* muy bien el presente de subjuntivo.

Una gran mayoría opta por 4 puntos. Otra parte asume lo expuesto, pero se queda en 3 puntos por el uso de *tí* acentuado.

Respecto al vocabulario, y a estas alturas de la revisión, alguno señala la palabra *suelte* como elemento para los 3 puntos. Y alguien argumenta con *una fábrica en la localidad gerundense de* Bisbal (no falta quien bromea con la omisión del artículo). En este apartado hay coincidencia en la valoración de 4 puntos.

Tras la revisión, se acuerda que la redacción de Yumiko se corresponde con el nivel de exigencia establecido y que puede ser considerada como una candidata modelo. Reconsiderada la valoración inicial, la puntuación obtenida por esta candidata está entre 15 y 14 puntos[29].

[29] Este resultado se ajusta a la objetivación de resultados pretendida. El procedimiento del DBE exige una doble corrección. Cuando la diferencia de los evaluadores es de +/- 1 punto, se procede a la revisión de la prueba. El grado de dominio requerido se corresponde con las bandas de 4 y 3 puntos.

Hay un cierto reproche hacia los criterios utilizados porque la percepción para alguno de los docentes-evaluadores es que tienden a la generosidad y que son muy permisivos. La respuesta del ponente es proponer una nueva actividad de evaluación.

En este caso, el texto escrito es de Marcos, un estudiante brasileño. Se mantiene el procedimiento de trabajo establecido con la candidata japonesa. Tras la evaluación del documento y el intercambio entre los asistentes, se solicitan las puntuaciones. Como en el caso anterior, antes de comentar se pide la apreciación general. La respuesta en esta ocasión es que *no pasa*.

Hay una coincidencia mayoritaria en evaluar la prueba entre 7 y 8 puntos (en este momento el ponente ya no piensa en renunciar). También hay algunos casos aislados: 11 puntos y 0 puntos. No es necesario decir nada porque unos se acusan de generosos, explicando que les ha salido una puntuación alta y que les ha sorprendido a ellos mismos; y otros, que han renunciado a los criterios y que han dado la puntuación según los suyos propios ante lo leído (esta reacción es propia de docentes con poca experiencia en E/LE y más acostumbrados al trabajo con nativos).

De nuevo se revisan los diferentes apartados y se comentan las decisiones adoptadas.

En el apartado de la *adecuación*, los participantes reconocen estar entre 3, 2 y 1 puntos.

Respecto a la *estructura*, se sitúan entre 4, 3 y 2 puntos.

Como siempre, hay oscilación en la *corrección gramatical* porque las valoraciones están entre 3, 2 y 1 puntos.

En el *vocabulario*, la puntuación está entre 3 y 2 puntos.

Por lo que se refiere al primer apartado, se desestima la valoración de 3 puntos porque se señalan problemas en los tres subapartados establecidos. La cuestión ahora radica en la consideración que merecen esas deficiencias. La adecuación al tipo de documento no existe porque las fórmulas empleadas no corresponden al español (*Amiga Carmen*, *Do siempre amigo*, la fecha expresada a la izquierda del documento). Hay también oscilación respecto al tratamiento del destinatario (a ratos *usted*, a ratos *tú*). Los puntos de orientación simplemente son enumerados. De acuerdo con los criterios, la valoración es de 1 punto.

En lo que atañe a la *estructura*, se señala que 2 puntos es una penalización excesiva. Algunos indican que han optado por esta valoración porque es donde se recoge el criterio de revisión o reinterpretación del texto. El sentir general es que, efectivamente, esta revisión se produce, pero por otros aspectos que corresponden más a la *gramática* y al *vocabulario* que al apartado de estructura. Unos sostienen que la organización es esquemática, pero que cumple con lo que se le pide. Además, hay un uso apropiado de los signos de puntuación. Lo único que presenta alguna deficiencia es la relación entre las partes, pero los participantes deciden que se trata de algo propio del nivel, por lo que optan por una valoración de 4 puntos. Otros consideran que la organización presenta deficiencias al igual que la cohesión del texto, por lo que optan por 3 puntos.

El debate más intenso se produce en el apartado de la *corrección gramatical*. Se desestima la valoración de 3 puntos porque los errores son repetidos y continuos. Alguno señala que los continuos errores gramaticales exigen la revisión y por eso ha calificado con 2 puntos. El sentir general es que son errores gramaticales graves (desconocimiento de verbos de uso frecuente, desconocimiento del uso del artículo, etc.) que exigen la continua revisión, y cuyo uso y conocimiento es exigible en este nivel. La valoración final es de 1 punto

En el último apartado hay problemas para la comprensión debido a cuestiones de vocabulario, que exigen la revisión de determinadas partes del documento (*surpresa*, *indicación*, *millares de operaciones con elevada velocidad*, *crescimiento profesional*, etc.). La valoración final es de 2 puntos.

Tras la revisión, se señala que Marcos está por debajo del nivel exigido. Se mantiene la coincidencia con la valoración previa mayoritaria entre 7 y 8 puntos.Y se señala cómo los criterios se ajustan adecuadamente (sin generosidad) de acuerdo con los parámetros del nivel de exigencia.

Alguno de los participantes pregunta por la valoración obtenida por Astrid, la candidata evaluada antes de la presentación de los criterios. La respuesta es que se ha evaluado un candidato que responde al nivel de exigencia, uno que no lo cumple y que resta alguno que esté entre los dos. Se pueden leer los criterios propuestos y aplicarlos; en definitiva, éste es uno de los objetivos de este artículo: ¿por qué no se continúa con Astrid esta práctica de evaluación?

Conclusión

Al final de la sesión los participantes muestran su satisfacción y reconocen que sus expectativas y creencias sobre la evaluación se han modificado positivamente, que piensan aprovechar lo recibido y que les gustaría conocer otros aspectos de la evaluación de lenguas que puedan ayudarles en su labor. Los ponentes se sienten perfectamente identificados con ellos porque su historia respecto a la evaluación es la misma que la que ahora manifiestan los participantes.

La reconsideración de la evaluación pasa por la atención tanto al camino recorrido como a los resultados obtenidos. Hay que ofrecer posibilidades de análisis cuantitativo y cualitativo, dotar de instrumentos para la observación, el control, el diagnóstico y la asunción de decisiones fundadas. Ésta es la objetividad pretendida en cuanto a los resultados o la puntuación final, pero sustentada en un proceso de evaluación que puede aportar datos muy enriquecedores según las diferentes perspectivas adoptadas (proceso de enseñanza-aprendizaje, grado de dominio, mejora de la expresión escrita, cumplimiento de objetivos, etc.) y los elementos del marco educativo que sean objeto de interés.

Reconocido esto, todavía existen diferentes modelos que hay que incorporar o crear para la enseñanza de E/LE: adaptar o crear instrumentos apropiados para la evaluación del programa, de los participantes, de los objetivos; crear modelos que permitan el control del aprendizaje (autoevaluación) y de la docencia.

Desde la perspectiva del DBE, Marcos no logra superar la prueba de acuerdo con los criterios de evaluación establecidos. Desde la perspectiva de Marcos, le gustaría saber cómo mejorar su expresión escrita, cuáles son sus deficiencias y tener, mediante la experiencia de aprendizaje, la oportunidad de superarlas y lograr su objetivo. Desde la perspectiva del docente, necesita tener el instrumento de análisis que le permita satisfacer las necesidades de Marcos (los estudiantes), organizar la experiencia de enseñanza-aprendizaje y establecer los objetivos. Desde la perspectiva del programa de estudios, hay que considerar la razón por la que los estudiantes no alcanzan los resultados previstos... Y así se abren múltiples vías de trabajo y de estudio sustentadas en la evaluación (otra posibilidad es la consideración de cuáles son las dificultades de candidatos de lenguas próximas al español: portugués, italiano; o más lejanas: japonés, noruego[30], respecto al aprendizaje de E/LE). Es un campo de investigación muy enriquecedor para el profesor de E/LE.

---

[30] No es gratuita la mención. Sobre el modelo de evaluación de la expresión escrita expuesto, con algunas modificaciones, se está trabajando con profesores de E/LE de Noruega para analizar las dificultades de los estudiantes de español de este país y proponer las posibles soluciones que mejoren su capacidad de escritura. En la misma línea se ha iniciado el trabajo con un centro de enseñanza (liceo) de Roma que ofrece sus clases en español.

Por lo que se refiere al grado de dominio, se ha trabajado mucho y se ha recorrido un importante camino en los últimos años, pero todavía queda mucha labor por hacer. Menos desarrollados están en el campo de E/LE los modelos de evaluación orientados al ámbito de la enseñanza-aprendizaje. El concepto de autoevaluación ha tenido un desarrollo intermitente en diferentes manuales, pero sin que se establecieran líneas o parámetros de actuación.

La respuesta más inmediata debería ser el diseño de modelos de evaluación operativos y prácticos, adaptados a las necesidades de E/LE.

Resta invitar a los lectores a que disfruten de este ámbito de investigación, a que renuncien a sus prejuicios y, finalmente, desear que en un futuro próximo, en charlas y seminarios, no se tenga que justificar el porqué de la evaluación y, simplemente, se pueda profundizar en sus interesantes aportaciones.

Apéndice: Textos de expresión escrita utilizados en el artículo

Texto n.º 1

Instrucciones y supuesto que se le proponen al candidato
Redacte una carta de 150-200 palabras (15-20 líneas).
Escoja sólo una de las dos opciones que se le proponen.
Comience y termine la carta como si ésta fuera real.

1. Usted quiere visitar a un antiguo compañero de estudios. Escriba una carta a su amigo. En ella deberá:
   - Comunicarle sus deseos de ir a visitarlo.
   - Informar de la fecha de su viaje.
   - Solicitar información sobre posibles alojamientos.
   - Hacer planes para cuando estén juntos.
   - Solicitar contestación.

Bonn, el 28 de mayo de 1993

¡Querida Elena!

Lo siento que no he escrito desde hace algunas semanas. Espero que estás bien. ¿Te has descansado bien durante tus vacaciones en Alemania?

Ya te llevas dos años en España y no he tenido nunca suficiente tiempo para te visitar en Madrid. Pero ahora quiero pasar mis vacaciones en España. Entonces podría quedarme algunos días contigo.

He pensado en te visitar desde el 20 hasta el 25 de julio. ¿Puedes comunicar si esta fecha está conveniente para ti. ¿Si no puedes proponer otra fecha? No estoy segura si tu habitación sea demasiado grande para que pueda quedar contigo. ¿Quizá sepas un hotel que es cómodo y barato?

Dado que no he estado antes en Madrid hay mucho a visitar para mi. Me gusta mucho dar un paseo por una ciudad desconocida. Además quería visitar algunas museo p.e. el famoso Prado. *Pero creo que tienes también algunos presupuestos que hacer en Madrid. Me alegría mucho de podíamos nos ver después de dos años.*

Espero que me escribes pronto

Besos
Astrid

Texto n.º 2

Instrucciones y supuesto que se le proponen al candidato
Redacte una carta de 150-200 palabras (15-20 líneas).
Escoja sólo una de las dos opciones que se le proponen.
Comience y termine la carta como si ésta fuera real.

1. Usted recibe información sobre un trabajo y piensa que Carmen, su amiga española, es la persona ideal para ese trabajo. Escriba una carta a su amiga. En ella deberá:
   - Explicar el motivo de la carta.
   - Informar sobre el tipo de trabajo.
   - Expresar su opinión sobre dicha oferta.
   - Sugerir que se ponga en contacto con la empresa lo antes posible.

Querida Carmen:

Creo que, hoy, puedo darte una buena noticia. A través del Sr. Kato, me he enterado de que la multinacional japonesa XXX va a poner una fábrica en la localidad gerundense de BISBAL dentro de este año y ahora está buscando personal para esta fábrica. Y, para su oficina quiere una persona Comercial que sepa hablar el japonés.

Como yo sabía que tu buscabas un trabajo que puedas aprovechar tu conocimiento en la lengua se lo comenté al Sr. Kato. Pues, él es un amigo del director de Dpo. Personal de dicha empresa. (Espero que no te haya molestado hablarle de ti). El director está interesado en ti y quiere tener una entrevista contigo en su próximo viaje a España. Por lo que me comentaron, es un trabajo duro por tener que viajar con frecuencia pero está muy bien pagado y tiene posibilidad de ascender.

Si te interesa, ponte en contacto con él lo antes posible. Te adjunto su tarjeta. Espero que tengas buena suelte.

Un abrazo:

Tu amiga,
Yumiko

Texto n.º 3

Instrucciones y supuesto que se le proponen al candidato
Redacte una carta de 150-200 palabras (15-20 líneas).
Escoja sólo una de las dos opciones que se le proponen.
Comience y termine la carta como si ésta fuera real.

1. Usted recibe información sobre un trabajo y piensa que Carmen, su amiga española, es la persona ideal para ese trabajo. Escriba una carta a su amiga. En ella deberá:
   - Explicar el motivo de la carta.
   - Informar sobre el tipo de trabajo.
   - Expresar su opinión sobre dicha oferta.
   - Sugerir que se ponga en contacto con la empresa lo antes posible.

Salvador, 28 de mayo de 1994

Amiga Carmen,

Espero que usted, su padre y su madre esteam bien. Deves estar surpresa con esta carta pues a tiempos que se quem hablamos por teléfono.

Escribo porque tengo buenas noticias que mucho agradarán usted. Un amigo pedireme una indicación para un cargo en su empresa y entonces sugerí su nombre.

Ese trabajo és con ordenadores especiales, capaces de realizar millares de operaciones con elevada velocidad. O cargo es de analista y la función és desarollar programas.

És un trabajo interesante e desafiador pues dará oportunidades de crecimiento professional y personal.

Se estiveres interesada entre en contacto o mais rápido posible ya que mi amigo tien urgencia. El nombre de la empresa és MULLTRONIC ORDENADORES Y INFORMACIÓN y el teléfono és (071) 248.9497

Do siempre amigo
Marcos

Bibliografía

BACHMAN, L. (1990), *Fundamental considerations in language testing,* Oxford, OUP.

CURSOS INTERNACIONALES DE LA UNIVERSIDAD DE SALAMANCA (1989), *Certificado de Español de la Universidad de Salamanca (CEUS): examen modelo*, Salamanca, Cursos Internacionales.

DE MIGUEL, E. y EGUILUZ, J. *et al.* (1990), *Documento de nivel del Diploma Básico de Español*, Salamanca, Ministerio de Educación y Ciencia.

EGUILUZ, J. (coord.) (1998), *Plan Académico de Cursos Internacionales de la Universidad de Salamanca*, Salamanca, Cursos Internacionales.

EGUILUZ, J. y EGUILUZ, A. (1996), "La evaluación de segundas lenguas: actualidad, evolución y concepto", *Frecuencia- L, 2*, Madrid, Edinumen.

EGUILUZ, J. y EGUILUZ, A. (1998), "La evaluación del componente gramatical", *Carabela, 43*, Madrid, SGEL.

EGUILUZ, J. y VEGA, C. (1991), "Una propuesta de criterios para la valoración de la expresión escrita", *Actas del I congreso del estudio del español*, Salamanca, Ediciones de la Universidad de Salamanca (en prensa).

EGUILUZ, J. y VEGA, C. (1992), "La evaluación: criterios para la valoración de la expresión escrita y de la expresión oral", en E. de Miguel (ed.) (1992), *Relatorio del X Taller de lenguas del Consejo de Europa: Aprendizaje y enseñanza del español-lengua extranjera en la enseñanza secundaria y en la educación de adultos*, Estrasburgo, Consejo de Europa.

EGUILUZ, J. y VEGA, C. (1995), "Una propuesta para la evaluación de la producción escrita", *Didáctica del Español como Lengua Extranjera*, Madrid, Fundación Actilibre.

GARCÍA RAMOS, J. M. (1989), *Bases pedagógicas de la evaluación*, Madrid, Síntesis.

GARCÍA SANTA-CECILIA, A. (1995), *El currículo de español lengua extranjera*, Madrid, Edelsa.

GARCÍA, V. (1993), *Enseñanza y aprendizaje de las lenguas modernas*, Madrid, Rialp.

HARRISON, A. (1989), *A language testing handbook*, Londres, McMillan.

INSTITUTO CERVANTES (1994), *La enseñanza del Español como Lengua Extranjera: Plan Curricular del Instituto Cervantes*, Alcalá de Henares, Instituto Cervantes.

INTERNATIONAL CERTIFICATE CONFERENCE (1985), *Certificado de español: modelo de test n.º 3*, Francfort, Prüfungszentrale des DVV.

INTERNATIONAL CERTIFICATE CONFERENCE (1985), *La enseñanza de los idiomas en la educación de los adultos: Certificado de Español*, Francfort, DVV.

MADSEN, S. (1983), *Techniques in Testing*, Nueva York, Oxford University Press.

MINISTERIO DE EDUCACIÓN, CULTURA Y DEPORTE (2002), *Marco común europeo de referencia para las lenguas: aprendizaje, enseñanza, evaluación*, Madrid, Secretaría General Técnica del MECD y Grupo Anaya, traducido y adapatado por el Instituto Cervantes.

OLLER JR, J. (1979), *Language Tests at School. A Pragmatic Approach*, Essex, Longman.

ORTEGA, J. (1992), "Evaluación en el aula de E/LE: conceptos básicos", *Didáctica del Español como Lengua Extranjera*, Madrid, Fundación Actilibre.

PALENCIA, R. (1990), "La evaluación como diagnóstico y control", *Didáctica de las segundas lenguas*, Madrid, Santillana: 220-244.

PICÓ, E. y HERNÁNDEZ, M. (1992), "La evaluación de la competencia comunicativa", *Didáctica del Español como Lengua Extranjera*, Madrid, Fundación Actilibre.

RODRÍGUEZ DIÉGUEZ, J. L. (1980), *Didáctica General*, Madrid, Cincel.

SÁNCHEZ, A. (1982), "La evaluación en la clase de idiomas", en *Metodología de la enseñanza de idiomas: aspectos y problemas*, Salamanca, Instituto de Ciencias de la Educación: 175-191.

TOEFL (1990), *TWE Scoring Guide*, Nueva Jersey, Princeton.

UNIVERSITY OF CAMBRIDGE (1988), *The Communicative Use of English As a Foreign Language*, Cambridge, Local Examinations Syndicate.

VV. AA., (1991), *Guía para la obtención de los Diplomas de Español como Lengua Extranjera (DELE)*, Salamanca, Ministerio de Educación y Ciencia.

WHEELER, D. K. (1982), *El desarrollo del Currículum escolar*, Madrid, Santillana.

La evaluación de la comprensión lectora

Juan Eguiluz Pacheco
Ángel Eguiluz Pacheco
International Studies Abroad

Introducción

A principios de los años noventa, un estudiante japonés se presentó a los Diplomas de Español como Lengua Extranjera (DELE). Más concretamente al Diploma Básico de Español (DBE). Tras realizar su examen, escribió una carta a su profesora de español en la que comentaba su experiencia y ponía de manifiesto su prodigiosa memoria. Explicaba las dificultades que había tenido con uno de los textos de la parte de *comprensión de lectura*. Se trataba de un texto titulado: *El seiscientos. Un coche para el recuerdo*. En él se recogía una evocación de lo que ese automóvil había supuesto en una determinada etapa de la historia de España. El problema del estudiante japonés estaba en una de las preguntas de opción múltiple en la que se quería saber cuándo se dejó de fabricar este vehículo. Por más que leía y releía el texto, no lograba localizar la información que precisaba. Por fin, encontró algo que podía darle la solución. Según sus palabras, uno de los modelos de seiscientos recogidos en el texto constituyó el canto del cisne y entonces él pensó y vio esa imagen, la asoció con el mundo de la música e interpretó que ese era el último modelo que se fabricó del seiscientos. Seguidamente buscó entre las opciones presentadas alguna que se ajustara a esta interpretación y resolvió el ítem. En una carta posterior, su profesora reconocía su sorpresa y satisfacción ante lo expuesto, y adjuntaba copia de la carta de su alumno.

Este candidato, como otros muchos, buscaba un reconocimiento de su grado de dominio del español. Para ello, había decidido presentarse a las pruebas de nivel de español como lengua extranjera correspondientes. Estas pruebas acababan de ser renovadas y reformuladas en la línea de un marco común europeo para la evaluación de lenguas[1].

[1] No se debe perder la perspectiva histórica en el devenir de los hechos. En un primer momento, los trabajos del Consejo de Europa buscaban un marco común para la descripción de las diferentes lenguas europeas (*Threshold level, Nivel umbral, Livello soglia, Nivelle sevil,* etc). Posteriormente se hicieron necesarios modelos de evaluación que acreditaran estos marcos comunes de referencia para las lenguas. En 1991 se funda en Barcelona la Asociación Europea de

Era la culminación de un proceso de evaluación con indudable arraigo en otras lenguas, no así en la nuestra, pero que había tenido un desarrollo vertiginoso en los años recientes en el caso de E/LE[2].

Las razones de este interés evaluador tienen su origen en los trabajos del Consejo de Europa que pretendían elaborar un marco común para superar las barreras lingüísticas, además de las políticas, en la construcción europea. Sobre la consideración de la lengua como instrumento de comunicación, se querían establecer las bases que permitieran la descripción de niveles comunes para las lenguas europeas. Y, posteriormente, a partir de estas descripciones, acreditar, convalidar y establecer las correspondientes equivalencias en cuanto al grado de dominio de las lenguas[3].

Es indudable la repercusión que todo esto tuvo en la enseñanza de lenguas. Principalmente, en dos líneas de trabajo. Por un lado, la atención a los modelos de enseñanza y de aprendizaje de lenguas[4]. Por otro, la búsqueda de sistemas de acreditación para verificar la validez de esos modelos y para establecer los grados de dominio requeridos[5].

En la primera de las líneas señaladas, se asiste a un interesante debate sobre los modelos lingüísticos y sus posibilidades de descripción. La adopción de distintas unidades establece diferencias en cuanto a contenidos y programas. El debate en torno a estos variados modelos lingüísticos enriquece y revitaliza el panorama de la enseñanza de lenguas. Por lo que se refiere a la segunda de las líneas referidas, la búsqueda de un sistema de acreditación para verificar el grado de dominio obliga a retomar un ámbito bastante descuidado en el caso concreto del español: la evaluación. Esta consideración inicial de la perspectiva de la evaluación es bastante restringida y reduccionista[6]. La atención sobre el concepto se reduce a la elaboración de un instrumento válido y fiable que permita la verificación del grado de dominio en forma de una prueba o examen (parámetro normativo), frente a los llamados exámenes convencionales (parámetro descriptivo), que eran las pruebas vigentes para la evaluación del rendimiento en el proceso de enseñanza y estaban inspiradas en los programas de contenidos impartidos (variables según el centro de enseñanza y, sobre todo, según el criterio de cada profesor, razón por la cual los contenidos podían diferir en un mismo centro según quién fuera el director)[7].

Si se atiende a los modelos de evaluación de E/LE existentes hasta ese momento y que se ajustaban al denominado parámetro normativo, se puede constatar la precariedad de la situación: el nivel elemental y el nivel certificado de la *International Certificate Conference* (1985);

Examinadores de Lenguas (ALTE). No es casualidad que en fechas recientes, 2002, haya aparecido el *Marco común europeo de referencia para las lenguas*, síntesis actualizada, integrada y renovada de todos estos esfuerzos previos.

[2] Es conveniente tener muy presentes fechas y datos a la hora de considerar la perspectiva de la evaluación de E/LE No debe olvidarse que el sindicato de examinadores de la Universidad de Cambridge se creó en 1913.

[3] La consideración del papel de la evaluación en la enseñanza de lenguas es una necesidad urgente en esos momentos.

[4] Recuérdese la importancia que los trabajos del Consejo de Europa tuvieron en la renovación y creación de nuevos materiales para la enseñanza de E/LE.

[5] Esta es la urgencia necesaria a la que se aludía en la nota número 3.

[6] La aportación de la evaluación ha experimentado una interesante progresión. Considérese esta primera percepción como instrumento, hasta el papel destacado y primordial de los vigentes desarrollos curriculares para la enseñanza de lenguas. Considérese también la importancia que se le asigna en el *Marco común europeo de referencia*, sin olvidar las interesantes aportaciones que, para este trabajo en concreto, han tenido documentos y descripciones procedentes del campo de la evaluación de lenguas.

[7] Es muy esclarecedor, desde la perspectiva de la evaluación, el siguiente estudio: J. L. Rodríguez Diéguez (1980), "La evaluación en el aula", en *Didáctica General*, Madrid, Cincel: 263-404.

el Diploma de Español de la Universidad de Salamanca (DEUS,1988); el Diploma Superior de Español (DSE) y el Diploma Básico de Español (DBE), creados en julio de 1988 y origen de los actuales Diplomas de Español como Lengua Extranjera (DELE); y el Certificado de Español de la Universidad de Salamanca (CEUS, 1990)[8].

Todos los modelos de evaluación de E/LE citados responden o imitan un mismo patrón: las pruebas de la Universidad de Cambridge[9]. El modelo asumido, desde una perspectiva evaluadora, responde al de una prueba global objetiva y pseudoobjetiva, organizada en torno a las cuatro destrezas o canales de comunicación: *expresión oral* y *expresión escrita*, *comprensión de lectura* y *comprensión auditiva*. Además de estos apartados, se incorpora uno más, orientado al conocimiento y al uso lingüístico, con el título genérico de *gramática y vocabulario*.

Hay un cambio cualitativamente importante, a pesar de la dependencia del conocimiento lingüístico correspondiente al último apartado. La consideración de la lengua en torno a su capacidad de uso, es decir, se verifica la capacitación de los candidatos para hablar, escuchar, escribir y leer[10].

Además, lo que se pretende es verificar el grado de dominio mediante el uso instrumental y con independencia del proceso de enseñanza seguido: poder determinar qué se puede hacer con la lengua en cuestión y si esa capacidad se corresponde con el grado de dominio exigido[11].

Las técnicas de evaluación utilizadas tratan de garantizar una medición válida y fiable. Para ello, se parte de la distinción entre pruebas objetivas[12] (predeterminación de la respuesta correcta) y pruebas subjetivas (imposibilidad de predecir la respuesta y búsqueda de una valoración unívoca por parte de los evaluadores mediante la aplicación homogénea de los criterios de evaluación correspondientes).

A pesar de trabajar sobre un mismo modelo originario de evaluación, hay claras diferencias entre las propuestas para la evaluación de E/LE recogidas más arriba. Principalmente en los tres ejes sobre los que se articula una perspectiva normativa de la evaluación: la descripción del parámetro de referencia, el formato de prueba y los criterios de calificación. Un análisis detallado de estos tres aspectos evidencia fuertes divergencias entre los modelos citados[13].

---

[8] La documentación referente a todos estos modelos aparece recogida en la bibliografía final.

[9] Son los modelos de acreditación de mayor prestigio y más reconocidos en el ámbito de la enseñanza de lenguas en ese periodo: el *First Certificate in English* y el *Certificate of Proficiency in English*.

[10] Algunos autores han señalado este aspecto como la reivindicación del concepto de *competencia comunicativa* frente al de *competencia lingüística*.

[11] En esta línea se han desarrollado trabajos recientes de indudable importancia para la evaluación de lenguas. Véase "Las especificaciones de capacidad lingüística ('Puede hacer') de ALTE", en MECD (2002), *Marco común europeo de referencia para las lenguas*, Madrid y Grupo Anaya: 235-248.

[12] En la actualidad se prefiere la denominación de pruebas de puntuación objetiva.

[13] Respecto al parámetro de referencia, por ejemplo, la ICC (*International Certificate Conference*) opta por una descripción de comportamiento y un inventario de los contenidos necesarios en la búsqueda de ese comportamiento. Los DELE describen, en un primer momento, el nivel por el grado de *competencia lingüística* exigido a los candidatos. Los modelos de Salamanca tratan de describir el comportamiento en el uso de la lengua en cada una de las destrezas.
Respecto al formato, tomando como ejemplo el apartado de *comprensión lectora*, ICC recurre a textos recogidos en el catálogo de temas, con ítems de verdadero / falso en el nivel elemental, frente a ítems de opción múltiple en el nivel certificado. Los DELE también emplean textos no categorizados o definidos, la única exigencia es que sean apropiados al nivel correspondiente. Salamanca también utiliza textos en este apartado, pero, además, ofrece otro tipo de modalidades: integración de un elemento léxico en una oración, relación de imagen y elemento gráfico. Las preguntas de los últimos modelos pueden ser de verdadero / falso y/o de opción múltiple, en algunos casos entremezcladas. Respecto a la cuantificación de los resultados también hay divergencia en la valoración de las diferentes destrezas consideradas.

A partir de estos titubeantes inicios en el ámbito de la evaluación, orientados principalmente a las denominadas pruebas de nivel, se va a reconsiderar el papel de la evaluación, sus valiosas aportaciones en la enseñanza de lenguas y las amplias posibilidades de análisis, de orientación y de toma de decisiones que permite esta disciplina.

Tomando como punto de partida los modelos comentados y desde la consideración de las necesidades de la evaluación, en 1991 se procede a la renovación de los Diplomas de Español como Lengua Extranjera[14].

El objeto de este artículo es reflexionar sobre la evaluación de la comprensión lectora. En un primer momento habrá que considerar las necesidades que plantea la evaluación: establecer el parámetro de referencia, desarrollar el formato de prueba que permita la evaluación pretendida y determinar la cuantificación de la propuesta planteada. Una vez satisfechas estas necesidades de evaluación, se deberá considerar la puesta en práctica de lo establecido y la construcción de las propuestas de evaluación. La descripción de todo este proceso, en el apartado específico de la evaluación de la comprensión lectora, constituye el objeto de este artículo. En estas líneas previas, aparecen esbozados los criterios que organizan esta reflexión sobre la comprensión lectora: las necesidades de evaluación, la formación de creadores, la realización de propuestas y la experimentación.

1. Las necesidades de evaluación

La sustitución del denominado parámetro *descriptivo* por el parámetro *normativo* constituye un paso fundamental para la consideración de la evaluación como un instrumento válido y fiable. Este cambio de planteamiento exige una serie de requisitos que son de obligado cumplimiento para alcanzar los objetivos pretendidos:

> *Y se hace necesario pasar de la perspectiva descriptiva, que predominó en los exámenes convencionales, a una dimensión normativa. Se decía con motivo de los exámenes orales o escritos que, en determinadas circunstancias, los niveles de validez y fiabilidad habían sido tales o cuales. De ello se infería que en torno a valores semejantes se movería la fiabilidad y la validez de otros exámenes de características similares. Predominaba así un intento de inferencia a partir de una descripción.*
> *Pero en las pruebas objetivas el planteamiento es esencialmente normativo: para examinar la fiabilidad o la validez se debe hacer tal y tal cosa.*
> *Lógicamente este planteamiento normativo va precedido de un proceso de descripción de las pruebas y de los tipos de elementos* (Rodríguez Diéguez, 1980: 305).

[14] El Ministerio de Educación y Cultura y la Universidad de Salamanca deciden unificar esfuerzos y dar una respuesta común. Posteriormente, tras su creación, se incorpora el Instituto Cervantes como institución responsable de la difusión de la lengua española en el mundo. De modo que la responsabilidad, la gestión y la organización de los DELE corresponden al Instituto. La elaboración y corrección, a la Universidad de Salamanca, a través del servicio de Cursos Internacionales. La validez y el reconocimiento oficial de estos títulos compete al Ministerio de Educación y Cultura. A los dos modelos de pruebas ya existentes, Diploma básico y Diploma superior, se añade en 1993 un tercero: el Certificado Inicial de Español (CIE). Actualmente, el Instituto Cervantes ha asumido toda la responsabilidad sobre estas pruebas.

Si se traslada todo esto a la evaluación de lenguas, parece necesario establecer el parámetro de referencia o nivel exigido, el formato de prueba y los criterios de valoración para así cumplir con la preceptiva necesaria para la elaboración de una prueba objetiva.

Determinar el nivel de exigencia o el grado de dominio requerido no es una tarea fácil y ofrece diferentes posibilidades.

Tradicionalmente se recurría a los contenidos del programa. Es decir, a las unidades resultantes de una determinada visión de la lengua, los denominados programas proposicionales. Posteriormente, las nuevas propuestas han tratado de superar esta visión restringida, inspirada en los modelos de descripción lingüística, y orientar las respuestas a partir de una visión más amplia, que algunos denominan paradigma didáctico en la enseñanza de lenguas o desarrollo curricular, y que centran su atención en los programas procesuales[15].

Desde finales de los años setenta predominan marcos teóricos de descripción que tratan de ajustarse al comportamiento lingüístico: definir el nivel de exigencia en cuanto a la capacidad de uso de la lengua como instrumento de comunicación. Para ello, se articula la descripción en torno a las denominadas destrezas o canales de comunicación: hablar, escuchar, leer y escribir. Sobre este esquema, es sobre el que se organiza la descripción y se establecen las diferentes escalas de niveles.

De nuevo son los trabajos del Consejo de Europa los que establecen el modelo. Las aportaciones de autores como Trim y, sobre todo, de Wilkins van a servir de guía. Este último autor elabora una escala de siete niveles, que se ajusta a los criterios señalados y que se convierte en el modelo común a la hora de establecer el parámetro de referencia[16].

El siguiente paso es el desarrollo práctico de estos modelos teóricos. Sobre estas pautas se establece el parámetro para la *comprensión de lectura* del Diploma Básico de Español. El nivel de exigencia requerido se recoge así:

> *El candidato será capaz de entender todo tipo de textos sencillos (cartas de contenido convencional, resúmenes breves, síntesis de datos biográficos o profesionales, notas, telegramas, avisos y composiciones cortas sobre temas generales). Estará capacitado para entender, en concreto, textos en los que el factor esencial sea la comunicación de informaciones de la realidad cotidiana (periódicos, artículos de divulgación, etc., aunque no los titulares ni el lenguaje publicitario) e incluso aquellos textos de creación resueltos con una estructura lineal, así como todo tipo de documentos escritos de contenido no especializado.*

---

[15] Lo que aparece en estas líneas, recoge brevemente todo un mundo de discusión y de debate metodológico que se inició con las unidades analíticas y sintéticas de Wilkins, y que subyace en todo el desarrollo posterior de los distintos enfoques comunicativos. Precisamente, en el caso de E/LE, los modelos de descripción usados para la evaluación, desarrollados y perfeccionados, van a convertirse en los parámetros sobre los que se sustentan las nuevas propuestas de programación para la enseñanza- aprendizaje: determinar el comportamiento lingüístico requerido para proceder a determinar las unidades necesarias para el desarrollo de la capacidad comunicativa de los aprendices. Es la evolución y el camino recorrido que se pone de manifiesto si se comparan el *Nivel umbral* (1979) y el *Marco común europeo* de referencia (2002).

[16] Sobre el modelo teórico de Wilkins se inspiran todos los trabajos posteriores de descripción de niveles. Tanto desde una perspectiva evaluadora, por ejemplo los documentos de ALTE respecto al comportamiento lingüístico requerido o necesario y su descripción de niveles, como desde la perspectiva de la enseñanza-aprendizaje de lenguas, el inmenso trabajo recogido en el *Marco común europeo* de referencia.

> *Comprenderá la globalidad y buena parte de la información contenida en textos como los indicados, aunque tenga que realizar una segunda lectura o no entienda algunas unidades léxicas, las cuales por lo general le resultarán deducibles del contexto o de la situación.*
> *En general, su ritmo de lectura no tendrá por qué ser demasiado rápido* (VV. AA., *Guía*, 1991: 9)[17].

Establecido el parámetro de referencia y el comportamiento lingüístico exigido al candidato, la evaluación requiere un formato de prueba que permita verificar o validar estas capacidades.

La prueba de *comprensión de lectura* del Diploma Básico de Español presenta las siguientes características. La duración de la prueba es de 60 minutos. Se presentan al candidato cuatro textos. A cada uno de los textos le corresponden tres preguntas. Estas cuestiones o *ítems* pueden ser de verdadero / falso o de opción múltiple (tres opciones), pero no se pueden ni se deben mezclar nunca las dos categorías. Este formato pretende mejorar experiencias previas de la evaluación de E/LE y superar algunas de las deficiencias observadas en los modelos previos existentes.

Se establece también una caracterización o tipología de los textos que pueden aparecer en la prueba. El primer texto debe ser un texto directivo (orientaciones, recomendaciones o sugerencias para el lector) o informativo de contenido no periodístico (avisos, instrucciones, folletos, convocatorias, etc). El segundo es un texto informativo de contenido periodístico, algo más complejo en su extensión, pero con una estructura clara y lineal. El tercero de los textos propuestos es un texto periodístico de opinión cuyo formato y contenido debe ajustarse al nivel de exigencia. Finalmente, el cuarto es un texto literario, narrativo o descriptivo, de estructura lineal. La extensión máxima de cualquiera de estos textos no debe superar las 450 palabras.

Por lo que se refiere a la última de las necesidades de la evaluación, la corrección y predeterminación de los resultados para su inmediata cuantificación, el Diploma Básico de Español sigue los criterios que, a continuación, se indican. Toda la corrección se hace en Salamanca. Como la técnica de evaluación empleada es la de *prueba objetiva*, todas las hojas de respuesta pasan por un lector óptico que ofrece una cuantificación inmediata, de acuerdo con la predeterminación de cuáles son las respuestas correctas, y la valoración de esta parte de la prueba. La prueba de *comprensión de lectura* se califica junto con la de *expresión escrita* y constituyen el grupo 1[18]. La puntuación máxima posible es de 35 puntos. De éstos, 20 puntos corresponden a la *comprensión de lectura* y 15 puntos, a *la expresión escrita*. Es necesario obtener un 70% de respuestas correctas en cada uno de los grupos para ser considerado apto (no se mantienen notas parciales de los grupos para posteriores convocatorias).

---

[17] Esta descripción se correspondería con lo que Wilkins denominaba *Dominio operativo limitado*, con lo que Trim denominó *la respuesta adecuada a las situaciones normales* y con lo que ALTE denomina *Usuario independiente*.

[18] El grupo 2 corresponde a la *gramática y vocabulario* y su valoración máxima es de 20 puntos. El grupo 3 corresponde a la expresión oral y a la comprensión auditiva y su valoración máxima es de 45 puntos (30+15).

2. La formación de creadores

Considerados y establecidos los requisitos de evaluación, una de las mayores dificultades de la evaluación de la *comprensión lectora*, pero también de las otras destrezas, consiste en elaborar el *banco de ítems* necesario para la confección de este tipo de pruebas.

Se requiere un entrenamiento especial y una adecuada percepción de la evaluación. Muchas veces se confunde evaluación con dificultad y complejidad. La experiencia pone de manifiesto que dicha confusión es especialmente frecuente entre los docentes[19]. A menudo, les parece oportuno añadir una vuelta de tuerca más para hacer más difícil el ítem, o crear dificultades en el proceso (formulación de la pregunta, vocabulario empleado, complejidad de las instrucciones) más que plantearse la evaluación a través de la prueba misma.

Desde esta experiencia y desde la necesidad de superar las deficiencias mencionadas, se diseñó un taller que permitiera la formación de creadores de pruebas para el Diploma Básico[20]. Los ejemplos recogidos muestran algunas de las orientaciones que es oportuno observar a la hora de trabajar la *comprensión lectora*. El seminario se organizó en dos partes. Una primera parte en la que se reflexionaba sobre los textos y su selección. Una segunda dedicada a la formulación de las cuestiones.

El primer problema se planteaba con los textos y sus características. Frente a experiencias anteriores de evaluación de E/LE, en esta ocasión se había tratado de organizar la tipología de los textos y los requisitos necesarios para el formato de la prueba, pero, aun así, no parecía suficiente.

Una de las primeras recomendaciones fue la de intentar recoger textos que no resultaran hirientes o que pudieran afectar a los sentimientos de los posibles candidatos en las diferentes partes del mundo. Para ello, se pedía cierta sensibilidad a la hora de seleccionar los textos: evitar referencias políticas, temas polémicos o delicados, visiones negativas de algún país. Simplemente se pretendía evaluar las capacidades lingüísticas, de ningún modo otras cuestiones.

Por ejemplo, un texto como éste, *Las lesiones por caídas*, puede afectar especialmente y de manera muy negativa a una parte importante de los candidatos:

> *(...) Los ancianos tienen especial predisposición para las caídas, que con mucha frecuencia dan lugar a lesiones graves. Los ancianos tienen sus articulaciones rígidas por problemas reumáticos o falta de ejercicio. Por otro lado, pueden padecer problemas vasculares que hacen que se produzcan fallos en el riego de sangre en el cerebro (...).*

También se aconsejaba no recurrir a textos que abordasen temas demasiado localistas, con abundante mención de nombres y lugares. Un ejemplo de esto lo constituye el texto titulado *Las cigüeñas*:

> *Así, hay una pareja de cigüeñas en la chimenea de la fábrica de tejidos de Francisco Gómez Rodolfo, S.A., donde ya criaron el año pasado. Otra más en la fábrica cerrada*

---

[19] Véase el artículo recogido en la bibliografía sobre *la evaluación del componente gramatical*.

[20] Este seminario de formación fue elaborado e impartido por Clara de Vega Santos y Juan Eguiluz, profesores de Cursos Internacionales de la Universidad de Salamanca. Muchos de los ejemplos que ilustran este artículo han sido extraídos de ese taller de formación. El resto proviene de otros trabajos de los autores de este artículo. Todos ellos son auténticos y responden a propuestas de evaluación.

a cal y canto de García y Cascón, que antaño contó con más de 600 obreros textiles. Otra pareja en la torre de la iglesia de El Salvador, una más en la de San Gil y otras dos en las chimeneas de las fábricas de tintes situadas entre la calle Recreo y la barriada Virgen del Castañar.

El mismo criterio debe aplicarse con textos más *internacionales,* como el dedicado a Whoppi Golberg:

Películas como Jumpin Jack Flash, Belleza Mortal *o* Ghost, *la que más dinero ha producido en España y Estados Unidos, terminaron de convencerles.*

Hay que seleccionar textos que tengan la suficiente originalidad y que no permitan responder a las cuestiones sin la lectura previa del texto[21].

A la hora de seleccionar el texto se debe tener muy presente el nivel de exigencia requerido y, sobre todo, escapar de escritos con un contenido abstracto que no se corresponde con dicho nivel. Obsérvese este fragmento del texto titulado *Un lugar en el límite*:

Aquel que tiene el deseo del viaje sabe de lo que hablo. Hablo de la profunda inquietud de partir. Ir hacia el Sur, el Oriente o el Occidente. En contra de la gravedad que nos fija a la tierra está el ancestral deseo del vuelo. (...), pero aquellos que hemos pasado por el agobio de una ocupación que nos encierra, comprendemos perfectamente ese deseo de acabar con oscuros trabajos y partir.

Es preferible que los textos sean completos en sí mismos, que presenten una estructura más o menos cerrada, al igual que una cierta autonomía de significado que no exija claves extratextuales para su comprensión.

Por supuesto, los textos han de ser auténticos y nunca creados para la evaluación. Se pueden adaptar o retocar. Estos cambios van encaminados a facilitar la comprensión, mediante una adaptación del vocabulario o de las estructuras, que respeten la idea original del texto le ajuste al nivel de exigencia establecido (sinónimos, perífrasis...). No se puede modificar la naturaleza original del texto en cuanto al canal de difusión (transformar un texto escrito en oral o a la inversa).

Los textos elegidos deben adecuarse al nivel y al tipo de texto establecido en el formato de la prueba. Por ejemplo, el texto *Los arqueros de la gruta* no responde al tipo de texto informativo solicitado, es más una impresión o una percepción del informador sobre la noticia, además tampoco el vocabulario se ajusta al nivel exigido en el Diploma básico:

¿Cómo se puede medir la intensidad de emoción de un investigador ante un descubrimiento insólito? Aquella mañana del 20 de noviembre lucía un extraño y premonitorio día, radiante de sol dentro de un invierno crudo. Dos arqueólogos cántabros se asoma-

[21] En una convocatoria, uno de los textos versaba sobre un personaje muy popular y polifacético de Brasil que se llamaba Ivo Pitangüy. Una de las preguntas se refería a su ingreso en la Academia de Medicina. El texto lo presentaba como posible, en la realidad ya se había producido. Un alto número de candidatos respondió desde su conocimiento del mundo y no desde la realidad del texto. Además, la formulación de la pregunta no era la más apropiada y surgieron ciertas dificultades respecto a la valoración.

ron a una cueva desconocida y encontraron un enigma perdido en el arte rupestre.
A poca distancia de la Capilla Sixtina del arte cuaternario, en un lugar indeterminado entre Santillana del Mar y Torrelavega, se ha descubierto un eslabón olvidado de más de 2.000 años en el arte prehistórico del norte peninsular.

Los textos escritos deben ser correctos morfológica, sintáctica y estructuralmente. Y deben evitarse ejemplos cuya temática se plantee en torno a términos extranjeros (*western*, *playback*, *holligan*, etc.).

Finalmente, se proponía como modelo de texto, *El seiscientos. Un coche para el recuerdo*:

(...) Para ellos parecía hecho el nuevo 600 L especial, el último de la serie, desde luego el más potente de todos. Pero aquello fue como el canto del cisne. Aquel seiscientos de lujo fue el último que nos pudimos comprar.
Era ya el año 1973 y, por lo visto, España, como décima potencia industrial del mundo, debía aspirar a otra cosa (...).

Éstas eran las consideraciones básicas que se elaboraron respecto a la selección de textos de *comprensión lectora* a partir de las propuestas y escritos recibidos y analizados.

La otra reflexión sobre la *comprensión de lectura* se planteó en torno a la elaboración y formulación de las cuestiones o ítems. Al igual que para los textos, se establecieron para los creadores una serie de orientaciones surgidas de la experiencia y el estudio de las propuestas recibidas.

La primera consideración era respetar el orden lineal del texto en las preguntas. Resultaba evidente que, en muchos casos, el creador trataba de aumentar la complejidad de los ítems alterando el desarrollo lógico del texto mediante cambios de orden en las preguntas.

Se recordaba también la necesidad de una formulación previa del ítem. Fuera cual fuese la modalidad de pregunta adoptada para un texto, era necesario una formulación previa, nunca en forma de pregunta y de posibles respuestas, sino que éstas se deben ofrecer como continuaciones posibles de la formulación inicial y, en consecuencia, deben concordar sintáctica y morfológicamente. Evitar ejemplos como éste:

1. *¿Cuál de las siguientes cualidades no constituye una característica del ser limítrofe?*
   a) No sentirse atraído ni rechazado por nada.
   b) Fuerza de voluntad.
   c) Ser fiel al camino elegido.

Es necesario que el contenido de la pregunta se recoja en el enunciado y que la formulación de las opciones sea lo más breve posible. Se recoge un nuevo ejemplo de lo que se debe evitar:

2. *El autor del artículo:*
   a) Quiere comparar la mala calidad tanto del cine como de la literatura actual, sacando en conclusión que no va a ver ninguna película más.
   b) Se pone en el lugar del crítico que debe ver todas o casi todas las películas que ponen en la cartelera.
   c) Cree que un mal libro es el que no se puede leer más allá de las cien primeras páginas.

Del mismo modo, deben evitarse las interferencias entre las preguntas de un mismo texto, para que unas no puedan ayudar a averiguar las respuestas correctas de las otras.

Respetar la validez aparente, es decir, evitar que se pueda dar la respuesta sin la lectura del texto (conocimiento del mundo, conocimientos culturales, deducción lógica...). Por ejemplo, ítems como:

3. *El personaje de Don Juan:*
   a) Se enamoró de doña Inés escribiéndole una famosa carta.
   b) Utiliza el lenguaje para enamorar a las mujeres.
   c) Ofrece una interpretación unánime en la mayoría de los artistas.
4. *El mundo de las artes plásticas ha reflejado la importancia de la transición cultural de los años sesenta y setenta.*
   a) Verdadero.
   b) Falso.
5. *La música de Mozart...*
   a) Está copiada de la de Vivaldi, Haendel y Haydn.
   b) Es una fuente propia que recibe la información musical de otros músicos.
   c) Es sólo un complemento de la música de Vivaldi, Haendel y Haydn.
6. *En la isla del Hierro han sido cortadas las comunicaciones por mar debido a la escasa población de la isla en temporada baja.*
   a) Verdadero.
   b) Falso.

Hay que buscar una formulación clara y precisa de las preguntas. No se debe exigir del candidato un esfuerzo para comprender la pregunta, se evalúa su comprensión lectora no su capacidad para entender la pregunta:

7. *Martín Zubero es un niño grande porque todavía no tiene 22 años.*
   a) Verdadero. *b) Falso.*

La dificultad tampoco consiste en añadir detalles erróneos a algo que, por sí mismo, es evidente:

8. *Hace 30 años no era normal el uso de lentillas aunque se perdían con facilidad*
   a) Verdadero. *b) Falso.*
9. *La eficacia de estas píldoras la han demostrado en numerosos exámenes los médicos y sobre todo en el adelgazamiento de cuentas bancarias.*
   a) Verdadero. *b) Falso.*

Los ítems no deben exigir interpretaciones por parte del candidato, puesto que es una habilidad por encima del nivel requerido:

10. *De las palabras de Manuel Vázquez Montalbán puede deducirse que:*
   a) Su última obra es una novela fucsia.
   b) Su última obra es una novela negra.
   c) Su última obra carece de color.

11. Ricardo Gullón ensalzó sus sesenta años de profesionalidad.
a) Verdadero. *b) Falso.*

Tampoco es conveniente dejar abierta esa posibilidad. Deben hacerse referencias directas al contenido del texto (según el texto, como señala el autor, en el texto se dice que…) y se concretará la formulación y las posibles opciones de modo que sólo sea posible una interpretación objetiva del texto tal y como se recoge a continuación:

12. Según el texto, el 600 L especial:
a) Era un coche caro.
b) Se dejó de fabricar en 1973.
c) Fue sustituido por coches con un motor mejor.

Se debe evitar la ambigüedad en la formulación de las preguntas y de las opciones, de tal forma que sólo una sea la correcta. Hay que verificar que la opción correcta lo es y que los distractores son efectivamente incorrectos (cualquiera de las opciones propuestas en el ejemplo, podrían ser válidas según el texto):

13. Las orquestas de Xavier Cugat:
a) Tardaron mucho en hacerse famosas.
b) Se encargaron de descubrir nuevos talentos musicales.
c) Se hicieron famosas en Cuba.

Las cuestiones deben atender a aspectos globales del texto. La comprensión no puede sustentarse en un término o en una expresión concreta del texto. Esto es especialmente importante en el caso de la comprensión auditiva.

Hay que evitar la reproducción literal de lo expresado en el texto en la pregunta y en las opciones, sin embargo, esto no quiere decir que no se pueda *jugar* con palabras presentes en el texto. También se debe evitar la presencia de marcas lingüísticas que provoquen la adopción o el rechazo de una determinada opción (principalmente, sobre todo, en primer lugar, exclusivamente, etc.).

No debe haber disparidad entre las opciones de una pregunta. Se trata de verificar la comprensión de un determinado aspecto, no de varios. En este ejemplo se trataría de tres preguntas diferentes (Verdadero / Falso) y no de opción múltiple como se presenta:

14. En la isla del Hierro:
a) Es urgente y necesario contratar más vuelos diarios.
b) Dos viajes al día por mar provocan un mayor aislamiento.
c) No existe la posibilidad de regular el transporte de mercancías.

Las opciones deben estar equilibradas en extensión y complejidad. Tienen que presentar todas el mismo tipo de estructura o ser todas diferentes, pero en ningún caso puede haber dos opciones iguales y una diferente. Los distractores no deben hacer referencia a aspectos ajenos al texto. Su no validez como respuesta correcta debe basarse en la comprensión de lo que se dice en el texto.

Tras esta puesta en común con los diferentes creadores, resta el último paso para la evaluación de la *comprensión lectora*.

3. La creación de propuestas y la experimentación

El siguiente y definitivo paso en la evaluación de la comprensión lectora es la elaboración de un *banco de ítems*, un archivo de evaluación[22]. Esto exige la configuración de propuestas, que se ajusten a los requisitos planteados, y, sobre todo, la experimentación, el análisis de estas creaciones desde la percepción del público meta. Superado esto, las pruebas seleccionadas quedan en el *banco*, a disposición de los responsables de pruebas y de los jefes de examen para su utilización en las diferentes convocatorias[23].

Parece oportuno analizar todo esto desde la experiencia vivida. Las propuestas de los creadores son seleccionadas por unos responsables de evaluación[24]. Posteriormente, los materiales seleccionados son experimentados y, con los resultados obtenidos, se incorporan al *banco de ítems*. La experimentación se realiza con candidatos que están por encima del nivel de exigencia (ítems que pueden tener un alto grado de dificultad), que se corresponden con el nivel (ítems ancla o propios del nivel) y que están por debajo del nivel requerido (ítems que pueden resultar demasiado fáciles). Realizado esto, se ofrece a los responsables de la experimentación una plantilla para que expresen sus apreciaciones (características del público receptor, texto o soporte de la prueba, formato, comentarios sobre los ítems y resultados, sugerencias) y cuantifiquen los resultados (porcentajes obtenidos, caracterización de los ítems en cuanto a la dificultad percibida, respuesta mayoritaria como correcta a una opción que se tenía por incorrecta…).

Los resultados aportados permiten la caracterización de los diferentes ítems en cuanto a su dificultad (en una escala que va de muy fácil a muy difícil, y que resulta de convertir los datos numéricos obtenidos). Esta caracterización permite elaborar pruebas muy homogéneas, ya que se pueden configurar con un número estable y determinado de los diferentes tipos de ítems (2 difíciles + 4 normales + 2 fáciles, como ejemplo ilustrativo).

---

[22] Se propone como ejemplo la *Unidad de evaluación* que uno de los autores diseñó para uno de los Cursos Internacionales de la Universidad de Salamanca. Esta unidad pretendía como objetivos generales: disponer de un banco de datos que permitiera la confección inmediata o casi inmediata de pruebas y tener capacidad de reacción a la casuística que podía afectar a las diferentes convocatorias (problemas o alteraciones de calendario, cambios respecto a los plazos, convocatorias extraordinarias…). Para el cumplimiento de estos objetivos se establecían cinco áreas de trabajo. En primer lugar, *la creación de un banco de ítems* en el que se debía clasificar y organizar el material seleccionado, ofrecer análisis cuantitativos y estadísticos sobre los resultados y la experimentación de los materiales incorporados, dar información exacta sobre los materiales utilizados, supervisar y controlar eficazmente los materiales que habían sido aceptados. La segunda de las áreas establecidas tenía como competencia organizar *el proceso de creación*. Sus principales labores eran la formación de los creadores de pruebas, la posterior selección de éstos, establecer los criterios y organizar el proceso de experimentación, crear el procedimiento interno adecuado para filtrar y seleccionar las pruebas que se van a incorporar al *banco*. La tercera de las áreas se denominaba *nuevas propuestas*. Su misión era el análisis y revisión de los ejercicios y pruebas que constituyen el examen para controlar su adecuación y eficacia, la elaboración de nuevas propuestas y alternativas de evaluación, la revisión y renovación de los modelos de evaluación utilizados. La cuarta era el área de *supervisión* y su cometido era el control y análisis de todo lo relacionado con la evaluación de lenguas, nuevas propuestas, nuevos documentos teóricos y posibilidades de incorporación y de aplicación. En último lugar, *la enseñanza y el aprendizaje*, pretendía aprovechar todo este desarrollo de la evaluación para atender las necesidades de evaluación propias del proceso de enseñanza-aprendizaje y de la propia actividad académica.

[23] Desde un punto de vista teórico, los pasos y criterios necesarios para la configuración de un modelo de prueba aparecen muy bien desarrollados por el profesor Jenaro Ortega en el artículo recogido en la bibliografía.

[24] Los ejemplos utilizados para ilustrar la evaluación de *la comprensión de lectura* y que dieron origen a los seminarios de formación proceden en su mayor parte de esta etapa.

Posteriormente, los responsables de prueba seleccionan lo que precisan de estos materiales y el jefe de examen elabora una doble propuesta que somete al Comité Académico para la aprobación de su empleo en la convocatoria correspondiente.

Entre las pruebas de ese examen, una de ellas corresponde a la evaluación de la *comprensión lectora*.

Antes de cerrar este artículo, sería interesante proponer una actividad práctica a los lectores, invitarles a elaborar sus propias cuestiones para la evaluación de la *comprensión de lectura*. Para ello se han seleccionado dos textos. El primero es un escrito informativo de contenido periodístico. El segundo es un texto literario narrativo de estructura lineal. La actividad consiste en elaborar los ítems para estos textos, ¿se atreven?[25]:

> *El festival de peralada*
> *¿Dónde está Peralada? Eso preguntan siempre los músicos cuando son contratados para tocar, cantar o dirigir en el Festival de Peralada. De poco le sirve a un músico extranjero buscar esta localidad en un mapa de carreteras de España porque en muchos ni aparece. Pero el festival que se celebra en los jardines del bello castillo amurallado del siglo* XIV *-hoy convertido en casino- de esta pequeña población (1.250 habitantes), situada a unos diez kilómetros al norte de Figueras (Gerona), tiene rango internacional y es miembro de la Asociación Europea de Festivales.*
> *A diferencia del resto de festivales de música que se celebran en Cataluña durante el verano, el público que acude a los conciertos que se celebran en Peralada no es habitante de la población. Sus residentes tienen otros menesteres cuando hay concierto. El casino y el festival les dan trabajo de forma directa o indirecta, y no hay que desaprovechar el dinero que los cerca de 2.000 barceloneses, gerundenses y franceses se dejan en los restaurantes y bares cuando hay concierto.*
> *El de Peralada es, en general, un público adulto. La media de edad ronda los 45 años. En un 60% es gente acomodada de Barcelona, que veranea en la Costa Brava o se desplaza expresamente desde la capital catalana -150 kilómetros por autopista de peaje, cena, visita al casino y, probablemente, pasa la noche en un hotel ya que los espectáculos suelen terminar a la una de la madrugada.*
> *El público extranjero se reduce principalmente a los franceses. Peralada está a escasos kilómetros de la frontera. Pero si la oferta es muy atractiva -Plácido Domingo y José Carreras-, la variedad de nacionalidades es mayor. Cuando el 13 de agosto de 1988 José Carreras ofreció un recital se llegaron a organizar vuelos charter desde Viena. La reina Sofía, que presidió el recital, se trajo desde Mallorca a la princesa Diana de Gales, cuya visita a Peralada conmocionó a los habitantes de la población, que ni siquiera sabían qué cara tienen los condes de Peralada, que en 1923 vendieron el castillo a Miquel Mateu.*
>
> (Adaptado de *El País*)

[25] Al final del artículo se recogen las preguntas tal y como aparecieron en la convocatoria correspondiente del Diploma Básico. Además, para el caso del primer texto, también figuran las preguntas que proponía el creador. Perdón por la insistencia, pero obsérvense las tres etapas: las dificultades de creación, los cambios y modificaciones necesarios y el resultado final, que reflejan todo el proceso de la evaluación de *la comprensión lectora*.

Una visita inesperada

Carvalho salió aquel día tan preocupado como obsesionado de la caja de ahorros. Las cuentas no avanzaban según sus proyectos. No necesitaba consultar el calendario para darse cuenta de que estaba a punto de cumplir cincuenta años, y nadie ha conocido a un detective privado que a los sesenta años tenga suficiente dinero como para comprarse un par de zapatos nuevos cada año. Los zapatos de los detectives privados son animales cansados y gastados de caminar por las ciudades. En el momento de la definitiva vejez, Carvalho temía la idea de un asilo o de una residencia de ancianos, por muy buena que fuera. Prefería esperar el final en su casa, cuidado por una enfermera inteligente con los viejos, es decir, que no le hablara como a un niño sordo, que es como se suele hablar a los viejos. Los últimos casos no le habían dejado demasiadas ganancias y desde hacía quince días nadie llamaba a la puerta de su despacho.

Varias personas le habían recomendado que pusiera un anuncio en el periódico, pero él se había negado porque pensaba que en el periódico sólo se anunciaban los malos detectives. Mientras subía las escaleras de la casa donde tenía su oficina, se recomendó a sí mismo vencer sus prejuicios y poner un anuncio en el periódico. Los dioses habían escuchado sus pensamientos, porque, dentro del despacho, sentada en una silla que parecía querer romperse ante tanto peso, aparecía una dama teñida de rubio, maquillada por todas partes, con la boca agrandada por una pintura de labios rojísima y ojos de araña a causa de las pestañas postizas. "Mi hija ha desaparecido" dijo sin más… "Perdón, permítame que me presente. Me llamo Josefa Donaire, conocida artísticamente como Madame Pepita".

Carvalho miró a la señora, encendió un cigarrillo y se encogió de hombros. Él sabía que las desapariciones de chicas y las posteriores reapariciones eran hechos bastante comunes hoy día. Uno de sus clientes había perdido a una hija en las fiestas de un barrio de Barcelona y la había encontrado cinco años después en Sevilla casada con un farmacéutico.

(Adaptado de Manuel Vázquez Montalbán, *Buscando a Sherezade*)

CONCLUSIÓN

La evaluación de lenguas ha estado insuficientemente considerada y valorada. En el caso de E/LE especialmente. El camino recorrido en los últimos años, tanto por los profesionales como por el propio concepto, ha sido importante y ofrece unas perspectivas de indudable interés.

El desarrollo logrado permite afrontar nuevos retos y recuperar un concepto desatendido. Desde la experiencia personal, también se ha percibido la evaluación de *esas maneras*, pero, hoy en día, es un campo que apasiona a los autores de este artículo.

La evaluación de *la comprensión lectora* es una de las muchas actividades que se pueden trabajar. Si se ha conseguido que alguien disfrute al seleccionar un texto o porque no le sale la pregunta o no encuentra la tercera opción o el distractor adecuado; si se ha logrado que alguien, una vez resuelto lo anterior, no se desanime porque, al experimentar las esforzadas cuestiones, sus alumnos le demuestran que estaba equivocado, entonces el objetivo se ha cumplido: porque trabajar la evaluación es trabajar en y para el español como lengua extranjera.

Anexo: preguntas para los textos propuestos

- *Preguntas propuestas por el creador para el texto informativo: el festival de Peralada*
  1. Según el texto, el pueblo de Peralada:
     a) es un lugar desconocido para muchos músicos.
     b) tiene un antiguo castillo visitado por gran número de turistas.
     c) quiere que su festival tenga categoría internacional.
  2. Según el texto, el festival de Peralada se distingue de otros festivales de la región:
     a) porque acuden artistas de reconocido prestigio.
     b) por las características del público asistente.
     c) porque es una excelente fuente de ingresos para el pueblo.
  3. Respecto a la tipología del público asistente, el texto afirma que:
     a) es gente sin dificultades económicas.
     b) está constituido por veraneantes de la Costa Brava.
     c) es barcelonés en un alto porcentaje.
  4. Según el texto, en alguna ocasión:
     a) acude un público mayoritariamente francés al festival.
     b) se han organizado vuelos *charter* desde alguna otra ciudad.
     c) llegan visitantes distinguidos que ya resultan familiares para los habitantes de la ciudad.

- *Preguntas definitivas para el texto informativo: el festival de Peralada*
  1. Según el texto, el pueblo de Peralada:
     a) es un lugar desconocido para muchos músicos.
     b) tiene un antiguo castillo que atrae a los turistas.
     c) quiere que su festival tenga categoría internacional.
  2. En el texto se afirma que el festival de Peralada se distingue de otros festivales catalanes:
     a) porque acuden artistas de reconocido prestigio.
     b) por las características del público asistente.
     c) porque no es rentable para los habitantes del pueblo.
  3. Según el texto, en alguna ocasión:
     a) acude un público mayoritariamente francés al festival.
     b) se han organizado vuelos *charter* desde alguna otra ciudad.
     c) llegan visitantes distinguidos que ya resultan familiares para los habitantes de la localidad.

- *Preguntas definitivas para el texto literario: una visita inesperada*
  1. Según el texto, a Carvalho le asustaba la idea de no tener dinero para pagar una residencia de ancianos.
     a) Verdadero.
     b) Falso.
  2. Para solucionar sus problemas económicos, Carvalho puso un anuncio en los periódicos.
     a) Verdadero.
     b) Falso.
  3. Según el texto, Carvalho pensaba que era bastante normal que una chica desapareciera.
     a) Verdadero.
     b) Falso.

Bibliografía

BACHMAN, L. (1990), *Fundamental Considerations in Language Testing,* Oxford, Oxford University Press.

CURSOS INTERNACIONALES, UNIVERSIDAD DE SALAMANCA (1988), *Títulos de Español, Universidad de Salamanca: Diploma de Español de la Universidad de Salamanca, nivel superior (DEUS)*, Salamanca, Cursos Internacionales.

CURSOS INTERNACIONALES, UNIVERSIDAD DE SALAMANCA (1989), *Diploma de Español de la Universidad de Salamanca (DEUS): convocatoria de diciembre de 1989*, Salamanca, Cursos Internacionales.

CURSOS INTERNACIONALES, UNIVERSIDAD DE SALAMANCA (1989), *Certificado de Español de la Universidad de Salamanca (CEUS): examen modelo*, Salamanca, Cursos Internacionales.

CURSOS INTERNACIONALES, UNIVERSIDAD DE SALAMANCA (1990), *Títulos de Español, Universidad de Salamanca: CEUS y DEUS*, Salamanca, Cursos Internacionales.

DE MIGUEL, E., EGUILUZ, J. *et al.* (1990), *Documento de nivel del Diploma Básico de Español*, Salamanca, Ministerio de Educación y Ciencia.

EGUILUZ, J. (coord.) (1998), *Plan Académico de Cursos Internacionales de la Universidad de Salamanca*, Salamanca, Cursos Internacionales.

EGUILUZ, J. y EGUILUZ, A. (1996), "La evaluación de segundas lenguas: actualidad, evolución y concepto", *Frecuencia- L, 2*, Madrid, Edinumen.

EGUILUZ, J. y EGUILUZ, A. (1998), "La evaluación del componente gramatical", *Carabela, 43*, Madrid, SGEL.

EGUILUZ, J. y VEGA, C. (1992), "La evaluación: criterios para la valoración de la expresión escrita y de la expresión oral", en E. DE MIGUEL (ed.) (1992), *Relatorio del X Taller de lenguas del Consejo de Europa: Aprendizaje y enseñanza del español-lengua extranjera en la enseñanza secundaria y en la educación de adultos*, Estrasburgo, Consejo de Europa.

EGUILUZ, J. y VEGA, C. (1995), "Una propuesta para la evaluación de la producción escrita" en *Didáctica del Español como Lengua Extranjera*, Madrid, Fundación Actilibre.

GARCÍA RAMOS, J. M. (1989), *Bases pedagógicas de la evaluación*, Madrid, Síntesis.

GARCÍA SANTA-CECILIA, A. (1995), *El currículo de español lengua extranjera*, Madrid, Edelsa.

GARCÍA, V. (1993), *Enseñanza y aprendizaje de las lenguas modernas*, Madrid, Rialp.

HARRISON, A. (1989), *A Language Testing Handbook*, Londres, Mcmillan.

INSTITUTO CERVANTES (1994), *La enseñanza del Español como Lengua Extranjera: Plan Curricular del Instituto Cervantes*, Alcalá de Henares, Instituto Cervantes.

INTERNATIONAL CERTIFICATE CONFERENCE (1985), *Certificado de español: modelo de test n.º 1*, Francfort.

INTERNATIONAL CERTIFICATE CONFERENCE (1985), *La enseñanza de los idiomas en la educación de los adultos: Certificado de Español*, Francfort.

MADSEN, S. (1983), *Techniques in Testing*, Nueva York, Oxford University Press.

MINISTERIO DE EDUCACIÓN, CULTURA Y DEPORTE (2002), *Marco común europeo de referencia para las lenguas: aprendizaje, enseñanza, evaluación*, Madrid, Secretaría General Técnica del MECD y Grupo Anaya, traducido y adaptado por el Instituto Cervantes.

OLLER Jr., J. (1979), *Language Tests at School. A Pragmatic Approach*, Essex, Longman.

ORTEGA, J. (1992), "Evaluación en el aula de E/LE: conceptos básicos", en *Didáctica del Español como Lengua Extranjera*, Madrid, Fundación Actilibre.

PALENCIA, R. (1990), "La evaluación como diagnóstico y control", en *Didáctica de las segundas lenguas*, Madrid, Santillana: 220-244.

PICÓ, E. y HERNÁNDEZ, M. (1992), "La evaluación de la competencia comunicativa" en *Didáctica del Español como Lengua Extranjera*, Madrid, Fundación Actilibre.

RODRÍGUEZ DIÉGUEZ, J. L. (1980), *Didáctica General*, Madrid, Cincel.

SÁNCHEZ, A. (1982), "La evaluación en la clase de idiomas" en *Metodología de la enseñanza de idiomas: aspectos y problemas*, Salamanca, Instituto de Ciencias de la Educación: 175-191.

TOEFL (1990), *TWE Scoring Guide*, Nueva Jersey, Princeton.

TRIM, J. L. M. y WILKINS, D. (1978), *Some Possible Lines of Development of on Overall Structure for a European Unit Credit Scheme for Foreign Language Learning by Adults,* Consejo de Europa.

VV.AA. (1991), *Guía para la obtención de los Diplomas de Español como Lengua Extranjera (DELE)*, Salamanca, Ministerio de Educación y Ciencia.

WHEELER, D. K. (1982), *El desarrollo del Currículum escolar*, Madrid, Santillana.

VIII PARTE
Aplicaciones de las nuevas tecnologías

La enseñanza de lenguas asistida por ordenador (ELAO)

Germán Ruipérez García
Universidad Nacional de Educación a Distancia

Introducción

La ELAO (Enseñanza de Lenguas Asistida por Ordenador) podemos definirla como disciplina científica cuyo objetivo es el estudio de la integración del microordenador en el proceso de enseñanza y aprendizaje de las lenguas, preferentemente extranjeras. La ELAO es el acrónimo más extendido en el ámbito hispanohablante del término inglés *CALL (Computer Assisted Language Learning)*[1].

La ELAO nació como subdisciplina de la EAO (Enseñanza Asistida por Ordenador) que, con la aparición en 1977 del microordenador *(microcomputer)* Apple II, y especialmente del PC *(Personal Computer)* de IBM, tuvo un crecimiento espectacular.

Será a partir de entonces cuando comienza a afianzarse la ELAO como disciplina independiente, pues ya es posible utilizar el microordenador como herramienta de aprendizaje de una lengua en cualquier centro educativo o en el mismo hogar del alumno. Desde entonces hasta la actualidad (en los albores del siglo XXI) ha habido diferentes acontecimientos en el mercado microinformático que han condicionado muy positivamente el desarrollo de la ELAO:

1) Los multimedia

A mediados de los años noventa, los microordenadores empezaron a poder gestionar no solamente información contenida en documentos de texto, sino también la de archivos de sonido y de imagen en movimiento. De este modo, surgieron los denominados *microordenadores multimedia*, caracterizados por permitir el funcionamiento de *software* (programas informáticos) donde converge información de texto, sonora y audiovisual. Para la ELAO, el ordenador multimedia supone un

[1] Véase también el artículo que publicamos con el mismo título: G. Ruipérez (1997), "La enseñanza de lenguas asistida por ordenador (ELAO)", *Carabela*, 42, Madrid, SGEL: 5-25.

enorme avance, pues puede asumir en un mismo equipo funciones que antes eran realizadas por diferentes equipos utilizados con frecuencia en el aprendizaje de lenguas modernas: el magnetófono y el magnetoscopio. Hoy día, cualquier ordenador personal disponible en el mercado posee características multimedia, de tal manera que su uso convierte en redundante el acceso a un magnetófono o un reproductor de vídeo en un laboratorio de idiomas, pues todas esas funciones las gestiona, de manera centralizada, el mismo microordenador multimedia.

2) La World Wide Web *de Internet*

A mediados de los años sesenta el ejército de EE.UU. desarrolla una red informática que, posteriormente, fue utilizada preferentemente por los centros universitarios y de investigación -inicialmente sólo norteamericanos y posteriormente de todo el mundo-. Dicha red se denominó de manera genérica *Internet* y recibió un enorme impulso cuando en el año 1994 se popularizó un modo de acceso a ella muy sencillo, la *World Wide Web* (*telaraña mundial*) que, gracias a programas como Mosaic, Netscape o Internet Explorer, exigía del usuario unos conocimientos mínimos de informática para acceder a todo tipo de información (de texto, gráfica, sonora y audiovisual).

Fue tal el éxito de la *World Wide Web* -denominada en el ámbito hispanohablante simplemente como *Web* o WWW- que se incorporaron a la misma todo tipo de empresas, organismos públicos, etc., de los países industrializados de todo el mundo. Además, todo ello ha dado lugar a que, cuando hoy en día se habla de Internet, solamente nos refiramos a la Web.

La ELAO es una disciplina que se ha visto afectada, de manera inmediata, por la vertiginosa expansión inicial de la Web, y cuyas repercusiones en la enseñanza del E/LE abordaremos más adelante.

3) Otros avances microinformáticos relevantes para la ELAO: reconocimiento de voz y realidad virtual

La posibilidad de que el ordenador pueda *entender* lo que el usuario expresa de viva voz, hace posible que el *software* de la ELAO prevea que el alumno pueda prescindir del teclado y del ratón para comunicarse con el ordenador, pues con su voz es suficiente. Esta tecnología, denominada reconocimiento de voz, permite ejercitar, por fin, las habilidades orales en la ELAO (especialmente la expresión oral y la comprensión auditiva).

La reciente posibilidad de simular espacios tridimensionales mediante un microordenador -conocido popularmente como realidad virtual- permitirá el desarrollo de *software* de ELAO, donde se podrá simular el desplazamiento físico a cualquier lugar de interés en el aprendizaje de una lengua.

1. *Software*

En la ELAO se distinguen dos tipos de *software:*

- *Software* de programación. Es aquel que sirve para elaborar programas de ordenador que serán utilizados finalmente por el alumno.
- *Software* de usuario. A este grupo pertenecen aquellos programas de ordenador que ya están listos para ser usados directamente por el alumno.

1.1. *Software* de programación

El *software* de programación es la herramienta indispensable que permite crear aplicaciones de ELAO que puedan ser utilizadas directamente por los alumnos. Éste se puede clasificar de la siguiente manera:

a) *Lenguajes de procedimiento:* son lenguajes de programación diseñados para ser utilizados en algunos casos en el ámbito de disciplinas muy específicas y que requieren amplios conocimientos de informática (Pascal, Fortran, etcétera).

b) *Lenguajes de autor:* son lenguajes de procedimiento diseñados especialmente para la ELAO, como por ejemplo *WinCALIS*[2], o su adaptación específica para Internet, *WebCALIS*.

c) *Programas de autor:* son programas que exigen mínimos conocimientos de informática y con los que es posible confeccionar sencillas baterías de ejercicios que pueden ser utilizadas a continuación por cualquier alumno.

La escasez de *software* de usuario, es decir, programas de ordenador listos para ser usados directamente por el alumno, ha dado lugar a que todavía muchos docentes tengan que elaborar su propio *software*. De ahí el enorme éxito que siguen teniendo los programas de autor, donde el docente lo único que tiene que hacer es ir introduciendo los datos que el mismo programa de autor le va solicitando, y que son necesarios para generar, posteriormente y de manera automática, un ejercicio ya preconfigurado. Es decir, los programas de autor equivaldrían a programas con ejercicios en blanco, que han de ser rellenados por el docente, para que el alumno pueda practicar con ellos.

Como ejemplo de programa de autor mencionaremos *Fun with Texts*[3], donde el profesor de E/LE tiene que teclear previamente un breve texto, a ser posible conocido previamente por el alumno[4] (véase la figura 1). Al alumno se le ofrece entonces hasta siete ejercicios diferentes, generados automáticamente por dicho programa, entre los que citaremos los más importantes:

a) Ejercicio de lagunas: ejercicio de elisión parcial que consiste en que una serie de palabras han sido sustituidas por recuadros en blanco, y el alumno debe averiguar las palabras que faltan en el texto (véase la figura 2).

b) Ejercicio de letras revueltas: el alumno debe reconstruir un texto palabra por palabra, y donde el orden secuencial de las letras de cada palabra ha sido variado de manera aleatoria (véase la figura 3).

c) Ejercicio de elisión total: ejercicio diseñado según el modelo del clásico programa *Storyboard*, donde algunos caracteres han sido sustituidos por cuadrículas negras. El alumno tiene que reconstruir todo el texto, palabra por palabra (véase la figura 4).

---

[2] *WinCALIS* y *WebCALIS* surgieron en la Universidad de Duke, y son considerados los lenguajes de autor más extendidos en la ELAO (http://www.humancomp.org; 17.10.2002).

[3] *Fun with Texts*, cuyo desarrollador es Graham Davies, es distribuido por Camsoft (http://www.camsoftpartners.co.uk).

[4] Como cada vez es mayor el número de textos disponibles en soporte informático –especialmente en la Web de Internet (*vid. infra*) y también en CD-ROMs editados por periódicos como *El Mundo* y *ABC*–, el profesor puede ahorrarse la labor de teclear manualmente el texto original.

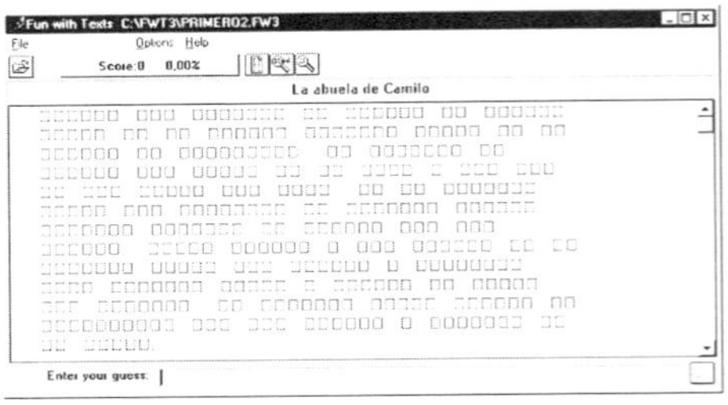

Figura 1

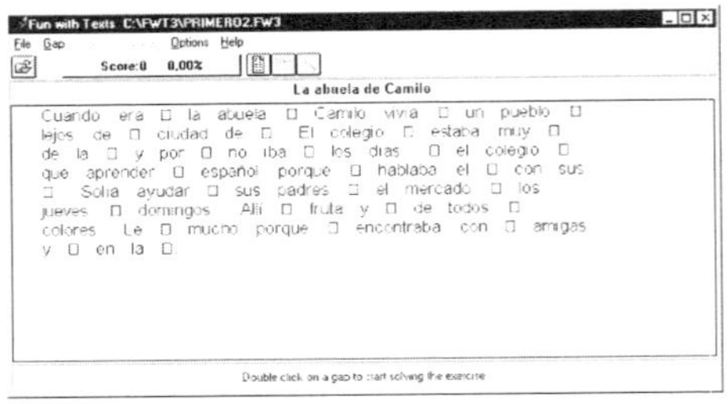

Figura 2

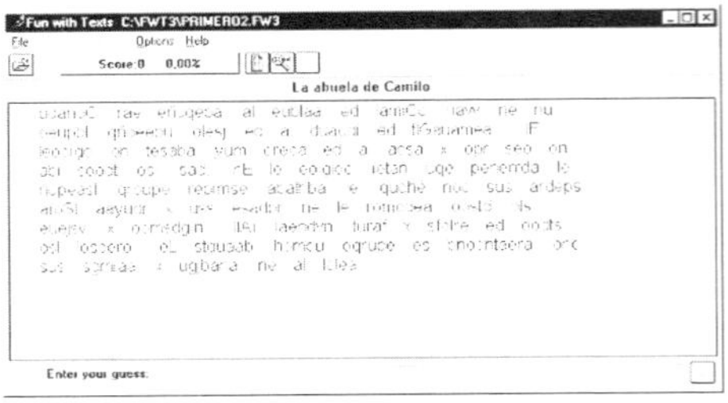

Figura 3

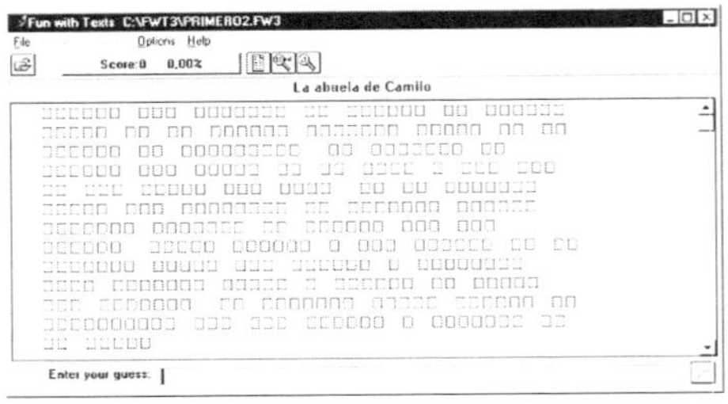

Figura 4

En la ELAO, los programas de autor más extendidos, al menos en Europa, son los siguientes:

1) *Hot Potatoes*[5] (véase la figura 5) es una colección de programas de autor que se ha convertido en el más popular programa de autor en la ELAO, por reunir, entre otras, las siguientes ventajas:
   - Cada uno de los seis programas de autor de que consta *Hot Potatoes* sirve para crear ejercicios diferentes: *JBC* (ejercicios de múltiple elección o de preguntas de verdadero/falso), *JQuiz* (ejercicios de respuesta basada en texto libre), *JCloze* (ejercicios de lagunas), *JCross* (ejercicios de crucigramas; véase la figura 6), *JMix* (ejercicios de ordenación de las letras de una palabra o de las palabras de una frase) y *JMatch* (ejercicios de asociación y ordenación).

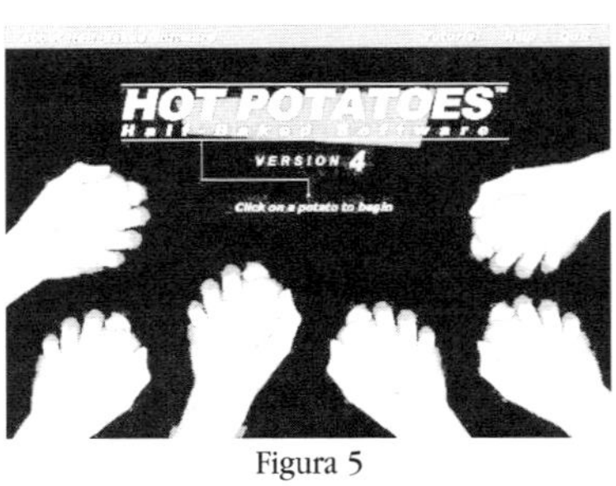

Figura 5

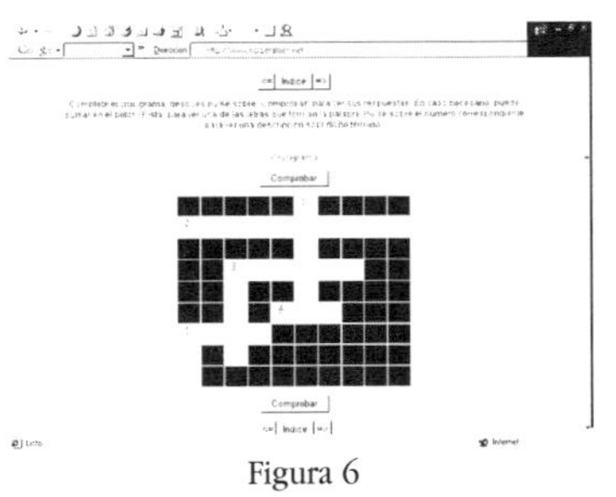

Figura 6

[5] En el sitio de Internet http://www.halfbakedsoftware.com (17.10.2002) se puede acceder a la última versión disponible del programa *Hot Potatoes*.

- Hasta la fecha ha sido distribuido gratuitamente.
- El alumno no necesita cargar en su propio ordenador un programa específico, sino que basta con los visualizadores Internet Explorer o Netscape Navigator, que vienen incluidos generalmente en el sistema operativo Windows o MacOS, para poder trabajar con ejercicios generados por este programa.
- Los ejercicios creados por *Hot Potatoes* emplean los lenguajes HTML y JavaScript, lo que permite su publicación en la Web.
- Los mensajes interactivos de *Hot Potatoes* pueden ser creados y modificados íntegramente por el profesor, lo que posibilita su redacción en cualquier lengua.
- Existen colecciones importantes de ejercicios de ELAO creados por *Hot Potatoes* y de acceso gratuito en la Web[6].

2) *The Authoring Suite* de Wida[7] es, igualmente, una colección de programas de autor con las siguientes características:
- Cada uno de los programas de autor posibilita confeccionar tipos de ejercicios diferentes: *¿Qué elige?* (ejercicios de múltiple elección); *¿Qué falta?* (ejercicios de lagunas); *¿Qué responde?* (ejercicios de pregunta-respuesta); *¿Qué pone?* (ejercicios de elisión parcial o total); *¿Qué corresponde?* (ejercicios de asociación); *¿Cómo se llama?* (ejercicios combinados de acertar título de un texto, asociar textos a títulos, ordenar líneas de un párrafo, etc.); *Vocabulario* (acertar y ordenar palabras, etcétera).
- Al igual que en *Fun with Texts,* el alumno necesita instalar en su ordenador un software específico que le permitirá trabajar con los ejercicios interactivos creados por el profesor.

1.2. *Software* de usuario

EL *software* de usuario podemos definirlo como el conjunto de aplicaciones utilizadas por los alumnos y que, valiéndose de ellas, les permite practicar aspectos concretos de una determinada lengua extranjera[8]. Dentro del *software* de usuario hay una enorme variedad, por lo que se pueden diferenciar dos grandes grupos:

a) *Software* específico para el aprendizaje de segundas lenguas: baterías de ejercicios interactivos, cursos completos de aprendizaje del E/LE, etcétera.

---

[6] Véanse las colecciones de ejercicios realizados con *Hot Potatoes* para E/LE en http://www.spanish-teacher.org/hot_potatoes/hot_potatoes_workshop.htm.

[7] En http://www.wida.co.uk (17.10.2002) se puede acceder a versiones de demostración de este paquete de programas de autor, del que existe también una versión en español.

[8] La distribución de software de ELAO en general, y de E/LE en particular, está muy diversificada, por lo que es difícil encontrar distribuidores especializados:

a) *The Virtual CALL Library de la University of Sussex*, en Gran Bretaña, (http://www.sussex.ac.uk/langc/CALL.html; 20.10.02), es un sitio de Internet con abundante información de software comercial de ELAO, clasificado por lenguas, y con numerosos programas de libre distribución (freeware) o de muy bajo precio (shareware).

b) El distribuidor español *Studyplan* (http://www.studyplan.es) publica un buen catálogo de *software* de ELAO, clasificado según lenguas y nivel de dificultad.

c) Los británicos *Camsoft* (http://www.camsoftpartners.co.uk) *y Wida* (http://www.wida.co.uk) publican, desde hace muchos años, útiles catálogos sobre software de ELAO, clasificado por lenguas y con detalladas descripciones sobre dichos programas.

b) *Software* diseñado originariamente para otros fines, pero que puede ser utilizado con éxito en el aprendizaje del E/LE: enciclopedias multimedia, tratamiento de textos, cuentos electrónicos, juegos (conversacionales, de simulación, etc.), diccionarios electrónicos, etcétera.

1.2.1. Software *específico para el aprendizaje de E/LE*

Cada vez aparecen en el mercado más títulos diseñados específicamente para el aprendizaje del E/LE. En muchos casos se trata de baterías de ejercicios para desarrollar todo tipo de habilidades, e incluso cursos completos, que con frecuencia parten de un texto base a partir del cual se han desarrollado ejercicios. Entre las características generales de estos programas podemos destacar las siguientes:

a) Características multimedia:
Dadas las posibilidades multimedia que ofrecen los ordenadores personales que se comercializan actualmente, la mayoría de los programas que aparecen en el mercado de E/LE incluye con frecuencia reproducción de voz e imágenes de vídeo. Además, cada vez es mayor el número de aplicaciones que, de alguna manera, ofrecen la posibilidad de evaluar las destrezas orales del usuario, debido, sobre todo, a la incorporación de sistemas de reconocimiento de voz que permiten advertir al alumno si su pronunciación es o no correcta.

b) Predominio de *software* de autoaprendizaje:
Tras años de variadas experiencias en la utilización del microordenador para el aprendizaje de segundas lenguas, se observa una tendencia, cada vez más acusada, a utilizar el ordenador preferentemente fuera del aula, ya que trabajar con alumnos en un laboratorio informatizado de lenguas no es tarea sencilla. Este hecho explica la aparición de cursos completos multimedia de autoaprendizaje del español -generalmente en CD-ROM-, como son: el curso multimedia *Español para todos*, desarrollado por la Universidad de Salamanca; *Español para el mundo* (Espasa); *Español* (Digital Publishing); *Español avanzado* (Eurotalk), etcétera.

c) Integración del *software* en los métodos convencionales de E/LE:
Cada vez es más frecuente que las editoriales que publican material de E/LE incluyan *software* específico de apoyo al libro del alumno, de tal manera que el alumno pueda disponer de ejercicios interactivos específicos para el método de E/LE con el que está trabajando regularmente. Como ejemplo de ello podemos citar *Primer Plano 3* (Ruipérez, Aguirre, García, Román, 2002), cuyo libro del alumno incluye no sólo un CD-ROM con material complementario (vídeos y textos sobre cultura y civilización), sino también actividades específicas basadas en la consulta de la Web y del mismo CD-ROM.

d) Integración de Internet:
Los métodos de E/LE integran Internet de alguna manera:
- Mediante la inclusión, en el libro de alumno, de actividades específicas que implican que el alumno ha de acceder a la Web, generalmente para la búsqueda de información necesaria para realizar satisfactoriamente determinados ejercicios.
- Oferta, en una página Web concreta, de información complementaria al método de E/LE con el que se esté trabajando: ejercicios no incluidos en el libro del alumno, direcciones relevantes de Internet, etcétera.
- Foros de debate, moderados incluso por profesores, y dirigidos a los alumnos y profesores que están trabajando con un determinado método de E/LE.

- Servicio de tutorización, generalmente mediante correo electrónico, para aclarar las dudas que hayan surgido al consultar los materiales didácticos de un determinado curso.

1.2.2. Software *no diseñado originariamente para el aprendizaje de E/LE*

Se observa una tendencia creciente a utilizar *software* para el aprendizaje de E/LE que originariamente fue diseñado para otros fines. La variedad es grande, por lo que a continuación mencionaremos una relación de los programas más extendidos en este campo:

a) Programas en el aprendizaje del E/LE, aunque bien es cierto que suelen estar pensados para ser utilizados en clase con la presencia física del profesor, y que se utilizan con frecuencia para ejercitar las habilidades activas en escritura.

b) Juegos de simulación. Hay algunos juegos de simulación que pueden ser muy útiles para el aprendizaje del E/LE, como es el caso de aquellos en los que el usuario asume el papel de uno de los actores de la acción narrada, y a quien el ordenador preguntará sobre su manera de proceder dentro de esa acción. De este modo se entabla un diálogo ordenador/alumno, ya que este último debe tomar continuamente decisiones que darán lugar a un final más o menos feliz de la acción narrada. Uno de los más populares actualmente es *Who is Oscar Lake?*[9], donde el usuario es el actor principal de una acción, que incluye muchas situaciones en vídeo, para comprar billetes de tren, coger un taxi, etcétera.

2. La *World Wide Web* de Internet

El gran *boom* de Internet ha afectado ya de manera directa al desarrollo de la ELAO, y más concretamente al aprendizaje de E/LE, pues la Web tiene ya en su fase inicial una serie de usos muy prácticos en el aprendizaje de E/LE, y que destacaremos a continuación:

a) Fuente de información actualizada.

Para el aprendizaje de E/LE, la Web se ha convertido, ante todo, en una inmensa fuente de información a un coste muy reducido, pues generalmente a esa información se puede acceder de manera gratuita. En resumen, la Web se ha convertido en una *ventana* directa a los países hispanohablantes, donde el alumno tiene la impresión de tener una relación directa con los países de habla española: desde poder consultar las últimas noticias de los periódicos en lengua española, hasta acceder a todo tipo de información actualizada que produce cualquier empresa o institución hispanohablante. En definitiva, el alumno internauta tiene la impresión de tener un contacto directo con el país, incluyendo, por ejemplo, emisiones en directo de radio y televisión, e imágenes de vídeo en directo situadas a veces en lugares estratégicos (Puerta del Sol de Madrid, Plaza de Cataluña en Barcelona, etcétera[10]).

---

[9] De *Who is Oscar Lake?* se comercializan versiones en español, inglés, francés, alemán e italiano (http://www.languagepub.com).

[10] Consúltense sitios donde recopilan direcciones de Internet especializadas en transmitir imágenes en directo desde diferentes puntos de Madrid, como por ejemplo, http://www.earthcam.net, http://www.multimadrid.com, etcétera.

b) Acceso a diccionarios *on line*.
Cualquier usuario de Internet puede acceder a diccionarios almacenados en ordenadores y que se actualizan de manera constante, como es el caso del diccionario de la Real Academia, que puede ser consultado gratuitamente[11].

c) *Participación en teledebates textuales asíncronos* entre especialistas, mediante los grupos de noticias y las listas de distribución, que se basan en el uso del correo electrónico.

d) Acceso directo a bibliotecas españolas.
La gran mayoría de las bibliotecas universitarias españolas tienen acceso directo a través de Internet, por lo que la consulta de sus catálogos puede ser realizada por cualquier usuario, incluso desde su propio domicilio[12].

e) Acceso a numerosas obras en formato electrónico.
Cada vez es mayor el número de obras literarias que están disponibles en Internet de manera gratuita, especialmente si se trata de los autores clásicos de la literatura. En el caso del español, disponemos de la Biblioteca Virtual Miguel de Cervantes[13], el sitio de Internet que reúne el mayor número de obras en español en formato electrónico y de libre acceso (véase la figura 7).

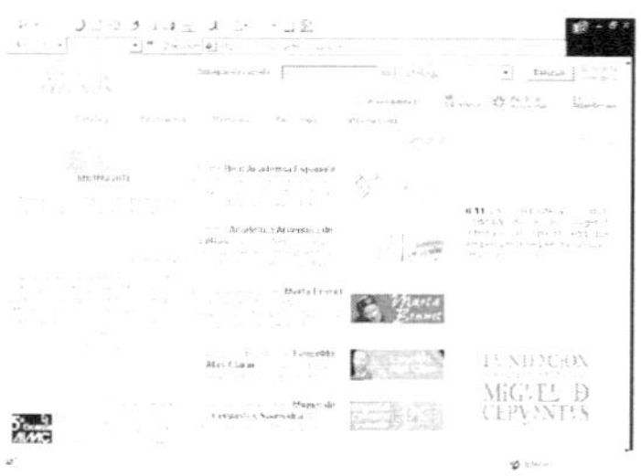

Figura 7

La Web de Internet ha dado lugar también a una notable expansión de la educación virtual[14], que podríamos definir de la siguiente manera:

Enseñanza a distancia caracterizada por una separación física entre profesorado y alumnado -sin excluir encuentros físicos puntuales-, entre los que predomina una comunicación de doble vía asíncrona donde se usa preferentemente Internet como medio de comunicación y de distribución del conocimiento, de tal manera que el alumno es el centro de una formación independiente y flexible, al tener que gestionar su propio aprendizaje, generalmente con ayuda de tutores externos (Ruipérez, 2002a).

---

11 *Diccionario de la Lengua Española*, 22.ª edición (http://buscon.rae.es/diccionario/drae.htm), *Diccionario General de la Lengua Española* (VOX; http://www.diccionarios.com), *Diccionario de sinónimos y antónimos* (Signum; http://www.lenguaje.com/herramientas/tesauro/default.htm), *Diccionario Panhispánico de Dudas de la Real Academia Española* (http://www.rae.es), etcétera (20.10.2002).

12 La biblioteca de la UNED (http://www.uned.es) ofrece una relación actualizada de más de tres mil enlaces relacionados con recursos en Internet sobre bibliotecas (http://www.uned.es/biblioteca/referencia/PAGINAINICIO.HTML; 20.10.2002).

13 http://www.cervantesvirtual.com (17.10.2002)

14 En español se utilizan actualmente diferentes denominaciones, con apenas divergencias en su significado, para referirnos a la enseñanza o aprendizaje que se vale de Internet como principal soporte y medio de distribución: teleformación, formación *on-line* o formación en línea, *e-learning*, etcétera.

Desde 1995 se aprecia la aparición de cursos virtuales de E/LE, donde podríamos distinguir dos etapas diferentes:

a) Enseñanza basada en módulos funcionales aislados. En los inicios de la enseñanza por Internet, a finales de los años noventa, se trabajaba con modelos donde cada una de las funcionalidades (páginas Web de información, páginas de ejercicios interactivos, foros de debate, correo electrónico, etc.) eran módulos independientes y no integrados entre sí.

b) Enseñanza basada en sistemas de gestión del aprendizaje (SGA)[15]. Los SGA, que habitualmente son más conocidos como *plataformas de aprendizaje*, pueden definirse como aquel *software* que, generalmente en forma de paquete integrado (es decir, compuesto por módulos de *software* con funcionalidades independientes), incluye toda la logística necesaria para poder ofrecer cursos a través de Internet o de una intranet[16]. El uso de estas plataformas ha simplificado en gran manera la enseñanza a través de Internet, pues un mismo programa reúne todas las herramientas y recursos necesarios para ofrecer formación a través de Internet (posibilidad de crear ejercicios interactivos, crear y gestionar cuentas del correo electrónico, foros de debate, conversaciones escritas o *chats*, seguimiento exhaustivo de todo lo que hace el alumno cuando entra en una plataforma, etcétera).

Como ejemplo de la primera etapa podemos citar el caso del curso *EnREDando* para el aprendizaje de E/LE en la Web, desarrollado por el Grupo de Ingeniería Didáctica e Ingeniería Lingüística (GIDIL) de la facultad de filología de la UNED, y que incluía vídeos y ejercicios interactivos multimedia, programados con frecuencia en Java, aparte de tutorización vía correo electrónico ordinario[17].

Por otra parte, el uso de sistemas de gestión del aprendizaje ha facilitado la expansión de la enseñanza virtual, pues estas plataformas equivalen a programas de autor, en los que la única tarea del profesor es incluir los contenidos, ya que estas plataformas ofrecen todas las funcionalidades necesarias para impartir docencia por Internet y suelen constar, al menos, de los siguientes módulos totalmente integrados entre sí (véase la figura 8):

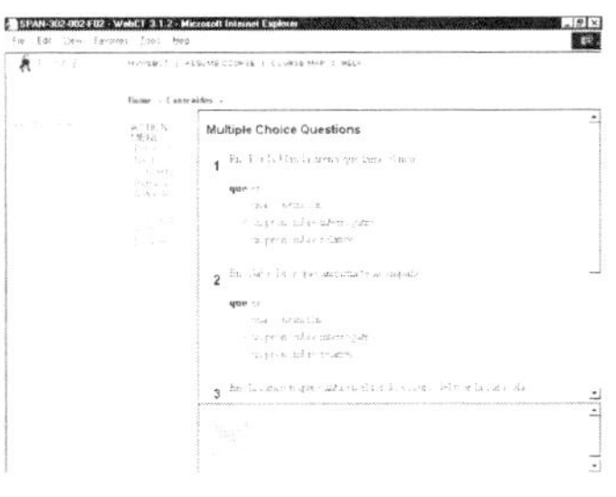

Figura 8

- *Agenda personal del alumno.* El alumno dispone de una agenda, donde anota las fechas importantes del curso; asimismo el profesor puede incluir anotaciones, de manera simultánea, en la agenda de todos sus alumnos.
- *Página personal de presentación del alumno.* Para fomentar la integración en la comunidad de alumnos, éstos incluyen aquí unas breves notas sobre su persona, con el fin de conocerse entre sí.

[15] *Sistema de gestión del aprendizaje* es la traducción española de *Learning Management System* (LMS).

[16] Un estudio detallado sobre estas plataformas (WebCT, Learning Space, Docent, etc.) se puede consultar en el capítulo 5 de G. Ruipérez (2003), *E-learning y educación virtual*, Madrid, Fundación Auna.

[17] *EnREDando* fue cofinanciado por la Comisión de la Unión Europea, y posteriormente se confeccionaron materiales impresos (libro del alumno, cuaderno de ejercicios, etc.), que fueron comercializados como *Primer Plano 3* y *Primer Plano 4* (2002 y 2003, Edelsa; http://www.vip.uned.es).

- *Área de contenidos.* Ésta suele ser el área más densa, donde se incluyen los contenidos del curso: desde un manual con ejercicios interactivos, hasta la siempre importante guía de estudio -también llamada *guía didáctica*-, a través de la cual el alumno recibe recomendaciones concretas sobre cómo tiene que planificar su curso, cómo tiene que estudiar, etcétera.
- *Área de comunicaciones.* El área de comunicaciones es quizás la parte más importante de las plataformas, pues ofrece posibilidades que no encontramos en la enseñanza presencial, como es la comunicación (de alumnos entre sí y del profesor con los alumnos) basada en la lengua escrita. Nos referimos, en concreto, al correo electrónico y a los teledebates textuales asíncronos (conocidos como foros de debate), aparte de otras posibilidades de comunicación síncrona, como son las conversaciones escritas (conocidas popularmente como *chats* o *charlas*).
- *Área de evaluación y autoseguimiento.* En este módulo el profesor introduce todo tipo de tests, exámenes y ejercicios interactivos, y la plataforma se encarga de realizar el mantenimiento y seguimiento estadístico de los mismos.

Conclusión

No cabe ninguna duda de que la ELAO está experimentando avances notables, pues su utilidad en el aprendizaje de E/LE no se cuestiona y sus ventajas resultan evidentes:

a) Aumento de la motivación.
El aprendizaje de E/LE con microordenador ha fomentado desde el primer momento una motivación y un interés mayores entre los alumnos. Este hecho se explica por la atractiva presentación de los contenidos, así como por su alto grado de interactividad y de iconicidad (Cantos, 1995; Aguirre, 2000b).

b) Fomento del proceso individual de aprendizaje.
El aprendizaje con microordenador ha ofrecido siempre unas posibilidades positivas para facilitar el proceso de aprendizaje individualizado. Éste ha sido un factor decisivo en la reciente tendencia a editar *software* de E/LE pensado preferentemente para el autoaprendizaje, y sólo excepcionalmente para ser utilizado por el profesor en el aula. La creación de los centros de autoaprendizaje constituye también un síntoma más de este fenómeno.

c) Retroalimentación inmediata.
La capacidad del microordenador de ofrecer siempre una retroalimentación *(feedback)* inmediata es un factor muy positivo, pues en cuanto el alumno introduce una respuesta, el ordenador le informa de si dicha respuesta es o no correcta, a diferencia de la clase tradicional donde debe participar todo el colectivo de alumnos.

d) Descarga laboral para el docente.
El uso tan extendido del ordenador como *máquina de hacer ejercicios* ha supuesto una notable descarga en el trabajo de muchos profesores de lenguas. De esta manera, al ordenador se le puede asignar la elaboración de la mayor parte de los ejercicios monótonos, tan usuales y necesarios en la clase de E/LE, donde el aprendizaje de habilidades está basado en la realización continua de ejercicios más o menos entretenidos.

e) Acceso no lineal a la información.
Aunque existen afinidades entre los tradicionales medios audiovisuales y los actuales soportes informáticos, sí hay que mencionar una diferencia notable entre el microordenador y el magnetoscopio. Mientras que la mayor parte de los medios audiovisuales uti-

lizados hasta el momento operan con una cinta magnética, en la que se almacena toda la información y a la que se accede de manera secuencial, en los microordenadores esta información se almacena de tal manera que permite posteriormente un acceso no secuencial. De ahí que se pueda hablar de una gran ventaja de los microordenadores el acceso no lineal a la información, hecho que permite una retroalimentación inmediata y una celeridad que, a su vez, posibilita un aprendizaje adaptativo, pues el grado de dificultad de los contenidos puede regularse en función de las contestaciones del alumno.

f) Nuevos tipos de ejercicios.
Los comienzos de la ELAO, en general, han estado marcados por una fase inicial en la que la mayoría de los programas no eran más que una sencilla adaptación informática de ejercicios que hasta la fecha se habían realizado solamente con papel y lápiz. Sin embargo, en los últimos años se tiende a crear nuevos tipos de ejercicios con el ordenador, de tal manera que dejan de ser meras adaptaciones de ejercicios presentados en soporte impreso.

Finalmente, conviene destacar las últimas tendencias que se han detectado en la ELAO, y que condicionarán su futuro desarrollo:

a) *Expansión de la ELAO.* El soporte informático parece que ya está encontrando su sitio dentro de la enseñanza de E/LE. Se ha pasado de una visión con grandes expectativas, donde parecía que la informática podía solucionar de manera efectiva los problemas inherentes a la enseñanza de lenguas, a una visión más realista, donde el ordenador es considerado como un medio más, que puede resultar útil para determinadas tareas muy concretas. En ningún momento se piensa que el ordenador pueda sustituir al profesor, todo lo contrario, se percibe como una herramienta necesaria que le ayudará en su compleja labor docente.
b) *Convergencia de los diferentes soportes.* Los nuevos métodos de enseñanza de E/LE prevén actividades específicas con el ordenador, que, en muchos casos, van incluidas en un soporte que no es el papel impreso (CD-ROM, Internet, etc.). Y, por otra parte, contenidos en soportes como CD-ROM e Internet se ven complementados por el soporte impreso.
c) *Rápida integración de Internet en la enseñanza de E/LE.* En muy pocos años Internet se ha incorporado de manera generalizada a la enseñanza de E/LE, hasta el punto de haberse convertido en una de las principales fuentes de recursos del profesor de E/LE, especialmente si pretende utilizar textos auténticos en sus clases o comunicarse y mantenerse informado de lo que ocurre en cualquier país hispanohablante.

Bibliografía y fuentes de información

a) Enlaces de Internet

Desde hace tiempo, la Web se ha convertido en una fuente importante de información actualizada sobre E/LE. Por ello incluiremos aquí una colección de enlaces importantes, sobre los que desearíamos hacer las siguientes advertencias:

- Dada la continua mutabilidad de los contenidos de Internet, es bastante probable que algunas direcciones de Internet que aquí se señalan, y que eran operativas cuando se redactó este artículo, estén inaccesibles en el momento de su consulta por parte del lector. En este caso se recomienda iniciar la búsqueda de la información deseada a partir de la página principal de la dirección de Internet. Así, por ejemplo, si http://www.cervantes.es/el_oteador/diccionarios no estuviera localizable para consultar el apartado de diccionarios dentro del Oteador del Instituto Cervantes, entonces iríamos a la página inicial, que es la que va incluida en la secuencia de texto hasta la primera barra, que en nuestro caso sería http://www.cervantes.es. Si, a pesar de todo, la información deseada no estuviera localizable, recurriríamos al buscador Google (http://www.google.com), e introduciríamos un par de términos de los que presuponemos que definen el contenido de la página deseada, y que aparecen en ella. En nuestro caso, por ejemplo, introduciríamos los siguientes términos: oteador diccionario.

- Existen publicaciones con enlaces comentados de sitios de la Web y específicas para E/LE. Sin embargo, el dinamismo de Internet hace que la validez de las direcciones de la Web incluidas en dichas publicaciones sea igualmente de corta duración; a pesar de lo cual, estas publicaciones resultan siempre de interés para tener una primera aproximación de lo que puede ofrecer la Web en la enseñanza de E/LE, y muy especialmente para conocer los comentarios y valoraciones que se hacen sobre cada sitio de Internet.

Entre dichas publicaciones destacan las siguientes:

1) Gerardo Arrarte y José Ignacio Sánchez de Villapadierna: *Internet y la enseñanza del español,* Cuadernos de Didáctica del Español/LE, Madrid: Arco/Libros, S.L. 2001, ISBN: 84-7635-474-6.
2) Alfredo González Hermoso: *Guía hispánica de Internet. 1.000 direcciones del mundo hispano,* Madrid, Edelsa, 1999, ISBN: 84-7711-357-2.

Por otra parte, el Laboratorio de Ingeniería Didáctica e Ingeniería Lingüística de la UNED[18] publica un CD-ROM dedicado a la ELAO, con abundante información sobre páginas Web de E/LE (Centro Virtual Cervantes, Página del Idioma Español, etc.), que pueden ser consultadas fuera de línea, es decir, sin necesitar conexión a Internet.

Cuando busquemos información sobre un determinado tema en la Web, es recomendable siempre partir de colecciones de direcciones de Internet, cuyo valor estará condicionado por el grado de actualización y, muy especialmente, por la inclusión o no de valoraciones sobre los contenidos de cada sitio de Internet, pues dichas valoraciones nos ahorrarán mucho tiempo de navegación. Por este motivo mencionaremos una selección de direcciones de Internet, que contienen colecciones de enlaces:

- En la Universidad de Hull (Gran Bretaña) existe un centro dedicado específicamente a la ELAO, el CTI, *Centre for Modern Languages,* en cuyo sitio de Internet (CALL@Hull: http://language.hull.ac.uk/cti) se ofrece una colección muy importante de direcciones de Internet (*Internet Resources*), clasificada además por lenguas.
- *Lingu@net Europa* (http://www.linguanet-europa.org) es un importante centro de referencia cuando queramos buscar recursos informáticos en ELAO, con área específica para E/LE (apartados *Referencias* y *Materiales para la enseñanza*).
- Una de las colecciones más importantes de direcciones de Internet para E/LE es, muy posible-

[18] http://www.uned.es/lidil (17.10.2002).

mente, el Oteador del Instituto Cervantes (http://cvc.cervantes.es/oteador). Las direcciones de Internet están clasificadas temáticamente de manera jerárquica, y cada dirección suele ir acompañada de un breve comentario. Sin embargo, se echa de menos una valoración individualizada de tal cantidad de direcciones, con el fin de facilitar la labor a todo internauta. Por otra parte, el Instituto Cervantes y su Centro Virtual Cervantes (http://www.cervantes.es y http://cvc.cervantes.es) siguen siendo el punto de partida para cualquier información relacionada con E/LE, dado que contienen información actualizada destinada a profesores, alumnos, traductores, lingüistas y, en general, profesionales y personas relacionadas con E/LE.

- La *Página del Idioma Español* (http://www.el-castellano.com) contiene una buena selección de direcciones de Internet relacionadas con E/LE.
- *Españole* (http://www.espanole.org) es una buena colección actualizada de direcciones de Internet destinadas a profesores y alumnos de E/LE, especialmente bajo la perspectiva norteamericana.

b) Publicaciones impresas

AGUIRRE, B. (2000a), "Aprendizaje a distancia del español de los negocios con ENREDANDO", *Cuadernos Cervantes*, 27: 74-85.

AGUIRRE, B. (2000b), "El español para la comunicación profesional. Enfoque y orientaciones didácticas", *Actas del I Congreso CIEFE, Español para fines específicos*, Amsterdam: 34-43.

BARBOT, M. J. y PUGIBET, V. (2002) (eds.), "Apprentissages des langues et technologies: usages en émergence", *Le Français dans le Monde*, numéro especial, enero 2002.

BOU, E. (1997), "A la búsqueda del aura. Literatura en Internet", en J. ROMERA CASTILLO *et al.* (eds.), *Literatura y Multimedia*, Madrid, Visor Libros: 163.

BUENO, K. y NELSON, W.A. (1993), "Collaborative second language learning with a contextualized computer environment", *Journal of Educational Multimedia and Hypermedia*, 4: 177.

CANTOS, P. (1995), "Incidencia del uso de las actividades para la enseñanza del inglés asistida por ordenador en la motivación de los discentes" en G. RUIPÉREZ, (ed.), *Enseñanza de lenguas y traducción con ordenadores,* Madrid, Ediciones Pedagógicas: 49.

CROSS, G. (1990), "Left to their own devices: Three basic writers using word processing", *Computers and Composition,* 7: 47.

CRUZ PIÑOL, M. (2001), *El español a través de Internet. Aprendizaje con un nuevo lenguaje,* Barcelona, Universidad de Barcelona (Tesis doctoral).

DI MARTINO, E. (2000), "The contributions of new technologies to language learning/teaching", *Rassegna Italiana di Linguistica Applicata*, 32, 2: 35-44.

ESLING, J. H. (1991), "IPALabels: Learning phonetic sounds and symbols with HyperCard", *CAELL Journal* 2: 27.

FLOWERDEW, J. (1993), "Concordancing as a tool in course design", *System* 21: 22.

GARCÍA CABRERO, J. C. (2002), "Third Generation Telephony: New Technological Support for Computer Assisted Language Learning", en P. PÉREZ-PAREDES, y P. CANTOS-GÓMEZ, (eds.) (2002): "New Trends in Computer Assisted Language Learning and Teaching", *International Journal of English Studies*, vol. 2, nº 1, Murcia: 167-178.

HUCKIN, T. *et al.* (1993), *Second Language Reading and Vocabulary Learning,* Norwood (NJ), Ablex.

LAUREL, B. (1991), *Computers as theater,* Nueva York, Addison-Wesley.

LEVY, M. (1997), *Computer-Assisted Language Learning: Context and Conceptualization*, Oxford, Oxford University Press.

OXFORD, R. (1990), *Language Learning Strategies - What Every Teacher Should Know,* Rowley, Mass., Newbury House.

PENNINGTON, M. C. (ed.) (1995), *The Power of CALL,* Houston TX, Athelstan.

PÉREZ-PAREDES, P. y CANTOS GÓMEZ, P. (eds.) (2002), "New Trends in Computer Assisted Language Learning and Teaching", *International Journal of English Studies*, vol. 2, nº 1, Murcia.

RUIPÉREZ, G. (2002a), *E-learning y educación virtual*, Madrid, Fundación Auna.

RUIPÉREZ, G. (2002b), "Web Assisted Language Learning (WALL) and Learning Management Systems (LSM) in Virtual Centres for Foreign Languages", en P. PÉREZ-PAREDES, y P. CANTOS-GÓMEZ, (eds.) (2002): "New Trends in Computer Assisted Language Learning and Teaching", *International Journal of English Studies,* vol. 2, nº 1, Murcia: 81-95.

RUIPÉREZ, G. (1997), "Internet como recurso multimedia del investigador de literatura", en J. ROMERA CASTILLO *et al.* (eds.), *Literatura y Multimedia,* Madrid, Visor Libros: 149.

RUIPÉREZ, G. (1996a), *INTERNETional Education o Educación en Internet 1.0,* Madrid, UNED (CD-ROM para Windows y Macintosh, ISBN: 84-362-3462-6).

RUIPÉREZ, G. (1996b), "Universidad virtual en Internet", en *El País,* 12.3.96.

RUIPÉREZ, G. *et al.* (1996c), *Educación e investigación en Internet,* Madrid, UNED.

RUIPÉREZ, G. (ed.) (1995a), *Enseñanza de lenguas y traducción con ordenadores,* Madrid, Ediciones Pedagógicas.

RUIPÉREZ, G. (ed.) (1995b), *Software CALLection - Colección de software de ELAO 0.1,* Madrid, UNED (CD-ROM para MS-DOS/Windows y Macintosh, ISBN: 84-362-3200-3).

RUIPÉREZ, G. (1994), "Autonomes Lernen und Mikrocomputer im Fremdsprachenunterricht", en J. FECHNER (ed.), *Neue Wege im computergestützten Fremdsprachenunterricht,* Múnich, Langenscheidt: 85.

RUIPÉREZ, G. (1991), *Anwendungsbereiche und Erfahrungen mit Mikrocomputern im Unterricht,* Hagen, FernUniversität (= ZIFF-Papiere, vol. 86).

RUIPÉREZ, G., AGUIRRE, B., GARCÍA, J. C. y ROMÁN MENDOZA, E. (2002), *Primer Plano 3,* Madrid, Edelsa.

SALABERRY, M. R. (2001), "The use of technology for second language learning and teaching: a retrospective", *The Modern Language Journal*, 85, 1: 39-56.

STEVENS, V. (1991), "Reading and computers: Hangman and cloze", *CAELL Journal*, 2: 12.

SUSSER, B. (1993), "Networks and project work: Alternative pedagogies for writing with computers", *Computers and Composition* 10: 63.

TRENCHS, M. (ed.) (2001), *Nuevas tecnologías para el autoaprendizaje y la didáctica de lenguas*, Lleida, Milenio.

TUMAN, M.C. (1992), *Word perfect: Literacy in the Computer Age,* Londres, Falmer Press.

WARSCHAUER, M. (2000), *Email for English Teaching,* Washington DC, TESOL.

Internet en la enseñanza de español

Marta Higueras García
Instituto Cervantes

Introducción

No cabe duda de que las Tecnologías de la Información y la Comunicación (TIC)[1] están de moda y de que la literatura sobre este tema crece día a día de forma espectacular, sobre todo en Internet. Por ello, y dado el carácter panorámico de este artículo, resultaría muy difícil realizar siquiera una selección de las obras básicas de todos los aspectos que vamos a comentar y, así, hemos decidido adoptar un criterio: centrarnos mayoritariamente en las fuentes escritas en español pues, afortunadamente, éstas son muchas y pueden ser un buen punto de partida para adentrarse en este tema. Efectivamente, son varias las monografías en español dedicadas a las TIC y la enseñanza de lenguas; enumeramos, entre otros: Gimeno (2002), Arrarte y Sánchez (2001), Juan Lázaro (2001), Mosaico (2001), Trenchs (2001), ONLINE EDUCA (2000), Casanova (1998), Higueras (1998), *Carabela* (VV.AA.; 1997a), así como las memorias de fin de máster sobre Internet (*cfr.* Cruz Piñol, ed., s. f.), las revistas que incorporan una sección específica (*Frecuencia ELE, Carabela* y *Cuadernos Cervantes*) e iniciativas como la creación del Centro Virtual Cervantes, que está llevando a cabo una importante innovación al elaborar materiales didácticos que emplean las TIC para la enseñanza del español como lengua extranjera (*cfr.* Higueras y Soria, 1998).

En este artículo partiremos de una explicación breve y somera sobre qué es Internet y cuáles son sus utilidades para profesores y alumnos. A continuación, nos cuestionaremos cuándo es útil acudir a Internet en la clase de lenguas y cómo se ha transformado el contexto educativo gracias a las TIC. Más tarde, nos detendremos brevemente en las características y tipos de materiales didácticos que existen en Internet y, al mismo tiempo, ofreceremos una serie de criterios para distinguir materiales multimedia de calidad. Para finalizar, seleccionaremos páginas que ayudan a crear material interactivo y analizaremos las ventajas de integrar esos materiales en un entorno virtual de aprendizaje.

---

[1] Las Tecnologías de la Información y la Comunicación son también llamadas Nuevas Tecnologías (NN. TT.). Preferimos la primera denominación ya que da cuenta de dos de sus funciones primordiales: facilitar el intercambio de información y la comunicación entre personas.

a) Conceptos generales

Si nos preguntaran para qué sirve Internet, la respuesta sería *para todo*: desde comunicarse con amigos, hasta aprender, divertirse, buscar un libro en una biblioteca, enviar fotos, mirar la cartelera y reservar entradas, buscar trabajo, buscar piso, comprar, leer, escuchar música, investigar y un largo etcétera. No podemos detenernos aquí en descripciones técnicas sobre qué es Internet (*cfr.* Cascón, 2002; Fidelman, 1996 y la sección *Ayudas para el manejo de herramientas informáticas y telemáticas* en la página del CNICE), ni en hacer un recorrido sobre cómo surgió (*cfr.* VV.AA., 1997b), tan sólo apuntamos que Internet ofrece la posibilidad de conectarse, de forma poco costosa, muy simple y rápida, con otros ordenadores del mundo[2] y, por tanto, permite -entre otros servicios- el intercambio de mensajes (a través del correo electrónico[3], los foros, los *chat*, los grupos de noticias y las listas de distribución), el envío de ficheros (mediante el FTP), así como el acceso a información que, gracias al lenguaje HTML, puede publicar cualquier persona en la *World Wide Web* (también denominada malla multimedia).

Cuando hablamos de la simplicidad de Internet -indudablemente una de las claves de su éxito-, nos referimos a que, para ser capaz de desenvolverse con soltura en el medio y encontrar material adaptable a nuestras clases de español, tan sólo es preciso tener claros unos cuantos conceptos: página de Internet o *página-web*, *navegar*, *hipertexto*, *multimedia*, *URL*, *navegador*, etc.[4] y saber manejar con cierta destreza los buscadores[5]. Sin embargo, como señala Soria (2002: 423), el potencial de información y comunicación que posibilita Internet, a pesar de ser valiosísimo, no es la principal característica que ha puesto de moda su uso, ya que desde hace décadas ha habido hemerotecas, bibliotecas, teléfonos, materiales audiovisuales…, y no por ello ha cambiado drásticamente la enseñanza de lenguas. Coincidimos con Soria cuando afirma que *la originalidad de Internet radica, por un lado, en presentar todos esos elementos integrados, pero, sobre todo, en ofrecer al usuario la posibilidad de ser no sólo receptor, consumidor de contenidos, sino emisor-creador, autor*. Esa es la gran revolución que aporta Internet, la cual, afortunadamente, está en consonancia con la enseñanza centrada en el alumno que defienden las últimas tendencias metodológicas.

b) Tipos de páginas y su interés para profesores y estudiantes de ELE

Dentro de esta maraña anárquica y desorganizada que es Internet, hay cierto tipo de páginas educativas que son útiles para el profesor de lenguas[6]. La mejor forma de aprovechar todo lo que nos ofrece es planificar qué queremos buscar y partir del trabajo de clasificación de páginas que

---

[2] Para ello es preciso que compartan un protocolo o lenguaje de comunicación común, denominado TCP/IP, *Transmission Control Protocol/ Internet Protocol*.

[3] El correo electrónico y la *World Wide Web* son los servicios que más popularidad han alcanzado, hasta tal punto que la mayoría de personas identifica Internet sólo con estos servicios.

[4] Éstos y otros términos se pueden consultar en los múltiples diccionarios de términos de Internet que existen en la propia red. Sugerimos Fernando Calvo (s.f.) y el breve glosario comentado en Palomero (2000).

[5] Véanse Vicent (2002); Fornas (2001) y Meneu (2000 a y b y 2001 a y b).

[6] Marquès (1999a) enumera nueve: tiendas virtuales, entornos tutorizados de teleformación y asesoramiento, materiales didácticos en línea, páginas temáticas, prensa electrónica, páginas de presentación, centros de recursos institucionales, índices y buscadores de recursos y entornos de comunicación interpersonal. Destacamos también el trabajo de Bermejo Rubio (2001) en el que se reflexiona sobre la necesidad de establecer criterios para catalogar recursos para profesores y alumnos de ELE.

hayan realizado otros especialistas de nuestro campo, ya que, de otro modo, es probable que el paseo sea infructuoso o, cuando menos, demasiado largo. Como guía podemos recomendar gran cantidad de libros y artículos que recogen listados de direcciones útiles para profesores de español: Arrarte y Sánchez (2001), Higueras (1999 y 2000a), González Hermoso (1999), Bermejo e Higueras (1998 y 1999), Casanova (1998), Llisterri (1998 a y b) y Cruz Piñol (1999a y 1997). En Internet también encontramos muchas páginas índice con listados: el Oteador del Centro Virtual Cervantes; la página de ASELE; la revista ADES; la Consejería de Educación y Ciencia de la Embajada de EE.UU., y dos que no son específicas para profesores de español, pero que son imprescindibles para los profesionales de la lengua: *La página de la lengua española* y *El castellano*. Así mismo, cabe destacar algunas páginas personales: *Netaurus*, *Internet Elemental*, *ESPES*, Llisterri (s. f.) y *Elenet*.

En las obras mencionadas anteriormente se emplean distintos criterios para clasificar páginas de interés para profesores; por nuestra parte, consideramos práctico y clarificador relacionar estos tipos de páginas con las utilidades que tiene Internet para profesores y alumnos, tal y como hemos resumido en el siguiente cuadro.

Tipo de página	Características de esas páginas	Utilidad para el profesor	Utilidad para el alumno
Páginas temáticas (por ejemplo, sobre el tango, sobre fiestas populares, la de Iberia, RENFE, etc.).	- Permanentemente actualizadas. - Gratuitas. - Más motivadoras que su equivalente en papel. - Propician un acercamiento a distintas variedades del español y también una mejor comprensión de la cultura meta. - Multimedia.	- Materia prima para realizar actividades. - Permiten estar al día sobre la realidad sociocultural de los países hispanohablantes.	- Fuente de *input*. - Material auténtico.
Obras de referencia (diccionarios, gramáticas, enciclopedias…[7]).	- Siempre están disponibles y desde cualquier lugar del mundo. - Son gratuitas.	- Resolución de dudas. - Fuentes fiables para la preparación de clases.	- Resolución de dudas.
Foros y listas (Foro didáctico FORMESPA[8]…).	- Se puede encontrar uno para cada necesidad específica. - Son gratuitos. - Permiten la superación de problemas y la mejora de la enseñanza.	- Compartir experiencias y estar al día. - Resolver dudas. - Formar parte de una comunidad de enseñanza de lenguas.	- Integrarse en una comunidad de aprendizaje. - Posibilitan la práctica de la lengua meta.
Material didáctico (página de J. R. de Arana, de Soto Arriví, 'Aula de lengua del CVC', etc.).	- Aparente variedad de actividades, pero, en realidad, suelen limitarse a ejercicios de respuesta cerrada. - Son gratuitos.	- Banco de recursos y actividades. - Se aprende sobre las posibilidades de Internet al analizar otros materiales.	- Permite el autoaprendizaje. - Ampliación de contenidos.

[7] Véase Palomero (2001).

[8] En la página 'ESPES' hay varios artículos sobre las similitudes y diferencias entre las listas y los foros, así como un listado de los más indicados para profesores de español; véase también Coloma Maestre (2002) y Pérez Gutiérrez (2001).

1. Reflexiones sobre el uso de Internet en la clase de lenguas

1.1. ¿Cómo usar Internet en la clase de lenguas? Ventajas y riesgos

Internet ha revolucionado la sociedad, la forma de acceder a la información, la manera de concebirla (de manera hipertextual y multimedia), las maneras de divertirse y también el panorama educativo. Es una gran herramienta educativa indispensable en la formación a distancia que cada vez arraiga con más fuerza, también en otros contextos de aprendizaje. Son numerosos los artículos que analizan los pros y los contras del uso educativo de Internet y del uso de Internet en la clase de lenguas extranjeras: Higueras (2002 a y b), Arrarte y Sánchez (2001), Juan (2001), Warschauer (2000), Meloni (1999), White (1999), Fox (1998), Llisterri (1998a), Sperling (1998), Fernández (1998b y 2000b), Picó (1997) y Singhal (1997). Entre otros, Marquès (1999a), por ejemplo, apunta las siguientes ventajas:

- la globalización de la información,
- el desarrollo de destrezas de comunicación interpersonal y de autoaprendizaje,
- el hecho de que proporcione una doble interactividad con los materiales y con las personas,
- el entorno motiva y permite un mayor acercamiento interdisciplinar e intercultural a los temas.

Sin embargo, este mismo autor también reconoce algunos inconvenientes destacables:

- la pérdida de tiempo para localizar información,
- el hecho de que mucha información sea poco fiable,
- la falta de actualización de muchos enlaces,
- algunas personas no siguen las normas de cortesía en Internet o *netiquette*.

Es tanto el interés que ha despertado Internet que nadie se queda indiferente ante él: encontramos defensores incondicionales frente a detractores acérrimos. Quizá lo más sensato sea optar por una vía intermedia: considerar las ventajas que ofrece y que desde nuestro punto de vista son innegables -el alumno entra en contacto con material auténtico y obras de referencia, puede interactuar con nativos y realizar actividades de autoaprendizaje, al tiempo que aprende sobre la cultura meta de forma contextualizada, forma parte de una comunidad de aprendizaje, etc.- y analizar detenidamente los inconvenientes que se le han atribuido. La principal desventaja que achacan muchos profesores a Internet es la imposibilidad de trabajar las destrezas orales[9]; sin embargo, creemos que Internet es una herramienta valiosa para el aprendizaje de lenguas, pero no sustituye -al menos todavía-, a la clase presencial de lenguas, sino que la complementa (*cfr*. Cruz Piñol, 1997). Es posible que esta afirmación surja de confundir los materiales que mayoritariamente se ven en Internet hoy en día[10], con su potencialidad como herramienta de enseñanza de lenguas; consideramos que el hecho de que haya otras formas más perfectas para trabajar la expresión oral, por ejemplo la clase presencial, no implica que no se pueda trabajar, si bien será de otra forma, en Internet. De este modo, afirmar que Internet no consigue potenciar la expresión oral, ya que es un medio que está mediatizado por la escritura, puede resultar tan disparatado como asegurar, por ejemplo, que el vídeo no potencia la expresión escrita.

---

[9] Sin embargo, el acuerdo es unánime respecto a la mejora de las destrezas escritas gracias a Internet (*cfr.* Piñol, 2001; Rodrigo, 2001; y Fox, 1998).

[10] Véase también el hilo del Foro didáctico *Aún no hemos sacado provecho de Internet: autoaprendizaje*, en http://cvc.cervantes.es/foros/leer_asunto1.asp?vCodigo=2842.

Internet es una herramienta más a disposición de los profesores, como el vídeo, el retroproyector o el casete; es preciso usarla con cautela y con unos objetivos muy claros para hacer un uso correcto de ella, al igual que sucede con cualquier otro recurso (Sitman, 1998). Por tanto, los profesores deben valorar en qué momento es rentable el acceso a Internet y cuándo supondrá una pérdida de tiempo, desde el punto de vista didáctico, a pesar de que los alumnos se muestren motivados. Si no deseamos caer en el error de usar Internet cuando no es preciso, resulta útil reflexionar sobre las siguientes cuestiones[11]:

- ¿Qué puede aportar Internet para la realización de esta tarea o secuencia de actividades?
- ¿Qué finalidad persigo al emplear Internet: la búsqueda de información, el intercambio de opiniones con nativos o bien que conozcan materiales que pueden usar para el autoaprendizaje[12]?
- Los materiales que conozco o que he encontrado tras la búsqueda en Internet, ¿están en consonancia con mis principios metodológicos y mis creencias sobre el aprendizaje y la enseñanza de lenguas?

La respuesta a la primera pregunta ahorrará accesos innecesarios a Internet, ya que muchos materiales y buena parte de la información que es útil para el alumno de español es más manejable y más fácil de leer cuando se encuentra en papel. Volveremos a abordar este aspecto cuando analicemos las ventajas de Internet frente al CD-ROM. La segunda pregunta tampoco es baladí; curiosamente, por ejemplo Martínez Sallés (2001) en un brevísimo artículo que aporta diez consejos para profesores internautas *novatos*, destaca, en primer lugar, la necesidad de planificar, de definir objetivos y precisar qué se va a hacer exactamente en Internet y con qué finalidad. Tener en cuenta este aspecto, nos ha llevado a clasificar las actividades según el uso de Internet que predomine (véase IIIb). La tercera pregunta implica que el profesor que se la formula está intentando beneficiarse de las aportaciones de Internet, sin renunciar a sus planteamientos didácticos; esta misma idea la defiende Soria (2001: 422) en la siguiente frase:

> *Es curioso constatar cómo profesionales de la enseñanza de ELE, creativos, rigurosos e innovadores en sus planteamientos didácticos, sufren una especie de involución informática, que les hace valorar como buenos materiales en soporte lógico cuyos presupuestos de ninguna forma aceptarían de presentarse en un soporte más tradicional, debido, quizá, a la fascinación que en muchos casos ejercen las máquinas y a un cierto complejo de inferioridad frente a los hallazgos tecnológicos.*

[11] También Fernández Pinto (Fernández Pinto y Juan Lázaro, 2002: 71) desarrolla una plantilla de reflexión similar sobre el uso de Internet, que recoge las ideas de fijar objetivos, realizar una pequeña guía de navegación y otra de autoevaluación para comprobar si se han cumplido esos objetivos y una serie de características sobre las tareas: que fomenten la comunicación, así como el conocimiento extralingüístico, que ayuden a almacenar y recuperar la información y que permitan regular nuestras emociones y actitudes hacia la materia. Véase así mismo Bordoy (2001).

[12] En esta pregunta hemos plasmado los tres usos educativos de Internet de los que habla Marquès (1998): es un medio de comunicación y expresión (a través de correspondencia electrónica, proyectos cooperativos, debates de alumnos, foros de profesores...); es, igualmente, una fuente de información y conocimiento (en distintos formatos: bases de datos, páginas de la *World Wide Web*, etc.) y, por último, Internet es un soporte didáctico para el aprendizaje (consultorías telemáticas, materiales didácticos en línea, telebibliotecas, centros de recursos, tutorías de alumnos, clases a distancia, etc.). Lo más frecuente es encontrar páginas y servicios que apliquen el primer y segundo uso, mientras que son escasas las que sirven como soporte didáctico, aunque éste es, sin duda, el uso más importante.

Retomando el asunto de las ventajas e inconvenientes, no podemos negar que el uso de Internet en la enseñanza de lenguas conlleva ciertos peligros:

- la información no está organizada ni es siempre fiable;
- el interés que despierta en los alumnos puede convertirse en una desventaja en cuanto los alumnos abandonan el recorrido propuesto por el profesor y navegan libremente (Graña, 2001: cap. II);
- los alumnos pueden perder la motivación, igual que suele ocurrir en la enseñanza a distancia, si no se crea una comunidad de aprendizaje;
- la breve permanencia de las páginas;
- el predominio de la escritura frente a la oralidad;
- se fomenta una desigualdad de oportunidades, puesto que no todos los alumnos tienen el mismo acceso a Internet;
- la gran cantidad de tiempo que exige la preparación de este tipo de clases (Cruz *et al.*, 1999);
- puede surgir desorientación y sobrecarga cognitiva por el exceso de información a la que se somete a sus usuarios;
- las expectativas de los alumnos respecto a la calidad de los materiales multimedia son tan altas como las que aplican a un videojuego y es difícil cubrirlas dados los altos costes de la elaboración de material multimedia interactivo.

Nuestra opinión es que la mayoría de escollos que hemos señalado son salvables con un conocimiento profundo de las limitaciones del medio, integrando los materiales didácticos en un entorno virtual de aprendizaje en el que se puedan trabajar mejor todas las destrezas y el alumno se integre en una comunidad de aprendizaje (véase IIIe) y, sobre todo, mejorando la formación del profesor. Con una mayor base técnica el docente podría, en primer lugar, diseñar recorridos que evitasen el abandono por parte del alumno y que limitasen la cantidad de información que debería recibir, o a la que tener acceso, en cada momento; así mismo, sería capaz de trabajar con Internet, pero sin conexión[13] y podría integrarse con más facilidad en un equipo multidisciplinar que realizara materiales de calidad. Potenciando el espíritu crítico de los profesores respecto al tipo de materiales que conviene emplear, estaríamos ofreciendo una serie de criterios que, después, ellos podrían aplicar a diario para distinguir los buenos materiales. Coincidimos con Soria (2002: 422) en que debemos ofrecer a los profesores de ELE algo más que un mero cursillo sobre elaboración de páginas-*web*:

> *(...) ha de ser una formación que permita crear conexiones, relacionar las distintas áreas de nuestro dominio profesional: la lingüística aplicada y la pedagogía. Una formación que capacite a los profesores para plasmar sus conocimientos previos y su valiosísima experiencia en nuevos medios y con nuevas herramientas, pues no se trata de seguir los dictados de la técnica, sino de ser capaces de utilizar sus hallazgos para nuestros fines.*

Toda esta formación que demandan intuitivamente los profesores conseguiría revalorizar la figura del profesor y otorgarle el papel de verdadero artífice de la revolución que conlleva

[13] Se pueden usar programas como *Websnake* o *Telepro*, que permiten grabar parte de un sitio de Internet y posibilitan una navegación sin conexión.

Internet. Así lo afirma categóricamente Meskill (1999: 464) cuando señala que los profesores tienen que comprender que el ordenador es estúpido [*sic*] y que sin su humanidad, su conocimiento y sus destrezas es poco más que un electrodoméstico.

1.2. Cambios que ha propiciado Internet en la enseñanza

Es innegable la revolución que han supuesto las TIC tanto en nuestra vida diaria como en nuestra actividad profesional y, por ello, son muchos los trabajos sobre el impacto de las mismas en la educación (*cfr*. Salinas, 1998, 1997 y 1995; Adell, 1997 y la selección bibliográfica recogida en las siguientes páginas de Internet: *Biblioteca virtual de tecnología educativa*; *Biblioteca virtual de INFOEDU*; *HLRnet.com*; *Esquemas de tecnología educativa* y *ESPES*). En los últimos años han visto la luz diversos trabajos sobre los cambios que han provocado en la enseñanza de lenguas (*cfr*. Higueras, 2002a; Bartolomé, 2000; Hita, 2000; Ortín, 2000 y Luzón y Soria, 1999). Estos cambios no son sólo técnicos, sino también cualitativos porque, como afirma Trenchs (2001a: 23), todo el contexto educativo cambia.

En estos trabajos se habla de cambios drásticos en distintas esferas: los materiales se conciben de una forma completamente distinta (véase IIIa), entre otras razones por su carácter hipertextual (*cfr*. Moreno, 2001; De la Torre, 2001; Fernández, 1998 y Adell, 1995). Por supuesto, también son radicalmente distintos los papeles del profesor y del alumno, la forma de concebir la evaluación (*cfr*. García Abia, 2001; y Luzón y Soria, 2000) y la forma de comunicarse (*cfr*. Salinas, 1995; Cabero, 1996 y la bibliografía citada en el epígrafe II d); otra transformación importante es la que se da en el concepto del espacio de aprendizaje, es decir, en la forma de concebir una clase de lengua extranjera en un entorno virtual (*cfr*. Egber y Hanson-Smith, 1999; Juan Lázaro, 2001 y 2000[14] y el epígrafe IIIe). Ha cambiado, incluso, el papel y la importancia concedida a las propias herramientas informáticas: Trenchs (2001a: 33) afirma que el ordenador ha pasado de ser un tutor que instruía al alumno a través de la ejercitación repetitiva -modelo conductista del aprendizaje- a ser un estímulo para que los alumnos produzcan lenguaje auténtico en interacciones con todos los hablantes -modelo comunicativo de la enseñanza de lenguas-. Seguidamente nos detendremos a analizar el nuevo papel del profesor, las características que deben tener los materiales para fomentar la autonomía y la evaluación.

Es Ortín (2000: 40) quien apunta que los nuevos papeles del profesor y el alumno en el contexto del aprendizaje de lenguas a través de Internet propician una situación de aprendizaje idónea para favorecer un enfoque centrado en el alumno que mejore su autonomía. La autora (2000: 77-89) señala algunas características que deben tener los materiales didácticos para Internet, si su objetivo es promover la autonomía del aprendizaje: presencia de un buen índice, flexibilidad, posibilidad de guardar los resultados de los ejercicios, integración de recursos, retroalimentación, trabajo cooperativo (hay que recordar que ser autónomo no significa trabajar en solitario), gran variedad y cantidad de actividades, consejos explícitos sobre cómo aprender mejor, gran cantidad de *input*, objetivos claros, acceso a otras fuentes de información y actividades motivadoras. En esta misma línea Ros *et al.* (2002: 295) afirman que el proyecto *Trayectorias* es un buen ejemplo de incorporación de los principios que favorecían esa autonomía, a saber: que se promueve y desarrolla la apli-

---

[14] Juan Lázaro (2000: cap. IV) estudia las distintas modalidades de enseñanza y aprendizaje en las que Internet cobra una especial importancia: la clase presencial, las aulas multimedia y el aprendizaje abierto y a distancia.

cación de estrategias de aprendizaje; que se ofrece ayuda y *feedback* al estudiante; que existe variedad en el tipo de actividades, que permite al alumno escoger las que mejor se adaptan a sus gustos y estilos de aprendizaje; que presenta tareas relevantes a la experiencia personal del alumno; que presenta la lengua dentro de un marco cultural y lo anima a integrar los conocimientos adquiridos con los que ya posee y, por último, que se involucra al alumno a través de actividades interactivas. No obstante, a pesar de que el material ofrecía tres caminos para realizar la tarea, todos los alumnos que la hicieron eligieron el menos autónomo, lo cual interpretamos de dos formas: o bien Internet intimida a los alumnos, puesto que no están técnicamente preparados para afrontar un material de aprendizaje de lenguas en ese contexto, o bien esos alumnos en concreto eligieron esa opción debido a razones culturales y a su estilo de aprendizaje.

Pasemos a continuación a reflexionar sobre los cambios que están experimentando los profesores en relación con las TIC. Indudablemente éstos son conscientes de que el contexto educativo está cambiando y sienten la necesidad de adaptarse a él. En función de los distintos contextos en los que se emplee Internet, clase presencial o a distancia, el profesor verá modificadas sus tareas, pero, necesariamente, tendrá que tener cierta formación técnica -como ya hemos comentado- que le permita resolver dudas, y un buen conocimiento del medio, para ofrecer recursos y evitar un mal uso de la herramienta. Sin embargo, la realidad de los profesores de español dista mucho de esta utópica imagen que acabamos de esbozar, como demuestran los trabajos de Bartolomé (2000)[15] y Soria (2002)[16].

Por otra parte, si pensamos en la figura del profesor tutor (*cfr*. Fernández, 1999) nos vemos obligados a admitir que en el caso de la enseñanza de lenguas a través de Internet sus tareas no distan mucho de las de un profesor tradicional, pero sí es radicalmente diferente la forma de llevarlas a cabo, puesto que este profesor tutor sólo cuenta con las herramientas que proporcionan las TIC (los materiales en línea, el correo electrónico, foros y listas de distribución, etc.). Luzón y Soria (1999: 18 y ss.) destacan cinco de sus funciones: es un instructor que ayuda a resolver problemas y que motiva a los alumnos, creando ambientes facilitadores; es también un informante y una fuente de recursos en línea para complementar esa enseñanza de la lengua; es, así mismo, una fuente de *input*, pues habla en la lengua objeto; en cuarto lugar, es evaluador, dado que analiza si se han conseguido los objetivos y proporciona información sobre el proceso de aprendizaje, y, por último, es un organizador que decide los agrupamientos más beneficiosos para cada actividad. Evidentemente, los profesores que quieran ser tutores de cursos a distancia necesitarán una formación específica y algunos años de experiencia, hasta que se sientan capaces de conseguir estos objetivos con un alumnado que trabaja a distancia.

---

[15] En su trabajo realizó una encuesta sobre el uso de Internet en las clases a 32 profesores de español repartidos por diversos países del mundo y los resultados fueron concluyentes: la mayoría no lo usaba para dar clase, pero sí en su vida diaria. Respecto a las causas: el 67% señaló que el centro no estaba equipado y el 20% de profesores reconocía no estar preparado técnicamente. Casi todos consideraban muy necesaria la existencia de una guía o directorio de recursos fácil de usar (hecho que nos sorprende enormemente y demuestra quizá su desconocimiento del medio, ya que este tipo de páginas índices es lo que más abunda en Internet); así mismo, se lamentaban de la lentitud de conexión y del trabajo extra que suponía buscar información en las páginas de la *World Wide Web*.

[16] A partir de una encuesta realizada a 28 profesores responsables de aulas multimedia, Soria saca una serie de conclusiones: la mayoría utilizaba el ordenador como máquina de escribir sofisticada, solamente 13 tenían ordenador en casa y ellos mismos manifestaron que la primera necesidad de formación era aprender a elaborar materiales didácticos, pero demostraron no tener una mínima formación técnica previa y, curiosamente, tampoco consideraron imprescindible la capacidad de analizar y gestionar recursos multimedia.

También son espectaculares los cambios que permiten las TIC en la evaluación, puesto que el hecho de poder utilizar herramientas informáticas permite cuantificar y almacenar mejor los datos objetivos, aunque su análisis sigue recayendo ineludiblemente en el profesor tutor. García Abia (2001: 46) analiza diversos cursos de español a través de Internet y afirma que en la mayoría de ellos la evaluación se limita a la comprobación de conocimientos, que el alumno no toma decisiones sobre su propio aprendizaje y que el papel del tutor se limita generalmente al de corrector. Más adelante (2001: 119) perfila su propuesta, especialmente factible en Internet: la realización de un seguimiento formal del trabajo del alumno que aprende una lengua extranjera en un entorno virtual de aprendizaje, para saber qué actividades ha hecho, cuáles le faltan y cómo está progresando, así como una evaluación de su capacidad de aprender; es decir, que el propio alumno, y no sólo el tutor, se responsabilice de la tarea de evaluar y desarrollar su autonomía. En este sentido y relacionado con el papel de los tutores, Luzón y Soria (2000), y también Arrarte *et al.* (2000: 20), analizan los distintos tipos de información que permite recoger un sistema de seguimiento y evaluación como el del proyecto del Curso de español del Instituto Cervantes y, consecuentemente, distinguen entre: seguimiento, sistema de autoevaluación, sistema de evaluación del tutor, e, incluso, hablan de un metaseguimiento, para saber cómo interactúan los estudiantes con los materiales y qué uso hacen de los medios.

1.3. Internet, el enfoque comunicativo y el aprendizaje constructivo y cooperativo

Todos estos cambios de los que acabamos de hablar permiten ser optimistas sobre la posibilidad de enseñar comunicativamente la lengua en Internet, tal y como han afirmado Higueras (2002a), Hita (2000), Luzón y Soria (1999) y Cruz *et al.* (1999). Afortunadamente, tanto las prestaciones y posibilidades de las TIC, como la evolución que ya se puede comprobar en los materiales didácticos, es compatible con los presupuestos teóricos del enfoque comunicativo, el aprendizaje constructivo y significativo y el aprendizaje cooperativo.

Respecto a la enseñanza comunicativa de la lengua en Internet, en Higueras (2002a: 110) analizábamos las repercusiones que la digitalización o cuarta revolución[17] está teniendo en la educación, en relación con la enseñanza comunicativa de la lengua. Explicábamos entonces que cuatro de esas repercusiones señaladas por Adell (1997), se podían relacionar con un principio básico del enfoque comunicativo, tal y como resume el siguiente cuadro:

Repercusiones de la digitalización (J. Adell, 1997)	**Consecuencias en educación (J. Adell, 1997)**	**Se relaciona con el siguiente principio del enfoque comunicativo**
- Aumento del ruido y de la sobrecarga cognitiva.	- Nuevo papel del profesor y del alumno.	- Autonomía del alumno.
- Cambio en la percepción de la realidad.	- Materiales multimedia e hipertextuales.	- Integración de destrezas. - Contextualización.

[17] Adell (1997) habla de cuatro revoluciones: el surgimiento del lenguaje, la aparición de la escritura, la imprenta y la de los medios electrónicos y la digitalización.

- Ha desmaterializado, deslocalizado y globalizado la información.	- Aulas virtuales.	- Interculturalidad.
- Posibilita la interactividad: emisor y receptor intercambian no sólo mensajes, sino sus papeles.	- La interiorización de la información que da lugar al conocimiento surge de la interacción, no de una relación unidireccional del emisor al receptor.	- La interacción comunicativa y la negociación de significados como base para el aprendizaje de una lengua. - Mayor énfasis en el proceso de aprendizaje que en el producto.

Por tanto, podemos decir que la enseñanza de la lengua a través de Internet se caracteriza por:

- Fomentar la autonomía del alumno, ya que los profesores se ven obligados a crear materiales que permitan al alumno abrirse paso entre la inmensidad de páginas que hay en Internet, sobre todo enseñándole estrategias para que pueda enfrentarse solo a este nuevo tipo de materiales.
- Permitir la integración de destrezas.
- Presentar los contenidos de forma contextualizada, puesto que Internet integra en un solo soporte imágenes, sonidos, vídeos, etcétera.
- Potenciar la interculturalidad, en la medida en que las aulas virtuales recogen siempre grupos multiculturales y también porque el alumno se relaciona con material auténtico que facilita la adquisición simultánea de contenidos lingüísticos y culturales.

Veamos, a continuación, en qué medida Internet está en consonancia con otros principios de aprendizaje importantes. Con la implantación de las tecnologías digitales se favorecen dos tipos de aprendizaje que responden a teorías sobre la adquisición del conocimiento, las cuales han ejercido una notable influencia durante el siglo pasado: el aprendizaje constructivo y significativo del lenguaje, por un lado, y el aprendizaje cooperativo, por otro. (Trenchs, 2001a: 24-30). El aprendizaje constructivo implica que el aprendiente aprende la lengua construyendo e integrando los conocimientos nuevos en los ya conocidos y, por tanto, es él el máximo protagonista de ese proceso. Cuando hablamos de aprendizaje significativo lo entendemos como el opuesto al memorístico y repetitivo, por eso las actividades de Internet tienen que ser motivadoras y útiles para los alumnos, no sólo desde el punto de vista lingüístico. El aprendizaje constructivo y significativo, en cambio, se potencia en los entornos virtuales, en las simulaciones (*cfr*. Sánchez Sola, 2001), en el uso de textos reales de Internet y en las actividades basadas en la exploración; por último, para que haya un aprendizaje significativo de la lengua, según esta autora, es preciso que haya comunicación auténtica entre alumnos y profesores, algo que la enseñanza de lenguas asistida por ordenador (ELAO) tenía vetado y que Internet ha venido a suplir.

En segundo lugar, Trenchs cita el aprendizaje cooperativo (*cfr*. Landone, 2001 a y b) y es que Internet ha venido a superar el aprendizaje individualizado -aunque también lo permite- al que obligaban los laboratorios de idiomas y los materiales en CD-ROM. Las TIC favorecen la interacción social y la colaboración y éste es su gran potencial; Trenchs (2001a: 28) señala que en la didáctica de lenguas se consigue un aprendizaje cooperativo si ponemos énfasis en los procesos que emplean los alumnos para crear significado y se enfoca la enseñanza desde la realización de tareas. Las TIC favorecen también el aprendizaje cooperativo entre profesores, dado que comparten dudas, inquietudes y materiales en diversos foros.

1.4. Las herramientas de comunicación y la enseñanza de lenguas

Para finalizar este apartado, creemos que es imprescindible detenerse en la que hemos considerado la característica más relevante de Internet: su capacidad para promover la comunicación y para formar comunidades virtuales, de enseñanza o de aprendizaje. La oferta técnica es amplia, ya que se pueden realizar intercambios en tiempo real -sincrónicos-, a través de programas de *chat,* videoconferencia y audioconferencia, o mediante los MOOs (programas de enseñanza a distancia basados en la técnica de la realidad virtual) (*cfr.* Bermejo e Higueras, 2000), o en diferido -de forma asincrónica-, mediante foros y listas de distribución, o bien a través del correo electrónico.

El correo electrónico y las características de la comunicación mediatizada por ordenador (CMO) es uno de los temas que más interés ha despertado en la bibliografía y son numerosísimos los trabajos que se pueden encontrar en papel y en la propia red: (*cfr.* Soler-Espiauba (2002a y 2000b); Cruz Piñol (2001); Trenchs Parera (2001b); Warschauer y Kern (eds.) (2000); Pastor Cesteros (ed.) (1999); Trenchs Parera (1998); Warschauer (1995)[18]. Las conclusiones de estos trabajos, como resume Cruz Piñol (2001), son que el uso del correo electrónico se traduce en una evidente mejora de las destrezas escritas y que es cierto que estamos ante una destreza a caballo entre la expresión escrita y la expresión oral, con unas particularidades léxicas y de registro muy acusadas.

Respecto al uso del *chat* (*cfr.* Garnacho, 2000), algunos temen que la rapidez con la que se intercambian los mensajes, ya que se trata de un medio de comunicación sincrónico, impida la participación de todos los estudiantes; sin embargo, otros autores afirman que, dado que hay un contexto comunicativo vivo y más parecido al que hay en una conversación cara a cara (no hay que olvidar que es posible la negociación de significados) y que el discurso empleado es más parecido a la lengua oral o bien puede considerarse un híbrido (*cfr.* Juan Lázaro, 2001), su uso ayuda a mejorar no sólo las destrezas escritas, sino también la expresión oral. Por último, hay también ya abundante bibliografía en el ámbito anglosajón sobre experiencias de aprendizaje llevadas a cabo con foros, que muestran que también son una herramienta adecuada para debates que impliquen cierta reflexión. Está demostrado que los participantes hacen un esfuerzo por argumentar sus opiniones, resumir las de otros contertulios y, de esta forma, se convierten en una ayuda eficaz para ejercitar la expresión escrita, en la que tanto los alumnos tímidos como los más extrovertidos tienen las mismas oportunidades de participar (Álvarez y Beaven, 2002: 246).

La audioconferencia y la videoconferencia son posibles en la actualidad y ya se están empezando a aplicar en los materiales para el aprendizaje de lenguas a distancia; así mismo, hay *software* (por ejemplo Eudora) que permite intercambios sincrónicos (son los denominados *chat* de voz[19]) y asincrónicos de mensajes orales (se graba un mensaje y se envía adjunto a un correo electrónico).

Queda claro, por tanto, después de repasar la cantidad y variedad de herramientas para la comunicación existentes en Internet, que su potencial para enseñar las destrezas productivas es abrumador; si hasta la fecha no se han plasmado en los materiales, es debido a que se han realizado ejercicios de respuesta cerrada, y no porque Internet impida este aspecto de la enseñanza de lenguas.

---

[18] Es abundante la bibliografía sobre este tema y sería preciso mucho más espacio del que disponemos para citar las obras del ámbito anglosajón. Para ello, remitimos al lector al hilo *Uso del correo electrónico en la enseñanza de ELE*, del Foro didáctico del CVC. Las intervenciones de Mar Cruz Piñol y Nuria de la Torre resumen la bibliografía básica en inglés sobre este tema. http://cvc.cervantes.es/foros/leer_asunto1.asp?vCodigo=10700.

[19] En *La ruta de la lengua española* se incluye un *chat* de este tipo, que está a disposición de profesores y alumnos. Para participar sólo se precisa un micrófono y unos altavoces.

2. Los materiales para la enseñanza de español a través de Internet

2.1. Características de un buen material didáctico para Internet

Uno de los cambios más importantes que introduce Internet es la revolución en el diseño de materiales didácticos. Dedicamos ahora nuestra atención a señalar las ventajas que ofrece Internet frente al CD-ROM o frente a otros materiales impresos (Higueras, 2002a: 112) para identificar cómo deben ser los materiales publicados en la Red, para que sean materiales didácticos de calidad:

1. En primer lugar, deben ser materiales que permitan y fomenten la comunicación real entre personas, ya que Internet es la herramienta por excelencia para comunicarse, a bajísimos costes, con personas de todo el mundo. Por tanto, el alumno será receptor, pero, también emisor, situación comunicativa para la que se ha acuñado el término de *EMIREC.*
2. Además, incorporarán las ventajas de los hipertextos (*cfr*. Fernández, 1998): permitirán diferentes recorridos didácticos y ofrecerán ayudas que el alumno decidirá o no consultar, en función de su estilo de aprendizaje y de su nivel.
3. Estarán engarzados en Internet, es decir que se remitirá a otras páginas para beneficiarse de una de las características de la *World Wide Web*, la de ofrecer un número casi ilimitado de material auténtico y recursos que completan la propuesta del profesor.
4. Las actividades deberían permitir distintos tipos de interactividad y ofrecer retroalimentaciones diferentes en cada caso; es decir, que deberían heredar las ventajas de la Enseñanza de Lenguas Asistida por Ordenador (ELAO) para el aprendizaje autónomo y superarlas, puesto que en Internet se puede prestar mayor atención a las destrezas orales.
5. Prevalecerán las páginas multimedia sobre las únicamente textuales; esto es, que se integrarán en un solo soporte material sonoro, visual y textual, lo cual redundará en presentaciones más contextualizadas, atractivas y motivadoras de los contenidos.
6. Gracias al empleo de material auténtico procedente de la *World Wide Web* se permitirá un mayor contacto del profesor y el alumno con la realidad lingüística y cultural de los hispanohablantes. Por consiguiente, los materiales no quedarán desfasados, puesto que las páginas a las que puede remitir una actividad son permanentemente actualizadas por otras personas.

De todas las ventajas que supone Internet frente al CD-ROM, además de las ya vistas y de que el primero es más económico, permite interactuar con audiencia real y proporciona material actualizado (Graña, 2001), quizá la más importante sea la interactividad. Gracias a ella, se supera la ELAO conductista[20] y se abre paso la ELAO comunicativa y la ELAO integradora (Warschauer y Healey, 1998). También Picó (1997: 108) habla del paso de la metáfora del ordenador como agente, en la que la relación entre el ordenador y el alumno es análoga a la relación profesor-

[20] Los conductistas emplearon el ordenador en ejercicios cerrados de repetición; de esta forma éste se convertía en un tutor mecánico que no se equivocaba nunca, un auténtico relevo para el profesor. Posteriormente, la ELAO comunicativa, que nació en los setenta y ochenta, ante los resultados insatisfactorios de las demás corrientes metodológicas y basándose en los estudios de Chomsky, se centró en la atención en el uso de las formas, más que en su repetición; por último, la ELAO integradora pretende incluir no sólo las cuatro destrezas -hablar, escuchar, leer, escribir-, sino también un uso real de la lengua contextualizada. (Véase Graña, 2001).

alumno, a la metáfora del medio, en la que los ordenadores no reemplazan a las personas, sino que reorganizan la interacción comunicativa entre ellas. Es evidente que los entornos virtuales potencian esta segunda visión de las TIC y en esta línea es en la que consideramos rentable trabajar.

2.2. Tipos de materiales existentes

Distinguimos tres grandes grupos, en función del uso de Internet que predomine[21] (Marquès, 1998), según indica el siguiente cuadro:

Tipo de actividad	**Contexto de uso indicado**	**Uso de Internet que predomina**
Actividades que remiten a Internet en una fase de la secuencia didáctica.	Clase presencial y aula virtual.	Internet como fuente de información.
Actividades de comunicación.	Aula virtual.	Internet como medio de comunicación.
Actividades de autoaprendizaje.	Aula virtual.	Internet como soporte didáctico.

El primer grupo lo constituyen actividades que remiten a Internet en un momento de la secuencia didáctica y se realizan en clases presenciales; suelen trabajar todas las destrezas, precisamente porque complementan la parte oral en la clase real, y corresponderían a lo que Marquès denomina emplear Internet como fuente de información, si bien hay algunas que se pueden realizar individualmente. Encontramos ejemplos de actividades de este tipo en los siguientes libros: González Mangas y De la Losa (2002), Romero Dueñas (2002), Encinar (2002), Romero (2001), Hita (2001), Dudeney (2000) y Boswood (1997), y en páginas en Internet: por ejemplo, en *DidactiRed*[22].

El segundo grupo lo integran actividades destinadas a la expresión oral o escrita, a través de correo electrónico, foros, *chat*, listas de distribución, etc. En este caso nos encontraríamos ante el segundo uso educativo de Internet resaltado por Marquès: Internet como medio de comunicación y resulta lógico emplear este tipo de actividades en la enseñanza a distancia, aunque también es posible realizarlas como complemento a las clases presenciales (*cfr*. Romero y González Hermoso, 2001; González Hermoso y Romero Dueñas, 2001).

Por último, el tercer grupo lo conformarían actividades o tareas de autoaprendizaje: material interactivo para abordar contenidos gramaticales, léxicos, fonéticos, culturales o funcionales, o bien para trabajar alguna destreza. Algunos ejemplos serían *Las lecturas paso a paso*, publicadas en *Aula de lengua del CVC*; las actividades de la página de Juan Ramón de Arana, los ejercicios gramaticales de la página de Soto Arriví, etc. En este caso, estaríamos hablando de Internet como

---

21 Según otra serie de criterios, se pueden establecer distintas tipologías de actividades (*cfr.* Graña, 2001; Arrarte y Sánchez, 2001: 68 y Fernández, 2000a).

22 DidactiRed es una sección diaria del Centro Virtual Cervantes en la que se publica una actividad o técnica para profesores de español, cuyo archivo se denomina *Didactiteca*.

soporte didáctico, y huelga decir que son las actividades más interesantes, aunque las menos frecuentes en Internet. Podríamos hablar de un cuarto grupo, integrado por las actividades de iniciación que enseñan a emplear Internet y que tienen un doble objetivo: proporcionar recursos para hablar en español sobre este tema y alfabetizar tecnológicamente a los alumnos. Algunos ejemplos publicados en *DidactiRed* son: Toleano Soto, 2002 y 2000, y Fernández, 2000a; con este mismo objetivo encontramos la iniciativa de Cruz Piñol *et al.* (1998).

Desde otra perspectiva, Trenchs (2001c: 142) engloba los materiales en dos grandes grupos: aquellos que promueven un aprendizaje deductivo -como los tutoriales y los programas de ejercitación- y los programas que fomentan un aprendizaje inductivo -como los exploratorios y los de resolución de problemas-. Los tutoriales son lo más parecido a una clase presencial y subyace en ellos una visión conductista del aprendizaje: los diseñadores dividen la materia en ciertas unidades, en las que se presentan contenidos y se comprueba si se han aprendido. El principal inconveniente, según esta autora, es que ponen énfasis en el aprendizaje de formas lingüísticas correctas y no en el uso significativo y comunicativo de la lengua; además, suelen ser muy poco flexibles a la hora de corregir (un fallo en la ortografía convertirá en incorrecta una respuesta) y, por ello, suelen decantarse por el sistema de respuesta cerrada. Cuando se termina un módulo, una pequeña evaluación guía el recorrido del alumno: le permite avanzar o propone ejercicios de refuerzo. También se basan en las teorías conductistas los programas de ejercitación, que sirven para trabajar algún contenido y ofrecen también *feedback* al alumno.

Los entornos exploratorios, sin embargo, no se basan en modelos secuenciales, sino que es el alumno el que toma decisiones sobre qué y cuándo consultar cierta información; como características positivas destaca esta autora que en ellos se trata el lenguaje de forma más global, que fomentan la autonomía, pues el alumno tiene acceso a bases de datos de material auténtico, y que son un ejemplo de que la resolución de problemas es fuente de adquisición de conocimientos. Un tipo de actividad similar son los *laberintos de texto*: un primer texto plantea un problema y el alumno tiene que elegir cómo seguir, en función de lo que haya leído en distintas fuentes; cada elección le lleva a una encrucijada, hasta que se consigue llegar al objetivo final de la actividad. También las simulaciones defienden el aprendizaje por descubrimiento, pero, además, crean un entorno de aprendizaje que simula la realidad: el alumno actúa y el entorno reacciona a las respuestas lingüísticas del alumno. Así mismo, los juegos de aventuras en los que hay que resolver algún misterio o navegar por distintas páginas con un fin concreto, se basan en la resolución de problemas. Evidentemente, este segundo tipo de materiales es escasísimo, por lo elevado de sus costes, pero, sin duda, son los que mejor responden a la enseñanza comunicativa de la lengua.

2.3. Criterios para seleccionar material didáctico

Dado que la publicación en Internet no pasa por los habituales controles de calidad que existen para la edición en papel, que muchas de las páginas no son rigurosas y que muchos materiales no están pensados para este medio, ha sido una preocupación constante la búsqueda de criterios para analizar y seleccionar material didáctico en Internet[23]. Trenchs (2001c: 150) enumera

[23] Véase también la página personal de Pere Marquès, la "Biblioteca Virtual de Tecnología Educativa" y la sección 'Analisis de material' en ESPES, así como Fernández y Juan (2002) y Marquès (1999). De nuevo, no podemos reproducir esas amplias bibliografías por razones de espacio.

una serie de criterios que agrupa en cinco epígrafes: consideraciones contextuales (para qué tipo de alumno y contexto educativo es adecuado); cuestiones pedagógicas (objetivos, actividades y contenido del programa, y también la actuación del alumno); el control de la instrucción (progreso del alumno y operatividad del programa); diseño y factor humano, y la documentación adjunta que proporciona.

Por nuestra parte, los hemos clasificado (*cfr.* Higueras, 2002a: 115) en cinco grupos: aspectos formales, estructurales y de diseño; aprovechamiento de las ventajas del medio; rentabilidad del acceso a Internet; fiabilidad; y, en último lugar, cantidad de documentación que proporciona a profesores y alumnos. Dentro de los aspectos formales, estructurales y de diseño, conviene tener en cuenta si hay equilibrio entre el contenido textual y el multimedia, la calidad del entorno, la coherencia gráfica, la sencillez, claridad y facilidad de manejo (o *interfaz amigable*), si la navegación es intuitiva y está bien diseñada, si la página tarda o no en abrirse y si se respetan las convenciones del medio.

Respecto al criterio del aprovechamiento de las ventajas del medio es, probablemente el más importante, sirve para determinar en qué medida el material se distancia de un material impreso; se puede analizar la cantidad y pertinencia del material multimedia, la tipología de actividades que permite, la interactividad, la bidireccionalidad (es decir, que el alumno sea emisor y receptor), la variedad y buen aprovechamiento de los distintos tipos de retroalimentación (*cfr.* Clavel, 2001) y si se beneficia de las posibilidades del hipertexto (*cfr.* De la Torre, 2001 y Moreno, 2001). Así mismo, el criterio referente a la rentabilidad del acceso a Internet es clave, puesto que muchos profesores, deslumbrados por el halo mágico que rodea a Internet tienden a identificar innovación con el material que emplea esta herramienta[24], cuando, como hemos comentado, la mayoría del material publicado en Internet está metodológicamente anticuado, puesto que lo que más abunda son ejercicios de respuesta cerrada. Además, nunca debemos olvidar que la fiabilidad es uno de los pocos asideros del navegante en Internet, aspectos como la frecuencia de actualización, la profesionalidad de la página o el servidor en que se aloja pueden ayudar al profesor a determinar si podrá volver a encontrar esos contenidos en esa misma dirección. Por último, es conveniente que los materiales vengan acompañados de documentación de apoyo, con el fin de que tanto estudiantes como profesores sepan cuáles son los objetivos y a qué destinatario van dirigidos.

En conclusión, nos parece decisivo que el profesor sea consciente de que hay mucho material en Internet, pero que no siempre es de calidad, tanto desde el punto de vista técnico como didáctico; por ello, insistimos en que es imprescindible que el profesor de lenguas que decida utilizar Internet en sus clases aplique estos y otros criterios (p. ej., si está en consonancia con nuestra metodología) para elegir material de calidad.

[24] Sitman (1998) lo expresó en estos términos: *Lo que me preocupa es la aceptación ciega de la telaraña informática simplemente por virtud de tratarse del fenómeno Internet. Temo que la popularidad del mismo nos ha hecho perder de vista ciertas consideraciones que considero fundamentales al proceso de enseñanza en general, y del aprendizaje de idiomas en particular: el porqué y para qué detrás de todas nuestras decisiones como docentes.*

2.4. Creación de materiales

A pesar de que muchos profesores de lenguas están convencidos de que crear páginas y publicarlas en Internet, así como la realización de material didáctico interactivo, es una tarea propia de informáticos, es una labor muy sencilla si se siguen los consejos de los asistentes para la creación de páginas[25] o bien si se dedican unos minutos a leer ciertas páginas de Internet que explican cómo hacerlo: 'Internet Elemental'; '*Teachnet*'; 'Netaurus' en la sección *Nuevas tecnologías* y Le Roy (2000).

Tampoco es complicado elaborar material didáctico interactivo, siempre que se empleen programas de autor, que utilizan plantillas para crear una tipología concreta de ejercicios. No obstante, conviene insistir en la idea de que realizar este tipo de ejercicios no es el único ni el mejor uso que podemos hacer de Internet, desde el momento en que estas propuestas se podrían encontrar también en un CD-ROM. Respecto a páginas con recopilaciones de *software* gratuito que se puede emplear para crear este tipo actividades interactivas destacamos: *CELIA*, *The Virtual CALL Library*, *The Comenius Group*, *CALL Hull, English Online, QUI'*, el programa de autor *Hotpotatoes* (cfr. Martínez y Llamas, 2002) y, en español, la página dedicada a *software* del CNICE, así como el programa CLIC y el de Rayuela (*cfr* Sánchez y Arrarte, 2001).

Fee (2001: 163) divide en cinco categorías el material interactivo que existe en Internet y el criterio empleado es la tecnología que se esconde tras cada uno de ellos. La primera categoría se refiere a documentos hipertextuales (cada enlace es una pregunta y al saltar podemos ir a las respuestas); la segunda son ejercicios de revelar respuestas escondidas (el usuario puede descubrir las soluciones en pantalla desplegable, antes o después de hacer el ejercicio); la tercera la constituyen los ejercicios CGI (*Common Gateway Interface*), en los que el usuario introduce unos datos en un formulario y los envía a un servidor de Internet; allí se procesa la información y se devuelve la respuesta en forma de página *web*. En cuarto lugar, se encuentran los ejercicios con JavaScript, que son ya pequeños programas escritos en este lenguaje: el usuario introduce datos y recibe *feedback* inmediato a través de *ventanas de aviso*. Por último, ese autor señala los ejercicios con Java y programas enlazados, que permiten combinar sonido, animaciones y actividades del tipo *arrastrar (drag and drop)*. Los más fáciles de crear, en opinión de Fee, son el primer, segundo y cuarto tipo, pero el autor recomienda la utilización de programas de autor como *Hotpotatoes* para el profesor que no esté iniciado en informática.

El profesor que quiera elaborar material didáctico no tiene que ceñirse obligatoriamente a los programas de autor. En realidad, es más aconsejable que diseñe una unidad[26] en la que combine muestras de lengua, actividades interactivas y actividades de expresión libre (para realizar en clase o fuera de ella, con o sin conexión a Internet). Como señalan Arrarte y Sánchez (2001: 77), es preciso un equipo multidisciplinar para la elaboración de material de calidad para Internet: especialistas en edición de material didáctico y en edición electrónica, correctores, diseñadores gráficos, ilustradores y animadores, fotógrafos, equipos técnicos de producción de audio y vídeo, actores y locutores, analistas informáticos, programadores y, por supuesto, personas encargadas de gestionar a este grupo tan heterogéneo de profesionales. Sin

---

[25] Un ejemplo se encuentra en Tripod: http://www.tripod.lycos.es/myaccount/freehosting/.

[26] En Higueras (2002b), resumíamos y explicábamos este proceso: elegir un tema, buscar materiales en Internet y analizarlos críticamente, diseñar una unidad con una secuencia lógica de actividades, creación de la página y revisión de todo el proceso.

embargo, conviene recordar que el profesor de lenguas no es ni debería convertirse en un informático, pero si desea integrarse en este tipo de equipos deberá ser un usuario competente de Internet, que conozca sobre todo sus limitaciones y que sepa qué tipos de materiales se pueden realizar en Internet. Además, tendrá que estar familiarizado con las etapas que implica la creación de material para un entorno virtual: diseño, producción y evaluación (Duque e Hita, 2002: 459) y, más concretamente, ser capaz de realizar los bocetos y guiones multimedia[27] de la fase de producción que permitan al resto del equipo interpretar sin equívocos cómo se concibe cada actividad (Duque e Hita, 2002, e Hita, 2000).

2.5. Entornos virtuales de aprendizaje de lenguas

Cuando un grupo de personas con intereses comunes se agrupa en Internet forma una comunidad virtual; por ejemplo, podemos considerar como tal al conjunto de profesores que participa habitualmente en el Foro didáctico. Otro concepto importante y novedoso es el de entorno virtual de aprendizaje: se trata de un espacio virtual, es decir, que radica en Internet, pero no tiene una ubicación física, en el que miembros de una comunidad educativa interaccionan para desarrollar un proceso de formación y aprendizaje, gracias a las TIC. Suelen estar divididos en diferentes secciones: unas son comunes a todos los usuarios (secretaría, foros, materiales, obras de consulta, cafetería virtual, etc.) y otras están personalizadas para cada alumno: agenda, calendario, contactos, correo electrónico, carpeta personal de favoritos, etc.[28]. El gran reto que plantea Internet es precisamente la elaboración de estos entornos de aprendizaje de lenguas y superar la etapa de creación de materiales aislados e inconexos, que sólo reproducen las condiciones de la ELAO[29] y apenas aprovechan Internet como herramienta de comunicación. Comienza a proliferar la literatura sobre estos entornos de aprendizaje (*cfr*. Guitert, 2001 y Egbert y Hanson- Smith, 1999) y ya podemos ver algunos de sus frutos, pues es en estos contextos en los que se plasman, realmente, las características idóneas que hemos señalado de los buenos materiales en Internet.

Estos entornos, en opinión de Egbert y Hanson-Smith (1999: 3 y ss.) deben permitir: que los alumnos tengan oportunidades para interactuar y negociar significados; que lo hagan en la lengua objeto y con una audiencia real; que se impliquen en tareas auténticas; que estén expuestos a lenguaje creativo y que se les pida que produzcan textos propios; que tengan suficiente tiempo y *feedback* a la hora de realizar la tarea; que se les ayude durante la realización de la tarea y, por último, que trabajen en un ambiente con un nivel bajo de ansiedad y en el que se potencie la autonomía del alumno.

---

[27] El boceto es una representación gráfica de la actividad que nos da una primera idea de la misma; debe ofrecer, al menos, un código que la sitúe dentro del esquema general de la unidad o del curso, el enunciado de la actividad y los elementos que la integran, así como su distribución en la pantalla. También es conveniente que especifique la navegación: adónde remite y qué páginas remiten a ella. El guión multimedia proporciona las especificaciones necesarias para la producción de la actividad presentada en un boceto (el *feedback*, descripción de las audiciones y de las imágenes, el tipo de actividad, la dinámica, los enlaces, etc.) (Duque e Hita, 2002: 460-463).

[28] Un ejemplo de entorno virtual aplicado a la formación de profesores es el que se puede encontrar en el curso "Experto en nuevas tecnologías en la enseñanza aprendizaje del español como lengua extranjera", implementado con *WEB-CT*: http://www.unirioja.es/online/postgrados/espanol/.

[29] Sobre este tema recomendamos Buteau (2002: 336), Chapelle (2001), Levy (1997), Ruipérez (1997) y Soria (1995).

Además de los aspectos anteriores, Guitert (2001: 35-50) afirma, en primer lugar, que no deben ser imitaciones de las instituciones educativas análogas, sino que tienen que ser un buen exponente de las ventajas que ofrecen las TIC para la didáctica no presencial. Así mismo, esta autora enumera otras características: deben posibilitar cualquier tipo de comunicación, pues los entornos son herramientas de relación de sus integrantes, tanto de forma individual (a través del correo electrónico), como colectiva (foros). Tienen que permitir el acceso a la información tanto interna (la creada específicamente para los usuarios del entorno), como la externa (es decir, aprovechar el potencial de Internet, como fuente de información). Precisan una constante actualización y adaptación a las necesidades de los usuarios, así como a la evolución de las TIC y deben colocar al estudiante en el centro del proceso de aprendizaje. Otra característica importante es que los entornos de aprendizaje permiten el desarrollo de la competencia intercultural y ayudan a crear una verdadera comunidad de aprendizaje, como apuntan Álvarez y Beaven (2002), aspecto que ayuda a paliar las desventajas que supone el aprendizaje a distancia.

En la actualidad hay varias iniciativas en curso[30]: la propuesta de Netlanguages es la elaboración de un curso basado en el enfoque por tareas en el que los textos son su eje vertebrador y la tarea final es la elaboración de un texto escrito similar al propuesto inicialmente (Gines *et al.*, 2002); el Instituto Cervantes está desarrollando un curso para el aprendizaje de español a través de Internet en cuatro niveles, con la creación de un aula virtual de aprendizaje (AVE); la editorial Espasa está creando un entorno de aprendizaje de E/LE, que incluye un curso en línea con 72 lecciones y también la Universidad de Sherbrooke (Canadá) y la Universidad de Navarra establecieron una colaboración para crear un curso de español de los negocios a distancia, a través de la plataforma WebCT, cuyos detalles explican Buteau, Enekoitz y Blanco (2002). Otra iniciativa es *A buen puerto*, que permite a los estudiantes de español de la Open University la creación de una comunidad de aprendizaje que interactúa a través de foros y charlas, con el fin de potenciar las destrezas comunicativas e interculturales (*cfr.* Álvarez y Beaven, 2002: 246).

Conclusión

Hemos intentado poner de manifiesto las posibilidades y ventajas de la incorporación de Internet a la enseñanza de lenguas. Consideramos que Internet es una herramienta valiosísima para el aprendizaje de lenguas y que criticar sus posibilidades puede interpretarse como un reflejo de nuestra limitada capacidad para adaptarnos a los profundos cambios que conlleva su introducción en nuestra labor profesional. Sí son criticables, sin embargo, algunos usos que se han hecho de ella: sobre todo, la proliferación de ejercicios de respuesta cerrada y la escasa publicación de materiales multimedia interactivos, cuya causa habría que analizar detenidamente. No obstante, estos hechos reales y constatables no invalidan la herramienta en sí misma, del mismo modo que criticar las actuales programaciones existentes en la televisión no descalifica ni menoscaba la importancia y el potencial de la televisión como medio de comunicación.

---

[30] Véase Juan Lázaro en este mismo volumen.

A lo largo de este artículo hemos incidido, desde diversas perspectivas, en la necesidad de mejorar la formación del profesor para prepararse para esta revolución en la que estamos ya inmersos, no tanto para crear e implementar materiales didácticos interactivos -ya que hemos visto que los programas de autor que están al alcance de los más profanos son semejantes a los que defendía la ELAO conductista y, además, no conviene tampoco intentar convertir al profesor en un informático-, sino que sean capaces de trabajar en equipos multidisciplinares, que tengan como objetivo la creación de materiales para entornos virtuales de aprendizaje y, sobre todo, para poder enfrentarse al papel de tutor que tendrán que desempeñar muchos profesores en el futuro próximo.

Si en artículos anteriores leíamos, con cierta frecuencia, que los usos que se estaban haciendo de Internet copiaban paradigmas tradicionales respecto a la enseñanza, ahora ya podemos afirmar, a la vista de los avances en el diseño de materiales para entornos virtuales, que se ha superado esa etapa y ya estamos experimentando, aunque de manera incipiente, con las posibilidades de esta herramienta.

Recordemos, una vez más, la supremacía de los conocimientos didácticos sobre la técnica; las máquinas son tan sólo nuestros sirvientes y fieles aliados, pero, afortunadamente, no pueden tomar decisiones sobre lo que favorece o dificulta el aprendizaje. Estamos en la sociedad del aprendizaje y en esta andadura -y quizá sea esta la más profunda revolución- somos los profesores de lenguas los que necesitaremos seguir aprendiendo e innovando hasta que consigamos hacer de Internet una de las herramientas más valiosas para las clases de español. Tanto profesores como diseñadores de materiales tenemos ahora la palabra.

BIBLIOGRAFÍA[31]

ADELL, J. (1997), "Tendencias en educación en la sociedad de las tecnologías de la información", *EDUTEC*, 7, http://nti.uji.es/docs/nti/Jordi_Adell_EDUTEC.html.

ADELL, J. (1995), "La navegación hipertextual en el *World Wide Web*: implicaciones para el diseño de materiales didácticos", en http://nti.uji.es/docs/nti/edutec95.html.

ÁLVAREZ, I. y BEAVEN, T. (2002), "Destrezas interculturales en una comunidad virtual: el sitio *A buen puerto* de la Open University (Reino Unido)", en A. M.ª GIMENO (ed.): 239-249.

ARRARTE, G. y SÁNCHEZ, J. I. (2001), *Internet y la enseñanza de español*, Madrid, Arco Libros.

ARRARTE, G. *et al.* (2000), "Curso de español a distancia a través de Internet. Una experiencia de innovación pedagógica del Instituto Cervantes", en C. M. ALONSO y D. J. GALLEGO (eds.), *La informática en la práctica docente* I, Madrid, UNED: 3-24.

BARTOLOMÉ ALONSO, P. (2000), *Nuevas tecnologías y educación: Internet en el aula de ELE*, Memoria inédita de fin de máster, Universidad Antonio de Nebrija, Madrid.

BERMEJO RUBIO, I. (2001), *Catalogación de recursos en Internet para la enseñanza y el aprendizaje del español como lengua extranjera,* Memoria inédita de fin de máster, Universidad Antonio de Nebrija, Madrid.

BERMEJO RUBIO, I. e HIGUERAS GARCÍA, M. (1998, 1999 y 2000), "Recursos en Internet para la elaboración de actividades", sección de la revista *Carabela,* 44, 45, 46, 47 y 48, Madrid, SGEL. (En cada número se presentan direcciones sobre un tema monográfico).

BERMEJO RUBIO, I. e HIGUERAS GARCÍA, M. (2000), "Recursos en Internet para la expresión oral", *Carabela*, 47, Madrid, SGEL: 181-188.

BORDOY VERCHILI, M. (2001), "Miniproyecto de autoformación para profesores de español L2. 'Introducción al uso de la Internet'", *Mosaico,* 7: 6-8.

BORRÁS, I. (s. f.), "Enseñanza y aprendizaje con la Internet: una aproximación crítica", en http://www.quadernsdigitals.net/articles/pixel/pixel9/p9aprendizaje.html.

BOSWOOD, T. (ed.) (1997), *New Ways of Using Computers in Language Teaching*, Illinois, TESOL.

BUTEAU, M.; Enekoitz, I. y Blanco, C. (2002), "*E-learning*: la integración de multimedia en *WebCT*: una propuesta para la enseñanza de ELE" en A. M.ª GIMENO (ed.): 335-344.

CABERO, J. (1996), "Nuevas tecnologías, comunicación y educación", *EDUTEC 1*, también en http://www.uib.es/depart/gte/revelec1.html.

CASANOVA, L. (1998), *Internet para profesores de español*, Madrid, Edelsa.

CASCÓN, F. (s.f.), *Manual de Internet*, en http://www.espol.edu.ec/manual/indice.html.

CHAPELLE, C. (2001), *Computer Applications in Second Language Acquisition,* Cambridge, Cambridge University Press.

CLAVEL, A. (2001), *Input y enseñanza de lenguas asistida por ordenador,* Memoria inédita de fin de máster, Madrid, Universidad Antonio de Nebrija.

COLOMA MAESTRE, J. (2001) "Una temática, ¿un foro? Listas de distribución para ELE", *Glosas didácticas*, 6, http://sedll.org/doces/publicaciones/glosas/n6/coloma.html.

CRUZ PIÑOL, M. (2001), "La enseñanza presencial del ELE en la era de Internet. ¿Tendrá límites el aula del siglo XXI?", *Mosaico*, 7: 10-19.

[31] Los artículos publicados en Internet suelen cambiar con frecuencia de ubicación, pero son fácilmente recuperables, gracias a los buscadores, a través del título o el autor. En muchos de ellos, al igual que en los sitios de Internet o *web sites* es imposible hablar de fecha de publicación, por lo que aparecen con la abreviatura *s.f.*

CRUZ PIÑOL, M. (1997), "Guía para navegantes. La lengua española en Internet", *Carabela*, 42: 147-152.
CRUZ PIÑOL, M. (1999a), "La red hispanohablante. La Internet y la enseñanza de español como lengua extranjera", *Espéculo*, 13, en http://www.ucm.es/info/especulo/numero13/int_hisp.html.
CRUZ PIÑOL, M., GINÉS SURIÀ, I. y SITMAN, R. (1999b), "El valor de la experiencia. Pautas para la integración de la Internet en el aula de E/LE", *Frecuencia-L*, 12: 46-52.
CRUZ PIÑOL, M. *et al.* (1998), "La Internet, puente entre España y Chile", en http://www.ihes.com/mar/index.htm.
CRUZ PIÑOL (ed.) (s. f), "Tesis i memòries de master sobre informàtica i didàctica de llengües", en http://www.ub.es/filhis/recopila.html.
DUDENEY, G. (2000), *The Internet and the Language Classroom*, Cambridge, CUP.
DUQUE DE LA TORRE, A. e HITA BARRENECHEA, G. (2002), "La creación de materiales para la enseñanza de lenguas extranjeras en Internet", en A. M.ª GIMENO (ed.): 459-465.
EGBERT, J. y HANSON-SMITH, E. (1999) (eds.), *CALL Environments. Research, Practice and Critical Issues*, Bloomington, Illinois, TESOL.
EGBERT, J., CHAO, C. y HANSON-SMITH, E. (1999), "Computer Enhanced Language Learning Environments: an overview", en J. EGBERT, y E. HANSON-SMITH (eds.): 1-13.
ENCINAR, M.ª A. (2002), *Narrativa española del siglo XX*, Madrid, Edelsa.
FEE, M. (2001), "Materiales interactivos para aprender idiomas y la *World Wide Web*", en M. TRENCHS PARERA (ed.), *Nuevas tecnologías para el autoaprendizaje y la didáctica de lenguas*, Lleida, Milenio: 161-177.
FERNÁNDEZ CALVO, R. (s. f.), "Glosario básico inglés-español para usuarios de Internet", http://www.ati.es/novatica/glosario/glosario_internet.html.
FERNÁNDEZ PINTO, J. (1998a), "Entornos hipertextuales para E/LE", *Espéculo*, 10, en http://www.ucm.es/info/especulo/numero10/entor_hyp.html.
FERNÁNDEZ PINTO, J. (1998b), "Internet para principiantes. ¿Por qué, quién, qué y cómo?", *Frecuencia-L*, 8: 17-23.
FERNÁNDEZ PINTO, J. (2000a), "Guía para usar Internet en clase", *DidactiRed*: http://cvc.cervantes.es/aula/didactired/anteriores/diciembre_00/29122000.htm.
FERNÁNDEZ PINTO, J. (2000b), "¡E/LE con la red en la formación! Una primera sesión para cursos de formación sobre Internet", *Cuadernos Cervantes de la Lengua Española*, 26: 74-85.
FERNÁNDEZ PINTO, J. (1999), "Tutorías virtuales", *Espéculo*, 11, en http://www.ucm.es/info/especulo/numero11/tutorias.html.
FERNÁNDEZ PINTO, J. y JUAN LÁZARO, O. (2002), "Materiales E/LE en la Red: ¿cuándo son útiles? ¿Cómo seleccionarlos?", en L. MIQUEL y N. SANS (2002), *Didáctica del español como lengua extranjera*, 5: 53-88.
FIDELMAN, C. (1996), "A Language Professional's Guide to the WWW", *CALICO* 13: http://agoralang.com/calico/webarticle.html. La segunda parte del artículo está en: http://agoralang.com/calico/webarticle2.html#sites.
FORNAS, R. (2001), *Cómo buscar en Internet*, Madrid, El País-Aguilar.
FOX, G. (1998), "The Internet: Making it work in the ESL classroom", *The Internet TESL Journal*, vol. IV, 9, en http://iteslj.org/Articles/Fox-Internet.html.
GARCÍA ABIA, B. (2001), *Criterios para el desarrollo de la tarea evaluativa en un entorno virtual de aprendizaje,* Memoria inédita de fin de Máster, Universidad Antonio de Nebrija, Madrid.
GARNACHO, P. (2000), "Chateando...", *Cuadernos Cervantes de la Lengua Española*, 29: 76-87.
GIMENO, A. M.ª (ed.) (2002), *Tecnologías de la información y de las comunicaciones en la enseñanza de ELE, Actas del XII Congreso Internacional de ASELE,* Valencia, Editorial de la Universidad de Valencia.

GINES *et al.* (2002), "*Net Languages*: una escuela virtual. Implicaciones metodológicas", en A. M.ª Gimeno (ed.): 345-352.
GONZÁLEZ HERMOSO, A. (1999), *Guía hispánica de Internet*, Madrid, Edelsa.
GONZÁLEZ HERMOSO, A. y ROMERO DUEÑAS, C. (2001), *Correo electrónico*, Madrid, Edelsa..
GONZÁLEZ MANGAS, G. y DE LA LOSA, M. (2002), *De compras*, Madrid, Edelsa.
GRAÑA GRAÑA, Á. (2001), *Internet como recurso didáctico en ELE: Análisis de material*, Memoria inédita de fin de máster, Universidad Antonio de Nebrija, Madrid.
GUITERT CATASÚS, M. (2001), "Los entornos de enseñanza y aprendizaje virtuales en las puertas del siglo XXI", en M. TRENCHS PARERA (ed.): 35-50.
HIGUERAS GARCÍA, M. (1998), *La Malla Multimedia (World Wide Web) como recurso para la enseñanza de ELE,* Madrid, Fundación Antonio de Nebrija.
HIGUERAS GARCÍA, M. (2002a), "Criterios para la elaboración y selección de actividades comunicativas con Internet", en L. MIQUEL y N. SANS (2002), *Didáctica del español como lengua extranjera*, 5: 109-121.
HIGUERAS GARCÍA, M. y SORIA PASTOR, I. (1998), "El Centro Virtual Cervantes y la enseñanza de español como lengua extranjera", *Frecuencia-L*, 8: 62-65.
HIGUERAS GARCÍA, M. (2002b), "Cómo elaborar material para Internet para la enseñanza de español con fines específicos", *Actas del I Congreso Internacional de español para fines específicos,* Ministerio de Educación, Cultura y Deporte: 75-85.
HIGUERAS GARCÍA, M. (2000a), "Internet y el profesor de lenguas. ¿Por dónde empezamos?", *Miscelánea. Cuadernos para profesores de español*, 6, Viena, Pib Wein: 62-69.
HIGUERAS GARCÍA, M. (2000b), "*DidactiRed*: ideas y sugerencias diarias para profesores de español", *Carabela*, 48, Madrid, SGEL: 171-174.
HIGUERAS GARCÍA, M. (1999), "ELE en la Malla Multimedia. Instituciones y proyectos que facilitan la labor del profesor", *Revista ADES*, http://adesasoc.com/.
HITA BARRENECHEA, G. (2000), *La enseñanza comunicativa de idiomas de Internet. Características de los materiales y propuesta didáctica,* Memoria inédita de fin de máster, Universidad Antonio de Nebrija, Madrid.
HITA BARRENECHEA, G. (2001), *Recorrido cultural por España*, Madrid, Edelsa.
JUAN LÁZARO, O. (2000), *La red como material didáctico en la clase de ELE: contextos de uso y criterios de selección*, Memoria inédita de fin de máster, Universidad Antonio de Nebrija, Madrid.
JUAN LÁZARO. O. (2001), "Actividades con *chat* en la clase de E/LE: lenguaje usado", *Cuadernos Cervantes de la Lengua Española*, 33: 64-71.
JUAN LÁZARO, O. (2001), *Uso de Internet en el aula*, Madrid, Edelsa.
LANDONE, E. (2001), "Aprendizaje cooperativo en la clase de E/LE (I)", *Cuadernos Cervantes de la Lengua Española*, 32, 70-79.
LANDONE, E. (2001), "Aprendizaje cooperativo en la clase de E/LE (II)", *Cuadernos Cervantes de la Lengua Española*, 33: 60-63.
LEVY, M. (1997), *Computer-Assisted Language Learning*, Oxford, Clarendon Press.
LE ROY, H. (2000), "Una página web, un instrumento al alcance de todos los profesores de español", *Moaico, 4,*16-20.
LLISTERRI, J. (1998a), "Nuevas tecnologías y enseñanza del español como lengua extranjera", en F. MORENO, M. GIL BÜRMAN y K. ALONSO (eds.), *VIII Congreso Internacional de ASELE*, Alcalá de Henares, Universidad de Alcalá de Henares: 16-20.
LLISTERRI, J. (s. f.), "Materiales sobre lingüística y lengua española en la web", en: http://liceu.uab.es/~joaquim/teaching/Applied linguistics/New Technologies/LengEsp Materiales WWW.html.
LUZÓN ENCABO, J. M.ª y SORIA PASTOR, I. (1999), "El enfoque comunicativo en la enseñanza de lenguas. Un desafío para los sistemas de enseñanza y aprendizaje abiertos y a

distancia", *Revista Iberoamericana de Educación a Distancia*, 2, 2: 1-25.
MARAÑÓN RIPOLL, M. (2001), "Los foros y los sistemas de comunicación electrónica: una introducción a los foros del CVC", *ESPES*, http://members.es.tripod.de/espes_mh/foros delCVC.htm.
MARAÑÓN RIPOLL, M. (2000), "La configuración y desarrollo de espacios de debate virtuales. Un trienio de foros en la red", *Alacena*, y en *ESPES*, http://members.es.tripod.de/espes_mh/trienio.htm.
MARQUÈS (1998), "Usos educativos de Internet: ¿la revolución de la enseñanza?" *Comunicación y Pedagogía*, 154: 37-44; y en http://www.ciberespiral.org/bits/usosred.htm.
MARQUÈS, P. (1999a), "Criterios para la clasificación y evaluación de espacios web de interés educativo", en http://www.ciberespiral.org/bits/avaweb.htm.
MARQUÈS, P. (1999b), "Programas didácticos: diseño y evaluación", en http://www.xtec.es/~pmarques/edusoft.htm.
MARTÍNEZ PASAMAR, C. y LLAMAS, C. (2002), "Un programa de autor: *Hot Potatoes*", *Cuadernos Cervantes,* 40: 66-73.
MARTÍNEZ SALLÉS, M. (2001), "Decálogo para profesores internautas novatos", *Mosaico,* 7: 9.
MELONI, C. (1999), "The Internet in the Classroom: A Valuable Tool and Resource for ESL/EFL Teachers", en http://www.eslmag.com/Article.htm.
MENEU, J. V. (2000a), "Busca y encuentra en Internet I"; (2000b), "Busca y encuentra en Internet II"; (2001a), "Copernic" y (2001b), "Operadores lógicos", en *DidactiRed*, Centro Virtual Cervantes. http://cvc.cervantes.es/aula/didactiteca.
MESKILL, C. (1999), "Conclusion: 20 minutes into the future", en J. EGBERT y E. HANSON-SMITH (eds.): 459-469.
MORENO, B. (2001), *Las lecturas graduadas en Internet*, Memoria inédita de fin de máster, Universidad Antonio de Nebrija, Madrid.
ORTÍN FERNÁNDEZ-TOSTADO, M. (2000), *La autonomía del aprendizaje en los cursos de español lengua extranjera en un entorno virtual,* Memoria inédita de fin de máster, Universidad Antonio de Nebrija, Madrid.
OSUNA ACEDO, S. (1998), *Multimedia*, Madrid, UNED.
PALOMERO, M. P. (2001), "Bibliografía sobre español actual", *ESPES*, http://members.es.tripod.de/espes_mh/Bib_esp_actual.htm.
PASTOR CESTEROS, S. (1999), "Nuevas perspectivas para el desarrollo de la expresión escrita: El intercambio de correo electrónico", *Carabela*, 46: 119-136.
PÉREZ GUTIÉRREZ, M. (2001), "Entre colegas: grupos de discusión y foros de didáctica de las lenguas", *Glosas didácticas*, 4: http://sedll.org/doces/publicaciones/glosas/n4/listas.html.
PICÓ, E. (1997), "Usos de Internet en el aula de ELE", *Carabela*, 42: 107-121 http://www.spainembedu.org/doc/eliseo-usos.html.
PALOMERO, M. P. (2000), "Enseñar español en español. Los anglicismos informáticos en el aula", *Frecuencia-L*: 51-54.
RODRIGO, C. (2001), *Comprensión lectora e Internet: criterios para evaluar materiales de comprensión lectora en red dirigidos al alumno de español como segunda lengua,* Memoria inédita de fin de máster, Universidad Antonio de Nebrija, Madrid.
ROMERO, C. y GONZÁLEZ HERMOSO, A. (2001), *Charlas,* Madrid, Edelsa.
ROMERO, C. (2001), *De viaje por España*, Madrid, Edelsa.
ROMERO DUEÑAS, C. (2002), *De viaje por América Latina*, Madrid, Edelsa,
ROS I SOLÉ, C., MARDOMINGO, R. y PUJOLÀ, J. (2002), "*Trayectorias*: una tarea para fomentar la autonomía del aprendizaje en red", en A. M.ª GIMENO (ed.): 393-401.
RUIPÉREZ, G. (1997), "La enseñanza de lenguas asistida por ordenador", *Carabela*, 42: 5-27.
SALINAS, J. (1995), "Cambios en la comunicación. Cambios en la educación", http://www.uib.es/depart/gte/cambios.html.
SALINAS, J. (1997), "Nuevos ambientes de aprendizaje para una sociedad de la información", http://www.uib.es/depart/gte/ambientes.html.

SALINAS, J. (1998), "Redes y educación. Tendencias en educación flexible y a distancia", http://www.uib.es/depart/gte/tendencias.html.

SÁNCHEZ SOLA, A. (2001), "Las simulaciones en la didáctica de la lengua", en M. TRENCHS PARERA (ed.): 51-70.

SÁNCHEZ DE VILLAPADIERNA, J. I. y ARRARTE, G. (2001), "Diseño y elaboración de programas de autor para la creación de ejercicios interactivos", en A.M.ª GIMENO (ed.): 403-409.

SINGHAL, M. (1997), "The Internet and foreign language education: benefits and challenges", *The Internet TESL journal*, vol. III, 6: http://www.aitech.ac.jp/~iteslj/.

SITMAN, R. (1998), "Divagaciones de una internauta. Algunas reflexiones sobre el uso y abuso de la Internet en la enseñanza de ELE", *Espéculo 10*, http://www.ucm.es/info/especulo/numero10/sitman.html.

SOLER-ESPIAUBA, D. (2002a), "El Correo electrónico en el Aula de ELE", *Mosaico*, 7: 27-32.

SOLER-ESPIAUBA, D. (2002b), "Yo emilio, tú emilias, todos emiliamos. El correo electrónico en el aula de E/LE", en A. M.ª GIMENO (ed.): 73-84.

SORIA PASTOR, I. (1995), *El ordenador y la enseñanza del español como lengua extranjera*, Memoria inédita de fin de máster, Universidad Antonio de Nebrija, Madrid.

SORIA PASTOR, I. y LUZÓN, J. M.ª (2000), "Un sistema de seguimiento inteligente y evaluación tutorizada para la enseñanza y aprendizaje de segundas lenguas a distancia y a través de Internet", *Actas de ONLINE EDUCA 2000*, en http://cvc.cervantes.es/obref/formacion_virtual/formacion_continua/ines.htm.

SORIA PASTOR, I. (2002), "Las nuevas tecnologías en la formación de los profesores de E/LE", en A. M.ª GIMENO (ed.): 421-429.

SPERLING, D. (1998), *The Internet Guide for English Language Teachers*, Prentice-Hall.

TOLEDANO SOTO, F. (2002), "Hay un foro para ti" y TOLEDANO SOTO, F. (2000), "Dale juego a tu cuenta", *Didactired,* http://cvc.cervantes.es/aula/didactiteca.

TORRE DE LA, N. (2001), *El ordenador como instrumento de aprendizaje y comunicación: perspectivas de la investigación experimental*, Memoria inédita de fin de máster, Madrid, Universidad Antonio de Nebrija.

TRENCHS PARERA, M. (1998), *E-mails a una mestra. Correu electrònic i aprenentatge de llengües*, Lleida, Pagès Editors.

TRENCHS PARERA, M. (2001a), "Tecnologías digitales para un cambio educativo en el aprendizaje de lenguas", en M. TRENCHS PARERA (ed.): 21-34.

TRENCHS PARERA, M. (2001b), "Las aplicaciones pedagógicas del correo electrónico en las aulas de idiomas", en M. TRENCHS PARERA (ed.): 107-124.

TRENCHS PARERA, M. (2001c), "Metodología para la utilización de programas informáticos en la enseñanza de lenguas", en M. TRENCHS PARERA (ed.): 141-159.

TRENCHS PARERA, M. (2001d) (ed.), *Nuevas tecnologías para el autoaprendizaje y la didáctica de lenguas*, Lleida, Milenio.

VICENT, A. (s. f.), "¿Cómo buscar en Internet?!, en http://www.buc.unican.es/par/buscar/Buscadores.htm.

VIZCARRO, C. y LEÓN, J. A. (eds.) (1998), *Nuevas tecnologías para el aprendizaje,* Madrid, Pirámide.

VV. AA (1997a), *Nuevas tecnologías aplicadas a la enseñanza del E/LE, Carabela,* 42, Madrid, SGEL.

VV. AA. (1997b), "Una breve historia de Internet", en http://www.ati.es/DOCS/internet/histint/, traducción del artículo "A brief history of Internet", *On the Internet*, número de mayo-junio.

VV. AA. (2001), *Internet y las nuevas tecnologías, Mosaico*, 7, Bruselas, Consejería de Educación y Ciencia, Bélgica, Luxemburgo y Países Bajos. También en http://www.sgci.mec.es/be/mosaico.htm.

WARSCHAUER, M. (1995), *E-mail for English Teaching*, Alexandria, TESOL.

WARSCHAUER, M., SHETZER, H. y MELONI, C. (2000), *Internet for English Teaching*, MD, TESOL.
WARSCHAUER, M. y KERN, R. (eds.) (2000), *Network-based language teaching: Concepts and practice*, Nueva York, CUP.
WHITE, P. (1999), Using the Internet, *TESL-EJ*: http://www.kyoto-su.ac.jp/information/tesl-ej.

SITOGRAFÍA

Sitios de Internet mencionados en el texto y sugeridos para profesores de lenguas:
ADESASOC: http://www.adesasoc.com
ASELE: http://www.aselered.org/.
Aula Virtual de Aprendizaje (AVE): http: // cvc. cervantes. es/aula/cursos/.
Biblioteca virtual de tecnología educativa: http://tecnologiaedu.us.es/bibliovir.htm.
Biblioteca virtual de la lista INFOEDU: http://www.geocities.com/Athens/Forum/7543/biblio.htm.
El castellano, página de Ricardo Soca: http://www.el-castellano.com.
CALL Hull http://www.hull.ac.uk/cti/resources/swdb.htm.
CELIA en La Trobe University http://www.latrobe.edu.au/education/celia/celia.html.
Centro Virtual Cervantes: http://cvc.cervantes.es/.
CNICE: Centro Nacional de Información y Comunicación Educativa (antiguo PNTIC), sección 'Ayudas para el manejo de herramientas informáticas y telemáticas'. http://www.cnice.mecd.es/tecnologica/index.html.
The Comenius Group: http://www.comenius.com/shop/index.tpl.
Comunicativo.net:
http://www.ihmadrid.es/comunicativo/
Consejería de Educación y Ciencia de la Embajada de EE.UU.: http://www. sgci.mec.es/usa/publicaciones.shtml.
DidactiRed y Didactiteca: http://cvc.cervantes.es/aula/didactired/;
http://cvc.cervantes.es/aula/didactiteca
ELENET, página personal de Francisco Olvera: http://www.elenet.org/default1.asp
English Online: http://eleaston.com/quizzes.html
Espasa: http://www.eshablar.com/eshablar/zonaabierta/es/html/u.jsp?pagina=homesp.html
ESPES, página personal de Marta Higueras: http://members.es.tripod.de/espes_mh/
Esquemas de tecnología educativa, página de Pere Marquès: http://www.xtec.es/~pmarques/tecnoedu.htm
Foro didáctico: http:// cvc. cervantes. es/foros/foro_did/
HLRnet.com, página de Hans Le Roy: http://home.tiscali.be/hlrnet/
Hotpotatoes, http://web.uvic.ca/hrd/halfbaked/ Tutoriales en http:// platea. pntic. mec.es/~iali/CN/Hot_Potatoes/intro.htm
Internet Elemental, página personal de Inés Soria: http://members.es.tripod.de/i_elemental/portada.htm
Netaurus, página personal de Rafael Mellado: http://usuarios.lycos.es/gurb/netaurus.htm
ONLINE EDUCA 2000, Actas en http://cvc.cervantes.es/obref/formacion_virtual/
Oteador del CVC: http://cvc.cervantes.es/oteador/
La página de la lengua española, de Miguel Ángel Monjas Llorente: http:// www. dat. etsit.upm.es/ALT126mmonjas/espannol.html
La ruta de la lengua española, página de J. García Garrido: http://users.servicios.retecal.es/javier2/index1.htm
QUIA http://www.quia.com/ Para crear actividades, puzzles, flashcards, etc.
Santillana Netlanguages: http://www.netlanguages.com/spanish/demo/index.htm
Spanish Call Project, página de Juan Manuel Soto Arriví: http://www.indiana.edu/~call/
Spanish Language Exercises, página de Juan Ramón de Arana: http://mld.ursinus.edu/~jarana/Ejercicios/
Tablón del Foro didáctico: http://cvc.cervantes.es/foros/tablones/tablon_did.htm
Teachnet: http://www.teachnet.org/docs/HowTo/Construct/index.htm
The Virtual CALL Library http://www.sussex.ac.uk/langc/CALL.html

Aprender español a través de Internet: un entorno de enseñanza y aprendizaje

Olga Juan Lázaro
Instituto Cervantes

Introducción

La creación de un entorno de enseñanza y aprendizaje de español como LE en Internet supone la existencia de un espacio en el que los estudiantes tienen información sobre la lengua y la cultura españolas, y tienen la posibilidad de interactuar con sus compañeros y sus profesores para progresar de forma confiada y segura. Este panorama también implica que el profesor dispondrá de las herramientas y recursos necesarios que le permitan cumplir sus funciones docentes en este entorno, en Internet. En este artículo vamos a presentar una panorámica de lo que los cursos de español como lengua extranjera pueden ser en Internet. Para ello, vamos a dividir el artículo en cinco partes.

En la primera, que hemos titulado *Un entorno de comunicación y cooperación,* se expone la necesidad de revisar el tipo de interacción y la lengua generada por el uso de cada una de las herramientas de comunicación que hay en Internet (*chat*, foros, correos privados, listas de distribución...), a la vez que reflexionar sobre su integración en la secuencia didáctica y en la comunidad de aprendizaje. Después se pasa a plantear brevemente lo que supone el aprendizaje cooperativo en los entornos *online* y las etapas en las que se puede planificar este trabajo.

El segundo apartado es el de *Los recursos didácticos en Internet.* Una parte importante de un entorno de aprendizaje lo constituye el material didáctico, es decir, la interacción del estudiante con el sistema (frente a la interacción del estudiante con otros estudiantes tratada en el primer apartado, o con el tutor, tratada en el cuarto). En este apartado se va a plantear cómo se presentan los contenidos al estudiante, qué tipo de navegación se le ofrece, qué implicaciones tienen criterios como el de la *accesibilidad* y *recuperabilidad* de la información en Internet, y qué consideraciones no hay que perder de vista en el diseño de las actividades y el material de ampliación y refuerzo, cuya creación debe responder a los enfoques metodológicos del momento.

En el tercer apartado, *la autonomía del estudiante*, se reflexiona sobre las guías o manuales descriptivos del entorno de aprendizaje que pueden facilitar al estudiante la comprensión de las posibilidades del entorno para dar paso al control del estudiante sobre el itinerario y las garantías de éxito que ello implica.

En el cuarto apartado, de *las tutorías*, se repasa la nomenclatura que se está usando para referirse a la atención académica y técnica *online,* las funciones que se demandan del tutor y las etapas en las que se puede distribuir el proceso de acogida del estudiante y aprendizaje de la materia.

En el apartado *Modalidad semipresencial y a distancia* se expone brevemente el panorama actual de la teleformación, una apuesta que inicialmente se centró exclusivamente en la formación a distancia y que ahora deja su hueco a la formación semipresencial.

Para terminar, se ha incluido un apartado dedicado a las *cuestiones técnicas y administrativas*, de las que hay que partir para poder abordar con éxito el resto el planteamiento metodológico que subyace a una plataforma de aprendizaje virtual.

1. Un entorno de comunicación y cooperación

Si nos pidieran que definiéramos Internet con dos palabras, usaríamos, probablemente, *comunicación* e *información*. Si tuviéramos que definir el aprendizaje de lenguas, muchos docentes y estudiantes usarían entre sus palabras *comunicación*, en cualquiera de sus manifestaciones (interacción oral, y producción y comprensión escrita).

Los consumidores potenciales de cursos en Internet tienen sus expectativas forjadas respecto a la funcionalidad de las herramientas de comunicación habituales. Esa funcionalidad responde a lo que se encuentra en cualquier servidor o proveedor de correo electrónico, a los foros que visitamos habitualmente, a las listas de distribución a las que estamos suscritos o a los tablones de anuncios que cuelgan de diferentes sitios *web*, entre otros.

En definitiva, el uso de estas herramientas es ya conocido[1], pero cuando se ubican en una plataforma de aprendizaje en línea, su uso tiene que estar al servicio de un planteamiento pedagógico claro. Para ello, el tutor tiene que analizar el lenguaje que se genera en cada una de esas herramientas. Por ejemplo, no es lo mismo intervenir en un *chat*, que escribir un correo electrónico a una lista de distribución, al tutor o a un compañero, sobre todo pensando que el objeto de aprendizaje, la lengua extranjera, es también el medio que van a usar los estudiantes para comunicarse. Al estudiante hay que enseñarle, claro está, los contenidos lingüísticos y los mecanismos de comunicación habituales de esas herramientas, para así rentabilizar el uso de las herramientas al máximo.

Junto al análisis de la lengua generada por el uso de cada una de las herramientas y el tipo de interacción que se produce, hay que prever cuándo y para qué se van a usar, otorgándole a cada una de ellas y sus espacios de comunicación utilidades diferentes. Así, por ejemplo, si el estudiante quiere preguntar una duda sobre el uso de una estructura lingüística integrada en la programación de una secuencia, ¿qué medio tiene que usar, el correo electrónico o el foro? Lo más pertinente en estos casos sería orientar al estudiante hacia el uso del foro, hacia uno en el que tratar cuestiones de explicaciones lingüísticas que no han resultado completamente esclarecedoras a los estudiantes en los materiales, de tal modo que esa explicación pueda ser útil también a otros compañeros, algunos de los cuales hemos de pensar que no se atreverían a formularla, pero que les viene bien la respuesta.

---

[1] Siempre es posible contar con estudiantes que no son usuarios avezados de Internet; para ellos hay que pensar en soluciones que faciliten esa participación ofreciéndoles cursillos breves o acelerados sobre el manejo de las distintas herramientas o recursos que se van a necesitar para trabajar con soltura en su espacio.

Otro ejemplo lo tenemos en la creación de parejas o grupos pequeños para realizar las actividades. ¿Qué tiene que hacer el estudiante, dirigirse él mismo a otros compañeros o es el tutor el que designa las parejas? Como veremos en el apartado de los tutores, hay que limitar la actuación del tutor a lo estrictamente necesario, a lo que sólo puede hacer él. En este caso, una opción válida es publicar un foro para propiciar que todos vayan buscando y encontrando pareja en él.

No obstante, en la mayoría de los cursos que ahora se ofrecen en Internet, la comunicación en foros y *chat* se realiza con estudiantes de todo el mundo que estén participando en esos espacios. Así *Eshablar*[2] incluye entre sus talleres uno de *Conversación: Chats de voz y de texto con personas de todo el mundo*; en *Netlanguages*[3] el contenido de una de las unidades se describe como *Utiliza las herramientas de comunicación de la escuela virtual, como el tablón de anuncios y el chat, para comunicarte con otros estudiantes en todo el mundo, y compartir dudas, comentarios y experiencias con ellos*. El *Aula Virtual de Español* o *AVE*[4], por el contrario, ha optado por el desarrollo de actividades cooperativas, en parejas o con más alumnos, que se desarrollan en el seno del grupo en el que se matricula el estudiante.

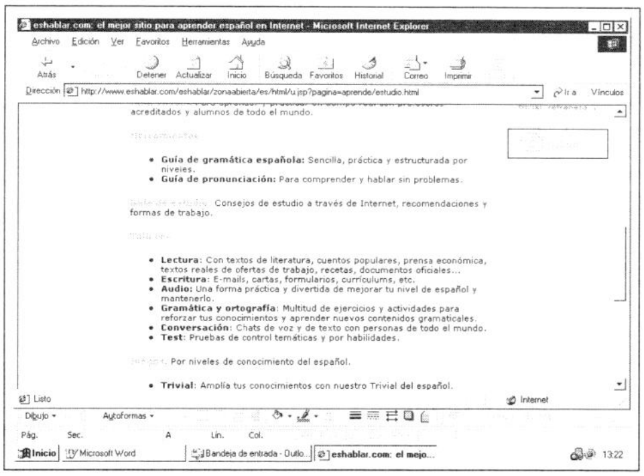

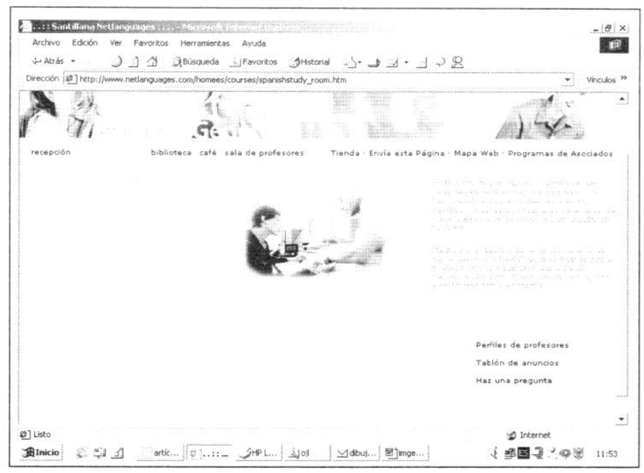

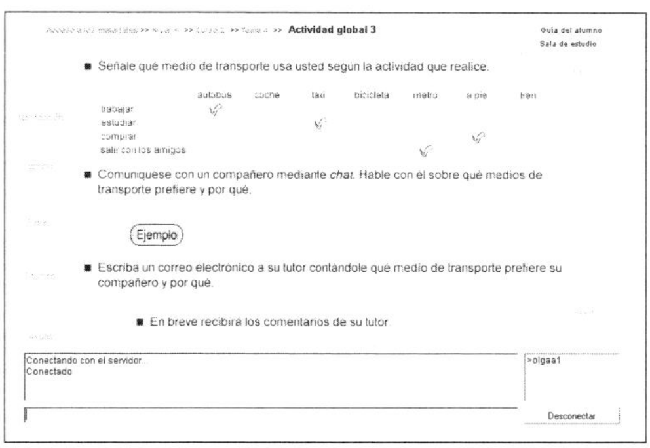

El uso y la gestión de las herramientas que sirven para comunicarse convienen ser cuidadosamente analizados en todo lo referido a la utilidad didáctica que va a hacerse de ellas. No por dar más posibilidades a los estudiantes se potencia una mayor comunicación; más bien se puede

[2] La dirección *web* es http://www.eshablar.com de Espasa Calpe.

[3] La dirección *web* es http://www.netlanguajes.com de Santillana Netlanguages.

[4] La dirección *web* es http://www.ave.cervantes.es del Instituto Cervantes.

crear una sensación contraria a la deseada: la dispersión de la información y, por lo tanto, la desorientación del estudiante. Las dinámicas que se hayan diseñado, integradas en los materiales para favorecer o propiciar el intercambio de información o la cooperación, tienen que dirigir inequívocamente al uso de una u otra herramienta.

A pesar del desarrollo de estas herramientas, el gran reto en los entornos de aprendizaje sigue siendo la comunicación, junto con mantener la motivación de los estudiantes. El diseño del entorno favorecerá y potenciará la comunicación para propiciar la integración del estudiante en el grupo.

El estudiante, cuando accede con su contraseña a su espacio de aprendizaje, se puede encontrar, básicamente, con dos caminos: o bien puede elegir dónde va (a los materiales, al foro, al correo electrónico) o se le puede presentar una única vía por defecto, por ejemplo, se le abren los materiales directamente.

Los entornos de aprendizaje se pueden personalizar, y una forma de hacerlo, pensando en el estudiante como integrante de un grupo, es mediante la recepción automática de mensajes que le advierten de eventos importantes para su trabajo. Se trata de orientar a los estudiantes, para evitar, por ejemplo, que si un estudiante se dirige directamente a los materiales pueda pasarle desapercibida una advertencia importante, como puede ser que los materiales se van a actualizar y el servidor no va a estar operativo en un periodo de tiempo concreto, que le falta resolver un trámite de su matrícula o que los compañeros han empezado a formar parejas en previsión de una actividad que va a tener lugar un par de días más tarde. Para dar respuesta a esta necesidad, algunas plataformas cuentan con lo que se llama *alertas* o mensajes breves, que indican al estudiante si tiene mensajes de correo sin leer, si en el foro hay disponibles nuevas contribuciones o si el profesor ha abierto un nuevo hilo. A través de estas alertas se comunica al estudiante los hitos en su andadura, que le van a permitir comunicarse con el grupo de forma efectiva y, sobre todo, integrarse en su comunidad.

El estudiante *online*, también conocido como el *estudiante virtual* (a pesar de que es bien real tanto él mismo como sus compañeros o profesionales que apoyan su aprendizaje, así como el entorno en el que va a trabajar o los materiales que se han diseñado), dispone de una mesa de trabajo (nomenclatura usada en el CNICE, Centro Nacional de Información y Comunicación Educativa[5] del Ministerio de Educación, Cultura y Deporte), espacio u otras metáforas (*Sala de estudio,* por ejemplo, en el Aula Virtual de Español, AVE, del Instituto Cervantes), en la que tiene acceso a la comunicación con su grupo (compañeros y tutores o consultores) y al material didáctico (además de otros recursos pedagógicos, como, por ejemplo, la guía del estudiante, etc.). El alumno puede usar las herramientas de comunicación siguiendo las instrucciones del material didáctico, es decir, como instrumentos mediáticos para conseguir un fin didáctico, o como instrumentos que se convierten en un objetivo en sí mismo: compartir con sus compañeros necesidades de relación y comunicación.

El estudiante dispone de los materiales para trabajar con ellos de forma autónoma y a su ritmo, pero se tiene que involucrar plenamente y concienciar de que el aprendizaje se produce con su participación en el grupo, sólo de esta manera va a poder intercambiar experiencias y practicar la lengua que quiere adquirir. En este sentido, la creación de parejas o grupos pequeños estables puede generar la complicidad necesaria para asegurar la estabilidad y permanencia de los estudiantes (de momento es una realidad el gran índice de abandono en los participantes de las comunidades de aprendizaje en Internet).

---

[5] La dirección *web* es http://www.cnice.mecd.es.

A finales del siglo XX se empieza a hablar de aprendizaje cooperativo dentro del marco teórico que se desarrolla en torno al constructivismo sociocultural. Este enfoque del aprendizaje puede llevarse a cabo, e incluso podríamos decir incentivarse (véase L. M.ª Zañartu Correa, 2002[6]) mediante el uso de las tecnologías de la información y la comunicación.

La planificación del trabajo cooperativo en los entornos virtuales requiere de la implicación y estrecha colaboración entre el profesor y los individuos del grupo. M. Guitert y F. Jiménez (2000: 119-121) distinguen cuatro etapas en la organización efectiva del trabajo cooperativo. La primera es la *dinamización de grupos*, en la que nos interesa destacar las indicaciones sobre el tiempo dedicado a la configuración del grupo para que los miembros se puedan ir conociendo. En esta etapa también se comparten aspectos como la disponibilidad horaria, se identifican los intereses temáticos comunes o se manifiestan las dinámicas preferidas de trabajo[7].

La segunda etapa, siguiendo a los mismos autores, es la de *organización del intercambio de la información*, donde se planifican y se considera de forma detallada la realización de tareas y su temporalización. Los estudiantes negocian los tiempos de entrega y los momentos de intercambios de información por medio del uso de las herramientas de comunicación de Internet.

La tercera etapa, de *intercambio y procesamiento de la información*, es el momento de que cada miembro del grupo haga explícita su opinión, aunque sea para reiterar su conformidad con una idea ya expresada. También para esta fase hay que dejar muy claro un calendario que todos acepten (en este calendario se recogen los días para emitir propuestas, con los que se cuenta para emitir opinión, los dedicados a reestructurar una parte del trabajo, etcétera).

La cuarta y última fase es la de *darse apoyo de forma cooperativa y favorecer una tarea de implicación conjunta*. En esta fase se dan respuesta a las problemáticas surgidas y se envían mensajes que ayudan a valorar el trabajo de los miembros del equipo.

El trabajo cooperativo se adecua especialmente bien con las propuestas de la metodología comunicativa, y por supuesto, con el enfoque por tareas y por proyectos. La participación del profesor puede ser de mayor o menor grado según los objetivos de aprendizaje que se marquen o en función de otras variables, como la pericia de los estudiantes con el uso y manejo de las herramientas de Internet, la empatía que surja entre los miembros del grupo o del interés del estudiante en las dinámicas y temáticas planteadas.

En cualquiera de los casos, existen toda una serie de reglas implícitas a la comunicación con grupos para organizar el trabajo: los mensajes tienen que ser claros, cortos y unívocos, es decir, sin la ambigüedad, ya que esto puede generar bastante confusión en Internet. Muy en cuenta hay

---

[6] La autora presenta en su artículo una revisión de los diferentes términos y expresiones que han surgido en torno al aprendizaje cooperativo y su definición, tales como *grupos de aprendizaje*, *comunidades de aprendizaje*, *enseñanza entre pares* y *aprendizaje colaborativo*. Analiza posteriormente los requisitos para hablar de colaboración en grupos y se centra en el *Aprendizaje colaborativo asistido por computador*, el ACAC, complementado con las posibilidades de trabajo colaborativo a través de las redes. Las conclusiones a las que llega, después de la revisión de la literatura al uso y la sistematización de experiencias sobre el aprendizaje colaborativo, son muy alentadoras respecto al uso de Internet en el desarrollo de experiencias de aprendizaje colaborativo.

[7] Los autores dividen esta primera etapa en dos subapartados, el de creación de grupos y el de planificación del trabajo individual y compartido. En la creación de grupos mencionan, junto a lo señalado en el párrafo que se anota, lo positivo que resulta la creación de grupos heterogéneos (aunque a nosotros nos gustaría apuntar aquí el hecho de que dependiendo del objetivo de la tarea, puede resultar más interesante la creación de grupos homogéneos; véase para esto la tabla de E. Landone, 2001: 72). En la planificación del trabajo se hace especial hincapié en el conocimiento de todas las tareas que implica un trabajo y la finalidad de las mismas; luego, cada miembro del grupo tendrá que plantearse los objetivos propios de trabajo: participación, compromiso e implicación en la dinámica de grupo.

que tener las posibilidades que ofrecen las salas de *chat* privadas o los foros específicos para cada grupo, que son de enorme utilidad para disponer la información y actuaciones de los individuos de forma transparente para todo el grupo.

En resumen, la planificación del trabajo cooperativo tiene una estrecha relación con la integración de las herramientas de comunicación en la gestión del aprendizaje de un entorno *online* y con la forma de dirigir la participación de los estudiantes, verdaderos protagonistas del proceso.

2. Los recursos didácticos en Internet

El material didáctico, o recursos didácticos, que conforma un entorno virtual, es de naturaleza interactiva y multimedia. Vídeo, audio, imagen (fija o en movimiento) y texto se integran de forma armónica y dinámica aprovechando las características del medio.

El diseño del material en un curso responde a la secuencia didáctica que haya sido concebida por un equipo multidisciplinar, que habrá debido tener en cuenta el perfil de un usuario tipo internauta, la inmersión en el medio (y, por ende, las características del mismo), la soledad y autonomía del estudiante, las posibilidades de comunicación que acabamos de exponer y, por supuesto, la materia objeto de aprendizaje (el contenido de la enseñanza de lenguas extranjeras se suele diferenciar sustancialmente de otras materias).

Uno de los grandes retos a los que se enfrenta el diseño del material didáctico dentro de la plataforma o entorno de aprendizaje virtual consiste, bajo nuestro punto de vista, en ofrecer una orientación clara al estudiante sobre los contenidos de la materia, es decir, sobre el qué va a hacer, expuesto de forma inteligible para usuarios neófitos en la materia[8]. La explicitación de objetivos lingüísticos, los objetivos de aprendizaje, las destrezas que se van a practicar, las dinámicas de trabajo[9] y la duración aproximada de la sesión de trabajo son datos fundamentales para orientar la acción del estudiante. Pero no sólo son datos imprescindibles para el estudiante, también constituyen las piezas del puzzle de las que habrá tenido que partir el creador del material para poder conferirle riqueza, variedad, claridad y, sobre todo, coherencia.

La *accesibilidad* a toda la información que contiene un sitio *web* representa un objetivo fundamental a conseguir, y para lograrlo existen varios recursos. Los buscadores constituyen ya herramientas habituales en todas las *web*, pero, además, los *índices* o *mapas del sitio* son instrumentos de gran utilidad para que un usuario se haga una composición, de un golpe de vista, de lo que se va a encontrar. En muchos casos, los mapas de sitio, más que en forma de gráficos, se

---

[8] Aunque parece una perogrullada, algunas veces, y sobre todo en el ámbito de E/LE, nos hemos encontrado con materiales cuyos índices no están destinados a los estudiantes, sino a los profesores que son quienes van a dirigir la andadura de los estudiantes. En el caso de cursos en red, se podría considerar incluso la convivencia de esos dos niveles de información, uno para el profesor y otro para el estudiante, con la posibilidad de estar enlazados mediante el hipertexto.

[9] En el caso del trabajo individual, es decir, de interacción del alumno con el sistema, no sería necesario explicar la dinámica, puesto que estaría tipificado, en esta casuística, bajo la etiqueta *trabajo individual*. La interacción que el estudiante tiene que realizar con el sistema se encuentra englobada dentro de la instrucción de la propia actividad. Para el resto de dinámicas, con otros estudiantes y con el tutor, sí consideramos importante que se conozcan cuanto antes, con el objetivo de que el estudiante pueda planificar su disponibilidad, prepararse psicológica y lingüísticamente para ello, y generar el material o producto (un resumen, una tabla de datos, haber leído un artículo y sacado sus conclusiones…) necesario para la interacción con otros compañeros.

ofrecen como índices alfabéticos con diferentes accesos a la información de la *web*; tal es el caso de los cursos de Parlo[10], por ejemplo.

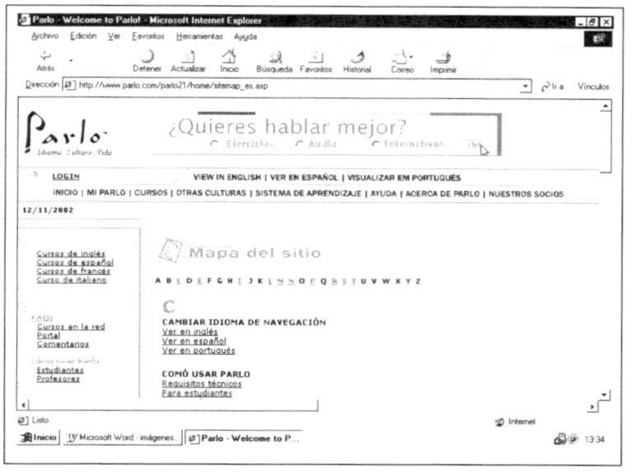

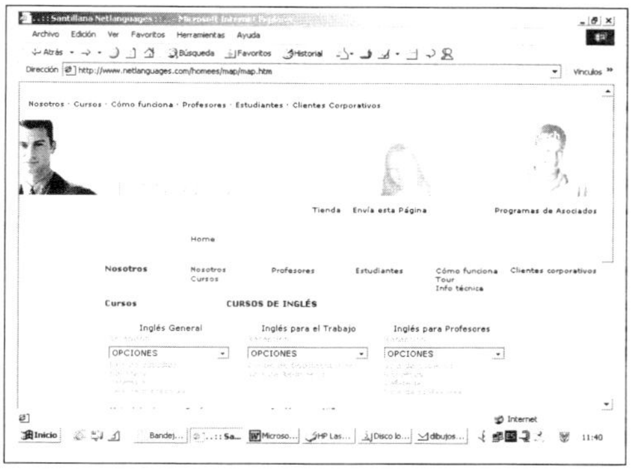

Junto a la accesibilidad, la *recuperabilidad* de la información es otra de las características de Internet. La información dispuesta en la *web* permite, a priori, ser editada o impresa, de tal forma que pase a engrosar los archivos habituales de los usuarios, ya sea en formato digital o impreso (por ejemplo, las explicaciones de uso de la lengua o morfosintácticas son más susceptibles de ser impresas que una actividad en la que se proponga relacionar dibujos con sus definiciones[11]).

El *hipertexto* es otra forma que brinda al usuario diferentes niveles de acceso a la información; pero hay que tener ciertas precauciones porque podría convertirse en fuente de frustración y conducir a que el usuario haga innumerables *clics* y se desoriente sobre su ruta y objetivo de aprendizaje.

El trabajo conjunto y las aportaciones de equipos multidisciplinares en Internet son un ejemplo de aplicación del constructivismo. La aportación de las partes es mucho más que la suma de las mismas, y el resultado es un producto que se ha enriquecido y se ha ido entretejiendo a partir del conocimiento individual, sin que resulte fácil distinguir la mayoría de las veces cuál ha sido la aportación de unos y otros. De esta manera, el diseñador de contenidos quiere, en la mayoría de los casos, que esté *todo* lo que tiene que estar, y más en Internet, que parece invitar a ello[12] y donde *el hipermedia*[13] facilita mucho la relación entre las partes.

---

[10] La dirección *web* es http://www.parlo.com.

[11] Esta afirmación no evita que el diseñador del material tenga en cuenta diferentes estadios dentro de la andadura del aprendizaje; en este caso puede resultar de interés para el estudiante imprimir la actividad con las soluciones incluidas. Por supuesto, aquí no estamos haciendo referencia a la utilidad que para muchos profesores tiene la Red como fuente de material didáctico impreso, lo cual significa que acuden a Internet en busca de material didáctico, que no tienen que crear ellos ni al que deben dar formato, con todo lo que esto supone en cuanto al ahorro de tiempo, y a pesar de que pueda perder su potencialidad multimedia e interactiva.

[12] Ll. Codina destaca la *cantidad* como uno de los indicadores que contribuyen a incrementar la *calidad* en el material que se edita en Internet.

[13] Al igual que el *hipertexto* brinda la posibilidad de navegar a través de enlaces con la palabra o frase que se quiere, el *hipermedia* ofrece la posibilidad de navegar por medio de enlaces a través del material gráfico, como fotos o dibujos.

Pero el diseñador de espacios y páginas *web* le va a comentar al diseñador de contenidos que es importante que los ítems o partes de una actividad de relación aparezcan en una sola pantalla, sin que sea necesario el uso del *scroll* o barra de desplazamiento, puesto que, de lo contrario, se dificultará enormemente la realización de la misma. No ocurriría lo mismo, por ejemplo, con las páginas en las que se describa el uso y funcionamiento de la lengua, puesto que la lectura se puede considerar como una actividad más plana y, por lo tanto, en la que no importará tanto emplear la barra de desplazamiento.

En Internet la lectura lineal no es la más habitual. Como dice Norma Scagnoli (2001), el usuario *escanea* en el texto, *busca títulos, texto enfatizado en negrita o italizado, enlaces a otras páginas, e imágenes o demostraciones*; los textos con barra de desplazamiento pierden efectividad y la información se prefiere fragmentada o dividida en piezas que permitan un movimiento ágil y su información pueda ser aprehendida en el primer golpe de vista.

Presentación de la lengua objeto de aprendizaje, acercamiento a la cultura de los hábitos y a la cultura académica del país, estrategias de aprendizaje, práctica de las destrezas comunicativas..., todo este material se incorpora para reflexionar o practicar en un curso de enseñanza de lenguas extranjeras en Internet. Todo el material con que habitualmente contamos en una clase presencial sería susceptible de incorporarse en el diseño de un curso *online*, aunque la forma de presentarlo no sea, evidentemente, la misma. Los cursos que actualmente se encuentran en red difieren mucho en el tipo de material que integran y cómo lo presentan al estudiante. Para conocer estos contenidos, *Eshablar* ofrece un *Tour virtual*; *Netlanguages* cuenta con lo que se denominan *Clases de prueba*; y el *AVE* tiene lo que llaman *Muestras de los cursos* y una *simulación web.*

Dentro del material didáctico, una parte importante la constituyen las *actividades*. A continuación vamos a detenernos en el análisis de dos aspectos de las mismas que consideramos importantes, precisamente por tratarse de material en Internet: la retroalimentación y las soluciones[14].

Nos parece especialmente importante al plantear las actividades, reflexionar sobre el proceso que se va a producir para adquirir la lengua. Al estudiante hay que proporcionarle diferentes opciones, como tiempo y pistas o ayudas para aprender de sus errores. Si se le plantea una actividad de opción múltiple e inmediatamente se le ofrece la solución, la actividad se puede convertir en un juego sin lógica, o mejor, con la lógica de los juegos o del azar: en nuestro caso, llegar a oír o leer la respuesta del sistema, el consabido y biensonante *correcto*. Éste es uno de los grandes retos en el diseño de material interactivo, conseguir tener controlados y secuenciar adecuadamente la aparición de los elementos, de tal forma que permitan al estudiante plantearse hipótesis de trabajo que no había contemplado y que le conduzcan de manera reflexiva al acierto.

---

[14] Una propuesta de los indicadores que pueden constituir la referencia para analizar material didáctico en red, pensando en la enseñanza de E/LE, se puede consultar en el apartado 5, "Evaluación de material didáctico en red: criterios", en O. Juan Lázaro, *La Red como material didáctico en la clase de E/LE*: 42-68; y la aplicación práctica de la plantilla, en "Apéndice", *Op. cit.*: 71-88. En ella se sintetizan los criterios en: A) *Identificación del material*, B) *Auctoritas*, C) *Navegación*, D) *Material: contenido y funcionamiento*, E) *Interfaz o aspecto de la página.* Dentro del epígrafe D) *Material: contenido y funcionamiento* se distinguen los siguientes indicadores: 1. Enunciados o instrucciones –objetivos y dinámica o funcionamiento de la actividad–; 2. Lengua vehicular; 3. Corrección de la lengua objeto de aprendizaje; 4. Multimedia; 5. Tipos de interacción; 6. Tipo de soluciones; 7. Ampliaciones del material; 8. Sistematizaciones del material (esquemas).

En Internet encontramos cientos de propuestas didácticas de profesores que ponen a disposición del gran público su trabajo. Cuando pensamos en un curso, pensamos en secuencia didáctica, no en actividades o explicaciones de la lengua independientes, que sólo incrementan la cantidad de páginas sin pretensión de secuencialidad. Dos son los extremos que se presentan. Por un lado, una secuencia que podríamos denominar lineal, en la que se integran los diferentes recursos que un estudiante va a necesitar para alcanzar unos objetivos previamente declarados. El estudiante avanza en la navegación pasando página a página.

El otro extremo consistiría en organizar los contenidos según unos objetivos claros y perfectamente identificados, al igual que las partes en las que se divide, de tal forma que el estudiante pueda optar por trabajar aquellos que más le interesen o le apetezcan (tal vez el vídeo o las muestras orales de lengua, o puede ser que prefiera dedicarse primero a familiarizarse con el vocabulario).

No todos los estudiantes tienen identificados claramente los objetivos de aprendizaje, ni mucho menos cómo llegar a conseguirlos. En estos entornos se percibe mucho más nítidamente la necesidad de arropar la secuencia principal del material didáctico con lo que se conoce como materiales de *ampliación* y de *refuerzo* que respondan a los diferentes estilos de aprendizaje y necesidades de los estudiantes. Estos materiales, si se nos permite la metáfora, se organizan como satélites en torno a su astro.

La forma de integrarlos en la secuencia varía desde su presentación en módulos complementarios hasta su inserción a modo de sugerencias, alertas o posibilidades que se le brindan al estudiante mediante el hipertexto, que es una herramienta de conocimiento y ordenación de la información.

Para terminar esta reflexión, conviene comentar que en Internet nos encontramos con materiales editados de baja calidad o cuyas propuestas incumplen premisas de los enfoques metodológicos del momento. Las actividades no tienen por qué dejar de ser significativas y responder a los mismos criterios que las metodologías de aprendizaje de lenguas al uso. No es lícito admitir unos recursos didácticos que contradigan presupuestos metodológicos básicos sólo amparados por el uso del auge tecnológico del momento. Tampoco quiere esto decir que cada una de las actividades que se diseñen tengan que integrar vídeo o animaciones si queremos calificarlas positivamente en el aprovechamiento del medio. La tecnología está al servicio de los objetivos didácticos y no es la actividad en sí la que tiene que integrar cada uno de los medios permitidos por el entorno (esto podría contradecir criterios referidos al volumen de descarga del material), sino la secuencia completa, de forma que se fomente la adquisición del aprendizaje.

3. La autonomía del estudiante

Aunque el estudiante no está solo en un entorno de aprendizaje en línea, la realidad es que se enfrenta de una forma autónoma a la adquisición del conocimiento. Para facilitar este proceso se pueden mencionar diferentes recursos, además de los ya vistos en los apartados anteriores sobre el uso de las herramientas de comunicación y el diseño de los materiales didácticos.

En este apartado vamos a mencionar las guías o manuales de diferente naturaleza que deberían estar a disposición del estudiante para facilitarle el acceso al entorno y su proceso de aprendizaje, para favorecer la motivación como factor de éxito y para ofrecer el historial de las acciones del estudiante en la interacción con el sistema, la autoevaluación y las posibilidades de personalizar los cursos.

El bagaje académico que trae cada estudiante por sus años de aprendizaje presencial pesan mucho a la hora de enfrentarse a entornos de aprendizaje nuevos. El profesor era el que conducía el aprendizaje, indicaba los hitos, observaba pormenores incomprendidos o respondía a preguntas que era fácil reformular para hacerse entender.

De repente, enfrentarse a nuevos modelos, no es una tarea fácil. Tampoco lo es elegir un segundo país donde cursar estudios y adaptarse a toda esa forma de hacer implícita que no está declarada en ninguna guía. No hay un manual de uso e intervenciones en la nueva universidad que faciliten la labor; la observación y las constantes preguntas serán las que vayan descubriendo los nuevos usos académicos.

En un entorno virtual, conscientes todos de la novedad que aquel implica para estudiantes y docentes, y carentes todavía de regulaciones o estándares de uso muy concretos, se hace necesario disponer de información manejable y práctica de índole diversa, sobre aspectos tan diferentes como:

- *Descripción del entorno: estructura.*
- *Descripción de los materiales.*
- *Rutas de navegación.*
- *Descripción de los objetivos de aprendizaje.*
- *Descripción de la evaluación.*
- *Consejos para el aprendiente: qué se espera de su actuación y cómo sacar el mayor rendimiento a su dedicación (aprovechamiento del entorno).*

Toda esta información no tiene por qué aparecer junta y mucho menos bajo el mismo formato.

Las animaciones, los gráficos o esquemas y el audio son formatos óptimos para transmitir una información de forma amena y atractiva para el usuario. Las animaciones reproducen la interacción que el estudiante va a tener con el sistema (por ejemplo, simulando el movimiento y los pasos con el ratón); el audio se integra para hacer más atractiva una introducción y lograr alcanzar el objetivo: llegar al destinatario de forma más eficaz en una sociedad en la que los medios audiovisuales (televisión, cine, radio…) ejercen tanto protagonismo; los gráficos y los esquemas sintetizan las ideas que se están escuchando, por ejemplo.

Otra herramienta de gran ayuda es el hipermedia, que se integra para profundizar en explicaciones al nivel que demande el usuario, y que ya hemos visto en el apartado anterior.

Junto a esto, no hay que olvidar que estamos hablando de español lengua extranjera, por lo que se hace imprescindible la traducción a otros idiomas de todas esta información, aunque sólo sea pensando en los niveles iniciales e intermedio, dado que no son el objetivo de la lengua meta las explicaciones contenidas en estas guías o manuales.

Vamos a hacer un repaso de los contenidos de las diferentes guías o manuales de apoyo.

Si exceptuamos los consejos destinados al aprendiente, el resto de elementos formaría parte de *una guía didáctica o del alumno*, dado que sirven para introducir y describir el producto: qué hay y cómo se presenta. Vamos a comentar únicamente lo que queremos decir con *rutas de navegación*; con este nombre nos referimos a la explicación de los accesos al material de que dispone el estudiante, indicando los itinerarios entre los que puede optar: la navegación aconsejada y otras rutas alternativas que contemplen diferentes estadios del aprendizaje; por ejemplo, en caso de repaso de contenidos o de haber detectado alguna carencia en la adquisición de un contenido funcional, ¿cuáles son los pasos que seguirá el estudiante para acceder directamente al contenido deseado sin tener que pasar una por una todas las pantallas?

Si solicitásemos una descripción del usuario de estos cursos en línea, casi todos los consultados responderían que se trata de personas habituadas a trabajar con Internet, con sus herramientas y conocedores de la soledad que supone este entorno. No obstante, hace falta una especie de *manual de usuario* en el que declarar los hábitos o rutinas que se deben establecer, en el que hacer explícita la necesidad de construir aprendizaje por medio del trabajo cooperativo con los compañeros de grupo y mediante la participación en espacios comunes como el foro, y en el que además se comente al estudiante qué espacios son los que se le aconseja consultar habitualmente para no perder ninguna información relevante para su proceso de aprendizaje... En definitiva, se trata de facilitar el acceso al entorno virtual y conseguir sentar las bases de una experiencia de aprendizaje productiva.

La interacción con el sistema ofrece al estudiante una variada tipología de actividades (relacionar, rellena huecos, arrastrar, opción múltiple, seleccionar elementos en movimiento, sopas de letras, crucigramas, saltos de caballo, escuchar audio, ver vídeo, etc.). Esta tipología, convenientemente tratada por un diseñador, dará al usuario la impresión de estar ante un *software* o programa con una motivadora gama de posibilidades para presentar y ejercitar la lengua. La *motivación* que despiertan los materiales es siempre un aspecto importante, a veces decisorio, para adoptar un material u otro. En el caso de Internet y el aprendizaje autónomo, ese aspecto cobra, si cabe, mayor relevancia, por lo que se ha comentado al introducir este apartado: el alumno aprende de forma autónoma y trabaja en solitario frente a los materiales didácticos.

Una vez que el estudiante empieza a interactuar con el sistema, una herramienta de gran ayuda es el *histórico* de su actuación o guía de seguimiento personal. Un curso puede estar compuesto por cientos o miles de propuestas didácticas, razón por la cual el estudiante necesita disponer de una herramienta que le indique qué ha hecho y cuáles han sido los resultados obtenidos.

Esta *monitorización* de su propia actuación le puede ayudar a planear fases posteriores del aprendizaje, a prepararse antes de iniciar actividades que impliquen interacción con sus compañeros o con el tutor, o a poner mayor énfasis en posibles test de progreso.

La mayoría de los entornos guardan automáticamente el registro del estudiante. En algunos casos, como en *AVE, Aula Virtual de Español* del Instituto Cervantes, el estudiante es quien tiene la opción de *registrar* los datos de su actuación pulsando en el botón diseñado a tal efecto. Se corren algunos riesgos en este tipo de decisiones, como por ejemplo, que el estudiante no preste atención a ese aspecto y al final de una sesión de trabajo se encuentre con que no tiene recogidos los datos de su actuación. Tiene, también, sus ventajas, ya que el estudiante puede estar probando el material o echando un vistazo y aproximándose a los contenidos sin necesidad de que se registre su actuación. Psicológicamente el efecto sobre el estudiante es de un mayor control y responsabilidad sobre su aprendizaje.

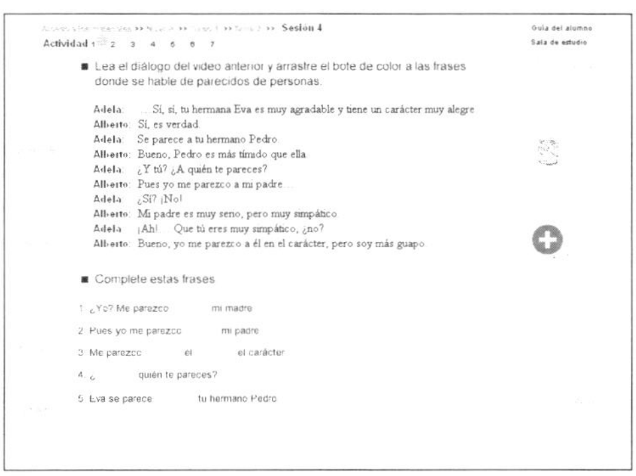

A simple vista, podría parecer evidente que a mayor control del usuario, mejor parecería un entorno. Sin embargo, los diferentes profesionales que intervienen en la concepción de este entorno reconocen que por conceder un mayor control sobre el grado de interacción con el sistema no se consigue mayor calidad en el aprendizaje. Boling y Soo (1999: 442-456) distinguen un modelo dividido en cuatro perfiles, en el que se ha tenido en cuenta si es el profesor o el estudiante quien estructura el contenido, el recorrido y la secuencia dentro del entorno del aprendizaje. Así, distinguen entre *high teacher control, high learner control, moderate teacher control* y *moderate learner control*.

Una y otra opción presentan pros y contras. En uno y otro caso habría que tener muy en cuenta el perfil del destinatario final para poder ofrecerle una solución óptima. Definir el perfil del estudiante y su estilo de aprendizaje puede parecer una tarea ardua, pero es abordable. En la literatura al uso, las propuestas van en la línea de encuestas en las que se define la forma de aprender del usuario y de sugerencias para aprovechar las estrategias de memorización, socialización, etcétera.

Y pensando en ello y en las posibilidades que nos brinda la técnica de personalizar los entornos, ¿por qué no diseñar un entorno en el que, dependiendo de los resultados sobre la forma de aprender del estudiante, se le ofrezca una propuesta didáctica y de navegación que favorezca su aprendizaje? No obstante, esta labor no resulta tan fácil de llevar a la práctica como lo es enunciarla, ya que supondría, además de diseñar el material para cada perfil y su posterior informatización, probar el curso para comprobar realmente el beneficio que aporta.

Lo que sin duda sí que resulta factible, es facilitar diarios o agendas de aprendizaje que ayuden al estudiante a plantearse qué ha hecho y si le ha sido productivo. Es decir, se trataría de ofrecer al estudiante herramientas que le permitan reflexionar sobre su aprendizaje y *autoevaluar* su proceso.

4. Las tutorías

El término *profesor* se está dejando relegado a las modalidades presenciales de aprendizaje, donde también existe la figura del *tutor*, entre cuyas funciones se encuentra la de hacer el seguimiento integral del estudiante, deteniéndose en el análisis y asesoramiento de aquellos aspectos que impidan un progreso adecuado del estudiante en su proceso de aprendizaje.

En la modalidad de enseñanza a distancia a través de Internet aparece la figura del *consultor*, término usado por la UOC[15] o las diplomaturas y cursos de experto de la Universidad de La Rioja[16] para designar a la persona que hace el seguimiento de una de las materias, asignaturas, unidades o módulos.

Otros términos que se están manejando para designar a los profesionales que apoyan el proceso de aprendizaje del estudiante son el de *tutor virtual*, y el menos conocido de *dinamizador*, aunque está cobrando auge esta figura, que respondería más exactamente a la persona que se encarga de conseguir la participación en foros y *chats* de los estudiantes. Otros son *asesores* o *facilitadores*. Además, en este entorno, se mantienen las figuras de *coordinadores* o *jefes de estudio* para referirse a los supervisores del buen avance y quehacer de consultores, tutores, dinamizadores y estudiantes.

---

[15] Universitat Oberta de Catalunya. La dirección *web* es http://www.uoc.edu

[16] La dirección *web* es http://www.unirioja.es

En cualquiera de los casos, estas figuras disponen de su propia mesa o espacio de trabajo, en el que pueden administrar las herramientas de comunicación, por ejemplo, abrir nuevos foros, borrarlos, desplazar mensajes, colgar mensajes del tablón de anuncios, abrir salas privadas de *chat*, introducir modificaciones en los materiales didácticos (por ejemplo, actualizaciones de direcciones *web* de artículos o cualquier otro tipo de material referenciado[17]), etc. Estas diferentes funciones, según las instituciones, se incorporan como competencias de una u otra figura, es decir, al igual que la nomenclatura para designar a los profesionales que intervienen en la enseñanza, tampoco están todavía claramente establecidas las funciones que son competencia de cada uno de los perfiles en una plataforma, lo cual depende de los planteamientos didácticos con que se han concebido y de las funcionalidades de las mismas. En cualquier caso, conviene que estén claramente definidas las actuaciones del tutor y las herramientas o recursos de los que dispone, al igual que las del resto de las figuras representadas.

¿Qué actuación se espera de un tutor virtual? J. Fernández (1999) enumera los atributos de un tutor a partir de las conclusiones de los autores Ramsden, Newbl y Cannon. A estos atributos la autora aporta su experiencia práctica, lo que se podrían denominar recetas listas para poner en marcha[18] y propone a los tutores acercarse a los estudiantes con una página nodo en la que además de presentarse el tutor, exponga su forma de trabajar, sugiera el envío de postales virtuales cada quince días... Curiosa es su propuesta invitando a los tutores a que los estudiantes les preparen y pasen un cuestionario sobre su forma de enseñar (a modo del que los estudiantes van a completar sobre sus preferencias y estilos de aprendizaje). Constituyen unas cuantas propuestas para fomentar la comunicación, crear un ambiente de aprendizaje agradable y propiciar la autonomía e independencia de los estudiantes. Entre esas propuestas prácticas de la autora, nos interesa destacar la siguiente idea:

> *En cada nodo se tiene que dejar bien claro el objetivo que se plantea, los medios que usamos para llegar a él, cuáles son los mínimos y los máximos exigidos y cómo se integran los hiperenlaces de ejemplificación, ampliación y fundamentación. Nada puede ser dejado al azar o que el estudiante tenga este sentimiento. En realidad se trata de poner en evidencia los pasos y las razones que sustentan una clase y que nos sirven para prepararla. En la clase virtual se comparte todo el proceso cognitivo.*

---

[17] El mantenimiento de las actualizaciones de material referenciado en la red no deja de ser un problema que se va solventando todavía sin mucho éxito. En Internet, la caducidad del material es alta, las indicaciones sobre la fecha de creación y las sucesivas actualizaciones no siempre está disponible ni es fácil hacer el seguimiento, y, por último, son muchas los sitios *web* que aparecen y desaparecen sin redireccionar su referencia, por lo que artículos interesantísimos que formaban parte del cuerpo de un trabajo, se quedan sin su referente archivado en ninguna parte, ni siquiera, de momento, en la mejor biblioteca virtual que estaría por existir. Una solución para estos casos, consistiría en asegurarse la ejecución de copias espejo del material, de tal forma que pueda existir un enlace directo a la página en cuestión, pero que en caso de su desaparición, se pueda seguir conservando el contenido del mismo, eso sí, bajo previa petición y concesión del permiso pertinente.

[18] Las diez características que debe reunir un tutor según J. Fernández son: 1) deseo de compartir con los estudiantes el entusiasmo que sientes por tu asignatura; 2) facilidad para comunicarte con los estudiantes poniéndote a su mismo nivel; 3) capacidad para explicar los contenidos de manera sencilla y siempre ofreciendo tu ayuda; 4) demostrar que todos los estudiantes te importan y que los respetas; 5) animar a los estudiantes a que sean independientes y a que se arriesguen; 6) compartir el proceso de aprendizaje con los aprendientes; 7) habilidad para improvisar y adaptarse a las nuevas demandas que van surgiendo; 8) incentivar la unión del grupo; 9) establecer un compromiso general entre todos los participantes del grupo de aprendizaje; 10) desarrollar las estrategias de comunicación de los estudiantes.

En una clase presencial, el profesor puede detectar por la gestualidad de los alumnos que algo está fallando o hay que explicarlo de otra forma. También parece que levantar la mano y hacer una pregunta en una clase presencial es más fácil que solicitar la misma información en Internet, donde un usuario puede pensar que hay algún enlace importante que no ha visitado, que hay algo que no ha consultado o algo que él mismo está haciendo mal. Solucionar este aspecto no resulta sencillo, y sólo se consigue estando atentos a la retroalimentación que viene de los estudiantes y a la reflexión sobre el quehacer propio del tutor.

La autora G. Salmon, también desde su experiencia como profesora y *e-moderator* en entornos de formación de profesores a distancia a través de Internet, distingue cinco fases para conseguir que el estudiante se encuentre cómodo estudiando en este entorno. Ella habla de:

1. *Bienvenida o acogida.*
2. *Entrenamiento en el medio.*
3. *Compartir información o experiencias.*
4. *Construir conocimiento.*
5. *Desarrollo*[19].

Estas fases corresponden a los cursos de formación de tutores virtuales, aunque podrían extrapolarse a la enseñanza de lenguas extranjeras. La primera supone la toma de contacto con el entorno y el encuentro con el grupo, tanto estudiantes como profesores.

La segunda etapa se orienta a conseguir la confortabilidad en el medio, usando las herramientas disponibles y desarrollando las estrategias que favorezcan el aprovechamiento de los programas.

Bajo nuestro punto de vista, las etapas uno y dos pueden confluir en una sola, ya que la presentación al equipo está inevitablemente ligada al uso de la plataforma. Podríamos hablar de una bienvenida al estudiante y al entorno de aprendizaje.

En la tercera etapa, la autora comenta que a sus estudiantes (recordemos que es un curso de formación de profesores que ya pueden tener experiencias en enseñanza en Internet), les gusta compartir sus mensajes y experiencias previas. Esta parte, pensando en su aplicación a E/LE, no tendría una correlación tan directa, o mejor dicho, no tendría un protagonismo tan exclusivo y se encontraría entre las siguientes fases, la cuatro y la cinco, puesto que para compartir información van a necesitar los recursos lingüísticos que van a adquirir[20] y dado que el objeto de aprendizaje no parte del análisis de la experiencia propia.

Las fases cuarta y quinta son las que responden a la construcción del conocimiento y adquisición de las destrezas.

Pero para que el aprendizaje se produzca, se cuenta como punto de partida con que la comunicación que hay que conseguir entre los miembros del grupo sea fluida; para ello se compartirán informaciones como las concernientes a la disponibilidad de los miembros o la relativa a la atención tutorial. El tutor, sobre todo, debe hacer público su horario de atención a los estudiantes. Si, por ejemplo, un estudiante escribe un correo personal al tutor, puede tener expectativas de que éste le responda con bastante inmediatez y defraudarse si no ocurre así. Esto se subsana,

---

[19] Las traducciones que ofrecemos de las fases provienen de la siguiente nomenclatura en el original. Acompañamos el nombre de las fases con la descripción, en algunos casos, que hacen de las mismas para orientar sus contenidos: 1. *Welcome (Access and motivation)*; 2. *Induction (Online socialisation)*; 3. *Teaching (Information exchange)*; 4. *Knowledge construction (Facilitating process)*; 5. *Development* (2000: 59-67).

[20] La autora incorpora esta fase para permitir que el aprendizaje parta de la experiencia compartida entre los componentes del equipo.

simplemente, indicando cuáles van a ser *las reglas del juego*, así se evitarán, como suele pasar, malentendidos graves que conduzcan al sentimiento de aislamiento del estudiante o, incluso, a su abandono por sentirse desatendido.

Hay una herramienta de comunicación que todavía no hemos mencionado: el calendario o agenda de trabajo. Una de las características por las que un estudiante se matricula en un curso en Internet es, precisamente, porque le permite desarrollar su propio ritmo de trabajo. En este sentido, hay que apuntar que la flexibilidad de dedicación a estos cursos existe, aunque condicionada a los límites que le permitan cumplir con sus obligaciones para con el grupo y para con él mismo, y que vendrán marcadas por los hitos en el calendario de entregas de materiales y cierre de módulos o unidades.

El tutor planifica y hace público un calendario general en el que luego el estudiante puede ir marcando sus hitos personales. De cara al tutor, el recordatorio de la existencia de este calendario y la información que en él figura puede ser una buena excusa para entrar en contacto con el grupo semanalmente, cada quince días o como se haya negociado previamente.

En el grupo normalmente nos encontraremos con personas cuyo ritmo de trabajo se descuelgue del ritmo general del grupo, o que no haya participado todavía en el foro o en el *chat*. Como hemos comentado en el apartado 3, es habitual disponer de una recogida de datos automática del sistema a la que tienen acceso tanto el profesor como el estudiante (su historial). Aunque hay que respetar los ritmos y estilos de aprendizaje, no está de más que el tutor pregunte y se interese por la situación del estudiante. Pensemos que estamos ante una herramienta nueva y todos curioseamos y nos abrimos a una experiencia muchas veces desconocida. Una interpretación posible de lo que está sucediendo es, sencillamente, que el estudiante necesita más apoyo y no era consciente de que tenía que participar en el foro. El tutor, en este caso, es el que sabrá encontrar el punto medio para lograr un actuación óptima sin que sienta intromisión el estudiante, sino apoyo y aliento en su quehacer.

El tutor, en su función de orientador, puede instar a los estudiantes a ciertas rutinas, como la consulta del calendario o la apertura, nada más entrar en el aula virtual, del foro o la bandeja de entrada del correo electrónico. También las plataformas pueden estar diseñadas para enviar las alertas sobre los mensajes nuevos o para generar indicaciones automáticas a raíz del seguimiento del estudiante.

El tutor, coordinador, animador, asesor, dinamizador..., es decir, el equipo humano que hay detrás de la plataforma, son los que van a conseguir que el estudiante sienta la seguridad y confianza en el sistema para cumplir su objetivo: aprender.

5. Modalidades semipresencial y a distancia

Pensar en un curso en Internet no implica que la modalidad de impartición de dicho curso sea a distancia en su totalidad. Escoger esta opción dentro de la oferta formativa, suele obedecer en muchos casos a restricciones espaciales (lejanía del lugar en el que se ubica el proveedor de los servicios) o temporales (un horario que no satisface o es incompatible con otras obligaciones del usuario).

Estudiar o trabajar a distancia requiere una gran disciplina en cuanto a la dedicación se refiere, un gran control sobre el proceso de aprendizaje (el alumno ideal es quien conoce los objetivos que quiere cubrir y cómo conseguirlo) y una gran dosis de motivación depositada en la acción de aprender y en la convicción de la construcción del aprendizaje con el apoyo de la comunidad virtual en la que se va a integrar (la cual exige participación y adecuación al ritmo que impone el grupo).

La mayoría de las plataformas de aprendizaje incorporan la opción de presentar fotos de sus miembros, tanto consultores, como estudiantes o administrativos. Este detalle no responde a algo tan simple como podría ser reconstruir la realidad presencial de un entorno académico, sino más bien a la necesidad humana de conocer a la persona a quien me dirijo para adecuar todavía más mi discurso al destinatario (sin pretender caer en simplezas, los usuarios de los *chats* sienten muy pronto la necesidad de traspasar la frontera de lo virtual para conocerse y obtener otro tipo de información, que ni las fotos consiguen transmitir).

En los cursos de lengua hay otra realidad: aprender a comunicarse en la lengua extranjera. La producción escrita está resuelta en Internet, pero ¿y la interacción oral? El *chat* tiene sus propias características y estrategias comunicativas, que no coinciden con las de una comunicación cara a cara, como tampoco coincide ésta con un intercambio telefónico[21]. Podríamos decir que, a día de hoy, todavía se están desarrollando las comunicaciones vía Internet.

Todo lo anterior está haciendo que los proveedores de *teleformación* se planteen una modalidad a caballo entre la formación presencial y a distancia: la formación semipresencial. Esta modalidad no sería en sentido estricto novedosa, ya que la UNED viene ofreciendo un servicio de apoyo a la enseñanza a través de un calendario de clases magistrales que se desarrollan en varios puntos de la geografía española y por medio de un servicio de tutorías de apoyo al estudiante (la asistencia por supuesto, no es obligatoria).

La modalidad semipresencial supone que la enseñanza-aprendizaje se centra en dos ejes. Por un lado, en la plataforma en Internet, con sus propuestas didácticas y la comunidad que se mantiene en contacto a través de las herramientas que ofrece la red; y por otro lado, en el aula, donde el estudiante va a practicar la destreza de interacción oral relacionándose con sus compañeros.

¿Con qué asiduidad se deben producir estos encuentros? La respuesta es *según mercado*, es decir, la frecuencia de los encuentros debe fijarse a partir de una negociación entre la demanda y las necesidades impuestas por el cumplimiento de un objetivo de aprendizaje claro para el usuario final y para el proveedor de la enseñanza. Es decir, si la intención es lograr superar un nivel B1, el equilibrio entre, por un lado, la dedicación y el trabajo en el ámbito de la plataforma y, por el otro, el trabajo que se lleve a cabo en los encuentros presenciales tiene que posibilitar la adquisición de ese nivel B1.

En este apartado pretendíamos constatar las tendencias actuales de la teleformación. Es habitual escuchar en los foros y congresos que se celebran sobre el tema que la oferta de enseñanza virtual se complementa con una sesión de introducción en la que se informa de los objetivos a los estudiantes y de cómo se va a plantear la consecución de los mismos, e incluso se presenta el entorno de trabajo para evitar que el primer contacto sea en solitario. Se suele planificar un segundo encuentro al final, en el que recoger conclusiones.Además, muchas veces y según evolucione el proceso, se ofrece un encuentro en el ecuador del proceso para orientar el trabajo realizado.

Si esto se está planteando así para otros ámbitos de enseñanza, mucho más justificado, bajo nuestro punto de vista, se encuentra la modalidad semipresencial en la enseñanza de lenguas extranjeras, donde la comunicación es el objetivo buscado. En este sentido, sería justificable el hecho de establecer un calendario de encuentros presenciales de relativa frecuencia, tal vez cada dos o tres semanas en una horquilla de tiempo más intensiva, es decir, entre dos y cuatro horas.

---

21 Se puede consultar un análisis de la lengua que se produce en el *chat* y del proceso de interacción entre los interlocutores, junto con algunas propuestas didácticas en O. Juan Lázaro (2001),"Actividades con el chat en la clase E/LE: lenguaje usado".

6. Cuestiones técnicas y administrativas

En un entorno de aprendizaje en Internet, el usuario espera poder resolver todos sus asuntos a través de la información que ese sitio *web* provee y por medio del uso de sus herramientas de comunicación. El primer aspecto es importante: toda la información que el estudiante va a necesitar debería figurar. En este sentido, la información deberá ser mucho más explícita de lo que es en una modalidad presencial y anticipar la respuesta a todo un abanico de necesidades que se abren (uno de los recursos para resolverlo son las FAQ[22], o preguntas y respuestas que van aumentando con la gestión de las dudas y demandas reales que se produzcan).

El estudiante necesita encontrar la respuesta a situaciones tales como, por ejemplo, si tiene un problema técnico, ¿a quién acude?, ¿al tutor, a un consultor que atiende aspectos técnicos o a la secretaría?; ¿qué características debe tener su equipo informático?; ¿se puede retrasar en la entrega de materiales?; ¿qué pasa si no encuentra ningún compañero con quien realizar las actividades cooperativas?, etcétera. Estas y otras preguntas tienen que estar previstas por el equipo multidisciplinar que diseñe y desarrolle el entorno de aprendizaje, sobre todo el cauce previsto para darles respuesta.

Hay que destacar la importancia de que el estudiante se centre en su proceso de adquisición de conocimiento, contrastando y demostrando sus progresos continuamente. Esto significa que el resto de cuestiones se desviarían de los módulos o unidades de aprendizaje y se ubicarían en un lugar propio (en cualquier momento puede suceder que un estudiante no cuente con la pericia suficiente en el manejo de una herramienta prevista por los materiales didácticos o por el consultor, y eso no debería representar un obstáculo para continuar su aprendizaje).

En lo que se ha llamado *alfabetización digital*, se pueden anticipar soluciones para las personas que no están habituadas a trabajar con Internet, pero que no quieren quedarse atrás, como por ejemplo, un *tutorial*, que explique el uso de la herramienta de Internet que se desconoce, o el acompañamiento de un *guía técnico* con el que poder practicar el manejo de esa herramienta.

En resumen, la comunidad virtual que se forma también necesita de una comunicación fluida con el entorno de administración (informaciones administrativas que hay que transmitir, cuestiones académicas generales, citas que no hay que dejar pasar), que se encauzará a través de espacios específicos y por medio de vías propias.

Conclusión

El objetivo de este artículo ha sido exponer los grandes ejes que intervienen en la concepción y diseño de un entorno de aprendizaje de lenguas en Internet, y presentar las conexiones entre unas y otras partes.

---

[22] *FAQ* o *Frequently Asked Questions*, son las preguntas más frecuentes que formulan los usuarios con sus respuestas correspondientes.

Los recursos didácticos que se diseñen, las actividades cooperativas en las que interviene la acción de más de un estudiante, el papel del tutor y la autonomía que se da al estudiante, constituyen los ejes que deben orientar el proceso de creación, de tal forma que las soluciones que se adopten sean las más favorecedoras de cara a estos aspectos.

Todavía falta una bibliografía que reúna los resultados del proceso de aprendizaje de los estudiantes que optan por Internet. Ya contamos con algunas experiencias que integran el uso de Internet (*web* y herramientas de comunicación) en el aula presencial, aunque todavía no son muchas. Confiemos en que no habrá de transcurrir mucho tiempo antes de que podamos seguir leyendo sobre el tema que nos ocupa.

Bibliografía

ARRARTE, G., DUQUE, A., HITA, G., JUAN, O., LUZÓN, J. M., SORIA, I. y VILLAPADIERNA, J. I. S. (2000), "Cursos de Español a distancia a través de Internet. Una experiencia de innovación pedagógica del Instituto Cervantes", en C. M. ALONSO y D. J. GALLEGO (eds.), *La informática en la práctica docente*, I, Madrid, UNED: 3-24.

BISHOP, A. (1999), "CALL Issues: Multicultural Considerations in a CALL Environment", en J. EGBERT y E. HANSON-SMITH (eds.) (1999), *CALL Environments. Research, Practice, and Critical Issues,* TESOL (Teachers of English to Speakers of Other Languages): 315-325.

BOLING, E. y SOO, K.-S. (1999), "CALL Issues: Designing CALL Software", en J. EGBERT y E. HANSON-SMITH (eds.) (1999), *CALL Environments. Research, Practice, and Critical Issues,* TESOL (Teachers of English to Speakers of Other Languages): 442-456.

BRITAIN, S. y LIBER, O., "A Framework for Pedagogical Evaluation of Virtual Learning Environments", University of Wales, Bangor, en http://www.jtap.ac.uk/reports/htm/jtap-041.html

CODINA, L. (2000), "Evaluación de recursos digitales en línea: conceptos, indicadores y métodos", *Revista Española de Documentación Científica*, 23, 1, Madrid: 9-44.

CRUZ PIÑOL, M. (2002), *Enseñar español en la era Internet*, Barcelona, Octaedro. http:// www. octaedro.com /prod_show.asp? art_no= 10041.

DUART, J. M. y SANGRÁ, A. (eds.) (2000), *Aprender en la virtualidad*, Barcelona, Editorial Gedisa, EDIUOC (Edicions de la Universitat Oberta de Catalunya).

EGBERT, J. y HANSON-SMITH, E. (eds.) (1999), *CALL Environments. Research, Practice, and Critical Issues,* TESOL (Teachers of English to Speakers of Other Languages).

FERNÁNDEZ PINTO, J. (1999), "Servicios telemáticos: impacto en función de sus características", *Cuadernos Cervantes de la Lengua Española*, 23, Madrid, ELR: 76-86.

FERNÁNDEZ PINTO, J. (1999), "Tutorías virtuales", *Espéculo*, 11, http://www.ucm.es/info/especulo/numero11/tutorias.html

FERNÁNDEZ PINTO, J. (2002), *¡E/LE con Internet!*, Madrid, Edinumen.

FLATE PAULSEN, M. (1995), "The Online Report on Pedagogical Techniques for Computer-Mediated Communication", http://www.nettskolen.com/forskning/19/cmcped.html

GUITERT, M. y JIMÉNEZ, F. (2000), "Trabajo cooperativo en entornos virtuales de aprendizaje", en J. M. DUART y A. SANGRÁ, (eds.) (2000), *Aprender en la virtualidad*, Barcelona, Editorial Gedisa, EDIUOC (Edicions de la Universitat Oberta de Catalunya): 113-133.

JEFLS, A. y WHITELOCK, D. (2000), "The notion of presence in virtual learning environments: what makes the environment 'real'", *British Journal of Educational Technology*, vol. 31, 2, British Educational Communications and Technology Agency: 145-152.

JUAN LÁZARO, O. (2001), *La red como material didáctico en la clase de E/LE,* Madrid, Edelsa Grupo Didascalia.

JUAN LÁZARO, O. (2001), "Actividades con el *chat* en la clase E/LE: lenguaje usado", *Cuadernos Cervantes de la Lengua Española*, 33, Madrid, ELR: 64-71. También en http://www.cuadernoscervantes.com/multi_33_chat.html

JUAN LÁZARO, O. y OLALDE, S. (2001), "Cursos de español a distancia: Sistema de seguimiento y evaluación. Información para el estudiante", *Actas del Congreso Internacional de Informática Educativa*, Madrid, UNED.

JUAN LÁZARO, O., DUQUE, A. y GIL, M. (2002), "Actividades cooperativas a través de Internet: Cursos de Español a distancia del Instituto Cervantes", *Online Educa Barcelona, 2ª. Conferencia Internacional de la Educación y de la Formación basada en las*

Tecnologías, Barcelona, ICWE y Universitat Oberta de Catalunya.

LANDONE, E. (2001), "Aprendizaje cooperativo en la clase de E/LE (I)", *Cuadernos Cervantes de la Lengua Española*, 32, Madrid, ELR: 70-79.

LEVY, M. (1997), *Computer-Assisted Language Learning, Context and Conceptualizacion*, Oxford, Oxford University Press.

LUZÓN, J. M. y SORIA, I. (1999), "El enfoque comunicativo en la enseñanza de lenguas. Un desafío para los sistemas de enseñanza y aprendizaje abiertos y a distancia", *Ried 2*, Madrid, UNED: 63-91.

MACDONALD, J., WELLER, M. y MASON, R., "Innovative Assessment Practices in Networked Courses at the Open University", http://iet.open.ac.uk/pp/r.goodfellow/lessons/AssessCite.htm

NIELSEN, J., *Jakob Nielsen's Website on Usability and Web Design*, http://www.useit.com/> useit.com

SALMON, G. (2000), *E-Moderating. The Key to Teaching and Learning Online*, Kogan Page Limited.

SCAGNOLI, N. (2001), "El aula virtual: usos y elementos que la componen", http://www.edudistan.com/ponencias/Norma%20Scagnoli.htm

TRENCHS PARERA, M. (2001), *Nuevas Tecnologías para el autoaprendizaje y la didáctica de lenguas*, Lleida, Editorial Milenio.

UNIVERSITY OF ILLINOIS FACULTY SEMINAR (1999), "Teaching at an Internet Distance: The Pedagogy of Online Teaching and Learning",
http://www.vpaa.uillinois.edu/tid/report

WARSCHAUER, M. (ed.) (1995), *Virtual Connections. Online Activities & Projects For Networking Language Learners*, Second Language Teaching & Curriculum Center, University of Hawaii.

ZAÑARTU CORREA, L. M. (2002), "Aprendizaje colaborativo: una nueva forma de diálogo interpersonal y en red", *Quaderns Digitals*, http://www.quadernsdigitals.net/articles/quadernsdigitals/quaderns27/wcolaborativo.htm

IX PARTE
La enseñanza del español con fines específicos

LA ENSEÑANZA DEL ESPAÑOL CON FINES PROFESIONALES

Blanca Aguirre Beltrán
Universidad Complutense de Madrid

INTRODUCCIÓN

Las últimas décadas del siglo XX y los primeros años del XXI se han caracterizado por una rápida evolución del entorno -la llamada *cultura de la velocidad*-, con profundos cambios sociales que han afectado a todos los ámbitos de la actividad humana. Estos cambios han repercutido notablemente en la educación y, de manera especial, en el enfoque de la enseñanza de las lenguas extranjeras.

Todos estos cambios han originado, por una parte, un nuevo modelo de sociedad, que se ha denominado la Sociedad de la Información y el Conocimiento (SIC). Una sociedad en la que se ha puesto de manifiesto la importancia que tiene el factor información-conocimiento para los avances científicos, tecnológicos y para el desarrollo económico, así como la exigencia de una disposición para la formación continua en todos los campos profesionales. Una sociedad en la que se hace imprescindible el dominio de (varios) idiomas para acceder directamente a la información, facilitar la comunicación de los conocimientos en los ámbitos académicos y profesionales y para establecer y mantener relaciones comerciales.

Por otra parte, la evolución del entorno está generando grandes posibilidades en el mundo laboral pero, también, una mayor complejidad y necesidades crecientes de formación entre los profesionales relacionados con las actividades científicas, económicas y de negocios en general. Mencionaremos solamente los efectos de la internacionalización de la economía, de la integración económica en los continentes americano y asiático, las perspectivas que ofrece la libre circulación de mercancías y de profesionales en el marco de la Unión Europea[1], con la ampliación de países miembros a partir del año 2003 -la Europa de los 25-, los movimientos migratorios, el incremento de la población hispana en Estados Unidos y la incidencia de las aplicaciones de las Tecnologías de la Información y la Comunicación (TIC).

---

[1] La Comisión de Educación del Consejo de Europa promueve el uso y aprendizaje de, al menos, tres lenguas en todos los sistemas educativos, como factor coadyuvante de la educación del siglo XXI y ante la perspectiva de la ciudadanía europea (*Libro Blanco de la Educación y la Formación: enseñar y aprender. Hacia una sociedad cognitiva*, 1995,

El efecto de esta situación en la demanda de enseñanza de lenguas extranjeras ha sido de carácter cuantitativo pero, también, se ha producido una exigencia de calidad y de eficacia y, sobre todo, de adaptación de la enseñanza a las necesidades reales de la comunicación profesional en la sociedad de la información y el conocimiento. De hecho, las demandas planteadas por la sociedad, que sugieren una mayor conexión entre la formación en idiomas y las necesidades del mercado laboral y sus profesionales, junto con los avances de las ciencias del lenguaje -fundamentalmente lingüística aplicada, psicolingüística y sociolingüística- y otras disciplinas que tienen por objeto el complejo fenómeno del lenguaje, han propiciado y acelerado los cambios que se han producido en el campo de la enseñanza de lenguas extranjeras y han originado, a partir de la Segunda Guerra Mundial, la orientación hacia la competencia comunicativa y el movimiento denominado enseñanza y aprendizaje de lenguas con fines específicos, objeto de esta exposición.

El dominio de una o varias lenguas extranjeras tiene un valor económico. Es decir, se ha producido un cambio cualitativo en la consideración de este conocimiento que se percibe como un recurso económico. Este cambio está incidiendo en la estructura de la enseñanza, en la organización y gestión del aprendizaje y en la formación del profesorado y, sobre todo, en la determinación de las metas de este aprendizaje.

A lo largo de la historia, las lenguas han disfrutado de un determinado valor en función del prestigio de la sociedad y el peso político y económico de los países que las hablaban, como es el caso del español -de la lengua castellana- en el periodo de los siglos XV al XVIII[2]. Ahora bien, debido a las circunstancias políticas, económicas y sociales que acabamos de mencionar, la demanda de enseñanza del español como lengua extranjera está incrementándose notablemente, según lo constatan diversos indicadores y los datos que recogen los *Anuarios* del Instituto Cervantes[3], así como las estimaciones de la Asociación para el Progreso del Español como Recurso Económico (E/RE) y del Instituto de Comercio Exterior (ICEX)[4]. Asimismo, se percibe una demanda creciente en la orientación del proceso de enseñanza y aprendizaje del español hacia una competencia comunicativa que permita desenvolverse efectiva y eficazmente en contextos académicos y profesionales (jurídicos, turísticos, sanitarios y de negocios).

A continuación, pasaremos a exponer brevemente la trayectoria del movimiento de la enseñanza especializada de lenguas extranjeras con fines específicos, así como los aspectos fundamentales que implica esta especialización de la enseñanza. Finalmente, propondremos unas pautas para la organización del proceso de enseñanza y aprendizaje del español orientado a la comunicación profesional.

Comisión de las Comunidades Europeas). Asimismo, es importante mencionar el capítulo 4 del *Marco común europeo de referencia para las lenguas: aprendizaje, enseñanza y evaluación* (Consejo de Europa e Instituto Cervantes, 2002) dedicado al contexto de uso de la lengua, en el que se describe el ámbito profesional: lugares, instituciones, personas, objetos, acontecimientos, acciones y texto.

[2] Consúltese A. Sánchez Pérez (1992), *Historia de la enseñanza del español como lengua extranjera*, Madrid, SGEL.

[3] Desde 1998, el Instituto Cervantes (www.cervantes.es) ha venido publicando el *Anuario* titulado *El español en el mundo*, en el que prestigiosos colaboradores exponen la situación del español en distintos ámbitos y desde diversos puntos de vista.

[4] Véase "Vender el español" (1998), en *El Exportador*, Madrid, ICEX, 7: 6-12. Véase, también, O. Berdugo (2001), "Español recurso económico: anatomía de un nuevo sector", en *Cuadernos Cervantes de la Lengua Española*, 35, Madrid: 45-51.

1. La enseñanza de lenguas extranjeras con fines específicos

El interés por el aprendizaje de lenguas extranjeras con fines utilitarios está plenamente documentado a lo largo de la historia. Sánchez Pérez (1992: 11) afirma que existen testimonios fiables del aprendizaje de lenguas mediante vocabularios y manuales de conversación entre los sumerios, entre los egipcios, entre los griegos y entre los romanos. Ahora bien, es en el siglo XX cuando el concepto de enseñanza de lenguas con fines específicos adquiere pleno sentido.

Esta tendencia, definida por Hutchinson y Waters (1987: 21) como el *enfoque de la enseñanza de lenguas que tiene como meta satisfacer las necesidades de comunicación de un grupo específico de aprendices*, se originó en los años sesenta y en relación con la enseñanza de la lengua inglesa, por lo que se denominó *English for Specific Purposes* (ESP)[5].

La enseñanza de lenguas con fines específicos ha seguido una trayectoria paralela a la enseñanza generalista de lenguas extranjeras que, si bien en sus comienzos generó mucha polémica y confusión, ya que se aducía que carecía de marco teórico, de modelos de análisis y de metodología propia, posteriormente, ha abierto importantes líneas de investigación y ha aportado perspectivas muy interesantes que han influido en la enseñanza generalista de las lenguas, como expondremos a continuación.

1.1. Orígenes y enfoques de la enseñanza de lenguas con fines profesionales

Las causas y factores que propiciaron este movimiento en la enseñanza de la lengua inglesa son diversos. Generalmente, se suele señalar el conjunto de circunstancias particulares que se daban al finalizar la Segunda Guerra Mundial. En ese momento comenzó una etapa de expansión de la actividad económica, científica y técnica sin precedentes. La transmisión de los nuevos conocimientos y las actividades comerciales requerían la utilización de una única lengua para la comunicación internacional. Por distintas razones -sobre todo el potencial económico de Estados Unidos-, la lengua inglesa se encontraba en una posición privilegiada para convertirse en esa lengua internacional para la comunicación científica, técnica y comercial.

Paralelamente, las investigaciones, propuestas y avances de las ciencias del lenguaje -lingüística aplicada, psicolingüística y sociolingüística-, así como las teorías sobre el aprendizaje y la adquisición de lenguas, facilitaron la aplicación de diversos enfoques didácticos orientados a fomentar la capacidad de comunicación en los distintos campos académicos o profesionales que lo requerían.

La clasificación de fines específicos que se estableció inicialmente adoptó las siguientes denominaciones, que se mantienen todavía:

- ESP (*English for Specific Purposes*).
- EAP (*English for Academic Purposes*).
- EST (*English for Science & Technology*).
- EOP (*English for Occupational Purposes*).

En cuanto al enfoque de la enseñanza, ha pasado por distintas etapas, con diferentes trayectorias en cada país y para cada lengua. Esto se debe, en gran medida, a la vinculación de esta

---

[5] Para profundizar en la trayectoria de la enseñanza del inglés con fines específicos, consúltese J. Swales (1998), *Episodes in ESP*, Prentice Hall. Véase, también, P. Robinson (1991), *ESP Today: a practitioner's guide*, Prentice Hall.

enseñanza especializada a las necesidades percibidas y a la función, desarrollo o integración de los países y sus lenguas en los foros y mercados internacionales o a la situación geolingüística. Si tomamos como referencia la experiencia de la lengua inglesa, vemos que el desarrollo de esta tendencia parte de la constatación de que el enfoque tradicional de la enseñanza de idiomas, basado en la descripción de reglas gramaticales y traducción, no capacitaba para la desenvolverse eficazmente en situaciones reales de comunicación.

Una primera conclusión indicaba que había que centrar la atención en los requisitos que plantea una situación de comunicación, en las diferencias entre la lengua oral y la lengua escrita, y en las diferencias que se dan en los distintos contextos. Así pues, la enseñanza debía programarse a partir de la determinación de las características de uso de las distintas situaciones. En la práctica, esto implica tener que diseñar un curso específico en función de esas características.

Hutchinson y Waters (1987: 9) señalan cinco etapas claramente definidas:

a) La década de los sesenta es la etapa centrada en el concepto de lenguas especiales, de análisis de registros. Es decir, se consideraba que el punto de partida de la enseñanza debería ser las características gramaticales y el léxico de la lengua de especialidad que requiriera la situación de comunicación. El objetivo pedagógico era la motivación, a través de materiales didácticos que fueran relevantes para los alumnos. El resultado de este análisis señaló que apenas había rasgos distintivos o formas gramaticales especiales que no se dieran en la lengua general. Los autores representativos de esta etapa son: Strevens (1964), Hallyday y McIntosh (1964), Ewer, Ever y Latorre (1969) y Swales (1971).

b) En los años setenta, el interés se centró en el análisis retórico o del discurso. El origen de este interés es el planteamiento, por parte de Allen y Widdowson (1974), de que las dificultades en la comunicación surgían porque los alumnos no estaban familiarizados con el uso de la lengua inglesa, y no se podía llegar a satisfacer las necesidades de comunicación a través de la práctica gramatical de formación de oraciones. Por tanto, lo que se precisaba era desarrollar el conocimiento de cómo se utilizaban esas oraciones en los diferentes actos comunicativos. En la práctica, este enfoque supuso la aplicación en el aula de modelos de textos y marcadores del discurso. Los representantes de este enfoque son: Widdowson, en el Reino Unido; y Selinker, Trimble, Lackstrom y Todd-Trimble, en Estados Unidos.

c) A principios de los ochenta se propuso el análisis de la situación meta (Chambers, 1980). Este enfoque no añadía realmente nada nuevo. Tan sólo pretendía proporcionar una base científica, mediante procedimientos que establecieran una relación sólida entre las razones de los alumnos para aprender una lengua y el análisis de ésta. Dado que existía una necesidad de algún tipo, tanto en los cursos generales como en los específicos, se trataba de determinar las necesidades específicas de un curso con fines específicos, mediante la identificación de los requisitos de la situación meta y el análisis de las características lingüísticas de esa situación. A partir de esa información previa, se podría conformar un curso adaptado a las necesidades reales de los alumnos que, de esa manera, podrían alcanzar los fines de aprendizaje[6]. John Munby propuso un modelo para el análisis de necesidades de la situación meta con un perfil muy detallado de las necesidades de los alumnos, en términos de objetivos comunicativos, situación, medios de comunicación, destrezas, funciones y estructuras.

---

[6] El hecho de comenzar a aprender una lengua extranjera lleva implícito una finalidad, un objetivo, una meta. Ahora bien, Widdowson (1983: 5) establece la diferencia entre *finalidad* (concepto relacionado con la formación) y *objetivos* (relacionado con la educación).

Esta etapa marcó un momento muy importante en el campo de la enseñanza especializada de lenguas, ya que inició la sistematización de la enseñanza teniendo en cuenta las necesidades de aprendizaje de los alumnos que, de esta manera, se convertían en el centro de atención del proceso de diseño del curso.

Por otra parte, empiezan a plantearse las cuestiones relativas a la metodología y la posibilidad de establecer una relación con las teorías pedagógicas. Este planteamiento, como hemos señalado en la sección dedicada al análisis de necesidades, daría como resultado la adopción del currículo -concepto procedente de la teoría de la educación- como elemento organizador del proceso de enseñanza y aprendizaje, esto es, el nexo entre la teoría y la práctica.

d) La cuarta etapa, en la década de los ochenta, está representada por el interés en las destrezas y en las correspondientes estrategias. Se trata de analizar los procesos de interpretación y de razonamiento comunes que permiten comprender el discurso, sin tener en cuenta únicamente las formas. Con este planteamiento, se propone la aplicación de aquellas estrategias de comprensión lectora y auditiva que van a permitir a los alumnos alcanzar sus metas de comunicación. Los autores más representativos de este enfoque son Grellet (1981), Nuttal (1982), Alderson y Urquarth (1984), que trabajaron especialmente en el campo de la comprensión lectora.

e) La quinta etapa está representada por la propuesta de Hutchinson y Waters (1987: 9) relativa al enfoque centrado en el aprendizaje (*learning-centred approach*). Estos autores señalan que, en las etapas anteriores, el interés se había centrado en la lengua, en su uso y en sus contenidos, y se había relegado la metodología y la manera de aprender. Es decir, se había dado prioridad al qué enseñar en vez de al cómo enseñar y aprender. Por ello, proponen un enfoque que se fundamente en principios sólidos de aprendizaje, en las teorías del aprendizaje.

Cada una de estas aproximaciones ha aportado perspectivas muy interesantes y, de hecho, ninguno de estos enfoques propuestos ha sido relegado en la aplicación práctica en el aula. Sin embargo, hay que destacar la influencia que ha tenido el enfoque centrado en el aprendizaje, propuesto y defendido por Hutchinson y Waters (1987) y la asunción definitiva de la importancia que tiene el análisis previo de las necesidades de comunicación, el análisis del discurso y del contexto, como expondremos más adelante.

1.2. La enseñanza del español con fines específicos

No se puede establecer con exactitud el comienzo y la extensión de esta tendencia en la enseñanza del español[7]. No obstante, a partir de nuestra experiencia, podemos señalar los años ochenta como el comienzo de una demanda notable de enseñanza y aprendizaje del español con fines específicos -fundamentalmente, español comercial-, así como un interés por parte de las instituciones académicas y profesionales por canalizar esta demanda (universidades, Cámaras de

[7] Para los antecedentes del aprendizaje del español *con fines específicos*, a partir del siglo XVI, consúltese A. Sánchez Pérez, (1992), *Historia de la enseñanza del español como lengua extranjera*.

Comercio e Industria, academias de idiomas, etc.)[8] y el consiguiente inicio de la actividad editorial en este campo. Por otra parte, esta demanda se vio favorecida por un acontecimiento y reflejada por otro: la adhesión de España a la Comunidad Económica Europea (actualmente Unión Europea), en 1986, y la celebración del V Congreso de la Asociación Española de Lingüística Aplicada (AESLA), en 1987, dedicado a la enseñanza de lenguas con fines específicos. En este congreso comenzó a establecerse la situación de la enseñanza de lenguas con fines específicos en España -inglés, fundamentalmente- y la orientación de la enseñanza del español, que tenía como referencia las investigaciones y orientaciones planteadas para la enseñanza de la lengua inglesa.

Posteriormente, la enseñanza especializada del español con fines específicos (académicos y profesionales) se fue incorporando en los programas académicos de postgrado -másters de formación de profesorado de español como lengua extranjera-, con lo que se inició también la investigación en este campo. A partir de los años noventa, se ha constatado un incremento, tanto en la demanda de enseñanza especializada de español como en la investigación y en la producción editorial[9]. La prueba de este interés y actividad quedó evidenciada en las aportaciones e intervenciones del I Congreso Internacional de Español para Fines Específicos (CIEFE), celebrado en Amsterdam (2000), organizado por la Consejería de Educación y Ciencia en Bélgica, Países Bajos y Luxemburgo.

En las investigaciones de la enseñanza de lenguas con fines específicos, tomando el inglés como referencia, se pueden distinguir claramente dos líneas: una dentro de la lingüística oracional y, la otra, en el marco de la pragmática o lingüística supraoracional (Alcaraz, 2000). La primera tiene por objeto la competencia lingüística, mientras que el objeto de la pragmática es la competencia comunicativa o discursiva.

El paradigma de la pragmática ha tenido una repercusión fundamental en la enseñanza de lenguas con fines específicos. Este paradigma plantea el análisis de la lengua en acción, es decir, con una orientación hacia la competencia comunicativa en su doble vertiente de comprensión y expresión. Recientemente, el enfoque de la enseñanza de lenguas para la comunicación profesional representa una perspectiva multidisciplinar en la que intervienen, además de las ciencias del lenguaje, la teoría de la comunicación, la teoría de la administración y organización de empresas, informática y los estudios de la comunicación intercultural, dominio tradicional de la antropología, la sociología y la psicología. Esta perspectiva multidisciplinar ha dado una dimensión más amplia que requiere que se tengan en cuenta los aspectos que vamos a exponer a continuación.

2. La enseñanza y aprendizaje del español para la comunicación profesional

Como acabamos de señalar, las diversas aproximaciones que se han ido proponiendo en relación con el proceso de enseñanza de lenguas con fines específicos, en el transcurso de

---

[8] Desde hace 25 años, la Cámara de Comercio e Industria de Madrid administra los Exámenes de Español de los Negocios (antes Español Comercial) en tres niveles: Certificado básico, Certificado superior y Diploma de Español de los negocios, a través de su Instituto de Formación Empresarial (IFE).

[9] Consúltese al respecto la bibliografía sobre el tema en I. Santos Gargallo *et al.* (1998), *Bibliografía sobre la enseñanza-aprendizaje de E/LE*, Anexo a *Carabela*, 43, Madrid, SGEL. Véanse, también, las contribuciones, la bibliografía y los materiales didácticos reseñados en "La enseñanza del español como lengua extranjera con fines específicos", *Carabela*, 44, Madrid, SGEL.

cuarenta años, se han centrado en las características de las lenguas especiales, en el análisis del registro, en el análisis retórico, en el análisis de necesidades de la situación de comunicación y en el proceso de aprendizaje.

El enfoque del proceso de enseñanza y aprendizaje de lenguas para la comunicación profesional[10] requiere que se tengan en cuenta los procesos de comunicación verbal y no verbal, lingüísticos y no lingüísticos, así como la incorporación de las múltiples formas de la tecnología de la comunicación. Por otra parte, hay que tener en cuenta que la interacción se va a producir en un contexto internacional, lo que implica un conocimiento de las diferencias culturales en cuanto a *saber ser, saber estar y saber hacer*, es decir, los usos y costumbres que rigen en los países en los que se va a producir la comunicación profesional; normas que están estrechamente relacionadas con la cultura de la sociedad y, asimismo, con la cultura empresarial.

Se trata, por tanto, de una orientación de la enseñanza de una lengua extranjera, en nuestro caso el español, que tiene como propósito proporcionar a los aprendices de una lengua la competencia comunicativa necesaria para desenvolverse en los diferentes contextos, académicos y profesionales, que se puedan presentar a lo largo de su actividad. Esto implica el diseño de un curso específico, a partir de un detallado análisis de necesidades, con un enfoque basado en la comunicación y centrado en la adquisición de una determinada competencia, mediante la aplicación de estrategias apropiadas.

La competencia comunicativa es un concepto fundamental, acuñado por Hymes (1972) para referirse a las reglas de tipo social, cultural y psicológico que rigen el uso de una lengua en determinados contextos sociales. La competencia comunicativa -objeto de estudio de la pragmática- destaca los aspectos de la lengua en acción e incluye diferentes subcompetencias (gramatical, discursiva, sociolingüística, estratégica y sociocultural). Frente al concepto de competencia lingüística, Hymes consideraba que lo que constituye a un hablante como tal es la competencia comunicativa, en la que intervienen una serie de estrategias -complejo procesos de negociación del significado- sobre cómo usar la lengua en una situación comunicativa. El hecho de centrar la atención en la situación comunicativa, y en las funciones de la lengua en esa situación, marca el interés por los principios y las reglas de uso de la lengua como acción comunicativa, así como por el estudio de las dificultades que surgen en el momento de la interacción comunicativa en una lengua extranjera, esto es, en las normas pragmáticas de la cortesía.

En los años ochenta se evidencia un cambio de paradigma en la investigación lingüística y se consolida el paradigma de la pragmática, en el que se fundamenta la enseñanza del español para la comunicación profesional. La pragmática, definida por Escandell (1996: 13-14) como *el estudio de los principios que regulan el uso del lenguaje en la comunicación, es decir, las condiciones que determinan tanto el empleo de un enunciado concreto por parte de un hablante concreto en una situación comunicativa como su interpretación por parte de un destinatario,* plantea el análisis de la lengua en acción y aborda el aspecto comunicativo de la lengua, con todas las implicaciones que conlleva el análisis de la comunicación y el uso de la lengua en un contexto concreto, ya que parte del hecho de que la lengua es fundamentalmente un instrumento de comunicación, de que la lengua -como objeto de investigación- es discurso o texto. Por tanto, interesa el uso de la lengua, las funciones y las formas, así como un mejor conocimiento de la competencia comunicativa.

[10] Véanse las consideraciones al respecto de B. Aguirre (1998), "Comunicación y cultura en situaciones profesionales: saber ser, saber estar y saber hacer", en *Frecuencia* L, 7, Madrid, Edinumen: 19-24.

La enseñanza del español para la comunicación profesional se pude definir como el *enfoque del proceso de enseñanza y aprendizaje que tiene como propósito mejorar las capacidades de comprensión y expresión que se requieren para desenvolverse en un determinado campo de actividad profesional.* Esto implica el dominio de los recursos de la lengua y la aplicación de las técnicas de comunicación. Por otro lado, la comunicación debe producirse de acuerdo con las convenciones que requiere la comunidad y los contextos profesionales en los que se tenga que intervenir. Evidentemente, el nivel de competencia o capacidad, así como las técnicas concretas quedarán establecidas a partir del análisis de la situación meta en la que haya que desenvolverse, en función del cargo y de las responsabilidades de cada profesional.

En términos generales, los profesionales de las diferentes organizaciones empresariales -entendiendo por organización la estructura formal y explícita de funciones y posiciones- necesitan la lengua para comunicarse en situaciones complejas -comunicaciones orales, escritas o mixtas- que incluyen interacciones transaccionales o interpersonales, que exigen una comunicación fluida y eficaz (singular, dual, por teléfono o teleconferencia), para desenvolverse de forma asertiva, transmitir órdenes, recordar obligaciones y funciones y orientar, consultar y controlar actividades o conductas, así como para gestionar informaciones procedentes de diversos soportes de las tecnologías de la información.

Por otra parte, el hecho de que la comunicación se lleve a cabo en ámbitos internacionales, y entre interlocutores procedentes de distintas culturas, implica el conocimiento de las diferencias culturales en cuanto a usos y costumbres que rigen en otros países, las pautas de conducta que están estrechamente relacionadas con la cultura de otras sociedades, así como las normas de actuación que emanan de una determinada cultura corporativa[11]. Estos conocimientos se pueden agrupar en torno a tres saberes: saber ser (cualidades cultivadas que proporcionan imagen y seguridad en uno mismo), saber estar (conjunto de actitudes, usos y costumbres sociales que facilitan la convivencia) y saber hacer (capacidad para desarrollar con rigor, exactitud y puntualidad las funciones profesionales).

Así pues, en todo proceso de enseñanza y aprendizaje de español para la comunicación profesional hay que tener en cuenta los fundamentos lingüísticos, las áreas, procesos y características de la comunicación, así como otros factores que afectan a la comunicación en una determinada situación profesional.

2.1. Consideraciones sobre la comunicación profesional

En la enseñanza del español para la comunicación profesional se parte de la concepción funcional-pragmática de la naturaleza de la lengua, es decir, del uso que hace el hablante de la lengua en su actuación lingüística. El paradigma de la pragmática, en su doble vertiente pragmalingüística (aspectos formales del discurso y del texto) y sociopragmática (condiciones de uso de la lengua), considera la lengua como una actividad social cuya función es satisfacer las necesidades de comunicación que surgen en los procesos de interacción entre los hablantes. Uno de los

[11] Por *cultura corporativa* se entiende los conocimientos compartidos por todos los miembros de una organización relativos a la identidad y las formas de pensar y actuar. A partir de la concepción de cada organización, emergen reglas que regulan los usos y costumbres, el protocolo que deberá presidir las actividades de los empleados de esa organización.

presupuestos fundamentales de este paradigma es la consideración de que todo enunciado va ligado a un contexto y su sentido depende del tema del discurso o del texto y de la situación de comunicación en la que se produce, es decir, no se puede interpretar un código lingüístico al margen de las convenciones contextuales de uso. Esto implica que el conocimiento que el hablante debe tener incluye el conocimiento del sistema y del uso de la lengua.

El *contexto* es un concepto importante que se define como el conjunto de conocimientos que comparten el emisor y el receptor de cualquier acto comunicativo; es la información no explícita necesaria para la interpretación de los enunciados. Debemos recordar que los enunciados lingüísticos se construyen a partir de dos tipos de información: explícita (el significado se desprende de las palabras que forman el enunciado) e implícita (los conocimientos pragmáticos, compartidos por ambos interlocutores, que permiten la interpretación adecuada de las palabras del hablante).

Así pues, la transmisión de información debe organizarse de acuerdo con los dos tipos de conocimientos. El conocimiento del código lingüístico, la competencia lingüística (fonología, morfología, sintaxis, semántica y léxico), y el conocimiento que permite usar ese código de forma efectiva en las situaciones de comunicación, de acuerdo con las normas del entorno sociocultural. Esto implica el conocimiento de las convenciones que regulan el uso de ese código, así como la variedad lingüística más apropiada para cada situación, cuál es el momento, el lugar y el interlocutor adecuado para hablar de un asunto y el nivel de formalidad que requiere la situación, esto es, la competencia pragmática. La integración de estos dos tipos de conocimiento constituye la competencia comunicativa de los hablantes.

Al especificar las características del contexto que pueden ser importantes para la identificación del tipo de acto de comunicación, Hymes (1972) señaló los siguientes: los interlocutores (papel o relación entre ellos); el tema (de qué se habla); el marco (espacio y tiempo, así como la relación de los hablantes, postura, gestos, expresión facial); el canal (presencial, teléfono o videoconferencia); el código, el género, el suceso o acontecimiento, entendido este último como la naturaleza del acto comunicativo en el cual puede estar incluido un tipo o género de discurso. Posteriormente, añadiría la clave -que implica una valoración- y la finalidad o intención.

En este punto hay que señalar que el código de una lengua no es homogéneo para todos los hablantes de la misma. Una de las características de la lengua es su versatilidad para facilitar a los hablantes de la misma la comunicación mediante los recursos del sistema. El sistema es común e invariable, pero existen una serie de factores que condicionan las diferentes variedades de uso. Estas variedades se denominan diatópicas o dialectos, determinadas por la procedencia territorial; diastráticas o registros, que se establecen en función de los diferentes niveles socioculturales de los hablantes; diafásicas o estilos de lengua, condicionadas por las situaciones de comunicación. Entre estas variedades se encuentran las denominadas *lenguas especiales o de especialidad*. Por razones obvias, las lenguas de especialidad constituyen uno de los aspectos fundamentales de la comunicación profesional.

Existen algunas diferencias en lo que concierne al concepto de lengua especializada y su distinción de la lengua común. Por ejemplo, en francés, se utiliza el término *langue spécialisée*; en inglés, *special language*; en alemán, *Fachsprehe* o *Sprehe* im Fach (lengua en especialidad). Para Kocourek (1991: 40-41), *la lengua de especialidad es más que un registro, más que el discurso, más que el vocabulario o la terminología. Es un sistema libre, con recursos que abarcan todos los planos de la lengua.* Lerat (1997: 18) considera que se trata *del uso de la lengua para exponer técnicamente los conocimientos especializados*. Esta última definición considera la lengua especializada como una lengua en situación, una lengua en especialidad, como indicaba la Escuela de Praga.

Ahora bien, esos conocimientos especializados disponen de unas denominaciones lingüísticas gracias a los términos, que son palabras o conjuntos de palabras sometidos a definiciones convencionales para denominar las nociones de cada área de conocimiento. El conjunto de estos términos se llama terminología (palabras, expresiones, letras, cifras, pictogramas o una combinación de elementos)[12].

Las lenguas de especialidad tienen una serie de rasgos característicos, pudiendo clasificarse en tres grupos: argots o jergas, lenguas de grupos sociales con finalidad críptica; lenguajes sectoriales, utilizados por los profesionales en sus distintas actividades, sin finalidad críptica; lenguajes científico-técnicos, utilizados en los diversos campos de las ciencias para la descripción de sus objetos.

Aunque no resulta fácil establecer una distinción clara entre lengua general y lengua de especialidad, en términos generales, podemos señalar su carácter unívoco y objetivo, con un léxico exclusivo, lo que evita la polisemia y las connotaciones; que utiliza una amplia terminología y utiliza la gramática general con determinados usos específicos. A esto hay que añadir que se fundamenta en dos factores extralingüísticos: un componente temático, ya que transmite contenidos y designa unos objetos y relaciones determinados, y un componente sociológico, puesto que la lengua es un hecho social que funciona dentro de un determinado grupo social. Este grupo social crea, conforma e identifica sus propias formas de comunicación.

Las lenguas sectoriales constituyen el grupo más amplio de lenguas de especialidad que, por el hecho de estar condicionadas al uso de la lengua, se ven sometidas constantemente a la creatividad lingüística y, por tanto, pueden presentar el fenómeno de la polisemia y de las connotaciones.

Otra característica de las lenguas de especialidad es la integración, adaptación o adopción de una ingente cantidad de tecnicismos procedentes en su mayor parte de otras lenguas, fundamentalmente la inglesa. Estos extranjerismos presentan diferentes grados de adaptación a la morfología y a la fonética española. De modo que pueden coexistir préstamos plenamente adaptados con otros adaptados parcialmente y otros no adaptados.

Por lo que respecta a la comunicación, se busca la eficacia comunicativa, mediante la claridad, el orden y la concisión en la exposición, subordinando la estética y la expresividad a la objetividad. Desde el punto de vista estilístico, y debido al hecho de producirse en contextos formales, se opta por la impersonalidad y la escasa afectividad. En cuanto a las modalidades del discurso, se da una clara tendencia al discurso escrito, con una amplia variedad de géneros.

Un último rasgo que hay que mencionar es el amplio uso de los lenguajes simbólicos (matemáticos, químicos, por ejemplo); el recurso constante a los distintos sistemas de representación, de iconicidad, y la proliferación de abreviaturas, siglas y acrónimos.

Otro aspecto que hay que considerar en la comunicación profesional es el *análisis del discurso*, puesto que ha tenido profundo efecto en el desarrollo de la enseñanza de lenguas con fines específicos, en especial, el concepto de tipo y género de discurso de una comunidad. En términos generales, el discurso es la lengua en acción, es decir, el flujo lingüístico que transporta una información con el fin realizar una función instrumental de la lengua. En términos lingüísticos, es una unidad lingüística y comunicativa, oral o escrita, de enunciados relacionados que forman un conjunto coherente.

---

[12] La terminología, como disciplina, está definida por la *International Standardization Organization* (ISO-108,1990) como *el estudio de las nociones y términos usuales de las lenguas de especialidad*. Para la ISO, las lenguas de especialidad son subsistemas que utilizan la terminología y otros medios lingüísticos con objeto de suprimir toda ambigüedad en la comunicación propia de un área concreta de conocimientos.

La tipología textual de la comunicación profesional es muy amplia y, para su clasificación, se aplica el concepto de *género*. El género se ha convertido en uno de los aspectos clave que hay que considerar al establecer la programación de un curso de lengua para la comunicación profesional. De hecho, enseñar un tipo de discurso determinado es lo que hace que la enseñanza sea especializada. Por ejemplo, las diferencias existentes entre discursos en ámbitos jurídicos, económicos o de salud. Este concepto se aplica a los textos escritos (editorial, informe, acta, carta comercial, sentencia, ensayo) y a los orales (noticia, discurso, conferencia, presentación comercial).

Asimismo, desde la perspectiva de la teoría de la comunicación, hay que tener en cuenta los procesos básicos de comunicación e identificar los siguientes: percibir y comprender, participar en la comunicación verbal, participar en la comunicación no verbal, escuchar y mostrar interés, crear el clima para la interacción y adaptarse a los contextos.

Desde un punto de vista técnico, podemos definir *la comunicación como la transmisión de información de un emisor a un receptor*. Sin embargo, esta transmisión debe cumplir unos requisitos, ya que todo acto de comunicación es un proceso de interpretación de intenciones, cuyo objetivo es el intercambio de información. En el caso de la comunicación profesional, la transmisión de información pretende modificar en un sentido o en otro el grado de conocimientos previos, con el propósito de producir una reacción que conduzca a la realización de determinadas acciones o a la toma de decisiones que, generalmente, tienen un efecto económico. Para que la comunicación sea eficaz es preciso que se cumpla una condición básica: la información debe tener el mismo sentido y la misma interpretación, tanto para el emisor como para el receptor.

Por otra parte, la comunicación no se puede entender separada de la *cultura*, puesto que forman parte de un mismo fenómeno. El proceso comunicativo se produce dentro de una cultura, por lo cual se convierte en un proceso cultural. Si bien hay que distinguir dos perspectivas de cultura: la sociológica y antropológica (actitudes, valores, costumbres, marcos de referencia y mentalidades) y la civilización (geografía, historia, literatura, etc.). Todos los miembros de una comunidad lingüística comparten unos símbolos, unos hábitos sociales y culturales y participan de un patrimonio que utilizan para crear nuevas formas de relación.

Cuando se establece una comunicación intercultural -como es el caso de la comunicación profesional en contextos internacionales- no basta con aprender la lengua, sino que hay que aprender o reconocer los significados culturales de esa lengua. Se da la circunstancia de que, en algunos casos, aun utilizando perfectamente la misma lengua, no se produce la comunicación debido a una serie de factores (gestos, miradas, actitudes, etc.) que generan incertidumbre, rechazo o ambigüedad. Por el contrario, en otras circunstancias, estos mismos factores pueden producir un nivel de comunicación que no requiere la palabra.

El modelo antropológico de la comunicación humana distingue tres modalidades de comportamiento comunicativo: verbal-lingüístico, esto es, el lenguaje; el verbal-no lingüístico o paralenguaje y el no verbal-no lingüístico, o comunicación no verbal. La denominación que Poyatos (1994: 130) da a estas tres modalidades es la de *Triple Estructura Básica de la Comunicación*; un continuo verbal-paralingüístico-kinésico. Esta triple estructura hace referencia a tres disciplinas semióticas que estudian la comunicación no verbal: la kinésica analiza los valores significativos que tienen las posturas corporales, las expresiones faciales y los gestos; la proxémica, estudia la gestión del espacio entre los interlocutores, y la cronémica o concepción y uso del tiempo. Al analizar las barreras en la comunicación intercultural, Poyatos (1983: 14-29) considera que los malentendidos culturales se producen a partir del tratamiento diferente que se da a los sistemas culturales.

Comunicación y cultura son conceptos bien asentados en las organizaciones, así como en las mentes de los profesionales. Los contextos profesionales, al igual que otras circunstancias en las que nos ponemos en contacto en la sociedad, requieren unas pautas de comportamiento protocolizadas, definidas de antemano. Por tanto, en la comunicación profesional, se es muy consciente de las conductas apropiadas en las reuniones y negociaciones internacionales y, por ello, las pautas de conducta están orientadas a canalizar la comunicación y crear el clima adecuado para cada actividad o tema tratado. Muchas veces, el éxito o el fracaso de una misión individual, organizativa o institucional (negociación, entrevista, conversación telefónica o presentación) depende de que el orador se exprese con exactitud y de que se le interprete adecuadamente. Esto implica que el orador debe presentar una imagen coherente con el contexto (palabras, gestos, indumentaria, etc.) para facilitar la comunicación y fomentar la credibilidad.

En consonancia con todo lo anteriormente expuesto, la organización y programación de un proceso de enseñanza y aprendizaje de español para la comunicación profesional debe fundamentarse en el análisis de los requisitos que planteen las situaciones de comunicación en las que los aprendices de la lengua tendrán que desenvolverse, fundamentalmente, el lugar donde va a tener la interacción entre los interlocutores, la relación entre ellos y el tema del que van tratar.

Una *situación de comunicación*, en términos generales, se compone de dos grupos de factores: el contexto y las interacciones personales, que están condicionadas por el contexto. Este último puede ser sociocultural o lingüístico. El sociocultural comporta hechos previsibles (relacionados con el comportamiento construido por la historia sociocultural) e imprevisibles (dependen del aspecto subjetivo experiencial). El contexto lingüístico determina, en parte, los elementos verbales y sus significados semánticos.

Las interacciones personales están conformadas por relaciones interpersonales y actos de habla. Las relaciones interpersonales establecen determinado clima en las relaciones y dependen de aspectos socioculturales o de la experiencia personal. Los actos de habla contienen elementos verbales y no verbales. Los verbales pueden ser segmentales y suprasegmentales. Los segmentales pueden ser palabras léxicas (concretas o abstractas) y palabras gramaticales. Los elementos no verbales pueden ser kinésicos y proxémicos y pueden acompañar, complementar o reemplazar a los elementos verbales.

Las situaciones de comunicación se pueden clasificar en situaciones de comunicación orales, escritas y mixtas. En todos los casos, la comunicación profesional va a requerir el conocimiento de los procesos de comunicación, el conocimiento lingüístico (lengua común y lengua de especialidad), el conocimiento del contexto de uso y el conocimiento particular de los usos y costumbres del campo de la actividad profesional.

Las situaciones de comunicación oral dan lugar a distintos tipos de interacción que, a su vez, dan lugar a distintos tipos de discurso o géneros y requieren técnicas de comunicación profesional, tanto para la comprensión como para la planificación, desarrollo y cierre de las presentaciones, reuniones, entrevistas o actos protocolarios. Igualmente, requieren el conocimiento de la cultura, usos y costumbres.

Las situaciones de comunicación escrita presentan procesos de interacción entre el lector y el texto y entre el escritor y el texto; procesos en los que hay que tener en cuenta que la producción y la recepción no se producen en un mismo momento. Igualmente, será preciso el conocimiento de la tipología de textos y su estructura (descriptivo, narrativo, expositivo, argumentativo) y especialmente los géneros propios de la actividad profesional y las convenciones de una comunidad determinada.

Un último aspecto que hay que señalar es el hecho de que gran parte de la comunicación profesional se hace mediante la utilización de soportes y medios de telecomunicación. Este hecho implica, además de tener los conocimientos técnicos correspondientes, el aprendizaje de las estructuras, reglas y rutinas específicas de este tipo de comunicación

El análisis de la situación meta y la consideración de todos los aspectos que intervienen en la comunicación profesional, junto con los resultados del análisis del estado actual de conocimientos de los aprendices de la lengua, permitirá diseñar el curso apropiado para alcanzar la competencia comunicativa necesaria.

3. Organización del proceso de enseñanza y aprendizaje del español para la comunicación profesional

La organización de todo proceso de enseñanza y aprendizaje de lenguas extranjeras debe partir de un plan previamente definido, en el que se tengan en cuenta los tres dominios implicados: la lengua, el contenido del curso y la pedagogía. Por lo que respecta a la programación de un curso específico, desde el punto de vista pedagógico, hay que recordar que se deben tener en cuenta tres aspectos: los objetivos que se pretende alcanzar, la metodología que se va a aplicar para alcanzarlos y, finalmente, la evaluación que va permitir corregir los problemas detectados en el transcurso del proceso y comprobar, en todo momento, el grado de capacidad que se ha alcanzado, en función de los objetivos propuestos.

Uno de los aspectos más distintivos de la enseñanza especializada de lenguas extranjeras es el concepto de finalidad. Widdowson (1983: 5) establece la diferencia entre formación y educación; y, entre metas y objetivos. La finalidad es un concepto relacionado con la formación porque, una vez que se ha establecido con la mayor precisión posible para qué se necesita la lengua (meta), se diseña el curso a medida. Se trata de una instrumentalización de la lengua para lograr las metas profesionales o académicas. El curso tendrá éxito -o no- en la medida en que proporcione al grupo de alumnos la competencia restringida que se perseguía.

Por el contrario, un curso general se concibe en términos de educación y se formulan unos objetivos basados en concepciones pedagógicas que, posteriormente, darán unos resultados de uso práctico. Es decir, se desarrolla una competencia general para un uso de lengua no restringido. Sin embargo, en la enseñanza de lenguas para la comunicación profesional se persigue desarrollar una competencia restringida para desenvolverse en determinados contextos y realizar unas tareas claramente definidas e identificadas. Las tareas constituyen los fines específicos y el fundamento del diseño del curso.

Para fijar los objetivos hay que comenzar llevando a cabo un análisis de necesidades lo más pormenorizado posible con objeto de identificar los requisitos de comunicación que plantean las distintas situaciones-meta y compararlos con el grado actual de conocimientos de los aprendices de la lengua. También es posible que haya que tener en cuenta los requisitos de la institución o empresa que organiza el curso.

Una vez establecidas las necesidades de la situación de comunicación, se procede al diseño del curso y a la elaboración de un plan de actuación, una programación provisional de contenidos, secuenciación y temporalización, lo suficientemente flexible como para que pueda adaptarse a las necesidades reales y a los ritmos de aprendizaje del grupo concreto de alumnos.

3.1. Análisis de necesidades y diseño del curso

Cada situación de enseñanza-aprendizaje implica tener en cuenta los factores determinantes que inciden directamente en el diseño y, posteriormente, en la metodología y en los procedimientos que se van a aplicar en cada caso. Así pues, el diseño de un curso se entiende como el marco en el que se va a desarrollar la programación. En este marco se explicitan las decisiones tomadas en relación con unos objetivos y una programación, así como los contenidos apropiados para alcanzar los objetivos, el tiempo que se requiere, la secuenciación y la temporalización de las actividades, los procedimientos e instrumentos de evaluación.

El primer elemento del diseño de un curso es el análisis de necesidades[13]. Para llevar a cabo este análisis contamos con una serie de instrumentos y métodos (cuestionarios, entrevistas individuales, análisis de ofertas de trabajo, entrevistas con profesionales e instituciones del campo profesional, publicaciones, etc.). El resultado de este análisis determinará las capacidades que necesita un grupo de alumnos para comunicarse efectiva y eficazmente en una situación meta y permitirá establecer los criterios para ordenar esas necesidades de acuerdo con unas prioridades. Además, el resultado del análisis proporcionará los elementos de juicio y los criterios de evaluación para verificar la eficacia del diseño, a lo largo y al final del proceso de enseñanza y aprendizaje.

El segundo elemento del diseño de un curso corresponde a la programación. Con este término se hace referencia a la planificación de lo que se va a enseñar en un determinado periodo de tiempo. Es la descripción de los contenidos del curso y el orden en que se van a presentar.

De los distintos modelos de programación que se han propuesto en los últimos años, vamos a describir los dos más importantes. En primer lugar, hay que distinguir entre programas orientados al producto y programas orientados al proceso.

Una programación orientada al producto hace hincapié en los conocimientos lingüísticos y en las capacidades que los estudiantes deberían alcanzar como resultado del proceso de enseñanza y aprendizaje. Los resultados que se obtienen al final de este proceso representan el producto. Este tipo de programación se caracteriza por ser cerrada, es decir, no es susceptible de modificación.

La programación orientada al proceso tiene por objetivo generar una dinámica de comunicación e implica a los alumnos en el diseño de la misma. Es decir, todo lo que sucede en el aula es materia de negociación con los alumnos. La programación se organiza en torno a un plan de trabajo, que debe ser discutido y seleccionado por los propios alumnos.

Otra decisión importante es la relacionada con la metodología, entendida como la aplicación coherente de un método, es decir, un conjunto de procedimientos ordenados mediante los cuales se pretende alcanzar los objetivos. Uno de los rasgos característicos de la metodología de la enseñanza de lenguas con fines específicos es el hecho de estar determinada por las características de cada situación de enseñanza y aprendizaje.

En estas situaciones hay que tener en cuenta los siguientes aspectos: la relación entre el método y la especialidad de los aprendices, el lugar y la naturaleza de la práctica lingüística y la relación entre adquisición y aprendizaje y entre los conocimientos previos y los nuevos. Por tanto, la interacción entre profesor, alumnos y materiales pueden variar en función de la diversidad de situaciones de enseñanza y aprendizaje.

---

[13] Según establecimos en el capítulo dedicado al *Análisis de necesidades*, en esta misma obra.

Otro elemento que hay que tener muy presente en el diseño de un curso es el relativo a los materiales y recursos didácticos. Tanto unos como otros tienen que estar estrechamente relacionados con el ámbito profesional de los alumnos y tener un carácter de autenticidad.

El último elemento del diseño de un curso es la evaluación, entendida como la valoración cualitativa y cuantitativa de los resultados obtenidos mediante la comparación de estos resultados con los objetivos establecidos.

3. 2. Métodos de trabajo

Como hemos señalado anteriormente cada situación de enseñanza-aprendizaje puede ser diferente e implica tener que considerar una serie de aspectos que, junto con las características generales que vamos a señalar, inciden en la intervención docente y en los métodos y procedimientos utilizados:

- El hecho de ser una enseñanza especializada, orientada a unas metas en un campo específico, indica una determinada actitud hacia la lengua y sugiere unos temas, conceptos y nociones, y una tipología de textos y un tipo determinado de actividades.
- Se fundamenta en el análisis de necesidades, que incluye las necesidades de aprendizaje, indica unas carencias y determina las destrezas y estrategias que habrá que fomentar.
- Normalmente, se imparte en un periodo de formación limitado, a veces con urgencia.
- Los alumnos son adultos, bien en formación académica o profesionales del campo profesional. Los primeros necesitarán formación sobre los conceptos y procedimientos de la profesión, mientras que los segundos sólo requerirán actividades para utilizar la lengua en los contextos respectivos.
- El último aspecto significativo que se deriva de la especificidad de este tipo de enseñanza es la necesidad de formación especializada del profesor.

En realidad, no se puede hablar de una metodología específica, sino de una pluralidad de enfoques y de procedimientos entre los que se puede elegir el más apropiado o rentable para una determinada situación de enseñanza-aprendizaje. Ahora bien, si la finalidad última es facilitar la adquisición de una determinada competencia comunicativa, el enfoque general de la enseñanza deberá centrarse en fomentar la comunicación. Por tanto, la organización de toda intervención didáctica deberá orientarse a la actuación de los alumnos, proporcionando escenarios que permitan desarrollar las habilidades y destrezas y aplicando estrategias de aprendizaje propias.

Existen diversos métodos de trabajo y formas de organizar la actuación en el aula. En este caso concreto, vamos a proponer la utilización de cinco métodos que están relacionados con los métodos aplicados usualmente por los profesionales en sus respectivos campos laborales: simulaciones, proyectos, tareas, presentaciones orales y estudios de casos.

- Simulaciones: la simulación global trata de considerar y reconstruir en el aula todos los elementos que configuran una determinada situación. Requiere una serie de fases: organizar el aula, establecer las bases del plan sobre el que se va a trabajar, puntualizar la forma de recogida de información, normas del juego, adopción de papeles por parte de los alumnos, etc. Si, por ejemplo, se ha elegido la simulación de organizar la participación de una empresa en una feria internacional, habrá que obtener la información necesaria acerca de las condiciones de participación y alquiler del *stand* correspondiente y, a continuación, ir poniendo en escena todas las situaciones que se requieran (conversaciones telefónicas con la organización, alquiler y decoración del *stand*, contratación de servicios, entrevistas, negociaciones, preparar una presentación de los productos de la empresa, etc.). La fase más importante es la dedicada a trabajar con los documentos auténticos que establecen la relación con la realidad, así como la de la utilización de los recursos de las tecnologías de la información y comunicación (vídeo, ordenador, etc). El profesor por su parte, deberá proporcionar los elementos lingüísticos y comunicativos que requieran las situaciones. La evaluación de este método es continua y compartida, ya que cada alumno puede ir haciendo el seguimiento de su progreso en un cuaderno de actividades y participar en la valoración propia y en la de sus compañeros.

Una ventaja de este método es que permite establecer niveles de actuación entre los alumnos. Además, resulta muy motivador porque los alumnos están implicados desde el principio en el proceso de toma de decisiones; permite la creatividad individual y colectiva; la progresión se desplaza desde el plano gramatical y léxico al plano de la comunicación, por necesidades de la comunicación.

Un posible aspecto negativo, es el hecho de que requiere mucho tiempo y mucho trabajo de preparación. No obstante, es aconsejable en el caso de un grupo cuyo perfil esté muy delimitado y cuyas metas sean muy restringidas.

Un enfoque más sencillo es la dramatización, individual, por parejas o en grupos, en el transcurso de la cual, los alumnos actúan de acuerdo con el papel que se les ha asignado. Esta actividad fomenta el desarrollo de todas las destrezas y su integración, así como la constatación de la importancia que tiene la comunicación no verbal. En el caso de contar con los recursos necesarios, es muy aconsejable grabar las distintas actuaciones.

- Proyectos: se establece una tarea final muy amplia, en la que todas las actividades están orientadas a la preparación, desarrollo y elaboración de un proyecto. Lo más aconsejable es plantear un proyecto que esté muy relacionado con la actividad profesional de los alumnos. Cada proyecto es el resultado de un trabajo realizado por todo el grupo (aunque se pueden hacer mini-proyectos individuales). La actividad se inicia con la elección del tema, búsqueda de materiales y documentación; distribución del trabajo individual y de grupo, organización de la información, maquetación y presentación. Si se plantea, por ejemplo, la creación de una empresa dedicada al comercio electrónico, los alumnos deberán responsabilizarse de todas las fases del proyecto empresarial (elección de forma jurídica, estudio de mercados, estudio financiero, presupuestos, legislación, organigramas, planos, encuestas, documentos administrativos, contratación de personal, etcétera).

  Los proyectos se pueden plantear en cualquier nivel de aprendizaje, ya que permite la adaptación de las tareas y de los materiales a los conocimientos de los participantes y al tiempo de que se disponga. El aspecto negativo es que, en determinadas circunstancias, los alumnos tienen que buscar la documentación o hacer gestiones en horario no lectivo. Sin embargo, existe la posibilidad de que algunos de estos trámites se lleven a cabo como tareas utilizando Internet[14].
- Tareas: este enfoque implica adoptar la tarea como unidad de diseño de la actividad didáctica. Entendiendo por *tarea una unidad de trabajo en el aula que implica a los alumnos en la comprensión, manipulación, producción e interacción en la lengua extranjera, mientras su atención se halla centrada prioritariamente en el significado más que en la*

[14] Consúltense las tareas que se proponen en G. Ruipérez *et al.* (2002), *Primer Plano 3* y (2003), *Primer Plano 4*, Madrid, Edelsa, para la utilización e integración de los recursos de Internet.

forma (Nunan, 1989). Es decir, se programa una tarea final, en vez de contenidos lingüísticos (nociones, funciones, estructuras). Por ejemplo, la tarea final propuesta es la organización de una convención anual de una empresa. A partir de las tareas finales, se abordan las tareas intermedias, los objetivos didácticos, los contenidos, la metodología y la evaluación de la propia tarea. Las actividades intermedias son las preparatorias de la tarea final, ya que son las que proporcionan la información necesaria (funciones, léxico, etc.). En el caso de la tarea propuesta, hay que organizar todo lo relativo a los viajes y hoteles de los participantes, contenidos de la convención, protocolo e intervenciones, etc. Un rasgo importante es la presentación de la complejidad de la comunicación de forma global, cuyos elementos se van utilizando de manera interrelacionada, como sucede en la comunicación real.

Las características fundamentales de una tarea son: plantear un objetivo claro desde el principio; tener en cuenta la experiencia previa de aprendizaje (conocimientos, capacidades para la comunicación, conocimientos del mundo, actitudes, valores, sentimientos); proporcionar motivo para comunicarse; fomentar la resolución de problemas utilizando rutas diferentes y alcanzando resultados diferentes; compartir los resultados finales.

La ventaja del enfoque por tareas es la responsabilidad del alumno en su propio aprendizaje, ante la constatación de la importancia del trabajo que realiza, de sus avances, de que el error forma parte del aprendizaje y la necesidad de tener que comunicarse con sus compañeros en español para poder realizar la tarea.

- Presentaciones orales: puede formar parte de uno de los métodos que acabamos de mencionar (simulación, exposición oral de un proyecto o de una tarea) y, a pesar de estar centrado en la destreza oral, es un método que integra todas las destrezas. La exposición final es el resultado de un proceso, a lo largo del cual el alumno ha tenido que preparar la presentación utilizando las otras destrezas (leer o llamar por teléfono para extraer información, tomar notas y redactar el guión de la presentación, etc.). Puede ser una presentación individual o un trabajo de grupo. Por ejemplo, la preparación de la presentación de una cadena de hoteles o la nueva programación de una agencia de viajes en el transcurso de una feria internacional de turismo (FITUR). Es un enfoque metodológico imprescindible en la enseñanza del español para la comunicación profesional, puesto que las presentaciones son actividades muy comunes en el terreno profesional. Por otra parte, permite poner en marcha todos los recursos retóricos y practicar la comunicación no verbal.
- Estudios de casos: se trata de uno de los instrumentos que tenemos a disposición con el que los alumnos procedentes de ámbitos empresariales, legales y de la medicina e ingeniería están muy familiarizados. El método del caso está plenamente incorporado en las escuelas de administración de empresa porque proporciona prácticas para analizar problemas reales, en un contexto profesional y permite comprobar las estrategias de resolución de problemas. Además, facilita la práctica de estrategias de aprender a aprender y permite apoyarse en los conceptos, principios y procedimientos que se utilizan en el propio campo de conocimiento o de actividad laboral.

El método del caso tiene sus antecedentes lejanos en el diálogo socrático. Se basa en el planteamiento de la experiencia de un caso, esto es, se parte de un texto en el que se describe brevemente la situación problemática y real de una empresa. Esta situación requiere una acción para dar una solución. Los alumnos cuentan con los antecedentes y los datos necesarios para poder realizar una análisis de la situación de la empresa y discutir el problema, siguiendo distintas fases (identificar el problema, enumerar y valorar los hechos, analizar alternativas, extraer conclusiones y tomar decisiones) hasta proponer una solución. Este proceso implica la práctica de todas las destrezas (lectura de documentos, escuchar las exposiciones, valorar y argumentar puntos de vista, redactar un informe o resumen, aplicar los conocimientos adquiridos en el desarrollo de su profesión, etc.). Además, es un instrumento idóneo para transmitir los aspectos relacionados con los usos y costumbres, la etiqueta y la cultura empresarial de las organizaciones españolas. Un ejemplo de casos se puede plantear en relación con las privatizaciones de empresas o los casos de fusiones bancarias.

Un aspecto negativo del estudio de casos es la inexperiencia de la aplicación de este método, por parte de los alumnos, y la necesidad de una preparación muy específica, por parte del profesor. A pesar de ello, es muy aconsejable integrar este método en el curso, ya que favorece la motivación por su clara relación con el mundo real profesional. Otra alternativa es la utilización de casos sencillos y breves como ilustración de algún tema.

Para terminar, hay que destacar que, sea cual sea el enfoque utilizado, es conveniente la utilización de materiales auténticos, en distintos soportes, procedentes del campo de actividad profesional del grupo de alumnos, así como la importancia de la utilización activa de los recursos audiovisuales para la presentación y comprensión de una situación de comunicación, sin olvidarse de los cada vez más necesarios recursos multimedia. Estos recursos tienen la propiedad de presentar de forma integrada todos los elementos y aspectos que conforman una situación de comunicación y, sobre todo, permiten establecer la conexión entre el mundo real profesional y el aula, que es la razón fundamental de la enseñanza del español para la comunicación profesional.

Conclusión

Los cambios políticos y económicos y, especialmente, los desarrollos tecnológicos han originado un nuevo modelo de sociedad a la que se ha denominado la Sociedad de la Información y la Comunicación (SIC). En esta sociedad se ha evidenciado la necesidad de dominar varios idiomas para poder desenvolverse en los cada vez más complejo y exigentes ámbitos laborales.

Es evidente que los profesores de lenguas extranjeras no podemos quedar al margen en esta sociedad del conocimiento, en la que nuestra actividad debería incrementarse. Pero, también, es cierto que las actuales circunstancias requieren una adaptación e innovación por parte de los profesores para dar respuesta a las necesidades de esa sociedad en materia de conocimientos lingüísticos.

La lengua española es el mayor activo que tenemos. Las características del español hacen que sea una lengua eficaz en la comunicación y competitiva. Por otra parte, a partir de un conjunto de datos y tendencias (la cifra de hispanohablantes en veinte países, muchos de los cuales representan economías emergentes; la implantación del español en el sistema educativo brasileño; los distintos procesos de integración económica en los continentes americano y europeo; el incremento de la población hispana en Estados Unidos, además de la cifra de norteamericanos de origen no hispano que habla o aprende español; la dimensión europea de la Enseñanza Superior, marcada por la Declaración de Bolonia, que prevé la implantación del Espacio Único Europeo de Enseñanza Superior para el año 2010) podemos arriesgarnos a señalar que la demanda de enseñanza de español con una orientación profesional se va a incrementar.

La experiencia en otras lenguas, fundamentalmente en la lengua inglesa, en este campo es muy interesante y puede servir como excelente punto de partida. Sin embargo, sería muy conveniente establecer líneas de investigación teórica y práctica sobre los aspectos, más o menos complejos, que plantea la comunicación profesional en español, así como las particularidades del proceso de enseñanza y aprendizaje de español especializado.

Por tanto, parece razonable que los profesores que estamos implicados en la formación lingüística de los profesionales, y en la formación de profesores de español como lengua extranjera, nos dediquemos a investigar, reflexionar e intercambiar experiencias con el fin de mejorar nuestra práctica e intervención en el aula. De esta manera, cumpliremos con nuestras metas de formación y facilitaremos la adquisición de la competencia comunicativa requerida en los distintos ámbitos profesionales.

BIBLIOGRAFÍA

AESLA (1987), *Actas del V Congreso de Lingüística Aplicada*, Pamplona.

AGUIRRE BELTRÁN, B. (1998), "Enfoque, metodología y orientaciones didácticas de la enseñanza del español con fines específicos", *Carabela,* 44: 5-29, Madrid, SGEL.

AGUIRRE BELTRÁN, B. (1998), "Comunicación y cultura en situaciones profesionales: saber ser, saber estar y saber hacer", *Frecuencia* L, 7: 19-24, Madrid, Edinumen.

ALCARAZ VARÓ, E. (2000), *El inglés profesional y académico*, Madrid, Alianza.

ARGYLE, M. (1975), *Body communication*, Nueva York, International University Press.

BROWN, H. y YULE, G. (1983), *Discourse Analysis*, Cambridge, Cambridge University Press.

CABRÉ, M. T. (1993), *La terminología, teoría, metodología y aplicaciones*, Barcelona, Antártida.

CHAMBER, F. (1980), "A Re-evaluation of Needs Analysis", *ESP Journal*, 1, 1: 25-33.

COOK, G. (1989), *Discourse*, Oxford, OUP.

DUDELEY, T. y ST. JOHN, M. J. (1998), *Developments in English for Specific Purposes*, Cambridge, Cambridge University Press.

ESCANDELL, M. V. (1996), *Introducción a la pragmática*, Barcelona, Ariel.

HALL, E. T. (1959), *El lenguaje silencioso*, Madrid, Alianza.

HUTCHINSON, T. y WATERS, A. (1987), *English for Specific Purposes: a Learning-Centred Approach*, Cambridge, CUP.

HYMES, D. (1972), "On Communicative Competence", en J. B. PRIDE y J. HOLMES (eds.), *Sociolinguistics*, Harmondsworth, Penguin.

KOCOUREK, R. (1991), *La langue française de la technique et de la science: vers une linguistiue de la langue savante*, Wiesbaden, Brandstetter Verlag.

LERAT, P. (1997), *Las lenguas especializadas*, Barcelona, Ariel Lingüística.

MUNBY, J. (1978), *Communicative Syllabus Design*, Cambridge, Cambridge University Press.

MINISTERIO DE EDUCACIÓN, CULTURA Y DEPORTE (2000), *Actas de I Congreso Internacional de Español para Fines Específicos*, Amsterdam, Secretaría General Técnica del MECD.

NUNAN, D. (1989), *Designing Tasks for the Communicative Classroom*, Cambridge, Cambridge University Press.

POYATOS, F. (1983), *New Perspectives in Nonverbal Communication*, Oxford, Pergamon Press.

POYATOS, F. (1994), *La comunicación no verbal*, Barcelona, Kairós.

ROBINSON, P. (1991), *ESP Today: a practitioner's guide*, Prentice Hall.

SÁNCHEZ PÉREZ, A. (1992), *Historia de la enseñanza del español como lengua extranjera,* Madrid, SGEL.

SEARLE, J. R. (1969), *Speech Acts*, Cambridge, Cambridge University Press.

STURTRIDGE, G. (1981), "Role Play and Simulations", en K. JOHNSON y J. MOROW (eds.), *Communication in the Classroom*, Harlow, Longman.

SWALES, J. (1988), *Episodes in ESP*, Prentice Hall.

SWALES, J. (1990), *Genre Analysis. English in Academic and Research Settings*, Cambridge, Cambridge University Press.

URBINA, J. A., (1994), *El protocolo en los negocios,* Madrid, Temas de Hoy.

VV. AA., Colección *El español por profesiones*, Madrid, SGEL.

VV. AA., (1998), "La enseñanza del español para extranjeros con fines específicos", *Carabela,* 44, Madrid, SGEL.

WAINWRIGHT, G. R. (1987), *El lenguaje del cuerpo*, Madrid, Pirámide.

WIDDOWSON, H. G. (1983), *Learning Purpose and Language Use*, Oxford, Oxford University Press.

La enseñanza del español con fines académicos

Graciela E. Vázquez
Unversidad Libre de Berlín

Introducción

La enseñanza del español con fines académicos es una disciplina relativamente nueva en el campo de español como lengua extranjera. Su razón de ser está relacionada con los programas de movilidad europea (Erasmus/Sócrates) y la convalidación de créditos. En otras palabras: el estudiantado que desea cursar una parte de sus estudios en una universidad española deberá prepararse para funcionar temporalmente en una situación académica monocultural y cumplir con los requisitos que dicha situación impone. Su competencia comunicativa deberá ampliarse para la correcta recepción de textos orales (clases magistrales) y la producción aceptable de textos escritos (trabajos monográficos y exámenes, entre otros). Existen claros signos de que el aprendizaje de la lengua durante las estancias en el extranjero es insuficiente para alcanzar niveles adecuados de comunicación académica, entendida ésta como el código oral y escrito que utilizan docentes y estudiantes en ámbitos universitarios para presentar, discutir y evaluar información de carácter científico. Uno de los problemas de mayor peso lo constituye el desconocimiento que el estudiante tiene de las tradiciones académicas (españolas, en nuestro caso) y de la estructura y función de las clases por un lado y de las formas de evaluación, por otro. Quienes reproducen intuitivamente el discurso académico de la cultura extranjera obtienen, por lo general, mejores calificaciones que quienes demuestran buenos conocimientos lingüísticos, condición necesaria, pero no suficiente para alcanzar niveles deseados de calidad. Algunos géneros académicos (en francés: *dissertation, explication, comentaire composé;* en alemán *schriftliches Referat, Thesenpapier, Protokoll;* en inglés*: academic essays, thesis y dissertations)* y los ritos que existen en los seminarios y presentaciones orales están en algunas lenguas explícitamente codificados. A pesar de ello, la experiencia demuestra que el estudiantado extranjero necesita unos dos años aproximadamente para dominarlos. Más complejo y más costoso en términos de tiempo resulta la comprensión de tradiciones que, como la española, no había sido investigada hasta principios del año 2000, año en que se publican los productos del proyecto europeo ADIEU (www.sprachlabor.fu-berlin.de/adieu). Hasta entonces la información era de carácter anecdótico y los materiales que ofrecía el mercado estaban destinados a personas cuya lengua nativa era el español. Los resultados del proyecto ADIEU (El discurso académico en la Unión Europea) han abierto un campo de investigación, todavía incipiente pero potencialmente muy útil, que hace transparente algunas de las características de los textos académicos escritos e identifica un número de elementos indispensables para analizar clases magistrales, todo ello con la finalidad de desarrollar materiales de enseñanza destinados a la preparación lingüística e intercultural de estudiantes de intercambio. Paralelamente, resulta imprescindible mencionar los estudios llevados a cabo en varias universidades argentinas a partir de 1995, fecha en que comienzan a publicarse artículos relacionados con las clases textuales y su impacto receptivo y comunicativo en la socialización universitaria local. Este artículo -que debe entenderse como un estado de la cuestión hasta octubre de 2002- retoma aspectos ya mencionados en publicaciones anteriores (Vázquez: 2001c y 2002b y c) y su intención consiste en plantear de forma esquemática las características del discurso académico en español en su dimensión lingüística, intercultural y didáctica.

¿Qué significa Español con Fines Académicos? (EFA). Se trata de una disciplina que investiga las características de los géneros académicos -en un amplio sentido de la palabra- con el objetivo de facilitar a personas no nativas de una lengua la adquisición de destrezas que les permitan cumplir con éxito tareas propias de los ámbitos universitarios, entre otras producir textos y comprender clases magistrales. La investigación se extiende a otras áreas relacionadas: el currículum, el análisis de necesidades, los objetivos, los marcos teóricos y análisis de corpora, el enfoque metodológico (procesos y productos), los entornos de aprendizaje, la evaluación, las estrategias de comprensión y producción, la *gramática* del texto académico, los materiales y otros estudios, como puede ser el de la perspectiva de la lengua materna.

1. El currículum

El currículum de EFA se caracterizará por la presencia de algunos de los siguientes elementos (Flowerdew y Peacock: 2000: 13):

- Materiales auténticos.
- Enseñanza por tareas.
- Público adulto universitario.
- Cursos a la medida de las necesidades individuales.
- Contenidos específicos de disciplinas particulares.
- Autonomía.
- Focalización en el registro, léxico, sintaxis y retórica propios de una disciplina.
- Tándem con especialistas (*Team Teaching*).

Los módulos (a modo de ejemplo) podrían describirse como sigue:

- Módulo para la expresión escrita: ¿Cómo se escribe una monografía?

Objetivos	Escribir una monografía en la propia asignatura según los criterios de la tradición académica en cuestión.
Nivel	El nivel inicial para acceder a los módulos se determinará a través de los instrumentos de evaluación de uso corriente (DELE, DIALANG, UNICERT), siempre y cuando éstos sean comparables al nivel B2 del *Marco común europeo de referencia*.

Carga horaria	- Un módulo de 4 horas en sesiones de 45 minutos (presenciales). - Trabajo independiente: 180 minutos semanales de trabajo individual o grupal, fuera del centro o en un Centro de Aprendizaje Autónomo. - Asesoramiento sobre estrategias de aprendizaje: 30 minutos mensuales. - Tutorías.
Contenido	- Diferentes tipos de clases textuales: introducciones, conclusiones, resúmenes, reseñas, etcétera. - Organización de la estructura, partes, funciones y recursos lingüísticos. - La construcción de la argumentación y la exposición. - Recursos que contribuyen a la coherencia temática. - Instancias enunciativas. - Recursos de matización. - Relaciones retóricas y conectores. - Reformulaciones. - Léxico.
Materiales	- Guía didáctica del discurso académico escrito. - Unidades didácticas en línea. - Actividades para la escritura académica.
Evaluación	Se trata de una constatación continua relacionada con los procesos, actividades y tareas que se plantean en los diversos entornos de aprendizaje. Es aconsejable que tanto docentes como estudiantes lleven un diario donde quede asentado el proceso de aprendizaje. La evaluación final consistirá en la corrección de la monografía por la persona que imparte el curso y, de ser posible, por una o un docente de la especialidad.

Figura 1: ¿Cómo se escribe una monografía?

- Módulo para la comprensión y evaluación de la comprensión auditiva: la clase magistral

Objetivos	Se determinan en base a las necesidades de las personas que participan y deben resultar claros, tanto para sus participantes como para quienes imparten el curso. Dichos objetivos pueden resumirse así. Comprender, tomar notas y evaluar información específica relacionada con una carrera en particular.
Nivel	El nivel inicial para acceder a los módulos se determinará a través de los instrumentos de evaluación de uso corriente (DELE, DIALANG, UNICERT), siempre y cuando éstos sean comparables al nivel B2 del Consejo de Europa.
Carga horaria	- Un módulo de 4 horas en sesiones de 45 minutos (presenciales). - Trabajo independiente: 180 minutos semanales de trabajo individual o grupal, fuera del centro o en un Centro de Aprendizaje Autónomo. - Asesoramiento sobre estrategias de aprendizaje: 30 minutos mensuales.
Contenido	- Características lingüísticas y pragmáticas del discurso magistral oral. - Discusiones sobre situaciones concretas o incidentes críticos (la hora de consulta, cómo plantear preguntas en clase, cuestiones *burocráticas* de interés general, importancia de los apuntes, la función de la biblioteca y el laboratorio de lenguas, la modalidad de los exámenes, cómo negociar las notas, etc.). Eventualmente, reflexión sobre la propia cultura académica. Discusión sobre expectativas.

Materiales	- Vídeos de clases magistrales con las correspondientes transcripciones. Fichas de trabajo. - CD-Rom *Comprender en español.* - Entrevistas de corta duración a estudiantes y docentes.
Evaluación	Se trata de una constatación continua relacionada con los procesos, actividades y tareas que se plantean en los diversos entornos de aprendizaje. Es aconsejable que tanto docentes como estudiantes lleven un diario donde quede asentado el proceso de aprendizaje. La evaluación final, lógicamente, se producirá en clases reales y podrá constatarse a través de los créditos obtenidos en la universidad extranjera.

Figura 2: La clase magistral.

2. El análisis de necesidades

Un análisis de necesidades debería responder, por lo menos, a algunas de las siguientes preguntas:
- ¿Por qué se ha elegido el curso de EFA?
- ¿En que contextos utilizarán la lengua?
- ¿Qué se debe aprender además de lo que se sabe?
- ¿De qué competencias estratégicas se dispone?
- ¿De cuánto tiempo se dispone?
- ¿Qué experiencias se han realizado en la propia universidad y en el extranjero?
- ¿Qué instrumentos están a disposición? (manuales, apuntes fotocopiados, etcétera).

Esta información se puede recoger a través de cuestionarios, entrevistas a estudiantes y docentes, publicaciones de requisitos universitarios, lineamientos de redacción de textos, bibliografía específica, evaluaciones previas y posteriores al curso, diarios de aprendizaje, etcétera.

Algunos ejemplos son los siguientes:
- *Cuestionario ADIEU*, una serie de preguntas destinadas a recoger la experiencia realizada por estudiantes de la Freie Universität Berlín en diversas universidades españolas (Vázquez, 1998).
- *Cuestionario ADIEU*, una serie de preguntas destinadas a recoger los criterios de bondad utilizados por profesoras y profesores de universidades españolas (Eßer, 1998).
- Bibliografía comentada sobre manuales de redacción y afines publicados en la década de los años noventa. (Véanse: www.sprachlabor.fu-berlin.de/adieu >>> Unidad Didáctica, cap. 9 y Montolío, 2001).
- Encuestas que permitan categorizar logros y limitaciones personales pero recurrentes a partir de los problemas enunciados por los propios estudiantes, tales como el dominio de la organización global del texto, el control de los aspectos atencionales, la proyección de las propias dificultades en la complejidad del texto y estilo del enunciador, el conocimiento de léxico específico (Murga de Uslenghi *et al.*, 2002).
- Recomendaciones para escribir una clase determinada de texto (por ejemplo, el resumen) que proceda de los ámbitos editoriales.

3. Los objetivos

Los objetivos de los cursos de EFA pueden especificarse al estilo de los descriptores del *Marco común europeo de referencia* (http://cvc.cervantes.es/obref/marco), reformulados a los fines de la actividad académica (http://www.unifr.ch/ids/Portfolio):

- Escuchar:
  - Comprender una clase magistral en la propia asignatura aunque sea lingüística y temáticamente compleja, tomar notas y reconstruir los puntos principales con ayuda de las mismas.
  - Comprender una clase magistral o una conferencia en la propia asignatura en una variante que no sea la lengua estándar.
- Participar en una discusión:
  - Hablar de contenidos relacionados con la propia asignatura en contextos informales.
  - En situaciones relacionadas con la organización de los estudios, incluso telefónicamente.
- Exponer:
  - En la asignatura propia -con o sin la ayuda de notas.
  - En la asignatura propia, un tema bien estructurado, ser capaz de desviarse del tema y contestar preguntas.
  - Discutir sobre temas conocidos en encuentros de rutina, por ejemplo, el seminario.
- Leer:
  - Identificar información necesaria para informarse o resolver tareas.
  - Comprender en detalle textos que hacen a la propia asignatura.
- Escribir:
  - Textos claros y detallados, ensayos, informes, trabajos, en la propia asignatura.
  - Resumir información en base a una bibliografía.
  - Escribir una monografía, aunque la corrección de la redacción sea hecha por una persona nativa.

4. Marcos teóricos y análisis de córpora: el corpus Adieu

4.1. Discurso académico escrito

En el marco del proyecto ADIEU se seleccionaron una serie de artículos escritos por profesoras y profesores que el estudiantado utiliza como material de lectura y estudio. Un criterio importante es que se trata de un análisis no puramente descriptivo, sino explicativo, es decir, no sólo se identifican la frecuencia de formas, sino su función. También se ha tenido en cuenta en qué situación o en qué texto aparecen dichas formas, ya que no es lo mismo analizar un manual de introducción a una disciplina, que un artículo que presenta la discusión de un problema o el estado de la cuestión, que apuntes destinados al consumo estudiantil. Un repaso somero de la bibliografía inglesa demuestra que los primeros análisis de registro (retórica contrastiva) dieron paso a análisis de carácter pragmático, para privilegiar en la actualidad los llamados análisis de género (Swales, 1990; Bahtia, 1993, para citar los más populares). Para el español, la bibliografía es todavía escasa.

En el caso del corpus ADIEU el material disponible consta de tres grandes partes:

- Los esquemas de los textos.
- Los datos cuantitativos que provienen de esos esquemas.
- El análisis de los datos más llamativos.

Los resultados más importantes aparecen en *Guía Didáctica del Discurso Académico Escrito* (Vázquez, 2001) y pueden resumirse así:

La estructura global de un texto científico se caracteriza por tres partes (introducción, desarrollo y conclusión). Opcionalmente va precedido de un sumario y suele ir cerrado por las referencias bibliográficas. La introducción cumple una de varias funciones: presentar el tema general o específico o el estado de la cuestión; resumir el desarrollo del tema o las ideas importantes y exponer una tesis o conclusión. Las conclusiones pueden ser cerradas o abiertas. Las cerradas exponen la idea principal, resumen los resultados obtenidos en otras investigaciones o el mismo texto, evalúan las ideas o investigación propuestas o exponen la repercusión de las aportaciones del texto. Las conclusiones abiertas refieren asuntos que requieren tratamiento puntual, presentan aplicaciones o plantean preguntas (Cestero, 2001).

La construcción de la argumentación se realiza a través de varias estrategias: secuencias de contrastes entre polos positivos y negativos, que permiten centrar la atención en el primero; utilización de ejemplos concretos para corroborar la exactitud del análisis propuesto; los ejemplos suelen estar marcados explícitamente y en las transiciones aparecen a menudo referencias a quien escribe o lee. La tercera estrategia es la presentación *in crescendo*, que permite una confrontación paulatina con el análisis. La cuarta estrategia es la así llamada *tabula rasa*, que borra mentalmente la información que precede y prepara para recibir la información siguiente. Y, por último, la conclusión intermedia, que resume lo que precede y fundamenta lo que sigue (Delbecque y Goethals, 2001).

El género académico rehuye todavía la expresión personalizada. En el caso de la referencia a otras autoras o autores, esto suele ocurrir para facilitar la crítica. Cuando se asume la autoría, y esto ocurre de manera explícita, la autora o autor del texto se perfila como organizador/a del texto. Por el contrario, si es la persona responsable de las ideas, acudirá a otras estrategias para evitar el uso de la primera persona como sujeto (Goethals y Delbecque, 2001).

La forma de introducir notas, citas y referencias varía según diferentes parámetros, pero se puede afirmar que, en general, mostrar que se conoce en detalle una tradición amplia y que se maneja un número considerable de fuentes constituye un valor (el valor de la erudición manifiesta) que llega a menudo a predominar sobre la concisión, la síntesis personal, la originalidad y una línea expositiva clara y directa, que son primordiales en otras tradiciones. Otro rasgo característico: la escasez de discrepancia y crítica explícita (Laca, 2001).

Se utilizan numerosos recursos léxicos que tienen la finalidad de matizar las afirmaciones, precisar el grado de certidumbre o indicar en qué sentido son pertinentes y por qué se las formula. Su uso está dictado por normas de deferencia hacía el público lector y por la necesidad de cubrirse las espaldas antes posibles reproches. Es sobre todo en el uso de estos recursos en donde se expresa la naturaleza interactiva y social del discurso académico (Laca, 2001).

Las reformulaciones representan retrocesos en el movimiento del texto, que pueden parafrasear algo dicho previamente, expandiéndolo o condensándolo, o bien rectifican o se distancian de lo dicho con anterioridad. Es una de las estrategias principales para organizar un texto y su función consiste principalmente en facilitar que se retome o reencuentre la línea argumentativa principal (Laca, 2001).

4.2. Discurso académico oral

El análisis del discurso académico oral se llevó a cabo, principalmente, con el objetivo de sentar las bases de una didáctica de la comprensión auditiva y, de manera eventual, permitir o facilitar la toma de apuntes. Las conclusiones más importantes aparecen en *El Discurso Académico Oral. Guía Didáctica para la Comprensión Auditiva y Visual de Clases magistrales* (Vázquez, 2001) y pueden resumirse así:

Desde el punto de vista pragmático, una clase magistral es un acontecimiento comunicativo propio de los ámbitos docentes. Constituye uno de los medios más comunes de transmisión de información. Asigna a quienes participan unos papeles bien diferenciados y responde casi siempre a una estructura subyacente cuyas partes más notables son: preámbulo, planteamiento del tópico general, explicación, interacción antes del cierre y cierre de la lección. El contenido transmitido a través de estas secciones presenta casi siempre la combinación de algunas modalidades de transmisión de información, así como determinadas operaciones discursivas (contraste, argumentación, estructuración del discurso, etc.). (Ortega, 2001; *cf.* Alavedra, 1996).

Los componentes no verbales del discurso académico español, según la investigación realizada, no difieren, culturalmente hablando, de manera significativa del contexto europeo. Es importante, sin embargo, en el ámbito universitario, identificar los mecanismos señalizadores de énfasis y la puntualización, que ayudan a distinguir las ideas esenciales, así como las frecuentes contradicciones entre los mensajes verbales y no verbales emitidos simultáneamente, ya que lo habitual es que sean estos últimos los que den la clave del auténtico sentir de la persona dicente, que puede estar manifestando lo contrario de lo que le gustaría decir únicamente por cortesía. En definitiva, la correcta interpretación de los complementos no verbales puede resultar decisiva también en la elección de los comportamientos apropiados en el aula, tanto de la persona que enseña como de las que aprenden (Forgas y Herrera Rodrigo, 2001).

A las estrategias discursivas analizadas corresponden ciertos rasgos fónicos: cuando se introduce información nueva, la velocidad a la que se habla disminuye, la pronunciación es más cuidada y las pausas entre las palabras es breve. Cuando se transmite información sobre el propio discurso, la enumeración de lo que se va a decir está marcada por pausas y la entonación es suspensiva. En las recapitulaciones, la velocidad es relativamente rápida y en el caso de opiniones o información evaluada, la velocidad también es rápida, pero el volumen de la voz sube y baja para llamar la atención (Poch Olivé, 2001).

Para elaborar la *Guía del discurso académico oral* se realizaron los siguientes trabajos previos:

- Un primer visionado del material (30 clases) para su clasificación en tradicionales y menos tradicionales.
- Selección real de ocho clases.
- Transcripción (con la entonación) de todo el material (copiado en el sistema de vídeo VHS, desde la grabación original en Betacam).
- Análisis de la estructura de la clase magistral, gestos y elementos fónicos.
- Decisión acerca de los elementos a analizar.

5. Enfoque metodológico: procesos y tareas

5.1. La monografía

5.1.1. Procesos

Descubrir, en primer lugar, las dificultades que supone redactar una monografía e identificar los problemas más frecuentes, como así también las habilidades con las que se cuenta y que pueden transferirse positivamente. Entre los primeros:

- Conocimientos lingüísticos insuficientes.
- Presencia de rasgos propios del discurso académico nativo. En el caso de estudiantes cuya lengua nativa es el alemán: digresiones, asimetrías, discontinuidad, escasa utilización de marcadores temporales, definiciones a lo largo del texto, número reducido de frases tópico, alto grado de abstracción, uso profuso de terminología específica, orientación a quien escribe y no a quien lee, entre los más frecuentes.

5.1.2. Tareas

Aprender a escribir a través:

- De actividades de reconocimiento de las características y partes de un texto.
- De la variación de estrategias en un mismo texto.
- De los elementos léxicos que se relacionan con el tema y el objetivo.
- Del efecto que produce la lectura de diversos textos.
- Del objetivo de un texto en particular.
- Del tema y de su desarrollo.
- De las relaciones entre los temas y la de las ideas entre sí.
- De la información relevante.
- De actividades de deducción:
  - del significado de las palabras a través del contexto,
  - de la función de los marcadores discursivos,
  - de la función de los recursos de matización,
  - de la función de los conectores y las reformulaciones.
- De actividades de (re)producción:
  - a partir de frases y de párrafos,
  - utilizando fichas de expresiones, recursos lingüísticos, etcétera,
  - manipulando textos y observando las diferencias,
  - resumiendo información, a partir de una bibliografía, para escribir un texto (estado de la cuestión), por ejemplo.
- De actividades de (auto)evaluación:
  - comparar textos de estudiantes sobre un mismo tema,
  - trabajar con listas para comprobar si se cumplen ciertos criterios pre-establecidos,
  - trabajar con el fichero de errores,
  - modificar textos propios en base a sugerencias,
  - comparar las diversas versiones de un mismo texto.

5.2. La clase magistral

5.2.1. Procesos

Descubrir, en primer lugar, las dificultades que supone comprender una clase magistral e identificar los problemas más frecuentes, como así también las habilidades con las que se cuenta y que pueden transferirse positivamente. Entre los primeros:
- Falta de conocimientos previos.
- Poca familiaridad con la pronunciación y el ritmo.
- Confrontación con estilos lectivos diferentes.
- Conceptos y terminología nuevos.
- Falta de concentración.
- Incapacidad para reconocer la macroestructura de una clase.
- Dificultad para sobreponerse a la presencia de elementos culturales que producen irritación o estigmatización.
- Incapacidad para reconocer aquellos momentos del discurso donde se producen cambios.
- Poca habilidad para identificar las estrategias que caracterizan a una buena clase magistral y que sirven para contrarrestar lo efímero del texto oral.
- Descubrir el *modo de oír* propio y de los recursos que fomentan la concentración.
- Dificultad para distinguir entre lo esencial y lo irrelevante.
- Tomar decisiones basadas en entrevistas personales y que se refieren a qué, cuánto y cuándo se quiere aprender de acuerdo con el material a disposición.
- Establecer en líneas generales las responsabilidades docentes y discentes en un contrato.
- Explicitar mecanismos de reformulación del contrato, según la efectividad de las decisiones tomadas.

Se priorizará la complejidad de la tarea que supone comprender las clases magistrales en general a la dificultad lingüística que pueda presentar una asignatura en particular. En la medida de lo posible (los límites temporales son considerables) se intentará reproducir un ambiente similar al que caracteriza la rutina de la universidad española en lo que se refiere a tomar apuntes, responder preguntas por escrito, hacer exámenes y pruebas, etcétera.

Se hará hincapié en la aplicación de estrategias que conduzcan a aprender a aprender, de modo tal que quienes participan puedan compensar eventuales carencias lingüísticas.

El aprendizaje es un proceso cíclico que se beneficia de la relación de una tarea con otras pertinentes: relacionar la clase magistral con otro tipo de actividades que redunden en una consolidación de lo escuchado con la lectura de otros textos académicos y la participación en otros escenarios (debates y discusiones con personal especializado).

5.2.2. Tareas

Aprender a escuchar a través (Vázquez, 2003):
- De actividades de reconocimiento:
    - de la función de la entonación,
    - de los elementos léxicos que se relacionan con el tema y el objetivo,
    - de los gestos.

- De actividades de identificación:
  - del objetivo y alcance de la clase,
  - del tema y de su desarrollo,
  - de las relaciones entre los temas y la de las ideas entre sí,
  - de la información relevante.
- De actividades de deducción:
  - del significado de las palabras a través del contexto,
  - de la función de los marcadores discursivos.
- De actividades de memorización:
  - de la información a través de notas.
- De actividades de reproducción:
  - de la información a partir de notas.
- De actividades de (auto)evaluación:
  - responder preguntas,
  - resumir la información,
  - comparar apuntes con transcripciones.

5.2.3. Procedimientos

- Actividades y tareas pre-auditivas:
  - Trabajo con las transcripciones de las clases magistrales para:
    - hacer predicciones y anticipaciones sobre el contenido,
    - identificar marcadores de discurso y recursos lingüísticos,
    - Identificar momentos en el proceso discursivo.
  - Introducción del contenido de la clase magistral.
  - Presentación de un esquema de la clase magistral.
  - Introducción de eventuales dificultades léxico-semánticas.
- Actividades y tareas durante la audición:
  - Tomar notas.
  - Realizar un esquema de la clase magistral.
  - Responder a preguntas sobre ciertos aspectos puntuales.
  - Aspectos de contenido.
  - Aspectos de organización.
  - Actas de verbalización de procesos introspectivos *(Thinking aloud protocols).*
- Actividades y tareas post-auditivas:
  - (Auto) Evaluación.
  - Discusión.
  - Expresión escrita.
  - Determinar niveles de dificultad.
  - Relación entre conocimientos previos (*background knowledge)* y comprensión.
  - Relación entre las notas y nivel de comprensión.

6. Entornos de aprendizaje: entre la realidad y la simulación

Teniendo en cuenta los procesos y tareas mencionados más arriba se puede afirmar que el *modelo* de curso destinado a la preparación de estudiantes de intercambio y las horas asignadas dependerá mucho de variables tales como: asignaturas que se estudia, nivel lingüístico, número de horas disponibles, fecha de la estancia en el extranjero, etc. Lo que hasta ahora se perfila como un modelo bastante eficaz es la combinación de clases presenciales y aprendizaje autónomo, complementadas con algunas tutorías. Las decisiones a tomar se encuentran en tres fases:

Fase 1: establecer un *contrato* que se base en lo que se quiere aprender y el tiempo que se quiere invertir en el aprendizaje. (Hay que tener en cuenta que *ver* clases magistrales insume mucho tiempo). Lo mismo es válido para la redacción de la monografía. Hacer una oferta de posibles contenidos. Determinar el objetivo de las clases en presencia y tutorías.

Fase 2: mantener o modificar el *contrato inicial* según los resultados obtenidos hasta el momento. Sugerir cambios y alternativas.

Fase 3: Los materiales concebidos para el nivel 1 y 2 deben contener *soluciones* aproximadas para las actividades planteadas.

La realidad parece demostrar que la predisposición para tomar parte en un curso preparatorio con las características mencionadas más arriba no suele exceder los dos semestres.

La negociación de un contrato implica, como en cualquier transacción comercial, determinar las obligaciones de las partes involucradas: horas a disposición para la clase presencial y tutorías, compromiso en cuanto a un número mínimo de lecturas y actividades de escritura y necesidades de quien aprende. Se trata de un concepto flexible, ya que las decisiones se pueden revisar a lo largo del proceso de aprendizaje. Este concepto de evaluación continua e individual tiene la ventaja de permitir, si la realidad lo demuestra, la incorporación de actividades alternativas que se seleccionan tomando como base la efectividad o fracaso de las decisiones tomadas.

Los entornos de aprendizaje más usuales son:

- Clase presencial con docente de lengua o la modalidad Tandem.
- Centro de recursos y autoaprendizaje.
- Estudiante que resuelve una tarea con otra persona que considera su igual (Tandem).
- Tutorías presenciales o a través del correo electrónico, que se combinan con clases presenciales.

7. La evaluación

7.1. Evaluación de la expresión escrita

El instrumento que presentamos (Vázquez, 2003) hace alusión a una serie de elementos que deben ser tenidos en cuenta a la hora de escribir. De su presencia o ausencia depende el efecto que produce el texto en quien lo lee y, eventualmente, lo juzga como perteneciente o no a la cultura académica en cuestión. Por lo tanto, se trata, en principio, de problemas de expectativas que, al no cumplirse, producen el efecto de desfocalización al que alude Robert Kaplan (1980) en su artículo pionero. Dicho efecto se explica a través de la convicción de que los textos académicos son productos culturales (Galtung, 1985) y como tales detentan propiedades que los diferencian de otros tipos de textos y de los mismos textos en diferentes tradiciones intelectuales. Siguiendo el esquema presentado por Ruth Eßer (1997) y Stefen Lauterbach (1998), basado en la comparación y contraste de textos alemanes, mexicanos y argentinos de estudiantes de nivel universitario, los elementos a tener en cuenta serían los siguientes: función, situación, partes constitutivas, procedimientos, estructura y estilo (Vázquez, 2003). En el caso de la monografía española, los criterios de bondad expresados por docentes de diversas universidades pueden resumirse diciendo: demostrar capacidad para investigar, presentar y evaluar información y demostrar interés por la materia. Existe una numerosa bibliografía que puede englobarse bajo el título ¿Cómo se escribe una monografía? y que refleja las expectativas de la comunidad universitaria en este campo. A modo de ejemplo remitimos a la Unidad Didáctica en línea, capítulo 11 (www.sprachlabor.fu-berlin.de/adieu/studbr2/espanol/11.htm)

Las explicaciones presentadas (Vázquez, 2003) revelan las características de las monografías. Sin embargo, los criterios de bondad expresados por docentes de diversas facultades en las entrevistas realizadas (véase *Compendio* ADIEU), que incluyen también informaciones acerca de exámenes y el análisis de sus propios trabajos, nos permitieron identificar algunos valores de la tradición académica española hasta ahora no explicitados. Los incluimos a continuación en lo que podríamos considerar una primera evaluación global del texto académico escrito por estudiantes cuya lengua nativa no es el castellano.

Función	¿Responde el trabajo a las instrucciones y consignas docentes? ¿El tema ha sido tratado según la metodología sugerida en clase? En caso contrario, ¿también es válida?
Situación	¿Cumple el texto con los requisitos mínimos de corrección lingüística? ¿Se trata de un texto gramatical, aceptable y adecuado?
Partes constitutivas	¿Todas las partes esenciales se encuentran representadas? ¿Los paratextos mínimos (índice y bibliografía) están presentes? ¿Se encuentra el índice al principio o al final del trabajo? ¿Concuerdan los títulos y su numeración con los que aparecen en la parte principal? ¿La bibliografía es coherente con las normas más usuales? ¿Está completa? ¿Cumplen la introducción y la conclusión con las funciones que le son propias y con las expectativas retórico-culturales? - Estilo cooperativo pero de bajo perfil polémico. - Mayor presencia de subjetividad que en otras lenguas (el alemán). - Matización y mitigación de las propias afirmaciones. - Orientación al público lector. ¿Se encuentra la introducción entre los siguientes tipos? Presentar: - El tema general. - El estado de la cuestión. - El tema específico. - El propósito del trabajo. Resumir: - El desarrollo del tema. - Las ideas importantes. Exponer: - Una tesis. - Una conclusión.

	¿Se encuentra la conclusión entre los tipos que se ofrecen? Conclusiones cerradas: - Exponen la idea principal del texto. - Resumen los resultados obtenidos. - Evalúan ideas propias y ajenas. - Exponen la repercusión del texto. - Resumen el texto. Conclusiones abiertas: - Exponen asuntos o temas que requieren tratamiento puntual. - Presentan aplicaciones. - Plantean preguntas.
Estrategias o procedimientos	¿Aparecen en el texto secuencias de contraste entre polos positivos y negativos que permitan concentrar la atención en el primero, puesto que es lo que expresa la opinión de quien escribe? ¿Los ejemplos permiten comprobar la exactitud del análisis propuesto? ¿Están explícitamente marcados? En las transiciones, ¿aparecen referencias a quien escribe o a quien lee? La información, ¿se añade progresivamente e *in crescendo*? ¿Se utiliza la técnica de la *tabula rasa* para borrar mentalmente lo que precede y que prepara el camino para presentar la información que sigue? ¿Hay conclusiones intermedias que resumen lo que precede y fundamentan lo que sigue? En el caso de las opiniones generalizadas, ¿se atribuyen éstas a instancias indeterminadas y colectivas? ¿Cumplen las notas, citas y referencias su función más usual, es decir, remitir a posiciones con las que se está de acuerdo en lugar de criticar explícitamente? Las citas, notas y referencias, ¿se introducen adecuadamente? - ¿La cita reproduce textualmente lo dicho por otra persona y aparece entre comillas? - ¿Las notas a pie de página sirven para precisar, ampliar o justificar lo dicho en el cuerpo del texto? - ¿La referencia bibliográfica autor/a-fecha aparecen en el cuerpo del texto? Rasgos negativos: - Diferentes citas de una misma persona aparecen *entretejidas* dentro de un mismo periodo oracional complejo, a riesgo de infringir la norma ética: ser fiel a la letra y al sentido. - En un trabajo breve, abundancia de citas que dan la impresión de que simplemente se ha copiado un fichero de lecturas.

Estructura	Rasgos positivos: - ¿La organización del texto es básicamente lineal? - ¿Existe una jerarquía entre las partes? - ¿Los subtítulos que marcan las subdivisiones corresponden a los contenidos que se desarrollan? Rasgos negativos: - ¿Hay muchas digresiones, asimetrías, discontinuidad? - ¿El despliegue temático es muy amplio e impide llegar *al grano*? - ¿Abundan las definiciones a lo largo del texto? - ¿Se utiliza la narración como estrategia de estructuración?
Registro o estilo	Rasgos positivos: - ¿Se evitan las referencias personalizadas? - Cuando se asume la autoría, ¿quien escribe se perfila como organizador del texto? - ¿El texto se caracteriza por la precisión, la claridad y la economía? - ¿La tendencia es a lo concreto o a lo abstracto? - ¿Se observa la presencia del principio de la erudición manifiesta? - ¿Se matizan las afirmaciones? ¿Se precisa el grado de certidumbre o el alcance que tienen? ¿Se indica en qué sentido son pertinentes y por qué se las formula? - ¿Se utiliza la terminología propia de la asignatura? - ¿Aparecen reformulaciones que permiten retomar la línea argumentativa principal? - ¿Se observa una cierta preocupación estética en la redacción?

Figura 3: Evaluación global del texto académico escrito por estudiantes cuya lengua nativa no es el castellano.

Obviamente, utilizar una grilla o lista de control como la que proporcionamos supone que tanto quienes enseñan como quienes aprenden han trabajado en clase o por su cuenta los aspectos tratados más arriba y otros pertinentes (Vázquez, 2000 y 2001). La función de quienes enseñan consiste más que nada en trabajar sobre aquellos elementos que hacen que un texto como la monografía sea un texto académico, a diferencia del ensayo, que presenta elementos más personales. Enseñar explícitamente lo que damos en llamar discurso académico (la monografía es una clase textual entre muchas otras) constituye una tarea que no sólo debe enseñarse en una clase de E/LE, sino en las asignaturas específicas. Por otra parte, una grilla sólo puede destacar los rasgos más productivos o los que cumplen la máxima de expectativa. Por ejemplo, el orden de los elementos en el apartado introducción / conclusión (Gallardo, 2002) implican una valoración de frecuencia con respecto a otros. Dicho de otro modo: se trata de generalizaciones inductivas basadas en datos objetivos, a partir del análisis de un corpus limitado. Sin embargo, resultan de gran importancia a la hora de sensibilizar al estudiantado extranjero en lo que respecta al perfil retórico-cultural de los textos académicos y a las tradiciones que se evalúan positivamente en la comunidad científica hispanohablante.

Elaborar catálogos de rasgos lingüísticos y discursivos frecuentes (aunque parciales), que incluyan las funciones y su grado de utilización real, constituye una ayuda valiosa no sólo para el desarrollo de materiales didácticos, sino también una fuente de consulta para la redacción misma de los textos (Laca, 1998). Esta afirmación es también válida con respecto a la enseñanza del discurso académico a hablantes de español/lengua nativa (Murga de Uslenghi *et al.*, 2002). En el ciclo básico universitario, la socialización del estudiantado es todavía incompleta y el conocimiento (y valoración) del discurso de la propia comunidad científica, precario.

7.2. Evaluación de la comprensión de clases magistrales

La evaluación real de la comprensión de clases magistrales sólo puede tener lugar *in situ*, es decir, durante la estancia en una universidad española o latinoamericana. En este campo la bibliografía en español (Vázquez, 2003a y b) es prácticamente inexistente y hasta la inglesa (Flowerdew, 1994) y la alemana excepcionalmente poco extensas.

7.3. Entornos de evaluación

- Pequeño grupo de trabajo que resuelve una tarea en clase. La corrección se lleva a cabo a través de hojas de evaluación o de modelos con los que comparar el producto. Consultas puntuales con la persona que enseña, pero básicamente el proceso tiene lugar en el grupo.
- Estudiante que dispone de asesoría lingüística en un centro de autoaprendizaje. La persona que cumple esta tarea cuenta con gramáticas de errores de la lengua en cuestión. Dichos instrumentos le permiten no sólo identificar lagunas, sino determinar niveles de desarrollo o etapas de la interlengua. Está en condiciones de recomendar materiales que incluyen modelos y consejos sobre cómo mejorar los propios textos.
- Estudiante que resuelve una tarea con otra persona que considera su igual (Tándem). La corrección no sigue patrones fijos.
- Estudiante que recibe un *feedback* a través del correo electrónico de un tutor o tutora, designada a esos fines.
- La corrección puede adoptar la forma de sugerencias (utilizando la función *Comentario* de Windows) en base a las cuales se escribe la segunda versión. Tándem docente: docentes de lengua y de la especialidad llevan a cabo una evaluación conjunta (Dudley-Evans, 2001).
- Evaluación basada en un *Portfolio.* Se trata en este caso de una evaluación estudiantil personal, monitorizada y basada en una selección de ítems seleccionados por quien confecciona este tipo de instrumentos. A grandes rasgos, lo que se evalúa no es sólo el producto, sino también los procesos (Wyburd, 2000).

8. Estrategias de comprensión y producción

Es posiblemente en este campo donde la necesidad de estudios sea más urgente. Se trata de investigar lo que globalmente podría definirse como el saber estratégico y la memoria de trabajo, que permiten comprender y producir textos escritos y orales. Resulta de especial interés el trabajo de Carmen López y colegas de la Universidad Pompeu Fabra (2002), Dora Riestra (2002), Liliana Cubo de Severino (2002), y José A. León e Inmaculada Escudero (2002).

9. Gramática del texto académico

Para estudiantes cuya lengua nativa no es el español, especialmente si se trata de una lengua no románica, destacan dos aspectos a tener en cuenta: la coherencia temática y los conectores.

Si bien la coherencia temática y las relaciones retóricas no constituyen una dimensión específica de los textos académicos, la comprensión de los modelos de los que se dispone sigue siendo el punto de partida para su producción. Por esta razón resulta fundamental para el estudiantado cuya lengua nativa no es el español u otra lengua románica identificar los elementos que coadyuvan a la construcción de un texto coherente (Delbecque y Goethals, en Vázquez, 2000). Por otra parte, la investigación en el campo del análisis de errores demuestra que la utilización de pronombres y sujetos implícitos da lugar a procesos de interferencia que constituyen la causa de numerosos errores interlinguales observables en la producción escrita (Vázquez, 1989; Fernández, 1997).

En cuanto a las relaciones retóricas y conectores resulta de especial interés concentrarse en cinco tipos (adición, oposición, causa, consecuencia y condición) y en los conectores que las expresan. Una misma relación retórica puede expresarse de muchas maneras y el dominio de la riqueza de recursos es importante para la comprensión y redacción de textos. Además, las relaciones retóricas pueden establecerse no sólo entre los hechos a los que se hace referencia, sino también entre las partes de la argumentación, justificando por qué o bajo qué condiciones se hace referencia a un hecho dado o precisando en qué sentido hay que entender esa referencia (Laca, en Vázquez, 2000).

10. Materiales

En lo que se refiere a materiales para E/LE el mercado todavía es escaso. Se necesitan:

- Manuales generales y por asignaturas que presenten modelos de clases textuales y descripción de sus características, así como también producciones estudiantiles y su evaluación.
- Unidades didácticas en línea, tutorías a través del correo electrónico y confección de plataformas donde los trabajos y sus correcciones sean accesibles a muchas personas interesadas.
- Manuales que recojan el análisis de la misma clase textual en diversas lenguas.
- Creación de sitios en la red que funcionen como bancos de datos y puntos de encuentro para estudiantes y docentes.
- Manuales de modelos de evaluación por docentes de diversas asignaturas, más allá de la corrección que llevan a cabo quienes tradicionalmente imparten cursos de lengua.
- Cuestionarios de necesidades estandarizados aplicables a grupos de diversa procedencia o grupos homogéneos.
- Materiales para el autoaprendizaje con las características mencionadas más arriba.

11. Otros estudios: la perspectiva de la lengua materna

Estos estudios, que no contemplan la perspectiva de E/LE, resultan, sin embargo, de gran interés, ya que ofrecen descripciones de clases textuales sobre las cuales construir actividades de comprensión y producción.

- Proyecto de la Universidad Nacional de Tucumán: *Competencias discursivas en lengua materna (español) en el ámbito educativo* (insil@filo.unt.edu.ar).
- Proyecto de la Universidad Nacional del Sur: *Prácticas discursivas en la producción del conocimiento científico* (Proyecto subsidiado por la Secretaría de Ciencia y Tecnología de la Universidad Nacional del Sur, Bahía Blanca, República Argentina) (vallejos@ba.net).

- Proyecto de la Universidad de Buenos Aires, Departamento de Lingüística: *La comunicación de la ciencia desde una perspectiva lingüística* (UBA CTF I 003). Directora: Guiomar Ciapuscio (gciapusc@mail.retina.ar).
- Proyectos de la Universidad Nacional de Córdoba: *Comprensión y metacomprensión en la lectura* (Centro de Investigaciones Lingüísticas), Directora: Magdalena Viramonte de Ávalos (cil@fl.unc.edu.ar).
- *Metacognición y procesos de síntesis en lengua extranjera*. Directora: Ana Morra (anamorra@fl.unc.edu.ar).
- Proyecto de la Universidad Pompeu Fabra, Barcelona: *Información y estudio del Corpus PAAU*. Directora: Paz Battaner Arias (DGICYT PB93-0392) (carmen.lopez@trad.upf.es).

Conclusión

De todo lo anterior se desprende que, si bien se han sentado las bases para el estudio del discurso académico español y su didactización, resta todavía un campo muy amplio de investigación cuyas líneas generales pueden esquematizarse como sigue:

- Investigaciones de carácter etnográfico, por ejemplo, hasta qué punto es conveniente el abandono de las propias tradiciones académicas en favor de otras y la imposición de otros modelos de pensamiento. En otras palabras, más discusión ideológica (Galtung, 1985; Santos, 1992; Benesch, 1993 y Pennycock, 1998). Y, quizás, responder al desafío que supone adquirir ciertas normas y al mismo tiempo preservar la diversidad cultural y las tradiciones (Mauranen, 1993).
- La influencia de las nuevas tecnologías en las publicaciones científicas en la red.
- Evaluación de productos de la cultura académica.
- El diseño curricular.
- Métodos, técnicas y tareas.
- Importancia del léxico y de los conocimientos específicos en tareas de comprensión.
- Saber estratégico relacionado con la comprensión auditiva de textos largos y complejos (la clase magistral).
- El papel que representa la memoria en la comprensión de textos académicos escritos y orales.

La expansión del español en el mundo y el impacto de los actuales y futuros planes de intercambio de la Unión Europea (El País, *17.07.02), así como también el crecimiento sostenible de la lengua en la red, hacen de esta disciplina un instrumento indispensable tanto para estudiantes de intercambio como para estudiantes de español / lengua materna.*

Bibliografía*

CROS ALAVEDRA, Ana (1996), "La Clase Magistral. Aspectos Discursivos y Utilidad Didáctica", *Signos. Teoría y Práctica de la Educación*, 17: 22/29.

BAHTIA, Vijay K. (1993), *Analysing Genres: Language Use of Professional Settings*, Londres, Longman.

BATTANER ARIAS, Paz *et al.* (2001), *Aprender y enseñar: la redacción de exámenes,* Madrid, Aprendizaje, Antonio Machado Libros.

BREEN, Michel P. (1987), "Contemporary paradigms in syllabus design", *Language Teaching*, 20: 2-3.

CIAPUSCIO, Guiomar y OTAÑI, Isabel (2002), "Las conclusiones de los artículos de investigación desde una perspectiva contrastiva", *RILL*, 15: 117-133.

CUBO DE SEVERINO, Liliana (2002), "Evaluación de estrategias retóricas en la comprensión de manuales universitarios", *RILL*, 15: 69-84.

Dudley-Evans, Tony (2001), "Team-teaching in EAP: Changes and adaptations in the Birmingham Approach", en FLOWERDEW, John y Matthew PEACOCK (eds.) *Research Perspectives on English for Academic Purposes*, Cambridge, Cambridge University Press, 2001: 225-238.

DUNKEL, Patricia y PIALORSI, Frank (1982), *Advanced Listening Comprehension,* Rowley, Mass., Newbury House.

EL PAÍS DIGITAL (17.07.2002), "La UE lanza las becas Erasmus World para alumnos y profesores".

EßER, Ruth (1997), *Etwas ist mir geheim geblieben am deutschen Referat*, Múnich, Iudicium.

EßER, Ruth (1998), "Cuestionario a docentes de universidades españolas", documento interno, (vazquez@zedat.fu-berlin.de).

FERNÁNDEZ LÓPEZ, María Sonsoles (1997), *Interlengua y análisis de errores*, Madrid, Edelsa.

FLOWERDEW, John (1994), (ed.), *Academic Listening*, Cambridge, Cambridge University Press.

FLOWERDEW, John y PEACOCK, Matthew (2001), (ed.), *Research Perspectives on English for Academic Purposes*, Cambridge, Cambridge University Press.

GALLARDO, Susana (2002), Comunicación personal.

GALTUNG, Johan (1985), "Struktur, Kultur und intellektueller Stil. Ein vergleichender Essay über sachsonische, teutonische, gallische und nipponishe Wissenschaft", en WIRLACHER, Alois (ed.), *Das Fremde und das Eigene*, Múnich, Iudicium.

GARCÍA JURADO, María Amalia y GRÜNWALDT, Inés (2001), *Teoría y Practica de la Producción de Textos,* Universidad Católica Argentina, Facultad de Filosofía y Letras, 5 vols. (documento interno, Buenos Aires (majurado@filo.uba.ar).

KAPLAN, Robert (1966), "Cultural-thought patterns in intercultural education", *Language Learning*, 16: 1-20.

LACA, Brenda (1998), Comunicación personal.

LAUTERBACH, Stefen (1998), "La producción de textos *académicos* en lengua extranjera", *Signo&seña*, 10: 193-215.

LEÓN, José A. y ESCUDERO, Inmaculada (2002), "Procesamiento de inferencias según el tipo de texto", *RILL*, 15: 104-116.

LÓPEZ FERRERO, C. (2002), Reflexiones sobre la enseñanza, Aprendizaje de los textos explicativos en la Universidad, *RILL* 15: 33-53.

Marco común europeo de referencia.

MAURANEN, Anna (1993), *Cultural Differences in Academic Rhetoric: a Textlinguistic Study*, Francfurt, Peter Lang.

* Por deseo expreso de la autora de esta colaboración, aparecen los nombres de pila con las referencias bibliográficas.

MAURANEN, Anna y VENTOLA, Eija (1996), *Academic Writing. Intercultural and Textual Issues*, Benjamins, John Publishing Company.

MINISTERIO DE EDUCACIÓN, CULTURA Y DEPORTE (2002), *Marco común europeo para las lenguas: aprendizaje, enseñanza, evaluación*, Madrid, Secretaría General Técnica del MECD y Grupo Anaya, S.A., traducido y adaptado por el Instituto Cervantes.

MONTOLIO, Estrella (coord.) (2002), *Manual práctico de escritura académica,* Madrid, Ariel, 3 vols.

MOYANO, E. (2000), *Comunicar ciencia: El artículo científico y las comunicaciones a congresos*, Buenos Aires, Universidad Nacional de Lomas de Zamora, Secretaría de Investigaciones.

MURGA DE USLENGHI, M. Matilde *et al.*, (2002), "Discurso estudiantil: representaciones acerca de las competencias discursivas". Análisis crítico del discurso estudiantil en el nivel universitario. Oralidad, lectura y escritura: categorización de dificultades, *RILL*, 15: 85-103.

NARVAJA DE ARNOUX, Elvira *et al.* (2003), *La lectura y la escritura en la universidad de Buenos Aires*, Eudeba.

NUNAN, David (1992), *Collaborative Language Teaching,* Cambridge, CUP.

PENNYCOOK, Alastair (1998), *English and the Discourse of Colonialism.* Londres, Routledge.

RIESTRA, Dora (2002), "Lectura y escritura en la universidad: Las consignas de tareas en la planificación de la reenseñanza de la lengua", *RILL*, 15: 54-68.

SANTOS, Terry (1992), "Ideology in composition: L1 and ESL", *Journal of Second language Language Writing,* 1: 1-15.

SWALES, John (1990), *Genre Analysis: English in Academic and Research Settings*, Cambridge, Cambridge University Press.

VÁZQUEZ, G. (1989), *Análisis de errores y aprendizaje de español/lengua extranjera,* Francfurt, Peter Lang.

VÁZQUEZ, Graciela (1998), *Compendio ADIEU,* documento interno. (vazquez@zedat.fu-berlin.de).

VÁZQUEZ, Graciela (1998), *"Cuestionario ADIEU"*, documento interno. (vazquez@zedat.fu-berlin.de).

VÁZQUEZ, Graciela (1999), *¿Errores? ¡Sin falta!,* Madrid, Edelsa.

VÁZQUEZ, Graciela (ed.) (2000), *Guía didáctica del discurso académico escrito,* Madrid, Edinumen.

VÁZQUEZ, Graciela (ed.) (2001a), *El discurso académico oral. Guía didáctica para la comprensión auditiva de clases magistrales*, Madrid, Edinumen.

VÁZQUEZ, Graciela (ed.) (2001b), *Actividades para la escritura académica*. Madrid: Edinumen.

VÁZQUEZ, Graciela (2001c), "El discurso académico español: Cuestiones preliminares de didactización a través de materiales multimedia y unidades didácticas para el autoaprendizaje", en Susana PASTOR CESTEROS y Ventura SALAZAR GARCÍA (eds.), *Estudios de Lingüística. Anexo 1. Tendencias y líneas de Investigación en adquisición de segundas lenguas,* Alicante, Universidad de Alicante.

VÁZQUEZ, Graciela (2002a), *Comprender en español.* CD-Rom interactivo, Madrid, Edinumen.

VÁZQUEZ, Graciela (2002b), "Análisis Didáctico del Discurso Académico Español. Materiales para el aprendizaje autónomo y semidirigido", en: Lourdes MIQUEL y Neus SANS (ed.), *Didáctica del Español como Lengua Extranjera*, Madrid, Fundación Actilibre.

VÁZQUEZ, Graciela (2002c), "La corrección de la monografía: entre la cooperación y la autonomía", Madrid (en prensa).

VÁZQUEZ, Graciela (2003a), "Hacia una didáctica de la comprensión auditiva en ámbitos académicos", Madrid, Edinumen (en prensa).

VÁZQUEZ, Graciela (2003b), Tipología de actividades para la comprensión de clases magistrales", Madrid, Edinumen (en prensa).

WYBURD, Jocelyn (2000), "Evaluating portfolio evidence of independent learning: focus on process or outcome?", en *Teaching, Learning & Advising Collaboratively (TALK)*, 7 y 8 abril de 2000.

La enseñanza del español comercial

José María de Tomás Puch
Escuela Oficial de Idiomas de Madrid

Introducción

El estudio de las lenguas extranjeras ha experimentado a lo largo de los últimos años una transformación radical en sus objetivos finales. Durante muchos años el estudio de una lengua extranjera se realizaba sin atender, con carácter general, a las necesidades específicas de los alumnos. El carácter generalista de esta enseñanza se derivaba de que, aparentemente, las necesidades de los alumnos se centraban en un conocimiento global de la lengua objeto de estudio, antes que en la profundización en alguno de sus aspectos concretos. Como consecuencia de lo anterior, tanto los cursos como los métodos de enseñanza iban dirigidos a alumnos cuya finalidad era el aprendizaje de una lengua extranjera sin distinguir aspectos específicos.

La propia realidad de las relaciones humanas ha venido a cambiar esta situación. En los últimos veinte años el desarrollo tecnológico en general y el de las comunicaciones en particular ha propiciado un incremento de las relaciones profesionales de todo tipo entre los distintos países, que ha originado un perfil de estudiante de lenguas extranjeras muy diferente al existente en épocas anteriores.

Si en el pasado era mínima la demanda de enseñanza de lenguas extranjeras para fines específicos, en la actualidad es este tipo de enseñanza el que cada vez se abre camino con más fuerza y el que, sin duda, en el futuro se hará mayoritario entre las personas interesadas en aprender una lengua extranjera.

Dentro de esta nueva vía de acercamiento a las lenguas extranjeras, es, sin duda, el estudio de sus aspectos comerciales o de negocios el que más interés despierta y el que más se ha desarrollado hasta el presente, al menos en el estudio de la lengua inglesa, como siempre, dado su carácter de lengua franca, pionera en cualquier aspecto relacionado con la enseñanza de idiomas.

En el curso de este artículo intentaremos ofrecer una aproximación a lo que, en nuestra opinión, puede ser un curso de español comercial o para los negocios que permita al alumno iniciar el estudio de aspectos específicos del lenguaje comercial al tiempo que comienza su aprendizaje de la lengua en general para progresivamente alcanzar un nivel razonable de dominio de las estructuras lingüísticas y del lenguaje comercial. Esto le permitirá, una vez alcanzado dicho nivel, profundizar en el conocimiento de documentos específicos propios de los distintos campos de la vida económica.

1. Una propuesta de curso de español comercial

1.1. Organización de los cursos

A continuación pasamos a exponer una propuesta de curso de español comercial en tres niveles. La finalidad de los dos primeros es alcanzar unos conocimientos de nivel intermedio, en el que, aunque enfocado fundamentalmente a aspectos de la lengua de carácter comercial, se estudien a la vez los aspectos léxicos y sintácticos más importantes del español.

Una vez alcanzado este nivel, los alumnos interesados, que coincidirían normalmente con aquellos cuyo nivel de estudios y de responsabilidad en su actividad empresarial fuera mayor, podrían completar su formación con un curso en el que el estudio de las estructuras lingüísticas no fuera primordial, dándose, en cambio, especial relevancia al estudio en profundidad de los aspectos más importantes de la actividad económica en sus distintos campos.

Este curso abarcaría tres grandes campos temáticos de la actividad empresarial y estaría basado fundamentalmente en el estudio del funcionamiento de las empresas e instituciones financieras así como de la legislación ad hoc, mediante ejemplos prácticos y utilización de documentos reales.

Este planteamiento supondría que cada uno de los niveles se desarrollaría a lo largo de 120 horas lectivas y se ajustaría a los contenidos, metodología y ejercicios en aula, que a lo largo de las siguientes páginas nos proponemos desarrollar.

1.2. Contenidos

Como ya hemos indicado con anterioridad, el curso se desarrollaría en tres niveles. Los dos primeros, inicial e intermedio, dedicados al estudio de las estructuras fundamentales de la lengua española mediante la presentación de situaciones directamente relacionadas con el mundo de los negocios. El tercer nivel estaría dedicado al conocimiento de la actividad económica a través del trabajo con documentos reales que permitan la aproximación al mundo empresarial en los países de habla hispana, así como a la presentación de documentos de carácter técnico referidos a la actividad mercantil y financiera.

1.2.1. Contenidos del nivel inicial

UNIDAD	SITUACIONES	FUNCIONES	LENGUA
1	La empresa: Sus empleados. Sus actividades. El tiempo libre.	Presentaciones. Descripciones y adquisición de información.	Presente de indicativo. Pronombres personales sujeto. Pronombres interrogativos. Números cardinales. Adverbios de frecuencia.
2	Viajes de negocios: Preparación. Medios de transporte.	Solicitud de informaciones. Peticiones. Horas y horarios.	Pronombres personales. Complementos. *Haber* impersonal. Interrogativos *(cuánto, dónde)*. Peticiones con verbo *poder*. Interrogativos sobre horas y horarios.

3	Viajes de negocios: Llegada al destino. En el hotel. En el restaurante.	Registro en el hotel. Direcciones. Sugerencias. Aceptación y rechazo.	Preposiciones de lugar y dirección. Sustantivos.
4	Viajes de negocios: La visita de negocios. Organización de la empresa.	Recibimientos. Descripción del organigrama de una empresa.	Pretérito perfecto de indicativo.
5	El trabajo diario: Organización del trabajo. Interacción social.	Descripción de actividades habituales y diarias. Encuentros informales.	Perífrasis durativa de presente y presente de indicativo. Perífrasis verbales en presente (*tener que* + infinitivo / *ir* + infinitivo).
6	Acuerdos: Contactos. Uso del teléfono. Reuniones de trabajo.	Contactos. Uso del teléfono. Reuniones de trabajo.	Perífrasis verbales en presente (*tener que* + infinitivo / *ir* + infinitivo).
7	Una empresa de producción: Productos. Calidad del producto.	Descripción y comparación de productos. Opiniones.	Números ordinales. Comparativos y superlativos.
8	Una empresa familiar: Descripción de una carrera profesional. Trabajo y vida privada.	Descripción de una carrera profesional. Descripción de adquisición de bienes.	Referencias de pasado: Adverbios de tiempo. Preposiciones con referencia temporal. Coordinación y subordinación: conectores *(y, pero, porque, ya que)*.
9	Planteamientos de futuro: Decisiones. Disculpas. Previsiones futuras.	Tomas de decisiones y cambio de planes. Quejas, disculpas y ofrecimientos. Previsiones y conjeturas.	Referencias de futuro: uso del futuro de indicativo o *ir* + infinitivo. Ofrecimientos con el verbo *poder*. Previsiones de futuro con los verbos *deber* y *poder*.
10	Plantillas: Puestos de trabajo. Remodelaciones. Aumentos y disminuciones de plantilla.	Sugerencias y consejos.	Condicional de conjetura (*debería, podría*). La expresión de obligación: *deber / tener que* + infinitivo. La expresión de permiso: *poder*. La expresión de necesidad y ausencia de necesidad: *necesitar, no tener que* + infinitivo.

11	Nuevos empleos: Ofertas. Solicitudes. Entrevistas de trabajo.	Descripción de puestos de trabajo. Solicitud de puestos de trabajo.	Pasiva refleja en presente. Pretérito perfecto compuesto de indicativo. Referencias de pasado: comparación entre pretérito perfecto simple y compuesto.
12	Nuevas tecnologías: Cambios de estructuras. Cultura empresarial.	Comparación de situaciones.	Repaso de tiempos verbales estudiados. Repaso de la expresión de obligación y permiso.

1.2.2. Contenidos del nivel intermedio

UNIDAD	SITUACIONES	FUNCIONES	LENGUA
1	Una empresa: Directivos y empleados. La actividad diaria.	Descripciones. Adquisición de información.	Repaso de tiempos verbales: El presente de indicativo. Los pretéritos perfectos simple y compuesto de indicativo. Formas interrogativas. Perífrasis verbales de presente (*acabar de* + inf. / *llevar* + gerundio).
2	La asamblea anual: Preparación y celebración de la asamblea.	Gestión de lugares, fechas y horarios de reunión. Fijación de convocatorias; orden del día.	Uso del condicional para formular peticiones y ofrecimientos formales. Repaso de los pronombres personales. Uso de la perífrasis durativa de presente. Presente de ind. con sentido futuro. Perífrasis verbales de pasado con sentido futuro.
3	El pasado de la empresa: Descripción de actividades pasadas.	Descripción de una carrera profesional.	Referencias de pasado: usos del pretérito perfecto simple y el pretérito imperfecto simple de indicativo. Perífrasis durativas simples de pasado (*estuve / estaba* + gerundio). Perífrasis verbales de pasado (*acabar de* + inf. / *llevar* + gerundio). Combinación de tiempos verbales con preposiciones de tiempo.
4	La empresa y sus empleados: Ayer y hoy.	Comparaciones temporales: pasado previo → pasado posterior; pasado → presente.	Uso combinado de referencias temporales previas y posteriores; pasadas y presentes.

4		Comparación de cantidades y cualidades.	El pretérito pluscuamperfecto. Perífrasis durativas compuestas de pasado (*he / había estado* + ger.). Comparativos de igualdad, superioridad e inferioridad. Superlativos.
5	Planes de expansión: Actividades futuras.	Descripción de planes y actividades futuras.	Uso del futuro de indicativo como futuro de predicción. Uso de la perífrasis *ir a* + inf. como futuro de intención. Repaso del presente de indicativo con sentido futuro.
6	Problemas de la empresa: ¿Qué hacer para remediarlos?	Expresión de obligación y necesidad. Sugerencias y consejos. Condiciones objetivamente realizables.	Repaso de la expresión de obligación (*deber / tener que* + inf.). Repaso de la expresión de necesidad (*necesitar / tener que* + inf.). Expresiones de sugerencias y conjeturas (*debería, podría*). Oraciones de condición objetivamente posible (oraciones condicionales del tipo 1).
7	Soluciones a los problemas: Lo posible y lo imposible.	Condiciones hipotéticas de posible realización. Hipótesis de imposible realización.	Uso del presente de subjuntivo en condicionales objetivamente posibles con conjunciones distintas a *si*. Uso de los pretéritos de subjuntivo en oraciones de condición subjetivamente posible (tipo 2) y objetivamente imposible (tipo 3). Formación de oraciones condicionales con infinitivo, gerundio y participio.
8	Una comida de negocios: Interacción social.	Formas de concertar una comida de negocios. Interacción en el restaurante.	Uso del presente de subjuntivo con referencia futura (*cuando* + subjuntivo). El imperativo. Formulación de peticiones, mandatos y quejas. Ofrecimientos, invitaciones y agradecimientos formales.
9	Cuanto más se trabaja mejor van las cosas: ¿Cómo lograr lo que otros lograron?	Complementación adjetiva de oraciones principales. Realización de preguntas sin estructura interrogativa.	Pronombres, adjetivos y adverbios relativos. La subordinación adjetiva: oraciones de relativo explicativas y especificativas. Frases interrogativas indirectas.

10	Cambio de rumbo: Experiencias ajenas, cambios en la empresa.	Expresión impersonal de sugerencias, mandatos y prohibiciones. Conversión de lenguaje directo en indirecto.	Uso del pronombre personal como complemento indirecto en oraciones impersonales con verbos de expresión, mandato o prohibición *(me han dicho, le ordenaron, nos prohibieron).* Uso del lenguaje indirecto. Repaso del uso de las oraciones condicionales. Repaso de la expresión de capacidad.
11	Apertura de mercados: Resultados de la empresa.	Expresión de las circunstancias temporales, de lugar o modo en que se realiza una acción. Relaciones de causa-efecto.	La subordinación adverbial: oraciones subordinadas temporales, de lugar y de modo. Oraciones subordinadas causales, consecutivas, concesivas y finales.
12	Superación de la crisis: Análisis de resultados. Comparación de situaciones.	Descripción de situaciones financieras cambiantes. Comparación de situaciones con referencia temporal.	Voz pasiva y pasiva refleja. Voz media. Repaso de referencias temporales: pasado → pasado; pasado → presente; presente → futuro.

1.2.3. Contenidos del nivel superior

ÁREA TEMÁTICA	UNIDAD
RECURSOS HUMANOS	1. Recursos humanos: - Ofertas de trabajo. - Descripción de empleos. - Solicitud de empleos.
RECURSOS HUMANOS	2. El proceso de selección: - Entrevistas. - Otras pruebas y criterios de selección.
RECURSOS HUMANOS	3. El trabajo en la empresa: - Empresas de producción y empresas de servicios. - Organigrama empresarial. - Los equipos de trabajo (directivo, técnico, de apoyo en la gestión y la producción). - Sistemas de producción. - Análisis de servicio.

MERCADOTECNIA	4. Productos y servicios: - Análisis de mercado en empresas de producción. - Análisis de mercado en empresas de servicios.
MERCADOTECNIA	5. Lanzamiento y promoción del producto: - Descripción del producto. - Diferentes tipos de publicidad. - La publicidad y los medios de comunicación. - La estrategia de las campañas publicitarias.
MERCADOTECNIA	6. Comercialización y venta del producto: - Comercialización. - Presentación del producto. - Venta al por menor y al por mayor. - Grandes superficies y pequeño comercio.
MERCADOTECNIA	7. El mercado internacional: - El espacio económico europeo. - Relaciones con empresas extracomunitarias. - Delegaciones, filiales y agentes en el extranjero. - Comercio exterior y mercado de divisas.
LA ECONOMÍA DE LA EMPRESA	8. La obtención de capital: - La creación de una sociedad mercantil. - La actividad empresarial individual. - Fuentes de financiación. - Utilización de los fondos empresariales.
LA ECONOMÍA DE LA EMPRESA	9. La contabilidad: - Las cuentas de la empresa. - Ingresos y gastos. - Control del movimiento de caja. - Las obligaciones fiscales.
LA ECONOMÍA DE LA EMPRESA	10. Beneficios e inversión empresarial: - La distribución de beneficios. - Las opciones de inversión. - Las cuentas bancarias. - Mercados de valores.

1.3. Metodología

De la misma forma que el estudio generalista de una lengua extranjera requiere el desarrollo de sus competencias lingüísticas de una forma total e integrada, su estudio con fines específicos requiere de igual manera del desarrollo de esas destrezas, de forma que el alumno progrese de forma pareja en ellas, con objeto de que su expresión oral y escrita, así como su comprensión auditiva y lectora, le permitan comunicarse en el ámbito de la actividad profesional a la que el curso de carácter específico va dirigido.

A continuación se presentan algunas reflexiones de carácter metodológico sobre el desarrollo de cada una de las destrezas atendiendo a sus objetivos en el proceso de aprendizaje, así como una serie de actividades que permiten el desarrollo de cada una de ellas.

1.3.1. Expresión oral

El dominio de la expresión oral es, indudablemente, el objetivo principal de cualquier estudiante de una lengua extranjera, ya que a través de esta destreza el hablante puede expresar su pensamiento, sus opiniones o sus necesidades. Pero, dado que el ejercicio de esta destreza está basado en la interacción entre el hablante y el receptor de su mensaje, su práctica está íntimamente ligada a la comprensión auditiva, por lo que, en general, el aprendizaje de ambas destrezas como actividad en la clase se producirá simultáneamente. No obstante, en ocasiones, principalmente en cursos de nivel superior, la práctica de la expresión oral podrá ser independiente de la comprensión oral, cuando como actividad del grupo se realicen exposiciones de un tema o conferencias, aunque en ambos casos la integración de ambas destrezas se podría producir en el debate que posteriormente se suscitase.

Objetivo

El objetivo de la práctica de esta destreza en el proceso de aprendizaje de carácter general es el de permitir que el hablante pueda producir mensajes orales bien estructurados en la lengua extranjera, adaptados a las distintas situaciones comunicativas. El objetivo en cursos de español comercial se alcanzará cuando el mensaje sea el adecuado en el contexto de una situación comunicativa que se produzca como consecuencia de la actividad económica.

Trabajo en el aula

El papel fundamental del profesor en las prácticas de expresión oral será el de proponer actividades en las que se facilite la interacción entre los alumnos. El profesor presentará un estímulo, inicialmente de carácter gráfico, que fomente una respuesta de los alumnos. Para ello, el estímulo deberá ser claro y motivador. Como ejemplo de actividades iniciales proponemos las siguientes:

- Presentación del tema a través de fotografías o dibujos.
- Diálogos cortos entre profesor y alumnos o entre estos últimos.
- Dramatizaciones cortas.

En una segunda fase se procederá a la realización de actividades de práctica controlada; entre éstas destacaremos dos que consideramos de gran interés:

- Prácticas por parejas o grupos, en las que cada uno de ellos tiene parte de la información pero no toda, por lo que el conocimiento de la otra parte es indispensable para la realización completa de la actividad.
- Realización de entrevistas en las que los alumnos deben preparar las preguntas en grupo.

Conforme se progrese en la adquisición de los conocimientos, el alumno comenzará a realizar prácticas de carácter cada vez más libre. Entre éstas destacaríamos las siguientes:

- Dialogar sobre situaciones reales.
- Realizar dramatizaciones sobre situaciones que se podrían presentar en un contexto real.
- Debatir en clase sobre temas de actualidad.

1.3.2. Comprensión auditiva

La comprensión auditiva constituye una destreza básica en el proceso de aprendizaje, ya que su desarrollo supone que el alumno pueda comprender los mensajes que oye en lengua extranjera. Para ello debe recibir una amplia variedad de mensajes orales de forma que su comprensión facilite la interacción oral con sus compañeros o simplemente la comprensión del mensaje oral que recibe.

Objetivo

El objetivo de la práctica de esta destreza en el proceso de aprendizaje de carácter general es permitir que el hablante pueda comprender mensajes orales en la lengua extranjera, de distintos grados de complejidad, adaptados, en cursos de español comercial, a situaciones comunicativas de esas características.

Trabajo en el aula

Será labor del profesor que los alumnos progresen adecuadamente en la comprensión de situaciones reales de comunicación.

Las actividades de comprensión auditiva deberán siempre adecuarse al nivel de competencia lingüística de los alumnos. Para que sean eficaces es importante distinguir entre aquellas que deben llevarse a cabo antes de la audición y las que deben realizarse durante y después de ella.

a) Actividades previas a la audición:

Es importante que con anterioridad el profesor dé algunas claves sobre la audición que se va a escuchar. Debe explicar sucintamente a los alumnos la situación comunicativa a la que se van a enfrentar: tema, conversación directa, descripción, conversación telefónica, programa radiofónico, etcétera.

- A partir de lo anterior, un breve periodo de reflexión permitirá a los alumnos deducir cuáles serán los aspectos fundamentales a considerar en la audición e incluso cuáles serán también las palabras clave, que incluso pueden, en ocasiones, ser desveladas por el profesor.
- En caso de combinación de imagen y sonido, una estrategia muy positiva es presentar en principio las imágenes mudas, para permitir una práctica oral intermedia de los alumnos en la que expresen sus opiniones sobre las palabras que puedan acompañar a las imágenes, para posteriormente volver a mostrarlas con sonido y realizar una comprensión extensiva o intensiva.

b) Actividades durante la audición:

La audición puede dar lugar a dos diferentes tipos de comprensión:

- Comprensión intensiva, cuya finalidad es la obtención de una información específica en un contexto comunicativo concreto. Para este tipo de comprensión se utilizan grabaciones breves con informaciones concretas, de forma que el alumno pueda recoger una serie de datos muy precisos. La grabación debe escucharse al menos tres veces, e incluso interrumpirse, para que los datos puedan ser perfectamente comprendidos por los alumnos. Para este tipo de comprensión se recomiendan las actividades siguientes:
  - Responder a preguntas de verdadero o falso.
  - Discriminación de la información verdadera y falsa sobre un apoyo visual.
  - Discriminación de los datos que cada alumno considere más importantes, de aquellos más irrelevantes facilitados por la audición.

Tomemos, como ejemplo, un texto sobre el actor Antonio Banderas, que sería escuchado un par de veces antes de contestar algunas preguntas concretas sobre él.

José Antonio Domínguez Banderas nació en Málaga, en 1960. Tras Estudiar Arte Dramático y trabajar con compañías independientes por toda España, se trasladó a Madrid, donde debutó en el cine en 1982. Su primera película fue Laberinto de Pasiones, *de Pedro Almodóvar. A lo largo de la década de los ochenta, Banderas se convirtió en el galán* estrella *del cine español, trabajando con directores de la categoría de Carlos Saura o Vicente Aranda. A principios de los noventa, la película* Los reyes del Mambo *supuso su debut en Hollywood donde, gracias a su trabajo en gran cantidad de películas y a su boda con Melanie Griffith, se ha convertido en uno de los actores más conocidos.*

Preguntas: Conteste verdadero o falso:
1. El primer apellido de Antonio Banderas es González.
2. Antonio Banderas nació en 1960.
3. Antonio Banderas estudió en Madrid.
4. Antonio Banderas debutó en el cine en 1980.
5. La primera película de Banderas fue *La Ley del Deseo.*
6. Su primera película en Hollywood se realizó en 1989.
7. Antonio Banderas es actualmente muy famoso en EE.UU.
8. Banderas está casado con una famosa actriz estadounidense.

- Comprensión extensiva, cuya finalidad es que el alumno obtenga una comprensión global de lo escuchado. Las grabaciones son, en este caso, más largas, para que el alumno logre una comprensión general de los aspectos más importantes, sin necesidad de que descienda a la comprensión de datos concretos. Para este tipo de comprensión, dos audiciones sin interrupciones son generalmente suficientes. Se recomiendan las actividades siguientes:
  - Escuchar la audición y resumir en, como máximo, un par de frases la idea o ideas principales escuchadas.
  - Responder a preguntas concretas referidas a las ideas fundamentales presentadas en la audición.

Tomemos, en este caso, un ejemplo parecido en cuanto al tipo de audición: la biografía de un personaje, pero diferente en cuanto a su extensión y su propio contenido, mucho más completo. La audición nos permitirá una amplia explotación del texto escuchado, tanto con ejercicios escritos (resumen o respuestas a preguntas sobre él) como orales (respuestas a preguntas formuladas sobre su contenido, debate sobre un tema relacionado con el texto oído, etcétera).

Juan de la Cierva, ingeniero español e inventor del autogiro (precursor del helicóptero), nació en 1895. Era hijo de un famoso abogado y político, varias veces ministro durante la Restauración. Estudió ingeniería y también se interesó por la política. En 1919 y 1922 fue diputado a Cortes.
Su gran interés por la aeronáutica hizo que mientras estudiaba en la Escuela de Ingenieros de Caminos, Canales y Puertos en Madrid, estudiara aeromancia en su tiempo libre, siguiendo los trabajos de distintos científicos extranjeros. A partir de 1916 se dedicó a construir planeadores y aviones de ala fija; sin embargo, en 1919

un biplano diseñado por él se estrelló. Como consecuencia de este accidente, de la Cierva decidió dejar de diseñar aviones de ala fija y dedicar todos sus esfuerzos al diseño de aviones de alas giratorias.
Sus tres primeros proyectos fracasaron porque los rotores estaban fijos de forma rígida. Al comprender el motivo de su fracaso, los articuló libremente, con lo que consiguió la suficiente fuerza de sustentación para que la máquina volara. El primer autogiro se elevó 200 metros en enero de 1923, realizando tres vuelos sucesivos, uno de 4 km. En 1925 de la Cierva se trasladó a Gran Bretaña para concluir sus investigaciones. Allí creó una compañía comercial: la Cierva Autogiro Company. Más adelante fundó otra en Estados Unidos e hizo demostraciones de su aparato en Francia, Alemania e Italia. De la Cierva continuó desarrollando sus diseños e hizo volar un autogiro a través del canal de la Mancha en 1928 y desde Inglaterra a España, en 1934. Sin embargo, no vivió lo suficiente para ver la transformación de su autogiro en helicóptero, ya que curiosamente encontró la muerte en 1936 cuando el avión de pasajeros en el que volvía a Inglaterra se estrelló en el aeropuerto de Croydon, cerca de Londres.

c) Actividades posteriores a la audición:
Dependiendo del tipo de comprensión realizada, las siguientes actividades pueden resultar interesantes:
- Presentar, tras la audición, el texto previamente escuchado, con varios errores respecto del original, de forma que el alumno pueda distinguirlos.
- Combinar las prácticas de comprensión y expresión oral mediante la dramatización de situaciones parecidas a las escuchadas.

1.3.3. Expresión escrita

Comenzaremos por formular dos consideraciones en relación con esta destreza: la primera de ellas es que la expresión escrita se adquiere de forma individualizada, sin que la interacción simultánea sea posible; indudablemente esa interacción social se produce en tanto en cuanto los mensajes escritos generalmente tienen un destinatario, pero la inmediatez que supone la expresión oral no existe en la escrita.

La segunda va referida no ya sólo a la destreza en sí misma, sino a su práctica en cursos de lenguas para fines específicos. En ellos, el alumno se ve limitado no sólo por las dificultades propias de expresarse en un idioma extranjero, sino por la propia complejidad de cualquier tipo de lenguaje específico.

Objetivo
El objetivo fundamental de la práctica de esta destreza será proporcionar al alumno la capacidad de redactar textos escritos que le resulten necesarios para su vida diaria y, en el caso que nos ocupa, principalmente para su actividad profesional. Para ello, el alumno deberá aprender a expresar sus ideas, secuenciarlas de forma lógica y adaptar sus registros al destinatario y tipo de escrito que en cada caso deba realizar.

Trabajo en el aula
La práctica de esta destreza debe dividirse en tres etapas, cuyo desarrollo mostramos a continuación:

a) Actividades de preparación:

El alumno, previamente a la práctica de esta destreza, debe familiarizarse con los distintos tipos de texto existentes y aprender a distinguirlos, tanto en lo referente al estilo como en lo relativo a las características lingüísticas propias de cada uno. Para ello será interesante realizar las actividades siguientes:

- Leer muestras auténticas o adaptadas de diferentes tipos de texto.
- Analizar y contrastar los diferentes modelos para extraer las principales características de cada uno de ellos.
- Ordenar un texto previamente desordenado.
- Completar el comienzo y final de varios textos con los fragmentos que se facilitarán por separado.
- Escoger entre varias la palabra adecuada para completar los diferentes huecos existentes en el texto.
- Descubrir errores léxicos, sintácticos o estilísticos que se hallen en el texto facilitado.

A continuación ofrecemos dos ejemplos de actividades del tipo de las anteriormente descritas:

1. Coloque en orden la conversación siguiente:

A: *Hola, un billete a Málaga, por favor.*
A: *Ida sólo.*
B: *¿Cómo va a pagar?*
B: *¿Ida y vuelta?*
B: *4.500 pesetas.*
A: *¿Puedo pagar con un cheque?*
A: *En ese caso pagaré con Visa.*
B: *No, lo siento, con tarjeta o en metálico.*
B: *Aquí lo tiene, buen viaje.*
A: *¿Cuánto es?*
A: *Adiós, gracias.*

2. Rellene los huecos con la forma correcta de los verbos que aparecen a continuación: *hablar* (x 2), *admitir, nacer, vivir, estudiar, trabajar, contratar, quedar, poder, decir.*

Emma Rubio (...) en un periódico bilbaíno como redactora en la sección de economía. Emma (...) en Madrid hace 27 años, pero (...) la carrera en Barcelona, (...) catalán perfectamente, aunque en su casa siempre (...) castellano.

Nunca había estado en Bilbao hasta que la (...) hace dos años. Cuando tras la entrevista le (...) que estaba (...) no se lo (...) creer. Ahora está muy contenta con su trabajo, tanto que piensa que se (...) en Bilbao muchos años.

b) Actividades de práctica guiada:

Una vez realizadas las actividades iniciales, el alumno estará en condiciones de producir sus propios mensajes escritos, tales como:

- Redactar un texto siguiendo un esquema predeterminado.
- Redactar un texto sobre la base de un modelo similar.
- Describir un dibujo o una fotografía conforme a unas pautas establecidas previamente.
- Describir libremente un dibujo o una fotografía.
- Rellenar los diálogos de una viñeta o de una secuencia de fotografías o fotogramas.

c) Actividades de práctica libre:

La práctica libre constituye la última fase en la adquisición de la destreza escrita y se corresponde a una fase avanzada del aprendizaje de una lengua. Su práctica concreta en cursos de español comercial es especialmente importante por la complejidad del lenguaje que se utiliza en el mundo de la actividad económica.

Como actividades de carácter libre en cursos generalistas, recomendamos las siguientes:

- Elaborar redacciones sobre temas de actualidad.
- Redactar cartas de carácter informal.

Estas actividades, referidas a cursos de carácter comercial, sufrirían variaciones de importancia, puesto que las actividades serían más específicas:

- Redacción de documentos: informes, actas, solicitudes, instancias, currículos, facturas, etcétera.
- Redacción de diferentes tipos de cartas de carácter comercial: solicitud y oferta de empleo, pedidos, etcétera.

1.3.4. Comprensión lectora

La comprensión lectora, al igual que la expresión escrita, es una destreza que se adquiere de forma individualizada, sin que exista interacción simultánea. Pero como en la expresión escrita, al producirse la lectura, el receptor del mensaje actúa como sujeto pasivo del emisor. La interacción se produce entre el texto y el lector, que para comprender el mensaje tiene que conocer las claves estilísticas y lingüísticas de la lengua en la que el texto está escrito.

Objetivo

El objetivo principal de esta destreza es que el alumno desarrolle sus conocimientos léxicos, sintácticos y estilísticos con la ayuda de la lectura del mayor número posible de textos.

Trabajo en el aula

Del mismo modo que ocurría en la comprensión auditiva, tenemos que distinguir entre lectura intensiva, cuando se busca una información precisa, y extensiva, cuando el objetivo es obtener una información más general del texto leído.

La práctica de esta destreza debe también dividirse en tres etapas, que a continuación desarrollamos:

a) Actividades de preparación:

Tienen como objetivo introducir el tema y proporcionar a los alumnos las claves necesarias para llevar a cabo la actividad. Recursos eficaces en este sentido son:

- Dar el título del texto y preguntar a los alumnos sobre su posible contenido.
- Dar el título y responder a las preguntas que formulen los alumnos para conocer el contenido.
- Mostrar el apoyo visual del texto para que los alumnos puedan descubrir el tema de que trata.

b) Actividades durante la lectura:

Debemos distinguir entre las de lectura extensiva y las de lectura intensiva. Entre las primeras, son de interés:

- Leer un texto periodístico y ponerle título.
- Relacionar diferentes textos con el apoyo visual que los acompaña.

Entre las actividades de lectura intensiva destacaremos las siguientes:
- Buscar, en la sección de anuncios de un periódico, información sobre un tema concreto previamente establecido: venta de pisos o coches de segunda mano, oferta de servicios, etcétera.
- Seguir las instrucciones necesarias para rellenar un impreso, instancia, solicitud, etcétera.

c) Actividades posteriores a la lectura:
- Completar un texto con el léxico adquirido en lecturas anteriores.
- Realizar dramatizaciones a partir de textos leídos con anterioridad.
- Desarrollar un debate a partir de artículos periodísticos leídos por los alumnos.

Conclusión

El estudio del español comercial no debe considerarse como algo separado del estudio generalista del español como lengua extranjera; el tipo de ejercicios que anteriormente hemos analizado para desarrollar las cuatro destrezas es plenamente válido en cualquier tipo de curso de español como lengua extranjera, ya sea generalista o para fines específicos. Ello es debido a que, al fin y al cabo, las cuatro destrezas no son sino un reflejo del uso real de la lengua. Todos las practicamos constantemente en nuestra vida diaria. Bien de forma aislada: practicamos la comprensión auditiva cuando oímos la radio, la televisión o una obra de teatro; la lectora al leer un libro o un periódico; la expresión cuando se realiza una presentación oral o se pronuncia un discurso, y la escrita al escribir una carta o un artículo. Bien, con mucha más frecuencia, de forma integrada; comprensión auditiva y expresión oral en cualquier conversación; la comprensión y la expresión escrita cuando leemos una carta o una comunicación y después la contestamos; la expresión y comprensión oral junto con la expresión escrita cuando, tomando un ejemplo del mundo de los negocios, el secretario de una sociedad mercantil toma notas sobre los temas tratados en la junta de accionistas para posteriormente redactar el acta de la reunión.

La conclusión final es que el aula debe acercarse lo más posible a la vida real y que por ello el desarrollo de las destrezas no es otra cosa que una imitación de la vida. Cuanto más cercana a ella se esté en cualquier tipo de curso de lenguas, más cerca se estará del éxito.

Bibliografía

AGUIRRE, B. (1990), "Consideraciones previas al diseño de un curso de español con fines profesionales", *Cable*, 6: 24-26.

AGUIRRE, B. (1998), "Enfoque, metodología y orientaciones didácticas de la enseñanza del español con fines específicos", *Carabela*, 44: 5-29.

ARTIGAS, M. C. (1986), *Campos semánticos del español comercial*, Tesis doctoral, Universidad de Murcia.

BONET, P. y MELCIÓN, L. (1996), "Aplicación del método del caso a la enseñanza del español para fines específicos", *Actas del I Congreso internacional* de *AESLA*: 605-608.

BROWN, G. y YULE, G. (1983), *Discourse Analysis*, Cambridge, Cambridge University Press.

GÓMEZ DE ENTERRÍA, J. y MORENO, J. (1997), "Español de los negocios para extranjeros", *Cuadernos Cervantes de la lengua española*, 13: 47-51.

KRASHEN, S. D. (1982), *Second Language Acquisition and Second Language Learning*, Oxford, Pergamon Press.

SABATER, M. Ll. (1993), "El español en el mundo de la empresa. Algunas consideraciones didácticas", *Didáctica del español como lengua extranjera* I, col. Expolingua, Madrid: 201-217.

VV. AA. (1987), *Actas del V Congreso de lingüística aplicada, lenguaje con fines específicos,* Pamplona, Universidad de Pamplona.

VV. AA. (1998), "La enseñanza del español como lengua extranjera con fines específicos", *Carabela,* Madrid, SGEL.

VV. AA. (2000), *I Congreso internacional de español para fines específicos*, Amsterdam, Ministerio de Educación, Cultura y Deporte, Consejería de Educación y Ciencia en Bélgica, Bajos y Luxemburgo.

La enseñanza del español jurídico

Jorge Luis Morales Pastor
Universidad Carlos III

Introducción

Varían los modos de aproximación al lenguaje jurídico en los estudios hasta ahora publicados, vinculados -o vinculables, por su escasez- a la concreta disciplina de la enseñanza del español como lengua extranjera, en un intento, presente en todos ellos, de aprehender los aspectos más destacados de una materia lingüística y de una estructura de incómoda fijación en cuanto a ser vertida luego a la práctica específica de la enseñanza en el aula.

Son sin duda de indispensable consulta diversos trabajos en los que se acude al examen del español jurídico, bien a través de los rasgos generales del escrito jurídico (Álvarez, 1997: 49-60), bien de la descripción jurídica ejemplificada -con una propuesta de actividades para el docente- (Hernando de Larramendi, 1998: 57-64), o de una taxonomía del léxico especializado (Hernando de Larramendi, 2001).

Tanto más valiosos han de ser, como referencias para el profesor de E/LE a través de la propuesta de actividades para su uso en un curso sobre esta lengua de especialidad, los manuales que se conocen sobre español jurídico (Aguirre y Hernando de Larramendi, 1997; Ortiz, 2001) que optan, en ambos casos, por una división capitular conforme al propio sistema jurídico y a las diversas ramas que lo componen.

De otro lado, son ciertamente más abundantes las publicaciones orientadas a quienes han de hacer uso del lenguaje jurídico -operadores jurídicos- (Bayo *et al.*,1998), (VV.AA., 2000) o hacia un destinatario general vinculado de diversas formas a la materia jurídica (Prieto, 1997; Caballero, 1985), siendo así que, en algunos casos, los textos o muestras que en aquéllas se recogen pueden sugerir al profesor de español como lengua extranjera un buen número de actividades para su programación del curso, utilidad que muchos habrán de encontrar en la excelente obra de Jacinto Martín, *Normas de uso del lenguaje jurídico* (Martín, 1991).

Por otro lado, proliferan en los últimos años los diccionarios y compendios de términos jurídicos que, dependiendo del grupo-meta, ofrecen interés para el profesor de español jurídico. Como más accesibles y prácticos, se hallarán, desde el ya clásico *Diccionario de términos jurídicos inglés-español/Spanish-English* de Alcaraz y Hugues (1997) o el trilingüe *Diccionario de derecho* (Cano, 2001), a los monolingües *Diccionario jurídico Espasa* (1991), *Diccionario jurídico elemental* (2001), *Diccionario jurídico* (1999), *Léxico jurídico para periodistas* (1998) y *Léxico jurídico para estudiantes* (Ortiz y Pérez, 2002), por citar sólo algunos ejemplos.

1. El lenguaje jurídico

Como lenguaje cuyo aprendizaje está destinado a un *fin específico*, el español jurídico necesariamente ha de ver abordada su enseñanza desde una vertiente plenamente *comunicativa*, conforme a unas *metas* previamente identificadas, fraguadas tras el examen de las *necesidades* concretas del aprendiente.

Como signa Blanca Aguirre, siguiendo a Widdowson (1983):

> *La finalidad es un concepto relacionado con la formación porque, una vez que se ha establecido con la mayor precisión posible para qué se necesita la lengua (metas), se diseña el curso a medida para satisfacer esa necesidad (...) en la enseñanza con fines específicos estamos ante el desarrollo de una competencia restringida para desenvolverse en determinados contextos y realizar tareas claramente definidas e identificadas con antelación, frente a una capacidad general. Las tareas constituyen los fines específicos, y el fundamento del diseño del curso* (Aguirre, 1998: 14).

Sin embargo, en su tratamiento, el lenguaje jurídico ofrece una doble resistencia, a saber, de un lado, la palpable colisión entre los que constituyen sus propósitos de claridad, precisión y coherencia, y el hermetismo, retoricismo, y escaso afán innovador -a diferencia de otras lenguas de especialidad- que consiguen generar una acusada opacidad para el aprendiente extranjero. De otra parte, el sistema jurídico como sistema complejo y como *discurso* singular dotado de unas concretas características que lo distancian de la lengua común.

Es por ello que, en diversos trabajos precedentes, nos hemos venido ocupando del español jurídico desde una perspectiva que difiere de las hasta ahora apuntadas, y cuya concepción axial se sustenta en dos planteamientos fundamentales, que actúan, a su vez, en dos niveles diversos entre sí, y que a continuación se anticipan.

En primer lugar, conforme a una propuesta metodológica que hemos venido en llamar *didáctica de procesos* (Morales, 2000; Montero y Morales, 2000; Morales, 2001).

En segundo lugar, por medio de la descripción de las formas lingüísticas a través de ciertos apuntes de *reflexión sobre el discurso jurídico* que van encaminados a propiciar la reflexión sobre los procesos de formación del lenguaje especial, al tiempo que se actúa en la comprensión del *sistema* jurídico.

A la *didáctica de procesos* destinaremos ulterior epígrafe; conviene, con carácter previo, destacar algunas nociones sobre el discurso jurídico que, a nuestro juicio, determinan la referida resistencia del español jurídico a que sea encauzado con el mismo sesgo metodológico que otras lenguas de especialidad, pero que abren, sin embargo, una vía de exploración del proceso de formación del lenguaje -referido siempre a la lengua-meta- tendente a motivar y a dotar de estrategias para el aprendizaje autónomo al aprendiente.

En el desarrollo de la enseñanza del español con fines específicos ha sido absolutamente fundamental la labor reflexiva y de investigación llevada a cabo por Blanca Aguirre, favoreciendo la instauración de nuevos enclaves metodológicos.

En este sentido, como recuerda Aguirre, el análisis del discurso ha tenido un profundo efecto en el desarrollo de la enseñanza con fines específicos y, especialmente, el concepto de tipo y género del discurso de una comunidad, definido en virtud de una

> (...) *finalidad o intención (...) reconocida por los miembros de una misma comunidad y que, por tanto, constituye el fundamento del tipo o género del discurso. Fundamento que determina la estructura del discurso e influye en la elección del contenido y del estilo. Este último aspecto es muy importante para la enseñanza, ya que enseñar un tipo de discurso propio de una comunidad en vez de otro es lo que hace que un curso tenga una orientación especializada* (Aguirre, 1998: 13).

Los discursos de las ciencias sociales, y especialmente el jurídico, operan sobre la base del lenguaje natural, como discursos intermedios de la institución social, lo que implica la necesidad de que se constituyan como discursos reglados, cuidadosamente dichos, provistos de una gramática rigurosa, preservadora de las jerarquías de los significados (Legendre, 1976: 7)[1].

Pero, esencialmente, la formación del discurso jurídico es resultado de su vinculación con el ejercicio del poder social, y ese carácter es el que incide estructuralmente en su modo de constituirse como discurso técnico-científico. Debe garantizarse y hacerse viable que el proceso discursivo jurídico se perpetúe como proceso del ejercicio del poder. En este sentido,

> *el poder que otorga la palabra, y más aún, la palabra jurídica, es decir, la palabra que ordena y rige, ha de ser patrimonio de unos pocos para así consolidar su valor sustrayendo de su manejo al resto de los individuos.* (López de Sancho y Nieto, 2000: 92).

Entelman (1982: 96) lo describe con precisión:

> *El discurso jurídico es el discurso del ejercicio del poder y, por ende, alude e identifica a aquellos que pueden producirlo, configurando la noción de autoridad u órgano y ordenando las relaciones recíprocas de los productores de ese discurso del poder entre sí, y de éstos con el resto de los individuos actuantes en relación a una determinada institución social, con la mediación del discurso jurídico. De este modo, las reglas de formación del discurso jurídico no son reglas referidas a los requisitos lingüísticos de las expresiones, sino, más bien, reglas de identificación, es decir, reglas de designación de los sujetos que tendrán a su cargo el proceso discursivo.*

De esta forma, por medio de un conjunto de procedimientos internos al discurso, tratan de mantenerse ocultos, soterrados, los lugares de significación, siendo así que, en los procesos discursivos (*v.g.* ideológicos) el sentido no siempre opera en dependencia lógica con las estructuras del sistema lingüístico.

---

[1] Según Levi-Strauss, citado por J. Derrida: *El conjunto de los mitos de una población pertenece al orden del discurso. A menos que la población se extinga físicamente o moralmente, este conjunto no es nunca un conjunto cerrado (...). La sintaxis, para manifestarse, no espera a que haya podido inventariarse una serie teóricamente ilimitada de acontecimientos, puesto que aquélla consiste en el cuerpo de reglas que presiden el engendramiento de esos acontecimientos (...)* (Derrida, 1989: 396).

Es por razón de estos procedimientos internos al discurso que se integran, asimismo, las reglas de generación y ordenamiento del discurso, es decir, *las reglas que consagran los requisitos exigidos a una expresión para considerarla legítimamente incorporada a un determinado proceso discursivo* (Entelman, 1982: 87) (*v.g.* los requisitos de sistematicidad y de coherencia).

Se hace precisa la cita extensa para centrar el planteamiento que aquí se adopta:

> *El conjunto de técnicas internas al discurso está compuesto también por los procedimientos de fundamentación de su verdad. (...) se trata del rol del autor llenando la doble función de productor del discurso y de fundamento de verdad del mismo. En el discurso jurídico se confundirán verdad y validez, estableciéndose una interrelación entre las normas de incorporación de las expresiones al discurso y el rol del autor, que establecerá expresamente a éste como fundamento de la validez -léase verdad- de las expresiones integrantes del discurso* (Entelman, 1982: 87).

He aquí nuestra propuesta: este desplazamiento de sentido, este claroscuro detectable en lo subyacente, permite poner atención en lo que no está dicho en el discurso. Se debe a ello que nazca la intencionalidad de la actividad del docente, impulsada a articular -proyectado en el aprendizaje de los aprendientes- una reflexión desde lo lingüístico hacia el trasunto de lo dicho; desenmascaramiento del discurso y reflexión a su vez sobre la formación del lenguaje jurídico.

Dicho de otra forma: es *lo entrevisto* lo que otorga la posibilidad de desvelar la clausura de un lenguaje, como el jurídico, donde los sentidos vienen predeterminados por una regla de formación destinada a distribuir el poder mediante la distribución de la palabra.

Desde el planteamiento didáctico que se formula, se trata de inducir a los alumnos a que incorporen, mediante la dinámica en el aula, una reflexión sobre el discurso jurídico al proceso de enseñanza-aprendizaje del lenguaje jurídico, con miras a obtener formulaciones que sirvan para inferir la configuración del sistema jurídico.

Si partiendo de lo comunicativo y de la herramienta metodológica de la didáctica de *procesos,* como se advertirá *infra,* surte la conveniencia de la atribución de roles, en aras a habilitar esa doble intención de aprendizaje de sistema y lenguaje, a esa misma asignación de roles conduce el recorrido trazado con la propuesta antes dicha.

Con ello queremos decir que la necesidad de interacción en la emisión del discurso ha de estar guiada hacia la reflexión sobre la formación del lenguaje, que viene propiciada por el conocimiento previo de los discentes sobre las singulares características del discurso jurídico[2].

El lenguaje jurídico es, por sus características generales, una *lengua especializada* o *lenguaje de especialidad* (Cabré, 1993; Lerat, 1997; Gómez de Enterría, 1998: 30; Gómez de Enterría, 2001: 7 y ss.), un *lenguaje especial o sectorial* (Álvarez, 1997: 49), o *tecnolecto* (Duarte, 1998: 48).

---

[2] Señala Foucault, citado por Casetti, que *el discurso, en cuanto acontecimiento específico requiere* una descripción pura de los acontecimientos discursivos, *que sea capaz de ilustrar lo que, en cada enunciado, es lo* suyo, *es decir, el sistema de formación que ha dirigido su aparecer. Por sistema de formación se debe entender un complejo manojo de relaciones que funcionan como reglas (...). Definir en su particular individualidad un sistema de formación significa, pues, caracterizar un discurso o un grupo de enunciados mediante la regularidad de una práctica* (Casetti, 1980: 161).

La ISO (*International Standardization Organization*) define la *lengua de especialidad* como *subsistema que utiliza una terminología y otros medios lingüísticos con objeto de suprimir toda ambigüedad en la comunicación propia de un área concreta*.

Como indica Duarte (1998: 48):

> *El lenguaje administrativo y el jurídico son sin duda tecnolectos y comparten con los otros lenguajes de especialidad la precisión (univocidad terminológica y, por lo tanto, ausencia de sinonimia), la formalidad (neutralidad afectiva y carencia de elementos emotivos), la impersonalidad y el carácter estrictamente funcional del lenguaje (...).*

Se caracteriza por peculiares rasgos léxico-semánticos, morfosintácticos y de estilo, con un léxico específico que sustancialmente lo diferencia de la lengua común, con lexemas o unidades léxicas desconocidas o con un significado diferente en la lengua general.

El lenguaje jurídico se puede entender como

> *El que se utiliza en las relaciones en que interviene el poder público, ya sea en las manifestaciones procedentes de este poder (legislativo, ejecutivo o judicial) hacia el ciudadano, o en las comunicaciones de los ciudadanos dirigidas a cualquier tipo de institución. Y también, naturalmente, el lenguaje de las relaciones entre los particulares con trascendencia jurídica (...)* (Borja, 2000: 11).

El español jurídico posee algunos elementos caracterizadores:

i) Pretensión de objetividad y de neutralidad, que trae consigo impersonalización y uso de construcciones retóricas y de cultismos.
ii) Funcionalidad, como búsqueda de la comunicación eficaz.
iii) Precisión y coherencia, con eliminación de los significados connotativos que implican ambigüedad, centrándose en los términos denotativos o indicativos.
iv) Claridad, que implica la presencia de definiciones, pormenorizaciones y excepciones.
v) Normatividad, predominando la función conativa o de mandato, usándose el imperativo presente y el presente de subjuntivo con valor de mandato.
vi) Tendencia formalizadora, a través del estilo formulario, las abreviaturas y fórmulas fraseológicas y léxicas.

Desde el punto de vista *morfosintáctico*, el español jurídico se caracteriza, entre otros, por los siguientes rasgos:

i) Uso del presente con valor dispositivo, *el texto normativo prevé*.
ii) Futuro imperfecto de indicativo con valor prescriptivo, *será apercibido*.
iii) Futuro imperfecto de subjuntivo, *el que resultare*.
iv) Futuro perfecto de subjuntivo, *si hubiere establecido*.
v) Presente de imperativo impersonal, *téngase por desistido*.
vi) Presente de subjuntivo con valor de mandato, *que se oficie*.
vii) Uso recurrente de las formas no personales del verbo: infinitivos, gerundios y participios de presente y de pasado, *exhibir*, *atendiendo*, *apelante*, *arrendado*.
viii) Perífrasis verbales de obligación, *ha de contraerse*.
ix) Uso de la voz pasiva, *el imputado es detenido*.
x) Empleo de la pasiva refleja, *se confiere un plazo*.

xi) Perífrasis con verbo lexicalizado, *vendrá obligado a satisfacer.*
xii) Sustituciones de nociones verbales por construcciones de verbo + sustantivo, *será objeto de revisión.*
xiii) Uso frecuente del subjuntivo en oraciones subordinadas concesivas o condicionales, *aunque no sea hallada.*
xiv) Formulación geminada de la noción verbal, *debo declarar y declaro.*
xv) Frecuencia de verbos de lengua, *negar, afirmar, declarar, predicar.*
xvi) Participio + *que* + verbo, *llegados que fueron al lugar de los hechos.*
xvii) Permanente construcción de adverbios en -mente, *indiciariamente constitutivos.*
xviii) Frecuente anteposición del adjetivo, *fundadas razones.*
xix) Abundante nominalización de verbos, *acusación.*
xx) Enumeración asintética de sustantivos, *en zonas comunes, fachadas, patios, portales y escaleras.*
xxi) Agrupación de preposiciones, *para ante la Audiencia.*
xxii) Uso de conectores, *en efecto, por tanto, en su virtud.*
xxiii) Términos marcados de negación, *desestimar, renuncia, desistir, anular.*

Desde el punto de vista *léxico-semántico*, el español jurídico presenta los siguientes rasgos:
i) Destacan los prefijos latinos (ab, *abintestato*; ad/a, *agravar;* ante, *antecedente*; cum/co, *coheredero*; contra, *contravenir*; de/dis/des, *denegar*; ex/e, *enervar*; extra, *extracontractual*; in, *insolvente*; inter, *interdicto*; per, *perpetrar*; prae/pre, *prejuzgar*; preter, *preterintencional*; pro, *promover*; re, *revocar*; retro, *retrotraer*; sub/so, *subrogarse*; super, *supérstite*; trans/tras, *transmisión*) y griegos (a, *apátrida*; ana, *analogía*; anti, *antijurídico*; auto, *autonomía*; hipo, *hipoteca*; protos, *protocolizar*).
ii) Extraordinaria importancia tiene la formación de palabras mediante sufijos. Como signa Almela (1999: 76):

> *El significado de las palabras sufijadas no siempre es la suma de los significados de sus respectivos integrantes; la relación entre éstos es dinámica, esto es, que produce condicionamientos recíprocos; además, tanto el significado del derivado como la relación entre éste, la base y el sufijo evoluciona.*

iii) Sufijos que crean adjetivos (-ico, *jurídico*; -ivo, *ejecutivo*; -lento, *fraudulento*; -ticio, *arrendaticio*; -tivo, *delictivo*). Creadores de sustantivos (-encia, *audiencia*; -icio, *juicio*; -ición, *cognición*; -idad, *caducidad*; -imiento, *requerimiento*; -ión, *excusión*; -sión, *pretensión*; -tud, *ilicitud*). Creadores de verbos (-ecer, *acrecer*). Destacan, además, los sufijos latinos (-able/ible, *irrevocable*; -ado/ada, *quebrado*; -aje, *arbitraje*; -al, *demanial*; -amen, *gravamen*; -amiento, *arrendamiento*; -ante/ente/iente, *cedente*; -ario, *cesionario*; -atario, *adjudicatario*; -ativo, *administrativo*; -atorio, *estimatorio*; -atura, *magistratura*; -bilidad, *anulabilidad*; -ción, *novación*; -ero, *aparcero*; -orio, *posesorio*; -or, *actor*) y los griegos (-ismo, *anatocismo*, -ista, *contratista*).
iv) Composición: sustantivo + sustantivo, *compraventa, litisconsorcio*; sustantivo + adjetivo, *causahabiente, cuasiperfecta, justiprecio;* imperfecta, *Decreto-ley;* sintagmática, *estado de necesidad.*
v) Préstamos: anglicismos (*factoring, leasing, know-how, warrant*), galicismos (*avalúo, aval, bufete*), arabismos (*albacea*), italianismos (*libelo*), germanismos (*marca*).

vi) Cultismos griegos (*ológrafo, anticresis, enfiteusis, hipoteca, anatocismo*) y latinos (*usufructo, dolo, audiencia, usucapión, fiducia, rato, contractual, mora, comodato, depósito, oneroso*).

vii) Abreviaturas y siglas (CC, *Código Civil*; Ccom, *Código de Comercio*; CP, *Código Penal*; LPH, *Ley de Propiedad Horizontal*; LEC, *Ley de Enjuiciamiento Civil*; ET, *Estatuto de los Trabajadores*; TSJ, *Tribunal Superior de Justicia*; TS, *Tribunal Supremo*; TC, *Tribunal Constitucional*; MF, *Ministerio Fiscal*; DP, *Diligencias Previas*; PO, *Procedimiento Ordinario*; RAJ, *Repertorio Aranzadi de Jurisprudencia*; RD, *Real Decreto*).

viii) Locuciones (*a limine, dies a quo, in fine, mortis causa*) y aforismos (*naeminem laedere, do ut des, nemo tenetur se ipse accusare*).

2. Análisis de necesidades

Primordial lugar ocupa el análisis de las necesidades en la enseñanza del español jurídico para extranjeros, como sin duda lo es en cualquier enseñanza del español cuyos fines sean específicos. No hay que olvidar que *el aprendiente es el que posee el saber compartido, es decir, el conocimiento del campo científico; sin embargo, el profesor sólo posee el saber lingüístico* (López y Séré, 1997: 328), al menos con frecuencia, por lo que el alumno se hace imprescindible a la hora de iluminar esa *galería* que profesor y aprendiente habrán de recorrer juntos.

Lo que, como punto de partida, conviene destacar aquí, es que el análisis de las necesidades no sólo ha de convertirse en un *a priori* de la programación y del rumbo metodológico (conforme un modelo de análisis de las necesidades orientado exclusivamente hacia el producto), antes al contrario, dicho análisis ha de permanecer presente a lo largo de todo el proceso de enseñanza-aprendizaje hacia ese resultado ideal que constituye la situación meta, esto es, un continuo re-analizar lo analizado, para reajustar lo ya ajustado en la programación de origen, que no puede dejar fuera los factores de orden cognitivo afectivo y psicosocial. Es decir, como algunos autores consideran, *un proceso dinámico que se ve constantemente retroalimentado por la interpretación de los datos* de *y* sobre *el alumno* (Gil y Llorián, 2000: 332).

De este modo, el análisis de necesidades no comprende sólo un estudio orientado hacia lo lingüístico, hacia la habilidad o competencia en la lengua y su proyección hacia la lengua que tendrán que usar los discentes en una situación comunicativa particular, sino que habría de tomar como eje a los propios aprendientes, en cuanto que individuos inmersos en una situación de aprendizaje.

Así, como recuerda Lahuerta, Hutchinson y Waters (1987) distinguen entre necesidades meta -sobre qué necesita hacer el aprendiente en la situación meta u objeto de estudio-, y que engloba las necesidades -lo que ha de saber para funcionar eficazmente conforme a lo que demanda una situación concreta- y las necesidades del aprendizaje -sobre qué necesita hacer el aprendiente para aprender- (Lahuerta, 1997: 99).

Se trata de distinguir, siguiendo la terminología y el sentido que adopta Bridley (1989), entre *análisis de necesidades objetivo y subjetivo*, teniendo por *análisis de necesidades objetivo* al que toma en cuenta las necesidades relativas a las informaciones recogidas sobre los aprendientes, su uso de la lengua en situaciones comunicativas reales, así como su competencia lingüística y sus dificultades lingüísticas en el momento de realizar el curso, y considerando como *análisis de necesidades subjetivo* al que atiende a las necesidades afectivas y cognitivas del aprendiente en la situación de aprendizaje, que se extrae de la información sobre factores afectivos y cognitivos como la personalidad, la confianza en uno mismo, la actitud, la motivación, la expectativas de los alumnos con respecto al aprendizaje, los estilos cognitivos y las estrategias de aprendizaje individuales (Lahuerta, 1997: 102).

Nos atrevemos a señalar algunos de los objetivos a cuyo cumplimiento ha de tender el análisis de necesidades:

i) Satisfacer las necesidades particulares por medio de la negociación.
ii) Tener efectividad en la doble dimensión lingüístico-comunicativa y cognitivo-afectiva.
iii) Examinar las carencias del discente.
iv) Buscar la anticipación.
v) Tener en cuenta al grupo, al individuo y a la institución (en su caso).
vi) Retroalimentar el desarrollo del curso con información pertinente.
vii) Mitigar el desajuste entre la percepción del profesor y la que tiene el alumno sobre su propio proceso de aprendizaje.

Es por ello que el estudio de las necesidades no puede ceñirse meramente a un sistema de encuestas o entrevistas, donde el profesor adopta la responsabilidad de tomar las riendas de la cooperación y negociación previas, para luego, una vez elaborada la programación, desplazar exclusivamente al alumno la responsabilidad del ajuste del aprendizaje a ese diseño, sin buscar más señal de retorno que la sola puesta en escena en el aula.

Responsabilidad y autonomía del alumno en el proceso de aprendizaje que tiene que ir pautada por los hilvanes de la negociación. Así, el análisis de necesidades ha de permanecer abierto en el periodo de aprendizaje, con contagio recíproco y cooperación permanente entre alumno y enseñante.

Nuestra propuesta consiste, por tanto, en la doble construcción de un *libro de navegación*, realizado *a limine* por el alumno con inmediación del profesor, y elaborado antes de la programación del curso, y un *cuaderno de bitácora*, redactado por el aprendiente a lo largo del mismo.

En el *libro de navegación,* se han de registrar, por tanto, los siguientes datos:

i) La situación de partida (personal, grupal e institucional; datos personales y profesionales, características del grupo, del curso y del programa; de las instalaciones y el ámbito donde se irá a desarrollar).
ii) Las condiciones de partida (conocimientos previos de los aprendientes, competencia comunicativa y lingüística, formación, consignación de carencias, *escáner* de la motivación, factores que posibiliten la interacción).
iii) La situación meta (necesidades que habrá de cubrir el alumno, expectativas de la institución o grupo, dominios que se pretenden, ámbitos de actuación futura tras el aprendizaje).

El *cuaderno de bitácora* ha de ser confeccionado en virtud de unos criterios avisados previamente por el profesor; su revisión y puesta en común por el profesor en el aula debe adoptar la periodicidad que se estime más adecuada (semanal/quincenal). En él se han de consignar, como fórmula de permanente retroalimentación:

iv) Itinerario hacia la situación meta (destrezas, adquisición de estrategias, motivación del alumno, preferencia de contenidos, actividades, formas de evaluación).

Se propone un formato de *diario* porque con éste se adopta una forma menos rígida, menos formularia que la encuesta, en aras a evitar una ceremonia de rutina poco veraz o poco reflexiva del alumno a la hora de confeccionarlo. No en vano *el cuaderno de bitácora* es concebido en la privacidad y desde la libérrima reflexión, pero sin perder de vista la lectura *pública* a la que aspira. No obstante, las cuestiones sobre las que tiene que reflexionar el aprendiente han de venir tasadas previamente por el profesor (*v.g.*: ¿Qué contenidos he aprendido con las actividades realizadas? ¿Qué destrezas he desarrollado y cuáles echo en falta? ¿Qué estrategias he empleado y cuáles son mis resistencias?).

3. Metodología

Ya se vio *supra* cómo la singularidad del español jurídico, no sólo como artesonado lingüístico de L2, sino en tanto que sistema complejo, hace inadecuado un aprendizaje estático o parcial, tejido sólo en virtud de muestras o retales textuales o de una tipología de actividades exenta y desarraigada de un engranaje que las haga inteligibles.

Es por ello que se viene preconizando desde diversos trabajos el uso de una didáctica sustentada en el *proceso* en sentido jurídico, como herramienta metodológica y pedagógica.

La *didáctica de procesos* entraña pues, en nuestra propuesta, un postulado metodológico desde una concepción *dinámica* y no estática del desarrollo de la enseñanza-aprendizaje del español jurídico para un grupo de aprendientes; tal dinamismo se promueve instrumentado a través de procesos, sean éstos judiciales o prejudiciales.

Se parte de la definición de *proceso* que señalan Gómez Orbaneja y Herce (1975: 2-3):

> *En su sentido más general, disociado de toda conexión jurídica, el término proceso indica ya la idea dinámica de algo que se mueve hacia un determinado fin, que conduce a una determinada meta. (...) Así, proceso tanto quiere decir como cadena, o serie, o sucesión de hechos o actos coordinados al fin hacia el cual tienden.*
> *En su acepción jurídica, el proceso es una serie o cadena de actos del hombre: un conjunto de actividades, reguladas por el derecho (procesal) que tratan de alcanzar un determinado fin. Su contenido consiste en actos de las partes y del órgano jurisdiccional, recíprocamente condicionados; de suerte que cada uno de ellos depende del anterior y condiciona el siguiente. El fin a que todos tienden es lo que permite ordenarlos en su complejidad y considerar a todos como constituyendo una unidad.*

De estos dos sentidos o acepciones, podemos extraer nítidamente la vinculación que concierne a la enseñanza de E/LE:

- i) Existencia de un fin específico o determinado.
- ii) Existencia de una meta en el proceso.
- iii) Existencia de un conjunto de actividades reguladas.
- iv) Sucesión de actos.
- v) Atribución de roles.
- vi) Producción y comprensión de los diversos sujetos intervinientes (actos).
- vii) Condicionamiento recíproco o interacción entre los sujetos.
- viii) Relación de los actos que dependen del anterior y condicionan el siguiente.
- ix) Sistematización u ordenación para comprensión de lo complejo.
- x) Unidad o estructura cerrada.

El *proceso*, con su soldadura y sucesión reglada de actos o trámites jurídicos, aspiraría así a ser herramienta metodológica adecuada para la comprensión de las formas lingüísticas y, lo que es tan importante o más que aquello, para su comprensión y manejo en el curso o malla dentro del proceso que las justifica, y que es la forma de abordar, en suma, la compresión del sistema jurídico al que pertenecen.

El *proceso* como concepto jurídico, por tanto, parece querer ceñirse a la definición de *tarea*, en cuanto que, conforme a la muy citada definición de Zanón, es representativo de procesos de comunicación en la vida real, es identificable como unidad de actividad en el aula, está dirigido intencionalmente hacia el aprendizaje del lenguaje, así como diseñado con un objetivo, estructura y secuencia de trabajo (Zanón, 1990: 22).

El objetivo, así, concierne tanto a la meta como al desarrollo del proceso mismo. Se pueden estipular, además, tareas o trámites intermedios (tareas comunicativas y de aprendizaje), secuenciadas hacia la que ha de constituir la tarea final conforme a un criterio lingüístico, o, por el contrario, en virtud de un criterio de dificultad de interacción, en relación con los niveles de interpretación, negociación y expresión exigidos por las posibilidades de interacción de cada tarea.

Pero también puede vincularse a los principios propios del sistema trazado en la propuesta del *currículum de procesos* de Breen y de Candlin (Zanón, 1990: 24) donde:

> *(...) las actividades (comunicativas y de aprendizaje) se agrupan en virtud de sus objetivos, contenidos, tipo de trabajo que generan y sistema de evaluación. La diferencia con el currículum de tareas es que, en este caso, no se hallan secuenciadas. Su organización dependerá del resultado del proceso de toma de decisiones generado por el plan de trabajo.*

Los actos de comunicación y de interacción entre los alumnos son de naturaleza real, se corresponden con los que habrán de estar presentes en sus vidas, a la hora de hacer uso de la lengua de especialidad en el entorno jurídico español, impidiendo que se dé lugar a un discurso mutilado y trunco en su eficacia, a través de situaciones presentadas aisladamente.

Se trata de adquirir la habilidad lingüística comunicativa, conforme a la descripción trazada por Bachman, como *compuesta del conocimiento, o competencia, y la capacidad para poner en práctica o ejecutar esa competencia en un uso de la lengua adecuado y contextualizado* (Bachman, 1975: 107-108)

Por consiguiente, lo que se pretende es afianzar la competencia estratégica, al mismo tiempo que la competencia lingüística y comunicativa, por cuanto, como signa idéntico autor:

> *la competencia estratégica proporciona los medios para relacionar competencia de la lengua con aspectos del contexto de situación en que tiene lugar el uso de la lengua y las estructuras de conocimiento (conocimiento sociocultural, conocimiento del mundo) del usuario de la lengua* (Bachman, 1975: 108).

Conforme se pide en el enfoque mediante tareas (Zanón y Hernández, 1990: 15), con el proceso se cumplen las siguientes condiciones:

i) Se proporcionan a los alumnos los instrumentos necesarios (contenidos para la comunicación).

ii) Se les dota de una razón para implicarse en una actividad de decodificación selectiva / contrastación / búsqueda de información.
iii) Se crea una situación en la que otro interlocutor proporciona información contingente.
iv) Se dota al aprendiz de una intención comunicativa en la actividad que le sirve de marco conceptual de referencia sobre el que evaluar el resultado de su proceso de extracción de la información de su interlocutor, sobre el que decide si finaliza o continúa la situación.

Pero esa misma condición de acto comunicativo real permite la adaptación al desarrollo del aprendizaje individual y en el grupo conforme al conjunto de concretos alumnos.

En efecto, no hay que perder de vista que las necesidades pueden variar notablemente entre los diversos alumnos, y el proceso comunicativo real debidamente secuenciado sirve de motivación y de contexto de reflexión no sólo para quien está llamado a ser operador jurídico, sino para cualesquiera otros perfiles de aprendientes, como pudieran ser periodistas jurídicos, traductores, o estudiantes de derecho del programa Erasmus, que perciben de esta forma la realidad jurídica en el nuevo idioma como más atractiva y más inteligible.

De otra parte, como se trata de un proceso el método de aprendizaje, en sus distintos trámites tienen cabida los textos reales, las muestras específicas de lengua, esa tipología de textos, en suma, que ahora, en su sucesión y dimensión real, sí guarda coherencia.

Convergen, por tanto, planteamientos metodológicos que, en nuestra formulación de la didáctica de procesos, pueden convivir; así, el uso de los *casos*, a los que aquí se dota del cauce para explotarlos, las *simulaciones* y las *dramatizaciones*, habida cuenta que conciernen muchos trámites a la comunicación oral, y en ellos encuentran perfecto encaje tales herramientas didácticas, y el método de *interacción estratégica* o el *enfoque mediante tareas*, como ya se dijo anteriormente.

En otro orden de cosas, la didáctica de procesos se centra y se define en la *interacción* y en la *negociación* en la preparación y gestión de las tareas intermedias; busca responsabilizar al alumno en su propio proceso de aprendizaje a través de un control invisible, que es el control-secuencia.

Permite la progresividad de la dificultad de las actividades, y la gradación, de la producción más controlada, a la más libre, así como la configuración de unidades temáticas o rituarias. No ha de abandonarse, por tanto, la tipología de actividades tradicional, que tiene cabida en los trámites de impulso procesal o tareas posibilitadoras.

Puede adaptarse, asimismo, al nivel de competencia lingüística y comunicativa, y a los fines específicos de los alumnos, conforme al estudio de necesidades ya visto, y ello alterando sólo las coordenadas del diseño curricular, pero no el armazón del proceso en que éste se desenvuelve.

Se insertarán en el eje del proceso las actividades gramaticales tendentes a la reflexión sobre el discurso jurídico que ya fue analizada en anterior epígrafe, buscando el aprendizaje implícito de las formas lingüísticas a través del conocimiento explícito de las muestras de lengua de especialidad por medio de *un uso de la gramática ligado a las actividades de comunicación. Es decir, hacia el uso y la reflexión sobre el funcionamiento gramatical en las muestras reales de lengua* (Gómez del Estal y Zanón, 1999: 83).

Finalmente, se hace uso de la *integración de las diferentes destrezas* (comprensión auditiva y lectora y producción escrita y oral), que son tratadas y aparecen de forma conjunta en cada una de las tareas-proceso que se desarrollan.

4. Procesos

Se han expuesto los aspectos fundamentales que predeterminan la confección de un curso de español jurídico, y que hacen pertinente acudir a un instrumento metodológico flexible como es el diseño mediante la didáctica de procesos, donde tienen cabida diversos modos de aproximación metodológica al desarrollo de la enseñanza-aprendizaje del grupo-meta, al tiempo que queda garantizado el enfoque comunicativo de la lengua de especialidad, y se conjugan y se incorporan de manera integrada las distintas destrezas.

A la vista de que el estudio de necesidades es determinante de las características del grupo y de los individuos, ningún sentido tiene trazar apriorísticamente un despliegue programático que se ha de ver inmediatamente desmentido por:

a) la procedencia de los alumnos, disímiles entre sí, y sus finalidades y metas (abogados en sus países de procedencia que piensan ejercer en España; abogados de estancia temporal que no ejercerán el derecho y que sólo *se asoman* a nuestro sistema jurídico; ejecutivos de empresas extranjeras sin sede en España, que ven sufragado el curso por sus empresas; ejecutivos que asisten a programas promovidos por empresas radicadas en España y que quieren dotar de nociones jurídicas generales a sus empleados; traductores; profesionales extranjeros que buscan un conocimiento del léxico o del sistema jurídico; estudiantes de Erasmus, que cursan derecho en sus universidades o que no lo estudian, pero quieren convalidar la asignaturas de contenido jurídico en España; estudiantes de otras titulaciones con fines académicos que completan su programa en España; aprendientes de programas con otros fines específicos -turismo/negocios- donde lo jurídico viene a completar sus conocimientos con léxico específico; profesores visitantes; aprendices que persiguen un conocimiento global de la lengua o, por el contrario, interesados sólo en una disciplina del derecho).

b) sus necesidades comunicativas específicas, y las destrezas requeridas (presentaciones de empresa; comunicación oral en recursos humanos y entrevistas; elaboración de documentos; emisión de informes y dictámenes; conocimiento de la retórica judicial, de léxico específico, del sistema jurídico; intervención ante los tribunales; labor jurídica de comprensión lectora y producción escrita como integrantes de bufetes internacionales; traductores de enlace de despachos con varias sedes en el territorio de la Unión Europea; traductores de documentos jurídicos, que requieren destrezas escritas; usuarios del lenguaje jurídico escrito vertido a la lengua común; alumnos que buscan tomar notas o apuntes).

Se parte, a diferencia tal vez de otras lenguas especiales, de la absoluta necesidad de un nivel de competencia avanzado o superior en los individuos que componen el grupo de aprendices. Goza de prioridad el diseño conforme a la toma de decisiones de los aprendientes, que habrán de optar por el nivel de dificultad de interacción, conforme a los diversos escenarios que se les ofrecen.

Se proponen a continuación dos ejemplos de *procesos* adaptables a las distintas necesidades del grupo meta:

- Proceso 1:

Ámbito de la actividad	Laboral y procesal social.
Nivel de competencia	Intermedio/intermedio-alto.
Intensidad	Nivel 1: Hacia el juicio; Nivel 2: En el juicio.
Tarea final	Nivel 1: Preparar el informe final para un despido improcedente de un trabajador. Nivel 2: Celebrar un juicio por despido improcedente del trabajador de una empresa.
Destrezas	Comprensión lectora y producción escrita. Comprensión auditiva y producción oral. Interacción oral e integración de destrezas.
Competencias	Desarrollo de estrategias de adquisición de léxico y de aprendizaje. Competencia comunicativa. Competencia lingüística. Adquisición de léxico. Competencia sociocultural sobre la empresa en España. Sistema contractual laboral. Sistema jurídico procesal laboral en España.
Trámites intermedios (secuencia procesal)	1. Examinar un contrato laboral. Actividades: a) Intuir, discutir con el compañero, poner en común con la clase y comprobar (por medio de cartulinas que en sombra ocultan el término) con qué palabra o expresión común se corresponde el término elaborado (*solicitar* por *pedir*; *efectuar* por *hacer*; *estipulan* por *acuerdan*; *concurrir* por *juntarse* o *coincidir*). b) Organizar la clase por grupos de discusión y distribuir entre los alumnos formularios y modelos de contratos laborales (indefinido, a tiempo parcial, temporal, de lanzamiento de actividad, de acumulación de tareas). Discutir entre los miembros del subgrupo, y luego entre los distintos subgrupos entre sí, coincidencias y diferencias, extrayendo información por medio de preguntas-ejemplo. c) Redactar cláusulas de un contrato, tomando como referencia un modelo y un esquema, donde, en una columna, aparezcan contenidos (duración, salario, horario, etcétera) y, en la otra, los verbos en infinitivo necesarios para realizar la actividad. d) Trocear un borrador de contrato en sus diferentes partes y entregárselas a los alumnos para que, a modo de *collage*, las ordenen, adapten y, posteriormente, redacten y fijen los términos contractuales. 2. [Con asignación de roles]. Trámite de informes. Negociación entre los integrantes del subgrupo. a) Redacción por parte de la empresa de un informe interno dirigido al Director de Recursos Humanos para proceder al despido de los trabajadores. Se facilitan las pautas de referencia (posibles causas de despido, fecha más aconsejable, forma escrita, etcétera). b) Redacción por los asesores jurídicos de un informe sobre el efecto económico de dicha decisión (cuentan para ello con recortes extractos adaptados de la legislación laboral vigente y del Estatuto de los Trabajadores). c) Por grupos, distribuir y comentar recortes periodísticos de prensa económica y general con información sobre despidos.

	3. [Con asignación de roles]. Redactar la carta de despido. a) A un grupo se le facilitan las pautas conforme a 2.a) para que redacte la carta de despido. b) A otro grupo no se le aportan datos y han de redactar una causa de despido inverosímil, casi literaria. c) Se comparan los escritos en una puesta en común. d) Se entrega a los alumnos una carta de despido real. e) Se elabora la carta de despido definitiva. 4. [Con asignación de roles]. Entrevista con el abogado. a) Los trabajadores celebran una reunión con sus abogados, y en ella explican la duración de sus contratos, salario, fecha de despido, causa real del mismo y la alegada por la empresa. Los abogados toman notas y luego inquieren sobre pruebas, testigos (trabajadores de la empresa), funciones en la empresa, etcétera. Los trabajadores contestan (hacen entrega de un organigrama con los *personajes de la empresa*). 5. [Redacción de la demanda de conciliación ante el SMAC. a) Por grupos, se redactan las demandas de conciliación rellenando el formulario (impreso) que se utiliza ante el SMAC con los datos que figuran en el contrato y en la carta de despido. b) Se comparan las demandas, y los trabajadores despedidos formulan preguntas sobre su contenido. 6. La empresa se niega a conciliar. Preparación del escrito de demanda. a) La papeleta de conciliación se recorta en trozos y se acompaña de una hoja con los fundamentos jurídicos y el suplico. Los abogados tienen que ordenar y redactar el escrito. b) Por grupos, se reflexiona sobre la naturaleza del lenguaje en el texto de demanda. c) Alternativamente, se redacta una demanda con el mismo contenido, pero escrita en lenguaje común. d) Se redacta bien una contestación a la demanda, bien un informe o bien una nota por escrito, desde la posición de la empresa. 7. [Con asignación de roles]. Juicio. a) Se muestra la grabación en vídeo de un juicio (actualmente, los juicios civiles se graban en vídeo y se hace entrega de una copia a las partes, si así lo solicitan). b) Por grupos, se preparan y se negocian notas de informe, en la posición de la empresa y de los trabajadores (se puede facilitar previamente un guión). c) Se ensayan los interrogatorios a los testigos. d) Se realiza la dramatización del juicio.
Objetivos comunicativos	Estipular los términos de una relación profesional. Exponer y relatar hechos. Presentar las consecuencias de algo que se acaba de decir. Argumentar. Reclamar. Expresar las consecuencias de algo que se acaba de decir. Interrogar. Expresar conclusiones. Solicitar una actividad o una declaración. Interactuar con la otras partes y con el juez.
Objetivos gramaticales	Presente de indicativo con valor dispositivo. Perífrasis de obligación con infinitivo. Preposiciones (*según*, *antes*, *tras*, *bajo*, etcétera). Contraste de pasados. Presente con valor de pasado.

Objetivos léxicos	Léxico específico del mundo laboral. Léxico jurídico sustantivo laboral. Léxico procesal.

- Proceso 2:

Ámbito de la actividad	Mercantil, civil y procesal-civil.
Nivel de competencia	Avanzado-superior.
Intensidad	Nivel 1: Elevar a pública el acta de un Consejo de Administración en el que se adoptan diversos acuerdos societarios, relativos a la adquisición de acciones propiedad de un socio por un tercero, con oposición de algunos socios que no ostentan la mayoría. Nivel 2: Impugnar judicialmente los acuerdos en los que se decide la transmisión de las acciones por los socios que se opusieron a los mismos.
Destrezas	Comprensión lectora y producción escrita. Comprensión auditiva y producción oral. Interacción oral. Integración de destrezas.
Competencias	Lingüística, comunicativa, estratégica y sociocultural. Adquisición de léxico mercantil y civil. Aproximación al sistema mercantil y de sociedades. Conocimiento del sistema procesal civil. Fórmulas de tratamiento y cortesía en escritos formales.
Trámites intermedios (secuencia procesal)	1. Elaborar los estatutos y escritura de constitución de la sociedad. a) Dividir la clase en grupos y asignar a cada uno un glosario de términos jurídicos que han de utilizar durante el proceso. Celebrar un concurso para definir el término por el que, de forma cruzada, van a ser interrogados. Primero, contesta una persona concreta y después, si su respuesta ha sido errónea, quien lo sepa definir en el grupo. b) Redactar por grupos el objeto social utópico de una sociedad anónima (v.g. una sociedad altruista y filantrópica) y el objeto social de una sociedad misantrópica y arribista. Debatir sobre la necesidad de la existencia de cada una de ellas. c) Primero en grupos y luego en común, debatir cuáles son los elementos que a juicio de los alumnos tienen que aparecer en la escritura de constitución y en los estatutos de la sociedad (denominación, objeto social, duración, domicilio social, capital social, estructura del órgano de administración). Se facilitará luego el texto y un esquema gráfico de los artículos de la Ley de Sociedades Anónimas relativos a dichos elementos para su cotejo por los aprendientes. d) [Con distribución de roles] En grupos, divididos por bloques de accionistas, redactar los estatutos, previamente negociados a partir de una *falsilla* de un formulario de escritura y de estatutos. 2. Carta de intenciones y acuerdo de compraventa de acciones. a) Distribuir los roles (vendedor de acciones / mayoría de socios / comprador / letrados / representantes). b) Preparar y redactar la carta de intenciones partiendo de tarjetas donde figuran la oferta dada y los datos de las partes compradora y vendedora. Puesta en común.

	c) Discutir las formas de tratamiento en el escrito formal. Comparar con ejemplos reales de cartas formales de un despacho de abogados. d) Preparación y simulación de la reunión entre letrados y sus clientes. e) Formulación de las estrategias de negociación. 3. [Con distribución de roles]. Preparación de documentos. a) Formulación y redacción del documento de compraventa de acciones (simplificado). Se les facilita un modelo de contrato de un producto completamente ajeno a la venta de acciones (v.g. la compraventa de una plaza de garaje) para que extraigan conclusiones válidas para el uso correcto de los términos jurídicos en el contrato. b) Preparación del documento de renuncia al derecho de tanteo de los socios, sobre un modelo distorsionado o *nublado*, donde sólo se reconocen algunas fórmulas. c) Elaboración de la convocatoria y del orden del día. 4. [Con distribución de roles]. Celebración del Consejo de Administración. a) Simular la celebración del Consejo de Administración con intervención de los distintos subgrupos. Adopción de acuerdos. b) Toma de notas por la persona o grupo con rol *Secretario*. 5. Redacción del acta del Consejo de Administración, a partir de un modelo dado. 6. (En Nivel 2). Preparación y redacción de una demanda de impugnación de acuerdos sociales. a) Por grupos redactar el relato de los hechos, organizado en apartados numerados por unidades fácticas, sirviéndose de los documentos generados en el proceso. Comparar los escritos y contestar al relato fáctico del compañero.
Objetivos comunicativos	Comprender y debatir sobre documentos relativos al funcionamiento de una sociedad. Describir y prescribir una organización. Desarrollar estrategias de negociación. Relatar hechos de la empresa. Expresar opinión, acuerdo y desacuerdo. Valorar y referirse a lo dicho por otro. Argumentar. Expresar finalidad. Interactuar, en comunicación formal, con otros miembros de una empresa. Relatar por escrito el curso de una reunión.
Objetivos gramaticales	Estilo indirecto. Usos de subjuntivo. Contraste de pasados. Pronombre de OD y OI. Formas gramaticales de futuro (morfosintaxis de futuro). Preposiciones. Locuciones adverbiales. Conectores discursivos.
Objetivos léxicos	Léxico relativo a la constitución de una sociedad, a la compraventa, a la adopción de acuerdos sociales, a la impugnación judicial de acuerdos.

Conclusión

Se puede concluir que el profesor de E/LE, al abordar el español jurídico *-lengua de especialidad-*, encontrará una doble resistencia, a saber, de un lado, por su hermetismo, retoricismo y escaso afán innovador, frente a otras lenguas especiales, dada la intencionalidad que en el discurso jurídico subyace de perpetuarse como *discurso del ejercicio del poder*; de otro, porque el sistema jurídico como sistema complejo y como discurso singular que es, está lejos de ser una estructura fácilmente aprehensible en su enseñanza para extranjeros.

Asimismo, las necesidades del grupo meta y de los individuos que lo componen son disímiles e imprevisibles; es, por tanto, esencial un exhaustivo *análisis de necesidades*, que no puede quedar meramente como un *a priori* de la programación (orientado sólo hacia el producto), sino que ha de continuar a lo largo del proceso de aprendizaje, en un continuo reajuste; y no sólo orientado hacia lo lingüístico, sino tomando también como eje al aprendiente, en cuanto que individuo inmerso en una situación de aprendizaje, atendiendo a los factores de orden cognitivo afectivo y psicosocial. Se propone, por ello, la doble confección de un libro de navegación (apriorístico) y un cuaderno de bitácora (durante el proceso), donde el alumno habilite la negociación y la retroalimentación periódica con el profesor, en aras a mitigar el desajuste entre las percepciones de ambos sobre los contenidos y el proceso de enseñanza/-aprendizaje, y a procurar la anticipación y la detección de las carencias del aprendiz.

Con estas premisas, se propone acometer la enseñanza del español jurídico mediante la *didáctica de procesos* (en sentido jurídico) y la *reflexión sobre el discurso jurídico*, aproximación, ésta última, que busca la motivación, la interacción y las inferencias del alumno sobre el sistema jurídico y sobre su función como motor de la formación de léxico específico y generador de formas y estructuras morfosintácticas singulares.

La *didáctica de procesos*, herramienta metodológica flexible, garantiza el enfoque comunicativo y la integración de destrezas, hace comprensibles, por su secuencia procesal, las formas lingüísticas y el propio sistema jurídico, ahuyentando una visión sustentada en el uso de muestras textuales y de actividades inconexas y, por ende, incoherentes para los fines trazados. El proceso, en sentido jurídico, permite la afluencia de actos de comunicación e interacción reales, el ajuste *ad hoc* del diseño curricular al grupo y a los individuos concretos, el empleo de instrumentos metodológicos como las *simulaciones* o los *casos*, y la eventual inclusión de la tipología de actividades tradicional, así como la progresividad de las actividades, la secuenciación y la autonomía del aprendizaje a través de un control invisible, que es el control-secuencia.

Bibliografía

AGUIRRE, B. y HERNANDO DE LARRAMENDI, M. (1997), *Lenguaje Jurídico*, Madrid, SGEL.

AGUIRRE, B. (1998), "Enfoque, metodología y orientaciones didácticas de la enseñanza del español con fines específicos, *Carabela*, 44: 5-29.

ALCARAZ, E. y HUGUES, B. (1997), *Diccionario de términos jurídicos inglés-español/Spanish-English,* Madrid, Ariel.

ALCARAZ, E. y HUGUES, B. (2002), *El español jurídico,* Madrid, Ariel.

ALMELA, R. (1999), *Procedimientos de formación de palabras en español,* Barcelona, Ariel.

ÁLVAREZ, M. (1997), *Tipos de escrito III: epistolar, administrativo y jurídico,* Madrid, Arco Libros.

BACHMAN, L. (1995), "Habilidad lingüística comunicativa", en VV. AA., *Competencia comunicativa*, Madrid, Edelsa: 105-127.

BARREIRO, G., CACHÓN, J. M., CAVAS, F., DESDENTADO, A. y FERNÁNDEZ, J. (1999), *Diccionario procesal social*, Madrid, Civitas.

BERNAL, B. y GÓMEZ, C. (1998), *Mutatis Mutandi. Vocabulario básico del Derecho,* Madrid, Playor.

BORJA, A. (2000), *El texto jurídico inglés y su traducción al español*, Barcelona, Ariel.

CABALLERO, R. (1985), *El lenguaje jurídico*, Granada, Real Academia de Jurisprudencia y Legislación.

CABRÉ, T. (1993), *La terminología,* Barcelona, Antártida.

CANO, J. R. (2001), *Diccionario de Derecho*, Madrid, Tecnos.

CASETTI, F. (1980), *Introducción a la Semiótica,* Barcelona, Editorial Fontanella

CASTÁN, J. M. (1999), "El lenguaje jurídico y las academias", en VV. AA, *Libro homenaje a Jesús López Medel*, Madrid, Centro de Estudios Registrales, 1: 305-314.

COLONNA, P. (1997), *Diccionario de términos jurídicos,* Madrid, Acento Editorial.

DERRIDA, J. (1989), *La escritura y la diferencia,* Barcelona, Anthropos.

Diccionario básico jurídico (1997), Granada, Comares.

Diccionario Espasa de términos Jurídicos. Español-Inglés, English-Spanish (2002), Madrid, Espasa Calpe.

Diccionario Jurídico (1999), Madrid, Cólex.

Diccionario jurídico elemental, (2001), Granada, Comares.

Diccionario jurídico Espasa (2002), Madrid, Espasa Calpe.

Diccionario jurídico para periodistas (1998), Valencia, Fundación San Pablo CEU.

Diccionario jurídico para periodistas (1999), Madrid, Editorial Centro de Estudios Ramón Areces.

DUARTE, C. (1998), "Lenguaje administrativo y lenguaje jurídico", en J. BAYO (dir.), *Lenguaje Judicial,* Madrid, Consejo General del Poder Judicial: 41-85.

ENTELMAN, R. (1982), "Aportes a la formación de una epistemología jurídica en base a algunos análisis del funcionamiento del discurso jurídico", en VV. AA., *El discurso jurídico,* Buenos Aires, Hachette: 83-109.

ETXEBARRÍA, M. (1997), "El lenguaje jurídico y administrativo. Propuestas para su modernización y normalización", *Revista Española de Lingüística*, 27: 2.

FERNÁNDEZ MARTÍNEZ, J. M. (2002), *Diccionario jurídico*, Navarra, Aranzadi.

GANDASEGUI, M. J. (1998), "Historia del lenguaje judicial", en J. BAYO (dir.), *Lenguaje Judicial,* Madrid, Consejo General del Poder Judicial: 143-198.

GIL, M. y LLORIÁN, S. (2000), "La enseñanza del español como lengua extranjera con fines académicos", *Nuevas perspectivas en la enseñanza del español como Lengua Extranjeras, I. Actas del X Congreso Internacional de ASELE*, Tomo I., Cádiz, Servicio de Publicaciones de la Universidad de Cádiz: 331-342.

GÓMEZ ORBANEJA, E. y HERCE, V. (1975), *Derecho Procesal Civil. Parte General,* Madrid.
GÓMEZ DE ENTERRÍA, J. (1998), "El lenguaje científico-técnico y sus aplicaciones didácticas", *Carabela*, 44: 30-39.
GÓMEZ DE ENTERRÍA, J. (2001), "La enseñanza del español con fines específicos. Las lenguas de especialidad. Su aplicación a la enseñanza del español como lengua extranjera", en *La enseñanza-aprendizaje del español con fines específicos*, Madrid, Edinumen: 7-17.
GÓMEZ DEL ESTAL, M. y ZANÓN, J. (1999), "Tareas para el desarrollo de un aprendizaje autónomo y participativo", en J. ZANÓN (coord.), *La enseñanza del español mediante tareas*, Edinumen, Madrid: 73-99.
HERNANDO DE LARRAMENDI, M. (1998), "Aproximación didáctica al español jurídico", *Carabela*, 44: 57-72.
HERNANDO DE LARRAMENDI, M. (1999), "Caracterización del lenguaje legislativo", en *Actas de las VI Jornadas de Fines Específicos de la Universidad de Alcalá*, Alcalá de Henares, Publicaciones de la Universidad de Alcalá: 207-217.
HERNANDO DE LARRAMENDI, M. (2001), "Propuesta de estructuración y clasificación del léxico jurídico para su enseñanza en E/LE", Barcelona, www.ub.es/filhis/culturele/larramen.html
ITURRALDE, V. (1989), *Lenguaje legal y sistema jurídico. Cuestiones relativas a la aplicación de la ley,* Madrid, Tecnos.
LAHUERTA, A. (1997), "Propuesta de un análisis de necesidades que distingue entre necesidades objetivas y necesidades subjetivas", *Revista de Lenguas para Fines Específicos*, 4: 95-114.
LEGENDRE, P. (1976), *L'amour du censeur. Essai sur l'ordre dogmatique*, París, Minuit, 1: 7.
LERAT, P. (1997), *Las lenguas especializadas*, Barcelona, Ariel Lingüística.
LÓPEZ, C. y SERÉ, A. (1997), "Un hipertexto de comprensión para textos científicos", *Revista de Filología Románica*, 14, 1: 319-332.
LÓPEZ DE SANCHO, J. L. y NIETO, E. (2000), "El lenguaje forense. Análisis pragmático del acto comunicativo judicial", en VV.AA. (2000), *El lenguaje forense*, Madrid, Consejo General del Poder Judicial: 77-116.
MARTÍN, J. (1991), *Normas de uso del lenguaje jurídico,* Granada, Comares.
MARTÍN, J. *et al.* (1996), *Los lenguajes especiales*, Granada, Comares.
MARTINEAU, F. (2000), *Técnicas de argumentación del abogado,* Barcelona, Bosch.
MONTERO, S. y MORALES, J. (2001), "Acercamiento al español jurídico a través del atestado", en M. BORDOY *et al.* (ed.), *Actas del I Congreso Internacional de español con fines específicos. CIEFE*, Amsterdam: 142-152.
MORALES, J. (2000), "Una aproximación a la terminología jurídica a través de la práctica de un trámite judicial en el aula", en M. FRANCO *et al.* (ed.), *Nuevas perspectivas en la enseñanza del español como lengua extranjera, I Actas del X Congreso Internacional de ASELE*, Tomo I, Cádiz, Servicio de Publicaciones de la Universidad de Cádiz: 459-464.
MORALES PASTOR, J. (2001), "Contra la concepción estática de la enseñanza/aprendizaje del español jurídico para alumnos extranjeros", *Frecuencia L*, 16: 26-29.
OJEDA, A. y GORELLI, J. (1999), *Diccionario jurídico laboral*, Granada.
ORTIZ, M. (2001), *Introducción al español jurídico. Principios del sistema jurídico español y su lenguaje para juristas extranjeros,* Granada, Comares.
ORTIZ, M. y PÉREZ, V. (2002), *Léxico jurídico para estudiantes*, Madrid, Tecnos.
PRIETO DE PEDRO, J. (1991), *Lenguas, lenguaje y Derecho,* Madrid, UNED-Civitas.
RAMÍREZ, A. (2003), *Diccionario jurídico*, Barcelona, Ediciones Gestión 2000.
RODRÍGUEZ-AGUILERA, C. (1969), *El lenguaje jurídico,* Barcelona, Bosch.
SALVADOR, G. (2000) "El lenguaje de las leyes", en VV. AA., *El lenguaje forense,* Madrid, Consejo General del Poder Judicial: 117-133.

ZANÓN, J. (1990), "Los enfoques por tareas para la enseñanza de las lenguas extranjeras", *Cable*, 5: 19-27.

ZANÓN, J. y HERNÁNDEZ, M.ª J. (1990), "La enseñanza de la comunicación en la clase de español", *Cable,* 5: 12-18.

VV. AA. (2000), *El lenguaje forense,* Madrid, Consejo General del Poder Judicial.

La enseñanza del español del turismo

Concha Moreno García y Martina Tuts
Autoras de material didáctico

Introducción

Por muy instalado que esté el inglés en las relaciones internacionales -y no cabe duda de que el turismo forma parte de ellas-, hemos observado que, al igual que en el mundo de los negocios, existe la necesidad de comunicar en español en multitud de circunstancias. No cabe duda de que la lengua es un instrumento -un vehículo- de comunicación que nos permite transmitir no sólo el significado de las cosas -el qué-, sino también el cómo y sobre todo a quién[1].

En el ámbito del español con fines específicos, el español del turismo adquiere especial relevancia en lo que se refiere al léxico (véase al respecto el excelente trabajo de M.ª Vittoria Calvi), en la elección de los temas gramaticales y la forma de abordarlos, y en la importancia de la adecuación al contexto y en tener presente que viajar es una forma de entrar en nuevas culturas, así lo sostiene Powell (1978: 3):

> *No existe mejor puente entre personas, ideas, ideologías, culturas que viajar. Ello puede alimentar la comprensión dentro de un país y entre países.*

De ahí la necesidad de insistir en los contenidos socioculturales. Si se nos permitiera soñar, querríamos hacer de nuestros alumnos/as instrumentos para convertir a los turistas depreda-

---

[1] En el libro de Amin Maalouf, *Las identidades asesinas* (1988: 159-169), Madrid, Alianza editorial, encontramos, tras la comparación de la religión con la lengua como componentes de la identidad, lo siguiente: *la religión tiene vocación de exclusividad, la lengua, no*. Más adelante leemos otra reflexión útil en el terreno por el que nos movemos: *(...) que para comunicarnos con el resto del planeta hoy sea necesario saber bien inglés es una evidencia que sería inútil discutir; pero sería igualmente inútil pretender que con el inglés es suficiente. (...) para que una persona pueda sentirse cómoda en el mundo actual es esencial que no se la obligue, para entrar en él, a abandonar la lengua que forma parte de su identidad.* Aún a riesgo de alargar esta cita, diremos que estamos de acuerdo con lo que sostiene nuestro autor: [que las corrientes de intercambio social] *estén en manos de las personas que sienten un interés especial por el otro interlocutor y así lo han demostrado comprometiéndose seriamente con su cultura, eligiendo su lengua.*

dores en amantes respetuosos de los lugares por los que pasan. Una buena formación puede contribuir a ello.

En este trabajo no vamos a abordar la denominación de *lengua especial*. Creemos que el español para el turismo no constituye un lenguaje específico ya que se nutre de otros muchos campos. Lo que, en nuestra opinión, resulta específico es la manera de abordarlo o la concentración de unas características en un momento didáctico determinado. La definición que hace Cabré (1993: 137) confirma nuestra hipótesis:

> *Las lenguas de especialidad se distinguen de la lengua común cuando cualquiera de estos elementos se aleja de las características generales: temática, características específicas de los interlocutores, características específicas de la situación comunicativa, función comunicativa, canal de transmisión.*

No obstante, veremos más adelante algunas de esas características.

No abordaremos de manera especifica los textos turísticos, ya que merecerían un artículo especial dada su amplitud y complejidad.

1. Análisis de necesidades

Para realizarlo deberemos tener en cuenta lo siguiente: público al que nos dirigimos, *quién estudia español*; dónde y cómo (canal) va a poner en práctica el español adquirido, *sector turístico específico*; necesidades de comunicación, *especificidad de la lengua*.

1.1. La importancia de las personas

El siguiente esquema, sin ser exhaustivo, nos da una idea de lo que debemos tener en cuenta en este primer paso de nuestro trabajo.

Quién estudia español turístico	*Características que debe reunir*	*Público con el que se relaciona*
Edad	Capacidad de reacción.	Gente joven. Personas jubiladas.
Lengua materna	Flexibilidad, cortesía y firmeza.	Personas de muy diferente nivel cultural.
Otros idiomas hablados	Crear un clima dinamizador y de cohesión de grupo.	Hombres y mujeres de negocios.
Conocimientos previos	Capacidad para transmitir tranquilidad (tono, vocabulario, giros lingüísticos...).	Público mixto, mestizo, minorías étnicas, personas discapacitadas, etcétera.
Otros intereses	Sentido del humor.	Familias con niños y niñas.

En el número 44 de la revista *Carabela*, comentamos *la importancia que adquieren las personas que han estado en contacto con él [el grupo], desde la que lo ha recibido en el hotel, que podía ser capaz o no de atender y resolver sus problemas en su idioma, hasta la persona que acompaña* (…) (Moreno y Tuts, 1998: 74). Esto significa que el buen resultado de un viaje no depende de una persona, sino de la coordinación y profesionalidad de un equipo que, además, no trabaja junto, ni siquiera siempre para la misma empresa. Esto implica que el análisis de necesidades debe hacerse por sectores de especialización y que no pueden dejarse de lado –nunca debe hacerse– las características personales de los estudiantes de turismo. Éstos tienen unos intereses bastante precisos que no coinciden con quienes han optado por prepararse para la traducción, la enseñanza o la informática, por ejemplo.

Por otra parte, si bien cualquier persona puede dedicarse a esta profesión, no podemos olvidar *(…) que requiere unas cualidades innatas para el trato con la gente y para resolver situaciones que no siempre se pueden aprender en un manual* (Moreno y Tuts, 1998: 77). Alguien que acompaña a un grupo, a menudo se convierte en mediador/a, no sólo entre la cultura visitada y la visitante, sino entre las personas que componen el mismo grupo. De ahí la importancia de programar actividades para el aula que potencien esta habilidad y que no siempre aparece mencionada en los manuales de fines específicos. Un ejemplo de ello podrían ser fichas como las siguientes:

Unos clientes han presentado las siguientes reclamaciones. Reaccione / elabore respuestas.
En nuestro hotel las horas de desayuno son entre 7 y 10 de la mañana. Cuando llegamos a las 9:45 no había bastante queso en la bandeja correspondiente. *En nuestro hotel de cuatro estrellas apareció una cucaracha en el cuarto de baño. Vamos a presentar una denuncia por insalubridad.* *El guía no era puntual.* (El mismo grupo se quejó de la falta de flexibilidad del guía porque no permitía que se quedaran media hora más en los sitios elegidos por ellos).

El romero y su importancia para la felicidad.
Para los romanos el romero era una hierba sagrada que aportaba felicidad a los seres humanos y aseguraba a los muertos una estancia apacible en el más allá. ¿Cómo creen que una buena guía se sirvió de este conocimiento para *salvar* la apatía de un grupo?

Fichas de reacción ante problemas.

1.1.1. Tipos de turistas

Dentro del capítulo que dedicamos a la importancia de las personas, queremos detenernos en el análisis de los tipos de turistas con los que nuestro alumnado tendrá que vérselas algún día. El conocimiento de sus futuros interlocutores hará que esté preparado para la resolución de conflictos.

Tomamos las siguientes descripciones de San Martín García (1997: 37). Tras su estudio comprenderemos claramente que no es lo mismo trabajar con gente joven que con personas jubiladas, con una persona de negocios, que con una familia con niños/as. El nivel cultural tampoco es un factor desdeñable. En función de nuestros interlocutores, sus intereses, sus necesidades, su energía física, deberemos cuidar no sólo las propuestas que se les hagan, sino también la forma de dirigirnos a ellos o ellas. Esta consideración hará que en la programación de nuestras actividades contemplemos casos en los aparezca una amplia variedad de público.

TURISTA CULTO

- Se preocupan por la ecología y el medio ambiente de la Costa del Sol
- Son buenos observadores de la sociedad malagueña
- Se interesan por los lugares históricos
- Se esfuerzan por hablar en español
- Tratan de no ensuciar y contaminar
- Tratan de integrarse mientras están aquí
- Desean conocer las ruinas arqueológicas
- Las vacaciones les sirven para comprender mejor el significado de la vida
- Se interesan por conocer y comprenderse mejor durante sus vacaciones
- Desean conocerse y comprenderse mejor durante sus vacaciones
- Huyen de los sitios bulliciosos y buscan el relax
- Disfrutan estudiando nuestra historia
- Buscan los lugares desconocidos y de difícil acceso
- Les gusta probar la comida local
- Improvisan y organizan sus propias visitas y excursiones turísticas
- Buscan lugares tranquilos y pacíficos
- Visitan los lugares turísticos conocidos
- Practican sus deportes favoritos

TURISTA DE MASAS

- Intentan ligar con los españoles
- Ligan y tienen aventuras amorosas superficiales
- Beben en exceso
- Sólo piensan en ponerse morenos
- Van de marcha por la noche a tomar copas
- Combinan playa y movida nocturna
- Se meten en broncas y peleas
- Su único objetivo es sol y mar
- Buscan divertirse a todas horas
- Buscan placeres sexuales
- Toman grandes cantidades de sol
- Practican actividades de riesgo muy excitantes
- Explotan y engañan a los residentes locales
- Se bañan en el mar

TURISTA *JET-SET*

- Se hospedan en los mejores hoteles
- Comen y cenan en los mejores restaurantes
- Asisten a espectáculos de calidad
- Van a lugares lujosos y de élite
- Viajan en primera clase
- Van a locales nocturnos exclusivos y de acceso restringido
- Se relacionan con los famosos

Roles que desempeñan los turistas que visitan la Costa del Sol. Gómez, Canto y San Martín (1993).

- turista
- viajante
- excursionista
- *jet-set*
- persona de negocios
- emigrante
- ecologista
- explorador
- misionero
- estudiante extranjero
- antropólogo
- *hippie*
- deportista internacional
- periodista extranjero
- peregríno

Roles asociados al concepto de viaje. Pearce (1987).

- fotografiar
- explorar a la población local
- ir a lugares famosos
- comprender a la población local
- vivir una vida de lujo
- observar la sociedad visitada
- interesarse por el medio
- contribuir a la economía
- no pertenecer al entorno
- correr riesgos físicos
- estar alienado por la propia sociedad
- estar poco tiempo en un lugar
- tener problemas con la lengua nativa
- probar la comida local
- explorar lugares privadamente
- preocuparse con su estatus
- tratar de dar sentido a la vida
- tratar de parecer sensual
- preferir relacionarse con personas de su mismo tipo
- comprar recuerdos

Actividades asociadas a la conducta de viajar. Pearce (1987).

- viaje ambiental - antropólogo, conservacionista y explorador
- viaje de alto contacto - viajero, estudiante en el extranjero y periodista
- viaje espiritual - *hippie*, peregrino religioso y misionero
- viaje de placer - *jet-set*, turista y *holidaymaker*
- viaje explorativo - hombre de negocios y *jet-set*

Agrupación de los roles asociados al concepto de viaje. Pearce (1987).

1.2. La importancia de los sectores

Este esquema, como el anterior, es aproximativo y nos sirve de guía para nuestro desarrollo posterior.

Sectores	*Destrezas que van a desarrollar*
En un hotel.	Comprensión auditiva y expresión oral.
En una agencia de viajes.	Comprensión auditiva y expresión oral; expresión escrita y comprensión lectora.
En comercios.	Comprensión auditiva y expresión oral.
Como acompañante de grupos.	Comprensión auditiva y expresión oral.
Como guía profesional.	Comprensión auditiva y expresión oral.
En congresos.	Comprensión auditiva y expresión oral.

La determinación de estos campos específicos hará que nuestro planteamiento docente se diversifique, pues no será lo mismo enseñar a un/a guía que a un/a camarero/a. Desglosemos, pues, la especificidad:

- profesionales que trabajan en establecimientos hoteleros;
- expendedores/as de billetes;
- guías turísticos profesionales o guías acompañantes;
- agentes de viajes;
- dependientes/as de tiendas y restaurantes;
- azafatas de congresos;
- otras profesiones relacionadas.

Tras una rápida ojeada a la lista anterior, concluiremos que los profesionales de los distintos sectores pondrán en funcionamiento unas destrezas por encima de otras: escuchar y hablar cuando se tiene al cliente enfrente o al teléfono. Aunque en menor medida y más específicamente en el caso de los agentes de viaje, se desarrollarán también las otras dos destrezas: leer y escribir cuando se use el fax o el correo electrónico para la confirmación de reservas, por ejemplo, o, de manera más extensa, la redacción de informes con las posibles incidencias ocurridas durante un viaje o la elaboración de cartas de reclamación o de disculpas, implican que el profesional del turismo pueda y sepa valorar con palabras acertadas la trascendencia de los acontecimientos para posteriormente reflejarlos con objetividad por escrito. La observación cuidadosa de *para qué*, *con quién*, *dónde* y *cuándo* se va a ejercitar el español, determinará el análisis de necesidades.

1.3. La especificidad de la lengua

M.ª Vittoria Calvi (2000: 33-34) pone de manifiesto que, si bien otros fines específicos han merecido la atención de expertos y la publicación de trabajos especializados, el lenguaje del turismo carece de una bibliografía propia amplia; quizá, como ella sostiene, se deba a que este campo se ha nutrido de otros: la geografía, el arte, la publicidad, etc. Cuando nos preguntamos, dentro del capítulo de análisis de necesidades, si el español que hemos de enseñarles a los futuros profesionales del turismo es diferente al que les enseñamos los alumnos de otros ámbitos laborales, la respuesta más evidente es que no. Sí diferirá en la selección y secuenciación de contenidos y destrezas y en la especificidad del vocabulario. Pero, antes de continuar, nos gustaría acudir a lo que dice Cabré (1993: 138):

> *La opción que parece más atinada para definir operativamente los lenguajes especializados debe combinar el criterio temático con otros criterios y condiciones de tipo pragmático, como el tipo de situación y los usuarios.*

Así mismo, querríamos ampliar la idea de Cabré diciendo que consideramos la selección de contenidos como la de una serie de actos de habla; éstos, a su vez, serían *escenarios* en palabras de Palmer (2000: 211):

> *Los escenarios de acto de habla pueden implicar estados sensitivos cognitivamente salientes, como* regañar *implica vergüenza (...). Pueden implicar respuestas de conducta, como* contar un chiste, *suele implicar risa. Así, incluso el más reducido de los escenarios discursivos integra dominios de experiencias lingüísticos y no lingüísticos.*

Con estas palabras pretendemos destacar que, precisamente en el mundo del turismo, los contenidos lingüísticos deben presentarse dentro de *escenarios* donde estén acompañados de los otros elementos: gestuales, culturales, etc., razón por la cual *El español en el hotel* (Moreno y Tuts, 1997) aparece secuenciado en forma de situaciones. Por otra parte, la constante necesidad de actuar que tienen quienes a esto se dedican hace que en nuestras programaciones primen los casos prácticos, para que nuestra aula se convierta en un lugar de experimentación de su trabajo futuro. El enfoque comunicativo adquiere por ello su relevancia máxima, pues implica la interacción permanente.

Ya que hemos hablado de escenarios, citemos algunos:

- el aeropuerto al recibir a los clientes;
- el mostrador para obtener o cambiar billetes;
- cualquiera de los servicios ofrecidos por el hotel;
- la cafetería o el restaurante;
- la agencia de viajes, en directo o por teléfono;
- los comercios y demás profesiones del sector;
- todo servicio profesional directa o indirectamente relacionado con las necesidades de cualquier persona en tránsito: servicios médicos, policiales, jurídicos, etcétera.

Y puesto que hemos visto la importancia de resolver casos prácticos, propongamos algunos en los que la mediación sería necesaria:

- a su llegada al aeropuerto de destino, el cliente se encuentra sin maletas;
- por motivos de salud o familiares, el cliente debe regresar a su país antes de lo previsto;
- los servicios ofrecidos por el hotel no se corresponden con lo que la agencia había prometido en el país de origen;
- algunos clientes tienen régimen alimentario específico (personas vegetarianas, alérgicas, religiosas, etcétera);
- los artículos comprados resultan defectuosos y necesitan ser cambiados.

En cada una de esas situaciones conflictivas, el papel del agente turístico será el de mediador:

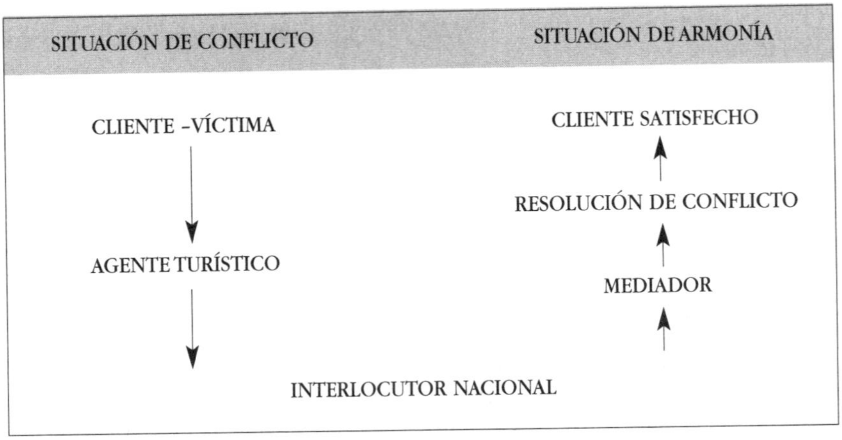

2. Características del lenguaje turístico

Hablando en general, diremos que el lenguaje turístico puede servirse de recursos coloquiales para acercar un producto al público al que va destinado (nos referimos, claro está, al caso concreto de la publicidad turística). En contraste, puede aproximarse a la especialización cuando se trata del casi argot de los operadores turísticos, en el que la inclusión de términos procedentes sobre todo del inglés se produce con la mayor naturalidad entre los profesionales, lo que nos demuestra que lo importante es que se produzca comunicación entre los interlocutores. Si recordamos a John B. Searle (1940: 140):

> *Decimos a las personas cómo son las cosas ([proposiciones] asertivas), intentamos que hagan algo (directivas), nos comprometemos a hacer algo (comisivas). Expresamos nuestros sentimientos y actitudes (expresivas) y producimos cambios en el mundo para que el mundo corresponda a la proposición precisamente en virtud de la expresión (declarativas),*

tendremos el resumen de las características del discurso: unas veces persuasivo; otras, expresivo; otras, divulgativo. En cualquier caso, el discurso está marcado por el destinatario y la función que persigue. Pero si tuviéramos que exponer algunas características, diríamos que abundan las construcciones impersonales y, por contraste, el uso del *nosotros*; la adjetivación especificativa y expresiva; las enumeraciones y reformulaciones frecuentes para precisar el contenido; el léxico acude a variedades regionales si lo requiere la comunicación.

Proponemos este cuadro para que sirva de nuevo como orientación a la hora de la reflexión y de la programación.

Sector	*Funciones comunicativa; Contenidos lingüísticos*	*Contenidos léxicos y de registro*	*Contenidos pragmalingüísticos*	*Contenidos culturales*
Guías de turismo	Saludar y despedir, informar, explicar, recomendar, advertir, evitar el estrés cultural. Contenidos lingüísticos propios de esas funciones.	Registro adecuado a las características del grupo; léxico de la descripción de lugares, monumentos, horarios, precios, etcétera.	Cumplir las máximas de Grice, contribuir a la concordia dentro del grupo, evitar términos o fórmulas que refuercen prejuicios, mostrar atención e interés por todos, etcétera.	Manejar conocimientos sobre las diferentes formas de comportamiento cultural de los miembros del grupo para evitar choques con las que son características de la zona visitada.

Aunque obviamente hay que hablar de unas características únicas y globales, ya que las normas lingüísticas no cambian específicamente para este sector, dada la división en numerosos subsectores del mundo del turismo, creemos que existen unos aspectos que cabría destacar para cada uno de ellos. Veamos un ejemplo.

- Sector. Si nos centramos en los/as guías, observaremos que mantienen una comunicación más seguida y cuantitativamente más extensa con los clientes y en ella destaca la expresión oral. En este caso, podríamos decir que el lenguaje es fundamentalmente narrativo, descriptivo y en menor medida argumentativo.
- Algunas características morfosintácticas:
  - uso del imperativo afirmativo o negativo para llamar la atención de los clientes:

    Ej.: *Miren..., observen..., suban..., bajen..., / no se retrasen, no se olviden de sus objetos personales / no dejen sus maletas sin control...*
  - uso del presente histórico para acercar los acontecimientos al cliente:

    Ej.: *A principios del siglo* X*, Praga se convierte en una bulliciosa ciudad, con una gran plaza del mercado y dos ciudadelas desde las cuales sus primeros gobernantes dirigen sus numerosos feudos familiares.*
  - uso de las preposiciones, sobre todo en descripciones de lugares y monumentos:

    Ej.: *La Piazza del Duomo (Milán) es de forma rectangular. Se ordenó en su aspecto actual a partir de 1865 por obra del arquitecto Giuseppe Mengoni. En el centro vemos el monumento a Victorio Manuel II, obra de Ercole Rosa.*
  - uso del condicional para sugerir, aconsejar:

    Ej.: *¿Esta noche? Pues... podrían ir a alguno de los conciertos populares que hay cerca del hotel.*
  - uso del indefinido para situar hechos en el tiempo:

    Ej.: *¿Qué quisieron transmitirnos los egipcios de sus tradiciones a través del embalsamamiento?*
  - uso del presente de subjuntivo en expresiones de deseo:

    Ej.: *Que tengan buen viaje / Que aproveche / Ojalá tengamos buen tiempo...*
  - uso de las perífrasis, sobre todo *ir a* + infinitivo:

    Ej.: *Dentro de unos momentos vamos a llegar a nuestro destino. No olviden sus objetos personales en el autobús, por favor.*

- Algunas áreas léxicas necesarias:
  - las relacionadas con la descripción de lugares y monumentos; por lo tanto habrá que recurrir a la *ayuda* de la geografía y el arte;
  - las relacionadas con horarios, fechas y números dentro del ámbito de las monedas, el cambio y los precios;
  - las relacionadas con la gastronomía de una región;
  - las relacionadas con el clima.

No pretendemos ser exhaustivas, sino mostrar cómo deben seleccionarse contenidos en función del análisis previo de necesidades dentro de un subsector concreto, lo que hace aún más meticulosa esa selección.

- Algunas características pragmalingüísticas:
  - orientación hacia el interlocutor; de donde se derivan otras características de su lenguaje;
  - uso del *nosotros/as* para aumentar la sensación de participación;
  - uso de deícticos de proximidad con el mismo fin;
  - uso de formas exhortativas para enfatizar la persuasión;
  - uso de formas de tratamiento adecuadas al interlocutor para evitar fallos en la distancia social;
  - manejo adecuado de las máximas conversacionales de Grice: que la información sea adecuada al grupo; que esa información sea verdadera y relevante, y que el modo de exponerla sea interesante y no contribuya a la creación o perpetuación de estereotipos negativos.

3. Metodología

Por *método* o *enfoque* entendemos una guía de pensamiento o acción para el profesorado, es decir una forma organizada de llevar a cabo el acto docente de intervención y práctica en el aula. Para matizar un poco más, nos servimos de las palabras de Blanca Aguirre (1998: 16):

> *Evidentemente, la metodología en este campo [los fines específicos] está determinada por las características de cada situación docente-discente (...). Por tanto, el método consistirá en aplicar de manera coherente un conjunto de procedimientos a partir de un plan previamente definido. Plan que tiene que tener en cuenta los tres dominios implicados: lengua, pedagogía y contenidos del curso.*

Para la toma de decisiones docentes en este terreno, nos han debido servir de ayuda los puntos anteriores, ya que con ellos hemos determinado quiénes componen, de manera general, nuestros grupos meta -cualquier metodología que quiera ser eficaz tiene que estar orientada al alumnado-; deducimos que la pedagogía debe enfatizar la interacción, la empatía, puesto que un/a profesional del turismo es alguien que trabaja con personas en cualquiera de los segmentos en que dividamos su actuación y, por último, la determinación de los contenidos del curso habrá que hacerla atendiendo a los distintos subsectores en que focalicemos nuestro trabajo.

Nos encontramos en un momento en el que predomina una metodología ecléctica, ya que la experiencia ha demostrado que un solo enfoque deja fuera estilos de aprendizaje, descuida unas destrezas para priorizar otras, etc. En la didáctica del español para el turismo, creemos que podemos hablar de eclecticismo, aunque nosotras nos inclinamos por el enfoque comunicativo, sin desdeñar el planteamiento de tareas globales, como veremos a continuación, precisamente porque pensamos en el alumnado.

3.1. El grupo y sus necesidades metodológicas

Si acudimos al esquema anterior, veremos que nuestras actuaciones deben centrarse en fomentar las cualidades comunicativas innatas del alumnado, en ayudar a desarrollarlas si no se poseen; deben impulsar la toma de conciencia del papel de mediadores/as que pueden llegar a tener; profundizar en la reflexión sobre los usos pragmáticos y culturales incorporados a la lengua, etcétera.

En nuestra opinión, es en un campo como éste donde el enfoque comunicativo resulta más eficaz. Sus principios metodológicos consideran la lengua como instrumento de comunicación, lo cual implica centrarse en los *actos de habla*, tener en cuenta los aspectos socioculturales, las características de los interlocutores; hace preceder la comprensión a la expresión inmediata, aunque ésta sea de gran importancia; se trabaja en pequeños grupos de forma cooperativa, etcétera.

Nuestra experiencia nos dice que el alumnado de turismo se pregunta poco por los porqués de la lengua, sin embargo, quiere instrumentos de actuación inmediata. Por otra parte, si se encuentra en situación de inmersión, sus posibilidades de interacción con hablantes nativos harán que el aula sea una fuente de recursos para contrastar con *la calle*. Ese contraste hoy en día, además, puede darse en Internet. Por ello, dentro de nuestras actuaciones metodológicas sugerimos:

1. Poner en relación los conocimientos previos del alumnado -su región, sus costumbres- con lo que se le va a enseñar.
2. Centrarse en situaciones concretas con sus recursos adecuados.
3. Valerse de dramatizaciones o simulaciones, tanto para la práctica oral como para la escrita.
4. Primar el aprender *haciendo.*
5. Integrar destrezas destacándolas en función del sector en el que vaya a trabajar.
6. Trabajar la gramática y el vocabulario en el contexto de las situaciones.
7. Presentar modelos de lengua que correspondan con el tipo de público al que se va a dirigir el futuro profesional: visitantes, proveedores, colegas de trabajo, etcétera.

He aquí algunos ejemplos de fichas que pueden facilitar el trabajo del profesorado en este terreno.

¿Cuántos idiomas habla(s) o escribe(s)?
¿Qué países conoce(s)?
¿Cómo imagina(s) España / los países de Latinoamérica?
En un mapa de España, ¿dónde colocaría(s) aproximadamente lo que vamos a enumerar?

- Paella	- Carnavales	- El Rocío
- Semana Santa	- Vino de Ribeiro	- Doñana
- El Acueducto	- El mojo picón	- El chacolí
- Las murallas	- La Costa Brava	- Las Casas colgadas

Actividad 1, fichas personales (se puede adaptar a otros países y otras costumbres).

¿Qué deberían llevarse los turistas como recuerdo de los siguientes sitios? Junta/e las parejas.	
- Toledo	- Sidra
- Salamanca	- Filigrana de plata
- Córdoba	- Botón charro
- Asturias	- Armas blancas

Actividad 2, ficha de conocimientos. (Se puede adaptar a otros países y otros objetos).

De entre las siguientes cualidades, puntúe/a de más a menos las que considere/a imprescindibles en un profesional del turismo que está en contacto con el público. Justifique/a la respuesta.	
- Puntualidad	- Firmeza
- Sentido del humor	- Cortesía
- Capacidad de improvisación	- Tolerancia
- Asturias	- Armas blancas
- Conocimiento profundo de la región	- Energía física
- Conocimiento de otros países	- Tranquilidad
Otras:	

Actividad 3, ficha sobre cualidades personales.

Imagine/a que va a viajar a Kenia, Brasil, Canadá…, ¿qué información le gustaría recibir de su agencia antes de salir de su país o al llegar al elegido? Elaboren en pequeños grupos una ficha adecuada a sus expectativas. Ordénelas de mayor a menor importancia.

Actividad 4, ficha para favorecer la empatía.

3.2. La función interpersonal del lenguaje

Como sostiene Vez (2000: 124):

> *(…) las diversas teorías etnolingüísticas, psicolingüísticas y sociolingüísticas (…) coinciden en dos funciones importantes del lenguaje: la función ideacional, que expresa que el lenguaje es acerca de algo, y la función interpersonal, que manifiesta que hace algo en el ámbito de la interacción social.*

En cualquiera de los actos de habla de nuestros estudiantes y/o futuros profesionales del turismo, no cabe duda de que esta última se destaca por encima de la primera. Dentro de la reflexión que estamos haciendo acerca del papel que van a desempeñar en la sociedad y cómo eso afecta a la metodología que se siga, queremos resaltar esta función ya que, aunque no lo parezca, desde este sector se pueden transmitir valores.

Una vez acotado el contenido de la información que transmiten nuestros profesionales del turismo, preguntémonos sobre la *inocencia* del léxico, de los giros lingüísticos e incluso del tono utilizados para comunicarse con los clientes. A modo de ejemplo, observemos los matices expresados en las frases siguientes:

Ej.: *En el siglo* XV *se produce la* toma *de Granada, y la posterior expulsión de los* moros. *Debemos recordar que cada año, la ciudad de Granada celebra el día de la* toma *de Granada e implícitamente* recuerda la victoria de los cristianos sobre los musulmanes, *los cuales fueron* expulsados *de Andalucía.*

Si bien es cierto que un buen guía no puede alterar la realidad histórica, creemos que debería formar parte de su código deontológico la sensibilidad a la hora de elegir los términos con los que transmite esa historia. En el ejemplo anterior, creemos que debería explicar también que hoy en día, una parte de la población granadina preferiría que la celebración de ese día desapareciera o que se transformara en un día para la convivencia y la interculturalidad. Enumerar datos históricos fuera de contexto a un público poco crítico o menos conocedor de la historia puede suponer la fosilización de estereotipos y dar una visión parcial de la realidad sociocultural de la España del siglo XXI. Por eso, nos parece de especial relevancia el siguiente esquema de Kirschenbaum para incluir sus conceptualizaciones en las actuaciones metodológicas de nuestras clases, ya que el proceso de valoración (1982: 19):

> *Es un proceso por el cual aumentamos la probabilidad de que, ya sea nuestra forma de vida en general o alguna decisión en particular, tengan en primer lugar un valor positivo para nosotros y, en segundo, sean constructivas dentro del contexto social.*

ESQUEMA DEL PROCESO DE VALORACIÓN SEGÚN KIRSCHENBAUM

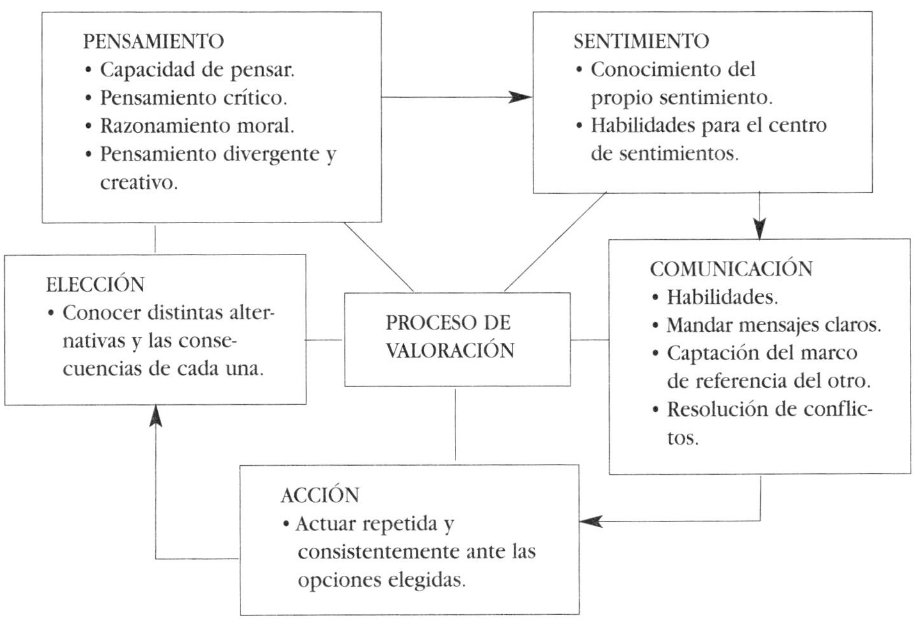

No olvidemos que el profesional del turismo, trabaje en el sector en el que trabaje, transmitirá sus propias opiniones, de manera involuntaria o inconsciente, a las personas con las que se interrelacione, y lo hará utilizando para ello los recursos lingüísticos que le habremos ayudado a desarrollar en la clase de español.

La función interpersonal, la que *hace algo*, en este caso podría resumirse en:
- influir en la percepción de la realidad sociocultural de un país concreto o una zona determinada;
- provocar rechazo o malestar en algunos clientes que formarían parte del colectivo insultado;
- avivar reacciones de xenofobia en algunos clientes poco familiarizados con la realidad multicultural española y europea actuales (o de otros países);
- generar tensión entre los miembros del grupo, insistiendo en un tema delicado en el momento histórico actual;
- fomentar unas ideas preconcebidas y, desde el punto de vista del éxito del viaje, crear un clima de desconfianza para el resto de la estancia.

Otro ejemplo real de lo que venimos diciendo es la llegada a Sevilla de un grupo de estudiantes estadounidenses en Semana Santa. Su desconocimiento de Europa y de España, en particular, es total y no se les ha informado de la simbología de la Semana Santa. Al ver llegar a los penitentes encapuchados, varias personas de color se sintieron profundamente incómodas por la asociación que los capirotes y las antorchas suscitó en ellas: *Esto es como el fenómeno del KKK en EE UU*, fue la reacción de algunas de ellas.

Parafraseando a Antonio Marinas en su definición de las palabras, los sentimientos provocados serían:

Susto ⟶	Miedo ⟶	Desprecio
Percepción de algo imprevisto que aparece bruscamente y provoca un sentimiento negativo, intenso y breve, acompañado de incapacidad de reaccionar.	La percepción de un peligro o anticipación de un mal posible provoca un sentimiento acompañado de deseo de huida.	La percepción de algo o de alguien provoca un sentimiento que niega el interés, el valor o la dignidad de algo o alguien, desencadenando una actitud de rechazo o alejamiento.

Cuando los sentimientos generados podrían haber sido:

Expectación ⟶	Confianza ⟶	Admiración
Sentimiento de espera intensa, acompañada de interés, curiosidad, deseo o ilusión.	La creencia en la previsibilidad del comportamiento propio o ajeno provoca un sentimiento positivo, que anticipa un futuro carente de amenazas.	La percepción de algo extraordinario provoca un sentimiento positivo, duradero, que atrae la atención y va acompañado de sentimientos de aprecio.

El clima de tensión hubiera podido evitarse informando debidamente sobre las tradiciones españolas, advirtiendo de ello con sensibilidad, utilizando los recursos lingüísticos necesarios, teniendo siempre como objetivo la eficacia de la comunicación. Esta situación bien podría ilustrar la llamada de atención de Jesús Tusón (1989: 52) sobre la perversidad del lenguaje cuando afirma: *(...) una lengua permite la ambigüedad y también contiene los recursos para evitarla; es fuente de malentendidos, al mismo tiempo que permite toda clase de avenencias comunicativas.*

4. Las destrezas

Como venimos sugiriendo desde el principio, las destrezas estarán integradas, puesto que hemos optado por el enfoque comunicativo. Pero un análisis detallado de los subsectores en los que hemos subdividido el turismo nos mostrará que no en todos los casos todas ellas tienen la misma importancia y predominarán unas u otras en función del ámbito en el que nos movamos. La profesora Calvi (2000: 120) lo resume así:

> *Las competencias lingüísticas necesarias pueden comprender las habilidades escritas y/u orales, tanto socioculturales como pragmáticas. Por ejemplo, la producción escrita es esencial en el ámbito de las agencias de viajes y en la preparación de tours, mientras que la oral y pragmática implican directamente todos los ambientes / ámbitos profesionales a excepción de la programación de viajes*[2].

Visualicemos de una ojeada cuáles destacan en cada sector y con qué fin.

Sectores	*Destrezas que van a desarrollar*	*Con qué fin*
En la recepción de un hotel	Comprensión auditiva y expresión oral.	Saludar, acoger y despedir clientes, reaccionar ante clientes conocidos, informar sobre precios y lugares, aconsejar, transmitir / contestar a mensajes telefónicos, reaccionar ante quejas, resolver problemas menores, tranquilizar a los clientes.
	Comprensión lectora y expresión escrita.	Rellenar fichas, tomar notas a partir de un mensaje telefónico, redactar correos electrónicos y faxes.
En bares y restaurantes	Comprensión auditiva y expresión oral.	Informar sobre los platos del día, ofrecer comida o bebida, hablar de precios, dar información sobre platos concretos, pedir discul-pas por errores o fallos, reaccionar ante reclamaciones, agradecer felicitaciones.
	Comprensión lectora y expresión escrita.	Tomar nota de pedidos.

[2] *Le competenze linguistiche necessarie possono comprendere le abilità scritte/eo orali, quelle socioculturali e quelle pragmatiche. Ad essempio, la produzione scritta è essenziale nell'ambito delle agenzie de viaggi e nelle preparazione di tour, mentre quella orale e pragmatica coinvolge direttamente titti gli ambienti professionalli a eccezione della programmazione di viaggi.*

En la agencia de viajes	Comprensión auditiva y expresión oral. Expresión escrita y comprensión lectora.	Informar sobre hoteles / alojamientos, elaborar rutas / circuitos culturales, negociar precios, fechas, cupos de alojamiento, reservar visitas a monumentos, contratar transportes, alojamientos, servicios de guías y otros proveedores, gestionar reclamaciones, reembolsos, ofrecer gratificaciones, compensaciones.
En comercios	Comprensión auditiva y expresión oral.	Saludar y despedir, informar de precios, materiales, modelos, tallas, técnicas artesanales, productos típicos, gastronomía, características del producto, agradecer, disculparse.
Como acompañante de grupos	Comprensión auditiva y expresión oral. Comprensión lectora y expresión oral. Comprensión y expresión escrita.	Saludar y despedir, informar, crear buen ambiente entre los miembros del grupo, resolver conflictos, sugerir compras o actividades no programadas, ayudar a poner denuncias, realizar trámites en consulados o embajadas. Aclarar algo que un cliente no entienda en un folleto, un letrero, etcétera. Tomar nota de las quejas de los clientes (con posterior traducción). Ayudar a rellenar algún formulario.
Como guía profesional	Comprensión auditiva y expresión oral.	Saludar y despedir, informar, explicar características de lugares y monumentos, sugerir compras, evitar el estrés cultural.
En congresos, simposios, etcétera.	Comprensión auditiva y expresión oral. Comprensión lectora y expresión oral.	Saludar y acoger a los participantes, informar, acompañar a lugares precisos, ayudar ante dificultades. Aclarar informaciones escritas.

Nosotras mismas hicimos un resumen de las destrezas oral y escrita que puede sernos útil de nuevo, tras su revisión (Moreno y Tuts, 1998: 83-84):

La *competencia oral* para las siguientes funciones:
- Saludar, acoger y despedir a los clientes.
- Reaccionar ante actitudes agresivas o poco amigables.
- Informar y aconsejar sobre posibles actividades.
- Informar sobre precios, horarios, fechas.
- Informar sobre situación de monumentos, hospitales, correos, etcétera.
- Reaccionar ante protestas y transformar el posible conflicto.
- Agradecer muestras de gratitud.
- Transmitir mensajes telefónicos.
- Describir hoteles, lugares.
- Justificar la elección de ciudades / monumentos en la elaboración de un circuito cultural.
- Convencer para vender / comprar / participar.
- Argumentar a favor o en contra de una postura generalizada.

La *competencia escrita* a varios niveles:
- Escritos breves.
- Rellenar fichas.
- Escribir notas.
- Escribir notas a partir de mensajes telefónicos.

- Escritos largos.
- Redactar faxes / e-mails / cartas de petición de servicios.
- Contestar cartas de reclamaciones.
- Redactar cartas de reclamaciones

- Elaboración de contenidos.
- Programas para grupos.
- Circuitos culturales.
- Incentivos.
- Congresos.
- Informes.

5. Propuesta de programación

A la hora de abordar una programación en tres niveles, debemos hacernos una serie de preguntas imprescindibles: ¿Podemos programar el mismo curso para quienes vayan a trabajar en una agencia de viajes que para guías acompañantes u oficiales? ¿Algunos de los sectores necesitarían de un curso especial o les bastaría con un curso estándar? ¿Cómo ensamblar las distintas necesidades en el mismo curso?

Las respuestas a estas preguntas nos sumen en la ingente tarea de elaborar una programación casi para cada sector, labor que excede las páginas de este trabajo. El análisis de necesidades hecho previamente nos lleva a separar al menos dos grandes grupos. Uno, que podría formar parte de un curso general en el cual se incluyeran actividades de refuerzo y otro, que exige un tratamiento de especialidad. Dentro del primero podríamos incluir a los trabajadores de bares y restaurantes, azafatas de congresos, así como dependientes de tiendas de recuerdos. En el segundo incluiríamos al resto. Nuestra propuesta la haremos basándonos en los siguientes esquemas:

Ficha de grupo:

Todos los niveles
Sector:
Tipo de alumnado: monolingüe / multilingüe
Edad:
Conocimientos previos:
Intereses:
Bagaje cultural:

Esquema para la programación:

PARA QUÉ VOY A ENSEÑAR	QUÉ VOY A ENSEÑAR		CÓMO VOY A ENSEÑAR		
Objetivos	Contenidos		Actividades y estrategias; previsión de dificultades		
Funciones comunicativas y destrezas.	Contenidos gramaticales y léxicos.	Contenidos socioculturales.	Lectura, interacción, trabajo individual, en pequeños grupos, simulaciones, manejo del diccionario.	Cognitivas, de memoria, compensatorias, metacognitivas, afectivas, sociales.	Insuficiencia de material, falta de participación, tareas no realizadas en casa, preguntas imprevistas.

Como vemos, de un análisis de necesidades exhaustivo llegamos a un modelo de programación. Una parte de éste último correspondería al trabajo que el docente debe realizar y que no tiene que figurar necesariamente en lo que se le entrega al alumnado. Hemos considerado de utilidad incluirlo porque puede ayudar a pre-visualizar dificultades y llegar al aula con soluciones alternativas.

A modo de ejemplo nos gustaría citar la propuesta realizada para guías brasileños por la profesora del M.ª Belén García Llamas. Diferimos de su propuesta en que para nosotras los contenidos léxicos deberían incluirse junto a los contenidos gramaticales, pero por lo demás nos ha parecido un trabajo excelente que servirá de ayuda a quienes lo consulten.

Ficha técnica:

Nivel Intermedio / avanzado
Duración de la clase: 4 horas
Número de alumnos: 10-15
Edad: adultos a partir de 18 años
Grupo lingüístico: homogéneo, lusohablantes en L1
Nivel cultural: Medio. Estudiantes y profesionales de turismo (guías)

UNIDAD 1

FUNCIONES COMUNICATIVAS	CONTENIDOS GRAMATICALES	CONTENIDOS LÉXICOS Y CULTURALES
- Aconsejar y reaccionar ante un consejo. - Prevenir y advertir; reaccionar ante las advertencias. - Ser capaz de realizar una argumentación-exposición oral y escrita. - Ser capaz de elaborar una breve guía de atención al turista. - Concienciar de la importancia de la competencia pragmática y cultural.	- Oraciones subordinadas sustantivas con verbos de voluntad o influencia, en subjuntivo e infinitivo. - *Ser, estar, parecer, resultar* + adjetivo / adverbios. - Verbos con doble entrada semántica. - Otras construcciones para dar consejos.	- Léxico sobre los aspectos prácticos de turismo. - Léxico sobre complementos de viaje.

OBJETIVOS PROFESIONALES QUE EL ALUMNO DEBE CONSEGUIR EN EL ÁMBITO PROFESIONAL
- El alumno será capaz de recomendar, aconsejar, advertir sobre las condiciones prácticas que el turista debe conocer cuando emprende un viaje. - El alumno será capaz de dar informaciones útiles oralmente y por escrito, orientando a sus clientes. - El alumno debe ser capaz de expresarse en términos especializados del ámbito de las ciencias sociales y el turismo para explicar aspectos de la cultura brasileña. - El alumno sabrá utilizar reformulaciones, buscar alternativas para ser comprendido y facilitar la comprensión de términos importantes de la cultura brasileña. - El alumno entenderá la importancia de las estrategias comunicativas verbales y no verbales que facilitan la comunicación. - El alumno valorará las fórmulas de cortesía lingüística para desenvolverse en el ámbito de su profesión.

Conclusión

Tras la reflexión previa, el docente que se acerque a nuestro trabajo percibirá que, dentro de los fines específicos, el español para el turismo es una denominación demasiado amplia con la que nos vemos obligados a abarcar subsectores, algunos de los cuales representan una especialización en sí mismos. En este sentido cabría acercarlo al lenguaje científico. Quedándonos en nuestro terreno, debemos decir que nuestra aproximación metodológica y didáctica:

- viene dada por una necesidad de interactuar en casi todos los sectores, incluso en aquellos en que resulta menos evidente: la elaboración de ofertas de circuitos, rutas, o la respuesta a reclamaciones, etc. Para hacerlo hay que conocer las exigencias y características de los destinatarios;
- implica trabajar con documentos reales y programar actividades de simulación o dramatizaciones que sirvan de ensayo a los aprendices;
- supone un análisis de la lengua que va más allá de la gramática: requiere la inclusión del léxico al que habrá que dar una gran importancia, las funciones comunicativas asociadas a la situación de comunicación, la habilidad sociolingüística para evitar la comisión de errores culturales;
- exige una programación específica por sectores concretos, como hemos especificado a la hora de hablar de las destrezas;
- tiene en cuenta la heterogeneidad de los grupos turísticos, tanto por sus expectativas como por la infraestructura turística del país visitado, todo lo cual influye poderosamente en la preparación psicosociológica de los futuros profesionales.

Nuestro deseo es que el turismo tradicional se convierta en una forma de contacto intercultural que contribuya a la eliminación de prejuicios; es tarea de los docentes preparar a su alumnado para ser competentes, no sólo en conocimientos lingüísticos, artísticos, históricos, sino también en su adquisición de recursos como futuros mediadores interculturales.

Bibliografía

AGUIRRE, B. (1985), *El español por profesiones. El lenguaje del turismo y las relaciones públicas,* Madrid, SGEL.

AGUIRRE, B. (1991), *El español por profesiones. Servicios turísticos,* Madrid, SGEL.

AGUIRRE, B. (1998), "Enfoque, metodología y orientación didáctica de la enseñanza con fines específicos", *Carabela,* 44: 5-29.

CABRÉ, M.T. (1993), *La terminología. Teoría, metodología, aplicaciones,* Barcelona, Antártida / Empúries.

CALVI, Mª. V. (2000), *Il linguaggio spagnolo del turismo*, Viareggio-Lucca, Mauro Baroni. "El léxico del turismo", en http://www.ub.es/filhis/culturele/turismo.html

GARCÍA LLAMAS, M. B. (2002), *La enseñanza del español para guías turísticos brasileños*, memoria de máster, Universidad de Alcalá de Henares.

KIRSCHENBAUM, H. (1982), *Aclaración de valores humanos*, México DF, Diana.

MARINAS J.A. y LÓPEZ PENAS M. (1999), *Diccionario de los sentimientos,* Barcelona, Anagrama.

MORENO GARCÍA, C. y TUTS, M. (1996), *Español en el hotel,* Madrid, SGEL.

MORENO GARCÍA, C. y TUTS, M. (1998), "El español con fines específicos. El español en el hotel", *Carabela*, 44: 73-97.

MORENO GARCÍA, C. (2000), "Conocerse para respetarse. Lengua y cultura, elementos integradores", en FORMENT FERNÁNDEZ (coord.), *Espéculo* (revista electrónica cuatrimestral), monográfico *Cultura e intercultura en la enseñanza del español como lengua extranjera*, Universidad Complutense de Madrid, http://www.ucm.es/info/especulo/ele/moreno.html

PALMER, B. G. (2000), *Lingüística cultural,* Madrid, Alianza editorial.

POWEL, J. (1978), *The Canadian Tourism Industry: A Report by the Sector Task Force,* Ottawa.

SAN MARTÍN GARCÍA, J. E. (1997), *Psicosociología del ocio y el turismo,* Málaga, Ediciones Aljibe.

SEARLE, J. R. (1990), "Epilogue to the Taxonomy of Illocutionary Acts", en DONAL CARBAUGH (ed.), *Cultural Communication and Intercultural Contact,* Hillsdale, NJ, Lawrence Erlabum: 409-428.

TUSÓN, J. (1989), *El lujo del lenguaje*, Barcelona, Paidós.

VEZ, J. M. (2000), *Fundamentos lingüísticos en la enseñanza de lenguas extranjeras,* Barcelona, Ariel Lenguas Modernas.

Recursos en la red

Página con enlaces a las distintas webs oficiales de turismo de las CCAA
http://www.spainselecta.com/index.htm?http://www.spainselecta.com/secciones1/infgeneral.htm

Gestión del turismo desde un enfoque social
http://www.naya.org.ar/turismo cultural/htm/bibliografia/recursos web.htm

Portal que remite a varias webs sobre turismo rural, pueblos pequeños, turismo cultural, etc.
http://www.lacerca.com/turismo/Paginas%20de%20Turismo.htm

Buscador general sobre viajes y recursos turísticos
http://www.lycos.es/dir/Turismo y Viajes/Buscadores Turismo

Taller de información y comunicación turística (Argentina)
http://ar.geocites.com/saluisturismo/guiasdeturismo1.htm

web oficial del Turismo de España
http://www.spain.info/Tourspain/?language=es

Documentación del Centro de Estudios Turísticos (estadísticas, revista, datos)
http://www.iet.tourspain.es/Paginas/publicaciones/publiInfo.aspx?idioma=es

La enseñanza del español a inmigrantes en el marco institucional

Belén Muñoz López
Consejería de Educación de la Comunidad Autónoma de Madrid

Introducción

Es nuestra intención a lo largo de este artículo mostrar los diferentes factores que caracterizan el proceso de enseñanza-aprendizaje del español como segunda lengua para alumnos inmigrantes escolarizados en niveles obligatorios.

Para ello, comenzamos perfilando un panorama sucinto de la situación del contexto socioeducativo en el cual se encuentra inmerso dicho alumnado inmigrante, continuamos desarrollando una breve descripción de los factores culturales, sociales, afectivos y lingüísticos que influyen en el proceso de enseñanza-aprendizaje de la segunda lengua en el medio escolar y finalizamos planteando una serie de principios metodológicos que orientan dicho proceso.

Y todo ello, porque partimos de que cualquier intervención didáctica en el medio escolar debe incardinarse en el marco curricular normativo en el cual se desarrolla el proceso de enseñanza-aprendizaje, por ello, siguiendo a Gimeno Sacristán y Pérez Gómez (2000), fundamentamos nuestros planteamientos en la noción de currículum como un proceso donde se entrecruzan agentes y ámbitos diversos que lo moldean: el contexto didáctico, el contexto exterior, el contexto psicosocial, la estructura del centro, el contexto del sistema educativo, el contexto político y económico, los procesos ocultos, etc., tal como aparece en la figura 1. Todo ello hace que el currículum real, aquel que se lleva a la práctica, sea el resultante de la interacción de todos estos campos.

Actividades curriculares. Ámbitos que modelan el currículum

<table>
<tr><td rowspan="3">- Prescripción de mínimos.
- Organización del centro.
- Planes de centro.
- Elaboración de materiales.
- Desarrollo de la enseñanza.
- Evaluación de alumnos y/o curricula.</td><td>◄</td><td>Contexto exterior:
Influencias sociales, económicas y culturales.
Regulación política y administrativa.

Participación de la familia.</td></tr>
<tr><td>◄</td><td>Estructura del sistema educativo.</td></tr>
<tr><td>◄</td><td>Organización y ambiente del centro.</td></tr>
</table>

Figura 1: Prácticas y transformaciones del currículum. Basada en: Gimeno Sacristán y Pérez Gómez (2000: 150).

Al hilo del planteamiento anterior, pensamos que para hacer frente a una descripción precisa y global del proceso de enseñanza-aprendizaje, en el marco escolar institucional, del español como segunda lengua para alumnos inmigrantes, se debe comenzar definiendo los criterios que enmarcan y determinan dicha intervención didáctica y que se definen en los siguientes ámbitos: el de la decisiones político-administrativas -a nivel de contenidos, de estilos de escolarización, etc.-, que determinan la forma de intervenir en un contexto educativo determinado; el de las prácticas organizativas y la estructura del centro educativo; y finalmente, el de las características psicosociales, culturales, escolares y lingüísticas que define al grupo de alumnos con el que interactuaremos. Ya que, pensamos:

> *(...) que el proceso de enseñanza-aprendizaje es poliédrico y multifacético, que el elemento central de dicho proceso es el sujeto que aprende -ser humano complejo y único-, que cada contexto docente obedece a una idiosincrasia difícil de caracterizar de forma apriorística y que es conveniente profundizar en el conocimiento de los procesos subyacentes al aprendizaje; porque cuanto más sepamos sobre ellos, mejor orientaremos el proceso de enseñanza* (Santos Gargallo, 1999: 82).

1. Ámbito de decisiones político-administrativas

Aunque parece claro que:

> *(...) la escuela constituye la última instancia encargada de resolver los males sociales. (...) ¿En qué condiciones y según qué modalidades la escuela puede asumir una función de integración? ¿Cuáles son los medios que la sociedad pone a disposición y cuáles son aquellos que el colegio puede dar?* (Abdallah-Pretceille, 1992: 43).

no podemos separar la integración escolar de los jóvenes inmigrantes del plano económico, social y político. De hecho, el proyecto educativo escolar es indisociable del proyecto político y social colectivo. Por ello, todos los esfuerzos hechos únicamente en una dirección, sin el consenso de todas las fuerzas políticas y sociales involucradas, han de resultar transitorios y poco relevantes para el conjunto de la sociedad.

Las transformaciones de la realidad social española, que en pocas décadas ha pasado de ser un país con un enorme flujo de emigración a convertirse en receptor de estos movimientos migratorios, ha cambiado la estructura y composición de muchos centros docentes. Esta nueva realidad cultural, al tiempo que nos enriquece, crea una problemática y unas necesidades específicas.

En este sentido, desde la aprobación en 1990 de la Ley orgánica de Ordenación General del Sistema Educativo (LOGSE), ha habido un desarrollo legislativo que ha intentado dar respuesta a las nuevas necesidades que se han ido creando.

El Real Decreto 299/1996 de Ordenación de las acciones dirigidas a la compensación de desigualdades en educación, en cumplimiento de lo establecido en el título V de la Ley orgánica de Ordenación General del Sistema Educativo, regula las acciones dirigidas a prevenir y compensar las desigualdades que puedan producirse durante la permanencia del alumnado en la escolarización obligatoria. Dichas desigualdades pueden ser causadas por factores sociales, económicos, culturales, lingüísticos, etc. Uno de los objetivos prioritarios de este Real Decreto consiste en:

> *Facilitar la incorporación e integración social y educativa de todo el alumnado, contrarrestando los procesos de exclusión social y cultural, desarrollando actitudes de comunicación y respeto mutuo entre todos los alumnos independientemente de su origen cultural, lingüístico, étnico, y destacando los aspectos de enriquecimiento que aportan las diferentes culturas* (Real Decreto 299/1996).

Este Real Decreto vincula las acciones y programas de atención al alumnado inmigrante a los programas de educación compensatoria, sin embargo, las opiniones que genera la aplicación de dichos programas a la atención educativa de alumnado inmigrante resultan variadas, así, por ejemplo, Muñoz Sedano (1997: 36-37) afirma:

> *Aplicar los modelos teóricos compensatorios y las prácticas derivadas de los mismos al tratamiento de los alumnos inmigrantes: considerar a estos alumnos deprivados socioculturalmente es inadecuado y perjudicial.*
>
> *Olvidar que los valores y actitudes de educación intercultural han de ser objeto principal de aprendizaje de toda la población escolar: somos todos los ciudadanos los que tenemos que aprender a convivir, a respetar, a comunicar, a aceptar a las personas de diversas culturas.*

Según la legislación, el criterio fundamental que enmarca la integración del alumnado inmigrante es el de la normalización educativa, y así, el modelo elegido en lo referente a la enseñanza-aprendizaje de la segunda lengua es también un modelo compensatorio, *(...) se establecen apoyos lingüísticos en el contexto del idioma materno, para incorporar el segundo idioma de manera paulatina y mantener el primero de forma transitoria* (Lovelace, 1995: 46).

Para ayudar a su desarrollo, estos programas de educación compensatoria establecen que los centros educativos, tanto de Educación Primaria como de Secundaria, que integren alumnos inmigrantes en sus aulas, tendrán unas dotaciones especiales, en cuanto a recursos económicos y humanos. En lo que se refiere a la plantilla, en los Centros de Educación Primaria y los institutos de Educación Secundaria que desarrollen acciones permanentes de compensación educativa, la misma se incrementará con profesores de apoyo que desarrollarán programas específicos para la adquisición del español como segunda lengua.

Para permitir la conservación de la lengua propia y los contactos intelectuales y afectivos con su cultura de origen, el Estado Español ha establecido una serie de convenios entre Marruecos y Portugal, países ambos que por su proximidad y condiciones socioeconómicas específicas representan la principal fuente de población escolar inmigrante y no hispanohablante. Dichos convenios establecen que los centros de enseñanza que tengan una mayoría de alumnos marroquíes o portugueses podrán disponer de un profesor que, fuera del horario lectivo, imparta clases para reforzar la lengua materna de estos alumnos. Con la aprobación en el año 1996 del currículum oficial de religión islámica se permite la posibilidad de que esta materia sea impartida en los colegios y/o institutos que lo soliciten. El grave problema surge cuando la falta de recursos económicos hace que todas estas iniciativas no puedan llevarse a la práctica.

Tres años después de la aparición del Real Decreto de Compensación de las Desigualdades, el 28 de julio de 1999 se publica en el BOE la Orden Ministerial por la que se regulan las actuaciones de compensación educativa en centros sostenidos con fondos públicos; en su desarrollo señala como destinatarios, entre otros grupos sociales, el alumnado inmigrante y refugiado con desconocimiento de la lengua vehicular del proceso de enseñanza (Orden Ministerial de 22 de julio de 1999). Dicha Orden Ministerial no deja suficientemente claros aspectos tan importantes para la integración del alumnado inmigrante como son: el establecimiento de zonas de atención preferente en barrios con alta conflictividad social; la limitación del porcentaje de alumnos con dificultades por aula; el diseño de programas diferenciados acordes con las necesidades educativas de los grupos sociales a los que van dirigidos (programas de acogida del alumnado inmigrante y perteneciente a minorías étnicas, apoyos en lengua y cultura materna, programas específicos para alumnos con problemas familiares y sociales, etc.); y, por último, la formación del profesorado.

Con las transferencias en materia educativa a las distintas comunidades autónomas, este Real Decreto está siendo desarrollado y aplicado de formas y maneras muy diferenciadas. En la Comunidad de Madrid se publica el 15 de octubre de 1999, en el BOCM, la Orden por la que se regulan las acciones de compensación educativa (Orden de 15 de octubre de 1999, Consejería de Educación de la CAM). Esta orden es muy similar en su planteamiento a la anteriormente citada de 22 de julio de 1999. Más recientemente, con la promulgación de la Resolución de 4 de septiembre de 2000 (BOCM n.º 217, martes 12 de septiembre de 2000) la referida Consejería de Educación intenta establecer de una forma específica las acciones dirigidas a la atención del alumnado inmigrante en Educación Secundaria Obligatoria, y para ello propone un documento de evaluación de la competencia comunicativa del alumnado inmigrante, y así mismo plantea:

> *En el caso del alumnado inmigrante con desconocimiento del castellano, se podrá desarrollar un programa intensivo de aprendizaje de la lengua durante un periodo de un trimestre escolar, incrementando el número de ocho horas semanales de atención educativa en el grupo de apoyo [y* establece también que] (…) *el apoyo se podrá extender a otras áreas del currículo en función de las necesidades derivadas del nivel de competencia comunicativo-lingüística que presente* (Resolución de 4 de septiembre de 2000, BOCM, n.º 17, martes 12 de septiembre).

En la actualidad, en algunas comunidades autónomas, los planteamientos de atención al alumnado inmigrante, desde el punto de vista institucional, se centran en desarrollar una capacitación lingüística previa a la escolarización normalizada, creando para ello una serie de aulas específicas destinadas a la enseñanza del español como segunda lengua: Aulas de inmersión lingüística, en Andalucía, y Aulas de enlace, en la Comunidad de Madrid.

No obstante, la coyuntura social, política y educativa (definida por el aumento significativo de la población inmigrante, los controles cada vez más estrictos que los países europeos establecen frente a estos flujos migratorios, así como, el proceso de cambio que supone el actual debate sobre la futura Ley de Calidad) hacen presuponer un giro desde los planteamientos anteriores hacia posturas educativas menos inclusivas y más selectivas, que constituyen un cambio de enfoque en relación con los actuales modelos integradores.

2. Prácticas organizativas y estructura del centro educativo

El proceso de enseñanza-aprendizaje de la segunda lengua en el medio escolar para alumnos inmigrantes debe incardinarse en el conjunto de las actuaciones necesarias que un centro educativo tiene que poner en marcha ante la llegada del alumnado inmigrante y que afectan a toda la comunidad educativa y a la globalidad de ámbitos en los que se desenvuelve la vida escolar.

Por ello, a lo largo del presente epígrafe plantearemos una serie de orientaciones básicas que faciliten la *acogida* del alumno que proviene de otros países, sin las cuales el proceso de enseñanza-aprendizaje de la segunda lengua resultará aislado del contexto en el cual se desarrolla y, de igual modo, su eficacia estará mediatizada por la escasa adaptación del alumnado al marco escolar.

Las condiciones de escolarización del alumno y socioeconómicas de las familias pueden ser muy diversas, pero indudablemente -independientemente de la situación de este alumnado-, es necesario facilitar el proceso de adaptación; para ello, resulta imprescindible la elaboración de un *Programa específico o Plan de acogida.*

Los objetivos en los cuales dichos planes deben fundamentarse se pueden incardinar dentro de los siguientes principios: asumir como centro educativo las peculiaridades -organizativas, didácticas, metodológicas, evaluativas, interculturales, etc.- que comporta la presencia de alumnado inmigrante procedente de otros países con lenguas y culturas diversas y conseguir que el alumno comprenda el funcionamiento del centro educativo para facilitar su adaptación e integración con los compañeros y profesores.

Para ello, es necesario que el Proyecto Educativo de Centro, PEC[1], incorpore la realidad cultural y lingüística de un alumnado diverso, planificando distinto tipo de actuaciones que desarrollen los principios y valores de la educación intercultural.

Siguiendo a Muñoz Sedano (1997: 183), podemos afirmar que:

> *Todos los proyectos pedagógicos tienen dos referentes básicos: primero, cómo son los alumnos, en qué situación están, qué necesidades tienen, cómo es su situación familiar y social (contextualizada), cuáles son sus valores, actitudes, comportamientos; segundo, cómo deben ser estos alumnos ya educados y formados, qué valores, actitudes y comportamientos deben cimentar, mejorar, cambiar o adquirir, qué conocimientos, capacidades, destrezas deben poseer para su desarrollo personal y para su participación en la sociedad.*

---

[1] *El PEC (Proyecto educativo de centro) es una propuesta integral para dirigir un proceso de intervención educativa en una institución escolar. Ser integral supone que abarca todos los ámbitos de gestión: técnico, didáctico, administrativo, de gobierno y de servicios* (Muñoz Sedano, 1997: 183).

El PEC, además, debe ser el marco general a partir del cual se diseñarán las medidas necesarias para la adaptación del alumnado inmigrante al centro. Es importante que estas medidas cuenten con el consenso de toda la comunidad educativa: claustro de profesores y consejo escolar.

Dichas medidas harán referencia, en relación con los alumnos, el profesorado y las familias, a los siguientes aspectos de organización del centro.

En relación con el alumnado, será necesario facilitar todo el proceso de acercamiento a las nuevas pautas culturales y escolares. Hacerle partícipe de nuestras expectativas respecto a su escolarización, de los objetivos propuestos para su aprendizaje y del funcionamiento del Centro y del Sistema Educativo del país donde reside. Paralelamente, dentro del abanico que forman los distintos contenidos y objetivos integrados en el currículo, se priorizarán aquellos que faciliten y promuevan la participación de los alumnos en situaciones comunicativas donde, paulatinamente, puedan ir desarrollando las competencias lingüísticas adquiridas.

En relación con el profesorado, será necesaria una toma de conciencia del esfuerzo personal e intelectual que para el alumno inmigrante supone la adaptación en un sistema escolar muy distinto al de su país de origen, tanto por el desconocimiento de la lengua como por los diferencias en cuanto a estilo de aprendizaje, relaciones profesor-alumno, normas de convivencia, etc. Para ello, resulta fundamental la formación inicial y continua en relación con la educación intercultural y la enseñanza de segundas lenguas. Finalmente, resaltar la importancia del trabajo en equipo -tutores, profesores de las distintas áreas, apoyos, etc.-, y la coordinación entre distintos departamentos -departamentos didácticos, departamento de orientación, etcétera-.

La participación de las familias en el medio escolar es una medida importante para facilitar la adaptación plena del alumnado. Por tanto, resultará fundamental arbitrar medidas que favorezcan el acercamiento de los padres y madres al centro educativo, aunque éste se vea mediatizado por múltiples factores relacionados tanto con la disponibilidad por motivos laborales como por cuestiones de tipo cultural y/o de desconocimiento de la lengua.

Finalmente, resulta absolutamente necesario que el centro educativo, consciente de la nueva realidad multicultural y plurilingüe presente en sus aulas, arbitre las medidas organizativas necesarias[2], recursos humanos y materiales -organizaciones horarias, tipología de agrupamientos- para llevar a cabo de forma efectiva el proceso de adaptación de estos alumnos al centro y, en consecuencia, el aprendizaje de la segunda lengua.

3. Características psicosociales, culturales, escolares y lingüísticas

Estos rasgos, actitudes e idiosincrasia de la personalidad son parámetros que hay que tener en cuenta a la hora de aprender y de enseñar una lengua; por tanto, aunque puedan ser difíciles de definir, deberían ser incluidos en un marco de referencia. Se considera que forman parte de las competencias generales del individuo y por ello constituyen un aspecto de sus capacidades. En la medida en que pueden ser adquiri-

[2] La Comunidad de Madrid realiza una propuesta sobre organizaciones específicas en centros de ESO con actuaciones de compensación educativa en la resolución de 14 de septiembre de 2000, de la Dirección General de Promoción Educativa, por la que se dictan instrucciones para la organización de las actuaciones de compensación educativa en la etapa de Educación Obligatoria en los centros docentes sostenidos con fondos públicos de la Comunidad de Madrid (BOCM, 12-9-00). Véase apéndice.

dos y modificados en el uso y en el aprendizaje (por ejemplo, de una o más lenguas), la formación de actitudes puede constituir un objetivo. Como se ha señalado con frecuencia, las competencias existenciales se relacionan con la cultura y son, por lo tanto, áreas sensibles para las percepciones y las relaciones interculturales: la forma en que un miembro de una cultura específica expresa su amistad e interés puede que sea percibida como agresiva u ofensiva por parte de alguien perteneciente a otra cultura (MECD, 2002).

Al hilo de la cita anterior, pensamos que cualquier intervención didáctica en relación con la enseñanza-aprendizaje de la segunda lengua para inmigrantes en el medio escolar debe partir de un análisis individual de las dificultades de aprendizaje ligadas a factores intraculturales e individuales como son: la estratificación social, la edad, el sexo del individuo, el lugar que ocupa dentro del grupo, puesto que las dificultades escolares de los alumnos inmigrantes no se deben exclusivamente a factores culturales, sino, también, a aquellos de orden psicológico y sociológico; así pues *(...) no se trata de negar la dimensión psicológica, sociológica y cultural del proceso, sino de tener cuidado con cualquier explicación causal y unidimensional*[3] (Abdallah-Pretceille, 1992: 86). Por eso, aunque no debemos caer en las sistematizaciones abusivas o en un determinismo cultural que nos conduzca al terreno de los tópicos, podemos concluir que es necesario el conocimiento y reconocimiento de las diferencias culturales para mejorar nuestra tarea docente y diseñar instrumentos didácticos más precisos, que nos permitan facilitar el proceso de enseñanza de estos alumnos inmigrantes; pero, al mismo tiempo, proponemos el análisis sistemático de cada situación o situaciones individuales (medio, contexto social y educativo, diferencias individuales de cada aprendiz, etc.). Y todo ello porque *la diversidad nos envía una multipolarización que prohíbe cualquier intención a recurrir concepciones lineales, unicasuales y deterministas*[4] (Abdallah-Pretceille, 1992: 94).

Por otro lado, Verbunt (1994: 63) señala[5] lo siguiente: *No puede haber transmisión de una cultura sin lengua, cada medio vehicula su lenguaje; lenguas y lenguaje son las principales marcas de identidad. Por ello, el combate por una cultura se reduce a veces al combate por una lenguas.*

El conocimiento y uso de una lengua tienen una doble función: práctica y simbólica. Las lenguas nos permiten intercambiar información, pero también son un medio de expresión de valores y sentimientos. En el aprendizaje de una lengua no debe realizarse simplemente el estudio de su contenido concreto, como vehículo de información, sino que también debe perseguir aprehender la expresión de la visión del mundo y de las relaciones humanas que dicha lengua nos aporta. Esto nos hace reflexionar sobre la necesidad de diferenciar en el plano simbólico las lenguas

---

[3] Traducción de los autores de la siguiente cita original:
Il ne s'agit pas de nier les dimensions psychologique, sociologiques et culturelle du processus mais garder de toute explication causale et unidimensionnelle.

[4] Traducción de los autores de la siguiente cita original:
La diversité renvoie à une multipolarisation qui interdit tout recours à des conceptions linéaires, unicausales et déterministes.

[5] Traducción de los autores de la siguiente cita original:
Il ne peut avoir transmission d'une culture sans langue; chaque milieu véhicule son langage; langues et langages sont principaux marques d'identité. C'est pour cela que le combat pour une culture est souvent réduit au combat pour une langue (Verbunt, 1994: 63).

que cada uno puede utilizar. La lengua materna está cargada de mayor afectividad y simbolismo que las llamadas lenguas vehiculares, funcionales, instrumentales, etc. Las lenguas y el lenguaje no son solamente objetos de expresión verbal, por el contrario la lengua está acompañada de gestos, de olores, de momentos de seguridad, de placer o de desagrado, que se reavivan cuando utilizamos la lengua; por eso es por lo que, en el plano afectivo, la presencia de nuestra lengua materna y el reconocimiento de la misma resulta tan importante. Una realidad vivida está ligada íntimamente a una lengua y se expresa con dificultad en otra; por tanto, a cada tipo de situación le corresponde una lengua. Es posible cambiar de lengua dependiendo de la esfera donde nos movamos: trabajo, transporte, etc.; pero resulta mucho más difícil hacerlo en situaciones relacionadas con la identidad: educación, relaciones hombre-mujer, religión, vida sexual, etcétera.

El aprendizaje de una lengua no se reduce únicamente al estudio de su dimensión lingüística, ya que aprender una lengua es aprender un comportamiento y una cultura. *Las características no lingüísticas de una lengua son factores que deben ser integrados en el proceso de enseñanza-aprendizaje* (Abdallah-Pretceille, 1992: 74). Por tanto, hacer visibles las diferencias y mostrar la idiosincrasia cultural es una tarea prioritaria en el proceso de enseñanza-aprendizaje de las lenguas.

Tener una competencia lingüística elevada es una condición necesaria, pero no suficiente para garantizar la capacidad de codificar y descodificar el sentido de una frase, los gestos, la entonación... Por eso, el aprendizaje de una lengua no puede limitarse exclusivamente a los aspectos puramente lingüísticos, porque entonces la comunicación no será totalmente efectiva.

En consecuencia, la situación de la que parten estos niños y adolescentes en el nuevo país no es fácil; además, normalmente, proceden de sociedades que poseen culturas de tradición oral, en las que la transmisión de la información y los saberes se efectúa a través de un ordenamiento muy jerarquizado. Con este bagaje cultural irrumpen en nuestras sociedades occidentales y se ven desbordados y se sienten desorientados ante nuevas formas de comunicación y de relación comercial y social. Ejemplos de esto último los encontramos en la publicidad, con todo su mundo escrito e iconográfico, en las grandes superficies de compras, donde los productos se ofrecen libremente pero, sin embargo, no son asequibles para ellos, o en, incluso, las nuevas relaciones que tiene que establecer con el entorno, con los profesores -sin la jerarquía y la autoridad a la que estaban acostumbrados en su país de origen- y con sus compañeros, que los catalogan como moros, tontos o ladrones. Estas situaciones generan una tensión que aflora en los centros educativos, donde confluyen las dificultades pedagógicas, la toma de medidas disciplinarias e, incluso, los actos delictivos, y donde el fracaso escolar se convierte en una constante; siguiendo a Bourdieu (1977), el fracaso es generador de más fracaso, como si de una herencia cultural se tratara.

Por todo lo dicho anteriormente, es fácil suponer que la opinión pública relaciona la escolarización del alumnado inmigrante en la institución educativa con el fracaso al que antes hacíamos alusión, ya que presupone que, en la mayoría de los casos, este alumnado va a tener desventajas a nivel cognitivo con respecto al resto de los compañeros autóctonos. Así lo expresa Boyzon-Fradet (1997: 68):

> *En este sentido, el niño inmigrante es percibido como alguien potencialmente destinado al fracaso: un minusválido lingüístico..., como un minusválido cultural (vive en su familia otro tipo de prácticas culturales, incompatibles con nuestra sociedad), minusválido social (la supuesta indiferencia de sus padres por su trabajo escolar, se une a su ignorancia de la lengua y a las difíciles condiciones de vida).*

En consecuencia, al hecho de hablar otra lengua distinta se añaden los problemas de pobreza, fracaso escolar, mínimas aspiraciones sociales y profesionales, y todo ello se percibe también como una fuerte desventaja para la integración en la cultura mayoritaria. Es por ello por lo que se presupone que toda solución a estos problemas pasa por el rápido aprendizaje de la segunda lengua -siempre a expensas de la lengua materna-. Por tanto, la integración de estos niños en una clase y su capacidad para alcanzar los objetivos del curso dependen, sobre todo, de su nivel de competencia en la lengua española. La lengua que los niños inmigrantes hablan en casa no está representada en ningún caso en la evaluación escolar, por el contrario, es considerada como un obstáculo para el aprendizaje y para su integración.

En este contexto, obviamente, el desarrollo del bilingüismo resulta irrelevante y ocupa el último lugar entre los objetivos de la escolarización. El bilingüismo de los niños inmigrantes es profundamente desigual: la lengua materna está en una situación de inferioridad absoluta respecto a la segunda lengua; frecuentemente, está excluida como objeto de aprendizaje en las escuelas españolas e incluso, en muchas ocasiones el uso de su lengua materna está prohibido en el medio escolar o simplemente mal visto y sólo a veces se imparte extraescolarmente. La lengua materna de estos niños inmigrantes se reduce, paulatinamente, a su expresión oral, y solamente algunos alumnos, aquellos que habían estado anteriormente escolarizados en sus países de origen, conservan las destrezas escritas.

4. Aspectos metodológicos para el desarrollo del proceso de enseñanza-aprendizaje de la segunda lengua en el medio escolar

Pensamos, siguiendo al profesor Díaz-Corralejo (2001), que un proyecto de enseñanza de segundas lenguas debe partir de un análisis previo del contexto general en el que se encuadra, que permita responder a las exigencias de las etapas de desarrollo social de los alumnos y a las necesidades de utilización de la segunda lengua. De igual modo, debe incardinarse en un planteamiento epistemológico, educativo y social determinado.

Para ello, a nivel teórico, nuestra metodología se encuadra en los postulados enunciados en el seno de la *pedagogía diferenciada*[6] e, igualmente, se nutren de una concepción funcional-pragmática de la lengua como,

> *un instrumento de producción de significación y de negociación de esa significación en situaciones de interacción. Esto es así porque cada lengua, y dentro de ellas cada uno de los códigos que los hablantes utilizan, es el vehículo de cada memoria histórica de cada comunidad nacional y, en lo que se refiere a códigos, de cada clase o grupos social de esa comunidad, y también de la experiencia individual del hablante.* (Atienza Merino, 1993: 187).

[6] Pedagogía diferenciada, expresión traducida de la francesa *Pédagogie Différenciée*. Díaz-Corralejo (2001: 5) describe la pedagogía diferenciada como la adaptación de diferentes estrategias y recursos metodológicos a las situaciones diversas de enseñanza-aprendizaje producidas por las diferencias fundamentadas en niveles, ritmos, capacidades, intereses, culturas, etcétera.

Desde el punto de vista metodológico, esto supone plantear un proceso de enseñanza-aprendizaje basado en el uso de la lengua y fundamentado en el contexto escolar y endolingüe en el que se encuentra inmerso el alumno inmigrante, que genera unas determinadas necesidades de comunicación *que, en cierta forma se adquieren en cualquier sitio, en contacto con los otros, en relaciones familiares, gregarias y sociales y a través de los medios de comunicación, por exposición, inmersión, impregnación, imitación, inculcación* (Galisson, 1991), aunque, no obstante, su adquisición deba verse facilitada por las estrategias y procedimientos del aprendizaje formal del medio escolar. Por tanto, nuestra metodología para la enseñanza-aprendizaje de la segunda lengua para alumnos inmigrantes, parte del análisis de dichas necesidades de comunicación, que, según Díaz-Corralejo (2001)[7] se resumen en cuatro niveles (Figura 2) -necesidades fisiológicas y de supervivencia; desarrollo de aprendizajes de estrategias y metalenguajes; desarrollo de estrategias de tipo cultural; desarrollo de estrategias avanzadas de tipo afectivo, cognitivo e intelectual (percepciones y visiones del mundo y de las cosas)-.

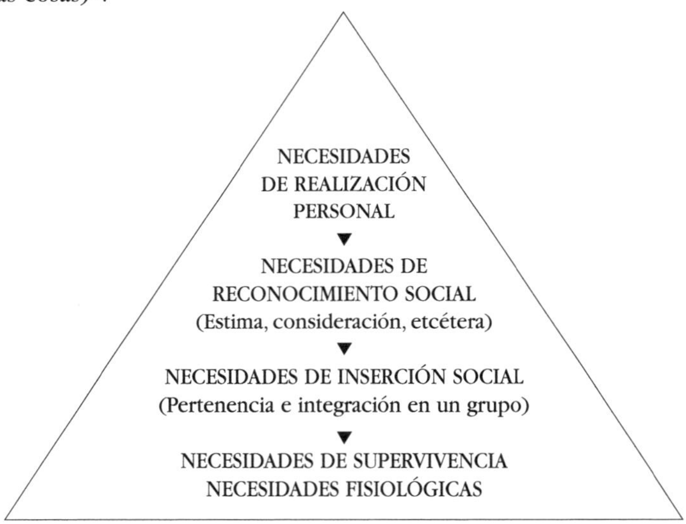

Figura 2: Pirámide de necesidades de comunicación.

Consecuentemente, la intervención didáctica que planteamos se encamina al desarrollo de estrategias de aprendizaje que permitan dar una respuesta educativa adaptada a las necesidades de nuestros alumnos inmigrantes. Para ello, en primer lugar, resulta necesario el diseño de marcos funcionales de aprendizaje, que generen unos contenidos que den respuesta a las necesidades de comunicación -*fisiológicas y de supervivencia*- surgidas de la interacción global y cotidiana -el instituto, la familia, el barrio, las relaciones interpersonales de supervivencia, etcétera-.

Pero, sin duda, es en el aula escolar donde esta comunicación se reviste de una idiosincrasia específica, ya que se enfatiza el uso del segundo idioma para el aprendizaje a través de las mate-

[7] De acuerdo con la pirámide de Maslow, citado en M. Gabady (dir.) (1991) *Guide de l'expresión orale*, París, Larousse: 156.

rias. Por ello, cualquier planteamiento metodológico para la enseñanza del segundo idioma en el medio escolar debe tomar en cuenta que:

- la lengua es el vehículo principal para la instrucción y el aprendizaje, esto es, el idioma relaciona lo que se dice (contenido) con el mecanismo que se usa para decirlo (expresión);
- el aprendizaje lingüístico está estrechamente relacionado con el contenido utilizado en la instrucción, debido a que el segundo idioma es un medio para aprender los contenidos académicos;
- la idiosincrasia específica del aprendiz, el contexto y los conocimientos previos -elementos culturales, lingüísticos, destrezas transferibles adquiridas en L1 y transferibles a la L2: lectura, escritura, etc.- que el alumno aporta representan un papel fundamental en el proceso de enseñanza-aprendizaje escolar;
- la comunicación y el desarrollo de conceptos en el aula requiere fundamentalmente de destrezas de competencia académica y lingüística, ya que determinadas áreas curriculares requieren conocimiento de léxico y de símbolos específicos, por ejemplo, las matemáticas: volumen, por, tabla, exponente, +, %, etcétera.

Por tanto, en segundo lugar, nuestro planteamiento didáctico se dirige al desarrollo del aprendizaje de metalenguajes, la necesaria reflexión sobre la lengua, y al de las destrezas y estrategias necesarias en el mundo escolar. Desde un enfoque que, siguiendo a Sonsoles Fernández (1987: 56-57), permita al alumno apropiarse poco a poco de las estructuras lingüísticas de la clase, el recreo, las tareas escolares, la literatura, los lenguajes académicos, etc.; mediante ejercicios de dominio y reflexión gramaticales sobre los temas y contenidos fundamentados en los intereses y experiencias de los alumnos.

En tercer lugar, integraremos el aprendizaje de nuevos comportamientos culturales sobre los esquemas de los ya aprendidos, mediante la puesta en marcha de proyectos de carácter intercultural que fomenten el desarrollo de la competencia intercultural. Así mismo, desarrollaremos la reflexión crítica sobre la propia experiencia, el sistema de valores y normas, las actitudes y las creencias de los dos mundos que rodean al alumno inmigrante, el del país de origen y el del lugar de residencia.

Para ello, siguiendo a Tann (1990), nos planteamos una metodología basada en módulos de aprendizaje, con el fin de dotar con una organización lógica a los contenidos de enseñanza, integrar el desarrollo de las destrezas interpretativas y productivas y conectar los contenidos con actividades significativas que potencien el descubrimiento y la generalización de hipótesis de aprendizaje.

En relación con el desarrollo de las destrezas de expresión y comprensión oral y escrita, aunque partimos de una concepción lingüístico-comunicativa (en la cual se plantea una integración, en igualdad de condiciones, de la jerarquía oral-escrito), resulta evidente que las diferencias en cuanto a conocimientos escolares de nuestros alumnos dificultan la marcha en paralelo de las destrezas orales y escritas. Ya que, por un lado, la oralidad está estrechamente relacionada con el contexto de uso y la satisfacción de las necesidades básicas, y no puede ser relegada al ritmo del desarrollo escrito, fundamentalmente en el caso de los alumnos analfabetos o escasamente escolarizados. Por otra parte, el mundo escolar exige una gestión escrita compleja que requiere una alta madurez conceptual, interactiva, lingüística y metalingüística, porque, como señala B. Schneuwly (1985: 201):

Aprender el lenguaje escrito, y especialmente aprender a escribir textos informativos y argumentativos, implica también aprender a tomar su propia actividad de lenguaje y el producto de la misma como objeto (...). Las posibilidades autorreflexivas del lenguaje son mediadores poderosos del comportamiento lingüístico para la adquisición del escrito.

Todo ello, desde un planteamiento constructivista, en el cual se propugna partir de los conocimientos previos que ya poseen los alumnos e integrar dentro de ellos la nueva información, de forma que el aprendizaje resulte significativo (Ausubel, 1978).

Siguiendo a Díaz-Corralejo (2001), partimos de que en los intercambios comunicativos entre humanos ningún hablante es completamente ignorante. Por tanto, es necesario tomar como punto de partida para el aprendizaje de la segunda lengua todo el bagaje de conocimientos previos que los alumnos poseen y que nosotros detectaremos mediante un diagnóstico inicial de necesidades de aprendizaje. Con ello, nuestro objetivo se centra en lograr un aprendizaje significativo e interesante, que consiga realmente motivar a los alumnos y dotarles de unos conocimientos sociolingüísticos prácticos que les permitan su integración en el medio social y académico.

Dentro de este proceso, y siguiendo a S.W. Félix y A. Hahn (1975), nos parece fundamental destacar, por sus implicaciones metodológicas, el hecho de que la mayoría de los errores cometidos, tanto por los niños en L1 como por los alumnos en L2, constituyen un fenómeno típico en ambas adquisiciones; errores que, si se analizan detenidamente, permiten extraer indicaciones interesantes sobre los procesos de apropiación del lenguaje y de la gramática implícita transitoria, elaborada por el alumno en ese estadio y responsable de sus producciones. Por tanto, si el alumno elabora un sistema lingüístico propio[8] en su proceso de aprendizaje de la segunda lengua, será normal que se produzcan errores, y que éstos formen parte del proceso de enseñanza-aprendizaje. En este sentido, siguiendo a H. Frei (1979), pensamos que la didáctica de la lengua puede sacar partido a las *faltas*, y que, por ello, la recriminación en sí misma no resulta rentable; se trataría por tanto de buscar las causas, desde un punto de vista analítico, y con ellas proponer soluciones eficaces.

La enseñanza del español como segunda lengua en el medio escolar, como toda actividad de formación, debe inscribirse en un conjunto coherente que permita al alumno percibir claramente el recorrido que va a seguir el desarrollo del proceso de enseñanza-aprendizaje. Es por ello por lo que las diferentes opciones didácticas utilizadas deben sustentarse sobre los siguientes principios:

1) El tiempo de permanencia en el país de *acogida*, que hace variar sustancialmente sus necesidades lingüísticas. En este sentido nos encontramos, en primer lugar, con alumnos recién llegados, cuyas necesidades se centran en alcanzar urgentemente una competencia comunicativa que les permita la integración social; además, si no han estado alfabetizados en su país de origen, necesitarán entrar en la cultura de lo escrito, indispensable en el medio escolar. En segundo lugar, con alumnos con un cierto tiempo de permanencia en España, que necesitan desarrollar más estrategias comunicativas y perfeccionar las adquiridas. En tercer lugar, con alumnos nacidos en España o con muchos años de residencia, cuyas dificultades se centran en alcanzar la competencia necesaria en la lengua que utilizan las distintas disciplinas escolares.

[8] Competencia transitorial, como la define Corder (1967-1978).

2) El modo de articulación y de integración progresiva de los conocimientos aprendidos en lengua española, con la adquisición del conjunto de los contenidos de las distintas áreas del currículo -ciencias naturales y sociales, matemáticas, etcétera-.

Por todo lo anterior y para evitar los riesgos de un aprendizaje parcelado y poco integrador, será necesario construir secuencias didácticas que permitan, a partir de objetivos claramente definidos y en un tiempo determinado, asegurar el aprendizaje de un cierto número de conductas lingüísticas por medio de procesos multipolares, que unan la memorización de estructuras, la comprensión de reglas y el desarrollo de estrategias de comunicación con actividades de creación e improvisación, etcétera.

Por tanto, todo planteamiento metodológico específico para la enseñanza de la segunda lengua a inmigrantes en el medio escolar debe tener en cuenta: la identificación y descripción del ambiente académico del aprendiz; la selección de contenidos y objetivos de las distintas materias, para elaborar un currículo adaptado que refleje la integración del contenido con el segundo idioma; el desarrollo de actividades que integren el esquema de conocimientos previos de carácter lingüístico, académico y social del estudiante y que reflejen su trasfondo cultural.

De igual modo, los alumnos inmigrantes abordan el aprendizaje de las diferentes materias del currículo con un bagaje de adquisiciones, conocimientos, experiencias lingüísticas y pautas culturales anteriores muy diverso; es por ello por lo que su manera de reaccionar a las exigencias escolares y, por tanto, sus necesidades de aprendizaje se diferencian de las del resto del alumnado.

Ante esta situación, el enseñante debe responder con una serie de estrategias básicas, que permitan reforzar el aprendizaje y desarrollar rápidamente el nivel de adquisiciones lingüísticas de estos alumnos. Por ejemplo: el aprendizaje debe estar siempre contextualizado en relación con experiencias de tipo visual o auditivo muy concretas, de forma que resulte accesible al mismo tiempo a través de la palabra y los sentidos. De otro lado, el profesor debe potenciar el desarrollo de las estrategias lingüísticas y cognitivas de este tipo de alumnado mediante la presentación de modelos y la sistematización de las adquisiciones lingüísticas, puesto que únicamente a través de esta forma el alumno podrá trabajar las distintas áreas del currículo en su propio registro y nivel de adquisiciones lingüísticas.

Por último, podemos inferir que el proceso de enseñanza-aprendizaje del español como segunda lengua presenta las siguientes características: el aprendizaje y la adquisición son procesos paralelos, debido a la situación de inmersión lingüística en la que se encuentran los alumnos y que les obliga a adquirir, desde el primer momento, un conocimiento más profundo del idioma para manejar el lenguaje especializado de cada asignatura. Es por ello por lo que, a partir de un cierto nivel, el aprendizaje del español debe complementarse con los contenidos de las clases de lengua del currículo para que el alumno comprenda la importancia que el lenguaje escrito tiene en las asignaturas curriculares y pueda aprobarlas con éxito.

Estas peculiaridades, extraídas del análisis de la idiosincrasia del alumnado y del contexto educativo específico en el que se desarrolla el proceso de enseñanza-aprendizaje de la segunda lengua, nos llevan a plantear que el sincretismo metodológico debe ser la característica fundamental que presida la actividad docente. Por tanto, tal y como lo expone Boyzon-Fradet (1993: 39), pensamos que:

> *Se trata de encontrar una vía estrecha entre la didáctica de la lengua materna y la lengua extranjera. Un primer paso está realizado con las investigaciones sobre la enseñanza de segundas lenguas, que precisa más específicamente las necesidades lingüísticas de los aprendices confrontados a situaciones de inmersión y en contextos escolares.*

Así mismo, habida cuenta de la importancia que la evaluación tiene como elemento esencial del aprendizaje, nos parece necesario hacer una sucinta referencia a este proceso en relación con la enseñanza del español como segunda lengua para alumnos inmigrantes. De manera general, podemos diferenciar dos componentes importantes en dicho proceso: en primer lugar, la evaluación de la competencia adquirida en la segunda lengua como marco normativo para dar paso, de manera paulatina, a la introducción de las diferentes áreas curriculares *normalizadas*, es decir, aquéllas correspondientes al nivel de referencia en el cual el alumno está inscrito; en segundo lugar, la evaluación procesual que va a permitir a los alumnos situarse en el conjunto de la programación específica de ELS (español segunda lengua), en el nivel de las competencias esperadas y, por tanto, adecuar sus esfuerzos.

Finalmente, dentro de nuestros planteamientos metodológicos, el día a día en el aula y el contacto continuado con los alumnos muestran la importancia de dos factores fundamentales, que marcan el desarrollo de los contenidos y el planteamiento de las diferentes actividades: la flexibilidad y la afectividad; ambos factores se fundamentan en las peculiaridades que impone el contexto escolar en el que se desarrolla el proceso de enseñanza-aprendizaje del español como segunda lengua, determinado por las características socioeconómicas y la situación de inmigración de nuestros alumnos. Todo ello motiva una implicación del docente que, en la mayoría de los casos, supone una fuerte proyección de ideales diversos, utopías individuales y una gran dosis de subjetividad y afectividad.

Conclusión

Las reflexiones realizadas en epígrafes anteriores nos llevan a orientar nuestras conclusiones hacia tres cuestiones fundamentales: la necesidad de adecuar el entorno escolar ante la presencia de alumnado inmigrante, la relación entre los factores socioculturales y el aprendizaje y la importancia fundamental de la lengua en el proceso de integración.

En primer lugar, resulta prioritario el aprendizaje de la segunda lengua como punto de partida primordial para la integración de estos alumnos. Como tal, el aprendizaje de esta nueva lengua no debe contemplarse exclusivamente desde la perspectiva escolar, sino como un fenómeno afectivo, social, psicológico y cultural que se inscribe en un proceso de integración global, tal y como explica Abdallah-Pretceille (1992: 69):

> *En una perspectiva de inserción y de integración, la adquisición de una buena competencia lingüística no se debe plantear únicamente desde el aprendizaje y la didáctica. También debe relacionarse con una política de diversificación lingüística en relación con los regionalismos, la inmigración y la construcción europea. Herramienta de comunicación, una lengua no puede cumplir su función sin que los individuos y los grupos se reconozcan como sujetos portadores y productores de identidades propias* [9].

---

[9] Traducción de los autores de la siguiente cita original:
Dans une perspective d'insertion et d'integration, la maîtrise d'une langue renvoi non seulement à des questions d'apprentissage et à des problemes de didactique, mais aussi et surtout à une politique de diversification linguisti-

La creciente presencia en nuestras aulas de alumnado pluricultural y multilingüe nos hace plantearnos la necesidad de considerar el aprendizaje de las lenguas y culturas como algo dinámico y natural, que relacione lengua y cultura de manera íntima e indisociable, puesto que como explica Abdallah-Pretceille (1992: 75):

> *Si aprender una lengua extranjera es tener la experiencia de la alteridad cultural, es también descubrir las relaciones con la cultura de pertenencia o referencia y favorecer la toma de conciencia del arraigo cultural, relativizándolo por una contextualización permanente*[10].

El aprendizaje del nuevo idioma es un aspecto más, aunque de una gran importancia, dentro del proceso que los inmigrantes han de acometer cuando se incorporan a la nueva sociedad y a la nueva escuela. Los otros elementos que componen el espectro son: el social y el académico. Por una parte, estos alumnos tienen que alcanzar los mismos objetivos educativos que el resto, pero en una lengua que desconocen y que requiere mucho tiempo llegar a dominar perfectamente; para ello deben realizar continuamente una labor suplementaria de aprendizaje de nuevos códigos lingüísticos y culturales. En este sentido, no se trata de reducir los aprendizajes por desconocer el idioma, más bien de llegar a desarrollar altas competencias comunicativas, que les permitan acometer tareas académicas y sociales. Al mismo tiempo, la evolución positiva de ambos factores -académicos y sociales- y el reconocimiento y valoración de su idiosincrasia cultural favorecerán un mayor nivel de autoestima; más específicamente, el proceso de enseñanza-aprendizaje del nuevo del idioma va a influir de forma sistemática en el éxito académico y en la integración social de estos alumnos, formando un todo indisociable que condiciona nuestros planteamientos didácticos y nuestras herramientas metodológicas para la enseñanza de la segunda lengua.

En segundo lugar, nos parece imprescindible resaltar la importancia que tiene la lengua materna de los inmigrantes en relación con su integración escolar y con el aprendizaje de la segunda lengua. Es por ello por lo que nuestros planteamientos coinciden con la opinión de Baker (1993: 252):

> *Una orientación alternativa a la idea de que las lenguas son un problema, o que las lenguas son un derecho, es ver las lenguas como una riqueza personal y nacional. (Porque las lenguas tienen que tomar su prestigio en función de las potenciales relaciones económicas que con ellas se puedan establecer). El prestigio de las lenguas tiene que estar también en función de las relaciones personales que se puedan desarrollar entre diferentes grupos sociales, las lenguas tienen que ser también puentes entre los distintos grupos sociales y fértiles relaciones entre distintas culturas*[11].

---

que en rapport avec les régionalismes, l'immigration et la construction européenne. Outil de communication, une langue ne peut remplir sa fonction que si les individus et les groupes se reconnaissent comme sujets porteurs et producteurs d'identités propes.

[10] Traducción de los autores de la siguiente cita original:
Si apprendre une langue étrangère, c'est faire l'expérience de l'altérité culturelle, c'est aussi élucider les rapports avec la culture d'appartenance ou référence et favoriser la prise de conscience de l'enracinement culturel en le relativisant par une contextualisation permanente.

[11] Traducción de los autores de la siguiente cita original:
An alternative orientation to language as a problem and language as a right, is the idea of languages as a personal and national resource (...). While languages may be viewed in terms of their ability to build social bridges across different groups, bridges for cross fertilization between cultures (Baker, 1993: 252).

Desde esta perspectiva planteamos la riqueza de las prácticas lingüísticas de los alumnos inmigrantes, que se diferencia de aquellas asociadas a los monolingües, ya que mezclan, unen y a veces reinventan las lenguas; parafraseando a Abdallah-Preteceille (1992), estas prácticas lingüísticas deben ser interpretadas como estrategias de aprendizaje y no únicamente como formas de incompetencia y fracaso escolar.

El tercer factor que ponemos de manifiesto está relacionado con la práctica escolar, y en este contexto en el que nos planteamos la siguiente pregunta: ¿qué respuestas materiales podemos dar para la integración efectiva de estos alumnos inmigrantes en los centros educativos? En este sentido, llegamos a la conclusión de asumir la escolarización del alumnado inmigrante e integrar su proceso de enseñanza-aprendizaje de la segunda lengua desde la constitución de un proyecto de centro multicultural (la integración en el centro no debe realizarse de una forma aislada, deben crearse espacios de encuentro intercultural en los que participen padres, profesores y alumnos).

Pero, ¿cuáles son los pilares básicos en los que debe apoyarse la institución educativa como garante de una educación integral de todos los alumnos? Partimos de la idea, siguiendo a Merino Fernández y Muñoz Sedano (1995), de que una escuela pluricultural debe plantear una pedagogía multicultural basada en distintos principios antropológicos (identidad, diálogo y diversidad), epistemológicos (valores universales) y pedagógicos (programas educativos efectivos). Por tanto, la escuela debe respetar y desarrollar el sentido de la identidad personal y cultural, lo que se logra mediante una *(...) educación respetuosa con la diversidad cultural que incluya la posibilidad de cultivar plenamente la cultura propia como garantía de identificación personal para el sujeto y de pervivencia cultural para el grupo* (Sarramona, 1993: 34-35). A fin de aproximarse al cumplimiento de estos principios orientadores debemos plantear, desde la práctica educativa, el desarrollo de los siguientes aspectos:

a) el diseño de Proyectos Educativos de Centro (PEC) que tengan en cuenta la acogida y posterior escolarización de los hijos de inmigrantes;
b) la elaboración de distintos tipos de actividades de integración y el planteamiento de currículos específicos que desarrollen y potencien la atención a la diversidad;
c) la apertura de la escuela a su entorno mediante la colaboración con los distintos agentes sociales y el acercamiento de la familia al medio escolar, potenciando el encuentro entre padres y profesores;
d) las necesidad de una formación específica del profesorado que le capacite para hacer frente a esta nueva realidad presente en el centro educativo.

Por todo lo anterior, nos planteamos que toda actuación didáctica en español como segunda lengua dirigida al alumnado inmigrante tendrá que tener en cuenta, como punto de partida, los factores psicosociales que conforman la identidad del aprendiz y que actúan como agentes que pueden favorecer o bloquear el aprendizaje; deberá, además, considerar la carga afectiva, social y simbólica que interviene en el proceso de enseñanza-aprendizaje de esta segunda lengua cuando se efectúa en contextos con fuerte diversidad lingüística y cultural. De igual modo, a la hora de establecer unas líneas metodológicas básicas será necesario tener en cuenta que cada acto de enseñanza-aprendizaje es único y que en él intervienen una serie de factores y variables que debemos localizar, estos factores se concretan en la diversidad de alumnado y de niveles.

El hecho de estar escolarizados y, por tanto, la necesidad de alcanzar con éxito los objetivos del currículo escolar establecido, hace que los alumnos tengan que adquirir una elevada competencia lingüística -fundamentalmente en lo que se refiere a las destrezas escritas-, por tanto, *para los niños inmigrantes y en situación de desventaja social, el obstáculo principal es el acceso al escrito de tipo escolar, ése que se refiere a la adquisición de todas las disciplinas escolares, y por tanto el acceso a estas última* (Boyzon-Fradet, 1997: 86).

Por último, nos parece importante señalar el papel relevante que la escuela y el aprendizaje de la lengua tienen en la integración de estos alumnos inmigrantes, ya que, como señala Siguán:

> *(...) la importancia de la escuela resulta del hecho de que en nuestra sociedad es el primer mecanismo de integración social, y en el caso del niño inmigrado, prácticamente el único en el que puede apoyarse para conseguir algún nivel de integración en la nueva sociedad.*

Para finalizar nos gustaría subrayar el reto que supone para toda la comunidad educativa esta nueva escuela multiétnica, ya que como expresa Kleinfel (1979, en Torsten y Opper, 1984: 128):

> *La organización de la escuela es la organización de la vida moderna. Si los estudiantes de los grupos minoritarios no adquieren competencia en los modelos lingüísticos y de conducta de la cultura mayoritaria, es posible que queden privados de la oportunidad de alcanzar el primer ciclo universitario y las escuelas profesionales. Sin una competencia en las destrezas de la cultura mayoritaria permanecerán cerradas para ellos muchas posiciones bien pagadas y socialmente importantes: médicos, abogados, ejecutivos. Problemática radical en la educación bilingüe-bicultural es la manera de mantener las tradiciones nativas lingüísticas y culturales al mismo tiempo que se mejora el acceso a las oportunidades económicas y a la cultura moderna.*

Nuestro deseo para el futuro de la escuela y de la sociedad en general está fundamentado en el reconocimiento del hecho de la multiculturalidad como una feliz oportunidad de contacto, de intercambio, de desarrollo personal y de aprendizaje, tanto para los inmigrados como para los autóctonos.

Por tanto, para hacer realidad los postulados anteriores y siguiendo a Díaz-Corralejo (1995: 326), nos parece necesario que:

> *Tanto el profesor como el alumno deben tener como objetivo intelectual el definir claramente los postulados o premisas de su propia visión del mundo. Dicha visión debe tener en cuenta, en primer lugar, el respeto a los derechos humanos, luego a los valores democráticos y, por fin, no olvidar los valores socioeconómicos. De esta manera, pensamos que se puede desarrollar razonablemente una cosmovisión que hará probablemente de educadores y educandos personas justas y tolerantes en cualquier entorno social.*

Esto nos lleva a concluir que nuestra actuación como educadores no sólo debe estar fundamentada en la transmisión de conocimientos, nuestra meta debe ser también formar ciudadanos que participen de las sociedades de este nuevo milenio, en las que debe primar la tolerancia y la solidaridad y en las que el respeto a las identidades personales y sociales se una al desarrollo científico y al progreso material. Por todo ello, resulta necesario que nuestros planteamientos didácticos para la enseñanza de la lengua española a estos alumnos inmigrantes vayan más allá de los criterios puramente metodológicos. El enseñante debe convertirse, además de en un técnico, en un militante a favor del respeto a los derechos humanos, de la solidaridad y de los principios y valores de la educación intercultural.

Bibliografía

ABDALLAH-PRETCEILLE, M. (1992), "Quelle école pour quelle intégration ?", París, *Hachette Éducation*: 43, 75, 86, 94.

ÁLVAREZ MÉNDEZ, J. M. (1990), *Infancia y aprendizaje, 51-52*, Madrid: 41-47.

ATIENZA MERINO, J. S. (1993), *"Propuesta de francés", Propuesta de secuencias de lengua extranjeras*, Madrid, Escuela española-MEC: 187.

AUSUBEL, D. *et al.* (1978), *Psicología educativa: un punto de vista cognitivo*, México DF, Trillas.

BAKER, C. (1993), *Foundations of Bilingual Education and Bilingualism*, Multilingual Matters Ltd., Bridgend: 192-252.

BORDIEU, P. y PASSERON, J. C. (1977), *La reproducción. Elementos para una teoría del sistema de enseñanza,* Barcelona, Laia.

BOYZON-FRADET, D. (1997), "Enseigner/ apprendre la langue scolaire. Un enjeu fondammental pour les enfants issus de l'immigration", *Migrants-Formation, CNDP,* Montrouge*:* 39, 67, 68, 84, 86.

CORDER, S.P. (1967), "The significance of learners' errors", *IRAL*, vol. 5, 4: 161-170.

DÍAZ-CORRALEJO, J. (1995), "Reflexiones sobre el interculturalismo en la enseñanza de las lenguas", *Actas de las jornadas sobre la enseñanza del español para inmigrantes y refugiados, Didáctica (Lengua y Literatura),* 7: 5.

DÍAZ-CORRALEJO, J. y RUSSELL, E. (2001), *Pédagogie différenciée en classe de FLE,* Madrid, Longman.

FÉLIX, S. y HAHN, A. (1985), "Natural Processes in Classroom Second-language Learning", *Applied Linguistics*, vol. 6, 3, Oxford University Press.

FERNÁNDEZ LÓPEZ, S. (1987), *Didáctica de la gramática,* Madrid, Narcea: 56-57.

FREI, H. (1979), *La grammaire des fautes,* París, Gautier.

GABADY, M. (1991) (dir.), *Guide de l'expresión orale*, París, Larousse: 156.

GALISSON, R. (1991), *De la langue à la culture par les mots*, París, CLÉ international.

GIMENO SACRISTÁN, J. (1998), *El currículum: una reflexión sobre la práctica*, Madrid, Morata.

GIMENO SACRISTÁN, J. y PÉREZ GÓMEZ, A. I. (2000), *Comprender y transformar la enseñanza,* Madrid, Morata: 150.

KLEINFEL, J. S. (1979), en TORSTEN, H. y OPPER, S. (1984), *Educación multicultural y multilingüe,* Madrid, Narcea: 128.

LOVELACE, M. (1995), *Educación multicultural (Lengua y cultura en la escuela plural),* Madrid, Escuela Española: 29, 46, 183.

MARCUS, C. (1991), *Le français langue seconde au collège: innovation pédagogique national,* París, MEN/DLC 15: 12.

MASLOW, en GABADY, M. (1991) (dir.), *Guide de l'expresión orale*, París, Larousse: 156.

MERINO FERNÁNDEZ, J. y MUÑOZ SEDANO, A. (1995), "Ejes de debate y propuestas de acción para una pedagogía intercultural", *Educación intercultural. Revista Educación,* Madrid, CIDE-MEC.

MINISTERIO DE EDUCACIÓN, CULTURA Y DEPORTE (2002), *Marco común europeo de referencia para las lenguas: enseñanza, aprendizaje, evaluación*, Madrid, Secretaría General Técnica del MECD y Grupo Anaya, traducido y adaptado por el Instituto Cervantes.

MUÑOZ SEDANO, A. (1997), *Educación intercultural,* Madrid, Escuela Española: 36-37-183.

SANTOS GARGALLO, I. (1999*), Lingüística aplicada a la enseñanza-aprendizaje del español como lengua extranjera*, Cuadernos de didáctica del español/LE, Madrid, Arco Libros: 182.

SARRAMONA, J. (1993), "Los programas de inmersión lingüística, una estrategia de integración cultural en Cataluña", en P. FERMOSO (ed.), *Educación Intercultural: la Europa sin fronteras,* Madrid, Narcea: 34-35.

SCHNEUWLY, B. (1985), "La construction sociale du langage écrit chez l'enfant", en *Vygotsky aujourd'hui*, Delachaux et Nestlè: 201.

TANN, C. (1990), *Diseño y desarrollo de unidades didácticas en la escuela primaria*, Madrid, Morata.

VERBUNT, G. (1994), *Les obstacles culturels aux apprenttissages,* CNDP, Montrouge: 63.

SIGUÁN, M. y MACKEY WUHAN, F. (1986), *Educación, bilingüismo,* Madrid, Santillana / UNESCO - AULA XXI.

SIGUÁN, M. (1992) (coord.) "Educación y lengua", *La escuela y la migración en la Europa de los 90*, HORSORI-ICE, Barcelona, Universitat de Barcelona: 9.

La enseñanza del español a inmigrantes en contextos escolares

Félix Villalba Martínez
María Teresa Hernández García
C.P. de E.P.A "Agustina de Aragón" (Móstoles)

No seamos sectarios: la infancia es a veces un paraíso perdido.
Pero otras veces es un infierno de mierda.

(Mario Benedetti)

Introducción

El aprendizaje de una L2 por niños y jóvenes inmigrantes es un caso particular de aprendizaje de lenguas, tanto por las condiciones en las que se realiza como por la consideración social de los aprendices, o por el uso que se tiene que hacer de la nueva lengua.

La situación de contacto directo con otro idioma en edades tempranas y en contextos diversos debería resultar atractiva para poder contrastar y completar modelos generales de adquisición de lenguas. Sin embargo, la condición de inmigrantes o de hijos de inmigrantes de los aprendices se antepone a cualquier otra consideración y determina el modo de acercamiento a esta área educativa. Así, se tiende a destacar más los componentes psicosociales y contextuales involucrados en el aprendizaje que otros de carácter cognitivo (Bialystok, 1991) o lingüísticos (Won Filomre, 1991). Modelos como el de aculturación de Schumann, de nativización de Andersen, o conceptos como el de *sumersión,* aparecen con frecuencia para ejemplificar los problemas *contextuales* que acompañan a los inmigrantes.

Pero en estas edades, el estudio del contexto no puede reducirse sólo al de los aspectos socioeconómicos, culturales y familiares, sino que tiene que contemplar, también, el del medio escolar en el que estos estudiantes pasan buena parte de su jornada diaria. En este contexto *institucional,* el nuevo aprendiz entrará en contacto con un tipo de lengua *convencional* que será la que necesiten dominar para participar activamente en su proceso formativo.

En las siguientes páginas presentaremos algunas de las dificultades que entraña la escolarización en una L2 y, en este caso, los retos que plantea el dominio del español como lengua de instrucción. Para ello, analizaremos someramente el modelo de escolarización de inmigrantes adoptado en España y lo compararemos con el de otros países. A continuación, analizaremos los procesos de aprendizaje de una L2 por niños y jóvenes en contextos de *inmersión*[1] y las necesidades lingüísticas derivadas de la escolarización en otra lengua. Por último, plantearemos algunas propuestas para abordar el español como lengua de instrucción (ELI).

La enseñanza-aprendizaje del español en estas edades ha de entenderse como un medio para acceder a la formación básica, a la integración y la participación social. No obstante, la eficacia de tales procesos sólo puede medirse en términos lingüísticos y no de resultados escolares, ya que estos últimos no siempre se relacionan con el dominio de la L2.

Entendemos que las propuestas educativas para la escolarización de niños y jóvenes extranjeros deben formularse a partir de las aportaciones no sólo de la pedagogía, sino también de la lingüística y de la didáctica de segundas lenguas.

También consideramos que dichas propuestas no pueden constituirse en áreas educativas autónomas y desvinculadas del resto del sistema educativo. Al inmigrar no desaparecen las múltiples dimensiones individuales que acompañan y definen a cualquier persona. Se sigue soñando, queriendo u odiando de la misma forma. Se sigue siendo, antes que inmigrante, un niño, un joven o un adulto que necesita formarse y aprender una nueva lengua con la que participar activamente en la nueva sociedad.

1. La escolarización de los estudiantes inmigrantes

Es indiscutible que la presencia de estudiantes extranjeros en los centros escolares de nuestro país representa una de las características esenciales del actual sistema educativo español. Para atender a este alumnado, se ha optado por un modelo que parte del reconocimiento de las similitudes (cronológicas y madurativas) entre dichos estudiantes y sus compañeros españoles. El resultado se plasma en programas mixtos de inmersión: de contacto directo con la lengua (clases ordinarias) y de instrucción formal en clases de español como L2.

En 1996 se publicó el Real Decreto de Compensatoria[2], en el que se fijaban las líneas generales de actuación para atender a los alumnos extranjeros. En dicho Decreto se establece que estos estudiantes se incorporen a grupos ordinarios (con compañeros españoles), según edad y nivel escolar previo, al tiempo que reciban una atención complementaria en programas de compensatoria. Según esto, los estudiantes reciben clases de *Compensatoria* en momentos puntuales de la jornada escolar y durante un periodo semanal no superior a quince horas. Durante ese tiempo, el alumno extranjero abandona su aula de referencia y recibe clases de español con compañeros de otros grupos y, a veces, de otras edades. Estos programas se desarrollan de forma desigual (en horario, número de participantes, agrupamientos...) en las distintas comunidades autónomas, e incluso, en los distintos centros educativos de una misma localidad. Los criterios

[1] Utilizamos el término *inmersión* para referirnos a la exposición natural a la nueva lengua. Siguiendo a Baker (1993), habría que diferenciar entre programas de inmersión (el contacto directo en el medio escolar con la L2 por estudiantes del grupo social mayoritario que aspiran a ser bilingües) y sumersión (incorporación de los estudiantes minoritarios a la enseñanza completa en L2 con la asimilación como objetivo final). Se podría distinguir también entre bilingüismo *aditivo o sustractivo*, según la nueva lengua se sume a la materna o la sustituya por poseer un mayor estatus social.

[2] Real Decreto, de 28 de febrero de 1996, de Ordenación de las acciones dirigidas a la compensación de las desigualdades educativas.

administrativos fijados por las diferentes administraciones autonómicas determinan la extensión y funcionamiento de tales programas, de forma que no siempre existen en todos los centros y localidades. En estos casos, son los propios profesores de las distintas áreas los que se ocupan de atender a los alumnos inmigrantes en aquellos momentos de su jornada que no tienen atención directa a grupos, o en horarios de tutoría.

Con los niños más pequeños (Educación Infantil y primeros cursos de Primaria) lo normal es que no se sigan programas específicos, dejando que el contacto directo con los compañeros españoles y la interacción significativa con los profesores actúen como desencadenantes del aprendizaje.

No obstante, y con independencia de estos programas, los alumnos extranjeros pasan la mayor parte de la jornada escolar en grupos ordinarios de formación, siguiendo el currículum fijado para cada nivel y etapa educativa. En estos grupos, la lengua de instrucción de las distintas áreas (matemáticas, sociales, ciencias naturales...) es el español, o la de la respectiva Comunidad Autónoma. Es esta situación la que plantea más problemas en la escolarización de estos alumnos, sobre todo, entre los de más edad, ya que:

- El estudiante tiene dificultades para acceder al currículum formativo en una lengua distinta a la propia.
- Durante bastante tiempo no puede participar en las dinámicas de clase.
- El profesor no sabe cómo adaptar su materia a las particularidades que representa el aprendizaje en una L2.

Para ejemplificar este hecho piénsese en una clase de ciencias naturales en la que el profesor tiene que explicar la división celular a un grupo de 25 jóvenes, de 14 a 15 años, con diferentes niveles de motivación e interés y entre los que hay 5 o 6 estudiantes extranjeros de distintas nacionalidades, lenguas maternas y trayectorias escolares.

Evidentemente, esta situación es todo un reto para cualquier profesor, sobre todo si ha de ser él mismo el encargado de plantear las soluciones. Si, además, se siente la presión por completar el temario, se tenderá a priorizar la atención al grupo mayoritario. Al mismo tiempo, los docentes aún seguimos considerando que el trabajo individual y en silencio son condiciones indispensables para el trabajo de clase. Por tanto, apenas recurrimos a utilizar dinámicas grupales y tendemos a limitar los momentos de interacción entre los estudiantes.

El modelo de inmersión al que antes aludíamos falla pues, por uno de sus extremos (sobre todo en los niveles de ESO, 12 a 16 años) ya que, con la exposición a la lengua en grupos de formación general no siempre se garantiza que los estímulos lingüísticos recibidos sean significativos, ni que se creen oportunidades reales de interacción.

Paralelamente, las limitaciones comunicativas en la L2 del nuevo estudiante le impiden seguir con normalidad y con unas mínimas garantías de éxito el currículum de la escuela. Este primer *fracaso escolar* puede repercutir en la autoestima del aprendiz, y cuando se mantiene, en la falta de expectativas escolares. Si, además, existe la percepción de un cierto rechazo social, no es extraño que se reafirmen las solidaridades con el grupo cultural o nacional de procedencia. En este sentido, no hay más que observar lo que sucede durante los recreos en algunos centros educativos, cuando los jóvenes extranjeros se agrupan por nacionalidades, sin apenas contacto con los españoles.

El otro pilar de los programas de compensatoria, el de la instrucción formal en L2, tampoco resulta excesivamente efectivo. Los grupos de español pueden estar formados por alumnos de distintas edades y trayectorias escolares, también con distintos niveles de alfabetización e, incluso, con diferentes niveles de dominio de la lengua[3]. La falta de un currículum de español, de materiales adaptados y, sobre todo, de una formación específica de los profesores encargados de estos grupos son algunas de las características de este tipo de programas.

Por último, y siguiendo las indicaciones del Consejo de Europa, en algunos centros funcionan programas institucionales de enseñanza de la lengua y cultura de origen (ELCO), aunque limitados al caso del árabe y del portugués. En zonas en las que no existe este tipo de programas, las actuaciones de mantenimiento de la lengua materna son asumidas por la propia familia o por asociaciones y entidades religiosas diversas.

1.1. Comparación con otros modelos de intervención

Fuera de nuestras fronteras el tratamiento educativo que se proporciona a los jóvenes inmigrantes se corresponde con dos modelos diferentes de actuación: monolingüe y bilingüe.

En el primero de estos modelos, se entiende que el inmigrante ha de aprender la lengua de la nueva sociedad con independencia del dominio y desarrollo de la materna. Se plantean programas de inmersión lingüística en los que todas las materias del currículum escolar se imparten en la L2 en grupos con estudiantes nativos. Existen también clases complementarias de idioma y, ocasionalmente, de lengua y cultura materna fuera del horario lectivo. Muchas de las actuaciones inscritas en este modelo plantean un tratamiento *compensatorio* en el que se destacan las posibles carencias de los estudiantes. En algunos casos, los grupos de inmigrantes serán considerados como de necesidades educativas especiales, lo que les llevará a ser definidos como grupos de *aprendizaje con riesgo* o de *recuperación*[4].

Una modalidad muy extendida en Europa con esta orientación son las clases de acogida, en las que los niños reciben apoyo lingüístico a lo largo de un periodo de tiempo que varía de unos países a otros (de tres meses a un curso escolar). El objetivo que se persigue con estas actuaciones es que el alumno cuente con unos mínimos recursos comunicativos para incorporarse a un grupo ordinario e interactuar con los compañeros nativos. El problema de las clases de acogida estriba en que muchas veces no tienen unos límites temporales precisos, tienden a ofrecer un tratamiento homogeneizador a todos los estudiantes y no siempre se favorece el contacto de los niños extranjeros con compañeros nativos[5].

El otro modelo, menos extendido, es el bilingüe, en el que se propone que los nuevos aprendizajes escolares se realicen en la propia lengua materna de los aprendices. Un ejemplo de este tipo de actuación son los *programas de educación bilingüe* diseñados en Estados Unidos para estudiantes de origen hispano.

---

[3] En algunos casos se ha incluido en dichos programas a jóvenes suramericanos o guineanos con español como lengua materna o como segunda lengua.

[4] En Cataluña, por ejemplo, funciona el programa de Marginados Sociales de Educación Compensatoria, dirigido a niños y niñas con *problemas de marginación social, especialmente árabes y gitanos*. Según sus responsables, en el programa se atiende a niños con escolarización deficiente motivada, entre otras causas, por la matrícula tardía: niños escolarizados con más de 5 o 7 años que desconocen totalmente las lenguas oficiales de Cataluña (Homs y Moliné, 1992).

[5] Siguiendo este planteamiento, recientemente se han puesto en funcionamiento las denominadas Aulas de Enlace en Madrid. Al igual que ocurre con otras actuaciones similares, no existe regulación precisa sobre el tiempo de permanencia en dichas aulas ni sobre los momentos dedicados al contacto con estudiantes nativos.

Estos programas siguen tres diseños básicos[6]:

- Modelo de transición: el objetivo es el aprendizaje de la lengua y la cultura de la nueva sociedad.
- Modelo de mantenimiento: el aprendizaje de la nueva lengua ha de realizarse sin perder la propia[7].
- Modelo de enriquecimiento: se persigue el enriquecimiento mutuo de nativos y no nativos aprovechando las distintas lenguas que existen en la clase.

De todos éstos, el más común es el denominado PBT o Programa Bilingüe de Transición (*Transitional Bilingual Education Program*), en el que los alumnos extranjeros son escolarizados en su LM, al tiempo que reciben clases de inglés. Tras tres o cuatro cursos escolares, se inicia la transición a las clases en inglés hasta que se incorporan con normalidad a grupos ordinarios con estudiantes americanos.

La diferencia entre ambos modelos (monolingüe y bilingüe) reside en el modo de analizar las necesidades lingüísticas de los aprendices y el tipo de aprendizaje necesario para satisfacerlas. Así, mientras que los programas monolingües plantean como objetivo lingüístico alcanzar una única competencia general en la L2, los bilingües diferencian entre competencia general y académica. Es decir, los segundos reconocen que la lengua que se emplea en el medio escolar es específica de ese contexto porque se exige un uso, también específico, de los procesos cognitivos generales. Según esto, plantearán la necesidad de que los aprendizajes escolares se realicen en la LM y que, paulatinamente, se vaya sustituyendo ésta por la L2. Al contrario, los modelos monolingües consideran un único nivel general de dominio lingüístico, por lo que propondrán el contacto directo con la L2 desde un primer momento. La edad de los aprendices y la posibilidad de interactuar con iguales en un contexto significativo son los ejes centrales de este modelo.

Ahora bien, las diferencias entre ambos modelos no son sólo de tipo metodológico o teórico sobre la enseñanza-aprendizaje de lenguas, sino que también se establecen en función de criterios políticos. Tras cada modelo existe una determinada concepción sobre la organización social y el tratamiento de las particularidades culturales de grupos minoritarios. Optar por uno u otro estará en función de esos planteamientos ideológicos y también, claro está, de los recursos económicos que se quieran o puedan destinar. Un modelo bilingüe resultará mucho más caro que uno monolingüe de inmersión. Paradójicamente, las decisiones las tomarán individuos monolingües en su mayoría y sin un conocimiento profundo sobre los problemas del bilingüismo y de la inmigración (Valdés, 1997).

En este marco, la evaluación externa de las respectivas actuaciones será la principal dificultad con la que se enfrentan ambos modelos educativos. Uno de los indicadores que se utiliza en esta evaluación es el de los resultados académicos obtenidos a lo largo de escolaridad. Resultados que se determinan en relación con el dominio de los contenidos y procedimientos del currículum, pero no con el del aprendizaje de la lengua meta o con los niveles de instrucción y de escolarización de partida. Las *altas cifras* de fracaso escolar entre alumnos inmigrantes hacen que las distintas administraciones educativas consideren poco rentables y eficaces

---

[6] Un análisis detallado de estos modelos puede encontrarse en Lindholm-Learly (2001).

[7] Similares a los programas de lengua y cultura de origen que funcionan en Europa.

este tipo de actuaciones. Romera (2000: 46) sintetiza las críticas al funcionamiento de programas bilingües en EE.UU. en los siguientes aspectos: el alto índice de abandonos de los estudios, el retraso en pasar de cursos y las bajas calificaciones obtenidas con respecto a la media nacional.

Como resultado de este tipo de evaluaciones, los programas educativos dirigidos a alumnos inmigrantes tienden a abandonarse con el tiempo, como ha ocurrido en Estados Unidos con las medidas adoptadas para la supresión de la educación bilingüe o, más recientemente en nuestro país con la Ley de Calidad de Educación.

Se podría pensar que evaluaciones más técnicas aportarían datos mucho más significativos a fin de optar por uno u otro modelo. Y aun siendo así, el problema radica en que los resultados siempre son interpretados por los responsables de las administraciones educativas en función de ideas prefijadas y criterios ajenos a la propia evaluación. En este sentido, el ejemplo más citado es el estudio de Ramírez, Yuen y Ramey (1991), en el que se investiga a lo largo de cinco años la efectividad de dos tipos de programas bilingües (de inmersión estructurada en inglés y de transición con salida temprana). Una de las conclusiones a las que llegan estos investigadores es que la instrucción en primera lengua no interfiere en el aprendizaje del inglés. Este dato se toma por los defensores de los programas bilingües como prueba de la eficacia de los mismos. Pero en dicho estudio también se señala que existe poca diferencia entre los resultados alcanzados por los estudiantes de programas de inmersión y los de salida tardía, dato que, a su vez, se utiliza para apoyar la supresión de las actuaciones bilingües[8].

No es de extrañar que, en algunos casos, los propios investigadores muestren ciertas reticencias a la hora de realizar estudios en este campo, pues de sus resultados dependen la continuidad o no de dichos programas educativos (De Bot, Driessen y Jungbluth, 1991)[9].

En España, sin embargo, el debate entre educación bilingüe o monolingüe parece no tener mucho sentido, pues junto al número de inmigrantes y los recursos económicos destinados a la educación pública, existen otra serie particularidades de distinta índole: administrativa, sociológica y pedagógica. A modo de ejemplo, sirvan algunas de las dificultades que Siguán *et al.* (1992) señalan sobre la presencia de niños extranjeros en los centros escolares:

- La concentración de estos estudiantes en determinadas escuelas, a veces muy por encima de lo que sería aconsejable para no constituir guetos.
- La diversidad de su origen, que hace que en una misma escuela no todos los niños tengan la misma procedencia y lo que implica una gran variedad de lenguas maternas y culturas de origen e imposibilita dar propuestas educativas uniformes.
- Los diferentes momentos de incorporación de los niños a la escuela, motivados por el momento de llegada al país.
- Y con un profesorado poco preparado en lo que respecta a la enseñanza del español como lengua extranjera y a la educación intercultural.

Según esto, en España, al igual que en el resto de Europa, los programas que más se aplican son los de inmersión / sumersión. Programas que podrían ser eficaces si se proporcionase una

[8] Krashen (1996) critica estas conclusiones argumentado a favor de la efectividad de los programas bilingües.

[9] Estos investigadores realizan una evaluación de los programas de lengua y cultura de origen en Países Bajos pero tras haber consensuado previamente con los responsables educativos que los resultados no se utilizarían para determinar la continuidad o no de dichos programas.

cuidadosa instrucción en la segunda lengua *en todas* las asignaturas del currículum. Un crítico de los programas bilingües como Baker necesita precisar cuando se refiere a la efectividad de los programas de inmersión:

> *La observación obvia de que a los niños se les debe enseñar en una lengua que entiendan no lleva necesariamente a la conclusión de que se les deba enseñar en la lengua que emplean en casa. Se les puede enseñar con éxito en la segunda lengua si la enseñanza se hace bien. La clave, al parecer, radica en asegurar que la segunda lengua y la asignatura se enseñen simultáneamente de modo que el contenido de la asignatura nunca vaya por delante de la lengua* (Baker y De Kanter, 1983: 51, el subrayado es nuestro).

También reconoce que se pueden obtener rendimientos académicos satisfactorios en ambos tipos de programas, siempre que se desarrollen adecuadamente las destrezas académicas en la L2 y que se respeten las identidades sociales y culturales de los alumnos de grupos minoritarios.

En esta línea, Cummins (1985) señala que los alumnos minoritarios se capacitan o discapacitan en la L2 en la medida en que:

- Se incorpora la lengua y cultura maternas al plan de estudios escolar.
- Los miembros de las comunidades minoritarias participan en la enseñanza de sus hijos.
- La escuela promueve sentimientos positivos hacia el aprendizaje y la búsqueda activa de nuevos conocimientos.
- Se dé una valoración positiva del alumno.

Este último punto implica pensar que los problemas que aparecen en la educación de niños inmigrantes no son atribuibles únicamente a los propios sujetos, sino que, la mayoría de las veces, tienen que ver con factores externos al niño. El contexto social y el contexto educativo son dos de los factores que con más fuerza determinan el proceso de escolarización de estos alumnos y que se reflejan en la autoimagen que tiene el propio inmigrante de sí mismo y la representación que la escuela construye de él (Miller, 2000).

1.2. La enseñanza de la L2

Como decíamos al principio, la condición de inmigrante de los nuevos alumnos determina el tratamiento educativo que se les ofrece. En el ideario colectivo la inmigración y el inmigrante aparecen caracterizados negativamente, pues se incluyen en un grupo socioeconómico desfavorecido. Al inmigrante siempre se le definirá en términos de carencias: no tiene trabajo estable, no tiene una buena casa, no sabe hablar español (en inglés, ELP -*English Limited Proficiency*-).

El concepto de bilingüismo apenas aparece asociado a los inmigrantes (Pallaud, 1992), ni tan siquiera para reconocer que muchos de ellos ya lo son. Es el desconocimiento de la L2 y su enseñanza el criterio que justifica un tratamiento educativo homogenizador para todos: inmigrantes y refugiados, alfabetizados y no alfabetizados…

En general, la política lingüística de las administraciones educativas españolas difiere sustancialmente según se trate de estudiantes nativos o extranjeros. Para los primeros se plantea un objetivo de bilingüismo, o incluso multilingüismo, con la enseñanza de una segunda lengua desde edades tempranas, con profesorado especialista y con suficientes medios materiales. Para los segundos, el objetivo se limita a la enseñanza de la lengua que se habla en el país, para lo que se supone no se necesita ni profesorado especializado, ni grandes medios materiales (Helot y Young, 2002; Brunn, 1999).

Esta consideración *marginal* de la enseñanza de la L2 se refleja entre otros, en los siguientes componentes:

1. El profesorado. Se entiende que como el objetivo consiste en enseñar la lengua que se habla en actividades de la vida cotidiana, cualquier profesor puede encargarse de esa tarea pues, como nativo, posee los conocimientos suficientes para ello. El resultado es que no existen especialistas que trabajen con los grupos de inmigrantes en las escuelas, sino que serán profesores generalistas o especialistas de distintas materias quienes desarrollen esta actividad. Por otra parte, la formación del profesorado se reduce a cursos voluntarios de, cómo máximo, 30 horas[10], en los que participan especialmente los profesores de Primaria. Con frecuencia, los docentes encargados de los grupos de español son profesores interinos a los que no se les asegura la continuidad en esa actividad en cursos sucesivos.
2. El currículum. Como no se reconoce lo específico de este tipo de enseñanza, tampoco se diseñan currículos de español, por lo que el profesor carece de un marco teórico en el que situar y organizar su trabajo. Tampoco lo tienen los encargados de inspeccionar y evaluar estos programas, con lo que todo está sujeto a interpretaciones personales.
3. La metodología. Así como la Ley de Reforma educativa impulsaba y reconocía las propuestas comunicativas como las más adecuadas en la enseñanza de lenguas, en este campo la falta de preparación didáctica lleva a que lo excepcional sea encontrar algo parecido a dichos planteamientos comunicativos. Por lo general, se aplican concepciones estereotipadas sobre la enseñanza-aprendizaje de lenguas en las que el elemento central es el léxico.
4. Los materiales de enseñanza. Apenas existen materiales específicos para estos contextos escolares, por lo que los profesores (por compromiso personal y profesionalidad), asumen la tarea de elaborarlos según criterios propios.

Un programa de enseñanza de español a inmigrantes, adecuado a la realidad de nuestro país, debería contemplar los distintos escenarios de uso de la lengua con los que entrarán en contacto estos aprendices. Escenarios que presentan una doble orientación, por una parte social, y por otra, de uso específico de la lengua según edades.

La primera de dichas orientaciones atañe a las situaciones comunicativas relacionadas con la vida cotidiana. Son éstas situaciones generales para todo individuo, pues surgen del hecho de vivir e interactuar en una comunidad concreta.

En la mayoría de los materiales elaborados por profesores no especialistas suele haber un buen análisis de los escenarios y situaciones de uso de la lengua. Así, se incluyen temas y situaciones como: la escuela, los amigos, las compras, los juegos, la alimentación, la ropa, la salud etcétera.

También, por lo general, se hace un adecuado análisis de las necesidades comunicativas y de las posibilidades de aprendizaje de los estudiantes (sobre todo de los más pequeños) en estas situaciones. Básicamente se corresponden con las necesidades que pueden preverse en un primer momento (Mills y Mills,1993: 31):

---

[10] Sólo los profesores de los programas de compensatoria tienen un curso inicial de formación (obligatorio). Una situación similar se da en Estados Unidos y Francia (Carrasquillo y Rodríguez, 1996; Boyzon, 1992).

a) A la llegada a la escuela los niños necesitan conocer:
   - Sencillas fórmulas de saludo y de cortesía (*Hola, Buenos días, Gracias...).*
   - Los nombres de los objetos que se usan en la clase.
   - Órdenes y rutinas sencillas (*Ven aquí, Siéntate, ¿Puedo ir al lavabo?).*

b) Ciertos elementos son muy fáciles de enseñar porque se pueden relacionar con contextos reales:
   Posesivos (*¿De quién es esto? Es mío / es tuyo / de él...).*
   Preposiciones (*¿Dónde está...? Encima, debajo, al lado...).*
   Estados (*Tengo calor, frío, hambre...).*

c) Una parte del currículum ayuda a introducir y consolidar la nueva lengua. En áreas como:
   Educación física: verbos de acción, órdenes, adverbios (*correr, saltar, girar, rápidamente, despacio...*).
   Matemáticas: números, colores, procesos (*suma, llevarse, igual*), comparaciones (*grande / pequeño; alto / bajo...*).

Sin embargo, tras este primer nivel de análisis no suelen contemplarse nuevas necesidades ni escenarios comunicativos[11]. La lengua, en muchos casos, se reduce a una mera función denotativa o se presenta de forma simplificada sin atender a sus componentes pragmáticos, culturales y conversacionales. Del mismo modo, no es frecuente encontrar un tratamiento diferenciador en función de los niveles de escolarización previos, de la LM, de los estilos de aprendizaje, de las expectativas escolares, del dominio de la lectura... Y un área apenas contemplada es la de los jóvenes analfabetos en su lengua materna que, al incorporarse por edad a los últimos cursos de la ESO, apenas llegan a alcanzar un nivel mínimo de autonomía lectoescritora.

La segunda dimensión a la que antes aludíamos tiene que ver con el uso específico de la lengua, en función de las características y necesidades de los diferentes sujetos. En estas edades, el contexto escolar condicionará gran parte de las necesidades comunicativas de estos aprendices y el uso concreto que ha de hacerse de la nueva lengua.

En la escuela, la lengua se utilizará tanto para intercambiar informaciones (explicaciones, descripciones, ejemplificaciones, opiniones, evaluaciones), como para acceder al lenguaje del profesor durante las lecciones (distribución de turnos, determinación de reglas, captar y llamar la atención...) o para participar en las actividades didácticas.

Desdichadamente, esta segunda dimensión apenas si está recogida en los programas de español, que se fijan como único objetivo el que los estudiantes desarrollen una *mínima competencia comunicativa* general para participar en actividades de la vida cotidiana. Son los propios alumnos inmigrantes y los profesores de las distintas áreas los que deben resolver muchos de los problemas lingüísticos que surgen en el uso de la lengua con fines académicos.

---

[11] No resulta tan frecuente que se incluyan temas relacionados con el papel de intermediarios lingüísticos que tendrán que desempeñar algunos de estos alumnos en su entorno familiar y social. Normalmente, en las visitas médicas, los padres suelen informar al médico de las dolencias y estado de salud de sus hijos. Cuando los adultos desconocen la L2, serán los niños quienes tengan que adoptar este papel, tanto para sí mismos como para sus familiares.

2. El aprendizaje de la lengua por inmigrantes

¿Tiene sentido hablar de adquisición-aprendizaje de lenguas por inmigrantes, diferenciando ambos procesos con respecto a otros grupos de aprendices? En principio parecería que no, pues salvo por la situación de inmersión lingüística en la que viven, no dejan de ser niños, jóvenes y adultos aprendiendo una nueva lengua. Sin embargo, también aquí es frecuente encontrarnos con interpretaciones de todo tipo, desde aquellas que señalan la necesidad de un apoyo lingüístico en niños de Educación Infantil (3 a 5 años), a otras que anteponen las diferencias culturales y posibles carencias personales a capacidades cognitivas generales. Así, se suelen destacar con mayor énfasis aspectos como la escasa escolarización previa, la alfabetización en LM, el contacto con la cultura occidental, etc., que otros más decisivos para el aprendizaje de lenguas, como son el conocimiento de otras lenguas además de la materna, la edad, la necesidad, o el tiempo de contacto con la L2.

Las diferencias individuales en el aprendizaje han llevado a plantear estudios sobre distintos aspectos personales y sociales: la sociabilidad, la necesidad comunicativa, la introversión, la autoimagen. También se han estudiado los efectos de distintos componentes cognitivos involucrados en el aprendizaje: el razonamiento inductivo, la memoria verbal o el reconocimiento de modelos. Para Filmore (1991) existen tres tipos de procesos que influyen en el aprendizaje de una L2 por grupos minoritarios: procesos sociales, lingüísticos y cognitivos. Los primeros tienen que ver con el contexto social en el que se lleva a cabo el contacto con la nueva lengua y la interacción con hablantes nativos. Aquí, podríamos situar también todos los componentes psicosociales que favorecen o dificultan el aprendizaje (Schumann, 1976). Los procesos lingüísticos se activan en el contacto con los datos de la lengua, especialmente en interacciones con hablantes nativos. El conocimiento lingüístico (fonológico, léxico, gramatical, pragmático) contribuye a entender la forma y el uso de la nueva lengua a partir de situaciones y contextos comunicativos. Por último, los procesos cognitivos contribuyen a entender e internalizar el sistema de reglas del nuevo idioma, los significados, las intenciones... Para ello se recurre a habilidades y estrategias diversas: habilidades asociativas, analíticas, de memoria, de inferencia, de inducción, categorización, etcétera.

Al margen de la polémica sobre la incidencia y duración de las capacidades innatas en el aprendizaje de lenguas, se puede admitir que la mayoría de estos estudiantes parten de unas condiciones *ideales* para que dicho aprendizaje sea natural: la exposición a la lengua, la interacción con otras personas y la necesidad de comunicarse (Ellis, 1984), como resultado, y por lo general, casi todos los sujetos de estas edades alcanzarán un elevado dominio del español, prácticamente similar al de los nativos en el caso de los más pequeños.

No obstante, es preciso que diferenciemos por grupos de edades, pues no es igual el proceso que siguen los niños y preadolescentes, al que se da entre adolescentes. En niños sorprende la rapidez y seguridad con que se aprende la nueva lengua en un periodo de tiempo menor que el de la primera (Aguirre *et al.*, 1998). De esta forma, los niños de infantil y primeros cursos de Primaria adquirirán el español en pocos meses, llegando a poseer una competencia similar a la de los nativos. Pese a que entre los preadolescentes (8 a 12 años aproximadamente[12]) el proceso de aprendizaje es algo diferente (aparecen más errores y durante

12 Algunos investigadores sitúan en torno a los diez años la aparición del estadio de operaciones formales.

más tiempo), los resultados serán también similares y, generalmente, al cabo del curso escolar conseguirán una competencia que terminará por ser cuasi nativa[13]. Las diferencias sustanciales se empiezan a percibir con los adolescentes que siguen, en algunos aspectos, procesos más similares al de los adultos aunque con una mayor facilidad para acceder a las capacidades innatas para el aprendizaje de lenguas. Entre algunos de los rasgos distintivos del aprendizaje de los jóvenes se pueden citar:

- Es menos frecuente que se produzcan periodos silenciosos en los sujetos. Los jóvenes necesitan comunicarse, por lo que inician rápidamente la comunicación activando los pocos recursos que poseen en la L2. Estas *ansias comunicativas* ignoran las limitaciones que tienen como aprendices de la nueva lengua, lo que da lugar a que sus producciones estén plagadas de errores en las primeras etapas de aprendizaje.
- A diferencia de lo que ocurre con los niños, los procesos seguidos por los diferentes sujetos no son ni generales ni homogéneos. Existe una gran variabilidad individual, tanto en el ritmo como en los resultados o en el esfuerzo del aprendizaje.
- Existe cada vez mayor dificultad en abordar y secuenciar el análisis de la lengua de forma ordenada. Categorías léxicas y funcionales aparecen juntas desde los primeros momentos del aprendizaje.
- Se produce una gran variabilidad en las producciones de los diferentes sujetos. La influencia de la LM empieza a ser cada vez más destacada.
- Entre los adolescentes comienza a darse una mayor atención y reflexión sobre la lengua que están aprendiendo, hacen preguntas sobre ella y piden explicaciones. Esto, unido a una preocupación creciente por la opinión ajena y a un mayor sentido del ridículo, se traduce en que los procesos seguidos por ellos se acerquen más a los de aprendizaje que a los de adquisición. En este sentido, es frecuente encontrar casos de jóvenes inmigrantes en los que el aprendizaje natural parece haberse detenido cuando han alcanzado un mínimo nivel comunicativo que les permite satisfacer sus necesidades básicas.

El contacto continuado con la lengua, en situaciones reales y cercanas, favorece que los estímulos lingüísticos sean significativos y que se puedan asociar significados y funciones con formas y exponentes. La interacción con hablantes nativos permite que los aprendices puedan acceder a un habla más simplificada y fácil de analizar (*foreigner talk*)[14]:

INV.: ¿Entiendes a la profesora?
EST.: Sí, porque ella hablar… despacio y alto, que yo aprende que ella dice tiene que hacer. Porque más bien es que ella hablar despacito. (Madeline, 9 años)[15].

[13] En torno a los ocho años nos encontramos con que, si bien los niños siguen aprendiendo rápida y eficazmente el español, en su habla empiezan a aparecer errores de distinta importancia. Es decir, no es un habla tan perfecta como la que se da entre los más pequeños, aunque en ambos casos se ha producido un desarrollo ordenado en la adquisición: primero las categorías léxicas, caracterizadas por un alto contenido semántico (verbos, nombres…) y, posteriormente, las funcionales, que sirven para regular el significado de las otras (determinantes, flexión verbal, conjunciones…).

[14] Caracterizada, entre otros, por una pronunciación más clara, un ritmo más lento, estructuras sencillas y vocabulario común.

[15] Transcripciones tomadas de Aguirre *et al.* (1998).

Del mismo modo, es mediante esas interacciones como se produce la construcción conjunta de significados y la posibilidad de elaborar nuevos enunciados, mediante la ayuda y participación del interlocutor (concepto de *andamiaje*)[16].

En estas edades, la significatividad de los estímulos lingüísticos la proporciona, también, el propio contexto educativo (como ocurre en Educación Infantil y Primaria) y la interacción con iguales (el discurso está directamente relacionado con situaciones cercanas al mundo de intereses y necesidades del niño y con el aquí y ahora).

No obstante, conviene tener en cuenta que el nivel de contacto con la nueva lengua no es similar en todos los sujetos, ni tiene la misma incidencia en el aprendizaje. Se suele admitir que la situación de inmigración no siempre favorece el contacto adecuado y mantenido con la nueva lengua. Este hecho se describe especialmente en adultos que, por circunstancias personales, laborales o culturales, dispondrán de una exposición lingüística limitada y simple a la L2. Pero, también entre niños y jóvenes nos encontramos con casos parecidos en los que apenas existe contacto con hablantes nativos. Esto sucede no sólo entre niñas que apenas mantienen relaciones fuera del ámbito familiar (Rida y Milton, 2001), sino también, entre niños y jóvenes que viven en comunidades nacionales o culturales cerradas.

Todo esto, unido a la pérdida de interés por avanzar en el dominio de la lengua y a la existencia de estímulos negativos en la comunicación (actitud colaboradora del nativo), puede desembocar en un habla simplificada (similar a las lenguas *pidgins*), incluso en estas edades[17].

Por tanto, las variables socioafectivas en el aprendizaje de lenguas, también representan un importante papel en el caso de niños y jóvenes inmigrantes. Será preciso manejar conceptos como distancia psicológica, distancia social, autoestima o choque cultural para dar cuenta de los procesos seguidos por algunos de estos estudiantes. Ahora bien, sin caer en las generalizaciones que tienden a homogeneizar comportamientos y circunstancias personales (Bialystok y Cummins, 1991). Es decir, en todos los inmigrantes se producirá, por ejemplo, un cierto choque cultural, pero esto no quiere decir que se desencadene por los mismos componentes culturales, ni que tenga idéntica repercusión en todos los sujetos.

> *INV.: Cuéntame eso de Canadá ¿Porqué no le ha gustado a tu papá?*
> *EST.: ...Mi padre has venido a España porque no le... los personas son malos y son ¿Cómo se dice así?*
> *INV.: Serios.*
> *EST.: Sí, serios, y en Canadá son así. Pero aquí en España son felices... (los iraníes). Somos como España. Y mi padre le dices que aquí igual que Irán. Sólo ellos hablan español y en Irán, iraní* (Madeline, 9 años).

---

[16] La conversación *exolingüe* (entre nativos y no nativos) es uno de los campos de estudio que más interés ha despertado entre los investigadores europeos. Para más información véase Pujol, Nussbaum y Llobera (1998), *Adquisición de lenguas extranjeras: perspectivas actuales en Europa*, Madrid, Edelsa.

[17] Más común entre adultos inmigrantes, pero también observable entre estudiantes que por edad se incorporan a los últimos cursos de ESO. También es frecuente entre jóvenes que albergan unas expectativas de futuro circunscritas al contacto con el grupo familiar o cultural de referencia. En este último sentido sería interesante investigar el caso de los niños inmigrantes de cultura soninké, que a los seis o siete años son enviados a su país de origen para ser educados en la cultura materna (Maruny, 2002).

Del mismo modo, los sentimientos de autoestima y de seguridad no se reflejarán en niveles similares en todos los individuos. Así, son muy diferentes las experiencias vitales de muchos niños inmigrantes a las de otros refugiados que han podido experimentar situaciones de violencia muy cercanas.

En resumen, junto a variables de tipo personal (conocimiento de otras lenguas, actitudes lingüísticas, edad...), algunos de los componentes que más favorecerán el aprendizaje de la L2 son la necesidad de comunicación y el contexto social y educativo. El colegio ha de apoyar y estimular los deseos comunicativos de los aprendices y proporcionar referentes contextuales para que el aprendizaje del español sea lo más rápido y eficaz posible. Esto supone contemplar adaptaciones didácticas y curriculares según las particularidades de los alumnos extranjeros y de la escolarización en una segunda lengua. Por ejemplo, parece desproporcionado el que, en algunos casos, el estudiante tenga que aprender hasta tres lenguas diferentes: el español, la lengua de la autonomía y la lengua extranjera fijada en el currículum escolar. En otros, serán hasta cuatro, cuando la lengua de los programas ELCO no se corresponda con la lengua materna[18].

Por último, nos interesaría destacar el hecho de que, en ocasiones, el aprendizaje de español por niños y jóvenes inmigrantes irá en detrimento del dominio de la lengua materna (bilingüismo sustrativo). También puede ocurrir que se produzcan sentimientos de rechazo hacia la cultura de los padres, pues se entiende que representa lo antiguo, lo cerrado, lo inmóvil.

El abandono paulatino de la lengua y cultura de origen no reporta mayores beneficios para los jóvenes inmigrantes (Hulsen *et al.*, 2002; Slavik, 2001). Con el tiempo los problemas de identidad cultural de la *segunda generación* sustituyen a los que en un primer momento se identifican con el aprendizaje (Arlene, 1997).

2.1. Nivel de dominio de la L2

Habitualmente se considera que los inmigrantes alcanzan un escaso desarrollo de la nueva lengua, pues se encuentran con serias dificultades para seguir con *normalidad* su proceso formativo. Así los rendimientos escolares se utilizan como indicadores del dominio de la L2. Se suele hablar de *deficiencias lingüísticas,* aunque sin precisar las áreas y contenidos de tales carencias y, cuando se hace, se utilizan apreciaciones subjetivas o instrumentos elaborados para alumnos nativos.

Pero, ¿cómo es posible que con las condiciones tan favorables para el aprendizaje de la lengua de las que parten estos estudiantes sólo consigan un dominio *deficiente* de la misma? Y también, ¿cómo explicar que, aun poseyendo un aceptable nivel comunicativo en español, se sigan teniendo *déficit lingüísticos* generales que interfieran en el aprendizaje de contenidos escolares?

Si consideramos que el problema reside en un insuficiente dominio de la lengua, tendríamos que distinguir entre estudiantes bilingües, bilingües emergentes, bilingües equilibrados o semilingües[19], de forma que los mejores resultados escolares se darían entre estudiantes con mayor

---

[18] Maruny y Molina (2000) investigan el aprendizaje del catalán por alumnos marroquíes que, en muchos casos provienen de una situación bilingüe (bereber y árabe), y que utilizan el castellano como paso intermedio entre su lengua materna y el catalán.

[19] Bilingüe emergente es el sujeto que desarrolla dos o más lenguas. Bilingüe equilibrado es el sujeto que habla con igual fluidez dos o más lenguas. Semilingüe hace referencia al sujeto que posee escaso dominio de las dos lenguas que habla.

nivel de competencia en la L2. Es decir, el éxito escolar aumentaría en proporción directa al dominio que se posea de la nueva lengua o, en el caso de los nativos, de la materna. Sin embargo, los datos que se manejan referidos a estudiantes españoles demuestran que esta relación no se puede establecer y que el *fracaso escolar* hay que entenderlo como un fenómeno multicausal. Algo similar ocurre en cuanto a los estudiantes no nativos ya que, pese a haber nacido en el nuevo país, siguen presentando altos índices de fracaso académico.

Pero, también, esta primera explicación nos obligaría a precisar los indicadores sobre los que establecemos dicha competencia. Así, y al igual que sucede en la LM, en la L2 se producirá un diferente desarrollo de las distintas destrezas lingüísticas. Se podrá tener una mayor habilidad en lectura que en escritura, e incluso en la primera, se leerán mejor determinados tipos de textos y grafías que otros. Del mismo modo, se podrá alcanzar un mayor dominio de la comprensión oral en situaciones comunicativas de la vida cotidiana (juegos, compras…) que en otras como las relacionadas con procesos académicos (escolares, universitarios).

Podríamos pensar que más que déficit lingüístico, de lo que se trata es de problemas de tipo cognitivo, de trayectorias escolares previas o de nivel de conocimientos académicos. En el primer caso, parece estar comprobado que el bilingüismo favorece, o al menos no dificulta, un mayor desarrollo cognitivo de los sujetos. En este sentido, Bialystok (1991) refiere algunos ejemplos de problemas metalingüísticos, como el de la luna y el sol diseñado por Piaget, en los que los estudiantes bilingües muestran niveles más altos de competencia que los monolingües[20]. Por tanto, salvo ocasiones en que se partan de limitaciones específicas, como de memoria, no cabe atribuir a estos componentes cognitivos las posibles carencias lingüísticas. Sin embargo, en el caso de los inmigrantes se ha seguido insistiendo en las limitaciones de la inteligencia conceptual y de la capacidad de análisis lógico.

Pero tampoco son atribuibles a trayectorias escolares o a la dificultad de los contenidos curriculares, pues no todos los sujetos con condiciones similares consiguen iguales resultados académicos.

A nuestro entender, por encima de estos condicionantes existe uno que ejemplifica mejor las dificultades que surgen en la escolarización en una L2. Nos referimos a la dimensión heurística de la lengua y a su uso en contextos educativos[21].

> *INV.: ¿Cómo ha sido el examen? ¿Te han puesto mapas?*
> *EST.: Sí, climatogramas… mapas… de los ríos geográficos… montañas y… tenía que escribir los países, capitales, ríos… En los mapas todo bien…, pero había dos climatogramas… no me salen bien… las preguntas donde tenía que explicar… tengo que explicar pero todavía no puedo…* (Gergana, 15 años).

En este sentido tendríamos que hablar de la lengua que se usa para pensar (Skutnabb-Kangas, 1981) o manejar el concepto de competencia cognitiva en una lengua de Cummins (1984), es decir, la capacidad de razonamiento y reflexión en las lenguas que se conocen. En

[20] En este problema se le dice al niño que se ha decidido llamar sol a la luna, y luna, al sol. A continuación se le pregunta *¿Qué hay en el cielo cuando nos acostamos por la noche?* La respuesta es el sol. También se les pregunta *¿Cómo estará el cielo?* A lo que hay que responder: oscuro.

[21] En palabras de Halliday (1982: 10), *la* (función) *heurística emplea el lenguaje para aprender, para explorar la realidad: la función de* dime por qué.

esta línea, varios investigadores han propuesto la necesidad de distinguir entre diferentes manifestaciones de la competencia general en la L2 y la competencia relacionada con procesos escolares, pues ambas competencias requieren procesos distintos y se desarrollan en tiempos también distintos.

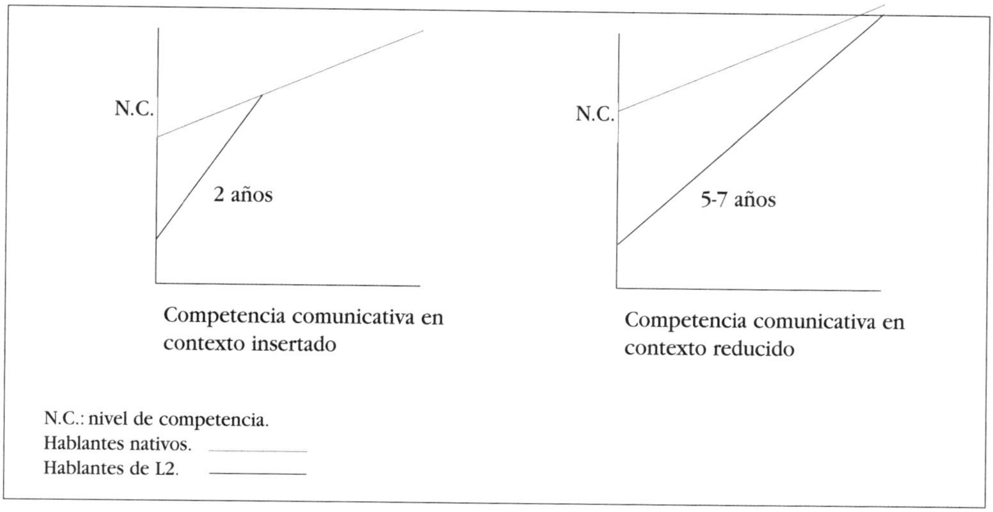

Figura 1: Tiempo requerido según edad para alcanzar niveles adecuados de competencia en contexto reducido e insertado (adaptado de Cummins, 1981:16).

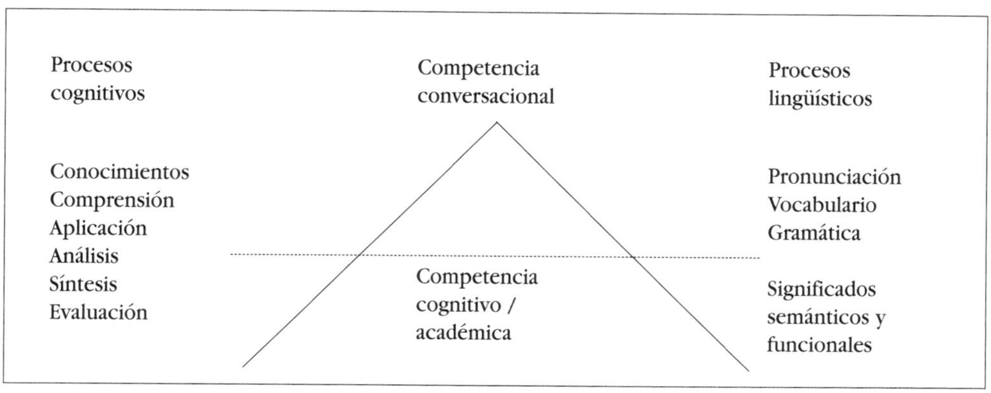

Figura 2: Niveles superficiales y profundos de competencia en la lengua (adaptado de Cummins, 1984).

Una primera aproximación a esta propuesta puede consistir en entender que los estudiantes extranjeros, al igual que muchos nativos, poseen una lengua menos *rica* que la exigida por la escuela. La relación entre estatus socioeconómico y lengua disponible guiaría esta interpretación, con conceptos como los de código restringido y elaborado de Bernstein (1972). De este modo se podrían explicar las dificultades educativas con las que se encuentran ciertos estudiantes procedentes de clases sociales *desfavorecidas*. Esta interpretación se ha utilizado para avalar muchos de los programas compensatorios diseñados para que los alumnos adquieran e imiten la lengua de la clase media de sus maestros. Sin embargo, parece demostrado que no sólo no se pueden tener en cuenta dichas distinciones de código, sino que, de existir, tampoco tienen el mismo efecto educativo en todos los sujetos[22]. Así, grupos de estudiantes asiáticos alcanzan buenos resultados escolares en Estados Unidos o, en nuestro país, los estudiantes de los países del Este.

Burner (1975) establece una distinción más clara y útil al diferenciar entre competencia comunicativa y competencia analítica, esta última necesaria en los procesos formativos donde se presentan conocimientos descontextualizados.

Cummins (1984) concreta esta distinción en términos de destrezas, de modo que, según él, existen unas destrezas comunicativas interpersonales básicas (BICS, *Basic Interpersonal Communicative Skills*) y otra competencia lingüística cognitiva / escolar (CALP, *Cognitive / Academic Language Proficiency*). De esta forma se podría explicar lo que ocurre con niños con aparente dominio de la L2, pero que fracasan en su proceso formativo por problemas lingüísticos.

Ahora bien, ¿qué exigencias comunicativas se establecen en ambas situaciones? Cummins identifica dos dimensiones comunicativas distintas y que dan lugar a diferentes competencias. En la primera dimensión se atiende a la cantidad de apoyo contextual disponible en la comunicación. Se hablaría de *comunicación insertada en un contexto* cuando se cuenta con abundantes referentes contextuales y no verbales que facilitan la comunicación (p.ej., juegos infantiles). Por el contrario, en la *comunicación en contexto reducido* apenas existen apoyos no verbales o contextuales para la transmisión de significados (p. ej., hablar sobre la atención educativa a jóvenes inmigrantes).

La segunda dimensión es de carácter cognitivo y alude al nivel de conocimientos requeridos en la comunicación. De esta forma se diferencia entre comunicación *cognitivamente exigente* (la que se produce en un aula educativa) y *comunicación cognitivamente poco exigente* (en la mayoría de las interacciones de la vida cotidiana).

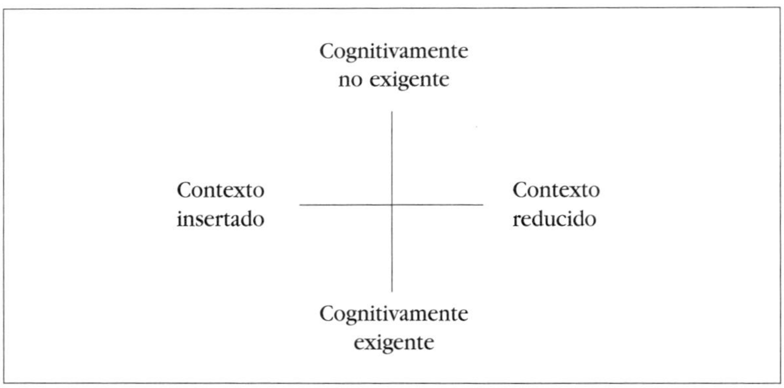

Figura 3: Tipo de apoyo contextual y grado de exigencia cognitiva en actividades comunicativas. (Adaptado de Cummins y Swain, 1998: 153).

[22] Un análisis crítico muy interesante sobre la relación lengua / educación es el que se ofrece en la obra de Subbs (1984), *El lenguaje de la escuela*, Madrid, Editorial Cincel.

Según este modelo, las destrezas comunicativas interpersonales básicas (BICS) suelen identificar un tipo de comunicación insertada en un contexto cognitivamente poco exigente. En tanto que la competencia lingüística escolar refleja la comunicación de contexto reducido y con alto nivel de exigencia cognitiva[23].

De acuerdo con este planteamiento, mientras que la fluidez patente en la segunda lengua (competencia general) se alcanza con cierta independencia de la primera, en contextos reducidos y cognitivamente exigentes la competencia depende del desarrollo cognitivo que se haya alcanzado en cualquiera de las dos lenguas. Este último caso permite explicar el éxito de los programas de enseñanza bilingüe para nativos en los que los estudiantes, tras un breve periodo de desfase con respecto a los monolingües, alcanzan los mismos niveles una vez dominada la lengua en este contexto cognitivamente exigente. También explica lo que sucede en los programas de escolarización en la LM, en los que los estudiantes pueden transferir a la lengua meta las capacidades desarrolladas en su propia lenguas.

Del mismo modo, con este planteamiento podemos explicar el hecho de que en Educación Infantil y Primaria existan menos problemas de desfase educativo que los que se producen en Educación Secundaria. Si situamos estas tres etapas educativas en línea, se puede considerar que la comunicación a lo largo de ellas es una recorrido que va desde un contexto insertado cognitivamente no exigente, a uno final, reducido y de mayor exigencia cognitiva.

Por último, desgraciadamente también ilustra lo que sucede con estudiantes inmigrantes cuando se les incorpora a grupos ordinarios de formación tras un periodo inicial de aprendizaje de la lengua. Así, lo normal es que cuando el estudiante extranjero haya desarrollado una cierta capacidad comunicativa en la L2, se considere que ya está preparado para seguir con normalidad su formación escolar. El desfase entre competencia general y competencia escolar se traduce en la imposibilidad de adecuarse a las exigencias comunicativas que surgen en el aula (síntesis, análisis, valoración, interpretación...). Este desfase explica algunas, no todas, de las dificultades que encuentran estos estudiantes para acceder a las áreas del currículum.

3. La L2 y los aprendizajes escolares

En el desarrollo de los procesos formativos interfieren una serie de condicionantes que pueden compartir por igual nativos y no nativos. Unos tienen que ver con la falta de motivación y estímulos adecuados, el apoyo familiar, el nivel de formación de los padres... Otros incluyen aspectos pedagógicos, como los estilos y recursos didácticos, las dinámicas de aula, la consideración de los estudiantes.

Existe un componente lingüístico que, aunque se destaque menos, también comparten todos los estudiantes. Nos referimos al dominio de la lengua en que se transmite y desarrolla el currículum, es decir, la lengua de instrucción[24].

---

[23] Bialystok (1991) también propone un modelo similar para analizar los procesos metalingüísticos y su uso en las distintas destrezas. Esta autora distingue entre niveles de análisis y niveles de control de la lengua. Así, actividades como juicios sobre errores o sustitución de símbolos implicarían un alto control y un bajo análisis, al contrario de lo que supone segmentar un texto, que es una actividad con altos niveles de análisis y control. Detectar errores es una actividad de bajo control y bajo análisis, pero corregir sentencias implica un nivel de análisis mayor.

[24] Apenas se tiene en cuenta ni para los estudiantes nativos, pues se considera que ya la conocen, ni para los extranjeros, cuyo objetivo se entiende que es el dominio general de la L2.

El lenguaje, como recurso básico de la instrucción, presenta una doble dimensión: como *mediador* didáctico que hace posible el desarrollo intelectual-cognitivo de los alumnos y como organizador de las tareas de enseñanza/ aprendizaje. De forma que, se puede entender que la lengua que se utiliza en la escuela es específica de ese contexto institucional: existen unos fines comunicativos precisos, se produce un uso del lenguaje *convencional*, los participantes desempeñan unos roles sociales prefijados... Los eventos comunicativos que se producen en la clase se basan en un modelo *asimétrico* en el que uno de los participantes (el profesor) determina el inicio, mantenimiento y orientación de la comunicación e, incluso, establece el tipo de lenguaje que se debe utilizar aunque pueda resultar desconocido para los demás (estudiantes) (Young, 1993). Muchos de los intercambios comunicativos que ocurren en la escuela sólo se pueden entender / admitir en ese contexto, en otra situación comunicativa no serían tan aceptables. Por ejemplo, las expresiones que se utilizan para controlar la conversación del otro, o su grado de comprensión etc., necesitan de una fuerte matización fuera de los centros escolares.

El profesor siempre puede hablar o interrumpir, utilizando un tipo de *registro lingüístico* especial que identifica y refuerza su propio rol social. El alumno debe esperar turno, estar atento a que se le conceda permiso para intervenir, preparar la intervención para que resulte oportuna y adecuada y así evitar recriminaciones... Una parte importante de lo que el alumno hace consiste en captar la atención del docente para participar.

Las condiciones de comunicación en las aulas difieren notablemente de las que podríamos considerar como *ideales*. El profesor dedica mucho tiempo a atraer y mantener la atención de los estudiantes, a hacerles hablar o callar, a organizar el trabajo, a recriminar, a comprobar el grado de comprensión... (ejemplos 1 y 2, más abajo). En las intervenciones del profesor se puede identificar gran número de actos de habla: informar, explicar, definir, preguntar, corregir, estimular...

En resumen, y en palabras de Hymes (1972: xix):

> *Las funciones del lenguaje en la clase representan un caso particular del problema general del estudio de la lengua en su contexto social. La clave para la comprensión de la lengua en su contexto radica en comenzar no por la lengua, sino por el contexto.*

Un primer acercamiento a la lengua de instrucción puede consistir en analizar, por separado, la lengua que utiliza el profesor en sus explicaciones y la que es necesaria para la realización de actividades escolares.

3.1. Las explicaciones del profesor

La vertiente interactiva del lenguaje del aula ha sido estudiada, con cierta profusión, a partir del modelo IRE (iniciación / indagación, respuesta, evaluación). En nuestro país se ha investigado especialmente el modo en que se produce la construcción conjunta de conocimientos a través del lenguaje.

Sin embargo, y aun reconociendo la importancia de estas aportaciones, a lo largo de una sesión educativa hay momentos en los que la interacción dialogada ente profesores y alumnos es sustituida por monólogos de los primeros, orientados a la explicación de contenidos.

Hablamos así del discurso expositivo del profesor (DEP) como un tipo específico de discurso convencional e institucional[25].

Es precisamente en estos momentos, en los que el profesor se dirige al grupo de clase, cuando el estudiante inmigrante tendrá mayores dificultades lingüísticas para seguir este tipo de exposiciones. Será necesaria una buena recepción auditiva, habrá que atender a los componentes no verbales y que activar un léxico general y específico del tema, será necesario estar atento y no distraerse y, además, tomar notas, subrayar, relacionar, identificar ideas...[26].

Si entendemos que el discurso del profesor está sujeto a una gran variabilidad individual, contextual y temática, sólo sería posible procesarlo cuando se dispusiese de una alta competencia lingüística en la L2 y se poseyesen amplios conocimientos sobre el tema. Lo mismo sucede si pensamos en el discurso como un producto cerrado, en el que el hablante *empaqueta* significados que tienen que ser descodificados por el oyente. Pero una vez más surge el contraste con los alumnos nativos que, aun contando con un dominio elevado de la lengua, no siempre son eficaces en el procesamiento de estas exposiciones.

Desde una perspectiva distinta, se podría considerar que el nivel de variabilidad de estos discursos es limitado y que no todos los significados que transmiten están en el propio texto. Es el receptor (oyente) quien reconstruye de forma activa y personal el texto, activando un amplio conjunto de conocimientos diversos. Según este planteamiento se podría contemplar la posibilidad instruir a los estudiantes en el uso de estrategias adecuadas que facilitasen la comprensión aprovechando la organización estructural del discurso del profesor.

En este sentido, al analizar más detenidamente este tipo de discurso nos encontramos con que está sujeto a unas claras restricciones. En estos niveles educativos, muchas de las explicaciones que da el profesor se relacionan con lecturas de los libros de texto de las distintas áreas y con procedimientos curriculares. Es decir, en ocasiones la explicación sigue a la lectura de un texto escrito por parte de los alumnos. El objetivo de estas explicaciones es aclarar o precisar los contenidos que hayan aparecido, por lo que, formalmente, está próxima al resumen.

Ejemplo 1:

EST.: *(LEE). En el hemisferio norte el desierto del Sáhara (África), desierto de Arabia y una extensa zona del sureste de Asia y el desierto de ((   )) desiertos costeros de América del Norte. En el hemisferio sur, desiertos de Australia, África y América del Sur.*

EST.: *(RISAS).*

PRF.: *Por favor, ¿eh?*

EST.: *(RISAS).*

PRF.: *Bueno, vamos a ver, según lo que nos ha dicho Leticia / Vamos a ver. Esto no es que lo tengáis que poner en resumen* (FV.03. 49-53)[27].

---

[25] Basado en reglas y normas de una determinada institución social, por lo que su estructura puede estar casi completamente fijada o expresamente descrita (Van Dijk, 1992). Carácter convencional que, sin embargo, no implica igual nivel de conocimiento para todos los participantes, y menos aún para los extranjeros, ya que sólo se aprende tras un largo periodo de tiempo en contacto con el mismo (Valdés y Geoffrion-Vinci, 1998). También, como constructo cutural variará según concepciones pedagógicas y características lingüístico-culturales.

[26] Cerdán y Llobera (1999) analizan algunos de estos recursos no verbales en el discurso del profesor.

[27] Transcripciones procedentes de F. Villalba (2002) *Comprensión del discurso expositivo del profesor por estudiantes nativos y no nativos*, trabajo de investigación inédito, Universidad Antonio de Nebrija.

En estos casos, la explicación reforzará las ideas centrales que hayan aparecido en la lectura con un léxico más sencillo y accesible. El alumno no debería esperar nuevas informaciones, sino aclaraciones sobre las que ya han aparecido.

En otros momentos, las explicaciones se relacionan con procedimientos de las distintas áreas: resolución de algoritmos matemáticos, análisis de oraciones, interpretación de gráficas...

Ejemplo 2:

PRF.: *Ahora me queda una ecuación / con paréntesis / donde tengo que resolucionar// esos paréntesis. Fran≠ ¿por favor?// Fran, a ver≠. ¿DOOS POOR/ diez equis?*

EST.: *((quince)) equis más veinte* (FV.04. 130-132).

Aquí, la mayor dificultad está en el dominio de los contenidos del área y en la activación del léxico específico de la materia. Sin embargo, los apoyos contextuales (trabajo en la pizarra, ilustraciones del libro) facilitan el seguimiento de este tipo de explicaciones (comunicación insertada en contexto).

A estas primeras restricciones (temática y formal) podemos añadir otra, de carácter contextual, que determinan el tipo de discurso que se produce en toda institución educativa. Los profesores reproducimos un *modelo* discursivo que se corresponde con la denominada *secuencia expositiva* (Adam, 1992), de forma que en nuestras explicaciones subyace una estructura discursiva fija y, por tanto, reconocible[28]. Es el modelo el que determina tanto la elección de unidades temáticas, como la ordenación y jerarquización de las mismas. Por ejemplo, la ordenación lógica de proposiciones en los textos expositivos es un recurso básico de coherencia, anterior a criterios semánticos[29].

Así, se entiende el discurso como un diseño esquemático que emite el hablante para que sea completado por el oyente, en un proceso interactivo de construcción conjunta de significados. El profesor adecua su discurso a las características de los estudiantes y de sus conocimientos, lo hace avanzar según el grado de comprensión que aquellos manifiesten, y trata las informaciones de distinta manera dependiendo de su importancia y de su nivel de accesibilidad. Son los *andamiajes (scaffold)*[30] educativos que intentan ayudar al estudiante a construir el conocimiento de acuerdo a un *plan previo*, a una visión precisa y *parcial* sobre lo que conforma dicho conocimiento (Coll y Sole, 1989). El papel del estudiante consiste no tanto en almacenar sin más las informaciones que recibe, como en reformularlas, relacionarlas y ordenarlas, construyendo una representación personal de las mismas.

---

[28] Para Adam, en toda las exposición se puede identificar un punto de partida constituido por un tópico difícil o complejo que hay que resolver. Este *objeto complejo* se entiende como un problema que hay que resolver, con lo que se inicia la explicación en sí. Dicha explicación aporta una respuesta a la pregunta inicialmente planteada que hace accesible el objeto complejo.

[29] Para Van Dijk (1980: 131), estas representaciones de la organización formal de los textos (...) *son ejemplos prototípicos del (...) conocimiento organizado en esquemas de los usuarios del lenguaje*. Sánchez *et al.* (1993: 30-31) describen algunas de las relaciones que se dan en los textos expositivos como: estructura problema-solución, estructura causal, estructura descriptiva, estructura comparativa y estructura secuencial.

[30] Andamiaje entendido no sólo en el sentido vygoskiano de construcción, sino también como manifestaciones expresas (visibles y audibles) utilizadas por el profesor para hacer posible que el estudiante participe, mediante apoyos ajustados y distribuidos temporalmente (Cazden, 1991).

En este proceso, el estudiante tendrá que pasar del significado literal de los enunciados a su sentido, a todo lo que no se dice expresamente pero que se espera que se entienda. En ambos casos, es necesario activar un amplio conjunto de conocimientos: lingüísticos, de pensamiento general, discursivos y del mundo. Normalmente, este proceso es automático e inconsciente pues se realiza en línea (*on line*) durante la recepción del estímulo lingüístico. Cuando se efectúa en una L2 la dificultad consiste en acceder automáticamente a todos estos componentes, ya que la búsqueda *consciente* de referentes interpretativos (contextuales, léxicos, discursivos, conceptuales...) retarda la comprensión, haciendo que, durante ese tiempo, no se puedan retener y procesar nuevos enunciados.

El profesor, consciente de esta dificultad, utiliza múltiples recursos para facilitar el procesamiento: activa los conocimientos previos de los estudiantes sobre el tema, mantiene activos los referentes informativos, resume, aclara... Sin embargo, la comprensión aumenta también cuando se conoce la estructura organizativa del discurso, pues entonces se pueden realizar predicciones e inferencias textuales. Estos conocimientos *textuales o discursivos* son aún más importantes, si cabe, en textos expositivos dado que la mayoría de las informaciones que aparecerán resultarán totalmente nuevas para el oyente[31].

¿Qué señales y conocimientos sobre el discurso del profesor facilitan el seguimiento y procesamiento de las exposiciones?

En primer lugar, conviene remarcar que el DEP, en estos tramos educativos, sigue una estructura bastante simple (presentación, desarrollo y conclusión), con poca densidad proposicional y anteponiendo el principio de economía cognitiva al de economía comunicativa. Como resultado, es un discurso *machacón* y reiterativo en el que todos los movimientos discursivos se orientan a remarcar y aclarar las ideas presentadas.

No obstante, como todo discurso oral, se sirve de una serie de recursos fijos que aparecen en las distintas partes del mismo. Así, por ejemplo, en la introducción, en la presentación del tema suelen aparecer perífrasis verbales, proformas[32] y adverbios temporales como:

Los tipos de energía que vamos a ver ahora...
Hoy vamos a dar los complementos del verbo...
¿Qué clima estamos dando?
Lo que habíamos estado viendo eran los avances...

Las construcciones con los verbos *ver* o *dar* son características de este discurso y, junto a otras de carácter más pedagógico (vamos a *explicar*, vamos a *aprender*), aluden a un amplio conjunto de actividades didácticas: leer, escribir, subrayar, resumir... Su función más destacada es la de crear un *marco* conceptual de referencia en el que situar las informaciones que aparecerán. La introducción también sirve para activar los conocimientos previos, bien sobre la secuencia de la lección (contenidos tratados con anterioridad), bien sobre el tema en general. Los sumarios y resúmenes serán algunos de los recursos retóricos de los que se valga el profesor para formalizar dichas funciones.

---

31 Diversos experimentos han demostrado la importancia de los esquemas de conocimiento en la comprensión y textual y, lo más importante para el tema que aquí se trata, cómo la instrucción en procedimientos macroestructurales aumenta la comprensión y el recuerdo de textos (León, 1991).

32 Expresiones significativamente extensas.

Para el estudiante extranjero lo importante será prever que en esta parte de la lección se presentarán los temas centrales de la misma y que se relacionarán con otros ya tratados. Por tanto, debe entender los recursos arriba referidos como *marcas temáticas* que anticipan la actividad. En la clase de español habrá que presentar el valor temporal de futuridad (de inminencia, de inmediatez) de este tipo de perífrasis[33], o el sentido que las proformas adoptan con los verbos *ver* o *dar* en este contexto.

También en el desarrollo del tema aparecen recursos discursivos específicos que el profesor emplea para facilitar el procesamiento de las informaciones presentadas. El profesor, anticipándose a los problemas léxicos que pueden surgir con el significado de palabras, o incluso, a posibles distracciones, recurre a procedimientos léxicos para mantener la cadena de referencia del discurso[34]. Las repeticiones (textuales, de insistencia, reformulativas) son uno de los procedimientos léxicos que con más frecuencia aparecen en este discurso. Las repeticiones (reiteraciones) pueden formarse mediante expresiones idénticas, sinónimas, hipónimas, proformas léxica y metáforas:

a. *bien en un <u>movimiento rectilíneo</u>. <u>Rectilíneo</u> como normalmente es <u>el movimiento</u>... <u>El movimiento rectilíneo</u> que nosotros...*
b. *<u>Vamos a darle un nombre</u> a ese complemento. Y este complemento le <u>vamos a llamar</u>...*
c. *El clima de la Tierra <u>ha ido variando</u>, <u>ha ido cambiando</u>...*
d. *En la gráfica veis que <u>la curva oscila mucho</u>. Hasta aquí, <u>arriba, abajo</u>. <u>Es una montaña</u>...*
e. *Hay <u>una fuerte oscilación</u>... <u>Una diferencia muy grande</u>...*

El valor aclarativo y referencial de estas reiteraciones se puede perder si se procesan por separado los segmentos de la reiteración. Algunas de las estrategias que se pueden aplicar para aprovechar estos recursos son:

- Prever la aparición de un nuevo segmento aclaratorio *(d, e)*.
- Seleccionar la expresión más familiar o significativa (diferencia-grande / oscilación-fuerte).
- Entender que existe una continuidad temática e informativa *(a, b)*.

En resumen, el estudiante extranjero debería familiarizarse con algunos de los recursos (p.ej., preguntas retóricas, evaluativas) y expresiones (p.ej., marcas de inicio y fin de tema, de organización de la información) discursivas que el profesor emplea habitualmente en sus exposiciones.

---

[33] Las perífrasis con *ir a* + infinitivo también pueden tener un valor exhortativo que conviene tener en cuenta (*vamos a abrir el libro...* = abramos el libro). Ambos usos habría que diferenciarlos de otros con los que presumiblemente esté más familiarizado el estudiante, como son los de advertencia, amenaza, reproche... (Para más información, véase García, 1999).

[34] Normalmente, se entiende que el grado de explicitación de los distintos referentes está en función del nivel de accesibilidad de los mismos en el destinatario del discurso. En los contextos escolares, el interés por mantener activa la atención de los alumnos hace que se prefiera la repetición de grupos nominales plenos antes que otros mecanismos de referencia.

3.2. Actividades de clase

¿Qué conocimientos lingüísticos se requieren para acceder al currículum escolar en una L2? Si la respuesta a esta cuestión la formulamos en términos de destrezas comunicativas es preciso distinguir cómo se distribuyen en el conjunto de las actividades didácticas diarias de la clase. Pero también, habrá que diferenciar por edades y tramos educativos pues, no se aplican por igual en Educación Infantil que en Educación Secundaria Obligatoria.

Por tanto, y sin tener en cuenta las primeras etapas de escolarización ni los estilos didácticos propios de cada docente, podemos considerar que en una clase *no marcada*, las distintas destrezas tienen un desigual tratamiento temporal. Flanders (1971) calcula que en una clase *normal* el 70% del tiempo se dedica a hablar y las intervenciones del profesor ocupan el 70% de ese tiempo. No nos costará mucho admitir que los profesores hablamos mucho y que la lectura y la escritura contribuyen a mantener un ambiente de trabajo controlado. Por tanto, las destrezas receptivas tendrán un mayor tratamiento en una sesión cualquiera de clase que las productivas.

Analizaremos aquí la comprensión oral y escrita, y en menor medida la producción escrita, relacionándolas exclusivamente con el ámbito escolar y con las actividades didácticas cotidianas con las que se enfrenta cualquier estudiante. También asumiremos que hablamos de estudiantes con un cierto nivel de competencia comunicativa en español, pues de lo que se trata es de identificar posibles dificultades en la escolarización de estos alumnos.

Si la comprensión oral es una de las destrezas que más tiempo ocupa en la escuela, debemos pensar que los problemas que se planteen estarán relacionados con las informaciones que transmita el profesor antes que con la interacción entre iguales. En este sentido, para seguir una explicación escolar en una L2 se requiere activar conocimientos de distinto tipo: léxicos, específicos de la materia, generales, discursivos[35], muchos de los cuales se encuentran organizados en *esquemas* y *modelos* concretos.

A modo de ejemplo, los contextos educativos exigen dominar un léxico general, pero también otro relacionado con operaciones cognitivas diversas (argumentar, ejemplificar, asociar...). Del estudiante se espera que a lo largo de su escolarización desarrolle un léxico analítico que haga posible la aplicación de estrategias de pensamiento y la construcción de un discurso relacional abstracto e intelectual. De esta forma se asume que el lenguaje escolar ha de ser cada vez más abstracto y descontextualizado[36]. Para Cazden (1991) la descontextualización del lenguaje escolar lo es no porque falte un contexto físico inmediato al que referirse, sino porque se refiere a las palabras que conforman los textos orales y escritos. De forma que, la principal actividad de los estudiantes consiste en *recontextualizar* los contextos evocados por el lenguaje; tarea ésta que ocupa por igual al conjunto de estudiantes y que se ve facilitada cuando se activan los esquemas de conocimiento adecuados. En el caso de estudiantes extranjeros, las limitaciones léxicas hacen que sea aún más necesario mantener activos dichos esquemas para poder atender

[35] Dejaremos de lado los conocimientos sobre contenidos específicos de las materias y de los más generales del mundo, ya que, si no se poseen o se poseen sólo en un grado menor al requerido, exigen un tratamiento pedagógico específico.

[36] Según Serra *et al.* (2000), los requisitos para conseguir un lenguaje descontextualizado son: disponer de habilidades pragmáticas, asumir que la información que se ofrece es desconocida y evaluar la comprensión por parte del oyente. Es éste un periodo largo que sólo acaba a los 8 o 10 años en sus aspectos básicos. La competencia pragmática puede demorarse hasta la adolescencia o adultez en casos de *deprivación sociocultural o de escasa experiencia en el manejo de textos orales y escritos* (Belinchón *et al.*, 1992: 679).

a problemas de significado, que sin duda surgirán, utilizando estrategias de inferencia contextual. Ahora bien, ante un problema léxico, la tendencia natural del estudiante consistirá en intentar encontrar el correspondiente significado en la memoria, buscando un determinado lexema aprendido previamente. Cuando esto no es posible, se ignora, sin más, el término desconocido (Giammateo *et al.*, 2001).

El desarrollo de la habilidad inferencial repercutirá positivamente en el conjunto de tareas de aprendizaje, pero requiere de un entrenamiento específico dirigido a aprovechar las informaciones contextuales.

Junto a este léxico, existe otro específico de cada una de las áreas de aprendizaje, que se va presentando a lo largo del curso. El dominio de dicho léxico forma parte del currículum formativo y no sólo es necesario para acceder a las explicaciones de las distintas materias, sino también para conseguir evaluaciones satisfactorias. Frecuentemente, la utilización de un *léxico técnico* determina la evaluación de las respuestas del alumno antes que el nivel de comprensión.

1. - Señala los elementos fundamentales de las siguientes figuras geométricas:

2. - Observa la figura y completa las siguientes frases:

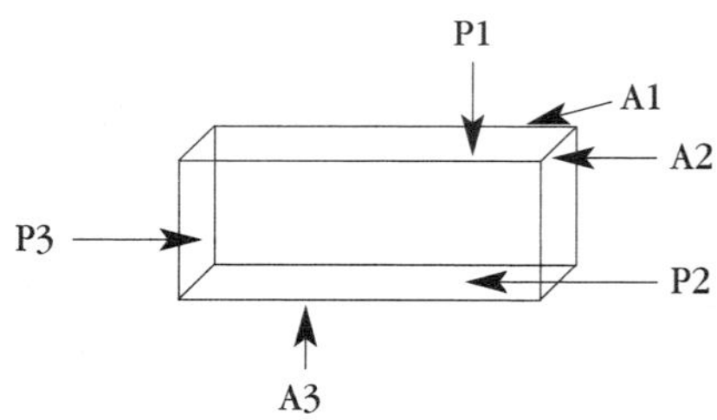

A) Los planos P1 y P2 son:
B) Las aristas A1 y A2 son:
C) Las aristas A2 y A3 son:
D) Los planos P2 y P3 determinan:
E) El plano P1 y la arista A3 son:
F) Dos aristas perpendiculares de un mismo plano determinan un:

Figura 4: Ejercicios de léxico técnico.

Al margen de consideraciones epistemológicas e ideológicas sobre el léxico que emplea el profesor (Young, 1993), su aprendizaje por un alumno extranjero requerirá de un mayor esfuerzo memorístico y su recuperación también resultará más compleja. Así, en el primero de los ejercicios anteriores las respuestas son: *diagonal, lado, vértice, ángulo plano, ángulo poliedro, arista, vértice, plano…*; en el segundo: *paralelos, perpendiculares, cruzadas, determinan una arista, perpendiculares, ángulo*. Presumiblemente, muchos de nosotros tendríamos los mismos problemas para recuperar 14 entradas léxicas en otra lengua y utilizarlas en una prueba de evaluación.

El trabajo del léxico ha de contemplar los tres planos en que se estructura dicho sistema (conocimiento general, conceptual y de frecuencia de uso) junto al resto de aspectos (fonológicos, morfológicos y sintácticos) que actúan en su procesamiento y recuperación.

Por ejemplo, con relación a la frecuencia de uso, habrá un léxico específico (p.ej., *amilasa, amnios, folículo, isoflora, diploide, endolinfa…)*[37] que aparecerá en determinados temas y en secciones concretas de los mismos, pero que no lo volverá a hacer con posterioridad. También, habrá otro específico que, sin embargo, se utilizará de manera recurrente en las distintas materias: *sustancia, materia, cuerpo, experimenta* (en ciencias naturales); *igualdad, miembro, término* (en matemáticas).

La propia organización de la memoria y del sistema léxico aconsejan establecer una amplia red de relaciones semánticas con las palabras que se vayan incorporando. El léxico será más fácil de recuperar cuando se incluya en esquemas de conocimiento (*escripts, guiones, modelos*) más amplios (Belinchón, 1992).

Es lo que sucede, por ejemplo, con el concepto matemático de *simplificación de una fracción*, que cuando aparece en una explicación, remite a un esquema de conocimiento específico de esta área:

Simplificación de fracciones → Denominadores → Descomposición factorial → Divisores

Junto a este léxico *conceptual* habría que atender a otro de tipo *procedimental* que aparece en las distintas áreas. Trabajos como los de Mendizábal (1997), sobre la expresión de causa y finalidad en español L2, deberían ampliarse a campos como el de las matemáticas para describir recursos como: *por tanto, luego, entonces, de ahí que…*

Por otra parte, otra de las actividades que ocupa gran parte de la jornada escolar del estudiante es la lectura de textos de las diferentes áreas curriculares. Las dificultades que tienen muchos alumnos extranjeros en la lectura de estos textos se deben, según los profesores, a un insuficiente dominio de la lengua o a un deficiente nivel de instrucción previo y de dominio de dicha destreza en la LM.

Ambas explicaciones intuitivas se corresponden con las dos hipótesis que se manejan para explicar los problemas lectores en una L2: la Hipótesis de la Interdependencia Lingüística (HIL) y la Hipótesis del Umbral Lingüístico (HUL). La primera de dichas hipótesis sostiene que, dado que el proceso lector es igual en cualquier lengua, existirá una transferencia de estrategias lectoras de la L1 a la L2. Las limitaciones lingüísticas en una nueva lengua podrán compensarse aplicando estrategias lectoras generales cuando se parta de un nivel alto de lectura en la lengua materna. Al contrario, un bajo nivel de lectura aumentará dichas limitaciones dificultando la comprensión glo-

[37] Texto de *Biología y Geología de 3.º de ESO*, de Oxford Educación.

bal de los textos. Esta hipótesis parte de un modelo interactivo de lectura, en el que el lector reconstruye los significados aportados por el texto activando conocimientos previos y expectativas informativas lectoras (*bottom-up* y *top-down*). De acuerdo a esta hipótesis, se pueden explicar las diferencias lectoras (y rendimientos escolares) entre estudiantes con distintos grados de escolarización previa. También se explica el hecho de que estudiantes con sistemas ortográficos diferentes al de la L2 consigan buenos resultados lectores en dicha lengua (Krashen, 1997)[38].

La otra hipótesis (del Umbral Lingüístico) acentúa la necesidad de un adecuado dominio de la L2 como paso previo a la lectura, pues de no ser así, se limitaría la posibilidad de transferir habilidades lectoras. Este planteamiento explicaría los problemas de lectura de estudiantes principiantes que, aun siendo lectores competentes en su L1, tienden a utilizar un tipo de lectura lineal (palabra por palabra) en la L2.

El nivel escolar que aquí se trata aconseja que se tengan en cuenta ambas hipótesis, pues los aprendices, aun partiendo de un aceptable grado de competencia en español, necesitarán desarrollar la comprensión lectora como el resto de compañeros españoles.

En este sentido, podemos entender la lectura como un proceso amplio, en el que intervienen tanto la identificación de unidades discretas como la activación de conocimientos y esquemas previos. En el primer caso, admitiendo que el reconocimiento de palabras sigue una doble ruta (fonológica y visual)[39], habrá que proporcionar a los estudiantes los suficientes conocimientos lingüísticos (sintácticos, léxicos, fonológicos...) para automatizar y desarrollar el proceso lector. Las palabras más frecuentes tienden a reconocerse antes por la ruta visual, mientras que aquellas de menor frecuencia de uso y las desconocidas, tienden a activar la ruta fonológica. Ahora bien, si el reconocimiento visual de palabras escritas permite un mayor desarrollo de las destrezas lectoras, no hay que olvidar que el extranjero dispondrá de un menor repertorio léxico visual, lo que le obligará a recurrir al léxico fonológico y auditivo, y en consecuencia se necesitan dominar adecuadamente las reglas de conversión de grafemas a fonemas. Esto será más importante en el caso de estudiantes con lenguas maternas que establecen un procesamiento en paralelo de las palabras[40]. Es lo que ocurre con ingleses y japoneses (con procesamiento en paralelo), que tienen dificultades en la toma de decisiones léxicas cuando la información visual no está disponible, frente a hispanos y árabes con posibilidad de procesamiento en serie (Koda, 1988). Las características del español (transparente en la relación grafema-fonema y con pocas letras por sílaba) aconsejan contemplar ambos tipos de procesamiento para proporcionar una mayor autonomía lectora a los aprendices.

Pero la lectura, como antes señalábamos, también supone recurrir a aquellos conocimientos de los que dispone el lector y que le permiten comprender adecuadamente el texto. Aquí se incluyen conocimientos generales del mundo, específicos de la materia y, también, esquemas de organización de dichos conocimientos (lingüísticos, del tema y retóricos). Todo este conjunto de

---

[38] En este pequeño artículo, Krashen cita una serie de estudios sobre el éxito lector en una L2 con distinto sistema ortográfico entre estudiantes chinos, vietnamitas, japoneses y turcos.

[39] Según la *Hipótesis de la ruta dual*, el reconocimiento de palabras habladas tiene lugar por la llamada ruta fonológica (representaciones abstractas de sonidos), mientras que las palabras escritas se pueden reconocer directamente mediante representaciones ortográficas (ruta visual) o, de forma indirecta, transformando grafemas en fonemas (Belinchón, 1992).

[40] En el procesamiento en paralelo todas las letras de una palabra son procesadas a la vez, mientras que en el procesamiento en serie, son procesadas serialmente según la direccionalidad de la lengua.

conocimientos sirve para resolver inferencias[41], formular anticipaciones sobre las informaciones que aparecerán, y para organizarlas y recomponerlas de acuerdo a un modelo existente. Cada tipo de texto genera por sí mismo unas expectativas en el lector sobre su estructura interna e, incluso, sobre el léxico que aparecerá. En la medida que el texto se adecue a tales expectativas, será más fácil su reconstrucción y posterior recuerdo. Asumiendo el carácter activo y dinámico de estos conocimientos, será necesario un aprendizaje y ejercitación de tales esquemas, adecuándolos tanto a las características de los estudiantes[42], como a los tipos de textos que han de leer.

En este sentido, las estrategias lectoras pueden variar de acuerdo a diferencias culturales transmitidas por los distintos sistemas de escolarización (Davis y Bistodeau, 1993), pero también lo pueden hacer en función del tipo de texto que se vaya a leer. No se leerá igual el enunciado de un problema que un texto literario o un cuadro de resumen al final de un tema. Siguiendo las investigaciones de León (1989) sobre la efectividad de la instrucción en procedimientos macroestructurales (elaborar el título de un texto, identificar relaciones en su contenido, resumir, etc.) para la comprensión y recuerdo de textos escritos, podríamos pensar que medidas similares se podrían adaptar con estudiantes extranjeros como forma de mejorar su competencia lectora.

4. Propuestas de actuación

¿Qué modificaciones didácticas es necesario introducir para que los estudiantes extranjeros puedan acceder al currículum escolar? Por las limitaciones lógicas de este trabajo, planteamos sólo a modo de ejemplo, algunos criterios que pueden tenerse en cuenta:

a) Crear oportunidades reales de interacción verbal en la clase sobre actividades y contenidos del currículum. El aprendizaje de una L2 no sólo se relaciona con la posibilidad de entrar en contacto con estímulos lingüísticos comprensibles, sino, también, con la oportunidad de producir enunciados significativos en dicha lengua. Del mismo modo, la comprensión de los contenidos escolares se refuerza cuando se utilizan productivamente en situaciones comunicativas reales. Una organización *abierta* de la clase con momentos de interacción directa entre los estudiantes sobre temas y actividades del currículum, contribuirá a una mayor eficacia en el dominio de la lengua de instrucción.

b) Armonizar distintos planteamientos metodológicos. Mercé Pujol (1992) llama la atención sobre las diferentes trayectorias que han seguido la enseñanza de LE, por una parte, y la de la LM, por otra.

   Los estudiantes que hayan seguido programas de aprendizaje de español podrán estar más familiarizados con desarrollos comunicativos en el tratamiento de las distintas destrezas que con otros que se apliquen en el aula ordinaria. Es decir, estarán acostumbrados a escribir cartas, notas, reclamaciones..., relacionándolas con situaciones de la vida diaria. En clase se encontrarán que tienen que escribir con un objetivo distinto y para un destinatario (el profesor) que emitirá una valoración precisa sobre el escrito. Un ejemplo sobre cómo

[41] Graesser *et al.* (2000) diferencian entre inferencias extratextuales y de conexión textual. Las primeras aportan información a partir del conocimiento del mundo, las segundas indican la relación conceptual que se establece entre dos o más proposiciones explícitas en el texto.

[42] Los estudiantes de 10 a 13 años encontrarán problemas con textos argumentativos y con preguntas de contenido inferencial sobre los mismos (Padilla, 2001).

compaginar ambas orientaciones es el que proponen Short y Echevarría (1999) para la redacción de un trabajo escrito sobre la geografía de África. A los estudiantes se les dice que tienen que escribir una carta a un amigo, describiendo la zona donde viven y explicando la forma en que se han adaptado a las características geográficas esa área: vestimenta, vivienda, alimentación, estilo de vida... Se les dice también que incluyan el mayor número posible de detalles en sus descripciones.

c) Diseñar prácticas que permitan un mayor grado de contextualización. Siguiendo la propuesta de Cummins, se trataría de proporcionar un contexto adecuado a las distintas informaciones que aparezcan en clase. Ahora bien, los objetivos escolares buscan que se vaya progresando en la comprensión de informaciones cada vez más abstractas y descontextualizadas. Baker (1993) ilustra cómo armonizar ambas exigencias en una explicación matemática sobre el concepto de altura. Primero, e individualmente, el profesor enseña a los alumnos cómo medir la altura utilizando distintos objetos de medición. A continuación vuelve a hacer lo mismo, pero esta vez desde la parte delantera de la clase en una explicación a todo el grupo. En estos dos primeros casos se ha creado una comunicación cognitivamente poco exigente en contexto insertado. Tras esto, el profesor da explicaciones orales sobre la forma de medir, pero esta vez sin objetos de medida. Por último, lee las instrucciones de una ficha de trabajo sin imágenes. En estos dos últimos pasos, el contexto ha sido reducido y la comunicación exigente[43].

d) Contemplar posibles particularidades culturales, lingüísticas y educacionales de los estudiantes. Algunas de estas características pueden afectar al modo en que se percibe la nueva lengua. Serra *et al.* (2000) citan el ejemplo de las dificultades que encuentran los niños serbocroatas en el desarrollo de la localización en húngaro como L2. La explicación a este hecho se puede encontrar en que la localización en húngaro se marca con un complejo sistema de sufijos más difíciles de percibir que si se hiciese con preposiciones. En otras ocasiones, los problemas pueden derivarse del diferente modo en que las distintas lenguas marcan expresiones como, por ejemplo, la de movimiento (Puig i Planella, 2001)[44].

Las posibles diferencias culturales se manifestarán en aspectos diversos de la comunicación intercultural, entre los que destacan el modo en que se comprenden e interpretan los discursos. En este sentido habría que tener en cuenta el modo en que las distintas culturas marcan los siguientes componentes culturales: la ideología (visión del mundo), la socialización (educación y procesos de socialización), las formas de discurso (funciones de la lengua, comunicación no verbal) y el sistema de representación personal y social (parentesco, concepto del yo, relaciones intra y extra grupales) (Scollon y Scollon, 1995). Componentes que no necesariamente compartirán todos los individuos de la misma procedencia.

Por último, habrá que atender también al contraste entre los diferentes modelos educativos con los que hayan estado en contacto los estudiantes. Vázquez y Proux (1984) refieren el desconcierto que crea el modelo de *deprisa y bien* propio de la escuela europea, en estudiantes hispanoamericanos acostumbrados al de *despacio y bien hecho.*

[43] En Cline y Frederickson (1996) se pueden encontrar numerosos ejemplos de adaptaciones de este tipo en las diferentes áreas del currículum. Un ejemplo muy interesante que proponen es el de la lectura de un texto de lengua y literatura (Romeo y Julieta) siguiendo el modelo de Cummins. Un desarrollo más detallado de este mismo texto se encuentra en Saunders *et al.* (1999)

[44] En relación con la hipótesis del *relativismo lingüístico*, que sostiene que las características lingüísticas de una determinada lengua pueden llevar a los hablantes a pensar, también, de una manera determinada.

e) Entender las particularidades lingüísticas que presentan las diferentes áreas del currículum. A modo de ejemplo, pensemos en algunas de las que Carrasquillo y Rodríguez (1996: 145-146) recogen para el área de matemáticas:
   - Vocabulario: Muchos términos y conceptos pueden resultar desconocidos en la L2: *teorema, ángulo, variables...* También, se puede estar familiarizado con un tipo de expresiones (*suma, multiplicar*), pero no con otras como *agregar, adición..., producto...* Del mismo modo, en el lenguaje matemático existen palabras que se combinan para formar nuevos conceptos (*mínimo común denominador...*) que necesitan ser reconocidos por los estudiantes para seguir las explicaciones.
   - Sintaxis: El lenguaje matemático es sintácticamente complejo, lo que se traduce en que el estudiante extranjero pueda tener dificultades cuando los conceptos establecen relaciones entre dos palabras (*mayor / menor que, más que, tanto como, igual que...*), o se presentan en estructuras matemáticas complejas (*veinte es cinco veces un cierto número. ¿Cuál es ése número? ¿Cuánto es uno más la mitad de veinte?*). También las dificultades pueden surgir en el uso de diferentes conectores (*Si cuatro es igual a dos más dos, entonces ocho es igual a ... más ...; Dos más dos es cuatro, pero dos por dos es...; Si dos más dos es cuatro, consecuentemente, tres más tres es...*).

f) Reconocer el papel creativo del estudiante en el uso de la L2 e interpretación de los contenidos escolares. Si entendemos que el aprendizaje de la L2 es un proceso de construcción creativa del sistema lingüístico, existirá también un uso creativo de la lengua. Además, la comprensión de contenidos escolares supone la reformulación y reinterpretación personal de los mimos. Por tanto, habrá que contemplar un cierto grado de variabilidad personal, que Candela (1996: 103) ilustra con el siguiente ejemplo de cómo un niño define el concepto de cambio físico: *Un cambio físico es cuando un árbol lo cortan y hacen cosas con él, pero no cambia.* En el libro de texto aparece la siguiente definición: *Cuando una cosa cambia de forma, de tamaño o de lugar, pero la sustancia de la que está hecha no se transforma en otra sustancia diferente, decimos que ha ocurrido un cambio físico.*

g) Distinguir entre conocimientos del área, habilidades lingüísticas y conocimientos del mundo. Al hojear muchos libros de texto de estos niveles escolares, llama la atención la abundancia del texto escrito, incluso en áreas como matemáticas o educación física y artística. Frecuentemente, la comprensión lectora es el centro de las actividades didácticas y, también, cómo no, de muchas pruebas de evaluación:

Cuando fui al cine con mis amigos, nos tuvimos que sentar en filas separadas. Javi ocupó una butaca de la cuarta fila, Marina se sentó seis filas detrás de Javi, Almudena estaba dos filas delante de Marina y Dani encontró sitio cinco filas delante de Almudena. Escribe con números ordinales las filas que ocuparon los niños en el cine. (Matemáticas 3.º Primaria).

Habitualmente se insiste en la importancia de la actuación docente como decisiva para los resultados escolares. Se presentan así listas de buenas actuaciones y de conocimientos y habilidades que todo *buen profesor* debería desarrollar para adecuarse a las características de sus estudiantes. A nuestro entender, habría que diferenciar entre los profesores de programas de español y profesores de las distintas áreas. Para estos últimos, más que pedirles nuevos cometidos, habría que proporcionarles orientaciones y materiales que les permitiesen adaptar su trabajo diario al aprendizaje en una L2.

También habría que diferenciar entre lo que el profesor puede hacer con los conocimientos y recursos de que dispone y lo que tienen que hacer las distintas administraciones educativas.

De cualquier modo, en lo que coinciden todos los investigadores que se han preocupado por estudiar la escolarización de alumnos inmigrantes es en que el éxito escolar está íntimamente relacionado con los sentimientos de autoestima y aceptación que experimenten estos alumnos. Hacer caso al estudiante y hacerle sentir que nos preocupa e interesa es, tal vez, una buena manera de empezar a buscar soluciones positivas en este campo.

Conclusión

Con esta colaboración hemos intentado plantear que la especificidad de la enseñanza del español a niños y jóvenes inmigrantes está determinada no tanto por la situación legal y condiciones socioeconómicas de sus destinatarios, como por las exigencias contextuales que condicionan el uso de la nueva lengua. En este sentido, se trata de un campo de estudio que incumbe no sólo a la pedagogía en general, sino especialmente a la lingüística aplicada y a la didáctica del español. Cuando estas disciplinas se interesen por los aspectos teóricos de la escolarización en una L2, se podrá contar con descripciones más precisas sobre este proceso para utilizarlas en el diseño de programas educativos.

Entendemos que, más allá del contexto escolar que aquí hemos abordado, el interés final está en precisar las dificultades que se presentan para seguir procesos formativos en una lengua distinta a la propia. Es decir, probablemente, muchos de los problemas que hemos presentado también se den entre otros grupos de estudiantes de diferentes niveles y modalidades educativas (enseñanzas medias, universitarios, formación laboral, etcétera).

Si sólo hablamos de inmigrantes, nos movemos en un terreno con un alto componente ideológico, en el que son frecuentes los planteamientos puramente asistenciales junto a otros de marcado carácter discriminatorio. Actualmente la inmigración se entiende como un problema que hay solucionar. A corto plazo se asumirá que esta población tiene un proyecto de futuro que se desarrolla en nuestro país. Entonces, lo prioritario será proporcionar una educación de calidad a *todos los ciudadanos* para poder disponer de trabajadores altamente cualificados.

Proponemos que se considere lo específico del *español como lengua de instrucción* (ELI) o, si se prefiere, de la lengua que se utiliza para transmitir el currículum. Evidentemente, la educación es más que mera instrucción, pues su objetivo es el desarrollo integral del individuo en sus facetas personal y social. Por eso, el ELI ha de entenderse como un instrumento de acción educativa, a través del cual los sujetos puedan conseguir la suficiente autonomía para participar activa y críticamente en su proceso formativo. También, como toda acción, su meta está fuera del lenguaje mismo, pues se dirige al cambio y a la transformación social.

Bibliografía

ADAM, J. M. (1992), *Les textes: types et prototypes. Récit, description, argumentation, explication et dialogué,* París, Nathan.

AGUIRRE, M. C., VILLALBA, F., HERNÁNDEZ. M. T., NAJK, M. (1998), *Estudio comparativo entre la adquisición del español primera lengua y la adquisición del español segunda lengua para su aplicación metodológica en la enseñanza del español a inmigrantes,* CIDE (inédito).

ALDERSON, J. C. (1984), "Reading in foreign language: A reading problem or a language problem?", en J. C. ALDERSON y A. H. URQUHART (eds.) *Reading in a Foreign Language,* Londres, Logman.

ARLENE, C. (1997), "Ethnolinguistic Identity and Spanish Proficiency in a Paradoxical Situation: The Case of Puerto Rican Return Migrants", *Journal of Multilingual and Multicultural Development*, 18 (2): 107-124.

BAKER, C. y DE KANTER, A. (1983), *Bilingual Education*, Lexington, Mass, Lexington Books.

BAKER, C. (1993), *Fundamentos de educación bilingüe,* Madrid, Cátedra.

BELINCHÓN, M., RIVIÈRE, A., IGOA, J. (1992), *Psicología del lenguaje. Investigación y teoría,* Madrid, Editorial Trotta.

BERNSTEIN, B. (1983), "Clase y pedagogía: visible e invisible", en W. B. DOCKRELL y D. HAMILTON (1983): *Nuevas reflexiones sobre investigación educativa,* Madrid, Narcea.

BERNSTEIN, B. (1972), "Compensatory education", en C. B. Cazden, *Functions of Language in the Classroom*, Nueva York, Columbia University: 135-151.

BIALYSTOK, E. (1991), "Metaalinguistic dimensions: a linguistic or metalinguistic skill?", en E. BIALYSTOK (ed.) *Language Processing in Bilingual Children.* Cambridge, Cambridge University Press: 222-232.

BIALYSTOK, E. y Cummins, J. (1991), "Language, Cognition and Education of Bilingual Children", en E. BIALYSTOK (ed.) *Language Processing in Bilingual Children.* Cambridge, Cambridge University Press: 222-232.

BOYZÓN, D. (1992), "La escolarización de hijos de inmigrantes en Francia: ¿Qué política de formación de enseñantes?, en M. SIGUÁN (coord.) *La escuela y la migración en la Europa de los 90".* Barcelona, Horsori: 123-127.

BRUNN, M. (1999), "The Absence of Language Policy and its Effects on the Education of Mexican Migrant Children", *Bilingual Research Journal*, 23 (4): 319-344

BURNER, J.S. (1975): "Language as an instrument of thought", en A. DAVIES (ed.) *Problems of language and learning,* Heinemann.

CANDELA, A. (1996), "La construcción discursiva de contextos argumentativos en la enseñanza de la ciencia", en C. COLL y D. EDWARDS (eds.) *Enseñanza, aprendizaje y discurso en el aula,* Madrid, Aprendizaje.

CARRASQUILLO, A. y RODRÍGUEZ, V. (1996), *Language Minority Students in the Mainstream Classroom,* Clevendon, Multilingual Matters.

CARREL, P. L. (1991), "Second Language Reading: Reading Ability or Language Proficiency?", *Applied Linguistic*, 12: 159-179.

CAZDEN, C. (1991), *El discurso en el aula: el lenguaje de la enseñanza y del aprendizaje*, Barcelona, Paidós, Madrid, Centro de Publicaciones del Ministerio de Educación y Ciencia

CLINE, T. y FREDERICKSON, N. (eds.) (1996), *Curriculum Related Assessment, Cummins and Bilingual Children*, Clevendon, Multilingual Matters.

COLL, C. y SOLE, Y. (1989), "La Interacción Profesor / Alumno en el Proceso de Enseñanza y Aprendizaje", en C. COLL, J. PALACIOS y A. MARCHESI (comps.), *Desarrollo psicológico y educación*, Madrid, Alianza.

CUMMINS, J. (1983), "Language proficiency, biliteracy and French immersion", *Canadian Journal of Education*, 8: 1117-138.

CUMMINS, J. (1981), "The role of primary language development in promoting educational success for language minority students", en CALIFORNIA STATE DEPARTMENT OF EDUCATION (ed.), *Schooling and Language Minority Students.A Theoretical Framework,* Los Ángeles, California State Department of Education.

CUMMINS, J. (1984), *Bilingualism and Special Education: Issues in Assessment and Pedagogy*, Clevendon, Multilingual Matters.

CUMMINS, J. (1985), *Education and Cultural and Linguistic Pluralism. Theory and Policy in Bilingual Education.* CERI/ECALP/ 85.14

CUMMINS, J. y SWAIN, M. (1998), *Bilingualism in Education Aspects of Theory, Research and Practice*, Londres Longman.

DAVIS J. y BISTODEAU, L. (1993), "How do L1 and L2 reading differ? Evidence from think. Aloud protocols", *Modern Language Journal,* 77 (4): 459-471.

DE BOT, K., DRIESSEN, G., JUNGBLUTH, P. (1991), "An evaluation of migrant language teaching the Netherlands", en K. JASPAERT y S. KROON (eds.): *Ethnic Minority Languages and Education*, Amsterdam, Swets & Zeitlinger.

ELLIS, R. (1984), *Classroom Second Language Development,* Oxford, Pergamon Press.

FILLMORE, W. L. (1991), "Second language learning in children: a model of language learning in social context", en E. BIALYSTOK (ed.) *Language processing in bilingual children*, Cambridge, Cambridge University Press: 49-69.

FLANDERS, N (1977), *Análisis de la interacción didáctica*, Salamanca, Anaya.

GARCÍA, L. (1999), "Los complementos adverbiales temporales. La subordinación temporal", en I. BOSQUE y V. DEMONTE, *Gramática descriptiva de la lengua española,* Madrid, Espasa Calpe, vol. 2: 3129-3208.

GENESSE, F. (1983), "Bilingual education of majority- language children: the inmersión experiments in review", *Applied Psycholinguistics*, 4: 1-46.

GIAMMATEEO, M., ALBANO, H., GUBITOSI, P. y BASUALDO, M. (2001), "Planteos y propuestas para el aprendizaje del léxico en los ciclos superiores de la enseñanza", en ANA I. MORENO Y VERA COLOWELL (ed.) *Perspectivas recientes sobre el discurso.* León, AESLA y Universidad de León: 153

HALLIDAY, M. (1982), *Exploraciones sobre las funciones del lenguaje,* Barcelona, Editorial Médica y Técnica.

HATCH, E. (1976), "Optimal age or optimal learners?", *Workpapers in TSL*, 11: 45-56.

HELOT, C. y YOUNG, A. (2002), "Bilingualism and Language Education in French Primary Schools: Why and How Should Migrant Languages be Valued?", *International Journal of Bilingual Education and Bilingualism,* 5 (2): 96-112.

HOMS, A y MOLINÉ, E. (1992), "Desarrollo del Programa de Educación compensatoria del Departament d'Ensenyaments en las Escuelas de Catalunya", en MIQUEL SIGUÁN (coord.), *La escuela y la migración en la Europa de los 90,* Barcelona, Horsori: 77-85.

HULSEN, M., DE BOT, K., BERT, B. (2002), "Between two worlds. Social networks, language shift, and language processing in three generations of Dutch migrants in New Zealand", *International Journal of the Sociology of Language*, 153: 27-52.

HYMES, D. (1972), "Models of the interaction of language and social life", en GUMPERZ y HYMES (comps.) *Directions in Sociolinguistics: the Etnography of Communication,* Nueva York, Holt, Rinehardt: 35-71

KODA, K. (1988), "Cognitive process in second language reading: transfer of L1 reading skills and strategies", *Second Language Research*, 4 (2): 133-156.

KRASHEN, D. (1996), *Under Attack: the Case against Bilingual Education,* Culver City, CA, Language Education Associates.

KRASHEN, (1997), "Why Bilingual Education?", *ERIC Digest*, ED403101.

LABOV, W. (1983), *Modelos sociolingüísticos,* Madrid, Cátedra.

LEÓN, C. J. (1989), *Comprensión y memoria de textos expositivos: diferencias entre sujetos expertos y novatos*, Universidad Autónoma de Madrid, tesis doctoral inédita.

LINDHOLM, K. J. (2001), *Bilingual Education and Bilingualism,* Clevedon, Multilingual Matters.

MABBOTT, A. D (1994), "An exploration of reading comprehension, oral reading errors and written errors by students labelled learning disabled", *Foreign Language Annals*, 27: 293-324.

MARTÍN, L. y Van Dijk, T. (1997), "There was a problem, and it was solved!: legitimating the expulsionof `illegal' migrants in Spanish parliamentary discourse", *Discourse and Society*, 8 (4): 523.

MARUNY, L. (2002), "Aproximación a las actitudes educativas de los inmigrantes de cultura soninké" (en prensa).

MARUNY, L. y MOLINA, M. (2000), *El català que aprenen els alumnes marroquins,* Barcelona, Fundació Jaume Bofill.

MENDIZÁBAL, N. (1997), "Expresión de la causa y la finalidad en español como segunda lengua", *REALE*, 8: 77-87.

MILLER, J. (2000), "Language Use, Identity, and Social Interaction: Migrant Students in Australia", *Research on Language & Social Interaction,* 33 (1): 69-100.

MILLS, R. W. y MILLS, J. (1993), *Bilingualism in the Primary School,* Londres, Routledge.

PADILLA, C. (2001), "La dimensión pragmática en la comprensión de textos argumentativos: datos de adquisición" "Planteos y propuestas para el aprendizaje del léxico en los ciclos superiores de la enseñanza", en A. I. MORENO y V. COLOWELL (eds.), *Perspectivas recientes sobre el discurso.* León, AESLA y Universidad de León: 161.

PALLAUD, B. (1992), "Niños inmigrantes no francófonos recién llegados y escolarizados en la Escuela Primaria en Marsella", en M. SIGUÁN (coord.), *La escuela y la migración en la Europa de los 90*, Barcelona, Horsori: 119-122.

PUIG I PLANELLA, K. (2001), "La importancia de la lengua materna en la narración de acontecimientos en segundas lenguas", en A. I. MORENO y V. COLWELL (eds.) *Perspectivas recientes sobre el discurso,* León, AESLA-Universidad de León: 162.

PUJOL, M. (1992), "Didáctica de lenguas y movimientos migratorios", en M. SIGUÁN (coord.), *La escuela y la migración en la Europa de los 90*, Barcelona, Horsori: 43-55.

RAMIREZ, J. D., YUEN, S., RAMEY, D., y PASTA, D. (1991), *Longitudinal Study of Structured English Immersion Strategy, Early-exit and Late-exit Bilingual Education Programs for Language-minority Children* (Final Report, vols.: 1 & 2), San Mateo, CA, Aguirre International, (ED 330 216).

RIDA, A. y MILTON, M. (2001), "The non-joiners: Why migrant Muslim women aren't accessing English language classes", *Prospect. A Jounal of Australian TESOL,* 16 (1): 35-48.

ROMERA, M. (2000), "El español en Estados Unidos: la lengua de la emigración. La controversia acerca de la educación bilingüe", *Textos*, 23: 45-57.

SÁNCHEZ, E. *et al.* (1993), *La evaluación de las habilidades discursivas en el marco de la actividad docente*, Memoria final de investigación, Madrid, CIDE.

SAUNDERS, W., O'BRIEN, G., LENNON, D. y MCLEAN, J. (1999), *Successful Transition Into Mainstream English: Effective Strategies for Studying Literature,* CREDE, Report 2.

SAU, F. (1997), "La estrategia de inferencia léxica en textos de economía y empresa: aplicación y automatización por un grupo de aprendices de L2", *RESLA,* 13: 37-48.

SCHUMANN, J. (1976), "Second Language acquisition: the pidginization hypothesis", *Language Learning,* 26,2: 391-408. Traducción al español en J. MUÑOZ LICERAS (comp.), *La adquisición de las lenguas extranjeras*, Madrid, Visor: 123-141.

SCHUMANN, J. (1994), "Where is cognition? Emotion and cognition in second language acquisition", *Studies in Second Language Acquisition*, 16: 231-242.

SCOLLON, R. y SCOLLON, S. (1995), *Intercultural Communication: a Discourse Approach*, Oxford, Blackwell.

SERRA, M., SERRAT, E., SOLÉ, R., BEL, A. y MELINA, A. (2000), *La adquisición del lenguaje,* Barcelona, Ariel.

SHORT, D. y ECHEVARRÍA, J. (1999), *The Sheltered Instruction Observation Protocol: a Tool for Teacher-Researcher Collaboration and Professional Development,* CREDE, Report 3.

SIGUÁN, M., ÁLVAREZ, A. y CRUZ, C. (1992), *Educación intercultural y enseñanza-aprendizaje del castellano como segunda lengua.* (material inédito).

SKUTNABB- KANGAS, T. (1981), *Bilingualism or Not: The Education of Minorities.* Clevedon, Multilingual Matters.

SLAVIK, H. (2001), "Language maintenance and language shift among Maltese migrants in Ontario and British Columbia", *International Journal of the Sociology of Language*, 152: 131-151.

SLOBIN, D. L. (1991), "Learning to think for speaking native language, cognition, and rhetorical style", *Pragmatics* 1: 7-26.

VALDÉS, G. (1997), "Anti-immigrant age", *International Journal of the Sociology of Language,* 127: 25-52.

VALDÉS, G. y GEOFFRION-VINCI, M (1998), "Chicano Spanish: The Problem of the "Underdeveloped" Code in Bilingual Repertoires", *The Modern Language Journal* , 82 (4): 473-501.

VAN Dijk, T. (1992), *La ciencia del texto,* Barcelona, Piadós.

VÁZQUEZ, A. y PROUX, B. (1984), "La maîtresse dit que je suis lent: representation de l'école française dans le discours d'élèves inmigrés", *Revue Internationale de Pédagogie*, 30 (2): 155-170.

VILLALBA, F. y HERNÁNDEZ, M.ª T. (1999), *Orientaciones para la enseñanza del español a inmigrantes y refugiados*, Ministerio de Educación y Cultura, Madrid.

VILLALBA, F. y HERNÁNDEZ, M.ª T. (2002), *Diseño curricular para la enseñanza del español como L2 en contextos escolares*, Consejería de Educación y Universidades, Murcia.

VILLALBA, F. y HERNÁNDEZ, M.ª T. (2003), *Recursos para la enseñanza del español a inmigrantes y refugiados*, Primer y Segundo Ciclo de la ESO, Comunidad de Madrid, Consejería de Educación.

YOUNG, R. (1993), *Teoría crítica de la educación y discurso en el aula,* Madrid, Ediciones Paidós-MEC

La enseñanza del español a inmigrantes adultos

Isabel García Parejo
Universidad Complutense de Madrid

Introducción

Hablar de *enseñanza del español a inmigrantes* nos remite, en primer lugar, a un *contexto social* determinado, el que se deriva de la construcción de estados cualitativa y cuantitativamente más multiculturales y heterogéneos. En segundo lugar, nos remite a las *actuaciones de carácter político y social* generadas para dar respuesta a las demandas provocadas por esta nueva realidad. Si bien el fenómeno de la migración se constata, fundamentalmente, desde la segunda mitad del siglo XX en ciertos países europeos, se remonta en España a un periodo relativamente reciente, la década de los ochenta[1]. Y aunque la atención al inmigrante se centra en cubrir necesidades básicas de asesoramiento jurídico y laboral, salud y vivienda, la enseñanza del español se incluye como un servicio más y es impartida, fundamentalmente, por voluntarios de formación y características muy diversas. La oferta de clases de español para adultos inmigrantes es, pues, desde hace tiempo, una constante a través de ONGs, organizaciones sindicales, universidades populares, asociaciones de inmigrantes o dirigidas a la atención de inmigrantes como es el caso de Acoge, o de ASTI, además de los centros públicos de educación de personas adultas (EPA) dependientes de ayuntamientos o comunidades autónomas[2]. A nivel oficial, el MEC, que dedicó por primera vez un apartado (el título III de la LOGSE, 1990) a la Educación de Personas Adultas, ha incluido recientemente estos cursos en la oferta de *forma-*

---

[1] Como se recoge en el informe de Lora-Tamayo (2001), entre 1980 y 1999 se pasa de 183.422 residentes extranjeros a 801.329. De ellos, el mayor número corresponde a la horquilla que va desde los 30 hasta los 44 años (un 17,2% de hombres y un 21,5% de mujeres) y se asientan, mayoritariamente en las comunidades de Madrid y Cataluña. Véase también Colectivo Ioé (1999) para una visión general de la inmigración en España.

[2] Podemos encontrar algún servicio relacionado con la atención al inmigrante en la Administración Central, la Administración Autonómica, la Administración Local (Ayuntamientos), así como en Organismos Internacionales, Organizaciones no Gubernamentales y Entidades de Iniciativa Social. En relación con el tema de la enseñanza del español, de manera directa o indirecta, nos puede interesar consultar la página web del Ministerio de Trabajo y Asuntos Sociales

ción no reglada para adultos, *que engloba un conjunto de programas encaminados a proporcionar capacitación para el trabajo, formación personal y cultural, cursos de español para extranjeros, etc.* (MECD, 2002: 75)[3].

La construcción de un conjunto de conocimientos teóricos y prácticos sobre la enseñanza-aprendizaje del español en el contexto de la migración se viene realizando a lo largo de estos años desde la experiencia más inmediata de estas asociaciones, en contacto directo con los adultos inmigrantes y su realidad socioeconómica, y de algunos profesionales del entorno académico (profesores de EPA y de Universidad). Si bien es verdad que, como ocurre con la EPA en general, el trabajo e interés generado sobre la enseñanza del español a adultos inmigrantes (y sobre su formación global) no alcanza los niveles que logra todo lo relacionado con la atención a la diversidad y la educación intercultural en Primaria y Secundaria, los frutos de estas experiencias pueden apreciarse, fundamentalmente, en formación del profesorado y publicación de materiales específicos para la enseñanza de la lengua oral y escrita para inmigrantes adultos y, en menor medida, en artículos publicados sobre el tema e investigación y foros de debate sobre el mismo.

Desde un principio, las asociaciones y administraciones han realizado un gran esfuerzo en formar a voluntarios y a profesores en activo, no familiarizados, en su mayoría, con la enseñanza-aprendizaje de segundas lenguas[4]. En este sentido, al repasar los bloques temáticos de algunos de estos cursos observaremos que se centran en aspectos básicos tales como qué supone aprender una L2; los principales modelos de programación; cómo organizar las clases; los centros de interés de los alumnos; las destrezas lingüísticas; cómo revisar los materiales existentes y cómo pre-

(del que depende el Foro Nacional para la Integración Social de los inmigrantes, el Instituto para las Migraciones y Servicios Sociales y el Instituto de la Mujer) y el Ministerio de Educación y Cultura, en el apartado de educación permanente y educación de adultos. Además, habría que consultar esos mismos organismos a nivel autonómico y local para conocer los planes de actuación y los recursos de la zona en la que uno trabaja. En el caso de la Comunidad de Madrid, por ejemplo, resulta de gran interés la Oficina Regional para Inmigración (Ofrim), que edita, además de un boletín y una revista especializada sobre temas de inmigración, una guía de recursos con información sobre todas las entidades de la Comunidad de Madrid y los servicios que ofertan. Se puede consultar a través de Internet: http://www1.comadrid.es/ofrim

[3] Esta *formación no reglada* se contrapone a la formación reglada, que en el caso de la EPA se organiza en tres niveles, cada uno desarrollado en dos años: Nivel 1 o de alfabetización (Primero y Segundo de la EPA); Nivel 2 o de Consolidación (Tercero y Cuarto de la EPA); Nivel 3 o de Secundaria (Quinto y Sexto de la EPA) (Véase MECD, 2002, para más detalles). Los inmigrantes adultos, y sobre todo jóvenes que no han obtenido el graduado en Secundaria, pueden incorporarse a cada uno de estos ciclos. Su nivel de competencia escrita (y muchas veces oral) no es el adecuado para las tareas académicas y precisarán clases de apoyo para superar la exigencia que impone el español académico. Así, cuando se habla de *cursos de español para extranjeros*, se está hablando específicamente de cursos que se orientan hacia niveles iniciales con fines comunicativos, aunque la demanda de español, por parte de los adultos, puede resultar ser más amplia. A la formación básica y a los cursos de español habría que añadir los programas relacionados con la formación profesional y con el desarrollo personal. Es decir, que puede existir una gran variedad en la oferta y una gran variedad en los tipos de centros que ofertan cursos para inmigrantes que, en definitiva, se corresponde con la diversidad de centros que acogen programas de EPA (*cf.* Jabonero *et al.*, 1997; Balaguer y Formariz, 2002; y García Parejo, 2003a).

[4] Además de las asociaciones que trabajan con adultos y los centros de formación del profesorado que han convocado cursos sobre enseñanza del español a inmigrantes adultos, algunas universidades que han ofertado cursos específicos para profesores de español para inmigrantes (departamento de didáctica de la lengua y la literatura de la Universidad Complutense de Madrid y departamentos de didáctica de la lengua y de las ciencias humanas y sociales de la Universidad de Zaragoza, por ejemplo), han incluido un módulo específico sobre enseñanza del español a inmigrantes adultos. Algunos cursos del Instituto Cervantes también recogen la variable *adulto*, aunque, en general, lo que aparece en la oferta formativa de casi todas las entidades es un módulo general sobre *la enseñanza del español a inmigrantes* (cf. programas de Máster de E/LE de diferentes universidades).

parar materiales. Se añaden en algunos casos la presentación y reflexión sobre el fenómeno de la migración, temas sobre la ley de extranjería, la educación intercultural y la alfabetización de personas adultas y, según la zona, se incluyen aspectos específicos sobre la enseñanza del español a un determinado colectivo (marroquí, polaco, chino...). La revisión de los programas de los cursos nos lleva a la conclusión de que la filosofía y carácter de la entidad que imparte el curso y los ponentes que elige son decisivos a la hora de dar o bien una visión más global de lo que supone la enseñanza del español en un contexto social determinado, o bien una visión más restringida de la enseñanza de E/LE centrada exclusivamente en la competencia comunicativa[5].

El trabajo de las asociaciones, realizado fundamentalmente en equipo, ha supuesto también la posibilidad de reflexionar sobre la práctica educativa y sobre los materiales producidos en el aula, bien para la enseñanza de la lengua, bien para la enseñanza de la lengua y la lectoescritura. Las subvenciones de la Unión Europea y de otras administraciones nacionales públicas y privadas han posibilitado que sean editados algunos de ellos. Con todo, algunos autores se manifiestan más partidarios de utilizar materiales generales de E/LE, tomando las debidas precauciones sobre temas que puedan resultar irritantes o humillantes, que impongan modelos únicos de comportamiento social y cultural y que presenten falsas visiones de la sociedad española (Villalba Martínez y Hernández García, 1999: 93; *cf.* Miquel López, 1995; y Cuerpo, 1998)[6].

La preocupación por este tema queda también manifiesta a lo largo de estos años en revistas pedagógicas y relacionadas con la migración, en general, y con la enseñanza de E/LE, en particular[7]. Algunos de los artículos en ellas publicados recogen experiencias más o menos positivas (*cf.* Carbonell y Parra, 1994) de trabajo en aula, ya sea en asociaciones o en centros de educación de personas adultas (Equipo Espacios Abiertos, 1994; Sobrino *et al.*, 2001) y de actividades en barrios (López, 2002). Otros se centran en aspectos de carácter más metodológico o teórico, pero todos coinciden en señalar la necesidad de establecer una relación entre objetivos comunicativos y objetivos de integración y participación dentro de la comunidad, así como la necesidad de cierto compromiso social por parte del profesorado y del centro que oferta los cursos (Fernández Peñalver y Lorenzo Melero, 1996; García, 1999; Villalba Martínez y Hernández García, 1999; Balaguer Nadal y Formariz Poza, 2002 y García Parejo, 2003a, entre otros).

En lo que al campo de la investigación se refiere, se puede observar que las asociaciones se han acogido, fundamentalmente, a proyectos co-financiados por la Unión Europea y alguna administración pública, como el proyecto Horizon, que permitió, entre otras actuaciones, la publicación de materiales específicos para inmigrantes, o EUROLyC, un proyecto transnacional promovido por Cáritas en el que participan 4 organizaciones europeas y 2 cáritas diocesanas (Bélgica (-2-), Letonia, Suecia, Santa Cruz de Tenerife y Madrid) y cuyo objetivo es el *intercambio y la elaboración de propuestas de formación lingüística y cultural para las personas*

[5] Algunos proyectos de formación del profesorado se incluyeron dentro del marco europeo (proyecto Horizon) y permitieron, por ejemplo, el intercambio de profesores y voluntarios de asociaciones como Cáritas, ASTI y Acoge con el centro Accueil La Goutte d'Or de París. En estos encuentros se debatieron temas como la relación entre la enseñanza de la lengua y apertura social, el papel de la mujer inmigrante y la necesidad de relacionar empleo y enseñanza de la lengua, entre otros (véase Andrade, 1994, para más detalles).

[6] Por razones de espacio, remitimos a la bibliografía para la reseña de estos materiales y al número 53 de la revista *Carabela*, cuyo tema monográfico es *la enseñanza del español a inmigrantes*.

[7] Cf., por ejemplo, *Carabela, Cuadernos de Pedagogía, Entre Culturas, Ofrim Suplementos, Frecuencia L, Textos, Idiomas, REALE*, entre otras. Remitimos a la bibliografía para más detalles.

inmigrantes que necesitan una formación para el conocimiento de la lengua del país de acogida, la comprensión de los modelos socioculturales dominantes, y apoyo en su proceso de integración social y laboral, y en su promoción personal en una sociedad intercultural (Fuchs, 2001b: 11).

Otros proyectos de investigación se han desarrollado en una línea más teórica y descriptiva, aunque buscando siempre una relación entre los datos obtenidos y las implicaciones didácticas que se podrían derivar de los mismos a nivel general y/o para la enseñanza-/aprendizaje del español como segunda lengua en particular. Sin embargo, como señalan Grañeras *et al.* (1999) en la reseña que hace sobre las investigaciones subvencionadas por el CIDE, la educación de adultos inmigrantes es uno de los campos menos trabajados, y menos difundido a través de publicaciones añadiríamos nosotros, en educación intercultural y remite a los estudios dirigidos por García Parejo (1997) y Montes del Castillo (1998). Si el primero describe la participación de adultos inmigrantes en centros públicos y privados de la Comunidad de Madrid y se centra después en la enseñanza-aprendizaje del español, el segundo describe y evalúa la incorporación de inmigrantes adultos en la oferta educativa de EPA de la Región de Murcia[8]. Otras investigaciones han analizado las variedades y dificultades lingüísticas del español hablado y escrito por inmigrantes adultos en general (García Parejo, 2001), o de un colectivo particular, el gambiano (Maruni y Molina, 2001); o bien se han centrado en analizar la relación entre prácticas lingüísticas y educativas del colectivo africano subsahariano adulto (Ambadiang, 2002).

A caballo entre la formación, la experiencia y la investigación podríamos concluir esta breve presentación del ámbito de la enseñanza del español a inmigrantes adultos citando algunas jornadas y congresos que de alguna manera han incluido este tema como parte de sus áreas de debate y que han servido, fundamentalmente, como lugar de encuentro para todos aquellos que se relacionan de manera más o menos directa con la enseñanza-aprendizaje del español como segunda lengua en el contexto de la migración. Desde las Primeras jornadas sobre enseñanza del español para inmigrantes y refugiados, organizadas por el departamento de didáctica de la lengua y la literatura de la Universidad Complutense de Madrid en 1995, hasta el XIII Congreso Internacional de ASELE, celebrado en Murcia en 2002 y cuyo tema monográfico fue: El español, lengua del mestizaje y la Interculturalidad[9]. Expolingua 2002 y 2003 también se han hecho eco de este interés creciente por el tema y, en otro nivel, podríamos señalar la presencia de mesas redondas o ponencias relacionadas con análisis de discurso y migración[10].

Con todo, la urgencia en las actuaciones ha provocado la descoordinación entre todos los agentes implicados, de tal manera que la oferta de los cursos de español para adultos inmigrantes parece haberse convertido en un bien de consumo más dentro del mercado general de la

---

[8] Otra investigación del CIDE, la dirigida por C. Aguirre Martínez (1997), *Estudio comparativo entre la adquisición del español como primera lengua y la adquisición del español como segunda lengua para su aplicación metodológica en la enseñanza del español a inmigrantes*, incluye el seguimiento del aprendizaje de la lengua realizado por tres adultos inmigrantes. Todas estas investigaciones pueden consultarse en la biblioteca del CIDE, cuya dirección recogemos tras la bibliografía.

[9] El primer encuentro tiene actas publicadas (V. Álvarez Angulo, 1995) y las del segundo están en prensa actualmente. Para otros congresos de ASELE, véase bibliografía.

[10] Por ejemplo, el XXXI Simposio de la SEL, celebrado en 2001, contó con una mesa redonda sobre "Discurso e inmigración", coordinada por el profesor A. Bañón Hernández. En este sentido, puede ser interesante revisar las actas de los diferentes congresos sobre análisis del discurso celebrados en las universidades españolas. *Cf.*, por ejemplo, Soto Aranda (2002). Para más detalles sobre Expolingua y otros congresos, véase bibliografía.

enseñanza del español, olvidando el contexto social explícito en el que se desarrolla. En este sentido, es nuestro objetivo en este artículo centrarnos en *los otros elementos* que acompañan el trabajo del profesor de segundas lenguas: conciencia de sí, conciencia del estudiante y conciencia educativa (lengua, cultura, y educación en contextos multiculturales) (Brindley, 1989). Así, en una primera parte proponemos una reflexión sobre quiénes son los sujetos de aprendizaje y quiénes son los sujetos que enseñan, sus ideas previas sobre sí y sobre el otro, qué supone su encuentro para ambos, y qué supone enseñar o aprender una lengua, en este caso el español, en un contexto tradicionalmente monolingüe; y, en una segunda parte, analizamos los factores que afectan la participación de los adultos inmigrantes en los cursos de español. Tras unas conclusiones, recogemos la bibliografía general y algunas direcciones de interés.

1. Los inmigrantes, los docentes y la lengua objeto de estudio

La enseñanza del español a inmigrantes adultos está determinada por el tipo de interacción que se establece entre *el adulto inmigrante*, *el adulto docente* y *la lengua objeto de estudio*. Como todo adulto, inmigrante y docente se han desarrollado en un entorno, con unas características, principios y valores culturales que guían su comportamiento diario en su comunidad de origen[11]. Esos comportamientos se manifiestan, entre otras formas, a través del uso de una(s) lengua(s) y sus variedades y presuponen, a su vez, valores y actitudes hacia la(s) misma(s). Al entrar estos elementos en contacto de una manera obligada, en el caso de la migración económica o política, se provoca una tensión que puede ser percibida en mayor o menor grado por los adultos implicados y que, por tanto, tendrá diferentes tipos de respuesta a nivel personal en lo que se refiere a la construcción de su propia identidad social, la relación con su entorno y el uso de las lenguas que han entrado en contacto[12].

En el cuadro 1, el docente (representado en el círculo de la derecha), como miembro de un estado occidental desarrollado económicamente, vive en un entorno en cambio constante y vertiginoso[13], una sociedad de riesgo, caracterizada, entre otras cosas, por la inseguridad global del sujeto y la individualización de identidades, intereses y experiencias (Beck, 1986, en Jansen y

---

[11] Seguimos el concepto de *naturaleza de la cultura como iceberg*, en Candau (1994: 10). Este concepto remite a la idea de que existe un terreno consciente de la cultura (arte, literatura, música, juegos, cocina, vestido) que es lo que suele verse, y lo que suele explotarse reproducido en las clases de lenguas extranjeras. Pero, como ocurre con un iceberg, el 90% de la cultura queda fuera del conocimiento consciente e incluye aspectos tales como el modo de entender la modestia, la belleza, los ideales sobre la educación, las reglas sobre la relación padres-hijos, las relaciones jerárquicas, el concepto de justicia, el concepto de pecado, el concepto de limpieza, la organización del tiempo, los modelos de conversación, la forma de resolver problemas, el ritmo de trabajo..., en definitiva, lo que guía comportamientos dentro de un grupo social, y que no suele aparecer en las clases de lengua.

[12] Las lenguas en contacto, también *sufrirán* de este choque, piénsese, por ejemplo, en conceptos como el de *pidginización, muerte y pérdida de una lengua, cambio y mezcla de código*, entre otros (véase Holmes, 1992, al respecto), que quedan fuera del objetivo de este artículo, pero que son fuente de investigaciones futuras en lo que en el caso del español se refiere (García Parejo, 2000).

[13] En toda Europa se constata el envejecimiento de la población, el crecimiento del grupo de personas jubiladas antes de los sesenta años, de jóvenes trabajadores sin cualificación, de grupos de inmigrantes...
Los cambios tecnológicos y económicos los arrastran: ciertos trabajos exigen una cualificación técnica, y el mercado de trabajo se cierra cada vez más para aquellos que no tienen una formación y pueden ser considerados como analfabetos funcionales en la sociedad actual (Raggatt *et al.*, 1996, y Jabonero, 1995).

Vander Veen, 1996). Eso le exige, por un lado, poseer unos conocimientos que poco tienen que ver con aquellos que adquirió en su formación básica y que, además, cambian constantemente. Por otro, si está en edad activa, le obliga a competir por unos puestos de trabajo, cualificados o no, que cambian según las necesidades del entorno y que le empuja a una formación permanente. Pero lo más importante, quizás, es que para poder desenvolverse con normalidad en esta sociedad, todo esto le obliga a desarrollar una habilidad de autoaprendizaje y cierta capacidad de adaptación ante el cambio, ya sea a nivel personal, laboral o cultural[14].

Cuadro 1. La enseñanza-aprendizaje de lenguas en contexto de migración.

El entorno de partida del inmigrante (representado por el círculo de la izquierda) resulta muy heterogéneo. Los informes hablan de más de 32 colectivos extranjeros diferentes, por ejemplo, en Madrid (Lora-Tamayo, 2001). Sin embargo, todos comparten el hecho de que su vida estaba condicionada por el logro de las necesidades básicas en un entorno conflictivo a nivel político o económico. Pero, también, por un entorno en el que la socialización y la propia supervivencia dependía de la vida en grupo y de la familia y no tanto del Estado (guarderías o escuelas, instituciones sociales…)[15].

Cuando llega a esta sociedad, el adulto inmigrante compartirá con otros adultos, entre ellos el docente, la necesidad de adaptarse a los cambios que se están produciendo al nivel demográ-

[14] Como señalamos en la introducción, la mayoría de docentes son voluntarios cuyas características resultan de lo más heterogéneas: desde jóvenes estudiantes o licenciados, hasta jubilados.

[15] Eso marcará, por ejemplo, sus relaciones y actitudes hacia las instituciones del país de acogida: desde el rechazo hasta la dependencia y exigencia de derechos políticos y sociales que, a veces, entrarán en conflicto con los de la sociedad receptora (clases de lengua y cultura de origen, manifestación religiosa externa, papel de la mujer, derecho al voto…).

fico, tecnológico, laboral y cultural. Si bien, en el caso de los colectivos mayoritarios, procedentes de América Latina y Marruecos (según informes estadísticos como el de Lora-Tamayo), a todos esos cambios habría que añadir dos variables que los condicionan: a) para muchos de ellos supone, además, el paso de una sociedad mayoritariamente rural, aislada, a una globalizada, prioritariamente urbana, y b) su percepción del cambio resulta más traumática porque apunta hacia sus formas de comportamiento social y cultural más arraigadas[16]. En este sentido, va a ser un adulto que resida en un país compartiendo los problemas e intereses de la comunidad local y colaborando en su sistema productivo. Sin embargo, como inmigrante, seguramente tendrá una residencia precaria, pertenecerá a un grupo minoritario que frecuentemente será percibido de forma negativa por los miembros del grupo mayoritario, no compartirá los mismos derechos políticos y, sobre todo, estará privado de sus medios de comunicación habituales (principalmente los lingüísticos), lo que hará que su participación dentro de la nueva sociedad se vea limitada (cuadro 2).

¿QUIÉN ES EL INMIGRANTE?

- Cuando lo definimos *por su pasado*, un inmigrante es:
  - alguien arrancado de su tierra, de su comunidad, de su sociedad rural debido a la violencia económica o política,
  - alguien con una nacionalidad dada, que es percibido como diferente por la sociedad de acogida (lo que provoca cohesión étnica),
  - portador de códigos lingüísticos y culturales que gobiernan su comportamiento diario.

- Cuando lo definimos por *su presente*, un inmigrante es:
  - un colono que reside en un país compartiendo los problemas e intereses de la comunidad local,
  - un trabajador, que juega un papel específico en el sistema productivo,
  - un no-ciudadano, sin derechos políticos y con una residencia precaria,
  - miembro de una minoría, que se distingue de otras minorías (que frecuentemente tienen connotaciones negativas),
  - una persona privada de sus medios de comunicación (lingüísticos, principalmente).

- Cuando lo definimos *por su futuro*, un inmigrante es:
  - un *mutant* o *viajero cultural* cogido en una situación transitoria, en el sentido de que se ve forzado a cambiar su escenario cultural,
  - un agente de cambio social y cultural,
  - un progenitor, da lugar a nuevas generaciones marcadas por su experiencia económica, social y cultural,
  - hijo de la inmigración, socializado por la familia, pero también por instituciones y elementos externos a la familia,
  - trasportador de bipolaridad, su integración está limitada por la influencia y los sentimientos de su país de origen.

Cuadro 2: Adaptado de la definición aparecida en el Informe final del Proyecto 7 del Consejo de Europa 1986, en Pavinic, 1994: 2492.

En ese contexto, como hemos apuntado en un principio, el encuentro entre el adulto inmigrante y el docente es fuente de mayor o menor tensión, como lo es, en general, el de los dos grupos sociales en contacto, aunque se quieran presentar los cursos de español de una manera neutra como una relación profesional en la que alguien que posee un conocimiento (la lengua y cultura de un país) se lo ofrece a otro que carece de él (Peirce, 1995). Hay que tener en cuenta, por un lado, que cada adulto lleva consigo una experiencia de uso de la lengua según se haya desarrollado en un contexto monolingüe o plurilingüe. Pensemos, por ejemplo, en el caso de un zaireño, Kalala, recogido en Holmes (1992: 21-22), y en el caso de una voluntaria madrileña de cierta edad. Mientras que el repertorio lingüístico de Kalala incluye el Shi informal y el Shi formal (para ceremonias religiosas o sociales) y tres variedades de Swahili (el estándar zaireño, aprendido en la escuela; la variedad local, Kingwana, usada con adultos y niños, y sobre todo en el mercado, y el Indoubil con influencias del inglés, francés e italiano y que se escucha, sobre todo en la gran ciudad entre jóvenes adolescentes), nuestra voluntaria conoce una variedad informal del español y una variedad estándar que usa en la escritura, aunque ha sido educada en la idea de que existe un español correcto, que es el que se debe aprender y usar; que no estar alfabetizada es un estigma que hay que borrar y que existe cierta relación entre el hecho de hablar español y sentirse español. Así, esta experiencia puede marcar la idea del adulto sobre cómo se enseña y se aprende una lengua. Ambos, inmigrante y docente, pueden coincidir o no en la idea de que la lengua es algo que aparece recogido en un libro de texto y que se aprende a través de ejercicios, reglas y explicaciones que el profesor facilita. O bien pueden pensar que el aprendizaje tiene que ver con la experiencia y que el alumno ha de formular hipótesis sobre la lengua a partir de los datos que el profesor facilita a través de su *input* o desde cualquier otro medio (Brindley, 1989: 74)[17]. Por otro lado, también de manera más o menos consciente, los adultos se posicionan ante su(s) lengua(s) y la(s) lengua(s) de los otros. Y lo que es más importante, ese posicionamiento puede extenderse en forma de prejuicio hasta las personas que hablan esa lengua o variedad de lengua[18].

Si como han señalado investigadores de la enseñanza-aprendizaje de segundas lenguas de las últimas décadas, existe una relación entre desarrollo de la competencia comunicativa, desarrollo de la competencia intercultural y capacidad para redefinir la propia identidad social en contextos multiculturales (Byram, 1991, 1997; Skutnabb-Kangas, 1991; Peirce, 1995; Grosse, 1998; entre otros), el encuentro debería favorecer en ambos la reconstrucción de esta identidad. No podemos borrar el entorno donde nacimos y crecimos, pero sí aprender a reflexionar críticamente y conjuntamente

---

[16] Como señala Kamali (2000) al describir algunos casos de familias inmigrantes en Suecia, el estado del bienestar defendido por las sociedades occidentales europeas no permite que ciertas prácticas sociales se impongan sobre las ya establecidas en cada país. Por ejemplo, la forma de actuar de los padres frente a las instituciones, que tienen el poder de retirar la custodia de los hijos; o el poder de intervención de las mismas ante los deseos de libertad de las jóvenes mayores de 18 años.

[17] Pensemos, además, en otras ideas previas relacionadas con la enseñanza y aprendizaje de lenguas, tales como la edad apropiada para aprender una lengua, los conceptos de error y de corrección lingüística, la forma de interacción en el aula y la forma de evaluación, por ejemplo.

[18] Hudson (1981) habla de dos tipos de prejuicios lingüísticos, el de los alumnos y el de los profesores. Tendemos a centrarnos sólo en las actitudes de los inmigrantes hacia la lengua de la sociedad de acogida, pero como señala Hudson y han demostrado estudios etnográficos como el de Bigs y Edwards (1994), las prácticas del docente están influenciadas por sus propios prejuicios sociales y lingüísticos y no trata igual a todos los alumnos. Ya parte de ciertos estereotipos: tales alumnos de tal procedencia tienen dificultades con ciertos aspectos de tal lengua (cuando no cree que las tengan de manera global).

sobre cómo está construida nuestra identidad. En la mayoría de los casos se caracteriza por ser única y estática. Y una identidad así construida no deja sitio para la revisión crítica de las formas y pautas de actuación y comportamiento. Presupone que las ideas y valores en los que hemos sido educados son adecuados, verdaderos y estables. En este sentido, esperamos del otro que se integre en un plazo relativamente corto, y para ello, el conocimiento de la lengua se entiende como elemento fundamental. Eso supone, por un lado aculturización y asimilación obligada y, por otro, que la responsabilidad del aprendizaje de la lengua depende sólo del que la aprende, y que la enseñanza se centra, principalmente, en la propiedad en la corrección y en la competencia comunicativa, añadiendo los elementos culturales que el docente cree necesarios[19]. Ellos, por su parte, pueden decidir no integrarse y mantener cierto grado de cohesión y reclusión creando sus propias escuelas, iglesias, centros de trabajo, etc. (Schumann, 1976). Si creemos, sin embargo, que *identity is not a static characteristic of a person. It is a matter for negotiation* (Skutnabb-Kangas, 1991: 309), estaríamos hablando de una identidad social multicultural que se construye en diálogo con los otros, que es capaz de adaptarse al cambio, y que es permeable. Eso exige negociación de significados, de comportamientos sociales y políticos ante la nueva realidad. Evidentemente, al final también habrá aculturización, pero con responsabilidad por ambas partes, porque cada uno podrá negociar si quiere vivir en la monocultura o en la pluricultura, si quiere ser bilingüe y en qué grado, sin quedar marcado por la variedad de lengua que use, aún siendo conscientes de que el miembro de la cultura dominante siempre tendrá más posibilidades de elegir (Grosse, 1998 y Peirce, 1995)[20].

Las implicaciones didácticas que se derivarían de esta forma de percibir el encuentro entre el docente y el inmigrante tendrían que ver con una idea de educación integral basada en un conocimiento de la identidad social y cultural propias y ajenas y en una habilidad para evaluar críticamente ese conocimiento. Y, como docentes, ser críticos ante la cultura propia supone la revisión en diálogo con los otros de nuestros prejuicios lingüísticos y metodológicos.

2. Factores que afectan a la participación de adultos inmigrantes en los cursos de lengua española

Como hemos señalado en la introducción, son muchos los tipos de centros que ofertan cursos de español para inmigrantes. Con todo, la participación de éstos en los cursos no es algo que se produzca de manera masiva a su llegada al país de acogida. Como muestran los estudios de

---

[19] Según Camps (2001), este tipo de identidad homogénea deriva en fundamentalismo y en el juego de lo políticamente correcto. Cuando se produce el contacto entre colectivos, intentamos que el choque no sea muy fuerte y así, por ejemplo, eliminamos de nuestras clases cierto tipo de vocabulario, toleramos y nos toleran ciertas prácticas culturales (pero no sociales, Kamali, 2000) e imponemos algunas como universales sin negociarlas. A nivel pedagógico, trabajamos ciertos aspectos relacionados con mitos, héroes y cuentos de otras culturas, pero sin cambiar la estructura del currículo, y creamos programas compensatorios de lengua, cuando no segregacionistas. Para una visión de conjunto de la escuela multicultural remitimos al estudio de Bartolomé Pina (1997).

[20] Peirce (1995) señala que, al igual que el concepto de *competencia lingüística* presuponía un hablante y oyente ideal, el concepto de *competencia comunicativa* presupone un aprendiz ideal en el sentido de que es un aprendiz sin historia, situado fuera de un contexto social, ya que se da por hecho que tendrá oportunidad de interactuar con nativos de la lengua que está aprendiendo. En este sentido, propone incluir entre las subcompetencias comunicativas la capacidad de manifestar el derecho a hablar en cualquier situación y con cualquier variedad de lengua, sintiéndose ciudadano del mundo.

carácter etnográfico, algunos miembros de familias de inmigrantes, sobre todo las mujeres, se ven obligados a vivir en el país de acogida sin aprender la lengua (Rockhill, 1994; Saxena, 1994; García Parejo, 2001). Otros inmigrantes, sobre todo los varones africanos, llegan a conocer el español sin haber asistido a clases de una manera sistemática (Ambadiang, 2002). Por otra parte, en la medida en que la prioridad del inmigrante es la de encontrar trabajo y la de la sociedad del bienestar es cubrir las necesidades básicas de los individuos que componen la misma, la presencia de mediadores lingüísticos y culturales hace no imprescindible el conocimiento de la lengua, aunque, al mismo tiempo se sienta por ambas partes que la lengua es un instrumento importante para la integración y la participación en la sociedad. Podemos entender, pues, que el aprendizaje de la lengua por parte de los inmigrantes es algo complejo que se mueve entre el deseo y el rechazo, la necesidad y la imposición (Rockhill, 1994; Peirce, 1995; Kamila, 2000). En este sentido, tal como recogemos en el cuadro número 3, su participación en cursos de español viene determinada por una serie de factores de carácter interno y externo[21]. Si los primeros nos remiten a factores sociales e individuales, los segundos tienen que ver más con el grado de adecuación y concreción de las ofertas educativas y con la gestión de centros.

INTERNOS			EXTERNOS			
SOCIO-CULTURALES	SUBJETIVOS	PRAGMÁTICOS	PAPEL DE LA INSTITUCIÓN	OFERTA	ORGANIZACIÓN	RECURSOS
- etnia - género - edad - distancia social de los grupos en contacto	- expectativas (motivación integrativa o instrumental)	- tiempo - coste-beneficio - búsqueda de empleo	- socialización	- tipos de cursos - diferentes niveles - diferentes campos - diferentes actividades - metodología en aula - clases de apoyo - difusión	- horas de clase - horario - número de alumnos - acogida - presencia de españoles	- orientación - materiales - aulas - servicio de guardería - personal bilingüe

Cuadro 3: Factores que inciden en la participación de adultos inmigrantes en los cursos de español.

2.1. Factores internos

Si repasamos la bibliografía sobre las variables que afectan el proceso de aprendizaje de una segunda lengua comprobaremos que algunos autores han dado mucha fuerza al papel que tienen los factores individuales tales como actitudes y motivaciones (Krashen, 1981; Gardner y Lambert, 1972), mientras que otros, se lo han dado a los condicionantes sociales (Schumann,

---

[21] Cuando no de carácter político. En los primeros años de movimientos migratorios en Alemania, por ejemplo, se hicieron pocos esfuerzos para realizar ofertas de clases de lengua a adultos trabajadores (Pfaff, 1981: 178). En la medida que se esperaba que volviesen a su país, se siguió una política de no integración.

1976)[22]. Pero como señala Peirce (1995), resulta artificial separar ambos aspectos. Su hipótesis es que los teóricos de la enseñanza de segundas lenguas no han tenido en cuenta las relaciones de poder que se dan en el contexto social en el que se desenvuelven los aprendices, ya que estas relaciones limitan las prácticas de la lengua fuera de la clase, sobre todo en el marco de la migración, donde el aprendiz pertenece a un grupo minoritario, generalmente percibido con connotaciones negativas, que porta sus propias prácticas sociales y culturales (véase apartado 1).

Estudios como el de García Parejo (1997 y 2001) señalan, por ejemplo, la importancia de las variables edad y género como factores de participación en los cursos de español. Los problemas derivados del núcleo familiar, como es el cuidado de los hijos, condicionan la asistencia de la mujer menor de 35 años. Y los horarios laborales o la falta de trabajo condicionan la participación de hombres y de mujeres de esas edades. Así, se observa la presencia mayoritaria de hombres con menos tiempo de residencia en España en los cursos de español ofertados por entidades de carácter privado, pero más mujeres con más tiempo de residencia en España (aunque con escaso conocimiento de la lengua) en la oferta general de EPA[23].

Sus expectativas de futuro también actúan como factor de participación. Así, entre las motivaciones que les llevan a estudiar español encontramos que el porcentaje más elevado corresponde al hecho de poder encontrar trabajo (41,62%) y el deseo de poder hablar español igual o mejor que un español (42,63%) (García Parejo, 1997), lo que se correspondería con las motivaciones de carácter instrumental e integrativo definidas por Gardner y Lambert (1972)[24]. Sin embargo, en el informe también se recoge que el 78,17% usa el español sólo en el centro de estudio y en el mercado, muy pocos contextos en los que poder desarrollar una competencia comunicativa en una lengua[25]. En este sentido, Peirce (1995) prefiere hablar de inversión, más que de motivación. Aprender la lengua del país de acogida es una inversión de la que espera recoger algún beneficio en proporción con el esfuerzo realizado. Y parte del esfuerzo consiste en reclamar el derecho a hablar y en organizar y reorganizar quién es y cómo se relaciona con su entorno[26]. La clase de lengua debería ayudar y proporcionar estrategias para tal fin.

[22] Krashen (1981), por ejemplo, señala la variable afectiva (la falta de confianza, la ansiedad), como posible freno del proceso de aprendizaje. Gardner y Lambert (1972) hacen hincapié en las motivaciones internas del sujeto, integrativas vs. instrumentales, como variables que afectan al éxito en el aprendizaje de una L2. Y Schumann (1976) apunta hacia factores sociales, tales como la distancia social entre grupos diferentes que entran en contacto (manifestada en forma de asimilación, aculturación, reclusión, cohesión, entre otras).

[23] Esto tiene que ver tanto con el tipo de oferta del centro como con la idea que tienen acerca de las instituciones y de su papel. La asociación puede ser vista como un lugar de encuentro para el hombre, mientras que el centro dependiente de la administración se asocia al estado y a cierto grado de control.

[24] Gardner y Lambert (1972) introducen el concepto de motivación instrumental e integrativa en el campo de la enseñanza-aprendizaje de segundas lenguas. La motivación instrumental tiene que ver con el deseo que manifiesta el sujeto por aprender una lengua con fines utilitarios como, por ejemplo, conseguir un empleo, y la integrativa, con el deseo de integrarse de manera exitosa en la comunidad.

[25] La presencia de varios hijos menores, que suelen hablar español entre sí (García Parejo, 2001), impone el uso del español en casa y puede actuar como motivación para que el adulto sienta la necesidad de aprender la nueva lengua. O bien los hijos se convierten en mediadores lingüísticos y culturales y opta por no aprender la lengua.

26 Las mujeres inmigrantes que siguen en su estudio, unas veces sienten autoconfianza y otras no. Sienten que su inglés es suficiente para cubrir la comunicación con sus amigos, pero se sienten más frustradas en el trabajo o con ciertos profesionales (médicos, maestros). Algunas optan por callarse para que no se les note que son inmigrantes y otras desarrollan una identidad multicultural como ciudadanas del mundo y aceptan su variedad sin complejos y ejercen su derecho a hablar y a ser escuchadas y consiguen entender mejor que sus maridos cómo funciona la nueva sociedad en la que viven. Para otras mujeres, sin embargo, debido a las presiones de género, aprender la nueva lengua, e incluso llegar a estar alfabetizadas es más un deseo que un derecho o una realidad (Rockhill , 1994).

2.2. Factores externos

Por factores externos al inmigrante entendemos aquellos que guardan una relación directa con la entidad que ofrece el curso de español. Por un lado, los recursos que maneja, la oferta formativa que incluye y la manera de difundirla; por otro, las características del diseño y planificación de los cursos de español en sí. Pero además, el hecho de que la institución o entidad que los oferta sea pública o privada puede actuar como elemento motivador de la participación o de la no participación (véase nota 23).

Si tenemos en cuenta las características del inmigrante, y las de cualquier adulto que decide seguir un curso de formación, debemos ser conscientes de que añade a sus muchas cargas la de un aprendizaje que no resulta gratificante en sí mismo. En este sentido, busca experiencias que sean útiles para manejar los cambios que se están produciendo en sus vidas. Estudios como los de García Parejo (1997 y 2001) señalan que *recursos* como el de orientación o asesoramiento jurídico y laboral son importantes a la hora de elegir un centro donde estudiar español, así como el hecho de que la oferta sea gratuita. Y experiencias como las de la unidad ALBSU en Reino Unido apuntan hacia la idea de que si queremos que exista participación de los inmigrantes adultos debemos disponer de recursos como servicios de guardería o personal bilingüe y aulas abiertas[27].

Relacionado con los recursos está la *organización general del centro*. Por un lado los horarios en los que se ofertan las clases deben coincidir con los de mayores posibilidades para los inmigrantes. Las mañanas deben coincidir con horarios de guarderías o de colegios para favorecer la participación de mujeres, o de hombres con horarios nocturnos. Los horarios de tarde deben coincidir con las salidas de jornadas laborales a partir de las 20 horas y se hace casi obligatorio abrir los centros los fines de semana.

En la medida en que la integración supone posibilidades de participación social y política en la comunidad, la *oferta* debe incluir no sólo cursos de español, sino abrir el campo formativo en la línea que marca la LOGSE para la educación de personas adultas: formación orientada al trabajo, formación para el ejercicio de los derechos y responsabilidades cívicas, formación para el desarrollo personal, y formación general de tipo compensatorio, con diferentes niveles, diferentes actividades y diferentes posibilidades de dar un apoyo individualizado. Por otro lado, deberían ofertarse cursos intensivos para aquellos que están en situación de desempleo y cursos más extensos en el tiempo para otros adultos. Hay que pensar en el número de alumnos por clase según se trate de un tipo de curso o de nivel y, en cualquier caso, resulta fundamental planificar la acogida y la implicación de otros miembros de la comunidad educativa de más años en el centro, españoles u otros inmigrantes[28].

La adecuación de la *planificación de los cursos de español*, así como la utilización de una *metodología apropiada* son quizás dos de los factores más importantes que afectan la participación de inmigrantes adultos en los cursos de español. Hay que tener en cuenta que, como cualquier adulto, cuando algo no resulta de interés o no responde a sus expectativas, tiende a abandonarlo. Y en la medida en que cualquier tipo de aprendizaje le supone un esfuerzo, quiere ver resultados positivos casi de manera inmediata (Jiménez Frías y Sanz Fernández, 1994). Si a esto

---

[27] Para una descripción más detallada de esta unidad remitimos a García Parejo (2003a).

[28] Hay que tener en cuenta que el medio por el que son conocidas las ofertas formativas es principalmente la relación entre familiares y amigos (García Parejo, 1997 y 2001).

se une otra característica propia del aprendizaje adulto como es la resistencia a utilizar estrategias de aprendizaje diferentes a las habituales (pasar, por ejemplo, a emplear métodos deductivos cuando siempre se ha memorizado), entenderemos que la planificación de estos cursos ha de basarse en la consulta y la negociación con los alumnos. Como señala Brindley (1989), no siempre es tarea fácil, pero reduce el riesgo de abandonos y de desmoralización e insatisfacción.

En general, cuando se pregunta a los alumnos, éstos suelen contestar de una manera vaga, pero que refleja bastante bien sus ideas previas sobre lo que es la enseñanza-aprendizaje de una lengua. Así, como se recoge en los estudios de García Parejo (1997 y 2001), las personas que no han sido alfabetizadas en su lengua, lo que manifiestan es un deseo de aprender a leer y a escribir, por lo que insistir en que deben conocer antes la lengua oral y privarles de todo contacto con la lengua escrita puede ser para ellas causa de frustración[29]. Los que poseen cierta formación, suelen expresarse en términos de habilidades o de situaciones: quieren hablar y entender a otras personas, seguir la radio o la televisión, arreglar papeles y encontrar trabajo. Valoran como más útiles las informaciones gramaticales y el aprendizaje del vocabulario, y entre las actividades prefieren la conversación sobre diferentes temas de interés y, en menor medida, dependiendo de variables como edad y género, la conversación sobre su país o la audición de canciones[30]. Detrás de estas respuestas se esconden, sobre todo, las estrategias de aprendizaje a las que están acostumbrados los alumnos. El reto consiste en saber analizar realidades y negociar contenidos derivados del análisis del entorno compartido por los adultos y nuevas estrategias de aprendizaje, para el docente o para el aprendiz. De nuevo, se exige por ambas partes una capacidad de adaptación al cambio.

Conclusión

La enseñanza-aprendizaje de lenguas en contextos cada vez más multiculturales parece ser uno de los grandes temas de debate del siglo XXI, heredero de los movimientos migratorios del siglo anterior. Este hecho nos sitúa ante unos sujetos de enseñanza cuyos problemas lingüísticos no deberían ser separados de su situación social, económica, cultural y política. Diseñar unos cursos de lengua orientados únicamente al desarrollo de la competencia comunicativa presupone la existencia de un aprendiz asocial, que puede elegir cómo, cuándo y con quién comunicarse, y que parte con una motivación única y estable para aprender la lengua. Es decir, un aprendiz que no se ve afectado por factores individuales o sociales. Sin embargo, el aprendizaje de una segunda lengua en contexto de migración supone para el sujeto una negociación constante de su identidad social y de sus sentimientos contradictorios de necesidad, rechazo y deseo de uso de esa lengua.

En este contexto, el papel del profesor y su formación específica resultan ser de especial importancia. El profesor se concibe como un mediador sociocultural que se sitúa entre los alumnos y un saber cultural que incluye la lengua, los valores de la comunidad, las pautas de comportamiento social, la relación de bienes y servicios del entorno, así como su uso y disfrute. Se sitúa,

---

[29] Para una reflexión general sobre el proceso de enseñanza-aprendizaje de la lectoescritura en contextos multiculturales remitimos a García Parejo (2003b).

[30] Estos datos coinciden con los de Brindley (1989) para el estudio del inglés, obtenidos a partir de investigaciones centradas en los inmigrantes adultos en Australia.

también, entre la institución que oferta los cursos, con sus fines, métodos y recursos, y el inmigrante y, muchas veces, entre este último y el mundo empresarial. Todo esto le exige, a nivel personal, vivir ejerciendo sus deberes y derechos como ciudadano, siendo capaz de analizar críticamente su propia identidad social. Como docente, le supone mirar hacia sus propios prejuicios e ideas sobre lo que considera que debe ser aprender y enseñar una lengua. Su tarea no consistirá en transmitir información, sino en transformar sus conocimientos teóricos y vivenciales en conocimientos útiles y adecuados a las características y necesidades de sus alumnos y a la realidad social que les ha tocado compartir.

En lo que a formación se refiere, el trabajo como profesor de español con adultos inmigrantes demanda no sólo los conocimientos básicos sobre enseñanza-aprendizaje de segundas lenguas, sino también un conocimiento general sobre educación de personas adultas y habilidades generales en orientación y tutoría, de tal forma que se pueda asesorar al alumno en la elaboración y seguimiento de un proyecto de aprendizaje propio que, a ser posible, incluya algo más que el conocimiento de la lengua. Por otra parte, el profesor debería manejar ciertas estrategias para poder detectar las necesidades de los alumnos conjugando el conocimiento que debe tener de éstos y de su entorno. Así, al poner en relación intereses del alumno con la realidad social, política, laboral, económica y cultural, podría negociar un currículo adecuado y un proyecto de aprendizaje en el que cada adulto se comprometiese de manera individual.

Esta forma de entender la planificación y diseño de los cursos supone una administración y organización de centros más flexible, sobre todo en horarios y tipo de agrupaciones e, indirectamente, en la manera de gestionar los recursos y materiales disponibles y las relaciones con otros servicios de la zona donde se ubique el centro. Y exige, sobre todo, trabajo en equipo e inversión en medios e investigación. Tras varios años de experiencias y actuaciones promovidas desde diferentes entidades públicas y privadas, sería interesante conocer qué impacto social están teniendo para los inmigrantes, los profesores, la comunidad educativa y todo el entorno en el que se desarrollan los diferentes programas dirigidos a promover el conocimiento de la lengua española entre inmigrantes adultos, así como otros programas formativos de carácter más global. Estudios de este tipo aportarían una información valiosísima que podría aprovecharse, entre otras cosas, para mejorar la oferta general de EPA de forma que pudiera articularse de manera más flexible para dar respuesta a la nueva realidad multicultural, si no, corremos el riesgo de dejar aislado a un sector de la población que puede quedar condenado a desempeñar únicamente un cierto tipo de trabajos (Hart, 1994). En este contexto, pues, el aprendizaje de la lengua no debe entenderse como un fin en sí mismo, sino como un paso en el camino hacia la integración con plenos derechos. Es muy difícil participar en una sociedad si se carece de uno de los instrumentos básicos de comunicación, la lengua. Pero también, si no se disponen de ocasiones para comunicarse con el otro (lo que, a su vez, dificulta el aprendizaje de la lengua, Vila, 1999) y si no se desarrolla una conciencia y una identidad social más multicultural que nos permita ser más permeables hacia las variedades lingüísticas usadas por unos y por otros. Así, los objetivos generales de los cursos de español para inmigrantes deben incluir tanto los orientados hacia la adquisición y desarrollo de la competencia comunicativa de los adultos en la nueva lengua, como los encaminados a potenciar el ejercicio de sus derechos como ciudadanos.

Bibliografía

Actas de la II Escuela de Verano. Metodología y Evaluación de Personas Adultas, Madrid, Consejería de Educación de la Comunidad Autónoma de Madrid.

AJA, E. *et al.* (1999), *La inmigración en España. Los retos educativos*, Barcelona, Fundación La Caixa, Col. Estudios Sociales.

ALBSU-IMS (1992), *Basic Skills and Jobs*, Londres, Adult Literacy and Basic Skills Unit e Institute of Manpower Studies.

ÁLVAREZ ANGULO, T. (ed.) (1995), *Actas de las jornadas sobre la enseñanza del español para inmigrantes y refugiados,* en *Didáctica (Lengua y Literatura),* 7.

ANDRADE, G. (1994), "Papel de los/as formadores/as. Su acción y sus límites", *Entre Culturas*, 10: 4-7.

AMBADIANG, T. (2002), *Las estrategias comunicativas como indicio de integración sociocultural: el caso del colectivo negro-africano en la Comunidad de Madrid*, Informe-Memoria de Investigación, Madrid, Fundación Caja Madrid.

BALAGUER NADAL, C. y FORMARIZ POZA, A. (2002), "La formación de las personas adultas", *Cuadernos de Pedagogía*, 315: 40-43.

BARTOLOMÉ PINA, M. (coord.) (1997), *Diagnóstico a la escuela multicultural*, Barcelona, Cedecs.

BASSANO, S. (1986), "Helping learners adapt to unfamiliar methods*", Language Teaching Journal*, 40,1: 13-19.

BIGS, A. P. y EDWARDS, V. (1994), "I treat them all the seam. Teacher-Pupil talk in multiethnic Classroms", en D. GRADDOL, *et al.* (eds.) (1994), *Researching Language and Literacy in Social Context*, Clevedon, Multilingual Matters: 83-99.

BRINDLEY, G. (1984*), Needs Analysis and Objetive Setting in the Adult Migrant Education Program*, Sidney, N.S.W., Adult Migrant Education Service.

BRINDLEY, G. (1989), "The role of needs analysis in adult ESL programme design", en R. K. JOHNSON (ed.) (1989), *The Second Language Curriculum*, Cambridge, Cambridge University Press: 63-78.

BUTTJES, D. (1991), "Mediating Languages and Cultures: The Social and Intercultural Dimension Restored", en D. BUTTJES y M. BYRAM (eds.) (1991), *Mediating Languages and Cultures*, Clevedon, Multilingual Matters: 3-16.

BYRAM, M. (1991), "Teaching Culture and Language: Towards an Integrated Model, en D. BUTTJES y M. BYRAM (eds.) (1991), *Mediating Languages and Cultures*, Clevedon, Multilingual Matters: 17-30.

BYRAM, M. (1997), *Teaching and Assesing Intercultural Communicative Competence*, Clevedon, Multilingual Matters.

CAMPS, A. (2001), "Educar a la ciudadanía para la convivencia intercultural", *Anthropos*, 191: 117-122.

CANDAU, V. (1994), "Educación y culturas", en VV. AA. (eds.) (1994*), Interculturalidad y cambio educativo. Apuntes IEPS*, 59: 7-19.

CARBONELL, F. y PARRA, S. (1991), "Samba Kubally. Dos historias de una escuela", *Cuadernos de pedagogía*, 196: 30-34.

CASSARA, B. (ed.) (1994), *Adult Education in a Multicultural Society*, Londres, Routledge.

CIDE-CIDREE (2002), *Seminario internacional sobre inmigración y sistemas educativos. Nuevos retos y soluciones en el entorno europeo*, Madrid, MEC, manuscritos no publicados de las ponencias presentadas.

CIRES (Centro de Investigaciones sobre la Realidad Social) (1995), *La realidad social en España. 1993-84*, cap. 8: "Actitudes hacia los inmigrantes": 599-688.

COLECTIVO IOÉ (1999), "La inmigración extranjera en España, 2000", en E. AJA *et al.* (1999), *La inmigración extranjera en España, 2000. Los retos educativos*, Barcelona, Fundación La Caixa: 13-68.

CUERPO, M. (1998), "¿Un reto para el profesorado? Enseñanza del español para inmigrantes", *Frecuencia L*, 7: 53-54.

DAVIES, B. y CORSON, D. (eds.) (1997), *Encyclopedia of Language and Education*, Dordrecht, Kluwer Academic Publishers, 8 vols. (especialmente, vol. 3: "Oral Discourse and education", sección 2: "Oral Language, Culture and Identity").

DUBIN, F. y OLSHTAIN, E. (1986), *Course Design. Developing Programs and Materials for Language Learning*, Cambridge, Cambridge University Press.

EDWARDS, R. (eds.) (1993), *Adult Learners, Education and Training*, Londres, Routledge.

EDWARDS, R. *et al.* (eds.) (1996), *Boundaries of Adult Learning*, Londres, Routledge.

EL-MADKOURI MAATAOUI, M. (2001), "La referencia terminológica y conceptual al inmigrante "magrebí" en algunos medios", en *Perspectivas recientes sobre el discurso*, AESLA, Universidad de León: 198.

EQUIPO ESPACIOS ABIERTOS (1994), "Aprende con nosotros", *Cuadernos de Pedagogía*, 196: 35-38.

EXTRA, G. y VALLEN, T. (1997), "Migration and Multilingualism in Western Europe: A Case Study of The Netherlands", *Annual Review of Applied Linguistics*, 17: 151-169.

FERNÁNDEZ PEÑALVER, C. y LORENZO MOLERO, A. (1996), "Cómo afrontar un curso de español para inmigrantes", *Frecuencia L*, 1: 30-31.

FLECHA, R. (1994), "Las nuevas desigualdades educativas", en A. AYUSTE *et al.* (1994), *Planteamientos de la pedagogía crítica. Comunicar y transformar*, Barcelona, Graó: 55-82.

FREIRE, P. (1994), "Educación y participación comunitaria", en M. CASTELLS *et al.*, *Nuevas perspectivas críticas en educación*, Barcelona, Paidós: 83-96.

FUCHS, N. (2001a), "EUROLyC (I)", *Entre Culturas*, 39: 20-23.

FUCHS, N. (2001b), "EUROLyC (y 2)", *Entre Culturas*, 40: 10-17.

GARCÍA, P. (1999), "El enfoque intercultural en la enseñanza del español a inmigrantes", *Carabela*, 45: 107-123.

GARCÍA GARCÍA, P. (1997), "El espacio comunicativo: entorno de enseñanza y aprendizaje para inmigrantes", *Actas del VIII Congreso Internacional de ASELE*, Alcalá de Henares, 1998: 357-362.

GARCÍA PAREJO, I. (dir.) (1997), *Enseñanza/Aprendizaje de la lengua e integración: una propuesta educativa centrada en el inmigrante adulto sobre la base de datos relativos a la Comunidad Autónoma de Madrid*, Memoria Proyecto CIDE, no publicada.

GARCÍA PAREJO, I. (2000), "Procesos de pidginización en el español hablado por inmigrantes", en MARTÍN ZORRAQUINO *et al.* (eds.) (2001), *¿Qué español enseñar? Norma y variación lingüísticas en la enseñanza del español a extranjeros*, *Actas del Congreso ASELE*, Zaragoza, Universidad de Zaragoza: 349-358.

GARCÍA PAREJO, I. (2001), *Aprendizaje y uso de la lengua en el contexto de la migración: análisis de las dificultades lingüísticas y socioculturales de la población inmigrante adulta (estudio de casos)*, Informe-memoria proyecto beca posdoctoral financiada por la Comunidad de Madrid (Programa operativo 2000-2006), no publicado.

GARCÍA PAREJO, I. (2003a), "Los cursos de español para inmigrantes en el marco de la educación de personas adultas", *Carabela*, 53: 45-64.

GARCÍA PAREJO, I. (2003b), "La construcción de la alfabetización en contextos multiculturales", en M. V. Reyzábal (ed.), *Perspectivas teóricas y metodológicas. Lengua de acogida, educación intercultural y contextos inclusivos,* Madrid, Consejería de Educación y Cultura de la Comunidad de Madrid: 345-364.

GARCÍA SANTA-CECILIA, A. (1995), *El currículo de español como lengua extranjera. Fundamentación metodológica. Planificación y aplicación*, Madrid, Edelsa.

GARDNER, R. (1980), "On the validity of affective variables in second language acquisition:

conceptual, contextual and statistical considerations", *Language Learning,* 30: 255-270.

GRAÑERAS, M. *et al.* (1999), "Últimas tendencias en la investigación del CIDE sobre educación intercultural", *Ofrim Suplementos*, noviembre-diciembre, 1999: 175-194.

GROSSE, S. A. (1998), "Second Language (L2) Learning Reconsidered: Developing Cross-Cultural Capability, Redefining Social Identity and using Assertion Strategies", en D. KILLICK y M. PARRY (eds.) (1998), *Languages for Cross-Cultural Capability. Proceedings of the conference at Leeds Metropolitan University:* 129-145.

HART, M. (1996), "Educating cheap labour", en R. EDWARDS *et al.* (eds.) (1996), *Boundaries of Adult Learning*, Londres, Routledge: 136-149.

HEATH, S. B. (1982), "What No Bedtime Story Means: Narrative Skills at Home and School", *Language in Society*, 11: 49-76.

HOLMES, J. (1992), *An Introduction to Sociolinguistics*, Londres, Longman, 3.ª edición.

HUDSON (1981), *La sociolingüística*, Barcelona, Anagrama.

INSTITUTO CERVANTES (1994*), La enseñanza del español como lengua extranjera. Plan Curricular del Instituto Cervantes*, Publicaciones del Instituto Cervantes.

JABONERO, M. *et al.* (1997), *Educación de personas adultas: un modelo de futuro*, Madrid, La Muralla.

JANSEN, T. y VAN DER VEEN, R. (1996), "Adult education in the light of the risk society", en P. RAGGATT *et al.* (eds.) (1996), *The learning Society. Challenges and Trends*, Londres, The Open University with Routledge: 122-135.

JIMÉNEZ FRÍAS, R. y SANZ FERNÁNDEZ, F. (1994), "Psicosociología de los destinatarios en la educación de personas adultas", en F. SANZ FERNÁNDEZ (dir.), *La formación en educación de personas adultas*, Madrid, UNED: 63-112.

JIMÉNEZ FRÍAS, R. (1994), "Características del aprendizaje de las personas adultas", en F. SANZ FERNÁNDEZ (dir.), *La formación en educación de personas adultas*, Madrid, UNED: 113-156.

JOHNSON, R. K. (1989), "A decision-making framework for the coherent language curriculum", en R. K. JOHNSON (ed.) (1989), *The Second Language Curriculum*, Cambridge, Cambridge University Press: 1-23.

KAMALI, M. (2000), "The role of educational institutions in the clientization of immigrants: the Swedish case", *Intercultural Education*, 11, 2: 179-193.

KRASHEN, S. (1981), *Second Language Acquisition and Second Language Learning*, Oxford, Pergamon.

LARSEN-FREEMAN, D. y LONG, M. (1991*), An Introduction to Second Language Acquisition Research*, Londres, Longman.

LAZENBY SIMPSON, B. (1998), "Developing Cross-Cultural Capability at the Interference between Language Learning and Employment: A Study of Refugee Language Learners in Pre-Vocational Language Courses", en D. KILLICK y M. PARRY (eds.), *Languages for Crosscultural Capability. Promoting the Discipline: Making Boundaries and Crossing Borders*, Leeds, Centre for Language Studies, Leeds Metropolitan University: 272-281.

LITTLEJOHN, A. (1985), "Learner choice in language study", *English Language Teaching Journal*, 39, 4: 253-261.

LÓPEZ, A. (2002), "La incorporación de la cultura de origen en la clase de español a inmigrantes", *Frecuencia L*, 20: 32-40.

LORA-TAMAYO, G. (2001), *Extranjeros en Madrid Capital y en la Comunidad. Informe 2000*, Madrid, ASTI.

LOUREIRO, R. (1998), "La enseñanza del español a colectivos e individuos inmigrantes", *Actas del IX Congreso Internacional de ASELE*: 233-237.

MARTÍN ROJO, L. (dir.) (2003), *¿Asimilar o integrar? Dilema ante el multilingüismo en las aulas,* Madrid, MEC-CIDE.

MARUNI, L. y MOLINA, M. (1999), *Competencia comunicativa en adultos gambianos inmigrantes en Cataluña*, Memoria de investigación, Barcelona, Fundación Jaume Bofill.

MARUNI, L. y MOLINA, M. (2001), "Identidad sociocultural y aprendizaje lingüístico. El caso de la inmigración", *Textos de Didáctica de la Lengua y la Literatura*, 26: 55-64.

MARZO, A. (1994), "El valor de la educación para los/las emigrantes: ¿Aproximación o asimilación cultural?", manuscrito entregado en Expolingua 94, publicado (1996) *Didáctica del español lengua extranjera*, III: 157-170.

MATEO, M.V. (1994) "Enseñanza del español a inmigrantes. Datos empíricos y propuestas teóricas", *REALE*, 3:117-127.

MEC (CIDE) (2002), *El sistema educativo español*, Madrid, MEC Secretaría General Técnica.

MIQUEL LÓPEZ, L. (1995), "Reflexiones previas sobre la enseñanza de E/LE a inmigrantes y refugiados", *Didáctica (Lengua y Literatura) 7 (AJELEIR)*: 241-254.

MIRALLES, J. (1995), "Clases de lengua y cultura española... y mucho más. Una experiencia reveladora", *Entre Culturas*, 15: 14-15.

MONTES DEL CASTILLO, A. (1998), *Evaluación del impacto de la incorporación de la población inmigrante al sistema educativo. El caso de los inmigrantes marroquíes y la educación de adultos en la región de Murcia*, memoria proyecto CIDE, no publicada.

MORENO, J. C. *et al.* (2002), *Llengua i immigració. Diversitat lingüística i apprentatge de llengües*, Generalitat de Catalunya, Col.lecció Llengua, *Inmigració i ensenyament del catalá*, 1.

MOROLLÓN, M. (2002), "El aprendizaje de las lenguas. Modelos, criterios, prioridades y retos", *Cuadernos de Pedagogía*, Monográfico 315: 94-99.

MORRÁS, A. (1999), "Juntas aprendemos. Mujeres inmigrantes y autóctonas en Parla", *Ofrim Suplementos*, noviembre-diciembre, 1999: 157-173.

PAVLINIC, A. M. (1994), "Migrants and Migration", en R. ASHER (ed.), *Encyclopedia of Language and Linguistics* (10 vols.), Oxford, Pergamon, vol.V: 2491-2495.

PEIRCE, B. N. (1995), "Social Identity, Investment, and Language Learning", *TESOL Quarterly*, 29,1: 9-31.

PÉREZ, C. (2001), "Pensar en colores. Reflexiones para la adaptación del currículo educativo de un Centro Penitenciario en la enseñanza del español a inmigrantes", *Notas*, 9: 52-54.

PFAFF, C. W. (1981), "Sociolinguistic problems of inmigrants: foreign workers and their children in Germany (a review article)", *Language and Society*, 10: 155-188.

RAGGATT, P. *et al.* (eds.) (1996), *The learning Society. Challenges and Trends*, Londres, The Open University with Routledge.

REYZÁBAL RODRÍGUEZ, V. (2001), "La enseñanza y el aprendizaje del español como segunda lengua", *Notas*, 9: 22-27.

RIVERS, W. M. y MELVIN, B. J. (1981), "Language learners as individuals: discovering their needs, wants and learning styles", en J. E. ALATIS, H. B. ALTMAN y P. M. ALATIS (eds.) (1981), *The Second Language Classroom: Directions for the 80s*, Oxford, Oxford University Press.

ROCKHILL, K. (1994), "Gender, Language and the Politics of Literacy", en J. MAYBIN (ed.) (1994), *Language and Literacy in Social Practice*, Clevedon, Multilingual Matters: 233-251.

SAXENA, M. (1994), "Literacies Among the Panjabis in Southhall (Britain)", en J. MAYBIN (ed.) (1994), *Language and Literacy in Social Practice*, Clevedon, Multilingual Matters: 96-116.

SCHUMANN, J. (1976), "Second language acquisition: the pidginization hypothesis", *Language Learning*, 26, 2: 391-408. Traducido en J. MUÑOZ LICERAS (ed.) (1992), *La adquisición de las lenguas extranjeras*, Madrid, Visor: 123-142.

SKUTNABB-KANGAS, T. (1991), "Bicultural competence and strategies for negotiating ethnic identity", en R. PHILLIPSON *et al.* (eds.) (1991), *Foreign/Second Language Pedagogy Research*, Clevedon, Multilingual Matters: 307-333.

SOBRINO, C. *et al.* (2001), "Es importante Hablar, Leer y Escribir en Español para Poder Entender", *Notas*, 9: 45-46.

SOTO ARANDA, B. (2001), "La enseñanza de

E/L2 para inmigrantes en el marco de la enseñanza de lenguas para fines específicos", en *Perspectivas recientes sobre el discurso*, AESLA (Actas), Universidad de León: 176.

STOCK, A. (1996), "Lifelong learning: thirty years of educational change" en P. RAGGATT, *et al.* (eds.), *The Learning Society. Challenges and Trends*, Londres, Routledge.

VALERA ORTEGA, D. y EL BAKKALI, B. (2000), "La enseñanza al inmigrante: algo más que una lengua", *Actas de la II Escuela de Verano. Metodología y Evaluación de Personas Adultas*, Madrid, Consejería de Educación de la Comunidad Autónoma de Madrid: 139-144.

VILA, I. (1999), "Inmigración, educación y lengua propia", en E. AJA *et al., La inmigración en España. Los retos educativos*, Barcelona, Fundación La Caixa, Colección Estudios Sociales, 1-2000: 145-165.

VILLALBA MARTÍNEZ, F. y HERNÁNDEZ GARCÍA, M. T. (1999), "La enseñanza de español a inmigrantes y refugiados adultos", *Ofrim Suplementos: Educación y migración*: 131-155.

ZARAGOZA, A. (2001), "Un viaje profesional. Destino: El español para inmigrantes", *Frecuencia L*, 18: 28-32.

ZAPATA-BARRERO, R. (2001), "Dilemas de los estados democráticos-liberales para acomodar políticamente a la inmigración", *Anthropos*, 191: 58-69.

Referencias de interés

- Monográfico de la revista *Alfoz*, 91-92, 1992: Inmigrantes bajo sospecha.
- Monográfico de la revista *Carabela*, febrero 2003: La enseñanza del español a inmigrantes.
- Monográfico de la revista *Cuadernos de Pedagogía*, 196, octubre 1994: Educación de personas adultas.
- Monográfico de la revista *Cuadernos de Pedagogía*, 315, julio-agosto 2002: Interculturalismo y ciudadanía.
- Monográfico de la revista *Idiomas*, 14-15, 1993: Inmigración y plurilingüismo.
- Monográfico de la revista *Notas. Educación Personas Adultas*, 9, junio 2001: Educación e inmigrantes adultos/as (Consejería de Educación de la Comunidad de Madrid).
- Monográfico de la revista *Textos*, 23, marzo 2000: Lenguas e inmigración.
- Monográfico de la revista *Textos*, 26, marzo 2001: Las actitudes lingüísticas.
- Monográfico del *Suplemento de la Ofrim*, diciembre 1999: Educación e inmigración.

Materiales didácticos

ASTI (2001), *En contacto con... Método de alfabetización para inmigrantes*, Madrid, S.M.

CÁRITAS ESPAÑOLA (1996), *Manual de alfabetización para inmigrantes*, Madrid, Cáritas.

CÁRITAS ESPAÑOLA (1998), *Manual de formación intercultural para grupos interculturales*, Madrid, Cáritas.

CC.OO.-CITE (1998), *Lengua española para inmigrantes*, Madrid, FOREM.

FONT, M., JORBA, S. y MASSOT, M. I. (1992), *Materials per l'alfabetizació de població inmigrant nord i centre africana*, Barcelona, APIP.

FUNDACIÓN LARGO CABALLERO (1999), *Curso de castellano para inmigrantes y refugiados*, Madrid, Vía Gráfica, S.A. (dos niveles).

MEC (1998), *Método Contrastes. Alfabetización en español como lengua extranjera*, Madrid, MEC (tres niveles, 9 volúmenes).

VV.AA. (1992), *Alfabetizar*, Melilla, MEC-Ayuntamiento de Melilla (6 volúmenes).

La enseñanza del español a niños y niñas

Isidoro Pisonero del Amo
Colegio Europeo

1. Del paraíso imaginado a la realidad cotidiana docente

Con frecuencia, al intercambiar experiencias entre el profesorado, en congresos, debates o en los propios centros docentes, se suscitan comentarios sobre la situación de la profesión, que inciden muchos de ellos en la escasa motivación del alumnado. Y el profesorado suele tener siempre *in mente* como referencia el alumno ideal, como el padre y la madre se imaginan un hijo/a ideal o el paciente sueña con el médico ideal. Pero ¿existe el alumno/a ideal: capacitado/a, estudioso/a, motivado/a, participativo/a, respetuoso/a...?, ¿existe el profesor/a ideal: competente, dinámico/a, acogedor/a, divertido/a, ordenado/a, firme...?, ¿existe la enseñanza/el aprendizaje ideal: útil, gratificante, motivador/a, creativo/a, participativo/a, que fomenten el auto y heteroaprendizaje, con atención a la diversidad, bien programado/a...? La realidad del aula suele ser, en cambio, bien diversa: una gran variedad de capacidades, grados de motivación, niveles socioculturales e intereses del alumnado; una diversidad notable de profesorado en cuanto a preparación técnica, grado de motivación, implicación y participación; y, lamentablemente, no siempre sino sólo a veces se logra practicar en el aula una enseñanza que se aproxime a la ideal, debido fundamentalmente a factores como falta de recursos adecuados o excesivo número de alumnos en la clase.

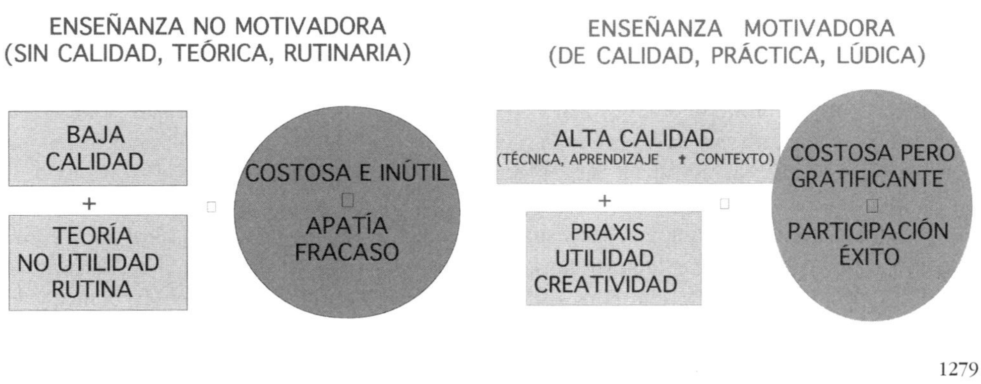

¿Qué implica el objetivo de lograr una enseñanza motivadora (de calidad, útil, creativa, que fomente la participación de los alumnos y les lleve al éxito didáctico)? Desde la perspectiva del alumnado, parece cada vez más necesario utilizar recursos, materiales didácticos y actividades versátiles (que puedan ser útiles a todos los alumnos, independientemente del nivel de conocimientos que posean), variados (en temas y grados de dificultad), motivadores (que estimulen la participación y la creatividad del alumnado) y, en especial, adecuados al contexto educativo específico. En lo que respecta al profesorado, tiene una gran relevancia no sólo una adecuada formación inicial -en didáctica y específica sobre el área enseñada-, sino también una formación continua que estimule su motivación, así como -y estos aspectos capitales competen a los responsables de la administración educativa- disponer de una ordenación educativa (ratio alumnos / profesor/a) y de medios técnicos (recursos, materiales didácticos) adecuados, y que la profesión goce del reconocimiento social que merece. Y, al diseñar la programación de la acción educativa, es fundamental plantear objetivos precisos que tengan en cuenta los conocimientos previos del alumnado, proponer estrategias y actividades convenientes (incluidas actividades culturales y extraescolares), cuidar la temporalización adecuada de las mismas, adecuar las actividades al contexto educativo (edad, capacidad, intereses, cultura), establecer criterios de evaluación que incluyan, junto a la evaluación del alumnado, la autoevaluación del profesor/a y la evaluación del proceso de enseñanza-aprendizaje, y no descuidar la cooperación con otros profesores.

2. El arte de enseñar lenguas: se hace camino al andar

En las últimas décadas los avances científicos y técnicos, en especial los logros de la lingüística contrastiva, de la sociolingüística, de la psicolingüística y de la pragmática, han aportando importantes contribuciones metodológicas a la enseñanza de las lenguas: a una primera y secular fase, logicista, en la que el aprendizaje se centraba en textos literarios, cuya lengua modélica se pretendía imitar mediante técnicas simples como la lectura y la traducción, le sucedió una segunda, audiolingual y estructural, fruto del estructuralismo y del behaviorismo, en la que el interés se desplazó a la lengua oral y el aprendizaje se orientó a la adquisición de estructuras lingüísticas y vocabulario mediante técnicas como la repetición, la lectura en voz alta, preguntas sobre textos que incorporaban de modo artificial las estructuras y el vocabulario que se pretendía enseñar, y baterías de ejercicios estructurales descontextualizados, y en la fase actual, de base funcional, influida por la sociolingüística, la atención se centra en las funciones comunicativas de la lengua (presentarse, narrar hechos, expresar una opinión ...), en ejercitar las cuatro destrezas (cinco si, a tenor de las recientes pautas del *Marco común europeo de referencia europeo para las lenguas: aprendizaje, enseñanza y evaluación* del Consejo de Europa, se incluye la interacción oral) de modo equilibrado y, en la medida de lo posible, integradas.

El punto de vista didáctico más compartido en la actualidad (enfoque comunicativo, enfoque por tareas...) no pretende sino desarrollar el aprendizaje de la lengua mediante la realización de actividades comunicativas o de tareas similares a las que realizamos cuando utilizamos la lengua materna. Cuando aprendemos una lengua no sólo estamos aprendiendo vocabulario y gramática, sino la capacidad de comunicarnos en esa lengua en su doble plano, receptivo y productivo, y esta competencia comunicativa implica otras subcompetencias (Canale y Swain, 1980): *gramatical* (capacidad de usar los signos lingüísticos conforme a las reglas de combinación), *discursiva* (capacidad de adecuar los diferentes tipos de discurso a la situación comunicativa específica y de utilizar los recursos que dan cohesión y coherencia a los textos escritos u orales), *estratégica*

(capacidad de reajustar el curso de la comunicación resolviendo los problemas o deficiencias comunicativos en cualquiera de las otras subcompetencias), *sociocultural* (familiaridad con los usos sociales y pautas culturales que enmarcan la comunicación). Desde esta perspectiva, es lógico que al menos en los primeros niveles del aprendizaje se preste más atención a la sociocultura de la vida cotidiana que a la cultura de los libros. Ya P. Corder (1981) señalaba que una adecuada enseñanza de la lengua debe ocuparse de los procesos naturales, facilitar y agilizar el aprendizaje, en lugar de impedirlo.

3. La enseñanza de E/LE a niños y niñas: iguales pero con derecho a ser diferentes

Si bien la mayor parte de las siguientes consideraciones son también adecuadas a la enseñanza de la lengua en otros niveles, el proceso de enseñanza-aprendizaje en edades tempranas exige de modo especial tomar en consideración los siguientes principios y estrategias didácticos:

- *Aprendizaje significativo y funcional, con prioridad de actividades comunicativas y tareas*, reales o simuladas. Tienen una gran rentabilidad las actividades y tareas que: sean motivadoras y, por su interés y variedad, actúen como estímulo y refuerzo del aprendizaje; de modo recurrente, revisen y consoliden el aprendizaje, ya que a esta edad se aprende y se olvida con facilidad, por lo que la importancia de la recurrencia es mayor, si cabe, que con alumnos de otras edades; requieran movilidad física y trabajo en parejas o en grupo; incluyan el juego simbólico y el componente lúdico, instrumentos facilitadores del aprendizaje y factores de motivación y estímulo de la creatividad a lo largo de todo este proceso.
- *Centrado en el alumnado destinatario*, lo cual exige:
  partir siempre en la programación didáctica de los conocimientos previos de los alumnos, tanto lingüísticos como socioculturales; proponer una respuesta educativa diferenciada, que tome en consideración los conocimientos y capacidades de los alumnos; dar prioridad a las situaciones o escenarios de comunicación próximos a sus necesidades, experiencias e intereses; implicar a los alumnos en el proceso de aprendizaje. Con frecuencia olvidamos que éstos pueden aprender tanto o más de los compañeros del aula que del propio profesor/a; fomentar la interacción en el aula y seleccionar con flexibilidad el agrupamiento adecuado en cada momento. Frente a las actividades y tareas individuales, que siguen siendo necesarias, las realizadas en parejas, en pequeño grupo o en gran grupo resultan de una gran rentabilidad en la consolidación del aprendizaje y en la transferencia de los contenidos del mismo.
- *Integrador*, que fomente el desarrollo de las competencias de forma globalizada:
  "A hablar se aprende hablando": las destrezas productivas (expresión oral, interacción oral, expresión escrita) y receptivas (comprensión auditiva, comprensión de lectura) conviene desarrollarlas de forma equilibrada y, en la medida de lo posible, integradas. La experiencia muestra que los estudiantes de lenguas segundas suelen desarrollar inarmónicamente estas competencias: un dominio casi pleno de una de las destrezas puede corresponderse con

capacidad cero en otra. No obstante, en una primera fase, es adecuado dar prioridad a la expresión e interacción orales, ya que la adquisición de destrezas orales es un paso fundamental para lograr la competencia comunicativa y es especialmente difícil de conseguir en una situación formal de aprendizaje como la propia de las aulas de lengua segunda/extranjera. Si bien el diccionario es un recurso básico de consulta habitual y suelen resultar útiles los glosarios bilingües o multilingües que a veces complementan los materiales didácticos, no es en él donde por lo general se aprende el léxico. El aprendizaje y consolidación del vocabulario se facilitará vinculado a campos situacionales o referenciales (léxico del aula, los deportes que practicamos, los animales domésticos o salvajes que conocemos, etc.) y a ilustraciones (vocabulario ilustrado por campos semánticos). Parece más adecuado fomentar el aprendizaje de los aspectos gramaticales básicos mediante un proceso deductivo-inductivo y no mediante reflexiones explícitas. De modo similar, la adquisición progresiva de la competencia sociocultural se facilitará mejor vinculada a situaciones de comunicación, ilustraciones, fotografías, canciones, juegos, concursos... que mediante una enseñanza teórica.

- *Recurrente*, que integre los contenidos aprendidos en el contexto del aula, e incluso fuera de ella, si resulta posible, y de modo cíclico reincorpore lo ya aprendido a los nuevos contenidos objeto del aprendizaje, para su consolidación.
- *Dinámico*, que fomente la movilidad y la utilización del cuerpo y estimule la participación en tareas individuales, por parejas y de pequeño y gran grupo.
- *Motivador*, que logre un ambiente distendido en el aula y se base en actividades variadas, no excesivamente largas.
- *Lúdico*, aspecto que será desarrollado en el apartado siguiente.

La exposición a la lengua no garantiza por sí sola el aprendizaje de la misma. Aunque un requisito importante es estar expuesto a un *input* lingüístico rico y variado, R. Ellis (1985) y S. Krashen (1988), entre otros, han puesto de manifiesto que deben ser tenidos en cuenta otra serie de factores para lograr la adquisición: un ambiente escolar sin tensiones, donde se espera la colaboración de todas las personas involucradas en el mismo; una gran cantidad de tareas variadas y diversas que permitan recoger los diferentes estilos de aprendizajes, intereses y experiencias del alumnado para enriquecer y dotar de significado al proceso educativo; espacios para que el alumnado pueda tomar decisiones que le involucren efectivamente en la tarea de adquirir-aprender la lengua, y otros más. Tienen especial importancia el inicio de cada clase o unidad didáctica, momento en que es preciso captar el interés de los estudiantes, y el final, que permite afianzar los contenidos trabajados.

Teniendo en cuenta estas peculiaridades, la tarea educativa requiere un ambiente relajado en clase, una exposición rica y significativa a la lengua objeto del aprendizaje, y una gran cantidad y variedad de actividades y tareas –que exijan movilidad y utilización del cuerpo, lúdicas, significativas...– adecuadas a los diferentes estilos de aprendizaje e intereses, capaces de estimular el interés y la curiosidad del alumnado y de generar nuevas *necesidades* de aprendizaje, que consoliden recurrentemente los conocimientos y engarcen los nuevos con los conocimientos y experiencias previos, que permitan la asunción por parte del alumnado del protagonismo en el proceso de aprendizaje mediante la toma de decisiones, y finalmente que, mediante el trabajo en equipo, desarrollen los valores de compartir, colaborar y aprender de los propios compañeros y compañeras.

4. El componente lúdico

El componente lúdico es elemento inseparable del ser humano, que comparte la condición de *homo faber* y de *homo ludens*. Aunque tendemos a vincular el juego y lo lúdico a la etapa infantil, basta con que pensemos en el predominio que tienen en la sociedad de consumo actual los programas televisivos de entretenimiento o la expectación que suscitan ciertos espectáculos de masas, que eleva a la categoría de ídolos populares a sus protagonistas, para convencernos de que también los adultos somos *niños a los que les encanta divertirse*.

De la importancia didáctica de lo lúdico nos dejó testimonio ya hace muchos siglos el poeta latino Horacio, quien enunciaba la función de la poesía con el bello lema de *prodesse* y *delectari*, enseñar y deleitar, que siguen siendo los conceptos capitales que subyacen en todo proceso educativo bien programado.

Las actividades que incorporan el componente lúdico son un recurso didáctico fundamental, que permite aprender los diferentes papeles sociales y afianzar la adquisición de funciones y estructuras lingüísticas de modo placentero. A continuación se incluyen propuestas de diversas actividades con las que se ejemplifica la importancia del componente lúdico en el aprendizaje de una segunda lengua, varias de las cuales han sido extraídas de *Pasacalle*, curso de español para niños, del que es coautora la persona que presenta esta comunicación.

4.1. El efecto lúdico por contraste de las situaciones personales

Con frecuencia toda actividad vinculada a la esfera personal de los alumnos que contemple la participación de éstos no sólo resulta estimulante y motivadora, sino que a veces es fuente de diversión y deleite. Las siguientes son algunas propuestas útiles[1], con las que se trabajan las funciones de *preguntar y responder sobre datos personales, acciones realizadas habitualmente, expresar gustos y preferencias*, y *hábitos*, así como un amplio vocabulario vinculado a estas situaciones.

1A. Conoce a tus compañeros/as

Esta actividad se puede trabajar en distintos momentos y no necesariamente toda completa, tanto en parejas como en pequeños grupos. Permite practicar las funciones de *preguntar y responder sobre acciones realizadas habitualmente y sobre gustos y preferencias*, así como un amplio vocabulario vinculado a estas situaciones. Se puede también complementar la práctica oral, e integrar en la actividad la expresión escrita, con una ficha de cada uno de los compañeros/as, en la que se tome nota de sus datos personales, las acciones que habitualmente realiza, los horarios de las mismas y sus gustos y preferencias.

---

[1] Todas las propuestas incluidas pertenecen al método de español para niños y niñas, *Pasacalle 1, 2, 3* y *4* de J. Sánchez Lobato, I. Santos Gargallo, I. Pisonero del Amo, R. Pinilla Gómez y M.ª J. Eguskiza (1997-2001), Madrid, SGEL, que está compuesto para cada uno de sus niveles por libro del alumno, cuaderno de actividades, guía de actividades, casetes y carpeta de juegos y láminas temáticas.

1B. Encuesta a los compañeros/as

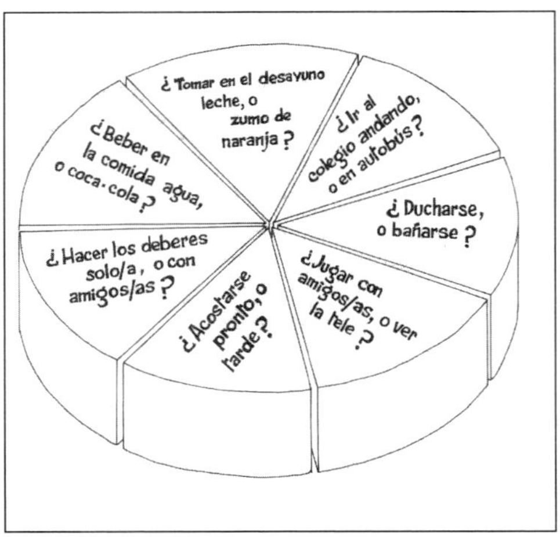

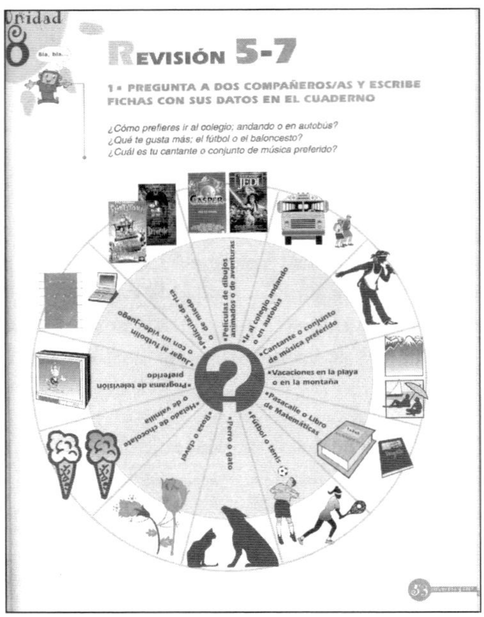

1C. Averigua los gustos y hábitos de tu clase

- Nombres más usuales de chicos y chicas.
- Edad media de los chicos y chicas de la clase.
- Hora media a la que los chicos y chicas se levantan, comen y cenan.
- Desayuno, comida y cena preferidos.
- Lo que más les gusta hacer en casa, en el colegio, en el tiempo libre.
- Lo que menos les gusta hacer en casa, en el colegio, en el tiempo libre.
- Medios de transporte (los preferidos y los que menos gustan).

- Deportes (ídem).
- Juegos (ídem).
- Asignaturas (ídem).
- Cantantes o conjuntos musicales (ídem).
- Programas de televisión (ídem).
- Películas (ídem).
- Vacaciones (ídem).
- Animales (ídem).
- Flores (ídem).

1D. Averigua los medios de transporte que utilizan tus compañeros/as para ir a distintos sitios

N.º DE ALUMNOS QUE VAN…	andando	en bici	en coche	en tren	en metro	en autobús	en autocar	en avión	en barco
al colegio									
a casa de sus abuelos									
al parque									
al cine									
al centro de la ciudad									
a casa de sus amigos/as									
a un parque de atracciones									
a ver a su familia (en otra ciudad)									
…									

4.2. El desarrollo de la imaginación

Estimular la imaginación de los estudiantes es uno de los recursos mejores para interesarlos de forma lúdica en el proceso de aprendizaje. Se ejemplifica esto con dos propuestas: la primera permite trabajar de modo recurrente dos de las formas y estructuras lingüísticas más complejas en español y una amplia gama de vocabulario; la segunda muestra cómo trabajar determinadas funciones lingüísticas en una situación simulada en la que las cosas habituales (y con ellas sus nombres) se han impregnado de un aura de fantasía y misterio, tan fascinante para los jóvenes aprendices.

2A. Si fueras… ¿qué… te gustaría ser?

Se inicia la actividad pidiendo a los alumnos que vayan diciendo nombres de animales, objetos, etc., que les gusten mucho, según el esquema siguiente, y se van escribiendo en la pizarra. Si no saben los nombres en español, pueden decirlos en su lengua y el profesor o profesora los escribirá en español. A continuación, se practica, en grupo, según el modelo *Si fueras…, ¿qué… te gustaría ser?* Después de que cada alumno/a realice la tabla de sus preferencias se puede, tras las oportunas negociaciones, realizar otra representativa de la clase.

Lo que más nos gusta

FLORES	ÁRBOLES	ANIMALES	OBJETOS	PRENDAS DE ROPA	JOYAS	COMIDAS	BEBIDAS
NÚMEROS	LETRAS	ACTORES/ ACTRICES	CANTANTES	DEPORTES	PERSONAJES (DIBUJOS ANIMADOS)	JUGUETES	COLORES

2B. Visita a la ciudad encantada

4.3. La tarea con componente lúdico

Al plantear la realización de una tarea, real o simulada en el aula, es siempre más rentable que se integren en ella dos o más destrezas.

La primera tarea propuesta a continuación permite integrar la expresión escrita pidiendo a los alumnos que, primero, escriban una relación de los objetos elegidos individualmente y, tras haberse puesto de acuerdo, escriban los seleccionados por el grupo. La segunda, más compleja, integra las destrezas de lectura, comprensión auditiva y expresión oral, y para incluir la expresión escrita basta con proponer que redacten el resultado imaginado de la excursión: lo que realmente hicieron y alguna anécdota que sucedió.

3A. Preparando una excursión a las montañas

3B. Haciendo planes para ir de excursión

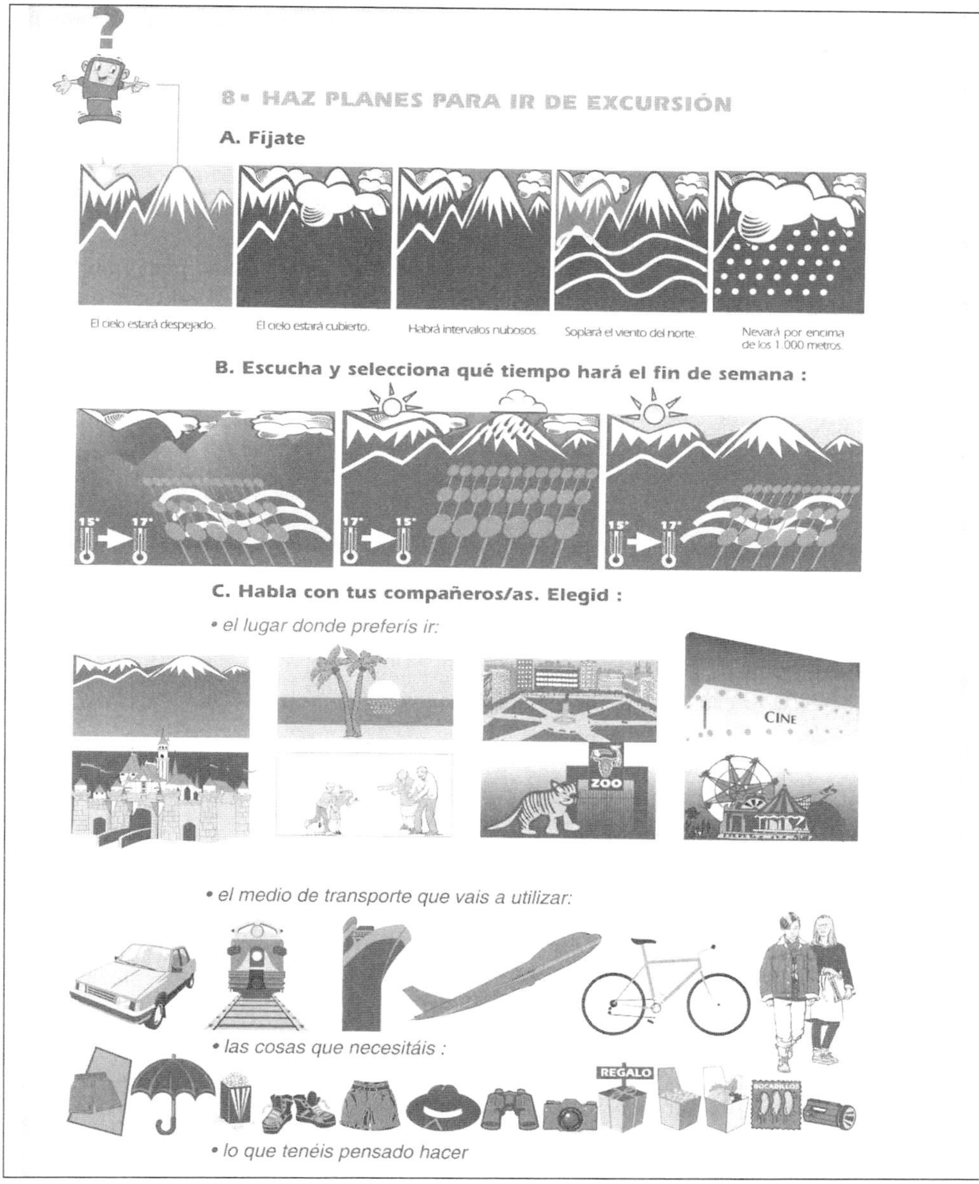

4.4. Del cuento tradicional al relato creativo

Los cuentos son recursos muy útiles para potenciar el aprendizaje. Por una parte, el alumnado de esta edad está familiarizado con los cuentos populares en su primera lengua y con las rutinas propias de escuchar y contar cuentos y, por otra, a través de ellos se puede acercar la cultura del país cuya lengua se estudia de una forma sencilla y atractiva. Los cuentos permiten asimismo enlazar con conocimientos previos que el alumnado posee a partir de sus experiencias de aprendizaje de la primera lengua y que puede transferir, sin grandes esfuerzos, a la lengua segunda o extranjera. Uno de los valores del cuento es que la tensión narrativa genera interés y la brevedad impide el cansancio y el aburrimiento.

A pesar de que las primeras destrezas que nos vienen a la cabeza cuando pensamos en los cuentos son las de comprensión (lectora y auditiva), es indudable que trabajando todas las destrezas, integradas, dotamos al aprendizaje de contextos significativos.

Una forma sencilla de trabajar con los cuentos es partir de cuatro ilustraciones que representen los cuatro momentos principales de la historia desarrollada en el cuento elegido: inicio, desarrollo, clímax y desenlace.

Procedimiento general

Según la naturaleza de cada cuento, las actividades que se pueden llevar a cabo son muchas y muy diversas. No obstante, todos ellos admiten un primer acercamiento similar, que podría realizarse con el siguiente procedimiento:

- 1.ª Fase: Caracterizar a los personajes que aparecen en el cuento: *cuántos, cuáles, cómo son (rasgos físicos y carácter).*
- 2.ª Fase: Describir cada una de las ilustraciones: *¿Qué personaje/s hay en ellas?, ¿qué está/n haciendo?*
- 3.ª Fase: Contar brevemente cómo transcurre la acción en el cuento:
  - En un primer acercamiento bastará con contar en una frase lo que cada personaje está haciendo en cada ilustración.
  - En un segundo acercamiento se puede invitar a que, en gran grupo, todo el mundo vaya participando en el análisis, añadiendo otros matices: cuándo, dónde y con qué finalidad tienen lugar esas acciones de los personajes.
- 4.ª Fase: Comentar brevemente el final del cuento:
  - Descubrir la moraleja que encierra.
  - Proponer y desarrollar en grupos otros posibles finales del cuento.
- 5.ª Fase: Escuchar el cuento en gran grupo:
  - Escucharlo por partes. Antes y después de cada una de ellas, es preciso aclarar todas las dificultades que puedan tener los alumnos con algunas de las actividades que se proponen más adelante.
- 6.ª Fase: Conseguir varios ejemplares del cuento en español y leerlos en grupos.
- 7.ª Fase: Representar el cuento:
  - Preparar la representación previamente en grupos. Habrá un narrador principal y tantos actores como personajes aparezcan en el cuento.

Es conveniente programar actividades previas, simultáneas y posteriores a la audición o lectura de un cuento. Previamente, es interesante realizar siempre una o varias actividades, que pueden ser de índole muy diversa, pero cuyo objetivo prioritario, sea cual sea el cuento y la actividad propuesta, ha de ser siempre el mismo: acercar el cuento a la experiencia del alumnado y generar interés: *torbellinos de ideas* (para que el alumnado produzca la mayor parte de la lengua que se va a utilizar en la narración, por ejemplo los nombres de los personajes, los de objetos que aparecen en las ilustraciones, los de las acciones que suceden, etc.); *preparar algún objeto o elemento del cuento* (que se puede utilizar a lo largo de la audición o lectura del cuento, o para su representación posterior); *ordenar las ilustraciones e imaginar qué va a ocurrir* (por ejemplo, cada grupo puede contar la historia basándose en el orden que ha elegido para las ilustraciones del cuento, que se han entregado desordenadas); *dibujar los personajes* (todos los personajes individualmente o un personaje diferente cada grupo -aunque el dibujo lo realice una sola persona, la caracterización del personaje ha de ser discutida previamente en grupo-). Mientras se escucha o lee el cuento, es oportuno también realizar algunas de las siguientes actividades, que han de ser muy simples, ya que, de otro modo, en lugar de facilitar, entorpecerían la comprensión: *señalar y nombrar los personajes a medida que van apareciendo* (señalándolos con el dedo cuando hablan o levantando un dibujo correspondiente al personaje que previamente han realizado); *mostrar y nombrar los objetos cuando se mencionan en el cuento* (de modo similar a la anterior); *representar con gestos algunas de las acciones y decir qué se está haciendo* (al principio, se pueden repetir los gestos que hace el profesor o profesora para facilitar la comprensión; posteriormente, se pueden decir los nombres de las acciones y llevarlas a cabo); *ordenar la historia* (cada grupo debe decidir cuál es el orden adecuado de las ilustraciones, para que se corresponda con el relato); *buscar / escuchar y señalar información específica* (este tipo de actividad puede ser tan complicada como se desee, dependiendo del tipo de información que se solicite. La manera más sencilla de llevarla a cabo es pidiendo al alumnado que marque una cruz en el esquema que se le proporciona. Se puede pedir que, en grupos, señalen los nombres de los personajes que aparecen, las acciones que realizan, etc.; es decir, es útil seguir esquemas del tipo *quién, qué, dónde, cuándo* y *por qué* para preparar un pequeño resumen del cuento, que a continuación podrán contar al resto de la clase para que los grupos restantes lo completen añadiendo más detalles). Después de escuchar o leer el cuento, es conveniente llevar a cabo actividades que aseguren la comprensión y faciliten la memorización, o al menos el recuerdo de lo fundamental de la historia y de alguno de sus aspectos relevantes: vocabulario, estructuras concretas, frases de uso común, moraleja, etcétera.

Cada cuento proporciona una variada gama de posibilidades diferentes, según sus características, los aspectos de la lengua que se trabajen y los intereses de la clase. Las más completas son, por supuesto, la dramatización mímica y oral de la historia. Lo realmente importante, en cualquier caso, es que las actividades que se propongan sean divertidas.

Ejemplos específicos de cómo utilizar cuentos en la clase de español se pueden encontrar en la propuesta de María Luisa Martínez de Rituerto (1996).

Son especialmente interesantes las estrategias creadoras de cuentos propuestas por Gianni Rodari, quien, partiendo de las 31 funciones del cuento establecidas por Vladimir Propp, las redujo a 17 (1. Prohibición, 2. Infracción, 3. Mutilación o carencia, 4. Partida del héroe, 5. Misión, 6. Encuentro con el donante, 7. Poderes mágicos, 8. Aparición del antagonista, 9. Poderes mágicos del antagonista, 10. Duelo, 11. Regreso, 12. Llegada a casa, 13. El falso héroe, 14. Reconocimiento del verdadero, 15. El falso héroe desenmascarado, 16. Castigo del antagonista, 17. Premio -boda, etc.-):

a) Construir 17 cartas con el número y nombre de las funciones o con dibujos alusivos.
b) Repartir aleatoriamente las cartas entre los alumnos/as.
c) Cada alumno/a debe intentar descubrir la función que le ha sido asignada en los cuentos o historias que se analicen (o inventar, en orden, la parte equivalente a la función que le haya correspondido en suerte en los cuentos que se creen en grupo).

Algunas técnicas de relato ejemplificadas por Gianni Rodari son, por ejemplo, *el error creativo* (construir historias a partir de un error ortográfico), *los porqué* (contestar de modo imaginativo a preguntas absurdas del tipo *¿Por qué los gatos tienen cola?*), *¿Qué pasaría si...?* (...los animales hablaran, los niños supieran más que los mayores, etc.*), Finalizar cuentos inacabados* (partiendo de un cuento conocido o de un principio inventado común, o construyendo diferentes finales -F1, F2, F3- para cuentos conocidos o desarrollados a partir de un principio inventado común), *¿Qué sucede después?* (imaginar continuaciones de cuentos), *el prefijo arbitrario* (anteponer un mismo prefijo a sustantivos y verbos: *El país con el des- delante*, en *Cuentos por teléfono*), *equivocar historias* (cambiando los contenidos de un cuento conocido), *adaptar*, *mezclar o modificar fábulas* (contándolas en clave moderna -*El flautista de los automóviles*-, volviéndolas al revés -*El ratón que comía gatos*- o mezclando sus contenidos), *El hombrecillo de nada* (narrar las aventuras de un personaje, real o ficticio, a partir de sus características), *el binomio fantástico* (construir una frase con dos palabras de significado muy diferente y, a partir de ella, imaginar el desarrollo de un cuento).

Reduciendo aún más las funciones, hasta el número mínimo imprescindible (1. ¿Quién?, 2. ¿Dónde -vivía-?, 3. ¿Qué hacía / hizo?, 4. ¿Qué dijo?, 5. ¿Qué decía / dijo la gente?, 6. ¿Cómo terminó? u otras pautas similares), Antonio Manuel Fabregat (1990) propone las siguientes estrategias:

1) Escribir en el encerado las seis preguntas.
2) Seis alumnos/as diferentes dan respuesta a cada una siguiendo el orden.
3) Otros alumnos/as cuentan la historia completa.
4) Se hacen ilustraciones alusivas a la historia.
5) Se escribe la historia (libremente o dictada por el profesor o profesora).

Por su parte, Miguel Muñoz (1983) proponía los siguientes cuatro conjuntos de inicios de núcleos narrativos para crear un relato, individualmente o en grupo:

1	En...	Cuando...	Había...	Érase
2	Vivía...	Siempre...	Vivía...	Que...
3	Que...	Sus...	Todas...	Cuando...
4	Se...	Se...	Se...	Sonaba...
5	Encontró...	Algunas...	Sus...	Se...
6	Y...	Solía...	Pues...	Y...

Y aconsejaba las siguientes estrategias:

1) Repartir a cada alumno/a una cartulina de las mismas dimensiones.
2) Dividirlas en tantos bloques como núcleos queramos hacer.
3) Numerar los núcleos y escribir la primera palabra de cada uno de ellos.
4) Cada alumno/a completa su historia.
5) Se juntan todas las historias y se cortan por la línea que separa cada núcleo dejando un margen al final para encuadernarlas.
6) Se van leyendo las historias siguiendo el orden de los núcleos pero combinándolos de forma aleatoria. Así surgen múltiples cuentos, algunos realmente absurdos, pero todos ellos con resultados lúdicos inimaginables.

4.5. El juego como recurso didáctico en la enseñanza de lenguas

Los juegos son, en especial en la infancia, un elemento esencial del proceso de aprendizaje, no sólo dentro del espacio formal que proporciona la escuela, sino en todos los demás ámbitos del medio social, dado que ayudan al desarrollo cognitivo, al facilitar la comprensión y representación de la realidad de modo adecuado a la edad, y a la asunción de roles sociales. Al formar parte de la experiencia cotidiana, aunque los juegos propuestos no sean conocidos, son siempre un instrumento eficaz de apoyo a cualquier tipo de aprendizaje en el ámbito escolar, ya que aportan variedad, potencian la motivación y permiten evaluar de forma no amenazadora los diferentes estadios del aprendizaje.

Para cumplir estos objetivos, los juegos que se utilicen en el aula han de ser sencillos y divertidos, deben tener relevancia lingüística y han de contar con un objetivo o finalidad claros. Asimismo, deben permitir la participación de todo el mundo y han de ser fáciles de organizar y practicar. Por supuesto, no merece la pena proponer juegos cuyas reglas sean tan exclusivas que no se puedan rentabilizar en otros juegos y contextos o tan complicadas que extingan la motivación antes de iniciar la actividad. Cada profesor o profesora es la persona más adecuada para adaptar a la práctica docente del aula los juegos que ve practicar a su alumnado o los que mejor conoce. Algunos ejemplos de juegos que se pueden practicar por parejas, en pequeño o en gran grupo son los siguientes:

- *Juego del abecedario ilustrado* (para practicar en grupo el vocabulario): se debe buscar nombres de palabras que empiecen por una letra o ir imaginando nombres de palabras que empiecen por la última letra de la palabra anterior.

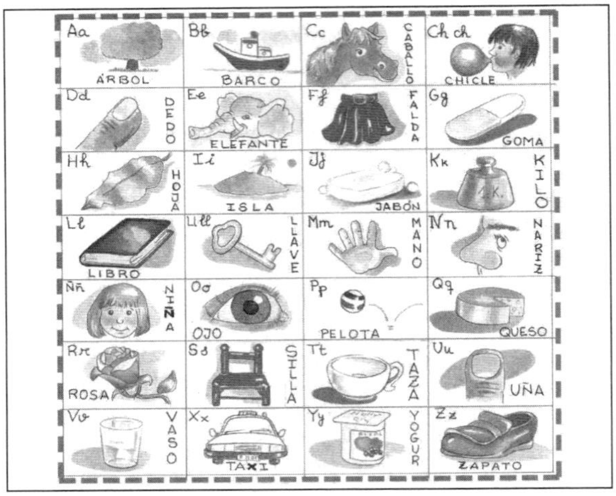

- *Veo, veo...* (para la práctica del vocabulario): se puede practicar en un espacio real, dentro o fuera de la clase, o a partir de carteles con ilustraciones de los objetos cuyos nombres se pretende aprender.
- *De La Habana ha venido un barco cargado de...* (para la práctica del vocabulario): se pueden restringir los nombres al campo cuya consolidación se pretende o establecer alguna condición (por ejemplo, que cada nombre propuesto se inicie con la última letra o sílaba del anterior).
- *El juego de las opiniones*: Y tú, ¿qué opinas sobre...? (lo mejor que te ha pasado en la vida, ir al dentista, tu libro preferido, tu héroe preferido...).
- *La pregunta de la semana:* ¿Entre *mates* y lengua te quedas con...?, Siempre llegas tarde a..., Eres fan de...
- *Descubre en qué... pienso*: Quien inicia el juego piensa en una persona, animal, objeto o acción, que ha de ser descubierta por el grupo haciendo diversas preguntas indirectas.
- *Descubre las diferencias*: la persona o grupo A recibe un dibujo y la persona o grupo B, otro dibujo similar con cinco o seis diferencias. Mediante preguntas han de encontrar las diferencias que hay en los dibujos. Gana la persona o grupo que antes las encuentre.
- *Descubre si son iguales:* se trata de descubrir, haciendo preguntas, si son idénticos o diferentes dos personas, animales, objetos o situaciones ilustrados, que se distribuyen por parejas o grupos.

Adivina qué hay en el cartel: se divide un cartel (que represente algo próximo al campo de experiencia de los alumnos) en fragmentos y se distribuye uno de estos a cada participante, que debe describir lo que hay en él. Gana quien descubre primero lo que hay representado en el cartel, tras escuchar las descripciones que han ido haciendo los participantes.

El disparate: se forma un círculo y cada persona elige en secreto un objeto (de la clase, del colegio, de casa, etc.); la profesora o profesor inicia el juego preguntando al oído de la persona que esté más cerca para qué sirve el objeto elegido por ella; esta persona responde y, a su vez, pregunta a su compañero/a de al lado para qué sirve el objeto que ha elegido en secreto; se continúa así hasta que todo el mundo ha preguntado y respondido una vez; entonces, cada persona dice a todo el mundo en voz alta la pregunta que le han hecho y la respuesta que le han dado, con lo cual se obtienen las respuestas disparatadas; finalmente se pueden proponer, de mutuo acuerdo, las respuestas adecuadas; han de hacerse las preguntas y darse las respuestas en voz baja; cada persona ha de recordar la pregunta que le han hecho y la respuesta que ha dado.

Juego de las mentiras: cada participante cuenta algo (por ejemplo, lo que hizo el fin de semana) introduciendo en su relato algunas mentiras que la clase debe detectar.

Juego de las excursiones:

Un gran número de ejemplos de cómo utilizar juegos para el aprendizaje de español puede encontrarse en las propuestas de R. Palencia (1990), M. Vila (1992), J. Sánchez Benito (1993), M.ª V. Fernández Martínez (1995), T. González Sáinz (1995), C. Moreno (1996), S. Fernández (1997), I. Iglesias (1998), M. García (1999) y F. García Naranjo (1999). Aunque la mayor parte de ellos, tal como están planteados no resulta adecuada para la enseñanza a niños, muchas de las ideas pueden ser adaptadas con facilidad.

4.6. La enseñanza de la cultura desde una perspectiva lúdica

La reflexión sobre la enseñanza de la cultura en el aula de E/LE ha dejado patente, en las últimas décadas, que este es un componente más, ineludible, en el proceso de aprendizaje, junto a las funciones comunicativas, las estructuras lingüísticas vinculadas a ellas, el léxico o la gramática. Hay que enseñar cultura desde el primer día de clase. Las lenguas no sólo transmiten el caudal cultural acumulado a lo largo de la historia, sino que nacen y se desarrollan en el seno de una cultura -o de varias- y en contacto con otras lenguas y culturas. De ahí que aprender una lengua no equivalga hoy día a *saber hablar la lengua* sino a *saber convivir en una cultura usando la lengua habitual*, es decir, a *vivir en la lengua objeto del aprendizaje*. Si bien tradicionalmente sólo se prestaba atención a la denominada *gran cultura* (Cultura), hoy investigadores, autores de materiales y profesores son conscientes de que la sociocultura (para algunos, Kultura), es decir, las pautas y ritos culturales en los que se enmarca la vida cotidiana de una comunidad, no sólo son importantes y han de ser enseñados a los estudiantes que aprenden la lengua, sino que, al menos en la primera fase del aprendizaje, su enseñanza ha de ser prioritaria: desde una perspectiva comunicativa, es más rentable que el estudiante sepa pronto que en la cultura hispánica se compran los huevos por docenas o medias docenas y no por unidades, que se ha de abrir el regalo ante la persona que lo ofrece -y agradecérselo, aunque no haya sido del agrado del receptor-, porque de otra manera estará infringiendo las pautas habituales de conducta, lo cual provocará que sea considerado extraño y visto no con simpatía, sino con un cierto grado de hostilidad.

En algunos periodos de la historia, las lenguas han sido consideradas y utilizadas como armas, y con frecuencia hemos olvidado que son el instrumento más preciado de que disponemos para garantizar la convivencia pacífica. Precisamente porque cuando se aprende una lengua se entra en contacto con la cultura que vehicula, y al contrastar las nuevas pautas y ritos culturales con los propios, vemos que siempre es más lo que nos une que lo que nos separa y que las diferencias en muchas ocasiones pueden ser aprovechadas como factor que enriquece a las dos partes, y han de ser respetadas, si queremos vivir en paz. Sigue siendo modélica la orgullosa expresión del poeta latino Ennio, que hace 2.300 años se jactaba ya de que tenía tres corazones porque era capaz de hablar tres lenguas. Cuando se aprende una lengua, se abre una ventana a nuevos horizontes, aparentemente lejanos pero en realidad próximos, es como si nos graduaran la vista y las nuevas gafas nos permitieran ver con claridad lo que antes apenas intuíamos, a la vez que, por contraste, lo nuestro, lo habitual hasta entonces, es visto con una perspectiva más crítica. Y todo gracias al nuevo componente cultural, que contrasta, difiere y enriquece.

Es obvia, pues, la importancia que adquiere la enseñanza de la cultura, tanto la vinculada a la vida cotidiana como la de los libros, que en una segunda fase permitirá al aprendiz una mayor y mejor integración cultural.

¿Y cómo enseñarla? No cabe duda de que a los niños y niñas la sociocultura les es más accesible a través de las situaciones de comunicación, las ilustraciones y fotos, los juegos y las canciones (no sólo resulta más lúdica, sino que impacta con más fuerza y se consolida mejor). Para enseñar la gran cultura, serán también recursos eficaces los juegos y los concursos. Lo que sí es relevante es la perspectiva didáctica adoptada:

Es conveniente partir siempre de la sociocultura y Cultura de los estudiantes (es la que conocen y, por tanto, esto incrementa su motivación) y, a partir de ella, se pueden introducir con más facilidad los aspectos culturales vinculados a la lengua que aprenden, destacando siempre en primer lugar todo lo que sea común a ambas culturas.

Es fundamental adoptar una perspectiva intercultural: ninguna de las culturas ha de ser considerada en ningún aspecto superior a la otra, simplemente pueden ser convergentes o diferir; el contraste de ambas se ha de aprovechar para destacar que lo que une es más que lo que separa y que las diferencias son enriquecedoras para las dos partes; ambas culturas han de ser integradas en una perspectiva más amplia resultado de un avance en círculos concéntricos: yo y mi escuela/casa, yo y mi barrio/ciudad, yo y mi comunidad/país, yo y mi país y los países en los que se habla la lengua que estudio, yo y el resto del mundo.

6A. Describiendo una casa

Este juego permite practicar la función de ***describir un objeto*** (una casa). Desde una perspectiva intercultural, se presentan distintos tipos de hábitats, lo que enriquece la propia tarea lingüística e induce al estudiante a una postura de valoración y respeto de las diferencias.

El juego de las casas

Elige una casa. Dale tres pistas a tu compañero/a para que intente adivinar cuál has elegido. Tu compañero/a puede hacer también tres preguntas.

EJEMPLO:	*Donde vivo, hace frío.*	*¿Es grande o es pequeña?*
	Mi casa no tiene ventanas.	*¿Es bonita o fea?*
	Las paredes son blancas.	*¿Es alta o baja?*

6B. La riqueza del patrimonio cultural hispánico

Enseñar español exige al profesor/a tomar conciencia de que la importancia de esta lengua en el mundo se deriva del hecho de que la comunidad hispanohablante está constituida por más de 400 millones de personas de 21 países. Por tanto, resulta no sólo conveniente sino inexcusable que a los estudiantes de E/LE se les ponga en contacto con el rico y variado patrimonio cultural de todo el ámbito hispánico.

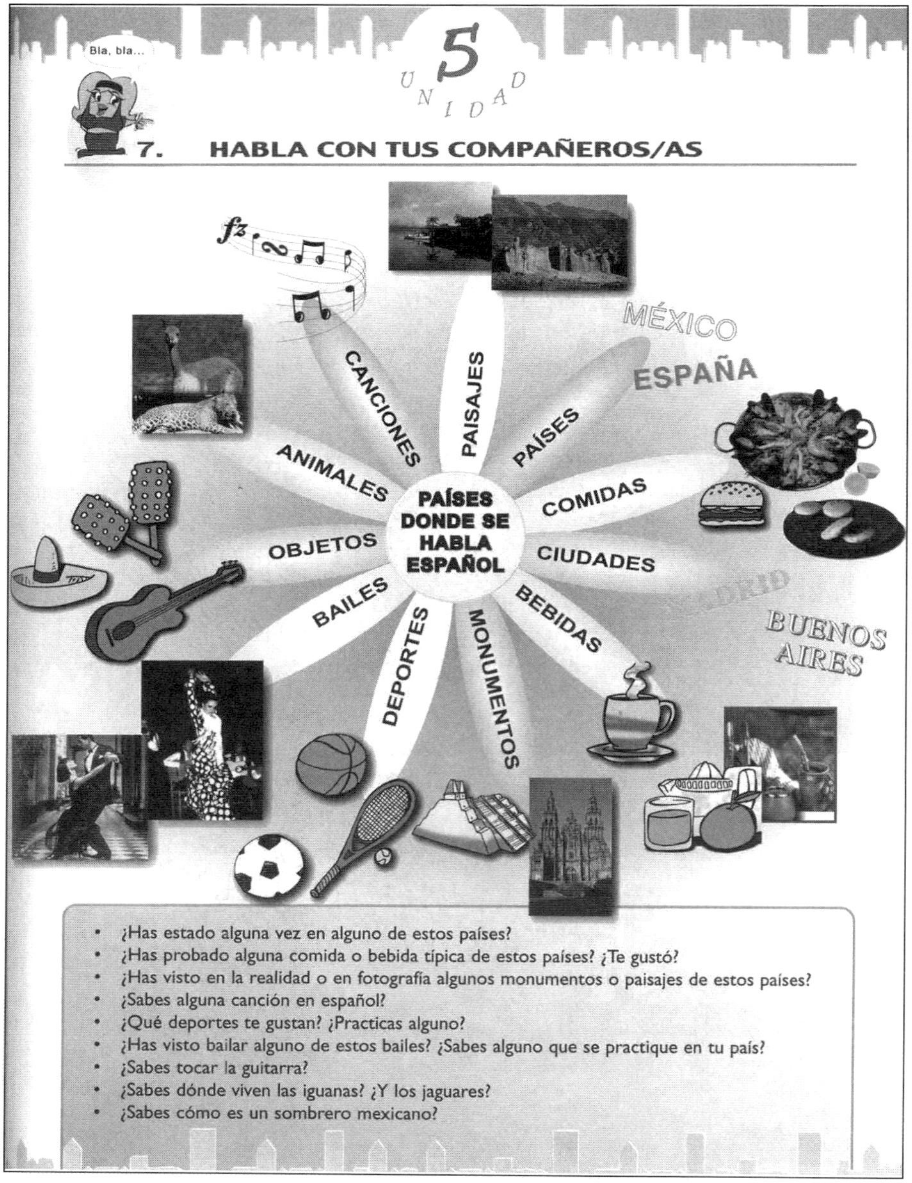

6C. El Juego de los países donde se habla español

Esta actividad permite aprender de forma lúdica, y consolidar en prácticas sucesivas, el nombre de todos los países (caracterizados como niños o niñas, según su género), así como una bebida, una comida, un monumento o paisaje, un espectáculo o deporte, y un objeto típicos de cada uno de ellos, a la vez que consolidar la expresión de gustos y opiniones. Para una descripción detallada del juego, véase la *Guía didáctica* de *Pasacalle 3*.

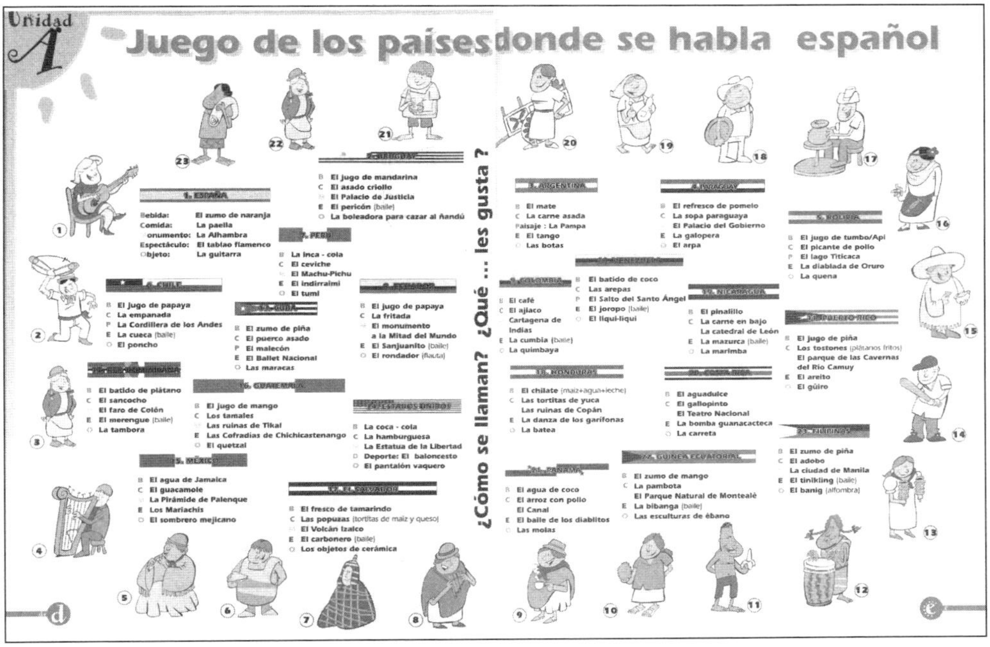

6D. Conociendo un país hispánico: Argentina

Esta actividad permite entrar en contacto de forma lúdica (puede practicarse como juego por parejas o grupos y como concurso individual, por parejas o grupos) con varios aspectos de la cultura argentina (número de habitantes, moneda, límites geográficos, argentinos famosos, ciudades importantes, productos o comidas típicos, habitante típico de La Pampa, bebida típica, canción y baile típicos, carácter de los argentinos/as), y consolidarlos en prácticas sucesivas, así como contrastarlos con la cultura del propio país del estudiante y expresar gustos y opiniones sobre algunos de ellos.

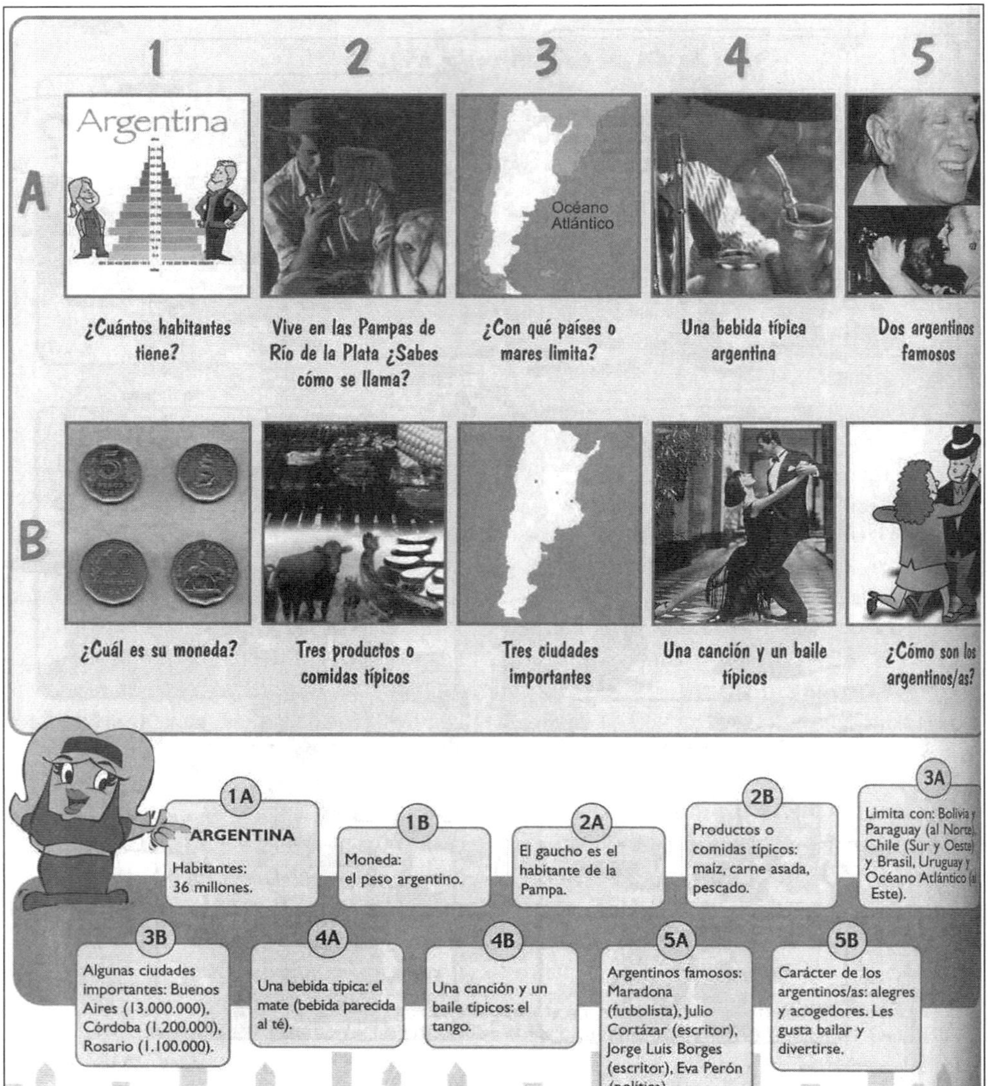

Bibliografía

ALBURQUERQUE, R. (1990), *España canta. Canciones tradicionales,* Madrid, Ministerio de Educación y Cultura y Radio Nacional de España, Subdirección General de Cooperación Cultural, Servicio de Difusión del Español.

APIGA y CORNWALLL COUNTY COUNCIL (1998), *Hablamos* [Vídeo], Madrid, SGEL.

BORDÓN,T. (1992), *ELE.Al habla.Tácticas de conversación,* Madrid, SM.

CANALE, M. y SWAIN, M. (1980), "Theoretical Bases of Communicative Approaches to Second Language Teaching and Testing", *Applied Linguistics, 1,* 1: 1-47.

CANO, A. (1996), "La autoestima: su importancia en la enseñanza de segundas lenguas", *Frecuencia L,* 2: 3-7.

CANO, A (1997), "Los niños y el español como lengua extranjera: todo por descubrir", *Frecuencia L,* 5: 38-41.

CASSANY, D. *et al.* (1994), *Enseñar lengua,* Barcelona, Graò.

CELCE-MURCIA, M. (1987), "Teaching Pronuntiation as Comunication", J. MORLEY (ed.), *Current Perspectives on Comunication,* Washington, TESOL.

CLEMENS, H. y BEAN, R. (1999), *Cómo desarrollar la autoestima en niños y adolescentes,* Madrid, Debate-Círculo.

COLLIER, V. (1995), *Promoting Academic Success for ESL Students. Understanding Second Language Acquisition for School,* Nueva York, Nueva Jersey Teachers of English to Speakers of Other Languages-Bilingual Educators.

CORDER, S. P. (1981), *Error Analisis and Interlanguage*, Oxford, Oxford University Press.

COSTA, A. L. y ALVES MARRA, P. (1997), *¡Vamos a jugar!,* Barcelona, Difusión.

DOMÍNGUEZ, P. *et al.* (1991), *Actividades comunicativas. Entre bromas y veras,* Madrid, Edelsa.

DORREGO FUNES, L. (1997), "Juegos teatrales para la enseñanza del español como segunda lengua", *Carabela,* 41: 91-110.

EGUSKIZA GARAY M.ª J. y PISONERO DEL AMO, I. (2000), "El desarrollo de la expresión oral en el aula de E/LE:Tipología de actividades dirigidas a niños y niñas", *Carabela,* 47: 87-110.

ELLIS, R. (1985), *Understanding Second Language Acquisition,* Oxford, Oxford University Press.

FABREGAT, A. M. (1990), *Los cuentos de mi escuela,* Madrid, Bruño.

FABREGAT, A. M. (1992), *Cuentos para dormir a la abuela,* Barcelona, Edebé.

FABREGAT, A. M. (1993), *El encuentro gozoso con los libros,* Madrid, Cincel.

FERNÁNDEZ LÓPEZ, S. (1987), "El desarrollo de la función lúdica en el aula", *II Jornadas Internacionales de Didáctica del Español como Lengua Extranjera,* Madrid, Ministerio de Cultura, Dirección General de Cooperación Cultural, Servicio de Difusión del Español: 19-40.

FERNÁNDEZ LÓPEZ, S. (1992), "Para la clase. Estrategias lúdicas para la corrección fonética", *Cable,* 10: 35-37.

FERNÁNDEZ LÓPEZ, S. (1997), "Aprender como juego. Juegos para aprender español", *Carabela,* 41: 7-22.

FERNÁNDEZ LÓPEZ, M.ª C. (1996), "Materiales lúdicos en el aula de E/LE", *Cuadernos Cervantes de la Lengua Española,* 7: 28-32.

FERNÁNDEZ MARTÍNEZ, M.ª V. [adapt.] (1995), *Juegos para la clase de español,* Londres, Embajada de España, Consejería de Educación y Ciencia.

GARCÍA, M. *et al.* (1999), *Dele al juego,* Madrid, Edelsa.

GARCÍA GONZÁLEZ J. y CORONADO, M.ª L. (1990), "De cómo usar canciones en el aula", en R. FENTE, A. MARTÍNEZ GONZÁLEZ y J. A. DE MOLINA REDONDO (eds.), *Actas del I Congreso Nacional de ASELE,* Granada: 119-128.

GARCÍA NARANJO, F., GARCÍA PIMENTEL, R. y HIERRO, A. (1999), *Actividades lúdicas para la clase de español,* Madrid, SGEL.

GIBERT, T. (1990), "La edad como factor en el aprendizaje de la L2", *Actas del VIII Congreso Nacional de Lingüística Aplicada,* Vigo: 303-313.

GONZÁLEZ SÁINZ, T. (1995), *ELE. Para jugar,* Madrid, SM.

IGLESIAS, I. *et al.* (1998), *Hagan juego. Actividades y recursos lúdicos para la enseñanza del español,* Madrid, Edinumen.

JIMÉNEZ RAYA, M. (1994), "Aprendizaje centrado en el alumno: desarrollo de la autonomía del aprendiz de lenguas extranjeras", en L. MIQUEL y N. SANS (eds.), *Didáctica del español como lengua extranjera II,* Madrid, Cuadernos Tiempo Libre, Col. Expolingua, Madrid, Actilibre: 41-62.

KRASHEN S. D. (1988) *Second Language Acquisition and Second Language Learning,* Prentice Hall Regents / ESL.

MARÍN ARRESE, F. y MORALES GÁLVEZ, R. (1998-2001), *Los Trotamundos. Curso de español para niños y niñas,* Madrid, Edelsa.

MARTÍN PERIS, E. (1988), "Contar una historia", *Cable,* 2: 6-7.

MARTÍNEZ DE RITUERTO MARTÍNEZ y M.ª L. (1996), *Cuentos infantiles para la clase de español,* Londres, Embajada de España, Consejería de Educación y Ciencia.

MASIP, V. (1998), *Gente que pronuncia bien,* Barcelona, Difusión.

MATA BARREIRO, C. (1990), "Las canciones como refuerzo de las cuatro destrezas", VV. AA., *Didáctica de las lenguas segundas. Estrategias y recursos prácticos,* Madrid, Santillana: 158-171.

MCLAUGHLIN, B. (1992), *Myths and Misconceptions About Second Language Learning: What Every Teacher Needs to Unlearn,* Santa Cruz, National Centre for Research on Cultural Diversity and Second Language Learning, University of California.

MIQUEL, L. y SANS, N. (1992), *De dos en dos. Ejercicios interactivos para la producción oral. Niveles básico e intermedio,* Madrid, Difusión.

MIQUEL LÓPEZ, L. (1998), *Modelo de programación de cursos de lengua oral para inmigradas no alfabetizadas,* Girona, Ministerio de Asuntos Sociales, Dir. Gral. de Migraciones.

MORENO, C. (1996), "Actividades lúdicas en la enseñanza del español", *Frecuencia L,* 3: 28-35.

MUÑOZ, M. (1983), *La poesía y el cuento en la escuela,* Madrid, Consejería de Educación y Juventud de la Comunidad de Madrid.

PALENCIA, R. (1990), *Te toca a ti. 50 juegos para la práctica comunicativa de la lengua y cultura españolas,* Madrid, Ministerio de Cultura, Dirección General de Cooperación Cultural, Servicio de Difusión del Español.

PALOMINO, M.ª A. (1998), *Dual. Pretextos para hablar,* Madrid, Edelsa.

PORTER, L. (1987), *Roleplay,* Oxford, Oxford University Press.

RODARI, G. (1990), *Gramática de la fantasía. Introducción al arte de contar historias,* Barcelona, Aliarna.

SÁNCHEZ BENITO, J. y SANZ OBERBERGER, C. (1993), *Jugando en español. Actividades interactivas para la clase de español,* Berlín, Langenscheidt.

SÁNCHEZ LOBATO, J., SANTOS GARGALLO, I., PISONERO DEL AMO, I., PINILLA GÓMEZ, R. y EGUSKIZA, M.ª J. (1997-2001), *Pasacalle* 1, 2, 3 y 4. Método de español para niños y niñas, Madrid, SGEL.

SANZ SÁNCHEZ, B. (1997), "De la comprensión auditiva a la expresión oral", *Cuadernos Cervantes de la lengua española,* 15: 38-42.

STURTRIDGE, G. (1981), "Role play and simulations", en K. JOHNSON y K. MOROW (eds.), *Communication in the classroom,* Harlow, Longman.

VILA, M. y BADÍA, D. (1992), *Juegos de expresión oral y escrita,* Barcelona, Graò.

VV. AA. (1997-2001), *Las actividades lúdicas en la enseñanza de ELE. Carabela,* 44, Madrid, SGEL.

Epílogo

Epílogo

Guillermo Rojo
Universidad de Santiago de Compostela
Real Academia Española

Como ha quedado claro a lo largo de las páginas anteriores, lo que la enseñanza y el aprendizaje de lenguas sean en un momento determinado resulta fundamentalmente de la actuación conjunta de elementos procedentes de la teoría lingüística dominante, las ideas sobre el aprendizaje en general y la concepción de los aprendizajes lingüísticos en particular. No podemos olvidar, sin embargo, que todos ellos están insertos en el marco de los objetivos globales fijados para el proceso educativo y, más concretamente, para la formación lingüística de los integrantes de cada comunidad, con lo que a los aspectos técnicos se unen, por diferentes vías de acceso, factores actitudinales que condicionan en gran medida lo que deriva de los componentes nucleares o, cuando menos, las características específicas de su aplicación.

Hace unas pocas semanas, al preparar mi intervención en el XXI Congreso Internacional de la Asociación Española de Lingüística Aplicada, tuve ocasión de releer la que presenté en el segundo congreso de la misma Asociación, celebrado en Granada en el año 1984, acerca de los aprendizajes lingüísticos en España. Han sido casi veinte años, veinte años que, además, nos separan de un país que estaba entonces adaptando su sistema educativo a las nuevas circunstancias creadas por la Constitución de 1978, que daba sus primeros pasos en un marco muy diferente del anterior en todo lo relacionado con las lenguas oficiales distintas del castellano, su situación en el sistema educativo, los objetivos fijados para los aprendizajes lingüísticos, etc. Ha sido, en definitiva, un período decisivo en nuestra historia contemporánea, que ha dado lugar a una sociedad bastante diferente de aquella otra en los más diversos aspectos políticos, sociales, económicos, culturales y educativos.

Cambios notables se han producido, sin duda, en los componentes técnicos que repercuten sobre los aprendizajes lingüísticos. Por mencionar únicamente el aspecto que mejor conozco, hacia 1984 existía en el conjunto de los lingüistas españoles profesionales una considerable divergencia teórica que, aunque menos grave que la característica de la década anterior, complicaba considerablemente la comunicación entre ellos y, como consecuencia, las posibilidades de aplicación de esta disciplina a otros terrenos. En la actualidad, las diferencias teóricas son mucho menos marcadas, están mejor definidas y, por tanto, el flujo y el aprovechamiento de las aportaciones respectivas ha ocurrido en la didáctica en general y en su aplicación a los aprendizajes lingüísticos.

La situación actual resulta, pues, diferente de la que yo tenía que describir en 1984 y, a mi modo de ver, en general es bastante mejor en los aspectos mencionados. No me atrevo a decir lo mismo en los factores actitudinales a que he hecho referencia anteriormente, esto es, a los que enmarcan los elementos técnicos en un contexto que deriva de la fijación de objetivos políticos y culturales, sea por los poderes establecidos, sea por el comportamiento general de los integrantes de la comunidad. En ese otro terreno, mi percepción personal es que las cosas han cambiado muy poco desde entonces, de modo que los desarrollos técnicos se dan en un contexto social y cultural que no difiere mucho del que podíamos encontrar hace veinte años.

Para decirlo en muy pocas palabras, la tesis central de lo que sigue consiste en la consideración de que los progresos experimentados en los componentes técnicos no se han visto acompañados de un proceso similar en los que tienen que ver con la realidad de la enseñanza de lenguas en los niveles no universitarios y en la actitud que gobernantes y población en general parecen tener hacia los aprendizajes lingüísticos. Dado que, según todos los indicios, los demás países de la Unión Europea se mueven decididamente hacia una enseñanza y una concepción plurilingüe, la falta de progreso se traduce en realidad en un retroceso relativo.

Eduardo García-Rodeja, un conocido matemático con quien yo coincidía en varias comisiones de nuestra Universidad en la época en que ambos desempeñábamos cargos académicos en ella, solía decir, ante lo que los dos considerábamos falta de la atención debida hacia nuestras respectivas disciplinas, que toda la enseñanza previa a la universidad podía ser reducida a dos materias: lengua y matemáticas. Naturalmente, hay que entender su afirmación en sentido no literal: quería decir que el lenguaje corriente y el lenguaje científico, esto es, la comprensión y la expresión en el sentido más amplio y a todos los niveles, son el fundamento de todo lo demás que, precisamente por ello, es posterior. Lo malo es que en muy pocas ocasiones los objetivos de las enseñanzas lingüísticas han sido el desarrollo de las habilidades comunicativas en el grado adecuado al carácter de cada lengua para cada estudiante. Me refiero, claro, a los objetivos reales, a los que se pueden deducir habitualmente de la organización de los programas, de los libros de texto y de la actividad de estudiantes y profesores, no a los que figuran en declaraciones programáticas más o menos grandilocuentes. La relación entre lo que persigue el desarrollo de las destrezas comunicativas y lo que es el estudio supuestamente técnico de las lenguas muestra casi siempre un notable desequilibrio a favor del segundo aspecto. Esta falta de atención al desarrollo de las habilidades lingüísticas, unida a otros factores de presencia evidente en nuestra sociedad actual, hace que una buena parte de los estudiantes universitarios tengan serias dificultades para seguir una exposición, construir una argumentación medianamente sostenible y, en algunos casos, incluso para leer en alta voz en su primera lengua.

Las escasas horas dedicadas a las lenguas están centradas casi siempre en el estudio de los aspectos gramaticales al nivel que los programas oficiales consideran adecuado a cada curso. No es esta, en términos generales, la mejor orientación, pero, además, las discrepancias teóricas que existen entre los lingüistas, como entre todos los científicos cualquiera que sea su especialidad, suelen manifestarse entre nosotros a un nivel mucho más elemental. Si bien un cambio de profesor o de editorial en los libros de texto utilizados no cambia el segundo principio de la Termodinámica, la fórmula del amoníaco ni la ley de la gravedad, sí puede alterar la estructura de las oraciones o los valores de las formas verbales, es decir, la que se considera visión válida de tales entidades. Soy consciente de que las cosas son bastante más complicadas y tienen que ver con el carácter de las disciplinas y las prácticas de los grupos profesionales correspondientes, pero su efecto, que es lo que aquí cuenta, es bien evidente. A pesar de todas nuestras afirmaciones, teóricas, acerca de la unicidad de la facultad lingüística y del hecho evidente de que el conocimiento de cualquier lengua proporciona elementos útiles para el de cualquier otra, las clases de las diferentes lenguas en nuestro sistema educativo parecen empeñadas en demostrar lo contrario. Los conocimientos adquiridos en una de ellas son casi siempre inservibles para el estudio de las demás por las diferentes aproximaciones teóricas, de comprensión imposible para los estudiantes de niveles no universitarios, que se hacen en cada caso. La gramática que se aprende —y se olvida con rapidez— en la primera lengua no sirve de nada habitualmente en el estudio de la segunda. Un cambio de profesor o de libro de texto puede hacer que en el estudio de la misma lengua las cosas dejen de ser como eran el curso anterior y tengan un aspecto y una valoración diferentes.

Frente a lo que sucede desde hace ya muchos años en la mayor parte de los países que forman hoy la UE, el sistema educativo español muestra escaso interés real en los aprendizajes lingüísticos. Es cierto que, en las comunidades con dos lenguas oficiales, se estudian ambas, pero también lo es que el sistema no favorece el estudio de más de una lengua extranjera y que las lenguas clásicas están al borde de la desaparición de los diversos itinerarios. No creo que haya que limitarse a plantear estas cuestiones como un problema de competencias acerca de la distribución de horas, que es lo que se hace habitualmente. Es un problema de concepción, de fijación de objetivos generales. Y tampoco me parece que sea suficiente con descargar toda la responsabilidad en las autoridades educativas que nos hayan tocado en suerte. La sociedad española no considera de interés la formación lingüística y, por tanto, hay poca fuerza para exigir cambios de orientación a los responsables de la educación. Por supuesto, esa falta de interés general en el fortalecimiento de la enseñanza de las lenguas en el sistema educativo es paradójicamente compatible con la notable cantidad de dinero que muchas familias, con gran sacrificio económico en muchos casos, invierten todos los años en pagar cursos adicionales de inglés (y de informática).

La necesaria, indiscutible e irrenunciable utilización de las lenguas propias como instrumentos en todo el sistema educativo y su coexistencia con el aprendizaje de la otra cooficial en aquellas comunidades en las que hay dos lenguas oficiales se ha convertido en demasiadas ocasiones en una discusión acerca de cuántas horas hay que dedicar a cada una y quién debe decidirlo en cada caso. Se entiende perfectamente que es un problema que hay que resolver, sobre todo porque establece diferencias entre comunidades según tengan una o dos lenguas oficiales, pero resulta un tanto penoso que todo se quede en una cuestión de competencias y de predominio de una lengua sobre otra(s). Sabemos que no es cierto aquello de que el saber no ocupa lugar, pero sabemos también que el estudio de una lengua no estorba al estudio de otras, sino más bien lo contrario, y que cuantas más lenguas se estudien y más en profundidad se haga, mejor para todos por muy diversas razones. Y sabemos también que, además, conviene dedicarse a estas tareas cuanto antes, porque la plasticidad de nuestro cerebro disminuye y el aprendizaje se hace cada vez más difícil a medida que pasan los años.

Al lado del problema del número, escaso, de lenguas que se estudian en nuestros centros de enseñanza no universitaria (y también universitaria) está el de cuáles son. ¿En cuántos centros no universitarios pueden los estudiantes cursar italiano, portugués, holandés o alemán, para no citar más que algunas de las lenguas comunitarias? ¿En cuántos centros no universitarios de esta España con cuatro lenguas oficiales se puede estudiar catalán, vasco o gallego fuera de las comunidades autónomas respectivas? Lo cierto es que no parece ser un objetivo socialmente aceptable el de que algunos de nuestros estudiantes puedan, si lo desean, estudiar italiano o catalán, además del omnipresente inglés. La situación española parece difícilmente compatible con la cultura lingüística necesaria en una Europa que camina decididamente —en las declaraciones oficiales al menos— hacia el plurilingüismo y el pluriculturalismo.

Este libro es una muestra perfectamente clara de que los aspectos técnicos de la enseñanza de lenguas, manifestados aquí en la del español como segunda lengua o lengua extranjera, ha experimentado una profunda renovación y se encuentra en un nivel realmente adecuado a los tiempos que corren y a lo que se puede considerar corriente en la enseñanza de lenguas. Sin duda, queda mucho trabajo por hacer y habrá que seguir aplicando a la enseñanza de esta lengua —también como primera— los nuevos desarrollos de la teoría lingüística y la teoría del aprendizaje. El paso siguiente, más difícil, consiste en eliminar el desinterés con que la cultura lingüística es considerada habitualmente en nuestro país, tanto en la organización educativa como en las actitudes de la población en general. El español, lengua única de la enseñanza y la vida oficial hasta no hace mucho tiempo, está sufriendo ahora un fuerte retroceso en el papel que juega en los sistemas educativos de aquellas comunidades en las que existe otra lengua oficial que es considerada, además, como lengua propia. Es un cambio notable, por lo que no puede sorprender que el reajuste necesario para que todo encuentre su lugar adecuado tarde algún tiempo en producirse y, entre tanto, dé lugar a desequilibrios incómodos y desagradables para quienes tienen que sufrirlos. Para superar esos inconvenientes, es necesario que se produzca un cambio en las actitudes, que son, en definitiva, las que establecen el marco en el que los sistemas educativos se inscriben y se materializan. La educación, como la investigación, es un proceso rentable solo a medio y largo plazo, de modo que hemos de acostumbrarnos todos a la idea de que las inversiones que se hagan en ella darán sus frutos cuando las promociones que se beneficien de ellas salgan a la vida profesional, quince o veinte años más tarde, cuando quizá muchos de los que tomamos las decisiones y pagamos los impuestos correspondientes ya no estemos aquí. Precisamente por eso, porque es un proceso lento, es urgente ponerse cuanto antes a la tarea de otorgar a los aprendizajes lingüísticos el papel y la importancia que les corresponden en el proceso educativo y, sobre todo, en su puesta en práctica. Solo con el incremento de la cultura lingüística, con el dominio generalizado y progresivo de un número mayor de lenguas, podrá desaparecer esta actitud, todavía hoy extendida entre nosotros, según la cual hablar o estudiar español es someterse a una imposición centralista para unos mientras que para otros tener catalán, vasco o gallego como lengua habitual, como lengua de instalación en el mundo, es ir en contra de la historia.

Índice temático

ÍNDICE TEMÁTICO